KOREANISCHES
VERWALTUNGSRECHT

제32판
[2024년판]

행정법원론(상)

홍정선 저

박영사

KOREAN ADMINISTRATIVE LAW I

BY

JEONG-SUN HONG, DR.JUR.

PROFESSOR OF PUBLIC LAW
LAW SCHOOL

YONSEI UNIVERSITY

2024

Parkyoung Publishing & Company
Seoul, Korea

제32판[2024년판] 머리말

[1] 제23판에서는 행정법의 흠결의 보충, 규제법정주의, 자격제도, 행정에 관한 나이, 민원처리, 위임명령의 근거, 수리를 요하는 신고, 처분의 신청 후 근거 법령이 개정된 경우의 법 적용, 개인정보 보호 원칙, 정보주체의 권리, 전자적 공개, 정보상 협력, 시정명령의 상대방, 고충민원, 이의신청, 심판청구서의 제출, 행정절차상 요건 심리, 제소기간 등 여러 부분에서 기존 내용을 수정하거나 보완하였고, 새로운 내용을 추가하기도 하였다.

[2] 지난해에도 정부조직법, 지방행정제재·부과금의 징수 등에 관한 법률, 개인정보 보호법, 행정심판법, 지방자치법, 국가공무원법, 강원특별자치도 설치 등에 관한 특별법, 지방자치분권 및 지역균형발전에 관한 특별법, 행정규제기본법, 부담금관리 기본법, 문화유산의 보존 및 활용에 관한 법률 등 많은 법률의 개정이 있었다. 이러한 상황도 반영하였다.

[3] 지난해 가을까지 선고된 대법원과 헌법재판소의 주요 판례도 반영하였다. 같은 취지의 판례는 새로운 판례로 대체하려고 하였다.

[4] 이 책을 출간해주신 박영사 안종만 회장님, 편집 등을 맡아준 김선민 이사님에게 감사한다. 제32판을 발간하게 된 것도 독자들의 성원이 있었기에 가능하다고 믿는다. 독자들의 건승을 기원하면서 …

2024년 1월 1일
우거에서
홍 정 선 씀

제30판[2022년판](행정기본법 반영) 머리말

[1] 2021. 3. 23. 행정기본법이 제정·시행에 들어갔다. 2020년 말~2021년 말 사이에도 행정절차법, 교육기본법, 공익사업을 위한 토지 등의 취득 및 보상에 관한 법률, 공휴일에 관한 법률, 정부조직법, 국가재정법, 지방공무원법, 국가공무원법, 공직자의 이해충돌방지법, 공직자윤리법, 도시 및 주거환경정비법, 병역법, 공유재산 및 물품 관리법, 국가경찰과 자치경찰의 조직 및 운영에 관한 법률, 감염병의 예방 및 관리에 관한 법률, 교원의 지위 향상 및 교육활동보호를 위한 특별법, 해양경찰법 등의 제정·개정이 있었다. 뿐만 아니라 지난해에도 많은 대법원 판례와 헌법재판소 결정례가 있었다, 이러한 상황을 반영하고자 제30판을 출간한다.

[2] 지난 해 가을까지 선고된 대법원과 헌법재판소의 주요 판례를 반영하였다. 같은 취지의 판례는 가능한 한 새로운 판례로 대체하였다. 한편, 이 책에 인용된 조문들은 2022년 1월 1일을 기준으로 하였다.

[3] 머리말을 이용하여 저자가 지난해 5월 출간한 「행정기본법 해설」을 소개하고 싶다. 행정기본법안 마련에 중심적 역할을 하였던 「행정법제 혁신 자문위원회」에 관여하였던 저자는 행정기본법에 관심이 있는 이들의 길라잡이로 이 책을 출간하였다. 이 책은 행정기본법의 조문마다 해설을 하고 있다. 행정기본법의 전 내용을 개관하고자 하는 이에게 상당한 도움을 줄 것으로 생각한다.

[4] 행정기본법의 제정·시행은 엄청난 사건이기에 「행정기본법 해설」의 머리말에 기술한 내용의 한 부분을 아래에 옮긴다. "평등원칙·비례원칙 등 법치행정에 필수적인 사항들을 규정하는 행정기본법이 2021. 3. 23. 제정·시행에 들어갔다. 국가와 지방자치단체의 모든 행정기관과 공무원은 행정기본법을 따라야 한다. 행정법령의 주춧돌인 행정기본법의 제정·시행으로 우리의 법치행정은 궤도에 오르게 되었다. 뿐만 아니라 행정기본법은 세계에서 가장 앞서가는 법률이다. 행정기본법과 유사한 법률을 가진 나라는 서구에서도 찾아보기 어렵다. 이러한 행정기본법의 제정·시행은 한국 행정법의 역사, 행정법학의 역사에 영원히 기록될 사건이다."

[5] 끝으로, 이 책을 출간해주신 박영사 안종만 회장님과 안상준 대표님, 편집 등을 맡아준 이승현 과장님에게 감사한다. 제30판을 발간하게 된 것도 독자들의 끊임없는 큰 호응이 있었기에 가능하다고 믿는다. 독자들의 건승을 기원하면서 …

2022년 1월 1일
우거에서
홍 정 선 씀

제21판(2013년판) 머리말

　끊임없는 독자들의 호응에 감사하는 마음으로 제21판(2013년판)을 출간한다. 해를 거듭해도 언제나 느끼는 것이지만, 학문의 길은 끝없는 인내와 노력의 길인 것 같다. 이 시대에 적합한 행정법 전문서가 되도록 하기 위해 최선을 다하려고 하였지만, 어느 정도 그 목적이 달성되었는지 저자로서는 가늠하기 쉽지 않다.

　제21판의 가장 큰 특징은 제1부 일반행정법 제6장 국가책임법 중 「제3절 국가책임제도의 보완」 부분에 상당한 손질을 가하였다는 점이다. 말하자면 제20판까지 제2항 수용유사침해보상, 제3항 수용적 침해보상의 제목하에 다루었던 것을 제21판에서는 「재산권 침해에 대한 손실보상청구권의 확장」이라는 제목하에 「Ⅰ. 수용·사용·제한규정은 있으나 보상규정 없는 법률과 손실보상청구권」, 「Ⅱ. 수용·사용·제한규정 및 보상규정 있는 법률의 위법한 집행과 손실보상청구권」, 「Ⅲ. 수용·사용·제한규정 및 보상규정 없는 법률의 집행과 손실보상청구권」의 제목하에 다루며, 제20판까지 제4항 희생보상청구권의 제목으로 다루었던 것을 제21판에서는 「비재산권 침해에 대한 보상청구권」의 제목하에 다루고 있다는 점이다(논리구성상 특징).

　제20판까지는 독일법상 국가책임법의 원리를 직접 활용하였으나, 제21판부터는 우리의 학설과 판례를 기본으로 하여 국가책임제도의 보완문제를 정리·해결하고, 독일의 법리는 다만 참고자료로 활용하려고 하였다는 점이다(내용상 특징). 저자가 행정법원론(상)(하)의 초판을 집필하던 1980년대 후반기, 1990년대 초에는 국가책임제도의 보완에 관한 국내학자의 논의가 시작되는 초창기였고, 이론서에서 희생보상청구권을 다룬 것은 저자의 행정법원론(상) 초판이 처음이었을 정도였다. 이러한 사정으로 인해 그 당시는 독일법상 국가책임법의 원리를 활용하는 것도 나름대로 의미를 가졌다. 그러나 이제는 국내학자들의 연구 성과도 상당히 축적되었기에 「특별한 희생에 대한 보상제도의 보완」에 관한 논리의 체계와 내용에 손질을 가하는 것은 불가피하다고 생각하였다. 이러한 변경으로 인해 독자들은 국가책임제도의 보완문제에 보다 용이하게 접근할 수 있으리라 생각된다.

　이 밖에도 내용상으로는 통치행위 중 사면, 공법관계와 사법관계의 구분, 공무수탁사인에서 위탁의 대상, 개인적 공권으로서 기본권의 성격, 수리를 요하는 신고에 있어서 형식적 심사의 의미, 위헌 법률에 근거한 처분의 집행력, 부관에 대한 쟁송, 공적 경고, 입법예고, 청문, 과징금과 형사벌의 병과, 시정명령, 배상책임의 성질, 수용과 내용·제한규정의 비교, 행정심판에서 부당성의 심사, 계속적 확인소송, 항고소송에서 피고적격, 소의 변경, 종국판결 이외의 취소소송의 종료사유, 독일법상 의무화소송과 일반적 급부소송 부분에서 수정하기도 하고, 보완하기도 하고, 새로이 추가하기도 하였다.

한편, 학교로부터 지난해 상반기 연구년을 허락받아 독일 베를린에 소재하는 자유베를린대학 법학부 도서관에서 독일 행정법 문헌을 접할 수 있는 소중한 기회를 가졌다. 이 기회를 활용하여 본서에서 참고했던 독일문헌의 내용을 가능한 한 최신판으로 업데이트하려고 하였고, 또한 새로운 문헌의 내용을 담으려고 하였다.

이 책에 인용된 조문들은 2013년 1월 1일을 기준으로 하였다. 특히 지난해 10월에 많은 조문에서 자구수정이 이루어진 행정절차법의 개정이 있었다. 이를 반영하기 위하여 행정절차법과 관련된 이 책 여러 부분에서 역시 많은 자구의 수정이 이루어졌다. 그리고 지난 해 연말까지 선고된 대법원과 헌법재판소의 주요 판례를 반영하였다. 오래된 판례를 최신의 판례로 대체하려 하였고, 같은 취지의 판례는 가능한 한 새로운 판례로 대체하려고 하였다. 대체되거나 새로이 추가된 판례의 수는 적지 않다.

머리말을 이용하여 저자가 쓴 2권의 책을 소개하고 싶다.

저자가 쓴 「기본 행정법(초판)(박영사 간)」이 금년 초에 출간되었다. 「기본 행정법」은 법과대학·로스쿨의 행정법 기본강의 교재로 개발한 것이다. 「기본 행정법」에서는 행정법 전반(행정법총론, 행정법각론, 행정구제법)이 비교적 쉽게 기술되고 있으므로, 독자들이 행정법 전반을 보다 쉽게 체계적으로 이해하는 데 많은 도움을 줄 것이다.

저자가 쓴 「기본 경찰행정법(초판)(박영사 간)」이 또한 금년 초에 출간되었다. 「기본 경찰행정법」은 경찰행정 관련학과의 경찰행정법 기본강의 교재로 개발한 것이다. 「기본 경찰행정법」에서는 경찰행정법 전반(경찰행정법일반론, 경찰행정조직법, 경찰행정작용법)이 비교적 쉽게 기술되고 있으므로, 독자들이 경찰행정법 전반을 보다 쉽게 체계적으로 이해하는 데 많은 도움을 줄 것이다.

이 책의 내용에 도움을 준 고마운 분들에게 감사를 표하고자 한다. 상당한 시간을 할애하여 이 책의 내용을 새로이 하는 데 최선을 다해준 김기홍 강사, 원고를 비판적으로 검토해준 홍강훈 교수, 늘 도움을 주는 진석원 강사와 김정환 박사, 그리고 성봉근 강사에게도 감사의 마음을 표한다. 그동안 저자의 행정법교실에서 공부하였던 김수진, 안정민, 김기홍, 홍강훈, 류치환, 성민경, 진석원, 김정환, 방동희, 송인호, 이안의, 문기욱, 이학수, 이현섭, 김강주, 박지훈, 정지택, 최지훈, 김성현, 진승기, 홍정의, 이용주, 김명철, 최희주 등도 이 책에 많은 도움이 되었기에 고마움을 적어둔다.

이 책을 출간해주신 박영사 안종만 회장님, 편집과 교정을 맡아준 김선민 부장님과 문선미 대리님에게도 감사한다. 본서와 자매관계에 있는 「행정법원론(하)(박영사간)(2013년판)」도 이 책에 이어 출간됨을 첨언하면서…

2013년 1월 1일
우거에서
홍 정 선 씀

전면개정판(2000년판) 머리말

저자는 지난 1년간(1999. 2~2000. 1) 독일에 체재하면서 최근까지 발전된 독일의 행정법과 지방자치법을 다시 전반적으로 연구할 수 있는 기회를 가졌다. 행정법 전반에 걸쳐 다소 변화가 있었고, 특히 지방자치법의 경우에는 상당한 변화가 있었음을 알 수 있었다. 이에 최근의 독일 일반행정법론과 행정소송법론을 반영하고자 행정법원론(상) 전면개정판을 출간한다. 이번 개정판에서는 논리의 체계를 새로이 한 부분(예 : 행정소송법)과 내용을 신설한 부분(예 : 재산권의 내용·한계규정과 보상), 그리고 내용을 변경한 부분(예 : 무하자재량행사청구권)과 아울러 지나치게 자세한 것을 단순하게 한 부분(예 : 행정행위의 구성요건적 효력)도 있다. 물론 지난 해의 제정·개정 법률뿐만 아니라, 지난 해에 이루어진 대법원판례와 헌법재판소의 결정까지 반영하였다. 그러다 보니 이번 개정판은 전면개정판이 되었고, 초판과는 내용과 형태에 있어서 상당히 달라지게 되었다. 빈번한 개정판의 출간은 독자와 저자 모두에게 부담스러울 수 있을 것이다. 그러나 변화하는 학문의 세계에 부단히 대응하는 것은 학자의 가장 기본적인 책무라 믿고, 이에 전면개정판을 출간하는바, 독자들의 깊은 이해를 구하고자 한다.

이제 2000년대의 첫날이 밝았다. 이제는 진실로 과거와 달라져야 한다. 민주국가·법치국가·사회복지국가의 원리가 보다 실질적으로 실현되어야 한다. 그리하여 진정한 자유와 평화와 사회적 정의가 살아 숨쉬는 우리 사회가 되어야 한다. 이를 위해 진정한 법질서를 생각하고, 진정한 법질서를 세우는 우리 국민들이 되어야 한다. 이를 위해 국회·정부·법원 모두 이제는 새로워져야 한다. 2000년대의 새 시대는 진정한 우리 모두의 시대이어야 한다. 이 책이 이러한 바람에 조금이나마 도움이 되기를 기대해 본다.

전면개정판(2000년판)의 출간에는 특히 많은 분들의 도움이 있었다. 먼저, 저자가 해외에서 연구에만 몰두할 수 있도록 연구년을 허락해 주신 이화여자대학교 장상 총장님께 깊은 감사를 드린다. 저자의 연구활동을 한결같이 독려해 주시는 이화여자대학교 법과대학 이재상 학장님께도 감사드리지 않을 수 없다. 그리고 본서에 대해 비판적 조언을 아끼지 아니한 이화여자대학교 법과대학의 동료 최승원 교수님에게도 감사한다.

한편, 저자가 독일에 체재하는 동안 연구실과 많은 연구자료를 제공하여 주었을 뿐만 아니라, 아울러 여러 차례 자그마한 Konferenz를 마련하여 저자의 독일행정법에 대한 이해를 도와준 Universität Wuppertal의 로쉬 교수님(Prof.Dr.Dr. Bernhard Losch)의 도움도 잊을 수 없는바, 이에 감사를 표한다. 또한 독일행정법과 지방자치법에 관한 저자의 여러 의문에 대하여 자세히 조언을 해준 Losch교수의 Mitarbeiterin인 Wilrtrud Christine Radau변호사와 Mitarbeiter인 Jörg Gottmann변호사에게도 감사한다.

물론 본서의 교정 및 각주작업에 도움을 준 이한나 법학석사와 사법연수원 입소를 앞두고 법령확인작업을 맡아 준 임영심 법학사, 이번 개정판도 기꺼이 출간해 주신 박영사 안종만 사장님, 그리고 편집·교정으로 애쓰신 이희정 님께도 감사를 드린다.

특히 외환문제로 인해 경제사정이 매우 어려운 시기였음에도 불구하고 저자를 해외연구교수로 선정하여 해외체재비를 지원하여준 서암학술장학재단(이사장: 윤세영)의 도움에 대하여 저자는 마음으로부터 깊은 감사를 표한다. 실무를 신속히 처리해 준 동 재단의 허철 사무국장님에게도 감사한다. 그리고 요양을 취하여야 하는 어려운 상태임에도 뒷바라지에 정성을 쏟아준 아내에게도 감사하고 싶다.

끝으로, 본서의 출간과 함께 본서의 자매편인 「행정법원론(하)」가 역시 전면개정판(2000년판)으로 출간됨을 알리고자 한다. 행정법원론(하)의 개정취지는 본서와 같다. 본서가 진실로 독자들의 일반행정법 및 행정쟁송법에 대한 이해에 도움이 되는 친구이기를 기대하면서…

2000년 1월 1일
Universität Wuppertal Gästehaus에서
홍 정 선 씀

머 리 말

저자의 강의를 듣는 이들의 편의를 위해, 지난 10여 년간 대학에서 행한 저자의 강의안·저서·논문들을 토대로 하여 본서를 엮었다. 대학의 교재로는 무엇보다도 구성이 논리적이고 체계적이며, 내용이 다양하고 풍부하면서 간결한 것이 바람직할 것이다. 더욱이 누구든 혼자서 읽어도 다 이해할 수 있을 정도로 쉽게 기술된 것이라면 더욱 좋을 것이다. 항시 이러한 점들을 염두에 두면서 본서를 집필하였으나, 천학비재의 저자인지라 본서가 독자들에게 얼마나 만족을 줄 수 있을지는 의문이다. 하지만 은사님·선배님·동료, 그 밖에 여러분의 도움을 받아 부족한 부분을 계속적으로 보완하여 독자들의 기대에 부응하도록 노력할 것을 다짐해 본다. 아울러 본서상에 문제점이 있는 경우에는 독자들도 충고해 줄 것을 저자는 진실로 기대하고 있다.

한편 그 간의 저자의 경험으로 볼 때, 상당수의 법학도와 수험생들은 행정법을 이해하기 어렵고 흥미 없는 과목 중의 하나로 보는 경향이 있는 것 같다. 이 때문에 본서를 집필함에 있어서 저자는 가능한 한 쉽고 간결한 문장을 사용하고, 많은 판례를 수록하고, 아울러 국내·국외(특히 독일)의 견해도 많이, 그리고 체계적으로 소개하려고 하였다. 또한 한자의 사용도 가급적 피하였다. 여기서 독자들에게 한 가지 권하고 싶은 것은 판례읽기를 게을리하지 말라는 점이다. 왜냐하면 통일성문법전이 없는 행정법의 영역이기에 대법원의 판례가 갖는 의미가 중요한 것임은 물론이거니와 이제는 우리의 대법원도 행정법의 원리에 관한 많은 판례를 내놓고 있기 때문이다.

다음으로 저자는 평소 행정법을 일반행정법·특별행정법·행정쟁송법(특히 행정소송법)의 세 부분으로 구성하는 것이 보다 논리적이라고 생각하여 왔다. 이리하여 행정법원론(상)인 본서에서는 일반행정법(제Ⅰ부)과 행정쟁송법(제Ⅱ부)만을 다루고, 특별행정법(제Ⅲ부)은 본서의 자매편인 행정법원론(하)에서 다루기로 한다. 이와 같이 우리의 전통적인 행정법의 이론체계와는 다소 상이하게 행정법을 세 부분으로 구성하는 것도 행정법의 이론체계에 대한 새로운 접근으로서 그 나름대로의 의미가 있을 것이라고 생각해 본다. 그러나 이러한 체계상의 차이가 바로 내용상의 큰 차이를 뜻하는 것은 아니므로 독자들에게 별다른 불편을 주지 않을 것이다.

　　탈권위주의, 진정한 민주주의가 강조되고 있는 오늘날, 우리에게는 무엇보다 법의 지배·법치행정이 또한 강조되어야 한다. 법으로 보장되고 법에 따라 실현될 때에만 민주주의는 진정한 가치를 발하게 될 것이기 때문이다. 하여튼 국가권력에 의한 기본권의 침해는 통상 행정부에 의한 것임을 상기한다면, 법률에 의한 행정은 아무리 강조되어도 지나치지 않을 것이다. 살아 있는 행정법을 통해 법치행정이 한 걸음 더 발전하고, 이로써 우리의 민주주의도 계속적으로 발전할 것을 기대해 본다. 본서가 이러한 일에 조금이라도 기여할 수 있었으면 하는 것이 저자의 소박한 바람이다.

　　이제 본서의 출간이 있기까지 도움을 준 분들께 감사를 드려야겠다. 오늘에 이르기까지 저자를 이끌어 주신 은사님인 서울대학교 법과대학의 김철수 교수님께 깊은 감사를 드리고, 또한 오래 전부터 행정법이론서의 집필과 성실한 학문연구를 강하게 권해 주신 경희대학교 법과대학의 이재상 교수님께도 깊은 감사를 드린다. 아울러 이화여자대학교 대학원에 재학중인 김지숙 양과 김수진 양의 교정작업에도 고마움을 표하고자 한다.

　　끝으로 본서를 출간해 주신 안종만 사장님과 이명재 상무님, 편집·교정에 많이 애써 준 윤석원 씨, 그리고 조판을 맡아 준 삼중문화사의 여러분에게도 감사를 표하고자 한다.

1992년 1월 15일
우거에서
홍 정 선 씀

목　　차

제1부　　일반행정법

제 1 장　행정과 행정법

제 3 장　행정의 행위형식

제 4 장 행정절차·행정정보

제 5 장 행정의 실효성확보

제 6 장　국가책임법(배상과 보상)

제 2 부　행 정 쟁 송 법

제 1 편　행정기본법·행정심판법

제 1 장　행정기관에 의한 분쟁해결절차

제 2 편 행정소송법

제 1 장 일 반 론

제 2 장　항고소송

제 3 장 당사자소송

제 4 장   객관적 소송(민중소송과 기관소송)

법 령 약 어

1. 본문에서 법령의 인용시 한글의 약어로 표기한다.
2. 본문에서 아래에 없는 법령은 원래의 명칭으로 표기한다.
3. 법령의 내용은 2023년 1월 1일(국회통과일)을 기준으로 한다.

감사법	감사원법	도교법	도로교통법
감염법	감염병의 예방 및 관리에 관한 법률	도로법	도로법
		마약법	마약류관리에 관한 법률
개제법	개발제한구역의 지정 및 관리에 관한 특별조치법	무역법	대외무역법
		민 법	민 법
건설법	건설산업기본법	민소법	민사소송법
경직법	경찰관 직무집행법	민원법	민원 처리에 관한 법률
공개법	공공기관의 정보공개에 관한 법률	법조법	법원조직법
		변호법	변호사법
공선법	공직선거법	복사법	사회복지사업법
공수법	공유수면 관리 및 매립에 관한 법률	비송법	비송사건절차법
		사학법	사립학교법
공위법	공중위생관리법	석유법	석유 및 석유대체연료 사업법
공재법	공유재산 및 물품관리법	선관법	선거관리위원회법
공포법	법령 등 공포에 관한 법률	소방법	소방기본법
교육법	교육기본법	수산법	수산업법
국공법	국가공무원법	식품법	식품위생법
국배법	국가배상법	연금법	공무원연금법
국세법	국세기본법	옥광법	옥외광고물 등의 관리와 옥외광고산업 진흥에 관한 법률
국재법	국유재산법		
국정법	국가재정법	운수법	여객자동차 운수사업법
국징법	국세징수법	원손법	원자력손해배상법
국토법	국토기본법	인감법	인감증명법
규제법	행정규제기본법	자손법	자동차손해배상 보장법
기본법	행정기본법	자재법	자연재해대책법
담배법	담배사업법	전기법	전기사업법

전정법   전자정부법

전통법   전기통신기본법

절차법   행정절차법

정보법   개인정보 보호법

정촉법   정보통신망 이용촉진 및 정보보
　　　　호 등에 관한 법률

정조법   정부조직법

조사법   행정조사기본법

조처법   조세범 처벌절차법

주민법   주민등록법

지공법   지방공무원법

지기법   지방세기본법

지세법   지방세법

지육법   지방교육자치에 관한 법률

지자법   지방자치법

지정법   지방재정법

지징법   지방세징수법

직업법   직업안정법

질서법   질서위반행위규제법

청보법   청소년 보호법

체육법   체육시설의 설치·이용에 관한
　　　　법률

출입법   출입국관리법

택지법   택지개발촉진법

토상법   공익사업을 위한 토지 등의
　　　　취득 및 보상에 관한 법률

토용법   국토의 계획 및 이용에 관한
　　　　법률

학원법   학원의 설립·운영 및 과외교습
　　　　에 관한 법률

행소법   행정소송법

행심법   행정심판법

행집법   행정대집행법

헌재법   헌법재판소법

감사정   지방자치단체에 대한 행정감사
　　　　규정

국무정   국무회의 규정

기본령   기본법 시행령

임탁정   행정권한의 위임 및 위탁에 관
　　　　한 규정

지육령   지방교육자치에 관한 법률 시행령

지자령   지방자치법 시행령

직무정   직무대리규정

행심령   행정심판법 시행령

행협정   행정 효율과 협업 촉진에 관한
　　　　규정

구법안   행정절차법(안)(1987년)

주요참고문헌

※ 기타의 참고문헌(단행본·논문 등)은 본문에서 표기한다.

〈국내문헌〉

김철수	헌법학(상)(하), 박영사, 2008.
	헌법학(상)(중), 박영사, 2009.
강구철	강의행정법(Ⅰ), 형설출판사, 1998.
강의중	행정법강의, 교학연구사, 2000.
김남진	행정법(Ⅰ)(2002), (Ⅱ)(2001), 법문사.
김남진·김연태	행정법(Ⅰ)(2014)(2019), (Ⅱ)(2014), 법문사.
김남철	행정법 강론, 박영사, 2019, 2022.
김도창	일반행정법(상)(1992), (하)(1993), 청운사.
김동희	행정법(Ⅰ)(2014)(2019)(2021), Ⅱ(2014), 박영사.
김동희·최계영	행정법Ⅰ, 박영사, 2021.
김성수	일반행정법, 법문사, 2014, 2018.
김유환	현대 행정법, 박영사, 2022.
김중권	김중권의 행정법, 법문사, 2019.
김철용	행정법(Ⅰ)(2009), Ⅱ(2009), 박영사.
	행정법(2011)(2018), 박영사.
류지태·박종수	행정법신론, 박영사, 2011, 2019.
박균성	행정구제법, 박영사, 2003.
	행정법론(상), 박영사, 2014, 2019, 2022.
박수혁	행정법요론, 법문사, 1998.
박윤흔·정형근	최신행정법강의(상)(2009), (하)(2009), 박영사.
박종국	행정법총론, 진명문화사, 1997.
변재옥	행정법(Ⅰ), 박영사, 1990.
서울행정법원 실무연구회	행정소송의 이론과 실무, 사법발전재단, 2013.
서원우	현대행정법론(상), 1980, 박영사.
선정원	행정법의 작용형식, 경인문화사, 2019.
석종현·송동수	일반행정법총론, 박영사, 2022.
성낙인	헌법학, 법문사, 2009.

유상현	한국행정법(상)(1996), (하)(1995), 환인출판사.
윤세창·이호승	행정법(상)(1993), (하)(1994), 박영사.
이광윤 등	행정작용법론, 법문사, 2002.
이상규	신행정법론(상)(1997), (하)(1995), 법문사.
장태주	행정법개론, 현암사, 2009.
정남철	행정구제의 기본원리, 법문사, 2013.
정하중	행정법개론, 법문사, 2014, 2019.
조연홍	한국행정법원론(상), 형설출판사, 2002.
천병태	행정법(Ⅰ)(1995)·(Ⅱ)(1994), 청운출판사.
최정일	행정법의 정석 Ⅰ, 박영사, 2009.
하명호	행정법, 박영사, 2022.
한견우	현대행정법총론1·2·3, 세창출판사, 2018.
한견우·최진수	현대행정법강의, 신영사, 2009.
허 영	한국헌법론, 박영사, 2012.
홍정선	행정법연습, 신조사, 2009.
―――	행정법원리, 박영사, 1990.
―――	행정기본법 해설, 박영사, 2022.
―――	행정법원론(하), 박영사, 2022.
―――	신지방자치법, 박영사, 2022.
홍준형	행정법, 법문사, 2017.
―――	행정쟁송법, 도서출판 오래, 2017.

〈외국문헌〉

Achterberg, Norber	Allgemeines Verwaltungsrecht, 2. Auflage, 1986.
Battis, Ulrich	Allgemeines Verwaltungsrecht, 3. Auflage, 2002.
Bull, Hans Peter	Allgemeines Verwaltungsrecht, 6. Auflage, 2000.
Bull/Mehde	Allgemeines Verwaltungsrecht mit Verwaltungslehre, 7. Auflage, 2005.
Detterbeck, Steffen	Allgemeines Verwaltungsrecht, 6. Auflage, 2008; 9. Auflage, 2011; 13. Auflage, 2015; 15. Auflage, 2017.
Detterbeck/Windthorst/Sproll,	Staatshaftungsrecht, 2000.
Erbguth, Wilfried	Allgemeines Verwaltungsrecht, 2. Auflage, 2007; 4. Auflage, 2011; 7. Auflage, 2014.
Erbguth/Guckelberger	Allgemeines Verwaltungsrecht, 9. Auflage, 2018.
Erichsen, Hans-Uwe(Hrsg.)	Allgemeines Verwaltungsrecht, 12. Auflage, 2002; 13. Auflage, 2006.

Erichsen/Ehlers(Hrsg.)	Allgemeines Verwaltungsrecht, 14. Auflage, 2010.
Faber, Heiko	Verwaltungsrecht, 4. Auflage, 1995.
Forsthoff, Ernst	Lehrbuch des Verwaltungsrechts, 10. Auflage, 1973.
Geis, Max-Emanuel	Kommunalrecht, 3. Auflage, 2014.
Giemulla/Jaworsky/Müller-Uri	Verwaltungsrecht, 7. Auflage, 2004.
Glaeser, Schmidt	Verwaltungsprozeßrecht, 14. Auflage, 1997.
Hendler, Reinhard	Allgemeines Verwaltungsrecht, 3. Auflage, 2001.
Hofmann/Gerke	Allgemeines Verwaltungsrecht, 7. Auflage, 1998.
Hufen, Friedhelm	Verwaltungsprozessrecht, 7. Auflage, 2008; 18 Auflage, 2011; 9. Auflage, 2013; 10. Auflage, 2016.
Ipsen, Jörn	Allgemeines Verwaltungsrecht, 5. Auflage, 2007; 7. Auflage, 2011; 9. Auflage, 2015; 10. Auflage, 2017.
Jellinek, Walter	Verwaltungsrecht, 3. Auflage, Neudruck, 1966.
Kahl/Weber	Allgemeines Verwaltungsrecht, 6. Auflage, 2017.
Koch/Rubel	Allgemeines Verwaltungsrecht, 2. Auflage, 1992.
Koch/Rubel/Heselhaus	Allgemeines Verwaltungsrecht, 3. Auflage, 2003.
Kopp/Schenke	Verwaltungsgerichtsordnung, Kommentar, 15. Auflage, 2007.
Kunze, Udo	Allgemeines Verwaltungsrecht, 3. Auflage, 2000.
Loeser, Roman	Syetem des Verwaltungsrechts, Bd. 1(1994), Bd. 2 (1994).
Maurer, Hartmut	Allgemeines Verwaltungsrecht, 17. Auflage, 2009; 18. Auflage, 2011.
Maurer/Waldhoff	Allgemeines Verwaltungsrecht, 19. Auflage, 2017.
Mayer/Kopp	Allgemeines Verwaltungsrecht, 5. Auflage, 1985.
Mayer, Otto	Deutsches Verwaltungsrecht, 2 Bd., 3. Auflage, 1924.
Obermayer, Klaus	Grundzüge des Verwaltungsrechts und Verwaltungs- prozeßrechts, 3. Auflage, 1988.
Peine, Franz-Joseph	Allgemeines Verwaltungsrecht, 8. Auflage, 2006; 10. Auflage, 2011.
Püttner, Günter	Allgemeines Verwaltungsrecht, 7. Auflage, 1995.
Raschauer, Bernhard	Allgemeines Verwaltungsrecht, 5. Auflage, 2017.
Schenke, Wolf-Rudiger	Verwaltungsprozessrecht, 11. Auflage, 2007; 12. Auflage, 2009; 15. Auflage, 2017.
Schmidt, Rolf	Allgemeines Verwaltungsrecht, 14. Auflage, 2010; 18. Auflage, 2015; 20. Auflage, 2017.
――――――――	Polizei- und Ordnungsrecht, 15. Auflage, 2014.
――――――――	Verwaltungsprozessrecht, 14. Auflage, 2011; 18. Auflage, 2016
Schmidt/Seidel	Allgemeines Verwaltungsrecht, 5. Auflage, 2001.
Schweickhardt, Rudolf(Hrsg.)	Allgemeines Verwaltungsrecht, 7. Auflage, 1995.

Schweickhardt/Vondung(Hrsg.)　　Allgemeines Verwaltungsrecht, 9. Auflage, 2009.

Storr/Schröder　　Allgemeines Verwaltungsrecht, 2010.

Suckow, Horst　　Allgemeines Verwaltungsrecht, 13. Auflage, 2000.

Suckow/Weidemann　　Allgemeines Verwaltungsrecht und Verwaltungs-
rechtsschutz, 15. Auflage, 2008.

Susanne Fürst/Oskar Taakacs　　Allgemeines Verwaltungsrecht, 9. Auflage, 2017.

Tschannen/Zimmerli/Kiener　　Allgemeines Verwaltungsrecht, 2000.

Theisen, Rolf-Dieter　　Allgemeines Verwaltungsrecht, 6. Auflage, 2000.

Ule, Carl Hermann　　Verwaltungsprozeßrecht, 9. Auflage, 1987.

Wallerath, Maxmilian　　Allgemeines Verwaltungsrecht, 5. Auflage, 2000;
6. Auflage, 2009.

Werner, Finke　　Allgemeines Verwaltungsrecht, 2002.

Wiederkehr, René　　Allgemeines Verwaltungsrecht, 2017.

Wittern, Andreas　　Grundriß des Verwaltungsrechts, 18. Auflage, 1994.

Wolff/Bachof/Stober/Kluth　　Verwaltungsrecht Ⅰ, 12. Auflage, 2007;
13. Auflage, 2017.

Wolff/Bachof/Stober　　Verwaltungsrecht Ⅰ, 10. Auflage, 1994.

Wolff/Bachof　　Verwaltungsrecht Ⅰ, 9. Auflage, 1974.

Wolff/Bachof/Stober　　Verwaltungsrecht, Band 2, 6. Auflage, 2000.

Wolff/Bachof/Stober　　Verwaltungsrecht Ⅱ, 5. Auflage, 1987.

Wolff/Bachof　　Verwaltungsrecht Ⅱ, 4. Auflage, 1976.

Wolff, Heinlich Amadeus/
Deck Andreas(Wolff/Deck)　　Studienkommentar VwGO VwVfG, 3. Auflage, 2012.

Würtenberger, Thomas　　Verwaltungsprozessrecht, 2. Auflage, 2006;
3. Auflage, 2011.

제1부 일반행정법

제1장 행정과 행정법

제1절 행정의 관념

제1항 행정의 개념

I. 행정개념의 전제

1. 사적 개념으로서 행정

행정법학의 연구대상은 행정(public administration, Verwaltung)의 조직과 작용을 규율하는 법규범이다. 따라서 행정법학의 연구는 행정개념을 전제로 한다. 그러나 행정의 개념은 시대마다 그 의미를 달리한다.[1] 역사적으로 본다면 서구의 행정은 절대국가의 행정, 그리고 19세기의 시민적 법치국가의 행정을 거쳐서 20세기의 사회적 법치국가의 행정으로 변천하였다.

1

2. 헌법상 개념으로서 행정

행정법의 대상으로서의 행정개념은 근대의 시민적 법치국가성립 및 권력분립원리와 관련하여 확립되기 시작한다. 서구의 경우와 마찬가지로 우리 헌법도 권력분립원칙에 입각하고 있다(헌법 제40조·제66조 제4항·제101조 제1항). 헌법의 구체화법인 행정법의 대상으로서의 행정은 당연히 권력분립원리에 따른 헌법상 개념이다. 이 때문에 행정개념의 정립은 헌법이 예정하고 있는 권력분립원리를 전제로 모든 행정작용을 검토하여야만 가능하다. 그런데 국가기능의 성질상의 차이를 전제로 한 이론상의 입법·행정·사법의 분립(권력분립)은 정치적 합목적성 등의 이유로 현실에 존재하는 의회·정부·법원의 권한과 일치하지 아니한다. 이 때문에 행정개념의 파악을 위해서는 현실제도를 중심으로 한 접근(형식적 또는 제도적 의미의 행정)과 이론을 중심으로 한 접근(실질적 또는 논리적 의미의 행정)이 모두 필요하다.

2

---

1) Wittern, Grundriß des Verwaltungsrechts, §1, Rn. 18ff.; Wolff/Bachof, Verwaltungsrecht Ⅰ (9. Aufl.), S. 31ff.; Wolff/Bachof/Stober/Kluth, Verwaltungsrecht Ⅰ (12. Aufl.), §7, Rn. 1ff.

Ⅱ. 형식적 의미의 행정

3 　　형식적 의미의 행정이란 국가기관을 기준으로 한 개념으로서, 행정부에 속
하는 기관에 의해 이루어지는 모든 작용을 의미한다.[1] 여기에는 성질상 입법에
속하는 작용(예 : 행정입법)도 있고, 사법에 속하는 작용(예 : 행정쟁송)도 있다. 형식
적 행정개념이 국가작용의 실질을 도외시한 개념이긴 하여도 이러한 행정개념
이 결코 무의미한 것만은 아니다. 왜냐하면 행정작용의 의미 · 범위 등에 대하여
법적으로 정의된 바 없다고 하여도, 행정은 국가적 권한의 행사이고, 따라서 그
것은 헌법의 테두리 내이어야 하며, 아울러 헌법에 의해 정당화되어야 하는 것
이므로,[2] 헌법이 행정기관에 부여한 여러 작용을 하나의 행정개념으로 설정하
는 것은 필요한 일이 된다.

Ⅲ. 실질적 의미의 행정

4 　　실질적 의미의 행정이란 국가작용의 성질상의 차이를 전제로 하여 행정내
용의 본질적인 특성을 중심으로 구성되는 개념이다. 우리의 경우도 그러하지만
독일 행정법의 경우에도 100년 이상 노력하여 왔으나, 아직까지 보편적이고도
명백한 실질적 의미의 행정개념은 존재하지 아니한다. 그리고 독일기본법과 마
찬가지로 우리 헌법상으로도 행정개념을 정의하고 있는 규정은 보이지 아니한
다. 헌법은 다만 국가권력의 하나로 행정권이 있음을 규정하고 있을 뿐이다(헌법
제66조 제4항). 행정개념에 대한 보편적인 정의의 결여는 공적 생활의 형성을 주
된 내용으로 하는 행정의 성질에 근거하는 것이다.[3] 실질적 의미의 행정개념의
정립가능성에 대해서는 긍정설과 부정설로 견해가 갈린다.

1. 긍 정 설

5 　　⑴ 소 극 설　　소극설은 권력분립론에서 출발하여 '입법도 사법도 아닌 국
가작용의 전부가 행정'이라 정의하거나[4] '입법도 사법도 통치작용도 아닌 국가
작용의 전부가 행정'이라고 정의한다.[5] 본서에서는 전자를 구공제설, 후자를 신

---

1) 행정개념을 형식적(제도적)으로 파악하는 입장으로 Walter Antoniolli/Friedrich Koja, All-
gemeines Verwaltungsrecht, 1986, S. 5; Ludwich Adamovich/Bernd−Christian Funk,
Allgemeines Verwaltungsrecht, 1987, S. 14ff.
2) Gerd Roellecke, Grundbegriffe des Verwaltungsrechts, 1972, S. 13f.
3) F. Mayer, Allgemeines Verwaltungsrecht, 1977, S. 6.
4) O. Mayer, Deutsches Verwaltungsrecht Ⅰ, 1924, S. 7; F.Fleiner, Institutionen des deutschen
Verwaltungsrechts, 1928, S. 7; W. Jellinek, Verwaltungsrecht, 1931, S. 6.
5) Wittern, Grundriß des Verwaltugsrechts, §1, Rn. 5.

공제설로 부르기로 한다. 그런데 구공제설에 대해서는 ① 내용이 포괄적이라는 점, ② 권력분립의 이념적 형성과정에 충실하다는 점, 즉 근대적인 의회의 탄생 및 재판제도의 확립으로 포괄적이고도 절대적인 왕권이 한정되게 되면서 왕권에 귀속되는 권한 중 최후까지 남은 것이 행정권이었던 것을 잘 나타내고 있다는 점이 장점으로 지적되어 왔다.[1]

한편 단점으로 ① 집행권(광의의 행정)에는 협의의 행정 외에 방향설정적인 집행부의 정치적 지도로서 통치작용이 있는데, 구공제설은 이를 간과하고 있다는 점, ② 입법과 사법개념이 명백해야만 공제설은 의미를 갖는 것인데, 과연 양자의 개념이 성공적으로 정의될 수 있는지는 의문이 있다는 점, ③ 전통적 권력분립론에 속하지 않는 국가작용이 행정에 있다는 점(예 : 의회의 대정부통제권), ④ 소극적으로 파악된 개념에는 내용상 통일성이 없으므로 개념으로는 불충분하다는 점, ⑤ 그리고 행정에는 입법 및 사법과 분리불가능한 것도 있다는 점 등이 지적되어 왔다.[2] 상기 단점 중 ①을 제외한 ② 내지 ⑤는 신공제설의 단점이기도 하다.

(2) **적 극 설** 적극설이 정의하는 바는 다양하다. 즉 행정은 ① 국가의 목표와 법질서의 달성을 위한 국가의 활동,[3] ② 개별경우를 위한 국가목표의 실현,[4] ③ 법률의 범위 안에서 그리고 법률의 토대 위에서의 사회형성,[5] ④ 조건적이거나 목표설정적인, 또는 부분적으로는 계획적인, 독자적으로 결정적으로 수행하는 그리고 형성적인 공동체사무의 공동체기관에 의한 수행작용 등[6]으로 다양하게 정의되고 있다. 또한 행정을 ⑤ 법 아래서 법의 규제를 받으면서 현실적·구체적으로 국가목적의 적극적 실현을 위하여 행하여지는 전체로서 통일성을 가진 계속적인 형성적 국가활동으로 정의하기도 한다.[7]

국내학자에 따라서는 적극설을 목적설과 양태설로 양분하기도 한다. 목적설은 국가목적실현 그 자체를 개념요소로 하는 입장이고(예 : 행정은 국가가 법질서 하에서 국가목적을 실현하기 위한 사법 이외의 작용이라는 정의), 양태설은 국가목적의 사실상의 실현이라는 현실적 결과의 실현을 개념요소로 하는 입장이다(예 : 앞의

1) Ehlers, in : Erichsen(Hrsg.), Allgemeines Verwaltungsrecht, §1, Rn. 8f.; Loeser, System des Verwaltungsrechts, Bd. 1, S. 103; Maurer, Allgemeines Verwaltungsrecht, §1, Rn. 6.
2) Maurer, Allgemeines Verwaltungsrecht, §1, Rn. 6.
3) Fritz Fleiner, Institutionen des deutschen Verwaltungsrechts, 1928, S. 4f.
4) Hans Peter, Lehrbuch der Verwaltung, 1949, 5ff.
5) Forsthoff, Lehrbuch des Verwaltungsrechts, 1973, S. 6.
6) Wolff/Bachof/Stober, Verwatungsrecht I (10. Aufl.), §2, Rn. 19.
7) 田中二郎, 行政法總論, 1992, 22쪽.

②의 정의). 양태설은 결과실현설이라고도 한다. 적극설의 다양성에 비추어 볼 때, 적극설을 단순하게 목적설과 양태설로 구분하는 것은 별다른 의미를 갖지 아니한다고 볼 것이다.

9   한편 적극설의 장·단점을 보면, 적극설은 ① 행정개념을 적극적으로 정립하여 행정을 통일적으로 설명하려는 점에 장점이 있고, 또한 ② 그것이 학문상 바른 태도라 할 수 있다. 그러나 적극설은 다음의 문제점을 갖기도 한다. ① 개념내용이 광범위하여 행정작용과 통치작용 사이의 구분이 명확하지 않고, ② 상당수의 적극설은 개념요소로 국가목표·국가임무 등의 용어를 사용하고 있는데, 이 용어가 갖는 의미내용이 명백하지 않으며, ③ 과연 이러한 적극설의 개념내용이 개념에 해당하는 것인지 아니면 단순히 행정의 특징을 서술한 것인지가 분명하지 않다는 것이다.[1]

2. 부 정 설

10   순수법학파인 Kelsen이나 Merkl 등이 이러한 입장에 속한다. 이들은 모든 국가작용은 법정립·법집행·법선언의 성질을 가지고 있는바, 입법·사법·행정의 3권을 성질에 따라 구분하는 것은 불가능하고, 다만 3권은 실정법질서상의 단계구조와 그 권한의 행사기관에 차이가 있을 뿐이라는 것이다. 이러한 입장에서 보면, 행정이 고유한 개념내용을 가질 수 없음은 당연하다. 우리의 관심은 국가작용에는 성질의 차이가 있는바, 그 성질에 따라 상이한 국가기관을 두게 된다는 점을 전제로 행정개념을 탐구하려는 것인데, 이 견해는 역으로 국가기관을 전제로 성질을 구분하려는 입장이다.

3. 사   견

11   연혁적으로는 소극설이 먼저 등장하였으나, 그 후 적극설이 일반적으로 지지되고 있다. 물론 오늘날에도 소극설을 지지하는 견해는 적지 않다.[2] 하여튼 현재로서 행정개념의 정의에 대한 만족할 만한 견해는 보이지 않는다. 사실 E. Forsthoff의 말처럼 행정은 개념지을 수 없고, 다만 묘사될 수 있을 뿐인 것으로 보인다.[3] 만족할 만한 개념이 없는 것은 행정의 행위영역·구조·임무설정, 그리고 행위형식의 다양성 때문이다.[4]

---

1) Ehlers, in : Erichsen(Hrsg.), Allgemeines Verwaltungsrecht, §1, Rn. 6.
2) K. Obermayer, Grundzüge des Verwaltungsrecht, 1988, S. 24; G. Scholz, Allgemeines Verwaltungsrecht Ⅰ, 1984. S. 13.
3) Forsthoff, Lehrbuch des Verwaltungsrecht, 1973, S. 1; Suckow/Weidemann, Allgemeines Verwaltungsrecht(15. Aufl.), Rn. 7.
4) Maurer, Allgemeines Verwaltungsrecht, §1, Rn. 8; Mussmann, in : Schweickhardt(Hrsg.),

제 2 항 행정개념의 특징

Ⅰ. 행정과 공익

1. 행정의 목표로서 공익

행정기능은 국가목표를 실현하는 데 있다. 국가목표는 시대에 따라 다르겠 12
으나 민주국가에서 행정은 공공의 복지 또는 공익을 실현하고 보장하는 것이어
야 한다.[1] 설령 행정이 법률로부터 자유로운 것일지라도 공익의 실현으로부터
자유로울 수는 없다. 대한민국이 민주국가라는 점에서 행정은 공익(전체 국민의
복지)에 기여하여야 한다.[2] 대한민국이 공화국이라는 관점에서 보아도 행정은
특정인이 아니라 모든 국민의 복지, 즉 공공의 복지를 위한 것이어야 한다.[3]「행
정의 행위형식」의 종류를 불문하고 공익의 보장과 촉진은 행정의 목표이자 기
능이다.[4] 물론 공익실현이 행정의 전유물만은 아니다. 사인이 공익실현에 기여
하기도 한다(예 : 언론). 공동체의 구성원은 모두 공익에 기여하지만, 행정은 공익
실현 그 자체를 목적으로 하는 점에서 특징적이다.

2. 공익의 개념

행정의 목표로서 공익의 개념은 명백한 것이 아니다. 이것은 시간의 흐름에 13
따라 변하는 유동적인 것이지 고정적인 것은 아니다. 더욱이 다원적 사회에서
공익개념의 판단은 더욱 곤란하다.[5] 행정주체가 행정을 행함에 있어 자의적인
판단에 따라 공익여부를 정해서는 아니된다. 만약 헌법이나 법률이 공익에 관해
규정하고 있으면 이에 따라야 하고, 규정하는 바가 없다면 구체적 상황에서 모
든 제반 사정을 고려하여 정해야 한다.[6] 이 경우 판단의 최고기준은 헌법이다.

Allgemeines Verwaltungsrecht, Rn. 1; Wallerath, Allgemeines Verwaltungsrecht, S. 2.

1) Ehlers, in : Erichsen(Hrsg.), Allgemeines Verwaltungsrecht, §1, Rn. 28ff.
2) Detterbeck, Allgemeines Verwaltungsrecht mit Verwaltungsprozessrecht(2017), Rn. 252.
3) Wolff/Bachof/Stober/Kluth, Verwaltungsrecht Ⅰ(2017), §29, Rn. 1.
4) Wolff/Bachof/Stober/Kluth, Verwaltungsrecht Ⅰ(2017), §29, Rn. 1.
5) Maurer, Allgemeines Verwaltungsrecht, §1, Rn. 10.
6) 대판 1990. 4. 27, 89누4093(공공이익의 비교형량을 함에 있어서는 공공이익 자체의 객관적 가
   치평가뿐만 아니라 행정처분의 경위와 그 과정, 다시 말하자면 그에 따른 일련의 연속된 처분
   인가, 또는 기존의 처분을 변경하는 처분인가 여하에 따라 공공이익에 대한 가치평가도 달라져
   야 할 것이고, 또 행정의 독립성과 관련하여 행정청이 최초로 행정처분을 하면서 어느 쪽의 공
   공이익을 더 중요한 것으로 판단하였는가 하는 문제와 일단 행정청이 어떤 쪽의 공공이익을
   더 중요한 것으로 판단한 후 법원이 그 판단에 관하여 재량권의 범위 내인가 아니면 재량권의
   남용인가 하는 심사를 할 때의 문제를 구별하여 그 판단기준을 달리하여야 할 것이다); 대판
   2006. 3. 16, 2006두330(공공사업의 경제성 내지 사업성의 결여로 인하여 행정처분이 무효로
   되기 위하여는 공공사업을 시행함으로 인하여 얻는 이익에 비하여 공공사업에 소요되는 비용

우리의 현행헌법상 최고의 원칙은 인간의 존엄과 가치의 실현(헌법 제10조)이라고 판단되므로, 행정은 궁극적으로 이에 봉사하는 것이어야 한다.

14   시·공을 초월한 기준에 따라 정해질 수 있는 공익개념의 정의는 현재로서는 없다. 국가란 무엇인가? 국가는 무엇에 봉사해야 하는가? 그리고 그것은 어떠한 절차에 따라 이루어져야 하는가? 이 모든 것이 국가에서 공익의 내용과 이해에 결정적인 것이 되며, 이러한 것은 국회제정의 법률에 의해 보다 세부적으로 나타나게 된다.[1] 요컨대, 공익의 구체적 내용(예 : 사회의 평화와 질서, 완전고용, 물가안정, 사회보장 등)은 공간과 시간상 제한된 국가의 이해를 전제로 하여 영속적인 과정에서 구체화될 수 있을 뿐이다.[2]

3. 토지수용과 공익

15   공익사업을 위하여 사인의 토지를 수용할 수 있다(헌법 제23조 제3항). 공익사업의 구체적인 내용은 공익사업을 위한 토지 등의 취득 및 보상에 관한 법률에서 규정되고 있다(토용법 제4조). 문제는 동법에서 명시되고 있지 아니한 재정목적(재정수입증대)을 위한 사업도 공익사업에 해당하는가의 여부이다. 긍정적으로 본 판례도 있으나,[3] 부정적으로 보아야 할 것이다.[4]

II. 행정과 법

1. 법집행으로서의 행정

16   근대적 의미의 행정은 법집행작용을 뜻한다. 그 법집행작용은 법에 의해 지도되고 통제받으면서 이루어진다. 행정은 법률을 개정할 수도, 폐지할 수도 없

이 훨씬 커서 이익과 비용이 현저하게 균형을 잃음으로써 사회통념에 비추어 행정처분으로 달성하고자 하는 사업 목적을 실질적으로 실현할 수 없는 정도에 이르렀다고 볼 정도로 과다한 비용과 희생이 요구되는 등 그 하자가 중대하여야 할 뿐만 아니라, 그러한 사정이 객관적으로 명백한 경우라야 한다. 그리고 위와 같은 공공사업에 경제성 내지 사업성이 있는지 여부는 공공사업이 그 시행 당시 적용되는 법률의 요건을 모두 충족하고 있는지 여부에 따라 판단되어야 함은 물론, 경제성 내지 사업성 평가와 관련하여서는 그 평가 당시의 모든 관련 법률의 목적과 의미, 내용 그리고 학문적 성과가 반영된 평가기법에 따라 가장 객관적이고 공정한 방법을 사용하여 평가되었는지 여부에 따라 판단되어야 한다).

1) H. Rupp, Grundfragen der heutigen Verwaltungsrechtslehre, 1965, S. 119f.
2) H. Rupp, Grundfragen der heutigen Verwaltungsrechtslehre, 1965, S. 117.
3) 대판 1971. 10. 22, 71다1716(원심이 워커힐관광, 서비스 제공사업을 한국전쟁에서 전사한 고 워커힐 장군을 추모하고 외국인을 대상으로 하여 교통부 소관사업으로 행하기로 하는 정부방침 아래 교통부 장관이 토지수용법 제3조 1항 3호 소정의 문화시설에 해당하는 공익사업으로 인정하고 스스로 기업자가 되어 본건토지수용의 재결신청을 하여 중앙토지수용위원회의 재결을 얻어 보상금을 지급한 사실을 인정하였음은 정당하고, 사실관계가 이렇다면 본건 수용재결은 적법유효한 것이라 할 것이다).
4) 본서, 옆번호 3006; 김남진, 고시연구, 2003. 1, 177쪽.

다. 만약 행정이 법률에 반한다면 적법성의 통제를 받게 된다. 통제방법으로는 여론에 의한 통제, 직무상 감독에 의한 통제, 재판에 의한 통제 등이 있다. 그렇다고 행정은 언제나 법률의 단순한 기계적인 집행작용만을 뜻하는 것은 아니다. 행정기관은 경우에 따라 법률로 정해지지 않은 사항도 고유의 판단에 따라 형성하고 유지해 나아간다.

2. 행정의 근거와 한계로서 법

법은 행정작용의 근거와 한계를 이루는 동시에 행정활동의 기준으로서 기능한다. 기본적으로는 법률이 행정작용의 기준이 되겠으나, 경우에 따라서는 행정공무원 또는 개인의 경험과 인식도 기준이 될 수 있다. 엄격히 말한다면 후자의 경우도 법률에 따른 것이라 할 수 있다. 말하자면 법률이 어떠한 행위의 가능성(Ob)과 방법(Wie)을 행정관에게 맡기는 경우는 법률이 명확히 내용을 한정해 두는 경우와 구분하여 다룰 필요가 있다. 이것은 학문상 재량문제로서 다루어진다. 17

Ⅲ. 행정과 사회형성

행정은 사회의 공동생활을 그 대상으로 한다. 그런데 행정은 사회의 공동생활의 현상을 유지하는 데에만 머무르는 것이 아니라 변화하는 환경에 계속적으로, 그리고 능동적으로 적응해 나아가면서 보다 나은 사회의 공동생활을 적극적으로 형성하는 것을 또 하나의 특징으로 갖는다(능동적·미래지향적인 사회형성). 이러한 의미에서 행정은 사법과 달리 반작용이 아니라 작용이라 할 수 있다. 요컨대 행정은 다른 국가작용에 비해 미래지향적·합리적·능동적, 그리고 적극적인 형성작용의 성질을 강하게 갖는다. 사회형성의 영역은 복리영역과 질서영역 모두에 미친다. 18

Ⅳ. 행정과 구체적 처분

행정은 추상적인 법규의 구체적 집행의 성격을 갖는다. 말하자면 행정은 공적 생활관계에서 구체적인 권리·의무의 발생·변경·소멸을 가져오는 구체적 처분의 성격을 또 하나의 개념적 특징으로 갖는다. 물론 계획작용에서 보는 바와 같이 구체적 처분성을 결하는 행정작용도 있겠으나 전체적으로 보아 행정은 구체성·개별성을 갖는다고 할 수 있다. 다만 그 개별·구체적인 수단은 다양하다. 19

제3항 통치행위

Ⅰ. 통치행위의 관념

1. 통치행위의 개념

20   종래 넓은 의미의 행정에는 좁은 의미의 행정과 통치행위가 포함되는 것으로 보았다. 좁은 의미의 행정이란 실질적 의미의 행정을 뜻한다. 통치행위 (Regierungstätigkeit)란 입법도 사법도 행정도 아닌 헌법상 보조활동이자,[1] 제4의 국가작용으로서 고도의 정치성을 갖기 때문에 사법심사의 대상에서 제외되는 행위를 뜻한다. 통치행위는 국가행위의 사법심사의 문제와 관련하여 나타난 개념이다.[2] 사법심사라는 요소에 맞추어 정의된 통치행위개념(즉 재판으로부터 자유로운 고권행위)을 일종의 형식적 의미의 통치행위라 부르기도 한다.[3] 행정법학에서는 이러한 의미의 통치행위가 문제의 대상이 된다. 한편, 실질적 의미에서 통치행위란 헌법형성의 기본결단의 차원에서 입법과 행정에 방향을 제시하며, 아울러 국가를 통합하여 국가작용의 단일성을 보장하는 국가지도적인 정치행위를 의미한다.[4] 이하에서 통치행위란 형식적 의미로 사용한다. 한편, 일설은 사법심사의 대상여부와 판결의 대상여부로 구분하여 설명하는 견해도 있다. 이에 의하면 영국에서는 사법심사의 대상도 아니고 판결의 대상도 아니지만, 미국에서는 사법심사의 대상은 되나 판결은 자제한다고 한다.[5]

2. 국가기능체계상 위치

21   국가권력이 입법·행정·사법으로 구분되는 3권분립체계상 통치행위의 위치가 문제된다. 최상위의 국가지도(통치)는 3권하에 놓이는 것이 아니다. 종래 이것은 제4의 권력으로 불렸다.[6] 통치행위는 성질상 행정과는 구별되며 독립적이나, 일반적으로 그것은 집행부권능의 한 부분으로 이해되어온 것이 과거 독일의 상황이다.[7] 요컨대 통치행위는 권력분립의 의미에서 제4의 기능이 아니고 기본

---

1) O. Mayer, Deutsches Verwaltungsrecht Ⅰ, S. 7ff.

2) G. Kassimitis, Der Bereich der Regierung, 1967, S. 69.

3) C. Brunner, Politiche Planung im parlamentarischen Regierungssystem, 1978, S. 230ff.

4) Wolff/Bachof, Verwaltungsrecht Ⅰ(9. Aufl.), S. 77; Detterbeck, Allgemeines Verwaltungsrecht mit Verwaltungsprozessrecht(2017), Rn. 4.

5) 이광윤, 통치행위와 정치문제, 고시연구, 2004. 4; Wolff/Bachof/Stober/Kluth, Verwaltungsrecht Ⅰ(12. Aufl.), §20, Rn. 27.

6) O. Mayer, Deutsches Verwaltungsrecht Ⅰ, S. 7.

7) G. Jellinek, Allgemeines Staatslehre, 1928, S. 166; Detterbeck, Allgemeines Verwaltungsrecht mit Verwaltungsprozessrecht(9. Aufl.), §1, Rn. 4f.

적으로는 집행권의 한 부분이다. 생각건대 그것을 국가기능의 체계상 어디에 분류시킬 것인가는 정치적·역사적 문제이다.

3. 통치행위의 주체

통치행위는 정부(대통령 또는 내각)에 의해 이루어지는 것이 일반적이나 국회 22
에 의해 이루어질 수도 있다. 일반적으로는 정부에 의한 통치행위가 중심적인 지위에 놓인다. 사법부에 의한 통치행위는 예상하기 어렵다. 사법부가 판결로써 통치행위의 여부를 판단하는 그 자체는 사법작용일 뿐이다.

Ⅱ. 국가별 통치행위의 실례

1. 프 랑 스

프랑스는 구주대륙에서 통치행위론의 탄생지이다. 프랑스의 이론과 판례는 23
모두 일정 국가행위에 재판으로부터의 자유를 인정한다.[1] 통치행위의 인정근거는 법정책적 견지에서 행정재판소의 사법적 자제에서 구하고 있다(사법자제설)고 한다.[2] 프랑스의 통치행위론은 독일·이탈리아·스페인 등에 영향을 미쳤다. 프랑스에서는 정부의 불신임, 의회소집, 의원의 징계 등 재판으로부터 자유로운 의회행위와 행정재판으로부터 제외되는 정부행위(Acte de Gouvernement)로 의회의 해산, 계엄의 선포, 군사, 외교 등의 행위가 판례상 인정되어 왔다. 그러나 오늘날 정부의 국제관계사항 및 대의회관계행위와 전쟁만이 국사원의 통제로부터 제외되고 있다고 한다.[3]

2. 독 일

독일에서는 제2차대전까지는 열기주의를 택한 관계로 통치행위의 문제가 24
없었다. 한편 제2차대전 후에는 행정소송에 관해 개괄주의를 채택하고 있음에도 불구하고 재판으로부터 자유로운 고권행위(gerichtsfreie Hoheitsakte)의 문제가 제기되고 있다. 학설상 대립이 있으나 프랑스의 이론과 판례에 따라 통치행위의 관념을 인정하려는 방향이 다수의 견해와 판례의 입장인 것으로 보인다.[4] 독일에서 통치행위의 예로는 연방하원에 의한 연방수상의 선출, 연방수상의 정치지

---

1) G. Kassimitis, Der Bereich der Regierung, 1967, S. 70.
2) 박윤흔·정형근, 최신행정법강의(상), 11쪽.
3) 성낙인, 프랑스헌법학, 1143쪽 이하.
4) Glaeser, Verwaltungsprozeßrecht, Rn. 40; BVerfGE 44, 322(국민의 삶을 보호하는 것은 국가의 의무이고, 이러한 의무를 어떠한 방식으로 수행할 것인가의 문제는 국가기관에 맡겨져야 한다. 정부는 법원에 의해 심사되지 아니하는 행위영역을 갖는다).

도기준의 설정, 의회에 의한 예산법률을 통한 예산의 확정, 연방대통령의 법률안의 서명·공포, 연방수상의 연방장관의 임명·해임 등이 언급되고 있다.[1]

3. 미　국

25   미국에서는 전쟁, 국가의 승인, 조약의 해석 등의 문제를 둘러싸고 통치행위가 정치문제(Political Question)라는 이름으로 인정되어 오고 있다. 권력분립주의가 그 인정근거인 것으로 보인다(권력분립설). 1849년의 Luther vs. Borden판결에서[2] 정치문제가 처음으로 인정되었다.

4. 영　국

26   왕은 제소되지 아니한다(The king is immune from suit)는 원칙하에 국가의 승인, 선전포고, 강화, 조약체결 등은 사법심사에서 제외되고 있다. 그리고 의회해산, 수상임명, 정부해산, 은사권의 행사 등도 사법심사에서 제외되고 있다. 이러한 행위들은 국사행위(Acts of State) 또는 대권행위(Prerogative) 등으로 불리며 이론과 판례상으로 승인되고 있다(대권행위설).[3] 이 밖에 의원의 징계, 의회소집 등도 의회주권에 속하는 것으로서 사법심사에서 제외되고 있다.

5. 일　본

27   제2차 세계대전 전까지 일본은 행정소송사항과 관련하여 열기주의를 채택하면서 고도의 정치적인 사항은 소송의 대상으로 하지 않았기 때문에 통치행위의 관념이 문제되지 않았다. 그러나 제2차 세계대전 후에는 개괄주의를 채택하였으므로 사정이 변하게 되었다. 학설은 나뉘나 통치행위의 관념을 인정하는 것이 지배적이고, 판례 또한 통치행위의 관념을 인정하고 있다.[4]

---

1) Glaeser, Verwaltungsprozeßrecht, Rn. 40; W−R. Schenke, Verwaltungsprozessrecht(15. Aufl.), Rn. 92. 행위의 정치성 때문에 사법심사 대상이 아니라는 것은 독일 기본법상 법치국가질서에 부합하지 않는다는 견해도 있다(Schenke, Verwaltungsprozessrecht, 12. Aufl., Rn. 93).

2) 이 사건에서 연방대법원은 Rhode Island의 반란정부와 종래의 정부 사이에서 "어느 정부가 합법적인 정부인가의 판단은 정치적 문제인바, 그것은 법원이 판단할 사항이 아니라 연방의회와 연방정부가 결정할 문제"라 하였다.

3) H. Rumpf, Regierungsakt im Rechtsstaat, 1955, S. 121.

4) 1959. 12. 16.자 일본최고재판소 沙川事件판결(미일안전보장조약과 미군주둔의 합헌성판결); 1960. 6. 8.자 일본최고재판소 苫米地事件판결(의회해산의 합헌성 판결).

Ⅲ. 인정여부와 근거

1. 학   설

⑴ 긍 정 설

㈎ **권력분립설**(내재적 한계설)   권력분립원리상 사법권에는 내재적인 한계 28
가 있다는 것이다. 말하자면 일정작용(정치문제)에 대한 판단권은 국민에 의해
법원이 아니라 정치부문에 맡겨진 것이라고 보는 입장이다. 미국과 일본의 판례
의 입장이다.[1] 그러나 과연 상기의 내재적인 한계가 있는 것인지 명백하지 않
다는 것과 결과적으로 사법부의 기능을 축소하게 되어 국민의 권리구제가 미흡
해진다는 데에 이 견해의 문제점이 있다.

㈏ **재량행위설**(합목적성설)   통치행위는 행정행위이기는 하나 자유재량행 29
위인 까닭에 사법심사의 대상이 되지 않는다는 것이다. 그러나 통치행위의 문제
는 사법심사의 대상의 문제인데, 이를 사법심사의 범위의 문제인 재량문제로 파
악한 것은 잘못이며, 개념상 통치행위와 자유재량행위는 구별되며, 행정소송은
개괄주의를 취하고 있다는 비판이 가해진다.

㈐ **사법자제설**   이론상 통치행위에도 사법권이 미치나, 사법의 정치화를 30
막기 위하여 정치문제에 대하여는 사법이 자제하는 것이 좋다는 입장이다. 미국 판
례의 지배적인 견해이다.[2] 그러나 사법의 과도한 자제는 결코 기본권의 수호자인
법원이 취해야 할 바람직한 태도는 아닐 것이다. 헌법재판소의 입장이기도 하다.[3]

㈑ **독자성설**   통치행위는 국가지도적인 최상위의 행위로서 본래적으로 31
사법권의 판단에 적합한 사항이 아닌 독자적인 정치행위라는 입장이다. 이 때문
에 통치행위가 위헌 또는 위법하여도 사법심사에서 제외된다는 것이다. 그러나
독자적인 정치행위라는 의미와 사법심사의 배제가 언제나 결합될 수 있는 것인

---

1) 김철수, 헌법학(하), 1972쪽; Luther vs. Boden 판결.
2) Marbury vs. Madison(1803) 판결.
3) 헌재 2004. 4. 29, 2003헌마814(일반사병 이라크파병결정은 대통령이 파병의 정당성뿐만 아니
   라 북한 핵 사태의 원만한 해결을 위한 동맹국과의 관계, 우리나라의 안보문제, 국·내외 정치
   관계 등 국익과 관련한 여러 가지 사정을 고려하여 파병부대의 성격과 규모, 파병기간을 국가
   안전보장회의의 자문을 거쳐 결정한 것으로, 그 후 국무회의 심의·의결을 거쳐 국회의 동의를
   얻음으로써 헌법과 법률에 따른 절차적 정당성을 확보했음을 알 수 있다. 그렇다면 이 사건 파
   견결정은 그 성격상 국방 및 외교에 관련된 고도의 정치적 결단을 요하는 문제로서, 헌법과 법
   률이 정한 절차를 지켜 이루어진 것임이 명백하므로, 대통령과 국회의 판단은 존중되어야 하고
   헌법재판소가 사법적 기준만으로 이를 심판하는 것은 자제되어야 한다. 이에 대하여는 설혹 사
   법적 심사의 회피로 자의적 결정이 방치될 수도 있다는 우려가 있을 수 있으나 그러한 대통령
   과 국회의 판단은 궁극적으로는 선거를 통해 국민에 의한 평가와 심판을 받게 될 것이다).

가는 의문이다.

32   (2) **부 정 설**   헌법이 법치주의를 택하고 있고 사법심사에서 개괄주의를 택하고 있는 관계상 사인의 권리를 침해하는 모든 국가작용은 사법심사의 대상이 된다는 입장이다.[1] 결국 부인설은 통치행위의 인정을 사법권의 포기로 이해하게 된다.

33   (3) **제한적 긍정설**(정책설)   통치행위는 정책적 관점에서 다만 국가의 존립에 극도의 혼란을 초래할 수도 있는 정치적 사안들의 경우에 정책적 관점에서 예외적으로 인정될 수밖에 없다는 견해이다.

2. 판   례

34   (1) **대 법 원**   대법원은[2] 대통령의 비상계엄의 선포·확대 등과 관련하여 제한적으로 사법심사의 배제를 긍정하고 있다(한정적 긍정론).[3]

35   (2) **헌법재판소**   헌법재판소는[4] 대통령의 금융실명거래및비밀보장에관한 긴급재정경제명령의 발령을 통치행위로 보았다. 또한 헌법재판소는 사면을 통치행위로 보았고,[5] 이라크파병결정도 통치행위로 보았다.[6]

3. 사   견

36   (1) **일 반 론**   우리나라의 헌법이 실질적 법치주의를 지향하고 있음을 고려하고, 행정소송법이 개괄주의를 채택하고 있는 점을 고려한다면 확실히 논리적으로는 부정설이 타당하다(헌법 제27조 제1항의 재판청구권과 헌법 제107조 제2항에 따른 법원의 명령·규칙·처분심사권 등에 근거한 헌법이론상 또는 헌법해석상의 관점).[7] 정치

---

1) 홍준형, 행정법, 6쪽(2017); Püttner, Allgemeines Verwaltungsrecht, S. 32; Schenke, Verwaltungsprozessrecht, Rn. 92; Schenke, Verwaltungsprozessrecht, 12. Aufl., Rn. 91.
2) 대판 2010. 12. 16, 2010도5986 전원합의체(입헌적 법치주의국가의 기본원칙은 어떠한 국가행위나 국가작용도 헌법과 법률에 근거하여 테두리 안에서 합헌적·합법적으로 행하여질 것을 요구하고, 이러한 합헌성과 합법성의 판단은 본질적으로 사법의 권능에 속하는 것이다. 다만 고도의 정치성을 띤 국가행위에 대하여는 이른바 통치행위라 하여 법원 스스로 사법심사권의 행사를 억제하여 그 심사대상에서 제외하는 영역이 있을 수 있다. 그러나 이와 같이 통치행위의 개념을 인정한다고 하더라도 과도한 사법심사의 자제가 기본권을 보장하고 법치주의 이념을 구현하여야 할 법원의 책무를 태만히 하거나 포기하는 것이 되지 않도록 그 인정을 지극히 신중하게 하여야 한다); 대판 2004. 3. 26, 2003도7878.
3) 김철수, 헌법학(하), 1978쪽.
4) 헌재 1996. 2. 29, 93헌마186(대통령의 긴급재정경제명령은 국가긴급권의 일종으로서 고도의 정치적 결단에 의하여 발동되는 행위이고 그 결단을 존중하여야 할 필요성이 있는 행위라는 의미에서 이른바 통치행위에 속한다고 할 수 있다).
5) 헌재 2000. 6. 1, 97헌바74.
6) 헌재 2004. 4. 29, 2003헌마814.
7) 김철수, 헌법학(하), 1978쪽.

적 의미를 이유로 통치행위는 사법심사의 대상이 아니라는 견해, 즉 정치는 법에 우선한다는 논리는 헌법상 법치국가원리에 부합되지 아니한다. 확실히 부정설은 개인의 권익보호에 기여하는 바가 클 것이다. 그렇다고 실질적 법치주의나 개괄주의가 반드시 통치행위개념과 양립할 수 없다고 보기는 어렵다. 실질적 법치주의나 개괄주의도 국가의 존립을 전제로 하는 것임은 자명하다. 사실 국가의 존립에 혼란을 초래할 수도 있는 정치적인 사안들의 경우에는 정책적인 관점에서 통치행위의 관념을 인정할 수밖에 없는 것이 현실적인 인식이라 하겠다(제한적 긍정설, 정책설). 이러한 시각에서 볼 때, 대북송금사건에서 통치행위를 인정함에 있어서 지극히 신중해야 한다는 대법원의 판시는 본서의 입장과 같은 것으로 보인다.

(2) **특별사면에 대한 사법심사**   사면이 통치행위의 성질을 갖기 때문에 사 **37** 면에 대한 사법심사는 배제된다는 것이 여태까지의 사고로 보인다. 사면에 대한 사법심사 가부의 문제는 사면행위 또는 사면의 거부행위를 중심으로 한 것으로 보인다. 그러나 「특정인에 대한 특별사면의 취소나 철회가 불가능한가? 가능하다면 특별사면의 취소나 철회는 사법심사의 대상이 아니라 할 수 있는가?」의 문제에 대해 아니라고 말하기 어렵다. 왜냐하면 특별사면의 취소나 철회는 특별사면요건의 미비에도 불구하고 이루어진 특별사면을 바로잡거나 특별사면 후에 발생한 새로운 사정을 반영하는 것이기 때문에 특별사면의 취소나 철회를 통치행위로서 대통령의 은사행위로 보기 어렵다. 오히려 행정적 결정(행정처분)으로 보는 것이 현실적이고, 그러한 행정적 결정에 대하여는 행정소송법상 개괄주의 내지 포괄적 권리보호의 원리에 비추어 사법심사의 대상이 된다고 볼 것이기 때문이다.[1] 헌법 제79조는 사면이 사법심사의 대상이 아님을 규정하고 있는 것은 아니다.

Ⅳ. 통치행위의 실례

1. 정부의 행위

① 외교행위·전쟁·사면[2]·영전수여 등 국가원수의 지위에서 행하는 일정 **38**

---

1) W-R. Schenke, Verwaltungsprozessrecht(15. Aufl.), Rn. 91 참조.
2) 독일의 경우, 판례는 사면거부(결정)은 재판으로부터 자유로운 행위(BVerfGE 25, 352, 358)로 보았으나, 사면결정의 철회에 대해서는 사법심사를 긍정한 것(BVerfGE 30, 108ff.)으로 평가되며, 사면의 철회에 사법심사가 가능하다면, 사면 거부도 사법심사가 가능하다고 보는 것이 타당하다는 지적이 있다(Schenke, Verwaltungsprozessrecht, 15. Aufl., Rn. 90f.). 학설은 사면의 거부나 철회는 법적 행위 또는 행정행위, 그러나 재량영역이 넓은 행위로 본다(Glaeser, Verwaltungsprozeßrecht, Rn. 42; Schenke, Verwaltungsprozessrecht, 12. Aufl., Rn. 91; Wittern, Grundriß des Verwaltungsrechts, §8, Rn. 125). 그러나 사법심사는 자의와 절차상 하

국가작용, ② 국무총리임명 등 조직법상 행위, ③ 법률안거부, 국민투표회부, 비상계엄선포, 긴급명령, 긴급재정·경제명령 등 일련의 행위는 통치행위에 해당한다.

2. 국회의 행위

39 국무총리·국무위원해임의 건의, 국회의원의 징계, 국회의 조직행위 등의 국회의 행위도 성질상 통치행위의 일종으로 볼 수 있다. 왜냐하면 행위의 주체가 아니라 내용(즉 행위의 정치성과 사법심사의 배제라는 요소)을 통치행위의 중심적인 개념징표라 볼 때, 국회행위도 통치행위의 관념에 포함시킬 수 있기 때문이다.

Ⅴ. 통치행위의 한계

1. 헌법원리적 한계

40 ① 통치행위는 그 목적에 구속된다. 합목적성의 구속은 합목적적인 수단을 선택할 것을 요구하고, 일반 공공의 의사와 역사에 구속될 것을 요구한다(목적에 의한 구속). ② 통치행위가 재판으로부터 자유롭다고 하여도 그것이 헌법이나 법률로부터 완전히 자유로운 것을 의미하는 것은 아니다.[1] 통치행위는 헌법형성의 기본결단에 구속되고, 아울러 법치국가의 원리인 정의의 원칙에 합당하여야 한다(헌법에 구속).

2. 개념상 한계

41 (1) **정치적 법률분쟁** 모든 정치적 문제가 통치행위라는 이름으로 사법심사에서 배제되는 것은 방지되어야 한다. 즉 정치적 문제에는 진정한 의미의 정치적 분쟁과 정치적 법률분쟁이 있겠는데, 진정한 의미의 정치적 분쟁은 법원의 사법심사에서 제외될 것이지만 정치적 법률분쟁은 마땅히 법원의 심사대상이 되어야 한다.[2] 헌법재판소도 '신행정수도의건설을위한특별조치법'에 관한 헌법소원사건에서[3] "법률의 위헌여부가 헌법재판의 대상으로 된 경우, 당해 법률이

자의 문제에 한정되는 것으로 본다(Battis, Allgemeines Verwaltungsrecht, S. 128).

1) 헌재 2022. 1. 27, 2016헌마364(국가비상사태에 대응하여 발동되는 긴급명령이나 비상계엄 등의 국가긴급권도 발동 요건과 절차가 헌법에 엄격하게 정해져 있고, 국민의 기본권 제한은 헌법 제37조 제2항에 따라 법률로써 하여야 하므로, 대통령의 정치적 결단에 따른 조치라도 국민의 기본권 제한과 관련된 경우에는 반드시 헌법과 법률에 근거를 두어야 하고, 그 근거가 없을 경우 위헌적 조치로 보아야 한다).

2) 김철수, 위헌법률심사제도론, 1983, 104쪽.

3) 헌재 2004. 10. 21, 2004헌마554·556(병합).

정치적인 문제를 포함한다는 이유만으로 사법심사의 대상에서 제외되지 않는다"고 하여 동일한 태도를 취하고 있다.

(2) **통치행위에 부수하는 행위**   예컨대 대통령의 계엄선포 후 계엄법에 따 42
라 이루어지는 처분들은 계엄법 등 관련 법령이 정하는 바에 따라야 한다.[1] 계
엄법 등 관련법령에 따른 처분들은 통치행위가 아니며 사법심사의 대상이 된다.
판례의 입장도 같다.[2] 이러한 통치행위에 부수하는 행위는 통치행위와 구별되
어야 한다. 한편, 통치행위에 부수하는 행위가 위법하다면, 그러한 행위는 행정
소송의 대상이 될 수도 있고, 국가배상책임을 발생시킬 수도 있다.

3. 통치행위의 요건상 한계

고도의 정치성을 띠는 행위일지라도 헌법과 법률이 정한 요건을 명백히 결 43
하거나[3] 기본권침해와 직접 관련하는 경우에는[4] 사법심사 또는 헌법소원의 대
상이 되어야 한다. 헌법과 법률이 정하는 요건을 명백히 결한 고도의 정치적 행
위(예 : 헌법과 법률이 정하는 요건을 명백히 결한 대통령의 비상계엄선포행위)를 통치행위
라 부를 것인지의 여부는 표현상의 문제이다. 구태여 이름을 붙인다면 그러한
행위는 부진정 통치행위라 부를 수 있을 것이다. 요건미비의 통치행위는 행정소
송의 대상이 될 수도 있고, 국가배상책임을 발생시킬 수도 있다.

---

1) Wollf/Bachof, Verwaltungsrecht Ⅰ(9. Aufl.) S. 81.
2) 대판 2004. 3. 26, 2003도7878(남북정상회담의 개최는 고도의 정치적 성격을 지니고 있는 행위
   라 할 것이므로 특별한 사정이 없는 한 그 당부를 심판하는 것은 사법권의 내재적·본질적 한
   계를 넘어서는 것이 되어 적절하지 못하지만, 남북정상회담의 개최과정에서 재정경제부장관에
   게 신고하지 아니하거나 통일부장관의 협력사업 승인을 얻지 아니한 채 북한측에 사업권의 대
   가 명목으로 송금한 행위 자체는 헌법상 법치국가의 원리와 법 앞에 평등원칙 등에 비추어 볼
   때 사법심사의 대상이 된다).
3) 대판 1997. 4. 17, 96도3376 전원합의체(대통령의 비상계엄의 선포나 확대 행위는 고도의 정치
   적·군사적 성격을 지니고 있는 행위라 할 것이므로, 그것이 누구에게도 일견하여 헌법이나 법
   률에 위반되는 것으로서 명백하게 인정될 수 있는 등 특별한 사정이 있는 경우라면 몰라도, 그
   러하지 아니한 이상 그 계엄선포의 요건 구비 여부나 선포의 당·부당을 판단할 권한이 사법부
   에는 없다고 할 것이나, 비상계엄의 선포나 확대가 국헌문란의 목적을 달성하기 위하여 행하여
   진 경우에는 법원은 그 자체가 범죄행위에 해당하는지의 여부에 관하여 심사할 수 있다).
4) 헌재 1996. 2. 29, 93헌마186(통치행위를 포함하여 모든 국가작용은 국민의 기본권적 가치를 실
   현하기 위한 수단이라는 한계를 반드시 지켜야 하는 것이고, 헌법재판소는 헌법의 수호와 국민
   의 기본권 보장을 사명으로 하는 국가기관이므로 비록 고도의 정치적 결단에 의하여 행해지는
   국가작용이라고 할지라도 그것이 국민의 기본권 침해와 직접 관련되는 경우에는 당연히 헌법
   재판소의 심판대상이 된다).

VI. 권리보호

1. 국가배상

44 '누구에게도 일견하여 헌법이나 법률에 위반되는 것으로서 명백하게 인정될 수 있는 등 특별한 사정이 있는 경우'[1] 또는 '국민의 기본권 침해와 직접 관련되는 경우'에는[2] 국가배상법상 요건을 충족한다면 제한적으로 국가배상청구가 가능하다. 통치행위로 인한 손해의 사법적 구제가능성은 원칙적으로 없다는 견해도 있다.[3]

2. 손실보상

45 통치행위로 인해 국민에게 특별한 희생이 가하여지는 경우 평등의 원칙에 비추어 손실보상이 주어져야 한다는 견해가 있다.[4] 논리적으로 보면, 손실보상청구권의 성립요건을 구비하는 경우에는[5] 손실보상을 인정할 것이다. 그러나, 재산권에 대한 공용침해가 있다고 하더라도 통치행위에 따른 손실에 대한 보상규정이 일반적으로 마련되어 있지 아니하기에 손실보상은 현실적으로는 어려울 것이다.

3. 헌법소원

46 통치행위가 통상적인 사법심사는 어렵다고 하더라도 당해 행위가 국민의 기본권침해와 직접 관련된 행위인 경우에는 헌법소원의 대상이 된다.

제 2 절 행정의 종류

제 1 항 법형식에 따른 분류

I. 공법상 행정

1. 의   의

47 공법상 행정은 공행정 또는 고권행정 등으로 불리기도 한다. 공법상 행정은 공법(행정법)에 따라 이루어지는 행정을 의미하며, 국가와 사인간의 관계에서 국

---

1) 대판 1998. 4. 17, 96도3376(5·18내란사건).
2) 헌재 1996. 2. 29, 93헌마186.
3) 김동희·최계영, 행정법(Ⅰ) 2021, 18쪽.
4) 박균성, 행정법론(상), 34쪽(2019).
5) 이와 관련하여 특히 본서, 옆번호 3032를 보라.

가의 우월적 지위를 주요 특징으로 한다. 공법상 행정은 권력행정과 단순고권행정으로 구분된다. 행정을 공법상 행정과 사법상 행정으로 구분하는 주된 실익은 공법과 사법의 구분을 전제로 하여 양자에 적용되는 실체법이 다르고, 권리구제(행정소송)의 방식 등이 다르기 때문이다. 공법상 행정은 고권행정이라고도 한다.

2. 권력행정

권력행정은 국가 또는 공행정주체가 자신이 갖는 고유한 권력에 근거하여 48
개인에게 일방적·구속적으로 명령·금지·허가 등을 행하는 행정을 의미한다. 바꾸어 말하면 행정행위 또는 행정강제 등의 형식으로 개인의 자유와 재산을 침해하거나 구속하는 것을 주된 내용으로 하는 행정이다. 이러한 행정은 침해행정의 영역에서 많이 나타난다(예 : 과세처분·경찰처분·입영처분). 한편 민주국가원리·법치국가원리상 이러한 행위에는 엄격한 법적 기속이 따르며, 따라서 행정법의 특징이 가장 강하게 나타나는 행정영역이기도 하다. 한편 권력행정은 좁은 의미의 고권행정이라고도 한다.

3. 단순고권행정

단순고권행정은 강제없이 수행되는 공행정을 의미한다. 이것은 행정행위의 49
형식도 아니고 공법상 계약의 형식도 아니면서 공법적 근거에서 행해지는 상이한 행정작용의 전체를 의미한다.[1] 말하자면 공법에 근거하는 행정작용이라는 점에서는 권력행정의 경우와 같으나, 그 수단이 비권력적이라는 점에서 권력행정과 다르고, 한편 그것이 공법작용인 점에서 사법작용과 다르다(예 : 강제접종 대신 접종의 권고, 도로의 건설과 유지, 지도와 계몽, 경고, 감정, 영조물의 경영). 이러한 행정은 생활배려와 관련하는 급부행정영역(예 : 수도·전기·가스 등)에서 많이 나타난다. 이러한 행정을 고권적이라고 하는 것은 그 내용을 행정주체가 일방적으로 결정하기 때문이다.

Ⅱ. 사법상 행정

1. 의   의

사법상 행정(Privatrechtliche Verwaltung)은 넓은 의미의 국고행정을 의미한다. 50
사법상 행정은 사법에 따라 이루어지는 행정이며, 그것은 국가와 사인간의 관계가 대등한 것이 특징적이다. 전통적으로 사법적으로 작용하는 국가를 국고

---

1) Wallerath, Allgemeines Verwaltungsrecht, S. 28, 248.

(Fiskus)라 부르고, 이것을 사인과 대등하게 취급하여 공법상의 일반적인 제약 밖에 두었었다. 현재 국고란 ① 사법관계의 한 당사자로서 국가라는 의미와, ② 국가재산의 관리자로서 그 속성에 따라 개별 행정분야별 권리주체로서의 의미(예 : 조세국고·관세국고·산림국고등)를 갖는다.[1] 한편 1950년대부터 독일의 이론은 사법상 행정을 행정작용으로 추구하려는 목표에 따라 행정사법과 좁은 의미의 국고행정으로 구분한다.[2]

2. 행정사법

51   행정사법(Verwaltungsprivatrecht)이란 행정주체가 자신에게 주어진 공적 임무(특히 급부와 지도)를 사법형식(국고형식)으로 수행할 때의 행정을 의미한다. 말하자면 형식은 사법적이나 내용은 공적 임무의 수행인 작용을 뜻한다. 따라서 행위의 형식과 행위의 내용 사이의 괴리가 행정사법의 본질적인 특징이 된다.

3. 좁은 의미의 국고행정

52   좁은 의미의 국고행정이란 국고적 조성행위인 조달행정작용과 수익의 확보를 위한 영리작용(예 : 일반재산대부행위)[3]을 말한다. 이러한 작용에는 원칙적으로 명문의 규정이 없는 한 사법이 적용되어 왔다. 그러나 공법(특히 기본권)에의 구속이 앞으로 검토·강조되어야 한다.

제 2 항   법적 구속의 정도에 따른 분류

I. 법률로부터 자유로운 행정

53   법률로부터 자유로운 행정은 행정청이 자신의 고유한 판단에 따라 형성하는 행정을 말한다(예컨대 도로·주차장·수용시설·예술공연장 등의 건설의 경우에 어디에, 어떻게 낼 것인가의 문제). 법률로부터 자유로운 행정은 특히 법률상 명시적인 규율이 없는 행정영역 또는 계획행정영역(계획재량)과 관련한다. 그러나 이러한 행정도 일반적인 법적 한계, 즉 권한규범·조직규범·기본권 및 행정법의 일반원칙에 따라야 한다. 그리고 합목적성에도 따라야 한다.

---

1) Wittern, Grundriß des Verwaltungsrechts, § 2, Rn. 9.
2) Wallerath, Allgemeines Verwaltungsrecht, S. 30.
3) 대판 1993. 12. 21, 93누13735.

Ⅱ. 법률종속적 행정

법률종속적 행정은 특별한 법률상의 규정에 구속되어 행해지는 작용을 말 54
한다. 법률종속행정은 법률에의 구속의 강도에 따라 여러 단계로 구분할 수 있
다. 이해의 편의상 이를 도해하면 다음과 같다.

요건부분	효과부분	예	비 고
확정법개념	강제적으로 명해지는 법효과	상속세부과(의무적)	(엄격)기속행정
판단여지 없는 불확정법개념	재량 없는 강제적 법효과	건축허가(신청시)	기속행정
판단여지 있는 불확정법개념	재량 없는 강제적 법효과	시험평가(채점행위)	기속행정
불확정법개념 (판단여지 불문)	결정재량	운수사업면허	재량행정
불확정법개념 (판단여지 불문)	결정재량·선택재량	공무원징계처분	재량행정

제 3 항 법적 효과에 따른 분류

Ⅰ. 수익적 행정

수익적 행정이란 국민에게 권리나 이익을 주는 행정을 말한다. 각종 허 55
가, 교부지원금의 지급, 생활무능력자에 대한 생계비지급 등이 이러한 행정의
예에 해당한다. 복지국가로 발전하면 할수록 수익적 행정의 증대를 가져올 것
이다.

Ⅱ. 침익적 행정

침익적 행정이란 국민에게 새로운 의무를 부과하거나 기존의 권리나 이익 56
을 박탈하거나 또는 각종 제재를 가하는 것을 내용으로 하는 국민에게 불이익
한 행정을 말한다. 세금의 부과, 허가의 취소, 행정강제 등이 이에 해당한다. 침
익적 행정은 법치행정의 원리상 엄격한 법적 근거를 필요로 한다. 침익적 행정
은 부과적 행정 또는 부담적 행정으로도 불린다.

Ⅲ. 복효적 행정

57   복효적 행정이란 수익적인 효과와 침익적인 효과를 동시에 갖는 행정을 말한다. 이에도 2종류가 있다. 수익과 침익이 동일인에게 귀속하는 경우를 혼효적 행정, 그러한 효과를 갖는 행정행위를 혼효적 행정행위(Verwaltungsakt mit Misch-wirkung)라 하고, 수익과 침익이 상이한 자에게 귀속하는 경우를 제3자효있는 행정, 그러한 효과를 갖는 행정행위를 제3자효있는 행정행위(Verwaltungsakt mit Drittwirkung)라 부른다. 전자의 예로 부담부허가, 후자의 예로 신규업자에 대한 여객자동차운수사업면허(여객법 제5조 제1항·제6조)를 들 수 있다.

제 4 항   작용수단에 따른 분류

Ⅰ. 침해행정

58   침해행정(Eingriffsverwaltung)이란 공익을 위해 개인의 자유와 재산의 영역을 침해하는 모든 행정을 말한다. 즉 금지나 의무부과 등을 통해 개인의 권리를 박탈 또는 제한하거나 그 밖의 방법으로 개인의 행동의 자유, 처분의 자유를 제한하는 작용을 말한다(예 : 세금 등 공과금부과·징수처분, 교통통제 등 경찰처분, 행정강제처분). 이러한 행정은 법률의 우위 하에 놓이고 아울러 법률의 유보에 따라야 한다.

Ⅱ. 급부행정

59   급부행정(Leistungsverwaltung)이란 개인의 권리영역을 확대·안정시키는 행정을 말한다. 즉 개인의 생활조건을 보장하고 향상시키는 행정이다. 이것은 일면 개개시민의 급부를 보장하고, 타면 전체로서의 개인에게 일반적 생활배려(Daseinsvorsorge)를 행하는 작용이다. 이 때 전자의 경우에는 국가와 시민간에 구체적인 법률관계가 문제되나, 후자의 경우에는 구체적인 법률관계가 발생하지 아니한다.[1] 개인이 국가에 대해 도로개설청구권을 갖지 못하는 것이 후자의 예가 된다. 한편 급부행정도 침해행정과 같이 법률의 우위하에 놓이나, 법률의 유보가 적용되는가에 관해서는 다툼이 있다. 그리고 급부행정은 대체로 공법적으로 이루어지나 부분적으로는 사법적(국고적)으로 이루어질 수도 있다.

---

1) Wittern, Grundriß des Verwaltungsrechts, §1, Rn. 33f.

제 5 항 목표에 따른 분류[1]

Ⅰ. 질서행정

질서행정이란 공적 안전과 공적 질서의 유지를 위한 행정을 말한다. 달리 60
말한다면 질서행정이란 공적 안전과 공적 질서에 적합하지 아니한 상황이나 위
험 또는 교란을 예방하고 제거하는 것을 목표로 하는 행정을 말한다(예: 교통경
찰행정, 감염병의 예방과 퇴치를 위한 행정). 질서행정에는 일반적으로 침해적인 수단
(예: 운전면허취소·각종 허가제)이 활용된다. 따라서 침해적 성질로 인하여 질서행
정은 공법적 수단(명령·강제)이 활용되는 공법상 행정이며, 사법적 수단과는 거
리가 멀다. 또한 질서행정은 법률의 유보의 원칙이 기본적으로 적용되는 영역
이다.

Ⅱ. 급부행정

1. 급부행정의 의의

급부행정이란 개인에 대한 지원(장학금, 생계지원)과 공적 시설(도시공사, 유치 61
원, 병원 등)의 설치를 통해 사인의 생활조건을 보장하고 개선하는 행정을 말한다
(예: 장학지원 행정·사회부조행정).[2] 급부란 행정의 목표로서의 급부(실질적 의미)와
행정의 수단으로서의 급부(도구적 의미)의 2중의 의미를 갖는다. 침해행정과 대비
되는 급부행정은 수단으로서의 급부행정이고, 질서행정과 대비되는 급부행정은
목표로서의 급부행정이다.[3] 질서행정의 경우와 달리 목적으로서의 급부행정의
수단은 기본적으로 명령·강제와 거리가 멀다. 급부행정은 공법적인 방식 외에
사법적인 방식으로도 이루어진다.

2. 급부행정의 종류

급부행정은 ① 사무의 내용에 따라 배려행정(공동체구성원을 위한 각종시설의 62
설치에 관한 행정)·사회행정(개인으로서 공동체구성원의 삶의 보장에 관한 행정, 내용으로
사회보험·사회보장·사회부조가 있다)·촉진행정(개인적인 삶의 영역에서 구조개선에 관한

---

1) 행정의 임무 또는 목표를 기준으로 행정을 질서행정·급부행정·지도행정(예, 보조금지원)·공
　과행정(예, 세금의 부과·징수)·조달행정(예, 정부청사매입)으로 나누기도 하고(Maurer, All-
　gemeines Verwaltungsrecht, §1, Rn. 15ff.), 질서행정·급부행정·공과행정·조달행정·재산행
　정·경제활동으로서의 행정으로 구분하기도 한다(Ehlers, in: Erichsen(Hrsg.), Allgemeines
　Verwaltungsrecht, §1, Rn. 35ff.).
2) Maurer/Waldhoff, Allgemeines Verwaltungsrecht(2017), §1, Rn. 16.
3) Maurer, Allgemeines Verwaltungsrecht, §1, Rn. 21.

행정, 조성행정으로 불리기도 한다), ② 급부의 종류에 따라 금전의 급부(예 : 대부)·물건의 급부(예 : 의약품제공)·서비스제공(예 : 직장소개)·기타의 급부, ③ 급부의 수령자에 따라 일반공중에의 자동적인 급부(예 : 자유사용의 도로)와 특정의 수령자에 개별적으로 보장되는 타율적 급부(예 : 금전급부), ④ 법률의 구속성에 따라 법률상의 급부와 법률로부터 자유로운 급부, 그리고 ⑤ 법형식에 따라 공법상의 급부와 사법상의 급부로 구분된다.[1]

3. 급부행정의 기본원칙

63 ⑴ 종   류   급부행정의 기본원칙으로 사회국가원칙·보충성의 원칙·법률적합성의 원칙·평등원칙·비례원칙·신뢰보호의 원칙·부당결부금지의 원칙이 언급되고 있다.[2] 여기서는 보충성의 원리에 관해 논급하기로 한다.[3]

⑵ **보충성의 원칙**

64 ㈎ 의   의   보충성의 원칙(Subsidiaritätsprinzip)이란 국가와 여타의 공행정주체는 원칙적으로 사인이나 사적 조직 또는 하위의 공행정주체의 임무를 대신하여 수행할 수 없고, 다만 공동체의 전원이나 일부에 대한 중대한 불이익의 방지를 위해 불가피한 경우에만 대신 수행할 수 있음을 의미한다.[4]

65 ㈏ **법적 의미**   보충성의 원칙의 법적 의미에 관해서는 다툼이 있다. 보충성의 원칙은 논자에 따라서 법원칙으로서 직접 적용되는 헌법원칙이라고도 하고, 해석기준이라고도 하고, 헌법적 의미를 부인하기도 한다. 하여튼 보충성의 원칙은 '공행정은 사회적인 힘이 임무를 스스로 수행할 수 없는 경우에 활동하여야 한다'는 일반원칙으로서의 의미를 갖는 것이고, 그 때문에 보충성의 원칙은 어느 정도 법적 규율의 근거가 되기도 한다.

---

1) Wolff/Bachof/Stober, Verwaltungsrecht Ⅲ(4. Aufl.), § 137, Ⅲb.
2) Wolff/Bachof/Stober, Verwaltungsrecht Ⅲ(4. Aufl.), § 138, Ⅰ ff.
3) 사회국가원칙은 본서, 옆번호 153 이하를, 법률적합성의 원칙은 본서, 옆번호 260 이하를, 평등원칙은 본서, 옆번호 290을, 비례원칙은 본서, 옆번호 307 이하를, 신뢰보호의 원칙은 본서, 옆번호 342 이하를, 부당결부금지의 원칙은 본서, 옆번호 381 이하를 보라.
4) 일설은, 카톨릭 사회학에서 나오는 보충성의 원칙(Subsidiaritätsprinzip)에 의하면, 작은(좁은, 하위의) 단일체는 사무수행에 있어서 큰(넓은, 상위의) 단일체에 우선한다. 이것은 인간의 공동생활의 조직에 의미를 갖는다. 보충성의 원칙은 작은 단일체가 사무수행이 어려울 때에 큰 단일체가 이를 맡아 수행함을 정당화하며, 지방자치단체와 국가의 관계에서도 그렇다고 한다(Reinhard Hendler, Grundbegriffe der Selbstverwaltung, in : Mann/Püttner(Hrsg.), Handbuch, § 1, Rn. 28).

제 6 항 기타의 분류

앞에서 살펴본 구분 외에도 ① 행정의 주체에 따라 국가행정(국가에 의한 국   66
가사무의 수행)과 지방자치행정(지방자치단체에 의한 자치사무의 수행) 및 위임행정(지
방자치단체나 사인 등에 의한 국가사무 또는 광역지방자치단체의 사무의 수행)의 구분, ②
국가와 사회의 구별을 전제로 국가의 존립보장을 목적하는 국가목적적 행정(군
사행정·재무행정·외무행정·사법행정)과 사회일반의 이익확보를 목적으로 하는 사회
목적적 행정(경찰행정·복리행정)의 구분, ③ 행정의 사무내용(대상)에 따라 교육행
정·경제행정·문화행정·건축행정·병무행정 등 행정영역별의 구분, ④ 권력분
립적 관점에서 사무의 성질에 따라 입법적 행위(명령·규칙의 제정)·집행행위(실질
적 의미의 행정)·사법적 행위(행정심판)의 구분 등이 이루어진다. ⑤ 행정의 기능
영역을 침해행정·급부행정·인프라행정(Infrastrukturverwaltung)으로 구분하기도
한다. 이것은 사회과학적인 사고를 참고한 것으로서, 침해행정(예 : 경찰처분)은
규제적이고, 급부행정(예 : 사회부조)은 분배적이고, 인프라행정(예 : 도시계발계획)은
재분배적인 성질을 갖는다고 설명한다.[1]

제 3 절 행정법의 관념

제 1 항 행정법의 성립과 발전

행정법은 역사적으로 성립·발전된 것이므로 행정법의 의미를 이해하기 위   67
해서는 먼저 행정법의 성립과정을 검토하는 것이 바람직하다. 그런데 근대적 의
미의 행정을 전제로 한 행정법이 법의 한 분과로서 독자적인 체계를 갖추어 온
과정은 정치적·경제적·사회적 상황의 상이로 인해 국가마다 차이가 있다. 대체
로 말해 대륙법계국가는 행정의 법률에의 구속과 행정재판소제도를 근간으로
하는 법치국가(Rechtsstaat)의 요청을 중심으로 하여,[2] 그리고 영미법계국가는 자
본주의의 고도화에 따르는 새로운 문제들을 효율적으로 해결하기 위한 현실적·
기술적 요청과 법의 지배(Rule of Law)의 원리를 중심으로 하여 성립·발전해 오
고 있다. 이하에서 국가별로 행정법의 발전을 간략히 살펴보기로 한다.

---

1) Faber, Verwaltungsrecht, S. 35.
2) 종래 일반적 견해는 행정법성립의 요건으로 법치국가사상의 발전과 행정제도관념(행정에 특유
한 법과 행정재판제도)을 논급하였다.

Ⅰ. 대륙행정법

1. 성립과정

68 　　(1) 독　　일　　경찰이 만능의 대명사[1]로 통했던 경찰국가시대만 하여도 공권력주체로서 국가는 재판의 통제 밖에 있었고, 신민은 국가의 권력에 무제한으로 종속되어 있었다(지배의 객체로서 개인). 이것은 여태까지 단일의 행정법이 없었음을 의미한다. 그러나 이러한 상황은 19세기 중반에 들어오면서 국가도 더 이상 시민에게 불법을 행사할 수 없다는 법치국가사상의 발전과 더불어 변화하게 된다.[2]

69 　　법치국가사상은 시민의 자유와 재산의 보호를 기본적인 내용으로 하면서, ① 권력분립이 보장되는(특히 입법과 행정이 분리되고 군주의 입법권이 시민의 대표에 의해 제한되는) 헌법국가를, ② 행정의 법률적합성, 즉 법률에 근거없는 침익적 행정행위의 불가, ③ 국가권력의 충분한 제한, ④ 자유재량의 최소화, ⑤ 행정행위의 남용방지를 위해 행정행위에 형식성, ⑥ 독립된 법원에서의 행정행위의 심사를 요구하였다.[3] 이러한 법치국가의 요청에 의거하여 행정권에 대한 특별한 법이 제정되기 시작하고 아울러 이러한 특별한 법의 올바른 적용을 위해 Baden (1863), Preußen(1872/1879), Hessen(1875), Württemberg(1876), Bayern(1879) 등에서 행정재판소를 설치하게 된다(행정제도). 이와 같이 법치국가사상을 배경으로 행정에 특유한 법의 제정 및 행정재판소의 출현으로 독일의 행정법은 행정에 고유한 법으로서 성립을 보게 된다.[4] 그 후 이러한 행정에 특유한 법제와 행정재판소제도는 바이마르헌법을 거쳐 오늘날의 본(Bonn)기본법 하에서도 유지·발전되고 있다.

70 　　(2) 프 랑 스　　경찰국가시 프랑스의 국왕은 행정과 관련하여 법적 통제 밖에 있었다. 대혁명 전에는 국왕회의(Conseil du Roi)가 법과 행정문제에 관해 왕에게 자문을 담당하였다. 국왕회의는 귀족들간의 분쟁해결을 담당했던 정치적 중재기관이었다. 한편 사법적 권한은 12개 지역의 사법재판소(특히 파리재판소)에 있었고, 특히 사법재판소(Parlements)는 18세기에는 상당한 정도로 정부에 간섭하였고 국왕이 원하는 개혁을 방해하였다. 그리고 사법재판소는 모든 법적 절차를 독점하고자 하는 강력한 욕구에서 시민이 국왕회의에 사법적 구제를 요

---

1) O. Mayer, Deutsches Verwaltungsrecht Ⅰ, S. 30.
2) W. Jellinek, Verwaltungsrecht, S. 88.
3) W. Jellinek, Verwaltungsrecht, S. 88f.
4) G.－C., Unruch, Verwaltungsrecht im Verfassungsstaat, 1984, S. 88f.

청하는 것을 방해하였다.

그 후 혁명가들은 Montesquieu의 권력분립론과 미국 헌법 제13조에 영향   71
을 받아 1790년 8월 법률로써 사법기능은 행정기능으로부터 분리됨을 선언하고
아울러 사법재판소의 재판관은 행정작용에 관여할 수도 없고, 또한 공행정기능
의 수행과 관련하여 소환할 수도 없도록 하였다. 오늘날에도 유효한 이 규정은
행정권에 완전한 자유를 부여하였고 국왕고문회의는 폐지되었다. 이렇게 되자
국민들이 정부의 권한남용에 대해 보호를 요청할 수 있는 기관은 없게 되었다.
그 후 나폴레옹이 수석집정관이 되자 그는 1799년에 국사원(Conseil d'Etat)을 설
치하여 법적 문제에 관해 국가수반에 조언하도록 하였다. 아울러 시민이 공행정
과 관련하여 먼저 장관에 불복신청하고, 그 후에 국사원에 불복신청할 수 있는
제도를 만들었다.

이런 시기에 국사원은 장관의 결정에 대한 불복신청을 심사했으나 판결을   72
내릴 권한은 없었다. 그것은 계층적인 행정조직체에서 장관의 감독자인 국가수
반에 조언할 뿐이었다. 그러나 실제상 조언은 그대로 받아들여졌다. 그 후
1872년 5월 법률로써 국사원은 행정문제에 대한 소송에서 형식적인 자문이 아
니라 결정권을 갖게 되었다. 이로써 국사원은 관할권을 갖고 국가수반이 아니라
국민의 이름으로 판결을 선고하게 되었다. 이상의 과정을 거쳐 행정사건을 전담
하는 재판소가 생겨나고, 이 재판소의 판례와 학설을 중심으로 하여 사법과 상
이한 법영역으로서의 프랑스행정법의 성립을 보게 되었다.[1] 현재 프랑스의 행
정재판소는 최고행정법원인 국사원·항소행정법원·일반행정법원의 단계로 이루
어져 있다.

2. 특   징

독일 행정법은 권력의 제한과 행정권의 특수한 지위설정을 내용으로 하여   73
발전된 것임에 반해, 프랑스 행정법은 권력분립이라는 원리를 기초로 하고 행정
권의 자율성확보를 배경으로 발전된 것이다. 특히 프랑스의 경우 행정법의 발전
은 판례에 의존하는 것인바, 행정법에 관한 한 프랑스는 불문법국가라 할 수 있
다. 그리고 그 간의 판례를 볼 때, 프랑스는 공익과 사익의 조화 위에 개인의 권
리보호에 많은 업적을 쌓아 왔다. 하여간 대륙의 행정법은 법치국가사상과 행정
제도의 발전을 기초로 한 것이라 하겠다.

한편 사법재판소 외에 행정재판소를 두는 대륙법계국가에서는 양 재판소의   74

---

1) Brown/Garner, French Administrative Law, 1983, p. 28ff.

관할권과 관련하여 문제가 생길 수 있다. 이와 관련하여 독일의 경우에는 최종적으로 헌법재판소가 정하게 되나, 프랑스의 경우에는 관할재판소가 정하게 된다(법무부장관 1인·파훼원판사 3인·국사원위원 3인, 그리고 이상 7인이 임명하는 2인으로 구성된다. 법무부장관이 재판장이 되지만, 통상 법무부장관은 재판에 관여하지 아니하며, 다만 가부동수인 경우에는 재판장이 표결권을 행사한다).[1] 관할재판소가 행정재판소의 관할범위를 정하는 기준을 제시한 기본적인 판례로 1873년의 블랑코판결이 있다.[2] 용례상 독일과 프랑스와 같이 행정에 고유한 법체계, 그리고 이 법체계가 독립한 재판소에 의해 적용이 보장되는 국가를 행정제도국가, 행정형국가 또는 행정국가라고 부른다.

Ⅱ. 영미행정법

1. 성립과정

75　　(1) 영　　국　　다이시 교수는 1885년 영국에는 프랑스 행정법과 행정재판소에 해당하는 것이 없다고 자랑스럽게 말하였는데,[3] 그것은 영국에서는 그 어떠한 사건도 보통재판소에서 통제됨을 강조한 것이었다. 한편 웨이드 교수는 영국에서 행정법의 역사는 길지만, 그것이 근대적 형식으로서 관심의 대상으로 나타나기 시작한 것은 17세기 후반의 일이라 하고 있다.[4] 하여튼 영국의 경우 19세기까지만 해도 행정법에 대한 특별한 인식은 없었다. 그러나 복지국가의 요청과 더불어 20세기에 들어오면서(특히 제2차대전 후) 국민보건·보험·물가통제·임금·교육·기업·세제문제 등과 관련하여 국민에 대한 국가의 배려와 규제를 내용으로 하는 입법이 급속도로 증대하게 되었다.

76　　　이러한 추세와 더불어 행정기관의 권한남용으로부터 시민을 보호하기 위한 문제로서 행정기관의 권한행사의 통제(예 : 행정절차·사법심사)와 행정기관의 권한과 의무를 규율하는 일반원리 및 위임입법의 문제를 중심으로 행정법이 법의 한 분과로서 발전을 시작하게 되었다. 그리하여 20세기 초 행정법을 주제로 한

---

1) 성낙인, 프랑스헌법학, 1995, 693쪽.
2) 블랑코(Blanco)판결은 블랑코라는 어린이가 보르도의 국영담배공장구역 내에서 도로를 횡단하다가 차에 치인 후 손해배상을 청구한 사건의 판결이다. 이 사건에서 원고는 민사법원과 행정법원 중 어느 법원에 손해배상청구를 제기하여야 하는지의 문제가 생겼다. 이 사건에서 관할재판소는 그러한 침해는 공역무(Public Service)활동으로 인한 것이므로 행정재판소의 관할에 속한다고 하였다. 여기서 공역무란 일반적으로 공공의 필요를 충족시킬 목적으로 하는 공행정기관의 행위로 이해되고 있다(Brown/Garner, French Administrative Law, 1983, p. 80).
3) A. V. Dicey, An Introduction to the Study of the Law of the Constitution, 1959, p. 203.
4) H. W. R. Wade, Administrative Law, 1977, p. 16.

Carr의 위임입법(Delegated Legislation, 1921), Robson의 사법과 행정법(Justice and Administrative Law, 1928) 등이 발간되었다. 20세기 후반 들어서는 많은 학자들에 의해 행정법이라는 제목 하에 많은 저서들이 출간되고 있다.

(2) 미 국 비록 독자적인 발전과정을 밟았다고 하여도 기본적으로는 77 영국과 유사한 행정법의 체계를 갖고 있다. 말하자면 19세기 후반에 자본주의의 발전과 더불어 대두된 사회적·경제적 문제의 해결을 위해 각종의 행정위원회가 나타났고, 이러한 행정위원회의 법적 지위, 권한, 그리고 절차와 이들에 대한 사법심사문제를 법적 관점에서 체계화하여야 할 필요성이 나타났으며, 이에 부응하여 미국행정법은 생성되게 되었다. 영국과 마찬가지로 미국의 행정법은 독일의 경우와 달리 행정의 모든 영역에서 일반이론으로 체계화되어 있는 것은 아니고, 다만 행정청의 권한과 절차, 그리고 행정행위에 대한 사법심사를 중심으로 구성되고 있다는 점이 특징이다.[1]

2. 특 징

법의 지배의 원리와 복지국가·적극국가의 발달을 배경으로 하여 성립된 영 78 미행정법은 생성의 역사가 대륙법계에 비해 짧은 탓으로, 아직까지 대륙행정법만큼 포괄적인 것은 아니다. 하여튼 법의 지배의 원리하에서 시민의 권익보호를 위해 영미행정법이 발전하게 되었다는 것은(공권력제한 중심의) 독일과(행정권의 자율성보장 중심의) 프랑스와는 다른 점이 된다. 대륙행정법에 비해 무엇보다도 다른 점은, ① 영미법에서는 독립된 행정재판소가 없다는 점, ② 공법과 사법의 구분을 모른다는 점이다. 그리고 ③ 영미에서는 각 주의 법률이 의회의 법률에 의해 수정되어 적용되고, 또한 통상재판소도 그것을 적용한다는 점이다. 이것은 법의 지배라는 전통적 관념의 한 부분이기도 하다.[2]

Wade는 영미제도의 장점으로 ① 독립성이 보장된 법원에 출소한다는 점, 79 ② 효과적인 구제가 가능하다는 점, ③ 관할권에 문제가 없다는 점, ④ 정부 또한 주의 보통법에 복종한다는 점을 든다. 그리고 단점으로 ① 재판관이 행정법의 전문가가 아니라는 점, ② 통상재판소를 규율하는 여러 법 때문에 행정법의 원칙이 왕왕 사라져 버린다는 점 등을 들었다.[3] 용례상 행정사건도 통상재판소에서 보통법의 적용을 받는 영미법계를 사법제도국가 또는 사법형국가라고 부른다.

---

1) 이상규, 신행정법론(상), 98쪽.
2) H. W. R. Wade, Administrative Law, 1977, p. 13.
3) H. W. R. Wade, Administrative Law, 1977, p. 13.

Ⅲ. 한국행정법[1]

1. 성립과정

80   우리 역사에서 어느 시대나 행정은 있었지만 학문으로서의 행정법학의 발달은 서구에 비해 많이 늦었다. 우리나라의 서구식 행정법학 교육은 법관양성소의 교과목과 보성전문 등 사립 법학교에서 비롯한다. 1900년대 초반부터 한국행정법의 맹아를 이루는 초기 행정법 저술들이 발간되기 시작한다. 초기 행정법 관련 문헌 중 대표적인 저작으로 1908년에 출간된 장헌식의 행정법대의(行政法大意)와 같은 해에 출간된 안국선의 행정법 상하(行政法 上下)를 들 수 있다. 이 두 책은 일본의 행정법 교과서를 번역한 것으로 보인다. 일제강점기에도 '조선행정법' 등의 저서가 있으나 학문적으로 저열한 것이며 일제의 조선통치의 당위성 내지 필연성을 강조하기 위한 책자에 불과하였다. 훗날 일제강점기부터 국권을 회복한 후 여러 대학교에서 법과대학들이 생겨나면서 행정법은 본격적으로 학문성을 지니기 시작한다.[2]

2. 특   징

81   서구식 행정법학이 처음으로 소개되던 1900년대 초반에는 행정법 일반에 관한 저서보다 지방자치나 경찰에 관한 것이 더 많고 다양했다. 이론적으로 행정법학의 발전이 이루어지지 않은 상태에서 당장 실제생활과 관련된 지방자치나 경찰에 관한 학문적 관심이 더 컸음을 알 수 있다. 지방자치에 관해서는 신문의 논설도 여러 가지가 있었으며[3] 관련 저술도 다양하다. 1908년 조성구의 지방행정론, 1909년 장지필의 지방행정제론(地方行政制論) 등을 예로 들 수 있다. 구한말 지방자치나 지방행정에 대해서는 학문적으로 뿐만 아니라 일반의 관심도 지대하였다. 경찰에 관하여는 한국경찰통계(1909년), 경찰사무개요(1910년), 1909년 일본인 송정무(마쓰이 시게루, 당시 경무국장으로 한국에 와 있었다)의 저술을 번역한 조성구의 경찰학 등의 저술이 발견된다. 통감부가 설치된 이후 경찰제도에 많은 변화가 있었고 또 보성전문학교의 교과과정에도 경찰학이 있었기 때문에 경찰학에 관한 관심도 높았던 것으로 보인다. 다만 당시의 경찰학이 일제의 침략을 정당화하는 도구로서 사용되었다는 점을 염두에 두어야 할 것이다.

---

1) 학술원 회원이신 김효전 교수께서 동아대학교 법과대학 재직 시에 챙겨준 자료를 발췌·요약한 것이다. 자세한 내용은 인권과 정의 348호(2005년 8월), 143~146쪽 참조.
2) 국권회복 이후의 발전과정에 대한 약술은 추후의 과제로 미룬다.
3) 대표적인 것으로 大韓光武10年(1906년) 황성신문의 논설 "지방자치제도" 등이 있다.

제 2 항 행정법의 개념

2000년 역사의 민법에 비해 불과 150년 정도의 역사를 지니고 있을 뿐이지   82
만, 행정법 역시 역사적으로 발전된 법이다. 따라서 행정법의 개념은 선험적인
것이 아니라 역사에 나타난 바를 중심으로 관념화할 수밖에 없다. 일반적으로
행정법이란 행정권의 조직과 작용에 관한 공법으로서 성문·불문법규의 총괄개
념으로 이해되고 있다.[1] 말하자면 행정법은 행정의 전영역에 걸친 모든 법이
아니라 행정에 고유한 법이다.[2] 우리의 학자들은 전통적으로 행정법을 '행정에
특유한 국내공법'으로 설명하여 왔다.[3]

I. 공법으로서의 행정법

1. 공법과 사법의 구별론의 의미

행정법은 공법이다. 법을 공법과 사법으로 나누는 2분론은 논리필연적인   83
것도 아니고, 성질상 불가피한 것도 아니다. 왜냐하면 이것은 대륙에서 지난
100여년간 법률상·판례상·이론상 나타난 법의 발전의 결과일 뿐이고, 아울러
현재의 법체계에 반영되고 있기 때문이다.[4] 요컨대 공법과 사법의 구별의 의미
는 사회적·법정책적 관련하에서 이해되고 해명될 수 있다.

2. 공법과 사법의 구별필요성

현행법제상 공법과 사법의 구별이 필요한 이유는[5] 소송법상으로는 ① 사   84
법적 구제와 관련하여 어떠한 법적 분쟁이 행정소송의 대상인가 아니면 민사소
송의 대상인가를 구별할 필요가 있고, 실체법상으로는 ② 공무원의 직무상 불법
행위가 있는 경우에는 일반사인의 불법행위의 경우와는 다른 원리의 법적용이
있게 되고, ③ 법인의 법형식에는 공법인과 사법인의 구분이 있으며,[6] ④ 불이
행된 사인의 행정상 의무의 강제이행방식에도 행정권이 독자적으로 강제하는

---

1) Ehlers, in : Erichsen(Hrsg.), Allgemeines Verwaltungsrecht, §3, Rn. 1; Wittern, Grundriß des
   Verwaltungsrechts, §4, Rn. 13.
2) Maurer, Allgemeines Verwaltungsrecht, §3, Rn. 1; Püttner, Allgemeines Verwaltungsrecht, S. 1.
3) 김도창, 일반행정법론(상), 89쪽; 김동희, 행정법(Ⅰ), 25쪽(2019).
4) Püttner, Allgemeines Verwaltungsrecht, S. 75; Ipsen, Allgemeines Verwaltungsrecht, §1, Rn. 3.
5) Schmidt, Allgemeines Verwaltungsrecht(14. Aufl.), Rn. 25f.
6) 헌재 2001. 1. 18, 98헌바75·89, 99헌바89(병합)(서울대학교병원, 국립대학교병원, 지방공사병
   원은 공법인, 민법상 비영리법인은 사법인인 점에서 법률적 성격에 본질적인 차이가 있고, 양
   자 사이에는 설립목적, 경영원칙, 목적사업, 운영형태, 재정지원 및 감독 등의 점에서도 규율을
   달리하고 있으므로, 지방세의 면제여부에 관하여 이들 공법인과 민법상의 비영리법인을 달리
   취급하는 것은 양자의 본질적 차이에 따른 것이므로 합리적인 이유가 있다).

경우와 법원의 도움을 받아야 하는 경우가 있으며, ⑤ 국가내의 법관계에는 사적 자치를 중심으로 구성되어 온 것과 공익실현을 중심으로 구성되어 온 것이 있는데, 이들 사이에는 적용되는 법원리에 차이가 있는 것이 현실이고, 또한, 절차법상으로는 ⑥ 행정절차법의 규정은 다만 공법상의 행정작용에만 적용되기 때문이다. 요컨대 양자의 구분은 법기술상의 요구에 기인하는 것이다. 한편, 앞에서 본 공법과 사법의 구분필요성을 행정의 내용과 관련짓는다면, 행정조직에 관한 결정은 기본적으로 공법적으로만 가능하고, 행정작용상의 결정은 사법상으로도 비교적 넓게 행할 수 있다.

3. 공법과 사법의 구별기준

85   (1) **이익설**(Interessentheorie)   이 견해는 로마법전 Digesten에서 '로마공화국의 복지에 관한 모든 법은 공법이고, 개개인의 복지를 추구하는 법은 사법'이라고 한 Ulpian으로부터 유래한다.[1] 즉 공익의 실현에 봉사하는 법이 공법이고, 사익의 실현에 봉사하는 법이 사법이라는 견해이다. 한편 이익설에 대해서는 ① 공익이 사익으로부터 완전하게 분리되지 아니한다는 점, ② 공익과 사익은 상호의존적이라는 점, ③ 모든 법규는 궁극적으로 공익에 봉사하는 것이라는 점이 문제점으로 지적되고 있다.[2]

86   (2) **종속설**(Subordinationstheorie)   이 견해는 G. Jellinek에 의해 발전된 것으로 상·하질서관계(불평등관계)를 규율하는 법이 공법이고, 대등질서체계(평등관계)를 규율하는 법이 사법이라고 한다.[3] 복종설(Subjektionstheorie) 또는 권력설이라고 하며, 종속설은 행정주체의 우월적 지위를 강조하는 견해이므로 잉여가치설(Mehrwertstheorie)이라고도 한다. 한편 종속설에 대해서는 ① 사법에도 상하관계를 규율하는 경우가 있다는 점(예 : 친권), ② 대등한 관계도 공법적 규율의 대상이 되는 경우가 있다는 점(예 : 공법상 계약), ③ 이 견해로는 급부행정에서의 법률관계를 설명하기 곤란하다는 점 등이 문제점으로 지적되고 있다.[4]

87   (3) **구주체설**(Ältere Subjektstheorie)   이 견해는 국가나 국가기관이 법률관

---

1) Digesten Ⅰ, 1 lex 1. §3; Hufen, Verwaltungsprozessrecht(9. Aufl.), §1, Rn. 10; Wallerath, Allgemeines Verwaltungsrecht, S. 10.

2) Ehlers, in : Erichsen(Hrsg.), Allgemeines Verwaltungsrecht, §3, Rn. 16; Ipsen, Allgemeines Verwaltungsrecht(9. Aufl.), §1, Rn. 16f.; Peine, Allgemeines Verwaltungsrecht, §3, Rn. 118.

3) G. Jellinek, Allgemeine Staatslehre, Nachdruck, 3. Auflage, 1966, S. 384f.

4) Achterberg, Allgemeines Verwaltungsrecht, §1, Rn. 15; Hufen, Verwaltungsprozessrecht(9. Aufl.), §1, Rn. 10; Ipsen, Allgemeines Verwaltungsrecht(9. Aufl.), §1, Rn. 21f.; Peine, Allgemeines Verwaltungsrecht, §3, Rn. 118.

계의 일방당사자인 경우를 규율하는 법이 공법이고, 사인간의 관계를 규율하는 법이 사법이라 한다. 한편 구주체설에 대해서는 ① 국고로서의 국가행위는 사법의 적용을 받고 있다는 점, ② 사인도 경우에 따라서는 공법의 적용을 받는 경우가 있다(예 : 공권을 위탁받은 사인)는 점이 문제점으로 지적되고 있다.

(4) **신주체설**(Neuere Subjektstheorie)   신주체설은 귀속설(Zuordnungstheorie), 특별법설(Sonderrechtstheorie) 또는 수정주체설(Modifizierte Subjektstheorie)로 불리기도 한다.[1] 이 견해를 발전시킨 H. J. Wolff에[2] 따르면 주관적 권리와 의무가 귀속되는 주체의 상이성에 따라 사법은 권리와 의무의 귀속주체가 임의의 인이나, 공법은 권리와 의무의 귀속주체가 오로지 공권력주체인 법규의 총괄개념인바, 공법은 공권력주체와 그 기관의 직무법(Amtsrecht)이라 하고 있다. 환언하면 공법은 모든 권리주체가 아니라 단지 공권력주체 또는 그 기관의 권리와 의무에 관한 법이며, 모든 시민에 의해 실현되는 법은 국가 기타 행정주체가 적용해도 역시 사법이라 하고 있다. 결국 이 견해는 특정법규의 인적 타당범위, 즉 법의 적용을 받는 자의 범위를 기준으로 한 입장이다. Wolff에 의한 신주체설(형식적 귀속설)이 현재 독일의 지배적인 견해인 것으로 보인다.[3]

한편, 귀속설에 대해서는 ① 이 이론은 법규를 단지 특정법영역(공법 또는 사법)에 귀속시키지만, 개별적인 사건 특히 일의적으로 파악되지 않는 사건에 어떠한 법규범이 적용되어야 하는가에 대한 문제에는 답을 주지 못한다는 점,[4] ② 이 견해는 특별법 또는 특별한 법적 근거가 없는 국가활동(특히 급부행정영역)을 부인하는 결과를 초래할 수 있다는 점, ③ 이 견해는 형식적인 기준으로는 적합할 수 있으나 실질적인 내용에 관한 설명은 없다는 점,[5] ④ 이 견해가 사용하는 개념요소인 공권력주체라는 것은 공법에 따라 행위할 수 있는 능력을 의미하는바, 그것은 정의하여야 할 개념이지 공법개념의 정의에 사용할 개념이 아니라는 점[6] 등이 문제점으로 지적되고 있다.

이와 관련하여 공법을 오로지 국가 또는 국가의 소속기관이 귀속주체인 모

---

1) R. Schmidt, Allgemeines Verwaltungsrecht(18. Aufl.), S. 33, Rn. 29.
2) Wolff/Bachof/Stober/Kluth, Verwaltungsrecht Ⅰ (12. Aufl.), §22, Rn. 29; Ipsen, Allgemeines Verwaltungsrecht, §1, Rn. 29.
3) Giemulla/Jaworsky/Müller－Uri, Verwaltungsrecht, Rn. 184. Püttner, Allgemeines Verwaltungsrecht, S. 80; R. Schmidt, Allgemeines Verwaltungsrecht(18. Aufl.), S. 33, Rn. 29.
4) Württenberger, Verwaltungsprozessrecht, Rn. 132.
5) Hofmann/Gerke, Allgemeines Verwaltungsrecht, S. 37; Ipsen, Allgemeines Verwaltungsrecht (9. Aufl.), §1, Rn. 33; Maurer, Allgemeines Verwaltungsrecht, §3, Rn. 17.
6) Ehlers, in : Erichsen(Hrsg.), Allgemeines Verwaltungsrecht, §3, Rn. 20.

든 법규의 전체로 정의하는 견해도 있다.[1] 이 견해 역시 (형식적) 귀속설의 일종이다. 이 견해에 따르게 되면, 국가의 소속기관에는 사법적으로 조직된 기관도 있고, 이러한 사법주체만의 행위를 규율하는 법규도 공법에 속하게 되는 문제점을 갖는다는 지적을 하면서, 공법을 귀속주체가 국가권력의 수행자(간접국가행정조직 포함)인 법규의 전체로 정의하는 견해(실질적 귀속설)도 있다.[2]

91   (5) **구별부인설**   법실증주의에 입각한 비인학파는 법의 형식·구조에 따라 법을 공법과 사법으로 구분하는 것은 법학적 방법론으로 가능하나, 양자는 모두 본질적으로 동일한 것이기 때문에 구별할 필요가 없다고 하여 양자의 구별을 부인한다.

92   (6) **결   어**   현재로서 그 어느 견해도 만족할 만한 것이 아니다. 그러나 공법과 사법의 구별의 필요가 있는 이상 구별을 해야 할 것이다. 우리의 일반적인 견해는 상기의 여러 기준을 모두 고려하는 입장이다. 사실 Maurer의 말대로 특정법규범이 공법과 사법 중 어디에 속하는가는 통상 문제되지 아니한다. 오히려 구체적인 경우가 어떤 규범, 어떤 영역에 놓이는가가 문제이다. 따라서 공법과 사법의 구분은 실제상 성질의 문제라기보다 귀속의 문제가 된다.[3]

93   생각건대 어떠한 법적 문제에 있어서 그에 적용될 법규범이 없거나, 공법과 사법이 모두 있는 경우에는 앞에서 본 여러 견해들을 고려하여 기본적으로는 행정의 목표·목적에 따라 결정되어야 할 것이다.[4] 물론 법규에서 ① 행정상 강제집행, ② 행정벌, ③ 손실보상이나 국가배상, ④ 행정상 쟁송제도가 규정되어 있다면, 그것은 공법이 적용되는 관계로 보아 무방할 것이다. 판례도 마찬가지로 종합적으로 고려하는 입장이다.[5]

---

1) Erichsen, Jura 1982, 537, 540. 수원시의 명칭이 국도상의 표지판에 잘못 쓰인 경우에 명칭권의 보호를 위해 행사하는 국가에 대한 정정청구권은 공법적이고, 수원시의 명칭이 기업체의 홍보물에 잘못 쓰인 경우에 기업체에 대한 정정청구권은 사법적이다(Wolff/Deck, Studienkommentar VwGO VwVfG(3. Aufl.), VwGO §40, Rn. 57).

2) Ehlers, in : Erichsen(Hrsg.), Allgemeines Verwaltungsrecht, §3, Rn. 27f.

3) Maurer, Allgemeines Verwaltungsrecht, §3, Rn. 20; Peine, Allgemeines Verwaltungsrecht, Rn. 123.

4) 예컨대, 경찰차량의 자동차사고도 운행목적에 비추어 공적임무(예 : 순찰)의 수행 중 발생한 것이면 공법적인 것이고, 국고사무의 수행 중 발생한 것이면 사법적인 것이다(Bull, Allgemeines Verwaltungsrecht, Rn. 112; Maurer, Allgemeines Verwaltungsrecht, §3, Rn. 21).

5) 대판 1992. 4. 14, 91다42197(국유재산법 제51조 제1항에 의한 국유재산의 무단점유자에 대한 변상금부과는 … 그 체납시에는 국세징수법에 의하여 강제징수토록 하고 있는 점 등에 비추어 보면 그 부과처분은 관리청이 공권력을 가진 우월적 지위에서 행하는 것으로서 행정처분이라고 보아야 한다); 대판 1993. 12. 21, 93누13735(잡종재산인 국유림을 대부하는 행위는 국가가 사경제주체로서 상대방과 대등한 위치에서 행하는 사법상의 법률행위라 할 것이고, … 잡종재산인 국유림에 관한 대부료의 납입고지 역시 사법상의 이행청구에 해당한다고 할 것이어서 행

한편, 행정청이 공법적으로도 행위할 수 있고 또한 사법적으로도 행위할 수 94
있는 경우, 특정의 법관계가 존재하고, 그 법관계의 성질이 불분명하여 의문이
있는 경우에는 원칙적으로 공법관계로 볼 것이다. 만약 공법이 특별한 경우만을
예상하고 있다면 그 특별한 경우가 아닌 법률관계는 사법관계로 볼 것이다.[1]

4. 공법과 사법의 관계

(1) **법형식선택의 자유**　　독일의 지배적 견해는 법령상 금지하지 아니하는 95
한, 행정권은 사법의 조직형식과 사법의 행위형식을 선택할 수 있다고 한다.[2]
성질상 사법형식으로 할 수 없는 경우도 있다(예 : 경찰상 위험방지 또는 형집행. 그리
고 국가는 공립학교를 설치·운영하는 외에 사법에 근거하여 학교를 설치·운영할 수는 없다).
조직형식의 선택문제는 특히 공적시설을 위한 조직과 관련하여 의미를 갖는다.
다만, 공법형식에 의한 조직만이 공법적으로 행위할 수 있을 뿐, 사법형식에 의
한 조직은 공법적으로 행위할 수 없다.

한편, 행정의 선택의 자유는 일반적인 것이 아니라 대체로 사법상 조직된 96
행정조직이 행정사무를 수행하는 경우에 적용되는 것이며, 행정은 오히려 기본
적으로 고도로 의무에 구속적인 형성의 자유를 갖는다고 강조하면서 선택의 자
유에 대하여 비판적인 입장을 취하는 견해도 있다. 이러한 비판론에 서게되면,
공적 사무의 수행은 원칙적으로 공법에 의할 것을 주장하게 된다(원칙적 공법적용론).

(2) **2단계론** 97

(개) 의　　의　　독일의 판례에[3] 의해 행정법상 확고한 자리를 차지하고 있
는 2단계론은 일부의 법관계(예 : 보조금지급관계·공공시설이용관계)를 제1단계인 기
본관계(예 : 보조금지급승인·공공시설이용허가)와　제2단계인　발전관계(예 : 보조금지급
계약·공공시설이용계약 또는 임차계약)로 구분하여 전자에 관한 결정(예 : 승인·허가 여
부의 결정관계)은 공법관계이고, 후자에 관한 결정(예 : 결정된 승인·허가의 실현을 위
한 계약관계)은 사법관계라고 한다. 기본관계는 공적 시설에 접근의 단계이고 발
전관계는 이용의 단계이다.[4] 하나의 생활관계가 공법이나 사법에 귀속될 수 있

정소송의 대상으로 되지 아니한다).
1) Wallerath, Allgemeines Verwaltungsrecht, S. 17.
2) BVerwGE 13, 47, 54; 94, 22, 9; BGHZ 37, 1; 115, 311; Maurer, Allgemeines Verwaltungs-
　recht, §3, Rn. 9; Wolff/Bachof/Stober/Kluth, Verwaltungsrecht Ⅰ(12. Aufl.), §23, Rn. 3;
　Faber, Verwaltungsrecht, S. 146ff; Peine, Allgemeines Verwaltungsrecht, §11, Rn. 896.
3) BVerwGE 1, 308ff.; Püttner, Allgemeines Verwaltungsrecht, S. 84. Faber, Verwaltungsrecht,
　S. 181ff. 2단계론은 H. P. Ipsen의 Öffentliche Subventionierung Privater, 1965, S. 62ff.에서
　비롯되었다고 한다(Erbguth/Guckelberger, Allgemeines Verwaltungsrecht(2018), §29, Rn. 4).
4) 2단계론에 의하면, 예컨대 사인이 지방자치단체가 운영하는 공공시설을 이용하는 경우, 제1단

는 경우에는 2단계론은 적용되지 아니한다. 그리고 사법적으로 조직된 행정주체(예 : 지방자치단체가 설립한 주식회사)의 행위에는 자신의 사무와 관련하는 한 2단계론은 적용될 여지가 없고, 공적 목적의 실현과 관련하여 행정사법의 적용이 요구될 것이다.

98 　　(바) 비 판 론　　2단계론에 대한 비판론도 있다.[1] 즉, ① 법관계를 2단계로 구분하면, 소송절차도 행정소송과 민사소송으로 구분되는데, 이것은 소송경제에 반한다는 비판, ② 사법적인 대여조건은 공법상 승인조건에 포함되어 있기 때문에 보조금과 관련한 2단계론은 허구에 불과하다는 비판 등이 있다. ②의 비판론은 보조금교부는 금전급부의 근거와 그에 관한 조건과 부담을 내용으로 하는 행정행위 또는 공법상 계약이나 사법상 계약의 단일 법관계로 볼 수 있다는 입장을 취한다. ②의 비판론에 대한 반론, 예컨대, 보조금교부에 사인(은행)이 관여하는 경우 등에는 2단계론이 의미가 있다는 견해도 있다. 말하자면 행정청이 대여금지급을 결정하는 것은 제1단계이고, 대여금지급의 결정을 받은 자가 은행과 대여금지급 관련 계약을 체결하는 2단계로 구분하는 것이 의미있다고 한다.[2]

99 　　③ **공법과 사법의 상호영향**　　그렇다고 공법과 사법이 상호 별개의 것은 아니다. 양자는 상호영향 하에 있다. 먼저, 공법은 사법에 상당한 영향을 미친다. 즉 ① 행정기관이 사법으로 행정사무를 수행하면, 행정사법이 적용된다. 그리고 ② 공법이 사법에 직접 영향을 미치기도 한다. 말하자면 ⓐ 공법이 사권형성적 효과를 규정하기도 하고(예 : 토지수용으로 인한 소유권의 취득), ⓑ 공법규정이 사법규범의 구성요건요소가 되기도 하며(예 : 혼인신고), ⓒ 공법이 사법의 효과를 제한하기도 하고(예 : 부관에 의한 영업행위의 제한), ⓓ 공법이 사법을 보완하기도 한다(예 : 건축법에 의한 상린관계보완).

100 　　한편, 공법은 또한 사법으로부터 많은 영향을 받는다. 무엇보다도 그것은 많은 사법규정이 공법관계에 적용될 공법의 흠결시에 적용된다는 점이다. 이 문제는 통일적이고 완비된 행정법전이 없는 상황 하에서 중요한 의미를 가진다.

계로 공공시설의 이용을 위한 허가단계, 제2단계로 공공시설의 이용단계(이용관계)로 구분된다. 제1단계는 공법적이지만, 제2단계는 공법적일 수도 있고, 사법적일 수도 있다. 제2단계가 공법적일 때는 행정법원, 사법적일 때에는 민사법원의 관할 사건이 된다고 한다. 불분명할 때에는 공법관계로 추정한다고 한다(Detterbeck, Allgemeines Verwaltungsrecht mit Verwaltungs-prozessrecht(13. Aufl.), §17, Rn. 920, 922; Erbguth, Allgemeines Verwaltungsrecht(7. Aufl.), §5, Rn. 14; Schmidt, Allgemeines Verwaltungsrecht(18. Aufl.), S. 18, Rn. 49).

1) Erbguth/Guckelberger, Allgemeines Verwaltungsrecht(2018), §29, Rn. 6 참조.

2) Erbguth/Guckelberger, Allgemeines Verwaltungsrecht(2018), §29, Rn. 7.

5. 공법의 한 부분으로서 행정법

행정법은 공법의 한 부분이다. 공법은 행정법의 상위개념이다. 공법에 속하 101
는 행정법과 헌법의 관계를 보면, 양자가 다 공법에 속하지만 헌법은 국가 전체
를 관심의 대상으로 하고, 행정법은 행정권을 관심의 주된 대상으로 한다는 점
에서 차이가 난다. 따라서 행정에 관한 한 헌법은 기본법이고 행정법은 세부법
이다.

Ⅱ. 행정권의 조직·작용에 관한 법으로서의 행정법

행정법은 행정에 관한 모든 법을 의미하는 것이 아니다. 행정법은 행정에만 102
타당한 법으로서 행정권의 조직과 작용·통제에 관한 법이다.[1] 따라서 개인 상
호간에 적용되는 사법과, 입법권이나 사법권의 조직과 작용에 관한 입법법이나
사법법과 구분된다. 그러나 행정법이 입법법이나 사법법과 언제나 무관한 것은
아니고 밀접한 관련을 가지기도 한다(예 : 행정입법·행정형벌). 그리고 사법과 관련
을 갖기도 한다(예 : 행정사법). 이러한 관련분야는 행정법학의 연구대상이 되고
있다.

Ⅲ. 국내법으로서의 행정법

여기서 행정법이란 국가 내의 행정에 관한 법을 의미한다. 따라서 국제공법 103
으로서의 국제법은 행정법이 아니다. 그것은 국제법일 뿐이다. 그러나 오늘날의
행정이 국제적인 관계를 고려함이 없이 온전하게 수행될 수는 없다. 말하자면
국제적인 협력이나 제약 하에 행정이 실현될 수밖에 없는 경우도 있다(예 : 마약
퇴치작용). 한편 헌법 제6조 제1항에 따르면 헌법에 따라 체결·공포된 조약과 일
반적으로 승인된 국제법규는 국내법과 같은 효력을 가진다. 따라서 헌법 제6조
제1항이 정하는 내용 속에 들어오는 조약과 국제법규는 바로 국내법이 되고, 그
것은 또한 행정법의 한 부분을 구성하게 된다고 하겠다. 그러나 이러한 법들은
대체로 국가와 국가간의 문제를 규율하는 것이 일반적이고, 직접 사인을 규율하
는 경우는 비교적 적다.

---

[1] 민법과 민사소송법·민사집행법의 관계 및 형법과 형사소송법의 관계에 비추어 행정법과 행정
소송법을 대비시키고, 행정법(협의의 행정법)과 행정소송법을 합하여 행사법(行事法) 또는 광
의의 행정법이라 부르는 것이 논리적이다. 본문의 개념은 협의의 행정법에 해당한다.

제 3 항　행정법의 종류

Ⅰ. 일반행정법과 특별행정법

1. 일반행정법

104　　일반행정법이란 기술한 바와 같이 행정조직의 일반적인 개념과 원칙, 절차와 실체를 포함한 행정작용의 일반원칙 등 모든 개별 행정법영역에 표준적인 규율·원칙·개념 등을 공통적·유형적·개괄적으로 파악한 행정법을 말한다. 행정법의 법원론, 행정법상 행위형식에 관한 법, 행정절차법, 강제집행법, 국가배상법, 행정조직법의 일반원칙 등이 일반행정법에 속한다. 일반행정법은 특별행정법에 규정이 없는 사항에 일반적으로 적용된다.

105　　실정법상 일반행정법으로 행정기본법(2021. 3. 시행)과 행정절차법(1998. 1. 시행) 등이 있다. 행정기본법 제5조 제1항은 "행정에 관하여 다른 법률에 특별한 규정이 있는 경우를 제외하고는 이 법에서 정하는 바에 따른다"고 하여 일반법임을 명시하고 있다. 행정기본법이나 행정절차법 등에 규정이 없는 사항에 대해서는 행정실무·행정판례·행정법학을 통해 보충할 수밖에 없다.[1]

2. 특별행정법

106　　특별행정법이란 기술한 바와 같이 사항적·지역적·인적 관점하에서 파악된 공행정의 개별작용영역의 법을 의미한다.[2] 이에는 지방자치법·경찰법·공무원법·예산법·세법·교육법·도로법·공물법[3] 등이 있다. 특별행정법의 개별영역은 단행법률에서 비교적 포괄적으로 규정되고 있다. 근년에는 공정거래, 텔레커뮤니케이션 등과 관련하여 규제(행정)법이 발전하고 있다.

Ⅱ. 행정조직법과 행정작용법

1. 행정조직법

107　　행정조직법이란 구체적인 행정을 위한 전제로서 행정하는 단체의 조직과 권한을 정하는 법을 말한다. 전통적으로 조직권력(Organisationsgewalt)은 군주의 고유한 권한으로 간주되어 조직사항은 입법사항이 아니었다. 그러나 오늘날의

---

[1] Wittern, Grundriß des Verwaltungsrechts, § 4, Rn. 22ff.

[2] 특별행정법을 개별행정법이라 부르기도 한다(김중권의 행정법(2019), 13쪽).

[3] 우리와 달리 독일에서는 공물법이 일반행정법으로 분류되고 있다(Detterbeck, Allgemeines Verwaltungsrecht mit Verwaltungsprozessrecht(13. Aufl.), § 19, Rn. 961f.; Hendler, Allgemeines Verwaltungsrecht, Rn. 58; Papier, in : Erichsen(Hrsg.), Allgemeines Verwaltungsrecht, § 37, Rn. 1ff.).

헌법국가에서는 행정권의 조직과 권한이 바로 국민 개개인에게 영향을 미칠 뿐만 아니라, 그것은 또한 국민의 재정적 부담을 전제로 하는 것이므로 입법사항으로 되어 있다. 이러한 연유로 우리 헌법도 제96조에서 "행정각부의 설치·조직과 직무범위는 법률로 정한다"고 규정하고 있고, 그 밖에도 행정권의 조직에 관해 헌법은 여러 규정(예 : 제66조·제86조·제88조·제90조 내지 제93조·제97조 등)을 두고 있다.

2. 행정작용법

행정작용법이란 행정주체가 행정객체에 대해 현실적으로 행정을 행함에 필요한 모든 권리와 의무를 정하는 법을 말한다. 본래적 의미의 행정법이기도 하다. 행정작용법은 좁게는 행정주체와 행정의 상대방간의 실체적인 권리관계를 예정하는 행정실체법을 의미하고, 넓게는 그 밖에도 행정청이 어떠한 결정을 행함에 있어 반드시 거쳐야 하는 절차를 정하는 행정절차법과 행정작용으로 인해 침해를 받은 개인의 권익의 회복·구제를 위한 행정구제법까지 포함하는 것으로 새길 수도 있다. 그러나 행정구제법 중에서 행정소송법은 행정법으로부터 분리하여 별도로 구성하는 것이 보다 타당하다. 108

Ⅲ. 행정외부법과 행정내부법

H. Maurer에 따르면[1] 국가와 시민간의 관계를 규율하는 법을 외부법(Außen-recht), 행정주체간, 행정주체 내부에서 행정기관간 그리고 행정주체 또는 행정기관과 공무원간의 관계를 규율하는 법을 내부법(Innenrecht)으로 구분하고 있다. 행정법관계의 중심은 외부법의 영역이다. 이러한 구분방식에 따르게 되면 행정규칙은 원칙적으로 내부법의 하나가 된다. 109

제 4 항 행정법의 특색

Ⅰ. 존재방식상 특성

1. 성문법주의

행정법은 성문법주의를 원칙으로 한다. 행정법은 국민의 권리와 의무에 관한 사항을 주된 규율 대상으로 하면서 동시에 행정주체가 일방적으로 국민의 110

---

1) Maurer, Allgemeines Verwaltungsrecht, §3, Rn. 4f.; Peine, Allgemeines Verwaltungsrecht, Rn. 186.

권리에 제한을 가하고 의무를 부과할 수 있도록 한다. 따라서 국민의 안정된 법생활의 보장을 위해서는 국민들이 행정작용을 예측할 수 있도록 하여야 한다. 이 때문에 행정법은 성문법주의를 택하게 되는 것이다. 그렇다고 행정법에 불문법이 존재할 수 없다는 것은 결코 아니다.

2. 법원의 다양성

111   행정법을 구성하는 법의 존재형식은 헌법과 법률 외에도 매우 다양하게 존재한다. 법률에 의한 행정의 원리에 따라 행정은 법률에 의함이 원칙이나 법률 외에도 법규명령·자치법규(조례·규칙)·관습법·판례(법) 등에 의하기도 하고, 경우에 따라서는 행정규칙이 행정법규의 기능을 담당하기도 한다. 특히 행정관들은 행정규칙에 의해 행정을 수행한다고 할 수 있을 정도인데, 이와 관련하여 행정규칙의 성질이 행정법학에서 문제되고 있다.

Ⅱ. 내용상 특성

1. 공익목적성

112   사법이 당사자간의 이해조절을 내용으로 하는 것이라면, 행정법은 전체로서 국민(주민)의 이익의 증진, 즉 공익의 실현을 기본적인 목적 내지 내용으로 갖는다. 여기서 공익의 실현이라는 것은 사익과의 조화를 꾀하면서 전체로서의 공익의 증진을 의미하는 것이다. 이 때문에 행정법은 공익을 위해 사익에 침해를 가할 수 있는 경우를 예정해 두기도 한다(예 : 공익사업을 위한 토지 등의 취득 및 보상에 관한 법률). 요컨대 공익목적성은 행정법이 갖는 제1의 내용상의 특성이 된다.

2. 행정주체의 우월성

113   공익의 효과적인 실현을 위해 행정법은 행정주체에 우월한 법적 지위를 부여한다. 공행정목적의 실현을 위해 행정법은 ① 행정청으로 하여금 일방적으로 국민에 대해 명령할 수 있게 하고, ② 국민이 의무를 불이행하면 사법기관의 도움없이도 행정청이 일방적으로 강제집행할 수 있게 하며, 또한 ③ 행정주체의 법적 행위는 당연무효가 아닌 한 권한있는 기관이 취소할 때까지는 유효한 것으로 인정된다.

3. 대량성·평등성

114   행정법은 공익실현과 관련하여 특정인을 대상으로 하기보다 불특정다수인

을 규율의 대상으로 삼는 경우가 허다하다. 다수인을 대상으로 하기 때문에 거기에는 법적 평등이 특히 문제된다. 이 때문에 평등원칙은 행정법의 일반원칙으로서 중요한 의미를 갖게 된다.

Ⅲ. 성질상 특징

1. 강행성·획일성

행정법은 공익실현을 목적으로 하고 또한 다수인을 주된 규율의 대상으로 하므로 당연히 당사자의사 여하에 불구하고 획일적으로 실현되어야만 의미를 갖는 경우가 적지 않다. 강행법규에는 단속규정과 효력규정이 있다. 전자의 위반의 경우에는 제재가 가해지고, 후자의 위반의 경우에는 효력이 부인되는 것이 일반적이다. 강행법규성과 관련하여 재량행위가 문제되나, 재량행위라는 것도 의무에 합당한 재량이지 법으로부터 자유로운 순수한 의미의 자유재량은 아니기 때문에 그것이 행정법의 강행법규성을 부인할 만한 것은 못된다. 경우에 따라서는 훈시규정으로 새겨야 할 경우도 있다.[1] 한편 공법상에도 계약이 있으나 그것도 사법상 계약에 비해 많은 강제적 요소가 따른다.

115

2. 기 술 성

행정법은 공익실현을 목적으로 하고 또한 다수인을 주된 규율의 대상으로 하므로 보다 효과적인 목적달성을 위해 다수인의 이해조절을 위한 절차적 규정, 기술적인 규정을 많이 갖게 된다. O. Mayer가 말한 "헌법은 변하나 행정법은 변하지 않는다"[2]는 명제는 바로 행정법의 기술성을 잘 나타내고 있다고 하겠다. 기술성은 행정법의 해석이 합목적적일 것을 요구한다.

116

3. 단속법규성

사법상 강행규정은 대부분이 효력규정으로서 그에 위반하면 효력이 발생하지 않는 것이 일반적이지만, 행정법상 강행법규는 효력규정보다 오히려 단속규정이 많다고 할 수 있다. 따라서 행정법규의 위반은 많은 경우에 효력의 문제가 아니라 처벌의 문제를 가져온다는 점이 특징적이다. 물론 특정행정법규가 효력

117

---

1) 대판 2011. 2. 24, 2010두21464(경제자유구역의 지정 고시일로부터 2년 이내에 대통령령이 정하는 바에 따라 실시계획을 작성하여 지식경제부장관에게 승인을 신청하지 않은 경우의 효력에 관하여 구 '경제자유구역의 지정 및 운영에 관한 법률(경제자유무역법)'에 별다른 규정을 두고 있지 않은 점을 비롯하여 경제자유구역 지정제도의 취지 및 관련 규정의 내용 등을 종합하여 보면, 경제자유무역법 제9조 제1항 본문의 실시계획을 작성하여 지식경제부장관의 승인을 얻어야 하는 시기에 관한 규정은 훈시규정에 해당한다).

2) O. Mayer, Deutsches Verwaltungsrecht Ⅰ, 1924, S. Ⅵ.

규정인가 단속규정인가의 판단에는 당해 법규의 의미와 목적 등이 고려되어야 한다.[1]

4. 행위규범성

118   사법의 영역에서는 사적 자치가 이루어지는 까닭에 당사자의 의사가 우선 존중되어야 하는 것이므로, 사법규정은 대체로 당사자간에 분쟁이 발생된 경우에 재판규범으로서 기능하는 바가 크지만, 행정법의 영역에서는 법치행정, 행정의 법률에의 구속의 원리상 행정이 법률에 따라 이루어져야 하는 것이므로, 행정법규는 사인에 대하여 행위규범의 성질을 강하게 띤다.

Ⅳ. 해석상 특성

119   법규범의 해석상 사법은 사인간의 이해조절과 관련하여 형법은 형벌권의 존부여부 및 그 범위와 관련하여 법규범이 갖는 의미파악이 해석의 중심이 된다고 볼 것이다. 그러나 행정법(특히 행정작용법)은 미래발전에 대한 예측적인 평가를 기초로 하여 합목적성을 추구하는 데에 해석의 중심이 놓이는 부분이 많다. 그렇다고 행정법의 해석에서 규범상 의미파악이 경시되어도 좋다는 것은 물론 아니다.

---

1) 대판 2018. 7. 11, 2017다274758(사법상의 계약 기타 법률행위가 일정한 행위를 금지하는 구체적 법규정에 위반하여 행해진 경우, 법률행위가 무효인가 또는 법원이 법률행위 내용의 실현에 대한 조력을 거부하거나 다른 내용으로 효력을 제한하여야 하는가의 여부는, 당해 법규정이 가지는 넓은 의미에서의 법률효과에 관한 문제의 일환으로, 그 법규정의 해석에 따라 정해진다. 따라서 그 점에 관한 명문의 정함이 있다면 그에 따라야 할 것이고, 그러한 정함이 없는 때에는 종국적으로 그 금지규정의 목적과 의미에 비추어 그에 반하는 법률행위의 무효 기타 효력 제한이 요구되는지를 검토하여 이를 정할 것이다. 명의이용 금지규정을 위반하여, 자동차 소유자와 전세버스 운송사업자 사이에, 대외적으로는 자동차 소유자가 그 소유의 차량 명의를 전세버스 운송사업자(이하 '지입회사'라 한다)에게 신탁하여 소유권과 운행관리권을 지입회사에 귀속시키되, 대내적으로는 위 지입차량의 운행관리권을 위탁받아 자신의 독자적인 계산 아래 운행하면서 지입회사에 일정액의 관리비를 지급하기로 하는 내용의 이른바 '지입계약'이 체결된 경우, 그 지입계약 자체가 사법상의 효력이 부인되어야 할 정도로 현저히 반사회성, 반도덕성을 지닌 것이라고 볼 수는 없다); 대판 2006. 12. 21, 2004다17054(구 주택건설촉진법 제10조의4 제1항은 '국민주택기금은 국민주택의 건설, 국민주택건설을 위한 대지조성사업 등의 용도 외로는 이를 운용할 수 없다'고 규정하고 있는바, 이는 주택건설종합계획을 효율적으로 실시하기 위하여 필요한 자금을 확보하고 이를 원활히 공급하기 위하여 정부의 재원으로 조성하여 설치한 국민주택기금을 그 설치 목적에 들어맞는 용도로 엄격히 제한하여 운용하려는 데 그 입법취지를 두고 있으므로, 국민주택기금 운용제한 규정은 강행규정으로서 이에 위반한 행위는 그 효력이 없다); 대판 1997. 10. 10, 97다7264(주택공급계약이 구 주택건설촉진법 제32조, 구 주택공급에관한규칙 제8조 제1항, 제11조에 위반되었다고 하더라도 그 사법적 효력까지 부인된다고 할 수는 없다).

제 4 절 행정법의 헌법적 기초

독일행정법의 아버지라 불리는 Otto Mayer는 독일이 제1차 세계대전에서   120
패망하고, 군주정에서 공화정으로 헌정질서가 변한 후인 1924년에 자기의 저서
인 독일행정법 제3판의 서문에서 "헌법은 변하지만, 행정법은 변하지 않는다
(Verfassungsrecht vergeht, Verwaltungsrecht besteht)"는 유명한 말을 한 바 있다.[1] 한
편, 그보다 35년이 지난 시점에 당시 독일연방행정재판소장이었던 Fritz Werner는
"구체화된 헌법으로서의 행정법(Verwaltungsrecht als konkretisiertes Verfassungsrecht)"
이라는 제목의 논문을 발표한 바 있다.[2] O. Mayer의 표현과 F.Werner의 표현은
서로 충돌하는 것으로 보인다. 그러나 O. Mayer는 헌법의 정치성과 행정법의 기
술성을 표현한 것으로, 그리고 F.Werner는 헌법과 행정법의 규범상 단계구조를
표현한 것으로 이해한다면, 양자는 반드시 충돌되는 것이라 말하기는 어렵다.

제 1 항 행정법과 헌법의 관계

Ⅰ. 헌법상 국가목표로서 기본권실현과 행정법

1. 기본권의 지위

국가의 통치질서와 가치질서의 기본원칙에 관한 최고위의 규범적 표현인   121
헌법이 어떠한 사항을 자신의 목적으로 하고 있다면, 헌법의 구체화법으로서의
행정법은 그러한 목적에 봉사하여야 한다. 우리 헌법의 목표가 무엇인가에 관한
명확한 답변은 곤란하나, 대체로 우리 헌법은 중용의 인격주의(Personalismus)에
입각하여 개인가치의 실현을 가장 기본적인 목표로 삼고 있다고 할 수 있다.[3]
따라서 우리나라의 행정법의 전체계는 인간의 존엄과 가치, 행복추구권의 보장
과 실현에 초점을 두고 구성되어야 할 것이다. 왜냐하면 헌법 제10조는 국가의
최고근본규범이기 때문이다.[4] 이러한 입장에서 보면, 행정법학에서 기본권의
문제를 행정법의 기본원리의 하나인 법치주의의 원리와 관련하여 다루기보다는
그와 아울러 행정법의 제원리를 능가하는 또는 지배하는 최고위의 원리로 다루
는 것이 방법론상 보다 타당한 것이라 보인다.

---

1) O. Mayer, Deutsches Verwaltungsrecht Ⅰ, 1924, S. Ⅵ.
2) Fritz Werner, DVBl. 1959, 527ff.
3) 졸저, 헌법과 정치, 85쪽.
4) 김철수, 헌법학(상), 2008, 508쪽; 권영성, 헌법학원론, 377쪽; 허영, 한국헌법론, 332쪽.

2. 행정과 기본권

122   (1) 인간의 존엄과 가치의 보장   모든 행정은 인간의 존엄과 가치를 존중하고 보장해야 한다. 행정은 개인을 단순히 행정의 대상으로만 여기지 말고 고유한 영역을 갖는 독자적인 인격자로 보고, 각종의 개인적 공권(또는 주관적 공권)을 승인해야 한다. 아울러 독자적인 인격자로 보는 이상 행정은 개인에게 인간다운 삶을 보장하기 위해 급부행정과 지도행정을 도입해야 한다.

123   (2) 평등원칙과 행정의 자기구속   헌법 제11조가 다만 법 앞의 평등원칙만 규정하였을 뿐, 행정법상 평등원칙의 내용을 이루는 공공부담 앞의 평등원칙, 공역무 앞의 평등원칙 등에 대하여는 직접 규정하지 않은 탓으로, 평등원칙을 헌법 제11조에 직접 규정되어 있는 것으로 보지 않고 헌법 제11조의 기본이념으로부터 도출되는 불문법원리로 보는 견해도 있다.[1] 그러나 헌법 제11조가 말하는 법이란 행정법을 당연히 포함하는 것이므로, 헌법 제11조의 평등원칙은 행정법에도 직접 적용되는 헌법상 기본원칙의 하나로 보아야 한다. 다만, 행정법의 영역에서 평등원칙은 행정의 자기구속의 원칙으로 전환되어 적용되는 경우가 적지 않다.

124   (3) 행정의 조직원리로서 기본권   몇몇의 기본권은 행정의 조직원리로서 기능하기도 한다. 예컨대 행정제도로서의 교육자치제도는 학문의 자유를 침해함이 없어야 하고, 아울러 교육을 받을 권리를 구체화하는 것이어야 한다.

125   (4) 행정과 기본권침해   실제상 행정에 의한 기본권침해 가능성은 입법이나 사법에 의한 경우보다 크다고 하겠다. 행정에 의한 기본권침해의 문제는 법적 기속이 강한 행정의 경우보다 법적 기속이 강하지 못한 행정의 경우에 특히 검토를 요한다. 이와 관련하여 문제되는 것은 국고작용과 소위 특별권력관계에서의 행위이다. 국고행위에도 기본권의 효력이 있고, 소위 특별권력관계론은 더 이상 기본권제한을 정당화할 수 없다.

3. 행정과 개인의 법적 지위의 강화

126   개인의 대국가의존도가 점증하고 있는 상황하에서 기본권존중의 정신 아래 종래 개인의 주관적 공권이 아니라 단순한 반사적 이익(Rechtsreflex, Reflexrecht)에 불과한 것으로 보아 왔던 것도 개인적 공권개념의 재검토(즉 새로운 해석)를 통해 개인적 공권으로 확대해 나아가는 노력도 필요하다. 이러한 노력은 제3자효 있는 행정행위에서 보다 큰 의미를 가질 것이다.

---

1) 김동희, 행정법(Ⅰ), 58쪽(2019).

Ⅱ. 행정법 최상위의 법원으로서 헌법

내용상으로 국가공동체의 기본문제를 규율하는 헌법은 스스로 행정에 관해   127
직접·간접으로 규정하는바, 이런 범위에서 헌법은 행정법의 법원이 된다. 그런
데 헌법은 실정법상 모든 법현상에 대한 효력의 근거이기 때문에 헌법은 행정
법의 최상위의 법원이 된다. 따라서 양 규범간의 충돌시 헌법이 우선하게 된다.

제 2 항 행정법에 대한 헌법상 기본원리

Ⅰ. 민주주의원리

1. 의   의

현행헌법은 민주주의를 지향하고 있다. "대한민국의 주권은 국민에게 있고,   128
모든 권력은 국민으로부터 나온다"는 헌법 제1조 제2항이 이를 단적으로 표현
하고 있다. 이 밖에 헌법전문의 '자유민주적 기본질서', 제8조 제4항의 '민주적
기본질서', 제1조의 '민주' 공화국이라는 표현도 이를 나타내는 것이다. 민주주
의란 다의적인 개념이다. 이념적으로는 자유와 평등을, 형태적으로는 치자와 피
치자의 자동성을 내용으로 하는 정치원리이다. 정치적 원칙 내지 정치적 개념으
로서 민주주의는 국민 개개인의 자유 위에, 그리고 모든 국민의 평등을 전제로
하여 국민 개개인의 자기구속·자기실현과 이로 인해 각인이 자신의 가치를 실
현해 나아가는 것을 뜻한다.[1] 오늘날의 산업사회에서 이러한 의미의 민주주의
는 법적으로 정해진 국민의 의사의 규율을 따른 정당화된 지배를 통해서만 가
능하다. 다원적 산업사회에서 민주주의는 특히 소수자의 보호문제 때문에 법적
형태로만 가능하다.[2]

2. 헌법과 민주주의

(1) **기본권의 보장**   헌법은 법률로써도 침해할 수 없는 고유한 인권의 영   129
역이 국민 개개인에게 있음을 인정하고 있다. 말하자면 기본권의 본질적 내용은
침해될 수 없다. 그리고 국민 개개인의 자유의 제한에는 엄격한 법적 제한원리
가 지배한다(헌법 제37조 제2항). 여기에는 비례원칙의 적용이 특히 중요하다.

(2) **대표제·임기제·책임추궁**   국가(와 지방자치단체의) 기관의 조직은 정당   130

---

1) F. Mayer, Allgemeines Verwaltungsrecht, 1977, S. 35.
2) M. Kriele, Das demokratische Prinzip im Grundgesetz, VVDStRL, Bd. 2, S. 49.

성있는 국민(또는 주민)의 대표기관으로 구성된다(헌법 제41조 제1항·제67조 제1항·제118조). 그리고 국민의 의사는 가변적인 것이므로 그 국민의 대표자의 직은 종신직이 아니라 임기제가 채택된다(헌법 제42조·제70조). 아울러 국민은 선거를 통해 정부에 대해 책임을 묻는다.

131 　(3) **행정기관과 공무원**　　행정기관을 법정화하고(헌법 제96조), 아울러 행정기관의 구성자인 공무원과 관련하여서도 정치적 중립, 국민에 대한 책임, 직업공무원제(헌법 제7조 제1항·제2항) 등이 규정되고 있다.

132 　(4) **지방자치**　　헌법은 "지방자치단체는 주민의 복리에 관한 사무를 처리하고 재산을 관리하며, 법령의 범위 안에서 자치에 관한 규정을 제정할 수 있다"고 규정하여(제117조 제1항), 지방자치를 제도로서 보장하고 있다(제도보장). 따라서 지방자치제는 법률로써 폐지될 수 없다. 지방자치제는 민주주의의 학교 내지 민주주의의 훈련장으로 일컬어진다. 지방자치제는 민주주의의 이상실현을 위한 민주주의의 기초이자 토대이다.

3. 참여와 민주주의원리

133 　(1) **의　　의**　　행정의 영역에서 민주주의원리와 관련하여 행정결정과정에의 국민들의 참여의 문제가 있다. 가치상대주의에 입각한 우리의 민주주의는 모든 의사결정은 지배적 도덕상황에 근거하여야 하고, 따라서 사항에 적합한 결정의 도출은 청문·조사·심리와 변론 등을 거칠 것을 요구한다. 그러나 이것이 법상 일반적으로 명령되는가는 간접민주주의원리와 관련하여 부정적으로 보아야 한다.

134 　(2) **행정절차법상 국민의 참여**　　행정절차법은 국민의 참여를 활성화하기 위해 국민참여의 확대에 관한 규정을 두고 있다.

134a 　(가) **국민참여 활성화**　　행정청은 행정과정에서 국민의 의견을 적극적으로 청취하고 이를 반영하도록 노력하여야 한다(절차법 제52조 제1항). 행정청은 국민에게 다양한 참여방법과 협력의 기회를 제공하도록 노력하여야 하며, 구체적인 참여방법을 공표하여야 한다(절차법 제52조 제2항).

134b 　(나) **국민제안의 처리**　　행정청(국회사무총장·법원행정처장·헌법재판소사무처장 및 중앙선거관리위원회사무총장은 제외한다)은 정부시책이나 행정제도 및 그 운영의 개선에 관한 국민의 창의적인 의견이나 고안(이하 "국민제안"이라 한다)을 접수·처리하여야 한다(절차법 제52조의2 제1항).

134c 　(다) **국민참여 창구**　　행정청은 주요 정책 등에 관한 국민과 전문가의 의견을 듣거나 국민이 참여할 수 있는 온라인 또는 오프라인 창구를 설치·운영할

수 있다(절차법 제52조의3).

   ㈒ **온라인 정책토론**   행정청은 국민에게 영향을 미치는 주요 정책 등에   134d
대하여 국민의 다양하고 창의적인 의견을 널리 수렴하기 위하여 정보통신망을
이용한 정책토론(이하 이 조에서 "온라인 정책토론"이라 한다)을 실시할 수 있다(절차
법 제53조 제1항). 행정청은 효율적인 온라인 정책토론을 위하여 과제별로 한시적
인 토론 패널을 구성하여 해당 토론에 참여시킬 수 있다. 이 경우 패널의 구성
에 있어서는 공정성 및 객관성이 확보될 수 있도록 노력하여야 한다(절차법 제53
조 제2항).

4. 행정활동의 투명성

   ⑴ **투명성확보의 필요성**   국민이 행정에 참여하고 행정에 책임을 물을 수   135
있어야 하는 것이 민주주의원리의 한 내용이라면, 행정의 운용은 당연히 투명한
것이어야 한다. 행정이 투명한 것이기 위해 행정은 가능한 한 공개적이어야 하
고, 행정은 국민에게 각종의 정보를 적절한 시기에 제공해 주어야 하며, 국민에
게는 상당한 범위에 걸쳐서 정보공개청구권을 인정하여야 한다.

   ⑵ **입법상황**   공공기관이 보유·관리하는 정보의 공개의무 및 국민의 정   136
보공개청구에 관하여 필요한 사항을 정함으로써 국민의 알 권리를 보장하고 국
정에 대한 국민의 참여와 국정운영의 투명성을 확보함을 목적으로 공공기관의
정보공개에 관한 법률이 제정되어 있다.[1]

5. 예고제(입법예고·행정예고)

   ⑴ **의   의**   민주주의의 이상실현의 한 방법으로 각종 예고제가 실시되   137
고 있다. 말하자면 주민참여의 의미를 살리고 행정활동의 투명성을 확보하기 위
해 각종 예고제가 도입되어 있다. 예고제에는 행정상 입법예고제와 행정예고제
가 있다.

   ⑵ **행정상 입법예고**   국민의 권리·의무 또는 일상생활과 밀접한 관련이   138
있는 법령 등을 제정·개정 또는 폐지하고자 할 때에는 당해 입법안을 마련한
행정청은 이를 예고하여야 한다(절차법 제41조 제1항). 행정상 입법예고의 방법,
예고시간, 의견제출, 공청회 등에 관한 사항은 후술한다.

   ⑶ **행정예고**   행정청은 ① 국민생활에 매우 큰 영향을 주는 사항, ② 많   139
은 국민의 이해가 상충되는 사항, ③ 많은 국민에게 불편이나 부담을 주는 사

---

1) 행정의 투명성·공개성의 촉진을 위한 대표적인 입법례로 미국의 政府日照法(Government in
   the Sunshine Act, 1976)을 볼 수 있다.

항, ④ 그 밖에 널리 국민의 의견을 수렴할 필요가 있는 사항에 대한 정책·제도 및 계획을 수립·시행하거나 변경하려는 경우에는 이를 예고하여야 한다. 다만, 예고로 인하여 공공의 안전 또는 복리를 현저히 해칠 우려가 있거나 그 밖에 예고하기 곤란한 특별한 사유가 있는 경우에는 예고하지 아니할 수 있다(절차법 제46조 제1항). 한편 법령 등의 입법을 포함하는 행정예고의 경우에는 입법예고로 갈음할 수 있다.

Ⅱ. 법치주의원리

1. 관　념

140　　⑴ 의　의　　법치주의란 형식적 의미로는 국가가 국민의 자유와 권리를 제한하거나, 국민에게 새로운 의무를 부과하는 때에는 국회가 제정한 법률에 의하거나 법률에 근거가 있어야 하며, 또 법률은 국민만이 아니고 국가권력의 담당자도 규율한다는 원리를 말한다.[1] 따라서 형식적 의미로는 모든 국가권력의 행사가 법률로써 예측이 가능한 국가를 법치국가라고 부른다. 한편 실질적 의미로는 정의의 이념에(여기서 정의란 언제나 실정법과 동일한 것은 아니며, 또한 정의는 법질서에 귀속되는 법해석학적 문제라기보다 법철학의 문제이다) 근거하고 정의의 실현을 추구하는 국가를 법치국가라고 부른다.[2] 헌법상 법치주의는 양자의 개념을 모두 포함하는 것으로 이해된다.

141　　⑵ 권력분립론과의 관계　　법치주의원리는 대륙의 경우 절대주의의 경찰국가에서 시민적 헌법국가에로의 정치적 발전의 결과이다. 말하자면 개인의 자유와 재산의 보호를 위해 권력분립이 요청되고, 권력분립은 실제상 의회제정법률에 의한 행정을 가져오기 때문에 법치주의의 전제는 바로 권력분립론이다.

2. 형식적 법치주의와 실질적 법치주의[3]

142　　⑴ 형식적 법치주의　　형식적 법치주의란 19세기 후반 독일에서 확립된 것으로서, 법치국가의 개념을 형식적으로 파악하는 입장이다. 달리 말하면 법치주의의 형식적 요소가 강조되었던 입장이다. 이러한 의미의 법치주의는 국가의

---

1) 김철수, 헌법학(상)(2008), 274쪽.
2) 논자에 따라서는 실질적 의미의 법치국가가 추구하는 것으로 정의 외에 법적 안정성을 들기도 한다(Achteberg, Allgemeines Verwaltungsrecht, §5, Rn. 3(S. 101).
3) 법치국가는 19세기 전반의 산업화시기에 봉건지배의 잔재에 대한, 정치국가적인 영주절대주의에 대한, 국권의 만능주의에 대한, 그리고 국가의 자의에 대한 시민계급의 정치적 투쟁개념이었다. 법치국가의 연원은 입헌주의와 자유주의이다. 그것은 헌법·자유·정의·법적 안정이라는 관념과 결부되어 있었다. 법치국가사상의 기본개념은 (의회제정의) 법률이었고 또한 법률이다(Loeser, System des Verwaltungsrechts, Bd. 1, S. 275).

목적이나 내용을 의미하는 것이 아니라 오히려 그것을 실현하기 위한 방법으로서, 즉 법기술적 수단으로서 파악된다. 형식적 법치주의하의 독일에서는 법의 내용이나 이념은 문제되지 아니하였고, 법률이라는 형식만 강조되었다. 특히 법률우위사상과 더불어 형식적 법치주의는 법률이라는 미명하에 모든 것이 복종되는 결과를 가져왔다. 더욱이 포괄적 수권법의 도입으로 법률은 합법적 독재수단으로 전락하게 되었음은 Weimar공화국 말기 Nazis시대에서 읽을 수 있다.

(2) 실질적 법치주의

㈎ 독   일   Bonn기본법은 Weimar공화국의 경험을 바탕으로 인간의 존 143
엄의 불가침을 선언하고(동법 제1조 제1항 본문) 이를 보장하기 위해 모든 국가권력을 기본권·헌법질서·법률·법의 구속하에 놓이게 하고, 위헌법률에 대해서는 헌법재판소에 의한 심사를, 위헌·위법행정에 대해서는 행정재판소에 의한 심사를 규정하고 있다. 형식적 법치주의에 이와 같은 기본권보장이라는 이념이 결합된 형태를 실질적 법치주의라고 부른다. 오늘날 법치주의라고 하면 당연히 실질적 법치주의를 뜻한다. 실질적 법치주의라는 것이 법치주의의 형식적 요소를 경시하는 것이 아님은 물론이다. 말하자면 실질적 법치주의란 법치주의의 형식적 요소 외에 실질적 요소까지 강조하는 입장이다.[1]

㈏ 영·미   독일의 법치주의에 상응하는 개념으로 영미법상으로 법의 지 144
배(Rule of Law)가 있다. 양자가 반드시 동일한 개념은 아니다. 법의 지배의 원리를 체계화한 Dicey에 따르면,[2] 법의 지배란 ① 일반법의 절대적 우위, ② 모든 자가 보통재판소·보통법에 복종된다는 의미에서의 법적 평등, ③ 영국 헌법은 개인의 권리의 원천이 아니라 결과이고, 이들 권리는 재판소가 그 내용이나 범위를 결정하는 것이라는 점을 내용으로 들면서, 법의 지배는 영국헌법 아래서 개인의 권리에 부여된 보장이라고 하였다. 오늘날에 있어서는 Dicey의 이론에 비판이 있는 것도 사실이나, 하여튼 영국의 경우 법의 지배는 인권존중을 기본으로 하고 있다고 하겠다. 한편 미국에서는 성문의 경성헌법상 기본권의 선언과 보장, 입법권에 대한 헌법의 우위, 위헌법률심사제 등을 통해 법의 지배의 원리가 확립되어 있다. 요컨대 영미의 법의 지배는 출발부터 실질적 법치주의에 입각하였다.

---

1) 독일학자들은 '독일기본법상 법치국가의 개념은 형식적 법치국가(모든 국가권력의 행사가 측정 가능한 국가)의 이해와 실질적 법치국가(정의의 이념을 지향하는 국가)의 이해를 포함한다'는 방식으로 설명한다(예컨대, Ehlers, in : Erichsen(Hrsg.), Allgemeines Verwaltungsrecht, §5, Rn. 18). 독일기본법상 실질적 법치국가는 법치국가의 형식적 요소 외에 실질적 요소까지 강조하는 국가라는 우리의 설명방식과 다소 다른 면이 있다.

2) A. V. Dicey, An Introduction to the Study of the Law of the Constitution, 1959, p. 188ff.

3. 헌법과 법치주의

145　　⑴ **헌법규정**　　우리 헌법은 법치국가라는 표현을 명문으로 사용하고 있지는 않다. 그러나 기본권보장규정(헌법 제2장), 권력분립원리에 관한 규정(헌법 제40조·제66조 제4항·제101조 제1항), 포괄적 위임입법의 금지에 관한 규정(헌법 제75조·제95조), 헌법재판제도(헌법 제111조 이하), 사법심사제도(헌법 제107조) 등은 법에 의한 국가권력의 행사를 의미하는 것이라고 볼 때, 우리 헌법이 법치국가를 지향함은 의문이 없다.

146　　⑵ **몇 가지 문제**　　먼저 특히 행정조직내부에서 공무원과 관련하여 법치주의의 적용여부가 문제된다. 결론적으로 말해 신분의 특수성으로 인해 다소 제약이 따르기는 하나 공무원관계에도 법치주의는 적용된다. 다음으로 비상계엄이 선포된 경우 등 국가긴급시에는 법치국가원리 내지 법치행정의 원리에 제약이 가해진다. 이는 부득이한 조치이다. 그러나 국가긴급시에도 긴급권의 발동은 헌법과 법률(예 : 계엄법)이 정한 바에 따라야 하는바, 기본적으로는 법치주의가 유지된다.

4. 법치행정의 원칙

147　　⑴ **의　　의**　　법치주의는 행정의 영역에서 법치행정으로 표현된다. 법치행정은 이론상 개념과 실정법상 개념으로 구분하여 살펴볼 수 있다.

148　　㈎ **이론상 개념**　　법치행정이란 행정은 법률의 근거하에서 법률의 기속을 받으며 행해져야 하며(법률에 의한 행정, 행정의 법률적합성), 만약 이를 위반해서 개인에게 피해가 생기면 이에 대해 사법적인 구제가 주어지는 것을 말한다. 법치행정은 행정의 자의로부터 개인을 보호하고 아울러 행정작용의 예견가능성을 보장하고자 하는 데 있다. 이 책에서는 이론상 개념을 넓은 의미의 법치행정이라 부르기도 한다.

149　　㈏ **실정법상 개념**　　행정기본법은 제8조에서 법치행정의 원칙이라는 제목하에 "행정작용은 법률에 위반되어서는 아니 되며, 국민의 권리를 제한하거나 의무를 부과하는 경우와 그 밖에 국민생활에 중요한 영향을 미치는 경우에는 법률에 근거하여야 한다"고 규정하고 있다. 행정기본법은 이론상 개념 중 행정의 법률적합성만을 규정하고 있다. 실정법상 개념을 좁은 의미의 법치행정이라 부르기도 한다.

150　　⑵ **내 용**(법과 행정과의 관계)　　법치행정의 원리로서 행정이 법에 구속된다고 하는 것은 헌법 이외에는 원칙적으로 의회제정법률만이 국민을 구속하는 힘(법률의 법규창조력)을 갖는다는 전제하에 ① 행정주체의 활동은 조직규범에서 정

한 권한의 범위 내에서 이루어지며, ② 행정은 국민의 대표기관의 의사인 의회 제정법률에 근거해야 하며(법률의 유보), ③ 행정은 국민의 대표기관의 의사인 의회제정법률에 반할 수 없음을 의미한다(법률의 우위). 이러한 법치행정의 내용은 통상 행정의 법률적합성의 원칙의 문제로 다루어지고 있다.

(3) **구　　제**　　법치행정의 원칙에 반하여 국민에게 불이익을 주는 행위는　151 손해전보제도·행정쟁송제도·청원제도 등을 통하여 시정할 수 있음은 물론이다. 위법한 행정작용으로 인한 피해를 시정하는 제도는 그 자체가 법치행정의 한 중요한 요소를 구성하는 것인 동시에 법치행정을 완성시키는 제도이다.

(4) **한　　계**　　위법행위까지 보호하는 신뢰보호의 원칙의 인정, 행정입법　152 의 증대, 고시형식의 법규명령의 인정, 추상적 규범통제의 부인 등으로 법치행정은 한계를 경험하고 있다. 이러한 제도의 적절한 범위설정이 현대행정법의 중요과제가 되고 있다. 뿐만 아니라 종래 법으로부터 자유로운 행위로 보았던 통치행위·특별권력관계에서의 행위·재량행위도 여전히 법치행정의 한계문제와 관련한다. 통치행위의 개념은 그 필요성에 비추어 그 인정범위를 축소하는 방향으로 나아가야 한다. 더 이상 특별권력관계가 인정되어서는 아니된다(소위 특별권력관계에서의 행위도 행정소송법상 처분에 해당하면 다툴 수 있다는 것이 판례와 지배적 학설의 입장이다). 재량행위도 재량권의 남용이나 일탈의 경우에는 사법심사의 대상이 되는바(행소법 제27조) 역시 법치주의의 적용하에 놓인다.

Ⅲ. 사회복지주의원리

1. 의　　의

헌법은 사회복지국가를 지향하고 있다(헌법 제34조·제10조 등). 사회복지국가　153 원리는 당연히 행정법의 또 하나의 지도원리가 된다. 사회복지국가는 사회국가, 복지국가 또는 복리국가로 불리기도 한다. 다만 여기서는 사회복지국가의 개념을 사회국가와 복지국가의 복합개념으로 사용하기로 한다. 사회복지국가의 의미는 실질적 의미와 형식적 의미로 구분할 수 있다.

(1) **실질적 의미**　　실질적 의미로 사회복지국가란 사회국가와 복지국가의 이념　154 을 지향하는 국가를 말한다. 사회국가란 사회적 정의와 행위의 효율성을 개념요소로 한다. 사회국가개념을 사회적 정의에만 초점을 두고 파악한다면, 사회국가는 법치국가의 하위형태를 구성한다는 비판을 받을 수도 있으나, 사회적 정의 외에 행위의 효율성도 사회국가의 개념요소로 하므로, 그러한 비판은 적절하지 아니하다.[1]

---

1) Achterberg, Allgemeines Verwaltungsrecht, §5, Rn. 15ff.

하여간 사회적 정의는 인간사회의 사회적 불평등을 해소하고 균형화하는 것을 지향하는 개념이다. 그것은 전체사회의 재화의 분배를 대상으로 한다. 사회국가는 개인과 사회 사이의 불편을 국가적인 조치를 통해 줄이는 것을 목표로 한다. 행위의 효율성은 급부의 효율성과 관련한다. 그것은 재화의 최적의 분배를 지향하는 개념이다. 전체로서 사회국가의 개념은 그 방향이 '위에서 아래로' 향해진 것, 즉 최소한의 인간다운 삶의 보장에 관련된 개념이다.

155   한편, 복지국가란 국가적인 조치를 통해 개인과 사회의 복지를 최대한 증대시키고, 아울러 국민들의 삶의 수준을 한 단계 더 높이는 것을 지향하는 개념이다. 말하자면 복지국가의 개념은 개인의 생활조건을 최소한에서 최대한으로 끌어올리는, 즉 임무의 방향이 '아래에서 위로' 향해진 것을 내용으로 한다.

156   요컨대 실질적 의미에서 사회복지국가란 효율성을 바탕으로 하여 모든 국민들에게 인간다운 최소한의 삶을 보장할 뿐만 아니라, 더 나아가서 보다 발전된 단계를 향하여 국민들의 삶의 질을 계속 향상시켜 나아가는 것을 지향하는 국가라 하겠다.

157   (2) 형식적 의미   형식적 의미로 사회복지국가란 생활배려(예 : 물·전기·가스 등 상이한 생활재화의 공급)·사회적 안전(예 : 사고보험·질병보험·연금보험 등 사회보험의 보장)·개인수요의 충족(예 : 학교·박물관·극장·스포츠시설·병원의 설치·유지)·환경보호(예 : 공기·물·토지의 오염방지와 제거) 등을 요소로 하는 개념이다.[1] 그리고 이를 실현하기 위하여 국가와 경제(사회)의 협력이 요구된다. 사회복지국가에서는 계획수단이 중요한 행정수단이 된다.

2. 법적 성격

158   헌법형성의 기본결단으로서 사회국가원칙은 실정법의 인식근거가 된다. 그러나 이 원칙으로부터 국민이 국가에 대하여 직접적인 청구권을 갖는 것은 아니다. 그러한 청구권을 갖기 위해서는 법규로서 구체화가 필요하다. 그 구체화의 임무는 일차적으로 입법자에게 놓인다.

3. 사회연대원리

159   사회국가원칙에서 나오는 헌법형성의 기본결단은 공동체에 대해서[2]뿐만

---

1) Achterberg, Allgemeines Verwaltungsrecht, §5, Rn. 25ff.
2) 헌재 2015. 4. 30, 2012헌마38(국가가 국민의 생명·신체의 안전을 보호할 의무를 진다 하더라도 국가의 보호의무를 입법자 또는 그로부터 위임받은 집행자가 어떻게 실현하여야 할 것인가 하는 문제는 원칙적으로 권력분립과 민주주의의 원칙에 따라 국민에 의하여 직접 민주적 정당성을 부여받고 자신의 결정에 대하여 정치적 책임을 지는 입법자의 책임범위에 속하므로, 헌법

아니라 공동체의 구성원에 대해서도 법적인 의무를 부과한다. 후자의 면에서의 사회국가의 결단은 사회국가원칙에 대비하여 사회연대원칙(Solidaritätsprinzip)이라 불리기도 한다. 이 원칙은 연대적인 사회활동, 사회계약, 개인적이거나 단체의 사회부조 등이 국민의 기본의무라는 것을 내용으로 갖는다.[1]

4. 헌법과 사회복지주의

(1) **헌법규정**　　헌법은 사회복지국가의 실현을 위해 행정의 영역에서 ① 160 최소한의 인간다운 삶을 보장하고(헌법 제34조 제1항),[2] ② 사회의 안전, 경제적 약자의 보호와 관련하여 사회보장, 사회복지의 증진을 국가의 의무로 규정하며 (헌법 제34조 제2항), ③ 모든 국민에게 보다 많은 복지의 보장을 위해 개인의 경제상의 자유와 창의를 존중하고, 아울러 그것의 본질적인 부분을 훼손하지 않는 범위 내에서 사경제에 대한 국가의 합리적인 개입을 규정하고 있다(헌법 제9장).

(2) **행정국가화**　　사회복지국가의 요청은 보다 많은 국부의 증진 및 다양 161 한 행정수단을 요구한다. 이것은 행정의 팽창, 공무원 및 행정기구의 확대를 가져오고 아울러 고도로 숙련된 기술관료에 의한 행정을 가져오게 된다. 현대국가의 이러한 경향을 행정국가화라고 말하는데, 이러한 현상에 대한 합리적인 통제책의 마련이 현대행정법의 핵심적인 과제 중의 하나가 되고 있다.

Ⅳ. 국가안전보장원리

우리 헌법이 지향하고 있는 민주주의·법치주의·사회복지주의의 실현도 대 162

재판소는 단지 제한적으로만 입법자 또는 그로부터 위임받은 집행자에 의한 보호의무의 이행을 심사할 수 있다. 따라서 국가가 국민의 생명·신체의 안전에 대한 보호의무를 다하지 않았는지 여부를 헌법재판소가 심사할 때에는 국가가 이를 보호하기 위하여 적어도 적절하고 효율적인 최소한의 보호조치를 취하였는가 하는 이른바 '과소보호금지 원칙'의 위반 여부를 기준으로 삼아, 국민의 생명·신체의 안전을 보호하기 위한 조치가 필요한 상황인데도 국가가 아무런 보호조치를 취하지 않았든지 아니면 취한 조치가 법익을 보호하기에 전적으로 부적합하거나 매우 불충분한 것임이 명백한 경우에 한하여 국가의 보호의무의 위반을 확인하여야 한다).

1) Wolff/Bachof/Stober/Kluth, Verwaltungsrecht Ⅰ(12. Aufl.), §18, Rn. 27 이하 참조.
2) 헌재 2016. 5. 26, 2015헌바263(인간다운 생활을 할 권리는 사회권적 기본권의 일종으로서 인간의 존엄에 상응하는 최소한의 물질적인 생활의 유지에 필요한 급부를 요구할 수 있는 권리이다); 헌재 2014. 3. 27, 2012헌바192(국가가 헌법 제34조 제1항이 규정하는 인간다운 생활을 보장하기 위한 급부의 수준을 구체적으로 결정함에 있어서는 국민 전체의 소득수준과 생활수준, 국가의 재정규모와 정책, 국민 각 계층의 상충하는 갖가지 이해관계 등 복잡하고 다양한 요소를 함께 고려하여야 하는 것이어서 광범위한 재량이 부여되지 않을 수 없다. 따라서 국가가 행하는 최저생활보장 수준이 국민의 인간다운 생활을 보장하기 위한 객관적인 내용의 최소한을 보장하고 있는지 여부는 특정한 법률에 의한 급부만을 가지고 판단하여서는 안 되고 다른 법령에 의거하여 국가가 최저생활보장을 위하여 지급하는 각종 급여나 각종 부담의 감면 등을 총괄한 수준으로 판단하여야 한다).

한민국의 존재를 전제로 하는 것이므로, 우리 헌법은 대한민국의 존속·안전에 대한 배려도 잊지 않고 있다. 말하자면 헌법은 국군의 사명(헌법 제5조 제2항), 긴급명령(헌법 제76조), 계엄(헌법 제77조), 국가원로자문회의(헌법 제90조), 국가안전보장회의(헌법 제91조) 등에 관한 규정을 두고 있다. 따라서 헌법의 구체화법으로서의 행정법은 당연히 국가안전보장원리의 의미를 훼손하지 않고 오히려 이를 확보하는 방향으로 정립·해석·운용되어야 할 것이다. 다만 지나간 최근의 역사를 돌이켜 볼 때에 국가안전보장원리의 지나친 강조의 결과 기본권이 유린되는 사태는 반복되지 않도록 하는 데에 보다 많은 관심이 놓여야 할 것이다.

V. 제원리의 상호관련성

163   상기의 각 원리는 각기 관심방향을 달리한다. 따라서 각각의 원리는 다른 원리를 제약할 수도 있다. 그러나 국가의 행정은 궁극적으로 정의를 지향하여야 한다. 따라서 상기의 제원리는 정의를 향하여 상호보완적으로 실현되어야 한다. 헌법은 단일이고 통일적이어야 하는 것이다. 자세한 논의는 헌법학의 과제이다.

164   ▌참고▐ 헌법상 원칙으로서 경제성의 원칙
        독일 문헌상 행정작용에 중심적인 경제성의 원칙을 헌법원칙으로 보는 견해가 보인다. 이 견해는 결산, 예산집행 및 경제운영의 경제성과 합법성을 심사하는 권한을 가진 연방회계감사원을 규정하는 독일기본법 제114조 제2항에 근거를 두고, 경제성의 원칙을 조세국가의 이면으로 본다. 국가는 공공의 목표를 최대한 실현하여야 하고, 최소의 수단으로 최대의 수익을 확보하여야 하며(최소수단의 원칙 내지 절약의 원칙), 경제성은 경쟁의 원칙과 투명성의 원칙이 지켜질 때, 이루어질 수 있다고 한다.[1]

제 5 절 행정법의 법원

제 1 항 의   의

I. 법원의 개념

1. 법원개념의 다양성

165   법원이란 넓게는 법생성연원·법평가연원·법인식연원 등의 의미로 사용되나,[2] 여기서 말하는 법원은 행정권이 준수해야 할 행정법의 인식근거(법인식연

---

1) Wolff/Bachof/Stober/Kluth, Verwaltungsrecht Ⅰ (2017), §18, Rn. 37.
2) Ehlers, in : Ehrichsen(Hrsg.), Allgemeines Verwaltungsrecht, §2, Rn. 6.

원)라는 의미이다.[1] 이것을 좁은 의미의 법원이라 한다. 좁은 의미의 법원의 구체적인 내용에 대해서는 법규만을 법원의 내용으로 보는 견해(법규설·협의설)와 행정사무처리의 기준이 되는 모든 법규범을 법원의 내용으로 보려는 견해(행정기준설·광의설)가 대립되어 있다. 우리는 독일이나 일본과 달리 행정기준설이 다수설로 인식되고 있다.[2] 행정기준설에 의하면 행정규칙은 외부적 법규는 아니지만 행정법의 법원에 속한다고 하게 된다.

2. 법원·법규·법규범의 관계

법의 인식근거로서 법원은 준수되어야 할 사항이 추상적으로 형식화된 것을 특징으로 하는 법규에 관련한다. 법규의 총체가 법원이다. 법규에서 표현되는 규율의 내용이 법규범이다. 그리고 법규범은 법원을 통해서만 생성된다. 따라서 법원론에서는 법규개념이 핵심적인 개념이 된다. 법규개념은 19세기 초 Anschutz가 정립하였다고 한다.[3]

166

3. 법규개념

법규개념은 다의적이나 크게 보아 역사적·전통적 개념(좁은 의미의 법규개념이라고도 한다)과 법이론적 개념(넓은 의미의 법규개념이라고도 한다)으로 나누어진다.[4]

(1) **협의의 법규**(전통적인 법규개념)　　　이것은 법규개념을 실질적 의미의 법률개념과 동일시하여 (소위 일반권력의 복종자인) 시민에 대한 일반적·추상적 규율 또는 시민의 자유와 재산을 침해하는 규율을 의미한다. 그러나 이 입장에 대해서 다음이 지적된다. 즉 좁은 의미의 법규개념은 국가내부질서(예 : 행정조직)에 관한 사항을 행정의 자유로운 활동영역에 두는 결과가 되고, 또한 현대행정법의 주요부분인 급부행정을 법적 규율 밖에 두게 되므로 오늘날의 법원론으로 적합하지 않다는 것이다. 따라서 넓은 의미의 법규개념이 필요하게 된다.

167

(2) **광의의 법규**(법이론적 법규개념)　　　수범자의 범위에 관계없이 무릇 법적으로 구속력을 갖는 성문·불문의 규율을 법규로 보는 입장이다.[5] 오늘날 일반적으로 법규라 함은 넓은 의미의 법규를 의미한다. 한편 넓은 의미의 법규가 갖

168

---

1) A. Ross, Theorie der Rechtsquellen, 1929, S. 291; Wallerath, Allgemeines Verwaltungs-recht(6. Aufl.), § 4, Rn. 5f.
2) 박윤흔·정형근, 최신행정법강의(상), 47쪽.
3) Forsthoff, Lehrbuch des Verwaltungsrechts, S. 133.
4) Ossenbühl, in : Erichsen(Hrsg.), Allgemeines Verwaltungsrecht(12. Aufl.), § 5, Rn. 8f.; Wallerath, Allgemeines Verwaltungsrecht(6. Aufl.), § 4, Rn. 6.
5) Wolff/Bachof/Stober/Kluth, Verwaltungsrecht Ⅰ(12. Aufl.), § 24, Rn. 10.

는 본질상 또는 실제상으로 의미 있는 특징을 지적한다면, 법규는 누구에게나 적용되는 일반성, 개별사건을 직접 규율하는 것이 아니라 동종류의 불특정다수의 사항에 적용되는 추상성, 개인상호간 또는 국가와 사인간, 그리고 법원까지도 따라야 하는 구속성 등을 들 수 있다.[1] 여기도 개별사건법률·처분법률 등의 성질과 관련하여 문제는 있다.

Ⅱ. 법원의 특징

1. 행정법과 성문법주의

169　　(1) 의　　의　　행정법은 성문법주의를 원칙으로 한다. 이것은 대륙법계와 영미법계에 공통적이다(다만 프랑스의 경우는 사정이 다르다). 성문법이란 절차적으로 규율되는 법정립행위를 통해 문서상으로 확정된 법을 말한다. 따라서 성문법은 생성시기와 내용이 확정적이다. 성문법주의원칙은 헌법의 여러 조항(헌법 제37조의 기본권제한규정, 헌법 제96조의 행정조직법정주의에 관한 규정 등)으로부터 발견될 수 있다.

170　　(2) 배　　경　　행정법의 법원이 성문법주의를 택하는 이유는 ① 행정법은 국민의 권리와 의무에 관한 것을 주된 규율대상으로 한다는 점, 그리고 ② 그 규율도 행정주체가 일방적으로 정한다는 점, 따라서 ③ 국민의 안정된 법생활을 위해서는 국민이 국가의 규율을 예측할 수 있어야 한다는 점, 그리고 ④ 구제에 관한 사항도 명백하여야 한다는 점에 있다.

171　　(3) 한　　계　　그러나 행정법이 성문법주의를 택한다고 하여도 철저한 것만은 아니다. 왜냐하면 행정법의 규율대상은 너무나 광범위하고 복잡하며 또한 전문적·기술적 성격을 많이 가질 뿐만 아니라 행정의 영역은 계속 확대되고 있어 입법이 이를 빠짐없이 적기에 규율한다는 것은 실제상 불가능하기 때문이다. 여기에 불문법원과 행정법의 일반원칙이 기능할 여지가 생겨난다.

2. 행정법의 법전화

172　　민법전에 비견할 만한 단일행정법전은 없다. 그러나 행정실체법의 일반법인 행정기본법과[2] 행정절차법의 일반법인 행정절차법 등의 제정으로 한국 행정법의 단일법전화의 초석은 마련되었다.

---

1) Wittern, Grundriß des Verwaltungsrechts, §3, Rn. 2ff.
2) 행정실체법을 단일법전으로 마련하려는 고전적인 시도로 1931년 독일 뷔템베르그행정법초안 (Verwaltungsrechtsordnung für Württemberg, Entwurf eines Gesetzes mit Begründung)을 볼 수 있다. 한편, 독일의 Schleswig-Holstein은 1967년 이래 일반행정법전을 가지고 있다.

제 2 항 법원의 종류

Ⅰ. 성문법원

■**참고**■ 행정기본법 제2조 제1호에서 국내법상 성문법의 유형을 대부분 볼
수 있다.
  ☐ **행정기본법 제2조(정의)** 이 법에서 사용하는 용어의 뜻은 다음과 같다.
  1. "법령등"이란 다음 각 목의 것을 말한다.
    가. 법령 : 다음의 어느 하나에 해당하는 것
      1) 법률 및 대통령령·총리령·부령
      2) 국회규칙·대법원규칙·헌법재판소규칙·중앙선거관리위원회규칙 및 감사
        원규칙
      3) 1) 또는 2)의 위임을 받아 중앙행정기관(「정부조직법」 및 그 밖의 법률에
        따라 설치된 중앙행정기관을 말한다. 이하 같다)의 장이 정한 훈령·예규
        및 고시 등 행정규칙
    나. 자치법규 : 지방자치단체의 조례 및 규칙

1. 헌 법

헌법이 행정법에 고유한 법원으로 존재하는 것은 아니다. 그러나 헌법은 국   173
가의 기본법인 까닭에 기본권 외에 국가의 기본구조에 관해서도 규정하는바, 행
정권의 조직과 작용에 관한 원칙적인 사항도 규정하게 된다. 행정에 타당한 일
체의 헌법규정은 행정에 직접 적용된다는 점에서 헌법은 행정법의 법원이 되는
것이다. 특히 헌법의 일부조항들은 행정작용에 기준을 제시하는 중요한 법원으
로 기능하기도 한다(예 : 헌법 제11조의 평등원칙·제37조 제2항의 비례원칙). 헌법은 강
화된 존속력을 가지며, 개정에는 특별한 절차와 특별정족수 등을 요구한다(헌법
제128조 이하). 헌법은 다른 어떠한 국내법보다 우위에 놓인다. 헌법상 가치결단
과 기본원칙들은 입법자에 의해 법률의 형식으로 구체화된다.

2. 법 률

⑴ 개 념   법치행정의 실현과 관련하여 가장 중요한 위치에 있는 법원   174
이 법률이다. 그러나 법률의 개념은 다의적이다. 법학적 의미에서 법률의 개념
은 Paul Laband[1] 이래 내용과 형식에 따라 이중적인 것으로 설명되어 오고 있다.
  ㈎ 실질적 의미의 **법률**   이것은 내용을 기준으로 한 법률개념이다. 실질적   175

---

1) P. Laband, Deutsches Reichsstaatsrecht, 1919, S. 2; Ossenbühl, in : Erichsen(Hrsg.),
  Allgemeines Verwaltungsrecht(12. Aufl.), §6, Rn. 4ff.

의미의 법률은 법규·법규범의 동의어로서 외부적 효과를 갖는 일반·추상적 규율, 달리 말해서 모든 실정적인, 그리고 추상적이고도 일반적인 법규를 의미한다고 함이 과거의 독일의 지배적인 견해이다.[1] 독일의 후기 입헌적 국법이론은 법규를 시민의 자유와 재산을 침해하는 규정(Anschütz, Thoma), 개개 권리주체 사이의 제한에 봉사하는 규정(Jellinek, Laband)으로 보았으나, 이런 이론은 법규가 갖는 모든 규율내용을 포괄하지 못한다는 비판이 따른다.[2] 더욱이 현대산업사회에서 사회발전의 조정을 위한 도구로서 나타나는 계획법률은 전통적 의미의 법률개념으로는 이해하기 곤란하다는 지적도 가능하다.[3]

176   (나) **형식적 의미의 법률**   이것은 형식을 기준으로 한 법률개념이다. 형식적 의미의 법률은 사항의 실질적·내용적 성격을 고려함이 없이 헌법상의 입법절차에 따라 나타나는 입법기관의 의사를 말한다.[4] 처분법률이나 독일의 예산법률은 형식적 의미의 법률에 해당한다. 약간의 예외(예 : 처분법률)를 제외한다면, 형식적 의미의 법률은 동시에 실질적 의미의 법률에 해당하나, 실질적 의미의 법률이 동시에 형식적 의미의 법률을 의미하지는 않는다(예 : 관습법·법규명령).

177   (다) **구분의 의미**   상기의 구분은 의회주의의 발전으로 오늘날 별다른 의미를 가지지 않는다.[5] 왜냐하면 의회가 최상위의 국가기관으로서 모든 본질적(중요한) 정치적 문제에 대한 규율을 행하고, 또한 오늘날의 헌법국가에서 법률의 의미는 헌법에서 정한 바에 따라 판단하여야 하기 때문이다. 그러나 헌법에서 형식적 의미(예 : 헌법 제37조 제2항의 기본권제한의 법형식으로서 법률)로도 사용되고, 실질적 의미(예 : 헌법 제103조의 재판의 기준으로서의 법률은 행정입법도 포함하는 개념이다)로도 사용되고 있다. 따라서 법률개념을 실질적 의미와 형식적 의미로 구분하는 것은 실정법의 이해를 위한 도구개념으로서 여전히 의의를 갖는다.[6]

---

1) F. Mayer, Allgemeines Verwaltungsrecht, S. 22.
2) Wolff/Bachof, Verwaltungsrecht Ⅰ(9. Aufl.). S. 115; Ehlers, in : Erichsen(Hrsg.), Allgemeines Verwaltungsrecht, § 2, Rn. 35.
3) 졸저, 헌법과 정치, 120쪽 참조.
4) Wolff/Bachof, Verwaltungsrecht Ⅰ(9. Aufl.). S. 120; Ehlers, in : Erichsen(Hrsg.), Allgemeines Verwaltungsrecht, § 2, Rn. 35.
5) 형식적 법률개념과 실질적 법률개념의 2원적 법률개념은 독일의 19세기 국법이론에 근거한다. 그 당시 법률(Gesetze)은 의회의 동의를 필요로 하였다. 반면, 그 밖의 국가행위와 처분은 군주와 관료기구의 권한이었다. 따라서 그 당시 법률에는 시민의 자유와 재산을 침해하는 규율 또는 그러한 침해를 수권하는 규율을 내용으로 하는 실질적 법률과 의회의 동의가 필요로 하는 경우에 나타나는 고권행위로서 형식적 법률이 있었다. 의회민주주의의 발전으로 이러한 권한 구분적인 기능은 잃게 되었다. 왜냐하면 의회는 최상위기관으로서 모든 본질적인 정치적 문제를 정해야 하기 때문이었다. Maurer, Allgemeines Verwaltungsrecht(18. Aufl.), § 4, Rn. 18).
6) Ossenbühl, in : Erichsen(Hrsg.), Allgemeines Verwaltungsrecht(12. Aufl.), § 6, Rn. 6.

한편, 행정법의 법원으로서 법률개념은 형식적 의미로 이해함이 일반적이다. 본서에서 법률이란 원칙적으로 형식적 의미로 사용된다. 한편 헌법은 예외적으로 법률과 같은 효력을 갖는 행정입법(예:긴급명령, 긴급재정·경제명령)도 예정하고 있다.

(2) **종 류**　① 법률은 실체법과 형식법으로 구분이 가능하다. 실체법이　178
란 권리주체간의 권리·의무관계를 정하는 법을 말하고, 형식법이란 실체법의 실현을 위한 사항(예:형식·기간·절차 등)을 정하는 법을 말한다. ② 광의로 법률은 국법상의 모든 법규범을 뜻하는 의미로 사용되기도 한다.

(3) **특징과 문제점**　법률은 전래적 법원에 대한 우월적 지위를 가진다(법　179
률의 우위). 그리고 헌법상 국민의 자유와 권리를 침해하는 국가작용은 반드시 법률의 근거가 있어야 한다(법률의 유보). 이것은 행정이 법률에 적합한 것이어야 함을 의미한다. 여기에 행정법의 법원으로서의 법률의 중요성이 놓인다. 그러나 행정법의 기본원칙과 모든 제도가 모두 포괄적으로 법률로 정해져 있지는 않다. 여기에서 행정의 자유의 문제가 생긴다.

(4) **행정기본법**　형식적 의미의 법률인 행정기본법은 행정 전반에 적용되　179a
는 기본법이자 일반법이다. 행정기본법은 행정법의 총칙, 국민의 권익보호법, 적극적 행정법령 집행의 근거법, 재판규범, 입법자의 부담완화법의 성격을 갖는다.[1]

3. 법규명령과 행정규칙(행정입법)

(1) **법규명령**　법규명령은 법령에 근거하고, 법령의 범위 내에서 발령되　180
며, 원칙적으로 발령청을 포함하여 모든 자를 구속하는 법규를 말한다. 법규명령은 실질적 의미의 법률에 해당하고 동시에 행정법의 법원을 구성한다. 법규명령 역시 관점의 상이에 따라 여러 가지로 구분할 수 있다. 예컨대 제정권자에 따라서는 대통령령·총리령·부령 등으로, 내용에 따라서는 위임명령과 집행명령으로 구분된다. 중앙선거관리위원회규칙도 이에 해당한다.

┃참고┃ 형식적 의미의 법규명령　181
　법률의 경우와 마찬가지로 법규명령도 실질적 의미의 법규명령과 형식적 의미의 법규명령으로 구분할 수 있다.[2] 형식적 의미의 법규명령이란 법규명령으로서 발령된 공법상 행위이지만 사인이나 다른 법주체에 대하여 일반추상적인 규율을 갖지 아니하는 것을 말한다(예:직제).

---

1) 이에 관해, 졸저, 행정기본법 해설, 2022, 3쪽 이하 참조.
2) Detterbeck, Allgemeines Verwaltungsrecht mit Verwaltungsprozessrecht(13. Aufl.), §3, Rn. 91.

182   (2) **행정규칙**   행정규칙이란 행정조직의 내부에서 조직이나 절차를 또는 행정기관의 사항적인 행위영역을 상세히 규율하거나, 상급행정청이 하급행정청에 대해 그것을 설정하는 명령을 의미한다. 행정규칙은 행정명령이라고도 한다. ① 동일법주체 내부에서는 법적 규율이 가해질 수 없고, 법은 국가와 제3자간에만 문제되고 아울러 행정규칙은 외부적 효과가 없다는 것을 이유로 행정규칙의 법원성은 종래 광범위하게 부인되어 왔다.[1] 이러한 입장은 물론 외부적 효과가 법규개념의 필수요소임을 전제로 한 것이다.[2] 그러나 ② 헌법상 국민주권주의 때문에 행정조직내부영역을 법적 규범질서에서 배제하는 것은 안 된다고 하면서 행정규칙은 법이론상이나 실정법상의 관점에서도 법규범이라고 하는 견해도 있다.[3] ③ 널리 행정사무처리기준을 법원이라고 보게 되면 행정규칙도 법원의 일종이 된다. 이것이 우리의 다수설의 입장이기도 하다.[4] 물론 행정규칙이 수범자(행정부 내부)에게는 구속적이므로, 그러한 범위 내에서 행정규칙이 법원이라는 점에 대해서는 다툼이 없다.[5] 행정규칙을 내부법이라 부르기도 한다.[6]

4. 자치법규

183   자치법규란 국가에 의해 설립된 공법인이 법률상 부여된 자치권의 범위 안에서 제정한 것으로서 그 구성원들에게 효력을 갖는 법규를 말한다.[7] 법규명령과 달리 자치법규는 당해 공법인의 고유한 사무를 규율한다. 지방자치법상 자치법규에는 지방의회가 정하는 조례, 지방자치단체의 장이 정하는 규칙이 있고, 그 밖에 지방교육자치에 관한 법률에 의거하여 교육감이 정하는 교육규칙이 있다.[8] 자치법규는 원칙적으로 자치사무를 대상으로 한다. 자치법규는 전래적 법원이다. 자치법규는 분권의 원리에 기여한다.

---

1) W. Jellinek, Verwaltungsrecht, S. 126.
2) Schmidt, Allgemeines Verwaltungsrecht(18. Aufl.), S. 58, Rn. 144.
3) 박윤흔·정형근, 최신행정법강의(상), 52쪽; Achterberg, Allgemeines Verwaltungsrecht, §16, Rn. 53.
4) 행정규칙을 법원으로 보는 견해도 다양하다. 즉, 행정규칙이 법규명령과 다르나, 일반추상적 규범으로 행정사무처리기준이 되는바 법원이라는 견해(이상규, 신행정법론(상), 139쪽), 행정규칙도 넓은 의미에서 법의 하나이고, 행정사무처리기준이 되는바 법원이라는 견해(박윤흔·정형근, 최신행정법강의(상), 52쪽) 등이 그것이다. 반대견해로 김성수, 일반행정법, 76쪽(2018).
5) Erbguth, Allgemeines Verwaltungsrecht(7. Aufl.), §7, Rn. 8.
6) Detterbeck, Allgemeines Verwaltungsrecht mit Verwaltungsprozessrecht(13. Aufl.), §3, Rn. 102.
7) BVerfGE 33, 125, 156; Detterbeck, Allgemeines Verwaltungsrecht mit Verwaltungsprozessrecht(13. Aufl.), §3, Rn. 95f.
8) 이와 관련하여 졸저, 신지방자치법, 37쪽.

5. 행정주체간의 합의

지방자치단체간의 협약, 지방자치단체조합의 규약 등 일정행정주체간의 합   184
의는 당사자간의 약속이지만 관련주민에게는 객관적인 법으로서 기능할 수도
있다. 이러한 범위에서 그것은 일종의 성문법이라 볼 것이다(예 : 지자법 제162조의
규약). 물론 행정주체간의 합의일지라도 합의당사자가 아닌 제3자, 즉 주민을 직
접 구속하는 합의만이 법원의 성격을 갖는다. 주민을 직접 구속하지 아니하는
합의는 행정주체간의 계약일 뿐이다.[1]

Ⅱ. 국 제 법

국제법은 원래 국제관계에 관한 법이지 국가내에서 행정주체와 국민개인간   185
에 적용되는 법이 아니다. 그러나 일부의 국제법은 직접 국민에게 영향을 미치
는 경우도 있다. 이와 관련하여 헌법은 제6조에서 "헌법에 의하여 체결·공포된
조약과 일반적으로 승인된 국제법규는 국내법과 같은 효력을 가진다"고 하여
일정 국제법을 국내법으로 수용하고 있다.[2] 한편 국제법에도 성문의 국제법과
불문의 국제법이 있으므로, 법원론의 체계상 국제법을 성문법의 한 내용으로 다
루는 것은 합리적인 것이 아니다. 국제법은 별도로 다루는 것이 오히려 논리적
이다.

Ⅲ. 불문법원

1. 관 습 법

(1) 의   의   일반적으로 일정사실이 장기간 반복되고(관행) 아울러 그것   186
이 민중의 법적 확신을 가질 때 이를 관습법이라고 부른다.[3] 관행이 없어지거

---

1) Achterberg, Allgemeines Verwaltungsrecht, §16, Rn. 70.
2) 대판 2023. 3. 13, 2021도3652(대한민국헌법 제6조 제1항은 "헌법에 의하여 체결·공포된 조약
   과 일반적으로 승인된 국제법규는 국내법과 같은 효력을 가진다."라고 규정하였다. 대한민국헌
   법에서 국제평화주의와 국제법 존중주의는 국가질서 형성의 기본방향을 결정하는 중요한 원리
   로 인정되고 있으며, 입법부와 행정부는 물론 사법부 등 모든 국가기구가 국제적 협력의 정신
   을 존중하여 국제법규의 취지를 살릴 수 있도록 노력할 것이 요청된다. 「난민의 지위에 관한
   협약」(이하 '난민협약'이라 한다)의 경우, 우리나라는 1992. 5. 28.국무회의 심의를 거치고 1992.
   11. 11. 국회 동의를 얻어 1992. 12. 3. 유엔 사무총장에게 가입서를 기탁함으로써 1993. 3. 3.부
   터 우리나라에서 효력이 발생되었다. 이처럼 난민협약은 국회 동의를 얻어 체결된 조약이므로
   대한민국헌법 제6조 제1항에 따라 국내법과 동일한 효력을 가지고 그 효력은 법률에 준하는
   것으로, 개별 규정의 구체적인 내용과 성질 등에 따라 직접적인 재판규범이 될 수 있다); 대판
   2005. 9. 9, 2004추10.
3) Wolff/Bachof/Stober/Kluth, Verwaltungsrecht Ⅰ (12. Aufl.), §25, Rn. 15; Forsthoff, Lehrbuch
   des Verwaltungsrechts, S. 146.

나 내용이 관행에 반하는 성문법이 나타나면 관습법은 소멸된다. 한편 형식적인 법적 규율의 증가는 관습법의 의미를 약화시키게 되나, 그럼에도 관습법은 객관적이고 일반적인 법규범의 하나이다. 말하자면 관습법은 실정법의 한 부분인 것이다. 따라서 관습법은 사실인 관습과 구분되어야 한다. 한편, 관습법은 현실적으로 법원에 의해 그 존재가 확인되어야 의미를 갖는 것이므로, 관습법은 판례법의 의미를 갖는 면도 있다.

187   (2) **법원성**(인정가능성)   행정법의 영역에서 관습법이 인정될 수 있을 것인가에 대해서는 법치행정의 문제와 관련하여 한 때 부정적인 입장도 있었다(부정설). 예컨대 O. Mayer가 그러했다.[1] 그리고 현실적으로 고찰할 때 관습법은 사법적인 승인을 통해 취득된다고 하여 관습법을 판례법으로 새기는 입장도 있다.[2] 그러나 법적 안정성의 관점에서[3] 공법의 영역에서도 관습법을 법원으로 보는 것이 우리 학자들의 일치된 입장이다(긍정설).[4]

188   물론 명문으로 행정관습법에 관해 규정하고 있다면, 그러한 범위 내에서 행정관습법의 성립을 인정할 수 있음은 당연하다. 문제는 명문의 규정이 없는 경우이다. 생각건대 성문의 행정법규가 언제나 완비될 수 있는 것은 아니라고 본다면, 그러한 성문법의 미비를 메우는 것은 불가피하게 요구되는 현상이라 하겠다. 따라서 현실적으로 행정관습법의 성립이 용이하지 않다고 하여도 행정관습법의 성립까지 부인할 수는 없는 것이다. 요컨대 긍정설이 타당하다.

189   (3) **인정범위**(효력)   ① 법률유보(침해유보)의 원리상 그 효과가 침해적인 관습법은 인정하기 곤란하다.[5] ② 관습법은 성문법의 결여시에 성문법을 보충하는 범위에서 효력을 갖는다고 본다. 판례와 학설의 태도도 같다.[6] 법적 확신설에 따를 때 관습법의 개폐적 효력의 인정이 용이할 것이나, 법원성과 개폐적 효력의 인정은 반드시 동일한 문제는 아닐 것이라는 지적이 있다.[7] 학설상으로는 일정법률이 장기간 적용되지 아니하고 또한 관계여건 등의 변화로 당해 법률은 이미 객관적 타당성을 상실했으나, 형식적으로는 폐지되지 않은 경우에 예

---

1) O. Mayer, Deutsches Verwaltungsrecht Ⅰ, S. 132ff.
2) Ossenbühl, in : Ehrichsen(Hrsg.), Allgemeines Verwaltungsrecht(12. Aufl.), §6, Rn. 73 참조.
3) W. Jellinek, Verwaltungsrecht, S. 124.
4) 김동희, 행정법(Ⅰ), 50쪽(2019); 박윤흔·정형근, 최신행정법강의(상), 57쪽; 강구철, 강의행정법(Ⅰ), 83쪽.
5) Loeser, System des Verwaltungsrechts, Bd. 1, S. 249; F. Mayer, Allgemeines Verwaltungsrecht, 1977, S. 24. 한편, 반대견해로 Wittern, Grundriß des Verwaltungsrechts, §3, Rn. 13.
6) 대판 1983. 6. 14, 80다3231.
7) 천병태, 고시연구, 1990. 12, 87쪽; 강구철, 강의행정법(Ⅰ), 83쪽.

외적으로 관습법에 의한 성문법의 개폐가 문제될 수 있다는 주장도 있다.[1] 한편 성문법이 관습법에 성문법의 개폐적 효력을 부여함은 별개의 문제이다(국세법 제18조 제3항 참조). 물론 관습법은 헌법질서에 반하는 것이 아니어야 한다.[2]

    (4) **성립·소멸**   ① 통설과[3] 판례[4]에 의하면, 관습법은 객관적 요소로서   190 장기적이고 일반적인 관행·관습이 있고, 주관적 요소로서 민중의 법적 확신 (Rechtsüberzeugung)이 있는 경우에 인정된다(법적 확신설·법력내재설). 그러나 ② 이러한 객관적 요소와 주관적 요소 외에 형식적 요소로서 관습을 법으로 인정하는 국가의 승인도 있어야 관습법이 인정된다는 견해도 있다(승인설).[5] ③ 생각건대 관습법은 생성된 것이지 의도된 것은 아니므로 관습법의 성립에 국가의 승인은 요구되지 아니한다고 볼 것인바, 법적 확신설(법력내재설)이 타당하다. 다만, 관습법은 내용상 충분히 명확하여야 한다. 내용상 명확성의 요건은 관습법의 성립요건이 아니라 효력요건이다.[6] 물론 관습법은 헌법질서에 반할 수 없다.[7] 한편, 관습법의 성립요건 중 어느 것이라도 소멸되면, 관습법은 소멸한다.[8]

---

1) 김동희, 행정법(Ⅰ), 51쪽(2019).

2) 대판 2003. 7. 24, 2001다48781(사회의 거듭된 관행으로 생성한 어떤 사회생활규범이 법적 규범으로 승인되기에 이르렀다고 하기 위하여는 그 사회생활규범은 헌법을 최상위 규범으로 하는 전체 법질서에 반하지 아니하는 것으로서 정당성과 합리성이 있다고 인정될 수 있는 것이어야 하고, 그렇지 아니한 사회생활규범은 비록 그것이 사회의 거듭된 관행으로 생성된 것이라고 할지라도 이를 법적 규범으로 삼아 관습법으로서의 효력을 인정할 수 없다).

3) 김남진·김연태, 행정법(Ⅰ), 69쪽(2019); 박윤흔·정형근, 최신행정법강의(상), 56쪽; 강구철, 행정법강의(Ⅰ), 82쪽; 김성수, 일반행정법, 83쪽(2018); Forsthoff, Lehrbuch des Verwaltungsrechts, S. 146; Ehlers, in : Ehrichsen(Hrsg.), Allgemeines Verwaltungsrecht, §2, Rn. 25; Maurer, Allgemeines Verwaltungsrecht, §4, Rn. 57; Battis, Allgemeines Verwaltungsrecht, S. 38.

4) 대판 2005. 7. 21, 2002다1178; 헌재 2004. 9. 23, 2000헌라2.

5) 변재옥, 행정법(Ⅰ), 56쪽; Suckow, Allgemeines Verwaltungsrecht und Verfahrensrecht, 1988, S. 11.

6) Battis, Allgemeines Verwaltungsrecht, S. 42.

7) 대판 2005. 7. 21, 2002다1178(관습법이란 사회의 거듭된 관행으로 생성한 사회생활규범이 사회의 법적 확신과 인식에 의하여 법적 규범으로 승인·강행되기에 이른 것을 말하고, 그러한 관습법은 법원(法源)으로서 법령에 저촉되지 아니하는 한 법칙으로서의 효력이 있는 것이고, 또 사회의 거듭된 관행으로 생성한 어떤 사회생활규범이 법적 규범으로 승인되기에 이르렀다고 하기 위하여는 헌법을 최상위 규범으로 하는 전체 법질서에 반하지 아니하는 것으로서 정당성과 합리성이 있다고 인정될 수 있는 것이어야 하고, 그렇지 아니한 사회생활규범은 비록 그것이 사회의 거듭된 관행으로 생성된 것이라고 할지라도 이를 법적 규범으로 삼아 관습법으로서의 효력을 인정할 수 없다).

8) 대판 2005. 7. 21, 2002다1178(사회의 거듭된 관행으로 생성된 사회생활규범이 관습법으로 승인되었다고 하더라도 사회 구성원들이 그러한 관행의 법적 구속력에 대하여 확신을 갖지 않게 되었다거나, 사회를 지배하는 기본적 이념이나 사회질서의 변화로 인하여 그러한 관습법을 적용하여야 할 시점에 있어서의 전체 법질서에 부합하지 않게 되었다면 그러한 관습법은 법적 규범으로서의 효력이 부정될 수밖에 없다).

성문법의 제정으로 관습법은 폐지 또는 변경될 수 있다.[1]

191   (5) **종 류**   관습법에는 행정선례법과 민중적 관습법이 있다. 행정선례법은 행정사무처리상의 관행이 법적 성격을 갖게 되는 경우를 말한다. 행정절차법 제4조 제2항 및 국세기본법 제18조 제3항은 행정선례법의 존재를 명문으로 인정하고 있다. 행정선례법은 신뢰보호의 관념이 밑받침되고 있는 것으로 이해된다.[2] 민중적 관습법은 민중들 사이의 관행이 법적 성격을 갖게 된 경우를 말한다. 그 예가 많지 않다. 예로서 입어권(수산법 제2조 제11호·제47조), 하천용수에 관한 관습법을 들 수 있다. 그러나 계속 반복적인 대법원의 판례와 행정관행은 관습법의 성립에 큰 영향을 미치지만, 그 자체를 관습법이라 보기는 어렵다.[3] 한편, 관습법은 법의 단계질서와 관련하여 헌법적 지위의 관습법, 법률적 지위의 관습법, 행정입법 지위의 관습법, 그리고 자치법규 지위의 관습법으로 구분된다.[4]

192   (6) **위헌법률심판의 대상 여부**   ① 대법원은 부정적인 견해를 취하고,[5] ② 헌법재판소는 긍정적인 견해를 취한다.[6]

2. 판 례 법

193   (1) **판례의 법원성(일반론)**   불완전한 인간의 완벽하지 아니한 법질서, 완전한 법전화의 불가능으로 인해 야기되는 법질서상의 모순은 판결을 통해 해결될 수밖에 없다. 동일한 원칙이 영속적으로 판례에서 나타날 때, 민중은 법적 확신을 갖게 될 것인데(관습법의 경우에는 동일행위가 장기간 계속됨을 요하나, 판례의

---

1) 대판 2013. 11. 14, 2010추73(관계 법령의 내용, 형식, 취지 및 개정 경과 등에 비추어 보면, 종래 위 지방자치법 개정 이전까지 매립지 등 관할 결정의 준칙으로 적용되어 온 지형도상 해상경계선 기준이 가지던 관습법적 효력은 위 지방자치법의 개정에 의하여 변경 내지 제한되었다고 봄이 상당하다).
2) 박윤흔·정형근, 최신행정법강의(상), 58쪽; 이상규, 신행정법론(상), 144쪽.
3) Wittern, Grundriß des Verwaltungsrechts, §3, Rn. 12.
4) Püttner, Allgemeines Verwaltungsrecht, S. 7f.
5) 대결 2009. 5. 28, 2007카기134(헌법 제111조 제1항 제1호 및 헌법재판소법 제41조 제1항에서 규정하는 위헌심사의 대상이 되는 법률은 국회의 의결을 거친 이른바 형식적 의미의 법률을 의미하고(헌법재판소 1995. 12. 28. 선고 95헌바3 결정 등 참조), 또한 민사에 관한 관습법은 법원에 의하여 발견되고 성문의 법률에 반하지 아니하는 경우에 한하여 보충적인 법원(법원)이 되는 것에 불과하여(민법 제1조) 관습법이 헌법에 위반되는 경우 법원이 그 관습법의 효력을 부인할 수 있으므로(대법원 2003. 7. 24. 선고 2001다48781 전원합의체 판결 등 참조), 결국 관습법은 헌법재판소의 위헌법률심판의 대상이 아니라 할 것이다).
6) 헌재 2013. 2. 28, 2009헌바129(법률과 동일한 효력을 갖는 조약 등을 위헌법률심판의 대상으로 삼는 것은 헌법을 최고규범으로 하는 법질서의 통일성과 법적 안정성을 확보할 수 있을 뿐만 아니라, 합헌적인 법률에 의한 재판을 가능하게 하여 궁극적으로는 국민의 기본권 보장에 기여할 수 있다. 그런데 이 사건 관습법은 민법 시행 이전에 상속을 규율하는 법률이 없는 상황에서 재산상속에 관하여 적용된 규범으로서 비록 형식적 의미의 법률은 아니지만 실질적으로는 법률과 같은 효력을 갖는 것이므로 위헌법률심판의 대상이 된다).

경우에는 동일행위가 반드시 장기간 계속됨을 요하는 것은 아니라 할 것이다), 이러한 판례법을 법원으로 볼 것인가에 대해서는 견해가 갈린다. 선례구속의 원칙이 엄격하게 적용되는 영미법계에서 판례가 법원이 됨은 당연하나, 대륙법계국가 특히 독일의 경우는 사정이 다르다. 행정법의 법원에 관한 한 프랑스는 불문법국가라 하여도 과언이 아닐 것이다. 이하에서는 우리와 사정이 유사한 독일의 이론을 참고로 하여 판례의 법원성을 보기로 한다.

(개 **부 정 설**　　지배적인 견해에 따르면 판례는 법원이 아니다. 그것은 법　　**194** 으로서 자격을 얻지 못하고 있다. 법관이 법과 판례를 근거로 재판하여도 판례와 관련하는 한 사실상의 문제일 뿐 법관은 법에 근거하여 재판한 것으로 새기기 때문이며, 사실상의 관계는 규범적 효력의 근거가 아니라는 것이다. 또한 논자에 따라서는 권력분립을 채택하는 헌법하에서 법원은 법정립기관이 아니라는 이유로 판례의 법원성을 부인하기도 한다.

(내 **긍 정 설**　　법적 문제는 법률로써만 해결하는 것은 불가능하고, 오히　　**195** 려 판례가 있어야만 해결될 수 있다는 실제적인 필요성을 근거로 판례의 법원성을 인정하는 견해도 있다. 한편 불확정법개념이나 일반조항은 법관에게 고유한 규범정립을 수권한 것으로 새길 수 있고, 따라서 법관의 표현은 순수한 인식행위가 아니라 의사행위이기 때문에 판례의 법원성이 인정된다는 주장도 있다.[1]

(대 **결　　어**　　이론적으로 본다면, ① 판례를 법원으로 볼 것인가의 문제는　　**196** 법원의 개념과 직결되어 있다. 법원개념과 법규개념을 전통적으로 승인된 법원에만 한정시키게 되면, 판례는 법원이 아니다. 그러나 ② 행정작용의 인식근거로서의 법원을 유효한 법으로서의 법원으로 새기면 판례법은 법원이 된다.[2][3] 한편, 실정법적으로 본다면, ③ 판례의 법원성의 문제는 판례가 실제상 행정작용의 인식근거로서의 성질을 갖는가의 여부이다. 결국 판례의 법원성의 문제는 일반법이론의 문제이자 실정법의 문제인 셈이다. ②의 입장에 선다고 하여도, 판례의 법원성은 일반적·총체적 의미에서 법원이 아니라 추론적·인식적 의미에서 법원이다.

---

1) P. J. Tettinger, Rechtsanwendung und gerichtliche Kontrolle im Wirtschaftsverwaltungsrecht, 1980, S. 38 참조.

2) Wolff/Bachof/Stober/Kluth, Verwaltungsrecht Ⅰ(12. Aufl.), §25, Rn. 27; 김중권의 행정법 (2019), 41쪽.

3) 이러한 견해도 법률구체화적, 법률보충적 판례법만이 존재할 수 있으며, 법률수정적 판례법은 존재할 수 없다고 한다(김중권의 행정법(2019), 41쪽).

⑵ 현행법제와 판례의 법원성

197 ㈎ 대법원판례의 경우   대법원판결이 법원이라는 규정은 없다. "상급법원의 재판에 있어서의 판단은 당해 사건에 관하여 하급심을 기속한다"는 규정(법조법 제8조)은 판례의 법원성과 직접적인 관련이 없다. 행정청은 대법원의 종래의 판례에 구속된다는 규정도 없다. 그러나 행정권이 법률의 해석과 적용의 실제에 있어서 원칙적으로 대법원의 판례에 따르지 아니할 수 없다는 것은 설명을 요하지 아니한다. 이것은 대법원의 판례가 실제상 행정작용의 인식근거로서의 성질을 갖는다는 것을 의미한다. 또한 종전에 대법원에서 판시한 헌법·법률·명령 또는 규칙의 해석적용에 관한 의견을 변경할 필요가 있음을 인정하는 경우에는 대법관전원합의체에서 심판하여야 한다(법조법 제7조 제1항 제3호)는 점,[1] 그리고 소액사건심판절차에서는 판례위반을 상고 또는 재항고사유로 하고 있다(소액사건심판법 제3조 제2호)[2]는 점을 고려할 때, 부분적이긴 하지만, 대법원의 판례는 실정법상으로도 법원의 성격을 갖는다. 요컨대 대법원의 판례가 실제상 행정작용의 인식근거로서의 성질을 가지고 있고, 또한 부분적이지만 대법원의 판례가 실정법상 법원으로 승인되고 있다면, 법원개념과 법규개념을 전통적으로 승인된 법원에만 한정시킬 특별한 이유는 없어 보인다.

198 ㈏ 헌법재판소결정례의 경우   헌법재판소의 위헌결정은 대법원판례와 달리 법원으로서의 성격을 갖는다. 왜냐하면 위헌으로 결정된 법률 또는 법률조항은 효력을 상실하고 아울러 위헌결정은 법원 기타 국가기관이나 지방자치단체를 기속하기 때문이다(헌재법 제47조 제1항·제2항).[3]

3. 조   리

199   법률이나 관습법이 침묵을 지키고 있는 영역은 최종적으로 조리에 의할 수밖에 없다. 즉 사물의 본성에 의해야 한다. 사물의 본성은 미발전의 관습법이라 부르기도 한다.[4] 완비된 법체계를 갖지 못한 행정법의 영역에서 조리는 그 어

---

1) 대판 1988. 6. 28, 87재누1.
2) 대판 2018. 9. 13, 2017다16778(소액사건에서 구체적 사건에 적용할 법령의 해석에 관한 대법원 판례가 아직 없고 같은 법령의 해석이 쟁점으로 되어 있는 다수의 소액사건들이 하급심에 계속되어 있을 뿐 아니라 재판부에 따라 엇갈리는 판단을 하는 사례가 나타나고 있는 경우, 소액사건이라는 이유로 대법원이 그 법령의 해석에 관하여 판단을 하지 아니한 채 사건을 종결한다면 국민생활의 법적 안전성을 해칠 것이 우려된다. 이와 같은 특별한 사정이 있는 경우에는 소액사건에 관하여 상고이유로 할 수 있는 '대법원의 판례에 상반되는 판단을 한 때'의 요건을 갖추지 아니하였다고 하더라도 법령해석의 통일이라는 대법원의 본질적 기능을 수행하는 차원에서 실체법 해석적용의 잘못에 관하여 판단할 수 있다고 보아야 한다).
3) Loeser, System des Verwaltungsrechts, Bd. 1, S. 250.
4) W. Jellinek, Allgemeines Verwaltungsrecht, S. 155.

느 법분야보다 의미가 크다. 그런데 조리의 문제는 행정법의 일반원칙으로 다루
어지기도 한다. 그것은 조리의 개념이 너무나 일반적이고 추상적인 데 기인하는
것이 아닌가 생각된다. 사실 ① 그간 조리라 불리우던 내용이 반드시 성문법과
관습법이 없는 경우에 보충적으로만 적용되는 것이 아니라, 성문법의 해석·적
용에도 마찬가지로 적용된다는 점, ② 그 내용이 판례에서뿐만 아니라 성문법에
서도 나타나고 있다는 점, 그리고 ③ 비례원칙 등은 법률적 지위가 아니라 헌법
적 지위를 갖는다는 점 등을 유념할 필요가 있다. 이러한 이유로 본서에서는 그
간 조리의 내용으로 언급되어 온 문제들을 행정법의 일반원칙으로 다루었다. 그
러나 2021. 3. 제정·시행에 들어간 행정기본법에 행정법의 일반원칙들이 행정
의 법 원칙이라는 제목 하에 규정되고 있으므로 더 이상 행정법의 일반원칙을
다룰 의미가 없어졌다.

Ⅳ. 행정법의 법원으로서 사법의 문제

　　행정상 법률관계에서 사법이 적용되는 경우로는 두 가지가 있다. 하나는 행　　200
정이 사법형식으로 임무를 수행하는 경우이고, 또 하나는 행정법관계에서 적용할
법이 없어 이를 보충하기 위한 경우이다. 후자의 경우에 사법규정이 행정법의 법
원인가의 문제가 있다. 생각건대 모든 사법규정이 아니라 일반법원리적인 규정
이나 법기술적인 규정만 공법관계에 적용되는 것이고, 아울러 이러한 적용규정
들은 사법 고유의 규정이 아니고, 다만 사법상으로 표현된 원리 내지 약속일 뿐
이다. 따라서 사법규정이 그대로 행정법의 법원이 된다고 할 수는 없는 것이다.

제 3 항 법원의 단계질서

Ⅰ. 의   의

　　전체로서의 모든 법질서는 단일체를 구성하고 모순이 없어야 한다는 것은　　201
법질서의 본질에 해당한다. 그런데 법정립기관이 다수이고 아울러 법원의 종류
도 다양하므로 규범간에 충돌이 일어날 수 있다. 하나의 법적 문제에 대해서는
하나의 정당한 기준이 있어야 하는 것이므로, 이러한 문제를 해결하기 위하여
법원의 단계질서를 논하는 것이 필요하게 된다. 법원의 단계는 법질서내부에서
효력의 단계이지 적용의 단계는 아니다.[1] 원칙적으로 말해 법원의 지위는 법정

---

1) Giemulla/Jaworsky/Müller－Uri, Verwaltungsrecht, Rn. 47; Wolff/Bachof, Verwaltungsrecht
　 I (9. Aufl.). S. 139.

립기관의 지위에 상응한다.

202 　　　▌참고▌　적용의 우위와 효력의 우위

　　　하나의 문제가 헌법과 법률, 그리고 법규명령에서 모순 없이 규율되고 있다면, 구체적인 사건에 대한 결정은 하위의 규정에 따라야 한다. 이것을 적용의 우위(Anwendungsvorrang)라 한다. 구체적인 사건은 구체적으로, 상세히 규정되어야 하므로 적용의 우위가 인정된다. 한편, 효력의 우위(Geltungsvorrang)는 내용상 모순되는 규율을 갖는 복수의 규범 사이에서 문제된다.[1]

Ⅱ. 내　　용

1. 국내법과 국내법 사이

203　　국내법 사이에는 헌법·법률·명령·자치법규의 순으로 단계를 구성한다. 다만 긴급명령이나 긴급재정·경제명령은 법률에 준하는 효력을 갖는다. 한편 일반법원칙은 그 내용에 따라 헌법적 또는 법률적 지위를 부여하면 될 것이고, 법률의 위헌을 선언한 판례는 법률의 지위를 갖는다고 볼 것이다. 그리고 관습법은 일반적으로 법률적 지위를 갖지만, 헌법적 지위를 갖는 관습법과 자치법규의 지위를 갖는 관습법의 존재도 가능함은 기술한 바와 같다.

2. 국내법과 국제법 사이

204　　국내법과 국제법 사이의 우열에 관한 이론으로는 국내법우위설·국제법우위설 등이 있으나, 그것은 우리 헌법의 해석에 따라 정해져야 할 것이다. 우리 헌법의 해석상 법질서는 ① 헌법, ② 국내헌법률과 같은 효력을 가지는 일반적으로 승인된 국제법규, ③ 법률, 법률에 상응하는 국제법규, 국회의 동의를 얻은 조약(헌법 제60조 제1항), ④ 명령, 명령에 상응하는 국제법규, 일부의 행정협정, ⑤ 자치법규에 상응하는 조약의 순으로 단계를 구성한다고 본다.[2]

Ⅲ. 충　　돌

1. 해결기준

205　　(1) 원　　칙　　상·하법규 사이에 목적 등에 충돌이 있는 경우에는 상위법이, 특별법과 일반법 사이에 충돌이 있는 경우에는 특별법이,[3] 신법과 구법 사

---

1) Maurer, Allgemeines Verwaltungsrecht(18. Aufl.), § 4, Rn. 59.
2) 김철수, 헌법학(상), 340쪽.
3) 엄밀히 말해 특별법과 일반법의 관계는 충돌의 문제가 아니라 적용우선의 문제가 된다. 말하자면 특별법이 적용되는 경우에는 일반법의 적용이 배제될 뿐이다. 특별법에 없는 사항에 대해서

이에 충돌이 있는 경우에는 신법이 적용된다.[1] 그러나 충돌이 없다면 관련법 모두가 적용된다고 보아야 한다.[2] 한편 법률과 관습법 사이에 충돌이 있는 경우에는 이미 본 바와 같이 관습법에 보충적 효력만을 인정하는 것이 일반적이다.

(2) **계획법률 사이의 충돌의 경우** 계획법률 사이에 충돌이 있는 경우, 신 206 법의 우선을 강조하면 전체로서 계획작용은 통일성·일체성을 결여할 수도 있다. 국회의 형성의 자유 그리고 신법의 우수성의 추정 등을 고려하면 원칙적으로 신법이 구법에 우선한다고 할 것이지만, 예외적으로 신법이 명시적으로나 묵시적으로 구법을 폐지하는 것이라고 할 수 없는 경우에는 신법이 우선한다고 단언하기 어렵다.[3]

(3) **기본법과 개별법 사이의 충돌의 경우** 예컨대 국세기본법과 소득세법 207 사이에 충돌이 있는 경우에도 문제이다. 신법·특별법(개별법)우선의 원칙이 적용될 것이지만, 예외적으로 입법의 취지 등을 고려하여 구법이 우선하는 경우도 있을 수 있을 것이다. 이러한 취지의 판례도 있다.[4]

(4) **충돌시 하위규범의 효과** 위법한 규범은 무효이다. 그것은 법치국가원 208 리로부터 나온다. 법원의 무효결정은 다만 선언적일 뿐이다. 위법한 규범도 관할 법원에 의해 위법의 결정이 날 때까지는 유효하다는 주장은 용인하기 어렵

는 일반법이 적용된다(Schmidt, Allgemeines Verwaltungsrecht(18. Aufl.), S. 60, Rn. 151); 대판 2021. 12. 16, 2018다204114(구 항만법(2019. 1. 15. 법률 제16287호로 개정되기 전의 것, 이하 같다)은 항만의 지정·개발·관리·사용과 재개발에 관한 사항을 정하는 것을 목적으로 하고(구 항만법 제1조), 항만공사법은 일정한 무역항에 항만공사를 설립하여 항만시설의 개발과 관리·운영에 관한 업무의 전문성과 효율성을 높이는 것을 목적으로 한다(항만공사법 제1조). 위와 같은 입법 목적, 관련 규정의 내용과 체제 등을 종합하면, 구 항만법과 항만공사법은 항만시설의 개발과 관리·운영에 관하여 일반법과 특별법의 관계에 있다고 보아야 한다. 따라서 항만공사법이 특별히 정하지 않은 사항에 관해서는 일반법인 구 항만법이 적용되어야 한다. 이러한 견지에서 항만시설 사용료 대납경비청구권에 관한 항만법령과 항만공사법령의 규정을 살펴보면, 구 항만공사법 시행령 제13조 제3항은 항만공사법에는 규정되어 있지 않은 새로운 제도를 시행령 단계에서 비로소 도입하는 창설적 규정이 아니라 항만공사의 경우에도 구 항만법 제30조 제5항에 따른 항만시설 사용료 대납경비청구권 제도가 당연히 적용된다는 것을 주의적·확인적으로 규정한 것이라고 보는 것이 타당하다).

1) 대판 2012. 5. 24, 2010두16714.
2) 대판 2000. 11. 28, 2000도2123; 대판 1995. 1. 12, 94누3216; 대판 1989. 9. 12, 88누6856.
3) 졸저, 헌법과 정치, 법문사, 1986, 131쪽.
4) 대판 2014. 6. 26, 2012두911(세무조사대상의 기준과 선정방식에 관한 구 국세기본법 제81조의5가 도입된 배경과 취지, 구 국세기본법 제81조의5가 포함된 제7장의2에 관한 구 국세기본법과 개별 세법의 관계 등을 종합하여 보면, 구 국세기본법 제81조의5가 마련된 이후에는 개별 세법이 정한 질문·조사권은 구 국세기본법 제81조의5가 정한 요건과 한계 내에서만 허용된다고 보아야 한다. 또한 구 국세기본법 제81조의5가 정한 세무조사대상 선정사유가 없음에도 세무조사대상으로 선정하여 과세자료를 수집하고 그에 기하여 과세처분을 하는 것은 적법절차의 원칙을 어기고 구 국세기본법 제81조의5와 제81조의3 제1항을 위반한 것으로서 특별한 사정이 없는 한 그 과세처분은 위법하다).

다. 위법한 국가의 행위로 침익적인 효과를 유지시킨다는 것은 법치국가원리나 민주국가원리에 비추어 용인하기 어렵기 때문이다.

2. 심사기관

209 법원간에 충돌이 있는지, 그리고 충돌이 있다면 어떠한 법규를 적용할 것인지에 대한 판단은 법률인가 명령인가에 따라 헌법재판소 또는 법원이 최종적으로 행한다. 그러나 이와는 별도로 행정법의 영역에서 집행공무원이 위헌·위법의 법률·명령을 심사 내지 적용을 거부할 권능을 갖는가의 문제가 있다. 이에 대한 명확한 법적 규정은 없다. 이론상으로는 어떠한 법규가 위헌·위법이라 판단되면 공무원은 ① 그 법규를 적용해서는 안 된다는 견해, ② 절차를 중단하고 상급관청 내지 상관에게 질의해야 한다는 견해, ③ 그럼에도 적용하여야 한다는 견해가 있다.[1] ①은 법치행정, 공무원의 명령에의 종속원칙과 충돌가능성이 적지 않고, ③은 헌법 제10조의 기본권보장의 취지에 비추어 문제가 있다. 따라서 ②의 견해가 비교적 타당하다고 본다.[2]

제4항 법원의 효력

Ⅰ. 시간적 효력

1. 효력발생시기

210 법원의 효력발생시기는 성문법에서 주로 문제된다. 법령은 그것이 확정되었다는 것만으로 효력이 발생되는 것은 아니고, 헌법과 법률이 정하는 바에 따라 공포일 또는 그 후의 일정한 날(시행일)로부터 효력이 발생한다.

⑴ 공포와 공포일

211 ㈎ **공포의 의미와 방법**　　공포란 확정된 법령의 시행을 위해 국민(또는 주민)에게 알리는 것을 말한다. ① 헌법개정·법률·조약·대통령령·총리령 및 부령의 공포는 관보에 게재함으로써 한다(공포법 제11조 제1항). 제1항에 따른 관보는 종이로 발행되는 관보(이하 "종이관보"라 한다)와 전자적인 형태로 발행되는 관보(이하 "전자관보"라 한다)로 운영한다(공포법 제11조 제3항). ② 「국회법」 제98조 제3항 전단에 따라 하는 국회의장의 법률 공포는 서울특별시에서 발행되는 둘 이상의

---

　1) Schmidt, Allgemeines Verwaltungsrecht(18. Aufl.), S. 60, Rn. 155f.

　2) Detterbeck, Allgemeines Verwaltungsrecht mit Verwaltungsprozessrecht(9. Aufl.), §3, Rn. 127f.; Maurer, Allgemeines Verwaltungsrecht(18. Aufl.), §4, Rn. 65; Püttner, Allgemeines Verwaltungsrecht, S. 47.

일간신문에 게재함으로써 한다(공포법 제11조 제2항). ③ 조례와 규칙의 공포는 해당 지방자치단체의 공보에 게재하는 방법으로 한다. 다만, 제32조 제6항 후단에 따라 지방의회의 의장이 조례를 공포하는 경우에는 공보나 일간신문에 게재하거나 게시판에 게시한다(지자법 제33조 제1항). 제1항에 따른 공보는 종이로 발행되는 공보(이하 이 조에서 "종이공보"라 한다) 또는 전자적인 형태로 발행되는 공보(이하 이 조에서 "전자공보"라 한다)로 운영한다(지자법 제33조 제2항). 교육규칙의 공포는 시·도의 공보 또는 일간신문에 게재하거나 시·도 교육청의 게시판에 게시함과 동시에 해당 교육청의 인터넷 홈페이지에 게시하는 방법으로 한다(지육령 제3조 제4항).

(내) **공 포 일**　　법령 등의 공포일은 해당 법령 등을 게재한 관보 또는 신문이 발행된 날로 한다(공포법 제12조). 여기서 발행된 날의 의미가 문제된다. ① 공포일과 시행일이 동일한 경우와 관련하여 ⓐ 관보일자시설, ⓑ 인쇄완료시설, ⓒ 발송절차완료시설, ⓓ 최초구독가능시설, ⓔ 지방분포시설이 있다. 어느 견해에 따르든 문제는 있다. 　212

관보일자시설이나 인쇄완료시설, 그리고 발송절차완료시설은 국민은 법의 내용을 모르는데 법은 효력을 발생한다는 모순을 가져오며, 최초구독가능시설은 일부 국민만이 법의 내용을 아는데, 법의 효력은 모든 국민에게 발생한다는 모순을 가져오며, 지방분포시설은 법의 효력의 발생시점이 지방마다 상이함을 뜻하는데 이것은 법(질서)의 단일성에 반하게 된다. 　213

최초구독가능시설이 통설[1]과 판례의 입장이다.[2] 한편 ② 공포일과 시행일이 상이한 경우 판례는 공포일을 관보가 실제로 인쇄된 날로 본다.[3]

(2) **주지기간**(시행유예기간)　　법령이 제정 또는 개정된 경우, 이의 시행을 　214

---

1) 김남진·김연태, 행정법(Ⅰ), 73쪽(2019); 박윤흔·정형근, 최신행정법강의(상), 76쪽.
2) 대판 1970. 7. 21, 70누76(원판결이 1969. 5. 19. 대통령령 제3938호로서 개정되어 공포한 날부터 시행하기로 되어 있는 「관세법 제28조 제1항 제10호의 규정에 의한 물품지정의 건중 개정의 건」이 1969. 5. 19.자의 관보에 수록되어 있기는 하나 그 사실조회에 대한 회신(기록 67장)에 의하여 그 관보의 인쇄와 정부간행물 판매쎈타에의 배치 및 지방보급소 발송의 각 일자가 모두 1969. 5. 21.이었던 사실을 인정함으로써 법령 등 공포에 관한 법률 제12조의 규정에 따라 위 대통령령 제3938호의 시행일은 1969. 5. 21.이었다고 단정한 조치에 사실확정에 관한 잘못이나 법령해석상의 잘못이 있었다고 인정할 만한 사유는 발견되지 않는다).
3) 대판 1968. 12. 6, 68다1753(현행국가배상법이 1967. 3. 3.자 관보 제4588호에 게재는 되어 있으나, 실지로는 위 관보가 같은달 9일에야 인쇄 발행되었다는 것이므로, 위법이 공포된 날자를 1967. 3. 9.이라고 보아 같은법 부칙 제1항의 정한 바에 따라 같은해 4. 9.부터 시행된다고 판단한 원판결은 정당하다).

위해 일정기간 국민에게 주지시킬 필요가 있다. 국민이 새 법령의 내용을 모르는데도 이의 시행을 강행하는 것은 문제이기 때문이다. 이와 같이 새 법령의 시행을 알리는 기간을 주지기간 또는 시행유예기간이라 한다. 법률은 특별한 규정이 없는 한 공포한 날로부터 20일을 경과함으로써 효력을 발생한다(헌법 제53조 제7항). 대통령령, 총리령 및 부령은 특별한 규정이 없으면 공포한 날부터 20일이 경과함으로써 효력을 발생한다(공포법 제13조). 그러나 국민의 권리 제한 또는 의무부과와 직접 관련되는 법률, 대통령령, 총리령 및 부령은 긴급히 시행하여야 할 특별한 사유가 있는 경우를 제외하고는 공포일부터 적어도 30일이 경과한 날부터 시행되도록 하여야 한다(공포법 제13조의2).

215　　(3) **시 행 일**

　　⑷ **의　　의**　　법령의 시행일에 관해서는 각 법령의 부칙에서 스스로 정함이 일반적이나 그러하지 아니한 경우도 있다. 스스로 정함이 없는 경우에는 공포한 날로부터 20일을 경과함으로써 효력을 발생한다. 스스로 정함이 있는 경우에는 그에 따르게 된다. 스스로 정하는 방법에는 ① 공포일을 시행일로 하는 경우, ② 특정일을 시행일로 하는 경우, ③ 일정주지기간을 두는 경우, ④ 일정사실의 발생일을 시행일로 하는 경우, ⑤ 시행일의 결정을 위임입법으로 정하게 하는 경우 등이 있다. 국민의 권익보호와 관련하여 ①의 경우는 바람직하지 않다. ⑤의 경우는 법논리상 문제가 있다.

　　⑷ **시행일의 기간 계산 방법**

216　　　　1) **시행일이 공포일인 경우**　　법령등을 공포한 날부터 시행하는 경우에는 공포한 날을 시행일로 한다(기본법 제7조 제1호). 말하자면 법령등을 공포한 날부터 시행하는 경우에는 초일 불산입의 원칙을 적용하지 않는다.

217　　　　2) **시행일이 공포일 이후인 경우**　　법령등을 공포한 날부터 일정 기간이 경과한 날부터 시행하는 경우에는 법령등을 공포한 날을 첫날에 산입하지 아니한다(기본법 제7조 제1호)(예 : 7월 5일에 공포하면서 공포일로부터 1개월이 경과한 날부터 시행한다고 하는 경우, 7월 5일이 아니라 7월 6일을 기산일로 하여 1개월 이 경과하는 시점인 8월 5일 24시, 8월 6일 오전 0시부터 시행된다). 즉, 초일 불산입의 원칙을 적용한다.

218　　　　3) **기간의 말일이 토요일·공휴일 경우**　　법령등을 공포한 날부터 일정 기간이 경과한 날부터 시행하는 경우 그 기간의 말일이 토요일 또는 공휴일인 경우에도 기간은 그 날로 만료한다(기본법 제7조 제1호)(예 : 8월 15일이 만료일인 경우, 8월 15일 경과로 만료되는 것이지, 8월 16일 경과로 만료되는 것이 아니다). 바꾸어 말하면, 공포 후 일정기간이 경과한 다음 시행하는 경우로서 말일이 토요일·공휴일인

경우, 그 다음 날 만료하는 「민법」상 원칙을 적용하지 않는다. 공휴일은 대통령령인 관공서의 공휴일에 관한 규정에서 정하고 있다.

2. 불소급의 원칙

(1) 소급·불소급의 의의   특정법규가 그 법규의 효력발생일 이전의 사항에 대하여 적용되는 것을 소급이라 한다. 소급에는 진정소급과 부진정소급이 있다. 전자는 효력발생일 이전에 이미 완성된 사항에, 후자는 효력발생일에까지 진행 중인 사항에 대하여 법이 적용되는 것을 말한다. 219

(2) 진정소급의 인정 여부

(가) 진정소급 배제의 원칙   행정기본법 제14조 제1항은 "새로운 법령등은 … 그 법령등의 효력 발생 전에 완성되거나 종결된 사실관계 또는 법률관계에 대해서는 적용되지 아니한다"고 하여 새로운 법령등의 진정소급의 적용을 배제하고 있다.[1] 220

(나) 진정소급의 예외적 허용

1) 의   의   행정기본법 제14조 제1항은 "새로운 법령등은 법령등에 특별한 규정이 있는 경우를 제외하고는… 적용되지 아니한다"고 하여 특별한 규정이 있는 경우에는 진정소급 적용을 허용하고 있다. 이것은 「특별법은 일반법(행정기본법)에 우선한다」는 원칙의 표현이기도 하다. 종래 대법원과[2] 헌법재판소도[3] 공익과 사익을 형량하여 사익이 우월한 경우에는 진정소급을 인정하였다. 221

---

1) 대판 2021. 10. 14, 2019두39635(법령이 제정되거나 개정되면 그 법령은 장래의 행위에 대하여만 적용되는 것이 원칙이다. 따라서 법령이 제정되거나 개정되기 전에 이루어진 행위는 특별한 사정이 없는 한 그 행위 당시 시행되던 법령에 의하여 규율된다).

2) 대판 2014. 4. 24, 2013두26552(행정처분은 그 근거 법령이 개정된 경우에도 경과규정에서 달리 정함이 없는 한 처분 당시 시행되는 법령과 그에 정한 기준에 의하는 것이 원칙이다. 개정 법령이 기존의 사실 또는 법률관계를 적용대상으로 하면서 국민의 재산권과 관련하여 종전보다 불리한 법률효과를 규정하고 있는 경우에도 그러한 사실 또는 법률관계가 개정 법령이 시행되기 이전에 이미 완성 또는 종결된 것이 아니라면 개정 법령을 적용하는 것이 헌법상 금지되는 소급입법에 의한 재산권 침해라고 할 수는 없다. 다만 개정 전 법령의 존속에 대한 국민의 신뢰가 개정 법령의 적용에 관한 공익상의 요구보다 더 보호가치가 있다고 인정되는 경우에 그러한 국민의 신뢰를 보호하기 위하여 그 적용이 제한될 수 있는 여지가 있을 따름이다. 법령불소급의 원칙은 그 법령의 효력발생 전에 완성된 요건 사실에 대하여 당해 법령을 적용할 수 없다는 의미일 뿐, 계속 중인 사실이나 그 이후에 발생한 요건 사실에 대한 법령적용까지를 제한하는 것은 아니라고 할 것이다).

3) 헌재 2017. 7. 27, 2015헌바240(소급입법은 신법이 이미 종료된 사실관계에 작용하는지 아니면 현재 진행 중인 사실관계에 작용하는지에 따라 '진정소급입법'과 '부진정소급입법'으로 구분된다. 전자는 헌법적으로 허용되지 않는 것이 원칙이며 특단의 사정이 있는 경우에만 예외적으로 허용될 수 있는 반면, 후자는 원칙적으로 허용되지만 소급효를 요구하는 공익상의 사유와 신뢰보호의 요청 사이의 교량과정에서 신뢰보호의 관점이 입법자의 형성권에 제한을 가하게 된다); 헌재 2016. 7. 28, 2014헌바372; 헌재 2008. 5. 29, 2006헌바99; 헌재 2001. 2. 22, 98헌바19.

222　　　　**2) 예**　　　불소급은 법치국가의 본질인 법적 안정성의 견지에서 개인의
보호를 위한 것이므로 개인의 지위보호와 무관하거나 유익한 경우에는 소급이
인정된다.[1] 형벌법규가 헌법재판소에서 위헌으로 결정된 경우에도 소급이 인정
된다(헌재법 제47조 제3항). 그러나 형벌법규가 아닌 경우에는 소급하지 아니한다
(헌재법 제47조 제2항). 이것은 입법자가 헌법의 최고규범력보다 법적 안정성을 우
선한 것으로 이해된다.[2]

223　　　　한편, 독일연방헌법재판소는 ① 존재하는 법률이 잠정적인 성질을 갖는 것
이어서, 소급되는 시점의 법적 상황에 비추어 사인이 새로운 규율을 고려(예측)
하였어야 하는 경우, ② 유효한 법률이 불분명하고 혼란스럽거나 또는 흠결이
있거나 또는 비체계적이고 부당하여서 합헌성에 의문이 있는 경우(이러한 경우는
법치국가원칙 그 자체가 소급적인 해명을 요구한다), ③ 소급되는 법률이 사인에게 침
해를 가져오지 아니하거나 또는 다만 경미한 침해를 가져오는 경우에 진정소급
을 인정한다. 결론적으로 말해 신뢰보호를 능가하는, 그리고 소급을 정당화하는
공공의 복지의 불가피한 요구가 있는 경우에 예외적으로 진정소급을 인정한
다.[3] 우리 헌법재판소도 이와 동일한 입장을 취한다.[4]

224　　　　**3) 부진정소급의 인정 여부**　　　① 부진정소급은 일반적으로 인정되고 있

---

1) 헌재 1989. 7. 14, 88헌가5·8, 89헌가44(병합); 대판 2012. 2. 23, 2010두17557(구 '친일반민족행
위자 재산의 국가귀속에 관한 특별법'(2011. 5. 19. 법률 제10646호로 개정되기 전의 것) 제3조
제1항 본문(이하 '귀속조항'이라 한다)은 진정소급입법에 해당하지만 진정소급입법이라 하더라
도 예외적으로 국민이 소급입법을 예상할 수 있었거나 신뢰보호의 요청에 우선하는 심히 중대
한 공익상의 사유가 소급입법을 정당화하는 경우 등에는 허용될 수 있다 할 것인데, 친일재산
의 소급적 박탈은 일반적으로 소급입법을 예상할 수 있었던 예외적인 사안이고, 진정소급입법
을 통해 침해되는 법적 신뢰는 심각하다고 볼 수 없는 데 반해 이를 통해 달성되는 공익적 중
대성은 압도적이라고 할 수 있으므로 진정소급입법이 허용되는 경우에 해당한다. 따라서 귀속
조항이 진정소급입법이라는 이유만으로 헌법 제13조 제2항에 위배된다고 할 수 없다).
2) 헌재 2008. 9. 25, 2006헌바108(재판소에 의하여 위헌으로 선고된 법률 또는 법률의 조항이 제
정 당시로 소급하여 효력을 상실하는가 아니면 장래에 향하여 효력을 상실하는가의 문제는 특
단의 사정이 없는 한 헌법적합성의 문제라기보다는 입법자가 법적 안정성과 개인의 권리구제
등 제반이익을 비교형량하여 가면서 결정할 입법정책의 문제로 보인다. 우리의 입법자는 헌법
재판소법 제47조 제2항 본문의 규정을 통하여 형벌법규를 제외하고는 법적 안정성을 더 높이
평가하는 방안을 선택하였는바, 이에 의하여 구체적 타당성이나 평등의 원칙이 완벽하게 실현
되지 않는다고 하더라도 헌법상 법치주의의 파생인 법적 안정성 내지 신뢰보호의 원칙에 의하
여 이러한 선택은 정당화된다 할 것이고, 특단의 사정이 없는 한 이로써 헌법이 침해되는 것은
아니라 할 것이다).
3) BVerfGE 30, 367, 387ff.; Giemulla/Jaworsky/Müller‒Uri, Verwaltungsrecht, Rn. 55.
4) 헌재 1998. 9. 30, 97헌바38(진정소급입법이 허용되는 예외적인 경우로는 일반적으로 국민이 소
급입법을 예상할 수 있었거나 법적 상태가 불확실하고 혼란스러웠거나 하여 보호할 만한 신뢰
의 이익이 적은 경우와 소급입법에 의한 당사자의 손실이 없거나 아주 경미한 경우, 그리고 신
뢰보호의 요청에 우선하는 심히 중대한 공익상의 사유가 소급입법을 정당화하는 경우 등을 들
수 있다).

다.[1] 다만, 공익과 사익을 비교형량하여 사익이 우월한 경우에는 부진정소급이 부인된다는 것이 대법원과[2] 헌법재판소의 입장이다.[3] 또한 ② 입법자가 경과규정을 두어서 소급하지 아니하고 일정기간 동안 구법을 적용하게 하는 것도 가능하다.

3. 효력의 소멸

법원은 영속적으로 효력을 갖는 것이 원칙이나 다음의 경우에 효력이 소멸된다. ① 한시법에서[4] 종기의 도래, 다만 한시법의 경우에는 그 유효기간이 경과한 후에 경과 전의 위법행위를 벌할 수 있는가의 문제가 있다. 견해는 갈린다. 판례는 벌할 수 있는 것으로 본다.[5] ② 신법에 의한 명시적 폐지, 이 경우 신법은 동위 또는 상위법이어야 한다. 다만, 이 경우에도(명문의 규정이 없는 한) 구법시행당시에 발생한 사유에 대하여는 개폐된 구법이 그대로 적용되어야 한다는 것이 판례의 입장이다.[6] ③ 신·구법의 내용상 충돌, 이 경우는 묵시적 폐지에 해당한다. ④ 상위법의 소멸, 예컨대 수권법의 소멸로 위임명령은 소멸된다. ⑤ 규율사실관계의 영속적 종결, 이 경우도 묵시적 폐지에 해당한다. ⑥ 위헌결정(헌재법 제47조 제2항)의 경우에도 위헌법률은 효력을 잃는다.

225

Ⅱ. 지역적 효력범위

행정법규는 그 법규의 제정권자의 권한이 미치는 지역적 범위 내에서만 효력을 갖는다. 예컨대 대통령령·부령은 전국에 미치고, 조례는 해당 지방자치단체의 관할구역에 미친다. 여기서 지역이란 영토뿐만 아니라 영해(기선으로부터 측

226

---

1) 대판 2020. 12. 24, 2018두58295.
2) 대판 2014. 4. 24, 2013두26552.
3) 헌재 2021. 1. 28, 2018헌바88(소급입법은 새로운 입법으로 이미 종료된 사실관계 또는 법률관계에 작용하도록 하는 진정소급입법과 현재 진행 중인 사실관계 또는 법률관계에 작용하도록 하는 부진정소급입법으로 나눌 수 있는바, 부진정소급입법은 원칙적으로 허용되지만 소급효를 요구하는 공익상의 사유와 신뢰보호의 요청 사이의 교량과정에서 신뢰보호의 관점이 입법자의 형성권에 제한을 가하게 되는 데 반하여, 진정소급입법은 개인의 신뢰보호와 법적 안정성을 내용으로 하는 법치국가원리에 의하여 특단의 사정이 없는 한 헌법적으로 허용되지 아니하는 것이 원칙이나 예외적으로 법적 상태가 불확실하고 혼란스러웠거나 하여 보호할 만한 신뢰의 이익이 적은 경우, 신뢰보호의 요청에 우선하는 심히 중대한 공익상의 사유가 소급입법을 정당화하는 경우에는 예외적으로 허용될 수 있다).
4) 한시법은 임시법과 다르다. 임시법은 한시법과 달리 폐지행위가 있어야 폐지된다(서원우, 현대행정법론(상), 77쪽).
5) 대판 1997. 2. 28, 96도2247(개정사유가 법률이념의 변천이 아니라, 정책의 변경인 경우에는 가벌성이 소멸되지 아니한다). 그러나 이 판례가 과연 ① 한시법에 관한 것인지, ② 형법 제1조 제2항과 무관한 것인지의 문제가 있다.
6) 대판 1994. 3. 11, 93누19719.

정하여 그 바깥쪽 12해리의 선까지에 이르는 수역을 말한다(영해 및 접속수역법 제1조). 한편 영해기선으로부터 그 바깥쪽 200해리의 선까지에 이르는 수역 중 대한민국의 영해를 제외한 수역을 배타적 경제수역이라 하고, 배타적 경제수역에 대해 천연자원의 탐사·개발·보존 및 관리를 목적으로 하는 주권적 권리 등을 가진다(배타적 경제수역 및 대륙붕에 관한 법률 제2조, 제3조)), 영공까지도 포함하는 의미이다. 다만 국제법상 외교 특권(외교관 특권, 치외법권)이 미치는 구역(예 : 외국공관)에는 미치지 않는다. 국가의 법령이 국내의 일부 지역에만 적용되는 경우도 있다(예 : 제주특별자치도 설치 및 국제자유도시조성을 위한 특별조치법).

Ⅲ. 인적 효력범위

227 　　속지주의원칙에 의거하여 행정법규는 당해지역 안에 있는 모든 사람에 적용된다.[1] 자연인·법인, 내국인·외국인을 불문한다. 그러나 외교 특권(외교관 특권, 치외법권)을 가진 자는 우리 행정법의 적용을 받지 아니한다. 국내에 주둔하는 외국군대의 구성원의 경우에는 협정체결을 통해 특별한 지위가 부여되기도 한다. 한편 일반외국인에게는 경우에 따라 특별한 규율이 가해지기도 한다(예 : 국배법 제7조 참조). 다만 우리 국적의 재일동포는 역시 우리의 국민이지 외국인이 아니다.[2] 외국거주 한국인에게도 우리의 법의 효력이 당연히 미친다.

제6절　행정법의 해석과 흠결의 보충

제1항　행정법의 해석

Ⅰ. 의　　의

228 　　행정법도 다른 법과 마찬가지로 법의 의미내용이 일의적인 것만은 아니고, 아울러 법문에서 사용되는 용어의 의미가 반드시 명확한 것도 아니다. 따라서 법규가 내포하고 있는 의미내용을 탐구하고 해명하는 것은 필요하다. 이를 법의 해석이라 한다. 법의 해석은 법규가 갖는 규범적 의미를 발견하기 위한 과정이다. 법의 해석이 행정법에 특히 문제가 되는 것은 ① 사법에 비해 역사가 일천한 관계로 행정법에는 규범적 의미내용이 확립되어 있지 않은 영역이 많이 있다는 점, ② 대립당사자의 이익형량을 주된 내용으로 하는 사법은 규범상의 의

---

1) 대판 1996. 11. 12, 96누1221.
2) 대판 1981. 10. 13, 80다2435.

미파악만으로도 족하다고 볼 수 있겠으나 행정법은 계층간의 이해조절, 즉 공익 실현과 관련하여 미래발전에 대한 예측적 평가를 주된 내용으로 하며,[1] 따라서 행정청에 형성의 자유를 부여하기 위해 행정의 법적 기속을 완화하는 법기술적 보조수단으로서 공백규정이나 불확정개념(예: 공익·공공질서·공공의 복지)을 도입 하는 경우가 많기 때문이다. 법의 해석의 목표인 법규의 규범적 의미내용은 주 관적인 것이 아니라 법을 통해 실현하고자 하는 객관적인 의사를 말한다.[2]

Ⅱ. 해석의 주체

1. 의 의

법의 해석의 주체로는 국가기관이나 사인(주로 학자)을 들 수 있다. 전자에 229 의한 해석을 유권해석, 후자에 의한 해석을 학리해석이라 부른다. 학문적인 입 장에서는 이들 중에서 법원에 의한 해석(판례)과 학자들의 해석(학설)이 특히 중 요한 의미를 갖는다. 그런데 유권해석은 다시 입법해석(예: 행정기본법 제2조에서 보는 바와 같이 법령 자체에 정의규정을 둔 경우를 말한다)·행정해석·사법해석(법원의 재판으로 나타난 해석)으로 구분된다.

2. 행정기관의 법령해석(행정해석)

(1) 의 의 행정해석은 행정기관에 의한 해석을 말한다. 법의 집행기관 230 으로서 행정기관은 법의 집행에 사항적으로나 공간적으로 통일을 이루어야 한 다. 여기에 행정해석의 필요성이 나타난다. 그런데 행정해석은 법원을 구속하지 못한다.[3] 왜냐하면 우리 헌법의 국가조직의 원리상 법원이 최종적인 법의 해석 기관이기 때문이다.[4] 행정심판이나 행정소송으로 나아가지 않는 한, 행정기관 의 법령해석은 대상 법령에 대한 최종적이고 확정적인 해석이 된다는 점에서 중요한 의미를 갖는다. 행정기관의 법령해석에 관한 일반규정으로 행정기본법 제40조가 있다.

---

1) Giemulla/Jaworsky/Müller – Uri, Verwaltungsrecht, Rn. 56.
2) Achterberg, Allgemeines Verwaltungsrecht, §17, Rn. 8; 대판 2010. 12. 23, 2010다81254(법해 석의 목표는 어디까지나 법적 안정성을 저해하지 않는 범위 내에서 구체적 타당성을 찾는 데 두어야 한다. 그리고 그 과정에서 가능한 한 법률에 사용된 문언의 통상적인 의미에 충실하게 해석하는 것을 원칙으로 하고, 나아가 법률의 입법 취지와 목적, 그 제·개정 연혁, 법질서 전 체와의 조화, 다른 법령과의 관계 등을 고려하는 체계적·논리적 해석방법을 추가적으로 동원 함으로써, 위와 같은 법해석의 요청에 부응하는 타당한 해석이 되도록 하여야 한다).
3) 대판 1986. 10. 28, 85누808.
4) 대판 2018. 6. 21, 2015두48655(관계법령들 사이에 모순·충돌이 있는 것처럼 보일 때 그러한 모순·충돌을 해소하는 법령해석을 제시하는 것은 법령에 관한 최종적인 해석권한을 부여받은 대법원의 고유한 임무이다).

230a (2) **법령해석 요청권과 재요청권** ① 누구든지 법령등의 내용에 의문이 있으면 법령을 소관하는 중앙행정기관의 장(이하 "법령소관기관"이라 한다)과 자치법규를 소관하는 지방자치단체의 장에게 법령해석을 요청할 수 있다(기본법 제40조 제1항). 법령해석 요청권은 개인적 공권으로 볼 것이다.[1] ② 법령소관기관이나 법령소관기관의 해석에 이의가 있는 자는 대통령령으로 정하는 바에 따라 법령해석 업무를 전문으로 하는 기관에 법령해석을 요청할 수 있다(기본법 제40조 제3항).

230b (3) **법령합치적 해석·집행의무** 법령소관기관과 자치법규를 소관하는 지방자치단체의 장은 각각 소관 법령등을 헌법과 해당 법령등의 취지에 부합되게 해석·집행할 책임을 진다(기본법 제40조 제2항). 이에 어긋나는 경우에는 사안에 따라 국가배상책임 또는 행정상 쟁송이 문제될 수 있다.[2]

3. 위헌법령과 공무원

231 행정공무원은 자기행위에 대한 자율통제의 차원에서 적용코자 하는 법령의 헌법적합성심사를 개략적으로 하여야 한다. 이러한 심사는 공무원의 권리이자 의무라는 지적이 있다.[3] 심사의 결과 만약 위헌으로 판단되면, 상급자·상급기관에 보고를 하고 동시에 위헌으로 판단되는 법률에 근거한 행정행위의 집행은 중단하는 것이 바람직하다.[4] 그러나 단순히 위헌의 의문이 있는 정도라면, 그러한 법률은 집행되어야 한다. 헌법재판소만이 법률의 위헌성의 인식·평가의 권한을 갖기 때문이다. 엄밀히 말한다면 행정기관은 법령의 적용여부에 대한 심사권을 가지되 적용배제권은 가지지 않는다고 볼 것이다.

Ⅲ. 해석의 방법

1. 전통적 방식

232 (1) **종 류** 법의 해석에 대한 전통적 방법으로 ① 의미론적이고 당해 법문의 관점에서 일상의 용어가 갖는 의미를 기초로 한 문리적 해석,[5] ② 개념 내용을 밝히는 논리적 해석, ③ 규범내용의 역사적 발전과정의 관점에서 행하는 역사적 해석, ④ 규범의 의미·목적을 객관적 입장에서 밝히는 목적론적 해석,

---

1) 이에 관해 졸저, 행정기본법 해설, 제40조 해설 [2]부분 참조.
2) 이에 관해 졸저, 행정기본법 해설, 제40조 해설 [3]부분 참조.
3) 김남진, 월간고시, 1991. 1, 48쪽.
4) Detterbeck, Allgemeines Verwaltungsrecht mit Verwaltungsprozessrecht(13. Aufl.), §3, Rn. 126.
5) 대판 2022. 12. 15, 2018두63143(법령의 문언 자체가 비교적 명확한 개념으로 구성되어 있다면 원칙적으로 더 이상 다른 해석방법은 활용할 필요가 없거나 제한될 수밖에 없다).

⑤ 전체법질서의 관점에서 행하는 비교법적 해석 등이 있고, 이러한 방법들이 행정법의 해석에도 타당함은 물론이다.[1]

(2) **특 징**(유추해석)   ① 전통적인 방법에 의한다고 하여도 침익적인 행정영 233 역에서의 해석(특히 세법이나 병역법 등의 해석)에 있어서는 제한이 따른다고 보아야 한다. 말하자면 이러한 영역에서의 해석은 엄격하여야 하고 확장해석이나 유추해 석은 허용되지 않는다. 판례의 입장도 같다.[2] ② 그러나 수익적 효과를 갖는 경 우에는 공법규정의 유추해석이 금지될 이유가 없다. 판례의 입장이기도 하다.[3]

2. 관점론적 해석

근자에는 일부 학자들에 의해 새로운 방식이 제기된 바 있다. 즉 생각할 수 234 있는 여러 관점을 문제로서 설정하고, 그에 대한 합리적인 해답을 구해 나아가 는 귀납적인 방법으로서 관점론적 해석(Topische Auslegung) 방법이 나타나고 있 다. 관점론적 해석은 문제사고의 기술이라고도 한다. 이 해석은 1단계로 노출된 의문들을 문제화하여 그 문제해결에 도움이 되는 여러 관점에 따라 모으고, 2단 계로 이러한 의문들이 여러 관점의 카타로그로 형량되어 판단되는 단계를 거치 게 된다. 이 방법이 다원적이고 민주적인 방법이라고 특징지울 수 있겠으나, 법 규범의 체계성과 일관성의 확보라는 것이 문제로 남는다.[4]

3. 헌법합치적 해석

의문이 있는 경우에 법률은 헌법에 합치되도록 해석되어야 한다는 원칙이다.[5] 235

---

1) 대판 2022.10.27, 2022두44354(법은 원칙적으로 불특정 다수인에 대하여 동일한 구속력을 갖는 사회의 보편타당한 규범이므로 법의 표준적 의미를 밝혀 객관적 타당성이 있도록 해석하여야 하고, 가급적 모든 사람이 수긍할 수 있는 일관성을 유지함으로써 법적 안정성이 손상되지 않 도록 하여야 한다. 한편 실정법은 보편적이고 전형적인 사안을 염두에 두고 규정되기 마련이므 로 사회현실에서 일어나는 다양한 사안에서 구체적 사안에 맞는 가장 타당한 해결이 될 수 있 도록 해석·적용할 것도 요구된다. 요컨대 법해석의 목표는 어디까지나 법적 안정성을 저해하 지 않는 범위 내에서 구체적 타당성을 찾는 데 두어야 한다. 나아가 그러기 위해서는 가능한 한 법률에 사용된 문언의 통상적인 의미에 충실하게 해석하는 것을 원칙으로 하면서, 법률의 입법 취지와 목적, 제·개정 연혁, 법질서 전체와의 조화, 다른 법령과의 관계 등을 고려하는 체 계적·논리적 해석 방법을 추가적으로 동원함으로써, 위와 같은 법해석의 요청에 부응하는 타당 한 해석을 하여야 한다). Achterberg, Allgemeines Verwaltungsrecht, §17, Rn. 10ff.; Giemulla/ Jaworsky/Müller–Uri, Verwaltungsrecht, Rn. 75ff.; Kahl/Weber, Allgemeines Verwaltungsrecht (2017), Rn. 55ff.
2) 대판 2022. 8. 25, 2019두58773; 대판 2017. 5. 30, 2015두48884; 대판 2016. 11. 24, 2014두47686; 대판 2016. 7. 27, 2015두46390; 대판 2007. 10. 26, 2007두9884.
3) 대판 1987. 7. 21, 84누126.
4) Achterberg, Allgemeines Verwaltungsrecht, §17, Rn. 23ff.
5) 대결 1992. 5. 8, 91부8(어떤 법률이 한 가지 해석방법에 의하면 헌법에 위배되는 것처럼 보이 더라도 다른 해석방법에 의하면 헌법에 합치하는 것으로 볼 수 있을 때에는 헌법에 합치하는

말하자면 많은 해석 중에서도 헌법과 일치하는 해석, 그리고 헌법상의 원칙이나 가치결단에 최대한으로 합치되는 해석을 선택하라는 해석방식이 헌법합치적 해석이다. 이것은 헌법의 구체화법으로서의 행정법에 당연한 것이다. 법질서의 단일성·동일성은 법질서의 본질에 해당하는 것이기 때문이다. 그리고 행정법의 기본이념은 인간의 존엄과 가치의 실현에 있으므로, 행정법의 해석은 행정의 편의를 위한 관료주의적 사고가 아니라, 인권의 보장과 실현이라는 사고에서 출발하고 또한 그것을 목적으로 하여야 한다. 행정권은 권력자가 아니라 봉사자일 뿐이다.

4. 상위법령 합치적 해석

236   "국가의 법체계는 그 자체로 통일체를 이루고 있으므로 상·하규범 사이의 충돌은 최대한 배제하여야 하고, 또한 규범이 무효라고 선언될 경우에 생길 수 있는 법적 혼란과 불안정 및 새로운 규범이 제정될 때까지의 법적 공백 등으로 인한 폐해를 피하여야 할 필요성에 비추어 보면, 하위법령의 규정이 상위법령의 규정에 저촉되는지 여부가 명백하지 아니한 경우에, 관련 법령의 내용과 입법취지 및 연혁 등을 종합적으로 살펴 하위법령의 의미를 상위법령에 합치되는 것으로 해석하는 것이 가능한 경우라면, 하위법령이 상위법령에 위반된다는 이유로 쉽게 무효를 선언할 것은 아니다."[1]

제 2 항 행정법의 흠결의 보충(행정법관계에 사법의 적용)

I. 의   의

1. 문제상황

237   현재로서 행정법은 통일법전을 모른다. 공법적 성질을 갖는 구체적 법률관계에서 성문의 공법도 없고 관습법도 없는 경우에 어떠한 법이 적용될 것인가? 사법은 역사도 오래되었을 뿐만 아니라 비교적 완비된 법전과 발전된 이론을 갖고 있으나 행정법은 사정이 그러하지 않다. 행정법의 흠결의 보충의 문제는 공·사법의 2원적 법체계를 가진 국가에서의 문제이다.

해석방법을 택하여야 할 것인데, 앞에서 살펴본 것처럼 미결수용자의 접견권이 헌법상 보장되는 기본권으로서 그 행사는 원칙적으로 보장되어야 하고 예외적으로만 제한할 수 있음에 비추어 볼 때 적어도 행형법 제18조 제2항의 규정이 미결수용자에게 준용되는 경우에는 '필요한 용무'의 개념을 넓게 해석하여 접견의 목적이 구금의 목적에 반하거나 구금시설의 질서유지를 해칠 특별한 위험성을 내포하고 있다는 등 접견을 허용하여서는 안될 특별한 사정이 없는 한 원칙적으로 '필요한 용무'가 있는 것으로 해석하는 것이 가능하고, 또 그와 같이 해석하는 한 헌법위반의 문제는 생기지 아니하므로 위 조항은 위헌이 아니다).

1) 대판 2019. 7. 10, 2016두61051; 대판 2018. 6. 21, 2015두48655.

2. 접근방식

사법규정의 보충적용에 관한 규정이 없는 경우, 학문상 2가지 방식으로 근   238
거를 마련한다. 즉, ① 사법(특히 민법)에 규범화되어 있는 일반법원칙의 적용과
아울러 사법규정의 유추적용의 방법과 ② 공법규정의 유추적용의 방식이다.

Ⅱ. 사법적용의 가능성

1. 학 설

행정법관계에서 사법적용의 가능성에 대해서 학설은 부정설에서 긍정설로
변천해 왔다. 오늘날에 있어서는 기본적으로 그 가능성이 긍정되고 있다.

⑴ **부 정 설**　　　O. Mayer에 따르면[1] 공법은 국가와 시민간의 관계에서 공   239
익실현을 목적으로 하는 것이므로 사인간의 이해조절을 목적으로 하는 사법과
는 다르다는 전제하에 공법관계에 사법의 적용을 부인하였다. 그리하여 그는 유
추해석을 통해서도 사법규정으로 공법을 보충할 수 없다고 하였다. 아울러 공·
사법에 공통하는 법제도도 없다고 하였다. 다만 행정상법률관계에 사법상의 제
도가 적용될 수 있는 것은 오로지 국가가 국고로 나타나는 경우뿐이라고 하였
다. 부정설의 입장에서는 행정법규에 흠결이 있을 때, 공법의 사고영역에서 도
출되는 규칙으로써 보충되어야 한다고 하였다.[2] 부정설을 소극설 또는 공법적
용설이라고도 한다.

⑵ **긍 정 설**　　　이 견해는 공법과 사법이 본질적으로 상이한 것이 아님을   240
전제로 하여 행정법관계에도 사법이 적용될 수 있다는 입장이다. W. Jellinek에
따르면[3] 행정법규의 결여시 경우에 따라서는 민법이 적용될 수 있다고 하였다.
즉 그는 공법상의 문제가 사법상의 문제와 유사성을 갖는 경우에는 사법의 적
용이 가능하다는 것이다. 이에 대한 예로서 기간계산에 관한 것을 들었다. 이
때 기간계산은 사법에만 고유한 것이 아니라는 것이다. 그 밖에 내용상의 유추
적용도 가능하다고 하였다. 다만 국가가 권력적으로 활동하는 경우에는 공법과
사법의 유사성이 인정되기 곤란하다고 하였다. 오늘날 긍정설은 다시 직접적용
설과 유추적용설로 나뉘어져 있다. 후자가 통설적 견해이다. 긍정설은 적극설
또는 사법적용설이라고도 한다.

㈎ **직접적용설**　　　① 대부분의 사법규정은 법의 일반원리에 관련된 것이므   241

---

1) O. Mayer, Deutsches Verwaltungsrecht Ⅰ, S. 115ff.
2) F. Fleiner, Institutionen des deutschen Verwaltungsrechts, 1928, S. 56.
3) W. Jellinek, Verwaltungsrecht, S. 153.

로 공법관계에도 직접 적용된다는 것이다. 그러나 이 견해에는 사법규정에는 이해조절적인 규정도 많아 공익에 관한 공법상의 법률관계에 그대로 적용될 수 없다는 비판이 가해진다. ② 공·사법의 구분의 부인을 전제로 행정법은 사법의 특별법인 까닭에 행정법의 흠결시 사법이 전면적으로 적용된다는 견해(특별사법설)도 직접적용설의 한 종류로 볼 수 있다. 그러나 이 견해는 행정법의 독자성을 부인하는 데에 근원적인 문제점이 있다. 말하자면 이 견해는 실정법상 공·사법의 이원적 체계를 갖는 우리의 법체계에는 적합하지 않다.

㈏ 유추적용설

242   1) 의   의   이 견해는 공·사법 사이에 차이가 있음을 전제로 하여 사법이 공법관계에 유추적용된다는 입장이다. 다만 죄형법정주의와 관련하여 처벌(행정벌과 징계벌)의 경우에는 유추가 금지된다고 한다. 유추적용설도 일반적 유추적용설과 한정적 유추적용설로 나뉜다. ① 전자는 반대규정이 없는 한 사법규정이 일반적으로 유추적용된다는 입장이고, ② 후자는 법령상 특별한 규정이 있거나 또는 내용이 유사한 경우에 사법이 유추적용된다는 입장이다. 후자가 우리의 일반적 견해인 것으로 보인다.

243   2) 개괄적 구별설   전통적 견해는 기본적으로 한정적 유추적용설의 입장에 서서 행정법관계에서 사법규정의 적용문제를 사법규정의 분석과 행정법관계의 구분에 따라 판단한다. 개괄적 구별설이라 부른다. 이러한 통설적 견해에 의하면 사법규정은 대체로 일반법원리적 규정·법기술적 규정·이해조절적 규정 등으로 이루어져 있고, 여기서 일반법원리적 규정이나 법기술적 규정 또는 법상의 약속에 해당하는 조항은 권력관계와 비권력관계 모두에 적용되며, 다만 이해조절적인 규정은 비권력관계에서 유추적용이 가능한 경우도 있다고 한다.

244   ㈐ 개별적 구별설   이 견해는 공법관계에서 사법규정의 적용문제는 문제되는 개개의 법률관계의 성질·내용·기능 등을 구체적으로 판단하여 결정할 문제라 한다.[1] 따라서 권력관계의 경우에도 사법규정이 적용될 수가 있다는 것이다. 개별적 구별설은 개별적 판단설이라고도 한다.

245   (3) 사   견   ① 명문으로 사법규정의 적용을 예정해 두고 있는 경우에는 문제가 없다(예 : 국배법 제8조; 국세법 제4조). ② 문제는 명문의 규정이 없는 경우이다. 생각건대 한정적 유추적용설의 입장 중에서 개괄적 구별설이 비교적 합리적이다.[2]

한편, 공법규정의 흠결 시에 보충적으로 적용되는 사법규정은 공법으로서

---

1) 서원우, 현대행정법론(상), 154쪽 참조.
2) Maurer, Allgemeines Verwaltungsrecht(18. Aufl.), §3, Rn. 42.

적용된다고 볼 것이다.[1]

2. 적용가능한 사법규정

(1) **권력관계의 경우**   법기술적 규정 또는 법상의 약속에 관한 조항인 자   246
연인 및 법인의 관념, 권리능력과 행위능력의 관념, 주소·물건의 관념, 법률행
위·의사표시·대리·무효·취소·조건·기한 등의 관념, 기간[2]·시효제도·사무관
리·부당이득·불법행위 등의 조항은 권력관계에서도 적용된다. 그러나 이해조
절적 규정은 원칙적으로 권력관계에는 적용되지 않는다고 하겠으나, 예외적으
로는 성질에 반하지 않는 한 적용될 수도 있다.[3][4]

(2) **비권력관계의 경우**   비권력관계는 기본적으로 사법관계와 상이한 것   247
이 아니기 때문에 특별한 공법적 제한(예 : 국배법 제4조; 우편법 제38조 제1항)이 가
해지지 않는 한 사법규정이 전반적으로 적용될 수 있다.[5]

3. 국고관계와 사법규정의 적용

행정법관계에서의 사법규정의 적용문제는 아니나 국고관계에서 사법규정의   248
적용문제를 언급하기로 한다. 행정상 법률관계 중 사법이 지배하는 법률관계인
국고관계에 사법이 적용되는 것은 개념상 당연하고 특별히 언급할 필요가 없
다. 그렇지만 경우에 따라서는 실정법이 사법관계(국고관계)에 특별한 제한을 가
하는 경우도 있고, 이 때에는 그에 따라야 한다. 한편 국고관계를 좁은 의미의
국고관계와 행정사법관계로 나눌 때, 행정사법의 경우에는 좁은 의미의 국고
관계에 비해 공법적 기속(평등원칙·비례원칙·신뢰보호원칙 등)이 보다 강하게 가해
진다.

---

1) Maurer/Waldhoff, Allgemeines Verwaltungsrecht(2017), §3, Rn. 42.
2) 대판 2009. 2. 12, 2007두17359(민법 제155조는 "기간의 계산은 법령, 재판상의 처분 또는 법률
   행위에 다른 정한 바가 없으면 본장의 규정에 의한다."고 규정하고 있으므로, 기간의 계산에
   있어서는 당해 법령 등에 특별한 정함이 없는 한 민법의 규정에 따라야 하는 것이고, 한편 광
   업법 제16조는 "제12조에 따른 광업권의 존속기간이 끝나서 광업권이 소멸하였거나 제35조에
   따라 광업권이 취소된 구역의 경우 그 광업권이 소멸한 후 6개월 이내에는 소멸한 광구의 등록
   광물과 같은 광상에 묻혀 있는 다른 광물을 목적으로 하는 광업권 설정의 출원을 할 수 없다."
   고 규정하고 있으나, 광업법에는 기간의 계산에 관하여 특별한 규정을 두고 있지 아니하므로,
   광업법 제16조 소정의 출원제한기간을 계산함에 있어서도 기간계산에 관한 민법의 규정은 그
   대로 적용된다).
3) 김도창, 일반행정법론(상), 255쪽.
4) 종래에는 사법상 신의성실의원칙과 권리남용금지의 원칙, 기간의 계산에 관한 규정도 권력관계
   에 적용이 가능한 것으로 보았으나, 이제 이러한 사항들은 행정기본법에 규정되고 있다.
5) 박윤흔·정형근, 최신행정법강의(상), 159쪽.

Ⅲ. 공법규정의 유추적용

249 　 　행정법관계에서 적용할 행정법규가 없는 경우에 그 흠결의 보충방법으로서
사법규정의 적용문제에 앞서서 행정법규(공법규정)의 (유추)적용을 생각할 수 있
다. 생각건대 공법규정의 유추해석(유추적용)의 기본적인 관심방향은 법해석의
방법에 관한 것이지, 법의 흠결의 보충에 관한 것은 아니지만 기능적으로 본다
면, 유추해석(적용) 역시 법의 흠결을 보충하는 기능을 갖는다고 볼 수 있다. 따
라서 행정법의 흠결의 보충문제로서 공법규정의 유추해석(적용)을 논급하는 것
도 가능하다.[1] 한편, 만약 행정법규가 흠결되어 유추적용이 문제된다면, 우선
헌법과 관련 있는 공법의 규정을 유추적용하고,[2] 관련 공법규정이 없거나 미흡
함이 있으면 사법규정의 적용을 검토하여야 할 것이다.

제 7 절 　 행정기본법상 행정의 법 원칙

　 　행정기본법은 행정의 법 원칙이라는 제목 하에 모든 행정에 적용되는 법원
칙으로 법치행정의 원칙, 평등의 원칙, 비례의 원칙, 성실의무 및 권한남용금지
의 원칙, 신뢰보호의 원칙, 부당결부금지의 원칙을 규정하고 있다. 이러한 원칙
들은 행정기본법에 명시적으로 규정되었으므로 이제는 실정법상 행정의 법 원
칙임을 유념할 필요가 있다.[3]

---

1) 대판 1987. 7. 21, 84누126(하천법 제2조 제1항 제2호, 제3조에 의하면 제외지는 하천구역에 속
하는 토지로서 법률의 규정에 의하여 당연히 그 소유권이 국가에 귀속된다고 할 것인바 한편
동법에서는 위 법의 시행으로 인하여 국유화가 된 제외지의 소유자에 대하여 그 손실을 보상
한다는 직접적인 보상규정을 둔 바가 없으나 동법 제74조의 손실보상요건에 관한 규정은 보상
사유를 제한적으로 열거한 것이라기보다는 예시적으로 열거하고 있으므로 국유로 된 제외지의
소유자에 대하여는 위 법조를 유추적용하여 관리청은 그 손실을 보상하여야 한다).

2) 대판 2004. 12. 23, 2002다73821(사업시행자가 손실보상의무를 이행하지 아니한 채 공유수면에
서 허가어업을 영위하던 어민들에게 피해를 입힐 수 있는 공유수면매립공사를 시행함으로써
어민들이 더 이상 허가어업을 영위하지 못하는 손해를 입게 된 경우에는, 어업허가가 취소 또
는 정지되는 등의 처분을 받았을 때 손실을 입은 자에 대하여 보상의무를 규정하고 있는 수산
업법 제81조 제1항을 유추적용하여 그 손해를 배상하여야 할 것이고, 이 경우 그 손해액은 공
유수면매립사업의 시행일을 기준으로 삼아 산정하여야 한다).

3) 저자는 행정기본법이 제정되기 전까지는 이러한 원칙들을 행정법의 일반원칙이라는 제목하에
다루었다. 법적 공동체로서의 인간단체에서 당연히 도출되는 윤리적 최소한의 원칙을 일반법
원칙이라고 불렀고, 기본적으로는 정의의 원칙을 말하며, 실정법인식의 기준이 된다고 보았다.
일반법원칙이 법규는 아니라고 하여도 모든 법질서가 지향해야 할 윤리적 기초이기 때문에 일
반법원칙은 기본적인 법규범으로서 법원의 성격을 갖는다고 보았다. 일반법원칙의 행정법에서
의 표현을 행정법의 일반원칙이라 하였다. 말하자면 행정법의 모든 영역에 타당한 일반법원칙

제1항 법치행정의 원칙

Ⅰ. 일 반 론

1. 의   의

(1) **협의의 법치행정**(행정의 법률적합성의 원칙)   좁은 의미의 법치행정이란   250
「행정은 법률의 범위 내에서 이루어져야 한다」는 것을 말한다. 이것은 공권력
앞에서 개인의 보호를 위한 법치행정의 주된 내용을 구성하는 원칙으로서 전체
공행정은 합헌적 법률에 따라 수행되어야 함을 의미한다. **강학상 협의의 법치행
정은 행정의 법률적합성의 원칙**으로 부른다. 이 원칙은 행정은 법률에 반할 수
없다는 법률의 우위의 원칙과 행정은 법률의 근거를 필요로 한다는 법률의 유
보의 원칙으로 구성된다.[1]

(2) **광의의 법치행정**   광의의 법치행정이란 「행정은 법률의 범위 내에서   251
이루어져야 하며, 만약 법률에 어긋나는 행정으로 인해 사인이 피해를 입게 되
면, 그 사인은 법원에 의해 구제를 받을 수 있어야 한다」는 것을 말한다(광의의
법치행정 = 협의의 법치행정 + 사인의 권리보호).

을 행정법의 일반원칙이라 하였다. 한편, "행정법의 일반원칙 중에는 실정법상 표현이 있는 경
우도 있다(예 : 비례원칙과 헌법 제37조 제2항). 행정법의 일반원칙의 상당부분은 헌법원칙의
구체화이다(예 : 행정의 자기구속의 법리와 평등원칙). 물론 행정법의 일반원칙은 성문법과 마
찬가지로 재판에서 직접 적용된다. 행정법의 일반원칙을 위반하는 행위는 당연히 위법한 행위
가 된다. 우리의 판례도 행정법의 일반원칙이라는 표현을 사용한다(대판 1964. 5. 5, 63누96).
행정법의 일반원칙은 판례와 학설에 의해 발전된 것이다(Detterbeck, Allgemeines Verwal-
tungsrecht mit Verwaltungsprozessrecht(9. Aufl.), §3, Rn. 109f.; Maurer, Allgemeines Verwal-
tungsrecht(18. Aufl.), §4, Rn. 36; Wallerath, Allgemeines Verwaltungsrecht(6. Aufl.), §4, Rn.
74). 그것은 성문법과 동일하게 다루어지고 적용되고 있으며, 성문법을 보완하고 흠결을 메워
주고 있다. 행정법의 일반원칙을 다른 법규(실정법상 제도)와 분명히 구별하는 것은 불가능하
다(Detterbeck, Allgemeines Verwaltungsrecht mit Verwaltungsprozessrecht(9. Aufl.), §3,
Rn. 111)"고 기술하였다(졸저, 행정법원론(상)(2021), 옆번호 226 이하).

1) O. Mayer는 집행권에 대한 법률의 우월적인 지위를 제1의 요소로 하는 법률에 의한 행정(법률
의 지배)의 내용으로 법률의 법규창조력, 법률의 우위, 법률의 유보를 언급하였다. 이에 기인한
탓인지 우리의 이론서들은 통상 이 3가지를 법률에 의한 행정의 내용으로 다루었다(O. Mayer,
Deutsches Verwaltungsrecht Ⅰ, S. 65). 원래 법률의 법규창조력이란 국민의 대표기관인 국회
만이 국민을 구속하는 규범인 법규(법률)를 만들 수 있음을 전제로, 국민의 대표기관인 국회가
만든 법률이라는 명칭을 가진 국가의 의사만이 국민을 구속한다는 것을 뜻하였다. 그러나 오늘
날에는 의회제정법률 외에 행정법의 일반원칙이나 관습법도 법규성을 가지며, 심지어는 행정
규칙에도 법규성이 인정되는 경우가 있고, 예외적이기는 하나 법률적 효력을 갖는 명령을 행정
권이 발할 수 있는 경우도 인정되는바(예 : 긴급명령, 긴급재정·경제명령), 이제는 법률만이 법
규창조력을 갖는다고 말할 수는 없다. 이러한 연유로 나라(독일)에 따라서는 행정의 법률적합
성의 원칙의 내용으로 '법률의 법규창조력'을 들지 않는 이론서도 많이 나타나고 있다. 본서도
이러한 입장을 취한다.

2. 일반법과 개별법(특별법)

252   행정기본법 제8조는 법치행정의 원칙이라는 명칭 하에 "행정작용은 법률에 위반되어서는 아니 되며, 국민의 권리를 제한하거나 의무를 부과하는 경우와 그 밖에 국민생활에 중요한 영향을 미치는 경우에는 법률에 근거하여야 한다"라고 하여 좁은 의미의 법치행정의 원칙을 규정하고 있다. 내용상으로 보면, 행정기본법 제8조 전단은 법률의 우위의 원칙, 후단은 법률의 유보의 원칙을 규정하고 있다. 행정기본법 제8조는 일반법(일반조항)이다. 따라서 개별 법률에 특별규정이 없다고 하여도 행정기본법 제8조는 행정에 당연히 적용된다.

Ⅱ. 법률의 우위의 원칙

1. 의   의

253   행정작용은 법률에 위반되어서는 아니 된다(기본법 제8조 전단). 이를 법률의 우위의 원칙이라 한다. 바꾸어 말하면 "합헌적 절차에 따라 제정된 법률은 헌법을 제외한 그 밖의 모든 국가의사에 우월하고, 행정은 법률에 반할 수 없으며, 이 때 법률은 그 내용 또한 헌법에 합치되는 것이어야 한다"는 법원칙을 말한다. 법률의 우위의 원칙은 집행권은 법률을 개정할 수 있는 권능을 갖지 아니한다는 것을 내포한다. 실질적 법치주의의 내실화라는 관점에서 본다면 법률의 우위의 원칙을 "헌법·법률 등을 포함하여 모든 법규는 행정에 우선하고, 행정은 그 법규에 반할 수 없다"는 원칙으로 이해할 수도 있다. 하여튼 법률의 우위의 원칙은 「행정은 법규에 위반되어서는 안 된다」는 의미에서 소극적 의미의 법률적합성의 원칙이라고도 한다.[1] 이 원칙은 권력분립의 원칙에서 직접 나오는 원칙이다.

2. 법적 근거

254   (1) 헌   법   법률우위의 원칙은 권력분립의 원칙에서 직접 나오는 원칙이다. 즉, 행정권과 사법권은 입법권을 존중하여야 한다는 데에서 나온다. 법률의 우위의 원칙은 헌법 제107조 제2항에 의해 보장되고 있다.

255   (2) **법   률**   행정기본법 제8조 제1문은 법률의 우위의 원칙을 명시적으로 규정하고 있다. 지방자치와 관련해서는 헌법 제117조 제1항(지방자치단체는 … 법령의 범위안에서 자치에 관한 규정을 제정할 수 있다)과 및 지방자치법 제28조(지방자치단체는 법령의 범위에서 그 사무에 관하여 조례를 제정할 수 있다. …)에 법률의 우위의

---

1) Wallerath, Allgemeines Verwaltungsrecht(6. Aufl.), §7, Rn. 11.

원칙이 확보되고 있다.

3. 법률의 의미

(1) 의　의　　법률의 우위의 원칙에서 법률이란 국회가 제정한 법률을 256
뜻한다. 그런데 헌법 제75조는 법률에 근거한 대통령령, 제95조는 법률이나 대
통령령에 근거한 총리령과 부령을 규정하고 있으므로 대통령령, 총리령과 부령
도 실질적 의미에서는 법률의 성질을 갖는다. 따라서 대통령령, 총리령과 부령
도 법률의 우위의 원칙에서 법률에 포함된다.

(2) **국회규칙 등**　　행정기본법 제2조 제1호 가목 2)가 정하는 「국회규칙· 257
대법원규칙·헌법재판소규칙·중앙선거관리위원회규칙 및 감사원규칙」, 3)이 정
하는 「1) 또는 2)의 위임을 받아 중앙행정기관(「정부조직법」 및 그 밖의 법률에 따라
설치된 중앙행정기관을 말한다. 이하 같다)의 장이 정한 훈령·예규 및 고시 등 행정규
칙」, 행정기본법 제2조 제1호 나목이 정하는 자치법규(지방자치단체의 조례 및 규
칙)도 헌법과 국회 제정 법률의 위임에 근거한 것이므로 법률의 우위의 원칙에
서 법률에 포함된다.

4. 적용범위

행정기본법 제8조는 행정작용의 범위에 제한을 가하고 있지 않다. 법률의 258
우위의 원칙은 행정의 모든 영역에 예외 없이 적용된다. 수익적 행위인가, 침익
적 행위인가를 가리지 않는다. 조직상의 행위인가도 가리지 않는다. 법률의 우
위의 원칙은 공법형식의 국가작용뿐만 아니라 사법형식으로 이루어지는 국가작
용에도 적용된다.

5. 위반의 효과

법률의 우위의 원칙에 반하는 행정작용의 효과는 한마디로 말할 수 없다.[1] 259
헌법과 법률에 반하는 ① 행정입법은 달리 정함이 없는 한 무효이고, ② 행정행
위는 하자의 중대성과 명백성 여하에 따라 무효 또는 취소의 대상이 되고, ③
공법계약은 특별한 경우에 무효가 될 것이고, 기타의 경우에는 유효 또는 해제
될 수 있을 것이고, ④ 그 밖의 행위의 경우에는 무효가 된다고 볼 것이다. 그리고
위반행위로 개인에게 손해가 발생한다면 국가는 배상책임을 지게 된다.

---

1) Loeser, System des Verwaltungsrechts, Bd. 1, S. 281.

Ⅲ. 법률의 유보의 원칙

1. 의   의

260 **⑴ 개   념** 법률의 유보란 다의적 개념이다. 그것은 기본권제한과 관련하기도 하고,[1] 행정의 법적 구속, 즉 행정의 법률적합성의 원칙과 관련된다.[2] 행정의 법률적합성의 원칙으로서 법률의 유보의 원칙이란 「행정작용은 … 국민의 권리를 제한하거나 의무를 부과하는 경우와 그밖에 국민생활에 중요한 영향을 미치는 경우에는 법률에 근거하여야 한다(기본법 제8조 후단)」는 것을 말한다. 바꾸어 말하면 법률의 유보의 원칙이란 「국가의 행정은 법적 근거를 갖고서 이루어져야 한다」는 것을 말한다. 법률의 우위의 원칙은 소극적으로 기존법률의 침해를 금하는 것이나, 법률의 유보의 원칙은 적극적으로 행정기관이 행위를 할 수 있게 하는 법적 근거의 문제이다. 달리 말한다면, 법률의 우위의 원칙은 법의 단계질서의 문제이지만, 법률의 유보의 원칙은 입법과 행정 사이의 권한의 문제이다.[3]

261 **⑵ 신뢰보호의 원칙과의 관계** ① 행정기본법 제12조 제1항이 규정하는 신뢰보호의 원칙은 법적 안정성의 원리에 바탕을 둔 것인데, 경우에 따라서는 행정의 법률적합성의 원칙 내지 법률의 유보의 원칙과 대립되기도 한다. 그렇지만 양 원칙은 대등한 법원칙으로 보아야 할 것이며, 따라서 양자 간의 충돌을 해소하기 위해서는 양자 간의 조화가 중요한 문제가 된다. ② 한편 신뢰보호원칙은 법률의 유보의 원칙이 국민의 권익보호와 관련하여 갖는 한계를 보완해 주는 의미를 갖는 것으로 이해될 수도 있다. 왜냐하면 법률의 유보의 원칙의 엄격한 적용이 가져올 수 있는 국민의 법생활의 안정에 대한 침해를 신뢰보호원칙은 방지하는 의미를 갖는바, 법률의 유보의 원칙과 신뢰보호의 원칙은 합하여 궁극적으로 정의의 실현에 기여한다고 볼 것이기 때문이다.

---

1) 헌재 2022. 3. 31. 2021헌마1230(국민의 기본권은 헌법 제37조 제2항에 의하여 국가안전보장, 질서유지 또는 공공복리를 위하여 필요한 경우에 한하여 이를 제한할 수 있으나, 그 제한은 원칙적으로 법률로써만 가능하다. 이러한 법률유보원칙은 '법률에 의한' 규율만을 뜻하는 것이 아니라 '법률에 근거한' 규율을 요청하는 것이다).

2) Adamovich/Funk, Allgemeines Verwaltungsrecht, 1984, S. 120ff. 한편 용례상 법률유보 (Gesetzvorbehalt)와 법률의 유보(Vorbehelts des Gesetzes)를 구분하는 입장도 있고, 동일시하는 입장도 있다. 전자의 입장에서는 법률유보를 헌법에서 특정기본권의 제한은 법률에 의한다는 규정을 두고 있는 경우에 있어서의 유보의 의미로 사용한다(Loeser, System des Verwaltungsrechts, Bd. 1, S. 284). 본서는 후자의 입장을 취한다.

3) Loeser, System des Verwaltungsrechts, Bd. 1, S. 282.

2. 법적 근거

(1) 헌 법 법률의 유보는 헌법상 기본원리인 민주주의원리·법치국가 262
원리, 그리고 기본권보장원리에서 나온다.[1] 민주주의원리는 국민이 직접 선출
하여 민주적으로 정당화된 국회가 국가공동체의 본질적인 결단을 행할 것을 요
구하고, 또한 시민에게 의미를 갖는 규율을 정할 것을 요구한다. 이것은 행정이
법률에 근거하여야 함을 의미한다. 법치국가원리는 국가와 시민간의 법관계가
일반적인 법률을 통해 규율될 것을 요구한다. 그래야만 시민에게 국가권력의 행
사는 예측가능한 것이 된다. 이것 역시 행정은 법률에 근거하여야 함을 의미한
다. 기본권보장원리는 시민의 자유와 권리는 오로지 법률의 근거 위에서만 제한
이 가능함을 의미한다. 기본권제한의 원리로서 법률유보가 일반적인 행정의 근
거로서 법률유보의 원칙과 일치되는 것은 아니지만, 양자는 밀접한 관계에 놓
인다.

(2) 일반법으로 행정기본법 행정기본법 제8조 제2문은 법률의 유보의 원 263
칙을 명시적으로 규정하고 있다. 지방자치와 관련해서는 헌법 제117조 제1항(지
방자치단체는 …법령의 범위안에서 자치에 관한 규정을 제정할 수 있다)과 및 지방자치법
제28조 단서(주민의 권리 제한 또는 의무 부과에 관한 사항이나 벌칙을 정할 때에는 법률의
위임이 있어야 한다)에 법률의 유보의 원칙이 확보되고 있다.

3. 법률의 의미

(1) 의 의 법률유보에 있어서의 '법률'이란 국회에서 제정한 형식적 264
의미의 법률을 의미하므로 불문법인 관습법은 포함되지 않는다. 그러나 헌법 제
75조와 제95조가 정하는 바에 따라 상위법령의 위임을 받아 정해진 대통령령,
총리령과 부령은 '법률'에 포함된다.[2]

(2) 국회규칙 등 행정기본법 제2조 제1호 가목 2)가 정하는 「국회규칙· 265
대법원규칙·헌법재판소규칙·중앙선거관리위원회규칙 및 감사원규칙」, 3)이 정

---

1) Maurer, Allgemeines Verwaltungsrecht, §6, Rn. 4ff.; Bull, Allgemeines Verwaltungsrecht, Rn.
250ff.; Loeser, System des Verwaltungsrechts, Bd. 1, S. 278f.; Faber, Verwaltungsrecht, S.
91ff.; Schmidt, Allgemeines Verwaltungsrecht(14. Aufl.), Rn. 191.

2) 헌재 2022. 9. 29, 2019헌마1352(국민의 기본권은 헌법 제37조 제2항에 의하여 국가안전보장·
질서유지 또는 공공복리를 위하여 필요한 경우에 한하여 이를 제한할 수 있으나, 그 제한의 방
법은 원칙적으로 법률로써만 가능한바, 여기서 기본권 제한에 관한 법률유보원칙은 '법률에 근
거한 규율'을 요청하는 것이므로, 그 형식이 반드시 법률일 필요는 없다 하더라도 법률상의 근
거는 있어야 한다. 따라서 모법의 위임범위를 벗어난 하위법령은 법률의 근거가 없는 것으로
법률유보원칙에 위반된다).

하는 「1) 또는 2)의 위임을 받아 중앙행정기관(「정부조직법」 및 그 밖의 법률에 따라 설치된 중앙행정기관을 말한다. 이하 같다)의 장이 정한 훈령·예규 및 고시 등 행정규칙」, 행정기본법 제2조 제1호 나목이 정하는 자치법규(지방자치단체의 조례 및 규칙)도 헌법과 국회 제정 법률의 위임에 근거한 것이므로 법률의 유보의 원칙에서 법률에 포함된다.

4. 적용범위

266   행정기본법 제8조 제2문은 법률의 유보의 원칙이 ① 국민의 권리를 제한하는 경우(예 : 영업정지처분·운전면허정지처분)와 국민에게 의무를 부과하는 경우(예 : 철거명령·과태료부과처분), ② 그 밖에 국민생활에 중요한 영향을 미치는 경우에 적용됨을 규정하고 있다.

267   ⑴ 국민의 권리를 제한하거나 의무를 부과하는 경우   헌법 제37조 제2항은 "국민의 모든 자유와 권리는 국가안전보장·질서유지 또는 공공복리를 위하여 필요한 경우에 한하여 법률로써 제한할 수 있으며, 제한하는 경우에도 자유와 권리의 본질적인 내용을 침해할 수 없다"고 규정한다. 헌법 제37조 제2항은 국민의 권리와 자유의 제한은 법률로써 할 수 있음을 선언하고 있다. 행정기본법 제8조 제2문이 국민의 권리를 제한하거나(예 : 영업정지처분·운전면허정지처분) 의무를 부과하는 경우(예 : 철거명령·과태료부과처분)를 법률유보의 원칙의 적용대상으로 규정한 것은 헌법 제37조 제2항을 구체화한 것이다.

     ⑵ 국민생활에 중요한 영향을 미치는 경우(중요사항유보설)

268   ㈎ 중요사항유보설의 반영   행정기본법이 제정되기 전 강학상 행정작용에 「법률의 유보의 원칙」이 적용된다고 하는 점에 이견이 없었다. 그러나 「법률의 유보의 원칙」의 적용범위와 관련하여 학설상 침해유보설,[1] 전부유보설,[2] 중요사항유보설 등이 논급되었다. 1990년대 이후 중요사항유보설이 지배적인 견해가 되었다. 행정기본법 제8조 제2문이 국민생활에 중요한 영향을 미치는 경우에도 법률의 근거가 필요하다고 규정한 것은 중요사항유보설을 받아들인 것으로 본다. 따라서 국민생활에 중요한 영향을 미치는 경우가 어떠한 경우인지를 이해하기 위해서는 중요사항유보설을 살펴볼 필요가 있다.

269   ㈏ 중요사항유보설의 의의   본질유보설이라고도 한다. 이 견해는 독일의 연방헌법재판소의 판례를 기초로 한 입장이다.[3] 동 재판소는 기본적인 규범영

---

1) 이에 관해서는 졸저, 행정법원론(상) 제29판 옆번호 164, 165 참조.
2) 이에 관해서는 졸저, 행정법원론(상) 제29판 옆번호 166, 167 참조.
3) BVerfGE 41, 251, 258; 47, 46, 78; 49, 89(독일연방헌법재판소는 핵에너지의 평화적 이용과 관

역에서 모든 중요한 결정은 적어도 입법자 스스로가 법률로 정하여야 한다고 판시하였다. 판례에서 나온 중요사항유보설은 학자들의 광범위한 지지를 얻고 있다. 말하자면 중요사항유보설은 독일의 지배적인 견해이다. 우리의 헌법재판소도 같은 입장이다. 중요사항유보설은 후술하는 바와 같이 2단계로 구성된다.

(대) **중요성의 판단**   이 견해에서 중요성(Wesentlichkeit)의 판단은 고정적인   270
것이 아니라 개인과 공공에 대하여 얼마나 의미있고, 중대하고, 기본적이고, 결정적인가에 따라 정해질 유동적인 것이다. 이 때 어떤 사항이 개인과 공중에 중요하면 할수록 입법자는 보다 고도로 정밀하게, 그리고 엄격하게 규정을 정립해야 할 것이라 하게 된다.[1] 생각건대 중요성은 논리만의 문제가 아니라, 전통·합목적성·법의식 등의 문제이기도 할 것이다.

(래) **중요사항유보설의 문제점**   별적인 경우에 중요성의 판단이 일의적으로   271
도출될 수 없다고 하는 데에 이 이론의 난점이 있다고 지적된다. 다만, 기본권에 직접 영향을 미치는 것과 국가의 기본적인 질서에 관한 사항(예 : 남북통일·경제체제·교육체제)은 중요하다고 보는 데에는 어려움이 없을 것이다.[2] 한편 중요성의 개념이 일의적이지 않다는 점이 오히려 변화가 심한 오늘날의 사회에서는 장점으로 지적될 수도 있을 것이다. 왜냐하면 개념의 유동성 내지 추상성으로 인해 동개념은 개별적인 상황에 보다 탄력적으로 적용될 수 있기 때문이다.

련하여 국가의 승인, 전문가확보, 과학기술상의 안전성확보 등에 관해 규정하는 원자력법 제7조의 합헌성심사에서 중요사항유보설을 채택하였다. 판결요지는 다음과 같다.

　법률의 유보의 원칙은 기본법에서 명시적으로 규정되어 있지 않으나, 기본법 제20조 제3항(입법은 헌법적 질서에, 집행권 및 사법은 법률 및 권리에 구속된다)으로부터 나온다. 입법자는 침해라는 특징을 불문하고 기본적인 규범영역에서, 특히 기본권행사의 영역에서 국가적인 규율이 가능한 범위 안에서 모든 본질적인(중요한) 결정을 스스로 하여야 한다. 독일연방공화국의 고권영역에서 핵에너지의 평화적인 이용이 법적으로 허용되는가의 여부에 대한 규범적인 기본결단은 핵에너지가 시민에 대한, 특히 시민의 자유영역·평등영역과 일반적인 생활관계에 미치는 영향이 광범위하고 또한 이에(즉 이러한 광범위한 영향 때문에) 필수불가결하게 결합되는 규율의 종류·강도 때문에 법률의 유보의 의미에서 기본적이고도 본질적인 결단이다. 그것을 정하는 것은 입법자의 임무이다. 성교육의 도입에 관한 결정도 중요한 문제로 보았다(BVerfGE 47, 46, 80ff.).

1) Maurer, Allgemeines Verwaltungsrecht, §6, Rn. 11; Wallerath, Allgemeines Verwaltungs-recht(6. Aufl.), §7, Rn. 20.
2) Koch/Rubel. Allgemeines Verwaltungsrecht, S. 98; Loeser, System des Verwaltungsrechts, Bd. 1, S. 278f.; Wallerath, Allgemeines Verwaltungsrecht, S. 115; Erbguth, Allgemeines Ver-waltungsrecht, §8, Rn. 6. 대판 2015. 8. 20, 2012두23808 전원합의체(어떠한 사안이 국회가 형식적 법률로 스스로 규정하여야 하는 본질적 사항에 해당될 것인지 여부는, 구체적 사례에서 관련된 이익 내지 가치의 중요성, 규제 또는 침해의 정도와 방법 등을 고려하여 개별적으로 결정하여야 할 것이지만, 규율대상이 국민의 기본권 및 기본적 의무와 관련한 중요성을 가질수록 그리고 그에 관한 공개적 토론의 필요성 또는 상충하는 이익 사이의 조정 필요성이 클수록, 그것이 국회의 법률에 의해 직접 규율될 필요성은 더 증대된다고 보아야 한다).

272   ㈐ 의회유보설   중요사항유보설은 2중의 의미 내지 2단계로 구성된다. 1단계는 법률의 유보, 즉 입법사항의 문제이고, 2단계는 법률의 유보를 전제로 위임입법과의 관계에서 입법자가 위임입법에 위임할 수 없고 반드시 입법자 스스로 정해야 한다는 의미의 문제이다. 헌법재판소도 의회유보설의 입장(의회유보원칙)을 취하고 있다.[1] 이러한 2단계에서의 문제, 즉 위임금지를 통해 강화된 법률유보를 의회유보(Parlamentsvorbehalt)라고도 부른다.[2] 위임금지는 의회의 배타적 입법의 범위문제이기도 하다.[3] 요컨대 의회유보설이란 "중요한 사항 중에서 보다 중요한 것(das Wesentliche vom Wesentlichen)"은 반드시 입법자(의회) 스스로가 정하여야 함을 의미한다. 의회유보는 민주주의원리로부터 나오며,[4] 의회유보는 권력분립원리에 의해 제한된다. 말하자면 행정부나 사법부의 본질적인 권한에 대해서는 의회유보가 미치지 아니한다.[5] 입법자가 형식적 법률로 스스로 규율하여야 하는 사항이 어떤 것인가는 일률적으로 획정할 수 없고, 구체적

---

1) 헌재 2023. 2. 23, 2019헌바550(오늘날의 법률유보원칙은 단순히 행정작용이 법률에 근거를 두기만 하면 충분한 것이 아니라, 국가공동체와 그 구성원에게 기본적이고도 중요한 의미를 가지는 영역, 특히 국민의 기본권 실현에 관련된 영역에 있어서는 행정에 맡길 것이 아니라 국민의 대표자인 입법자 스스로 그 본질적 사항에 대하여 결정하여야 한다는 요구, 즉 의회유보원칙까지 내포하는 것으로 이해되고 있다. 따라서 적어도 헌법상 보장된 국민의 자유나 권리를 제한할 때에는 그 제한의 본질적인 사항에 관한 한 입법자가 법률로써 스스로 규율하여야 한다); 헌재 1999. 5. 27, 98헌바70(텔레비전방송수신료는 대다수 국민의 재산권 보장의 측면이나 한국방송공사에게 보장된 방송자유의 측면에서 국민의 기본권실현에 관련된 영역에 속하고, 수신료금액의 결정은 납부의무자의 범위 등과 함께 수신료에 관한 본질적인 중요한 사항이므로 국회가 스스로 행하여야 하는 사항에 속하는 것임에도 불구하고 한국방송공사법 제36조 제1항에서 국회의 결정이나 관여를 배제한 채 한국방송공사로 하여금 수신료금액을 결정해서 문화관광부장관의 승인을 얻도록 한 것은 법률유보원칙에 위반된다); 헌재 2001. 4. 26, 2000헌마122(우리 헌법 제40조의 의미는 적어도 국민의 권리와 의무의 형성에 관한 사항을 비롯하여 국가의 통치조직과 작용에 관한 기본적이고 본질적인 사항은 반드시 국회가 정하여야 한다는 것이다).

2) BVerfGE 49, 89, 127; 57, 295, 321; 58, 257, 272; BVerwGE 56, 31, 37; 82, 246; Bull, Allgemeines Verwaltungsrecht, Rn. 266; Koch/Rubel. Allgemeines Verwaltungsrecht, S. 97; Detterbeck, Allgemeines Verwaltungsrecht mit Verwaltungsprozessrecht(9. Aufl.). § 7, Rn. 273; Erbguth, Allgemeines Verwaltungsrecht(4. Aufl.), 2011, § 8, Rn. 6; Koch/Rubel/Heselhaus, Allgemeines Verwaltungsrecht(3. Aufl.), § 5, Rn. 42; Wallerath, Allgemeines Verwaltungsrecht(6. Aufl.), § 7, Rn. 19.

3) 헌재 1994. 7. 29, 92헌바49·52(토초세법상의 기준시가는 국민의 납세의무의 성부 및 범위와 직접적인 관계를 가지고 있는 중요한 사항이므로 이를 하위법규에 백지위임하지 아니하고 그 대강이라도 토초세법 자체에서 직접 규정해 두어야만 함에도 불구하고, 토초세법 제11조 제2항이 그 기준시가를 전적으로 대통령령에 맡겨 두고 있는 것은 헌법상의 조세법률주의 혹은 위임입법의 범위를 구체적으로 정하도록 한 헌법 제75조의 취지에 위반된다). Schmidt, Allgemeines Verwaltungsrecht(14. Aufl.), Rn. 197.

4) Detterbeck, Allgemeines Verwaltungsrecht mit Verwaltungsprozessrecht(13. Aufl.), § 7, Rn. 275.

5) Detterbeck, Allgemeines Verwaltungsrecht mit Verwaltungsprozessrecht(13. Aufl.), § 7, Rn. 275.

사례에서 관련된 이익 내지 가치의 중요성, 규제 내지 침해의 정도와 방법 등을
고려하여 개별적으로 결정할 수 있을 뿐이나, 적어도 헌법상 보장된 국민의 자
유나 권리를 제한할 때에는 그 제한의 본질적인 사항에 관한 한 입법자가 법률
로써 스스로 규율하여야 한다.[1]

> ▍참고 ▍ **법률의 유보, 의회유보, 법규유보**   273
>
> 독일의 전통적 견해는 법률의 유보를 법규명령에 의한 규율도 포함하여 이해
> 하였으나, 근래에는 법률의 유보의 개념을 의회유보의 개념 외에 법규유보의 개념
> 과 구분하는 경향이 있다.[2] 법률의 유보(Gesetzesvorbehalt)란 특별한 입법절차에서
> 법률의 형식으로 나타나는 의회의 결정과 관련된 개념이다. 법률의 유보는 의회의
> 권한뿐만 아니라 의회 입법권의 특별한 보장과 다른 헌법기관의 협력 그리고 법률
> 이라는 특별한 형식 등과 관련한다. 이에 반해 의회유보(Parlamentsvorbehalt)는 법
> 률의 형식으로만 발해질 수 있는 의회의 결정과 관련한다. 그것은 단순한 의회의결
> (의회결정)로 발해질 수 없다. 법규유보(Rechtssatzvorbehalt)는 행정작용을 위한 근
> 거로서 법적 구속력이 있는 규율을 요구한다. 그것은 법률의 형식으로도, 다른 법적
> 형식(예 : 법규명령, 자치법규)으로도 있을 수 있다.

5. 개별행정영역과 법률유보

⑴ 침해행정

(개) **행정기본법**   행정기본법 제8조 제1문이 국민의 권리를 제한하거나 의   274
무를 부과하는 행정작용은 법률에 근거하여야 함을 명시하고 있다.

(내) **행정규제기본법**

1) **성   격**   행정규제기본법은 행정규제에 관한 기본법이다(규제법 제3   275
조). 행정규제기본법은 법령등(법률·대통령령·총리령·부령과 그 위임을 받는 고시)이
나 조례·규칙에 규칙으로 국가나 지방자치단체가 특정한 행정 목적을 실현하기
위하여 국민(국내법을 적용받는 외국인을 포함한다)의 권리를 제한하거나 의무를 부
과하는 것을 행정규제라 부른다(규제법 제2조 제1항 제1호·제2호). 행정규제기본법
은 행정규제의 영역에서 행정기본법을 보다 구체화한 법률이다.

2) **규제 법정주의**   ① 규제는 법률에 근거하여야 하며, 그 내용은 알기   275a
쉬운 용어로 구체적이고 명확하게 규정되어야 한다(규제법 제4조 제1항). ② 규제

---

1) 헌재 2021. 9. 30, 2018헌바456.
2) Erbguth, Allgemeines Verwaltungsrecht(7. Aufl.), §8, Rn. 6; Maurer/Waldhoff, Allgemeines
  Verwaltungsrecht(2017), §6, Rn. 9; Bull/Mehde, Allgemeines Verwaltungsrecht mit Verwal-
  tungsrehre(7. Aufl.), Rn. 175f.

는 법률에 직접 규정하되, 규제의 세부적인 내용은 법률 또는 상위법령에서 구체적으로 범위를 정하여 위임한 바에 따라 대통령령·총리령·부령 또는 조례·규칙으로 정할 수 있다. 다만, 법령에서 전문적·기술적 사항이나 경미한 사항으로서 업무의 성질상 위임이 불가피한 사항에 관하여 구체적으로 범위를 정하여 위임한 경우에는 고시 등으로 정할 수 있다(규제법 제4조 제2항). ③ 행정기관은 법률에 근거하지 아니한 규제로 국민의 권리를 제한하거나 의무를 부과할 수 없다(규제법 제4조 제3항).

275b   **3) 규제의 원칙**   ① 국가나 지방자치단체는 국민의 자유와 창의를 존중하여야 하며, 규제를 정하는 경우에도 그 본질적 내용을 침해하지 아니하도록 하여야 한다(규제법 제5조 제1항). ② 국가나 지방자치단체가 규제를 정할 때에는 국민의 생명·인권·보건 및 환경 등의 보호와 식품·의약품의 안전을 위한 실효성이 있는 규제가 되도록 하여야 한다(규제법 제5조 제2항). ③ 규제의 대상과 수단은 규제의 목적 실현에 필요한 최소한의 범위에서 가장 효과적인 방법으로 객관성·투명성 및 공정성이 확보되도록 설정되어야 한다(규제법 제5조 제3항).

275c   **4) 우선허용·사후규제 원칙**   ① 국가나 지방자치단체가 신기술을 활용한 새로운 서비스 또는 제품(이하 "신기술 서비스·제품"이라 한다)과 관련된 규제를 법령등이나 조례·규칙에 규정할 때에는 다음 각 호의 어느 하나의 규정 방식을 우선적으로 고려하여야 한다(규제법 제5조의2 제1항).

1. 규제로 인하여 제한되는 권리나 부과되는 의무는 한정적으로 열거하고 그 밖의 사항은 원칙적으로 허용하는 규정 방식
2. 서비스와 제품의 인정 요건·개념 등을 장래의 신기술 발전에 따른 새로운 서비스와 제품도 포섭될 수 있도록 하는 규정 방식
3. 서비스와 제품에 관한 분류기준을 장래의 신기술 발전에 따른 서비스와 제품도 포섭될 수 있도록 유연하게 정하는 규정 방식
4. 그 밖에 신기술 서비스·제품과 관련하여 출시 전에 권리를 제한하거나 의무를 부과하지 아니하고 필요에 따라 출시 후에 권리를 제한하거나 의무를 부과하는 규정 방식

275d   **5) 규제의 존속기한 및 재검토기한 명시**   중앙행정기관의 장은 규제를 신설하거나 강화하려는 경우에 존속시켜야 할 명백한 사유가 없는 규제는 존속기한 또는 재검토기한을 설정하여 그 법령등에 규정하여야 한다(규제법 제8조 제1항).[1]

---

1) 「규제의 신설이나 강화 시, 존속기간을 설정하여 그 기간이 지나면 규제가 폐지되도록 하는 제

규제의 존속기한 또는 재검토기한은 규제의 목적을 달성하기 위하여 필요한 최소한의 기간 내에서 설정되어야 하며, 그 기간은 원칙적으로 5년을 초과할 수 없다(규제법 제8조 제2항).

6) 신기술 서비스·제품 관련 규제의 정비 및 특례 ① 중앙행정기관의 장 275e 은 신기술 서비스·제품과 관련된 규제와 관련하여 규제의 적용 또는 존재 여부에 대하여 국민이 확인을 요청하는 경우 신기술 서비스·제품에 대한 규제 특례를 부여하는 관계 법률로 정하는 바에 따라 이를 지체 없이 확인하여 통보하여야 한다(규제법 제19조의3 제1항). ② 중앙행정기관의 장은 신기술 서비스·제품과 관련된 규제와 관련하여 다음 각 호(1. 기존 규제를 해당 신기술 서비스·제품에 적용하는 것이 곤란하거나 맞지 아니한 경우, 2. 해당 신기술 서비스·제품에 대하여 명확히 규정되어 있지 아니한 경우)의 어느 하나에 해당하여 신기술 서비스·제품의 육성을 저해하는 경우에는 해당 규제를 신속하게 정비하여야 한다(규제법 제19조의3 제2항). ③ 중앙행정기관의 장은 제2항에 따라 규제를 정비하여야 하는 경우로서 필요한 경우에는 해당 규제가 정비되기 전이라도 신기술 서비스·제품과 관련된 규제 특례를 부여하는 관계 법률로서 대통령령으로 정하는 법률(이하 "규제 특례 관계법률"이라 한다)로 정하는 바에 따라 해당 규제의 적용을 면제하거나 완화할 수 있다(규제법 제19조의3 제3항).[1]

7) 규제영향분석 규제영향분석"이란 규제로 인하여 국민의 일상생활과 275f 사회·경제·행정 등에 미치는 여러 가지 영향을 객관적이고 과학적인 방법을 사용하여 미리 예측·분석함으로써 규제의 타당성을 판단하는 기준을 제시하는 것을 말한다(규제법 제2조 제1항 제5호). 중앙행정기관의 장은 규제를 신설하거나 강화(규제의 존속기한 연장을 포함한다. 이하 같다)하려면 다음 각 호(1. 규제의 신설 또는 강화의 필요성, 2. 규제 목적의 실현 가능성, 3. 규제 외의 대체 수단 존재 여부 및 기존규제와의 중복 여부, 4. 규제의 시행에 따라 규제를 받는 집단과 국민이 부담하여야 할 비용과 편익의 비교 분석, 5. 규제의 시행이 「중소기업기본법」 제2조에 따른 중소기업에 미치는 영향, 6. 「국가표준기본법」 제3조 제8호 및 제19호에 따른 기술규정 및 적합성평가의 시행이 기업에 미치는 영향, 7. 경쟁 제한적 요소의 포함 여부, 8. 규제 내용의 객관성과 명료성, 9. 규제의

도를 규제일몰제라 부르기도 한다. 행정규제기본법 제8조는 이른바 규제일몰제의 일반적인 근거규정으로 볼 수 있다. 세부적인 것은 개별 법률에서 규정되고 있다(예 : 도시 및 주거환경정비법 제20조 제1항 제1호).

1) 「신기술을 활용한 서비스나 제품과 관련된 규제를 기간·장소·규모 등과 관련하여 일정한 제약을 가하면서 사업자가 그 서비스나 제품을 우선 출시할 수 있도록 하는 제도」를 규제샌드박스 또는 규제샌드박스 제도라 부르기도 한다. 행정규제기본법 제19조의3 제3항은 이른바 규제샌드박스 제도의 일반적인 근거규정으로 볼 수 있다. 세부적인 것은 개별 법률에서 규정되고 있다(예 : 스마트도시 조성 및 산업진흥 등에 관한 법률 제2조 제10호·제11호).

존속기한·재검토기한(일정기간마다 그 규제의 시행상황에 관한 점검결과에 따라 폐지 또는 완화 등의 조치를 할 필요성이 인정되는 규제에 한정하여 적용되는 기한을 말한다. 이하 같다)의 설정 근거 또는 미설정 사유, 10. 규제의 신설 또는 강화에 따른 행정기구·인력 및 예산의 소요, 11. 규제의 신설 또는 강화에 따른 부담을 경감하기 위하여 폐지·완화가 필요한 기존규제 대상, 12. 관련 민원사무의 구비서류 및 처리절차 등의 적정 여부)의 사항을 종합적으로 고려하여 규제영향분석을 하고 규제영향분석서를 작성하여야 한다(규제법 제7조 제1항).

(2) 급부행정

276   **㈎ 확정예산**   이 영역에서는 법률상의 근거가 없어도 별 문제가 되지 아니한다. 왜냐하면 국회에 의한 확정예산이 있으면 법률의 근거 없이도 예산을 근거로 행정은 가능하다고 보기 때문이다.[1] 예산 역시 법률과 마찬가지로 국회의 의사에 근거한 것이기 때문이다. 다만, 확정예산에 행정수단이 정해져 있고, 또한 그 목적이 충분히 분명하게 정해져 있어야 할 것이다(독일의 지배적 견해와 판례).[2]

277   **㈏ 법률이 필요한 경우**   행정기본법 제8조 제2문이 정하는 국민생활에 중대한 영향을 미치는 사항에 해당하는 급부행정의 경우[3] 또는 특정인에 대한 급부가 제3자의 권리에 대한 침해를 가져오는 경우에는 당연히 법률의 근거가 있어야 한다. 그렇다고 급부행정에 대한 법률이 기본적으로 필요하지 않다는 것은 아니다. 사실 오늘날에는 국가로부터의 자유뿐만 아니라 국가에 의한 자유 또한 중요하므로 국가적 급부가 결코 침해행정보다 덜 중요한 것은 아니다. 개인적 공권의 인정과 관련하여 볼 때 법률이 없는 영역에서 법률의 마련이 필요한 것임은 물론이다. 왜냐하면 예산만을 근거로 개인적 공권의 성립을 인정하기는 어렵기 때문이다. 그런데 급부행정영역에서 많은 입법이 계속 이루어지고 있으므로, 급부행정영역에서의 법률유보의 의미는 점차 감소되고 있다.

278   **(3) 긴급한 경우**   헌법은 긴급재정·경제명령과 긴급명령제도(헌법 제76조) 및 계엄선포(헌법 제77조)를 규정하고 있다. 긴급재정·경제명령과 긴급명령이 헌법에 근거하여 법률적 효력을 가지지만, 국민의 자유와 권리를 침해하는 경우에는 국회의 통제가 가능하다는 점, 그리고 계엄도 헌법상 법률이 정하는 바에 따

---

1) Wolff/Deck, Studienkommentar VwGO VwVfG(3. Aufl.), VwVfG §35, Rn. 17.

2) Bühler, in : Schweickhardt(Hrsg.), Allgemeines Verwaltungsrecht, Rn. 254; BVerwGE 18, 352, 353; BVerwG DVBl. 1978, 212. 한편, 법률유보를 요한다는 반대견해로 H. H. Rupp, Grundfragen des heutigen Verwaltungsrechtslehre, 1965, S. 135.

3) Detterbeck, Allgemeines Verwaltungsrecht mit Verwaltungsprozessrecht(13. Aufl.), §7, Rn. 287.

라야 한다는 점 등에 비추어 볼 때, 긴급한 경우도 법률의 유보는 적용되는 셈이다.

(4) **행정조직과 행정절차**　　　법률유보의 원리는 행정조직법에도 적용된다. 　279
행정조직의 구조와 조직, 행정관청의 권한 등은 국가의 중요한 문제이기 때문이다.[1] 이와 관련하여 헌법상 행정조직의 기본적인 사항은 법률로 정하게 되어 있다(헌법 제96조·제100조 등). 이를 행정조직법정주의라 부른다. 그러나 국가행정조직에 관한 일반법인 정부조직법은 상당한 범위에 걸쳐 행정조직에 관한 사항을 대통령령으로 정하도록 규정하고 있는바, 실질에 있어서 행정조직법정주의는 상당히 명목적인 면도 갖는다. 또한 법률유보의 원리는 행정절차법에도 적용된다. 이와 관련하여 행정절차법이 제정되어 있다.

(5) **특별행정법관계**(소위 특별권력관계)　　　종래의 특별권력관계는 헌법상 기　280
본권보장원리(헌법 제10조·제37조 2항)에 비추어 인정될 수 없다. 말하자면 그러한 관계에서도 중요사항유보설에 따라 중요한(본질적인) 사항은 국회가 법률로 정하여야 한다. 그러한 관계는 행정법상 특별법관계 또는 특별행정법관계로 이해되어야 한다. 종래 특별권력관계로 보았던 행정영역에서의 중요한 사항이 오늘날에는 거의 모두 법률로 규정되고 있다.

(6) **지방자치단체**(조례)　　　주민의 권리 제한 또는 의무 부과에 관한 사항이　281
나 벌칙을 정하는 조례는 법률의 위임이 있어야 하는바(지자법 제28조 단서), 지방자치의 영역에서도 침해행정의 경우에는 법률의 근거는 필요한 셈이다.

6. 원칙위반의 효과

(1) **무효와 취소**　　　법률유보의 원칙에 반하는 행정작용은 위법한 행정작용　282
이 된다. 위법의 효과는 행정작용의 유형에 따라 다르다. ① 상위법령의 근거 없이 발령된 위임명령은 무효이다. ② 법령의 근거 없이 발령된 행정행위는 하자의 중대성과 명백성 여하에 따라 하자가 중대하고 명백하면 무효, 중대하지만 명백하지 않거나 명백하지만 중대하지 않으면 취소의 대상이 된다.

(2) **손해배상청구**　　　법률유보의 원칙에 반하는 위법한 행정작용으로 손해　283
를 입은 자는 국가배상법이 정하는 바에 따라 국가나 지방자치단체를 상대로 손해배상을 청구할 수 있다.

(3) **행정상 쟁송**　　　법률유보의 원칙에 반하는 처분의 상대방당사자는 행정　284
기본법상 이의신청(기본법 제36조)과 처분의 재심사(기본법 제37조)를 신청을 할 수

---

1) BVerfGE 57, 296, 320; Wallerath, Allgemeines Verwaltungsrecht(6. Aufl.), §7, Rn. 21.

도 있고, 처분의 당사자나 이해관계 있는 제3자는 행정심판법상 행정심판이나
행정소송법상 행정소송을 제기할 수도 있다.

7. 사실상의 한계

285   법률유보의 한계문제는 헌법상의 한계와 사실상의 한계로 나누어 살펴볼
수 있다. 헌법상 한계는 앞서 본 법률의 유보의 범위문제 내지 행정유보의 문제
이다. 여기에서는 사실상 한계문제를 보기로 한다. ① 법전화의 성숙도에 따른
한계로서 특정사항영역에 법전화의 성숙이 결여되면 법률유보는 곤란하다. 예
컨대 기술상의 이유로 인한 생명공학에 대한 규율(예 : 복제인간에 대한 규율), 문화
정책적인 사정으로 인한 학교제도·시험제도의 구체적 규율 등은 현재로서 곤란
하다. ② 규율곤란에 따른 한계로서 사실상 규율이 곤란한 경우도 있다. 예컨대
원자력에 관한 완전한 기술상의 안전법제정이 현재로서 곤란하다. ③ 개인의 개
성이 중요한 영역에서도 법률유보는 곤란하다. 예컨대 교사와 학생간의 관계,
예술활동, 방송프로그램 등에 관한 법적 규율은 곤란하다.

▌참고▌ 행정의 유보

286   ⑴ 의   의   행정권에 유보된 결정영역으로서 행정의 유보(Verwaltungs-
vorbehalt)라는 개념이 1984년 독일 괴팅엔(Göttingen)에서 열린 국법학자대회
(Staatsrechtslehrertagung)에서 행정법분야의 주제로서 다루어진 이래 문헌상 관심의
대상이 되어 오고 있다. 이 개념의 학문상의 가치에 대해서는 논란이 있다. 하여간
행정의 유보는 세 가지의 권한영역, 즉 ① 행정의 개별행위를 통한 규범집행, ②
행정의 판단의 자유, ③ 행정의 규범심사권능과 관련된다고 한다. 이하에서
Obermeyer가 요약하는 바를 옮겨 보기로 한다.[1]

287   ⑵ 개별행위를 통한 규범집행   형법의 경우를 제외하면 규범집행적인 개별행
위의 발령은 집행권의 핵심적인 기능영역이 된다. 의회도 집행권의 규범집행적인
행위를 직접적으로나 간접적으로 침해해서는 안 된다(다만, 처분법률의 경우는 예외
가 된다). 이것은 바로 권력분립론의 내용이기 때문이다.

288   ⑶ 행정권의 판단의 자유   명시적이거나 사항의 성질상 행정권에 판단여지
또는 재량영역이 부여된 경우에 행정권은 자신의 권한행사에 있어서 사법심사로부
터 배제되는 판단의 자유를 갖는다. ① 행정행위의 경우, 불확정개념으로 정해진 구
성요건이 충족되는가 아닌가, 또는 다수의 허용되는 법효과 중에서 어떠한 것을 선
택할 것인가에 있어서 행정권은 판단의 자유를 갖는다. 물론 이에도 한계가 있다.
다음으로 ② 행정입법의 경우에도 행정권은 재량을 가진다. 물론 이 경우에도 행정

---

1) Obermayer, Grundzüge des Verwaltungsrechts und Verwaltungsprozeßrechts, 1988, 60ff.

권은 관련 있는 이익의 고려 하에 최선의 규범상의 해결책을 모색하여야 한다.

(4) **행정권의 규범심사권**   행정청이 법률을 집행함에 있어서 적용하여야 할   289
법규범의 효력을 심사할 수 있는가? 그리고 만약 심사할 수 있다고 한다면, 행정청
은 어떠한 법규범을 위법한 것으로 보아 무효로 판단되면, 그 조항을 적용하지 않
을 수 있는가가 문제된다.

제 2 항 평등의 원칙

Ⅰ. 관 념

1. 의   의

평등의 원칙이란 "행정청은 합리적 이유 없이 국민을 차별해서는 아니 된   290
다"는 원칙을 말한다(기본법 제9조). 따라서 행정청이 법령등을 집행함에 있어 국
민을 차별한다면, 그러한 행정작용은 평등의 원칙에 반하는 것이 된다.

2. 법적 근거

(1) **헌 법**   헌법 제11조는 "모든 국민은 법 앞에 평등하다"고 규정하고   291
있다. 이 조항은 양면성을 갖는다. 말하자면, 평등의 법원칙을 일반적인 법원칙
으로 선언하는 규정의 성질과 개인에게는 주관적 공권으로서 기본권이 있다는
것을 선언하는 규정의 성질을 갖는다. 뿐만 아니라 헌법은 교육의 기회균등(헌법
재32조), 여성근로자 차별금지(헌법 제32조), 혼인과 가족생활에서의 양성평등(헌법
36조) 등 개별적인 평등조항도 두고 있다.

(2) **일반법으로서 행정기본법 제9조**   헌법상 평등원칙은 입법·행정·사법   292
에 모두 적용되는 법원칙이지만, 행정기본법은 행정의 영역에서 헌법 제11조의
평등의 원칙을 구체화하고 있다. 행정기본법 제9조는 일반법이다. 개별 법률에
평등원칙에 관한 특별규정이 있다면, 그 특별규정이 우선 적용된다. 개별 법률
에 특별규정이 없다면, 행정기본법 제9조가 적용된다. 행정청은 개별 법률의 집
행에 평등의 원칙을 준수하여야 한다. 행정청은 법령등을 집행함에 있어 행정기
본법 제9조의 평등의 원칙을 처분 등의 직접적인 근거(처분사유)로 활용할 수 있다.

Ⅱ. 적용범위

행정기본법 제9조의 평등의 원칙은 모든 행정에 적용된다. 침익적 행정과   293
수익적 행정, 질서행정과 급부행정, 침해행정과 급부행정 등 모든 행정에 적용
된다. 행정기본법 제9조의 평등의 원칙의 수범자는 행정청이다. 이와 달리 헌법

제11조가 정하는 평등의 원칙은 헌법적 지위를 갖는바, 입법자도 평등의 원칙에 반하는 입법을 할 수 없다.[1]

Ⅲ. 합리적 이유 있는 차별

1. 상대적 평등

294   학설과 판례는[2] 헌법 제11조에서 말하는 평등이란 「어떠한 차이도 두지 않는 절대적 평등」이 아니라, 「국가의 모든 작용에 합리적인 이유 없는 차별을 하여서는 아니 된다는 상대적 평등」으로 이해한다. 행정기본법 제9조는 학설과 판례의 견해를 따라 헌법 제11조의 평등은 상대적 평등이라는 전제 하에 「합리적 이유 없는 차별의 금지」를 명문화하였다. 행정기본법 제9조는 「상대적 평등」이라는 용어 대신에 「합리적 이유의 유무」라는 용어를 사용한다.

2. 합리적 차별 기준

295   행정기본법 제9조는 합리적 이유 없이 국민을 차별하는 것만을 금지하는데, 행정기본법 제9조의 반대해석상 합리적 이유 있는 차별은 허용된다. 상대적 평등(합리적 이유의 유무)의 판단기준으로 자의금지, 형평성, 합리성 등이 논급·활용되고 있다. 자의금지란 본질적으로 같은 것을 자의적·임의적으로 다르게, 본질적으로 다른 것을 자의적·임의적으로 같은 것으로 취급하는 것을 금지하는 것을 말한다. 자의금지 유무의 판단과 관련하여 빈번히 비례의 원칙이 활용될 수 있다.[3] 형평성이란 행정작용의 개시와 진행 과정뿐만 아니라 행정작용의 결

---

1) 헌재 1991. 5. 13, 89헌가97(국유재산 중 잡종재산에 대하여까지 시효취득의 대상이 되지 아니한다고 규정한 것은 사권을 규율하는 법률관계에 있어서는 그가 누구냐에 따라 차별대우가 있어서는 아니되며 비록 국가라 할지라도 국고작용으로 인한 민사관계에 있어서는 사경제적 주체로서 사인과 대등하게 다루어져야 한다는 헌법의 기본원리에 반한다).

2) 헌재 2023. 2. 23. 2019헌마1157(헌법 제11조 제1항은 평등원칙을 규정하는데, 이는 국가권력이 본질적으로 같은 것은 같게, 본질적으로 다른 것은 다르게 취급해야 한다는 것을 의미하지만, 이러한 평등은 일체의 차별적 대우를 부정하는 절대적 평등을 의미하는 것이 아니라 입법과 법의 적용에 있어서 합리적인 근거가 없는 차별을 배제하는 상대적 평등을 뜻하므로, 합리적 근거가 있는 차별까지 금지하는 것은 아니다); 헌재 2021. 7. 15, 2020헌바1(평등원칙은 입법자에게 본질적으로 같은 것을 자의적으로 다르게, 본질적으로 다른 것을 자의적으로 같게 취급하는 것을 금하고 있다. 그러므로 비교 대상을 이루는 두 개의 사실관계 사이에 서로 상이한 취급을 정당화할 수 있을 정도의 차이가 없음에도 불구하고 두 사실관계를 서로 다르게 취급한다면, 입법자는 이로써 평등권을 침해한 것으로 볼 수 있다. 그러나 서로 비교될 수 있는 두 사실관계가 모든 관점에서 완전히 동일한 것이 아니라 단지 일정 요소에 있어서만 동일한 경우에 비교되는 두 사실관계를 법적으로 동일한 것으로 볼 것인지 아니면 다른 것으로 볼 것인지를 판단하기 위하여 어떠한 요소가 결정적인 기준이 되는가 문제된다. 두 개의 사실관계가 본질적으로 동일한가의 판단은 일반적으로 당해 법률조항의 의미와 목적에 달려 있다).

3) 대판 2008. 11. 20, 2007두8287 전원합의체(이 사건 조항에서 플라스틱제품의 수입업자가 부담

과가 공정하여 행정법질서가 균형 잡힌 상태에 있는 것을 말한다. 합리성이란 행정청이 도입하는 행정작용의 내용·절차는 그 행정작용이 의도하는 목적에 비추어 이성적이어야 한다는 것을 말한다.

Ⅳ. 원칙위반의 효과

1. 무효와 취소

평등의 원칙에 반하는 행정작용은 위법한 행정작용이 된다. 위법의 효과는 행정작용의 유형에 따라 다르다. ① 평등의 원칙에 반하는 행정입법은 무효이다. ② 평등의 원칙에 반하는 행정행위는 하자의 중대성과 명백성 여하에 따라 하자가 중대하고 명백하면 무효, 중대하지만 명백하지 않거나 명백하지만 중대하지 않으면 취소의 대상이 된다.

296

2. 손해배상청구

평등의 원칙에 반하는 위법한 행정작용으로 손해를 입은 자는 국가배상법이 정하는 바에 따라 국가나 지방자치단체를 상대로 손해배상을 청구할 수 있다.

297

3. 행정상 쟁송

평등의 원칙에 반하는 처분의 당사자는 행정기본법상 이의신청(기본법 제36조)과 처분의 재심사(기본법 제37조)를 신청을 할 수도 있고, 처분의 당사자나 이해관계 있는 제3자는 행정심판법상 행정심판이나 행정소송법상 행정소송을 제기할 수도 있다.

298

Ⅴ. 평등의 원칙의 구체화로서 행정의 자기구속의 원칙

1. 의   의

학설과 판례는[1] 행정기본법 제정 전부터 평등원칙의 구체화로서 행정의 자기구속의 원칙을 구성하였다. 행정의 자기구속의 원칙이란 행정청은 동일한 사안에 대하여는 동일한 결정을 하여야 한다는 원칙을 말한다. 달리 말하면, 행정청은 스스로 정하여 시행하고 있는 기준을 지켜야 하며, 합리적인 이유 없이

299

하는 폐기물부담금의 산출기준을 제조업자와는 달리 아무런 제한 없이 그 수입가만을 기준으로 한 것은 수입업자를 제조업자에 비하여 과도하게 차등을 둔 것으로서 합리적 이유 없는 차별에 해당한다. 따라서 이 사건 조항 중 '수입의 경우 수입가의 0.7%' 부분은 헌법상 평등원칙을 위반한 입법으로서 무효이고, 그러한 이상 이에 근거하여 산출된 폐기물부담금을 부과한 피고의 이 사건 처분도 위법하다); 대판 2007. 10. 29, 2005두14417 전원합의체.

1) 대판 2009. 12. 24, 2009두7967; 대판 2014. 11. 27, 2013두18964, 헌재 1990. 9. 3, 90헌마13; 헌재 2001. 5. 31, 99헌마413.

그 기준을 이탈하여서는 안 되는데, 강학상 이를 행정의 자기구속의 원칙이라 부른다.

2. 인정근거

300   학설은 신뢰보호의 원칙을 근거로 본 견해도 있었으나, 오늘날 학설은 평등의 원칙을 근거로 행정의 자기구속의 원칙을 인정한다. 헌법재판소는 행정의 자기구속의 원칙을 명시적으로 인정할 뿐만 아니라 그 논거로 신뢰보호의 원칙과 평등원칙을 제시한다.[1] 대법원도 평등의 원칙이나 신뢰보호의 원칙을 근거로 자기구속원칙을 인정한다.[2]

3. 적용영역

301   ⑴ 일 반 론   행정의 자기구속은 수익적인 행위에서 평등의 보장을 위해 발전된 것이지만, 침익적 행위의 경우에도 적용이 배제될 이유는 없다. 또한 그 것은 재량행위와 판단여지가 주어지는 경우에 의미를 갖는다. 기속행위에서는 행정청에 아무런 선택의 자유도 없기 때문에 자기구속의 문제가 없다.

302   ⑵ 행정규칙과 행정의 자기구속의 원칙   행정규칙의 외부적 구속효를 부인하는 일반적 견해에 의하면, 행정청은 국민에 대하여 행정규칙에 따라 처분할 법적 구속을 받지 않는다. 그러나 행정청이 재량영역에서 통일적이고도 동등한 재량행사를 확보하기 위해 행정규칙인 재량권행사의 준칙(재량준칙)을 정립하여 시행하는 경우에는 행정의 자기구속의 원칙에 의하여 동종사안에 대하여 동일한 처분을 하여야 하는 구속을 받는다. 즉 자기구속의 원칙에 의하여 행정규칙

---

[1] 헌재 1990. 9. 3, 90헌마13(행정규칙이 법령의 규정에 의하여 행정관청에 법령의 구체적 내용을 보충할 권한을 부여한 경우, 또는 재량권행사의 준칙인 규칙이 그 정한 바에 따라 되풀이 시행되어 행정관행이 이룩되게 되면, 평등의 원칙이나 신뢰보호의 원칙에 따라 행정기관은 그 상대방에 대한 관계에서 그 규칙에 따라야 할 자기구속을 당하게 되고, 그러한 경우에는 대외적인 구속력을 가지게 된다 할 것이다); 헌재 2001. 5. 31, 99헌마413.

[2] 대판 2013. 11. 14, 2011두28783(구 '부당한 공동행위 자진신고자 등에 대한 시정조치 등 감면제도 운영고시'(2009. 5. 19. 공정거래위원회 고시 제2009-9호로 개정되기 전의 것) 제16조 제1항, 제2항은 그 형식 및 내용에 비추어 재량권 행사의 기준으로 마련된 **행정청 내부의 사무처리준칙 즉 재량준칙**이라 할 것이고, 구 '독점규제 및 공정거래에 관한 법률 시행령' 제35조 제1항 제4호에 의한 추가감면 신청 시 그에 필요한 기준을 정하는 것은 행정청의 재량에 속하므로 그 기준이 객관적으로 보아 합리적이 아니라든가 타당하지 아니하여 재량권을 남용한 것이라고 인정되지 않는 이상 행정청의 의사는 가능한 한 존중되어야 한다. 이러한 재량준칙은 일반적으로 행정조직 내부에서만 효력을 가질 뿐 대외적인 구속력을 갖는 것은 아니므로 행정처분이 이를 위반하였다고 하여 그러한 사정만으로 곧바로 위법하게 되는 것은 아니고, 다만 그 재량준칙이 정한 바에 따라 되풀이 시행되어 행정관행이 이루어지게 되면 평등의 원칙이나 신뢰보호의 원칙에 따라 행정기관은 상대방에 대한 관계에서 그 규칙에 따라야 할 자기구속을 받게 되므로, 이러한 경우에는 특별한 사정이 없는 한 그에 반하는 처분은 평등의 원칙이나 신뢰보호의 원칙에 어긋나 재량권을 일탈·남용한 위법한 처분이 된다).

은 간접적 대외적 구속력을 갖게 된다는 것이 통설적 견해이다. 따라서 행정처분이 행정규칙에 반하는 경우 처분의 상대방은 비록 처분이 행정규칙위반임을 주장하지 못하더라도, 처분이 행정의 자기구속의 원칙에 위반하여 위법임을 주장할 수 있게 된다.

4. 요 건

① 행정의 자기구속은 법적으로 비교할 수 있는 생활관계에서 문제된다.　303

② 행정청이 창조한 법적 상황과 결정이 의미와 목적에 있어서 동일하여야 한다.

③ 행정의 자기구속은 처분청에만 적용된다. 기존의 법적 상황의 창출에 관여하지 아니한 행정청은 행정의 자기구속과 거리가 멀다.

④ ⓐ 행정의 자기구속의 원칙은 논리상 선례(명시적인행정관행)가 있는 경우라야 인정할 수 있다는 견해가 다수설이다. ⓑ 그러나 행정의 자기구속의 법리를 처음 적용하는 경우에도 '행정규칙을 선취된(미리 정해진) 행정관행'으로 보아 행정의 자기구속원칙을 인정함이 타당하다. ⓒ 다만 대법원은 "행정청 내부의 사무처리준칙에 해당하는 이 사건 지침이 그 정한 바에 따라 되풀이 시행되어 행정관행이 이루어졌다고 인정할 만한 자료"가 없다는 이유로 자기구속원칙을 부정한 것으로 보아 명시적인 관행이 필요하다는 입장인 것 같다.[1]

⑤ 행정의 자기구속은 근거되는 행정관행이 적법한 경우에만 적용된다. 위법(불법)행위에 대한 행정의 자기구속의 요구는 행정의 법률적합성의 원칙에 반하기 때문이다.[2] 다만, 위법한 행정선례에 대하여 국민의 신뢰가 형성되어 있다면 신뢰보호의 원칙이 성립될 가능성은 있다. 평등의 원칙이나 신뢰보호의 원칙에 따라 행정기관은 상대방에 대한 관계에서 그 규칙에 따라야 할 자기구속을 받게 되므로, 이러한 경우에는 특별한 사정이 없는 한 그에 반하는 처분은 평등의 원칙이나 신뢰보호의 원칙에 어긋나 재량권을 일탈·남용한 위법한 처분이 된다.[3](대판 2013. 11. 14, 2011두28783).

5. 한 계

기존의 관행과 다른 새로운 결정이 종래의 결정의 반복으로 인한 법적 안　304

---

1) 대판 2009. 12. 24, 2009두7967.
2) 대판 2009. 6. 25, 2008두13132(평등의 원칙은 본질적으로 같은 것을 자의적으로 다르게 취급함을 금지하는 것이고, 위법한 행정처분이 수차례에 걸쳐 반복적으로 행하여졌다 하더라도 그러한 처분이 위법한 것인 때에는 행정청에 대하여 자기구속력을 갖게 된다고 할 수 없다.
3) 대판 2013. 11. 14, 2011두28783.

정성의 이익을 능가하며, 그 새로운 행정결정이 모든 새로운 결정에 동등하게
적용될 것이 예정된 경우에는 종래의 행정관행으로부터의 이탈은 적법하다.

6. 원칙위반의 효과

305 　행정의 자기구속의 원칙에 반하는 행정작용의 효과는 평등의 원칙의 위반
의 효과와 같다. 행정의 자기구속의 원칙은 평등의 원칙의 다른 표현 내지 접근
이기 때문이다.

7. 처분의 근거조항 제시방식

306 　행정실무에서 유사한 사건이 연이어 발생하는 경우, 행정청은 「선행사건에
행한 처분과 동일한 처분」을 후행사건에 하게 되는데, 그러한 경우, ① 개별 법
률에 평등원칙의 규정이 없으면, 처분 사유로 행정기본법 제9조의 평등원칙을
제시하거나, 행정기본법 제9조의 평등원칙과 아울러 행정의 자기구속의 원칙을
함께 제시하면 될 것이다. 후자의 사유가 보다 구체적이다. ② 개별 법률에 평
등원칙의 규정이 있으면, 해당법률의 평등원칙조항과 행정기본법 제9조의 평등
원칙을 제시하거나, 해당법률의 평등원칙조항과 행정기본법 제9조의 평등원칙,
아울러 행정의 자기구속의 원칙을 함께 제시하면 될 것이다.

제 3 항　비례의 원칙

Ⅰ. 관　　념

1. 의　　의

307 　비례원칙이란 "행정작용은 ① 행정목적을 달성하는 데 유효하고 적절하여
야 하고, ② 행정목적을 달성하는 데 필요한 최소한도에 그쳐야 하고, ③ 행정
작용으로 인한 국민의 이익 침해가 그 행정작용이 의도하는 공익보다 크지 아
니하여야 한다"는 원칙을 말한다(기본법 제10조). 달리 말하면, 행정의 목적과 그
목적을 실현하기 위한 수단의 관계에서 그 수단은 목적을 실현하는 데에 적합
하고 또한 최소침해를 가져오는 것이어야 할 뿐만 아니라, 아울러 그 수단의 도
입으로 인해 생겨나는 침해가 의도하는 이익·효과를 능가하여서는 아니 된다는
원칙을 말한다.[1] 즉 비례원칙은 행정의 목적과 그 목적을 실현하기 위한 수단
의 관계는 이성적인 관계이어야 함을 뜻한다. 비례원칙은 빈번히 "대포로 참새

---

1) 대판 1997. 9. 26, 96누10096; 대판 2019. 2. 21, 2014두12697 전원합의체; Maurer, Allgemeines
　　Verwaltungsrecht, § 10, Rn. 17.

를 쏘아서는 아니 된다"는 표현에 비유되기도 한다.[1]

2. 법적 근거

⑴ **헌 법** 비례원칙은 입법에도,[2] 사법에도, 그리고 행정에도 동등하   308
게 의미있는 헌법상의 원칙이다.[3] 왜냐하면 기본권제한에 관한 일반적 법률유
보조항인 헌법 제37조 제2항의 '필요한 경우'란 광의의 비례원칙, 즉 적합성의
원칙, 필요성의 원칙, 그리고 상당성의 원칙을 포괄하는 의미로 해석될 수 있을
것이기 때문이고,[4] 아울러 동조항의 규범적 명령은 일차적으로는 국회에 향해
진 것이나,[5] 동조항에 의해 제정된 법률을 집행하는 행정권도 그 집행에 있어
서는 동조의 규범적 명령을 준수하여야 함은 당연하기 때문이다. 결국 우리 법
제상 비례원칙은 헌법상의 원칙이라 할 것이다.[6] 뿐만 아니라 헌법은 교육의
기회균등(헌법 재32조), 여성근로자 차별금지(헌법 제32조), 혼인과 가족생활에서의
양성평등(헌법 36조) 등 개별적인 평등조항도 두고 있다.

⑵ **일반법으로서 행정기본법 제10조** 행정기본법은 행정의 영역에서 헌법   309
제37조 제2항에서 읽을 수 있는 비례의 원칙을 명시적으로 일반화하고 있다. 행
정기본법 제10조는 일반법이다. 개별 법률에 평등원칙에 관한 특별규정이 있다
면(예 : 행정규제기본법 제5조 제3항, 행소법 제27조, 절차법 제48조 제1항, 경직법 제1조 제2

---

1) Bull, Allgemeines Verwaltungsrecht, Rn. 237.
2) 헌재 2006. 6. 29, 2002헌바80등(어떤 법률의 입법목적이 정당하고 그 목적을 달성하기 위해 국
    민에게 의무를 부과하고 그 불이행에 대해 제재를 가하는 것이 적합하다고 하더라도 입법자가
    그러한 수단을 선택하지 아니하고도 보다 덜 제한적인 방법을 선택하거나, 아예 국민에게 의무
    를 부과하지 아니하고도 그 목적을 실현할 수 있음에도 불구하고 국민에게 의무를 부과하고
    그 의무를 강제하기 위하여 그 불이행에 대해 제재를 가한다면 이는 과잉금지원칙의 한 요소
    인 "최소침해성의 원칙"에 위배된다).
3) Wallerath, Allgemeines Verwaltungsrecht(6. Aufl.), §7, Rn. 23.
4) 학자에 따라서는 헌법 제37조 제2항의 '필요한 경우에 한하여'라는 것을 동 조항에 설시된 목적
    관련 의미로 이해하고, 이러한 의미의 '필요한' 이라는 개념은 비례원칙의 내용의 한 부분인 피
    해의 최소성의 의미의 필요성과 구별된다고 하면서 헌법 제37조 제2항을 비례원칙의 근거조항
    으로 볼 수 없다고 한다(김대환, "우리나라 헌법상 과잉금지원칙 — 특히 기본권의 본질적 내용
    침해금지원칙과의 관계를 포함하여 —", 공법학연구, 제6권 제3호, 195쪽).
      이 견해는 비례원칙을 헌법상 보장되는 자유와 권리의 특성으로부터 나오는 헌법원칙으로
    본다(같은 논문, 197쪽). 저자는 헌법 제37조 제2항에서 말하는 "필요한"이라는 개념은 목적관
    련 개념이지만 동시에 제37조 제2항의 기본권제한을 위한 수단의 도입시에 고려되어야 할 원
    칙(비례원칙)을 선취하고 있는 개념으로 보는바, 헌법 제37조 제2항을 비례원칙의 헌법적 근거
    로 보는 것이다.
5) 헌법재판소는 일반적으로 헌법 제37조 제2항을 근거로 보지만(헌재 1989. 7. 14, 88헌가5; 헌재
    2015. 7. 30, 2014헌가13 등), 법치국가원리에서 찾은 경우도 있다(헌재 1992. 4. 28, 90헌바24).
6) 독일에서도 비례원칙은 헌법적 지위의 일반원칙으로 이해되고 있다(Büchner, in : Schweick-
    hardt(Hrsg.), Allgemeines Verwaltungsrecht, Rn. 569; Wallerath, Allgemeines Verwaltungs-
    recht, S. 116; Wittern, Grundriß des Verwaltungsrechts, §4, Rn. 41).

항, 식품법 제79조 제4항, 행집법 제2조), 그 특별규정과 행정기본법 제10조가 적용된다. 개별 법률에 특별규정이 없다면, 행정기본법 제10조가 적용된다. 행정청은 법령등을 집행함에 있어 행정기본법 제10조의 비례의 원칙을 처분 등의 직접적인 근거(처분사유)로 활용할 수 있다.

Ⅱ. 내용(광의의 비례원칙)

310 　　행정기본법상 비례의 원칙은 적합성의 원칙, 필요성의 원칙, 상당성의 원칙으로 구성된다. 세 가지의 원칙을 합하여 광의의 비례원칙이라 하고, 상당성의 원칙을 협의의 비례원칙이라 한다.

1. 적합성의 원칙

311 　　행정기본법 제10조 제1호는 행정작용은 "행정목적을 달성하는 데 유효하고 적절할 것"을 규정하고 있다. "행정목적을 달성하는 데 유효하고 적절할 것"이란 「행정목적의 달성에 법적으로나 사실상으로 유용한 수단만이 채택되어야 한다」는 것을 의미한다. 이를 적합성의 원칙이라 부른다. 달리 말하면, 적합성의 원칙은 추구하는 목표의 달성에 법적으로나 사실상으로 유용한 수단의 채택을 요구한다.[1] 수단이 적합한 것인가의 여부의 판단은 행위 시에 행정청의 합리적인 판단에 따른다. 이러한 판단은 법적 문제로서 사법심사의 대상이 된다고 본다.[2]

2. 필요성의 원칙

312 　　행정기본법 제10조 제2호는 행정작용은 "행정목적을 달성하는 데 필요한 최소한도에 그칠 것"을 규정하고 있다. "행정목적을 달성하는 데 필요한 최소한도에 그칠 것"이란 「적합한 수단 중에서 개인이나 공중에 최소한의 침해를 가져오는 수단만이 채택되어야 한다」는 것을 의미한다. 이를 최소침해의 원칙이라 부른다. 필요성의 원칙 또는 최소수단의 원칙이라고도 한다. 달리 말하면, 이 원칙은 많은 적합한 수단 중에서 개인이나 공중에 최소한의 침해를 가져오는 수

---

1) Detterbeck, Allgemeines Verwaltungsrecht mit Verwaltungsprozessrecht(13. Aufl.), §6, Rn. 234.
2) 헌재 2005. 7. 21, 2004헌가30(운전교육 및 기능검정의 내실화 및 이를 통한 교통사고 예방은 이 사건 조항('자동차운전전문학원을 졸업하고 운전면허를 받은 사람 중 교통사고를 일으킨 비율이 대통령령이 정하는 비율을 초과하는 때'에는 학원의 등록을 취소하거나 1년 이내의 운영정지를 명할 수 있도록 한 도로교통법 제71조의15 제2항 제8호의 '교통사고' 부분)이 아니더라도 운전전문학원의 지정 요건과 교육내용, 기능검정 등에 관하여 마련되어 있는 도로교통법과 동법시행령·시행규칙의 구체적이고 자세한 규정들이 제대로 집행된다면 가능하다. 이 사건 조항은 입법목적을 달성하기 위한 수단으로서 부적절하며, 운전전문학원의 영업 내지 직업의 자유를 필요 이상으로 제약하는 것이다).

단의 채택을 요구한다.[1] 예컨대 영업에 따르는 위험은 가능하다면 부관을 통해 극복되어야 하고, 영업금지를 통해 극복되어서는 아니 된다.[2]

3. 상당성의 원칙

행정기본법 제10조 제3호는 "행정작용으로 인한 국민의 이익 침해가 그 행 313
정작용이 의도하는 공익보다 크지 아니할 것"을 규정하고 있다. 이를 상당성의 원칙이라 한다. 상당성의 원칙은 적용하고자 하는 수단으로부터 나오는 침해가 목적하는 효과를 능가하여서는 아니됨을 의미한다. 즉 이 원칙은 동기·목표·규율의 범위 사이에 이성적(합리적)인 관계, 즉 공익과 사익 사이의 형량을 요구한다. 상당성의 원칙을 적용한 판례도 적지 않다.[3] 상당성의 원칙은 제3자효 있는 행위에도 적용된다.[4] 상당성의 원칙은 제3자효 있는 행위에도 적용된다. 상당성의 원칙을 협의의 비례원칙 또는 협의의 과잉금지의 원칙으로 부르기도 하고, 협의의 과잉금지의 원칙으로 부르기도 한다.[5]

4. 3원칙의 상호관계

적합성의 원칙, 필요성의 원칙, 그리고 좁은 의미의 비례원칙은 단계구조를 314
이룬다. 즉 많은 적합한 수단 중에서도 필요한 수단만이, 필요한 수단 중에서도 상당성 있는 수단만이 선택되어야 한다.

---

1) 헌재 2011. 6. 30, 2009헌마406(불법·폭력 집회나 시위가 개최될 가능성이 있다고 하더라도 이를 방지하기 위한 조치는 개별적·구체적인 상황에 따라 필요최소한의 범위에서 행해져야 하는 것인바, 서울광장에서의 일체의 집회는 물론 일반인의 통행까지 막은 것은 당시 상황에 비추어 볼 때, 필요한 최소한의 조치였다고 보기 어렵고, 가사 그 필요성이 있더라도 몇 군데 통로를 개설하거나 또는 집회의 가능성이 적거나 출근 등의 왕래가 빈번한 시간대에는 통행을 허용하는 등 덜 침해적인 수단을 취할 수 있었음에도 모든 시민의 통행을 전면적으로 통제한 것은 침해를 최소화한 수단이라고 할 수 없으므로 과잉금지원칙을 위반하여 기본권을 침해하였다). Detterbeck, Allgemeines Verwaltungsrecht mit Verwaltungsprozessrecht(13. Aufl.), §6, Rn. 236.

2) Maurer, Allgemeines Verwaltungsrecht, §11, Rn. 42.

3) 대판 2007. 9. 20, 2007두6946; 대판 2006. 4. 14, 2004두3854(제재적 행정처분이 재량권의 범위를 일탈하였거나 남용하였는지 여부는 처분사유로 된 위반행위의 내용과 그 위반의 정도, 당해 처분에 의하여 달성하려는 공익상의 필요와 개인이 입게 될 불이익 및 이에 따르는 제반 사정 등을 객관적으로 심리하여 공익침해의 정도와 그 처분으로 인하여 개인이 입게 될 불이익을 비교 교량하여 판단하여야 한다. … 수입 녹용 전부에 대하여 전량 폐기 또는 반송처리를 지시한 경우, 녹용 수입업자가 입게 될 불이익이 의약품의 안전성과 유효성을 확보함으로써 국민보건의 향상을 기하고 고가의 한약재인 녹용에 대하여 부적합한 수입품의 무분별한 유통을 방지하려는 공익상 필요보다 크다고는 할 수 없으므로 위 폐기 등 지시처분이 재량권을 일탈·남용한 경우에 해당하지 않는다).

4) Detterbeck, Allgemeines Verwaltungsrecht mit Verwaltungsprozessrecht(13. Aufl.), §6, Rn. 241.

5) Schmidt, Allgemeines Verwaltungsrecht(18. Aufl.), S. 123, Rn. 322.

Ⅲ. 적 용

1. 적용 범위

315 행정기본법 제10조는 비례원칙이 적용되는 행정영역에 아무런 제한을 두고 있지 않다. 비례원칙은 예외 없이 행정의 모든 영역에 적용된다.[1] 침해행정인가 급부행정인가를 가리지 아니한다. 수익적 행위인가, 침익적 행위인가를 가리지 않는다. 사법관계에서는 사적 자치가 적용되는 까닭에 비례원칙이 원칙적으로 적용되지 않는다.

2. 구체적인 적용

316 비례원칙은 행정의 여러 영역에서 실제상 적용되고 있다. 행정작용의 유형에 따라 개관해 보기로 한다.

⑴ **재량행위**　　재량권의 남용은 비례원칙에 반하는 것으로서 위법이 되어 사법심사의 대상이 된다(행소법 제27조).[2]

⑵ **행정행위의 부관**　　예컨대 부관이 주된 행위의 효과를 무의미하게 만드는 경우라면 그러한 부관은 비례원칙에 반하는 하자있는 부관이 되어 다툼의 대상이 될 것이다.

⑶ **행정행위의 직권취소나 철회**　　행정행위의 취소와 철회 사이에 차이가 없는 것은 아니지만, 취소나 철회하고자 하는 공익상의 요구가 취소나 철회로 인하여 받는 사인의 불이익보다 큰 것이 아니라면, 그러한 취소나 철회는 하자 있는 것이 된다.

⑷ **행정계획**　　예컨대 모든 이해관계자의 이해를 정당하게 형량하지 않고 국민에 대하여 구속력이 있는 행정계획이 책정된다면, 그것은 형량하자가 있는 것으로서 위법한 작용이 될 것이다.

⑸ **행정지도**　　지도하고자 하는 공익상의 요구가 지도의 상대방이 받는 부담보다 크지 않다면, 그리고 그 방법과 수단이 상대방에게 최소의 부담을 주는 것이 아니라면, 그러한 지도는 하자가 있다고 볼 수 있다.

⑹ **행정강제**　　강제수단의 선택과 실현과정에서 비례원칙이 유지되지 않

---

1) 대판 2020. 6. 4, 2015두39996(비례의 원칙은 법치국가 원리에서 당연히 파생되는 헌법상의 기본원리로서, 모든 국가작용에 적용된다).

2) 대판 2001. 8. 24, 2000두7704(이른바 '원고 사건(심재륜 사건)'에서의 면직처분이, 징계면직된 검사가 그 징계사유인 비행에 이르게 된 동기와 경위, 그 비행의 내용과 그로 인한 검찰조직과 국민에게 끼친 영향의 정도, 그 검사의 직위와 그 동안의 행적 및 근무성적, 징계처분으로 인한 불이익의 정도 등 제반 사정에 비추어, 비례의 원칙에 위반된 재량권 남용으로서 위법하다).

는다면, 그러한 강제는 위법한 것이 된다. 특히 경찰권의 발동의 경우에는 그 발동정도가 비례원칙에 합당하여야 함이 명문으로 규정되고 있다(경직법 제1조 제2항).

(7) **행정쟁송**　　행정쟁송의 경우, 사정재결이나 사정판결도 비례원칙에 어긋나면 위법한 것으로서 사법적 분쟁의 대상이 된다. 말하자면 사정재결이나 사정판결을 하지 아니하면 아니될 현저한 공공복리상의 요청이 있는 경우에만 그것은 적법한 것이 된다.

(8) **급부행정**　　당연히 비례원칙이 준수되어야 한다. 비례원칙에 반하는 급부행정작용은 위법한 것이 된다.

3. 위　　반

(1) **무효와 취소**　　비례의 원칙에 반하는 행정작용은 위법한 행정작용이 된다. ① 비례의 원칙에 반하는 행정입법은 무효이다. ② 비례의 원칙에 반하는 행정행위는 하자의 중대성과 명백성 여하에 따라 하자가 중대하고 명백하면 무효, 중대하지만 명백하지 않거나 명백하지만 중대하지 않으면 취소의 대상이 된다. 317

(2) **손해배상청구**　　비례의 원칙에 반하는 행정작용으로 손해를 입은 자는 국가배상법이 정하는 바에 따라 국가나 지방자치단체를 상대로 손해배상을 청구할 수 있다. 318

(3) **행정상 쟁송**　　비례의 원칙에 반하는 처분의 당사자는 이의신청(기본법 제36조)이나 처분의 재심사(기본법 제37조)를 신청을 할 수 있고, 행정심판법상 행정심판이나 행정소송법상 행정소송을 제기할 수도 있다. 319

Ⅳ. 과소보호금지의 원칙

1. 의　　의

국가는 기본권보호를 위해 적절하고 효율적인 최소한의 보호조치를 취하여야 한다는 원칙, 즉 과소보호금지의 원칙이 비례원칙의 한 형태로 시인되고 있다. ① 전통적인 비례원칙(광의의 비례원칙)은 국가권한행사의 과잉에 관련한 원칙으로 이해되는데 반해 과소보호금지의 원칙은 국가의 사인에 대한 보호의무의 이행과 관련하여 국가권한행사의 과소에 관한 원칙으로 이해되고 있다.[1] ② 헌법재판소는 명시적으로 과소보호금지원칙을 인정하고 있다.[2] 320

---

1) 김중권의 행정법(2019), 52쪽.
2) 헌재 2008. 12. 26, 2008헌마419・423・436(병합) 전원재판부(국가가 국민의 생명・신체의 안전에 대한 보호의무를 다하지 않았는지 여부를 헌법재판소가 심사할 때에는 국가가 이를 보호하

2. 권한행사 과소의 유형

321   국가권한행사 과소에는 입법권행사의 과소뿐만 아니라 행정권행사의 과소
도 있다. 입법권행사의 과소는 진정입법부작위와 부진정입법부작위의 경우에
발생할 수 있다. 행정권행사의 과소(부작위)는 실제상 행정개입청구권과 국가배
상책임의 문제를 야기할 수 있다.

▌참고▌ 비례원칙의 발전

1. 비례원칙의 발전의 전제

323   독일의 경우, 프로이센상급행정법원의 경찰법상 판례에 뿌리를 두고 있다는[1]
비례원칙은 ① "국가는 시민의 자유를 보장하여야 하고, 시민에 대한 적극적인 복
지를 위한 배려로부터 멀어져야 한다"는 것을 정치적 지도기준으로 하는 자유주의
적 국가이념과 ② 시민의 자유권을 침해하기 위해서는 "국가도 특별한 수권을 필요
로 한다"는 법치주의적 요구와 ③ 독립법원으로서의 행정재판소의 심사제도를 전제
로 나타나게 된 원리이다. 이러한 전제들은 19세기 후반에 상당히 충족되었다.

2. 필요성의 원칙

324   ① 행정사항에 관해 가장 의미있었던 법원인 프로이센상급행정재판소는 프로
이센일반란트법 제10조 제2항의 경찰상 일반조항의 문면과 관련하여 "경찰은 공적
평온의 유지를 위해 필요한 기관이고, 그에 불필요한 처분은 경찰의 직무에 들어
오지 않는다"는 것을 지지하였다. 이러한 사고(필요성의 원칙)의 완전한 형태의 표
현은 Otto Mayer의 저서(Deutsches Verwaltungsrecht, 1895, p. 267)에서 처음 나타
났다. Otto Mayer는 독일에서 오늘날의 필요성(최소침해)의 원칙의 아버지로 불릴
만하다. ② 그리고 1931년 6월 1일의 프로이센경찰행정법률(Preußisches Polizei-
verwaltungsgesetz, PVG)은 이 원칙을 규정하였다. 즉 동법률 제41조 제2항은 "공적
안전이나 질서의 교란을 제거하기 위해 또는 경찰상 위험의 효과적인 방지를 위해
많은 수단이 문제될 때, 경찰은 이러한 수단 중의 하나를 정하면 된다. 이 때 관계
자나 일반공중에 최소한의 침해를 가져오는 수단을 선택하여야 한다. …"는 것을
규정하였다. ③ 제2차 세계대전 종료까지는 오늘날의 좁은 의미의 비례원칙이 아니
라 필요성의 원칙만이 인정되었고, 비례성이라는 표어는 오늘날의 필요성의 통제로

기 위하여 적어도 적절하고 효율적인 최소한의 보호조치를 취하였는가 하는 이른바 '과소보호
금지원칙'의 위반 여부를 기준으로 삼아, 국민의 생명·신체의 안전을 보호하기 위한 조치가 필
요한 상황인데도 국가가 아무런 보호조치를 취하지 않았든지 아니면 취한 조치가 법익을 보호
하기에 전적으로 부적합하거나 매우 불충분한 것임이 명백한 경우에 한하여 국가의 보호의무의
위반을 확인하여야 한다).

1) Wallerath, Allgemeines Verwaltungsrecht(6. Aufl.), §7, Rn. 23.

이해되었다.

3. 좁은 의미의 비례원칙

① 고유한 법원칙으로서 좁은 의미의 비례원칙의 형성은 그 후의 법의 발전,   325
즉 제2차 세계대전 종료부터 50년대와 60년대의 법의 발전의 결과이다. 입법자 또
한 동원칙에 구속된다는 견해가 관철되었다. 무엇보다도 입법자는 경찰상 특별법률
에서 필요성의 원칙 외에 이 원칙을 도입함으로써 상당한 정도로 좁은 의미의 비례
원칙의 발전에 기여하였다(예 : 1953년 4월 27일의 연방행정집행법률 제9조 2항 : 강제
수단은 그 목표에 상당한 비례관계에 놓여야 한다. 이 경우 강제수단은 가능한 한 관계
자와 일반공중이 최소한 침해되도록 정해져야 한다). ② 넓은 의미의 비례원칙의 광범
위한 발전은 연방헌법재판소의 발전에 의해 이루어졌다. 그 중에서도 약국판결
(Apothekenurteil) 이래 법원은 기본권제한, 특히 직업의 자유의 제한의 헌법적합성
심사시에 적합성의 원칙과 필요성의 원칙 외에 빈번히 좁은 의미의 비례원칙도 논
급하였다. ③ 요컨대 처음에는 경찰법상 필요성의 원칙이, 다음에는 필요성의 원칙
과 좁은 의미의 비례원칙이 상대적으로 제한된 범위에서, 오늘날에는 넓은 의미의
비례원칙(적합성의 원칙, 필요성의 원칙, 좁은 의미의 비례원칙)으로서 광범위한 법원
칙으로 이해되고 있다.[1]

제4항 성실의무 및 권한남용금지의 원칙

I. 성실의무의 원칙

1. 관 념

(1) 의 의   성실의무의 원칙이란 "행정청은 법령등에 따른 의무를 성실   326
히 수행하여야 한다"는 원칙을 말한다(기본법 제11조 제1항). 예를 들어, 민원인이
건축허가를 신청하면, 군수는 아무런 까닭 없이 허가절차를 지연시켜서는 아니
되고, 성의를 다하여 법령이 정하는 허가절차를 진행시켜야 한다. 행정청은 국
민을 위해 존재하고, 행정청의 인적 구성요소인 공무원은 국민에 대한 봉사자인
까닭에 행정청은 자신의 양심과 인격을 바탕으로 성의를 다하여 법령이 정하는
대로 행정사무를 수행하여야 하는바, 여기에 성실의무의 원칙이 인정되는 이유
가 있다.

(2) **법적 성질**   성실의무의 원칙을 규정하는 행정기본법 제11조 제1항   327
은 단순한 선언적 규정이 아니라 법적 구속력을 갖는 강행규정이다. 따라서 성
실의무의 원칙에 반하는 행정작용은 위법한 것이 된다.

---

1) L. Hirsch, Der Grundsatz der Verältnismäßigkeit, 1981, S. 2ff.

2. 일반법으로서 행정기본법 제11조 제1항

328 　　행정기본법 제11조 제1항은 일반법이다. 개별 법률에 성실의무의 원칙에 관한 특별규정이 있다면, 그 특별규정이 적용된다. 개별 법률에 특별규정이 없다면, 행정기본법 제11조 제1항이 적용된다. 행정청은 개별 법률의 집행에 성실의무의 원칙을 준수하여야 한다.

3. 적용범위

329 　　행정기본법 제11조 제1항의 성실의무의 원칙은 모든 행정에 적용된다. 침익적 행정과 수익적 행정, 질서행정과 급부행정, 침해행정과 급부행정 등 모든 행정에 적용된다.

4. 내　　용

330 　　성실이라는 용어는 불확정개념으로 그 의미내용이 명백하지 않다. 학설과 판례에 의해 그 의미가 구체화되어야 할 개념이다. 사회의 변화와 더불어 성실의무의 내용에 새로운 사항들이 늘어날 것이다. 학설상 성실의무의 내용으로 ① 전후 모순되는 절차의 금지, ② 법규 남용의 금지, ③ 행정청의 사인에 대한 보호의무(예 : 특별한 부담이 없이도 가능한 경우라면, 행정청은 사인에게 권리의 내용과 행사가능성을 일깨워 줄 의무를 부담한다), ④ 행정청의 불성실로 인해 사인의 법적 지위가 악화되는 것의 금지(예 : 특별한 이유 없이 허가를 지연시킴으로 인해 신청인이 불이익을 받는 것은 금지되어야 한다) 등이 논급되고 있다

5. 위　　반

331 　　(1) **무효와 취소**　　성실의무의 원칙에 반하는 행정작용은 위법한 행정작용이 된다. ① 성실의무의 원칙에 반하는 행정입법은 무효이다. ② 성실의무의 원칙에 반하는 행정행위는 하자의 중대성과 명백성 여하에 따라 하자가 중대하고 명백하면 무효, 중대하지만 명백하지 않거나 명백하지만 중대하지 않으면 취소의 대상이 된다.

332 　　(2) **손해배상청구**　　성실의무의 원칙에 반하는 행정작용으로 손해를 입은 자는 국가배상법이 정하는 바에 따라 국가나 지방자치단체를 상대로 손해배상을 청구할 수 있다.

333 　　(3) **행정상 쟁송**　　성실의무의 원칙에 반하는 처분의 당사자는 이의신청(기본법 제36조)이나 처분의 재심사(기본법 제37조)를 신청을 할 수 있고, 행정심판법상 행정심판이나 행정소송법상 행정소송을 제기할 수도 있다

Ⅱ. 권한남용금지의 원칙

1. 의 의

권한남용금지의 원칙이란 "행정청은 행정권한을 남용하거나 그 권한의 범   334
위를 넘어서는 아니 된다"는 원칙을 말한다(기본법 제11조 제2항). 예를 들어, A가
필요한 요건을 모두 갖추어 건축허가를 신청하였음에도, B시장이 허가 시 민원
이 야기될 우려가 있다고 하면서 허가를 거부하면, B시장은 자신에게 주어진
권한을 남용한 것이 된다. 이와 같이 행정청은 자신에게 부여된 권한을 그 권한
이 부여된 목적에 어긋나게 행사하여서도 아니 되고 주어진 권한을 넘어서서
행사하여서도 아니 된다는 원칙을 권한남용금지의 원칙이라 한다.

2. 일반법으로서 행정기본법 제11조 제2항

① 행정기본법 제11조 제2항이 규정하는 권한남용금지의 원칙은 행정의 법   335
원칙으로서, 일반적 규정이다(일반법). ② 행정기본법 제21조는 "행정청은 재량
이 있는 처분을 할 때에는 관련 이익을 정당하게 형량하여야 하며, 그 재량권의
범위를 넘어서는 아니 된다"고 하여 재량권의 남용과 일탈을 금지하고 있다. 행
정기본법 제21조는 재량권과 관련하여 행정기본법 제11조 제2항에 대한 특별규
정이다. ③ 개별 법률에 권한남용금지의 원칙에 관한 규정이 없다고 하여도, 개
별 법률의 집행에 권한남용금지의 원칙은 준수되어야 한다. 한편, 판례는 행정
기본법 제정이전부터 권한남용금지의 원칙을 인정하였다.[1]

3. 남용금지의 대상으로서 행정권한

조직의 단일체가 갖는 사무의 범위 내지 그 사무수행에 필요한 각종의 권   336
능과 의무의 총체를 권한이라 한다. 행정권한이란 행정청이 국가나 지방자치단
체를 위하여, 그리고 국가나 지방자치단체의 행위로써 유효하게 사무를 처리할
수 있는 능력 또는 사무의 범위를 말한다.[2]

4. 내 용

① 행정권한의 남용이란 행정권한이 법령상 주어진 권한의 범위 내에서(이 점   337

---

1) 대판 2016. 12. 15, 2016두47659(이 사건 세무조사는 외관상으로는 세무조사의 형식을 취하고
   있으나 그 실질은 세무공무원이 개인적 이익을 위하여 그 권한을 남용한 전형적 사례에 해당
   하고 그 위법의 정도가 매우 중대하다. 결국 이 사건 세무조사는 위법하므로 그에 근거하여 수
   집된 과세자료를 기초로 이루어진 이 사건 처분 역시 위법하다).
2) 권한의 의의, 성질, 종류 등에 관해 상세는 졸저, 행정법원론(하) 옆번호 42 이하를 보라.

에서 권한의 일탈이 아니다) 행사되었으나(이 점에서 권한의 불행사가 아니다) 잘못된 방
향으로 사고되어 권한행사가 이루어지는 경우를 말한다(예 : 평등의 원칙에 반하는 권
한행사, 비례의 원칙에 반하는 권한행사, 비이성적인 동기에 기인한 권한행사). ② 행정권한
의 일탈이란 법령상 주어진 권한의 한계를 벗어난 행정권한의 행사를 말한다[예 :
법령에서 정한 액수 이상의 과징금을 부과하거나, 또는 법령이 허용한 수단이 아닌 수단(예 : 법
령은 과태료부과만을 예정하고 있으나 행정청이 영업허가를 취소한 경우)을 도입하는 경우].

5. 적용범위

338   행정기본법 제11조 제2항의 권한남용금지의 원칙은 모든 행정에 적용된다.
말하자면 침익적 행정과 수익적 행정, 질서행정과 급부행정, 침해행정과 급부행
정 등 모든 행정에 적용된다.

6. 위   반

339   **(1) 무효와 취소**   권한남용금지의 원칙에 반하는 행정작용은 위법한 행정
작용이 된다. ① 권한남용금지의 원칙에 반하는 행정입법은 무효이다. ② 권한
남용금지의 원칙에 반하는 행정행위는 하자의 중대성과 명백성 여하에 따라 하
자가 중대하고 명백하면 무효, 중대하지만 명백하지 않거나 명백하지만 중대하
지 않으면 취소의 대상이 된다.

340   **(2) 손해배상청구**   권한남용금지의 원칙에 반하는 행정작용으로 손해를
입은 자는 국가배상법이 정하는 바에 따라 국가나 지방자치단체를 상대로 손해
배상을 청구할 수 있다.

341   **(3) 행정상 쟁송**   권한남용금지의 원칙에 반하는 처분의 당사자는 이의신
청(기본법 제36조)이나 처분의 재심사(기본법 제37조)를 신청을 할 수 있고, 행정심
판법상 행정심판이나 행정소송법상 행정소송을 제기할 수도 있다

제 5 항   신뢰보호의 원칙과 실권의 원칙

Ⅰ. 신뢰보호의 원칙

1. 관   념

342   **(1) 의   의**   신뢰보호의 원칙이란 "행정청은 공익 또는 제3자의 이익을
현저히 해칠 우려가 있는 경우를 제외하고는 행정에 대한 국민의 정당하고 합
리적인 신뢰를 보호하여야 한다"는 원칙을 말한다(기본법 제12조 제1항). 달리 말
하면, 행정청의 어떠한 행위(적극적인 행위인가, 소극적인 행위인가를 불문한다)의 존속

이나 정당성을 사인이 신뢰한 경우, 보호할 가치있는 사인의 신뢰는 보호되어야 한다는 원칙을 말한다. 신뢰보호의 원칙은 20세기초 이래 독일에서 이론·판례 상으로 발전되어 오다가, 제2차대전 후 급속한 발전을 본 원칙이다.[1] 영미법상 의 금반언의 법리와 유사한 것이라 할 수 있다.[2] 신뢰보호의 원칙은 헌법적 지 위를 갖는 공법상의 원칙이다.[3] 또한 신뢰보호의 원칙은 법의 일반원칙이라 할 민법상의 신의성실의 원칙의 행정법상 표현으로 이해되기도 한다.[4] 신뢰보호의 원칙은 행정객체의 신뢰보호의 관점에서 적용되고, 신의성실의 원칙은 행정청 의 신뢰보호의 관점에서 적용된다고 하여 양자를 구별하는 견해도 있다.[5]

(2) **취 지** 　신뢰보호의 원칙은 행정조직이 너무 방대할 뿐만 아니라 　343 행정의 작용영역도 아주 다양하며, 특히 행정법규의 내용을 사인이 알기가 매 우 어려워 사인은 행정청이 제시하는 법령의 해석 등을 준수할 수밖에 없어서 사인이 행정청의 언동에 의존하는 경향이 강하다고 할 수 있는바, 이와 관련하 여 사인의 믿음을 어떻게 보호할 것인가의 문제를 그 배경으로 한다고 할 수 있다.

2. 인정 근거

(1) **법적 근거로서 일반법과 개별법**(특별법) 　① 행정기본법 제12조 제1항이 　344 규정하는 신뢰보호의의 원칙은 행정의 법 원칙으로서, 일반적 규정이다(일반법). 개별법으로 행정절차법 제4조 제2항, 국세기본법 제18조 제3항 및 관세법 제5 조 제2항 등을 볼 수 있다. 개별 법률에 신뢰보호의의 원칙에 관한 규정이 없다 고 하여도, 행정청은 개별 법률의 집행에 행정기본법 제12조 제1항이 규정하는 신뢰보호의 원칙을 준수하여야 한다. 신뢰보호의 원칙은 헌법적 지위를 갖고서 입법에도 적용되는 법원칙이지만,[6] 이에 관한 연구는 헌법학의 대상이다. 한편,

---

1) 독일행정절차법상 직권취소의 제한(제48조), 철회의 제한(제49조), 확약(제38조) 등은 신뢰보 호의 원칙을 근거로 제도화된 것으로 이해되고 있다.
2) 금반언의 원칙이란 A가 행한 표시를 B가 신뢰한 경우, A는 스스로 종전의 표시와 모순되는 태 도를 취하여 B에게 손실을 가하여서는 아니 된다는 원칙을 말한다.
3) 헌재 2021. 12. 23, 2019헌마475(신뢰보호원칙이란 법률을 제정하거나 개정할 때 기존 법질서에 대한 당사자의 신뢰가 합리적이고 정당한 반면, 법률의 제정이나 개정으로 야기되는 당사자의 손 해가 극심하여 새로운 입법으로 달성하고자 하는 공익이 당사자의 신뢰파괴를 정당화할 수 없는 경우 그러한 입법은 허용될 수 없다는 원칙으로서, 헌법상 법치국가원리에 기초하고 있다).
4) Wittern, Grundriß des Verwaltungsrechts, §4, Rn. 43.
5) 김유환, 현대 행정법, 33쪽(2022).
6) 헌재 2021. 7. 15, 2019헌마406(신뢰보호원칙이란 법률을 제정하거나 개정할 때 기존 법질서에 대한 당사자의 신뢰가 합리적이고 정당한 반면, 법률의 제정이나 개정으로 야기되는 당사자의 손해가 극심하여 새로운 입법으로 달성하고자 하는 공익이 당사자의 신뢰파괴를 정당화할 수 없는 경우 그러한 입법은 허용될 수 없다는 원칙으로서, 헌법상 법치국가원리에 기초하고 있다).

② 판례는 법적 안정성설을 논거로 하면서[1] 행정기본법과 행정절차법이 제정되기 전부터 신뢰보호의 원칙을 인정하여 왔다.[2] 판례는 이익형량을 소극적 요건으로 보지만, 다수설은 요건이 아니라 한계의 문제로 검토한다. 이러한 다수설에 따르면, 이익형량의 결과에 따라 사정판결도 가능하게 된다.

(2) 이론상 근거

345　　　㈎ **학 설**　　　신뢰보호의 원칙의 논리적인 근거로는 법적 안정성설(법적 안정성은 헌법상의 원리인 법치국가의 구성부분인바, 신뢰보호는 헌법원리의 일환이라는 견해),[3] 신의칙설(신의성실의 원칙에 정당한 신뢰도 보호되어야 한다는 내용이 포함된다는 견해), 사회국가원리설(현대국가에서 개인은 국가의 급부에 의존함이 없이는 인간다운 생활이 곤란하므로, 개인의 신뢰는 보호되어야 한다는 견해), 기본권설(사인의 신뢰보호는 헌법상 재산권과 인격권의 한 내용이 된다는 견해), 독자성설[4](신뢰보호의 원칙은 행정법상 독자적인 법원리라는 견해)이 논급되어 왔으나, 오늘날에는 법적 안정성설만이 주장되고 있다.

346　　　㈏ **법적 안정설**　　　법적 안정성설에 대해서는 위법행위까지 안정을 보장하는 것은 문제라는 점, 신의칙설에 대해서는 내용이 일반적이고 추상적이라는 점,[5] 사회국가원리설에 대해서는 신뢰보호의 문제가 급부행정에만 한정되는 것은 아니라는 점, 기본권설에 대해서는 위법하게 취득한 이익까지 기본권으로 보호하는 것은 아니라는 점, 독자성설에 대해서는 신뢰보호의 원칙이 행정법적 차원의 원리로 보기에는 무리가 있다는 점이 단점으로 지적되어 왔다. 어느 견해

---

1) 대판 2007. 10. 29, 2005두4649(법령의 개정에서 신뢰보호원칙이 적용되어야 하는 이유는, 어떤 법령이 장래에도 그대로 존속할 것이라는 합리적이고 정당한 신뢰를 바탕으로 국민이 그 법령에 상응하는 구체적 행위로 나아가 일정한 법적 지위나 생활관계를 형성하여 왔음에도 국가가 이를 전혀 보호하지 않는다면 법질서에 대한 국민의 신뢰는 무너지고 현재의 행위에 대한 장래의 법적 효과를 예견할 수 없게 되어 법적 안정성이 크게 저해되기 때문이다); 헌재 2016. 6. 30, 2014헌바365(신뢰보호원칙은 헌법상 법치국가원리로부터 파생되는 것으로서, 법률을 제정하거나 개정할 때 기존의 법질서에 대한 당사자의 신뢰가 합리적이고 정당한 반면, 법률의 제정이나 개정으로 야기되는 당사자의 손해가 극심하여 새로운 입법으로 달성하고자 하는 공익적 목적이 그러한 당사자의 신뢰가 파괴되는 것을 정당화할 수 없는 경우 그러한 입법이 허용될 수 없다는 것이다).
2) 대판 1980. 6. 10, 80누6(국세기본법 제18조 제2항의 규정은 납세자의 권리보호와 과세관청에 대한 납세자의 신뢰보호에 그 목적이 있는 것이므로 이 사건 보세운송면허세의 부과근거이던 지방세법시행령이 1973. 10. 1. 제정되어 1977. 9. 20.에 폐지될 때까지 4년 동안 그 면허세를 부과할 수 있는 정을 알면서도 피고가 수출확대라는 공익상 필요에서 한 건도 이를 부과한 일이 없었다면 납세자인 원고는 그것을 믿을 수밖에 없고 그로써 비과세의 관행이 이루어졌다고 보아도 무방하다); 대판 2001. 7. 10, 98다38364.
3) 헌재 2022. 9. 29, 2021헌마929; 헌재 1995. 6. 29, 94헌바39(헌법상 법치국가의 원칙으로부터 신뢰보호의 원리가 도출된다); 헌재 2015. 7. 30, 2014헌마1030.
4) 강구철, 행정법강의(Ⅰ), 103쪽 참조.
5) 서원우, 현대행정법론(상), 98쪽 참조.

도 완벽하다고 할 수 없지만, 현재로서는 법적 안정성설이 일반적으로 지지되고
있다. 법적 안정성설이 비교적 강한 설득력을 갖는다고 본다.

3. 적용영역

신뢰보호의 원칙은 특히 수익적 행위의 취소와 철회, 확약, 행정계획의 변
경, 개정법규명령의 적용 등과 관련하여 그 적용 여부가 빈번히 문제되고 있다.

(1) **수익적 행정행위의 직권취소와 철회의 제한**　　개인의 신뢰보호를 위하여
수익적 행정행위의 직권취소나 철회가 제한될 수 있다(학설·판례).

(2) **확　　약**　　확약으로 인한 신뢰 역시 보호되어야 한다(학설). 따라서 행
정청이 확약에 반하는 처분을 한 경우에는 상대방은 신뢰보호원칙의 위반을 주
장할 수 있다.[1]

(3) **행정계획의 변경**　　행정계획의 존속을 사인이 신뢰하였음에도 행정청
이 사후에 그 계획을 변경 또는 폐지하는 경우, 그 사인의 보호는 원칙적으로
부정되지만, 예외적으로 공익보다 사익이 큰 경우에는 인정될 수 있다.

(4) **개정법규명령의 적용**　　개정된 법규명령을 개정 전의 법률관계에 적용
하는 것은 법규명령의 소급적용의 문제가 된다. 진정소급(이미 종료한 법률관계나
사실관계에 법령 및 행정행위의 효력이 미치는 것)은 원칙적으로 금지되나 부진정소급
(이미 종료하지 않고 아직 진행중인 법률관계 및 사실관계에 법령 및 행정행위의 효력이 미치
는 것)은 원칙적으로 인정되고 있다.[2] 진정소급·부진정소급 모두 법적 안정성
내지 당사자의 신뢰의 이익과 개정법규명령의 소급적용으로 달성하고자 하는
공익 사이의 이익 형량의 문제가 된다.

4. 적용요건

행정기본법 제12조 제1항 제1문은 신뢰보호원칙의 소극적 요건, 행정기본
법 제12조 제1항 제2문은 신뢰보호원칙의 적극적 요건을 규정하고 있다. 행정

347

348

---

1) 대판 2001. 7. 10, 98다38364(대통령이 담화를 발표하고 이에 따라 국방부장관이 삼청교육 관련
피해자들에게 그 피해를 보상하겠다고 공고하고 피해신고까지 받은 것은, 대통령이 정부의 수
반인 지위에서 피해자들인 국민에 대하여 향후 입법조치 등을 통하여 그 피해를 보상해 주겠
다고 구체적 사안에 관하여 종국적으로 약속한 것으로서, 거기에 채무의 승인이나 시효이익의
포기와 같은 사법상의 효과는 없더라도, 그 상대방은 약속이 이행될 것에 대한 강한 신뢰를 가
지게 되고, 이러한 신뢰는 단순한 사실상의 기대를 넘어 법적으로 보호받아야 할 이익이라고
보아야 하므로, 국가로서는 정당한 이유 없이 이 신뢰를 깨뜨려서는 아니되는바, 국가가 그 약
속을 어기고 후속조치를 취하지 아니함으로써 위 담화 및 피해신고 공고에 따라 피해신고를
마친 피해자의 신뢰를 깨뜨린 경우, 그 신뢰의 상실에 따르는 손해를 배상할 의무가 있고, 이
러한 손해에는 정신적 손해도 포함된다).
2) 대판 2006. 11. 16, 2003두12899 전원합의체.

기본법 제정 전 학설과 판례가[1] 제시하였던 신뢰보호원칙의 적용요건은 행정기본법 제12조 제1항의 해석에도 적용될 수 있다.

349　　(1) **소극적 요건**(기본법 제12조 제1항 제1문)　　공익 또는 제3자의 이익을 현저히 해칠 우려가 있는 경우에는 신뢰보호의 원칙은 적용되지 않는다. 공익 또는 제3자의 이익을 「현저히 해칠 우려」란 공익 또는 제3자의 이익을 해칠 가능성이 뚜렷한 경우를 의미한다. 공익 또는 제3자의 이익을 침해할 우려가 없거나 있다고 하여도 현저히 해칠 우려가 있는 경우가 아니라면 신뢰보호의 원칙은 적용될 수 있다.

　　(2) **적극적 요건**(기본법 제12조 제1항 제2문)

350　　㈎ **행정청의 선행조치**　　사인의 신뢰가 형성될 수 있는 대상인 행정청의 선행조치가 있어야 한다. 판례가 '공적인 견해의 표명'이라 하는 것은 행정청의 선행조치로 이해된다.

350a　　1) **행정청의 의미**　　판례는[2] "행정청이 공적 견해를 표명하였는지를 판단할 때는 반드시 행정조직상의 형식적인 권한분장에 구애될 것은 아니고, 담당자의 조직상 지위와 임무, 발언 등 언동을 하게 된 구체적인 경위와 그에 대한 상대방의 신뢰가능성에 비추어 실질적으로 판단하여야 한다"고 하여 행정청의 의미를 행정조직법상의 의미가 아니라 기능적으로 파악하고 있으며, 학설도 같은 입장을 취한다.

　　2) **선행조치의 의미**

350b　　ⅰ) **의　　의**　　선행조치에는 법령·행정계획·행정행위(확약포함)·행정지도 등이 포함된다. 선행조치는 적극적 행위인가 소극적 행위인가를 가리지 않으며,[3] 명시적 행위인가 묵시적 행위인가도 가리지 않는다.[4] 행정행위의 경우에는 적법한 것인가 위법한 것인가도 가리지 않지만 무효행위는 신뢰의 대상이 되지 아니한다.

350c　　ⅱ) **공적 견해**　　행정청의 선행조치를 판례는 '공적 견해의 표명'으로 표

---

1) 대판 2020. 4. 29, 2019두52799(일반적으로 행정청의 행위에 대하여 신뢰보호원칙이 적용되기 위해서는, ① 행정청이 개인에 대하여 신뢰의 대상이 되는 공적인 견해표명을 하여야 하고, ② 행정청의 견해표명이 정당하다고 신뢰한 데에 대하여 그 개인에게 귀책사유가 없어야 하며, ③ 그 개인이 그 견해표명을 신뢰하고 이에 상응하는 어떠한 행위를 하였어야 하고, ④ 행정청이 그 견해표명에 반하는 처분을 함으로써 견해표명을 신뢰한 개인의 이익이 침해되는 결과가 초래되어야 하며, ⑤ 그 견해표명에 따른 행정처분을 할 경우 이로 인하여 공익 또는 제3자의 정당한 이익을 현저히 해할 우려가 있는 경우가 아니어야 한다).

2) 대판 2017. 4. 7, 2014두1925.

3) 대판 1980. 6. 10, 80누6 전원합의체.

4) 대판 2001. 4. 24, 2000두5203.

현하고 있다.[1] ② 행정청의 공적 견해의 유무의 판단기준과 관련하여 판례는[2] "행정조직상의 형식적인 권한분장에 구애될 것은 아니고, 담당자의 조직상의 지위와 임무, 당해 언동을 하게 된 구체적인 경위 및 그에 대한 상대방의 신뢰가능성에 비추어 실질에 의하여 판단하여야 한다"고 판시한 바 있다. 국민의 권리보호의 관점에서 판례가 '공적인 견해의 표명'의 인정범위를 확대하는 것이 바람직하다.

(내) **보호가치 있는 사인의 신뢰**　행정청의 선행조치에 대한 사인의 신뢰는 351 보호할 만한 것이어야 한다. 말하자면 ① 선행조치에 대하여 사인의 신뢰가 있고, 또한 ② 그 신뢰는 보호할 만한 것이어야 한다. 여기서 사인의 신뢰란 선행조치의 존속이나 정당성에 대한 신뢰를 의미한다. 그리고 그 신뢰가 보호할 만한 것인가는 정당한 이익형량에 의한다. 다만, 사후에 선행조치가 변경될 것을 사인이 예상하였거나 예상할 수 있었을 경우에는 보호가치 있는 신뢰라고 보기 어려울 것이다(예 : 선행조치가 신뢰한 자의 허위신고에 기한 경우, 또는 선행조치가 위법행위임을 신뢰한 자가 잘 알고 있는 경우 등)(보호가치).[3] 한편 법령의 개정에 대한 보호가치 있는 신뢰와 관련하여 헌법재판소는 법령개정의 예측성과 유인된 신뢰라는 두 가지 기준을 제시하기도 한다.[4] 특히 「국가에 의한 유인된 신뢰」라는 표현을 사용하여 법령에 따른 개인의 신뢰가 국가에 의하여 일정한 방향으로 유

---

1) 대판 2005. 4. 28, 2004두8828(폐기물관리법령에 의한 폐기물처리업 사업계획에 대한 적정통보와 국토이용관리법령에 의한 국토이용계획변경은 각기 그 제도적 취지와 결정단계에서 고려해야 할 사항들이 다르므로, 피고가 위와 같이 폐기물처리업 사업계획에 대하여 적정통보를 한 것만으로 그 사업부지 토지에 대한 국토이용계획변경신청을 승인하여 주겠다는 취지의 공적인 견해표명을 한 것으로 볼 수 없고, 그럼에도 불구하고 원고가 그 승인을 받을 것으로 신뢰하였다면 원고에게 귀책사유가 있다 할 것이므로, 이 사건 처분이 신뢰보호의 원칙에 위배된다고 할 수 없다).

2) 대판 2017. 4. 7, 2014두1925; 대판 2016. 6. 28, 2014다2638. 그리고 공적 견해 표명을 인정한 판례로 토지거래계약의 허가과정에서 토지형질변경이 가능하다는 견해표명(대판 1997. 9. 12, 96누18380), 폐기물관리법상의 사업계획서 적정통보(대판 1998. 5. 8, 98두4061), 공적 견해표명을 부정한 판례로 도시계획구역 안에의 폐기물처리사업계획서의 적정통보(대판 1998. 9. 25, 98두6494)를 볼 수 있다.

3) 대판 2008. 1. 17, 2006두10931; 대판 1996. 10. 25, 95누14190.

4) 헌재 2002. 11. 28, 2002헌바45(개인의 신뢰이익에 대한 보호가치는 ① 법령에 따른 개인의 행위가 국가에 의하여 일정방향으로 유인된 신뢰의 행사인지, ② 아니면 단지 법률이 부여한 기회를 활용한 것으로서 원칙적으로 사적 위험부담의 범위에 속하는 것인지 여부에 따라 달라진다. 만일 법률에 따른 개인의 행위가 단지 법률이 반사적으로 부여하는 기회의 활용을 넘어서 국가에 의하여 일정 방향으로 유인된 것이라면 특별히 보호가치가 있는 신뢰이익이 인정될 수 있고, 원칙적으로 개인의 신뢰보호가 국가의 법률개정이익에 우선된다고 볼 여지가 있다. 그런데, 이 사건 법률조항의 경우 국가가 입법을 통하여 개인의 행위를 일정방향으로 유도하였다고 볼 수는 없고, 따라서 청구인의 징집면제연령에 관한 기대 또는 신뢰는 단지 법률이 부여한 기회를 활용한 것으로서 원칙적으로 사적 위험부담의 범위에 속하는 것이다).

인된 것이라면 특별히 보호가치 있는 신뢰로서 개인에 대한 신뢰보호가 국가의
법률개정이익에 우선된다고 볼 여지가 있다고 한다.[1]

352   ㈐ 신뢰에 기한 사인의 처리   행정청의 선행조치를 믿은 것만으로는 부족
하다. 그것을 믿고 사인이 어떠한 처리(예 : 이주, 특정사업착수)를 하여야 한다. 신
뢰보호원칙은 행정청의 행위의 존속을 목적으로 하는 것이 아니라 행정청의 조
치를 믿고 따른 사인을 보호하기 위한 것이다(예 : 사인이 과세관청의 비과세를 신뢰
하고 조세로 납부할 금전을 다른 용도로 소비한 경우나, 운전면허취소처분사유에 해당함에도
운전면허정지처분을 받고 정지기간 도과 후 운전한 경우에는 그 금전의 소비나 운전은 사인의
처리로 볼 것이다).

353   ㈑ 인과관계   사인의 신뢰와 처리 사이에 상당인과관계가 있어야 한다.
사인의 처리가 행정청의 선행조치에 대한 신뢰에 근거한 것이라야 하고, 만약
다른 사정에 근거한 것이라면 보호받을 수가 없다. 왜냐하면 신뢰와 처리 사이
에 인과관계가 없다면, 그러한 처분은 우연일 뿐이고 보호받아야 할 특별한 이
유는 없기 때문이다.

354   ㈒ 선행조치에 반하는 후행 처분   선행조치에 반하는 행정청의 처분이 있는
경우에 비로소 사인의 신뢰는 현실적으로 배반되고, 아울러 사인의 법생활의 안
정도 구체적으로 침해된다.

5. 행정작용의 유형별 예

355   ⑴ 행정행위의 취소·철회   개인의 신뢰보호를 위하여 경우에 따라서는
행정행위의 취소나 철회가 제한될 수 있음은 학설과 판례[2]에 의해 오래전부터

---

1) 헌재 2002. 11. 28, 2002헌바45(개인의 신뢰이익에 대한 보호가치는 ① 법령에 따른 개인의 행
   위가 국가에 의하여 일정방향으로 유인된 신뢰의 행사인지, ② 아니면 단지 법률이 부여한 기
   회를 활용한 것으로서 원칙적으로 사적 위험부담의 범위에 속하는 것인지 여부에 따라 달라진
   다. 만일 법률에 따른 개인의 행위가 단지 법률이 반사적으로 부여하는 기회의 활용을 넘어서
   국가에 의하여 일정 방향으로 유인된 것이라면 특별히 보호가치가 있는 신뢰이익이 인정될 수
   있고, 원칙적으로 개인의 신뢰보호가 국가의 법률개정이익에 우선된다고 볼 여지가 있다. 그런
   데, 이 사건 법률조항의 경우 국가가 입법을 통하여 개인의 행위를 일정방향으로 유도하였다고
   볼 수는 없고, 따라서 청구인의 징집면제연령에 관한 기대 또는 신뢰는 단지 법률이 부여한 기
   회를 활용한 것으로서 원칙적으로 사적 위험부담의 범위에 속하는 것이다). 그리고 옆번호 914
   를 보라.
2) 대판 1987. 9. 8, 87누373(택시운전사가 1983. 4. 5. 운전면허정지기간중의 운전행위를 하다가
   적발되어 형사처벌을 받았으나 행정청으로부터 아무런 행정조치가 없어 안심하고 계속 운전업
   무에 종사하고 있던 중 행정청이 위 위반행위가 있은 이후에 장기간에 걸쳐 아무런 행정조치
   를 취하지 않은 채 방치하고 있다가 3년여가 지난 1986. 7. 7.에 와서 이를 이유로 행정제재를
   하면서 가장 무거운 운전면허를 취소하는 행정처분을 하였다면 이는 행정청이 그간 별다른 행
   정조치가 없을 것이라고 믿은 신뢰의 이익과 그 법적 안정성을 빼앗는 것이 되어 매우 가혹
   할 뿐만 아니라 비록 그 위반행위가 운전면허취소 사유에 해당한다 할지라도 그와 같은 공익상의

일반적으로 인정되어 왔다. 행정기본법은 취소의 경우, 명시적인 규정을 두고 있다(기본법 제18조 제1항).

(2) **확   약**   확약으로 인한 신뢰 역시 보호되어야 한다는 것은 학설상으 356 로 오늘날 널리 인정되고 있다. 적법한 확약이 위법한 확약보다 많이 보호되어 야 할 것이다. 1987년의 행정절차법(안)은 제25조 제3항에서 이에 관한 명문의 규정을 두고 있었다. 현행 행정절차법에는 이에 관한 규정이 보이지 않는다.

(3) **법규명령**   법규명령에 대한 신뢰보호의 문제는 주로 법규명령의 소급 357 효의 문제가 된다. 일반적으로 인정되고 있는 바에 따른다면, 진정소급(이미 종료 한 법률관계나 사실관계에 법령 및 행정행위의 효력이 미치는 것)은 금지되나 부진정소급 (이미 종료하지 않고 아직 진행중인 법률 및 사실관계에 법령 및 행정행위의 효력이 미치는 것)은 인정되고 있다. 입법의 실제상 법치국가적 근거에서 부진정소급의 경우에 는 관계자의 이익보호와 관련하여 빈번히 경과규정을 둔다. 신뢰보호의 원칙에 반하는 입법은 무효일 수 있다.[1]

목적만으로는 위 운전사가 입게 될 불이익에 견줄 바 못된다 할 것이다).

1) 대판 2013. 4. 26, 2011다14428(2002. 3. 25. 대통령령 제17551호로 개정된 변리사법 시행령 제4 조 제1항이 변리사 제1차 시험을 '절대평가제'에서 '상대평가제'로 변경함에 따라 2002. 5. 26. 상대평가제로 실시된 시험에서 불합격처분을 받았다가 그 후 위 시행령 부칙 중 위 조항을 공 포 즉시 시행하도록 한 부분이 헌법에 위배되어 무효라는 대법원판결이 내려져 추가합격처분 을 받은 갑 등이 국가배상책임을 물은 손해배상청구소송에서)(법령의 개정에서 입법자의 광범 위한 재량이 인정되는 경우라 하더라도 구 법령의 존속에 대한 당사자의 신뢰가 합리적이고도 정당하며 법령의 개정으로 야기되는 당사자의 손해가 극심하여 새로운 법령으로 달성하고자 하는 공익적 목적이 그러한 신뢰의 파괴를 정당화할 수 없다면 입법자는 경과규정을 두는 등 당사자의 신뢰를 보호할 적절한 조치를 하여야 하며 이와 같은 적절한 조치 없이 새 법령을 그 대로 시행하거나 적용하는 것은 허용될 수 없는바, 이는 헌법의 기본원리인 법치주의 원리에서 도출되는 신뢰보호의 원칙에 위배되기 때문이다); 대판 2007. 10. 29, 2005두4649[(한약사 국가 시험의 응시자격을 '필수 한약관련 과목과 학점을 이수하고 대학을 졸업한 자'로 규정하던 약 사법시행령을 '한약학과를 졸업한 자'로 개정하면서 부칙에서 개정시행령 시행 당시 대학에 재 학 중인 자에게는 개정시행령을 적용하게 한 탓으로「개정 시행령 시행 이전에 순천대학교 한 약자원학과를 입학하고 개정 시행령 시행 후에 그 학과를 졸업한 원고들」이 한약사국가시험응 시원서를 접수하고자 하였으나 거부당하자 피고 한국보건의료인 국가시험원장을 상대로 한약 사국가시험응시원서접수거부처분의 취소를 구한 한약사국가시험사건에서) 개정 전 약사법 제3 조의2 제2항의 위임에 따라 같은 법 시행령(1994. 7. 7 – 1997. 3. 6) 제3조의2에서 한약사 국가 시험의 응시자격을 '필수 한약관련 과목과 학점을 이수하고 대학을 졸업한 자'로 규정하던 것 을, 개정 시행령(1997. 3. 6 – 2006. 3. 29) 제3조의2에서 '한약학과를 졸업한 자' 응시자격을 변 경하면서, 개정 시행령 부칙이 한약사 국가시험의 응시자격에 관하여 1996학년도 이전에 대학 에 입학하여 개정 시행령 시행 당시 대학에 재학중인 자에게는 개정 전의 시행령 제3조의2를 적용하게 하면서도 1997학년도에 대학에 입학하여 개정 시행령 시행 당시 대학에 재학중인 자 에게는 개정 시행령 제3조의2를 적용하게 하는 것은 헌법상 신뢰보호의 원칙과 평등의 원칙에 위배되어 허용될 수 없다]; 헌재 2004. 12. 16, 2003헌마226; 헌재 2008. 11. 27, 2005헌마161‧ 189(병합); 헌재 2013. 10. 24, 2012헌마906(법률의 제정이나 개정시 구법질서에 대한 당사자의 신뢰가 합리적이고도 정당하며 법률의 제정이나 개정으로 야기되는 당사자의 손해가 극심하여 새로운 입법으로 달성하고자 하는 공익적 목적이 그러한 당사자의 신뢰의 파괴를 정당화할 수

358   ⑷ **행정규칙**   행정규칙이나 행정기관의 관례는 개인이나 기업이 자신의 어떠한 처분을 행함에 있어서 고려하는, 그리고 법질서상 무시할 수 없는 구성요건임은 틀림없다. 그런데 행정의 영역에서는 행정규칙이나 행정관례와 관련한 신뢰보호의 문제가 행정의 자기구속의 문제로 다루어지고 있음이 일반적이다. 법률해석적 행정규칙에 의거하여 계속적으로 위법한 행정권을 행사하는 것은 행정규칙·평등원칙·신뢰보호원칙, 그 어느 것에 의해서도 청구권을 근거지우는 행정의 자기구속을 가져오지 아니한다.[1]

359   ⑸ **행정계획**   행정계획의 존속을 사인이 신뢰하였음에도 행정청이 사후에 그 계획을 변경 또는 폐지하는 경우, 그 사인은 보호되어야 하는 것이 아닌가의 문제가 있다. 이것이 계획보장청구권의 문제이다.[2] 1987년의 행정절차법(안) 제58조는 이에 관해 명문의 규정을 두고 있었다. 현행 행정절차법에는 이에 관한 규정이 보이지 않는다.

360   ⑹ **공법상 계약**   공법상 계약이 체결된 후 법령의 개폐 등으로 효력을 더 이상 존속시키기 곤란한 경우에는 사인의 보호가 문제된다. 이 경우 귀책사유 없는 사인은 신뢰보호의 원칙에 의거하여 보호(손실보상)되어야 할 것이다.

361   ⑺ **위법행위에 대한 신뢰와 장래효**   위법한 행정규칙이나 행정관례를 신뢰한 경우, 장래에 있어서도 그 위법한 행정규칙이나 행정관례의 준수를 행정청에 청구할 수 있는가의 문제가 있다. 부정적으로 보아야 할 것이다.

362   ⑻ **관련문제**(사인의 反신의행위)   신뢰보호의 원칙은 사인의 보호를 위한 것이다. 이와 반대되는 문제로서 법에는 합당하나 신의에 반하는 사인의 행위의 문제가 있다. 사인의 신의에 반하는 행위는 경우에 따라 그 효력이 부인되어야 할 것이다. 판례 또한 이러한 입장을 취한다.[3]

없다면 그러한 새 입법은 신뢰보호원칙상 허용될 수 없다).
1) BVerfGE 34, 278.
2) 대판 2000. 11. 10, 2000두727(당초 정구장 시설을 설치한다는 도시계획결정을 하였다가 정구장 대신 청소년 수련시설을 설치한다는 도시계획 변경결정 및 지적승인을 한 경우, 당초의 도시계획결정만으로는 도시계획사업의 시행자 지정을 받게 된다는 공적인 견해를 표명하였다고 할 수 없다는 이유로 그 후의 도시계획 변경결정 및 지적승인이 도시계획사업의 시행자로 지정받을 것을 예상하고 정구장 설계 비용 등을 지출한 자의 신뢰이익을 침해한 것으로 볼 수 없다).
3) 대판 1989. 12. 12, 88누8869(피징계자가 징계처분에 중대하고 명백한 흠이 있음을 알면서도 퇴직시에 지급되는 퇴직금 등 급여를 지급받으면서 그 징계처분에 대하여 위 흠을 들어 항고하였다가 곧 취하하고 그 후 5년 이상이나 그 징계처분의 효력을 일체 다투지 아니하다가 위 비위사실에 대한 공소시효가 완성되어 더 이상 형사소추를 당할 우려가 없게 되자 새삼 위 흠을 들어 그 징계처분의 무효확인을 구하는 소를 제기하기에 이르렀고 한편 징계권자로서도 그 후 오랜 기간 동안 피징계자의 퇴직을 전제로 승진·보직 등 인사를 단행하여 신분관계를 설정하였다면 피징계자가 이제 와서 위 흠을 내세워 그 징계처분의 무효확인을 구하는 것은 신의칙에 반한다).

6. 적용상 한계

(1) **법치행정의 원칙과의 관계**   행정기본법 제12조 제1항이 정하는 신뢰보   363
호의 원칙은 법치국가원리의 한 내용인 법적 안정성을 위한 것이지만, 경우에
따라서는 행정기본법 제8조가 정하는 법치국가원리의 또 하나의 내용인 법치행
정의 원칙과 충돌될 수 있다. 적법한 행위에 대한 신뢰보호의 경우는 문제가 없
지만, 위법한 행위에 대한 신뢰보호의 경우는 문제이다. 이와 관련하여 학설로
① 법치행정의 원칙의 우위설, ② 양자의 동위설이 언급될 수 있으나, 양 원칙
이 동위의 법원칙이라는 견해가 지배적이다.[1] 신뢰보호의 원칙의 개념을 인정
한다는 자체가 이미 법률적합성의 원칙의 절대적 우위의 배제를 전제로 한다.
동위설의 입장에서 볼 때, 양자의 충돌의 경우에는 공익과 사익의 정당한 비교
형량에 의해 문제를 해결할 수밖에 없다. 공익이 보다 강하게 요구된다면, 신뢰
보호의 원칙은 후퇴할 수밖에 없다. 판례도 동위설의 입장에서 이익형량을 통해
신뢰보호원칙의 적용 여부를 결정한다.[2]

(2) **존속보호**   보호의 대상이 재산권인 경우, 신뢰보호의 원칙에 따라 보   364
호되는 것은 존속보호인가, 보상보호인가가 문제된다. 재산권의 보장이 원칙적
으로 존속보장인 점을 고려한다면 존속보호가 원칙적이어야 할 것이고, 그것이
불가한 경우에는 보상보호가 이루어져야 할 것이다.

(3) **사정변경**   신뢰보호원칙은 상황의 변화에도 관계없이 적용되어야 하   365
는 원칙일 수는 없다.[3] 말하자면 사인의 신뢰형성에 기초가 된 사실관계가 추
후에 변화되고 관계당사자가 그 변화를 알게 되었다면, 그 후로는 관련사인도
변화 전의 상태를 이유로 신뢰보호를 주장할 수는 없다. 예를 들어, 행정청이

---

1) Loeser, System des Verwaltungsrechts, Bd. 1, S. 356.
2) 대판 1997. 9. 12, 96누18380(비록 지방자치단체장(충주시장)이 당해 토지형질변경허가를 하였
   다가 이를 취소·철회하는 것은 아니라 하더라도 지방자치단체장이 토지형질변경이 가능하다
   는 공적 견해표명을 함으로써 이를 신뢰하게 된 당해 종교법인(대순진리회)에 대하여는 그 신
   뢰를 보호하여야 한다는 점에서 형질변경허가 후 이를 취소·철회하는 경우를 유추·준용하여
   그 형질변경허가의 취소·철회에 상당하는 당해 처분으로써 지방자치단체장이 달성하려는 공
   익, 즉 당해 토지에 대하여 그 형질변경을 불허하고 이를 우량농지로 보전하려는 공익과 위 형
   질변경이 가능하리라고 믿은 종교법인이 입게 될 불이익을 상호 비교교량하여 만약 전자가 후
   자보다 더 큰 것이 아니라면 당해 처분은 비례의 원칙에 위반되는 것으로 재량권을 남용한 위
   법한 처분이라고 봄이 상당하다).
3) 대판 2020. 6. 25, 2018두34732(신뢰보호의 원칙은 행정청이 공적인 견해를 표명할 당시의 사정
   이 그대로 유지됨을 전제로 적용되는 것이 원칙이므로, 사후에 그와 같은 사정이 변경된 경우
   에는 그 공적 견해가 더 이상 개인에게 신뢰의 대상이 된다고 보기 어려운 만큼, 특별한 사정
   이 없는 한 행정청이 그 견해표명에 반하는 처분을 하더라도 신뢰보호의 원칙에 위반된다고
   할 수 없다).

상대방에게 장차 어떤 처분을 하겠다고 확약 또는 공적인 의사 표명을 하였다고 하더라도, 상대방으로 하여금 언제까지 처분의 발령을 신청하도록 유효기간을 두었는데도 그 기간 내에 상대방의 신청이 없었다거나 확약 또는 공적인 의사표명이 있은 후에 사실적·법률적 상태가 변경되었다면, 그와 같은 확약 또는 공적인 의사표명은 행정청의 별다른 의사표시를 기다리지 않고 실효된다.[1] 물론 새로운 상황과 관련하여 신뢰보호의 주장이 가능한 경우도 있을 것이다.

7. 위 반

366 　(1) **위반 여부 판단방법**　　신뢰보호의 원칙의 위반 여부를 판단하기 위해서는 한편으로는 침해받은 이익의 내용 및 보호가치, 신뢰가 손상된 정도, 신뢰침해의 방법 등과 다른 한편으로는 새 입법을 통해 실현하고자 하는 공익적 목적을 종합적으로 비교·형량하여야 한다.[2]

367 　(2) **무효와 취소**　　신뢰보호의 원칙에 반하는 행정작용은 위법한 행정작용이 된다. ① 신뢰보호의 원칙에 반하는 행정입법은 무효이다. ② 신뢰보호의 원칙에 반하는 행정행위는 하자의 중대성과 명백성 여하에 따라 하자가 중대하고 명백하면 무효, 중대하지만 명백하지 않거나 명백하지만 중대하지 않으면 취소의 대상이 된다.

368 　(3) **손해배상청구**　　신뢰보호의 원칙에 반하는 행정작용으로 손해를 입은 자는 국가배상법이 정하는 바에 따라 국가나 지방자치단체를 상대로 손해배상을 청구할 수 있다.

369 　(4) **행정상 쟁송**　　신뢰보호의 원칙에 반하는 처분의 당사자는 이의신청(기본법 제36조)이나 처분의 재심사(기본법 제37조)를 신청을 할 수 있고, 행정심판법상 행정심판이나 행정소송법상 행정소송을 제기할 수도 있다

Ⅱ. 실권의 원칙

1. 의 의

370 　실권의 원칙이란 "행정청은 권한 행사의 기회가 있음에도 불구하고 장기간 권한을 행사하지 아니하여 국민이 그 권한이 행사되지 아니할 것으로 믿을 만한 정당한 사유가 있는 경우에는 그 권한을 행사해서는 아니 된다"는 원칙을 말한다(기본법 제12조 제2항 본문). 그러나 "공익 또는 제3자의 이익을 현저히 해칠

---

1) 대판 1996. 8. 20, 95누10877; 헌재 2014. 4. 24, 2010헌마747.
2) 헌재 2017. 7. 27, 2015헌바240; 헌재 2016. 6. 30, 2014헌바365; 헌재 2014. 2. 27, 2012헌바424; 헌재 2011. 7. 28, 2009헌바311 등.

우려가 있는 경우"에는 실권의 원칙이 인정되지 아니한다(기본법 제12조 제2항 단서).

2. 성   질

실권의 원칙은 신뢰보호의 원칙의 파생원칙이라 할 수 있으나,[1] 행정기본   371
법 제12조 제1항의 신뢰보호의 원칙과 제2항의 실권의 법리는 적용요건에 차이
가 있다.

3. 일반법과 개별법(특별법)

행정기본법 제12조 제2항이 규정하는 실권의 원칙은 행정의 법 원칙으로   372
서, 일반적 규정이다(일반법). 행정기본법 제23조(제척기간)가 적용되는 경우, 행
정기본법 제12조(신뢰보호의 원칙) 제2항의 적용은 배제된다는 범위에서 행정기본
법 제23조는 행정기본법 제12조 제2항의 관계에서 특별법의 성격을 갖는다. 개
별 법률에 실권의 원칙에 관한 규정이 없다고 하여도, 행정청은 개별 법률의 집
행에 실권의 원칙을 준수하여야 한다.

4. 적용요건

⑴ **권한행사의 기회가 있을 것**   행정청의 권한행사의 기회가 있어야 한다.   373
기회가 있었는지 여부는 담당 공무원의 주관적인 판단이 아니라 객관적으로 판
단되어야 한다.

⑵ **장기간 권한의 불행사가 있을 것**   행정청이 장기간 권한을 행사하지 아   374
니하여야 한다. 장기간의 의미를 일자 수로 정할 수는 없다. 권한을 행사함에
충분한 기간이 경과하였다면, 장기간 권한을 행사하지 아니한 것으로 볼 수 있
을 것이다. 만약 제척기간 규정이 적용되는 사안에서는 실권의 원칙이 적용되는
것이 아니라 제척기간이 적용된다.

⑶ **권한의 불행사에 대한 국민의 신뢰가 있을 것**   국민이 행정청이 그 권한   375
을 행사하지 아니할 것으로 믿을 만한 정당한 사유가 있어야 한다. 권한을 행사
하지 아니할 것으로 믿을 만한 정당한 사유는 행정청이 그러한 사정을 제공한
것으로 볼 수 있는 경우에 인정하기가 용이할 것이다. 실권의 원칙은 행정청에
대한 신뢰의 보호를 위한 원칙이기 때문이다.

⑷ **공익 등을 해칠 우려가 없을 것**   공익 또는 제3자의 이익을 현저히 해   376

---

1) 대판 2021. 12. 30, 2018다241458(실권 또는 실효의 법리는 신의성실의 원칙에서 파생한 법원
칙으로서, 본래 권리행사의 기회가 있는데도 불구하고 권리자가 장기간에 걸쳐 권리를 행사하
지 않았기 때문에 의무자인 상대방이 이미 그의 권리를 행사하지 않을 것으로 믿을 만한 정당
한 사유가 있게 됨으로써 새삼스럽게 권리를 행사하는 것이 신의성실의 원칙에 위반되는 결과
가 될 때 권리행사를 허용하지 않는 것이다).

칠 우려가 없어야 한다(기본법 제12조 제2항). 공익 또는 제3자의 이익을 「현저히 해칠 우려」란 공익 또는 제3자의 이익을 해칠 가능성이 뚜렷한 경우를 의미한다. 공익 또는 제3자의 이익을 침해할 우려가 없거나, 있다고 하여도 현저히 해칠 우려가 있는 경우가 아니라면 실권의 원칙은 적용될 수 있다.

5. 효　　과

377　　실권의 원칙의 적용요건이 구비되면, 행정청은 그 권한을 행사할 수 없다. 행사할 수 없는 권한에는 취소권·정지권·철회권 등이 포함된다.

6. 위　　반

378　　(1) 위　　법　　실권의 원칙에 위반하는 행정작용은 위법한 것이 된다. 실권의 원칙에 반하는 행정작용은 경우에 따라 무효 또는 취소의 대상이 된다.[1]

379　　(2) 손해배상　　실권의 원칙에 반하는 행정작용으로 손해를 입은 자는 국가배상법이 정하는 바에 따라 국가나 지방자치단체를 상대로 손해배상을 청구할 수 있다.

380　　(3) **행정상 쟁송**　　실권의 원칙에 반하는 위법한 처분의 당사자는 행정기본법 제36조(처분에 대한 이의신청)가 정하는 바에 따라 이의신청을 할 수 있다. 뿐만 아니라 행정기본법 제37조(처분의 재심사)가 정하는 바에 따라 처분의 재심사를 신청을 할 수 있다. 뿐만 아니라 실효의 원칙에 반하는 위법한 처분의 당사자나 이해관계 있는 제3자는 행정심판법이 정하는 바에 따라 행정심판을 제기할 수 있고, 또한 행정소송법이 정하는 바에 따라 행정소송을 제기할 수 있다.

제 6 항　부당결부금지의 원칙

1. 의　　의

381　　부당결부금지의 원칙이란 "행정청은 행정작용을 할 때 상대방에게 해당 행정작용과 실질적인 관련이 없는 의무를 부과해서는 아니 된다"는 원칙을 말한다(기본법 제13조). 말하자면 행정작용과 사인이 부담하는 급부 — 그 급부가 사실상의 것이든 혹은 법적 근거를 가진 것이든 불문한다 — 는 부당한 내적인 관련(실체적 관련성)을 가져서는 아니 되고 또한 부당하게 상호 결부되어서도 아니 된

---

1) 대판 2021. 12. 30, 2018다241458(어떤 행정처분이 실효의 법리를 위반하여 위법한 것이라고 하더라도, 이러한 하자의 존부는 개별·구체적인 사정을 심리한 후에야 판단할 수 있는 사항이어서 객관적으로 명백한 것이라고 할 수 없으므로, 이는 행정처분의 취소사유에 해당할 뿐 당연무효사유는 아니다).

다는 원칙을 말한다.[1] 달리 말한다면, 행정청은 어떠한 행정작용(A)을 하는 경우, 그 행정작용(A)과 사항적인 관련이 없는 반대급부를 사인이 제공하도록 할 수 없다는 원칙을 말한다(예 : 건축행정청이 건축허가신청인에게 건축허가를 함에 있어 그 건축허가신청인의 부동산을 건축행정청에게 매각할 것을 허가발령의 조건으로 한다면, 그 허가는 부당결부금지의 원칙에 위반하는 것이 된다).[2]

2. 인정 근거

(1) **법적 근거로서 일반법과 개별법**(특별법)   행정기본법 제13조가 규정하는   382
부당결부금지의 원칙은 행정의 법 원칙으로서, 일반적 규정이다(일반법). 개별법으로 주택법 제17조 제1항을 볼 수 있다. 개별 법률에 부당결부금지의 원칙에 관한 규정이 없다고 하여도, 행정청은 개별 법률의 집행에 부당결부금지의 원칙을 준수하여야 한다.

(2) **이론상 근거**   ① 부당결부금지의 원칙은 법치국가원리와 자의금지의   383
원칙에서 나오는 바,[3] 헌법적 지위를 갖는다. ② 판례도[4] 부당결부금지의 원칙을 인정하고 있다. 한편, 부당결부금지의 원칙은 법치국가의 원칙과 무관하진 않지만 직접적 근거는 권한법정주의와 권한남용금지의 원칙에 있다고 보는 것이 타당하다는 이유로 법률적 효력을 가지는 법원칙이라고 보는 견해가[5] 있으나, 부당결부금지의 원칙은 법치국가원리와 자의금지의 원칙에서 나온다고 할 것이므로 헌법적 지위를 갖는다고 보아야 한다.

---

1) 대판 2009. 2. 12, 2005다65500(부당결부금지의 원칙이란 행정주체가 행정작용을 함에 있어서 상대방에게 이와 실질적인 관련이 없는 의무를 부과하거나 그 이행을 강제하여서는 아니 된다는 원칙을 말한다).

2) Detterbeck, Allgemeines Verwaltungsrecht mit Verwaltungsprozessrecht(13. Aufl.), §6, Rn. 251.

3) Detterbeck, Allgemeines Verwaltungsrecht mit Verwaltungsprozessrecht(2017), Rn. 251. 한편, 비례원칙으로부터 부당결부금지를 끌어내는 견해도 보인다(Wallerath, Allgemeines Verwaltungsrecht(6. Aufl.), §7, Rn. 23).

4) 대판 1997. 3. 11, 96다49650(지방자치단체장이 사업자에게 주택사업계획승인을 하면서 그 주택사업과는 아무런 관련이 없는 토지를 기부채납하도록 하는 부관을 주택사업계획승인에 붙인 경우, 그 부관은 부당결부금지의 원칙에 위반되어 위법하다); 대판 1997. 5. 16, 97누1310(1995. 7. 1. 도로교통법시행규칙 제26조 [별표 14]가 개정되어 제1종 특수면허로 트레일러, 레커 외에 제2종 보통면허로 운전할 수 있는 차량을 운전할 수 있게 되었다고 하더라도 트레일러는 제1종 특수면허로는 운전이 가능하나 제1종 보통면허나 대형면허로는 여전히 운전할 수 없는 것이어서 제1종 특수·대형·보통면허를 가진 자가 트레일러를 운전한 것은 자신이 가지고 있는 면허 중 특수면허만으로써 운전한 것이 되고, 제1종 보통면허나 대형면허는 트레일러 운전과는 아무런 관련이 없는 것이므로, 제1종 특수·대형·보통면허를 가진 자가 트레일러를 운전하다가 운전면허취소사유가 발생한 경우에는 그 운전자가 가지고 있는 면허 중 특수면허에 대한 취소사유가 될 수 있을 뿐 제1종 보통면허나 대형면허에 대한 취소사유는 되지 아니한다); 대판 2009. 2. 12, 2005다65500.

5) 박균성, 행정법론(상), 70쪽(2019).

3. 적용범위

384   행정기본법 제13조의 부당결부금지의 원칙은 모든 행정에 적용된다. 말하자면 침익적 행정과 수익적 행정, 질서행정과 급부행정, 침해행정과 급부행정 등 모든 행정에 적용된다. 행정실무상으로 부당결부금지의 원칙은 행정행위의 부관(예 : 건축허가를 하면서 다른 토지의 기부채납을 부관으로 부담하게 하는 경우), 공법상 계약(예 : 주차장시설의무의 면제와 천만원의 납부의무를 내용으로 공법상 계약을 체결하는 경우), 또는 행정의 실효성 확보수단(예 : 사업에 관한 허가등의 제한)과 관련하여 문제되고 있다.

4. 요   건

385   ⑴ 의   의   부당결부금지의 원칙이 적용되기 위해서는 ① 행정청의 행정작용이 있어야 하고, ② 그 행정작용은 상대방에 부과하는 반대급부와 결부되어야 하고, ③ 그 행정작용과 사인의 급부 사이에 실질적인 관련성이 없어야, 즉 부당한 내적 관련이 있어야 한다.

386   ⑵ 실질적인 관련성 유무의 판단기준   부당결부금지의 원칙이 의미를 갖기 위해서는 「행정작용과 사인의 급부가 부당한 내적관련을 갖는가의 여부에 대한 판단기준」을 마련해야 한다. 이와 관련하여 일설은[1] 그 기준으로 인과관계에 있어서의 관련성(원인적 관련성)과 목적에 있어서 관련성(목적적 관련성)을 제시한다. 원인적 관련성이란 행정작용과 사인의 급부사이에는 인과관계가 있을 때 정당한 내적 관계가 존재함을 의미하고, 목적적 관련성이란 행정작용과 사인의 급부사이에서 사인의 급부가 행정작용과 특정의 목적을 같이할 때 정당한 내적 관계가 존재함을 의미한다(예를 들어 유흥주점영업허가를 하면서 경찰목적과 관련 없는 금전기부채납부관을 발령한 경우 목적적 관련성이 없다). 원인적 관련성은 행정기관이 상대방의 열악한 지위를 악용하는지의 여부와 관련하여, 목적적 관련성은 행정기관이 법령상의 권한과 목적을 초과하는 반대급부를 요구하는지의 여부와 관련하여 실질적으로 의미를 갖는 것으로 이해되고 있다. 따라서 원인적 관련성이나 목적적 관련성이 결여되면 행정작용과 사인의 급부 사이에는 부당한 내적 관련(부당결부)이 존재하는 것이 된다.

5. 위   반

387   ⑴ **무효와 취소**   ① 부당결부금지의 원칙에 반하는 행정입법은 무효이다.

---

1) 류지태·박종수, 행정법신론, 172쪽(2019).

② 부당결부금지의 원칙에 반하는 행정행위는 하자의 중대성과 명백성 여하에 따라 하자가 중대하고 명백하면 무효, 중대하지만 명백하지 않거나 명백하지만 중대하지 않으면 취소의 대상이 된다.[1]

    (2) **손해배상청구**   부당결부금지의 원칙에 반하는 행정작용으로 손해를   388
입은 자는 국가배상법이 정하는 바에 따라 국가나 지방자치단체를 상대로 손해배상을 청구할 수 있다.

    (3) **행정상 쟁송**   부당결부금지의 원칙에 반하는 위법한 처분의 당사자는   389
처분에 대한 이의신청(기본법 제36조)이나 재심사(기본법 제37조), 또는 행정심판법
상 행정심판이나 행정소송법상 행정소송을 제기할 수 있다.

제7항 기타의 원칙

    행정기본법에는 행정의 법 원칙으로 명시되고 있지 아니 하지만, 행정법상
원칙으로 아래의 원칙들이 논급되고 있다.

    (1) **공익(공공복지)의 원칙**   국가 기타 공권력주체의 작용에 대한 공익의   390
원칙은 국가적인 또는 여타의 공적인 기관의 작용은 공법상의 형식이든 사법상
의 형식이든 그것이 공공의 복지에 봉사할 때 허용되고 정당화되는 것이고, 특
정계층의 이익만을 위한 것일 때에는 그러하지 않다는 원칙이다. 다만 사적 이
익을 위한 작용이 언제나 공익과 모순·대립관계에 서는 것만은 아니다(예 : 교부
지원제도). 이 원칙은 민주주의원리에서 나온다고 설명된다.[2] 민주국가에서 모든
국가작용은 전체 국민의 이익, 복지에 기여하여야 하기 때문이다.[3]

    (2) **명확성·예견가능성·가측성의 원칙**   법규범이나 행정작용은 사인이 예   391
견가능하고, 측정가능하고, 표현상 내용이 명확하여야 한다는 원칙을 말한다.[4]

---

1) 대판 1997. 3. 11, 96다49650(이 사건에서 인천시장이 승인한 원고의 주택사업계획은 금
109,300,000,000원의 사업비를 들여 아파트 1,744세대를 건축하는 상당히 큰 규모의 사업임에
반하여, 원고가 기부채납한 위 2,791㎡의 토지가액은 그 100분의 1 상당인 금 1,241,995,000원
에 불과한 데다가, 원고가 그 동안 위 부관에 대하여 아무런 이의를 제기하지 아니하다가 인천
시장이 업무착오로 위 2,791㎡의 토지에 대하여 보상협조청서를 보내자 그 때서야 비로소
위 부관의 하자를 들고 나온 사실이 인정되는바, 이러한 사정에 비추어 볼 때 위 부관이 그 하
자가 중대하고 명백하여 당연무효라고는 볼 수 없다 할 것이다).

2) Detterbeck, Allgemeines Verwaltungsrecht mit Verwaltungsprozessrecht(13. Aufl.), §6, Rn.
252; Storr/Schröder, Allgemeines Verwaltungsrecht, Rn. 30.

3) Detterbeck, Allgemeines Verwaltungsrecht mit Verwaltungsprozessrecht(9. Aufl.), §6, Rn.
252.

4) 헌재 2015. 7. 30, 2014헌바298(명확성원칙은 기본권을 제한하는 법규범의 내용은 명확하여야
한다는 헌법상의 원칙인데, 명확성원칙을 요구하는 이유는 만일 법규범의 의미내용이 불확실

이러한 원칙은 법치국가원리로부터 나온다.[1] 명확성의 원칙은 행정절차법에도 나타난다(절차법 제5조).

392   **(3) 효율성의 원칙**   독일의 경우, 국가작용의 효율성의 원칙(Grundsatz der Effizienz)이 행정에 특별히 의미를 갖는 헌법원칙으로 승인되어가고 있다고 한다.[2] 우리의 경우도 유사하다.[3] 헌법은 공적 임무를 효율적으로 감당할 수 있는 급부능력이 있는 국가를 전제로 한다. 효율성의 원칙은 법치국가에서 행정작용에 필요한 법적인 수권을 대체할 수도 없고 박탈할 수도 없다. 그러나 이 원칙은 유효한 법이 고려되어지는 범위 내에서는 반드시 고려되어야 한다는 것이다. 행정기본법에서는 제1조 목적조항에서 효율성이 규정되고 있다.

393   **(4) 협력의 원칙**   학자에 따라서는 환경법의 3대원칙 중의 하나인 협력의 원칙을 행정법의 일반원칙의 하나로 들기도 한다.[4]

하다면 법적 안정성과 예측가능성을 확보할 수 없고 법집행 당국의 자의적인 법해석과 집행을 가능하게 하기 때문이다. 다만 법규범의 문언은 어느 정도 일반적·규범적 개념을 사용하지 않을 수 없기 때문에 기본적으로 최대한이 아닌 최소한의 명확성을 요구하는 것으로서, 법문언이 법관의 보충적인 가치판단을 통해서 그 의미 내용을 확인할 수 있고, 그러한 보충적 해석이 해석자의 개인적인 취향에 따라 좌우될 가능성이 없다면 명확성원칙에 반한다고 할 수 없다. 이 경우 법규범의 의미내용은 법규범의 문언뿐만 아니라 입법취지, 입법연혁, 그리고 법규범의 체계적 구조 등을 종합적으로 고려하는 해석방법에 의하여 구체화하게 되므로 결국 당해 법률조항이 명확성원칙에 위반되는지 여부는 위와 같은 해석방법에 의하여 의미내용을 합리적으로 파악할 수 있는 해석기준을 얻을 수 있는지 여부에 달려 있다).

1) Detterbeck, Allgemeines Verwaltungsrecht mit Verwaltungsprozessrecht(13. Aufl.), §6, Rn. 227.
2) Detterbeck, Allgemeines Verwaltungsrecht mit Verwaltungsprozessrecht(13. Aufl.), §6, Rn. 255.
3) 김중권의 행정법(2019), 75쪽.
4) 박수혁, 고시계, 1992. 8, 152쪽. 그리고 이와 관련하여 졸저, 행정법원론(하), 옆번호 2578을 보라.

제 2 장   행정법관계[1]

제 1 절   행정법관계의 의의

제 1 항   행정작용과 법관계

국가와 사회의 안전, 공공복지의 실현을 목적으로 하는 행정은 원칙적으로   401
법에 근거하여 이루어진다. 그렇다고 일체의 행정작용이 특정의 행정주체와 행
정의 상대방간에 언제나 구체적인 권리·의무관계를 가져오는 것은 아니다. 특
정행정주체에 주어진 법상 임무는 다른 권리주체와 관계없이 단순히 어떠한 사
실상태를 실현하는 것을 내용으로 하는 경우(예 : 도로건설·오물제거 등)도 있고,
다른 권리주체에게 권리나 의무를 설정하는 경우(예 : 세금부과·토지수용처분 등)도
있다. 말하자면 행정은 공익의 실현을 목적으로 삼기 때문에, 행정작용은 언제
나 법관계로 파악될 수 있는 것만은 아니다. 공익의 실현은 법적 작용을 통해서
도, 그리고 사실작용에 의해서도 이루어지는 것이기 때문이다.

제 2 항   행정상 법률관계

I. 법 관 계

법질서는 그 법질서가 놓이는 공동체구성원 모두에게 권리와 의무를 추상   402
적으로 부여한다. 따라서 공동체와 구성원간에, 그리고 구성원상호간에 일반적
인 법관계가 존재한다. 그러나 이러한 일반적인 법관계는 고도로 일반적이어서
(구체적인) 법관계로 보기 어렵다.[2] 요컨대 추상적인 명령이나 금지는 행정법관
계를 구성하지 않는다(이러한 관계를 넓은 의미의 행정법관계라 부르기도 한다). 이 때
문에 법규범에 근거하여 특정법주체 사이에 구체적인 권리·의무관계가 형성될
때, 법관계가 존재한다고 보아야 한다[3](이러한 관계를 좁은 의미의 행정법관계라고도

---

1) 행정법관계에는 행정작용법관계 외에 행정조직법관계도 있으므로, 행정법관계론은 논리체계상
   제1장 행정법서설에서 다루는 것이 보다 합리적일 수 있다고 본다. 그러나 본문의 행정법관계
   론의 내용이 주로 행정작용법적인 것이므로 제2장에서 다루기로 한다.
2) Bull, Allgemeines Verwaltungsrecht, Rn. 711; Hendler, Allgemeines Verwaltungsrecht, Rn. 87.
3) Wallerath, Allgemeines Verwaltungsrecht, S. 137.

한다). 예를 들면 자기가 소유하는 토지 위에 건축을 하고자 하는 자는 국가에
대해 허가를 신청할 수 있겠으나, 이 때 허가를 신청할 수 있는 권리 그 자체는
구체적인 법관계를 구성하는 것은 아니다. 그 자가 건축허가를 신청한 때에 법
관계가 존재하게 되는 것이다. 하여튼 이러한 법관계론은 소송상법관계의 존부
나 유·무효의 확인소송제도와 관련하여 실제적인 의미를 갖는다.

Ⅱ. 행정상 법률관계와 행정법관계

403   법관계의 문제는 일반법이론의 대상인데, 이러한 법관계에는 당사자 일방
이 행정주체인 경우도 있다. 이 때 행정주체가 일방당사자인 법관계를 행정상
법률관계라 부른다(정확히는 행정상 법관계라고 불러야 할 것이나, 일반적인 용어례에 따
라 본서에서도 행정상 법률관계라 부르기로 한다). 행정상 법률관계에서는 사법이 지배
하는 경우도 있고, 공법이 지배하는 경우도 있다. 전자를 통상 국고관계라 부르
고, 후자를 행정법관계 또는 공법관계라 부른다. 후자에 관한 연구가 행정법론
의 중심이 된다.[1]

Ⅲ. 행정법관계의 행정소송법상 의미

404   행정소송법은 "행정청의 처분등을 원인으로 하는 법률관계에 관한 소송 그
밖에 공법상의 법률관계에 관한 소송으로서 그 법률관계의 한쪽 당사자를 피고
로 하는 소송"을 당사자소송으로 규정하고 있다(행소법 제3조 제2호). 따라서 행정
법관계는 행정소송과 관련하여 실제적인 의미를 갖는다.[2]

---

1) 행정상 법률관계가 공법관계인지 또는 사법관계인지를 판단하는 것이 용이하지 아니한 경우도
   있다. 예컨대 보조금지급관계에서 보조금지급여부(수익 여부) 결정은 특별법의 규정에서 규율
   하는 한 공법적이나, 보조금지급의 실현(수익의 방법)과 그와 관계된 법적 분쟁이 공법적인지
   는 의문이다. 양자를 하나의 행위로 볼 수도 있고, 분리하여 볼 수도 있다(졸저, 행정법원론
   (하), 옆번호 2265 참조). 공무원의 사실행위의 경우에도 공무와 관련되면 공법적, 사적 사무와
   관련되면 사법적으로 볼 것이지만, 공무와의 관련성 여부의 판단이 용이하지 아니한 경우가 많
   을 것이다. 행정상 계약도 명시적 규정이 없는 경우에는 해석문제가 될 것인데, 그것이 행정행
   위 대신 나온 것이거나 행정행위로 계약내용을 수정하고 있다면 공법적으로 볼 것이다. 공사법
   혼합계약은 원칙적으로 인정하기 어려울 것이고, 만약 공법적 요소와 사법적 요소가 모두 있다
   면, 합의의 중점이 어디에 있는가의 여부에 따라 공법계약 또는 사법계약으로 볼 것이다
   (Schenke, Verwaltungsprozessrecht(12. Aufl.), Rn. 328). 실제상 양자의 구분은 행정상 계약
   (공법상 계약 + 사법상 계약)(옆번호 1794 참조), 공물의 이용관계(졸저, 행정법원론(하), 옆번
   호 1469, 1504, 1509, 1520 참조) 영조물의 이용관계(졸저, 행정법원론(하), 옆번호 1560, 1561
   참조), 공기업의 이용관계(졸저, 행정법원론(하), 옆번호 1604 이하 참조) 등에서 문제된다.
2) 당사자소송에 관해 옆번호 4701 이하를 보라.

제 2 절 행정법관계의 당사자

제 1 항 행정의 주체

Ⅰ. 관   념

1. 의   의

공행정의 주체는 궁극적으로는 공동체의 주체이다. 군주국가에서는 군주가   405
주체이나 국민주권의 민주국가에서는 국민이 궁극적인 주체이다. 그러나 법기
술상으로는 법적으로 인격이 주어진 공동체 자체(국가 또는 법인격을 갖는 단체)나
공권이 주어진 개인이 행정의 주체가 된다.[1] 요컨대 행정을 행할 권리와 의무
를 갖고 자기 이름과 책임으로 행정을 행하는 자를 행정주체라 부른다. 이 때
행정주체가 자기에게 주어진 임무를 스스로 행할 때(즉, 자신의 고유기관에 의할 때)
의 행정을 직접행정이라 하고, 다른 주체에 의해 행하게 할 때의 행정을 간접행
정이라 부른다.

2. 공 무 원

원칙적으로 행정주체는 법인이므로 행정주체가 현실적으로 공행정임무를   406
수행하기 위해서는 행정주체를 위한 기관을 필요로 한다. 여기서 행정권의 보유
수행자인 행정주체와 행정주체의 사무를 실제 담당하는 행정기관과는 구별되어
야 한다. 행정기관은 행정권을 담당하는 행정주체를 구성하는 개개의 법적 단위
이고, 이러한 법적 단위의 다수의 체계적인 기구를 행정조직이라 부른다. 그리
고 행정기관을 구성하는 인적 요소로서 행정사무를 현실적으로 담당하는 자가
공무원이다. 한편 행정기관이 행정주체를 위해 법상 행할 수 있는 사항적·지역
적·인적임무범위를 권한이라고 부른다. 그리고 행정기관이 권한의 범위 내에서
행위하는 경우, 그 법적 효과는 바로 행정주체에 귀속한다.

Ⅱ. 종   류

1. 국   가

국가는 시원적인 행정주체이다. 국가는 자신의 조직을 통해 직접국가행정   407
을 스스로 관장한다. 국가는 중앙행정기관의 장에 의해 대표되고 있다. 독립의

---

1) Wolff/Bachof, Verwaltungsrecht Ⅰ(9. Aufl.), S. 26; Battis, Allgemeines Verwaltungsrecht, S.
64.

법인에 의한 간접국가행정에 대해서는 법규감독권만을 갖는다. 오늘날의 국가에서는 입법·행정·사법을 불문하고 모든 권력이 헌법제정권력(국민)에 의거하여 국가에 독점되고 있으며, 이는 우리나라의 경우에도 마찬가지이다.

2. 지방자치단체

408   지방자치단체는 전래적인 행정주체이다. 지방자치단체는 일정한 지역과 그곳에 정주하는 주민, 그리고 그에 대한 포괄적인 지배권(자치권)을 구성요소로 하는 단체를 의미한다. 지방자치단체는 당해 지역의 사무(자치사무 또는 고유사무)를 처리함을 목적으로 한다. 이에 관한 기본법이 지방자치법이다. 현행법상 지방자치단체에는 보통지방자치단체와 특별지방자치단체가 있다. 보통지방자치단체에는 광역지방자치단체로 특별시·광역시·특별자치시·도·특별자치도가 있고, 기초지방자치단체로 시·군·자치구가 있다. 한편 특별지방자치단체의 예로 지방자치단체조합이 있다. 지방자치단체는 의결기관인 지방의회와 집행기관인 지방자치단체의 장과 그 소속기관으로 구성된다.

3. 공법상 법인

409   공적 임무를 수행키 위해 설치되는 (지방자치단체를 제외한) 공법상 법인에는 공법상 사단(공공조합)과 공법상 권리능력있는 영조물(영조물법인)이 있다(O. Mayer는 영조물을 공행정목적을 지속적으로 실현하기 위한 인적·물적 결합체로 개념지었다).[1] 공법상 법인 역시 전래적인 행정주체이다. 공법상 법인은 부여받은 공법상 사무범위 내에서 행정주체가 된다. 공법상 사단이란 공행정임무에 속하는 특정의 사업을 행하기 위하여 이해관계인으로 조직된 공법상의 법인을 말하며 공공조합이라고도 한다(예 : 농지개량조합·토지구획정리조합·변호사회).[2] 영조물법인은 정부가 직접 경영하기보다 독립채산방식으로 경영하여 합리적인 사업경영을 가능하게 하기 위해 설립된 인적·물적 결합체(영조물)로서 법인격이 부여된 것을 말한다(예 : 서울대학병원·한국토지주택공사·한국도로공사). 영조물법인은 공공조합과 달리 구성원이 없다(공법상 법인에는 공법상 재단도 있으나, 공법상 재단은 구성원이 없는 탓으로 행정주체로 보기 곤란한 면이 있다). 공법상 법인의 행위는 경우에 따라 공권력의 행사로서 행정처분의 성질을 갖기도 한다.[3]

---

1) O. Mayer, Deutsches Verwaltungsrecht Ⅰ, S. 268.
2) 대판 2009. 10. 15, 2008다93001(도시 및 주거환경정비법에 따른 주택재건축정비사업조합은 관할 행정청의 감독 아래 위 법상의 주택재건축사업을 시행하는 공법인(동법 제18조)으로서, 그 목적 범위 내에서 법령이 정하는 바에 따라 일정한 행정작용을 행하는 행정주체의 지위를 갖는다).
3) 대판 2000. 9. 8, 2000다12716(구 교통안전공단법(1999. 12. 28. 법률 제6066호로 개정되기 전의

4. 수탁사인(공무수탁사인)

(1) **수탁사인의 의의**   공법상 행위(법률이나 법률에 근거한 행위)를 통해 상 410
당기간 특정 행정권한을 자기 이름으로, 자기책임으로, 그리고 공법상 형식으로
행사할 수 있는 권한이 부여된 사인(자연인과 법인)을 수탁사인(Der Beliehene)[1]
또는 국가적 공권이 부여된 사인이라 부른다(예 : 경찰권이 부여된 비행기의 기장(항
공보안법 제22조)과 선박의 선장(선원법 제23조 제3항), 민영교도소 등의 설치·운영에 관한
법률에 따라 교정업무를 위탁받은 공공단체 외의 법인·단체 또는 그 기관이나 개인 등(동법
제3조)). 공무수탁사인이라고도 한다.[2] 전통적으로는 사인이 권력적 형식(예 : 행
정행위 발령권)으로 자기이름으로 행위하는 자(예 : 선장, 자동차검사)를 말하였으나,
오늘날에는 개념정의가 학자에 따라 다양하게 이루어지고 있다. 그것은 대체로
"국가로부터 공법상 권한을 부여받아 자기이름으로 공적사무를 독립하여 공법
적으로 수행하는 사인"으로 정리될 수 있다.[3] 수탁사인 역시 전래적인 행정주
체라 할 수 있다.[4] 일부 이론은 수탁사인을 권한의 범위 내에서 행정기관이 될
뿐 행정주체는 아니라고 한다.[5] 생각건대 양 견해는 관심방향에 차이가 있을
뿐, 서로 배척관계에 있는 것은 아니라 하겠다. 말하자면 권한행사상의 독자성
에 초점을 두면 행정주체로 볼 것이고, 권한의 연원에 초점을 두면 행정기관으
로 볼 것이다.[6] 수탁사인은 국가배상법상 공무원에 해당한다.

  것)에 의하여 설립된 교통안전공단의 사업목적과 분담금의 부담에 관한 같은법 제13조, 그 납
  부통지에 관한 같은 법 제17조, 제18조 등의 규정 내용에 비추어 교통안전공단이 그 사업목적
  에 필요한 재원으로 사용할 기금 조성을 위하여 같은 법 제13조에 정한 분담금 납부의무자에
  대하여 한 분담금 납부통지는 그 납부의무자의 구체적인 분담금 납부의무를 확정시키는 효력
  을 갖는 행정처분이라고 보아야 할 것이고, 이는 그 분담금 체납자로부터 국세징수법에 의한
  강제징수를 할 수 있음을 정한 규정이 없다고 하여도 마찬가지이다).

1) Detterbeck, Allgemeines Verwaltungsrecht mit Verwaltungsprozessrecht(15. Aufl.), §5, Rn.
  192; Maurer, Allgemeines Verwaltungsrecht, §23, Rn. 56; Martin Trockels, Die öffentlichen
  Verwaltung als Teil öffentlichen Gewalt, in : Schmidt, Allgemeines Verwaltungsrecht(14.
  Aufl.), Rn. 111; Schweickhardt/Vondung(Hrsg.), Allgemeines Verwaltungsrecht, 9, Rn. 24; R.
  Schmidt, Allgemeines Verwaltungsrecht(2017), Rn. 111.
2) 김남진·김연태, 행정법(Ⅰ), 96쪽(2019); 김동희, 행정법(Ⅰ), 85쪽(2019); 김성수, 일반행정법,
  138쪽(2018); 박윤흔·정형근, 최신행정법강의(상), 104쪽.
3) Detterbeck, Allgemeines Verwaltungsrecht mit Verwaltungsprozessrecht(13. Aufl.), §5, Rn.
  192; Wallerath, Maximilian, Allgemeines Verwaltungsrecht(6. Aufl.), §3, Rn. 59; Maurer/
  Waldhoff, Allgemeines Verwaltungsrecht(2017), §21, Rn. 11.
4) 김동희, 행정법(Ⅰ), 86쪽(2019).
5) 변재옥, 행정법강의(Ⅰ), 117쪽. 일설은 2009. 10. 개정 국가배상법에서 공무수탁사인을 명시적
  으로 공무원과 병렬적으로 규정하였으므로 이제 공무수탁사인을 행정주체로 보는 것은 결정적
  으로 저지된다고 한다(김중권의 행정법(2019), 157쪽). 그러나 2009. 10. 개정 국가배상법이 일
  반법적 차원에서 공무수탁사인의 지위를 정리한 것으로 보기는 어려울 것이다.
6) 헌재 2022. 11. 24, 2019헌마572(공공주체가 자신의 임무를 수행함에 있어서 모든 임무를 자신

411   한편, 사법상 계약에 의하여 단순히 경영위탁을 받은 사인은 수탁사인이 아
니다(예 : 경찰과의 계약에 의해 주차위반차량을 견인하는 민간사업자, 쓰레기수거인·쓰레기
수거는 위탁계약의 범위 안에서 독립적으로 하지만, 차량의 견인이나 쓰레기수거는 공법적인
것이 아니고 행정사법적 또는 사법적인 것이다). 또한 행정의 보조자(예 : 사고현장에서 경
찰의 부탁에 의해 경찰을 돕는 자. 행정의 보조자는 독립적이 아니라 경찰의 지시에 따라 행
동한다), 제한된 공법상 근무관계에 있는 자(예 : 국립대학의 시간강사. 시간강사는 독
립적으로 행위하나 행정의 주체는 아니다)도 수탁사인이 아니다.

412   **(2) 제도의 취지**   수탁사인이라는 제도는 행정의 분산과 비용부담의 완
화를[1] 도모하고, 사인이 갖는 독창성·전문지식·재정수단 등을 활용하여 행
정의 효율을 증대하고자 하는 데 있다.[2] 한편, 수탁사인의 제도는 공행정임무
를 사인에게 맡김으로써 나타날지도 모를 폐해를 어떻게 방지할 것인가라는
문제점도 갖는다. 이 때문에 수탁사인에 대한 감독이 중요한 과제로 나타나게
된다.

413   **(3) 법적 근거**   헌법은 공무수탁에 관해 명시적으로 규정하는 바가 없
다.[3] 헌법 제7조에서 공무원제도를 규정하고 있다는 것은 「공적인 사무는 공무
원이 처리하여야 한다」는 것을 뜻하지만(기능유보, Funktionsvorbehalt)[4] 그렇다고
공무수탁을 배제하는 것이라 볼 수는 없다. 한편, 수탁사인제도는 공권력의 행
사가 사인에게 이전되는 제도이므로, 법적 근거를 필요로 한다. 말하자면 수탁
되는 권한의 종류와 범위는 국회가 제정하는 법률에서 규정되어야 한다.[5] 수탁

이 직접 수행하여야 할 의무를 지는 것은 아니므로, 국가의 임무를 국가기관이 직접 수행할 수
도 있고 임무의 기능을 민간부문으로 하여금 수행하게 할 수도 있다. 여기서 국가가 자신의 임
무를 그 스스로 수행할 것인지 아니면 그 임무의 기능을 민간부문으로 하여금 수행하게 할 것
인지 하는 문제는 입법자가 당해 사무의 성격과 수행방식의 효율성 정도 및 비용, 공무원 수의
증가 또는 정부부문의 비대화 문제, 시장여건의 성숙도, 민영화에 대한 사회적·정치적 합의 등
을 종합적으로 고려하여 판단해야할 사항으로서 그 판단에 관하여는 입법자에게 광범위한 입
법재량 내지 형성의 자유가 인정된다).

1) R. Schmidt, Allgemeines Verwaltungsrecht(2017), Rn. 111.
2) Hofmann/Gerke, Allgemeines Verwaltungsrecht, S. 30; Maurer, Allgemeines Verwaltungs-
   recht, § 23, Rn. 57; Mußmann, in : Schweickhardt(Hrsg.), Allgemeines Verwaltungsrecht, Rn.
   84; Peine, Allgemeines Verwaltungsrecht, § 2, Rn. 107; Schmidt, Allgemeines Verwaltungs-
   recht(18. Aufl.), S. 41, Rn. 112; Wolff/Bachof/Stober, Verwaltungsrecht 3(5. Aufl.), § 90, Rn.
   3; Martin Trockels, Die öffentlichen Verwaltung als Teil öffentlichen Gewalt, in : Schweick-
   hardt/Vondung(Hrsg.), Allgemeines Verwaltungsrecht, Rn. 24.
3) 독일 기본법 제33조 제4항에 의하면, 공법상 권한행사는 원칙적으로 공무원이 수행하는 것으로
   규정하는바, 경우에 따라서는 사인에게 위탁할 수 있는 여지를 마련해둔 것으로 이해되기도 한
   다(Schmidt, Allgemeines Verwaltungsrecht,(18. Aufl.) S. 43, Rn. 117a).
4) Schmidt, Polizei – und Ordnungsrecht(15. Aufl.), Rn. 102g.
5) Schmidt, Allgemeines Verwaltungsrecht(14. Aufl.), Rn. 113; Schmidt, Allgemeines Verwaltungs-

사인의 법적 근거로 관습법은 허용되지 아니한다.[1] ① 수탁사인에 관한 일반적인 근거로는 정부조직법 제6조 제3항(행정기관은 법령으로 정하는 바에 따라 그 소관사무 중 조사·검사·검정·관리 업무 등 국민의 권리·의무와 직접 관계되지 아니하는 사무를 지방자치단체가 아닌 법인·단체 또는 그 기관이나 개인에게 위탁할 수 있다)과 지방자치법 제104조 제3항(지방자치단체의 장은 조례나 규칙으로 정하는 바에 따라 그 권한에 속하는 사무 중 조사·검사·검정·관리업무 등 주민의 권리·의무와 직접 관련되지 아니하는 사무를 법인·단체 또는 그 기관이나 개인에게 위탁할 수 있다)을 들 수 있고, ② 개별적인 근거로 여객자동차 운수사업법(제76조 제1항)·항공보안법(제22조 제1항)·선원법(제23조 제3항)·사법경찰관리의 직무를 수행할 자와 그 직무범위에 관한 법률(제7조) 등을 볼 수 있다.

(4) **위탁의 대상**(본질)　　국가사무 중 위탁이 가능한 사무는 무엇인가? 이 문제는 공무수탁의 본질적인 문제이다. 이와 관련하여 학설은 나뉘고 있다.

(가) **임 무 설**　　이 견해는 공무수탁의 본질을 「사인에게 배제된 국가의 사무를 사인에게 위탁하는 것」으로 본다.[2] 말하자면 사인에 의해 수행될 수 없는 국가의 임무가 있음을 전제로 국가로부터의 위탁을 통해 사인이 그러한 국가사무를 수행할 수 있는 권리나 의무를 갖게 된다고 한다. 이 견해에 대해서는 종래 국가의 임무영역은 내용상 정의될 수 없다는 점에서 문제가 있다는 비판이 있어왔다. 사실 국가의 사무(임무)영역은 망라적으로 나열된 바 없다. 특정 사무를 국가가 독점한다는 원칙을 찾기는 어렵다. 　414

(나) **법적 지위설**　　이 견해는 공무수탁의 본질을 실질적인 국가사무가 아니라 「국가의 특별한 권능을 사인에게 위탁하는 것」으로 본다.[3] 이 견해는 고권을 사인에게 부여하는 것, 즉 사인에게 명령 강제권을 위탁하는 것을 관심의 대상으로 한다.[4] 말하자면 이 견해는 국가만이 권력을 독점하고 있음을 전제하고, 다만 위탁을 통해 이러한 권한이 사인에게 이전될 수 있다고 본다. 　415

(다) **병 합 설**　　이 견해는 임무설과 법적 지위설을 결합한 이론이다. 이 견해는 공무수탁의 본질을 「국가사무를 사법상 법주체에게 공법의 형식으로 수행하도록 위탁하는 것」으로 본다. 결합설이 오늘날 독일의 지배적 견해로 보인다.[5] 　416

recht(18. Aufl.), S. 41, Rn. 114.
1) Storr/Schröder, Allgemeines Verwaltungsrecht, Rn. 304.
2) Klaus Weisel, Das Verhältnis von Privatisierung und Beleihung, S. 66.
3) Klaus Weisel, Das Verhältnis von Privatisierung und Beleihung, S. 66.
4) Gerrit Stadler, Die Beleihung in der neuern Bundesgesetzgebung, S. 9.
5) Gerrit Stadler, Die Beleihung in der neuern Bundesgesetzgebung, S. 10; Klaus Weisel, Das Verhältnis von Privatisierung und Beleihung, S. 66.

417   ㈐ **사   견**   공무수탁제도는 국가나 지방자치단체의 사무를 사인이 수행하는 방식이므로, 공무수탁제도는 국가나 지방자치단체의 사무(임무의 면)와 사인이 공법적 수단으로 사무를 수행한다는 것(법적 지위)을 핵심적인 개념요소로 하는바, 병합설이 타당하다. 한편, 병합설의 고유한 의미는 단순고권작용의 경우에도 공무수탁이 긍정될 수 있다는 점에 있다. 왜냐하면 사인이 국가적 기능을 행사함이 없이 단순 고권적으로 작용한다는 것은 생각할 수 없기 때문이다. 말하자면 권력작용 외에 단순고권작용도 공무수탁의 대상이 될 수 있다는 점이 중요하다.[1] 요컨대 국가사무를 법률에 의하여, 또는 법률상 수권에 근거하여 공법의 형식으로 독립적인 수행을 위해 사인에게 위탁하는 것을 공무수탁이라 하겠다.[2]

418   (5) **수탁사인의 지위**(수탁사인과 국가와의 관계)   수탁사인의 지위에 관해 규율하는 일반법은 없다. 행정권한의 위임 및 위탁에 관한 규정은 국가사무의 민간위탁에 관한 일반법이지만(임탁정 제10조), 동규정에 따른 민간위탁사무는 다만 조사·검사·검정·관리 사무 등 국민의 권리·의무와 직접 관계되지 아니하는 일정한 사무(1. 단순 사실행위인 행정작용, 2. 공익성보다 능률성이 현저히 요청되는 사무, 3. 특수한 전문지식 및 기술이 필요한 사무, 4. 그 밖에 국민 생활과 직결된 단순 행정사무)에 한정되고 있다(임탁정 제11조 제1항). 따라서 권력적으로 사무를 수행하는 수탁사인의 경우에 동규정을 그대로 적용하기는 곤란하다. 따라서 수탁사인의 지위는 학설과 판례가 정리하여야 한다.

419   ㈎ **수탁사인이 될 수 있는 자**   ① 자연인은 공무수탁의 상대방이 될 수 있다. 그러나 국가나 지방자치단체로부터 임용된 자로서 근무계약을 맺은 자, 임명이나 선거에 의해 국가나 지방자치단체(공법인)와 근무관계를 맺고 위탁된 기능을 수행하는 자는 제외된다. ② 사법상 법인과 사적 결사도 상대방이 될 수 있다. ③ 위임자가 아닌 공법상 법인도 상대방이 될 수 있다.[3] 그러나 그 법인의 고유한 사무와 무관계한 사무의 위탁은 어렵다.

420   ㈏ **지위의 성립**   공무수탁사인의 지위는 법령에서 바로 부여될 수도 있고, 법률에 근거한 행정행위나 공법상 계약에 의해 부여될 수도 있다.[4]

---

1) Gerrit Stadler, Die Beleihung in der neuern Bundesgesetzgebung, S. 10.
2) 본서 제1판에서 위탁의 대상(본질)에 대한 견해를 국내문헌으로는 처음 언급하면서 법적지위설을 취하였으나, 제21판부터 병합설로 견해를 바꾼다.
3) 공무수탁사인이 될 수 있는 자로 사법상 자연인과 법인을 언급하는 견해도 있으나(Erbguth, Allgemeines Verwaltungsrecht(7. Aufl.), §6, Rn. 22), 동의하기 어렵다.
4) Erbguth, Allgemeines Verwaltungsrecht(7. Aufl.), §6, Rn. 22.

(다) **공법상 위임관계**　　위탁자인 국가 또는 지방자치단체와 수탁사인의 관 421
계는 공법상 위임관계에 해당한다.[1] 공행정임무수행을 위하여 공권을 부여받은
사인은 관계법령에 따라 의사결정을 자신의 이름과 책임하에 하게 된다(조직상
독립). 공무수탁사인과 제3자 사이의 관계는 공무수탁사인이 위탁된 공적사무를
수행하는 한, 공법적이다.[2] 수탁사인은 특정 공적 사무의 공법적 수행을 위탁
받은 자로서 위탁받은 사무의 수행에 행정행위, 공법상 계약 등의 공법상 행위
형식을 사용할 수 있다.[3] 공무수탁사인은 일반적으로 공법적으로 행위할 것이
지만(예 : 행정행위를 통하여), 다른 행정주체와 마찬가지로 사법적으로 행위할 수
도 있다.[4]

(라) **권리와 의무**　　① 수탁사인은 수탁사무의 수행권 외에 위탁자에 대하여 423
비용청구권을 갖기도 한다. 한편, ② 수탁사인은 경영의무를 진다. 말하자면 공
권부여의 효과가 지속하는 한 수탁사무를 수행하지 않을 수 없고, 또한 국가의
동의없이 수탁사무의 수행을 포기할 수도 없다. 이러한 의무는 위탁자뿐만 아니
라 사인에 대해서도 존재한다.

(마) **국가의 감독**　　수탁사인은 당연히 위임자인 국가 또는 지방자치단체의 424
감독하에 놓인다(임탁정 제14조 제1항).[5] 국가의 감독(보고·취소·정지)은 행정기관
에 대한 감독의 경우와 마찬가지로 수탁사무수행의 합목적성이나 적법성에 미
친다(임탁정 제14조 제3항 참조).

(6) **수탁사인의 처분의 성질**(수탁사인과 국민과의 관계)

(가) **행정주체성**　　수탁사인은 외부관계에서 독립의 행정주체로서 나타난 425
다.[6] 수탁사인은 행정절차법 제2조 제1호의 의미에서 행정청이다. 수탁사인은
자신의 권한의 범위 안에서 행정행위를 발령할 수도 있고, 수수료를 징수할 수
도 있고, 기타 공법상 행위를 할 수도 있다. 수탁사인의 결정은 행정기관의 결
정과 동일한 것이 된다(민원법 제2조 제3호 다목 참조).[7] 국가의 위탁은 공법상 권

---

1) Storr/Schröder, Allgemeines Verwaltungsrecht, Rn. 304.
2) Wallerath, Maximilian, Allgemeines Verwaltungsrecht(6. Aufl.), §3, Rn. 59.
3) Storr/Schröder, Allgemeines Verwaltungsrecht, Rn. 304.
4) Detterbeck, Allgemeines Verwaltungsrecht mit Verwaltungsprozessrecht(13. Aufl.), §5, Rn.
   193.
5) Maurer, Allgemeines Verwaltungsrecht, §23, Rn. 58.
6) Maurer/Waldhoff, Allgemeines Verwaltungsrecht(2017), §23, Rn. 65.
7) 논리상 국가의 사무의 위탁으로 사인이 제3자에 대하여 공법상 권한을 행사하는 것이 가능한
   가의 문제가 있다. 행정주체가 행정사법으로 행정을 하는 것이 가능하므로 국가의 사무의 위탁
   으로 사인이 제3자에 대하여 공법상 권한을 행사하는 것도 가능하다고 볼 것이다(Gerrit
   Stadler, Die Beleihung in der neuern Bundesgesetzgebung, S. 8).

능의 행사와 관련된 것이므로, 수탁사인은 기능적 의미의 국가기관이다.[1] 따라서 수탁사인은 수탁사무를 수행할 때, 기본권과 일반 행정법의 원칙을 준수하여야 한다.[2]

(내) 권리구제

426   **1) 행정쟁송**   공무수탁사인은 간접국가행정에 속하므로 공무수탁사인의 권한행사로 인한 작위·부작위에 관한 분쟁은 행정법원의 관할에 속한다.[3] 따라서 수탁사인의 임무수행과 관련하여 권리가 침해당한 사인은 행정심판·행정소송을 제기할 수 있다. 행정심판법과 행정소송법상 수탁사인은 행정청에 포함되므로(행심법 제2조 제4호; 행소법 제2조 제2항), 공무수탁사인을 행정심판의 피청구인이나 항고소송의 피고로 할 수 있다. 공무수탁사인이 자기의 이름으로 행위하면, 소송절차상 당사자가 된다. 행정소송상 공무수탁사인이 피고가 된다. 만약 예외적으로 공무수탁사인이 위탁기관의 이름으로 행위하였다면, 그 위탁기관이 피고가 될 것이다.[4]

427   **2) 손해배상**   2009년 10월에 개정된 현행 국가배상법은 구법과 달리 명시적으로 「공무를 위탁받은 사인」을 공무원으로 규정하고 있으므로(국배법 제2조 제1항) 공무수탁사인의 위법한 공무수행과 관련하여 사인에게 손해가 발생한 경우에도 국가나 지방자치단체가 배상책임을 진다.

428   **3) 손실보상**   공익사업을 위한 토지 등의 취득 및 보상에 관한 법률 제61조가 "공익사업에 필요한 토지 등의 취득 또는 사용으로 인하여 토지소유자나 관계인이 입은 손실은 사업시행자가 보상하여야 한다"고 규정하고 있으므로 공무수탁사인이 토상법상 사업시행자에 해당하는 경우에는 사업시행자로서 손실보상책임을 부담하지만, 동법상 사업시행자에 해당하지 않는다면 사업시행자인 국가 등이 손실보상책임을 부담하여야 할 것이다. 결국 공무수탁사인이 국가 등으로부터 수탁 받은 공무의 내용에 따라 손실보상책임의 부담 여부를 판단하여야 할 것이다. 이 법률의 적용을 받지 않는 경우(예 : 침해의 근거규정은 있으나 보상규정이 없는 공익사업의 경우)도 이 법률의 원리를 유추적용하여 해결하면 될 것이다.

429   **(7) 수탁사인의 기본권구속**   수탁사인은 수탁사무를 수행하는 한에 있어서

---

1) Kahl/Weber, Allgemeines Verwaltungsrecht(2017), Rn. 271.
2) Maurer/Waldhoff, Allgemeines Verwaltungsrecht(2017), §23, Rn. 65.
3) R. Schmidt, Verwaltungprozessrecht(18. Aufl.), Rn. 90.
4) Detterbeck, Allgemeines Verwaltungsrecht mit Verwaltungsprozessrecht(13. Aufl.), §5, Rn. 193.

역시 기본권에 구속된다.[1] 공행정임무를 수행하는 한에 있어서 그 사인은 공행
정기관의 한 부분이기 때문이다. 수탁사인이 그 상대방의 자유를 침해하려면 법
적 근거가 있어야 한다. 기본권에 위반한 수탁사인의 행위는 경우에 따라 행정
쟁송의 대상이 될 수도 있을 것이다.

(8) **지위의 종료**　수탁사인의 공적 지위는 일정한 요건(예：사망·파산·기간　430
경과·유죄선고)의 발생 또는 고권부여의 근거인 법률이나 행정행위의 폐지 등으
로 인하여 종료된다.

5. 사법으로 조직된 행정의 수행자

행정사무는 사법형식으로 수행될 수 있다. 예컨대 지방자치단체가 행정사　431
무의 수행을 위하여 사법에 따라 법인을 설립하면, 그 법인은 행정주체가 아니
고 공무수탁사인도 아니지만 일종의 행정의 수행자가 된다. 지방자치단체가 독
립성이 없는 직영기업을 운영하는 경우에 그 직영기업도 이에 해당한다. 사법으
로 조직된 행정의 수행자는 원칙적으로 사법적으로 행위한다.[2] 물론 사법으로
조직된 행정의 수행자도 특정 행정사무와 관련하여 공무수탁의 방식으로 공무
수탁사인이 될 수 있으며, 이 경우에 그는 공법적으로 행위한다.[3]

▌참고▌ 　공공사무와 민간영역화(민영화)

1. 민영화의 의의　　　　　　　　　　　　　　　　　　　　　　　　　　432

근년에 이르러 국가나 지방자치단체에 의한 공공사무(국가사무＋지방자치단체
사무)의 수행에 많은 변화가 일어나고 있다. 예컨대, 공공사무가 민간사무로 전환되
기도 하고, 공공사무를 민간으로 하여금 수행하게 하기도 하고, 공공사무를 사법의
형식으로 수행하기도 한다. 이와 같이 공공사무가 민간의 협력을 통해 수행되는 경
우가 증대하는 경향을 이 책에서는 민간영역화(民間領域化, Privatisierung) 또는 민
영화(民領化)라 부르기로 한다.[4] 행정실무상으로는 민간위탁(民間委託)·민영화(民
營化) 등의 용어로 사용되고 있다. 민간위탁은 경영의 민영화 내지 기능적 민영화를
중심으로 한 개념으로 보이고, 민영화(民營化)는 사무의 민영화를 중심으로 하는 개

---

1) Maurer, Allgemeines Verwaltungsrecht, § 23, Rn. 59; Gerrit Stadler, Die Beleihung in der
neuern Bundesgesetzgebung, S. 17.
2) Detterbeck, Allgemeines Verwaltungsrecht mit Verwaltungsprozessrecht(13. Aufl.), § 5, Rn.
197.
3) Detterbeck), Allgemeines Verwaltungsrecht mit Verwaltungsprozessrecht(13. Aufl.), § 5, Rn.
197.
4) 본서는 민영화를 제16판(2008년판)까지 사임무화라 불렀다. 제17판부터는 민간의 협력을 통한
공공사무의 수행의 형태가 다양해지는 현상을 반영하여 사임무화를 민간영역화(民間領域化)
내지 민영화(民領化)로 부르기로 하였다.

념으로 보인다. 본서의 용어사용의 방식상 민간위탁이나 민영화(民營化)는 모두 민간영역화의 한 부분에 해당한다. 민영화의 개념에 관해 통일된 견해는 없다.[1] 민간영역화는 국가임무를 사법영역으로 확장하는 의미를 갖는다.[2]

2. 민영화의 배경

433

공공사무의 수행방식은 행정활동의 기능성과 최적성에 맞추어 계속 변화한다. 그러한 변화의 하나로서 민영화(民領化)는 예산상 부담경감, 작은 정부의 요구, 탈관료화, 시민의 자기책임의 강화 등에 부응하기 위한 것이다.[3] 민영화는 국가와 민간의 협력과 분업을 내용으로 한다. 민영화는 국가의 정치적 통제와 책임의 감소를 가져올 수 있다는 위험성도 갖는다.[4] 국가가 민간과 협력하는 것은 한국에 한정된 현상이 아니라 세계적인 현상이다.[5] 민영화는 현대국가의 특징이다.

3. 민영화의 헌법적 근거

434

헌법상 민영화를 명령하는 규정도 보이지 않고 금지하는 규정도 보이지 아니한다. 헌법이 민영화에 관해 명시적 규정을 두지 아니한 것은 헌법이 입법자로 하여금 공공사무의 효율적인 수행을 위해 다양한 협력모델, 다양한 민영화의 형태 중에서 최선을 선택할 수 있도록 하기 위한 것으로 볼 것이다. 헌법은 「공공사무의 수행은 반드시 공법상 조직에 의할 것」을 명령하고 있는 것은 아니다. 국가의 민간과의 협력 및 행정사무의 민영화는 헌법과 충돌되는 것이 아니다. 국가는 민간과의 협력여부, 조직형식에 있어서 선택의 자유를 갖는다.[6]

4. 민영화의 한계와 책임

435

(1) 한 계   헌법상 민간영역의 한계에 관한 규정은 볼 수 없는바, 그 한계는 헌법 전 조문의 유기적인 해석 하에서 도출되어야 한다. 민영화의 구체적인 한계는 행정환경의 변화에 따라 가변적이지만, 현재로서 국가의 독점 하에 놓이는 권력 부분(경찰, 군, 사법)은 원칙적으로 민영화의 대상으로 보기 어렵다.[7] 물론 이러한 영역에서도 개별적인 사무에 따라 사인이 수행하거나 사인의 도움을 받는 것은 가능하다(예 : 경찰이 사기업에 도로장애물 제거 요청, 군사영역 내 구내식당에서 민간영양사의 도움요청, 사법기관에서 민간의 전산기술 도움 요청의 경우).[8]

---

1) 독일에서도 민영화(Privatisierung)는 입법, 문헌, 판례, 행정현실에서 사용되고 있으나 단일의 개념은 없다고 한다(Wolff/Bachof/Stober, Verwaltungsrecht, Band 3(5. Aufl.), Rn. 10).

2) Maurer/Waldhoff, Allgemeines Verwaltungsrecht(2017), §23, Rn. 67.

3) Ipsen, Allgemeines Verwaltungsrecht(9. Aufl.), §29, Rn. 17; Erbguth/Guckelberger Allgemeines Verwaltungsrecht(2018), §29, Rn. 17.

4) Susanne Fürst/Oskar Taakacs, M.B.L, Allgemeines Verwaltungsrecht(2017), S. 18.

5) Wolff/Bachof/Stober, Verwaltungsrecht, Bd. 3(5. Aufl.), Rn. 5.

6) Wolff/Bachof/Stober, Verwaltungsrecht, Bd. 3(5. Aufl.), Rn. 1.

7) 이를 국가유보로 표현하기도 한다(김중권의 행정법(2019), 151쪽).

8) Detterbeck, Allgemeines Verwaltungsrecht mit Verwaltungsprozessrecht(2017), Rn. 900.

(2) **입 법 화**   입법자는 민영화로 처리하기 어려운 사무의 목록을 입법화하   436
여 민영화의 한계를 설정할 수도 있을 것이다. 그러나 그러한 입법 역시 크게 보아
한시적인 성질을 갖는다고 볼 것이다.

(3) **책   임**   조직의 민영화와 기능의 민영화에서 국가는 공적 사무를 수행   437
하는 사인의 작용의 적법성에 대한 책임을 진다. 그렇지만, 사무의 민영화에서 국가
는 더 이상 공적사무를 수행하지 않는다. 그 대신 국가는 보장책임을 져야 할 것이
다. 말하자면 국가는 사인에 놓인 사무(과거에는 공적 사무)가 위험 없이 공공복지의
필요에 충족시킬 수 있도록 하는데 관심을 가져야 하는 의무를 진다고 볼 것이다.

▍**참고**▍   **보장행정과 보장책임**

(1) 보장행정은 독일에서 지난 10여 년간의 민영화(Privatisierung)를 바탕으로   438
발전된 개념이다. 국가가 여태까지 자신이 맡았던 생활배려활동을 시장 또는 경쟁
을 통해 특정되는 사경제주체(영역)에 넘기는 경우, 국가는 사인의 이익에 필요하다
면, 그러한 생활배려활동이 사기업에 의해 충분히 그리고 상당한 방법으로 실현되
는 것을 적당한 조치를 통해 보장하여야만 하는데, 이러한 보장과 관련된 행정을
보장행정이라 부르고 있다.[1]

(2) 보장행정은 독일기본법상 규정되기도 하고(제87e조, 제87f조), 개별 법률상   439
규정되기도 한다. 보장행정의 대표적인 것으로 전기통신, 에너지, 우편, 철도, 공항
등을 사인에게 넘겨서 수행하는 경우에 볼 수 있다.

독일기본법 기본법 제87e조 ④ 연방은 연방철도의 지역 노선의 확장과 유지 및 이 지
역 노선에 철도교통을 제공함에 있어서, 이 노선이 근거리 승객운송에 관련되지 않는 한,
공공복리, 특히 교통수요가 고려되도록 보장한다. 자세한 사항은 연방 법률로 정한다.

독일기본법 기본법 제87f조 ① 연방참사원의 동의를 요하는 연방 법률의 조건에 따라
연방은 우편제도 및 원거리 통신 영역에 광범위하게 적당하고 충분한 서비스 제공을 보
장한다.

(3) 보장행정은 공법상 탈규제, 탈독점, 행정사무의 민영화, 공행정의 축소에 대   440
응하기 위한 것으로 이해된다.[2] 종래 국가가 부담하던 수행책임은 민영화로 인해
국가의 보장책임으로 변하게 된다.[3] 국가가 자신에 놓인 행정사무를 민간에게 넘
기면, 국가는 적절한 수단을 활용하여 사인의 질서에 적합한 사무수행을 보장하여
야 한다는 것이 보장책임의 의미이다.[4]

---

1) Maurer/Waldhoff, Allgemeines Verwaltungsrecht(2017), §1, Rn. 18; 김남진, 자본주의 4.0과
   보장국가·보장행정론, 학술원통신 2011. 12; 김중권의 행정법(2019), 6쪽.
2) Wolff/Bachof/Stober/Kluth, Verwaltungsrecht Ⅰ(2017), §4, Rn. 26; 김중권의 행정법(2019),
   149쪽.
3) Erbguth/Guckelberger, Allgemeines Verwaltungsrecht(2018), §29, Rn. 23.
4) Detterbeck, Allgemeines Verwaltungsrecht mit Verwaltungsprozessrecht(2017), Rn. 10.

5. 민영화의 형태

441   민영화는 독일의 경우 아래의 여러 형태로 나타난다.[1] 현재로서 완결적인 유형화와 행정법적 체계화는 어렵다. 조직의 민영화(형식적 민영화), 기능의 민영화, 사무의 민영화(실질적 민영화), 재산의 민영화가 중심에 놓이는 것으로 보인다. 그러나 이러한 구분이 반드시 명확한 것은 아니다(예 : 국립수영장의 매각은 재산의 민영화지만, 동시에 사무의 민영화이기도 하다).

442   **(1) 조직의 민영화**   조직의 민영화(Organisationsprivatisierung)란 공행정이 사법의 조직형식을 활용하는 경우를 말한다. 국가가 사법형식의 조직(사법상 법인)의 지분 전부나 다수지분을 갖지 않아도 영향력 가지는 경우에도 조직의 민영화로 보며, 고유책임으로 사무를 처리하고 국가로부터 지배받지 않는다고 하여도 공무수탁사인을 조직의 민영화의 영역에 속하는 것으로 보는 견해도 있다.[2] 조직의 민영화는 업무수행의 탄력성을 제고하기 위한 것이다. 사법으로 조직된 공기업이 예가 된다. 형식적 민영화(Formelle Privatisierung)라고도 한다. 조직의 민영화에서 국가나 공행정주체가 사법의 주체로서 공적 사무를 수행하지만, 그 사무의 성질은 공적 사무이다.[3] 조직의 민영화에서도 행위의 주체는 기본권에 구속된다.

443   **(2) 기능적 민영화**   기능적 민영화(Funktionaleprivatisierung)란 공적사무의 수행에 필요한 실제행위를 사인에게 이전하는 경우를 말한다(예 : 산림자원의 조성 및 관리에 관한 법률상 입목벌채 허가가 내용대로 적정하게 실시되고 있는지 등을 확인·점검하는 사인(동법 제36조 제10항), 식품위생법상 소비자식품위생감시원(동법 제33조), 자연환경보전법상 자연환경보전명예지도원(동법 제58조), 야생생물 보호 및 관리에 관한 법률상 야생생물 보호원(동법 제59조)). 공적 사무를 수행하는 사인(어린이교통 도우미(행정의 보조자), 사법상 위탁 계약을 통한 견인사업자)은 개별 경우에 국가로부터 지시를 받거나 감독 하에 놓인다. 그러나 영속적으로 국가의 지배를 받는 것은 아니다. 사인은 다만 공법적 사무를 기능적으로 행사하며, 책임은 행정주체가 부담하는 경우이다.[4][5] 일반적으로 행정주체가 감독권을 갖는다. 아웃소싱(Outsourcing) 또는 서비스민영화(Dienstleistungsprivatisierung) 등이 이에 해당한다. 기능적 민영화는 실질적인 부분민영화의 한 경우로 보기도 한다. 공무수탁사인도 기능적 민영화의 한 경우로 볼 수 있다.

---

1) Detterbeck, Allgemeines Verwaltungsrecht mit Verwaltungsprozessrecht(9. Aufl.), § 17, Rn. 895f.; Ipsen, Allgemeines Verwaltungsrecht(9. Aufl.), § 4, Rn. 268f.; Wolff/Bachof/Stober, Verwaltungsrecht, Bd. 3(5. Aufl.), Rn. 11; Erbguth, Allgemeines Verwaltungsrecht, § 25, Rn. 13ff.
2) Detterbeck, Allgemeines Verwaltungsrecht mit Verwaltungsprozessrecht(2017), Rn. 896.
3) 독일의 경우, 비교적 오래 전부터 지방자치단체가 설립한 주식회사를 통해 전기, 가스, 물 등의 공급이 이루어지고 있는데, 이것이 형식적 민영화의 전형적인 예로 언급되고 있다(Ipsen, Allgemeines Verwaltungsrecht(2017), Rn. 269).
4) Ipsen, Allgemeines Verwaltungsrecht(2017), Rn. 276.
5) Ipsen, Allgemeines Verwaltungsrecht(2017), Rn. 274.

(3) **사무의 민영화**　　사무의 민영화(Aufgabenprivatisierung)란 일정한 사무를　444
사인에게 이양하는 경우를 말한다.[1] 사무에 대한 책임도 넘어간다. 국가는 더 이상
그 사무영역에 대하여 책임을 부담하지 않는다. 사무의 민영화는 탈국가화·탈지방
화를 뜻하는 것으로서 진정 민영화 또는 좁은 의미의 민영화라고도 한다. 탈국가화
는 국가가 경쟁구조의 시장에서 받는 부담에서 벗어나는 것을 의미한다. 주식의 민
영화의 관점에서 국민주식으로 나아가는 것이 예가 된다. 사무의 민영화는 수행에
국가가 의무를 부담하지 않는 사무의 경우에 가능하다. 실질적 민영화(Materielle
Privatisierung)라고도 한다. 한편, 헌법은 지방자치단체가 주민의 복리에 관한 사무
를 처리하도록 지방자치를 제도적으로 보장하는바, 주민의 복리에 관한 사무 전반
에 대하여 실질적 민영화를 할 수는 없다.

(4) **재산의 민영화**　　재산의 민영화(Vermögensprivatisierung)란 행정주체의 공　445
법상 재산적 가치가 있는 것을 사인에게 매각하는 것(예 : 토지나 주식의 매각)과 관
련한다. 이를 실질적 민영화라고도 한다.

(5) **행위형식의 민영화**　　행위형식의 민영화(Handlungsformprivatisierung)란 공　446
행정이 행정사무를 수행하기 위하여 사인을 사용하는 경우를 말한다. 사법적인 행
정작용의 또 하나의 형태이다. 후술하는 기능적 민영화에 접근한다.

(6) **재정조달의 민영화**　　재정조달민영화(Finanzierugsprivatisierung)란 공공사　447
업의 실현을 위해 민간의 자금을 조달하는 것을 말한다.

(7) **절차의 민영화**　　절차민영화(Verfahrensprivatisierung)란 행정절차의 한 단　448
계나 전 단계를 민간에게 넘기는 것을 말한다. 시민의 행정절차의 참여와 구별된다.
예컨대 경찰법상 승인절차를 민간에 맡기는 경우이다.

(8) **사회적 민영화**　　사회적 민영화(Sozial Privatisierung)란 공적인 사무를 이　449
윤추구가 아니라 공동체의 복지를 추구하는 조직에 넘기는 것을 말한다.

(9) **인적 민영화**　　인적 민영화(Personalprivatisierung)란 공법상 근무관계에 공　450
법적 신분을 가진 자(공무원)의 투입을 줄이는 경우를 말한다.

6. 공공사무와 사인
451

공공사무에 사인이 참여하는 경우를 다음과 같이 유형화할 수 있다. 아래의
①~④는 사인에 의한 행정의 보충을 의미하고, ⑤~⑥은 사인과 공행정이 제도적
으로 결합된 경우를 의미한다.[2]

① 사무수행의 내용에 대하여 특별한 통제가 없는 사적자치(예 : 언론)

---

1) 헌재 2007. 6. 28, 2004헌마262(국가가 자신의 임무를 그 스스로 수행할 것인지 아니면 그 임무
의 기능을 민간부문으로 하여금 수행하게 할 것인지 하는 문제, 즉 국가가 어떤 임무수행방법
을 선택할 것인가 하는 문제는 입법자가 당해 사무의 성격과 수행방식의 효율성 정도 및 비용,
공무원 수의 증가 또는 정부부문의 비대화 문제, 민간부문의 자본능력과 기술력의 성장 정도,
시장여건의 성숙도, 민영화에 대한 사회적·정치적 합의 등을 종합적으로 고려하여 판단해야
할 사항으로서 그 판단에 관하여는 입법자에게 광범위한 입법재량 내지 형성의 자유가 인정된다).
2) S. v. Heimburg, Verwaltungsaufgaben und Private, 1982, S. 31ff.

② 공법상으로 조직되고 자기통제를 갖는 사적자치(예 : 상공회의소)

③ 국가의 감독이 따르는 사적자치(예 : 운수사업)

④ 특별한 공법상 의무가 따른 사적자치(예 : 사립학교에 의한 교육)

⑤ 행정의 보조자

⑥ 수탁사인

452   ▌참고▐   행정기본법에서 국가·지방자치단체의 책무

행정기본법은 복지국가를 향한 국가와 지방자치단체의 책무를 선언하는 규정을 두고 있다.

▫ 행정기본법 제3조(국가와 지방자치단체의 책무) ① 국가와 지방자치단체는 국민의 삶의 질을 향상시키기 위하여 적법절차에 따라 공정하고 합리적인 행정을 수행할 책무를 진다.

② 국가와 지방자치단체는 행정의 능률과 실효성을 높이기 위하여 지속적으로 법령 등과 제도를 정비·개선할 책무를 진다.

행정기본법이 제정되어, 이 조문으로 국민의 삶의 질을 향상시키기 위한 국가와 지방자치단체의 책무는 보다 구체화되고, 또한 더 구체화로 나아가야 할 책무를 부담하게 되었다.

제 2 항   행정의 상대방

Ⅰ. 의   의

453   행정의 상대방이란 행정주체와 행정상 법률관계를 구성하는 파트너를 말한다. 행정객체라고도 부른다. 그러나 행정의 상대방 역시 권리와 의무의 주체인 점을 고려할 때, 행정객체라는 용어보다 행정의 상대방이라는 용어가 보다 적절하다.

Ⅱ. 종   류

1. 공 법 인

454   행정의 상대방으로는 지방자치단체 등 공법상 법인과 사인이 있다. 지방자치단체는 구성원에 대한 관계에서 행정주체의 입장에 서지만, 국가 또는 광역지방자치단체와의 법률관계에서는 행정의 상대방의 지위에 놓이기도 한다. 그 밖의 공법상 사단(공공조합)이나 공법상 영조물 또는 공법상 재단도 국가나 지방자치단체와의 관계에서 행정의 상대방의 지위에 놓인다.

2. 사 인

오늘날 사인의 법적 지위는 법치국가적인 의미에서 이해되어야 하고, 또한 455
이해되고 있다. 말하자면 모든 국민은 인간으로서의 존엄과 가치를 가지는 인격
자로서 인정되고 있다. 행정법관계도 이러한 관념을 전제로 구성되어야 한다.
이것은 사인인 자연인에게 당연히 권리능력을 부여하여야 함을 의미한다(절차법
제9조 제1호 참조). 사인이 이와 같이 고유한 인권을 갖고서 행정법관계의 당사자
로 나타나게 된 것은 물론 역사적 발전의 결과이다.

Ⅲ. 자격제도

1. 의 의

모든 국민은 직업선택의 자유를 가진다(헌법 제15조), 그러나 사회질서나 공공 466
복리를 위해 필요한 경우, 직업의 자유는 제한될 수 있다(헌법 제37조 제2항). 그 제
한의 방법으로서 특정한 직업이나 영업에 일정한 자격을 요구하고, 요구되는 자
격을 갖추지 못한 자에게는 그러한 직업이나 영업에 종사할 수 없게 하는 제도를
자격제도라 한다. 자격제도에서 자격을 취득할 수 없는 사유를 결격사유라 한다.

2. 결격사유 법정주의

자격이나 신분 등을 취득 또는 부여할 수 없거나 인가, 허가, 지정, 승인, 467
영업등록, 신고 수리 등(이하 "인허가"라 한다)을 필요로 하는 영업 또는 사업 등을
할 수 없는 사유(이하 이 조에서 "결격사유"라 한다)는 법률로 정한다(기본법 제16조 제
1항). 결격사유를 규정할 때에는 다음 각 호(1. 규정의 필요성이 분명할 것, 2. 필요한
항목만 최소한으로 규정할 것, 3. 대상이 되는 자격, 신분, 영업 또는 사업 등과 실질적인 관련
이 있을 것, 4. 유사한 다른 제도와 균형을 이룰 것)의 기준에 따른다(행정기본법 제16조
제2항).

3. 결격사유의 유형

행정기본법 제16조 제1항은 결격사유를 ① 자격이나 신분 등을 취득 또는 468
부여할 수 없게 하는 사유(자격·신분 취득제한 사유로서 결격사유)(예 : 감정평가 및 감
정평가사에 관한 법률 제12조, 건축사법 제9조, 공인노무사법 제4조, 국가공무원법 제33조, 도
로교통법 제82조, 변호사법 제5조, 식품위생법 제54조, 의료법 제8조)와 ② 인가, 허가, 지
정, 승인, 영업등록, 신고 수리 등(이하 "인허가"라 한다)을 필요로 하는 영업 또는
사업 등을 할 수 없게 하는 사유(영업·사업 제한사유로서 결격사유)(예 : 관광진흥법 제

7조, 가축분뇨의 관리 및 이용에 관한 법률 제31조, 결혼중개업의 관리에 관한 법률 제6조)의
2종류로 규정하고 있다.

4. 결격사유의 발생 시기

468a "세무사법 제4조 제10호 … 제7호, 제8호, 제9호 역시 일정한 범위의 형사
처벌을 받은 경우를 세무사등록 결격사유로 정하였고, 이는 모두 그 형사판결을
선고받은 때를 결격사유의 발생시기로 정하였는바, 이때 '일정한 범위의 형사판
결을 선고받은 때'는 '해당 형사판결이 확정된 때'를 의미하므로, 해당 조문의
문언·체계·입법 취지·목적에 비추어 같은 조 제10호에서 정한 결격사유 역시
'세무사법과 조세범 처벌법에 따른 벌금형이 확정된 때'에 발생한다고 봄이 타
당하다."[1]

제 3 절 행정법관계의 종류

제 1 항 행정조직법관계와 행정작용법관계

Ⅰ. 행정조직법관계

1. 행정주체간의 법관계

469 행정주체간의 관계에는 국가와 지방자치단체간의 관계, 지방자치단체상호
간의 관계가 있다. 전자의 경우에는 감독관계와 직무원조관계가 중심적인 문제
가 된다. 후자의 경우에는 감독관계(광역자치단체와 기초자치단체간) 또는 상호협력
내지 존중관계(대등자치단체간)가 중심적인 문제가 된다.

2. 행정주체내부에서의 법관계

470 (1) **행정기관간의 법관계**   여기에도 대등관청간의 관계(예 : 각부장관간의 관
계)와 불대등관청간의 관계(예 : 장관과 소속기관의 장과의 관계)가 있다. 전자의 경우
에는 협력과 존중의 법관계가 중심문제이고, 후자의 경우에는 감독관계가 중심
문제가 된다. 행정기관간의 관계는 행정주체 상호간의 관계와 같은 권리·의무
의 관계가 아니고, 다만 직무나 권한의 행사관계일 뿐이다. 따라서 이 관계에서
의 분쟁은 법률에 특별히 정함이 없는 한 사법적 통제의 대상이 되지 아니한다.

471 (2) **행정주체와 기관구성자(공무원)간의 관계**   이 관계에서는 공무원관계의
발생·변경·소멸, 그리고 공무원의 권리·의무가 문제의 중심에 놓인다. 엄밀히

---

1) 대판 2022. 11. 10, 2022두50670.

말한다면, 이 관계는 행정조직법관계가 아니라 독자적인 공무원법관계로 볼 것이다.

Ⅱ. 행정작용법관계

행정주체와 사인간의 관계인 행정작용법관계는 공법관계로서 ① 좁은 의미의 행정법관계인 권력관계(협의의 고권관계)와 ② 단순고권관계로 구분된다. 472

1. 권력관계

권력관계란 행정주체가 우월한 지위에서 일방적으로 행정법관계를 형성·변경·소멸시키는 관계를 말한다. 권력관계는 본래적 의미의 행정법관계라 불린다. 좁은 의미의 고권관계라고 부르기도 한다. 종래의 이론은 권력관계를 다시 일반권력관계와 특별권력관계로 구분하여 다루었다. 전자는 국가와 국민간에 당연히 성립하는 관계이나 후자는 특별한 목적을 위해 특별한 법적 원인에 근거하여 성립하는 관계로서 법치주의의 적용이 배제됨을 특색으로 한다고 하였다. 후자는 오늘날에 있어서 많은 비판과 변화를 경험하고 있다. 오늘날의 법치국가에서 국가와 시민간의 관계는 법으로 정해지는 것이기 때문에 용례상 일반권력관계·특별권력관계라는 표현 대신에 일반행정법관계·특별행정법관계라는 표현을 사용하는 것이 바람직하다고 본다. 하여튼 일반적으로 행정법관계라 함은 일반행정법관계를 지칭한다고 하여도 과언이 아니다(본서 제Ⅰ부는 기본적으로 일반행정법관계의 연구를 주 대상으로 한다. 다만 특별행정법관계에 관해서는 다음의 제2항에서 먼저 살핀다). 권력관계에서는 행정주체가 상대방에 대해 우월한 의사주체로서 나타나는 것이 특징적이다. 473

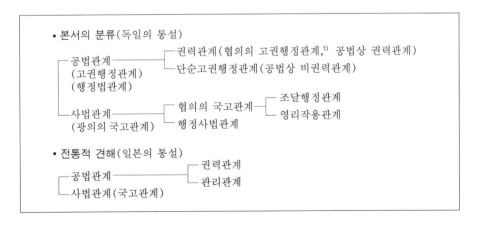

2. 소위 관리관계와 단순고권행정관계

474 종래의 전통적 견해는 공권력의 주체로서가 아니라 공적 재산이나 사업의 관리주체로서의 행정주체와 사인간의 관계에서 성립하는 법관계를 관리관계라 불렀다. 그리고 관리관계는 본질적으로 사법관계와 다른 것은 아니고 그 법관계의 내용이 공공의 이익과 밀접한 관계가 있기 때문에 공법적 규율이 가해지는 관계라고 하였고, 이를 전래적 공법관계라고도 하였다. 이러한 입장에 서게 되면 공법적 규율이 가해지는 한도 안에서만 특별한 공법적 규율을 받을 뿐이고, 그 밖에는 일반적으로 사법의 적용을 받게 된다고 한다.[2] 그러나 행정법관계 중에서 권력관계와 대비되는 개념으로는 '관리관계' 대신에 '단순고권행정관계' 또는 '비권력적 행정법관계'를 사용하는 것이 합리적이다. 왜냐하면 ① 관리관계를 공법관계의 하나로 구성하면서 관리관계는 기본적으로(공법이 아니라) 사법의 적용을 받는다고 하는 것은 논리에 어색함이 있고, 또한 ② 일부의 견해가 공법관계의 하나로서 관리관계를 들고, 사법관계의 하나로서 행정사법관계를 들기도 하는데,[3] 과연 관리관계와 행정사법관계가 구별되는 것인지도 의문이기 때문이다. 관리관계를 공법관계로 분류하면서 관리관계를 단순고권관계로 보는 견해도 있다.[4]

3. 국고관계(행정상 사법관계)

475 국고관계(또는 행정상사법관계)는 행정상 법률관계의 한 종류이나 행정법관계(공법관계)는 아니다. 다만 행정법관계의 의의를 명백히 한다는 의미로 여기에서 언급한다. 국고관계는 국가 또는 공공단체 등의 행정주체가 우월적인 지위에서가 아니라 재산권의 주체로서 사인과 맺는 법률관계를 말한다(예 : 물건의 매매계약, 도급계약, 국유의 일반재산의 매각[5]). 한편 몇몇 법률은 공정성·공익성 등과 관련하여 사법행위에 특별한 제한, 즉 계약의 방법·내용 등에 관해 제한을 가하는 경우도 있으나(예 : 국재법 제43조; 공재법 제29조 등), 그렇다고 이러한 행위가 공법적인 것으로 변질되는 것은 아니다. 하여튼 그러한 제한에 위반하면 경우에 따라 그 효력이 부인된다.[6] 국고관계는 다시 좁은 의미의 국고관계(조달행정관계·

---

1) 독일법상 고권적(hoheitlich)이라는 용어는 넓게는 공법적이라는 의미, 좁게는 일방적(권력적)이라는 의미로 사용되는 것으로 보인다(Ipsen, Allgemeines Verwaltungsrecht(9. Aufl.), §6, Rn. 324).
2) 김도창, 일반행정법론(상), 211쪽; 김동희, 행정법(Ⅰ), 80쪽(2019).
3) 정하중, 행정법개론, 52쪽(2019) 이하; 박균성, 행정법론(상), 101쪽(2022).
4) 하명호, 행정법, 71쪽(2022).
5) 대판 1983. 9. 13, 83누240.
6) 대판 1989. 4. 25, 86다카2329(법령상 요건에 위반한 행정주체의 사법상 계약은 무효이다).

영리작용관계)와 행정사법관계로 나누어진다.

제 2 항 특별행정법관계(소위 특별권력관계)

특별권력관계론은 과거에 문헌상 많이 등장하였고, 행정실제상으로도 많이   476
활용되었다. 뿐만 아니라 오늘날에도 특별권력관계론이 완전히 극복된 것으로
보이지 아니하기 때문에[1] 아래에서 살피기로 한다.

I. 종래의 특별권력관계론

1. 특별권력관계론의 의의와 특징

소위 특별권력관계론은 19세기 후반 독일의 입헌주의 국가론·행정론에서   477
생성된 이론이다. 특별권력관계론의 대표자였던 O. Mayer에 따르면,[2] 국가와
시민간에는 시민이기에 당연히 성립하는 일반권력관계 외에 국가와 특정시민간
에 특별한 관계를 요구하는 관계가 있다고 하였다. 즉 행정의 일정영역에는 기
본권이 효력을 갖지 못하고(기본권의 배제), 국가의 침해에 대해서도 다툴 수 없
으며(사법심사의 배제), 법에 의한 규율이 아니라(행정의 법률적합성의 배제) 행정규칙
에 의한 합목적성의 규율이 요구되는, 따라서 시민에게 강화된 종속이 요구되는
관계가 있는바, 이를 특별권력관계(Das besondere Gewaltverhältnis)라 불렀다. 그
예로서 학생의 재학관계, 공무원의 근무관계를 들었다. 요컨대 특별권력관계란
특별한 공행정목적을 위해 특별한 법률상의 원인에 근거하여 성립되는 관계로
서 권력주체가 구체적인 법률의 근거없이도 특정신분자를 포괄적으로 지배하는
권한을 가지고, 그 신분자는 이에 복종하는 관계로 이해되어 왔다.

2. 특별권력관계론의 성립배경

특별권력관계론은 19세기 후반 독일에서 절대군주정이 붕괴되고 외견적 입   478
헌군주정체[3]가 나타나면서 생겨난 이론이다. 19세기 후반의 시대적인 상황은
외관상 입헌주의·법치주의의 도입을 요청하였으며, 또 한편으로는 군주를 중심

---

1) 독일의 상황도 유사해 보인다(Maurer, Allgemeines Verwaltungsrecht, §8, Rn. 26).

2) O. Mayer, Deutsches Verwaltungsrecht I, S. 10ff.

3) 독일의 경우 1848년 3월 혁명과 자유주의적 Frankfurt헌법에 의한 통일이 무산된 후 1871년 비
   스마르크가 주도하여 독일제국헌법에 의한 통일독일을 이룩하였으며, 비스마르크헌법은 국왕
   의 권리는 신의 은총에 의한다고 하여 국민주권주의를 부인하였고, 국민의 권리는 프로이센국
   민의 권리로서 이를 인권으로 파악하지 아니하여 외견적으로만 국민의 권리를 보장하였고, 국
   왕의 권위가 우월하였던 것이 바로 외견적 입헌주의이다(김철수, 헌법학개론, 7쪽).

으로 한 세력이 의회로부터, 그리고 재판소로부터 자유로운 행정영역을 확보하여 행정권의 특별한 지위를 확보하려는 노력이 있었는바, 이에 군주의 특권적 지위의 확보를 위한 이론의 하나로 구성된 것이 바로 특별권력관계론이다. 이러한 특별권력관계론의 개념은 먼저 P. Laband에 의해 구성되고, O. Mayer와 F. Fleiner 등에 의해 구체화되었다.[1] 그리고 특별권력관계론은 국가를 하나의 유기체로서 법인격자로 보아 국가의 내부관계에는 법이 침투할 수 없다는 논리를 바탕으로 하였다.

3. 특별권력관계의 성질

479   일반권력관계와 특별권력관계를 구분함이 과거의 통설이었으나, 양권력관계간에 성질상 차이가 있는가에 관해서는 절대적 구별설에서 상대적 구별설로 견해에 변화가 있었다. ① 절대적 구별설은 일반권력관계와 특별권력관계는 그 성립의 기반을 달리하고 지배권의 성질도 다른바, 양관계에 적용되는 법체계의 성질도 다르다는 입장이었다.[2] 따라서 이 견해는 일반권력관계에 타당한 법원칙은 특별권력관계에 적용될 수 없다고 하였다. 오늘날 이러한 견해를 취하는 학자는 아무도 없다. 한편 ② 상대적 구별설의 입장을 취했던 F. Fleiner에 의하면, 특별권력관계에서의 특별권력은 바로 공권력 그 자체와 다른 것은 아니라 하고, 다만 특별권력은 특별한 행정목적의 달성을 위해 특별한 강제수단이 주어지는 것에 불과하다고 하였다.[3] 요컨대 양권력관계는 본질상 다른 것은 아니고, 다만 특별한 행정목적상 포괄적 명령권과 징계권, 강화된 복종이 요구되는 것이 특별권력관계라는 것이다. 이러한 상대적 구별설이 종래의 통설이었다.

4. 특별권력관계의 성립과 소멸

480   (1) 성   립   일반권력관계는 국민 또는 주민이기에 당연히 성립하는 관계이나 특별권력관계는 직접 법률의 규정이나 당사자의 동의에 의해 성립한다고 설명되었다. 그러나 법률에 의한 것인가, 아니면 동의에 의한 것인가는 중요한 문제가 아니라고 하였다.[4] ① 법률의 규정에 의한 성립의 예로 징소집해당자의 입대, 전염병환자의 강제입원, 수형자의 교도소에의 수감 등이 언급되었다. 그리고 ② 동의에 의한 성립의 예로 공무원임명, 국공립학교에의 입학 등이

---

1) 특별권력관계론의 역사에 관해 L. Wenninger, Geschichte der Lehre vom besonderen Gewaltverhältnis, 1982, S. 105ff. 참조.
2) F. W. Jerusalem, Das Verwaltungsrecht und der neue Staat, 1935, S. 13ff.
3) Fleiner, Institutionen des deutschen Verwaltungrechts, 1928, S. 167.
4) Fleiner, Institutionen des deutschen Verwaltungrechts, 1928, S. 166.

언급되었다. 다만 초등학교에의 입학의 경우, 이것이 의무적 동의에 의한 것인
가 아니면 법률의 규정에 의한 것인가에 관해서는 논란이 있어 왔다.

(2) 소   멸   특별권력관계는 목적의 달성(예 : 졸업), 탈퇴, 일방적 배제   481
(예 : 퇴학) 등의 사유로 소멸된다고 설명되었다.

5. 특별권력관계의 종류

특별권력관계의 종류로 종래 통설은 공법상 근무관계(예 : 공무원근무관계),   482
영조물의 이용관계(예 : 국공립학교재학관계), 특별감독관계(예 : 국가와 공공단체와의
관계), 공법상 사단관계(예 : 공공조합과 조합원간의 관계)의 네 가지를 언급하여
왔다.[1]

6. 특별권력관계의 내용

특별권력관계의 내용으로서 특별권력은 특별권력관계의 종류에 따라 직무   483
상 권력·영조물권력·감독권력·사단권력으로 구분되었다. 그리고 이러한 권력
들은 그 내용이 포괄적 명령권과 징계권으로 이루어진다고 설명되었다. 여기서
포괄적인 명령권이란 특별권력관계가 성립된 이상 특별권력의 주체가 개별적인
법률의 근거없이도 상대방(특별권력관계에 들어온 자)에 대해 필요한 조치를 명할
수 있는 권한을 의미하였다. 그리고 포괄적인 명령권은 추상적인 규칙의 형식,
즉 행정규칙의 형식이나 개별구체적인 하명(처분)의 형식으로 행사된다고 하였
다. 한편 징계권이란 역시 특별권력관계가 성립된 이상 개별적인 법률의 근거없
이도 특별권력관계에 있어서 질서유지나 의무이행을 위해 일정한 제재나 강제
를 행할 수 있는 권한을 의미하였다.

Ⅱ. 독일의 상황

특별권력관계론의 현주소를 알기 위해서는 특별권력관계론의 본고장인 독
일의 특별권력관계론 변천과정을 보는 것도 의미있는 일이다.[2]

1. 고전적 특별권력관계론

행정의 법률적합성의 원칙의 적용배제, 기본권적용배제, 법률 대신 행정규   484
칙에 의한 명령, 행정규칙이나 개별지시의 사법심사배제가 고전적 특별권력관

---

1) O. Mayer는 근무관계·이용관계·감독관계의 세 가지를 특별권력관계의 종류로 제시하였다
(ders., Deutsches Verwaltungsrecht Ⅰ, S. 10ff.).
2) M. Ronellenfitsch, "Das besondere Gewaltverhältnis als verwaltungsrechtliches Institut," in :
D. Merten(Hrsg.), Das besondere Gewaltverhältnis, S. 33ff.

계론의 중심적인 내용을 이루었음은 이미 살펴본 그대로이다.

2. 수형자사건판결전까지의 지배적 이론

485   제2차대전 후부터 후술하는 수형자사건판결전까지 독일의 지배적인 이론은
① 법률유보를 특별권력관계의 영역에서 실현하되 법률상 근거없이도 자유와
재산에 대하여 행정권에 의한 침해가 가능하고, ② 기본권도 적용되나 특별권력
관계의 목적에 의해 기본권행사가 제한될 수 있고, ③ 집행권은 법규(특별명령)
발령의 고유권한을 갖고, 이것은 경영관계와 관련된 구체적인 명령인 행정규칙
과 구분되며, ④ 기본관계와 관련되는 처분에 대해서만 권리보호가 가능한 것으
로 보았다.

3. 수형자사건판결과 그 후 이론의 경향

486   (1) **수형자사건**   독일연방헌법재판소는 1972년 3월 14일 수형자의 경우에
도 기본권과 법률적합성의 원칙이 제한없이 효력을 갖는다고 선언하였고,[1] 이
로써 특별권력관계론은 화석화 내지 사망이라는 새로운 국면으로 접어들었다.[2]

487   (2) **이론의 경향**   수형자사건판결 후 오늘날의 독일의 이론의 경향은
① 소위 특별권력관계에도 법률유보는 적용되며, ② 기본권행사의 제한도 오로
지 법률로 또는 법률에 근거하여서만 가능하고, ③ 집행부는 고유한 법정립권한
을 갖지 못하며, ④ 특별권력관계 내부에서의 처분도 권력복종자의 권리를 침해
하는 것이라면 사법심사(권리보호)가 가능하다고 본다.

▎참고▎ 수형자사건

488   (1) **사건의 개요**   1967년 12월 24일에 수형자 A가 X에게 편지를 보냈는데,
그 내용으로 교체되어 떠나는 교도소장의 인격과 자기가 생각하는 교도소장교체의
이유가 기재되어 있었다. 편지에서 A는 교도소장을 혹평하였다. 그런데 이 편지는
1967년 12월 27일에 관할부서장에 의해 압류되었다. 압류이유는 편지가 모욕적인

---

1) BVerfGE 33, 1, 9ff. 또한 독일연방헌법재판소는 진급·유급여부(BVerfGE 58, 257ff.), 새로운
교육과목(성교육)의 도입(BVerwGE 47, 194; BVerfGE 47, 46) 등 학교제도에 있어서의 중요한
(본질적인) 결정은 입법자가 스스로 정하여야 하고, 교육행정청에게 위임할 수 없다고 하였다.
그리고 학교제도에 있어서 중요한 결정으로 교육내용과 목표, 학교조직의 기본구조(예 : 학교
의 종류, 교육과정, 교사와 부모의 공동결정) 및 학생의 법적 지위(입학, 퇴학, 시험, 진급), 징
계처분 등이 언급되고 있다(Hendler, Allgemeines Verwaltungsrecht, Rn. 72; Maurer, Allge-
meines Verwaltungsrecht, §6, Rn. 20).
2) 그럼에도 특별권력관계가 관습법적이라는 이유로, 헌법에서 규율되고 있다(예 : 학교관계, 공무
원관계)는 이유로, 상대방의 동의를 이유로 특별권력관계를 긍정하는 시각도 있다고 한다
(Maurer, Allgemeines Verwaltungsrecht, §8, Rn. 28 참조).

표현을 담고 있고, 또한 A와 개인적으로 관계없는 영조물관계가 상론되고 있기 때문이라는 것이었다. 그리고 법적 근거로는 (행정규칙의 일종인) DVollzO 155호 제2항이 제시되었다. 이에 수형자는 편지의 압류가 기본법 제1조 제1항(인간존엄의 불가침), 제5조 제1항(표현의 자유), 제10조(통신의 비밀), 제19조 제1항(기본권의 제한), 제20조 제3항(헌법원칙), 그리고 제103조 제3항(일사부재리의 원칙)에 위배됨을 이유로 헌법소원으로 다투었다.

(2) 판결의 요지(BVerfGE33, 1)　① 수형자의 기본권 역시 오로지 법률에 의 489 하거나 또는 법률에 근거하여서만 제한될 수 있다. 그러나 기본법제정 후에도 이론과 판례는 행정규칙을 통해 규율되던 형집행의 영역을 법률로 규율할 것을, 말하자면 형집행에 관한 법률이 제정되어야 한다고 주장하지 않았다. 오히려 특별권력관계론을 활용하였다. 그리고 이것을 수형자의 기본권의 내재적인 제한으로 이해하였다. 그러나 자유와 인간의 가치를 최고의 목표로 하는 기본법하에서 수형자의 기본권 역시 법률에 의하거나 법률에 근거하여서만 제한될 수 있다. ② 법률상 근거없는 수형자의 기본권의 침해는 일정한 과도기에만 용인되어야 한다. 현재로서는 형집행법률이 없다. 헌법제정자가 기본법제정시 전통적인 형집행에 관한 인식을 가졌고, 따라서 기본법발효 후 즉시 형집행법을 제정하여야 한다는 인식이 없었다. 그러나 오늘날의 기본권의 이해에 따라 판단하면, 기본법을 통하여 창조될 가치질서는 입법자에게 형집행법률을 적당한 기간 내에 법률상으로 규율할 임무를 부여하였다고 보아야 한다. 그렇다고 이것이 과도기 중에는 수형자의 기본권에 임의로운 침해가 허용될 수 있음을 의미하는 것은 아니다. 침해는 형집행을 바로 세우기 위해 불가피한 경우에만 가능하다. ③ 수형자의 기본권의 제한은 기본법의 가치질서에 의해 용인되는 공동체관련의 목적달성을 위해 불가피한 경우에만 고려될 수 있다. ④ 수형자의 의사표현의 자유와 질서있고 의미있는 형집행의 절대적인 요구를 적합하게 고려하는 한계의 설정은 행형법(형집행법률)의 임무이다.

Ⅲ. 특별행정법관계

1. 학　설

우리의 경우, 1970년대 중반 이래 전통적인 특별권력관계론에 대해 강한 490 비판이 가해지고, 이에 대한 새로운 접근이 이루어지고 있다. 현재 우리 학자들이 주장 내지 소개하고 있는 견해들을 보기로 한다.

(1) 특별권력관계부정설

㈎ **형식적 부정설**　이 견해는 자유와 평등의 실질적 보장을 기본이념으로 491 하는 실질적 법치국가에서는 그 어떠한 공권력도 법률의 근거없이는 발동될 수 없다는 견지에서, 법치주의의 적용을 받지 않는 권력인 특별권력은 인정될 수

없다는 것이다. 이 견해는 모든 국가권력에 법치주의가 전면적으로 적용됨을 전 제로 하고 있다.

492   (내) **실질적 부정설**   이 견해는 종래에 특별권력관계로 이해되어온 여러 법 관계가 결코 일반권력관계나 비권력관계와 상이한 고유한 법관계가 아니라는 전제하에, 종래의 각종 특별권력관계를 개별적으로 분석하여 그 관계를 일반권 력관계나 비권력관계로 환원시킴으로써 특별권력관계론을 실질적으로 부정하는 입장이다. 예컨대 국공립학교학생의 재학관계와 사립학교학생의 재학관계, 국공 립도서관의 이용관계와 사설도서관의 이용관계는 내용상 본질적으로 차이가 없 는 것인바, 법률에 특별한 근거없이 이들 관계를 달리 취급하는 것은 잘못이라 는 입장이다. 따라서 종래 특별권력관계로 이해되었던 각종의 법관계는 결국 구 체적인 내용에 따라 비권력관계·행정사법관계로 환원되어야 할 것(예 : 공무원의 근무관계, 국공립학교 재학관계, 국공립도서관 이용관계 등)도 있고, 일반권력관계로 환 원되어야 하는 것(예 : 수형자의 교도소재소관계, 특별감독관계 등)도 있다고 하게 된 다. 이 견해에 따르게 되면 역시 어떠한 경우에도 기본권을 제한하기 위해서는 법률의 근거를 필요로 하게 된다.

493   (다) **기능적 재구성설**   종래의 특별권력관계 등 부분사회의 내부적인 관계 를 특수한 기능관련의 자율관계로 파악하고, 그에 상응하는 고유한 법리를 구성 하려는 일련의 견해를 기능적 재구성설이라 부른다.[1] 이러한 견해는 기본적으 로 실질적 부정설의 한 종류라 볼 것이다.

494   (2) **기본관계·경영관계론**(수정론)   이 견해는 특별권력관계의 관념을 인정 은 하지만 법치주의의 적용이 배제되는, 즉 사인의 권리보호가 배제되는 범위를 축소하려는 입장이다. 이 견해의 대표자인 C.H.Ule는 전술한 수형자사건 이전 에 이미 종래의 특별권력관계를 기본관계와 경영관계로 구분하여 권리보호문제 를 다루었다.[2]

495   (가) **기본관계**   Ule는 특별권력관계의 설정·변경·폐지에 관한 것으로서 관 계자를 직접 일반법적인 지위에 관련시키는 관계를 기본관계라 하고, 이에 관련 된 처분(예 : 공무원임명·공무원관계배제)은 행정재판소에서 취소될 수 있다고 하였다.

---

1) 기능적 재구성설과 관련하여 서원우, 현대행정법론(상), 168쪽 이하 참조.
2) C. H. Ule, "Das besondere Gewaltverhältnis," in : VVDStRL, 15, 1956, S. 184. 한편, Ule는 그 후에 기본관계에서의 처분은 행정행위로 보면서, 경영관계에서의 처분은 개인의 법적 지위와 관련하는 것이 아니므로 기본적으로 행정행위가 아니라 하였다(Verwaltungsprozeßrecht, 1986, S. 190, 193). 따라서 동교수는 특별권력관계에서 사법심사의 한계를 특별권력관계 자체 의 성질에서 구하다가, 특별권력관계에서의 행위가 행정행위에 해당하는가의 여부에 따라 판 단하는 방식으로 입장을 변경한 것으로 보인다.

(내) **경영관계**   Ule는 특별권력관계의 설정목표를 실현하는 데 필요한 기   496
타의 관계를 경영관계라 부르고, 이를 다시 세분하여 권리보호문제를 다루었다.
즉 방위근무관계(병역복무관계)와 폐쇄적 영조물이용관계(특히 수형자관계)의 경우
에는 사법적인 권리보호가 인정되나 공무원관계와 모든 개방적 근무관계에서의
처분(예 : 근무상 하급자에 한 지시, 학교에서 숙제부과)의 경우에는 긍정되지 않는다고
하였다.

(다) **비 판**   이 이론에 대해서는 무엇보다도 기본관계와 경영관계의 구분   497
이 용이하지 않다는 점, 모든 경영관계가 오로지 경영관계인가는 의문이라는 점
등의 비판이 가해질 수 있다. 그리고 용례상 기본관계는 일반행정법관계와 혼동
을 가져올 우려가 있다는 지적도 있고, 개방적 경영관계에서도 권리가 침해될 가
능성이 있다는 비판도 가해질 수 있다. 독일연방행정재판소도 더 이상 기본관계
와 경영관계의 구분을 따르지 아니한다고 한다.[1] 다만, 오늘날에 있어서 기본관
계와 경영관계의 구분의 실천적 의미는 특별행정법관계에서의 행위가 행정행위
인가의 여부를 판단하는 기준(기본관계에서의 행위는 행정행위이고, 경영관계에의 행위는
원칙적으로 단순한 기관내부적인 행위에 불과하다)의 하나로 활용된다는 점에 있다.[2]

(3) **제한적 긍정설**(수정적 긍정설)   이 견해는 공무원관계·학교교육관계·방   498
위근무관계(병역복무관계)와 같이 헌법상의 일반적 권리의 제한을 전제로 하는 특
별신분관계임을 특성으로 하는 법률관계가 실정법상 여전히 인정되고 있기 때
문에 그러한 특별신분관계의 존재 그 자체를 부정하기 어려운 현실 하에서는
법치주의의 전면적 적용만을 고집할 수 없다고 하여 특별권력관계론을 제한적
으로 긍정하는 입장이다.[3]

2. 판 례

판례도 종래의 의미의 특별권력관계를 인정하지 아니한다.[4] 판례가[5] 특별   499

---

1) Giemulla/Jaworsky/Müller−Uri, Verwaltungsrecht, Rn. 227.
2) Giemulla/Jaworsky/Müller−Uri, Verwaltungsrecht, Rn. 226; Wolff/Bachof/Stober, Verwaltungsrecht Ⅰ(10. Aufl.), §25, Rn. 43.
3) 강구철, 강의행정법(Ⅰ), 179쪽; 박윤흔·정형근, 최신행정법강의(상), 167쪽; 석종현·송동수, 일반행정법(상), 106쪽.
4) 대판 2018. 8. 30, 2016두60591(사관생도는 군 장교를 배출하기 위하여 국가가 모든 재정을 부담하는 특수교육기관인 육군3사관학교의 구성원으로서, 학교에 입학한 날에 육군 사관생도의 병적에 편입하고 준사관에 준하는 대우를 받는 특수한 신분관계에 있다(육군3사관학교 설치법 시행령 제3조). 따라서 그 존립 목적을 달성하기 위하여 필요한 한도 내에서 일반 국민보다 상대적으로 기본권이 더 제한될 수 있으나, 그러한 경우에도 법률유보원칙, 과잉금지원칙 등 기본권 제한의 헌법상 원칙들을 지켜야 한다).
5) 대판 1989. 9. 12, 89누2103(서울특별시지하철공사의 임원과 직원의 근무관계의 성질은 지방공

권력관계라는 용어를 사용한다고 하여도 그것은 고전적 의미의 특별권력관계가
아니라, 후술하는 특별행정법관계를 지칭하는 의미로 사용하고 있음을 유의하
여야 한다.

3. 사   견

500   ⑴ **논리적 문제**   실질적 법치주의를 지향하는 헌법체계하에서 법으로부
터 자유로운 영역인 특별권력관계를 인정한다는 것은 형식적 부정설이 밝힌 바
대로 합리적인 근거가 없다. 그러나 법률관계 중에는 일반적인 것 외에도 공동
체의 존립에 불가결한 특수한 생활관계를 규율하는 것을 내용으로 하는 것도 있
고, 그러한 법률관계에 있는 자에 대하여는 어느 정도 특수한 제한이 가해지고
있는 것도 실정법상 부인할 수 없는 것이 사실이다. 그렇지만 몇몇의 실정법이
특수한 생활관계를 전제로 하는 법률관계를 규정하고 있다고 하여 실정법에 근거
없는 경우까지 확대하여 법치주의를 배제하는 특수한 영역을 인정하는 이론은 정
당하다고 볼 수 없다. 말하자면 특수한 생활관계도 법에서 인정될 때, 그리고 실
정법에서 인정되는 범위 안에서만 비로소 의미를 갖는다고 새기는 것이 헌법 제
37조 2항의 취지에 부합된다. 다만, 종래의 특별권력관계가 법관계로 환원되어
야 한다고 하여도 그 관계에는 일반적인 행정법관계와는 다른 특성(예 : 비교적 넓
은 재량성)이 있는 것이므로, 이를 특별행정법관계(또는 특별법관계)로 관념하는 것
은 바람직하다고 본다. 특별법관계, 또는 행정법상 특별관계라 부를 수도 있다.[1]

501   한편 일설은 헌법적 범주에서는 특별권력관계를 부인하면서도 행정법적 범
주에서는 법치주의의 전면적 적용을 고집하지 않고 특별행정법관계를 긍정하는
입장을 취하고 있는데,[2] 이러한 입장은 행정법이 헌법의 구체화법으로서 헌법
의 테두리 내에서만 인정된다는 원리에 적합한 것이 아니다. 어떠한 경우에도
행정법은 헌법에 적합한 것이어야 한다. 요컨대 특별권력관계론은 실정법에 나
타난 특수한 생활관계를 해명하기 위한 것이 아니라 실정법에 규정되지 아니한

기업법의 모든 규정을 살펴보아도 공법상의 특별권력관계라고는 볼 수 없고 사법관계에 속할
뿐만 아니라, 위 지하철공사의 사장이 그 이사회의 결의를 거쳐 제정된 인사규정에 의거하여
소속직원에 대한 징계처분을 한 경우 위 사장은 행정소송법 제13조 제1항 본문과 제2조 제2항
소정의 행정청에 해당되지 않으므로 공권력발동 주체로서 위 징계처분을 행한 것으로 볼 수
없고, 따라서 이에 대한 불복절차는 민사소송에 의할 것이지 행정소송에 의할 수는 없다); 대
판 1995. 6. 9, 94누10870(농지개량조합과 그 직원과의 관계는 사법상의 근로계약관계가 아닌
공법상의 특별권력관계이고, 그 조합의 직원에 대한 징계처분의 취소를 구하는 소송은 행정소
송사항에 속한다).

1) Detterbeck, Allgemeines Verwaltungsrecht mit Verwaltungsprozessrecht(13. Aufl.), § 5, Rn. 293.
2) 석종현·송동수, 일반행정법(상), 106쪽.

일련의 생활관계에 특수한 규율(법률의 유보의 배제, 법심사의 배제 등)이 가능토록
하기 위한 논리라는 것을 유념할 필요가 있다.

(2) **입법실제상의 문제** 오늘날의 입법현실에 있어서 특별권력관계론은 502
그 의미가 많이 상실되어 가고 있다. 왜냐하면 종래에 특별권력관계로 다루어져
온 영역들이 대부분 법률로써 규율되고 있기 때문이다(예 : 공무원의 경우 국가공무
원법 또는 지방공무원법, 수형자의 경우 행형법, 군인의 경우 군인사법 등).

4. 특별행정법관계와 법치주의

(1) **법률유보와 기본권** 특별행정법관계의 성립 및 특별행정법관계에서의 503
기본권의 제한도 일반행정법관계의 경우와 마찬가지로 법률의 근거를 요한다고
보아야 한다.[1] "수형자의 기본권은 다만 법률로써 또는 법률에 근거하여서만
제한될 수 있다. 특별권력관계에서 독자적이고 내재적인 기본권의 제한이 있다
는 이론은 기본권을 인정할 수 없는 불확실성으로 상대화시킨다"는 독일연방헌
법재판소의 판례[2]와 본서는 같은 입장이다. 우리 판례도 같은 입장이다.[3] 현재
로서 특별행정법관계에 관한 실정법의 근거가 상당하다는 점은 이미 지적한 바
있다. 현행법상 제한의 예로 정치운동제한(헌법 제7조; 국공법 제65조), 근로 3권의
제한(헌법 제33조; 국공법 제66조) 등을 볼 수 있다(그 밖에 형의 집행 및 수용자의 처우
에 관한 법률 제41조 등 참조).

(2) **사법심사** 특별행정법관계에서의 행위에 대한 사법심사의 가능성에 504
대해서는 종래 전면적 부정설(절대적 구별설의 경우)과 제한적 긍정설(상대적 구별설
이나 수정설의 경우)이 있어 왔다. 그러나 특별권력관계를 부인하는 이상 특별행정

---

1) 헌재 2004. 12. 16, 2002헌마478(수형자의 기본권 제한에 대한 구체적인 한계는 헌법 제37조 제
2항에 따라 법률에 의하여, 구체적인 자유·권리의 내용과 성질, 그 제한의 태양과 정도 등을
교량하여 설정하게 되며, 수용 시설 내의 안전과 질서를 유지하기 위하여 이들 기본권의 일부
제한이 불가피하다 하더라도 그 본질적인 내용을 침해하거나, 목적의 정당성, 방법의 적정성,
피해의 최소성 및 법익의 균형성 등을 의미하는 과잉금지의 원칙에 위배되어서는 안 된다).
2) BVerfGE 33, 1, 9ff.
3) 헌재 2023. 6. 29, 2018헌마1215(수형자라 하여 모든 기본권을 제한하는 것은 허용되지 않으며,
제한되는 기본권은 형의 집행과 도망의 방지라는 구금의 목적과 관련된 기본권, 예를 들어 신
체의 자유, 거주 이전의 자유, 통신의 자유 등에 한정되어야 하고, 그 역시 형벌의 집행을 위하
여 필요한 한도를 벗어날 수 없다. 특히 교정시설 내의 질서 및 안전 유지를 위하여 행해지는
기본권의 제한은 수형자에게 구금과는 별도로 부가적으로 가해지는 고통으로서 다른 방법으로
는 그 목적을 달성할 수 없는 경우에만 예외적으로 허용되어야 할 것이다. 이와 같이, 수형자
의 기본권 제한에 대한 구체적인 한계는 헌법 제37조 제2항에 따라 구체적인 자유·권리의 내
용과 성질, 그 제한의 태양과 정도 등을 교량하여 설정하게 된다); 헌재 2005. 2. 24, 2003헌마
289(행형법상 징벌의 일종인 금치처분을 받은 자에 대하여 금치기간 중 집필을 전면 금지한
행형법시행령 제145조 제2항 본문 부분은, 금치대상자의 자유와 권리에 관한 사항을 규율하는
것이므로 모법의 근거 및 위임이 필요하다); 대판 1992. 5. 8, 91부8.

법관계에서의 행위의 사법심사가능성은 일반행정법관계의 경우와 다를 바가 없
다. 특별행정법관계에서의 행위도 행정쟁송법상의 쟁송대상이 되는 처분에 해
당하면 사법심사의 대상이 되는 것이지,[1] 특별행정법상의 행위이기 때문에 쟁
송의 대상이 아니라는 논리는 성립할 수 없다. 판례도 같은 입장이다.[2] 다만,
특별행정법관계에서의 어떠한 행위가 행정처분에 해당하는가의 판단은 용이하
지 아니하며,[3] 설령 특정행위가 행정행위에 해당한다고 하여도, 앞서 언급한
대로 특별행정법관계에서의 행위는 일반행정법관계에서의 행위에 비해 재량행
위에 해당하는 경우가 많을 것이고, 이 범위 안에서 사법심사는 비교적 넓게 제
한된다고 하겠다.

(3) 특별명령

505 ㈎ 의 의 특별명령(Sonderverordnung)이란 특별행정법관계(특별권력관계)
의 규율을 위해 집행권이 발하는 법규범을 말한다. 특별명령은 실정법상 용어가
아니고 학문상 용어이다. 실정법상 근거가 없는 특별명령이 특별행정법관계(특
별권력관계)에서 구속적인 법규범으로서의 효력을 갖는가의 여부가 문제된다. 독
일에서는 현실적으로 특별명령이 영조물관계나 공기업이용관계에서 문제될 여
지가 있다고 한다.[4] 아래에서 이에 관해 보기로 한다.

506 ㈏ 인정여부 독일에서는 집행부도 시원적인 법정립권을 가지는바, 특별
한 수권 없이도 특별명령을 발령할 수 있다는 견해와,[5] 법률상의 수권 없이는
발령할 수 없으나 과도기에는 본질적이지 아니한 결정의 경우는 예외가 가능하
다는 견해도 있다.[6] 그러나 전면적으로 부정하는 것이 일반적이다.[7] 우리의 경
우에도 특별한 수권 없이 구속력을 갖는 특별명령은 발령할 수 없다고 볼 것이다.

---

1) 김남진·김연태, 행정법(Ⅰ), 125쪽(2019); 이상규, 신행정법론, 226쪽.
2) 대판 1991. 11. 22, 91누2144(국립 교육대학 학생에 대한 퇴학처분은, 국가가 설립·경영하는 교
   육기관인 동 대학의 교무를 통할하고 학생을 지도하는 지위에 있는 학장이 교육목적 실현과
   학교의 내부질서유지를 위해 학칙 위반자인 재학생에 대한 구체적 법집행으로서 국가공권력의
   하나인 징계권을 발동하여 학생으로서의 신분을 일방적으로 박탈하는 국가의 교육행정에 관한
   의사를 외부에 표시한 것이므로, 행정처분임이 명백하다).
3) Giemulla/Jaworsky/Müller‒Uri, Verwaltungsrecht, Rn. 232ff. 참조.
4) Maurer, Allgemeines Verwaltungsrecht, §8, Rn. 31.
5) Böckenförde/Gfawert, AöR, Bd. 95(1970), S. 1ff.
6) Wolff/Bachof/Stober, Verwaltungsrecht Ⅰ(10. Aufl.), §25, Rn. 43.
7) Erichsen, Festschrift für Hans. J. Wolff, 1973, S. 219ff.; Maurer, Allgemeines Verwaltungs-
   recht, §8, Rn. 31.

제 4 절 행정법관계의 특질

공·사법의 구분이 논리필연적인 것이 아니므로 행정법관계의 특질 또한 논   507
리필연적인 것은 아니다. 그것은 실정법상 나타나고 있는 특질을 의미한다. 물
론 행정법관계의 특질의 구체적인 것은 그 관계가 권력관계인가 단순고권관계
(비권력관계)인가에 따라 내용을 달리한다. 행정법관계의 특질로는 ① 행정의사
의 법률적합성, ② 행정의사의 우월적 지위, ③ 공법상 권리·의무의 상대성, ④
국가책임의 특수성, ⑤ 행정쟁송법상 특수성 등을 볼 수 있다.[1] 행정법관계의
특질은 일반적으로 일반행정작용법상의 특질을 의미하며, 행정조직법관계의 특
질은 이에 해당하지 아니한다.

제 1 항 행정의사의 법률적합성

I. 권력관계(좁은 의미의 고권관계)

권력관계는 법치행정, 법률에 의한 행정의 원리상 법(법률)에 엄격하게 기속   508
을 받는다(행정의 법률적합성의 원칙). 사적 영역은 사인의 고유한 의사에 따라 법
에 반하지 아니하는 범위 내에서 자유롭게 형성될 수 있다(사적자치의 원칙). 따라
서 사법상의 행위는 법에 반하지 않는 한 하자가 없는 것이나, 고권관계(공법관
계)에서의 행위는 법에 적합한 경우에 하자가 없는 것이 된다.

II. 단순고권관계(비권력관계)

단순고권관계도 법과 법률에 기속되는가에 대해서는 견해가 갈린다. 침해   509
유보설은 소극적이나 전부유보설은 긍정적이다. 현재로서 분명한 것은 단순고
권관계에도 법률의 유보를 확대하려는 경향이 있다는 점이다.

제 2 항 행정의사의 우월적 지위

행정법관계에서 행정의사의 우월적 지위는 행정법관계에서 내용상의 구속   510

---

1) 본서는 실체법과 쟁송법의 구분방식에 따라 국가책임의 특수성과 행정쟁송법상 특수성을 구
   분하고 있으나, 국내학자들의 일반적인 인식은 양자를 합하여 권리구제수단의 특수성이라 부
   른다.

력, 공정력, 구성요건적 효력,[1] 존속력, 강제력이 인정됨을 의미한다. 행정의사의 우월적 지위는 협의의 고권관계(권력관계)에서만 인정되고, 단순고권관계에서는 원칙적으로 인정되지 아니한다.

Ⅰ. 내용상 구속력

511   행정법관계에서 행정의사의 일반적인 형식인 행정행위는 행정주체의 일방적인 행위(예 : 과세처분)로서 적법요건(성립 및 효력요건)을 갖추면 실체법상의 효과, 즉 일정한 권리·의무관계를 발생시킨다. 따라서 당사자인 행정청(정확히는 행정주체)은 그에 따른 특정의 권리(예 : 징세권)를 취득하고, 상대방은 특정의 의무(예 : 일정액의 납세의무)를 부담하게 된다. 이와 같이 행정행위는 그 내용에 관해 당사자를 구속하는 힘을 갖는데, 이러한 힘을 내용상의 구속력이라 부른다.

Ⅱ. 공 정 력

512   행정행위는 당연무효가 아닌 한 권한을 가진 기관에 의해 취소될 때까지 유효한 행위로서 상대방이나 이해관계자를 구속한다. 이를 공정력이라 부른다. 이러한 공정력은 사법관계에서는 볼 수 없는 것으로, 행정주체가 사인에 비해 우월한 지위를 가지고 있음을 뜻한다. 공정력은 예선적 효력이라 불리기도 한다.

Ⅲ. 구성요건적 효력

513   유효한 행정행위가 존재하는 한 취소할 수 있는 행위인가를 불문하고 다른 행정기관 또는 법원은 그 행위와 관련이 있는 자기들의 결정에 그 행위의 존재와 법적 효과를 인정해야 하고, 아울러 그 내용에 구속된다. 이를 구성요건적 효력이라 부른다.

Ⅳ. 존속력(확정력)

514   존속력 또한 행정행위와 관련하여 문제가 되는데, 이것은 형식적 존속력과 실질적 존속력의 2종류로 구분되고 있다.

1. 형식적 존속력(불가쟁력)

515   일정한 행정행위는 쟁송제기기간의 경과, 판결의 확정 등의 사유가 있으면 상대방이나 이해관계가 있는 제3자는 더 이상 다툴 수 없게 된다. 이와 같이 더

---

1) 전통적인 견해는 구성요건적 효력을 따로 언급하지 아니한다.

이상 행정행위의 효력을 다툴 수 없게 하는 힘을 형식적 존속력 또는 불가쟁력이라 부른다. 이러한 효력을 형식적 확정력이라 부르기도 한다. 형식적 존속력이 생긴 행위도 경우에 따라서는 행정청이 직권으로 취소할 수 있다.

2. 실질적 존속력(불가변력)

일정한 행정행위는 행위의 성질상 행정청도 그 내용의 변경(취소·변경·철회 **516** 등)을 할 수 없는 경우가 있다. 이와 같이 행정청도 그 내용을 변경할 수 없는 힘을 실질적 존속력 또는 불가변력이라 부른다. 실질적 확정력이라고도 한다. 실질적 존속력이 발생한 행위라도 형식적 존속력이 발생하지 않은 동안에는 상대방은 그 행위를 다툴 수 있다.

V. 강 제 력

행정법관계에서는 행정주체의 의사의 실현을 확보하기 위해 사법관계에서 **517** 는 볼 수 없는 강제력이 행정주체에 주어진다. 강제력은 제재력과 자력집행력을 의미한다.

1. 제재력(행정벌)

행정법상 의무자가 의무를 위반하면 제재로서 행정벌이 가해진다. 사법상 **518** 의무위반자에게는 처벌이라는 것을 모른다(민사책임과 형사책임의 준별). 제재에는 행정형벌과 행정질서벌이 있다. 제재는 법적 근거를 요한다.

2. 자력집행력

행정법상 의무자가 의무를 불이행하면 행정청은 법원의 도움을 받음이 없 **519** 이 스스로 강제집행할 수 있다. 이를 자력집행력이라 부른다. 자력집행은 침해 행정인바, 실정법의 근거를 요한다. 사법관계에서는 반드시 법원의 도움을 받아야 한다는 점에서 다르다.

제 3 항 공권·공의무의 상대성

사법관계에서 권리·의무는 당사자간의 이해조절을 목적으로 하는 것으로 **520** 당사자의 임의적인 처분에 의존한다. 그러나 행정법관계에서의 권리·의무(공권·공의무)는 오로지 특정개인을 위해서만 인정되는 것은 아닌 까닭에(공공성) 권리가 동시에 의무의 성격을 가지는바(상대성), 따라서 포기와 이전이 제한되기도 하고(불융통성) 또한 특별한 보호와 강제가 가해지기도 한다.

제 4 항   국가책임(손해전보)의 특수성

Ⅰ. 행정상 손실보상

521   행정법관계에서는 공공의 필요가 있는 경우에 사인의 재산권을 적법하게 침해할 수 있고, 이러한 경우에는 법률이 정한 바에 따라 그 손실을 보상하게 되어 있는바, 이러한 제도를 손실보상제도라 한다. 사법상으로는 적법하게 타인의 재산권을 침해하고 그 침해에 대해 보상을 하는 제도가 존재하지 아니한다.

Ⅱ. 행정상 손해배상

522   공무원이 직무수행과 관련하여 불법행위로 타인에게 손해를 가하거나, 영조물의 설치·관리상의 하자로 타인에게 손해를 가하면 국가 또는 공공단체는 배상책임을 진다. 손해배상제도가 사법영역에도 없는 것은 아니나 적용되는 법과 그 원리에 다소 상이함이 있다.

제 5 항   행정쟁송상 특수성

Ⅰ. 행정심판

523   사법상의 분쟁해결방식과는 달리 행정법관계에서 행정행위의 효력을 다투기 위해서는 소송을 제기하기에 앞서 행정기관에 심판을 청구하여야 하는 경우가 적지 아니한데, 이러한 제도를 행정심판제도라 한다. 이것은 단순고권관계와는 거리가 멀다.

Ⅱ. 행정소송

524   행정법상 분쟁에 관한 제1심의 소송은 행정법원에서 관할하고, 행정소송법 등에 의해 행정사건의 재판에 관해서는 민사소송과는 다른 방법과 절차가 적용되고 있다. 이것은 단순고권관계에도 적용된다.

제 5 절 행정법관계의 내용

제 1 항 국가적 공권

Ⅰ. 의의와 성립

일반적으로 국가적 공권이란 국가, 공공단체 또는 국가로부터 공권력을 부 525
여받은 자가 우월한 의사주체로서 상대방인 사인에 대하여 가지는 권리로 이해
되고 있다. 그러나 이러한 개념방식에는 다소 문제가 있다. 왜냐하면 오늘날에
있어서는 국가적 공권이 대등당사자간의 공법상 합의, 즉 공법상 계약에 의해서
도 성립할 수 있기 때문이다. 따라서 오늘날에 있어서는 국가적 공권이란 행정
법관계에서 국가 등 행정주체가 사인에 대해 갖는 권리, 바꾸어 말하면 공법관
계에서 행정주체가 직접 자기를 위해 일정한 이익을 주장할 수 있는 법률상의
힘으로 확대하여 이해하는 것이 바람직하다. 국가적 공권을 이렇게 정의하여도
중심적인 것은 물론 법령에 의거하여 국가가 우월한 지위에서 갖는 공권임은
물론이다.

Ⅱ. 성 질

1. 국가적 공권의 권리성

국가적 공권이 권리인가 아니면 권력인가의 문제가 있다. 공법상 계약에 따 526
른 국가적 공권이 권리임에는 의문이 없다. 어려움은 국가가 우월적 지위에서
갖는 공권의 경우(예 : 특정인에 대한 구체적인 조세징수권의 경우)에 있다. 생각건대
우월적 지위에서 갖는 국가적 공권이라는 것도 법률에 의해 인정되는 것이고,
그것도 행정주체와 사인간의 법관계의 내용인 이상 권리로 보아야 한다. 우월적
지위와 관련하여 각종의 특수성이 인정되는 것은 별문제이다. 다만 여기서 국가
적 공권이란 국가가 갖는 개별구체적인 경우에 있어서의 공권이지 일반추상적
인 경우의 공권을 의미하는 것은 아님을 기억할 필요가 있다. 이 점은 행정법관
계의 개념의 문제와 관련을 맺는다.

2. 국가적 공권의 특질

(1) 우월한 지위에서 갖는 국가적 공권   이러한 국가적 공권은 ① 행정주체 527
가 권리의 내용을 법령이 정한 바에 따라 스스로 정할 수 있다는 점, ② 의무자
의 의무불이행시에 행정주체가 법령이 정한 바에 따라 자력집행할 수 있다는

점, ③ 의무자의 의무위반시에 행정주체가 법령이 정한 바에 따라 제재를 가할 수 있다는 점 등에서 개인적 공권 또는 사권과는 상이한 점을 갖는다.

528   ⑵ **대등한 지위에서 갖는 국가적 공권**   사인과 대등한 지위에서 국가 등이 갖는 공권은 기본적으로는 사권의 경우와 다르지 않다고 본다. 그러나 적지 않은 경우에는 계약내용의 결정권이 국가 등 행정주체에 주어지기도 한다.

Ⅲ. 종   류

529   국가적 공권은 여러 기준에 따라 분류해 볼 수 있다. ① 권리의 목적에 따라서는 조직권·재정권·경찰권·복리행정권 등으로, ② 권리의 내용에 따라서는 명령권·형성권·강제권 등으로, ③ 권리의 대상에 따라서는 대인적 공권·대물적 공권 등으로, ④ 권리의 재산상의 성질에 따라서는 공법상 물권·공법상 채권 등으로 구분할 수 있다.

제2항   개인적 공권

Ⅰ. 개인적 공권의 개념

1. 개인적 공권

530   권리의 개념은 일반법이론의 법개념이다. 통상 권리는 기술한 대로 법규범을 통해 개인에게 승인된, 개인이 자신의 이익을 추구하기 위해 작위·부작위·수인·급부를 청구할 수 있는 법적인 힘을 말한다. 권리의 한 종류로서 개인적 공권이란 개인이 공법상 자기의 고유한 이익을 추구하기 위해 국가 등 행정주체에 대하여 일정한 행위를 요구할 수 있도록 개인에게 주어진 법적인 힘을 말한다.[1] 오늘날의 일반적인 견해에 의하면, 개인적 공권은 「행정권에 대하여 일정한 행위를 의무지우는 공법규정이 공익 뿐만 아니라 사익에도 기여하는 것을 내용으로 하고 있을 때, 달리 말한다면 명문상 또는 해석상 관련 법규범이 개인의 보호를 목적으로 할 때」에 존재한다. 개인적 공권은 주관적 권리이며 법규의 집합인 객관적인 법은 아니다. 개인적 공권은 주관적 공권으로 불리기도 한다.[2]

---

1) Loeser, System des Verwaltungsrechts, Bd. 1, S. 308; Erbguth, Allgemeines Verwaltungsrecht(4. Aufl.), 2011, §9, Rn. 2; Peine, Allgemeines Verwaltungsrecht(10. Aufl.), §4, Rn. 247; Schmidt, Allgemeines Verwaltungsrecht(18. Aufl.), Rn. 229; Wallerath, Allgemeines Verwaltungsrecht(6. Aufl.), §8, Rn. 1; Würtenberger, Verwaltungsprozessrecht(3. Aufl.), Rn. 276.

2) 독일에서 주관적 공권(개인적 공권)의 개념은 전통적으로 사인이 행정주체에 대하여 갖는 공권으로 한정적으로 사용되며, 행정주체가 사인에 대하여 갖는 공권은 개인적 공권의 개념에서 제

2. 법률상 이익

행정심판법 제13조와 행정소송법 제12조 등은 심판청구인적격 및 원고적격   531
과 관련하여 법률상 이익이라는 용어를 사용하고 있는데, 이 개념이 권리와 동
일한 개념인가 상이한 개념인가에 관해 견해가 갈리고 있다(법률상 이익의 개념은
본문의 의미 외에 소의 이익 또는 권리보호의필요 등의 의미로 사용되기도 한다. 자세한 것은
행정소송법편 참조). 오늘날 다수설은 권리와 법률상 이익이 같다는 입장(권리=법
률상 이익)을 취하고, 우리의 전통적인 견해와 판례는 이를 상이한 것으로 본다.
즉 우리의 전통적인 견해는 법률상의 이익을 권리와 후술하는 법률상 보호이익
을 내포하는 개념(법률상 이익=권리+법률상 보호이익)으로 이해하고 있다. 양견해
의 차이는 법률상 보호이익을 어떻게 파악하는가에 기인한다.

┃**참고**┃   권리에는 공법상 권리와 사법상 권리가 있고(권리=공권+사권), 행   532
정심판법과 행정소송법상 용어로서 법률상 이익에는 공법영역에서의 법률상 이익
과 사법영역에서의 법률상 이익이 있으므로(법률상 이익=공법영역에서의 법률상 이
익+사법영역에서의 법률상 이익), 권리에 대비되는 개념은 법률상 이익이고, 개인적
공권에 대비되는 개념은 공법영역에서의 법률상 이익으로 보는 것이 논리적이다.
하여간 책에서 개인적 공권과 대비되어 「법률상 이익」이라는 용어가 사용되는 경
우에는 「공법영역에서의 법률상 이익」과 같은 의미로 이해할 필요가 있다.

3. 법률상 보호이익

(1) 학   설

(개) **구별긍정설**   판례와 전통적인 견해는 종래와 같은 의미의 권리(예 : 봉   533
급청구권)는 아니지만 그렇다고 단순한 반사적 이익이라고만 할 수도 없는 이익,
말하자면 행정쟁송을 통해 구제되어야 할 이익이라는 의미로 법상 '보호이익'이
라는 개념을 사용하고 있다.[1] 그리하여 법률상 보호이익을 행정쟁송법상의 법
률상 이익의 한 유형으로 보고 있다.

(내) **구별부정설**   권리라는 것이 본래 법의 보호를 받는 이익을 의미하며   534
그러한 의미에서 반사적 이익과 구분되므로, 개인적 공권과 법률상 보호이익은

외되고 있다(Wallerath, Allgemeines Verwaltungsrecht, S. 144; K. Obermayer, Grundzüge des
Verwaltungsrechts und Verwaltungsprozessrechts, 1988, S. 42).

1) 김도창, 일반행정법론(상), 240쪽; 이상규, 신행정법론(상), 195쪽; 대판 1975. 5. 13, 73누96·
97(주거지역 내에 거주하는 사람이 '주거의 안녕과 생활환경을 보호받을 이익'은 단순한 반사
적 이익이나 사실상의 이익이 아니라 바로 법률에 의하여 보호되는 이익이라고 할 것이다).

다만 표현의 차이에 불과하다는 견해가 있다.[1]

535   (2) 판   례   판례는 구별긍정설을 취하는 것으로 보인다.[2]

536   (3) 사   견   연혁적으로 볼 때, 1951년에 제정된 구 행정소송법에는 원고적격에 관한 규정이 없었다. 판례는 ① 권리(전통적 의미의 권리, 협의의 권리)가 침해된 자가 원고적격을 갖는 것으로 보았다. 판례는 1970년대 전후에 권리 외에도 ② 법률상 보호되는 이익이 침해되는 자도 원고적격을 갖는 것으로 판시하였다(후술의 청주시연탄공장사건을 보라). 그 후 1984년 12월 15일에 제정되고 1985년 10월 1일부터 발효된 현행 행정소송법은 제12조에서 원고적격에 관한 규정을 두면서 종래의 ① 권리(전통적 의미의 권리)와 ② 법률상 보호되는 이익을 합한 개념으로 ③ 법률상 이익(확대된 권리개념, 광의의 권리)이라는 용어를 사용하였다. 역사적으로 본다면, 권리가 침해된 자가 원고적격을 갖다가 그 후에 권리가 침해된 자 외에 법률상 보호되는 이익이 침해된 자도 원고적격을 갖게 되었고, 현행법은 양자를 입법화한 것이다. 그러나 이론상 권리와 법률상 보호이익과 법률상 이익은 모두 법적으로 보호받는다는 점에서 성질상 차이가 없다.

537   따라서 권리개념(특히 개인적 공권개념)의 확대라는 사적 과정을 고려한다면, 전통적 의미의 권리를 협의의 권리로, 전통적 의미의 권리와 법률상 보호이익의 관념을 합하여 확대된 권리개념 내지 광의의 권리개념으로 관념하는 것도 의미 있을 것이다. 또한 권리나 법률상 보호이익 모두 궁극적으로 소송을 통해 보호받을 수 있는가에 근본적인 의미를 갖는다고 본다면,[3] 양개념을 하나로 묶는 것이 바람직할 것이다. 이렇게 되면 행정쟁송법상 법률상 이익의 개념은 본서가 말하는 광의의 권리개념과 일치하는 것이 된다. 본서에서 권리개념은 일반적으로 광의의 권리개념으로 사용하기로 한다. 광의의 권리개념은 논리적 의미의 권리개념이라고 할 수도 있다.

4. 법으로 보호할 가치있는 이익

538   개념상 법으로 보호할 가치있는 이익과 권리를 구별하는 것은 의미가 있다고 본다. 왜냐하면 보호할 가치있다는 것이 보호되어야 한다는 것(즉 규범상 보호가 명령되고 있는 것)과는 다른 뜻이기 때문이다. 만약 보호할 가치있는 것을 입법

---

1) 김남진·김연태, 행정법(Ⅰ), 106쪽(2019); 강구철, 고시연구, 1991. 2, 66쪽; 김동희, 행정법(Ⅰ), 95쪽(2019); 류지태·박종수, 행정법신론, 102쪽(2019); 김남철, 행정법강론, 87쪽(2019).
2) 대판 1974. 4. 9, 73누173(행정소송에서 소송의 원고는 행정처분에 의하여 직접 권리를 침해당한 자임을 보통으로 하나 직접 권리의 침해를 받은 자가 아닐지라도 소송을 제기할 법률상의 이익을 가진 자는 그 행정처분의 효력을 다툴 수 있다).
3) 강구철, 고시연구, 1991. 2, 63쪽.

자가 보호하기로 한다면 그것은 보호이익 내지 권리로 전환되는 것이다.

5. 대립개념으로서 반사적 이익

(1) 반사적 이익의 의의   공법은 사익과 대비되는 공익의 실현과 객관적   539
법질서의 유지·개선을 주된 관심사로 하는데, 이와 관련하여 개인적 공권과 구
별을 요하는 개념으로 반사적 이익이 문제된다. 현재 학설상으로 개인적 공권
(법률상 이익)과 반사적 이익의 구별을 부인하는 견해는 보이지 않는다. 양자의
구별필요성은 법률상 이익이 있는 자만이 행정심판이나 행정소송을 제기할 수
있기 때문이다. 법규가 단순히 개인에게 이익을 줄 뿐 그 이익을 보호하려는 의
도가 없을 때, 그 이익이 반사적 이익이다.[1] 따라서 권리와 반사적 이익의 구별
기준은 법상으로 특정개인의 보호가 인정되는가의 여부에 있다. 이 기준은 바로
권리의 성립요소의 문제가 된다. 이에 관해서는 후술한다.

(2) 반사적 이익의 유형   전통적으로는 ① 경찰허가에 의하여 받는 이익   540
(예 : 목욕장의 운영 등 일정 영업상의 이익), ② 공물의 일반사용에 의하여 받는 이익
(예 : 공공용물인 도로사용상 이익), ③ 제3자에 대한 법적 규제로부터 얻는 이익(예 :
의사의 진료거부금지의무로부터 나오는 환자의 이익) 등이 반사적 이익으로 제시되어
왔다.[2] 그러나 이러한 이익들 중에 일부는 오늘날 법률상 이익(권리)으로 이해
되는 부분도 있게 되었음을 유념할 필요가 있다(예 : 합리적인 이유 없이 도로사용을
거부당하는 자는 평등권침해를 이유로 사용거부의 배제를 다툴 수 있다고 할 것이다).

6. 개인적 공권 개념의 회의론

일설은 "(공권의) 특질은 공권과 사권의 구별에 따른 논리필연적인 구별이   541
아니라, 개별실정법규의 해석에 따라 각각의 권리마다 따로따로 판단되어야 할

---

1) 헌재 2007. 2. 22, 2003헌마428·600(병합)[규제개혁위원회가 행정규제기본법 제14조에 의하여
   한 '자원의절약과재활용촉진에관한법률시행규칙 제4조 [별표 2] 비고 1.의 나.의 단서조항을 삭
   제하라'는 내용의 권고결정에 대하여 환경부장관이 이에 따라야 할 작위의무를 지는지 및 이로
   써 청구인들의 기본권을 침해하는 공권력의 불행사에 해당하는지 여부 등을 쟁점으로 한 자원
   의절약과재활용촉진에관한법률시행령 제5조 등 위헌확인심판청구사건에서][행정규제기본법 제
   14조는 기본적으로 행정기관의 장이 규제개혁위원회의 권고를 존중하여 자발적으로 그 내용에
   부응하는 조치를 할 것을 독려하는 내용이라고 보이고 행정규제위원회의 권고결정이 그 상대
   방인 환경부장관에 대하여 어떠한 법적 구속력이나 강제력을 갖는다고 보기는 어렵다. 또한 위
   법상으로 상대방 행정기관이 규제개혁위원회의 '권고'대로 이행할 것을 강제하기 위한 어떠한
   절차규정도 두고 있지 아니하고, 규제개혁위원회의 권고결정이 내려졌다 하여 이를 근거로 이
   해관계인인 국민이 직접 상대방 행정기관에게 그 권고내용대로 조치할 것을 청구할 권한이 발
   생하는 것도 아니므로 환경부장관이 위 규제개혁위원회의 삭제 권고대로 이행하지 아니하였더
   라도 그것이 위 청구인들의 기본권을 침해하는 공권력의 불행사에 해당한다고 할 수 없다).
2) 이상규, 신행정법론(상), 194쪽.

성질의 것임을 알 수 있다. 사실상 공권과 사권의 구별이란 애매한 것이다. 현행법상 구체적으로 어떤 권리가 공권이며, 어떤 권리가 사권인가 하는 이론적 기준을 찾아내기가 용이하지 않을 뿐 아니라, 공권·사권의 구분은 아무런 합리적 근거 없이 대체로 관습적으로 결정되고 있는 것처럼 밖에 생각할 수 없는 사례도 적지 않다. 결국 이러한 상황하에서 국민의 권리를 공권과 사권으로 구분하려는 노력은 결코 유익하지 않다"고[1] 하여 행정상 법률관계에서 국민의 권리를 공권과 사권으로 2분하는 방법론에 비판적인 시각도 있다.

542 　　생각건대 비판론의 지적이 경청할 만한 것이기는 하지만 우리의 실정법제도가 공·사법의 2원적인 법체계를 갖고 있고, 소송상 개인적 공권에 관한 분쟁과 사권에 관한 분쟁은 서로 다른 법률(행정소송법과 민사소송법)의 적용을 받고 있으므로, 개인적 공권개념은 결코 부정적으로 판단되어서는 안 될 것이다.

Ⅱ. 개인적 공권 관념의 성립배경·기능·주체

1. 성립배경

543 　　개인이 단순히 통치의 대상에 불과했던 시기에는 개인적 공권의 관념은 없었다. 개인적 공권의 관념은 19세기 법치국가의 성립을 전제로 한다. 즉 국가가 법질서로 파악되고 개인이 단순히 통치의 객체에만 머무르지 않고 하나의 권리주체로 승인되면서 개인의 국가에 대한 권리의 인식은 가능하게 되었다. 말하자면 그것은 ① 개인은 국가로부터 자유로운 영역을 갖는다는 점(물론 이러한 사고는 개인은 국가생활에 참여도 하지만 국가로부터 자유를 갖기도 한다는 사회계약설을 배경으로 갖는다), ② 국가와 시민간에 대립관계가 존재한다는 점, 즉 국가의 개인에 대한 권리침해는 통제되어야 하고, 개인의 권리는 법원에 의해 보호되어야 한다는 사고를 배경으로 하여 성립하게 되었다.[2]

544 　　O. Bühler는 한 논문(각주에 기재된 1955년의 논문)에서 '주관적 공권(개인적 공권)이란 법률행위에 근거하여 또는 개인의 이익의 보호를 위하여 제정된, 그러면서 행정청에 대하여 다툴 수 있게 하는 강제법규에 근거하여 국가에 대해 무

---

1) 서원우, 현대행정법론(상), 182쪽.
2) 개인적 공권론은 20세기 초기 G. Jellinek의 저서인 주관적 공권의 체계(System der subjektiven öffentlichem Rechte, 1919)와 O. Bühler의 논문인 주관적 공권과 독일행정재판상 보호(Die subjektiven öffentlichen Rechte und ihr Schutz in der deutschen Verwaltungsrechtsprechung, 1914), 주관적 공권의 이론에 관하여(Zur Theorie des subjektiven öffentlichen Rechts, 1927) 및 주관적 공권의 개념과 의미에 관한 어제와 오늘(Altes und Neues über Begriffe und Bedeutung der subjektiven öffentlichen Rechte, 1955) 등에 의해 기초가 마련되었다.

엇을 요구할 수 있거나 또는 국가를 상대로 무엇을 할 수 있는 개인의 국가에 대한 지위'라고 정의하였다.[1] Bühler가 설정한 이러한 개념은 오늘날에도 기본적으로 통용되고 있다.[2]

2. 기 능

(1) **인간의 존엄과 가치의 보장기능**　　개인적 공권론은 법치행정의 원리에 545 의거 개인에게는 규범이나 법률행위를 통해 보장되는 고유한 법적 지위가 있고, 아울러 그것은 보호되어야 한다는 기능(의미)을 갖는다. 즉 개인적 공권론은 헌법상 보장되는 인간의 존엄과 가치를 효과적인 것으로 만든다. 개인적 공권은 개인을 법주체로 만들며, 따라서 개인이 영속적으로 국가에 대해 법률의 준수를 요구할 수 있는 가능성을 가져온다. 만약 개인적 공권이 인정되지 아니한다면, 사인은 국가작용의 단순한 대상일 뿐이고, 자신의 이해에 관련하는 국가작용에 대하여 시시비비를 가릴 수 있는 가능성을 갖지 못한다. 요컨대 개인적 공권의 보장은 자유주의·민주주의·실질적 법치주의의 기본적인 제약이자 동시에 전제이다. 보다 분석적으로 말한다면, 개인적 공권은 실체법상 관점에서는 국가를 상대로 하는 권리를 위한 투쟁에 있어서 개인에게 주어진 무기로서의 기능(무기기능)과 쟁송법상 관점에서는 개인적 공권에 대한 침해만이 행정상 쟁송의 대상이 된다는 점에서 행정상 쟁송의 대상의 여부를 여과하는 기능(여과기능)을 갖는다.[3]

(2) **행정소송법상 소권의 기능**　　행정소송법은 법률상 이익(개인적 공권)이 546 있는 자가 항고소송을 제기할 수 있음을 규정하고 있다(행소법 제12조, 제35조, 제36조). 이 조문들로 인해 개인적 공권(법률상 이익)이 있는 자에게 소권이 보장된다. 달리 말하면, 행정소송법은 법원의 재판을 통한 개인적 공권을 보장하고 있다.

3. 주 체

개인적 공권의 주체로서 개인에는 자연인과 법인은 물론이고, 경우에 따라 547 서는 권리능력없는 단체도 포함된다. 다만 공법인의 경우 지방자치단체는 포함되지 않는다고 볼 것이다. 지방자치단체는 기본적으로 통치단체이기 때문이다. 그러나 지방자치단체가 국고로서 나타나는 경우, 국가에 대하여 지방자치단체

---

1) O. Bühler, "Altes und Neues über Begriffe und Bedeutung der subjektiven öffentlichen Rechte," in : Gedächtnisschrift für W. Jellinek, 1955, S. 269ff., 274.
2) Loeser, System des Verwaltungsrechts, Bd. 1, S. 308.
3) Loeser, System des Verwaltungsrechts, Bd. 1, S. 310; Schmidt, Allgemeines Verwaltungsrecht(14. Aufl.), Rn. 231.

가 개인적 공권을 전혀 갖지 못한다고 할 것인가에 대해서는 의문이 있다. 한편 입법 여하에 따라서는 공법인과 사인 사이에서도 사인에게 개인적 공권이 인정되는 경우도 있을 수 있다.[1]

Ⅲ. 개인적 공권의 성립요건

548   개인적 공권은 자연권으로서 헌법에서 직접 인정되는 것도 있고, 법률의 규정에 의해 성립되는 것도 있고, 집행행위(행정행위나 공법상 계약)에 의해 성립되는 것도 있으므로[2] 각 경우를 구분하여 살피는 것이 필요하다. 이들 여러 경우 중에서도 가장 중심적인 문제는 법률의 규정에 의한 성립의 경우이다. 왜냐하면 어떠한 요건 하에 개인의 권리를 보호할 것이며, 어떠한 내용의 권리를 보호할 것인가를 확정하는 것은 입법자의 의무이기 때문이다.[3] 이 때문에 개인적 공권은 개별 법률의 규율로부터 나온다(법률의 적용우위). 따라서 여태까지 개인적 공권의 성립요건의 문제는 법률의 규정에 의한 성립의 경우를 중심으로 논의되어 왔다고 할 수 있다. 일반적으로 행정법론상 개인적 공권이란 이러한 경우를 의미한다고 하여도 과언이 아니다. 적법하게 행위하여야 하는 행정의 기본적인 의무로부터 행정청이 이 의무를 지키도록 요구할 수 있는 사인의 권리가 결코 나오지 아니한다. 적법한 행위를 하여야 할 행정청의 일반적 의무는 행정에 대한 사인의 일반적인 법률집행청구권의 근거가 되지 아니한다.[4]

1. 법률의 규정에 의한 성립

549   개인적 공권은 법이론적 관점에서 법규범의 존재와 행정주체의 법적 의무의 존재를 전제로 한다. 사인의 행정권에 대한 일반적인 법률집행청구권은 존재하지 아니한다.[5] 구체적인 경우 과연 개인적 공권이 존재하는가의 판단은 용이하지 않다. 독일의 전통적 견해는 3요소론을 취한다. 여기서 3요소란 ① 공법상 법규가 국가 또는 그 밖의 행정주체에 행위의무를 부과할 것(강제규범), ② 관련 법규가 오로지 공익의 실현을 목표로 하는 것이 아니라 적어도 개인의 이익의 만족에도 기여토록 정해진 것일 것(사익보호), ③ 개인이 규범상 보호되는 이익

1) Schmidt, Allgemeines Verwaltungsrecht(18. Aufl.), S. 86, Rn. 230.
2) Kurt Egon von Turegg, Lehrbuch des Verwaltungsrechts, 1954, S. 148; Württenberger, Verwaltungsprozessrecht, Rn. 276ff.
3) Storr/Schröder, Allgemeines Verwaltungsrecht, Rn. 77f.
4) Wallerath, Allgemeines Verwaltungsrecht(6. Aufl.), § 7, Rn. 82.
5) Wallerath, Allgemeines Verwaltungsrecht, S. 144; Battis, Allgemeines Verwaltungsrecht, S. 91.

을 법규상의 의무자에게 실현시킬 수 있는 법적인 힘이 개인에게 부여될 것(강제적 실현)을 의미한다.[1] 오늘날의 이론은 2요소론(상기의 ①과 ②)을 취한다.[2]

(1) **행정청의 의무의 존재**   전통적 이론은 주관적 공권성립의 제1의 요소   550
로 '공법상 강행법규가 국가 기타 행정주체에게 행위의무를 부과할 것'을 들었다. 오늘날에 있어서도 개인적 공권성립의 제1요소로 행정청의 의무의 존재를 드는 데에 이론이 없다. 다만 그 의무는 일반적으로 기속행위의 경우에 인정될 것이지만, 재량규범으로부터도 생겨날 수 있다는 것이 과거와 다른 점이다. 기속행위의 경우에는 특정행위의 발령이 의무이지만(예 : 기속행위인 일반건축물의 건축허가의 경우, 허가행위 그 자체가 의무적이다), 재량행위의 경우에는 특정행위의 발령여부의 하자없는 재량행사 그 자체가 의무적이다(예 : 재량행위인 위락용 건축물의 건축허가의 경우는 허가행위 그 자체가 의무적이 아니라 허가할 것인지 아니할 것인지의 결정이 의무적이다).

(2) **사익보호목적의 존재**(보호규범론)

(가) **의   의**   개인적 공권 성립의 제2요소는 관련법규가 사익보호를 목적   551
으로 하는 것이어야 한다는 점이다.[3] 여기서 법규란 성문법만을 의미하는 것은

---

1) H. Bauer, Geschichtliche Grundlage der Lehre vom subjektiven öffentlichen Recht, 1986, S. 135; Scherberg, in : Erichsen(Hrsg.), Allgemeines Verwaltungsrecht, § 20, Rn. 27.

2) Bull/Mehde, Allgemeines Verwaltungsrecht mit Verwaltungsrehre(7. Aufl.), Rn. 144; Koch/ Rubel/Heselhaus, Allgemeines Verwaltungsrecht(3. Aufl.), § 8, Rn. 45; Maurer, Allgemeines Verwaltungsrecht(18. Aufl.), § 7, Rn. 8; Battis, Allgemeines Verwaltungsrecht, S. 90; Peine, Allgemeines Verwaltungsrecht(10. Aufl.), § 4, Rn. 255; Erbguth, Allgemeines Verwaltungs- recht, § 9, Rn. 3; Detterbeck, Allgemeines Verwaltungsrecht, § 9, Rn. 399; Wallerath, Allge- meines Verwaltungsrecht(6. Aufl.), § 8, Rn. 20; BVerwGE 7, 354f. 김동희·최계영, 행정법(Ⅰ), 94쪽(2021). 한편, 일설은 2요소설을 낡은 사고방식의 유산이라 하고, 자연법이론에 의해 인간 은 태어나면서 자유권·평등권을 가지므로, 이러한 공권의 성립에는 아무런 요건을 필요로 하 지 않는다고 한다(변재옥, 고시계, 1992. 12, 191쪽). 그러나 이러한 지적은 ① 공권에는 기본권 이 아닌 공권도 있다는 점, ② 공권은 법률에 의해서 창설되기도 한다는 점 등을 간과하고 있 는 것으로 보인다. 법률에 의한 개인적 공권의 성립여부의 판단을 위해 2요소론은 오늘날에도 여전히 중요한 의미를 갖는다.

3) 헌재 2010. 12. 28, 2009헌마70(가석방은 수형자의 개별적 요청이나 희망에 따라 행하여지는 것 이 아니라 교정기관의 교정정책 혹은 형사정책적 판단에 따라 이루어지는 재량적 조치이다. 그 러므로 어떤 수형자가 형법 제72조 제1항에 규정된 요건을 갖추었다고 하더라도 그것만으로 교정당국에 대하여 가석방을 요구할 주관적 권리를 취득하게 되는 것이 아니고, 수형자는 교정 당국의 가석방이라는 구체적인 행정처분이 있을 때 비로소 형기만료 전 석방이라는 사실상의 이익을 얻게 될 뿐이다. 형법 제72조 제1항의 기간을 경과한 수형자가 가석방 적격심사 대상자 로 인정될 수 있는지 여부는 소장의 재량적 판단에 달려 있고, 수형자에게 가석방 적격심사를 청구할 주관적 권리가 있는 것은 아니다. 소장은 교정시설의 장으로서, 이 사건 법률조항[형의 집행 및 수용자의 처우에 관한 법률 제121조(가석방 적격심사) ① 소장은 형법 제72조 제1항의 기간이 지난 수형자에 대하여는 법무부령으로 정하는 바에 따라 위원회에 가석방 적격심사를 신청하여야 한다]에 따라 일정한 수형자가 가석방 적격심사 대상자로 인정될 수 있는지 여부를 판단하여 가석방심사위원회에 가석방 적격심사를 신청할 의무를 지고 있을 뿐이다).

아니고 불문법(관습법)이나 일반법원칙도 포함된다고 본다. 관련법규가 개인의 고유이익을 우월적인 것으로 보았는가, 아니면 일반적 공익을 위해 특정행위가 행정주체에게 명령되었는가에 따라 개인적 공권성립의 제2요소인 사익보호목적의 존부가 판단된다(보호규범론).[1]

552   사익보호성의 문제와 관련하여 개인적 공권의 문제는 법으로 보호되는 이익의 문제로 전환된다. 양자를 동일한 개념으로 보는 견해도 적지 않으나(예 : Maurer, Ule 등), 독일의 지배적 견해는 이러한 의미변화를 명시적으로 논급하지는 않는다. 말하자면 지배적인 견해(Bachof, Scheuner 등)는 양개념을 동일시하지 않는다고 한다.[2] 하여튼 새로운 이론의 경향은 이론상 논의의 관심방향이 '주관적 공권론'에서 '보호규범론'으로 변화하고 있다고 하겠다. 공법규범과 관련하여 보호규범론은 2가지 요소, 즉 법률에 따라 잠재적인 원고를 구획할 수 있어야 하고, 또한 규범의 목표가 적어도 원고의 보호를 의도하고 있어야 하는 것을 내용으로 한다.[3]

553   법규가 공공의 복지뿐만 아니라 특정인의 이익의 보호도 목적으로 하고 있다면 사익보호목적은 존재하는 것이 된다. 왜냐하면 공익의 보호는 행정법상 언제나 추구되고 있다고 볼 것이기 때문이다. 그리고 사익보호의 의미에는 특정 개인 또는 특정할 수 있는 인적 집단에 이익을 부여하는 경우와 이러한 이익을 보호하는 경우가 포함된다.

     ⑷ 판단기준

554   1) 학   설   사익보호목적(법률상 이익)의 존부의 판단은 ① 당해 처분의 근거되는 법률의 규정과 취지만을 고려하여야 한다는 견해,[4] ② 당해 처분의 근거되는 법률의 규정과 취지 외에 관련법률의 규정과 취지도 고려하여야 한다는 견해, ③ 당해 처분의 근거되는 법률의 규정과 취지와 관련법률의 취지, 그리고 기본권규정도 고려하여야 한다는 견해로 구분할 수 있다. ③이 일반적인 견해로 보인다.

---

1) Detterbeck, Allgemeines Verwaltungsrecht mit Verwaltungsprozessrecht(9. Aufl.), §9, Rn. 399; Erbguth, Allgemeines Verwaltungsrecht(4. Aufl.), §9, Rn. 3; Schmidt, Allgemeines Verwaltungsrecht(18. Aufl.), S. 88, Rn. 234; Storr/Schröder, Allgemeines Verwaltungsrecht, Rn. 76; Suckow/Weidemann, Allgemeines Verwaltungsrecht(15. Aufl.), Rn. 70.

2) H. Bauer, Geschichtliche Grundlage der Lehre vom subjektiven öffentlichen Recht, 1986, S. 138.

3) Hufen, Verwaltungsprozessrecht(8. Aufl.), §14, Rn. 73; Detterbeck, Allgemeines Verwaltungsrecht mit Verwaltungsprozessrecht(2017), Rn. 399.

4) 근거법령을 실체법적 근거법령과 절차법적 근거법으로 구분하기도 한다(박정훈, 행정소송의 구조와 기능, 252쪽).

2) 판   례   판례는 '법률상의 이익이란 당해 처분의 근거법률에 의하여   555
직접 보호되는 구체적인 이익을 말한다'고 하여 기본적으로는 당해 처분의 근거되는
법률만을 고려하지만,[1] 근년에는 근거법률 외에 관련법률까지 고려하는 판례가[2]
나타난다. 그리고 기본권을 고려하는 듯한 판례도 있다.[3] 또한 거부처분이나
부작위를 다투는 소송에서 신청권과 관련하여 조리(행정법의 일반원칙)를 활용하
기도 한다.[4]

3) 사   견   ③의 견해가 타당하다고 본다. 보호목표가 법규의 문면상   556
명백하면 문제없으나, 명문의 규정이 없으면 여타의 해석기준(예 : 법규정의 목표,
의미, 입법자의 의사 등)의 도움을 받아야 하고, 보호목표는 특히 헌법의 정신하에
규범정립자의 주관적 의사가 아니라 법이 보호하려고 하는 이익의 객관적인 평
가에 따라야 한다.[5] 의문이 있는 경우, 보호규범의 성격은 기본권중심적으로

---

1) 대판 1971. 3. 23, 70누164; 대판 2002. 8. 23, 2002추61(법률상의 이익이란 당해 처분의 근거 법
   률에 의하여 직접 보호되는 구체적인 이익을 말한다); 대판 2004. 5. 14, 2002두12465.
2) 대판 2005. 5. 12, 2004두14229(행정처분의 직접 상대방이 아닌 제3자라 하더라도 당해 행정처
   분으로 인하여 법률상 보호되는 이익을 침해당한 경우에는 취소소송을 제기하여 그 당부의 판
   단을 받을 자격이 있다 할 것이고, 여기에서 말하는 법률상 보호되는 이익이라 함은 당해 처분
   의 근거 법규 및 관련 법규에 의하여 보호되는 개별적·직접적·구체적 이익이 있는 경우를 말
   하는데, 환경·교통·재해등에관한영향평가법(이하 '환경영향평가법'이라 한다), 같은법시행령,
   구 폐기물처리시설설치촉진및주변지역지원등에관한법률(2004. 2. 9. 법률 제7169호로 개정되기
   전의 것, 이하 '폐촉법'이라 한다), 같은법시행령의 각 관련 규정에 의하면, 폐기물처리시설 설
   치기관이 1일 처리능력이 100t 이상인 폐기물처리시설을 설치하는 경우에는 폐촉법에 따른 환
   경상 영향조사 대상에 해당할 뿐만 아니라 환경영향평가법에 따른 환경영향평가 대상사업에도
   해당하므로 폐촉법령뿐만 아니라 환경영향평가법령도 위와 같은 폐기물처리시설을 설치하기
   위한 폐기물소각시설 설치계획 입지결정·고시처분의 근거 법령이 된다고 할 것이고, 따라서
   위 폐기물처리시설설치계획입지가 결정·고시된 지역 인근에 거주하는 주민들에게 위 처분의
   근거 법규인 환경영향평가법 또는 폐촉법에 의하여 보호되는 법률상 이익이 있으면 위 처분의
   효력을 다툴 수 있는 원고적격이 있다).
3) 대판 1992. 5. 8, 91부8(만나고 싶은 사람을 만날 수 있다는 것은 인간이 가지는 가장 기본적인
   자유 중 하나로서, 이는 헌법 제10조가 보장하고 있는 인간으로서의 존엄과 가치 및 행복추구
   권 가운데 포함되는 헌법상의 기본권이라고 할 것인바, 구속된 피고인이나 피의자도 이러한 기
   본권의 주체가 됨은 물론이며 오히려 구속에 의하여 외부와 격리된 피고인이나 피의자의 경우
   에는 다른 사람과 만남으로써 외부와의 접촉을 유지할 수 있다는 것이 더욱 큰 의미를 가지게
   되는 것이고, 또한 무죄추정의 원칙을 규정한 헌법 제27조 제4항의 규정도 구속된 피고인이나
   피의자가 위와 같은 헌법상의 기본권을 가진다는 것을 뒷받침하는 규정이라 할 수 있으므로
   형사소송법 제89조 및 제213조의2가 규정하고 있는 구속된 피고인 또는 피의자의 타인과의 접
   견권은 위와 같은 헌법상의 기본권을 확인하는 것일뿐 형사소송법의 규정에 의하여 비로소 피
   고인 또는 피의자의 접견권이 창설되는 것으로는 볼 수 없다).
4) 대판 2005. 4. 15, 2004두11626(행정청이 국민의 신청에 대하여 한 거부행위가 항고소송의 대상
   이 되는 행정처분에 해당하려면, 행정청의 행위를 요구할 법규상 또는 조리상의 신청권이 그
   국민에게 있어야 하고, 이러한 신청권의 근거 없이 한 국민의 신청을 행정청이 받아들이지 아
   니한 경우에는 그 거부로 인하여 신청인의 권리나 법적 이익에 어떤 영향을 주는 것이 아니므
   로 이를 항고소송의 대상이 되는 행정처분이라고 할 수 없다).
5) Forsthoff, Lehrbuch des Verwaltungsrechts, S. 189; Wolff/Bachof, Verwaltungsrecht I (9.

해석되어야 한다. 무엇보다도 기본권으로부터 국가의 직접적인 보호의무가 나오다면, 사인은 상응하는 보호청구권을 갖는다고 볼 것이다.

557   ㈐ 판단시점   법규가 개인의 이익에 봉사토록 규정된 것인가에 대한 판단의 시점은 법규의 성립시가 아니라 법규를 판단하는 시점이다.

558   ㈑ 내 용   법률상 이익의 성립요건으로서 그 존재가 요구되는 사익은 직접적이고 구체적인 것이어야 한다. 판례는 그 이익을 당해 처분의 근거 법률에 의하여 직접 보호되는 구체적인 이익으로 이해하고 단지 간접적인 사실상 경제적인 이해는 이에 해당하지 아니하는 것으로 본다.[1)]

      ㈒ 제3자의 보호

559   1) 문제상황   처분의 상대방이 아닌 제3자의 보호와 관련하여 제3자에게 개인적 공권이 성립될 수 있는가가 문제된다. 제3자의 개인적 공권성립의 인정문제는 특히 제3자효 있는 행정행위와 관련된다. 처분의 상대방이 아닌 제3자에게 개인적 공권이 성립한다면 항고소송과 관련하여서는 제3자에게 원고적격이 인정되는 것이 된다.

560   2) 제3자의 개인적 공권 성립   통설과 판례는 행정소송법이 원고적격자를 "법률상 이익이 있는 자"라고만 규정하고 있으므로(행소법 제12조), 처분의 직접상대방이 아니더라도 처분의 근거법률에 의하여 보호되는 법률상 이익이 있는 경우에는 원고적격이 인정될 수 있다고 한다.[2)] 따라서 제3자의 개인적 공권 성립 인정에 있어서도 적용되는 법규범이 제3자의 이익의 보호도 목표로 하고 있는가가 결정적인 기준이 된다.[3)] 즉 보호규범론이 중요한 의미를 갖는다.[4)] 판례는 제3자의 보호와 관련하여 경업자소송(경쟁자소송), 경원자소송, 이웃소송(인인소송)을 인정하고 있다.

      a) 경쟁자소송

561   ㉠ 의 의   경쟁자소송(경업자소송)이란 서로 경쟁관계에 있는 자들 사이에서 특정인에게 주어지는 수익적 행위가 제3자에게는 법률상 불이익을 초래하는 경우에 그 제3자가 자기의 법률상 이익의 침해를 다투는 소송을 말한다. 경쟁자소송은 기존업자가 신규업자에게 행해진 특허나 허가처분을 다툴 수 있

      Aufl.), S. 322.
  1) 대판 2002. 8. 23, 2002추61.
  2) 대판 2006. 7. 28, 2004두6716.
  3) K. Kleinlein, Das System des Nachbarrechts, 1987, S. 6.
  4) 보호규범론은 관련법규가 보호하는 목적을 탐구하는 행정법학방법론의 하나이다. 목적은 상대방과 관련할 수도 있고, 제3자와 관련할 수도 있다. 제3자보호규범론이 따로 있는 것이 아니다.

는가, 또는 경쟁관계에 있는 기존업자들 사이에서 특정의 업자에게 행해진 특허나 허가처분을 다툴 수 있는가를 논의의 중심으로 한다.

   ⓒ 적용영역   일반적 견해는 원칙적으로 기존업자가 허가업을 경영하 562 는 경우에는 자신의 경영상 이익(반사적 이익)의 침해를 이유로 경쟁자소송을 제기할 수 없지만, 특허업을 경영하는 경우에는 자신의 경영상 이익(법률상 이익)의 침해를 이유로 경쟁자소송을 제기할 수 있다고 한다. 일반적 견해는 허가업의 허가는 위험방지를 위한 예방적 금지의 해제 그 자체가 목적으로서 허가업자의 경영상의 이익의 보호와는 무관하나, 특허업의 특허는 사업의 공공성으로 인하여 사업자에게 특별한 의무를 부과하는 한편 독점적 경영권을 경영상 이익으로 보호하는 것이라는 기준에 의한 것이다. 판례도 결론에 있어서는 일반적 견해와 같다.

   ⓒ 사   견   법률상 이익의 성립여부는 구체적인 상황에서 적용되는 563 관련규범들이 공익실현 목적 외에 기존업자의 경영상 이익의 보호도 추구하고 있는가를 구체적으로 판단하여 결정하여야 할 문제이다. 허가업의 경우에도 관련 법규정이 기존업자의 경영상 이익을 보호하는 취지의 규정을 둔 경우에는 법률상 이익이 인정될 수 있기 때문이다. 판례의 입장도 같다.[1]

   b) 경원자소송

   ㉠ 의   의   경원자소송은 면허나 인·허가 등의 수익적 행정처분을 564 신청한 수인이 서로 경쟁관계에 있어서 일방에 대한 면허나 인·허가 등의 행정처분이 타방에 대한 불면허·불인가·불허가 등으로 귀결될 수밖에 없는 경우(경원관계)에 불허가 등으로 인한 자기의 법률상의 이익의 침해를 다투는 소송을 말한다. 경원자소송에 있어서는 경원관계의 존재만으로 신청이 거부된 경원자에게 수익처분을 다툴 법률상 이익이 있다고 본다.[2]

---

1) 대판 2006. 7. 28, 2004두6716; 대판 2002. 10. 25, 2001두4450; 대판 1974. 4. 9, 73누173(행정소송에서 소송의 원고는 행정처분에 의하여 직접 권리를 침해당한 자임을 보통으로 하나 직접 권리의 침해를 받은 자 아닐지라도 소송을 제기할 법률상의 이익을 가진 자는 그 행정처분의 효력을 다툴 수 있다고 해석되는바, (구) 자동차운수사업법 제6조 제1호에서 당해 사업계획이 당해 노선이 또는 사업구역의 수송수요와 수송력 공급에 적합할 것을 면허의 기준으로 한 것은 주로 자동차운수사업에 관한 질서를 확립하고 자동차운수의 종합적인 발달을 도모하여 공공복리의 증진을 목적으로 하고 있으며, 동시에, 한편으로는 업자간의 경쟁으로 인한 경영의 불합리를 미리 방지하는 것이 공공의 복리를 위하여 필요하므로 면허조건을 제한하여 기존업자의 경영의 합리화를 보호하자는 데도 그 목적이 있다 할 것이다. 따라서 이러한 기존업자의 이익은 단순한 사실상의 이익이 아니고, 법에 의하여 보호되는 이익이라고 해석된다. 원심이, 당해 노선에 관한 기존업자인 원고에게 본건 행정처분의 취소를 구할 법률상의 이익이 있다고 판단한 것은 정당하다); 대판 1987. 9. 22, 85누985.

2) 대판 1992. 5. 8, 91누13274; 대판 1998. 9. 8, 98두6272(원심은, 원고와 피고보조참가인은 동일

565 　　　　ⓛ **경원자 신청의 인용가능성**　　　경원자에게 원고적격이 인정되기 위해서 타방에 대한 수익처분이 취소되면 반드시 경원자의 신청을 인용하도록 기속될 필요는 없으나, 명백한 법적 장애로 경원자의 신청이 인용될 가능성이 처음부터 배제되어서는 안 될 것이다.[1]

　　　　c) **이웃소송**(인인소송)

566 　　　　㉠ **의　　의**　　　이웃소송은 이웃하는 자들 사이에서 특정인에게 주어지는 수익적 행위가 타인에게는 법률상 불이익을 초래하는 경우에 그 타인이 자기의 법률상 이익의 침해를 다투는 소송을 말한다. 인인소송(隣人訴訟)이라고도 한다.

567 　　　　ⓛ **성　　립**　　　이웃소송에서도 관련법규정이 개인에게 '행정청이 특정의 규범을 준수하도록 요구할 수 있는 개인적 공권'을 부여하고 있는가의 여부가 결정적이다. 이것 역시 결국 행정청과 이웃 사이의 법관계의 근거가 되는 법규범이 제3자인 이웃의 보호도 목적으로 하고 있는가의 여부에 따라 판단되어야 한다. 판례의 입장도 같다.[2]

568 　　　　ⓒ **적용영역**　　　과거에는 건축법이나 도시계획법에 의한 규제로 인한 이익은 반사적 이익으로 관념되었으나 현재는 그 규제의 목적이 인근주민의 보호 목적도 아울러 가지고 있다고 관념되어 이웃소송의 인정 가능성이 점차 확대되는 경향에 있다. 환경소송의 경우에 특히 그러하다.

　　한 장소인 포항부두 4번 접안장소 뒤에 바다모래 제염 처리시설을 설치하기 위하여 항만공사 시행허가 신청을 하였고, 피고는 1개 업체만 허가하기로 하였으므로, 피고보조참가인의 신청을 허가하면 원고의 신청은 거부할 수밖에 없었으니, 원고에게 피고보조참가인에 대한 허가처분의 취소를 구할 법률상 이익이 있다고 판단하였다. 따라서 원심의 이러한 판단은 옳고, 거기에 상고이유의 주장과 같이 행정처분의 취소를 구할 법률상 이익에 관한 법리오해의 위법이 없다).

1) 박정훈, 행정소송의 구조와 기능, 259쪽.

2) 대판 1975. 5. 13, 73누96·97(도시계획구역 안에서의 주거지역이라는 것은 도시계획법 제17조에 의하여 "거주의 안녕과 건전한 생활환경의 보호를 위하여 필요하다"고 인정되어 지정된 지역이고, 이러한 주거지역 안에서는 도시계획법 제19조 제1항과 개정 전 건축법 제32조 제1항에 의하여 공익상 부득이 하다고 인정될 경우를 제외하고는 위와 같은 거주의 안녕과 건전한 생활환경의 보호를 해치는 모든 건축이 금지되고 있으며 이와 같이 금지되는 건축물로서 건축법은 "원동기를 사용하는 공장으로서 작업장의 바닥 면적의 합계가 50평방미터를 초과하는것"을 그 하나로 열거하고 있다. (이 사건 연탄공장이 위 제한을 초과하고 있음은 물론이다). 위와 같은 도시계획법과 건축법의 규정 취지에 비추어 볼 때 이 법률들이 주거지역 내에서의 일정한 건축을 금지하고 또는 제한하고 있는 것은 도시계획법과 건축법이 추구하는 공공복리의 증진을 도모하고자 하는데 그 목적이 있는 동시에 한편으로는 주거지역 내에 거주하는 사람의 "주거의 안녕과 생활환경을 보호"하고자 하는데도 그 목적이 있는 것으로 해석이 된다. 그러므로 주거지역 내에 거주하는 사람이 받는 위와 같은 보호이익은 단순한 반사적 이익이나 사실상의 이익이 아니라 바로 법률에 의하여 보호되는 이익이라고 할 것이다); 대판 1983. 7. 12, 83누59(LPG자동차충전소설치허가사건); 대판 1995. 9. 26, 94누14544(화장장설치사건); 대판 1998. 9. 22, 97누1957(발전소건설사건); 대판 2001. 7. 27, 99두2970(국립공원집단시설지구개발사업사건).

▮참고▮ 환경영향평가법령과 원고적격(법률상 이익)에 관한 판례 모음 569

[판례 1] 원자로 시설부지 인근 주민들의 원자로시설부지사전승인처분의 취소를 구할 원고적격이 있는지 여부

　　[1] (인근 주민들이 과학기술처장관의 한전에 대한 부지사전승인처분의 취소를 구한 영광원자력발전소사건에서) 원자력법 제12조 제2호(발전용원자로및 관계 시설의 위치·구조 및 설비가 대통령령이 정하는 기술수준에 적합하여 방사성물질 등에 의한 인체·물체·공공의 재해방지에 지장이 없을 것)의 취지는 원자로 등 건설사업이 방사성물질 및 그에 의하여 오염된 물질에 의한 인체·물체·공공의 재해를 발생시키지 아니하는 방법으로 시행되도록 함으로써 방사성물질 등에 의한 생명·건강상의 위해를 받지 아니할 이익을 일반적 공익으로서 보호하려는 데 그치는 것이 아니라 방사성물질에 의하여 보다 직접적이고 중대한 피해를 입으리라고 예상되는 지역 내의 주민들의 위와 같은 이익을 직접적·구체적 이익으로서도 보호하려는 데에 있다 할 것이므로, 위와 같은 지역 내의 주민들에게는 방사성물질 등에 의한 생명·신체의 안전침해를 이유로 부지사전승인처분의 취소를 구할 원고적격이 있다(대판 1998. 9. 4, 97누19588).

　　[2] 원자력법 제12조 제3호(발전용 원자로 및 관계시설의 건설이 국민의 건강·환경상의 위해방지에 지장이 없을 것)의 취지와 원자력법 제11조의 규정에 의한 원자로 및 관계 시설의 건설사업을 환경영향평가대상사업으로 규정하고 있는 구 환경영향평가법 제4조, 구 환경영향평가법시행령 제2조 제2항 [별표 1]의 다의 (4) 규정 및 환경영향평가서의 작성, 주민의 의견 수렴, 평가서 작성에 관한 관계 기관과의 협의, 협의내용을 사업계획에 반영한 여부에 대한 확인·통보 등을 규정하고 있는 위 법 제8조, 제9조 제1항, 제16조 제1항, 제19조 제1항 규정의 내용을 종합하여 보면, 위 환경영향평가법 제7조에 정한 환경영향평가대상지역 안의 주민들이 방사성물질 이외의 원인에 의한 환경침해를 받지 아니하고 생활할 수 있는 이익도 직접적·구체적 이익으로서 그 보호대상으로 삼고 있다고 보이므로, 위 환경영향평가대상지역 안의 주민에게는 방사성물질 이외에 원전냉각수 순환시 발생되는 온배수로 인한 환경침해를 이유로 부지사전승인처분의 취소를 구할 원고적격도 있다(대판 1998. 9. 4, 97누19588).

[판례 2] 환경영향평가대상지역 안의 주민들과 환경영향평가대상지역 밖의 주민 등이 전원개발사업실시계획승인처분의 취소를 구할 원고적격이 있는지 여부

　　[1] (통상산업부장관의 한전에 대한 발전소건설사업승인처분을 인근주민이 취소를 구한 상부댐·하부댐양수발전소사건에서) 전원(電源)개발사업실시계획승인처분의 근거 법률인 전원개발에관한특례법령, 구 환경보전법령, 구 환경정책기본법령 및 환경영향평가법령 등의 규정 취지는 환경영향평가대상사업에 해당하는 발전소건설사업이 환경을 해치지 아니하는 방법으로 시행되도록 함으로써 당해 사업과 관련된 환경공익을 보호하려는 데 그치는 것이 아니라 당해 사업으로 인하여 직접적이고

중대한 환경피해를 입으리라고 예상되는 환경영향평가대상지역 안의 주민들이 전과 비교하여 수인한도를 넘는 환경침해를 받지 아니하고 쾌적한 환경에서 생활할 수 있는 개별적 이익까지도 이를 보호하려는 데에 있으므로, 주민들이 위 승인처분과 관련하여 갖고 있는 위와 같은 환경상 이익은 단순히 환경공익 보호의 결과로서 국민일반이 공통적으로 갖게 되는 추상적·평균적·일반적 이익에 그치지 아니하고 환경영향평가대상지역 안의 주민 개개인에 대하여 개별적으로 보호되는 직접적·구체적 이익이라고 보아야 하고, 따라서 위 사업으로 인하여 직접적이고 중대한 환경침해를 받게 되리라고 예상되는 환경영향평가대상지역 안의 주민에게는 위 승인처분의 취소를 구할 원고적격이 있다(대판 1998. 9. 22, 97누19571).

[2] 환경영향평가대상지역 밖의 주민·일반 국민·산악인·사진가·학자·환경보호단체 등의 환경상 이익이나 전원(電源)개발사업구역 밖의 주민 등의 재산상 이익에 대하여는 위 [1]항의 근거 법률에 이를 그들의 개별적·직접적·구체적 이익으로 보호하려는 내용 및 취지를 가지는 규정을 두고 있지 아니하므로, 이들에게는 위와 같은 이익 침해를 이유로 전원개발사업실시계획승인처분의 취소를 구할 원고적격이 없다(대판 1998. 9. 22, 97누19571).

[판례 3] 국립공원 집단시설지구개발사업과 환경영향평가대상지역 안의 주민의 사익보호성

(환경부장관이 용화집단시설지구지주조합에게 행한 집단시설지구의 기본설계변경승인처분등을 환경영향평가대상지역주민이 다툰 속리산용화지구BOD사건에서) 환경영향평가대상지역 안의 주민들이 갖고 있는 환경상의 이익의 침해를 이유로 그 처분 등 환경영향평가에 관한 위 자연공원법령 및 환경영향평가법령상의 관련 규정의 취지는 집단시설지구개발사업으로 인하여 직접적이고 중대한 환경피해를 입으리라고 예상되는 환경영향평가대상지역 안의 주민들이 개발 전과 비교하여 수인한도를 넘는 환경침해를 받지 아니하고 쾌적한 환경에서 생활할 수 있는 개별적 이익까지도 이를 보호하려는 데에 있다 할 것이므로, 위 주민들이 위 변경승인처분과 관련하여 갖고 있는 위와 같은 환경상의 이익은 주민 개개인에 대하여 개별적으로 보호되는 직접적·구체적인 이익이라고 보아야 할 것이어서, 국립공원 집단시설지구개발사업으로 인하여 직접적이고 중대한 환경피해를 입으리라고 예상되는 환경영향평가대상지역 안의 주민들이 누리고 있는 환경상의 이익이 위 변경승인처분으로 인하여 침해되거나 침해될 우려가 있는 경우에는 그 주민들에게 위 변경승인처분과 그 변경승인처분의 취소를 구하는 행정심판청구를 각하한 재결의 취소를 구할 원고적격이 있다고 보아야 한다(대판 2001. 7. 27, 99두2970).

[판례 4] 환경영향평가 대상지역 안과 밖의 주민이 헌법상의 환경권 또는 환경정책기본법에 근거하여 공유수면매립면허처분과 농지개량사업 시행인가처분의 무효확인을 구할 원고적격이 있는지 여부

[1] (농림부장관의 공유수면매립면허처분 및 새만금간척종합개발사업시행인가처분

을 인근주민이 다툰 새만금사건에서) 공유수면매립면허처분과 농지개량사업 시행인 가처분의 근거 법규 또는 관련 법규가 되는 구 공유수면매립법, 구 농촌근대화촉진 법, 구 환경보전법, 구 환경보전법 시행령, 구 환경정책기본법, 구 환경정책기본법 시행령의 각 관련 규정의 취지는, 공유수면매립과 농지개량사업시행으로 인하여 직 접적이고 중대한 환경피해를 입으리라고 예상되는 환경영향평가 대상지역 안의 주 민들이 전과 비교하여 수인한도를 넘는 환경침해를 받지 아니하고 쾌적한 환경에서 생활할 수 있는 개별적 이익까지도 이를 보호하려는 데에 있다고 할 것이므로, 위 주민들이 공유수면매립면허처분 등과 관련하여 갖고 있는 위와 같은 환경상의 이익 은 주민 개개인에 대하여 개별적으로 보호되는 직접적·구체적 이익으로서 그들에 대하여는 특단의 사정이 없는 한 환경상의 이익에 대한 침해 또는 침해우려가 있는 것으로 사실상 추정되어 공유수면매립면허처분 등의 무효확인을 구할 원고적격이 인정된다. 한편, 환경영향평가 대상지역 밖의 주민이라 할지라도 공유수면매립면허 처분 등으로 인하여 그 처분 전과 비교하여 수인한도를 넘는 환경피해를 받거나 받 을 우려가 있는 경우에는, 공유수면매립면허처분 등으로 인하여 환경상 이익에 대 한 침해 또는 침해우려가 있다는 것을 입증함으로써 그 처분 등의 무효확인을 구할 원고적격을 인정받을 수 있다(대판 2006. 3. 16, 2006두330 전원합의체).

[2] 헌법 제35조 제1항에서 정하고 있는 환경권에 관한 규정만으로는 그 권리 의 주체·대상·내용·행사방법 등이 구체적으로 정립되어 있다고 볼 수 없고, 환경 정책기본법 제6조도 그 규정 내용 등에 비추어 국민에게 구체적인 권리를 부여한 것으로 볼 수 없다는 이유로, 환경영향평가 대상지역 밖에 거주하는 주민에게 헌법 상의 환경권 또는 환경정책기본법에 근거하여 공유수면매립면허처분과 농지개량사 업 시행인가처분의 무효확인을 구할 원고적격이 없다(대판 2006. 3. 16, 2006두330 전 원합의체).

㈒ 한계문제(법률상 보호이익의 확대화경향)   종전에는 단순히 반사적 이익으 570 로 이해되었으나, 근자에는 관련법규가 사익보호도 목적으로 한다고 이해되어 법률상 이익으로 이해되는 몇 가지 경우를 보기로 한다.

1) 공물의 일반사용으로 인한 이익   공물인 도로의 일반사용이 권리로서 571 인정된다고 보기는 어려울지라도 합리적인 이유없이 도로의 사용이 배제되면, 사인은 그 배제를 구할 수 있는 권리를 갖는다고 보는 것이 오늘날의 사고에 합 치될 것이다. 그렇다면 공물의 일반사용으로 인한 이익이 언제나 반사적 이익이 라 할 수만은 없게 되었다. 도로에 접한 주민의 도로사용은 일반인에 비해 보다 강화된 권리로서 인정되어야 한다. 판례의 입장도 같다.[1]

---

1) 대판 2006. 12. 22, 2004다68311·68328(공물의 인접주민은 다른 일반인보다 인접공물의 일반 사용에 있어 특별한 이해관계를 가지는 경우가 있고, 그러한 의미에서 다른 사람에게 인정되지

572   **2) 제3자에 대한 규제권 발동으로 인한 이익**   제3자효있는 행위의 경우에 상대방에 대한 규제로 인해 이익을 받는 제3자의 이익(예 : 공해배출업소에 대한 공해배출규제로 인해 이웃주민이 받는 이익)은 종래 단순히 반사적인 이익으로 보았으나, 오늘날에는 법적인 이익으로 이해하는 데 별 다툼이 없다. 다만 어떠한 행위가 제3자효있는 행위라 할 것인가는 문제이다.

573   **3) 생존권적 기본권의 구체화**   국민기초생활 보장법상 생활보호를 필요로 하는 자가 국가로부터 받는 배려는 단순한 반사적 이익만은 아니고 권리로서의 이익이라는 인식이 확대되고 있다. 말하자면 그 자는 권리로서 생활보호청구권을 갖는다는 것이 일반적인 인식이다.

574   **4) 경찰허가로 인한 이익**   경찰허가로 인해 받는 이익은 반사적 이익이지만, 경우에 따라서는 관련법률의 취지를 고려할 때 권리로서의 이익으로 이해되어야 할 경우가 있을 것이다.

575   **⑶ 소구가능성의 존재**   ① 전통적 이론은 개인적 공권성립의 제3요소로 법적으로 인정되는 이익을 개인이 행정주체에 대해 소송으로 요구할 수 있는 법적인 힘이 있을 것을 요구한다. 이를 이익관철의사력으로 표현하기도 한다.[1] 달리 말하면 개인에게 소구가능성이 있을 것을 요구한다. 그러나 ② 새로운 견해는 제3의 요건을 불요한 것으로 본다.[2] 왜냐하면 재판청구권은 헌법상 일반적으로 보장되는 것이므로(독일의 경우 기본법 제19조 제4항에서 "누구든지 공권력에 의해 자기의 권리가 침해된 자는 소송을 제기할 수 있다"고 규정하고 있다), 이를 또 하나의 요건으로 볼 필요는 없다는 것이다. 소송청구권능의 부여는 공권성립의 요소라기보다는 성립한 공권을 실현하는 수단의 문제로 보는 견해도[3] 다수설과 같은 입장으로 볼 수 있다. ③ 이러한 새로운 견해는 우리 헌법(제27조)과 행정소송법(제12조)의 해석론으로도 가능하며, 타당하다고 본다. ④ 독일처럼 다양한 소송유형이 인정되고 있지 아니한 우리 행정소송법상 여전히 의미가 있다는 견해도 있다.[4]

    아니하는 이른바 고양된 일반사용권이 보장될 수 있으며, 이러한 고양된 일반사용권이 침해된 경우 다른 개인과의 관계에서 민법상으로도 보호될 수 있으나, 그 권리도 공물의 일반사용의 범위 안에서 인정되는 것이므로, 특정인에게 어느 범위에서 이른바 고양된 일반사용권으로서의 권리가 인정될 수 있는지의 여부는 당해 공물의 목적과 효용, 일반사용관계, 고양된 일반사용권을 주장하는 사람의 법률상의 지위와 당해 공물의 사용관계의 인접성, 특수성 등을 종합적으로 고려하여 판단하여야 한다).

1) 김동희, 행정법(Ⅰ), 94쪽(2019).
2) Maurer, Allgemeines Verwaltungsrecht, §8, Rn. 8; Wallerath, Allgemeines Verwaltungsrecht (6. Aufl.), §8, Rn. 21.
3) 김성수, 일반행정법, 149쪽(2018).
4) 박윤흔·정형근, 최신행정법강의, 132쪽; 장태주, 행정법개론, 126쪽.

2. 헌법에 의한 성립

(1) 의   의   헌법이 보장하는 국민의 기본적인 권리(기본권)가 국민 개개   576
인을 위한 개인적 공권이라는 점에 대해서는 이론이 없어 보인다. 그러나 헌법
상으로 규정되고 있는 모든 종류의 기본권이 직접 국민에게 현실적이고도 구체
적인 권리를 부여하는, 즉 국민이 직접 행정주체에 일정한 행위를 청구할 수 있
게 하는 개인적 공권이라고 볼 수는 없다. 문제는 헌법상 보장되는 기본권 중에
서 구체적이고도 현실적인 권리로 인정될 수 있는 범위설정이다. 헌법에 의한
개인적 공권의 성립을 인정한다면 사인은 헌법상의 기본권의 침해를 이유로 행
정소송을 제기할 수 있게 된다.

(2) **기본권의 종류**   ① 기본권을 G. Jellinek의[1] 방식에 따라 자유권·수   577
익권·참정권으로 구분하는 견해도 있으나,[2] 이러한 구분은 피하는 것이 바람
직하다. 왜냐하면 Jellinek는 국가와 국민간의 관계에서 국가를 우위에 두는 사
고(지위이론·국가주권주의적 국가법인설)에 입각하였는데, 이것은 오늘날의 국민주
권주의시대에는 적합한 사고 내지 방법이라 하기 곤란하기 때문이다. 이러한 까
닭으로 개인적 공권은 옐리네크의 분류체계가 대체로 아직도 타당하다는 주장
은[3] 이해하기 곤란하다. ② 따라서 본서는 헌법상 기본권을 ⓐ 좁은 의미의 인
간으로서의 존엄과 가치, 행복추구권, ⓑ 평등권, ⓒ 자유권적 기본권, ⓓ 생존
권적 기본권, ⓔ 청구권적 기본권, ⓕ 참정권으로 구분하는 체계를 원칙적으로
따르기로 한다.[4]

(3) **기본권에 의한 개인적 공권 성립의 전제조건**

(가) **법률의 헌법에 대한 적용우위의 원칙**   학설은 법률의 헌법에 대한 적용우   578
위의 원칙을 전제로 하여 공권은 우선적으로 관련 개별법규범에서 인정근거를
찾아야 하고, 그로부터 개인적 공권이 도출될 수 없을 경우에 개인의 중대한 법
익의 침해를 방지하기 위하여 헌법의 기본권규정이 개인적 공권성립의 보충적
인 근거규정이 될 수 있다고 한다.[5] 개별 법규범에서 인정근거를 찾는다는 것

---

1) G. Jellinek, System der subjektiven öffentlichen Rechte, 1892, 2. Aufl., 1905(2. Neudruck
   der 2. Auflage Tübingen 1919), S. 81ff.
2) 김도창, 일반행정법론(상), 233쪽; 박윤흔·정형근, 최신행정법강의(상), 133쪽; 석종현·송동수,
   일반행정법(상), 95쪽; 강구철, 강의행정법(Ⅰ), 145쪽; 조연홍, 한국행정법원론(상), 162쪽; 김
   성수, 일반행정법, 161~162쪽(2018).
3) 변재옥, 행정법강의(Ⅰ), 135쪽.
4) 김철수, 헌법학(상), 382쪽.
5) 김남진·김연태, 행정법(Ⅰ), 109쪽(2019); 박균성, 행정법론(상), 169쪽(2019); 김성수, 일반행
   정법, 160쪽(2019). 한편, 독일연방행정법원도 개인의 권리를 인정하는 개별 법령이 존재하지

은 먼저 관련 있는 개별 법률이 개인적 공권을 부여하는지를 살피고, 만약 관련 있는 법률이 명시적으로 개인의 보호를 규정하지 아니하면, 기본권을 기준으로 하여 관련 법률이 공익을 보호하는 것인지, 개인의 이익을 보호하는 것인지를 검토하여 인정근거를 찾는 것을 말한다.

580　　한편, 개인적 공권은 1차적으로 개별 법률로부터 나오며, 법률 외에 개별행위, 특히 수익적 행정행위, 공법상 계약으로도 개인적 공권이 나오지만, 이러한 행위들로부터도 개인적 공권이 나오지 않는다면, 기본권으로부터 개인적 공권의 도출을 검토할 수 있다는 견해도 같은 입장으로 판단된다.[1]

580　　㈔ **법률의 헌법에 대한 적용우위의 원칙의 예외**　　학설은 침익적 처분의 상대방이 그 침익적 처분의 제거를 목적으로 하는 경우에도 논리적으로 보면 처분의 근거법률의 사익보호목적의 존재를 검토하여야 하지만, 이러한 경우에는 사익보호성의 문제를 검토함이 없이 기본권으로서의 자유권에 대한 침해의 관점에서 원고적격을 인정하고 있는 독일의 학설과 판례의 논리(직접상대방이론, 수범자이론)를 원용하여 기본권으로부터 직접 개인적 공권의 성립을 인정한다.[2] 이러한 입장은 헌법상의 자유권은 국가권력이 위법하게 자유권을 침해하는 경우 그 침해의 배제를 요구할 수 있는 권리라는 점을 배경으로 한다.

581　　㈕ 사　　견　　기본권의 실효적 보장이라는 점에서 「법률의 헌법에 대한 적용우위의 원칙의 예외」는 인정될 수 있지만, 그것은 제한적으로 새겨야 할 것이다. 왜냐하면 「법률의 헌법에 대한 적용우위」는 법률은 헌법의 구체화이고, 기본권의 구체화라는 논리에서 나오는 법적용상의 원칙인바, 이러한 원칙은 가능한 한 유지되어야 하기 때문이다. 실제상 「법률의 헌법에 대한 적용우위의 원칙」과 「법률의 헌법에 대한 적용우위의 원칙의 예외」에 큰 차이가 있어 보이지 아니한다. 독일법상 「법률의 헌법에 대한 적용우위의 원칙의 예외」가 적용되었다고 하는 경우도 실제상으로는 구체화된 법률이 없었던 경우로 보이고,[3] 또한 법률의 구체화라는 의미도 상대적인 것이기 때문이다.

않는 경우라도, 행정작용으로 인하여 침해되는 개인의 법익이 중대하다고 인정되는 한 직접 헌법상의 기본권조항(재산권보장)을 근거로 공권이 성립될 수 있음을 인정한 바 있다. Schmidt, Allgemeines Verwaltungsrecht(14. Aufl.), Rn. 242.

1) Würtenberger, Verwaltungsprozessrecht(3. Aufl.), Rn. 279.

2) 박정훈, 취소소송 4유형론 ― 취소소송의 대상적격과 원고적격의 체계적 이해와 확대를 위한 시론, 특별법연구 제6권, 2001, 134쪽; 정하중, 행정법개론, 67쪽(2019).

3) 독일의 경우, 재판상 원고적격의 근거가 된 기본권으로 재산권(기본법 제14조), 생명·신체의 불가침의 기본권(기본법 제2조 제1항 제1문), 일반적 자유권(기본법 제2조 제1항), 평등권(기본권 제3조 제1항) 등이 있다. 자세한 것은 Hufen, Verwaltungsprozessrecht(8. Aufl.), §14, Rn. 83f., 70 참조.

⑷ 기본권에 의한 개인적 공권 성립의 범위

⑺ **자유권·평등권·재산권**　　소극적인 방어권으로서의 자유권적 기본권은[1]　582
물론 평등권,[2] 재산권도 기본권규정에 의하여 직접 개인적 공권이 성립될 수
있다. 영업상 이익을 침해하는 제3자효 있는 행정행위에 대하여는 직업의 자유
의 기본권규정에서 개인적 공권을 도출할 수 있다.[3]

⑷ **청구권적 기본권**　　청구권적 기본권의 경우에는 법률이 청구권적 기본　583
권의 행사절차, 내용, 범위 등을 확정하기 전에는 구체적·현실적 권리화가 되었
다고 볼 수 없기 때문에 청구권적 기본권에 관한 규정으로부터 바로 구체적인
개인적 공권이 성립된다고 보기 어렵다.[4] 이것이 지배적 견해이기도 하다.

⑷ **사　　견**　　① 자유권적 기본권(예 : 학문의 자유)이 소극적인 방어권이라는　584

---

1) 헌재 2022. 10. 27, 2021헌가4(알 권리는 국민이 일반적으로 접근할 수 있는 정보원으로부터 자
유롭게 정보를 수령·수집하거나 의사형성이나 여론형성에 필요한 정보를 적극적으로 수집하고
수집에 대한 방해의 제거를 국가기관 등에 청구할 수 있는 권리로서 헌법 제21조에 의하여 직
접 보장되는 기본권으로, 신문, 방송 등은 국민이 일반적으로 접근할 수 있는 정보원에 해당한
다); 헌재 2023. 7. 20, 2019헌바417(알 권리는 표현의 자유와 표리일체의 관계에 있으며, 자유권
적 성질과 청구권적 성질을 겸유한다. 자유권적 성질은 일반적으로 정보에 접근하고 수집·처리
함에 있어서 국가권력의 방해를 받지 아니한다는 것을 말하며, 청구권적 성질은 의사형성이나
여론형성에 필요한 정보를 적극적으로 수집할 권리 등을 의미한다).
2) 대판 2019. 10. 31, 2013두20011(헌법 제11조 제1항은 "모든 국민은 법 앞에 평등하다. 누구든
지 성별·종교 또는 사회적 신분에 의하여 정치적·경제적·사회적·문화적 생활의 모든 영역에
있어서 차별을 받지 아니한다."라고 규정하고 있다. 평등의 원칙은 국민의 기본권 보장에 관한
헌법의 최고원리로서 국가가 입법을 하거나 법을 해석 및 집행함에 있어 따라야 할 기준인 동
시에, 국가에 대하여 합리적 이유 없이 불평등한 대우를 하지 말 것과 평등한 대우를 요구할
수 있는 국민의 권리이다).
3) 김성수, 개별행정법, 147쪽; 박균성, 행정법론(상), 1293쪽(2019); 헌재 1998. 4. 30, 97헌마141
(행정처분의 직접 상대방이 아닌 제3자라도 당해처분의 취소를 구할 법률상 이익이 있는 경우
에는 행정소송을 제기할 수 있다. 이 사건에서 보건대, 설사 국세청장의 지정행위의 근거규범
인 이 사건 조항들이 단지 공익만을 추구할 뿐 청구인 개인의 이익을 보호하려는 것이 아니라
는 이유로 청구인에게 취소소송을 제기할 법률상 이익을 부정한다고 하더라도, 청구인의 기본
권인 경쟁의 자유가 바로 행정청의 지정행위의 취소를 구할 법률상 이익이 된다 할 것이다).
4) Maurer, Allgemeines Verwaltungsrecht, §8, Rn. 14; 헌재 2011. 7. 28, 2009헌마408(헌법 제32
조 제1항이 규정하는 근로의 권리는 사회적 기본권으로서 국가에 대하여 직접 일자리를 청구
하거나 일자리에 갈음하는 생계비의 지급청구권을 의미하는 것이 아니라 고용증진을 위한 사
회적·경제적 정책을 요구할 수 있는 권리에 그치며, 근로의 권리로부터 국가에 대한 직접적인
직장존속청구권이 도출되는 것도 아니다. 나아가 근로자가 퇴직급여를 청구할 수 있는 권리도
헌법상 바로 도출되는 것이 아니라 퇴직급여법 등 관련 법률이 구체적으로 정하는 바에 따라
비로소 인정될 수 있는 것이므로 계속근로기간 1년 미만인 근로자가 퇴직급여를 청구할 수 있
는 권리가 헌법 제32조 제1항에 의하여 보장된다고 보기는 어렵다).
심판대상조항
근로자퇴직급여 보장법(2005. 1. 27.법률 제7379호로 제정된 것) 제4조(퇴직급여제도의 설정)
① 사용자는 퇴직하는 근로자에게 급여를 지급하기 위하여 퇴직급여제도 중 하나 이상의 제도
를 설정하여야 한다. 다만, '계속근로기간이 1년 미만인 근로자', 4주간을 평균하여 1주간의 소
정근로시간이 15시간 미만인 근로자에 대하여는 그러하지 아니하다.

측면(연구활동을 방해하여 학문의 자유를 침해할 때에 그 침해의 배제를 구하는 경우)에서 구체성을 띠는 기본권으로서 공권임은 의문이 없으나,[1] 적극적인 청구권적 측면(보다 많고 좋은 학문연구자료의 공급을 청구하는 경우)에서 구체성을 띠는 개인적 공권인지는 한 마디로 말하기 곤란하다. 한편, ② 헌법재판소는 한 사건에서[2] 알 권리를 헌법상 표현의 자유(헌법 제21조)에서 직접 도출되는 구체적인 권리로 파악하고 있으며, 접견권 또한 헌법에서 직접 인정되는 구체적인 권리의 한 예가 된다.[3] ③ 헌법상 생존권적 기본권이나[4] 청구권적 기본권으로부터 구체성을 띠는 개인적 공권이 바로 나온다고 보기는 쉽지 않다.[5]

3. 기   타

585   ① 개인적 공권은 공법상 계약에 의해서도 성립한다. 한편, ② 개인적 공권이 행정규칙에 의해서는 성립하지 아니하지만,[6] 법규명령에 의해서는 성립하기

---

1) Maurer, Allgemeines Verwaltungsrecht(18. Aufl.), §7, Rn. 13.
2) 헌재 1991. 5. 13, 90헌마133; 헌재 1989. 9. 4, 88헌마22.
3) 대판 1992. 5. 8, 91부8(만나고 싶은 사람을 만날 수 있다는 것은 인간이 가지는 가장 기본적인 자유 중 하나로서, 이는 헌법 제10조가 보장하고 있는 인간으로서의 존엄과 가치 및 행복추구권 가운데 포함되는 헌법상의 기본권이라고 할 것인바, … 형사소송법 제89조 및 제213조의2가 규정하고 있는 구속된 피고인 또는 피의자의 타인과의 접견권은 위와 같은 헌법상의 기본권을 확인하는 것일 뿐 형사소송법의 규정에 의하여 비로소 피고인 또는 피의자의 접견권이 창설되는 것으로는 볼 수 없다).
4) 헌재 2023. 5. 25. 2021헌마993(헌법 제34조 제1항이 보장하는 인간다운 생활을 할 권리는 인간의 존엄에 상응하는 최소한의 물질적인 생활의 유지에 필요한 급부를 요구할 수 있는 권리를 의미하는바, 이전기관 종사자들에게 주택특별공급 기회를 부여하는 것은 국가에 대하여 최소한의 물질적 생활을 요구할 수 있는 인간다운 생활을 할 권리의 향유와 관련되어 있다고 할 수 없으므로 주택특별공급 폐지 조항이 인간다운 생활을 할 권리를 침해할 가능성은 인정되지 않는다); 헌재 2017. 8. 31, 2015헌가22의 반대의견(헌법재판소는 '인간다운 생활을 할 권리'는 법률을 통해 구체화될 때에 비로소 인정되는 권리라고 하면서도 인간의 존엄에 상응하는 생활에 필요한 '최소한의 물질적인 생활'의 유지에 필요한 급부를 요구할 수 있는 구체적인 권리가 직접 도출될 수 있음을 시사하고 있다); 헌재 2003. 12. 18, 2002헌바1(사회적 기본권의 성격을 가지는 의료보험수급권은 국가에 대하여 적극적으로 급부를 요구하는 것이므로 헌법규정(제34조 제1항)만으로는 이를 실현할 수 없고 법률에 의한 형성을 필요로 한다. 의료보험수급권의 구체적 내용, 즉 수급요건·수급권자의 범위·급여금액 등은 법률에 의하여 비로소 확정된다. … 법률에 의하여 구체적으로 형성된 의료보험수급권에 대하여 헌법재판소는 이를 재산권의 보장을 받는 공법상의 권리로서[헌재 2000. 6. 29, 99헌마289] 헌법상의 사회적 기본권의 성격과 재산권의 성격[헌재 1999. 4. 29, 97헌마333]을 아울러 지니고 있다고 본다).
5) 대판 2006. 3. 16, 2006두330(헌법 제35조 제1항에서 정하고 있는 환경권에 관한 규정만으로는 그 권리의 주체·대상·내용·행사방법 등이 구체적으로 정립되어 있다고 볼 수 없고, 환경정책기본법 제6조도 그 규정 내용 등에 비추어 국민에게 구체적인 권리를 부여한 것으로 볼 수 없다는 이유로, 환경영향평가 대상지역 밖에 거주하는 주민에게 헌법상의 환경권 또는 환경정책기본법에 근거하여 공유수면매립면허처분과 농지개량사업 시행인가처분의 무효확인을 구할 원고적격이 없다).
6) 대판 1989. 12. 26, 87누1214(행정지침인 서울특별시의 '철거민에대한시영아파트특별분양개선지침'은 공법상 분양신청권의 근거법이 아니다).

도 한다.[1] 그 성립요건은 법률의 경우와 같다. 물론 외부적 구속효를 가진 법률
보충규칙은 법규명령과 마찬가지로 개인적 공권의 성립근거가 될 수 있다. ③
경우에 따라서는 관습법에 의해 개인적 공권이 성립할 수도 있을 것이나(예 : 입
어권),[2] 그 예가 흔하지는 않다. 그리고 ④ 행정행위에 의해서도 개인적 공권이
성립될 수 있을 것이다.

Ⅳ. 개인적 공권의 종류

1. 기본권인 개인적 공권과 기본권 아닌 개인적 공권

개인적 공권은 그 법적 지위에 따라 기본권으로 보호되는 개인적 공권(예 :   586
접견권, 헌법에 의한 국민투표권)과 그러하지 않은 개인적 공권(예 : 입어권, 지방자치법
에 의한 주민투표권)으로[3] 구분할 수 있다.

2. 실질적 개인적 공권과 형식적 개인적 공권

실질적 개인적 공권이란 행정청이 개인에 대해 특정의 행위(작위, 수인 또는   587
부작위)를 하도록 의무지워진 경우의 개인적 공권을 말하며, 형식적 개인적 공권
이란 행정청이 행위를 하도록 의무지워져 있으나 그 내용이 특정되지 아니하고
사인이 다만 하자 없는 결정을 구할 수 있는 개인적 공권을 말한다.[4] 일반적으
로 개인적 공권이란 실질적 개인적 공권을 의미한다. 행정청에 재량이나 판단여
지를 부여하는 모든 법률이 사인에게 자동적으로 하자 없는 결정을 구하는 권
리를 부여하는 것은 아니다. 그것은 적어도 규범이 사인에게 이익을 부여하는
경우에만 가능하다.[5] 한편 형식적 개인적 공권으로 무하자재량행사청구권을 들

---

1) 대판 1992. 3. 31, 91누4911(건축주명의변경신고에 관한 건축법시행규칙 제3조의2의 규정은 단
   순히 행정관청의 사무집행의 편의를 위한 것에 지나지 않는 것이 아니라, 허가대상건축물의 양
   수인에게 건축주의 명의변경을 신고할 수 있는 공법상의 권리를 인정함과 아울러 행정관청에
   게는 그 신고를 수리할 의무를 지게 한 것으로 봄이 상당하다).
2) 대판 2001. 3. 13, 99다57942(구 수산업법(1990. 8. 1. 법률 제4252호로 전문 개정되기 전의 것)
   제40조 소정의 '입어의 관행에 따른 권리'(관행어업권)란, 일정한 공유수면에 대한 공동어업권
   설정 이전부터 어업의 면허 없이 그 공유수면에서 오랫동안 계속 수산동식물을 포획 또는 채
   취하여 옴으로써 그것이 대다수 사람들에게 일반적으로 시인될 정도에 이른 것을 말한다).
3) 헌재 2001. 6. 28, 2000헌마735(우리 헌법은 참정권에 관하여 간접적인 참정권으로 공무원선거
   권(헌법 제24조), 공무담임권(헌법 제25조)을, 직접적인 참정권으로 국민투표권(헌법 제72조,
   제130조)을 규정하고 있다. 즉 우리 헌법은 법률이 정하는 바에 따른 '선거권'과 '공무담임권'
   및 국가안위에 관한 중요정책과 헌법개정에 대한 '국민투표권'만을 헌법상의 참정권으로 보장
   하고 있다. 따라서 지방자치법 제13조의2에서 규정한 주민투표권은 그 성질상 위에서 본 선거
   권, 공무담임권, 국민투표권과는 다른 것이어서 이를 법률이 보장하는 참정권이라고 할 수 있
   을지언정 헌법이 보장하는 참정권이라고 할 수는 없다).
4) Wallerath, Allgemeines Verwaltungsrecht, S. 147.
5) Schmidt, Allgemeines Verwaltungsrecht(18. Aufl.), S. 95, Rn. 248.

수 있다. 그러나 재량이 영으로 수축되는 경우의 무하자재량행사청구권은 실질적 개인적 공권으로 변하게 된다. 무하자판단결정청구권(Anspruch auf beurteilungs-fehlerfreie Entscheidung)도 형식적 권리에 해당한다.[1]

3. 실체적 개인적 공권과 절차적 개인적 공권

588   실체적 개인적 공권이란 봉급청구권·부당이득반환청구권·공물이용권 등과 같이 실체법상의 공권을 말하며, 절차적 개인적 공권이란 실체적 공권을 실효성 있게 하기 위한 절차법상의 공권을 의미한다. 청문권·서류열람권 등이 후자의 예에 속한다. 오늘날에는 절차적 개인적 공권의 확대에 관심이 증대되고 있다.[2]

Ⅴ. 개인적 공권의 특색과 비판

1. 특   색

589   공·사법의 이원적 체계상 나타나는 공권과 사권의 구분하에 개인적 공권이 사권에 비해 어떠한 특색을 갖는가의 문제가 그 동안 개인적 공권의 한 주요문 제로 다루어져 왔다. 오늘날에도 공권과 사권의 구분은 실제상 필요한 것이므로 이하에서 일반적으로 언급되어 온 개인적 공권의 특색을 보면,[3] ① 개인적 공 권은 오로지 개인의 이익을 위해서만 인정되는 것은 아니고, 국가나 사회공공을 위해서 인정되는 성질도 갖는 것이므로, 개인적 공권은 일신전속적인 성질을 가 지고(예 : 선거권), 이전(국배법 제4조; 연금법 제39조)이나 포기(선거권·소원)[4] 또는 상 속이 곤란하며(개인적 공권의 불융통성) 또한 대리행사가 곤란하다. 권리의 포기와 권리의 불행사는 개념상 구분되고 있다. ② 일부의 개인적 공권에 관한 소송은 민사소송이 아니라 공법상의 권리관계에 관한 소송인 행정소송법상의 당사자소 송에 의한다. ③ 소멸시효와 관련하여 공법상 금전채권은 사법상 금전채권과 달 리 민법이 아니라 국가재정법(제96조)이나 지방재정법(제82조)의 적용을 받는다.

---

1) Detterbeck, Allgemeines Verwaltungsrecht mit Verwaltungsprozessrecht(13. Aufl.), §8, Rn. 391.

2) 독일의 경우에도 전체 행정절차는 공익을 위한 것이라는 것이 종래의 일반적 인식이었으나, 오 늘날에는 절차규정도 사인의 보호를 목표로 하고 있는 경우에는 권리가 발생한다는 것이 일반 적인 인식이다(Hufen, Verwaltungsprozessrecht(8. Aufl.), §14, Rn. 90).

3) 김도창, 일반행정법론(상), 235쪽 참조.

4) 대판 1998. 8. 21, 98두8919(지방자치단체장이 도매시장법인의 대표이사에 대하여 위 지방자치 단체장이 개설한 농수산물도매시장의 도매시장법인으로 다시 지정함에 있어서 그 지정조건으 로 '지정기간중이라도 개설자가 농수산물 유통정책의 방침에 따라 도매시장법인 이전 및 지정 취소 또는 폐쇄 지시에도 일체 소송이나 손실보상을 청구할 수 없다'라는 부관을 붙였으나, 그 중 부제소특약에 관한 부분은 당사자가 임의로 처분할 수 없는 공법상의 권리관계를 대상으로 하여 사인의 국가에 대한 공권인 소권을 당사자의 합의로 포기하는 것으로서 허용될 수 없다).

2. 비   판

상기의 특색에 대해서는 다음의 비판이 가해지기도 한다.[1] ① 불융통성은 590 모든 개인적 공권에 인정되는 것은 아니다. 인격과 분리가능한 것은 융통성을 갖기도 한다. 말하자면 재산법적 청구권은 이전이 가능하다. ② 소송의 실제상 민사소송과 당사자소송 사이에는 본질적인 차이가 있는 것이 아니다. 오히려 판례는 상당수의 공권에 관한 것을 민사소송으로 다루기까지 한다. ③ 국가재정법 및 지방재정법상의 소멸시효규정은 반드시 공권에만 한정된 것이라고는 볼 수 없다는 점 등이 그것이다. 생각건대 공법과 사법의 구별이 절대적인 것이 아닌 것처럼 개인적 공권과 사권의 구분 역시 상대적인 것이기 때문에 상기의 지적이 타당한 것은 사실이다. 그러나 개인적 공권이 사권에 비해 상대적이나마 특질을 갖고 있는 것을 부인할 수는 없으므로 개인적 공권을 사권으로부터 분리하여 검토하는 것은 역시 필요한 일이라 하겠다.

Ⅵ. 개인의 지위강화

참여를 통한 민주주의의 내실화, 기본권의 사전적·사후적 보장의 강화를 591 통한 법치주의의 심화, 개인의 권리의식의 강화, 그리고 권리개념에 대한 새로운 인식과 더불어 과거에 비해 오늘날에는 일련의 개인적 공권이 행정법학자들의 큰 관심의 대상으로 되고 있다. 이러한 권리의 예로 행정절차상 개인의 참여권, 무하자재량행사청구권, 행정개입청구권 등을 볼 수 있고, 이 밖에도 정보공개청구권을 들기도 한다. 이하에서 앞의 세 가지 경우를 보기로 한다.

1. 행정절차상 개인의 참여권

(1) 의   의   근자에 이르러 행정법학은 행정결정에 이르기까지의 과정 592 내지 절차를 중요시하는 경향에 있다. 이것은 헌법 제12조의 적법절차가 행정에도 당연히 적용되고 있음을 반영하는 것이라 하겠다. 아울러 이것은 정당한 결과, 정당한 판단은 공정한 절차를 거쳐서만 이루어진다는 영미법적 사고가 행정의 영역에서 일반화되어가고 있음을 의미한다. 행정과정상 개인이 행정청의 의사형성에 참여한다는 것은 행정의 민주화의 요청에도 적합한 것일 뿐만 아니라 개인의 권리침해를 사전에 예방한다는 점에서도 의미있는 일이다. 사인이 일정의 행정절차에 참가하여 자신의 의견이나 자료를 제출할 수 있음이 법으로 보호될 때, 이러한 이익을 행정절차상 개인의 참여권이라 부를 수 있다. 개인의

---

1) 김도창, 일반행정법론(상), 236쪽 참조.

참여권은 두가지로 구분될 수 있다. 하나는 법치국가원리에서 나오는 자신의 이익을 위한 참여권(예 : 허가취소시 청문권)이고, 또 하나는 민주주의원리에서 나오는 국가나 지방자치단체의 기관(구성원)으로서 갖는 참여권이 그것이다. 이러한 참여권은 그 자체가 고유한 권리이다(절차고유가치설).[1] 행정법론상으로는 전자가 보다 중요한 의미를 갖는다. 개인의 참여방식으로는 공청회와 개별적인 청문이 가장 대표적이다.

593   (2) 청문 등   행정청이 당사자에게 의무를 과하거나 권익을 제한하는 처분을 함에 있어서 청문을 실시하거나 공청회를 실시하는 경우를 제외하고는 당사자등에게 반드시 의견제출의 기회를 주어야 한다(절차법 제22조 3항). 본 조항은 사인의 이익을 보호하는 규정으로 이해된다. 따라서 본조항에 근거하여 처분의 상대방 등은 침익적 처분의 경우에 개인의 절차적 공권으로서 의견제출권·청문권·공청회참여권을 갖는다.

2. 무하자재량행사청구권(재량행위와 개인적 공권)

(1) 청구권의 개념

594   (개) 개념의 정의   특정한 행위의 발령권한이 행정청의 재량권에 속하면, 사인은 행정청에 대하여 원칙적으로 그 특정한 행위의 발령을 요구할 수 있는 권리(개인적 공권)를 갖지 아니한다. 그러나 그 특정한 행위의 발령권한이 행정청의 재량에 놓이더라도 동시에 그 결정이 법적으로 보호되는 사인의 이익과 관련되면, 그 사인은 행정청에 대하여 특정행위를 발령함에 있어 하자 없는 결정을 구할 수 있는 권리를 가지는바, 이를 무하자재량행사청구권이라 한다(예컨대, 법령이 정한 요건을 구비하여 숙박시설의 건축허가를 신청한 자는 허가청에 대하여 기속적인 허가발령청구권을 갖지 아니한다. 왜냐하면 건축법 제11조 제4항에 비추어 숙박시설의 건축허가의 여부는 행정청의 재량에 속하기 때문이다. 그러나 신청인은 자신의 신청에 대하여 하자 없는 재량행사를 전제로 하는 허가발령청구권을 갖는바, 이것이 바로 무하자재량행사청구

---

1) 김중권의 행정법(2019), 181쪽; 대판 2021. 7. 29, 2015다221668(국가나 지방자치단체가 공익사업을 시행하는 과정에서 해당 사업부지 인근 주민들은 의견제출을 통한 행정절차 참여 등 법령에서 정하는 절차적 권리를 행사하여 환경권이나 재산권 등 사적 이익을 보호할 기회를 가질 수 있다. 그러나 법령에서 주민들의 행정절차 참여에 관하여 정하는 것은 어디까지나 주민들에게 자신의 의사와 이익을 반영할 기회를 보장하고 행정의 공정성, 투명성과 신뢰성을 확보하며 국민의 권익을 보호하기 위한 것일 뿐, 행정절차에 참여할 권리 그 자체가 사적 권리로서의 성질을 가지는 것은 아니다. 이와 같이 행정절차는 그 자체가 독립적으로 의미를 가지는 것이라기보다는 행정의 공정성과 적정성을 보장하는 공법적 수단으로서의 의미가 크므로, 관련 행정처분의 성립이나 무효·취소 여부 등을 따지지 않은 채 주민들이 일시적으로 행정절차에 참여할 권리를 침해받았다는 사정만으로 곧바로 국가나 지방자치단체가 주민들에게 정신적 손해에 대한 배상의무를 부담한다고 단정할 수 없다).

권이다).[1] 무하자재량행사청구권은 — 기속행위에서 인정되는 개인적 공권과의
비교 하에 — 재량행위의 경우에 인정되는 개인적 공권을 그 내용상의 특성(특정
행위의 발령의 재량성)에 초점을 두고서 정의된 개념이다.

　　(나) 개념의 인정여부　　　　무하자재량행사청구권(Anspruch auf fehlerfreie Erme-　　595
ssensausübung)은 2가지의 문제영역(개인적 공권론·재량론)에 관련한다. 독일의 경
우, 과거에는 행정청의 재량과 사인의 주관적 공권(개인적 공권)을 대립적인 것으
로 보았다. 즉 행정청이 특정한 행위를 하도록 의무를 부과하는 강제법규가 존
재하는 경우에 사인은 개인적 공권을 갖지만 행정청이 자기의 재량에 따라 행
위할 수 있는 경우에는 사인에게 개인적 공권이 존재하지 아니하는 것으로 보
았다. 이러한 고전적 견해는[2] 1949년 이래 차차 쇠퇴하였으며, 오늘날에는 무
하자재량행사청구권이 일반적으로 인정되고 있다.[3] 우리의 경우에도 재량권의
하자 있는 행사란 결국 재량권의 위법한 행사를 뜻하고 따라서 실체적인 면에
서 권리침해를 인정하고 그에 따른 권리구제를 인정하면 족하고 별도로 실제법
적 권리와 구별되는 무하자재량행사청구권을 인정할 필요가 없으며, 또한 독자
적 권리로 인정하면 원고적격의 부당한 확대로 민중소송화할 우려가 있다는 것
을 이유로 무하자재량행사청구권의 개념을 부정하는 견해도 있으나,[4] 인정하는
견해가 지배적이다. 다만 긍정론에도 개념의 광협에 차이가 있다, 다수설은 무
하자재량행사청구권이 결정재량과 선택재량의 경우 모두 인정될 수 있다고 보
나, 소수설은 선택재량의 경우에만 인정한다.[5]

　　(2) **청구권의 성질**(독자성 여부)　　　　무하자재량행사청구권의 법리가 독일에서　　596
생성된 것임에도 불구하고 무하자재량행사청구권에 대한 우리 학자들의 다수의
인식은 독일의 경우(앞에서 기술한 내용이 이에 해당한다)와 다소 다르다. 우리의 학
자들 다수는 독자적인 개인적 공권으로서 무하자재량행사청구권을 인정할 것인가
의 여부를 쟁점으로 하고 있다. 만약 이를 인정한다면, 사인은 실질적 권리가 침
해되지 않았다고 하여도 형식적인 권리인 무하자재량행사청구권의 침해를 이유
로 당사자적격을 갖게 되고, 따라서 항고소송의 제기가능성이 열리게 될 것이다.

---

1) Ipsen, Allgemeines Verwaltungsrecht(9. Aufl.), §14, Rn. 49; Jost Pietzcker, Der Anspruch
auf ermessensfehlerfreie Entscheidung, JuS 1982, Heft 2, S. 106.
2) O. Bühler, Die subjektiven öffentlichen Rechte und ihr Schutz in der deutschen Verwal-
tungsrechtsprechung, 1914, S. 162.
3) Jost Pietzcker, Der Anspruch auf ermessensfehlerfreie Entscheidung, JuS 1982, Heft 2, S.
106.
4) 이상규, 신행정법론(상), 200쪽.
5) 김남진, 행정법(Ⅰ), 112쪽(2019) 이하.

⑺ 독자성 긍정설

597   **1) 절차적·형식적 공권설**   일설은[1] 무하자재량행사청구권을 "원칙적으로 재량처분에 있어서 종국처분 형성과정상 재량권의 법적 한계를 준수하면서 (어떠한) 처분을 할 것을 구하는데 그치고, 특정처분을 구할 수 있는 권리는 아니라는 점에서, 이를 절차적 또는 형식적 공권"이라 한다.

598   **2) 광의와 협의로 나누는 견해**   일설은[2] 무하자재량행사청구권을 광의의 무하자재량행사청구권(개인이 행정청에 대하여 재량권의 하자 없는 행사를 청구할 수 있는 공법상의 형식적 권리)과 협의의 무하자재량행사청구권(행정청이 결정재량권을 갖지 못하고 선택재량권만을 가지고 있는 경우에 있어서의 하자 없는 재량행사청구권)으로 구분하고, 무하자재량행사청구권을 후자의 문제로 국한하여 긍정적인 입장을 취한다(예 : 수인이 개인택시면허를 신청한 경우에 행정청이 1인을 선택해야만 하는 상황에서 면허신청자는 자기에게 면허할 것을 청구할 권리는 없지만, 누구에겐가는 면허를 부여할 의무가 있음을 전제로 선택을 청구할 수 있는 적극적 공권을 무하자재량행사청구권으로 이해한다).

599   **3) 형식적 권리설**   당사자가 신청한 재량행위의 특정내용을 관철하는데에 정향된 것이 아니라, 하자 없는 발령을 지향하고 있는 점에서 형식적 권리라는 견해와[3] 무하자재량행사청구권은 특정 내용의 재량행사를 요구하는 것이 아니라 단지 "하자 없는" 재량행사를 요구할 수 있는 권리라는 점에서 '형식적' 권리라는 견해[4]가 이에 속한다.

600   ⑻ **독자성 부정설**   무하자재량행사청구권은 행정청이 반드시 발령하여야 하는 특정한 행위에 대한 완전한 청구권(개인적 공권)인 실질적 공권(실체적 공권＋절차적 공권)이 아니고, 다만 형식적 공권의 성질을 갖는다는 것이 독일의 일반적인 인식이다.[5] 말하자면, 재량행위의 영역에서 인정되는 개인적 공권은 하자 없는 재량행사를 전제로 특정행위를 구하는 것이고, 여기서 하자 없는 재량행사라는 점이 특정행위를 기속적으로 구하는 기속행위에서의 개인적 공권과 상이하므로, 이러한 상이한 점을 개념화한 것이 바로 무하자재량행사청구권이라는 것이다. 요컨대 무하자재량행사청구권은 특정의 수익적인 행정결정을 구하는 것이 아니라, 다만 무하자재량을 구하는 권리라는 점에서 형식적 공권에 불과하다는 것이다.

---

1) 김동희, 행정법(Ⅰ), 102쪽(2019).

2) 김남진, 행정법(Ⅰ), 112쪽(2019).

3) 류지태·박종수, 행정법신론, 108쪽(2019).

4) 홍준형, 행정법, 88쪽(2017).

5) O. Bühler, Die subjektiven öffentlichen Rechte und ihr Schutz in der deutschen Verwaltungsrechtsprechung, 1914, S. 158, 162ff.; O. Bachof, Die verwaltungsrechtliche Klage auf Vornahme einer Amtshandlung, 1951(2. Aufl. 1968), S. 69.

⒟ 판 례   현재까지 판례가 무하자재량행사청구권을 소권(원고적격)을 601
가져다 주는 독자적인 권리라고 판시한 경우를 찾아볼 수 없다. 일부 견해는[1]
판례도 독자적인 성질의 무하자재량행사청구권을 인정하였다고 하나, 그 예로 드
는 판례(검사임용여부를 질의한 자는 질의에 대하여 응답을 받을 권리가 있다는 대판 1991. 2.
12, 90누5825)에서 인정된 응답을 받을 권리 그 자체는 헌법 제10조 인간의 존엄·
가치권, 헌법 제15조의 직업선택의 자유, 헌법 제25조 및 국가공무원법·검찰청
법 등에서 나오는 공무담임권의 한 부분으로써 실질적인 권리이지,[2] 재량행사
의 하자 그 자체를 대상으로 하는 형식적인 권리가 아님을 유의할 필요가 있다.

⒠ 사 견   첫째, 무하자재량행사청구권은 재량행위의 영역에서 특정처분 602
(행위)과 관련하여 무하자재량을 구하기 위한 권리로서 인정되는 개인적 공권을
통칭하는 개념이지, 개별구체적인 그리고 독자적인 권리로서 무하자재량행사만을
구하는 것으로 보기는 어렵다. 왜냐하면 기술한 바와 같이 재량은 다만 재량권행
사가 문제되는 실질적인 특정의 권리(앞의 사례의 경우, 헌법 제10조의 인간의 존엄·가
치권, 헌법 제15조의 직업선택의 자유에서 근거하는 건축의 자유와 권리)와의 관련하에서
결정의 방법(하자 없는 정당한 재량행사)에 관련되는 것이며, 또한 재량은 다만 형태
적인 성질을 갖는 것이지, 그 자체가 실질적인 권리(형식적 권리↔실질적 권리=실체
적 권리+절차적 권리)와 분리되어 가치를 갖는 독립의 성질을 갖는 것은 아니기
때문이다(긍정설에 대한 비판). 만약(선택재량의 경우에 국한된 것이라고 하여도) 독자적
인 성질의 무하자재량행사청구권을 인정한다고 주장하면, 그것은 '재량은 의사
결정의 방법과 관련된 것이다'라는 재량개념에 반하는 자기모순에 빠진다(긍정설
에 대한 비판). 재량이라는 점에서 결정재량과 선택재량의 사이에 성질상 차이는
없다.

둘째, 무하자재량행사청구권이 독자적인 권리로서 성질을 가지려면 역시 권 603
리의 성립요건(행정청의 의무의 존재와 관련사인의 보호)을 구비하여야 한다(2요소론).

---

1) 김동희, 행정법(Ⅰ), 104쪽(2019); 김성수, 일반행정법, 215쪽(2018); 김철용, 행정법(Ⅰ), 98쪽;
   박윤흔·정형근, 최신행정법강의(상), 153쪽.
2) 헌재 2006. 2. 23, 2005헌마403(헌법 제25조는 "모든 국민은 법률이 정하는 바에 의하여 공무담
   임권을 가진다"고 하여 공무담임권을 기본권으로 보장하고 있다. 공무담임권이란 입법부, 집행
   부, 사법부는 물론 지방자치단체 등 국가, 공공단체의 구성원으로서 그 직무를 담당할 수 있는
   권리를 말한다. 여기서 직무를 담당한다는 것은 모든 국민이 현실적으로 그 직무를 담당할 수
   있다고 하는 의미가 아니라 국민이 공무담임에 관한 자의적이지 않고 평등한 기회를 보장받음
   을 의미하는바, 공무담임권의 보호영역에는 공직취임의 기회의 자의적인 배제뿐 아니라, 공무
   원 신분의 부당한 박탈까지 포함되는 것이다. 공무담임권은 선거직공무원을 비롯한 모든 국가
   기간의 공직에 취임할 수 있는 권리이므로 여러 가지 선거에 입후보해서 당선될 수 있는 피선
   거권을 포함하는 개념이다); 헌재 2005. 12. 22, 2004헌마947; 헌재 1997. 3. 27, 96헌바86.

무하자재량행사청구권의 경우에도 특히 관련사인보호의 요건이 문제된다. 그런데 긍정론자가 무하자재량행사청구권의 성립요건으로 들고 있는 관련사인의 보호의 내용은 분명하지 않다. 그것은 재량과 관련된 실질적 권리(앞의 사례의 경우, 도로점용의 자유)의 내용과 동일한 것으로 보인다. 무하자재량행사청구권의 성립에 요구되는 관련사인의 보호내용으로 제시되는 것이 실질적 권리와 상이한 것이 아니라면, 무하자재량행사청구권을 독자적인 권리로 인정하기는 어렵다.

604 요컨대 무하자재량행사청구권은 운전면허발령청구권·건축허가발령청구권 등과 같은 개별적이고 독자성을 갖는 권리가 아니다. 말하자면 무하자재량행사청구권은 실질적인 특정의 권리로부터 독립된 권리가 아니다. 그리고 실질적 권리로부터 독립된 일정한 방식에의 재량결정청구권은 존재하지 아니한다(예컨대, 앞의 사례의 경우에 사인 A가 요건을 구비하였음에도 불구하고, 권한 행정청이 재량행위인 숙박시설건축허가를 건축법상 절대적으로 금지된다는 이유로 거부하였다고 하면, 거부처분은 재량불행사의 위법한 처분이 된다. 이 경우에 A의 허가신청의 목적은 실질적 권리, 즉 법률로 제한된 기본권인 건축의 자유(권리)의 회복에 있는 것이다. 무하자재량행사의 청구는 다만 그 목적을 실현하는 데 필요한 의사결정방식에 관한 것으로서 건축 자유의 회복이라는 실질적 권리에 종속적인 것이며, 그로부터 독립적인 것이 아니다).[1] 독일의 판례상 무하자재량행사청구권이 인정된 사례를 보면, 모두 법률상의 청구권, 허가유보부 예방적 금지에 대한 결정(허가여부에 대한 결정), 기본권 또는 평등권이 문제되는 경우였고, 특정행위의 발령과 분리·독립된 무하자재량행사 그 자체만을 대상으로 하는 경우는 아니었다.[2] 뿐만 아니라 무하자재량행사청구권은 절차가 아니라 결정의 내용에 관련한다. 따라서 무하자재량행사청구권을 절차적 권리로 보는 견해는[3] 정당하지 않다. 또한 무하자재량행사청구권은 행정절차법상 의미에서의 형식에 관한 권리도 아니다.

605 (3) **소권**(당사자적격)**과의 관계** 독일의 경우, 취소소송이나 의무화소송의 제기에 요구되는 본안판단의 전제요건 중의 하나인 권리침해주장의 요건(우리의 경우, 원고적격의 요건에서 논하는 법률상 이익의 문제에 해당한다)에서 말하는 권리는 실질적 의미의 권리를 말하며, 실질적 의미의 권리로부터 독립성이 없는 형식적 의미의 권리는 이에 해당하지 아니한다. 무하자재량행사청구권은 개인적 공권

---

1) Hufen, Verwaltungsprozessrecht, §15, Rn. 26.
2) Hufen, Verwaltungsprozessrecht, §15, Rn. 26. Hufen교수는 근년의 개정판에서 무하자재량행사청구권이 있다고 하는 사례를 보면, 특정한 재량행사의 청구가 아니라, 오히려 재량행사에 관련된 법익이 문제되는 것을 쉽게 알 수 있다고 한다(Hufen, Verwaltungsprozessrecht(8. Aufl.), §14, Rn. 70).
3) 김동희, 행정법(Ⅰ), 102쪽(2019); 변재옥, 행정법(Ⅰ), 144쪽.

의 일종으로 분류되기는 하지만, 기술한 바와 같이 독립성이 없는 형식적인 권리이므로 취소소송이나 의무화소송의 제기에 요구되는 요건(본안판단의 전제요건, 제소요건)의 하나인 소권(당사자적격)을 가져다주는 권리는 아니다.[1] 그것은 다만 본안요건에서 위법성의 문제로 심사된다(예컨대, 앞의 사례에서 A는 취소소송의 본안판단의 전제요건으로서 소권(당사자적격)을 무하자재량행사청구권의 침해가 아니라 건축의 자유·권리, 즉 기본법 제1조의 인간의 가치권, 기본권 제2조의 일반적 인격권 등의 침해를 이유로 갖게 된다. 재량하자는 다만 본안판단의 단계에서 청구이유 내지 위법판단의 대상이 될 뿐이다). 요컨대 무하자재량행사청구권은 소권(원고적격)의 의미에서 말하는 권리에 해당하지 아니한다. 따라서 행정소송의 제소요건의 하나인 소권의 관점에서 무하자재량행사청구권은 의미가 없다.[2] 이러한 논리는 우리의 경우에도 적용되지 아니할 이유가 없다(사실 앞의 사례의 경우에 A가 추구하고자 하는 목적은 기본권(건축의 자유)의 실현이고, 무하자재량행사 그 자체는 의사결정방법의 문제이다. 따라서 취소소송상 침해되는 권리(원고적격)의 문제로는 당연히 기본권이 관련되어야 하고, 무하자재량행사는 다만 판단의 정당성과 관련하여 위법성(본안판단)의 문제로 검토될 수밖에 없다). 다만 영으로의 재량수축의 경우에는 사정이 다르다(이에 관해서는 후술한다).

　(4) **청구권의 성립요건**(재량행위에 있어서 개인적 공권의 성립요건)　　재량행위의　606
영역에서 무하자재량을 구하는 권리인 형식적 권리로서 무하자재량행사청구권이 인정되기 위해서는 그 전제로서 무하자재량행사의무의 존재 외에 특히 관련 법규범이 공익뿐만 아니라 관련사인의 이익을 보호하도록 의도하고 있어야 한다.[3] 말하자면 하자 있는 재량행사는 위법하지만, 그것 자체만으로 즉, 객관적으로 위법한 것만으로는 무하자재량행사청구권이 발생하지는 아니한다. 즉 특정인의 사익침해와 관계없이 모든 재량행사에 적용되는 일반적인 무하자재량행사청구권(Ein allgemeiner Anspruch auf ermessensfehlerfreie Entscheidung)은 인정되지 아니한다.[4] 다만, 위법한 재량행사가 사인의 법적 지위(권리, 법률상 이익)와 관련할 때에만 무하자재량결정을 청구할 수 있게 된다. 사인의 법적 지위의 관련여부의 판단에는 보호규범으로서 기본권(인간의 존엄가치권, 평등권, 직업선택의 자유 등)과 법률, 기타의 법규 등을 들 수 있다. 무하자재량행사청구권의 성립요건의 문제는 재량행위에 있어서 개인적 공권의 성립요건의 문제가 된다.

---

1) Hufen, Verwaltungprozessrecht(10. Aufl.). §15, Rn. 26; 김중권의 행정법(2019), 6쪽.
2) Hufen, Verwaltungsprozessrecht, §15, Rn. 26.
3) Loeser, System des Verwaltungsrechts, Bd. 1, S. 548; Schmidt, Allgemeines Verwaltungsrecht(18. Aufl.), S. 95, Rn. 248; Schweickhardt. in : Schweickhardt.(Hrsg.), Allgemeines Verwaltungsrecht, Rn. 142.
4) Maurer, Allgemeines Verwaltungsrecht(18. Aufl.), §7, Rn. 15.

607 　　(5) **청구권의 인정영역**　　　무하자재량행사청구권은 재량규범에서만 인정된다. 무하자재량행사청구권은 법효과와 관련하에서만 인정된다. 구성요건의 적용은 판단여지의 문제이다. 형식적 권리로서 무하자재량행사청구권은 결정재량뿐만 아니라 선택재량의 경우에도 인정된다. 무하자재량행사청구권은 수익적인 행위(예 : 재량허가의 발령)뿐만 아니라 침익적인 행위(예 : 징계결정시 재량행위인 징계종류의 선택)에도 적용된다. 한편, 판단여지의 경우에는 무하자재량행사청구권과 유사한 논리구조를 갖는 무하자판단여지행사청구권이 인정된다.[1] 법률로부터 자유로운 행정(예 : 법률에 근거 없이 예산에만 근거한 보조금지급의 경우)의 경우에는 기준설정과 관련하여 행정청에 의한 일종의 입법재량이 적용된다. 계획행정의 경우에는 형성의 자유(계획재량)의 원리가 적용되며, 사인은 무하자재량행사청구권의 논리에 유사한 무하자계획재량행사청구권이 적용된다.

608 　　(6) **청구권의 내용**　　　무하자재량행사청구권의 내용은 특정행위의 발령과 관련된 하자 없는 재량행사이다. 하자 없는 재량행사란 자의가 아니라 의무에 합당한 재량행사를 말한다. 즉 법률의 우위 하에서 법의 목적과 한계 등을 고려하면서 이루어지는 재량행사를 말한다. 이에 반하면 재량행사가 하자 있는 재량행사가 된다(재량하자). 하자 있는 재량행사의 유형에는 재량권의 일탈(Ermessensü-berschreitung), 재량권의 불행사(Nichtausübung des Ermessen), 그리고 재량권의 남용(Ermessensmissbrauch)이 있다. 재량권의 불행사는 재량권의 미달이라고도 한다.

609 　　(7) **청구권의 행사**　　　위법한 재량처분이나 부작위로 인해 침해를 받거나 수익이 거부된 자는 취소소송이나 부작위위법확인소송의 제기를 통하여 권리를 회복할 수 있다. 물론 이러한 소송에 있어서는 실질적인 권리가 침해된 자만이 원고적격을 가지며, 하자 있는 재량행사는 본안 전이 아닌 본안의 문제로 비로소 심사된다. 판결의 취지가 '재량처분에 하자 있는 것이어서 위법하다'라는 것이면, 행정청은 취소소송의 경우에는 그 판결의 취지에 따라 하자 없는 재량처분을 다시 하여야 하고(행소법 제30조 2항), 부작위위법확인소송의 경우에는 상대방의 신청에 대한 처분을 하여야 한다(행소법 제38조 2항·제30조 2항). 그러나 무하자재량행사청구권을 독자적인 권리로 이해하는 입장에서는 무하자재량행사청구권의 침해가 바로 원고적격에서 요구되는 권리(법률상 이익)의 침해에 해당하는 것으로 이해한다.

---

1) Jost Pietzcker, Der Anspruch auf ermessensfehlerfreie Entscheidung, JuS 1982, Heft 2, S. 107; K. Obermayer, BayVBl. 1975, 262.

⑻ 영으로의 재량수축과 청구권

㈎ 의　의　　예외적인 경우에는 재량행위임에도 불구하고 행정청이 자유 610
영역을 갖지 못하고 하나의 결정만을 하여야 무하자재량행사가 되는데, 이러한
경우를 영(또는 1)으로의 재량수축 또는 재량감소라고도 한다(0이란 재량영역이 없
다는 의미이고, 1이란 적법한 행위는 한 가지뿐이라는 의미이다). 영으로의 재량수축은
경찰영역(위험방지영역)에서 기본권의 보호를 위해 빈번히 문제된다(예 : 폭약공장이
인근주민의 생명(헌법 제10조)을 위협하면, 인근주민은 권한행정청이 관련법령에 따라 필요한
부담을 발령할 것을 구하는 청구권을 갖는다).[1]

㈏ 성　질　　영으로의 재량축소의 경우에 행정청은 특정한 행위만을 하 611
여야 하므로, 그것은 기속행위와 같은 결과가 된다.[2] 만약 이 경우의 재량(결정
재량·선택재량 모두 해당)이[3] 특정인의 법률상 이익과 관련되면, 그 특정인은 특
정한 결정을 청구할 수 있는 권리를 가진다.[4] 영으로 재량이 축소되는 경우에
무하자재량행사청구권은 특정행위청구권으로 변하며, 내용상 형식적인 권리에
서 실질적인 권리로 변하게 된다. 하여간 특정행위청구권(특정의 재량결정청구권)
은 ① 행정청이 반드시 어떠한 결정을 하여야 하고, ② 특정행위를 구하는 자가
재량결정의 근거되는 규범이 보호목표로 개인적 공권을 규정하고 있음을 입증
할 때 인정된다. 즉 앞의 2가지가 구비되면, 행정청은 사인이 구하는 결정으로
나아가야만 한다.[5]

㈐ 소권(당사자적격)과의 관계　　통상의 무하자재량행사청구권은 형식적 권 612
리로서 특정 행위를 구할 수 있는 소권을 가져다 주는 것은 아니다. 그러나 재
량이 영으로 수축되는 경우에는 무하자재량행사청구권은 특정행위청구권으로
변한다. 특정행위청구권으로서의 무하자재량행사청구권은 실질적인 권리이므
로, 영으로의 재량수축의 경우에 무하자재량행사청구권은 특정 행위를 구할 수
있는 소권(원고적격)을 가져다주는 권리가 된다. 물론 이러한 경우에도 재량하자
그 자체는 역시 본안판단의 문제가 된다. 이해의 편의를 위해 기술한 바를 도표
로 보기로 한다.[6]

---

1) Jost Pietzcker, Der Anspruch auf ermessensfehlerfreie Entscheidung, JuS 1982, Heft 2, S. 108.
2) Erbguth, Allgemeines Verwaltungsrecht(7. Aufl.), §14, Rn. 48; Wallerath, Allgemeines Verwaltungsrecht, S. 130.
3) Gusy, Polizei- und Ordnungsrecht(9. Aufl.), §5, Rn. 395.
4) Maurer, Allgemeines Verwaltungsrecht, §8, Rn. 15; Wittern, Grundriß des Verwaltungs- rechts, §8, Rn. 47; Peine, Allgemeines Verwaltungsrecht, Rn. 263.
5) Loeser, System des Verwaltungsrechts, Bd. 1, S. 549.
6) 기속행위에서의 개인적 공권과 재량행위에서의 개인적 공권(무하자재량행사청구권)의 자세한 비교에 관해 졸저, 기본 case 행정법 [사례 10] 무하자재량행사청구권(개정된 내용)을 참고하라.

613

	기속행위와 개인적 공권	재량행위와 개인적 공권
사 례	요건구비 후 일반건축물의 건축허가 신청	요건구비 후 숙박시설물의 건축허가 신청
처분의 성질	일반건축물의 건축허가는 기속행위[1]	숙박시설물의 건축허가는 재량행위
공권의 내용	특정행위인 건축허가 청구(특정행위청구권)	하자 없는 재량행사를 전제로 건축허가 청구(무하자재량행사청구권)
공권의 효과	기본권(건축의 자유)의 기속적(필수적) 회복	기본권(건축의 자유)의 재량적(선택적) 회복
공권의 근거	헌법(제10조 등), 건축법(제11조 제1항 등)	헌법(제10조 등), 건축법(제11조 제4항 등)

614

〈위법한 허가거부처분에 대하여 취소소송이 제기되는 경우〉

	기속행위와 취소소송	재량행위와 취소소송
원고적격에서 침해된 권리	헌법 제10조 등 및 건축법에서 근거를 갖는 건축의 자유(권리)	헌법 제10조 등 및 건축법에서 근거를 갖는 건축의 자유(권리)
본안요건 (위법성)	건축허가를 하지 아니한 것은(건축의 자유를 침해한 것으로서) 위법하다.	의무에 합당한 재량행사를 하지 아니한 것은(건축의 자유에 대한 침해의 가능성을 야기한 것으로서) 위법하다(무하자재량행사청구권).
판결의 주문	건축허가거부처분을 취소한다.	건축허가거부처분을 취소한다.
판결의 취지	건축허가거부처분은 위법하다.	거부처분은 정당한 재량행사 없이 이루어졌다. 거부처분은 의무에 합당한 재량행사에 반한다.
행정청의 조치	판결의 취지에 따라(행소법 제30조 제2항) 건축의 허가	판결의 취지에 따라(행소법 제30조 제2항) 건축허가의 거부 또는 건축의 허가

3. 행정개입청구권

615   (1) 의   의   ① 자신을 생활보호대상자로 지정해 줄 것을 청구하거나, 또는 ② 이웃이 불법건축을 하여 일조권등을 침해할 때 건축행정청이 이웃에게 불법건축을 철거하라는 명령을 발동할 것을 청구하는 경우와 같이 자기 또는

---

1) 대판 2003. 4. 25, 2002두3201(건축허가권자는 대형할인점의 건축허가신청이 건축법, 도시계획법 등 관계 법규에서 정하는 어떠한 제한에 배치되지 않는 이상 당연히 같은 법조에서 정하는 건축허가를 하여야 하고, 중대한 공익상의 필요가 없음에도 불구하고, 요건을 갖춘 자에 대한 허가를 관계 법령에서 정하는 제한사유 이외의 사유를 들어 거부할 수는 없다).

제3자에게 행정권의 발동을 청구하는 권리를 행정개입청구권이라 부른다. 이와
같이 행정권의 위법한 불행사(부작위)에 대하여 적정한 권력발동을 청구하는 권
리를 광의의 행정개입청구권이라 하며, 여기에는 개인이 자기의 이익을 위해 자
기에 대한 행정권의 발동을 구하는 권리(행정행위발령청구권)와 자기의 이익을 위
해 타인에게 행정권의 발동을 청구하는 권리(협의의 행정개입청구권)가 포함된다.
광의의 행정개입청구권을 행정행위발급청구권이라 부르기도 한다.

  (2) **논의의 배경**   종전에는 행정권발동여부가 행정청의 자유판단에 맡겨   616
진 것(편의주의)으로, 그리고 그러한 행위로 인한 이익을 반사적 이익으로 보아
사인은 행정권에 개입을 청구할 수 있는 권리는 갖지 아니한 것으로 이해되어
왔다. 그러나 행정에 대한 개인의 의존도가 증대하는 현대국가에서는 종래 반사
적 이익으로 이해되었던 이익도 사안에 따라서는 법이 보호하는 이익(권리)으로
이해되게 되었는바, 이제는 행정권발동여부가 오로지 행정권의 자유로운 판단
에만 놓일 수는 없다는 인식을 하게 되었다. 이 때문에 경우에 따라서는 기속행
위는 물론이고 재량행위의 경우에도 재량이 영으로 축소되는 경우에는 사인의
이익을 위해 행정권의 발동이 의무적이라는 인식이 대두하게 되었고, 이러한 인
식하에서 행정개입청구권의 개념이 나타나게 되었다.

  (3) **인정여부**

  (개) **학   설**

  1) **부 정 설**   행정개입청구권으로써 추구되는 내용은 행정청의 위법한   617
부작위로 인한 실체적 권리의 침해에 대한 행정구제에 있는 것으로서, 결국 행
정청에 대한 부작위소송 및 그에 있어서의 소의 이익의 문제로 해결될 수 있다
고 하고, 아울러 구태여 행정청의 위법한 부작위의 경우만을 들어 따로 행정개
입청구권으로 구성하는 것은 불합리하다는 것이 부정설의 입장이다.[1]

  2) **긍 정 설**   재량영역에서 재량이 영으로 수축되고, 재량권을 부여한   618
법률의 사익보호목적이 인정되는 경우에는 행정청에 대하여 적극적 개입을 청
구할 수 있는 권리를 인정할 수 있다는 견해이다. 긍정설의 한 견해는[2] 부정설
의 비판을 수용하면서도 행정소송법 제3조를 예시적 규정으로 해석하여 무명항
고소송(특히 의무이행소송)의 성립가능성을 시사한 뒤 행정개입청구권이 현행 행
정소송법에 위반하지 않는다고 하여 행정개입청구권의 존재의미를 긍정적으로
보고 있다. 공권의 확대화경향을 강조하거나 생명·신체에 대한 목전의 급박한

---

1) 이상규, 신행정법론(상), 203쪽.
2) 변재옥, 행정법강의(Ⅰ), 150쪽.

위험으로부터 구제를 논거로 들기도 한다.

619   (ㅁ) 판   례   판례는 명시적으로 밝힌 것은 아니지만, 판결이유의 해석상 긍정적인 입장을 취한 경우도 있고,[1] 부정적인 입장을 취한 경우도 있다.[2]

620   (ㄷ) 사   견   사실 행정개입청구권의 인정문제는 행정실제상의 문제외에 행정소송상의 문제와도 관련을 갖는다. 먼저 사인의 행정에 대한 의존도가 점증하는 현대국가(복지국가·행정국가·적극국가)에서 행정권의 부작위는 경우에 따라 사인에 대하여 중대한 침해를 가져올 수 있다. 이러한 경우 행정청에 대하여 권력발동을 요구할 수 있는 제도를 갖는다는 것은 분명 의미있는 일이다. 그러나 문제는 이러한 권리를 인정한다고 할 때에 행정소송법상 그것을 실현할 수 있는 수단의 확보문제일 것이다. 이 점은 상기의 긍정설이 주장하는 바를 따르면 될 것이다.

621   (4) 성   질   행정개입청구권이 개인적 공권임은 의문이 없다. 그러나 행정개입청구권을 절차적 공권으로 보기는 어려울 것이다. 왜냐하면 이러한 권리는 오히려 특정의 실체상의 사항을 그 내용으로 갖기 때문에 실체법상 권리라고 관념하는 것이 정당하다.[3]

622   (5) 성립요건   행정개입청구권도 공권의 일종인 이상 기술한 공권의 성립 요건을 갖추어야 한다. ① 법규가 행정청에게 공권력을 발동하여 개입을 할 의무를 지우고 있어야 한다. 행정청에 재량이 부여된 경우, 행정권은 반드시 공권력을 발동해야 할 의무를 부담하지 않는다. 그러나, 재량이 부여된 경우라도 재량이 0으로 수축되는 경우에는 공권력을 발동해야 할 의무가 발생한다. 그러나 실제상 행정기관에게 부여되는 개입의무의 존부에 대한 판단은 용이하지 않으며 개별·구체적으로 판단되어야 한다. 따라서 개별적인 경우, 위협받고 있는 법

---

1) 대판 2007. 5. 11, 2007두1811(지방자치단체장이 공장시설을 신축하는 회사에 대하여 사업승인 내지 건축허가 당시 부가하였던 조건에 따른 이행을 하고 이를 증명하는 서류를 제출할 때까지 신축공사를 중지하라는 공사중지명령에 있어서는 그 명령의 내용 자체로 또는 그 성질상으로 명령 이후에 그 원인사유가 해소되는 경우에는 잠정적으로 내린 당해 공사중지명령의 해제를 요구할 수 있는 권리를 위 명령의 상대방에게 인정하고 있다고 할 것이므로, 위 회사에게는 조리상으로 그 해제를 요구할 수 있는 권리가 인정된다고 할 것이다); 대판 1997. 12. 26, 96누17745; 대판 2006. 6. 30, 2004두701; 대판 2014. 11. 27, 2014두37665.

2) 헌재 2010. 4. 20, 2010헌마189(건축법 제79조는 시정명령에 대하여 규정하고 있으나, 동법이나 동법 시행령 어디에서도 일반국민에게 그러한 시정명령을 신청할 권리를 부여하고 있지 않을 뿐만 아니라, 피청구인에게 건축법 위반이라고 인정되는 건축물의 건축주 등에 대하여 시정명령을 할 것인지와, 구체적인 시정명령의 내용을 무엇으로 할 것인지에 대하여 결정할 재량권을 주고 있으며, 달리 이 사건에서 시정명령을 해야 할 법적 의무가 인정된다고 볼 수 없다); 대판 1999. 12. 7, 97누17568.

3) 김남진·김연태, 행정법(Ⅰ), 117쪽(2019).

익의 가치성, 위해의 정도 및 행정기관의 개입과 관련된 위험을 판단기준으로 하여 결정하게 하는 것이 현실적이다.[1] 예컨대, 중요한 법익에 대한 현저한 위험의 존재, 개인의 생명·건강에 대한 위험, 중요한 물건에 대한 직접적인 위험이 있는 경우 재량은 축소된다고 볼 수 있다.[2] ② 행정기관에게 개입의무가 성립한다고 하더라도 관련 법규가 오로지 공익실현만을 목적으로 하는 것이 아니고 개인의 이익보호도 목적으로 하고 있는 경우라야 행정개입청구권이 성립한다. 과거에는 경찰법규나 건축법규 중 오로지 공익만을 보호하고 직접적으로 사익을 보호하지 않는 것으로 새기던 규정도 오늘날에는 사익보호의 취지도 갖는 것으로 새기는 경향이 있는바, 이러한, '반사적 이익의 공권화의 추세'에 따라 행정개입청구권의 성립요건도 그만큼 완화되고 있다.[3]

(6) **적용영역**   ① 행정개입청구권은 독일의 경우 위험방지분야와 관련하여 논의되고 있으나,[4] 우리의 경우에는 행정의 전영역과 관련하여 논의되는 것으로 보인다.[5] 행정개입청구권이 반드시 위험방지분야에 한정되는 것이라고는 할 수 없다. ② 행정개입청구권은 독일의 경우 대체로 영으로의 재량수축과 관련하여 논의되고 있는 것이지만, 우리의 경우, 긍정론자는 기속행위인가 재량행위(물론 영으로의 재량수축의 경우)인가를 불문하고 행정개입청구권을 논의하고 있다.[6] 본서도 같은 입장이다. 623

(7) **권리의 실현**   행정개입청구권을 가진 사인은 먼저 행정청에 행정권발동을 청구할 것이다. 이 경우 사인의 신청에 대해 행정청이 거부하거나 부작위하면 의무이행심판을 제기할 것이다. 그럼에도 행정청이 거부·방치하면 그 사인은 취소소송·부작위위법확인소송을 제기할 수 있고, 여기에서 사인이 승소하면 간접강제제도에 의해 권리를 실현할 수 있게 된다. 그러나 가장 바람직한 방 624

---

1) 류지태·박종수, 행정법신론, 116쪽(2019).

2) 홍준형, 행정법, 92쪽(2017).

3) 김남진·김연태, 행정법(Ⅰ), 118쪽(2019).

4) 대표적인 사례로 띠톱사건(BVerwGE 11, 95)이 있다. ① 동 사건은 주거지역에 있는 석탄업소에서 사용하는 띠톱으로 인해 발생하는 먼지·소음으로 피해를 받던 이웃주민이 관계행정청에 건축경찰상 금지처분을 발령할 것을 구하였다. ② 관계행정청은 석탄업소의 조업이 관계법규에 위반되지 아니함을 이유로 이웃주민의 신청을 받아들이지 않았다. ③ 베를린고등법원은 원고에게 관계행정청에 대하여 건축경찰법상 특정처분의 발령을 구하는 청구권이 없다고 판시하였다. ④ 연방행정재판소는 ⅰ) 재량은 의무에 합당한 재량이어야 한다는 점, ⅱ) 재량의 일탈과 남용의 경우에는 위법하다는 점, ⅲ) 고강도 위험이 발생한 경우, 행정청의 불개입은 재량하자일 수 있다는 점과 아울러 ⅳ) 그러한 경우에는 하나의 재량하자 없는 결정만이 가능하다는 점을 밝힌 후 사건을 원심으로 되돌려 보냈다.

5) 김남진, 행정법(Ⅰ), 117쪽(2019).

6) 김동희, 고시연구, 1991. 1, 94쪽 참조.

법은 무명항고소송의 한 종류로 의무이행소송을 인정하여 그에 따라 행정개입 청구권을 실현시키는 방법이다. 국가배상청구도 가능할 것이다.[1]

제3항　공 의 무

Ⅰ. 의　　의

625　　공의무란 공권에 대응하는 개념으로서 타인의 이익을 위해 의무자의 의사에 가해진 공법상의 구속을 의미한다. 하나의 행정법관계에서 공권과 공의무는 언제나 대칭적인 관계에 놓이는 것만은 아니다. 예컨대 사법의 경우, 채무자는 특정채무에 상응하는 채권을 갖는 것이 일반적이나, 공법의 경우에는 의무자가 의무에 상응하는 권리를 갖지 않음이 일반적이다(예 : 납세자는 구체적인 납세의무에 상응하는 특정의 권리를 갖는 것이 아니다).

Ⅱ. 종　　류

1. 개　　관

626　　공의무는 ① 주체에 따라 행정주체가 지는 의무(예 : 봉급지급의무·배상금지급 의무 등), 개인이 지는 개인적 공의무(예 : 구체적인 납세의무, 수수료납부의무 등)로 나눌 수 있고, ② 내용에 따라 작위의무(예 : 건축허가발령의무)·부작위의무(예 : 사익을 위한 경찰처분의 불발령의무)·수인의무(예 : 감염병예방강제접종의 수인의무)·급부의무(예 : 납세의무)로 나눌 수 있으며, ③ 근거에 따라 법규에 의해 직접 발생하는 의무(예 : 도로교통법규 준수의무), 법규의 집행행위로서 행정행위에 근거한 의무(예 : 과세처분에 따른 구체적인 납세의무) 등으로 나눌 수 있다.

2. 수수료·사용료 납부의무

행정기본법은 수수료와 사용료에 관한 일반적인 규정을 두고 있는바, 사인의 수수료·사용료 징수는 행정기본법이 정하는 바에 의한다.

627　　⑴ 수 수 료　　수수료란 행정청이 특정인에게 행정서비스를 제공하고 그 특정인으로부터 받는 금전상 대가를 말한다(기본법 제35조 제1항). 행정기본법 제

---

1) 대판 1998. 8. 25, 98다16890(경찰관직무집행법 제5조는 경찰관은 인명 또는 신체에 위해를 미치거나 재산에 중대한 손해를 끼칠 우려가 있는 위험한 사태가 있을 때에는 그 각 호의 조치를 취할 수 있다고 규정하여 형식상 경찰관에게 재량에 의한 직무수행권한을 부여한 것처럼 되어 있으나, 경찰관에게 그러한 권한을 부여한 취지와 목적에 비추어 볼 때 구체적인 사정에 따라 경찰관이 그 권한을 행사하여 필요한 조치를 취하지 아니하는 것이 현저하게 불합리하다고 인정되는 경우에는 그러한 권한의 불행사는 직무상의 의무를 위반한 것이 되어 위법하게 된다).

35조 제1항은 "행정청은 특정인을 위한 행정서비스를 제공받는 자에게 법령으로 정하는 바에 따라 수수료를 받을 수 있다"고 하여 수수료 법정주의를 규정하고 있다. 수수료 법정주의로 인해 법령에 정함이 없음에도 행정청이 임의로 수수료를 징수하는 것은 금지된다.

　　(2) **사 용 료**　　사용료란 공공시설 및 재산 등의 이용 또는 사용에 대한 　628
금전상 대가를 말한다(기본법 제35조 제2항). 행정청이 사용료를 받기 위해서는 공공시설 및 재산 등의 이용 또는 사용에 대하여 금액이나 기준을 사전에 공개하여야 한다(기본법 제35조 제2항).

　　(3) **지방자치단체**　　지방자치단체의 수수료·사용료의 경우에는 「지방자치 　629
법」에 따른다(기본법 제35조 제3항). 지방자치법은 지방자치단체의 사용료와 수수료에 관한 규정을 두고 있다(지자법 제153조, 제154조, 제156조, 제157조).

Ⅲ. 특　색

공의무는 의무자의 의사에 따라 발생하기도 하나(예 : 공법상 계약의 경우), 법 　630
령 또는 법령에 근거한 행정행위에 의해 발생함이 일반적이다. 특히 개인적 공의무의 경우에는 ① 포기와 이전이 제한되기도 하고(예 : 병역복무의무), ② 의무의 불이행시에는 행정상 강제수단이 가해지기도 하며, ③ 의무의 위반시에는 행정벌이 가해지기도 한다.

제 4 항 공권·공의무의 승계

Ⅰ. 의　의

행정법관계에 있어서도 사법관계에서와 마찬가지로 어떠한 조건하에 특정 　631
권리주체의 공권과 공의무가 다른 특정 권리주체에게 승계여부와 승계조건이 문제된다. 이러한 문제는 공행정주체의 공권과 공의무의 승계문제와 사인의 공권과 공의무의 승계문제로 구분하여 살펴볼 필요가 있다.

Ⅱ. 행정주체의 승계

먼저, 공행정주체의 경우를 보면, 현대국가는 법규로써 권한질서가 규정되 　632
어 있으므로, 행정주체의 자유로운 의사표시는 가능하지 않다. 주체의 변경에는 반드시 법률상의 근거(지자법 제4조 제1항)를 필요로 한다. 따라서 승계문제는 법률의 규정에 따라야 한다.[1] 말하자면 행정주체의 권리와 의무는 명시적인 규정

없이는 원칙적으로 이전되지 아니한다. 다만 지방자치단체 등 공법상 법인이 소멸되거나 합병되는 경우는 예외가 된다. 이러한 경우에는 행정주체의 권리와 의무는 독자성을 상실하고, 새로이 그 기능을 수행할 행정주체에게 이전된다. 새로이 그 기능을 수행할 행정주체가 없다면, 그 법인을 설립한 국가나 지방자치단체에 이전된다고 볼 것이다. 이것은 포괄승계뿐만 아니라 양도와 같은 특정승계의 경우에도 마찬가지이다.

Ⅲ. 사인의 승계

1. 실정법의 태도

633 　개인적 공권과 공의무의 승계에 관한 단일의 일반법은 없다. 다만 행정절차법은 제10조에서 지위의 승계에 관한 조항을 두고 있다(① 당사자등이 사망하였을 때의 상속인과 다른 법령등에 따라 당사자등의 권리 또는 이익을 승계한 자는 당사자등의 지위를 승계한다. ② 당사자등인 법인등이 합병하였을 때에는 합병 후 존속하는 법인등이나 합병 후 새로 설립된 법인등이 당사자등의 지위를 승계한다. ③ 제1항 및 제2항에 따라 당사자등의 지위를 승계한 자는 행정청에 그 사실을 통지하여야 한다. ④ 처분에 관한 권리 또는 이익을 사실상 양수한 자는 행정청의 승인을 받아 당사자등의 지위를 승계할 수 있다. ⑤ 제3항에 따른 통지가 있을 때까지 사망자 또는 합병 전의 법인등에 대하여 행정청이 한 통지는 제1항 또는 제2항에 따라 당사자등의 지위를 승계한 자에게도 효력이 있다). 한편 개별법령에서 규정내용은 다양하다. 즉, 개별적인 권리의 양도를 금지하는 경우(예 : 국배법 제4조), 개별적인 권리를 양수받은 자가 신고하여야 하는 경우(예 : 도로법 제106조), 합병에 의한 일반승계가 행정청의 인가를 요건으로 하는 경우(예 : 전기통신사업법 제18조 제1항), 합병에 의한 일반승계가 양수자의 신고를 요건으로 하는 경우(예 : 식품법 제39조), 법령상 당연히 승계가 이루어지는 경우(예 : 체육법 제27조) 등이 있다.

2. 명문의 규정이 없는 경우

634 　공법상 권리와 의무의 이전에는 2가지의 요건, 즉 ① 권리와 의무가 이전에 적합하여야 한다는 점과 ② 이전을 실현시킬 수 있는 사유가 발생하여야 한다. ①과 관련하여서는 공법상 권리와 의무가 이전될 수 있는가의 여부가 문제이다. 개별 법률상 규정이 없다면, 권리나 의무의 성질을 고려하면서 판단될 수밖에

---

1) Erichsen, in : ders.(Hrsg.), Allgemeines Verwaltungsrecht(12. Aufl.), §11, Rn. 49; Wallerath, Allgemeines Verwaltungsrecht, S. 149; Wallerath, Allgemeines Verwaltungsrecht(6. Aufl.), § 8, Rn. 35.

없다. 승계의 대상이 되는 권리 또는 의무인가의 여부는 그것이 일신전속적인 성질을 갖는가의 여부에 있다.[1]

종래에는 공법상 권리와 의무는 원칙적으로 일신전속적인 것으로서 승계와 거리가 멀고, 다만 재산법상의 지위만은 예외라고 하였다. 그러나 오늘날에는 법적 지위(권리 또는 의무)의 내용에 따라 개별적으로 판단되어야 한다는 입장이다. 말하자면 관련규정의 목적에 비추어 그 권리나 의무의 존속이나 수행에 당사자의 인적 성격 내지 능력이 본질적이어서 타인에의 이전이 배제되는 것으로 판단되는 경우에는 일신전속적으로 본다. 그것은 문제되는 법적 지위의 재산가치성에 의존하는 것이 아니다(예 : 무허가건물의 철거의무는 인적특성이 본질적인 것이 아니므로 일신전속적인 것이 아니다). 반대로 재산법상 청구권도 비대체적인 성질을 가질 수 있고, 따라서 승계대상이 아닐 수 있다.[2] 공법상 의무도 대체가 가능한 것이면, 승계가 가능한 것으로 보기도 한다. 대체로 말해 비재산적(인적)인 것은 의문이 있을 때에는 이전성이 없다고 볼 것이고, 물적인 것(예 : 건축허가, 철거명령)은 일반적으로 이전성을 갖는 것으로 볼 것이다.[3] 이전의 사유는 개별법령에서 정함에 따른다. 뿐만 아니라 사법상의 매매·채무인수·상속[4]·합병[5] 등도 이전이나 승계의 사유가 된다.[6]

635

---

1) Wallerath, Allgemeines Verwaltungsrecht(6. Aufl.), §8, Rn. 38.
2) Erichsen, in : ders.(Hrsg.), Allgemeines Verwaltungsrecht(12. Aufl.), §11, Rn. 50; Wallerath, Allgemeines Verwaltungsrecht(6. Aufl.), §8, Rn. 38.
3) Detterbeck, Allgemeines Verwaltungsrecht, §9, Rn. 418.
4) 대판 2005. 8. 19, 2003두9817, 9824(병합)(구 산림법 제90조의2 제1항, 구 산림법 시행규칙 제95조의2는 채석허가를 받은 자(이하 '수허가자'라 한다)의 지위를 승계한 자는 단독으로 관할 행정청에의 명의변경신고를 통하여 수허가자의 명의를 변경할 수 있는 것으로 규정하고, 산림법 제4조는 법에 의하여 행한 처분 등은 토지소유자 및 점유자의 승계인에 대하여도 그 효력을 미치도록 규정하고 있는 점, 채석허가는 수허가자에 대하여 일반적·상대적 금지를 해제하여 줌으로써 채석행위를 자유롭게 할 수 있는 자유를 회복시켜 주는 것일 뿐 권리를 설정하는 것이 아니라 하더라도 대물적 허가의 성질을 아울러 가지고 있는 점 등을 감안하여 보면, 수허가자가 사망한 경우 특별한 사정이 없는 한 수허가자의 상속인이 수허가자로서의 지위를 승계한다고 봄이 상당하다).
5) 대판 2022. 5. 12, 2022두31433; 대판 2004. 7. 8, 2002두1946(회사합병이 있는 경우에는 피합병회사의 권리·의무는 사법상의 관계나 공법상의 관계를 불문하고 그의 성질상 이전을 허용하지 않는 것을 제외하고는 모두 합병으로 인하여 존속한 회사에게 승계되는 것으로 보아야 할 것이고, 공인회계사법에 의하여 설립된 회계법인간의 흡수합병이라고 하여 이와 달리 볼 것은 아니다).
6) 대판 2010. 7. 15, 2010도4869(구 식품위생법(2009. 2. 6. 법률 제9432호로 전부 개정되기 전의 것) 제22조 제5항, 구 식품위생법 시행령(2008. 12. 31. 대통령령 제21214호로 개정되기 전의 것) 제13조 제1항 제7호, 제13조의2 제3의 2호에 의하면, 신고대상인 일반음식점 영업을 하고자 하는 때와 해당 영업의 영업장 면적 등 중요한 사항을 변경하고자 하는 때에는 이를 구청장 등에게 신고하도록 규정하고, 같은 법 제77조 제1호에서는 위와 같은 신고의무를 위반한 자를 3년 이하의 징역 또는 3천만 원 이하의 벌금에 처하도록 규정하며, 같은 법 제25조 제1항은 영

3. 제재사유의 승계 여부

636 　　사인의 지위 승계가 있는 경우, 특히 영업양도의 경우, 양도인의 위법행위를 근거로 양수인에게 제재처분을 할 수 있는가, 달리 말하면 양도인의 지위 승계에 관한 명문규정은 있으나, 제재사유의 승계에 관한 명문의 규정이 없는 경우, 지위 승계규정이 양도인에 대한 제재사유의 승계에 관한 근거가 될 수 있는가의 여부가 문제된다. 양자를 모두 규정하는 법률도 있다(예 : 식품법 제39조, 제78조, 석유법 제7조, 제8조).

637 　　(1) **명문규정이 있는 경우** 　　개별 법령에 지위 승계에 관한 명문규정과 제재사유의 승계에 관한 명문규정이 있는 경우에는 관련 규정이 정하는 바에 따르면 된다.[1] 한편, 식품위생법 제78조(영업자가 영업을 양도하거나 법인이 합병되는 경우에는 제75조 제1항 각 호, 같은 조 제2항 또는 제76조 제1항 각 호를 위반한 사유로 종전의 영업자에게 행한 행정 제재처분의 효과는 그 처분기간이 끝난 날부터 1년간 양수인이나 합병 후 존속하는 법인에 승계되며, 행정 제재처분 절차가 진행 중인 경우에는 양수인이나 합병 후 존속하는 법인에 대하여 행정 제재처분 절차를 계속할 수 있다. 다만, 양수인이나 합병 후 존속하는 법인이 양수하거나 합병할 때에 그 처분 또는 위반사실을 알지 못하였음을 증명하는 때에는 그러하지 아니하다)에서 보는 바와 같이 개별 법률에 따라서는 제재사유의 승계를 규정하면서 선의의 제3자를 보호하는 규정을 두기도 한다.

638 　　(2) **명문규정이 없는 경우** 　　개별 법령에 지위 승계에 관한 명문규정은 있

　　업의 신고를 한 자가 그 영업을 양도한 때에는 양수인이 영업자의 지위를 승계하도록 규정하는바, 위 신고의무 조항 및 처벌조항의 취지는 신고대상인 영업을 신고 없이 하거나 해당 영업의 영업장 면적 등 중요한 사항을 변경하였음에도 그에 관한 신고 없이 영업을 계속하는 경우 이를 처벌함으로써 그 신고를 강제하고 궁극적으로는 미신고 영업을 금지하려는 데 있는 것으로 보이는 점도 고려하면, 영업장 면적이 변경되었음에도 그에 관한 신고의무가 이행되지 않은 영업을 양수한 자 역시 그와 같은 신고의무를 이행하지 않은 채 영업을 계속한다면 처벌대상이 된다고 보아야 한다).

1) 대판 2017. 9. 7, 2017두41085(「석유 및 석유대체연료 사업법」(이하 '법'이라고 한다) 제10조 제5항에 의하여 석유판매업자의 지위 승계 및 처분 효과의 승계에 관하여 준용되는 법 제8조는 "제7조에 따라 석유정제업자의 지위가 승계되면 종전의 석유정제업자에 대한 제13조 제1항에 따른 사업정지처분(제14조에 따라 사업정지를 갈음하여 부과하는 과징금부과처분을 포함한다)의 효과는 새로운 석유정제업자에게 승계되며, 처분의 절차가 진행 중일 때에는 새로운 석유정제업자에 대하여 그 절차를 계속 진행할 수 있다. 다만, 새로운 석유정제업자(상속으로 승계받은 자는 제외한다)가 석유정제업을 승계할 때에 그 처분이나 위반의 사실을 알지 못하였음을 증명하는 경우에는 그러하지 아니하다."라고 규정하고 있다(이하 '이 사건 승계조항'이라고 한다). 이러한 제재사유 및 처분절차의 승계조항을 둔 취지는 제재적 처분 면탈을 위하여 석유정제업자 지위승계가 악용되는 것을 방지하기 위한 것이고, 승계인에게 위와 같은 선의에 대한 증명책임을 지운 취지 역시 마찬가지로 볼 수 있다. 즉 법 제8조 본문 규정에 의해 사업정지처분의 효과는 새로운 석유정제업자에게 승계되는 것이 원칙이고 단서 규정은 새로운 석유정제업자가 그 선의를 증명한 경우에만 예외적으로 적용될 수 있을 뿐이다. 따라서 승계인의 종전 처분 또는 위반 사실에 관한 선의를 인정함에 있어서는 신중하여야 한다).

으나, 제재사유의 승계에 관한 명문규정이 없는 경우에는 관련 규정의 해석문제
가 있다. 지위 승계에 관한 규정도 없고, 제재사유의 승계에 관한 규정이 없는
경우도 관련 규정의 해석이 문제된다.

(가) 학   설   위법의 승계 여부와 관련하여 긍정설(제재사유는 승계가 되는   639
양도인의 법적 지위에 포함된다. 제재사유 승계를 부정하면 영업양도가 제재처분의 회피수단으
로 악용될 수 있다는 견해), 부정설(양도인의 법령 위반이라는 제재사유는 인적 사유이므로 명
문규정 없이 양수인에게 이전될 수 없다. 양도인의 위법행위로 인한 제재는 행위책임에 속하는
것이므로 명문규정 없이 양수인에게 승계되지 아니한다는 견해)과 절충설(허가의 이전가능성
과 제재의 이전가능성은 별개이므로, 제재사유가 설비 등 물적 사정에 근거하면 양수인에게 승
계되나, 제재사유가 부정영업 등 인적 사유인 경우에는 승계되지 아니한다는 견해)로 나뉜다.

(나) 판   례   판례는 당시 통보업이었던 공중위생관리법상 이용업자의 위   640
법행위와 관련하여, 대물적 영업양도의 경우, 명시적인 규정이 없는 경우에도
양도 전에 존재하는 영업정지사유를 이유로 양수인에 대하여 영업정지처분을
할 수 있다고 하였다.[1] 만약 승계되지 아니한다면, 위법행위를 한 자는 영업양
도를 함으로써 자유롭게 되는 문제점이 생겨나기 때문이었다. 당시 등록업이었
던 석유판매업 양도의 경우도 같이 판단했다.[2]

제 6 절 행정법관계의 발생과 소멸

제 1 항 일 반 론

Ⅰ. 의   의

일정한 요건(법률요건)이 충족되면 일정한 효과(법적 효과)가 주어지는 것은   641
모든 법률관계에 있어 기본적인 것이며, 행정법관계에서도 다를 바 없다. 다만
행정법관계와 관련하여 말한다면, 행정법관계의 발생·변경·소멸 등 행정법상
의 효과를 가져오는 원인이 되는 사실을 행정법상 법률요건이라 부른다. 그리고
행정법상 법률요건을 이루는 개개의 사실을 행정법상 법률사실이라 부른다. 행
정법상 법률요건은 하나의 법률사실로 이루어지는 경우(예 : 이행·포기·실효·시효
로 인한 행정법관계의 종료)도 있으나 여러 개의 법률사실로 이루어지는 경우(예 :
운전면허신청과 허가 등의 수익적 행정행위나 공법상 계약 등)가 일반적이다.

---

1) 대판 2001. 6. 29, 2001두1611.
2) 대판 2003. 10. 23, 2003두8005.

Ⅱ. 종　류

1. 행정법상 사건과 행정법상 용태

642 　　행정법상 법률요건·법률사실도 민법의 경우와 같이 정신작용을 기준으로 공법상 사건과 공법상 용태로 구분할 수 있다. 공법상 사건이란 정신작용을 요소로 하지 아니하는 공법상 법률요건·법률사실을 말한다. 여기에는 순수한 자연적 사실(예 : 사망, 시효·기간)과 사람에 의한 사실행위(예 : 도로건설·행정지도)가 있다. 한편, 공법상 용태란 정신작용을 요소로 하는 법률요건·법률사실을 말한다. 용태는 다시 외부적 용태(행위)와 내부적 용태(내심)로 구분된다. 전자는 외부에 표현되어 법적 효과를 가져오는 것을 말하고(예 : 행정행위), 후자는 외부에 표현되지 아니한 정신상태로서 법률상의 효과를 가져오는 것을 말한다(예 : 선의·악의, 고의·과실).

2. 행정법관계의 발생·종료의 사유

643 　　(1) 발생원인　　행정법관계의 발생과 종료의 사유는 다양하기 때문에, 행정법관계의 발생과 종료의 사유인 법률요건·법률사실을 일일이 열거하는 것은 용이하지 않다. 행정법관계의 발생원인으로서 가장 중요한 것은 행정주체에 의한 공법행위(예 : 행정입법·행정계획·행정행위·행정법상 계약 등)이고,[1] 사인의 공법행위 또한 중요한 부분을 구성한다. 사건(예 : 시효)도 물론 발생원인을 구성한다.

644 　　(2) 소멸원인　　한편, 행정법관계는 여러 사유로 종료한다. 먼저 급부를 내용으로 하는 법률관계는 이행에 의해 행정법관계는 종료한다. 그러나 그 급부관계의 원인(예 : 행정행위·행정상 계약)은 이행을 통해 이루어진 재산이전의 법적 근거로서 계속하여 의미를 갖는다. 따라서 부당이득반환청구권은 배제된다. 상계 또한 행정법관계의 소멸사유이다. 권리의 포기와 소멸시효의 완성, 그리고 신의성실의 원칙으로부터 나오는 실효도 행정법관계의 소멸사유이다. 그 밖에 기간의 경과(예 : 해제조건의 성취, 종기의 도래 또는 정해진 기간 내에 허가에서 정해진 행위의 불이행으로 허가의 효력소멸), 대상의 소멸(예 : 화재로 인한 건축물의 소실로 건축허가의 효력소멸), 그리고 사망(예 : 사망으로 운전면허의 효력소멸)으로 행정법관계는 또한 소멸한다.

---

1) Ipsen, Allgemeines Verwaltungsrecht(9. Aufl.), §3, Rn. 174ff.

제 2 항 공법상 사건

Ⅰ. 시간의 경과

1. 기 간

(1) 의 의 기간이란 일정시점에서 다른 시점까지의 시간적 간격을 말 645
한다. 따라서 기간개념에는 시간적 간격의 출발점인 기산점과 종료점인 만료점
이 기본구성요소가 된다. 행정법상 기간은 두 가지의 의미를 갖는다. 하나는 기
간경과 그 자체가 행정법관계의 당사자의 의사여하에 관계없이 행정법관계에
변경을 가져오는 경우이다(예 : 시효와 제척기간). 또 하나는 기간이 행정법관계의
당사자의 의사표시의 한 부분으로서 나타나는 경우이다(예 : 기한부행정행위).

(2) 계 산

(가) **적용법령** 행정에 관한 기간의 계산에 관하여는 행정기본법 또는 다 646
른 법령등에 특별한 규정이 있는 경우를 제외하고는「민법」을 준용한다(기본법
제6조 제1항). 종전의 판례도 같은 견해를 취하였다.[1]

(나) **침익적 작용에서 특례** 법령등 또는 처분에서 국민의 권익을 제한하거 647
나 의무를 부과하는 경우 권익이 제한되거나 의무가 지속되는 기간의 계산은
다음 각 호(1. 기간을 일, 주, 월 또는 연으로 정한 경우에는 기간의 첫날을 산입한다. 2. 기
간의 말일이 토요일 또는 공휴일인 경우에도 기간은 그 날로 만료한다)의 기준에 따른다.
다만, 다음 각 호의 기준에 따르는 것이 국민에게 불리한 경우에는 그러하지 아
니하다(기본법 제6조 제2항). 한편, 민원 처리에 관한 법률은 처리기간의 계산에
관한 특별규정을 두고 있다(민원법 제19조).

(3) **행정에 관한 나이의 계산 및 표시** 행정에 관한 나이는 다른 법령등에 647a
특별한 규정이 있는 경우를 제외하고는 출생일을 산입하여 만 나이로 계산하고,
연수로 표시한다. 다만, 1세에 이르지 아니한 경우에는 월수로 표시할 수 있다
(기본법 제7조의2). 나이와 계산 방법으로 세는 나이(Korean age)(출생한 날부터 한 살

---

1) 대판 2012. 12. 26, 2012도13215(민법 제155조는 "기간의 계산은 법령, 재판상의 처분 또는 법
률행위에 다른 정한 바가 없으면 본장의 규정에 의한다."고 규정하고 있으므로, 기간의 계산에
있어서는 당해 법령 등에 특별한 정함이 없는 한 민법의 규정에 따라야 한다. 한편 병역법 제
88조 제1항 제2호는 '공익근무요원 소집통지서를 받은 사람이 정당한 사유 없이 소집기일부터
3일이 지나도 소집에 응하지 아니한 경우에는 3년 이하의 징역에 처한다'고 규정하고 있으나,
병역법은 기간의 계산에 관하여 특별한 규정을 두고 있지 아니하다. 따라서 병역법 제88조 제1
항 제2호에 정한 '소집기일부터 3일'이라는 기간을 계산할 때에도 기간계산에 관한 민법의 규
정이 적용된다고 할 것이므로, 민법 제157조에 따라 기간의 초일은 산입하지 아니하고, 민법
제161조에 따라 기간의 말일이 토요일 또는 공휴일에 해당하는 때에는 기간은 그 익일로 만료
한다고 보아야 한다).

로 세는 나이), 연 나이(calendar age)(현재 연도에서 출생 연도를 빼는 나이), 만 나이 (international age)(출생한 해를 0세로 시작하여 매해 생일마다 한 살씩 더 하는 나이)가 있었다. 많은 행정법령에서는 만 나이를 규정하였고, 음주·흡연·징집 등과 관련한 일부 행정법령에서는 연 나이를 규정하기도 하였다. 나이 계산법이 혼용됨으로써 사회적·행정적 혼선과 분쟁의 발생 가능성이 있었다. 이러한 문제점을 예방·해소함을 목적으로 행정에 관한 나이의 계산 방법을 만 나이로 통일하는 본조가 2022년 12월 27일에 신설되었다.

2. 시 효

648 　　(1) 의 의　　시효제도란 일정한 사실관계가 일정기간 계속되면, 그 사실관계가 진실한 법률관계에 부합하는가를 묻지 않고 그 사실관계를 진실한 법률관계로 인정하는 제도를 말한다. 시효제도에는 권리가 소멸되는 소멸시효와 권리를 취득하는 취득시효가 있다. 원래 시효제도는 민법상으로 발전되어 온 것이나, 시효제도가 인정되는 기본취지를 볼 때, 그것은 행정법관계에도 적용되어야 할 일반법원리적인 제도이다. 말하자면 법적 안정, 법적 평화의 요구는 행정법관계에서도 중요한 것이다.[1] 따라서 특별규정이 없는 한 민법규정이 행정법상 시효제도에도 유추적용된다고 본다. 다만 행정법상 권리는 공익을 위한 성질도 갖는 것이므로 결국 행정법상 시효제도는 사법상의 시효제도에 비해 어떠한 특수성을 갖는가가 검토되어야 한다. 한편 독일의 이론과 판례는 행정법상 시효는 기본적으로 재산권적인 청구권에만 한정된다고 보며, 기타의 고권작용에는 시효적용이 없다고 한다. 그렇지 않다면 위법의 고권행사는 적법화 내지 정당화될 수 있기 때문이라는 것이다.[2]

(2) 행정법상 소멸시효

649 　　(개) 시효기간　　① 국가재정법 제96조 제1항(지정법 제82조 제1항)은 "금전의 급부를 목적으로 하는 국가의 권리로서[3] 시효에 관하여 다른 법률에 규정이 없

---

1) 헌재 2021. 4. 29, 2019헌바412(구 군인연금법상 유족연금수급권의 행사기간을 제한하는 것으로, 이에 따라 수급권자가 일정한 기간 권리를 행사하지 않은 경우 소멸시효가 완성된다. 이와 같은 공법상의 소멸시효는 법률에 특별한 규정이 없으면 민법의 규정이 유추 적용된다. 공법상 금전채권의 소멸시효 기간을 정하는 이유는 사법관계와 마찬가지로 공법관계에서도 법률관계를 오래도록 미확정인 채로 방치하여 두는 것이 타당하지 않기 때문이다).
2) H−F. Lange, Die verwaltungsrechtliche Verjährung, 1984, S. 21.
3) 대판 1974. 7. 26, 74다703(구 예산회계법(1989. 3. 31. 법률 4012호로 개정) 제71조 소정의 금전의 급부를 목적으로 하는 국가의 권리라 함은 금전의 급부를 목적으로 하는 국가의 권리인 이상 그 발생원인에 관하여는 아무런 제한이 없으므로 국가의 공권력의 발동으로 하는 행위는 물론 국가의 사법상 행위에서 발생한 국가에 대한 금전채무도 포함한다).

는 것은 5년 동안 행사하지 아니하면 시효로 인하여 소멸한다"고 규정하고 있고, 제96조 제2항(지정법 제82조 제2항)은 "국가에 대한 권리로서 금전의 급부를 목적으로 하는 것도 또한 제1항과 같다"고 규정하고 있다. 따라서 행정법관계에서 원칙적인 시효기간은 5년이다. 구 예산회계법 제96조(현 국가재정법 제96조)에서 규정된 5년의 단기소멸시효제도는 합헌으로 선언되었다.[1] ② 한편 행정법상 타법률의 규정의 예로 관세징수권(5억원 이상의 관세는 10년, 그 외 5년. 관세법 제22조 제1항)·관세과오납반환청구권(5년. 관세법 제22조 제2항)·기여금과오납반환청구권(5년. 연금법 제88조 제2항)·단기급여지급청구권(5년. 연금법 제88조 제1항)·징발보상청구권(5년. 징발법 제23조) 등이 있다.[2] ③ 그리고 국가재정법 제96조(지정법 제82조 포함)가 말하는 타법률에 민법이 포함되는가의 문제가 있다. 논리상으로 보면, ⓐ 타법률은 민법을 포함한다는 입장과 ⓑ 민법을 포함하지 않는다는 입장, ⓒ 민법을 포함하는 경우도 있고 그렇지 않은 경우도 있다는 입장이 있을 수 있다. 판례는 ⓒ의 입장이다. 판례는 민법상의 기간이 타법보다 짧을 때에는 민법에 의한다고 하고 있다.[3]

(나) **소멸시효완성의 효과** 소멸시효완성의 효과에 관해서는 ① 시효기간경 650 과로 권리는 당사자의 원용에 관계없이 절대적으로 소멸한다는 절대적 소멸설과 ② 시효기간의 경과로 권리 자체가 절대적으로 소멸하는 것이 아니라 시효소멸로 이익을 받게 될 자가 권리자의 권리주장에 대해 항변할 수 있는 것에 불과하다는 상대적 소멸설의 대립이 있다. 민법의 경우 절대적 소멸설이 다수설이다. 공법상으로도 절대적 소멸설이 일반적인 견해이다.[4] 근자의 판례는 절대적 소멸설에 입각한 것으로 보인다.[5] 그러나 변론주의를 택하기 때문에 당사자의 원용이 없으면 직권으로 시효를 고려하지 않는다는 것이 판례의 입장이므로[6]

---

1) 헌재 2001. 4. 26, 99헌바37.
2) 대판 1970. 2. 24, 69다1769.
3) 대판 2019. 10. 17, 2019두33897(지방재정법 제82조는 금전 지급의 발생원인이 무엇이든지 위와 같은 권리에 대해서는 다른 법률에 이보다 짧은 기간의 소멸시효의 규정이 있는 경우 외에는 소멸시효기간을 5년으로 정한 것이다); 대판 1976. 2. 24, 75다800.
4) 김동희, 행정법(Ⅰ), 118쪽; 박윤흔·정형근, 최신행정법강의(상), 178쪽.
5) 대판 1985. 5. 14, 83누655(조세에 관한 소멸시효가 완성되면 국가의 조세부과권과 납세의무자의 납세의무는 당연히 소멸한다 할 것이므로 소멸시효완성 후에 부과된 부과처분은 납세의무 없는 자에 대하여 부과처분을 한 것으로서 그와 같은 하자는 중대하고 명백하여 그 처분의 효력은 당연무효이다).
6) 대판 2017. 3. 22, 2016다258124(민사소송절차에서 변론주의 원칙은 권리의 발생·변경·소멸이라는 법률효과 판단의 요건이 되는 주요사실에 관한 주장·증명에 적용된다. 따라서 권리를 소멸시키는 소멸시효 항변은 변론주의 원칙에 따라 당사자의 주장이 있어야만 법원의 판단대상이 된다). 대판 1991. 7. 26, 91다5631.

실제상 양설에 큰 차이가 없게 된다. 한편, 채무자가 소멸시효의 완성을 주장하는 것이 신의성실의 원칙에 반하여 권리남용으로서 허용될 수 없는 경우도 있을 수 있다.[1]

(3) 행정법상 취득시효

651 ㈎ **국·공유재산과 시효취득** "행정재산은 「민법」 제245조에도 불구하고 시효취득의 대상이 되지 아니한다"는 국유재산법 제7조 제2항과 "행정재산은 「민법」 제245조에도 불구하고 시효취득의 대상이 되지 아니한다"는 공유재산 및 물품 관리법 제6조 제2항으로 인해 국유재산 중 행정재산은 시효취득의 대상이 되지 아니하나, 국유재산 중 일반재산(구 국유재산법상 잡종재산)은 시효취득의 대상이 될 수 있다.[2] 따라서 국유재산·공유재산 중 일반재산이 아닌 재산은 공용폐지가 없는 한 시효취득의 대상이 될 수 없다. 공용폐지에는 명시적 공용폐지 외에 묵시적 공용폐지도 포함된다. 판례도 같은 입장이다.[3] 한편, 판례는 "원래 잡종재산(현행법상 일반재산)이던 것이 행정재산으로 된 경우 잡종재산일 당시에 취득시효가 완성되었다고 하더라도 행정재산으로 된 이상 이를 원인으로 하는 소유권이전등기를 청구할 수 없다"고 한다.[4]

652 ㈏ **사유공물과 시효취득** 사유공물은 시효취득의 대상이 될 수 있다. 그러나 시효취득이 되었다고 하여도 공적 목적에 제공되어야 하는 공법상 제한은 여전히 존속한다.

653 ㈐ **입증책임** 행정재산이 공용폐지되어 취득시효의 대상이 된다는 사실에 대한 입증책임은 시효취득을 주장하는 원고에게 있다는 것이 판례의 입장

---

1) 대판 2017. 2. 15, 2014다230535(소멸시효를 이유로 한 항변권의 행사도 민법의 대원칙인 신의성실의 원칙과 권리남용금지의 원칙의 지배를 받는 것이어서, 채무자가 시효완성 전에 채권자의 권리행사나 시효중단을 불가능 또는 현저히 곤란하게 하였거나, 그러한 조치가 불필요하다고 믿게 하는 행동을 하였거나, 객관적으로 채권자가 권리를 행사할 수 없는 장애사유가 있었거나, 또는 일단 시효완성 후에 채무자가 시효를 원용하지 아니할 것 같은 태도를 보여 권리자로 하여금 그와 같이 신뢰하게 하였거나, 채권자보호의 필요성이 크고 같은 조건의 다른 채권자가 채무의 변제를 수령하는 등의 사정이 있어 채무이행의 거절을 인정함이 현저히 부당하거나 불공평하게 되는 등의 특별한 사정이 있는 경우에는 채무자가 소멸시효의 완성을 주장하는 것이 신의성실의 원칙에 반하여 권리남용으로서 허용될 수 없다).

2) 구 국유재산법 제5조 제2항과 구 지방재정법 제74조 제2항은 잡종재산도 시효취득의 대상이 되지 아니한다고 규정하였으나, 헌법재판소결정 1991. 5. 13, 89헌가97 및 1992. 10. 1, 92헌가6·7에 의해 각각 위헌으로 선언되었고, 그 후 이 법률조항은 현행과 같이 개정되었다.

3) 대판 1996. 5. 28, 95다52383(행정재산은 공용폐지가 되지 아니하는 한 사법상 거래의 대상이 될 수 없으므로 시효취득의 대상이 되지 아니하고, … 공용폐지의 의사표시는 명시적 의사표시뿐 아니라 묵시적 의사표시이어도 무방하나 적법한 의사표시이어야 하고, 행정재산이 본래의 용도에 제공되지 않는 상태에 놓여 있다는 사실만으로 관리청의 이에 대한 공용폐지의 의사표시가 있었다고 볼 수 없다).

4) 대판 1997. 11. 14, 96다10782.

이다.[1]

3. 제척기간

제척기간이란 법률이 예정하고 있는 권리의 존속기간을 의미한다. 제척기 654
간은 기간의 경과로 권리소멸의 효과가 발생한다는 점에서는 소멸시효와 동일
하나,[2] 소급효가 없고 시효처럼 중단제도가 없다는 점에서 구별된다. 제척기간
제도는 법률관계의 신속한 확정을 목적으로 한다. 행정기본법은 제재처분의 제
척기관에 관한 규정을 두고 있다(기본법 제23조).[3] 그 밖에 제척기간의 예로 행정
심판 제기기간(행심법 제27조), 행정소송 제소기간(행소법 제20조), 공익사업을 위한
사업인정의 실효기간(토상법 제23조), 국세 부과의 제척기간(국세법 제26조의2) 등을
볼 수 있다.

Ⅱ. 주 소

1. 주소의 법적 문제

사법에서와 마찬가지로 행정법상으로도 주소를 기준으로 하여 법률관계가 655
정해지는 경우가 많다. 예컨대 지방자치단체의 주민되는 요건(지자법 제12조), 주
민세납세의무성립요건(지세법 제75조 제1항), 인감신고지(인감법 제3조), 외국인의
귀화요건(국적법 제5조), 그 밖에 각종의 선거권·피선거권 등의 성립요건 등이 주
소를 기준으로 이루어진다.

2. 주소의 의의

(1) **자연인의 경우**   ① 국고작용은 사법의 적용영역이므로 이와 관련된 656
주소의 문제에는 민법이 적용된다. 민법은 '생활의 근거되는 곳'을 주소로 정하
고 있다(민법 제18조 제1항). 여기서 생활의 근거되는 곳이란 정주의 사실만으로
족한가, 아니면 정주의 의사까지도 필요한가에 관해 견해가 갈린다. 전자의 견

---

1) 대판 2009. 12. 10, 2006다19177(구 지방재정법 제74조 제2항은 "공유재산은 민법 제245조의
규정에 불구하고 시효취득의 대상이 되지 아니한다. 다만, 잡종재산의 경우에는 그러하지 아니
하다"라고 규정하고 있으므로, 구 지방재정법상 공유재산에 대한 취득시효가 완성되기 위하여
는 그 공유재산이 취득시효기간 동안 계속하여 시효취득의 대상이 될 수 있는 잡종재산이어야
하고, 이러한 점에 대한 증명책임은 시효취득을 주장하는 자에게 있다).

2) 대판 2021. 3. 18, 2018두47264 전원합의체(육아휴직급여 청구권 등 사회보장수급권의 경우에
도 관계 법령에서 달리 규정하지 않은 이상, 수급권자의 관할 행정청에 대한 **추상적 권리의 행
사**(급여 지급 신청)에 관한 기간은 **제척기간**으로, 관할 행정청의 지급결정이 있은 후 수급권자
의 **구체적 권리의 행사**(청구, 당사자소송 제기)에 관한 기간은 소멸시효로 이해하는 것이 자연
스럽다).

3) 이에 관해 옆번호 2716 이하 참조.

해를 객관설이라 하고, 후자의 견해를 주관설이라 부른다. 만약 주관설을 택하게 되면 의사무능력자를 위한 법정주소제도가 있어야 하는데, 민법은 이러한 규정을 두고 있지 않다. 따라서 민법은 객관설에 따른 것이라 보겠다. ② 행정법상 주소의 경우는 사정이 다르다. 주민등록법 제23조 제1항은 "다른 법률에 특별한 규정이 없으면 이 법에 따른 주민등록지를 공법관계에서의 주소로 한다"고 규정하고 있으므로, 공법관계에서는 주민등록지가 원칙적인 주소지가 된다. 한편 30일 이상 거주할 목적으로 일정지역에 주소나 거소를 갖는 자는 주민등록법에 따라 주민등록을 해야 한다(주민법 제6조). 주민등록법은 현실적인 거주 외에 절차상 '등록'을 요구하고 있다. 등록은 일정사항을 신고함으로써 행한다(주민법 제8조·제10조). 주민등록지를 공법관계에서의 주소로 하는 경우에 신고의무자가 신거주지에 전입신고를 하면 신거주지에서의 주민등록이 전입신고일에 된 것으로 본다(주민법 제23조 제2항).

657 　(2) **법인의 경우**　　민법은 "법인의 주소는 그 주된 사무소의 소재지에 있는 것으로 한다"고 규정하고 있으나(민법 제36조), 행정법상으로는 법인의 주소에 관해 특별한 규정이 없다. 따라서 법인의 경우, 국고작용인가 행정법상의 작용인가의 구분없이 민법규정이 행정법상으로도 적용된다.

3. 주소의 수

658 　민법은 주소의 수와 관련하여 "주소는 동시에 두 곳 이상 있을 수 있다"고 규정하여 복수주의를 취하고 있다(민법 제18조 제2항). 그러나 주민등록법은 주민등록의 신고를 이중으로 하는 것을 금지하고 있다(주민법 제10조 제2항). 따라서 공법상 자연인의 주민등록지(주소지)는 1개소에 한정된다. 다만 다른 법률에 특별한 규정이 있으면 복수의 주소도 물론 가능하다(주민법 제23조 제1항).

제3항 공법상 사무관리·부당이득[1]

Ⅰ. 공법상 사무관리

1. 사무관리의 의의

659 　사무관리란 법률상 의무없이 타인을 위하여 사무를 관리하는 행위를 말한다(민법 제734조). 법이 사무관리제도를 두는 것은 의무없이 임의로 한 행위일지라도 그것이 본인에 이익이 되는 행위라면 그것을 시인하여 본인과 관리자 상

---

1) 논자에 따라서는 공법상 사무관리와 부당이득을 행정법상 특별구속(행정법상 채무관계)의 제목하에 다루기도 하고(Erichsen), 보상법(균형화법)의 제목하에 다루기도 한다(Maurer).

호간의 이해를 조절하는 것이 보다 합리적이라 보았기 때문이다.

2. 행정법상 사무관리의 인정여부

사무관리의 법제도가 공법에서도 존재한다는 것은 원칙적으로 시인되고 있다.[1]　660
공법상 사무관리의 예로 ① 국가의 특별감독 밑에 있는 사업에 대하여 감독권
의 작용으로서 강제적으로 관리(강제관리)하는 경우, ② 재해시에 행하는 구호(보
호관리), ③ 시·군에서 행하는 행려병자·사자의 관리(보호관리), ④ 그리고 개인
이 행하는 것으로 비상재해시 임의적인 행정사무의 일부의 관리(역무제공) 등이
언급된다.[2] 그런데 이러한 예들은 공법상의 의무에 의한 것이므로 이를 사무관
리로 볼 수 없다는 논리가 있을 수 있는데, 이러한 지적에 대해 일반적인 견해
는 그 의무는 국가에 대한 것이지 피관리자에 대한 것은 아니기 때문에 피관리
자에 대한 관계에서는 사무관리가 성립한다고 말한다. 한편 개별 경우에 있어서
공법상 사무관리인지 아니면 사법상 사무관리인지의 구분은 용이하지 않다. 전
통적 견해는 사무관리자가 처리한 사무의 성질에 따라 판단하여야 한다는 입장
이다.[3] 말하자면 사무관리자가 공법적 사무를 수행하였다면, 공법상 사무관리
라는 것이다.

3. 사무관리의 성립요건

사무관리가 성립하기 위하여는[4] 우선 그 사무가 타인의 사무이고 타인을　661
위하여 사무를 처리하는 의사, 즉 관리의 사실상의 이익을 타인에게 귀속시키려
는 의사가 있어야 하며, 나아가 그 사무의 처리가 본인에게 불리하거나 본인의
의사에 반한다는 것이 명백하지 아니할 것을 요한다. 다만 타인의 사무가 국가
의 사무인 경우, 원칙적으로 사인이 법령상의 근거 없이 국가의 사무를 수행할
수 없다는 점을 고려하면, 사인이 처리한 국가의 사무가 사인이 국가를 대신하
여 처리할 수 있는 성질의 것으로서, 사무 처리의 긴급성 등 국가의 사무에 대
한 사인의 개입이 정당화되는 경우에 한하여 사무관리가 성립하고, 사인은 그
범위 내에서 국가에 대하여 국가의 사무를 처리하면서 지출된 필요비 내지 유
익비의 상환을 청구할 수 있다.[5]

---

1) 변재옥, 행정법강의(Ⅰ), 181쪽; 이상규, 신행정법론(상), 238쪽.
2) 박윤흔·정형근, 최신행정법강의(상), 181쪽.
3) Erichsen, in : ders.(Hrsg.), Allgemeines Verwaltungsrecht(12. Aufl.), § 29, Rn. 16; Erbguth, Allgemeines Verwaltungsrecht, § 40, Rn. 2.
4) 대판 2014. 12. 11, 2012다15602.
5) 대판 2014. 12. 11, 2012다15602(허베이 스피리트 선박 주식 회사의 조치만으로는 원유 유출사
　고에 따른 해양오염을 방지하기 곤란할 정도로 긴급방제조치가 필요한 상황이었고, 위 방제작

4. 사무관리의 종류

662   관리자와 피관리자의 관계를 중심으로 볼 때, 사무관리의 종류로 ① 사인이 다른 사인을 위한 사무관리(예 : 갑이 조례에서 부과된 도로청소를 하지 않자 을이 대신한 경우), ② 행정주체가 사인을 위한 사무관리(예 : 옆번호 660의 사례), ③ 행정주체가 다른 행정주체를 위한 사무관리(예 : 서울특별시가 서대문구가 관리청인 도로를 관리하는 경우), ④ 사인이 행정주체를 위한 사무관리(예 : 공도로에 나무가 무너져 다른 사인의 재산을 중대하게 침해하게 된 경우) 등을 생각할 수 있다.[1]

5. 적용법규

663   일반법이 없는 관계로 특별규정이 없는 한 행정법상 사무관리에 관해서는 민법의 사무관리에 관한 규정이 준용되어 관리자와 피관리자 사이에 이해조절이 이루어져야 할 것이다. 왜냐하면 민법상 사무관리제도는 법의 일반원칙의 표현으로 이해되기 때문이다. 물론 개별 법률에서 민법과 다른 규정(예 : 재정력이 미약한 지방자치단체의 비용상환의 제한)을 둘 수도 있을 것이다.

Ⅱ. 공법상 부당이득

1. 부당이득의 관념

664   ⑴ 의   의   부당이득이란 법률상 원인없이 타인의 재산 또는 노무로 인하여 이익을 얻고 이로 인하여 타인에게 손해를 가하는 것(예 : 무자격자의 연금수령, 무효인 과세처분에 따른 세금징수)을 말한다. 그리고 이 때 그 이익은 반환되어야 한다(민법 제741조). 부당이득의 법리는 형평의 이념에 입각한 것이다. 부당이득의 법적 성질은 사실 또는 사건이며, 그것은 채권발생의 원인이 된다.

665   ⑵ **행정법상 인정여부**   부당이득의 법리는 어느 누구도 타인에게 손해를 가하면서 이득을 취해서는 안 된다는 공평의 원칙에 입각하여 당사자의 이해를 조절하는 제도이다. 따라서 부당이득의 관념은 비록 사법상 발전된 것이라 하여도 일반법원리적인 것이라 하겠다.[2] 이 때문에 행정법의 영역에서도 부당이득의 법리가 인정되어야 함은 물론이다.

업은 주원환경 주식회사가 국가를 위해 처리할 수 있는 국가의 의무 영역과 이익 영역에 속하는 사무이며, 주원환경 주식회사가 방제작업을 하면서 해양경찰의 지시·통제를 받았던 점 등에 비추어 주원환경 주식회사는 국가의 사무를 처리한다는 의사로 방제작업을 한 것으로 볼 수 있으므로, 주원환경 주식회사는 사무관리에 근거하여 국가에 방제비용을 청구할 수 있다).

 1) Erbguth, Allgemeines Verwaltungsrecht, §40, Rn. 4ff.
 2) BVerwGE 36, 108, 110; Harry V. Rosen-v. Howel, Allgemeines Verwaltungsrecht mit Verwaltungsprozeßrecht, 1977, S. 78; Wallerath, Allgemeines Verwaltungsrecht, S. 407.

(3) **적용법규**　　현재로서 공법상 부당이득에 관한 일반법은 없다. 따라서 666
법령에 특별한 규정이 없는 한 민법규정(제741조 내지 제749조)이 직접 또는 유추
적용되어야 할 것이다. 부당이득의 관념은 일반법원리적인 제도이기 때문이다.
공법상 부당이득에 관한 특별규정도 적지 않다(예：국세법 제51조부터 제54조; 지기
법 제60조부터 제64조; 관세법 제46조부터 제48조; 우편법 제25조).

2. 부당이득반환청구권의 성질·행사(관할법원)

(1) **공 권 설**　　부당이득반환청구권의 성질은 동청구권의 발생원인과 밀접 667
한 관련을 갖는데, 그 원인이 공법상의 것이므로 공법상 부당이득반환청구권은
공권이라는 것이 공권설의 내용이다.[1] 공권설에 따르면 공법상 부당이득반환청
구권은 행정소송법상 공법상의 권리관계에 관한 소송인 당사자소송에 의하게
되고 행정법원이 관할하게 된다.

(2) **사 권 설**　　부당이득반환청구권은 순수 경제적인 관점에서 이해조절 668
을 위한 것이고, 또한 부당이득반환청구권이 인정될 때에는 이미 이득할 법률
상의 원인은 없는 것이라는 점에서, 그리고 부당이득은 오로지 경제적 이해조정
의 견지에서 인정되므로 사법상의 것과 구별할 필요가 없다는 점에서 부당이득
반환청구권은 사권이라 함이 사권설의 내용이다.[2] 사권설에 따르면 공법상 부
당이득청구권은 민사소송의 대상이 된다. 사권설은 판례의 입장이기도 하다.[3]

(3) **사 　견**　　부당이득반환청구를 당사자소송으로 청구한다고 하여도 실 669
무상으로는 민사소송에 의하게 되므로(행소법 제8조 제2항 참조), 민사소송으로 청
구하는 것과 큰 차이가 없다. 물론 현재로서 국가를 상대로 하는 당사자소송에
는 가집행선고를 할 수 없으나, 민사소송에서는 가집행선고를 할 수 있다는 점
에서 차이가 있지만 논의의 실익은 별로 없다.[4] 그러나 실정법제도가 공·사법
의 이원적 체계를 유지하고 있는 이상, 이론상 이를 명백히 공권으로 파악하고
당사자소송의 대상으로 전환하는 것이 필요하다.[5] 사실 공법상 부당이득반환청
구권은 공법상의 권리임이 전제되고 있다는 지적을[6] 유념할 필요가 있다.

---

1) 변재옥, 행정법강의(Ⅰ), 183쪽.
2) 이상규, 신행정법론(상), 242쪽.
3) 대판 1995. 12. 12, 94다51253; 대결 1991. 2. 6, 90프2(조세부과처분이 무효임을 전제로 하여 이
   미 납부한 세금의 반환을 청구하는 것은 민사상의 부당이득반환청구로서 민사소송 절차에 따
   라야 한다).
4) 김동희, 행정법(Ⅰ), 137쪽(2019).
5) 하명호, 행정법, 16쪽(2022).
6) 김남진, 행정법(Ⅰ), 720쪽(2019).

3. 부당이득의 유형

670 　　⑴ **행정주체의 부당이득**　　① 행정행위에 근거하여 이득이 생겼으나, 그 후 그 행정행위가 무효임이 판명되거나[1] 하자를 이유로 취소되면 기존의 이득은 그 취득의 근거가 없어지게 되어 부당이득을 구성하게 된다. 후자의 경우 취소되기 전까지는 부당이득이 되지 아니하며, 또한 형식적 존속력이 생겨나면 반환청구는 불가능해진다. 다만 형식적 존속력이 생겨난 후라도 처분청에 의한 직권취소가 있게 되면 반환청구는 가능하다. 다만 조세부과처분 기타 공권력에 의해 부과된 채무를 이행한 경우에는 비채변제의 규정(민법 제742조)은 적용되지 않는다는 지적이 있다. 왜냐하면 이러한 경우에는 채무없음을 알더라도 상대방은 이행하지 않을 수 없기 때문이라는 것이다.[2] 타당한 지적이다. 한편 위법행위의 취소로 인한 부당이득의 반환청구는 실질적 관점에서 볼 때 결과제거청구의 한 형태라 볼 수 있다.[3] 한편 ② 국가가 사유지를 무단 사용하는 경우와 같이 행정행위의 발령과 무관하게 부당이득을 취하는 경우도 있다.

671 　　⑵ **사인의 부당이득**　　① 행정주체의 부당이득과 마찬가지로 사인의 이득이 행정행위에 근거한 경우에는 그 행정행위가 무효 또는 취소될 때 부당이득이 성립된다. 그러나 행정행위의 취소에 제한이 가해지는 경우에는 행정주체의 반환청구는 불가능하게 된다. ② 사인이 국유지를 무단사용하는 경우와 같이 행정행위와 무관하게 사인이 부당이득을 취하는 것도 가능하다.

672 　　한편 명문규정 유무에 따라 반환청구권의 행사방법에 차이가 생긴다. ① 명문의 규정이 있는 경우에는 그에 따른다. 예컨대 보조금관리에 관한 법률은 "중앙관서의 장은…취소한 부분에 해당하는 보조금…의 반환…을 명하여야 한다"(동법 제31조 제1항)고 규정하여 반환청구의 의사표시를 행정행위(급부하명)의 형식으로 규정하고 있다. 그리고 불이행시에는 "중앙관서의 장은…반환하여야 할 보조금에 대하여는 국세 징수의 예에 따라 징수할 수 있다"(동법 제33조 제1항)고 규정한다. 따라서 이러한 경우 반환의무자가 불복하면 항고소송을 통해 다툴 수 있다. ② 행정상 강제징수는 법령에 특별한 규정이 있을 때에만 허용된다는 전

---

1) 헌재 2023. 8. 31, 2019헌가20(국세나 지방세와 같은 조세환급금은 조세채무가 처음부터 존재하지 않거나 그 후 소멸하였음에도 불구하고 국가 등이 법률상 원인 없이 수령하거나 보유하고 있는 부당이득에 해당한다); 대판 2005. 1. 27, 2004다50143(변상금부과처분이 당연무효인 경우에 이 변상금부과처분에 의하여 납부자가 납부하거나 징수당한 오납금은 지방자치단체가 법률상 원인 없이 취득한 부당이득에 해당한다).
2) 박윤흔·정형근, 최신행정법강의(상), 183쪽.
3) E. Weber, Der Erstattungsanspruch, 1970, S. 110.

제에서 볼 때, 명문의 규정이 없는 경우에 있어서 행정주체의 반환청구의 의사표시는 우월적인 효과를 갖는 것은 아니고 대등당사자간의 의사표시로 보아야 할 것이다.[1]

4. 시효·제척기간

① 명문의 규정이 없는 경우, 공법상 부당이득반환청구권의 시효기간은 국가재정법 제96조 및 지방재정법 제82조에 따라 5년이다. ② 공법상 부당이득반환청구권의 시효·제척기간 등에 관해 명문의 규정을 둔 경우도 적지 않다. 예컨대 관세법(제22조 제2항)은 5년으로, 산업재해보상보험법(제112조)은 3년으로, 국세기본법(제54조)은 5년으로 시효기간을 규정하고 있다. 제척기간의 예로 우편법시행령(제35조 제2항)은 60일 또는 30일의 기간을 규정하고 있다. 673

제 4 항   공법행위

I. 일 반 론

1. 공법행위의 의의

일반적인 견해에 따르면 공법행위란 국가 기타 행정주체와 사인간의 공법(행정법)관계에서의 행위로서 공법상의 효과, 즉 공법상 법률관계의 발생·변경·소멸을 가져오는 모든 행정의 행위형식을 총칭하는 개념으로 사용되고 있다. 이것은 사법행위에 대응하는 개념으로서 학문상의 용어이지 실정법상의 용어는 아니다. 674

2. 공법행위의 종류

(1) 행정주체의 공법행위와 사인의 공법행위

(카) **행정주체의 공법행위**   이것도 여러 가지로 재구분이 가능하다. ① 먼저 권력행위와 비권력행위의 구분이 있다. 권력행위란 행정주체가 사인 등의 상대방에 대해 우월적인 지위에서 일방적으로 행정법관계를 형성하고, 강제하고, 제재를 가하는 행위를 말한다(예 : 행정입법·행정행위·행정강제·행정벌). 비권력행위란 행정주체가 사인 등의 상대방에 대해 대등한 지위에서 행하는 행위를 말한다(예 : 공법상 계약). 또한 ② 외부적 행위·내부적 행위의 구분이 있다. 외부적 행위란 행정주체가 사인에 대하여 행하는 공법행위를 말하고(예 : 행정입법·행정행위·행정강제·행정벌 등), 내부적 행위란 행정조직내부 또는 특별행정법관계내부에서 675

---

1) 김도창, 일반행정법론(상), 289쪽; 박윤흔·정형근, 최신행정법강의(상), 184쪽.

행해지는 공법행위를 말한다(예 : 행정규칙·징계행위 등). 법치행정의 원칙은 종래 주로 외부적 행위와 관련을 가졌으나, 근자에 이르러서는 내부적 행위에도 그 적용이 확대되어 가고 있다.

676   (내) **사인의 공법행위**   공법행위는 행정주체에 의한 공법행위가 일반적이다. 그러나 경우에 따라서는 사인도 공법적 효과를 발생시키는 행위를 하는 경우가 있는바, 이를 사인에 의한 공법행위라 부른다.

677   (2) **단독행위·쌍방행위**   단독행위란 당사자의 의사표시만으로 법적 효과가 발생하는 공법행위를 말하고(예 : 행정행위), 쌍방행위란 복수당사자의 의사표시의 합치로 법적 효과가 발생하는 공법행위를 말한다(예 : 공법상 계약).

678   (3) **실체적 행위·절차적 행위**   실체적 행위란 구체적인 내용을 가진 권리·의무에 관련된 행위를 말하고(예 : 행정입법·행정행위·행정법상 계약), 절차적 행위란 실체법상의 권리·의무관계를 가져오는 과정 또는 그 후의 현실화과정에 관한 행위를 말한다(예 : 각종의 행정절차).

679   (4) **적법행위·위법행위·부당행위**   적법행위란 법이 정한 요건에 합당하여 법이 보장하는 본래의 효과를 발생시키는 행위를 말하고, 위법행위란 법에 위반한 행위로서 법이 보장하는 본래의 효과를 발생하지 않고 아울러 처벌·강제·손해배상 등의 효과를 가져오는 행위를 말한다. 그리고 부당행위란 재량하자는 없으나 합목적성이 결여된 재량행위를 말한다. 부당한 행위는 위법행위는 아니므로 행정소송의 대상은 되지 않고 행정심판의 대상이 된다.

Ⅱ. 사인의 공법행위

1. 관   념

680   (1) 의   의   일반적으로 사인의 공법행위란 공법관계에서 사인이 공법적 효과의 발생을 목적으로 하는 행위를 의미한다. 사인이 통치의 단순한 대상, 행정의 단순한 대상에 불과하면 사인의 공법행위는 문제되지 않을 것이다. 그러나 사인에게 국가기관으로서의 지위, 독자적인 인격주체로서의 지위가 인정되면 행정법관계에서도 사인이 행정과정에 참여할 수 있어야 하는 것은 당연한 것이 된다.

681   (2) 일 반 법   현재로서 사인의 공법행위에 관한 전반적인 사항을 규율하는 일반법은 없다. 다만, 자체완성적 공법행위로서 신고와 관련하여서는 행정절차법에, 그리고 민원사무의 처리와 관련하여서는 민원 처리에 관한 법률에 몇 개의 원칙적인 규정이 있을 뿐이다.

2. 종 류

(1) **기관구성자로서의 행위·행정의 상대방으로서의 행위**　기관구성자로서의 　682
행위란 투표행위와 같이 사인이 국가기관의 지위에서 하는 행위를 말하며, 행정
의 상대방으로서의 행위란 영업허가신청과 같이 행정주체가 사인에 대해 어떠
한 행정작용(행정행위 등)을 할 것을 구하는 행위를 말한다. 행정의 상대방으로서
의 행위에 대한 검토가 사인의 공법행위에 관한 문제의 중심에 놓인다.

(2) **단순행위·합성행위**　단순행정행위란 출생신고와 같이 한 사람의 의사　683
표시로 어떠한 법적 효과를 가져오는 행위를 말하며, 합성행위란 투표행위에서
보는 바와 같이 여러 사람이 공동하여 하나의 의사를 구성하는 것을 말한다. 개
념상 합성행위와 합동행위는 구분된다. 합성행위에는 1개의 의사만 있으나, 합
동행위는 복수의사의 합치이다.

(3) **자체완성적 공법행위·행정요건적 공법행위**

(가) **자체완성적 공법행위**　사인의 어떠한 행위가 그 행위 자체만으로 일정　684
한 법적 효과를 가져올 때, 이를 자체완성적 공법행위라 한다(예 : 선거시 투표, 혼
인·이혼·출생·사망 등의 신고). 자체완성적 공법행위로서 신고가 있으면 형식적 요
건에 하자가 없는 한 신고의 도달로서 신고의 효력이 발생한다.[1] 자체완성적
공법행위를 자기완결적 공법행위, 자족적 공법행위 등으로 부르기도 한다.

(나) **행정요건적 공법행위**　사인의 어떠한 행위가 특정행위의 전제요건을 구　685
성하기도 하는바, 이를 행정요건적 공법행위라 한다(예 : 특허·허가 등의 신청, 입대
지원, 청원·소청, 행정심판의 제기 등). 수리를 요하는 신고에 있어서 수리는 그 자체
가 독립적인 행정행위의 하나이므로, 그 신고는 행정요건적 사인의 공법행위에
해당한다. 한편, 행정절차법은 행정요건적 공법행위로서의 신청과 관련하여 문
서에 의한 신청(제17조 제1항), 편람비치(제17조 제3항), 의무적 접수(제17조 제4항),
보완요구(제17조 제5항) 등을 규정하고 있다. 행정요건적 공법행위를 행정행위 등
의 동기 또는 요건적 행위, 행위요건적 공법행위 등으로 부르기도 한다.

3. 특 색

(1) **행정행위와 비교**　사인의 공법행위나 행정행위 모두 공법적 효과의 발　686
생을 목적으로 하는 점은 동일하다. 그러나 사인의 공법행위의 경우에는 행정행

---

1) 대판 1998. 4. 24, 97도3121; 대판 1999. 10. 22, 98두18435(자체완성적 공법행위인 증축신고를
　수리한 행위는 행정처분이 아니다). 그런데 대법원은 2010. 11. 18. 선고 2008두167 전원합의체
　판결에서 「행정청의 건축신고 반려행위 또는 수리거부행위가 항고소송의 대상이 된다」고 하여
　건축신고를 수리를 요하는 신고로 판례변경을 하였다.

위가 갖는 내용상 구속력·공정력·구성요건적 효력·존속력·집행력 등과 같은 우월적인 효력을 갖지 못한다.

687 　　(2) **사법행위와 비교**　　사인이 행위의 주체이고, 성질도 비권력적이라는 점은 사법행위와 사인의 공법행위는 같다. 그러나 사법행위는 당사자간의 이해조절을 목적으로 하는 것이나 사인의 공법행위는 행정목적(공익)의 실현을 목표로 하는 점에서 다르다. 이 때문에 사인의 공법행위에 적용될 법원리는 사법행위와 다르다. 사인의 공법행위는 사법행위에 비해 공공성·객관성·형식성을 띠게 된다.

4. 적용법규

688 　　사인의 공법행위에 대한 일반법은 없다. 따라서 특별한 규정이 없는 경우에 어떠한 법이 적용될 것인가의 문제가 생긴다. 이 문제는 공공성을 갖는 사인의 공법행위에 민법을 어떠한 범위에서 어떠한 방식으로 적용할 것인가의 문제이기도 하다. 이하에서 몇몇 민법규정을 살펴보기로 한다.

689 　　(1) **의사능력·행위능력**　　의사능력없는 자의 행위는 무효로 보아야 할 것이다. 그러나 행위능력의 경우, 우편법 제10조가 "우편물의 발송·수취나 그 밖에 우편 이용에 관하여 무능력자가 우편관서에 대하여 행한 행위는 능력자가 행한 것으로 본다"고 하여 무능력자의 행위를 능력자의 행위로 간주하는 규정을 두고 있는 것과 같이 명문의 규정이 있으면 문제없다(도교법 제82조 제1항 제1호 참조). 문제는 명문의 규정이 없는 경우이다. 이러한 경우 적어도 재산상의 행위에 관한 것인 한 민법규정이 유추적용된다는 것이 일반적인 견해이다.[1]

690 　　(2) **대　　리**　　명문의 금지규정(예 : 병역법 제87조 제1항·제88조 제2항)이 없어도 해석상 일신전속적인 행위는 대리가 허용될 수 없으나, 그렇지 않은 행위는 대리에 관한 민법규정이 유추적용될 수 있다고 볼 것이다.[2] 대리허용규정의 예로는 행정심판법 제18조를 볼 수 있다.

691 　　(3) **행위의 형식**　　이에 관한 일반적인 규정은 없다. 만약 법이 행위의 존재와 내용을 명백히 하기 위해 일정 형식을 요구하는 경우, 즉 요식행위의 경우(예 : 행심법 제28조)에는 물론 그에 따라야 한다. 행정절차법은 행정청에 처분을 구하는 신청은 원칙적으로 문서로 하도록 규정하고 있다(절차법 제17조 제1항 본문).

692 　　(4) **효력발생시기**　　이에 관한 일반적인 규정은 없다. 특별규정이 없는 한 도달주의(절차법 제15조 제1항 참조)가 적용되어야 할 것이다.[3] 도달의 입증책임은

---

1) 김도창, 일반행정법론(상), 296쪽; 김동희, 행정법(Ⅰ), 135쪽(2019).
2) 김동희, 행정법(Ⅰ), 135쪽(2019).
3) 이상규, 신행정법론(상), 250쪽.

발신인이 부담한다. 한편 실정법은 발신인의 이익을 위하여 발신주의를 택하기도 한다(국세법 제5조의2).

(5) **의사표시**　　이에 관한 일반적인 규정은 없다. 특별규정이 없는 한 민법 규정이 유추적용된다고 볼 것이다.[1] 물론 성질상 적용이 불가능한 경우도 있다(예 : 착오에 의한 특정인에 대한 투표).[2] 표시주의가 원칙적이다.[3]   **693**

(6) **보정·철회**　　명문으로 금지되거나 성질상 불가능한 경우(예 : 각종 선거시 투표행위)가 아닌 한 사인의 공법행위는 그에 의거한 행정행위가 성립할 때까지 자유로이 보정이나 철회를 할 수 있다고 볼 것이다.[4] 이와 관련하여 행정절차법은 "신청인은 처분이 있기 전에는 그 신청의 내용을 보완·변경하거나 취하할 수 있다. 다만, 다른 법령 등에 특별한 규정이 있거나 당해 신청의 성질상 보완·변경하거나 취하할 수 없는 경우에는 그러하지 아니하다"는 규정(절차법 제17조 제8항)을 두고 있다.   **694**

(7) **부　　관**　　사법의 경우와 달리 행정법관계의 명확성, 신속한 확정의 요청상 명문의 규정이 없는 한 사인의 공법행위에는 부관을 붙일 수 없다고 함이 일반적인 견해이다.[5]   **695**

5. 효　　과

(1) **처리의무**(일반적 효과)　　적법한 사인의 공법행위가 있는 경우에 발생하는 효과는 개별법규가 정한 바에 따를 것이다. 그러나 행정청에 가해지는 기본적인 효과는 처리기간내에 처리하여야 할 의무(처리의무)가 발생한다는 점이다.[6] 다만 행정청은 부득이한 사유로 처리기간 내에 처리하기 곤란한 경우에는 해당 처분의 처리기간의 범위에서 한 번만 그 기간을 연장할 수 있다(절차법 제19조 제2항). 처리기간을 연장하는 때에는 처리기간의 연장 사유와 처리 예정 기한을 지체 없이 신청인에게 통지하여야 한다(절차법 제19조 제3항). 한편 행정청은 신청에 필요한 구비서류, 접수기관, 처리기간, 그 밖에 필요한 사항을 게시(인터넷 등을 통한 게시를 포함한다)하거나 이에 대한 편람을 갖추어 두고 누구나 열람할 수   **696**

---

1) 김도창, 일반행정법론(상), 298쪽; 이상규, 신행정법론(상), 250쪽.
2) 대판 1978. 7. 25, 76누276; 대판 2000. 11. 14, 99두5481(민법상 비진의의사표시의 무효에 관한 규정은 사인의 공법행위에 적용되지 않는다).
3) 대판 1986. 8. 19, 86누81.
4) 대판 2014. 7. 10, 2013두7025(사인의 공법상 행위는 명문으로 금지되거나 성질상 불가능한 경우가 아닌 한 그에 따른 행정행위가 행하여질 때까지 자유로이 철회하거나 보정할 수 있다).
5) 김남진·김연태, 행정법(Ⅰ), 140쪽(2019); 박윤흔·정형근, 최신행정법강의(상), 193쪽.
6) 대판 1988. 8. 9, 86누889.

있도록 하여야 한다(절차법 제17조 제3항). 행정청은 신청인의 편의를 위하여 처분의 처리기간을 종류별로 미리 정하여 공표하여야 한다(절차법 제19조 제1항).

697   (2) **처리의무의 불이행과 권리보호**   처리기간이 경과하면 경우에 따라 거부처분으로 간주되기도 하고(간주거부, 1993년에 개정되기 전의 국세법 제65조 제5항·제81조), 인용처분으로 간주되기도 한다(구 공개법 제11조 제5항, 구 주민법 제17조의3 제5항). 행정청이 정당한 처리기간 내에 처리하지 아니하였을 때에는 신청인은 해당 행정청 또는 그 감독 행정청에 신속한 처리를 요청할 수 있다(절차법 제19조 제4항). 말하자면 사인은 개인적 공권으로서 신속처리요구권을 갖는다. 그리고 처리기간이 경과하면 행정심판법과 행정소송법이 정하는 바에 따라 의무이행심판·부작위위법확인소송의 대상이 될 수도 있고, 거부를 하면 의무이행심판·거부처분취소소송의 대상이 될 수도 있다.

698   한편, ① 쟁송기간이 경과하면 거부처분에 불가쟁력이 발생할 것이지만, 사정에 변경이 있으면 재신청이 가능하다. ② 인가는 사인의 원래의 법적 행위의 효과를 완성시켜 주는 행위인 까닭에 수정인가는 인정될 수 없다.[1] 따라서 인가할 수 없다면 사인의 원래의 법적 행위에 대하여 거부처분을 하여야 할 것이다.

(3) **사인의 공법행위의 하자**

699   (개) **자체완성적 공법행위**   예컨대, 수리를 요하지 아니하는 신고의 경우, 신고에 하자가 있다면 보정되기까지는 신고의 효과가 발생하지 아니한다.

(내) **행정요건적 공법행위**   행정요건적 사인의 공법행위에서 행정행위의 발령을 구하는 사인의 신청·신고·동의 등을 함에 있어 의사표시에 하자가 있는 경우, 사인의 공법행위 그 자체는 규율하는 총칙적 규정이 없기 때문에 사법규정의 유추해석 등을 통하여 해결할 것이지만, 이러한 경우에 사인의 공법행위에 따른 행정행위는 어떠한 영향을 받는지에 대한 문제가 생긴다.

700   1) **제1설**   ① 사인의 공법행위가 행정행위의 발령의 단순한 동기에 불과한 경우에 사인의 공법행위의 흠결은 행정행위의 효력에 영향을 미치지 않는다. ② 사인의 공법행위가 행정행위의 발령의 필수적인 전제요건인 경우에 사인의 공법행위의 무효 또는 적법한 철회는 그에 따른 행정행위를 무효로 만든다. 그러나 사인의 공법행위에 단순한 위법사유가 있을 때에는 행정행위는 원칙적으로 유효라고 한다.[2]

701   2) **제2설**   ① 사인의 공법행위에 흠이 있는 때에는 그에 의한 행정행

---

1) 김동희, 행정법(Ⅰ), 134쪽(2019).
2) 김동희, 행정법(Ⅰ), 127쪽; 류지태·박종수, 행정법신론, 130쪽; 박균성, 행정법론(상), 121쪽.

위는 원칙상 취소할 수 있는 행정행위라는 견해이다. 만일 사인의 공법행위가 행정행위의 효력을 좌우하는 것이 된다면 사인이 행정행위를 형성하는 것이 되어 행정청의 일방적 행위로서의 행정행위의 속성에 합치되지 않는다는 점과 행정쟁송제도가 잘 정비되어 있는 오늘날 취소의 원칙이 사인의 권리구제에 큰 지장을 주지 않으며 법적 안정성에도 도움을 준다는 것을 그 논거로 한다. ② 다만, 행정행위의 효력발생요건인 상대방의 동의나 신청을 요하는 행정행위에서 신청이 명백히 결여한 경우 등에는 행정행위는 무효라고 한다.[1]

　　3) 판　　례　　　명시적인 판례의 입장은 없다. 다만 강요에 의한 의사표시에 이르지 않은 경우는 행정행위에 영향이 없지만,[2] 공포심에 따른 사직서의 교부에 따른 면직처분은 위법하고,[3] 사인의 동의가 처분청의 기망과 강박에 따른 것이라는 이유로 취소된 경우에는 그에 따른 처분은 위법하다고 한다.[4]　702

　　4) 사　　견　　　① 사인의 신청이 없거나 사인의 신청이 적법하게 철회되었음에도 불구하고 발령된 행정행위는 무효이다.[5] ② 사인의 공법행위의 흠결이 명백하고 중대한 경우 그 사인의 공법행위는 무효이고, 그에 따른 행정행위 역시 무효이며, 그러하지 아니한 흠결의 경우에는 취소할 수 있는 행위로 볼 것이다.[6]　703

---

1) 김남진·김연태, 행정법(Ⅰ), 148쪽(2019).
2) 대판 1997. 12. 12, 97누13962(사직서의 제출이 감사기관이나 상급관청 등의 강박에 의한 경우에는 그 정도가 의사결정의 자유를 박탈할 정도에 이른 것이라면 그 의사표시가 무효로 될 것이고 그렇지 않고 의사결정의 자유를 제한하는 정도에 그친 경우라면 그 성질에 반하지 아니하는 한 의사표시에 관한 민법 제110조의 규정을 준용하여 그 효력을 따져보아야 할 것이나, 감사담당 직원이 당해 공무원에 대한 비리를 조사하는 과정에서 사직하지 아니하면 징계파면이 될 것이고 또한 그렇게 되면 퇴직금 지급상의 불이익을 당하게 될 것이라는 등의 강경한 태도를 취하였다고 할지라도 그 취지가 단지 비리에 따른 객관적 상황을 고지하면서 사직을 권고·종용한 것에 지나지 않고 위 공무원이 그 비리로 인하여 징계파면이 될 경우 퇴직금 지급상의 불이익을 당하게 될 것 등 여러 사정을 고려하여 사직서를 제출한 경우라면 그 의사결정이 의원면직처분의 효력에 영향을 미칠 하자가 있었다고는 볼 수 없다).
3) 대판 1968. 3. 19, 67누164(조사기관에 소환당하여 구타당하리라는 공포심에서 조사관의 요구를 거절치 못하고 작성교부한 사직서이라면 이를 본인의 진정한 의사에 의하여 작성한 것이라 할 수 없으므로 그 사직원에 따른 면직처분은 위법이다).
4) 대판 1990. 2. 23, 87누7061(처분청인 피고가 당초의 골재채취허가를 취소한 것이 오로지 피고 자신이 골재의 채취와 반출에 대한 감독을 할 수 없다는 내부적 사정에 따른 것이라면, 골재채취허가를 취소할 만한 정당한 사유가 될 수 없고, 상대방인 원고가 이 사건 골재채취허가취소처분에 대하여 한 동의가 피고측의 기망과 강박에 의한 의사표시라는 이유로 적법하게 취소되었다면, 위 동의는 처음부터 무효인 것이 되므로 이 사건 골재채취허가취소처분은 위법한 것이다).
5) 대판 1990. 2. 23, 89누7061.
6) 대판 2014. 4. 10, 2011다15476(취득세와 같은 신고납부방식의 조세의 경우에는 원칙적으로 납세의무자가 스스로 과세표준과 세액을 정하여 신고하는 행위에 의하여 납세의무가 구체적으로 확정되고, 납부행위는 신고에 의하여 확정된 구체적 납세의무의 이행으로 하는 것이며, 지방자

6. 사인의 공법행위로서 민원

민원 처리에 관한 기본적인 사항을 규정하여 민원의 공정하고 적법한 처리와 민원행정제도의 합리적 개선을 도모함으로써 국민의 권익을 보호함을 목적으로 민원 처리에 관한 법률이 있다. 이 법률은 민원에 관한 일반법이다(민원법 제3조 제1항). 이하에서 이 법률의 내용을 개관하기로 한다.

⑴ 일 반 론

704 　　㈎ 민원의 의의　　　민원이란 민원인이 행정기관에 대하여 처분 등 특정한 행위를 요구하는 것을 말한다(민원법 제2조 제1호). 이 법률에서 말하는 일반민원 중 특히 법정민원은 학문상 사인의 공법행위에 해당하며, 이러한 행위에는 행정절차법도 적용된다고 볼 것이다.

705 　　㈏ 민원의 종류　　　민원에는 일반민원과 고충민원이 있다(민원법 제2조 제1호). 일반민원은 법정민원(법령·훈령·예규·고시·자치법규 등(이하 "관계법령등"이라 한다)에서 정한 일정 요건에 따라 인가·허가·승인·특허·면허 등을 신청하거나 장부·대장 등에 등록·등재를 신청 또는 신고하거나 특정한 사실 또는 법률관계에 관한 확인 또는 증명을 신청하는 민원), 질의민원(법령·제도·절차 등 행정업무에 관하여 행정기관의 설명이나 해석을 요구하는 민원), 건의민원(행정제도 및 운영의 개선을 요구하는 민원), 기타민원(법정민원, 질의민원, 건의민원 및 고충민원 외에 행정기관에 단순한 행정절차 또는 형식요건 등에 대한 상담·설명을 요구하거나 일상생활에서 발생하는 불편사항에 대하여 알리는 등 행정기관에 특정한 행위를 요구하는 민원)으로 구성되고, 고충민원은 「부패방지 및 국민권익위원회의 설치와 운영에 관한 법률」 제2조 제5호에 따른 고충민원을 말한다.

한편, 법정민원의 하나로 복합민원이 있다. "복합민원"이란 하나의 민원 목적을 실현하기 위하여 관계법령등에 따라 여러 관계 기관(민원과 관련된 단체·협회 등을 포함한다. 이하 같다) 또는 관계 부서의 인가·허가·승인·추천·협의 또는 확인 등을 거쳐 처리되는 법정민원을 말한다(민원법 제2조 제5호).

706 　　㈐ 민원인의 권리와 의무, 보호　　　① 민원인은 행정기관에 민원을 신청하고 신속·공정·친절·적법한 응답을 받을 권리가 있다(민원법 제5조 제1항). ② 민원인은 민원을 처리하는 담당자의 적법한 민원처리를 위한 요청에 협조하여야 하

치단체는 그와 같이 확정된 조세채권에 기하여 납부된 세액을 보유한다. 따라서 납세의무자의 신고행위가 중대하고 명백한 하자로 인하여 당연무효로 되지 아니하는 한 그것이 바로 부당이득에 해당한다고 할 수 없고, 여기에서 신고행위의 하자가 중대하고 명백하여 당연무효에 해당하는지에 대하여는 신고행위의 근거가 되는 법규의 목적, 의미, 기능 및 하자 있는 신고행위에 대한 법적 구제수단 등을 목적론적으로 고찰함과 동시에 신고행위에 이르게 된 구체적 사정을 개별적으로 파악하여 합리적으로 판단하여야 한다).

고, 행정기관에 부당한 요구를 하거나 다른 민원인에 대한 민원 처리를 지연시키는 등 공무를 방해하는 행위를 하여서는 아니 된다(민원법 제5조 제2항). ③ 행정기관의 장은 민원 처리와 관련하여 알게 된 민원의 내용과 민원인 및 민원의 내용에 포함되어 있는 특정인의 개인정보 등이 누설되지 아니하도록 필요한 조치를 강구하여야 하며, 수집된 정보가 민원 처리의 목적 외의 용도로 사용되지 아니하도록 하여야 한다(민원법 제7조).

　　㈐ **민원처리상 원칙**　　① 민원을 처리하는 담당자는 담당 민원을 신속·공정·친절·적법하게 처리하여야 한다(민원법 제4조 제1항). ② 행정기관의 장은 관계법령등에서 정한 처리기간이 남아 있다거나 그 민원과 관련 없는 공과금 등을 미납하였다는 이유로 민원 처리를 지연시켜서는 아니 된다. 다만, 다른 법령에 특별한 규정이 있는 경우에는 그에 따른다(민원법 제6조 제1항). ③ 행정기관의 장은 법령의 규정 또는 위임이 있는 경우를 제외하고는 민원 처리의 절차 등을 강화하여서는 아니 된다(민원법 제6조 제2항). 707

　(2) **민원의 신청과 접수**

　　㈎ **민원의 신청**　　민원의 신청은 문서(「전자정부법」 제2조 제7호에 따른 전자문서를 포함한다. 이하 같다)로 하여야 한다. 다만, 기타민원은 구술(口述) 또는 전화로 할 수 있다(민원법 제8조). 행정기관등의 장(행정권한을 위탁받은 자를 포함한다. 이하 이 절에서 같다)은 해당 기관에서 제공하는 전자정부서비스에 대하여 관계 법령(지방자치단체의 조례 및 규칙을 포함한다. 이하 같다)에서 문서·서면·서류 등의 종이문서로 신청, 신고 또는 제출 등(이하 "신청등"이라 한다)을 하도록 규정하고 있는 경우에도 전자문서로 신청등을 하게 할 수 있다(전정법 제7조 제1항). 708

　　㈏ **민원의 접수 등**　　행정기관의 장은 민원의 신청을 받았을 때에는 다른 법령에 특별한 규정이 있는 경우를 제외하고는 그 접수를 보류하거나 거부할 수 없으며, 접수된 민원문서를 부당하게 되돌려 보내서는 아니 된다(민원법 제9조 제1항). 행정기관의 장은 민원을 접수·처리할 때에 민원인에게 관계법령 등에서 정한 구비서류 외의 서류를 추가로 요구하여서는 아니 된다(민원법 제10조 제1항). 709

　　㈐ **민원문서의 이송**　　행정기관의 장은 접수한 민원이 다른 행정기관의 소관인 경우에는 접수된 민원문서를 지체 없이 소관 기관에 이송하여야 한다(민원법 제16조 제1항). 710

　(3) **민원의 처리기간**

　　㈎ **법정민원의 처리기간 설정·공표**　　행정기관의 장은 법정민원을 신속히 처리하기 위하여 행정기관에 법정민원의 신청이 접수된 때부터 처리가 완료될 711

때까지 소요되는 처리기간을 법정민원의 종류별로 미리 정하여 공표하여야 한다(민원법 제17조 제1항).

712   (나) **처리기간의 계산**   민원의 처리기간을 5일 이하로 정한 경우에는 민원의 접수시각부터 "시간" 단위로 계산하되, 공휴일과 토요일은 산입(算入)하지 아니한다. 이 경우 1일은 8시간의 근무시간을 기준으로 한다(민원법 제19조 제1항). 민원의 처리기간을 6일 이상으로 정한 경우에는 "일" 단위로 계산하고 첫날을 산입하되, 공휴일과 토요일은 산입하지 아니한다(민원법 제19조 제2항). 민원의 처리기간을 주·월·연으로 정한 경우에는 첫날을 산입하되, 「민법」 제159조부터 제161조까지의 규정을 준용한다(민원법 제19조 제3항).

(4) **민원의 처리방법**

713   (가) **민원문서의 보완·취하 등**   행정기관의 장은 접수한 민원문서에 보완이 필요한 경우에는 상당한 기간을 정하여 지체 없이 민원인에게 보완을 요구하여야 한다(민원법 제22조 제1항). 민원인은 해당 민원의 처리가 종결되기 전에는 그 신청의 내용을 보완하거나 변경 또는 취하할 수 있다. 다만, 다른 법률에 특별한 규정이 있거나 그 민원의 성질상 보완·변경 또는 취하할 수 없는 경우에는 그러하지 아니하다(민원법 제22조 제2항).

714   (나) **반복 및 중복 민원의 처리**   행정기관의 장은 민원인이 동일한 내용의 민원(법정민원을 제외한다. 이하 이 조에서 같다)을 정당한 사유 없이 3회 이상 반복하여 제출한 경우에는 2회 이상 그 처리결과를 통지하고, 그 후에 접수되는 민원에 대하여는 종결처리할 수 있다(민원법 제23조 제1항). 행정기관의 장은 민원인이 2개 이상의 행정기관에 제출한 동일한 내용의 민원을 다른 행정기관으로부터 이송받은 경우에도 제1항을 준용하여 처리할 수 있다(민원법 제23조 제2항).

714a   (다) **복합민원의 처리**   행정기관의 장은 복합민원을 처리할 주무부서를 지정하고 그 부서로 하여금 관계 기관·부서 간의 협조를 통하여 민원을 한꺼번에 처리하게 할 수 있다(민원법 제31조 제1항). 행정기관의 장은 복합민원과 관련된 모든 민원문서를 법 제31조에 따라 지정된 주무부서에 한꺼번에 제출하게 할 수 있다(민원법 시행령 제35조 제1항). 행정기관의 장은 관계 기관의 장과 협의하여 법 제31조 제1항에 따른 복합민원의 종류와 접수방법·구비서류·처리기간 및 처리절차 등을 미리 정하여 민원인이 이를 열람할 수 있도록 게시하고, 민원편람에 수록하여야 한다(민원법 시행령 제35조 제2항).

⑸ 처리결과의 통지

㈎ 통지의 방법   715

1) 문서통지의 원칙   행정기관의 장은 접수된 민원에 대한 처리를 완료한 때에 는 그 결과를 민원인에게 문서로 통지하여야 한다(민원법 제27조 제1항 본문).

2) 기타민원의 통지 등   기타민원의 경우와 통지에 신속을 요하거나 민원인이 요청하는 등 대통령령으로 정하는 경우에는 구술, 전화, 문자메시지, 팩시밀리 또는 전자우편 등으로 통지할 수 있다(민원법 제27조 제1항 단서).

3) 전자문서로 통지   행정기관의 장은 다음 각 호(1. 민원인의 동의가 있는 경우, 2. 민원인이 전자민원창구나 통합전자민원창구를 통하여 전자문서로 민원을 신청하는 경우)의 어느 하나에 해당하는 경우에는 제1항 본문의 규정에 따른 통지를 전자문서로 통지하는 것으로 갈음할 수 있다. 다만, 제2호에 해당하는 경우에는 민원인이 요청하면 지체 없이 민원 처리 결과에 관한 문서를 교부하여야 한다(민원법 제27조 제2항).

㈏ 거부이유와 구제절차의 통지   행정기관의 장은 제1항 또는 제2항에 따라   716
민원의 처리결과를 통지할 때에 민원의 내용을 거부하는 경우에는 거부 이유와 구제절차를 함께 통지하여야 한다(민원법 제27조 제2항).

㈐ 허가서 등의 교부   행정기관의 장은 제1항에 따른 민원의 처리결과를   717
허가서·신고필증·증명서 등의 문서(전자문서 및 전자화문서는 제외한다)로 민원인에게 직접 교부할 필요가 있는 때에는 그 민원인 또는 그 위임을 받은 자임을 확인한 후에 이를 교부하여야 한다(민원법 제27조 제3항).

⑹ 법정민원의 특례

㈎ 사전심사의 청구 등   민원인은 법정민원 중 신청에 경제적으로 많은 비   718
용이 수반되는 민원 등 대통령령으로 정하는 민원에 대하여는 행정기관의 장에게 정식으로 민원을 신청하기 전에 미리 약식의 사전심사를 청구할 수 있다(민원법 제30조 제1항). 행정기관의 장은 제1항에 따라 사전심사가 청구된 법정민원이 다른 행정기관의 장과의 협의를 거쳐야 하는 사항인 경우에는 미리 그 행정기관의 장과 협의하여야 한다(민원법 제30조 제2항).

㈏ 복합민원의 처리   행정기관의 장은 복합민원을 처리할 주무부서를 지   719
정하고 그 부서로 하여금 관계 기관·부서 간의 협조를 통하여 민원을 한꺼번에 처리하게 할 수 있다(민원법 제31조). "복합민원"이란 하나의 민원 목적을 실현하기 위하여 관계법령 등에 따라 여러 관계 기관(민원과 관련된 단체·협회등을 포함한

다. 이하 같다) 또는 관계 부서의 인가·허가·승인·추천·협의 또는 확인 등을 거
쳐 처리되는 법정민원을 말한다(민원법 제2조 제5호).

720   (대) 민원 1회방문 처리제   행정기관의 장은 복합민원을 처리할 때에 그 행
정기관의 내부에서 할 수 있는 자료의 확인, 관계 기관·부서와의 협조 등에 따
른 모든 절차를 담당 직원이 직접 진행하도록 하는 민원 1회방문 처리제를 확
립함으로써 불필요한 사유로 민원인이 행정기관을 다시 방문하지 아니하도록
하여야 한다(민원법 제32조 제1항).[1] 행정기관의 장은 제1항에 따른 민원 1회방문
처리에 관한 안내와 상담의 편의를 제공하기 위하여 민원 1회방문 상담창구를
설치하여야 한다(민원법 제32조 제2항).

    (라) 거부처분에 대한 이의신청

721   1) 신청기간과 방법   법정민원에 대한 행정기관의 장의 거부처분에 불복
하는 민원인은 그 거부처분을 받은 날부터 60일 이내에 그 행정기관의 장에게
문서로 이의신청을 할 수 있다(민원법 제35조 제1항).

722   2) 인용 여부 결정기간과 통지   행정기관의 장은 이의신청을 받은 날부터
10일 이내에 그 이의신청에 대하여 인용 여부를 결정하고 그 결과를 민원인에
게 지체 없이 문서로 통지하여야 한다. 다만, 부득이한 사유로 정하여진 기간
이내에 인용 여부를 결정할 수 없을 때에는 그 기간의 만료일 다음 날부터 기산
(起算)하여 10일 이내의 범위에서 연장할 수 있으며, 연장 사유를 민원인에게 통
지하여야 한다(민원법 제35조 제2항).

723   3) 행정심판과 행정소송   민원인은 제1항에 따른 이의신청 여부와 관계
없이 「행정심판법」에 따른 행정심판 또는 「행정소송법」에 따른 행정소송을 제
기할 수 있다(민원법 제35조 제3항).

723a   (7) 민원제도의 개선 등   ① 행정안전부장관은 민원인의 편의를 위하여 관
계법령등에 규정되어 있는 민원의 처리기관, 처리기간, 구비서류, 처리절차, 신
청방법 등에 관한 사항을 종합한 민원처리기준표를 작성하여 관보에 고시하고
통합전자민원창구에 게시하여야 한다(민원법 제36조 제1항). ② 행정안전부장관은
제36조에 따라 민원처리기준표를 작성·고시할 때에 민원의 간소화를 위하여 필
요하다고 인정하는 경우에는 관계 행정기관의 장과 협의를 거쳐 관계법령등이
개정될 때까지 잠정적으로 관계법령등에 규정되어 있는 처리기간과 구비서류를

---

1) 대판 2015. 8. 27, 2013두1560(민원사무처리법령 관련 규정의 내용과 그 취지에 의하면, 민원 1
회방문 처리제는 다수의 행정기관 또는 부서와 관련되는 복합민원에 대하여 관계 행정기관 및
부서에 의한 공동 심의 등을 통하여 민원인의 1회 방문으로 일괄처리함으로써 민원인의 불편
과 부담을 경감시키려는 데에 주된 도입 취지가 있다).

줄이거나 처리절차·신청방법을 변경할 수 있다(민원법 제37조 제1항). ③ 행정기관의 장은 민원제도에 대한 개선안을 발굴·개선하도록 노력하여야 한다(민원법 제39조 제1항). ④ 여러 부처와 관련된 민원제도 개선사항을 심의·조정하기 위하여 국무총리 소속으로 민원제도개선조정회의를 둔다(민원법 제40조 제1항).

7. 사인의 공법행위로서 신고

(1) 의   의   사인의 공법행위로서 신고란 "사인이 공법적 효과의 발생을 목적으로 행정주체에 대하여 일정한 사실을 알리는 행위로서 행정청에 의한 실질적 심사가 요구되지 아니하는 행위"를 말한다. 아무런 법적 효과를 가져 오지 아니하는 신고는 사실로서의 신고일 뿐,[1] 사인의 공법행위로서 신고에 해당하지 아니한다.   724

(2) **법적 근거**   일반법인 행정기본법은 수리 여부에 따른 신고의 효과에 관한 규정을 두고 있고(동법 제34조), 행정절차법은 수리를 요하지 않는 신고의 요건 등을 규정하고 있다(절차법 제40조), 행정기본법·행정절차법 그리고 개별 법률에 규정이 없는 사항에 관해서는 학설과 판례가 정하는 바에 의할 수밖에 없다.   725

(3) **신고의 종류**

(개) 의   의   사인의 공법행위로서 신고에는 수리를 요하지 아니하는 신고(자체완성적 신고, 자기완결적 신고, 본래적 의미의 신고)와 수리를 요하는 신고(행정요건적 신고)가 있다. 양자를 합하여 광의의 신고라 부른다. 수리를 요하지 아니하는 신고와 수리를 요하는 신고는 그 효과(위법한 신고의 경우 포함), 신고에 대한 신고필증의 의미, 신고수리의 의미, 신고수리의 거부처분의 성질 등을 달리한다.   726

---

1) 대판 2000. 12. 22, 99두455(공동주택 입주민의 옥외운동시설인 테니스장을 배드민턴장으로 변경하고 그 변동사실을 신고하여 관할시장이 그 신고를 수리한 경우, 그 용도변경은 주택건설촉진법상 신고를 요하는 입주자 공유인 복리시설의 용도변경에 해당하지 아니하므로 그 변동사실은 신고할 사항이 아니고 관할시장이 그 신고를 수리하였다 하더라도 그 수리는 공동주택 입주민의 구체적인 권리의무에 아무런 변동을 초래하지 않는다는 이유로 항고소송의 대상이 되는 행정처분이 아니다); 대판 2005. 2. 25, 2004두4031(재단법인이 아닌 종교단체가 설치하고자 하는 납골탑에는 관리사무실, 유족편의시설, 화장한 유골을 뿌릴 수 있는 시설, 그 밖에 필요한 시설물과 주차장을 마련하여야 하나, 위와 같은 시설들은 신고한 납골탑을 실제로 설치·관리함에 있어 마련해야 하는 시설에 불과한 것으로서 이에 관한 사항이 납골탑 설치신고의 신고대상이 되는 것으로 볼 아무런 근거가 없으므로, 종교단체가 납골탑 설치신고를 함에 있어 위와 같은 시설 등에 관한 사항을 신고한 데 대하여 행정청이 그 신고를 일괄 반려하였다고 하더라도 그 반려처분 중 위와 같은 시설 등에 관한 신고를 반려한 부분은 항고소송의 대상이 되는 행정처분이라고 할 수 없다).

727 (나) 양자의 구별기준 행정기본법은 양자의 구분을 법률의 규정을 기준으로 구분한다(기본법 제34조). 법률에 신고의 수리가 필요하다고 명시되어 있는 경우(예 : 수산법 제47조 제4항)에는 수리를 요하는 신고이고, 법률에 신고의 수리가 필요하다고 명시되어 있지 않는 경우에는 수리를 요하지 않는 신고이다. 법률에 신고의 수리가 필요하다고 명시되어 있다고 하여도 그 수리가 행정기관의 내부 업무 처리 절차로서 수리를 규정한 것이라면, 그러한 신고의 수리는 수리를 요하지 않는 신고이다(기본법 제34조). 명시되어 있는지 여부 자체가 논란의 대상이 될 수 있는 경우에는 관련조문에 대한 합리적이고도 유기적인 해석을 통해 양자를 구분할 수밖에 없을 것이다.[1)]

---

1) 종전의 판례는 건축신고를 수리를 요하지 아니하는 신고로 보았다가[아래의 판례 a, b]. [판례 c]를 통해 입장을 변경하였다. [판례 c]에서 수리를 요하는 신고라는 표현을 볼 수 없지만 건축신고 반려행위는 항고소송의 대상이 된다고 하였고, 항고소송의 대상이 된다는 것이 수리(처분)를 요한다는 것을 전제로 하는 것이므로 [판례 c]는 건축신고를 수리를 요하는 신고로 보았다고 할 것이다. 그리고 주된 논거로 신고인의 법적 지위의 보호를 활용하였다. 한편, [판례 d]에서는 건축허가의 의제의 효과를 주된 논거로 활용하면서, 명시적으로 건축신고를 수리를 요하는 신고로 표현하고 있음이 특징적이다. 건축법상 건축신고는 과거부터 허가를 의제하는 형식으로 규정되고 있음을 유의할 필요가 있다.

[판례 a] 대판 1995. 3. 14, 94누9962(담장설치신고서 반려처분 취소소송－담장 설치신고 관련사건). 건축법상 신고사항에 관하여는 건축을 하고자 하는 자가 적법한 요건을 갖춘 신고만 하면 건축을 할 수 있고, 행정청의 수리처분 등 별단의 조치를 기다릴 필요가 없는 것이고, 더욱이 이 사건에서와 같이 높이 2미터 미만의 담장설치공사는 건축법이나 도시계획법 등 관계법령의 규정상 어떠한 허가나 신고없이 가능한 행위이다.

[판례 b] 대판 1999. 10. 22, 98두18435(증축신고수리처분 취소소송－차고증축 신고 관련사건). 구 건축법 제9조 제1항에 의하여 신고를 함으로써 건축허가를 받은 것으로 간주되는 경우에는 건축을 하고자 하는 자가 적법한 요건을 갖춘 신고만 하면 행정청의 수리행위 등 별다른 조치를 기다릴 필요 없이 건축을 할 수 있는 것인바, 위와 같은 차고의 증축은 건축법 제9조 제1항에 규정된 신고사항에 해당하여 건축주인 참가인이 건축법에 의한 신고를 한 이상 참가인은 피고의 수리 여부에 관계없이 이 사건 토지 상에 차고를 증축할 수 있다.

[판례 c] 대판 2010. 11. 18, 2008두167 전원합의체(건축신고불허(또는 반려)처분 취소소송－단독주택건축신고 관련사건). 행정청은 건축신고로써 건축허가가가 의제되는 건축물의 경우에도 그 신고 없이 건축이 개시될 경우 건축주 등에 대하여 공사 중지·철거·사용금지 등의 시정명령을 할 수 있고(제69조 제1항), 그 시정명령을 받고 이행하지 아니한 건축물에 대하여는 당해 건축물을 사용하여 행할 다른 법령에 의한 영업 기타 행위의 허가를 하지 아니하도록 요청할 수 있으며(제69조 제2항), 그 요청을 받은 자는 특별한 이유가 없는 한 이에 응하여야 하고(제69조 제3항), 나아가 행정청은 그 시정명령의 이행을 하지 아니한 건축주 등에 대하여는 이행강제금을 부과할 수 있으며(제69조의2 제1항 제1호), 또한 건축신고를 하지 아니한 자는 200만원 이하의 벌금에 처해질 수 있다(제80조 제1호, 제9조).

이와 같이 건축주 등으로서는 신고제하에서도 건축신고가 반려될 경우 당해 건축물의 건축을 개시하면 시정명령, 이행강제금, 벌금의 대상이 되거나 당해 건축물을 사용하여 행할 행위의 허가가 거부될 우려가 있어 불안정한 지위에 놓이게 된다. 따라서 건축신고 반려행위가 이루어진 단계에서 당사자로 하여금 반려행위의 적법성을 다투어 그 법적 불안을 해소한 다음 건축행위에 나아가도록 함으로써 장차 있을지도 모르는 위험에서 미리 벗어날 수 있도록 길을 열어 주고, 위법한 건축물의 양산과 그 철거를 둘러싼 분쟁을 조기에 근본적으로 해결할 수 있게 하는 것이 법치행정의 원리에 부합한다. 그러므로 이 사건 건축신고 반려행위는 항고소송의

⒟ 수리를 요하지 아니하는 신고

1) 의 의 사인의 공법행위로서 수리를 요하지 아니하는 신고란 행 728
정청에 일정한 사항을 통지하고 도달함으로써 효과가 발생되는 신고(예 : 테니스
장업 신고)를 말한다(절차법 제40조 제1항). 이러한 의미의 신고에도 그 효과와 관련
하여 법적 효과의 발생요건으로의 신고(예 : 혼인신고)도 있고,[1] 경찰상 금지의
해제원인으로서의 신고(예 : 각종 영업신고)도 있다. 또한 이러한 의미의 신고는 의
무적인 신고(예 : 출생신고)와 임의적인 신고(예 : 혼인신고)로 구분될 수 있다. 일설
은 종래 자기완결적 신고(수리를 요하지 아니하는 신고)에 형식적 심사권이 부여된
다고 하였는데,[2] 형식적 심사라 할지라도 심사가 가해지는 신고를 자기완결적
이라 부르는 것은 이해하기 어렵다.

2) 구 공중위생관리법상 통보와 구분 수리를 요하지 아니하는 신고는 신 729
고 그 자체로서 법적 효과(예 : 혼인이라는 법적 관계의 발생 또는 경찰상 금지의 해제를
통한 기본권[영업의 자유]의 회복)를 가져온다는 점에서 법적 효과를 수반하지 아니
하는 구 식품위생법상 통보와 구별된다(예 : 구 공중위생관리법 제3조 제2항은 "공중위
생영업자가 영업소를 개설한 때에는 시장·군수·구청장(자치구의 구청장에 한한다)에게 영업
소의 개설사실을 통보하여야 한다. 영업장 소재지를 변경한 때에도 또한 같다"고 규정하고 있
을 뿐, 개설을 통보하지 아니한 영업자에 대한 제재에 관해서는 아무런 규정도 두고 있지 않

대상이 된다.
[판례 d] 대판 2011. 1. 20, 2010두14954 전원합의체(건축(신축)신고불가처분 취소소송 – 건물신
축신고 관련사건). 건축법에서 인·허가의제 제도를 둔 취지는, 인·허가의제사항과 관련하여
건축허가 또는 건축신고의 관할 행정청으로 그 창구를 단일화하고 절차를 간소화하며 비용과
시간을 절감함으로써 국민의 권익을 보호하려는 것이지, 인·허가의제사항 관련 법률에 따른
각각의 인·허가 요건에 관한 일체의 심사를 배제하려는 것으로 보기는 어렵다. 왜냐하면, 건축
법과 인·허가의제사항 관련 법률은 각기 고유한 목적이 있고, 건축신고와 인·허가의제사항도
각각 별개의 제도적 취지가 있으며 그 요건 또한 달리하기 때문이다. 나아가 인·허가의제사항
관련 법률에 규정된 요건 중 상당수는 공익에 관한 것으로서 행정청의 전문적이고 종합적인
심사가 요구되는데, 만약 건축신고만으로 인·허가의제사항에 관한 일체의 요건 심사가 배제된
다고 한다면, 중대한 공익상의 침해나 이해관계인의 피해를 야기하고 관련 법률에서 인·허가
제도를 통하여 사인의 행위를 사전에 감독하고자 하는 규율체계 전반을 무너뜨릴 우려가 있다.
또한 무엇보다도 건축신고를 하려는 자는 인·허가의제사항 관련 법령에서 제출하도록 의무화
하고 있는 신청서와 구비서류를 제출하여야 하는데, 이는 건축신고를 수리하는 행정청으로 하
여금 인·허가의제사항 관련 법률에 규정된 요건에 관하여도 심사를 하도록 하기 위한 것으로
볼 수밖에 없다. 따라서 인·허가의제 효과를 수반하는 건축신고는 일반적인 건축신고와는 달
리, 특별한 사정이 없는 한 행정청이 그 실체적 요건에 관한 심사를 한 후 수리하여야 하는 이
른바 '수리를 요하는 신고'로 보는 것이 옳다.

1) 혼인신고를 수리를 요하는 신고로 보는 견해가 있는데(박균성, 행정법론(상), 130쪽(2022)). 이
러한 견해를 따르면 혼인의 성립 여부는 행정청의 의사 여하(수리 여부)에 의존하게 되는데,
이것은 혼인의 자유를 침해하는 것이 된다. 적법한 혼인신고가 행정청에 도달하면, 혼인은 성
립하는 것으로 보아야 한다. 따라서 혼인신고는 수리를 요하지 않는 신고로 보아야 한다.
2) 김용섭, 행정법상 신고와 수리, 판례월보 제352호, 41쪽.

다. 따라서 숙박업·목욕장업·이용업·미용업·세탁업·위생관리용역업을 개설통보 없이 영위하였다고 하여도 불법(위법)영업이라고 단언할 수는 없다. 그러나 식품위생법 제37조 제4항에 따른 신고영업의 경우에는 무신고영업의 경우에 3년 이하의 징역 또는 3천만 이하의 벌금형이 가해지기 때문에(식품법 제97조 제1호) 무신고영업은 불법영업이 된다). 통보제도는 국민에게 의무를 부과하는 면에서 법적 성격을 가지지만 동시에 실효성 확보 수단을 갖지 아니한다는 점에서 사실로서의 성격도 동시에 갖는다고 볼 수 있다. 요컨대, 통보제도는 프로그램적 성격의 제도라는 점에서 수리를 요하지 않는 신고와 구별된다.

730 ▌참고▌ 수리를 요하지 아니하는 신고의 다양성

수리를 요하지 않는 신고도 구체적인 내용이 동일한 것은 아니다. 예컨대, 체육시설의 설치·이용에 관한 법률상 신고 체육시설업의 신고는 도달로써 그 효과가 발생한다는 점 외에는 특별한 법적 제한이 따르지 아니하는 신고라는 점에서 수리를 요하지 않는 신고의 기본적인 형태에 해당한다. 그러나 잡지 등 정기간행물의 진흥에 관한 법률상 정기간행물의 발행신고는 규정형식상 기본적 형태의 신고에 해당하지만, 이 법률이 신고취소 등을 규정함으로 인하여 체육시설의 설치·이용에 관한 법률상 신고 체육시설업의 신고보다 절차적으로 보다 강한 보호가 이루어지고 있고, 집회 및 시위에 관한 법률상 집회신고는 기본적 형태의 신고에 해당하지만, 이 법률이 집회 및 시위의 금지 및 제한 통고의 제도 등을 규정함으로 인하여 이 법률상 신고제는 허가제에 접근한다.[1] 다만 이 책에서는 체육시설의 설치·이용에 관한 법률상 신고 체육시설업의 신고를 수리를 요하지 않는 신고의 모델로 활용하기로 한다.

㈑ 수리를 요하는 신고

731 1) 의   의   사인의 공법행위로서 신고에는 수리를 요하는 신고란 행정청에 대하여 일정한 사항을 통지하고 행정청이 이를 수리함으로써 법적효과가 발생하는 신고(예 : 수산법 제48조의 어업신고)를 말한다.[2] 수리란 사인이 알린

---

1) 졸고, "주민등록법상 주민등록신고 등 각종 신고의 성질," 지방자치법연구, 제10권 제4호(통권 제28호), 한국지방자치법학회, 2010. 12. 227쪽 이하 참조.

2) 대판 2000. 5. 26, 99다37382(수산업법 제44조 소정의 어업의 신고는 행정청의 수리에 의하여 비로소 그 효과가 발생하는 이른바 '수리를 요하는 신고'라고 할 것이고, 따라서 설사 관할관청이 어업신고를 수리하면서 공유수면매립구역을 조업구역에서 제외한 것이 위법하다고 하더라도, 그 제외된 구역에 관하여 관할관청의 적법한 수리가 없었던 것이 분명한 이상 그 구역에 관하여는 같은법 제44조 소정의 적법한 어업신고가 있는 것으로 볼 수 없다); 대판 2018. 10. 25, 2018두44302(원심판결 이유 중 원고의 개설신고가 '수리를 하지 않는 신고'라는 취지로 판시한 부분은 적절하지 않으나, 피고가 법령에서 정하지 않은 사유를 들어 위 개설신고수리를 거부할 수 없다고 보아 이 사건 반려처분이 위법하다고 판단한 원심의 결론은 정당하다); 대판 2022. 9. 7, 2020두40327(악취방지법상의 악취배출시설 설치·운영신고는 수리를

일정한 사실을 행정청이 유효한 행위로서 받아들이는 것을 말한다. 행정요건적 공법행위로서 신고는 수리를 요하는 신고로 불리기도 한다. 수리를 요하는 신고에서 수리는 준법률행위적 행정행위의 하나로서 행정소송법상 처분개념에 해당한다. 실정법은 등록이라는 용어를 사용하기도 한다(예 : 신문 등의 진흥에 관한 법률 제9조 제1항; 옥광법 제11조 참조).[1] 이러한 등록제는 절차상 사인의 신청과 행정청의 등록행위로 구성된다.[2]

　2) 허가와 구분　　수리를 요하는 신고에서의 수리는 허가제에서의 허가와 구별되어야 한다. 수리의 경우에는 판례가 보는 바와 같이 요건에 대한 형식적 심사만을 거치지만,[3] 허가의 경우에는 형식적 심사 외에 실질적 심사도 거쳐야 하기 때문이다.[4] 헌법 제21조가 언론·출판에 대한 허가나 검열을 금지하

732

요하는 신고이다).

1) 대판 2015. 11. 19, 2015두295 전원합의체(유통산업발전법상 대규모 점포의 개설 등록은 이른바 '수리를 요하는 신고'로서 행정처분에 해당한다); 대판 1989. 12. 26, 87누308(구)사회단체등록에관한법률에 의한 등록신청의 법적 성질은 사인의 공법행위로서의 신고이고 등록은 당해 신고를 수리하는 것을 의미하는 준법률행위적 행정행위라 할 것이나 법 제4조 제1항의 형식요건의 불비가 없는데도 불구하고 등록의 거부처분을 당한 신고인은 우선 법 제10조 소정의 행정벌의 제재를 벗어나기 위하여 또한 법의 정당한 적용을 청구하는 의미에서도 위와 같은 거부처분에 대한 취소청구를 할 이익이 있는 것이다); 대판 2021. 12. 30, 2020수5011(정당법 제4조 제1항은 "정당은 중앙당이 중앙선거관리위원회에 등록함으로써 성립한다."라고 규정하여 정당설립의 요건으로 정당등록을 들고 있다. 정당법은 이러한 정당등록의 요건으로 시·도당 수 및 시·도당의 당원 수(제4조 제2항, 제17조, 제18조), 등록신청서의 기재사항(제12조 제1항, 제2항), 유사명칭 등의 사용금지(제41조) 등을 규정하고 있고, 정당등록신청을 받은 관할 선거관리위원회는 형식적 요건을 구비하는 한 이를 거부하지 못한다(제15조). 정당법에 따라 중앙선거관리위원회에 등록된 정당은 그 결사가 정당임을 법적으로 확인받게 된다. 이와 같은 정당등록에 관한 규정에 의하면 피고는 정당이 정당법에 정한 형식적 요건을 구비한 경우 등록을 수리하여야 하고, 정당법에 명시된 요건이 아닌 다른 사유로 정당등록신청을 거부하는 등으로 정당설립의 자유를 제한할 수 없다).

2) 대판 2014. 4. 10, 2011두6998(노동조합 및 노동관계조정법(이하 '노동조합법'이라 한다)이 행정관청으로 하여금 설립신고를 한 단체에 대하여 같은 법 제2조 제4호 각 목에 해당하는지를 심사하도록 한 취지가 노동조합으로서의 실질적 요건을 갖추지 못한 노동조합의 난립을 방지함으로써 근로자의 자주적이고 민주적인 단결권 행사를 보장하려는 데 있는 점을 고려하면, 행정관청은 해당 단체가 노동조합법 제2조 제4호 각 목에 해당하는지 여부를 실질적으로 심사할 수 있다. 다만 행정관청에 광범위한 심사권한을 인정할 경우 … 행정관청은 일단 제출된 설립신고서와 규약의 내용을 기준으로 노동조합법 제2조 제4호 각 목의 해당 여부를 심사하되, 설립신고서를 접수할 당시 그 해당 여부가 문제된다고 볼 만한 객관적인 사정이 있는 경우에 한하여 설립신고서와 규약 내용 외의 사항에 대하여 실질적인 심사를 거쳐 반려 여부를 결정할 수 있다).
　[평석] 판례는 노동조합 및 노동관계조정법상 노동조합 설립신고를 수리를 요하는 신고로 보았다고 판단된다. "노동조합이 신고증을 교부받은 경우에는 설립신고서가 접수된 때에 설립된 것으로 본다"는 동법 제12조 제3항 등에 비추어 판례의 태도는 타당한 것으로 본다.

3) 옆번호 1263 참조.

4) 대판 1999. 7. 23, 97누6261(구 공업배치및공장설립에관한법률(1995. 12. 29. 법률 제5091호로 개정되기 전의 것) 제20조 제2항의 공장설립허가와 같은법 제13조 제1항의 공장설립신고는 그 적용대상과 요건을 달리 하고 있으므로 시·군·구청장은 공장설립 허가신청서가 공장설립 신

고 있으므로 등록제(수리를 요하는 신고제)와 허가제는 반드시 구분되어야 한다. 따라서 신문 등의 진흥에 관한 법률(구 정기간행물의 등록 등에 관한 법률)상 등록을 변형된 허가제, 즉 허가제의 일종으로 보고 실질적 심사가 요구된다는 견해는[1] 타당하지 않으며, 등록은 수리를 요하는 신고로 보아야 한다. 결국 수리의 경우에는 요건에 대한 형식적 심사만을 거치지만, 허가의 경우에는 형식적 심사 외에 실질적 심사(예컨대, 안전성심사나 공익성심사)도 거쳐야 한다.[2] 사인의 신고에 대하여 행정청이 심사할 수(도) 있다는 것은 그만큼 사인의 기본권에 제한이 가해지는 것이 된다. 따라서 해석상 신고에 대한 행정청의 심사가능성을 널리 인정하는 방식은[3] 경계되어야 한다.

⑷ 신고의 요건

733   ㈎ 수리를 요하지 않는 신고   ① 행정절차법은 수리를 요하지 않는 신고로서 의무적인 신고의 요건으로 3가지 사항(1. 신고서의 기재사항에 흠이 없을 것, 2. 필요한 구비서류가 첨부되어 있을 것, 3. 그 밖에 법령등에 규정된 형식상의 요건에 적합할 것)을 규정하고 있다(절차법 제40조 제2항). ② 행정청은 제2항 각 호의 요건을 갖추지 못한 신고서가 제출된 경우에는 지체 없이 상당한 기간을 정하여 신고인에게 보완을 요구하여야 한다(절차법 제40조 제3항). 행정청은 신고인이 제3항에 따른 기간 내에 보완을 하지 아니하였을 때에는 그 이유를 구체적으로 밝혀 해당 신고서를 되돌려 보내야 한다(절차법 제40조 제4항). 개별 법령에 정함이 있다면, 그 규정도 따라야 한다. ③ 행정절차법이 정하는 이러한 요건은 수리를 요한지 않는 신고 중에서 임의적인 성질을 갖는 신고의 경우에도 유추적용하는 것이 바람직할 것이다.

734   ㈏ 수리를 요하는 신고   개별 법령에 정하는 요건을 구비하여야 한다. 개별 법령에 정함이 없다면, 수리를 요하지 않는 신고에 적용되는 행정절차법 규정을 — 성질이 허락하는 범위 안에서 — 유추적용할 수 있을 것이다. 물론 결격사유가 있는 자의 신고는 수리될 수 없다.[4]

고서의 형식요건을 갖추고 있다고 하여 공장설립 허가신청서의 수리 자체를 거부할 수 없는 것은 아니고, 같은법 제20조 제1항의 규정에 정한 요건에 따라 공장설립허가 여부를 결정할 수 있을 따름이다).

1) 김중권, 인권과 정의 제307호, 2002. 3, 105쪽 이하; 류지태·박종수, 행정법신론, 139쪽(2019).

2) 일설은 수리를 요하는 신고의 경우, 신고요건에 실질적 요건이 포함될 뿐만 아니라 행정청이 실질적 심사를 행할 수 있다고 한다(박균성, 행정법론(上), 122쪽(2019)).

3) 김중권의 행정법(2019), 282쪽.

4) 결격사유에 관해 옆번호 466 이하 참조. 자세한 것은 졸저, 행정기본법해설 제16조(결격사유) 부분 참조.

(5) 신고의 수리

(가) 수리의 요부　　① 수리를 요하지 않는 신고에서는 수리 여부가 문제되 735
지 아니한다. ② 수리를 요하는 신고의 경우, 법령이 정한 요건을 구비한 적법
한 신고가 있으면 행정청은 의무적으로 수리하여야 한다. 법령에 없는 사유를
내세워 수리를 거부할 수는 없다. 이것은 판례의 입장이기도 하다.[1] 예외의 판
례가 보이기도 한다.[2] 물론 부적법한 신고의 경우에는 당연히 수리를 거부하여
야 한다. 만약 부적법한 신고를 수리한다면, 그것은 하자 있는 행정행위(수리)가
된다.

(나) 신고필증　　행정실무상는 신고를 필한 경우에 신고인에게 신고필증을 736
교부한다. 그러나 그 의미는 수리를 요하지 않는 경우와 수리를 요하는 경우에
상이하다.

　　1) 수리를 요하지 않는 신고　　수리를 요하지 않는 신고에 있어서의 신고 737
필증은 다만 사인이 일정한 사실을 행정기관에 알렸다는 사실을 사실로서 확인
해 주는 의미만을 가질 뿐이다. 말하자면 수리를 요하지 않는 신고에서 신고필
증은 사인의 행위에 적법성이나 정당성을 승인하는 효과를 갖는 것도 아니고,
신고의 효과를 발생시켜 주는 것도 아니다. 그것은 다만 사인이 행정기관에 대
하여 일정한 사실을 알렸다는 것을 사실로서 확인하는 의미만을 가질 뿐이다.
즉 그것은 사실적인 것에 불과하다.[3]

　　2) 수리를 요하는 신고　　수리를 요하는 신고의 경우, 수리행위에 신고필 738

---

1) 대판 2022. 11. 30, 2022두50588(산지일시사용신고의 법적 성격 및 산지일시사용신고에 관한
　구 산지관리법 제15조의2 제4항 내지 제6항, 산지관리법 시행령 제18조의3 제4항, [별표 3의3]
　규정의 형식과 내용 등에 비추어 보면, 산지일시사용신고를 받은 군수 등은 신고서 또는 첨부
　서류에 흠이 있거나 거짓 또는 그 밖의 부정한 방법으로 신고를 한 것이 아닌 한, 그 신고내용
　이 법령에서 정하고 있는 신고의 기준, 조건, 대상시설, 행위의 범위, 설치지역 및 설치조건 등
　을 충족하는 경우에는 그 신고를 수리하여야 하고, 법령에서 정한 사유 외의 다른 사유를 들어
　신고 수리를 거부할 수는 없다).
2) 대판 1998. 9. 25, 98두7503(주유소등록신청을 받은 행정청은 주유소설치등록신청이 … 법정등
　록 요건에 합치되는 경우에는 특별한 사정이 없는 한 이를 수리하여야 하고, 관계 법령에서 정
　하는 제한사유 이외의 사유를 들어 등록을 거부할 수는 없는 것이나, 심사결과 관계 법령상의
　제한 이외의 중대한 공익상 필요가 있는 경우에는 그 수리를 거부할 수 있다).
3) 헌재 2019. 4. 11, 2016헌라8(제1쟁송해역에서의 공유수면 점용·사용 허가는 산업통상자원부장
　관이 발전소의 위치를 피청구인의 관할구역으로 보아 이 사건 사업실시계획을 승인함에 따라
　그 법적 효과가 발생한 것이고(전원개발촉진법 제5조 제1항, 제6조 제1항 제5호 참조), (주)한
　국해상풍력이 이 사건 사업실시계획의 실행을 위해 피청구인에게 공유수면 점용·사용 신고를
　한 것은 이 사건 사업실시계획 승인 절차에서 이미 점용·사용 허가가 의제된 공유수면의 점
　용·사용을 위해 형식적으로 해당 관리청에 그에 관한 신고를 한 것이므로, 피청구인의 이 사
　건 신고수리는 형식적 요건을 갖춘 신고인지 여부만 확인하는 사실행위에 불과하다); 대판
　2001. 5. 29, 99두10292; 대판 1985. 4. 23, 84도2953.

증의 교부가 필수적인 것은 아니다.[1] 그러나 그러한 신고필증은 사인의 신고를 수리하였음을 공적으로 증명하는 의미를 갖는 준법률행위적 행정행위로서 공증행위의 성격을 갖는다. 따라서 그것은 단순히 사실적인 것이 아니라 법적인 것이라는 점에서 수리를 요하지 않는 신고의 경우와 다르다.

⑹ 신고의 효과

㈎ 적법한 신고

739　　　　**1) 수리를 요하지 않는 신고**　　　법령등에서 행정청에 일정한 사항을 통지함으로써 의무가 끝나는 신고의 경우, 요건(① 신고서의 기재사항에 흠이 없을 것, ② 필요한 구비서류가 첨부되어 있을 것, ③ 그 밖에 법령등에 규정된 형식상의 요건에 적합할 것)을 갖춘 경우에는 신고서가 접수기관에 도달된 때에 신고의 의무가 이행된 것으로 본다(절차법 제40조 제2항).[2] 그러나 수리를 요하지 않는 신고를 규정한 법률상의 요건 외에 타법상의 요건도 충족하여야 하는 경우, 타법상의 요건을 충족시키지 못하는 한 적법한 신고를 할 수 없다고 보아야 한다.[3] 한편, 행정절차법 의무적인 성격을 갖는 신고로서 수리를 요하는 신고의 효력발생에 관한 원칙으로 도달주의를 채택하고 있는데, 이것은 수리를 요하는 신고 중에서 임의적인 성질을 갖는 신고의 경우에도 유추적용할 것이다.

740　　　　**2) 수리를 요하는 신고**　　　수리를 요하는 신고의 경우에는 행정청이 수리함으로써 신고의 효과가 발생한다.[4]

---

1) 대판 2011. 9. 8, 2009두6766(구 장사 등에 관한 법률(2007. 5. 25. 법률 제8489호로 전부 개정되기 전의 것, 이하 '구 장사법'이라 한다) 제14조 제1항 등을 종합하면, 납골당설치 신고는 이른바 '수리를 요하는 신고'라 할 것이므로, 납골당설치 신고가 구 장사법 관련 규정의 모든 요건에 맞는 신고라 하더라도 신고인은 곧바로 납골당을 설치할 수는 없고, 이에 대한 행정청의 수리처분이 있어야만 신고한 대로 납골당을 설치할 수 있다. 한편 수리란 신고를 유효한 것으로 판단하고 법령에 의하여 처리할 의사로 이를 수령하는 수동적 행위이므로 수리행위에 신고필증 교부 등 행위가 꼭 필요한 것은 아니다).

2) 대판 1999. 4. 27, 97누6780(주택건설촉진법 제38조 제2항 단서 등에 의하면, 공동주택 및 부대시설·복리시설의 소유자·입주자·사용자 및 관리주체가 건설부령이 정하는 경미한 사항으로서 신고대상인 건축물의 건축행위를 하고자 할 경우에는 그 관계 법령에 정해진 적법한 요건을 갖춘 신고만을 하면 그와 같은 건축행위를 할 수 있고, 행정청의 수리처분 등 별단의 조처를 기다릴 필요가 없다).

3) 대판 1991. 7. 12, 90누8350(학교보건법과 체육시설의설치·이용에관한법률은 그 입법목적, 규정사항, 적용범위 등을 서로 달리 하고 있어서 당구장의 설치에 관하여 체육시설의설치·이용에관한법률이 학교보건법에 우선하여 배타적으로 적용되는 관계에 있다고는 해석되지 아니하므로 체육시설의설치·이용에관한법률에 따른 당구장업의 신고요건을 갖춘 자라 할지라도 학교보건법 제5조 소정의 학교환경 위생정화구역 내에서는 같은 법 제6조에 의한 별도 요건을 충족하지 아니하는 한 적법한 신고를 할 수 없다고 보아야 한다).

4) 대판 2020. 3. 26, 2019두38830(식품위생법 제39조 제1항, 제3항에 의한 영업양도에 따른 지위승계 신고를 행정청이 수리하는 행위는 단순히 양도·양수인 사이에 이미 발생한 사법상의 영업양도의 법률효과에 의하여 양수인이 그 영업을 승계하였다는 사실의 신고를 접수하는 행위

(바) **부적법한 신고**   부적법한 신고에는 신고행위의 하자가 중대하고 명백   741
한 경우와 신고행위의 하자가 중대하지만 명백하지 아니하거나 중대하지 않지
만 명백한 경우가 있다. 전자는 무효인 신고이다. 무효인 신고의 경우에는 신고
의 효과를 전혀 갖지 아니한다. 부적법한 신고 중 검토를 요하는 것은 무효에
이르지 않는 하자 있는 신고의 경우이다. 나누어서 보기로 한다.

　　1) 수리를 요하지 않는 신고   수리를 요하지 아니하는 신고의 경우, 부적   742
법한 신고가 있었다면 행정청이 수리하였다고 하여도 신고의 효과가 발생하지
아니한다. 왜냐하면 수리를 요하지 아니하는 신고는 도달로써 효력을 발생하는
것이고, 그 수리는 도달을 확인하는 사실상의 행위일 뿐이며, 또한 신고가 도달
되었다고 하여도 그 신고가 부적법한 것이라면 신고의 법적 효과를 발생하지
아니하기 때문이다. 따라서 요건미비의 부적법한 신고를 하고 신고영업을 영위
한다면, 그러한 영업은 무신고영업으로서 불법영업에 해당하게 된다.[1] 이러한
불법영업에 대해서는 취소처분이 아니라 영업장폐쇄조치로 위법상태를 제거할
수 있을 것이다.

　　2) 수리를 요하는 신고   수리를 요하는 신고의 경우에 있어서 요건미비   743
의 부적법한 신고가 있었음에도 불구하고 행정청이 이를 수리하였다면, 그 수리
행위는 위법한 수리행위가 된다. 즉 하자있는 행정행위가 된다. 그 하자가 중대
하고 명백하다면 수리행위는 무효가 될 것이고,[2] 그 하자가 중대하지만 명백하

　　에 그치는 것이 아니라, 양도자에 대한 영업허가 등을 취소함과 아울러 양수자에게 적법하게
　　영업을 할 수 있는 지위를 설정하여 주는 행위로서 영업허가자 등의 변경이라는 법률효과를
　　발생시키는 행위이다).
 1) 대판 1998. 4. 24, 97도3121(체육시설의설치·이용에관한법률 제10조, 제11조, 제22조, 같은법시
　　행규칙 제8조 및 제25조의 각 규정에 의하면, 체육시설업은 등록체육시설업과 신고체육시설업
　　으로 나누어지고, 당구장업과 같은 신고체육시설업을 하고자 하는 자는 체육시설업의 종류별
　　로 같은법시행규칙이 정하는 해당 시설을 갖추어 소정의 양식에 따라 신고서를 제출하는 방식
　　으로 시·도지사에 신고하도록 규정하고 있으므로, 소정의 시설을 갖추지 못한 체육시설업의
　　신고는 부적법한 것으로 그 수리가 거부될 수밖에 없고 그러한 상태에서 신고체육시설업의
　　영업행위를 계속하는 것은 무신고 영업행위에 해당할 것이지만, 이에 반하여 적법한 요건을
　　갖춘 신고의 경우에는 행정청의 수리처분 등 별단의 조처를 기다릴 필요 없이 그 접수시에 신
　　고로서의 효력이 발생하는 것이므로 그 수리가 거부되었다고 하여 무신고 영업이 되는 것은
　　아니다).
 2) 대판 2006. 6. 2, 2006두644(취득세 등은 신고납세방식의 조세로서 이러한 유형의 조세에 있어
　　서는 원칙적으로 납세의무자가 스스로 과세표준과 세액을 정하여 신고하는 행위에 의하여 납
　　세의무가 구체적으로 확정되는 것으로서 납세의무자의 신고행위가 중대하고 명백한 하자가 있
　　지 않는 한 당연무효로 되지는 않는바, 여기에서 신고행위의 하자가 중대하고 명백하여 당연무
　　효에 해당하는지의 여부에 대하여는 신고행위의 근거가 되는 법규의 목적, 의미, 기능 및 하자
　　있는 신고행위에 대한 법적 구제수단 등을 목적론적으로 고찰함과 동시에 신고행위에 이르게
　　된 구체적 사정을 개별적으로 파악하여 합리적으로 판단하여야 한다)(참고로, 종래부터 대법원
　　은 신고납세방식의 조세의 경우, 납세자의 신고로 납세의무가 확정된다고 하는데, 공법상 구체

지 아니하거나 명백하지만 중대하지 아니하다면 취소할 수 있는 행위가 된다. 수리행위가 무효인 경우에는 신고의 효과가 발생하지 아니하지만, 취소할 수 있는 행위의 경우에는 신고의 효과가 발생한다. 따라서 수리행위가 무효인 경우에 이루어지는 신고업의 영업행위는 무신고영업으로서 불법(위법)영업에 해당하지만, 수리행위가 취소할 수 있는 행위인 경우에 이루어지는 신고업의 영업행위는 수리가 취소되기까지는 불법(위법)이 아니다. 후자의 경우에는 수리행위를 직권으로 취소함으로써 신고인의 신고영업을 막을 수 있다.

⑺ **수리의 거부**(거부행위의 처분성)

744

㉮ **수리를 요하지 않는 신고**   사인의 신고 그 자체로서 법적 절차가 완료되는바, 행정청의 처분이 개입할 여지가 없고, 따라서, 행정소송법상 처분성이 문제될 여지가 없다. 만약 수리를 요하지 않는 신고의 경우에 행정청이 접수를 거부하였다고 하여도, 접수의 거부는 의미를 갖지 아니한다. 왜냐하면 도달 그 자체로서 법적 효과는 발생하기 때문이다. 요컨대 행정청의 거부행위는 사실상의 행위에 불과하며, 사인의 신고 그 자체만으로 법적 효과는 발생한다(예컨대, 요건을 구비하여 적법한 혼인신고를 하였음에도 불구하고, 행정청이 수리(접수)를 거부하였다고 하여도, 혼인신고서가 관할행정청에 도달하면 그 때로부터 혼인신고의 효과는 발생한다. 만약, 혼인의 성립여부에 관해 분쟁이 생긴다면 분쟁당사자는 민사법원에서 혼인관계존부확인을 구하는 소를 제기하면 될 것이다). 판례도 같은 입장이다.[1] 그러나 수리를 요하지 않는 신고(특히 정보제공적 신고)라고 하더라도 수리의 거부는 잠정적인 금지를 종국화시킨다는 의미에서 일종의 금지하명이라고 보아 수리거부에 대한 처분성을 긍정하여야 한다는 주장도 있었다.[2] 수리를 요하지 않는 신고의 개념에 비추어

적인 납세의무의 발생의 여부를 사인에게 의존시키는 판례의 논리구성은 이해하기 어렵다. 사인의 공법상 의무의 구체화는 공행정주체에 의해 이루어지는 것이 논리적이다. 따라서 과세관청이 사인의 신고서를 수리할 때 과세관청의 묵시적인 과세처분이 있는 것으로 논리를 구성하는 것이 보다 합리적이다).

1) 대판 1999. 12. 24, 98다57419·57426(수산업법령에 의하면 … 수산제조업의 신고를 하고자 하는 자는 그 규칙에서 정한 양식에 따른 수산제조업 신고서에 주요 기기의 명칭·수량 및 능력에 관한 서류, 제조공정에 관한 서류를 첨부하여 시장·군수·구청장에게 제출하면 되고, 시장·군수·구청장에게 수산제조업 신고에 대한 실질적인 검토를 허용하고 있다고 볼 만한 규정을 두고 있지 아니하고 있으므로, 수산제조업의 신고를 하고자 하는 자가 그 신고서를 구비서류까지 첨부하여 제출한 경우 시장·군수·구청장으로서는 형식적 요건에 하자가 없는 한 수리하여야 할 것이고, 나아가 관할 관청에 신고업의 신고서가 제출되었다면 담당공무원이 법령에 규정되지 아니한 다른 사유를 들어 그 신고를 수리하지 아니하고 반려하였다고 하더라도, 그 신고서가 제출된 때에 신고가 있었다고 볼 것이다).

2) 김중권, 이른바 "수리를 요하는 신고"의 문제점에 관한 소고, 행정판례연구 Ⅷ, 80~90쪽. 근년에 동 교수는 "금지해제적 신고의 경우 예방적 금지가 전제되어 있기에 그것의 반려(이른바 수리거부)는 당연히 금지하명에 해당하나, 정보제공적 신고의 경우에는 단순히 알림에 지나지 않

이해하기 어렵다.

(내) **수리를 요하는 신고**　　신고 자체가 행정청의 처분이 아님은 당연하다.　745
이러한 경우에 있어서 신고의 수리 또는 신고수리의 거부가 행정소송법상 처분
개념(행정청이 행하는 구체적 사실에 관한 법집행으로서의 공권력의 행사 또는 그 거부와 그
밖에 이에 준하는 행정작용)에 해당한다고 함에는 별다른 어려움이 없다. 따라서 위
법한 거부처분을 항고소송으로 다툴 수 있음은 물론이다.[1] 한편, 판례는 '중대
한 공익상 필요'를 신고수리거부의 사유로 본다.[2]

(8) **신고의무위반과 사법상의 효력**　　신고의무위반이 사법적 효력의 부인까　746
지 의미하는가는 신고의무를 규정하는 법조항이 단속규정인가, 효력규정인가의
여부에 달린 문제가 된다.[3]

(9) **영업양도 등으로 인한 지위승계신고의 특수문제**

(개) **지위승계신고에서 신고의 법적 성격**　　① 관련법령에서 당해 영업을 하기　747
위해서는 행정청의 허가를 받아야 함을 규정하면서(식품위생법 제37조(영업허가 등)

기에 그 반려는 사실행위에 지나지 않는다."라고 견해를 변경하였다[김중권, 김중권의 행정법,
280쪽(2019)].

1) 대판 2011. 7. 28, 2005두11784(구 평생교육법(2007. 10. 17. 법률 제8640호로 개정되기 전의 것,
이하 '법'이라 한다) 제22조 제1항, 제2항, 제3항, 구 평생교육법 시행령(2004. 1. 29. 대통령령
제18245호로 개정되기 전의 것) 제27조 제1항, 제2항, 제3항에 의하면, 정보통신매체를 이용하
여 학습비를 받지 아니하고 원격평생교육을 실시하고자 하는 경우에는 누구든지 아무런 신고
없이 자유롭게 이를 할 수 있고, 다만 위와 같은 교육을 불특정 다수인에게 학습비를 받고 실
시하는 경우에는 이를 신고하여야 하나, 법 제22조가 신고를 요하는 제2항과 신고를 요하지 않
는 제1항에서 '학습비' 수수 외에 교육 대상이나 방법 등 다른 요건을 달리 규정하고 있지 않을
뿐 아니라 제2항에서도 학습비 금액이나 수령 등에 관하여 아무런 제한을 하고 있지 않은 점에
비추어 볼 때, 행정청으로서는 신고서에 기재사항에 흠결이 없고 정해진 서류가 구비된 때에는
이를 수리하여야 하고, 이러한 형식적 요건을 모두 갖추었음에도 신고대상이 된 교육이나 학습
이 공익적 기준에 적합하지 않는다는 등 실체적 사유를 들어 신고 수리를 거부할 수는 없다).
당시 평생교육법 제22조(원격대학형태의 평생교육시설) ① 누구든지 정보통신매체를 이용하여
특정 또는 불특정 다수인에게 원격교육을 실시하거나 다양한 정보를 제공하는 등의 평생교육
을 실시할 수 있다.
② 제1항의 경우 불특정 다수인을 대상으로 학습비를 받고 이를 실시하고자 하는 경우에는 대
통령령이 정하는 바에 따라 교육인적자원부장관에게 신고하여야 한다. 이를 폐쇄하고자 하는
경우에는 그 사실을 교육인적자원부장관에게 통보하여야 한다.
③ 제1항의 경우 전문대학 또는 대학졸업자와 동등한 학력·학위가 인정되는 원격대학형태의
평생교육시설을 설치하고자 하는 경우에는 대통령령이 정하는 바에 따라 교육인적자원부장관
의 인가를 받아야 한다. 이를 폐쇄하고자 하는 경우에는 교육인적자원부장관에게 신고하여야
한다.

2) 대판 2019. 10. 17, 2017두74320(건축허가권자는 건축신고가 건축법, 국토의 계획 및 이용에 관
한 법률 등 관계법령에서 정하는 명시적인 제한에 배치되지 않는 경우에도 건축을 허용하지
않아야 할 중대한 공익상 필요가 있는 경우에는 건축신고의 수리를 거부할 수 있다).

3) 대판 1988. 11. 22, 87다카2777(국토이용관리법 제21조의2, 제21조의7, 제21조의3 제7항, 제33
조 제4호의 각 규정을 종합하면 위 법 제21조의7 이하의 신고구역에 관한 규정은 단속법규에
속하고 신고의무에 위반한 거래계약의 사법적 효력까지 부인되는 것은 아니다).

① 제36조 제1항 각 호에 따른 영업 중 대통령령으로 정하는 영업을 하려는 자는 대통령령으로 정하는 바에 따라 영업 종류별 또는 영업소별로 식품의약품안전처장 또는 특별자치시장·특별자치도지사·시장·군수·구청장의 허가를 받아야 한다), 이를 양도하는 경우 양수인은 단지 신고할 것을 규정하는 경우(식품위생법 제39조(영업 승계) ① 영업자가 영업을 양도하거나 사망한 경우 또는 법인이 합병한 경우에는 그 양수인·상속인 또는 합병 후 존속하는 법인이나 합병에 따라 설립되는 법인은 그 영업자의 지위를 승계한다. … ③ 제1항 또는 제2항에 따라 그 영업자의 지위를 승계한 자는 총리령으로 정하는 바에 따라 1개월 이내에 그 사실을 식품의약품안전처장 또는 특별자치시장·특별자치도지사·시장·군수·구청장에게 신고하여야 한다) 이러한 신고의 성격이 문제된다. ② 이러한 신고는 양도대상이 된 영업의 법적 성질에 따라 신고의 성질이 판단되어야 한다. 즉 허가영업양도의 경우 그 신고는 허가(신청)로, 수리를 요하는 신고영업양도의 경우는 (수리를 요하는) 신고로, 수리를 요하지 않는 신고영업양도의 경우는 수리를 요하지 않는 신고로 보아야 한다. 만일 그렇지 않다면 허가요건을 구비할 수 없는 자가 허가제를 회피하는 수단이 될 수 있기 때문이다.[1] ③ 판례는 행정청의 지위승계신고수리의 성격을 '신규허가가 사업을 할 수 있는 행위인 것과 마찬가지로 권리를 설정하여 주는 행위'로 보면서, 구체적으로는 '양도인의 영업허가취소'와 '양수인의 권리설정행위'로 본다. 따라서 지위승계신고수리를 양수인에 대한 실질적인 허가처분으로 보고 있다.[2]

748 　　⒝ 지위승계신고에서 신고 수리시 행정절차법의 적용 여부　　지위승계신고수리의 성격은 '양도인의 영업허가취소'와 '양수인의 권리설정행위'이다. 그렇다면 지위승계신고수리는 양도인에게는 침익적, 양수인에게는 수익적인 행위이므로 복효적인 성격을 가지는 처분이다. 따라서 이러한 신고의 수리는 양도인에게는 침익적 처분에 해당하기에 수리처분 전에 행정절차법상의 침익적 처분 절차를

---

1) 헌재 2019. 9. 26, 2017헌바397·505 등 병합(심판대상조항에 의하면, 화물자동차 운송사업을 양수한 자는 양도인의 운송사업자로서의 지위를 승계하므로 관할관청은 그 양도·양수 이전에 해당 사업 또는 불법과 직접 관련된 화물자동차와 관련하여 양도인에게 있었던 제재적 처분사유를 들어 양수인에 대하여 제재처분을 할 수 있는데, 이는 양도인이 사업을 양도하는 방법으로 제재처분을 면탈하는 것을 방지하려는 데에 그 입법목적이 있다. 이와 같은 입법목적에 비추어 보면, 양수인이 양도인에 대한 제재적 처분사유의 존재를 알지 못하는 경우에도 관할관청은 양수인에 대하여 제재처분을 할 수 있는 것으로 보아야 한다).

2) 대판 2001. 2. 9, 2000도2050(식품위생법 제25조 제1항, 제3항에 의하여 영업양도에 따른 지위승계신고를 수리하는 허가관청의 행위는, 단순히 양도·양수인 사이에 이미 발생한 사법상의 사업양도의 법률효과에 의하여 양수인이 그 영업을 승계하였다는 사실의 신고를 접수하는 행위에 그치는 것이 아니라, 실질에 있어서 양도자의 사업허가를 취소함과 아울러 양수자에게 적법히 사업을 할 수 있는 권리를 설정하여 주는 행위로서 사업허가자의 변경이라는 법률효과를 발생시키는 행위라고 할 것이다); 대판 2003. 2. 14, 2001두7015(식품위생법 규정에 의하여 영업자지위승계신고를 수리하는 처분은 종전의 영업자의 권익을 제한하는 처분이라 할 것이다).

거쳐야 한다는 것이 판례의 입장이다.[1]

　㈐ **영업의 양수인(사실상 양수인)이 승계신고 전에 행정청의 양도인에 대한 종전허가**　749
취소를 다툴 원고적격이 있는지 여부　① 양도인과 양수인간에 사업양도를 위한
사법상 계약이 이루어졌다고 하더라도 지위승계신고가 되기 전이라면 허가권자
는 여전히 양도인이므로, 행정청의 허가취소처분의 상대방도 양도인이다.[2] 그
러나 양수인의 입장에서도 양도인 명의의 허가의 효력유지는 자신이 지위승계
신고를 함에 있어 전제조건이 되기에 양수인이 양도인에 대한 허가취소처분을
다툴 원고적격이 있는지가 문제된다. ② 이와 같은 사실상의 양수인의 원고적격
에 관해 판례는 당해 영업처분이 대물적 처분이면서 법령에 의한 영업의 승계
나 명의(주체)변경제도가 허용되는 경우 사실상의 양수인의 원고적격을 긍정하
고 있다.[3]

　㈑ **지위승계신고수리처분 무효확인소송의 협의의 소익**　① 수리는 유효한 기　750
본행위의 존재를 전제로 하는 수동적인 행위로서 그 대상인 기본행위의 존재와
불가분의 관련성을 가진다. 따라서 수리의 대상인 기본행위가 존재하지 아니하
거나 무효인 때에는 설사 수리를 하였다고 하더라도 그 수리는 유효한 대상이
없는 것으로서 당연히 무효로 봄이 학설과 판례의[4] 입장이다. 이 점은 사인의
일정한 법적 행위를 보충함으로써 그 효력을 완성시키는 인가와 같다. ② 그러
나 판례는 인가의 경우 기본행위에 하자가 있더라도 원칙적으로 기본행위의 하
자가 민사판결에 의하여 확정되어야만 비로소 보충행위인 인가처분의 무효확인
등을 구할 협의의 소익이 있다고 보았으나,[5] 지위승계신고의 경우에는 이와 달
리 기본행위의 무효를 이유로 한 신고수리처분무효확인소송의 협의의 소익을
긍정하였다.[6]

---

1) 대판 2003. 2. 14, 2001두7015.
2) 대판 1993. 6. 8, 91누11544 참조.
3) 대판 2003. 7. 11, 2001두6289(채석허가가 대물적 허가의 성질을 아울러 가지고 있고 수허가자
　의 지위가 사실상 양도·양수되는 점을 고려하여 수허가자의 지위를 사실상 양수한 양수인의
　이익을 보호하고자 하는 데 있는 것으로 해석되므로, 수허가자의 지위를 양수받아 명의변경신
　고를 할 수 있는 양수인의 지위는 단순한 반사적 이익이나 사실상의 이익이 아니라 산림법령
　에 의하여 보호되는 직접적이고 구체적인 이익으로서 법률상 이익이라고 할 것이고, 채석허가
　가 유효하게 존속하고 있다는 것이 양수인의 명의변경신고의 전제가 된다는 의미에서 관할 행
　정청이 양도인에 대하여 채석허가를 취소하는 처분을 하였다면 이는 양수인의 지위에 대한 직
　접적 침해가 된다고 할 것이므로 양수인은 채석허가를 취소하는 처분의 취소를 구할 법률상
　이익을 가진다).
4) 대판 2005. 12. 23, 2005두3554.
5) 대판 2001. 12. 11, 2001두7541.
6) 대판 2005. 12. 23, 2005두3554(사업양도·양수에 따른 허가관청의 지위승계신고의 수리는 적법
　한 사업의 양도·양수가 있었음을 전제로 하는 것이므로 그 수리대상인 사업양도·양수가 존재

㈐ **지위의 승계**(제재사유의 승계)

751　　　　1) 권리의 승계　　　신고는 일신전속적이므로 양도의 대상이 아니다. 그러나 신고영업의 양도의 경우, 신고의 내용이 일신전속적인 것이 아닌 한 양도인의 법적 지위는 양수인에게 승계된다.[1]

752　　　　2) 위법의 승계(제재사유의 승계)　　　영업양도의 경우, 양도인의 위법행위를 근거로 양수인에게 제재처분을 할 수 있는가, 달리 말하면 양도인의 지위 승계에 관한 명문규정은 있으나, 제재사유의 승계에 관한 명문의 규정이 없는 경우, 지위 승계규정이 양도인에 대한 제재사유의 승계에 관한 근거가 될 수 있는가의 여부가 문제된다. 양자를 모두 규정하는 법률도 있다(예 : 식품법 제39조, 제78조, 석유법 제7조, 제8조).

753　　　　a) 학　　설　　　위법의 승계 여부와 관련하여 긍정설(제재사유는 승계되는 양도인의 법적 지위에 포함된다. 제재사유 승계를 부정하면 영업양도가 제재처분의 회피수단으로 악용될 수 있다는 견해), 부정설(양도인의 법령 위반이라는 제재사유는 인적 사유이므로 명문규정 없이 양수인에게 이전될 수 없다. 양도인의 위법행위로 인한 제재는 행위책임에 속하는 것이므로 명문규정 없이 양수인에게 승계되지 아니한다는 견해)과 절충설(허가의 이전능성과 제재의 이전가능성은 별개이므로, 제재사유가 설비 등 물적 사정에 관계되면 양수인에게 승계되나, 제재사유가 부정영업 등 인적 사유인 경우에는 승계되지 아니한다는 견해)로 나뉜다.

754　　　　b) 판　　례　　　판례는 당시 통보업이었던 공중위생관리법상 이용업자의 위법행위와 관련하여, 대물적 영업양도의 경우, 명시적인 규정이 없는 경우에도

하지 아니하거나 무효인 때에는 수리를 하였다 하더라도 그 수리는 유효한 대상이 없는 것으로서 당연히 무효라 할 것이고, 사업의 양도행위가 무효라고 주장하는 양도자는 민사쟁송으로 양도·양수행위의 무효를 구함이 없이 막바로 허가관청을 상대로 하여 행정소송으로 위 신고수리처분의 무효확인을 구할 법률상 이익이 있다).

1) 대판 2003. 7. 11, 2001두6289(산림법 등 산림법령이 수허가자의 명의변경제도를 두고 있는 취지는, 채석허가가 일반적·상대적 금지를 해제하여 줌으로써 채석행위를 자유롭게 할 수 있는 자유를 회복시켜 주는 것일 뿐 권리를 설정하는 것이 아니어서 관할 행정청과의 관계에서 수허가자의 지위의 승계를 직접 주장할 수는 없다 하더라도, 채석허가가 대물적 허가의 성질을 아울러 가지고 있고 수허가자의 지위가 사실상 양도·양수되는 점을 고려하여 수허가자의 지위를 사실상 양수한 양수인의 이익을 보호하고자 하는 데 있는 것으로 해석되므로, 수허가자의 지위를 양수받아 명의변경신고를 할 수 있는 양수인의 지위는 단순한 반사적 이익이나 사실상의 이익이 아니라 산림법령에 의하여 보호되는 직접적이고 구체적인 이익으로서 법률상 이익이라고 할 것이고, 채석허가가 유효하게 존속하고 있다는 것이 양수인의 명의변경신고의 전제가 된다는 의미에서 관할 행정청이 양도인에 대하여 채석허가를 취소하는 처분을 하였다면 이는 양수인의 지위에 대한 직접적 침해가 된다고 할 것이므로 양수인은 채석허가를 취소하는 처분의 취소를 구할 법률상 이익을 가진다); 대판 2004. 10. 28, 2004다10213(구 체육시설의설치·이용에관한법률 제30조 제1항 소정의 체육시설업자의 영업의 양도라 함은 '영리를 목적으로 체육시설을 설치·경영하는 업을 수행하기 위하여 조직화된 인적·물적 조직을 그 동일성을 유지하면서 일체로서 이전하는 것'을 의미한다).

양도 전에 존재하는 영업정지사유를 이유로 양수인에 대하여 영업정지처분을 할 수 있다고 하였다.[1] 만약 승계되지 아니한다면, 위법행위를 한 자는 영업양도를 함으로써 자유롭게 되는 문제점이 생겨난다. 당시 등록업이었던 석유판매업 양도의 경우도 같았다.[2]

---

1) 대판 2001. 6. 29, 2001두1611.
2) 대판 2003. 10. 23, 2003두8005; 헌재 2019. 9. 26, 2017헌바397 · 505 등 병합(심판대상조항에 의하면, 화물자동차 운송사업을 양수한 자는 양도인의 운송사업자로서의 지위를 승계하므로 관할관청은 그 양도 · 양수 이전에 해당 사업 또는 불법과 직접 관련된 화물자동차와 관련하여 양도인에게 있었던 제재적 처분사유를 들어 양수인에 대하여 제재처분을 할 수 있는데, 이는 양도인이 사업을 양도하는 방법으로 제재처분을 면탈하는 것을 방지하려는 데에 그 입법목적이 있다. 이와 같은 입법목적에 비추어 보면, 양수인이 양도인에 대한 제재적 처분사유의 존재를 알지 못하는 경우에도 관할관청은 양수인에 대하여 제재처분을 할 수 있는 것으로 보아야 한다).

제 3 장 행정의 행위형식

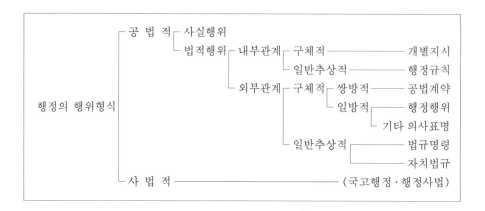

제 1 절 행정입법

제 1 항 일 반 론

Ⅰ. 행정입법의 의의

801   행정입법이란 일반적으로 국가 등의 행정주체가 일반추상적인 규범을 정립하는 작용 또는 그에 따라 정립된 규범을 의미한다. 행정입법은 실정법상의 용어가 아니고 학문상의 용어이다. 행정입법은 위임입법·종속입법·준입법 등으로 불리기도 한다. 그러나 법원에 의한 입법(예 : 대법원규칙)도 있음을 고려할 때, 행정입법이라는 용어가 적합하다.

Ⅱ. 행정입법의 필요성

802   법치행정의 원리의 철저한 실현은 행정권의 조직과 작용에 관한 모든 것을 법률로 정하는 것이라 할 수 있다. 그러나 이것은 불가능하다.[1] 왜냐하면 국회

---

[1] 헌재 2011. 9. 29, 2010헌가93(현대국가에 있어서 국민의 권리·의무에 관한 것이라 하여 모든 사항을 국회에서 제정한 법률만으로 규정하는 것은 불가능한바, 이는 행정영역이 복잡·다기하여 상황의 변화에 따라 다양한 방식으로 적절히 대처할 필요성이 요구되는 반면, 국회의 기술적·전문적 능력이나 시간적 적응능력에는 한계가 있기 때문이다).

가 모든 사항을 예측하여 법률로 정한다는 것은 국회의 능력상 불가능하고, 설령 가능하다고 하여도 법률의 내용은 엄청난 양이 되어버리기 때문이다. 따라서 전문기술적인 판단을 요하거나, 사정의 변화에 따라 능동적으로 대처하여야 하거나, 정치적으로 중립적인 입장에서 정하는 것이 바람직한 사항들에 관해서는 기본적인 목적·요건·내용만을 국회가 정하고 세부적인 사항은 정부로 하여금 정하게 하는 것이 바람직한바, 여기에 행정입법(특히 법규명령)의 필요성이 있다.[1] 요컨대 행정입법은 입법의 분업, 권력분립원리의 협동의 한 형식이라 할 수 있다.

Ⅲ. 법치주의와의 관계

앞에서 본 바와 같이 행정입법이 불가피하다고 하여도 행정입법(특히 법규명령)은 의회입법원칙의 예외를 구성하게 된다. 따라서 행정입법은 법치주의에 반하는 것이 아닌가의 문제가 생긴다. 그러나 행정입법은 법률의 위임이 있을 때에만 가능하고(헌법 제75조·제95조), 아울러 행정입법은 사법심사의 대상이 되는 것이므로(헌법 제107조 제2항) 법치주의에 반하는 제도는 아니다. 문제는 행정입법의 한계를 어떻게 설정하며, 그에 대한 효과적인 통제책을 어떻게 확보할 것인가에 놓인다고 하겠다.
803

Ⅳ. 행정입법의 종류

1. 국가행정입법과 지방자치행정입법

좁은 의미에서 행정입법이란 국가행정권에 의한 입법을 말하고, 넓은 의미에서 행정입법이란 국가행정권에 의한 입법과 지방자치단체에 의한 입법을 포함한다. 통설은 국가행정권에 의한 입법을 다시 법규의 성질을 갖는 법규명령과 법규의 성질을 갖지 않는 행정규칙으로 구분한다. 행정규칙은 행정명령이라고도 한다. 그런데 행정규칙이 법규의 성질을 갖지 않는다는 견해에 대해서는 반론도 있다. 한편 자치입법은 다시 조례와 규칙, 교육규칙으로 구분된다. 이하에서는 국가행정권에 의한 입법만을 보기로 한다.[2]
804

---

1) 헌재 2015. 7. 30, 2013헌바204(조세법률주의의 요청에도 불구하고, 사회현상의 복잡다기화와 국회의 전문적·기술적 능력의 한계 및 시간적 적응능력의 한계로 인하여 조세부과에 관련된 모든 법규를 예외 없이 형식적 의미의 법률에 의하여 규정한다는 것은 사실상 불가능할 뿐만 아니라 실제에 적합하지도 아니하기 때문에, 경제현실의 변화나 전문적 기술의 발달에 즉시 대응하여야 할 필요 등 부득이한 사정이 있는 경우에는 국회가 제정한 형식적 법률보다 더 탄력성이 있는 행정입법에 위임하는 것이 허용된다).

2) 행정규칙은 행정'입법'의 일종이 아니므로 법규명령과 행정규칙을 통틀어 행정입법이란 개념으로 부르는 일반적인 용어법은 잘못이라는 주장이 있다(홍준형, 행정법, 302쪽(2019)). 그러나

2. 법규명령과 행정규칙의 구별기준

805   ⑴ **전통적 견해**   전통적으로 법규명령은「법령상의 수권에 근거하여 행정권이 정립하는 규범으로서 국민과의 관계에서 일반구속적인(즉, 외부효가 있는) 규범」으로, 행정규칙은「행정조직 내부 또는 특별한 공법상의 법률관계 내부에서 그 조직과 활동을 규율하는 일반추상적인 명령으로서 법규적 성질을 갖지 않는 것」으로 정의되어 왔다. 그러나 법령상 수권에 근거하여 발령되는 대통령령·총리령·부령에 규정된 사항 중에도 사항 그 자체의 성질상 외부적 구속효를 갖지 아니하는 것(예 : 직제)이 있는가 하면, 법령상 수권없이 발령되는 고시에 규정된 사항 중에 법규적 성질을 갖는 것도 있을 수 있다는 저자의 입장에서 보면, 외부효유무나 입법형식은 양자를 구분하는 결정적인 기준은 아니다. 또한 공포의 절차·방식을 법규명령과 행정규칙의 구분기준으로 삼기도 하지만, 법률(법령 등 공포에 관한 법률)의 개정으로 법규명령과 행정규칙의 공포의 절차·방식은 동일 내지 유사하게 할 수도 있는 것이므로 공포의 절차·방식도 양자의 구분기준으로서 충분한 것은 아니다.

806   ⑵ **사 견**   생각건대 헌법이 국가의 최고규범이라면, 법규명령과 행정규칙의 구분은 헌법의 관점에서 이루어져야 할 것이다. 헌법상 법규명령과 행정규칙의 구분은 행정입법의 본질적인 문제라 할 권력분립원리·법률유보원리, 그리고 헌법상 법률유보사항 등의 종합적인 고려하에서 이루어져야 할 것이다. 이리하여 ① 헌법제정권력자가 제1차적으로 국회에 부여한 입법권한을 국회가 다시 행정권에 위임하고, 그 위임에 근거하여 행정권이 정하는 입법(위임입법)과 헌법제정자가 국회 제정 법률의 집행을 위한 입법권한을 바로 행정권에 위임하고, 행정권이 그러한 헌법적 위임에 근거하여 정하는 입법(집행명령)을 대상으로 법규명령의 개념을 정립하고, ② 행정권이 헌법제정권자로부터 부여받은 고유한 권능인 사무집행권에 근거하여 정하는 입법을 대상으로 행정규칙의 개념을 정립하여 양자를 구분하는 것이 헌법에 적합한 접근방법일 것이다(전통적 견해가 바탕으로 하는 헌법적 근거는 불분명하다). 전통적 견해가 취하는 헌법적 근거는 불분명하다. 양자의 차이점을 비교해보면 아래 표와 같이 요약될 수 있다.

행정규칙도 내부법으로서 입법이고, 뿐만 아니라 외부법의 성격을 가지는 경우도 있는바, 역시 행정입법의 일종이라 볼 것이다.

〈법규명령과 행정규칙의 비교〉

807

	법규명령(위임명령·집행명령)	행정규칙
성 격	타율적 행정입법	자율적 행정입법
제정근거	개별 법령상 수권	행정권에 고유한 권능(사무지도권능)
규정사항	법률유보사항(입법사항)과 비유보사항	법률유보사항 아닌 사항(비유보사항)
효과의 성질	원칙 : 외부적 구속효 예외 : 내부적 구속효(규정내용의 성질상)	원칙 : 내부적 구속효 예외 : 외부적 구속효(예, 수익적 사항을 규정하는 법률보충규칙)
법형식	원칙 : 헌법 제75조·제95조 등 헌법이 예정한 대통령령·총리령·부령형식의 법규명령 예외 : 행정규제기본법 제4조 제2항 단서에 근거한 훈령형식의 법규명령(법률보충규칙)	원칙 : 사무관리규정이 예정한 고시·훈령 등의 형식의 행정규칙 예외 : 대통령령·총리령·부령형식의 행정규칙
형 식	법령 등 공포에 관한 법률 적용	법령 등 공포에 관한 법률 적용 없음
절 차	법령 등 공포에 관한 법률 적용	법령 등 공포에 관한 법률 적용 없음
공 포	효력발생요건	일반적으로 요구되지 아니함
수범자	국민, 경우에 따라 행정청	행정에 관여하는 자
위 반	허용 안 됨	허용되기도 함

V. 행정의 입법활동과 행정법제의 개선

1. 행정의 입법활동[1]

(1) 의 의　　　국가나 지방자치단체가 법령등을 제정·개정·폐지하고자 808
하거나 그와 관련된 활동(법률안의 국회 제출과 조례안의 지방의회 제출을 포함하며, 이
하 이 장에서 "행정의 입법활동"이라 한다)을 할 때에는 헌법과 상위 법령을 위반해서
는 아니 되며, 헌법과 법령등에서 정한 절차를 준수하여야 한다(기본법 제38조 제
1항).[2]

(2) **활동기준**　　　행정의 입법활동은 다음 각 호(1. 일반 국민 및 이해관계자로부 809
터 의견을 수렴하고 관계 기관과 충분한 협의를 거쳐 책임 있게 추진되어야 한다. 2. 법령등의
내용과 규정은 다른 법령등과 조화를 이루어야 하고, 법령등 상호 간에 중복되거나 상충되지
아니하여야 한다. 3. 법령등은 일반 국민이 그 내용을 쉽고 명확하게 이해할 수 있도록 알기

---

1) 이에 관해 졸저, 행정기본법해설 제38조 부분 참조.
2) 이에 관해 졸저, 행정기본법해설 279쪽 참조.

쉽게 만들어져야 한다)의 기준에 따라야 한다(기본법 제38조 제2항).[1]

2. 행정법제의 개선[2]

809a   (1) **행정법령의 개선**   정부는 권한 있는 기관에 의하여 위헌으로 결정되어 법령이 헌법에 위반되거나 법률에 위반되는 것이 명백한 경우 등 대통령령으로 정하는 경우에는 해당 법령을 개선하여야 한다(기본법 제39조 제1항).

809b   (2) **법령 분석**   정부는 행정 분야의 법제도 개선 및 일관된 법 적용 기준 마련 등을 위하여 필요한 경우 대통령령으로 정하는 바에 따라 관계 기관 협의 및 관계 전문가 의견 수렴을 거쳐 개선조치를 할 수 있으며, 이를 위하여 현행 법령에 관한 분석을 실시할 수 있다(기본법 제39조 제2항).

제 2 항   법규명령

Ⅰ. 법규명령의 관념

1. 의   의

(1) 개   념

810   (가) **전통적 견해**   법규명령이란 법령상의 수권에 근거하여 행정권이 정립하는 규범으로서 국민과의 관계에서 일반구속적인 규범을 의미한다. 바꾸어 말하면 헌법·법률 등 법령상의 근거를 갖고 제정된 것으로서, 법규의 성질을 갖는 행정입법을 의미한다. 전통적 견해는「법령의 근거」와「법규성(국민관계에서의 구속성)」을 법규명령개념의 필수요소로 본다. 전통적 견해에 따르면, 법령의 위임에 근거하여 제정되었으나 법규성을 갖지 아니하는 것은 법규명령에 해당하지 아니한다. 헌법재판소도 전통적 견해를 따르고 있다.[3]

---

1) 이에 관해 졸저, 행정기본법해설 280쪽 참조.

2) 이에 관해 졸저, 행정기본법해설 제38조 부분 참조.

3) 헌재 2001. 4. 26, 2000헌마122(위임입법이란 법률 또는 상위명령에서 구체적으로 범위를 정하여 위임받은 사항에 관하여 법규로서의 성질을 가지는 일반적·추상적 규범을 정립하는 것을 의미하는 것으로서 형식적 의미의 법률(국회입법)에는 속하지 않지만 실질적으로는 행정에 의한 입법으로서 법률과 같은 성질을 갖는 법규의 정립이기 때문에 권력분립주의 내지 법치주의 원리에 비추어 그 요건이 엄격할 수밖에 없으니 법규적 효력을 가지는 행정입법의 제정에는 반드시 구체적이며 명확한 법률의 위임을 요하는 것이다(헌법 제75조); 헌재 1993. 5. 13, 92헌마80.

〈법규명령개념요소에 대한 전통적 견해와 본서의 견해의 비교〉 811

법령의 근거	법규성	전통적 견해	본서의 견해
유	유	법규명령	법규명령(원칙)
유	무	(논급 없음)	법규명령(예외)(예, 대통령령인 직제)

(ᄂ) 사 견   법규명령이란 법령상의 수권에 근거하여 행정권이 정립하는 812
규범으로서 국민과의 관계에서 통상적으로 법규성을 갖는 행정입법을 말한다.
이러한 본서의 입장은 「법령의 근거」는 법규명령개념의 필수요소이지만, 「법규
성」은 통상적으로 요구되는 요소(常素)일 뿐 필수요소는 아니라는 입장이다. 본
서의 입장에서는 직제를 법규명령의 일종으로 본다. 일설은 법규명령을 "위임에
의하여 또는 법령을 시행하기 위하여 제정된 것"으로 이해하는 입장도 있다.[1]
그러나 집행명령의 제정권한은 바로 헌법에 의해 직접 행정권에 수권되고 있기
때문에(집행명령으로서 대통령령은 헌법 제75조에 의해, 총리령·부령으로서의 집행명령은
헌법 제95조에 의해 직접 수권되고 있다), 전체로서 법규명령(위임명령＋집행명령)은 모
두 법령(헌법을 포함하는 광의의 의미의 법령)의 수권에 의해 행정권이 정립하는 법
규라 정의할 수 있다.[2]

(2) 법규명령과 법형식

(ᄀ) 법령에 근거하지 아니한 시행령·시행규칙   법규명령은 「법령의 수권 등」 813
을 개념요소로 하여 내용적으로 파악된 개념이지, 법형식에 의해 파악된 개념은
아니다. 따라서 법령에 근거하지 아니한 시행령·시행규칙 등은 법규명령이 아
니고 행정규칙일 뿐이다. 일설은 법규명령(대통령령·총리령·부령을 뜻하는 것으로 보
인다)의 형식을 취하면서 법률의 수권없이 제정된 것을 법규명령형식의 행정규
칙이라 부르기도 한다.[3]

(ᄂ) 법령에 근거한 훈령·예규 및 고시   행정기본법은 법률 및 대통령령·총 814

---

1) 김남진, 고시저널, 1995. 9, 26쪽.
2) 독일문헌상으로는 법규명령(Rechtsverordnung)을 "정부나 행정기관이 일반적인 국가권력관계
   의 규율을 위하여 일정한 형식으로, 공법상 일방적으로 발하는 추상적이고도 일반적인 명령"으
   로 정의하면서 발령에 법률의 수권이 필요하다는 견해(Wolff/Bachof/Stober/Kluth, Verwal-
   tungsrecht(12. Aufl.), §25, Rn. 40f.), "정부나 행정관청이 법률의 수권에 근거하여 발하는 법
   률에 하위하는 법규범"(Ipsen, Allgemeines Verwaltungsrecht, §5, Rn. 291), "법률의 수권에
   근거하여 집행기관이 발하는 법규범"(Battis, Allgemeines Verwaltungsrecht, S. 29), "국가사무
   의 수행을 위하여 집행기관이 발령하는 법규범"으로 정의하면서 발령에 법률의 수권이 필요하
   다는 견해(Detterbeck, Allgemeines Verwaltungsrecht, §12, Rn. 824, 826) 등을 볼 수 있다.
3) 김남진, 행정법(Ⅰ), 158쪽(2019).

리령·부령 또는 국회규칙·대법원규칙·헌법재판소규칙·중앙선거관리위원회규칙 및 감사원규칙의 위임을 받아 중앙행정기관(「정부조직법」 및 그 밖의 법률에 따라 설치된 중앙행정기관을 말한다. 이하 같다)의 장이 정한 훈령·예규 및 고시 등 행정규칙을 행정기본법에서 말하는 법령등의 일종으로 규정하고 있다(기본법 제2조 제1호 가목 3). 행정기본법상 법령등은 국민에게도 구속력을 갖는 규범이므로, 이러한 훈령·예규 및 고시 등 행정규칙은 성질상 법규명령에 해당한다. 이러한 행정규칙을 고시(훈령)형식의 법규명령 또는 법률보충규칙이라 부른다.

815　　　㈐ 법규명령의 형식　　　본서의 개념정의 방식에 따르면 법규명령도 그 형식과 관련하여 「대통령령·총리령·부령형식의 법규명령」과 「고시(훈령)형식의 법규명령」으로 구분될 수 있다. 시행령·시행규칙의 형식의 법규명령이 원칙적인 법형식이라 하겠다.

816　　　⑶ 법규명령의 성질　　　① 법규명령은 법규이므로 이에 위반하는 행위는 위법행위가 된다.[1] 다만 규정내용의 성질상 법규명령이 행정 내부적으로만 구속력을 가지는 경우에는 국민과의 관계에서 위법의 문제가 제기되지 아니할 수도 있다. 한편, ② 법규명령의 성질은 입법이지만, 행정의 행위형식의 하나이다. 법규명령의 제도가 있음으로 하여 행정권은 법률을 적용·집행함에 있어서 개별적인 사건만을 규율하는 것이 아니라, 다수의 사건과 다수인이 관련되는 사건을 통일적으로 규율할 수 있게 된다. 말하자면 법규명령은 효과적인 행정수행을 위한 행위형식 중의 하나이다.

　　　⑷ 처분적 법규명령과 집행적 법규명령

817　　　㈎ 처분적 법규명령　　　처분적 법규명령이란 대통령령·총리령·부령 등의 법규명령의 형식을 취하지만, 실질적으로는 행정행위의 개념징표인[2] 관련자의 개별성과 규율사건의 구체성을 가짐으로써 행정행위의 성질을 갖는 법규명령을 말한다(예 : 대판 1996. 9. 20, 95누8003에서 다투어진 두밀분교폐지조례). 처분적 법규명령은 행정소송법상 처분성을 갖는바, 항고소송의 대상이 된다.[3]

---

1) 대판 2006. 6. 27, 2003두4355(구 여객자동차 운수사업법 시행규칙 제31조 제2항 제1호, 제2호, 제6호는 구 여객자동차 운수사업법 제11조 제4항의 위임에 따라 시외버스운송사업의 사업계획변경에 관한 절차, 인가기준 등을 구체적으로 규정한 것으로서, 대외적인 구속력이 있는 법규명령이라고 할 것이고, 그것을 행정청 내부의 사무처리준칙을 규정한 행정규칙에 불과하다고 할 수는 없다. 따라서 원심이 인정하는 바와 같이 피고가 이 사건 시외버스운송사업계획변경인가처분을 함에 있어서 이 사건 각 규정에서 정한 절차나 인가기준 등을 위배하였다면, 이 사건 처분은 위법함을 면하지 못한다고 할 것이다).

2) 본서, 옆번호 1109 이하 참조.

3) 처분적 입법의 법적 취급은 시종 법규범으로서의 위상에 맞추어야 한다는 시각에서 처분적 입법에 처분성을 인정하는 것은 규범체계상 문제가 있음을 지적하는 견해도 있다(김중권의 행정

⒝ **집행적 법규명령**　　넓게 보면, 법규명령은 상위법령의 집행을 위한 것이　818
므로 모든 법규명령이 집행적 법규명령이라 할 수 있다. 그러나 학설은[1] 집행
적 법규명령을 집행행위의 매개 없이 직접 국민의 권리와 의무를 규율하는 일
반·추상적 규율로서의 법규명령으로 이해하기도 한다(예 : 식품위생법 제44조 제1항
[식품접객영업자 등 대통령령으로 정하는 영업자와 그 종업원은 영업의 위생관리와 질서유지,
국민의 보건위생 증진을 위하여 영업의 종류에 따라 다음 각호에 해당하는 사항을 지켜야 한
다]과 식품위생법시행령 제29조 제1항[법 제44조 제1항에서 "식품접객영업자 등 대통령령으
로 정하는 영업자"란 다음 각호의 영업자를 말한다. (예시) 7. 제21조 제8호의 식품접객업자]
에 근거한 식품위생법시행규칙 제57조[법 제44조 제1항에 따라 식품접객영업자 등이 지켜야
할 준수사항. (예시) 업소 안에서는 도박이나 그 밖의 사행행위 또는 풍기문란행위를 방지하
여야 하며, 배달판매 등의 영업행위 중 종업원의 이러한 행위를 조장하거나 묵인하여서는 아
니 된다]를 볼 수 있다). 집행적 법규명령은 법규명령의 전형적인 형태의 하나이다.

⒞ **양자의 차이**　　처분적 법규명령과 집행적 법규명령 모두 집행행위의 매　819
개 없이 직접 국민의 권리와 의무를 규율한다. 그러나 처분적 법규명령은 행정
행위의 개념징표인 개별·구체성을 갖지만, 집행적 법규명령은 일반·추상성을
갖는다. 처분적 법규명령은 처분성을 갖지만, 집행적 법규명령은 처분성을 갖지
아니한다.

2. 기　　능

⑴ **법규명령의 전문성·기술성**　　법규명령은 전래적 법원으로서 정치적 성　820
격은 미약하다. 법규명령은 의회의 입법권한을 잠식하는 것이 아니라 오히려 전
문적이고도 기술적인 사항을 규율함으로 인하여 의회가 정치적인 사항에 전념
케 하는 데 기여한다.[2]

⑵ **형성의 자유**　　법규명령의 제정권자는 법규명령의 제정·개정시에 형성　821
의 자유를 갖지만, 그 자유는 한계를 갖는다.[3]

법(2019), 192쪽).

1) 정하중, 법률의 개념 — 일반적 법률, 개별적 법률 그리고 집행적 법률에 대하여, 공법연구, 제
24집 제2호, 179쪽 이하; 동교수, 집행적 법규명령과 처분적 법규명령의 개념, 법률신문, 2006.
8. 17, 14쪽.

2) Ossenbühl, in : Erichsen(Hrsg.), Allgemeines Verwaltungsrecht, §6, Rn. 13.

3) 대판 2017. 12. 22, 2015두36010(대규모유통업에서의 거래 공정화에 관한 법률(이하 '대규모유
통업법'이라 한다) 제35조 제1항 본문, 제2항 전단, 대규모유통업에서의 거래 공정화에 관한 법
률 시행령 제28조 제1항, 제2항의 내용과 체제 및 취지에 비추어 보면, 대규모유통업법령은 위
반행위별 과징금 상한만을 정하면서, 위반행위별 '과징금 산정기준'은 공정거래위원회가 합리
적인 재량에 따라 정할 수 있도록 한 것으로 볼 수 있다. 그러나 이러한 재량이 인정된다고 하
더라도, '위반행위별 과징금 산정기준'은 위반행위의 내용 및 정도, 기간 및 횟수, 위반행위로
취득한 이익의 규모 외에도 대규모유통업법의 입법 목적, 각 위반행위의 특유한 성격과 내용,

3. 문 제 점

822　　　의회가 국민으로부터의 책임을 회피하기 위해 의도적으로 정부에 대해 광범위하게 법규명령의 제정을 위임한다면, 이는 의회가 갖는 권한을 스스로 포기하는 결과를 초래할 것이다. 특히 골격입법·백지수표식 수권법이 나타나는 경우에는 법치주의의 파괴를 초래할 수도 있을 것이다.[1] 이 때문에 법규명령의 한계와 통제가 중요한 문제로 부각될 수밖에 없다.

Ⅱ. 법규명령의 종류와 문제점

1. 비상명령·법률대위명령·법률종속명령(법적 효력의 위상을 기준으로 한 구분)

823　　　⑴ **비상명령**　　　비상명령이란 비상사태의 수습을 위해 헌법을 정지시키거나 보완하기 위해 발해지는 헌법적 효력을 갖는 명령으로 이해된다. 비상명령의 예로 우리나라의 제4공화국 헌법상의 긴급조치, 제5공화국 헌법상의 비상조치를 들 수 있다. 다만 현행헌법상으로는 비상명령이 인정되지 아니한다.

824　　　⑵ **법률대위명령**　　　법률대위명령이란 법률적 효력을 갖는 명령을 말한다. 일반적으로 법률대위명령은 헌법적 근거를 요한다. 현행헌법 제76조의 긴급명령, 긴급재정·경제명령이 법률대위명령에 해당한다. 법률대위명령은 헌법에 직접 근거하여 발해진다(독립명령).

825　　　⑶ **법률종속명령**　　　법률종속명령이란 법률보다 하위의 효력을 갖는 명령을 말한다. 이것은 법률의 범위 내에서만 효력을 갖는다. 법률종속명령은 다시 위임명령과 집행명령으로 나누어진다. 입법의 실제상 위임명령과 집행명령은 통상 시행령·시행규칙이라 불리우는 하나의 명령에서 규율됨이 일반적이다.

826　　　⑦ **위임명령**　　　위임명령이란 상위법령에서 위임받은 사항을 정하는 명령을 말한다. 위임에 의한 것이기 때문에 위임받은 범위 내에서 법규적인 사항을 정할 수 있다. 위임명령은 성질상 법령을 보충하는 명령이라 할 수 있다(헌법 제

제재의 취지와 목적, 과징금 산정의 곤란 여부, 법령이 정한 과징금 부과 상한과의 관계 등을 종합적으로 고려하여 합리적으로 정하여져야 한다).

 1) 이의 대표적인 예로 1933년 3월 24일자 독일제국의 '국민과 제국의 위기극복을 위한 법률'(Das Gesetz zur Behebung der Not von Volk und Reich)을 볼 수 있다. 동법률은 통상 수권법(Ermächtigungsgesetz)으로 불리고 있다. 동법률 제1조는 "라이히(제국)법률은 라이히헌법에서 규정된 절차 외에 라이히정부에 의해서도 제정될 수 있다. 이것은 라이히 헌법 제85조 제2항과 제87조에서 규정된 법률의 경우에도 적용된다"고 규정하였으며, 제2조는 "라이히정부가 제정하는 법률은 라이히하원(Reichtag)과 라이히상원(Reichrat)의 존립(Einrichtung)을 대상으로 하지 않는 한 라이히헌법에 어긋날 수 있다. 라이히대통령의 권한은 영향을 받지 아니한다"고 규정하였다. 그리고 동법은 제5조에서 동법률이 1937년 4월 1일까지 효력을 갖도록 규정하였다.

75조·제95조).

(내) **집행명령**　　집행명령이란 상위법을 시행하기 위해 발해지는 명령을 말 827
한다. 따라서 집행명령은 상위법의 시행에 필요한 절차·형식의 규율을 주된 내
용으로 한다. 집행명령으로 새로운 법규사항을 정할 수는 없다. 그리고 집행명
령은 상위법을 집행하기 위한 것이므로, 상위법의 집행과 무관한 독자적인 집행
명령은 인정될 수가 없다.[1] 물론 현행 헌법상 집행명령은 헌법 제75조·제95조
에서 직접적인 근거를 갖는다.

2. 직권명령·위임명령(법적 근거를 기준으로 한 구분)

① 직권명령이란 개별구체적인 법률이나 명령상의 근거없이 조직법상 갖는 828
권한에 의거하여 소관사무를 시행하기 위해 직권으로 발하는 명령을 말한다. 직
권명령에는 ⓐ 헌법적 효력을 갖는 비상명령(현행 실정법상 예는 없다), ⓑ 법률대
위적 명령, ⓒ 법률종속명령인 집행명령이 있다. 그런데 앞의 ⓑ에 관해서는 헌
법 제76조에서, ⓒ에 관해서는 헌법 제75조·제95조에서 규정되고 있다. ② 위
임명령이란 법률이나 명령의 개별적인 위임에 따른 명령을 의미한다(헌법 제75조·
제95조를 보라).

3. 대통령령·총리령·부령 등(제정권자를 기준으로 한 구분)

(1) **대통령령**　　대통령령은 헌법 제75조·제76조에서 규정되고 있다. ① 헌 829
법 제75조의 대통령령은 입법의 실제상 시행령이라 불리기도 한다. 동조의 대
통령령에는 위임명령과 집행명령이 포함된다. 위임명령은 법률에서 구체적으로
범위를 정하여 위임받은 사항을 규율하는 명령이고, 집행명령은 법규를 집행하
기 위하여 발하는 명령을 말한다. 일반적으로 대통령령이란 헌법 제75조에 의
한 대통령령을 말한다. 한편 ② 헌법 제76조의 대통령령은 통상 긴급재정·경제
명령(동조 제1항)과 긴급명령(동조 제2항)으로 불린다. 이러한 명령들은 헌법 제75
조의 대통령령과 달리 법률적 효력을 갖는다.

(2) **총 리 령**　　총리령이란 국무총리가 법률 또는 대통령령의 위임 또는 830
직권에 따라 발하는 명령을 말한다. 총리령의 근거는 헌법 제95조에서 규정되
고 있다. 총리령에도 위임명령과 집행명령이 포함된다.

(3) **부　　령**　　부령이란 행정각부의 장이 법률이나 대통령령의 위임 또는 831

---

1) 그간 문제되었던 '관공서의 공휴일에 관한 규정'은 국가공무원법 제67조, '사무관리규정(현, 행
　정업무의 효율적 운영에 관한 규정)'은 정부조직법 제29조 1항, '군인복무규정'은 군인사법 제3
　조에 근거를 둔 집행명령으로 이해될 수 있다. 일설은 사무관리규정을 모법이 없는 대통령령으
　로 이해하기도 한다(김남진, 고시계, 1996. 12, 21쪽).

직권으로 발하는 명령을 말한다. 부령의 근거는 헌법 제95조에서 규정되고 있
다. 부령은 입법의 실제상 시행규칙으로 불리기도 한다. 부령 역시 위임명령과
집행명령으로 이루어진다.

832   　　⑷ 기　　　타　　　그 밖에 헌법상 인정되고 있는 법규명령으로 헌법 제6조
제1항·제73조·제89조 제3호에 의한 국제법, 헌법 제114조 제6항의 중앙선거관
리위원회규칙 등이 있다.[1] 한편, 헌법재판소는 위임입법의 형태로 헌법 제75조
와 제95조에서 열거하고 있는 대통령령, 총리령 또는 부령 등의 행정입법을 예
시적인 것으로 본다.[2]

4. 실정법상 문제점

833   　　⑴ **총리령과 부령의 효력상 우열**　　　총리령과 부령 사이의 효력의 우열에 관
해 견해의 대립이 있다. 총리령이 우월하다는 견해[3]는 국무총리가 행정각부에
대해 통할권을 갖고 있음을 근거로 삼는다. 한편 효력이 같다는 견해[4]는 총리
령은 국무총리가 행정각부의 장과 동일한 지위에서, 즉 중앙행정관청의 지위에
서 소관사무에 대해 발하는 것임을 근거로 삼는다. 생각건대 행정각부와 관련된
헌법상 국무총리의 임무는 대통령의 명을 받아 행정각부를 통할하는 것이므로,
이러한 사무를 수행하는 한에 있어서 총리령은 부령에 우월하다고 볼 것이다.[5]
그래야만 행정각부에 대한 대통령의 지휘·감독은 의미있는 것이 되기 때문이다.

834   　　⑵ **국무총리직속기관의 법규명령**　　　헌법은 부령의 발령권자를 행정각부
의 장으로 규정하고 있으므로, 행정각부의 장에 해당하지 않는 기관의 장(예 :
법제처장)은 부령을 발할 수 없다. 따라서 이러한 경우는 총리령으로 발할 수밖
에 없다.[6]

835   　　⑶ **규정사항**　　　헌법상 대통령령·총리령·부령 3가지 모두 법률에서 직접
위임받은 사항을 규정할 수도 있도록 되어 있는바, 3종류의 법규명령은 규정내
용에 차이가 없는가의 문제가 있다. 생각건대 대통령령과 총리령·부령 사이에

---

1) 대판 1996. 7. 12, 96우16(공직선거관리규칙은 중앙선거관리위원회가 헌법 제114조 제6항 소정
   의 규칙제정권에 의하여 공직선거및선거부정방지법(이하 법이라 한다)에서 위임된 사항과 대
   통령·국회의원·지방의회의원 및 지방자치단체의 장의 선거의 관리에 필요한 세부사항을 규정
   함을 목적으로 하여 제정된 법규명령이다).
2) 헌재 2016. 6. 30, 2013헌바370.
3) 김도창, 일반행정법(상), 312쪽; 석종현·송동수, 일반행정법(상), 137쪽.
4) 박윤흔·정형근, 최신행정법강의(상), 199쪽; 서원우, 현대행정법론(상), 337쪽; 이상규, 신행정
   법론(상), 294쪽.
5) 김동희, 행정법(Ⅰ), 148쪽(2019); 변재옥, 행정법강의(Ⅰ), 200쪽.
6) 김도창, 일반행정법론(상), 311쪽; 변재옥, 행정법강의(Ⅰ), 214쪽.

는 효력의 우열, 성립절차에 차이가 있는바, 기본권과 관련하여 보다 중요한 사항은 대통령령으로 정하도록 하는 위임의 기준을 설정할 필요가 있다고 본다. 하여튼 법령상 대통령령으로 규정하도록 되어 있는 사항을 부령으로 정한다면 그 부령은 무효가 된다.[1]

(4) **감사원규칙의 성격**　　감사원법 제52조는 "감사원은 감사에 관한 절차, 　836
감사원의 내부 규율과 감사사무 처리에 관한 규칙을 제정할 수 있다"고 규정하는바, 이에 의거하여 감사원규칙이 제정되어 있다. 그런데 이 감사원규칙이 법규명령(전통적 견해가 보는 법규명령 개념)인가, 아니면 행정규칙인가에 대해서 견해는 대립하고 있다.[2]

법규명령으로 보는 견해는,[3] ① 헌법은 일정한 법형식의 행정입법을 인정　837
하고 있으나, 법률에 의하여 그 이외의 법형식을 인정하는 것을 막는 뜻으로 해석할 것은 아니고, ② 법률의 위임에 의하여 또는 법률을 시행하기 위하여 실질적으로 법규적 내용을 정립하는 것은 국회입법의 원칙에 어긋나는 것으로 볼 수 없다는 것을 논거로 삼는다.

한편 행정규칙으로 보는 견해[4]는, ① 행정입법이 입헌주의에 대한 중대한　838
예외이기 때문에 이를 엄격하게 통제하지 않으면 걷잡을 수 없는 결과가 될 것이라는 점, ② 우리나라 헌법과 같은 고도의 경성헌법 아래서 헌법상의 국회입법원칙에 대한 예외로서의 입법형식은 헌법 스스로 명문으로 인정하는 경우에한하며, ③ 법률은 입법내용상의 구체적·한정적인 위임을 할 수 있어도 입법형식 그 자체를 창설하지 못한다는 점을 논거로 삼는다. 생각건대 법규명령설의논거가 보다 설득력이 있다고 보여지고, 또한 감사원법에서 예정되고 있는 감사원규칙으로 정할 사항은 실체법상의 권리형성적인 것이 아니라 기본적으로 감사절차에 관한 것이고, 감사원규칙도 국민권익의 효과적인 보호를 위해 국회와법원 등의 통제하에 놓여야 한다는 점을 고려하여 본서는 법규명령설을 따르기로 한다.

---

1) 대판 1962. 1. 25, 4294민상9.
2) 동일한 문제가 공정거래위원회규칙(독점규제 및 공정거래에 관한 법률 제48조 제2항)·금융위원회규칙(금융위원회의 설치 등에 관한 법률 제15조 제1항·제22조)·금융통화위원회규칙(한국은행법 제30조)·방송통신위원회규칙(방송통신위원회의 설치 및 운영에 관한 법률 제12조 제1항 제18호)·중앙노동위원회규칙(노동위원회법 제25조)의 경우에도 발생한다.
3) 김동희, 행정법(Ⅰ), 146쪽(2019); 박윤흔·정형근, 최신행정법강의(상), 200쪽; 이상규, 신행정법론(상), 294쪽.
4) 김도창, 일반행정법론(상), 311쪽; 윤세창·이호승, 행정법(상), 164쪽; 홍준형, 행정법, 287쪽(2017).

839   ⑸ **고시형식의 법규명령**   판례는 종래부터 법령의 위임에 따라 그 법령을
보충하는 기능을 가지는 훈령(고시·훈령·예규·지침 등 포함) 형식의 법규명령, 즉
법규명령(전통적 견해가 보는 법규명령 개념)의 성질을 갖는 법률보충규칙을 인정하
여 왔다.[1] 한편, 행정규제기본법도 "규제는 법률에 직접 규정하되, 규제의 세부
적인 내용은 법률 또는 상위법령에서 구체적으로 범위를 정하여 위임한 바에
따라 대통령령·총리령·부령 또는 조례·규칙으로 정할 수 있다. 다만, 법령에서
전문적·기술적 사항이나 경미한 사항으로서 업무의 성질상 위임이 불가피한 사
항에 관하여 구체적으로 범위를 정하여 위임한 경우에는 고시 등으로 정할 수
있다(제4조 제2항)"고 하여 법규명령으로서 법률보충규칙을 규정하고 있다. 동법
상 법률보충규칙이 헌법상 명시적으로 규정되고 있는 것은 아니지만, 우리 헌법
상 민주국가원리와 법치국가원리에 비추어 헌법질서에 반하는 것은 아니라 할
것이다.[2] 고시형식의 법규명령으로 인해 법규명령의 법형식은 대통령령·총리
령·부령에 한정되지 아니한다.

Ⅲ. 법규명령의 근거와 한계

1. 긴급명령, 긴급재정·경제명령의 근거와 한계

840   긴급명령, 긴급재정·경제명령은 헌법 제76조에서 근거를 갖는 것이고, 따
라서 긴급명령, 긴급재정·경제명령의 발령과 한계는 헌법 제76조가 정한 바에
따른다. 이에 관해 자세한 것은 생략하기로 한다.

2. 위임명령의 근거와 한계

⑴ 근 거

841   ㈎ **법률 또는 상위명령**   위임명령은 헌법 제75조(대통령은 법률에서 구체적으
로 범위를 정하여 위임받은 사항…에 관하여 대통령령을 발할 수 있다)와 헌법 제95조(국
무총리 또는 행정각부의 장은 소관사무에 관하여 법률이나 대통령령의 위임…으로 총리령 또
는 부령을 발할 수 있다)에 따라서 법률이나 상위명령에서 구체적으로 범위를 정한
개별적인 수권이 있는 경우에만 가능하다.[3] 한편 판례는 경우에 따라 예시적

---

1) 대판 2006. 4. 27, 2004도1078. 그리고 옆번호 923 이하를 보라.
2) 일설은 "국민생활을 일방적으로 규율하는 효력을 가지는 법규명령을 행정규칙의 형식으로 발
   하는 것은, 국민의 권익보호를 위하여 법규명령의 제정에 있어서 법률적 근거를 요하게 하고
   보다 엄격한 절차와 형식에 의하도록 하고 있는 헌법(제75조, 제95조) 및 현행법(법령등공포에
   관한법률)의 취지에 반하는 것으로 판단된다"고 한다. 그러나 오히려 법령등공포에관한법률을
   개정하여 고시형식의 법규명령의 적정한 제정절차를 규정하는 조문을 두는 것이 보다 실제적
   이고 현실적인 방법이라 생각된다.
3) 대판 1980. 12. 9, 79누325; 대판 1995. 12. 8, 95카기16; 헌재 2021. 5. 27, 2019헌바332(위임입

위임도 인정한다.[1] 위임입법에 구체적 위임을 요구하는 것은 국민의 기본권을 보호하기 위한 것이다.[2] 판례는 일정한 경우에 명시적인 위임규정이 없어도 해석상 위임이 가능한 것으로 본다.[3]

(내) **근거법령의 적법성**　　한편, 법규명령의 근거를 제공하는 수권법률은 법규명령의 제정시점에 유효한 것이어야 한다. 충분한 수권의 근거가 없이 발령된 법규명령이 사후적인 법률로 치유될 수 없다. 판례의 입장은 다른 것으로 보인다.[4] 또한 수권법률이 사후적으로 개정되거나 폐지되면, 그에 따른 법규명령도 효력을 상실한다. 물론 개정된 수권의 근거가 여전히 종전의 법규명령과 관련한다면, 효력을 지속한다.　842

(다) **근거법령의 명시**　　그리고 법령의 위임관계는 하위 법령의 개별조항에서 위임의 근거가 되는 상위 법령의 해당 조항을 구체적으로 명시하는 것이 바람직하다. 그러나 판례는 이를 반드시 구체적으로 명시하는 것을 요구하지는 아니한다.[5]　843

(라) **근거법령의 사후보완**　　판례는 "일반적으로 법률의 위임에 따라 효력을　844

법이란 법률 또는 상위명령에서 구체적으로 범위를 정하여 위임받은 사항에 관하여 법규로서의 성질을 가지는 일반적·추상적 규범을 정립하는 것을 의미하는 것으로서, 형식적 의미의 법률(국회입법)에는 속하지 않지만 실질적으로는 행정에 의한 입법으로서 법률과 같은 성질을 갖는 법규의 정립이기 때문에 권력분립주의 내지 법치주의 원리에 비추어 반드시 구체적이며 명확한 법률의 위임을 요하는 것이다).

1) 대판 2014. 8. 20, 2012두19526(법률의 시행령이나 시행규칙은 법률에 의한 위임이 없으면 개인의 권리·의무에 관한 내용을 변경·보충하거나 법률이 규정하지 아니한 새로운 내용을 정할 수는 없지만, 법률의 시행령이나 시행규칙의 내용이 모법의 입법 취지와 관련 조항 전체를 유기적·체계적으로 살펴보아 모법의 해석상 가능한 것을 명시한 것에 지나지 아니하거나 모법 조항의 취지에 근거하여 이를 구체화하기 위한 것인 때에는 모법의 규율 범위를 벗어난 것으로 볼 수 없으므로, 모법에 이에 관하여 직접 위임하는 규정을 두지 아니하였다고 하더라도 이를 무효라고 볼 수는 없다. 이러한 법리는 지방자치단체의 교육감이 제정하는 교육규칙과 모법인 상위 법령의 관계에서도 마찬가지이다).

2) 헌재 2001. 4. 26, 2000헌마122; 헌재 2021. 5. 27, 2019헌바332.

3) 대법 2016. 12. 1, 2014두8650(법률의 시행령은 법률에 의한 위임이 없으면 개인의 권리·의무에 관한 내용을 변경·보충하거나 법률에 규정되지 아니한 새로운 내용을 정할 수는 없지만, 시행령의 내용이 모법의 입법 취지와 관련 조항 전체를 유기적·체계적으로 살펴보아 모법의 해석상 가능한 것을 명시한 것에 지나지 아니하거나 모법 조항의 취지에 근거하여 이를 구체화하기 위한 것인 때에는 모법의 규율 범위를 벗어난 것으로 볼 수 없으므로, 모법에 이에 관하여 직접 위임하는 규정을 두지 않았다고 하더라도 이를 무효라고 볼 수 없다).

4) 대판 1995. 6. 30, 93추83(일반적으로 법률의 위임에 의하여 효력을 갖는 법규명령의 경우, 구법에 위임의 근거가 없어 무효였더라도 사후에 법개정으로 위임의 근거가 부여되면 그 때부터는 유효한 법규명령이 되나, 반대로 구법의 위임에 의한 유효한 법규명령이 법개정으로 위임의 근거가 없어지게 되면 그 때부터 무효인 법규명령이 되므로, 어떤 법령의 위임 근거 유무에 따른 유효 여부를 심사하려면 법개정의 전·후에 걸쳐 모두 심사하여야만 그 법규명령의 시기에 따른 유효·무효를 판단할 수 있다).

5) 대판 1999. 12. 24, 99두5658.

갖는 법규명령의 경우에 위임의 근거가 없어 무효였더라도 나중에 법 개정으로 위임의 근거가 부여되면 그때부터는 유효한 법규명령으로 볼 수 있다"고 한다.[1]

844a   ㈐ **법률상 근거 유무의 판단 방법**   판례는 "하위법령에 규정된 내용이 법률상 근거가 있는지 여부를 판단함에 있어서는, 당해 특정 법령조항 하나만 가지고 판단할 것이 아니라 관련 법령조항 전체를 유기적·체계적으로 고려하여 종합적으로 판단하여야 한다. 수권법령조항 자체가 위임하는 사항과 그 범위를 명확히 규정하고 있지 않다고 하더라도 관련 법규의 전반적 체계와 관련 규정에 비추어 위임받은 내용과 범위의 한계를 객관적으로 확인할 수 있다면 그 범위 안에서 규정된 하위법령 조항은 위임입법의 한계를 벗어난 것이 아니다"라는 견해를 취한다.[2]

    ⑵ **수권상의 한계**   상위법령의 수권상의 한계란 법규명령에 대한 위임을 정하는 수권법률을 제정할 때 준수해야 할 한계를 의미한다. 수권상의 한계는 수권법률의 위헌의 문제를 가져온다.

    ㈎ **포괄적 위임의 금지**

845   1) 의 의   헌법 제75조는 "대통령은 법률에서 구체적으로 범위를 정하여 위임받은 사항과 법률을 집행하기 위하여 필요한 사항에 관하여 대통령령을 발할 수 있다"고 규정하고 있다.[3] 이것은 위임명령에 규정될 사항을 위임함에 있어서는 구체적으로 범위를 정하여 위임하여야 하고, 포괄적으로 위임해서는 안 된다는 것을 의미하는바, 이를 포괄적 위임의 금지라 한다. 포괄적 위임은 국회입법권의 포기를 뜻하는 것이 되므로 금지된다.[4] 포괄적 위임금지의 원칙은 고시형식의 법규명령에도 적용된다.[5]

846   2) 헌법 제75조의 의의   헌법 제75조는 위임입법의 근거를 마련하는 한편, 대통령령으로 입법할 수 있는 사항을 법률에서 구체적으로 범위를 정하여 위임받은 사항으로 한정함으로써 위임입법의 범위와 한계를 제시하고 있는데,[6]

---

1) 대판 2017. 4. 20, 2015두45700.

2) 헌재 2023. 7. 20, 2017헌마1376.

3) 독일기본법 제80조 제1항은 법규명령과 관련하여 "법률로서 연방정부, 연방장관 또는 주정부에게 법규명령의 발령권이 주어질 수 있다. 이 경우에 수권의 내용, 목적 및 범위가 법률에서 규정되어야 한다. 법규명령에는 법적 근거가 제시되어야 한다. 재위임을 위한 수권이 법률에서 규정되고 있다면, 재위임을 위해서는 법규명령이 필요하다"고 규정하고 있다.

4) 헌재 2013. 6. 27, 2011헌바386(법률의 위임은 반드시 구체적이고 개별적으로 한정된 사항에 대하여 행하여져야 한다. 그렇지 아니하고 일반적이고 포괄적인 위임을 한다면 이는 사실상 입법권을 백지위임하는 것이나 다름없어 의회입법의 원칙이나 법치주의를 부인하는 것이 되고 행정권의 부당한 자의와 기본권행사에 대한 무제한적 침해를 초래할 위험이 있기 때문이다).

5) 헌재 2016. 3. 31, 2014헌바382.

6) 헌재 2014. 4. 24, 2013헌가4.

이것은 행정권에 의한 자의적인 법률의 해석과 집행을 방지하고 의회입법과 법치주의의 원칙을 달성하고자 하는 것이다.[1]

3) '구체적으로 범위를 정하여'의 의미

847

a) 의 의 판례는 "헌법 제75조의 '법률에서 구체적으로 범위를 정하여'라 함은 법률에 이미 대통령령 등 하위법규에 규정될 내용 및 범위의 기본사항이 구체적이고 명확하게 규정되어 있어 누구라도 그 자체로부터 대통령령 등에 규정될 내용의 대강을 예측할 수 있어야 함을 의미하는 것"으로 이해한다.[2]

b) 명 확 성 위임의 근거법이 명확하여야 한다는 것은 근거법에 따른 848 국가의 작용이 시민에게 예측가능하고, 시민이 해석할 수 있어야 함을 의미한다.[3] 이것은 법치국가원리로부터 나온다.[4] 명확성의 정도는 사항에 따라 다르다. 기본권에 강하게 관련될수록 그리고 본질적인 사항에 관련될수록 입법자는 보다 정밀하게 규율하여야 한다.[5] 근거법이 명확하여야 한다는 것이 언제나 모든 국민에게 명확하여야 한다는 것을 뜻하는 것은 아닐 것이다.[6] 그리고 판례는 위

---

1) 헌재 2013. 10. 24, 2012헌바368.
2) 헌재 2021. 4. 29, 2017헌가25; 헌재 2017. 8. 31, 2015헌바388; 헌재 2017. 7. 27, 2015헌마1094; 헌재 2017. 5. 25, 2014헌마844; 헌재 2016. 9. 29, 2015헌바331; 헌재 1994. 7. 29, 93헌가12; 대판 2015. 1. 15, 2013두14238.
3) 헌재 2023. 2. 23, 2019헌바462(모든 법률은 법적 안정성의 관점에서 행정과 사법에 의한 법적용의 기준이 되므로 명확해야 한다. 법규범의 의미내용이 불확실하면 법적 안정성과 예측가능성을 확보할 수 없고, 법해석과 집행이 자의적으로 수행될 우려가 있기 때문이다. 그런데 통상적으로 법률규정은 일반성, 추상성을 가지는 것으로서 입법기술상 어느 정도의 보편적·일반적 개념의 용어사용은 부득이하므로, 그 법률이 제정된 목적과 다른 규범과의 연관성을 고려하여 합리적 해석이 가능한지 여부에 따라 명확성의 구비 여부가 가려진다. 따라서 당해 법률조항의 입법취지와 전체적인 체계 및 내용 등에 비추어 법관의 법 보충작용으로서의 해석을 통해 그 의미가 분명해질 수 있다면 명확성을 결여하였다고 할 수 없다); 헌재 2016. 9. 29, 2015헌바325.
4) 대판 2010. 5. 27, 선고2009두1983; Ipsen, Allgemeines Verwaltungsrecht(9. Aufl.), §5, Rn. 294.
5) BVerfGE 48, 56; Hofmann/Gerke, Allgemeines Verwaltungsrecht, S. 58; 헌재 2003. 7. 24, 2002헌바82; 대판 2000. 10. 19, 98두6265; 헌재 1998. 2. 27, 97헌바64; 헌재 2000. 7. 20, 99헌가15; 헌재 2002. 8. 29, 2000헌바50, 2002헌바56(병합); 헌재 2013. 10. 24, 2012헌바368(위임의 구체성·명확성의 요구 정도는 그 규율대상의 종류와 성격에 따라 달라질 것이지만 특히 처벌법규나 조세법규와 같이 국민의 기본권을 직접적으로 제한하거나 침해할 소지가 있는 법규에서는 구체성·명확성의 요구가 강화되어 그 위임의 요건과 범위가 일반적인 급부행정의 경우보다 더 엄격하게 제한적으로 규정되어야 하는 반면, 규율대상이 지극히 다양하거나 수시로 변화하는 성질의 것일 때에는 위임의 구체성·명확성의 요건이 완화되어야 할 것이다); 헌재 2017. 5. 25, 2014헌마844.
6) 헌재 2017. 4. 27, 2014헌바405(수범자에 대한 행위규범으로서의 법령이 명확하여야 한다는 것은 누구나 그 뜻을 명확히 알게 하여야 한다는 것을 의미하지는 않고, 일정한 신분 내지 직업 또는 지역에 거주하는 사람들에게만 적용되는 법령의 경우에는 그 사람들 중의 평균인을 기준

임규정의 명확성은 이중의 성격을 갖는 것으로 본다.[1] 한편, 위임의 근거법의 명확성과 법원의 일반성·추상성은 충돌되는 개념이 아니다.[2]

849   c) 예측가능성   판례는 "위임의 구체성·명확성 내지 예측가능성의 유무는 당해 특정조항 하나만을 가지고 판단할 것이 아니라 관련 법조항 전체를 유기적·체계적으로 종합하여 판단하여야 하고, 위임된 사항의 성질에 따라 구체적·개별적으로 검토하여야 하며, 법률조항과 법률의 입법취지를 종합적으로 고찰할 때 합리적으로 그 대강이 예측될 수 있는 것이라면 위임의 한계를 일탈하였다고 볼 수 없다"는 입장이다.[3]

850   ▎참고▐   행정조직법 관계에서 포괄위임금지원칙의 의미

헌재 2022. 9. 29, 2018헌바356(헌법 제75조는 법률이 대통령령에 위임할 경우에는 법률에 미리 대통령령으로 규정될 내용 및 범위의 기본사항을 구체적으로 규정하여 둠으로써 행정권에 의한 자의적인 법률의 해석과 집행을 방지하고 의회입법과 법치주의의 원칙을 달성하고자 하는 것이다. 이러한 취지에 비추어 볼 때, 행정조직의 설치와 직무범위 등에 관한 사항을 형식적 법률에서 정하지 않고 법규명령에 위임하더라도 헌법 제75조에서 정한 위임의 한계는 준수해야 한다. 다만 국민의 권리와 의무에 관한 사항에 대한 위임과 행정조직에 관한 사항의 위임은 그 성질이 동일하다고 보기 어려우므로 위임에서 필요로 하는 구체성과 예측가능성에 대한 판단에 있어 국민의 기본권이 문제되는 경우와 그 기준까지 동일하다고 보기는 어려울 것이다).

851   d) 예시적 위임   판례는 경우에 따라 예시적 위임도 인정한다.[4]

    으로 하여 판단하여야 한다).

 1) 헌재 2017. 5. 25, 2016헌바269(일반적으로 법률에서 일부 내용을 하위법령에 위임하는 경우 위임을 둘러싼 법률규정 자체에 대한 명확성의 문제는, 그 위임규정이 하위법령에 위임하고 있는 내용과는 무관하게 법률 자체에서 해당 부분을 완결적으로 정하고 있는지 여부에 따라 달라진다. 즉 법률에서 사용된 추상적 용어가 하위법령에 규정될 내용과는 별도로 독자적인 규율 내용을 정하기 위한 것이라면 별도로 명확성원칙이 문제될 수 있으나, 그 추상적 용어가 하위법령에 규정될 내용의 범위를 구체적으로 정해 주기 위한 역할을 하는 경우라면 명확성의 문제는 결국 포괄위임금지원칙 위반의 문제로 포섭된다).

 2) 대판 2022. 12. 29, 2020두49041(부담금의 부과요건과 징수절차를 법률로 규정하였다고 하더라도 그 규정 내용이 지나치게 추상적이고 불명확하면 부과관청의 자의적인 해석과 집행을 초래할 염려가 있으므로 법률 또는 그 위임에 따른 명령·규칙의 규정은 일의적이고 명확해야 할 것이나, 법률규정은 일반성, 추상성을 가지는 것이어서 법관의 법 보충작용으로서의 해석을 통하여 그 의미가 구체화, 명확화될 수 있으므로, 부담금에 관한 규정이 관련 법령의 입법 취지와 전체적 체계 및 내용 등에 비추어 그 의미가 분명해질 수 있다면 이러한 경우에도 명확성을 결여하였다고 할 수 없다).

 3) 헌재 2018. 3. 29, 2016헌바391; 헌재 2021. 12. 23, 2019헌바137.

 4) 대판 2018. 6. 28, 2017도13426(어선의 효율적인 관리와 안전성 확보라는 구 어선법의 목적을 달성하기 위해서는 어선의 종류와 규모 등에 따라 구체적인 검사의 필요성과 대상 등을 다르

e) 불확정개념 등의 사용   전통적인 법학방법론에 의해 보다 자세히   852
새겨질 수 있는 한, 불확정개념이나 일반조항의 사용도 가능하다. 행정청에 재
량권도 부여될 수 있다. 그러나 기본권에 대한 침해를 전적으로 행정청의 재량
에 맡기는 것은 허용될 수 없다.[1]

4) 총리령·부령과 구체적 위임   총리령과 부령을 규정하는 헌법 제95조   853
는 헌법 제75조와 달리 포괄적 위임의 금지에 관한 표현을 두고 있지 않다. 그
렇지만 헌법 제95조 역시 포괄적 위임의 금지의 원리의 적용하에 있다고 보아
야 한다. 왜냐하면 명확성의 원칙은 모든 법규범, 즉 법률이나 대통령령 외에
부령 등에도 당연히 적용되는 원칙으로 볼 것이기 때문이다.[2]

5) 조례와 공법상 단체의 정관   조례의 경우에는 포괄적 위임도 가능하다.[3]   854

게 정할 필요가 있고 그에 따라서 어선검사증서에 기재할 내용이 정해질 것이므로, 어선검사증
서에 기재할 사항을 법률에 자세히 정하기는 어려워 보인다. 법 제21조 제1항은 어선의 검사에
관한 구체적인 사항을 해양수산부령인 구 어선법 시행규칙에 위임하고 있고, 법 제27조 제1항
제1호에서 정기검사에 합격된 경우 어선검사증서에 기재할 사항에 관하여 괄호 표시를 하고
그 안에 '어선의 종류·명칭·최대승선인원·제한기압 및 만재흘수선의 위치 등'이라고 정하여
그 대상을 예시하는 형식으로 규정하고 있다. 따라서 법 제21조 제1항은 정기검사에 합격된 경
우 어선검사증서에 기재할 사항을 해양수산부령에 위임하고 있고, 그 구체적인 위임의 범위를
법 제27조 제1항 제1호에서 예시적으로 규정하였다고 볼 수 있다. 따라서 법 제21조 제1항, 제
27조 제1항 제1호는 어선검사증서에 기재할 사항에 관하여 해양수산부령에 위임할 사항의 내
용과 범위를 구체적으로 특정하였고, 이로부터 하위법령인 해양수산부령에 규정될 사항이 어
떤 것인지 대체적으로 예측할 수 있다고 보인다).

1) BVerwGE 18, 250; BVerfGE 49, 145; 대판 2006. 2. 24, 2005두2322; 대판 2004. 7. 22, 2003두
7606; 대판 2004. 1. 29, 2003두10701; 헌재 2011. 6. 30, 2008헌바166(그 자체로 공공필요성이
인정되는 교통시설이나 수도·전기·가스공급설비 등 국토계획법상의 다른 기반시설과는 달리,
기반시설로서의 체육시설의 종류와 범위를 대통령령에 위임하기 위해서는, 체육시설 중 공공
필요성이 인정되는 범위로 한정해 두어야 한다. 그러나 이 사건 정의조항은 체육시설의 구체적
인 내용을 아무런 제한 없이 대통령령에 위임하고 있으므로, 기반시설로서의 체육시설의 구체
적인 범위를 결정하는 일을 전적으로 행정부에게 일임한 결과가 되어 버렸고, 이로 인해 시행
령에서 공공필요성을 인정하기 곤란한 일부 골프장과 같은 시설까지도 체육시설의 종류에 속
하는 것으로 규정되는 경우에는 그러한 시설을 설치하기 위해서까지 수용권이 과잉행사될 우
려가 발생하게 된다. 그렇다면, 이 사건 정의조항은 개별 체육시설의 성격과 공익성을 고려하
지 않은 채 구체적인 범위를 한정하지 않고 포괄적으로 대통령령에 입법을 위임하고 있으므로,
헌법상 위임입법의 한계를 일탈하여 포괄위임금지원칙에 위배된다).

2) 헌재 2022. 11. 24, 2019헌마572(헌법 제95조는 부령에의 위임근거를 마련하면서 '구체적으로
범위를 정하여'라는 문구를 사용하고 있지는 않지만, 법률의 위임에 의한 대통령령에 가해지는
헌법상의 제한은 당연히 법률의 위임에 의한 부령의 경우에도 적용된다. 따라서 법률로 부령에
위임을 하는 경우라도 적어도 법률의 규정에 의하여 부령으로 규정될 내용 및 범위의 기본사
항을 구체적으로 규정함으로써 누구라도 당해 법률로부터 부령에 규정될 내용의 대강을 예측
할 수 있도록 하여야 한다. 예측가능성의 유무는 관련 법 조항 전체를 유기적·체계적으로 종
합 판단하여야 하며, 각 대상법률의 성질에 따라 구체적·개별적으로 검토하여야 한다).

3) 헌재 1995. 4. 20, 92헌마264·279((부천시담배자동판매기설치금지조례 제4조등의 위헌확인을
구한 부천시담배자판기사건에서) 조례의 제정권자인 지방의회는 선거를 통해서 그 지역적인 민
주적 정당성을 지니고 있는 주민의 대표기관이고 헌법이 지방자치단체에 포괄적인 자치권을 보

그리고 공법상 단체의 정관에 자치법적 사항을 위임하는 경우도 같다.[1]

855 　　(나) **국회전속적 입법사항의 위임금지**　　헌법이 어떠한 사항을 법률로써 정하게 한 경우, 그 사항은 반드시 국회가 정해야 하며 이를 행정부에서 정하도록 위임할 수는 없다. 위임이 금지되는 예로 국적취득의 요건(헌법 제2조 제1항), 행정조직법정주의(헌법 제96조), 조세법률주의(헌법 제38조) 등이 있다. 그러나 이러한 경우에 모든 것을 반드시 법률로 정하라는 의미는 아니다. 일정범위에서는 구체적으로 범위를 정하여 위임이 가능하다.[2] 예컨대 관세율을 법률로 정하는 것은 당연하지만, 불공정무역 등을 방지하기 위해 신속히 대처해야 할 특별한 필요가 있는 경우 등에는 그러한 법률이 정한 범위안에서 다시 일정한 제약을 가해 행정입법으로 관세율을 정할 수 있도록 위임하는 것은 필요하고도 가능할 것이다.

856 　　(다) **재위임의 문제**　　위임된 입법권을 전면적으로 재위임하는 것은 입법권을 위임한 법률 그 자체의 내용을 임의로 변경하는 결과를 가져오는 것이 되므로 허용되지 않는다.[3] 다만, 위임받은 사항에 관하여 일반적인 사항을 규정하고

장하고 있는 취지로 볼 때, 조례에 대한 법률의 위임은 법규명령에 대한 법률의 위임과 같이 반드시 구체적으로 범위를 정하여 할 필요가 없으며 포괄적인 것으로 족하다); 대판 2019. 10. 17, 2018두40744; 대판 2006. 9. 8, 2004두947(법률이 주민의 권리의무에 관한 사항에 관하여 구체적으로 아무런 범위도 정하지 아니한 채 조례로 정하도록 포괄적으로 위임하였다고 하더라도, 행정관청의 명령과는 달리 조례도 주민의 대표기관인 지방의회의 의결로 제정되는 지방자치단체의 자주법인 만큼 지방자치단체가 법령에 위반되지 않는 범위 내에서 주민의 권리의무에 관한 사항을 조례로 제정할 수 있으므로, 구 하천법 제33조 제4항이 부당이득금의 금액과 징수방법 등에 관하여 구체적으로 범위를 정하지 아니한 채 포괄적으로 조례에 위임하고 있고, 위 법률규정에 따라 지방자치단체의 하천·공유수면 점용료 및 사용료 징수조례가 부당이득금의 금액과 징수방법 등에 관하여 필요한 사항을 구체적으로 정하였다 하여, 위 법률규정이 포괄위임금지의 원칙에 반하는 것으로서 헌법에 위반된다고 볼 수 없다). 그리고 이에 관해 자세한 것은 졸저, 신지방자치법, 301쪽 참조.

1) 헌재 2021. 5. 27, 2019헌바332(법률이 정관에 자치법적 사항을 위임한 경우에는 헌법 제75조, 제95조가 정하는 포괄위임금지는 원칙적으로 적용되지 않는다고 봄이 상당하다. 포괄위임금지는 법규적 효력을 가지는 행정입법의 제정을 그 주된 대상으로 하고, 이는 자의적인 제정으로 국민들의 자유와 권리를 침해할 수 있는 가능성을 방지하고자 엄격한 헌법적 기속을 받게 하는 것이다. 따라서 법률이 행정부에 속하지 않는 공법적 기관의 정관에 특정 사항을 정할 수 있다고 위임하는 경우에는 자치입법에 해당되는 영역으로 보아 자치적으로 정하도록 하는 것이 바람직하다); 대판 2007. 10. 12, 2006두14476(법률이 공법적 단체 등(예 : 도시 및 주거환경정비법상 주택재개발조합)의 정관에 자치법적 사항을 위임한 경우에는 헌법 제75조가 정하는 포괄적인 위임입법의 금지는 원칙적으로 적용되지 않는다고 봄이 상당하고, 그렇다 하더라도 그 사항이 국민의 권리·의무에 관련되는 것일 경우에는 적어도 국민의 권리·의무에 관한 기본적이고 본질적인 사항은 국회가 정하여야 한다).

2) 헌재 1998. 2. 27, 97헌마64; 김동희, 행정법(Ⅰ), 151쪽(2019). 반대견해로 홍준형, 행정법, 302쪽(2017).

3) 헌재 2002. 10. 31, 2001헌라1 전원재판부; 헌재 1996. 2. 29, 94헌마213(법률에서 위임받은 사항을 전혀 규정하지 않고 재위임하는 것은 위임금지("위임받은 권한을 그대로 다시 위임할 수 없다"는 복위임금지)의 법리에 반할 뿐 아니라 수권법의 내용변경을 초래하는 것이 되고, 부령의 제정·개정절차가 대통령령에 비하여 보다 용이한 점을 고려할 때 재위임에 의한 부령의 경

합리적인 범위 안에서 세부적인 사항의 보충을 위임하는 것은 가능하다고 본다.

(ⅲ) **처벌규정의 위임**　　헌법상 죄형법정주의의 원칙으로 인해 벌칙을 명령 857
으로 규정토록 일반적으로 위임할 수는 없다고 본다. 그러나 근거된 법이 ① 구
성요건의 구체적인 기준을 설정하고, 다만 그 범위 내에서 세부적인 사항을 정
하도록 하는 경우나, ② 형의 최고·최소한도를 정하고, 그 범위 내에서 구체적
인 것을 명령으로 정하게 하는 것은 허용된다고 본다. 이것은 지배적인 학설의
입장이자[1] 헌법재판소와 대법원의 입장이기도 하다.[2] 처벌법규의 위임에는 보
다 엄격한 제한이 따른다.[3] 법률보충규칙에 위임하는 경우도 같다.[4]

　우에도 위임에 의한 대통령령에 가해지는 헌법상의 제한이 당연히 적용되어야 할 것이므로 법
　률에서 위임받은 사항을 전혀 규정하지 아니하고 그대로 재위임하는 것은 허용되지 않으며 위
　임받은 사항에 관하여 대강을 정하고 그 중의 특정사항을 범위를 정하여 하위법령에 다시 위
　임하는 경우에만 재위임이 허용된다); 대판 2015. 1. 15, 2013두14238.
1) 박윤흔·정형근, 최신행정법강의(상), 205쪽; 서원우, 현대행정법론(상), 340쪽; 이상규, 신행정
　법론(상), 299쪽.
2) 헌재 2014. 3. 27, 2011헌바42(법률에 의한 처벌법규의 위임은 죄형법정주의와 적법절차, 기본
　권보장 우위 사상에 비추어 바람직하지 못한 일이므로, 처벌법규의 위임은 첫째, 특히 긴급한
　필요가 있거나 미리 법률로써 자세히 정할 수 없는 부득이한 사정이 있는 경우에 한정되어야
　하고, 둘째, 이러한 경우일지라도 법률에서 범죄의 구성요건은 처벌 대상인 행위가 어떠한 것
　일 거라고 이를 예측할 수 있을 정도로 구체적으로 정하고, 셋째, 형벌의 종류 및 그 상한과 폭
　을 명백히 규정하여야 한다); 대판 1982. 11. 23, 82도2352; 대판 2000. 10. 27, 2000도1007(사회
　현상의 복잡다기화와 국회의 전문적·기술적 능력의 한계 및 시간적 적응능력의 한계로 인하여
　형사처벌에 관련된 모든 법규를 예외 없이 형식적 의미의 법률에 의하여 규정한다는 것은 사
　실상 불가능할 뿐만 아니라 실제에 적합하지도 아니하기 때문에, 특히 긴급한 필요가 있거나
　미리 법률로써 자세히 정할 수 없는 부득이한 사정이 있는 경우에 한하여 수권법률(위임법률)
　이 구성요건의 점에서는 처벌대상인 행위가 어떠한 것인지 이를 예측할 수 있을 정도로 구체
　적으로 정하고, 형벌의 점에서는 형벌의 종류 및 그 상한과 폭을 명확히 규정하는 것을 전제로
　위임입법이 허용된다); 대판 2002. 11. 26, 2002도2998.
3) 헌재 2022. 9. 29, 2018헌바356(헌법은 제12조 제1항 후문과 제13조 제1항 전단에서 죄형법정
　주의원칙을 천명하고 있는데, 현대국가의 사회적 기능 증대와 사회현상의 복잡화에 비추어 볼
　때 형벌법규를 모두 입법부에서 제정한 법률만으로 정할 수는 없으므로 이를 행정부에 위임하
　는 것도 허용된다); 헌재 2006. 7. 27, 2005헌바66; 헌재 2000. 6. 29, 99헌가16(범죄와 형벌에
　관한 사항에 있어서도 위임입법의 근거와 한계에 관한 헌법 제75조는 적용되는 것이고, 다만
　법률에 의한 처벌법규의 위임은, 헌법이 특히 인권을 최대한 보장하기 위하여 죄형법정주의와
　적법절차를 규정하고, 법률에 의한 처벌을 강조하고 있는 기본권보장 우위사상에 비추어 바람
　직하지 못한 일이므로, 그 요건과 범위가 보다 엄격하게 제한적으로 적용되어야 하는바, 따라
　서 처벌법규의 위임을 하기 위하여는 첫째, 특히 긴급한 필요가 있거나 미리 법률로써 자세히
　정할 수 없는 부득이한 사정이 있는 경우에 한정되어야 하며, 둘째, 이러한 경우에도 법률에서
　범죄의 구성요건은 처벌대상행위가 어떠한 것일 것이라고 예측할 수 있을 정도로 구체적으로
　정하고, 셋째, 형벌의 종류 및 그 상한과 폭을 명백히 규정하여야 하되, 위임입법의 위와 같은
　예측가능성의 유무를 판단함에 있어서는 당해 특정 조항 하나만을 가지고 판단할 것이 아니고
　관련 법조항 전체를 유기적·체계적으로 종합하여 판단하여야 한다); 헌재 1996. 2. 29, 94헌바
　213; 김남진, 행정법(Ⅰ), 168쪽(2019); 김도창, 일반행정법론(상), 315쪽; 김동희, 행정법(Ⅰ),
　151쪽(2019); 박윤흔·정형근, 최신행정법강의(상), 205쪽.
4) 대판 2006. 4. 27, 2004도1078(행정규칙인 고시가 법령의 수권에 의하여 법령을 보충하는 사항

858 　　㈔ **수임형식의 특정**　　위임입법을 규정하는 경우에는 위임입법의 형식(예 : 대통령령으로 정한다. 부령으로 정한다)을 반드시 명시하여야 한다.[1] 왜냐하면 수권법률이 단순히 권한기관만을 규정한다(예 : 구체적인 사항은 법무부장관이 정한다)고 할 때에 그 규정의 형식이 부령인지, 일반처분인지, 행정규칙인지는 의문이기 때문이다.

859 　　㈕ **중요사항의 위임금지**　　법률의 유보에서 본 바와 같이 공동체의 중요한 사항 중 기본적인 것은 입법자가 스스로 정하여야 하며, 행정입법에 위임할 수 없다고 볼 것이다(의회유보설).[2] 헌법재판소의 입장도 같다.[3]

860 　　⑶ **위임명령의 내용적 한계**　　위임명령은 수권의 범위 내에서 제정되어야 한다. 즉, 위임명령은 모법에서 수권되지 않은 입법사항에 대하여 스스로 규정을 만들 수 없고, 규정의 내용도 상위법령의 내용에 반하지 않아야 한다. 위반 여부는 관련 법령조항 전체를 유기적·체계적으로 고려하여 종합적으로 판단하여야 한다.[4]

3. 집행명령의 근거와 한계

861 　　⑴ **집행명령의 근거**　　집행명령은 위임명령의 경우와 달리 법률이나 상위명령의 명시적이고도 개별적인 수권이 없이도 직권으로 발령된다.[5] 말하자면

　　을 정하는 경우에는 그 근거 법령규정과 결합하여 대외적으로 구속력이 있는 법규명령으로서의 성질과 효력을 가진다 할 것인데, 비상표제품을 판매하는 주유소임에도 그러한 표시 없이 이를 판매하는 행위는 구 석유사업법 제35조 제8호, 제29조 제1항 제7호, 구 석유사업법 시행령 제32조 제1항 제5호에 의하여 처벌하도록 하되 다만, 위 시행령 제32조 제3항에서 같은 조 제1항 제5호 소정의 표시의무의 세부 내용이 됨과 아울러 그 이행 여부의 판단 기준이 되는 구체적 표시기준과 표시방법을 산업자원부장관의 고시로 규정하도록 함으로써 위 시행령 제32조 제1항 제5호, 제3항 및 위 관련 고시가 결합하여 구 석유사업법 제35조 제8호, 제29조 제1항 제7호 위반죄의 실질적 구성요건을 이루는 보충규범으로서 작용한다고 해석하여야 할 것이다).

1) 박윤흔·정형근, 최신행정법강의(상), 203쪽.
2) Wolff/Bachof/Stober/Kluth, Verwaltungsrecht Ⅰ(12. Aufl.), §30, Rn. 28.
3) 헌재 2001. 4. 26, 2000헌마122; 헌재 1998. 5. 28, 96헌가1.
4) 대판 2022. 7. 14, 2022두37141(특정 사안과 관련하여 법률에서 하위 법령에 위임을 한 경우 하위 법령이 위임의 한계를 준수하고 있는지 여부를 판단할 때는 법률 규정의 입법 목적과 규정 내용, 규정의 체계, 다른 규정과의 관계 등을 종합적으로 살펴보아야 한다. 위임 규정 자체에서 그 의미 내용을 정확하게 알 수 있는 용어를 사용하여 위임의 한계를 분명히 하고 있는데도 그 문언적 의미의 한계를 벗어났는지, 또한 수권 규정에서 사용하고 있는 용어의 의미를 넘어 그 범위를 확장하거나 축소하여서 위임 내용을 구체화하는 단계를 벗어나 새로운 입법을 하였는지 등도 아울러 고려되어야 한다); 헌재 2018. 5. 31, 2015헌마853.
5) 대판 2006. 10. 27, 2004두12261(지방공무원 징계 및 소청규정 제14조, 제1조의3 제1항 제1호는 지방공무원법 제62조 제2항 본문의 의견을 듣는 절차에 관하여 임용권자가 시·군·구의 5급 이상 공무원을 직권면직시킬 경우 시·도인사위원회의 의견을 듣도록 규정하고 있는바, 같은 법이 직권면직절차에 관하여 위임에 관한 아무런 규정을 두지 아니하였다고 하더라도 대통령령은 직권면직에 관한 같은 법의 규정을 집행하기 위하여 필요한 사항에 관하여 규정할 수 있

집행명령은 헌법 제75조와 제95조에 근거하여 개별적인 법령의 매개없이도 바로 발령될 수 있는 것이다. 요컨대 위임명령의 직접적인 법적 근거는 헌법 제75조·제95조에 따른 법령이지만, 집행명령의 직접적인 법적 근거는 바로 헌법 제75조·제95조라 하겠다.

(2) **집행명령의 한계** 집행명령은 집행에 필요한 세칙을 정하는 범위 내에서 가능하고, 새로운 권리·의무를 정할 수는 없다. 입법의 실제를 보면 "본법의 시행에 필요한 사항은 대통령령으로 정한다"는 등으로 표현되고 있는데, 이러한 표현이 없어도 집행명령을 발할 수 있음은 물론이다. 862

Ⅳ. 법규명령의 적법요건과 소멸

1. 적법요건(성립·발효요건)

일반적으로 말해 법규명령은 정당한 권한을 가진 기관이 권한 내의 사항에 관해 법정절차에 따라 제정하고, 이를 법정의 형식으로 표시할 때 성립하고, 이것이 행정의 상대방에 공포되고 시행기일이 도래함으로써 효력을 발생한다. 그러나 행정규제기본법 제4조 제2항에 따른 법률보충규칙의 경우는 사정이 다르다. 법률보충규칙의 적법요건은 사무관리규정이 정하는 바에 의한다. 법률보충규칙의 경우에는 법령 등 공포에 관한 법률의 적용이 없다. 이하에서는 주로 통상의 법규명령(대통령령·총리령·부령의 형식)의 적법요건에 관해 살펴보기로 한다. 863

(1) 주 체 법규명령은 대통령·국무총리·행정각부장관·중앙선거관리위원회 등 정당한 권한을 가진 기관이 제정하여야 한다. 법령이 정하는 바에 의하여 재위임할 수는 있지만(예 : 대통령령으로 정할 사항 중 경미한 사항을 부령에 위임하는 것), 법규명령제정권 그 자체를 위임할 수는 없다(예 : 대통령령의 제정권을 총리에게 위임하는 것), 법규명령제정권 그 자체는 헌법상 규정된 기관의 전속적인 권한이다. 864

(2) 내 용 행정의 법률적합성의 원칙은 법규명령에도 적용된다. 법규명령, 특히 위임명령은 내용상 헌법·법률 또는 상위명령에서 근거가 주어져야 865

고, 지방공무원 징계 및 소청규정이 위와 같이 시·군·구의 5급 이상의 공무원에 대한 직권면직에 관하여 시·도인사위원회의 의견을 듣도록 함으로써 그 대상자인 공무원에게 유리하게 엄격한 절차를 규정하고 있는 것은 직권면직처분의 객관성과 공정성을 확보함으로써 공무원의 정치적 중립성의 보장과 신분보장이라는 헌법상의 이념을 구현하려는 데 그 입법 취지가 있는 것이며, 시·도인사위원회의 의견이 임용권자인 기초자치단체장에 대하여 기속력이 있는 것이 아니라는 점에서 그 인사권을 침해하지도 않으므로 위 지방공무원 징계 및 소청규정을 무효라고 할 수 없다).

하고, 아울러 위임의 범위 내이어야 한다.[1] 그리고 상위법의 내용에 반할 수 없다. 또한 내용은 실현이 가능한 것이어야 하고 또한 명확하여야 한다. 판례는[2] 「법령이 명확한지 여부」는 사회의 평균인을 기준으로 판단하여야 한다는 입장이다.

866   (3) **절   차**   법규명령은 법정절차를 거쳐 정해져야 한다. 즉 심의·의결·공고·청문 등의 행정절차가 있는 경우에는 이를 거쳐야 한다. 그 절차는 외부적 절차와 내부적 절차로 구분할 수 있다. ① 외부적 절차로는 행정상 입법예고제(절차법 제41조 이하)가 적용된다. 한편 ② 내부적 절차로는, 즉 행정조직 내부적으로 대통령령은 법제처의 심사(정조법 제23조 제1항, 헌법 제89조 제3호)와 국무회의심의(헌법 제89조 제3호)를 거쳐야 한다. 총리령·부령은 법제처의 심사를 거쳐야 한다(정조법 제23조 제1항). 행정규제를 신설하거나 강화하는 경우에는 규제영향분석 및 자체심사(규제법 제7조), 규제의 존속기한 및 재검토기한의 명시(규제법 제8조), 의견수렴(규제법 제9조), 규제개혁위원회에 심사 요청(규제법 제10조), 규제개혁위원회의 예비심사(규제법 제11조)와 심사(규제법 제12조·제13조), 규제개혁위원회의 개선 권고(규제법 제14조), 재심사요청(규제법 제15조), 그리고 심사절차의 준수(규제법 제16조) 등이 적용된다.

867   (4) **형   식**   법규명령은 일정한 형식으로, 즉 조문의 형식으로 한다(구 사무관리규정시행규칙 제3조 제1호 참조). 대통령령 공포문의 전문에는 국무회의의

---

1) 대판 2000. 9. 29, 98두12772(구 독점규제및공정거래에관한법률(1996. 12. 30. 법률 제5235호로 개정되기 전의 것) 제23조 제3항은 "공정거래위원회가 불공정거래행위를 예방하기 위하여 필요한 경우 사업자가 준수하여야 할 지침을 제정·고시할 수 있다"고 규정하고 있으므로 위 위임규정에 근거하여 제정·고시된 표시·광고에관한공정거래지침의 여러 규정 중 불공정거래행위를 예방하기 위하여 사업자가 준수하여야 할 지침을 마련한 것으로 볼 수 있는 내용의 규정은 위 법의 위임범위 내에 있는 것으로서 위 법의 규정과 결합하여 법규적 효력을 가진다고 할 것이나, 위 지침 Ⅲ(규제대상 및 법운용방침) 2(법운용방침) (나)호에서 정하고 있는 '문제되는 표시·광고내용에 대한 사실 여부 또는 진위 여부에 관한 입증책임은 당해 사업자가 진다'는 입증책임규정은 원래 공정거래위원회가 부담하고 있는 표시·광고 내용의 허위성 등에 관한 입증책임을 전환하여 사업자로 하여금 표시·광고 내용의 사실성 및 진실성에 관한 입증책임을 부담하게 하는 것으로서 사업자에게 중대한 불이익을 부과하는 규정이라 할 것이므로 이러한 사항을 지침으로 정하기 위하여는 법령상의 뚜렷한 위임근거가 있어야 할 것인데, 위 법규정은 공정거래위원회로 하여금 불공정거래행위를 예방하기 위하여 사업자가 준수하여야 할 사항을 정할 수 있도록 위임하였을 뿐 입증책임전환과 같은 위 법의 운용방침까지 정할 수 있도록 위임하였다고는 볼 수 없으므로 위 입증책임규정은 법령의 위임 한계를 벗어난 규정이어서 법규적 효력이 없다); 대판 1999. 11. 26, 97누13474; 대판 1985. 3. 26, 84누384.
2) 헌재 2016. 2. 25, 2013헌바435(수범자에 대한 행위규범으로서의 법령이 명확하여야 한다는 것은 일반 국민 누구나 그 뜻을 명확히 알게 하여야 한다는 것을 의미하지는 않고, 사회의 평균인이 그 뜻을 이해하고 위반에 대한 위험을 고지받을 수 있을 정도면 충분하며, 일정한 신분 내지 직업 또는 지역에 거주하는 사람들에게만 적용되는 법령의 경우에는 그 사람들 중의 평균인을 기준으로 하여 판단하여야 한다).

심의를 거친 사실을 적고, 대통령이 서명한 후 대통령인을 찍고 그 공포일을 명기하여 국무총리와 관계국무위원이 부서한다(공포법 제7조). 총리령을 공포할 때에는 그 일자를 명기하고, 국무총리가 서명한 후 총리인을 찍는다(공포법 제9조 제1항). 부령을 공포할 때에는 그 일자를 명기하고, 해당 부의 장관이 서명한 후 그 장관인을 찍는다(공포법 제9조 제2항). 법률, 대통령령, 총리령 및 부령은 각각 그 번호를 붙여서 공포한다(공포법 제10조 제1항).

(5) **공 포** 공포는 법규명령이 성립되었음을 외부(국민)에 알리는 행위 878
이다. 법규명령은 국민의 권리·의무에 관련된 사항을 포함하고 있으므로, 국민의 안정된 법생활을 위해 공포라는 것은 큰 의미를 갖는다.[1] 공포는 관보에 게재하는 방법에 의한다(공포법 제11조 제1항). 공포일은 관보발행일이다. 행정규제기본법 제4조 제2항에 따른 법률보충규칙의 경우에는 부령과 동일한 공포절차는 아닐지라도 투명성·공공성이 확보되는 절차를 거치게 하는 것이 필요하다.

(6) **시 행**(효력발생) 법규명령에서 특별히 규정되고 있지 않는 한 법규명 869
령도 공포일로부터 20일이 경과함으로써 효력을 발생한다(공포법 제13조). 다만 국민의 권리제한 또는 의무부과와 직접 관련되는 법률·대통령령·총리령 및 부령은 긴급히 시행하여야 할 특별한 사유가 있는 경우를 제외하고는 공포일부터 적어도 30일이 경과한 날부터 시행되도록 하여야 한다(공포법 제13조의2).

2. 하 자(흠)

(1) **하자의 효과** 법규명령의 적법요건에 흠이 있으면 위법한 것이 된다. 870
따라서 행정 각부의 장이 정하는 고시가 비록 법령에 근거를 둔 것이라고 하더라도 그 규정 내용이 법령의 위임 범위를 벗어난 것일 경우에는 법규명령으로서의 대외적 구속력을 인정할 여지는 없다.[2][3] 행정행위의 경우와 달리 현행법

---

1) BVerfGE 44, 350(일반구속적인 법령을 충분한 기간 동안 국민들로 하여금 주지시킨다는 것은 모든 법령에 적용되는 법치국가적인 요구이다).

2) 대판 2017. 2. 16, 2015도16014 전원합의체 판결(법률의 시행령은 모법인 법률의 위임 없이 법률이 규정한 개인의 권리·의무에 관한 내용을 변경·보충하거나 법률에서 규정하지 아니한 새로운 내용을 규정할 수 없고, 특히 법률의 시행령이 형사처벌에 관한 사항을 규정하면서 법률의 명시적인 위임 범위를 벗어나 그 처벌의 대상을 확장하는 것은 죄형법정주의의 원칙에도 어긋나는 것이므로, 그러한 시행령은 위임입법의 한계를 벗어난 것으로서 무효이다).

3) 대판 2017. 6. 15, 2016두52378(공공기관의 운영에 관한 법률 제39조 제3항에서 부령에 위임한 것은 '입찰참가자격의 제한기준 등에 관하여 필요한 사항'일 뿐이고, 이는 그 규정의 문언상 입찰참가자격을 제한하면서 그 기간의 정도와 가중·감경 등에 관한 사항을 의미하는 것이지 처분대상까지 위임한 것이라고 볼 수는 없다. 따라서 이 사건 규칙 조항에서 위와 같이 처분대상을 확대하여 정한 것은 상위법령의 위임 없이 규정한 것이므로 이는 위임입법의 한계를 벗어난 것으로서 그 대외적 효력을 인정할 수 없다. 이러한 법리는 구 공기업·준정부기관 계약사무규칙 제2조 제5항이 "공기업·준정부기관의 계약에 관하여 계약사무규칙에 규정되지 아니한

은 위법한 법규명령의 취소라는 것을 모른다. 위법한 법규명령은 무효가 된다.[1] 왜냐하면 법률에서 특별히 규정하는 바(예: 행정행위의 경우)가 없음에도 불구하고 위법한 국가작용에 적법한 행위의 경우와 같은 효력을 인정할 수는 없기 때문이다. 현행 행정소송법이 명령에 대한 취소소송을 인정하고 있지 않기 때문에 하자 있는 법규명령은 무효라는 입장도[2] 본서의 입장과 유사한 것으로 보인다. 무효의 주장은 현실적으로 소송에 의해 가능할 것이다. 위법한 법규명령은 구속력이 있으므로 구체적 규범통제와 헌법소원에 의해서만 통제될 수 있다는 견해도[3] 같은 입장일 것이다.

871 　　(2) 하자 있는 **법규명령에 따른 행정행위의 효과**　　하자 있는 법규명령에 따른 행정행위는 당연히 하자 있는 것이 된다. 하자 있는 법규명령에 따른 행정행위는 내용상 중대한 하자를 갖는다. 따라서 근거된 법규명령의 하자가 외관상 명백하다면 그러한 행정행위는 무효가 되고, 외관상 명백하지 않다면 취소할 수 있는 행위가 된다.[4]

3. 소　　멸

법규명령은 폐지의 의사표시 또는 일정사실의 발생으로 소멸된다. 후자의 경우를 실효라고 한다.

872 　　(1) 폐　　지　　폐지란 법규명령의 효력을 장래에 향해 소멸시키는 행정권의 의사표시를 말한다. 폐지는 상위 또는 동위의 법령으로 하여야 한다. 폐지에는 하나의 법령에서 하나의 법령을 폐지하는 개별적 폐지와 하나의 법령에서 다수의 법령을 폐지하는 일반적 폐지의 두 종류가 있다. 전자가 일반적이나, 후자의 경우도 적지 아니하다.

873 　　(2) 실　　효　　① 간접적 폐지로서 법규명령은 내용상 충돌되는 상위 또는 동위의 법령이 제정됨으로써 그 효력이 소멸된다. 이것은 "상위법은 하위법을 깨뜨린다," "신법은 구법을 깨뜨린다," "특별법은 일반법을 깨뜨린다"는 원칙이

　　사항에 관하여는 국가를 당사자로 한계약에 관한 법령을 준용한다."고 규정하고 있다고 하여 달리 볼 수 없다).
1) 대판 2008. 11. 20, 2007두8287.
2) 김남진·김연태, 행정법(Ⅰ), 170쪽(2019); 류지태·박종수, 행정법신론, 313쪽(2019).
3) 박균성, 행정법론(상), 218쪽(2019).
4) 대판 1997. 5. 28, 95다15735(위법·무효인 시행령이나 시행규칙의 규정을 적용한 하자 있는 행정처분이 당연무효로 되려면 그 규정이 행정처분의 중요한 부분에 관한 것이어서 결과적으로 그에 따른 행정처분의 중요한 부분에 하자가 있는 것으로 귀착되고 또한 그 규정의 위법성이 객관적으로 명백하여 그에 따른 행정처분의 하자가 객관적으로 명백한 것으로 귀착되어야 한다); 대판 1984. 8. 21, 84다카353.

적용됨을 의미한다. ② 법정부관성취로서 법규명령은 종기의 도래(한시법의 경우), 해제조건의 성취가 있으면 역시 효력이 소멸된다. ③ 근거법령의 소멸로서 법률종속명령에서 수권법령이 소멸되면 수권법령에 근거하여 성립된 법규명령도 당연히 소멸된다. ④ 근거법령 개정과 집행명령의 효력의 관계가 문제된다. 판례에 따르면,[1] 상위법령이 개정됨에 그친 경우에는 개정법령과 성질상 모순·저촉되지 아니하고 개정된 상위법령의 시행에 필요한 사항을 규정하고 있는 이상, 그 집행명령은 상위법령의 개정에도 불구하고 당연히 실효되지 아니하고 개정법령의 시행을 위한 집행명령이 제정·발효될 때까지는 여전히 그 효력을 유지하는 것이라 한다. ⑤ 수권법률에 위헌이 선언되면, 법규명령의 효력도 원칙적으로 소멸한다.[2] ⑥ 전문이 개정되면, 특별한 사정이 없는 한 부칙 규정도 원칙적으로 전부 실효한다.[3]

V. 법규명령의 통제

현대행정국가에서 법규명령의 증대는 행정권의 남용과 국민의 권익에 대한 침해가능성을 갖는바, 법규명령의 효과적인 통제는 법치주의·권력분립주의·기본권보장의 요청상 중요한 문제가 아닐 수 없다. 여기서 통제란 두 가지 측면에서 의미를 갖는다. 하나는 소극적으로 법규명령이 위임의 범위 내에서 이루어진 것인지의 문제이고, 또 하나는 적극적으로 법령이 위임한 사항을 수임입법자가 적기에 위임입법을 하는가의 문제이다. 구체적인 통제수단은 여러 기준에 따라 구분이 가능할 것이다. 다만 여기서는 통제의 주체를 기준으로 살피기로 한다. 874

1. 행정내부통제

(1) **절차상 통제**   절차상 통제란 행정입법의 정립에 반드시 일정한 절차 875

---

1) 대판 1989. 9. 12, 88누6962.
2) 대판 2001. 6. 12, 2000다18547.
3) 대판 2008. 11. 27, 2006두19419(개정 법률이 전문 개정인 경우에는 기존 법률을 폐지하고 새로운 법률을 제정하는 것과 마찬가지여서 종전의 본칙은 물론, 부칙 규정도 모두 소멸하는 것으로 보아야 하므로 종전의 법률 부칙의 경과규정도 실효된다고 보는 것이 원칙이지만, 특별한 사정이 있는 경우에는 그 효력이 상실되지 않는다고 보아야 한다. 여기에서 말하는 '특별한 사정'은 전문 개정된 법률에서 종전의 법률 부칙의 경과규정에 관하여 계속 적용한다는 별도의 규정을 둔 경우뿐만 아니라, 그러한 규정을 두지 않았다고 하더라도 종전의 경과규정이 실효되지 않고 계속 적용된다고 보아야 할 만한 예외적인 사정이 있는 경우도 포함한다. 이 경우 예외적인 '특별한 사정'이 있는지 여부를 판단함에 있어서는 종전 경과규정의 입법 경위 및 취지, 전문 개정된 법령의 입법 취지 및 전반적 체계, 종전의 경과규정이 실효된다고 볼 경우 법률상 공백상태가 발생하는지 여부, 기타 제반 사정 등을 종합적으로 고려하여 개별적·구체적으로 판단하여야 한다).

를 거치게 함으로써 법규명령제정의 적정화를 도모하는 것을 말한다. 이러한 절차의 예로 법제처심사, 국무회의심의, 관련부처간의 협의, 관계국무위원의 부서 등이 있다. 특히 행정규제의 경우에는 심사·협의·합동회의 등이 적용된다.

876   (2) **감독권에 의한 통제**   상급행정청은 하급행정청에 대해 지휘·감독권을 가지는바, 상급행정청은 이러한 권한에 의거 하급행정청에 법규명령의 기준·내용 등에 관하여 지시하거나 또는 하급행정청이 제정한 기존의 법규명령의 폐지를 명할 수 있다.

877   (3) **공무원·행정기관의 법령심사권**   관련문제로서 공무원이나 행정기관이 법령의 적법성이나 효력을 심사할 수 있는가의 문제가 있다.

      (4) **행정심판에 의한 통제**   행정심판법은 중앙행정심판위원회로 하여금 불합리한 법령 등의 개선에 관한 통제권을 다음과 같이 부여하고 있다.

878   (개) **시정조치의 요청**   중앙행정심판위원회는 심판청구를 심리·재결할 때에 처분 또는 부작위의 근거가 되는 명령 등(대통령령·총리령·부령·훈령·예규·고시·조례·규칙 등을 말한다)이 법령에 근거가 없거나 상위 법령에 위배되거나 국민에게 과도한 부담을 주는 등 크게 불합리하면 관계 행정기관에 그 명령 등의 개정·폐지 등 적절한 시정조치를 요청할 수 있다(행심법 제59조 제1항).

      법원에는 시정조치요청권이 명문으로 인정된 바 없다는 점을 고려할 때, 대통령령까지 포함하여 행정입법에 대한 이러한 통제권(법령의 시정조치요청권)이 중앙행정심판위원회에 인정되었다는 것은 행정심판제도의 상당한 발전의 결과라 생각된다.

879   (내) **시정조치의 구속성**   상기의 시정조치의 요청을 받은 관계 행정기관은 정당한 사유가 없으면 이에 따라야 한다(행심법 제59조 제2항). 제도의 취지에 비추어 볼 때, 여기서 말하는 '정당한 사유'는 엄격히 새겨야 할 것이다.

880   (대) **위헌법령심사의 가능성**   행정심판위원회가 법령의 위헌·위법을 심사할 수 있는지가 문제된다. 위원회는 법률에 대한 위헌심사권은 없으나 명령에 대한 위헌·위법심사권은 있다는 견해와 위원회는 명령에 대한 위헌·위법심사권은 없고, 처분 또는 부작위의 법령적합성만을 심사할 뿐이라는 견해가 있을 수 있다. 생각건대 위원회가 명령에 대한 위헌·위법을 심사할 수 있다는 명문의 규정이 없고, 행정심판법 제3조가 행정심판의 대상은 '처분과 부작위'에 한정하고 있으며, 동법 제59조가 중앙행정심판위원회의 명령 등에 대한 적절한 시정조치를 요청할 수 있음을 규정하고 있다는 점을 고려할 때 부정함이 타당하다.

881   (5) **행정법제의 개선**   정부는 권한 있는 기관에 의하여 위헌으로 결정되어

법령이 헌법에 위반되거나 법률에 위반되는 것이 명백한 경우 등 대통령령으로 정하는 경우에는 해당 법령을 개선하여야 한다(기본법 제39조 제1항).[1] 정부는 행정 분야의 법제도 개선 및 일관된 법 적용 기준 마련 등을 위하여 필요한 경우 대통령령으로 정하는 바에 따라 관계 기관 협의 및 관계 전문가 의견 수렴을 거쳐 개선조치를 할 수 있으며, 이를 위하여 현행 법령에 관한 분석을 실시할 수 있다(기본법 제39조 제2항).[2]

(6) **제도의 의미**   법규명령의 통제수단으로서 행정내부통제수단은 그 효과가 구체적이고도 직접적이라는 점에서 그 의미가 크다. 특히 절차상 통제는 사전통제를 의미하는바, 그 의미가 보다 크다고 보겠다. 이에 관한 관심이 보다 제고되어야 할 것이다.

882

2. 국회에 의한 통제

(1) **직접통제**

(가) **종   류**   국회가 법규명령의 성립·발효에 직접 통제를 가할 수 있는 방법으로는 ① 성립·발효에 국회의 동의를 요하게 하는 방법(동의권유보), ② 일단 효력은 발생하되 일정기간 내에 국회의 동의를 받지 못하면 효력을 상실하게 하는 방법(적극적 결의), ③ 국회의 취소결의가 없으면 효력을 발생하게 하는 방법(소극적 결의), ④ 국회가 유효한 법규명령의 효력을 소멸시키는 권한을 갖는 방법(폐지), ⑤ 단순히 법규명령을 국회에 제출케 하는 방법(제출절차) 등이 있을 수 있다.

883

(나) **현행법상 제도**

1) **법률대위명령**   법률대위명령인 긴급명령이나 긴급재정·경제명령은 국회의 승인을 받아야 하는바(헌법 제76조 제3항·제4항), 긴급명령이나 긴급재정·경제명령의 경우에는 적극적 결의(승인유보)제도가 도입되어 있다.

884

2) **법률종속명령**

i) **중앙행정기관장의 국회 제출**   ① 중앙행정기관의 장은 법률에서 위임한 사항이나 법률을 집행하기 위하여 필요한 사항을 규정한 대통령령·총리령·부령·훈령·예규·고시 등이 제정·개정 또는 폐지되었을 때에는 10일 이내에 이를 국회 소관 상임위원회에 제출하여야 한다. 다만, 대통령령의 경우에는 입법예고를 할 때(입법예고를 생략하는 경우에는 법제처장에게 심사를 요청할 때를 말한다)에도 그 입법예고안을 10일 이내에 제출하여야 한다(국회법 제98조의2 제1항). ②

885

---

1) 이에 관해 졸저, 행정기본법해설 283쪽 참조.
 2) 이에 관해 졸저, 행정기본법해설 284쪽 참조.

중앙행정기관의 장은 제1항의 기간 이내에 제출하지 못한 경우에는 그 이유를 소관 상임위원회에 통지하여야 한다(국회법 제98조의2 제1항).

886   ii) **국회 상임위원회의 검토와 조치**   상임위원회는 위원회 또는 상설소위원회를 정기적으로 개회하여 그 소관 중앙행정기관이 제출한 대통령령·총리령 및 부령(이하 이 조에서 "대통령령등"이라 한다)의 법률 위반 여부 등을 검토하여야 한다(국회법 제98조의2 제3항). 검토 결과 대통령령 또는 총리령이 법률의 취지 또는 내용에 합치되지 아니한다고 판단되는 경우, 상임위원회는 다음의 두 가지의 조치를 취한다.

887   iii) **국회의장에 검토결과보고서 제출과 후속절차**   ① 상임위원회는 제3항에 따른 검토 결과 대통령령 또는 총리령이 법률의 취지 또는 내용에 합치되지 아니한다고 판단되는 경우에는 검토의 경과와 처리 의견 등을 기재한 검토결과보고서를 의장에게 제출하여야 한다(국회법 제98조의2 제4항). 규정의 표현상 필수적 절차이다 ② 의장은 제4항에 따라 제출된 검토결과보고서를 본회의에 보고하고, 국회는 본회의 의결로 이를 처리하고 정부에 송부한다(국회법 제98조의2 제5항). ③ 정부는 제5항에 따라 송부받은 검토결과에 대한 처리 여부를 검토하고 그 처리결과(송부받은 검토결과에 따르지 못하는 경우 그 사유를 포함한다)를 국회에 제출하여야 한다(국회법 제98조의2 제6항).

888   iv) **중앙행정기관의 장에 통지와 후속절차**   ① 상임위원회는 제3항에 따른 검토 결과 부령이 법률의 취지 또는 내용에 합치되지 아니한다고 판단되는 경우에는 소관 중앙행정기관의 장에게 그 내용을 통보할 수 있다(국회법 제98조의2 제7항). 규정의 표현상 임의적 절차이다. ② 제7항에 따라 검토내용을 통보받은 중앙행정기관의 장은 통보받은 내용에 대한 처리 계획과 그 결과를 지체 없이 소관 상임위원회에 보고하여야 한다(국회법 제98조의2 제8항). ③ 전문위원은 제3항에 따른 대통령령등을 검토하여 그 결과를 해당 위원회 위원에게 제공한다(국회법 제98조의2 제9항).

889   (2) **간접통제**   국회가 정부에 대하여 가지는 국정감시권의 발동으로써 법규명령에 간접적으로 통제를 가하는 방법이 간접통제수단이 된다. 이러한 수단으로 수권의 제한과 철회, 국정감사와 국정조사(헌법 제61조), 국무위원해임건의(헌법 제63조), 대정부질문(헌법 제62조), 탄핵소추제도(헌법 제65조) 등이 언급될 수 있다.

890   (3) **문 제 점**[1]   ① 한편 이미 언급한 바와 같이, 국회가 행정입법에 위임

---

1) 저자는 본서 제28판까지 국회에 의한 통제가 갖는 문제점의 하나로 "법률종속명령의 경우에 인

하는 경우에는 가능한 범위 내에서 위임의 내용을 보다 구체적·세부적으로 정하는 노력이 필요하고, 아울러 공동체의 중요한 기본적인 사항은 국회 스스로가 정하여야 할 것이다. 이것이 법규명령에 대한 통제로서 무엇보다 선행되어야 할 것이다. 한편, ② 법규명령의 제정에 국회의 동의는 필요하지 아니하지만, 국회는 일정 법규명령의 제정에 국회의 동의를 받도록 하는 것은 가능하다고 본다.[1] 법규명령의 제정에 국회의 동의를 받도록 하는 것은 국회의 동의없이 법규명령을 제정하는 것 보다 국회입법의 원칙에 보다 접근한다.

3. 법원에 의한 통제

⑴ 구체적 규범통제(일반적인 법규명령의 경우)

⑺ **구체적 규범통제의 의의**　　구체적 규범통제란 구체적인 처분에 대한 다 　891
툼에 있어서 법규명령의 위헌·위법여부가 재판의 전제가 되는 경우에 한하여 선결문제로서 법규명령의 위헌·위법여부를 다투는 것을 의미한다. 입법례에 따라서는 행정법원이 추상적 규범통제까지 행하기도 한다.[2] 그러나 우리 헌법은 구체적 규범통제만을 규정하고 있다. 즉, 명령·규칙 또는 처분이 헌법이나 법률에 위반되는 여부가 재판의 전제가 된 경우에는 대법원은 이를 최종적으로 심사할 권한을 가진다(헌법 제107조 제2항). 재판의 전제가 된다는 것은 특정의 사건을 재판할 때에 그 사건에 적용되는 명령·규칙의 위헌·위법 여부가 문제됨을 뜻한다.

⑷ **구체적 규범통제의 주체**　　구체적 규범통제의 주체는 각급법원이다. 집 　892
행을 요하는 명령·규칙의 경우, 명령·규칙이 민사사건의 전제로서 문제된다면 지방법원에서부터, 행정사건의 전제로서 문제된다면 행정법원에서부터 다투어

정되는 제출절차가 보다 큰 의미를 갖기 위해서는 국회에 제출된 대통령령·총리령·부령 및 훈령·예규·고시에 대하여 심도 있는 검토를 가능하게 하는 과정이 국회 내에 마련되는 것이 필요할 것이다"라 지적하여 왔다. 개정 국회법(2020. 2. 18. 시행) 제98조의2는 이러한 지적을 반영한 것으로 볼 것이다.

1) Ossenbühl, in : Erichsen(Hrsg.), Allgemeines Verwaltungsrecht(12. Aufl.), §6, Rn. 28.
2) 독일연방행정재판소법은 건축법에 따른 일련의 조례를 추상적 규범통제의 대상으로 하면서, 기타의 조례 등 란트법률(형식적 의미의 란트법률)에 하위하는 법규(외부효를 갖는 일반추상적인 규율, 관습법은 제외)에 대한 추상적 규범통제의 가능성은 란트법에서 정하도록 위임하고 있다(동법 제47조 제1항 제1호). 이에 따라 예컨대 '연방행정재판소법을 위한 Niedersachsen 시행법률(Niedersachsen 행정재판소법)'은 란트법률에 하위하는 법규에 대한 추상적 규범통제를 규정하고 있다(동법 제7조). 한편, 추상적 규범통제의 구체적인 내용은 독일연방행정재판소법에서 규정되고 있다. 동법에 의하면, 조례나 조례의 적용으로 인해 권리가 침해되거나 멀지않아 침해될 자연인이나 법인(지방자치단체 포함) 그리고 행정청(법규를 집행하여야 하는 행정청)은 조례 등의 공포 후 2년 안에 조례 등의 유효성의 심사를 상급행정재판소에 신청할 수 있다(동법 제47조 제2항 제1문). 상급행정재판소는 조례 등이 무효라고 확신하면, 그것이 무효임을 선언한다. 이 경우, 판결의 효력은 일반구속적이다(동법 제47조 제5항 제1문).

지게 될 것이다. 대법원은 최종적으로 심사할 권한을 갖는다.

893   ⒟ **구체적 규범통제의 대상**   구체적 규범통제의 대상은 명령과 규칙이다. 명령이란 행정입법으로서 법규명령을 말한다. 행정부가 국회의 동의 없이 외국과 체결하는 행정협정은 여기의 명령에 해당한다. 규칙이란 국회규칙·대법원규칙·헌법재판소규칙·중앙선거관리위원회규칙을 의미한다. 지방자치단체의 조례와 규칙도 여기에 포함된다. 그러나 행정입법의 하나로서 내부적 효력만을 갖는 행정규칙은 여기에 해당하지 않는다.

894   ⒠ **구체적 규범통제의 효력**   구체적 규범통제는 명령·규칙 또는 처분이 헌법이나 법률에 위반되는 여부가 재판의 전제가 된 경우에만 가능하기 때문에 심사권은 개별적 사건에 있어서의 적용거부만을 그 내용으로 하는 것이며, 명령·규칙을 일반적으로 무효로 하는 것은 아니다. 왜냐하면 법원은 구체적인 사건의 심사를 목적으로 하는 것이지 법령의 심사를 목적으로 하는 것이 아니므로, 명령과 규칙을 무효로 하는 것은 법원의 법규적용의 한계를 일탈하는 것이기 때문이다. 그러나 대법원은 구체적 규범통제를 행하면서 법규명령의 특정조항이 위헌·위법인 경우 무효인 것으로 판단하고 있다. 다만, 무효라고 확정적으로 판단된 경우에도 당해 규정은 당해 사건에서 적용이 배제될 뿐이고, 공식절차에 의해 폐지되지 않는 한 이 규정은 형식적으로는 여전히 유효하게 남아 있게 된다. 한편 행정소송법은 행정소송에 대한 대법원판결에 의하여 명령·규칙이 헌법 또는 법률에 위반된다는 것이 확정된 경우에는 대법원은 지체 없이 그 사유를 안전행정부장관에게 통보하여야 하며, 통보를 받은 행정안전부장관은 지체 없이 이를 관보에 게재할 것을 규정하고 있다(행소법 제6조). 이로 인해 현행 구체적 규범통제는 실제상 추상적 규범통제에 접근하고 있다.

895   ⒡ **위헌·위법의 법규명령에 근거한 행정행위의 효력**   위헌·위법의 법규명령에 근거한 행정행위는 하자 있는 것이 된다. 그 하자의 효과는 중대명백설에 따라 판단하여야 한다. 통상 법규명령이 위헌·위법으로 선언되기 전에는 행정행위의 하자가 명백하지 아니하므로 그러한 법규명령에 근거한 행정행위에 대해서는 취소가 선언되어야 하고,[1] 위헌·위법으로 선언된 법규명령에 근거한 처

---

1) 대판 1997. 5. 28, 95다15735(구 개발이익환수에관한법률시행령(1991. 9. 13. 대통령령 제13465호로 개정되기 전의 것) 제9조 제5항 및 제8조 제1항 제2호의 규정은 구 개발이익환수에관한법률(1993. 6. 11. 법률 제4563호로 개정되기 전의 것, 이하 '구법'이라 한다) 제10조 제3항 단서 및 제9조 제3항 제2호의 규정에 위반되어 무효이고, 그 구법시행령의 규정들을 적용한 개발부담금 부과처분은 사안의 특수성을 고려하여 볼 때 그 중요한 부분에 하자가 있는 것으로 귀착되어 그 하자가 중대하지만, 개발부담금 부과처분 당시(1991. 4. 30)에는 아직 그 구법시행령의 규정들이 위법·무효라고 선언한 대법원의 판결들이 선고되지 아니하였고 또한 그 구법시행

분 또는 위헌·위법으로 선언되기 전이라도 위헌·위법이 명백한 법규명령에 근거한 처분, 그리고 행정규칙에 근거한 침익적 행정행위에 대해서는 무효가 선언되어야 한다.

(2) **처분적 법규명령과 항고소송**   ① 법규명령은 무효 또는 유효가 문제될 896
뿐, 취소할 수 있는 법규명령이란 있을 수 없다는 견해도 있다(소극설). ② 그러나 법규명령 중 처분성을 띠는 법규명령(처분적 법규명령)만은 행정소송법이 취소소송의 대상으로 규정하였다고 보는 것이 타당하다. 따라서 위헌·위법의 법규명령이 직접 개인의 권리를 침해하는 경우에는 처분의 무효확인소송 또는 취소소송으로 다툴 수 있다. 판례의 입장도 같다.[1] 처분적 조례의 경우도 같다.[2]

(3) **행정입법의 부작위에 대한 규범발령소송**

(가) **진정규범발령소송**   행정소송법 제36조의 부작위위법확인소송은 신청한 897
처분의 부작위를 다투는 소송일 뿐, 행정입법의 부작위를 다투는 소송은 아니다. 따라서 현행 행정소송법상 행정입법의 부작위를 행정소송으로 다툴 수는 없다.[3] 그러나 법치국가에서 권리보호가 포괄적인 권리보호이어야 함을 고려할

령의 규정들이 그 구법의 규정들에 위반되는 것인지 여부가 해석상 다툼의 여지가 없을 정도로 객관적으로 명백하였다고 보여지지는 아니하는 경우, 그 구법시행령의 규정들에 따른 개발부담금 부과처분의 하자가 객관적으로 명백하다고 볼 수는 없으므로 그 개발부담금 부과처분은 그 하자가 중대·명백한 당연무효의 처분이라고 할 수 없다).

1) 대판 1953. 8. 19, 53누37(원래 대통령령은 법령의 효력을 가진 것으로서 행정소송법상 행정처분이라 볼 수 없다고 해석함이 타당할 것임으로 그 내용의 적법여부를 논할 것 없이 행정소송의 목적물이 될 수 없을 것이다. 물론 법령의 효력을 가진 명령이라도 그 효력이 다른 행정행위를 기다릴 것 없이 직접적으로 또 현실히 그 자체로서 국민의 권리훼손 기타 이익침해의 효과를 발생케 하는 성질의 것이라면 행정소송법상 처분이라 보아야 할 것이오 따라서 그에 관한 이해관계자는 그 구체적 관계사실과 이유를 주장하여 그 명령의 취소를 법원에 구할 수 있을 것이나…); 대판 2006. 9. 22, 2005두2506(어떠한 고시가 일반적·추상적 성격을 가질 때에는 법규명령 또는 행정규칙에 해당할 것이지만, 다른 집행행위의 매개 없이 그 자체로서 직접 국민의 구체적인 권리의무나 법률관계를 규율하는 성격을 가질 때에는 행정처분에 해당한다).

2) 대판 1996. 9. 20, 95누8003(조례가 집행행위의 개입 없이도 그 자체로서 직접 국민의 구체적인 권리의무나 법적 이익에 영향을 미치는 등의 법률상 효과를 발생하는 경우 그 조례는 항고소송의 대상이 되는 행정처분에 해당한다).

3) 대판 1992. 5. 8, 91누11261(원고는 안동지역댐피해대책위원회위원장으로서 안동댐 건설로 인하여 급격한 이상기후의 발생 등으로 많은 손실을 입어 왔는바, 특정다목적댐법 제41조에 의하면 다목적댐 건설로 인한 손실보상의무가 국가에게 있고 같은법 제42조에 의하면 손실보상절차와 그 방법 등 필요한 사항은 대통령령으로 규정하도록 되어 있음에도 피고가 이를 제정하지 아니한 것은 행정입법부작위에 해당하는 것이어서 그 부작위위법확인을 구한다고 주장하나, 행정소송은 구체적 사건에 대한 법률상 분쟁을 법에 의하여 해결함으로써 법적 안정을 기하자는 것이므로 부작위위법확인소송의 대상이 될 수 있는 것은 구체적 권리의무에 관한 분쟁이어야 하고 추상적인 법령에 관하여 제정의 여부 등은 그 자체로서 국민의 구체적인 권리의무에 직접적 변동을 초래하는 것이 아니어서 행정소송의 대상이 될 수 없으므로 이 사건 소는 부적법하다).

때, 수익적인 행정입법의 부작위가 사인의 구체적인 권리에 대한 침해와 동일한 것으로 판단되는 경우에는 행정입법의 부작위를 다투는 행정소송형식이 마련되어야 할 필요가 있다. 규범발령소송(Normenerlassklage)의 인정여부는 부진정한 규범발령소송(규범정립자가 특정의 사실관계를 평등원칙에 위반하여 규범에 고려하지 않았다는 것을 청구의 이유로 하는 규범통제절차)이 아니라 진정한 규범발령소송(기존의 규율의 보완이든 또는 전체로서 새로운 규범의 발령이든 불문하고, 법원의 판결로써 규범정립자에게 법규범발령의 의무를 부과하는 규범통제절차)에서의 문제이다.[1]

898　　　(ㄴ) 처분적 법규명령의 입법부작위　　처분적 법규명령에 대하여 무효확인소송이 인정되는 논거와 동일한 논리체계상 처분적 법규명령의 입법부작위의 경우에는 부작위위법확인소송의 제기가 가능하다고 본다.

899　　　(4) 행정입법의 부작위로 인한 손해배상청구　　판례는 구 군법무관임용법 제5조 제3항과 군법무관임용 등에 관한 법률 제6조가 군법무관의 보수의 구체적 내용을 시행령에 위임했음에도 불구하고 정당한 이유 없이 시행령을 제정하지 않은 것은 군법무관의 보수청구권을 침해하는 불법행위에 해당한다고 하였다.[2]

4. 헌법재판소에 의한 통제

(1) 법규명령에 대한 헌법소원

(개) 헌법재판소법 제68조 제1항의 헌법소원심판

900　　　1) 문제상황　　헌법 제107조 제2항은 "명령·규칙 또는 처분이 헌법이나 법률에 위반되는 여부가 재판의 전제가 된 경우에는 대법원은 이를 최종적으로 심사할 권한을 가진다"고 규정하고 있는바, 법문상으로는 대법원이 명령규칙·처분의 최종적인 심사기관인 것으로 보인다. 그러나 특히 헌법재판소법 제68조 제1항이 규정하는 헌법소원사건에 대한 심판권과 관련하여 헌법재판소가 명령·규칙심사권을 갖는가의 여부가 문제된다.

901　　　2) 헌법재판소의 태도(긍정설)　　헌법재판소는 법무사법시행규칙에 대한 헌법소원의 결정례에서[3] ① 헌법재판소법 제68조 제1항은 법원의 재판을 제외

---

1) 독일의 판례는 행정입법상 규범발령소송을 고유한 독립의 소송형식으로 보지 아니하고, 확인소송의 형식으로 다룬다(BVerwGE 80, 355, 361). 그리하여 규범을 발령토록 의무를 부과하는 것이 아니라, 행정청은 규범발령의 의무가 있다는 것을 확인하는 방식을 취한다. 물론 전자(일반적 급부소송)의 소송형식의 적용이 가능하다는 견해도 있다(Hufen, Verwaltungsprozess-recht, §20, Rn. 1).

2) 대판 2007. 11. 29, 2006다3561.

3) 헌재 1990. 10. 15, 89헌마178(헌법 제107조 제2항이 규정한 명령·규칙에 대한 대법원의 최종심사권이란 구체적인 소송사건에서 명령·규칙의 위헌여부가 재판의 전제가 되었을 경우 법률의 경우와는 달리 헌법재판소에 제청할 것 없이 대법원이 최종적으로 심사할 수 있다는 의미이며, 명령·규칙 그 자체에 의하여 직접 기본권이 침해되었음을 이유로 하여 헌법소원심판을

한 모든 공권력의 행사·불행사에 대하여 헌법소원을 인정하고 있다는 점과 ②
재판의 전제가 된 경우가 아닌 법규명령이 국민의 기본권을 직접 침해하고 있
는 경우, 그에 대한 헌법소원이 인정되어야 한다는 전제 하에 대법원규칙인 구
법무사법시행규칙 제3조 제1항이 헌법상의 평등권과 국민의 직업선택의 자유를
침해하는 위헌·무효의 규정이라고 결정한 바 있다.

    3) 대법원의 태도(부정설)   상기의 헌법재판소의 결정에 대하여 대법원   902
은 ① 헌법 제107조 제2항이 명시적으로 명령·규칙에 대한 최종적인 심사권을
대법원에 부여하고 있다는 점, ② 침해의 직접성의 결여, ③ 보충성의 요건이
결여되었다는 점(대법원은 심사대상이 명령·규칙이면 헌법재판소는 심판할 가능성 자체가
없는데 어떻게 하여 행정소송의 제기가 헌법소원에의 우회적인 절차가 되는지 알 수 없다고
하였다), ④ 법원과 헌법재판소 사이의 관할에 혼란을 가져온다는 점 등을 논거
로 부정적인 입장을 표명한 바 있었다.[1]

    4) 학설·사견   다수의 학자들은 헌법재판소의 입장을 지지한 바 있다.   903
사실 대법원의 논거 중 특히 ② 침해의 직접성의 결여와 ③ 보충성의 요건의 결
여가 문제이다. 생각건대 법무사시험미실시가 바로 응시예정자의 응시권의 침
해라는 점에서 ②의 비판은 적절하지 아니하며, 다투는 내용이 법원행정처장의
법무사시험의 불실시라는 부작위가 아니라 법원행정처장으로 하여금 그 재량에
따라 법무사시험을 실시하지 아니해도 괜찮다고 규정한 구 법무사법시행규칙
제3조 제1항의 위헌성인바, 이러한 소송물이 일반법원에서 구제받을 수 있는
절차는 존재하지 아니한다는 점에서 ③의 비판도 적절하지 않다. 헌법소원의 대
상이 된다는 헌법재판소의 견해가 보다 설득력을 갖는다.

    (바) 헌법재판소법 제68조 제2항의 헌법소원심판   "헌법재판소법 제68조 제2항   904
의 헌법소원심판청구는 법률이 헌법에 위반되는지 여부가 재판의 전제가 되는
때에 당사자가 위헌제청신청을 하였음에도 불구하고 법원이 이를 배척하였을
경우에 법원의 제청에 갈음하여 당사자가 직접 헌법재판소에 헌법소원의 형태
로써 심판청구를 하는 것이므로, 그 심판의 대상은 재판의 전제가 되는 형식적
의미의 법률 및 그와 동일한 효력을 가진 명령이고 대통령령, 부령, 규칙 또는

    청구하는 것은 위 헌법규정과는 아무런 상관이 없는 문제이다. 따라서 입법부·행정부·사법부
에서 제정한 규칙이 별도의 집행행위를 기다리지 않고 직접 기본권을 침해하는 것일 때에는
모두 헌법소원심판의 대상이 될 수 있는 것이다. …법령 자체에 의한 직접적인 기본권침해 여
부가 문제되었을 경우 그 법령의 효력을 직접 다투는 것을 소송물로 하여 일반 법원에 구제를
구할 수 있는 절차는 존재하지 아니하므로 이 사건에서는 다른 구제절차를 거칠 것 없이 바로
헌법소원심판을 청구할 수 있는 것이다)(헌재 2000. 7. 20, 99헌마455 참조).

 1) 법원행정처, 명령·규칙의 위헌심사권에 관한 연구보고서, 1990. 11. 19, 11. 26.

조례 등을 대상으로 한 헌법재판소법 제68조 제2항의 헌법소원심판청구는 부적
법하다."[1]

905   (2) **법령보충규칙에 대한 헌법소원**   헌법재판소는 한 사건에서[2] 법령의 직
접적인 위임에 따라 수임행정기관이 그 법령을 시행하는 데 필요한 구체적인
사항을 정한 것이면, 그 제정형식은 비록 법규명령이 아닌 고시·훈령·예규 등
과 같은 행정규칙이더라도 그것이 상위법령의 위임한계를 벗어나지 아니하는
한 상위법령과 결합하여 대외적인 구속력을 갖는 법규명령으로서 기능하게 된
다고 보아야 할 것인바, 청구인이 법령과 예규의 관계규정으로 말미암아 직접
기본권침해를 받았다면 이에 대하여 바로 헌법소원심판을 청구할 수 있다고 하
였다. 이러한 헌법재판소의 태도는 정당하다.

     (3) **법규명령미제정의 부작위에 대한 헌법소원**

906   (개) **행정입법의무의 헌법적 성격**   우리 헌법은 국가권력의 남용으로부터 국
민의 자유와 권리를 보호하려는 법치국가의 실현을 기본이념으로 하고 있고, 자
유민주주의 헌법의 원리에 따라 국가의 기능을 입법·행정·사법으로 분립하여
견제와 균형을 이루게 하는 권력분립제도를 채택하고 있어, 행정과 사법은 법률
에 기속되므로, 국회가 특정한 사항에 대하여 행정부에 위임하였음에도 불구하
고 행정부가 정당한 이유 없이 이를 이행하지 않는다면 권력분립의 원칙과 법
치국가의 원칙에 위배되는 것이다.[3]

907   (나) **입법부작위의 유형**   판례는 "넓은 의미의 입법부작위에는, 입법자에게
입법의무가 있는 어떤 사항에 관하여 전혀 입법을 하지 아니함으로써 입법행위의
흠결이 있는 경우(입법권의 불행사)와 입법자가 어떤 사항에 관하여 입법은 하였으
나 그 입법의 내용·범위·절차 등이 당해 사항을 불완전, 불충분 또는 불공정하
게 규율함으로써 입법행위에 결함이 있는 경우(결함이 있는 입법권의 행사)가 있는
데, 일반적으로 전자를 진정입법부작위, 후자를 부진정입법부작위"라고 부른다.[4]

908   (다) **진정 입법부작위와 헌법소원**

     1) **의   의**   헌법재판소의 판례에 의하면, "어떠한 사항을 법률로 규율

---

1) 헌재 2017. 4. 27, 2016헌바452.
2) 헌재 1992. 6. 26, 91헌마25(공무원임용령 제35조의2는 1990. 1. 30. 공포·시행되었고, 총무처예
   규는 위 공무원임용령 제35조의2 제3항의 위임에 따라 같은해 6. 7. 제정되어 같은해 7. 1.부터
   시행되었으며, 위 법령과 예규의 시행에 따라 같은날 제1차 대우공무원 선발이 있었음을 알 수
   있다. 따라서 청구인이 위 법령과 예규의 관계규정으로 말미암아 직접 기본권을 침해받았다면,
   이에 대하여 바로 헌법소원심판을 청구할 수 있다).
3) 헌재 2004. 2. 26, 2001헌마718.
4) 헌재 2018. 5. 31, 2015헌마1181.

할 것인지 여부는 특별한 사정이 없는 한 입법정책의 문제이다. 따라서 진정입법부작위에 대한 헌법소원은 헌법에서 기본권보장을 위하여 법령에 명시적인 입법위임을 하였는데도 입법자가 이를 이행하지 아니한 경우이거나, 헌법해석상 특정인에게 구체적인 기본권이 생겨 이를 보장하기 위한 국가의 행위의무 내지 보호의무가 발생하였음이 명백함에도 불구하고 입법자가 아무런 입법조치를 취하지 아니한 경우에 한하여 허용된다"는 견해를 취한다.[1] 입법부작위가 위헌으로 선언된 예로 치과전문의자격시험불실시위원확인사건을 볼 수 있다.[2]

　　2) 행정입법부작위의 성립요건　　　헌법재판소의 판례에 의하면, "행정입법 **909** 의 지체가 위법으로 되어 그에 대한 법적 통제가 가능하기 위하여는, 우선 행정청에게 시행명령을 제정(개정)할 법적 의무가 있어야 하고, 상당한 기간이 지났음에도 불구하고, 명령제정(개정)권이 행사되지 않아야 한다. 삼권분립의 원칙, 법치행정의 원칙을 당연한 전제로 하고 있는 우리 헌법 하에서 행정권의 행정입법 등 법집행의무는 헌법적 의무라고 보아야 할 것이다. 그런데 이는 행정입법의 제정이 법률의 집행에 필수불가결한 경우로서 행정입법을 제정하지 아니하는 것이 곧 행정권에 의한 입법권 침해의 결과를 초래하는 경우를 말하는 것이므로, 만일 하위 행정입법의 제정 없이 상위 법령의 규정만으로도 집행이 이루어질 수 있는 경우라면 하위 행정입법을 하여야 할 헌법적 작위의무는 인정

---

1) 헌재 2018. 5. 31, 2015헌마1181.
2) 헌재 1998. 7. 16, 96헌마246. 동 판결의 요지는 다음과 같다. ① 치과의사로서 전문의가 되고자 하는 자는 대통령령이 정하는 수련을 거쳐 보건복지부장관의 자격인정을 받아야 하고(의료법 제55조 제1항) 전문의 자격인정 및 전문과목에 관하여 필요한 사항은 대통령령으로 정하는 바(동조 제3항), 위 대통령령인 '규정' 제2조의2 제2호(개정 1995. 1. 28)는 치과전문의의 전문 과목을 "구강악안면외과·치과보철과·치과교정과·소아치과·치주과·치과보존과·구강내과·구강악안면방사선과·구강병리과 및 예방치과"로 정하고, 제17조(개정 1994. 12. 23)에서는 전문 의자격의 인정에 관하여 "일정한 수련과정을 이수한 자로서 전문의자격시험에 합격"할 것을 요구하고 있는데도, '시행규칙'이 위 규정에 따른 개정입법 및 새로운 입법을 하지 않고 있는 것은 진정입법부작위에 해당한다.
　　② 피청구인 보건복지부장관에 대한 청구 중 위 시행규칙에 대한 입법부작위 부분은 다른 구제절차가 없는 경우에 해당한다.
　　③ 행정권이 법률의 시행에 필요한 행정입법을 하지 아니하는 경우에는 행정권에 의하여 입법권이 침해되는 결과가 되기 때문이다. 따라서 보건복지부장관에게는 헌법에서 유래하는 행정입법의 작위의무가 있다.
　　④ 청구인들은 시행규칙의 미비로 청구인들은 일반치과의로서 존재할 수밖에 없다. 따라서 이로 말미암아 청구인들은 직업으로서 치과전문의를 선택하고 이를 수행할 자유(직업의 자유)를 침해당하고 있다. 또한 치과전문의자격시험의 실시를 위한 제도가 미비한 탓에 치과전문의 자격을 획득할 수 없었고 이로 인하여 형벌의 위험을 감수하지 않고는 전문과목을 표시할 수 없게 되었으므로(의료법 제55조 제2항, 제69조 참조) 행복추구권을 침해받고 있고, 이 점에서 전공의수련과정을 거치지 않은 일반 치과의사나 전문의시험이 실시되는 다른 의료분야의 전문 의에 비하여 불합리한 차별을 받고 있다.

되지 아니한다."[1]

910   ㈑ **부진정 입법부작위와 헌법소원**   헌법재판소의 판례에 의하면, "부진정 입법부작위"를 대상으로 헌법소원을 제기하려면 그 입법부작위를 헌법소원의 대상으로 삼을 수는 없고, 결함이 있는 당해 입법규정 그 자체를 대상으로 하여 그것이 평등의 원칙에 위배된다는 등 헌법위반을 내세워 적극적인 헌법소원을 제기하여야 하며, 이 경우에는 법령에 의하여 직접 기본권이 침해되는 경우라고 볼 수 있으므로 헌법재판소법 제69조 제1항 소정의 청구기간을 준수하여야 한다.[2]

911   ⑷ **기본권을 직접 침해하는 법령에 근거한 처분에 대한 헌법소원**   이에 관해 견해가 나뉜다. ① 긍정설(헌법소원요건 완화적용설)은 법령의 내용이 기본권을 직접 침해하고 있으므로 기본권침해의 직접성이 있고, 또한 법령의 내용 자체를 바로 잡는 근본적인 해결(위헌성의 제거)은 헌법재판소만이 할 수 있으므로 권리보호의 보충성도 충족한다는 것을 논거로 한다. ② 부정설(헌법소원요건 엄격적용설)은 처분이 기본권을 직접 침해하고 있고, 구체적 규범통제가 가능하므로 권리구제의 보충성도 없다는 것을 논거로 한다. ③ 헌법재판소는 사법시험법시행규칙사건에서 긍정설을 취한 바 있다.[3] ④ 행정소송법 제6조(명령·규칙의 위헌판

---

1) 헌재 2013. 5. 30, 2011헌마198.

2) 헌재 2009. 7. 14, 2009헌마349 전원재판부.

3) 헌재 2008. 10. 30, 2007헌마1281 전원재판부

    [사건개요] 청구인은 2007년 제49회 사법시험 제1차 시험에 합격하고 같은 해 6. 19.부터 22.까지 실시된 제49회 사법시험 제2차 시험에 응시하였는데, 실수로 행정법 과목의 제1문과 제2문의 답안지를 바꾸어 기재하는 바람에 사법시험법 시행규칙 제7조 제3항 제7호에 의하여 행정법 과목에서 영점을 받고 2007. 10. 18. 2007년도 제49회 사법시험 제2차 시험 불합격처분을 받았다. 이에 청구인은 행정법 과목에서 영점처리가 되지 않고 과락을 면하기 위한 최저점수인 40점만 받았어도 제49회 사법시험 제2차 시험에 합격하였을 것이므로, 위 '사법시험법 시행규칙' 제7조 제3항 제7호가 청구인의 직업선택의 자유와 평등권을 침해한다고 주장하면서 2007. 11. 12. 이 사건 헌법소원심판을 청구하였다.

    [심판대상조문] 사법시험법 시행규칙(2001. 12. 4. 법무부령 510호로 제정된 것) 제7조(응시자준수사항을 위반한 자의 처리 등) ③ 다음 각 호의 1에 해당하는 경우에는 그 과목을 영점처리한다.

    7. 제2차 시험에 있어서 해당 문제번호의 답안지에 답안을 작성하지 아니한 자(답안지 제출 전에 시험관리관으로부터 답안지의 문제번호를 정정받은 경우를 제외한다)

    [결정요지] 이 사건에서 청구인이 행정법 과목의 제1문과 제2문의 답안지를 바꾸어 기재하였더라도 사법시험 불합격까지는 사법시험법 제11조 및 같은 법 시행령 제5조에 따른 사법시험 합격결정이라는 집행행위가 예정되어 있다. 그러나 사법시험 제2차 시험에 있어서 해당 문제번호의 답안지에 답안을 작성하지 아니한 자는 이 사건 규칙에 따라 영점처리를 받을 수밖에 없고, 이는 집행행위자에게 재량의 여지가 없는 기속적 규정이다. 한편 어느 과목이든 4할 이상을 득점하지 못하면 사법시험에 합격될 수 없으므로(같은 법 시행령 제5조 제2항), 이 사건 규칙에 따라 영점처리된 청구인은 사후 집행행위의 유무나 내용에 상관없이 불합격처분을 면할 수 없다. 결국 청구인의 권리관계는 합격결정이라는 구체적 집행행위 이전에 이미 이 사건 규칙에 의하여 일의적이고 명백하게 확정된 상태가 되었으므로, 이 사건 규칙으로 인한 권

결등 공고)로 인해 행정소송으로도 법령의 내용 자체를 바로 잡는 의미를 가질
수 있으므로 긍정설은 설득력이 약하다. 부정설이 보다 합리적이다.

5. 국민에 의한 통제

(1) 의   의   행정기능의 확대·강화로 인하여 상기의 전통적인 통제수단   912
은 실효성이 저하되고 있다고 볼 것이다. 이와 관련하여 국민에 의한 통제가 중
요한 의미를 갖게 된다. 국민에 의한 법규명령의 통제수단에는 현재로서 간접적
인 것밖에 없다. 여론·자문·청원·압력단체의 활동 등을 들 수 있다. 국민에 의
한 통제와 관련하여 특히 의미를 갖는 것은 행정상 입법예고제라 할 수 있다. 국
민의 지위강화와 관련하여 이 제도의 충분한 활용은 큰 의미를 갖는다고 본다.
한편, 위법한 법규명령(법령보충규칙 포함)에 따른 처분으로 피해를 입은 자가 국
가배상청구소송을 제기하는 것도 법규명령에 대한 통제방식의 하나이다. 그러나
그 법규명령이 무효로 선언되기 전의 처분의 경우에는 국가배상법 제2조 제1항
에서 말하는 공무원의 고의 또는 과실이 있다고 보기 어려우므로 국가배상청구
는 인용되기 곤란한바, 법규명령에 대한 통제의 의미는 미미하다고 볼 것이다.

(2) **행정상 입법예고**   법령등을 제정·개정 또는 폐지(입법)하려는 경우에   913
는 해당 입법안을 마련한 행정청은 이를 예고하여야 한다(절차법 제41조 제1항 본
문). 다만, 다음 각 호(1. 신속한 국민의 권리 보호 또는 예측 곤란한 특별한 사정의 발생
등으로 입법이 긴급을 요하는 경우, 2. 상위법령등의 단순한 집행을 위한 경우, 3. 입법내용이
국민의 권리·의무 또는 일상생활과 관련이 없는 경우, 4. 단순한 표현·자구를 변경하는 경우
등 입법내용의 성질상 예고의 필요가 없거나 곤란하다고 판단되는 경우, 5. 예고함이 공공의
안전 또는 복리를 현저히 해칠 우려가 있는 경우)의 어느 하나에 해당하는 경우에는 예
고를 하지 아니할 수 있다(절차법 제41조 제1항 단서).

VI. 법규명령의 개정과 신뢰보호

1. 법규명령의 개정과 구법의 적용가능성

판례는[1] 법규명령의 개정시 구법의 적용가능성에 대하여 "행정처분은 그   914
근거 법령이 개정된 경우에도 경과 규정에서 달리 정함이 없는 한 처분 당시 시
행되는 개정 법령과 그에서 정한 기준에 의하는 것이 원칙이고, 그 개정 법령이
기존의 사실 또는 법률관계를 적용대상으로 하면서 국민의 재산권과 관련하여
종전보다 불리한 법률효과를 규정하고 있는 경우에도 그러한 사실 또는 법률관

리침해의 직접성이 인정된다.
1) 대판 2009. 9. 10, 2008두9324.

계가 개정 법률이 시행되기 이전에 이미 완성 또는 종결된 것이 아니라면 이를 헌법상 금지되는 소급입법에 의한 재산권 침해라고 할 수는 없으며, 그러한 개정 법률의 적용과 관련하여서는 개정 전 법령의 존속에 대한 국민의 신뢰가 개정 법령의 적용에 관한 공익상의 요구보다 더 보호가치가 있다고 인정되는 경우에 그러한 국민의 신뢰보호를 보호하기 위하여 그 적용이 제한될 수 있는 여지가 있을 따름"이라는 입장이다.[1]

2. 법규명령의 개정과 보상청구

915   법규명령의 변경으로 재산상의 손실을 입게 되면 관계자는 보상청구권을 갖는가? 독일의 지배적인 견해는 그러한 종류의 일반적인 청구권을 부인한다. 다만 법률에서 보상에 관해 예정하고 있거나, 국가배상법상 책임요건이 구비되거나 수용유사침해 내지 희생침해의 요건이 갖추어지는 경우에는 사정이 다르다.[2]

제 3 항   행정규칙

I. 행정규칙의 관념

1. 행정규칙의 개념

916   (1) **전통적 견해**   전통적인 견해에 따르면 행정규칙이란 행정조직내부 또는 특별한 공법상의 법률관계(특별행정법관계)내부에서 그 조직과 활동을 규율하는 일반추상적인 명령으로서 법규적 성질(외부법으로서의 효력)을 갖지 않는 것을 말한다.[3] 행정규칙은 소속 행정청이나 소속 공무원에게 향해진 행정의 조직, 절차, 또는 공무원의 행위(근무)와 관련하는 정부나 행정청의 일반추상적인 규율이라 정의하기도 한다.[4] 일반추상적인 명령인 점에서 법규명령과 같으나 외부적 구속효의 의미에서 법규적 성질을 갖지 아니하는 점에서 법규명령과 다르다는 것이다. 하여간 행정규칙은 소속 공무원의 근무를 원활하게 해주고, 행정이

---

1) 대판 2007. 10. 29, 2005두4649(개정 전 약사법 제3조의2 제2항의 위임에 따라 같은 법 시행령 (1994. 7. 7 – 1997. 3. 6) 제3조의2에서 한약사 국가시험의 응시자격을 '필수 한약관련 과목과 학점을 이수하고 대학을 졸업한 자'로 규정하던 것을, 개정 시행령(1997. 3. 6 – 2006. 3. 29) 제3조의2에서 '한약학과를 졸업한 자' 응시자격을 변경하면서, 개정 시행령 부칙이 한약사 국가시험의 응시자격에 관하여 1996학년도 이전에 대학에 입학하여 개정 시행령 시행 당시 대학에 재학중인 자에게는 개정 전의 시행령 제3조의2를 적용하게 하면서도 1997학년도에 대학에 입학하여 개정 시행령 시행 당시 대학에 재학중인 자에게는 개정 시행령 제3조의2를 적용하게 하는 것은 헌법상 신뢰보호의 원칙과 평등의 원칙에 위배되어 허용될 수 없다).

2) 졸저, 행정법원리, 212쪽.

3) 김유환, 고시연구, 1997. 9, 93쪽.

4) Suckow/Weidemann, Allgemeines Verwaltungsrecht(15. Aufl.), Rn. 54.

단일하도록 보장해주고, 법질서가 정당하고 단일하게 작동하도록 하는 데 그 의미를 갖는다.[1]

〈행정규칙개념요소에 대한 전통적 견해와 본서의 견해의 비교〉 917

법령의 근거	법규성	전통적 견해	본서의 견해
언급 없음	무	행정규칙	행정규칙(원칙)
무	유	존재부인	행정규칙(예외)(예, 수익적 행정규칙)

(2) **사 견**　　　본서는 행정규칙을 「행정조직내부에서 상급행정기관이 행 918
정권에 내재하는 고유한 권능에 근거하여 하급행정기관에 대하여 행정의 조직
이나 활동을 보다 자세히 규율하기 위하여 발하는 일반추상적인 명령」으로 정
의한다. 이러한 입장은 「비법규성」을 행정규칙개념의 필수요소가 아니라 통상
적으로 요구되는 요소(상소)로 보는데 기인한다. 따라서 행정청도 법령의 수권
없이 수익적인 영역에서 경우에 따라서는 예외적으로 국민을 구속할 수 있는
행정규칙을 제정할 수 있다고 본다. 행정규칙의 본질은 행정규칙의 제정권능이
「행정권에 내재하는 고유한 권능」이라는 점에 있다. 행정규칙의 발령권한은 행
정권의 사무집행권 내지 지시권에 근거한다고 말할 수도 있다.[2] 행정규칙은 행
정명령이라고도 한다.[3]

(3) **행정규칙과 특별명령의 구분**　　　전통적 견해는 행정규칙을 「행정조직 내 919
부에서」 외에 「특별행정법관계 내부에서」 그 조직과 활동을 규율하는 일반추상
적인 명령으로서 법규적 성질을 갖지 아니하는 것을 포함하고 있다. 그러나 특별
행정법관계에서의 명령은 특별명령이라 하여 행정규칙으로부터 분리하여 고찰하
는 것이 독일의 일반적인 현상으로 보인다. 우리의 경우도 이러한 입장을 취하는
견해가 있다.[4] 본서도 이러한 입장을 취한다. 이러한 구분고찰은 법적 성질을 파
악하는 시각의 차이에 기인한다(행정규칙은 내부적 구속효의 관점에서, 특별명령은 수권
의 근거 및 기본권침해의 가능성, 사법심사의 가능성을 관심의 주된 대상으로 하고 있다).[5]

---

1) Suckow/Weidemann, Allgemeines Verwaltungsrecht(15. Aufl.), Rn. 54.
2) BVerwGE 67, 222, 229; Wolff/Bachof/Stober, Verwaltungsrecht Ⅰ(10. Aufl.), §24, Rn. 22.
3) 이상규, 신행정법론(상), 305쪽. 한편, 독일의 경우에 과거에는 행정명령(Verwaltungs-verordnung)이라 하였으나, 오늘날에는 널리 행정규칙(Verwaltungsvorschriften)으로 부른다 (Hofmann/Gerke, Allgemeines Verwaltungsrecht, S. 61).
4) Ossenbühl, in : Erichsen(Hrsg.), Allgemeines Verwaltungsrecht(12. Aufl.), §6, Rn. 58f.; Wallerath, Allgemeines Verwaltungsrecht(6. Aufl.), §4, Rn. 49; 김동희, 행정법(Ⅰ), 151쪽.
5) Wallerath, Allgemeines Verwaltungsrecht, S. 58f.; 김동희, 행정법(Ⅰ), 151쪽 참조.

2. 행정규칙과 법형식

920 행정규칙은 「행정권의 고유한 권능·행정조직 내부에서의 조직과 활동 등」을 개념요소로 하여 내용적으로 파악된 개념이지, 법형식에 의해 파악된 개념은 아니다. 따라서 법령에 근거하여 제정되는 훈령등은 법규명령이지 행정규칙으로 볼 것은 아니다. 하여간 행정규칙도 그 형식과 관련하여 「대통령령·총리령·부령형식의 행정규칙」과 「훈령(고시)형식의 행정규칙」으로 구분될 수 있다. 그러나 행정규칙은 훈령(고시)형식의 행정규칙이 원칙적인 것이다.

921 〈행정규칙의 형식〉

법령의 수권의 유무	본 서	판 례
수권 없이 발령되는 대통령령·총리령·부령	행정규칙	행정규칙[1]
수권하에 발령되는 제재적 행정처분기준을 정하는 부령	법규명령	행정규칙[2]
수권 없이 발령되는 고시·훈령	행정규칙	행정규칙[3]
수권하에 발령되는 사무처리준칙인 고시·훈령	법규명령	행정규칙[4]

---

1) 대판 2013. 9. 12, 2011두10584(법령에서 행정처분의 요건 중 일부 사항을 부령으로 정할 것을 위임한 데 따라 시행규칙 등 부령에서 이를 정한 경우에 그 부령의 규정은 국민에 대해서도 구속력이 있는 법규명령에 해당한다고 할 것이지만, 법령의 위임이 없음에도 법령에 규정된 처분요건에 해당하는 사항을 부령에서 변경하여 규정한 경우에는 그 부령의 규정은 행정청 내부의 사무처리 기준 등을 정한 것으로서 행정조직 내에서 적용되는 행정명령의 성격을 지닐 뿐 국민에 대한 대외적 구속력은 없다고 보아야 한다. … 어떤 행정처분이 그와 같이 법규성이 없는 시행규칙 등의 규정에 위배된다고 하더라도 그 이유만으로 처분이 위법하게 되는 것은 아니라 할 것이고, 또 그 규칙 등에서 정한 요건에 부합한다고 하여 반드시 그 처분이 적법한 것이라고 할 수도 없다. 이 경우 처분의 적법 여부는 그러한 규칙 등에서 정한 요건에 합치하는지 여부가 아니라 일반 국민에 대하여 구속력을 가지는 법률 등 법규성이 있는 관계 법령의 규정을 기준으로 판단하여야 한다); 대판 2006. 5. 25, 2006두3049.
2) 대판 1997. 5. 30, 96누5773.
3) 대판 1995. 5. 23, 94도2502.
4) 대판 2023. 2. 2, 2020두4372(국토계획법 시행령 제56조 제1항 [별표 1의2] '개발행위허가기준'은 국토계획법 제58조 제3항의 위임에 따라 제정된 대외적으로 구속력 있는 법규명령에 해당한다. 그러나 국토계획법 시행령 제56조 제4항은 국토교통부장관이 제1항의 개발행위허가기준에 대한 '세부적인 검토기준'을 정할 수 있다고 규정하였을 뿐이므로, 그에 따라 국토교통부장관이 국토교통부 훈령으로 정한 '개발행위허가운영지침'은 국토계획법 시행령 제56조 제4항에 따라 정한 개발행위허가기준에 대한 세부적인 검토기준으로, 상급행정기관인 국토교통부장관이 소속 공무원이나 하급행정기관에 대하여 개발행위허가업무와 관련하여 국토계획법령에 규정된 개발행위허가기준의 해석·적용에 관한 세부 기준을 정하여 둔 행정규칙에 불과하여 대외적 구속력이 없다. 따라서 행정처분이 위 지침에 따라 이루어졌다고 하더라도, 해당 처분이 적법한지는 국토계획법령에서 정한 개발행위허가기준과 비례·평등원칙과 같은 법의 일반원칙에 적합한지 여부에 따라 판단해야 한다).

Ⅱ. 행정규칙의 법적 성질

1. 행정규칙의 법규성

행정규칙이 법규인가 아닌가에 대해서 견해의 대립이 있다.[1] 행정규칙의 922
법규성 여부가 특별히 문제되는 이유는 행정규칙에 의한 행정작용이 증대하고
있는 오늘날의 상황에서 행정규칙에 근거한 작용으로 인하여 권익을 침해받은
자가 행정규칙위반을 다툴 수 있는가의 문제가 있기 때문이다.

(1) **비법규설**   19세기 독일의 국법학과 행정법학에서 법개념은 독립의 법 923
인격자 사이(행정법영역에서는 국가와 시민 사이)의 관계에 제한되어 있었고, 따라서
결과적으로 행정규칙은 행정내부적인 규율로서 법개념으로부터 배제되었다. 이
러한 입장에서 보면 행정규칙은 법적 평가의 대상이 아닌 것이다. 한편 우리의
전통적인 견해도 행정규칙은 법규성이 없다고 한다. 그렇지만 우리의 전통적인
견해는 행정규칙이 법적인 성질(내부적 구속력)은 갖는다고 보기 때문에 앞에서
언급한 19세기 독일에서의 비법규설과는 다르다. 우리의 전통적인 견해의 입장
은 오히려 다음에 언급하는 내부법으로서의 법규설과 같은 입장이다.

(2) **법 규 설**   오늘날 행정규칙이 법규성을 갖는다는 것은 일반적으로 인 924
정된다. 그것이 법규인지, 법규범인지, 그리고 법원인지에 관해서 다툼이 있음은
물론이다. 이와 관련하여 외부법과 내부법의 구분이 필요하다. 외부법이란 단일
체로 파악되는 국가와 사인 사이의 법관계를 규율하는 법을 말하고, 내부법이란
국가의 내부에서 특히 상이한 차원의 관청 사이의 법관계를 규율하는 법을 말한
다. 외부법은 권리주체 사이의 관계를 규율하기 때문에 인격 사이의 법(inter-
personales Recht)인 데 반해, 내부법은 인격 내부의 법(intrapersonales Recht)이다.

(가) **내부법으로서의 법규설**   Maurer는[2] "행정규칙은 법적 규율이다. 법적 925
성격상 행정규칙은 관청과 소속원에게 구속적이다.[3] 이러한 (내부적) 구속력도

---

1) 협의로 보는 입장에 따르면 법규는 국가와 시민과의 관련성(외부적 효력) 속에서만 법규개념을
   이해하기에 행정주체 내부관계는 법규개념에서 제외고 따라서 행정규칙을 법규로 보지 않는
   다. 그러나 광의로 보는 견해에 따르면 법규의 수범자의 범위를 한정하지 않으며 국가와 시민
   과의 관계에 관한 규율 외에도 국가(행정주체) 내부의 관계도 그 구성원의 권리나 의무와 관련
   된다면 이를 법규개념에 포함하기 때문에 행정규칙도 법규로서 성질을 갖게 된다. 우리 다수
   견해는 협의설에 따르는 것으로 보인다.

2) Maurer, Allgemeines Verwaltungsrecht, § 24, Rn. 3.

3) 대판 2019. 10. 31, 2013두20011(상급행정기관이 소속 공무원이나 하급행정기관에 대하여 세부
   적인 업무처리절차나 법령의 해석·적용 기준을 정해 주는 '행정규칙'은 상위법령의 구체적 위
   임이 있지 않는 한 행정조직 내부에서만 효력을 가질 뿐 대외적으로 국민이나 법원을 구속하
   는 효력이 없다. 다만, 행정규칙이 이를 정한 행정기관의 재량에 속하는 사항에 관한 것인 때

법에 의해서만 근거가 주어진다. 행정규칙은 관청과 소속원에게 적용되고 그들
의 행위를 규율하기 때문에 행정규칙은 행정내부적 규율이고, 또한 국가내부영
역에 귀속된다. 행정규칙은 법규이기는 하나 법규범, 즉 외부법은 아니고, 내부
법이다. 행정규칙에 내부법의 성격을 부여한다는 것이 「행정규칙이 외부관계(국가−
사인관계)에 적어도 간접적으로는 어느 정도 영향을 미친다」는 것을 배제하는 것
은 아니다"라고 말한다.

926   Maurer는 내부적·외부적 효력을 불문하고 무릇 법적 구속력을 갖는 법을
법규로 이해하기 때문에, 내부적 구속효만 가져도 법규성을 갖는다고 하게 된
다. 그러나 행정규칙과 관련하여 우리의 학설이나 판례가 일반적으로 인식하고
있는 법규개념, 즉 법원과 국민을 구속하는 법이 법규라는 개념방식을 따르면,
Maurer의 입장도 행정규칙은 비법규라는 것이 된다. 그럼에도 Maurer의 입장을
법규설에서 언급한 이유는 오늘날에는 행정규칙이 법의 일종으로 승인된다는
점에서 19세기의 비법규설과 동일시하기 곤란하였기 때문이다. 사실 과거에는
행정규칙이 비법(Nichtrecht)으로 표현되었고, 아울러 법적 성격이 부인되었으나
오늘날 이것은 극복되었다. 말하자면 행정규칙이 법적 종류의 규범이라고 하는
점은 독일이나[1] 우리의 경우에 오늘날 일치된 견해라 할 것이다.

927   ⒞ 외부법으로서의 법규설   Ossenbühl은 법률의 유보하에 놓이지 아니하
는 권한규율과 절차규율임을 전제로 법률이 없는 경우에 행정권의 권한규율과
절차규율은 법률의 매개 없이 외부효를 갖는바, 일반구속적인 규범이라 하고,
또한 기술상 안전법, 건강보호, 환경보호 등의 영역에서 나오는 행위지도적인
규칙으로서 법률보충적·법률구체화 규칙의 기준은 내용 여하에 따라 외부효를
갖는다고 말한다.[2] 그리고 동교수는 규범구체화판결(본서, 옆번호 946)을 아주 긍
정적으로 평가하면서, 결론적으로 법률유보의 영역에서 규율의 공백이 존재하
면, 행정의 기능성의 유지를 위해 피할 수 없는 경우, 그리고 피할 수 없는 범위
안에서 행정규칙은 경과법의 기능을 떠맡는다고 말한다.[3]

928   이 견해는 집행부도 민주적 정당성을 갖는 국가기관으로서 고유의 법정립
권한을 가지므로, 행정규칙도 법규명령과 마찬가지로 외부적 구속효를 갖는 법

에는 그 규정 내용이 객관적 합리성을 결여하였다는 등의 특별한 사정이 없는 한 법원은 이를
  존중하는 것이 바람직하다).
 1) Hofmann/Gerke, Allgemeines Verwaltungsrecht, S. 62; Detterbeck, Allgemeines Verwaltungs-
    recht, § 14, Rn. 866.
 2) Ossenbühl, in : Erichsen(Hrsg.), Allgemeines Verwaltungsrecht(12. Aufl.), § 6, Rn. 45, 46.
 3) Ossenbühl, in : Erichsen(Hrsg.), Allgemeines Verwaltungsrecht(12. Aufl.), § 24, Rn. 33.

규라고 하지만, 그것은 헌법상 권력분립원리·기본권제한원리 등과 조화될 수 있는 범위 내에서만 가능할 것이다.

(3) **준법규설** 일설은 행정규칙 중 재량준칙은 헌법상 평등원칙에 의거 929 법규로 전환되기 때문에 이러한 범위 안에서 일종의 준법규가 된다고 한다.[1) 그러나 이 견해가 말하는 준법규의 개념이 행정규칙의 기능을 강조한 용어라면 이해될 수 있지만, 행정규칙의 성질이 법규로 전환된다는 것을 뜻하는 것이라면 동의할 수 없다. 왜냐하면 행정규칙은 재판의 기준이 되지 아니하기 때문이다. 즉 사인은 위법한 처분을 행정규칙위반을 이유로 다툴 수는 없기 때문이다. 엄밀하게 말한다면, 준법규설은 원칙적으로 비법규설의 일종이다.

(4) **판례와 실정법의 입장**

(가) **판   례**   우리의 판례는 기본적으로 행정규칙의 외부법으로서의 법규 930 성을 부인한다.[2) 경우에 따라서는 외부법으로서의 법규성을 인정하는 듯한 판례도 발견되지만[3) 행정규제기본법 제4조 제2항에 따른 법률보충규칙(법규명령)이 아닌 통상의 행정규칙에 판례가 외부법으로서의 법규성을 인정하는 경우는 극히 예외적일 뿐이다. 헌법재판소는 평등원칙에 근거한 행정의 자기구속의 법리에 의거하여 대외적 구속력을 인정한다.[4) 대법원이 이러한 표현을 사용한 예는 찾아보기 어렵다.

(나) **실 정 법**   행정규제기본법은 후술하는 바와 같이 일정한 경우에 외부 931 법으로서의 법규성을 갖는 행정규칙을 예정하고 있다고 볼 수도 있겠으나, 그것은 오히려 훈령형식의 법규명령을 예정한 것이라 보아야 할 것이다.

(5) **사 견**(유형설)   행정규칙의 법적 성격은 모든 행정규칙에 대하여 일률 932

---

1) 김동희, 행정법(Ⅰ), 181쪽(2019); 석종현·송동수, 일반행정법(상), 164쪽.
2) 대판 2018. 6. 15, 2015두40248(행정처분이 법규성이 없는 내부지침 등의 규정에 위배된다고 하더라도 그 이유만으로 처분이 위법하게 되는 것은 아니고, 또 그 내부지침 등에서 정한 요건에 부합한다고 하여 반드시 그 처분이 적법한 것이라고 할 수도 없다. 처분의 적법 여부는 그러한 내부지침 등에서 정한 요건에 합치하는지 여부가 아니라 일반 국민에 대하여 구속력을 가지는 법률 등 법규성이 있는 관계 법령의 규정을 기준으로 판단하여야 한다); 대판 2014. 11. 27, 2013두18964; 대판 2013. 12. 26, 2012두9571; 대판 2012. 11. 29, 2008두21669; 대판 1983. 9. 13, 82누285.
3) 대판 1984. 9. 11, 82누166(관계행정청이 건축사사무소의 등록취소처분을 함에 있어 당해 건축사들을 사전에 청문토록 한 (훈령의) 취지는 위 행정처분으로 인하여 건축사사무소의 기존 권리가 부당하게 침해받지 아니하도록 등록취소 사유에 대하여 당해 건축사에게 변명과 유리한 자료를 제출할 기회를 부여하여 위법 사유의 시정가능성을 감안하고 처분의 신중성과 적정성을 기하려 함에 있다 할 것이므로 설사 건축사법 제28조 소정의 등록취소 등 사유가 분명히 존재하는 경우라 하더라도 당해 건축사가 정당한 이유없이 청문에 응하지 아니한 경우가 아닌한 청문절차를 거치지 아니하고 한 건축사사무소 등록취소 처분은 위법하다).
4) 헌재 2001. 5. 31, 99헌마413; 헌재 1990. 9. 3, 90헌마13.

적으로 말할 것이 아니다. 생각건대 행정규칙은 대외적 구속력을 갖지 아니하는 것이 원칙이지만, 수익적 행정행위의 근거가 되는 준칙으로서의 고시는 경우에 따라 예외적으로 법규성을 가질 수 있다고 본다.

2. 행정규칙의 법원성

933   행정규칙이 법원인가의 문제는 용어상의 문제이다.[1] 법원개념을 일반적 구속력을 갖는 법규(외부법)로 새기면, 전통적인 견해에 따를 때 행정규칙은 법규가 아니고 따라서 법원도 아니다. 왜냐하면 그것은 사인도 법원도 구속하는 것이 아니기 때문이다.[2] 판례도 일반적인 행정규칙에 대해서는 이러한 입장을 취한다.[3] 만약 행정규칙이 외부적으로 일반구속력을 갖는다고 본다면 법원이 된다. 법원을 행정권의 행위기준으로 새길 경우에도 행정규칙은 법원이 된다.

3. 행정규칙 위반행위의 위법 여부 판단 방법

934   판례는 "행정처분이 법규성이 없는 내부지침 등의 규정에 위배된다고 하더라도 그 이유만으로 처분이 위법하게 되는 것은 아니고, 또 그 내부지침 등에서 정한 요건에 부합한다고 하여 반드시 그 처분이 적법한 것이라고 할 수도 없다. 처분의 적법 여부는 그러한 내부지침 등에서 정한 요건에 합치하는지 여부가 아니라 일반 국민에 대하여 구속력을 가지는 법률 등 법규성이 있는 관계 법령의 규정을 기준으로 판단하여야 한다"는 견해를 취한다.[4]

Ⅲ. 행정규칙의 종류

1. 내용에 따른 분류[5]

935   (1) 조직규칙·근무규칙   조직규칙은 행정청 내부조직·질서·권한·절차를

---

1) Maurer, Allgemeines Verwaltungsrecht, §24, Rn. 4.

2) F. Mayer, Allgemeines Verwaltungsrecht, S. 21; Wittern, Grundriß des Verwaltungsrechts, § 3, Rn. 40; Suckow/Weidemann, Allgemeines Verwaltungsrecht(15. Aufl.). Rn. 56.

3) 대판 1990. 2. 27, 88재누55(명령 또는 규칙이 법률에 위반한 경우에는 대법관 전원의 2/3 이상의 합의체에서 심판하도록 규정한 법원조직법 제7조 제1항 제2호에서 말하는 명령 또는 규칙이라 함은 국가와 국민에 대하여 일반적 구속력을 가지는 이른바 법규로서의 성질을 가지는 명령 또는 규칙을 의미한다 할 것인바, 수산업에관한어업면허사무취급규정(수산청훈령 제434호)은 행정기관 내부의 행정사무처리기준을 정한 것에 불과하고 이른바 법규로서의 성질을 가지는 명령 또는 규칙이라 볼 수 없으므로 위 규정을 무효라고 판단한 이 사건 재심대상판결이 대법원 전원합의체에서 이루어진 것이 아니라 하더라도 법률에 의하여 구성되지 아니한 판결이라고 할 수 없다).

4) 대판 2018. 6. 15, 2015두40248.

5) Detterbeck, Allgemeines Verwaltungsrecht mit Verwaltungsprozessrecht(9. Aufl.), §14, Rn. 855f.; Maurer, Allgemeines Verwaltungsrecht, §24, Rn. 8ff.

규율하는 규칙을 말한다. 현행 우리의 법제상 이것은 대통령령(직제)으로 정하게 되어 있다. 따라서 조직규칙의 범위는 제한되어 있다고 하겠다. 근무규칙은 하급기관이나 기관구성자인 공무원의 근무에 관한 규칙을 말한다.

(2) **법률해석**(규범해석)**규칙**　　이것은 법률의 통일적·단일적인 적용을 위한 936 법규범의 해석과 적용에 관한 규칙을 말한다. 특히 불확정법개념의 해석·적용과 관련을 맺는다. 해석준칙이라고도 한다. 이러한 규칙은 직접적인 외부적 효과를 갖지 않는다. 규범을 구속적으로 해석할 수 있는 것은 법원(또는 헌법재판소)뿐이기 때문이다. 법률해석규칙은 하급행정청의 법해석을 지원하고, 단일의 법적용을 보장한다.

(3) **재량지도규칙**　　이것은 통일적이고도 동등한 재량행사를 확보하기 위 937 해 어떠한 방식으로 재량을 행사할 것인가에 관한 규칙이다. 재량준칙이라고도 한다. 집행부는 원래 입법기관이 아니므로 이러한 행정규칙이 직접적인 외부적 효과를 갖는다고 할 수는 없다. 헌법재판소는 재량준칙의 경우에 행정의 자기구속의 법리에 의거하여 외부적 효과를 갖는다고 하는데, 그렇다고 재량준칙이 바로 법규가 된다고 하는 것인지는 분명하지 않다. 재량준칙은 단일하고 평등한 재량행사의 확보에 기여한다.

(4) **법률대위규칙·법률보충규칙**

(개) **의　　의**　　① 법률대위규칙이란 법률이 필요한 영역이지만 법률이 없 938 는 경우에 이를 대신하는 행정규칙을 말하고, ② 법률보충규칙이란 법률의 내용이 지나치게 일반적이어서 보충 내지 구체화의 과정이 필요하기 때문에 이를 보충하거나 구체화하는 행정규칙으로서 법규성을 갖는 것을 말한다. 규범구체화 행정규칙은 법률보충규칙의 하나로 볼 것이다.

(내) **종　　류**　　법률보충규칙은 법률의 위임에 근거한 경우와 법률의 위임 939 에 근거하지 아니한 경우로 나눌 수 있다. 전자는 법규명령의 문제가 된다. 여기서 말하는 법률보충규칙은 후자, 즉 법령에 근거한 것이 아니라 행정권의 고유한 권능에 근거한 행정규칙을 뜻한다. 요컨대 표현상 법률보충규칙은 두 가지, 즉 ① 법령의 위임에 근거한 법령보충규칙과 ② 법령의 위임에 근거하지 아니한 법령보충규칙으로 구분할 수 있다. ①은 법규명령의 일종이고, ②는 행정규칙의 일종이다. ①은 판례 및 행정규제기본법에서 인정되고 있으나, ②는 판례 및 행정규제기본법에서 인정되고 있는 것은 아니고 다만 본서가 주장하는 개념이다. 본서에서 행정규칙으로서 법률보충규칙은 ②만을 의미한다.

(대) **재량준칙과의 비교**　　법률보충규칙은 일종의 재량준칙의 성질을 갖는다 940

고 볼 수도 있다. 그러나 법률대위규칙이나 법률보충규칙이 재량준칙과 기본적으로 다른 점은 내용을 새로이 정하는 점에 있다.

941   ㈃ 인정가능성   법령의 유무를 불문하고 어떠한 경우에도 국민의 삶의 안전과 삶의 질의 향상을 위해 행정은 중단없이 이루어져야 한다는 점, 실정법령이 모든 상황에 대비할 수 있도록 완비되어 있는 것은 아니라는 점, 법률유보의 원리 등을 포함하는 헌법상의 법치국가원리는 준수되어야 한다는 점 등을 고려할 때, 법률대위규칙과 법규성을 갖는 법률보충규칙의 인정가능성에 대해 다음의 지적이 가능할 것이다.

942   1) 법률대위규칙   법률유보의 원리를 해하지 않는 범위 안에서 수익적 행정행위의 근거가 되는 법률대위규칙은 인정된다고 볼 것이다.[1] 물론 현실적으로 특정 행정규칙이 법률대위규칙에 해당하는 것인가를 판단하기는 용이하지 않을 것이다. 현재로서 법률대위규칙에 관해 규정하는 법률은 찾아보기 어렵다.

943   2) 침익적 법률보충규칙   법령에서 명시적인 근거를 갖지 않는 침익적인 법률보충규칙은 행정규제기본법상 규제법정주의(동법 제4조)에 반하는 것이어서 인정될 수 없다고 본다.

944   3) 수익적 법률보충규칙   규정내용이 수익적인 경우에는 명시적인 법령상의 근거가 없다고 하여도 법률보충규칙을 인정하는 데 별 어려움이 없다고 본다. 물론 현실적으로 특정의 수익적인 행정규칙이 법률보충규칙에 해당하는 것인가를 판단하기는 용이하지 않을 것이다.

945   ㈄ 성질과 효과   법률대위규칙과 법률보충규칙은 직접 외부적 구속효를 갖는 법규라 하겠다.[2] 따라서 법률대위규칙 또는 법률보충규칙에 위반되는 행위는 위법행위가 된다고 볼 것이다.

---

1) 실제상 법률대위규칙은 확정예산은 있으나 관련 법률이 없는 경우에 보조금의 기준을 정하는 행정규칙과 관련하여 논의되고 있다(R. Schmidt, Allgemeines Verwaltungsrecht(2017), 868); Maurer, Allgemeines Verwaltungsrecht, §24, Rn. 11.

2) 예컨대, 행정조직이나 행정절차상 중요성이 적은 사항을 규율하는 행정규칙(조직규칙과 절차규칙)으로서 법률의 유보를 침해하지 아니하는 경우(BVerfGE 40, 250), 불완전법규범(공백규정)을 메우는 행정규칙(보충규칙)으로서 중요하지 아니한 사항을 보완하는 경우(BVerfGE 40, 237, 255), 법률의 규정을 구체화하는 행정규칙(구체화규칙)으로서 비본질적인 점을 대상으로 하는 경우(BVerwGE 52, 193)에는 외부효를 갖는다고 볼 것이다.

▌참고▐ 규범구체화 행정규칙

1. 새로운 문제상황(개념의 성립)

독일의 전통적인 이론에 따르면 행정규칙은 외부법이라는 의미에서의 법규범   946
이 아니다. 그것은 단지 행정작용의 내부적인 조종을 위한 것이고, 또한 그것은 기
본법상 평등조항의 적용을 통해 행정실제상 간접적으로 외부효(국민에 대한 구속효)
를 갖는 것으로 이해되었다. 따라서 행정규칙은 법원에 의한 해석이나 적용을 받는
법규범이 아니었다. 이러한 원칙은 판례상 일반적인 것으로 인정되었으나, 일련의
사건을 거치면서 이 원칙에 대한 예외가 나타나기 시작하였다. 말하자면 전문기술
적인 사항과 관련된 행정규칙에 법규적 성질을 부여하는 판결들이 나타나게 되었
다. 이의 대표적인 판례가 Wyhl판결(1985. 12. 19.)이다. 동판결에서 독일연방행정재
판소는 원자력법(제7조 제2항 제3호 : 시설의 설치와 운영에 따라 발생하는 피해를 방지
하기 위해「과학과 기술의 수준에 따라」필요한 장치가 구비되었을 때에 (핵연료의 사용
등의) 허가는 발령될 수 있다)에 근거하여 나타난 것으로서 연방내무부장관의 지침인
'대기(배출공기)나 수면(지표수)에 대한 방사성 물질의 유출시 방사성 물질의 유출에
대한 일반적인 평가원칙'이라는 행정규칙에 규범구체화의 기능이 있음을 판시했다.
즉 그 기준(상기의 평가원칙)은 단순한 규범해석 행정규칙이 아니라, 규범에 의해 정
해진 범위 안에서 행정재판소에도 구속력을 갖는다고 하였다.[1] 이러한 판결로서
규범구체화 행정규칙(Normkonkretisierende Verwaltungsvorschriften)의 개념이 나타
나게 되었다. 그리고 근거와 관련하여 문제점을 갖는다는 비판이 있음에도 불구하
고 Wyhl판결은 결과적으로 광범위한 지지를 받고 있다.[2]

2. 규범구체화 행정규칙의 성격

규범구체화행정규칙의 성격과 관련하여 Hill교수는 "① 규범구체화는 단순한   947
개념의 구체화도 아니고 재량준칙도 아니다. 그것은 계획상의 형량과 마찬가지로
구성요건과 법효과면에서 광범위하게 관련을 가지는 형성적이고도 포괄적인 결단
을 내포한다. ② 규범구체화는 단순한 포섭이나 추론이 아니고 규범의 발전을 의미
한다. 따라서 그것은 개념으로부터가 아니라 법률의 전체구조와 법률의 전체목적의
준수하에서 고려되어야 한다"고 말한다.[3]

3. 규범구체화 행정규칙의 기능

규범구체화 행정규칙은 ① 개별사건의 규율을 가능하게 하는 기능, 즉 집행기   948
능, ② 환경보호나 기술상의 통제와 관련하여 국가지도적인 형성기능, ③ 법규로서
의 기능, 즉 규범기능을 갖는다고 할 것인데, 규범구체화의 행정규칙이 이와 같은

---

1) BVerwGE 72, 300, 320.
2) H. Hill, "Normkonkretisierende Verwaltungsvorschriften," in : NVwZ, Heft 5(16 Mai), 1989,
   S. 402; Giemulla/Jaworsky/Müller－Uri, Verwaltungsrecht, Rn. 40.
3) H. Hill, a.a.O., S. 406.

기능을 갖는다는 것은 법의 정립과 법의 적용이 언제나 일의적으로 분리가 가능한 것은 아님을 뜻하는 것이라 한다.[1]

4. 규범구체화 행정규칙의 사법적 통제

949 ① 규범구체화 행정규칙이 전문기술상의 문제와 관련된 것이라고 하여도 그것이 행정권의 자의적인 평가나 절차상의 하자를 갖는다면 사법통제의 대상이 될 것이다. ② 그리고 규범구체화 행정규칙의 내용이나 효과와 관련하여 볼 때, 동규칙에 대한 권리보호는 직접적으로 이루어져야 한다.

5. 우리나라에서의 논의

950 (1) **인정 근거**　　독일에서 규범구체화 행정규칙의 이론적 근거로서 크게 수권설과 독자적 기능영역설이 제시되고 있으며, 이 중에서 수권설이 다수설이라는 소개가 이루어지고 있다. 우리의 경우, 규범구체화 행정규칙의 인정여부에 관해 학설은 나뉘고 있다. 수권설이 타당하다.

951 (2) **판　　례**　　일설은 국세청훈령인 재산제세사무처리규정이 법규성을 갖는다고 한 판례와[2] 국무총리훈령인 개별토지가격합동조사지침이 법규성을 갖는다고 한 판례를[3] 규범구체화 행정규칙의 시각에서 이해하기도 하나, 다수설은 법률보충규칙에 관한 판례일 뿐이라 한다. 그러나 규범구체화 행정규칙을 법률보충규칙의 일종으로 파악할 수도 있을 것이다.

2. 형식에 따른 분류

952 실정법상 행정규칙은 통상 고시와 훈령으로 발령된다. 그런데 훈령은 다시 좁은 의미의 훈령·지시·예규·일일명령으로 세분된다(행협정 제4조 그리고 구 사무관리규정 제7조 제2호; 동 시행규칙 제3조).

953 ▌**참고**▌　　종래의 사무관리규정은 고시·훈령·지시·예규·일일명령의 개념을 사용하였고, 사무관리규정시행규칙에서 그 의미를 정리해두었다. 그러나 현행의 행정업무의 운영 및 혁신에 관한 규정에서 이러한 용어는 사용하지만, 행정업무의 운영 및 혁신에 관한 규정 시행규칙에서는 이러한 용어의 정의를 볼 수 없다. 이 책에서는 그 용어들을 종래의 사무관리규정시행규칙에서 정리하였던 의미로 사용한다.

954 (1) **고　　시**　　고시란 행정기관이 법령이 정하는 바에 따라 일정한 사항을 불특정다수의 일반인에게 알리는 것을 말한다. 행정규칙으로서 고시란 행정기

---

1) H. Hill, a.a.O., S. 406.
2) 대판 1987. 9. 29, 86누484.
3) 대판 1994. 2. 8, 93누111.

관이 고시라는 명칭하에 법령이 정하는 바에 따라 일정한 사항을 불특정다수의
일반인에게 알리는 행위(구 사무관리규정 제7조 제3호; 동 시행규칙 제3조 제3호)로서
법규의 성질을 갖지 아니하는 행정입법을 말한다.

▌참고▌　실정법상 "고시" 용어의 사용례　　　　　　　　　　　　　　　　　955

　　실정법상 고시라는 용어는 다양하게 사용되고 있다. ① 행정입법의 의미로 사
용되는 경우, ② 행정행위의 의미로 사용되는 경우(예 : 도로법 제25조의 도로구역 결
정의 고시),[1] ③ 행정행위 적법요건의 의미로 사용되는 경우(예 : 공익사업을 위한 토
지 등의 취득 및 보상에 관한 법률 제22조의 사업인정의 고시), ④ 사실행위의 의미로
사용되는 경우(예 : 국적법 제17조의 귀화의 고시)로 나눌 수 있다. ①의 경우는 법규
명령으로서의 고시(예 : 옆번호 1000 아래의 판례를 보라)와 행정규칙으로서의 고시로
구분할 수 있다.

---

1) 헌재 2023. 6. 29, 2021헌마63(이 사건 고시(부광역시 고시 제2021-4호 - 코로나19 확산 예방
및 차단을 위한 사회적 거리두기 행정명령 연장 및 변경 고시)는, 피청구인인 구 '감염병의 예방
및 관리에 관한 법률 제49조 제1항 제2호 등에 근거하여 부산시내 종교시설의 책임자·종사자
및 이용자에게 2021. 1. 4. 0시부터 2021. 1. 17. 24시까지 2주라는 '특정기간' 내에 '대면예배라
는 구체적 행위'를 직접 금지하는 것으로, 장래의 불특정하고 추상적이며 반복되는 사항을 규율
하는 것이라기보다는 시간적·공간적으로 특정된 사안을 규율하는 것이다. 더욱이 구 감염병예
방법 제49조 제1항은 하위 법령에의 위임 형식을 취하고 있는 것이 아니라, 질병관리청장, 시장
등 방역당국이 집합제한 등의 특정한 감염병 예방 '조치'를 취하도록 규정하고 있어 문언상으로
도 방역당국의 구체적 '처분'이 예정되어 있다. 대법원(대법원 2022. 10. 27.자 2022두48646 판
결)도 이 사건 고시와 동일한 규정 형식을 가진 서울특별시장의 대면예배 제한 고시(서울특별
시고시 제2021-414호)가 항고소송의 대상인 행정처분에 해당함을 전제로 판단한 바 있다);
대판 2007. 6. 14, 2004두619(구 청소년보호법에 따른 청소년유해매체물 결정 및 고시처분은
당해 유해매체물의 소유자 등 특정인만을 대상으로 한 행정처분이 아니라 일반 불특정 다수인
을 상대방으로 하여 일률적으로 표시의무, 포장의무, 청소년에 대한 판매·대여 등의 금지의무
등 각종 의무를 발생시키는 행정처분으로서, 정보통신윤리위원회가 특정 인터넷 웹사이트를
청소년유해매체물로 결정하고 청소년보호위원회가 효력발생시기를 명시하여 고시함으로써 그
명시된 시점에 효력이 발생하였다고 봄이 상당하고, 정보통신윤리위원회와 청소년보호위원회
가 위 처분이 있었음을 위 웹사이트 운영자에게 제대로 통지하지 아니하였다고 하여 그 효력
자체가 발생하지 아니한 것으로 볼 수는 없다); 헌재 2008. 11. 27, 2005헌마161·189(병합)(전
원재판부); 헌재 1998. 4. 30, 97헌마141(고시 또는 공고의 법적 성질은 일률적으로 판단될 것
이 아니라 고시에 담겨진 내용에 따라 구체적인 경우마다 달리 결정된다고 보아야 한다. 즉,
고시가 일반·추상적 성격을 가질 때는 법규명령 또는 행정규칙에 해당하지만, 고시가 구체적
인 규율의 성격을 갖는다면 행정처분에 해당한다. 이 사건 국세청고시는 특정 사업자를 납세병
마개 제조자로 지정하였다는 행정처분의 내용을 모든 병마개 제조자에게 알리는 통지수단에
불과하므로, 청구인의 이 사건 국세청 고시에 대한 헌법소원심판청구는 고시 그 자체가 아니라
고시의 실질적 내용을 이루는 국세청장의 위 납세병마개 제조자 지정처분에 대한 것으로 해석
함이 타당하다).

(2) (넓은 의미의) **훈 령**

956   ㈎ (좁은 의미의) **훈 령**   (좁은 의미의) 훈령은 상급기관이 하급기관에 대하여 상당히 장기간에 걸쳐 그 권한의 행사를 지휘하기 위하여 발하는 명령(형식)을 의미한다(구 사무관리규정시행규칙 제3조 제2호 가). 훈령과 직무명령은 구별된다. 훈령은 행정기관에 대한 명령이고, 구성원의 교체에 관계없이 행정기관을 구속하며 기관의 권한을 제약하는 것이지만, 직무명령은 특정공무원 개인에 대한 명령이고 공무원 개인을 구속하고, 따라서 공무원교체의 경우에는 무의미하게 되며 공무원 개인의 직무를 구속한다.[1] 훈령은 직무명령의 의미도 갖지만, 직무명령은 훈령의 의미를 갖지 못한다.

957   ㈏ **지   시**   지시란 상급기관이 직권 또는 하급기관의 문의에 의하여 하급기관에 개별적·구체적으로 발하는 명령(형식)이다. 그러나 그 내용이 일반추상적인 규율이 아닌 것은 행정규칙이 아니라고 볼 것이다.

958   ㈐ **예   규**   예규란 행정사무의 통일을 기하기 위하여 반복적 행정사무의 처리기준을 제시하는 행위(형식)를 말한다.

959   ㈑ **일일명령**   일일명령이란 당직·출장·시간외근무·휴가 등 일일업무에 관한 행위(형식)를 말한다. 그런데 그 내용이 일반추상적인 규율이 아닌 경우에는 행정규칙이 아니고 직무명령에 해당할 것이다.[2]

Ⅳ. 행정규칙의 근거와 한계

1. 근   거

960   행정규칙은 국민의 법적 지위에 직접 영향을 미치는 것이 아니고, 하급기관의 권한행사를 지휘하는 것이므로 상급기관이 갖는 포괄적인 감독권에 근거하여 발할 수 있는 것으로 새긴다.[3] 즉, 행정규칙의 발령을 위한 수권은 집행권에 내재한다. 즉, 사무집행권 내지 사무집행권으로부터 나오는 지시권에 근거한다.[4] 따라서 행정규칙의 발령에는 개별적인 근거법은 필요없고 일반적인 조직규범

---

 1) 서원우, 현대행정법론(상), 353쪽.
 2) 김남진·김연태, 행정법(Ⅰ), 183쪽(2019).
 3) BVerfGE 26, 338, 396; BVerwGE 67, 222, 229; Battis, Allgemeines Verwaltungsrecht, S. 33; Wittern, Grundriß des Verwaltungsrechts, §3, Rn. 41; Giemulla/Jaworsky/Müller – Uri, Verwaltungsrecht, Rn. 35; 대판 2020. 11. 26, 2020두42262(일반적으로 상급행정기관은 소속 공무원이나 하급행정기관에 대하여 업무처리지침이나 법령의 해석·적용 기준을 정해주는 '행정규칙'을 제정할 수 있다).
 4) Maurer, Allgemeines Verwaltungsrecht(16. Aufl.), §24, Rn. 1, 33; Wolff/Bachof/Stober/Kluth, Verwaltungsrecht Ⅰ(12. Aufl.), §24, Rn. 23; Battis, Allgemeines Verwaltungsrecht, S. 33.

(예 : 정조법 제7조·제11조·제18조·제26조 제3항 등)으로 족하다.[1] 이 때문에 행정규칙의 발령을 규율하는 법률은 일반적으로 직무범위에 관한 권한규범이지 수권규범으로 보기는 어렵다. 그러나 다른 행정주체소속의 행정기관이나 소속원에게 행정규칙으로 의무를 부과하려면, 법령의 근거를 요한다.[2]

2. 한 계

행정규칙의 제정은 법률이나 상위규칙, 비례원칙 등 행정법의 일반원칙에 반하지 않는 범위 내에서, 그리고 목적상 필요한 범위 내에서만 가능하다. 국민의 권리·의무에 관한 사항을 새로이 규정할 수 없음은 물론이다.

961

V. 행정규칙의 적법요건과 소멸

1. 적법요건(성립·발효요건)

행정규칙은 ① 권한있는 기관이 제정하여야 하고(주체요건), ② 그 내용이 법규나 상위규칙에 반하지 않고, 실현불가능하지 않고, 명확하여야 하며(내용요건), ③ 소정의 절차(예 : 상급기관의 인가 등)와 형식이 있으면 그것을 갖추어야(절차·형식요건) 적법한 것이 된다. 그러나 개별법령상의 수권을 요하는 것은 아니다.

962

훈령·지시·예규·일일명령 등 행정기관이 그 하급기관이나 소속 공무원에 대하여 일정한 사항을 지시하는 행정규칙은 수신자에게 도달(전자문서의 경우는 수신자가 관리하거나 지정한 전자적 시스템 등에 입력되는 것을 말한다)됨으로써 효력을 발생하고(행협정 제4조 제2호, 제6조 제2항), 고시·공고 등 행정기관이 일정한 사항을 일반에게 알리는 행정규칙은 효력발생 시기를 구체적으로 밝히고 있지 않으면 그 고시 또는 공고 등이 있은 날부터 5일이 경과한 때에 효력이 발생한다(행협정 제4조 제3호, 제6조 제3항). 반드시 국민에게 공포되어야만 하는 것은 아니다.[3] 바람직한 것은 아니지만 국민에게 비밀인 행정규칙의 존재도 가능하다. 그러나 예측가능성·법적 안정성 등을 고려한다면 대외적으로 공포하는 것이 바람직하다. 그러나 법령보충규칙이나 법률대위규칙은 반드시 공개(공포)되어야

963

---

1) Wolff/Bachof/Stober/Kluth, Verwaltungsrecht Ⅰ(12. Aufl.), §24, Rn. 23. 분석적으로 본다면, 행정청 간 행정규칙(예 : 국세청 — 지방국세청)의 경우는 행정의 계층조직의 원리상 나오고, 행정청 내부(예 : 장 — 공무원)의 경우는 장의 업무지휘권으로부터 나온다고 말할 수도 있다 (Bull/Mehde, Allgemeines Verwaltungsrecht mit Verwaltungsrehre(7. Aufl.), Rn. 227).

2) Giemulla/Jaworsky/Müller – Uri, Verwaltungsrecht, Rn. 35.

3) 대판 1990. 5. 22, 90누639(국세청훈령은 국세청장이 구 소득세법시행령 제170조 제4항 제2호에 해당할 거래를 행정규칙의 형식으로 지정한 것에 지나지 아니하므로 적당한 방법으로 이를 표시, 또는 통보하면 되는 것이지, 공포하거나 고시하지 아니하였다는 이유만으로 그 효력을 부인할 수 없다); Wittern, Grundriß des Verwaltungsrechts, §3, Rn. 41.

할 것이다.[1)]

2. 하 자(瑕)

964 ⑴ 의의·효과   적법요건을 완전히 갖춘 행정규칙은 적법한 행위로서 효력을 발생하게 된다. 그러나 적법요건을 완전하게 갖춘 것이 아닌 행정규칙은 하자있는 것이 된다.[2)] 하자있는 행정규칙은 효력을 발생하지 못한다. 말하자면 하자있는 행정규칙의 효과는 하자있는 행정행위의 경우와 사정이 다르다. 행정행위의 경우에는 하자의 효과로서 무효와 취소의 경우가 있으나, 행정규칙의 경우에는 무효의 경우만 있을 뿐이다.[3)]

965 ⑵ **공무원의 심사권**   행정규칙에 하자가 있는 경우에 공무원은 이의 적용을 거부할 수 있는가는 문제이다. 하자가 중대하고 명백하여 행정규칙의 위헌·위법이 분명하다면, 상급자·상급기관에 이를 보고하고 동시에 하자있는 행정규칙을 근거로 하여 행정행위를 집행하는 것을 중단하는 것이 바람직하다.

3. 소   멸

966 유효하게 성립된 행정규칙도 폐지, 종기의 도래, 해제조건의 성취, 내용이 상이한 상위 또는 동위의 행정규칙의 제정 등의 사유로 인해 효력이 소멸됨은 법규명령의 경우와 마찬가지이다.

Ⅵ. 행정규칙의 효과

967 독일의 경우, 행정규칙이 외부적 효과(국민에 대한 구속효)를 갖거나 가질 수 있다는 것은 더 이상 논쟁의 대상이 아니다.[4)] 법률이 없는 일정의 수익적 영역에서의 행정규칙(예 : 보조금 지원영역)은 직접적인 법적 효과를 갖는다는 것과 법률이 있는 경우라도 규범구체화규칙의 경우에는 직접적인 법적 효과를 갖는다[5)]는 데에 별이론이 없어 보인다. 그러나 우리의 경우는 사정이 다르다.

---

1) Maurer, Allgemeines Verwaltungsrecht, §24, Rn. 36.
2) 대판 2020. 5. 28, 2017두66541(행정규칙이 이를 정한 행정기관의 재량에 속하는 사항에 관한 것인 때에는 그 규정 내용이 객관적 합리성을 결여하였다는 등의 특별한 사정이 없는 한 법원은 이를 존중하는 것이 바람직하다. 그러나 행정규칙의 내용이 상위법령이나 법의 일반원칙에 반하는 것이라면 법치국가원리에서 파생되는 법질서의 통일성과 모순금지 원칙에 따라 그것은 법질서상 당연무효이고, 행정내부적 효력도 인정될 수 없다. 이러한 경우 법원은 해당 행정규칙이 법질서상 부존재하는 것으로 취급하여 행정기관이 한 조치의 당부를 상위법령의 규정과 입법 목적 등에 따라서 판단하여야 한다).
3) 대판 1980. 12. 23, 79누382.
4) W. Ergbuth, "Normkonkretisierende Verwaltungsvorschriften," in : Deutsches Verwaltungs-blatt, 15. Mai, 1989, S. 476.
5) W. Ergbuth, a.a.O., S. 478; Detterbeck, Allgemeines Verwaltungsrecht, §14, Rn. 883.

1. 내부적 효과(구속효)

행정규칙은 규칙발령기관의 권한이 미치는 범위 내에서 일면적 구속력을 갖는다. 즉 행정규칙의 적용을 받는 상대방(관계행정기관·직원)을 직접 구속한 다.[1] 행정규칙에 반한 행위를 한 자에게는 징계책임 또는 징계벌이 가해질 수 있다. 내부적 구속력 역시 일종의 법적인 구속력이다.[2] 한편, 행정내부적인 규 율로서 행정규칙은 사인의 권리와 의무를 발생시키지는 아니한다. 말하자면 행 정내부적인 행정규칙은 사인에게는 미치지 아니한다. 마찬가지로 행정주체와 사인간의 법적 분쟁에 대한 재판에 있어서도 행정내부적인 행정규칙은 직접적 으로 별다른 의미를 갖지 아니한다.

968

2. 외부적 효과(구속효)

(1) 직접적·외부적 구속효

(가) **원칙적 부인** 행정규칙이 사실상 외부적 효과를 갖는 것은 별문제이 나, 법적으로 행정규칙은 직접적인 외부적 효과를 갖는 것이 아니다. 행정규칙 은 민주적 정당성이 없는 것이므로, 법논리상 사인에 대하여 직접적인 구속력을 가질 수 없기 때문이다.[3] 말하자면 행정규칙은 행정조직내부의 규율일 뿐 사인 의 권리·의무를 규정하지 못하고, 법원도 구속하지 못한다. 이것은 판례의 기본 적인 입장이기도 하다.[4] 행정규칙은 법규가 아니므로 행정규칙위반은 위법이

969

---

1) 대판 2016. 10. 27, 2014두12017(상급행정기관이 하급행정기관에 대하여 업무처리지침이나 법 령의 해석적용에 관한 기준을 정하여 발하는 이른바 행정규칙은 일반적으로 행정조직 내부에 서만 효력을 가질 뿐 대외적인 구속력을 갖는 것은 아니다).

2) 대판 2002. 7. 26, 2001두3532(항고소송의 대상이 되는 행정처분이라 함은 원칙적으로 행정청 의 공법상 행위로서 특정 사항에 대하여 법규에 의한 권리의 설정 또는 의무의 부담을 명하거 나 기타 법률상 효과를 발생하게 하는 등으로 일반 국민의 권리 의무에 직접 영향을 미치는 행 위를 가리키는 것이지만, 어떠한 처분의 근거나 법적인 효과가 행정규칙에 규정되어 있다고 하 더라도, 그 처분이 행정규칙의 내부적 구속력에 의하여 상대방에게 권리의 설정 또는 의무의 부담을 명하거나 기타 법적인 효과를 발생하게 하는 등으로 그 상대방의 권리 의무에 직접 영 향을 미치는 행위라면, 이 경우에도 항고소송의 대상이 되는 행정처분에 해당한다).

3) R. Schmidt, Allgemeines Verwaltungsrecht(2017), 874.

4) 대판 2021. 10. 14, 2021두39362(행정기관 내부의 업무처리지침이나 법령의 해석·적용 기준을 정한 행정규칙은 특별한 사정이 없는 한 대외적으로 국민이나 법원을 구속하는 효력이 없다); 대판 2015. 6. 23, 2012두2986(법령에서 행정처분의 요건 중 일부 사항을 부령으로 정할 것을 위임한 데 따라 시행규칙 등 부령에서 이를 정한 경우에 그 부령의 규정은 국민에 대해서도 구 속력이 있는 법규명령에 해당한다고 할 것이지만, 법령의 위임이 없음에도 법령에 규정된 처분 요건에 해당하는 사항을 부령에서 변경하여 규정한 경우에는 그 부령의 규정은 행정청 내부의 사무처리 기준 등을 정한 것으로서 행정조직 내에서 적용되는 행정명령의 성격을 지닐 뿐 국민에 대한 대외적 구속력은 없다고 보아야 한다); 헌재 2006. 3. 30, 2003헌마806; Detter- beck, Allgemeines Verwaltungsrecht mit Verwaltungsprozessrecht(13. Aufl.), §3, Rn. 103.

아니다.[1] 따라서 사인에 대해 행정기관이 규칙위반의 불이익처분을 하여도 사인은 규칙위반을 이유로 다툴 수 없다. 아울러 행정규칙에 따른 행정처분이 적법성의 추정을 받아서는 아니 될 것이다.[2]

970   　(나) 예외적 승인　　① 그러나 행정규칙 중에서도 법규범이 필요한 일정영역에 법규범이 없거나 또한 법적 규율이 있어도 그것이 너무 일반적이어서 보충 또는 구체화의 과정이 필요한 경우에 나타나는 법률대위적 행정규칙[3] 또는 법률보충적 행정규칙의 경우에는 예외적으로 직접적인 외부적 효과를 갖는다고 보는 것이 합리적이다. 왜냐하면 특히 법률대위적 행정규칙의 경우, 입법의 미비 등을 이유로 행정작용이 중단된다면, 그것은 오늘날의 법감정에 적합하지 않다고 할 것이고, 따라서 입법이 보완될 때까지는 잠정적으로나마 집행권의 규범정립권은 인정되어야 할 것이기 때문이다. 다만, 이러한 규칙은 법률의 유보의 원리를 침해하지 않는 범위 내에서만 인정되어야 할 것이다.

971   　한편, ② 판례가 법령에 근거 없이 발령된 고시·훈령에서 규정된 사항에 대하여 법규성을 인정한 듯한 경우는 극히 예외적으로 발견될 뿐이다.[4] 일설은 이 판결의 정당성을 청문절차의 불문법원리성에서 찾는 듯 하다.[5] 이 판례의 태도는 이해하기 어렵다. 이후 대법원판례는 청문절차의 불문법원리성을 정면으로 부인하였다. 하여간 이제는 이러한 문제가 발생하기 어렵다. 왜냐하면 침

---

1) 대판 2015. 6. 23, 2012두2986; 대판 1994. 8. 9, 94누3414(비록 국민의권익보호를위한행정절차에관한훈령에 따라 1990. 3. 1.부터 시행된 행정절차운영지침에 의하면 행정청이 공권력을 행사하여 국민의 구체적인 권리 또는 의무에 직접적인 변동을 초래하게 하는 행정처분을 하고자 할 때에는 미리 당사자에게 행정처분을 하고자 하는 원인이 되는 사실을 통지하여 그에 대한 의견을 청취한 다음 이유를 명시하여 행정처분을 하여야 한다고 규정되어 있으나 이는 대외적 구속력을 가지는 것이 아니므로, 시장이 건조물 소유자의 신청이 없는 상태에서 소유자의 의견을 듣지 아니하고 건조물을 문화재로 지정하였다고 하여 위법한 것이라고 할 수 없다); Heinz-Joachim Peters, Planung und Plan, in : Schweickhardt/Vondung(Hrsg.), Allgemeines Verwaltungsrecht(9. Aufl.), Rn. 693.

2) 대판 1990. 12. 11, 90누1243(자동차운수사업면허취소등의 처분이 위 규칙에서 정한 기준에 따른 것이라 하여 당연히 적법한 처분이라 할 수는 없고 그 처분의 적법여부는 처분이 자동차운수사업법의 규정 및 그 취지에 적합한 것인가의 여부에 따라 판단하여야 할 것이다).

3) Maurer, Allgemeines Verwaltungsrecht(16. Aufl.), § 24, Rn. 31.

4) 대판 1984. 9. 11, 82누166(관계행정청이 건축사사무소의 등록취소처분을 함에 있어 당해 건축사들을 사전에 청문토록 한(건설부훈령 제447호(1979. 9. 6) 제9조의) 취지는 위 행정처분으로 인하여 건축사사무소의 기존 권리가 부당하게 침해받지 아니하도록 등록취소 사유에 대하여 당해 건축사에게 변명과 유리한 자료를 제출할 기회를 부여하여 위법 사유의 사정가능성을 감안하고 처분의 신중성과 적정성을 기하려 함에 있다 할 것이므로 설사 건축사법 제28조 소정의 등록취소 등 사유가 분명히 존재하는 경우라 하더라도 당해 건축사가 정당한 이유없이 청문에 응하지 아니한 경우가 아닌한 청문절차를 거치지 아니하고 한 건축사사무소 등록취소 처분은 위법하다).

5) 김동희, 행정법(Ⅰ), 185쪽(2019).

익적 처분의 경우에 청문이나 공청회가 열리지 아니하여도 의견제출의 기회를 보장하는 일반적인 규정(절차법 제22조 제3항)이 마련되었기 때문이다.

(2) 간접적·외부적 구속효

(개) 의   의   주로 재량준칙과 관련하여 논의되는 것이지만, 행정의 실제 상 행정의 자기구속의 법리,[1] 평등의 원칙, 신뢰보호의 원칙에 의거하여 행정 규칙은 상황에 변동이 없는 한 영속적으로 누구에게나 동등하게 적용되어야 한 다(행정의 자기구속 또는 규칙을 통한 관습법의 성립). 이 때문에 행정규칙은 외부적으 로 간접적 구속효를 갖는다.[2] 이것은 헌법재판소의 입장이기도 하다.[3] 대법원 의 입장도 같다.[4] 요컨대 재량준칙은 그 자체가 외부법은 아니지만, 행정의 자 기구속의 법리에 의하여 외부법에 접근한다.

(내) 소위 준법규설   일설[5]은 이러한 간접적 구속효를 인정하는 입장을 준 법규설로 표현하고 있으나, 이러한 용어사용방식은 바람직하지 않다. 왜냐하면 준법규라는 표현으로 인해 행정규칙이 법규의 일종으로 오해될 수 있기 때문이 다. 말하자면 간접적 구속효는 행정의 자기구속의 법리를 통해 행정규칙이 기능 적인 관점에서 결과적으로 법규적인 기능을 수행한다는 것을 뜻하는 것일 뿐, 행정규칙 그 자체가 법규의 일종으로 전환되는 것을 뜻하는 것은 아니기 때문이다.

(대) 한   계   행정규칙의 이러한 간접적인 외부적 효과의 한계와 관련하 여 ① 행정처분과 행정규칙이 상이하여도 행정소송상 사인은 행정규칙위반이 아니라 관행에 반하는 행정처분의 평등원칙위반을 다툴 수밖에 없고,[6] ② 행정 의 자기구속은 기본적으로 수익적 행위에 있어서 문제이므로 법률유보와 충돌

972

973

974

---

1) Erbguth, Allgemeines Verwaltungsrecht(7. Aufl.), § 27, Rn. 7.
2) 김동희, 행정법(Ⅰ), 180쪽(2019); Bull/Mehde, Allgemeines Verwaltungsrecht mit Verwaltungsrehre(7. Aufl.), Rn. 141; Schmidt, Allgemeines Verwaltungsrecht(14. Aufl.), Rn. 874; Wallerath, Allgemeines Verwaltungsrecht(6. Aufl.), § 4, Rn. 47; Maurer, Allgemeines Verwaltungsrecht(18. Aufl.), § 24, Rn. 21; Battis, Allgemeines Verwaltungsrecht, S. 35.
3) 헌재 2001. 5. 31, 99헌마413(행정규칙은 일반적으로 행정조직 내부에서만 효력을 가지는 것이 나, 행정규칙이 법령의 규정에 의하여 행정관청에 법령의 구체적 내용을 보충할 권한을 부여한 경우나 재량권행사의 준칙인 규칙이 그 정한 바에 따라 되풀이 시행되어 행정관행이 이룩되게 되면, 평등의 원칙이나 신뢰보호의 원칙에 따라 행정기관은 그 상대방에 대한 관계에서 그 규 칙에 따라야 할 자기구속을 당하게 된다).
4) 대판 2014. 11. 27, 2013두18964(재량준칙이 정한 바에 따라 되풀이 시행되어 행정관행이 이루어 지게 되면 평등의 원칙이나 신뢰보호의 원칙에 따라 행정청은 상대방에 대한 관계에서 그 규칙 에 따라야 할 자기구속을 받게 되므로, 이러한 경우에는 특별한 사정이 없는 한 그에 반하는 처 분은 평등의 원칙이나 신뢰보호의 원칙에 어긋나 재량권을 일탈·남용한 위법한 처분이 된다).
5) 김동희, 행정법(Ⅰ), 179쪽(2019).
6) Giemulla/Jaworsky/Müller-Uri, Verwaltungsrecht, Rn. 37, 38; Maurer/Waldhoff, Allgemeines Verwaltungsrecht(2017), § 24, Rn. 27.

되는 것은 아니고, ③ 행정의 자기구속은 적법행위에서의 문제이므로 법률의 우위에 반하는 것이 아니고, ④ 행정행위의 발령시 그 행위의 법적 근거로서 법규가 아니라 행정규칙을 제시하는 것은 잘못이 된다. 다만 재량준칙의 경우, 행정행위의 근거로서 법규범 외에 해당 행정규칙을 제시하는 것은 합목적적이라는 점을 지적할 수 있다.[1)]

Ⅶ. 행정규칙의 통제

1. 의   미

975   행정규칙이 실제상 갖는 영향은 법률 못지 아니하다. 행정규칙의 변경은 법률개정 이상의 영향을 개인에게 줄 수도 있다. 말하자면 많은 행정규칙의 존재는 법률에 의한 행정을 행정규칙에 의한 행정으로 변질시킬 수도 있다. 이 때문에 행정규칙에 대한 통제는 중요한 문제가 된다.

2. 방   식

976   행정규칙통제의 구체적인 방식은 법원에 의한 통제를 제외한다면 법규명령의 통제에서 언급한 내용에 준해서 생각할 수 있다. 이하에서 통제의 주체를 기준으로 하여 행정규칙의 통제문제를 보기로 한다.

977   (1) **행정내부적 통제**   ① 행정규칙에 대한 행정내부적 통제도 법규명령의 경우와 마찬가지로 절차상의 통제, 감독청에 의한 통제, 공무원·행정기관의 행정규칙심사, 그리고 행정심판을 생각할 수 있다. ② 행정규칙에 대한 행정내부적 통제수단은 다른 수단에 비해 그 효과가 직접적이라는 점에서 의의가 크다고 보겠다. ③ 한편, 법규명령의 경우와 마찬가지로 행정심판법은 중앙행정심판위원회로 하여금 법령 등의 개선에 관한 통제권을 부여하고 있다(행심법 제59조)(행정심판에 의한 통제).

978   (2) **국회에 의한 통제**   행정규칙에 대한 국회의 통제방식은 법규명령의 경우와 유사하다. 즉, ① 중앙행정기관의 장은 법률에서 위임한 사항이나 법률을 집행하기 위하여 필요한 사항을 규정한 대통령령·총리령·부령·훈령·예규·고시 등이 제정·개정 또는 폐지된 때에는 10일 이내에 이를 국회 소관상임위원회에 제출하여야 한다(국회법 제98조의2 제1항 제1문). 그 기간 이내에 제출하지 못한

---

1) 행정규칙의 — 특히 행정규칙이 공표되는 경우와 관련하여 — 간접적인 외부적 구속효의 근거를 신뢰보호의 원칙에서 찾는 것도 생각될 수 있으나, 인정하기 어렵다. 왜냐하면 행정규칙은 공표되어도 행정내부적인 것이지 사인에 대한 것은 아니므로, 행정규칙에 의해 직접 보호받을 사인의 신뢰가 형성된다고 보기는 어렵기 때문이다(Maurer, Allgemeines Verwaltungsrecht, § 24, Rn. 24).

경우에는 그 이유를 소관상임위원회에 통지하여야 한다(국회법 제98조의2 제2항). 다만 법규명령의 경우처럼 법위반사실 등의 통보제도는 도입되어 있지 않다. 이는 행정규칙의 내부법의 성질에 기인한 것으로 볼 수 있다. 그리고 ② 국회가 정부에 대하여 가지는 국정감시권의 발동을 통해 간접적으로 통제를 가하는 간접적 통제수단으로는 국정감사와 국정조사(헌법 제61조), 국무위원해임건의(헌법 제63조), 대정부질문(헌법 제62조), 탄핵소추제도(헌법 제65조) 등을 볼 수 있다. 간접적 통제수단은 그 통제효과가 직접적이지 않다는 데에 한계를 갖는다.

⑶ **법원에 의한 통제**   종래의 판례는 외부관계에서 ① 행정규칙 그 자체   979
는 처분성의 결여로 행정소송의 대상이 아닐 뿐더러, ② 법규성의 결여로 행정규칙이 재판의 기준이 될 수도 없다고 하였다. 학설상으로는 행정규칙 그 자체가 국민의 권리·의무와 직접 관련되는 사항을 규정하고, 또한 그러한 규칙에 의거 국민의 권익이 침해되고, 국민이 행정규칙 그 자체를 다투지 아니하고는 도저히 구제를 받을 수 없는 특별한 사정이 있는 경우에는 행정규칙의 처분성을 인정하여 그것을 직접 다투는 행정쟁송을 제기할 수 있다고 주장되기도 한다.[1] 하여간 행정규칙에 대한 사법적 통제문제는 원칙적으로 앞의 '행정규칙의 간접적·외부적 구속효'에서 언급한 바가 그대로 적용된다고 하겠다. 다만 예외적으로 대외적 구속력을 갖는 법률대위적 행정규칙·법률보충적 행정규칙의 경우는 재판의 기준이 된다고 볼 것이다.

⑷ **헌법재판소에 의한 통제**   순수하게 논리적으로만 말한다면, 행정규칙   980
이 기본권을 침해하고 아울러 다른 방법으로는 이러한 침해를 다툴 수가 없어서 결과적으로 권리보호가 불가능하다면, 헌법소원의 방식으로 이를 다툴 수 있을 것이다(헌법 제111조 제1항; 헌재법 제68조 제1항).[2] 행정규칙이 외부적인 효력을 갖는 경우에는 헌법소원의 인정이 용이할 것이나, 외부적 효력을 갖지 않는 경

---

1) 박윤흔·정형근, 최신행정법강의(상), 243쪽.
2) 헌재 2007. 10. 25, 2006헌마1236[(피청구인인 보건복지부장관이 장애인차량 엘피지 보조금 지원사업과 관련하여 4~6급 장애인에 대한 지원을 중단하기로 하는 정책결정을 내리고 이에 따라 일선 공무원들에 대한 지침을 변경한 것에 대하여 장애인용 엘피지 승용차를 운행하면서 엘피지 보조금 지원을 받아온 청구인이 장애인의 이동수단에 대한 지원을 폐지하는 것은 장애인에 대한 국가의 보호의무에 반하고, 장애인의 인간다운 생활을 할 권리를 침해하며, 장애의 정도에 따라 지원 여부를 달리하는 것은 불평등하다는 등의 주장을 하면서 청구한 헌법소원심판사건에서) 행정 각 부의 장관이 국가 예산을 재원으로 사회복지 사업을 시행함에 있어 예산확보 방법과 그 집행 대상 등에 관하여 정책결정을 내리고 이를 미리 일선 공무원들에게 지침 등의 형태로 고지하는 일련의 행위는 장래의 예산 확보 및 집행에 대비한 일종의 준비행위로서 헌법소원의 대상이 될 수 없지만, 위와 같은 정책결정을 구체화시킨 지침의 내용이 국민의 기본권에 직접적으로 영향을 끼치고, 앞으로 법령의 뒷받침에 의하여 그대로 실시될 것이 틀림없을 것으로 예상될 수 있을 때에는 예외적으로 헌법소원의 대상이 될 수도 있다 할 것이다].

우는 헌법소원을 인정하기가 비교적 어려울 것이다.[1]

981   ⑸ **국민에 의한 통제**   국민에 의한 통제의 방식으로는 여론·자문·청원·
압력단체의 활동 등을 들 수 있다. 그러나 이러한 통제는 그 효과가 간접적이라
는 데에 한계를 갖는다. 그럼에도 국민주권 내지 주민참정이라는 원리에 입각하
여 국민(주민)에 의한 통제방식은 강조되고 존중되어야 할 것이다. 사회의 통합
은 행정의 영역에서도 중요한 요청임을 상기할 필요가 있다.

Ⅷ. 특별명령

1. 개   념

982   집행권이 법률상의 근거없이 소위 특별행정법관계의 규율을 위하여 발령하
는 행정규칙을 특별명령이라 하고, 특별명령은 특별행정법관계 구성원에게 직
접 법적 구속력을 갖는다고 하는 주장도 있다. 특별명령의 관념은 특별행정법관
계의 기능과 규율을 보완하는 데 의미가 있다고 말해진다. 독일에서 특별명령은
행정규칙으로부터 분리되어 고찰되는 경향에 있다. 이러한 입장에 따르면, 특별
명령이 아닌 행정규칙의 수명자는 행정조직을 구성하는 기관이고, 특별명령의
수범자는 특별행정법관계에 들어온 자가 된다.

2. 문 제 점

983   특별명령은 특별행정법관계의 관념과 관련하여 ① 특별행정법관계 내부에
서 필요로 하는 규율이 법률의 수권을 요하는가, ② 특별행정법관계에서 법률의
수권여부에 관계없이 일반법형식(법규명령)과 다른 일반적 명령이 있을 수 있겠
는가, ③ 특별행정법관계에서의 개별처분의 법적 성질은 어떠하며, 사법심사의
대상이 되는가의 문제를 갖는다. 이러한 문제는 결국 특별행정법관계에서의 규
율은 법률유보에 놓이는가, 아니면 행정권의 고유한 권한에 속하는가를 핵심적
인 문제로 한다. 이에 대해 법률유보를 주장하는 견해와 행정권의 고유한 권한
에 속한다는 견해가 대립하나, 실정법의 증가로 이러한 문제는 그 실제적 의미
를 상실하였다고 볼 것이다.[2]

---

  1) 헌재 2021.11.25., 2019헌마534(행정규칙은 원칙적으로 헌법소원의 대상이 될 수 없으나, 예외
    적으로 법령의 규정에 의하여 행정관청에 법령의 구체적 내용을 보충할 권한을 부여한 경우나,
    재량권행사의 준칙으로서 그 정한 바에 따라 되풀이 시행되어 행정관행이 형성됨으로써 평등
    의 원칙이나 신뢰보호의 원칙에 따라 행정기관이 그 상대방에 대한 관계에서 그 규칙에 따라
    야 할 자기구속을 당하게 되는 경우에는 헌법소원의 대상이 될 수 있다).
  2) Maurer, Allgemeines Verwaltungsrecht, §8, Rn. 31, §24, Rn. 14.

3. 효   력

특별명령 역시 행정규칙의 일종으로서 내부적 구속효를 가진다. 그러나 특 984
별명령의 독자성을 긍정하는 견해는 일반적 구속력도 긍정한다. 그 일반적 구속
력의 근거로 ① 관습법, 또는 ② 행정권의 독자적인 법정립권한 등을 언급한다.
그러나 특별행정법관계에도 역시 법치주의는 적용되어야 하는 것이므로 일반구
속적인 법규로서 특별명령을 인정하기는 곤란하다.

┃참고┃ 법규성 있는 행정규칙의 기본문제

1. 헌법상 허용여부

외부적으로 직접적 구속효를 갖는 행정규칙이 헌법상의 관점에서 적법한 것으 985
로서 허용될 수 있는가의 문제도 검토를 요한다. 이와 관련하여 다음의 다양한 견
해를 볼 수 있다.[1]

(1) **고유권능설**   이 견해는 외부효를 갖는 행정규칙을 발령할 수 있는 권한의 986
근거가 집행권의 고유한 기능영역(eigener Funktionsbereich)에 속한다는 입장이다
(Ossenbühl). 말하자면 권력분립적 관점에서 볼 때, 집행권도 고유한 법정립권을 갖
는다는 것이다. 일반추상적인 결단의 권한은 입법부의 독점물이 아니라는 견해도
같은 입장이다(Schmidt–Aßmann).

(2) **구체화설**   이 견해는 행정규칙의 발령이 법정립행위가 아니라 단순한 법 987
의 '구체화'이므로, 그것은 권력분립원리에 부합한다는 입장이다(Kreb). 이에 대해서
는 법의 정립과 법의 구체화의 구분이 용이하지 않다는 지적이 가해진다.

(3) **조직권설**   이 견해는 행정규칙발령을 위한 수권이 집행권의 조직권 내지 988
업무집행권에 놓인다는 입장이다(Köttgen/Ermacora). 이 견해는 집행권이 조직권과
업무집행권의 범위안에서만 법정립권을 갖기 때문에 법적으로 정의된 행정단일체
에만 효력을 갖고, 다른 법주체(예 : 개인)에 대해 구속력을 갖기 위해서는 법적 근
거를 다시 요한다는 문제점을 갖는다.

(4) **행정유보설**   이 견해는 법률유보(중요사항유보설)가 미치지 아니하는 행정 989
의 고유영역에서는 법률상의 근거없이도 행정권은 외부적 효과를 갖는 행정규칙의 발
령권을 갖는다는 입장이다(Böckenförde). 이 견해는 중요사항유보설의 의미가 분명하
여야만 의미를 갖는 것이고, 또한 이 견해는 법률규정의 미비가 자칫 법규적 행정규칙
의 발령을 일반적으로 정당화해 주는 가능성을 가져올 수 있다는 문제점을 갖는다.

(5) **국가지도설**   이 견해는 국가를 지도하는 임무가 국회뿐만 아니라 정부에 990
도 있다는 전제하에 국가의 지도(Staatsleitung)는 국회와 정부간의 협력의 과정이자

---

1) W. Ergbuth, "Normkonkretisierende Verwaltungsvorschriften," in : Deutsches Verwaltungs-
blatt, 15. Mai, 1989, S. 476.

기능적인 협동으로 이해하고, 특히 환경·기술문제와 관련하여 행정권에게도 상응하는 책임이 있는바, 이를 위해 행정권도 법규적 행정규칙을 제정할 수 있다는 입장이다(Hill).

2. 법규명령과 비교

991   ① 성격상 법규명령은 의회에 유보된 영역에서 이루어지는, 위임에 따른 입법으로서 타율적인 입법이다. 따라서 법규명령은 법률의 유보영역에서만 적용된다. 그러나 행정규칙은 행정권의 기능영역에서 나오는 것으로서 자율적 입법이며, 그것은 집행을 가능하게 하는 데 기여하는 행정부의 집행권한의 문제이다. ② 구속의 면에서 보면 법규명령은 특정의 법률상의 프로그램에 의해 구속을 받지만, 행정규칙의 경우에 행정권은 법률상 근거가 주어지고 있는 행정임무의 수행을 위한 위임에 구속을 받는다. ③ 그리고 양자간에 충돌이 생기면, 즉 외부효를 갖는 행정규칙이 집행권의 기능영역에 놓인다고 하여도 그것이 법규명령에 모순(충돌)되는 것이라면 효력을 가질 수 없다고 볼 것이다.

제 4 항   입법형식과 규율사항의 불일치

992   입법의 실제상 법규명령형식(대통령령·총리령·부령)으로 규정하여야 할 사항(법규명령사항)을 행정규칙형식(고시·훈령)으로 규정하거나, 행정규칙형식(고시·훈령)으로 규정하여야 할 사항(행정규칙사항)을 법규명령형식(대통령령·총리령·부령)으로 규정하는 경우가 나타난다. 전자를 행정규칙형식의 법규명령, 후자를 법규명령형식의 행정규칙이라 부르는데, 그 성질을 둘러싸고 논란이 있다. 나누어서 보기로 한다.

993

〈규정사항과 법형식〉

규정사항	법령근거	법형식	성 질
법규명령사항	무	고시·훈령	행정규칙(판례[1]·학설·사견)
법규명령사항	유	고시·훈령	법규명령(판례·학설·사견)
행정규칙사항	무	대통령령·총리령·부령	행정규칙(판례·학설·사견)
행정규칙사항	유	대통령령·총리령·부령	법규명령(판례·학설·사견)
행정규칙사항	유	부령(제재적 처분 기준)	행정규칙(판례·학설(반대론 있음), 법규명령(사견)

* 법규명령사항이란 내용상으로 보면 국민의 자유와 권리의 제한에 관한 사항을 말하고, 법형식상으로 보면 헌법과 법률에서 법률로 정하도록 규정하는 사항(법률유보사항)을 말한다. 행정규칙사항이란 행정권의 조직과 작용에 관한 행정조직 내부의 규율사항으로서 법률유보사항이 아닌 사항을 말한다.

---

1) 대판 2010. 12. 9, 2010두16349(교육공무원법 제34조 제2항, 구 공무원보수규정(2009. 3. 31. 대

Ⅰ. 행정규칙형식의 법규명령(훈령·예규 및 고시 등의 형식과 법규명령사항)

1. 의   의

행정규칙형식의 법규명령이란 법률등이 대통령령·총리령·부령 등에 위임   994
하여 법규명령형식으로 규정하여야 할 사항(법규명령사항)을 법률등이 훈령·예규
및 고시 등에 위임하여 행정규칙형식으로 규정한 행정입법을 말한다. 이러한 행
정규칙을 고시(훈령)형식의 법규명령 또는 법률보충규칙으로 부르기도 한다.

2. 법적 근거

(1) 헌   법   헌법에는 행정규칙형식의 법규명령에 관한 규정이 없다.   995
이 때문에 행정규칙형식의 법규명령이 헌법상 인정될 수 있는가의 문제가 있다.
헌법재판소는 행정기본법 제정 전부터 긍정적인 견해를 취하였다.[1]

(2) 법   률

(가) 행정기본법   행정기본법 제2조 제1호 가목 3)은 행정규칙형식의 법규   996
명령을 행정기본법에서 적용되는 법령등의 한 종류로 규정하고 있다. 따라서 행
정기본법 제2조 제1호 가목 3)은 행정규칙형식의 법규명령을 일반적인 법형식
의 한 종류로 규정하고 있는 셈이다.

통령령 제21391호로 개정되기 전의 것) 제8조 관련 [별표 15] 공무원의 초임호봉표, [별표 22]
교육공무원 등의 경력환산율표(이하 '경력환산율표'라고 한다)에서는, 교육공무원을 신규채용
하는 경우에 위 [별표 15]에 의하여 초임호봉을 확정하도록 규정하고 있고, 위 [별표 15]에서
는 초·중등학교 교육공무원의 경우 경력환산율표에서 정하는 경력이 있는 때에는 그 경력기간
을 일정한 환산율로 환산한 경력연수를 호봉에 합산하도록 규정하고 있으며, 경력환산율표에
서는 교육법에 의한 교육회 이외의 교육문화단체에서 근무한 경력은 제5류로서 5할, 법령에 의
하여 설립된 법인이나 위 교육문화단체를 제외한 각종 회사에서 근무한 경력(외교인, 점원은
제외)은 제6류로서 4할, 기타 직업에 종사한 경력은 제7류로서 3할의 환산율을 각 적용하도록
규정하고 있을 뿐이고, 초임호봉 확정과 관련하여 교육인적자원부(현재는 교육과학기술부)장
관에게 법령 내용의 구체적 사항을 정할 수 있는 권한을 부여하는 규정을 두고 있지 않다. 그
렇다면 2006년 교육공무원 보수업무 등 편람(이하 '보수업무편람'이라 한다)은 교육인적자원부
에서 관련 행정기관 및 그 직원을 위한 업무처리지침 내지 참고사항을 정리해 둔 것에 불과하
고 법규명령의 성질을 가진 것이라고는 볼 수 없다).

1) 헌재 2021. 6. 24, 2018헌가2(오늘날 의회의 입법독점주의에서 입법중심주의로 전환하여 일정한
범위 안에서 행정입법을 허용하게 된 동기는 사회적 변화에 대응한 입법수요의 급증과 종래의
형식적 권력분립주의로는 현대사회에 대응할 수 없다는 기능적 권력분립론에 있다. 이러한 사
정을 고려하면 헌법 제40조·제75조·제95조의 의미는, 국회가 입법으로 행정기관에 구체적인
범위를 정하여 위임한 사항에 관하여는 당해 행정기관이 법 정립의 권한을 갖게 되고, 이때 입
법자는 그 규율의 형식도 선택할 수 있다는 것으로 이해할 수 있다. 따라서 헌법이 인정하고
있는 위임입법의 형식은 예시적인 것으로 보아야 하고, 법률이 일정한 사항을 행정규칙에 위임
하더라도 그 행정규칙은 위임된 사항만을 규율할 수 있으므로 국회입법의 원칙과 상치되지 아
니한다).

▣ 행정기본법 제2조(정의) 이 법에서 사용하는 용어의 뜻은 다음과 같다.
　1. "법령등"이란 다음 각 목의 것을 말한다.
　　가. 법령 : 다음의 어느 하나에 해당하는 것
　　　1) 법률 및 대통령령·총리령·부령
　　　2) 국회규칙·대법원규칙·헌법재판소규칙·중앙선거관리위원회규칙 및 감사원규칙
　　　3) 1) 또는 2)의 위임을 받아 중앙행정기관(『정부조직법』 및 그 밖의 법률에 따라 설치된 중앙행정기관을 말한다. 이하 같다)의 장이 정한 훈령·예규 및 고시 등 행정규칙
　　나. 자치법규 : 지방자치단체의 조례 및 규칙

997　　　(바) **행정규제기본법**　　행정규제기본법 제4조 제2항은 행정규제의 영역에서 행정규칙형식의 법규명령을 규정하고 있다. 행정규제의 영역에는 행정규제기본법 제4조 제2항 단서가 있다. 행정기본법과의 관계에서 행정규제기본법은 특별법이므로, 행정규제의 영역에서 행정규칙형식의 법규명령을 제정·개정하고자 할 때에는 행정규제기본법 제4조 제2항을 따라야 한다.[1]

▣ 행정규제기본법 제4조(규제 법정주의) ② 규제는 법률에 직접 규정하되, 규제의 세부적인 내용은 법률 또는 상위법령(上位法令)에서 구체적으로 범위를 정하여 위임한 바에 따라 대통령령·총리령·부령 또는 조례·규칙으로 정할 수 있다. 다만, 법령에서 전문적·기술적 사항이나 경미한 사항으로서 업무의 성질상 위임이 불가피한 사항에 관하여 구체적으로 범위를 정하여 위임한 경우에는 고시 등으로 정할 수 있다.

3. 법적 성질

998　　　행정기본법 제2조 제1호가 정하는 법령등은 행정기관뿐만 아니라 국민에게도 구속력을 갖는 규범인바, 그 법령등의 부분인 행정기본법 제2조 제1호 가목 3)이 정하는 훈령·예규 및 고시 등 행정규칙은 당연히 행정기관뿐만 아니라 국민에게 구속력을 갖는 법규범이다. 힌편, 침익적인 성질의 법규명령사항이 법령의 위임 없이 훈령·예규 또는 고시의 형식으로 발령되었다면, 그러한 훈령·예규 또는 고시는 헌법 제37조 제2항에 비추어 국민에게 구속력을 갖는 법규명령일 수 없다. 그것은 행정규칙의 성질을 가질 수 있을 뿐이다.[2]

---

1) 헌재 2017. 9. 28, 2016헌바140(법률이 일정한 사항을 행정규칙에 위임하더라도 그 행정규칙은 위임된 사항만을 규율할 수 있으므로, 국회입법의 원칙과 상치되지 아니한다. 행정규칙은 법규명령과 같은 엄격한 제정 및 개정절차를 필요로 하지 아니하므로, 기본권을 제한하는 내용의 입법을 위임할 때에는 법규명령에 위임하는 것이 원칙이고, 고시와 같은 형식으로 입법위임을 할 때에는 법령이 전문적·기술적 사항이나 경미한 사항으로서 업무의 성질상 위임이 불가피한 사항에 한정된다).

2) 대판 1995. 5. 23, 94도2502(학원의설립·운영에관한법률시행령 제18조에서 수강료의 기준에 관

▌참고▐ 행정기본법 제정 전 상황

(1) 학 설 행정규칙형식의 법규명령의 성질과 관련하여 학설은 **법규명령** 999
설(상위법령의 위임이 있고 상위법령을 보충·구체화하는 기능이 있는 고시·훈령은 대외
적으로 구속력 있는 법규명령의 성질을 가진다는 견해로 헌법 제75조·제95조의 법규명
령의 형식은 예시적이라는 점을 근거로 하였다), **행정규칙설**(헌법이 제75조·제95조가
규정하는 법규명령의 형식은 대통령령·총리령·부령 등으로 한정적으로 열거되어 있으
므로 이러한 형식이 아닌 고시·훈령 등은 행정규칙이라는 견해), **규범구체화 행정규칙
설**(대외적인 법적 구속력은 인정되지만 행정규칙의 형식을 취하고 있으므로, 통상의 행
정규칙과는 달리 상위규범을 구체화하는 규범구체화 행정규칙으로 보자는 견해), **위헌
무효설**(우리 헌법 제75조, 제95조상 법규명령은 한정적인 것이므로 행정규칙형식의 법
규명령은 허용되지 않아 위헌·무효라는 견해) 등이 있었다.

(2) 판 례 대법원은 '소득세법시행령에 근거한 국세청훈령인 재산제세사 1000
무처리규정'의 법규성을 인정한 이래(대판 1987. 9. 29, 86누484) 행정규칙형식의 법
규명령에 대해 그 성질을 법규명령으로 보면서 대외적 효력을 인정하여 왔다(대판
1996. 4. 12, 95누7727; 대판 2002. 9. 27, 2000두7933; 대판 2000. 9. 29, 98두12772; 대판
2003. 9. 26, 2003두2274; 대판 2006. 4. 27, 2004도1078; 대판 2011. 9. 8, 2009두23822;
대판 2016. 1. 28, 2015두53121; 대판 2016. 10. 27, 2014두12017; 대판 2017. 5. 31, 2017
두30764; 대판 2019. 5. 30, 2018두52204; 대판 2020. 10. 15, 2019두45739; 대판 2021. 1.
14, 2020두38171). 헌법재판소도 공무원임용령 제35조의2등에 대한 헌법소원에서 공
무원임용령의 위임에 따른 총무처 예규인 "대우공무원및필수실무요원의선발·지정
등운영지침"이 상위법령과 결합하여 대외적인 구속력을 갖는 법규명령으로서 기능
한다고 한 이래(헌재 1992. 6. 26, 91헌마25) 행정규칙형식의 법규명령에 대해 그 성질
을 법규명령으로 보면서 대외적 효력을 인정하여 왔다[헌재 2000. 7. 20, 99헌마455;
헌재 2003. 12. 28, 2001헌마543; 헌재 2004. 1. 29, 2001헌마894; 헌재 2004. 10. 28, 99헌
바91; 헌재 2006. 7. 27, 2004헌마924; 헌재 2009. 2. 26, 2005헌바94, 2006헌바30(병합)].

4. 한 계

행정기본법 제2조 제1호 가목 3)이 규정하는 행정규칙형식의 법규명령도 1001
법규명령에 해당하므로, 헌법 제75조, 제95조의 의미와 행정규제기본법 제4조
제2항의 위임입법의 제한원리인 포괄적 위임의 금지의 원칙 또는 구체적으로
범위를 정한 위임의 원칙에 따라야 한다.[1] 행정 각부의 장이 정하는 고시가 비

하여 조례 등에 위임한 바 없으므로, 제주도학원의설립·운영에관한조례나 그에 근거한 제주도
학원업무처리지침의 관계 규정이 법령의 위임에 따라 법령의 구체적인 내용을 보충하는 기능
을 가진 것이라고 보기 어려우므로 법규명령이라고는 볼 수 없고, 행정기관 내부의 업무처리지
침에 불과하다).

1) 헌재 2021. 6. 24, 2018헌가2(행정규칙은 법규명령과 같은 엄격한 제정 및 개정절차를 요하지

록 법령에 근거를 둔 것이라고 하더라도 그 규정 내용이 법령의 위임 범위를 벗어난 것일 경우에는[1] 법규명령으로서의 대외적 구속력을 인정할 여지는 없다.[2] 만약 상위법령에서 세부사항 등을 시행규칙으로 정하도록 위임하였음에도 이를 고시 등 행정규칙으로 정하였다면 그 역시 대외적 구속력을 가지는 법규명령으로서의 효력이 인정될 수 없다.[3]

Ⅱ. 법규명령형식의 행정규칙(대통령령·총리령·부령의 형식과 행정규칙)

1. 문제상황

1002   행정사무처리기준 등과 같은 행정내부적 사항은 고시·훈령의 형식으로 규정되는 것이 정당하다. 그러나 만약 그러한 사항이 상위법령의 위임에 따라 대통령령·총리령·부령의 형식으로 규정되면, 그러한 규정은 법규명령인가 아니면 행정규칙인가의 문제가 발생한다. 행정의 실제상 특히 영업허가의 취소 또는 정지처분에 관한 기준과 같은 제재적 행정처분기준의 성질이 문제되고 있다. 현실적으로 이러한 처분기준은 재량권남용여부의 판단기준과 협의의 소의 이익(권

아니하므로, 여성가족부의 고시와 같은 형식으로 입법위임을 할 때에는 법령이 전문적·기술적 사항이나 경미한 사항으로서 업무의 성질상 위임이 불가피한 사항에 한정된다 할 것이고, 그러한 사항이라 하더라도 포괄위임금지원칙상 법률의 위임은 반드시 구체적·개별적으로 한정된 사항에 대하여 행하여져야 한다).

1) 대판 2023. 8. 18, 2021두41495; 대판 2019. 5. 30, 2016다276177(특정 고시가 위임의 한계를 준수하고 있는지를 판단할 때에는, 당해 법률 규정의 입법 목적과 규정 내용, 규정의 체계, 다른 규정과의 관계 등을 종합적으로 살펴야 하고, 법률의 위임 규정 자체가 의미 내용을 정확하게 알 수 있는 용어를 사용하여 위임의 한계를 분명히 하고 있는데도 고시에서 문언적 의미의 한계를 벗어났다든지, 위임 규정에서 사용하고 있는 용어의 의미를 넘어 범위를 확장하거나 축소함으로써 위임 내용을 구체화하는 단계를 벗어나 새로운 입법을 한 것으로 평가할 수 있다면, 이는 위임의 한계를 일탈한 것으로서 허용되지 아니한다).

2) 대결 2006. 4. 28, 2003마715; 대판 1996. 4. 12, 95누7727(법령보충적인 행정규칙, 규정은 당해 법령의 위임한계를 벗어나지 아니하는 범위 내에서만 그것들과 결합하여 법규적 효력을 가지고, 노인복지법 제13조 제2항의 규정에 따른 노인복지법시행령 제17조, 제20조 제1항은 노령수당의 지급대상자의 연령범위에 관하여 위 법 조항과 동일하게 '65세 이상의 자'로 반복하여 규정한 다음 소득수준 등을 참작한 일정소득 이하의 자라고 하는 지급대상자의 선정기준과 그 지급대상자에 대한 구체적인 지급수준(지급액) 등의 결정을 보건사회부장관에게 위임하고 있으므로, 보건사회부장관이 노령수당의 지급대상자에 관하여 정할 수 있는 것은 65세 이상의 노령자 중에서 그 선정기준이 될 소득수준 등을 참작한 일정소득 이하의 자인 지급대상자의 범위와 그 지급대상자에 대하여 매년 예산확보상황 등을 고려한 구체적인 지급수준과 지급시기, 지급방법 등일 뿐이지, 나아가 지급대상자의 최저연령을 법령상의 규정보다 높게 정하는 등 노령수당의 지급대상자의 범위를 법령의 규정보다 축소·조정하여 정할 수는 없다고 할 것임에도, 보건사회부장관이 정한 1994년도 노인복지사업지침은 노령수당의 지급대상자를 '70세 이상'의 생활보호대상자로 규정함으로써 당초 법령이 예정한 노령수당의 지급대상자를 부당하게 축소·조정하였고, 따라서 위 지침 가운데 노령수당의 지급대상자를 '70세 이상'으로 규정한 부분은 법령의 위임한계를 벗어난 것이어서 그 효력이 없다).

3) 대판 2012. 7. 5, 2010다72076.

리보호의 필요)의 문제 등과 관련된다.

> ▌**참고**▌ 판례는 제재적 처분기준이 아닌 사무처리기준을 정하는 부령(토상 1003
> 법 시행규칙)의 규정을 행정규칙의 형식이라 부른 경우도 있으나(대판 2012. 3. 29,
> 2011다104253), 주류적인 태도는 부령으로 정한 제재적 처분기준을 법규명령형식의
> 행정규칙으로 표현하고 있다. 물론 인·허가의 요건을 부령에서 정하는 경우는 법규
> 명령형식의 행정규칙이 아니라 단순히 법규명령으로 표현한다(대판 2006. 6. 27,
> 2003두4355). 따라서 인·허가의 요건을 부령에서 정하는 경우까지 법규명령형식의
> 행정규칙으로 부르는 것은 바람직하지 않다.

2. 법적 성격

⑴ 학 설

㈎ 법규명령설(형식설)　① 고유한 행정규칙사항이나 법규명령사항은 존재 1004
하지 아니한다는 점, ② 법형식(규정형식)은 중시되어야 한다는 점, 그리고 ③ 법
적 안정성은 확보되어야 한다는 점, ④ 대부분의 제재적 처분기준에는 개별적
처분기준 이외에 사정에 따라 제재의 정도를 가감할 수 있는 일반적 처분기준
(가중·감경 조항)도 있어 제재적인 처분을 기계적으로만 처리하는 것이 아니라 사
정에 따라 탄력적으로 적용할 수 있다는 점, ⑤ 법규명령은 행정규칙과 달리 국
무회의의 심의와 법제처의 심사 및 공포를 거치므로 제정절차상 차이가 있다는
점 등을 전제로 국민의 자유·재산에 관련이 없는 사항이라도 헌법 제75조·제
95조에 따라 대통령령·총리령·부령의 형식으로 규정되면 국민과 법원을 구속
하게 된다는 견해이다. 적극설이 다수설로 보인다.[1]

㈏ 행정규칙설(실질설)　① 법규명령으로 보면 재량통제의 범위가 축소된 1005
다는 점, ② 법규명령으로 보면 입법의 과잉현상의 확대에 기여한다는 점, 그리
고 ③ 법규명령으로 보면 행정의 실제상 구체적 타당성과 탄력성의 확보가 어
렵다는 점, ④ 행정규칙사항을 대통령령·총리령·부령으로 정한다고 하여도 그
성질(비법규성)은 변하는 것이 아니라는 점 등을 전제로 행정규칙사항을 대통령
령·총리령·부령으로 정한다고 하여도 그것이 국민이나 법원을 구속하는 것은
아니라는 견해이다.[2]

㈐ 수권여부기준설　법령의 수권에 근거한 대통령령·총리령·부령은 법규 1006

---

1) 김남진·김연태, 행정법(Ⅰ), 185쪽(2019); 박윤흔·정형근, 최신행정법강의(상), 224쪽; 변재옥,
　행정법(Ⅰ), 215쪽; 이상규, 신행정법론(상), 310쪽.
2) 류지태·박종수, 행정법신론, 347쪽(2019); 한견우·최진수, 행정법(Ⅰ), 428쪽.

명령이고, 법률의 수권이 없이 제정된 대통령령·총리령·부령은 행정규칙이라는 견해이다. 이에 대해서는 수권여부는 일반국민이 알 수 없는 내부사정이라는 비판도 있으나, 그러나 일반 국민이 잘 알 수 없다는 것이 법규명령일 수 없다는 논거가 될 수 있는지는 의문이다. 왜냐하면 법규명령이라 하여 반드시 외부적 구속효를 갖는 것도 아니고, 행정규칙이라 하여 반드시 외부적 구속효가 없다고 말하기도 어렵기 때문이다.

1007   (2) 판 례   판례는 종래부터 법령의 위임을 받아 부령으로 정한 행정처분의 기준을 행정규칙으로 판시하면서(소극설),[1] 대통령령으로 정한 행정처분의 기준은 법규명령으로 본다.[2] 판례가 대통령령으로 정하는 경우와 부령으로 정하는 경우를 구분하여 법규성의 유무를 달리하는 논거는 밝히지 않고 있다. 문제는 과연 어떠한 사항이 행정내부적인 사항인가라는 점이다. 판례는 부령에서 규정된 제재적 행정처분의 기준을 단순히 사무처리기준이라 하지만, 그것은 오히려 기본권 제한에 관련하는 사항으로 보는 것이 합당할 것이다. 또한 행정입법 실무에 있어서 행정청이 선택하는 행정입법 형식은 규율내용에 따른 것이 아니라, 실무상 편의에 의하여 선택되고 있으므로 이러한 형식이 당해 규범의 법적 성질을 파악하는 데 중요한 논거가 될 수 없다는 비판도 있다.[3] 또한 판례는 한 사건에서 대통령령으로 정한 행정처분의 기준(동 사건과 관련된 청소년보호법시행령의 과징금처분기준은 청소년유해업소에서 청소년을 고용하면 500만원~800만원의 범위 안에서 시장·군수·구청장이 정한 과징금액이 아니라 800만원을 과징금으로 규

---

1) 대판 2014. 11. 27, 2013두18964(공공기관의 운영에 관한 법률 제39조 제2항, 제3항에 따라 입찰참가자격 제한기준을 정하고 있는 구 공기업·준정부기관 계약사무규칙 제15조 제2항, 국가를 당사자로 하는 계약에 관한 법률 시행규칙 제76조 제1항 [별표 2], 제3항 등은 비록 부령의 형식으로 되어 있으나 규정의 성질과 내용이 공기업·준정부기관(이하 '행정청'이라 한다)이 행하는 입찰참가자격 제한처분에 관한 행정청 내부의 재량준칙을 정한 것에 지나지 아니하여 대외적으로 국민이나 법원을 기속하는 효력이 없다); 대판 2014. 6. 12, 2014두2157(구 식품위생법 시행규칙(2013. 3. 23. 총리령 제1010호로 개정되기 전의 것, 이하 같다) 제89조에서 [별표 23]으로 구 식품위생법(2013. 3. 23. 법률 제11690호로 개정되기 전의 것, 이하 같다) 제75조에 따른 행정처분의 기준을 정하였다 하더라도, 이는 행정기관 내부의 사무처리준칙을 규정한 것에 불과한 것으로서 보건복지부장관이 관계행정기관 및 직원에 대하여 직무권한행사의 지침을 정하여 주기 위하여 발한 행정명령의 성질을 가지는 것이지 같은 법 제75조 제1항의 규정에 의하여 보장된 재량권을 기속하는 것이라고 할 수 없고, 대외적으로 국민이나 법원을 기속하는 힘이 있는 것은 아니다); 대판 1988. 12. 6, 88누2816.
2) 대판 1997. 12. 26, 97누15418(당해 처분의 기준이 된 주택건설촉진법시행령 제10조의3 제 1항 [별표 1]은 주택건설촉진법 제7조 제2항의 위임규정에 터잡은 규정형식상 대통령령이므로 그 성질이 부령인 시행규칙이나 또는 지방자치단체의 규칙과 같이 통상적으로 행정조직 내부에 있어서의 행정명령에 지나지 않는 것이 아니라 대외적으로 국민이나 법원을 구속하는 힘이 있는 법규명령에 해당한다).
3) 류지태·박종수, 행정법신론, 348쪽(2019).

정하였다)을 법규명령으로 보면서도 그 기준을 단순히 처분의 최고한도로 보았다.[1] 생각건대 판례의 이러한 태도는 처분기준을 탄력적으로 운용하여 행정의 타당성을 확보하고 아울러 국민의 권익을 보다 보호하려는 것으로 보인다. 그러나 법규명령인 대통령령에서 명시적·단정적으로 규정된 사항을 단순한 기준으로 판단한 것은 법령의 해석이 아니라 새로운 입법에 해당한다. 판례의 태도는 정당하지 않다. 그러한 대통령령을 개정하여 처분기준으로 전환하는 것이 바람직하다. 한편, 판례 입장에서는 부령의 형식으로 정한 제재적 처분기준을 행정규칙으로 보는바, 부령의 형식으로 정한 제재적 처분기준에 따른 처분이라 하여 적법성이 추정되는 것도 아니라 하게 된다.[2]

(3) 사 견

㉮ **수권여부기준설** 행정사무처리기준 등과 같은 행정내부적인 사항(행정 1008 규칙사항)을 대통령령·총리령·부령의 형식으로 규정하는 경우, 그러한 규정의 성질문제는 법규명령과 행정규칙의 개념에 비추어 판단하여야 한다. 법규명령을 타율적 입법으로서 법령의 수권에 근거하여 제정되는 명령으로 이해하는 본서의 입장에서는 행정사무처리기준 등과 같은 행정내부적인 사항(행정규칙사항)일지라도 법령의 위임을 받아 대통령령·총리령·부령으로 제정되었다면 법규명령으로, 법령의 위임이 없이 제정되었다면 행정규칙으로 본다. 오늘날의 관점에서 대통령령·총리령·부령에서 규정된 사항이 반드시 외부적 구속효를 가져야 한다고 단언할 이유는 없다. 수권여부기준설이 타당하다.

㉯ **실제상 차이점** ① 부령으로 정한 처분기준을 법규명령으로 보면 처분 1009 시에 그 처분기준을 규정하는 부령의 조문이 처분의 근거로서 제시되어야 하지

---

1) 대판 2001. 3. 9, 99두5207(구 청소년보호법(1999. 2. 5. 법률 제5817호로 개정되기 전의 것) 제49조 제1항·제2항에 따른 같은법시행령(1999. 6. 30. 대통령령 제16461호로 개정되기 전의 것) 제40조 [별표 6]의 위반행위의종별에따른과징금처분기준은 법규명령이기는 하나 모법의 위임 규정의 내용과 취지 및 헌법상의 과잉금지의 원칙과 평등의 원칙 등에 비추어 같은 유형의 위반행위라 하더라도 그 규모나 기간·사회적 비난 정도·위반행위로 인하여 다른 법률에 의하여 처벌받은 다른 사정·행위자의 개인적 사정 및 위반행위로 얻은 불법이익의 규모 등 여러 요소를 종합적으로 고려하여 사안에 따라 적정한 과징금의 액수를 정하여야 할 것이므로 그 수액은 정액이 아니라 최고한도액이다).

2) 대판 2007. 9. 20, 2007두6946(제재적 행정처분의 기준이 부령의 형식으로 규정되어 있더라도 그것은 행정청 내부의 사무처리준칙을 정한 것에 지나지 아니하여 대외적으로 국민이나 법원을 기속하는 효력이 없고, 당해 처분의 적법 여부는 위 처분기준만이 아니라 관계 법령의 규정 내용과 취지에 따라 판단되어야 하므로, 위 처분기준에 적합하다 하여 곧바로 당해 처분이 적법한 것이라고 할 수는 없지만, 위 처분기준이 그 자체로 헌법 또는 법률에 합치되지 아니하거나 위 처분기준에 따른 제재적 행정처분이 그 처분사유가 된 위반행위의 내용 및 관계 법령의 규정 내용과 취지에 비추어 현저히 부당하다고 인정할 만한 합리적인 이유가 없는 한 섣불리 그 처분이 재량권의 범위를 일탈하였거나 재량권을 남용한 것이라고 판단해서는 안 된다).

만(절차법 제23조의 처분의 이유제시),[1] 행정규칙으로 보면 그 조문이 처분의 근거로서 제시될 필요가 없다. ② 부령으로 정한 처분기준을 법규명령으로 보는 경우에도 처분기준이 기속적인 것인지 아니면 재량적인 것인지의 여부에 따라 처분기준의 위반의 효과를 달리한다. 기속적인 경우에는 처분기준 위반 그 자체로서 위법이 되나 재량적인 경우에는 재량하자의 유무에[2] 따라 위법여부가 정해진다. 그러나 행정규칙으로 보면, 처분기준 위반 그 자체로서 위법이 되는 것이 아니라 근거법률에 비추어 재량하자의 유무에 따라 위법여부가 정해지기 때문이다. 행정처분 기준 자체가 사정에 따라 제재를 가중하거나 감경할 수 있다고 규정하거나, 행정처분기준을 한도로 새길 수 있으면, 그러한 처분기준은 재량적이라 할 수 있다. ③ 부령으로 정한 처분기준을 법규명령으로 보면, 처분기준(시행규칙) 위반 그 자체만으로 권리보호의 필요는[3] 원칙적으로 존재한다. 그러나 행정규칙으로 보면, 처분기준(시행규칙) 위반 그 자체만으로 권리보호의 필요가 존재한다고 말하기 어렵다.

1010   〈법규명령설과 행정규칙설의 실제상 차이〉

이유제시의 대상
[법규명령설] 법률 외에 처분기준(시행규칙)이 처분이유로 제시되어야 한다.
[행정규칙설] 법률 외에 처분기준(시행규칙)이 처분이유로 제시될 필요 없다.

위반시 위법 여부
[법규명령설] ① 부령상 처분기준을 기속규정으로 보는 경우, 처분기준 위반은 위법
            ② 부령상 처분기준을 재량규정으로 보는 경우, 처분기준 위반은 재량하자의 유무에 따라 위법 여부 결정
[행정규칙설] 근거 법률에 비추어 재량하자의 유무에 따라 위법 여부 결정

권리보호의 필요 요부
[법규명령설] 처분기준(시행규칙) 위반 그 자체만으로 권리보호의 필요는 원칙적으로 존재한다.
[행정규칙설] 처분기준(시행규칙) 위반 그 자체만으로 권리보호의 필요가 존재한다고 말하기 어렵다.

---

1) 본서, 옆번호 1373을 보라.
2) 본서, 옆번호 1222를 보라.
3) 본서, 옆번호 4200을 보라.

3. 위반행위의 위법 여부 판단 방법

판례는 "제재적 행정처분의 기준이 부령 형식으로 규정되어 있더라도 그것 1011
은 행정청 내부의 사무처리준칙을 규정한 것에 지나지 않아 대외적으로 국민이
나 법원을 기속하는 효력이 없다. 따라서 그 처분의 적법 여부는 처분기준만이
아니라 관계 법령의 규정 내용과 취지에 따라 판단하여야 한다. 그러므로 처분
기준에 부합한다 하여 곧바로 처분이 적법한 것이라고 할 수는 없지만, 처분기
준이 그 자체로 헌법 또는 법률에 합치되지 않거나 그 기준을 적용한 결과가 처
분사유인 위반행위의 내용 및 관계 법령의 규정과 취지에 비추어 현저히 부당
하다고 인정할 만한 합리적인 이유가 없는 한, 섣불리 그 기준에 따른 처분이
재량권의 범위를 일탈하였다거나 재량권을 남용한 것으로 판단해서는 안 된다"
는 견해를 취한다.[1]

제 2 절 행정계획

제 1 항 행정계획의 관념

I. 행정계획의 의의

1. 전통적 견해

전통적 견해는[2] 행정계획을 "행정주체가 일정한 행정활동을 위한 목표를 1012
설정하고, 상호관련성 있는 행정수단의 조정과 종합화의 과정을 통하여, 그 목
표로 정한 장래의 시점에 있어서의 보다 좋은 질서를 실현할 것으로 목적으로
하는 활동기준 또는 그 설정행위"로 정의한다.

2. 판 례

판례는 종래에는 "행정계획이란 행정에 관한 전문적·기술적 판단을 기초로 1013
하여 특정한 행정목표를 달성하기 위하여 서로 관련되는 행정수단을 종합·조정
함으로써 장래의 일정한 시점에 일정한 질서를 실현하기 위한 활동기준을 설정하
는 것이다"[3]라고 하였다가 요즈음은 "행정계획은 특정한 행정목표를 달성하기
위하여 행정에 관한 전문적·기술적 판단을 기초로 관련 행정수단을 종합·조정함

---

1) 대판 2018. 5. 15, 2016두57984.
2) 김도창, 일반행정법론(상), 336쪽.
3) 대판 2011. 2. 24, 2010두21464; 대판 2007. 4. 12, 2005두1893; 대판 1996. 11. 22, 96누8567.

으로써 장래의 일정한 시점에 일정한 질서를 실현하기 위하여 설정한 활동기준이
나 그 설정행위를 말한다"고 정의한다.[1] 종래에는 활동기준을 개념의 핵심요소로
보았으나, 요즈음은 활동기준과 아울러 설정행위를 개념의 핵심요소로 본다.

3. 사   견

1014   행정계획이란 주어진 상황에서 최선의 방법으로 특정 공행정목적의 달성을
실현하기 위해 미래에 있게 될 행위들에 대한 체계적인 사전준비과정(Planung)
을 거쳐 나타나는 산물로서 행정활동의 기준(Plan)을 의미한다. 그것은 또한 사
후적인 수정 등을 내포하는 개념이다. 여기서 체계적인 준비과정이란 풍부한 자
료를 바탕으로 합리적인 예측을 행하고, 그에 따라 목표와 수단을 설정하여 구
체적인 계획을 책정하고 이를 수행해 나아가면서 아울러 통제와 수정을 가해
나아가는 것을 의미한다. 이 때문에 과정으로서의 계획에서는 자료·예측·목표
설정과 수단의 선택·수행·통제와 수정이 개념적 징표를 이룬다.[2]

Ⅱ. 행정계획의 기능

1. 전통적 견해

1015   전통적 견해는[3] 행정계획의 기능으로 ① 목표설정기능, ② 행정수단의 종
합화기능, ③ 행정과 국민간의 매개적 기능을 들고 있다. 이러한 입장은 행정계
획의 개념적 특징을 행정계획의 기능으로 보고 있는 듯하다.

2. 사   견

1016   행정계획은 정치적 계획의 경우와 마찬가지로 정보기능·조정기능·통합기
능·촉진기능·통제기능·지도기능을 갖는다. 말하자면 ① 풍부한 정보가 계획과
정의 출발점인바, 계획작용은 많은 종류의 정보의 수집과 아울러 이를 체계화하
고 저장하는 기능을 갖는바 이를 정보기능이라 하고, ② 각 영역의 행정은 상호
의존적이다. 따라서 한정된 자원으로 각 행정목적을 효율적으로 실현코자 하면,
각 영역의 행정을 상호조정하지 않고서는 의미가 없는바 이를 조정기능이라 하
고, ③ 잘 조정된 행정은 내용상·시간상·재정상으로 하나의 전체적인 테두리
속에서 통일되고 통합되는바 이를 통합기능이라 하고, ④ 정보작업·조정작업·
통합작업이 잘 이루어지면 행정영역간 임무의 모순과 대립은 미연에 방지되며

---

1) 대판 2021. 7. 29, 2021두33595; 대판 2016. 2. 18, 2015두53640.
2) 졸저, 헌법과 정치, 71쪽.
3) 김도창, 일반행정법론(상), 337쪽; 박윤흔·정형근, 최신행정법강의(상), 248쪽; 이상규, 신행정
  법론(상), 496쪽.

이로써 미래의 발전을 향해 나아가게 되는바 이를 촉진기능이라 하고, ⑤ 계획
과정의 관찰과 수행된 결과상 나타난 성과를 비판함으로써 기존의 계획에 대한
시정을 가능하게 한다. 계획의 이러한 기능에 의거 새로운 계획이 나타나게 되
는바 이를 통제기능이라 하고, ⑥ 이상의 제기능이 효과를 나타내게 되면, 전체
로서의 공행정목적은 국가와 사회를 발전된 미래로 지도해 나아가게 되는바 이
러한 기능을 지도기능이라 한다.[1]

Ⅲ. 행정계획(Plan)의 법적 성질

1. 학   설

행정계획의 법적 성질과 관련하여 입법행위설(행정계획이 국민의 권리·자유에   1017
관계되는 일반추상적인 규율을 정립하는 행위로서 일반적 구속력을 가질 수 있다고 한다. 말
하자면 법규명령의 성질을 가진다는 것이다)·행정행위설(행정계획 중에는 법관계의 변동이
라는 고유한 효과를 가지는 행정행위의 성질을 가지는 것이 있다는 입장이다)·혼합행위설
(행정계획이 규범의 요소와 개별행위의 요소의 양면을 갖는 행위형식, 즉 규범과 개별행위의
혼합물(Mischform)이라는 입장이다)[2]·독자성설(계획은 추상적인 것이 아니라 오히려 고도
의 구체적인 것이므로 그것은 규범이 아니고, 또한 그것은 영역관련적인 것이고 동시에 개개
인의 권리에 관하여 결정하는 것이 아니므로, 행정행위도 아니라는 전제하에 행정계획을 독자
적 성질의 Aluid(이물)로 보는 입장이다)[3] 등이 제시되었다.

2. 판   례

헌법재판소는 "일반적으로 국민적 구속력을 갖는 행정계획은 행정행위에   1018
해당되지만, 구속력을 갖지 않고 행정기관 내부의 행동지침에 지나지 않는 행정
계획은 행정행위가 될 수 없다"고 하는바,[4] 개별검토설의 입장을 취한다고 볼

---

1) 이에 관해 자세한 것은 졸저, 헌법과 정치, 63쪽 이하를 보라.
2) Bachof, VVDStRL 18, S. 192f.
3) Forsthoff, Lehrbuch des Verwaltungsrechts, S. 30.
4) 헌재 2014. 3. 27, 2011헌마291[(국토해양부장관이 2011. 5. 13. 발표한 '한국토지주택공사 이전
   방안'이 전북혁신도시 사업지구 내 주거용 택지를 분양받았거나, 전북혁신도시상가조합의 조합
   원이자 대표자로서 각 소속 조합이 위 사업지구 내 근린생활 시설용지를 분양받았거나, 또는
   위 사업지구 내에 있는 기존 소유 토지를 협의매도한 후 나머지 토지(인접토지)를 소유하고 있
   는 청구인들의 평등권, 재산권 등을 침해한다고 주장하면서 헌법소원심판을 청구한 국토해양
   부장관이 언론을 통해 발표한 '한국토지주택공사 이전방안'에 관한 사건에서) '공공기관 지방이
   전에 따른 혁신도시 건설 및 지원에 관한 특별법'에 따르면, 지방이전계획을 수립하는 주체는
   이전공공기관의 장이고(제4조 제1항), 그 제출받은 계획을 검토·조정하여 국토해양부장관에게
   제출하는 주체는 소관 행정기관의 장이며(제4조 제3항, 제4항), 그에 따라 지역발전위원회의
   심의를 거친 후 승인하는 주체가 국토해양부장관일 뿐이다. 따라서 피청구인이 발표한 이 사건
   이전방안은 한국토지주택공사와 각 광역시·도, 관련 행정부처 사이의 의견 조율 과정에서 행

것이다. 대법원도 처분성을 인정한 판례도 있고,[1] 부정한 판례도 있다.[2]

3. 사 견(개별검토설)

1019 　행정계획의 법적 성질은 독일의 경우 건설계획을 중심으로 오랫동안 다루어져 온 문제이다.[3] 상기의 여러 견해도 도시계획의 성질에 관한 것이라 하여도 과언이 아닐 것이다. 계획은 종류와 내용이 매우 다양하고 상이한바, 모든 종류의 계획에 적합한 하나의 법적 성격을 부여한다는 것은 불가능하다. 계획은 권한행사의 방법으로서 내용상 특별한 성격을 갖는 것은 아니기 때문이다. 따라서 행정계획을 일반적 형태로 추상화하고 카테고리화한다는 것은 큰 의미가 없다고 본다. 구체적인 계획은 법규범으로 나타날 수도 있고, 행정행위로 나타날 수도 있고, 또는 단순한 사실행위로 나타날 수도 있는 것이므로 계획의 법적 성질은 계획마다 개별적으로 검토되어야 한다.[4] 이러한 입장을 개별검토설이라 부르기로 한다. 복수성질설이라 부르기도 한다.

정청으로서의 내부 의사를 밝힌 행정계획안 정도에 불과하고, 법적 구속력을 가진 행정행위라고 보기는 어렵다. … 이 사건 이전방안은 행정청의 기본방침을 밝히는 비구속적 행정계획안에 불과하여 직접 국민의 권리의무에 영향을 미치지 아니하므로 헌법재판소법 제68조 제1항의 공권력의 행사에 해당한다 할 수 없다].

1) (처분성을 인정한 판례) 대판 1982. 3. 9, 80누105(도시계획법 제12조 소정의 도시계획결정이 고시되면 도시계획구역안의 토지나 건물 소유자의 토지형질변경, 건축물의 신축, 개축 또는 증축 등 권리행사가 일정한 제한을 받게 되는바 이런 점에서 볼 때 고시된 도시계획결정은 특정 개인의 권리 내지 법률상의 이익을 개별적이고 구체적으로 규제하는 효과를 가져오게 하는 행정청의 처분이라 할 것이고, 이는 행정소송의 대상이 된다); 대판 1992. 8. 14, 91누11582(택지개발촉진법 제3조에 의한 건설부장관의 택지개발예정지구의 지정과 같은 법 제8조에 의한 건설부장관의 택지개발사업시행자에 대한 택지개발계획의 승인은 그 처분의 고시에 의하여 개발할 토지의 위치, 면적, 권리내용 등이 특정되어 그 후 사업시행자에게 택지개발사업을 실시할 수 있는 권한이 설정되고, 나아가 일정한 절차를 거칠 것을 조건으로 하여 일정한 내용의 수용권이 주어지며 고시된 바에 따라 특정 개인의 권리나 법률상 이익이 개별적이고 구체적으로 규제받게 되므로 건설부장관의 위 각 처분은 행정처분의 성격을 갖는다); 대판 2007. 9. 6, 2005두11951; 대결 2009. 11. 2, 2009마596; 대판 2013. 6. 13, 2011두19994.

2) (처분성을 부정한 판례) 대판 2002. 10. 11, 2000두8226(구 도시계획법령상 도시기본계획은 도시의 기본적인 공간구조와 장기발전방향을 제시하는 종합계획으로서 그 계획에는 토지이용계획, 환경계획, 공원녹지계획 등 장래의 도시개발의 일반적인 방향이 제시되지만, 그 계획은 도시계획입안의 지침이 되는 것에 불과하여 일반 국민에 대한 직접적인 구속력은 없는 것이다).

3) R. Viogt, Die Rechtsformen staatlicher Pläne, 1979, S. 29.

4) 김남진·김연태, 행정법(Ⅰ), 383쪽(2019); 박윤흔·정형근, 최신행정법강의(상), 251쪽; 김성수, 일반행정법, 396쪽(2018); Badura, in : Erichsen(Hrsg.), Allgemeines Verwaltungsrecht, § 39, Rn. 2; Rüfner, in : Erichsen(Hrsg.), Allgemeines Verwaltungsrecht, § 49, Rn. 49; Voigt, Die Rechtsformen staatlicher Pläne, 1979, S. 27f; Detterbeck, Allgemeines Verwaltungsrecht, § 15, Rn. 893; Wolff/Bachof/Stober/Kluth, Verwaltungsrecht Ⅰ (12. Aufl.), § 56, Rn. 19ff.; Heinz－Joachim Peters, Planung und Plan, in : Schweickhardt/Vondung(Hrsg.), Allgemeines Verwaltungsrecht(9. Aufl.), Rn. 686; Koch/Rubel/Heselhaus, Allgemeines Verwaltungs-recht (3. Aufl.), § 3, Rn. 134; Wallerath, Allgemeines Verwaltungsrecht(6. Aufl.), § 10, Rn. 106f.

제 2 항 행정계획의 종류

Ⅰ. 단기계획 · 중기계획 · 장기계획

이것은 계획기간에 따른 구분이다. 일반적으로 단기계획은 1~2년에, 중기계 1020
획은 3~7년에, 장기계획은 7~15년에 걸치는 계획을 말하고, 매년도마다 책정되
는 계획을 단년도계획이라 부르기도 한다. 대체로 장기계획은 장래의 전망을 기
초로 한 기본계획이고, 중기계획은 장기계획을 연차의 기간별로 구체화하여 현실
계획의 성질을 갖는 근간계획을 말하고, 단기계획은 실시계획이라 할 수 있다.

Ⅱ. 전국계획 · 지방계획 · 구역계획

이것은 계획대상지역에 따른 구분이다. 전국계획의 예로 국토종합계획, 지 1021
방계획의 예로 도종합계획 · 시군종합계획, 구역계획에는 지역계획을 들 수 있다
(국토법 제6조 제2항).[1]

Ⅲ. 자료제공적 계획 · 영향적 계획 · 규범적 계획[2]

1. 의   의

이것은 계획의 효력에 따른 구분이다. ① 자료제공적 계획이란 단순히 자료 1022
나 정보를 제공하고 청사진만을 제시하는 계획으로 아무런 법적 효과도 갖지
않는 계획을 말한다. 이 계획은 미래행위의 가능성만을 제시한다. 이를 정보제
공적 계획이라고도 한다.[3] ② 영향적 계획이란 명령이나 강제가 아니라 신용의
보증, 세제상의 혜택 등 재정수단을 통해 그 실현을 확보하려는 계획을 말한다.
이를 반구속적 계획 또는 유도적 계획이라고도 한다. ③ 규범적 계획이란 법률 ·
명령 · 행정행위 등 규범적인 명령이나 강제를 통해 목표의 달성을 확보하려는
계획이다. 이를 명령적 계획 또는 하명적 계획이라고도 한다.[4]

2. 구분의 의미

이러한 구분은 사인의 계획과정에의 참여와 권리보호의 문제와 관련하여 1023

---

1) 대판 2015. 12. 10, 2011두32515(국토해양부, 환경부, 문화체육부, 농림수산식품부가 합동으로
 2009. 6. 8. 발표한 '4대강 살리기 마스터플랜'은 4대강 정비사업과 그 주변 지역의 관련 사업을
 체계적으로 추진하기 위하여 수립한 종합계획이자 '4대강 살리기 사업'의 기본방향을 제시하는
 계획으로서, 이는 행정기관 내부에서 사업의 기본방향을 제시하는 것일 뿐, 국민의 권리 · 의무
 에 직접 영향을 미치는 것은 아니라고 할 것이어서 행정처분에 해당하지 아니한다).
2) 이러한 구분에 관해 자세한 것은 졸저, 헌법과 정치, 43쪽 이하를 보라.
3) 김남진 · 김연태, 행정법(Ⅰ), 382쪽(2019).
4) 김중권의 행정법(2019), 479쪽.

의미를 갖는다. 그러나 이러한 구분방식을 과대평가할 수만은 없다. 왜냐하면 이러한 구분이 행정상의 강제를 강조하는 것이지만, 한편으로는 경제적·재정적 이익을 부여하는 영향적 계획도 개인에 따라서는 규범적 계획만큼이나 강력하게 영향을 끼칠 수 있기 때문이다.[1] 법적 관점에서 본다면 자료제공적 계획과 영향적 계획은 비구속적 계획이고, 규범적 계획은 구속적 계획이 된다. 그러나 행정의 실제를 기준으로 한다면 자료제공적 계획은 비구속적 계획이고, 영향적 계획은 반구속적 계획이고, 규범적 계획을 구속적 계획이라 할 수 있다. 법적 관점에서 구속적 계획은 일반구속적 계획(예 : 도시계획)과 행정조직내부구속적 계획(예 : 예산계획)으로 재구분할 수 있다.

Ⅳ. 기   타

1024   이 밖에도 ① 계획의 소극성과 적극성에 따라 적응계획과 개발계획, ② 계획의 구체화에 따라 목표계획·프로그램계획·처분계획, ③ 계획대상의 범위에 따라 전체계획과 부문계획, ④ 생활영역에 따라 경제계획·사회계획·교육문화계획·시설계획, ⑤ 계획의 기준성에 따라 상위계획과 하위계획의 구분도 있다.

제3항 행정계획의 효과

Ⅰ. 효력발생요건으로서 고시·공람

1025   개인의 자유와 권리에 직접 관련하는 계획은 법규형식에 의한 것이 아니어도 국민들에게 알려져야만 효력을 발생할 수 있다고 보겠다. 이러한 취지에서 국토의 계획 및 이용에 관한 법률 제31조 제1항은 "도시·군관리계획 결정의 효력은 제32조 제4항(국토교통부장관, 시·도지사, 시장 또는 군수는 직접 지형도면을 작성하거나 지형도면을 승인한 경우에는 이를 고시하여야 한다)에 따라 지형도면을 고시한 날부터 발생한다"고 규정하고 있다. 이에 위반하는 도시계획은 효력을 발생하지 못한다.[2] 그리고 법규형식의 계획은 '법령 등 공포에 관한 법률'이 정한 바의 형식을 갖추어서 공포되어야 하고, 특별히 정함이 없으면 공포일로부터 20일이

---

1) C. Lanz, Politische Planung und Parlament, 1977, S. 25.

2) 대판 1985. 12. 10, 85누186(구 도시계획법(1971. 1. 19. 법률 제2291호로 개정되기 전의 것) 제7조가 도시계획결정등 처분의 고시를 도시계획구역, 도시계획결정등의 효력발생요건으로 규정하였다고 볼 것이어서 건설부장관 또는 그의 권한의 일부를 위임받은 서울특별시장, 도지사등 지방장관이 기안, 결재등의 과정을 거쳐 정당하게 도시계획결정등의 처분을 하였다고 하더라도 이를 관보에 게재하여 고시하지 아니한 이상 대외적으로는 아무런 효력도 발생하지 아니한다); 대판 2000. 3. 23, 99두11851.

지나야 효력이 발생한다(공포법 제13조). 그러나 국민의 권리 제한 또는 의무 부과와 직접 관련되는 법규형식의 계획은 긴급히 시행하여야 할 특별한 사유가 있는 경우를 제외하고는 공포일부터 적어도 30일이 경과한 날부터 시행되도록 하여야 한다(공포법 제13조의2).

Ⅱ. 효과의 내용(구속효)

행정계획의 효과는 계획마다 상이하나 여기서 일반적으로 검토를 요하는 것은 구속효의 문제이다. 구속효가 ① 국가에 대한 것인가(예 : 정부의 기본운영계획, 국토건설종합계획법상 전국계획·도계획 등), ② 일반국민에 대한 것인가(예 : 토용법상 도시관리계획)를 별 문제로 한다면, 규범적 계획이 구속효를 가짐은 물론이다. 다만 영향적 계획의 경우에도 규범적 계획에 준하여 취급해야 할 필요도 있다. 이러한 문제는 계획보장청구권과 관련된다. 한편 행정의 영속성·통일성, 사인의 신뢰확보와 관련하여 모든 계획은 강도에는 차이가 있을 것이나 사실상의 구속효를 갖는다는 것도 언급할 필요가 있다.   1026

Ⅲ. 집중효(특수한 효력)

1. 의   의

택지개발촉진법 제11조 제1항은 "시행자가 실시계획을 작성하거나 승인을 받았을 때에는 다음 각 호(1.「국토의 계획 및 이용에 관한 법률」제30조에 따른 도시·군관리계획의 결정, 같은 법 제56조에 따른 개발행위의 허가, 같은 법 제86조에 따른 도시·군계획 시설사업 시행자의 지정, 같은 법 제88조에 따른 실시계획의 인가, 2호 이하 생략)의 결정·인가·허가·협의·동의·면허·승인·처분·해제·명령 또는 지정(이하 "인·허가 등"이라 한다)을 받은 것으로 보며, 지정권자가 실시계획을 작성하거나 승인한 것을 고시하였을 때에는 관계 법률에 따른 인·허가등의 고시 또는 공고가 있은 것으로 본다"고 규정하고 있다. 여기서 계획확정이 일반법규에 규정되어 있는 승인 또는 허가 등을 대체시키는 효과를 집중효라 부른다.[1]   1027

---

1) 독일 연방행정절차법 제75조 제1항에 의하면, 계획이 확정되면, 그 계획 외의 다른 행정청의 결정, 특히 공법상 승인, 특허, 허가, 승인, 동의 등은 필요하지 않다고 규정한다. 이러한 효력을 집중효(Konzentrationswirkung)라 부르고 있다. 독일에서는 집중효가 일반법인 행정절차법에서 규정되고 있으나, 우리의 경우에는 계획관련 개별 법률에서 볼 수 있다. 두 나라의 계획확정절차가 동일한 것은 아니므로, 집중효의 취지는 유사할지라도 그 의미가 반드시 동일하다고 말할 수는 없다.

2. 법적 근거

1028   집중효제도는 행정기관의 권한에 변경을 가져온다. 행정조직법정주의의 원리에 비추어 집중효는 개별법률에서 명시적으로 규정되는 경우에만 인정될 수 있다. 그리고 집중효가 발생하는 행위도 법률에서 명시적으로 규정된 것에 한정된다.

3. 기   능

1029   집중효는 ① 절차간소화를 통해 사업자의 부담해소 및 절차촉진에 기여하며, ② 다수의 인·허가부서를 통합하는 효과를 가져오고, ③ 인·허가에 필요한 구비서류의 감소효과를 가져온다.[1]

4. 집중효의 정도

1030   계획확정절차에 집중효가 부여되면 여타의 행정청의 인·허가 및 결정들이 필요하지 않게 되는데, 계획을 확정하는 행정청(계획확정기관)은 집중효의 대상이 되는 인·허가요건(원래는 대체행정청이 심사해야 하는 실체·절차적 요건)에 구속되는지 그리고 어디까지 구속되는지 그 정도 내지 범위가 문제된다.

⑴ 학   설

1031   ㈎ 관할집중설   집중효는 계획을 확정하는 행정청에 의해 대체되는 행정청의 관할만이 병합된다는 것이다. 즉 대체행정청의 관할권을 계획확정기관에 이관하는 것을 의미하는 데 그친다고 한다. 따라서 계획확정행정청은 당해 사업을 규율하는 법규뿐 아니라 대체행정청이 준수해야 하는 절차적·실체적 요건을 모두 준수해야 한다. 하지만 이 견해에 따르면 집중효의 의미와 기능이 퇴색될 것이다.

1032   ㈏ 절차집중설   법적으로 다르게 규정되어 있지 않는 한 대체행정청에 적용되는 절차법적 요건은 적용되지 않지만, 계획확정기관도 실체법적 요건에 대해서는 대체행정청과 같은 정도로 기속된다는 견해이다.[2] 즉, 실체법적 요건은 갖추어야 하지만 절차법적 요건은 갖추지 아니하여도 된다는 견해이다.

1033   ㈐ 제한적 절차집중설   법치행정에 비추어 실체집중을 인정할 수 없고 실체법적 요건은 존중되어야 하며, 다만 절차요건 중에서도 이해관계 있는 제3자의 권익보호를 위한 절차는 집중되지 않고 적용되어야 한다고 하거나,[3] 집중효

---

1) 김재광, 행정법상 집중효제도의 검토, 토지공법연구 제9집, 72쪽 이하.
2) 강현호, 집중효, 공법연구 제28집 제2호, 333쪽; 김재광, 행정법상 집중효제도의 검토, 토지공법연구 제9집, 81쪽.
3) 박윤흔·정형근, 최신행정법강의(상), 257쪽.

의 대상이 되는 인·허가의 모든 절차를 거칠 필요는 없지만 이해관계인의 권익
보호와 적법절차라는 측면에서 통합적인 절차를 거쳐야 한다는 견해이다.

㈐ 제한적 실체집중설   집중효는 절차의 집중 및 실체의 집중 모두를 의미   1034
하지만, 대체행정청의 실체법적 요건들에 대한 기속은 완화된다는 견해이다. 따
라서 계획확정기관은 집중효의 대상이 되는 인·허가 등의 절차법적 요건에 구
속되지 않으며, 실체법적 요건에도 엄격하게 기속되지 않는다. 결국 실체법적인
요건들은 계획확정기관에서 계획을 확정함에 있어서 형량의 요소로 고려될 수
있다는 것이다. 이 견해는 계획확정기관이 인·허가 등의 실체법적인 요건들에
엄격하게 기속된다고 한다면 요건들이 상반되는 이익을 보호하는 경우 계획확
정이 어려워진다는 점을 논거로 한다.

㈑ 실체집중설(비제한적 실체집중설)   계획확정기관은 집중효의 대상이 되는   1035
인·허가 등의 실체법적 요건과 절차법적 요건을 모두 고려함이 없이 판단할 수
있다는 견해이다.

⑵ 판   례   판례는 의제되는 법률에 규정된 이해관계인의 의견청취절   1036
차를 생략할 수 있다고 하여 절차집중을 인정하고 있으나,[1] 실체집중은 부정하
는 것으로 보인다.[2]

⑶ 사   견   집중효제도의 기능 내지 취지에 비추어 계획확정기관은 하   1037
나의 계획확정절차를 제한적으로 거치면 되지만 실체법에는 기속된다는 제한적
절차집중설이 타당하다.

---

1) 대판 1992. 11. 10, 92누1162(건설부장관이 구 주택건설촉진법(1991. 3. 8. 법률 제4339호로 개
정되기 전의 것) 제33조에 따라 관계기관의 장과의 협의를 거쳐 사업계획승인을 한 이상 같은
조 제4항의 허가·인가·결정·승인 등이 있는 것으로 볼 것이고, 그 절차와 별도로 도시계획법
제12조 등 소정의 중앙도시계획위원회의 의결이나 주민의 의견청취 등 절차를 거칠 필요는 없다).

2) 대판 2001. 1. 16, 99두10988(구 건축법(1999. 2. 8. 법률 제5895호로 개정되기 전의 것) 제8조
제1항, 제3항, 제5항에 의하면, 건축허가를 받은 경우에는 구 도시계획법(2000. 1. 28. 법률 제
6243호로 전문 개정되기 전의 것) 제4조에 의한 토지의 형질변경허가나 농지법 제36조에 의한
농지전용허가 등을 받은 것으로 보며, 한편 건축허가권자가 건축허가를 하고자 하는 경우 당해
용도·규모 또는 형태의 건축물을 그 건축하고자 하는 대지에 건축하는 것이 건축법 관련 규정
이나 같은 도시계획법 제4조, 농지법 제36조 등 관계 법령의 규정에 적합한지의 여부를 검토하
여야 하는 것일 뿐, 건축불허가처분을 하면서 그 처분사유로 건축불허가 사유뿐만 아니라 형질
변경불허가 사유나 농지전용불허가 사유를 들고 있다고 하여 그 건축불허가처분 외에 별개로
형질변경불허가처분이나 농지전용불허가처분이 존재하는 것이 아니므로, 그 건축불허가처분을
받은 사람은 그 건축불허가처분에 관한 쟁송에서 건축법상의 건축불허가 사유뿐만 아니라 같
은 도시계획법상의 형질변경불허가 사유나 농지법상의 농지전용불허가 사유에 관하여도 다툴
수 있는 것이지, 그 건축불허가처분에 관한 쟁송과는 별개로 형질변경불허가처분이나 농지전
용불허가처분에 관한 쟁송을 제기하여 이를 다투어야 하는 것은 아니며, 그러한 쟁송을 제기하
지 아니하였어도 형질변경불허가 사유나 농지전용불허가 사유에 관하여 불가쟁력이 생기지 아
니한다).

5. 관계기관과의 협의

1038 　　행정계획이 결정되면 다른 인·허가 등 행위가 행하여진 것으로 의제되는 경우에 행정계획을 결정하는 행정청은 미리 의제되는 행위의 관계기관과 협의를 하도록 규정하고 있다(택지법 제11조 제2항). 이는 행정계획을 결정하는 행정청이 의제되는 인·허가의 요건을 심사할 수 있도록 하는 목적을 가지고 있다.

6. 집중효와 인·허가의제의 비교

1039 　　집중효는 계획확정에 부여되는 특유한 효과이지만 인·허가의제는 행정계획뿐 아니라 인가·허가 등의 일반 행정행위에도 인정된다는 점에서,[1] 집중효는 이해관계인의 집중적인 참여하에 내려지는 결정에 부여되는 효력이지만 인·허가의제는 이해관계인의 집중적 참여가 결여되어 있다는 점에서[2] 양자는 구별될 수 있지만, 두 제도의 본질이 절차간소화와 사업의 신속한 진행을 위한 것이며, 법령에 근거하여 행정관청의 권한이 통합된다는 점에서 볼 때 양자간에 본질적인 차이가 있다고 보기 어렵다.[3]

제 4 항　행정계획의 통제와 사인의 권리보호

Ⅰ. 문제의 소재

1. 행정계획과 법적 근거

1040 　　계획은 우리 시대의 중요한 견인차라고 표현되는 바와 같이 계획수단이 오늘날에 있어 매우 중요한 행위형식임은 의문이 없다. 그런데 행정계획은 언제나 법적 근거를 갖고서 이루어지는 것만은 아니다. 개별적인 법적 근거를 갖는 경우도 있고(예 : 토용법 제2장에 의한 광역도시계획), 오로지 조직법상의 일반적인 직무범위 내에서 이루어지는 경우(예 : 재정투융자계획)도 있다. 계획은 실현하는 데 의미가 있는 것이고 보면, 개별적인 법적 근거가 있어도 규율내용이 상세하지 않거나 또는 개별적인 법적 근거가 없는 경우에는 행정계획이 자칫 국민의 자유와 권리를 침해할 가능성을 갖는다. 왜냐하면 계획은 개인의 권익보호보다 능률을 우선시킴이 일반적이라 보기 때문이다. 적어도 국민의 권리·의무에 직접

---

1) 김동희, 행정법(Ⅰ), 195쪽(2019); 정태용, 인·허가의제제도에 관한 고찰, 법제, 2002. 2, 4쪽.
2) 김재광, 행정법상 집중효제도의 검토, 토지공법연구 제9집, 69쪽.
3) 집중효는 3개 이상의 허가를 대체하는 것임에 반해, 의제허가는 2개의 허가를 대체시키는 효과만을 가진다고 하여 집중효와 의제효과를 구분하기도 한다(김재광, 행정법상 집중효제도의 검토, 토지공법연구 제9집).

영향을 미치는 행정계획은 작용법상 근거가 있어야 할 것이다.

2. 행정계획과 행정국가화

행정계획의 일반적 도입은 手島 교수[1]의 말처럼 ① 상대주의에 입각한 민 　1041
주주의를 기술우위의 절대주의로, ② 국민대표에 의한 의회정치·책임정치를 기
술관료에 의한 관료정치·무책임정치로, ③ 법의 지배를 계획의 지배로, ④ 자유
주의의 기능의 약화를, ⑤ 분권제를 집권화로 변화시켜 현대국가를 행정국가로
이끌게 되어 국가와 사회의 체제와 구조를 변화시킬 수도 있다. 따라서 자유민
주주의체제를 기본으로 하는 법제하에서 이러한 변화에 대응하는 방안의 모색
이 필요하다고 보겠다.

Ⅱ. 행정내부통제

1. 절차상 통제

(1) **중 요 성**　　계획이라는 것은 단계적·절차적 성격을 갖고 발전해 나아 　1042
가는 것인바,[2] 행정계획이 직접 국민 개개인의 권익을 침해할 단계가 되면, 그
계획을 취소하는 것은 어려운 일이 된다. 이 때문에 계획의 책정과정에서 미래
계획에 요구되는 제반요청을 포괄적으로 수용하여 구체적 계획이 합법성·합목
적성·합리성을 확보하도록 하는 것이 무엇보다 중요한 것이 된다. 이것이 소
위 행정계획의 절차상 통제문제이다. 행정계획의 절차상 통제문제는 행정부 내
부에서의 절차상 통제문제와 행정부 외부에서의 절차상 통제문제(즉 국민의 참여
문제)가 있다. 전자의 문제는 아래에서, 후자의 문제는 항을 바꾸어서 보기로
한다.

(2) **법적 근거**　　① 행정계획의 절차상 통제에 관한 일반법은 현재로서는 　1043
없다. 1987년의 행정절차법(안)은 행정계획의 확정절차에 관해 일반적인 규정을
두고 있었다. 즉 동법안은 행정계획의 입안과 협의(제50조), 행정계획안의 공고·
열람(제51조), 의견제출(제52조), 청문(제53조), 공청회(제54조), 행정계획의 확정(제
55조), 행정계획의 변경·폐지(제56조), 행정계획의 실효(제57조), 행정계획으로 인
한 피해구제(제58조)를 규정하고 있었으나, 현행 행정절차법에는 아무런 규정도
없다. ② 한편 국토의 계획 및 이용에 관한 법률 등 행정계획절차에 관한 사항
을 규정하는 개별법은 많이 나타난다. 각종계획법은 예외없이 계획절차에 관한
규정을 갖는다.

---

1) 手島 孝, 行政國家の法理, 1982, 18쪽 이하 및 172쪽 이하.
2) R. Pfaff, Planungsrechtsprechung und ihre Funktionen, 1980, S. 82.

1044 　　(3) 내　　용　　현행의 개별법상 계획과정에서 행정부 내부적으로 거쳐야 하는 절차의 예로 다음을 볼 수 있다. 즉 ① 관계기관의 장과의 협의를 하게 하는 경우(예 : 국토법 제9조 제3항), ② 관계기관의 장의 의견을 듣도록 하는 경우(예 : 토용법 제24조 제5항), ③ 관련심의회의 심의를 거치게 하는 경우(예 : 대외경제장관회의 규정 제2조), ④ 국무회의의 심의를 거치게 하는 경우(예 : 헌법 제89조 제1·4·6·13호 등), ⑤ 지방의회의 의견을 듣도록 하는 경우(예 : 토용법 제28조 제5항) 등이 있다.

1045 　　이러한 제도들은 계획과 관련하여 합리성을 행정부 스스로의 자율적인 활동을 통해 보장함으로써 행정의 자기통제를 도모하는 데 의미가 있다. 그러나 이러한 제도들이 그야말로 국민 개개인의 권익보장에 만전을 기할 수 있을는지는 의문이다. 왜냐하면 자율적인 통제는 국민 개개인의 권익보다 전체로서의 계획의 합리성·효율성 제고에 더 관심을 갖는다고 할 것이기 때문이다.

2. 감독권에 의한 통제

1046 　　상급행정청은 하급행정청에 대해 지휘·감독권을 가지므로 경우에 따라서는 이에 의거 행정계획의 기준·내용 등을 하급행정청에 지시하거나, 기존의 행정계획의 취소·변경을 명할 수 있다. 물론 법률형식의 계획의 경우는 사정이 다르다.

3. 공무원에 의한 심사

1047 　　행정계획에 대한 행정내부적 통제의 방식의 하나로 공무원·행정기관에 의한 통제가 언급될 수 있을 것이다. 이 경우에도 법규명령에서 지적한 바와 동일한 지적이 가능하다.

4. 중앙행정심판위원회에 의한 통제

1048 　　처분성을 갖는 행정계획은 행정심판을 통해 통제를 받을 수 있다. 특히 중앙행정심판위원회는 심판청구를 심리·재결할 때에 처분 또는 부작위의 근거가 되는 명령 등(대통령령·총리령·부령·훈령·예규·고시·조례·규칙 등을 말한다)이 법령에 근거가 없거나 상위 법령에 위배되거나 국민에게 과도한 부담을 주는 등 크게 불합리하면 관계 행정기관에 그 명령 등의 개정·폐지 등 적절한 시정조치를 요청할 수 있고(행심법 제59조 제1항), 그 요청을 받은 관계 행정기관은 정당한 사유가 없으면 이에 따라야 하는데(행심법 제59조 제2항), 그 명령 등이 행정계획을 내용으로 하는 경우도 마찬가지이다.

Ⅲ. 국회에 의한 통제

1. 직접적 통제

일종의 정치적 계획인 예산계획을 제외한다면, 현재로서 행정계획의 성립·   1049
발효에 국회가 직접 통제를 가할 수 있도록 규정하는 어떠한 명시적 규정도 찾
아보기 어렵다.

2. 간접적 통제

국회가 행정부에 대하여 가지는 국정감시권(예 : 대정부질문·국정감사·국정조사·   1050
국무위원해임건의 등)의 발동으로써 행정계획에 통제를 가할 수 있음은 물론이다.
그러나 이러한 수단은 그 효과가 통상 간접적이고 사후적이라는 데 한계가 있
다. 이러한 간접적 통제도 그 실효성을 높이기 위해서는 중요한 행정계획이 확
정되면 이를 국회에 제출케 하는 제도를 일반적으로 도입하는 것이 검토되어야
할 것이다(예 : 국토기본법 제24조 ① 정부는 국토의 계획 및 이용의 주요 시책에 관한 보고
서를 작성하여 매년 정기국회 개회 전까지 국회에 제출하여야 한다. ② 제1항의 보고서에는
다음 각 호(1. 국토계획의 수립 및 관리, 2. 국토의 계획 및 이용에 관하여 추진된 시책과 추
진하려는 시책, 3. 지역개발 현황 및주요 시책, 4. 사회간접자본의 현황, 5. 국토자원의 이용
현황, 6. 국토 환경 현황 및 주요 시책, 7. 용도지역별 토지이용 현황 및 토지거래 동향, 8. 그
밖에 국토계획 및 국토 이용에 관한 중요 사항)의 내용이 포함되어야 한다).

Ⅳ. 법원에 의한 통제

1. 사법심사가능성(처분성)

(1) 학   설   ① 행정소송은 구체적인 처분을 대상으로 하는데 행정계획   1051
은 미래에 있을 행위에 대한 청사진에 불과하므로, 행정계획은 사법심사의 대상
이 되지 아니한다는 주장(소극설)도 가능하나, 현재로서 소극설을 취하는 학자는
찾아보기 어렵다. ② 적극설이 지배적인 견해로 보인다.

(2) 판   례   판례는 적극설을 취한다.[1]   1052

(3) 사   견   적극설이 타당하다. 말하자면 모든 행정계획이 사법심사의   1053
대상일 수는 없지만, 처분성을 갖는 행정계획(예 : 토용법 제31조의 도시·군 관리계

---

1) 헌재 1991. 7. 22, 89헌마174; 대판 1982. 3. 9, 80누105(도시계획법 제12조 소정의 도시계획결
   정이 고시되면 도시계획구역 안의 토지나 건물 소유자의 토지형질변경, 건축물의 신축, 개축
   또는 증축 등 권리행사가 일정한 제한을 받게 되는바 이런 점에서 볼 때 고시된 도시계획결정
   은 특정 개인의 권리 내지 법률상의 이익을 개별적이고 구체적으로 규제하는 효과를 가져오게
   하는 행정청의 처분이라 할 것이고, 이는 행정소송의 대상이 되는 것이라 할 것이다).

획)은[1] 개인의 법률상 이익을 침해하는 경우에 사법심사의 대상이 될 수 있다.

2. 형성의 자유(계획재량)

1054 사법심사의 대상으로서 행정계획은 대개 법적 근거에 기한 행정계획의 경우에 문제가 되겠는데, 이 때 계획의 근거가 된 계획법이 재판의 기준이 될 것이다. 그런데 계획법률은 통상의 법률과는 다른 속성을 갖는바, 여기에 사법심사의 곤란성을 갖는다.

1055 ⑴ **계획법의 구조** Niklas Luhmann의 표현을 빌리면,[2] 통상의 법률은 "어떠한 요건사실이 발생하면 어떠한 효과가 주어진다"는 가언명제형식(Wenn-Dann Schema)에 기한 조건프로그램(Konditionalprogramme)이나, 계획법률은 "어떠한 목적을 위하여 어떠한 행위를 한다"는 목적-수단형식(Ziel-Mittel Schema)에 기한 목적프로그램(Zweckprogramme)이다. 말하자면 통상의 법률은 구성요건이 충족되면 법적 효과가 주어지는 것인 데 반하여, 계획법률은 변화를 목표로 하여 제이익·제필요성, 그리고 장래의 전개와 예측을 기준으로 하여 자기창조적·형성적 이니셔티브를 관심의 대상으로 한다.[3] 계획법률이 갖는 이러한 구조상의 특성은 계획재량이라는 문제를 가져온다.

---

1) 대결 2009. 11. 2, 2009마596(구 도시 및 주거환경정비법에 따른 주택재건축정비사업조합은 관할 행정청의 감독 아래 위 법상 주택재건축사업을 시행하는 공법인으로서, 그 목적 범위 내에서 법령이 정하는 바에 따라 일정한 행정작용을 행하는 행정주체의 지위를 가진다 할 것인데, 재건축정비사업조합이 이러한 행정주체의 지위에서 위 법에 기초하여 수립한 사업시행계획은 인가·고시를 통해 확정되면 이해관계인에 대한 구속적 행정계획으로서 독립된 행정처분에 해당하고, 이와 같은 사업시행계획안에 대한 조합 총회결의는 그 행정처분에 이르는 절차적 요건 중 하나에 불과한 것으로서, 그 계획이 확정된 후에는 항고소송의 방법으로 계획의 취소 또는 무효확인을 구할 수 있을 뿐, 절차적 요건에 불과한 총회결의 부분만을 대상으로 그 효력 유무를 다투는 확인의 소를 제기하는 것은 허용되지 아니하고, 한편 이러한 항고소송의 대상이 되는 행정처분의 효력이나 집행 혹은 절차속행 등의 정지를 구하는 신청은 행정소송법상 집행정지신청의 방법으로서만 가능할 뿐 민사소송법상 가처분의 방법으로는 허용될 수 없다).

2) N. Luhmann, Recht und Automation in der öffentlichen Verwaltung, 1966, S. 36ff.; Loeser, System des Verwaltungsrechts, Bd. 1, S. 502.

3) Püttner, Allgemeines Verwaltungsrecht, S. 132f.; Storr/Schröder, Allgemeines Verwaltungsrecht, Rn. 143. 한편, 계획재량은 결코 다른 종류의 규범구조가 아니고, 계획결정에 대한 광범위한 통제는 계획의 본질에 반하지 아니하며, 합목적성의 적합여부의 심사라는 의미에서의 완전한 심사가 가능하다는 견해도 있다(Koch/Rubel/Heselhaus, Allgemeines Verwaltungsrecht(3. Aufl.), § 5, Rn. 110f.; Bull/Mehde, Allgemeines Verwaltungsrecht mit Verwaltungsrehre(7. Aufl.), Rn. 604. 대판 2015. 12. 10, 2011두32515; 헌재 2007. 10. 4, 2006헌바91 (행정계획에 있어서는 다수의 상충하는 사익과 공익들의 조정에 따르는 다양한 결정가능성과 그 미래전망적인 성격으로 인하여 그에 대한 입법적 규율은 상대적으로 제한될 수밖에 없다. 따라서 행정청이 행정계획을 수립함에 있어서는 일반 재량행위의 경우에 비하여 더욱 광범위한 판단 여지 내지는 형성의 자유, 즉 계획재량이 인정되는바, 이 경우 일반적인 행정행위의 요건을 규정하는 경우보다 추상적이고 불확정적인 개념을 사용하여야 할 필요성이 더욱 커진다); 대판 1997. 9. 26, 96누10096; 대판 1996. 11. 22, 96누8567.

(2) 계획재량(형량명령)

(가) 의 의 　계획법률은 통상 추상적인 목표를 제시하나, 그 구체적인 **1056**
계획의 내용에 관해서는 자세히 언급하지 않음이 일반적이다. 이 때문에 행정주
체는 계획법률에 근거한 구체적인 계획을 책정하는 과정에서 광범위한 형성의
자유를 갖게 된다.[1] 이러한 형성의 자유를 계획재량이라 부른다. 즉 행정계획
상 목표의 구체화·수단의 선택은 충분한 정보와 자료를 바탕으로 한 전문적인
예측에 기해 행정주체의 고유한 판단에 따라 이루어지는바, 바로 이것이 행정
주체의 형성의 자유를 의미하게 된다. 계획재량의 행사에 있어서는 계획에 관
련된 모든 공익과 사익은 반드시 정당하게 형량되어야 하는바 이를 형량명령
(Abwägungsgebot)이라 부른다.[2] 형성의 자유없는 계획은 그 자체가 모순이다.[3]

(나) 이익형량 　행정청은 행정청이 수립하는 계획 중 국민의 권리의무에 **1057**
직접 영향을 미치는 계획을 수립하거나 변경·폐지할 때에는 관련된 여러 이익을
정당하게 형량하여야 한다(절차법 제40조의4). 이를 형량명령이라 한다. 형량명령
은 법치국가원리의 표현인 동시에 헌법적으로 주어진 것으로 이해되고 있다.[4]

(다) 행정재량과 구분

1) 구분가능성 　계획재량과 행정재량이 성질상 동일한 것인지 아니면 **1058**
상이한 것인지의 여부에 관해 견해가 나뉜다. ① 동일시하는 견해(질적 차이 부정
설)는 양자 모두 행정청에 선택의 자유를 부여하는 점에서 질적으로 동일하지
만, 재량의 범위에 차이가 있다는 점에서 양적으로만 차이가 있고, 또한 계획재
량에서의 형량명령은 협의의 비례원칙의 적용일 뿐이라는 입장이다.[5] 한편 ②
양자가 상이하다는 견해(질적 차이 긍정설)는 양자의 재량의 내용이 다르며, 계획
재량에는 형량명령이라는 재량하자론이 적용되기 때문이라는 입장이다. ③ 생
각건대 질적이라는 개념도 상대적인 개념이므로 양자의 견해에 본질적인 차이
가 있다고 보기는 어렵다.

2) 차 이 점 　계획재량과 행정재량은 다음의 몇 가지 점에서 차이를 갖는 **1059**
다. 즉, ① 규범구조상 계획재량은 목적프로그램에서 문제되나, 행정재량은 조건

---

1) 대판 2020. 9. 3, 2020두34346(국토의 계획 및 이용에 관한 법률 등 관계 법령에서 추상적인 행
　정목표와 절차가 규정되어 있을 뿐 행정계획의 내용에 관하여는 별다른 규정을 두고 있지 않
　으므로 행정주체는 구체적인 행정계획의 입안·결정에 관하여 광범위한 형성의 재량을 가진다).
2) Schmidt, Allgemeines Verwaltungsrecht(14. Aufl.), Rn. 995.
3) Bull/Mehde, Allgemeines Verwaltungsrecht mit Verwaltungsrehre(7. Aufl.), Rn. 603; BVerfGE
　34, 301.
4) 김중권의 행정법(2019), 489쪽.
5) 박균성, 행정법론(상), 285쪽(2019); 류지태·박종수, 행정법신론, 99쪽(2019).

프로그램에서 문제되고, ② 판단의 대상이 계획재량은 새로운 질서의 형성에 관한 것이나, 행정재량은 기존의 구체적인 생활관계에 대한 것이고, ③ 판단의 자유의 범위가 계획재량의 경우에는 상대적으로 넓으나, 행정재량은 상대적으로 좁으며, ④ 통제에 관해서 보면 계획재량의 경우에는 절차적 통제가 중심적이나, 행정재량의 경우에는 절차적 통제 외에 실체적 통제도 중요한 문제가 된다.

1060   ㈑ **사법심사**   계획재량의 경우, 형성의 자유가 인정되는 범위 내에서 사법심사는 배제된다. 그렇다고 계획재량, 즉 형성의 자유에는 아무런 제한이 없다는 것은 아니다. 말하자면 ① 계획상의 목표는 법질서에 부합하여야 하고, ② 수단은 목표실현에 적합하고, 필요하고 또한 비례적이어야 하고, ③ 법에서 절차를 정한 것이 있다면 그 절차를 준수하여야 하고, ④ 전체로서 계획관련자 모두의 이익을 정당히 고려하여야 한다(형량명령)는 전제하에 형성의 자유는 인정되는 것이다.[1]

1061   형량명령의 준수는 내용적으로 비교형량하여야 할 관련이익의 조사, 관련이익의 중요도에 따른 이익의 평가, 협의의 비교형량의 3단계에 걸쳐 행해진다.[2] 만일 이러한 형량명령에 위반한다면 비교형량상의 하자가 있는 것으로서 당해 행정계획은 위법한 것이 된다. 형량명령의 준수는 사인이 계획의 수립이나 변경을 청구하여 행정청이 결정하는 경우에도 마찬가지이다.[3]

1062   형량하자의 경우로는 ① 형량이 전혀 없던 경우, ② 형량에서 반드시 고려되어야 할 특정이익이 고려되지 않은 경우, ③ 공익과 사익 사이의 조정이 객관적으로 보아 특정이익만을 위한 것으로, 즉 비례원칙이 깨뜨려진 것으로 판단되는 경우가 있다.[4]

---

1) 대판 2021. 7. 29, 2021두33593(행정청은 구체적인 행정계획을 입안·결정할 때 비교적 광범위한 형성의 재량을 가진다. 다만 행정청의 이러한 형성의 재량이 무제한적이라고 할 수는 없고, 행정계획에서는 그에 관련되는 자들의 이익을 공익과 사익 사이에서는 물론이고 공익 사이에서나 사익 사이에서도 정당하게 비교·교량하여야 한다는 제한이 있다).

2) 김동희, 행정법(Ⅰ), 203쪽(2019).

3) 대판 2012. 1. 12, 2010두5806(행정주체가 행정계획을 입안·결정하면서 이익형량을 전혀 행하지 않거나 이익형량의 고려 대상에 마땅히 포함시켜야 할 사항을 빠뜨린 경우 또는 이익형량을 하였으나 정당성과 객관성이 결여된 경우에는 행정계획결정은 형량에 하자가 있어 위법하게 된다. 이러한 법리는 행정주체가 구 국토의 계획 및 이용에 관한 법률(2009. 2. 6.법률 제9442호로 개정되기 전의 것) 제26조에 의한 주민의 도시관리계획 입안 제안을 받아들여 도시관리계획결정을 할 것인지를 결정할 때에도 마찬가지이고, 나아가 도시계획시설구역 내 토지 등을 소유하고 있는 주민이 장기간 집행되지 아니한 도시계획시설의 결정권자에게 도시계획시설의 변경을 신청하고, 결정권자가 이러한 신청을 받아들여 도시계획시설을 변경할 것인지를 결정하는 경우에도 동일하게 적용된다). Bull/Mehde, Allgemeines Verwaltungsrecht mit Verwaltungsrehre(7. Aufl.), Rn. 605.

4) 졸저, 행정법원리, 122쪽; 대판 2012. 1. 12, 2010두5806(행정주체가 행정계획을 입안·결정하면

Ⅴ. 국민에 의한 통제와 권리보호

행정계획에 대한 국민의 통제 및 권리보호와 관련하여 ① 계획과정에 국민 1063
의 참여, ② 특정행위청구권의 문제, ③ 손해배상·손실보상청구문제 등이 검토
를 요한다.

1. 계획과정과 국민(주민)의 참여

(1) **입안단계**　　입법예고제에서 보는 바와 같이 주요 행정계획은 입안단계 1064
에서부터 공고하는 방안의 마련이 필요하다. 이것은 여론을 통한 국민참여의 전
제가 되기 때문이다. 그리고 여론의 수집을 위해 이해관계자가 서로의 입장을
개진할 수 있는 공청회제도 등을 활용해야 할 것이다. 공청회와 관련하여서는
참여자의 선정 등이 문제된다. 아울러 여론의 수집은 여론조사를 통해서도 이루
어져야 할 것이나, 이 경우에도 조사의 방법이 특히 문제된다.

한편 현행법상으로는 이해관계자가 의견을 직접 계획주체에게 제출할 수 1065
있는 경우도 있다(예 : 토용법 제28조 제1항). 이것 또한 입안단계에서 국민(주민)참
여의 보장이다.[1] 이에 위반하면 위법의 문제가 발생한다.[2] 한편, 현재로서 주
민이 직접 계획의 입안에 참여하는 제도는 보이지 않는다. 다만, 간접적 절차라
할 주민 및 관계 전문가 등으로부터 의견을 듣기 위한 공청회(토용법 제14조), 주
민과 이해관계자의 권한행정청에 대한 도시관리계획의 입안의 제안(토용법 제26
조) 등을 볼 수 있다.

(2) **결정단계·수행단계 및 변경·폐지**　　① 현재로서 구체적 계획의 결정단 1066
계에 국민이 참여할 수 있는 경우는 없다. 그러나 이러한 문제도 검토할 필요가

서 이익형량을 전혀 행하지 않거나 이익형량의 고려 대상에 마땅히 포함시켜야 할 사항을 빠
뜨린 경우 또는 이익형량을 하였으나 정당성과 객관성이 결여된 경우에는 행정계획결정은 형
량에 하자가 있어 위법하게 된다. 이러한 법리는 행정주체가 구 국토의 계획 및 이용에 관한
법률(2009. 2. 6.법률 제9442호로 개정되기 전의 것) 제26조에 의한 주민의 도시관리계획 입안
제안을 받아들여 도시관리계획결정을 할 것인지를 결정할 때에도 마찬가지이고, 나아가 도시
계획시설구역 내 토지 등을 소유하고 있는 주민이 장기간 집행되지 아니한 도시계획시설의 결
정권자에게 도시계획시설의 변경을 신청하고, 결정권자가 이러한 신청을 받아들여 도시계획시
설을 변경할 것인지를 결정하는 경우에도 동일하게 적용된다); 대판 2016. 2. 18, 2015두53640;
Erbguth, Allgemeines Verwaltungsrecht(7. Aufl.), §14, Rn. 51; Schmidt, Allgemeines Ver-
waltungsrecht(18. Aufl.), S. 351, Rn. 996f.

1) 대판 2015. 1. 29, 2012두11164(법령이 관할 행정청으로 하여금 도시관리계획을 입안할 때 해당
도시관리계획안의 내용을 주민에게 공고·열람하도록 한 것은 다수 이해관계자의 이익을 합리
적으로 조정하여 국민의 권리에 대한 부당한 침해를 방지하고 행정의 민주화와 신뢰를 확보하
기 위하여 국민의 의사를 그 과정에 반영시키는 데 그 취지가 있다).

2) 대판 2000. 3. 23, 98두2768(공고 및 공람 절차에 하자가 있는 도시계획결정은 위법하다).

있을 것이다. 확정된 행정계획은 중요사항이 공고되어야 할 것이다. ② 수행단계에서 국민이 참여할 수 있는 방법으로는 청원권의 행사 등이 있을 수 있다. 그러나 이러한 방법이 간접적인 효과만을 가짐은 물론이다. ③ 확정된 행정계획을 변경하는 경우에도 실질적 내용에 변동이 있는 경우에는 확정절차와 같은 절차를 거치도록 하는 것이 바람직할 것이다. 폐지된 계획은 공고하여야 할 것이다.

1067   (3) **결   어**   계획과정에 국민이 참여한다는 것은 민주주의원리상, 그리고 계획의 입안·책정·수행에 있어 합리성보장이라는 면에서, 또한 국민권익침해의 사전예방이라는 면에서 의미를 갖는다고 볼 때, 특히 입안단계에서부터 국민(주민)이 계획과정에 참여할 수 있도록 제도를 체계화할 필요가 있을 것이다.

2. 계획의 보장

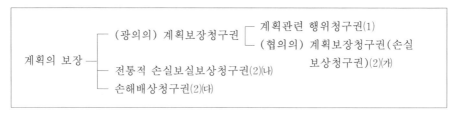

1068   계획은 정보와 자료를 바탕으로 하면서 동시에 장래에 대한 예측을 전제로 하여 이루어지는 것이므로, 인간능력의 한계상 계획에는 오류가 있을 수 있다. 따라서 계획작용은 변경가능성을 속성으로 갖는다. 변경가능성은 동시에 관계자의 신뢰에 대한 침해의 가능성을 갖는다. 이 때문에 계획작용에는 계획의 변경의 가능성과 신뢰보호의 요구의 충돌문제가 중요한 문제영역이 된다. 이러한 문제상황을 계획의 보장(Plangewährleistung)이라는 제목하에서 검토하기로 한다.[1]

1069   (1) **특정행위의 청구**   계획작용과 관련하여 사인이 계획주체인 국가에 대하여 계획관련의 행위를 요구할 수 있는가의 문제가 있다. 이와 관련하여 다음의 몇 가지 경우로 나누어서 보기로 한다.

1070   (가) **계획청구권**   사인이 행정주체에 대하여 일정영역에서 계획과정으로 나아갈 것을 요구할 수 있는 권리를 계획청구권이라 부른다. 그런데 계획화의

---

1) 일설은 "계획보장으로서의 손실보상과 전통적 손실보상에 개념적인 차이가 있는 것은 아니라는 점"을 이유로 양자를 구분할 필요는 없다고 한다(김남철, 행정법 강론, 367쪽(2022)). 손실보상이라는 명칭상 양자는 차이가 없어 보이지만, 계획보장으로서의 손실보상의 의미(옆번호 1076)와 전통적 손실보상의 의미(옆번호 2987 이하)는 다르고, 계획보장으로서의 손실보상을 인정하는 근거(옆번호 1076)와 전통적 손실보상을 인정하는 근거(옆번호 2995 이하)를 달리한다는 점 등을 고려할 때 양자를 구분하는 것은 의미가 있다.

과정은 원칙적으로 공익의 실현을 위한 행정과정으로 이해되는 것이지 특정인의 이익보호를 위한 것은 아니므로, 사인에게 계획청구권이 인정되기는 곤란하다. 물론 관계법령에서 특정사인의 이익보호를 위한 규정을 두고 있다면 사정이 다를 것이다(개인적 공권의 성립요건을 상기하라). 계획청구권에 대응하는 개념으로 계획폐지청구권을 생각할 수 있다. 그러나 개별법상 명시적인 규정이 없는 한, 계획폐지청구권을 인정하기 어렵다.[1)]

  (나) **계획존속청구권** 구체적인 계획의 변경이나 폐지시에 계획의 존속을 1071
청구할 수 있는 사인의 권리를 계획존속청구권이라 부른다. 일반적인 계획존속 청구권은 존재하지 아니한다.[2)] 그렇지 않다면 기존계획의 존속에 대한 특정개인의 신뢰이익이 계획변경으로 인한 공익보다 우위를 점하게 될 것이다. 그러나 관계법령에서 특정사인의 이익보호를 위한 규정을 두고 있다면, 사정이 다를 것이다. 한편 계획의 변경이 소급적으로 이루어진다면, 즉 소급법률이나 소급법규명령에 의해 계획에 변경이 가해진다면, 그것은 소급입법금지의 원칙에 반하는 것이 되어 효력을 갖지 못할 것이다. 행정행위의 성질을 갖는 계획은 경우에 따라 그 행위를 철회함으로써 계획을 변경할 수 있을 것이다.

  (다) **계획변경청구권** 계획변경청구권이란 기존계획의 변경을 청구할 수 있 1072
는 권리를 말한다. 사인이 적법한 계획의 경우에 변경을 구할 수 있는 권리를 갖는다는 것은 기대하기 어렵다.[3)] 그러나 위법한 계획의 경우에는 그 계획에 의해 자신의 법률상 이익(권리성립의 제2요소를 생각하라)이 침해되는 자는 계획의 변경, 즉 적법한 계획을 마련해 줄 것을 청구할 수 있는 권리를 가질 수 있다. 계획변경청구권을 인정한 판례도 나타난다.[4)]

---

1) 헌재 2002. 5. 30, 2000헌바58, 2001헌바3(병합)(도시계획시설결정은 광범위한 지역과 상당한 기간에 걸쳐 다수의 이해관계인에게 다양한 법률적·경제적 영향을 미치는 것이 되어 일단 도시계획시설사업의 시행에 착수한 뒤에는, 시행의 지연에 따른 손해나 손실의 배상 또는 보상을 함은 별론으로 하고, 그 결정 자체의 취소나 해제를 요구할 권리를 일부의 이해관계인에게 줄 수는 없는 것이다).
2) Maurer, Allgemeines Verwaltungsrecht, §16, Rn. 29.
3) 대판 1989. 10. 24, 89누725; 대판 2003. 9. 23, 2001두10936(구 국토이용관리법상 주민이 국토이용계획의 변경에 대하여 신청을 할 수 있다는 규정이 없을 뿐만 아니라, 국토건설종합계획의 효율적인 추진과 국토이용질서를 확립하기 위한 국토이용계획은 장기성, 종합성이 요구되는 행정계획이어서 원칙적으로는 그 계획이 일단 확정된 후에 어떤 사정의 변동이 있다고 하여 그러한 사유만으로는 지역주민이나 일반 이해관계인에게 일일이 그 계획의 변경을 신청할 권리를 인정하여 줄 수는 없다).
4) 대판 2017. 8. 29, 2016두44186(산업입지 및 개발에 관한 법률 등은 산업단지에 적합한 시설을 설치하여 입주하려는 자와 토지 소유자에게 산업단지 지정과 관련한 산업단지개발계획 입안과 관련한 권한을 인정하고, 산업단지 지정뿐만 아니라 변경과 관련해서도 이해관계인에 대한 절차적 권리를 보장하는 규정을 두고 있다. 또한 산업단지 안에는 다수의 기반시설 등 도시계획

1073   ㈃ **계획준수청구권·계획집행청구권**   기존계획과 상이한 방향으로 계획이 집행되는 경우에 기존의 계획을 따를 것을 요구할 수 있는 권리를 계획준수청구권이라 하고, 책정만 하고 집행하지 않는 계획을 집행할 것을 요구할 수 있는 권리를 계획집행청구권이라 한다. 양자를 합하여 (광의로) 계획준수청구권이라 부르기도 한다.[1] 광의의 계획준수청구권은 행정청이 계획에 구속되는가의 문제와 행정청이 계획을 반드시 실현하여야 하는가의 문제를 내용으로 갖는다. 만약 특정의 계획이 법상 관계행정청에게 구속적이고, 동시에 관련법령이 특정인의 이익의 보호를 목적으로 하고 있다면(공권성립의 제2요소), 그 사인은 계획준수청구권을 가지게 된다. 일반적인 법률집행청구권이 존재하지 아니하듯이 일반적인 계획집행청구권은 존재하지 아니한다.

1074   ㈄ **경과규율청구권·적응지원청구권**   이러한 청구권은 계획의 변경이나 계획의 폐지의 경우에 기존 계획에 따라 처분을 하였고, 그 계획의 변경이나 폐지로 인하여 재산상의 피해를 입게 될 자와 관련한다. 이러한 청구권에 따른 경과규율이나 적응지원을 통해 점차적으로 새로운 상황에 접근할 수 있도록 함으로서 관계자의 이익을 고려할 수 있게 된다. 그러나 일반적인 경과규율청구권이나 일반적인 적응지원청구권은 인정되지 아니한다.[2] 개별법령에서 사인을 보호하는 특별규정을 두고 있다면, 그것은 예외적으로 경과규율청구권이나 적응지원청구권을 인정하는 것이 된다.

    (2) **이해의 조절**

    ㈎ **계획보장청구권**

1075   1) **개 념**   책정되어 시행중인 구체적 계획에 폐지나 변경이 있는 경우, 이로 인해 손실을 입은 개인이 계획주체에 대해 그 손실의 보상을 청구할 수 있는 권리를 (협의의) 계획보장청구권(Plangewährleistungsansprüche)이라 부른

    시설 등을 포함하고 있고, 국토의 계획 및 이용에 관한 법률의 해석상 도시계획시설부지 소유자에게는 그에 관한 도시·군관리계획의 변경 등을 요구할 수 있는 법규상 또는 조리상 신청권이 인정된다고 해석되고 있다. 헌법상 재산권 보장의 취지에 비추어 보면 토지의 소유자에게 위와 같은 절차적 권리와 신청권을 인정한 것은 정당하다고 볼 수 있다. 이러한 법리는 이미 산업단지 지정이 이루어진 상황에서 산업단지 안의 토지 소유자로서 종전 산업단지개발계획을 일부 변경하여 산업단지개발계획에 적합한 시설을 설치하여 입주하려는 자가 종전 계획의 변경을 요청하는 경우에도 그대로 적용될 수 있다. 그러므로 산업단지개발계획상 산업단지 안의 토지 소유자로서 산업단지개발계획에 적합한 시설을 설치하여 입주하려는 자는 산업단지지정권자 또는 그로부터 권한을 위임받은 기관에 대하여 산업단지개발계획의 변경을 요청할 수 있는 법규상 또는 조리상 신청권이 있고, 이러한 신청에 대한 거부행위는 항고소송의 대상이 되는 행정처분에 해당한다고 보아야 한다); 대판 2003. 9. 23, 2001두10936.

  1) Maurer, Allgemeines Verwaltungsrecht, §16, Rn. 33.
  2) Maurer, Allgemeines Verwaltungsrecht, §16, Rn. 34.

다. 용례상 계획보장청구권은 학자에 따라 상이하게 사용되고 있다. 우리나라의 경우 일설은 계획보장청구권을 계획존속청구권·계획이행청구권·경과조치청구권·손해전보청구권의 상위개념으로 사용하기도 한다.[1]

2) 근 거   ① 계획보장청구권을 긍정하는 견해가 제시하는 근거는 다양하지만, 크게 본다면 2개의 부류로 나눌 수 있다. 하나는 전통적인 손실보상체계에 근거를 두는 입장이고, 또 하나는 계획의 본질에 근거하여 새로운 청구권으로서 해명하려는 입장이다. 전자의 경우에는 ⓐ 공용수용으로 해결하려는 입장과 ⓑ 희생보상으로 해결하려는 입장이 있고, 후자의 경우에는 ⓐ 사실상 계약관계로 해명하려는 입장과 ⓑ 법치국가조항 및 사회국가조항에서 근거를 찾는 입장, 그리고 ⓒ 행정행위철회부자유의 원칙에서 근거를 찾는 입장, ⓓ 확약·확언의 법리로 해결하려는 입장이 있다.[2] 그러나 그 어느 견해도 만족할 만한 것이 아니라는 것이 일반적인 인식이다. 1076

② 한편 현재로서 우리나라의 경우에 계획보장청구권을 일반적으로 인정하고 있는 법률을 찾아볼 수는 없다. 다만, 1987년의 행정절차법(안) 제58조는 "행정계획의 확정·변경 또는 실효로 인하여 국민의 재산상의 손실이 있을 때에는 법률이 정하는 바에 의하여 손실보상 기타 필요한 구제조치를 하여야 한다"고 하여 계획보장청구권을 예정하고 있었다. 1077

3) 계획보장청구권의 인정여부   계획보장청구권은 모든 종류의 계획에 제한없이 적용되는 청구권일 수는 없다. 계획의 구속력의 강도에 따라 나누어서 검토할 필요가 있다. 먼저 ① 자료제공적 계획(홍보적 계획)의 경우에는 계획의 변경 등으로 인한 위험은 계획수범자가 부담하여야 하므로 동청구권이 인정될 수 없다. ② 영향적 계획(유도적 계획)의 경우에는 행정권의 계획실현수단투입이 계획수범자의 결정에 본질적으로 그리고 실제상 강제적으로 영향을 미쳤다면 동청구권이 발생한다고 볼 것이다. 그리고 ③ 명령적 계획(규범적 계획)의 경우에는 행정권의 계획실현수단투입이 계획수범자의 처분에 결정적인 것으로 추정된다고 보아 동청구권이 널리 인정될 수 있다고 본다. 1078

4) 성립요건   계획보장청구권이 성립되기 위해서는 ① 외부적 효과를 1079

---

1) 김동희, 행정법(Ⅰ), 204쪽(2019); 류지태·박종수, 행정법신론, 385쪽(2019). 한편, 독일의 경우에 계획보장청구권을 보상청구권과 존속청구권의 상위개념으로 사용하는 자도 있고, 보상청구권의 의미로만 사용하는 자도 있으나(Battis, Allgemeines Verwaltungsrecht, S. 270; Rüfner, in : Erichsen (Hrsg.), Allgemeines Verwaltungsrecht(12. Aufl.), §49, Rn. 54), 후자가 일반적인 경우로 보인다. 본서도 후자의 입장이다.
2) 각 견해의 내용은 졸고, 고시계, 1985. 7, 121쪽 이하 참조.

갖는 계획의 범위안에서 계획수범자의 재산상의 처분이 있을 것, ② 계획의 변경이나 폐지가 있을 것, ③ 계획수범자의 재산상의 피해가 있을 것, ④ 계획의 변경이나 폐지와 손해 사이에 인과관계가 있을 것, ⑤ 계획수행수단이 계획수범자의 재산상의 처분을 강제하였거나 처분에 결정적인 사유일 것이 요구된다.[1]

1080   (ㄴ) **전통적 손실보상청구권**   전통적 의미의 손실보상청구권이란 계획의 수립, 시행으로 인하여 국민의 재산이 수용 또는 사용되거나 재산권 행사가 제한될 경우(예컨대 도시관리계획으로 인한 토지이용권의 제한 등) 그로 인한 손실보상을 청구할 수 있는지의 문제이며, 여기에서는 그 손실이 수인하여야 할 사회적 제약인지 아니면 보상해야 할 특별한 희생인지 여부가 중요한 쟁점이 된다.[2]

1081   (ㄷ) **손해배상**   행정계획의 수립·책정에 공무원의 직무상 불법행위가 개입되었다면 손해배상청구도 가능할 것이다. 그러나 그 요건충족이 결코 용이한 것은 아닐 것이다. 개별규정이 없는 한 손해배상의 문제는 국가배상법에 의한다.

▌참고▌   행정계획과 헌법소원 관련 판례

1082   헌재 2016. 10. 27, 2013헌마576(행정계획이 헌법소원의 대상이 되는 공권력의 행사에 해당하는지 여부는 해당 계획의 구체적 성격을 고려하여 개별적으로 판단하여야 한다. 국민의 권리와 의무를 발생시키거나 변경하는 행정계획은 공권력의 행사로 볼 수 있지만, 직접 구속력을 갖지 않고 사실상의 준비행위나 사전안내 또는 행정기관 내부 지침에 지나지 않는 행정계획은 원칙적으로 헌법소원의 대상이 되는 공권력의 행사라 할 수 없다. 구속력 없는 행정계획안이나 행정지침이라도 국민의 기본권에 직접적으로 영향을 끼치고 법령의 뒷받침에 의하여 그대로 실시될 것이 틀림없을 것으로 예상되는 때에도 예외적으로 헌법소원의 대상이 된다).

제 3 절   행정행위

제 1 항 행정행위의 관념

Ⅰ. 개념의 발전과 실익

1. 개념의 발전

1083   행정의 행위형식의 하나로서 행정행위는 실정법상의 용어가 아니고 학문상의 용어이다. 행정작용 중에는 공통의 성질을 갖는 일련의 작용이 있고, 그러한

---

1) J. Egerer, Der Plangewährleistungsanspruch, 1971, S. 93.
2) 이에 관해서는 옆번호 2987 이하에서 다룬다.

작용을 공통의 법적 규율하에 놓이게 함과 아울러 그러한 작용의 범위확정을 위해 학문과 판례에 의해 발전된 개념 중의 하나가 바로 행정행위이다. 원래 19세기 독일에서는 행정주체가 법률관계를 일방적으로 형성하는 고권행정의 행위들만이 행정재판의 대상이었고, 또한 그러한 행위들은 특별한 성질(예 : 존속력·집행력 등)을 가지며, 아울러 엄격한 법적 구속에 놓이는 것으로 보았다. 그러한 행위를 지칭하는 개념으로 사용된 것이 행정행위였던 것이다. 요컨대 행정행위는 원래 행정권의 특정한 행위형식을 포괄하면서 동시에 행정소송의 대상을 표현하기 위한 목적으로 사용된 개념이다.[1]

그러나 1960년에 제정된 독일행정재판소법이 모든 공법상의 분쟁을 행정재판소에서 다툴 수 있게 함으로써 행정소송대상의 결정이라는 면에서 행정행위 개념이 가졌던 의의는 상실되었다고 함이 독일의 실정이다.[2] 그럼에도 행정행위개념은 행정법상 행위형식의 체계화에 있어서 중요한 의미를 갖고 있는데, 그것은 행정행위가 여전히 공행정목적을 신속하고 효과적으로, 그리고 일방적·강제적으로 수행하는 수단이기 때문이라는 것이다. 1084

2. 개념의 실익

행정행위는 사적 자치가 지배하는 사법상의 법률행위와 다른 성질(법률에 의한 행정)을 가질 뿐만 아니라 다른 종류의 행정의 행위형식과도 다른 특징을 갖는다. 이 때문에 우리의 법제하에서도 행정행위개념은 필요하다. 1085

Ⅱ. 행정행위의 개념

1. 학문상 용어로서 행정행위(실체법상 처분개념)

① 이미 언급한 대로 행정행위란 실정법상의 용어가 아니라 학문상의 용어임을 주의할 필요가 있다. 실정법상으로는 허가·인가·면허·특허·확인·면제 등의 다양한 용어가 사용된다. 그런데 이들은 어느 범위에서 공통의 성질을 갖는바, 학문상 이들을 포괄하는 개념으로 사용하는 것이 바로 행정행위이다. 학문상 행정행위에 상응하는 실정법상의 용어로는 통상 행정처분·처분 등이 사용 1086

---

1) Püttner, Allgemeines Verwaltungsrecht, S. 89. 한편, 독일행정법의 개척자 O. Mayer는 행정행위를 "개별경우에 있어서 개인에 대하여 무엇이 법인가를 정하는 행정기관의 권력적 표현"이라 하였고, 아울러 행정소송에서는 언제나 행정행위가 문제된다고 하였다(ders., Deutsches Verwaltungsrecht, Ⅰ, S. 138).

2) Püttner, Allgemeines Verwaltungsrecht, S. 89; 한편, 행정행위 개념이 권리보호의 관점에서는 약화되었다고 하여도 소송의 유형(예 : 취소소송, 급부소송 등)의 결정에는 중요한 의미를 가지고 있다고 새긴다(Maurer, Allgemeines Verwaltungsrecht, §9, Rn. 38).

되고 있다.

1087　　② 역사적으로 보아 행정행위의 개념은 광·협의 여러 가지 의미로 이해되어 왔으나, 오늘날에 있어서는 가장 좁은 의미로 이해함이 일반적이다. 가장 좁은 의미로 행정행위는 '행정청이 법 아래서 구체적 사실에 대한 법집행으로서 행하는 권력적 단독행위인 공법행위'로 이해되고 있다.

1088

〈행정행위의 개념유형〉

최광의의 개념 G. Jellinek R. Thoma	행정청에 의한 일체의 행위 (행정작용과 동의어)	행정행위 ┌ 사실행위(1) ├ 법적 행위 ┌ 사법행위(2) │　　　　　└ 공법행위(3) └ 통치행위(4)
광의의 개념 F. Fleiner P. Laband	행정청에 의한 공법행위	행정행위 ┌ 행정상 입법행위(5) ├ 행정상 사법행위(6) └ 협의의 행정행위(7) [최광의의 개념 중 (1)·(2)·(4) 제외]
협의의 개념 W. Jellinek H. Peters	행정청이 법 아래서 구체적 사실에 대한 법집행으로서 행하는 공법행위	행정행위 ┌ 행정처분(8) └ 공법상 계약 및 　　　공법상 합동행위(9) [광의의 개념 중 (5)·(6) 제외]
최협의 개념 O. Mayer E. Forsthoff H. J. Wolff	행정청이 법 아래서 구체적 사실에 대한 법집행으로서 행하는 권력적 단독행위로서 공법행위(행정처분과 동의어)	행정행위 ┌ 법률행위적 행정행위 └ 준법률행위적 행정행위 [협의의 개념 중 (9) 제외]

　　한편 독일의 경우 1976년에 제정·시행된 연방행정절차법이 행정행위의 개념을 명문으로 정의해 두고 있는바, 더 이상 행정행위개념의 광·협에 대한 논의는 의미가 없어졌다. 그 대신 행정절차법상 개념의 의미를 보다 분명히하는 데 관심이 주어져 있다.

2. 실정법(행정쟁송법)상 용어로서 처분개념

1089　　(1) 정　　의　　　행정기본법은 처분을 "행정청이 구체적 사실에 관하여 행하는 법 집행으로서 공권력의 행사 또는 그 거부와 그 밖에 이에 준하는 행정작용"으로 정의하고 있고(기본법 제2조 제4호), 행정절차법과 행정심판법, 그리고 행정소송법도 유사하게 처분개념을 정의하고 있다(절차법 제2조 제2호; 행심법 제2조 제1호; 행소법 제2조 제1항 제1호).

1090　　(2) 관　　계　　　네 법률 사이에 내용상 차이가 없다고 하여도 행정기본법과 행정절차법은 실체법상의 문제로서 절차에 관한 법률이고, 행정심판법과 행정

소송법은 법적 분쟁의 해결을 위한 쟁송절차에 관한 법률임을 고려할 때, 양자의 의미는 달리 새겨야 한다는 주장도 가능할 것이다. 그러나 행정심판법과 행정소송법은 ─ 처분과 관련하는 한 ─ 행정기본법과 행정절차법상 처분에 관한 분쟁의 해결을 위한 법률이라고 이해하여, 행정기본법과 행정절차법상 처분개념과 행정심판법과 행정소송법상 처분개념은 동일한 것으로 보기로 한다. 다만, 행정절차법의 적용이 배제되는 영역(절차법 제3조 제1항·제2항)에서도 행정절차법상 처분개념은 경우에 따라 관습법적으로 적용된다고 볼 여지도 있을 것이다.[1]

3. 형식적 행정행위개념[2]

(1) 의 의   일설은 행정기관 내지는 그에 준하는 자의 행위가 공권력행   1091
사의 실체는 가지고 있지 않으나, 행정목적실현을 위하여 국민의 권리·이익에 계속적으로 사실상의 지배력을 미치는 경우에는 항고쟁송의 대상이 되는바, 그러한 행위를 형식적 행정행위라 부른다.[3] 환언하면 형식적 행정행위란 실체법상 행정행위 이외에 취소소송의 대상이 되는 행위를 말한다[쟁송법상 처분＝실체법상 처분(행정행위)(대집행의 실행과 같이 수인의무를 수반하는 권력적 사실행위 포함)＋형식적 행정처분(형식적 행정행위)(경찰의 미행과 같이 수인의무를 수반하지 않는 권력적 사실행위 포함)]. 그리고 형식적 행정행위개념을 주장하는 견해는 그 예로서 행정지도·공공시설(육교·쓰레기소각장)의 설치행위 등을 든다.

(2) 개념의 인정여부   ① 긍정론자는 국민의 실효적 권익구제라는 관점에   1092
서 일련의 행위들을 다툴 수 있도록 하기 위해 형식적·기술적인 개념으로서 형식적 행정행위개념을 주장한다. 그러나 ② 부정론자들은 소위 형식적 행정행위는 위법성을 다투는 전통적인 항고소송의 대상이 될 수 없다고 하여 형식적 행정행위개념에 대하여 부정적이다(다수설·판례).

(3) 판 례   판례는 "무단 용도변경을 이유로 단전 조치된 건물의 소유   1093
자로부터 새로이 전기공급신청을 받은 한국전력공사가 관할 구청장에게 전기공급의 적법 여부를 조회한데 대하여, 관할 구청장이 한국전력공사에 대하여 (구)건축법 제69조 제2항·제3항의 규정에 의하여 위 건물에 대한 전기공급이 불가

---

1) Wittern, Grundriß des Verwaltungsrechts, §8, Rn. 8.
2) 형식적 행정행위의 개념은 본래 일본에서 사용되는 용어이나 일부 견해는 우리 행정소송법상의 '처분'에 관한 정의에 있어서 '그 밖에 이에 준하는 행정작용'의 해석에 있어 하나의 적절한 준거개념으로 이를 사용하고 있고, 일부 견해는 처분개념의 해석논의와 이를 바탕으로 새로이 형식적 행정행위개념을 정립하는 문제를 별개의 문제로 보기도 한다. 이하에서는 전자의 논의로 보아 형식적 행정행위 개념을 처분개념의 정의와 관련된 준거개념으로 사용하기로 한다.
3) 김향기, 월간고시, 1993. 3.

하다는 내용의 회신을 하였다면, 그 회신은 권고적 성격의 행위에 불과한 것으로서 한국전력공사나 특정인의 법률상 지위에 직접적인 변동을 가져오는 것은 아니므로 항고소송의 대상이 되는 행정처분이라고 볼 수 없다"[1]고 하여 일종의 행정지도적 행위인 권고행위에 처분성을 부인하였다.

1094　　　⑷ **사　견**　　　현행 행정소송법상 취소소송이 위법성의 소급적인 제거를 본질로 하는 제도로 이해되는 한, 위법성의 제거와 무관한 형식적 행정행위를 취소소송의 대상으로서 인정할 수는 없다. 행정지도나 공공시설의 설치행위는 사실행위로서 취소소송과 거리가 멀다. 다만, 급부결정이나 보조금의 지급결정은 형식적 행정행위가 아니라 오히려 실체법상 행정행위로 볼 여지가 있다. 하여간 형식적 행정행위개념을 설정하는 것은 항고소송대상의 범위확대를 위한 것이지만 과연 그렇게 할 필요가 있는지는 의문이다. 왜냐하면 연혁적으로 보아 행정행위개념이 사인의 권리보호 내지 항고소송의 대상문제와 관련하여 구성된 것은 사실이나, 그렇다고 오로지 권리구제에만 초점을 두어 내용상의 실질이 상이한 여러 행정의 행위형식을 묶어 하나의 새로운 개념으로 구성하는 것은 비논리적이기 때문이다. 오히려 행정의 행위형식의 확대에 따라 그에 적합한 행정구제(쟁송)제도(예 : 이행소송·적극적 형성판결·중지명령)를 모색하는 것이 바람직하다. 한편, 행정소송법상 처분개념은 실체법상 행정행위개념보다 넓다. 따라서 행정소송법은 형식적 행정행위개념을 전제로 하고 있다는 주장이 가능하다. 그러나 구체적으로 어떠한 작용이 형식적 행정행위에 해당하는지는 현재로서는 불분명하다.

1095　　　　　　　　　〈행정쟁송법상 처분개념과 실체법상 행정행위개념의 관계〉

학 설		내 용	취소소송의 본질
제1설	일원론 (판례)	쟁송법상 처분＝V.A	V.A의 위법의 소급적 제거(형성소송)
제2설	이원론	쟁송법상 처분＝V.A＋F.V.A (F.V.A도 취소소송의 대상)	V.A＋F.V.A의 위법의 확인(확인소송)
제3설	이원론	쟁송법상 처분＝V.A＋F.V.A (F.V.A도 취소소송의 대상)	V.A는 위법의 소급적 제거(형성소송) F.V.A는 위법의 확인(확인소송)
제4설	이원론 (본서)	쟁송법상 처분＝V.A＋F.V.A (F.V.A는 취소소송 대상 아님)	V.A의 위법의 소급적 제거(형성소송) F.V.A에 취소소송의 적용 없음

[비고] V.A＝실체법상 행정행위(대집행의 실행과 같이 수인의무를 수반하는 권력적 사실행위 포함)　F.V.A＝형식적 행정행위(경찰의 미행과 같이 수인의무를 수반하지 않는 권력적

1) 대판 1995. 11. 21, 95누9099.

사실행위 포함)

(1) 제1설은 행정쟁송법상 처분개념을 V.A로 축소 해석하되, 취소소송을 형성소송으로 이해할 때 타당한 논리이다. 제1설을 취하는 학자는 F.V.A에 대해서는 행정소송법상 당사자소송이나 민사소송의 활용을 제창한다.

(2) 제2설은 행정쟁송법상 처분개념을 V.A보다 넓게 새기고, 취소소송을 확인소송으로 이해할 때 타당한 논리이다. 제2설은 실효적인 권리보호에 중점을 둔 견해이다.

(3) 제3설은 행정쟁송법상 처분개념을 V.A보다 넓게 새기로 V.A에 대한 취소소송과 F.V.A에 대한 취소소송의 본질을 다르게 보는 견해이다. 제3설은 취소소송의 의미를 이중적으로 새기는 입장이라 할 수 있다.

(4) 제4설은 행정쟁송법상 처분개념을 V.A보다 넓게 새기되, 취소소송을 형성소송으로 이해하면서 F.V.A를 다툴 법정항고소송은 없다는 견해이다. 판례와 같이 무명항고소송을 인정하지 않는 한, 사법통제의 실제상 제1설과 별 차이가 없다. 제4설은 행정소송법상 처분개념의 의미를 확보하기 위해 무명항고소송의 도입을 주장한다.

4. 실체법상 행정행위개념과 쟁송법상 처분개념의 비교   1096

실체법상 행정행위개념	실정법(행정심판법·행정소송법)상 처분개념	비 고
행정청이 법 아래서	행정청이 행하는	의미 동일
구체적 사실에 대한	구체적 사실에 관한	의미 동일
법집행으로서 행하는	법집행으로서의	의미 동일
권력적 단독행위로서 공법행위	공권력의 행사 또는 그 거부와 그 밖에 이에 준하는 행정작용	처분개념이 보다 넓다

(1) **문면상 개념의 광협**   행정소송법의 문면상 "그 밖에 이에 준하는 행정   1097
작용"이라는 표현이 있음으로 인해, 그리고 권력적 단독행위가 아니라 "공권력 행사"라는 표현으로 인해, 행정소송법상 처분개념은 실체법상 행정행위개념보다 그 의미가 넓다. 다만, "그 밖에 이에 준하는 행정작용"이 무엇을 뜻하는지는 분명하지 않다. 이것은 학설과 판례에 의해 발전되어야 할 부분이다.

(2) **행정소송법상 항고소송과 처분개념**   행정소송법상 취소소송·무효등확   1098
인소송·부작위위법확인소송과 관련하는 한, 그리고 취소소송의 본질이 위법성의 소급적 제거를, 무효등확인소송의 본질이 법적 행위의 효력의 유무 등의 확인을, 부작위위법확인소송에서 문제되는 부작위가 취소소송의 대상인 처분에 대한 부작위와 동일한 개념으로 이해하는 한, 행정소송법상 처분개념 중 "행정청이 행하는 구체적 사실에 관한 법집행으로서의 공권력의 행사 또는 그 거부"의 부분은 실체법상 행정행위의 개념과 그 의미가 동일하다.

(3) **무명항고소송과 처분개념**   행정쟁송의 이념 중의 하나라 할 효과적인   1099

권리보호라는 관점에서 행정소송법 제4조를 예시규정으로 이해하여 무명항고소송을 인정하여야 할 것인바, 무명항고소송이 인정되는 범위 안에서는 행정소송법상 처분개념 중 "행정청이 행하는 구체적 사실에 관한 법집행으로서의 공권력의 행사 또는 그 거부"의 부분은 실체법상 행정행위의 개념보다 그 의미가 넓다고 볼 것이다.

1100 ⑷ 순수사실행위와 처분개념 순수한 사실행위는 취소소송·무효등확인소송·부작위위법확인소송의 대상이 되는 처분이 아니다. 그러한 행위들은 법적기술을 활용하여 무명항고소송으로 해결되는 것이 바람직하다(예 : ① 일정한 행위를 할 권한이 없음의 확인을 구하는 소송, ② 일정한 행위를 할 권한이 없음에 대한 확인을 전제로 행정청의 부작위를 구하는 소송, 또는 ③ 행정청에 일정한 작위의무가 있음의 확인을 구하는 소송 등). 다만 무명항고소송이 입법으로 해결되거나 판례에 의해 인정되기까지는 일시적·잠정적으로 정책적인 관점에서 순수한 사실행위를 행정소송법상 처분개념에 포함되는 것으로 새겨서 개인의 권리보호에 만전을 기하는 것은 의미있을 것이다.

1101 〈처분개념과 적합한 소송형식〉

처분개념의 종류 →	쟁송법(실정법)상 처분 = 실체법상 행정행위 + α(형식적 행정행위)	
(행정소송법·행정심판법)	↑	↑
적합한 소송형식 →	법정항고소송	무명항고소송 + 당사자소송
	(취소소송·무효등	(권한존부확인소송·예방적
	확인소송·부작위	부작위소송 등)
	위법확인소송)	

해설 : 공무원 A에 대한 경찰의 미행행위는 행정소송상 처분개념에 해당하지만, 일정한 법적 효과가 발생하는 것이 아닌 순수한 사실행위이므로 법정항고소송으로 다툴 수는 없고, 권한부존재확인의 소 등의 무명항고소송으로 다투어야 한다. 그러나 판례는 무명항고소송을 인정하지 아니하므로, 현재로서 경찰의 미행행위를 다툴 수 있는 소송수단은 없다. 따라서 쟁송법상 처분개념은 2원론적 개념이지만, 행정소송법상 제한된 소송형식으로 인해 쟁송법상 처분개념은 실체법상 행정행위개념과 같은 의미만을 갖는 셈이 된다(1원론적 운용).

5. 행정행위의 개념징표

통설이 취하는 실체법상 행정행위개념을 분석하면 대체로 다음의 징표를 볼 수 있다. 개별적으로 보기로 한다.

1102 ⑴ 행정청의 행위 행정행위는 행정청의 행위이다. 여기서 행정청이란 일반적으로 행정주체의 의사를 외부적으로 결정·표시할 수 있는 권한을 가진 기관으로 이해되고 있다. 행정절차법은 행정청을 「행정에 관한 의사를 결정하여

표시하는 국가 또는 지방자치단체의 기관, 그 밖에 법령 또는 자치법규에 따라 행정권한을 가지고 있거나 위임 또는 위탁받은 공공단체 또는 그 기관이나 사인」으로 정의하고 있다(절차법 제2조 제1호). 국가기관의 경우를 행정관청, 지방자치단체의 경우를 행정청, 양자를 합하여 행정청으로 부르기도 한다. 그러나 입법을 행하는 경우와 재판을 행하는 경우의 국회나 법원은 여기의 행정에 해당하지 아니하나, 기능적으로 행정임무를 수행하는 경우(예 : 소속공무원의 임용행위)에는 이에 해당한다고 본다(기능적 의미의 행정청 개념).[1] 따라서 여기서 행정청이란 반드시 조직법상 의미의 행정청과 일치되는 것은 아니다.

(2) **공법상의 행위**　행정행위는 공법상의 행위이다. 여기서 공법상의 행위 란 그 효과가 공법적이라는 것이 아니라, 행위의 근거가 공법적이라는 것이다. 한편 여기서 공법은 좁은 의미의 행정법을 의미하며, 헌법·형사법·국제법 등은 이에 해당하지 아니한다. 물론 사법적인 행정활동(즉 국고행위)은 공법상의 행위 가 아니다. 　1103

(3) **법적 행위**　행정행위는 사실행위가 아니고 법적 행위이다. 여기서 법 적 행위란 외부적으로 직접적인 법효과를 의도하는 의사표시를 뜻한다. 　1104

(가) **외부적 행위**　행정행위는 행정조직내부영역을 능가하여 개인(독립적인 법주체)에 대해 직접적으로 권리·의무의 발생·변경·소멸 등의 법적 효과를 가져오는 행위를 말한다. 행정조직내부행위(예 : 상급관청의 지시, 상관의 명령)는 행정행위가 아니다.[2] 또한 다른 행정청의 동의를 얻어 행정행위를 하는 경우에 다른 행정청의 동의도 그 자체는 행정행위가 아니다.[3] 다만 특별행정법관계에서의 행위도 개인의 권리·의무에 직접 관련되는 한 행정행위가 될 수 있다(소위 기본관계에서의 행위 등). 한편, 상이한 행정주체의 행정청 사이의 행위는 외부적 행위의 성격을 가질 수 있고, 따라서 행정행위가 될 수 있다(예 : 지방자치단체의 자치사무에 대한 감독청의 감독청처분).[4] 말하자면 행정주체도 행정행위의 수명자일 수 있다. 행정주체에 대한 행정행위는 그 행정주체의 고유한 권리(자치행정권)와 　1105

---

1) Maurer, Allgemeines Verwaltungsrecht, §21, Rn. 34; Brandt, in : Schweickhardt(Hrsg.), Allgemeines Verwaltungsrecht, Rn. 334.

2) 대판 1997. 9. 26, 97누8540(항고소송의 대상이 되는 행정처분은 행정청의 공법상의 행위로서 특정 사항에 대하여 법규에 의한 권리의 설정 또는 의무의 부담을 명하거나 기타 법률상의 효과를 직접 발생케 하는 등 국민의 구체적인 권리의무에 직접 관계가 있는 행위를 말하는바, 상급행정기관의 하급행정기관에 대한 승인·동의·지시 등은 행정기관 상호 간의 내부행위로서 국민의 권리의무에 직접 영향을 미치는 것이 아니므로 항고소송의 대상이 되는 행정처분에 해당한다고 볼 수 없다).

3) Ipsen, Allgemeines Verwaltungsrecht(9. Aufl.), §6, Rn. 365.

4) Brandt, in : Schweickhardt(Hrsg.), Allgemeines Verwaltungsrecht, Rn. 369.

관련될 때에만 가능하다(예 : 지방자치법 제169조 제1항에 따른 자치사무에 대한 감독처분으로서 취소·정지처분). 행정청 내부에서의 사무배분계획, 구속력이 발생하기 전까지의 준비 중의 계획작용, 감독청의 승인을 요하는 조례의 승인행위, 학교에서의 교육상 처분 등은 내부적 행위로 볼 것이다. 공무원의 임명·해임·파견·전보는 행정행위이지만, 동일 행정청 내부에서의 담당사무의 교체, 담당사무의 처리의 종류·방법의 지시 등은 내부적인 행위로 볼 것이다.

1106 　　(나) **직접적인 법적 효과**　　행정행위는 당해 행위로써 직접 법적 효과(권리·의무의 발생·변경·소멸)를 가져오는 행위를 말한다. 법적 효과없는 행위는 행정청의 행위일지라도 행정행위는 아니다(예 : 행정지도·도로청소 등 사실행위). 그러나 사실행위도 수인의무를 내포하는 경우(예 : 강제격리·강제철거)에는 그러한 범위내에서 역시 행정행위로 볼 것이다. 그러나 순수한 사실행위는 항고소송의 대상이 되는 처분이 아니다.[1] 그러한 행위들은 법적 기술을 활용하여 무명항고소송으로 해결되는 것이 바람직하다. 통치행위 역시 법적 효과를 가져오나 행위의 정치성으로 인해 행정소송과 거리가 멀고 행정행위에서도 제외된다.

1107 　　(다) **의사표시**　　행정행위는 행정법상 의사표시를 주된 요소로 하고, 그에 따라 일정한 효과가 주어지는 법적 행위이다. 묵시적 의사표시도 가능하다.[2] 물론 의사표시만으로 법적 효과가 발생하기도 하고, 의사표시와 타요소(예 : 상대방의 참여·신청 등)가 결합하여 법적 효과를 발생시키는 경우가 있다. 의사표시를 요소로 하지 않는 사실행위는 법적인 행위가 아니다. 일부 견해는 행정지도·비권력적 행정조사 등에 처분성을 인정하여(형식적 행정행위) 취소소송의 대상으로 보자는 견해도 있으나, 취소의 대상은 법적 행위이므로 동의하기 곤란하다. 일부 견해의 지적대로 사실행위를 취소한다는 것은 법적 효과의 제거가 아니라 일정한 사실행위가 위법하다는 것을 확인한다는 점에서 위법확인소송의 문제가 되어야 할 것이다. 단순히 어떠한 사실을 알리는 것 역시 행정행위가 아니다. 행정행위는 의사표시이므로 외부에 알려져야만 효력을 발생한다.

---

1) 대판 1992. 10. 13, 92누2325(건설부장관이 행한 국립공원지정처분은 그 결정 및 첨부된 도면의 공고로써 그 경계가 확정되는 것이고, 시장이 행한 경계측량 및 표지의 설치 등은 공원관리청이 공원구역의 효율적인 보호, 관리를 위하여 이미 확정된 경계를 인식, 파악하는 사실상의 행위로 봄이 상당하며, 위와 같은 사실상의 행위를 가리켜 공권력행사로서의 행정처분의 일부라고 볼 수 없고, 이로 인하여 건설부장관이 행한 공원지정처분이나 그 경계에 변동을 가져온다고 할 수 없다).

2) 대판 2021. 2. 4, 2017다207932(행정청이 행정처분을 하면서 논리적으로 당연히 수반되어야 하는 의사표시를 명시적으로 하지 않았다고 하더라도, 그것이 행정청의 추단적 의사에도 부합하고 상대방도 이를 알 수 있는 경우에는 행정처분에 위와 같은 의사표시가 묵시적으로 포함되어 있다고 볼 수 있다).

(4) **구체적 사실에 대한 행위**　　행정행위는 규범정립행위가 아니라 구체적 1108 사실에 대한 법집행작용이다. 구체적 사실의 여부는 관련자가 개별적(특정적)인가 일반적(불특정적)인가와, 규율대상이 구체적(1회적)인가 추상적(무제한적)인가에 따라 판단되고 있다. 개별적인 것과 일반적인 것의 구별은 숫자가 아니다. 그것은 처분의 발령시점에 수명자의 범위가 객관적으로 확정되는가의 여부 또는 수명자의 범위가 폐쇄적인지 아니면 개방적인지의 여부에 따라 정한다. 한편, 구체적이란 1회적인 것을 의미하고, 추상적이란 무제한적인 것을 말한다.

　　관련자의 개별성·일반성과 사건의 구체성·추상성의 결합은 ① 개별·구체적 규율(특정인·특정사건), ② 일반·구체적 규율(불특정인·특정사건), ③ 일반·추상적 규율(불특정인·불특정사건), ④ 개별·추상적 규율(특정인·불특정사건)의 4가지의 형태를 갖는다.

1109

		구 체 적	추 상 적
		(규율사건)	
(관련자의 범위)	개 별 적	① 행정행위	④ 행정행위
	일 반 적	② 행정행위(일반처분)	③ 법규범

　　①의 경우가 가장 기본적인 형태의 행정행위에 해당한다(예 : A는 양도세 100 1110 만원을 납부하라). ②의 경우를 일반처분이라 부른다. 일반처분 역시 행정행위의 일종이다(예 : 도로상 교통표지).[1] 입법례에 따라서는 일반처분에 대하여 규정을 두기도 한다. ③의 경우는 입법에 해당한다(예 : 운전면허 없이 운전을 하지 말라). ④의 경우 역시 행정행위에 해당한다고 본다(예 : A는 도로가 빙판이 될 때마다 도로에 모래를 뿌려라). ④의 경우는 개별·구체적인 규율이 관계자에게 반복되는 형태이므로, 개별·구체적인 규율의 특별한 경우에 해당한다.[2]

(5) **법집행행위로서 권력적 단독행위**　　행정행위는 공법상 일방적인 처분행 1111 위이다. 행정청에 의해 의도된 것인 이상 자동기계에 의해 자동적으로 결정되는 경우(예 : 공과금부과처분)도 일방적 행위이다. 행정행위는 단독행위이므로 공법상 계약 및 공법상 합동행위와 구분되며, 권력적 작용이므로 비권력적 작용과도 구분된다. 일방적인 행위인 한 상대방의 협력이 요구되어도 행정행위이다. 말하자

---

1) 김남진·김연태, 행정법(Ⅰ), 207쪽(2019); 이상규, 신행정법론, 신행정법(상), 356쪽.
2) Püttner, Allgemeines Verwaltungsrecht, S. 96.

면 행정행위는 행정청이 법률에 정한 바에 따라 일방적으로 국민의 권리·의무 기타 법적 지위를 구체적으로 결정하는 행위이다.[1]

6. 한계문제와 판결

(1) 일반처분

1112 　　㈎ 의　　　의　　　일반처분이란 불특정인에 대한 특정사건의 규율을 말한다. 독일행정절차법에 의하면[2] 일반처분에는 인적관련 일반처분(예 : 예정된 시위의 금지), 물적관련 일반처분(예 : 도로의 공용지정), 이용규율의 일반처분(예 : 박물관·도서관의 이용규율)의 3종류가 있다. 일반처분 역시 행정행위의 일종이므로, 위법한 일반처분(예 : 위법한 교통표지)도 당연 무효가 아닌 한, 준수되어야 한다. 일반처분은 특정사건을 대상으로 한다는 점에서 법규와 구분된다. 일반처분도 처분의 일종이므로,[3] 일반처분으로 법률상 이익이 침해된 자는 항고소송을 제기할 수 있다. 일반처분은 처분의 상대방이 불특정적이므로, 처분 전에 이루어지는 의견 청취제도와 이유제시의 요구와 거리가 다소 멀고, 처분의 적법요건으로서 통지 대신 공고와 친하다.

---

1) 대판 2018. 10. 25, 2016두33537(공기업·준정부기관이 법령 또는 계약에 근거하여 선택적으로 입찰참가자격 제한 조치를 할 수 있는 경우, 계약상대방에 대한 입찰참가자격 제한 조치가 법령에 근거한 행정처분인지 아니면 계약에 근거한 권리행사인지는 원칙적으로 의사표시의 해석 문제이다. 이때에는 공기업·준정부기관이 계약상대방에게 통지한 문서의 내용과 해당조치에 이르기까지의 과정을 객관적·종합적으로 고찰하여 판단하여야 한다. 그럼에도 불구하고 공기업·준정부기관이 법령에 근거를 둔 행정처분으로서의 입찰참가자격 제한 조치를 한 것인지 아니면 계약에 근거한 권리행사로서의 입찰참가자격 제한 조치를 한 것인지 여부가 여전히 불분명한 경우에는, 그에 대한 불복방법 선택에 중대한 이해관계를 가지는 그 조치 상대방의 인식가능성 내지 예측가능성을 중요하게 고려하여 규범적으로 이를 확정함이 타당하다).

2) 독일행정절차법 제35조는 일반처분을 "일반적인 특성에 따라 특정되거나 특정할 수 있는 인적 범위에 미치거나 사물의 공법상의 특성 또는 일반인에 의한 물건의 이용에 관한 행정행위"로 정의하고 있다.

3) 대판 2000. 10. 27, 1998두8964(도로교통법 제10조 제1항은 지방경찰청은 도로를 횡단하는 보행자의 안전을 위하여 행정자치부령이 정하는 기준에 의하여 횡단보도를 설치할 수 있다고 규정하고, 제10조 제2항은 보행자는 지하도·육교 그 밖의 횡단시설이나 횡단보도가 설치되어 있는 도로에서는 그 곳으로 횡단하여야 한다고 규정하며, 제24조 제1항은 모든 차의 운전자는 보행자가 횡단보도를 통행하고 있는 때에는 그 횡단보도 앞에서 일시 정지하여 보행자의 횡단을 방해하거나 위험을 주어서는 아니된다고… 규정하는 도로교통법의 취지에 비추어 볼 때, 지방경찰청장이 횡단보도를 설치하여 보행자의 통행방법 등을 규제하는 것은, 행정청이 특정사항에 대하여 의무의 부담을 명하는 행위이고 이는 국민의 권리의무에 직접 관계가 있는 행위로서 행정처분이라고 보아야 할 것이다).

▌참고▌ 집합적 행정행위

　　행정청이 확정된 많은 사인에게 동일한 문장의 행정행위들을 하는 경우(예 : 일 　1113
정도로구역에서 화가들이 관광객을 상대로 초상화를 그리는 것을 허락하는 경우)를 집
합적 행정행위(Sammelverwaltungsakte)로 부르기도 한다.[1] 하나의 행정행위만 있는
일반처분과 달리 집합적 행정행위는 독립된 행정행위가 여러 개 있다. 행정청은 일
반처분으로 발령할 것인지 아니면 집합적 행정행위를 발령할 것인지에 관해 선택의
자유를 갖는 것으로 이해하기도 한다.[2]

　　㈏ **인적 일반처분**　　인적 일반처분은 일반처분의 일반적인 형태이다. 인적 　1114
일반처분은 처분의 상대방이 객관적으로 확정되거나 또는 처분의 상대방이 행
정청에는 알려지지 아니하지만 행정행위의 발령시점에 일반적인 징표에 의하여
정해질 수 있을 때에 활용된다(예 : A 단체주도의 반정부시위금지처분). 일반적인 징
표란 다수인에게 공통하는 일반적인 종류의 모든 징표(예 : 주택소유자·임차인·교
통참여자·공공시설이용자)를 의미한다.

　　㈐ **물적 일반처분**　　물적 일반처분은 물건의 공법적 특성을 정하는 것을 　1115
내용으로 한다. 물적 일반처분은 물건에 공법적 성격을 부여·변경·박탈 또는
다른 방식으로 공법상 조건을 변경하는 처분이다(예 : 일정토지에 대한 도로목적의
공용지정처분).[3] 물적 일반처분의 발령시에 처분의 상대방은 불특정다수이다. 물
적 일반처분은 구체적인 물건과 관련한다. 물적 일반처분의 주된 적용영역은 도
로의 경우이다.

　　㈑ **이용규율의 일반처분**　　이용규율의 일반처분은 인적관련 일반처분의 한 　1116
유형에 속한다. 이용규율의 일반처분은 실제상 교통신호와 많이 관련한다. 교차
로에서 교통규율을 위한 교통경찰관의 수신호, 교통신호등의 신호불빛 역시 일
반처분으로 이해되고 있다. 도로상의 교통표지판의 명령도 그때그때 교통에 참
여하는 자에게 계속적으로 반복되는 일반처분으로 이해되고 있다.[4] 이용규율의
일반처분은 물적 일반처분과 마찬가지로 구체적인 물건과 관련한다. 그러나 물
적 일반처분은 물건의 성격과 관련하지만, 이용규율의 일반처분은 물건의 이용

---

1) Detterbeck, Allgemeines Verwaltungsrecht mit Verwaltungsprozessrecht(13. Aufl.), § 10, Rn.
　469; Schmidt, Allgemeines Verwaltungsrecht(18. Aufl.), S. 160, Rn. 414.
2) Detterbeck, Allgemeines Verwaltungsrecht mit Verwaltungsprozessrecht(13. Aufl.), § 10, Rn.
　469.
3) 일설과 판례(대판 1994. 2. 8, 93누111)는 개별공시지가를 일종의 물적 관련 일반처분으로 보지
　만, 개별공시지가의 결정·고시 그 자체는 사인의 권리·의무를 직접 발생시키는 것이 아니므로
　처분으로 보기 어렵다.
4) Maurer, Allgemeines Verwaltungsrecht, § 9, Rn. 36ff.

과 관련하는 점에서 양자에 차이가 있다. 이용규율의 일반처분을 물적 일반처분으로 보는 견해도 있다.[1]

1117 　　**⑵ 행정계획·권력적 집행행위 등**　　① 구속효 있는 행정계획의 성질은 개별적으로 검토되어야 한다. 앞서 본 바와 같이 그것은 경우에 따라 행정행위일 수도 있고, 법규범일 수도 있다. 그리고, ② 임검·수색·압수·무허가건물철거 등 권력적 집행행위의 성질도 문제된다. 이러한 행위들은 수인하명을 내포하는 것으로 판단되는바, 합성행위로서 행정행위의 성질을 갖는 것으로 보아야 한다.[2] 그러나 ③ 통치행위는 행정행위와 성질을 달리하는 것임은 기술한 바와 같다.

1118 　　**⑶ 판결과의 차이**　　행정행위나 판결 모두 구체적 사건에서 무엇이 법인가를 정하는 법인식행위로서의 성격을 가지나, 다음의 점에 차이를 갖는다고 한다.[3] ① 기본성격상 판결은 구속적·최종적인 분쟁의 해결수단이나, 행정행위는 미래지향적 형성수단이며, ② 판단의 내용이 판결은 적법성에 대한 결정이나, 행정행위는 합목적성과 형량을 통한 결정이며, ③ 판단기관의 성격이 판결은 제3자인 중립기관에 의한 결정이나, 행정행위는 관계자인 당사자에 의한 결정이며, ④ 절차의 개시와 관련하여 판결은 신청에 의한 결정이나, 행정행위는 많은 경우 직권에 의한 결정이며, ⑤ 절차의 형식상 판결은 엄격한 절차를 거친 후에 이루어지나, 행정행위는 대개의 경우 신속·합목적성을 이유로 약식절차를 거치는 것이 일반적이며, 다만 약간의 절차적 규율이 따르기도 한다. ⑥ 효과의 면에서도 양자는 차이를 갖는다.

Ⅲ. 행정행위의 특질

1119 　　제2장 제4절에서 ① 행정의사의 법률적합성, ② 행정의사의 우월적 지위(내용상 구속력·공정력·구성요건적 효력·존속력·강제력), ③ 행정쟁송상의 특수성 등을 행정법관계의 특질로 언급한 바 있다. 이러한 특질은 바로 행정행위에 전형적으로 해당하는 특질임을 기억할 필요가 있다.

---

1) Erichsen, in : ders.(Hrsg.), Allgemeines Verwaltungsrecht(12. Aufl.), §12, Rn. 52.

2) Wittern, Grundriß des Verwaltungsrechts, §8, Rn. 14.

3) Maurer, Allgemeines Verwaltungsrecht, §9, Rn. 42ff.

Ⅳ. 행정행위의 기능[1]

1. 행정실체법상 기능

행정행위는 O. Mayer의 표현대로 개별적인 경우에 있어서 개인에 대해 무   1120
엇이 법인가를 정하는 것이어서,[2] 그것은 행정실체법에 속한다. 말하자면 개인
의 권리·의무를 추상적·일반적으로 정하는 법률을 개별 경우에 있어서 구체화
하여 특정인의 권리·의무를 명백히, 그리고 현실화하는 것이 행정행위이므로,
이것은 실체법상의 행위인 것이다. 요컨대 행정행위는 행정권과 개인 사이의 권
리와 의무를 확정시켜 주는 법적 근거라 할 수 있다. 행정실체법상 기능은 규율
기능[3] 또는 법률집행기능과 구체화기능이라 부르기도 한다.[4]

2. 행정절차법상 기능

행정행위의 발령은 행정절차의 목표이고, 또한 행정행위는 행정절차를 종   1121
결짓는 결정이기 때문에 행정절차법상의 기능도 갖는다. 따라서 행정청이 행정
행위를 발하려고 하면, 법상 요구되는 일련의 행정절차를 거쳐야만 한다. 말하
자면 절차규정을 준수하여야 한다. 근자에는 절차와 관련하여 청문절차가 강조
되고 있다.

3. 행정집행법상 기능

행정행위가 명령이나 금지를 내용으로 하는 것일 경우, 그것은 법원의 도움   1122
을 받음이 없이 행정대집행법 등 법령이 정하는 바에 따라 행정청에 의해 강제
집행될 수 있다. 이것은 금전급부뿐만 아니라 그 밖의 작위·부작위·수인의 의
무의 경우에도 그러하다. 말하자면 행정행위는 경우에 따라서 강제집행의 근거
가 되는 것이다. 하여간 이러한 범위내에서 행정행위는 행정집행과 관련하여 집

---

1) Martin Trockels, Bedeutung, Begriff und Arten des Verwaltungsrechts, in : Schweickhardt/
Vondung(Hrsg.), Allgemeines Verwaltungsrecht, 9, Rn. 209ff. 일설은 행정행위의 기능으로 본
문에서 언급한 4가지 외에 존속력기능과 수용기능을 추가하기도 한다. 존속력기능(Bestands-
kraftfunktion)은 행정행위의 존속력, 특히 형식적 존속력(본서, 옆번호 1450)을 하나의 기능으
로 파악한 것이며, 수용기능(Akzeptanzfunktion)은 행정행위의 상대방이 이해할 수 있고, 그
적법성과 필요성에 동의할 수 있도록 행정행위가 발령되면, 분쟁을 방지하는 효과를 가져온다
는 것을 하나의 기능으로 파악한 것이다(Hofmann/Gerke, Allgemeines Verwal- tungsrecht, S.
92f.).
2) O. Mayer, Deutsches Verwaltungsrecht Ⅰ, S. 93.
3) Battis, Allgemeines Verwaltungsrecht, S. 105; Suckow/Weidemann, Allgemeines Verwal-
tungsrecht(15. Aufl.), Rn. 107.
4) Hofmann/Gerke, Allgemeines Verwaltungsrecht, S. 92.

행명의로서의 기능(명의기능)을 갖는다. 이러한 기능은 법원의 임무의 경감에 기여한다.

4. 행정소송법상 기능

1123 　행정행위는 행정소송에 있어서 그 소송종류 등의 결정에 관련되므로, 그것은 또한 행정소송법상의 기능도 갖는다. 행정행위의 행정소송법상 기능은 행정소송법이 행정행위의 폐지 등에 관한 소송과 관련하여 소송요건·소송절차 등을 규정하고 있다는 데에 기인한다. 예컨대 행정행위의 존재여부는 취소소송의 전제요건이 된다. 한편, 현행 행정소송법의 처분개념에 비추어 행정행위만이 행정소송의 대상이 된다고 말할 수는 없다.

제 2 항　행정행위의 종류

Ⅰ. 행정행위의 종류

1. 국가의 행정행위, 지방자치단체의 행정행위

1124 　행정행위는 발령주체에 따라 ① 국가에 의한 행정행위(예 : 국세부과처분·징집처분), ② 지방자치단체에 의한 행정행위(예 : 지방세부과처분·주민등록등본발급), ③ 수탁사인에 의한 행정행위(예 : 항해중인 선박에서 선장의 처분)로 나눌 수 있다. 엄밀히 말해 수탁사인에 의한 행정행위는 국가에 의한 행정행위나 지방자치단체에 의한 행정행위로 귀속될 성질의 것이라 하겠다.

▌참고▌　조직행위

1125 　국가나 지방자치단체가 행정기관을 설치, 변경 또는 폐지하는 행위(예 : 학교설립, 지방자치단체구역의 변경)를 조직행위(Organisationsakt)라 부른다. 조직행위는 행정입법행위일 수도 있고, 행정행위일 수도 있고, 공법상 계약일 수도 있다. 그것은 개별 조직행위마다 검토되어야 한다.[1]

2. 법률행위적 행정행위·준법률행위적 행정행위

1126 　(1) 의　　의　　법률효과의 발생원인에 따라 법률행위적 행정행위와 준법률행위적 행정행위의 구분이 있다. 법률행위적 행정행위란 의사표시를 요소로 하고, 그 효과도 의사표시의 내용에 따라 정해지는 행정행위를 말하고, 준법률행위적 행정행위란 의사표시 이외의 정신작용을 요소로 하고 그 효과는 행위자

---

1) Erbguth, Allgemeines Verwaltungsrecht(7. Aufl.), §12, Rn. 31.

의 의사에 관계없이 직접 법규에 의해 정해지는 행위를 말한다. 법률행위적 행정행위는 다시 명령적 행위와 형성적 행위로 구분되고, 준법률행위적 행정행위는 확인·공증·통지·수리로 구분된다.

(2) **구분실익**　양개념의 구분실익은 법률행위적 행정행위에는 부관을 붙　1127
일 수 있으나, 준법률행위적 행정행위에는 부관을 붙일 수 없다는 데 있다고 설명된다(통설). 그러나 준법률행위적 행정행위에도 경우에 따라서는 부관을 붙일 수도 있다(예 : 공증에 기한을 붙이는 것)는 반대견해도 있다. 이러한 법률행위적 행정행위와 준법률행위적 행정행위의 구분에 대해서는 의문이 제기되어 있다.[1] 즉 법률행위적 행정행위에서 의사라는 것은 법에서 구체화된 객관적인 행정목적의 실현을 위한 의사이지 행위자인 공무원 개인의 심리적 의사는 아니므로, 사법에서 정립된 법률행위개념상의 의사의 요소를 도입하는 것은 정당하지 않다는 것이다.

3. 수익적 행위·침익적 행위·복효적 행위

(1) **의　의**　행정행위가 관계자에 대하여 갖는 법적 효과의 성질에 따라　1128
수익적 행위·침익적 행위·복효적 행위의 구분이 있다. ① 수익적 행위란 효과가 권리·이익을 부여하거나 부담을 제거하는 것을 내용으로 하는 행위(예 : 허가·면제 또는 침익적 행위의 철회)를 말하고, ② 침익적 행위란 효과가 법적 불이익을 내용으로 하는 행위(예 : 의무부과·수익취소)를 말하고, ③ 복효적 행위란 효과가 수익적인 것과 침익적인 것의 이중적인 것을 내용으로 하는 행위를 말하며, 이를 이중효과적 행정행위라고도 한다. 침익적 행위는 부담적 행위 또는 부담적 처분이라고도 한다.[2] 급부를 거부하는 처분은 넓은 의미에서 침익적인 것으로 볼 것이다.[3]

복효적 행위도 이중의 효과가 동일인에게 귀속하는 경우(예 : 부담부허가처분)　1129
를 혼효적 행위라 하고, 이중의 효과가 상이한 자에게 분리되는 경우(예 : 석유판매업(주유소)등록)의 행위를 제3자효 있는 행정행위[4]라 한다. 제3자효 있는 행정행위는 제3자의 권익보호 내지 이해조정과 관련하여 의미를 갖는다.

(2) **구분실익**　이러한 구분은 행정의 법률적합성의 원칙과 관련하여 의미　1130

---

1) 김중권의 행정법(2019), 231쪽.
2) 윤세창·이호승, 행정법(상), 211쪽; 이상규, 신행정법론(상), 350쪽.
3) Bull, Allgemeines Verwaltungsrecht, Rn. 542.
4) Schmidt, Allgemeines Verwaltungsrecht(18. Aufl.), S. 137, Rn. 360f.; Wallerath, Allgemeines Verwaltungsrecht(6. Aufl.), §9, Rn. 55f.

를 갖는다. 동원칙의 내용인 법률의 우위는 모든 행정에 적용되나, 법률의 유보
는 적어도 침익적 행위에 있어서만은 제한없이 적용된다. 제3자효있는 행정행
위도 침익적인 면과 관련하여 법적 근거를 요한다고 보아야 한다. 한편 침익적
행위는 일반적으로 직권에 의해 발령되며, 불이행시에 강제가 따르며, 부관과
비교적 거리가 멀다. 그러나 수익적 행위는 통상 신청에 의해 발령되며, 부관과
친하다. 침익적 행위의 철회나 취소는 수익적 행위의 철회나 취소보다 비교적
용이하다고 본다. 위법행위의 쟁송취소는 주로 침익적 행위에서 문제된다.

1131

	수익적 행위	침익적 행위
법률의 유보	비교적 엄격하지 않다	엄격하다
절 차	비교적 엄격하지 않다	엄격하다
신 청	비교적 신청을 전제로 한다 (협력을 요하는 행위)	신청과 무관하다 (일방적 행위)
부 관	부관과 친하다	부관과 비교적 거리가 멀다
취소·철회	용이하지 않다	비교적 용이하다
강제집행	강제집행과 거리가 멀다	불이행시 강제가 따른다

⑶ 제3자효있는 행정행위

1132   ㈎ 의의·문제상황   ① 전통적인 행정법학은 주로 행정행위의 상대방과 관
련하여 논의·구성되어 왔으나, 오늘날에는 제3자의 이익의 보호문제도 중요
한 논의의 대상이 되고 있다. 그것은 많은 행정행위가 제3자와도 관련을 맺는
데 기인한다. ② 제3자효있는 행위는 판례상 건축법이나 환경법상 이웃소송(인
인소송), 자동차운수사업법상 경업자소송에서 찾아볼 수 있다. 여기서 제3자효
란 직접적으로 제3자에게 법률상 이익의 효과를 가져오는 경우를 말하고, 간
접적으로 제3자에게 사실상 영향을 가져오는 것은 이에 해당하지 아니한다
(예 : 정부가 보험회사의 보험료의 인상을 승인한 경우, 이로 인한 고객의 피해는 간접적이다).
하여간 ③ 수익적인 효과와 침익적인 효과가 상이한 자에게 분리되는 행정행위
인 제3자효있는 행정행위는 ⓐ 복수의 이해관계자를 갖는다는 점, ⓑ 사익과 공
익의 조화뿐만 아니라 사익과 사익의 조화도 중요한 문제가 된다는 점을 특징
으로 갖는다. 이하에서 이론상·실정법상 나타나고 있는 여러 특징들을 보기로
한다.

(내) **행정실체법상 특징**　　제3자의 권익보호를 위해 제3자효 있는 행위와 관 1133
련하여 ① 제3자의 공권이 성립하기도 하고(예 : 주거지역에서 연탄공장설립을 허가하
는 경우, 이웃주민에게 인정되는 환경권), ② 행정개입청구권(예 : 폐기물을 무단으로 폐기
하는 업자로 인해 고통을 받는 이웃주민이 환경행정청에 폐기물제거를 명할 것을 구하는 권
리)의 인정이 일반적으로 주장되기도 하고, ③ 제3자의 권리보호를 위해 제3자
효 있는 행정행위의 취소나 철회가 제한되기도 한다.

(다) **행정절차상 특징**　　제3자의 권익보호를 위해 제3자효 있는 행위와 관련 1134
하여 ① 제3자에게 사전절차로서 의견제출의 기회가 보장되고(절차법 제21조·제
27조 참조), ② 행정청이 인·허가처분을 함에 있어서 제3자인 이웃주민의 동의가
요구되기도 한다.

(라) **행정심판절차상 특징**　　제3자의 권익보호를 위해 제3자효 있는 행위와 1135
관련하여 제3자는 ① 심판청구인적격을 가지며(행심법 제13조), ② 이해관계 있
는 심판에 참여할 수 있으며(행심법 제20조 제1항), ③ 제3자도 행정심판청구기간
의 제한의 적용을 받지만 처분이 있은 날과 관련해 특별한 사정이 없는 한 정
당한 사유에 해당하는 것으로 보아야 하며(행심법 제27조 제3항), ④ 집행정지를
신청할 수 있고(행심법 제30조 제2항), ⑤ 불복고지의 신청권도 갖는다(행심법 제58조
제2항).

(마) **행정소송절차상 특징**　　제3자의 권익보호를 위해 제3자효 있는 행위와 1136
관련하여 제3자는 ① 원고적격을 가지며(행소법 제12조), ② 이해관계 있는 소송
에 참가할 수 있으며(행소법 제16조 제1항·제3항), ③ 제3자도 행정소송제기기간의
제한을 받지만 처분이 있은 날과 관련해 특별한 사정이 없는 한 정당한 사유에
해당하는 것으로 보아야 하며(행소법 제20조 제3항), ④ 경우에 따라서는 행정심판
전치의 적용을 받으며(행소법 제18조·제38조 제2항), ⑤ 제소시에는 집행정지결정
을 신청할 수 있으며(행소법 제23조 제2항), ⑥ 재심청구권도 갖는다(행소법 제31조
제1항). 그리고 ⑦ 처분등을 취소하는 확정판결은 제3자에 대하여도 효력이 있다
(행소법 제29조 제1항).

4. 일방적 행위·협력을 요하는 행위·다단계행정행위

(1) **의　　의**　　상대방의 협력이 필요한가에 따라 일방적 행위와 협력을 요 1137
하는 행위의 구분이 있다. ① 일방적 행위란 권한을 가진 행정청의 일방적인 의
사표시로 효력을 발생하는 행위(예 : 경찰처분·과세처분)를 말하며, 독립적 행위[1]

---

1) 이상규, 신행정법론(상), 358쪽.

또는 직권처분[1]이라고도 한다. ② 협력을 요하는 행위는 관련사인의 신청이나 동의 등의 협력이 요구되는 행위를 말한다(예 : 공무원임용행위).

1138   협력을 요하는 행위의 경우에 동의나 신청의 결여는 행정행위의 무효 또는 취소의 원인이 되기도 한다. 협력을 요하는 행위는 쌍방적 행정행위로 불리기도 한다. 그러나 쌍방적이라는 용어는 계약을 연상하게 하므로 쌍방적 행정행위라는 용어보다는 협력을 요하는 행정행위라는 용어를 사용하는 것이 바람직하다.[2]

1139   **(2) 공법상 계약과의 구별**   계약은 의사의 합치로 성립되는 것이지만, 협력을 요하는 행정행위는 의사의 합치가 아니다. 구체적인 경우에 특정행위가 협력을 요하는 행정행위(쌍방적 행정행위)인가, 공법상 계약인가는 해석문제이다. 통설과 판례는 공무원의 임명행위, 귀화허가를 협력을 요하는 행정행위로 본다. 협력을 요하는 행위는 법률의 규정이나 사항의 성질상 상대방의 협력이 전제되는 경우의 행위인바, 그 대부분은 수익적 행위의 성질을 띤다.

1140   **(3) 다단계행정행위**   행정행위의 발령에 사인의 협력이 아니라 다른 행정청의 협력이 요구되는 행위를 다단계행정행위(mehrstufiger Verwaltungsrecht)라 부른다.[3] 다단계행정행위에는 다른 행정청의 청문(의견청취)이 요구되는 경우도 있고, 다른 행정청의 동의나 합의가 요구되는 경우도 있다. 후자의 경우에 동의나 합의의 거부는 구속적인 효력을 갖는다.[4] 후자의 경우에 동의나 합의가 독립의 행정행위에 해당하는가의 문제가 있다. 일반적으로 협력행정청(2차행정청)의 참

---

1) 윤세창·이호승, 행정법(상), 211쪽.
2) Scholz, Allgemeines Verwaltungsrecht, 1982, Ⅱ, S. 30.
3) Hendler, Allgemeines Verwaltungsrecht, Rn. 167·135ff.; Hofmann/Gerke, Allgemeines Verwaltungsrecht, S. 103; Maurer, Allgemeines Verwaltungsrecht, §9, Rn. 30; Giemulla/Jaworsky/Müller－Uri, Verwaltungsrecht, Rn. 233; Erbguth, Allgemeines Verwaltungsrecht(7. Aufl.), §12, Rn. 30, 43; Wolff/Bachof/Stober, Verwaltungsrecht Ⅱ(6. Aufl.), §45, Rn. 66; Schmidt, Allgemeines Verwaltungsrecht(18. Aufl.), S. 139, Rn. 369; Detterbeck, Allgemeines Verwaltungsrecht mit Verwaltungsprozessrecht(2017), Rn. 507.
4) 대판 2018. 7. 12, 2014추33(아래에서 보는 바와 같은 자율형 사립고등학교(이하 '자사고'라 한다) 제도의 성격, 자사고 지정을 취소하는 과정에서 교육감의 재량을 절차적으로 통제할 필요가 있는 점, 구 초·중등교육법 시행령(2014. 12. 9. 대통령령 제25819호로 개정되기 전의 것, 이하 같다) 제91조의3의 개정이유 등에 비추어 볼 때, 구 초·중등교육법 시행령 제91조의3 제5항에서 말하는 교육부장관과의 사전 협의는 특별한 사정이 없는 한 교육부장관의 적법한 사전 동의를 의미한다.
   ① 구 초·중등교육법 시행령 제91조의3 제5항에 따르면 교육감이 자사고 지정을 취소하는 경우에는 미리 교육부장관과 협의하여야 한다.
   ② 자사고는 헌법 제31조 제6항에 따라 법률로 정하고 있는 학교교육제도에 관한 사항 중 일부가 적용되지 않는 학교이고, 자사고 제도의 운영은 국가의 교육정책과도 긴밀하게 관련되며, 자사고의 지정 및 취소는 해당 학교에 재학 중인 학생들과 그 학교에 입학하고자 하는 학생들에게 미치는 영향도 크다. 따라서 자사고의 지정 및 취소는 국가의 교육정책과 해당 지역의 실정 등을 고려하여 신중하게 이루어져야 할 필요가 있다).

여는 내부적인 과정일 뿐이고, 전체적인 책임은 협력을 구하는 행정청(1차행정청)에 놓인다. 협력행위는 행정행위가 아니다.[1] 행정소송은 1차행정청을 피고로 한다.[2] 2차행정청은 행정소송절차에 참가인(보조참가)으로 참여한다. 왜냐하면 1차행정청에 대한 판결은 다투는 행정행위에 협력한 2차행정청도 구속하기 때문이다. 다만 협력관청의 동의가 사인과의 관계에서 고유하고도 직접적인 법효과를 가진다면, 그것은 행정행위이다.[3]

5. 대인적 행위·대물적 행위·혼합적 행위

규율의 대상에 따라 대인적 행위(인적 행정행위)·대물적 행위(물적 행정행위)· 1141
혼합적 행위의 구분이 있다. 대인적 행위란 사람의 행위나 법적 지위를 직접 규율하는 행정행위를 말하고(예 : 운전면허), 대물적 행위란 물건의 법적 특성이나 법적 상태를 대상으로 하는 행정행위를 말한다(예 : 도로의 공용지정). 특히 물적 행정행위는 오로지 물건과 관련하고 물건의 법적 성격이나 법적 상태만을 규율하고자 할 때에 의미를 갖는 법적 개념이다. 물적 행정행위의 상대방은 사람이 아니라 물건이다.[4] 물적 행정행위의 인적 효과는 다만 사람이 그 물건과 접하게 될 때 간접적으로 나타난다. 양자의 구분실익은 이전성의 유무에 있다. 즉 대인적 행위는 이전이 곤란하나 대물적 행위는 이전이 비교적 용이하다. 한편 혼합적 행위는 대인적 행위의 성질과 대물적 행위의 성질을 동시에 갖는 행위를 말한다(예 : 인적 요소인 19세 미만인 자가 아닐 것 등과 물적 요소인 일정한 카지노시설을 모두 요건으로 하는 카지노업허가).

6. 요식행위·불요식행위

(1) 의   의   행정행위의 적법요건으로 일정한 형식을 요하는가의 여부 1142

---

1) Detterbeck, Allgemeines Verwaltungsrecht mit Verwaltungsprozessrecht(2017), Rn. 510.

2) 대판 2004. 10. 15, 2003두6573(건축허가권자가 건축불허가처분을 하면서 그 처분사유로 건축불허가 사유뿐만 아니라 구 소방법 제8조 제1항에 따른 소방서장의 건축부동의 사유를 들고 있다고 하여 그 건축불허가처분 외에 별개로 건축부동의처분이 존재하는 것이 아니므로, 그 건축불허가처분을 받은 사람은 그 건축불허가처분에 관한 쟁송에서 건축법상의 건축불허가 사유뿐만 아니라 소방서장의 부동의 사유에 관하여도 다툴 수 있다).

3) Erbguth, Allgemeines Verwaltungsrecht(7. Aufl.), § 12, Rn. 30.

4) 대판 2022. 1. 27, 2020두39365(요양기관이 속임수나 그 밖의 부당한 방법으로 보험자에게 요양급여비용을 부담하게 한 때에 구 국민건강보험법 제85조 제1항 제1호에 의해 받게 되는 요양기관 업무정지처분은 의료인 개인의 자격에 대한 제재가 아니라 요양기관의 업무 자체에 대한 것으로서 대물적 처분의 성격을 갖는다. 따라서 속임수나 그 밖의 부당한 방법으로 보험자에게 요양급여비용을 부담하게 한 요양기관이 폐업한 때에는 그 요양기관은 업무를 할 수 없는 상태일 뿐만 아니라 그 처분대상도 없어졌으므로 그 요양기관 및 폐업 후 그 요양기관의 개설자가 새로 개설한 요양기관에 대하여 업무정지처분을 할 수는 없다).

에 따라 요식행위와 불요식행위로 구분된다. 성립에 일정한 형식이 요건으로 되어 있는 행위를 요식행위라 하고, 그러하지 않은 행위를 불요식행위라 한다.

1143   (2) **요식행위의 원칙**   행정절차법은 요식행위를 원칙으로 하고 있다. 말하자면 행정청이 처분을 할 때에는 다른 법령등에 특별한 규정이 있는 경우를 제외하고는 문서로 하여야 하며, 전자문서로 하는 경우에는 당사자등의 동의가 있어야 한다(절차법 제24조 본문). 다만, 신속히 처리할 필요가 있거나 사안이 경미한 경우에는 말 또는 그 밖의 방법으로 할 수 있다. 이 경우 당사자가 요청하면 지체 없이 처분에 관한 문서를 주어야 한다(절차법 제24조 단서). 그 밖에 개별법률이 규정하고 있는 요식행위의 예로 행정심판의 재결(행심법 제46조), 대집행의 계고(행집법 제3조), 납세의 고지(국징법 제9조), 강제징수절차상 독촉(국징법 제23조) 등이 있다.

1144   (3) **원칙위반의 효과**   요식행위에서 요구되는 형식이 결여되면 위법의 문제가 생기고,[1] 경우에 따라 무효 또는 취소할 수 있는 행위가 된다.

7. 일회적 행위·계속효있는 행위

1145   행정행위의 효과의 시간적 지속성에 따라 1회적 행위와 계속효있는 행위로 구분된다. 일회적 행위는 1회적 상황의 규율을 내용으로 하는 행위(예: 소득세부과·건축허가)를 말하고, 계속효있는 행위란 영속적인 법률관계를 가져오는 행정행위(예: 공용지정·교통표지·공무원임명·음식점영업허가)를 말한다. 일회적 행위의 경우에 사후적인 물적 상황과 법적 상황의 변화는 아무런 영향을 미치지 아니한다. 그러나 계속효 있는 행위의 경우에 사후적인 물적 상황과 법적 상황의 변화는 그 행위의 철회의 사유가 된다.

8. 요수령행위·불요수령행위

1146   행정행위의 효력발생에 상대방의 수령이 요건이 되는가에 따라 수령을 요하는 행위와 수령을 요하지 않는 행위로 구분된다. 전자를 요수령행위, 후자를

---

1) 대판 1989. 11. 10, 88누7996(납세고지서에 과세연도, 세목, 세액 및 그 산출근거, 납부기한과 납부장소 등의 명시를 요구한 국세징수법 제9조나 과세표준과 세액계산명세서의 첨부를 명한 상속세법 제25조의2, 같은법시행령 제19조 제1항 등의 규정은 단순한 세무행정상의 편의를 위한 훈시규정이 아니라, 조세법률주의의 원칙에 따라 과세관청의 자의를 배제하고 신중하고도 합리적인 과세처분을 하게 함으로써 조세행정의 공정을 기함과 아울러 납세의무자에게 부과처분의 내용을 자세히 알려주어 이에 대한 불복여부의 판정과 불복신청의 편의를 주려는데 그 근본취지가 있는 강행규정으로 보아야 하므로 납세고지서에 세액산출근거 등의 기재사항이 누락되었거나 과세표준과 세액의 계산명세서가 첨부되지 않았다면 적법한 납세의 고지라고 볼 수 없다).

불요수령행위라 부르기도 한다. 행위의 상대방이 특정된 경우에는 통상 수령을
요하는 행위가 되고, 상대방이 불특정다수인인 경우에는 통상 수령을 요하지 않
는 행위가 된다. 후자의 경우에는 적어도 행위의 내용이 공고·공시되어야 한다.
엄밀히 말한다면 후자는 수령이 의제되는 경우이다. 한편 수령이라는 것은 상대
방이 행위의 내용을 인식하여야 함을 의미하는 것은 아니고, 적어도 행위의 내
용이 상대방에게 교부되고 상대방이 그 내용을 인식할 수 있는 상태에 놓이게
됨을 의미한다. 특별규정이 없는 한 효력발생시기는 도달주의의 원칙에 따른다.

9. 적극적 행위·소극적 행위

행정행위는 기존의 법률상태에 변동을 가져오는가의 여부에 따라 적극적   1147
행위와 소극적 행위로 구분된다. 적극적 행위를 창설처분, 소극적 행위를 거부
처분이라 부르기도 한다.[1] 소극적 행위는 명시적 거부처분과 묵시적 거부처분,
그리고 부작위로 나눌 수 있다.

10. 부분승인·예비결정·가행정행위(의사결정단계에 따른 분류)

(1) **부분승인**(부분허가)

㈎ 의   의   부분승인(Teilgenehmigung)은 단계화된 행정절차에서 주로 문   1148
제된다. 부분승인이란 사인이 원하는 바의 일부에 대해서만 우선 승인하는 행위
를 말한다(예: 건축허가·시설허가·영업허가신청의 경우에 우선 건축이나 시설의 설치만을
허가하는 경우. 그리고 원자력안전법 제10조 제3항의 경우 및 주택법 제49조 제1항·제4항의
건축물의 동별사용허가의 경우).[2] 부분승인은 부분허가라고도 한다. 부분승인은 대
단위프로젝트와 관련한다. 부분승인은 절차의 경제에도 기여할 뿐만 아니라 사
업자의 투자위험을 축소시키는 측면에서도 인정할 실익이 있다.

㈏ 성   질   부분승인은 종국적인 행정행위이다.[3] 부분승인은 승인을 요   1149

---

1) 윤세창·이호승, 행정법(상), 210쪽.
2) Wolff/Bachof/Stober, Verwaltungsrecht Ⅱ(6. Aufl.), §45, Rn. 61ff. 원자력법 제10조 ③ 교육
   과학기술부장관은 발전용 원자로 및 관계시설을 건설하고자 하는 자가 건설허가신청 전에 부
   지에 대한 사전승인을 신청하는 경우에는 이를 검토한 후 승인할 수 있다. ④ 제3항의 규정에
   의하여 부지에 관한 승인을 얻은 자는 교육과학기술부령이 정하는 범위 안에서 공사를 할 수
   있다. ⑥ 발전용 원자로 및 관계시설을 건설하고자 하는 자가 제3항의 규정에 의하여 부지에
   관한 승인을 얻어 건축법 제2조 제2호의 규정에 의한 건축물을 건축하고자 하는 경우에는 동
   법 제8조 제2항의 규정에 의한 기본설계도서를 관계 행정기관의 장에게 제출한 때에 동법 제8
   조의 규정에 의한 건축허가를 받은 것으로 본다.
3) Schmidt, Allgemeines Verwaltungsrecht(18. Aufl.), S. 140, Rn. 373. 대판 1998. 9. 4, 97누
   19588(원자로 및 관계 시설의 부지사전승인처분은 그 자체로서 건설부지를 확정하고 사전공사
   를 허용하는 법률효과를 지닌 독립한 행정처분이기는 하지만, 건설허가 전에 신청자의 편의를
   위하여 미리 그 건설허가의 일부 요건을 심사하여 행하는 사전적 부분 건설허가처분의 성격을

하는 전체부분 중에서 나눌 수 있는 부분과 관련한다. 요컨대 부분승인은 결정의 대상이 되는 계획의 한 부분에 대하여 이루어지는 독립적인[1] 행정행위의 성격을 갖는다. 말하자면 부분승인은 전체 절차에서 분리가능한 부분에 대한 구속적인 결정이다. 전체결정을 요하지 아니하고, 단계화된 승인절차에서 나타난다. 부분승인은 승인된 부분의 실현을 허용하는, 내용상 제한된 행정행위로서 최종적이다.[2]

1150   (다) **법적 근거**   부분허가권은 허가권한에 포함되는 것이므로 허가에 대한 권한을 가진 행정청은 부분허가에 대한 별도의 법적 근거가 없이도 부분허가를 할 수 있다.

1151   (라) **효 과**   부분승인을 받은 자는 승인을 받은 범위 안에서 승인을 받은 행위(예 : 건축행위)를 할 수 있다. 한편, 행정청은 나머지 부분에 대한 결정에서 부분승인한 내용과 상충되는 결정을 할 수는 없다. 즉 부분승인은 최종적 결정에 대한 **구속효**(행정청으로 하여금 사정변경이 없는 한 부분승인과 모순되는 후행결정을 하지 못하게 하는 효력)를 갖는다.

(마) **권리보호**

1152   1) **부분승인의 발령·불발령에 대한 권리보호**   부분승인(부분허가)도 행정쟁송법상 처분개념에 해당한다. 따라서 부분승인의 발령이나 불발령으로 인하여 법률상 이익이 위법하게 침해된 자는 최종적 허가(그 부분승인의 대상이 아닌 나머지 부분에 대한 승인(허가))를 기다릴 필요 없이 바로 발령된 부분승인이나 불발령된 부분승인을 대상으로 행정쟁송을 제기할 수 있다. 이와 관련하여 판례는 원자력법상의 사전부지승인을 사전적 부분건설허가로서 독립적 행정처분임을 인정하였으나, 사후에 건설허가처분이 있게 되면 그 건설허가처분에 흡수되어 독립

갖고 있는 것이어서 나중에 건설허가처분이 있게 되면 그 건설허가처분에 흡수되어 독립된 존재가치를 상실함으로써 그 건설허가처분만이 쟁송의 대상이 되는 것이므로, 부지사전승인처분의 취소를 구하는 소는 소의 이익을 잃게 되고, 따라서 부지사전승인처분의 위법성은 나중에 내려진 건설허가처분의 취소를 구하는 소송에서 이를 다투면 된다).

  [참고] 이 판례는 부지사전승인처분의 위법성은 나중에 내려진 건설허가처분취소청구소송에서 다투면 된다고 하였는데, 이러한 대상판결의 입장은 단계화된 행정결정절차의 취지에도 어긋나며, 또한 '나중에 건설허가처분이 있게 되면 부지사전승인처분은 소의 이익을 잃는다'고 하였는데 소의 이익(권리보호필요성)과 관련해서도 만일 부지사전승인처분의 위법성이 조기에 결정된다면 사업자측은 더 이상 투자하지 않을 것이고 원고측도 헛된 노력이나 비용을 들이지 않아도 되는 만큼 다툴 수 있는 기회를 일찍 주는 것은 원고측에나 피고측(피고의 보조참가인 포함)에나 다 같이 이로운 것이므로 권리보호필요성이 있다고 보아야 한다(김남진, 원자로시설 부지사전승인과 법적 문제, 법제 제494호(1999. 2), 29쪽)는 비판이 가해질 수 있다.

  1) Detterbeck, Allgemeines Verwaltungsrecht mit Verwaltungsprozessrecht(13. Aufl.), §10, Rn. 527.
  2) Erbguth/Guckelberger, Allgemeines Verwaltungsrecht(2018), §12, Rn. 51.

된 존재가치를 상실함으로써 건설허가처분만이 쟁송의 대상이 된다고 하였다.[1]

　　2) 부분승인 후 종국결정의 불발령·불허가처분에 대한 권리보호　　부분승인　1153
후 최종허가를 불발령하는 경우에는 이론상 의무이행소송을 통하여 구제받을 수
있으나 의무이행소송은 현행법상 허용되지 않으므로 의무이행심판이나 부작위
위법확인소송을 제기하여 다툴 수 있다. 또한 최종적 허가의 거부처분에 대하여
도 의무이행심판이나 거부처분의 취소소송을 통하여 권리구제를 받을 수 있다.

　(2) **예비결정**(사전결정)

　　(가) 의　　의　　예비결정(Vorbescheid)이란 종국적인 행정행위를 하기에 앞서　1154
서 종국적인 행정행위에 요구되는 여러 요건 중에서 개별적인 몇몇 요건에 대
한 결정을 말한다(예 : 원자력안전법 제10조 제3항; 폐기물관리법 제25조 제2항; 건축법 제
10조 제1항의 사전결정).[2] 달리 말하면, 일반적인 허가는 전체 프로젝트와 관련하
고, 모든 관련 있는 요건이 구비되었을 때 발령이 되는 것이지만, 예비결정은
프로젝트 일부의 허가요건과 관련하고, 그 일부에 대하여 종국적이면서 구속적
으로 결정하는 것을 말한다(예 : 건축허가가 계획법상 요건도 구비하여야 하고, 건축법상
요건도 구비하여야 하는 경우, 우선 계획법상 허용여부를 결정하고, 이어서 건축법상 허용 여
부를 결정하게 되는데, 여기서 계획법상 허용여부의 결정이 예비결정에 해당한다).[3] 예비결
정 역시 단계화된 행정절차에서 문제된다. 예비결정은 사전결정이라고도 한다.
예비결정은 신청인 이익보호와 행정의 효율성을 위한 제도이다.[4] 부분승인은
전체 프로젝트 중의 한 부분에 대한 것이고, 예비결정은 특정의 허가요건에 대
한 것인 점에서 양자는 다르다.[5]

　　(나) 성　　질　　예비결정은 그 결정에서 정해진 부분에만 제한적인 효력을　1155
갖지만, 그 자체는 종국적·구속적인 행정행위이다.[6] 왜냐하면 예비결정 역시

1) 대판 1998. 9. 4, 97누19588.
2) Detterbeck, Allgemeines Verwaltungsrecht mit Verwaltungsprozessrecht(13. Aufl.), §10, Rn. 525; Erbguth, Allgemeines Verwaltungsrecht, §12, Rn. 47.
3) Maurer/Waldhoff, Allgemeines Verwaltungsrecht(2017), §9, Rn. 64.
4) 대판 1998. 4. 28, 97누21086(폐기물관리법 제26조 제1항, 제2항 및 같은법 시행규칙 제17조 제1항 내지 제5항의 규정에 비추어 보면 폐기물처리업의 허가에 앞서 사업계획서에 대한 적정·부적정 통보 제도를 두고 있는 것은 폐기물처리업을 하고자 하는 자가 스스로 시설 등을 설치하여 허가신청을 하였다가 허가단계에서 그 사업계획이 부적정하다고 판명되어 불허가 되면 허가신청인이 막대한 경제적·시간적 손실을 입게 되므로, 이를 방지하는 동시에 허가관청으로 하여금 미리 사업계획서를 심사하여 그 적정·부적정통보 처분을 하도록 하고, 나중에 허가단계에서는 나머지 허가요건만을 심사하여 신속하게 허가업무를 처리하는 데 그 취지가 있다).
5) Erbguth, Allgemeines Verwaltungsrecht, §12, Rn. 50; Detterbeck, Allgemeines Verwaltungsrecht mit Verwaltungsprozessrecht(2017), Rn. 525.
6) Schmidt, Allgemeines Verwaltungsrecht(18. Aufl.), S. 140, Rn. 372.

행정행위의 개념(행정청이 법 아래서 구체적 사실에 대한 법집행으로서 행하는 권력적 단독행위로서 공법행위)에 들어오는 것이기 때문이다. 판례도[1] 예비결정의 성격을 갖는 폐기물관리법상의 사업계획서부적정통보에 대하여 "부적정통보는 허가신청 자체를 제한하는 등 개인의 법률상 이익을 개별적이고 구체적으로 규제하고 있어 행정처분에 해당한다"고 결정한 바 있다. 사전처분은 새로운 결정까지 효력을 갖는 것이 아니라 더 발전된 결정에 흡수된다. 그래서 최종결정은 처음결정의 하위형태가 아니다.[2]

1156   ㈐ 법적 근거   예비결정은 법령에 규정이 있거나 신청인에게 행정행위의 한 부분이 독립적으로 다루어지는 것에 대한 정당한 이익이 있는 경우에 가능하다고 본다. 예비결정의 주된 영역은 건축법의 경우이다(예 : 일정한 건축허가는 건축계획법뿐만 아니라 건축경찰법상 문제가 없을 때 발령되는 것인바, 우선 계획법상 허용성이 확정되어야 그 후에 본결정으로서 건축허가결정이 이루어진다. 여기서 건축계획법상 허용성의 확정이 바로 예비결정이다).

1157   ㈑ 효   과   예비결정은 사후의 종국적인 결정의 유보 하에 이루어지는 행위이다. 따라서 예비결정은 신청자인 사인에게 어떠한 종국적인 행위를 허용하는 것은 아니다. 이 점이 부분승인과 다르다. 행정청은 구속력 때문에 본결정에서 예비결정의 내용과 상충되는 결정을 할 수 없다. 판례도 폐기물관리법상의 사업계획에 대한 적정통보가 있는 경우 폐기물사업의 허가 단계에서는 나머지 허가요건만을 심사하면 족하다고 한다.[3] 한편, 사전결정이 발령된 후 기초된 사실상황이나 법적 상황이 변경되어도, 예비결정은 효과가 있고, 철회의 법리에 따라 폐지될 수 있을 뿐이다.[4]

     ㈒ 권리보호

1158   1) 예비결정의 발령·불발령에 대한 권리보호   예비결정도 행정쟁송법상 처분개념에 해당한다.[5] 예비결정의 발령이나 불발령으로 인하여 법률상 이익이

---

1) 대판 1998. 4. 28, 97누21086; 대판 2017. 10. 31, 2017두46783(건설폐기물처리업에 관한 법규는 허가 요건을 일률적·확정적으로 규정하는 형식을 취하지 않고 최소한도만을 정하고 있다. 건설폐기물의 재활용촉진에 관한 법률 제21조 제2항 각호가 정한 검토 사항은 단순한 행정처분의 발령요건을 정한 것이라기보다는 위 적합 여부 판단·결정에 관한 재량권 행사에서 고려해야 할 다양한 사항의 범위와 기준을 좀더 구체적이고 명확하게 정한 것으로 볼 수 있다. 그 취지는 건설폐기물 처리업 허가의 사전결정절차로서 중요한 의미를 가지는 폐기물 처리 사업계획서 적합 여부의 통보에 관한 행정작용의 투명성과 적법성을 제고하려는 데 있다).
2) Wolff/Bachof/Stober/Kluth, Verwaltungsrecht Ⅰ(2017), §45, Rn. 70.
3) 대판 1998. 4. 28, 97누21086.
4) Maurer/Waldhoff, Allgemeines Verwaltungsrecht(2017), §9, Rn. 64.
5) 대판 1998. 4. 28, 97누21086(폐기물관리법 관계법령의 규정에 의하면 폐기물처리업의 허가를 받기 위하여는 먼저 사업계획서를 제출하여 허가권자로부터 사업계획에 대한 적정통보를 받아

침해된 자는 예비결정의 발령에 대하여는 취소쟁송을, 불발령에 대하여는 현행
법상 이행소송이 인정되지 않으므로 부작위의 경우에는 의무이행심판·부작위
위법확인소송, 거부의 경우에는 의무이행심판·거부처분취소소송에 의하여 구제
를 받을 수 있다.

　　　2) 예비결정 후 종국결정의 불발령에 대한 권리보호　　예비결정 후 종국결정　1159
의 불발령에 대하여, 예비결정을 받은 사인이 신뢰보호의 원칙의 요건을 충족하
는 경우에는 예비결정에 반하는 종국결정의 불발령에 대하여 신뢰보호원칙위반
을 주장할 수 있는 가능성이 있다.

　　(3) **가행정행위**

　　　(가) 의　　의　　가행정행위(Vorläufiger Verwaltungsakt)란「최종적인 사실관계　1160
가 정해지면 새로운 처분을 할 것이라는 유보 하에」최종적인 사실관계의 확정
전에 하는 행정행위를 말한다.(예 : 국가공무원법 제73조의3 제1항 제3호에 의거하여 징
계의결이 요구중인 자에게 잠정적으로 직위를 해제하는 경우, 먹는물관리법 제10조 제1항에
따른 샘물개발의 가허가).[1] 가행정행위는 사실관계와 법률관계의 계속적인 심사를
유보한 상태에서 당해 행정법관계의 권리와 의무를 잠정적으로 확정하는 행위
(일시적 처분)로 정의하기도 한다.[2] 가행정행위는 법적 상태에 대한 자세한 심사
에 많은 시간이 필요하거나 사실관계가 최종적으로 명료하게 되지 아니하여 종
국적인 규율을 할 수 없는 경우에 활용된다. 가행정행위는 효과의 잠정성, 종국
적 결정에 의한 대체성(불가변력의 불발생), 그리고 사실관계의 미확정성을 특징으
로 갖는다.[3] 가행정행위는 잠정적 행정행위라고도 한다. 행정청이 종국적인 결정
(행정행위)을 하면, 가행정행위는 소급적으로 효력을 잃는다. 행정청이 종국적인
결정(행정행위)을 하면서 행정행위를 취소하거나 철회하여야 하는 것은 아니다.[4]

　　　(나) 성　　질　　가행정행위를 특수한 행정의 행위형식으로 보는 견해도 있　1161
었지만,[5] 가행정행위가 잠정적인 효과를 갖는다고 하여도 그 자체는 행정행위
로서의 성격을 갖는다고 보는 것이 타당하다. 왜냐하면 가행정행위 역시 행정행

　야 하고, 그 적정통보를 받은 자만이 일정기간 내에 시설, 장비, 기술능력, 자본금을 갖추어 허
　가신청을 할 수 있으므로, 결국 부적정통보는 허가신청 자체를 제한하는 등 개인의 권리 내지
　법률상의 이익을 개별적이고 구체적으로 규제하고 있어 행정처분에 해당한다).

　1) Detterbeck, Allgemeines Verwaltungsrecht mit Verwaltungsprozessrecht(13. Aufl.), §10, Rn. 528.
　2) Erbguth, Allgemeines Verwaltungsrecht, §12, Rn. 51; Wolff/Bachof/Stober, Verwaltungs-
　　recht Ⅱ(6. Aufl.), §45, Rn. 55ff. 박균성, 행정법론(상), 498쪽(2019); 류지태·박종수, 행정법
　　신론, 205쪽(2019); 정하중, 행정법개론, 186쪽(2019).
　3) Wolff/Bachof/Stober/Kluth, Verwaltungsrecht Ⅰ(2017), §45, Rn. 65.
　4) Erbguth, Allgemeines Verwaltungsrecht, §12, Rn. 51.
　5) 김남진, 행정법(Ⅰ), 242쪽.

위의 개념(행정청이 법 아래서 구체적 사실에 대한 법집행으로서 행하는 권력적 단독행위로서 공법행위)에 들어오는 것이기 때문이다. 가행정행위는 확언과 달리 집행될 수 있는 행위이다.[1]

1162   (다) **법적 근거**   개별법령이 가행정행위의 가능성을 규정하고 있다면(예 : 국가공무원법 제73조의3),[2] 그에 따를 것이다. 명시적으로 규정하는 바가 없다고 하여도 행정청은 본처분의 권한이 있으면, 가행정행위를 발령할 수 있다고 본다. 다만, 후자의 경우, 가행정행위로 인하여 법령이 예정하지 아니한 피해가 생긴다면, 가행정행위는 원칙적으로 불가하다고 보아야 한다.

1163   (라) **효   과**   가행정행위는 그 자체가 하나의 행정행위로서의 성격을 띤다고 하여도 종국적인 행정행위만큼 강한 효력을 갖지 못한다. 어떠한 종국적인 결정이 내려질 것인가에 대한 위험부담은 행정청이 아니라 신청자가 부담한다. 여기에는 신뢰보호문제가 발생한다고 보기 어렵다. 왜냐하면 가행정행위는 개념에서 알 수 있듯이 법적 효과가 종국적 결정이 이루어지기 전까지의 임시적, 잠정적인 효과만 가지므로 행정청은 잠정적인 자신의 결정에 구속되지 않기 때문이다.

(마) **권리보호**

1164   1) **가행정행위의 발령·불발령에 대한 권리보호**   가행정행위도 행정쟁송법상 처분개념에 포함된다. 따라서 가행정행위의 발령으로 법률상 이익을 침해받은 자는 가행정행위의 취소심판이나 소송을, 가행정행위의 불발령이나 거부로 법률상 이익을 침해받은 자는 의무이행심판, 부작위위법확인소송·거부처분취소소송으로 구제를 받을 수 있다.

1165   2) **종국결정에 관한 권리보호**   가행정행위를 발령한 후에 행정기관이 상당한 기간 내에 종국적 결정을 행하지 않은 경우나 거부한 경우에는 의무이행심판이나 부작위위법확인소송·거부처분취소소송으로 구제받을 수 있다.

1166   3) **종국결정 발령 후 가행정행위를 다툴 수 있는지 여부**   판례는 한 사건에서 종국결정이 발령되면, 잠정적 처분의 성격을 갖는 가행정행위는 종국결정에

---

1) Püttner, Allgemeines Verwaltungsrecht, S. 104.
2) 구 국가공무원법상 직위해제는 일반적으로 공무원이 직무수행능력이 부족하거나 근무성적이 극히 불량한 경우, 공무원에 대한 징계절차가 진행중인 경우, 공무원이 형사사건으로 기소된 경우 등에 있어서 당해 공무원이 장래에 있어서 계속 직무를 담당하게 될 경우 예상되는 업무상의 장애 등을 예방하기 위하여 일시적으로 당해 공무원에게 직위를 부여하지 아니함으로써 직무에 종사하지 못하도록 하는 잠정적인 조치로서의 보직의 해제를 의미하므로 과거의 공무원의 비위행위에 대하여 질서 유지를 목적으로 행하여지는 징벌적 제재로서의 징계와는 그 성질이 다르다).

흡수되어 소멸되는바, 가행정행위는 다툴 수 없다고 하였다.[1] 그러나 판례는
그 후 유사한 사건에서 각각의 처분에 대하여 함께 또는 별도로 불복할 수 있다
고 하였다.[2]

11. 명시적 행위, 묵시적 행위, 의제된 행위

(1) **명시적 행위**   이것은 행정청의 의사가 외부에 명시적으로 나타난 행   1167
위를 말한다. 통상의 행정행위가 이에 해당한다.

(2) **묵시적 행위**   이것은 행정청의 의사가 외부에 명시적으로 나타나지   1168
아니하였으나 해석상 행정청의 의사표시가 있는 것으로 보는 경우의 행위를 말
한다.

(3) **의제된 행위**

(가) **의   의**   의제된 행위(Fiktiver Verwaltungsakt)란 법률에서 행정행위가   1169
있는 것으로 의제한다(본다)는 규정을 둔 경우[예 : 방송법 제45조 ④ 방송통신위원회
가 제3항에서 정한 기간 내에 인가 여부 또는 민원 처리 관련 법령에 따른 처리기간의 연장을
공사에 통지하지 아니하면 그 기간(민원 처리 관련 법령에 따라 처리기간이 연장 또는 재연장
된 경우에는 해당 처리기간을 말한다)이 끝난 날의 다음 날에 인가를 한 것으로 본다], 그 의
제되는 행위를 의제된 행정행위라 한다. 의제된 행정행위는 실제상 발령된 것은
아니지만 법률에 의해 「마치 행정행위가 발령된 것 같은 법적 상황」이 인정되는
경우이다.[3] 저자는 의제된 행위를 종래 간주된 행위로 불렀다. 이러한 경우를
진정한 의미의 의제라 부르기도 한다.[4]

---

1) 대판 2015. 2. 12, 2013두987(공정거래위원회가 부당한 공동행위를 행한 사업자로서 구 독점규
   제 및 공정거래에 관한 법률(2013. 7. 16. 법률 제11937호로 개정되기 전의 것) 제22조의2에서
   정한 자진신고자나 조사협조자에 대하여 과징금 부과처분(이하 '선행처분'이라 한다)을 한 뒤,
   독점규제 및 공정거래에 관한 법률 시행령 제35조 제3항에 따라 다시 자진신고자 등에 대한
   사건을 분리하여 자진신고 등을 이유로 한 과징금 감면처분(이하 '후행처분'이라 한다)을 하였
   다면, 후행처분은 자진신고 감면까지 포함하여 처분 상대방이 실제로 납부하여야 할 최종적인
   과징금액을 결정하는 종국적 처분이고, 선행처분은 이러한 종국적 처분을 예정하고 있는 일종
   의 잠정적 처분으로서 후행처분이 있을 경우 선행처분은 후행처분에 흡수되어 소멸한다. 따라
   서 위와 같은 경우에 선행처분의 취소를 구하는 소는 이미 효력을 잃은 처분의 취소를 구하는
   것으로 부적법하다).

2) 대판 2018. 7. 20, 2017두30788(피고가 과징금 및 시정명령과 별도로 감면 여부를 분리 심리하
   여 의결한 후 과징금 등 처분과 별도의 처분서로 감면기각처분을 하였다면, 원칙적으로 2개의
   처분, 즉 과징금 등 처분과 감면기각처분이 각각 성립한 것으로 보아야 하고, 처분의 상대방으
   로서는 각각의 처분에 대하여 함께 또는 별도로 불복할 수 있다. 따라서 과징금 등 처분과 동
   시에 감면기각처분의 취소를 구하는 소를 함께 제기했다 하더라도, 특별한 사정이 없는 한 감
   면기각처분의 취소를 구할 소의 이익이 부정된다고 볼 수 없다).

3) Maurer/Waldhoff, Allgemeines Verwaltungsrecht(2017), §9, Rn. 11.

4) 김중권의 행정법(2019), 228쪽.

1170　　　(나) 유사형태로서 인·허가의 의제　　건축법 제11조 제5항 제9호[제1항에 따른 건축허가를 받으면 다음 각 호의 허가 등을 받거나 신고를 한 것으로 … 본다. 9.「도로법」 제61조에 따른 도로의 점용 허가]에서 보는 의제를 인·허가의 의제라 한다,[1] 인·허가의 의제는 절차생략에 그 취지가 있다.

1171　　　(다) 특　　징　　허가나 승인의 의제를 통해 허가나 승인이 있다는 것이 의제된다고 하여 의제된 허가나 승인이 행정절차법상 행정행위에 해당하는 것은 아니다. 왜냐하면 행정절차법상 행정행위(처분)는 행정청이 행하는 것이지, 입법자가 행하는 것이 아니기 때문이다.[2] 따라서 행정절차법상 행정행위에 적용되는 모든 조항이 반드시 적용된다고 보기 어렵다.[3] 그렇지만 의제된 허가나 인가는 실질에 있어서 행정행위로서 허가나 인가에 다를 바 없으므로, 성질이 허용하는 한, 행정절차법상 관련 조항이 적용된다고 볼 것이다.

12. 반복된 행위

1172　　　행정청이 이전에 발령한 행정행위의 내용을 새로운 내용심사 없이 다시 발령하였다면, 일반적으로 새로운 행정행위가 아니라 할 것이다.[4] 그러나 만약 관계자가 이전에 발령한 행정행위의 폐지나 새로운 수익적 행위의 발령을 신청하였는데, 행정청이 이전에 발령한 행정행위와 같은 내용의 행정행위를 발령하였다면, 이러한 행위는 새로운 행위일 수 있고, 새로운 내용의 결정을 하였다면, 이러한 결정은 독립적 행정행위에 해당한다고 볼 것이다.[5]

Ⅱ. 불확정개념, 기속행위·재량행위

1. 행정의 자유와 구속

⑴ 행정과 법규의 해석·적용

1173　　　(가) 법규의 적용과정　　행정청은 법집행기관으로서 법규가 정한 바에 따라 공행정을 수행한다. 그런데 법규는 통상 요건부분과 효과부분으로 구성되어 있다. 따라서 행정청의 법규적용은 ① 먼저 문제되는 생활관계를 확정하고, ② 그 생활관계가 특정법규의 구성요건에 해당하는가의 여부를 아울러 확정하고, ③ 다음으로 그에 대해 어떠한 효과를 부여할 것인가를 결정하는 과정을 거치게 된다. 이러한 과정은 법치행정, 행정의 법률적합성의 원칙의 적용의 당연한 결

---

1) 이에 관해 자세한 것은 옆번호 1292 이하에서 살핀다.
2) R. Schmidt, Allgemeines Verwaltungsrecht(2017), 379f.
3) R. Schmidt, Allgemeines Verwaltungsrecht(2017), 379g.
4) 김중권의 행정법(2019), 208쪽.
5) R. Schmidt, Rolf Allgemeines Verwaltungsrecht(2017), Rn. 379.

과이다. 앞의 ②의 과정을 포섭(Subsumtion)이라 부른다.

(내) **내용의 불확정성**　　　그런데 행정법규를 분석해 보면 거기에는 요건부분 **1174**
을 확정적으로 정해 둔 경우도 있고 불확정적으로 정해 둔 경우도 있으며, 또한
효과부분도 구속적으로 정해 둔 경우도 있고 선택적으로 정해 둔 경우도 있다.
이와 같이 경우에 따라서 요건부분을 불확정적으로 규정하거나 효과부분을 선
택적으로 규정하는 것은 ① 인간이 갖는 인식의 한계로 인해 완전한 입법이 불
가능할 뿐만 아니라, ② 상황에 따라 보다 정당하고 합목적적인 법형성을 가능
하게 하기 위함이다. 따라서 불확정성은 거의 모든 법률개념에서 나타난다.

(2) 불확정개념과 재량개념

(가) **양자의 구별**　　　앞서 본대로 행정에 대한 법적 구속이 완화된 것으로 볼 **1175**
수 있는 경우로는 요건부분이 불확정적인 경우와 효과부분이 선택적인 경우가
있음은 물론이다. 그런데 독일의 경우 1950년대 이전에는 양자의 경우 모두를
재량문제로 다루어 왔다.[1] 말하자면 과거에는 '재량은 다수의 행위 사이에서,
그리고 구성요건에 대한 많은 판단 사이에서 고유한 형량에 따라 선택할 수 있
는 법에 근거한 고권주체의 능력'[2]으로 이해되었다.[3]

순수히 법이론적 관점에서 본다면, 행정은 규범의 구체화과정이기 때문에 **1176**
당해 규범이 정한 범위 내에서 고유한 판단으로 구체화하면 된다고 볼 것이고,
따라서 이러한 고유한 결정을 재량이라고 할 수 있다.[4] 그러나 법의 해석·적용
문제는 실정법이 지향하는 기본원리하에 이루어져야 하므로 재량개념도 실정법
적인 관점에서 정해져야 한다. 법치국가원리상규범의 구성요건은 객관적인 것
으로서 요건충족의 판단은 예견가능해야 하므로(요건이 법률에서 정해지든 위임명령
에서 정해지든 요건 자체가 예견불가능하면 법치국가에서의 법이라 할 수 없을 것이다), 요
건의 면에서 재량을 부여한다는 것은 있을 수 없다고 생각된다.[5] 만약 인정한

---

1) Wallerath, Allgemeines Verwaltungsrecht, S. 132.
2) F. Mayer, Das Opportunitätsprinzip in des Verwaltung, 1963, S. 16.
3) 1950년대 이전의 독일의 이론은 재량을 다시 자유재량(freies Ermessen)과 기속재량(ge-
   bundenes Ermessen)으로 구분하였다. 자유재량이란 행정청의 행위에 대하여 법상 아무런 규
   율이 없거나, 또는 하나의 규율에 많은 선택가능성이 있는 경우의 재량으로 이해하였고, 기속
   재량이란 요건이 충족되면 하나의 행정행위를 발령하거나 거부하여야 할 경우, 또는 법률이 불
   확정개념을 사용하고 있는 경우의 재량으로 이해하였다(Harry V. Rosen－v. Hoewel, Allge-
   meines Verwaltungsrecht mit Verwaltungsprozessrecht, 1977, S. 35ff.). 그런데 1950년대에 이
   르러 불확정개념은 판단여지설의 등장(옆번호 1185)으로 재량문제가 아니라 요건과 관련한 판
   단여지의 문제라는 인식이 일반화되었다(Wallerath, Allgemeines Verwaltungsrecht, S. 133).
4) Adamovich/Funk, Allgemeines Verwaltungsrecht, S. 114.
5) 김남철, 행정법 강론, 150쪽(2022); 김중권의 행정법, 101쪽(2019); 석종현·송동수, 일반행정법
   총론, 202쪽(2022).

다면, 법령의 요건이 갖는 보호기능·보장기능은 파괴될 것이다. 요컨대 법치국가원리상 구성요건의 해석문제는 재량문제일 수가 없다.[1] 환언하면 판단재량이나 요건재량은 인정하기 곤란하다고 볼 것이다.[2] 재량이 주어진다면 그것은 법규상의 전제요건이 충족된 후 법적 효과와 관련하여서이다(행위재량).[3] 따라서 요건부분이 불확정적인 경우와 효과부분이 선택적인 경우는 구분되어야 한다. 요컨대 재량은 언제나 법효과재량이고,[4] 판단여지는 원칙적으로 구성요건의 문제로 보아야 한다.[5] 본서에서는 후자를 불확정개념의 문제로, 전자를 재량문제로 나누어 살펴보기로 한다.

1177 ⑷ 차 이 점 불확정개념과 재량개념은 여러 차이점을 갖는다고 본다. 이해의 편의를 위해 도표[6]로 나타내 보기로 한다.

	불 확 정 법 개 념	행 정 재 량 개 념
반대개념	불확정(법)개념 – 확정(법)개념	재량행정 – 기속행정
법률상 문제의 소재	원칙 : 구성요건의 문제 예외 : 법효과의 문제	언제나 법효과의 문제
존재형식	다의적 내용으로 표현[7]	"…할 수 있다" 또는 "…하여도 좋다" 등으로 표현
존재영역	공법 및 사법에 공통	원칙 : 공행정영역 예외 : 사적 영역
정당한 해석의 수	원칙 : 하나의 정당한 해석 예외 : 복수해석가능	원칙 : 다수의 정당한 해석가능 예외 : 하나의 해석만 가능(영으로 재량수축)
사법심사	원칙 : 전면적인 심사가능 예외 : 법적으로 심사가능하나 행정권의 의사의 존중(판단여지)	원칙 : 심사불가(재량영역) 예외 : 심사가능(재량권 일탈 또는 남용의 경우)

---

1) Giemulla/Jaworsky/Müller – Uri, Verwaltungsrecht, Rn. 85; Scholz, Allgemeines Verwaltungs-recht, 1984, S. 82.
2) F. Mayer, Allgemeines Verwaltungsrecht, 1977, S. 16.
3) 김유환, 현대 행정법, 141쪽(2022).
4) Detterbeck, Allgemeines Verwaltungsrecht mit Verwaltungsprozessrecht(13. Aufl.), §8, Rn. 312.
5) 불확정개념과 재량개념을 대비시키는 것은 독일의 판례(BVerfGE 49, 24, 66; BVerwGE 59, 213ff.; 61, 176ff.; 63, 3ff.)와 지배적인 학설(Achterberg, Hofmann/Gerke, Maurer, Püttner, Ossenbühl, Wittern, Wallerath 등)의 입장이다.
6) 졸고, 고시계, 1991. 9, 33쪽; Faber, Verwaltungsrecht, S. 108.
7) 만약 법령이 「…원칙적으로 하여야 한다」고 표현한다면, 그러한 행위는 원칙적으로 기속행위이

▌참고▌ 결합규정

(1) 의   의

독일에서 종래 재량문제는 규범상의 구성요건이 충족된 후의 문제로서 다뤄 1178
왔는데, 근년에는 이와 병행하여 법규범의 구성요건부분에서 불확정법개념을 사용
하고, 법률효과부분에서 재량이 허용된 경우를 결합규정(Koppelungsvorschriften)이
라고 하여 독자적 영역으로 다루고 있다.[1] 결합규정은 혼합구성요건(Mischtatbe-
stand)으로 불리기도 한다.[2][3]

(2) 유   형

결합규정은 ① 구성요건에서 판단여지를 인정하지 않는 불확정법개념을 사용 1179
하고 법률효과영역에서 재량을 허용한 법률의 경우, ② 구성요건에서 판단여지를
인정하는 불확정법개념을 사용하고 법률효과영역에서 재량을 허용한 법률의 경우,
③ 법률효과영역에서 재량이 허용되어 있을 뿐만 아니라 불확정법개념의 사용에 의
한 판단여지가 동시에 법률효과영역에서도 작용하는 경우(즉, 행정청의 재량행사시
불확정법개념을 준수하여야 하는 경우), ④ 가장 문제가 되는 경우로서 법률이 구성요
건영역에서 불확정법개념을 사용하였을 뿐만 아니라 법률효과영역에서 재량여지를
인정한 경우에, 이미 불확정법개념의 해석의 기초가 되었던 형량이 재량의 행사시
에 동일하게 원용되어야만 하는 경우(논증요소의 동일성), ⑤ 일정한 법규범의 경우
구성요건영역에서의 불확정법개념이 재량의 범위와 내용을 확정하는 것이어서 사
실은 재량에 귀속되는 경우로 구분되고 있다.[4]

(3) 접근방법

일설은 ① 불확정개념의 적용 시에 재량행사에 표준적인 모든 관점을 고려하 1180
여야 하는 경우에 재량감소가 나타난다고 하고, 구성요건의 구비를 긍정하는 경우
에 가능성(Kann)규정은 실제상 당연(Muss)규정이 된다고 하고,[5] ② 불확정개념이
그 범위와 내용을 재량으로 규정하고 있어서 구성요건에 있는 불확정개념이 실제상

고, 다만 예외적으로만 다른 행위로 나아갈 수 있다.

1) Maurer, Allgemeines Verwaltungsrecht, 18 Aufl,(2011), § 7, Rn. 4.; Ipsen(9. Aufl.), Allge-
   meines Verwaltungsrecht, § 14, Rn. 48; Schmidt, Allgemeines Verwaltungsrecht(18. Aufl.), S.
   117, Rn. 307.
2) 경찰입법의 실제상 구성요건의 면에서 불확정개념을 사용하고, 동시에 법효과의 면에서 재량을
   부여하는 경우가 있는데, 이러한 규정을 결합규정(Koppelungsvorschrift) 또는 혼합요건
   (Mischtatbestände)이라 부르기도 한다(Schmidt, Polizei- und Ordnungsrecht(15. Aufl.), Rn.
   711). 이러한 경우에도 원칙적으로 요건과 효과를 나누어 각각 판단하면 된다. 그러나 재량판단
   과정에서 이미 불확정개념의 해석에 바탕이 되었던 (동일한) 사항이 고려되어야 하는 경우에는
   어려운 문제가 발생한다. 이러한 경우에는 하나의 하자없는 재량결정만이 가능하다고 볼 것이다.
   영으로의 재량수축의 경우가 된다(Schmidt, Polizei- und Ordnungsrecht(15. Aufl.), Rn. 711).
3) 홍강훈, "결합규정의 해석방법에 관한 연구," 공법학연구, 제13권 제3호, 2012. 8, 한국비교공법
   학회, 180쪽.
4) 홍강훈, "결합규정의 해석방법에 관한 연구," 180-185쪽.
5) Maurer/Waldhoff, Allgemeines Verwaltungsrecht(2017), § 7, Rn. 49.

재량에 귀속되는 경우에는 불확정개념은 재량으로 흡수되는 재량흡수가 나타난다고 한다.[1] ①을 재량소멸의 방법, ②를 재량으로의 흡수방법으로 부르는 견해도 있어 보인다.[2]

2. 불확정개념과 판단여지(요건면에서 행정의 자유와 구속)

1181   **⑴ 불확정개념의 의의**   불확정개념(unbestimmter Rechtsbegriff)이란[3] 공공의 복지·공적 질서·위험 등의 용어와 같이, 그 의미내용이 일의적인 것이 아니라 다의적인 것이어서 진정한 의미내용의 확정이 구체적 상황에 따라 그때그때 판단되어지는 개념을 말한다. 불확정개념이 도입될 수밖에 없는 이유는 ① 모든 경우를 구체적으로 나열하는 것이 불가능한바 추상적으로 규정할 수밖에 없고, ② 정치·기술·도덕 등의 변화에도 불구하고 법은 영속성을 가져야 하고, ③ 법률의 경우 국회를 통과시키기 위해 정치과정상 타협으로서 애매모호한 표현을 사용하기도 하기 때문이다. 불확정개념이 법원의 명확성의 원칙과 충돌되는 것은 아니다.[4] 명시적으로 판단여지를 부여하는 입법례도 있다.[5]

1182   **⑵ 불확정개념의 종류**   종래 불확정개념에는 경험적 개념과 규범적 개념의 두종류가 있다고 설명되었다. 경험적 개념이란 주간·야간·쓰레기·음료수·차량 등의 개념과 같이 지각할 수 있고, 경험할 수 있는 대상과 관련된 개념이나, 규범적 개념이란 공공복지·공익·신뢰성·필요성·공적 안전·공적질서 등의

---

1) Maurer/Waldhoff, Allgemeines Verwaltungsrecht(2017), §7, Rn. 50. 18.
2) 김중권의 행정법(2019), 115쪽.
3) 용례상 정확히 말한다면 unbestimmter Rechtsbegriff는 불확정개념보다 불확정법개념으로 옮겨져야 할 것이지만, 우리의 경우에는 불확정개념이라는 용어가 일반적으로 사용되고 있다. 보다 정확하게 사용하려면 불확정법률개념(unbestimmter Gesetzesbegriff)으로 불러야 할 것이다. 독일의 경우도 전자가 일반적으로 사용되고 있다.
4) 대판 2019. 10. 17, 2018두104(법치국가 원리의 한 표현인 명확성원칙은 모든 기본권제한 입법에 대하여 요구되나, 명확성원칙을 산술적으로 엄격히 관철하도록 요구하는 것은 입법기술상 불가능하거나 현저히 곤란하므로 입법기술상 추상적인 일반조항과 불확정개념의 사용은 불가피하다. 따라서 법문언에 어느 정도의 모호함이 내포되어 있다 하더라도 법관의 보충적인 가치판단을 통해서 법문언의 의미내용을 확인할 수 있고 그러한 보충적 해석이 해석자의 개인적인 취향에 따라 좌우될 가능성이 없다면 명확성원칙에 반한다고 할 수 없다); 헌재 2017. 8. 31, 2015헌바388(명확성원칙이 불확정개념의 사용을 일체 금지하는 것은 아니고, 행정부로 하여금 다양한 과제를 이행하게 하고 개별적인 특수한 상황을 고려하여 현실의 변화에 적절히 대처할 수 있도록 하기 위하여 입법자는 불확정개념을 사용할 수 있으며, 이로 인한 법률의 불명확성은 법률해석의 방법을 통하여 해소될 수 있다).
5) 예로서 독일 Telekommunikationsgesetz(TKG)의 적용을 받는 시장의 의미를 정하는 규정인 동법 제10조 제2항 제2문(Diese Märkte werden von der Bundesnetzagentur im Rahmen des ihr zustehenden Beurteilungsspielraums bestimmt. 이러한 시장은 연방망위원회가 자신에게 주어진 판단여지의 범위 안에서 정한다)을 볼 수 있다.

개념과 같이 주관적 요소·주관적 평가 등의 가치충족을 통해 파악되는 개념이라고 하였다. 그러나 양자의 구분이 반드시 가능한지는 의문이며(예 : 질병·문화재), 또 한편으로 규범의 해석상 양자를 달리 취급할 특별한 이유가 있는 것으로 보이지도 않는다.[1] 종래 불확정개념을 경험적 개념과 규범적 개념으로 구분하였던 취지는 사법심사대상의 폭을 넓히기 위한 것이었다. 말하자면 규범적 개념의 경우에는 사법심사가 비교적 어려울지라도 경험적 개념의 경우는 사법심사의 대상이 되어야 함을 주장하기 위한 데 있었다고 보겠다.

⑶ **법개념으로서의 불확정개념**　　불확정개념의 해석은 그 개념의 법적 내　1183
용의 파악이기 때문에 법적 문제이다. 따라서 입법자가 불확정개념을 사용하여 구성요건을 정하였을 때, 구체적 상황하에서 그 의미는 다의적인 것이 아니고 법률의 의미에서 하나의 정당한 의미만이 있을 뿐이다.[2] 물론 어느 것이 정당한 것인가는 어려운 문제이나, 그것은 별개의 문제이다. 요컨대 불확정개념의 해석은 다수의 행위 중에서의 선택이 아니라, 사실관계의 평가를 통해 법률이 의도하는 정당한 하나의 결정을 발견하기 위한 인식작용이다.

⑷ **불확정개념과 사법심사**

㈎ **사법심사의 대상성**　　불확정개념의 해석·적용은 특정한 사실관계가 요　1184
건에 해당하는가의 여부에 대한 인식의 문제로서의 법적 문제이기 때문에 그것은 원칙적으로 사법심사의 대상이 되어야 한다.[3] 그러나 구체적인 경우 무엇이 하나의 정당한 해석인가와 관련하여 어려운 문제가 생긴다. 왜냐하면 동일한 불확정개념을 적용함에 있어 법을 적용하는 기관마다 서로 다른 결정을 할 수도 있기 때문이다. 이 때문에 행정기관에 대해 불확정개념의 해석·적용시 어느 정도 자유로운 판단의 여지를 인정할 것인가의 문제가 생긴다. 바꾸어 말하면 불확정개념의 의미내용은 법원이 최종적으로 결정하는 것이 원칙이지만, 예외적으로 행정청도 최종적인 결정자가 될 수 있는가의 문제가 생긴다. 이와 관련하여 판단여지의 문제가 나타난다. 독일의 경우에 과거에는 재량과 판단여지 사이에 구분이 없었으며 판단의 여지를 재량의 한 형태로 보았으나, 오늘날에는 일반적으로 양자를 동일시하지 아니한다고 함은 이미 언급하였다.

㈏ **판단여지설**　　불확정개념의 적용에는 하나의 정당한 결론만이 있는　1185

---

1) Koch/Rubel, Allgemeines Verwaltungsrecht, S. 105; Wallerath, Allgemeines Verwaltungsrecht(6. Aufl.), §7, Rn. 83.

2) Wittern, Grundriß des Verwaltungsrechts, §7, Rn. 20.

3) Detterbeck, Allgemeines Verwaltungsrecht, §8, Rn. 354; Schmidt, Allgemeines Verwaltungsrecht(18. Aufl.), S. 105, Rn. 283; Wallerath, Allgemeines Verwaltungsrecht(6. Aufl.), §7, Rn. 80.

것이고, 불확정개념은 당연히 사법심사의 대상이지만, 불확정개념과 관련하여
사법심사가 되지 아니하는 행정청의 평가영역·결정영역이 있고, 법원은 다만
행정청이 그 영역의 한계를 준수하였는가의 여부만을 심사할 뿐이라는 견해
가 있다(판단여지설). 그러한 한계영역을 판단여지라 부른다. 한편, 한계영역에
서의 결정이 대체가능한 범위 내의 것이라면 사법통제가 제한된다고도 하고
(대체성설), 그러한 한계영역에서 행정청은 평가의 특권을 갖는다고도 한다(평가
특권설).[1]

1186   한편, 판단여지설은 입법자가 불확정개념의 사용을 통해 행정청에게 자기
책임에 따른 결정을 하도록 하고, 그 결정이 다만 제한적으로 사법심사를 받도
록 하는 것인데, 그 논거로 다음이 지적된다.[2] 즉, 판단여지설은 ① 불확정개념
은 상이한 평가가 가능하다는 점, ② 규범논리적 근거에서 하나의 정당한 해결
책만이 있는 것은 아니라는 점, ③ 행정청은 많은 전문지식 및 경험을 보유하
며, 구체적인 행정문제에 보다 접근되어 있다는 점, ④ 어떠한 결정은 대체할
수도 반복할 수도 없다는 점, ⑤ 고유한 국가권력으로서 행정권에도 사법에 대
응하여 고유한 책임영역이 주어져야 한다는 점을 논거로 한다.

▌참고 ▌ 불확정개념의 해석

1. Bachof와 판단여지

1187   재량(Ermessen)과 판단여지(Beurteilungsspielraum)의 구분은 Bachof의 "행정법
상 판단여지, 재량 그리고 불확정법개념"이라는 논문에서 유래한다.[3] 이 논문에서
Bachof는 "재량이라는 표현 하에 법질서상 상이한 현상이 포괄되고 있다. 법상으로
가능한 많은 행위들 사이에서의 의사결정으로서 행위재량(Handlungsermessen)과
행위 요건에 대한 인식적인 판단의 영역인 판단재량(Beurteilungsermessen)은 구분
되어야 한다. 개념상의 명료성을 위하여 소위 판단재량은 성질에 따라 재량이 아니
라 판단여지(Beurteilungsspielraum)로 표현되는 것이 낫다"고 하였다. 또한 동논문
에서 Bachof는 불확정개념의 해석과 판단에 기초가 되는 사실의 존재의 문제는 사
법적으로 심사되는 것이며, 이러한 문제와 관련하여 법원의 심사권을 제한하려는
시도는 헌법에 반한다고 하였다. 아울러 사실관계에 대한 불확정개념의 적용시 법

---

1) 본서는 독일의 일반적인 예에 따라 판단여지설의 용어를 사용한다. 한편, 판단여지설은 불확정
   개념에는 판단여지가 없는 불확정개념과 판단여지가 있는 불확정개념이 있다는 것을 전제로
   한다고 볼 것이다(Detterbeck, Allgemeines Verwaltungsrecht mit Verwaltungsprozessrecht
   (13. Aufl.), §8, Rn. 351 참조).

2) Maurer, Allgemeines Verwaltungsrecht, §7, Rn. 32.

3) O. Bachof, Beurteilungsspielraum, Ermessen und unbestimmter Rechtsbegriff im Verwaltungs-
   recht, JZ, 1955, 97ff.

률이 법을 적용하는 행정청에게 (사법)심사되지 아니하는 판단여지를 부여하였는가
의 여부는 중요한 문제이며, 법률상 정한 바가 없으면 심사되지 아니하는 판단여지
의 존재는 예외적이라 하였다.

2. Ule와 대체성설

대체성설(Vertretbarkeitslehre)은 울레(C. H. Ule)의 "행정법상 불확정법개념의   1188
적용에 관하여"라는 논문에서 유래한다.[1) 동논문에서 울레는 "확정된 사실관계의
판단시, 다만 여러 전문가들의 상이한 그러나 등가치적인 감정의견으로 인하여 상
이한 결과가 나올 수 있다면, 불확정법개념의 범위안에서 이러한 각각의 평가는 유
지되고 또한 적법하다. 따라서 이러한 한계적인 경우, 행정법원은 자신의 고유한 가
치판단으로 행정청의 판단을 대체할 수 없다"고 하였다.

3. Wolff와 평가특권설

Wolff는 불확정개념과 관련하여 행정청이 평가의 특권(Einschätzungspräroga-   1189
tive)을 갖는다고 하였다. 즉 만약 불확정개념이 특히 미래의 발전과 관련하여 평가
를 필요로 하고, 그러한 평가가 법원에 의해 실제 체험될 수 있는 것이 아니고, 따
라서 법원에 의해 심사될 수 없다면, 법원은 행정청의 평가를 기초로 삼아야 한다
고 하였다.[2)

(대) 인정여부

1) 학   설   학설은 판단여지의 인정여부를 재량과의 비교 하에 검토   1190
한다. ① 긍정설은 판단여지는 법인식의 문제이지만 재량은 법률효과 선택의 문
제라는 점, 양자는 그 인정근거와 내용 등을 달리하는 점에서 구별하는 것이 타
당하다고 한다.[3) ② 부정설은 재량과 판단여지는 모두 법원에 의한 사법심사의
배제라는 측면에서 동일하므로 이를 구별할 실익이 없다고 한다.[4)

2) 판   례   판례는[5) 판단여지 인정설이 판단여지의 적용영역으로 보   1191

---

1) C. H. Ule, Zur Anwendung unbestimmter Rechtsbegriffe im Verwaltungsrecht, Gedächt-
   nisschrift für W. Jellinek, 1955, S. 309ff. 한편, 대체성설은 대체가능설 또는 타당성이론으로
   옮겨지기도 한다.
2) Wolff/Bachof, Verwaltungsrecht Ⅰ(9. Aufl.), S. 191ff.
3) 김남진·김연태, 행정법(Ⅰ), 220쪽(2019); 박균성, 행정법론(상), 318쪽(2019).
4) 김동희, 행정법(Ⅰ), 282쪽(2019); 류지태·박종수, 행정법신론, 92쪽(2019); 한견우·최진수, 현
   대행정법총론2, 71쪽(2019).
5) 대판 2023. 2. 2, 2020두4372(국토계획법 제56조 제1항에 따른 개발행위허가요건에 해당하는지
   여부는 행정청의 재량판단의 영역에 속하므로, 그에 대한 사법심사는 행정청의 공익판단에 관
   한 재량의 여지를 감안하여 원칙적으로 재량권의 일탈이나 남용이 있는지 여부만을 대상으로
   하고, 사실오인과 비례·평등의 원칙 위반 여부 등이 그 판단 기준이 된다); 대판 2017. 12. 22,
   2017두59420(국적법 제9조 제1항은 "대한민국 국민이었던 외국인은 법무부장관의 국적회복허
   가를 받아 대한민국 국적을 취득할 수 있다"라고 규정하고 있고, 같은 조 제2항은 "법무부장관

는 시험평가유사결정, 독립위원회의 결정 등을 재량의 문제로 보고 있다. 그리고 판례는 그 재량결정은 존중되어야 한다는 견해를 취한다.[1]

1192　　　　　3) 사　　견　　전문적인 공행정의 수행과 관련하여 개념파악이나 이해에 미묘한 차이가 나타날 수 있고, 그 미묘한 차이가 판단여지임을 고려할 때, 판단여지설과 판단여지의 개념은 인정할 필요가 있다고 본다. 다만 권력분립원리와 기본권(재판청구권)은 충분한 사법적 통제를 요구한다는 점, 그리고 법의 적용에 대한 최종결정권은 원칙적으로 법원이 가져야 한다는 점등을 고려할 때 판단여지는 제한된 범위에서만 인정되어야 한다.[2] 판단여지의 광범위한 인정은 법의 불안정성을 가져올 것이다. 그리고 판단여지는 사법심사에서의 문제이지 행정심판에서 문제는 아니다.[3] 뿐만 아니라 독일 연방행정재판소의 판례와 마찬가지로,[4] 행정의 판단여지는 원칙적으로 불확정개념의 해석, 즉 추상적 의미내용의 탐구에 있는 것이 아니라 단지 법률상 요건 하에서 구체적 사실관계의

은 각호의 어느 하나에 해당하는 자에게는 국적회복을 허가하지 아니한다"라고 규정하면서 제2호에서 그 중 하나로 "품행이 단정하지 못한 자"를 들고 있다. 여기에서 "품행이 단정하지 못한 자"란 '국적회복 신청자를 다시 대한민국의 구성원으로 받아들이는 데 지장이 없을 정도의 품성과 행실을 갖추지 못한 자'를 의미하고, 이는 국적회복 신청자의 성별, 나이, 가족, 직업, 경력, 범죄전력 등 여러 사정을 종합적으로 고려하여 판단하여야 할 것이다. 특히 범죄전력과 관련하여서는 단순히 범죄를 저지른 사실의 유무뿐만 아니라 범행의 내용, 처벌의 정도, 범죄당시 및 범죄 후의 사정, 범죄일로부터 처분할 때까지의 기간 등 여러 사정을 종합적으로 고려하여야 한다. … 품행이 단정하지 못한지는 행정청에 재량이 인정되는 영역이라고 볼 수는 없…다); 대판 2017. 10. 12, 2017두48956; 대판 2017. 3. 15, 2016두55490.

　　[유사판례] 제36회사법시험출제오류사건(대판 2001. 4. 10, 99다33960), 공인중개사시험 출제오류사건(대판 2006. 12. 22, 2006두12883), 제44회 사법시험 제1차시험사건(헌재 2004. 8. 26, 2002헌마107), 보건복지부장관의 예방접종으로 인한 질병, 장애 또는 사망의 인정 권한 사건(대판 2014. 5. 16, 2014두274);「의료법 제59조(지도와 명령) ① 보건복지부장관 또는 시·도지사는 보건의료정책을 위하여 필요하거나 국민보건에 중대한 위해(危害)가 발생하거나 발생할 우려가 있으면 의료기관이나 의료인에게 필요한 지도와 명령을 할 수 있다」에 따른 보건복지부장관을 피고로 한 의료기술시행중단명령사건(대판 2016. 1. 28, 2013두21120); 개발제한구역내 액화석유가스충전소사업자 지정 사건(대판 2016. 1. 28, 2015두52432).

1) 대판 2022. 9. 16, 2021두58912(행정청이 관계 법령이 정하는 바에 따라 고도의 전문적이고 기술적인 사항에 관하여 전문적인 판단을 하였다면, 판단의 기초가 된 사실인정에 중대한 오류가 있거나 판단이 객관적으로 불합리하거나 부당하다는 등의 특별한 사정이 없는 한 존중되어야 한다. 환경오염물질의 배출허용기준이 법령에 정량적으로 규정되어 있는 경우 행정청이 채취한 시료를 전문연구기관에 의뢰하여 배출허용기준을 초과한다는 검사결과를 회신받아 제재처분을 한 경우, 이 역시 고도의 전문적이고 기술적인 사항에 관한 판단으로서 그 전제가 되는 실험결과의 신빙성을 의심할 만한 사정이 없는 한 존중되어야 함은 물론이다).

2) 대판 2019. 2. 28, 2017두71031(행정청이 문화재의 역사적·예술적·학술적 또는 경관적 가치와 원형의 보존이라는 목표를 추구하기 위하여 문화재보호법 등 관계 법령이 정하는 바에 따라 내린 전문적·기술적 판단은 특별히 다른 사정이 없는 한 이를 최대한 존중할 필요가 있다).

3) Bühler, in : Schweickhardt(Hrsg.), Allgemeines Verwaltungsrecht, Rn. 306; Giemulla/Jaworsky/Müller－Uri, Verwaltungsrecht, Rn. 95.

4) BVerwGE 72, 73, 77.

포섭의 형식으로 법규범을 적용하는 데 있다고 볼 것이다.[1]

■ 참고 ■ **독일의 상황**

　독일의 경우에[2] ① 판단여지설을 지지하는 입장이 지배적이다. ② 일설은 불확정개념이라 하여 판단여지가 인정되는 것이 아니고, 입법자가 행정청에 최종적인 결정권을 부여하였을 때에만 사법심사가 이루어지지 아니하는 판단여지가 인정된다고 하고(규범적 수권론), 입법자의 수권은 해석을 통해 인정된다고 한다. 그러나 이러한 견해는 일반적인 판단여지설과 특별한 차이가 있어 보이지 아니한다. ③ 과거의 요건재량설의 맥락에서 행정청은 불확정개념의 적용을 통해 재량영역을 부여받는다고 하는 견해도 있다. ④ 기본법 제19조 제4항에서 나오는 포괄적 권리보호의 요구와 관련하여 행정처분은 사실상의 관점이나 법적 관점에서 완전히 사법심사에 놓여야 하며, 제한적으로 심사되는 판단여지를 부인하는 견해도 있다. ⑤ 독일의 판례는 기술한 바와 같이 판단여지를 다만 예외적으로만(즉, 규율대상이 복잡하고 동적이어서 불확정개념이 모호하고, 집행과정에서 구체화가 어려운 경우) 인정한다.[3]

1193

　(라) **적용영역**　　독일의 판례상 인정된 판단여지로는 ① 시험평가결정(예 : 고등학교졸업시험, 사법시험·의사시험 등 국가시험), ② 학교영역에서 시험유사의 결정(예 : 유급결정·특별교육필요성심사결정), ③ 공무원법상 평가(예 : 상관에 의한 부하공무원의 근무평가, 시보공무원평가, 공무원임용시 적성·능력의 평가), ④ 전문가와(또는) 이익대표자로 구성되는 독립위원회의 결정(예 : 인사평가위원회의 평가, 독립의 전문감정위원회에 의한 건축사자격평가, 청소년유해도서의 해당여부의 평가, 보호대상문화재의 해당여부의 평가), ⑤ 특히 환경법과 경제법영역에서 미래의 사실관계에 대한 고려 하에서의 예측적 결정과 위험의 평가(예 : 예측적 결정의 경우로서 택시업지원자의 기능능력과 택시신규허가를 통한 공공의 교통상의 이익의 침해에 대한 평가, 위험의 평가의 경우로 원자력작업장운영시의 위험에 대한 사전대비의 평가), ⑥ 특히 행정정책적인 종류의 불확정개념과 관련한 결정(예 : 공무원의 전보를 위해 근무상의 필요성을 평가하기 위한 기준으로서의 행정청의 인사계획) 등을 볼 수 있다.[4] 앞의 ①·②·③은 비대체적 결정

1194

1) Wallerath, Allgemeines Verwaltungsrecht(6. Aufl.), §7, Rn. 85.
2) Jestaedt, Erichsen(Hrsg.), Allgemeines Verwaltungsrecht(13. Aufl.), §10, Rn. 46; Maurer, Allgemeines Verwaltungsrecht, §7, Rn. 31ff. 참조.
3) BVerfGE 84, 34, 50.
4) Battis, Allgemeines Verwaltungsrecht, §7, Rn. 149ff.; Bull/Mehde, Allgemeines Verwaltungs-recht mit Verwaltungsrehre(7. Aufl.), Rn. 567f.; Detterbeck, Allgemeines Verwaltungsrecht mit Verwaltungsprozessrecht(9. Aufl.), §8, Rn. 362f.; Ipsen, Allgemeines Verwaltungsrecht (7. Aufl.), §8, Rn. 490f.; Loeser, System des Verwaltungsrechts, Bd. 1, S. 470ff.; Maurer, Allgemeines Verwaltungsrecht, §7, Rn. 37.

의 영역에서, ④는 구속적 가치의 평가영역에서, ⑤는 예측적 결정의 영역에서, ⑥은 형성적 결정의 영역에서 인정되는 판단여지로 분류·정리하기도 한다.

1195 　　㈐ **판단여지의 한계**(사법통제의 밀도)　　판단여지가 존재하는 경우에도 ① 판단기관이 적법하게 구성되었는가, ② 절차규정이 준수되었는가, ③ 정당한 사실관계에서 출발하였는가, ④ 일반적으로 승인된 평가의 척도(예 : 평등원칙)가 침해되지 않았는가의 여부는 사법심사의 대상이 된다는 것이 판단여지설의 내용이기도 하다.[1] 판단여지설은 시험결정과 관련하여서는 이 외에도 ⑤ 평가척도가 정당한 것으로 이해되었으며 또한 적용되었는가, ⑥ 시험관이 사안과는 거리가 먼 형량을 하였는가의 여부도 아울러 사법심사의 대상이 된다는 입장이다.[2]

3. 기속행위와 재량행위(효과면에서 행정의 자유와 구속)[3]

⑴ 기속행위와 재량행위의 개념

1196 　　㈎ **기속행위**　　기속행위란 법규상의 구성요건에서 정한 요건이 충족되면 행정청이 반드시 어떠한 행위를 발하거나 발하지 말아야 하는 행위, 즉 법의 기계적인 집행으로서의 행정행위를 말한다.[4] 환언하면 기속행위는 효과의 선택과 결정에 있어 행정청이 자유영역을 갖지 못하는 행위라 할 수 있다(예 : 건설법 제83조 단서).[5]

---

1) BVerwG DVBl, 63, 179; 64, 320; Battis, Allgemeines Verwaltungsrecht, §7, Rn. 149; Püttner, Allgemeines Verwaltungsrecht, S. 57; Wallerath, Allgemeines Verwaltungsrecht, S. 137; Wittern, Grundriß des Verwaltungsrechts, §7, Rn. 20; Detterbeck, Allgemeines Verwaltungsrecht, §8, Rn. 354.

2) Ipsen, Allgemeines Verwaltungsrecht(9. Aufl.), §8, Rn. 490ff.; Jestaedt, Erichsen(Hrsg.), Allgemeines Verwaltungsrecht(13. Aufl.), §10, Rn. 47; Martin Trockels, Gebundenheit und Freiheit der Verwaltung, in : Schweickhardt/Vondung(Hrsg.), Allgemeines Verwaltungsrecht, 9, Rn. 165; W－R. Schenke, Verwaltungprozessrecht(15. Aufl.), Rn. 772. 판단여지의 한계는 판단여지의 하자의 문제이기도 하다. 판단여지의 하자를 재량하자의 유형을 활용하여 판단의 결여(Beurteilungsausfall), 판단일탈(Beurteilungsüberschreitung), 판단남용(Beurteilungs-fehlgebrauch), 판단의 영으로의 축소의 위반(Missachtung einer Beurteilungsreduzierung auf Null), 기본권과 일반법원칙의 위반(Verstoß gegen Grundrechte und allgemeine Rechts-grundsätze)으로 구분하기도 한다.

3) 여기서 다루는 법규범은 가언명제형식의 조건프로그램이며, 목적수단형식의 목적프로그램과 구분되어야 한다. 후자에 관해서는 본서, 옆번호 1055 이하에서 다루었다.

4) Ipsen, Allgemeines Verwaltungsrecht(9. Aufl.), §8, Rn. 515.

5) 대판 1984. 9. 11, 83누658(건설업법 제38조 제1항 단서에 의하면 건설업자가 건설업면허를 타인에게 부여한 때는 건설부장관은 그 건설면허를 취소하여야 하고 면허관청이 그 취소여부를 선택할 수 있는 재량의 여지가 없다); 대판 2000. 1. 28, 97누4098(국유재산의 무단점유 등에 대한 변상금징수의 요건은 국유재산법 제51조 제1항에 명백히 규정되어 있으므로 변상금을 징수할 것인가는 처분청의 재량을 허용하지 않는 기속행위이다).

⑷ 재량행위

1) 개   념   행정법규는 법규상의 구성요건에서 정한 전제요건이 충족   1197
될 때 행정청이 선택할 수 있는 법효과를 다수 설정하고 있는 경우도 적지 않
다. 이 때 특정효과의 선택·결정권은 행정청에 부여된 것이 된다. 여기서 행정
청에 수권된 그리고 합목적성의 고려 하에 이루어지는 선택과 결정의 자유가
재량이고,[1] 재량에 따른 행위가 재량행위이다. 재량은 법상 수권의 내용에 따
라 행정청이 어떠한 처분을 할 것인가 아니할 것인가의 재량, 즉 결정재량과
법상 허용된 많은 가능한 처분 중에서 어떠한 처분을 할 것인가의 재량, 즉 선
택재량의 두 가지가 있다.[2] 그런데 결정재량과 선택재량은 대립적인 것으로
이해될 필요는 없다. 법문상결정재량만이 문제될 수도 있고(예 : 본법에 위반하면
영업허가를 취소할 수 있다), 선택재량만이 문제될 수도 있고(예 : 본법에 위반하면 영
업허가의 취소 또는 영업정지처분을 하여야 한다), 양자가 모두 문제될 수도 있다(예 :
본법에 위반하면 징계할 수 있다. 징계의 종류는 파면·감봉·견책으로 한다). 하여간 양자
를 합하여 행위재량 또는 행정재량이라고도 한다. 재량은 개별적인 결정에 관련한
다. 그러나 행정주체는 통일성이 있는 재량권행사를 위하여 재량준칙을 정하기도
한다.

2) 구별개념   행정재량은 ① 통치작용의 영역에서 이루어지는 정치적   1198
평가인 통치재량,[3] ② 소송절차상 법관의 신념에 위임되는 결정의 자유인 판결
재량, ③ 계획법상 행정청에 부여되는 형성의 자유로서 계획재량 ④ 법률의 근
거 없이 이루어지는 행정의 자유로서 법률로부터 자유로운 행정과 구분된다.

3) 의무에 합당한 재량   행정청은 재량이 있는 처분을 할 때에는 관련   1199
이익을 정당하게 형량하여야 하며, 그 재량권의 범위를 넘어서는 아니 된다(기본
법 제21조). 바꾸어 말하면 재량행사는 행정의 고유영역에 속하지만, 재량행사가
행정청의 임의나 자의를 의미하는 것은 아니다.[4] 그것은 입법의 취지·목적·성

---

1) Detterbeck, Allgemeines Verwaltungsrecht mit Verwaltungsprozessrecht(13. Aufl.), §8, Rn.
   313f.; Jestaedt, Erichsen(Hrsg.), Allgemeines Verwaltungsrecht(13. Aufl.), §10, Rn. 55; Büh-
   ler, in : Schweickhardt(Hrsg.), Allgemeines Verwaltungsrecht, Rn. 267; Wolff/Bachof/Stober,
   Verwaltungsrecht Ⅰ(10. Aufl.), §31, Rn. 31; 대판 2018. 12. 13, 2016두31616(귀화신청인이 국
   적법 제5조 각 호에서 정한 귀화요건을 갖추지 못한 경우 피고는 귀화 허부에 관한 재량권을
   행사할 여지없이 귀화불허처분을 하여야 하므로, 원심이 원고가 귀화요건을 갖추지 못하였다
   고 보면서도 피고의 재량권 일탈·남용 여부에 관하여 나아가 판단한 것은 적절하지 아니하다).
2) Erbguth, Allgemeines Verwaltungsrecht(7. Aufl.), §14, Rn. 39; Koch/Rubel, Allgemeines
   Verwaltungsrecht, S. 111; Loeser, System des Verwaltungsrechts, Bd. 1, S. 500.
3) 통치재량(정치적 재량)은 법률의 구속을 능가하여 창조적인 관점에서 이루어지는 점에서 법률
   상 정해진 목적 내에서 이루어지는 행정재량(의무에 합당한 재량)과 기본적으로 다르다.
4) Koch/Rubel, Allgemeines Verwaltungsrecht, S. 111.

질과 헌법질서의 구속하에, 그리고 당해 처분에 관련된 본질적인 관심사에 대한 고려하에 행사되어야 한다. 따라서 재량은 언제나 의무에 합당한 재량인 것이다.[1] 판례도 재량은 의무에 합당한 재량이어야 한다고 판시하고 있다.[2] 의무에 합당한 재량은 법에 구속된 재량이라고도 한다.[3] 순수한 의미의 자유재량은 법치국가에서 있을 수 없다.[4] 재량행사가 만약 의무에 합당한 것이 아니라면 재량하자가 있는 것이 된다. 이에 관해서는 후술한다.

1200 　　　4) 소위 기속재량과 자유재량　　　판례와 전통적인 견해는[5] 재량행위를 다시 기속재량행위와 (좁은 의미의) 자유재량행위로 나눈다. 전자는 법규재량, 후자는 편의재량 또는 공익재량이라고도 부른다. 기속재량이란 무엇이 법인가의 재량이고, 자유재량은 무엇이 공익에 적합한가의 재량이라고 한다. 그리고 판례는 "법규재량이란 무엇이 법이냐에 관한 재량으로서 행정청의 자유판단에 맡겨지지 않고 법이 일반법칙성을 예정하고 있어 오히려 재량이 법의 해석·적용에 관한 법률적 판단으로 여겨지는 경우를 말하며, 만일 그 재량을 그르친 행위를 한다면 위법한 행정행위를 한 것으로 되어 법원의 통제 밑에 들어가 소송의 대상이 됨은 법의 기속에 위반한 때와 동일하다"고 하고 있다.[6] 그러나 기속재량과 자유재량의 구분이 반드시 명백한 것은 아니라는 점, 판례가 지적하는 바와 같이 재량권의 남용이나 재량권의 일탈의 경우에는 기속재량이거나 자유재량이거나를 불문하고 사법심사의 대상이 된다는 점,[7] 기속재량이나 자유재량 모두 법에 기속된다는 점을 고려한다면 양자의 구분은 그리 필요한 것이 아니다.[8] 근년에는 재량행위를 기속재량행위와 자유재량행위로 구분하는 종래의 입장을 탈피하여 "기속행위 내지 기속재량행위와 재량행위 내지 자유재량행위"로 구분하는 판례도 나타난다.[9] 새로운 판례가 종래의 판례보다 진일보한 것이지만, 단

---

1) Bull, Allgemeines Verwaltungsrecht, Rn. 399; Gusy, Polizei- und Ordnungsrecht(9. Aufl.), §5, Rn. 392; Maurer, Allgemeines Verwaltungsrecht, §7, Rn. 17; Püttner, Allgemeines Verwaltungsrecht, S. 50, 55.
2) 대판 2006. 9. 28, 2004두5317(행정청이 위법한 침익적 행정행위를 취소하고 적법한 재처분을 하는 것은 특별한 사정이 없는 한 의무에 합당한 재량권의 행사라 할 것이다).
3) Wittern, Grundriß des Verwaltungsrechts, §7, Rn. 30; Maurer, Allgemeines Verwaltungsrecht, §7, Rn. 17; Schmidt, Allgemeines Verwaltungsrecht(18. Aufl.), S. 115, Rn. 302.
4) 대판 1990. 8. 28, 89누8255; Maurer, Allgemeines Verwaltungsrecht, §7, Rn. 17.
5) 김도창, 일반행정법론(상), 380쪽.
6) 대판 1973. 10. 10, 72누121; 대판 1998. 9. 8, 98두8759.
7) 대판 1984. 1. 31, 83누451.
8) 김남진·김연태, 행정법(Ⅰ), 221쪽(2019); 김동희, 행정법(Ⅰ), 271쪽(2019); 김중권의 행정법(2019), 105쪽.
9) 대판 2001. 2. 9, 98두17593.

순히 재량행위와 기속행위로 구분하는 것이 가장 합리적이라 볼 때, 새로운 판례도 역시 미흡하다.

⑵ 재량행위의 존재이유와 문제점

㈎ 존재이유　인간의 생활관계의 변동에 대한 예견이 언제나 가능한 것 1201
은 아니지만 행정은 공동체의 발전을 고려해야 한다. 공동체의 발전은 국가의
기본적인 임무인 까닭이다. 이 때문에 입법자는 행정주체가 구체적인 경우에 동
적으로 합리적인 사회형성을 하도록 하기 위해, 하나의 요건에 하나의 효과를
결합시키는 대신 다수의 가능한 법적 효과를 결합시켜 그 선택을 행정주체에
위임하게 되는 것이다. 따라서 기속행위에는 적법성의 문제가 있으나, 재량행위
에서는 합목적성의 문제가 생긴다고 하겠다.

㈏ 문제점　법치국가원리상 행정은 법률에 구속되는 것인데, 재량은 행 1202
정주체에 자유를 부여하는 것이므로 이와 관련하여 ① 입법자가 행정주체에게
재량에 따라 행위할 수 있는 권능을 줄 수 있는가. ② 만약 있다면 법원은 사법
통제와 관련하여 행정청의 재량결정을 수정할 수 없는가의 문제가 있다. 이러한
문제가 재량행위에 관한 기본문제가 된다.[1] 침익적 행정행위의 발령에 목표·
내용·대상·범위 등의 기준이 없거나, 사소한 기준만을 제시하고 행정권에 재량
을 부여하는 입법은 위헌이 될 것이다. 그러나 그렇지 않은 경우 입법자가 행정
권에 재량을 부여하는 것은 법치국가원리에 반하지 않음은 이미 지적한 바 있
다. 문제는 다만 어떠한 통제장치를 마련할 것인가에 있다.

⑶ 기속행위와 재량행위의 구별필요성

㈎ 행정소송상 이유　① 행정청의 자유재량에 속하는 사항은 행정재판소 1203
의 관할에 속하지 아니한다는 재량조항을 둔 오스트리아 행정재판소설치법
(1875) 이래 여러 입법례(독일 뷔템베르크·바이에른·바덴, 미국 행정절차법)가 이를 따
르고 있는데, 여기서 사법심사의 대상에서 제외되는 재량행위의 의의와 한계를
명백히하기 위해 재량행위와 기속행위의 구분이 필요하다. ② 우리의 실정법상
재량조항이 사법심사에서 제외됨을 선언하는 규정은 보이지 않는다. 그러나 행
정심판법은 행정심판청구사항을 위법 또는 부당한 처분으로 규정하나(행심법 제1
조), 행정소송법은 행정소송대상을 위법한 처분만으로 규정하고 있는바(행소법 제
1조), 이는 행정소송법이 일정한계내의 재량위반은 위법행위가 아님을 전제로
한 것이라 하겠다.[2] 또한 행정소송법이 재량권일탈·재량권남용의 처분등을 취

---

1) Püttner, Allgemeines Verwaltungsrecht, S. 50.
2) 김남진, 고시연구, 1991. 5, 119쪽; 김도창, 일반행정법론(상), 391쪽.

소소송의 대상으로 규정하고 있는 것도 행정소송법이 기속행위와 재량행위의 구별을 전제로 한 것이라 하겠다(행소법 제27조).

1204   (나) 부관상 이유   행정청은 처분에 재량이 있는 경우에는 부관(조건, 기한, 부담, 철회권의 유보 등을 말한다. 이하 같다)을 붙일 수 있다(기본법 제17조 제1항). ② 행정청은 처분에 재량이 없는 경우에는 법률에 근거가 있는 경우에 부관을 붙일 수 있다(기본법 제17조 제2항). 이와 관련하여 행정기본법 제정 전에 기속행위에는 부관을 붙일 수 없으나 재량행위에는 부관을 붙일 수 있기 때문에 양자는 구분할 필요가 있다는 견해도 있었다.[1] 그러나 생각건대 부관이 법상의 전제요건을 충족시키게 될 때에는 기속행위에도 부관을 붙일 수 있고(VwVfG 제36조 제1항)(요건충족적 부관), 반대로 재량행위에도 부관을 붙일 수 없다고 해야 할 경우도 있다고 볼 것이다. 요컨대 부관의 가능성은 입법의 목적·취지·내용 등을 고려하여 정할 문제이지, 행위의 재량성유무와 반드시 직결된 것이라 보기는 어렵다.[2]

1205   (다) 기   타   ① 개인적 공권이 재량행위에서도 인정될 수 있다는 점을 고려한다면, 개인적 공권과 관련하여 재량행위와 기속행위를 구별할 이유는 없으며,[3] ② 재량행위나 기속행위 모두 취소·철회가 가능하므로 불가변력과 관련하여 재량행위와 기속행위를 구별할 이유도 없다.

   (4) 기속행위와 재량행위의 구별기준

구분개념	(본서의 입장과 오늘날의 판례)	(전통적 견해와 종래의 판례)
	기속행위	기속행위 기속재량행위
	재량행위	자유재량행위(공익재량행위)

1206   (가) 학   설   기속행위와 재량행위의 구별기준에 관한 우리의 전통적인 입장은 재량행위를 다시 기속재량과 자유재량(공익재량)으로 구분하여 기속재량과 자유재량의 구분의 문제로 다룬다. 이런 지배적인 입장은 결국 사법심사의 대상이 되는 기속행위·기속재량행위와 사법심사의 대상이 되지 않는 자유재량행위의 구분을 내용으로 한다. 명문의 규정이 있으면 별문제이나 명문의 규정이

---

1) 김동희, 행정법(Ⅰ), 276쪽(2019); 이상규, 신행정법론(상), 340쪽.
2) 박윤흔·정형근, 최신행정법강의(상), 298쪽.
3) 김동희, 행정법(Ⅰ), 276쪽(2019); 박윤흔·정형근, 최신행정법강의(상), 299쪽.

없는 경우와 관련하여 지배적인 견해들은 기속재량과 자유재량의 구분기준으로 요건재량설·효과재량설을 논급하며, 판단여지설을 또한 추가적으로 논급하는 경우도 있다.

1) 요건재량설   요건재량설은 재량이 행정행위의 요건에 대한 사실인정 1207 과 인정사실의 요건해당여부에 관한 판단이지, 행정행위의 효과설정에 있는 것은 아니라는 것을 전제로 한다. 그리하여 이 견해는 ① 요건이 공백규정이거나 종국목적(공익)만을 두고 있는 경우는 자유재량에 해당하고, ② 중간목적을 두고 있는 경우에는 기속재량에 해당한다고 본다. 이 견해에 대해서는 ⓐ 법률문제인 요건인정을 재량문제로 오인하였고, ⓑ 중간목적과 종국목적의 구분이 불분명하고, ⓒ 법률효과실현 자체가 재량의 대상임을 간과하고 있다는 비판이 가해진다.[1] 현재 이 견해를 취하는 학자는 없다.

2) 효과재량설   효과재량설은 재량이 행정행위의 요건인정이 아니라 법 1208 률효과의 선택에 있다는 것을 전제로 한다. 그리하여 이 견해는 ① 침익적 행위는 기속행위(기속재량행위)이고, ② 수익적 행위는 법규상 또는 해석상 특별한 기속이 없는 한 재량행위(자유재량행위)이며, ③ 국민의 권리·의무와 관련없는 행위도 재량행위(자유재량행위)라고 한다. 이 견해를 행위재량설이라고도 한다.[2] 이 견해에 대해서는 ⓐ 급부행정의 영역에서 법률요건해당을 인정한 뒤에도 재량(자유재량)이라는 이유로 불행위의 자유를 행정청에 주는 것은 문제이고, ⓑ 또 한편 정치적·행정적 책임이 수반되는 정책재량 또는 전문적 지식을 요하는 기속행위(기속재량행위)에 속하는 사항은 비록 불이익처분이라고 하여도 사법심사의 대상으로 하기 어렵다는 점을 등한시한다는 비판이 가해지고 있다.[3]

3) 판단여지설   ① 일부 견해는 재량행위와 기속행위의 구분과 관련하 1209 여 판단여지설을 하나의 기준으로 언급하기도 한다. 이러한 입장은 판단여지와 재량이 모두 법원의 통제가 미치지 않는다는 점에서는 동일하므로 구별할 실익이 없음을 논거로 한다.[4] 그러나 ② 양자가 모두 법원의 통제하에 놓이지 않는다고 하여도 재량은 선택의 문제를 대상으로 하고, 판단여지는 인식의 문제를 대상으로 하는바, 양자는 성질이 다른 것이므로, 행정법학의 논리체계상 양자는 구별되어야 한다. ③ 불확정개념과 재량개념은 구분되어야 한다는 저자의 입장에서 판단여지설은 기속행위와 재량행위의 구별기준이 될 수 없음은 물론이다.

---

1) 석종현·송동수, 일반행정법(상), 202쪽; 이상규, 신행정법론(상), 341쪽.
2) 이상규, 신행정법론(상), 341쪽.
3) 석종현·송동수, 일반행정법(상), 203쪽; 이상규, 신행정법론(상), 341쪽.
4) 김동희, 행정법(Ⅰ), 282쪽(2019); 김철용, 행정법(Ⅰ), 222쪽.

1210   **4) 종 합 설**   일설은[1] 재량이 법적 요건이 아니라 법적 효과와 관련된다는 전제하에 기속행위와 재량행위의 구분은 법령의 규정방식, 그 취지·목적, 행정행위의 성질 등을 함께 고려하여 구체적 사안마다 개별적으로 판단하여야 한다는 입장을 취한다. 종합설은 본서가 붙인 이름이다.

1211   **㈏ 판   례**   ① "행정행위가 그 재량성의 유무 및 범위와 관련하여 이른바 기속행위 내지 기속재량행위와 재량행위 내지 자유재량행위로 구분된다고 할 때, 그 구분은 당해 행위의 근거가 된 법규의 체재·형식과 그 문언, 당해 행위가 속하는 행정 분야의 주된 목적과 특성, 당해 행위 자체의 개별적 성질과 유형 등을 모두 고려하여 판단하여야 한다"는 것이 판례의 기본적인 입장이지만(종합설에 해당한다),[2] ② "구 주택건설촉진법 제33조에 의한 주택건설사업계획의 승인은 상대방에게 권리나 이익을 부여하는 효과를 수반하는 이른바 수익적 행정처분으로서 법령에 행정처분의 요건에 관하여 일의적으로 규정되어 있지 아니한 이상 행정청의 재량에 속한다"는[3] 표현에서 보는 바와 같이 판례는 보충적으로 효과재량설의 입장을 취하는 것으로 보인다. 그러나 판례는 왜 수익적인 행위는 재량행위이어야 하는가에 관해 언급하는 바가 없다. 여기에 판례의 문제점이 있다. 한편, ③ 판례는 경우에 따라 공익성을 구별기준으로 들기도 한다.[4]

---

1) 박윤흔·정형근, 최신행정법강의(상), 301쪽.
2) 대판 2018. 10. 4, 2014두37702.
3) 대판 2011. 1. 27, 2010두23033(야생동·식물보호법 제16조 제3항과 같은 법 시행규칙 제22조 제1항의 체제 또는 문언을 살펴보면 원칙적으로 국제적멸종위기종 및 그 가공품의 수입 또는 반입 목적 외의 용도로의 사용을 금지하면서 용도변경이 불가피한 경우로서 환경부장관의 용도변경승인을 받은 경우에 한하여 용도변경을 허용하도록 하고 있으므로, 위 법 제16조 제3항에 의한 용도변경승인은 특정인에게만 용도 외의 사용을 허용해주는 권리나 이익을 부여하는 이른바 수익적 행정행위로서 법령에 특별한 규정이 없는 한 재량행위이다); 대판 2005. 7. 22, 2005두999(여객자동차운수사업법에 의한 개인택시운송사업면허는 특정인에게 권리나 이익을 부여하는 행정행위, 즉 수익적 행정행위로서 법령에 특별한 규정이 없으면 행정청의 재량에 속한다); 대판 2005. 4. 28, 2004두8910(개인택시운송사업면허는 특정인에게 권리나 이익을 부여하는 행정행위로서 법령에 특별한 규정이 없는 한 재량행위이다); 대판 2007. 5. 10, 2005두13315(구 주택건설촉진법 제33조에 의한 주택건설사업계획의 승인은 상대방에게 권리나 이익을 부여하는 효과를 수반하는 이른바 수익적 행정처분으로서 법령에 행정처분의 요건에 관하여 일의적으로 규정되어 있지 아니한 이상 행정청의 재량행위에 속한다); 대판 2004. 3. 25, 2003두12837(구 도시계획법 제21조…등의 규정을 종합해 보면, 개발제한구역 내에서는 구역지정의 목적상 건축물의 건축 및 공작물의 설치 등 개발행위가 원칙적으로 금지되고, 다만 구체적인 경우에 이러한 구역지정의 목적에 위배되지 아니할 경우 예외적으로 허가에 의하여 그러한 행위를 할 수 있게 되어 있음이 그 규정의 체제와 문언상 분명하고, 이러한 예외적인 개발행위의 허가는 상대방에게 수익적인 것이 틀림이 없으므로 그 법률적 성질은 재량행위 내지 자유재량행위에 속하는 것이다).
4) 대판 2001. 1. 19, 99두3812(구 자동차운수사업법의 관련 규정에 의하면 마을버스운송사업면허

㈐ **사 견(종합설과 기본권기준설)**   재량은 법효과의 면에서 문제된다는 저자   1212
의 입장에서도 기속행위와 재량행위의 구별기준은 1차적으로 법문의 표현에서
찾아야 한다고 본다. 입법자의 의사를 도외시하고 행위의 효과에 따라 구분한다
는 것은 법의 존재의미를 무시하는 결과가 되기 때문이다. 다만 법문의 표현이
명백하지 않은 경우에는 문제이다.

1) **법문의 표현상 분명한 경우**   법령이 행정청에 대해 "…를 할 수 없다,"   1213
"…을 하여야 한다," "…을 하여서는 아니 된다"는 등의 표현을 사용하면, 그것
은 기속행위이다. 그러나 법령이 "…을 할 수 있다"고 규정하거나[1] 또는 이와
유사하게 규정하면, 그것은 재량행위가 된다.[2] 다만, 재량이 0으로 수축되는 경
우에는 그러하지 아니하다. 한편, 법령이 "원칙적으로 …을 하여야 한다"고 규
정한다면, 그것은 원칙적으로 기속행위이고, 다만 특별한 사정이 있는 경우에만
예외적으로 법령의 규율내용으로부터 이탈을 할 수 있다. 그리고 이탈하는 경우
에는 행정청이 규율내용으로부터의 이탈을 정당화하는 특별한 사정에 대한 근
거를 제시하여야 한다.[3]

의 허용여부는 사업구역의 교통수요, 노선결정, 운송업체의 수송능력, 공급능력 등에 관하여
기술적·전문적인 판단을 요하는 분야로서 이에 관한 행정처분은 운수행정을 통한 공익실현과
아울러 합목적성을 추구하기 위하여 보다 구체적 타당성에 적합한 기준에 의하여야 할 것이므
로 그 범위 내에서는 법령이 특별히 규정한 바가 없으면 행정청의 재량에 속하는 것이라고 보
아야 할 것이고, 또한 마을버스 한정면허시 확정되는 마을버스 노선을 정함에 있어서도 기존
일반노선버스의 노선과의 중복 허용 정도에 대한 판단도 행정청의 재량에 속한다).

1) 대판 2022. 12. 29, 2020두49041(학교용지법 제5조 제4항은 "시·도지사는 다음 각호의 어느 하
나에 해당하는 경우에는 부담금을 면제할 수 있다. 다만 제1호·제3호 및 제4호의 경우에는 부
담금을 면제하여야 한다."라고 규정하면서 제2호에서 '최근 3년 이상 취학 인구가 지속적으로
감소하여 학교 신설의 수요가 없는 지역에서 개발사업을 시행하는 경우'를 들고 있다. 이와 같
이 위 규정 제1호, 제3호, 제4호에 따른 학교용지부담금 면제는 기속행위인 반면, 제2호에 따
라 학교용지부담금을 면제할 것인지 여부를 결정하는 데에는 행정청의 재량이 인정된다).

2) 건축법 제11조 제1항의 일반건축물의 건축허가는 해석상 기속행위로 이해되고 있고, 제11조
제4항의 위락시설·숙박시설의 허가는 명문으로 재량행위로 규정되고 있다. 그런데 판례는 일
반건축물의 건축허가(건축법 제11조 제1항 관련)의 성질과 관련하여 "건축행정청은 건축허가
신청이 건축법 등 관계 법령에서 정하는 어떠한 제한에 해당되지 않는 이상 같은 법령에서 정
하는 건축허가를 하여야 하고, 중대한 공익상의 필요가 없음에도 요건을 갖춘 자에 대한 허가
를 관계 법령에서 정하는 제한사유 이외의 사유를 들어 거부할 수는 없다"는 견해를 취하고 있
다(대판 2018. 6. 28, 2015두47737; 대판 2006. 11. 9, 2006두1227). 학자들은 이러한 판시사항
에 비추어 「판례는 일반건축물의 건축허가를 기속행위로 본다」고 정리하고 있다. 저자도 마찬
가지이다. 그러나 엄밀히 보면, 판례가 일반건축물의 건축허가를 언제나 기속행위로 본다고 말
하기 어렵다. 왜냐하면 위의 판시사항에서 보는 바와 같이 법령에서 정함이 없다고 하여도 중
대한 공익상의 필요가 있다면 예외적으로 허가를 거부할 수 있다는 것이 판례의 견해이기 때
문이다. 따라서 「일반건축물의 건축허가는 일반적으로 기속행위이지만, 예외적으로 재량행위일
수 있다」는 것이 판례의 견해라 하는 것이 보다 적확한 표현일 것이다.

3) BVerwGE 64, 318, 324; 90, 88, 93.

1214 　　　2) 법문의 표현상 불분명한 경우　　　법문의 표현상 개인에게는 의무를 부과하고 있으나(예 : 식품위생법은 사인이 일정영업을 하기 위해서는 허가를 받아야 함을 규정하고 있다), 행정청에 대해서는 허가 또는 불허가에 관해 특별한 제한을 두고 있지 않은 경우(예 : 식품위생법·동시행령·동시행규칙은 요건을 구비한 영업허가신청에 대해 허가를 하여야 하는가에 대해 명백한 규정을 두고 있지 않다)에 문제가 된다. 이러한 경우에는 종합설에 따라 판단하면 될 것이다. 다만 종합설에 따른다고 하여도 양자의 구분이 용이하지 아니한 한계적인 경우에는 최종적으로 기본권과 행정행위의 내용과 성질에서 그 기준을 찾아야 할 것이다. 말하자면 한계적인 경우에는 '기본권의 최대한 보장'이라는 헌법상 명령과 행정행위의 '공익성'을 재량행위와 기속행위의 구분기준으로 삼아야 한다(기본권기준설). 요컨대 법문의 표현상 기속행위와 재량행위의 구분이 불명확한 경우에는 종합설에 따라 판단하되, 그럼에도 양자의 구분이 불명확한 경우에는 종합설의 한 부분으로서 기본권기준설을 활용하면 될 것이다. 그리하여 이러한 입장에서 저자는 원칙으로서 기본권의 보장이 보다 강하게 요청되는 경우에는 사인의 기본권실현에 유리하게 판단하고, 공익실현이 보다 강하게 요청되는 경우에는 공익실현에 유익하도록 판단하여야 한다고 본다.

1215 　　　예컨대 ① 유흥주점영업의 허가의 경우에는 기본권(직업선택의 자유)이 보다 중요하므로 반드시 허가하는 것이 기본권의 최대한의 보장에 부합하는 것인바, 기속행위로 보아야 하되,[1] 유흥주점영업허가철회의 경우에는 재량행위로 보아야 할 것이다. 한편, ② 여객자동차운송사업의 면허(특허)의 경우에는 공익실현이 보다 중요하므로 행정청이 공익실현을 위해 합리적이고도 자유로운 판단을 할 수 있어야 하는바, 재량행위로 보아야 한다.[2] 물론 여객자동차운송사업면허철회의 경우에도 재량행위로 보아야 할 것이다. 그러나 ③ 준법률행위적 행정행

---

1) 대판 2000. 3. 24, 97누12532(구 식품위생법상 일반주점영업허가는 성질상 일반적 금지의 해제에 불과하므로 허가권자는 허가신청이 법에서 정한 요건을 구비한 때에는 허가하여야 하고 관계법령에서 정하는 제한사유 외에 공공복리 등의 사유를 들어 허가신청을 거부할 수는 없고, 이러한 법리는 일반음식점 허가사항의 변경허가에 관하여도 마찬가지이다); 대판 1992. 6. 9, 91누11766(구 건축법(1991. 5. 31. 법률 제4381호로 개정되기 전의 것) 제5조 제1항 소정의 건축허가권자는 건축물이 건축법, 도시계획법 등의 관계법규에서 정하는 어떠한 제한에 배치되지 않는 이상 당연히 같은 법조 소정의 건축허가를 하여야 하고, 위 관계법규에서 정하는 제한사유 이외의 사유를 들어 그 허가신청을 거부할 수는 없고, 여기서 여기서 관계법규란 건축물에 대한 건축허가의 제한에 관하여 직접 규정하고 있는 법규만을 말하고, 건축허가에 따라 건축된 건축물 내의 시설의 운영이나 용도에 따른 건축물의 사용에 대하여 제한을 가하는 법규를 말하는 것은 아니라 할 것이다).

2) 대판 2002. 6. 28, 2001두10028; 대판 1999. 10. 12, 99두6026.

위의 경우에는 성질상 기속행위로 볼 것이다. 다만, ④ 복합민원의 경우에는 관련법령을 모두 고려하여야 할 것이다.[1]

    3) 중대한 공익상 필요   판례는 "건축허가권자는 건축허가신청이 건축법 등 관계 법규에서 정하는 어떠한 제한에 배치되지 않는 이상 당연히 같은 법조에서 정하는 건축허가를 하여야 하고, 중대한 공익상의 필요가 없는데도 관계법령에서 정하는 제한사유 이외의 사유를 들어 요건을 갖춘 자에 대한 허가를 거부할 수는 없다"고 한다.[2] 기본권기준설의 입장에서 보면, 판례는 「일반적으로는 기본권의 보장이 강하게 요청되는 행위(기속행위)일지라도 특별한 상황에서는 공익실현이 더 절실히 요구되는 경우(재량행위)가 있을 수 있다」는 견해를 취한다고 본다. 특별한 상황의 설정은 예외적이어야 한다. 그렇지 않다면 기본권의 보장은 상대화될 수 있다.

1215a

    ▌참고▌   독일에서의 기속행위와 재량행위의 구분[3]

    1. 종   래

    요건재량설은 오스트리아의 Bernatzik가 1886년의 그의 저서(Rechtsprechung und materielle Rechtskraft, Wien 1886, S. 36ff.)에서 주장하였고, 효과재량설은 오스트리아의 Tezner가 1888년의 그의 저서(Zur Lehre von dem freien Ermessen der Verwaltungsbehoerden als Grund der Unzustaendigkeit der Verwaltungsgerichte, Wien 1888, S. 13ff., 29ff.)에서 주장하였다. Tezner의 효과재량설은 오스트리아에서 뿐만 아니라 독일, 스위스에서도 한때 지배적 지위를 점한 적도 있으나, 요건재량설 및 효과재량설은 현재는 이미 극복되어 더 이상 주장되지 않으며, 현재 독일의 모

1216

---

1) 대판 2000. 3. 24, 98두8766(하나의 민원 목적을 실현하기 위하여 관계 법령 등에 의하여 다수 관계기관의 허가·인가·승인·추천·협의·확인 등의 인·허가를 받아야 하는 복합민원에 있어서 필요한 인·허가를 일괄하여 신청하지 아니하고 그 중 어느 하나의 인·허가만을 신청한 경우에도 그 근거법령에서 다른 법령상의 인·허가에 관한 규정을 원용하고 있거나 그 대상행위가 다른 법령에 의하여 절대적으로 금지되고 있어 그 실현이 객관적으로 불가능한 것이 명백한 경우에는 이를 고려하여 그 인·허가 여부를 결정할 수 있다).

2) 대판 2009. 9. 24, 2009두8946. 유사한 판결로 대판 2019. 10. 31, 2017두74320; 대판 2017. 5. 30, 2017두34087 등을 들 수 있다.

3) 이 부분은 홍강훈 교수의 논문 "기속행위와 재량행위 구별의 새로운 기준," 한국공법학회, 공법연구 제40집 제4호, 2012. 6.에서 인용한 것이다. 다만, 동 교수가 인용한 문헌은 생략하였다. 독일에서 극복된 이론을 아직까지 활용하는 우리의 태도에 문제가 있다는 동 교수의 지적은 긍정적으로 볼 것이다. 그리고 오늘날의 독일의 일반적 견해와 같은 시각에서 "법문상의 표현이 분명한 경우는 다수설과 같이 문언상 표현에 따르면 되므로 문제가 없다. 문제는 법문상의 표현이 불분명한 경우인데 이때에는 원칙적으로 독일의 Soll규정과 같이 보아서 전형적인 상황에서는 기속행위로 보고, 오직 비전형적 상황에서만 재량행위로 보는 것이 바람직하다"는 동 교수의 견해(기속행위원칙 및 형량결과 명확성설)(동 교수, "결합규정의 해석방법에 관한 연구," 316쪽)도 경청할 만하다.

든 교과서들은 우리나라와 달리 기속행위와 재량행위 부분에서 이들 전통적 견해를 전혀 소개하지 않고 있으며, 이는 공법사학(史學)의 영역으로서 법역사학 교과서에만 소개될 뿐이어서 이제 이들 학설들은 단지 역사적인 의미만을 가지고 있다.

2. 현　　재

1217　　　현재 독일 교과서들은 일치하여 법문상의 표현을 그 기준으로 삼고 있다. 즉, 경우에 따라서는 직접 "Ermessen(재량)"이라는 표현을 씀으로써, 그러나 대개의 경우는 "kann(할 수 있다)," "darf(해도 좋다)," "ist befugt(할 자격이 있다)," "ist berechtigt(할 권한이 있다)" 등의 표현을 쓴 경우(소위, Kann규정)는 재량행위에 속하고, 반면에 "muss(해야 한다)," "ist zu(해져야만 한다)," "darf nicht(해서는 안 된다)" 등의 표현이 사용된 경우(소위, Muss규정)는 기속행위라고 본다. 한편으로 Kann규정과 Muss규정 사이의 중간영역에 소위 Soll규정(Soll Vorschrift)이 존재한다고 한다. 법문에 "Soll"이라는 조동사를 쓴 경우라든가 혹은 "in der Regel(보통의 경우)"이라는 표현을 쓴 경우가 소위 Soll규정에 해당한다. Soll규정의 경우 행정청은 통상적인 경우(Regelfall) 또는 전형적인 경우(typischen Fall)에는 법적구성요건이 충족된다면 행위를 해야 할 의무를 지며(즉, 기속행위), 오직 예외적인 경우(Ausnahmefälle)나 비전형적 상황(atypische Situationen)에서만 이 의무에서 벗어날 수 있다. 즉, 오직 예외적인 경우에만 행정청에게 재량이 주어지는 규정을 말한다.

3. 의도된 재량

1218　　　위 3가지 유형과는 별도로 최근에 독일 연방행정법원은 소위 "의도된 재량(Intendiertes Ermessen)"이라는 개념을 사용하고 있다.[1] 이 개념은 법문의 표현에 따르면 제한없는 재량이 주어져 있음에도 불구하고 (즉, 법문상으로는 Kann규정임에도 불구하고) 일반적인 경우는 입법의도에 따른 의도된 법률효과가 발생하고 (즉, 재량이 사라지고) 예외적인 경우에만 행정청에게 재량이 주어지는 경우를 말한다. 그에 따른 효과로 일반적인 경우는 재량행사가 없으므로 독일 행정절차법 제39조 제1항 제3문에 따른 이유제시(Begründung)가 불필요하게 된다는 것이다. 결국 독일 연방행정법원은 문언상 재량행위인 Kann규정의 일부를 기속행위로 보아 재량의 영역을 좁히고 있는 것이다. 의도된 재량규정과 재량의 0으로의 수축의 차이는 의도된 재량은 개개의 사안의 특수성이 재량을 허용하지 않는 한 원칙적으로 통상의 경우(Regelfall) 재량이 없다는 원칙에 근거를 두고 있는 반면에, 재량의 0으로의 수축은 원칙적으로 재량이 허용되나 예외적인 경우(오직 하나의 법률효과만이 예외적으로 적법한 것으로 선택되어질 수 있는 경우)에 재량이 없다는 원칙에 근거를 두고 있다는 점에 있다. 따라서 서로 정반대의 구조를 가지고 있다.

---

1) BVerwGE 72, 1, 6; 91, 82, 90; 105, 55, 57f.; Erbguth, Allgemeines Verwaltungsrecht(7. Aufl.), §14, Rn. 40.

⑸ 재량의 행사와 행정의 자기구속

㈎ **재량의 행사**   재량권은 원칙적으로 개별사건에 향해진 것이나 상급관   1219
청이 행정규칙의 정립을 통해 하급관청의 재량행사를 일반적으로 지도하여 법
적용의 통일을 기하도록 함이 일반적이다. 이 때 일반적인 것이 개별경우와 모
순이 생기지 않도록 주의할 필요가 있다.

㈏ **행정의 자기구속**   일련의 유사한 사건에서 행정청이 유사한 방법으로   1220
재량권을 행사하였으면, 평등원칙에 의거 특별한 사유가 없는 한 행정청은 후행
의 유사사건에도 동일한 결정을 하여야 한다는 이론을 행정의 자기구속의 법리
(원칙)라 부른다. 행정의 자기구속은 행정청의 재량영역의 축소를 의미할 수도
있는데, 행정의 자기구속은 절대적인 것이 아니다. 그것은 정치적·사회적·기술
적 변화에 따라 가변적이다. 결국 행정의 자기구속은 자의적인 변경의 금지를
뜻하는 것이다.

⑹ 재량하자와 무하자재량행사청구권

㈎ **재량하자의 의의**   재량행사는 재량권이 주어진 목적과 한계내에서 이루   1221
어져야 한다. 그것이 의무에 합당한 재량행사가 된다. 그 목적과 한계 내의 것
인 한 재량행위는 당·부당의 문제는 생길지언정 위법의 문제는 생기지 않는다.
그 목적과 한계를 벗어나면 재량하자 있는 것이 되고 위법한 것이 되어 사법심
사의 대상이 됨은 이론·판례·제도(행소법 제27조)가 인정하고 있다. 하자있는 재
량행사의 전제요건에 관해서는 광범위한 일치를 보고 있으나, 상이한 종류의 재
량하자에 대한 단일의 체계화는 아직까지 되어 있지 않다. 학설·판례[1]·제도(행
소법 제27조)는 대체로 재량의 목적·범위를 중심으로 재량하자를 다룬다. 하여
간 재량하자는 재량행위에서의 문제이지, 기속행위와는 아무런 관련이 없다.[2]

---

1) 대판 2001. 7. 27, 99두8589(관광지조성사업의 시행은 국토 및 자연의 유지와 환경의 보전에 영
향을 미치는 행위로서 그 허가여부는 사업장소의 현상과 위치 및 주위의 상황, 사업시행의 시
기 및 주체의 적정성, 사업계획에 나타난 사업의 내용, 규모, 방법과 그것이 자연 및 환경에 미
치는 영향 등을 종합적으로 고려하여 결정하여야 하는 일종의 재량행위에 속한다고 할 것이고,
위와 같은 재량행위에 대한 법원의 사법심사는 당해 행위가 사실오인, 비례·평등의 원칙 위배,
당해 행위의 목적 위반이나 부정한 동기 등에 근거하여 이루어짐으로써 재량권의 일탈·남용이
있는지 여부만을 심사하게 되는 것이나, 법원의 심사결과 행정청의 재량행위가 사실오인 등에
근거한 것이라고 인정되는 경우에는 이는 재량권을 일탈·남용한 것으로서 위법하여 그 취소를
면치 못한다 할 것이다).

2) 대판 1996. 8. 23, 96누1665(구 총포·도검·화학류등단속법(1995. 12. 6. 법률 제4989호로 개정
되기 전의 것) 제30조 제3호, 제29조 제1항 제4호, 제13조 제1항 제3호의 규정에 의하면, 면허
관청은 화약류관리보안책임자면허를 받은 사람이 같은법의 규정을 위반하여 벌금 이상의 형의
선고를 받음으로써 화약류관리보안책임자의 결격사유에 해당하게 된 경우에는 그 면허를 취소
하여야 한다고 되어 있는바, 이러한 경우에는 면허관청이 그 취소여부를 선택할 수 있는 재량

1222 　　(나) **재량하자의 유형**　　　학자에 따라서는 추상적 재량하자(예 : 재량권일탈, 즉 재량의 범위를 벗어난 재량하자)와 구체적 재량하자(예 : 재량권남용·재량권불행사, 즉 재량행사에 따른 결과가 추상적으로는 허용되는 것으로 보이지만 구체적인 경우에는 재량권이 목적과 달리 행사되는 경우)로 나누기도 하나,[1] 통상은 재량권일탈과 재량권남용으로 구분하고 있다. 본서에서는 재량하자를 ① 재량권의 일탈, ② 재량권의 불행사, ③ 재량권의 남용의 3가지로 나누기로 한다.[2] 재량권의 남용은 다시 여러 가지로 구분이 가능하다.

1223 　　　　1) **재량권의 일탈**　　　"행정청은 재량이 있는 처분을 할 때에는 … 재량권의 범위를 넘어서는 아니 된다"고 하여 재량권의 일탈금지를 명시적으로 규정하고 있다(기본법 제21조 제2문). 여기서 재량권일탈이란 법령상 주어진 재량의 한계를 벗어난 재량하자를 말한다. 이것은 재량에는 일정한 범위가 있음을 전제로 하는 것이다. 예컨대 법령에서 정한 액수 이상의 과태료를 부과하거나, 또는 법령이 허용한 수단이 아닌 수단(예 : 법령은 과태료부과만을 예정하고 있으나 행정청이 영업허가를 취소한 경우)을 도입하는 경우가 재량권의 일탈에 해당한다.[3] 재량권의 일탈을 재량일탈 또는 재량유월이라 부르기도 한다.[4]

1224 　　　　2) **재량권의 불행사**　　　재량권의 불행사란 행정청이 자신에게 부여된 재량권을 고려가능한 모든 관점을 고려하여 행사한 것이 아닌 경우를 말한다. 재량권의 불행사에는 재량권을 전혀 행사하지 아니하는 경우(예 : 행정청이 재량행위를 기속행위로 오해한 경우, 또는 행정규칙에 구속되는 것으로 오해한 경우)와 재량권을 충분히 행사하지 아니한 경우가 있다. 재량권불행사의 행위가 하자 있는 행위가 되는 것은 재량권의 충분한 행사 그 자체는 행정청의 의무이기 때문이다. 재량권의 불행사는 재량결여, 또는 재량권미달이라고도 한다.[5] 재량권의 불행사를

　　의 여지가 없음이 그 법문상 명백하므로 위 법조에 위반하였음을 이유로 한 화약류관리보안책임자 면허취소처분이 재량권의 범위를 일탈한 것이라고 할 여지가 없다).

1) Wallerath, Allgemeines Verwaltungsrecht(6. Aufl.), §7, Rn. 56.
2) Peine, Allgemeines Verwaltungsrecht(10. Aufl.), §4, Rn. 216; Schmidt, Allgemeines Verwaltungsrecht(18. Aufl.), S. 119, Rn. 311f.
3) 전통적 견해가 말하는 재량권일탈은 재량하자가 아니라, 바로 법위반이라 하고, 아울러 비례원칙위반의 재량행사를 재량권일탈로 보는 견해도 있다(Wittern, Grundriss des Verwaltungsrechts, §7, Rn. 32, 33).
4) 김중권의 행정법(2019), 111쪽.
5) Battis, Allgemeines Verwaltungsrecht, S. 165; Ossenbühl, in : Erichsen(Hrsg.). Allgemeines Verwaltungsrecht(12. Aufl.), §10, Rn. 16; Giemulla/Jaworsky/Müller−Uri, Verwaltungsrecht, Rn. 89. 재량권미달을 재량권의 불행사와 구분하여 재량하자의 한 유형으로 들기도 한다(Storr/Schröder, Allgemeines Verwaltungsrecht, Rn. 139). Schmidt, Allgemeines Verwaltungsrecht(18. Aufl.), S. 119, Rn. 311f.

재량권의 남용의 한 종류로 보기도 한다.[1)]

   3) 재량권의 남용   행정기본법은 "행정청은 재량이 있는 처분을 할 때   1225
에는 관련 이익을 정당하게 형량하여야 …한다"(기본법 제21조). 관련 이익을 정
당하게 형량하지 아니하는 것을 재량권의 남용이라 한다. 「관련 이익을 정당하
게 형량하지 아니하는 것」이란 법령상 주어진 재량권의 범위 내에서(이 점에서 재
량권의 일탈이 아니다) 재량권이 고려되었으나(이 점에서 재량권의 불행사가 아니다) 잘
못된 방향으로 사고되어 재량행사가 이루어지는 경우를 말한다. 이것은 재량권
의 내재적인 한계를 넘은 경우로서 내재적 흠이라고도 한다. 재량권의 남용도
여러 가지 경우로 나누어 볼 수 있다.[2)]

   a) 평등원칙위반의 재량행사   특별한 근거없이 동일한 사항에서 동일한   1226
결정(행정의 자기구속)이 이루어지지 않은 경우, 역시 재량하자가 있는 것이 된다.
① 헌법 제11조는 평등취급을 명하고 있다. 이것은 행정재량의 경우에도 타당
한 것이다. 그런데 이러한 의무의 내용·범위는 단순하지 않다. ② 헌법상 평등
원칙은 주관적 공권으로 보장된다. 계속적인 행정의 실제상, 이전의 결정에 근
거된 원칙에 재량행사가 구속되어 있다고 볼 수 있을 때에 행정의 자기구속이
존재한다고 말해진다. 그러나 행정의 자기구속은 한계를 갖는다. 말하자면 첫
째, 행정의 자기구속은 지금까지의 재량행사가 적법한 것임을 전제로 하는 것이
며, 불법의 평등이 주장될 수는 없고, 그리고 둘째, 행정의 자기구속의 원칙은
합리적인 특별한 사유가 있는 경우에는 종전과 다른 새로운 결정을 행하는 것
을 방해하는 것은 아니다.

   b) 비례원칙위반의 재량행사   비례원칙은 재량에 대한 객관적인 제한기   1227
준이므로 재량행사를 위한 형량에서 반드시 고려되어야 한다. 비례원칙을 침해
하는 재량결정(예 : 1회의 경미한 공무원법위반행위를 이유로 하는 파면처분)은 당연히

---

1) 대판 2019. 7. 11, 2017두38874(처분의 근거 법령이 행정청에 처분의 요건과 효과 판단에 일정
   한 재량을 부여하였는데도, 행정청이 자신에게 재량권이 없다고 오인한 나머지 처분으로 달성
   하려는 공익과 그로써 처분상대방이 입게 되는 불이익의 내용과 정도를 전혀 비교형량 하지
   않은 채 처분을 하였다면, 이는 재량권 불행사로서 그 자체로 재량권 일탈·남용으로 해당 처
   분을 취소하여야 할 위법사유가 된다).
2) 대판 2010. 3. 11, 2008두15176(구 독점규제 및 공정거래에 관한 법률 제6조, 제17조, 제22조,
   제24조의2, 제28조, 제31조의2, 제34조의2 등 각 규정을 종합하여 보면, 공정거래위원회는 법
   위반행위에 대하여 과징금을 부과할 것인지 여부와 만일 과징금을 부과할 경우 법과 시행령이
   정하고 있는 일정한 범위 안에서 과징금의 액수를 구체적으로 얼마로 정할 것인지에 관하여
   재량을 가지고 있다고 할 것이므로, 공정거래위원회의 법 위반행위자에 대한 과징금 부과처분
   은 재량행위라 할 것이고, 다만 재량을 행사함에 있어 과징금 부과의 기초가 되는 사실을 오인
   하였거나, 비례·평등의 원칙에 위배하는 등의 사유가 있다면 이는 재량권의 일탈·남용으로서
   위법하다).

하자있는 행위가 된다.[1)]

1228 　　　c) 비이성적인 형량에 따른 재량행사　　　이것은 수권의 목적이나 입법의 취지에 비추어 도저히 허용될 수 없는, 인정될 수 없는 방식으로 재량결정이 이루어진 경우를 말한다(예 : 특허신청인이 특허기관의 장과 적대관계에 있음을 이유로 하는 특허거부처분). 이 때 재량행사가 적법하기 위해서는 그것이 비이성적인 것이 아니라는 이유만으로는 족하지 않다. 그것은 이성적인 것이어야 한다. 그 결과는 일반에 합리적인 것이어야 한다.

1229 　　　d) 사실의 오인 등　　　재량을 행사할 때 판단의 기초가 된 사실인정에 중대한 오류가 있거나 처분이 사회통념상 현저하게 타당성을 잃은 경우도 재량권의 남용에 해당한다.[2)]

1230 　　㈐ **재량하자 유무의 판단방법**　　　처분이 사회통념상 재량권의 범위를 일탈하였거나 남용하였는지 여부는 처분사유로 된 위반행위의 내용과 그 처분에 의하여 달성하려는 공익목적 및 이에 따르는 제반 사정 등을 객관적으로 심리하여 공익 침해의 정도와 그 처분으로 인하여 개인이 입게 될 불이익을 비교·형량하여 판단하여야 한다.[3)]

1231 　　㈑ **입증책임**　　　재량행사에 하자가 있었다는 것은 그 재량행위에 의한 행정처분의 효력을 다투는 자가 주장하여야 한다.[4)]

1232 　　㈒ **영으로 재량수축**　　　재량은 기술한 바와 같이 다수 행위들 중에서 행정청의 선택을 말한다. 그러나 개별 경우에 따라서는 재량(결정재량·선택재량 모두 해당)이[5)] 축소되고 하나의 선택(A)만이 요구되는 경우도 있다. 그럼에도 그러한

---

1) 대판 2006. 12. 21, 2006두16274(경찰공무원이 그 단속의 대상이 되는 신호위반자에게 먼저 적극적으로 돈을 요구하고 다른 사람이 볼 수 없도록 돈을 접어 건네주도록 전달방법을 구체적으로 알려주었으며 동승자에게 신고시 범칙금 처분을 받게 된다는 등 비위신고를 막기 위한 말까지 하고 금품을 수수한 경우, 비록 그 받은 돈이 1만 원에 불과하더라도 위 금품수수행위를 징계사유로 하여 당해 경찰공무원을 해임처분한 것은 징계재량권의 일탈·남용이 아니다).

2) 대판 2016. 7. 14, 2015두48846.

3) 대판 2017. 12. 28, 2015두56540; 대판 2007. 7. 19, 2006두1929.

4) 대판 2023. 7. 13, 202023두35661(처분이 재량권을 일탈·남용하였다는 사정은 그 처분의 효력을 다투는 자가 주장·증명하여야 한다. 행정청이 폐기물처리사업계획서 반려 내지 부적합 통보를 하면서 그 처분서에 불확정개념으로 규정된 법령상의 허가기준 등을 충족하지 못하였다는 취지만을 간략히 기재하였다면, 반려 내지 부적합 통보에 대한 취소소송절차에서 행정청은 그 처분을 하게 된 판단 근거나 자료 등을 제시하여 구체적 불허가사유를 분명히 하여야 한다. 이러한 경우 재량행위인 폐기물처리사업계획서 반려 내지 부적합 통보의 효력을 다투는 원고로서는 행정청이 제시한 구체적인 불허가사유에 관한 판단과 근거에 재량권 일탈·남용의 위법이 있음을 밝히기 위하여 소송절차에서 추가적인 주장을 하고 자료를 제출할 필요가 있다).

5) Gusy, Polizei— und Ordnungsrecht(9. Aufl.), §5, Rn. 395.

경우에 다른 결정(B)을 하였다면, 그 다른 결정(B)은 하자 있는 것이 된다.[1] 따라서 이러한 경우에 행정청은 A행위를 하도록 의무를 부담한다고 하고, 아울러 이를 "재량의 영으로 수축(축소)"이라 부른다.[2] 영으로 재량수축의 법리는 위험방지영역에서 행정청의 개입의무와 관련하여 실제적인 의미를 갖는다.[3]

한편, 재량준칙이나 행정실제에 근거한 행정의 자기구속, 비례원칙 및 신뢰 1233 보호원칙, 확언과 확약 등이 영으로 재량수축의 사유일 수 있다. 그리고 영으로 재량수축은 예외적인 것이지만, 그것은 2가지의 요건이 구비되는 경우에, 즉 재량결정이 상위의 법익의 보호(특히 기본권적인 보호)와 관련하고, 이 중요한 법익이 강도의 교란이나 위험에 직면한 경우에 나타난다.[4]

㈒ **무하자재량행사청구권** 　　 재량행사에 있어서 행정청은 특정의 행위에 의 1234 무지워진 것은 아니므로, 개인은 행정청에 대해 특정의 행위청구권을 갖는 것이 아니다. 그러나 재량행위에 있어서 행정청은 ① 재량하자가 없는 결정을 할 의무와 ② 영으로 재량이 수축된 경우에는 하나의 재량하자 없는 결정을 하여야 할 의무를 부담하며, 사인은 이에 상응하여 관련법령에서 사익보호성이 존재하는 경우에는 ① 하자가 없는 재량행사청구권과 ② 영으로 재량이 수축된 경우에는 하나의 특정한 결정을 구할 수 있는 권리를 갖는다.[5]

⑺ **통　　제** 　　 행정기능이 다양해지고 있는 오늘날 행정청의 재량영역은 1235 확대되고 있다. 이에 적정한 재량행사를 확보하고 부당·위법한 재량행사를 방지하거나 제거하기 위해서는 재량행사에 대한 통제가 중요한 문제가 된다. 구체적인 통제방식은 정부·국회·법원 등 통제의 주체로 나누어서 살펴볼 수 있다.

㈎ **행정내부적 통제** 　　 재량행위에 대한 행정내부적 통제수단으로는 절차상의 통제, 감독청에 의한 통제, 행정심판에 의한 통제의 경우를 생각할 수 있다.

1) **절차상의 통제** 　　 행정청의 재량결정시에 다른 행정청에게 의견을 개 1236 진하게 하거나, 심의회 등을 거쳐 재량행사를 하게 하는 것은 절차적 규제를 통해 적정한 행정을 확보하는 데 의미를 갖는다. 이해관계자가 많으면 많을수록

---

1) Suckow/Weidemann, Allgemeines Verwaltungsrecht(15. Aufl.) Rn. 271.
2) Martin Trockels, Gebundenheit und Freiheit der Verwaltung, in : Schweickhardt/ Vondung (Hrsg.), Allgemeines Verwaltungsrecht, 9, Rn. 200; Peine, Allgemeines Verwaltungsrecht (10. Aufl.), §4, Rn. 225.
3) 영으로의 재량수축론은 경찰영역 외의 다른 영역에서도 판례나 문헌상 일반적으로 인정되고 있다(Bull/Mehde, Allgemeines Verwaltungsrecht mit Verwaltungsrehre(7. Aufl.), Rn. 567f.).
4) Loeser, System des Verwaltungsrechts, Bd. 1, S. 544.
5) Gusy, Polizei- und Ordnungsrecht(9. Aufl.), §5, Rn. 394; Wallerath, Allgemeines Verwaltungsrecht(6. Aufl.), §7, Rn. 71, 74.

이러한 절차상의 재량통제는 중요한 요청이 된다. 이것은 행정의 효율성제고에
도 의미를 갖는다.

1237 　　2) 감독청에 의한 통제　　감독청은 하급행정청에 대하여 갖는 감독권에
근거하여(정조법 제7조·제11조; 지자법 제169조·제170조 등) 하급행정청에 대하여 하
급행정청이 행한 위법하거나 부당한 행정행위의 시정을 명할 수 있다. 상급행정
청이 갖는 감독의 방법에는 감시권·훈령권·인가권·취소정지권·주관쟁의결정
권이 있다. 감독청은 행정규칙(재량준칙)을 통해 하급행정청의 재량행사를 일반
적으로 지휘하기도 한다.

1238 　　3) 행정심판에 의한 통제　　행정청의 위법 또는 부당한 처분, 그 밖에 공
권력의 행사·불행사 등으로 인한 국민의 권리 또는 이익의 침해를 구제하고, 아
울러 행정의 적정한 운영을 기함을 목적으로 행정심판제도가 도입되어 있다(행심
법 제1조). 행정심판제도의 적정한 운용은 기속행위뿐만 아니라 재량행위에서도
중요하다. 말하자면 행정심판제도는 재량통제에도 중요한 기능을 하는 것이다.

　　㈏ 국회에 의한 통제

1239 　　1) 직접적 수단　　재량행위의 성립에 국회의 동의·의결 등을 요하는 경
우는 없다. 그러한 것이 인정될 수 없음은 행정의 본질에 비추어 당연하다. 이
것은 결국 국회가 특정의 재량행위의 효과를 부인하거나 시정하는 직접적인 방
법이 있을 수 없음을 의미한다.

1240 　　2) 간접적 수단　　간접적 수단에는 법적인 것과 정치적인 것의 구분이
가능하다. 먼저 법적인 방법은 입법을 통해 국회가 재량권의 근거를 부여하거나
제한하는 경우를 볼 수 있다. 입법시에 재량권의 범위를 축소하는 작업은 실제상
재량통제에 결정적인 기능을 하게 될 것이다. 한편 정치적 방법은 각종의 국정감
시권의 발동을 통한 통제를 의미한다(예 : 국정감사와 조사, 대정부질문, 국무위원해임건
의, 탄핵소추 등). 그러나 이러한 간접적인 수단은 통제의 효과에 한계를 갖는다.

1241 　　㈐ 법원에 의한 통제

　　1) 의　　의　　법원에 의한 통제란 행정소송을 통한 통제를 말한다. 행정
소송법(제27조)은 "행정청의 재량에 속하는 처분이라도 재량권의 한계를 넘거나
그 남용이 있는 때에는 법원은 이를 취소할 수 있다"고 하여 재량의 남용이나
일탈이 있는 경우에는 법원에 의한 통제가 이루어짐을 명문으로 규정하고 있다.

　　2) 심사대상　　재량행위는 일정한 경우에 사법심사의 대상이 된다. 말하
자면 "재량행위에 대한 사법심사는 행정청의 재량에 의한 공익판단의 여지를
감안하여 원칙적으로 재량권의 일탈이나 남용이 있는지 여부만을 대상으로 한

다.”[1] 기속행위는 전면적으로 사법심사의 대상이 된다는 점에서 재량행위와 기속행위는 사법심사의 대상에 차이가 난다.

3) 심사방식   기속행위 내지 기속재량행위의 경우 그 법규에 대한 원칙적인 기속성으로 인하여 법원이 사실인정과 관련 법규의 해석·적용을 통하여 일정한 결론을 도출한 후 그 결론에 비추어 행정청이 한 판단의 적법 여부를 독자의 입장에서 판정하는 방식에 의하게 된다. 재량행위 내지 자유재량행위의 경우 행정청의 재량에 기한 공익판단의 여지를 감안하여 법원은 독자의 결론을 도출함이 없이 당해 행위에 재량권의 일탈·남용이 있는지 여부만을 심사하게 되고, 이러한 재량권의 일탈·남용 여부에 대한 심사는 사실오인, 비례·평등의 원칙 위배, 당해 행위의 목적 위반이나 동기의 부정 유무 등을 그 판단 대상으로 한다.[2]

4) 과징금부과처분에서의 예   앞에서 본 심사방식에 따라 “처분을 할 것인지 여부와 처분의 정도에 관하여 재량이 인정되는 과징금 납부명령에 대하여 그 명령이 재량권을 일탈하였을 경우 법원으로서는 재량권의 일탈 여부만 판단할 수 있을 뿐이지 재량권의 범위 내에서 어느 정도(금액)가 적정한 것인지에 관하여는 판단할 수 없어 그 전부를 취소할 수밖에 없고, 법원이 적정하다고 인정되는 부분을 초과한 부분만 취소할 수는 없다”는[3] 판례는 타당하다.

㈐ **헌법재판소에 의한 통제**   순수히 논리적으로만 말한다면, 특정의 재량행위로 자신의 기본권이 침해되고 다른 방법으로는 그 침해를 다툴 수가 없다면, 그 자는 헌법재판소에 헌법소원의 제기를 통해 다툴 수 있을 것이다(헌법 제111조 제1항; 헌재법 제68조 제1항). 이것 역시 재량권행사에 대한 통제방식의 하나가 될 것이다.   1242

㈑ **국민에 의한 통제**   ① 일반국민에 의한 재량행사의 통제방식으로는 여론·자문·청원·압력단체의 활동 등을 들 수 있다. 그러나 이러한 통제방식은 그 효과가 간접적이라는 데에 한계를 갖는다. 그럼에도 이러한 방식이 경시될 수는 없다. 국민의 의사에 반하는 행정권의 행사는 정당성의 문제를 야기하게 되기 때문이다. 따라서 일반국민(주민)이 행정절차에 참여하는 것은 의미를 갖는다. 이것은 행정의 민주화 내지 국민에 의한 행정에 근거를 갖는다.   1243

한편 ② 특정국민에 의한 재량행사의 통제방식으로는 재량결정의 상대방으로서 나타나는 경우가 되겠는데, 이러한 경우는 개인으로서 행정결정과정에의   1244

---

1) 대판 2022. 7. 28, 2021두46971.
2) 대판 2018. 10. 4, 2014두37702.
3) 대판 2009. 6. 23, 2007두18062.

참여(행정내부적 통제로서 절차상의 통제와는 구분된다) 또는 행정쟁송(행정심판과 행정소송)의 제기의 경우를 의미한다. 특정국민으로서 행정과정에의 참여는 개인적 공권으로 보장되는 경우도 적지 않다(국공법 제13조).

제 3 항   행정행위의 내용

1245   전통적 견해는 행정행위의 내용을 법률행위적 행정행위와 준법률행위적 행정행위로 나누어 살핀다. 물론 이것은 법률요건과 법률효과의 관계를 기준으로 한 행정행위의 한 분류방식이기도 하다. 이하에서 전통적 견해에 따라 행정행위의 내용을 살펴보기로 한다. 다만 구체적인 검토에 앞서서 언급하여야 할 것은 ① 이미 기술한 바와 같이 이러한 내용적 분류에도 문제점이 있다는 점, ② 그리고 아래에서 사용되는 용어는 학문상의 용어로서 실정법상의 용어와 반드시 일치하는 것은 아니라는 점이다. 전통적 견해의 분류를 도해하면 다음과 같다.[1][2]

1246

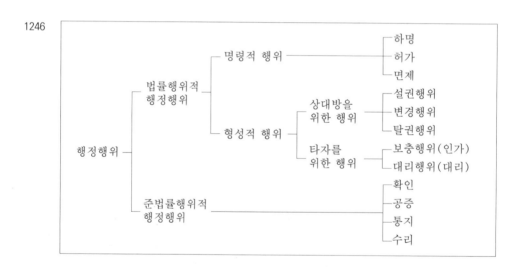

---

1) 행정행위의 종류와 관련하여 독일에서는 명령적 행위·형성적 행위·확인적 행위의 구분방식이 일반적으로 통용되고 있다. 명령적 행위(Befehlende Verwaltungsackte)란 일정한 행위(작위·수인·부작위)를 명하거나 금지하는 행정행위로 정의되고, 형성적 행위(Gestaltende Verwaltungsakte)란 법률관계의 발생·변경·소멸을 가져오는 행정행위로 정의되며, 허가(예 : 건축허가)도 형성적 행위의 일종으로 이해되고 있다. 확인적 행위(Feststellende Verwaltungsakte)는 특정인의 권리나 법적 특성에 대한 구속적인 확인으로 정의되고 있다.
2) 일설은 행정행위를 집행가능한 행정행위(하명적 행정행위)와 집행불가능한 행정행위(형성적 행정행위, 확인적 행정행위)로 구분하기도 하는데(김중권의 행정법(2019), 231쪽), 이러한 구분은 행정행위의 내용적 구분의 한 형태로 볼 수 있을 것이다.

제 1 목 법률행위적 행정행위

법률행위적 행정행위란 사법상의 법률행위에 비교될 수 있다. 이것은 행정 1247
청이 일정한 법률효과의 발생을 목적으로 의사(효과의사)를 외부에 표시(표시행
위)하면 효과의사의 내용에 따라 법적 효과가 발생하는 행정행위를 말한다. 즉
법률행위적 행정행위는 행정청의 효과의사에 기하여 법률효과가 발생하는 행
정행위이다. 그러나 엄밀한 의미에서 본다면 행정청의 의사표시는 법률이 정한
바에 따른 것이기 때문에, 사적 자치가 인정되는 사법상의 의사표시와는 동일
시하기 곤란하다. 법률행위적 행정행위는 다시 명령적 행위와 형성적 행위로
구분된다.

제 1 명령적 행위

명령적 행위란 사인이 원래부터 갖고 있는 자유(자연적 자유)를 제한하여 일 1248
정한 행위를 할 의무를 부과하거나 또는 부과된 의무를 해제하는 행위를 말한
다. 말하자면 명령적 행위는 자연적 자유를 제한하거나 그 제한을 해제하는 행
위를 말한다. 명령적 행위는 다시 하명·허가·면제로 구분된다. 명령적 행위에
위반하면 강제집행이 따르거나 행정벌이 가해지는 것이 일반적이다. 그러나 위
반행위가 반사회적인 것이 아닌 한 원칙적으로 무효행위가 되지 아니한다.

Ⅰ. 하 명

1. 의의와 종류

(1) 하명(Befehl)이란 작위·부작위·수인·급부를 명하는 행정행위를 말한다. 1249
통상 하명은 법령에 근거하여 이루어지는 행정행위의 일종으로 이해하지만, 법
령 그 자체에서 직접 하명의 효과를 가져오는 경우도 있다. 전자를 행정행위로
서의 하명이라 한다면, 후자는 법규하명인 셈이다. 이하에서는 물론 전자의 경
우를 살피게 된다.

　　1) 작위하명은 적극적으로 어떠한 행위를 할 것을 명하는 행정행위이다 1250
(예 : 위법시설철거명령). 따라서 법규에서 직접 명령되고 있는 작위하명(법규하명)은
행정행위로서의 하명과 구분을 요한다.

　　2) 부작위하명은 소극적으로 어떠한 행위를 하지 말아야 할 의무를 부과 1251
하는 행정행위를 말한다(예 : 영업정지처분). 금지라고도 한다. 이것 역시 법규에서
직접 부작위를 명하는 법규하명(예 : 청소년보호법에 따른 청소년의 음주금지)과 구분

을 요한다. 그 효과에 있어서 양자간에 차이는 없다고 본다. 법규명령으로서의 금지에 대해서도 소송제기는 가능하다. 금지에는 어떠한 경우에도 그 금지가 해제될 수 없는 절대적 금지(예 : 인신매매금지)와 경우에 따라서는 해제될 수 있는 상대적 금지로 구분된다. 그리고 금지처분에는 특정인에 대한 것과 불특정다수인에 대한 것(일반처분)이 있다.

1252   3) 수인하명이란 행정권의 권한행사시에 이에 대항하지 말고 참아야 하는 의무를 명하는 하명이다(예 : 강제접종결정). 이것 역시 법규에 의해 직접 명령될 수도 있다. 행정상 즉시강제나 강제집행에서 실력행사시에는 수인하명이 당연히 따르는 것으로 볼 수도 있다.

1253   4) 급부하명이란 금전·물품의 급부를 명하는 행정행위를 말한다(예 : 세금부과처분). 넓은 의미에서 작위하명의 일종이다.

1254   ⑵ 하명은 의무의 내용에 따라서는 기술한 작위하명·부작위하명·수인하명·급부하명으로, 행정영역에 따라서는 질서하명·복리행정상 하명·재정하명·군정하명·조직하명 등으로 구분할 수 있다.

2. 법적 근거와 성질

1255   하명은 개인의 자연적 자유를 제한하여 의무를 부과시키는 행위이므로 헌법 제37조 제2항에 따라서 법률의 근거를 필요로 한다. 한편, 명시적인 규정이 없는 한, 하명의 성질(기속행위·재량행위)은 사익(기본권의 최대한의 보장)과 공익(국가의 안전보장, 질서유지, 공공복리)의 조화의 관점에서 판단되어야 한다.

3. 상대방과 대상

1256   ① 하명의 상대방은 특정인인 경우가 일반적이나 불특정다수인인 경우도 있다(예 : 심야통행금지). 후자의 경우는 일반처분에 해당한다. ② 하명의 대상은 사실행위인 경우(예 : 불법광고물의 철거)가 일반적이나 법률행위인 경우(예 : 영업양도)도 있다.

4. 효과와 위반의 효과

1257   ① 하명은 그 내용에 따라 작위·부작위·수인·급부 등의 의무를 발생시킨다. 그리고 대인적 하명은 그 상대방에게만 효과가 발생하나, 대물적 하명의 경우에는 그 상대방의 지위를 승계하는 자에게도 미친다. ② 하명에 의거하여 성립된 의무가 불이행되면 행정상 강제집행이 가해지고, 의무를 위반하면 행정벌이 가해지는 것이 일반적이다. 그렇다고 하명에 위반하여 법률행위가 행해지는

경우, 강제집행이나 행정제재가 가해질 뿐 그것이 반드시 무효가 되는 것은 아니다. 물론 법률이 무효로 규정할 수도 있다.

Ⅱ. 허 가

1. 허가의 관념

(1) 허가의 의의 허가(Erlaubnis)란 법령에 의해 개인의 자연적 자유가 제 1258
한되고 있는 경우에 그 제한을 해제하여 자연적 자유를 적법하게 행사할 수 있도록 회복하여 주는 행정행위를 말한다(예 : 단란주점영업허가·운전면허 등). 전통적 견해는 특허는 형성적 행위인 데 반하여, 허가는 명령적 행위라 하여 구분한다. 허가는 상대적 금지의 경우에만 가능하고, 절대적 금지의 경우에는 인정되지 않는다. 허가는 위험의 방지를 목적으로 금지하였던 바를 해제하는 행위이다(예방적 금지해제). 따라서 허가는 통상 경찰허가로 불리기도 한다.[1] 여기서 말하는 허가는 학문상 용어이므로 특정한 행위가 허가인지의 여부는 법령상 표현에 관계없이 관계법령의 규정내용과 규정취지에 비추어 판단하여야 한다.

〈자유의 제한과 해제의 형태(강→약)〉 1259

절대적 금지$\binom{예 :인}{신매매}$ → 억제적 금지$\binom{예 :아편}{사용금지}$와 해제$\binom{예외적}{승인}\binom{예외적}{허가}$ → 예방적 금지$\binom{예 :}{무면\atop허운전\atop금지}$와 해제$\binom{운전}{면허}\binom{허}{가}$ → 등록$\binom{수리를 요}{하는 신고}\binom{예 :정기간행}{물의 등록}$ → 신고$\binom{수리를 요하지}{않는 신고}\binom{예 :혼}{인신고}$ → 자유$\binom{예 : 담}{장설치}$

(2) 유사개념과 비교

(개) 예외적 승인

1) 의 의 예외적 승인(예외적 허가)은 절대적 금지(예 : 인신매매)가 아 1260
닌 억제적인 금지를 예외적으로 해제하는 것을 말한다(예 : 치료목적의 아편사용허가). 즉, 예외적 승인은 일반적으로 금지를 예정하면서 예외적으로 금지를 해제하는 경우를 말한다. 이에 반해 허가는 일반적으로 해제가 예정되어 있는 경우의 금지를 해제하는 것, 즉 예방적 금지해제를 의미한다. 예외적 승인은 사회적으로 유해하거나 바람직하지 않은 행위를 대상으로 하고,[2] 허가는 위험방지를

---

1) 대판 1963. 8. 22, 63누97(구 공중목욕장업법에 의한 공중목욕장업허가는 그 사업경영의 권리를 설정하는 형성적 행위가 아니고 경찰금지의 해제에 불과하며 그 허가의 효과는 영업자유의 회복을 가져오는 것이다).
2) Wallerath, Allgemeines Verwaltungsrecht(6. Aufl.), §9, Rn. 44.

대상으로 한다. 따라서 양자간에 제도의 취지에 차이가 난다. 다만 금지의 해제라는 점에서는 양자간에 차이가 없다. 따라서 예외적 승인을 상대적 금지해제인 허가의 한 유형으로 볼 수도 있다. 그러나 한편으로 권리성의 인정 여부와 관련하여 차이가 난다. 예외적 승인유보부 억제적 금지(Repressive Verbote mit Befreiungsvorbehalt/Ausnahmebewilligung)의 경우에는 예외적 승인(허가)의 발령을 구하는 사인의 권리를 인정하기 어렵다. 그러나 허가유보부 예방적 금지(Präventive Verbote mit Erlaubnisvorbehalt)에서는 허가발령을 구하는 사인의 권리를 인정할 수 있다.[1]

1261   **2) 일 반 법**   예외적 승인을 규정하는 일반법은 없다. 개별법률(예 : 마약류관리에 관한 법률 제3조 제6호; 자연공원법 제23조 제2항; 개발제한구역의 지정 및 관리에 관한 특별조치법 제12조 제1항)에서 나타난다.

1262   **3) 재 량 성**   통상의 허가는 일반적으로 기속행위의 성격을 갖지만, 예외적 허가는 일반적으로 재량행위의 성질을 갖는다.[2]

1263   **㈔ 신고·등록**   신고는 수리를 요하지 않는 신고와 수리를 요하는 신고가 있다. ① 수리를 요하지 않는 신고는 사인의 신고행위 그 자체만으로 금지가 해제된다. 한편, ② 수리를 요하는 신고는 등록이라 불리기도 한다. 그렇다고 등록이 언제나 수리를 요하는 신고를 뜻하는 것은 아니다. 하여간 수리를 요하는 신고는 행정청의 수리행위가 있어야만 금지가 해제된다. 허가에 있어서 허가요건에 대한 행정청의 심사는 실질적 심사이지만(예컨대 건축허가의 경우에 설계도면의 내용이 법에서 정한 안전에 문제가 없는 것인지의 여부를 심사하는 것이 실질적 심사의 예에 해당한다), 등록에 있어서 등록요건에 대한 행정청의 심사는 형식적 심사인 점에서(예컨대 정기간행물의 등록사항이 외관상 잡지 등 정기간행물의 진흥에 관한 법률 제15조 제1항 각 호를 충족하는지의 여부를 심사하는 것이 형식적 심사의 예에 해당한다. 만약 등록 후 발간시에 어떠한 내용이 게재될 것이라는 전제하에 그 내용이 법질서에 어긋나

---

1) Detterbeck, Allgemeines Verwaltungsrecht mit Verwaltungsprozessrecht(13. Aufl.), §10, Rn. 504.

2) Wolff/Bachof/Stober/Kluth, Verwaltungsrecht Ⅰ(12. Aufl.), §46, Rn. 42; Wallerath, Allgemeines Verwaltungsrecht(6. Aufl.), §9, Rn. 44. 대판 2004. 7. 22, 2003두7606(구 도시계획법령의 관련규정을 종합하면, 개발제한구역 내에서는 구역 지정의 목적상 건축물의 건축, 공작물의 설치, 토지의 형질변경 등의 행위는 원칙적으로 금지되고, 다만 구체적인 경우에 위와 같은 구역 지정의 목적에 위배되지 아니할 경우 예외적으로 허가에 의하여 그러한 행위를 할 수 있게 되며, 한편 개발제한구역 내에서의 건축물의 건축 등에 대한 예외적 허가는 그 상대방에게 수익적인 것으로서 재량행위에 속하는 것이라고 할 것이므로 그에 관한 행정청의 판단이 사실오인, 비례·평등의 원칙 위배, 목적위반 등에 해당하지 아니하는 이상 재량권의 일탈·남용에 해당한다고 할 수 없다); 대판 2001. 2. 9, 98두17593.

는지의 여부를 심사한다면, 그것은 형식적 심사가 아니라 실질적 심사에 해당한다) 양자는 차이가 있다.[1] 언론·출판에 대하여 허가를 인정하지 않는 헌법 제21조 제1항에 비추어 어떠한 경우에도 등록(수리를 요하는 신고)과 허가를 동일하게 볼 수는 없다.

   (다) **특허와 비교**   허가와 특허는 모두 법률행위적 행정행위의 일종이지만 차이점도 갖는다. 이해의 편의상 도해하기로 한다.

      1264

항 목	허 가	특 허
제도의 예	단란주점허가	자동차운송사업면허
제도의 목적	주로 경찰목적을 위한 것이다	주로 복리목적을 위한 것이다
행위의 성질	기속행위의 성격이 강하다 명령적 행위로 이해되고 있다	재량행위의 성격이 강하다 형성적 행위로 이해되고 있다
행위의 요건	비교적 확정적이다	비교적 불확정적이다
행위의 효과 (지위회복)	법률상 이익	법률상 이익

---

1) 헌재 2012. 3. 29, 2011헌바53(헌법 제21조 제2항 후단의 결사의 자유에 대한 '허가제'란 행정권이 주체가 되어 예방적 조치로서 단체의 설립 여부를 사전에 심사하여 일반적인 단체 결성의 금지를 특정한 경우에 한하여 해제함으로써 단체를 설립할 수 있게 하는 제도, 즉 사전 허가를 받지 아니한 단체 결성을 금지하는 제도를 말한다. 그런데 노동조합은 국가와 사용자에 대항하여 근로자들이 스스로의 생존을 지키기 위해 자주적으로 단결한 조직이므로 노동조합의 자주성 확보는 노동조합의 본질적 요소로서 그 설립 시부터 갖춰질 것이 요구되는바, 이 사건 규정은 노동조합 설립과 관련하여 노동조합법상의 요건 충족 여부를 사전에 심사하도록 하는 구조를 취하고 있으나, 이 경우 노동조합법상 요구되는 요건만 충족되면 그 설립이 자유롭다는 점에서 노동조합 설립신고와 이에 대한 심사는 일반적인 금지를 특정한 경우에 해제하는 허가와는 개념적으로 구분되고, 더욱이 행정관청의 설립신고서 수리 여부에 대한 결정은 재량 사항이 아니라 의무 사항으로 그 요건 충족이 확인되면 설립신고서를 수리하고 그 신고증을 교부하여야 한다는 점에서 단체의 설립 여부 자체를 사전에 심사하여 특정한 경우에 한해서만 그 설립을 허용하는 '허가'와는 다르다고 할 것이므로 이 사건 규정의 노동조합 설립신고서 반려제도가 헌법 제21조 제2항 후단에서 금지하는 결사에 대한 허가제라고 볼 수 없다); 헌재 1997. 8. 21, 93헌바51(정기간행물의등록등에관한법률의 등록제는 발행요건에 대한 실질적 심사가 아니라 외형적 심사를 내용으로 한다); 헌재 2009. 9. 24, 2009헌바28 전원재판부(이 사건 법률조항은 PC방의 사행장소화방지에 이바지하는 동시에 통계를 통한 정책자료의 활용, 행정대상의 실태파악을 통한 효율적인 집행을 위한 것으로 그 목적의 정당성이 수긍되고, 이 사건 법률조항이 인터넷컴퓨터게임시설제공업자에게 등록 의무를 부과한 것은 '게임산업진흥에 관한 법률'의 입법목적을 달성하기 위한 여러 방법 중 하나로서 적절하며, 허가제가 아닌 등록제로 규정하여 인터넷컴퓨터게임시설제공업의 시설기준에 관하여 단지 형식적 심사에 그치도록 함으로써 그 규제 수단도 최소한에 그치고 있고, PC방 영업을 영위하고자 하는 자가 이 사건 법률조항에 의한 의무를 이행하기 위하여 번잡한 준비나 설비를 하여야 할 의무를 부담하는 것도 아니어서 법익의 균형을 상실하고 있지도 아니하므로, 이 사건 법률조항은 과잉금지의 원칙에 위배하여 인터넷컴퓨터게임시설제공업자의 직업결정의 자유를 침해하는 것이 아니다).

행위의 효과 (경영상 이익)	반사적 이익	법률상 이익
국가의 감독	소극적이다	적극적이다

1265   ㈋ **인가와 비교**   허가와 인가는 모두 법률행위적 행정행위의 일종이지만 차이점도 갖는다. 이해의 편의상 도해하기로 한다.

항 목	허 가	인 가
체계상 위치	명령적 행위	형성적 행위
행위의 방향성	상대방을 위한 행위	타자를 위한 행위
행위의 성격	처벌요건	효력요건
행위의 대상	사실행위＋법적 행위	법률행위
신청의 유무	신청없이도 가능	언제나 신청을 전제
행위의 효과	자연적 자유회복	법적 행위의 효력완성

2. 허가와 근거법

1266   ⑴ **법령개정시 허가의 근거법**   허가의 신청 후 행정처분 전에 법령의 개정이 있어서 허가기준에 변경이 있게 되면, 그 허가는 원칙적으로 개정법령(처분시의 법령)에 따라야 한다. 판례의 입장도 이와 같다.[1]

1267   ⑵ **행정권에 의한 허가요건의 추가**   허가의 구체적인 요건은 각 개별법규에서 정해지는 것이나, 그 중 직업선택의 자유 등과 관련하여 논란을 빚어온 경우가 있었다. 판례는 공중목욕장업허가에 관하여 분포의 적정을 그 허가요건으로 규정한 구공중목욕장업법 시행세칙이 법률상 근거없이 직업선택의 자유를 제한한다고 하여 위헌·위법으로 선언하였다.[2] 이와 유사한 예는 시예규에 의한 양곡가공시설물 설치장소에 대한 거리제한의 위법을 선언한 판결에서도 볼

---

1) 대판 2006. 8. 25, 2004두2974(허가 등의 행정처분은 원칙적으로 처분시의 법령과 허가기준에 의하여 처리되어야 하고 허가신청 당시의 기준에 따라야 하는 것은 아니며, 비록 허가신청 후 허가기준이 변경되었다 하더라도 그 허가관청이 허가신청을 수리하고도 정당한 이유 없이 그 처리를 늦추어 그 사이에 허가기준이 변경된 것이 아닌 이상 변경된 허가기준에 따라서 처분을 하여야 한다); 대판 2005. 7. 29, 2003두3550(채석허가기준에 관한 관계 법령의 규정이 개정된 경우, 새로이 개정된 법령의 경과규정에서 달리 정함이 없는 한 처분 당시에 시행되는 개정 법령과 그에서 정한 기준에 의하여 채석허가 여부를 결정하는 것이 원칙이고, 그러한 개정 법령의 적용과 관련하여서는 개정 전 법령의 존속에 대한 국민의 신뢰가 개정 법령의 적용에 관한 공익상의 요구보다 더 보호가치가 있다고 인정되는 경우에 그러한 국민의 신뢰를 보호하기 위하여 그 적용이 제한될 수 있는 여지가 있을 따름이다).
2) 대판 1963. 8. 22, 63누97.

수 있다.[1] 판례는 주유소위치변경신청 불허가처분사건에서 주유소거리제한은 적법한 것이라 판시하였다.[2] 그러나 허가요건의 추가는 기본권제한의 강화를 뜻하는 것이므로 법률의 근거 없이 행정권이 허가요건을 추가하는 것은 허용되지 아니한다. 그것은 헌법 제37조 제2항에 반한다. 재량행위의 경우에도 마찬가지이다. 다만 재량행위의 경우에 행정청은 재량권행사의 기준의 하나로 새로운 사항을 활용할 수는 있을 것이다.

(3) 허가의 거부와 법적 근거　　법령에서 정한 사유 이외의 사유로 허가를 　1268 거부할 수 있는가도 문제이다. 판례는 건축법상 일반건축물의 건축허가의 거부의 경우에는 명문의 근거를 요한다고 하면서[3] 산림법상 산림훼손허가신청의 경우에는 명문의 근거를 반드시 요하는 것은 아니라 하고 있다.[4] 판례의 이러한 입장은 일반건축물의 건축허가를 기속행위로 보지만, 산림훼손허가를 재량행위로 본 데 기인한 것이라 하겠다.[5] 문제는 판례가 일반건축물의 허가를 기속행위로 보면서 동시에 중대한 공익상의 필요가 있는 경우에는 거부할 수 있다고 하는 것은 이해하기 어렵다. 왜냐하면 명시적 규정 없이 중대한 공익상의

---

1) 대판 1981. 1. 27, 79누433.

2) 대판 1974. 11. 26, 74누110(위험물취급소 위치변경신청에 대한 불허가처분 당시의 소방법시행령 제78조 소정의 시설기준 가운데 주유소 상호간의 거리에 관한 명문의 제한이 없었던 당시 상공부장관의 통첩에 의한 내무부장관의 거리제한지시를 적용하여 위치변경신청을 거부한 처분은 적법하다).

3) 대판 2012. 11. 22, 2010두19270 전원합의체(건축허가권자는 건축허가신청이 건축법 등 관계 법령에서 정하는 어떠한 제한에 배치되지 않는 이상 같은 법령에서 정하는 건축허가를 하여야 하고, 중대한 공익상의 필요가 없음에도 불구하고 요건을 갖춘 자에 대한 허가를 관계 법령에서 정하는 제한사유 이외의 사유를 들어 거부할 수는 없다).

4) 대판 2003. 3. 28, 2002두12113; 대판 1997. 8. 29, 96누15213; 대판 1995. 9. 15, 95누6113.

5) 일설은 허가청이 명문의 근거가 없이도 산림형질변경허가신청을 거부할 수 있다고 한 판례(대판 2003. 3. 28, 2002두12113)를 비롯하여 허가신청에 있어 공익을 이유로 행정청이 거부처분하는 것을 인정한 다수의 판례(대판 1999. 4. 29, 97누14378등)를 법치행정의 원리에 반하는 것으로 본다. 즉 근거법령에 개괄조항으로서 '공익상의 이유' 또는 공익 관련 규정이 없는 경우에도 허가신청에 대해 공익상의 이유로 행정청이 거부처분하는 것은 법령에 없는 또 하나의 허가 요건을 행정청이 임의로 설정하는 것으로서 법치행정의 원리에 반한다는 것이다(김성수, 일반행정법, 239쪽). 이러한 태도에 따르면 재량권을 인정하는 명시적인 입법적 조치(예 : 건축법 제8조 5항)가 필요하다고 본다. 생각건대 이러한 주장은 산림형질변경허가 등을 기속행위로 본 데 기인하는 것으로 보인다. 그러나 산림형질변경허가는 무절제한 산림벌채로 인한 각종 위험의 방지를 위해 개인의 자유를 제한하였다가 해제하는 의미, 즉 일반적 금지해제의 성질도 갖지만, 또 한편으로는 산림의 효과적인 보호육성이라는 공익적 의미도 갖는바, 전체로서 산림형질변경허가는 재량행위로 볼 것이다. 요컨대 판례가 ① 산림형질변경허가를 기속행위로 보면서 임의로 공익을 허가요건의 하나로 추가하였다면 법치행정의 원리에 반하지만, ② 산림형질변경허가를 재량행위로 보면서 효과선택에 있어서 재량행사의 기준으로 공익을 활용하였다면 별 문제가 없을 것이다. 저자는 판례가 ②의 입장을 따른 것으로 보고 있다. 참고로, '허가는 언제나 기속행위이다'라고 단언할 수는 없다. 산림형질변경허가와 같이 복합목적을 지닌 허가는 재량행위일 수 있다.

필요만으로 허가를 거부할 수 있다고 하면 일반건축물 허가의 기속성은 상대화되기 때문이다. 한편, 하나의 신청에 여러 법률이 적용되는 경우에는 모든 법률의 요건을 구비하는 경우가 아니라면 거부될 수 있을 것이다.[1]

3. 허가의 종류

1269　(1) **대인적 허가·대물적 허가·혼합적 허가**　　허가는 ① 행정영역에 따라 경찰허가·재정허가·군정허가 등으로 구분되나, 보다 중요한 것으로는 ② 허가의 대상에 따른 대인적 허가·대물적 허가·혼합적 허가의 구분이다. 대인적 허가란 허가의 대상 내지 기준되는 사항이 특정인의 능력·기술같은 주관적인 사항인 경우를 말하고(예 : 운전면허), 대물적 허가란 그것이 객관적·물적인 경우를 말하고(예 : 차량검사합격처분허가),[2] 혼합적 허가란 그것이 양자에 걸치는 경우를 말한다(예 : 화약제조허가).

1270　(2) **구분의 실익**　　이러한 구분은 허가의 대상이 양도성을 갖는가와 관련하여 의미를 갖는다. 원칙적으로 말해 대인적 허가의 경우는 양도성이 부인되고, 대물적 허가의 경우에는 인정되나, 혼합적 허가의 경우에는 종합적으로 판단되어야 한다. 말하자면 혼합적 허가의 경우에는 양도가 가능한 경우도[3] 있고, 그렇지 않은 경우도[4] 있다. 후자의 경우에 영업양도가 있게 되면 양수인은 새로이 허가를 받아야 할 것이다. 그러나 이러한 경우에 통상은 평등원칙에 의거하여 동일한 상황이라면 허가를 받게 되거나 받은 것으로 간주하게 될 것이다.

4. 허가의 성질

1271　(1) **행정행위**(행위형식)　　하명과 달리 허가는 행정행위로서의 허가(허가처분)만이 있고 법규허가는 없다. 왜냐하면 법규상 허가를 둘 바에야 처음부터 금

---

1) 대판 2006. 9. 8, 2005두8191(구 산림법 제90조의2 제6항 제1호 규정의 위임에 의한 구 산림법 시행령 제91조의5 제1항 제5호 소정의 채석허가제한지역 규정이 국토의 계획 및 이용에 관한 법률 제58조 제1항 제4호 규정에 대한 특별법(특별규정)으로서 우선적으로 적용되어야 할 규정이라고 할 수는 없고, 산림 내에서의 건축용 토석의 채취 불허처분에 관하여는 구 산림법령 관련 규정과 국토의 계획 및 이용에 관한 법령 관련 규정이 모두 적용된다).

2) 대판 2017. 3. 15, 2014두41190(건축허가는 대물적 성질을 갖는 것이어서 행정청으로서는 그 허가를 할 때에 건축주 또는 토지 소유자가 누구인지 등 인적 요소에 관하여는 형식적 심사만 한다).

3) 대판 1992. 4. 14, 91다39986; 대판 1981. 8. 20, 80도1176(다방영업 허가를 사실상 양도하는 사례가 허다하여 다방영업 허가는 거래의 대상으로서 재산적 가치가 있다).

4) 대판 1981. 1. 13, 80다1126(공중목욕장의 영업허가를 받은 자가 그 허가를 타인에게 양도하는 경우에는 영업의 시설이나 영업상의 이익 등만이 이전될 뿐 허가권 자체가 이전되는 것은 아니므로 양수인은 공중목욕장업법에 의한 영업허가를 새로이 받아야 하는 것이고 그 절차에는 양도인의 동의를 필요로 하는 것이 아님에도 불구하고 원심이 양도인에게 공중목욕탕 영업허가권에 관하여 양수인 명의로 명의변경등록절차의 이행을 명하였음은 위법이다).

지를 하지 않으면 되기 때문이다. 입법의 실제상으로 허가는 면허·인가·인허 등 여러 가지의 용어로 사용되고 있다.

(2) **재량행위·기속행위**　　　법문의 표현상 그 성질이 불분명한 경우, 효과재 1272 량설의 입장에서 보면, 허가는 재량행위(자유재량행위)이나 허가의 취소는 기속행위(기속재량행위)라 하게 될 것이다. 그러나 기본권의 최대한의 보장이라는 헌법원리에서 보면 요건을 구비한 경우에 허가는 기속행위로, 허가의 철회는 재량행위로 보는 것이 합리적일 것이다. 기본권의 최대한 보장이라는 시각에서 요건을 구비한 허가를 기속행위로 본다고 하여도, 그것은 근거법상 허가요건이 공익(안전보장, 질서유지 등)을 충분히 고려한 경우를 전제로 할 때 가능하다. 따라서 허가요건이 공익에 대한 고려가 미흡할 때에는 재량행위로 보아야 할 경우도 있을 것이다. 이러한 취지의 판례도 보인다.[1] 그러나 허가요건이 공익에 대한 고려가 미흡하다는 것은 극히 제한적으로 새겨야 한다. 그렇지 않다면, 기본권은 상대화될 것이다.

(3) **명령적 행위·형성적 행위**

㈎ **명령적 행위설**　　　전통적 견해와 판례는 허가를 예방적 금지를 해제하여 1273 자연적 자유를 회복시켜 줄 뿐, 특별한 법적 힘을 새로이 부여하는 것은 아니라는 점에서 명령적 행위라는 견해이다. 이와 관련하여 허가의 자유권 회복이라는 권리적 성격과 권리설정행위라는 형성행위적 성격은 구분되어야 한다는 견해가 있다.[2]

㈏ **양면성설**(병존설)　　　근래의 다수 견해는 허가를 명령적 행위의 성격과 1274 형성적 행위의 성격을 동시에 갖는 것으로 이해한다.[3]

㈐ **형성적 행위설**　　　허가는 형성적 행위이지, 명령적 행위는 아니라는 견 1275 해이다.[4] 명령이란 통상 명령과 금지만을 의미하고 금지의 해제는 명령적 행위로 볼 수 없다는 점, 형성적이라는 용어는 새로운 권리설정행위에 한정되지 않는다는 것을 이유로 한다. 독일에서는 허가를 형성적 행위로 이해하고 있다.

㈑ **사　　견**　　　명령적 행위설은 허가의 한 면만을 관찰한 것이어서 미흡하 1276

---

1) 대판 2016. 8. 24, 2016두35762(건축허가권자는 건축허가신청이 건축법 등 관계 법령에서 정하는 어떠한 제한에 배치되지 않는 이상 같은 법령에서 정하는 건축허가를 하여야 하고, 중대한 공익상의 필요가 없음에도 불구하고 요건을 갖춘 자에 대한 허가를 관계 법령에서 정하는 제한사유 이외의 사유를 들어 거부할 수는 없다).

2) 김성수, 일반행정법, 237쪽.

3) 홍준형, 행정법총론, 223쪽; 김남진·김연태, 행정법(Ⅰ), 248쪽(2019); 정하중, 행정법개론, 194쪽(2019); 박윤흔·정형근, 최신행정법강의(상), 317쪽.

4) 강현호, 행정법총론, 291쪽; 최영규, 영업허가의 개념과 범위 ─ 이른바 공기업특허와의 구별 문제를 중심으로 ─, 공법연구 제21집, 196쪽.

다. 금지를 명령으로 새기면, 금지의 해제도 명령의 일종으로 보아야 할 것인데, 형성적 행위설은 양자를 달리 새긴다는 점에서 동의하기 어렵다. 허가는 명령적 행위와 형성적 행위의 양면을 갖는다고 볼 것이다. 예컨대, 단란주점영업허가의 경우, 금지의 해제라는 소극적인 관점에서 보면 단란주점영업허가는 명령적이나, 단란주점영업을 경영할 수 있는 법적 지위가 창설된다는 적극적 관점에서 보면 단란주점영업허가는 형성적이다.

5. 허가의 요건

1277　　⑴ **실질적 요건**　　개별법령이 규정하는 허가요건의 구체적인 내용은 상이할 것이지만, 허가라는 제도가 경찰상 목적, 즉 위험방지를 주된 목적으로 하기 때문에 각종의 허가는 내용상 무위험성(예 : 자동차운행허가는 자동차의 안전성확보를 전제로 하고, 주유소설치허가는 화재로부터 안전성확보를 전제로 한다) · 신뢰성(예 : 전과의 경력이 있는 자들에게는 각종 허가에 제한이 따른다) · 전문성(예 : 자동차운전면허에 시험이 따르고, 식품위생법상 각종 영업허가에 조리사 등 전문성을 구비한 자의 확보를 요구한다)을 요건으로 한다.

　　⑵ **형식적 요건**

1278　　㈎ **신　　청**　　허가는 수익적 행위로서 통상 상대방의 신청을 전제로 하나 신청이 없는 경우에도 허가는 발해질 수 있다(예 : 도로교통법 제28조 제2항 단서에 따라 지방경찰청장 또는 경찰서장이 보행자전용도로에서의 차마통행금지를 해제하는 경우).

1279　　㈏ **상 대 방**　　허가의 상대방은 특정인일 수도 있고(예 : 식품판매업허가), 불특정다수인(예 : 도로교통법 제28조 제2항 단서에 따라 지방경찰청장 또는 경찰서장이 보행자전용도로에서의 차마통행금지를 해제하는 경우)일 수도 있다.

1279a　　⑶ **결격사유**　　결격사유가[1] 있는 자에 대한 허가는 허용되지 아니하며, 만약 그러한 자에 대하여 허가가 이루어진다면, 그러한 허가는 하자가 중대하고 명백하여 무효로 볼 것이다.

6. 허가의 효과

1280　　⑴ **법률상 이익 · 반사적 이익**　　전통적으로 허가의 효과는 반사적 이익으로 이해되어 왔다. 전통적인 견해는 허가가 가져오는 법관계의 일부만을 고려한 것이지, 전부를 고려한 것은 아니다. 허가로 인한 이익은 2가지 방향에서 검토를 요한다. ① 먼저, 허가로 인해 피허가자는 자유를 회복하게 된다. 이것은 제한된

---

1) 결격사유에 관해 옆번호 466 이하 참조. 자세한 것은 졸저, 행정기본법해설 제16조(결격사유) 부분 참조.

기본권(예 : 건축의 자유, 직업선택의 자유)의 회복을 의미한다. 기본권의 회복은 헌법에서 보장하는 이익의 회복이므로, 그것은 당연히 법적 이익(법률상 이익)에 해당한다. 따라서 요건을 구비한 허가신청에 대한 거부는 법률상 이익에 대한 위법한 침해가 되는바, 취소소송의 대상이 된다.

② 한편, 허가는 금지를 해제하여 피허가자로 하여금 어떠한 행위를 할 수 있는 가능성을 부여할 뿐, 그 행위와 관련된 이익을 법적으로 보장하는 것은 아니다(예 : 단란주점영업허가는 단란주점의 운영을 허락하는 것일 뿐, 단란주점운영 그 자체를 권리로 인정하는 것도 아니고, 단란주점운영으로 인해 얻는 경제상 이익을 법적으로 보호하는 것도 아니다). 허가는 특정인에게 새로운 권리를 설정하여 주는 것이 아니다. 허가로 인해 경영상 얻은 이익이 있다면 반사적 이익일 뿐이다.[1] 이러한 반사적 이익에 대한 위법한 침해는 행정쟁송의 방식으로 다툴 수 없다. 그러나 입법여하에 따라서는 예외적으로 허가의 이익이 법률상 이익일 수도 있다.[2] 1281

(2) **타법상의 제한** 허가는 허가의 근거법상의 금지를 해제하는 효과만 있을 뿐 타법에 의한 금지까지 해제하는 효과가 있는 것은 아니다(예 : 공무원이 식품위생법상 일정영업을 경영하려면 동법상의 허가뿐만 아니라 공무원법상 허가까지 받아야 한다).[3] 1282

(3) **무허가행위** 허가를 요하는 행위임에도 무허가로 행하면(예 : 무허가건축을 하거나 무허가 단란주점을 경영하는 경우), 행정상 강제(예 : 건축법 제79조) 또는 행정벌(예 : 식품법 제94조)이 가해지기도 한다.[4] 무허가의 행위가 공무원의 과오에 기인한 것이라면 처벌할 수 없는 경우도 있을 수 있다.[5] 하여간 행정법규는 무허가행위에 대해 일반적으로 행정벌이나 행정강제를 규정하며, 무효를 규정하 1283

---

1) 대판 1990. 8. 14, 89누7900; 대판 1986. 11. 25, 84누147.

2) 대판 2006. 7. 28, 2004두6716(구 오수·분뇨 및 축산폐수의 처리에 관한 법률과 시행령의 관계규정이 당해 지방자치단체 내의 분뇨등의 발생량에 비하여 기존 업체의 시설이 과다한 경우 일정한 범위 내에서 분뇨등 수집·운반업 및 정화조청소업에 대한 허가를 제한할 수 있도록 하고 있는 것은 분뇨등을 적정하게 처리하여 자연환경과 생활환경을 청결히 하고 수질오염을 감소시킴으로써 국민보건의 향상과 환경보전에 이바지한다는 공익목적을 달성하고자 함과 동시에 업자간의 과당경쟁으로 인한 경영의 불합리를 미리 방지하자는 데 그 목적이 있는 점 등 제반 사정에 비추어 보면, 업종을 분뇨등 수집·운반업 및 정화조청소업으로 하여 분뇨등 관련 영업허가를 받아 영업을 하고 있는 기존업자의 이익은 단순한 사실상의 반사적 이익이 아니고 법률상 보호되는 이익이라고 해석된다).
[참고] 구「오수·분뇨 및 축산폐수의 처리에 관한 법률」은 폐지되었고 그 내용의 상당부분은 새로 제정된 가축분뇨의 관리 및 이용에 관한 법률에 반영되었다.

3) 대판 1991. 4. 12, 91도218; 대판 1989. 9. 12, 88누6856.

4) 대판 1986. 5. 27, 86도265.

5) 대판 1992. 5. 22, 91도2525(행정청의 허가가 있어야 함에도 불구하고 허가를 받지 아니하여 처벌대상의 행위를 한 경우라도, 허가를 담당하는 공무원이 허가를 요하지 않는 것으로 잘못 알려 주어 이를 믿었기 때문에 허가를 받지 아니한 것이라면 허가를 받지 않더라도 죄가 되지 않는 것으로 착오를 일으킨 데 대하여 정당한 이유가 있는 경우에 해당하여 처벌할 수 없다).

는 것은 비교적 찾아보기 어렵다.

1284   ⑷ **사권의 설정여부**   건축허가는 행정관청이 건축행정상 목적을 수행하기 위하여 수허가자에게 일반적으로 행정관청의 허가 없이는 건축행위를 하여서는 안 된다는 상대적 금지를 관계 법규에 적합한 일정한 경우에 해제하여 줌으로써 일정한 건축행위를 하여도 좋다는 자유를 회복시켜 주는 행정처분일 뿐 수허가자에게 어떤 새로운 권리나 능력을 부여하는 것이 아니고, 건축허가서는 허가된 건물에 관한 실체적 권리의 득실변경의 공시방법이 아니며 추정력도 없으므로 건축허가서에 건축주로 기재된 자가 건물의 소유권을 취득하는 것은 아니므로, 자기 비용과 노력으로 건물을 신축한 자는 그 건축허가가 타인의 명의로 된 여부에 관계없이 그 소유권을 원시취득한다.[1]

1285   ⑸ **당연무효의 건축허가와 준공검사 후의 취소가능성**   "건축허가처분이 당연무효라고 하더라도 그 허가처분을 받은 자가 원심변론종결 전에 이미 건축공사를 완료하고 준공검사필증까지 교부받았다면 그 건축허가처분의 무효확인을 받아 건물의 건립을 저지할 수 있는 단계는 지났다고 할 것이므로, 그 허가처분의 무효확인을 소구할 법률상의 이익이 없다"는 것이 판례의 입장이다.[2]

7. 허가의 변동

1286   ⑴ **허가의 갱신**   허가의 기간에 제한이 있는 경우에는 기존의 허가의 효력을 지속시키기 위하여 허가의 갱신이 이루어지기도 한다(예 : 총포·도검·화약류 등의 안전관리에 관한 법률 제16조(총포소지허가의 갱신) ① 제12조에 따라 총포의 소지허가를 받은 자는 허가를 받은 날부터 3년마다 이를 갱신하여야 한다; 사행행위 등 규제 및 처벌특례법 제7조(영업허가의 유효기간) ① 영업허가의 유효기간은 영업의 종류별로 대통령령으로 정하되, 3년을 초과할 수 없다. ② 제1항에 따른 영업허가의 유효기간이 지난 후 계속하여 영업을 하려는 자는 행정안전부령으로 정하는 바에 따라 다시 허가를 받아야 한다).[3] 허가의 갱신은 기존의 허가의 효력을 지속시키는 것이지 그것과 무관한 새로운 행위는 아니다.[4] 허가의 갱신제도는 허가의 요건(무위험성·신뢰성·전문성)에 대한 판단이

---

1) 대판 2002. 4. 26, 2000다16350; 대판 2009. 3. 12, 2006다28454.
2) 대판 1993. 6. 8, 91누11544; 대판 1992. 4. 24, 91누11131.
3) 대판 2007. 10. 11, 2005두12404(일반적으로 행정처분에 효력기간이 정하여져 있는 경우에는 그 기간의 경과로 그 행정처분의 효력은 상실되고, 다만 허가에 붙은 기한이 그 허가된 사업의 성질상 부당하게 짧은 경우에는 이를 그 허가 자체의 존속기간이 아니라 그 허가조건의 존속기간으로 보아 그 기한이 도래함으로써 그 조건의 개정을 고려한다는 뜻으로 해석할 수는 있지만, 그와 같은 경우라 하더라도 그 허가기간이 연장되기 위하여는 그 종기가 도래하기 전에 그 허가기간의 연장에 관한 신청이 있어야 하며, 만일 그러한 연장신청이 없는 상태에서 허가기간이 만료하였다면 그 허가의 효력은 상실된다).
4) 대판 1984. 9. 11, 83누658; 대판 1982. 7. 27, 81누174(유료 직업소개사업의 허가갱신은 허가취

장기적인 관점에서 이루어지기 곤란하고 오히려 비교적 단기간에 반복적으로 판단할 필요가 있는 경우에 도입된다(예 : 운전면허의 허가). 한편, ① 허가의 갱신은 기한의 도래 전에 이루어져야 한다. 기한의 도래 전에 갱신이 이루어지면, 갱신 전후의 행위는 하나의 행위가 된다. ② 기한의 도래 전에 갱신신청을 하였으나, 도래 후에 갱신이 이루어진 경우에도 특별한 사정이 없는 한 기한의 도래 전에 이루어진 것과 동일하게 볼 것이다. ③ 기한의 도래 전에 갱신신청하였으나 기한 도래 후에 갱신이 거부된 경우에는 종래 허가의 효력과 관련하여 종기의 도래로 당연히 소멸한다는 견해,[1] 갱신의 거부는 장래를 향해서만 허가의 효력을 소멸시킨다는 견해,[2] 신의칙에 비추어 개별적으로 판단해야 한다는 견해가[3] 대립된다. 생각건대 상대방의 보호를 위해 경우에 따라서는 종기의 도래로 당연히 소멸한다고 보아야 할 때도 있고, 경우에 따라서는 거부처분시에 소멸한다고 보아야 할 경우도 있을 것이므로 신의칙에 비추어 개별적으로 판단하여야 한다는 견해가 타당하다. ④ 기한의 도래 후에 갱신신청을 하였고, 갱신이 이루어지면, 갱신 전후의 행위는 별개의 행위로 볼 것이다. 말하자면 종전의 허가가 기한의 도래로 실효한 후에 이루어진 신청에 따른 허가는 갱신허가가 아니고 별개의 새로운 행위이다.[4] ⑤ 한편, 허가처분에 기간이 정해져 있다고 하여 그 기간의 경과로 반드시 허가의 효과가 소멸한다고 단언할 수 없다.[5]

득자에게 종전의 지위를 계속 유지시키는 효과를 갖는 것에 불과하고 갱신 후에는 갱신 전의 법위반 사항을 불문에 붙이는 효과를 발생하는 것이 아니므로 일단 갱신이 있은 후에도 갱신 전의 법위반 사실을 근거로 허가를 취소할 수 있다).

1) 이상규, 신행정법론(하), 336쪽.
2) 류지태·박종수, 행정법신론, 1019쪽(2019년판에서는 관련 내용이 보이지 아니한다); 박윤흔·정형근, 최신행정법강의(하), 343쪽.
3) 김남진·김연태, 행정법(Ⅱ), 342쪽(2019).
4) 대판 1995. 11. 10, 94누11866(종전의 허가가 기한의 도래로 실효한 이상 원고가 종전 허가의 유효기간이 지나서 신청한 이 사건 기간연장신청은 그에 대한 종전의 허가처분을 전제로 하여 단순히 그 유효기간을 연장하여 주는 행정처분을 구하는 것이라기보다는 종전의 허가처분과는 별도의 새로운 허가를 내용으로 하는 행정처분을 구하는 것이라고 보아야 할 것이어서, 이러한 경우 허가권자는 이를 새로운 허가신청으로 보아 법의 관계규정에 의하여 허가요건의 적합여부를 새로이 판단하여 그 허가여부를 결정하여야 할 것이다).
5) 대판 2007. 10. 11, 2005두12404(일반적으로 행정처분에 효력기간이 정하여져 있는 경우에는 그 기간의 경과로 그 행정처분의 효력은 상실되고, 다만 허가에 붙은 기한이 그 허가된 사업의 성질상 부당하게 짧은 경우에는 이를 그 허가 자체의 존속기간이 아니라 그 허가조건의 존속기간으로 보아 그 기한이 도래함으로써 그 조건의 개정을 고려한다는 뜻으로 해석할 수는 있지만, 그와 같은 경우라 하더라도 그 허가기간이 연장되기 위하여는 그 종기가 도래하기 전에 그 허가기간의 연장에 관한 신청이 있어야 하며, 만일 그러한 연장신청이 없는 상태에서 허가기간이 만료하였다면 그 허가의 효력은 상실된다); 대판 2004. 3. 25, 2003두12837(일반적으로 행정처분에 효력기간이 정하여져 있는 경우에는 그 기간의 경과로 그 행정처분의 효력은 상실되며, 다만 허가에 붙은 기한이 그 허가된 사업의 성질상 부당하게 짧은 경우에는 이

1287 (2) **허가의 소멸** 철회사유가 발생하면 허가는 철회될 수 있다. 다만 철회함에 있어서는 철회의 법적 근거·사유 등을 명확히하여야 한다(절차법 제23조 제1항). 철회로 허가는 소멸된다. 대인적 허가의 경우, 사망은 허가의 효과의 소멸을 가져온다. 대물적 허가의 경우에도 허가대상의 멸실은 허가의 효과의 소멸을 가져온다. 그러나 대물적 허가의 경우, 허가받은 자의 변경이 허가의 효과에 당연히 영향을 미친다고 보기는 어렵다.[1]

1288 (3) **허가의 양도와 지위승계** 허가영업을 양도 후 영업양도 전에 있었던 양도인의 법위반행위를 이유로 양수인에 대해 제재처분을 발령할 수 있는지가 문제된다.

1289 ㈎ **학　설** 논리상 ⓐ 당해 허가영업의 성질이 대물적 허가인지 대인적 허가인지로 나누어 대물적 허가인 경우에는 승계되지만 대인적 허가인 경우에는 승계되지 않는다는 견해, ⓑ 허가의 이전이 가능한가의 여부와 행정제재사유의 이전이 가능한가는 별개의 문제라는 전제하에, 제재사유(제재처분이 부과된 원인)가 물적 사정에 관련되는 경우에는 그 사유가 양수인에게 승계되는 것으로 보아야 하나, 양도인의 자격상실이나 부정영업 등 인적인 사유인 경우에는 원칙적으로 그 사유가 승계되지 않는다는 견해,[2] ⓒ 양도인의 법위반행위로 인해 발령된 제재처분의 성질이 대물적 처분인지 대인적 처분인지로 나누어 전자는 승계되나 후자는 승계되지 않는다는 견해가 주장 가능하다.

1290 ㈏ **판　례** 판례는 ⓐ설의 입장에서 석유판매업허가를 대물적 허가로 보아 양수인의 석유판매업허가를 취소한 예와[3] ⓒ설의 입장에서 영업정지처분이 대물적 처분임을 근거로 양수인의 영업을 정지한 예가[4] 있다.

를 그 허가 자체의 존속기간이 아니라 그 허가조건의 존속기간으로 보아 그 기한이 도래함으로써 그 조건의 개정을 고려한다는 뜻으로 해석할 수 있지만, 이와 같이 당초에 붙은 기한을 허가 자체의 존속기간이 아니라 허가조건의 존속기간으로 보더라도 그 후 당초의 기한이 상당 기간 연장되어 연장된 기간을 포함한 존속기간 전체를 기준으로 볼 경우 더 이상 허가된 사업의 성질상 부당하게 짧은 경우에 해당하지 않게 된 때에는 관계 법령의 규정에 따라 허가 여부의 재량권을 가진 행정청으로서는 그 때에도 허가조건의 개정만을 고려하여야 하는 것은 아니고 재량권의 행사로서 더 이상의 기간연장을 불허가할 수 있는 것이며, 이로써 허가의 효력은 상실된다).

1) 대판 1975. 3. 11, 74누138(2인공동명의로 된 주류제조면허는 그중 1인이 면허취소신청이 있다 하여 그에 따라 다른 1인에 대한 면허도 당연히 취소하여야 되는 것이 아니므로 2인공동명의로 된 주류제조면허를 취소할 수 없다).

2) 김남진·김연태, 행정법(Ⅰ), 103쪽(2019).

3) 대판 1986. 7. 22, 86누203.

4) 대판 2001. 6. 29, 2001두1611(영업정지나 영업장폐쇄명령 모두 대물적 처분으로 보아야 할 이치이다. 아울러, 법 제3조 제1항에서 보건복지부장관은 공중위생영업자로 하여금 일정한 시설 및 설비를 갖추고 이를 유지·관리하게 할 수 있으며, 제2항에서 공중위생영업자가 영업소를

(ㄷ) **사   견**   허가제도의 취지는 확보되어야 한다는 점에서 볼 때, 제재사 1291
유가 물적인 경우와 제재처분의 성질이 물적인 경우 모두 승계된다고 볼 것이
다. 승계로 인해 양수인이 입는 피해는 양수인과 양도인 사이에서 해결되어야
할 것이다.

8. 인허가의제

(1) 인허가의제의 관념 1292

1) **의   의**   "인허가의제"란 하나의 인허가(이하 "주된 인허가"라 한다)를
받으면 그와 관련된 여러 인허가(이하 "관련 인허가"라 한다)를 받은 것으로 보는
것을 말한다(기본법 제24조 제1항). 예를 들어 건축법 제11조 제5항 제9호는 「건축
법 제11조 제1항에 따른 건축허가를 받으면, 도로법 제61조에 따른 도로의 점
용 허가를 받은 것으로 본다」고 규정하고 있는데, 이와 같이 특정한 허가(예 : 건
축허가. 주된 인허가)를 받으면 다른 특정한 허가(예 : 도로점용허가. 관련 인허가)도 받
은 것으로 보는 것을 허가의 의제라 한다.[1] 이러한 의제는 신고·인가·등록 등
의 경우에도 활용되기 때문에 인허가의제라는 용어가 널리 사용되고 있다. 계획
법상 집중효와 인허가의제는 절차간소화라는 의미에서 유사한 기능을 갖지만,
계획법상 집중효는 계획절차를 거친 후에 인정되는 효력이라는 점에서 양자 간
에 성질상 차이가 있다고 볼 것이다.[2] 한편, 의제 대상 중 인허가의 관계 행정
기관과의 협의 완료 전에 협의 완료를 조건으로 인허가를 하는 경우를 조건부
인허가의제제도라 부르기도 한다.[3]

2) **취   지**   하나의 사업을 위해 여러 종류의 인허가를 받아야 하는 1293
경우, 모든 인허가절차를 거치게 되면 많은 시간, 많은 비용이 소요되는 등 민
원인에게 많은 불편이 따르게 되는데, 이를 시정하여 민원인에게 편의를 제공하

개설한 후 시장 등에게 영업소개설사실을 통보하도록 규정하는 외에 공중위생영업에 대한 어
떠한 제한규정도 두고 있지 아니한 것은 공중위생영업의 양도가 가능함을 전제로 한 것이라
할 것이므로, 양수인이 그 양수 후 행정청에 새로운 영업소개설통보를 하였다 하더라도, 그로
인하여 영업양도·양수로 영업소에 관한 권리의무가 양수인에게 이전하는 법률효과까지 부정
되는 것은 아니라 할 것인바, 만일 어떠한 공중위생영업에 대하여 그 영업을 정지할 위법사유
가 있다면, 관할 행정청은 그 영업이 양도·양수되었다 하더라도 그 업소의 양수인에 대하여
영업정지처분을 할 수 있다고 봄이 상당하다).

1) 인허가 의제 제도가 본격적으로 도입된 것은 1973년 12월 24일 제정·공포된 산업기지개발촉
진법이 그 시초라 한다(류준모, 인허가 의제 제도에 관한 입법적 개선방안, 법제, 2012. 12, 법
제처, 145쪽.

2) 정남철, 건축신고제도의 법적 문제, 법제, 2012. 12, 법제처, 64쪽; 류준모, 인허가 의제 제도에
관한 입법적 개선방안, 법제, 2012. 12, 법제처, 147쪽.

3) 박수연, 인·허가의제 입법연구, 법제, 2014. 9, 법제처, 197쪽.

고자 하는 것이 인허가의제를 두는 취지이다.[1]

⑵ 인허가의제의 법적 근거

1294   1) 인허가의제 법정주의   행정기본법은 인허가의제 법정주의를 취하고 있다(기본법 제24조 제1항). 즉, "인허가의제"란 하나의 인허가(이하 "주된 인허가"라 한다)를 받으면 **법률로 정하는 바에 따라** 그와 관련된 여러 인허가(이하 "관련 인허가"라 한다)를 받은 것으로 보는 것인바, 인허가의제는 법률의 근거가 있는 경우에 인정된다.[2]

1295   2) 일 반 법   인허가의제를 규정하는 개별 법률을 집행할 때에 행정청이 따라야 하는 절차에 관한 일반조항으로 행정기본법 제24조, 인허가의제의 효과에 관한 일반조항으로 행정기본법 제25조, 인허가의제의 사후관리 등에 관한 일반조항으로 행정기본법 제26조가 있다.

⑶ 인허가의제의 절차

1296   1) 관련인허가 신청서류 동시제출주의   인허가의제를 받으려면 주된 인허가를 신청할 때 관련 인허가에 필요한 서류를 함께 제출하여야 한다. 다만, 불가피한 사유로 함께 제출할 수 없는 경우에는 주된 인허가 행정청이 별도로 정하는 기한까지 제출할 수 있다(기본법 제24조 제2항).

       2) 관련 인허가 행정청과 협의

1297   ㈎ 필요적 협의   주된 인허가 행정청은 주된 인허가를 하기 전에 관련 인허가에 관하여 미리 관련 인허가 행정청과 협의하여야 한다(기본법 제24조 제3항). 협의는 반드시 거쳐야 하는 필요적 절차이다.

1298   ㈏ 협의의 한계   제3항에 따라 협의를 요청받은 관련 인허가 행정청은 해당 법령을 위반하여 협의에 응해서는 아니 된다. 다만, 관련 인허가에 필요한 심의, 의견 청취 등 절차에 관하여는 법률에 인허가의제 시에도 해당 절차를 거

---

1) 대판 2018. 7. 12, 2017두48734(중소기업창업법 제35조 제1항의 인허가의제 조항은 창업자가 신속하게 공장을 설립하여 사업을 개시할 수 있도록 창구를 단일화하여 의제되는 인허가를 일괄 처리하는 데 그 입법취지가 있다); 대판 2011. 1. 20, 2010두14954 전원합의체(건축법에서 인허가의제 제도를 둔 취지는, 인허가의제사항과 관련하여 건축허가 또는 건축신고의 관할 행정청으로 그 창구를 단일화하고 절차를 간소화하며 비용과 시간을 절감함으로써 국민의 권익을 보호하려는 것이지, 인허가의제사항 관련 법률에 따른 각각의 인허가 요건에 관한 일체의 심사를 배제하려는 것으로 보기는 어렵다. 왜냐하면, 건축법과 인허가의제사항 관련 법률은 각기 고유한 목적이 있고, 건축신고와 인허가의제사항도 각각 별개의 제도적 취지가 있으며 그 요건 또한 달리하기 때문이다).
2) 대판 2022. 9. 7, 2020두40327(인·허가의제 제도는 관련 인·허가 행정청의 권한을 제한하거나 박탈하는 효과를 가진다는 점에서 법률 또는 법률의 위임에 따른 법규명령의 근거가 있어야 한다).

친다는 명시적인 규정이 있는 경우에만 이를 거친다(기본법 제24조 제5항).

3) **관련 인허가 행정청의 의견제출**　　관련 인허가 행정청은 제3항에 따른 1299
협의를 요청받으면 그 요청을 받은 날부터 20일 이내(제5항 단서에 따른 절차에 걸
리는 기간은 제외한다)에 의견을 제출하여야 한다. 이 경우 전단에서 정한 기간(민
원 처리 관련 법령에 따라 의견을 제출하여야 하는 기간을 연장한 경우에는 그 연장한 기간을
말한다) 내에 협의 여부에 관하여 의견을 제출하지 아니하면 협의가 된 것으로
본다(기본법 제24조 제4항).

4) **인허가의제의 요건 심사**

(가) **실체적 요건**　　행정기본법에는 관련 인허가 요건의 심사에 관해 명시 1300
적으로서 언급하는 바가 없다. 인허가의제 제도의 취지에 비추어 보면, 주된 인
허가 행정청이 관련 인허가에 대한 권한행정청으로 볼 것이므로, 주된 인허가
행정청이 관련 인허가 요건을 심사할 수밖에 없는 셈이다. 판례의 견해이기도
하다.[1]

(나) **절차적 요건**　　① 절차의 간소화 등을 내용으로 하는 인허가의제 제 1301
도의 취지에 비추어, 주된 인허가 행정청은 관련 인허가의 절차적 요건을 준수
하여야 하는 것은 아니다. ② 그럼에도 개별 법률에서 인허가의제 시 관련 인허
가에 필요한 심의, 의견 청취 등 절차를 거친다는 명시적인 규정이 있는 경우는
이를 거쳐야 한다(기본법 제24조 제5항 단서). 이를 규정한 개별 법률도 있다.

(4) **인허가의제의 효과**

1) **효과의 발생시점**　　주된 인허가를 받았을 때 관련 인허가를 받은 것으 1302
로 본다(기본법 제25조 제1항). 즉, 주된 인허가의 효력발생시점과 관련 인허가의
효력발생시점은 같다. 종전 판례의 견해도 이와 같았다.[2]

2) **인허가가 의제되는 사항**　　인허가가 의제되는 사항은 행정기본법 제24 1303
조 제3항·제4항에 따라 협의가 된 사항에 한한다(기본법 제25조 제1항). 협의가 누
락되거나 단계적인 협의가 가능한 사항은 인허가가 의제되지 아니한다. 종전 판
례의 견해도 이와 같다.[3]

3) **효과가 미치는 범위**　　인허가의제의 효과는 주된 인허가의 해당 법률 1304

---

1) 대판 2021. 4. 29, 2020두55695(일정한 건축물에 관한 건축신고는 건축법 제14조 제2항, 제11조
　제5항 제3호의 인허가의제로 인해 건축법상 건축신고와 「국토의 계획 및 이용에 관한 법률」(이
　하 '국토계획법'이라고 한다)상 개발행위허가의 성질을 아울러 갖게 되므로, 국토계획법상의 개
　발행위허가를 받은 것으로 의제되는 건축신고가 국토계획법령이 정하는 개발행위허가기준을
　갖추지 못한 경우 행정청으로서는 이를 이유로 그 수리를 거부할 수 있다).
2) 대판 2018. 10. 25, 2018두43095.
3) 대판 2018. 10. 25, 2018두43095.

에 규정된 관련 인허가에 한정된다(기본법 제25조 제2항). 따라서 인허가의제가 있는 경우, 관련 인허가 효과가 미치는 범위에 대한 판단은 주된 인허가의 해당 법률을 기준으로 하여야 한다. 따라서 관련 인허가의 근거 법률에 규정된 권리 제한이나 의무부과에 관한 사항은 의제된 인허가에 적용되지 않는다. 개별 법률에 명시적 규정이 있으면, 그 명시적 규정에 의할 것이다.

(5) 기 타

1305　　　1) 사후관리　　　인허가의제의 경우 관련 인허가 행정청은 관련 인허가를 직접 한 것으로 보아 관계 법령에 따른 관리·감독 등 필요한 조치를 하여야 한다(기본법 제26조 제1항). 사후관리란 관계 법령에 따른 관리·감독 등 필요한 조치를 하는 것을 말하고, 관계 법령이란 기본적으로 관련 인허가에 관련된 법령을 말한다.

1306　　　2) 주된 인허가 변경의 경우　　　주된 인허가가 있은 후 이를 변경하는 경우에는 제24조·제25조 및 이 조 제1항을 준용한다(기본법 제26조 제2항). 주된 인허가 변경도 「변경대상이 된 주된 인허가의 발급을 위해 거쳤던 절차」와 동일하게 하여야 하고, 아울러 관련 인허가 변경 절차도 「변경대상이 된 관련 인허가의 발급 시에 거쳤던 절차」와 동일하여야 한다.

(6) 의제된 행위의 취소·철회와 불복쟁송

1307　　　(개) 의제된 행위의 성질　　　인허가의제에서 의제된 행위는 법률에 의해 바로 발령된 행위이다. 학문상 행정행위란 행정청이 발령하는 행위이므로, 의제된 행위는 학문상 행정행위에 해당하지 아니한다. 따라서 의제된 행위를 행정행위와 동일시 할 수는 없다. 그러나 성질이 허용하는 한, 의제된 행위에 행정행위에 적용되는 원리를 유추적용할 수 있다고 볼 것이다.

1308　　　(내) 인허가의제에서 위법 유형과 효과　　　① 주된 인허가가 위법·무효이면, 의제되는 행정행위도 무효이다. 의제되는 행위는 주된 행위에 의존하기 때문이다. ② 주된 인허가가 위법하나 취소할 수 있는 행위라면, 주된 행위가 취소나 철회되기 전까지는 의제된 행위는 유효하다. ③ 주된 인·허가가 적법한 행위라도, 의제된 행위가 위법하다면 취소 또는 무효의 문제가 발생한다.

1309　　　(다) 의제된 행위의 취소·철회　　　의제된 행위에 행정행위의 취소와 철회의 법리가 작용될 수 있다. 의제된 행위는 그 자체가 독립된 행위이므로 의제된 행위는 취소나 철회될 수 있다.[1] 의제된 행위는 법률의 규정에 의한 것이므로 그 행위를 취소나 철회할 수 있는 권한행정청은 의제된 행위의 본래의 권한행정청

---

1) 대판 2018. 11. 29, 2016두38792.

으로 볼 것이다. 주된 행위(·허가)의 권한행정청은 주된 행위를 취소·철회할 수 있을 뿐이다.

㈑ **의제된 행위와 불복쟁송**　　의제된 행위에 행정쟁송의 법리가 적용될 수 **1310** 없다고 볼 이유는 보이지 아니한다. 판례도 의제된 인·허가에 대한 쟁송취소에 긍정적이다.[1] 이러한 시각에서 의제된 행위로 법률상 이익이 침해된 자는 의제된 행위에 대한 본래의 권한행정청을 피고로 행정쟁송법이 정하는 바에 따라 다툴 수 있다. 특수한 경우로, 판례는 행정청이 주된 인·허가를 불허하는 처분을 하면서, 주된 인·허가 사유와 의제되는 인·허가의 사유를 함께 제시한 경우에는, 주된 인·허가를 거부한 처분을 대상으로 쟁송을 제기하여야 하는 견해를 취한다.[2]

▌**참고**▌　선승인후협의제　　　　　　　　　　　　　　　　　　　　　　　　**1311**

선승인후협의제란 인·허가와 관련있는 행정기관 간에 협의가 모두 완료되기 전이라도 일정한 경우(공익상 긴급한 필요 등) 인·허가에 대한 협의를 완료할 것을 조건으로 각종의 사업시행승인이나 시행인가를 할 수 있는 제도를 말한다(예 : 주한 미군 공여구역주변지역 등 지원특별법 제29조 제3항, 도시 및 주거환경정비법 제57조 제5항). 이는 관계행정기관 간에 협의가 완료되기 전이라도 후속절차를 진행할 수 있다는 점에서 사업절차가 간소화되는 효과가 있다. 다만, 협의가 완료되지 않은 경우에도 인·허가가 의제된다는 점에서 명문의 근거가 필요하다.

9. 토지이용 인·허가 절차의 간소화

토지를 이용하고 개발하는 경우 개별 법률에서 각각 규정하고 있는 복잡한 **1312** 인·허가 절차를 통합·간소화하고 지원함으로써 국민 불편을 해소하고 국가경

---

1) 대판 2018. 11. 29, 2016두38792.
2) 대판 2001. 1. 16, 99두10988(구 건축법(1999. 2. 8. 법률 제5895호로 개정되기 전의 것) 제8조 제1항, 제3항, 제5항에 의하면, 건축허가를 받은 경우에는 구 도시계획법(2000. 1. 28. 법률 제6243호로 전문 개정되기 전의 것) 제4조에 의한 토지의 형질변경허가나 농지법 제36조에 의한 농지전용허가 등을 받은 것으로 보며, 한편 건축허가권자가 건축허가를 하고자 하는 경우 당해 용도·규모 또는 형태의 건축물을 그 건축하고자 하는 대지에 건축하는 것이 건축법 관련 규정이나 같은 도시계획법 제4조, 농지법 제36조 등 관계 법령의 규정에 적합한지의 여부를 검토하여야 하는 것일 뿐, 건축불허가처분을 하면서 그 처분사유로 건축불허가 사유뿐만 아니라 형질변경불허가 사유나 농지전용불허가 사유를 들고 있다고 하여 그 건축불허가처분 외에 별개로 형질변경불허가처분이나 농지전용불허가처분이 존재하는 것이 아니므로, 그 건축불허가처분을 받은 사람은 그 건축불허가처분에 관한 쟁송에서 건축법상의 건축불허가 사유뿐만 아니라 같은 도시계획법상의 형질변경불허가 사유나 농지법상의 농지전용불허가 사유에 관하여도 다툴 수 있는 것이지, 그 건축불허가처분에 관한 쟁송과는 별개로 형질변경불허가처분이나 농지전용불허가처분에 관한 쟁송을 제기하여 이를 다투어야 하는 것은 아니며, 그러한 쟁송을 제기하지 아니하였어도 형질변경불허가 사유나 농지전용불허가 사유에 관하여 불가쟁력이 생기지 아니한다).

쟁력 강화에 기여함을 목적으로 「토지이용 인·허가 절차 간소화를 위한 특별법」
이 제정되었다.

Ⅲ. 면   제

1313 면제(Erlassung)란 작위의무·수인의무·급부의무를 특정한 경우에 해제하여
주는 행위를 말한다. 의무해제라는 점에서 면제는 허가와 같은 것이나, 허가의
경우는 그 대상이 부작위의무라는 점이 다를 뿐이다.

1314 한편 작위의무나 지급의무의 이행을 연기하거나 유예하는 것에 대하여, ①
그것은 의무 그 자체를 소멸시키는 것은 아니며, 오직 의무의 일부를 변경하는
데 그치는 것이므로 하명의 변경에 해당한다는 견해와,[1] ② 면제의 일종으로
보아야 한다는 견해의[2] 대립이 있다. 연기나 유예를 이행시기나 이행의무의 변
경으로 보면 전자의 견해가, 의무의 일시해제라고 보면 후자의 견해가 타당할
것이다. 결국 이 문제는 관심방향의 문제라 본다.

제 2 형성적 행위

1315 형성적 행위는 사인에 대하여 특별한 권리·능력 기타 법적 지위를 설정·
변경·박탈하는 행위를 말한다. 일반적으로 형성적 행위는 다시 ① 직접 상대방
을 위한 행위, ② 타자를 위한 행위로 구분된다. 그리고 ①은 다시 설권행위(광
의의 특허)·변경행위·탈권행위로 구분되고, ②는 다시 보충행위(인가)와 공법상
대리행위로 구분되고 있다.

Ⅰ. 상대방을 위한 행위(특허)

1. 설권행위(광의의 특허)

1316 통설은 특정인에 대하여 새로운 권리·능력 또는 포괄적인 법률관계를 설정
하는 행정행위를 설권행위라 부른다. 강학상 이를 넓은 의미의 특허라고 부
른다.

(1) 권리설정행위(협의의 특허)

1317 ㈎ 의   의   권리설정행위란 특정인에게 특정한 권리를 설정하는 행위를
말한다. 좁은 의미의 특허라고도 한다.[3] 이것은 실정법상으로 면허·허가 등으

---

1) 이상규, 신행정법론(상), 368쪽.
2) 김남진·김연태, 행정법(Ⅰ), 255쪽(2019); 서원우, 현대행정법론(상), 418쪽.
3) 종래 "특허는 상대방에게 법률상의 힘을 설정하여 주는 형성적 행위인 점에서, 자연적 자유를
   회복시켜 주는 행위인 허가와 기본적으로 구별된다"는 인식이 있었다. 이러한 논리는 허가의

로 불리기도 한다. 권리설정행위는 설권행위의 기본적인 유형이다. 권리설정행
위에는 특허기업의 특허, 공물사용권의 특허와 같이 특허된 권리의 내용이 공권
의 성질을 갖는 것도 있고, 광업권(광업법 제10조)("광업권"이란 탐사권과 채굴권을 말
한다(광업법 제3조 제3호). "탐사권"이란 등록을 한 일정한 토지의 구역(이하 "광구"라 한
다)에서 등록을 한 광물과 이와 같은 광상에 묻혀 있는 다른 광물을 탐사하는 권리를 말한
다(광업법 제3조 제3의 2호). "채굴권"이란 광구에서 등록을 한 광물과 이와 같은 광상에 묻
혀 있는 다른 광물을 채 굴하고 취득하는 권리를 말한다(광업법 제3조 제3의 3호)[1]·어업권
(수산법 제16조)같이 사권의 성질을 띠는 것도 있다. 이 밖에 판례상으로는 보세
구역의 설영특허, 공유수면매립면허,[2] 공유수면의 사용허가,[3] 여객자동차운수
사업법에 따른 자동차운수사업면허,[4] 국립의료원부설주차장운영계약,[5] 재개발

　　대상(예, 단란주점영업·자동차운전·주택건축)은 개인의 자유영역과 관련하지만, 특허의 대상
(예, 자동차운수사업·공유수면매립·귀화)은 국가의 고유영역에 관련한다는 인식과 관계가 있
어 보인다. 그러나 국민주권의 민주국가에서는 모든 특허의 대상이 반드시 개인의 자유영역과
무관하다고 보기는 어렵다. 예컨대 개인택시운송사업 등 자동차운송사업은 개인의 자유영역과
관련을 갖는다고 보아야 한다. 말하자면 개인택시사업의 자유는 헌법이 기본으로 보장하는 직
업의 자유에 속한다고 볼 것이지, 그와 무관한 것으로 보기는 어렵다. 사실 오늘날 택시운송사
업이 국가의 고유영역에 속하는 사업이라 말하기는 곤란하다. 따라서 질서유지가 아니라 공공
복리의 관점에서 이루어진다고 하여도 개인택시사업의 제한과 면허는 개인택시영업의 자유에
대한 회복을 내용으로 한다고 보아야 한다. 다만 「개인택시사업면허는 금지해제로 인한 단순한
영업의 자유만을 가져다 주는 것이 아니라 개인택시사업권이라는 법적 지위(영업권)도 보장한
다는 점에서 단순히 영업의 자유만을 가져다주는 허가와 구별하여 특허라고 부르는 것」으로
이해되어야 한다. 결국 자연적 자유와 관련하는 특허도 있다는 점을 고려한다면, 자연적 자유
의 회복여부를 기준으로 특허와 허가를 대비시키는 논리는 문제점을 갖는다.
1) 헌재 2014. 2. 27, 2010헌바483(광업권이란, 등록을 한 일정한 토지의 구역에서 등록을 한 광물
과 이와 같은 광상에 묻혀 있는 다른 광물을 탐사하고, 채굴하여 취득하는 권리를 말한다(광업
법 제3조 제3호 내지 제3호의 3). 광업권은 국가가 일정한 미채굴광물의 채굴, 취득을 위하여
부여하는 권리로서, 토지소유권과 분리된 독자적 권리이며(헌법 제120조 제1항, 광업법 제2
조), 토지소유자라 하더라도 자기 토지에 매장된 미채굴광물을 채굴, 취득하기 위해서는 토지
소유권과는 별도로 광업권을 설정하여야 한다. … 광업권설정의 허가는 특정인에게 광업권을
설정하여 주는 것으로서 강학상 특허의 성격을 지니는 행정행위이지만, 광업권설정의 출원이
적법하고 광업법 및 동법시행령에 정하여진 불수리, 각하, 불허가사유가 있지 아니하는 한 행
정청은 광업권설정의 허가를 하도록 기속된다).
2) 대판 1989. 9. 12, 88누9206(공유수면매립면허는 설권행위인 특허의 성질을 갖는 것이므로 원칙
적으로 행정청의 자유재량에 속한다).
3) 대판 2017. 4. 28, 2017두30139(공유수면 관리 및 매립에 관한 법률(이하 '공유수면법'이라 한
다)에 따른 공유수면의 점용·사용허가는 특정인에게 공유수면 이용권이라는 독점적 권리를 설
정하여 주는 처분으로서 그 처분 여부 및 내용의 결정은 원칙적으로 행정청의 재량에 속하고,
이와 같은 재량처분에 있어서는 그 재량권 행사의 기초가 되는 사실인정에 오류가 있거나 그
에 대한 법령적용에 잘못이 없는 한 그 처분이 위법하다고 할 수 없다); 대판 2004. 5. 28, 2002
두5016.
4) 대판 2010. 1. 28, 2009두19137(여객자동차운수사업법에 의한 개인택시운송사업의 면허는 특정
인에게 권리나 이익을 부여하는 행정청의 재량행위이다).
5) 대판 2006. 3. 9, 2004다31074(원고는 피고(대한민국) 산하의 국립의료원 부설주차장에 관한 이

조합설립인가,[1] 재건축조합설립인가,[2] 도시환경정비사업시행인가,[3] 출입국관리법상 체류자격 변경허가,[4] 여객자동차운송사업의 한정면허,[5] 법무부장관의 공증인 인가·임명행위[6] 등이 특허로 인정되고 있다. 한편 특허와 허가는 용어가 혼용되고 있으며, 경제상의 이익을 내용으로 갖는다는 유사한 점도 있으나, 구분을 요한다는 것이 전통적 견해의 입장이다.

1318　　　　(나) 출원·형식·상대방　　① 행정행위로서의 특허는 언제나 출원을 전제로 한다. 이 점은 허가의 경우와 다르다. 법규에 의한 특허는 출원이 요구될 수 없다. ② 여기서 특허란 행정행위로서의 특허를 말하나, 법규에 의해 특허되는 경우도 있다(예: 각종 공사·공단의 경우). ③ 특허는 언제나 특정인을 상대방으로 한다. ③ 결격사유가[7] 있는 자에 대한 특허는 허용되지 아니하며, 만약 그러한

사건 위탁관리용역운영계약에 대하여 관리청이 순전히 사경제주체로서 행한 사법상 계약임을 전제로, 가산금에 관한 별도의 약정이 없는 이상 원고에게 가산금을 지급할 의무가 없다고 주장하여 그 부존재의 확인을 구한다는 것이다. 그러나 기록에 의하면, 위 운영계약의 실질은 행정재산인 위 부설주차장에 대한 국유재산법 제24조 제1항에 의한 사용·수익 허가로서 이루어진 것임을 알 수 있으므로, 이는 위 국립의료원이 원고의 신청에 의하여 공권력을 가진 우월적 지위에서 행한 행정처분으로서 특정인에게 행정재산을 사용할 수 있는 권리를 설정하여 주는 강학상 특허에 해당한다 할 것이고 순전히 사경제주체로서 원고와 대등한 위치에서 행한 사법상의 계약으로 보기 어렵다고 할 것이다).

1) 대판 2012. 4. 12, 선고 2010다10986(구 도시 및 주거환경정비법 제16조 제1항, 제18조 제2항에 의하면, 주택재개발사업조합은 정비구역 내 토지 등 소유자 5분의 4 이상의 동의를 얻어 정관 및 건설교통부령이 정하는 서류를 첨부하여 시장·군수의 인가를 받아야 하고, 조합설립인가처분을 받은 후 30일 이내에 주된 사무소의 소재지에서 대통령령이 정하는 사항을 등기함으로써 법인으로 성립하며, 이러한 절차를 거쳐 설립된 주택재개발사업조합은 관할 행정청의 감독 아래 정비구역 안에서 구 도시정비법상의 주택재개발사업을 시행하는 목적 범위 내에서 법령이 정하는 바에 따라 일정한 행정작용을 행하는 행정주체로서의 지위를 갖는다. 따라서 조합설립인가처분은 단순히 사인들의 조합설립행위에 대한 보충행위로서의 성질을 갖는 것이 아니라, 구 도시정비법상 정비사업을 시행할 수 있는 권한을 갖는 행정주체(공법인)로서의 지위를 부여하는 일종의 설권적 처분의 성격을 갖는다).

2) 대판 2014. 5. 22, 2012도7190 전원합의체(구 도시정비법 제18조에 의하면 토지등소유자로 구성되어 정비사업을 시행하려는 조합은 제13조 내지 제17조를 비롯한 관계 법령에서 정한 요건과 절차를 갖추어 조합설립인가처분을 받은 후에 등기함으로써 성립하며, 그때 비로소 관할 행정청의 감독 아래 정비구역 안에서 정비사업을 시행하는 행정주체로서의 지위가 인정된다. 여기서 행정청의 조합설립인가처분은 조합에 정비사업을 시행할 수 있는 권한을 갖는 행정주체(공법인)로서의 지위를 부여하는 일종의 설권적 처분의 성격을 가진다).

3) 대판 2013. 7. 13, 2011두19994.

4) 대판 2016. 7. 14, 2015두48846(출입국관리법 제10조, 제24조 제1항 등 관련 법령의 문언, 내용 및 형식, 체계 등에 비추어 보면, 체류자격 변경허가는 신청인에게 당초의 체류자격과 다른 체류자격에 해당하는 활동을 할 수 있는 권한을 부여하는 일종의 설권적 처분의 성격을 가진다).

5) 대판 2020. 6. 11, 2020두34384(여객자동차운송사업의 한정면허(운송할 여객 등에 관한 업무의 범위나 기간을 한정한 면허)는 특정인에게 권리나 이익을 부여하는 수익적 행정행위이다).

6) 대판 2019. 12. 13, 2018두41907(공증사무는 국가 사무로서 공증인 인가·임명행위는 국가가 사인에게 특별한 권한을 수여하는 행위이다).

7) 결격사유에 관해 옆번호 466 이하 참조. 자세한 것은 졸저, 행정기본법해설 제16조(결격사유)

자에 대하여 특허가 이루어진다면, 그러한 특허는 하자가 중대하고 명백하여 무효로 볼 것이다.

(다) **성 질** ① 특허는 협력을 요하는 행정행위(쌍방적 행정행위)이다. 특허는 출원을 둘러싸고 쌍방적 행정행위인가 아니면 공법상 계약인가에 관해 견해의 대립이 있었으나, 오늘날에는 출원을 성립요건이 아니라 효력요건(유효요건)으로 보아 신청을 요하는 쌍방적 행정행위로 보는 것이 일반적이다.[1] ② 특허가 재량행위인가의 여부는 문제이다. 효과재량설에 따르게 되면 명문의 규정이 없는 한 특허는 재량행위(공익재량행위)라 하게 된다. 특허는 수익적인 행위이기 때문이다. 이것이 통설과 판례의 입장이기도 하다.[2] 효과재량설의 문제점(수익적인 것은 왜 재량적이어야 하는가에 대한 해명이 없다는 점) 등은 바로 통설과 판례의 문제점이 된다. 생각건대 권리 설정 여부에 대한 판단에는 공익적 요소의 고려가 보다 중요하므로 명문의 규정이 없는 한 특허는 재량행위로 볼 것이다. 해석상 공익적 요소보다 사익보호의 필요성이 큰 경우에는 기속행위로 볼 수 있을 것이다.[3] ③ 특허는 법적 지위를 나타내는 것이지, 그 자체가 환가가 가능한 재산권은 아니다.[4]

1319

(라) **효 과** 전통적으로 특허의 효과는 법률상 이익(권리)으로 이해되어 왔다. 그러나 전통적인 견해는 특허가 가져오는 법관계의 일부만을 고려하였을 뿐, 전부를 고려한 것이라고 보기는 어렵다. 특허로 인한 이익도 2가지 방향에서 검토를 요한다. ① 경우에 따라 특허의 상대방은 자유를 회복하게 된다(예 : 자동차운송사업의 자유). 이것은 제한된 기본권(직업선택의 자유)의 회복을 의미한다. 기본권의 회복은 헌법에서 보장하는 이익의 회복이므로, 그것은 당연히 법적 이익(법률상 이익)에 해당한다. 따라서 요건을 구비한 특허신청에 대한 거부는 법률상 이익의 침해가 되는바, 취소소송의 대상이 된다. 다만 특허가 재량행위인 경

1320

부분 참조.
1) 박윤흔·정형근, 최신행정법강의(상), 323쪽; 석종현·송동수, 일반행정법(상), 232쪽.
2) 대판 1996. 10. 12, 96누6172; 대판 1992. 4. 28, 91누10220; 대판 1992. 4. 28, 91누13526; 대판 1989. 5. 9, 88누4188.
3) 헌재 2014. 2. 27, 2010헌바483(광업권설정의 허가는 특정인에게 광업권을 설정하여 주는 것으로서 강학상 특허의 성격을 지니는 행정행위이지만, 광업권설정의 출원이 적법하고 광업법 및 동법시행령에 정하여진 불수리, 각하, 불허가사유가 있지 아니하는 한 행정청은 광업권설정의 허가를 하도록 기속된다).
4) 대결 1996. 9. 12, 96마1088·1089(자동차운수사업법의 관계 규정에 따르면, 인가를 받아 자동차운수사업의 양도가 적법하게 이루어지면 그 면허는 당연히 양수인에게 이전되는 것일 뿐, 자동차운수사업을 떠난 면허 자체는 자동차운수사업을 합법적으로 영위할 수 있는 자격에 불과하므로, 자동차운수사업자의 자동차운수사업면허는 법원이 강제집행의 방법으로 이를 압류하여 환가하기에 적합하지 않은 것이다).

우에는 무하자재량행사청구권이[1] 문제된다. ② 특허는 경우에 따라 자유의 회복을 가져다주기도 하지만, 새로운 법적인 힘(권리)을 발생시키는 것을 본질적인 내용으로 한다(예 : 버스운송사업면허는 피면허자로 하여금 버스운송사업을 경영할 수 있도록 허락하는 데 그치는 것이 아니라 버스운송사업경영을 법적으로 보호하는 의미를 갖는다. 즉 독점적 경영권으로서 버스운송사업권을 보장한다). 따라서 특허행정청이 경쟁자인 제3자에게 위법하게 특허를 하면, 경쟁자는 이를 다툴 수 있다. 양립할 수 없는 2중의 특허(예 : 동일지역·동일대상에 대한 광업권의 허가)가 있게 되면, 특별한 사유가 없는 한 후행의 특허는 무효가 된다. 판례의 입장이기도 하다.[2] 제3자가 특허된 권리를 침해하면 배상문제를 야기한다.[3]

1321   ㈐ **협의의 특허와 인가의 비교**   협의의 특허와 인가는 모두 ① 법률행위적 행정행위라는 점, ② 형성적 행위라는 점, ③ 대상이 법적 행위라는 점, ④ 신청을 전제로 한다는 점, ⑤ 처분의 형식으로 이루어진다는 점, ⑥ 처벌요건이 아니라 유효요건(효력요건)이라는 점에서 같다. 그러나 ① 특허는 직접 상대방을 위한 행위이지만, 인가는 타자를 위한 행위라는 점, ② 특허는 상대방에게 권리를 발생시키지만, 인가는 사인이 의욕하는 법적 효과를 완성시켜 주는 것이지 그 자체로서 권리를 부여하는 것은 아니라는 점에서 차이를 갖는다.[4]

---

1) 졸고, 무하자재량행사청구권의 성질, 법률정보신문, 2000. 5. 23자 참조; 졸고, 도로점용허가거부처분취소소송의 원고적격, 고시연구, 2000. 7 참조.

2) 대판 1986. 2. 25, 85누712; 대판 1978. 4. 25, 78누42(지구별 어업협동조합 및 지구별 어업협동조합 내에 설립된 어촌계의 어장을 엄격히 구획하여 종래 인접한 각 조합이나 어촌계상호간의 어장한계에 관한 분쟁이나 경업을 규제함으로써 각 조합이나 어촌계로 하여금 각자의 소속 어장을 배타적으로 점유 관리하게 하였음에 비추어 특별한 경우가 아니면 같은 업무구역 안에 중복된 어업면허는 당연무효이다).

3) 대판 2018. 12. 27, 2014두11601(하천의 점용허가를 받은 사람은 그 하천부지를 권원 없이 점유·사용하는 자에 대하여 직접 부당이득의 반환 등을 구할 수도 있다).

4) 대판 2009. 9. 24, 2008다60568(재건축조합은 관할 행정청의 감독 아래 정비구역 안에서 도시정비법상의 '주택재건축사업'을 시행하는 목적 범위 내에서 법령이 정하는 바에 따라 일정한 행정작용을 행하는 행정주체로서의 지위를 갖는다. 행정청이 도시정비법 등 관련 법령에 근거하여 행하는 조합설립인가처분은 단순히 사인들의 조합설립행위에 대한 보충행위로서의 성질을 갖는 것에 그치는 것이 아니라 법령상 요건을 갖출 경우 도시정비법상 주택재건축사업을 시행할 수 있는 권한을 갖는 행정주체(공법인)로서의 지위를 부여하는 일종의 설권적 처분의 성격을 갖는다고 보아야 한다. 그리고 그와 같이 보는 이상 조합설립결의는 조합설립인가처분이라는 행정처분을 하는 데 필요한 요건 중 하나에 불과한 것이어서, 조합설립결의에 하자가 있다면 그 하자를 이유로 직접 항고소송의 방법으로 조합설립인가처분의 취소 또는 무효확인을 구하여야 하고, 이와는 별도로 조합설립결의 부분만을 따로 떼어내어 그 효력 유무를 다투는 확인의 소를 제기하는 것은 원고의 권리 또는 법률상의 지위에 현존하는 불안·위험을 제거하는 데에 가장 유효·적절한 수단이라 할 수 없어 특별한 사정이 없는 한 확인의 이익은 인정되지 아니한다).
[평석] ① 학설은 재건축조합설립행위는 기본행위로, 재건축조합 설립인가는 이를 보충하는 행위(인가)로 보는 견해와 재건축조합설립행위는 재건축조합 설립인가(특허)를 받기 위한 요건으로, 조합설립인가는 행정주체인 도시 및 주거환경정비법상의 주택재건축정비사업조합(재건축

(2) **능력설정행위·포괄적 법률관계설정행위**   ① 현재로서 권리능력이나 행   1322
위능력이 법률에 직접 근거하지 않고 행정행위에 근거하여 주어지는 예는 흔하
지 않다.[1] ② 권리·의무의 포괄적 법률관계를 설정하는 행정행위의 예로 귀화
허가[2]·공무원임명행위를 들 수 있다.

2. 변경행위·탈권행위

변경행위란 광의의 특허에 의해 발생된 효력을 일부 변경하는 행위(예 : 광업   1323
법상 광구의 변경)를 말하고, 탈권행위란 광의의 특허에 의해 발생된 효력을 소멸
케 하는 행위(예 : 광업허가취소)를 말한다.

Ⅱ. 타자를 위한 행위

1. 인 가(보충행위)

(1) **의   의**   행정청이 타자의 법률행위를 동의로써 보충하여 그 행위의   1324
효력을 완성시켜 주는 행정행위를 인가라 한다. 예컨대 대통령령으로 정하는 여
객자동차운수사업의 양도·양수의 인가(운수법 제14조 제2항), 주택재개발정비사
업조합이 수립한 사업시행계획에 대한 관할 행정청의 인가(도시 및 주거환경정비법
제50조 제1항), 사립학교의 설립인가(고등교육법 제4조 제2항), 학교법인의 임원에
대한 감독청의 취임승인처분(사학법 제20조 제2항), 재단법인의 정관변경허가(민법
제45조 제3항) 등에서 볼 수 있다.[3] 인가는 공익과 관련있는 행위에 공익의 실
현자로서 행정주체의 간섭을 허용함으로써 그 행위의 효력발생을 행정주체의
의사에 종속시키는 제도이다. 인가제도는 사법상의 후견제도에 비유될 수 있

조합)을 만드는 행위로 보는 견해가 대립된다. ② 과거 판례는 「재건축조합설립인가는 불량·
노후한 주택의 소유자들이 재건축을 위하여 한 재건축조합설립행위를 보충하여 그 법률상 효
력을 완성시키는 보충행위(대판 2000. 9. 5, 99두1854)」라고 하여 인가설을 취하였다. 그러나
이 판례에서 특허설로 입장을 바꾼 것으로 보인다. 도시 및 주거환경정비법상 재건축조합설립
의 인가는 「법인격을 갖는 조합」과 조합원간에 후견적으로 관여하는 것이 아니라 「법인격을
갖는 조합의 설립」이라는 효과를 가져오는 것이므로, 도시 및 주거환경정비법상 재건축조합설
립인가를 특허로 본 판례의 태도는 타당하다.
 1) 대판 2009. 9. 24, 2008다60568.
 2) 헌재 2016. 7. 28, 2014헌바421; 대판 2010. 10. 28, 2010두6496(국적은 국민의 자격을 결정짓는
   것이고, 이를 취득한 자는 국가의 주권자가 되는 동시에 국가의 속인적 통치권의 대상이 되므
   로, 귀화허가는 외국인에게 대한민국 국적을 부여함으로써 국민으로서의 법적 지위를 포괄적
   으로 설정하는 행위에 해당한다).
 3) 대판 1995. 5. 16, 95누4810(인가는 기본행위인 재단법인의 정관변경에 대한 법률상의 효력을
   완성시키는 보충행위이다); 대판 1975. 8. 29, 75누23(매립준공인가는 매립면허에 대한 단순한
   확인행위가 아니며, 인가는 당사자의 법률적 행위를 보충하여 그 법률적 효력을 완성시키는 행
   정주체의 보충적 의사표시이다).

다. 인가는 효력요건인 점에서 허가와 다르다.[1] 그리고 인가는 사인의 행위를 전제로 하는 보충적인 행위인 점에서 그 자체가 독립적인 행위인 특허와 구별된다.

1325 **(2) 성질·형식·대상** ① 인가의 성질(기속행위·재량행위)은 근거법령의 법문에 따라 판단하여야 한다. 만약 법령에 특별한 규정이 없다면 인가의 대상이 공익적 견지에서 판단을 요하는 것인지 아니면 사익의 보호를 위한 것인지의 여부 등을 고려하여 판단하여야 한다.[2] ② 인가는 언제나 처분의 형식으로 행한다. 반드시 문서에 의하여야 하는 것은 아니다. 법령에 의한 일반적인 인가는 없다. ③ 인가의 대상은 언제나 법률행위이며 사실행위는 아니다. 이 점은 허가와 다르다. 인가대상인 법률행위에는 공법상의 행위도 있고(예 : 공공단체의 정관변경인가), 사법상 행위도 있다(예 : 비영리법인설립인가).

1326 **(3) 신청과 효력** ① 인가는 언제나 신청(출원)을 전제로 한다. 인가는 보충적 행위이므로 법령에 명문의 규정이 없는 한 적극적으로 신청사항을 수정할 수는 없다.[3] 즉 수정인가는 허용되지 않는다. ② 인가에 의해 기본적인 법률행위는 효과를 발생한다.[4] 이 때 그 효과는 사법적인 것도 있고(예 : 특허기업의 운임인가), 공법적인 것도 있다(예 : 지방자치단체의 기채의 인가).

1327 **(4) 기본행위·인가행위의 하자의 효과** 기본행위와 인가행위에 하자가 있는 경우에 어떠한 효과가 발생하는가는 유형별로 나누어 보는 것이 편리하다.

---

1) 대판 1991. 6. 25, 90누5184(공유수면매립법 등 관계법령의 규정내용과 공유수면매립의 성질 등에 비추어 볼 때, 공유수면매립의 면허로 인한 권리의무의 양도·양수에 있어서의 면허관청의 인가는 효력요건으로서, 위 각 규정은 강행규정이라고 할 것인바, 위 면허의 공동명의자 사이의 면허로 인한 권리의무양도약정은 면허관청의 인가를 받지 않은 이상 법률상 아무런 효력도 발생할 수 없다).

2) 대판 2000. 1. 28, 98두16996(재단법인의 임원취임이 사법인인 재단법인의 정관에 근거한다 할지라도 이에 대한 행정청의 승인(인가)행위는 법인에 대한 주무관청의 감독권에 연유하는 이상 그 인가행위 또는 인가거부행위는 공법상의 행정처분으로서, 그 임원취임을 인가 또는 거부할 것인지 여부는 주무관청의 권한에 속하는 사항이라고 할 것이고, 재단법인의 임원취임승인 신청에 대하여 주무관청이 이에 기속되어 이를 당연히 승인(인가)하여야 하는 것은 아니다).

3) 김동희, 행정법(Ⅰ), 304쪽(2019).

4) 대판 1985. 3. 26, 84누181(상호신용금고법 제10조 제1호가 정관의 변경에 재무부장관의 인가를 얻어야 하도록 규정하고 있음에 비추어 변경된 정관상에 그 시행일에 관하여 아무런 규정을 두고 있지 않다면 정관변경의 효력은 특단의 사정이 없는 한 재무부장관의 인가가 있는 날로부터 발생한다).

기본행위	인가행위	효 과
적법	적법·유효	전체로서 적법·유효행위이다.
적법	위법·무효	무인가행위이다.
적법	위법·취소	취소시까지 유인가행위이다.
위법(하자 유)	적법·유효	기본행위가 유효행위로 되지 아니한다.
부존재·무효	적법·유효	인가행위는 당연무효이다.

(5) 인가의 하자에 대한 쟁송방법

(개) **문제상황**   인가처분의 하자는 기본행위에는 하자가 없고(적법) 인가처 1328
분에만 하자가 있는 경우와 인가는 기본행위에 부종하는 행위이므로 기본행위
의 하자로 말미암아 인가처분이 적법하지 않게 되는 경우가 있다. 전자의 경우
인가처분의 무효나 취소를 구할 수 있다는 것이 일반적이다. 그러나 후자의 경
우 즉 기본행위의 하자를 이유로 인가처분의 취소 또는 무효확인을 구할 협의
의 소익이 있는지가 문제된다.

(내) **부 정 설**   기본행위에 하자가 있더라도 원칙적으로 기본행위의 하자 1329
가 민사판결에 의하여 확정되어야만 비로소 보충행위인 인가처분의 취소 또는
무효확인을 구할 수 있으며 바로 기본행위의 하자를 이유로 인가처분의 취소
또는 무효확인을 구할 협의의 소익은 없다는 것이 다수견해이며, 판례의 일관된
입장이다.[1] 이는 기본행위의 하자를 이유로 취소소송 등을 제기하는 것을 차단
함으로써 동일사안을 이중으로 심리해야 하는 법원의 부담을 덜고 민사소송(경
우에 따라서는 당사자소송)으로 집중시키는 데 있다고 한다.[2]

(대) **긍 정 설**   인가처분취소소송 등의 협의의 소익을 부정한다면 분쟁해 1330
결의 일회성의 원칙에 반하고 판결간의 저촉이 문제될 수 있으며, 수리(특히 영
업자지위승계신고수리)와 인가처분 사이에 실질적 차이가 없고[3] 불성립·무효인
기본행위에 대하여 인가가 이루어진 경우 인가처분에 요구되는 필요한 검토가
행정청에 의해 이루어지지 않았음을 의미하기에 인가처분의 위법을 다툴 협의

---

1) 대판 2021. 2. 10, 2020두48031(기본행위인 사업시행계획에는 하자가 없는데 보충행위인 인가
  처분에 고유한 하자가 있다면 그 인가처분의 무효확인이나 취소를 구하여야 할 것이지만, 인가
  처분에는 고유한 하자가 없는데 사업시행계획에 하자가 있다면 사업시행계획의 무효확인이나
  취소를 구하여야 할 것이지 사업시행계획의 무효를 주장하면서 곧바로 그에 대한 인가처분의
  무효확인이나 취소를 구하여서는 아니 된다).
2) 김종보, 행정소송(Ⅱ), 352쪽.
3) 판례는 양도계약(기본행위)의 무효를 확인함이 없이도 사업자지위승계신고수리처분무효확인소
  송을 청구할 협의의 소익이 있다고 보았다(대판 2005. 12. 23, 2005두3554).

의 소익을 인정해야 한다는 견해가 있다.[1]

1331   ㈐ 사   견   생각건대 행정법원이 인가처분취소소송 등에서 민사소송사항을 심리하기는 어렵다고 보아야 하며, 심리할 수 있다고 하더라도 행정법원의 판결(기본행위의 하자는 본안이 아니라 이유에서의 판단이므로)과 민사법원의 판결간에 저촉이 생길 수 있고, 영업양도·양수에 따른 영업자지위승계신고의 수리와 인가는 그 본질을 달리한다고 보아야 하기에 부정설이 타당하다.

2. 대 리(대리행위)

1332   공법상 대리도 그 관념은 사법의 경우와 다를 바가 없다. 다만 대리의 원인이 공법적이라는 점에서 다를 뿐이다. 즉 공법상 대리란 공법상 행정주체가 제3자가 할 행위를 대신하여 행한 경우에 그 효과를 직접 제3자에게 귀속하게 하는 제도를 말한다. 공법상 대리행위는 통상 ① 감독적인 입장에서(예 : 공법인의임원임명), ② 협의불성립시 조정적 입장에서(예 : 수산법 제84조에 따른 시·도지사 또는 시장·군수·구청장의 입어에 관한 재결), ③ 개인보호의 입장에서(예 : 사자의 유류품처분), ④ 국가자산의 행정목적달성을 위해(예 : 체납처분상 공매처분) 이루어진다고 말해진다.[2]

제 2 목   준법률행위적 행정행위

1333   준법률행위적 행정행위[3] 또는 준행정처분이란[4] 사법상의 준법률행위에 비교될 수 있다. 이것은 행정청의 효과의사의 표시가 아니라, 행정청의 판단 내지 인식의 표시에 대해 법률에서 일정한 법적 효과를 부여하는 결과 행정행위가 되는 행위를 말한다. 말하자면 준법률행위적 행정행위에서 주어지는 법적 효과는 행정청의 의사표시에 따른 것이 아니고, 법률의 규정에 의한 것이다. 따라서 법률행위적 행정행위에 관한 모든 일반원리가 준법률행위적 행정행위에 적용될 수 있는 것은 아니다. 이것은 다시 확인·공증·통지·수리의 네 가지로 구분된다.

Ⅰ. 확인행위

1. 의   의

1334   확인행위(Feststellung)란 진위가 미확정적인 특정의 사실 또는 법률관계의

---

1) 박해식, 대법원판례해설 58호, 2006년, 86쪽; 이상규, 행정쟁송법, 363쪽.
2) 박윤흔·정형근, 최신행정법강의(상), 326쪽; 석종현·송동수, 일반행정법(상), 241쪽.
3) 독일에서 준법률행위적 행정행위 개념의 등장 및 법률행위적 행정행위와의 비교에 관해 선정원, 행정법의 작용형식(2019), 7쪽 이하 참조.
4) 윤세창·이호승, 행정법(상), 229쪽.

존재여부를 공권적으로 판단하여 이것을 확정하는 행위를 말한다.[1] 실정법상으로는 재결·재정·특허 등 여러 가지 용어가 사용되고 있다. 확인행위는 기존의 사실(예 : 발명특허) 또는 법률관계(예 : 무효등확인심판재결)의 존재여부를 판단하는 것일 뿐 새로운 법관계를 창설하는 것은 아니다.

2. 성 질

확인행위는 성질상 기속행위로 보아야 한다. 확인행위는 준사법적 행위라 1335
고도 하고,[2] 법선언행위라고도 한다.[3]

3. 종 류

확인행위는 행정의 영역에 따라 조직법상 확인(예 : 당선인의 결정), 복리법상 1336
확인(예 : 교과서검인정), 재정법상 확인(예 : 소득금액의 결정), 군정법상 확인 등으로
구분할 수 있고, 대상에 따라 사실에 관한 확인행위(예 : 소득세부과를 위한 소득액
의 결정, 건축물의 사용승인[4]), 법관계에 관한 확인행위(예 : 무효등확인심판의 재결) 등
으로 구분할 수 있다.

4. 형 식

확인은 언제나 처분의 형식으로 행한다. 법령에 의한 일반적인 확인은 없 1337
다. 확인은 일정형식이 요구되는 요식행위임이 원칙이다(절차법 제24조 제1항).

5. 효 과

확인행위의 효과는 개별법률이 정하는 바에 따라 정해진다.[5] 그러나 확인 1338
행위로 확정된 사실 또는 법관계는 권한있는 기관에 의해 부인되지 않는 한 누
구도 그것을 임의로 변경할 수 없는 힘(광의의 존속력)[6]을 갖는다. 이것은 모든

---

1) 대판 2008. 11. 13, 2008두13491.
2) 김남진, 행정법(Ⅰ), 266쪽(2019); 이상규, 신행정법론(상), 375쪽.
3) 박윤흔·정형근, 최신행정법강의(상), 326쪽; 석종현·송동수, 일반행정법(상), 242쪽.
4) 대판 2009. 3. 12, 2008두18052(건축허가를 받게 되면 그 허가를 기초로 하여 일정한 사실관계
   와 법률관계를 형성하게 되므로, 수허가자가 입게 될 불이익과 건축행정상의 공익 및 제3자의
   이익과 허가조건 위반의 정도를 비교·교량하여 개인적 이익을 희생시켜도 부득이하다고 인정
   되는 경우가 아니면 함부로 그 허가를 취소할 수 없는바, 건축주가 건축허가내용대로 완공하였
   으나 건축허가 자체에 하자가 있어서 위법한 건축물이라는 이유로 허가관청이 사용승인을 거
   부하려면 건축허가의 취소에 있어서와 같은 조리상의 제약이 따르고, 만약 당해 건축허가를 취
   소할 수 없는 특별한 사정이 있는 경우라면 그 사용승인도 거부할 수 없다).
5) 대판 1992. 4. 10, 91누5358(준공검사처분은 건축허가를 받아 건축한 건물이 건축허가사항대로
   건축행정목적에 적합한가의 여부를 확인하고, 준공검사필증을 교부하여 줌으로써 허가받은 자
   로 하여금 건축한 건물을 사용, 수익할 수 있게 하는 법률효과를 발생시키는 것이다).
6) 본서, 옆번호 1459를 보라.

확인행위에 공통된 효력이다. 확인의 효과는 확인의 대상의 존재시기에 소급한
다고 볼 것이다.

Ⅱ. 공증행위

1. 의   의

1339   ① 공증행위(Beurkundung)란 진위가 확정적인 특정의 사실 또는 법관계의
존재여부를 공적으로 증명하는 행위이다.[1] 공증행위는 효과의사의 표시도 아니
고 어떠한 사항에 대한 확정적인 판단의 표시도 아니다. 그것은 다만 어떠한 사
실 또는 법관계가 진실이라고 인식하여 그것을 공적으로 증명하는 행위일 뿐이
다(인식의 표시). 그것이 진실이 아닐 수도 있음은 물론이다. 이 때문에 공증행위
는 반증에 의해 전복될 수도 있는 것이다. 이러한 행위는 본래 사실행위에 그치
는 것이나 법률이 그에 일정한 법률효과, 즉 공적 증거력을 부여하는 경우에 한
하여 준법률행위적 행정행위로의 법적 성격을 가지는 것이다. ② 확인은 특정한
법률사실이나 법률관계에 관한 의문 또는 분쟁을 전제로 함에 대해 공증은 의
문이나 분쟁이 없음을 전제로 한다고 설명하는 견해도 있고, 그러한 구별이 불
가능하다는 견해도 있다.[2]

2. 성   질

1340   공증행위 역시 관련법규의 내용상 명백한 것이 아닌 한 성질상 기속행위로
보아야 한다. 그리고 공증행위는 요식행위임이 원칙이다(절차법 제24조 제1항).

3. 종   류

1341   공증행위는 각종 공부(예 : 부동산등기부·건축물대장)에의 등재, 각종 증명서
(예 : 당선증서·합격증서·졸업증서), 각종 허가증·여권·영수증 등의 발행에서 볼 수
있다.[3]

---

1) 헌재 2022. 11. 24, 2019헌마572(공증이란 특정한 사실 또는 법률관계의 존부를 공적으로 증명
   하는 행위이다. 즉 의문 또는 다툼이 없는 사항에 관하여 공적 권위로써 이를 증명하는 행위를
   말한다).
2) 김남진·김연태, 행정법(Ⅰ), 266쪽(2019).
3) 대판 1977. 5. 24, 76누295(의료법 부칙 제7조, 제59조(1675. 12. 31. 법률 2862호로 개정 전의
   것), 동법시행규칙 제59조 및 1973. 11. 9.자 보건사회부 공고 58호에 의거한 서울특별시장 또
   는 도지사의 의료유사업자 자격증 갱신발급행위는 유사의료업자의 자격을 부여 내지 확인하는
   것이 아니라 특정한 사실 또는 법률관계의 존부를 공적으로 증명하는 소위 공증행위에 속하는
   행정행위라 할 것이다).

4. 효   과

공증행위는 권리설정요건(예 : 광업원부에 등록)일 때도 있고, 권리행사요건   1342
(예 : 선거인명부등록)일 때도 있으나, 개개 공증행위의 효과는 개별법규정에 따라
정해진다. 반증이 없는 한 공적 증거력을 가짐은 모든 공증행위에 공통하는 효
과이다.

5. 각종 공부에의 등재행위의 성질

(1) **문제상황**   준법률행위적 행정행위로서 공증행위는 실체적 권리관계에   1343
변동을 가져오는, 즉 법적 효과를 가져오는 행위만을 말하지만, 각종 공적 장부
에 대해서 공신력이 인정되지 않고, 또한 공부에의 등재행위나 변경행위에 있어
서 담당 공무원들의 실질적 심사권도 인정되고 있지 않는 등의 특수한 사정이
있는 상황 하에서 과연 공적 장부에의 등재행위가 항고소송의 대상이 되는 처
분인지가 문제된다.

(2) **학   설**   각종 공부에의 등재행위가 실체적 법률관계를 초래하는 경   1344
우에는 행정행위에 해당된다고 볼 것이다. 그러나 공증에 의한 공적 증명력이
반증에 의하여 번복된다면 이는 공정력의 부인이고, 이는 공증의 행정행위성에
대해 의문을 야기한다는 견해도[1] 있다.

(3) **판   례**   ① 종래 대법원은 각종 공부에의 등재행위는 행정사무집행   1345
의 편의와 사실증명의 자료로 삼기 위한 것이고 등재로 실체상의 권리관계에
변동을 가져오지 않으므로 처분이 아니라고 하였다.[2] ② 그 후 헌법재판소가
지목등록변경신청거부행위를 항고소송의 대상인 거부처분으로 판단하자[3] 대법
원도 지목변경신청거부처분취소소송에서, '지목은 공법상의 법률관계에 영향을
미치고, 토지소유자는 지목을 토대로 토지의 사용·수익·처분에 일정한 제한을
받으며, 토지소유자의 실체적 권리관계에 밀접하게 관련되어 있음'을 이유로 항
고소송의 대상인 거부처분으로 보았다.[4] ③ 그리고 최근 대법원은 건축물대장

---

1) 김남진·김연태, 행정법(Ⅰ), 267쪽(2019).
2) 본서, 옆번호 4024 2.(6)을 보라.
3) 헌재 1999. 6. 24, 97헌마315(지적법 제38조 제2항에 의하면 … 피청구인의 반려행위는 지적관
   리업무를 담당하고 있는 행정청의 지위에서 청구인의 등록사항 정정신청을 확정적으로 거부하
   는 의사를 밝힌 것으로서 공권력의 행사인 거부처분이라 할 것이므로 헌법재판소법 제68조 제
   1항 소정의 "공권력의 행사"에 해당한다).
4) 대판 2004. 4. 22, 2003두9015(구 지적법 제20조, 제38조 제2항의 규정은 토지소유자에게 지목
   변경신청권과 지목정정신청권을 부여한 것이고, 한편 지목은 토지에 대한 공법상의 규제, 개발
   부담금의 부과대상, 지방세의 과세대상, 공시지가의 산정, 손실보상가액의 산정 등 토지행정의
   기초로서 공법상의 법률관계에 영향을 미치고, 토지소유자는 지목을 토대로 토지의 사용·수익·

의 용도변경신청거부를 '건축물의 용도는 토지의 지목에 대응하는 것으로서 건축물의 소유권을 제대로 행사하기 위한 전제요건으로서 건축물 소유자의 실체적 권리관계에 밀접하게 관련되어 있다'는 이유로 항고소송의 대상인 거부처분으로 보았으며,[1] 건축물대장의 작성신청거부도 '건축물대장의 작성은 건축물의 소유권을 제대로 행사하기 위한 전제요건으로서 건축물 소유자의 실체적 권리관계에 밀접하게 관련되어 있다'는 이유로 역시 항고소송의 대상인 처분으로 보았다.[2] ④ 그러나 무허가건물등재대장삭제행위는 '무허가 건물에 대한 실체상의 권리관계에 변동을 가져오는 것이 아니다'라는 이유로 항고소송의 대상인 처분이 아니라고 보았다.[3] 그 후 대법원은 지적공부 소관청이 토지대장을 직권으

처분에 일정한 제한을 받게 되는 점 등을 고려하면, 지목은 토지소유권을 제대로 행사하기 위한 전제요건으로서 토지소유자의 실체적 권리관계에 밀접하게 관련되어 있으므로 지적공부 소관청의 지목변경신청 반려행위는 국민의 권리관계에 영향을 미치는 것으로서 항고소송의 대상이 되는 행정처분에 해당한다).

 1) 대판 2009. 1. 30, 2007두7277(구 건축법(2005. 11. 8. 법률 제7696호로 개정되기 전의 것) 제14조 제4항의 규정은 건축물의 소유자에게 건축물대장의 용도변경신청권을 부여한 것이고, 한편 건축물의 용도는 토지의 지목에 대응하는 것으로서 건물의 이용에 대한 공법상의 규제, 건축법상의 시정명령, 지방세 등의 과세대상 등 공법상 법률관계에 영향을 미치고, 건물소유자는 용도를 토대로 건물의 사용·수익·처분에 일정한 영향을 받게 된다. 이러한 점 등을 고려해 보면, 건축물대장의 용도는 건축물의 소유권을 제대로 행사하기 위한 전제요건으로서 건축물 소유자의 실체적 권리관계에 밀접하게 관련되어 있으므로, 건축물대장 소관청의 용도변경신청 거부행위는 국민의 권리관계에 영향을 미치는 것으로서 항고소송의 대상이 되는 행정처분에 해당한다).

 2) 대판 2009. 2. 12, 2007두17359(구 건축법 및 구 건축물대장의 기재 및 관리 등에 관한 규칙의 관련 규정에 의하면, 구 건축법 제18조의 규정에 의한 사용승인(다른 법령에 의하여 사용승인으로 의제되는 준공검사·시공인가 등을 포함한다)을 신청하는 자 또는 구 건축법 제18조의 규정에 의한 사용승인을 얻어야 하는 자 외의 자는 건축물대장의 작성신청권을 가지고 있고, 한편 건축물대장은 건축물에 대한 공법상의 규제, 지방세의 과세대상, 손실보상가액의 산정등 건축행정의 기초자료로서 공법상의 법률관계에 영향을 미칠뿐만 아니라, 건축물에 관한 소유권 보존등기 또는 소유권이전등기를 신청하려면 이를 등기소에 제출하여야 하는 점 등을 종합해보면, 건축물대장의 작성은 건축물의 소유권을 제대로 행사하기 위한 전제요건으로서 건축물 소유자의 실체적 권리관계에 밀접하게 관련되어 있으므로 건축물대장 소관청의 작성신청반려행위는 국민의 권리관계에 영향을 미치는 것으로서 항고소송의 대상이 되는 행정처분에 해당한다).

 3) 대판 2009. 3. 12, 2008두11525(무허가건물관리대장은, 행정관청이 지방자치단체의 조례 등에 근거하여 무허가건물정비에 관한 행정상 사무처리의 편의와 사실증명의 자료로 삼기 위하여 작성, 비치하는 대장으로서 무허가건물을 무허가건물관리대장에 등재하거나 등재된 내용을 변경 또는 삭제하는 행위로 인하여 당해 무허가 건물에 대한 실체상의 권리관계에 변동을 가져오는 것이 아니고, 무허가건물의 건축시기, 용도, 면적 등이 무허가건물관리대장의 기재에 의해서만 증명되는 것도 아니므로, 관할관청이 무허가건물의 무허가건물관리대장 등재 요건에 관한 오류를 바로잡으면서 당해 무허가건물을 무허가건물관리대장에서 삭제하는 행위는 다른 특별한 사정이 없는 한 항고소송의 대상이 되는 행정처분이 아니다. … 당해 무허가건물이 기준일 이전부터 협의계약체결일 또는 수용재결일까지 무허가건물관리대장에 등재되어 있기만 하면 등재 무허가건물 소유자로서 분양아파트 입주권을 부여받을 수 있고, 그 이후에도 계속하여 무허가건물관리대장에 등재되어 있을 것을 요구하고 있지 아니하므로, 이 사건 무허가건물이 지장물 이전 및 철거와 관련한 협의계약을 체결할 당시까지 무허가건물관리대장에 등재되

로 말소한 행위를 항고소송의 대상이 되는 행정처분으로 보았다.[1] 요컨대 판례
는 공부에의 등재행위의 처분성과 관련하여 실체적 권리관계에 영향을 미치는
지 여부를 중요한 기준으로 하고 있는 셈이다.[2]

　(4) 사　　견　　각종 공부에의 등재행위는 행정소송법이 정하는 처분개념　1346
에 해당하지만, 그 등재행위 자체로서 법률관계를 직접 변동시키는 것으로 보기
는 어렵다. 말하자면 취소소송을 형성소송으로 이해하는 한, 각종 공부에의 등
재행위를 다투기는 어렵다. 다만 등재행위 자체로서 법률관계를 직접 변동시키
는 경우에는 항고소송의 대상이 되는 처분으로 보아야 한다.

Ⅲ. 통지행위

1. 의　　의

　① 준법률행위적 행정행위로서 통지행위(Mitteilung)란 특정인 또는 불특정다　1347
수인에게 어떠한 사실을 알리는 행위를 말한다. 그것은 의사의 표시가 아니다.
그것은 어떠한 사실에 관한 관념이나 희망 또는 의견을 표명하는 것일 뿐이다.
② 준법률행위적 행정행위로서 통지행위는 독립된 행위이기 때문에 행정행위의
적법요건으로서 통지(교부·송달)와 구별되고, 아무런 법적 효과도 주어지지 아니
하는 단순한 사실행위로서의 통지행위(예 : 당연퇴직의 통보)와도 구별된다. ③ 준
법률행위적 행정행위로서 통지행위는 요식행위임이 원칙이다(절차법 제24조 제1
항). 통지행위도 물론 행정소송의 대상이 되는 처분에 해당한다.[3]

　　어 있었다가 그 이후 무허가건물관리대장에서 삭제되었다고 하여 위 이주대책에서 정한 원고
　　의 법률상 지위에 어떠한 영향을 미친다고 볼 수 없다).
　1)　대판 2013. 10. 24, 2011두13286(토지대장은 토지에 대한 공법상의 규제, 개발부담금의 부과대
　　상, 지방세의 과세대상, 공시지가의 산정, 손실보상가액의 산정 등 토지행정의 기초자료로서
　　공법상의 법률관계에 영향을 미칠 뿐만 아니라, 토지에 관한 소유권보존등기 또는 소유권이전
　　등기를 신청하려면 이를 등기소에 제출해야 하는 점 등을 종합해 보면, 토지대장은 토지의 소
　　유권을 제대로 행사하기 위한 전제요건으로서 토지 소유자의 실체적 권리관계에 밀접하게 관
　　련되어 있으므로, 이러한 토지대장을 직권으로 말소한 행위는 국민의 권리관계에 영향을 미치
　　는 것으로서 항고소송의 대상이 되는 행정처분에 해당한다).
　2)　대판 2012. 1. 12, 2010두12354(토지대장에 기재된 일정한 사항을 변경하는 행위는, 그것이 지
　　목의 변경이나 정정 등과 같이 토지소유권 행사의 전제요건으로서 토지소유자의 실체적 권리
　　관계에 영향을 미치는 사항에 관한 것이 아닌 한 행정사무집행의 편의와 사실증명의 자료로
　　삼기 위한 것일 뿐이어서, 그 소유자 명의가 변경된다고 하여도 이로 인하여 당해 토지에 대한
　　실체상의 권리관계에 변동을 가져올 수 없고 토지 소유권이 지적공부의 기재만에 의하여 증명
　　되는 것도 아니다. 따라서 소관청이 토지대장상의 소유자명의변경신청을 거부한 행위는 이를
　　항고소송의 대상이 되는 행정처분이라고 할 수 없다).
　3)　대판 2007. 3. 29, 2004두6235(구 도시재개발법 제33조 제1항에서 정한 분양신청기간의 통지
　　등 절차는 재개발구역 내의 토지 등의 소유자에게 분양신청의 기회를 보장해 주기 위한 것으
　　로서 같은 법 제31조 제2항에 의한 토지수용을 하기 위하여 반드시 거쳐야 할 필요적 절차이

2. 종 류(예)

1348   통지행위의 예로는 사업인정의 고시,[1] 대집행의 계고, 납세의 독촉 등을 들 수 있다. 내용상 대집행의 계고는 작위하명의 성질을 가질 수도 있고, 납세독촉은 급부하명, 사업인정의 고시는 특허의 성질을 가지는 것으로 볼 수 있다.[2]

3. 효   과

1349   통지행위에 어떠한 효과가 주어지는가는 개별법규가 정한 바에 따른다. 예컨대 납세의 독촉이 있음에도 납세자가 체납하면 체납처분이 가능하게 되는 것과 같다. 만약 통지행위에 아무런 법적 효과도 주어지지 않는다면 그러한 통지행위(예 : 경기상황통보)는 여기서 말하는 준법률행위적 행정행위로서의 통지행위는 아니고 사실행위일 뿐이다.[3]

Ⅳ. 수리행위

1. 의   의

1350   수리행위(Annahme)란 행정청이 타인의 행위를 유효한 행위로 받아들이는 행위를 말한다. 수리행위는 하나의 의사작용인 까닭에 단순한 사실로서의 도달과 다르다. 법이 정한 특별한 사정이 없는 한 소정의 형식적 요건을 갖춘 신고(수리를 요하는 신고)는 수리되어야 한다(절차법 제40조 제2항).[4]

고, 또한 그 통지를 함에 있어서는 분양신청기간과 그 기간 내에 분양신청을 할 수 있다는 취지를 명백히 표시하여야 하므로, 이러한 통지 등의 절차를 제대로 거치지 않고 이루어진 수용재결은 위법하다).

1) 김동희, 행정법(Ⅰ), 304쪽(2019); 김남진·김연태, 행정법(Ⅰ), 268쪽(2019); 류지태·박종수, 행정법신론, 199쪽(2019).

2) 홍준형, 행정법, 175쪽(2017).

3) 대판 2004. 4. 22, 2000두7735(기간제로 임용되어 임용기간이 만료된 국·공립대학의 조교수는 교원으로서의 능력과 자질에 관하여 합리적인 기준에 의한 공정한 심사를 받아 위 기준에 부합되면 특별한 사정이 없는 한 재임용되리라는 기대를 가지고 재임용 여부에 관하여 합리적인 기준에 의한 공정한 심사를 요구할 법규상 또는 조리상 신청권을 가진다고 할 것이니, 임용권자가 임용기간이 만료된 조교수에 대하여 재임용을 거부하는 취지로 한 임용기간만료의 통지는 위와 같은 대학교원의 법률관계에 영향을 주는 것으로서 행정소송의 대상이 되는 처분에 해당한다).

　　[평석] 대법원은 이 판결을 통해 "기간을 정하여 임용된 대학교원이 그 임용기간의 만료에 따른 재임용의 기대권을 가진다고 할 수 없고, 임용권자가 인사위원회의 심의결정에 따라 교원을 재임용하지 않기로 하는 결정을 하고 이를 통지하였다고 하더라도 이를 행정소송의 대상이 되는 행정처분이라고 할 수 없다"고 판시한 종전의 입장(대판 1997. 6. 27, 96누4305)을 변경하였다.

4) 대판 2007. 6. 29, 2006두4097(관광진흥법 제8조 등 관계 규정의 형식이나 체재 또는 문언 등을 종합하여 보면, 관광사업의 양도·양수에 의한 지위승계신고에 대하여는 적법·유효한 사업양도가 있고, 양수인에게 구 관광진흥법 제7조 제1항 각 호의 결격사유가 없는 한 행정청이 다른

2. 종 류(예)

수리행위로는 각종의 원서·신청서·신고서·청구서 등을 받아들이는 경우 1351
등이 있다.

3. 효   과

수리행위에 대해 어떠한 효과가 주어지는가는 개별법규가 정한 바에 따른 1352
다. 경우에 따라서는 행정청이 처리할 의무를 발생시키기도 하고(예 : 행정심판청
구서수리, 절차법 제26조), 법관계를 완성시키기도 하며, 수리가 있기 전까지는 일
정행위가 금해지기도 한다.[1]

4. 수리의 거부 등

(1) **수리를 요하지 않는 신고**   수리를 요하지 않는 신고는 자체완성적 공 1353
법행위로서 수리의 거부가 문제되지 아니한다. 만약 사실로서 수리(접수)의 거부
가 있다고 하여도 그 신고가 법정요건을 갖춘 것인 한 신고의 효과는 인정된다
(절차법 제40조 제2항 참조).[2] 수리를 요하지 않는 신고에 있어서 법정요건이 미비
된 신고가 있게 되면 보완기간을 정하여 보완명령이 내려지고(절차법 제40조 제3
항), 만약 보완기간 내에 보완이 이루어지지 아니하면 그 이유를 구체적으로 밝
혀 신고서가 되돌려 보내진다(절차법 제40조 제4항).

(2) **수리를 요하는 신고**   수리를 요하는 신고에 있어서 수리는 그 자체가 1354
독립적인 행정행위의 하나이므로, 이러한 수리나 수리의 거부는 행정상 쟁송의
대상이 된다.[3] 말하자면 수리의 거부는 불수리의 의사표시로서 소극적 행정행
위를 구성한다. 수리를 요하는 신고는 등록이라 불리기도 한다. 그러나 등록이
언제나 수리를 요하는 행위에 해당하는 것은 아니다. 수리를 요하는 신고에 있

사유를 들어 수리를 거절할 수 없다고 할 것이므로, 위 신고의 수리에 관한 처분을 재량행위라
고 볼 수 없다).

1) 대판 1990. 8. 10, 90도1062(사설강습소를 설립함에 있어서 주무관청에 등록토록 한 법률조항이
자유와 권리의 본질적 내용을 침해하는 것이 아닌 이상 이를 직업선택의 자유를 규정한 헌법
에 위반되어 효력이 없다 할 수는 없고, 주무관청이 무도 교습소에 관해 사실상 그 설립을 위
한 등록을 수리하지 않고 있다 하더라도 이에 대하여 행정쟁송으로 다툼은 별론으로 하고 그
등록을 하지 아니하고 위와 같은 시설을 설립 운영한 이상 위 법률에 위반된다 할 것이다).
2) 대판 1988. 9. 20, 87도449(구 건축법(1982. 12. 31. 법률 제3644호로 개정되기 전의 것) 제5조
제2항에 규정한 신고가 동법시행령 소정의 형식적 요건을 갖추어 적법하게 제출된 이상 군수
는 이를 수리하여야 할 것이고 실체적인 이유로 그 수리를 거부할 수는 없으므로 형식적 요건
에 흠결이 없는 신고에 대하여 실체적인 사유를 들어 신고서를 반려하였다 하더라도 그 신고
의 효력이 없다고 할 수 없다).
3) 대판 1962. 2. 15, 61누16(사실증명서의 첨부 없는 광업출원인 주소변경계 수리는 일종의 독립
적인 행정처분으로서 취소사유 있는 처분에 속한다).

어서 법정요건이 미비된 신고가 있는 경우에 보완명령이 내려질 수도 있다. 그러나 보정이 있기까지는 원칙적으로 수리되었다고 보기 곤란하다.

1355   (3) 신   청   행정요건적 공법행위로서 사인의 신청의 경우, 수리나 수리의 거부는 행정행위의 일종으로서 행정상 쟁송의 대상이 된다. 한편, 민원사항의 신청이 있는 경우, 다른 법령에 특별한 규정이 있는 경우를 제외하고는 그 접수를 보류하거나 거부할 수 없다(민원법 제9조 제1항). 이러한 신청의 경우, 신청에 법정요건이 미비되어 있다면 보완명령이 내려진다(절차법 제17조 제5항).

제 4 항   행정행위의 적법요건

1356   판례는 행정행위의 적법요건을 내부적 성립요건과 외부적 성립요건으로 구분하여 살피지만,[1] 외부적 성립요건은 내부적 성립요건의 마지막 단계로 볼 수도 있어서 양자의 구분이 반드시 필요한 것으로 보이지는 아니한다. 이하에서는 이러한 구분 없이 살피기로 한다. 하여간 적법요건은 원칙적으로 처분시의 법령을 기준을 한다. 이에 반하는 행정행위는 하자 있는 행위가 된다.[2]

I. 주체요건

1. 권   한

1357   행정행위는 권한을 가진 기관이 권한의 범위 내에서 정상적인 의사작용에 기한 것이어야 한다. 권한을 가진 자와 그 범위는 조직법상 정한 바에 따른다. 권한이 위임된 경우에는 수임자가 권한을 행사한다.[3] 다만 내부위임의 경우에는 위임자가 권한을 가진 기관이다.[4]

---

1) 대판 2021. 12. 16, 2019두45944(일반적으로 처분이 주체·내용·절차와 형식의 요건을 모두 갖추고 외부에 표시된 경우에는 처분의 존재가 인정된다. 행정의사가 외부에 표시되어 행정청이 자유롭게 취소·철회할 수 없는 구속을 받게 되는 시점에 처분이 성립하고, 그 성립 여부는 행정청이 행정의사를 공식적인 방법으로 외부에 표시하였는지를 기준으로 판단해야 한다); 대판 2020. 12. 10, 2015도19296(구 전자정부법, 구 사무관리규정, 현행 '행정 효율과 협업 촉진에 관한 규정' 제6조 제1항을 종합하여 보면, 공문서(전자공문서 포함)는 결재권자가 서명 등의 방법으로 결재함으로써 성립된다. 여기서 '결재'란 문서의 내용을 승인하여 문서로서 성립시킨다는 의사를 서명 등을 통해 외부에 표시하는 행위이다. 결재권자의 결재가 있었는지 여부는 결재권자가 서명을 하였는지 뿐만 아니라 문서에 대한 결재권자의 지시 사항, 결재의 대상이 된 문서의 종류와 특성, 관련 법령의 규정 및 업무 절차 등을 종합적으로 고려하여야 한다).
2) 자세한 것은 옆번호 1476 이하 참조.
3) 대판 1973. 3. 20, 73누10(관련법령에 의하여 경위 이하의 경찰공무원의 임용권은 소속기관의 장에게 위임되어 있으므로 도지사가 경위에 대하여 한 면직처분은 무권한에 의한 것이 아니다).
4) 대판 1984. 12. 11, 80누344(행정처분의 권한을 내부적으로 위임받은 수임기관이 그 권한을 행사함에 있어서는 행정처분의 내부적 성립과정은 스스로 결정하여 행하고 그 외부적 성립요건

2. 합의제기관

권한을 가진 기관이 합의제기관인 경우에는 구성원이 적법한 소집절차·의   1358
결절차에 따라 의사결정을 할 수 있는 지위에 있어야 한다.[1] 한편 명문의 규정
으로 금하는 바가 없다면 경우에 따라서는 기관의 구성에 공무원 아닌 자도 참
여시킬 수 있다고 본다.[2]

3. 의사작용

권한의 행사는 정상적인 의사작용에 기한 것이어야 한다. 따라서 행정기관   1359
구성자는 의사능력과 행위능력을 가져야 한다.

II. 내용요건

1. 적 법

(1) **일 반 론**   행정행위는 법률의 우위의 원칙상 모든 법률, 비례원칙[3]   1360
등 모든 법원칙에 합당한 것이어야 한다. 기본권을 침해하는 것이어서도 아니된
다. 또한 법률의 유보의 원칙과 관련하여 적어도 침익적 행위의 발령에는 법적
근거를 요한다.[4] 복효적 행위의 경우에도 마찬가지이다. 재량행위인 경우에는

인 상대방에의 표시만 위임기관의 명의로 하면 된다).

1) 대판 2007. 4. 12, 2006두20150(구 폐기물처리시설 설치촉진 및 주변지역지원 등에 관한 법률
   제9조 제3항, 같은 법 시행령 제7조 [별표 1], 제11조 제2항 각 규정들에 의하면, 입지선정위원
   회는 폐기물처리시설의 입지를 선정하는 의결기관이고, 입지선정위원회의 구성방법에 관하여
   일정 수 이상의 주민대표 등을 참여시키도록 한 것은 폐기물처리시설 입지선정 절차에 있어
   주민의 참여를 보장함으로써 주민들의 이익과 의사를 대변하도록 하여 주민의 권리에 대한 부
   당한 침해를 방지하고 행정의 민주화와 신뢰를 확보하는 데 그 취지가 있는 것이므로, 주민대
   표나 주민대표 추천에 의한 전문가의 참여 없이 의결이 이루어지는 등 입지선정위원회의 구성
   방법이나 절차가 위법한 경우에는 그 하자 있는 입지선정위원회의 의결에 터잡아 이루어진 폐
   기물처리시설 입지결정처분도 위법하게 된다. 입지선정위원회가 군수와 주민대표가 선정·추천
   한 전문가를 포함시키지 않은 채 임의로 구성되어 의결을 한 경우, 그에 터잡아 이루어진 폐기
   물처리시설 입지결정처분의 하자는 중대한 것이고 객관적으로도 명백하므로 무효사유에 해당
   한다).
2) 대판 1985. 11. 26, 85누394(행정청은 일반적으로 어떤 행정처분을 함에 앞서 법령 또는 재량에
   의하여 그 사전심사를 위한 심의기구를 구성하여 이를 위임할 수 있는 것이므로 피고가 개인
   택시를 면허함에 있어서 개인택시면허심사회의를 구성하여 그 심사회의로 하여금 면허신청자
   의 자격 등을 심사하도록 하고 그 심사위원 중에 공무원 아닌 사람이 포함되어 있다고 하여 심
   사절차나 그 심사위원에 관하여 특별규정이 없는 이상 이를 무효라고 할 이유가 없다).
3) 대판 1984. 4. 10, 83누676(자동차운수사업법 제59조 소정의 운행정지처분 사유가 발생하였다
   하더라도 그 운행정지처분을 함에 있어서는 그에 의하여 달하려고 하는 자동차운수사업법상의
   공익목적과 운행정지처분에 의하여 처분상대방이 입게 될 불이익을 비교 형량하여 결정하여야
   할 것이다).
4) 대판 1991. 10. 11, 91누7835(공사중지명령은 엄격한 법적 근거를 요하는 기속행위에 속한다 할
   것인데, 이웃 주민들의 집단민원이 있을 경우 다세대주택 건축허가를 취소할 수 있다거나 공사

재량하자가 없어야 한다. 뿐만 아니라, 재량행위의 경우에는 공표된 처분기준을 준수하여야 할 것이다. 공표된 처분기준과 상이한 결정은 행정의 자기구속의 원칙 또는 평등원칙에 위반되는 위법한 행위가 될 수 있다.

1361   (2) **처분기준**   행정청은 필요한 처분기준을 해당 처분의 성질에 비추어 되도록 구체적으로 정하여 공표하여야 한다(절차법 제20조 제1항 제1문). 처분기준을 변경하는 경우에도 또한 같다(절차법 제20조 제1항 제2문). 처분기준의 공표는 관보·편람 또는 매스컴에 의하게 될 것이다. 하여간 처분기준의 공표는 행정의 투명성확보에 기여할 것이다. 처분기준을 공표하는 것이 해당 처분의 성질상 현저히 곤란하거나 공공의 안전 또는 복리를 현저히 해치는 것으로 인정될 만한 상당한 이유가 있는 경우에는 이를 공표하지 아니할 수 있다(절차법 제20조 제2항). 당사자등은 공표된 처분기준이 명확하지 아니한 경우 해당 행정청에 대하여 그 해석 또는 설명을 요청할 수 있다(절차법 제20조 제3항 제1문). 이 경우 해당 행정청은 특별한 사정이 없으면 그 요청에 따라야 한다(절차법 제20조 제3항 제2문).

1362   (3) **처리기간**   행정청은 신청인의 편의를 위하여 처분의 처리기간을 종류별로 미리 정하여 공표하여야 한다(절차법 제19조 제1항). 행정청은 부득이한 사유로 그 처리기간내에 처분을 처리하기 곤란한 경우에는 해당 처분의 처리기간의 범위에서 한 번만 그 기간을 연장할 수 있다(절차법 제19조 제2항). 행정청이 처리기간을 연장할 때에는 처리기간의 연장 사유와 처리 예정 기한을 지체 없이 신청인에게 통지하여야 한다(절차법 제19조 제3항). 행정청이 정당한 처리기간 내에 처리하지 아니하였을 때에는 신청인은 해당 행정청 또는 그 감독 행정청에 신속한 처리를 요청할 수 있다(절차법 제19조 제4항). 행정청은 다수의 행정청이 관여하는 처분을 구하는 신청을 접수한 경우에는 관계 행정청의 신속한 협조를 통하여 그 처분이 지연되지 아니하도록 하여야 한다(절차법 제18조).

2. 가   능

1363   행정행위는 사실상으로나 법률상으로 실현이 가능한 것이어야 한다.[1] 법의

중지명령을 할 수 있다는 근거법규가 없고, 주택건설촉진법이 단독주택에 대하여는 그것이 비록 같은법 제33조 제1항에 의한 사업계획승인을 받아 건립된 일단의 단독주택 중 하나라 하더라도 공동주택 소유자의 철거 및 재건축을 제한하는 같은법 제38조 제2항과 같은 제한을 하고 있지 아니하므로, 위와 같은 단독주택 하나를 헐고 다세대주택을 건축하는 공사에 대하여 이웃 주민들의 집단적인 건축반대민원이 있다는 것과 같은법의 취지에 반한다는 것을 이유로 한 공사중지명령은 법령상의 근거 없이 행하여진 위법한 처분이다).

1) 대판 1972. 9. 26, 72다1070(공유수면의 일부가 사실상 매립되었다 하더라도 공유수면으로서의 공용폐지조치가 없는 이상 법률상으로는 공유수면으로서의 성질을 보유한다 할 것이므로 본건 공유수면의 일부가 불법 매립된 토지라 하더라도 그 토지에 대한 공유수면매립면허 및 준공인

세계에서 불가능은 요구될 수 없기 때문이다. 불가능은 또한 어느 누구라도 명령되는 처분을 수행할 수 없는 객관적 불가능과 처분의 상대방이 명령되는 처분을 수행할 수 없는 주관적 불가능으로 구분되기도 한다. 객관적 불가능의 행위는 그 효과가 무효이다.[1] 그러나 주관적 불가능의 행위는 위법하지만 효과는 반드시 무효라고 말하기 어렵다(중대명백설).

3. 명 확

국가작용이 명확하고 명료하여야 한다는 것은 법치국가의 명령이다. 명확성의 요구는 행정행위의 법률집행기능에서 나온다, 즉 행정행위는 일반추상적인 법률을 특정인을 상대로 구체적으로 정하는 것이기 때문에, 그 행정행위의 내용은 당연히 명확하여야 한다.[2] 행정행위의 명확성은 행정행위 그 자체로부터 발령행정청·상대방·처분내용 등을 인식할 수 있어야 함을 의미한다. 명확성의 정도는 처분의 상대방이 처분행정청 등의 특별한 도움이 없이도 규율내용을 인식할 수 있는 것이어야 한다. 특히 침익적 행위의 경우에는 목표·목적도 충분히 기술되어야 한다. 한편, 명확성의 요구는 법치국가의 원칙에 해당하는 것인바, 명확성의 요구가 침해되면, 위법한 행위가 된다. 그리고 그 효과는 중대명백설에 따라 원칙적으로 무효가 된다.

1364

4. 확 정

행정행위의 내용은 확정되어야 한다. 내용이 확정되지 아니한 상태에서는

1365

가처분이 법률상 불능을 대상으로 하는 무효의 처분이라고 할 수 없다).

1) 대판 2006. 4. 13, 2005두15151(과세관청이 납세자에 대한 체납처분으로서 제3자의 소유 물건을 압류하고 공매하더라도 그 처분으로 인하여 제3자가 소유권을 상실하는 것이 아니고, 체납처분으로서 압류의 요건을 규정하는 국세징수법 제24조 각 항의 규정을 보면 어느 경우에나 압류의 대상을 납세자의 재산에 국한하고 있으므로, 납세자가 아닌 제3자의 재산을 대상으로 한 압류처분은 그 처분의 내용이 법률상 실현될 수 없는 것이어서 당연무효이다).

2) Maurer, Allgemeines Verwaltungsrecht, §10, Rn. 18; 대판 2007. 1. 12, 2004두7146(구 독점규제 및 공정거래에 관한 법률 제23조 제1항은 불공정거래행위의 하나로 그 제4호에서 '자기의 거래상의 지위를 부당하게 이용하여 상대방과 거래하는 행위'를 들고, 법 제23조 제2항에 따른 법 시행령 제36조 제1항 [별표 1] 제6호는 법 제23조 제1항 제4호에 해당하는 행위유형으로서, (나)목에서 '이익제공강요'를 들면서 '거래상대방에게 자기를 위하여 금전·물품·용역 기타의 경제상 이익을 제공하도록 강요하는 행위'를, (라)목에서 '불이익제공'을 들면서 이를 '(가)목 내지 (다)목에 해당하는 행위 외의 방법으로 거래상대방에게 불이익이 되도록 거래조건을 설정 또는 변경하거나 그 이행과정에서 불이익을 주는 행위'라고 규정하고 있는바, 법 제2조 제1호 소정의 사업자가 법 제23조 제1항 제4호, 제2항, 법 시행령 제36조 제1항 [별표 1] 제6호 (나)목 및 (라)목 소정의 행위를 하였음을 이유로 공정거래위원회가 법 제24조 소정의 시정명령 등 행정처분을 하기 위해서는 그 대상이 되는 '이익제공강요' 및 '불이익제공'의 내용이 구체적으로 명확하게 특정되어야 하고, 그러하지 아니한 상태에서 이루어진 그 시정명령 등 행정처분은 위법하다).

처분의 상대방이 이행할 수도 없고, 법률관계가 설정될 수도 없기 때문이다. 처분내용의 범위가 확정되지 아니한 행정처분은 무효이다.[1]

Ⅲ. 형식요건

1366 형식요건과 관련하여서는 문서형식이 중심문제가 된다. ① 행정청이 처분을 할 때에는 다른 법령등에 특별한 규정이 있는 경우를 제외하고는 문서로 하여야 하며, 다음 각 호(1. 당사자등의 동의가 있는 경우, 2. 당사자가 전자문서로 처분을 신청한 경우)의 어느 하나에 해당하는 경우에는 전자문서로 할 수 있다(절차법 제24조 제1항). ② 제1항에도 불구하고 공공의 안전 또는 복리를 위하여 긴급히 처분을 할 필요가 있거나 사안이 경미한 경우에는 말, 전화, 휴대전화를 이용한 문자 전송, 팩스 또는 전자우편 등 문서가 아닌 방법으로 처분을 할 수 있다. 이 경우 당사자가 요청하면 지체 없이 처분에 관한 문서를 주어야 한다(절차법 제24조 제2항). ③ 처분을 하는 문서에는 그 처분 행정청과 담당자의 소속·성명 및 연락처(전화번호, 팩스번호, 전자우편주소 등을 말한다)를 적어야 한다(절차법 제24조 제3항). 처분행정청(발령청)을 기재하지 아니한 하자는 중대하고 명백한 하자에 해당하는바, 그러한 처분은 무효로 볼 것이다.[2] 그러나 담당자를 기재하지 아니한 하자는 명백하지만 중대한 하자로 보기는 어려운바, 그러한 하자는 취소의 사유가 된다고 본다. ③ 문서형식은 행정행위의 내용의 불명확성을 방지하는 데 기여한다.[3]

Ⅳ. 절차요건

1. 이유제시(이유명시·이유부기·이유강제)

1367 (1) 의　　의　　행정청이 처분을 할 때에는 그 근거와 이유를 제시하여야

---

1) 대판 1961. 10. 19, 4293행상40.
2) 대판 2011. 11. 10, 2011도11109(행정절차법 제24조는 행정의 공정성·투명성 및 신뢰성을 확보하고 국민의 권익을 보호하기 위한 것이므로 위 규정에 위반하여 행하여진 행정청의 처분은 그 하자가 중대하고 명백하여 원칙적으로 무효이다); 대판 2019. 7. 11, 2017두38874.
3) 대판 2017. 12. 5, 2016두42913(구 출입국관리법 제76조의2 제3항, 제4항 및 구 출입국관리법 시행령 제88조의2에 따르면, 난민 인정에 관한 신청을 받은 행정청은 난민 신청자에 대하여 면접을 하고 사실을 조사하여 이를 토대로 난민 인정 여부를 심사하며, 심사 결과 난민으로 인정하지 아니하는 경우에는 신청자에게 서면으로 사유를 통지하여야 한다. 출입국관리법이 난민 인정 거부 사유를 서면으로 통지하도록 규정한 것은 행정청으로 하여금 난민 요건에 관한 신중한 조사와 판단을 거쳐 정당한 처분을 하도록 하고, 처분의 상대방에게 처분 근거를 제시하여 이에 대한 불복신청에 편의를 제공하며, 나아가 이에 대한 사법심사의 심리범위를 명확하게 하여 이해관계인의 신뢰를 보호하고 절차적 권리를 보장하기 위한 것이다); 대판 2010. 2. 11, 2009두18035(행정절차법 제24조 제1항에서 행정청이 처분을 하는 때에는 다른 법령 등에 특별한 규정이 있는 경우를 제외하고는 문서로 하도록 규정한 것은 처분 내용의 명확성을 확보하고 처분의 존부나 내용에 관한 다툼을 방지하기 위한 것이다); 대판 2021. 2. 4, 2017다207932.

하는바(절차법 제23조 제1항 본문), 이를 처분의 이유제시라 부른다. 이유제시는 이유명시·이유부기·이유강제(Begründungszwang) 등으로 불리기도 한다. 한편, 행정절차법은 근거와 이유를 구별하여 사용하고 있으나, 양자를 엄격히 구별할 필요는 없어 보인다. 하여간 근거(이유)에는 사실상의 근거와 법상의 근거가 포함된다. 이유제시의 요구는 법치국가의 행정절차의 본질적 요청이다. 처분의 상대방이 행정행위의 발령에 근거되는 이유를 제시받는 것은 절차상 권리로서 개인적 공권의 성질을 갖는다.[1]

한편, ① 신청 내용을 모두 그대로 인정하는 처분인 경우, ② 단순·반복적인 처분 또는 경미한 처분으로서 당사자가 그 이유를 명백히 알 수 있는 경우, ③ 긴급히 처분할 필요가 있는 경우에는 이유제시가 요구되지 아니한다(절차법 제23조 제1항). 그러나 ②와 ③의 경우에 처분 후 당사자가 요청하는 경우에는 그 근거와 이유를 제시하여야 한다(절차법 제23조 제2항). ②와 ③의 경우에 해당하는가의 여부는 엄격히 새겨야 할 것이다. 한편, 상대방의 이익을 침해하는 행위가 아닌 경우와 일반처분의 경우에도 이유제시의 예외를 인정할 필요가 있을 것이다(독일행정절차법 제39조 제2항 제1호 및 제5호 참조). 1368

(2) 기 능 이유제시의 요구는 ① 본질적 기능으로 행정청 스스로에 의한 통제를 가능하게 하고(통제기능), ② 자기통제는 정당한 결론의 도출을 가능하게 하고(정당성의 기능), ③ 정당한 결정은 개인의 권리보호에 기여한다(권리보호기능). 또한 이유명시의 강제는 ④ 상대방에게 그 처분을 적극적으로 수용하게 하며(충족기능), ⑤ 합리적인 결정을 가능하게 하고(결정기능), ⑥ 사후통제시 부담의 완화를 가져오고(부담완화기능), ⑦ 외부기관에 의한 통제를 용이하게 하고(외부적 통제기능), ⑧ 결정내용을 명백히 하며(명료화기능), ⑨ 공동의 동의를 가져온다(동의기능).[2] 1369

①은 행정의 법률적합성의 원칙, ②는 일반적인 절차의 보장으로서의 기본권보호, ③은 효율적인 권리보호의 보장으로서의 기본권보장, ④는 인격존엄의 보장, ⑤는 법적 청문, ⑥은 효율성의 원칙, ⑦은 권력분립의 원리, ⑧은 법적 안정성의 원칙, ⑨는 민주주의원칙과 관련하여 특별한 의미를 갖는다고 하는 지적이 있다.[3] 1370

한편, 처분의 이유제시는 국가에 대한 행정처분에도 적용된다.[4]

---

1) Schweickhardt, in : ders.(Hrsg.), Allgemeines Verwaltungsrecht, Rn. 1017.
2) 대판 2020. 6. 11, 2019두49359.
3) Lücke, Begründungszwang und Verfassung, 1987, S. 37ff.; Koch/Rubel, Allgemeines Verwaltungsrecht, S. 83.
4) 대판 2023. 9. 21, 2023두39724.

1371　　　⑶ **법적 근거**　　① 독일의 행정절차법(제39조)과 마찬가지로 우리의 행정절차법도 제23조에서 행정행위의 이유제시에 관한 일반적인 규정(일반법)을 두고 있다. ② 민원사무처리와 관련하여서는 민원사무처리에 관한 법률에 이유제시에 관한 일반적인 규정을 볼 수 있다(동법 제27조 제2항(행정기관의 장은 제1항에 따라 처리결과를 통지할 때에 민원인의 신청을 거부하는 경우에는 거부 이유와 구제절차를 함께 통지하여야 한다). 민원사무와 관련하는 한 특별법으로서의 민원사무처리에 관한 법률이 적용되고, 아울러 일반법으로 행정절차법이 보충적으로 적용된다고 볼 것이다. ③ 그 밖에 단행법률에서도 이유제시에 관한 규정을 두는 경우도 있다(예 : 국공법 제75조). 한편 ④ 행정절차법이 제정되기 이전에도 판례는 허가의 취소처분에 개별법상 명문의 규정이 없어도 행정청에게 이유제시를 요구한 바 있다.[1]

1372　　　⑷ **성　　질**　　행정행위의 이유제시가 행정행위의 적법요건(성립·발효요건)인가 아닌가와 관련하여 판례는 종래부터 적극적으로 본다. 생각건대 이유제시를 요구하는 것은 처분의 상대방의 권익보호뿐만 아니라 처분의 정당성의 근거를 제시하기 위한 것이므로, 이유제시가 요구되는 경우에 이유제시는 행정행위의 적법요건의 하나로 볼 것이다. 따라서 이유제시의 결여는 위법을 가져온다.[2]

1373　　　⑸ **정　　도**　　이유제시의 정도는 처분사유를 이해할 수 있을 정도로 구체적으로 이유를 제시하여야 할 것이다. 그리고 이유제시에 있어서는 행정청이 자기의 결정에 고려하였던 사실상, 그리고 법률상의 근거를 알려야 한다. 사실상 근거에는 행정청이 확정하여 행정행위의 결정에 근거로 삼은 사실관계가 포함되며, 법률상 근거에는 해석·포섭·형량 그리고 절차법상 형량이 포함된다. 재량결정에 있어서의 이유제시에는 행정청이 자기의 재량행사에서 기준으로 하였던 관점을 또한 알려야 할 것이다(VwVfG 제39조 제1항). 한편, 판례는 처분의 상대방이 그 근거와 사유를 잘 알고 있다면 이유제시의 정도가 완화된다고 한다.[3]

---

1) 대판 1990. 9. 11, 90누1786; 대판 1987. 5. 26, 86누788(허가의 취소처분에는 그 근거가 되는 법령이나 취소권유보의 부속 등을 명시하여야 함은 물론 처분을 받은 자가 어떠한 위반사실에 대하여 당해 처분이 있었는지를 알 수 있을 정도의 사실의 적시를 요한다고 할 것이므로 이와 같은 취소처분의 근거와 위반사실의 적시를 빠뜨린 하자는 피처분자가 처분 당시 그 취지를 알고 있었다거나 그 후 알게 되었다고 하여도 이로써 치유될 수는 없다).

2) 대판 1990. 9. 11, 90누1786(세무서장인 피고가 주류도매업자인 원고에 대하여 한 이 사건 일반주류도매업면허취소통지에 '상기 주류도매장은 무면허 주류 판매업자에게 주류를 판매하여 주세법 제11조 및 국세법사무처리규정 제26조에 의거 지정조건위반으로 주류판매면허를 취소합니다'라고만 되어 있어서 원고의 영업기간과 거래상대방 등에 비추어 원고가 어떠한 거래행위로 인하여 이 사건 처분을 받았는지 알 수 없게 되어 있다면 이 사건 면허취소처분은 위법하다); 대판 2002. 11. 13, 2001두1543.

3) 대판 2020. 6. 11, 2019두49359(처분서에 기재된 내용과 관계 법령 및 당해 처분에 이르기까지

(6) **방   식**   행정절차법상 처분의 방식은 원칙적으로 문서로 하게 되어   1374
있고(절차법 제24조 제1항 제1문), 민원사무처리에 관한 법률에서도 처리결과의 통
지는 원칙적으로 문서로 하게 되어 있는바, 이러한 경우에는 그 이유제시도 당
해 문서로 하여야 할 것이다.[1]

(7) **결여의 효과**   ① 이유제시결여의 하자가 독자적인 위법사유라는 점을   1375
긍정함이 다수설과 판례이나, 행정능률을 강조하는 입장에서 부정하기도 한다.
② 이유제시가 요구됨에도 불구하고 이유의 기재가 전혀 없거나 중요사항의 기
재가 결여되어 그 하자가 중대하다면 무효사유가 될 것이고, 중대하지 않다면
취소사유가 될 것이며, 또한 이유기재가 불충분하다면 취소사유가 될 것이다.
판례는 납세고지서에 세액산출근거의 기재가 누락된 과세처분은 위법한 처분으
로 취소대상이 된다고 하였다.[2] 한편 이유제시의 결여를 독립의 취소원인으로
하지 않는 입법례도 있다(VwVfG 제46조).

(8) **하자와 치유**

(가) **하자유무의 판단기준시**   이유제시는 원칙적으로 처분이 이루어지는 시   1376
점에 구비되어야 한다. 처분시에 이유제시가 없거나 미비하다면, 그러한 처분은
하자있는 것으로서 위법한 것이 된다.

(나) **하자의 치유**   취소할 수 있는 행위와 관련하여 하자의 치유가 문제된   1377
다. 이유제시의 의미를 강조하여 이유제시의 하자의 치유를 부정적으로 볼 수도
있으나, 긍정적으로 보는 것이 일반적이다. 문제는 하자의 치유가 어느 시점까
지 가능한가의 여부이다. ① 학설은 쟁송제기 이전에만 가능하다는 입장(쟁송제

의 전체적인 과정 등을 종합적으로 고려하여, 처분 당시 당사자가 어떠한 근거와 이유로 처분
이 이루어진 것인지를 충분히 알 수 있어서 그에 불복하여 권리구제절차로 나아가는 데에 별
다른 지장이 없었던 것으로 인정되는 경우에는 처분서에 처분의 근거와 이유가 구체적으로 명
시되지 않았다고 하더라도 이유제시의무를 위반하여 처분을 취소하여야 할 위법사유라고는 볼
수 없다).

1) 대판 2013. 11. 14, 2011두18571(행정절차법 제23조 제1항은 행정청이 처분을 하는 때에는 당
사자에게 그 근거와 이유를 제시하도록 규정하고 있고, 이는 행정청의 자의적 결정을 배제하고
당사자로 하여금 행정구제절차에서 적절히 대처할 수 있도록 하는 데 그 취지가 있다. 따라서
처분서에 기재된 내용과 관계 법령 및 당해 처분에 이르기까지 전체적인 과정 등을 종합적으
로 고려하여, 처분 당시 당사자가 어떠한 근거와 이유로 처분이 이루어진 것인지를 충분히 알
수 있어서 그에 불복하여 행정구제절차로 나아가는 데에 별다른 지장이 없었던 것으로 인정되
는 경우에는 처분서에 처분의 근거와 이유가 구체적으로 명시되어 있지 않았다고 하더라도 그
로 말미암아 그 처분이 위법한 것으로 된다고 할 수는 없다).

2) 대판 1985. 4. 9, 84누431; 대판 2000. 10. 13, 99두2239(국유재산 무단 점유자에 대하여 변상금
을 부과함에 있어서 그 납부고지서에 일정한 사항을 명시하도록 요구한 국유재산법 시행령의
취지와 그 규정의 강행성 등에 비추어 볼 때, 처분청이 변상금 부과처분을 함에 있어서 그 납
부고지서 또는 적어도 사전통지서에 그 산출근거를 밝히지 아니하였다면 위법한 것이다).

기이전시설)과[1] 이후에도 가능할 것이라는 입장(쟁송종결시설), 그리고 절충적 입장(원칙상 쟁송제기 이전에만 가능하지만 행정쟁송 제기 후에 하자의 치유를 인정하여도 처분의 상대방의 권리구제에 장애를 초래하지 않는 경우에는 허용된다는 견해)으로 나뉘고 있다.[2] ② 판례는 하자의 추완이나 보완은 행정심판의 제기 이전에 가능하다는 입장을 취한다.[3] ③ 한편, 이유가 결여되거나 이유가 부족하다는 이유제시위반의 하자는 다른 절차규정·형식규정위반(예 : 신청·청문·타행정청협력 등의 요건의 위반)의 하자와 함께 그 효과가 무효가 아닌 경우에는 행정소송절차의 종결시까지 치유될 수 있다는 입법례(독일행정절차법 제45조 제1항·제2항)도 있다. ④ 독일처럼 절차·형식상 하자만 치유를 긍정하자는 견해와 내용상 하자까지 치유를 긍정하는 견해가 대립된다.

1378
　　　⑤ 생각건대, 이 문제는 행정절차의 단계별로 검토하는 것이 편리하다. 행정심판절차의 종료시까지 이유제시미비의 하자에 대한 치유를 인정함에는 어려움이 없다. 행정청은 법치행정의 원리에 비추어 위법한 행위를 시정하여야 하기 때문이다. 사법적 성질을 갖지만 행정심판의 재결도 행정행위의 일종이므로, 행정청은 위법한 행위를 시정하여야 하는바, 행정소송의 제기 전까지 이유제시미비의 하자에 대한 치유를 인정할 수 있다.

1379
　　　문제는 행정소송절차에서 하자의 치유를 인정할 것인가의 여부이다. 여기서 먼저 개념상 행정절차법상 하자의 치유문제로서 이유의 추완(이유를 사후에 제시하는 것)·보완(이유를 사후에 보충하는 것)과 행정소송법상 처분이유의 사후변경(소송절차상 이유의 보완으로서의 변경)을 구분할 필요가 있다. 즉 추완·보완은 행정행위의 적법요건 중 형식적 요건인 절차요건과 관련하나, 사후변경은 행정행위의 적법요건 중 실질적 요건인 내용요건과 관련한다. 달리 말한다면 추완·보완은 처분의 외관상 이유가 제시되고 있는가의 문제와 관련하고, 사후변경은 제시된 이유가 내용상 정당한가의 문제와 관련한다. 그러나 추완·보완과 사후변경

---

1) 이상규, 신행정법론(상), 433쪽.
2) 김남진, 행정법(Ⅰ), 334쪽(2019).
3) 대판 1984. 4. 10, 83누393(세액산출근거가 누락된 납세고지서에 의한 과세처분의 하자의 치유를 허용하려면 늦어도 과세처분에 대한 불복여부의 결정 및 불복신청에 편의를 줄 수 있는 상당한 기간 내에 하여야 한다고 할 것이므로 위 과세처분에 대한 전심절차가 모두 끝나고 상고심의 계류중에 세액산출근거의 통지가 있었다고 하여 이로써 위 과세처분의 하자가 치유되었다고는 볼 수 없다); 대판 1983. 7. 26, 82누420(과세처분시 납세고지서에 과세표준, 세율, 세액의 산출근거 등이 누락된 경우에는 늦어도 과세처분에 대한 불복여부의 결정 및 불복신청에 편의를 줄 수 있는 상당한 기간 내에 보정행위를 하여야 그 하자가 치유된다할 것이므로, 과세처분이 있은지 4년이 지나서 그 취소소송이 제기된 때에 보정된 납세고지서를 송달하였다는 사실이나 오랜 기간(4년)의 경과로써 과세처분의 하자가 치유되었다고 볼 수는 없다).

모두 행정소송상 소송요건(본안판단의 전제요건)이 아니라 본안판단의 문제라는
점에서는 동일하다. 하여간 소송절차상 이유불비 또는 이유부적절을 이유로 원
고승소판결이 이루어지면, 처분청은 이유제시 또는 이유보완을 하여 다시 처분
을 하여야 하며, 이에 원고가 불복하면 다시 제소가 이루어질 것인데, 이것은
소송경제에 반한다고 볼 것이다. 따라서 소송절차의 종결전까지 전자와 후자를
모두 인정하는 것이 실제적이다. 다만, 이러한 것도 처분의 동일성을 해하지 아
니하는 범위안에서만 인정된다고 볼 것이다.

(9) **판결의 기속력과 동일한 처분**   이유제시에 하자가 있다고 하더라도 기   1380
속력은 판결에 적시된 절차 내지 형식의 위법사유에 한정되는 것이므로 그 하
자를 보완하여 종전의 처분과 동일한 내용의 처분을 한다고 하더라도 판결의
기속력에 위반되는 것은 아니다.[1]

2. 협력절차

(1) **의   의**   행정행위의 성립에 일정한 절차(예 : 신청, 청문, 타기관의 협력,   1381
평가절차)가 법상 요구되면, 그러한 절차를 거쳐야 한다. 그러한 절차가 요구되는
취지는 일반적으로 상대방의 이익보호,[2] 절차의 공정성의 확보, 적정한 결론의
탐구 등에 있다.

(2) **협력절차의 불이행**   법상 요구되는 절차를 거치지 아니한 행정행위는   1382
하자 있는 것이 된다. 그 효과는 취소할 수 있는 행위가 됨이 원칙이다.[3] 다만

---

1) 대판 1999. 12. 28, 98두1895.
2) 대판 2006. 9. 28, 2004두7818(교육공무원법 제25조에서 대학의 장이 교수를 임용 또는 임용제
   청함에 있어 대학 인사위원회의 동의를 얻도록 한 것은 교수 임용권자 또는 임용제청권자의
   자의를 억제하고 객관적인 기준에 따른 인사질서를 확립함으로써 우수한 교원을 확보함과 동
   시에 대학의 자치 및 자율권과 교원의 신분보장을 도모하고자 하는 데 있다); 대판 1985. 10.
   8, 84누251(경찰공무원징계령 제12조 제1항 소정의 징계심의대상자에 대한 출석통지는 징계
   심의대상자로 하여금 징계심의가 언제 개최되는가를 알게 함과 동시에 자기에게 이익되는 사
   실을 진술하거나 증거자료를 제출할 기회를 부여하기 위한 조치에서 나온 강행규정이므로 위
   출석통지 없이 한 징계심의 절차는 위법하다).
3) 대판 2007. 3. 15, 2006두15806(행정청이 구 학교보건법 소정의 학교환경위생정화구역 내에서
   금지행위 및 시설의 해제 여부에 관한 행정처분을 함에 있어 학교환경위생정화위원회의 심의
   를 거치도록 한 취지는 그에 관한 전문가 내지 이해관계인의 의견과 주민의 의사를 행정청의
   의사결정에 반영함으로써 공익에 가장 부합하는 민주적 의사를 도출하고 행정처분의 공정성과
   투명성을 확보하려는 데 있고, 나아가 그 심의의 요구가 법률에 근거하고 있을 뿐 아니라 심의
   에 따른 의결내용도 단순히 절차의 형식에 관련된 사항에 그치지 않고 금지행위 및 시설의 해
   제 여부에 관한 행정처분에 영향을 미칠 수 있는 사항에 관한 것임을 종합해 보면, 금지행위
   및 시설의 해제 여부에 관한 행정처분을 하면서 절차상 위와 같은 심의를 누락한 흠이 있다면
   그와 같은 흠을 가리켜 위 행정처분의 효력에 아무런 영향을 주지 않는다거나 경미한 정도에
   불과하다고 볼 수는 없으므로, 특별한 사정이 없는 한 이는 행정처분을 위법하게 하는 취소사
   유가 된다).

하자가 중대하고 명백하다면 무효가 될 것이다. 절차상 하자가 있는 경우, 당연무효가 아닌 한 그 취소의 주장에는 기간상 제한(행소법 제20조의 제소기간을 보라)을 받는다.[1]

1383 　　(3) **부실한 협력절차**　　협력절차를 거쳤다고 하여도 그 협력이 부실하다면, 경우에 따라 재량권의 남용이나 일탈을 이유로 위법한 행위가 될 수도 있을 것이다.[2]

1384 　　(4) **협력절차의 불복**　　협력기관의 협력행위의 위법을 이유로 다투고자 하는 경우, 협력기관이 아니라 처분청이 피고 또는 피청구인이 된다.[3]

3. 신　　청

1385 　　(1) **신청의 방식 등**　　행정청에 대하여 처분을 구하는 신청은 문서로 하여야 한다(절차법 제17조 제1항 본문). 다만, 다른 법령등에 특별한 규정이 있는 경우와 행정청이 미리 다른 방법을 정하여 공시한 경우에는 그러하지 않다(절차법 제17조 제1항 단서). 행정청은 신청에 필요한 구비서류, 접수기관, 처리기간 그 밖에 필요한 사항을 게시(인터넷 등을 통한 게시포함)하거나 이에 대한 편람을 갖추어 두고 누구나 열람할 수 있도록 하여야 한다(절차법 제17조 제3항).

1386 　　(2) **신청기관 등**　　처분을 구하는 신청은 권한행정청에 하는 것이 당연하지만, 행정청은 신청인의 편의를 위하여 다른 행정청에 신청을 접수하게 할 수 있다(절차법 제17조 제7항 제1문). 이 경우 행정청은 다른 행정청에 접수할 수 있는

---

1) 대판 1990. 1. 23, 87누947(도시계획의 수립에 있어서 도시계획법 제16조의2 소정의 공청회를 열지 아니하고 공공용지의취득및손실보상에관한특례법 제8조 소정의 이주대책을 수립하지 아니하였더라도 이는 절차상의 위법으로서 취소사유에 불과하고 그 하자가 도시계획 결정 또는 도시계획사업시행인가를 무효라고 할 수 있을 정도로 중대하고 명백하다고는 할 수 없으므로 이러한 위법을 선행처분인 도시계획 결정이나 사업시행인가 단계에서 다투지 아니하였다면 그 쟁소기간이 이미 도과한 후인 수용재결단계에 있어서는 도시계획수립 행위의 위와 같은 위법을 들어 재결처분의 취소를 구할 수는 없다고 할 것이다).

2) 대판 2006. 3. 16, 2006두330(환경영향평가법령에서 정한 환경영향평가를 거쳐야 할 대상사업에 대하여 그러한 환경영향평가를 거치지 아니하였음에도 승인 등 처분을 하였다면 그 처분은 위법하다 할 것이나, 그러한 절차를 거쳤다면, 비록 그 환경영향평가의 내용이 다소 부실하다 하더라도, 그 부실의 정도가 환경영향평가제도를 둔 입법 취지를 달성할 수 없을 정도이어서 환경영향평가를 하지 아니한 것과 다를 바 없는 정도의 것이 아닌 이상, 그 부실은 당해 승인 등 처분에 재량권 일탈·남용의 위법이 있는지 여부를 판단하는 하나의 요소로 됨에 그칠 뿐, 그 부실로 인하여 당연히 당해 승인 등 처분이 위법하게 되는 것이 아니다).

3) 대판 2004. 10. 15, 2003두6573(건축허가권자가 건축불허가처분을 하면서 그 처분사유로 건축 불허가 사유뿐만 아니라 구 소방법 제8조 제1항에 따른 소방서장의 건축부동의 사유를 들고 있다고 하여 그 건축불허가처분 외에 별개로 건축부동의처분이 존재하는 것이 아니므로, 그 건축불허가처분을 받은 사람은 그 건축불허가처분에 관한 쟁송에서 건축법상의 건축불허가 사유뿐만 아니라 소방서장의 부동의 사유에 관하여도 다툴 수 있다).

신청의 종류를 미리 정하여 공시하여야 한다(절차법 제17조 제7항 제2문). 행정청은 신청을 받았을 때에는 다른 법령등에 특별한 규정이 있는 경우를 제외하고는 그 접수를 보류 또는 거부하거나 부당하게 되돌려 보내서는 아니 되며, 신청을 접수한 경우에는 신청인에게 접수증을 주어야 한다. 다만, 대통령령으로 정하는 경우에는 접수증을 주지 아니할 수 있다(절차법 제17조 제4항).

(3) **보완의 요구** 행정청은 신청에 구비서류의 미비 등 흠이 있는 경우에 1387
는 보완에 필요한 상당한 기간을 정하여 지체 없이 신청인에게 보완을 요구하여야 한다(절차법 제17조 제5항). 보완의 대상은 보완이 가능한 것으로서, 형식적 요건에 한정되며, 실질적 요건(내용요건)은 보완요구의 대상이 아니다.[1] 실질적 요건은 접수 후에 검토할 사항이기 때문이다. 행정청은 신청인이 그 기간내에 보완을 하지 아니하였을 때에는 그 이유를 구체적으로 밝혀 접수된 신청을 되돌려 보낼 수 있다(절차법 제17조 제6항).

(4) **신청의 보완 등** 신청인은 처분이 있기 전에는 그 신청의 내용을 보 1388
완·변경하거나 취하할 수 있다(절차법 제17조 제8항 본문). 다만, 다른 법령등에 특별한 규정이 있거나 그 신청의 성질상 보완·변경하거나 취하할 수 없는 경우에는 그러하지 아니하다(절차법 제17조 제8항 단서).

4. 처분의 사전통지

(1) **의 의** 행정청은 당사자에게 의무를 부과하거나 권익을 제한하는 1389
처분을 하는 경우에는 미리 다음 각 호(1. 처분의 제목, 2. 당사자의 성명 또는 명칭과 주소, 3. 처분하려는 원인이 되는 사실과 처분의 내용 및 법적 근거, 4. 제3호에 대하여 의견을 제출할 수 있다는 뜻과 의견을 제출하지 아니하는 경우의 처리방법, 5. 의견제출기관의 명칭과 주소, 6. 의견제출기한, 7. 그 밖에 필요한 사항)의 사항을 당사자등에게 통지하여야 한다(절차법 제21조 제1항). 제1항 제6호에 따른 기한은 의견제출에 필요한 상당한 기간을 고려하여 정하여야 한다(절차법 제21조 제3항).

(2) **통지의 배제** 다음 각 호(1. 공공의 안전 또는 복리를 위하여 긴급히 처분을 1390
할 필요가 있는 경우, 2. 법령등에서 요구된 자격이 없거나 없어지게 되면 반드시 일정한 처분

---

1) 대판 1996. 10. 25, 95누14244(행정규제및민원사무기본법 제9조 제3항, 같은법시행령 제26조 제1항·제2항, 제27조 제1항에 의하면 행정기관은 민원인으로부터 민원서류를 제출받았을 때에는 다른 법령에 특별한 규정이 없는 한 그 접수를 보류 또는 거부할 수 없고, 그 민원서류에 흠결이 있다고 인정할 때에는 2회에 걸쳐 보완 또는 보정을 요구한 이후에 그 보완 또는 보정이 없을 때에 비로소 접수된 민원서류를 반려할 수 있도록 규정되어 있는바, 그 규정 소정의 보완 또는 보정의 대상이 되는 흠결은 보완 또는 보정이 가능한 경우이어야 함은 물론이고, 그 내용 또한 형식적·절차적인 요건에 한하고 실질적인 요건에 대하여까지 보완 또는 보정요구를 하여야 한다고 볼 수 없다).

을 하여야 하는 경우에 그 자격이 없거나 없어지게 된 사실이 법원의 재판 등에 의하여 객관적으로 증명된 경우, 3. 해당 처분의 성질상 의견청취가 현저히 곤란하거나 명백히 불필요하다고 인정될 만한 상당한 이유가 있는 경우)의 어느 하나에 해당하는 경우에는 제1항에 따른 통지를 하지 아니할 수 있다(절차법 제21조 제4항). 처분의 전제가 되는 사실이 법원의 재판 등에 의하여 객관적으로 증명된 경우 등 제4항에 따른 사전통지를 하지 아니할 수 있는 구체적인 사항은 대통령령으로 정한다(절차법 제21조 제5항). 제4항에 따라 사전통지를 하지 아니하는 경우 행정청은 처분을 할 때 당사자등에게 통지를 하지 아니한 사유를 알려야 한다. 다만 신속한 처분이 필요한 경우에는 처분 후 그 사유를 알릴 수 있다(절차법 제21조 제6항).

5. 의견청취

1391　(1) **청문의 실시**　행정청이 처분을 할 때 다음 각 호(1. 다른 법령등에서 청문을 하도록 규정하고 있는 경우, 2. 행정청이 필요하다고 인정하는 경우, 3. 다음 각 목[가. 인허가 등의 취소, 나. 신분·자격의 박탈, 다. 법인이나 조합 등의 설립허가의 취소]의 처분 시 제21조 제1항 제6호에 따른 의견제출기한 내에 당사자등의 신청이 있는 경우)의 어느 하나에 해당하는 경우에는 청문을 한다(절차법 제22조 제1항). 여기서 청문이란 행정청이 어떠한 처분을 하기 전에 당사자등의 의견을 직접 듣고 증거를 조사하는 절차를 말한다(절차법 제2조 제5호).

1392　(2) **공청회의 개최**　행정청이 처분을 할 때 다음 각 호(1. 다른 법령등에서 공청회를 개최하도록 규정하고 있는 경우, 2. 해당 처분의 영향이 광범위하여 널리 의견을 수렴할 필요가 있다고 행정청이 인정하는 경우, 3. 국민생활에 큰 영향을 미치는 처분으로서 대통령령으로 정하는 처분에 대하여 대통령령으로 정하는 수 이상의 당사자등이 공청회 개최를 요구하는 경우)의 어느 하나에 해당하는 경우에는 공청회를 개최한다(절차법 제22조 제2항). 여기서 공청회란 행정청이 공개적인 토론을 통하여 어떠한 행정작용에 대하여 당사자등, 전문지식과 경험을 가진 사람, 그 밖의 일반인으로부터 의견을 널리 수렴하는 절차를 말한다(절차법 제2조 제6호).

1393　(3) **의견제출**　행정청이 당사자에게 의무를 부과하거나 권익을 제한하는 처분을 할 때 청문을 실시하거나 공청회를 개최하는 경우가 아니라면 당사자등에게 의견제출의 기회를 주어야 한다(절차법 제22조 제3항). 여기서 의견제출이라 함은 행정청이 어떠한 행정작용을 하기 전에 당사자등이 의견을 제시하는 절차로서 청문이나 공청회에 해당하지 아니하는 절차를 말한다(절차법 제2조 제7호). 행정청은 처분을 할 때에 당사자등이 제출한 의견이 상당한 이유가 있다고 인정하는 경우에는 이를 반영하여야 한다(절차법 제27조의2 제1항).

(4) **의견청취의 생략**   제1항부터 제3항까지의 규정에도 불구하고 제21조 1394
제4항 각 호(1. 공공의 안전 또는 복리를 위하여 긴급히 처분을 할 필요가 있는 경우, 2. 법령
등에서 요구된 자격이 없거나 없어지게 되면 반드시 일정한 처분을 하여야 하는 경우에 그 자격
이 없거나 없어지게 된 사실이 법원의 재판 등에 의하여 객관적으로 증명된 경우, 3. 해당 처분
의 성질상 의견청취가 현저히 곤란하거나 명백히 불필요하다고 인정될 만한 상당한 이유가 있는
경우)의 어느 하나에 해당하는 경우와 당사자가 의견진술의 기회를 포기한다는 뜻
을 명백히 표시한 경우에는 의견청취를 하지 아니할 수 있다(절차법 제22조 제4항).

(5) **신속처분·반환**   ① 행정청은 청문·공청회 또는 의견제출을 거쳤을 1395
때에는 신속히 처분하여 해당 처분이 지연되지 아니하도록 하여야 한다(절차법
제22조 제5항). ② 행정청은 처분 후 1년 이내에 당사자 등의 요청이 있는 경우에
는 청문·공청회 또는 의견제출을 위하여 제출받은 서류 그 밖의 물건을 반환하
여야 한다(절차법 제22조 제6항).

V. 표시요건(송달·통지)

행정행위는 앞의 요건과 후술의 내용상의 요건이 갖추어져도 외부에 표시 1396
(수령을 요하는 행정행위의 경우에는 관계자에게 통지)되고,[1] 특별한 사정(예: 조건이나
기한 등의 설정)이 없어야 적법·유효한 행위가 된다.[2] 표시되지 않는 한 그것은
아직 행정행위로서 효력을 발생할 수 없다.[3] 표시는 행정행위의 적법요건이자
동시에 행정행위의 존재의 전제요건이다. 표시는 권한을 가진 기관(처분청)이 하
여야 한다. 하나의 행정행위에 다수인이 관련한다면, 각자가 통지를 받아야 하
는바, 그 효력발생의 시점은 상이할 수 있다. 표시된 이후에는 임의적으로 취소·
변경할 수 없다. 표시와 관련하여서는 그 방법·시기 등이 문제된다.

---

1) 대판 2019. 8. 9, 2019두38656(상대방 있는 행정처분은 특별한 규정이 없는 한 의사표시에 관한
   일반법리에 따라 상대방에게 고지되어야 효력이 발생하고, 상대방 있는 행정처분이 상대방에
   게 고지되지 아니한 경우에는 상대방이 다른 경로를 통해 행정처분의 내용을 알게 되었다고
   하더라도 행정처분의 효력이 발생한다고 볼 수 없다).
2) 대판 2020. 2. 27, 2016두60898(행정처분은 주체·내용·절차와 형식이라는 내부적 성립요건과
   외부에 대한 표시라는 외부적 성립요건을 모두 갖춘 경우에 존재한다. 행정처분의 외부적 성립
   은 행정의사가 외부에 표시되어 행정청이 자유롭게 취소·철회할 수 없는 구속을 받게 되는 시
   점, 그리고 상대방이 쟁송을 제기하여 다툴 수 있는 기간의 시점을 정하는 의미를 가지므로,
   어떠한 처분의 외부적 성립 여부는 행정청에 의하여 당해 처분에 관한 행정의사가 법령 등에
   서 정하는 공식적인 방법으로 외부에 표시되었는지를 기준으로 판단하여야 한다).
3) 대판 2004. 4. 9, 2003두13908(납세고지서의 교부송달 및 우편송달에 있어서는 반드시 납세의
   무자 또는 그와 일정한 관계에 있는 사람의 현실적인 수령행위를 전제로 하고 있다고 보아야
   하며, 납세자가 과세처분의 내용을 이미 알고 있는 경우에도 납세고지서의 송달이 불필요하다
   고 할 수는 없다).

1. 송달의 방법

1397　① 송달은 우편, 교부 또는 정보통신망 이용 등의 방법으로 하되 송달받을 자(대표자 또는 대리인을 포함한다)의 주소·거소·영업소·사무소 또는 전자우편주소(이하 "주소등"이라 한다)로 한다(절차법 제14조 제1항 본문). 다만, 송달받을 자가 동의하는 경우에는 그를 만나는 장소에서 송달할 수 있다(절차법 제14조 제1항 단서). ② 교부에 의한 송달은 수령확인서를 받고 문서를 교부함으로써 하며, 송달하는 장소에서 송달받을 자를 만나지 못한 경우에는 그 사무원·피용자(被傭者) 또는 동거인으로서 사리를 분별할 지능이 있는 사람(이하 "사무원등"이라 한다)에게 문서를 교부할 수 있다. 다만, 문서를 송달받을 자 또는 그 사무원등이 정당한 사유 없이 송달받기를 거부하는 때에는 그 사실을 수령확인서에 적고, 문서를 송달할 장소에 놓아둘 수 있다(절차법 제14조 제2항). ③ 정보통신망을 이용한 송달은 송달받을 자가 동의하는 경우에만 한다. 이 경우 송달받을 자는 송달받을 전자우편주소 등을 지정하여야 한다(절차법 제14조 제3항). ④ 다음 각 호(1. 송달받을 자의 주소등을 통상적인 방법으로 확인할 수 없는 경우, 2. 송달이 불가능한 경우)의 어느 하나에 해당하는 경우에는 송달받을 자가 알기 쉽도록 관보, 공보, 게시판, 일간신문 중 하나 이상에 공고하고 인터넷에도 공고하여야 한다(절차법 제14조 제4항). 이를 공시송달이라 부르기도 한다. 제4항에 따른 공고를 할 때에는 민감정보 및 고유식별정보 등 송달받을 자의 개인정보를 「개인정보 보호법」에 따라 보호하여야 한다(절차법 제14조 제5항).

2. 도달주의

1398　(1) **도달주의의 원칙**　　송달은 다른 법령등에 특별한 규정(예 : 발신주의를 규정하는 국세기본법 제5조의2)이 있는 경우를 제외하고는 해당 문서가 송달받을 자에게 도달됨으로써 그 효력이 발생한다(절차법 제15조 제1항). 여기서 도달이란 현실적으로 상대방이 행정행위를 수령하여 지료하여야 함을 뜻하는 것은 아니고 상대방이 지료할 수 있는 상태에 두는 것을 말한다.[1] 송달의 경우에는 적법한 송달이 있어야 도달의 효과가 생긴다.[2] 우편에 의한 송달의 경우, 보통우편에

---

[1] 대판 1989. 9. 26, 89누4963(갑의 처가 갑의 주소지에서 갑에 대한 정부인사발령통지를 수령하였다면 비록 그 때 갑이 구치소에 수감중이었고 처분청 역시 그와 같은 사실을 알고 있었다거나 갑의 처가 위 통지서를 갑에게 전달하지 아니하고 폐기해 버렸더라도 갑의 처가 위 통지서를 수령한 때에 그 내용을 양지할 수 있는 상태에 있었다고 볼 것이다).

[2] 대판 1988. 3. 22, 87누986(수도과태료의 부과처분에 대한 납입고지서에 송달상대방이나 송달장소, 송달방법 등에 관하여는 서울특별시급수조례 제37조에 따라 지방세법의 규정에 의하여야 할 것이므로 납세고지서의 송달이 부적법하면 그 부과처분은 효력이 발생할 수 없고 또한 송

의한 송달을 상당기간 내에 도달된 것으로 추정할 것인가는 문제이나 부정적으로 보아야 할 것이다. 판례 역시 부정적으로 본다.[1] 따라서 우편송달은 입증과 관련하여 등기우편에[2] 의할 필요가 있다고 하겠다.[3] 상대방이 부당하게 등기취급 우편물의 수취를 거부한 경우에도 사정에 따라서는 도달이 있는 것으로 보아야 할 경우도 있을 것이다.[4] 제14조 제3항(정보통신망을 이용한 송달은 송달받을 자가 동의하는 경우에만 한다. 이 경우 송달받을 자는 송달받을 전자우편주소 등을 지정하여야 한다)에 따라 정보통신망을 이용하여 전자문서로 송달하는 경우에는 송달받을 자가 지정한 컴퓨터 등에 입력된 때에 도달된 것으로 본다(절차법 제15조 제2항).

   (2) **행정절차법상 공고의 경우**   행정절차법 제14조 제4항(다음 각 호(1. 송달   **1399** 받을 자의 주소등을 통상적인 방법으로 확인할 수 없는 경우, 2. 송달이 불가능한 경우)의 어느 하나에 해당하는 경우에는 송달받을 자가 알기 쉽도록 관보, 공보, 게시판, 일간신문 중 하나 이상에 공고하고 인터넷에도 공고)의 경우에는 다른 법령등에 특별한 규정이 있는 경우를 제외하고는 공고일부터 14일이 지난 때에 효력이 발생한다(절차법 제15조 제3항 본문). 다만, 긴급히 시행하여야 할 특별한 사유가 있어 효력발생시기를 달리 정하여 공고한 경우에는 그에 따른다(절차법 제15조 제3항 단서).

   (3) **행정업무의 운영 및 혁신에 관한 규정상 고시·공고**   제2항(문서는 수신자   **1400** 에게 도달(전자문서의 경우는 수신자가 관리하거나 지정한 전자적 시스템 등에 입력되는 것을 말한다)됨으로써 효력을 발생한다)에도 불구하고 공고문서(고시·공고등 행정기관이 일정

    달이 부적법하여 송달의 효력이 발생하지 아니하는 이상 상대방이 객관적으로 위 부과처분의 존재를 인식할 수 있었다 하더라도 그와 같은 사실로써 송달의 하자가 치유된다고 볼 수 없다).

1) 대판 2009. 12. 10, 2007두20140(내용증명우편이나 등기우편과는 달리, 보통우편의 방법으로 발송되었다는 사실만으로는 그 우편물이 상당한 기간 내에 도달하였다고 추정할 수 없고, 송달의 효력을 주장하는 측에서 증거에 의하여 이를 입증하여야 한다).

2) 대판 2009. 7. 23, 2006다81325(우편법령상 '등기취급'은 우편물의 취급과정을 기록에 의하여 명확히 하는 우편물의 특수취급제도이고, 내용증명은 이러한 등기취급을 전제로 발송인이 수취인에게 어떤 내용의 문서를 언제 발송하였다는 사실을 우체국이 증명하는 특수취급제도이다).

3) 대판 1998. 2. 13, 97누8977; 대판 1992. 3. 27, 91누3819(우편법 등 관계규정의 취지에 비추어 볼 때 우편물이 등기취급의 방법으로 발송된 경우 반송되는 등의 특별한 사정이 없는 한 그 무렵 수취인에게 배달되었다고 보아야 한다).

4) 대판 2020. 8. 20, 2019두34630(상대방이 부당하게 등기취급 우편물의 수취를 거부함으로써 그 우편물의 내용을 알 수 있는 객관적 상태의 형성을 방해한 경우 그러한 상태가 형성되지 아니하였다는 사정만으로 발송인의 의사표시의 효력을 부정하는 것은 신의성실의 원칙에 반하므로 허용되지 아니한다. 이러한 경우에는 부당한 수취 거부가 없었더라면 상대방이 우편물의 내용을 알 수 있는 객관적 상태에 놓일 수 있었던 때, 즉 수취 거부 시에 의사표시의 효력이 생긴 것으로 보아야 한다. 여기서 우편물의 수취 거부가 신의성실의 원칙에 반하는지 여부는 발송인과 상대방과의 관계, 우편물의 발송 전에 발송인과 상대방 사이에 그 우편물의 내용과 관련된 법률관계나 의사교환이 있었는지, 상대방이 발송인에 의한 우편물의 발송을 예상할 수 있었는지 등 여러 사정을 종합하여 판단하여야 한다. 이때 우편물의 수취를 거부한 것에 정당한 사유가 있는지에 관해서는 수취 거부를 한 상대방이 이를 증명할 책임이 있다).

한 사항을 일반에게 알리 는 문서)는 그 문서에서 효력발생 시기를 구체적으로 밝히고 있지 않으면 그 고시 또는 공고 등이 있은 날부터 5일이 경과한 때에 효력이 발생한다(행운정 제6조).

> (예) 2013. 6. 8. 고시하였다면, 2013. 6. 14.에 효력을 발생한다(대판 2013. 3. 28, 2012다57231 참조).

3. 송달하자의 치유

1401 송달의 적법성에 문제가 있는 경우(예 : 특별한 사유가 없음에도 전신송달한 경우)에는 송달하자의 치유가 문제된다. 이러한 경우에는 수령권자가 송달내용을 확인하고 수령하는 시점에 송달이 있다고 볼 것이다. 즉 송달하자는 치유된다고 볼 것이다.

Ⅵ. 전자문서의 특례

전자정부의 구현을 위해 전자정부법(전정법)은 전자문서에 의한 행정행위와 관련하여 특례를 규정하고 있다.

1. 전자문서형식의 원칙

1402 행정기관등의 문서는 전자문서를 기본으로 하여 작성, 발송, 접수, 보관, 보존 및 활용되어야 한다. 다만, 업무의 성격상 또는 그 밖의 특별한 사정이 있는 경우에는 그러하지 아니하다(전정법 제25조 제1항).

2. 전자문서의 성립·효력

1403 행정기관등이 작성하는 전자문서는 그 문서에 대하여 결재(국회규칙, 대법원규칙, 헌법재판소규칙, 중앙선거 관리위원회규칙 및 대통령령으로 정하는 전자적인 수단에 의한 결재를 말한다)를 받음으로써 성립한다(전정법 제26조 제1항). 이 법에 따른 전자문서 및 전자화문서는 다른 법률에 특별한 규정이 있는 경우를 제외하고는 종이문서와 동일한 효력을 갖는다(전정법 제26조 제3항).

3. 전자문서의 발송시기·도달시기

1404 행정기관등이 송신한 전자문서는 수신자가 지정한 정보시스템 등에 입력된 때에 그 수신자에게 도달된 것으로 본다. 다만, 지정한 정보시스템 등이 없는 경우에는 수신자가 관리하는 정보시스템 등에 입력된 때에 그 수신자에게 도달된 것으로 본다(전정법 제28조 제2항). 행정기관등에 도달된 전자문서가 판독할 수 없는 상태로 수신된 경우에는 해당 행정기관등은 이를 흠이 있는 문서로 보고

보완에 필요한 상당한 기간을 정하여 보완을 요구하여야 하며, 행정기관등이 발송한 전자문서가 판독할 수 없는 상태로 수신자에게 도달된 경우에는 이를 적법하게 도달된 문서로 보지 아니한다(전정법 제28조 제4항).

4. 행정전자서명 등의 인증

(1) 행정기관이 작성하는 문서　　행정기관이 작성하는 전자문서에는 행정전자서명을 사용한다. 다만, 행정기관은「전자문서 및 전자거래 기본법」제2조 제5호에 따른 전자거래를 효율적으로 운영하기 위하여 전자서명을 사용할 수 있다(전정법 제29조 제1항). 중앙사무관장기관의 장은 행정전자서명에 대한 인증업무를 수행한다(전정법 제29조 제2항). 　　1405

(2) 사인이 송신하는 문서　　개인, 법인 또는 단체가 본인임을 확인할 필요가 있는 전자문서를 행정기관등에 송신하려는 경우에는 공인전자서명 또는 다른 법령에 따라 본인임을 확인하기 위하여 인정되는 전자적 수단을 이용하여 송신하여야 한다. 다만, 공공기관이 행정기관과 전자문서를 유통하는 경우에는 행정전자서명을 이용하여 송신·수신하여야 한다(전정법 제27조 제1항). 　　1406

제 5 항　행정행위의 효력[1)]

Ⅰ. 효력의 관념

1. 효력의 개념

행정행위는 적법요건(성립요건과 효력발생요건)을 갖추면 효력을 발생하게 된다고 하는데, 여기서 효력을 발생한다는 의미가 무엇인지는 문제이다. 생각건대 그것은 넓게는 ① 행정행위가 법적으로 존재한다는 것, ② 행정행위는 관계자에 대하여 구속적이라는 것, ③ 그리고 행정행위는 계속적으로 법적 의미를 갖는다는 것 등을 의미한다고 본다. ②를 좁은 의미의 행정행위의 효력이라 부를 수도 있을 것인데, 우리의 경우 행정행위의 효력이란 일반적으로 이러한 의미로 사용 　　1407

---

1) 전통적 견해는 행정행위의 효력을 구속력·공정력·확정력·집행력으로 구분하고, 일부 견해는 내용적 구속력·공정력·구성요건적 효력·존속력·집행력·후행행위에 대한 구속력으로 구분한다. 본서는 내용상 구속력·공정력·구성요건적 효력·존속력·강제력으로 구분한다. 후행행위에 대한 구속력은 전통적 견해와 같이 행정행위의 하자의 승계의 문제로 다룬다. 전통적 견해와 달리 공정력과 구성요건적 효력을 구분하여 다루는 것은 본문에서 보는 바와 같이 양자간에 논리체계상 특히 성질(공정력은 절차상 구속력이고, 구성요건적 효력은 일종의 내용상 구속력이다)·근거(공정력은 법적 안정성 내지 행정정책이 근거이고, 구성요건적 효력은 기관상호간의 권한존중의 사고와 권력분립원리가 근거이다)가 다르기 때문이다(공정력과 구성요건적 효력의 비교에 관해 자세한 것은 졸고, 양승두교수 화갑기념논문집, 487쪽 이하 참조).

되고 있는 것으로 보인다. 논자에 따라서는 행정행위의 법적 존재(상기의 ①의 효력)를 외부적 효력, 법적 구속력(상기의 ②의 효력)을 내부적 효력으로 표현하기도 한다.[1]

2. 효력의 종류

1408 우리의 일반적인 견해가 말하는 의미에서의 행정행위의 효력(구속력)은 다양한 내용으로 구성된다. 즉 행정행위가 효력이 있다는 것은, ① 행정행위가 당사자에 대하여 내용상 구속적이라는 것(내용상 구속력), ② 행정행위가 권한있는 기관에 의하여 취소되기까지는 절차상 유효한 것으로 통용되어 행위의 상대방이나 이해관계자에 구속적이라는 것(공정력), ③ 처분청의 행위가 다른 행정기관 등에 대하여 내용적으로 구속을 가한다는 것, 즉 구성요건으로서의 효력을 갖는다는 것(구성요건적 효력), ④ 그 행위는 일정원리에 의해서만 상대방 또는 이해관계인이 다툴 수 있고(형식적 존속력), 일정한 행위는 처분청에 의해서도 취소·철회될 수 없다는 것(실질적 존속력), 그리고 ⑤ 행정행위가 상대방에 대하여 강제성을 갖는다는 것(강제력)을 뜻한다고 하겠다.[2]

3. 효력의 발생·소멸

1409 행정행위는 적법성의 요건에 명백하고 중대한 하자가 없는 한, 원칙적으로 외부에 표시(송달·통지)함으로써 효력을 발생한다. 적법성에 의심이 있어도 행정행위는 효력을 발생한다. 행정행위는 스스로 소멸되는 것이 아닌 한, 권한을 가진 기관에 의해 폐지됨으로써 효력을 상실한다. 또한 행정행위는 행정심판절차상 또는 행정소송절차상 집행정지결정으로 정지된다. 집행정지가 되면, 행정행위는 효력이 정지되고, 따라서 집행되지 아니한다.

Ⅱ. 내용상 구속력

1. 의의와 성질

1410 행정행위는 적법요건을 갖추면 행정청이 표시한 의사의 내용에 따라(법률행위적 행정행위) 또는 법령이 정하는 바에 따라(준법률행위적 행정행위) 일정한 법적 효과를 발생시키고 당사자를 구속하는 힘을 갖는바, 이 힘을 내용상 구속력이라

---

1) Giemulla/Jaworsky/Müller-Uri, Verwaltungsrecht, Rn. 369.
2) 일설은 행정행위의 효력으로 실질적 확정력(행정행위가 확정되면 그 행정행위에서의 판단이 이후 당사자 등간의 법률관계를 규율하는 규준으로서 당사자 등은 이에 반하는 주장을 해서 판단을 다툴 수 없고 행정청 등은 이와 모순·저촉되는 판단을 할 수 없다는 효력)을 들기도 한다(김철용, 행정법(Ⅰ), 270쪽).

부른다. 단순히 구속력(Bindungswirkung)으로 부르기도 한다.[1] 내용상 구속력은 통상 행정행위의 성립·발효와 동시에 발생하고 취소나 철회가 있기까지 지속한다. 처분청도 그 행위를 취소하거나 철회하지 않는 한 행위의 내용에 구속된다. 행정행위의 발령은 일방적인 것이나, 내용상의 구속력은 쌍방적이다.

2. 내 용

내용상 구속력은 모든 행정행위에서 당연히 인정되는 실체법상의 효력이다. 그 구체적인 내용은 바로 행정행위의 내용문제이다. 명령적 행위의 경우에는 의무이행이 문제되고, 형성적 행위의 경우에는 권리·의무의 형성이 문제된다.   1411

III. 공 정 력

1. 의 의

① 우리의 일반적 견해와 판례에 따르면, 행정행위는 그것이 당연무효가 아   1412
닌 한 권한을 가진 기관(처분청·감독청·법원)[2]에 의해 취소될 때까지 행위의 상대방이나 제3자가 그 효력을 부인할 수 없는 일종의 구속력을 발생시키는바, 이러한 구속력을 공정력이라 부른다.[3] 이를 예선적 효력이라고도 한다.[4] 이러한 전통적인 견해에 따르면 공정력은 행위의 상대방은 물론 다른 행정청·법원, 그리고 제3자에게도 발생한다고 한다.[5] ② 그러나 일부의 견해에 의하면 공정력은 행위의 상대방과 이해관계인에게만 미치고, 다른 행정청이나 법원에 대해서는 공정력이 미치지 않고 다만 구성요건적 효력이 문제된다고 한다.[6] 오늘날

---

1) Detterbeck, Allgemeines Verwaltungsrecht mit Verwaltungsprozessrecht(13. Aufl.), § 10, Rn. 544.
2) 대판 1975. 5. 27, 74다347(토지구획정리사업시행자가 사실상 도로의 기타 소유자에 대하여 환지도 지정하지 아니하고 청산금도 지급하지 아니하기로 하는 처분은 하나의 공정력있는 행정처분의 성질을 지닌 것이므로 이것이 적법한 행정소송의 절차에 의하여 취소되지 아니하는 한 이 처분은 법원을 기속한다 할 것이므로 법원이 그 행정처분의 내용과는 달리 청산금이나 손실보상금을 지급하라고 명할 수 없다).
3) 대판 2013. 4. 26, 2010다79923(행정처분이 아무리 위법하다고 하여도 그 하자가 중대하고 명백하여 당연 무효라고 보아야 할 사유가 있는 경우를 제외하고는 아무도 그 하자를 이유로 무단히 그 효과를 부정하지 못한다); 대판 1991. 4. 23, 90누8756(행정행위는 공정력과 불가쟁력의 효력이 있어 설혹 행정행위에 하자가 있는 경우에도 그 하자가 중대하고 명백하여 당연무효로 보아야 할 사유가 있는 경우 이외에는 그 행정행위가 행정소송이나 다른 행정행위에 의하여 적법히 취소될 때까지는 단순히 취소할 수 있는 사유가 있는 것만으로는 누구나 그 효력을 부인할 수는 없고 법령에 의한 불복기간이 경과한 경우에는 당사자는 그 행정처분의 효력을 다툴 수 없다); 대판 1975. 5. 27, 74다347.
4) 김도창, 일반행정법론(상), 440쪽.
5) 박윤흔·정형근, 최신행정법강의(상), 108쪽.
6) 김남진·김연태, 행정법(Ⅰ), 297쪽(2019); 석종현·송동수, 일반행정법총론, 252쪽(2022).

다수설의 입장이다. 이 견해가 논리적이다. 왜냐하면 뒤에서 보는 바와 같이 공
정력은 "위법은 무효로 만든다"는 일반법원칙의 경우와 달리 행정법관계의 안
정의 확보를 목적으로 단순위법행정행위는 원칙적으로 유효한 것으로 하고 사
후적으로 이를 다툴 수 있게 하는 제도(행정쟁송제도)의 산물로 나타난 것이고,
아울러 행정쟁송의 제기는 행위의 상대방이나 이해관계자의 경우에 가능한 것
이지 다른 행정청이나 법원의 경우에 가능한 것은 아니기 때문이다. ③ 따라서
행정행위는 당연무효가 아닌 한 하자있는 것이라 하여도 권한있는 기관에 의해
취소되기까지는 행위의 상대방이나 이해관계자를 절차법적으로 구속하는 힘을
갖는바, 이러한 힘을 공정력이라 하겠다. 물론 이러한 힘이 행정쟁송제도에 의
해 취소될 수 있음은 당연하다.[1]

2. 인정 근거

(1) 실정법상 근거

1413 ㈎ **일반법으로서 행정기본법 제15조**　행정기본법은 제15조는 "처분은 권한
이 있는 기관이 취소 또는 철회하거나 기간의 경과 등으로 소멸되기 전까지는
유효한 것으로 통용된다. 다만, 무효인 처분은 처음부터 그 효력이 발생하지 아
니한다"라고 하고 있다. 무효가 아닌 행위에는 적법한 행위와 단순 위법행위(취
소의 대상이 되는 행위)가 있다. 적법한 행위가 유효한 것으로 통용되는 것은 당연
한 것이므로, 행정기본법 제15조는 단순 위법행위가 공정력을 갖는다는 것에
특별한 의미를 둔 것으로 볼 것이다. 행정기본법은 제15조는 공정력에 관한 일

---

1) 일설은 공정력과 구성요건적 효력의 구별이 다만 공정력이 미치는 주관적 범위의 차이에 초점
   을 둔 개념으로 오해하고 있는 듯하다(김동희, 행정법(Ⅰ), 338쪽(2019); 박윤흔·정형근, 최신
   행정법강의(상), 109쪽). 공정력과 구성요건적 효력의 구별은 오로지 구속력의 주관적 범위(공
   정력은 상대방과 이해관계자에게 미치고, 구성요건적 효력은 관계행정청과 법원에 미친다)의
   차이에 중점이 놓이는 것은 아니다. 오히려 그것은 인정논거(공정력은 법적안정성과 쟁송제기
   가능성에 관련하는 개념이고, 구성요건적 효력은 기관상호간의 권한존중과 권한불가침 및 헌
   법상 권력분립원리에 관련하는 개념이다. 처분청을 상대로 쟁송제기가 불가능한 관계행정청에
   대해서는 공정력의 개념이 의미를 갖지 못한다)를 달리하기 때문에 구별되어야 한다. 양자는
   인정논거, 구속력의 주관적 범위 외에 구속력의 내용(공정력은 절차적인 구속력이지만, 구성요
   건적 효력은 내용상의 구속력이다)도 달리한다(동지, 박균성, 행정법론(상), 144쪽(2019)).
   공정력과 구성요건적 효력의 차이를 도해하면 다음과 같다.

	공정력	구성요건적 효력
구속력의 성질	절차상 구속력	내용상 구속력
인정근거	법적 안정설(행정정책설·국가 권위설)	기관상호간의 권한존중의 사고와 권력분립의 원리
효력의 인적 범위	상대방과 이해관계 있는 제3자	다른 행정청과 법원

반규정(일반법)이다.

(내) **간접규정**　　위법한 행정처분의 취소에 관해 규정하는 행정심판법(제5조 1414
제1호·제13조)·행정소송법(제12조·제35조·제36조)의 규정, 처분의 집행부정지원칙
(행소법 제23조 제1항), 직권취소제도 등은 공정력이 인정됨을 전제로 하는 규정으
로 이해될 수 있다. 다만 집행부정지원칙은 각국의 입법정책에 따라 인정여부가
결정되는 것이므로 행정행위의 공정력과 관계없다는 견해도[1] 있다.

(2) **이론적 근거**　　행정기본법이 제정되기 전 학설상 공정력을 인정하여야 1415
하는 근거로 자기확인설, 적법성·유효성추정설, 취소소송의 배타적 관할의 반
사적 효과설, 국가권위설, 법적 안정설(행정정책설) 등이 주장되었다.

(개) **자기확인설**(판결유사설)　　"행정청이 자기의 일반적인 권한내에서 행정 1416
행위를 발하면, 행정청은 그와 동시에 그 행위의 효력에 대한 특별한 전제요건
이 있음을 확인하는 것이다. 이러한 자기확인과 이로 인한 행정행위의 효력은
다만 상급기관에 의해서만 극복될 수 있다"는 Otto Mayer의 주장이 바로 자기
확인설이다.[2] 말하자면 행정청이 자기의 권한의 범위내에서 행정행위를 발하
면 그것은 동시에 그 행위의 효력이 있음을 스스로 확인하는 것이고, 따라서 상
대방은 그 행정행위에 구속된다는 것이다. 자기확인설은 행정청의 유권적 입장을
재판과 동질적인 것(판결에 상응하는 강력한 통용력을 갖는 것)으로 보는 논리로 이해되
고 있다.[3]

자기확인설에 대해서는 ① 자신(행정청)이 발한 의사의 효력을 스스로 확인 1417
한다는 것은 관료적이며 권위주의적인 논리라는 점, ② 행정권의 의사를 판결과
동질시한다는 것은 오늘날의 헌법체계에는 어울리지 않는다는 점 등의 지적이
가능하다.

(내) **적법성·유효성추정설**　　이 견해는 법적 공동체로서 국가의 행위는 적법 1418
성이나 유효성이 추정된다는 Walter Jellinek의 입장이다.[4] 그러나 유효성추정
의 논리에 대해서는 "(공정력은) 입증책임의 문제도 의제의 문제도 아니며, 오히
려 위법한 행정행위도 다만 특별한 전제요건하에서만 무효임을 뜻하는 실체법
상의 명제이므로, 유효성추정은 부인되어야 한다"는 비판이 가해지기도 한다.[5]
적법성(유효성)추정의 논리는 국가권위적·국가우월적인 사고의 소산이라는 지적

---

1) 류지태·박종수, 행정법신론, 218쪽(2019).
2) O. Mayer, Deutsches Verwaltungsrecht Ⅰ, S. 95.
3) 강구철, 강의행정법(상), 404쪽.
4) W. Jellinek, Verwaltungsrecht, S. 262.
5) Wolff/Bachof, Verwaltungsrecht Ⅰ(9. Aufl.), S. 414.

도 가능할 것이다. 그러나 일설은 적법성·유효성추정설을 후술하는 국가권위설 내지 법적 안정설과 동일하게 이해하기도 한다.[1]

1419　　　㈐ **취소소송의 배타적 관할의 반사적 효과설**　　　일설은 행정소송법이 행정행위에 대한 취소소송을 인정하고 있으므로, 행정행위는 취소되기까지 효력을 갖는바, 그 효력이 공정력이라는 것이다. 그리하여 공정력이란 취소소송의 배타적 관할제도에 따른 반사적 효과라고 본다. 그러나 취소소송이 인정되기 때문에 행정행위에 공정력이 인정되는 것이 아니라, 입법자가 행정행위에 공정력을 부여하였기 때문에 그 공정력을 제거하기 위한 방식으로 취소소송이 인정된다는 논리가 보다 합리적이라고 볼 때, 취소소송의 배타적 관할의 반사적 효과설은 정당하지 않다. 즉 논리순서상 오류가 있다.

1420　　　㈑ **국가권위설**　　　이 견해는 E. Forsthoff가 주장하는 바로서 "행정행위는 국가권위의 표현으로서 준수를 요구한다. 행정행위는 국가권위가 유효성을 부여하기에 효력을 갖는다. 이 때문에 법률에 적합하지 않은 행정행위에 하자가 있다고 하여도 반드시 무효인 것은 아니다. 따라서 하자있는 행정행위의 효력이 의심스러울 때는 일단 유효한 것으로 추정한다"는 입장이다.[2]

1421　　　한편 국가권위설에 대하여는 '지나친 국가권위사상의 표현,'[3] '행정권에 부당한 우월성을 인정하는 행정제도국가적 전통의 산물 내지 관권편중의 이론'[4]이라는 등의[5] 비판이 가해지기도 한다. 그러나 이러한 비판은 단순히 국가권위라는 언어의 사전적 의미에 대한 비판으로서 정당한 것이 아니다. 왜냐하면 여기서 말하는 국가의 권위는 힘의 상징 내지 국가우월의 상징이 아니라 '법적 안정성에 대한 법적 공동체의 이익(공익)'과 '보호받아야 하는 권리에 대한 개인의 이익(사익)'의 조화의 표상으로서 국가의 권위를 의미한다는 점을 유념하여야 한다.[6] 요컨대 Forsthoff교수의 국가권위설은 내실에 있어서 후술하는 법적 안정설과 맥락을 같이하는 입장으로 볼 것이다.[7]

1422　　　㈒ **법적 안정설**(행정정책설)　　　Wolff/Bachof는 "법치국가에서 위법한 행정행위가(취소의 경우에는 잠정적으로) 효력을 갖는 근거는 행정행위는 객관적인 법의

---

1) Wittern, Grundriß des Verwaltungsrechts, §8, Rn. 75.
2) Forsthoff, Lehrbuch des Verwaltungsrechts, S. 224.
3) 김동희, 행정법(Ⅰ), 331쪽(2019).
4) 강구철, 강의행정법(Ⅰ), 404쪽.
5) 김남철, 행정법 강론, 225쪽(2022).
6) Wittern, Grundriß des Verwaltungsrechts, §8, Rn. 75.
7) 일설(박균성, 행정법론(상), 146쪽(2019))은 "우리나라에서 국가권위설을 지지하는 학자는 없다"고 하는데, 이것 역시 국가권위설을 오해하고 있는 입장이라 하겠다.

해석·적용에 관한 당국의 결정으로서, 그 행위의 신뢰에 모든 사람이 법적 안정성의 이익을 갖는다는 데에 있다"라고 하여[1] 법적 안정성을 공정력의 근거로 들고 있다. 이러한 입장을 법적 안정설이라 부르는 것이다.[2] 우리의 경우 오늘날 많은 학자들은 행정법관계의 안정성, 상대방의 신뢰보호, 행정의 원활한 운영이라는 정책적 관점에서(예컨대 행정행위에 하자가 있다고 하여 시간상·방법상 아무런 제한 없이 누구나 하자를 이유로 그 효력을 부인할 수 있다고 한다면, 당해 분쟁이 종국적으로 해결될 때까지 행정은 중단·마비될 수밖에 없을 것이다) 절차법상 행정청의 결정에 잠정적인 통용력을 인정한 것이 바로 공정력이라 한다.[3] 이러한 입장을 행정정책설이라 부른다. 법적 안정성의 문제가 행정정책의 한 내용이 된다고 보면, 법적 안정설이나 행정정책설은 기본적으로 같은 내용의 견해라 할 것이다.

㈐ **예선적 특권설**   학자에 따라서는 프랑스행정법상 예선적 특권의 개념   1423
을 도입하여 예선적 특권설을 언급하기도 한다.[4] 그러나 예선적 특권(효력)의 의미가 학자들 사이에 동일하게 이해되고 있는 것으로는 보이지 않는다. ① 예선적 효력이란 행정행위가 당연무효가 아닌 이상 권한있는 기관이 행정행위의 적법·유효성을 판단하기 전까지 행정행위에 인정되는 임시적 효력(예비적 효력)이라 하고, 예선적 효력이 인정되는 근거는 앞에서 소개한 행정정책설에 있다고 하면서[5] 예선적 특권설에 대해 긍정적인 견해도 있고, ② "프랑스행정법에서는 예선적 효력을 일반적으로 행정행위가 그 권한 있는 기관의 취소전까지 누리는 적법성의 추정으로 이해하고 입증책임의 전환을 인정한다. 공정력을 이른바 '예선적 효력'으로 파악하면서 이를 적법성의 추정을 부정하는 절차법적 관점과 결부시키는 것도 반드시 타당하다고는 할 수 없다"고 하여[6] 예선적 특권설에 대해 비판적인 견해도 있다.

㈑ **사   견**   오늘날의 민주헌법국가에서는 행정권에게 선험적인 우월적인   1424
지위를 인정하는 관권중심의 사고를 인정할 수 없다는 점, 국가공동체의 원활한 운용은 장해를 받아서는 아니된다는 점, 국가공동체의 원활한 운용은 국민개개인의 법생활에 안정을 가져다 준다는 점 등을 고려할 때, 행정행위의 공정력(공정성)의 논리적인 근거로는 법적 안정설(행정정책설·국가권위설)이 타당하다고 보겠다.

---

1) Wolff/Bachof, Verwaltungsrecht Ⅰ(9. Aufl.), S. 414.
2) 김도창, 일반행정법론(상), 439쪽.
3) 박윤흔·정형근, 최신행정법강의(상), 112쪽; 윤세창·이호승, 행정법(상), 259쪽.
4) 김도창, 일반행정법론(상), 440쪽; 한견우·최진수, 현대행정법, 283쪽.
5) 한견우·최진수, 현대행정법, 284쪽.
6) 홍준형, 행정법, 209쪽(2017).

3. 한   계

1425 　① 공정력은 부당한 행위 또는 단순위법의 행정행위의 경우에 인정된다. 하자가 중대하고 명백하여 무효인 행정행위(행소법 제38조 제1항)의 경우에는 공정력이 인정되지 아니한다. 이러한 경우에는 공정력의 인정을 위한 논리적 근거가 되는 행정의 안정성에 대한 침해가 되지 않기 때문이다. 그러나 이론상으로는 절차법적 관점에서 무효가 판결로 확정되기 전까지는 누구도 무효인지 취소할 수 있는 것인지를 확인할 수 없다는 점에서(무효·취소의 구별의 상대성) 공정력은 무효인 경우에도 미친다는 견해도 있다. ② 공정력은 행정행위에서의 문제이지 사법행위나 사실행위에서의 문제는 아니다. ③ 공정력은 비권력적 공법작용에도 적용이 되지 아니한다.

4. 입증책임

1426 　과거에는 ① 공정력을 적법성의 추정으로 보아 원고측에 입증책임이 있다는 원고책임설(법률상 추정설), ② 법치행정의 원리상 행정행위의 적법성은 행정청이 담보하여야 하므로 행정청이 입증책임을 부담하여야 한다는 피고책임설이 주장되었다. 그러나 ③ 현재는 공정력과 입증책임과는 무관하고, 입증책임분배의 원리에 따른다는 입증책임무관설이 통설이다.[1] 통설이 타당하다. 공정력은 사실상의 통용력에 불과한 것이기 때문이다.

5. 선결문제

1427 　우리의 일반적 견해는 선결문제를 공정력과 관련하여 다루나 본서에서는 구성요건적 효력의 문제로 다룬다. 왜냐하면 ① 기술한 대로 공정력은 행위의 상대방이나 이해관계인에 관련된 것이지 제3의 국가기관에 관련된 개념은 아니라고 보기 때문이다. 그리고 ② 선결문제는 절차상 힘의 문제(공정력)라기보다 행정행위의 내용에 관련된 문제(구성요건적 효력)로 보는 것이 합리적이기 때문이다.

6. 공정력 개념의 의미약화(?)

1428 　일설은[2] "절차법적 의미를 가지는 공정력은 실질적 존속력(불가변력)에서 충분히 보장될 수 있다는 점에서 별도로 논할 실익이 없다"는 지적을 한다. 이러한 지적은 실질적 존속력의 의미를 넓게 보는 입장에서 이해될 수 있을 것인데, 우리의 일반적 견해는 실질적 존속력의 의미를 좁게 보고 있다(옆번호 1459를 보라).

---

1) 김남진·김연태, 행정법(Ⅰ), 297쪽(2019); 강구철, 강의행정법(Ⅰ), 407쪽.
2) 정남철, 행정구제의 기본원리(2013), 7쪽.

Ⅳ. 구성요건적 효력

1. 의   의

취소할 수 있는 행위인가를 불문하고 유효한 행정행위가 존재하는 한, 모든   1429
행정기관과 법원은 그 행위와 관련이 있는 자기들의 결정에 그 행위의 존재와
법적 효과를 인정해야 하고, 아울러 그 내용에 구속되는데, 행정행위가 갖는 이
와 같은 구속력을 구성요건적 효력 또는 구성요건효라 부른다.[1] 말하자면 그것
은 특정한 행정행위의 존재와 그 규율내용은 그 행위와 관련있는 행정기관이나
법원의 다른 결정에 구성요건요소가 됨을 의미한다. 구성요건적 효력은 행정행
위를 스스로 폐지할 수 없는 다른 행정청과 법원에 관련된 개념이다.

2. 성   질

구성요건적 효력도 행정행위의 내용과 관련된 효력의 일종이다.[2] 다만 앞   1430
서 본 내용적 구속력이 당해 행위 그 자체의 내용상의 문제인 데 반해, 구성요
건적 효력은 당해행위와 다른 행위와의 관계에서 당해 행위가 다른 행위의 구성
요건요소가 되는 경우의 효력을 의미한다. 구성요건효력은 처분청뿐만 아니라
다른 행정청·법원과 관련하여 의미를 갖는다.[3] ① 처분청의 경우로, 단계적으
로 진행하는 절차에서 선행처분이 후행처분의 구성요건이 되는 경우에 처분청이
사후의 절차에서 선행처분을 준수하지 아니한다면, 그것은 상대방의 신뢰를 침
해하는 것으로서 행정의 자기구속에 반하는 것이 된다. ② 다른 행정청의 경우
로, 법무부장관이 A에게 귀화를 허가(특허)하였다면, 기획재정부장관은 귀화허가
에 (무효원인 아닌) 하자가 있다는 것만을 이유로 A가 한국인이 아니어서 광업권
허가신청권자의 자격이 없다고 할 수는 없다. ③ 법원의 경우로 앞의 사례에서
광업권허가신청이 거부되고, A에 의해 거부처분취소소송이 제기되면, 법원은 기
존의 귀화허가행위의 (무효원인 아닌) 하자를 이유로 청구를 기각할 수는 없다. 한
편 법원에 대한 구성요건효의 한계문제로서 민사 및 형사사건과 관련하여 선결
문제에 대한 검토를 요한다. 이에 관해서는 항을 바꾸어 뒤에서 보기로 한다.

3. 근   거

다른 행정청에 구성요건효가 미치는 것은 각 행정기관의 권한 내지 관할은   1431

---

1) Wittern, Grundriß des Verwaltungsrechts, §8, Rn. 5a; Maurer, Allgemeines Verwaltungs-
   recht, §11, Rn. 8.
2) Ruffert, in : Erichsen(Hrsg.), Allgemeines Verwaltungsrecht, §21, Rn. 17.
3) Ruffert, in : Erichsen(Hrsg.), Allgemeines Verwaltungsrecht, §21, Rn. 18f.

상이하나 전체로서 통일적인 행정은 불가피하고, 또한 기관상호간의 권한존중
과 권한의 불가침이 요구되기 때문이다. 또한 법원에 구성요건효가 미치는 것은
헌법상의 권력분립원리에서 나온다.[1] 즉 행정행위의 존재와 내용을 법원이 존
중하는 것이 권력분립원리에 합당한 것이기 때문이다. 그러나 헌법에 근거하여
법원은 권력통제기능(재판)도 갖는바, 재판의 직접적인 대상이 되는 범위안에서
행정행위는 법원에 대해 구성요건효를 갖지 못한다. 한편 무효인 행위의 경우에
는 구성요건효가 인정되지 아니한다.

4. 선결문제

1432   선결문제란 특정사건(A사건)에 대한 재판의 본안을 판단하기 위해서는 본
안판단에 앞서서 특정한 행정행위(B행위)의 효력유무·존재여부 또는 위법여부
가 먼저 해결(선결)되어야 하는 경우도 있다. 여기서 본안에 앞서서 먼저 해결
되어야 하는 특정한 행정행위(B행위)의 효력유무·존재여부 또는 위법여부의 문
제를 선결문제라 한다. '특정사건(A사건)'이란 민사사건 및 형사사건을 의미하며
행정사건의 경우는 문제되지 않는다. 그것은 원래 행정법원의 관할사항이기 때
문이다.

1433
〈선결문제의 유형〉

구 분	선결문제유형	본안의 예(판례)	선결문제의 내용
민사사건	처분의 무효·유효	부당이득반환청구	과세처분의 무효여부
	처분의 위법·적법	국가배상청구	허가취소처분의 위법여부
형사사건	처분의 무효·유효	무면허운전자 처벌	면허증의 무효여부
	처분의 위법·적법	시정명령위반 처벌	시정명령의 위법여부

1434   ▌**참고**▌   위의 표에서 민사사건의 예로 공법상 부당이득반환청구와 국가배상
청구를 든 것은 판례의 입장에 따른 것이다. 학설의 입장에 따라 공법상 부당이득
반환청구와 국가배상청구를 행정사건으로 보아도 선결문제의 논리는 민사사건으로
보는 경우와 그 논리가 동일하다. 말하자면 행정법원에 처분등의 무효를 이유로 부
당이득반환청구소송이 제기된 경우, 행정법원은 선결문제의 유효·무효 여부를 판
단할 수 있다. 그러나 무효에 이르지 아니한 위법한 처분(취소할 수 있는 행위)을 직
권으로 취소하고 부당이득의 반환을 명할 수 없다. 왜냐하면 당사자의 다툼이 없음

---

1) Ruffert, in : Erichsen(Hrsg.), Allgemeines Verwaltungsrecht, §21, Rn. 22.

에도 불구하고 법원이 직권으로 무효에 이르지 아니한 위법한 처분(취소할 수 있는 행위)을 취소할 수는 없기 때문이다. 원고가 무효에 이르지 아니한 위법한 처분(취소할 수 있는 행위)을 사유로 부당이득반환을 구하려고 하면, 원고는 취소소송과 아울러 부당이득반환청구소송을 병합하여 제기하면 된다. 참고로, 부당이득반환청구는 법률상 원인 없는 이익의 반환을 청구하는 것이고, 무효에 이르지 아니한 위법한 처분(취소할 수 있는 행위)으로 인한 이득은 그 처분이 취소되지 아니하는 한 부당이득은 아니다. 행정법원에 처분등의 위법을 이유로 국가배상청구소송이 제기된 경우, 행정법원은 선결문제의 위법 여부를 판단할 수 있다.

(1) **행정소송법 제11조**   선결문제를 규정하는 행정소송법 제11조(처분등의   1435 효력 유무 또는 존재 여부가 민사소송의 선결문제로 되어 당해 민사소송의 수소법원이 이를 심리·판단하는 경우에는 제17조(행정청의 소송참가), 제25조(행정심판기록의 제출명령), 제26조(직권심리) 및 제33조(소송비용에 관한 재판의 효력)의 규정을 준용한다)는 선결문제의 일부에 관해서만 규정하고 있는바, 나머지 사항에 대해서는 학설과 판례에서 해결하여야 한다.

(2) **민사사건의 경우**   행정행위가 민사사건의 선결문제로 되는 경우도 효력의 유무가 문제되는 경우와 위법여부가 문제되는 경우가 있는바, 두 가지로 나누어 볼 수 있다.

(카) **행정행위의 효력유무가 선결문제인 경우**   ① 이러한 경우에는 선결문제   1436 (선행처분)가 당연무효이면 민사법원이 직접 무효를 판단할 수 있다는 것이 판례[1]와 학설[2] 및 실정법(행소법 제11조 제1항)의 입장이다(예 : 과세처분의 무효를 이유로 이미 납부한 세금의 반환을 받기 위해 부당이득반환청구소송을 제기한 경우, 수소법원은 과세처분의 무효를 판단할 수 있다). 왜냐하면 무효인 행정행위는 구성요건적 효력이 없기 때문이다. 행정소송법 제11조 제1항은 "처분등의 효력유무 또는 존재여부가 민사소송의 선결문제로 되어 당해 민사소송의 수소법원이 이를 심리·판단하는 경우에는 제17조, 제25조, 제26조 및 제33조의 규정을 준용한다"고 하여 처분등의 효력유무·존재여부가 선결문제로 된 민사소송절차에서 민사법원은 행정청을 소송에 참가시킬 수 있고(행소법 제17조), 행정심판기록의 제출을 명령(행소법 제25조)할 수 있고, 직권심리의 범위가 확장(행소법 제26조)되고, 소송비용에

---

1) 대판 2010. 4. 8, 2009다90092(민사소송에 있어서 어느 행정처분의 당연무효여부가 선결문제로 되는 때에는 이를 판단하여 당연무효임을 전제로 판결할 수 있고 반드시 행정소송 등의 절차에 의하여 그 취소나 무효확인을 받아야 하는 것이 아니다); 대판 1971. 5. 24, 71다744(본건 갑종 근로소득세 부과처분은 무효인 만큼 위 부과처분의 무효여부가 민사소송상 선결문제로 된 때에는 민사소송에서 판단할 수 있다).
2) 김동희, 행정법(Ⅰ), 334쪽(2019); 박윤흔·정형근, 최신행정법강의(상), 114쪽.

관한 재판의 효력이 참가행정청이 속한 국가나 공공단체에 영향을 미친다(행소법 제33조)고 규정한다. 이는 처분등의 효력유무와 존재여부를 민사법원이 선결문제로서 심리·판단하는 경우, 당해소송을 '항고소송적 취급' 또는 '항고소송에 준하는 처리'를 하겠다는 취지이다.[1] 그러나 ② 행정행위의 하자가 취소사유인 단순위법인 경우, 선결문제로서 행정행위의 효력을 부정하는 것이 본안사건과 관련하여 제기된다면 민사법원은 당해 행정행위의 구성요건적 효력으로 인해 그 행정행위의 효력을 부인할 수 없다.[2]

1437   (4) 행정행위의 위법여부가 선결문제인 경우   행정행위의 위법여부가 선결문제(예 : A시장이 위법하게 B의 영업허가를 취소하여 B에게 손해가 생겼으므로, 사인인 B가 그 행위의 위법을 이유로 손해배상을 청구하는 경우에 위법여부에 대한 판단문제)인 경우, 민사법원이 선결문제인 행정행위의 위법여부를 판단할 수 있는가에 관해 견해는 나뉘고 있다.

1438   1) 적 극 설   적극설은 공정력(저자의 입장에 따른다면 구성요건적 효력)이 법적 안정성의 관점에서 인정된 절차적 통용력이며 처분의 적법·위법여부와는 관계없다는 점과 행정소송법 제11조는 선결문제심판권에 대한 예시적 규정에 불과하다는 점을 논거로 하여 민사법원이 선결문제를 심리할 수 있다고 한다. 적극설에 따른다고 하여도 민사법원이 선결문제인 행정행위의 존부나 내용을 심리하는 것은 아니다.[3]

1439   2) 소 극 설   소극설은 공정력(저자의 입장에 따른다면 구성요건적 효력)이 행정행위의 적법성의 추정을 의미한다는 인식과 행정사건의 심판권은 행정법원이 배타적으로 관할한다는 점, 그리고 행정소송법 제11조 제1항은 민사법원에 대하여 처분등의 효력의 유무 또는 존재 여부만을 선결문제심판권으로 규정한다는 점을 논거로 한다.[4]

1440   3) 판   례   판례는 다수 견해인 적극설의 입장을 취하고 있다.[5]

---

1) 최광율, 주석행정소송법, 319쪽.
2) 대판 2001. 1. 16, 98다58511(수용재결이 있은 후에 수용 대상 토지에 숨은 하자가 발견되는 때에는 불복기간이 경과되지 아니한 경우라면 공평의 견지에서 기업자는 그 하자를 이유로 재결에 대한 이의를 거쳐 손실보상금의 감액을 내세워 행정소송을 제기할 수 있다고 보는 것이 상당하나, 이러한 불복절차를 취하지 않음으로써 그 재결에 대하여 더 이상 다툴 수 없게 된 경우에는 기업자는 그 재결이 당연무효이거나 취소되지 않는 한 재결에서 정한 손실보상금의 산정에 있어서 위 하자가 반영되지 않았다는 이유로 민사소송절차로 토지소유자에게 부당이득의 반환을 구할 수는 없다).
3) 김동희, 행정법(Ⅰ) 334쪽(2019); 박윤흔·정형근, 최신행정법강의(상), 116쪽; 변재옥, 행정법강의(Ⅰ), 329쪽; 강구철, 강의행정법(Ⅰ), 409쪽.
4) 이상규, 신행정법론(상), 408쪽.
5) 대판 1972. 4. 28, 72다337(위법한 행정대집행이 완료되면 그 처분의 무효확인 또는 취소를 구

　　4) 사　　　견　　　적극설의 논지가 보다 합리적이고 타당하다.　　　　1441

　　⑶ 형사사건의 경우　　　행정행위가 형사사건의 선결문제로 되는 경우도 효　　1442
력이 문제되는 경우와 위법여부가 문제되는 경우가 있는바, 두 가지로 나누어
볼 수 있다.

　　㈎ 행정행위의 효력유무가 선결문제인 경우　　　① 예컨대 위법사유있는 운전면　　1443
허를 가진 자의 운전이 무면허운전에 관한 처벌법규의 적용을 받을 것인가의
경우가 이에 해당한다. 운전면허가 무효인 경우에는 형사법원이 판단할 수 있
다.[1] 그러나 단순위법의 경우에는 구성요건효 때문에 형사법원은 그 운전면허
의 효력 내지 운전면허의 존재를 부인할 수 없다.[2] ② 형사소송에서는 피고인
의 인권보장과 신속한 재판을 받을 권리의 보장이라는 특수성이 고려되어야 한
다는 점에서 형사재판에는 공정력이 미치지 않는다는 견해도 있다.[3]

　　㈏ 행정행위의 위법여부가 선결문제인 경우　　　예컨대 식품위생법상 식품접객　　1444
업자에게 가해진 영업행위에 관한 제한의 위반을 이유로 기소된 경우, 형사법원
은 그 제한이 위법한지 적법한지를 독자적으로 판단할 수 있는가의 경우가 이
에 해당한다.

　　1) 적 극 설　　　적극설은 공정력(구성요건적 효력)은 적법성추정이 아니라　　1445
법적 안정성 때문에 인정되는 통용력에 불과하며 구성요건적 효력은 권력분립
의 원리상 인정되는 효력이므로 당해 처분의 위법·적법과는 무관하며, 행정소
송법 제11조 제1항은 선결문제심판권에 대한 예시적 규정에 불과하며, 형사법
원이 위법성을 확인해도 행정행위의 효력을 부정하는 것이 아니므로 구성요건
적 효력(공정력)에 저촉되지 않으며, 쟁송기간을 놓쳐 취소소송의 기회를 상실한
국민에게도 형사소송 단계에서 다시 이를 다툴 수 있는 기회를 부여함으로써

　　할 소의 이익은 없다 하더라도, 미리 그 행정처분의 취소판결이 있어야만, 그 행정처분의 위법
　　임을 이유로 한 손해배상청구를 할 수 있는 것은 아니다); 대판 1975. 5. 27, 74다347.
1) 대판 2011. 11. 10, 2011도11109(시흥소방서의 담당 소방공무원이 피고인에게 행정처분인 위
　　시정보완명령을 구두로 고지한 것은 행정소송법 제24조에 위반한 것으로 그 하자가 중대하고
　　명백하여 위 시정보완명령은 당연 무효라고 할 것이고, 무효인 위 시정보완명령에 따른 피고인
　　의 의무위반이 생기지 아니하는 이상 피고인에게 위 시정보완명령에 위반하였음을 이유로 같
　　은 법 제48조의2 제1호에 따른 행정형벌을 부과할 수 없다); 대판 1971. 5. 31, 71도742(과세대
　　상과 납세의무자 확정이 잘못되어 당연무효한 과세에 대하여는 체납이 문제될 여지가 없으므
　　로 체납범이 성립하지 않는다); 박윤흔·정형근, 최신행정법강의(상), 116쪽.
2) 김남진·김연태, 행정법(Ⅰ), 302쪽(2019); 대판 1982. 6. 8, 80도2646(연령미달의 결격자인 피고
　　인이 소외인의 이름으로 운전면허시험에 응시, 합격하여 교부받은 운전면허는 당연무효가 아
　　니고 (구)도로교통법 제65조 제3호(현 도로교통법 제70조 제1항 제1호)의 사유에 해당함에 불
　　과하여 취소되지 않는 한 유효하므로 피고인의 운전행위는 무면허 운전에 해당하지 아니한다).
3) 박균성, 행정법론(상), 153쪽(2019).

방어권 보장에 만전을 기할 수 있으며, 행정소송을 관할하는 행정법원이 따로 존재하지만 대법원 산하 전문기관이므로 행정소송·민사소송·형사소송은 모두 대법원에 귀일되어 재판권간의 대립·갈등이 문제되지 않음을 논거로 한다.[1]

1446   2) 소 극 설   소극설은 공정력은 적법성의 추정이므로 행정행위가 취소되지 않는 한 공정력(구성요건적 효력)으로 인해 다른 국가기관은 구속되며, 행정소송법 제11조 제1항은 민사법원에 대한 처분의 효력여부 또는 존재여부만을 선결문제심판권으로 규정한다고 제한적으로 해석되며, 행정사건의 심판권은 행정법원이 배타적 관할함으로 인해 형사법원은 행정행위의 위법성에 대한 판단권이 없음을 논거로 한다.[2]

1447   3) 판   례   판례는 다수 견해인 적극설의 입장을 취하고 있다.[3]

1448   4) 사   견   적극설의 논지가 합리적이고 타당하다.

V. 존 속 력

1449   행정행위는 확정판결과 달리 영속적·종국적으로 관계당사자를 구속하는 것은 아니다. 그러나 행정행위가 발해지면 그 행위를 근거로 하여 많은 법률관계가 형성되기도 하는바, 그 행정행위의 자유로운 취소·변경은 결코 바람직한 것이 아니다. 이 때문에 일단 발해진 행정행위를 존속시키기 위한 제도로서 존속력의 문제가 나타난다. 존속력은 다시 형식적 존속력과 실질적 존속력의 두 가지로 구분된다. 한편 행정행위가 갖는 구속력도 판결이 갖는 구속력과 유사하

---

1) 박정훈, 행정법의 체계와 방법론, 352쪽; 김남진·김연태, 행정법(Ⅰ), 302쪽(2019); 변재옥, 행정법강의(Ⅰ), 330쪽.

2) 이상규, 신행정법론(상), 409쪽.

3) 대판 2017. 10. 31, 2017도9582(원심이 피고인이 이 사건 폐기물처리시설에 관한 허가·승인 또는 신고에 따른 권리·의무를 승계하지 않는다고 보고 피고인에 대한 시정명령은 의무 없는 자에게 내려진 행정처분으로서 이에 응하지 않더라도 죄가 되지 않는다고 판단하여 피고인에 대하여 무죄를 선고한 제1심판결을 그대로 유지한 조치는 정당하다); 대판 2017. 9. 21, 2017도7321(개발제한구역의 지정 및 관리에 관한 특별조치법(이하 '개발제한구역법'이라 한다) 제30조 제1항에 의하여 행정청으로부터 시정명령을 받은 자가 이를 위반한 경우, 그로 인하여 개발제한구역법 제32조 제2호에 정한 처벌을 하기 위하여는 시정명령이 적법한 것이라야 하고, 시정명령이 당연무효가 아니더라도 위법한 것으로 인정되는 한 개발제한구역법 제32조 제2호 위반죄가 성립될 수 없다); 대판 2009. 6. 25, 2006도824(행정청으로부터 구 주택법 제91조에 의한 시정명령을 받고도 이를 위반하였다는 이유로 위 법 제98조 제11호에 의한 처벌을 하기 위해서는 그 시정명령이 적법한 것이어야 하고, 그 시정명령이 위법하다고 인정되는 한 위 법 제98조 제11호 위반죄는 성립하지 않는다); 대판 2004. 5. 14, 2001도2841(구 도시계획법에 정한 처분이나 조치명령을 받은 자가 이에 위반한 경우 이로 인하여 동법 제92조에 정한 처벌을 하기 위하여는 그 처분이나 조치명령이 적법한 것이라야 하고, 그 처분이 당연무효가 아니라 하더라도 그것이 위법한 처분으로 인정되는 한 동법 제92조 위반죄가 성립될 수 없다고 할 것이다).

다는 생각에서 존속력은 확정력(Rechtskraft)이라는 용어로 표현되어 왔다. 그러나 양자간에는 분명한 차이가 존재하므로 존속력이라는 용어를 사용함이 바람직하다고 본다.[1]

1. 형식적 존속력(불가쟁력)

(1) 의　　의　　법적 구제수단의 포기, 쟁송기간의 도과, 판결을 통한 행정행위의 확정 등의 사유가 존재하면, 행정행위의 상대방 등이 더 이상 그 행정행위의 효력을 다툴 수 없게 되는바, 행정행위가 갖는 이러한 효력을 형식적 존속력(Formelle Bestandskraft)·불가쟁력(Unanfechtbarkeit)이라 한다. [1450]

(2) 성　　질　　형식적 존속력이 생긴 행정행위에 대한 행정쟁송은 부적법한 것으로 각하된다. 무효의 행정행위에 대해서는 형식적 존속력이 문제되지 아니한다. 형식적 존속력은 더 이상 법적 분쟁을 허용치 않음으로써 법적 평화(Rechtsfrieden)를 확보하려는 점에 의미를 갖는다. 불가쟁력이 생긴 행위라 할지라도 그 행위의 위법이 확인되면 국가배상법에 따른 배상청구는 가능하다. [1451]

(3) 효　　과　　취소할 수 있는 행위에 불가쟁력이 발생하면, 그 행위를 선행행위로 하는 후행행위에 하자가 승계되는지의 여부가 문제된다. [1452]

(4) **직권취소와 철회, 재심사의 신청**　　행정행위가 형식적 존속력(불가쟁력)을 발생한 후일지라도 ① 상대방은 행정기본법 제37조가 정하는 바에 따라 행정청에 처분의 재심사를 신청할 수 있다.[2] ② 행정청은 그 행정행위가 위법하다면 행정기본법 제18조가 정하는 바에 따라 행정행위를 취소할 수 있고,[3] 적법하다면, 행정청은 행정기본법 제19조가 정하는 바에 따라 그 행정행위를 철회할 수 있다.[4] [1453]

(5) **법률관계내용의 확정여부**　　행정처분이나 행정심판의 재결이 불복기간의 경과로 인하여 확정될 경우, 확정력은 처분으로 인하여 법률상 이익을 침해받은 자가 처분이나 재결의 효력을 더 이상 다툴 수 없다는 의미일 뿐 판결에 있어서와 같은 기판력이 인정되는 것은 아니어서 처분의 기초가 된 사실관계나 법률적 판단이 확정되고 당사자들이나 법원이 이에 기속되어 모순되는 주장이나 판단을 할 수 없게 되는 것은 아니다.[5] [1454]

---

1) 박윤흔·정형근, 최신행정법강의(상), 119쪽; 석종현·송동수, 일반행정법(상), 285쪽.
2) 이에 관해 본서, 옆번호 3510 이하를 보라.
3) 이에 관해 본서, 옆번호 1577 이하를 보라.
4) 이에 관해 본서, 옆번호 1615 이하를 보라.
5) 대판 2019. 10. 17, 2018두104(행정처분이 불복기간의 경과로 인하여 확정될 경우 그 확정력은, 처분으로 인하여 법률상 이익을 침해받은 자가 해당 처분이나 재결의 효력을 더 이상 다툴 수 없다는 의미일 뿐, 더 나아가 판결에 있어서와 같은 기판력이 인정되는 것은 아니어서 그 처분의 기초가 된 사실관계나 법률적 판단이 확정되고 당사자들이나 법원이 이에 기속되어 모순되

1455 　　(6) **불가쟁력과 국가배상청구** 　　위법한 과세처분이 불가쟁력을 발생한 후에 처분의 상대방인 납세자가 정당한 세액을 초과한 금액을 국가배상청구소송을 통해 배상을 받을 수 있을 것인가에 관해 견해가 나뉜다.

1456 　　(가) 학　　설 　　① 적극설은 처분의 효력을 다투는 취소소송과 피해의 배상을 구하는 국가배상은 그 제도의 취지를 달리하므로 취소판결이 없이도 국가배상을 청구할 수 있다는 입장이다. ② 소극설은 국가배상을 인정하면 불가쟁력이 발생한 처분에 대한 취소소송을 인정하는 효과가 나타날 수 있으므로 적극설에 문제가 있다는 입장이다.

1457 　　(나) 판　　례 　　판례는 적극설을 취한다.[1]

1458 　　(다) 사　　견 　　적극설의 논리가 타당하다. 사실 위법한 과세처분과 관련하여 정당한 세액을 벗어나는 부분에 대하여 배상을 구하는 것은 정의에 부합하는 것이지 결코 정의에 반하는 것이 아니다.

2. 실질적 존속력(불가변력)

1459 　　(1) 의　　의 　　① 행정의 법률적합성의 원칙상 행정행위에 원시적인 흠이나 후발적 사유가 있으면, 이를 취소 또는 변경하는 것이 원칙이다. 그러나 일부의 행정행위는 처분청도 당해 행위에 구속되어 직권으로 취소·변경할 수 없다. 행정행위가 갖는 이러한 힘을 실질적 존속력(Materielle Bestandskraft)·불가변력(Unabänderlichkeit)이라 한다. 이러한 의미의 불가변력을 협의의 불가변력이라 부르기도 한다. 한편, ② 행정행위의 폐지·변경에는 특별한 제한이 따른다는 의미에서 나타나는 구속력을 광의의 불가변력이라 부른다. 광의의 불가변력은 행정행위의 취소·철회의 제한원리와 관련한다. ③ 우리의 경우, 일반적인 견해는 불가변력을 협의로 이해하는 것으로 보인다. 판례도 불가변력을 협의로 이해하고 있다.[2] 이하에서는 불가변력을 협의의 의미로 사용하기로 한다.

　　는 주장이나 판단을 할 수 없게 되는 것은 아니다).

　1) 대판 1991. 1. 25, 87다카2569(세무서장이 한국감정원의 상속재산 가액감정결과가 잘못된 것임을 알았거나 알 수 있었다면 세무서장 등 담당공무원들이 그 직무를 집행함에 당하여 고의 또는 과실로 부실감정에 기초한 상속재산 평가액에 따라 상속세 납세고지처분을 함으로써 손해를 가한 것이 되므로 정당한 감정결과를 기초로 계산되는 세금을 초과하는 차액 상당의 금액을 배상하여야 한다); 대판 1979. 4. 10, 79다262(물품세 과세대상이 아닌 것을 세무공무원이 직무상 과실로 과세대상으로 오인하여 과세처분을 함으로 인하여 손해가 발생된 경우에는, 동 과세처분이 취소되지 아니하였다 하더라도, 국가는 이로 인한 손해를 배상할 책임이 있다).

　2) 대판 1974. 12. 10, 73누129(국민의 권리와 이익을 옹호하고 법적안정을 도모하기 위하여 특정한 행위에 대하여는 행정청이라 하여도 이것을 자유로이 취소,변경 및 철회할 수 없다는 행정행위의 불가변력은 당해 행정행위에 대하여서만 인정되는 것이고, 동종의 행정행위라 하더라도 그 대상을 달리할 때에는 이를 인정할 수 없다).

(2) **성 질** 판결이 형식적 확정력을 갖게 되면 그 판결은 후행재판절차 1460
에서 내용상 구속력을 갖게 되어 후행법원도 그 행위를 변경할 수 없는 힘이 생
긴다. 이 힘을 쟁송법상 실질적 확정력이라 부른다. 판결이 갖는 이러한 실질적
확정력은 절차상의 표준성을 의미한다. 한편 행정행위에는 이러한 의미의 실질
적 확정력 내지 표준성은 없다. 왜냐하면 법치행정의 원리(특히 취소의 경우와 관련
하여) 내지 합리적인 행정(특히 철회의 경우와 관련하여)의 필요상 행정행위의 변경
가능성은 시인될 수밖에 없기 때문이다. 그러나 법적 안정성의 견지에서 일부의
행정행위에는 판결의 실질적 확정력에 유사한 효력을 시인해야 하는 경우도 있
다. 그런데 이러한 효력의 성질은 판결의 실질적 확정력과는 다르기 때문에 실
질적 존속력이라 부르는 것이다. 요컨대 실질적 존속력은 행정행위의 취소·변
경을 허용하지 않음으로써 법적 안정성(Rechtssicherheit)을 도모하고자 하는 데
그 의미를 갖는다.

(3) **실질적 존속력 발생행위** 실질적 존속력은 모든 행정행위에 공통하는 1461
효력이 아니고 예외적으로 특별한 경우에만 인정된다.[1]

(가) **준사법적 행위** 행정심판의 재결같은 준사법적 행위에 실질적 존속력 1462
이 발생한다는 점에 이론이 없다.

(나) **취소권이 제한되는 경우** 일부 견해는 취소권이 제한되는 경우를 불가 1463
변력(실질적 존속력)이 발생하는 경우로 보기도 하나,[2] 일부 견해는 신뢰보호와
관련하여 취소권이 제한되는 경우를 실질적 존속력이 발생하는 경우와 구분하
여 달리 다루기도 한다.[3] 생각건대 실질적 존속력의 유무는 개개 행정행위의
성질과 관련하여 판단될 문제이므로 후자의 입장이 타당하다고 본다. 양자 모두
법적 안정성을 위한 것임은 물론이다.

(다) **법률의 규정이 있는 경우** 법률이 일정한 행위에 대해 확정판결(토상법 1464
제86조 제1항)과 같은 효력을 부여하는 경우에는 실질적 존속력을 능가하는 실질

---

1) 대판 1974. 12. 10, 73누129. 한편, 우리의 경우에 실질적 존속력은 일정한 행정행위에만 인정되
  는 예외적인 것으로 이해한다. 그러나 독일의 일반적인 견해는 형식적 존속력이 발생하면 동시
  에 실질적 존속력이 발생하는 것으로 이해한다. 그리고, 실질적 존속력을 '발령청과 관계자가
  그 규율에 내용상 구속된다'는 의미와 '발령청을 포함하여 어떠한 행정청도 그 행정행위를 변
  경할 수도 없고 또한 그것과 다른 새로운 결정을 할 수도 없다'는 의미로 이해하고, 아울러 '행
  정행위의 폐지·변경은 다만 특별한 법률 또는 특별한 원리에 따라서만 가능하다'고 새긴다
  (Battis, Allgemeines Verwaltungsrecht, S. 174f.; Maurer, Allgemeines Verwaltungsrecht, § 11,
  Rn. 6ff.; Püttner, Allgemeines Verwaltungsrecht, S. 108f.; Wallerath, Allgemeines Verwal-
  tungsrecht, S. 223).
2) 이상규, 신행정법론(상), 411쪽.
3) 김남진·김연태, 행정법(Ⅰ), 306쪽(2019).

적 확정력을 발생한다. 엄밀한 의미에서 이러한 효력은 행정행위에 내재하는 효력이라기보다 법률이 인정하는 효력이라 볼 것이다.

1465 ㈐ **공공복리** 일부 견해는 공공복리의 요청이 중대한 행위(예 : 사정판결이 예상되는 경우)의 경우에 실질적 존속력을 인정한다.[1] 학자에 따라서는 이 경우를 취소권제한의 문제로 본다.[2] 생각건대 실질적 존속력의 유무는 개개 행정행위의 성질과 관련하여 판단될 문제이므로 후자의 입장이 타당하다고 본다.

1466 ㈑ **무효행위와 실질적 존속력** 실질적 존속력은 무효인 행정행위의 경우에는 문제되지 아니한다. 개념상 실질적 존속력은 행정행위의 유효를 전제로 하는 것이기 때문이다.

1467 ⑷ **위반의 효과** 실질적 존속력이 있는 행정행위를 취소하거나 철회하면 그것은 위법한 것이 된다. 그 하자가 중대하고 명백하다면 취소나 철회는 무효가 될 것이다.

1467a ⑸ **쟁송취소, 재심사의 신청** 행정행위가 실질적 존속력(불가변력)을 발생한 경우라도 ① 상대방은 행정심판법 제36조가 정하는 이의신청이나 제37조가 정하는 처분의 재심사의 신청을 할 수 있고, 행정심판법이 정하는 행정심판과 행정소송법이 정하는 항고소송을 제기할 수도 있다. 한편, ② 실질적 존속력의 개념(협의의 개념)에 비추어 행정청은 불가변력이 발생한 행정행위를 철회하기 어렵다.

3. 형식적 존속력과 실질적 존속력의 관계

1468 형식적 존속력은 행위의 상대방·이해관계자에 대한 구속력을, 실질적 존속력은 처분청 등 행정기관에 대한 구속력을 관심사로 하는바, 양자는 관심방향이 다르다. 따라서 앞서 본 바와 같이 ① 제소기간이 경과하여 형식적 존속력이 생긴 행위일지라도 실질적 존속력이 없는 한 권한을 가진 행정청은 그 행위를 취소·변경할 수 있고,[3] ② 실질적 존속력이 있는 행위일지라도 쟁송수단이 허용되는 한 제소기간이 경과하기 전이라면 상대방 등은 다툴 수 있다.

---

1) 이상규, 신행정법론(상), 413쪽.

2) 김남진·김연태, 행정법(Ⅰ), 306쪽(2019).

3) 대판 1995. 9. 15, 95누6311(개별토지에 대한 가격결정도 행정처분에 해당하며, 원래 행정처분을 한 처분청은 그 행위에 하자가 있는 경우에는 원칙적으로 별도의 법적 근거가 없더라도 스스로 이를 직권으로 취소할 수 있는 것이고, 행정처분에 대한 법정의 불복기간이 지나면 직권으로도 취소할 수 없게 되는 것은 아니므로, 처분청은 토지에 대한 개별토지가격의 산정에 명백한 잘못이 있다면 이를 직권으로 취소할 수 있다).

4. 사후변경과 존속력

행정행위의 사후변경이 있는 경우 종전의 행위가 갖는 존속력은 계속 유지 1469
되는가? 이 문제는 과세처분에 있어서 사후증액과 관련하여 빈번히 문제되고 있
다. 이에 관해서는 행정소송법 부분에서 행정소송의 대상문제로서 살피게 된다.

Ⅵ. 강 제 력

1. 자력집행력

⑴ 의   의   행정행위로 명령되거나 금지된 의무를 불이행하는 경우 행 1470
정청이 법원의 원조를 받음이 없이 스스로 강제력에 의해 직접 의무의 내용을
실현할 수 있고, 또한 상대방에게 그것을 수인하도록 요구할 수 있는 행정행위
의 효력을 집행력이라 부른다. 집행력은 의무가 부과되는 명령적 행위(예 : 과세
처분·경찰처분)에서 문제되며, 의무부과와 관계없는 형성적 행위에서는 문제되지
아니한다. 형성적 행위는 그 자체로 법적 효과가 완성되는 것으로서 집행이 필
요 없기 때문이다.

⑵ 성   질   행정행위에 집행력이 인정되고 있음은 의문이 없으나, 그 1471
집행력이 행정행위가 갖는 고유한 효력인가의 여부와 관련하여 직권집행설과
법규설로 견해가 갈린다. ① 직권집행설은 의무를 부과하는 법령은 동시에 당연
히 의무이행을 강제할 수 있는 권한을 포함한다고 새긴다. 강제는 행정행위에
내재적인 것이어서 법적 근거없이도 행정행위의 본질상 당연한 것이라는 입장
이다. 처분효력설이라고도 한다.[1] 한편 ② 법규설은 강제가 사법권에 고유한
것임을 전제로 한다. 따라서 행정청의 집행력은 특정법률에서 집행력을 인정하
였기 때문에 인정되는 것이라 한다(예 : 공유수면 관리 및 매립에 관한 법률 제21조 ③
공유수면관리청은 제2항에 따른 원상회복명령을 받은 자가 이를 이행하지 아니할 때에는 행
정대집행법에 따라 원상회복에 필요한 조치를 할 수 있다). 법규효력설이라고도 한다.[2]
③ 생각건대 명령권능은 당연히 집행권능을 포함한다고 새길 특별한 이유도 없
고, 미확정의 권리를 강제할 수 있다는 것은 확실히 법의 세계에서는 예외적인
것임을 고려할 때 법규설이 타당하다고 본다. 요컨대 집행력은 행정의 원활한
수행을 위해 특별히 법에 의해 승인된 힘이다.[3] 이러한 입장에서 본다면 논리
체계상 집행력을 행정행위에 고유한 효력의 하나로 보기에는 다소 어려움이 있

---

1) 윤세창·이호승, 행정법(상), 267쪽; 변재옥, 행정법강의(Ⅰ), 336쪽.
2) 윤세창·이호승, 행정법(상), 267쪽; 변재옥, 행정법강의(Ⅰ), 336쪽.
3) 변재옥, 행정법강의(Ⅰ), 336쪽; 이상규, 신행정법론(상), 415쪽.

다고 본다.

2. 제 재 력

1472 　　행정행위에 의해 부과된 의무를 위반하면 행정벌이 부과되기도 한다. 이러한 것 역시 넓은 의미에서 강제력의 한 부분이라 할 것이다. 물론 이러한 강제에는 법률상 근거를 요한다. 집행력의 경우와 같이 이러한 강제력이 행정행위에 내재하는 것이라고는 할 수 없다. 이 경우 역시 제재력을 행정행위에 고유한 효력의 한 종류로 보기에는 어려움이 있다.

제6항 행정행위의 하자

Ⅰ. 일 반 론

1. 행정행위의 하자의 의의

1473 　　① 외부효를 갖는 법령에서 요구되는 적법요건을 완전하게 구비한 것이 아닌 행정행위를 위법행위라 하고, 적법요건을 구비하였다고 하여도 비합목적적인 재량행사가 있는 행정행위를 부당한 행위라고 부른다. 여기서 위법과 부당을 하자라 하고, 위법한 행정행위와 부당한 행정행위를 합하여 하자 있는 행정행위라 부른다. ② 위법한 행정행위는 행정소송절차 외에 행정심판절차상으로도 다툴 수 있으나, 부당한 행정행위는 행정심판절차상에서만 다툴 수 있을 뿐이다. 양자 모두 직권취소의 대상이 됨은 물론이다. ③ 하여간 현재로서 행정행위의 하자 내지 하자있는 행정행위에 관한 일반법은 없다. 행정행위의 하자론은 이론에 의해 정리되고 있다. 행정기본법(안)은 행정행위의 하자와 관련하여 제18조에서 위법 또는 부당한 처분의 취소를 규정하고 있다.

1474 　　한편, 단순한 오기나 계산의 착오 등은 하자로 보지 아니한다. 행정청은 처분에 오기·오산 기타 이에 준하는 명백한 잘못이 있는 때에는 직권 또는 신청에 의하여 지체 없이 정정하고 이를 당사자에게 통지하여야 한다(절차법 제25조). 오기·오산 기타 이에 준하는 명백한 잘못은 행정행위를 위법으로 만들지 아니한다. 그러나 기타 이에 준하는 명백한 잘못이 무엇을 의미하는지는 명백하지는 않다. 적어도 행정처분시에 불복고지를 하지 아니한 것은 기타 이에 준하는 명백한 잘못에 해당한다고 본다. 말하자면 불복고지의 불이행은 문제가 있지만, 처분을 위법하게 만드는 사유는 아니다. 한편, 처분의 상대방의 정정신청에도 불구하고 행정청이 이를 거부하면, 그 거부처분의 위법을 이유로 상대방은 거부

처분의 취소를 구하는 소송을 제기할 수 있다.

2. 행정행위의 하자론의 의미

하자 있는 행정행위를 특별히 자세히 다루는 것은 하자 있는 행정행위의   1475
효과가 다른 행정작용(예 : 행정입법)의 경우와 다르기 때문이다. 말하자면 ① 무
릇 법적 작용은 관련법령에서 요구하는 요건(주체·형식·절차·내용요건 등)을 완전
하게 구비할 때 당해 법령이 예정하는 효과를 가지며, 구비하지 아니하면 그 효
과를 갖지 못한다(예 : 위법한 법규명령이나 공법상 계약은 무효이다).[1] 그러나 ② 입법
자는 일정한 행정작용의 경우에는 요건이 미비되어도 특별한 경우가 아닌 한
일단은 유효한 것으로 하고, 추후에 권한을 가진 기관으로 하여금 요건에 미비
가 있음을 이유로 그 효과를 제거할 수 있도록 정할 수도 있다(행정행위가 바로 이
러한 경우에 해당한다). 물론 ②의 경우에는 어떠한 기관(행정청·법원)이 어떠한 전
제하에 위법의 확인을 행할 것인가의 문제가 생겨나는데, 이것 역시 입법자가
정할 사항이다.[2] 한편, ③ 행정행위의 적법요건을 구비하였다고 하여도, 그 내
용이 부당한 경우에도 입법자는 관계행정청이 정당한(합목적적인) 행위로 나아갈
수 있도록 정할 수도 있다. ②는 직권취소와 쟁송취소의 문제를 가져오고, ③은
직권취소의 문제를 가져온다. 요컨대 행정행위의 하자론은 법치행정의 관철과
행정능률과 신뢰보호의 조화를 내용으로 한다.

3. 행정행위 하자 유무의 판단

(1) 하자 유무 판단의 기준 시

(가) 원칙으로서 발령시점   행정행위가 적법한 것인가 또는 위법한 것인가의   1476
여부는 원칙적으로 행정결정이 최종적으로 이루어지는 시점의 법적 상황과 사
실상태에 따라 판단한다. 말하자면 행정행위의 발령시점이 하자의 유무에 대한
판단의 기준시점이 된다.[3]

(나) 발령 후의 사정변경   행정행위의 발령 후에 행정행위에 근거된 법적 상   1477
황이나 사실상태의 변화는 아무런 영향을 미치지 아니한다, 즉 적법하게 발령된
행정행위를 위법하게 하지도 아니하며, 또한 위법하게 발령된 행정행위를 적법

---

1) Maurer/Waldhoff, Allgemeines Verwaltungsrecht(2017), § 10, Rn. 6 참조.
2) 졸저, 행정법원리, 184쪽.
3) 대판 2020. 7. 23, 2019두31839; 대판 2007. 5. 11, 2007두1811(행정소송에서 행정처분의 위법 여
   부는 행정처분이 행하여졌을 때의 법령과 사실상태를 기준으로 하여 판단하여야 하고, 처분 후
   법령의 개폐나 사실상태의 변동에 의하여 영향을 받지는 않는다); Büchner, in : Schweickhardt
   (Hrsg.), Allgemeines Verwaltungsrecht, Rn. 690; Erichsen, in : ders.(Hrsg.), Allgemeines
   Verwaltungsrecht(12. Aufl.), § 15, Rn. 2; Wallerath, Allgemeines Verwaltungsrecht, S. 226.

하게 만들지도 아니한다.[1] 다만 행정청은 발령된 행정행위를 변화된 상황에 맞추어야 하는바 위법한 경우에는 폐지할 수 있다. 이러한 원리는 일회적인 행위뿐만 아니라 계속적인 행위의 경우에도 마찬가지이다.

1478   ㈐ 하자유무 심사시 자료제출의 범위   따라서 사법심사에 있어서 하자의 유무에 대한 판단의 자료도 처분(발령)시에 행정청에 제출된 것에 한정된다.[2] 물론 사법심사 시 그러한 자료는 판결 시까지 법원에 제출되어야 한다.

        (2) 발령시 법 적용의 기준

1479   ㈎ 일반적 경우   당사자의 신청에 따른 처분은 법령등에 특별한 규정이 있거나 처분 당시의 법령등을 적용하기 곤란한 특별한 사정이 있는 경우를 제외하고는 처분 당시의 법령등에 따른다(기본법 제14조 제2항). 신청 후 근거 법령이 개정된 경우, 개정 전 법령의 존속에 대한 국민의 신뢰가 개정 법령의 적용에 관한 공익상의 요구보다 더 보호가치가 있다면, 특별한 사정이 있는 것으로 볼 수 있을 것이다.[3] 처리지연으로 개정 법령을 적용하였다면, 그에 따른 따른 처분은 위법할 수 있다.[4]

1480   ㈏ 제재처분의 경우   법령등을 위반한 행위의 성립과 이에 대한 제재처분은 법령등에 특별한 규정이 있는 경우를 제외하고는 법령등을 위반한 행위 당시의 법령등에 따른다(기본법 제14조 제3항).

1481   ㈐ 법령 변경의 경우   법령등을 위반한 행위가 있은 후 법령등이 변경되어 그 행위가 법령등을 위반한 행위에 해당하지 아니하게 되거나 제재처분 기준이 가벼워진 경우에는 해당 법령등에 특별한 규정이 있는 경우를 제외하고는 변경

---

1) 독일의 판례의 지배적 경향(BVerwGE 11, 334, 335f; 42, 206, 209; 51, 15, 24f.)이자, 지배적인 학설의 입장(Erichsen, in : ders.(Hrsg.), Allgemeines Verwaltungsrecht, §15, Rn. 2)이다. 한편, 사후적으로 위법하게 된 행정행위에도 취소의 원리가 적용된다는 견해도 있다.

2) 대판 1996. 10. 11, 96누6172(특별한 사정이 없는 한 행정행위의 적법여부는 그 행정처분 당시를 기준으로 판단하여야 할 것이므로, 면허신청 당시에 제출되지 아니한 새로운 사실은 그 행정처분의 적법여부를 가리는 자료로 삼을 수 없다).

3) 대판 2023. 2. 2, 2020두4372(행정처분은 그 근거 법령이 개정된 경우에도 경과 규정에서 달리 정함이 없는 한 처분 당시 시행되는 개정 법령과 거기에서 정한 기준에 의하는 것이 원칙이고, 개정 법령의 적용과 관련하여 개정 전 법령의 존속에 대한 국민의 신뢰가 개정 법령의 적용에 관한 공익상의 요구보다 더 보호가치가 있다고 인정되는 경우에 국민의 신뢰를 보호하기 위하여 개정 법령의 적용이 제한될 수 있는 여지가 있다).

4) 대판 2023. 2. 2, 2020두4372(행정청이 신청을 수리하고도 정당한 이유 없이 처리를 지연하여 그 사이에 법령 및 보상 기준이 변경된 경우에는 그 변경된 법령 및 보상 기준에 따라서 한 처분은 위법하고, '정당한 이유 없이 처리를 지연하였는지'는 법정 처리기간이나 통상적인 처리기간을 기초로 당해 처분이 지연되게 된 구체적인 경위나 사정을 중심으로 살펴 판단하되, 개정 전 법령의 적용을 회피하려는 행정청의 동기나 의도가 있었는지, 처분지연을 쉽게 피할 가능성이 있었는지 등도 아울러 고려할 수 있다).

된 법령등을 적용한다(기본법 제14조 제4항).

4. 행정행위의 일부위법

행정행위의 일부에 위법사유가 있는 경우에 그 위법의 효과(취소 또는 무효)   1482
가 위법한 부분에만 한정되고, 적법한 부분은 그대로 유지되는가의 문제가 있
다. 학설은[1] ① 행정행위의 전체가 나눌 수 있는 것으로서, 적법한 부분만으로
도 독립적인 의미를 갖고, ② 행정청이 위법한 부분 없이 나머지 적법한 행위를
발령할 수 있는 권한을 가지고 있다면, 그리고 ③ 행정청이 위법한 부분 없이도
적법한 부분을 발령하였어야 했거나(기속행위의 경우) 발령하였으리라고 판단되는
때(재량행위의 경우)에 일부취소·일부무효에 대하여 긍정적인 입장을 취한다.

5. 하자있는 행정행위의 유형

하자있는 행정행위의 법적 효과의 체계는 현재로선 다양하다. 우리의 이론   1483
과 판례는 그것을 행정행위의 부존재, 무효인 행정행위, 취소할 수 있는(단순위법
또는 부당한) 행정행위로 구분하고 있다.

Ⅱ. 행정행위의 부존재

1. 의   의

행정행위의 부존재에 대한 정의는 통일되어 있지 않다. 그간 일반적으로는   1484
외관상 명백히 행정청의 행위로 볼 수 없는 행위들은 단순히 흠있는 행위라기보
다 오히려 행정행위가 존재하지 않는다고 하고, 이를 행정행위의 부존재라 불러
왔다. 그 예로서 ① 명백히 행정기관이 아닌 사인의 행위, ② 행정기관의 행위일
지라도 행정권발동으로 볼 수 없는 행위, ③ 행정기관의 내부적 의사결정만 있었
을 뿐 외부로 표시되지 아니하여 행정행위로서 성립하지 못한 행위, ④ 해제조건
의 성취, 기한의 도래, 취소·철회 등에 의해 소멸된 경우 등이 제시되어 왔다.

생각건대 행정행위의 부존재란 행정행위의(모든 개념요소가 아니라) 기본적인   1485
개념요소를 충족시키는 행위가 존재하지 아니한다는 것을 의미한다고 본다. 그
리고 일부 견해가[2] 개념상 행정행위의 부존재를 비행정행위(상기의①·②)와 협
의의 부존재(상기의 ③·④)로 구분하는 것은 특별한 의미가 있어 보이지 아니한
다. 한편, 행정소송상 ④의 경우는 무효등확인소송(실효확인소송)의 문제가 되므
로(통설), 행정행위의 부존재는 실제상 상기의 ①·②·③의 경우에 문제된다.

---

1) Maurer, Allgemeines Verwaltungsrecht, § 10, Rn. 48.
2) 박윤흔·정형근, 최신행정법강의(상), 361쪽.

1486 　한편, 논리적으로 본다면, 행정행위의 하자의 문제는(설령 적법요건 등에 하자가 있다고 하여도) 행정행위의 존재를 전제로 하는 것이므로, 행정행위의 부존재는 행정행위의 하자와 직접적인 관련이 없다. 그럼에도 행정행위의 부존재를 행정행위의 하자의 한 유형으로 다루는 것은 다음을 이유로 한다. 즉, 행정청이 발령하지 않았다고 하여도 외관상 행정행위로 오인될 수 있는 행위가 있고, 또한 이러한 행위로 인하여 사인의 권리침해의 가능성이 있다고 하면, 이에 대한 구제수단이 필요하며, 그 구제수단은 행정행위의 하자에 대한 구제수단과 비교하에 구성하는 것이 효과적이기 때문이다.

2. 효　　과

1487 　이러한 경우에는 법적 효과가 발생하지도 않고 준수할 필요도 없다. 다만 그러한 행위들이 문제될 때에는 그리고 문제되는 범위 안에서 부존재확인이나 폐지 등이 가능하다. 다만 폐지된다고 하여도 그것은 법적 외관을 폐기하는 것에 불과하다.

3. 개념의 실익

1488 　⑴ **행정행위부존재확인심판·소송**　　행정행위의 부존재의 경우에는 행정행위가 존재하지 않는다고 보는 것이므로, 그것은 행정쟁송의 대상이 될 수 없다고 할 수도 있다. 그러나 현실적으로는 부존재하는 행위를 근거로 행정청이 자력집행을 할 수도 있는 것이므로, 이렇게 되면 행위의 상대방은 불리한 입장에 놓일 수밖에 없다. 이 때문에 상대방의 지위를 보호하기 위하여 부존재를 다투는 쟁송은 인정될 수밖에 없는 것이다. 이리하여 행정심판법과 행정소송법은 종래 이론과 판례상 인정되어오던 행정행위부존재확인심판 및 소송을 명문으로 인정하고 있다(행심법 제5조 제2호; 행소법 제4조 제2호).

1489 　한편, 행정행위의 부존재의 개념은 기술한 바와 같이 사인의 권리보호를 위한 것이므로, 상기의 ①·②·③ 어느 경우라도 사인의 권리에 대한 침해를 야기시키면, 행정행위부존재확인소송의 대상이 될 수 있다고 볼 것이다. 상기의 ①·②를 부존재확인소송의 대상에서 제외하는 견해에는 동의하기 어렵다.[1] 한편, 비행정행위의 법적 외관이 문제되는 한, 사인은 비행정행위에 대하여 무효인 행위에 대한 권리구제수단과 동일한 권리구제수단을 취할 수 있다는 견해도 본서와 같은 입장으로 보인다.[2]

---

1) 김동희, 행정법(Ⅰ), 344쪽(2019).
2) Büchner, in : Schweickhardt(Hrsg.), Allgemeines Verwaltungsrecht, Rn. 588.

⑵ **무효와의 구분실익**　전통적으로 무효는 무효확인소송의 대상이 되나　1490
부존재의 경우는 쟁송대상이 없으므로 각하되어야 한다는 생각에서 행정행위의
부존재와 무효의 구별이 행정쟁송대상여부와 관련하여 의미를 가져왔다. 그러
나 현행법제는 부존재의 경우에도 쟁송가능성을 인정하고 있고, 그것도 동일조
문에서 규정하고 있으므로 쟁송대상가능성과 관련하여 양자의 구별을 논하는
실익은 없게 되었다고 함이 일반적이다. 그러나 일설은 현행 행정쟁송법상 무효
행위는 무효확인소송 외에 취소소송의 형식으로 소송제기가 가능하나, 부존재
는 부존재확인소송 외에 취소소송으로는 제기할 수 없다고 하여 제도상으로 양
자의 구별은 실익이 있다고 한다.[1]

Ⅲ. 행정행위의 취소와 무효의 구별

하자있는 행정행위의 유형 중 실제상 그 구별이 가장 문제되는 것은 무효　1491
와 취소의 구별문제이다. 무효와 취소의 구별과 관련하여서는 구별의 필요성과
구별의 기준이 중요한 문제가 된다(취소할 수 있는 행정행위에 대해서는 뒤에서 행정행
위의 폐지의 문제로서 별도로 다루게 된다).

1. 구별의 필요성

⑴ **이론상 필요성**　법의 세계에서 위법한 행위는 무효인 것이 당연하다.　1492
그러나 행정행위의 경우에는 상대방이 원칙적으로 사인인 국민 또는 주민이고
동시에 다수인이므로, 행정행위의 하자의 효과는 공적 거래의 안전 내지 상대방
의 신뢰보호를 고려하여 정하지 않을 수 없다. 이 때문에 하자있는 행정행위는
원칙적으로 취소할 수 있는 것으로 하고, 다만 보충적으로 무효가 되게 할 필요
가 있는 것이다. 이것이 통설의 입장이기도 하다.

⑵ **실제상 필요성**

㈎ **불가쟁력**　행정행위의 불가쟁력은 취소할 수 있는 행위에 문제되며,　1493
무효인 행위에는 적용되지 아니한다. 요컨대 취소할 수 있는 행위는 일정한 경
우(예 : 심판제기기간의 경과) 다툴 수 없으나 무효인 행위는 언제나 다툴 수 있다.

㈏ **하자의 승계**　일정한 공행정목적을 위하여 둘 이상의 행정행위가 단계　1494
적으로 이루어질 때, 선행행위의 하자가 후행행위에 미치는 영향은 선행행위에
무효사유의 하자가 있는 경우와 취소사유의 하자가 있는 경우는 다르다는 것이
전통적인 견해의 입장이다. 말하자면 전자의 경우에는 모든 후행행위에 하자가

---

1) 변재옥, 행정법강의(Ⅰ), 340쪽.

승계되지만, 후자의 경우는 선·후행위가 하나의 효과를 목적으로 하는 경우에
만 하자가 승계된다는 것이다.

1495   ㈐ **치유와 전환**   ① 취소할 수 있는 행위에는 하자의 치유가 인정되지만,
무효인 행위에는 하자의 치유가 인정되지 아니한다는 것이 다수설이다. 무효와
취소의 구별의 상대화를 이유로 반대하는 견해도 있다.[1] ② 한편, 취소할 수 있
는 행위에는 하자의 전환이 인정되지 아니하고 무효인 행위에만 인정된다는 것
이 종래 다수설이었다. 그러나 취소할 수 있는 행위도 하자의 전환이 인정되어
야 한다는 견해도 있으며,[2] 본서의 입장이기도 하다.

1496   ㈑ **복종거부가능성**   무효와 취소의 구별은 행정의 실제상 사인이 행정권
의 발동에 복종을 거부할 수 있는가의 점에서도 의미를 갖는다. 즉 무효인 행위
에 대해서 사인은 그 효력을 부인할 수 있고, 만약 행정청이 무효인 행위의 집
행을 위해 강제력을 발휘하면 이에 대항할 수 있고, 이러한 대항행위는 형법상
공무집행의 방해를 구성하는 것이 아니다. 그러나 취소할 수 있는 행위에 대해
서는 대항할 수 없다.

1497   ㈒ **행정쟁송법상 적용법규**   행정심판법과 행정소송법은 행정행위의 무효와
취소의 주장방법을 달리 규정하고 있다. 이와 같이 실정법이 무효와 취소를 구
별하고 있기 때문에 양자는 구별되어야 하는 것이다. 실정법의 이러한 구분은
물론 앞서 본 이론상의 구별필요성을 전제로 하는 것이다. 구체적인 차이는 쟁
송형식(취소쟁송·무효확인쟁송),   소송제기요건(쟁송제기기간유무),   사정판결·사정재
결 인정여부(반대견해가 있다) 등에 차이를 갖는다. 한편 판례는 무효를 취소의 형
식으로도 주장할 수 있다고 함은 이미 본 바 있다.

1498   ㈓ **선결문제**   민사재판이나 형사재판에 있어서 행정행위의 무효여부나
위법여부가 선결문제인 경우, 민사법원이나 형사법원이 그것을 판단할 수 있는
가의 여부가 문제된다. 선결문제가 무효인 행위의 경우에는 심리가 가능하지만,
단순위법한 행위의 경우에는 견해가 나뉘고 있다.

2. 구별의 기준

(1) 학   설

1499   ㈎ **중대설·신중대설**   ① 중대설은 하자의 중대성을 기준으로 하는 견해로
서 행정행위의 요건을 정한 법규들 간의 가치의 차이를 인정하여 능력규정이나
강행규정을 위반하면 하자가 중대하다고 보아 무효이고, 명령규정이나 비강행

---

1) 김철용, 행정법, 220쪽(2018).
2) 김남진·김연태, 행정법(Ⅰ), 313쪽(2019).

규정 위반시는 취소사유가 된다는 견해이다.[1] 이를 개념론적 견해라고 부르기도 한다.[2] ② 신중대설은 중대성을 새로이 접근하여 "행정행위에 대해서 유효한 외관이나 잠정적인 통용이나마 용인하는 것이 법치국가원리적 질서와 요청과 불일치하다고 여겨질 정도의 하자가 중대하다"고 하고, 이러한 경우에 무효가 된다는 견해이다.[3]

(내) **중대명백설**　　하자의 중대성과 명백성을 모두 기준으로 하는 견해이다.　1500
무효의 범위를 가장 좁게 본다. 중대명백설은 통설이고 대법원판례의 다수의견이다.

(대) **객관적 명백설**(조사의무설)　　기본적으로는 중대명백설의 입장에 서지만,　1501
하자의 명백성을 완화하여 일반 국민에게 명백한 경우뿐만 아니라 관계공무원이 조사해 보았더라면 명백한 경우도 명백한 것으로 보는 견해이다. 조사의무설이라고도 한다.

(래) **명백성보충요건설**　　행정행위의 무효의 기준으로 중대성요건만을 요구　1502
하여 중대한 하자를 가진 처분을 무효로 보지만, 제3자나 공공의 신뢰보호의 필요가 있는 경우에는 보충적으로 명백성요건을 요구하는 견해이다. 대법원의 소수의견이다.[4]

(매) **구체적 가치형량설**　　다양한 이해관계를 갖는 행정행위에 대하여 무효　1503
사유와 취소사유를 구분하는 일반적 기준을 정립하는 것에 의문을 가지며 구체적인 사안마다 권리구제의 요청과 행정의 법적 안정성의 요청 및 제3자의 이익 등을 구체적이고 개별적으로 이익형량하여 무효인지 취소할 수 있는 행정행위인지 여부를 결정해야 한다는 견해이다.[5]

(2) **판　　례**　　① 대법원판례는 중대명백설을 취한다.[6] 명백성보충요건설　1504

---

1) 김동희, 행정법(Ⅰ), 347쪽(2019).
2) 김남진·김연태, 행정법(Ⅰ), 315쪽(2019).
3) 김중권의 행정법(2019), 328쪽.
4) 대판 1995. 7. 11, 94누4615의 소수의견.
5) 박균성, 행정법론(상), 423쪽(2019).
6) 대판 1995. 7. 11, 94누4615의 다수의견(하자 있는 행정처분이 당연무효가 되기 위하여는 그 하자가 법규의 중요한 부분을 위반한 중대한 것으로서 객관적으로 명백한 것이어야 하며 하자가 중대하고 명백한 것인지 여부를 판별함에 있어서는 그 법규의 목적, 의미, 기능 등을 목적론적으로 고찰함과 동시에 구체적 사안 자체의 특수성에 관하여도 합리적으로 고찰함을 요한다); 대판 2005. 6. 24, 2004두10968(도지사의 인사교류안 작성과 그에 따른 인사교류의 권고가 전혀 이루어지지 않은 상태에서 행하여진 관할구역 내 시장의 인사교류에 관한 처분은 지방공무원법 제30조의2(인사교류) 제2항의 입법 취지에 비추어 그 하자가 중대하고 객관적으로 명백하여 당연무효이다); 대판 2016. 7. 14, 2015두46598; 대판 2016. 12. 29, 2014두2980, 2997; 대판 2018. 7. 19, 2017다242409.

은 판례의 소수견해로 주장된 바 있다.[1]

1505   ② 헌법재판소는 원칙적으로 중대명백설을 취하지만, 예외적으로 법적 안정성을 해치지 않는 반면에 그 하자가 중대하여 권리구제의 필요성이 큰 경우에 무효를 인정한다.[2] 요컨대 헌법재판소는 중대명백설을 원칙으로 하면서, 예외적으로 중대설을 취하는 입장이라 하겠다.

1506   ⑶ 사 견   행정행위의 적법성의 확보와 공적 거래의 안전 내지 상대방의 신뢰보호를 고려할 때, 중대명백설이 합리적이다. 구체적 가치형량설은 무효사유와 취소사유를 구분하는 객관적인 기준이 될 수 없다는 문제점을 갖는다. 그러나 입법정책적인 관점에서는 무효인 사유를 열거하고, 아울러 보충적으로 중대명백설을 무효와 취소의 구별기준으로 하는 것이 의미있을 것이다.

3. 중대명백설

1507   ⑴ 의 의   중대명백설은 법적 안정성의 원칙과 실질적 정의의 원칙의 조화에 그 근거를 두고 있다. 말하자면 중대명백설은 한편으로는 쟁송기간이 경과하면 하자에도 불구하고 행정행위의 존속이 정당화되고 더 이상 하자를 다툴 수 없도록 함으로써 법적 안정성의 원칙을 내용으로 하고 있고, 또 한편으로는, 하자가 중대하고 명백한 행정행위의 경우에는 무효로 함으로써 실질적 정의의 원칙을 내용으로 하는바, 법적 안정성의 원칙과 정의의 원칙의 조화를 내용으로 한다.[3] 이 견해는 이론상 명백설(Evidenztheorie)로 표현되어 왔다(표현상 명백설은

---

1) 대판 1995. 7. 11, 94누4615의 소수의견(행정행위의 무효사유를 판단하는 기준으로서의 명백성은 행정처분의 법적 안정성 확보를 통하여 행정의 원활한 수행을 도모하는 한편 그 행정처분을 유효한 것으로 믿은 제3자나 공공의 신뢰를 보호하여야 할 필요가 있는 경우에 보충적으로 요구되는 것으로서, 그와 같은 필요가 없거나 하자가 워낙 중대하여 그와 같은 필요에 비하여 처분 상대방의 권익을 구제하고 위법한 결과를 시정할 필요가 훨씬 더 큰 경우라면 그 하자가 명백하지 않더라도 그와 같이 중대한 하자를 가진 행정처분은 당연무효라고 보아야 한다).

2) 헌재 1994. 6. 30, 92헌바23(판례나 통설은 행정처분이 당연무효인가의 여부는 그 행정처분의 하자가 중대하고 명백한가의 여부에 따라 결정된다고 보고 있지만 행정처분의 근거가 되는 법규범이 상위법 규범에 위반되어 무효인가 하는 점은 그것이 헌법재판소 또는 대법원에 의하여 유권적으로 확정되기 전에는 어느 누구에게도 명백한 것이라고 할 수 없기 때문에 원칙적으로 당연무효사유에는 해당할 수 없게 되는 것이다. 그러나 행정처분 자체의 효력이 쟁송기간 경과 후에도 존속중인 경우, 특히 그 처분이 위헌율률에 근거하여 내려진 것이고 그 행정처분의 목적달성을 위하여서는 후행 행정처분이 필요한데 후행행정처분은 아직 이루어지지 않은 경우, 그 행정처분을 무효로 하더라도 법적 안정성을 크게 해치지 않는 반면에 그 하자가 중대하여 그 구제가 필요한 경우에 대하여서는 그 예외를 인정하여 이를 당연무효사유로 보아서 쟁송기간 경과 후에라도 무효확인을 구할 수 있는 것이라고 봐야 할 것이다. 학설상으로도 중대명백설 외에 중대한 하자가 있기만 하면 그것이 명백하지 않더라도 무효라고 하는 중대설도 주장되고 있고, 대법원의 판례로도 반드시 하자가 중대명백한 경우에만 행정처분의 무효가 인정된다고는 속단할 수 없기 때문이다).

3) Maurer, Allgemeines Verwaltungsrecht, § 10, Rn. 31.

간소화된 표현이나 완전히 정당하다고 보기는 어렵다. 생각건대 중대명백설로 부르는 것이 보다 적합하다).

(2) **내　용**　통설에 따르면 하자가 중대하고 동시에 명백한 행정행위는 무효가 되고, 단순위법의 행위(즉 하자가 중대하지만 명백하지 않거나, 명백하지만 중대하지 않은 행위)는 행정청이나 법원에 의한 취소의 대상이 된다.[1] 다만 부당한 행위는 행정청에 의한 취소의 대상이 될 뿐이다(행심법 제1조). 그러나 중대명백설도 하자의 중대성과 명백성, 그리고 부당성을 명백하게 구분하지는 못한다는 문제를 갖는다. 1508

(3) **중대·명백의 의미**　중대하고 명백하다는 것이 무엇을 뜻하는가는 문제이다. 생각건대 ① 하자가 중대하다는 것은 행정행위의 발령에 근거된 법규의 면에서 하자가 중대한 것이 아니라, 당해 행정행위의 적법요건의 면에서 하자가 중대하다는 의미이다. 말하자면 행정행위의 내용의 면에서 하자가 중대하다는 의미이다.[2] 논자에 따라서는 능력규정인가 명령규정인가, 강행규정인가 임의규정인가에 따라 판단하여야 한다고도 하나 법규의 실제상 그 성질의 구별이 용이하지 않기 때문에 이러한 기준은 의문이 있다는 지적도 있었다.[3] 타당한 지적이라 본다. 1509

② 명백하다는 것은 행정행위의 자체에 하자있음이 외관상 명백하다는 것을 의미한다.[4] 그리고 그 명백성은 주의깊은 평균인이 즉시 인식할 수 있는 정 1510

---

1) 대판 2004. 11. 26, 2003두2403(적법한 권한 위임 없이 세관출장소장에 의하여 행하여진 관세부과처분이 그 하자가 중대하기는 하지만 객관적으로 명백하다고 할 수 없어 당연무효는 아니다).
2) 대판 2015. 3. 20, 2011두3746(구 국토의 계획 및 이용에 관한 법률 제88조 제2항, 제95조, 제96조의 규정 내용에다가 도시계획시설사업은 도시 형성이나 주민 생활에 필수적인 기반시설 중 도시관리계획으로 체계적인 배치가 결정된 시설을 설치하는 사업으로서 공공복리와 밀접한 관련이 있는 점, 도시계획시설사업에 관한 실시계획의 인가처분은 특정 도시계획시설사업을 현실적으로 실현하기 위한 것으로서 사업에 필요한 토지 등의 수용 및 사용권 부여의 요건이 되는 점 등을 종합하면, 실시계획의 인가 요건을 갖추지 못한 인가처분은 공공성을 가지는 도시계획시설사업의 시행을 위하여 필요한 수용 등의 특별한 권한을 부여하는 데 정당성을 갖추지 못한 것으로서 법규의 중요한 부분을 위반한 중대한 하자가 있다).
3) 석종현·송동수, 일반행정법(상)(2009), 313쪽.
4) 대판 1992. 4. 28, 91누6863(하자가 명백하다고 하기 위하여는 그 사실관계오인의 근거가 된 자료가 외형상 상태성을 결여하거나 또는 객관적으로 그 성립이나 내용의 진정을 인정할 수 없는 것임이 명백한 경우라야 할 것이고 사실관계의 자료를 정확히 조사하여야 비로소 그 하자유무가 밝혀질 수 있는 경우라면 이러한 하자는 외관상 명백하다고 할 수는 없을 것이다); 대판 2015. 3. 20, 2011두3746(행정청이 어느 법률관계나 사실관계에 대하여 어느 법률의 규정을 적용하여 행정처분을 한 경우에 그 법률관계나 사실관계에 대하여는 그 법률의 규정을 적용할 수 없다는 법리가 명백히 밝혀지지 아니하여 그 해석에 다툼의 여지가 있는 때에는 행정청이 이를 잘못 해석하여 행정처분을 하였더라도 이는 그 처분 요건사실을 오인한 것에 불과하여 그 하자가 명백하다고 할 수 없지만, 법령 규정의 문언상 처분 요건의 의미가 분명함에도 행정청이 합리적인 근거 없이 그 의미를 잘못 해석한 결과, 처분 요건이 충족되지 아니한 상태에서

도임을 의미하는 것이라 본다.[1] 그러나 이러한 방식의 의미파악도 추상적인 것일 뿐이고, 결국은 법률의 목적·의미·기능, 당해 행정행위가 주어지는 구체적 상황의 분석 등 여러 종류의 관련있는 사항을 합리적으로 고찰함으로써 판단될 수밖에 없다.[2]

4. 구별의 불명확성

1511 　　상기의 이론도 판결로써 확정되기 전까지는 분쟁당사자의 판단에 의문없는 기준이 될 수는 없다. 이 때문에 무효와 취소의 구별의 상대화론이 주장될 수 있는 여지가 충분하다고 볼 것이다. 그럼에도 양자는 개념상 구분되어야 할 것이다.

5. 위헌법률에 근거한 행정처분의 효력

1512 　　(1) 의　　의　　법률이 위헌으로 결정된 후 그 법률에 근거하여 발령되는 행정처분은 헌법재판소법 제47조 제2항에 비추어 하자가 중대하고 명백하여 당연무효가 된다. 그러나 행정처분이 있은 후에 그 처분의 근거된 법률이 위헌으로 결정되는 경우, 그 처분이 하자 있는 행위임은 분명하지만 그 하자가 무효사유인지 아니면 취소사유인지의 여부는 문제이다.

　　(2) 위헌결정에 따른 법률의 효력

1513 　　(개) 소급효 인정여부　　헌법재판소법 제47조 제2항은 "위헌으로 결정된 법률 또는 법률의 조항은 그 결정이 있는 날로부터 효력을 상실한다"고 규정하고 있다. 본조항에 소급효가 인정되는가의 여부와 관련하여 ① 헌법재판소의 위헌결정은 확인적인 것이라는 전제하에 위헌결정은 법률을 소급적으로 무효화한다는 견해와 ② 헌법재판소의 위헌결정은 창설적인 것이라는 전제하에 위헌결정

해당 처분을 한 경우에는 법리가 명백히 밝혀지지 아니하여 그 해석에 다툼의 여지가 있다고 볼 수는 없다).

1) 강구철, 강의행정법(Ⅰ), 428쪽.
2) 대판 2017. 12. 28, 2017두30122(법령 규정의 문언만으로는 처분 요건의 의미가 분명하지 아니하여 그 해석에 다툼의 여지가 있었더라도 해당 법령 규정의 위헌 여부 및 그 범위, 그 법령이 정한 처분 요건의 구체적 의미 등에 관하여 법원이나 헌법재판소의 분명한 판단이 있고, 행정청이 그러한 판단내용에 따라 법령 규정을 해석·적용하는 데에 아무런 법률상 장애가 없는데도 합리적 근거 없이 사법적 판단과 어긋나게 행정처분을 하였다면 그 하자는 객관적으로 명백하다고 봄이 타당하다); 대판 2016. 7. 14, 2015두46598(행정청이 어느 법률관계나 사실관계에 대하여 어느 법률의 규정을 적용하여 행정처분을 한 경우에 그 법률관계나 사실관계에 대하여는 그 법률의 규정을 적용할 수 없다는 법리가 명백히 밝혀져 그 해석에 다툼의 여지가 없음에도 행정청이 위 규정을 적용하여 처분을 한 때에는 그 하자가 중대하고도 명백하다고 할 것이나, 그 법률관계나 사실관계에 대하여 그 법률의 규정을 적용할 수 없다는 법리가 명백히 밝혀지지 아니하여 그 해석에 다툼의 여지가 있는 때에는 행정관청이 이를 잘못 해석하여 행정처분을 하였더라도 이는 그 처분 요건사실을 오인한 것에 불과하여 그 하자가 명백하다고 할 수 없다).

은 법률을 다만 장래적으로 무효화한다는 견해가 있다. ②의 견해는 정의의 실현이 법적 안정성보다 중요한 경우에는 예외적으로 소급효를 인정하여야 한다는 것도 내용으로 한다. 법적 안정성과 정의의 조화로운 실현을 내용으로 하는 ②의 견해가 보다 합리적이다.

㈏ 소급효 인정범위

1) 헌법재판소 ① 헌법재판소는 헌법재판소법 제47조 제2항에 따라 원 1514
칙적으로 위헌결정은 장래효이지만, 결정의 형태가 다양할 수밖에 없는 위헌결정의 특수성 때문에 예외적으로 위헌결정에 부분적인 소급효를 인정할 수 있다고 한다. ② 즉, ⓐ 구체적 규범통제의 실효성 보장의 견지에서 법원의 제청·헌법소원 청구 등을 통하여 헌법재판소에 법률의 위헌결정을 위한 계기를 부여한 당해사건, 위헌결정이 있기 전에 이와 동종의 위헌여부에 관하여 헌법재판소에 위헌제청을 하였거나 법원에 위헌제청신청을 한 경우의 당해사건, ⓑ 따로 위헌제청신청을 아니하였지만 당해 법률 또는 법률의 조항이 재판의 전제가 되어 법원에 계속 중인 사건(병행사건)에 대하여는 소급효를 인정할 수 있고, ⓒ 당사자의 권리구제를 위한 구체적 타당성의 요청이 현저한 반면에 소급효를 인정하여도 법적 안정성을 침해할 우려가 없고 나아가 구법에 의하여 형성된 기득권자의 이득이 해쳐질 사안이 아닌 경우로서 소급효의 부인이 오히려 정의와 평등 등 헌법적 이념에 심히 배치되는 때(일반사건)에도 소급효를 인정할 수 있다고 한다.[1] ③ 요컨대 헌법재판소는 위헌결정의 소급효가 당해사건, 병행사건에 대해서만 미칠 수 있다고 보면서 일반사건의 경우에는 '구체적 타당성의 요청이 현저한 반면에 법적 안정성을 침해할 우려가 없고 소급효의 부인이 오히려 헌법적 이념에 심히 배치되는 때'에 예외적으로 소급효를 인정하고 있다.

2) 대 법 원 ① 대법원은 헌법재판소의 위헌결정의 효력은 위헌제청을 1515
한 당해사건은 물론 위헌제청신청은 아니하였지만 당해 법률 또는 법률의 조항이 재판의 전제가 되어 법원에 계속 중인 사건(병행사건)뿐만 아니라 위헌결정 이후에 같은 이유로 제소된 일반사건에도 미친다고 본다.[2] ② 즉 대법원은 당해 사건, 병행사건뿐 아니라 위헌결정 이후에 이를 이유로 제소된 일반사건에 대해서도 위헌결정의 소급효가 원칙적으로 미친다고 본다. 다만, ⓐ 당해 처분에 이미 형식적 존속력(불가쟁력)이 발생하였거나,[3] ⓑ 법적 안정성과 신뢰보호

---

1) 헌재 1993. 5. 13, 92헌가10 등.
2) 대판 1993. 2. 26, 92누12247; 대판 2017. 3. 9, 2015다233982.
3) 대판 1994. 10. 28, 92누9463(위헌결정의 소급효가 인정된다고 하여 위헌인 법률에 근거한 행정처분이 당연무효가 된다고는 할 수 없고 오히려 이미 취소소송의 제기기간을 경과하여 확정력

의 요청이 현저한 경우에는 소급효를 제한하고 있다.[1)]

1516   ㈐ **위헌법률에 근거한 행정처분의 효력과의 관계**   위헌인 법률에 근거한 행정처분이 당연무효인지의 여부는 위헌결정의 소급효와는 별개의 문제로서, 위헌결정의 소급효가 인정된다고 하여 위헌인 법률에 근거한 행정처분이 당연무효가 된다고는 할 수 없고, 오히려 이미 취소소송의 제기기간을 경과하여 확정력이 발생한 행정처분에는 위헌결정의 소급효가 미치지 않는다고 보아야 한다.[2)]

  ⑶ **행정처분의 효력**

1517   ㈎ **대 법 원**   ① 헌법재판소의 위헌결정 전에 행정처분의 근거되는 당해 법률이 헌법에 위반된다는 사유는 특별한 사정이 없는 한 그 행정처분의 취소소송의 전제가 될 수 있을 뿐 당연무효사유는 아니라고 본다.[3)] 따라서 ② 원고가 무효확인소송을 제기하면 특별한 사정이 없는 한 기각된다. 행정처분의 근거가 된 시행령이 처분 후에 무효로 판명된 경우나[4)] 행정처분의 근거가 된 조례가 처분 후에 무효로 판명된 경우도[5)] 같다.

1518   ㈏ **헌법재판소**   헌법재판소 역시 ① "제소기간이 경과함으로써 그 행정처분을 더 이상 다툴 수 없게 된 뒤에도 당사자 또는 이해관계인이 그 처분의 무효확인소송 등에서 언제든지 그 처분의 근거 법률이 위헌이라는 이유를 들어 그 처분의 효력을 부인할 수 있도록 한다면, 제소기간의 규정을 두고 있는 현행의 행정쟁송제도가 뿌리째 흔들리게 됨은 물론, 기존의 법질서에 의하여 형성된

이 발생한 행정처분에는 위헌결정의 소급효가 미치지 않는다고 보아야 할 것이다).

1) 대판 2005. 11. 10, 2005두5628(위헌결정의 효력은 그 미치는 범위가 무한정일 수는 없고 다른 법리에 의하여 그 소급효를 제한하는 것까지 부정되는 것은 아니라 할 것이며, 법적 안정성의 유지나 당사자의 신뢰보호를 위하여 불가피한 경우에 위헌결정의 소급효를 제한하는 것은 오히려 법치주의의 원칙상 요청되는 바라 할 것이다); 대판 2017. 3. 9, 2015다233982.

2) 대판 1994. 10. 28, 92누9463; 헌재 1999. 9. 16, 92헌바9(원칙적으로 행정처분의 근거가 된 법률이 헌법재판소에서 위헌으로 선고된다고 하더라도 그 전에 이미 집행이 종료된 행정처분이 당연무효가 되지는 않으므로, 행정처분에 대한 쟁송기간 내에 그 취소를 구하는 소를 제기한 경우는 별론으로 하고 쟁송기간이 경과한 후에는 행정처분의 근거법률이 위헌임을 이유로 무효확인소송 등을 제기하더라도 행정처분의 효력에는 영향이 없다).

3) 대판 1994. 10. 28, 92누9463(법률에 근거하여 행정처분이 발하여진 후에 헌법재판소가 그 행정처분의 근거가 된 법률을 위헌으로 결정하였다면 결과적으로 행정처분은 법률의 근거가 없이 행하여진 것과 마찬가지가 되어 하자가 있는 것이 되나, 하자 있는 행정처분이 당연무효가 되기 위하여는 그 하자가 중대할 뿐만 아니라 명백한 것이어야 하는데, 일반적으로 법률이 헌법에 위반된다는 사정이 헌법재판소의 위헌재정이 있기 전에는 객관적으로 명백한 것이라고 할 수는 없으므로 헌법재판소의 위헌재정 전에 행정처분의 근거되는 당해 법률이 헌법에 위반된다는 사유는 특별한 사정이 없는 한 그 행정처분의 취소소송의 전제가 될 수 있을 뿐 당연무효 사유는 아니라고 봄이 상당하다).

4) 대판 2007. 6. 14, 2004두619.

5) 대판 1995. 7. 11, 94누4615.

법률관계와 이에 기초한 다른 개인의 법적 지위에 심각한 불안정을 초래할 수 있다. 위헌인 법률에 근거한 행정처분의 당사자 등은 법령상 인정된 제소기간 내에 적법한 소송을 제기하여 그 절차 내에서 그 행정처분의 근거가 된 법률 또는 법률조항의 위헌 여부를 다툴 수 있도록 보장하고, 제소기간의 경과 등 그 처분에 대하여 더 이상 다툴 수 없게 된 때에는 비록 위헌인 법률에 근거한 행정처분이라 하더라도 되도록 그 효력을 유지하도록 함으로써 다 같이 헌법상 지켜져야 할 가치인 법적 안정성과 개인의 권리구제를 조화시킴이 바람직하다" 는 입장이다.[1] ② 다만, 그 행정처분을 무효로 하더라도 법적 안정성을 크게 해치지 않는 반면에 그 하자가 중대하여 그 구제가 필요한 경우에 대하여서는 그 예외를 인정하여 이를 당연무효사유로 보아서 쟁송기간 경과 후에라도 무효확인을 구할 수 있는 것이라고 봐야 한다는 입장이다.[2] 따라서 원고가 무효를 이유로 헌법소원을 제기하면, 예외적으로 인용될 수 있다.

6. 위헌 법률에 근거한 처분의 집행력

(1) **판례 다수견해** 판례의 다수의견은「구 헌법재판소법(2011. 4. 5. 법률 제 1519 10546호로 개정되기 전의 것) 제47조 제1항은 "법률의 위헌결정은 법원 기타 국가기관 및 지방자치단체를 기속한다."고 규정하고 있는데, 이러한 위헌결정의 기속력과 헌법을 최고규범으로 하는 법질서의 체계적 요청에 비추어 국가기관 및 지방자치단체는 위헌으로 선언된 법률규정에 근거하여 새로운 행정처분을 할 수 없음은 물론이고, 위헌결정 전에 이미 형성된 법률관계에 기한 후속처분이라

---

1) 헌재 2014. 1. 28, 2010헌바251; 헌재 2016. 11. 24, 2015헌바207(행정처분의 근거법률이 헌법에 위반된다는 사정은 헌법재판소의 위헌결정이 있기 전에는 객관적으로 명백한 것이라고 할 수는 없으므로 특별한 사정이 없는 한 그러한 하자는 행정처분의 취소사유에 해당할 뿐 당연무효사유는 아니어서, 제소기간이 경과한 뒤에는 행정처분의 근거 법률이 위헌임을 이유로 무효확인소송 등을 제기하더라도 행정처분의 효력에는 영향이 없음이 원칙이다).
2) 헌재 1994. 6. 30, 92헌바23(행정처분의 집행이 이미 종료되었고 그것이 번복될 경우 법적 안정성을 크게 해치게 되는 경우에는 후에 행정처분의 근거가 된 법규가 헌법재판소에서 위헌으로 선고된다고 하더라도 그 행정처분이 당연무효가 되지는 않음이 원칙이라고 할 것이나, 행정처분 자체의 효력이 쟁송기간 경과 후에도 존속중인 경우, 특히 그 처분이 위헌법률에 근거하여 내려진 것이고 그 행정처분의 목적달성을 위하여서는 후행 행정처분이 필요한데 후행 행정처분은 아직 이루어지지 않은 경우와 같이 그 행정처분을 무효로 하더라도 법적 안정성을 크게 해치지 않는 반면에 그 하자가 중대하여 그 구제가 필요한 경우에 대하여서는 그 예외를 인정하여 이를 당연무효사유로 보아서 쟁송기간 경과 후에라도 무효확인을 구할 수 있는 것이라고 봐야 할 것이다. 그렇다면 관련소송사건에서 청구인이 무효확인을 구하는 행정처분의 진행정도는 마포세무서장의 압류만 있는 상태이고 그 처분의 만족을 위한 환가 및 청산이라는 행정처분은 아직 집행되지 않고 있는 경우이므로 이 사건은 위 예외에 해당되는 사례로 볼 여지가 있고, 따라서 헌법재판소로서는 위 압류처분의 근거법규에 대하여 일응 재판의 전제성을 인정하여 그 위헌여부에 대하여 판단하여야 할 것이다).

도 그것이 새로운 위헌적 법률관계를 생성·확대하는 경우라면 이를 허용할 수 없다. 따라서 조세 부과의 근거가 되었던 법률규정이 위헌으로 선언된 경우, 비록 그에 기한 과세처분이 위헌결정 전에 이루어졌고, 과세처분에 대한 제소기간이 이미 경과하여 조세채권이 확정되었으며, 조세채권의 집행을 위한 체납처분의 근거규정 자체에 대하여는 따로 위헌결정이 내려진 바 없다고 하더라도, 위와 같은 위헌결정 이후에 조세채권의 집행을 위한 새로운 체납처분에 착수하거나 이를 속행하는 것은 더 이상 허용되지 않고, 나아가 이러한 위헌결정의 효력에 위배하여 이루어진 체납처분은 그 사유만으로 하자가 중대하고 객관적으로 명백하여 당연무효라고 보아야 한다」는 입장이다.[1]

1520   (2) **판례 소수견해**   판례의 다수의견은 행정청이 어떠한 법률의 조항에 근거하여 행정처분을 한 후 헌법재판소가 그 조항을 위헌으로 결정하였다면 행정처분은 결과적으로 법률의 근거 없이 행하여진 것과 마찬가지로 되어 후발적으로 하자가 있게 된다고 할 것이나, 일반적으로 법률이 헌법에 위반된다는 사정은 헌법재판소의 위헌결정이 있기 전에는 객관적으로 명백한 것이라고 할 수 없으므로 특별한 사정이 없는 한 그러한 하자는 행정처분의 취소사유일 뿐 당연무효 사유라고 할 수 없고, 일정한 행정목적을 위하여 독립된 행위가 단계적으로 이루어진 경우 선행처분에 당연무효 또는 부존재인 하자가 있는 때를 제외하고 선행처분의 하자가 후속처분에 당연히 승계된다고 할 수는 없다. 과세처분과 압류처분은 별개의 행정처분이므로 선행처분인 과세처분이 당연무효인 경우를 제외하고는 과세처분의 하자를 이유로 후속 체납처분인 압류처분의 효력을 다툴 수 없다고 봄이 타당한 점, 압류처분 등 체납처분은 과세처분과는 별개의 행정처분으로서 과세처분 근거규정이 직접 적용되지 않고 체납처분 관련 규정이 적용될 뿐이므로, 과세처분 근거규정에 대한 위헌결정의 기속력은 체납처분과는 무관하고 이에 미치지 않는다고 보아야 한다는 점, 다수의견과 같이 유효한 과세처분에 대한 체납처분 절차의 진행을 금지하여 실질적으로 당해 과세처분의 효력을 부정하고 사실상 소멸시키는 데까지 위헌결정의 기속력 범위가 미친다고 새긴다면, 이는 기속력의 범위를 지나치게 확장하는 것이 되어 결과적으로 위헌결정의 소급효를 제한한 구 헌법재판소법 제47조 제2항 본문의 취지에 부합하지 않는다는 점 등에 비추어 보면, 선행처분에 해당하는 과세처분에 당연무효 사유가 없고, 과세처분에 따른 체납처분의 근거규정이 유효하게 존속하며, 외국의 일부 입법례와 같이 위헌법률의 집행력을 배제하는 명문의

---

1) 대판 2012. 2. 16, 2010두10907 전원합의체 다수의견.

규정이[1] 없는 이상, 과세처분의 근거규정에 대한 헌법재판소의 위헌결정이 있었다는 이유만으로 체납처분이 위법하다고 보는 다수의견에는 찬성할 수 없다.[2]

(3) 학   설   위헌 법률에 근거한 처분의 집행력의 인정여부와 관련하여   1521
학설상으로는 ① 위법성의 승계의 문제로 보는 견해(판례의 소수견해)와 ② 위헌적인 법적용의 집행배제의 문제로 보는 견해로 나뉜다. 후자의 경우에도 견해가 나뉜다. 즉, ⓐ 헌법재판소법 제47조 제2항(위헌으로 결정된 법률 또는 법률의 조항은 그 결정이 있는 날부터 효력을 상실한다)의 해석상 "이미 확정된 재판이나 처분은 위헌결정에 영향을 받지 아니하되, 그러한 확정된 재판이나 처분에 의한 집행은 더 이상 허용되지 않으며, 또한 위헌법률의 소급무효로 인한 부당이득반환청구권도 허용되지 않는다"는 취지로 이해하는 견해(수정해석에 의한 집행배제론),[3] ⓑ 헌법재판소법 제47조 제1항의 기속력은 소위 "결정준수의무"를 본질로 하고 있고, 이에 따라 국가기관은 위헌결정된 법률을 사안에 적용하거나 이를 집행하여서는 아니 되는 기속력을 받는다는 견해(결정준수의무에 기초한 집행배제론) 등을 볼 수 있다.[4]

Ⅳ. 무효인 행정행위

1. 무효행위의 의의

무효와 취소의 구별기준으로는 ① 논리적·형식적 관점에서 찾는 입장, ②   1522
목적론적 관점에서 찾는 입장, ③ 일종의 목적론적인 관점이라 할 기능론적 관점에서 찾는 입장이 있겠으나, 현재는 ③의 입장에서 행정행위의 적법요건에 중

---

1) 독일 연방헌법재판소법 제79조(결정의 효력) ② 그 밖의 경우에는 제95조 제2항 또는 특별한 법률규정을 제외하고, 제78조에 따라 무효로 선언된 규범에 근거한 더 이상 다툴 수 없는 결정은 영향을 받지 아니한다. 그러한 결정에 근거한 집행은 허용되지 아니한다. 민사소송법 규정에 따른 강제집행이 실현될 수 있는 한, 민사소송법 제767조를 준용한다. 부당이득청구권은 제외된다.
2) 대판 2012. 2. 16, 2010두10907 전원합의체 소수의견.
3) 이동흡, "위헌법률에 근거한 처분에 대한 집행력 허용 여부," 행정판례연구 제5집, 서울대학교 출판부, 2001, 67쪽 참조.
4) 이동흡, 위의 각주와 동일. 대판 2017. 12. 28, 2017두30122(수익적 처분의 근거 법령이 특정한 유형의 사람에 대한 지급 등 수익처분의 근거를 마련하고 있지 않다는 점이 위헌이라는 이유로 헌법불합치 결정이 있더라도, 행정청은 그와 관련한 개선입법이 있기 전에는 해당 유형의 사람에게 구체적인 수익적 처분을 할 수는 없을 것이다. 그러나 이와 달리, 법률상 정해진 처분 요건에 따라 부담금을 부과·징수하는 침익적 처분을 하는 경우에는, 어떠한 추가적 개선입법이 없더라도 행정청이 사법적 판단에 따라 위헌이라고 판명된 내용과 동일한 취지로 부담금 부과처분을 하여서는 안 된다는 점은 분명하다. 나아가 이러한 결론은 법질서의 통일성과 일관성을 확보하려는 법치주의의 당연한 귀결이므로, 행정청에 위헌적 내용의 법령을 계속 적용할 의무가 있다고 볼 수 없고, 행정청이 위와 같은 부담금 처분을 하지 않는 데에 어떠한 법률상 장애가 있다고 볼 수도 없다).

대하고도 명백한 하자가 있기 때문에 외관상 행정행위가 존재함에도 불구하고 행정행위로서 갖는 효과를 전혀 갖지 못하는 행정행위를 무효인 행정행위라 부른다. 무효인 행정행위는 행위의 외관이 존재한다는 점에서 부존재와 구별되며, 처음부터 효력이 없다는 점에서 취소되기 전까지는 효력을 가지는 취소와 구별된다. 그리고 일단 유효하게 성립하였다가 일정한 사유의 발생으로 효력이 소멸되는 실효와도 구별된다.

2. 무효사유

1523　　법률이 일정사유가 존재하면 무효라고 규정하고 있는 경우, 그 사유가 무효사유인 것은 물론이다(이러한 경우로 독일행정절차법 제44조 제2항은 개별적인 무효사유를 규정하고 있다).[1] 그러나 법률이 특별히 무효사유를 규정하지 않아도, 중대하고 또한 고려될 수 있는 모든 상황의 합리적인 평가상 명백한 하자는 무효사유가 된다. 그러나 중대·명백의 판단이 반드시 용이한 것은 아니다. 이하에서 무효사유를 개괄적으로 살펴보기로 한다.

1524　　⑴ **주체상 무효원인**　　행정행위는 권한을 가진 기관에 의해 권한의 범위 내에서 정상적인 의사작용에 따라 이루어져야 한다. 그렇지 아니하면 무효 내지 취소의 대상이 된다. 이하에서 유형별로 행정행위의 주체와 관련된 무효원인을 보기로 한다.

---

1) 독일행정절차법 제44조(행정행위의 무효) ① 특히 중대한 하자를 갖고 또한 그 하자가 고려될 수 있는 모든 상황을 합리적으로 평가할 때에 명백하다면, 그러한 행정행위는 무효이다.

② 1항의 요건이 구비되지 않아도 다음 각호의 경우에 행정행위는 무효이다.

　1. 문서로 발령되었으나 발령청을 알 수 없는 행위

　2. 법규상 증서의 교부를 통해서만 발령될 수 있는 행위의 경우에 그러한 형식이 구비되지 아니한 행위

　3. 3항 1호에서 근거된 권한(지역적 권한) 밖에서 그 권한에 대한 수권없이 발한 행위

　4. 사실상의 이유에서 누구도 실현할 수 없는 행정행위

　5. 형벌이나 금전벌(과태료)의 구성요건을 실현시키는 위법한 행위를 명하는 행정행위

　6. 사회상규(die guten Sitte)에 반하는 행정행위

③ 행정행위는 다음의 사유만으로는 무효가 되지 아니한다.

　1. 제2항 제3호의 사유가 있는 경우 이외의 경우로서 지역적 권한에 관한 규정이 준수되지 아니한 경우

　2. 제20조(제척) 1항 1문 2호 내지 6호에 의하여 제척된 자가 협력한 경우

　3. 법규에 의해 협력이 요구된 위원회가 행정행위의 발령을 위해 규정된 의결을 하지 아니하였거나 의결할 수 없는 경우

　4. 법규에 의해 필요한 다른 행정청의 협력이 없는 경우

제46조(절차하자와 형식하자의 효과) 절차규정·형식규정 또는 지역적 권한에 관한 규정의 위반이 결정(행정행위)의 내용에 영향을 미치지 아니한 것이 명백하다면, 절차규정·형식규정 또는 지역적 권한에 관한 규정을 위반하였다는 이유만으로는 '제44조에 의해 무효가 아닌 행정행위'의 폐지를 다툴 수 없다.

(가) **정당한 기관구성자가 아닌 자의 행위** ① 적법하게 선임된 것이 아닌 공 1525
무원, 결격사유가 있는 공무원, ② 공무원의 신분을 상실한 공무원, 즉 임명이
취소된 공무원, 임기가 만료되었거나 사직한 공무원의 행위는 무효가 된다. 다
만 선의의 상대방의 보호(법적 안정성의 확보)를 위해 유효한 행위로 보아야 할 경
우도 있다(사실상의 공무원). ③ 한편 합의제기관의 경우에는 결격사유있는 자가
합의체의 구성원으로 참여하여 비로소 의결정족수를 구성한 회의 또는 의결정
족수미달의 회의에서 결정된 행위는 무효이다. 그러나 회의소집에 하자가 있거
나 공개회의에서 결정되어야 할 사항이 비공개회의에서 결정된 경우에는 원칙
적으로 취소할 수 있는 행위라 본다(중대명백설).

(나) **무권한의 행위** 명백한 무권한의 행위는 무효이다. 여기서 권한이란 1526
사항적 권한·지역적 권한·인적 권한을 모두 포함한다.[1] 명백히 대리권이 없는
자의 행위 역시 무효이다. 다만 상대방의 신뢰보호와 관련하여 유효로 보아야
할 경우도 있다(표현대리의 유추적용). 권한초과의 경우에는 초과부분만이 무효
또는 취소의 대상이 된다고 본다.[2] 종래의 판례는 적법한 권한의 위임에 따르
지 않은 행위도 무권한의 행위로서 무효가 된다고 보았으나[3] 근년의 판례는 취
소의 대상으로 본 경우도 있다.[4] 한편 판례에 따르면 무권한자가 행한 행위의
취소권자(무효선언의 의미에서 취소권자)는 무권한의 행위를 한 행정청이라 한다.[5]

---

1) 대판 1976. 2. 24, 76누1(유기장법 및 지방자치법 제7조의 규정에 비추어 유기장 영업허가는 시
　장이 하게 되어 있을 뿐 이 허가권을 동장에게 외부위임할 수 있는 근거가 없고 영업허가 권한
　이 없는 동장이 한 영업허가는 당연무효가 될 것이므로 동장으로부터 유기장영업허가 취소를
　받은 자는 행정처분 취소를 소구할 이익이 없다).

2) 대판 2007. 7. 26, 2005두15748(행정청의 권한에는 사무의 성질 및 내용에 따르는 제약이 있고,
　지역적·대인적으로 한계가 있으므로 이러한 권한의 범위를 넘어서는 권한유월의 행위는 무권
　한 행위로서 원칙적으로 무효라고 할 것이나, 행정청의 공무원에 대한 의원면직처분은 공무원
　의 사직의사를 수리하는 소극적 행정행위에 불과하고, 당해 공무원의 사직의사를 확인하는 확
　인적 행정행위의 성격이 강하며 재량의 여지가 거의 없기 때문에 의원면직처분에서의 행정청
　의 권한유월 행위를 다른 일반적인 행정행위에서의 그것과 반드시 같이 보아야 할 것은 아니
　다. 5급 이상의 국가정보원직원에 대한 의원면직처분이 임면권자인 대통령이 아닌 국가정보원
　장에 의해 행해진 것으로 위법하고, 나아가 국가정보원직원의 명예퇴직원 내지 사직서 제출이
　직위해제 후 1년여에 걸친 국가정보원장 측의 종용에 의한 것이었다는 사정을 감안한다 하더
　라도 그러한 하자가 중대한 것이라고 볼 수는 없으므로, 대통령의 내부결재가 있었는지에 관계
　없이 당연무효는 아니다).

3) 대판 1975. 4. 8, 75누41(의료법 제51조, 제64조의 규정들에 의하면 의료법에 의한 권한을 하급
　기관에 위임할 수 있는 것은 보건사회부장관에 그치므로 도지사가 의료업정지권한을 군수에게
　위임한 것은 무효이고 따라서 군수가 한 의료업정지처분은 무효이다).

4) 대판 2002. 12. 10, 2001두4566(구청장이 서울특별시 조례에 의한 적법한 위임 없이 택시운전자
　격정지처분을 한 경우, 그 하자가 비록 중대하다고 할지라도 객관적으로 명백하다고 할 수는
　없으므로 당연무효 사유가 아니다).

5) 대판 1984. 10. 10, 84누463(권한 없는 행정기관이 한 당연무효인 행정처분을 취소할 수 있는

1527　　㈐ **의사무능력자·행위무능력자의 행위**　　의사능력없는 공무원의 행위는 무효이다. 심신상실에 의한 행위, 강제에 의한 행위가 이에 해당한다. 행위능력없는 피성년후견인·피한정후견인의 행위는 역시 무효라 할 것이다. 이들은 공무원임용에 결격사유를 가진 자이기 때문에 정당한 기관구성자가 될 수 없다는 면도 갖는다. 다만 이러한 경우에도 사실상의 공무원의 이론이 적용될 수 있을 것이다. 미성년인 공무원의 경우에는 문제가 없다.

1528　　㈑ **의사에 하자있는 행위**　　판례는 착오를 독립의 취소사유로도 보지 아니한다.[1] 그런 착오의 결과로 인한 행위가 위법한 경우에는 위법을 이유로 무효·취소될 수 있을 것이다. 판례의 입장이기도 하다.[2] 착오를 독립의 취소사유로 보는 견해도 있다.

1529　　(2) **절차상 무효원인**　　법상 요구되는 절차가 있는 경우 행정행위의 발령에는 그러한 절차를 반드시 거쳐야 한다. 만약 이에 따르지 아니하면 하자있는 것이 된다. 그 효과는 일률적으로 말할 수 없다. 유형별로 절차와 관련된 무효원인을 보기로 한다.

1530　　㈎ **타기관의 협력을 결한 행위**　　행정행위의 발령에 다른 행정기관의 협력이 요구됨에도 그 협력을 거치지 아니한 행위의 효과는 두가지로 나누어 볼 필요가 있다. 즉 ① 그 협력이 행정행위의 발령에 필수적인 전제요건인 경우에는 협력의 결여는 원칙적으로 취소사유가 된다.[3] 그러나 ② 단순히 자문을 구하는 것인 경우에는 원칙적으로 무효나 취소의 사유가 되지 아니한다. 즉 원칙적으로 효력에 영향을 미치지 아니한다.

1531　　㈏ **사인의 협력·협의를 결한 행위**　　사인의 협력이 요구되는 행정행위의 경우에 사인의 협력이 없이 발령된 행위는 하자있는 것이 된다. 그 하자가 무효의 원인이 되는지 아니면 취소의 원인이 되는지의 여부는 협력이 필요한 의미와 행정행위의 성질에 따라 달리한다. 여기서는 신청의 사항적인 기능이 중요하다 (예 : 귀화신청 없이 이루어지는 귀화허가나 임용신청 없이 이루어지는 공무원임용행위는 무

권한은 당해 행정처분을 한 처분청에게 속하고, 당해 행정처분을 할 수 있는 적법한 권한을 가지는 행정청에게 그 취소권이 귀속되는 것이 아니다).

1) 류지태, 고시계, 1997. 1, 192쪽.
2) 대판 1979. 6. 26, 79누43(착오로 행정행위를 한 것이고, 행정행위의 절차에 하자가 있는 것으로 볼 수 없는 경우는 그 사유만으로 행정행위를 취소할 수 없다); 대판 1976. 5. 11, 75누214.
3) 대판 2000. 10. 13, 99두653(택지개발촉진법 제3조에서 건설부장관이 택지개발예정지구를 지정함에 있어 미리 관계중앙행정기관의 장과 협의를 하라고 규정한 의미는 그의 자문을 구하라는 것이지 그 의견을 따라 처분을 하라는 의미는 아니라 할 것이므로 이러한 협의를 거치지 아니하였다고 하더라도 이는 위 지정처분을 취소할 수 있는 원인이 되는 하자 정도에 불과하고 위 지정처분이 당연무효가 되는 하자에 해당하는 것은 아니라고 봄이 상당하다).

효이다). 행정행위의 발령의 요건인 청문절차의 결여는 무효 또는 취소의 원인이 될 것이다.[1]

(다) **공고·통지·중간절차의 결여**　　이해관계인의 보호를 위해 법상 요구되는 　**1532** 공고·통지행위의 결여는 원칙적으로 행정행위를 무효로 만든다. 어떠한 효과를 위해 연속된 여러 개의 절차를 거쳐 행정행위가 발해지는 경우에 그 절차 중의 하나가 생략된 경우(예 : 독촉절차가 생략된 압류처분) 후행행위의 효과는 구체적 상황에 따라 판단되어야 할 것이지만 원칙적으로 무효로 보아야 할 것이다. 판례는 당연무효로 보지 아니한다.[2]

(라) **증표의 제시**　　행정강제에 있어서 증표의 제시가 요구되는 경우에(예 : 　**1533** 행집법 제4조; 국징법 제25조) 이에 위반한 행정행위는 원칙적으로 무효가 된다고 할 것이다.

(3) **형식상 무효원인**　　형식은 요식행위에서 문제된다. 요식행위에서 형식 　**1534** 의 결여가 어떠한 효과를 가져올 것인가는 한 마디로 말할 수 없고, 요구되는 형식의 의미 내지 중요성에 따라 판단되어야 한다.

(가) **내용명확의 요구**　　행정행위의 존재와 내용을 명백히하기 위해 형식이 　**1535** 요구되는 경우, 형식의 결여는 행정행위의 무효를 가져온다.

(나) **문서형식과 관련된 문제**　　행정행위의 형식으로서 문서의 형식이 요구되 　**1536** 는 경우, 이와 관련하여 다음의 몇 가지가 지적되어야 한다. ① 법이 문서의 형식을 요하는 경우(문서에 의하지 않은 처분, 절차법 제24조; 재결서에 의하지 않은 재결, 행심법 제46조 제1항), 이의 위반은 무효사유가 된다. ② 법이 문서의 형식뿐만 아니라 기재사항까지 정하고 있음에도 불구하고 요구되는 기재사항을 결한 경우(이유를 제시하지 않은 처분, 절차법 제23조 제1항; 이유의 기재 없는 행정심판재결서, 행심법 제46조 제2항 제5호)에는 그 사항이 중요한 부분이라면 무효사유가 된다. 다만 이유기재가 불충분하다면 취소사유가 될 것이다.[3] ③ 문서에 의한 행위의 경우,

---

1) 대판 1987. 7. 21, 86누623(교육공무원법의 위임에 의하여 제정된 교육공무원징계령 제8조 소정의 징계혐의자에 대한 출석통지는 징계혐의자로 하여금 징계심의 개최일을 알게 하고 동시에 자기에게 이익되는 사실을 진술하거나 증거자료를 제출할 기회를 부여하기 위한 조치에서 나온 강행규정이므로 적법한 출석통지 없이 한 징계심의절차는 위법하다); 대판 1986. 8. 19, 86누115.

2) 대판 1987. 9. 22, 87누383(납세의무자가 세금을 납부기한까지 납부하지 아니하자 과세청이 징수를 위하여 압류처분에 이른 것이라면 비록 독촉절차 없이 압류처분을 하였다 하더라도 이러한 사유만으로는 압류처분을 무효로 되게 하는 중대하고도 명백한 하자로는 되지 않는다).

3) 대판 1998. 6. 26, 96누12634(지방세법 제1조 제1항 제5호, 제25조 제1항, 지방세법시행령 제8조 등 납세고지서에 관한 법령규정들은 강행규정으로서 이들 법령이 요구하는 기재사항 중 일부를 누락시킨 하자가 있는 경우 이로써 그 부과처분은 위법하게 되지만, 이러한 납세고지서 작성과 관련한 하자는 그 고지서가 납세의무자에게 송달된 이상 과세처분의 본질적 요소를 이

법의 규정유무를 불문하고 발령청의 기명·날인이 결여된 행위는 문서의 기본요
건을 결한 것으로서 원칙적으로 무효가 된다. 그러나 자동화된 시설의 도움으로
발해지는 서면에 의한 행정행위의 경우에는 그러하지 않다고 본다(독일행정절차
법 제37조 제4항은 이를 명문으로 규정하고 있다).

1537   (4) 내용상 무효원인   행정행위의 내용은 가능하고 명확하며, 사회적 타당
성을 가져야 한다. 이에 위배된 행위는 무효의 문제를 가져온다.

1538   (가) 실현불능의 행위   실현불가능한 행위는 무효이다. 법은 불가능을 요구
할 수 없기 때문이다. 그런데 실현불능에도 사실상의 불능과 법률상의 불능이
있다. 사실상 불능이란 자연과학적 의미에서가 아니라 사회통념상 실현이 불가
능한 것을 말한다(예 : 1시간 내 불법고층건물의 철거를 명하는 경우). 법률상 불능이란
법이론적 관점에서 또는 법제도상 실현이 불가능한 것을 말한다. 이것은 다시
인적 불능(예 : 사자에 대한 운전면허), 물적 불능(예 : 없는 물건의 제출명령), 법률관계
에 관한 불능(예 : 인신매매업의 허가) 등으로 나눌 수 있다. 인적 불능의 경우에는
다른 자에 대한 행위로 전환될 수 있는 경우도 있다.

1539   (나) 불명확한 행위   행위의 내용이 무엇인지 사회통념상 인식할 수 없을
정도로 명확하지 않은 행위는 당연히 무효가 된다.

1540   (다) 사회적 타당성을 결한 행위   통설은 무효가 아니라 취소할 수 있는 행위
로 보지만, 무효인 행위로 보는 것이 옳다고 본다. 왜냐하면 공동체의 질서를
형성하고 유지하는 것이 공행정의 목적임을 고려할 때 공동체의 질서에 반하는
행위(즉 사회적 타당성을 결한 행위)는 공행정의 목적에 상충되는 것이기 때문이다.

1541   (라) 법적 근거를 결여한 행위 등   침익적 행위의 발령에 근거되는 법원이 사
후에 무효로 선언된 경우, 즉 법적 근거를 소급적으로 결여한 행정행위는 일반
적으로 취소할 수 있는 행위가 된다. 왜냐하면 일반적으로 명백성이 결여되기
때문이다.[1] 만약 법적 근거의 결여가 명백하다면 무효인 행위가 된다. 그리고
불확정개념의 해석·적용상의 위법, 재량하자, 비례원칙위반 등은 일반적으로
취소사유가 된다.

3. 무효의 효과

1542   무효인 처분은 처음부터 그 효력이 발생하지 아니한다(기본법 제15조 단서).
달리 말하면, 무효인 행정행위에서 무효란 직권취소나 쟁송절차를 거침이 없이

루는 것은 아니어서 과세처분의 취소사유가 됨은 별론으로 하고 당연무효의 사유로는 되지 아
니한다).

1) Giemulla/Jaworsky/Müller – Uri, Verwaltungsrecht, Rn. 332; 대판 1995. 12. 5, 95다39137.

도 그 행위의 효력이 없고, 따라서 누구도 그 행위를 준수할 필요가 없음을 뜻
한다. 그 행위에 의해서는 처음부터 아무런 권리나 의무도 생겨나지 않는다.[1]

4. 무효의 주장방법

무효행위는 누구나 주장할 수 있는 것이지만, 당사자 사이에 분쟁이 있으면   1543
이를 사법적으로 해결하는 방법이 필요하다. 현행제도상 인정되고 있는 사법적
인 무효주장방법으로는 다음을 볼 수 있다.

(1) **무효확인심판으로써 주장**   행정행위의 무효확인을 구하는 데 법률상   1544
이익이 있는 자는 그 행정행위가 무효임의 확인을 구하는 행정심판을 제기할
수 있다(행심법 제5조 제2호·제13조 제2항).

(2) **무효확인소송으로써 주장**   무효행위로 인해 권리가 침해되는 자는 무   1545
효확인을 구하는 것을 본안으로 하는 무효확인소송의 제기를 통해 무효를 다툴
수 있다(행소법 제4조2호·제35조).

(3) **선결문제로써 주장**   무효인 행위는 그 행위와 관련있는 다른 행위에   1546
관한 소송에서 선결문제로써 다툴 수도 있다(예 : 과세처분의 무효를 원인으로 하는
부당이득반환청구소송에서 부당이득여부에 대한 판단의 선결문제로서 과세처분의 무효를 다
투는 경우). ① 행정소송법은 민사소송의 선결문제에 대해서만 규정하고 있다(행
소법 제11조). ② 학설은 행정행위의 무효여부가 공법상 당사자소송이나 민사소
송 또는 형사소송의 선결문제로 된 경우에 수소법원이 그 행정행위의 무효를
확인할 수 있는 것으로 본다.

(4) **취소소송의 형식으로써 주장**   판례는 무효선언을 구하는 의미의 취소   1547
소송의 형식으로 무효를 주장하는 것도 인정한다.[2] 이 경우에는 본래의 취소소
송의 경우와 같이 제소기간의 제한 등이 적용된다는 것이 판례의 태도이다.[3]

---

1) 대판 1966. 11. 29, 66다1619(무효한 행정처분은 형식상 행정처분으로서는 존재하나 그 처분내
   용에 적응한 법률상 결과는 전혀 발생할 수 없는 것이므로 권한 있는 기관으로부터의 취소선
   언이 없다 하여도 누구나 언제든지 그 무효를 주장할 수 있고 법원은 그 행정처분을 민사사건
   의 선결문제로서 심리하여 그 무효를 인정할 수 있는 것이다).
2) 대판 1966. 9. 6, 66누81(원고의 청구는 피고(동대문세무서장)가 이 사건 토지를 피고보조참가
   인에게 매각한 처분을 취소하라는 것으로 되어 있으나 그 청구원인 사실에서 느껴지는 취지는
   농지개혁법에 의하여 분배하여야 할 농지를 피고가 비농지라 하여 처분한 것이므로 그 처분이
   무효인 것을 확인하여 달라는 취지로 볼 수 있다. 원심이 이 점에 관하여 석명하지 아니한 채
   원고의 본건 청구를 들어주었다 하여 석명권 불행사로 인한 심리미진의 위법사유가 된다고 말
   할 수 없다. 논지는 이 사건에서처럼 행정처분이 무효인 경우에는 구태여 행정소송에 호소할
   이익이 없고 민사상의 구제방법으로서 충분하다고 공격한다. 그러나 그러한 사유가 있다 하여
   그 행정처분의 무효확인을 구하는 의미에서 그 취소를 구할 수 없다고는 볼 수 없다).
3) 대판 1993. 3. 12, 92누11039(행정처분의 당연무효를 선언하는 의미에서 그 취소를 구하는 행정
   소송을 제기한 경우에도 제소기간의 준수 등 취소소송의 제소요건을 갖추어야 하는 것이므로

5. 일부무효

1548   행정행위의 일부가 무효이면(소위 일부무효, Teilnichtigkeit), 그 부분만이 무효이고, 나머지 부분은 유효한 행위로 존재한다. 그러나 그 무효부분이 중요한 것이어서 행정청이 그것 없이는 행정행위를 발하지 않았으리라 판단되는 경우에 한하여 그 행정행위는 전체가 무효로 된다고 본다(독일행정절차법은 제44조 제4항에서 명문으로 이를 규정하고 있다). 무효부분이 중요하다는 것은 행정행위가 분리될 수 없다는 것을 의미한다. 행정행위가 분리될 수 없다는 것은 남는 부분이 더 이상 독립적인 의미를 갖지 아니하거나, 남는 부분이 무효부분으로 인하여 의미를 달리하게 되거나, 남는 부분만으로는 행정행위의 목적을 달성할 수 없는 경우 등을 의미한다.[1]

6. 기   타

1549   ① 사정재결·사정판결이 취소할 수 있는 행정행위에 적용됨은 의문이 없으나, 무효의 행정행위에도 적용되는가에 관해서는 견해가 갈린다. 한편 ② 무효의 행위에 전환이 인정되기도 함은 물론이다.

Ⅴ. 행정행위의 하자의 승계

1. 하자의 승계의 의미

1550   둘 이상의 행정행위가 연속적으로 행해지는 경우, 선행행위에 하자가 있으면 후행행위 자체에 하자가 없어도 후행행위에 영향을 미치는가의 문제가 행정행위의 하자의 승계문제이다. 달리 말하면 이것은 선행행위의 하자를 이유로 후행행위를 다툴 수 있는가의 문제이다. 이 때문에 후행행위의 하자를 이유로 선행행위를 다투는 것은 하자의 승계문제가 아닐뿐더러, 인정될 수도 없다.[2]

2. 하자의 승계가 문제되는 행위

1551   행정행위의 하자의 승계여부는 선행행위가 무효인 경우에는 특별히 문제되지 아니한다. 왜냐하면 이 경우에는 후행행위를 다툴 필요없이 바로 선행행위의

원고가 주위적 청구로 이 사건 이의재결의 취소를 구하고 있는 이상 그 취지가 위 이의재결의 당연무효를 선언하는 의미에서 취소를 구하는 것이라 하더라도 토지수용법 제75조의2 소정의 제소기간을 준수하여야 한다).

1) Büchner, in : Schweickhardt(Hrsg.), Allgemeines Verwaltungsrecht, Rn. 612.
2) 대판 1997. 2. 14, 96누15428(계고처분의 후속절차인 대집행에 위법이 있다고 하더라도, 그와 같은 후속절차에 위법성이 있다는 점을 들어 선행절차인 계고처분이 부적법하다는 사유로 삼을 수는 없다).

무효를 주장하면 되기 때문이다. 또한 선행행위가 불가쟁력을 발생하기 전에도 특별히 문제되지 않는다. 이 경우에는 바로 선행행위를 다투면 되기 때문이다. 따라서 행정행위의 하자의 승계문제는 선행행위에 무효원인이 아닌 하자가 있고, 또한 선행행위가 불가쟁력을 발생한 경우를 중심으로 하는 문제이다.

3. 하자의 승계의 인정범위

행정행위의 하자의 승계문제에 대한 이론의 입장은 전통적인 입장과 새로운 입장의 두 가지가 있다. 전통적인 입장이 통설적인 견해이다.　1552

(1) **전통적인 이론**　① 전통적인 견해와 판례는 행정행위의 하자문제는 행정행위마다 독립적으로 판단되어야 한다는 전제하에 선행행위와 후행행위가 상호관련적이나 별개의 목적으로 행하여지는 경우(예 : 과세처분과체납처분)에는[1] 선행행위의 위법성이 후행행위에 승계되지 아니한다고 한다.[2] 그러나 무효의　1553

---

1) 헌재 2004. 1. 29, 2002헌바73(조세의 부과처분과 압류 등의 체납처분은 별개의 행정처분으로서 독립성을 가지므로 부과처분에 하자가 있더라도 그 부과처분이 취소되지 아니하는 한 그 부과처분에 의한 체납처분은 위법이라고 할 수는 없다); 대판 1987. 9. 22, 87누383; 대판 1988. 6. 28, 87누1009.

2) 대판 2019. 1. 31, 2017두40372(공인중개사업무정지처분과 업무정지기간 중의 중개업무를 사유로 한 중개사무소의 개설등록취소처분); 대판 2017. 7. 18, 2016두49938(도시·군계획시설결정과 실시계획인가는 도시·군계획시설사업을 위하여 이루어지는 단계적 행정절차에서 별도의 요건과 절차에 따라 별개의 법률효과를 발생시키는 독립적인 행정처분이다. 그러므로 선행처분인 도시·군계획시설결정에 하자가 있더라도 그것이 당연무효가 아닌 한 원칙적으로 후행처분인 실시계획인가에 승계되지 않는다). 승계를 부인한 판례로 헌재 2015. 1. 29, 2013헌바136(도시 및 주거환경정비법상 선행처분인 정비구역 지정결정과 후행처분인 설립인가처분, 선행처분인 사업시행인가처분과 후행처분인 관리처분계획); 헌재 2014. 3. 27, 2011헌바232; 헌재 2010. 12. 28, 2009헌바429(도시관리계획의 결정 및 고시, 사업시행자지정고시, 사업실시계획인가고시, 수용재결 등의 단계로 진행되는 도시계획시설사업의 경우 그 각각의 처분은 이전의 처분을 전제로 한 것이기는 하나, 단계적으로 별개의 법률효과가 발생되는 독립한 행정처분이어서 이미 불가쟁력이 발생한 선행처분에 하자가 있다고 하더라도 그것이 당연무효의 사유가 아닌 한 후행처분에 승계되는 것은 아니다); 대판 2012. 1. 26, 2009두14439(소득금액변동통지와 납세고지)·대판 2008. 8. 21, 2007두13845(표준지공시지가결정과 수용보상금증감청구소송)·대판 2001. 6. 26, 99두11592(개별공시지가결정과 개별부담금부과분)·대판 1994. 1. 25, 93누8542(개별공시지가결정과 과세처분)·대판 1993. 2. 9, 92누4567(국립보건원장의 안경사시험합격처분과 보건사회부장관의 안경사면허취소처분)·대판 2002. 12. 10, 2001두5422(보충역편입처분과 공익근무요원소집처분)·대판 2000. 10. 13, 2000두5142(사업인정과 수용재결처분)·대판 1998. 9. 8, 97누20502(건물철거명령과 대집행계고처분)·대판 1996. 3. 22, 95누10075(택지개발예정지구지정과 택지개발계획승인처분)·대판 2000. 10. 13, 99두653(택지개발계획의 승인과 수용재결처분)·대판 1995. 3. 28, 93누23565(토지등급의 설정 또는 수정처분과 과세처분)·대판 1994. 12. 23, 94누477(수강거부처분과 수료처분)·대판 1992. 12. 11, 92누5584(재개발사업시행인가처분과 토지수용재결처분)·대판 1991. 11. 26, 90누9971(도시계획사업의 실시계획인가고시와 수용재결처분)·대판 1991. 4. 23, 90누8756(액화석유가스판매사업허가와 사업개시신고반려처분)·대판 1990. 1. 23, 87누947(사업인정과 수용재결)·대판 1987. 9. 8, 87누395(토지수용재결처분)·대판 1990. 1. 23, 87누947(도시계획결정과 수용재결); 대판 1984. 9. 1, 84누191(직위해제처분과 면직처분)·대판 1977. 7. 12, 76누51(과세처분과 체납처분)을 볼 수 있다.

경우에는 승계가 된다고 본다.[1] 그런데 판례는 근래에 선행행위와 후행행위가 별개의 법률효과를 목적으로 하는 경우에도 수인성의 원칙상 예외적으로 승계를 인정하기도 한다.[2]

1554   ② 한편 선행행위와 후행행위가 일련의 절차를 구성하면서 하나의 효과를 목적으로 하는 경우(예 : 체납처분절차상 압류와 매각)에는 예외적으로 선행행위의 위법성이 후행행위에 승계된다고 이론구성을 하고 있다.[3]

(2) 규준력설

1555   ㈎ 의 의   행정행위의 하자의 승계문제를 선행행위의 후행행위에 대한 규준력(구속력)의 문제로 이론을 구성하려는 새로운 견해가 있다. 이러한 선행행위의 구속력은 행정행위의 규준력(Maßgeblichkeit)·기결력(Präjudizielle Wirkung) 등으로 불린다. 즉, 행정행위의 하자의 승계문제를 행정행위의 효력 중 실질적 존속력과 관련하여 이해한다.[4] 행정행위의 실질적 존속력은 형식적 존속력이 발생하는 시점(예 : 쟁송기간의 도과)에서 비로소 나타나는 상대방 및 이해관계인과 행정청에 대한 포괄적 구속력을 의미한다고 한다. 특히 이러한 실질적 존속력은

---

1) 대판 2017. 7. 11, 2016두35120(선행처분과 후행처분이 서로 독립하여 별개의 법률효과를 목적으로 하는 때에도 선행처분이 당연무효이면 선행처분의 하자를 이유로 후행처분의 효력을 다툴 수 있다. 도시계획시설사업의 시행자가 작성한 실시계획을 인가하는 처분은 도시계획시설사업 시행자에게 도시계획시설사업의 공사를 허가하고 수용권을 부여하는 처분으로서 선행처분인 도시계획시설사업 시행자 지정 처분이 처분 요건을 충족하지 못하여 당연무효인 경우에는 사업시행자 지정 처분이 유효함을 전제로 이루어진 후행처분인 실시계획 인가처분도 무효라고 보아야 한다); 대판 2000. 9. 5, 99두9889; 대판 1998. 9. 8, 97누20502; 대판 1999. 4. 27, 97누6780; 대판 1996. 6. 28, 96누4374; 대판 1988. 6. 28, 87누1009.

2) 대판 2019. 1. 31, 2017두40372; 대판 2013. 3. 14, 2012두6964([갑을 친일반민족행위자로 결정한 친일반민족행위진상규명위원회(이하 '진상규명위원회'라 한다)의 최종발표(선행처분)에 따라 의정부지방보훈지청장이 독립유공자 예우에 관한 법률(이하 '독립유공자법'이라 한다) 적용대상자로 보상금 등의 예우를 받던 갑의 유가족 을 등에 대하여 독립유공자법 적용배제자 결정(후행처분)을 하자 원고가 다툰 의정부보훈지청장 독립유공자법적용배제사건에서] 두 개 이상의 행정처분을 연속적으로 하는 경우 선행처분과 후행처분이 서로 독립하여 별개의 법률효과를 목적으로 하는 때에는 선행처분에 불가쟁력이 생겨 그 효력을 다툴 수 없게 된 경우에는 선행처분의 하자가 중대하고 명백하여 당연무효인 경우를 제외하고는 선행처분의 하자를 이유로 후행처분의 효력을 다툴 수 없는 것이 원칙이다. 그러나 선행처분과 후행처분이 서로 독립하여 별개의 효과를 목적으로 하는 경우에도 선행처분의 불가쟁력이나 구속력이 그로 인하여 불이익을 입게 되는 자에게 수인한도를 넘는 가혹함을 가져오며, 그 결과가 당사자에게 예측이 가능한 것이 아닌 경우에는 국민의 재판받을 권리를 보장하고 있는 헌법의 이념에 비추어 선행처분의 후행처분에 대한 구속력은 인정될 수 없다); 대판 1998. 3. 13, 96누6059; 대판 1994. 1. 25, 93누8542.

3) 승계를 인정한 판례로 대판 1996. 2. 9, 95누12507(계고처분과 대집행영장발부통보처분)·대판 1986. 10. 28, 86누147(독촉과 가산금·중가산금징수처분)·대판 1975. 12. 9, 75누123(한지의사 시험자격인정과 한지의사면허처분) 등을 볼 수 있다.

4) 김남진, 행정법(Ⅰ), 339쪽(2019); 정하중, 고시연구 2003. 6, 186쪽.

둘 이상의 행정행위가 일련의 절차에서 연속하여 행하여지는 경우, 행정청과 상대방 및 이해관계인에 대한 규준력(구속력)을 의미하며, 행정청은 후행행정행위의 규율에 있어서 불가쟁력이 발생된 선행행정행위의 규율내용과 모순되는 결정을 내려서는 안 되며, 상대방도 후행행정행위에 대한 불복에 있어서 이미 불가쟁력이 발생된 선행행위의 규율내용에 대해서는 다투어서는 안 된다는 것을 의미한다고 한다.

(나) 한 계 구속력이 미치는 한계로는 ① 사물적 한계로서 양행위가 동 1556
일한 목적을 추구하며, 법적 효과가 궁극적으로 일치되어야 하고, ② 대인적(주관적) 한계로서 후행행위에 대하여 법적 이해관계있는 자 및 후행행위와 법적 관련을 맺는 모든 국가기관(처분청·행정심판기관·수소법원)에 구속력이 미치며, ③ 시간적 한계로서 선행행위의 사실 및 법상태가 유지되는 한도 안에서 구속력이 미치고, ④ 상기 한계 내에 구속력이 인정되어도 그 결과가 개인에게 지나치게 가혹한 결과를 초래하지 않는 범위에서 구속력이 미친다고 한다. 즉 예측이 불가능하거나, 수인이 불가능한 경우에는 구속력이 배제된다고 한다.

(3) 사 견 새로운 이론이 행정행위의 효력을 보다 체계화하고 있다는 1557
점에서 논리체계적이라 할 만하다. 그러나 구속력의 범위를 분명하게 확정하는 것이 용이하지 않다는 점에서 새로운 견해는 문제점을 갖는다. 그리고 설령 구속력의 범위를 확정하는 것이 용이하다고 하여도 행정행위의 하자의 승계문제와 행정행위의 선행행위의 후행행위에 대한 구속력의 문제의 상호관계에 대한 분명한 해명없이 행정행위의 하자의 승계문제를 행정행위의 선행행위의 후행행위에 대한 구속력의 문제로 대체하는 것은 위험한 논리라 하겠다. 왜냐하면 선행행위의 후행행위에 대한 구속력의 문제는 하자의 승계문제가 해결된 후에 발생하는 문제로 보이기 때문이다. 하여간 일설은[1] 양자는 관점(선행행위의 후행행위에 대한 구속력은 다단계행정행위에서 선행행위가 후행행위에 미치는 구속력의 문제이나, 하자의 승계는 상대방·이해관계자의 권리보호의 문제이다)에서, 적용범위(전자는 적법·위법을 불문하고 주로 수익적 행정행위에서, 후자는 위법의 침익적 행정행위에서 문제된다)에서, 그리고 적용효과(전자는 선행행위의 위법이 후행행위의 위법을 가져오지만, 후자는 선행행위의 위법을 적법한 후행행위의 취소사유로 문제시한다)에서 다르다고 하고, 일설은 양자간에 근본적인 시각의 차이가 존재하는 것은 아니라고 한다.[2] 또한 판결의 기판력(법원이 일정한 형식절차를 거쳐 실체법적 하자를 검토한 후에 발생하는 판결의 내용

1) 김용섭, 판례월보 제330호, 61쪽; 박균성, 행정법론(상), 404쪽.
2) 김성수, 일반행정법, 316쪽(2018).

상 효력의 문제)과 행정행위의 구속력(구속력의 기본전제는 형식적 존속력인 불가쟁력의
발생인데 이는 행정행위의 적법성이 검토되어 확정되는 경우라기보다는 쟁송제기기간 내에
쟁송을 제기하지 못하였거나 심판을 제기하지 못해 그 효력이 형식적으로 확정되는 경우이므
로)을 동일선상에서 유추적용함은 문제라는 비판도 있다.[1]

Ⅵ. 하자있는 행정행위의 치유와 전환

1. 하자 있는 행정행위의 치유

1558 　　(1) **의　　의**　　하자 있는 행정행위의 치유란 행정행위가 발령당시에 적법요
건을 완전히 구비한 것이 아니어서 위법한 것이라고 하여도 사후에 흠결을 보완하
게 되면, 발령당시의 하자에도 불구하고 그 행위의 효력을 다툴 수 없도록 유지하
는 것을 말한다. 하자 있는 행정행위의 치유는 보완적인 것이므로 그 자체를 하나
의 독립적인 행위로 보기 어렵다. 하자의 치유와 처분이유의 사후변경은 다르다.

1559 　　(2) **취　　지**　　하자 있는 행정행위의 치유는 행정행위의 성질이나 법치주의
의 관점에서 볼 때 원칙적으로 허용될 수 없는 것이지만 예외적으로 행정행위의
무용한 반복을 피하고 당사자의 법적 안정성 내지 신뢰보호를 위한 제도이다.[2]

1560 　　(3) **법적 근거**　　하자의 치유의 법리가 민법상으로는 명문화되어 있다(민법
제143조부터 제146조). 그러나 행정법상으로는[3] 일반법이 없다. 학설과 판례는 긍
정적이다.[4] 치유에 반드시 행정청의 적극적인 치유행위가 있어야만 하는 것은
아니다.[5]

---

1) 류지태·박종수, 행정법신론, 242쪽(2019).
2) 대판 2002. 7. 9, 2001두10684; 대판 1983. 7. 26, 82누420.
3) 독일행정절차법 제45조(절차상 및 형식상 하자의 치유) ① 제44조(행정행위의 무효)에 따라 행
　정행위를 무효로 하지 않는 절차규정과 형식규정의 위반은 다음 각 호의 경우는 문제되지 아
　니한다.
　　1. 행정행위의 발령에 필요한 신청이 사후에 제출된 때
　　2. 필요한 이유제시가 사후에 주어진 경우
　　3. 필요한 참가자의 청문이 사후에 이루어진 경우
　　4. 행정행위의 발령에 협력이 필요한 위원회의 결의가 사후에 이루어진 경우
　　5. 필요한 다른 행정청의 협력이 사후에 이루어진 경우
　② 제1항에 따른 행위는 행정재판소절차의 종결시까지 추완될 수 있다.
4) 대판 2014. 2. 27, 2011두11570(하자 있는 행정행위의 치유는 행정행위의 성질이나 법치주의 관
　점에서 볼 때 원칙적으로 허용될 수 없는 것이고, 예외적으로 행정행위의 무용한 반복을 피하
　고 당사자의 법적 안정성을 위해 이를 허용하는 때에도 국민의 권리나 이익을 침해하지 아니
　하는 범위에서 구체적 사정에 따라 합목적적으로 인정하여야 할 것이다).
5) 대판 1992. 10. 23, 92누2844(행정청이 식품위생법상의 청문절차를 이행함에 있어 소정의 청문
　서 도달기간을 지키지 아니하였다면 이는 청문의 절차적 요건을 준수하지 아니한 것이므로 이
　를 바탕으로 한 행정처분은 일단 위법하다고 보아야 할 것이지만 이러한 청문제도의 취지는
　처분으로 말미암아 받게 될 영업자에게 미리 변명과 유리한 자료를 제출할 기회를 부여함으로

⑷ **적용영역**　　전통적 견해와 판례는 행정행위의 하자의 치유를 취소할 1561
수 있는 행위에만 인정하고, 무효인 행위에는 인정하지 아니한다.[1] 절차상 또
는 형식상 하자로 인하여 무효인 행정처분이 있은 후 행정청이 관계 법령에서
정한 절차 또는 형식을 갖추어 다시 동일한 행정처분을 하는 경우, 판례는 당해
행정처분은 종전의 무효인 행정처분과 관계없는 새로운 행정처분으로 본다.[2]

⑸ **사　유**　　일설은[3] 치유의 사유로 ① 요건의 사후보완(예 : 무권대리행위 1562
의 추인, 허가요건·등록요건의 사후충족, 요식행위의 형식보완),[4] ② 장기간의 방치로
인한 법률관계의 확정, ③ 취소를 불허하는 공공복리상의 필요 등을 들고 있다.
이에 대해 타설[5]은 ②와 ③은 행정행위의 취소의 제한사유로 보는 것이 타당하
고 ①만을 엄밀한 의미의 치유의 사유로 본다. 이러한 지적이 합리적이다. 한편,
요건의 사후보완의 경우, 형식과 절차상의 하자 외에 실체법상의 하자도 사후보
완의 대상에 포함되는가가 문제된다. 판례는[6] 행정처분의 내용상의 하자에 대
해서는 하자의 치유를 인정하지 아니한다(부정설). 학설로는 내용상의 하자까지
포함하는 입장(긍정설)도[7] 있으나, 법률적합성과의 조화를 깨뜨리는 것이므로

써 부당한 권리침해를 예방하려는 데에 있는 것임을 고려하여 볼 때, 가령 행정청이 청문서 도
달기간을 다소 어겼다 하더라도 영업자가 이에 대하여 이의하지 아니한 채 스스로 청문일에
출석하여 그 의견을 진술하고 변명하는 등 방어의 기회를 충분히 가졌다면 청문서 도달기간을
준수하지 아니한 하자는 치유되었다고 봄이 상당하다).

1) 김도창, 일반행정법론(상), 483쪽; 김중권의 행정법(2019), 398쪽; 이상규, 신행정법론(상), 430
쪽; 대판 1989. 12. 12, 88누8869(징계처분이 중대하고 명백한 흠 때문에 당연무효의 것이라면
징계처분을 받은 원고가 이를 용인하였다 하여 그 흠이 치유되는 것은 아니다).
2) 대판 2014. 3. 13, 2012두1006.
3) 김도창, 일반행정법론(상), 484쪽.
4) 대판 2006. 5. 12, 2004두14717(공매절차에서 매수인이 매각결정에 따른 매수대금을 완납한 이
후에는 매수 부동산의 소유권을 취득한 것으로 신뢰한 매수인의 권리·이익을 보호하여 거래의
안전을 도모하여야 할 필요성이 있는 점, 체납처분의 전제요건으로서의 독촉은 체납자로 하여
금 당해 체납세액을 납부하여 체납처분을 당하는 것을 피할 수 있는 기회를 제공하기 위한 것
인데, 설사 독촉장의 송달이 흠결되었다고 하더라도 그 이후에 이루어진 공매절차에서 공매통
지서가 체납자에게 적법하게 송달된 경우에는 실질적으로 체납자의 절차상의 권리나 이익이
침해되었다고 보기 어려운 점 등에 비추어 보면, 비록 압류처분의 단계에서 독촉의 흠결과 같
은 절차상의 하자가 있었다고 하더라도 그 이후에 이루어진 공매절차에서 공매통지서가 적법
하게 송달된 바가 있다면 매수인이 매각결정에 따른 매수대금을 납부한 이후에는 다른 특별한
사정이 없는 한, 당해 공매처분을 취소할 수 없다).
5) 김남진·김연태, 행정법(Ⅰ), 331쪽(2019); 김동희, 행정법(Ⅰ), 359쪽(2019).
6) 대판 1991. 5. 28, 90누1359(운송사업의 사업계획변경인가처분으로 종전 운행계통에 관하여 각
각 그 종점을 기점으로, 기점을 경유지로 하고 그 운행계통을 연장하여 종점을 새로 정하며,
경유지를 일부 변경하는 것이 노선면허가 없는 상태에서 운행계통을 연장, 변경한 것이어서 위
법할 뿐 아니라, 이는 운수회사가 보유하고 있는 노선면허를 통합변경하는 내용의 처분이 아니
므로, 처분의 대상이 되지 아니한 위 새로 정한 종점까지의 다른 구간의 노선면허를 위 회사가
보유하고 있다 하여 위 처분의 노선흠결의 하자가 치유되지 아니한다).
7) 박균성, 행정법론(상), 453쪽(2019).

부정설이[1] 타당하다.

1563　　(6) **효　　과**　　치유의 효과는 소급적이다. 처음부터 적법한 행위와 같은 효과를 가진다. 치유가 허용되지 않은 행위는 새로운 행위를 발령함으로써 치유의 효과를 거둘 수 있을 뿐이다.

　　(7) **한　　계**

1564　　㉮ **실체적 한계**　　행정행위의 성질이나 법치주의의 관점에서 볼 때 하자있는 행정행위의 치유는 원칙적으로 허용될 수 없을 뿐만 아니라 이를 허용하는 경우에도 국민의 권리와 이익을 침해하지 않는 범위에서 구체적 사정에 따라 합목적적으로 가려야 할 것이다.[2]

1565　　㉯ **시간적 한계**　　하자의 치유가 어느 시점까지 가능한가의 여부가 문제된다. ① 학설은 쟁송제기 이전에만 가능하다는 입장(쟁송제기이전시설)과 이후에도 가능할 것이라는 입장(쟁송종결시설), 그리고 절충적 입장(행정쟁송 제기 후에는 하자의 치유를 인정하여도 처분의 상대방에 권리구제의 장애를 초래하지 않는 경우에 허용된다는 견해)으로 나뉘고 있다. ② 판례는 하자의 추완이나 보완은 행정심판(행정쟁송)의 제기 이전에만 가능하다는 입장이다.[3] ③ 생각건대 소송경제 등을 고려하여 소송절차의 종결 전까지 하자의 치유를 인정하는 것이 바람직하다고 본다.[4]

2. 하자있는 행정행위의 전환

1566　　(1) **의　　의**　　하자있는 행정행위를 적법한 다른 행정행위로 유지시키는 것을 하자있는 행정행위의 전환이라 한다(예 : 위법의 징계면직처분을 적법의 직권면직처분으로). 행정행위의 정정은 원래 의도한 내용을 사후적으로 명백히 하는 것이고(절차법 제25조), 행정행위의 치유는 하자의 사후적인 제거를 위한 것이나, 전환은 새로운 행위를 가져온다는 점에 차이가 있다.

1567　　(2) **취　　지**　　전환이 인정되는 이유는 치유의 경우와 같다. 즉 법적 안정성 및 절차의 반복의 회피를 통한 행정상의 경제를 위한 것이다.[5]

1568　　(3) **법적 근거**　　하자의 전환의 법리가 민법상으로는 명문화되어 있다(민법 제138조). 그러나 행정법상으로는 일반법이 없다. 학설과 판례에 맡겨진 셈이다(독일행정절차법은 제45조에서 하자의 치유를 규정하고 있다). 전통적 견해와 판례는 하자 있는 행정행위의 전환을 인정한다.

---

1) 김중권의 행정법(2019), 398쪽; 홍준형, 행정법, 255쪽(2017).
2) 대판 1991. 5. 28, 90누1359; 대판 2001. 6. 26, 99두11592.
3) 대판 1984. 4. 10, 83누393.
4) 김남진·김연태, 행정법(Ⅰ), 334쪽(2019). 그리고 자세한 것은 본서 옆번호 1377 이하를 보라.
5) 대판 1983. 7. 26, 82누420.

(4) **적용영역**　　전통적 견해와 판례는 하자 있는 행정행위의 전환을 무효 1569
인 행위에만 인정한다.[1] 그러나 전환은 취소할 수 있는 행위인가, 무효인 행위
인가의 구분 없이 모두 인정될 수 있다고 보는 것이 전환을 인정하는 취지에 부
합한다.[2] 왜냐하면 취소할 수 있는 행위를 취소한 후 새로운 처분을 하기보다
전환하는 것이 상대방에게 유익할 수도 있기 때문이다(예 : 위법한 징계면직을 적법
의 직권면직으로 전환).

(5) **적극적 요건**　　행정행위의 전환에 필요한 적극적 요건은 다음과 같다. 1570
즉, ① 전환 전의 행위와 전환 후의 행위는 본질적인 점에서 목적·효과가 동일
하여야 한다. ② 양 행위의 절차와 형식이 동일하여야 한다. ③ 전환 후의 행위
의 적법요건이 존재하여야 한다. 전환 후의 행위의 적법요건에 하자가 있다면,
전환 후의 행위는 당연히 위법한 것이 되기 때문이다. 한편, 전환을 위해 관계
자에게 청문의 기회를 부여하는 것이 바람직할 것이다. 여기서 청문이란 전환전
의 행위의 내용에 관한 청문이 아니라, 전환의 가능성에 관한 청문을 말한다.

(6) **소극적 요건**　　한편, 행정행위의 전환에 있어서 허용되지 아니되는 사 1571
항(소극적 요건)은 다음과 같다. 즉, ① 전환이 행정청의 의사에 반하지 않아야 한
다. 기속행위에 있어서는 목표가 동일하면 이 요건은 충족된 것으로 볼 것이다.
이 요건은 재량행위에서 특히 문제된다. ② 전환이 관계자에 불이익하지 않아야
한다. 불이익이란 상대방이나 제3자에게 부담을 보다 강화하거나 수익을 축소
하는 법효과를 의미한다.[3] 한편, 독일행정절차법은 기속행위를 재량행위로 전
환하는 것을 금하고 있다.[4] 물론 재량이 영으로 수축되는 경우는 전환이 가능
한 것으로 본다.

(7) **성　　질**　　① 행정행위의 전환의 성질과 관련하여, 그것이 행정행위라 1572

---

1) 대판 1983. 7. 26, 82누420; 김도창, 일반행정법론(상), 483쪽; 이상규, 신행정법론(상), 430쪽.
2) 김남진·김연태, 행정법(Ⅰ), 334쪽(2019).
3) 대판 1994. 4. 26, 93누13360(사망자를 송달받을 자로 하여 행하여진 수용재결서의 송달은 그
상속인들에 대한 송달로서의 효력을 인정할 수 없으므로 수용재결에 대한 이의신청기간은 사
망자에 대한 수용재결서정본 송달일로부터 진행된다고 할 수 없고, 그 상속인들을 송달받을 자
로 하여 그들에 대하여 별도의 송달이 있은 날로부터 비로소 진행된다).
4) 독일행정절차법 제47조(하자 있는 행정행위의 전환) ① 하자 있는 행정행위는 그 행위와 동일
한 목적을 갖고, 발령청에 의해 기왕에 이루어진 절차와 형식으로 발령될 수 있었고, 그리고
그 발령의 요건이 충족되는 한 다른 행정행위로 전환될 수 있다.
② 하자 있는 행정행위의 전환으로 생겨날 (새로운) 행정행위가 발령청의 분명한 의도에 반하
거나 또는 관계자에게 그 법적 효과가 (하자 있는) 행위보다 불이익한 것인 경우에는 제1항은
적용되지 아니한다. 또한 하자 있는 행정행위가 취소될 수 없는 경우에는 전환이 허용되지 아
니한다.
③ 법률상 다만 기속적인 결정으로서만 이루어지는 결정은 재량결정으로 전환될 수 없다.
④ 제28조(참가자의 청문)가 준용된다.

는 견해, 특별한 구성적인 행위라는 견해, 법률에 의하여 나타나는 행위라는 견해 등이 있을 수 있다. 전환에는 행정청의 의지적인 작용이 필요하므로 행정행위설이 타당하다고 본다. 따라서 전환에 문제가 있다면, 행정쟁송으로 다툴 수 있다고 본다. 그리고 ② 개별 경우에 있어서 행정행위의 전환을 인정할 것인가의 여부를 행정청의 재량사항으로 볼 것은 아니다. 한편, ③ 행정청 외에 법원도 행정소송절차에서 행정행위의 전환에 권한을 갖는가의 문제가 있다. 독일의 지배적인 견해는[1] 처분청과 재결청 외에 법원의 하자 있는 행위의 전환에도 긍정적이다. 그러나 법원이 전환을 통해 새로운 행정행위를 발령할 수 있다면, 그것은 권력분립원칙에 반하는 것이 될 것이라는 반대견해도 있다.[2]

1572a   (8) **효   과**   ① 하자 있는 행정행위의 전환은 새로운 행위를 가져온다. 새로운 행위의 효력은 하자 있는 행정행위의 발령시점에 발생한다. 행정행위의 전환은 관계자에게 불이익한 경우에는 인정되지 아니하므로 새로운 행위의 효력발생을 소급적으로 보아도 문제되지 아니한다. ② 행정행위의 전환이 있는 경우, 전환 전·후의 행위는 하나의 효과를 목적으로 하는 것이 아니므로, 하자의 승계가 인정되지 아니한다. ③ 소송계속중에 행정행위의 전환이 이루어진다면, 처분변경으로 인한 소의 변경(행소법 제22조 제1항)이 가능하다.

제 7 항   행정행위의 폐지

Ⅰ. 일 반 론

1. 행정행위의 폐지가능성

1573   유효한 행정행위가 관계자(처분청과 행위의 상대방)를 구속한다는 것은 이미 언급한 바 있다. 그러나 규율내용이 더 이상 법에 부합한 것이 아니거나, 또는 그 규율에 전제된 상황에 변화가 있으면 행정행위를 해소시킬 수도 있다. 말하자면 판결과 달리 행정청은 원칙적으로 행정행위를 폐지할 수 있는 가능성을 갖는다. 그러나 이러한 가능성은 무제한의 것이 아니다. 그것은 폐지에 따른 이익과 행정행위의 존속에 따른 이익 사이의 균형의 문제이다.[3]

---

1) Wittern, Grundriß des Verwaltungsrechts, §8, Rn. 149.

2) Würtenberger, Verwaltungsprozessrecht, Rn. 622.

3) 대판 2000. 2. 25, 99두10520(행정청이 일단 행정처분을 한 경우에는 행정처분을 한 행정청이라도 법령에 규정이 있는 때, 행정처분에 하자가 있는 때, 행정처분의 존속이 공익에 위반되는 때, 또는 상대방의 동의가 있는 때 등의 특별한 사유가 있는 경우를 제외하고는 행정처분을 자의로 취소(철회의 의미를 포함한다)할 수 없다).

2. 행정행위의 폐지개념

여기서 행정행위의 폐지(Aufhebung)란 행정행위의 철회(Widerruf)와 직권에 1574
의한 취소(Rücknahme)의 공동의 상위개념을 의미한다. 철회를 폐지라 부르는 경
우도 있다. 행정행위의 폐지는 행정청이 이미 발령한 행정행위에 의한 법적 효
과를 더 이상 유지시키고자 하지 않는 경우에 문제된다. 행정행위의 폐지는 이
미 발령된 행정행위와 모순대립관계에 서는 새로운 규율을 가함으로써 이루어
진다. 폐지행위인 직권취소나 철회도 그 자체가 독립된 행정행위임은 물론이다.
용례상 넓게는 행정쟁송절차에 의한 행정행위의 제거도 폐지라고 부르기도 한
다.[1] 행정행위의 폐지행위(직권취소와 철회)도 그 자체가 행정행위이다. 따라서
폐지행위도 행정행위의 적법요건을 당연히 구비하여야 한다.

3. 논술의 순서

이하에서 먼저 행정행위의 직권취소를 검토하고 다음으로 행정행위의 철회 1575
문제를 보기로 한다. 다만 행정행위의 취소의 한 경우인 쟁송취소의 문제는 제2
부 행정소송법에서 다룬다. 쟁송취소와 직권취소를 분리하여 다루는 것은 양자
간에 적용되는 법원리(예 : 취소권자, 취소권의 근거, 취소의 절차, 적용법규 등)가 상이
하기 때문이다.

	직 권 취 소	쟁 송 취 소
주목적	행정목적실현(공익우선)	권리구제(사익우선)
권한기관	행정청(처분청+감독청)	행정청(처분청+감독청+제3기관)·법원
대 상	수익적 행위+침익적 행위	침익적 행위+제3자효 있는 행위
사 유	위법+부당	위법+부당(행정심판), 위법(행정소송)
절 차	일반법(행정기본법) 있다 개별규정 있다	일반법(행정심판법·행정소송법) 있다
절차의 엄격성	행정청 스스로의 판단에 의한다	엄격하다
절차의 개시	엄격하지 않다	상대방등의 쟁송제기에 의한다
기간제한	없다	있다
취소내용	적극적 변경도 가능하다	소극적 변경만 가능하다(전통적 견해)
효 과	소급+불소급	소급원칙

1576

---

1) 졸저, 행정법원리, 10쪽; Maurer, Allgemeines Verwaltungsrecht, § 11, Rn. 67.

Ⅱ. 행정행위의 직권취소

1. 의 의

1577 　　⑴ 개 념　　　행정청은 위법 또는 부당한 처분의 전부나 일부를 소급하여 또는 장래를 향하여 취소할 수 있는바(기본법 제18조 제1항), 이를 행정행위의 직권취소라 한다. 달리 말하면, 행정행위의 직권취소란 일단 유효하게 발령된 행정행위를 처분청이나 감독청이 그 행위에 위법 또는 부당한 하자가 있음을 이유로 하여 직권으로 그 효력을 소멸시키는 것을 말한다. 직권취소는 행정청 스스로의 반성에 의거하여 행하는 취소를 말한다. 취소는 유효하게 성립한 행위의 효과를 사후에 소멸시키는 점에서 처음부터 효력이 없는 무효행위임을 선언하는 행위와 구별되고, 성립에 흠이 있는 행위의 효과를 소멸시킨다는 점에서 사후의 새로운 사정을 이유로 효력을 소멸시키는 철회(기본법 제19조)와 구별된다.[1)]

1578 　　⑵ 용 례　　　용례상 ① 직권취소를 최협의의 취소라 하고, ② 직권취소와 쟁송취소(행정기관에 의한 행정심판 또는 법원에 의한 행정소송을 통한 취소)를 합하여 협의의 취소라 부른다. 협의의 취소는 성립에 하자있는 행위에 대해 소급적으로 효력을 제거하는 새로운 의사표시라는 의미에서 본래의 의미의 취소라고도 한다. 직권취소를 통해 적극적인 변경을 하더라도 권력분립원칙에 반하지 아니한다는 점에서 취소소송에 의한 취소와 그 성질을 달리한다. ③ 협의의 취소에 무효선언과 철회를 합하여 광의의 취소라 부르기도 한다. 한편 철회를 취소라 부를 때도 있고, 무효행위의 무효를 확인하고 선언하는 의미에서의 무효선언을 취소라 부르기도 한다.

1579 　　⑶ 유 형　　　행정행위의 효과와 관련하여 직권취소는 수익적 행위의 직권취소와 침익적 행위의 직권취소로 나누어 볼 수 있다. 양자의 구분은 취소의 자유성과 관련한다. 수익적 행위의 취소에는 후술하겠지만 많은 제한이 따른다.

2. 법적 근거

1580 　　행정행위의 직권취소에 관한 일반법으로 행정기본법 제18조가 있다. 직권취소를 규정하는 개별 법률도 적지 않다(예 : 도교법 제93조). 개별 법률에 규정이

---

1) 대판 2006. 5. 11, 2003다37969(행정행위의 취소는 일단 유효하게 성립한 행정행위를 그 행위에 위법 또는 부당한 하자가 있음을 이유로 소급하여 그 효력을 소멸시키는 별도의 행정처분이고, 행정행위의 철회는 적법요건을 구비하여 완전히 효력을 발하고 있는 행정행위를 사후적으로 그 행위의 효력의 전부 또는 일부를 장래에 향해 소멸시키는 행정처분이므로, 행정행위의 취소사유는 행정행위의 성립 당시에 존재하였던 하자를 말하고, 철회사유는 행정행위가 성립된 이후에 새로이 발생한 것으로서 행정행위의 효력을 존속시킬 수 없는 사유를 말한다).

없다고 하여도 행정청은 일반법인 행정기본법 제18조에 근거하여 취소할 수 있다. 행정기본법이 제정되기 전, 판례는 별도의 법적 근거가 없더라도 직권 취소할 수 있다고 하였다.[1] 행정기본법에 규정되지 아니한 사항에 대해서는 학설과 판례에 의해 정해질 수밖에 없다.

3. 취소권자

(1) 처 분 청 직권취소의 취소권자는 행정청이다(기본법 제18조 제1항). 행 1581
정청은 처분청을 의미한다. 행정기본법이 처분청을 직권취소권자로 규정한 것은 처분권한 속에는 위법한 처분을 바로잡는 권한까지 포함된 것으로 보았기 때문이다. 행정기본법이 제정되기 전에도 학설과 판례는 「처분청은 직권취소를 할 수 있다」고 보았다.[2]

(2) 감 독 청 명문의 규정이 없는 경우에 감독청이 일반적인 감독권에 의거 직권취소를 할 수 있는가에 관하여 학설은 소극설과 적극설로 나뉘고 있다.

(가) 소 극 설 감독청에 의한 취소는 감독청이 처분청의 권한을 침해하는 1582
결과를 가져오기 때문에 감독청은 처분청에 대해 취소를 명할 수 있을 뿐 스스로 취소할 수는 없다는 견해이다.[3] 직권취소는 주로 수익적 행위에서 문제되는 것이므로 감독청이 취소하기 위해서는 법률의 개별적인 명시적 근거가 필요하다는 견해도 있다.[4]

(나) 적 극 설 감독청에 의한 취소는 교정적·사후적 통제수단이므로 감독 1583
의 목적달성을 위해 감독청이 당연히 취소권을 갖는다는 견해이다.[5]

(다) 사   견

1) 논리적 관점 감독청이 직권취소한다는 것은 처분청의 위법·부당한 1584
처분을 적법·정당한 것으로 사후에 교정하는 것인바, 감독청이 처분청의 권한을 침해하는 것이라 볼 수는 없다. 감독권에는 취소·정지권이 포함된다고 볼 것이다. 다만 수익적 행위의 경우에는 신뢰보호와 관련하여 취소가 자유롭지 않은 것도 사실이나, 이것은 취소의 제한의 문제이지 취소권의 근거문제는 아닌 것이다. 적극설이 타당하다.

2) 실제적 관점 이러한 논의의 실익은 별로 없다. 왜냐하면 국가행정 1585

---

1) 대판 2017. 3. 30, 2015두43971.
2) 대판 2014. 7. 10, 2013두7025.
3) 변재옥, 행정법강의(Ⅰ), 372쪽; 홍준형, 행정법총론, 261쪽; 김성수, 일반행정법, 324쪽(2019); 조연홍, 한국행정법원론(상), 558쪽.
4) 김도창, 일반행정법론(상), 492쪽.
5) 김동희, 행정법(Ⅰ), 364쪽(2019); 이상규, 신행정법론(상), 450쪽.

의 경우에는 정부조직법 제11조 제2항(대통령은 국무총리와 중앙행정기관의 장의 명령
이나 처분이 위법 또는 부당하다고 인정하면 이를 중지 또는 취소할 수 있다), 제18조 제2
항(국무총리는 중앙행정기관의 장의 명령이나 처분이 위법 또는 부당하다고 인정될 경우에는
대통령의 승인을 받아 이를 중지 또는 취소할 수 있다), 제26조 제3항(장관은 소관사무에
관하여 지방행정의 장을 지휘·감독한다), 지방자치행정의 경우에는 지방자치법 제188
조 제1항(지방자치단체의 사무에 관한 지방자치단체의 장의 명령이나 처분이 법령에 위반되
거나 현저히 부당하여 공익을 해친다고 인정되면 시·도에 대하여는 주무부장관이, 시·군 및
자치구에 대해서는 시·도지사가 기간을 정하여 서면으로 시정할 것을 명하고, 그 기간에 이행
하지 아니하면 이를 취소하거나 정지할 수 있다)이 감독청의 취소권을 일반적·명시적
으로 규정하고 있기 때문이다.

4. 취소의 사유와 범위

1586 　　⑴ 사　　유　　직권취소의 사유는 처분의 위법 또는 부당이다(기본법 제18조
제1항). 행정기본법이 제정되기 전에도 판례는 같은 견해를 취하였다.[1] 여기서
위법은 무효원인이 아닌 하자, 즉 단순위법을 말한다. 무효원인 아닌 하자란 중
대하나 명백하지 않은 하자 또는 명백하나 중대하지 않은 하자를 말한다.[2] 소
송의 진행 중이라도 취소할 수 있다.[3]

1587 　　⑵ 범위(전부취소·일부취소)　　직권취소는 처분의 전부를 대상으로 할 수
도 있고(전부취소), 처분의 일부를 대상으로 할 수도 있다(일부취소)(기본법 제18조
제1항). 한편, 일부취소는 ① 행정행위가 분리가능하고, ② 그 나머지 행정행위
가 적법하고, ③ 그 나머지 행위가 행정청의 의사로 볼 수 있을 때 가능하
다.[4] ③에서 행정청의 의사란 개별 공무원의 주관적 의사가 아니라 객관적으
로 법률에 합치되는 행정청의 의사를 말한다.[5] 한편, 법효과가 분리불가능하

---

1) 대판 2014. 11. 27, 2013두16111(행정행위를 한 처분청은 그 행위에 하자가 있는 경우에는 별도
　의 법적 근거가 없더라도 스스로 이를 취소할 수 있다); 대판 1982. 7. 27, 81누271.
2) 대판 1987. 12. 8, 87누837(과세처분에 사실관계를 오인한 하자가 있는 경우에 그 하자가 중대
　하다고 하더라도 외형상 객관적으로 명백하지 않다면, 그 과세처분은 취소할 수 있음에 불과하
　고 당연무효라고 볼 수는 없다).
3) 대판 2006. 2. 10, 2003두5686(변상금 부과처분에 대한 취소소송이 진행중이라도 그 부과권자
　로서는 위법한 처분을 스스로 취소하고 그 하자를 보완하여 다시 적법한 부과처분을 할 수도
　있다).
4) 대판 2021. 9. 30, 2020두48857(공정거래위원회가 위반행위에 대한 과징금을 부과하면서 여러
　개의 위반행위에 대하여 외형상 하나의 과징금 납부명령을 하였으나 여러 개의 위반행위 중
　일부의 위반행위에 대한 과징금 부과만이 위법하고 소송상 그 일부의 위반행위를 기초로 한
　과징금액을 산정할 수 있는 자료가 있는 경우에는, 하나의 과징금 납부명령일지라도 그 일부의
　위반행위에 대한 과징금액에 해당하는 부분만을 취소하여야 한다).
5) Erbguth/Guckelberger, Allgemeines Verwaltungsrecht(2018), §15, Rn. 13.

도록 결합되어 있다면, 전체 행정행위를 폐지하여야 한다. 물론 전체 행정행위의 폐지를 위해서는 당연히 수익적 행위의 취소를 위한 요건이 구비되어야 한다.

5. 취소의 제한

(1) 침익적 행위의 직권취소

⑺ **취소의 자유**   행정기본법은 위법·침익적 행위의 직권취소를 제한하는 바가 없다. 이것은 위법·침익적인 행위는 형식적 존속력이 생겨난 후에도 의무에 합당한 재량에 따라 행정청에 의해 취소될 수 있음을 의미한다. 위법한 침익적 행위의 직권취소는 오히려 행정청의 의무라 할 수 있다. 한편, 사후적인 사실상태나 법적 상태의 변화로 인해 위법한 행위가 적법한 상태에 놓이게 되면 (예 : 영업허가처분에 법에 근거가 없는 부관을 가하였으나, 사후에 그러한 부관의 발령을 가능하게 하도록 관련법령이 개정된 경우), 재량은 영으로 축소되고 기속적인 결정으로 변한다. 따라서 이러한 경우에 행정청은 취소할 수 없다.[1]   1588

⑴ **근   거**   위법·침익적인 행위의 취소자유의 원칙은 그 취소가 일면 관계자에게 수익적인 것일 뿐만 아니라, 타면 법치국가적 요구에 합당하다는 점에 그 근거를 갖는다. 바꾸어 말하면 그것은 실질적으로 적법한 상태로의 회복을 의미하는 것이고, 또한 법적 안정성의 견지에서 상대방에게 불이익을 부여하는 것은 아니기 때문이다.   1589

(2) 수익적 행위의 직권취소

⑺ **사익·공익 비교형량의 원칙**   행정청은 제1항에 따라 당사자에게 권리나 이익을 부여하는 처분을 취소하려는 경우에는 취소로 인하여 **당사자가 입게 될 불이익을 취소로 달성되는 공익과 비교·형량하여야** 한다(기본법 제18조 제2항 본문). 비교·형량의 결과 당사자의 불이익이 보다 크다면 직권취소를 할 수 없다. 예를 들어, 취소가 개인의 안정된 법생활에 중대한 장해가 될 때(예 : 포괄적 신분관계의 설정행위인 귀화허가·공무원임명 등)[2] 또는 금전급부나 물건의 급부의 경우, 수익자가 그 행위의 존속을 신뢰하였고, 그 신뢰가 취소에 따르는 공익과의 형량에서 보호의 필요가 큰 경우에는 역시 취소가 제한된다고 볼 것이다.[3] 또한 실   1590

---

1) Büchner, in : Schweickhardt(Hrsg.), Allgemeines Verwaltungsrecht, Rn. 612; BVerwG NVwZ 1984, 715.

2) 김도창, 일반행정법론(상), 496쪽; 김동희, 행정법(Ⅰ), 368쪽.

3) 사권형성적 행정행위의 경우에는 특수한 문제가 따른다. 즉 ① 소극적인 사권형성적 행정행위에 대해서는 직권취소나 철회가 허용되지 아니한다(예 : 행정청의 허가를 요하는 토지거래계약에 있어서 행정청의 허가가 있기까지 그 계약은 유동적 무효이고, 허가거부처분에 불가쟁력이

질적 존속력을 갖는 행위(예 : 준사법적 행위), 하자의 치유나 다른 행위로의 전환이 인정되는 행위의 경우에는 직권취소가 제한된다고 본다.

1591   ㈏ 근 거   위법하나 수익적인 행위의 취소자유의 제한은 상충되는 두 가지 원칙, 즉 ① 행정의 법률적합성의 원칙(적법상태의 회복을 위한 위법행위의 폐지의 요구), ② 법적 안정성 또는 신뢰보호원칙(행정청발령의 행정행위의 존속에 대한 신뢰의 내용으로서 위법행위도 유지될 것을 요구)의 조화의 결과이다.[1]

1592   ㈐ 예외로서 사익·공익의 비교형량의 불필요   거짓이나 그 밖의 부정한 방법으로 처분을 받은 경우나[2] 당사자가 처분의 위법성을 알고 있었거나[3] 중대한 과실로 알지 못한 경우에는 직권취소를 할 수 있다(기본법 제18조 제2항 단서). 즉 이러한 경우에는 직권취소에 제한을 받지 아니한다. 그러나 기속행위의 경우에는 직권취소가 제한되는 예외의 문제가 발생한다.[4]

1593   ⑶ 쟁송취소와 비교   행정처분의 직권취소·철회 제한의 법리는 쟁송취소의 경우에는 적용되지 않는다.[5] 즉, 쟁송취소의 경우에는 취소가 비교적 자유

발생하면 그 거래계약은 확정적으로 무효가 된다. 여기서 거부처분에 대한 직권취소나 철회는 허용되지 아니한다고 보아야 한다. 왜냐하면 이 경우의 직권취소나 철회는 아무런 법적 효과를 가져오는 것이 아니기 때문이다. 만약 그렇지 않다면, 확정적으로 무효인 계약이 다시 유효한 계약이 되거나 또는 유동적 무효가 될 것이기 때문이다). ② 적극적인 사권형성적 행정행위도 제한을 받는다(예 : 토지거래계약의 허가처분을 직권취소하는 것이 불가한 것은 아니지만, 허가의 직권취소가 제3자의 권리(예 : 토지의 매도인)를 침해할 수 있다는 점에서 특수성을 갖는다. 이 경우에는 신뢰보호의 문제가 발생하고, 이익형량의 문제가 요구된다).

1) Maurer, Allgemeines Verwaltungsrecht, § 11, Rn. 22.
2) 대판 2002. 2. 5, 2001두5286(중퇴자인 자의 허위의 고등학교 졸업증명서를 제출하는 **사위의 방법**에 의한 하사관 지원의 하자를 이유로 하사관 임용일로부터 33년이 경과한 후에 행정청이 행한 하사관 및 준사관 임용취소처분이 적법하다).
3) 대판 2008. 11. 13, 2008두8628(처분청은 …수익적 행정처분을 취소할 때에는 이를 취소하여야 할 공익상의 필요와 그 취소로 인하여 당사자가 입게 될 기득권과 신뢰보호 및 법률생활 안정의 침해 등 불이익을 비교·교량한 후 공익상의 필요가 당사자가 입을 불이익을 정당화할 만큼 강한 경우에 한하여 취소할 수 있으나, 나아가 수익적 행정처분의 하자가 당사자의 사실은폐나 기타 사위의 방법에 의한 신청행위에 기인한 것이라면 당사자는 처분에 의한 이익이 위법하게 취득되었음을 알아 취소가능성도 예상하고 있었다 할 것이므로, 그 자신이 처분에 관한 신뢰이익을 원용할 수 없음은 물론, 행정청이 이를 고려하지 아니하였다고 하여도 재량권의 남용이 되지 않고, 이 경우 당사자의 사실은폐나 기타 사위의 방법에 의한 신청행위가 제3자를 통하여 소극적으로 이루어졌다고 하여 달리 볼 것이 아니다).
4) 대판 2003. 7. 22, 2002두11066(행정처분의 성립과정에서 그 처분을 받아내기 위한 뇌물이 수수되었다면 특별한 사정이 없는 한 그 행정처분에는 직권취소사유가 있는 것으로 보아야 할 것이고, 이러한 이유로 직권취소하는 경우에는 처분 상대방측에 귀책사유가 있기 때문에 신뢰보호의 원칙도 적용될 여지가 없다 할 것이며, 다만 행정처분의 성립과정에서 뇌물이 수수되었다고 하더라도 그 행정처분이 기속적 행정행위이고 그 처분의 요건이 충족되었음이 객관적으로 명백하여 다른 선택의 여지가 없었던 경우에는 직권취소의 예외가 될 수 있을 것이지만, 그 경우 이에 대한 입증책임은 이를 주장하는 측에게 있다).
5) 대판 2019. 10. 17, 2018두104(수익적 행정처분에 대한 취소권 등의 행사는 기득권의 침해를 정

롭다. 왜냐하면 쟁송절차는 주로 침익적 행위의 취소와 관련을 맺는바, 권리구제적인 성질을 강하게 갖게 되고 동시에 법적 안정성의 침해를 가져오지 않기 때문이다. 다만 사정재결(행심법 제44조)이나 사정판결(행소법 제28조)의 경우에는 예외가 된다.

(4) **취소기간의 제한**   행정청이 직권취소할 수 있는 기간에 관한 일반적인 규정은 없다. 위법하나 수익적 행위의 직권취소의 경우, 행정기본법 제12조 제2항 본문의 실권의 법리에 따라 취소기간은 제한을 받을 수 있다. 1987년의 행정절차법(안)은 안 날로부터 1년, 있은 날로부터 2년으로 규정하고 있었으나, 현행 행정절차법에는 이러한 규정이 없다. 입법론상 행정절차법에 명문의 규정을 두는 것이 바람직하다. 한편 직권취소의 형식으로 무효를 선언하는 경우에는 취소기간의 제한이 문제되지 아니한다. 취소소송의 형식으로 무효를 선언하는 경우에는 기간상의 제한이 따른다는 것이 판례의 입장이다.[1]   1594

▋**참고**▋ 독일 행정절차법은 취소가 가능함을 안 날로부터 1년 이내에만 취소가 가능한 것으로 규정하고 있다(VwVfG 제48조 제4항). 직권취소에는 기간제한이 따르지 않는다고 한다. 왜냐하면 그것은 사인에게 수익적이기 때문이라 한다.[2]   1595

(5) **취소가 제한되는 위법한 수익적 행위를 유지하는 새로운 처분의 위법 여부**   1596
판례는 "위법한 인가처분이 존속하게 된 결과, 사실상 고속형 시외버스운송사업을 하고 있게 된 직행형 시외버스운송사업자에 대하여 그러한 위법상태의 일부라도 유지하는 내용의 새로운 사업계획변경을 재차 인가하는 시·도지사의 처분은 원칙적으로 그 권한을 넘는 위법한 처분으로 봄이 타당하다. 그 이유는, 시·도지사에 의하여 권한 없이 발령되었으나 당연무효로 보기는 어려운 위법한 수익적 처분에 대하여 직권 취소가 제한되거나 쟁송취소가 이루어지지 못함으로써 그 처분이 단순히 유지되는 것은 불가피한 것이지만, 시·도지사가 이에 그치지 않고 더 나아가 이러한 변경인가 처분을 하는 것은, 당초부터 처분권한이

당화할 만한 중대한 공익상의 필요 또는 제3자의 이익보호의 필요가 있는 때에 한하여 허용될 수 있다는 법리(대법원 1991. 5. 14. 선고 90누9780 판결 등 참조)는, 처분청이 수익적 행정처분을 직권으로 취소·철회하는 경우에 적용되는 법리일 뿐 쟁송취소의 경우에는 적용되지 않는다).

1) 대판 1993. 3. 12, 92누11039(행정처분의 당연무효를 선언하는 의미에서 취소를 구하는 행정소송을 제기한 경우에도 제소기간의 준수 등 취소소송의 제소요건을 갖추어야 한다).
2) Detterbeck, Allgemeines Verwaltungsrecht mit Verwaltungsprozessrecht(13. Aufl.), § 10, Rn. 712.

없던 시·도지사가 위법한 종전 처분이 유지되고 있음을 기화로 그 내용을 적극
적으로 바꾸어 새로운 위법상태를 형성하는 것이기 때문이다. 나아가 이러한 변
경인가 처분은 전체적 관점에서 각 노선별 교통수요 등을 예측하여 이루어지는
것이어서 그 내용상 불가분적으로 연결되어 있다고 볼 수 있으므로, 이는 전체
적으로 위법하다고 볼 수 있다"는 견해를 취한다.[1]

6. 취소의 절차

1597   (1) **행정절차법의 적용**   직권취소처분도 행정처분이므로 행정절차법에서
정하는 일반적인 절차규정을 따르면 된다. 예를 들어 행정청이 당사자에게 의무
를 부과하거나 권익을 제한하는 처분을 할 때 제1항(청문) 또는 제2항(공청회)의
경우 외에는 당사자등에게 의견제출의 기회를 주어야 한다(절차법 제22조 제3항).
물론 개별법령에서 구체적인 절차를 규정하고 있으면(예:식품법 제81조), 그 규정
도 따라야 한다.[2] 뿐만 아니라 행정청이 당사자에게 의무를 부과하거나 권익을
제한하는 처분을 할 때 제1항(청문) 또는 제2항(공청회)의 경우 외에는 당사자등
에게 의견제출의 기회를 주어야 한다(절차법 제22조 제3항).

1598   (2) **증명책임**   "종전 행정처분에 하자가 있음을 전제로 직권으로 이를 취
소하는 (경우)… 하자나 취소해야 할 필요성에 관한 증명책임은 기존 이익과 권
리를 침해하는 처분을 한 행정청에 있다"는 것이 판례의 견해이다.[3]

7. 취소의 효과

1599   (1) **소급효와 장래효**   행정청은 위법 또는 부당한 처분의 전부나 일부를
소급하여 또는 장래를 향하여 취소할 수 있다(기본법 제18조 제2항). 적법요건에
하자있음을 이유로 행정행위의 효력을 부인하려는 것이 행정행위의 취소인바,
취소의 효과는 소급적(ex tune)인 것이 원칙이다.[4] 그러나 취소되기까지는 유효

---

1) 대판 2018. 4. 26, 2015두53824.
2) 대판 1990. 11. 9, 90누4129(관계행정청이 식품위생법에 의한 영업정지처분을 하려면 반드시 사
   전에 청문절차를 거쳐야 함은 물론 청문서 도달기간 등을 엄격하게 지켜 영업자로 하여금 의
   견진술과 변명의 기회를 보장하여야 할 것이고 가령 식품위생법 제58조 소정의 사유가 분명히
   존재하는 경우라 하더라도 위와 같은 청문절차를 제대로 준수하지 아니하고 한 영업정지처분
   은 위법임을 면치 못할 것이다).
3) 대판 2017. 6. 15, 2014두46843; 대판 2014. 11. 27, 2014두9226.
4) 대판 1999. 12. 28, 98두1895(행정행위의 취소라 함은 일단 유효하게 성립한 행정처분이 위법
   또는 부당함을 이유로 소급하여 그 효력을 소멸시키는 별도의 행정처분을 말한다); 대판 1997.
   1. 21, 96누3401(행정처분이 취소되면 그 소급효에 의하여 처음부터 그 처분이 없었던 것과 같
   은 효과를 발생하게 되는바, 행정청이 의료법인의 이사에 대한 이사취임승인취소처분(제1처분)
   을 직권으로 취소(제2처분)한 경우에는 그로 인하여 이사가 소급하여 이사로서의 지위를 회복
   하게 되고, 그 결과 위 제1처분과 제2처분 사이에 법원에 의하여 선임결정된 임시이사들의 지

하였던 행정행위를 근거로 하여 새로운 행위들이 관련을 맺는 경우가 적지 아니한데, 이 모든 행위의 효력에 소급적으로 영향을 미친다는 것은 문제가 있다. 이러한 경우에 취소의 효과는 장래적(ex nunc)인 것으로 보는 것이 오히려 정당하다. 이 때문에 행정기본법은 취소의 효과를 소급적안 것과 장래적인 것을 모두 규정하고 있다. 대체로 말해 침익적 행위의 취소의 효과는 소급적이나, 수익적 행위의 취소의 효과는 장래적이라 할 것이다. 쟁송취소는 직권취소에 비해 소급효과가 더 강하게 요구된다.[1]

(2) **발효시점의 명시**　　　　법률관계의 명료화를 위해 취소의 효과의 발생시점 (소급여부 등)을 취소처분에서 명시하는 것이 바람직하다. 그리고 발생시점(소급여부 등)의 결정은 행정청의 의무에 합당한 재량행사에 놓인다고 볼 것이다. 한편, 여기서 말하는 행정청의 재량행사에 있어서는 상대방의 신뢰보호가 결정적인 요소로 작용하여야 한다.[2]　　　　1600

(3) **반환청구권**(원상회복)　　　　하자있는 행위를 취소하면 처분청은 그 행위(특히 수익적 행위)와 관련하여 지급한 금전·문서 기타 물건의 반환을 청구할 수 있을 것이다. 왜냐하면 취소로써 금전·문서 기타 물건을 취득할 법적 근거는 상실되는 것이고, 이로써 그것은 부당이득을 구성하기 때문이다(구법안 제31조 제3항 참조). 이러한 반환의무는 상속의 대상이 된다. 경우에 따라 상대방도 반환청구권을 가질 것이다. 독일의 경우(VwVfG제49a조)와 달리 우리는 반환청구권에 관한 일반적인 규정을 갖고 있지 않다.　　　　1601

(4) **신뢰보호**　　　　수익적 행위의 직권취소의 경우, 상대방의 신뢰가 취소에 따른 공익과 형량하여 보호할 필요가 있는 경우에는 그 상대방은 행정행위의 존속에 대한 신뢰를 바탕으로 하여 재산상의 손실보상을 구할 수도 있을 것이다. 그리고 손실보상은 행정행위의 존속에 대하여 상대방이 갖는 이익을 한도로 하여야 할 것이다. 독일행정절차법은 이를 명문으로 규정하고 있다(VwVfG 제48조 제3항). 1987년의 행정절차법(안)도 이에 관해 규정하고 있었으나(구법안 제31조 제3항·제4항), 현행 행정절차법에는 이에 관한 규정이 없다.　　　　1602

위는 법원의 해임결정이 없더라도 당연히 소멸된다).

1) 대판 1999. 2. 5, 98도4239(피고인이 행정청으로부터 자동차운전면허취소처분을 받았으나 나중에 그 행정처분 자체가 행정쟁송절차에 의하여 취소되었다면, 위 운전면허취소처분은 그 처분시에 소급하여 효력을 잃게 되고, 피고인은 위 운전면허취소처분에 복종할 의무가 원래부터 없었음이 후에 확정되었다고 봄이 타당할 것이고, 행정행위에 공정력의 효력이 인정된다고 하여 행정소송에 의하여 적법하게 취소된 운전면허취소처분이 단지 장래에 향하여서만 효력을 잃게 된다고 볼 수는 없다); 대판 1993. 6. 25, 93도277.

2) Büchner, in : Schweickhardt(Hrsg.), Allgemeines Verwaltungsrecht, Rn. 699.

8. 취소처분의 하자

1603 　예컨대 행정청이 기존의 영업허가처분(원처분)을 취소한 경우(취소처분), 만약 취소처분에 하자가 있다면 상대방은 취소처분의 하자를 다툼으로써 원처분을 회복할 수 있을 것인가, 그리고 처분청은 직권으로 취소할 수 있을 것인가의 문제가 여기서 말하는 취소의 하자문제이다.

1604 　⑴ **중대·명백한 하자가 있는 경우**　　취소처분 자체에 중대하고 명백한 하자가 있으면 그 취소는 당연무효이고, ① 취소의 상대방이 취소처분에 대해 무효선언으로서의 취소나 무효확인을 구할 수 있음은 의문이 없다. 판례도 동일한 입장이다.[1] ② 처분청도 직권으로 무효를 확인할 수 있을 것이다.

1605 　⑵ **단순위법의 하자가 있는 경우**　　이 경우에 취소처분을 처분의 상대방이 행정쟁송절차에 의해 다툴 수 있음은 의문이 없다. 문제는 처분청이 직권으로 취소할 수 있는가의 여부이다. 이에 관해서는 적극·소극의 두 견해가 가능하다.

1606 　⑺ **소 극 설**　　명문의 규정이 없는 한 취소처분으로 원처분의 효력은 상실되므로 취소처분의 취소를 통해 원처분의 회복은 불가하다는 것이 소극설의 논리이다.[2] 즉, 직권취소가 비록 위법하다고 할지라도 유효하다면 그에 따라 원행정행위의 효력은 확정적으로 상실되는 것이고 효력을 상실한 행정행위는 소생시킬 수 없으므로 원행정행위와 동일한 새로운 행정행위를 행할 수밖에 없다고 한다. 소극설에 대해서는, ① 취소처분에 단순위법의 하자가 있다면 그 취소처분도 확정적인 효력을 갖는 것은 아니라는 점을 소극설은 간과하였다는 점, ② 또한 소극설에 서면 원처분의 회복은 불가능한 바 위법의 시정을 위해서는 원처분과 동일한 새로운 처분을 하여야 한다고 하나, 이는 취소처분의 하자를 시정하는 근원적인 방법은 되지 못한다는 지적이 가해지고 있다.

1607 　⑷ **적 극 설**　　① 취소처분도 행정행위의 한 종류로서의 성질을 가지고 있고, ② 직권취소의 하자가 취소사유에 불과한 경우에 그 효력은 유동적이며, ③ 법원의 판결에 의한 취소는 그 대상이 원처분이건 취소처분이건 가리지 아니한다는 점에 비추어 취소처분의 취소도 행정행위의 하자론의 일반원칙에 따라 긍정되어야 한다는 논리이다.[3]

---

1) 대판 1966. 9. 6, 66누81(행정처분이 무효인 경우 민사상의 구제방법으로 충분하다 하여 행정처분의 무효확인을 구하는 의미에서 그 취소를 구할 소의 이익이 없다고는 할 수 없다).

2) 김성수, 일반행정법, 327쪽(2019).

3) 박윤흔·정형근, 최신행정법강의(상), 394쪽; 이상규, 신행정법론(상), 456쪽; 박균성, 행정법론(상), 467쪽(2019); 류지태·박종수, 행정법신론, 263쪽(2019).

(대) **절 충 설**　　당해 행정행위의 성질, 새로운 이해관계인의 등장여부, 신　1608
뢰보호, 법적 안정성, 행정의 능률을 종합적으로 고려하여 판단하여야 한다는
견해이다.[1]

(라) **판　　례**　　판례의 태도에 대해 주류적인 태도는 소극설이나 일부판례는　1609
적극설이라는 견해,[2] 일정하지 않으며 절충설에 가깝다는 견해,[3] 소극설이라는
견해로[4] 나누어진다. 종래의 판례는 침익적 행위의 직권취소에 대한 직권취소는
소극적으로,[5] 수익적 행위의 직권취소에 대한 직권취소는 적극적으로 본 바 있다.[6]
이러한 판례의 입장을 절충설이라 부르는 견해도 있다.[7] 절충설의 의미를 위(옆
번호 1608)와 같이 새긴다면, 판례의 입장을 절충설로 부르기는 어려울 것이다.

(마) **사　　견**　　① 소극설은 취소처분에 단순위법의 하자가 있음에도 그 취　1610
소처분에 확정적인 효력이 발생한다는 것으로 관료적인 국가권위주의이며, 소
극설에 서면 원처분의 회복은 불가능한바 위법의 시정을 위해서는 원처분과 동

---

1) 김연태, 행정법사례연습(제5판), 234쪽.
2) 류지태, 행정판례연구 Ⅸ, 71쪽.
3) 김남진·김연태, 행정법(Ⅰ), 358쪽(2019); 홍준형, 행정법, 272쪽(2017).
4) 김성수, 일반행정법, 327쪽(2018).
5) 대판 1995. 3. 10, 94누7027(국세기본법 제26조 제1호는 부과의 취소를 국세납부의무 소멸사유
　의 하나로 들고 있으나, 그 부과의 취소에 하자가 있는 경우의 부과의 취소의 취소에 대하여는
　법률이 명문으로 그 취소요건이나 그에 대한 불복절차에 대하여 따로 규정을 둔 바도 없으므
　로, 설사 부과의 취소에 위법사유가 있다고 하더라도 당연무효가 아닌 한 일단 유효하게 성립
　하여 부과처분을 확정적으로 상실시키는 것이므로, 과세관청은 부과의 취소를 다시 취소함으
　로써 원부과처분을 소생시킬 수는 없고 납세의무자에게 종전의 과세대상에 대한 납부의무를
　지우려면 다시 법률에서 정한 부과절차에 좇아 동일한 내용의 새로운 처분을 하는 수밖에 없
　다); 대판 1979. 5. 8, 77누61(행정행위(과세처분)의 취소처분의 위법이 중대하고 명백하여 당연
　무효이거나, 그 취소처분에 대하여 소원 또는 행정소송으로 다툴 수 있는 명문의 규정이 있는
　경우는 별론, 행정행위의 취소처분의 취소에 의하여 이미 효력을 상실한 행정행위를 소생시킬
　수 없고, 그러기 위하여는 원 행정행위와 동일내용의 행정행위를 다시 행할 수밖에 없다).
6) 대판 1997. 1. 21, 96누3401(행정처분이 취소되면 그 소급효에 의하여 처음부터 그 처분이 없었
　던 것과 같은 효과를 발생하게 되는바, 행정청이 의료법인의 이사에 대한 이사취임승인취소처
　분(제1처분)을 직권으로 취소(제2처분)한 경우에는 그로 인하여 이사가 소급하여 이사로서의
　지위를 회복하게 되고, 그 결과 위 제1처분과 제2처분 사이에 법원에 의하여 선임 결정된 임시
　이사들의 지위는 법원의 해임결정이 없더라도 당연히 소멸된다); 대법원 1967. 10. 23, 67누
　126(피고가 본건 광업권자가 1년 내에 사업에 착수하지 못한 이유가 광구소재지 출입허가를
　얻지 못한 때문이라는 점, 또는 위 정리요강에 의한 사전서면 통고를 하지 아니하였다는 점을
　참작하여 피고가 광업권취소처분을 하지 아니하였다던가, 또는 일단취소처분을 한 후에 새로
　운 이해관계인이 생기기 전에 취소처분을 취소하여 그 광업권의 회복을 시켰다면 모르되 피고
　가 본건취소처분을 한 후에 원고가 1966. 1. 19에 본건 광구에 대하여 선출원을 적법히 함으로
　써 이해관계인이 생긴 이 사건에 있어서, 피고가 1966. 8. 24자로 1965. 12. 30자의 취소처분을
　취소하여, 위 안소영 명의의 광업권을 복구시키는 조처는, 원고의 선출원 권리를 침해하는 위
　법한 처분이라고 하지 않을 수 없다).
7) 박균성, 행정법론(상), 466쪽(2019).

일한 새로운 처분을 발령하여야 하는데 이는 위법한 취소처분의 하자를 소급적으로 시정하는 근원적인 방법이 아니다.[1] ② 절충설은 다양한 사항을 고려하여야 한다는 것은 논리상 타당할 수 있으나, 실제상 논자에 따라 가치판단을 달리할 수 있으므로 자의적으로 운용될 수 있다는 점에서 문제점을 갖는다. ③ 소극설과 절충설의 문제점을 고려할 때 적극설이 타당하다.

9. 복효적 행위의 취소

1611   (1) **혼효적 행위**   침익과 수익이 동일인에게 귀속하는 혼효적 행위의 경우에는 전체로서 수익적 행위의 취소의 원리에 따르면 된다. 물론 이러한 경우에도 신뢰보호원칙으로부터 나오는 제약이 가해진다. 그러나 이러한 경우에 있어서 이익의 형량에는 개인의 이익과 공익 사이의 형량이 문제된다.

   (2) **제3자효 있는 행위**

1612   (개) **직권취소**   침익과 수익이 상이한 자에게 귀속되는 제3자효 있는 행위의 경우에는 직권취소 시 제3자의 이익도 고려하여야 한다. 즉 직권취소가 제3자에게 침익적인 경우에는 제3자의 이익을 고려할 때 직권취소가 자유로울 수 없는 제한이 따른다. 그러나 직권취소가 제3자에게 수익적인 경우에는 직권취소의 상대방의 신뢰보호와 직권취소로 달성하려는 공익이 중요한 고려요소이지 제3자의 이익고려는 중요한 고려요소가 아니어서 직권취소가 비교적 용이할 수 있다.

1613   (내) **제3자의 직권취소청구권**   판례는 취소의 사유가 존재한다고 하여도 사인인 제3자는 권한행정청에 대하여 원칙적으로 직권취소청구권을 갖는다고 보기 어렵다고 본다.[2] 예외적으로 관련법령이 사익보호성을 규정하고 있다면 사정이 다를 것이다.

1614   (대) **제3자의 쟁송제기**   제3자가 취소심판이나 취소소송을 제기하는 경우에는 직권취소의 원리가 아니라 행정심판절차나 행정소송절차의 원리에 따라야 한다. 즉, 행정행위를 통해 자신의 권리가 침해된 자는 행정행위를 다툴 수 있고, 이러한 경우에는 처분의 상대방의 보호는 중요한 것이 아니다. 왜냐하면 수

---

1) 김도창, 일반행정법론(상), 500쪽.
2) 대판 2006. 6. 30, 2004두701(산림법령에는 채석허가처분을 한 처분청이 산림을 복구한 자에 대하여 복구설계서승인 및 복구준공통보(이하 '복구준공통보 등'이라 한다)를 한 경우 그 취소신청과 관련하여 아무런 규정을 두고 있지 않고, 원래 행정처분을 한 처분청은 그 처분에 하자가 있는 경우에는 원칙적으로 별도의 법적 근거가 없더라도 스스로 이를 직권으로 취소할 수 있지만, 그와 같이 직권취소를 할 수 있다는 사정만으로 이해관계인에게 처분청에 대하여 그 취소를 요구할 신청권이 부여된 것으로 볼 수는 없다).

익자인 상대방은 제3자의 쟁송가능성을 고려하여야 하고, 또한 제3자의 권리보호는 상대방보호의 관점에서 침해될 수 없기 때문이다.

Ⅲ. 행정행위의 철회

1. 철회의 관념

(1) 의   의   행정청은 적법한 처분에 일정한 사유가 있는 경우에는 그 1615 처분의 전부 또는 일부를 장래를 향하여 철회할 수 있는바(기본법 제19조 제1항), 이를 행정행위의의 철회라 한다. 달리 말하면, 적법요건을 구비하여 효력을 발하고 있는 행정행위를 사후적으로 발생한 사유에 의해 그 행위의 효력의 전부 또는 일부를 장래에 향해 소멸시키는 원행정행위와 독립된 별개의 의사표시를 말한다(예 : 음주운전으로 인한 자동차운전면허의 취소처분, 변태영업을 한 유흥음식점에 대한 허가의 취소처분)(대판 2018. 6. 28, 2015두58195). 실정법상으로는 취소로 불리기도 한다(예 : 식품법 제75조 제1항).

(2) **구별 개념**   다 같이 행정행위의 효력의 상실을 가져오는 것이지만 개 1616 념상 철회는 직권취소 및 실효의 개념과 구분된다.[1] ① 직권취소와는 원인(철회는 적법행위를, 취소는 위법행위와 적법행위를)·효과(철회는 장래효를, 취소는 소급효 또는 장래효를)·권한기관(철회는 처분청만, 반대견해가 있으나 취소는 처분청과 감독청)에 차이를 갖는다. 그러나 이러한 차이로 인해 양자는 본질적으로 다른 것이라 말하기는 어렵다. 양자의 구분은 상대적이라 볼 것이다.[2] 그리고 ② 실효는 의사표시가 아니라 어떠한 사실의 발생으로 행정행위의 효력이 소멸된다는 점에서 독립된 행정행위인 철회와 구별된다.

(3) 기   능   행정행위는 발령 당시의 사실관계와 법관계를 기초로 발령 1617 된다. 그런데 행정행위의 발령에 근거되었던 사실관계나 법관계가 고정적인 것만은 아니고 변화하는 경우도 적지 않다. 이때 기존의 행정행위의 내용을 변화된 상황에 맞게 시정한다는 것은 공익실현을 목적으로 하는 합리적인 공행정작용에 불가피하다. 이러한 수단이 바로 행정행위의 철회제도이다.

---

[1] 대판 2006. 5. 11, 2003다37969(행정행위의 취소는 일단 유효하게 성립한 행정행위를 그 행위에 위법 또는 부당한 하자가 있음을 이유로 소급하여 그 효력을 소멸시키는 별도의 행정처분이고, 행정행위의 철회는 적법요건을 구비하여 완전히 효력을 발하고 있는 행정행위를 사후적으로 그 행위의 효력의 전부 또는 일부를 장래에 향해 소멸시키는 행정처분이므로, 행정행위의 취소사유는 행정행위의 성립 당시에 존재하였던 하자를 말하고, 철회사유는 행정행위가 성립된 이후에 새로이 발생한 것으로서 행정행위의 효력을 존속시킬 수 없는 사유를 말한다); 대판 2003. 5. 30, 2003다6422.

[2] 석종현·송동수, 일반행정법(상), 322쪽.

2. 법적 근거

1618   행정행위의 철회에 관한 일반법으로 행정기본법 제19조가 있다.[1] 철회를 규정하는 개별 법률도 적지 않다(예 : 도교법 제93조). 개별 법률에 철회에 관한 규정이 없다고 하여도 행정청은 행정기본법 제19조가 정하는 바에 따라 철회할 수 있다. 철회에 관련하여 행정기본법에 규정되지 아니한 사항에 대해서는 학설과 판례에 의해 정해질 수밖에 없다.

3. 철회권자

1619   (1) **처 분 청**   철회권자는 행정청이다(기본법 제19조 제1항). 행정청은 처분청을 의미한다. 행정기본법이 처분청을 철회권자로 규정한 것은 처분권한에는 기존의 처분을 변화하는 환경에 적합하도록 조정할 수 있는 권한도 포함되어 있다고 보았기 때문이다.

1620   (2) **감독청 등**   ① 감독청은 철회권을 갖지 못한다. 왜냐하면 철회도 하나의 독립된 새로운 행정행위인데 감독청이 철회한다면, 이는 감독청이 합리적인 이유 없이 처분청의 권한을 침해하는 결과가 되고, 이러한 결과는 처분청을 둔 행정조직의 목적에 반하기 때문이다. ② 그 밖의 행정청이나 법원은 철회권을 갖지 못한다.

4. 철회의 사유와 범위

1621   (1) **사 유**   철회의 사유에는 ① 법률에서 정한 철회 사유에 해당하게 된 경우, ② 법령등의 변경이나 사정변경으로 처분을 더 이상 존속시킬 필요가 없게 된 경우,[2] ③ 중대한 공익을 위하여 필요한 경우가[3] 있다(기본법 제19조 제

---

1) 행정기본법 제정 전에는 철회를 하려면 개별적인 법률의 명시적인 근거가 있어야 하는가의 가 있었고 학설은 근거불요설·근거필요설·제한적 긍정설로 나뉘었고, 판례는 근거불요설을 취하였다. 자세한 것은 졸저, 행정법원론(상) 제29판(2021년), 옆번호 1224 이하 참조.

2) 대판 1964. 11. 10, 64누33(철도용지에 대해 대지사용허가와 그 위에 건축을 하는 내용의 건축허가를 한 후 철도용지를 부두용지로 사용하기 위해 대지사용허가를 취소하여 그 취소로 건축주가 건축허가를 받은 대지 위에 건축을 할 권원이 없게 되었고 더욱이 건축으로 말미암아 대지의 공공적 이용에 중대한 지장이 있음이 명백한 때에는 건축허가를 취소(철회)할 수 있다).

3) 대판 1995. 2. 28, 94누7713(국비유학생으로 선발되어 지방병무청장에 의해 학술특기자로 특례보충역에 편입된 후 유학사유로 국외여행허가를 받아 출국한 후 그 여행허가기간이 만료되어 국외체재기간연장신청을 하였으나 그 신청이 불허되었음에도 귀국치 아니하다 2차에 걸친 귀국최고 및 기한연장 후에서야 귀국한 경우, 이와 같은 귀국지연이라는 사유는 구 병역법(1989. 12. 30. 법률 제4156호로 개정되기 전의 것)상 특례보충역편입제한사유로만 규정되어 있지만 이는 그 성질상 단순히 특례보충역편입시갖추어야 할 요건에 그치는 것이 아니라 특례보충역에 편입된 후에도 병역의무를 마칠 때까지 계속해서 갖추어야 할 소극적 요건이라고 봄이 상

1항).[1]

(가) **법률에서 정한 사유**　　개별 법률에서 규정하는 철회사유가 발생하면, 처　1622
분청은 관련 규정의 종합적인 해석을 통하여 철회를 하여야 하거나(필요적 철회),
또는 할 수 있다(임의적 철회)(기본법 제19조 제1항 제1호). 개별 법률에서 철회사유
를 규정하는 경우는 적지 아니하다(예 : 식품법 제75조 제1항 제1호, 도교법 제93조 제1
항 제1호).

(나) **법령등의 변경**　　법령등의 변경은 철회사유가 될 수 있다(기본법 제19조　1623
제1항 제2호). 법령등의 변경은 "법률 및 대통령령·총리령·부령, 자치법규 : 조례
및 규칙(기본법 제2조 제1호)"의 제정·개정을 의미한다. 법령등의 변경을 사유로
하는 철회는 법령등의 변경으로 처분을 더 이상 존속시킬 필요가 없게 된 경우
에만 가능하다. 덧붙여 말하면, 법령등의 변경을 사유로 하는 철회는 행정행위
의 발령 후에 법적 상황이 변화되고, 행정청이 더 이상 그러한 행정행위를 발령
할 수 없음을 전제로 하며, 상대방이 그 행위와 관련된 아무런 권리행사도 없어
야 하고, 아울러 법적 상황의 변화로 인해 철회 없이는 공동체의 중대한 이익이
위험에 빠지는 경우라야 가능하다고 볼 것이다(예 : 건축허가를 하였으나, 당해 지역
이 법령에 의해 건축불허지역으로 변경되고, 아울러 건축이 개시되지 아니한 경우). 한편,
판례는 법원이라 보기 어려우므로, 판례의 변경은 여기서 말하는 법적 상황의
변화에 해당하지 아니한다.[2] 행정기본법이 제정되기 전에는 법령등의 변경을
법적 상황의 변화로 표현하였다.[3]

(다) **사정변경**　　사정변경은 철회사유가 될 수 있다(기본법 제19조 제1항 제2　1624
호). 사정변경을 사유로 하는 철회는 사정변경으로 처분을 더 이상 존속시킬 필
요가 없게 된 경우에만 가능하다. 덧붙여 말하면, 사후적인 사정의 변화로 행정
행위의 발령에 중요한 사실관계가 문제되고 또한 공동체의 중요한 이익에 대한

당하므로, 특례보충역편입처분 후 그와 같은 귀국지연이라는 사유가 발생한 경우에는 이러한
사정은 그 편입처분을 취소할 수 있는 사정변경 또는 중대한 공익상의 필요가 발생한 것으로
볼 수 있어 처분청으로서는 그 취소에 관한 별도의 법적 근거가 없이도 이를 취소할 수 있다고
하여야 한다).

1) 행정기본법이 제정되기 전 학설과 판례는 1)「기존의 행정행위를 위법 또는 비합목적적으로 만
드는 사후적인 새로운 사정」을 철회의 사유로 보았고, 그 새로운 사정으로「철회권의 유보, 부
담의 불이행, 사실관계의 변화, 법적 상황의 변화, 공익상 중대한 침해」를 들었다. 이 중에서 행
정기본법에 명시되지 아니한 철회권의 유보와 부담의 불이행은 행정기본법상「법령에서 정한
사유」에 해당하는 것으로 볼 수 있다. 자세한 것은 졸저, 행정법원론(상) 제29판(2021년), 옆번
호 1230 이하 참조.

2) Ruffert, in : Erichsen(Hrsg.), Allgemeines Verwaltungsrecht, §24, Rn. 12.

3) 졸저, 행정법원론 제28판(2020), 옆번호 1235 참조.

직접적이고 급박한 침해를 제거 또는 방지하기 위하여 불가피한 경우(예 : A운수
회사에 B지점을 주차장으로 허가하였으나, 수년이 지난 후 인구집중현상으로 더이상 B지점을
주차장으로 하면, 엄청난 교통상 지체를 가져오게 되는 경우)도 철회사유가 된다.[1] 그러
나 철회하는 행위의 효력이 장래에 별다른 의미를 갖지 아니하거나 또는 발령
시점에만 일정 사실관계의 존재가 요구되는 경우에는 사실관계의 변화는 철회
사유가 되지 아니한다. 또한 사실관계에 대한 행정청의 단순한 견해의 변화는
철회의 사유가 되지 아니한다. 행정기본법이 제정되기 전에는 법령등의 변경을
사실관계의 변화로 표현하였다.[2]

1625　　　㈐ **중대한 공익**　　　중대한 공익상 필요는 철회사유가 될 수 있다(기본법 제19
조 제1항 제3호). 덧붙여 말하면, 공공의 이익에 대한 중대한 침해를 방지 또는 제
거하기 위한 경우는 철회의 사유가 된다(예 : 건축허가가 있고, 건축이 개시되었으나,
당해 건축지역이 고속도로건설부지로 정해진 경우). 여기서 중대한 침해의 의미는 헌법
제10조와 제37조 제2항 등의 의미를 고려하면서 판단되어야 한다. '중대한 공
익', '필요한'은 불확정개념이어서, 그 의미내용을 분명히 확정하는 것은 어렵다.
하여간 앞의 3가지 경우에 해당하지 아니하면, '중대한 공익을 위하여 필요한
경우'를 사유로 철회가 이루어질 수 있다. 따라서 '중대한 공익'요건은 행정청이
비교적 폭넓게 철회의 근거로 활용할 수 있는 일반조항의 성질을 갖는다.[3] 그
렇지만 이 경우도 엄격하게 적용되어야 한다.

1626　　　⑵ **범위**(전부철회·일부철회)　　　철회는 부담부 골재채취허가처분 전부를 취
소하는 경우와 같이 처분의 전부를 대상으로 할 수도 있고(전부철회), 부담부 골
재채취허가처분 중 부담 부분만 취소하는 경우와 같이 처분의 일부를 대상으로
할 수도 있다(일부철회)(기본법 제19조 제1항 본문). 일부철회가 가능하다면 비례원
칙상 전부철회가 아닌 일부철회를 하여야 한다. 일부철회는 법효과가 분리 가능

---

1) 대판 1964. 11. 10, 64누33(건축허가에 허가 당시는 하자가 없었고 본법에 의해 취소권(철회권)
의 유보가 되어 있는 경우가 아니라 하더라도, 사정의 변천에 따라 허가를 존속하는 것이 공익
에 적합하지 아니할 때에는 이를 취소(철회)할 수 있으므로, 철도용지에 대해 대지사용허가와
그 위에 건축을 하는 내용의 건축허가를 한 후 철도용지를 부두용지로 사용하기 위해 대지사
용허가를 취소하여 그 취소로 건축주가 건축허가를 받은 대지 위에 건축을 할 권원이 없게 되
었고 더욱이 건축으로 말미암아 대지의 공공적 이용에 중대한 지장이 있음이 명백한 때에는
건축허가를 취소(철회)할 수 있다).
2) 졸저, 행정법원론 제28판(2020), 옆번호 1234 참조.
3) 대판 1964. 2. 10, 64누33. 한편, 독일행정절차법에서는 일정한 목적을 위해 제공되었거나 일정
한 목적이 전제가 된 금전급부나 가분의 물적 급부를 수익자가 그 목적에 사용하지 아니하는
경우(목적위반·부담위반의 급부사용)도 철회사유로 규정되고 있는데(동법 제49조 제3항), 명
문의 규정이 없는 우리의 경우에는 이러한 것도 여기의 포괄적인 근거에 해당한다고 볼 수 있
을 것이다.

한 경우에 할 수 있으며,[1] 법효과가 분리 불가능하도록 결합되어 있다면, 전체 행정행위를 철회하여야 할 것이다.[2]

5. 철회의 제한

(1) **사익·공익 비교형량의 원칙** 행정청은 제1항에 따라 처분을 철회하려   1627
는 경우에는 철회로 인하여 당사자가 입게 될 불이익을 철회로 달성되는 공익
과 비교·형량하여야 한다(기본법 제19조 제2항 본문). 비교·형량의 결과 당사자의
불이익이 보다 크다면 철회를 할 수 없다, 말하자면 경우에 따라서는 처분의 상
대방의 보호를 위해 처분청이 철회를 할 수 없는 제한을 받는다. 행정기본법은
취소의 제한의 경우와 달리 철회의 제한을 수익적 행위인가 침익적 행위인가를
구분하여 규정하고 있지 않다. 그러나 철회의 제한은 주로 수익적 행위의 경우
에 문제될 것이다. 왜냐하면 수익적 행위의 철회는 처분의 상대방에게 침익을
가져오기 때문이다. 하여간 침익적 행위의 직권취소에는 당사자가 입게 될 불이
익과 철회로 달성되는 공익의 비교·형량이 요구되지 않지만(기본법 제18조 제2항
본문 참조), 침익적 행위의 철회에는 당사자가 입게 될 불이익과 철회로 달성되
는 공익의 비교·형량이 요구된다(기본법 제19조 제2항 본문). 행정기본법 제정 전
에도 판례는 공익상의 필요 등이 상대방이 입을 불이익을 정당화할 만큼 강한
경우에 한하여 철회가 허용될 수 있다고 하였다.[3]

(2) **비교형량의 예** 실질적 존속력이 있는 행위, 철회가 국민의 법생활의   1628
안정에 중대한 장해를 가져올 수 있는 행위(예 : 포괄적 신분설정행위인 귀화허가·공

---

1) 대판 2012. 5. 24, 2012두1891(한 사람이 여러 종류의 자동차운전면허를 취득하는 경우뿐 아니
   라 이를 취소 또는 정지하는 경우에도 서로 별개의 것으로 취급하는 것이 원칙이고, 다만 취소
   사유가 특정 면허에 관한 것이 아니고 다른 면허와 공통된 것이거나 운전면허를 받은 사람에
   관한 것일 경우에는 여러 면허를 전부 취소할 수도 있다. 도로교통법 제93조 제1항 제12호, 도
   로교통법 시행규칙 제91조 제1항 [별표 28] 규정에 따르면 그 취소 사유가 훔치거나 빼앗은 해
   당 자동차 등을 운전할 수 있는 특정 면허에 관한 것이며, 제2종 소형면허 이외의 다른 운전면
   허를 가지고는 위 오토바이를 운전할 수 없어 취소 사유가 다른 면허와 공통된 것도 아니므로,
   갑이 위 오토바이를 훔친 것은 제1종 대형면허나 보통면허와는 아무런 관련이 없어 위 오토바
   이를 훔쳤다는 사유만으로 제1종 대형면허나 보통면허를 취소할 수 없다).
2) 대판 2005. 3. 11, 2004두12452(제1종 대형면허를 가진 사람만이 운전할 수 있는 대형승합자동
   차는 제1종 보통면허를 가지고 운전할 수 없는 것이기는 하지만, 자동차운전면허는 그 성질이
   대인적 면허일 뿐만 아니라, 도로교통법시행규칙 제26조 [별표 13의6]에 의하면, 제1종 대형면
   허 소지자는 제1종 보통면허 소지자가 운전할 수 있는 차량을 모두 운전할 수 있는 것으로 규
   정하고 있어, 제1종 대형면허의 취소에는 당연히 제1종 보통면허소지자가 운전할 수 있는 차량
   의 운전까지 금지하는 취지가 포함된 것이어서 이들 차량의 운전면허는 서로 관련된 것이라고
   할 것이므로, 제1종 대형면허로 운전할 수 있는 차량을 운전면허정지기간중에 운전한 경우에는
   이와 관련된 제1종 보통면허까지 취소할 수 있다).
3) 대판 2017. 3. 15, 2014두41190.

무원임명행위) 등의 경우에는 사익보호의 요청이 보다 크다고 보아 철회가 제한
된다고 할 가능성이 크다.

1629 　　(3) **철회기간의 제한**　　① 일반적인 규정은 없지만 상대방의 보호를 위해
위법·수익적인 행위의 직권취소의 경우와 같이 적법·수익적인 행위의 철회도
행정기본법 제12조 제2항 본문의 실권의 법리에 따라 철회기간은 제한을 받을
수 있다. ② 개별법규에서 규정하는 바가 있다면, 그에 따라야 한다. 입법론상
행정기본법에 명문의 규정을 두는 것이 바람직하다. 독일 행정절차법은 철회사
유가 있음을 안 날로부터 1년 내에만 철회가 가능한 것으로 규정하고 있다
(VwVfG 제49조 제2항). 하여튼 개별법규에서 규정하는 바가 있다면, 그에 따르게
될 것이다. 이 때에도 그 규정이 강행규정인가, 아니면 훈시규정인가가 문제된
다는 것이 판례의 태도이다.[1]

6. 철회권의 행사

1630 　　(1) **철회의 보충성**　　침익적 행위의 철회인가, 수익적 행위의 철회인가를
불문하고 행정행위의 철회 시 처분청은 다음을 준수하여야 한다. 즉 ① 철회에
의한 경우보다 경미한 침해를 가져오는 다른 방법(예 : 행정지도)이 의미를 갖는다
면, 철회는 채택할 수 없고 다른 방법을 채택하여야 하며, ② 일부철회가 가능
하다면 전부철회가 아닌 일부철회의 방법을 채택하여야 하며,[2] ③ 처분청은 공
익과 사익의 형량을 의무에 합당한 재량에 따라 행하여야 한다.[3]

1631 　　(2) **철회의 절차**　　철회의 절차와 관련하여 명문의 규정이 있다면 그에 의

---

1) 대판 1989. 6. 27, 88누6283(교통사고가 일어난 지 1년 10개월이 지난 뒤 그 교통사고를 일으킨
　택시에 대하여 운송사업면허를 취소하였더라도 처분관할관청이 위반행위를 적발한 날로부터
　10일 이내에 처분을 하여야 한다는 교통부령인 자동차운수사업법 제31조등의규정에의한사업
　면허의취소등의처분에관한규칙 제4조 제2항 본문을 강행규정으로 볼 수 없을 뿐만 아니라 택
　시운송사업자로서는 자동차운수사업법의 내용을 잘 알고 있어 교통사고를 낸 택시에 대하여
　운송사업면허가 취소될 가능성을 예상할 수도 있었을 터이니, 자신이 별다른 행정조치가 없을
　것으로 믿고 있었다 하여 바로 신뢰의 이익을 주장할 수는 없다).
2) 대판 1995. 11. 16, 95누8850(제1종 보통, 대형 및 특수 면허를 가지고 있는 자가 레이카크레인
　을 음주운전한 행위는 제1종 특수면허의 취소사유에 해당될 뿐 제1종 보통 및 대형 면허의 취
　소사유는 아니므로, 3종의 면허를 모두 취소한 처분 중 제1종 보통 및 대형 면허에 대한 부분
　은 이를 이유로 취소하면 될 것이나, 제1종 특수면허에 대한 부분은 원고가 재량권의 일탈·남
　용하여 위법하다는 주장을 하고 있음에도, 원심이 그 점에 대하여 심리·판단하지 아니한 채
　처분 전체를 취소한 조치는 위법하다).
3) 대판 2004. 7. 22, 2003두7606(수익적 행정처분을 취소 또는 철회하거나 중지시키는 경우에는
　이미 부여된 그 국민의 기득권을 침해하는 것이 되므로, 비록 취소 등의 사유가 있다고 하더라
　도 그 취소권 등의 행사는 기득권의 침해를 정당화할 만한 중대한 공익상의 필요 또는 제3자의
　이익보호의 필요가 있는 때에 한하여 상대방이 받는 불이익과 비교·교량하여 결정하여야 하
　고, 그 처분으로 인하여 공익상의 필요보다 상대방이 받게 되는 불이익 등이 막대한 경우에는
　재량권의 한계를 일탈한 것으로서 그 자체가 위법하다).

한다. 그러나 명문의 규정이 없는 경우, 철회는 그 자체가 원행정행위와는 독립된 행위이므로 행정절차법의 적용을 받는다. 수익적 행정행위의 철회의 경우는 사전통지(절차법 제21조 제1항), 의견청취(절차법 제22조 제3항), 이유제시(절차법 제23조) 절차 등이 주요한 절차에 해당된다.

(3) **철회이유의 제시**   ① 철회는 그 자체가 원행정행위와는 독립된 행위이   1632
므로, 역시 행정절차법의 적용을 받는다고 볼 것이고, 따라서 철회의 경우에도 원칙적으로 당사자에게 그 근거와 이유가 제시되어야 한다(절차법 제23조). 한편, ② 판례는 종전부터 "면허의 취소처분(철회처분)에는 그 근거가 되는 법령이나 취소권유보의 부관 등을 명시하여야 함은 물론 처분을 받은 자가 어떠한 위반사실에 대하여 당해 처분이 있었는지를 알 수 있을 정도로 사실을 적시할 것을 요하며, 이와 같은 취소처분의 근거와 위반사실의 적시를 빠뜨린 하자는 피처분자가 처분 당시 그 취지를 알고 있었다거나 그 후 알게 되었다 하여도 치유될 수 없다"는 입장을 취하였다.[1]

7. 철회의 효과

(1) **장 래 효**   행정청은 적법한 …그 처분의 전부 또는 일부를 장래를 향   1633
하여 철회할 수 있다(기본법 제19조 제1항). 말하자면 행정행위의 철회의 효과는 언제나 장래적이다. 취소의 경우와 같이 소급적인 경우는 없다. 그것은 처음부터 적법한 행위였기 때문이다. 그리고 철회는 원칙적으로 계속효있는 행정행위에서만 문제된다. 그러나 입법례에 따라서는 일정한 수익적 행위의 철회에 소급효를 인정하는 경우도 있다(예 : 독일행정절차법 제49조 제3항에 의하면, 특정목적을 위한 1회적이거나 계속적인 금전급부 또는 특정목적을 위한 가분의 물적 급부를 보장하는 행정행위나 그 전제가 되는 행정행위의 경우, '그 급부가 그 행정행위에서 정해진 특정한 목적에 즉시 사용되지 아니하거나 더 이상 사용되지 아니하면, 또는 부담부행위에서 수익자가 법정기한 내에 부담을 이행하지 아니하면' 그 행위의 전부 또는 일부가 소급효를 갖고서 철회될 수 있다).

(2) **반환청구권**   행정행위가 철회되면 상대방은 원행정행위와 관련하여   1634
지급한 물건의 반환을 청구할 수 있다. 왜냐하면 행정청은 철회로 인하여 그 물

---

1) 대판 1990. 9. 11, 90누1786(세무서장인 피고가 주류도매업자인 원고에 대하여 한 이 사건 일반 주류도매업면허취소통지에 '상기 주류도매장은 무면허 주류 판매업자에게 주류를 판매하여 주세법 제11조 및 국세법사무처리규정 제26조에 의거 지정조건위반으로 주류판매면허를 취소합니다'라고만 되어 있어서 원고의 영업기간과 거래상대방 등에 비추어 원고가 어떠한 거래행위로 인하여 이 사건 처분을 받았는지 알 수 없게 되어 있다면 이 사건 면허취소처분은 위법하다).

건을 취득할 수 있는 법적 근거를 상실하기 때문이다. 경우에 따라서는 행정청도 반환청구권을 가질 수 있을 것이다. 독일의 경우(VwVfG제49a조)와 달리 우리는 이에 관한 규정을 갖고 있지 않다.

1635　　　　⑶ 보　　상　　수익적 행정행위의 철회로 인해 상대방이 재산상의 특별한 손해를 입게 되면, 상대방에게 귀책사유가 없는 한 철회행정청은 그 손실을 보상해 주는 것이 정당하다고 본다. 이에 관한 일반법은 없다. 1987년의 행정절차법(안)은 취소의 경우를 준용하고 있었다(구법안 제32조). 한편 독일 행정절차법은 기술한 수익적 행정행위의 철회사유 중 ㈐~㈑에 의한 철회의 경우와 관련하여 보상에 관해 규정하고 있다(VwVfG 제49조 제6항).[1] 우리의 경우 현재로서는 몇몇 단행법에서 그 예를 볼 수 있다(예 : 공수법 제57조 제1항 제3호; 도로법 제99조 제1항; 수산법 제81조 제1항 제1호·제35조 제6호; 하천법 제77조 제1항).

8. 철회처분의 하자

철회도 독립의 행정행위인 까닭에 철회처분에 하자가 있을 수 있다. 이것이 철회의 하자문제이다. 하자의 정도에 따라 두 가지 경우로 나누어서 보기로 한다.

1636　　　　⑴ 중대·명백한 하자가 있는 경우　　　철회처분에 중대하고 명백한 하자가 있으면, 그 철회처분은 당연히 무효가 된다. 상대방은 무효선언으로서의 취소나 무효확인을 구할 수 있다.

1637　　　　⑵ 단순위법의 하자가 있는 경우　　　이 경우에 철회처분의 취소를 구할 수 있을 것인가에 관해서는 행정행위의 취소의 경우와 같이 적극·소극의 두 견해가 있을 수 있다. 여기서도 행정행위의 취소의 경우와 동일하게 새기는 것이 합리적이다.

9. 복효적 행위의 철회

1638　　　　⑴ **혼효적 행위**　　　침익과 수익이 동일인에게 귀속하는 혼효적 행위의 경우에는 전체로서 수익적 행위의 철회 원리에 따르면 된다. 물론 이러한 경우에도 신뢰보호원칙으로부터 나오는 제약이 가해진다. 그러나 이러한 경우에 있어서 이익의 형량에는 개인의 이익과 공익 사이의 형량이 문제된다.

⑵ 제3자효 있는 행위

1639　　　　㈎ 의　　의　　　침익과 수익이 상이한 자에게 귀속이 분리되는 제3자효 있

---

1) 동 규정상 보상청구권은 실체법상 요건으로 ① 철회로 인한 재산상의 피해가 있을 것, ② 행정행위의 존속에 대한 관계자의 신뢰가 존재할 것, ③ 그 신뢰는 보호할 가치가 있는 것일 것이 요구되고, 절차법상 요건으로 ④ 관계자의 신청이 있을 것, ⑤ 보상신청은 1년 내에 하여야 할 것이 요구된다.

는 행위의 경우에는 철회 시 제3자의 이익도 고려하여야 한다. 즉 철회가 제3자에게 침익적인 경우에는 제3자의 이익을 고려할 때 철회는 자유로울 수 없는 제한이 따른다. 처분의 상대방의 보호로 인한 제한은 완화된다.

(내) **제3자의 철회청구권**   철회의 사유가 존재한다고 하여도 사인인 제3자 1640
는 권한행정청에 대하여 원칙적으로 직권취소청구권을 갖는다고 보기 어렵다. 예외적으로 관련법령이 사익보호성을 규정하고 있다면 사정이 다를 것이다.

제 8 항 행정행위의 변경과 실효

Ⅰ. 행정행위의 변경

1. 의   의

행정행위의 변경이란 행정행위의 내용의 일부 또는 전부를 다른 내용으로 1641
변경하는 것을 말한다(예 : 현역병의 병역처분을 받은 병역의무자에게 질병 또는 심신장애
나 그 치유 등의 사유가 발생한 경우에 병역법 제65조 등이 정하는 바에 따라 병역면제처분으
로 변경하는 경우).

2. 적법요건

행정행위의 변경에 요구되는 적법요건(주체·내용·형식·절차 및 표시의 요건)은 1642
변경 전의 행위에 적용되었던 적법요건과 다를 바 없다.

3. 변경의 효과

선행처분의 내용 중 일부만을 소폭 변경하는 후행처분이 있는 경우 선행처 1643
분도 후행처분에 의하여 변경되지 아니한 범위 내에서 존속하고, 후행처분은 선
행처분의 내용 중 일부를 변경하는 범위 내에서 효력을 가지지만, 선행처분의 주요 부분을 실질적으로 변경하는 내용으로 후행처분을 한 경우에는 선행처분은 특별한 사정이 없는 한 그 효력을 상실한다.[1]

Ⅱ. 행정행위의 실효

1. 실효의 의의

행정행위의 실효란 행정행위의 효력이 행정청의 의사와 관계없이 일정한 1644
사실의 발생에 의해 장래를 향하여 당연히 소멸되는 것을 말한다. 행정행위의 실효는 일단 발생된 효력이 소멸된다는 점에서 행정행위의 무효와 구별되고, 효

---

1) 대판 2022. 7. 28, 2021두60748; 대판 2020. 4. 9, 2019두49953.

력의 소멸이 적법요건의 하자와 무관하고 또한 행정청의 의사와 무관하다는 점에서[1] 행정행위의 취소와 구별되고, 행정청의 의사에 기한 것이 아니라는 점에서 행정행위의 철회와도 구분된다.

2. 실효의 사유

실효의 사유는 모든 행정행위에 동일한 것이 아니고, 행정행위의 성질과 내용에 따라 상이하다. 몇몇 실효사유의 예를 보면 다음과 같다.

1645 　　(1) 대상의 소멸　　　행정행위는 행위의 대상이 되는 사람의 사망, 목적물의 소멸로 인해 당연히 효력을 상실한다(예 : 운전면허를 받은 자의 사망으로 인한 운전면허의 실효, 수리불능의 파괴로 인한 자동차의 운행허가의 실효). 대상의 소멸의 특별한 경우로서, 허가를 받아 운영하던 영업을 자진 폐업한 경우에도 그 허가의 효력은 당연히 실효된다.[2] 판례는 또한 영업허가에서 물적 시설의 철거를 역시 실효의 사유로 보고 있다.[3]

1645a 　　(2) **부관의 성취**　　　해제조건부행위에 있어서 조건의 성취, 종기부행정행위에 있어서 종기의 도래는 행정행위의 효력의 소멸을 가져온다(예 : 차량의 종기부임시운행허가에서 종기의 도래로 인한 허가의 효과의 소멸).[4]

1645b 　　(3) **목적의 달성**　　　작위하명의 경우, 작위의무를 이행하는 경우와 같이 행정행위는 목적달성(내용실현)이 이루어짐으로써 효력이 소멸한다(예 : 위법광고물제거명령에 따른 광고물의 제거로 인한 제거명령효력의 소멸).

1646 　　(4) **새로운 법규의 제정·개정**　　　비교적 많지 않은 것이지만 특정한 행정행위와 상충되는 내용을 가진 법령이 제정·개정되면서 그 법령과 상충되는 행위의 효력을 부인하는 규정을 둔다면, 동법령의 효력발생과 더불어 기존의 특정한 행정행위는 효력이 소멸된다. 다만 이 경우 행위의 상대방의 보호가 문제된다.

---

1) 대판 1996. 6. 14, 96누3661(자동차대여사업의 등록을 받은 사람이 교통부령이 정하는 등록기준에 미달한 경우에는 다른 행정처분을 요하지 않고 자동차운수사업법 제55조의2, 제55조의12, 제33조 제2호, 제55조의3, 제6조 제2항의 규정에 의하여 당연히 자동차대여사업에 관한 등록의 효력이 상실한다 할 것이므로, 행정청이 위 등록을 받은 사람에게 등록이 실효되었다는 통지를 하였다 하여도 이는 단순한 사실의 통지에 불과하고, 그 통지에 의하여 등록의 효력이 상실된다고는 할 수 없어 위 실효통지는 항고소송의 대상이 되는 독립한 행정처분이 될 수 없다).

2) 대판 1985. 7. 9, 83누412(결혼예식장업자진폐업으로 인한 당연 허가소멸); 대판 1981. 7. 14, 80누593(청량음료제조업자진폐업으로 인한 당연 허가소멸).

3) 대판 1990. 7. 13, 90누2284(유기장의 유기기설의 임의이전과 당연 허가소멸).

4) 대판 1999. 2. 23, 98두14471(행정처분에 효력기간이 정하여져 있는 경우, 위 기간의 경과로 그 행정처분의 효력은 상실되므로 그 기간 경과 후에는 그 처분이 외형상 잔존함으로 인하여 어떠한 법률상 이익이 침해되었다고 볼 만한 별다른 사정이 없는 한 그 처분의 취소를 구할 법률상의 이익이 없다).

3. 실효의 효과

행정행위의 실효의 사유가 발생하면, 그 때부터 장래에 향하여 효력이 소멸   1647
된다. 일단 실효된 행위는 다시 되살아날 수는 없다(폐업의 경우 참조). 실효의 여
부에 관해 분쟁이 생기면, 실효확인의 소의 제기를 통해 해결할 수 있다.

제 9 항 행정행위의 부관

Ⅰ. 부관의 관념

1. 부관의 개념

(1) 학   설   ① 종래에는 행정행위의 부관을 "행정행위의 효과를 제한하   1648
기 위하여 주된 의사표시에 부가된 종된 의사표시"로 정의하였다(협의설). ② 그
러나 오늘날에 있어서는 행정행위의 부관이 "행정행위의 효과를 제한하거나 부
가적 의무를 부과하기 위하여 행정행위의 주된 내용에 부가하는 부대적 규율,"[1]
"행정행위의 효과를 제한 또는 보충하기 위하여 행정기관에 의하여 주된 행정
행위에 부가된 종된 규율,"[2] "행정행위의 효과를 제한하거나 특별한 의무를 부
과하거나 요건을 보충하기 위하여 주된 행위에 붙여진 종된 규율"[3] 등으로 정
의되고 있다(광의설).

(2) 사   견   상기의 견해의 상이는 기본적으로 ① 부관은 법률행위적   1649
행정행위에만 허용되는 것인가(전통적 견해) 또는 아닌가(새로운 견해)의 문제에 기
인하는 것으로 보이며, ② 또한 부관의 기능이 주된 행위의 제한에만 한하는가
(전통적 견해) 아니면 보충까지 가능한가(새로운 견해)에 관해 시각을 달리하는 데
기인하는 것으로 보인다. 부관은 준법률행위적 행정행위에도 가능하다는 점에
서, 그리고 그 기능이 효과의 제한에만 있는 것은 아니라는 점에서 본서에서는
광의설의 입장에서 행정행위의 부관(Nebenbestimmungen eines Verwaltungsaktes)을
'행정행위의 효력범위를 보다 자세히 정하기 위하여 주된 행정행위에 부가된 규
율'로 정의하기로 한다. 행정행위의 효과를 제한하거나 보충하거나 또는 특별한
의무를 과한다는 것은 결국 행정행위의 효력범위를 보다 자세히 정하는 것을
의미한다고 보기 때문이다. 하여튼 부관은 주된 행정행위에 의존한다.

---

1) 김동희, 행정법(Ⅰ), 310쪽(2019).
2) 김남진·김연태, 행정법(Ⅰ), 269쪽(2019); Erbguth, Allgemeines Verwaltungsrecht(7. Aufl.),
   §18, Rn. 1.
3) 박윤흔·정형근, 최신행정법강의(상), 335쪽.

2. 부관의 법적 성질

1650 　(1) **행정행위 여부**　　부관은 행정행위의 한 부분이다. 부관은 독립의 행정
행위가 아니고, 주된 행위의 한 부분이다. 예외적으로 부담은 독립적인 행위로
본다.[1]

1651 　(2) **부관의 부종성**　　부관은 주된 행정행위와의 관계에서 종적인 지위를
가진다(부종성). 형식적으로 보면 부관은 주된 행정행위를 전제로 한다. 주된 행
위에 종속된다는 것이 부관의 본질적인 특징이다.[2] 주된 행정행위가 소멸되면,
부관도 소멸된다. 내용적으로 보면 부관의 내용은 주된 행정행위와 실질적 관련
성을 갖는 범위 안에서 허용된다.

3. 구별개념

1652 　(1) **내용상 제한**　　부관의 개념과 관련하여 주의를 요하는 것은 부관은 행
정행위의 내용상의 제한은 아니라는 점이다. 행정행위의 부관은 행정행위의 주
된 규율에 대한 부가적인 규율이 문제의 대상이 된다. 따라서 주된 규율내용을
직접 제한하는 규율은 부관이 아니다. 예컨대 건축허가에서 신청된 층수보다 낮
게 허가하는 것은 부관이 아니다. 2종운전면허는 2종만 운전하라는 허가로서
내용상의 제한에 해당한다. 수정부담은 내용상 제한의 예에 해당한다고 보겠
다. 부담은 독립적으로 취소가 가능하지만, 내용상 제한은 독립적으로 취소할
수 없다.[3]

1653 　(2) **법정부관**　　행정행위의 효력범위는 행정행위가 아니라 직접 법규에서
자세히 정해지기도 한다(예 : 광업법 제28조(광업권설정) ① 광업출원인은 광업권설정의
허가통지서를 받으면 허가통지를 받은 날부터 60일 이내에 대통령령으로 정하는 바에 따라
등록세를 내고 산업통상자원부장관에게 등록을 신청하여야 한다. ② 제1항에 따른 등록을 신
청하지 아니하면 허가는 효력을 상실한다). 이와 같이 법규에서 직접 효력범위를 자세
히 정하고 있는 경우를 행정행위의 부관의 경우와 구분하여 법정부관이라 부른
다. 여기에서 다루는 것은 행정행위의 부관문제이다.

1654 　(3) **부관과 행정작용의 유형**　　부관이라는 것은 행정행위에만 고유한 것은
아니다. 그것은 행정법상 계약이나 그 밖의 법적 행위에도 가능하다. 또한 사법

---

1) Erbguth, Allgemeines Verwaltungsrecht(7. Aufl.), § 18, Rn. 8; Hufen, Verwaltungsprozess-
　recht(9. Aufl.), § 1, Rn. 46.
2) Erbguth Allgemeines Verwaltungsrecht(9. Aufl.), § 18, Rn. 1; Detterbeck, Allgemeines Ver-
　waltungsrecht mit Verwaltungsprozessrecht(2017), Rn. 656.
3) Wolff/Bachof/Stober, Verwaltungsrecht 2(6. Aufl.), § 47, Rn. 29a.

상으로도 활용되고 있음은 주지하는 바다. 다만 여기서는 행정행위의 경우와 관련하여 살핀다.

4. 부관의 필요성과 문제점

(1) **필요성**(순기능)　　행정임무는 매우 다양하기 때문에, 전형적인 상황에 맞　1655
추어 정해진 단순한 행정행위는 공익의 필요에 충분히 대처할 수 없다. 이 때문에
행정청이 상황의 특성에 보다 적합한 행정행위를 할 수 있도록 하여 주는 것이
바로 행정행위의 부관이다. 요컨대 행정행위의 부관은 행정의 합리성·신축성·탄
력성·경제성의 보장에 그 의미를 갖는다고 보겠다.[1] 부관이 '행정실무의 불가결
한 보조수단'이라 하고, 부관을 행정행위라는 행위형식에 의하여 행정목적을 달성
함에 있어서 행정에 광범위한 유연성을 부여하는 수단으로 파악하는 견해도[2] 본
서와 같은 입장이라 하겠다.

(2) **문제점**(역기능)　　철회권의 유보를 남용하거나 과중한 부담을 활용하는　1656
경우 등에는 부관이 오히려 국민의 권익에 장애가 될 수도 있다. 따라서 부관의
남용에 대한 적절한 실체적·절차적 통제책의 마련이 중요한 요청이 된다.

Ⅱ. 부관의 종류

행정기본법은 부관의 종류로 조건, 기한, 부담, 철회권의 유보 등을 예시하　1657
고 있다(기본법 제17조 제1항). 문헌상으로는 그밖에 부담유보, 법률효과의 일부배
제 등도 논급된다. ① 조건, 기한, 철회권의 유보는 주된 행정행위의 효과의 발
생·소멸에 관한 부관이나, ② 부담, 부담유보, 법률효과의 일부배제는 주된 행
위의 효과의 발생이 아니라 효과의 내용에 관한 부관이다.

한편, 행정실제상, 그리고 성문의 법규상 부관의 한 종류인 조건이라는 용　1658
어는 모든 종류의 부관을 의미하는 상위개념으로 사용되기도 한다. 한편 실정법
상 규정하는 부관의 종류가 명백하지 않은 경우도 있을 것인바, 이러한 경우에
는 해석으로 정할 수밖에 없다고 본다.

1. 조　　건

(1) 의　　의　　조건(Bedingung)이란 행정행위의 효력의 발생·소멸을 장래에　1659
발생여부가 불확실한 사실에 의존시키는 부관을 말한다. 여기서 장래 발생의 불확
실성은 객관적으로 불확실함을 의미한다. 불확실한 사실의 발생여하가 상대방의

---

1) Maurer, Allgemeines Verwaltungsrecht, §12, Rn. 2.
2) 강구철, 강의행정법(상), 384쪽.

의사에 의존하는 경우의 조건을 부진정조건이라 부르기도 한다.[1] 조건의 관념은
공·사법에 동일하다. 실제상 조건과 부담을 구별하기 어려운 경우도 없지 않다.[2]

1660   (2) 성 질   조건은 기한이나 철회권의 유보와 같이 행정행위의 비독립
적인 한 부분이다.[3] 따라서 조건은 독립성이 없다고 표현된다.

1661   (3) 종 류   일정사실의 발생(이를 조건의 성취라 부른다)으로 수익이나 부
담을 발생시키는 경우(예 : 시설완성을 학교법인설립인가의 사유로 하는 경우)의 조건을
정지조건(Aufschiebende oder Suspensive Bedingung)이라 하고, 수익이나 부담을 소
멸시키는 경우(예 : 일정기간 내 사업불착수를 허가소멸사유로 하는 경우)의 조건을 해제
조건(Auflösende oder Resolutive Bedingung)이라 한다.

1662   (4) **실제상 의미**   행정법관계에서 불안정한 상태의 존속은 공익에 유익하
지 않기 때문에 사적 자치가 인정되는 사법관계의 경우보다 활용빈도가 적다고
하겠으나, 행정법관계에서도 조건부행위가 결코 적다고 할 수만은 없다. 한편
귀화 등의 행위는 무조건으로 이루어져야 한다.

2. 기 한

1663   (1) 의 의   기한(Befristung)이란 행정행위의 효력의 발생·소멸을 장래에
그 발생여부가 확실한 사실, 즉 장래의 특정시점에 종속시키는 부관을 말한다.
시점이 특정되어 있다는 점에서 조건과 다르다.

1664   (2) 성 질   기한은 조건이나 철회권의 유보와 같이 행정행위의 비독립
적인 한 부분이다.[4] 따라서 조건은 독립성이 없다고 표현된다.

1665   (3) 종 류   당해 사실의 발생으로 효과가 발생하는 경우(예 : 2020년 9월
1일부로 허가한다)의 기한을 시기라 하고, 효과가 소멸하는 경우(예 : 2020년 8월 31
일까지 허가한다)의 기한을 종기라 한다.[5] 또한 사실의 발생시점이 확정된 기한을
확정기한이라 하고, 발생시점이 불확정적인 기한을 불확정기한이라 한다. 한편
경우에 따라서는 기한을 행정행위의 존속기간이 아니라 행정행위의 갱신기간으

---

1) 석종현·송동수, 일반행정법(상), 251쪽.
2) 대판 1976. 3. 23, 76다253(공유수면 점용허가를 함에 있어서 규사채취는 해수의 침수 영향을
    방지할 사전예방조치를 하고 당국의 확인을 받은 후 실시할 것이라고 되어 있다면 이러한 행
    정행위의 부관은 그 성질이 부담이라기보다는 오히려 조건에 속한다).
3) Hufen, Verwaltungsprozessrecht(8. Aufl.), § 14, Rn. 46.
4) Hufen, Verwaltungsprozessrecht(8. Aufl.), § 14, Rn. 46.
5) 대판 1985. 2. 8, 83누625(기간을 정한 개간허가처분은 기간연장 등의 특별한 사정이 없는 한
    기간경과 후에는 다시 개간행위를 할 수 없다는 의미에서 장래에 향하여 그 효력이 소멸한다
    할 것이므로 행정청이 그 허가기간 경과 후에 동 개간 지역 내의 건물철거 등 부담의 이행을
    촉구하였다 하여 그것만으로 개간허가연장신청이 묵시적으로 받아들여진 것이라고 단정할 수
    없다).

로 보아야 할 경우도 있고, 부담으로 보아야 할 경우도 있을 것이다.[1]

 ⑷ **실제상 의미** 행정의 실제상 기한은 빈번히 사용되고 있다(예 : 각종 공 **1666**
증행위를 보라).

3. 철회권(취소권)의 유보

 ⑴ **의 의** 철회권의 유보(Widerrufsvorbehalt)란 일정요건하에서 행정행 **1667**
위를 철회하여 행정행위의 효력을 소멸케 할 수 있음을 정한 부관을 말한다. 한
편 용례상 철회권의 유보는 취소권의 유보라 불리기도 하나, 철회권의 유보는
행정행위의 하자와는 무관한 것이므로 취소권의 유보라고는 부르지 않는 것이
좋다.

 ⑵ **성 질** 철회권의 행사 그 자체가 조건일 수 있다는 점에서 성질상 **1668**
철회권의 유보는 해제조건의 한 특수한 경우에 해당한다.[2] 말하자면 철회는 행
정행위의 효력을 소멸시키는 사실의 하나에 해당한다. 그렇지만 철회는 또한 독
립의 행정행위인 까닭에 만약 철회권이 위법하게 행사되면, 철회행위에 대해 권
리구제절차를 밟을 수 있다. 철회권의 유보는 조건이나 기한과 마찬가지로 행정
행위의 비독립적인 한 부분이다.[3] 따라서 조건은 독립성이 없다고 표현된다.

 ⑶ **법적 근거** 철회권의 유보가 법규에서 직접 규정되기도 하나(예 : 하천 **1669**
법 제69조), 법적 근거가 없어도 해석상 철회권을 유보할 수 있다. 다만 이러한
경우 행정청은 의무에 합당한 재량에 따라 판단하여야 할 것이다.

 ⑷ **방 식** 철회권유보의 의사표시는 ① 철회사유를 구체적·개별적으 **1670**
로 나열할 수도 있고, ② 구체화함이 없이 단순히 철회권을 유보한다고 정할 수
도 있다. 또한 ③ 철회라는 용어가 명시되고 있지 않아도 해석상 철회의 의미가
분명하다면, 철회권유보의 의사표시는 있다고 볼 것이다.[4]

 ⑸ **권한의 행사** ① 철회권의 유보가 있다고 하여 언제나 철회권의 행사 **1671**
가 용이한 것은 아니다. 그것은 공익상의 요구가 있음을 전제로, 그리고 상대방

---

1) 대판 2004. 11. 25, 2004두7023.
2) Maurer, Allgemeines Verwaltungsrecht, §12, Rn. 7.
3) Hufen, Verwaltungsprozessrecht(8. Aufl.), §14, Rn. 46.
4) 대판 2003. 5. 30, 2003다6422(이 사건 기본재산전환인가의 인가조건으로 되어 있는 사유들은
 모두 위 인가처분의 효력이 발생하여 기본재산 처분행위가 유효하게 이루어진 이후에 비로소
 이행할 수 있는 것들이고, 인가처분 당시에 그 처분에 그와 같은 흠이 존재하였던 것은 아니므
 로, 위 법리에 의하면, 위 사유들은 모두 인가처분의 철회사유에 해당한다고 보아야 하고, 인가
 처분을 함에 있어 위와 같은 철회사유를 인가조건으로 부가하면서 비록 철회권 유보라고 명시
 하지 아니한 채 조건불이행시 인가를 취소할 수 있다는 기재를 하였다 하더라도 위 인가조건
 의 전체적 의미는 인가처분에 대한 철회권을 유보한 것이라고 봄이 상당하다).

의 신뢰보호의 고려하에 행정청의 의무에 합당한 재량에 따라 이루어져야 한다. 말하자면 기술한 행정행위의 철회의 제한에 관한 일반원리가 그대로 적용된다.[1] 한편, ② 일설은 철회권의 유보의 경우, 그 상대방은 장래 당해 행위가 철회될 수 있음을 예기할 수 있으므로 원칙적으로 철회로 인한 보상을 청구할 수 없다고 한다.[2] 그러나 당해 행위의 철회가능성을 예견할 수 있다는 것이 언제나 피해보상을 부인하는 사유가 된다고 말하기는 어렵다.

4. 부　담

1672　　　⑴ 의　　의　　　부담(Auflage)이란 수익적 행정행위에서 부가된 부관으로 상대방에게 작위·부작위·수인·급부의무를 명하는 것을 말한다(예 : 도로점용허가시 도로점용료납부명령, 단란주점영업허가시 각종 행위제한 등). 법령이나 실무상으로는 조건으로 불리기도 한다.

1673　　　⑵ 성　　질　　　① 조건, 기한, 철회권의 유보의 경우와 달리 부담은 행정행위의 효과의 발생 또는 소멸과 직결된 것이 아니다. 말하자면 부담의 불이행이 있다고 하여 당연히 효력의 소멸을 가져오는 것은 아니다. 반면 주된 행위가 무효이면 부담은 효력을 갖지 못한다. 부담은 주된 행위에 의존하는 것이기 때문이다. ② 독일의 지배적 견해는 부담을 주된 행정행위의 통합적인 부분으로 보지 않고, 오히려 주된 행위로부터 상대적인 독립성을 인정한다. 그리하여 부관을 주된 행위로부터 분리가능한 부분으로 본다.[3] 말하자면 부담 그 자체를 하나의 행정행위로 본다.[4] 다만, 부담이 주된 행위와 관련되어 있고, 부담의 존재와 부담의 이행이 주된 행위의 유효성에 의존한다는 점, 즉 종속적인 점에서 부담이 부관이라는 것이다. 이러한 입장에 서면 부담은 그 자체가 독립적으로 강제의 대상, 쟁송의 대상이 된다고 말할 수 있게 된다.

1674　　　⑶ 부담과 정지조건　　　부담부 행위는 부담의 이행여부를 불문하고 효력이 발생하지만 정지조건부 행위는 조건이 성취되어야 효력이 발생하고, 부담의 불이행에는 강제이행의 문제가 따르지만 정지조건에는 강제이행의 문제가 따르지

---

1) Giemulla/Jaworsky/Müller－Uri, Verwaltungsrecht, Rn. 481.
2) 김동희, 행정법(Ⅰ), 314쪽(2019).
3) Vondung, in : Schweickhardt(Hrsg.), Allgemeines Verwaltungsrecht, Rn. 509; J. Schachel, Nebenbestimmungen zu Verwaltungsakten, 1977, S. 27; H. J. Schneider, Nebenbestimmungen und Verwaltungsprozeß, 1974, S. 32.
4) Giemulla/Jaworsky/Müller－Uri, Verwaltungsrecht, Rn. 478; Hendler, Allgemeines Verwaltungsrecht, Rn. 280; Maurer, Allgemeines Verwaltungsrecht, §12, Rn. 9; Würtenberger, Verwaltungsprozessrecht, Rn. 323; Erbguth, Allgemeines Verwaltungsrecht, §18, Rn. 6; Wolff/Bachof/Stober, Verwaltungsrecht 2(6. Aufl.), §47, Rn. 9.

아니한다는 점에서 부담과 정지조건은 법적 의미를 달리한다(예컨대, "건축을 허가
한다. 단 안전시설을 갖출 것"이라는 처분의 경우, 단서부분을 조건이라 하면 안전시설을 갖추
지 아니하고 개시한 건축은 무허가건축이 된다, 만약 부담이라 하면 안전시설을 갖추지 아니
하고 개시한 건축은— 건축허가의 철회사유에 해당한다고 할지라도 — 무허가건축은 아니고
유허가 건축이다). 경우에 따라서는 부담과 정지조건(특히 정지조건의 내용이 작위·부
작위·수인·급부를 내용으로 하는 경우)의[1] 구별이 용이하지 아니하다. 양자의 구분
에는 행정청의 객관적인 의사가 중요하다.[2] 처분에 표현된 용어가 중요한 것은
아니다(예컨대, 사행행위 등 규제 및 처벌특례법 제8조 제1항에서 사용된 조건이라는 용어는
동조 제2항에 비추어 부담으로 볼 것이다. 동법 제8조(조건부 영업허가) ① 경찰청장이나 지
방경찰청장은 영업허가를 할 때 대통령령으로 정하는 기간에 제3조에 따른 시설 및 사행기구
를 갖출 것을 조건으로 허가할 수 있다. ② 경찰청장이나 지방경찰청장은 제1항에 따라 허가
를 받은 자가 정당한 사유 없이 정하여진 기간에 시설 및 사행기구를 갖추지 아니하면 그 허
가를 취소하여야 한다). 그 의사가 불분명하면, 최소침해의 원칙상 상대방에게 유
리하도록 부담으로 볼 것이다.[3] 또한 부담과 내용상의 제한과의 구분도 용이한
것은 아니다. 예컨대 외국인에 대한 체류허가시에 가해지는 시간, 장소상 제한
의 성질이 문제된다. 독일의 지배적 견해는 이를 부담으로 새긴다.

   (4) **부담의 불이행**   한편, 부담의 불이행은 행정강제의 사유가 되기도 하   1675
고, 행정행위의 철회의 사유가 되기도 한다. 그리고 후행행위의 발령의 거부사
유가 되기도 한다.[4]

---

1) Erbguth, Allgemeines Verwaltungsrecht(7. Aufl.), § 18, Rn. 10.
2) Erbguth, Allgemeines Verwaltungsrecht(7. Aufl.), § 18, Rn. 10.
3) Ruffert, in : Erichsen(Hrsg.), Allgemeines Verwaltungsrecht, § 22, Rn. 9; Maurer, Allge-
meines Verwaltungsrecht, § 12, Rn. 17; Wallerath, Allgemeines Verwaltungsrecht, S. 194;
Erbguth, Allgemeines Verwaltungsrecht, § 18, Rn. 11; 대판 2008. 11. 27, 2007두24289(행정청
이 도시환경정비사업 시행자에게 '무상양도되지 않는 구역 내 국유지를 착공신고 전까지 매입'
하도록 한 부관을 붙여 사업시행인가를 하였으나 시행자가 국유지를 매수하지 않고 점용한 사
안에서, 그 부관은 국유지에 관해 사업시행인가의 효력을 저지하는 조건이 아니라 작위의무를
부과하는 부담이므로, 사업시행인가를 받은 때에 국유지에 대해 국유재산법 제24조의 규정에
의한 사용·수익 허가를 받은 것이어서 같은 법 제51조에 따른 변상금 부과처분은 위법하다).
4) 대판 1985. 2. 8, 83누625(개간허가의 준공인가는 개간공사에 의하여 조성된 토지상태가 개간허
가 및 그 부대조건에 적법한가의 여부를 확인하는 일종의 확인행위이고 개간허가를 받은 자는
준공인가 후 이를 대부받아 개간지상에 건물을 신축하여 사용할 수 있을 뿐만 아니라 수의계
약에 의하여 이를 매수할 수 있는 지위를 얻게 되므로 이러한 지위 내지 이익도 법률상으로 보
호받아야 하므로 기간허가관청으로서는 개간허가기간 경과 후라 할지라도 허가기간 내의 개간
공사로 인하여 조성된 토지상태가 개간허가의 용도에 적합하고 이에 부수하여 부과된 부관이
이행되었느냐를 검토 확인하여 준공인가를 할 것인가를 판단하여야 할 것이며 단순히 개간허
가기간이 경과되었다는 사유로 개간준공인가를 거부할 수 없다).

5. 부담유보

1676   (1) 의   의   부담유보(Auflagenvorbehalt)란 사후적으로 부담을 설정·변경·보완할 수 있는 권리를 미리 유보해 두는 경우의 부관을 말한다. 부담유보는 사전에 상황변화를 예측하기 곤란하거나 또는 사후의 사정변경에 대비하기 위한 것이다. 부담유보의 사후적인 행사는 새로운 행정행위를 뜻한다. 그것은 무하자재량행사를 전제로 한다. 부담의 유보는 행정행위의 사후변경의 유보,[1] 부담의 추가·변경 또는 보충권의 유보[2]라 불리기도 한다. 부담유보는 수익적 행위와 관련한다.[3]

1677   (2) 성   질   부담유보의 구조는 철회권의 유보와 유사하다. 미래를 향하여 이루어지는 주된 행위에 대한 제한이라는 점도 유사하다. 그러나 철회권의 유보는 효력의 전부 또는 일부의 소멸을 가져오지만, 부담유보는 행정행위의 효력의 소멸과는 무관하며, 다만 효과에 수정만 가져온다.[4] 한편, 독일의 다수 견해는 부담유보를 독립의 행정행위로 본다.[5] 부담은 독립된 행위이지만, 부담유보는 규율내용이 없으므로 행정행위가 아니라는 견해도 있다.[6]

1678   (3) 기   능   부담의 유보는 영속적인 효과를 갖는 행정행위에서 변화하는 환경에 적합한 행정을 실현하고자 하는 데에 그 기능이 있다.[7] 부담의 유보는 수익적인 행정행위의 발령시점에 그 행위의 효과가 충분히 예견될 수 없는 경우에 특히 의미를 갖게 된다.[8]

6. 수정부담

1679   (1) 의   의   수정부담(Modifizierende Auflage)이란 행정행위에 부가하여 새로운 의무를 부과하는 것이 아니라, 사인이 신청한 내용과 다르게 전부 또는 부

---

1) 김남진·김연태, 행정법(Ⅰ), 275쪽(2019); 변재옥, 행정법강의(Ⅰ), 306쪽.
2) 석종현·송동수, 일반행정법(상), 257쪽.
3) Detterbeck, Allgemeines Verwaltungsrecht mit Verwaltungsprozessrecht(13. Aufl.), §10, Rn. 654.
4) Ipsen, Allgemeines Verwaltungsrecht(2017), Rn. 577.
5) Hendler, Allgemeines Verwaltungsrecht, Rn. 291; Hufen, Verwaltungsprozessrecht(8. Aufl.), §14, Rn. 46.
6) Ipsen, Allgemeines Verwaltungsrecht(2017), Rn. 578.
7) H. J. Schneider, Nebenbestimmungen und Verwaltungsprozess, 1981, S. 40.
8) 대판 1997. 5. 30, 97누2627(행정처분에 이미 부담이 부가되어 있는 상태에서 그 의무의 범위 또는 내용 등을 변경하는 부관의 사후변경은, 법률에 명문의 규정이 있거나 그 변경이 미리 유보되어 있는 경우 또는 상대방의 동의가 있는 경우에 한하여 허용되는 것이 원칙이지만, 사정변경으로 인하여 당초에 부담을 부가한 목적을 달성할 수 없게 된 경우에도 그 목적달성에 필요한 범위 내에서 예외적으로 허용된다).

분적으로 허가·승인하는 경우를 말한다(예 : 기와지붕을 갖는 건축허가신청에 대해 콘
크리트지붕을 가진 건축허가가 난 경우). 말하자면 ① 부분승인이나 내용제한은 행정
청에 의해 「부분적으로 예, 부분적으로 아니오(Teils Ja, teils Nein)」의 형식이지만,
② 수정부담은 「아니오, 그러나(Nein, aber)」의 형식이다. 이에 반해 ③ 진정한
부담의 경우는 「예, 그러나(Ja, aber)」의 형식이 된다.[1]

(2) **성   질**   수정부담은 통상의 부담과 같이 부가적인 급부의무를 가져오   1680
는 것이 아니고 고유한 처분(수정부담)에 의해 행정행위의 내용을 질적으로 변경하
는 것, 즉 수정하는 것이므로 수정부담이라 부른다.[2] 수정부담은 신청한 수익을
거부하고 다른 내용의 처분을 하는 것을 뜻하는바,[3] 신청한 처분의 내용상의 제
한 또는 변경이므로 부담이라는 표현은 적합하지 않다. 요컨대 수정부담이라 부르
는 행위에는 부관으로서의 수정부담이 있는 것이 아니고, 주된 행위로서 수정된
처분만이 있을 뿐이다. 따라서 수정부담은 성질상 독립하여 다툴 수도 폐지될 수
도 없다.[4] 수정부담은 독일에서 학설과 판례를 통해 발전된 개념이지만, 오늘날
수정부담은 일반적으로 전통적 의미의 행정행위의 부관으로 이해되지 아니한다.[5]
수정부담은 하나의 새로운 행정행위로 볼 것이다. 일설은[6] 수정부담을 수정허
가에 해당된다고 한다.

7. 법률효과의 일부배제

(1) **의   의**   법률효과의 일부배제란 법률이 예정하고 있는 효과의 일부   1681
를 행정청이 배제하는 행정행위로서의 부관을 말한다. 개념상 행정행위의 부관
으로서의 법률효과의 일부배제는 행정기관의 행위에 의한 것이므로 법률이 직
접 효과를 한정하고 있는 경우에는[7] 여기서 말하는 법률효과의 일부배제에 해

---

1) Giemulla/Jaworsky/Müller − Uri, Verwaltungsrecht, Rn. 492.
2) Martin Trockels, Bedeutung, Begriff und Arten des Verwaltungsrechts, in : Schweickhardt/
   Vondung(Hrsg.), Allgemeines Verwaltungsrecht(9. Aufl.), Rn. 263.
3) Ruffert, in : Erichsen(Hrsg.), Allgemeines Verwaltungsrecht, § 22, Rn. 10; Maurer, Allge-
   meines Verwaltungsrecht, § 12, Rn. 16.
4) Maurer, Allgemeines Verwaltungsrecht, § 12, Rn. 16.
5) Detterbeck, Allgemeines Verwaltungsrecht mit Verwaltungsprozessrecht(13. Aufl.), § 10, Rn.
   658; Schmidt, Allgemeines Verwaltungsrecht(18. Aufl.), S. 284, Rn. 794; Schenke, Ver-
   waltungsprozessrecht, Rn. 288.
6) 김동희, 행정법(Ⅰ), 313쪽(2019).
7) 대판 1989. 9. 12, 89누1452(약사법 제35조, 제37조 제2항 등의 규정들을 종합하면, 한약업사의
   자격은 처음부터 영업허가예정지역을 정하여 치루어진 자격시험에 합격한 자에게 주어지고,
   종합병원, 병원, 의원, 한방병원, 한의원, 약국 또는 보건지소가 없는 면에 한하여 1인의 한약
   업사를 허가할 수 있으며, 한약업사의 영업소는 그 수급조절 기타 공익상 필요하다고 인정되는
   경우에 도지사의 허가를 얻어 당초 허가된 영업소의 소재지를 관할하는 도지사의 관할구역 내
   에 있는 다른 면으로만 이전이 가능하고 그 관할구역을 벗어나 다른 도지사나 서울특별시장

당하지 아니한다.

1682 (2) **인정가능성** 법률효과의 일부배제를 행정행위의 부관으로 보는데 소극적인 입장도 없는 것은 아니지만,[1] 전통적인 견해는 법률효과의 일부배제를 부관의 하나로 든다. 생각건대 법률이 예정하고 있는 법적 효과를 당해 법률 자체가 동시에 행정행위로서 그 효과에 제약을 가할 수 있는 근거를 마련하고 있는 경우에는 부관으로서의 법률효과의 일부배제를 시인할 수밖에 없다고 보겠다. 하여간 법률이 예정하고 있는 법적 효과를 제한하기 위해서는 반드시 법률에 근거가 있어야 할 것이다.[2]

1683 (3) **실 례** 택시의 격일제운행 또는 3부제운행(운수법 제4조 제3항 참조) 등을 법률효과의 일부배제의 예로 들기도 하나,[3] 이것은 부작위부담으로 이해될 수 있을 것이다.[4] 판례상 나타난 법률효과의 일부배제의 예로는 구 공유수면매립법상 소유권의 일부제한의 경우를 볼 수 있다.[5]

Ⅲ. 부관의 적법요건

1. 부관의 법적근거

1684 (1) **일반법·개별법** ① 행정행위의 부관에 관한 일반법으로 행정기본법 제17조가 있다. 행정행위의 부관을 규정하는 개별 법률도 적지 않다(예: 공수법 제29조, 제53조 제4항; 식품법 제37조 제2항; 하천법 제33조 제2항·제50조 제4항). 개별 법률에 규정이 없다고 하여도 행정청은 일반법인 행정기본법 제17조가 정하는 바에 따라 부관을 붙일 수 있다. ② 행정기본법 제17조는 처분에 붙이는 부관에 관한 규정이다. 행정기본법 제17조는 수익적 처분과 침익적 처분을 구분하지 않는다. 따라서 침익적 처분에도 부관을 붙일 수 있다.

1685 (2) **기속부관·재량부관** ① 행정기본법 제17조는 「행정청은 부관을 붙일 수 있다」고 규정하고 있으므로, 행정기본법 제17조는 부관을 붙일 것인가에 관해 행정청에 재량권을 부여하고 있다. 한편, ② 개별법령은 부관을 붙이는 것을

등의 관할구역으로 이전하는 것은 허용되지 않는다).
1) 윤세창·이호승, 행정법(상), 243쪽.
2) 김동희, 행정법(Ⅰ), 314쪽(2019); 석종현·송동수, 일반행정법(상), 256쪽.
3) 김동희, 행정법(Ⅰ), 314쪽(2019).
4) 윤세창·이호승, 행정법(상), 243쪽.
5) 대판 1993. 10. 8, 93누2032(행정행위의 부관은 부담의 경우를 제외하고는 독립하여 행정소송의 대상이 될 수 없는 것인바, 지방국토관리청장이 일부 공유수면매립지에 대하여 한 국가 또는 직할시 귀속처분은 매립준공인가를 함에 있어서 매립의 면허를 받은 자의 매립지에 대한 소유권취득을 규정한 공유수면매립법 제14조의 효과 일부를 배제하는 부관을 붙인 것이고, 이러한 행정행위의 부관은 위 법리와 같이 독립하여 행정소송 대상이 될 수 없다).

재량적인 것으로 규정하기도 하고(예 : 식품법 제37조 제2항), 기속적인 것으로 규정하기도 한다(예 : 2008. 4. 7. 개정 전의 하천법 제33조 제1항).

2. 부관을 붙일 수 있는 경우(가능성)

(1) **재량행위의 경우**　　행정청은 처분에 재량이 있는 경우에는 부관을 붙일 　1686
수 있다(기본법 제17조 제1항). 재량행위에 부관을 붙일 수 있다고 하여도 그것은 의무에 합당한 재량에 따라 부관을 붙일 수 있음을 의미하며, 자의로 부관을 붙일 수 있음을 뜻하는 것은 아니다. 그리고 재량행위가 비교적 부관에 친한 것은 재량행위의 거부보다 부관부재량행위가 상대방에게 더 유리하기 때문이다.[1] 재량행위의 경우에도 성질상 부관을 붙일 수 없는 경우(예 : 외국인 A를 한국인으로 귀화허가하면서, '만약 국법을 위반하면 귀화허가를 취소한다'라는 조건을 붙일 수는 없다)도 있다.

▌참고▌　행정기본법 제정 전 상황

　행정기본법이 제정되기 전 전통적 견해와 판례는 부관이 행정행위의 효과를 　1687
제한하기 위해 주된 의사표시에 부가되는 종된 의사표시라는 전제하에 ① 부관은 의사표시를 요소로 하는 법률행위적 행정행위에만 붙일 수 있고, 의사표시를 요소로 하지 않는 준법률행위적 행정행위에는 제한을 가할 주된 의사표시가 없으므로 부관을 붙일 수 없다고 하고,[2] ② 법률행위적 행정행위의 경우에도 부관은 재량행위(자유재량행위)에만 붙일 수 있고,[3] 기속행위·기속재량행위에는 붙일 수 없다고 하였다.[4] "수익적 행정처분에 있어서는 법령에 특별한 근거규정이 없다고 하더라도 그 부관으로서 부담을 붙일 수 있다"는 판례도 있었다.[5]

---

1) Uto Vondung, Nebenbestimmung zum Verwaltungsakt, in : Schweickhardt/Vondung(Hrsg.), Allgemeines Verwaltungsrecht(9. Aufl.), Rn. 280.
2) 대판 1975. 8. 29, 75누23(매립준공인가는 매립면허에 대한 단순한 확인행위가 아니며, 인가는 당사자의 법률적 행위를 보충하여 그 법률적 효력을 완성시키는 행정주체의 보충적 의사표시로서의 법률행위적 행정행위인 이상 매립면허의 양도허가시 및 준공인가시 부관을 붙일 수 있다).
3) 대판 2007. 7. 12, 2007두6663(주택재건축사업시행의 인가는 … 행정청의 재량행위에 속하므로, 처분청으로서는 법령상의 제한에 근거한 것이 아니라 하더라도 공익상 필요 등에 의하여 필요한 범위 내에서 여러 조건(부담)을 부과할 수 있다).
4) 대판 1998. 12. 22, 98다51305(기속행위 내지 기속적 재량행위 행정처분에 부담인 부관을 붙인 경우 일반적으로 그 부관은 무효라 할 것이다); 대판 1995. 6. 13, 94다56883; 대판 1991. 10. 11, 90누8688; 대판 1988. 4. 27, 87누1106; 대판 1990. 10. 16, 90누2253; 변재옥, 행정법강의 (Ⅰ), 307쪽; 윤세창·이호승, 행정법(상), 244쪽.
5) 대판 2009. 2. 12, 2005다65500.

1688　　　⑵ **기속행위의 경우**　　　행정청은 처분에 재량이 없는 경우에는 법률에 근거가 있는 경우에 부관을 붙일 수 있다(기본법 제17조 제2항). 한편, 행정기본법 제정 전에 「법률에 명시적 규정이 없다고 하여도, 기속행위의 경우에 부관이 법상의 전제요건을 충족시키게 될 때(예 : 허가에 5가지 서류가 필요하지만, 4가지 서류만 제출한 경우, 나머지 1가지 서류를 제출할 것을 조건으로 허가하는 경우)에는 부관을 붙일 수 있다고 보아야 한다」는 견해가 있었고, 이러한 견해는 요건구비 후 재신청을 하도록 하는 것보다 부담부 내지 조건부로 행정행위를 발령받는 것이 당사자에게 더 유익하다는 점(비례원칙)을 논거로 하였다.[1] 그러나 행정기본법상으로는 이를 인정하기는 어려워 보인다.

1689　　　⑶ **특수한 문제**　　　① 행정처분과 실제적 관련성이 없어 부관으로 붙일 수 없는 부담을 사법상 계약의 형식으로 행정처분의 상대방에게 부과할 수는 없다.[2] ② 판례는 "부담은 행정청이 행정처분을 하면서 일방적으로 부가할 수도 있지만 부담을 부가하기 이전에 상대방과 협의하여 부담의 내용을 협약의 형식으로 미리 정한 다음 행정처분을 하면서 이를 부가할 수도 있다"고 한다.[3] ③ 앞에서 언급한 바와 같이 법률효과의 일부배제의 부관은 법률에서 명시적으로 규정되고 있는 경우만 붙일 수 있다.

3. 부관의 실체적 요건

1690　　행정기본법은 부관의 요건으로 다음의 3가지를 규정하고 있다(기본법 제4조 제4항). 행정기본법 제정 전까지 이러한 요건은 학문상 부관의 한계로 다루었다.[4]

1691　　　⑴ **목적상 요건**　　　부관은 해당 처분의 목적에 위배되지 아니하여야 한다(기본법 제17조 제4항 제1호).[5] 예컨대 숙박용 건축물의 건축허가를 하면서, '주거

---

1) Detterbeck, Allgemeines Verwaltungsrecht, §10, Rn. 663; Vondung, in : Schweickhardt (Hrsg.), Allgemeines Verwaltungsrecht, Rn. 531; Wallerath, Allgemeines Verwaltungsrecht, S. 195.

2) 대판 2009. 12. 10, 2007다63966(이 사건 증여계약은 이 사건 골프장사업계획승인이 확정적으로 취소되는 것을 묵시적 해제조건으로 한 계약이라는 것이므로 그 증여계약의 효력은 위 골프장사업승인의 효력 유지와 직결된다 할 것이다. … 공무원이 인·허가 등 수익적 행정처분을 하면서 상대방에게 그 처분과 관련하여 이른바 부관으로서 부담을 붙일 수 있다 하더라도, 그러한 부담은 법치주의와 사유재산 존중, 조세법률주의 등 헌법의 기본원리에 비추어 비례의 원칙이나 부당결부의 원칙에 위반되지 않아야만 적법한 것인바, 행정처분과 부관 사이에 실제적 관련성이 있다고 볼 수 없는 경우 공무원이 위와 같은 공법상의 제한을 회피할 목적으로 행정처분의 상대방과 사이에 사법상 계약을 체결하는 형식을 취하였다면 이는 법치행정의 원리에 반하는 것으로서 위법하다).

3) 대판 2009. 2. 12, 2005다65500.

4) 졸저, 행정법원론(상) 제28판(2020년판), 옆번호 516 이하.

5) Uto Vondung, Nebenbestimmung zum Verwaltungsakt, in : Schweickhardt/Vondung(Hrsg.),

용으로만 사용하여야 한다'는 조건을 붙이면, 이러한 조건은 목적상 한계에 반하는 것이 된다.[1)]

(2) 실질적 관련성 요건

(가) 의　의　부관은 해당 처분과 실질적인 관련이 있어야 한다(기본법 제 1692
17조 제4항 제2호). 바꾸어 말하면, 부관은 주된 행위와 사항적 통일성을 가져야한다(예 : 주된 행위가 식품위생법에 근거한 음식점영업허가임에도 부관에서 식품위생과 사항적인 관련성이 없는 주차장의 설치에 관한 사항을 정하고 있다면, 그러한 부관은 사항적 통일성이 결여된 것이다). 부당결부금지의 원칙에 반하는 부관(예 : 기부채납을 조건으로한 건축허가)도 사항적 한계를 벗어난 부관에 해당한다.[2)]

▌**참고** ▌　행정행위의 성질에 비추어 부관을 붙이는 것이 곤란한 경우, 예컨 1693
대, 다중이 모이는 단란주점의 성격에 비추어 어느 정도의 소음이 발생한다는 것은불가피하기 때문에 단란주점영업허가를 하면서 '일체의 소음을 발생시켜서는 아니된다'라는 조건을 붙인다면, 이러한 조건도 실질적 관련성 요건을 구비하지 못한 것으로 볼 것이다.

(나) 회피수단으로서 사법상 계약의 가능성　행정처분과 부관 사이에 실제적 1694
관련성이 없어 부관을 붙일 수 없는 경우, 이를 회피하기 위한 수단으로 사법상계약을 체결하는 형식을 취하는 것은 허용되지 아니한다.[3)]

Allgemeines Verwaltungsrecht(9. Aufl.), Rn. 284.

1) 대판 1990. 4. 27, 89누6808(수산업법 제15조에 의하여 어업의 면허 또는 허가에 붙이는 부관은
그 성질상 허가된 어업의 본질적 효력을 해하지 않는 한도의 것이어야 하고 허가된 어업의 내용 또는 효력 등에 대하여는 행정청이 임의로 제한 또는 조건을 붙일 수 없다고 보아야 할 것이며 수산업법시행령 제14조의4 제3항의 규정내용은 기선선망어업에는 그 어선규모의 대소를가리지 않고 등선과 운반선을 갖출 수 있고, 또 갖추어야 하는 것이라고 해석되므로 **기선선망
어업의 허가를 하면서 운반선, 등선 등 부속선을 사용할 수 없도록 제한한 부관은 그 어업허가의
목적달성을 사실상 어렵게 하여 그 본질적 효력을 해하는 것일 뿐만 아니라** 위 시행령의 규정에도 어긋나는 것이며, 더욱이 어업조정이나 기타 공익상 필요하다고 인정되는 사정이 없는 이상위법한 것이다).

2) Vondung, in : Schweickhardt(Hrsg.), Allgemeines Verwaltungsrecht, Rn. 537; 대판 1997. 3.
11, 96다49650.

3) 대판 2009. 12. 10, 2007다63966(이 사건 증여계약은 이 사건 골프장사업계획승인이 확정적으
로 취소되는 것을 묵시적 해제조건으로 한 계약이라는 것이므로 그 증여계약의 효력은 위 골프장사업승인의 효력 유지와 직결된다 할 것이다. … 공무원이 인·허가 등 수익적 행정처분을하면서 상대방에게 그 처분과 관련하여 이른바 부관으로서 부담을 붙일 수 있다 하더라도, 그러한 부담은 법치주의와 사유재산 존중, 조세법률주의 등 헌법의 기본원리에 비추어 비례의 원칙이나 부당결부의 원칙에 위반되지 않아야만 적법한 것인바, 행정처분과 부관 사이에 실제적관련성이 있다고 볼 수 없는 경우 공무원이 위와 같은 공법상의 제한을 회피할 목적으로 행정처분의 상대방과 사이에 사법상 계약을 체결하는 형식을 취하였다면 이는 법치행정의 원리에

1695 　　(3) **비례원칙 요건**　　부관은 해당 처분의 목적을 달성하기 위하여 필요한 최소한의 범위 내에서 이루어져야 한다(기본법 제17조 제4항 제3호). 즉, 부관을 붙일 때에는 비례원칙을 준수하여야 한다.

1696 　　(4) **행정행위로서 구비해야할 요건**　　부관은 행정행위의 한 구성부분이므로, 주된 행위와 마찬가지로 행정행위로서의 적법요건을 구비하여야 한다. 먼저 ① 부관은 법령에 적합하여야 한다. 법령에서 부관을 붙이는 것을 금지한다면, 재량행위의 경우일지라도 당연히 부관을 붙일 수 없다 ② 부관은 사실상으로나 법상으로 가능한 것이어야 하며,[1] ③ 부관의 내용은 명확하여야 하며, ④ 부관은 행정기본법의 법원칙도 준수하여야 한다. 또한 ⑤ 행정기본법에 규정하는 바는 없지만, 행정행위의 성질에 비추어 부관을 붙이는 것이 허용되지 아니하는 경우도 있다(예 : 귀화허가는 신분을 설정하는 행정행위이므로 법적 안정성의 원칙에 비추어 조건이 가해질 수 없다. 개명허가의 경우에도 기한을 설정할 수 없음은 자명하다).

4. 사후부관

1697 　　(1) **의　　의**　　행정행위를 발령한 후에 새로이 부관을 붙이거나 변경을 할 수 있는가의 여부가 사후부관의 문제이다. 예컨대 2030년 5월 2일 허가처분을 한 후, 2030년 6월 5일에 부관을 붙일 수 있는가의 문제인 사후부관의 문제는 부관의 시간적 한계의 문제이다.

1698 　　(2) **가능한 경우**　　행정청은 부관을 붙일 수 있는 처분이 ① 법률에 근거가 있는 경우(예 : 도교법 제80조 제4항), ② 당사자의 동의가 있는 경우, ③ 사정이 변경되어 부관을 새로 붙이거나 종전의 부관을 변경하지 아니하면 해당 처분의 목적을 달성할 수 없다고 인정되는 경우에는 그 처분을 한 후에도 부관을 새로 붙이거나 종전의 부관을 변경할 수 있다(기본법 제17조 제3항 제3호).

▌참고▐　행정기본법 제정 전 상황

1. 학　　설

1699 　　행정행위를 발한 후에 부관을 붙일 수 있는가의 문제와 행정행위에 이미 부관이 부가되어 있는 경우에 그 부관을 사후에 변경할 수 있는가의 문제는 개념상 다

반하는 것으로서 위법하다).

1) 대판 2018. 6. 28, 2015두47737(행정청이 객관적으로 처분상대방이 이해할 가능성이 없는 조건을 붙여 행정처분을 하는 것은 법치행정의 원칙상 허용될 수 없으므로, 건축행정청은 신청인의 건축계획상 하나의 대지로 삼으려고 하는 '하나 이상의 필지의 일부'가 관계법령상 토지분할이 가능한 경우인지를 심사하여 토지분할이 관계법령상 제한에 해당되어 명백히 불가능하다고 판단되는 경우에는 토지분할 조건부 건축허가를 거부하여야 한다).

르다고 할 수 있으나, 후자도 부분적으로는 새로운 내용의 행정행위가 되는 것이므로 양자를 모두 사후부관의 문제로 보았다. 이를 전제로 학설은 ① 부정설(부관은 주된 의사표시에 가해진 종된 의사표시이므로, 부관의 독자적인 존재는 인정할 수 없다는 견해),[1] 말하자면 부관은 주된 행정행위와는 별개로 사후에 붙일 수 없고, 또 본인의 동의가 있는 경우에 한하여 사후에 부관을 붙일 수 있다고 하지만, 그것은 벌써 본래의 부관은 아니라는 견해), ② 제한적 긍정설(명문의 규정이 있거나, 행정행위그 자체에 사후부관의 가능성이 유보되어 있거나, 본인의 동의가 있는 경우에는 사후부관이 가능하다는 견해).[2] ③ **부담긍정설**(부담의 경우에는 사후부관이 가능하다는 견해. 일종의 제한적 긍정설이기도 하다)로[3] 나뉘었다.

2. 판   례

판례는 제한적 긍정설을 취하였지만, 그 인정범위가 넓었다.[4]   1700

3. 사   견

사후부관은 성질상 원시적인 행위(기본행위)의 부분폐지를 의미하고, 또한 부   1701
분적으로 다른 내용의 행정행위의 새로운 발령을 뜻하기 때문에 사후부관은 원칙적으로 인정하기 곤란하지만, 최소침해의 원칙상 행정행위의 전부를 취소하기보다는 부관부행위로 전환하는 것이 보다 실제적이라는 의미에서, 불가피한 경우에는 비례원칙에 반하지 아니하는 범위 안에서 예외적으로 사후부관을 긍정하는 것이 합리적이라 보았다(진정사후부관).

Ⅳ. 위법한 부관과 직권폐지

1. 위법부관의 유형

부관의 적법성(부관의 가능성과 한계)의 범위를 벗어난 부관은 위법한 것이 된   1702

---

1) 윤세창·이호승, 행정법(상), 245쪽.
2) 김철용, 행정법, 188쪽(2018); 류지태·박종수, 행정법신론, 266쪽. 한편, 일설은 1. 규정이 있는 경우, 2. 재량행위에서 철회권의 유보가 있는 경우, 3. 위법을 이유로 부담이 폐지되는 경우(다른 부관을 부쳐야 했던 경우), 4. 상대방이 동의한 때, 5. 행정행위가 폐지되어야 할 경우에는 사후부관을 붙일 수 있다고 한다(Wolff/Bachof/Stober/Kluth, Verwaltungsrecht Ⅰ (12. Aufl.), §47, Rn. 31).
3) 이상규, 신행정법론(상), 388쪽.
4) 대판 2016. 11. 24, 2016두45028(부관은 면허 발급 당시에 붙이는 것뿐만 아니라 면허 발급 이후에 붙이는 것도 법률에 명문의 규정이 있거나 그 변경이 미리 유보되어 있는 경우 또는 상대방의 동의가 있는 경우 등에는 특별한 사정이 없는 한 허용된다); 대판 1997. 5. 30, 97누2627(행정처분에 이미 부담이 부가되어 있는 상태에서 그 의무의 범위 또는 내용 등을 변경하는 부관의 사후변경은, 법률에 명문의 규정이 있거나 그 변경이 미리 유보되어 있는 경우 또는 상대방의 동의가 있는 경우에 한하여 허용되는 것이 원칙이지만, 사정변경으로 인하여 당초에 부담을 부가한 목적을 달성할 수 없게 된 경우에도 그 목적달성에 필요한 범위 내에서 예외적으로 허용된다).

다. 행정행위의 하자론의 일반원리에 따라 중대하고 명백한 하자를 가진 부관은 무효가 되고(예 : 명백히 발생할 수 없는 사건을 정지조건으로 부가한 경우),[1] 단순위법의 하자를 가진 부관(예 : 주된 행위와 목적적 관련성이 없는 부담을 부가한 경우)은 취소할 수 있는 행위가 된다. 부관의 위법 여부는 처분 당시의 법령을 기준으로 한다.[2]

2. 위법부관의 직권폐지

1703　　　(1) **무효의 하자를 가진 부관과 무효선언**　　　처분청이 무효의 하자를 가진 부관에 대하여 무효선언을 하는 경우, 부관만을 무효로 선언할 것인지 아니면, 부관부행위 전체를 무효로 선언하여야 할 것인지 문제된다. 무효인 부관이 기본행위의 효력에 미치는 영향을 고려하여[3] ① 부관의 무효는 주된 행위에 아무런 영향을 미치지 아니하므로 전제로서는 부관없는 단순행정행위가 되므로 부관만을 무효로 선언하여야 한다는 견해, ② 부관의 무효는 부관부행정행위 전체를 무효로 가져오므로 부관부행정행위 전부를 무효로 선언하여야 한다는 견해, ③ 부관의 무효는 원칙적으로 주된 행위에 아무런 영향을 미치지 아니하므로 부관만을 무효로 선언하여야 하나, 예외적으로 부관이 없었다면 주된 행위를 하지 않았을 것이라 인정되는 경우에는 부관부행정행위 전체가 무효로 되므로 부관부행정행위 전체를 무효로 선언하여야 한다는 견해가 있을 수 있다. ③설이 합리적이다.[4]

---

1) 대판 1988. 4. 27, 87누1106(이사회소집승인에 있어서의 일시, 장소의 지정을 가리켜 소집승인 행위의 부관으로 본다 하더라도, 일반적으로 기속행위나 기속적 재량행위에는 부관을 붙일 수 없는 것이고, 위 이사회소집승인 행위가 기속행위 내지 기속적 재량행위에 해당함은 위에서 설시한 바에 비추어 분명하므로, 여기에는 부관을 붙이지 못한다 할 것이며, 가사 부관을 붙였다 하더라도 이는 무효의 것으로서 당초부터 부관이 붙지 아니한 소집승인 행위가 있었던 것으로 보아야 할 것이다).

2) 대판 2009. 2. 12, 2005다65500(행정청이 수익적 행정처분을 하면서 부가한 부담의 위법 여부는 처분 당시 법령을 기준으로 판단하여야 하고, 부담이 처분 당시 법령을 기준으로 적법하다면 처분 후 부담의 전제가 된 주된 행정처분의 근거 법령이 개정됨으로써 행정청이 더 이상 부관을 붙일 수 없게 되었다 하더라도 곧바로 위법하게 되거나 그 효력이 소멸하게 되는 것은 아니다. 따라서 행정처분의 상대방이 수익적 행정처분을 얻기 위하여 행정청과 사이에 행정처분에 부가할 부담에 관한 협약을 체결하고 행정청이 수익적 행정처분을 하면서 협약상의 의무를 부담으로 부가하였으나 부담의 전제가 된 주된 행정처분의 근거 법령이 개정됨으로써 행정청이 더 이상 부관을 붙일 수 없게 된 경우에도 곧바로 협약의 효력이 소멸하는 것은 아니다).

3) 대판 1998. 12. 22, 98다51305(기속행위 내지 기속적 재량행위 행정처분에 부담인 부관을 붙인 경우 일반적으로 그 부관은 무효라 할 것이고 그 부관의 무효화에 의하여 본체인 행정처분 자체의 효력에도 영향이 있게 될 수는 있지만, 그러한 사유는 그 처분을 받은 사람이 그 부담의 이행으로서의 증여의 의사표시를 하게 된 동기 내지 연유로 작용하였을 뿐이므로 취소사유가 될 수 있음은 별론으로 하여도 그 의사표시 자체를 당연히 무효화하는 것은 아니다).

4) 김남진·김연태, 행정법(Ⅰ), 282쪽(2019); 김동희, 행정법(Ⅰ), 318쪽(2019); 석종현·송동수, 일반행정법(상), 263쪽.

(2) **취소의 하자를 가진 부관과 직권취소**   처분청이 취소의 하자를 가진 부   1704
관에 대하여 직권취소를 하는 경우에도 부관만을 직권취소할 것인지 아니면, 부
관부행위 전체를 직권취소할 것인지 문제된다. 무효의 하자를 가진 부관에 대한
무효선언의 경우와 동일한 논리구조를 따르면 될 것이다.

(3) **직권폐지의 불이행과 쟁송취소**   처분청이 하자있는 부관부행정행위에   1705
대하여 무효선언이나 직권취소를 통해 하자를 제거하지 아니하면, 법률상 이익
을 가진 자는 행정쟁송을 통해 다툴 수 있다. 부관부행정행위와 관련된 행정쟁
송의 경우에 ① 부관의 독립쟁송가능성, ② 부관에 대한 쟁송형태, ③ 부관의
독립취소가능성 등과 관련하여 검토를 요한다.

V. 위법한 부관에 대한 쟁송

부관에 대한 행정쟁송은 사인이 수익적 행정행위를 발급받을 때 그 효과를   1706
제한하는 기한, 조건 등이 부가되거나 당사자에게 의무를 과하는 부담이 부가되
는 경우 상대방은 침익적인 부관이 부과되지 않는 수익적인 주된 행정행위의
발급만을 원할 것이다. 이 때문에 사인이 침익적인 부관만을 취소쟁송으로 다툴
수 있는지(독립쟁송가능성), 다툴 수 있다면 어떠한 쟁송형태로 하여야 하는지(쟁
송형태), 그리고 법원이 부관의 위법성을 인정한다면 부관만을 독립하여 취소하
는 판결을 할 수 있는지(독립취소가능성)가 문제된다. 만일 부관부행정행위 전체
가 취소된다면 이미 발급받은 수익적인 행정행위도 소멸되므로 당사자에게는
더욱 침익적일 수 있기 때문이다.[1]

---

1) 독일의 경우, 부관의 취소가능성(무효)에 관해 종래의 일반론과 연방행정재판소의 판례(BVerw
36, 153; 41, 18; 65, 139)는 부관의 종류에 따라 구분하였다. 즉 조건, 기한, 철회권 유보는 행
정행위의 통합적인 구성부분으로 보아야 하기 때문에 원칙적으로 독립하여 취소될 수 없다고
하였다. 조건없는 행위를 원하면 의무화소송을, 이에 반해 위법한 부담의 경우에는 주된 행위
로부터 상대적 독립성을 가지므로 독립하여 취소소송으로 다툴 수 있다고 하였다. 그러나 근자
의 판례들(BVerwGE 81, 185; 100, 335, 338; 112, 313, 331)은 더 이상 그러한 구분을 하지 않
는다. 모든 부관을 주된 규율로부터 분리할 수 있는 것으로 본다. 그리하여 취소소송이 가능한
것으로 본다. 따라서 주된 행위가 부관 없이도 의미있는 것인지, 적법하게 존속할 수 있는지를
중심에 둔다. 이에 대하여 부담이 행정행위의 발령의 요건일 경우, 부관의 폐지로 주된 행위가
위법하게 되는 것이 아닌지, 주된 규율의 발령을 위한 요건의 결여의 경우에 재판으로 인해 행
정청이 재량행사의 기초로 삼았던 사정에 변경을 가져오는 것이 아닌지 등의 새로운 문제점을
가져온다는 지적도 있다(Wallerath, Allgemeines Verwaltungsrecht(6. Aufl.), §9, Rn. 98f.);
Maurer/Waldhoff, Allgemeines Verwaltungsrecht(2017), §12, Rn. 27, 28. 한편, Hufen에 의하
면, 연방행정재판소는 2000. 11. 22. 행정행위의 침익적 부관에 대하여 취소소송은 허용된다고
판시하면서, 분리 폐지가 처음부터 명백히 배제되는 경우는 제외하고 부관만 분리하여 폐지할
수 있는지 여부는 이유의 문제이지, 허용성의 문제는 아니라 하였다고 한다. 여기서 소의 고유
한 목적이 무엇인지, 부관이 중요한지 아니면 행정행위 내용이 중요한지(수정부담의 경우), 비
독립의 부관에서 부분취소와 분리가능성이 있는지 등이 중요한 문제라 한다(Hufen, Verwal-

1. 부관의 독립쟁송가능성

(1) 학   설

1707   ⑺ **부담과 기타부관을 구분하는 견해**(부관의 종류에 따라 구분하는 견해)   부관 중 부담은 자체가 독립된 행정행위이므로 독립하여 쟁송의 대상이 되지만, 그 이외의 부관은 그 자체가 독립된 행정행위가 아니므로 행정쟁송의 대상이 될 수 없고 부관부행정행위 전체를 소의 대상으로 하여야 한다는 견해이다.[1]

1708   ⑴ **모든 부관이 독립쟁송가능하다는 견해**   부관이란 본래 본체인 행정행위에 부가시킨 것이므로 '분리될 수 없는 부관'이란 존재하지 않으며, '처분의 일부취소'가 가능한 만큼 소의 이익이 있는 한 부담이든 조건이든 가리지 않고 모든 부관에 대하여 독립하여 행정쟁송을 제기하는 것이 가능하다는 입장이다.[2]

1709   ⒟ **분리가능성을 기준으로 하는 견해**   부관의 독립쟁송가능성 여부의 문제는 법원에 의한 부관의 독자적인 취소가능성 문제의 전제조건으로서의 성격을 갖는다고 볼 수 있으므로, 부관만의 독립취소가 법원에 의하여 인정될 정도의 독자성(주된 행위와의 분리가능성)을 갖는 부관이라면 그 처분성 인정여부와 무관하게 행정쟁송을 통하여 독자적으로 다툴 수 있다고 한다.[3] 이 견해는 분리가능성의 판단기준으로 부관이 없어도 주된 행정행위가 적법하게 존속할 수 있을 것과 부관이 없어도 주된 행정행위가 달성하려는 일정한 정도의 공익상의 장애가 발생하지 않을 것을 들고 있다.

1710   (2) **판   례**   ① 종전의 판례는 부관에 하자가 있는 경우에는 주된 행위와 부관을 포함하여 전체로서 부관부행정행위를 다투어야 한다는 입장이었다.[4] 그러나 ② 1991년 말 이래 오늘날에는 부담만은 독립하여 다툴 수 있다는 입장이다.[5]

---

tungprozessrecht(10. Aufl.), §14, Rn. 46).

1) 강구철, 행정법(Ⅰ), 396쪽; 김동희, 행정법(Ⅰ), 309쪽; 변재옥, 행정법(Ⅰ), 311쪽; 이상규, 신행정법론(상), 391쪽.
2) 김남진, 행정법(Ⅰ), 289쪽; 박균성, 행정법론(상), 356쪽.
3) 류지태·박종수, 행정법신론, 296쪽(2019).
4) 대판 1986. 8. 19, 86누202(어업면허처분을 함에 있어 그 면허의 유효기간을 1년으로 정한 경우, 위 면허의 유효기간은 행정청이 위 어업면허처분의 효력을 제한하기 위한 행정행위의 부관이라 할 것이고 이러한 행정행위의 부관은 독립하여 행정소송의 대상이 될 수 없는 것이므로 위 어업면허처분 중 그 면허유효기간만의 취소를 구하는 청구는 허용될 수 없다).
5) 대판 2009. 2. 12, 2005다65500; 대판 1992. 1. 21, 91누1264(행정행위의 부관은 행정행위의 일반적인 효력이나 효과를 제한하기 위하여 의사표시의 주된 내용에 부가되는 종된 의사표시이지 그 자체로서 직접 법적 효과를 발생하는 독립된 처분이 아니므로 현행 행정쟁송제도 아래서는 부관 그 자체만을 독립된 쟁송의 대상으로 할 수 없는 것이 원칙이나 행정행위의 부관 중에서도 행정행위에 부수하여 그 행정행위의 상대방에게 일정한 의무를 부과하는 행정청의 의사표시인 부담의 경우에는 다른 부관과는 달리 행정행위의 불가분적인 요소가 아니고 그 존속

(3) **사 견** ① 부담과 기타부관을 구분하는 견해는 기한 등 부관만의 1711
취소를 구하는 사인의 권리보호에는 미흡하며, 부담인가의 여부가 중요한 것이
아니라, 본체인 행정행위로부터 독립된 처분이냐가 중요하다는 점에서 문제가
있다는 지적도 있다.[1] ② 모든 부관이 독립쟁송이 가능하다는 견해에 대해서는
원고적격의 관점에서만 고찰하고, 부관과 주된 행정행위와의 관계에 대한 객관
적 고찰이 소홀하다는 지적이 가해진다.[2] ③ 생각건대 부관의 독립쟁송가능성
을 처분성의 문제가 아니라 법원에 의한 부관의 독자적인 취소가능성의 전제조건
의 문제로 파악하고, 처분성은 부관에 대한 쟁송형태의 문제로 파악하는 입장이[3]
논리적일 뿐만 아니라 사인의 권리보호에도 적합하다고 본다.

(4) **부관별 검토**

(개) **조건·기한** 판례는 조건·기한의 경우에 독립쟁송·독립취소를 부인한 1712
다. 그러나 침익적 부분의 독립쟁송·독립취소의 문제는 조건과 부담의 대립적
인 구분방식이 아니라, '부관이 폐지될 때에 남는 부분만으로 행정행위가 여전
히 존속할 수 있는가'의 방식에 따라 주된 행위로부터 침익적인 부관의 분리가
능성을 판단하여야 한다는 주장이[4] 타당하다고 본다. 따라서 조건·기한도 경
우에 따라 독립쟁송·독립취소의 대상이 될 수 있다고 볼 것이다.

(나) **부담·부담유보** 독일의 판례는 부담과 부담유보를 주된 행위의 구성 1713
부분이 아니라, 독립된 행정행위로 본다. 그리하여 부담유보는 독립하여 다툴
수 있을 뿐만 아니라 제3자에 의해 독립적으로 강제될 수 있다고 본다.[5] 이러
한 태도는 부담·부담유보의 성질에 비추어 원칙적·일반적으로 타당하다고 본
다. 그러나 주된 행위로부터 일반적으로 독립성이 강한 부담도 구체적인 상황

이 본체인 행정행위의 존재를 전제로 하는 것일 뿐이므로 부담 그 자체로서 행정쟁송의 대상
이 될 수 있다); 대판 1991. 12. 13, 90누8503(행정행위의 부관은 부담의 경우를 제외하고는 독
립하여 행정소송의 대상이 될 수 없는 것인바, 행정청이 한 공유수면매립준공인가 중 매립지
일부에 대하여 한 국가귀속처분은 매립준공인가를 함에 있어서 매립의 면허를 받은 자의 매립
지에 대한 소유권취득을 규정한 공유수면매립법 제14조의 효과 일부를 배제하는 부관을 붙인
것이므로 이러한 행정행위의 부관에 대하여는 독립하여 행정소송의 대상으로 삼을 수 없다);
대판 1993. 10. 8, 93누2032; 대판 2001. 6. 15, 99두509(행정행위의 부관은 부담인 경우를 제외
하고는 독립하여 행정소송의 대상이 될 수 없는바, 기부채납받은 행정재산에 대한 사용·수익
허가에서 공유재산의 관리청이 정한 사용·수익허가의 기간은 그 허가의 효력을 제한하기 위한
행정행위의 부관으로서 이러한 사용·수익허가의 기간에 대해서는 독립하여 행정소송을 제기
할 수 없다).
1) 김철용, 행정법, 191쪽(2018).
2) 류지태·박종수, 행정법신론, 298쪽(2019).
3) 류지태·박종수, 행정법신론, 296쪽(2019).
4) Hufen, Verwaltungsprozessrecht, §14, Rn. 61.
5) BVerwGE 36, 145, 154; 41, 178, 181.

에 따라서는 주된 행위로부터 분리가 불가능한 경우가 있을 수 있다고 볼 것이다.[1]

1714 　　(대) **재량행위**　　부관의 독립취소는 재량행위에서 문제를 갖는다는 지적이 있다. 즉 부관이 없이는 처분을 하지 아니하였거나 또는 다만 제한된 범위의 처분만을 하였으리라 판단되는 경우, 부관만이 취소되면 행정청의 재량결정은 결과적으로 변경되며, 이것은 행정청의 의사에 반하는 처분이 존재하게 되는 문제점을 갖는다는 것이다. 그러나 위법하게 침해된 사인의 권리는 회복되어야 하는 것이고, 또한 부관의 취소 후에 남는 부분이 행정청의 의사에 반하는 것이라면 행정청은 행정행위의 철회·직권취소 또는 부관의 새로운 발령을 통해 대응할 수 있으므로, 부관의 독립취소가 재량행위에서 문제될 수는 없다.[2] 한편, 기속행위의 경우에는 물론 이러한 문제가 제기되지 아니한다. 기속행위는 다만 법규정대로 이루어지는 처분이기 때문이다.

1715 　　(래) **수정부담**　　수정부담은 부담이라기보다는 신청과 다른 새로운 규율(행위)이기 때문에 수정부담만의 독립적인 취소는 생각하기 어렵다.[3] 따라서 그 다른 규율을 다투려고 하면 전체로서의 행정행위를 다툴 수밖에 없다.

1716 　　(매) **철회권의 유보·법률효과의 일부배제**　　철회권의 유보나 법률효과의 일부배제의 경우에는 조건·기한의 경우에 준해서 판단하면 될 것이다.

2. 부관에 대한 쟁송형태

1717 　　부관에 대한 소송형태로는 ① 행정행위의 일부만을 취소소송의 대상으로 하는 소송인 진정일부취소소송(형식상으로나 내용상으로도 부관만의 취소를 구하는 소송이다), ② 형식상 부관부 행위 전체를 소송의 대상으로 하면서 내용상 일부, 즉 부관만의 취소를 구하는 소송인 부진정일부취소소송, ③ 형식상으로나 내용상으로 부관부 행정행위의 전체의 취소를 구하거나, 부관의 변경(적극적 변경)을 구하는 소송이 있을 수 있다.

1718 　　▌**참고 1**▌ 행정소송법은 부진정일부취소소송의 내용과 형식을 명시적으로 규정하는 바가 없다. 학설은 ① 독립성이 있는 부담을 대상으로 부담의 취소를 구하는 소송을 진정일부취소소송, ② 부담 이외의 부관만의 취소를 구하는 경우, 부관부 행정행위를 취소소송의 대상으로 하면서 부관만의 취소를 구하는 소송을 부진정일

---

1) BVerwGE 55, 135, 137; 56, 254, 256.
2) Hufen, Verwaltungsprozessrecht, §14, Rn. 52.
3) Vondung, Schweickhardt(Hrsg.), Allgemeines Verwaltungsrecht, Rn. 545.

부취소소송으로 부르는 것으로 보인다. 아래에서 그 예를 보기로 한다.

[진정일부취소소송의 예]

[청구취지] 「"갑에게… 도로점용을 허가한다. 단 점용료로 1,000만원을 납부할 것"이라는 처분 중 '단 점용료로 1,000만원을 납부할 것'이라는 부분을 취소한다」라는 판결을 구함.

[청구이유] 점용료 1,000만원은 점용대가로서 지나친바 위법하므로 점용료 부분(부관으로 부담 부분)은 취소되어야 한다.

[부진정일부취소소송의 예]

[청구취지] 「"갑에게… 도로점용을 허가한다. 단 점용기간은 2015. 1. 1.부터 1개월로 한다"라는 처분을 취소한다」라는 판결을 구함.

[청구이유] 점용기간 1개월로는 점용목적을 달성할 수 없는바, 점용기간부분(부관부분)이 위법하므로 점용기간 부분(부관으로서 기한 부분)은 취소되어야 한다.

▌**참고 2**▌ 부관에 대한 쟁송형태의 문제는 의무화소송을 규정하는 독일행정법원법에서 보다 실제적인 의미를 갖는다. 예컨대 침익적 부관이 붙은 수익적 행정행위를 발급한 경우, 침익적 부관 부분만의 취소를 구하는 취소소송을 제기할 것인지, 아니면 부관이 없는 행정행위의 발급을 구하는 의무화소송을 제기할 것인지가 문제된다. 침익적 부관의 제거가 제소의 목적이라 할 것이므로 취소소송으로 다투게 된다고 한다.[1] 그러나 우리의 경우에는 의무화소송은 인정되고 있지 아니하므로 취소소송의 구체적 적용형태를 둘러싸고 부진정일부취소소송 등 아카데믹한 논쟁이 이루어지고 있다.[2]

(1) 학　설

(카) **부담과 기타부관을 구분하는 견해** 　이 견해는 부담만은 진정일부취소소송이 가능하지만, 부담 이외의 부관은 부관부행정행위를 취소소송의 대상으로 하되 부관만의 일부취소를 구하여야 한다. 　1719

(나) **모든 부관이 독립쟁송가능하다는 견해** 　소의 이익이 있는 한 모든 부관이 취소소송의 대상이 될 수 있고, 부관에 대한 쟁송은 성질상 모두 부진정일부취 　1720

---

1) Hufen, Verwaltungsprozessrecht(8. Aufl.), §14, Rn. 47.
2) 종래 국내에서 이루어진 부진정일부취소소송에 관한 논의에 비판적인 입장을 취하는 홍강훈교수는 "부진정일부취소소송이라는 기존에 없던 독특한 형태의 소송을 굳이 인정하는 이유가 독립쟁송가능성이 부정되는 부관의 경우, 피해당사자인 국민의 권리보호를 위해 그럼에도 불구하고 소송을 가능하게 해서 결과적으로 그러한 부관만의 취소를 허용해주기 위한 방편"이라는 전제 하에 모든 부관에 대한 독립쟁송가능성을 인정한다면 소송을 제기하지 못해 피해보는 국민이 없으므로 본서 본문에서 언급한 부진정일부취소소송은 인정해야 할 필요가 없다고 한다(홍강훈, "신소송물이론의 이원설에 근거한 부관의 독립쟁송가능성 및 독립취소가능성에 관한 연구", 공법연구 제44집 제2호, 한국공법학회, 2015. 12, 397쪽).

소소송의 형태를 취할 수밖에 없다고 한다.

1721   ㈐ 분리가능성을 기준으로 하는 견해   이 견해는 ① 주된 행정행위로부터 분리가능성이 없는 것은 부관만의 독립쟁송가능성이 부인되어 전체행정행위를 대상으로 쟁송을 제기해야 하고 ② 분리가능성이 인정되는 부관은 둘로 나누어 ⓐ 처분성을 갖는 것은 당해 부관만을 직접적인 대상으로 하여 취소쟁송을 제기할 수 있고(진정일부취소소송), ⓑ 처분성이 인정되지 않는 부관의 경우에는 부관부행정행위 전체를 대상으로 소송을 제기하고 이 가운데 부관만의 취소를 구하는 형태(부진정일부취소소송)를 취하여야 한다고 한다.[1]

    (2) 판   례

1722   ㈎ 내   용   부담의 경우에는 진정일부취소소송을 인정하지만, 기타의 부관에 대해서는 진정일부취소소송도 인정하지 아니하고 부진정일부취소소송도 인정하지 아니한다. 판례는 위법한 부담 이외의 부관으로 인해 권리를 침해받은 자는 부관부 행정행위 전체의 취소를 청구하든지,[2] 아니면 행정청에 부관이 없는 처분으로의 변경을 청구한 다음 그것이 거부된 경우에 거부처분취소소송을 제기하여야 한다는 입장이다.[3]

1723   ㈏ 비   판   ① 부진정일부취소소송을 인정하지 아니하는 판례의 태도는 부관의 위법으로 인해 처분이 취소되었으나, 부관부 행위보다 불리한 새로운 처분이 발령될 수도 있다는 점에서 원고의 보호에 미흡할 수 있고, 또한 원고가 원하는 효과를 판결로서 바로 부여할 수 없다는 점에서 원고의 권리보호가 우

---

1) 류지태, 부관의 하자, 고시계, 1995. 5, 94~95쪽.
2) 대판 1985. 7. 9, 84누604(원고가 신축한 상가 등 시설물을 부산직할시에 기부채납함에 있어 그 무상사용을 위한 도로점용기간은 원고의 총공사비와 시 징수조례에 의한 점용료가 같아지는 때까지로 정하여 줄 것을 전제조건으로 하고 원고의 위 조건에 대하여 시는 아무런 이의 없이 수락하고 위 상가 등 건물을 기부채납받아 그 소유권을 취득하였다면 시가 원고에 대하여 위 상가 등의 사용을 위한 도로점용 허가를 함에 있어서는 그 점용기간을 수락한 조건대로 해야 할 것임에도 합리적인 근거 없이 단축한 것은 위법한 처분이라 할 것이며 가사 원고가 위 상가를 타에 임대하여 보증금 및 임료수입을 얻는다 하여 위 무상점용기간을 단축할 사유가 될 수 없다.… 원심판결(피고(부산직할시장)가 1983. 3. 3. 원고에 대하여 한 부산 서면 지하도 상가부분 4,603.65평방미터(1,392.59평) 및 부대시설부분에 관한 도로점용허가처분은 이를 취소한다)은 적법하다).
3) 대판 1990. 4. 27, 89누6808(원고는 피고(경상남도지사)로부터 허가받은 내용에 따라 조업을 해오다가 원고소유의 제38 청룡호(기존허가어선)와 제3 대운호를 제1 대영호(기존허가어선)의 등선으로, 제22 대원호, 제3 선경호 및 한진호를 제1 대영호의 운반선으로 각 사용할 수 있도록 하여 선박의 척수를 변경(본선2척을 1척으로 줄이는 대신 등선 2척과 운반선 3척을 추가하는 내용임)하여 달라는 어업허가사항변경신청을 하였는데, 피고는 관련 규정에 따라 수산자원 보호 및 다른 어업과 어업조정을 위하여 앞서 한 제한조건을 변경할 수 없다는 사유로 위 신청을 불허가하였다. 이에 원고가 어업허가사항변경신청불허가처분을 다투었다. 원심은 불허가처분이 위법하다고 판시하였다. 불허가처분이 위법하다고 본 원심의 조치는 정당하다).

회적이라는 문제점을 갖는다. 원고가 원하는 수익적 행정행위까지 취소하게 되는 결과를 가져와 원고의 권리구제에 전혀 도움이 되지 아니한다는 지적도 있다.[1] 한편, ② 부진정일부취소소송을 인정하게 되면 그 청구취지와 주문(예 : 피고가 2010. 10. 10. 갑에 대하여 한 도로점용허가 중 기한의 부분은 이를 취소한다)은 진정일부취소소송의 청구취지와 주문(예 : 피고가 2010. 10. 10. 갑에 대하여 한 건축허가 중 기부채납부분은 이를 취소한다)과 동일한 것이 되는데, 이러한 현상은 현행 행정소송법하에서는 인정될 수 없다고 하면서 판례의 태도를 지지하는 입장도 있다.

(3) 사 견   분리가 불가능하다면 부관부행정행위 전체를 소의 대상으로 하여야 할 것이지만, 분리가 가능하다면 주된 행정행위와 분리한 후 남는 부관이 독립의 행정행위로서 계속 존재할 때 이러한 부관은 진정일부취소소송이 가능하며, 분리한 후 남는 부관이 독립의 행정행위로서 계속 존재하기 곤란한 경우, 이러한 부관은 부진정일부취소소송이 가능하다고 본다.   1724

3. 부관의 독립취소가능성

원고가 부관만의 취소를 구하는 경우에 법원이 심리를 통하여 부관이 위법하다고 판단할 때 부관만을 독립하여 취소할 수 있는가의 여부가 문제된다.   1725

(1) 학 설

(가) 중요성을 기준으로 하는 견해   이 견해는 부관이 주된 행정행위의 중요한 요소인지 여부를 기준으로 부관의 독립취소가능성의 문제를 해결하고자 하는 이론으로 부관의 하자가 주된 행정행위에 영향을 미칠 수 있는 것은 부관이 주된 행정행위의 중요한 요소가 되는 경우에 한하는 것이므로 위법한 부관이 주된 행정행위의 중요한 요소가 되지 아니하는 것인 때에는 행정행위의 일부취소의 뜻에서의 변경을 구함으로써 위법한 부관부분의 취소를 구할 수 있다고 한다.[2]   1726

(나) 재량행위와 기속행위를 구분하는 견해(법구속성 정도를 기준으로 하는 견해)   부관의 독립취소가능성의 문제를 검토함에 있어 당해 부관이 부담인지 또는 그 이외의 다른 부관인지는 결정적 의미를 갖지 못하는데 그 이유는 독립취소가능성의 문제는 어느 경우에나 부관만의 취소소송은 일단 적법한 것으로 인정된 후 본안에서의 이유유무의 문제이기 때문이라고 하면서 독립취소가능성의 문제는 기본적으로 당해 부관과 본체인 행정행위와의 관련성에 따라 결정되는 것으로   1727

---

1) 정하중, 행정법개론, 225쪽(2019).
2) 김학세, 행정소송의 체계, 1995, 121쪽; 석종현·송동수, 일반행정법(상), 266쪽; 이상규, 신행정법론(상), 391쪽.

본체인 행정행위가 기속행위인지 재량행위인지에 따라 그 내용을 달리한다고
한다.[1] 즉 "부관의 종류를 불문하고 부관을 부가하지 않고는 행정청이 당해 행
정행위를 하지 않았을 것이라 판단되는 경우에는 부관만의 취소는 인정되지 아
니한다. 그리고 기속행위의 경우, 행정청이 임의로 부관을 붙일 수 없으므로 부
관만의 취소는 가능하지만, 요건충족적 부관의 경우에는 부관만의 취소가 인정
될 수 없다. 그리고 재량행위의 경우, 부관이 행정행위의 본질적 요소이어서 그
부관 없이는 당해 행위를 하지 않았을 것으로 판단되는 경우에는 부관의 취소
는 인정되지 아니한다. 왜냐하면 그러한 부관이 없이는 행정청이 발하지 않았을
처분을 법원이 행정청에 강요하는 결과가 되기 때문이다"라고 주장한다.[2] 그러
나 위법하게 침해된 사인의 권리는 회복되어야 하고, 또한 부관의 취소 후에 남
는 부분이 행정청의 의사에 반하는 것이라면 행정청은 행정행위의 철회·직권취
소 또는 부관의 새로운 발령을 통해 대응할 수 있으므로, 부관의 독립취소가 재
량행위에서 문제될 수는 없다.

1728   (다) 일부취소법리를 유추적용하자는 견해   이 견해에 의하면, "행정행위의 일
부취소의 법리에 따라 행정행위의 일부분으로서 부관의 하자가 있는 경우에는
원칙적으로 부관부분만이 취소될 수 있지만, 부관 없이는 행정청이 주된 행정행
위를 발하지 않았을 정도로 중요요소인 경우에는 부관만의 취소는 부정된다"고
한다.[3] 그리고 일부취소의 요건으로 첫째, 가분적일 것, 둘째, 나머지 부분이
독자적인 의미를 지닐 것, 셋째, 문제가 되는 부관 없이도 본체인 행정행위를
발령하였어야만 하였을 것을 들기도 한다.[4]

1729   (라) 부관의 위법성을 기준으로 하는 견해   부관에 하자가 있다면 법원은 부관
부분만을 취소할 수 있다는 입장이다. 즉, 이 견해는 소송물이론에 따른 견해로
"부관에 위법성이 존재하면 부관만을 취소할 수 있다. 취소소송의 소송물은 부
관 자체의 위법성이기 때문이다"라고 한다.[5] 따라서 이러한 부관의 취소가 존
재하게 되면 행정행위의 일부취소 또는 변경의 결과가 발생하게 되므로 이에
따라 주된 행정행위에 대한 효력이 문제된다고 한다.

1730   (마) 분리가능성 여부를 기준으로 하는 견해   분리가능성 문제는 독립취소가
능성과 관련된 것이지 독립쟁송가능성의 문제와 관계되는 것은 아니라는 전제

---

1) 김동희, 행정법(Ⅰ), 321쪽(2019); 박균성, 행정법론(상), 393쪽(2019).
2) Erbguth, Allgemeines Verwaltungsrecht(7. Aufl.), §18, Rn. 16 참조.
3) 이일세, 행정행위의 부관과 행정쟁송, 계희열교수 화갑기념논문집, 1995, 659쪽.
4) 김용섭, 행정행위의 부관에 관한 법리, 행정법연구 제2권, 1998. 4, 205쪽.
5) 정하중, 행정법개론, 226쪽(2019).

하에(독립쟁송가능성은 처분성이 인정되는 부담의 경우 취소쟁송가능하고, 처분성이 인정되지 않는 부관은 부진정일부취소소송을 인정해야 한다고 함) 부관이 주된 행정행위와 분리될 수 있는 경우에 한하여 취소판결을 내릴 수 있다는 입장이다.[1] 이 견해는 분리가능성이라는 기준을 독립취소가능성의 척도로 사용함으로써 전술한 분리가능성을 독립쟁송가능성(독립취소가능성의 전제조건으로서)의 기준으로 하는 견해와는 구별된다. 물론 '분리가능성'은 독립쟁송가능성의 의미로 사용됨이 일반적이다.[2]

(2) **판 례**   ① 종전의 판례는 일부취소를 인정하지 않고 전부취소만을 행할 뿐이었다. 따라서 위법부관이 중요부분이면 전부취소의 판결을 그렇지 않다면 기각판결을 하였다. 그러나 ② 1991년 말 이래 오늘날에는 부담만은 독립하여 다툴 수 있고 취소할 수 있다는 입장이다.[3] 현재로서 판례는 부담만이 독립하여 취소될 수 있고, 그 이외의 부관은 독립하여 취소의 대상이 되지 않는다는 입장이다. **1731**

(3) **사 견**   부관의 독립취소가능성은 법원이 당사자의 주장에 대한 본안판단을 통해 이유유무를 검토하는 것이라고 할 때, 당사자의 주장은 위법한 침익적인 부관만을 취소해달라는 것이므로 부관에 위법성이 존재하는 한 부관만의 독립취소가 가능하다는 견해가 합목적적이다. 다른 견해들은 모두 독립취소의 범위를 좁히고 있다는 점에서 한계를 가진다. **1732**

(4) **독일의 경향**   행정행위의 한 부분이 문제될 때, 분리하여 다툴 수 있는가의 문제가 생긴다. 남는 부분이 의미가 없거나 위법하게 되는 경우에 부분의 독립취소가 문제된다. 행정행위 발령 이후에 붙여진 부관에 대해서는 취소소송을 통해 권리보호가 가능하다는 것이 일반적 견해이지만, 행정행위의 발령 시에 붙여진 부관에 대한 권리보호에 대해서는 다음과 같은 논쟁이 있다.[4] **1733**

---

1) 류지태·박종수, 행정법신론, 300쪽(2019); 김남진·김연태, 행정법(Ⅰ), 286쪽(2019).
2) 김철용, 행정법, 193쪽(2018); 류지태·박종수, 행정법신론, 272쪽; 신봉기, 부관에 대한 사법심사, 행정작용법 — 김동희교수 정년기념논문집, 313쪽.
3) 대판 1992. 1. 21, 91누1264; 대판 1991. 12. 13, 90누8503; 대판 1994. 1. 25, 93누13537.
4) Schenke, Verwaltungsprozessrecht(12. Aufl.), Rn. 292; Wolff/Deck, Studienkommentar VwGO VwVfG(3. Aufl.), VwVfG §35, Rn. 51. 한편, 종래에는 재량행위의 경우에는 일부취소가 불가능하지만 기속행위에서는 가능하다는 견해도 있었다. 이 견해는 재량행위에서 부관의 일부 취소를 통해 「행정청이 원하지 않는, 발령하고자 하지 않는 행정행위를 하도록 강제할 수는 없다」는 점을 논거로 하였다. 그러나 재량행위에서 부관의 일부 취소로 인한 행정의 형성의 자유에 대한 침해보다 사인의 권리보호가 보다 적게 침해된다는 것(즉 사인의 권리보호의 의미가 보다 크다는 것)이 인식됨으로써, 이 견해는 중요성을 잃었다고 한다(Wolff/Deck, Studienkommentar VwGO VwVfG(3. Aufl.), VwGO Vor, §42, Rn. 38).

1734 　　㈎ **부담독립취소가능설**　　종래 지배적 견해는 부담과 그 밖의 부관을 구별
하였다. 부담은 취소소송으로 취소가 가능하다고 보았다. 그 이유는 부담은 주
된 행위로부터 독립적이라는 것이다. 그럼에도 부담의 취소를 구하는 소송에서
부담 없이는 적법하게 행정행위가 발령될 수 없었거나, 수익의 발령이 행정의
재량에 놓이거나 하면 기각되는 것으로 보았다(취소소송의 이유). 한편, 조건 등
그 밖의 부관은 부담과 달리 행정행위의 통합적인 한 부분이고, 주된 행위로부
터 분리가 불가하므로 부관만의 취소는 불가한 것으로 보았다.[1] 따라서 의무화
소송으로 부관 없는 수익처분의 발령을 구하여야 하는 것으로 보았다.[2] 이 견
해에 대해서는 ① 독일 행정법원법 제113조 제1항은 행정행위의 일부취소를 명
시적으로 규정하고 있으며, 부관의 경우에 예외를 규정하고 있지 아니하며, ②
폐지에 대한 사인의 법적 청구권이 보다 중요한바, 사인이 일부를 다투면 그것
을 존중하여야 한다는 지적이 있다.[3]

1735 　　㈏ **부관독립취소불가능설**　　모든 부관은 행정행위의 비독립적인 구성부분이
므로 독립하여 취소의 대상이 될 수 없고, 따라서 부관 없는 무제한의 수익처분
의 발령을 구하여야 한다는 견해로서 소수설이다.[4]

1736 　　㈐ **부관독립취소가능설**　　오늘날 지배적 견해와 판례는 비독립적인 침익적
부관은 행정행위의 침익적 한 부분으로서 일부취소의 기본원칙에 따라 취소될
수 있다고 본다.[5] 말하자면 모든 부관은 분리되어 쟁송취소되거나 철회될 수

---

1) 말하자면 종래 오랜 기간 독일의 지배적 견해는 조건·기한·철회권의 유보는 행정행위의 비독
　립적인 부분이며 주된 행위의 통합적인 구성부분으로서 독립적으로 쟁송취소될 수 없지만 부
　담과 부담유보는 독립의 행정행위로서 취소소송의 대상이 될 수 있다고 하였으나, 오늘날에는
　더 이상 문제해결의 기준이 되지 못한다고 한다(Hufen, Verwaltungsprozessrecht(9. Aufl.), §
　1, Rn. 46). BVerwGW 29, 261, 265; 35, 145, 154. 한편, 종래의 철칙이었던 부담독립취소가
　능설에 대해서는 비독립적인 침익적 부관도 행정행위의 침익적 부분으로서 부분취소의 기본원
　리에 따라 취소될 수 있다는 주장이 있어왔다고 하며, 이러한 비판적인 주장은 행정행위가 위
　법한 경우, 부분 폐지를 규정하는 행정법원법 제113조 제1항 제1문을 근거로 하였고, 또한 침
　익적 부분의 독립적인 폐지가 조건과 부담이 달리한다는 것이 중요한 것이 아니고, 오히려 부
　관이 폐지되어도 행정행위가 존속할 수 있는지의 관점에서 침익적 부관이 주된 행위로부터 분
　리될 수 있는지의 여부가 중요하다(예 : 기한부 영업하가에서 기한의 취소를 구하는 경우, 영업
　허가는 존속할 수 있다고 보는 경우)고 하였다는 것이다(Hufen, Verwaltungsprozessrecht(9.
　Aufl.), § 14, Rn. 49).
2) Giemulla/Jaworsky/Müller－Uri, Verwaltungsrecht, Rn. 521; Schenke, Verwaltungsprozess-
　recht(12. Aufl.), Rn. 292; Schmidt, Allgemeines Verwaltungsrecht(18. Aufl.), S. 290, Rn. 821.
3) Wolff/Deck, Studienkommentar VwGO VwVfG(3. Aufl.), VwGO Vor § 42, Rn. 37 참조.
4) Fehn, DÖV 1988, 202, 207ff.; Stadie, DVBl. 1991, 613ff.; Schenke, Verwaltungsprozess-
　recht(12. Aufl.), Rn. 293 참조.
5) 이 견해는 행정절차법에 부관의 폐지에 관해 규정이 없는바, 일반 행정소송법에 따라야 한다는
　입장이라 할 수 있다(Hufen, Verwaltungsprozessrecht(9. Aufl.), § 14, Rn. 50; Wolff/Deck,
　Studienkommentar VwGO VwVfG(3. Aufl.), VwVfG § 36, Rn. 50).

있고 또한 부관이 문제되는 한 행정행위도 분리되어 쟁송취소될 수 있는 것으로 본다.[1] 이 견해는 행정행위가 위법한 경우에 부분폐지를 규정하는 독일행정법원법 제113조 제1항을 근거로 한다. 침익적 부분의 독립적인 취소에 조건과 부담을 구분하지 않는다. 오히려 부관이 폐지되어도 행정행위가 여전히 존속할 수 있는가를 기준으로 침익적 부관의 분리가능성을 검토한다. 특히 부담과 부담유보는 독립적인 행정행위이고, 독일행정절차법 제36조에 따라 행정행위에 결합되어 있을 뿐이며, 그것의 구성부분이 아니라는 점, 그리고 부담과 부담유보가 독립적이라는 것은 행정행위의 효과가 부담과 부담유보에 종속적이지 않다는 점, 부담과 부담유보의 주된 행위로부터 분리된 발령과 집행이 또한 가능하다는 것을 논거로 한다.[2] 요컨대 이 견해는 모든 부관이 원칙적으로 취소소송으로 취소될 수 있다고 본다(취소가능성의 인정). 다만 부관의 폐지 후 남는 행정행위가 위법하게 되거나 부관이 판결로 폐지되는 경우에 행정청의 재량이 감소(축소)되면 아니 된다고 한다(취소소송의 이유).[3]

판례는 처음부터 명백히 배제하는 것이 아닌 한, 모든 부관(수정부담은 제외)의 독립취소가능성을 인정하는 것으로 보인다.[4] 그리고 부담 없는 허가가 적법한 것일 수 있는지의 여부, 그리고 부담이 폐지될 수 있는지의 여부는 취소소송의 이유의 문제로 본다.[5] 요컨대 지배적 견해는「부관이 독립의 행정행위(예 : 부담)이거나 분리가능한 행정행위의 부분일 때, 취소소송에서 부분취소가 가능하다」는 입장이다.[6] 달리 말하면, 모든 부관은 분리되어 취소될 수 있다는 입장이다.[7] 1737

4. 쟁송취소시 주된 행정행위의 무효 여부 등

① 행정쟁송을 통하여 부관의 취소가 있게 되면 행정행위의 일부취소 또는 변경의 결과가 발생하게 되고 이에 따라 주된 행정행위의 효력이 문제되는데, 1738 특히 부관만의 취소에 의하여 남게 되는 주된 행정행위가 더 이상 당해 부관을 부가한 행정기관의 의사에 상응하지 못하는 경우 부관의 취소는 행정행위의 취

---

1) R. Schmidt, Allgemeines Verwaltungsrecht(18. Aufl.), S. 291, Rn. 823.
2) Hufen, Verwaltungsprozessrecht(9. Aufl.), § 14, Rn. 50.
3) Schenke, Verwaltungsprozessrecht(12. Aufl.), Rn. 294 참조.
4) 부담의 경우와 관련하여 BVerwGE 65, 139, 141; 81, 185, 186; 8, 54, 56; 88, 348, 349. 한편, 조건과 관련하여 BVerwGE 60, 269, 275. Kopp/Schenke, Verwaltungsgerichtsordnung, § 42, Rn. 22; Erbguth, Allgemeines Verwaltungsrecht, § 18, Rn. 16; Detterbeck, Allgemeines Verwaltungsrecht, § 10, Rn. 665, 668.
5) BVerwGE 81, 185, 186.
6) Detterbeck, Allgemeines Verwaltungsrecht mit Verwaltungsprozessrecht(13. Aufl.), § 10, Rn. 665.
7) Erbguth, Allgemeines Verwaltungsrecht(7. Aufl.), § 18, Rn. 16.

소를 가져오지만 이러한 역할은 행정기관이 스스로 하는 것이지 법원이 판결로 대신할 수는 없다고 보아야 한다.[1] 왜냐하면 당사자는 법원에서 부관의 위법성 만을 주장하였기 때문이다. ② 행정쟁송을 통해 부관의 무효가 선언되면 원칙적 으로 부관만 무효가 되어 전체로서는 부관 없는 단순행정행위가 되지만, 예외적 으로 부관이 없었다면 주된 행정행위를 발하지 않았을 것이라고 인정되는 경우 에는 부관부행정행위 전체가 무효로 된다.

5. 쟁송취소와 집행정지

1739   부관부행정행위의 취소소송이 제기된 경우 집행정지를 신청하면 집행이 정 지되는 효력이 당해 부관의 내용에만 미친다는 견해와[2] 부관과 주된 행정행위 의 관련성을 이유로 주된 수익적 행정행위에도 미친다는 견해로[3] 나누어진다. 부관만의 취소판결 후에 행정청에 의한 취소·철회가능성이 있을 수 있으므로, 법률관계의 안정 등을 고려할 때 집행정지의 효력이 수익적 효과에도 미친다고 볼 것이다.

6. 쟁송취소와 제3자효있는 경우

1740   제3자효있는 행정행위의 부관은 이따금 제3자의 보호에 기여한다(예 : 음식 점허가시 제3자 를 위한 소음방지의무). 제3자의 보호에 위반하거나 미흡한 부관이 있는 경우에 이해관계 있는 제3자는 쟁송(의무이행심판·부작위위법확인소송)을 통해 자기의 권리를 주장할 수 있다고 본다.

Ⅵ. 하자 있는 부관의 이행으로 이루어진 사법행위의 효력

1. 문제상황

1741   부관부 행정행위의 경우에 부관의 이행으로서 사법행위가 이루어지기도 하 는데(예 : 기부채납의 부관을 붙인 토지형질변경행위허가에 따라 기부채납을 하거나, 공유재 산 중 일반재산의 매매계약의 체결을 부관을 붙인 주택건설사업계획승인처분에 따라 매매계 약을 체결하는 경우), 그 부관에 하자가 있다면, 그 이행으로 이루어진 사법행위의 효력이 문제된다. 말하자면 부관의 위법이 그 이행으로 이루어진 사법행위의 효 력에 어떠한 영향을 미치는가의 문제(앞의 예에서 기부채납이나 매매계약이 무효 또는 취소의 대상이 되는지 여부)가 있다.

---

1) 류지태·박종수, 행정법신론, 300쪽(2019).
2) 박균성, 행정법론(상)(3판), 286쪽.
3) 류지태·박종수, 행정법신론, 301쪽(2019).

2. 학   설

(1) **부관구속설**   이 견해는 부관의 이행으로 이루어진 사법행위의 효력은   1742
부관에 구속을 받는다는 입장이다. 기부채납의 경우와 관련하여 이 견해는 기부
(채납)행위의 중요부분의 착오여부의 판단은 민법적인 기준에 의해 인정되지만,
그 취소여부는 행정법적 기준, 즉 부관의 효력여부에 의존하여 결정되어야 한다
고 주장하면서 기부행위에 중요부분의 착오가 인정되더라도 그 원인행위인 부
관이 무효이거나 취소·철회되지 않는 한, 부관인 부담은 행정행위의 공정력에
의해 그 효력을 유지하고 있으므로 기부행위의 중요부분의 착오를 이유로 기부
행위만을 취소할 수 없다고 한다.[1]

(2) **부관비구속설**   이 견해는 부관의 이행으로 이루어진 사법행위의 효력   1743
은 부관과 무관하게 독자적으로 판단되어야 한다는 입장이다. 기부채납의 경우
와 관련하여 이 견해는 기부행위의 중요부분의 착오성이 인정된다면 기부부관
의 효력유지 여하와는 무관하게(즉 행정행위의 공정력과 무관하게) 취소가 인정될
수 있다고 보아야 한다고 한다. 따라서 기부행위가 취소되더라도 행정행위인 부
담의 효력은 당연히 상실되는 것이 아니므로, 당사자는 기부부관의 위법성을 취
소소송을 통해 다툴 수 있는 가능성이 남는다고 한다.[2]

(3) **절 충 설**   이 견해는 부관을 무효인 경우와 취소할 수 있는 경우로   1744
구분하여 살핀다. 이 견해는 부관이 무효인 경우는 부관무관설에 접근하고, 부
관이 취소할 수 있는 경우는 부관구속설에 접근한다. 말하자면 이 견해는 기부
채납부담이 무효이면 원칙적으로 기부채납에 중요부분의 착오를 인정할 수 있
어 기부채납행위의 취소가 가능하고, 기부채납부담이 단순위법사유인 경우에는
상대방은 항구적으로 기부채납의무를 부담하기 때문에 설사 그 위법성을 모르
고 기부채납을 이행하였다고 하더라도 그러한 사정은 중요부분의 착오를 인정
할 수 없어 기부채납을 취소할 수 없다고 한다.[3]

3. 판   례

① 종전의 판례는[4] "토지소유자가 토지형질변경행위허가에 붙은 기부채납   1745
의 부관에 따라 토지를 국가나 지방자치단체에 기부채납(증여)한 경우, 기부채납
의 부관이 당연무효이거나 취소되지 아니한 이상 토지소유자는 위 부관으로 인

---

1) 송영천, 특별법연구, 제6권, 32쪽.
2) 류지태, 행정법의 이해, 124쪽.
3) 박정훈, 행정법의 체계와 방법론, 317쪽.
4) 대판 1999. 5. 25, 98다53134.

하여 증여계약의 중요 부분에 착오가 있음을 이유로 증여계약을 취소할 수 없다”고 하여 부관이 유효한 경우에는 부관구속설, 부관이 무효이거나 취소되는 경우에는 부관비구속설의 입장을 취하였던 것으로 보인다. 그러나 ② 근래의 판례는[1] “행정처분에 부담인 부관을 붙인 경우 부관의 무효화에 의하여 본체인 행정처분 자체의 효력에도 영향이 있게 될 수는 있지만, 그 처분을 받은 사람이 부담의 이행으로 사법상 매매 등의 법률행위를 한 경우에는 그 부관은 특별한 사정이 없는 한 법률행위를 하게 된 동기 내지 연유로 작용하였을 뿐이므로 이는 법률행위의 취소사유가 될 수 있음은 별론으로 하고 그 법률행위 자체를 당연히 무효화하는 것은 아니다”라고 하여 부관비구속설을 취하는 것으로 보인다.

4. 사 견

1746   ① 기부행위의 중요부분에 착오가 인정되어도 원인행위인 부관이 취소·철회되지 않는 한 기부행위만을 취소할 수 없다고 하는 것은 민법적 기준(중요부분에 착오가 있는 경우에 취소가 가능하다는 기준)과 거리가 먼 해석이라는 점에서 제1설은 문제점을 갖는다. ② 기부채납부 행정행위에서 기부채납은 공법행위인 기부채납부 행정행위의 이행행위로서 이루어지는 것인 점에서 기부채납부 행정행위와 무관하게 기부채납의 취소가 가능하다는 제2설은 논리적으로 철저하지 못하다. ③ 절충설은 부관구속설과 부관비구속설의 문제점을 해소하고 있다는 점에서 의미가 있다. 그러나 절충설을 철저히 주장하게 되면, 부관이 단순위법한 경우에는 부관의 이행으로 이루어진 사법행위가 무효일지라도 그 사법행위의 효력을 부인하기 어려운 경우가 발생할 수도 있다. 부관의 이행행위로서 사법행위가 무효인 경우에도 사법행위가 효력을 갖는 상태가 발생한다는 것은 법질서상 용인하기 어렵다. 따라서 절충설을 취하되, 부관의 이행으로 이루어진 사법행위가 무효이면 그 사법행위의 효력을 부인할 수 있다고 보는 것이 합리적이다.

제10항 현대적 형태의 행정행위

1747   20세기 말부터 급속도로 발전하는 정보처리기술의 도움을 받아 전통적인 행정행위 외에 자동적으로 결정되는 행정행위와 전자행정행위라는 새로운 형태의 행정행위가 증대하고 있다.

---

1) 대판 2009. 6. 25, 2006다18174.

I. 자동적으로 결정되는 행정행위

1. 의   의

사람의 수작업을 경감시켜주는 기계사용(예 : 복사기 사용)으로부터가 아니라   1748
외부적으로 조종됨이 없이 자동적으로 기능하는 기계(예 : 컴퓨터)가 인간을 대신
하여 행하는 행정행위(예 : 세금의 부과결정)를 자동적으로 결정되는 행정행위라
부른다. 이와 같이 인간에 의해 사전처리된 형식에 따라 자동기계에 의해 행해
지는 대량결정은 새로운 법적 문제를 야기시킨다. 완전히 자동화된 행정행위의
발령은 판단여지도 재량도 없는 경우에 가능할 것이다.[1]

2. 법적 성격(행정행위)

컴퓨터의 도입으로 동일하거나 유사한 행정행위를 대량으로 하게 되었다.   1749
말하자면 일정의 처리된 자료가 컴퓨터에 투입되면, 컴퓨터가 사전에 정해진 양
식(예 : 납세고지서 양식 등)을 메움으로써 대량의 행위를 신속히 처리할 수 있게
된 것이다. 여기서 컴퓨터의 도입이 행정행위의 성격을 방해하는 것은 아니라
하겠다. 컴퓨터로 처리한다고 하여도 행정청은 여전히 절차의 주재자이다. 즉
프로그래밍, 구체적인 데이타의 투입·결정·통지 그 모두가 행정청에 의해 이루
어지기 때문이다. 따라서 컴퓨터에 의해 이루어지는 결정은 역시 행정행위로 간
주될 수밖에 없다.

┃참고┃ 독일 행정절차법상 자동적으로 결정되는 행정행위   1750

독일의 1976년 연방행정절차법은 제정 당시부터 자동화된 설비의 도움 하에
발해지는 행정행위에 관한 규정을 두고 있다.[2] 즉 이러한 행위도 행정행위로 본
다.[3] 그런데 2017년 1월 1일부터는 행정행위의 완전자동발령을 규정하는 연방행정

---

1) Erbguth/Guckelberger, Allgemeines Verwaltungsrecht(2018), § 14, Rn. 25.
2) 독일 행정절차법상 자동기계에 의한 결정의 경우
  1. 참여자의 청문 행정청이 일반처분이나 같은 종류의 행정행위를 대량으로 발하거나 또
는 자동화된 시설의 도움으로 행정행위를 발하고자 할 때에는 청문이 이루어지지 않을 수 있
다(VwVfG 제28조 제2항 제4호).
  2. 행정행위의 명확성과 형식 자동화된 시설의 도움으로 발해지는 서면에 의한 행정행위
에 있어서는 제3항과 달리 서명이나 성명의 복사를 결할 수 있다. 행정행위가 발해지는 상대방
이나 행정행위와 관련있는 자가 행정행위에 주어진 설명에 근거하여 행정행위의 내용을 일의적
으로 인식할 수 있을 때에는 내용표현에 기호(부호)가 사용될 수 있다(VwVfG 제37조 제5항).
  3. 행정행위의 이유명시 행정청이 대량으로 같은 종류의 행정행위를 발하거나 또는 자동
화된 시설의 도움으로 행정행위를 발하는 경우, 그리고 개별사건의 상황상 이유명시가 요구되
지 않는 경우에는 이유명시를 요하지 아니한다(VwVfG 제39조 제2항 제3호).
3) Maurer, Allgemeines Verwaltungsrecht, § 18, Rn. 6.

절차법 제35a조[1]가 시행되었다. 완전자동발령의 행정행위의 핵심적인 특징은 "완전히 사람의 관여 없이 오로지 기계장치에 의해 발령될 수 있다"는 점으로 평가된다.[2] 이 점이 종전에 자동화된 설비의 도움 하에 발해지는 행정행위와 차이점이다. 완전자동발령의 행정행위는 서면(종이)으로 발령될 수도 있고, 컴퓨터로 발령될 수도 있다. 완전자동발령의 행정행위는 결정방식에 초점을 둔 것인데 반해 종전의 자동화된 설비의 도움 하에 발해지는 행정행위는 결정의 전달방식에 초점을 둔 것으로 이해되고 있다.[3]

3. 법적 근거

1751   자동화된 행정행위가 대량으로 이루어지는 것이 오늘날의 실정인바, 나라에 따라서는 자동화된 행정행위의 법적 문제, 특히 행위형식성(형식상 요건)의 문제에 관해 규정을 두기도 하나(예 : VwVfG 제37조 제5항·제39조 제2항 제3호), 우리는 그러한 규정을 갖고 있지 않다. 현재로서 학설과 판례에 맡겨진 셈이다.[4]

4. 적법요건

1752   (1) **기명·날인**(서명)   단순히 서면으로 하는 행정행위의 경우에는 서면의 성립의 진정을 확보하기 위해 서면에 권한행정청의 이름과 날인(서명)이 요구되지만, 자동화된 설비에 의한 행위의 경우는 사정이 다소 다르다.

1753   (가) **발령청의 기명**   발령행정청의 기명은 결코 생략될 수가 없다. 발령행정청의 이름이 있어야만 국가의 행위임을 인식할 수 있기 때문이다. 그러나 발령행정청의 장의 성명의 경우는 입법정책의 문제일 것이다. 뒤에서 보는 바와 같이 독일연방행정절차법은 장의 이름을 결할 수 있도록 규정하고 있다. 그러나

---

1) VwVfG §35a Vollständig automatisierter Erlass eines Verwaltungsaktes(행정행위의 완전자동발령)

　　Ein Verwaltungsakt kann vollständig durch automatische Einrichtungen erlassen werden, sofern dies durch Rechtsvorschrift zugelassen ist und weder ein Ermessen noch ein Beurteilungsspielraum besteht(행정행위는 법규정상 허용되고, 재량도 없고 판단여지도 없는 한, 자동화된 설비를 통해 완전하게 발령될 수 있다).

2) 이세정·정명운·손현·장민선·김종천·이재훈, 행정절차법 개선 방안 연구, 2017. 11, 한국법제연구원, 52쪽.

3) 이세정·정명운·손현·장민선·김종천·이재훈, 행정절차법 개선 방안 연구, 2017. 11, 한국법제연구원, 53쪽.

4) 사법의 영역에서 논의되고 있는 자동기계에 의한 의사표시의 법적 문제를 보면, ① 다수의 견해는 오늘날 자동화된 의사표시도 진정한 의사표시로 보는바, 자동화된 의사표시에도 의사표시에 관한 민법규정이 적용된다고 보며, ② 효력발생도 도달주의에 의하며, ③ 자동화된 설비는 대리인이라 할 수 없는 것으로 보며, ④ 자동화된 정보처리장치의 장애로 인한 책임은 무과실책임으로 보는 견해가 강하다고 한다. 김상용, 자동화된 의사표시와 시스템계약, 사법연구 제1집, 청림출판, 1992, 50쪽 이하.

국가배상책임의 추궁 또는 관계공무원에 대한 징계의 청원 등을 고려할 때, 장의 이름도 결할 수 없도록 하는 것이 바람직할 것이다. 그리고 장의 성명의 부기는 컴퓨터기술상 어려운 일도 아닐 것이다.

(바) 날 인(서명)　발령행정청(의 장)이 일일이 서명한다는 것은 현실적으로 　1754
무리가 따른다(예 : 하나의 세에 관한 수만장의 납세고지서를 상기하라). 따라서 수기에 의한 서명은 요구되지 않는다고 보는 것이 합리적이다. 이것이 학설의 일반적인 인식이기도 하다. 행정의 실제상으로는 서명이 자동설비에 의해 인쇄되고 있음이 일반적이다. 이와 관련하여 독일의 행정절차법은 "자동화된 설비의 도움을 받아 서면으로 발해지는 행정행위의 경우에는 제3항과 달리 서명이나(행정청의 장이나 그의 대리인 또는 수임자의) 성명을 결할 수 있다"고 규정한다(VwVfG 제37조 제5항 제1문).

(2) 부호·기호　단순한 서면에 의한 행정행위의 경우에 부호나 기호가 활　1755
용될 필요성이 별로 없다. 그러나 자동적으로 자료가 처리되는 컴퓨터의 경우에는 기술상 여러 가지의 부호나 기호가 도입되고 있다. 이 때 부호나 기호가 사용된 컴퓨터에 의한 결정을 행정행위라고 보는 데에 별 이론이 없다. 이러한 문제와 관련하여 독일의 연방행정절차법은 "행정행위의 상대방이나 관계자는 행정행위에 붙여진 설명에 근거하여 행정행위의 내용을 명백하게 인식할 수 있는 경우에는 내용의 기재에 부호·기호를 사용할 수 있다"고 규정한다(VwVfG 제37조 제5항 제2문).

(3) 이유제시　행정청이 처분을 하는 경우에는 원칙적으로 당사자에게 그　1756
근거와 이유를 제시하여야 한다(절차법 제23조). 이러한 이유제시가 통상의 서면에 의한 행정행위의 경우에 적용됨은 물론이다. 문제는 컴퓨터에 의한 서면상의 결정의 경우에도 적용되는가의 여부이다. 생각건대 컴퓨터기술상 이유명시가 어려운 일이 아닐 뿐더러 이유명시가 사인의 권익보호를 위한 것임을 고려할 때, 명문의 규정이 없는 한 자동화된 결정에도 이유명시는 요구된다고 할 것이다. 참고로 독일의 연방행정절차법은 "자동화된 설비의 도움으로 발해지는 행정행위의 경우에는 이유명시를 필요로 하지 않는다"고 규정한다(VwVfG 제39조 제2항 제3호 제2문).

(4) 청 문　국가에 따라서는 자동화된 설비의 도움을 받아 이루어지는　1757
행정행위의 경우에는 청문절차를 행하지 않을 수 있음을 규정하기도 한다(예 : VwVfG 제28조 제2항 제4호). 우리는 이러한 규정을 가지고 있지 않다. 생각건대 명문의 규정이 없는 한 컴퓨터에 의한 행정행위도 법령이 요구하는 청문절차는 반드시 거친 후에 발령되어야 한다고 본다. 왜냐하면 청문절차는 법치국가원리에서 요구되는 것으로서, 개인의 권익보호를 위한 절차일 뿐만 아니라 컴퓨터에 의한 행위의 경우에 청문절차가 결여되어도 좋다는 합리적인 이유는 찾아보기 어렵기 때문이다. 물론 사안에 따라서는 신속을 이유로 청문절차가 결여될 수도 있을 것이다.

5. 하 자(위법한 자동결정)

1758   자동설비의 도움을 받아 이루어진 행정행위의 위법성의 문제는 통상의 행정행위의 하자론의 일반원리가 그대로 적용된다. 말하자면 그러한 행위가 위법한 것이라면 역시 상황에 따라 무효인 행위 또는 취소의 대상이 되는 행위가 되는 것이고, 이 때에도 중대명백설이 무효와 취소의 구별기준임은 물론이다.[1]

1759   다만 재량행위와 관련하여 검토할 사항이 있다. 말하자면 재량영역에서 컴퓨터가 결정하는 경우에 구체적인 상황을 잘 고려하여 재량행사를 온전하게 할 수 있을 것인가의 문제가 있다. 그러나 대량결정의 경우에 행정청은 프로그래밍의 내용에 여러 가지 기준을 설정할 것이고, 이러한 기준은 행정규칙으로 이해될 수 있는 것인바,[2] 따라서 재량의 영역에서도 컴퓨터에 의한 행위는 허용될 수 있는 것으로 보아야 할 것이다.

6. 손해배상

1760   자동기계에 의한 행정작용으로 인하여 사인에게 손해가 발생하면 국가나 지방자치단체는 국가배상법이 정하는 바에 따라 손해배상책임을 부담하여야 함은 통상의 행정작용의 경우와 다를 바 없다. 국가나 지방자치단체의 불법행위가 직무집행과 관련된 것이라면 국가배상법 제2조에 따라, 영조물의 설치·관리상의 하자로 인한 것이라면 국가배상법 제5조에 따라 배상청구권의 성립을 논하면 될 것이다.

Ⅱ. 전자행정행위

1. 의   의

1761   전자행정행위란 전자문서에 의한 행정행위를 말한다. "전자문서"란 컴퓨터 등 정보처리능력을 가진 장치에 의하여 전자적인 형태로 작성되어 송신·수신 또는 저장된 정보를 말한다(절차법 제2조 제8호). 과거에는 공행정이 일반적으로

---

1) Maurer, Allgemeines Verwaltungsrecht, § 18, Rn. 12.
2) Maurer, Allgemeines Verwaltungsrecht, § 18, Rn. 12.

문서(종이)를 통해 이루어졌다. 그러나 오늘날에는 전자통신이 확대되고 있다. 법적 영역에서도 문서행정에서 전자행정으로 문화의 변혁이 이루어지고 있다. 입법화 또한 이루어지고 있다. 전자행정행위는 2002년 말에 개정된 행정절차법에 도입되었다. 전자행정행위의 도입은 당사자의 동의를 전제로 전자문서(예 : 이메일)의 교부를 통한 행정청과 시민 사이에서 쌍방소통을 가져오게 되었다. 전자문서의 교부는 전통적인 소통수단인 문서의 교부와 동일한 법적 효과를 갖는다.

2. 특   징

(1) **처분의 신청**   행정절차법 제17조 제1항(행정청에 처분을 구하는 신청은 문 1761 서로 하여야 한다. 다만, 다른 법령등에 특별한 규정이 있는 경우와 행정청이 미리 다른 방법을 정하여 공시한 경우에는 그러하지 아니하다)에 따라 처분을 신청할 때 전자문서로 하는 경우에는 행정청의 컴퓨터 등에 입력된 때에 신청한 것으로 본다(절차법 제17조 제2항).

(2) **기명날인**   전자행정행위에는 기명날인이 생략될 수 있다. 그러나 발 1762 령청의 이름은 명기되어야 한다.

(3) **송달과 효력발생**   전자행정행위도 처분의 상대방에게 통지되어야 한 1763 다. 정보통신망을 이용한 송달은 송달받을 자가 동의하는 경우에만 한다. 이 경우 송달받을 자는 송달받을 전자우편주소 등을 지정하여야 한다(절차법 제14조 제3항). 제14조 제3항에 따라 정보통신망을 이용하여 전자문서로 송달하는 경우에는 송달받을 자가 지정한 컴퓨터 등에 입력된 때에 도달된 것으로 본다(절차법 제15조 제2항).

(4) **인터넷 게시**   행정청은 신청에 필요한 구비서류·접수기관·처리기간 1764 그 밖에 필요한 사항을 게시(인터넷 등을 통한 게시를 포함한다)하거나 이에 대한 편람을 갖추어 두고 누구나 열람할 수 있도록 하여야 한다(절차법 제17조 제3항).

3. 자동적으로 결정되는 행정행위와 구분

① 전자행정행위는 교부형식이 정해져 있다. 전자행정행위는 문서나 구두 1765 가 아니라 이메일 등의 전자방식으로 송달이 이루어진다. 그러나 자동화된 시설의 도움으로 발해지는 행정행위는 전통적인 방식인 교부(통지)로 송달이 이루어진다. ② 전자행정행위의 내용은 기술적으로가 아니라 행정청을 통하여 전통적인 방식으로 정해진다. 그러나 자동화된 시설의 도움으로 발해지는 행정행위의 내용은 기술적으로 정해진다.

4. 하　　자

1766　　전자행정행위의 위법성의 문제는 통상의 행정행위의 하자론의 일반원리가 그대로 적용된다. 예를 들어, 문서에 의한 행정행위와 마찬가지로 전자행정행위도 하자가 있는 경우에는 무효가 될 수도 있고, 취소될 수도 있다.

Ⅲ. 인공지능에 의한 처분(완전히 자동화된 시스템에 의한 처분)

1. 의　　의

1767　　행정청은 법령으로 정하는 바에 따라 완전히 자동화된 시스템(인공지능 기술을 적용한 시스템을 포함한다)으로 처분을 할 수 있다. 다만, 처분에 재량이 있는 경우는 그러하지 아니하다(기본법 제20조). 이와 같이 완전히 자동화된 시스템에 의한 처분은 인공지능(AI. artificial intelligence)에 의한 처분이다. 인공지능에 의한 처분 개념은 행정기본법에 처음으로 도입되었다. 자동적 처분은 사람인 행위자(공무원)의 인식(의사적용) 없이 완전히 자동화된 시스템으로 발급되는 처분이다(예 : 스스로 학습능력을 가진 AI가 도로에서 교통경찰을 대신하여 운전자에게 직접 차량이동명령, 주정차금지명령 등을 하게 되면, 그러한 행위는 완전히 자동화된 시스템에 의한 처분, 즉 자동적 처분에 해당한다).

2. 자동적으로 결정되는 행정행위와 비교

1768　　자동적으로 결정되는 처분은 처분의 내용이 자동적으로 결정될 뿐, 상대방 등에 대한 처분의 통지는 행정청(공무원)에 의해 이루어지는 처분을 말한다. 달리 말하면, 자동적으로 결정되는 처분은 행위자(행정청, 공무원)의 인식(의사적용)을 최종적인 바탕으로 하여 발급되는 처분이다. 이러한 점에서 자동적으로 결정되는 처분과 자동적 처분은 차이가 난다.

3. 특　　징

1769　　행정기본법상 자동적 처분은 다음의 특징을 갖는다. 즉, ① 자동적 처분이 행정에 활용되기 위해서는 법률의 근거가 필요하다(기본법 제20조). ② 「완전히 자동화된 시스템」의 의미는 행정기본법상 정해진 바가 없다. 과학기술은 계속하여 발전·진보하는 것이므로, 「완전히 자동화된 시스템」의 의미는 과학기술의 변화에 따라 변할 것이다. ③ 자동적 처분은 모든 행정작용이 아니라 처분만을 대상으로 한다(기본법 제20조). ④ 자동적 처분은 기속행위를 대상으로 한다. 재량처분은 자동적 처분으로 발급될 수 없다(기본법 제20조).

제11항 확   약

Ⅰ. 확약의 의의

1. 확약의 개념

행정절차법상 확약이란 법령등에서 당사자가 신청할 수 있는 처분을 규정 1770
하고 있는 경우 행정청은 당사자의 신청에 따라 장래에 어떤 처분을 하거나 하
지 아니할 것을 내용으로 하는 의사표시를 말한다(절차법 제40조의2 제1항)(예 : 수산
업법에 따른 어업권면허에 선행하는 우선순위결정, 민원처리에 관한 법률상 사전심사의 청구
에 따른 심사결정).

2. 종래 강학상 개념

종래 강학상으로는 행정주체가 사인에 대하여 장차 일정한 행정작용을 행 1771
하거나 행하지 않겠다고 하는 것을 내용으로 하는 공법상 일방적인 자기구속의
의사표시를 확언이라 하고, 확언의 대상이 특정 행정행위의 발령이나 불발령에
관한 것인 경우를 확약(넓은 의미의 확약개념)이라 불러왔다. 확언이나 확약은 행
정청의 자기구속의 의사를 요소로 한다는 점이 특징적이다. 자기구속의 의사표
시는 일방적인 것이며, 합의에 의한 것이 아니다. 상대방의 신청에 의한 것이라
고 하여도 확언이나 확약 그 자체는 행정청의 일방적인 행위로 이해하였다.

3. 개념의 입법화

1987년에 입법예고가 되었던 행정절차법(안) 제25조는 확약에 관해 규정하 1772
고 있었다. 입법화는 되지 못하였다. 확언이나 확약의 법리는 이론과 판례에 맡
겨져 있었다. 2022년 개정 행정절차법은 모든 처분이 아니라 당사자가 신청할 수
있는 처분만을 대상으로 하여 확약의 개념을 입법화 하였다(좁은 의미의 확약개념).

4. 구별개념

(1) **단순고지와 구분**   확약은 구체적인 행정작용에 대한 구속적인 의사표 1773
시라는 점에서 단순히 특정의 사실 또는 법적 상태에 대한 행정청의 단순한 고
지(Auskunft)와 구분된다. 물론 행정청의 의사가 구속적인 의미를 갖는가, 아니면
단순한 사실의 표명에 불과한가는 의사표시의 해석문제가 된다. 이 경우 그 내
용이 자기구속적인 의사를 갖는 것이라는 입증책임은 상대방이 부담한다고 본
다(입증책임).

(2) **공법상 계약과 구분**   확약은 그 자체가 일방적인 행위인 까닭에 복수 1774

당사자의 의사의 합치인 공법상 계약과 구분된다. 의사의 교환이 일방적인 것인가 아니면 쌍방적인 것인가의 문제는 의사표시의 해석문제이다. 하여간 확언이 공법상 계약을 통해서도 나타날 수는 있다고 본다.

1775   (3) **기타 행위와 구분**   ① 확약은 사인에 대한 행위이므로 행정내부적인 작용과는 구분된다. ② 확약은 법적인 행위이므로 행정지도와 같은 사실행위와도 구별된다. ③ 확약은 행정행위의 발령을 목적으로 하는 점에서 그 자체는 종국적인 행정행위인 예비결정과도 다르다. 예비결정의 발령 후 예비결정에 근거된 사실상태 또는 법적 상태가 변화된 경우에도 예비결정은 효력을 지속한다. 물론 그러한 사정변경이 철회사유는 될 수 있다.

Ⅱ. 법 적 성 질

1. 행정행위의 성질

1776   (1) **학   설**   확약이 공법상의 의사표시이긴 하지만, 그 자체가 행정행위인가에 관해서는 견해가 갈린다. 독일의 지배적 견해는 확약이 상대방의 법적 지위를 구속적으로 보장하는 규율로서의 성질을 갖기 때문에, 즉 행정행위의 모든 개념요소를 충족하기 때문에 행정행위라 한다.[1] 즉, 다수설은 확약은 행정기관 스스로 장래의 일정한 의무를 부담한다는 점에서 행정행위의 개념징표인 법적 규율성을 지닌다고 보아 행정행위성을 인정한다.[2] 그러나 행정청이 어떤 행정행위에 대한 확약을 한 경우 그에 관한 종국적인 규율은 약속된 행정행위를 통해서 행해지는 것이지 확약 그 자체에 의한 것이 아니므로 확약은 행정법상 독자적 행위형식으로 보는 견해도 있다.[3]

1777   (2) **판   례**   판례는 확약을 행정처분이 아니라 한 경우도 있고,[4] 행정

---

1) BVerwG NVwz 1986, 1011; Ipsen, Allgemeines Verwaltungsrecht(9. Aufl.), §7, Rn. 434; Schier, in : Scheickhardt(Hrsg.), Allgemeines Verwaltungsrecht, Rn. 783; Püttner, Allgemeines Verwaltungsrecht, S. 92; Martin Trockels, Die Zusage, in : Schweickhardt/Vondung (Hrsg.), Allgemeines Verwaltungsrecht(9. Aufl.), Rn. 628.

2) 박윤흔·정형근, 최신행정법강의(상), 351쪽; 류지태·박종수, 행정법신론, 214쪽(2019); 김동희, 행정법(Ⅰ), 241쪽(2019); 김중권의 행정법(2019), 472쪽.

3) 정하중, 행정법개론, 302쪽(2019). 한편, 의무를 진다는 점에 초점을 맞추면 법적 효과가 있는 바, 행정행위로 볼 것이지만, 희망(기대)에 초점을 맞추면 법적 효과가 없다는 의미에서 행정행위로 볼 것은 아니라는 견해도 있다(Maurer/Waldhoff, Allgemeines Verwaltungsrecht(2017), § 9, Rn. 61).

4) 대판 1995. 1. 20, 94누6529(어업권면허에 선행하는 우선순위결정은 행정청이 우선권자로 결정된 자의 신청이 있으면 어업권면허처분을 하겠다는 것을 약속하는 행위로서 강학상 확약에 불과하고 행정처분은 아니므로, 우선순위결정에 공정력이나 불가쟁력과 같은 효력은 인정되지 아니하며, 따라서 우선순위결정이 잘못되었다는 이유로 종전의 어업권면허처분이 취소되면 행정청은 종전의 우선순위결정을 무시하고 다시 우선순위를 결정한 다음 새로운 우선순위결정에

처분이라 한 경우도 있다.[1] 한편, 판례는 확약의 취소행위는 처분으로 본다.[2]

(3) **사 견** 생각건대 확약은 종국적인 행위 그 자체는 아니지만, 구속 1778
적인 의사표시 그 자체는 행정행위의 개념(행정청이 법 아래서 구체적 사실에 대한 법
집행으로서 행하는 권력적 단독행위로서의 공법행위)을 충족시킨다고 볼 것이다. 확약
을 행정행위로 보게 되면, 성질이 허용하는 범위 안에서 확약에도 행정절차법이
적용된다고 볼 것이다.

2. 재량행위성

재량행위 여부가 법령에서 명시되고 있는 경우가 아니라면, 행정청이 확약 1779
할 것인가, 아니할 것인가의 판단은 행정청의 의무에 합당한 재량에 따른다고
본다. 물론 확약의 대상에는 재량행정뿐만 아니라 기속행정도 포함된다.

Ⅲ. 법적 근거

좁은 의미의 확약에 관한 일반법으로 행정절차법 제40조의2가 있다. 1780

기하여 새로운 어업권면허를 할 수 있다).
　[참고판례] 어업면허의 우선순위의 의의
　　수산업법상 어업면허의 우선순위란 동일한 수면에서 어업면허를 받고자 하는 자가 경합할
때 누구에게 면허를 해주어야 하는가를 결정해주는 기준이다. 수산업법은 먼저 출원한 사람에
게 우선권을 인정하는 선원주의를 채택하지 아니하고, 법정요건을 구비한 자에게 우선순위를
인정하는 제도를 채택하고 있다. 수산업법(제9조, 제13조)은 어업인의 자격과 경험, 지역과의
연관성 등의 요건을 구비한 어업인(어업을 경영하는 자와 어업종사자)에게 어업면허에 관한 우
선순위를 부여하면서도, 다른 한편으로 마을어업, 협동양식어업 등에 대해서는 어촌계, 영어조
합법인, 지구별수산업협동조합에만 배타적으로 면허하도록 규정하고 있다(헌재 2019. 7. 25,
2017헌바133).
1) 대판 2020. 4. 29, 2017두31064[공유재산 및 물품관리법(이하 '공유재산법'이라 한다) 제2조 제1
호, 제7조 제1항, 제20조 제1항, 제2항 제2호의 내용과 체계에 관련 법리를 종합하면, 지방자치
단체의 장이 공유재산법에 근거하여 기부채납 및 사용·수익허가 방식으로 민간투자사업을 추
진하는 과정에서 사업시행자를 지정하기 위한 전 단계에서 공모제안을 받아 일정한 심사를 거
쳐 우선협상대상자를 선정하는 행위와 이미 선정된 우선협상대상자를 그 지위에서 배제하는
행위는 민간투자사업의 세부내용에 관한 협상을 거쳐 공유재산법에 따른 공유재산의 사용·수
익허가를 우선적으로 부여받을 수 있는 지위를 설정하거나 또는 이미 설정한 지위를 박탈하는
조치이므로 모두 항고소송의 대상이 되는 행정처분으로 보아야 한다].
2) 대판 1991. 6. 28, 90누4402(자동차운송사업양도양수계약에 기한 양도양수인가신청에 대하여
피고 시장이 내인가를 한 후 위 내인가에 기한 본인가신청이 있었으나 자동차운송사업 양도양
수인가신청서가 합의에 의한 정당한 신청서라고 할 수 없다는 이유로 위 내인가를 취소한 경
우, 위 내인가의 법적 성질이 행정행위의 일종으로 볼 수 있든 아니든 그것이 행정청의 상대방
에 대한 의사표시임이 분명하고, 피고가 위 내인가를 취소함으로써 다시 본인가에 대하여 따로
이 인가 여부의 처분을 한다는 사정이 보이지 않는다면 위 내인가취소를 인가신청을 거부하는
처분으로 보아야 할 것이다).

▮참고▮ 확언 등의 법적 근거

1781 (1) 학 설 행정주체가 사인에 대하여 장차 일정한 행정작용을 행하거나 행하지 않겠다고 하는 것을 내용으로 하는 공법상 일방적인 자기구속의 의사표시 중 행정절차법 제40조의2에서 규정되지 아니한 부분에 대해서도 일반적인 법제도로서 인정될 수 있을 것인가의 문제가 있다. 부정하는 견해는 보이지 아니한다. 긍정하는 견해도 ① 종전의 독일의 판례처럼 신의칙 내지 신뢰보호를 근거로 하는 견해(신뢰보호설), ② 종래 다수설은 본 처분의 권한에는 확약의 대상이 되는 본행정행위를 확약할 수 있는 권한까지 포함된다는 것을 근거로 하는 견해(본처분권한내재설)(김동희, 박균성, 류지태, 정하중). ③ 확약을 통해서 본행정행위에 대해 국민이 갖는 예견가능성은 헌법상 보호되는 것이라는 점을 논거로 하는 견해를 볼 수 있다.

1782 (2) 사 견 확언이나 광의의 확약으로 인해 국민이 갖는 이익(예지이익·대처이익)은 법적으로 보호받아야 할 가치가 있는 이익이라 판단되는바, 명문의 규정이 없어도 확언이나 광의의 확약의 제도는 인정할 필요가 있다. 다만 그 근거는 긍정설 중 ②설이 논리적이고 타당하다. 인정하는 경우, 좁은 의미의 확약의 법리를 유추적용할 수 있을 것이다.

Ⅳ. 요건·한계

1. 권한·형식요건

1783 ① 유효한 확약은 권한을 가진 행정청에 의해서만, 그리고 권한의 범위 내에서만 발해질 수 있다. ② 확약은 문서로 하여야 한다(절차법 제40조의2 제2항).

2. 절차요건

1784 ① 확약은 당사자의 신청을 전제로 한다(절차법 제40조의2 제1항). 행정절차법이 당사자의 신청 없이 이루어지는 행정청의 일방구속적인 약속을 확약의 대상에서 제외한 것은 이해하기 어렵다. ② 행정청은 다른 행정청과의 협의 등의 절차를 거쳐야 하는 처분에 대하여 확약을 하려는 경우에는 확약을 하기 전에 그 절차를 거쳐야 한다(절차법 제40조의2 제3항). 그렇지 않다면 확약은 절차회피의 수단으로 남용될 수 있다.

3. 내용요건

1785 ① 확약은 법령등에서 당사자가 신청할 수 있는 처분을 대상으로 한다(절차법 제40조의2 제1항). 당자사에게 신청권이 인정되지 아니하는 처분은 확약의 대상이 아니다. ② 확약의 내용은 법의 일반원칙에 부합하여야 한다. ② 확약은 추후 행정행위의 규율내용과 범위에서 일치되어야 한다. 요건사실이 완성된 후

에도 확약을 할 수 있을 것인가가 문제되나, 확약의 취지가 개인의 이익보호에 있으므로 긍정적으로 보아야 할 것이다.[1] 반대설은 본 처분을 하여야 한다고 한다.[2] ③ 확약은 재량행위뿐만 아니라 기속행위에도 가능하다고 본다.[3] 논리적으로만 보면 기속행위는 본처분이 반드시 발해져야 하는 것이므로 확약이 의미없다고 할 수도 있다. 그러나 기속행위에 있어서도 예지이익과 대처이익이 있기 때문에 기속위반이 없는 한 확약의 의미는 있다고 본다. 한편, 본처분의 선택에 관한 재량의 폭의 문제와 사전결정의 가능여부의 문제는 별개로 보아야 한다는 점이 주장되기도 한다.[4]

4. 한 계

① 본처분의 요건사실이 완성된 후에도 확약을 할 수 있을 것인가가 문제되나, 확약의 취지가 개인의 이익(예지이익·대처이익)의 보호에 있으므로 긍정적으로 볼 것이다(다수설)(예 : 일정 금액의 과세처분의 확약). 본처분을 하여야 한다는 반대견해(박윤흔)도 있다. ② 확약은 재량행위뿐만 아니라 기속행위에도 가능하다. 논리적으로만 보면 기속행위는 본처분이 반드시 발해져야 하는 것이므로 확약이 의미 없다고 할 수도 있다. 그러나 기속행위에 있어서도 예지이익과 대처이익이 있기 때문에 기속위반이 없는 한 확약의 의미는 있다. 1786

V. 효 과

1. 효력의 발생

확약도 상대방에 통지되어야 효력을 발생한다고 볼 것이다(도달주의). 그리고 확약도 행정행위의 일종이므로, 단순위법의 확약도 효력을 가지며, 또한 하자의 치유의 대상이 된다. 1787

2. 구 속 효

다른 국가행위형식(예 : 통상의 행정행위)만큼이나 광범위한 것은 아니나 확약은 원칙적으로 구속성(Verbindlichkeit)을 가진다. 적법한 확언이나 확약이 성립하면, 행정청은 상대방에 대해 확약한 행위를 하여야 할 의무를 부담하고, 상대방은 당해 행정청에 대해 그 이행을 청구할 수 있다고 하겠다(확언·확약의 준수청구권).[5] 1788

---

1) 김남진, 행정법(Ⅰ), 375쪽(2019); 이상규, 신행정법론(상), 394쪽.
2) 박윤흔·정형근, 최신행정법강의(상), 353쪽.
3) 김남진·김연태, 행정법(Ⅰ), 375쪽(2019); 박윤흔·정형근, 최신행정법강의(상), 352쪽.
4) 김남진·김연태, 행정법(Ⅰ), 375쪽(2019).
5) BVerwG 39, 244, 251.

3. 실효·철회·취소(구속력의 배제)

1789　　① 행정청은 확약을 한 후에 확약의 내용을 이행할 수 없을 정도로 법령등이나 사정이 변경된 경우[1] 또는 확약이 위법한 경우에는 확약에 기속되지 아니한다(절차법 제40조의2 제4항). 따라서 확약의 존속력은 통상의 행정행위에 비해 약한 것이라고 하겠다.[2] 행정청은 확약이 제4항 각 호의 어느 하나에 해당하여 확약을 이행할 수 없는 경우에는 지체 없이 당사자에게 그 사실을 통지하여야 한다(절차법 제40조의2 제5항). ② 또한 행정청은 위법한 행정행위를 취소하거나 적법한 행정행위를 철회할 수 있는 것과 동일한 요건하에서 확약을 취소 또는 철회함으로써 확약의 구속성을 사후적으로 제거할 수 있다고 본다.

4. 하　　자

1790　　확약을 행정행위의 일종으로 볼 때, 확약에 중대하고 명백한 하자가 있다면, 그러한 확약은 무효가 된다.[3] 단순위법의 하자가 있다면 취소할 수 있는 행위가 된다. 이 경우 취소의 제한에 대한 일반원리(기본법 제18조)가 적용된다. 확약의 대상 그 자체가 위법한 것이라면, 확약 역시 위법한 것이 된다고 볼 것이다.

5. 권리보호

1791　　(1) 손해전보　　확약을 한 사항의 불이행이 국가배상법 제2조가 정하는 바에 부합하게 되면 상대방은 손해배상을 청구할 수 있다. 만약 확약을 한 사항의 불이행이 적법하지만 상대방에게 특별한 희생을 가져온다면 상대방은 손실보상도 청구할 수 있을 것이다.

1792　　(2) 행정쟁송　　확약을 처분으로 보는 경우, 확약을 한 사항의 이행을 신청하였으나, 행정청이 부작위하면 의무이행심판이나 부작위위법확인소송의 제기가 가능하고, 행정청이 거부처분을 하면 의무이행심판이나 취소소송의 제기가 가능하다고 본다.

---

1) 대판 1996. 8. 20, 95누10877(행정청이 상대방에게 장차 어떤 처분을 하겠다고 확약 또는 공적인 의사표명을 하였다고 하더라도, 그 자체에서 상대방으로 하여금 언제까지 처분의 발령을 신청하도록 유효기간을 두었는데도 그 기간 내에 상대방의 신청이 없었다거나 확약 또는 공적인 의사표명이 있은 후에 사실적·법률적 상태가 변경되었다면, 그와 같은 확약 또는 공적인 의사표명은 행정청의 별다른 의사표시를 기다리지 않고 실효된다). 독일행정절차법 제38조 제3항; Maurer/Waldhoff, Allgemeines Verwaltungsrecht(2017), §9, Rn. 61 참조.

2) Wittern, Grundriß des Verwaltungsrechts, §4, Rn. 54.

3) 독일의 경우, 위법한 확언은 다만 확언의 상대방이 확언의 유지를 신뢰하였고, 확언을 유지하지 아니하는 것이 상대방에게 참을 수 없는 관계를 가져오는 경우에만 구속적이라는 것이 전통적인 행정법의 일반원칙의 하나로 간주된다(Maurer, Allgemeines Verwaltungsrecht, §9, Rn. 61).

제 4 절 공법상 계약

I. 공법상 계약의 의의

1. 공법상 개약의 개념

공법상 계약이란 행정청이 행정목적을 달성하기 위하여 체결하는 공법상 1793 법률관계에 관한 계약을 말한다(기본법 제27조 제1항). 달리 말하면, 공법의 영역에서 법관계를 발생·변경·폐지시키는 대등한 복수당사자의 반대방향의 의사의 합치 또는 공법상 효과의 발생을 목적으로 하는 복수당사자의 의사의 합치에 의해 성립되는 공법행위로 정의할 수 있다. 판례는 "공법적 효과의 발생을 목적으로 하여 대등한 당사자 사이의 의사표시의 합치로 성립하는 공법행위"로 정의하고 있다.[1]

2. 다른 개념과 구별

(1) 공법상 계약과 사법상 계약

(가) 양자의 비교   공법상 계약은 공법의 영역에서 이루어지는 계약을 하 1794 고, 사법상 계약은 사법의 영역에서 이루어지는 계약을 말한다. 공법상 계약은 공법상 효과(공법상 권리·의무의 발생·변경·소멸)를 목적으로 한다. 공법상 계약은 계약의 대상이 공법에 속하는 것을 의미하며,[2] 계약당사자가 반드시 국가 또는 지방자치단체일 것을 요구하는 것은 아니다. 수탁사인도 계약당사자가 될 수 있다. 여기서 계약의 대상이 공법에 속한다는 것은 대립적인 관계에 놓이는 급부의무가 공법에 귀속된다는 것을 의미한다. 공법상 계약과 사법상 계약의 구분은 계약체결의 자유, 내용형성의 자유, 계약효과의 제한, 쟁송절차 등과 관련하여 의미를 갖는다.[3]

(나) 실제상 구분 방법   근거법령이나 관련법령이 불분명하여 행정주체와 1795

---

1) 대판 2023. 6. 29, 2021다250025; 대판 2021. 1. 14, 2019다277133.
2) Battis, Allgemeines Verwaltungsrecht, Rn. 213; Giemulla/Jaworsky/Müller-Uri, Verwaltungsrecht, Rn. 602.
3) 대판 2019. 10. 17, 2018두60588(양산시가 원고와 체결한 자원회수시설 위탁운영협약은 지방자치단체인 피고가 사인인 원고 등에게 이 사건 시설의 운영을 위탁하고 그 위탁운영비용을 지급하는 것을 내용으로 하는 용역계약으로서, 상호 대등한 입장에서 당사자의 합의에 따라 체결한 사법상 계약에 해당한다); 대판 2014. 12. 24, 2010다83182(구 정부투자기관 관리기본법의 적용 대상인 정부투자기관이 일방 당사자가 되는 계약은 정부투자기관이 사경제의 주체로서 상대방과 대등한 위치에서 체결하는 사법상의 계약으로서 본질적인 내용은 사인 간의 계약과 다를 바가 없으므로 그에 관한 법령에 특별한 정함이 있는 경우를 제외하고는 사적 자치와 계약자유의 원칙 등 사법의 원리가 그대로 적용된다).

사인간의 합의가 공법상 계약인지 아니면 사법상 계약인지를 판단하기 어려운 경우에는 계약내용이 법률로 규정되고 있는 사항인지의 여부와 그 법률의 성격, 계약이 직접적으로 행정사무수행에 기여하는지 아니면 간접적으로 행정사무수행에 기여하는지의 여부, 계약의 전체적인 성격 등을 고려하여 객관적으로 판단하여야 할 것이다. 판례의 견해도 유사하다.[1] 그럼에도 의문이 있는 경우, 행정사무를 수행하는 내용의 계약은 공법적인 것으로 볼 것이다.[2] 왜냐하면 행정청에 의한 공적 사무의 수행은 기본적으로 공법적인 것이기 때문이다.

⑵ 공법상 계약과 행정행위

1796 　　⑺ **양자의 비교**　　행정행위나 공법상 계약 모두 개별·구체적인 법적 행위라는 점에서는 동일하다. 그러나 행정행위는 일방적인 행위임에 반하여 공법상 계약은 쌍방행위인 점에서 양자는 구분된다. 동의를 요하는 행정행위에서 사인의 의사는 적법요건이며, 사인의 의사가 결여된 경우에는 위법하고 취소가 가능하다. 이에 비해 공법상 계약에서 사인의 의사는 계약의 성립요건이며, 사인의 의사가 결여된 경우에는 계약이 없는 것이 된다.[3] 그러나 ② 실제상 공법상 계약은 협력(상대방의 신청이나 동의)을 요하는 행정행위와의 구별이 용이하지 않다.[4] 사인이 규율내용상에 직접 영향을 미칠 수 있다면 계약(사실상의 영향력은

---

1) 대판 2023. 6. 29, 2021다250025(어떠한 계약이 공법상 계약에 해당하는지는 계약이 공행정 활동의 수행 과정에서 체결된 것인지, 계약이 관계 법령에서 규정하고 있는 공법상 의무 등의 이행을 위해 체결된 것인지, 계약 체결에 계약 당사자의 이익만이 아니라 공공의 이익 또한 고려된 것인지 또는 계약 체결의 효과가 공공의 이익에도 미치는지, 관계 법령에서의 규정 내지 그 해석 등을 통해 공공의 이익을 이유로 한 계약의 변경이 가능한지, 계약이 당사자들에게 부여한 권리와 의무 및 그 밖의 계약 내용 등을 종합적으로 고려하여 판단하여야 한다).

2) Bull, Allgemeines Verwaltungsrecht, Rn. 686.

3) Maurer/Waldhoff, Allgemeines Verwaltungsrecht(2017), §14, Rn. 25.

4) 대판 2001. 12. 11, 2001두7794(지방자치법 제9조 제2항 제5호 (라)목 및 (마)목 등의 규정에 의하면, 광주광역시립합창단의 활동은 지방문화 및 예술을 진흥시키고자 하는 광주광역시의 공공적 업무수행의 일환으로 이루어진다고 해석될 뿐 아니라, 그 단원으로 위촉되기 위하여는 공개전형을 거쳐야 하고 지방공무원법 제31조의 규정에 해당하는 자는 단원의 직에서 해촉될 수 있는 등 단원은 일정한 능력요건과 자격요건을 갖추어야 하며, 상임단원은 일반공무원에 준하여 매일 상근하고 단원의 복무규율이 정하여져 있으며, 일정한 해촉사유가 있는 경우에만 해촉되고, 단원의 보수에 대하여 지방공무원의 보수에 관한 규정을 준용하는 점 등에서는 단원의 지위가 지방공무원과 유사한 면이 있으나, 한편 단원의 위촉기간이 정하여져 있고 재위촉이 보장되지 아니하며, 단원에 대하여는 지방공무원의 보수에 관한 규정을 준용하는 이외에는 지방공무원법 기타 관계 법령상의 지방공무원의 자격, 임용, 복무, 신분보장, 권익의 보장, 징계 기타 불이익처분에 대한 행정심판 등의 불복절차에 관한 규정이 준용되지도 아니하는 점 등을 종합하여 보면, 광주광역시문화예술회관장의 단원 위촉은 광주광역시문화예술회관장이 행정청으로서 공권력을 행사하여 행하는 행정처분이 아니라 공법상의 근무관계의 설정을 목적으로 하여 광주광역시와 단원이 되고자 하는 자 사이에 대등한 지위에서 의사가 합치되어 성립하는 공법상 근로계약에 해당한다고 보아야 할 것이므로, 광주광역시립합창단원으로서 위촉기간이 만료되는 자들의 재위촉 신청에 대하여 광주광역시문화예술회관장이 실기와 근무성적에 대한

별문제로 하고), 없다면 협력을 요하는 행정행위가 된다고 일단 말할 수 있다. 그
것은 결국 상대방의 의사가치에 대한 평가의 문제이다. 그런데 공법상 계약과
행정행위의 구분은 적법성의 전제요건, 구속효, 하자의 효과, 쟁송수단 등과 관
련하여 의미를 갖는다.[1] ③ 특히 공법상 계약은 확언·확약과는 구분되어야 한
다. 확언은 기본적으로 일방적인 행위이다. 다만 의무이행계약은 목적과 기능상
확언에 유사하다.

■참고■ 국유재산법·공유재산 및 물품관리법상 관리위탁계약의 특수성　1797

[1] 국유재산법[제29조(관리위탁) ① 중앙관서의 장은 행정재산을 효율적으로 관리
하기 위하여 필요하면 국가기관 외의 자에게 그 재산의 관리를 위탁(이하 "관리위탁"이
라 한다)할 수 있다] 또는 공유재산 및 물품 관리법[제27조(행정재산의 관리위탁) ①
지방자치단체의 장은 행정재산의 효율적인 관리를 위하여 필요하다고 인정하면 대통령
령으로 정하는 바에 따라 지방자치단체 외의 자에게 그 재산의 관리를 위탁(이하 "관리
위탁"이라 한다)할 수 있다]에 따른 관리위탁계약은 행정행위의 성질을 갖는 것(예 :
공유재산의 사용허가)도 내용으로 할 수 있다.[2] 예컨대 사용에 허가(행정행위)를 요
하는 공공시설임에도 불구하고 관리위탁계약을 체결하면, 사용허가를 받은 것으로
간주된다. 공법상 계약과 행정행위는 상이한 행정의 행위형식임에도 불구하고 이러
한 사정으로 인해 국유재산법이나 공유재산 및 물품 관리법상 관리위탁계약은 통상
의 계약이 아니라, 행정행위까지 아우르는 넓은 의미의 계약이라 불러야 할 것이다.

[2] 대법원도 공법상 계약에 근거한 의사표시라고 하여 항상 그것이 대등한 당
사자 지위에서 행해지는 것은 아니며, 개별 행정작용마다 관련법령이 당해 행정주
체와 사인간의 관계를 어떻게 규정하고 있는지를 행위형식이나 외관이 아니라 당해
행위의 실질을 기준으로 개별적으로 검토하여야 한다는 입장이다(대판 2016. 11. 24,
2016두45028 참조).

(내) 선택문제　① 행정청은 구체적인 경우에 행정행위를 수단으로 도입할　1798
수도 있고, 공법상 계약을 수단으로 도입할 수도 있는 경우, 어떠한 수단으로

평정을 실시하여 재위촉을 하지 아니한 것을 항고소송의 대상이 되는 불합격처분이라고 할 수
는 없다).
1) 대판 2015. 8. 27, 2015두41449(행정청이 자신과 상대방 사이의 법률관계를 일방적인 의사표시
로 종료시켰다고 하더라도 곧바로 그 의사표시가 행정청으로서 공권력을 행사하여 행하는 행
정처분이라고 단정할 수는 없고, 관계 법령이 상대방의 법률관계에 관하여 구체적으로 어떻게
규정하고 있는지에 따라 그 의사표시가 항고소송의 대상이 되는 행정처분에 해당하는 것인지
아니면 공법상 계약관계의 일방 당사자로서 대등한 지위에서 행하는 의사표시인지 여부를 개
별적으로 판단하여야 한다).
2) 졸저, 민간위탁의 법리와 행정실무, 박영사 참조.

행정을 할 것인가의 문제가 생긴다. 생각건대 행정청은 기본적으로 적합한 수단을 자유로이 선택할 수 있다고 본다.[1] 그러나 행위형식의 선택에 있어서는 관련된 행정사무를 사리에 적합하고 또한 효과적으로 처리할 수 있는 방식이 선택되어야 한다. ② 법문이 행정행위를 통한 규율을 규정하고 있으면(명시적으로 표현된 경우뿐만 아니라 해석에 의한 경우도 포함한다. 예컨대, 허가·인가·승인·처분 등의 용어가 사용되고 있는 경우) 특별한 사정이 없는 한 행정행위로 이루어져야 한다. 평등원칙 등 행정법의 일반원칙에 반하는 결과를 가져올 가능성이 있는 행정작용은 반드시 행정행위로써 하여야 한다(예 : 경찰처분). 또한 법률유보의 회피를 목적으로 하는 공법상 계약은 부인되어야 한다.

1799 (3) **공법상 계약과 공법상 합동행위** 행정의 행위형식의 하나인 공법상 합동행위란 공법관계에서 다수당사자의 같은 방향의 의사의 합치에 의하여 성립되는 법적 행위를 말한다(예 : 지방자치단체조합의 설립행위). 공법상 합동행위나 공법상 계약 모두 다수의사의 합치에 의해 성립한다는 점에서는 동일하나, 그 의사의 방향이 전자는 같은 방향이나 후자는 반대방향인 점에서 구분된다.

1800 (4) **공법상 계약·행정법상 계약·행정계약** 넓은 의미에서 공법상 계약에는 국제법상 권리주체간의 계약, 헌법기관간의 계약, 그리고 행정법상 계약이 포함된다. 그러나 일반적으로 행정법상 계약만을 공법상 계약이라 부른다. 이를 좁은 의미의 공법상 계약이라 부르기도 한다.[2] 한편, 행정주체가 일방당사자인 공법상 계약과 사법상 계약의 상위개념으로 행정계약이라는 표현이 사용되기도 한다.[3] 공법상 계약과 사법상 계약의 구별을 전제로 하지 않고 행정주체가 체결하는 모든 계약을 연구대상으로 하는 견해를 행정계약론이라 부른다. 공·사법의 구분없이 기본권이 적용되어야 함을 고려하면, 행정계약론이 의미가 없는 것도 아니다. 그러나 구분에 어려움이 있어도 공·사법의 이원적 체계를 가진 이상 양자는 구분하여야 할 것이다.[4]

3. 공법상 계약의 특성

1801 (1) **공법상 계약의 공공성** ① 공법상 계약은 공행정의 수단으로서 공행정

---

1) Erichsen, in : ders.(Hrsg.), Allgemeines Verwaltungsrecht, §26, Rn. 3. 한편, 공법상 계약의 성립에 특별한 법적 근거가 요구되지 아니한다면, 공법상 계약과 사법상 계약 중 어떠한 수단으로 행정을 할 것인가의 문제도 발생한다(Battis, Allgemeines Verwaltungsrecht, S. 215). 그 해결책으로 공적 임무는 원칙적으로 공법적 방식에 의하여야 한다는 기준을 생각할 수 있을 것이다. 그러나 명확한 기준을 마련하는 것은 용이하지 않다.

2) 졸저, 행정법원리, 221쪽.

3) 이상규, 신행정법(상), 468쪽.

4) 김남진·김연태, 행정법(Ⅰ), 399쪽(2019); 이상규, 신행정법(상), 469쪽.

의 목적에 기여하여야 한다. 따라서 행정청은 공법상 계약의 상대방을 선정하고 계약 내용을 정할 때 공법상 계약의 공공성과 제3자의 이해관계를 고려하여야 한다(기본법 제29조 제2항). ② 공법상 계약의 권리·의무는 공권·공의무가 된다. 그것은 사법상 계약의 내용인 사권·사의무에 비해 대체성이 없고 포기가 제한되는 경우가 많다.

　(2) **공법상 계약에 근거한 의사표시의 다양성**　　대법원은 공법상 계약에 근　1802
거한 의사표시라고 하여 항상 그것이 대등한 당사자 지위에서 행해지는 것은 아니며, 개별 행정작용마다 관련법령이 당해 행정주체와 사인간의 관계를 어떻게 규정하고 있는지를 행위형식이나 외관이 아니라 당해 행위의 실질을 기준으로 개별적으로 검토하여야 한다는 입장이다.[1] 이것은 공법상 계약에 근거한 의사표시의 성질은 다양할 수 있음을 의미한다.

　(3) **공법상 계약의 실제적 의미**　　오늘날 공법상 계약은 행정의 중요한 행위　1803
형식의 하나로 되어가고 있다. 그것은 협력을 통한 행정의 수행이라는 데에 큰 의미를 갖는다. 개인은 더 이상 단순히 통치의 대상만은 아니고 독자적인 권리주체로서, 그리고 행정의 파트너로서 행정에 관해 공동의 책임을 나누어야 할 지위도 갖기 때문이다. 그리고 공법상 계약은 사실관계나 법률관계가 불분명한 경우에 이의 해결을 가능하게 하고, 또한 법의 흠결시 이를 보충하여 주는 등의 의미를 갖는다.

4. 공법상 계약의 종류

(1) **성질에 따른 구분**

　(가) **대등계약**　　대등계약이란 공법의 영역에서 계약의 대상과 관련하여 일　1804
방이 타방에 우월한 지위에 있지 않은 자간의 계약을 말한다(예 : 공행정주체간의 공법상 계약). 대등계약은 행정행위로써 규율될 수 없는 법관계를 대상으로 한다. 대등계약은 동질계약이라고도 한다.

　(나) **종속계약**　　종속계약이란 공행정주체와 사인간의 계약을 말한다. 이질　1805
계약이라고도 한다. 종속계약은 경우에 따라 행정행위 대신에 체결될 수도 있을 것이다. 한편 독일 행정절차법은 종속계약을 다시 화해계약과 교환계약으로 구분하고 있다. ① 화해계약이란 계약당사자가 사실관계나 법적 상태의 평가시에 존재하는 불확실성을 서로의 양보를 통해 종결짓는 계약을 말하고, ② 교환계약이란 계약의 상대방이 행정청에 대해 행정청의 급부에 대한 반대급부의 의무를

---

1) 대판 2016. 11. 24, 2016두45028 참조.

부담하는 계약을 말한다. 교환계약은 반대급부가 공적 임무수행을 위한 특정목적에 부합하고 또한 적합하며, 계약상 행정청의 급부와 객관적인 관계에 서는 경우에 인정된다고 한다.

⑵ 주체에 따른 구분

1806   ㈎ **행정주체간의 공법상 계약**   국가와 공공단체 또는 공공단체상호간에 특정의 행정사무의 처리를 합의하는 경우가 이에 해당한다. 이러한 종류의 계약의 예는 공공단체상호간의 사무의 위탁, 공공시설의 관리(예 : 도로법 제24조), 경비분담협의(예 : 도로법 제85조) 등에서 볼 수 있다.

1807   ㈏ **행정주체와 사인간의 공법상 계약**   이러한 종류의 계약의 예는 임의적 공용부담(공공용도로의 기부채납)·보조금(자금)지원계약·행정사무위탁·특별행정법관계설정합의(지원입대)·공익사업을 위한 토지 등의 취득 및 보상에 관한 법률상 협의 등에서 볼 수 있다.[1] 이러한 행위들은 그 내용이 공법상 권리·의무의 형성이라는 점에서 공법상 계약에 속하는 것이다.

1808   ㈐ **사인상호간의 공법상 계약**   사인상호간이란 순수한 사인상호간을 의미하는 것이 아니라, 국가로부터 공권을 위탁받은 사인(수탁사인)과 타사인간을 의미한다. 이러한 종류의 공법상 계약은 언제나 성립될 수 있는 것이 아니다. 그것은 원칙적으로 법이 인정하는 경우에 한하여 성립이 가능하다고 볼 것이다(예 : 기업자로서의 사인과 토지소유자간의 토지수용에 관한 합의).

Ⅱ. 공법상 계약과 법치행정

1. 일반법(적용법규)

1809   행정기본법 제27조가 공법상 계약에 관해 일반법이다. 특별법이 있으면, 특별법이 행정기본법에 우선하여 적용된다. 특별법이나 행정기본법에 규정이 없는 사항에 대해서는 성질이 허락하는 범위 안에서 민법이 유추 적용될 수 있을 것이다.

---

1) 대판 2015. 8. 27, 2015두41449(중소기업 정보화지원사업에 따른 지원금 출연을 위하여 중소기업청장이 체결하는 협약은 공법상 대등한 당사자 사이의 의사표시의 합치로 성립하는 공법상 계약에 해당하는 점, 구 중소기업 기술혁신 촉진법(2010. 3. 31. 법률 제10220호로 개정되기 전의 것) 제32조 제1항은 제10조가 정한 기술혁신사업과 제11조가 정한 산학협력 지원사업에 관하여 출연한 사업비의 환수에 적용될 수 있을 뿐 이와 근거 규정을 달리하는 중소기업 정보화지원사업에 관하여 출연한 지원금에 대하여는 적용될 수 없고 달리 지원금 환수에 관한 구체적인 법령상 근거가 없는 점 등을 종합하면, 협약의 해지 및 그에 따른 환수통보는 공법상 계약에 따라 행정청이 대등한 당사자의 지위에서 하는 의사표시로 보아야 하고, 이를 행정청이 우월한 지위에서 행하는 공권력의 행사로서 행정처분에 해당한다고 볼 수는 없다).

▌참고▐ 행정기본법 제정 전 상황

행정기본법이 제정되기 전에는 공법상 계약에 관한 일반법이 없었는바, 이론서 1810
에서 공법상 계약이 가능한지의 여부에 관한 기술을 하였다. 본서의 기술내용을 보
기로 한다.[1)]

1. 학 설

(1) 부 정 설   전통적인 행정법은 공법의 영역에서 고권주체와 사인간의 계 1811
약의 성립가능성을 부인하였다. 왜냐하면 국가와 사인간의 관계는 권력적인 관계로
서 상하관계인바, 고권주체간의 계약을 제외하고는 법상수권이 없는 한 상하관계에
서는 계약관계가 성립될 수 없는 것으로 보았기 때문이다.[2)] 이러한 입장에서는 법
적 근거 없이는 재량영역이나 급부행정영역에서도 공법상 계약의 성립을 부인한다.

(2) 긍 정 설   국가와 사인간의 관계에 대한 이해의 변화와 더불어 오늘날에 1812
있어서는 공법상 계약을 권력적인 작용을 보완하는 행정의 행위형식으로 새기는 데
이론이 없다. 말하자면 모든 행정작용이 공법상 계약의 형태로 실현가능하다는 것
을 뜻하는 것은 아니지만(예컨대 독일의 경우 이론이 없는 것은 아니나 세법상으로는
공법상 계약이 허용될 수 없다는 것이 일반적이다),[3)] 공법상 계약은 법적 근거가 없이
도 성립될 수 있음을 의미한다.[4)] 명문으로 금지하지 않는 한, 그리고 법규에 저촉
되지 않는 한 공법상 계약은 자유로이 체결할 수 있다는 것이 오늘날의 일반적 견
해이다.[5)]

(3) 사 견   오늘날에 있어서는 공법상 계약의 인정여부보다 공법상 계약 1813
의 요건·흠·효과 등에 관심이 놓이고 있다. 일반적인 계약금지의 원칙이 있는 것
도 아니며, 법률의 유보가 공법상 계약의 체결에 법적 근거를 요하는 것도 아님을
고려한다면 긍정설이 타당하다고 본다. 대체로 말해 공법상 계약은 비침해행정의
영역에서 비교적 용이하게 인정될 수 있으나, 침해행정의 영역에서는 비교적 인정
되기 어렵다. 따라서 긍정설은 내용상 제한적 긍정설이라 부를 수 있다.

2. 입 법 례

(1) 독일(공법상 계약)   O. Mayer시대의 고전행정법은 행정주체와 개인간의 1814
관계를 지배·복종관계로 보아 그들 사이에 공법의 영역에서 계약의 성립가능성을
배제하였으나, 오늘날에는 공법상 계약을 권력행위를 보충하는 것으로 보아 원칙적
으로 인정하는 데 다툼이 없다. 현재는 연방행정절차법에서 명문으로 공법상 계약
을 두어 입법적으로 분명히 하고 있다(동법 제54조 내지 제62조). 그리고 동법은 공

---

1) 졸저, 행정법원론(상)(2021), 548쪽.
2) Püttner, Allgemeines Verwaltungsrecht, S. 122. 참조.
3) J. Sontheimer, Der verwaltungsrechtliche Vertrag im Steuerrecht, 1987, S. 3.
4) 김동희, 행정법(Ⅰ), 235쪽(2019); 박윤흔·정형근, 최신행정법강의(상), 471쪽.
5) 서원우, 현대행정법론(상), 529쪽; Püttner, Allgemeines Verwaltungsrecht, S. 124.

법상 계약의 유형으로 화해계약과 교환계약을 규정하고 있다.

1815 　　(2) **프랑스**(행정계약)　　　사법의 적용을 받는 일반적인 계약과 별도로 행정법의 적용을 받는 행정계약의 관념이 실정법과 국사원의 판례로 발전되어 왔다. 행정계약의 범위는 독일의 경우보다 광범위한바, 공법상의 보상계약·수용계약뿐만 아니라 독일에서는 행정행위로 보는 공기업특허·공물사용특허와 같은 것과 사법행위로 보는 공공토목공사도급계약·물품납품계약·운송계약까지도 행정계약에 포함된다고 한다.

1816 　　　프랑스의 행정계약의 가장 본질적인 특징은 공익의 중요성이 매우 강하게 작용한다고 하는바[1] 즉 ① 계약체결 후 예기치 않은 상황변화로 사인에게 계약을 이행함이 지나친 비경제적인 결과를 가져오는 경우에도 공익을 위해서 그 사인은 계약의 이행에 강제된다. 물론 이 경우에 보상이 주어지며, ② 공익을 위해서는 행정기관이 계약요건을 수정할 수도 있으며, ③ 법제상 표준조항제도가 도입되어 계약자유가 제한되며, ④ 경우에 따라서는 계약체결에 상급기관의 승인을 요하게 한다고 한다.

1817 　　(3) **영·미**(정부계약)　　　공·사법의 이원적 구분을 모르는 영·미에서는 공법상 계약이라는 관념을 모른다. 계약당사자의 일방 또는 쌍방이 공행정기관인 정부계약도 사법상 계약의 일반원칙을 전제로 하나, 공공기관이라는 이유로 체결권능·상대방선택·가격·조건 등에 관해 특별한 법칙의 적용을 받는다고 한다.[2] 특히 계약내용·조건 등에 관해서는 정부에 의한 표준조항(Standard terms and conditions)이 마련되어 있으며, 공공기관 또한 이의 적용을 받는데, 이 표준조항은 실제상 효과에 있어 입법적 규칙과 다를 바 없다고 하며, 정부의 표준조항은 물품구매와 건축과 토목공사(Building and civil engineering works)에 관한 두 가지 유형으로 되어 있다고 한다.[3]

2. 행정의 법률적합성의 원칙과의 관계

1818 　① 공법상 계약에도 법률의 우위의 원칙은 적용된다. 즉, 행정청은 법령등을 위반하지 아니하는 범위에서 행정목적을 달성하기 위하여 필요한 경우에는 공법상 법률관계에 관한 계약(이하 "공법상 계약"이라 한다)을 체결할 수 있다(기본법 제27조 제1항). 강행법규에 반하는 공법상 계약은 위법한 것이 된다. 국유재산법 제29조에서 보는 바와 같이 공법상 계약에는 사적 자치의 원칙보다 법규에 의해 체결의 자유와 형성의 자유가 제한될 수 있다. ② 행정기본법 제27조가 공법상 계약에 관한 일반적인 근거규정이므로, 공법상 계약에 법률유보의 원칙이 적용되고 있다.

---

1) Brown/Garner, French Administrative Law, 1983, p. 125ff.
2) D. Foulkes, Adminitrative Law, 1982, p. 339ff.
3) D. Foulkes, Adminitrative Law, 1982, p. 351.

Ⅲ. 공법상 계약의 적법요건

1. 주체요건

공법상 계약의 한쪽 당사자는 행정청이다(기본법 제27조 제1항). 논리적으로   1819
보면, 공법상 계약의 한쪽 당사자는 권리주체이어야 하는바, 국가나 지방자치단
체 등이 당사자가 되어야 한다. 그러나 현실적으로는 행정청이 계약당사자의 기
능을 수행하는바, 행정기본법은 행정청을 공법상 계약의 당사자로 하였다. 공법
상 계약을 체결하고자 하는 행정청은 계약대상에 대해 정당한 권한을 가져야
한다. 행정청을 위해 행위하는 공무원은 정상적인 의사능력을 가져야 한다.

2. 형식요건

(1) 문서형식   공법상 계약의 체결은 계약의 목적 및 내용을 명확하게 적   1820
은 계약서(문서)로 하여야 한다(기본법 제27조 제1항). 문서형식은 계약내용을 명확
히 하고, 추후에 분쟁이 발생한 경우에 분쟁해결에 기여한다.

(2) 제3자 권리침해의 경우   ① 제3자의 권리를 침해하는 공법상 계약의   1821
경우에는 관련된 제3자의 서면상의 동의를 얻어야 할 것이다. 왜냐하면 누구도
제3자에게 부담을 가져오는 계약을 임의로 체결할 수는 없기 때문이다.[1] ② 행
정행위의 발령을 내용으로 하는 계약을 체결하는 경우, 그 행정행위가 제3자의
권리를 침해하는 것이라면, 그러한 행정행위의 적법요건이 구비되어야 계약은
가능하다.

(3) 다른 행정청의 동의   공법상 계약이 「발령에 다른 행정청의 동의가 요   1822
구되는 행정행위를 대체하는 것」이라면, 공법상 계약의 체결에도 그 다른 행정
청의 동의가 필요하다.

3. 절차요건

공법상 계약의 절차에 관한 일반법은 없다. 특별규정이 없는 한, 의사표시   1823
와 계약에 관한 일반원칙을 따르게 된다. 경우에 따라서는 공법상 계약의 성립
에 감독청의 승인·인가 등을 받게 할 수도 있다.

4. 내용요건

(1) 의   의   ① 공법상 계약의 내용은 법령등을 위반하지 않아야 한다   1824
(기본법 제27조 제1항). 계약의 대상이 법에 기속되어 있다면, 당사자는 다만 법에

---

1) Maurer, Allgemeines Verwaltungerecht, §14, Rn. 30.

서 규정된 바를 합의할 수밖에 없다. 만약 계약의 대상이 행정청의 재량영역에 속한다면, 행정청은 법적 구속의 범위 내에서 시민의 이익을 고려하면서 재량행 사를 할 수 있다(과잉금지). ② 공법상 법률관계에 관한 것이어야 한다(기본법 제 27조 제1항). ③ 사인의 급부와 행정청의 급부가 부당하게 결부되어서는 아니 된 다(기본법 제13조). 사인의 급부는 행정청의 급부와 합리적인 관계에 놓여야 한 다. ④ 공법상 계약의 내용은 당사자 사이에 합의에 의해 정해지기도 하나, 행 정주체가 일방적으로 내용을 정하고 상대방은 체결여부만을 선택해야 하는 경 우도 있다

1825   **(2) 공공성과 제3자의 이해관계**   행정청은 공법상 계약의 상대방을 선정하 고 계약 내용을 정할 때 공법상 계약의 공공성과 제3자의 이해관계를 고려하여 야 한다(기본법 제27조 제2항). 공법상 계약도 공익실현을 목적으로 하는 공행정의 한 부분이기 때문이다. 말하자면 계약내용은 당연히 공적 임무의 수행에 기여하 는 것이어야 한다.

Ⅳ. 공법상 계약의 변경·해지·해제, 이행

1. 변   경

1826   행정청 또는 계약 상대방은 공법상 계약이 체결된 후 중대한 사정이 변경 되어 계속하여 계약 내용을 이행하는 것이 신의성실의 원칙에 반하는 경우에는 계약 내용의 변경을 요구할 수 있을 것이다.

2. 해   지

1827   계약의 효과를 장래적으로 제거하는 것을 해지라 한다. 행정청은 ① 제1항 에 따른 계약 내용의 변경이 불가능하거나 변경 시 계약당사자 어느 한쪽에게 매우 불공정할 경우, 또는 ② 공법상 계약을 이행하면 공공복리에 중대한 영향 을 미칠 것이 명백한 경우에는 공법상 계약을 해지할 수 있어야 할 것이다.

3. 해   제

1828   계약의 효과를 소급적으로 제거하는 것을 해제라 한다. 공법상 계약의 해제 에 관한 일반법은 없다. 따라서 공법상 계약의 해제의 인정 여부는 학설과 판례 가 정하여야 한다.

1829   **(1) 약정해제·법정해제**   해제에 관한 사법규정은 공법상 계약에도 적용될 수 있다. 사법상 해제에는 ① 계약 당사자가 약정한 사유가 발생한 경우에 당사 자 일방의 의사표시로 이루어지는 해제인 약정해제와 ② 법률에서 정한 사유인

이행지체(민법 제544조) 또는 이행불능(민법 제546조) 등의 경우에 당사자 일방의
의사표시로 이루어지는 해제인 법정해제가 있다.

(2) **해제사유로서 공공복지**   행정법은 사법의 경우와 달리 공공복지를 위   1830
해 중대한 불이익을 제거하거나 방지하기 위해 계약체결 후 계약내용의 결정에
기준이 된 상황이 본질적으로 달리 변경될 때를 대비하여 특별한 수정권과 해
제권을 인정할 수도 있다.[1] 만약 국가에 의한 해제로 귀책사유 없는 상대방이
손실을 입게 되면, 국가는 그 손실을 보상하여야 할 것이다. 한편 상대방은 공
익에 영향을 미치지 아니하는 경우에만 해제를 할 수 있다고 본다.[2]

4. 이   행

계약당사자는 계약내용에 따라 이행의무를 진다. 특별규정이 없는 한, 이행·   1831
불이행에 관해서는 민법규정을 유추적용할 것이다. 당사자가 계약상의 의무를
이행하지 아니하면 상대방은 법원의 판결을 받아 이행을 강제할 수 있다.[3] 설
령 행정청이 행정행위를 발하였더라면 강제집행할 수 있었을지라도 계약의 형
식으로 한 이상 법원의 판결 없이는 강제집행할 수 없다.[4] 다만 예외적으로 명
문의 규정이 있다면, 행정청이 판결 없이 강제집행을 할 수 있다.

V. 하자와 권리보호

1. 하   자

(1) **하자의 효과**   공법상 계약의 하자에 관한 일반적인 규정은 없다. 해석   1832
상 중대한 하자 있는 공법상 계약은 행정행위와 달리 공정력이 인정되지 아니
하므로 무효로 볼 것이고, 경미한 위법은 위법하지만 유효하다고 볼 것이다. 위
법이 경미한 것인가 아니면 중대한 것인가의 여부는 가치판단의 문제이다. 행정
행위와 달리 공법상 계약은 쌍방적인 것이므로 경미한 위법의 경우에는 효력을
갖도록 하는 것도 의미 있는 제도이다. 우리가 이것을 채택할 것인가의 여부는
입법자가 정할 사항이다.[5] 한편, 경미한 의사표시상의 하자의 경우에는 무효

---

1) 대판 2002. 11. 26, 2002두5948(계약직 공무원의 계속적 계약은 당사자 상호간의 신뢰관계를 그
   기초로 하는 것이므로, 당해 계약의 존속중에 당사자의 일방이 그 계약상의 의무를 위반함으로
   써 그로 인하여 계약의 기초가 되는 신뢰관계가 파괴되어 계약관계를 그대로 유지하기 어려운
   정도에 이르게 된 경우에는 상대방은 그 계약관계를 막바로 해지함으로써 그 효력을 장래에
   향하여 소멸시킬 수 있다고 봄이 타당하다).
2) 석종현·송동수, 일반행정법(상), 382쪽.
3) Gurlit, in : Erichsen(Hrsg.), Allgemeines Verwaltungsrecht. §33, Rn. 1. 참조.
4) Maurer, Allgemeines Verwaltungsrecht, §10, Rn. 6. 참조.
5) 독일행정절차법은 모든 위법한 공법상 계약을 무효로 보지 아니하고, 민법상 무효사유를 갖

외에 착오·사기·강박 등의 의사표시상의 하자를 이유로 한 취소도 가능하다는 견해도 있다.[1] 이 견해는 공법상 계약 중 취소할 수 있는 하자로는 의사표시상의 하자를 들고 있다. 의사표시의 하자의 경우에는 별도의 규정이 없는 한 민법상 계약에 관한 규정이 적용되기 때문이라고 한다.

1833   (2) **무효의 효과**   무효인 공법상 계약으로부터는 아무런 법적 효과도 발생하지 아니한다. 누구도 그 계약의 이행을 주장할 수 없다. 만약 무효인 공법상 계약에 기하여 급부를 제공하였다면, 공법상 부당이득반환청구권의 법리에 따라 급부의 반환을 요구할 수 있다

1834   (3) **일부무효**   민법상 계약의 일부무효의 경우(민법 제137조)와 마찬가지로 공법상 계약의 일부분이 무효일 때에는 그 전부를 무효로 한다. 다만, 그 무효부분이 없더라도 공법상 계약을 체결하였을 것이라고 인정되는 경우에는 나머지 부분은 무효로 하지 아니한다고 볼 것이다.[2]

1835   (4) **유동적 무효**   제3자의 권리를 침해하는 공법상 계약의 경우에 제3자의 동의가 없이 체결된 계약은 제3자의 문서에 의한 동의가 있기까지, 그리고 다른 행정청의 동의 또는 합의를 요하는 공법상 계약의 경우에 다른 행정청의 동의 또는 합의가 없이 체결된 계약은 다른 행정청의 동의 또는 합의가 있기까지는 유동적 무효의 상태에 있다고 볼 것이다.

1836   (5) **무효인 계약에 근거한 행정행위**   무효인 계약에 근거하여 행정청이 행정행위를 발령하였다면, 그러한 행정행위는 하자 있는 행정행위가 된다고 볼 것이다. 그러한 행정행위의 효과는 중대명백설에 따라 판단하면 된다.

2. 권리보호(당사자소송)

1837   공법상 계약에 관한 분쟁은 행정소송법 제3조 제2호가 정하는 실질적 당사자소송의 대상이 된다.[3] 공법상 계약에 관한 것인 한, 그것이 계약이행의 문제

는 공법상 계약 또는 행정행위로 발령되었으면 무효이었을 사항을 내용으로 하는 공법상 계약 등 일정한 법위반만을 무효로 한다(VwVfG 제59조 제1항·제2항). 이러한 입장에 따르면, 경미한 위법은 무효사유가 아니라고 본다. 말하자면 경미한 위법은 위법하지만 유효하다고 보아야 하고, 공법상 계약에는 행정행위에서 보는 바의 취소라는 것이 인정되지 아니하므로(만약, 법률에서 취소를 규정한다면, 그것은 예외적인 것으로 될 것이다)(Hofmann/Gerke, Allgemeines Verwaltungsrecht, S. 400; Wittern, Grundriß des Verwaltungsrechts, §8, Rn. 159.).

1) 류지태·박종수, 행정법신론, 354쪽(2019).
2) 독일연방행정절차법 제59조 제3항 참조.
3) 대판 1995. 12. 22, 95누4636(서울특별시립무용단원의 위촉은 공법상 계약이고, 해촉에 대하여는 공법상 당사자소송으로 무효확인을 청구할 수 있다); 대판 1993. 9. 14, 92누4611(현행 실정법이 지방전문직공무원 채용계약 해지의 의사표시를 일반공무원에 대한 징계처분과는 달리 항고소송의 대상이 되는 처분등의 성격을 가진 것으로 인정하지 아니하고, 지방전문직공무원규

인가 또는 계약상 손해배상의 청구인가를 가리지 않는다.[1] 판례는 손해배상의 경우 견해를 달리하는 부분이 있어 보인다.[2]

제 5 절 단순고권행정

I. 관 념

단순고권행정(die schlichte Hoheitsverwaltung)이란 공법의 영역에서 이루어지는 행위형식으로서, 행정입법·행정행위·공법상 계약 등 권력적인 형식 이외의 행위형식을 말한다. 고권적이란 공법상의 작용을 뜻하는 바 사법형식과 구분하는 징표이고, 단순이란 행정권의 작용이 비권력적임을 뜻한다. 단순고권행정은 권력적인 행정작용도 아니고 사법적 행정작용에 속하지 아니하는 여러 상이한 행위유형의 집합을 지칭한다.[3]   1838

단순고권행정은 강제 없이도 일정한 공행정의 목적을 잘 실현할 수 있는 경우(예 : 경찰의 명령·강제보다 경고), 성질상 명령·강제가 부적합한 경우(예 : 도로의 건설·유지, 직업교육의 실시)에 활용된다. 단순고권행정에는 ① 행정법상 의사표시, ② 사실행위(행정법상 지식의 표시, 비명령적 영향력행사, 순수 사실행위), ③ 비정식적 행정작용이 있다.   1839

II. 행정법상 의사표시

단순고권행위로서 행정법상 의사표시(Verwaltungsrechtliche Willenserklärungen)   1840

정 제7조 각호의 1에 해당하는 사유가 있을 때 지방자치단체가 채용계약관계의 한쪽 당사자로서 대등한 지위에서 행하는 의사표시로 취급하고 있는 것으로 이해되므로, 지방전문직공무원 채용계약 해지의 의사표시에 대하여는 대등한 당사자간의 소송형식인 공법상 당사자소송으로 그 의사표시의 무효확인을 청구할 수 있다).

1) 판례가 공법상 계약에 관한 분쟁을 당사자소송으로 처리한 예로 ① 서울특별시의 경찰국 산하 서울대공전술연구소 소장과 지방전문직공무원 채용계약을 체결하고 동 연구소의 연구위원으로 근무하던 자에 대한 채용계약해지에 관한 판례(대판 1993. 9. 14, 92누4611), ② 공중보건의사의 채용계약의 해지에 관한 판례(대판 1995. 5. 31, 95누10617), ③ 서울특별시립무용단원의 해촉에 관한 판례(대판 1995. 12. 22, 95누4636), ④ 광주광역시립합창단원의 재위촉거부에 관한 판례(대판 2001. 12. 11, 2001두7794)를 볼 수 있다.

2) 대판 2023. 6. 29, 2021다250025(공법상 계약의 한쪽 당사자가 다른 당사자를 상대로 그 이행을 청구하는 소송 또는 이행의무의 존부에 관한 확인을 구하는 소송은 공법상 법률관계에 관한 분쟁이므로 분쟁의 실질이 공법상 권리·의무의 존부·범위에 관한 다툼이 아니라 손해배상액의 구체적인 산정방법·금액에 국한되는 등의 특별한 사정이 없는 한 공법상 당사자소송으로 제기하여야 한다).

3) Wallerath, Allgemeines Verwaltungsrecht(6. Aufl.), §3, Rn. 19.

란 특정한 법적 효과에 향해진 행정법상 의사표현으로서, 법률이 정한 요건에 부합할 때에 법률에서 정한 효과가 발생한다(예:공법상 채권의 상계, 행정응원의 요청, 감정평가, 조사보고서). 공법상 계약의 경우에는 법률에서 정한 요건에 하자가 있어도 합의된 효과가 발생할 수 있으므로, 오늘날에 있어서 공법상 계약은 단순고권행정에서 제외되고 있다.[1]

1841   단순고권행위로서 행정법상 의사표시는 법적 효과를 목적으로 하는 것이므로, 사실행위가 아니다. 그러나 단순고권행위로서 행정법상 의사표시는 역시 행정법상 의사표시인 권력적인 행정행위와 달리 규율내용을 갖지 아니한다. 말하자면 단순고권행위로서 행정법상 의사표시에 있어서 법적 효과는 그 의사표시에 의하여 정해지는 것이 아니라, 법률의 규정에 의하여 정해진다.

1842   한편, 단순고권행위로서 행정법상 의사표시에 대해서는, 공법상 특별규정이 없거나 내용상 달리 정하는 바가 없는 한, 사법상 의사표시에 관한 규정이 유추적용된다고 볼 것이다.[2]

Ⅲ. 사실행위

1843   사실행위에는 행정법상 지식의 표시, 비명령적 영향력행사, 순수 사실행위가 있다. 특히 비명령적 영향력행사와 관련하여서는 비정식적 행정작용과 공적 경고가 특히 문제되고 있다. 공적 경고를 포함하여 사실행위 전반에 관해서는 절을 바꾸어서 살펴보기로 한다.

Ⅳ. 비정식적 행정작용(비공식적 행정작용)

1844   진부한 종래의 사실행위론 내지 단순고권행정론은 행정법학상 그다지 큰 관심을 끌지 못하였다. 그러나 1980년대 이래 오늘날에 있어서 사실행위론 내지 단순고권행정론은 시각을 달리하여 비정식적 행정작용의 문제로서 관심의 대상이 되고 있다. 비정식적 행정작용의 문제는 행정의 실제를 규명하려는 학문적 노력의 일환이라 할 수 있다.

1. 의   의

1845   행정입법·공법상 계약·행정행위 등과 같이 절차·형식·효과 등이 법에 규정되어 행정법학상 확고한 지위를 가지고 있는 행정의 일련의 행위형식을 정식

---

1) Wallerath, Allgemeines Verwaltungsrecht, S. 249.
2) Wallerath, Allgemeines Verwaltungsrecht(6. Aufl.), §3, Rn. 22.

적 행정작용, 이와 달리 법적 성격이나 법적 효과 등이 파악되고 있지 않으면서 행정실제에서 많이 활용되고 있는 일련의 행정작용들을 비정식적 행정작용 (Informales Verwaltungshandeln, informelles Verwaltungshandeln)이라 부른다.[1) 비정식적 행정작용에는 모든 사실행위와 정식적 작용에 속하지 아니하는 그리고 법적으로 불완전하게 규율되는 작용을 포함한다.[2) 비정식적 행정작용의 예로 협상·조정·협동·타협·화해 등이 언급된다.[3) 한편 학자에 따라서는 비정식적 행정작용의 일반적 징표로 ① 법적 무규율성과 구속성의 흠결, ② 법적 절차와 의사결정형식에 대한 양자택일의 관계, ③ 행위에 참가하는 자 사이의 교환관계를 들기도 한다.[4) 비정식적 행정작용은 법적으로 구속력이 없으므로, 사실행위로 분류된다.[5)

2. 의 미(순기능·역기능)

비정식적 행정작용은 순기능과 역기능을 동시에 갖는다고 말해진다. 순기능으로는 ① 법적 불안정성(법적 불확실성)을 제거하여 주고, ② 행정의 능률성과 탄력성을 제고하여 주는 점을 들 수 있고, 역기능으로는 ① 법규범적인 규율의 완화로 인한 법치국가적 요구의 후퇴, ② 제3자의 지위약화의 초래, ③ 행정에 대한 효과적인 통제의 곤란 등이 지적되고 있다.[6)   1846

3. 허 용 성

비정식적 행정작용은 실제상 권력적·구속적인 것이 아니므로, 행정의 전영역에서 이루어질 수 있을 것이다. 왜냐하면 우리의 실정법은 행정의 행위형식의 유형을 정형화해 두고 있지 아니할 뿐만 아니라, 행정의 행위형식은 급변하는   1847

---

1) 현재로서 확립된 비정식적 행정작용의 개념은 없다. 한편, 비정식적 행정작용은 비공식행정작용, 비정형적 행정작용으로 불리기도 한다.

2) Bull, Allgemeines Verwaltungsrecht, Rn. 486.

3) Wallerath, Allgemeines Verwaltungsrecht(6. Aufl.), §3, Rn. 23. 일설은 비정식적 행정작용의 예로 사전절충(인·허가권자와 신청자 사이에서 사전에 행하여지는 인·허가의 전망, 그 요건 등에 관한 논의 등)·처분안 및 부관안의 사전제시(행정청이 처분에 앞서 신청인에게 처분안을 송부하는 것)·응답유보(행정청이 허가 등의 신청에 대하여, 그 결정을 유보하고 신청인을 적극적으로 지도하여 허가장애사유를 사전에 해소하도록 하는 것)·규범집행형 합의(법령이 정한 조치의 수정 또는 그 대체적 조치 등을 교섭내용으로 하여 행정청과 사인간에 이루어지는 합의)·규범대체형 합의(법령제정행위의 회피를 내용으로 하는 합의)를 소개하기도 한다(김동희, 행정법(Ⅰ), 226쪽(2019) 이하).

4) 박수혁, 고시계, 1992. 8, 157쪽.

5) Maurer, Allgemeines Verwaltungsrecht, §15, Rn. 14; Erbguth, Allgemeines Verwaltungsrecht, §20, Rn. 7.

6) Erichsen, in : ders.(Hrsg.), Allgemeines Verwaltungsrecht(12. Aufl.), §32, Rn. 4.

행정환경과 주권자인 국민의 의식에 적합하게 개발·선택되어야 하고, 또한 비정식적 행정작용이 국민의 기본권에 대한 직접적인 침해를 가져오는 것은 아니라고 보기 때문이다. 비정식적 행정작용이 원칙적으로 허용된다는 점에 대해서는 다툼이 없다.

4. 한   계

1848   비정식적 행정작용이 허용될 수 있다고 하여 무제한 허용될 수 있는 것은 아니다. 비정식적 행정작용도 법치국가에서의 작용이고 보면, 법치국가의 일반법원칙의 범위내에서만 가능하다고 보아야 한다. 말하자면 조직법상 주어진 권한의 범위안에서, 그리고 평등원칙·비례원칙·부당결부금지의 원칙 등 행정법의 일반원칙의 범위내에서 이루어져야 할 것이다. 만약 실정법규가 있다면 그에 따라야 함은 당연하다. 특히 협상 등이 갖는 사실상의 구속력으로 인해 제3자의 참가권과 청문권이 사후의 행정절차에서 공허한 것이 되지 않도록 하여야 한다. 따라서 제3자도 협상에 참가시키는 등 제3자를 보호하는 고려가 따라야 한다.

5. 효   과

1849   비정식적 행정작용을 비권력적·비구속적인 작용으로 이해하는 한 그것이 법적 구속력을 갖지 아니함은 논리상 당연한 귀결이다.[1] 신뢰보호원칙이나 신의성실의 원칙, 또는 행정의 자기구속 등으로부터 구속력이 발생하지 아니하는 것으로 이해된다.[2] 사인은 행정청에 대하여 타협내용에 대한 이행청구권을 갖는 것도 아니고, 행정청의 타협내용의 불이행에 대한 손해배상청구권을 갖는 것도 아니다.[3] 그러나 강력한 행정력을 갖는 공행정주체의 지위를 고려한다면, 비정식적 행정작용은 적지 않은 경우에 사실상 구속력을 가질 것이다. 한편, 한계를 벗어난 비정식적 행정작용(예 : 위법한 안내)은 국가배상책임의 원인이 된다.

6. 문 제 점

1850   앞서 지적한 대로 비정식적 행정작용도 행정실제에 있어서 사실상의 구속력을 가지고 활용되고 있음을 고려한다면, 이에 대한 법적 대응이 필요하다. 예컨대 비구속적인 작용이라 하더라도 사실상의 구속력 때문에 개인이 공행정주체의 행위를 따랐으나 피해를 입었다면, 이에 대한 구제책도 모색할 필요가 있을 것이다. 요컨대 비정식적 행정작용에 대한 행정법적 연구는 앞으로의 과제라 하겠다.

---

1) Storr/Schröder, Allgemeines Verwaltungsrecht, Rn. 267.
2) Maurer/Waldhoff, Allgemeines Verwaltungsrecht(2017), § 15, Rn. 20.
3) Maurer/Waldhoff, Allgemeines Verwaltungsrecht(2017), § 15, Rn. 20.

제6절 공법상 사실행위(사실행위론 Ⅰ)

Ⅰ. 일 반 론

1. 개 념

공법상 사실행위(Verwaltungsrealakt)란 일정한 법적 효과의 발생을 목적으로   1851
하는 것이 아니라 교량의 건설, 도로의 청소 등에서 보는 바와 같이 직접 어떠
한 사실상의 효과·결과의 실현을 목적으로 하는 행정작용을 말한다.[1] 여기서
는 의사표시가 아니라 사실로서의 어떤 상태의 실현이 사고의 중심에 놓인다.
그러나 경우에 따라서는 적법한 사실행위에 대해 개인이 수인의무를 부담한다
고 보아야 할 때도 있다(예 : 행정상 강제의 경우). 특정의 사실행위가 공법상 사실
행위인지 아니면 사법상 사실행위인지의 구별은 근거법령, 행위의 목적, 사실행
위의 전체적 성격 등을 고려하여 판단하여야 한다.[2] 예를 들어 공무원이 승용
차를 운행하는 경우, 운행 그 자체는 공법적인 것도 아니고 사법적인 것도 아니
다. 시장이 시의회에 참석하기 위해 운행하였다면, 공법적일 것이고, 문방구를
구입하기 위하여 운행하였다면 사법적이라 하겠다.[3]

2. 중 요 성

행정의 임무영역이 확대되고 있는 오늘날 행정권은 법적인 작용뿐만 아니   1852
라 사실작용을 통해서도 질서의 유지와 복지의 증진에 나아갈 수밖에 없다. 예
컨대 법적 구속력이 없다고 하여 경제계획을 수립·시행하여야 하고, 교통시설
이나 생활보호시설 등을 설치·유지하지 않을 수 없는 것이다. 국가의 목적은
반드시 법적 행위만을 통해서 이루어지는 것은 아니라는 점에 사실행위의 의미
가 있는 것이다.

3. 문제상황

공법상 사실행위는 아무런 직접적인 법효과도 갖는 것이 아니기 때문에 법   1853
적 행위보다 관심의 대상에서 먼 것은 사실이나, 그렇다고 그것이 법적으로 무
의미한 것은 아니다. 왜냐하면 공법상 사실행위도 법질서에 부합해야 하고, 만

---

1) Maurer, Allgemeines Verwaltungsrecht, §15, Rn. 1; Erichsen, in : ders.(Hrsg.), Allgemeines Verwaltungsrecht, §30, Rn. 1; Erbguth, Allgemeines Verwaltungsrecht, §20, Rn. 6.
2) Wolff/Deck, Studienkommentar VwGO VwVfG(3. Aufl.), VwVfG §35, Rn. 16.
3) Maurer/Waldhoff, Allgemeines Verwaltungsrecht(2017), §1, Rn. 31.

약 그것이 위법한 경우에는 제거 내지 배상청구권의 문제를 발생시키기 때문이다. 따라서 특히 권리구제문제와 관련하여 사실행위론은 의미를 갖는다.

Ⅱ. 공법상 사실행위의 종류

공법상 사실행위도 관점에 따라 여러 가지로 구분될 수 있고, 학자마다 구분내용이 상이하다. 이하에서 몇몇 종류를 보기로 한다.

1. 지식의 표시·비명령적 영향력행사·순수 사실행위

1854 행정법상 지식의 표시(Verwaltungsrechtliche Wissenserklärungen)란 행정법의 영역에서 물적 상황이나 법적 상황에 대한 단순한 지식의 표명으로서 직접적인 구속효를 갖지 아니하는 것을 말한다(예: 불복고지, 감정평가상 입장표명, 조사보고, 통지). 지식의 표시는 규율내용을 갖지 아니하므로 단순고권행정에 속하며, 행정행위가 아니다. 행정법상 지식의 의사표시는 사실행위의 일종이다.

1855 비명령적 영향력행사(Nicht-imperative Beeinflussungen)란 명령적인 성격을 갖지 아니하고 이루어지는 조정적인 영향력행사를 말한다(예: 경고, 위협, 직접적인 법적 의무내용을 갖지 아니하는 비정식적 조정). 행정법상 비명령적 영향력행사도 사실행위의 일종이다. 비명령적 영향력행사와 관련하여서는 비정식적 행정작용과 공적 경고가 특히 문제되고 있다.

1856 순수 사실행위(reine Realakte)란 공법의 영역에서 고유한 규율내용 없이 이루어지는 순수히 사실적인 행정작용을 말한다. 사실행위는 다시 조직행위(예: 문서관리, 도로·교통시설·운동장의 건설)·단순급부보장행위(예: 금전의 지급, 임의적 예방접종, 공적시설경영)·사실적 집행행위(예: 담장설치, 총기사용)로 구분되기도 한다. 사실행위가 위법하게 사인의 권리를 침해하면, 그 사인은 결과제거청구권 또는 손해배상청구권을 갖게 된다. 그리고 행정청이 사실행위를 위법하게 거부하면, 정당한 청구권을 가진 자는 당사자소송을 통해 공법상 계약에서 합의한 금액의 지급을 청구할 수 있다.

2. 내부적 사실행위와 외부적 사실행위

1857 이것은 사실행위가 이루어지는 영역에 따른 구분이다. 행정조직 내부영역에서 이루어지는 사실행위(예: 공문서정리)가 내부적 사실행위이고, 국민이나 주민과의 관계에서 이루어지는 사실행위(예: 쓰레기수거·도로건설)가 외부적 사실행위이다. 외부적 사실행위는 다시 ① 집행행위(예: 경찰관의 무기사용), ② 지식의 표시(예: 행정지도) 등으로 구분되기도 한다. 행정법의 영역에서 보다 중요한 의

미를 갖는 것은 외부적 사실행위이며, 통상 행정상 사실행위라고 하면 외부적 사실행위를 의미한다.

3. 정신적 사실행위와 물리적 사실행위

이것은 인간의 지식의 표시가 포함된 것인가에 따른 구분이다. 인간의 지식   1858
의 표시로서의 사실행위(예 : 행정지도·통지·보고)가 정신적 사실행위이고, 순수히 사실상의 결과실현만을 내용으로 하는 사실행위(예 : 도로청소)가 물리적 사실행위이다.

4. 독립적 사실행위와 집행적 사실행위

이것은 사실행위의 독자성에 따른 구분이다. 그 자체로서 독립적인 사실행   1859
위(예 : 행정지도·축사·조사)가 독립적 사실행위이고, 법령이나 행정행위를 집행하기 위해 행해지는 사실행위(예 : 압류를 위한 실력행사, 경찰관의 무기사용)가 집행적 사실행위이다. 권리보호와 관련하여서는 집행적 사실행위가 보다 중요한 의미를 갖는다. 집행적 사실행위는 국민의 권익보호와 관련하여 그 절차가 엄격하여야 한다.

5. 권력적 사실행위와 비권력적 사실행위

이것은 사실행위의 성질에 따른 구분이다. 명령적·강제적 공권력행사로서   1860
의 사실행위(예 : 무기사용 등 공적 안전과 질서의 유지를 위한 실력행사)가 권력적 사실행위이고,[1] 명령적·강제적 공권력행사와 직접 관련성이 없는 사실행위(예 : 행정지도·축사·표창)가 비권력적 사실행위이다. 이러한 구분은 행정쟁송방법과 관련하여 의미를 갖는다.

Ⅲ. 공법상 사실행위와 법률의 유보

1. 법적 근거

공법상 사실행위의 적법성의 전제로서 법적 근거가 문제된다. 원리적으로   1861

---

1) 헌재 2012. 10. 25, 2011헌마429(행정청의 사실행위는 경고·권고·시사와 같은 정보제공 행위나 단순한 행정지도와 같이 대외적 구속력이 없는 '비권력적 사실행위'와 행정청이 우월적 지위에서 일방적으로 강제하는 '권력적 사실행위'로 나눌 수 있고, 이 중에서 권력적 사실행위만 헌법소원의 대상이 되는 공권력의 행사에 해당하고 비권력적 사실행위는 공권력의 행사에 해당하지 아니한다. 그런데 일반적으로 어떤 행정청의 사실행위가 권력적 사실행위인지 또는 비권력적 사실행위인지 여부는, 당해 행정주체와 상대방과의 관계, 그 사실행위에 대한 상대방의 의사·관여정도·태도, 그 사실행위의 목적·경위, 법령에 의한 명령·강제수단의 발동가부 등 그 행위가 행하여질 당시의 구체적 사정을 종합적으로 고려하여 개별적으로 판단하여야 한다); 헌재 1994. 5. 6, 89헌마35.

말한다면 사실행위도 법률의 우위, 법률의 유보하에 놓인다.[1] 특히 법률의 유보와 관련하여 공법상 사실행위는 조직규범의 존재만으로도 족한가, 아니면 작용법상의 개별·구체적인 법적 근거를 요하는가의 문제가 있다.

1862   생각건대 공법상 사실행위가 조직규범의 범위 내에서 이루어져야 함에는 의문이 없다. 그러나 적어도 개인의 신체·자유·재산에 직접 침해를 야기할 수 있는 사실행위(예 : 행정강제)는 작용법상의 근거도 가져야 한다고 본다(중요사항유보설).[2] 이러한 범위를 제외한다면, 공법상 사실행위에는 법적 기속이 완화되며, 따라서 그것은 또한 법률로부터 자유로운 행정영역의 주요부분을 구성한다고 말할 수 있다.

2. 법적 한계

1863   공법상 사실행위도 ① 조직법상 주어진 권한의 범위 내에서, ② 개별법규가 있으면 그에 따라서, ③ 목적의 범위 내에서, ④ 공익원칙·평등원칙·신뢰보호원칙 등 행정법의 일반원칙에 따라서 행해져야 한다.[3] 이에 위반하면 위법한 행위가 된다. 위법한 사실행위는 손해배상청구·결과제거청구 등의 문제를 가져온다.

Ⅳ. 공법상 사실행위와 권리보호

1. 행정쟁송

1864   (1) **처분개념과 행정심판·행정소송의 종류**   행정심판법과 행정소송법에 따른 행정쟁송(행정심판과 행정소송)은 처분등(처분과 재결)을 대상으로 한다. 공법상 사실행위가 행정심판법과 행정소송법상 처분개념(행정청이 행하는 구체적 사실에 관한 법집행으로서의 공권력의 행사 또는 그 거부와 그 밖에 이에 준하는 행정작용)에 해당함에는 의문이 없다. 또 한편 행정심판법이 규정하는 심판(취소심판·무효등확인심판·의무이행심판)이나 행정소송법이 규정하는 소송(취소소송·무효등확인소송·부작위위법확인소송)은 모두 법적인 행위를 대상으로 한다. 따라서 어떠한 행위가 행정심판법이나 행정소송법에 규정하는 처분에 해당하여도 그것이 법적인 행위가 아니면, 이를 다툴 수 없다. 왜냐하면 행정심판법이나 행정소송법은 사실행위를 다

---

1) Erbguth, Allgemeines Verwaltungsrecht(7. Aufl.), §23, Rn. 6. 독일과 일본의 권력적 사실행위 이론에 관해 선정원, 행정법의 작용형식(2019), 15쪽 이하 참조.

2) 박윤흔·정형근, 최신행정법강의(상), 490쪽; 이상규, 신행정법론(상), 505쪽; Erbguth, Allgemeines Verwaltungsrecht(7. Aufl.), §23, Rn. 6; Wolff/Deck, Studienkommentar VwGO VwVfG(3. Aufl.), VwVfG §35, Rn. 17.

3) Wolff/Deck, Studienkommentar VwGO VwVfG(3. Aufl.), VwVfG §35, Rn. 20.

틀 수 있는 형식을 규정하고 있지 않기 때문이다. 이것은 현행 행정심판법이나 행정소송법이 규정하고 있는 심판형식이나 소송형식이 다양하지 아니하고 제한적이기 때문이다.

(2) **권력적 사실행위와 비권력적 사실행위** 우리의 일반적 견해는 권력적 1865 사실행위는 행정쟁송의 대상이 된다고 본다.[1] 사실 권력적 사실행위는 사실행위의 요소(예 : 위법건물의 강제철거행위)와 법적 행위의 요소(예 : 강제철거행위를 수인하여야 할 의무 : 수인하명)가 결합되어 있는바, 법적 요소로 인해 행정심판과 행정소송의 대상이 된다고 볼 것이다.[2] 그러나 행정 실제상 권력적 사실행위는 단기간에 종료되는 것이 일반적이며, 권력적 사실행위가 종료된다면, 그 이후에는 권리보호의 필요(협의의 소의 이익)가 없는 것이 된다. 따라서 권력적 사실행위의 종료 후에 제소되면, 각하판결을 받게 된다. 각하판결을 면하고자 하면 권력적 사실행위의 종료 전에 집행정지를 신청하여 집행정지의 결정을 받아 두어야 할 것이다. 물론 수인의무를 수반하지 아니하는 권력적 사실행위(예 : 경찰의 불법적인 미행행위)는 항고소송의 대상이 되지 아니한다. 그러나 취소소송의 본질을 위법상태의(소급적) 제거가 아니라 단순히 위법의 확인으로 이해하는 입장에서는 순수한 사실행위도 취소소송의 대상이 된다고 말할 수 있을 것이다. 한편, 비권력적 사실행위의 경우에는 법적 행위의 요소를 찾아보기 어려우므로, 행정심판이나 행정소송의 대상이 되지 아니한다.

(3) **소송의 종류의 확대** 공법상 사실행위에 대한 행정쟁송의 수단은 미흡 1866 하다. 모든 공법상 사실행위(권력적 사실행위와 비권력적 사실행위)에 대하여 효과적으로 사인이 권리보호를 할 수 있기 위해 사실행위의 부작위를 구하는 소송, 사실행위를 통해 야기된 사실상태의 제거를 구하는 소송(후술하는 결과제거청구권의 문제와도 관련된다), 그리고 사실행위를 구하는 소송이 요구된다. 이러한 소송형태가 인정되기까지는 이행소송(공법상 당사자소송)의 활용을 통해 이러한 요구를 해결하도록 하여야 할 것이다.[3]

2. 결과제거청구권

위법한 공법상 사실행위로 인해 위법한 사실상태가 야기된 경우에는 가능 1867 하고 수인할 수 있는 것임을 전제로 행정청은 그 위법한 상태를 제거하고 적법

---

1) 박윤흔·정형근, 최신행정법강의(상), 491쪽; 이상규, 신행정법론(상), 507쪽; 김동희, 행정법 (Ⅰ), 226쪽(2019).
2) Erichsen, in : ders.(Hrsg.), Allgemeines Verwaltungsrecht, §31, Rn. 2.
3) Maurer, Allgemeines Verwaltungsrecht, §15, Rn. 7.

한 상태를 회복할 의무를 부담하고, 침해받은 사인은 적법한 상태로의 원상회복을 위한 결과제거청구권을 갖게 된다고 본다.[1] 소송상 결과제거청구권은 당사자소송형식에 의해 주장될 수 있을 것이다.[2]

3. 손해배상

1868   위법한 행정상 사실행위로 인해 사인이 손해를 입게 되면, 피해자는 그 사실행위가 사법적 사실행위인 경우에는 민사법(민법 제750조 등)에 따라, 공법적 사실행위인 경우에는 국가배상법(제2조·제5조)과 행정소송법에 따라 손해배상을 청구할 수 있다. 그러나 판례는 후자를 민사사건으로 다루고 있다.

4. 손실보상

1869   만약 적법한 공법상 사실행위로 사인이 손실을 입게 되면, 그 사인은 그 손실이 특별한 희생에 해당하는 경우에 손실보상을 청구할 수 있다고 보아야 할 것이다. 다만 보상에 관한 명문의 규정이 없는 경우는 문제이다. 이 때에는 손실보상법론상의 간접효력설(유추적용설)에 근거하여 수용유사침해보상을 청구할 수 있다고 볼 것이다.

5. 기　　타

1870   위법한 행정상 사실행위를 행한 공무원에 대한 형사책임·징계책임의 추궁, 감독청의 직무상 감독작용, 관계자의 청원 등도 간접적이긴 하나 피해자의 권리보호에 기여할 수 있을 것이다. 그리고 헌법소원 역시 권리구제의 중요한 수단이 된다.[3]

---

1) Maurer, Allgemeines Verwaltungsrecht, §15, Rn. 6.

2) 홍준형, 고시계, 1994. 4, 44쪽.

3) 헌재 2003. 12. 18, 2001헌마754(행정청이 우월적 지위에서 일방적으로 강제하는 권력적 사실행위는 헌법소원의 대상이 되는 공권력의 행사에 해당한다는 것이 우리 재판소의 판례이다); 헌재 2003. 12. 18, 2001헌마754(권력적 사실행위가 행정처분의 준비단계로서 행하여지거나 행정처분과 결합된 경우(합성적 행정행위)에는 행정처분에 흡수·통합되어 불가분의 관계에 있다 할 것이므로 행정처분만이 취소소송의 대상이 되고, 처분과 분리하여 따로 권력적 사실행위를 다툴 실익은 없다. 그러나 권력적 사실행위가 항상 행정처분의 준비행위로 행하여지거나 행정처분과 결합되는 것은 아니므로 그러한 사실행위에 대하여는 다툴 실익이 있다 할 것임에도 법원의 판례에 따르면 일반쟁송절차로는 다툴 수 없음이 분명하다); 헌재 1992. 10. 1, 92헌마68·76(국립대학인 서울대학교의 "94학년도 대학입학고사주요요강"은 사실상의 준비행위 내지 사전안내로서 행정쟁송의 대상이 될 수 있는 행정처분이나 공권력의 행사는 될 수 없지만 그 내용이 국민의 기본권에 직접 영향을 끼치는 내용이고 앞으로 법령의 뒷받침에 의하여 그대로 실시될 것이 틀림없을 것으로 예상되어 그로 인하여 직접적으로 기본권침해를 받게 되는 사람에게는 사실상의 규범작용으로 인한 위험성이 이미 현실적으로 발생하였다고 보아야 할 것이므로 이는 헌법재판소법 제68조 제1항 소정의 공권력의 행사에 해당된다고 할 것이며, 이 경우 헌법소원 외에 달리 구제방법이 없다); 헌재 2006. 7. 27, 2005헌마277(교도소 수형자에게 소변

V. 공법상 사실행위로서 공적 경고

1. 의 의

(1) 개 념   공적 경고의 확립된 개념은 없다. 그것은 특정 공산품이나   1871
농산품과 관련하여 사인에 발해지는 행정청의 설명·성명·공고·고시 등으로 이
해되고 있다.[1] 공적 경고는 행정상 경고라고 부를 수 있다. 공적 경고는 정부의
정보작용이다. 그것은 국가지도적인 작용이다. 공적 경고는 법적 구속이 미약하
지만 그 효과에 있어서는 결코 미약하지 않다. 만약 특정 상품에 대한 공적 경
고가 발해지면, 그리고 사인이 그것을 진지하게 받아들이게 되면, 그 상품은 더
이상 판매되기 어렵다. 그것은 판매금지와 유사한 효과를 가져온다. 그리고 유
사한 상품에도 영향을 미치게 된다.

(2) 사인·공무원에 대한 경고   개인에 대한 경고란 사인 또는 공무원이 위   1871a
법 또는 부당한 행위를 하였음을 이유로 사인 또는 공무원에게 과해지는 주의
조치를 말한다. 사인 또는 공무원에 대한 경고는 사인 또는 공무원 개인에 대한
것인 점에서 널리 공공을 대상으로 하는 공적 경고와 구별된다. 사인 또는 공무
원에 대한 경고는 사안에 따라 처분성을 갖기도 하고[2] 처분성을 갖지 않기도
한다.[3]

을 받아 제출하게 한 것은, 형을 집행하는 우월적인 지위에서 외부와 격리된 채 형의 집행에
관한 지시, 명령을 복종하여야 할 관계에 있는 자에게 행해진 것으로서 그 목적 또한 교도소
내의 안전과 질서유지를 위하여 실시하였고, 일방적으로 강제하는 측면이 존재하며, 응하지 않
을 경우 직접적인 징벌 등의 제재는 없다고 하여도 불리한 처우를 받을 수 있다는 심리적 압박
이 존재하리라는 것을 충분히 예상할 수 있는 점에 비추어, 권력적 사실행위로서 헌법재판소법
제68조 제1항의 공권력의 행사에 해당한다).

1) Schmidt, Allgemeines Verwaltungsrecht(18. Aufl.), S. 316, Rn. 893.
2) 대판 2013. 12. 26, 2011두4930(구 표시·광고의 공정화에 관한 법률(2011. 9. 15. 법률 제11050
호로 개정되기 전의 것, 이하 '구 표시광고법'이라고 한다) 위반을 이유로 한 공정거래위원회의
경고의결은 당해 표시·광고의 위법을 확인하되 구체적인 조치까지는 명하지 아니하는 것으로
사업자가 장래 다시 표시광고법 위반행위를 할 경우 과징금 부과 여부나 그 정도에 영향을 주
는 고려사항이 되어 사업자의 자유와 권리를 제한하는 행정처분에 해당한다); 대판 2021. 2.
10, 2020두47564(검사에 대한 경고조치 관련 규정을 위 법리에 비추어 살펴보면, 검찰총장이
사무검사 및 사건평정을 기초로 대검찰청 자체감사규정 제23조 제3항, 검찰공무원의 범죄 및
비위 처리지침 제4조 제2항 제2호 등에 근거하여 검사에 대하여 하는 '경고조치'는 일정한 서
식에 따라 검사에게 개별 통지를 하고 이의신청을 할 수 있으며, 검사가 검찰총장의 경고를 받
으면 1년 이상 감찰관리 대상자로 선정되어 특별관리를 받을 수 있고, 경고를 받은 사실이 인
사자료로 활용되어 복무평정, 직무성과금 지급, 승진·전보인사에서도 불이익을 받게 될 가능
성이 높아지며, 향후 다른 징계사유로 징계처분을 받게 될 경우에 징계양정에서 불이익을 받게
될 가능성이 높아지므로, 검사의 권리 의무에 영향을 미치는 행위로서 항고소송의 대상이 되는
처분이라고 보아야 한다).
3) 대판 2005. 2. 17, 2003두10312(이 사건 서면 통보행위는 어떠한 법적 근거에 기하여 발하여진

2. 특징(기본권 침해여부)

1872 공적 경고는 고전적인 의미의 기본권침해를 가져오지 아니한다. 왜냐하면 경고의 상대방은 특정 물건의 제조자나 판매자가 아니라 그 물건으로부터 부정적인 영향을 받을 수 있는 일반 공중이기 때문이다. 그러나 기본권침해가 간접적이고 사실상의 것이라 하여도 의도된 침해인 점에 문제가 있다.

3. 법적 성격

1873 공적 경고가 오로지 사실행위의 개념 속에 들어오는 것인지의 여부, 공적 경고가 행정법상 행정청의 고유한 행위형식인지의 여부는 불분명하다. 공적 경고의 종류와 효과는 매우 상이하므로, 현재로서 공적 경고를 개념상 명백하게

것이 아니고, 단지 종합금융회사의 업무와 재산상황에 대한 일반적인 검사권한을 가진 피고가 소외 주식회사에 대하여 검사를 실시한 결과, 원고가 소외 주식회사의 대표이사로 근무할 당시 행한 것으로 인정된 위법·부당행위 사례에 관한 단순한 사실의 통지에 불과한 것으로서, 다만 원고가 재직중인 임원이었다고 한다면 이는 금융기관검사및제재에관한규정 제18조 제1항 제3호 소정의 문책경고의 제재에 해당하는 사례라는 취지로 '문책경고장(상당)'이라는 제목을 붙인 것일 뿐 금융업 관련 법규에 근거한 문책경고의 제재처분 자체와는 다르고, 피고로부터 같은 내용을 통보받은 소외 주식회사가 금융기관검사및제재에관한규정시행세칙 제64조 제2항에 따라 인사기록부에 원고의 위법·부당사실 등을 기록·유지함으로 인하여 원고가 소외 주식회사나 다른 금융기관에 취업함에 있어 지장을 받는 불이익이 있다고 하더라도, 이는 이 사건 서면 통보행위로 인한 것이 아닐 뿐만 아니라 사실상의 불이익에 불과한 것이고, 원고가 주장하는 취업 제한 자체도 불분명하며, 문책경고를 받은 자는 문책경고일로부터 3년간 은행장 또는 상임이사 등이 될 수 없다는 내용이 담긴 은행업감독규정은 실제로 문책경고의 제재처분을 받은 자에 대하여 적용되는 규정이므로 원고와는 무관하고, 불안감이라는 것도 원고가 주장하는 취업제한의 내용에 비추어 볼 때 은행 고위 임원을 선임함에 있어 그러한 제한을 인식하여야 할 선임권자 등의 범위는 매우 제한적이어서 그들의 법의식 수준이 위 서면 통보만으로도 이를 문책경고의 법적 효력이 있다고 오해한 것이라고 보기 어려우며, 달리 위 통보행위로 인하여 이미 소외 주식회사로부터 퇴직한 후의 원고의 권리의무에 직접적 변동을 초래하는 하등의 법률상의 효과가 발생하거나 그러한 법적 불안이 존재한다고 할 수 없으므로, 이 사건 서면 통보행위는 항고소송의 대상이 되는 행정처분에 해당하지 않는다); 대판 2004. 4. 23, 2003두13687(구 서울특별시교육·학예에관한감사규칙 제11조, '서울특별시교육청감사결과지적사항및법률위반공무원처분기준'에 정해진 경고는, 교육공무원의 신분에 영향을 미치는 교육공무원법령상의 징계의 종류에 해당하지 아니하고, 인사기록카드에 등재되지도 않으며, '2001년도정부포상업무지침'에 정해진 포상추천 제외대상이나 교육공무원징계양정등에관한규칙 제4조 제1항 단서에 정해진 징계감경사유 제외대상에 해당하지도 않을 뿐만 아니라, '서울특별시교육청교육공무원평정업무처리요령'에 따라 근무평정자가 위와 같은 경고를 이유로 경고를 받은 자에게 상위권 평점을 부여하지 않는다고 하더라도 그와 같은 사정은 경고 자체로부터 직접 발생되는 법률상 효과라기보다는 경고를 받은 원인이 된 비위사실이 인사평정 당시의 참작사유로 고려되는 사실상 또는 간접적인 효과에 불과한 것이어서 교육공무원으로서의 신분에 불이익을 초래하는 법률상의 효과를 발생시키는 것은 아니라 할 것이다. 따라서 위와 같은 경고는, 교육공무원법, 교육공무원징계령, 교육공무원징계양정등에관한규칙에 근거하여 행해지고, 인사기록카드에 등재되며, '2001년도정부포상업무지침'에 따른 포상추천 제한사유 및 교육공무원징계양정등에관한규칙 제4조 제1항 단서에 정해진 징계감경사유 제외대상에 해당하는 불문(경고)과는 달리, 항고소송의 대상이 되는 행정처분에 해당하지 않는다).

파악하는 것은 어려울 뿐만 아니라 그에 관한 법적 효과를 정립하는 것도 가능하지 않다.[1] 현재로서 공적경고는 사실행위의 특별한 경우로 이해되고 있을 뿐이다. 그러나 경고와 특정물품의 권고에 대해 행정소송법 제2조 제1항 제1호의 '그 밖에 이에 준하는 작용'에 포함시켜 처분성을 긍정하자는 견해도 있다.

4. 법적 근거

공적 경고는 중대한 공익(예 : 국민의 보건·위생)을 위한 것이며 직업선택의   1874
자유도 일정한 제약(타인의 법익의 존중)을 전제로 하는 것이므로 원칙적으로 공적 경고가 직업선택의 자유에 대한 본질적 침해로 보기는 어려우며, 또한 공적 경고는 특정인의 이익을 직접 침해하는 것을 목적으로 하는 것이 아니므로 조직법상 권한에 관한 규정만으로도 가능하다고 볼 것이다. 그러나 개인의 이해와 직결된 경고(예 : 특정 회사의 제품의 음용에 대한 경고)는 임무규정(직무규정)만으로는 부족하고 침해를 가능하게 하는 권한규정이 필요하다고 볼 것이다. 경찰법상 의미의 위험이 문제된다면, 경찰관 직무집행법이 근거가 된다.

5. 적법요건

공적 경고의 대상은 조직규범(임무규범)에서 규정하는 권한행정청의 임무범   1875
위 내에 들어오는 것이어야 한다. 공적 경고는 공공의 안녕과 질서를 위한 것으로서 법령의 범위 내에서 이루어져야 한다. 공적 경고는 내용상 정당성을 가져야 한다. 그것은 사후심사가 가능하고, 절차상 하자가 없고, 또한 자의가 없어야 한다. 그리고 공적 경고가 기본권침해를 가져오는 경우에는 권한규범의 근거가 있어야 한다.[2] 그러나 그 침해가 사실상 그리고 간접적인 것이라면, 그러하지 않다고 볼 것이다.[3]

---

1) 독일연방행정재판소는 "국가권위의 활용과 목적성"을 경고의 개념요소로 파악하는 것으로 보인다(BVerwGE 87, 37).
2) Gusy, Polizei – und Ordnungsrecht(8. Aufl.), § 4, Rn. 317.
3) Detterbeck, Allgemeines Verwaltungsrecht mit Verwaltungsprozessrecht(13. Aufl.), § 7, Rn. 300.

제 7 절 행정지도(사실행위론 Ⅱ)

Ⅰ. 행정지도의 관념

1. 개념의 생성

1876　　일본에서 생성·발전되었다는 주장[1]도 있으나, 각국에서 활용되고 있고,[2] 또한 우리나라에서도 비교적 넓게 활용되고 있는 행정의 행위형식의 하나가 바로 행정지도이다. 원래 행정실무에서 사용되기 시작한 행정지도의 개념은 행정절차법의 제정으로 인해 실정법상 일반적인 개념이 되었다. 개별법령상으로는 지도(사행행위 등 규제 및 처벌특례법 제19조 제1항)·권고(주택법 제53조 제1항) 등으로 불리기도 한다. 비정식적 행정작용의 일종이다.

2. 개념의 정의

1877　　행정절차법은 행정지도를 "행정기관이 그 소관사무의 범위 안에서 일정한 행정목적을 실현하기 위하여 특정인에게 일정한 행위를 하거나 하지 아니하도록 지도·권고·조언 등을 하는 행정작용"(절차법 제2조 제3호)으로 정의하고 있다. 본서는 종래에 행정지도를 '행정주체가 일정한 공행정목적을 실현하기 위해 사인 등 행정의 상대방에 대하여 일정한 행위를 하거나 하지 않도록 유도하는 비권력적 사실행위'로 정의하여 왔다.

3. 행정지도의 성질

1878　　⑴ **비권력행위**　　행정지도는 국민의 임의적인 협력을 전제로 하는 비권력적인 작용이다. 행정지도에 따르지 않는다고 하여 강제수단을 도입할 수 있는 것이 아니다. 이 점에서 행정입법·행정행위·행정강제 등 강제적 행정작용과 구분된다. 행정기관은 행정지도의 상대방의 의사에 반하여 부당하게 강요하여서는 아니된다(절차법 제48조 제1항 제2문). 그리고 행정기관은 행정지도의 상대방이 행정지도에 따르지 아니하였다는 것을 이유로 불이익한 조치를 하여서는 아니된다(절차법 제48조 제2항).

1879　　⑵ **사실행위**　　행정지도는 일정한 법적 효과의 발생을 목적으로 하는 의사표시가 아니다. 그것은 단지 상대방의 임의적인 협력을 통해 사실상의 효과를 기대할 뿐이다. 이러한 점에서 행정행위·공법상 계약 등의 법적 행위와 구분된

---

1) 양승두, 고시계, 1985. 11, 91쪽.
2) 서원우, 월간고시, 1992. 8, 107쪽.

다. 만약 일정한 효과가 주어진다면, 그것은 법령이 특별히 정한 경우일 것이다.

(3) **적극성과 우위성**   학자에 따라서는 행정지도의 성질문제의 하나로 적   1880
극성과 우위성을 들기도 한다. 적극성이란 행정주체의 행위가 행정지도가 되기
위해서는 상대방에 대해 일정한 작위·부작위를 적극적으로 요청하는 행정기관
자체의 의사가 존재하여야 함을 의미하고, 우위성이란 지도하는 자가 상대방에
대하여 우위에 서서 행하는 것이어야 함을 의미한다고 한다.[1]

Ⅱ. 행정지도의 유용성과 문제점

1. 행정지도의 유용성(순기능)

어떤 의미에서는 전제주의적 사고의 산물이라고도 할 수 있는 행정지도가   1881
법치국가에서 활용되는 이유로는 현대국가에서 확대되는 행정기능의 효율성확
보에 있다고 말해진다. 즉 행정지도가 행정주체에 대해서는 법적 근거가 없는
경우에 적법성의 문제를 완화시켜 주고(행정의 편의와 탄력성), 행정의 상대방에
대해서는 합의에 유사한 의미를 갖게 함으로써 분쟁을 미연에 방지하고 행정에
적극적인 협력을 가능하게 하는 의미(사법기능보완과 협력을 통한 행정)를 갖는다고
말해진다.

2. 문제점(역기능)

한편 행정지도는 사실상의 강제성을 통한 법치주의의 붕괴, 한계와 책임소   1882
재의 불분명으로 인한 책임행정의 이탈, 행정상 구제수단의 결여 내지 행정구제
의 기회상실 등의 문제점을 갖는다.[2] 그러나 행정지도가 행정의 행위형식의 하
나로서 광범위하게 도입되고 있는 것이 현실인 이상, 그에 대한 장점을 살려 나
아가면서, 그에 대한 단점을 줄여 나아가는 데 관심의 초점이 놓여야 할 것이다.

Ⅲ. 행정지도의 종류

1. 법규상 지도·비법규상 지도

법규상 지도란 법규에 근거하여 이루어지는 행정지도를 말한다. 법규상 지   1883
도에는 ① 특정의 행정지도 자체가 법규에 근거되어 있는 경우도 있고(예 : 직업
법 제3조 제1항 제3호; 사행행위등 규제 및 처벌특례법 제19조 제1항), ② 특별한 근거규
정은 없으나 어떠한 처분권이 주어진 경우, 그 처분권을 배경으로 하는 지도도

---

1) 박윤흔, 고시계, 1989. 12, 102쪽; 산내일부, 행정지도, 11쪽 이하.
2) 변재옥, 행정법강의(Ⅰ), 418쪽; 석종현·송동수, 일반행정법(상), 395~396쪽.

있다. ①의 경우를 법령의 직접적인 근거에 의한 행정지도, ②의 경우를 법령의 간접적인 근거에 의한 행정지도라 부른다. 비법규상 지도란 법규에 근거하지 않고 이루어지는 행정지도를 말한다. 비법규상 지도도 조직규범이 정한 업무의 범위 내에서만 이루어진다고 볼 것이므로, 엄밀하게 말하자면 비법규상 지도라는 것도 넓은 의미에서 법규상 지도라 볼 수 있다.

2. 규제적 지도·조정적 지도·조성적 지도

1884 　① 규제적 지도란 일정한 행위의 억제를 내용으로 하는 행정지도를 말한다 (예 : 독점규제 및 공정거래에 관한 법률 제51조 제1항의 시정권고). ② 조정적 지도란 이해관계자 사이의 분쟁이나 지나친 경쟁의 조정을 내용으로 하는 행정지도를 말한다(예 : 남녀고용평등과 일·가정 양립 지원에 관한 법률 제24조 제2항의 분쟁해결지원으로서 조언·지도·권고). ③ 조성적 지도란 보다 발전된 사회질서 내지 생활환경의 형성을 내용으로 하는 행정지도를 말한다(예 : 농촌진흥법 제2조 제3호의 각종의 지도).

3. 행정주체·행정기관에 대한 지도와 사인에 대한 지도

1885 　행정지도는 지도의 상대방에 따라 행정주체·행정기관에 대한 지도와 사인에 대한 지도로 구분된다. ① 행정주체에 대한 지도란 국가가 지방자치단체에 대하여 또는 광역지방자치단체가 기초지방자치단체에 대하여 행하는 지도(예 : 지자법 제163조 제1항)를 말하고, 행정기관에 대한 지도란 상급기관이 하급기관에 대하여 행하는 지도(예 : 국세청장의 지방국세청에 대한 지도)를 말한다. ② 사인에 대한 지도란 물론 사인을 상대방으로 하는 지도를 말한다. 행정절차법은 행정지도의 상대방으로 특정인이라는 표현을 하고 있는바, 여기서 말하는 특정인은 사인을 지칭하는 것으로 보인다.

Ⅳ. 행정지도의 법적 근거와 한계

1. 법적 근거(행정지도와 법률유보)

1886 　⑴ **입법상황**　　행정지도에 법적 근거가 요구되는가의 여부에 관한 일반법은 없다. 행정절차법은 행정지도에 적용되는 일반원칙과 행정지도의 방법을 규정하고 있을 뿐이다(절차법 제48조 이하). 물론, 개별법령에서 행정지도의 근거에 관한 규정이 발견된다.

1887 　⑵ **학　설**　　행정지도는 비권력적·비강제적인 작용이므로 법적 근거는 필요하지 않다는 것이 일반적인 견해이다.[1] 한편, 조성적 행정지도는 법률상

---

1) 박윤흔, 고시계, 1989. 12, 111쪽; 이상규, 신행정법론(상), 484쪽.

근거가 필요하지 않으나 규제적 행정지도는 근거를 요한다는 견해도 있다.[1]

(3) 사 견   행정지도는 법적 구속력을 갖지 아니하는 사실상의 행위에   1888
불과하므로, 법적 근거를 요하는 것은 아니라고 본다. 규제적 행정지도라는 것
도 지도의 내용이 규제적이라는 것이지 행정지도의 효과가 규제적이라는 것은
아니므로 규제적 지도에도 법률상 명시적 근거를 요한다고 볼 것은 아니다. 다
만, 입법론적으로 본다면, 행정지도는 사실상의 강제력을 갖는 경우도 있고, 「법
률에 의한 행정」이 「행정지도에 의한 행정」으로 대체될 가능성도 있으므로, 이
에 대한 체계적인 법제의 마련은 필요하다.

2. 행정지도의 한계

(1) **법령상 한계**   ① 행정지도는 행정조직법상 한계를 갖는다. 말하자면   1889
행정기관은 조직법상 주어진 권한(소관사무의 범위) 내에서만 행정지도를 할 수
있다. 만약 이를 위반하면 위법한 행정지도가 된다(예 : 법무부장관이 국방부장관의
소관사무에 대한 행정지도를 하면, 그것은 위법한 것이 된다). 또한, ② 조직법상 권한 내
에서의 행정지도라고 하여도 개별법령에서 정하는 행정지도에 관한 작용법상
규정(예 : 절차법 제48조 내지 제51조)을 준수하여야 한다. 즉, 행정지도는 그러한 법
령이 정한 바의 형식·내용 등에 따라야 한다.

(2) **행정법의 일반원칙에 따른 한계**   행정지도 역시 행정작용의 하나이므   1890
로, 모든 행정지도는 개별법령상 명시적 규정의 유무를 불문하고 행정법의 일반
원칙(예 : 공익원칙·평등원칙·비례원칙·신뢰보호원칙)을 준수하여야 한다. 행정법의
일반원칙은 행정의 종류나 행정의 영역을 불문하고 적용되어야 하는 법원칙이
기 때문이다. 행정절차법은 비례원칙을 규정하고 있다(절차법 제48조 제1항 제1문).

(3) **비권력성에 따른 한계**   행정지도는 비권력적 사실행위이므로, 행정지   1891
도에는 강제가 따라서는 아니된다. 강제가 따른다면, 그러한 지도는 더 이상 행
정지도에 해당하지 아니한다. 행정절차법은 행정지도의 비강제성의 원칙을 규
정하고 있다(절차법 제48조 제1항 제2문).

V. 행정지도상 원칙과 방식

1. 행정지도의 원칙

(1) **비례원칙**   행정지도는 그 목적 달성에 필요한 최소한도에 그쳐야 한   1893
다(절차법 제48조 제1항 제1문). 「최소한도」라는 표현에서 행정지도에 비례원칙이

---

1) 김원주, 고시연구, 1977. 10, 47쪽; 변재옥, 행정법강의(Ⅰ), 422쪽.

적용된다는 것을 볼 수 있다. 비례원칙에 어긋나는 행정지도는 당연히 위법한 것이 된다.

1894   (2) **임의성의 원칙**   행정청은 행정지도의 상대방의 의사에 반하여 부당하게 강요하여서는 아니된다(절차법 제48조 제1항 제2문). 이것은 행정지도에 임의성의 원칙이 적용됨을 의미한다. 임의성의 원칙에 반하는 강제적인 지도는 개별법령상 근거가 없는 한, 위법한 것이 된다. 강제적인 지도는 행정지도가 아니다.

1895   (3) **불이익조치금지의 원칙**   행정기관은 행정지도의 상대방이 행정지도에 따르지 아니하였다는 것을 이유로 불이익한 조치를 하여서는 아니된다(절차법 제48조 제2항). 불이익조치를 허용하지 아니하는 것은, 불이익조치가 결과적으로는 행정지도에 강제성을 부여하는 것이 되는바, 이것은 행정지도의 임의성의 원칙에 반하는 것이 되기 때문이다.

2. 행정지도의 방식

1896   (1) **행정지도실명제**   행정지도를 하는 자는 그 상대방에게 그 행정지도의 취지 및 내용과 신분을 밝혀야 한다(절차법 제49조 제1항). 이러한 행정지도실명제는 행정지도를 행하는 자와 지도의 목적을 분명히 함으로써 위법하거나 과도한 행정지도로부터 상대방에게 가져다 줄 수 있는 불이익을 방지하고자 함에 그 목적이 있다.

1897   (2) **구술주의**   행정지도는 반드시 문서로 하여야 하는 것은 아니다. 행정지도는 구술로도 이루어질 수 있다. 오히려 행정실무상으로는 구술로 이루어지는 것이 일반적인 형태로 보인다. 그런데 내용의 명확성을 확보하고 행정지도를 행하는 자의 인적사항을 분명히 하기 위해 구술에 의한 행정지도를 서면으로 해 둘 필요도 있다. 이와 관련하여 행정지도가 말로 이루어지는 경우에 상대방이 제1항의 사항(행정지도의 취지·내용 및 지도를 행하는 자의 신분)을 적은 서면의 교부를 요구하면 그 행정지도를 행하는 자는 직무 수행에 특별한 지장이 없으면 이를 교부하여야 한다(절차법 제49조 제2항).

1898   (3) **사인의 의견제출**   행정지도의 상대방은 해당 행정지도의 방식·내용 등에 관하여 행정기관에 의견제출을 할 수 있다(절차법 제50조). 상대방이 제출할 수 있는 의견은 행정지도의 방식·내용에 한정되지 아니한다. 행정지도와 관련 있는 일체의 사항에 미친다. 위법하거나 부당한 행정지도에 대한 이의도 물론 포함된다.

⑷ **다수인에 대한 행정지도** 행정기관이 같은 행정목적을 실현하기 위하 1898a
여 많은 상대방에게 행정지도를 하려는 경우에는 특별한 사정이 없으면 행정지
도에 공통적인 내용이 되는 사항을 공표하여야 한다(절차법 제51조). 공통적인 내
용의 공표는 공평하고 평등한 행정지도의 확보에 기여한다.

Ⅵ. 행정지도의 효과

1. 사실상의 효과

사실행위는 법적 효과의 발생을 목적으로 하는 의사표시가 아니므로, 사실 1899
행위로부터 아무런 법적 효과도 발생하지 않는다.[1]

2. 개별법에 따른 절차상 효과

개별 법률에서 행정지도에 절차상 법적 효과를 부여하는 경우는 있다[예 : 대· 1899a
중소기업 상생협력 촉진에 관한 법률 제33조(사업조정에 관한 권고 및 명령) ④ 중소벤처기업
부장관은 제3항에 따른 공표 후에도 정당한 사유 없이 권고사항을 이행하지 아니하는 경우에
는 해당 대기업등에 그 이행을 명할 수 있다. 다만, 제2항에 따른 권고의 내용이 사업이양인
경우에는 그러하지 아니하다].

3. 행정지도 효과의 제고

행정지도의 효과를 제고하기 위하여 이익의 제공(예 : 자금의 융자, 교부지원금 1899b
지급, 정보제공)이 따르기도 한다. 그러나 이러한 수단은 행정지도에 부수하는 것이
지 그 자체가 행정지도의 내용이나 효과를 구성하는 것은 아니다(실효성확보수단).

Ⅶ. 권리보호

1. 위법한 지도

⑴ **위법지도와 위법성 조각** 위법한 행정지도에 따라 행한 사인의 행위는 1900
위법한가, 아니면 위법성이 조각되는가의 문제가 있다(예 : 건축법령에 어긋나는 행
정지도를 받아 이루어지는 건축행위는 건축법위반의 위법행위인가, 아니면 행정지도에 따른
것이기 때문에 위법하지 않다고 할 것인가의 문제가 있다). 생각건대 행정지도는 강제가

---

1) 대판 1999. 8. 24, 99두592(행정관청이 건축허가시 도로의 폭에 관하여 행정지도를 하였다고 하
  여 시장·군수의 도로지정이 있었던 것으로 볼 수도 없다); 대판 1991. 12. 13. 선고 91누1776
  (건축법시행령 제64조 제1항의 규정에 비추어 볼 때, 행정관청이 건축허가시에 도로의 폭에 대
  하여 행정지도를 하였다는 점만으로는 위 법조 소정의 도로지정이 있었던 것으로 볼 수 없으
  며, 또 건축법 제2조 제15호 (나)목 소정의 도로지정은 시장, 군수가 건축허가시에 건축법 소
  정의 요건을 갖춘 도로에 대하여 그 위치를 지정하기만 하면 되는 것이지 동 시행령 제64조 제
  1항 소정의 도로대장의 비치가 건축법상 도로의 요건이 될 수는 없는 것이다).

아니라 상대방의 임의적인 협력을 기대하는 것이므로, 행정지도에 따른 행위는 상대방의 자의에 의한 행위라고 볼 수밖에 없다. 따라서 위법한 행정지도에 따라 행한 사인의 행위는, 법령에 명시적으로 정함이 없는 한, 위법성이 조각된다고 할 수 없다.[1]

1901　　(2) **행정소송과 헌법소원**　　행정지도는 법적 효과를 갖지 아니하는 비권력적 사실행위에 불과하다. 비권력 행위라는 점에서 행정지도는 공권력행사를 개념요소로 하는 행정소송법상 처분개념에 해당하지 아니하고, 아울러 사실행위라는 점에서 법적 행위를 대상으로 하는 항고소송의 대상이 되지 아니한다. 다수설도[2] 행정지도는 행정쟁송의 대상이 되지 아니하는 것으로 보며, 판례도[3] 같은 입장이기도 하다. 그러나 행정지도를 따르지 아니함으로 인하여 일정한 행정행위가 있게 되는 경우, 그 행정행위에 대하여 행정소송을 제기함으로써 간접적으로 행정지도를 다툴 수 있음은 물론이다.

1901a　　한편, 일설은 규제적·조정적 행정지도의 경우, 행정지도는 강제성과 계속성을 띠고 있는 행정작용으로서 취소·변경할 실익이 있으므로 행정쟁송의 대상이 된다고 한다.[4] 그러나 규제적·조정적 행정지도의 경우에 나타나는 강제성과 계속성도 사실적인 것이지 법적인 것은 아니고, 사실적인 것은 취소·변경은 불가하므로 규제적·조정적 행정지도도 행정쟁송의 대상이 되지 아니한다고 보아야 한다(사실행위에서는 소급적인 취소가 아니라 중지가 문제된다는 점을 유의하라). 한편, 행정지도는 경우에 따라 헌법소원의 대상이 될 수 있다.[5]

---

1) 대판 1994. 6. 14, 93도3247·973·118(병합)(토지의 매매대금을 허위로 신고하고 계약을 체결하였다면 이는 계약예정금액에 대하여 허위의 신고를 하고 토지 등의 거래계약을 체결한 것으로서 구 국토이용관리법(1993. 8. 5. 법률 제4572호로 개정되기 전의 것) 제33조 제4호에 해당한다고 할 것이고, 행정관청이 국토이용관리법 소정의 토지거래계약신고에 관하여 공시된 기준시가를 기준으로 매매가격을 신고하도록 행정지도를 하여 그에 따라 허위신고를 한 것이라 하더라도 이와 같은 행정지도는 법에 어긋나는 것으로서 그와 같은 행정지도나 관행에 따라 허위신고행위에 이르렀다고 하여도 이것만 가지고서는 그 범법행위가 정당화될 수 없다); 대판 1992. 4. 24, 91도1609.

2) 김남진·김연태, 행정법(Ⅰ), 424쪽(2019); 박윤흔, 고시계, 1989. 12, 112쪽.

3) 대판 1993. 10. 26, 93누6331(항고소송의 대상이 되는 행정처분이라 함은 행정청의 공법상 행위로서 특정사항에 대하여 법규에 의한 권리의 설정 또는 의무의 부담을 명하며 기타 법률상 효과를 발생케 하는 등 국민의 구체적 권리의무에 직접적 변동을 초래하는 행위를 말하고 행정권 내부에서의 행위나 알선, 권유, 사실상의 통지 등과 같이 상대방 또는 기타 관계자들의 법률상 지위에 직접적인 법률적 변동을 일으키지 아니하는 행위는 항고소송의 대상이 될 수 없다).

4) 변재옥, 행정법강의(Ⅰ), 424쪽.

5) 헌재 2023. 3. 23, 2019헌마1399(행정지도는 원칙적으로 대외적 구속력이 없는 행정상의 사실행위로서 고권적 작용에 해당하지 아니한다. 그러나 행정지도라 하더라도 상대방의 자유나 권리를 제한하는 효과를 갖는 등 규제적 성격을 가지고 그 상대방에 대하여 사실상의 강제력을 미치는 경우에는 헌법소원의 대상이 되는 공권력의 행사라고 봄이 상당하다); 헌재 2003. 6.

(3) 손해배상　　행정지도를 따름으로 인해 피해를 입은 자는 국가배상법 　1902
제2조 제1항 1문(국가나 지방자치단체는 공무원 또는 공무를 위탁받은 사인(이하 "공무원"
이라 한다)이 직무를 집행하면서 고의 또는 과실로 법령을 위반하여 타인에게 손해를 입히거
나… 그 손해를 배상하여야 한다)이 정하는 바에 따라 손해의 배상을 청구할 수도
있다.[1] 손해배상청구권의 성립요건과 관련하여 특히 문제되는 것은 위법성 요
건과 행정지도와 손해발생 사이의 상당인과관계의 존재여부이다. ① 행정지도
에서 상대방의 동의는 손해발생의 가능성을 예측하면서도 위법한 행정지도에
따른 것이므로 "동의는 불법행위성립을 조각시킨다"는 논리에 따라 손해배상청
구가 인정되지 않는다는 견해도[2] 있으나, 행정지도에 동의한 것은 불법행위성
립에 관한 것이 아니라는 점을 고려할 때 통상의 한계를 넘어 국민의 권익을 침
해하는 경우 그러한 행정지도는 위법하다고 보아야 한다.[3] ② 일반적으로 임의
적인 의사에 따라 행정지도를 따른 것이므로 인과관계가 존재한다고 보기는 어
렵다.[4] 그러나 사실상 강제에 의한 경우, 즉 제반사정을 고려할 때 국민이 행정
지도를 따를 수밖에 없는 불가피한 경우라고 해석되는 경우에는 인과관계가 존
재한다고 보아 국가의 배상책임을 인정하여야 할 것이다.

2. 적법한 지도(손실보상)

행정지도는 권력적 행위가 아니고 비권력적 행위에 불과하다. 따라서 적법 　1903
한 권력적 행위로 인하여 발생하는 특별한 희생에 대하여 주어지는 손실보상이
임의적인 협력을 전제로 하는 행정지도로 인하여 발생하는 피해(희생)에 대해서
주어질 수 없다는 견해도[5] 있다. 그러나 사실상의 강제로 인하여 특별한 희생
이 있고, 그 희생이 행정지도와 인과관계를 갖는 경우에는 예외적으로 손실보상

　26, 2002헌마337, 2003헌마7·8(병합)(교육인적자원부장관의 대학총장들에 대한 이 사건 학칙
　시정요구는 고등교육법 제6조 제2항, 동법시행령 제4조 제3항에 따른 것으로서 그 법적 성격
　은 대학총장의 임의적인 협력을 통하여 사실상의 효과를 발생시키는 행정지도의 일종이지만,
　그에 따르지 않을 경우 일정한 불이익조치를 예정하고 있어 사실상 상대방에게 그에 따를 의
　무를 부과하는 것과 다를 바 없으므로 단순한 행정지도로서의 한계를 넘어 규제적·구속적 성
　격을 상당히 강하게 갖는 것으로서 헌법소원의 대상이 되는 공권력의 행사라고 볼 수 있다).
 1) 대판 1998. 7. 10, 96다38971(국가배상법이 정한 배상청구의 요건인 '공무원의 직무'에는 권력적
　작용만이 아니라 행정지도와 같은 비권력적 작용도 포함되며 단지 행정주체가 사경제주체로서
　하는 활동만 제외된다).
 2) 류지태·박종수, 행정법신론, 367쪽(2019); 김성수, 일반행정법, 428~429쪽(2018).
 3) 박균성, 행정법론(상), 545쪽(2019); 한견우·최진수, 현대행정법, 498쪽.
 4) 대판 2008. 9. 25, 2006다18228(행정지도가 강제성을 띠지 않은 비권력적 작용으로서 행정지도
　의 한계를 일탈하지 아니하였다면, 그로 인하여 상대방에게 어떤 손해가 발생하였다 하더라도
　행정기관은 그에 대한 손해배상책임이 없다).
 5) 류지태·박종수, 행정법신론, 367쪽(2019).

이 가능하다고 본다(간접효력규정설). 그리고 행정지도가 상대방의 신뢰에 위배하여 불측의 손실을 발생시키는 경우에는 신뢰보호의 원칙에 따른 손실보상을 요구할 수 있다는 견해도 있다.[1]

제 8 절   사법형식의 행정작용(국고행정 · 행정사법)

I. 일 반 론

1. 개   념

1904   공행정주체는 사법관계의 한 당사자로서 법률관계를 맺을 수 있고, 이 때의 법관계는 사법관계가 된다고 하는 것이 전통적 이론의 입장이다. 이러한 공행정주체의 사법상 작용을 (넓은 의미의) 국고행정(Fiskalische Verwaltung)이라 부르기도 한다.[2] 사법의 영역에서 행정권이 행할 수 있는 가능한 행위형식은 크게 보아 법률행위적인 행위형식과 순수사실적인 행위형식의 두 가지가 있다.

2. 형식선택의 자유

1905   독일의 일반적인 견해에 따르면 국가나 그 밖의 공법상의 법인은 공법규범이 강제적으로 공법작용을 명하거나, 또는 행정작용이 다만 공법적 근거하에서만 허용되는 경우 이외에는 공법상 행위형식이나 사법상 행위형식 중 선택의 자유를 갖는다고 한다.[3] 즉, 법령상 행정이 국가나 지자체사무의 수행을 어떠한 형식으로 하여야 하는지를 규정하는 바가 없는 경우, 행정의 독자성을 고려하여 행정에 선택의 권한이 있는 것으로 본다.[4] 이러한 논리는 우리의 경우에도 가능할 것이다(예 : 토지의 매입 또는 수용). 문제는 다만 어떠한 경우에 그것이 가능할 것인가의 요건설정에 있다고 볼 것이다. 판례는 공법상의 금전납부의무인 변상금징수,[5] 조세채권과 관련하여서는 행위형식선택의 자유를 부인

---

1) 정하중, 행정법개론, 344쪽(2019).

2) 국고(Fiskus)는 ① 권력적으로 행위하는 국가 옆에 존재하는 독립의 법인으로서 국가, ② 사법주체로서 국가, ③ 재산권주체로서 국가, 또는 ④ 경제활동에의 참여자로서 국가의 의미로 사용되었거나 사용되고 있다(Ehlers, in : Erichsen(Hrsg.), Allgemeines Verwaltungsrecht, §2, Rn. 72).

3) Detterbeck, Allgemeines Verwaltungsrecht mit Verwaltungsprozessrecht(13. Aufl.), §17, Rn. 903; Koch/Rubel, Allgemeines Verwaltungsrecht, S. 52; Storr/Schröder, Allgemeines Verwaltungsrecht, Rn. 285; Erbguth/Guckelberger, Allgemeines Verwaltungsrecht(2018), §29, Rn. 2f.

4) Wallerath, Allgemeines Verwaltungsrecht(6. Aufl.), §3, Rn. 29.

5) 대판 1989. 11. 24, 89누787(국유재산의 무단점유로 인한 변상금징수권은 공법상의 권리채무를

한다.[1] 요컨대 형식선택의 자유가 있다고 하여도 그것이 무제한의 것은 아닌 것이다. 무제한의 선택의 자유는 행정의 사법에로의 도피를 의미하게 되기 때문이다.[2] 또한 사법을 선택할 수 있다는 것이 사적자치의 선택을 뜻하는 것은 아니다.[3] 한편, 행위형식선택의 자유의 문제는 실제상 공적시설의 급부관계 및 이용관계와 관련하여 특히 의미를 갖는다.

3. 적용법규와 예산법

사법형식(특히 계약형식)으로 행위하는 한 그러한 행정에는 원칙적으로 '국가를 당사자로 하는 계약에 관한 법률'이[4] [5] 적용되고, 보충적으로 그 밖의 사법이 적용된다. 따라서 사법형식으로 행위하는 한 행정청은 원칙적으로 사인과 같

1906

내용으로 하는 것으로서 사법상의 채권과는 그 성질을 달리하는 것이므로 위 변상금징수권의 성립과 행사는 국유재산법의 규정에 의하여서만 가능한 것이고 제3자와의 사법상의 계약에 의하여 그로 하여금 변상금채무를 부담하게 하여 이로부터 변상금징수권의 종국적 만족을 실현하는 것은 허용될 수 없다); 대판 1988. 2. 23, 87누1046·1047.

1) 대판 2017. 8. 29, 2016다224961(조세채권은 국세징수법에 의하여 우선권 및 자력집행권 등이 인정되는 권리로서 사적 자치가 인정되는 사법상의 채권과 그 성질을 달리할 뿐 아니라, 부당한 조세징수로부터 국민을 보호하고 조세부담의 공평을 기하기 위하여 그 성립과 행사는 법률에 의해서만 가능하고 법률의 규정과 달리 당사자가 그 내용 등을 임의로 정할 수 없으며, 조세채무관계는 공법상의 법률관계로서 그에 관한 쟁송은 원칙적으로 행정소송법의 적용을 받고, 조세는 공익성과 공공성 등의 특성을 갖는다는 점에서도 사법상의 채권과 구별된다. 따라서 조세에 관한 법률이 아닌 사법상 계약에 의하여 납세의무 없는 자에게 조세채무를 부담하게 하거나 이를 보증하게 하여 이들로부터 조세채권의 종국적 만족을 실현하는 것은 앞서 본 조세의 본질적 성격에 반할 뿐 아니라 과세관청이 과세징수상의 편의만을 위해 법률의 규정 없이 조세채권의 성립 및 행사 범위를 임의로 확대하는 것으로서 허용될 수 없다); 대판 1986. 12. 23, 83누715.

2) Fleiner, Institutionen des deutschen Verwaltungsrechts, 1928, S. 326.

3) Püttner, Allgemeines Verwaltungsrecht, S. 76.

4) 대판 2017. 12. 21, 2012다74076 전원합의체(국가를 당사자로 하는 계약이나 공공기관의 운영에 관한 법률의 적용 대상인 공기업이 일방 당사자가 되는 계약(이하 편의상 '공공계약'이라 한다)은 국가 또는 공기업(이하 '국가 등'이라 한다)이 사경제의 주체로서 상대방과 대등한 지위에서 체결하는 사법상의 계약으로서 본질적인 내용은 사인 간의 계약과 다를 바가 없으므로, 법령에 특별한 정함이 있는 경우를 제외하고는 서로 대등한 입장에서 당사자의 합의에 따라 계약을 체결하여야 하고 당사자는 계약의 내용을 신의성실의 원칙에 따라 이행하여야 하는 등(구 국가를 당사자로 하는 계약에 관한 법률(2012. 12. 18. 법률 제11547호로 개정되기 전의 것, 이하 '국가계약법'이라 한다) 제5조 제1항) 사적 자치와 계약자유의 원칙을 비롯한 사법의 원리가 원칙적으로 적용된다).

5) 대판 2017. 6. 29, 2014두14389(구 국가를 당사자로 하는 계약에 관한 법률(2012. 12. 18. 법률 제11547호로 개정되기 전의 것, 이하 '국가계약법'이라 한다) 제2조는 그 적용 범위에 관하여 국가가 대한민국 국민을 계약상대자로 하여 체결하는 계약 등 국가를 당사자로 하는 계약에 대하여 위 법을 적용한다고 규정하고 있고, 제3조는 국가를 당사자로 하는 계약에 관하여는 다른 법률에 특별한 규정이 있는 경우를 제외하고는 이 법에서 정하는 바에 의한다고 규정하고 있으므로, 국가가 수익자인 수요기관을 위하여 국민을 계약상대자로 하여 체결하는 요청조달 계약에는 다른 법률에 특별한 규정이 없는 한 당연히 국가계약법이 적용된다).

은 권리를 가진다. 그러나 실정법은 경우에 따라서 사법적인 행정작용에 공법적인 제한을 가하기도 한다(국가를 당사자로 하는 계약에 관한 법률 참조). 한편 예산관련법령의 제규정은 사법적인 행정작용에도 역시 적용된다.

4. 사법형식의 행정작용의 한계

1907   국가사무나 지방자치단체의 사무를 사법적으로 행위할 수 있다는 것이 결코 사적자치를 승인하는 것은 아니다. 그것은, 사법을 법치국가적으로 활용하는 것이다.[1] 이와 관련하여 다음과 같은 제한이 따른다.

1908   (1) 권한상의 제한   사법적 행정작용 역시 각 행정청이 갖는 권한의 범위 내에서만 가능하다고 본다. 공법상 법인이 자신의 목적이나 작용영역 밖에서 하는 행위는 법상 정당한 것으로 보기 곤란하다.

1909   (2) 기본권에의 구속   헌법 제10조는 국민의 기본권보장을 국가의무로 규정하면서, 그 국가의무가 공법의 영역과 관련된 것인지 아니면 사법의 영역과 관련된 것인지를 구분하고 있지 아니하지만, 그것이 공법영역뿐만 아니라 사법의 영역에서도 적용이 있다고 보아야 할 것이다.[2] 특히 자의금지라는 의미에서 평등원칙은 제한 없이 적용된다고 볼 것이다.[3]

Ⅱ. 행위유형

1910

```
                        ┌─ 협의의 국고작용 ┌─ 조달행정(고객으로서 국가)
넓은 의미의 국고작용 ─┤                  └─ 영리활동(기업으로서 국가)
                        └─ 행정사법작용(공적사무의 수행자로서 국가)
```

1911   과거의 행정법학은 사법적으로 행위하는 국가(국고)를 임의의 사인과 동일시하고, 일반적인 공법의 구속에 두지 않았다.[4] 그러나 1950년대에 이르러 행정작용으로 추구하는 목적에 따라 변화가 생기게 되었다. 말하자면 1950년대

---

1) Wallerath, Allgemeines Verwaltungsrecht(6. Aufl.), §3, Rn. 30; Erbguth/Guckelberger Allgemeines Verwaltungsrecht(2018), §29, Rn. 9.

2) BVerfGE 7, 198; Wallerath, Allgemeines Verwaltungsrecht, S. 38; Detterbeck, Allgemeines Verwaltungsrecht mit Verwaltungsprozessrecht(13. Aufl.), §17, Rn. 905; Maurer/Waldhoff, Allgemeines Verwaltungsrecht(2017), §1, Rn. 29; Wolff/Bachof/Stober/Kluth, Verwaltungsrecht Ⅰ(2017), §23, Rn. 45, 60, 64.

3) Maurer/Waldhoff, Allgemeines Verwaltungsrecht(2017), §1, Rn. 29; 김중권의 행정법(2019), 499쪽.

4) Wallerath, Allgemeines Verwaltungsrecht(6. Aufl.), §3, Rn. 26.

이래 독일의 판례와 이론은 종전의 (넓은 의미의) 국고작용을 추구하는 목표에 따라 행정사법작용·조달행정작용·영리활동으로 나누어 고찰하는 경향에 있다.[1] 이러한 입장에서는 조달행정작용과 영업활동에는 사법만이 적용된다고 하였다. 그러나 오늘날에는 사정이 다르다. 말하자면 조달행정과 영리활동에도 공법적 기속이 문제되는바, 행정사법작용·조달행정작용·영리활동을 적용할 법영역의 상이성에 초점을 맞추는 것은 타당하지 않다.[2] 협의의 국고행정에 직접적인 공법의 구속을 승인한다면, 행정사법과 협의의 국고활동의 구분은 어려울 것이지만, 그럼에도 행정사법과 협의의 국고활동은 상대적이지만 구분되어야 할 것이다.[3] 이하에서는 이러한 구분방식을 따르되, 행정의 내용에 초점을 맞추기로 한다.

▌참고 1▐　행정사법의 개념은 [행정상 법률관계＝공법관계(권력관계＋비권력관계)＋사법관계(협의의 국고관계＋행정사법관계)]로 이해하는 독일행정법론의 산물이다. [행정상 법률관계＝공법관계(권력관계＋관리관계)＋사법관계(국고관계)]로 이해하는 우리의 전통적 견해(일본의 통설)와는 거리가 먼 개념이다. 구태여 말한다면 우리의 전통적 견해가 보는 관리관계의 일부와 사법관계의 일부가 행정사법관계에 해당한다고 볼 수 있다. 한편, 우리의 일부 학자들은 행정사법개념을 독자적으로 설정하여 이론화하는 것으로 보인다. 본서의 논리는 독일의 통설에 따른 것이다.　1912

▌참고 2▐　본문에서 보는 바와 같이 본서는 조달작용이나 영리활동에도 경우에 따라 공법적 제약이 가해져야 한다는 입장이다. 그러나 일설은 조달작용이나 영리활동의 경우, 공법적 제약이 가해져야 하는 부분을 추출하여 행정사법작용의 개념에 포함시킨다. 공법적 제약 여부에 초점을 맞춘다면, 이러한 견해는 타당하다고 볼 수 있다. 그러나 행정사법의 개념이 '사법형식'에 의한 공적 목적의 '직접적 수행'이라는 관점에서 형성된 것이고, 또한 그렇게 이해하는 한, 공적 목적의 '간접적 수행'인 조달작용이나 영리작용 중 공법적 제약이 가해져야 할 부분을 추출하여 행정사법에 포함시키는 것은 타당하지 않다.　1913

---

1) 졸저, 행정법원리, 234쪽; Wolff/Bachof/Stober/Kluth, Verwaltungsrecht Ⅰ (12. Aufl.), §23, Rn. 39; Maurer, Allgemeines Verwaltungsrecht, §4, Rn. 6ff.; Erbguth, Allgemeines Verwaltungsrecht, §25, Rn. 1; Schmidt, Allgemeines Verwaltungsrecht(14. Aufl.), Rn. 42f.

2) Ehlers, in : Erichsen(Hrsg.), Allgemeines Verwaltungsrecht(12. Aufl.), §2, Rn. 78.

3) Wallerath, Allgemeines Verwaltungsrecht(6. Aufl.), §3, Rn. 31.

Ⅲ. 행정사법작용

1. 의   의

1914   행정사법작용이란 공행정주체가 공적 임무를 사법형식으로 수행하는 행정작용을 말한다. 공행정주체가 사법형식으로 공적 임무의 직접적인 수행을 위해 행위하게 되면, 행정사법(Verwaltungsprivatrecht)의 원리가 적용되게 된다.[1] 말하자면 공행정의 사법작용을 공법의 구속하에 두는 법원리를 행정사법이라 부른다.[2] 행정이 사법형식을 선택하였다고 하여 사적 자치를 얻는 것이 아니므로 행정사법을 공법적으로 구속되는 사법이라고도 한다.[3] 행정사법은 주로 복리행정분야에서 ① 사법형식의, ② 공적 임무수행을 개념요소로 하여, ③ 공법적 규율이 가해짐을 특징으로 갖는다. 행정사법의 법적 파악은 행위형식과 행위목표와의 전통적인 도식, 즉 공법형식에 따른 공적 임무수행과 사법형식에 따른 사적 임무수행의 도식이 붕괴됨을 의미하는 것이 된다. 행정사법은 공법과 사법 외의 제3의 법영역을 의미하는 것이 아니다. 행정사법의 개념은 행정에 공법규범뿐만 아니라 사법규범도 적용되지만, 사법규범으로 직접 공적목적을 수행하는 행정의 경우에 있어서 사법규범은 공법규정에 의해 보충·수정된다는 것을 의미하는 개념이다.[4]

---

1) 행정사법의 개념은 H. J. Wolff에 의해 사용되기 시작하였다(ders., Verwaltungsrecht Ⅰ, 1956, S. 89ff.; Wolff/Bachof, Verwaltungsrecht Ⅰ(9. Aufl.), S. 108). 여태까지의 독일의 판례의 전반적인 경향은 행정사법을 공적 사무의 직접수행의 경우에만 국한하여 파악하고 있다(Hofmann/Gerke, Allgemeines Verwaltungsrecht, S. 41). 한편, 행정사법과 2단계론(예 : 공법상의 수영장을 사법적으로 이용하는 경우, 그 법관계는 이용허가여부의 1단계와 입장료납부관계의 2단계로 구성된다는 이론)은 구별되어야 한다. 2단계론에서 제1단계(행정행위로서 허가여부)는 공법관계이고, 제2단계(허가에 근거한 이용에 관한 계약)는 사법관계를 의미하지만, 행정사법은 하나의 단계로서 공법요소와 사법요소의 혼재를 내용으로 한다.

2) Detterbeck, Allgemeines Verwaltungsrecht mit Verwaltungsprozessrecht(13. Aufl.), § 17, Rn. 905; Ipsen, Allgemeines Verwaltungsrecht(9. Aufl.), § 3, Rn. 198; Storr/Schröder, Allgemeines Verwaltungsrecht, Rn. 291.

3) Peine, Allgemeines Verwaltungsrecht(10. Aufl.), § 3, Rn. 197.

4) 일설은 행정사법에 대비하여 사행정법(Privatverwaltungsrecht)이라는 개념을 사용하기도 한다. 말하자면 국가가 사무를 실질적으로 민영화하면, 사인이 공적 사무의 이행을 맡게 되는데, 여기서 사행정법은 기존의 보호이익을 유지시키기 위하여, 사법에 공법적 규율요소를 편입하게 되는바, 이러한 법원리를 사행정법이라 한다(예 : 사인인 전문가가 행정을 위하여 감정의견을 맡게 되는 경우에 공법적 규범프로그램(환경감정평가사, 건축전문가)의 집행에서, 객관적·중립적 그리고 최대한 정당한(바른) 감정이 중요하다). 이러한 사행정법은 행정사무의 민영화의 증대와 더불어 의미를 얻고 있다고 하고, 행정권이 아니라 사인이 다른 사인에 대하여 공적 사무를 수행한다는 점에서 사행정법이 행정사법과 구별된다고 한다. 그리고 이러한 구분이 필요한 것은, 사인은 행정과 달리 기본적으로 기본권에 구속되지 않기 때문이라는 것이다(Storr/Schröder, Allgemeines Verwaltungsrecht, Rn. 302).

2. 협의의 국고작용과의 구별

행정사법작용은 공적 목적의 달성을 직접적인 목적으로 한다는 점에서 공   1915
적 목적의 달성을 간접적인 목적으로 하는 조달작용·영리활동과 구별된다. 직
접적이든 간접적이든 불문하고 공적 목적을 위한다는 점에서, 그리고 범위의 광
협에 차이가 있다고 하여도 공법적 제약이 가해진다는 점에서 행정사법작용과
조달작용·영리활동은 동일하다. 사실, 사법영역에서는 직접적인 공적 목적 달
성을 목적으로 하지 아니하므로 행정은 시민과 동등하다는 과거의 국고이론은
설득력이 없다. 왜냐하면 민주주의원리에 비추어 국가작용은 모두 공적 목적을
위한 것이고, 국가는 기본권적인 사적 자치를 누릴 수 없는 지위에 있지 아니하
기 때문이다. 국가는 기본권의 주체가 아니라 기본권에 구속되는 자이기 때문이
다. 요컨대 경제에서 국가와 사인을 동등시하는 구조는 기본권에 비추어 잘못이
다. 국가가 사법을 활용할 수 있다고 하여 국가와 사인을 동일시 할 수는 없다.[1]

3. 행정사법인정의 전제

행정사법의 승인은 국가임무에는 공적인 것과 비공적인 것의 구분이 있음   1916
을, 그리고 행정권은 사법형식으로도 국가임무를 수행할 수 있음을 전제로 한다.[2]
즉, 행정청은 공법상 행위형식과 사법상 행위형식 사이에서 선택의 자유를 갖는
다는 것을 의미한다.[3] 이러한 상황에 적합한 행정이 급부행정이다. 말하자면
그것은 공적인 임무이지만, 사법형식으로 가능한 행정영역인 것이다(행정사법론
외에도 공·사법요소가 혼재된 행정작용의 법적 문제의 해결을 위한 이론으로 2단계이론이
있다).

4. 행정사법작용의 예

행정사법은 먼저 생활배려를 내용으로 하는 사법형식의 급부행정영역에서   1917
적용된다(예 : 주택건설·위생시설·폐수처리·오물처리·수돗물공급·국공영극장·국공영스포
츠시설 등의 운영). 이 밖에도 행정사법은 경제촉진을 목적으로 하는 사법형식의
교부지원제도(예 : 보조금지원)에도 적용된다.[4] 한편, 독일의 경우, 행정사법이 법
률에서 인정되는 것은 아니고 판례와 학설상 발전된 것이지만, 오늘날에는 국가
가 공적인 사무를 사법상으로 조직한 회사를 통해 수행하는 경우에도 행정사법

---

1) Storr/Schröder, Allgemeines Verwaltungsrecht, Rn. 299.
2) Wallerath, Allgemeines Verwaltungsrecht(6. Aufl.), § 3, Rn. 28.
3) Wallerath, Allgemeines Verwaltungsrecht(6. Aufl.), § 3, Rn. 29.
4) Schmidt, Allgemeines Verwaltungsrecht(18. Aufl.), S. 17, Rn. 48.

이 적용된다고 한다.[1]

5. 행정사법작용의 특징

1918　　행정사법작용에는 완전한 의미의 사적 자치가 그대로 적용되는 것이 아니라 오히려 공법적 구속하에 놓인다는 점에 본질적인 특징이 있다.[2] 그러한 논리의 근거로 독일은 기본법 제1조 제3항(다음의 기본권은 직접 유효한 법으로서 입법권과 집행권 그리고 사법권을 기속한다)이 제시되고 있다. 즉 "기본권이 집행권을 기속한다"는 것은 집행권의 행위형식을 가리지 않고 기본권이 적용된다는 것이다. 우리의 경우는 그 근거로 헌법 제10조가 제시될 수 있다. 행정사법작용에 대한 공법적 제약으로는 개별법규상의 제약(예: 우편법 제10조의 제한능력자의 행위를 능력자의 행위로 의제, 제24조의 체납요금 등의 강제징수, 제38조 제1항의 손해배상범위의 제한 등) 외에 ① 행정은 먼저 권한규범에 의해 구속되며, ② 기본권 특히 자유권이나 평등권에 구속되며,[3] ③ 비례원칙의 적용을 받으며, 또한 ④ 부당결부금지의 원칙도 적용된다. ⑤ 이 밖에도 경제성·합목적성의 제한이 가해지며, 또한 공행정기관은 경영의무를 지고 경영포기 내지 중단이 부인된다.

6. 행정사법의 증가요인과 문제점

1919　　공법영역에 속한다고 보여지는 공행정임무의 수행을 위하여 사법형식을 활용하는 것이 증가할 것으로 보이는데, 그 이유는 국가가 사법상의 주체로서 보다 많은 자유를 원하기 때문이라 하겠다. 즉 사법상 주체(국고)로서의 국가는 고권주체로서의 국가보다 더 많은 자유를 갖게 되기 때문이라는 것이다(공법의 엄격성). 이것은 결국 사법으로의 도피, 고권으로부터의 도피 또는 법률 앞에서의 도피를 가져올 가능성을 갖는다. 이 때문에 행정사법에서 공법적 제한은 중요한 문제가 될 수밖에 없는 것이다.

7. 행정사법작용의 성질과 관할법원

1920　　독일의 지배적인 견해에 따르면, 특별규정이 없는 한, 공법적인 제약에도 불구하고 전체로서 법관계는 사법적인 성질을 갖는다고 한다.[4] 이것은 결국 공

---

1) Wittern, Grundriss des Verwaltungsrechts, §2. Rn. 18; BVerfGE 22, 28.
2) Wolff/Bachof, Verwaltungsrecht Ⅰ(9. Aufl.), S. 108; Peine, Allgemeines Verwaltungsrecht(10. Aufl.), §3, Rn. 197.
3) 대개의 기본권은 성질상 공법작용에 대한 것이고, 사법작용의 경우에는 요건상 적용과 거리가 멀다(Püttner, Allgemeines Verwaltungsrecht, S. 83).
4) Battis, Allgemeines Verwaltungsrecht, S. 11; Hofmann/Gerke, Allgemeines Verwaltungsrecht, S. 41; Wallerath, Allgemeines Verwaltungsrecht, S. 32f.; Wolff/Bachof/Stober/Kluth, Verwaltungsrecht Ⅰ(12. Aufl.), §23, Rn. 69; BGHZ 91, 84, 96; Wallerath, Allgemeines Verwaltungs-

법상의 제약이 사법적인 수단으로 실현되어야 함을 뜻한다(기본권의 제3자적 효력). 그리고 이 작용에 대한 분쟁은 민사법원의 관할사항이라 하게 된다. 결국 행정 사법은 사적 자치가 아니라 공적 임무(공공복지)의 보장이라는 점에서 내재적인 제약이 주어지는 것이 된다. 이러한 논리는 우리의 경우에도 타당하다고 보겠다. 한편 종전의 판례를 보면 우리의 대법원도 동일한 입장을 취하는 것으로 보인 다.[1] 학설상으로는 공법원칙이 적용되는 한도 내에서 행정사법은 사행정이 아 니라 공행정에 관한 특수한 규율인 공법으로 파악하여야 하며, 기속위반의 효과 도 행정법상의 하자이론에 준하여 판단하여야 할 것이라는 입장이 있다.[2] 그러 나 이러한 입장은 행정사법의 본질이 사법인 점을 간과하고 있다고 보겠다.

Ⅳ. 좁은 의미의 국고작용

국가가 직접적으로 공적 임무를 수행하는 것이 아니라, 다만 일반적인 경제 활동을 하거나 법적 행위를 하면서 공적 임무의 수행에 필요한 전제를 실현하 는 행위를 할 때, 국가는 국고(Fiskus)로 나타난다. 이러한 국고로서의 국가의 행 정작용을 좁은 의미의 국고작용이라 한다. 좁은 의미의 국고작용은 다시 조달행 정작용과 영리활동의 두 가지로 구분된다.[3] 좁은 의미의 국고작용은 간접적으 로 공적 임무의 수행에 기여한다.[4]

1921

1. 조달행정

(1) 의   의   조달행정(Bedarfsdeckungs-oder Beschaffungsverwaltung)이란 행 정청의 청사건축을 위한 토지의 매입, 사무용품매입 등과 같이 행정청이 공적 임무의 수행에 전제가 되는 것을 확보하기 위한 행정작용을 말한다. 조달행정은 사법상 조성행위로 불리기도 한다. 조달행정을 국고적이라 하는 것은 조달행정

1922

---

recht(6. Aufl.), §3, Rn. 33f.

1) 대판 1982. 12. 28, 82누441(전화가입계약은 전화가입희망자의 가입청약과 이에 대한 전화관서 의 승낙에 의하여 성립하는 영조물이용의 계약관계로서 비록 그것이 공중통신역무의 제공이라 는 이용관계의 특수성 때문에 그 이용조건 및 방법, 이용의 제한, 이용관계의 종료 원인 등에 관하여 여러 가지 법적 규제가 있기는 하나 그 성질은 사법상의 계약관계에 불과하다고 할 것 이므로, 피고(서울용산전화국장)가 전기통신법시행령 제59조에 의하여 전화가입계약을 해지하 였다 하여도 이는 사법상의 계약의 해지와 성질상 다른 바가 없다 할 것이고 이를 항고소송의 대상이 되는 행정처분으로 볼 수 없다).

2) 석종현, 일반행정법(상)(구판), 416쪽.

3) 논자에 따라서는 좁은 의미의 국고작용을 사법적 조성작용(조달행정)·영리활동·재산행정 (Vermögensverwaltung)으로 구분하기도 한다(Hendler, Rn. 490). 이러한 입장에 의하면, 재산행 정은 공적임무의 수행에 사용되지 아니하는 재산(예 : 공적목적에 사용되지 아니하는 토지나 차 량)의 사경제적 이용에 관련한다. 본서는 이러한 경우를 영리작용의 한 부분으로 이해하고 있다.

4) Erbguth, Allgemeines Verwaltungsrecht, §25, Rn. 10.

이 사법적으로 이루어지는 것을 의미한다. 따라서 조달행정에 관한 법적 분쟁은 원칙적으로 민사법원의 관할사항이다.[1) 조달행정은 간접적으로 공적 목적에 기여한다. 전통적으로는 조달행정의 공법적 기속이 논급되지 않았다.

1923   조달행정은 공적 목적을 간접적으로 수행한다는 점에서 공적 목적을 직접적으로 수행하는 행정사법작용과 구별된다. 그러나 조달행정도 후술하는 바와 같이 공공적 성격을 강하게 가지며, 아울러 공법적 기속이 가해져야 한다고 볼 때, 행정사법작용과 조달행정의 구분은 그만큼 완화된다(구분의 상대화).

1924   (2) 공법적 제한   ① 물자의 조달 등에 법적 제한(예 : 상급행정청의 승인)이 요구되면, 그러한 제한을 따라야 한다. 말하자면 구매에 관련된 절차·종류·방법 등에 공법상의 제한이 있는 경우에는 구매 자체의 법적 성질 여하를 불문하고 그러한 제한을 준수하여야 한다.[2) 이러한 범위에서 국가의 계약의 자유는 제한된다. 한편 ② 기본권, 일반적인 헌법원칙, 행정법원칙은 공법적인 행정작용이나 행정사법에만 적용되는 것이 아니라 조달행정에도 적용되어야 한다.[3) 예컨대 조달작용이 사법작용이라 할지라도 기본권 특히 평등권에 구속되어야 한다. 헌법상 평등원칙은 모든 국가작용(공·사법작용 포함)에 적용되어야 하는 것이기 때문이다.[4) 따라서 조달관청은 합리적인 근거가 없는 한 모든 잠재적인 공급자들을 동등하게 취급하여야 한다. 사실 조달작용도 내용에 따라서는 공적 기속이 강조되어야 하는 경우도 적지 않다. 예컨대 국군의 새로운 무기체계에

---

1) 대판 2001. 12. 11, 2001다33604(지방재정법에 의하여 준용되는 국가계약법에 따라 지방자치단체가 당사자가 되는 이른바 공공계약은 사경제의 주체로서 상대방과 대등한 위치에서 체결하는 사법상의 계약으로서 그 본질적인 내용은 사인 간의 계약과 다를 바가 없으므로, 그에 관한 법령에 특별한 정함이 있는 경우를 제외하고는 사적자치와 계약자유의 원칙 등 사법의 원리가 그대로 적용된다); Erbguth/Guckelberger Allgemeines Verwaltungsrecht(2018), § 29, Rn. 10.

2) 대판 1992. 4. 28, 91다46885(시가 사경제적 주체로서 한 물품구매계약은 사법상의 계약이고, 구 예산회계법시행령 제74조의 규정취지에 비추어 보면, 물품구매계약서상 '계약체결 후 예정가격 또는 계약금액의 결정에 하자 또는 착오가 있음이 발견되거나 기타 계약금액을 감액하여야 할 사유가 발생하였을 때에는 계약금액을 감액하거나 환수조치할 수 있다'고 한 계약특수조건은 계약 상대자가 예정가격 또는 계약금액을 높이기 위하여 부정한 방법 등을 사용하거나, 그로 인하여 시의 계약담당공무원이 착오를 일으켜 예정가격 또는 계약금액을 부당하게 높게 책정할 경우에 대비하여 그러한 때에는 그 정상가격과의 차액을 감액하거나 환수할 수 있다는 취지라고 해석되므로, 시가 위 계약의 특수조건을 이유로 계약금액의 감액이나 환수를 할 수 있으려면 단순히 시가 구매물품을 조달품목이 아닌 것으로 잘못 파악하였다는 사실만으로는 부족하고, 시가 그와 같이 착오를 일으킨 데 대하여 상대방에게 귀책사유가 있다거나 그러한 착오로 인하여 계약금액이나 예정가격이 부당하게 높게 책정된 것이라고 볼 만한 사정이 있어야 한다).

3) Maurer, Allgemeines Verwaltungsrecht(18. Aufl.), § 3, Rn. 22.

4) Maurer, Allgemeines Verwaltungsrecht, § 3, Rn. 10; Mussmann, in : Schweickhardt(Hrsg.), Allgemeines Verwaltungsrecht, Rn. 58; Wallerath, Allgemeines Verwaltungsrecht, S. 38; Wolff/Bachof/Stober/Kluth, Verwaltungsrecht I (12. Aufl.), § 23, Rn. 42; Erbguth, Allgemeines Verwaltungsrecht, § 25, Rn. 12.

관한 대단위조달작용은 국방·과학기술발전·일자리확보·군수산업촉진(경기촉진) 등의 효과와 직접 관련을 맺는바, 이러한 효과들은 바로 공적인 것이라 하지 않을 수 없는 것이고, 따라서 무기체계의 조달을 단순히 사법이 적용되는 조달작용이라고만 할 수는 없다고 하겠다. 오히려 그것은 기본권외에 국가의 정책목표에도 강하게 구속되어야 한다고, 즉 공적 기속을 강하게 받아야 한다고 볼 것이다. 그러나 공법적 구속의 범위는 현재로서 불확실하다.

(3) **위법한 계약의 효과**　조달행정을 위한 계약이 위법한 경우, 반드시 무 ㅤ1924a 효가 된다고 말하기 어렵다. 위법의 정도가 계약의 공공성과 공정성을 현저하게 해치는 경우일 때, 또는 이와 유사한 경우에 무효 사유가 된다고 볼 것이다.[1]

2. 영리활동

(1) **의　　의**　영리활동(Erwerbswirtschaftliche Betätigung)이란 국가가 공행정 ㅤ1925 목적의 직접적인 수행과는 관계없이 수익의 확보를 위해 행하는 활동을 말한다 (예 : 국가가 담배공장을 경영하거나 자동차회사에 주주로 참여하는 경우). 잡종재산의 관리 또한 이 경우에 해당할 것이다.[2] 영리활동은 이익획득을 직접적인 목적으로 하는 점에서 공적 목적의 수행을 직접적인 목적으로 하는 행정사법과 구별되고, 이익획득과 무관한 조달행정과 구별된다.

(2) **공법적 제한**(사경쟁자의 보호)　국가의 영리활동과 관련하여서는 먼저 ㅤ1926 국가의 영리활동이 헌법상 허용되는가의 문제가 있다. 공적 사무의 수행에 문제를 야기하지 아니하는 범위 안에서 제한적으로 긍정하는 것이 일반적인 견해이다.[3] 다음으로, 국가의 영리활동시에 사인인 경쟁자에게 아무런 법상의 금지조

---

1) 대판 2022. 6. 30, 2022다209383(계약담당 공무원이 입찰절차에서 「지방자치단체를 당사자로 하는 계약에 관한 법률」 및 그 시행령이나 세부심사기준에 어긋나게 적격심사를 하였다고 하더라도 그 사유만으로 당연히 낙찰자 결정이나 그에 따른 계약이 무효가 되는 것은 아니고, 이를 위반한 하자가 입찰절차의 공공성과 공정성이 현저히 침해될 정도로 중대할 뿐 아니라 상대방도 이러한 사정을 알았거나 알 수 있었을 경우 또는 누가 보더라도 낙찰자 결정 및 계약체결이 선량한 풍속 기타 사회질서에 반하는 행위에 의하여 이루어진 것임이 분명한 경우 등 이를 무효로 하지 않으면 그 절차에 관하여 규정한 위 법률의 취지를 몰각하는 결과가 되는 특별한 사정이 있는 경우에 한하여 무효가 된다).

2) 대판 1969. 12. 26, 69누134(국유재산의 매매계약은 순전히 사법상의 계약에 불과하고, 이를 공권력에 의한 행정처분 내지 준행정처분이라고는 볼 수 없으며 구 국유재산법(1965. 12. 30. 법률 제1731호) 제28조에서 잡종재산을 차수 또는 매수한 자가 임대료나 매수대금을 기일 내에 납부하지 않을 때에는 대부 또는 매매계약을 해제하거나 국세징수법에 정한 바에 따라 체납처분을 할 수 있다고 규정되어 있다 하여 이에 영향을 미칠 수 없다); 대판 1993. 12. 21, 93누 13735. 한편, 논자에 따라서는 재산행정을 영리활동과 별도로 다루기도 한다(Ehlers, in : Erichsen(Hrsg.), Allemeines Verwaltungsrecht(13. Aufl.), §3, Rn. 73f.).

3) Erbguth, Allgemeines Verwaltungsrecht, §25, Rn. 15.

치가 가해지지 않는다고 하여도 사경쟁자는 사실상 불이익을 받기 쉽다(우체국예금·보험에 관한 법률에 따른 체신관서의 예금·보험사업은 국가의 신용·시설·인력을 기초로 하는 것으로서, 민간금융기관과 경쟁을 가져오며, 공정한 경쟁을 기대하기 곤란한 면도 갖는다). 말하자면 공적 기업에 의해 사인은 사실상 기본권을 침해당하게 된다. 이러한 경우에 사경쟁자에게 보호가 주어져야 한다는 것은 분명하나, 어떠한 보호수단이 주어져야 하는가는 앞으로의 연구과제이다.

제4장 행정절차·행정정보

제1절 행정절차 일반론

제1항 행정절차의 관념

I. 행정절차의 개념

1. 이론상 개념

① 행정과정상 행정기관이 거쳐야 하는 일체의 준비·계획·결정·공고를 통 **2001**
틀어 광의의 행정절차라 부른다. 이것은 입법절차·사법절차에 대응하는 개념이
다. 이러한 의미의 절차에는 사전절차(예 : 행정입법·행정계획수립·행정행위발령·공법
상 계약체결 등)뿐만 아니라, 사후절차(예 : 행정집행·행정처벌·권리구제 등의 절차) 등
모든 절차가 포함된다. 이러한 의미의 행정절차는 통일적인 내용을 갖는 것이
아니다.

② 논자에 따라서는 행정의사결정에 관한 제1차적 결정과정인 절차를 협의 **2002**
의 행정절차라 부르기도 한다. 제1차적 결정과정이란 행정입법절차·행정계획절
차·행정처분절차·공법상 계약절차를 의미한다. 행정실체법에 대응하는 개념으
로 이해되고 있다.[1] 일반적으로 행정절차란 이러한 의미의 행정절차로 이해되
는 것으로 보인다. ③ 일부 견해는 행정심판절차를 최협의의 행정절차라 부르기
도 한다.[2]

2. 실정법상 개념

행정절차의 개념을 정의하는 실정법은 나라마다 상이하다. 우리의 행정절 **2003**
차법은 처분, 신고, 행정상 입법예고, 행정예고 및 행정지도의 절차를 행정절차
로 구성하고 있다(절차법 제3조 제1항). 미국 행정절차법은 행정처분절차(재결절차)
와 행정입법절차를 포함하며, 독일 행정절차법은 행정행위절차, 행정계획확정절
차와 공법상계약절차를 포함하고 있다.

---

1) 박윤흔·정형근, 최신행정법강의(상), 406쪽.
2) 이상규, 신행정법론(상), 266쪽.

Ⅱ. 행정절차와 사법절차의 비교

2004 행정절차를 사법절차(행정소송절차)와 비교하여 볼 때, 행정절차나 사법절차 모두 행정의 영역에서 법을 실현하고 수행하는 점은 동일하나, 그 목표와 구체적인 실현과정에 차이가 생긴다. 즉 행정절차는 공적 임무의 실현, 공공복지의 현실화가 주된 목적이다. 물론 그것이 관련있는 개인의 권리보호를 등한시한다는 것은 아니고, 그것 또한 중요한 임무 중의 하나임은 물론이다. 그러나 사법절차는 그 본질적인 존재이유가 개인의 권리보호의 실현에 있다는 점에 양자의 차이가 있다. 따라서 행정절차의 경우에는 형식성이 완화되고 능률성이 매우 요구되나 사법절차는 엄격한 형식성과 절차의 보장이 매우 중요한 요청이다.[1] 요컨대 행정절차와 달리 사법절차는 고유한 분쟁대상을 갖는다는 것이 특징적이다.

Ⅲ. 행정절차의 의미

2005 행정절차법은 "이 법은 행정절차에 관한 공통적인 사항을 규정하여 국민의 행정참여를 도모함으로써 행정의 공정성·투명성 및 신뢰성을 확보하고 국민의 권익을 보호함을 목적으로 한다"(절차법 제1조)고 규정하여 행정절차의 의미를 간결하게 언급하고 있다. 사실 오늘날 행정절차에 대한 관심과 중요성은 계속 증대하고 있는데, 그것은 행정절차가 갖는 다음의 의미에 기인한다.

1. 국민의 지위변화와 행정절차

2006 국민이 단순히 통치나 행정의 객체로만 머무르는 것이 아니라 한걸음 더 나아가서 통치나 행정의 근원적인 주체라고 하는 것이 국민주권주의시대의 당연한 논리이므로 국가권력의 행사인 행정과정에 국민이 참여한다는 것은 또한 당연한 요청이 된다(행정과 국민주권).

2. 민주주의원리와 행정절차

2007 행정의사결정과정에 있어서 국민의 참여를 통해 국정에 국민의사의 반영을 보장한다는 것은 국민에 의한 행정, 국민에 의한 통치를 지향하는 것을 뜻한다. 이것은 바로 행정의 민주화를 의미하는 것이 된다. 나아가 이것은 국가작용의 정당성과 통합에 기여한다(행정의 민주화).

---

1) 졸저, 행정법원리, 243쪽 이하.

3. 법치주의원리와 행정절차

법치행정, 법에 의한 지배는 행정의 실체면뿐만 아니라 행정의 절차면에도   2008
타당한 원리이다. 행정의 절차를 법제화하면 그것은 절차면에서의 법치주의의
확대를 뜻하게 된다. 이는 국민으로 하여금 행정권발동에 대한 예측을 가능하게
하여 개인의 법생활의 안정을 도모할 뿐만 아니라 법적 분쟁을 미연에 방지할
수 있는 기회를 제공함으로써 사전적 권리구제제도로서의 의미도 갖게 된다(법
치주의의 실질화 · 사전적 권리구제).

4. 적정한 행정과 행정절차

행정과정에서의 국민의 참여는 행정청의 입장에서 볼 때 보다 많은 정보·   2009
자료를 획득할 수 있고, 이해대립하는 자들간의 충돌을 보다 효율적으로 조정·
조절할 수 있고, 아울러 국민적 합의를 형성하는 데 도움이 된다. 이는 행정이
보다 적정한 것이 될 수 있음을 의미한다(행정의 합리화).

5. 능률적인 행정과 행정절차

행정과정에 국민을 참여시키는 것이 행정능률을 저해한다는 인식이 과거에   2010
없었던 것은 아니다. 그러나 오늘날에 있어서는 행정절차의 도입이 행정능률에
기여한다고 보는 데 큰 이견은 없다. 왜냐하면 행정절차를 법제화하는 초기에는
다소 무리가 따를지라도, 이것이 보편적인 것으로 활용되기 시작하면 오히려 행
정의사의 결정이 신속 · 효율적으로 이루어질 수 있게 되고 또한 행정절차를 거
쳐 행정의사를 결정하면 분쟁을 미연에 방지하게 되어 전체로서의 행정작용은
보다 능률적인 것으로 될 가능성이 높기 때문이다. 다만 문제는 행정절차 그 자
체를 지나치게 복잡하게 만드는 경우일 것이다. 효과적인 행정절차가 마련되는
이상 그것은 분명 행정의 능률화에 기여한다고 보겠다(행정의 능률화).

한편, 행정의 능률화는 행정의 경제와 절약의 의미를 동시에 갖는다. 현행   2011
행정절차법은 처분의 신속과 효율을 확보하기 위하여 처리기간의 설정 · 공표(절
차법 제19조)와 처분기준의 설정 · 공표(절차법 제20조)에 관한 규정을 두고 있다. 행
정의 능률화 · 경제 · 절약을 위해 행정절차의 개선 · 간소화가 꾸준히 추진되어야
한다. 대단위 개발사업 등과 관련하는 복합민원행정의 경우에는 더욱 간소화가
요구된다.

Ⅳ. 행정절차참여의 확대

2012   행정절차법은 행정절차의 의미를 보다 확보하기 위하여 행정청의 국민참여 확대노력과 전자적 정책토론을 규정하고 있다.

1. 국민참여 확대 노력

2013   행정청은 행정과정에 국민의 참여를 확대하기 위하여 다양한 참여방법과 협력의 기회를 제공하도록 노력하여야 한다(절차법 제52조).

2. 전자적 정책토론

2014   행정청은 국민에게 영향을 미치는 주요 정책 등에 대하여 국민의 다양하고 창의적인 의견을 널리 수렴하기 위하여 정보통신망을 이용한 정책토론(이하 "전자적 정책토론"이라 한다)을 실시할 수 있다(절차법 제53조 제1항). 행정청은 효율적인 전자적 정책토론을 위하여 과제별로 한시적인 토론 패널을 구성하여 해당토론에 참여시킬 수 있다. 이 경우 패널의 구성에 있어서는 공정성 및 객관성이 확보될 수 있도록 노력하여야 한다(절차법 제53조 제2항). 행정청은 전자적 정책토론이 공정하고 중립적으로 운영되도록 하기 위하여 필요한 조치를 할 수 있다(절차법 제53조 제3항). 토론 패널의 구성, 운영방법, 그 밖에 전자적 정책토론의 운영을 위하여 필요한 사항은 대통령령으로 정한다(절차법 제53조 제4항).

제 2 항   행정절차의 법제화

Ⅰ. 우리나라

1. 헌   법

2015   헌법 제12조 제1항과 제3항은 형사사건에 관한 절차에 관해 규정하고 있고, 행정절차에 관해서는 특별히 규정하는 바는 없지만 헌법의 동 규정은 행정절차에도 적용된다. 판례의 견해이기도 하다.[1] 헌법이 규정하는 적법절차의 구

---

1) 헌재 2023. 3. 23, 2020헌가1, 2021헌가10(병합); 헌재 2019. 6. 28, 2017헌바135; 헌재 2018. 2. 22, 2017헌가29(헌법 제12조 제1항은 "법률과 적법한 절차에 의하지 아니하고는 처벌·보안처분 또는 강제노역을 받지 아니한다"고 규정하여 적법절차원칙을 규정하고 있다. 적법절차원칙은 형사소송절차에 국한하지 않고 모든 국가작용에 대하여 적용된다. 헌법상 적법절차원칙이 구체적으로 어떠한 절차를 어느 정도로 요구하는지는 규율되는 사항의 성질, 관련 당사자의 사익, 절차의 이행으로 제고될 가치, 국가작용의 효율성, 절차에 소요되는 비용, 불복의 기회 등 다양한 요소들을 형량하여 개별적으로 판단할 수밖에 없다); 헌재 1992. 12. 24, 92헌가8(헌법 제12조 제3항 본문은 동조 제1항과 함께 적법절차원리의 일반조항에 해당하는 것으로서, 형사

체적인 형성은 입법자의 몫이다.

2. 법   률

(1) **일 반 법**   행정절차에 관한 일반법으로 행정절차법이 있다(이에 관해서   2016
는 다음의 제2절에서 상론한다). 한편, 민원사무와 관련된 일반법으로 민원사무처리
에 관한 법률이 있다. 동법은 제2장에서 민원사무편람의 비치, 민원의 의무적
접수, 불필요한 서류 요구의 금지, 복합민원의 처리, 처리 결과의 통지 등에 관
한 규정을 두고 있다.

(2) **개 별 법**   행정절차에 관한 규정을 두고 있는 개별법률도 적지 않다.   2017
예컨대 개별법률에서 진술기회부여(국공법 제13조)·청문(식품법 제81조)·의견청취
(토용법 제28조 제1항)·계고(행집법 제3조)·경고(경직법 제5조)·협의(토용법 제24조 제2
항 제1호) 등을 볼 수 있다.

(3) **일반법과 특별법**   행정절차와 관련하여 세 가지의 근거법률, 즉 일반   2018
법으로서의 행정절차법, 민원사무에 관한 일반법으로서의 민원사무처리에 관한
법률, 그리고 개별법률은 상호 일반법과 특별법의 관계에 놓인다고 하겠다.

말하자면 ① 민원사무라면 개별법률 → 민원사무처리에 관한 법률 → 행정
절차법의 순으로 적용될 것이고, ② 민원사무가 아니라면 개별법률 → 행정절차
법의 순으로 적용될 것이다.

Ⅱ. 외국의 상황[1]

1. 영   국

영국에서 행정절차에 관한 법적 규제는 보통법상의 기본원리인 자연적 정   2019a
의의 원칙에 의거하여 규율되고, 아울러 제정법을 통해 보완되고 있다고 말해진
다. 여기서 자연적 정의의 원칙이란 ① "누구든지 자기의 사건에서는 재판관이
될 수 없다"(No one shall be a judge in his own case)는 편견배제의 원칙과, ② "누
구든지 청문없이는 불이익을 받지 아니한다"(No one shall be condemned unheard),
또는 "쌍방으로부터 들어야 한다(Both sides must be heard)"는 쌍방청문원칙을 그
내용으로 한다. 한편 행정절차(재결절차)에 관한 일반적인 법으로 행정심판소와

절차상의 영역에 한정되지 않고 입법, 행정 등 국가의 모든 공권력의 작용에는 절차상의 적법
성뿐만 아니라 법률의 구체적 내용도 합리성과 정당성을 갖춘 실체적인 적법성이 있어야 한다
는 적법절차의 원칙을 헌법의 기본원리로 명시하고 있는 것이다).

1) 주요 외국(7개국)의 행정절차법에 관해, 이세정 외 5인, 행정절차법 개선 방안 연구, 한국법제
연구원, 2017. 11, 23쪽 이하 참조.

심문법이 있다. 동법은 수차의 개정을 경험하고 있다.

2. 미 국

2019b

미국에서 행정절차에 관한 법적 규제는 2단계로 나누어 볼 필요가 있다. 1946년 이전에는 영국의 자연적 정의의 원칙에 뿌리를 둔 것으로 보이는 미국 헌법 수정 제5조와 수정 제14조상의 적법절차(due process of law) 조항에 근거하였으나, 1946년에는 연방의 행정절차법이 제정되었다. 동법은 규칙제정·재결(고지·청문·결정·직능분리)(규칙은 우리의 행정입법에, 재결은 우리의 행정쟁송법의 처분에 유사하다)·사법심사에 관한 사항을 규정하고 있었고, 그 밖에 약식절차에 관해서도 규정하고 있었다. 동법은 그 후 1967년에 U.S.Code에 흡수되어버린 관계로 현재 형식적 의미의 행정절차법은 존재하지 않게 되었다. 그럼에도 U.S.Code에 흡수된 동조항을 총괄하여 행정절차법이라 부르는 것이 일반적인 경향이라 한다.[1] 그리고 법의 절차상의 이념으로 통지, 청문, 충분한 기록, 제소 등이 언급되고 있다.

3. 프 랑 스

2019c

프랑스의 경우 형식적 의미의 행정절차법은 없고 또한 영국이나 미국식의 행정절차제도의 발전도 모른다. 다만 근래에 이르러 이익대표자심의회가 행정청이 부여하는 사항(예 : 행정입법·처분·계획 등)에 대한 자문을 위해서 완전한 심의를 할 것이 요구되는바, 이러한 자문행정의 행정절차로 이해되고 있다.[2]

4. 독 일

2019d

독일의 경우 행정절차에 관한 일반법으로서 연방의 행정절차법이 1977년부터 시행 중에 있다. 동법은 실체법적 규정도 가지고 있으나, 행정절차와 관련하여서는 정식절차·계획확정절차·권리구제절차 등에 관해 규정하고 있다. 특히 절차의 일반원칙으로서 참가자는 절차의 신청권, 청문권, 서류열람권, 비밀준수청구권 등을 가지며, 동시에 사실관계의 발견에 있어서의 협력의무도 부담한다. 그 밖에 절차의 종결과 관련하여 결정내용의 명확성, 이유의 명시, 권리구제방법의 고지 등이 규정되고 있다.[3] 한편 각 란트 또한 자신의 행정절차법을 가지고 있다.

---

1) 미국행정절차법과 우리의 행정절차법의 비교에 관해 김유환, 고시계, 1997. 4, 76쪽 이하 참조.
2) 프랑스에는 행정절차에 관한 일반법은 없으나, 중재관에 관한 법률(1973년), 정보처리·전산자료 및 인권에 관한 법률(1978), 이유제시에 관한 법률(1979) 등이 제정되어 있다고 한다(김동희, 행정법(Ⅰ), 380쪽(2019)).
3) 독일행정절차법과 우리의 행정절차법의 비교에 관해 김해룡, 고시계, 1997. 4, 89쪽 이하 참조.

5. 일 본

일본의 경우, 행정절차법은 1993년 11월에 제정되고, 1994년 10월부터 시   2019e
행되었다. 일본의 행정절차법은 ① 신청에 대한 처분, ② 불이익처분, ③ 행정지
도, ④ 계출(신고)에 관한 규정을 두고 있다. ①과 ②는 모두 행정처분에 관련된
것이므로, 일본 행정절차법은 행정처분과 행정지도, 그리고 신고에 관한 절차만
규정하고 있는 셈이다. 따라서 일본행정절차법에는 행정입법 · 행정계획 · 공법계
약 · 행정지도 등에 관한 규정이 없는바, 일본행정절차법은 규율절차가 한정적이
어서 국민참가절차제도로서는 미흡하다는 지적이 가해질 만하다.[1]

Ⅲ. 법제화의 의미

행정절차법의 제정은 여러 형태로, 그리고 단편적으로 존재하는 규정들을   2020a
하나의 통일법전에서 단일화할 수 있고, 이로써 개별적인 특별행정법을 제정하
는 경우에 더 이상 입법자는 절차규정에 대한 부담을 갖지 않을 수 있게 된다는
이점을 갖게 된다. 아울러 행정기관에는 행정작용의 단순화 · 단일화를, 법원에
대해서는 재판상 부담의 완화를, 사인에게는 법적 지위의 강화를 가져온다.[2]

한편, 행정절차법의 제정은 종전까지 학설과 판례에 의해 인정되었던 불문   2020b
의 행정법의 일반원칙들이 성문의 규정으로 대체되었다는 의미를 갖는다. 불문
의 법이 성문의 법으로 전환됨에 따라 법적 명확성이 강화되는 효과를 가져왔
다. 행정절차법의 제정으로 법학자와 법관의 논의의 대상이 바뀌었다. 즉 과거
에는 불문의 행정법원칙을 형성하고 발전시키는 것이 논의의 중심을 이루었으
나, 이제는 성문의 법의 해석과 적용이 논의의 중심이다.[3]

제 3 항 행정절차법의 성격

Ⅰ. 일 반 론

1. 제정경과

1987년에 행정절차법(안)이 입법예고된 바 있었으나 국회제출이 보류되었   2021
고, 1993년에는 행정쇄신위원회에서 행정절차법의 제정에 대한 건의가 있었으

---

1) 김유환, 행정절차법제정연구, 법문사, 1996, 131쪽. 한편, 일본행정절차법과 우리의 행정절차법
   의 비교에 관해 천병태, 고시계, 1997. 4, 103쪽 이하 참조.
2) Maurer, Allgemeines Verwaltungsrecht, § 5, Rn. 8.
3) Maurer, Allgemeines Verwaltungsrecht, § 5, Rn. 9.

며, 1996년 10월에는 1987년의 예고안과 다소 상이하지만 새로운 행정절차법
(안)의 입법예고가 있었고, 1996년 11월 30일에는 행정절차법이 국회를 통과하
게 되었다. 정부는 1996년 12월 31일에 공포하였고(법률 제5241호), 동법부칙에
따라 행정절차법은 공포후 1년이 경과한 날부터 발효하게 되었다.[1]

2. 행정절차법의 구성

2021b　　행정절차법은 전 7장(총칙·처분·신고·행정상 입법예고·행정예고·행정지도·보칙)
54개조 및 부칙으로 구성되어 있다. 참고로 1987년에 입법예고가 되었던 행정
절차법(안)은 전 7장 71개조 및 부칙으로 구성되었고, 1996년 8월에 입법예고가
되었던 행정절차법(안)은 전 5장 60개조 및 부칙으로 구성되었다.

Ⅱ. 행정절차법과 헌법

2022a　　행정절차법은 행정작용의 근거를 규율하는 행정실체법의 정당한 적용을 보
장하는 기능을 갖는다. 이 때문에 행정절차법은 행정실체법의 한 부분영역으로
서 기능을 수행한다고 하겠다. 그러나 무엇보다도 행정절차법이 갖는 큰 의미는
행정실체법과 마찬가지로 구체화된 헌법의 중요한 부분이 된다는 점이다. 왜냐
하면 헌법상 인간이 고유하고도 독자적인 인격을 갖는다는 것, 기본권을 갖는다
는 것은 개인이 고유한 권리의 주체로서 절차에 참여할 수 있어야 함을 의미하
는 것인데, 행정절차법은 바로 이러한 절차에의 참여를 보장하는 것이기 때문
이다.

2022b　　한편, 행정안전부장관(행정상 입법예고의 경우는 법제처장)은 행정절차법의 효율
적인 운영을 위하여 노력하여야 하며, 필요한 경우에는 그 운영 상황과 실태를
확인할 수 있고, 관계행정청에 대하여 관련 자료의 제출 등 협조를 요청할 수
있다(절차법 제56조).

Ⅲ. 행정절차법의 성격

1. 일 반 론

2023a　　(1) 일 반 법　　행정절차법은 행정절차에 관한 공통적인 사항을 규정하여
국민의 행정 참여를 도모함으로써 행정의 공정성·투명성 및 신뢰성을 확보하고
국민의 권익을 보호함을 목적으로 하는바(절차법 제1조), 행정절차에 관한 공통적
인 사항을 규정하는 행정절차법은 행정절차에 관한 일반법이다. 따라서 개별법

---

1) 행정절차법 제정경과에 관해서는 김철용, 고시계, 1997. 12, 15쪽 이하 참조.

률에 특별한 규정이 없는 한, 행정절차에 관해서는 당연히 행정절차법이 적용된다. 행정절차법은 일반행정법의 영역에서 민사법에서의 민법전이나 형사법에서의 형법전에 비교할 만한 역할을 한다.[1] 행정절차법은 공법상 행정작용에 관한 일반법이며, 사법작용과는 무관하다. 행정절차법은 행정의 기본법이다.

(2) **적용영역**　①　행정절차법이 행정절차에 관한 일반법이기는 하나, 모든 행정작용에 적용되는 것은 아니다. 그것은 처분·신고, 확약, 위반사실 등의 공표, 행정계획, 행정상 입법예고·행정예고 및 행정지도의 절차에 관하여 다른 법률에 특별한 규정이 없는 경우에 적용된다(절차법 제3조 제1항). 이러한 행위형식중에서도 처분절차가 행정절차법의 중심을 이룬다. 행정절차법은 공법상 계약이나 행정계획절차와는 관련이 없다. ②　행정절차법은 지방자치단체에도 적용된다(절차법 제2조 제1호). ③　소위 다수인이 관련하는 행정절차인 대량절차(Massenverfahren)는 행정절차법상 특별한 절차유형이 아니다. 그러나 대량절차의 편의를 위해 행정절차법은 선정대표자제도(절차법 제11조)와 대표자에 대한 송달(절차법 제14조 제1항) 등을 규정하고 있다. ④　다단계행정절차(das mehrstufige Verwaltungsverfahren)도 행정절차법상 특별한 절차유형이 아니다. 그러나 부분승인 및 예비결정의 제도와 관련하는 다단계행정절차의 원활한 진행을 위하여 행정절차법은 이에 관한 하나의 규정(절차법 제18조)을 두고 있다.

(3) **절 차 법**　행정절차법은 「절차법」이지만, 그렇다고 행정절차법은 절차적 규정만을 갖는 것은 아니고 실체적 규정(예 : 제4조의 신뢰보호의 원칙 등)도 갖는다. 절차적 규정이 행정절차법의 주류를 이루고 있음은 물론이다.

(4) **행정법의 일반원칙**　행정절차법은 행정절차에 관한 일반법이지만, 행정절차법은 행정실체법에도 당연히 적용되는 행정법의 일반원칙에 관한 몇몇 규정도 두고 있다.

(개) **신의성실의 원칙**　행정청은 직무를 수행할 때 신의(信義)에 따라 성실히 하여야 한다(절차법 제4조 제1항). 신의성실의 원칙이 행정기본법에서는 성실의무의 원칙으로 규정되고 있다(기본법 제11조 제1항). 신의성실(성실의무)의 원칙은 실체법적인 성격이 강하므로 행정기본법에 규정하는 것이 바람직하다. 행정절차법의 규정에 손질을 가할 필요가 있다.

(내) **신뢰보호의 원칙**　행정청은 법령등의 해석 또는 행정청의 관행이 일반적으로 국민들에게 받아들여졌을 때에는 공익 또는 제3자의 정당한 이익을 현저히 해칠 우려가 있는 경우를 제외하고는 새로운 해석 또는 관행에 따라 소급

2023b

2023c

2023d

2023e

2023f

---

1) R. Hendler, Allgemeines Verwaltungsrecht, Rn. 1.

하여 불리하게 처리하여서는 아니 된다(절차법 제4조 제2항). 신뢰보호의 원칙은 행정기본법에서도 규정되고 있다(기본법 제12조 제1항). 신뢰보호의 원칙은 실체법적인 성격이 강하므로 행정기본법에 규정하는 것이 바람직하다. 행정절차법의 규정에 손질을 가할 필요가 있다.

2023g   ㈐ **투명성 원칙**   행정청이 행하는 행정작용은 그 내용이 구체적이고 명확하여야 한다(절차법 제5조 제1항). 행정작용의 근거가 되는 법령등의 내용이 명확하지 아니한 경우 상대방은 해당 행정청에 그 해석을 요청할 수 있으며, 해당 행정청은 특별한 사유가 없으면 그 요청에 따라야 한다(절차법 제5조 제2항). 행정청은 상대방에게 행정작용과 관련된 정보를 충분히 제공하여야 한다(절차법 제5조 제3항). 본조항은 내용상 행정의 투명성보다 행정의 명확성을 규정하는 것으로 보인다.

2023h   ⑸ **비용부담**   행정절차에 드는 비용은 행정청이 부담한다(절차법 제54조 본문). 다만, 당사자 등이 자기를 위하여 스스로 지출한 비용은 그러하지 아니하다(절차법 제54조 단서). 법률의 근거 없이는 어떠한 비용도 징수할 수 없다(법률의 유보). 한편, 행정청은 행정절차의 진행에 필요한 참고인·감정인 등에게 예산의 범위에서 여비와 일당을 지급할 수 있다(절차법 제55조 제1항).

2. 적용배제사항

2024   ⑴ **규정내용**   행정절차법은 다음 각 호의 어느 하나에 해당하는 사항에 대하여는 적용하지 아니한다(절차법 제3조 제2항).

1. 국회 또는 지방의회의 의결을 거치거나 동의 또는 승인을 받아 행하는 사항
2. 법원 또는 군사법원의 재판에 의하거나 그 집행으로 행하는 사항
3. 헌법재판소의 심판을 거쳐 행하는 사항
4. 각급 선거관리위원회의 의결을 거쳐 행하는 사항
5. 감사원이 감사위원회의의 결정을 거쳐 행하는 사항
6. 형사(刑事), 행형(行刑) 및 보안처분 관계 법령에 따라 행하는 사항
7. 국가안전보장·국방·외교 또는 통일에 관한 사항 중 행정절차를 거칠 경우 국가의 중대한 이익을 현저히 해칠 우려가 있는 사항
8. 심사청구, 해양안전심판, 조세심판, 특허심판, 행정심판, 그 밖의 불복절차에 따른 사항
9. 「병역법」에 따른 징집·소집, 외국인의 출입국·난민인정·귀화, 공무원 인사 관계 법령에 따른 징계와 그 밖의 처분, 이해 조정을 목적으로 하는 법령에 따른 알선·조정·중재(仲裁)·재정(裁定) 또는 그 밖의 처분 등 해당 행정작용의 성질

상 행정절차를 거치기 곤란하거나 거칠 필요가 없다고 인정되는 사항과 행정절차에 준하는 절차를 거친 사항으로서 대통령령으로 정하는 사항[1]

(2) **문 제 점**   행정절차법이 적용배제사항을 광범위하게 두고 있는 것은   2026
행정절차법의 일반법적 성격을 약화시킨다는 지적이 있다.[2] 한편, 행정절차법
이 일정 처분의 경우에 대통령령으로 적용을 배제할 수 있도록 한 것(절차법 제3
조 제2항 제9호)은 행정입법으로 법률의 적용을 배제한 것으로서 위헌이라는 주
장도 있으나,[3] 반드시 위헌인지는 의문이다.

Ⅳ. 행정절차법의 문제점

1. 총칙부분

(1) **행정계획확정절차 등**   행정절차법에는 행정계획의 확정절차,[4] 공법상   2028
계약절차, 행정조사절차, 행정집행절차에 관한 언급이 없다. 이러한 절차부분에
대한 입법적 보완이 필요하다고 볼 것이다.[5]

---

1) 대판 2019. 7. 11, 2017두38874(행정절차법 제3조 제2항 제9호, 행정절차법 시행령 제2조 제2호
등 관련 규정들의 내용을 행정의 공정성, 투명성, 신뢰성을 확보하고 처분상대방의 권익보호를
목적으로 하는 행정절차법의 입법 목적에 비추어 보면, 행정절차법의 적용이 제외되는 '외국인
의 출입국에 관한 사항'이란 해당 행정작용의 성질상 행정절차를 거치기 곤란하거나 거칠 필요
가 없다고 인정되는 사항이나 행정절차에 준하는 절차를 거친 사항으로서 행정절차법 시행령
으로 정하는 사항만을 가리킨다고 보아야 한다. '외국인의 출입국에 관한 사항'이라고 하여 행
정절차를 거칠 필요가 당연히 부정되는 것은 아니다); 대판 2018. 3. 13, 2016두33339(행정절차
법 제3조 제2항, 행정절차법 시행령 제2조 등 행정절차법령 관련 규정들의 내용을 행정의 공정
성, 투명성 및 신뢰성을 확보하고 국민의 권익보호를 목적으로 하는 행정절차법의 입법 목적에
비추어 보면, 행정절차법의 적용이 제외되는 공무원 인사관계 법령에 의한 처분에 관한 사항이
란 성질상 행정절차를 거치기 곤란하거나 불필요하다고 인정되는 처분이나 행정절차에 준하는
절차를 거치도록 하고 있는 처분에 관한 사항만을 말하는 것으로 보아야 한다. 이러한 법리는
'공무원 인사관계 법령에 의한 처분'에 해당하는 육군3사관학교 생도에 대한 퇴학처분에도 마
찬가지로 적용된다. 그리고 행정절차법 시행령 제2조 제8호는 '학교·연수원 등에서 교육·훈련
의 목적을 달성하기 위하여 학생·연수생들을 대상으로 하는 사항'을 행정절차법의 적용이 제
외되는 경우로 규정하고 있으나, 이는 교육과정과 내용의 구체적 결정, 과제의 부과, 성적의 평
가, 공식적 징계에 이르지 아니한 질책·훈계 등과 같이 교육·훈련의 목적을 직접 달성하기 위
하여 행하는 사항을 말하는 것으로 보아야 하고, 생도에 대한 퇴학처분과 같이 신분을 박탈하
는 징계처분은 여기에 해당한다고 볼 수 없다).
2) 홍준형, 고시연구, 1997. 2, 45쪽.
3) 신봉기, 이명구교수화갑기념논문집 Ⅱ, 253쪽 이하.
4) 행정절차법에서 계획의 확정절차가 빠진 이유로 김철용 교수는 ① 행정계획의 법적 성질이 다
양하기 때문에 일률적으로 규율하기 곤란하다는 점, ② 우리 행정절차법은 독일법체계와는 다
르다는 점, ③ 독일의 경우에 계획절차촉진을 위한 개별법률이 제정되어 있다는 점 등을 들면
서 우리 행정절차법은 개별법에 계획절차를 맡기는 형식이라 하고 있다(동교수, 고시계, 1997.
2, 19쪽).
5) 주요 외국(7개국)의 행정절차법에 관해, 이세정 외 5인, 행정절차법 개선 방안 연구, 한국법제

2029 　　(2) 대 리 인　　한편 대리인은 변호사로 한정되어야 한다는 견해도 있어 보이나, 이러한 주장은 행정업무의 대량성, 민주시민의식의 성숙 등에 비추어 합리성이 없다고 하겠다.

2. 처분절차부분

2030 　　(1) 확약 등　　행정절차법에는 확약, 행정처분(행정행위)의 취소의 제한과 철회의 제한, 행정처분(행정행위)의 재심사에 관한 부분이 빠져 있는데, 이에 대한 규정도 앞으로 포함되어야 할 것이다.

2031 　　(2) 청　　문　　당사자등의 신청에 의한 청문의 가능성이 상당히 제한되고 있는 것(절차법 제22조 제1항)도 문제이다. 아마도 이것은 당사자의 신청에 의한 청문을 인정하는 경우에 과다한 청문신청으로 행정의 효율성이 저하될 것으로 우려한 데 기인한 것이 아닌가 판단된다. 그러나 당사자의 참여권보장을 통한 행정과정의 민주화라는 관점에서 적절한 제약을 가하면서 당사자 등의 신청에 의한 청문의 가능성을 보다 넓게 열어 두는 것이 바람직할 것이다.

2032 　　(3) 문서열람청구권　　① 행정절차법은 문서열람청구권을 청문절차에만 — 그것도 청문통지시부터 청문종결시까지만 — 인정하고 있는데(절차법 제37조 제1항), 이를 공청회와 의견제출절차에도 확대하는 것이 바람직할 것이다. 그러나, ② 청문의 통지를 받지 않았다 하여도 처분의 사전통지를 받은 자는 공공기관의정보공개에관한법률에 따라 정보공개의 청구가 가능하다고 볼 것이다.

3. 기　　타

2033 　　① 현행 행정절차법은 신고 부분에서 자체완성적 신고(수리를 요하지 않는 신고)만 규정할 뿐, 행정요건적 신고(수리를 요하는 신고)는 규정하고 있지 아니한데, 행정요건적 신고에 관한 일반적 규율이 필요하다는 주장도 있다.[1] 이러한 주장을 긍정적으로 볼 것이다. ② 행정상 입법의 경우, 입법안의 취지, 주요 내용 또는 전문을 공고할 수 있도록 하고 있으나(절차법 제42조 제1항), 제도의 취지를 확보하기 위해서는 전문을 공고하는 것을 원칙으로 하는 것이 필요하다고 본다. ③ 행정예고의 절차에도 행정입법예고의 절차와 동일한 지적이 가능하다. ④ 행정지도의 법적 성격이 사실행위임에 비추어 위법한 행정지도에 대한 효과적인 권리보호수단의 마련이 필요하다고 보겠다. ⑤ 공법상 계약에 관한 명시적 기

연구원, 2017. 11, 142쪽.

[1] 이세정 외 5인, 행정절차법 개선 방안 연구, 한국법제연구원, 2017. 11, 172쪽. 한편, 신고제의 운영상 문제점과 정비방안 등에 관해, 박송이, "신고제 합리화 정비사업," 법제, 2017. 9, 182쪽 이하 참조.

준, 특히 최소한의 일반원칙을 행정절차법에 규정하는 것이 바람직하다는 지적
도 있다.[1] 이러한 주장을 긍정적으로 볼 것이다.

제 2 절　행정절차의 종류

제 1 항　처분절차

I. 처분의 신청

1. 문서주의

행정절차법상 처분이란 "행정청이 행하는 구체적 사실에 관한 법집행으로 　2034
서의 공권력의 행사 또는 그 거부와 그 밖에 이에 준하는 행정작용을 말한다(절
차법 제2조 제2호)." 행정청에 처분을 구하는 신청은 문서로 하여야 한다(절차법 제
17조 제1항 본문). 다만, 다른 법령등에 특별한 규정이 있는 경우와 행정청이 미리
다른 방법을 정하여 공시한 경우에는 그러하지 아니하다(절차법 제17조 제1항 단
서). 제1항에 따라 처분을 신청할 때 전자문서로 하는 경우에는 행정청의 컴퓨
터 등에 입력된 때에 신청한 것으로 본다(절차법 제17조 제2항). 행정청은 신청에
필요한 구비서류, 접수기관, 처리기간, 그 밖에 필요한 사항을 게시(인터넷 등을
통한 게시를 포함한다)하거나 이에 대한 편람을 갖추어 두고 누구나 열람할 수 있
도록 하여야 한다(절차법 제17조 제3항).

2. 의무적 접수

행정청은 신청을 받았을 때에는 다른 법령등에 특별한 규정이 있는 경우를 　2035
제외하고는 그 접수를 보류 또는 거부하거나 부당하게 되돌려 보내서는 아니
되며, 신청을 접수한 경우에는 신청인에게 접수증을 주어야 한다(절차법 제17조
제4항 본문). 다만, 대통령령으로 정하는 경우에는 접수증을 주지 아니할 수 있다
(절차법 제17조 제4항 단서). 한편, 행정청은 신청인의 편의를 위하여 다른 행정청
에 신청을 접수하게 할 수 있다(절차법 제17조 제7항 제1문). 이 경우 행정청은 다
른 행정청에 접수할 수 있는 신청의 종류를 미리 정하여 공시하여야 한다(절차법
제17조 제7항 제2문). 그리고 행정청은 다수의 행정청이 관여하는 처분을 구하는
신청을 접수한 경우에는 관계 행정청과의 신속한 협조를 통하여 그 처분이 지
연되지 아니하도록 하여야 한다(절차법 제18조).

---

1) 이세정 외 5인, 행정절차법 개선 방안 연구, 한국법제연구원, 2017. 11, 172쪽.

3. 신청의 보완 등

2036   행정청은 신청에 구비서류의 미비 등 흠이 있는 경우에는 보완에 필요한 상당한 기간을 정하여 지체 없이 신청인에게 보완을 요구하여야 한다(절차법 제17조 제5항).[1] 신청인은 처분이 있기 전에는 그 신청의 내용을 보완·변경하거나 취하(取下)할 수 있다. 다만, 다른 법령등에 특별한 규정이 있거나 그 신청의 성질상 보완·변경하거나 취하할 수 없는 경우에는 그러하지 아니하다(절차법 제17조 제8항).

Ⅱ. 처리기간의 설정·공표

1. 처리기간의 설정과 연장

2037   행정청은 신청인의 편의를 위하여 처분의 처리기간을 종류별로 미리 정하여 공표하여야 한다(절차법 제19조 제1항). 제1항에 따른 처리기간에 산입하지 아니하는 기간에 관하여는 대통령령으로 정한다(절차법 제19조 제5항). 행정청은 부득이한 사유로 제1항에 따른 처리기간 내에 처분을 처리하기 곤란한 경우에는 해당 처분의 처리기간의 범위에서 한 번만 그 기간을 연장할 수 있다(절차법 제19조 제2항). 행정청은 제2항에 따라 처리기간을 연장할 때에는 처리기간의 연장 사유와 처리 예정 기한을 지체 없이 신청인에게 통지하여야 한다(절차법 제19조 제3항).

2. 처리기간의 경과

2038   ⑴ **위법 여부**   처리기간에 관한 규정은 일반적으로 훈시적 규정으로 볼 것이다. 따라서 처리기간 내에 처리하지 못하고, 처리기간 경과 후에 처리한 경우, 그러한 처리를 위법하다고 말하기 어렵다.[2] 그러나 개별 법령에서 달리 규

---

  1) 대판 2020. 7. 23, 2020두36007(행정절차법 제17조가 '구비서류의 미비 등 흠의 보완'과 '신청 내용의 보완'을 분명하게 구분하고 있는 점에 비추어 보면, 행정절차법 제17조 제5항은 신청인이 신청할 때 관계 법령에서 필수적으로 첨부하여 제출하도록 규정한 서류를 첨부하지 않은 경우와 같이 쉽게 보완이 가능한 사항을 누락하는 등의 흠이 있을 때 행정청이 곧바로 거부처분을 하는 것보다는 신청인에게 보완할 기회를 주도록 함으로써 행정의 공정성·투명성 및 신뢰성을 확보하고 국민의 권익을 보호하려는 행정절차법의 입법 목적을 달성하고자 함이지, 행정청으로 하여금 신청에 대하여 거부처분을 하기 전에 반드시 신청인에게 신청의 내용이나 처분의 실체적 발급요건에 관한 사항까지 보완할 기회를 부여하여야 할 의무를 정한 것은 아니라고 보아야 한다).

  2) 대판 2019. 12. 13, 2018두41907(처분이나 민원의 처리기간을 정하는 것은 신청에 따른 사무를 가능한 한 조속히 처리하도록 하기 위한 것이다. 처리기간에 관한 규정은 훈시규정에 불과할 뿐 강행규정이라고 볼 수 없다. 행정청이 처리기간이 지나 처분을 하였더라도 이를 처분을 취소할 절차상 하자로 볼 수 없다. 민원처리법 시행령 제23조에 따른 민원처리진행상황 통지도

정할 수도 있을 것이다.

(2) **신속처리요구권**　　행정청이 정당한 처리기간 내에 처리하지 아니하였 2038a
을 때에는 신청인은 해당 행정청 또는 그 감독 행정청에 신속한 처리를 요청할
수 있다(절차법 제19조 제4항). 본조항에 의한 신청인의 신속처리요청은 신청인의
권익보호를 위한 것인바, 신청인은 본조항에 근거하여 절차적 권리로서 신속처
리요구권을 갖는다.

Ⅲ. 처분기준의 설정·공표

1. 처분기준 사전 공표제

(1) **의　　의**　　행정청은 필요한 처분기준을 해당 처분의 성질에 비추어 2039
되도록 구체적으로 정하여 공표하여야 한다(절차법 제20조 제1항 제1문). 처분기준
을 변경하는 경우에도 또한 같다(절차법 제20조 제1항 제2문). 행정기본법 제24조에
따른 인허가의제의 경우 관련 인허가 행정청은 관련 인허가의 처분기준을 주된
인허가 행정청에 제출하여야 하고, 주된 인허가 행정청은 제출받은 관련 인허가
의 처분기준을 통합하여 공표하여야 한다(절차법 제20조 제2항 제1문). 처분기준을
변경하는 경우에도 또한 같다(절차법 제20조 제2항 제2문). 설정·공표의 대상이 되
는 처분은 신청에 의한 처분뿐만 아니라 직권에 따른 처분도 포함한다.[1] 그러
나 제1항에 따른 처분기준을 공표하는 것이 해당 처분의 성질상 현저히 곤란하
거나 공공의 안전 또는 복리를 현저히 해치는 것으로 인정될 만한 상당한 이유
가 있는 경우에는 이를 공표하지 아니할 수 있다(절차법 제20조 제3항). 처분기준
의 공표는 재량행위와 관련하여 의미를 갖는다. 그러나 비공표의 사유는 행정의
투명성의 원리에 비추어 제한적으로 해석되어야 할 것이다.

(2) **취　　지**　　처분기준 사전 공표제는 "행정청으로 하여금 처분기준을 2040
구체적으로 정하여 공표하도록 한 것은 해당 처분이 가급적 미리 공표된 기준
에 따라 이루어질 수 있도록 함으로써 해당 처분의 상대방으로 하여금 결과에
대한 예측가능성을 높이고 이를 통하여 행정의 공정성, 투명성, 신뢰성을 확보
하며 행정청의 자의적인 권한행사를 방지하기 위한 것이다."[2]

(3) **처분기준의 성질**　　판례는 "행정청이 행정절차법 제20조 제1항에 따라 2041
정하여 공표한 처분기준은, 그것이 해당 처분의 근거 법령에서 구체적 위임을

민원인의 편의를 위한 부가적인 제도일 뿐, 그 통지를 하지 않았더라도 이를 처분을 취소할 절
　차상 하자로 볼 수 없다).
1) 오준근, 행정절차법, 326쪽.
2) 대판 2020. 12. 24, 2018두45633.

받아 제정·공포되었다는 특별한 사정이 없는 한, 원칙적으로 대외적 구속력이 없는 행정규칙에 해당하는 것으로 보아야 한다"는 견해를 취한다.[1]

2. 해석·설명요구권

2042 　당사자등은 공표된 처분기준이 명확하지 아니한 경우 해당 행정청에 해석 또는 설명을 요청할 수 있다(절차법 제20조 제4항 제1문). 이 경우 해당 행정청은 특별한 사정이 없으면 그 요청에 따라야 한다(절차법 제20조 제4항 제2문). 본조항에 의한 신청인의 해석요구·설명요구는 신청인의 권익보호를 위한 것인바, 신청인은 본조항에 근거하여 절차적 권리로서 해석요구권·설명요구권을 갖는다. 행정청이 해석·설명요청에 응한 경우 행정청의 해석·설명은 일종의 확약으로 작용할 수 있고, 행정청이 행한 답변과 다른 처분을 한 경우 사인은 신뢰보호원칙에 따라 당해 처분의 위법성을 주장할 수 있다는 지적이 있다.[2] 타당한 지적이라 본다. 그러나 행정청이 해석·설명요구에 상당한 기간동안 불응한다면, 그것은 위법한 부작위가 될 수 있다.

3. 공표의무위반의 효과

2043 　① 처분기준을 설정하여 공표하여야 함에도 이를 행하지 않은 경우, 처분기준의 설정·공표가 의무규정으로 되어 있으므로 독자적인 행정행위의 위법사유가 된다고 보아야 한다. 판례는 견해를 달리한다.[3] 다만, 처분기준을 공표하는 것이 해당 처분의 성질상 현저히 곤란하거나 공공의 안전 또는 복리를 현저히 해치는 것으로 인정될 만한 상당한 이유가 있는 경우에는 처분기준을 공표하지 아니한 때에는 위법이 아니다(절차법 제20조 제3항). ② 처분기준을 설정·공표하여야 할 경우와 하지 않아도 되는 경우의 구분이 불분명하고, 처분기준이 설정되지 않았다고 하여 처분을 할 수 없는 것도 아니므로 처분의 효력에 영향이 없다는 견해도 있다.[4] ③ 처분기준은 재량행위와 관련을 갖는다고 볼 때, 행정청이 설정·공표된 처분기준과 다른 기준으로 처분을 하였다면, 재량하자의 법리,

---

1) 대판 2020. 12. 24, 2018두45633.

2) 오준근, 행정절차법, 335쪽.

3) 대판 2020. 12. 24, 2018두45633(행정청이 행정절차법 제20조 제1항의 처분기준 사전공표 의무를 위반하여 미리 공표하지 아니한 기준을 적용하여 처분을 하였다고 하더라도, 그러한 사정만으로 곧바로 해당 처분에 취소사유에 이를 정도의 흠이 존재한다고 볼 수는 없다. 다만 해당 처분에 적용한 기준이 상위법령의 규정이나 신뢰보호의 원칙 등과 같은 법의 일반원칙을 위반하였거나 객관적으로 합리성이 없다고 볼 수 있는 구체적인 사정이 있다면 해당 처분은 위법하다고 평가할 수 있다).

4) 박윤흔·정형근, 최신행정법강의(상), 432쪽.

행정의 자기구속의 원칙 등에 따라 위법여부를 판단하게 될 것이다.

Ⅳ. 처분의 사전통지와 의견청취

행정청은 당사자에게 침익적 처분을 하는 경우에 미리 일정한 사항을 당사   2044
자등에게 통지하여야 한다(절차법 제21조 제1항). 그리고 경우에 따라 행정청은 청
문·공청회·의견제출 등의 의견청취절차를 거쳐야 한다(절차법 제22조). 처분의
사전통지와 의견청취에 관해서는 다음의 제4절에서 자세히 다룬다.

Ⅴ. 처분의 발령

1. 처분의 방식(문서주의)

행정청이 처분을 할 때에는 다른 법령등에 특별한 규정이 있는 경우를 제   2045
외하고는 문서로 하여야 하며, 다음 각 호(1. 당사자등의 동의가 있는 경우 2. 당사자
가 전자문서로 처분을 신청한 경우)의 어느 하나에 해당하는 경우에는 전자문서로
할 수 있다(절차법 제24조 제1항). 제1항에도 불구하고 공공의 안전 또는 복리를
위하여 긴급히 처분을 할 필요가 있거나 사안이 경미한 경우에는 말, 전화, 휴
대전화를 이용한 문자 전송, 팩스 또는 전자우편 등 문서가 아닌 방법으로 처분
을 할 수 있다. 이 경우 당사자가 요청하면 지체 없이 처분에 관한 문서를 주어
야 한다(절차법 제24조 제2항). 처분을 하는 문서에는 그 처분 행정청과 담당자의
소속·성명 및 연락처(전화번호, 팩스번호, 전자우편주소 등을 말한다)를 적어야 한다
(절차법 제24조 제3항).

2. 처분의 이유 제시

행정청은 처분을 할 때에는 다음 각 호(1. 신청 내용을 모두 그대로 인정하는 처   2046
분인 경우, 2. 단순·반복적인 처분 또는 경미한 처분으로서 당사자가 그 이유를 명백히 알 수
있는 경우, 3. 긴급히 처분을 할 필요가 있는 경우)의 어느 하나에 해당하는 경우를 제
외하고는 당사자에게 그 근거와 이유를 제시하여야 한다(절차법 제23조 제1항). 행
정청은 제1항 제2호 및 제3호의 경우에 처분 후 당사자가 요청하는 경우에는
그 근거와 이유를 제시하여야 한다(절차법 제23조 제2항).

3. 불복고지

행정청이 처분을 할 때에는 당사자에게 그 처분에 관하여 행정심판 및 행   2047
정소송을 제기할 수 있는지 여부, 그 밖에 불복을 할 수 있는지 여부, 청구절차
및 청구기간, 그 밖에 필요한 사항을 알려야 한다(절차법 제26조).

4. 처분의 정정

2048 행정청은 처분에 오기, 오산 또는 그 밖에 이에 준하는 명백한 잘못이 있을 때에는 직권으로 또는 신청에 따라 지체 없이 정정하고 그 사실을 당사자에게 통지하여야 한다(절차법 제25조). 오기·오산 기타 이에 준하는 명백한 잘못은 처분의 하자의 문제가 아니다. 그러한 잘못은 행정쟁송절차를 거치지 아니하고 행정청이 직권으로 정정하여도 개인의 권리침해가능성은 희박하다.

제 2 항   신고절차

2049 행정기본법은 수리 여부에 따른 신고의 효력에 관한 일반적 규정을 두고 있는바(기본법 제34조) 신고절차도 수리가 필요한 신고의 절차와 수리가 필요하지 아니한 신고의 절차로 구분할 수 있다.

1. 수리를 요하는 신고의 절차

2050 수리가 필요한 신고의 절차에 관한 일반법은 보이지 아니한다. 개별 법률에 특별한 규정이 있으면 그 규정에 의할 것이다. 만약 특별 규정이 없다면, 수리가 필요하지 아니한 신고의 절차를 유추적용할 수 있을 것이다.

2. 수리를 요하지 않는 신고의 절차

2051 (1) 적용법령   행정절차법은 법령등에서 행정청에 대하여 일정한 사항을 통지함으로써 의무가 끝나는 신고, 즉 수리를 요하지 아니하는 신고 중 의무적 신고의 요건 등에 관한 일반적 규정을 두고 있다(절차법 제40조). 행정기본법·행정절차법 그리고 개별 법률에 규정이 없는 사항에 관해서는 학설과 판례가 정하는바에 의할 수밖에 없다.

2052 (2) 신고의 요건   이러한 의무적 신고는 ① 신고서의 기재상에 흠이 없어야 하고, ② 필요한 구비서류가 첨부되어야 하며, ③ 그 밖에 법령등에서 규정된 형식상의 요건에 적합하여야 한다(절차법 제40조 제2항).

2053 (3) 신고의 보완   행정청은 제2항 각호의 요건을 갖추지 못한 신고서가 제출된 경우에는 지체 없이 상당한 기간을 정하여 신고인에게 보완을 요구하여야 한다(절차법 제40조 제3항). 행정청은 신고인이 제3항에 따른 기간 내에 보완을 하지 아니하였을 때에는 그 이유를 구체적으로 밝혀 해당 신고서를 되돌려 보내야 한다(절차법 제40조 제4항).

⑷ **신고의 효과**   법령등에서 행정청에 일정한 사항을 통지함으로써 의무 2054
가 끝나는 신고가 상기의 요건을 갖춘 경우에는 신고서가 접수기관에 도달된
때에 신고 의무가 이행된 것으로 본다(절차법 제40조 제2항).

⑸ **편   람**   법령등에서 행정청에 일정한 사항을 통지함으로써 의무가 2055
끝나는 신고를 규정하고 있는 경우 신고를 관장하는 행정청은 신고에 필요한
구비서류, 접수기관 그 밖에 법령등에 따른 신고에 필요한 사항을 게시(인터넷
등을 통한 게시를 포함한다)하거나 이에 대한 편람(便覽)을 갖추어 두고 누구나 열람
할 수 있도록 하여야 한다(절차법 제40조 제1항).

제 3 항 행정상 입법예고절차

Ⅰ. 입법예고의 원칙

1. 의   의

법령등을 제정 · 개정 또는 폐지(이하 "입법"이라 한다)하려는 경우에는 해당 2056
입법안을 마련한 행정청은 이를 예고하여야 한다. 다만, 다음 각 호(1. 신속한 국
민의 권리 보호 또는 예측 곤란한 특별한 사정의 발생 등으로 입법이 긴급을 요하는 경우, 2.
상위 법령등의 단순한 집행을 위한 경우, 3. 입법내용이 국민의 권리 · 의무 또는 일상생활과
관련이 없는 경우, 4. 단순한 표현 · 자구를 변경하는 경우 등 입법내용의 성질상 예고의 필요
가 없거나 곤란하다고 판단되는 경우, 5. 예고함이 공공의 안전 또는 복리를 현저히 해칠 우려
가 있는 경우)의 어느 하나에 해당하는 경우에는 예고를 하지 아니할 수 있다(절차
법 제41조 제1항).

2. 입법예고의 권고와 직접 예고

법제처장은 입법예고를 하지 아니한 법령안의 심사 요청을 받은 경우에 입 2057
법예고를 하는 것이 적당하다고 판단할 때에는 해당 행정청에 입법예고를 권고
하거나 직접 예고할 수 있다(절차법 제41조 제3항).

3. 예고내용의 변경과 재예고

입법안을 마련한 행정청은 입법예고 후 예고내용에 국민생활과 직접 관련 2058
된 내용이 추가되는 등 대통령령으로 정하는 중요한 변경이 발생하는 경우에는
해당 부분에 대한 입법예고를 다시 하여야 한다. 다만, 제1항 각 호의 어느 하
나에 해당하는 경우에는 예고를 하지 아니할 수 있다(절차법 제41조 제4항).

Ⅱ. 입법예고의 방법

1. 공고와 통지 등

2059 행정청은 입법안의 취지, 주요 내용 또는 전문(全文)을 다음 각 호(1. 법령의 입법안을 입법예고하는 경우 : 관보 및 법제처장이 구축·제공하는 정보시스템을 통한 공고, 2. 자치법규의 입법안을 입법예고하는 경우 : 공보를 통한 공고)의 구분에 따른 방법으로 공고하여야 하며, 추가로 인터넷, 신문 또는 방송 등을 통하여 공고할 수 있다(절차법 제42조 제1항). 행정청은 대통령령을 입법예고하는 경우 국회 소관 상임위원회에 이를 제출하여야 한다(절차법 제42조 제2항). 행정청은 입법예고를 할 때에 입법안과 관련이 있다고 인정되는 중앙행정기관, 지방자치단체, 그 밖의 단체 등이 예고사항을 알 수 있도록 예고사항을 통지하거나 그 밖의 방법으로 알려야 한다(절차법 제42조 제3항).

2. 전자공청회

2060 행정청은 제1항에 따라 예고된 입법안에 대하여 온라인공청회 등을 통하여 널리 의견을 수렴할 수 있다. 이 경우 제38조의2 제2항부터 제5항까지의 규정을 준용한다(절차법 제42조 제4항).

3. 열람과 복사

2061 행정청은 예고된 입법안의 전문에 대한 열람 또는 복사를 요청받았을 때에는 특별한 사유가 없으면 그 요청에 따라야 한다(절차법 제42조 제5항). 행정청은 제5항에 따른 복사에 드는 비용을 복사를 요청한 자에게 부담시킬 수 있다(절차법 제42조 제6항).

4. 예고기간

2062 입법예고기간은 예고할 때 정하되, 특별한 사정이 없으면 40일(자치법규는 20일) 이상으로 한다(절차법 제43조).

Ⅲ. 입법안에 대한 의견

1. 의견의 제출

2063 누구든지 예고된 입법안에 대하여 의견을 제출할 수 있다(절차법 제44조 제1항). 행정청은 의견접수기관, 의견제출기관, 그 밖에 필요한 사항을 해당 입법안을 예고할 때 함께 공고하여야 한다(절차법 제44조 제2항). 행정청은 입법안에 관

하여 공청회를 개최할 수 있다(절차법 제45조 제1항).

2. 의견의 반영

행정청은 해당 입법안에 대한 의견이 제출된 경우 특별한 사유가 없으면 이를 존중하여 처리하여야 한다(절차법 제44조 제3항). 행정청은 의견을 제출한 자에게 그 제출된 의견의 처리결과를 통지하여야 한다(절차법 제44조 제4항). 제출된 의견의 처리방법 및 그 결과통지에 관하여는 대통령령으로 정한다(절차법 제44조 제5항). 2064

제 4 항   행정예고절차

Ⅰ. 행정예고의 원칙

행정청은 정책, 제도 및 계획(이하 "정책등"이라 한다)을 수립·시행하거나 변경하려는 경우에는 이를 예고하여야 한다. 다만, 다음 각 호(1. 신속하게 국민의 권리를 보호하여야 하거나 예측이 어려운 특별한 사정이 발생하는 등 긴급한 사유로 예고가 현저히 곤란한 경우, 2. 법령등의 단순한 집행을 위한 경우, 3. 정책등의 내용이 국민의 권리·의무 또는 일상생활과 관련이 없는 경우, 4. 정책등의 예고가 공공의 안전 또는 복리를 현저히 해칠 우려가 상당한 경우)의 어느 하나에 해당하는 경우에는 예고를 하지 아니할 수 있다(절차법 제46조 제1항). 제1항에도 불구하고 법령등의 입법을 포함하는 행정예고는 입법예고로 갈음할 수 있다(절차법 제46조 제2항). 행정예고기간은 예고 내용의 성격 등을 고려하여 정하되, 20일 이상으로 한다(절차법 제46조 제3항). 제3항에도 불구하고 행정목적을 달성하기 위하여 긴급한 필요가 있는 경우에는 행정예고기간을 단축할 수 있다. 이 경우 단축된 행정예고기간은 10일 이상으로 한다(절차법 제46조 제4항). 2065

Ⅱ. 행정예고의 방법과 준용규정

1. 행정예고의 방법

행정청은 정책등안(案)의 취지, 주요 내용 등을 관보·공보나 인터넷·신문·방송 등을 통하여 공고하여야 한다(절차법 제47조 제1항). 2066

2. 행정상 입법예고 관련 규정의 준용

행정예고의 방법, 의견제출 및 처리, 공청회 및 온라인공청회에 관하여는 제38조, 제38조의2, 제38조의3, 제39조, 제39조의2, 제39조의3, 제42조(제1항·제 2067

2항 및 제4항은 제외한다), 제44조 제1항부터 제3항까지 및 제45조 제1항을 준용한 다. 이 경우 "입법안"은 "정책등안"으로, "입법예고"는 "행정예고"로, "처분을 할 때"는 "정책등을 수립·시행하거나 변경할 때"로 본다(절차법 제47조 제2항).

Ⅲ. 행정예고의 통계

2068 행정청은 매년 자신이 행한 행정예고의 실시 현황과 그 결과에 관한 통계 를 작성하고, 이를 관보·공보 또는 인터넷 등의 방법으로 널리 공고하여야 한 다(절차법 제47조 제3항).

제 5 항 행정지도절차

Ⅰ. 행정지도의 원칙

2069 행정지도란 행정기관이 그 소관사무의 범위에서 일정한 행정목적을 실현하 기 위하여 특정인에게 일정한 행위를 하거나 하지 아니하도록 지도, 권고, 조언 등을 하는 행정작용을 말한다(절차법 제3조 제3호). 행정지도는 그 목적 달성에 필 요한 최소한도에 그쳐야 하며, 행정지도의 상대방의 의사에 반하여 부당하게 강 요하여서는 아니 된다(절차법 제48조 제1항). 행정기관은 행정지도의 상대방이 행 정지도에 따르지 아니하였다는 것을 이유로 불이익한 조치를 하여서는 아니 된 다(절차법 제48조 제2항).

Ⅱ. 행정지도의 방법

2070 행정지도를 하는 자는 그 상대방에게 그 행정지도의 취지 및 내용과 신분 을 밝혀야 한다(절차법 제49조 제1항). 행정지도가 말로 이루어지는 경우에 상대방 이 제1항의 사항을 적은 서면의 교부를 요구하면 그 행정지도를 하는 자는 직 무 수행에 특별한 지장이 없으면 이를 교부하여야 한다(절차법 제49조 제2항). 같 은 행정목적을 실현하기 위하여 많은 상대방에게 행정지도를 하려는 경우에는 특별한 사정이 없으면 행정지도에 공통적인 내용이 되는 사항을 공표하여야 한 다(절차법 제51조).

Ⅲ. 행정지도에 대한 의견

2071 행정지도의 상대방은 해당 행정지도의 방식·내용 등에 관하여 행정기관에 의견제출을 할 수 있다(절차법 제50조).

제 6 항 특별절차

행정절차에는 일반법인 행정절차법에서 규정하는 일반적인 절차 외에 개별 2072
법률에서 규정하는 특별한 절차도 있다. 특별한 절차의 예로 공공기관의 정보공
개에 관한 법률에서 규정하는 정보공개절차, 민원사무처리에 관한 법률에서 규
정하는 민원사무처리절차와 부패방지 및 국민권익위원회의 설치와 운영에 관한
법률에서 규정하는 고충민원처리절차, 행정규제기본법에서 규정하는 행정규제
심사절차 등이 있다.

제 3 절 행정절차의 기본요소

제 1 항 절차의 주체

I. 행 정 청

1. 의   의

행정절차는 절차의 대상에 대하여 결정을 할 수 있는 행정청에 의해 이루 2073
어진다. 행정절차법은 행정청의 개념과 관련하여 「"행정청"이란 다음 각 목(가.
행정에 관한의사를 결정하여 표시하는 국가 또는 지방자치단체의 기관, 나. 그 밖에 법령 또는
자치법규(이하 "법령등"이라 한다)에 따라 행정권한을 가지고 있거나 위임 또는 위탁받은 공
공단체 또는 그 기관이나 사인)의 자를 말한다」는 규정을 두고 있다(절차법 제2조 제1
호). 행정절차법상 행정청의 개념은 표현상 행정쟁송법상 행정청의 개념(행심법
제2조 제4호 및 행소법 제2조 제2항 참조)과 다르기는 하지만, 내용상 별 차이는 없다.

행정절차법은 행정청이 절차에 참가능력이 있음을 규정하고 있지는 않다. 2074
행정절차법의 이러한 태도는 행정청이 참가능력이 있음을 전제로 한다(독일행정
절차법은 행정청의 참가능력을 명시적으로 규정하고 있다. 동법 제11조). 요컨대 권리주체
는 아니지만 정당한 권한을 가진 행정청이 절차의 한 주체가 된다. 정당한 권한
이란 사항적 권한·지역적 권한·기능적 권한·인적 권한 등을 모두 구비한 권한
을 의미한다. 사인은 정당한 권한을 가진 행정청이 행정절차의 파트너라고 믿는
다. 적정한 행정절차의 운용을 위하여 행정청을 위해 행위하는 공무수행자는 중
립성을 지켜야 한다(절차법 제39조 제3항 참조). 제척사유가 있는 자는 절차진행에
서 배제되어야 한다(절차법 제29조).

2. 관할의 이송

2075 　행정청이 그 관할에 속하지 아니하는 사안을 접수하였거나 이송받은 경우에는 지체없이 이를 관할 행정청에 이송하여야 하고, 그 사실을 신청인에게 통지하여야 한다(절차법 제6조 제1항 제1문). 행정청이 접수하거나 이송받은 후 관할이 변경된 경우에도 또한 같다(절차법 제6조 제1항 제2문). 관할이송의 제도는 행정심판법과 행정소송법에도 나타난다.

3. 관할의 결정

2076 　행정청의 관할이 분명하지 아니하는 경우(권한의 충돌)에는 해당 행정청을 공통으로 감독하는 상급 행정청이 그 관할을 결정하며, 공동으로 감독하는 상급 행정청이 없는 경우에는 각 상급 행정청이 협의하여 그 관할을 결정한다(절차법 제6조 제2항). 권한의 충돌에는 소극적 권한충돌과 적극적 권한충돌이 있다.

Ⅱ. 당사자등

1. 당사자등의 의의

2077 　일반적으로 절차에 참여하는 자를 참가자라 부른다. 그러나 행정절차법은 이를 당사자등이라 부르고 있다. 당사자등이란 행정청의 처분에 대하여 직접 그 상대가 되는 당사자와 행정청이 직권 또는 신청에 따라 행정절차에 참여하게 한 이해관계인을 말한다(절차법 제2조 제4호). 행정절차법상 당사자등은 처분의 상대방인 당사자와 이해관계인으로 구성된다. 다만 모든 이해관계인이 아니라 행정절차에 참여하는 이해관계인만이 여기서 말하는 이해관계인에 속한다. 절차에 참여할 수 있는 이해관계인으로는 처분의 상대방이 아닌 처분의 신청인(제3자효 있는 행위의 경우), 법령에 의해 처분에 관하여 이의나 의사를 표명할 수 있는 자, 법으로 보호되는 이익이 처분에 관련되는 자 등이 있다.

2078 　당사자는 절차상 신청권·청문권·서류열람권·비밀준수청구권·해명이나 석명을 받을 권리·타인에게 자신을 대리시킬 권리 등이 인정된다. 그리고 이러한 권리행사에 불가피한 정보나 자료는 그 권리행사에 부족함이 없도록 사전에 충분한 기간을 두고 제공되어야 한다.

2. 당사자등의 자격

2079 　다음 각 호(1. 자연인, 2. 법인, 법인이 아닌 사단 또는 재단(이하 "법인등"이라 한다), 3. 그 밖에 다른 법령등에 따라 권리·의무의 주체가 될 수 있는 자)의 어느 하나에 해당

하는 자는 행정절차에서 당사자등이 될 수 있다(절차법 제9조). 물론 그들이 절차에 참여하기 위해서는 절차상 행위능력을 가져야 한다. 행위능력이 미비된 자를 위해 대리제도가 도입되어 있다(절차법 제12조). 아울러 모든 당사자등도 대리인에 의해 대리될 수 있다(절차법 제12조).

3. 당사자등의 지위승계

(1) **사망·합병** ① 당사자등이 사망하였을 때의 상속인과 다른 법령등에 따라 당사자등의 권리 또는 이익을 승계한 자는 당사자등의 지위를 승계한다(절차법 제10조 제1항). ② 당사자등인 법인 등이 합병하였을 때에는 합병 후 존속하는 법인 등이나 합병 후 새로 설립된 법인등이 당사자등의 지위를 승계한다(절차법 제10조 제2항). ③ 처분에 관한 권리 또는 이익을 사실상 양수한 자는 행정청의 승인을 얻어 당사자등의 지위를 승계할 수 있다(절차법 제10조 제4항).

2080

(2) **승계의 통지** 한편 앞의 ①과 ②의 경우에는 당사자등의 지위를 승계한 자는 행정청에 그 사실을 통지하여야 하며(절차법 제10조 제3항), 통지가 있을 때까지 사망자 또는 합병 전의 법인 등에 대하여 행정청이 한 통지는 제1항 또는 제2항에 따라 당사자등의 지위를 승계한 자에게도 효력이 있다(절차법 제10조 제5항).

2081

4. 대 표 자

(1) **대표자의 선정·변경 등** 다수의 당사자등이 공동으로 행정절차에 관한 행위를 할 때에는 대표자를 선정할 수 있다(절차법 제11조 제1항). 행정청은 제1항에 따라 당사자등이 대표자를 선정하지 아니하거나 대표자가 지나치게 많아 행정절차가 지연될 우려가 있는 경우에는 그 이유를 들어 상당한 기간 내에 3인 이내의 대표자를 선정할 것을 요청할 수 있다. 이 경우 당사자등이 그 요청에 따르지 아니하였을 때에는 행정청이 직접 대표자를 선정할 수 있다(절차법 제11조 제2항). 당사자등은 대표자를 변경하거나 해임할 수 있다(절차법 제11조 제3항). 당사자등이 대표자 또는 대리인을 선정하거나 선임하였을 때에는 지체 없이 그 사실을 행정청에 통지하여야 한다. 대표자 또는 대리인을 변경하거나 해임하였을 때에도 또한 같다(절차법 제13조 제1항).

2082

(2) **대표자의 권한 등** 대표자는 각자 그를 대표자로 선정한 당사자등을 위하여 행정절차에 관한 모든 행위를 할 수 있다. 다만, 행정절차를 끝맺는 행위에 대하여는 당사자등의 동의를 받아야 한다(절차법 제11조 제4항). 대표자가 있는 경우에는 당사자등은 그 대표자를 통하여서만 행정절차에 관한 행위를 할

2083

수 있다(절차법 제11조 제5항). 다수의 대표자가 있는 경우 그중 1인에 대한 행정청의 행위는 모든 당사자등에게 효력이 있다. 다만, 행정청의 통지는 대표자 모두에게 하여야 그 효력이 있다(절차법 제11조 제6항).

5. 대 리 인

2084　　(1) 대리인의 선임·변경 등　　당사자등은 다음 각 호(1. 당사자등의 배우자, 직계 존속·비속 또는 형제자매, 2. 당사자등이 법인등인 경우 그 임원 또는 직원, 3. 변호사, 4. 행정청 또는 청문 주재자(청문의 경우만 해당한다)의 허가를 받은 자, 5. 법령등에 따라 해당 사안에 대하여 대리인이 될 수 있는 자)의 어느 하나에 해당하는 자를 대리인으로 선임할 수 있다(절차법 제12조 제1항). 대리인에 관하여는 제11조 제3항(당사자등은 대표자를 변경하거나 해임할 수 있다)을 준용한다(절차법 제12조 제2항). 당사자등이 대표자 또는 대리인을 선정하거나 선임하였을 때에는 지체 없이 그 사실을 행정청에 통지하여야 한다. 대표자 또는 대리인을 변경하거나 해임하였을 때에도 또한 같다(절차법 제13조 제1항). 제1항에도 불구하고 제12조 제1항 제4호에 따라 청문 주재자가 대리인의 선임을 허가한 경우에는 청문 주재자가 그 사실을 행정청에 통지하여야 한다(절차법 제13조 제2항).

2085　　(2) 대리인의 권한 등　　대리인에 관하여는 제11조 제4항(대표자는 각자 그를 대표자로 선정한 당사자등을 위하여 행정절차에 관한 모든 행위를 할 수 있다. 다만, 행정절차를 끝맺는 행위에 대하여는 당사자등의 동의를 받아야 한다)[1] 및 제6항(다수의 대표자가 있는 경우 그중 1인에 대한 행정청의 행위는 모든 당사자등에게 효력이 있다. 다만, 행정청의 통지는 대표자 모두에게 하여야 그 효력이 있다)을 준용한다(절차법 제12조 제2항).

제 2 항　절차의 경과

Ⅰ. 절차의 개시

2086　　행정절차(약식절차 포함)는 행정청의 직권이나 사인의 신청에 의해 개시된다. 재량행위의 경우에 직권에 의한 절차의 개시여부는 행정청이 임의나 자의가 아

---

1) 대판 2018. 3. 13, 2016두33339(행정절차법 제12조 제1항 제3호, 제2항, 제11조 제4항 본문에 따르면, 당사자 등은 변호사를 대리인으로 선임할 수 있고, 대리인으로 선임된 변호사는 당사자 등을 위하여 행정절차에 관한 모든 행위를 할 수 있다고 규정되어 있다. 위와 같은 행정절차법령의 규정과 취지, 헌법상 법치국가원리와 적법절차원칙에 비추어 징계와 같은 불이익처분절차에서 징계심의대상자에게 변호사를 통한 방어권의 행사를 보장하는 것이 필요하고, 징계심의대상자가 선임한 변호사가 징계위원회에 출석하여 징계심의대상자를 위하여 필요한 의견을 진술하는 것은 방어권 행사의 본질적 내용에 해당하므로, 행정청은 특별한 사정이 없는 한 이를 거부할 수 없다고 할 것이다).

닌 의무에 합당한 재량에 따라 판단하여야 한다. 직권에 의한 개시는 경찰행정 (위험방지작용)·경제지도행정·공과행정 등과 많은 관련을 가질 것이고, 신청에 의한 개시는 사인의 행위에 행정청의 허가·특허 등이 요구되는 경우와 관련을 가질 것이다. 한편, 사인의 신청은 2중의 의미를 갖는다. 하나는 행정청에 의한 행정절차의 도입을 가져오는 원인이 되고, 또 하나는 관계자의 의지 없이는 발령될 수 없는 행정행위에 있어서 그 행위의 발령에 요구되는 전제요건의 하나를 구성한다.[1] 신청은 형식과 기간에 제한을 받을 수도 있다.

Ⅱ. 절차의 진행

1. 직권주의

행정청은 행정사무를 공익실현의 관점에서 수행하여야 한다. 청문을 실시 하지 아니하는 경우에도 행정청은 사실관계를 직권으로 조사한다(직권탐지주의). 행정청은 당사자가 제출한 증거나 당사자의 증거신청에 구속되지 아니한다. 당사자에게 유익한 증거까지도 고려하여야 한다. 직권탐지주의가 적용되어도 당사자는 실제상 입증책임을 부담한다. 말하자면 결정(처분)에 중요한 상황이 명백하지 아니하면, 침익적 행위의 경우에는 행정청에게, 수익적 행위의 경우에는 신청인에게 불이익한 결정이 내려질 것이므로, 행정청과 당사자는 실제상 입증책임을 부담하는 효과가 나타난다.

2087

한편, 당사자가 명백한 실수나 무지로 인하여 잘못을 저지르는 경우에 행정청은 잘못을 시정토록 촉구하여야 한다. 그리고 당사자등에게 행정절차상 권리와 의무에 대해서도 주의를 환기시켜 주어야 한다. 왜냐하면 민주국가의 공무원은 사인에 대하여 일반적인 보호의무를 부담한다고 볼 것이기 때문이다(독일행정절차법 제25조 참조). 그리고 이러한 절차는 합목적적으로 이루어져야 하지만, 동시에 신속하게 진행되어야 한다.

2088

2. 타행정청의 협력

행정절차에 다른 행정청의 협력이 요구되는 경우도 있다. 이러한 경우에 협력을 구하는 행정청은 협력을 제공하는 행정청의 행위(협력행위)에 구속되는가의 문제가 있다. 그 협력이 법령상 동의나 합의로 규정된 경우(다단계 행정행위)에는 구속되지만, 단순한 의견표명이나 협의에 불과한 경우에는 구속되지 아니한다고 본다. 한편, 협력행위가 행정행위인가의 문제가 있다. 협력행위는 외부효를

2089

---

1) Badura, in : Erichsen(Hrsg.), Allgemeines Verwaltungsrecht(12. Aufl.), § 36, Rn. 6.

갖지 아니하기 때문에 행정행위는 아니라고 볼 것이다.[1] 물론 행정청은 다수의 행정청이 관여하는 처분을 구하는 신청을 접수한 경우에는 관계 행정청과의 신속한 협조를 통하여 그 처분이 지연되지 아니하도록 하여야 한다(절차법 제18조).

3. 행정응원

2090   (1) **행정응원의 요청**   행정청은 행정의 원활한 수행을 위하여 서로 협조하여야 한다(절차법 제7조). 행정청은 다음 각 호(1. 법령등의 이유로 독자적인 직무 수행이 어려운 경우, 2. 인원·장비의 부족 등 사실상의 이유로 독자적인 직무 수행이 어려운 경우, 3. 다른 행정청에 소속되어 있는 전문기관의 협조가 필요한 경우, 4. 다른 행정청이 관리하고 있는 문서(전자문서를 포함한다. 이하 같다)·통계 등 행정자료가 직무 수행을 위하여 필요한 경우, 5. 다른 행정청의 응원을 받아 처리하는 것이 보다 능률적이고 경제적인 경우)의 어느 하나에 해당하는 경우에는 다른 행정청에 행정응원을 요청할 수 있다(절차법 제8조 제1항). 행정응원은 해당 직무를 직접 응원할 수 있는 행정청에 요청하여야 한다(절차법 제8조 제3항).

2091   (2) **행정응원의 거부**   제1항에 따라 행정응원을 요청받은 행정청은 다음 각 호(1. 다른 행정청이 보다 능률적이거나 경제적으로 응원할 수 있는 명백한 이유가 있는 경우, 2. 행정응원으로 인하여 고유의 직무 수행이 현저히 지장받을 것으로 인정되는 명백한 이유가 있는 경우)의 어느 하나에 해당하는 경우에는 응원을 거부할 수 있다(절차법 제8조 제2항). 행정응원을 요청받은 행정청은 응원을 거부하는 경우 그 사유를 응원요청한 행정청에 통지하여야 한다(절차법 제8조 제4항).

2092   (3) **응원직원의 감독·비용**   행정응원을 위하여 파견된 직원은 응원을 요청한 행정청의 지휘·감독을 받는다(절차법 제8조 제5항 본문). 다만, 해당 직원의 복무에 관하여 다른 법령등에 특별한 규정이 있는 경우에는 그에 따른다(절차법 제8조 제5항 단서). 행정응원에 드는 비용은 응원을 요청한 행정청이 부담하며, 그 부담금액 및 부담방법은 응원을 요청한 행정청과 응원을 행하는 행정청이 협의하여 결정한다(절차법 제8조 제6항).

Ⅲ. 절차의 종료

2093   절차의 종료로서 결정의 내용은 충분히 명확하여야 하고, 결정을 문서로 하면(절차법 제24조) 권한행정청의 기명·날인이 있어야 하고, 동시에 그 결정에 근거가 된 정당한 이유를 명시하여야 한다(절차법 제23조). 권리구제방법도 고지되

---

1) BVerwGE 16, 115; 19, 238.

어야 한다(절차법 제26조). 그리고 결정은 적법하게 송달되어야 한다(절차법 제14조·
제15조). 물론 처분기준은 미리 공포되어야 한다(절차법 제20조 제1항).

제 4 절 당사자등의 권리(참가방식)

당사자등은 대표자선정권(절차법 제11조 제1항)과 대리인선임권(절차법 제12조 2094
제1항) 외에도 사전통지를 받을 권리(절차법 제21조 제1항), 의견제출권(절차법 제27
조 제1항), 청문권(절차법 제31조 제2항), 문서열람·복사청구권(절차법 제37조 제1항),
비밀유지청구권(절차법 제37조 제6항), 공청회참여권(절차법 제38조) 등을 갖는다.[1]
이러한 권리들은 행정절차에의 참여를 전제로 한다.

행정절차법상 당사자등의 절차에의 참가방식은 의견제출·청문·공청회의
세 가지가 가장 대표적인 절차이다. 행정절차법은 이 세 가지 절차를 의견청취
라 부른다(절차법 제22조). 그런데 의견청취제도 중에서 청문이나 공청회의 개최
는 법문상 비교적 제한적이기 때문에 일반적으로 적용되는 것은 약식절차라 할
수 있는 당사자등의 의견제출제도라 하겠다.

제1항 사전통지를 받을 권리(처분의 사전통지제도)

Ⅰ. 관 념

1. 의 의

행정청은 당사자에게 의무를 부과하거나 권익을 제한하는 처분을 하는 경 2095
우에는 미리 다음 각 호(1. 처분의 제목, 2. 당사자의 성명 또는 명칭과 주소, 3. 처분하려
는 원인이 되는 사실과 처분의 내용 및 법적 근거, 4. 제3호에 대하여 의견을 제출할 수 있다
는 뜻과 의견을 제출하지 아니하는 경우의 처리방법, 5. 의견제출기관의 명칭과 주소, 6. 의견
제출기한, 7. 그 밖에 필요한 사항)의 사항을 당사자등에게 통지하여야 한다(절차법 제
21조 제1항).

---

1) 행정절차법상 명문의 규정은 없지만, 상대방등이 법령의 무지 등으로 인해 피해를 받게 되는
   경우에 행정청의 별다른 부담없이 간단한 설명(조언)만으로도 그 피해를 면할 수 있다고 한다
   면, 행정청은 상대방 등에 대한 설명(조언)의무를 부담하고, 상대방등은 설명(조언)을 받을 권
   리(das Recht auf Beratung und Auskunft)를 갖는다고 볼 것인가의 문제가 있다. 법치국가의
   공무원은 국민의 조력자이어야 한다는 관점에서 보면, 공무원에게 설명(조언)의무가 있으며,
   이러한 의무위반은 국가배상법상 손해배상책임을 발생시킨다고 볼 것이다.

2. 성   질

2096   사전통지를 받는 것은 절차적 권리로서 개인적 공권에 속한다. 예외적인 사유에 해당하지 않는 한 사전통지는 의무적이다. 판례는 행정절차상 권리는 자체가 독립적으로 의미를 가지는 것이라기보다는 행정의 공정성과 적정성을 보장하는 공법적 수단으로서의 의미가 크다는 견해를 취한다.[1] 판례는 유사한 취지에서 사전통지제도는 국가에 대한 행정처분에도 적용되는 것으로 본다.[2]

3. 거부처분의 사전통지

2097   (1) 문제상황   행정절차법 제21조 제1항은 당사자에게 의무를 부과하거나 권익을 제한하는 처분의 경우 당사자에게 일정한 사항을 사전통지하도록 한다. 사전통지의 적용 범위와 관련해 수익적 행위의 신청에 대한 거부처분이 '당사자에게 의무를 부과하거나 권익을 제한하는 것'인지가 문제된다.

2098   (2) 학   설

(개) 부 정 설   처분의 사전통지는 법문상 의무부과와 권익을 제한하는 경우에만 적용되므로 수익적인 행위나 수익적 행위의 거부의 경우는 적용이 없고, 신청의 결과에 따라 아직 당사자에게 권익이 부여되지 아니하였으므로 직접 당사자의 권익을 제한하는 처분에 해당하지 않으며, 거부처분의 경우 신청과정에서 행정청과 협의를 계속하고 있는 상태이므로 사전통지를 요하지 않는다고 한다.

(내) 긍 정 설   신청에 대한 거부처분은 당사자의 권익을 제한하는 처분에 해당하며, 당사자가 신청을 한 경우 신청에 따라 긍정적인 처분이 이루어질 것을 기대하고 거부처분을 기대하지는 아니하고 있으므로 거부처분의 경우에도 사전통지가 필요하다고 한다.[3]

2099   (3) 판   례   거부처분은 아직 당사자에게 권익이 부과되지 않았으므로 권익을 제한하는 처분에 해당하지 않아 처분의 사전통지의 대상이 아니라고

---

1) 대판 2021. 7. 29, 2015다221668.
2) 대판 2023. 9. 21, 2023두39724(행정절차법 제2조 제4호에 의하면, '당사자 등'이란 행정청의 처분에 대하여 직접 그 상대가 되는 당사자와 행정청이 직권 또는 신청에 의하여 행정절차에 참여하게 한 이해관계인을 의미하는데, 같은 법 제9조에서는 자연인, 법인, 법인 아닌 사단 또는 재단 외에 '다른 법령등에 따라 권리·의무의 주체가 될 수 있는 자' 역시 '당사자 등'이 될 수 있다고 규정하고 있을 뿐, 국가를 '당사자 등'에서 제외하지 않고 있다. 또한 행정절차법 제3조 제2항에서 행정절차법이 적용되지 아니하는 사항을 열거하고 있는데, '국가를 상대로 하는 행정행위'는 그 예외사유에 해당하지 않는다. 위와 같은 행정절차법의 규정과 행정의 공정성·투명성 및 신뢰성 확보라는 행정절차법의 입법취지 등을 고려해보면, 행정기관의 처분에 의하여 불이익을 입게 되는 국가를 일반 국민과 달리 취급할 이유가 없다. 따라서 국가에 대한 행정처분을 함에 있어서도 앞서 본 사전 통지, 의견청취, 이유 제시와 관련한 행정절차법이 그대로 적용된다).
3) 오준근, 행정절차법, 339쪽.

본다.[1)]

(4) **사 견** 거부처분은 당사자의 권익을 직접 제한하거나 의무를 부과 2100
하는 처분으로 볼 수 없어 사전통지의 대상이 되지 않는다는 입장이 타당하다.
그러나 거부처분도 권익에 대한 간접적 제한으로 보아 사전통지의 범위를 확대
할 필요는 있다.

4. 통지의 상대방

처분의 사전통지는 당사자등을 상대방으로 한다(절차법 제21조 제1항). 행정절 2100a
차법상 "당사자등"이란 다음 각 목(가. 행정청의 처분에 대하여 직접 그 상대가 되는 당
사자, 나. 행정청이 직권으로 또는 신청에 따라 행정절차에 참여하게 한 이해관계인)의 자를
말한다(절차법 제2조 제4호). 따라서 행정청이 직권으로 또는 신청에 따라 행정절
차에 참여하게 한 이해관계인이 나타나기 전까지 처분의 사전통지는 행정청의
처분에 대하여 직접 그 상대가 되는 당사자를 말한다.[2)] 직접 그 상대가 되는
자가 아닌 자는 통지의 상대방이 아니다.[3)]

---

1) 대판 2003. 11. 28, 2003두674(행정절차법 제21조 제1항은 행정청은 당사자에게 의무를 과하거
   나 권익을 제한하는 처분을 하는 경우에는 미리 처분의 제목, 당사자의 성명 또는 명칭과 주
   소, 처분하고자 하는 원인이 되는 사실과 처분의 내용 및 법적 근거, 그에 대하여 의견을 제출
   할 수 있다는 뜻과 의견을 제출하지 아니하는 경우의 처리방법, 의견제출기관의 명칭과 주소,
   의견제출기한 등을 당사자 등에게 통지하도록 하고 있는바, 신청에 따른 처분이 이루어지지 아
   니한 경우에는 아직 당사자에게 권익이 부과되지 아니하였으므로 특별한 사정이 없는 한 신청
   에 대한 거부처분이라고 하더라도 직접 당사자의 권익을 제한하는 것은 아니어서 신청에 대한
   거부처분을 여기에서 말하는 '당사자의 권익을 제한하는 처분'에 해당한다고 할 수 없는 것이
   어서 처분의 사전통지대상이 된다고 할 수 없다).
2) 대판 2012. 12. 13, 2011두29144(행정절차법 제21조 제1항, 제22조 제3항 및 제2조 제4호의 각
   규정에 의하면, 행정청이 당사자에게 의무를 과하거나 권익을 제한하는 처분을 할 때에는 당사
   자 등에게 처분의 사전통지를 하고 의견제출의 기회를 주어야 하며, 여기서 당사자란 행정청의
   처분에 대하여 직접 그 상대가 되는 자를 의미한다. 한편 구 관광진흥법(2010. 3. 31. 법률 제
   10219호로 개정되기 전의 것, 이하 같다) 제8조 제2항, 제4항, 구 체육시설의 설치·이용에 관
   한 법률(2010. 3. 31. 법률 제10219호로 개정되기 전의 것, 이하 '구 체육시설법'이라 한다) 제
   27조 제2항, 제20조의 각 규정에 의하면, 공매 등의 절차에 따라 문화체육관광부령으로 정하는
   주요한 유원시설업 시설의 전부 또는 체육시설업의 시설 기준에 따른 필수시설을 인수함으로
   써 유원시설업자 또는 체육시설업자의 지위를 승계한 자가 관계 행정청에 이를 신고하여 행정
   청이 수리하는 경우에는 종전 유원시설업자에 대한 허가는 효력을 잃고, 종전 체육시설업자는
   적법한 신고를 마친 체육시설업자의 지위를 부인당할 불안정한 상태에 놓이게 된다. 따라서 행
   정청이 구 관광진흥법 또는 구 체육시설법의 규정에 의하여 유원시설업자 또는 체육시설업자
   지위승계신고를 수리하는 처분은 종전 유원시설업자 또는 체육시설업자의 권익을 제한하는 처
   분이고, 종전 유원시설업자 또는 체육시설업자는 그 처분에 대하여 직접 그 상대가 되는 자에
   해당한다고 보는 것이 타당하므로, 행정청이 그 신고를 수리하는 처분을 할 때에는 행정절차법
   규정에서 정한 당사자에 해당하는 종전 유원시설업자 또는 체육시설업자에 대하여 위 규정에
   서 정한 행정절차를 실시하고 처분을 하여야 한다); 대판 2003. 2. 14, 2001두7015.
3) 대판 2015. 11. 19, 2015두295 전원합의체(구 유통산업발전법 제12조 제1항은 개설 등록된 대
   규모점포 개설자는 상거래질서의 확립, 소비자의 안전유지와 소비자 및 인근지역주민의 피해·

Ⅱ. 의견제출기한

2101 행정청이 당사자에게 의무를 과하거나 권익을 제한하는 처분을 하고자 하여 미리 당사자에게 통지하는 경우, 그 의견제출기한은 의견제출에 필요한 기간을 10일 이상으로 고려하여 정하여야 한다(절차법 제21조 제3항).

Ⅲ. 사전통지의 생략

2102 다음 각 호(1. 공공의 안전 또는 복리를 위하여 긴급히 처분을 할 필요가 있는 경우, 2. 법령등에서 요구된 자격이 없거나 없어지게 되면 반드시 일정한 처분을 하여야 하는 경우에 그 자격이 없거나 없어지게 된 사실이 법원의 재판 등에 의하여 객관적으로 증명된 경우, 3. 해당 처분의 성질상 의견청취가 현저히 곤란하거나 명백히 불필요하다고 인정될 만한 상당한 이유가 있는 경우[1])의 어느 하나에 해당하는 경우에는 제1항에 따른 통지를 하지 아니할 수 있다(절차법 제21조 제4항). 사전통지제도가 개인의 권익보호를 위한 것임을 고려할 때, 사전통지가 생략되는 경우는 제한적으로 적용되어야 한다. 특히 ①과 ③의 불확정개념(즉, 안전·복리·긴급, 현저히 곤란·명백히 불필요·상당한 이유)의 해석·적용에는 판단여지의 인정이 억제되어야 한다. 한편, 처분의 전제가 되는 사실이 법원의 재판 등에 의하여 객관적으로 증명된 경우 등 제4항에 따른 사전통지를 하지 아니할 수 있는 구체적인 사항은 대통령령으로 정한다(절차법 제21조 제5항).

Ⅳ. 사전통지의 위반

2103 행정청이 침해적 행정처분을 함에 있어서 당사자에게 위와 같은 사전통지를 하거나 의견제출의 기회를 주지 아니하였다면 사전통지를 하지 않거나 의견

불만의 신속한 처리, 그 밖에 대규모점포 등의 유지·관리를 위하여 필요한 업무 등을 수행한다고 규정하고 있다. 위 각 규정의 내용 및 체계, 이 사건 조항에 따른 영업시간 제한 등 처분의 법적 성격, 구 유통산업발전법상 대규모점포 개설자에게 점포 일체를 유지·관리할 일반적인 권한을 부여한 취지 등에 비추어 보면, 영업시간 제한 등 처분의 대상인 대규모점포 중 개설자의 직영매장 이외에 개설자로부터 임차하여 운영하는 임대매장이 병존하는 경우에도, 전체 매장에 대하여 법령상 대규모점포 등의 유지·관리 책임을 지는 개설자만이 그 처분상대방이 되고, 임대매장의 임차인이 이와 별도로 처분상대방이 되는 것은 아니라고 할 것이다).

1) 대판 2014. 5. 16, 2012두26180(국가공무원법 제75조 및 제76조 제1항에서 공무원에 대하여 직위해제를 할 때에는 … 처분사유 설명서를 반드시 교부하도록 하는 등 … 절차적 보장이 강화되어 있다. 그렇다면 국가공무원법상 직위해제처분은 구 행정절차법 제3조 제2항 제9호, 동법 시행령 제2조 제3호에 의하여 당해 행정작용의 성질상 행정절차를 거치기 곤란하거나 불필요하다고 인정되는 사항 또는 행정절차에 준하는 절차를 거친 사항에 해당하므로, 처분의 사전통지 및 의견청취 등에 관한 행정절차법의 규정이 별도로 적용되지 아니한다고 봄이 상당하다).

제출의 기회를 주지 아니하여도 되는 예외적인 경우에[1] 해당하지 아니하는 한   2106
그 처분은 위법하여 취소를 면할 수 없다.[2]

제 2 항 의견제출권(의견제출제도)

I. 의견제출의 관념

1. 의   의

행정절차법상 의견제출이란 행정청이 어떠한 행정작용을 하기 전에 당사자   2104
등이 의견을 제시하는 절차로서 청문이나 공청회에 해당하지 아니하는 절차를
말한다(절차법 제2조 제7호). 의견제출절차는 약식 청문절차라 하겠다. 의견제출절
차는 행정절차법상 의견청취절차 중 원칙적인 절차이다. 한편, 의견제출제도는
사전통지제도와 마찬가지로 의무를 부과하거나 권익을 제한하는 경우에만 적용
되고, 수익적 행위나 수익적 행위의 거부의 경우에는 적용이 없다. 수익적 행위
의 거부도 침익적 성질을 갖는다고 볼 때, 수익적 행위의 거부의 경우에 의견제
출제도의 적용이 없는 것은 문제이다.[3] 일반처분의 경우에도 적용이 없다.

2. 성   질

의견제출제도는 당사자등의 이익을 보호하는데 그 취지가 있는바, 의견제   2105
출을 할 수 있는 것은 절차적 권리로서 당사자의 개인적 공권으로 보호된다. 말
하자면 처분을 사전통지할 때에는 의견제출을 할 수 있음을 통지하여야 할 뿐
만 아니라(절차법 제21조 제1항 제4호), 행정청이 당사자에게 의무를 부과하거나 권
익을 제한하는 처분을 할 때 청문을 실시하거나 공청회를 개최하는 경우 외에
는 당사자등에게 의견제출의 기회를 주어야 한다(절차법 제22조 제3항).[4] 한편, 의

---

1) 대판 2016. 10. 27, 2016두41811('의견청취가 현저히 곤란하거나 명백히 불필요하다고 인정될
   만한 상당한 이유가 있는 경우'에 해당하는지는 해당 행정처분의 성질에 비추어 판단하여야 하
   며, 처분상대방이 이미 행정청에게 위반사실을 시인하였다거나 처분의 사전통지 이전에 의견
   을 진술할 기회가 있었다는 사정을 고려하여 판단할 것은 아니다).
2) 대판 2020. 7. 23, 2017두66602; 대판 2016. 10. 27, 2016두41811; 대판 2004. 5. 28, 2004두1254.
3) Ule/Laubinger, Verwaltungsverfahrensrecht, 1987, § 24 I 2; Schweikhardt, in : ders.(Hrsg.),
   Allgemeines Verwaltungsrecht, Rn. 1005. 한편, 독일의 경우 연방차원에서는 2006. 1. 1.에 발
   효한 정보자유법(Informationsfreiheitsgesetz, IFG)에서 처음으로 정보공개청구권이 규정되
   었다.
4) 대판 2012. 12. 13, 2011두29144(관광진흥법 제8조 제2항, 제4항, 체육시설법 제27조 제2항, 제
   20조의 각 규정에 의하면, 공매 등의 절차에 따라 문화체육관광부령으로 정하는 주요한 유원시
   설업 시설의 전부 또는 체육시설업의 시설 기준에 따른 필수시설을 인수함으로써 그 유원시설
   업자 또는 체육시설업자의 지위를 승계한 자가 관계 행정청에 이를 신고하여 행정청이 이를
   수리하는 경우에는 종전의 유원시설업자에 대한 허가는 그 효력을 잃고, 종전의 체육시설업자

〈행정절차법상 의견청취제도(청문·공청회·의견제출)의 비교〉

	청 문	공 청 회	의견제출
의견청취의 목적	처분과 상대방 등 보호	의견수렴	행정작용과 상대방 등 보호
의견청취의 대상	처분	행정작용(처분)	행정작용(처분)
의견표현의 주체	당사자등	당사자등과 일반인	당사자등
의견청취의 경우	법령에서 정하였거나 행정청이 인정하는 경우	법령에서 정하였거나 행정청이 인정하는 경우	침익적 처분(단, 청문이나 공청회가 없는 경우)
의견표현의 방식	진술(구술)·의견서제출	발표(구술)	서면·컴퓨터통신·구술
절차진행의 형식	청문 주재자에 의한 엄정진행	공청회 주재자에 의한 진행	특별한 절차진행형식 없음

견제출권은 개인적 공권이지만 당사자에 의해 포기될 수 있다(절차법 제22조 제4항 참조).[1] 당사자등에 의한 의견제출이 포기되면 행정청에 의한 의견청취는 당연히 생략된다. 의견제출절차는 후술하는 청문절차에 비교할 때, 약식절차의 성격을 갖는다. 판례는 행정절차상 권리는 자체가 독립적으로 의미를 가지는 것이라기보다는 행정의 공정성과 적정성을 보장하는 공법적 수단으로서의 의미가 크다는 견해를 취한다.[2] 판례는 유사한 취지에서 의견청취(의견제출·청문·공청회)제도는 국가에 대한 행정처분에도 적용되는 것으로 본다.[3]

는 적법한 신고를 마친 체육시설업자로서의 지위를 부인당할 불안정한 상태에 놓이게 된다. 따라서 행정청이 관광진흥법 또는 체육시설법의 규정에 의하여 유원시설업자 또는 체육시설업자 지위승계신고를 수리하는 처분은 종전의 유원시설업자 또는 체육시설업자의 권익을 제한하는 처분이라 할 것이고, 종전의 유원시설업자 또는 체육시설업자는 그 처분에 대하여 직접 그 상대가 되는 자에 해당한다고 봄이 상당하므로, 행정청으로서는 신고를 수리하는 처분을 함에 있어서 행정절차법 규정 소정의 당사자에 해당하는 종전의 유원시설업자 또는 체육시설업자에 대하여 위 규정 소정의 행정절차를 실시하고 처분을 하여야 한다).

1) 대판 2017. 4. 7, 2016두63224(행정절차법 제22조 제4항, 제21조 제4항 제3호에 의하면, "해당 처분의 성질상 의견청취가 현저히 곤란하거나 명백히 불필요하다고 인정될 만한 상당한 이유가 있는 경우"나 "당사자가 의견진술의 기회를 포기한다는 뜻을 명백히 표시한 경우"에는 청문 등 의견청취를 하지 아니할 수 있는데, 여기에서 '의견청취가 현저히 곤란하거나 명백히 불필요하다고 인정될 만한 상당한 이유가 있는 경우'에 해당하는지는 해당 행정처분의 성질에 비추어 판단하여야 하며, 처분상대방이 이미 행정청에게 위반사실을 시인하였다거나 처분의 사전통지 이전에 의견을 진술할 기회가 있었다는 사정을 고려하여 판단할 것은 아니다).
2) 대판 2021. 7. 29, 2015다221668.
3) 대판 2023. 9. 21, 2023두39724.

Ⅱ. 의견제출의 방법

1. 서면 등을 통한 의견제출

당사자등은 처분 전에 그 처분의 관할 행정청에 서면이나 말로 또는 정보 2107
통신망을 이용하여 의견제출을 할 수 있다(절차법 제27조 제1항). 제출할 의견은
결정에 중요한 사실이다. 결정에 중요한 법적 문제에 대한 의견도 포함된다. 그
리고 여기서 서면이란 문자에 의한 것을 의미하는 것이지, 엄격한 방식의 문서
를 의미하는 것은 아니다. 컴퓨터통신과 구두로 의견제출을 할 수 있게 한 것은
당사자등의 편의를 위한 것이다. 한편, 행정청은 당사자등이 말로 의견제출을
하였을 때에는 서면으로 그 진술의 요지와 진술자를 기록하여야 한다(절차법 제
27조 제3항).

2. 증거자료의 첨부

당사자등은 제1항에 따라 의견제출을 하는 경우 그 주장을 입증하기 위한 2108
증거자료 등을 첨부할 수 있다(절차법 제27조 제2항). 증거자료에는 특별한 제한이
없다.

3. 사전통지

행정청이 당사자등에게 의견제출의 기회를 주어야 하는 경우에는 미리 시 2109
간·장소 기타 관련사항을 당사자등에게 알려야 할 것이다. 그리고 그러한 사항
은 당사자등이 수인할 수 있는 정도이어야 한다.

Ⅲ. 의견제출의 효과

1. 제출의견의 반영과 미반영시 이유의 통지

① 행정청은 처분을 할 때에 당사자등이 제출한 의견이 상당한 이유가 있 2110
다고 인정하는 경우에는 이를 반영하여야 한다(절차법 제27조의2 제1항). ② 행정
청은 당사자등이 제출한 의견을 반영하지 아니하고 처분을 한 경우 당사자등이
처분이 있음을 안 날부터 90일 이내에 그 이유의 설명을 요청하면 서면으로 그
이유를 알려야 한다. 다만, 당사자등이 동의하면 말, 정보통신망 또는 그 밖의
방법으로 알릴 수 있다(절차법 제27조의2 제2항).

2. 의견 미제출의 경우

당사자등이 정당한 이유 없이 의견제출기한까지 의견제출을 하지 아니한 2111

경우에는 의견이 없는 것으로 본다(절차법 제27조 제4항). 정당한 이유의 유무는 객관적으로 판단되어야 할 것이다.

Ⅳ. 의견제출절차의 하자

2112 의견제출의 기회를 부여하지 아니하고 행한 침익적 처분은 위법한 것이 되고, 취소의 문제를 가져온다.[1]

Ⅴ. 관련 사항(신속한 처분과 서류 등의 반환)

2113 ① 행정청은 청문·공청회 또는 의견제출을 거쳤을 때에는 신속히 처분하여 해당 처분이 지연되지 아니하도록 하여야 한다(절차법 제22조 제5항). ② 행정청은 처분 후 1년 이내에 당사자등이 요청하는 경우에는 청문·공청회 또는 의견제출을 위하여 제출받은 서류나 그 밖의 물건을 반환하여야 한다(절차법 제22조 제6항).

제 3 항 청문권(청문제도)

Ⅰ. 청문의 관념

1. 청문의 의의

2114 ① 이론상 협의로 청문은 행정절차의 참가자가 자기자신을 표현할 수 있는 기회로 정의될 수 있다. 청문은 참가자가 행하는 입증수단으로서의 증거방법과는 다르다. 광의로 청문은 무릇 국가기관의 행위에 영향을 받거나 불이익을 받게 될 자가 자신의 의견을 밝히거나 자신을 방어할 수 있는 기회로 이해될 수 있

---

1) 대판 2016. 10. 27, 2016두41811; 대판 2007. 9. 21, 2006두20631(행정청이 침해적 행정처분을 하면서 당사자에게 행정절차법상의 사전통지를 하거나 의견제출의 기회를 주지 아니하였다면 사전통지를 하지 않거나 의견제출의 기회를 주지 아니하여도 되는 예외적인 경우에 해당하지 아니하는 한 그 처분은 위법하여 취소를 면할 수 없다. 군인사법 및 그 시행령의 관계 규정에 따르면, 원고와 같이 진급예정자 명단에 포함된 자는 진급예정자명단에서 삭제되거나 진급선발이 취소되지 않는 한 진급예정자 명단 순위에 따라 진급하게 되므로, 이 사건 처분과 같이 진급선발을 취소하는 처분은 진급예정자로서 가지는 원고의 이익을 침해하는 처분이라 할 것이고, 한편 군인사법 및 그 시행령에 이 사건 처분과 같이 진급예정자 명단에 포함된 자의 진급선발을 취소하는 처분을 함에 있어 행정절차에 준하는 절차를 거치도록 하는 규정이 없을 뿐만 아니라 위 처분이 성질상 행정절차를 거치기 곤란하거나 불필요하다고 인정되는 처분이라고 보기도 어렵다고 할 것이어서 이 사건 처분이 행정절차법의 적용이 제외되는 경우에 해당한다고 할 수 없으며, 나아가 원고가 수사과정 및 징계과정에서 자신의 비위행위에 대한 해명기회를 가졌다는 사정만으로 이 사건 처분이 행정절차법 제21조 제4항 제3호, 제22조 제4항에 따라 원고에게 사전통지를 하지 않거나 의견제출의 기회를 주지 아니하여도 되는 예외적인 경우에 해당한다고 할 수 없으므로, 피고가 이 사건 처분을 함에 있어 원고에게 의견제출의 기회를 부여하지 아니한 이상, 이 사건 처분은 절차상 하자가 있어 위법하다고 할 것이다).

다. 한편 ② 행정절차법은 청문을 "행정청이 어떠한 처분을 하기 전에 당사자등의 의견을 직접 듣고 증거를 조사하는 절차"로 정의하고 있다(절차법 제2조 제5호).

2. 청문권의 성질

청문권의 보장은 당사자에게 예상 외의 놀라운 결정을 방지하고, 당사자에게 절차의 종결 전에 자신의 관점에서 결정에 중요한 사실관계 등을 제출할 수 있는 기회를 확보해 주기 위한 것이다.[1] 청문권은 개인적 공권이기는 하나, 그것이 특정한 행위를 요구할 수 있는 권리는 아니다. 청문권은 자신의 권리의 방어에 봉사하는 참가자가 갖는 이익이다. 그렇지만 청문권은 포기될 수 있는 권리이다(절차법 제22조 제4항 참조). 왜냐하면 청문권이 공익을 능가하는 것이라고는 보기 곤란하기 때문이다. 그러나 청문절차제도 그 자체는 법치국가의 행정절차에서 포기할 수 없는 부분이다. 한편, 판례는 행정절차상 권리는 자체가 독립적으로 의미를 가지는 것이라기보다는 행정의 공정성과 적정성을 보장하는 공법적 수단으로서의 의미가 크다는 견해를 취한다.[2]

2115

3. 청문의 종류

① 먼저 절차의 엄격성과 관련하여 약식청문과 정식청문의 구분이 있다. 약식청문이란 이해관계있는 자가 적당한 방법으로 의견을 제출하는 것을 말하고, 정식청문이란 청문 주재관의 주재 아래 주장을 하고, 반박을 하며, 증거를 제출하는 것을 말한다. 행정절차법상 청문은 정식청문에, 의견제출은 약식청문에 해당한다고 볼 것이다. 그리고 ② 공개청문과 비공개청문의 구별이 있다. 공개청문이란 청문과정을 일반에게 공개하여 진행되는 청문을 의미한다. 그것은 객관성 · 공정성확보에 기여한다. 비공개청문은 간이 · 신속을 위해, 그리고 개인의 비밀보호 등을 위해 청문과정을 외부에 공개하지 않고 당사자등만의 참여하에 진행되는 청문을 말한다. 또한 ③ 진술형청문과 사실심형청문이 있다. 진술형청문이란 진술을 하게 하거나 증거나 참고자료를 제출하게 하는 등의 기회만 제공하는 청문을 말하고, 사실심형청문이란 진술형에다 반론 · 반증까지 허용하여 판단과 결정의 근거를 확보하는 청문을 말한다.

2116

---

1) 대판 2017. 4. 7, 2016두63224(행정절차법 제22조 제1항 제1호의 청문제도는 행정처분의 사유에 대하여 당사자에게 변명과 유리한 자료를 제출할 기회를 부여함으로써 위법사유의 시정가능성을 고려하고, 처분의 신중과 적정을 기하려는 데 그 취지가 있다); 대판 2007. 11. 16, 2005두15700.
2) 대판 2021. 7. 29, 2015다221668.

Ⅱ. 청문의 실시

1. 청문실시의 경우

2117 **(1) 규정내용** 행정청이 처분을 할 때 ① 다른 법령등에서 청문을 하도록 규정하고 있는 경우,[1] ② 행정청이 필요하다고 인정하는 경우, 그리고 ③ 다음 각목(가. 인·허가 등의 취소, 나. 신분·자격의 박탈, 다. 법인이나 조합 등의 설립허가의 취소)의 처분을 하는 경우에는 청문을 한다(절차법 제22조 제1항). 따라서 행정절차법은 청문실시의 여부를 개별법률 및 행정청의 판단에 맡긴 셈이다. 그런데, ①은 당연한 규정이기 때문에[2] 행정절차법상 청문실시여부와 관련하여 특별한 의미를 갖는 것은 ②의 경우인 셈이다.

2118 **(2) 문 제 점** 행정절차법은 당사자의 신청에 의한 청문을 규정하고 있지 아니하는데, 이것은 당사자의 신청에 의한 청문을 인정할 경우에 과다한 청문신청으로 인해 행정효율이 저하될 수도 있음에 대한 우려 때문인 것으로 보인다. 그러나 당사자의 참여를 통한 행정과정의 민주화라는 행정절차법의 목적에 비추어 적절한 제약을 가하면서 당사자등의 신청에 의한 청문을 인정하는 것이 바람직할 것이다. 행정절차법상 청문은 직접 이해관계 있는 자의 의견수렴을 목적으로 하지만, 공청회는 이해관계인뿐만 아니라 이해관계 없는 자의 의견까지 수렴한다는 점에서 양자간에 의견수렴의 대상자의 범위에 차이가 있다.

---

1) 행정절차법의 시행과 더불어 행정절차법과 개별 법률에 중복규정 되어 있는 행정절차 관련규정을 삭제하고, 개별법률의 다양한 의견청취유형을 행정절차법에 맞도록 정비하며, 일정한 원칙과 기준에 따라 청문을 실시하는 처분을 명확히 개별 법률에 규정함으로써 행정절차법 운영의 실효성을 확보하기 위하여 「행정절차법의시행에따른공인회계사법등의정비에관한법률」이 제정되었다(1998. 1. 1. 발효). 동법은 248개의 법률의 청문절차를 규정하고 있다.
  동법의 주요내용은 ① 개별법률에 의견제출·청문의 대상으로 다양하게 규정되어 있는 불이익처분중 당사자의 재산권·자격 또는 지위를 직접 박탈하는 허가·인가·면허 등의 취소처분과 법인·조합 등의 설립인가 취소 또는 해산을 명하는 중대한 불이익처분의 경우에는 엄격한 처분절차인 청문을 실시하도록 하였고, ② 공사채등록법·관세법 등과 같이 당사자에게 중대한 불이익을 주는 인가 및 특허 등의 취소처분을 규정하고 있으나 청문에 관한 근거가 없는 경우에는 해당 처분의 성질에 맞게 청문실시의 근거를 신설하였고, ③ 의견진술·공청 등 행정절차법의 불이익처분절차에 맞지 아니하는 개별 법률상의 용어를 행정절차법에 적합하도록 정비하여 법적용상의 혼란을 해소하도록 하였다(관보 1997. 12. 13, 376쪽).
2) 대판 2007. 11. 16, 2005두15700(행정절차법 제22조 제1항 제1호에 정한 청문제도는 행정처분의 사유에 대하여 당사자에게 변명과 유리한 자료를 제출할 기회를 부여함으로써 위법사유의 시정가능성을 고려하고 처분의 신중과 적정을 기하려는 데 그 취지가 있으므로, 행정청이 특히 침해적 행정처분을 할 때 그 처분의 근거 법령 등에서 청문을 실시하도록 규정하고 있다면, 행정절차법 등 관련 법령상 청문을 실시하지 않아도 되는 예외적인 경우에 해당하지 않는 한 반드시 청문을 실시하여야 하며, 그러한 절차를 결여한 처분은 위법한 처분으로서 취소사유에 해당한다).

2. 청문배제의 경우

(1) 법정사유   청문실시의 사유가 있다고 하여도 ① 공공의 안전 또는 복 2119
리를 위하여 긴급히 처분을 할 필요가 있는 경우(예: 목전에 급박한 재해발생의 방지
를 위해 특정 위험시설에 대하여 가동중지명령을 내리는 경우), ② 법령등에서 요구된 자
격이 없거나 없어지게 되면 반드시 일정한 처분을 하여야 하는 경우에 그 자격
이 없거나 없어지게 된 사실이 법원의 재판 등에 의하여 객관적으로 증명된 때
(예: 도시가스사업법 제43조의4(청문)에 따라 동법 제9조(허가의 취소 등)에 의한 도시가스사
업허가의 취소에는 청문이 필요하지만, 허가 후에 동법 제4조(결격사유) 제1호에 따라 도시가
스사업의 허가를 받을 수 없는 자인 "피성년후견인"에 해당하게 된 자에 대하여 동법 제9조
제4호에 따라 허가를 취소하는 경우), ③ 해당 처분의 성질상 의견청취가 현저히 곤
란하거나 명백히 불필요하다고 인정될 만한 상당한 이유가 있는 경우(예: 도피의
우려가 있는 자에 대한 여권반납명령, 부패식품판매로 인해 벌금을 부과받은 자에 대한 영업
정지처분),[1] 또는 ④ 당사자가 의견진술의 기회를 포기한다는 뜻을 명백히 표시
한 경우에는 청문을 실시하지 아니할 수 있다(절차법 제22조 제4항).

(2) 합의에 의한 배제가능성   행정청이 사인과 협약으로 법령상 요구되는 2120
청문을 배제할 수 있는지가 문제된다.

(가) 학   설   ① 행정절차는 실체적인 권리관계에 영향을 미치지 아니하 2121
는 한 생략될 수 있으며, 강제적인 방법이 동원되지 않는 이상 청문을 배제하는
협의는 가능한 것으로 당사자들은 합의에 의한 청문의 배제에 구속된다는 견해
와 ② 청문은 헌법상의 적법절차를 행정에 구현한 것이고, 청문절차를 통하여
행정청이 적정한 판단을 할 수 있도록 하는 기회를 마련하며 동시에 이해관계
인의 참여에 의한 민주적인 정당성을 확보하기 위한 것이므로 청문은 협약으로
배제할 수 없다는 견해가 대립된다.

(나) 판   례   판례는 주식회사 대경마이월드가 안산시장을 상대로 유희시 2122
설조성사업협약해지 등을 구한 사건에서 당사자 간에 협약이 있었다고 하더라

---

1) 대판 2001. 4. 13, 2000두3337(행정절차법 제21조 제4항 제3호는 침해적 행정처분을 할 경우 청
문을 실시하지 않을 수 있는 사유로서 "해당 처분의 성질상 의견청취가 현저히 곤란하거나 명
백히 불필요하다고 인정될 만한 상당한 이유가 있는 경우"를 규정하고 있으나, 여기에서 말하
는 '의견청취가 현저히 곤란하거나 명백히 불필요하다고 인정될 만한 상당한 이유가 있는지 여
부'는 해당 행정처분의 성질에 비추어 판단하여야 하는 것이지, 청문통지서의 반송여부, 청문통
지의 방법 등에 의하여 판단할 것은 아니며, 또한 행정처분의 상대방이 통지된 청문일시에 불
출석하였다는 이유만으로 행정청이 관계법령상 그 실시가 요구되는 청문을 실시하지 아니한
채 침해적 행정처분을 할 수는 없을 것이므로, 행정처분의 상대방에 대한 청문통지서가 반송되
었다거나, 행정처분의 상대방이 청문일시에 불출석하였다는 이유로 청문을 실시하지 아니하고
한 침해적 행정처분은 위법하다).

도 청문의 실시에 관한 규정의 적용이 배제된다거나 청문을 실시하지 않아도 되는 예외적인 경우(절차법 제22조 제4항)에 해당한다고 볼 수 없다는 입장이다.[1]

㈐ 사 견 청문절차는 공법적인 성질을 가진 것으로 강제적인 것이므로 협약으로 배제할 수 없고, 행정처분을 하면서 계약을 체결하여 행정절차법상의 청문 등을 배제할 수 있도록 한다면 행정청은 자신의 우월한 지위를 이용하여 상대방의 의사에 반하여 여러 절차를 배제하는 내용의 계약을 강제함으로써 행정절차법의 취지를 잠탈할 우려가 있는바 협약으로 청문을 배제할 수 없다는 견해가 타당하다.[2]

3. 청문의 통지

2123 청문에 참여하는 자는 의사표시를 위한 준비기간을 충분히 가져야 한다. 따라서 청문의 대상은 충분한 기간을 두고 사전에 통지되어야 한다. 행정청은 청문을 하려면 청문이 시작되는 날부터 10일 전까지 제1항 각 호(1. 처분의 제목, 2. 당사자의 성명 또는 명칭과 주소, 3. 처분하려는 원인이 되는 사실과 처분의 내용 및 법적 근거, 4. 제3호에 대하여 의견을 제출할 수 있다는 뜻과 의견을 제출하지 아니하는 경우의 처리방법, 5. 의견제출기관의 명칭과 주소, 6. 의견제출기한, 7. 그 밖에 필요한 사항)의 사항을 당사자등에게 통지하여야 한다. 이 경우 제1항 제4호부터 제6호까지의 사항은 청문 주재자의 소속·직위 및 성명, 청문의 일시 및 장소, 청문에 응하지 아니하는 경우의 처리방법 등 청문에 필요한 사항으로 갈음한다(절차법 제21조 제2항).

4. 청문의 공개

2124 청문은 당사자가 공개를 신청하거나 청문 주재자가 필요하다고 인정하는 경우 공개할 수 있다. 다만, 공익 또는 제3자의 정당한 이익을 현저히 해칠 우려가 있는 경우에는 공개하여서는 아니 된다(절차법 제30조). 청문의 공개는 청문의 신뢰성 제고에 기여한다. 다만 당사자의 공개신청이 있음에도 불구하고, 행정청이 비공개결정을 하거나, 또는 당사자가 공개를 원하지 아니함에도 불구하고 행정청이 공개를 결정하기 위해서는 공익개념과 제3자의 정당한 이익의 개

---

1) 대판 2004. 7. 8, 2002두8350(행정청이 당사자와 사이에 도시계획사업의 시행과 관련한 협약을 체결하면서 관계 법령 및 행정절차법에 규정된 청문의 실시 등 의견청취절차를 배제하는 조항을 두었다고 하더라도, 국민의 행정참여를 도모함으로써 행정의 공정성·투명성 및 신뢰성을 확보하고 국민의 권익을 보호한다는 행정절차법의 목적 및 청문제도의 취지 등에 비추어 볼 때, 위와 같은 협약의 체결로 청문의 실시에 관한 규정의 적용을 배제할 수 있다고 볼 만한 법령상의 규정이 없는 한, 이러한 협약이 체결되었다고 하여 청문의 실시에 관한 규정의 적용이 배제된다거나 청문을 실시하지 않아도 되는 예외적인 경우에 해당한다고 할 수 없다).
2) 하명호, 행정소송(Ⅱ), 49쪽.

념을 엄격히 새겨야 할 것이다. 왜냐하면 당사자의 공개청구는 개인적 공권으로
서 보호받아야 하기 때문이다.

Ⅲ. 청문의 주재자와 참가자

1. 청문주재자의 선정 · 신분

행정청은 소속 직원 또는 대통령령으로 정하는 자격을 가진 사람 중에서   2125
청문 주재자를 공정하게 선정하여야 한다(절차법 제28조 제1항). 공정한 청문 주재
자의 선정은 청문이 공정하게 이루어지기 위한 첫걸음이다. 행정청은 다음 각
호(1. 다수 국민의 이해가 상충되는 처분, 2. 다수 국민에게 불편이나 부담을 주는 처분, 3. 그
밖에 전문적이고 공정한 청문을 위하여 행정청이 청문 주재자를 2명 이상으로 선정할 필요가
있다고 인정하는 처분)의 어느 하나에 해당하는 처분을 하려는 경우에는 청문 주재
자를 2명 이상으로 선정할 수 있다. 이 경우 선정된 청문 주재자 중 1명이 청문
주재자를 대표한다(절차법 제28조 제2항). 청문 주재자는 독립하여 공정하게 직무
를 수행하며, 그 직무 수행을 이유로 본인의 의사에 반하여 신분상 어떠한 불이
익도 받지 아니한다(절차법 제28조 제4항). 청문 주재자의 직무란 행정절차법에서
규정되고 있는 청문의 진행(절차법 제31조) · 증거조사(절차법 제33조) 등 각종의 직
무를 말한다. 제1항 또는 제2항에 따라 대통령령으로 정하는 사람 중에서 선정
된 청문 주재자는 「형법」이나 그 밖의 다른 법률에 따른 벌칙을 적용할 때에는
공무원으로 본다(절차법 제28조 제5항). 대통령령이 정하는 자 중에서 선정된 청문
주재자는 국가배상법상 공무원에도 해당하는바, 그 자에 의한 불법행위에 대하
여 국가 또는 지방자치단체는 손해배상책임을 진다. 제1항부터 제5항까지에서
규정한 사항 외에 청문 주재자의 선정 등에 필요한 사항은 대통령령으로 정한
다(지자법 제28조 제6항).

2. 청문주재자의 제척 · 기피 · 회피

행정청의 사무가 사리에 적합하고 또한 공평무사하게 처리되어야 함은 법   2126
치국가의 행정절차에 있어서 본질적인 부분이다. 공무원 개인의 이익이나 친소
관계는 행정사무의 처리에 어떠한 영향을 미쳐서도 아니 된다. 행정절차상 이러
한 법치국가적인 요구에 따라 행정절차법은 청문주재자의 제척 · 기피 · 회피의
제도를 규정하고 있다.

⑴ 제 척   청문 주재자가 다음 각 호(1. 자신이 당사자등이거나 당사자등과   2127
「민법」 제777조 각 호의 어느 하나에 해당하는 친족관계에 있거나 있었던 경우, 2. 자신이 해

당 처분과 관련하여 증언이나 감정을 한 경우, 3. 자신이 해당 처분의 당사자등의 대리인으로 관여하거나 관여하였던 경우, 4. 자신이 해당 처분업무를 직접 처리하거나 처리하였던 경우, 5. 자신이 해당 처분업무를 처리하는 부서에 근무하는 경우. 이 경우 부서의 구체적인 범위는 대통령령으로 정한다)의 어느 하나에 해당하는 경우에는 청문을 주재할 수 없다(절차법 제29조 제1항). 제척사유가 있는 자는 본조항(법률의 규정)에 의하여 자동적으로(당연히) 청문 주재자에서 배제된다. 제척되는 자는 상기의 3가지 경우에 한정된다. 상기 3가지의 사유에 유사한 경우가 있다면, 그것은 후술하는 기피 또는 회피의 문제가 된다.

2128   ⑵ 기   피   청문 주재자에게 공정한 청문 진행을 할 수 없는 사정이 있는 경우 당사자등은 행정청에 기피신청을 할 수 있다. 이 경우 행정청은 청문을 정지하고 그 신청이 이유가 있다고 인정할 때에는 해당 청문 주재자를 지체 없이 교체하여야 한다(절차법 제29조 제3항). 당사자등이 기피신청을 하기 위해서는 청문 주재자가 자기에 대하여 편견을 갖는다는 의심만으로는 부족하다. 당사자등이 기피신청을 하기 위해서는 청문주재자가 공정한 청문진행을 할 수 없음을 말해주는 사실을 객관적으로 제시하여야 한다. 기피는 제척과 달리 자동적인 것이 아니라 행정청이 기피신청에 이유가 있다고 인정하여야 청문주재로부터 배척된다.

2129   ⑶ 회   피   청문 주재자는 제척 또는 기피의 사유에 해당하는 경우에는 행정청의 승인을 얻어 스스로 청문의 주재를 회피할 수 있다(절차법 제29조 제3항). 회피는 청문 주재자 스스로가 이의를 제기하는 것인 점에서 상대방등이 제기하는 기피와 구별된다. 그러나 기피 역시 청문주재자의 의사표시로 인해 자동적으로 청문주재에서 벗어나는 것이 아니다. 기피와 유사하게 행정청의 승인이 있어야 청문의 주재에서 벗어나게 된다.

3. 청문 주재자에 자료통지

2130   행정청은 청문이 시작되는 날부터 7일 전까지 청문 주재자에게 청문과 관련한 필요한 자료를 미리 통지하여야 한다(절차법 제28조 제2항).

4. 청문참가자

2131   청문에 주체적으로 참가하는 자는 당사자등이다(절차법 제2조 제5호·제21조 제2항). 당사자등이란 "행정청의 처분에 대하여 직접 그 상대가 되는 당사자와 행정청이 직권으로 또는 신청에 따라 행정절차에 참여하게 한 이해관계인"을 말한다(절차법 제2조 제4호). 따라서 당사자등에는 처분의 상대방인 당사자와 행정청

이 절차에 참여시킨 이해관계인으로 구성된다. 당사자인 처분의 상대방은 처분의 신청인이 일반적이다. 그러나 제3자효 있는 행위의 경우에는 신청인과 처분의 상대방이 다를 수도 있다. 이러한 경우에도 처분의 상대방이 당사자이다.

신청인은 이해관계인으로서 행정청의 직권이나 신청에 의하여 행정절차에 참여할 수 있다. 행정절차법상 당사자등에 속하는 이해관계인은 모든 이해관계인이 아니라 행정절차에 참여하는 이해관계인에 한정된다. 여기서 말하는 이해관계인의 의미는 분명하지 아니하나, 법률상 이해관계 있는 자(예 : 제3자효 있는 행정행위의 경우에 있어서 제3자와 행정개입청구권에 근거하여 행정청에게 제3자에 대한 행정행위의 발령을 구하는 신청인), 법령에 의해 결정(처분)에 관하여 이의나 의사를 표명할 수 있는 자 등이 이에 해당할 것이다. 2132

Ⅳ. 청문의 진행절차

1. 청문의 진행방법

(1) **설명·의견진술**   ① 청문 주재자가 청문을 시작할 때에는 먼저 예정된 처분의 내용, 그 원인이 되는 사실 및 법적 근거 등을 설명하여야 한다(절차법 제31조 제1항). ② 당사자등은 의견을 진술하고 증거를 제출할 수 있으며, 참고인이나 감정인 등에게 질문할 수 있다(절차법 제31조 제2항). 당사자등이 의견서를 제출한 경우에는 그 내용을 출석하여 진술한 것으로 본다(절차법 제31조 제3항). 2133

(2) **청문의 계속·병합·분리**   ① 청문 주재자는 청문을 계속할 경우에는 행정청은 당사자등에게 다음 청문의 일시 및 장소를 서면으로 통지하여야 하며, 당사자등이 동의하는 경우에는 전자문서로 통지할 수 있다. 다만, 청문에 출석한 당사자등에게는 그 청문일에 청문 주재자가 말로 통지할 수 있다(절차법 제31조 제5항). ② 행정청은 직권으로 또는 당사자의 신청에 따라 여러 개의 사안을 병합하거나 분리하여 청문을 할 수 있다(절차법 제32조). 2134

(3) **질서유지 등**   청문 주재자는 청문의 신속한 진행과 질서유지를 위하여 필요한 조치를 할 수 있다(절차법 제31조 제4항). 필요한 조치로는 질서문란자에 대한 협조요청, 실내에서의 청문회의 경우에는 질서문란자에 대한 퇴거요구, 발언자의 발언중단, 청문회의 일시정지나 중단 등을 생각할 수 있다. 질서문란자에 대한 청문 주재자의 일반경찰권의 발동은 개별법률상 근거가 없이는 불가능하고, 청문회의 주재자는 다만 경찰에 대하여 질서문란자에 대한 경찰권발동을 요청할 수 있을 뿐이다. 2135

2. 증거조사

2136
(1) **직권조사 등** 청문 주재자는 직권으로 또는 당사자의 신청에 따라 필요한 조사를 할 수 있으며, 당사자등이 주장하지 아니한 사실에 대하여도 조사할 수 있다(절차법 제33조 제1항). 조사의 범위와 대상은 청문 주재자가 의무에 합당한 재량에 따라 정할 사항이다. 그러나 청문 주재자는 결정에 중요한 사항이라면, 당사자등에 유리·불리를 불문하고 조사하여야 할 것이다. 왜냐하면 조사의 목적은 결정에 중요한 사실에 대한 확실성의 확보를 위한 것이기 때문이다.

2137
(2) **조사방법** 증거조사는 다음 각 호(1. 문서·장부·물건 등 증거자료의 수집, 2. 참고인·감정인 등에 대한 질문, 3. 검증 또는 감정·평가, 4. 그 밖에 필요한 조사)의 어느 하나에 해당하는 방법으로 한다(절차법 제33조 제2항). 증거조사의 방법에는 원칙적으로 제한이 없다. 당사자등의 협력도 방법일 수 있다. 생각할 수 있는 모든 방법이 동원될 수 있다. 그러나 이러한 선택재량에 대한 중요한 기준은 진실발견을 위한 증거수단의 유용성이다. 단순성과 합목적성도 기준이 된다. 한편 청문 주재자는 필요하다고 인정할 때에는 관계 행정청에 필요한 문서의 제출 또는 의견의 진술을 요구할 수 있다. 이 경우 관계 행정청은 직무 수행에 특별한 지장이 없으면 그 요구에 따라야 한다(절차법 제33조 제3항).

3. 청문조서와 청문 주재자 의견서

청문이 이루어지면 청문조서와 청문 주재자 의견서를 작성하게 된다.

2138
(1) **청문조서** 청문 주재자는 다음 각 호(1. 제목, 2. 청문 주재자의 소속, 성명 등 인적사항, 3. 당사자등의 주소, 성명 또는 명칭 및 출석 여부, 4. 청문의 일시 및 장소, 5. 당사자등의 진술의 요지 및 제출된 증거, 6. 청문의 공개 여부 및 공개하거나 제30조 단서에 따라 공개하지 아니한 이유, 7. 증거조사를 한 경우에는 그 요지 및 첨부된 증거, 8. 그 밖에 필요한 사항)의 사항이 적힌 청문조서를 작성하여야 한다(절차법 제34조 제1항). 당사자등은 청문조서의 내용을 열람·확인할 수 있으며, 이의가 있을 때에는 그 정정을 요구할 수 있다(절차법 제34조 제2항).

2139
(2) **청문 주재자의 의견서** 청문 주재자는 다음 각 호(1. 청문의 제목, 2. 처분의 내용, 주요 사실 또는 증거, 3. 종합의견, 4. 그 밖에 필요한 사항)의 사항이 적힌 청문 주재자의 의견서를 작성하여야 한다(절차법 제34조의2).

4. 청문의 종결

2140
(1) **청문종결의 사유** 청문 주재자는 해당 사안에 대하여 당사자등의 의견

진술, 증거조사가 충분히 이루어졌다고 인정하는 경우에는 청문을 마칠 수 있다 (절차법 제35조 제1항). 청문 주재자는 당사자등의 전부 또는 일부가 정당한 사유 없이 청문기일에 출석하지 아니하거나 제31조 제3항에 따른 의견서를 제출하지 아니한 경우에는 이들에게 다시 의견진술 및 증거제출의 기회를 주지 아니하고 청문을 마칠 수 있다(절차법 제35조 제2항). 청문 주재자는 당사자등의 전부 또는 일부가 정당한 사유로 청문기일에 출석하지 못하거나 제31조 제3항에 따른 의견서를 제출하지 못한 경우에는 10일 이상의 기간을 정하여 이들에게 의견진술 및 증거제출을 요구하여야 하며, 해당 기간이 지났을 때에 청문을 마칠 수 있다 (절차법 제35조 제3항).

(2) **청문종결후 조치**   ① 청문 주재자는 청문을 마쳤을 때에는 청문조서, 2141 청문 주재자의 의견서, 그 밖의 관계 서류 등을 행정청에 지체 없이 제출하여야 한다(절차법 제35조 제4항). ② 행정청은 청문을 거쳤을 때에는 신속히 처분하여 해당 처분이 지연되지 아니하도록 하여야 한다(절차법 제22조 제5항). 한편 ③ 행정청은 처분 후 1년 이내에 당사자등이 요청하는 경우에는 청문을 위하여 제출 받은 서류나 그 밖의 물건을 반환하여야 한다(절차법 제22조 제6항).

(3) **청문결과의 반영**   행정청은 처분을 할 때에 제35조 제4항에 따라 제출 2142 받은 청문조서, 청문 주재자의 의견서 그 밖의 관계서류 등을 충분히 검토하고, 상당한 이유가 있다고 인정하는 경우에는 청문결과를 반영하여야 한다(절차법 제35조의2). 청문에서 나타난 결과를 반영하는 것은 필요하지만, 청문절차에서 나타난 사인의 의견에 행정청이 구속되지는 않는다고 볼 것이다.[1] 왜냐하면 만약 관계행정청이 사인의 의견에 구속된다고 하면, 행정작용은 행정청에 의한 것이 아니라 사인에 의한 것이 될 것이기 때문이다. 물론 관계행정청으로서는 사인의 정당한 의견은 반영토록 하여야 한다. 사인의 정당한 의견을 무시한 관계행정청의 결정은 사실오인 또는 재량하자 등으로 인해 위법한 것이 될 것이다.

5. 청문의 재개

행정청은 청문을 마친 후 처분을 할 때까지 새로운 사정이 발견되어 청문 2143 을 재개할 필요가 있다고 인정할 때에는 제35조 제4항(청문조서 등의 제출)에 따라 받은 청문조서 등을 되돌려 보내고 청문의 재개를 명할 수 있다. 이 경우 제

---

1) 대판 1995. 12. 22, 95누30(광업법 제88조 제2항에서 처분청이 같은 법조 제1항의 규정에 의하여 광업용 토지수용을 위한 사업인정을 하고자 할 때에 토지소유자와 토지에 관한 권리를 가진 자의 의견을 들어야 한다고 한 것은 그 사업인정 여부를 결정함에 있어서 소유자나 기타 권리자가 의견을 반영할 기회를 주어 이를 참작하도록 하고자 하는 데 있을 뿐, 처분청이 그 의견에 기속되는 것은 아니다).

31조 제5항을 준용한다(절차법 제36조). 절차의 재개는 청문절차에만 규정이 있고 공청회절차에는 규정이 없다.

V. 문서열람·복사청구권과 비밀유지청구권

1. 문서열람·복사청구권의 의의

2144   당사자등은 의견제출의 경우에는 처분의 사전 통지가 있는 날부터 의견제출기한까지, 청문의 경우에는 청문의 통지가 있는 날부터 청문이 끝날 때까지 행정청에 해당 사안의 조사결과에 관한 문서와 그 밖에 해당 처분과 관련되는 문서의 열람 또는 복사를 요청할 수 있는바(절차법 제37조 제1항 제1문), 이것이 문서열람청구권과 문서복사청구권이다. 당사자등의 문서열람·복사청구권은 절차상 권리로서 개인적 공권의 성질을 갖는다. 행정절차법에 따른 문서열람·복사청구권은 청문의 통지시점부터 청문의 종결시점까지 인정된다. 한편, 당사자등은 청문의 통지를 불문하고 공공기관의 정보공개에 관한 법률에 의하여 정보공개를 청구할 수 있다. 동법률은 모든 국민에게 적용되는 법률이므로(공개법 제5조 제1항) 당사자등에도 당연히 적용되기 때문이다.

2145   문서열람권은 청문절차와 밀접한 관련을 갖는다. 당사자등은 문서열람을 통해 결정에 중요한 사실관계를 알게 되면, 청문절차에서 효과적으로 대응할 수 있기 때문이다. 문서열람권은 무기대등의 원칙 및 행정절차의 공개성의 원칙에 비추어 포기될 수 없다.

2146   당사자등의 문서열람·복사청구권은 단순히 열람과 복사 그 자체를 위한 권리는 아니다. 명문의 규정은 없지만, 문서열람·복사청구권은 열람이나 복사에 대한 정당한 이익이 있는 경우에 인정된다고 볼 것이다. 여기서 정당한 이익을 한마디로 단언할 수는 없다. 적어도 법률관계에 대한 불명확성을 분명히 하고자 하는 경우, 문서의 열람 후 법상 의미 있는 행위를 결정하고자 하는 경우, 그리고 청구권의 행사를 위해 중요한 근거를 확보하고자 하는 경우에는 정당한 이익이 있다고 본다.

2. 문서열람·복사청구권의 제한

2147   문서열람·복사청구권은 다른 법령(예 : 공공기관의 정보공개에 관한 법률)에 따라 공개가 제한되는 경우에만 제한을 받는다(절차법 제37조 제1항 제2문). 설령 문서열람·복사가 행정청의 사무수행에 침해를 가져오거나, 알려지는 경우에 국익에 침해가 되거나, 성질상 공개가 당사자나 제3자의 정당한 이익에 침해를 가져

온다고 하여도, 행정절차법을 이유로 공개를 거부할 수는 없다. 한편, 행정청이 다른 법령에 의하여 공개가 제한됨을 이유로 열람 또는 복사의 요청을 거부하는 경우에는 그 이유를 소명하여야 한다(절차법 제37조 제3항).

3. 문서열람·복사청구의 대상·장소 등

문서열람·복사청구권의 대상은 해당 사안의 조사결과에 관한 문서와 그 밖에 해당 처분과 관련되는 문서이다(절차법 제37조 제1항 제1문). 제1항에 따라 열람 또는 복사를 요청할 수 있는 문서의 범위는 대통령령으로 정한다(절차법 제37조 제4항). 문서의 범위를 지나치게 제한하는 것은 문서열람·복사청구권을 실질적으로 부인하는 효과를 가져오는바, 위법이 될 것이다. 한편, 행정청은 제1항의 열람 또는 복사의 요청에 따르는 경우 그 일시 및 장소를 지정할 수 있다(절차법 제37조 제2항). 그 장소는 대체로 해당 구체적인 행정절차가 진행되는 행정관서가 될 것이다. 그리고 행정청은 제1항에 따른 복사에 드는 비용을 요청한 자에게 부담시킬 수 있다(절차법 제37조 제5항).

2148

4. 비밀유지청구권

(1) **비밀유지의무** 누구든지 의견제출 또는 청문을 통하여 알게 된 사생활이나 경영상 또는 거래상의 비밀을 정당한 이유 없이 누설하거나 다른 목적으로 사용하여서는 아니 된다(절차법 제37조 제6항). 보호대상이 사생활 또는 경영상이나 거래상의 비밀에 한정되어 있으므로, 행정절차법상 보호되는 사인의 정보의 범위가 공공기관의 개인정보보호에관한법률에 의해 보호되는 정보의 범위보다 좁다. 보호대상이 보호할 가치가 있는 일체의 인적 관련정보로 확대되어야 할 것이다. 한편, 보호의무(누설금지·다른 목적의 사용금지)를 위반한 경우에 관한 규정이 행정절차법에는 없다. 따라서 보호의무를 위반한 자에 대해서는 형법이나 공공기관의 개인정보보호에 관한 법률 등이 정하는 바에 따라 벌칙이 가해질 수밖에 없다.

2149

(2) **비밀유지청구권** 본조항은 관계자에게 비밀유지의무를 부과하지만, 동시에 본조항은 관계자의 사적인 이익의 보장을 위한 규정으로 해석된다. 따라서 본조항이 명시적으로 사인에게 행정청에 대하여 비밀유지의 청구를 구할 수 있는 권리(비밀유지청구권)를 표현하고 있지 않다고 하여도(독일행정절차법 제30조는 권리로서 규정하고 있다) 사적 당사자는 본조항에 근거하여 행정청에 비밀유지청구권을 갖는다고 볼 것이다. 한편, 행정청의 비밀유지의무는 공개에 대한 당사자의 동의가 있거나, 법령상 근거가 있거나 또는 명백히 요구되는 공공의 우월한

2150

이익의 보호를 위해 공개하는 것이 불가피한 경우에는 소멸된다.

VI. 청문절차의 위반

2151   법령상 요구되는 청문의무에 위반하여 발해진 행정행위는 하자있는 행정행위가 되고, 따라서 그것은 위법한 행위로서 취소할 수 있는 행위가 된다. 이것은 판례의 입장이기도 하다.[1] 그렇다고 그것이 반드시 무효가 된다고는 할 수 없을 것이다. 경우에 따라서는 하자의 치유가 인정될 수도 있을 것이다. 한편 법령상 근거 없이 훈령(행정규칙)상으로만 청문절차가 요구될 때 이를 결여한 경우에는 예외가 없었던 것은 아니지만[2] 위법하지 않다는 것이 판례의 일관된 입장이다.[3]

제4항 공청회참여권(공청회제도)

Ⅰ. 관   념

1. 공청회의 의의

2152   공청회란 "행정청이 공개적인 토론을 통하여 어떠한 행정작용에 대하여 당사자등, 전문지식과 경험을 가진 사람, 그 밖의 일반인으로부터 의견을 널리 수렴하는 절차"를 말한다(절차법 제2조 제6호).

2. 공청회의 의미

2153   공청회는 사인의 권리보호를 위한 의미도 갖고, 합리적인 행정을 위한 의견

---

1) 대판 2017. 4. 7, 2016두63224(행정청이 특히 침해적 행정처분을 할 때 그 처분의 근거 법령 등에서 청문을 실시하도록 규정하고 있다면, 행정절차법 등 관련 법령상 청문을 실시하지 않아도 되는 예외적인 경우에 해당하지 않는 한, 반드시 청문을 실시하여야 하며, 그러한 절차를 결여한 처분은 위법한 처분으로서 취소사유에 해당한다); 대판 2007. 11. 16, 2005두15700.

2) 대판 1984. 9. 11, 82누166(건축사무소의등록취소및폐쇄처분에관한규정 제9조(1979. 9. 6.건설부훈령 제447호)가 관계행정청이 건축사사무소의 등록취소처분을 함에 있어 해당 건축사들을 사전에 청문토록 한 취지는 위 행정처분으로 인하여 건축사사무소의 기존권리가 부당하게 침해받지 아니하도록 등록취소사유에 대하여 해당 건축사에게 변명과 유리한 자료를 제출할 기회를 부여하여 위법사유의 시정가능성을 감안하고 처분의 신중성과 적정성을 기하려 함에 있다 할 것이므로 설사 건축사법 제28조 소정의 등록취소 등 사유가 분명히 존재하는 경우라 하더라도 해당 건축사가 정당한 이유 없이 청문에 응하지 아니한 경우가 아닌 한 청문절차를 거치지 아니하고 한 건축사사무소 등록취소처분은 위법하다).

3) 대판 1994. 3. 22, 93누18969(청문절차 없이 어떤 행정처분을 한 경우에도 관계법령에서 청문절차를 시행하도록 규정하지 않고 있는 경우에는 그 행정처분이 위법하게 되는 것이 아니라고 할 것인바, 구 주택건설촉진법(1992. 12. 8. 법률 제4530호로 개정되기 전의 것) 및 같은법시행령에 의하면 주택조합설립인가처분의 취소처분을 하고자 하는 경우에 청문절차를 거치도록 규정하고 있지 아니하므로 청문절차를 거치지 아니한 것이 위법하지 아니하다).

수렴의 의미도 갖는다. 행정의 실제상 의견수렴의 의미가 권리보호의 의미보다 크다고 하겠다.

Ⅱ. 공청회의 개최

1. 공청회개최의 여부

(1) **공청회개최의 경우**　　행정청이 처분을 할 때 다음 각 호(1. 다른 법령등에　2154 서 공청회를 개최하도록 규정하고 있는 경우, 2. 해당 처분의 영향이 광범위하여 널리 의견을 수렴할 필요가 있다고 행정청이 인정하는 경우)의 어느 하나에 해당하는 경우에는 공청회를 개최한다(절차법 제22조 제2항).[1] 사인의 신청에 의한 공청회에 관해서는 행정절차법상 규정하는 바가 없다.

(2) **공청회개최의 배제**　　제1항부터 제3항까지의 규정에도 불구하고 제21　2155 조 제4항 각 호(1. 공공의 안전 또는 복리를 위하여 긴급히 처분을 할 필요가 있는 경우, 2. 법령등에서 요구된 자격이 없거나 없어지게 되면 반드시 일정한 처분을 하여야 하는 경우에 그 자격이 없거나 없어지게 된 사실이 법원의 재판 등에 의하여 객관적으로 증명된 경우, 3. 해당 처분의 성질상 의견청취가 현저히 곤란하거나 명백히 불필요하다고 인정될 만한 상당한 이유가 있는 경우)의 어느 하나에 해당하는 경우와 당사자가 의견진술의 기회를 포기한다는 뜻을 명백히 표시한 경우에는 의견청취(공청회 등)를 하지 아니할 수 있다(절차법 제22조 제4항).

2. 공청회개최의 알림

행정청은 공청회를 개최하려는 경우에는 공청회 개최 14일 전까지 다음 각　2156 호(1. 제목, 2. 일시 및 장소, 3. 주요 내용, 4. 발표자에 관한 사항, 5. 발표신청 방법 및 신청 기한, 6. 정보통신망을 통한 의견제출, 7. 그 밖에 공청회 개최에 관하여 필요한 사항)의 사항을 당사자등에게 통지하고, 관보, 공보, 인터넷 홈페이지 또는 일간신문 등에 공고하는 등의 방법으로 널리 알려야 한다. 다만, 공청회 개최를 알린 후 예정대로 개최하지 못하여 새로 일시 및 장소 등을 정한 경우에는 공청회 개최 7일 전까지 알려야 한다(절차법 제38조).

---

1) 대판 2007. 4. 12, 2005두1893(묘지공원과 화장장의 후보지를 선정하는 과정에서 서울특별시, 비영리법인, 일반 기업 등이 공동발족한 협의체인 추모공원건립추진협의회가 후보지 주민들의 의견을 청취하기 위하여 그 명의로 개최한 공청회는 행정청이 도시계획시설결정을 하면서 개최한 공청회가 아니므로, 위 공청회의 개최에 관하여 행정절차법에서 정한 절차를 준수하여야 하는 것은 아니다. 공청회 개최과정에서 피고가 이 사건 협의회의 구성원으로서 행정적인 업무 지원을 하였다 하여 달리 볼 것은 아니다).

3. 온라인공청회

2157 　행정청은 제38조에 따른 공청회와 병행하여서만 정보통신망을 이용한 공청회(온라인공청회)를 실시할 수 있다(절차법 제38조의2 제1항). 제1항에도 불구하고 다음 각 호(1. 국민의 생명·신체·재산의 보호 등 국민의 안전 또는 권익보호 등의 이유로 제38조에 따른 공청회를 개최하기 어려운 경우, 2. 제38조에 따른 공청회가 행정청이 책임질 수 없는 사유로 개최되지 못하거나 개최는 되었으나 정상적으로 진행되지 못하고 무산된 횟수가 3회 이상인 경우, 3. 행정청이 널리 의견을 수렴하기 위하여 온라인공청회를 단독으로 개최할 필요가 있다고 인정하는 경우. 다만, 제22조 제2항 제1호 또는 제3호에 따라 공청회를 실시하는 경우는 제외한다)의 어느 하나에 해당하는 경우에는 온라인공청회를 단독으로 개최할 수 있다(지자법 제38조의2 제2항). 온라인공청회를 실시하는 경우에는 누구든지 정보통신망을 이용하여 의견을 제출하거나 제출된 의견 등에 대한 토론에 참여할 수 있다(절차법 제38조의2 제4항).

4. 공청회의 재개최

2158 　행정청은 공청회를 마친 후 처분을 할 때까지 새로운 사정이 발견되어 공청회를 다시 개최할 필요가 있다고 인정할 때에는 공청회를 다시 개최할 수 있다(절차법 제39조의3).

Ⅲ. 공청회의 주재자 및 발표자

1. 주 재 자

2159 　행정청은 해당 공청회의 사안과 관련된 분야에 전문적 지식이 있거나 그 분야에 종사한 경험이 있는 사람으로서 대통령령으로 정하는 자격을 가진 사람 중에서 공청회의 주재자를 선정한다(절차법 제38조의3 제1항). 행정청은 공청회의 주재자를 지명 또는 위촉하거나 선정할 때 공정성이 확보될 수 있도록 하여야 한다(절차법 제38조의3 제3항). 공청회의 주재자 등에게는 예산의 범위에서 수당 및 여비와 그 밖에 필요한 경비를 지급할 수 있다(절차법 제38조의3 제4항).

2. 발 표 자

2160 　공청회의 발표자는 발표를 신청한 사람 중에서 행정청이 선정한다. 다만, 발표를 신청한 사람이 없거나 공청회의 공정성을 확보하기 위하여 필요하다고 인정하는 경우에는 다음 각 호(1. 해당 공청회의 사안과 관련된 당사자등, 2. 해당 공청회의 사안과 관련된 분야에 전문적 지식이 있는 사람, 3. 해당 공청회의 사안과 관련된 분야에 종사한 경험이 있는 사람)의 사람 중에서 지명하거나 위촉할 수 있다(절차법 제38조의

3 제2항). 행정청은 공청회의 발표자를 지명 또는 위촉하거나 선정할 때 공정성이 확보될 수 있도록 하여야 한다(절차법 제38조의3 제3항). 공청회의 발표자 등에게는 예산의 범위에서 수당 및 여비와 그 밖에 필요한 경비를 지급할 수 있다(절차법 제38조의3 제4항).

Ⅳ. 공청회의 진행

1. 발표내용

발표자는 공청회의 내용과 직접 관련된 사항에 대하여만 발표하여야 한다   2161 (절차법 제39조 제2항). 공청회의 주재자는 공청회의 원활한 진행을 위하여 발표내용을 제한할 수 있다(절차법 제39조 제1항).

2. 질의·답변

공청회의 주재자는 발표자의 발표가 끝난 후에는 발표자 상호간에 질의 및   2162 답변을 할 수 있도록 하여야 하며, 방청인에게도 의견을 제시할 기회를 주어야 한다(절차법 제39조 제3항).

3. 질서유지

공청회의 주재자는 공청회를 공정하게 진행하여야 하며, 공청회의 원활한   2163 진행을 위하여 발표내용을 제한할 수 있고, 질서유지를 위하여 발언중지 및 퇴장명령 등 행정안전부장관이 정하는 필요한 조치를 할 수 있다(절차법 제39조 제1항).

Ⅴ. 공청회의 사후조치

① 행정청은 공청회를 거쳤을 때에는 신속히 처분하여 해당 처분이 지연되   2164 지 아니하도록 하여야 한다(절차법 제22조 제5항). 그리고 ② 행정청은 처분을 할 때에 공청회·온라인공청회 및 정보통신망 등을 통하여 제시된 사실 및 의견이 상당한 이유가 있다고 인정하는 경우에는 이를 반영하여야 한다(절차법 제39조의 2). 한편 ③ 행정청은 처분 후 1년 이내에 당사자등이 요청하는 경우에는 공청회를 위하여 제출받은 서류 그 밖의 물건을 반환하여야 한다(절차법 제22조 제6항). 이 규정은 주의적인 규정이라고 본다. 1년이 경과하여도 당사자등은 서류 기타 물건의 반환을 청구할 수 있다고 보아야 한다.

제 5 절   행정절차의 하자

제 1 항   절차상 하자의 관념

I. 절차상 하자의 의의

2165   이미 살펴본 바 있듯이, 행정입법·행정행위 등 행정청에 의한 모든 공법적 작용은 적법요건(성립·발효요건)을 갖추어야만 적법한 것이 된다. 적법요건에 절차요건이 포함됨은 물론이다. 여기서 행정청에 의한 각종의 공법적 작용에 절차요건상 흠이 있을 때, 이를 절차상 하자라 부른다.

II. 절차상 하자의 특성

2166   행정절차는 그 자체가 목적은 아니며, 행정결정의 법률적합성·합목적성의 보장을 확보하고 행정절차에 관계하는 자들의 권리를 보장·실현하는 것을 가능하게 하기 위한 것이다. 이 때문에 행정절차상의 하자에 행정실체법상의 하자와 동일한 의미를 부여하기는 곤란하다. 행정절차상의 하자에 대하여 어떠한 효과를 부여할 것인가(예 : 경미한 절차위반을 취소사유로 할 것인가, 무효사유로 할 것인가, 아니면 효과에 아무런 영향을 미치지 않은 것으로 할 것인가 등의 문제)는 기본적으로 입법자가 정할 사항이 된다. 그리고 입법자가 이를 정함에 있어서는 물론 헌법원칙(예 : 기본권보장·권력분립)에 따라야 한다.

III. 절차상 하자의 유형

2167   절차상 하자의 유형으로 법령상 요구되는 상대방의 협력이나 관계행정청의 협력의 결여, 필요적인 처분의 사전통지나 의견청취절차의 결여, 이유제시의 결여, 송달방법의 하자 등을 볼 수 있다. 말하자면 개별법률에서 행정절차상 요구되는 각종 절차의 결여 또는 행정절차법에서 행정절차상 요구되는 각종 절차의 결여가 절차상 하자에 해당한다.

제 2 항   절차상 하자의 효과

I. 명문규정이 있는 경우

1. 일반적 규정

2168   입법례에 따라서는 절차상 하자의 효과에 관해 일반적인 규정을 두기도 하

나(예 : 독일행정절차법 제46조는 "제44조의 규정에 의하여 무효로 되지 아니하는 행정행위는, 성질상 다른 결정을 내릴 수 없었던 경우에는, 절차나 형식 또는 지역적 권한(토지관할)에 관한 규정을 위반하였다는 이유로 그 폐지가 다투어질 수는 없다"), 우리의 경우에 이러한 규정은 없다.

2. 개별규정

경우에 따라서는 "소청사건을 심사할 때 소청인 등에게 진술의 기회를 주 2169
지 아니한 결정은 무효로 한다"(국공법 제13조 제2항; 지공법 제18조 제2항)와 같이 명문의 규정을 두기도 한다. 그러나 입법의 실제상으로는 명문의 규정을 두고 있지 않은 경우가 오히려 일반적이다.

Ⅱ. 명문규정이 없는 경우

1. 위법여부

⑴ **문제상황**   행정행위의 적법요건의 하나인 행정절차의 하자가 중대· 2170
명백하면 그 행정행위는 무효가 된다. 그러나 그 하자가 단순위법한 경우에는 다소 문제가 있다. 그 행정행위가 재량행위라면 행정절차의 하자는 재량하자를 뜻하게 되고, 따라서 그 행정행위는 위법하여 취소의 대상이 된다. 이 경우에 절차상 하자는 당연히 독립의 취소사유에 해당한다. 그러나 그 행정행위가 기속행위라면 행정절차를 거치지 아니한 경우라고 하여도 그 내용은 행정절차를 거친 경우와 동일한 것일 수 있기 때문에 기속행위와 관련하여 절차상의 하자가 독립의 취소사유인가의 문제가 발생한다. 행정절차의 하자가 독립의 위법사유가 되는가의 여부에 관해 학설은 소극설과 적극설로 나뉘고 있다.[1]

⑵ **학   설** 2171

㈎ **소 극 설**   ① 절차규정은 적정한 행정결정의 확보를 위한 수단에 불과하다는 점, 그리고 ② 절차위반을 이유로 다시 처분한다고 하여도 전과 동일한 처분을 하는 경우에는 행정경제 및 소송경제에 반한다는 점을 근거로 한다.

㈏ **적 극 설**   ① 적정한 절차는 적정한 결정의 전제가 된다는 점, ② 다시 처분한다고 할 때 반드시 동일한 결론에 도달한다는 보장이 없다는 점, ③ 절차적 요건의 의미를 살려야 한다는 점, 그리고 ④ 취소소송 등의 기속력이 절차의 위법을 이유로 하는 경우에 준용된다는 점(행소법 제30조 제3항)을 근거로 하고 있다.

---

1) 최송화, 고시계, 1995. 5, 36쪽 이하.

2172   ㈐ **절 충 설**   절충설은 기속행위와 재량행위를 나누어 재량행위는 절차
의 하자가 존재할 때 위법해지지만, 기속행위는 내용상 하자가 존재하지 않는
한 절차상 하자만으로 행정행위가 위법해지지 않는다고 본다.[1] 기속행위의 경
우 법원이 절차상 하자를 이유로 취소하더라도 행정청은 절차상 하자를 보완하
여 동일한 내용으로 다시 처분을 할 수 있으므로 행정능률에 반한다는 점을 근
거로 한다.

2173   ⑶ **판   례**   ① 대법원은 적극설의 입장을 취하고 있다고 하겠다. 말하
자면 법령상 요구되는 청문절차의 결여를 위법사유로 보고 있다.[2] 다만 방어권
행사에 실질적으로 지장이 초래되었다고 볼 수 없는 특별한 사정이 있는 경우
에는 달리 본다.[3] ② 과거에 예외가 없었던 것은 아니나,[4] 법령상 근거 없이
단순히 훈령상 요구되는 청문절차를 결여한 것은 위법사유로 보지 아니한다.[5]
③ 종전에 헌법재판소는 적법절차의 원리상 명문규정의 유무를 불문하고 불이
익처분시 청문의 기회가 보장되어야 한다는 입장을 취하였다.[6] 한편, 행정절차
법에서 정한 처분 절차를 준수하였는지는 본안에서 처분이 적법한가를 판단하
는 단계에서 고려할 요소이지, 소송요건 심사단계에서 고려할 요소가 아니다.[7]

2174   ⑷ **실 정 법**   1998년부터 발효된 행정절차법은 "행정청이 당사자에게 의
무를 과하거나 권익을 제한하는 처분을 함에 있어서 제1항(청문) 또는 제2항(공
청회)의 경우 외에는 당사자등에게 의견제출의 기회를 주어야 한다(동법 제22조
제3항)"고 규정하고 있는바, 이제는 행정절차법에 의거하여 청문이나 공청회를
거쳐야 하는 경우가 아닌 한 침익적 처분에는 예외적인 경우를 제외하고는 반

---

1) 김동희, 행정법(Ⅰ), 418쪽(2019) 참조.
2) 대판 1991. 7. 9, 91누971; 대판 1988. 5. 24, 87누388(구 도시계획법 제16조의2 제2항 및 동시행
   령 제14조의2 제6항·제7항·제8항의 규정을 종합하여 보면 공람공고절차를 위배한 도시계획변
   경결정신청은 위법하다고 아니할 수 없고 행정처분에 위와 같은 법률이 보장한 절차의 흠결이
   있는 위법사유가 존재하는 이상 그 내용에 있어 재량권의 범위 내이고 변경될 가능성이 없다
   하더라도 그 행정처분은 위법하다).
3) 대판 2021. 2. 4, 2015추528(행정청이 처분절차에서 관계법령의 절차 규정을 위반하여 절차적
   정당성이 상실된 경우에는 해당 처분은 위법하고 원칙적으로 취소하여야 한다. 다만 처분상대
   방이나 관계인의 의견진술권이나 방어권 행사에 실질적으로 지장이 초래되었다고 볼 수 없는
   특별한 사정이 있는 경우에는, 절차 규정 위반으로 인하여 처분절차의 절차적 정당성이 상실되
   었다고 볼 수 없으므로 해당 처분을 취소할 것은 아니다).
4) 대판 1984. 9. 11, 82누166.
5) 대판 1994. 8. 9, 94누3414; 대판 1994. 3. 22, 93누18969.
6) 헌재 1990. 11. 19, 90헌가48(법무부장관의 일방적 명령에 의하여 변호사 업무를 정지시키는 것
   은 당해 변호사가 자기에게 유리한 사실을 진술하거나 필요한 증거를 제출할 수 있는 청문의
   기회가 보장되지 아니하여 적법절차를 존중하지 아니한 것이 된다).
7) 대판 2019. 6. 27, 2018두49130.

드시 의견청취절차(청문 또는 의견제출)를 거쳐야 하고, 이를 거치지 아니하면 위법한 것이 된다.[1]

(5) 사   견   행정의 법률적합성원칙에 따라 행정작용은 실체상뿐만 아 2175
니라 절차상으로도 적법하여야 하며, 절차적 요건의 실효성을 확보해야 된다는 점, 취소소송 등의 기속력이 절차의 위법을 이유로 하는 경우에 준용된다는 점(행소법 제30조 제3항) 등에 비추어 적극설이 타당하다. 적극설이 우리의 지배적인 견해인 것으로 보인다.[2]

2. 무효와 취소

절차상 하자가 위법사유를 구성한다고 하여도, 그것이 무효사유인지 아니 2176
면 취소사유인지의 여부는 한마디로 단언할 수 없다. 일반론적으로 말한다면, 중대명백설에 따라 판단하여야 할 것이다. 즉 그 하자가 중대하고 동시에 명백하다면 무효사유로 보아야 할 것이다.

제3항 절차상 하자의 치유

Ⅰ. 인정여부

입법례에 따라서는 무효로 하지 않는 절차규정의 위반은 사후에 하자를 보 2177
완함으로써(예 : 사후의 신청서제출·이유서제출·청문실시 등) 치유될 수 있음을 규정하기도 한다(독일연방행정절차법 제45조). 이러한 제도는 개인의 권리보호와 행정능률이라는 두 가지 요청을 조화시키려는 것을 목적으로 한다. 따라서 인정여부를 검토할 필요가 있다.

1. 학   설

취소할 수 있는 행정행위와 관련하여 하자의 치유가 문제된다. 무효의 경우 2178
에는 문제되지 아니한다. 하자의 치유의 가능성과 관련하여 학설은 ① 행정의 능률성의 확보 등을 이유로 치유를 광범위하게 인정하는 견해(긍정설), ② 국민의 권익을 침해하지 않는 한도 내에서 구체적 사정에 따라 합목적적·제한적으로 인정하는 견해(제한적 긍정설), ③ 행정결정의 신중성의 확보와 자의배제 등을

---

1) 대판 2000. 11. 14, 99두5870(행정청이 침해적 행정처분을 함에 있어서 당사자에게 위와 같은 사전통지를 하거나 의견제출의 기회를 주지 아니하였다면 사전통지를 하지 않거나 의견제출의 기회를 주지 아니하여도 되는 예외적인 경우에 해당하지 아니하는 한 그 처분은 위법하여 취소를 면할 수 없다).
2) 최송화, 고시계, 1995. 5, 36쪽 이하; 김도창, 일반행정법론(상), 465쪽.

이유로 치유를 원칙적으로 인정하지 아니하는 견해(부정설)로 나뉠 수 있다. 제한적 긍정설이 통설이다.

2. 판   례

2179   판례도 제한적 긍정설을 취한다.[1]

3. 사   견

2180   ①설은 행정절차상 경제를 고려한 논리이고, ②설은 절충적 견해이고, ③설은 행정절차의 원래의 목적의 확보를 위한 논리이다. 통설과 판례의 입장인 제한적 긍정설이 타당하다.

Ⅱ. 치유시기

1. 학   설

2181   하자의 치유가 어느 시점까지 가능한가의 문제에 대하여 학설은 쟁송제기 이전에만 가능하다는 입장과 이후에도 가능할 것이라는 입장으로 나뉘고 있다.

2. 판   례

2182   판례는 하자의 추완이나 보완은 행정심판(행정쟁송)의 제기 이전에 가능하다는 입장을 취한다.[2]

3. 사   견

2183   저자는 소송경제 등을 고려하여 소송절차의 종결 전까지 하자의 치유를 인정하는 것이 바람직하다고 본다. 물론 이러한 것도 처분의 동일성을 해하지 아

---

1) 대판 2020. 10. 29, 2017두51174(과세관청이 과세처분에 앞서 납세자에게 보낸 세무조사결과통지 등에 납세고지서의 필요적 기재사항이 제대로 기재되어 있어 납세의무자가 그 처분에 대한 불복 여부의 결정 및 불복 신청에 전혀 지장을 받지 않았음이 명백하다면, 이로써 납세고지서의 하자가 보완되거나 치유될 수 있다); 대판 1992. 10. 23, 92누2844(청문제도의 취지는 처분으로 말미암아 받게 될 영업자에게 미리 변명과 유리한 자료를 제출할 기회를 부여함으로써 부당한 권리침해를 예방하려는 데에 있는 것임을 고려하여 볼 때, 가령 행정청이 청문서 도달기간을 다소 어겼다 하더라도 영업자가 이에 대하여 이의하지 아니한 채 스스로 청문일에 출석하여 그 의견을 진술하고 변명하는 등 방어의 기회를 충분히 가졌다면 청문서 도달기간을 준수하지 아니한 하자는 치유되었다고 봄이 상당하다); 대판 1983. 7. 26, 82누420.
2) 대판 1997. 12. 26, 97누9390(택지초과소유부담금의 납부고지서에 납부금액 및 산출근거, 납부기한과 납부장소 등의 필요적 기재사항의 일부가 누락되었다면 그 부과처분은 위법하다고 할 것이나, 부과관청이 부과처분에 앞서 택지소유상한에관한법률시행령 제31조 제1항에 따라 납부의무자에게 교부한 부담금예정통지서에 납부고지서의 필요적 기재사항이 제대로 기재되어 있었다면 납부의무자로서는 부과처분에 대한 불복여부의 결정 및 불복신청에 전혀 지장을 받지 않았음이 명백하므로, 이로써 납부고지서의 흠결이 보완되거나 하자가 치유될 수 있는 것이다); 대판 1984. 4. 10, 83누393.

니하는 범위 안에서만 인정되어야 한다.

Ⅲ. 치유의 효과

행정행위의 절차상 하자의 치유를 인정하게 되면, 하자의 치유로 인해 절차 2184
상 위법은 제거되고, 행정행위는 적법한 것으로 간주된다.

제 4 항 취소판결의 기속력

행정절차의 하자를 이유로 취소판결이 선고되면, 처분청은 그 판결의 취지 2185
에 따라 새로이 처분을 하여야 한다(행소법 제30조 제3항). 여기서 처분청이 종전
의 처분과 동일한 처분을 하여도 그것은 취소판결의 기속력에 반하는 것이 아
니다. 왜냐하면 종전처분과는 별개의 처분이기 때문이다. 판례의 입장도 같다.[1]

제 6 절   행정과 정보

제 1 항   개인정보자기결정권(정보상 자기결정권)

Ⅰ. 개인정보자기결정권의 의의

1. 의   의

(1) 사   견   개인은 누구나 자신에 관한 정보를 관리하고, 통제하고, 외 2186
부로 표현함에 있어 스스로 결정할 수 있는 권리가 있으며 이를 정보상 자기결
정권이라 한다.[2] 자기정보결정권 또는 개인정보자기결정권이라 하기도 한다.

(2) 헌법재판소의 정의   헌법재판소는 개인정보자기결정권을 "자신에 관 2187

---

1) 대판 1987. 2. 10, 86누91(과세의 절차 내지 형식에 위법이 있어 과세처분을 취소하는 판결이
확정되었을 때는 그 확정판결의 기판력은 거기에 적시된 절차 내지 형식의 위법사유에 한하여
미치는 것이므로 과세관청은 그 위법사유를 보완하여 다시 새로운 과세처분을 할 수 있고 그
새로운 과세처분은 확정판결에 의하여 취소된 종전의 과세처분과는 별개의 처분이라 할 것이
어서 확정판결의 기판력에 저촉되는 것이 아니다).
2) 헌재 2017. 5. 25, 2014헌바360(헌법 제10조가 정하고 있는 행복추구권에서 파생되는 자기결정
권 내지 일반적 행동자유권은 이성적이고 책임감 있는 사람의 자기 운명에 대한 결정·선택을
존중하되 그에 대한 책임은 스스로 부담함을 전제로 한다. 자기책임원리는 이와 같이 자기결정
권의 한계논리로서 책임부담의 근거로 기능하는 동시에 자기가 결정하지 않은 것이나 결정할
수 없는 것에 대하여는 책임을 지지 않고 책임부담의 범위도 스스로 결정한 결과 내지 그와 상
관관계가 있는 부분에 국한됨을 의미하는 책임의 한정원리로 기능한다. 이러한 자기책임원리
는 인간의 자유와 유책성, 그리고 인간의 존엄성을 진지하게 반영한 원리로서 그것이 비단 민
사법이나 형사법에 국한된 원리라기보다는 근대법의 기본이념으로서 법치주의에 당연히 내재
하는 원리로 볼 것이다).

한 정보가 언제 누구에게 어느 범위까지 알려지고 또 이용되도록 할 것인지를 그 정보주체가 스스로 결정할 수 있는 권리," 즉 정보주체가 개인정보의 공개와 이용에 관하여 스스로 결정할 권리로 정의하고 있다.[1]

2188 　　(3) **대법원의 정의**　　대법원은 개인정보자기결정권을 "자신에 관한 정보가 언제 누구에게 어느 범위까지 알려지고 또 이용되도록 할 것인지를 그 정보주체가 스스로 결정할 수 있는 권리"로 정의하고 있다.[2]

2189 　　(4) **독　　일**　　정보상 자기결정권이라는 표현은 독일의 연방헌법재판소판결에서 유래한다. 독일연방헌법재판소는 1983년 12월 15일 國勢調査法(Volksz-ahlungsgesetz) 판결[3]에서 ① 현대의 정보처리시스템 하에서(공공기관에 의한) 개인정보의 무제한의 수집·저장·사용 및 제3자에의 교부로부터 개인이 보호되어야 함은 일반적 인격권의 내용을 이룬다. ② 개인은 자신의 인적 자료의 교부나 사용에 대해 원칙적으로 스스로 결정할 권리, 즉 정보상 자기결정권을 가진다. ③ 이러한 권리의 제한은 중대한 공익상의 요구에 의해, 그리고 합헌적인 법률에 의해서만 가능하다(물론 이러한 제한의 경우 그 내용이 명확하고 또한 비례원칙을 준수하는 것이어야 한다)는 등의 사항을 판시했다. 우리의 헌법재판소도 같은 입장을 취하고 있다.[4]

2. 법적 근거

2190 　　(1) **헌　　법**　　정보상 자기결정권의 헌법적 근거로 사생활의 비밀과 자유를 보장하는 헌법 제17조가 있다. 동조항은 개개인에게 인적 자료의 사용과 교부에 관해 스스로 결정할 수 있는 권리까지 보장하는 규정이다.[5] 헌법재판소는 기본적으로는 헌법 제10조 제1문에서 도출되는 일반적 인격권 및 헌법 제17조의 사생활의 비밀과 자유에 의하여 보장되는 것으로 보면서도[6] 결론적으로는

---

1) 헌재 2022. 11. 24, 2021헌마130.
2) 대판 2016. 8. 17, 2014다235080.
3) BVerfGE 65, 1ff.
4) 헌재 2005. 5. 26, 99헌마513, 2004헌마190(병합)(기본권은 헌법 제37조 제2항에 의하여 국가안전보장·질서유지 또는 공공복리를 위하여 필요한 경우에 한하여 이를 제한할 수 있으나, 그 제한의 방법은 원칙적으로 법률로써만 가능하고 제한의 정도도 기본권의 본질적 내용을 침해할 수 없고 필요한 최소한도에 그쳐야 한다. 그런데 위 조항에서 규정하고 있는 기본권제한에 관한 법률유보의 원칙은 '법률에 의한 규율'을 요청하는 것이 아니라 '법률에 근거한 규율'을 요청하는 것이므로, 기본권의 제한에는 법률의 근거가 필요할 뿐이고 기본권 제한의 형식이 반드시 법률의 형식일 필요는 없다. 따라서 심판대상인 이 사건 시행령조항 및 경찰청장의 보관 등 행위와 같이 헌법상의 기본권으로 인정되는 개인정보자기결정권을 제한하는 공권력의 행사는 반드시 법률에 그 근거가 있어야 한다).
5) 대판 1998. 7. 24, 96다42789(헌법 제10조, 제17조는 사생활비공개의 소극적 권리와 자기정보의 자율적 통제의 적극적 권리를 포함한다).
6) 헌재 2021. 6. 24, 2018헌가2.

헌법상 명시되지 아니한 독자적 기본권으로 보고 있다.[1] 대법원은 "개인정보자기결정권은 헌법 제10조의 인간의 존엄과 가치, 행복추구권과 헌법 제17조의 사생활의 비밀과 자유에서 도출된다"는 입장이다.[2]

(2) 법 률

(가) 일 반 법   헌법의 구체화로서 「개인정보의 처리 및 보호에 관한 사항   2191
을 정함으로써 개인의 자유와 권리를 보호하고, 나아가 개인의 존엄과 가치를 구현함을 목적」으로 개인정보 보호법이 제정되어 있다(정보법 제1조).[3][4] 개인정보의 처리 및 보호에 관하여 다른 법률에 특별한 규정이 있는 경우를 제외하고는 개인정보 보호법에서 정하는 바에 따르는 바(정보법 제6조),[5] 개인정보 보호법은 개인정보 보호에 관한 일반법이다. 아래에서는 개인정보 보호법의 내용을 보기로 한다.

(나) 개 별 법   개인정보 보호에 관한 개별 법률로 전자정부법(제4조(전자정   2191a
부의 원칙) ④ 행정기관등이 보유·관리하는 개인정보는 법령에서 정하는 경우를 제외하고는

---

1) 헌재 2005. 5. 26, 99헌마513, 2004헌마190(병합)(개인정보자기결정권의 헌법상 근거로는 헌법 제17조의 사생활의 비밀과 자유, 헌법 제10조 제1문의 인간의 존엄과 가치 및 행복추구권에 근거를 둔 일반적 인격권 또는 위 조문들과 동시에 우리 헌법의 자유민주적 기본질서 규정 또는 국민주권원리와 민주주의원리 등을 고려할 수 있으나, 개인정보자기결정권으로 보호하려는 내용을 위 각 기본권들 및 헌법원리들 중 일부에 완전히 포섭시키는 것은 불가능하다고 할 것이므로, 그 헌법적 근거를 굳이 어느 한 두개에 국한시키는 것은 바람직하지 않은 것으로 보이고, 오히려 개인정보자기결정권은 이들을 이념적 기초로 하는 독자적 기본권으로서 헌법에 명시되지 아니한 기본권이라고 보아야 할 것이다).
2) 대판 2016. 3. 10, 2012다105482.
3) 대판 2022. 11. 10, 2018도1966(구「공공기관의 개인정보보호에 관한 법률」이 2011. 3. 29. 폐지되고 「개인정보 보호법」이 제정된 취지는 공공부문과 민간부문을 망라하여 국제 수준에 부합하는 개인정보 처리원칙 등을 규정하고, 개인정보 침해로 인한 국민의 피해 구제를 강화하여 국민의 사생활의 비밀을 보호하며, 개인정보에 대한 권리와 이익을 보장하려는 것이다).
4) 미국은 Privacy Act, 1974; 영국은 Data Protection Act, 1984; 독일은 Bundesdatenschutz-gesetz, 1977; 일본은 행정기관이 보유하는 전자계산기처리에 따른 개인정보의 보호에 관한 법률, 1988을 두고 있다. 한편, 개인정보 보호법은 1. 공공기관이 처리하는 개인정보 중 「통계법」에 따라 수집되는 개인정보, 2. 국가안전보장과 관련된 정보 분석을 목적으로 수집 또는 제공 요청되는 개인정보, 3. 공중위생 등 공공의 안전과 안녕을 위하여 긴급히 필요한 경우로서 일시적으로 처리되는 개인정보, 4. 언론, 종교단체, 정당이 각각 취재·보도, 선교, 선거 입후보자 추천 등 고유 목적을 달성하기 위하여 수집·이용하는 개인정보의 경우에는 적용을 제한하고 있다(동법 제58조 제1항).
5) 대판 2021. 11. 11, 2015두53770(구 「공공기관의 정보공개에 관한 법률(2020. 12. 22. 법률 제17690호로 개정되기 전의 것, 이하 '구 정보공개법'이라 한다)」과 「개인정보 보호법」의 각 입법 목적과 규정 내용, 구 정보공개법 제9조 제1항 제6호의 문언과 취지 등에 비추어 보면, 구 정보공개법 제9조 제1항 제6호는 공공기관이 보유·관리하고 있는 개인정보의 공개 과정에서의 개인정보를 보호하기 위한 규정으로서 「개인정보 보호법」 제6조에서 말하는 '개인정보 보호에 관하여 다른 법률에 특별한 규정이 있는 경우'에 해당한다. 따라서 공공기관이 보유·관리하고 있는 개인정보의 공개에 관하여는 구 정보공개법 제9조 제1항 제6호가 「개인정보 보호법」에 우선하여 적용된다).

당사자의 의사에 반하여 사용되어서는 아니 된다), 정보통신망 이용촉진 및 정보보호
등에 관한 법률(제5조(다른 법률과의 관계) 정보통신망 이용촉진 및 정보보호등에 관하여
는 다른 법률에서 특별히 규정된 경우 외에는 이 법으로 정하는 바에 따른다. 다만, 제7장의
통신과금서비스에 관하여 이 법과 「전자금융거래법」의 적용이 경합하는 때에는 이 법을 우선
적용한다), 교육기본법(제23조의3(학생정보의 보호원칙) ① 학교생활기록 등의 학생정보는
교육적 목적으로 수집·처리·이용 및 관리되어야 한다. ③ 제1항에 따른 학생정보는 법률이
정하는 경우 외에는 해당 학생(학생이 미성년자인 경우에는 학생 및 학생의 부모 등 보호자)의
동의 없이 제3자에게 제공되어서는 아니 된다), 국가공무원법(제19조의3 제5항)·형법·통
신비밀보호법·통계법 등에서도 단편적으로 개인의 정보보호에 관한 규정을 두
고 있다. 행정절차법도 비밀누설금지·목적 외 사용금지 등을 규정하고 있다(절
차법 제37조 제6항).

3. 성   격

2192
　　(1) 의   의　　　　현대의 정보통신기술의 발달은 그 그림자도 짙게 드리우고
있다. 특히 컴퓨터를 통한 개인정보의 데이터베이스화가 진행되면서 개인정보
의 처리와 이용이 시공에 구애됨이 없이 간편하고 신속하게 이루어질 수 있게
되었고, 정보처리의 자동화와 정보파일의 결합을 통하여 여러 기관간의 정보교
환이 쉬워짐에 따라 한 기관이 보유하고 있는 개인정보를 모든 기관이 동시에
활용하는 것이 가능하게 되었다. 오늘날 현대사회는 개인의 인적 사항이나 생활
상의 각종 정보가 정보주체의 의사와는 전혀 무관하게 타인의 수중에서 무한대
로 집적되고 이용 또는 공개될 수 있는 새로운 정보환경에 처하게 되었고, 개인
정보의 수집·처리에 있어서의 국가적 역량의 강화로 국가의 개인에 대한 감시
능력이 현격히 증대되어 국가가 개인의 일상사를 낱낱이 파악할 수 있게 되었
다. 이와 같은 사회적 상황 하에서 개인정보자기결정권을 헌법상 기본권으로 승
인하는 것은 현대의 정보통신기술의 발달에 내재된 위험성으로부터 개인정보를
보호함으로써 궁극적으로는 개인의 결정의 자유를 보호하고, 나아가 자유민주
체제의 근간이 총체적으로 훼손될 가능성을 차단하기 위하여 필요한 최소한의
헌법적 보장장치라고 할 수 있다.[1]

2193
　　(2) **국제협력**　　　　오늘날의 개인정보는 국내뿐만 아니라 국외에도 쉽게 유
통될 수 있는바, 개인의 정보보호를 위해 국가간의협력이 필요하다. 이 때문에
정부는 국제적 환경에서의 개인정보 보호 수준을 향상시키기 위하여 필요한 시

---

1) 헌재 2005. 5. 26, 99헌마513, 2004헌마190.

책을 마련하여야 한다(정보법 제14조 제1항). 그리고 정부는 개인정보 국외 이전으로 인하여 정보주체의 권리가 침해되지 아니하도록 관련 시책을 마련하여야 한다(정보법 제14조 제2항).

(3) 개인정보의 국외 이전

⑺ 이전의 가부 개인정보처리자는 개인정보를 국외로 제공(조회되는 경우를 포함한다)·처리위탁·보관(이하 이 절에서 "이전"이라 한다)하여서는 아니 된다. 다만, 다음 각 호[1. 정보주체로부터 국외 이전에 관한 별도의 동의를 받은 경우, 2. 법률, 대한민국을 당사자로 하는 조약 또는 그 밖의 국제협정에 개인정보의 국외 이전에 관한 특별한 규정이 있는 경우, 3. 정보주체와의 계약의 체결 및 이행을 위하여 개인정보의 처리위탁·보관이 필요한 경우로서 다음 각 목(가. 제2항 각 호의 사항을 제30조에 따른 개인정보 처리방침에 공개한 경우, 나. 전자우편 등 대통령령으로 정하는 방법에 따라 제2항 각 호의 사항을 정보주체에게 알린 경우)의 어느 하나에 해당하는 경우, 4. 개인정보를 이전받는 자가 제32조의2에 따른 개인정보 보호 인증 등 보호위원회가 정하여 고시하는 인증을 받은 경우로서 다음 각 목(가. 개인정보 보호에 필요한 안전조치 및 정보주체 권리보장에 필요한 조치, 나. 인증받은 사항을 개인정보가 이전되는 국가에서 이행하기 위하여 필요한 조치)의 조치를 모두 한 경우, 5. 개인정보가 이전되는 국가 또는 국제기구의 개인정보 보호체계, 정보주체 권리보장 범위, 피해구제 절차 등이 이 법에 따른 개인정보 보호 수준과 실질적으로 동등한 수준을 갖추었다고 보호위원회가 인정하는 경우]의 어느 하나에 해당하는 경우에는 개인정보를 국외로 이전할 수 있다(정보법 제28조의8 제1항).   **2194**

⑻ 개인정보의 국외 이전 중지 명령 보호위원회는 개인정보의 국외 이전이 계속되고 있거나 추가적인 국외 이전이 예상되는 경우로서 다음 각 호(1. 제28조의8 제1항, 제4항 또는 제5항을 위반한 경우, 2. 개인정보를 이전받는 자나 개인정보가 이전되는 국가 또는 국제기구가 이 법에 따른 개인정보 보호 수준에 비하여 개인정보를 적정하게 보호하지 아니하여 정보주체에게 피해가 발생하거나 발생할 우려가 현저한 경우)의 어느 하나에 해당하는 경우에는 개인정보처리자에게 개인정보의 국외 이전을 중지할 것을 명할 수 있다(정보법 제28조의9 제2항). 개인정보처리자는 제1항에 따른 국외 이전 중지 명령을 받은 경우에는 명령을 받은 날부터 7일 이내에 보호위원회에 이의를 제기할 수 있다(정보법 제28조의9 제3항).   **2194a**

4. 개인정보 보호 원칙

⑴ 개인정보 수집상 원칙 개인정보처리자는 개인정보의 처리 목적을 명확하게 하여야 하고 그 목적에 필요한 범위에서 최소한의 개인정보만을 적법하고 정당하게 수집하여야 한다(정보법 제3조 제1항). 개인정보처리자는 다음 각   **2195**

호(1. 정보주체의 동의를 받은 경우, 2. 법률에 특별한 규정이 있거나 법령상 의무를 준수하기 위하여 불가피한 경우, 3. 공공기관이 법령 등에서 정하는 소관 업무의 수행을 위하여 불가피한 경우, 4. 정보주체와 체결한 계약을 이행하거나 계약을 체결하는 과정에서 정보주체의 요청에 따른 조치를 이행하기 위하여 필요한 경우, 5. 명백히 정보주체 또는 제3자의 급박한 생명, 신체, 재산의 이익을 위하여 필요하다고 인정되는 경우, 6. 개인정보처리자의 정당한 이익을 달성하기 위하여 필요한 경우로서 명백하게 정보주체의 권리보다 우선하는 경우. 이 경우 개인정보처리자의 정당한 이익과 상당한 관련이 있고 합리적인 범위를 초과하지 아니하는 경우에 한한다. 7. 공중위생 등 공공의 안전과 안녕을 위하여 긴급히 필요한 경우)의 어느 하나에 해당하는 경우에는 개인정보를 수집할 수 있으며 그 수집 목적의 범위에서 이용할 수 있다(정보법 제15조 제1항). 개인정보처리자는 제15조 제1항 각 호의 어느 하나에 해당하여 개인정보를 수집하는 경우에는 그 목적에 필요한 최소한의 개인정보를 수집하여야 한다. 이 경우 최소한의 개인정보 수집이라는 입증책임은 개인정보처리자가 부담한다(정보법 제16조 제1항).

2196   (2) **개인정보 처리상 원칙**   개인정보처리자는 개인정보의 처리 목적에 필요한 범위에서 적합하게 개인정보를 처리하여야 하며, 그 목적 외의 용도로 활용하여서는 아니 된다(정보법 제3조 제2항). 개인정보처리자는 개인정보의 처리 목적에 필요한 범위에서 개인정보의 정확성, 완전성 및 최신성이 보장되도록 하여야 한다(정보법 제3조 제3항). 개인정보처리자는 개인정보를 익명 또는 가명으로 처리하여도 개인정보 수집목적을 달성할 수 있는 경우 익명처리가 가능한 경우에는 익명에 의하여, 익명처리로 목적을 달성할 수 없는 경우에는 가명에 의하여 처리될 수 있도록 하여야 한다(정보법 제3조 제7항).

2197   (3) **개인정보 관리상 원칙**   개인정보처리자는 개인정보의 처리 방법 및 종류 등에 따라 정보주체의 권리가 침해받을 가능성과 그 위험 정도를 고려하여 개인정보를 안전하게 관리하여야 한다(정보법 제3조 제3항).

2198   (4) **정보주체 권리보장의 원칙**   개인정보처리자는 제30조에 따른 개인정보 처리방침 등 개인정보의 처리에 관한 사항을 공개하여야 하며, 열람청구권 등 정보주체의 권리를 보장하여야 한다(정보법 제3조 제4항). 정보주체의 권리는 개인정보 보호법 제4조에 규정되고 있다. 개인정보처리자는 정보주체의 사생활 침해를 최소화하는 방법으로 개인정보를 처리하여야 한다(정보법 제3조 제5항).

Ⅱ. 개인정보 보호위원회

1. 설치·지위

개인정보 보호에 관한 사무를 독립적으로 수행하기 위하여 국무총리 소속 2199
으로 개인정보 보호위원회(이하 "보호위원회"라 한다)를 둔다(정보법 제7조 제1항). 보
호위원회는 「정부조직법」 제2조에 따른 중앙행정기관으로 본다. 다만, 다음 각
호(1. 제7조의8 제3호 및 제4호의 사무, 2. 제7조의9 제1항의 심의·의결 사항 중 제1호에 해
당하는 사항)의 사항에 대하여는 「정부조직법」 제18조를 적용하지 아니한다(정보법
제7조 제2항).

2. 소관사무

보호위원회는 다음 각 호(1. 개인정보의 보호와 관련된 법령의 개선에 관한 사항, 2. 2199a
개인정보 보호와 관련된 정책·제도·계획 수립·집행에 관한 사항, 3. 정보주체의 권리침해에
대한 조사 및 이에 따른 처분에 관한 사항, 4. 개인정보의 처리와 관련한 고충처리·권리구제
및 개인정보에 관한 분쟁의 조정, 5. 개인정보 보호를 위한 국제기구 및 외국의 개인정보 보호
기구와의 교류·협력, 6. 개인정보 보호에 관한 법령·정책·제도·실태 등의 조사·연구, 교육
및 홍보에 관한 사항, 7. 개인정보 보호에 관한 기술개발의 지원·보급 및 전문인력의 양성에
관한 사항, 8. 이 법 및 다른 법령에 따라 보호위원회의 사무로 규정된 사항)의 소관 사무
를 수행한다(정보법 제7조의8).

3. 개인정보 보호지침

보호위원회는 개인정보의 처리에 관한 기준, 개인정보 침해의 유형 및 예방 2199b
조치 등에 관한 표준 개인정보 보호지침(이하 "표준지침"이라 한다)을 정하여 개인
정보처리자에게 그 준수를 권장할 수 있다(정보법 제12조 제1항). 중앙행정기관의
장은 표준지침에 따라 소관 분야의 개인정보 처리와 관련한 개인정보 보호지침
을 정하여 개인정보처리자에게 그 준수를 권장할 수 있다(정보법 제12조 제2항).
국회, 법원, 헌법재판소 및 중앙선거관리위원회는 해당 기관(그 소속 기관을 포함
한다)의 개인정보 보호지침을 정하여 시행할 수 있다(정보법 제12조 제3항).

Ⅲ. 보호대상 개인정보

개인정보 보호법은 개인정보처리자가 처리하는 개인정보를 보호대상으로
규정하고 있다. 아래에서 분설하기로 한다.

1. 보호대상 개인정보의 주체(보호대상자)

2200   개인정보 보호법상 "개인정보"란 「살아 있는 개인」에 관한 정보를 말한다 (정보법 제2조 제1호). 개인정보 보호법은 "개인정보"를 살아 있는 개인에 관한 정보로 규정하기 때문에, 사자(死者)나 법인은 보호대상정보의 주체가 아니다. 따라서 사자나 법인의 정보는 개인정보 보호법의 보호대상이 아니다. 개인정보 보호법은 처리되는 정보에 의하여 알아볼 수 있는 사람으로서 그 정보의 주체가 되는 사람을 "정보주체"라 부른다(정보법 제2조 제3호).

2. 보호대상 개인정보의 처리자(개인정보처리자)

2201   보호대상 개인정보의 처리자를 개인정보 보호법은 개인정보처리자라 부른다. 개인정보 보호법상 개인정보처리자란 업무를 목적으로 개인정보파일을 운용하기 위하여 스스로 또는 다른 사람을 통하여 개인정보를 처리하는 공공기관 (국회, 법원, 헌법재판소, 중앙선거관리위원회의 행정사무를 처리하는 기관, 중앙행정기관(대통령 소속 기관과 국무총리 소속 기관을 포함한다) 및 그 소속 기관, 지방자치단체, 그 밖의 국가기관 및 공공단체 중 대통령령으로 정하는 기관), 법인, 단체 및 개인 등을 말한다 (정보법 제2조 제5호). 과거의 「공공기관의 개인정보보호에 관한 법률」에서는 공공기관에 의해 처리되는 정보만을 보호하였으나, 현행 개인정보 보호법은 공공기관에 의해 처리되는 정보뿐만 아니라 사인(민간)에 의해 처리되는 정보까지 보호대상으로 하고 있는 것이 특징적이다.[1]

3. 보호대상 개인정보의 의미

2202   개인정보 보호법상 "개인정보"란 살아 있는 개인에 관한 정보로서 다음 각 목[가. 성명, 주민등록번호 및 영상 등을 통하여 개인을 알아볼 수 있는 정보. 나. 해당 정보만으로는 특정 개인을 알아볼 수 없더라도 다른 정보와 쉽게 결합하여 알아볼 수 있는 정보. 이 경우 쉽게 결합할 수 있는지 여부는 다른 정보의 입수 가능성 등 개인을 알아보는 데 소요되는 시간, 비용, 기술 등을 합리적으로 고려하여야 한다. 다. 가목 또는 나목을 제1호의2에 따라 가명처리함으로써 원래의 상태로 복원하기 위한 추가 정보의 사용·결합 없이는 특정 개인

---

1) 개인정보처리자에 공공기관과 사인(민간)이 있음으로 인해 개인정보 보호법상 법관계는 아래와 같이 다양하다.
  ① 개인정보처리자와 정보보호대상자 간의 법률관계
    1) 공공기관인 개인정보처리자와 정보보호대상자 사이(공법관계)
    2) 사인인 개인정보처리자와 정보보호대상자 사이(사법관계)
  ② 감독기관으로서 국가(행정안전부장관)와 개인정보처리자 간의 법률관계
    1) 행정안전부장관과 공공기관인 개인정보처리자 사이(공법관계)
    2) 행정안전부장관과 사인인 개인정보처리자 사이(공법관계)

을 알아볼 수 없는 정보(이하 "가명정보"라 한다)]의 어느 하나에 해당하는 정보를 말한다(정보법 제2조 제1호). 정보에는 성명·생년월일·연령·가족관계등록부의 등록기준지·가족상황·교육수준·직업·종교·취미·지문·사진·수입·재산·보험·납세상황·차량·은행거래 등을 포함한다고 본다.[1] 이러한 정보의 작성 등이 수기에 의한 것인지, 아니면 컴퓨터에 의한 것인지 등은 문제되지 아니한다. 정보의 특수성은 요구되지 아니한다. 일반적으로 접근할 수 있는 정보도 당연히 보호의 대상이 된다.[2] 반드시 개인의 내밀한 영역이나 사사(私事)의 영역에 속하는 정보에 국한되지 않고 공적 생활에서 형성되었거나 이미 공개된 개인정보까지 포함된다.[3] 한편, 과거의 「공공기관의 개인정보보호에 관한 법률」은 컴퓨터 등에 의한 정보만을 보호의 대상으로 하였다.

Ⅳ. 개인정보의 처리

개인정보 보호법에서 "처리"란 개인정보의 수집, 생성, 연계, 연동, 기록, 저장, 보유, 가공, 편집, 검색, 출력, 정정(訂正), 복구, 이용, 제공, 공개, 파기(破棄), 그 밖에 이와 유사한 행위를 말한다(정보법 제2조 제2호). 개인정보를 대상으로 한 조사·수집·보관·처리·이용 등의 행위는 모두 원칙적으로 개인정보자기결정권에 대한 제한에 해당한다.[4]   2203

1. 개인정보의 수집, 이용, 제공 등

⑴ 개인정보의 수집·이용   개인정보처리자는 다음 각 호(1. 정보주체의 동의   2204
를 받은 경우, 2. 법률에 특별한 규정이 있거나 법령상 의무를 준수하기 위하여 불가피한 경우, 3. 공공기관이 법령 등에서 정하는 소관 업무의 수행을 위하여 불가피한 경우, 4. 정보주체와 체결한 계약을 이행하거나 계약을 체결하는 과정에서 정보주체의 요청에 따른 조치를 이행하기 위하여 필요한 경우, 5. 명백히 정보주체 또는 제3자의 급박한 생명, 신체, 재산의 이익을 위하여 필요하다고 인정되는 경우, 6. 개인정보처리자의 정당한 이익을 달성하기 위하여 필요한 경우로서 명백하게 정보주체의 권리보다 우선하는 경우. 이 경우 개인정보처리자의 정당한 이익과 상당한 관련이 있고 합리적인 범위를 초과하지 아니하는 경우에 한한다. 7. 공중위생 등 공공의 안전과 안녕을 위하여 긴급히 필요한 경우)의 어느 하나에 해당하는 경

---

1) 대판 2016. 3. 10, 2012다105482; 헌재 2005. 5. 26, 99헌마513, 2004헌마190(병합).
2) Schweickhardt, in : ders.(Hrsg.), Allgemeines Verwaltungsrecht, Rn. 229.
3) 헌재 2022. 3. 31, 2019헌바520.
4) 헌재 2021. 6. 24, 2018헌가2; 헌재 2005. 5. 26, 99헌마513, 2004헌마190(개인의 고유성, 동일성을 나타내는 지문은 그 정보주체를 타인으로부터 식별가능하게 하는 개인정보이므로, 시장·군수 또는 구청장이 개인의 지문정보를 수집하고, 경찰청장이 이를 보관·전산화하여 범죄수사목적에 이용하는 것은 모두 개인정보자기결정권을 제한하는 것이라고 할 수 있다).

우에는 개인정보를 수집할 수 있으며 그 수집 목적의 범위에서 이용할 수 있다 (정보법 제15조 제1항). 한편, 개인정보처리자는 제1항 제1호에 따른 동의를 받을 때에는 다음 각 호(1. 개인정보의 수집·이용 목적, 2. 수집하려는 개인정보의 항목, 3. 개인정보의 보유 및 이용 기간, 4. 동의를 거부할 권리가 있다는 사실 및 동의 거부에 따른 불이익이 있는 경우에는 그 불이익의 내용)의 사항을 정보주체에게 알려야 한다. 앞서 언급한 각 호의 어느 하나의 사항을 변경하는 경우에도 이를 알리고 동의를 받아야 한다(정보법 제15조 제2항). 동의가 필요한 개인정보에는 공개된 것과 공개되지 아니한 것 모두 포함한다.[1]

2205 (2) 개인정보의 수집 제한 개인정보처리자는 제15조 제1항 각 호의 어느 하나에 해당하여 개인정보를 수집하는 경우에는 그 목적에 필요한 최소한의 개인정보를 수집하여야 한다. 이 경우 최소한의 개인정보 수집이라는 입증책임은 개인정보처리자가 부담한다(정보법 제16조 제1항). 개인정보처리자는 정보주체의 동의를 받아 개인정보를 수집하는 경우 필요한 최소한의 정보 외의 개인정보 수집에는 동의하지 아니할 수 있다는 사실을 구체적으로 알리고 개인정보를 수집하여야 한다(정보법 제16조 제2항). 개인정보처리자는 정보주체가 필요한 최소한의 정보 외의 개인정보 수집에 동의하지 아니한다는 이유로 정보주체에게 재화 또는 서비스의 제공을 거부하여서는 아니 된다(정보법 제16조 제3항).

2206 (3) 개인정보의 제공 개인정보처리자는 다음 각 호(1. 정보주체의 동의를 받은 경우, 2. 제15조 제1항 제2호, 제3호 및 제5호부터 제7호까지에 따라 개인정보를 수집한 목적 범위에서 개인정보를 제공하는 경우)의 어느 하나에 해당되는 경우에는 정보주체의 개인정보를 제3자에게 제공(공유를 포함한다. 이하 같다)할 수 있다(정보법 제17조 제1항). 한편, 개인정보처리자는 제1항 제1호에 따른 동의를 받을 때에는 다음 각 호의 사항을 정보주체에게 알려야 한다. 다음 각 호(1. 개인정보를 제공받는 자, 2. 개인정보를 제공받는 자의 개인정보 이용 목적, 3. 제공하는 개인정보의 항목, 4. 개인정보를 제공받는 자의 개인정보 보유 및 이용 기간, 5. 동의를 거부할 권리가 있다는 사실 및 동의 거부에 따른 불이익이 있는 경우에는 그 불이익의 내용)의 어느 하나의 사항을 변경하는 경우에도 이를 알리고 동의를 받아야 한다(정보법 제17조 제2항).

(4) 개인정보의 목적 외 이용·제공 제한

2207 ㈎ 원 칙 개인정보처리자는 개인정보를 제15조 제1항에 따른 범위를 초과하여 이용하거나 제17조 제1항 및 제28조의8 제1항에 따른 범위를 초과하여 제3자에게 제공하여서는 아니 된다(정보법 제18조 제1항).

---

1) 대판 2016. 8. 17, 2014다235080.

(나) **예   외**　　제1항에도 불구하고 개인정보처리자는 다음 각 호(1. 정보주 　2208
체로부터 별도의 동의를 받은 경우, 2. 다른 법률에 특별한 규정이 있는 경우, 3. 명백히 정보
주체 또는 제3자의 급박한 생명, 신체, 재산의 이익을 위하여 필요하다고 인정되는 경우, 4.
삭제 <2020. 2. 4.> 5. 개인정보를 목적 외의 용도로 이용하거나 이를 제3자에게 제공하지
아니하면 다른 법률에서 정하는 소관 업무를 수행할 수 없는 경우로서 보호위원회의 심의·의
결을 거친 경우, 6. 조약, 그 밖의 국제협정의 이행을 위하여 외국정부 또는 국제기구에 제공
하기 위하여 필요한 경우, 7. 범죄의 수사와 공소의 제기 및 유지를 위하여 필요한 경우, 8. 법
원의 재판업무 수행을 위하여 필요한 경우, 9. 형(刑) 및 감호, 보호처분의 집행을 위하여 필
요한 경우, 10. 공중위생 등 공공의 안전과 안녕을 위하여 긴급히 필요한 경우)의 어느 하나
에 해당하는 경우에는 정보주체 또는 제3자의 이익을 부당하게 침해할 우려가
있을 때를 제외하고는 개인정보를 목적 외의 용도로 이용하거나 이를 제3자에
게 제공할 수 있다. 다만, 제5호부터 제9호까지에 따른 경우는 공공기관의 경우
로 한정한다(정보법 제18조 제2항).

(다) **동   의**　　개인정보처리자는 제2항 제1호에 따른 동의를 받을 때에는 　2209
다음 각 호의 사항을 정보주체에게 알려야 한다. 다음 각 호(1. 개인정보를 제공받
는 자, 2. 개인정보의 이용 목적(제공 시에는 제공받는 자의 이용 목적을 말한다), 3. 이용 또
는 제공하는 개인정보의 항목, 4. 개인정보의 보유 및 이용 기간(제공 시에는 제공받는 자의
보유 및 이용 기간을 말한다), 5. 동의를 거부할 권리가 있다는 사실 및 동의 거부에 따른 불
이익이 있는 경우에는 그 불이익의 내용)의 어느 하나의 사항을 변경하는 경우에도
이를 알리고 동의를 받아야 한다(정보법 제18조 제3항).

(라) **관보에 게재 등**　　공공기관은 제2항 제2호부터 제6호까지, 제8호부터 　2210
제10호까지에 따라 개인정보를 목적 외의 용도로 이용하거나 이를 제3자에게
제공하는 경우에는 그 이용 또는 제공의 법적 근거, 목적 및 범위 등에 관하여
필요한 사항을 보호위원회가 고시로 정하는 바에 따라 관보 또는 인터넷 홈페
이지 등에 게재하여야 한다(정보법 제18조 제4항).

(5) **개인정보를 제공받은 자의 이용·제공 제한**　　개인정보처리자로부터 개인 　2211
정보를 제공받은 자는 다음 각 호(1. 정보주체로부터 별도의 동의를 받은 경우, 2. 다른
법률에 특별한 규정이 있는 경우)의 어느 하나에 해당하는 경우를 제외하고는 개인
정보를 제공받은 목적 외의 용도로 이용하거나 이를 제3자에게 제공하여서는
아니 된다(정보법 제19조).

(6) **정보주체 이외로부터 수집한 개인정보의 수집 출처 등 고지**　　개인정보처 　2212
리자가 정보주체 이외로부터 수집한 개인정보를 처리하는 때에는 정보주체의

요구가 있으면 즉시 다음 각 호(1. 개인정보의 수집 출처, 2. 개인정보의 처리 목적, 3. 제37조에 따른 개인정보 처리의 정지를 요구하거나 동의를 철회할 권리가 있다는 사실)의 모든 사항을 정보주체에게 알려야 한다(정보법 제20조 제1항). 대통령령으로 정하는 기준에 해당하는 개인정보처리자는 정보주체의 요구가 없다고 하여도 일정한 경우에 정보주체에게 반드시 알려야 한다(정보법 제20조 제2항 참조). 제1항과 제2항 본문은 다음 각 호(1. 통지를 요구하는 대상이 되는 개인정보가 제32조 제2항 각 호의 어느 하나에 해당하는 개인정보파일에 포함되어 있는 경우, 2. 통지로 인하여 다른 사람의 생명·신체를 해할 우려가 있거나 다른 사람의 재산과 그 밖의 이익을 부당하게 침해할 우려가 있는 경우)의 어느 하나에 해당하는 경우에는 적용하지 아니한다. 다만, 이 법에 따른 정보주체의 권리보다 명백히 우선하는 경우에 한한다(정보법 제20조 제4항).

2213 　　(7) 개인정보의 파기　　개인정보처리자는 보유기간의 경과, 개인정보의 처리 목적 달성, 가명정보의 처리 기간 경과 등 그 개인정보가 불필요하게 되었을 때에는 지체 없이 그 개인정보를 파기하여야 한다. 다만, 다른 법령에 따라 보존하여야 하는 경우에는 그러하지 아니하다(정보법 제21조 제1항). 개인정보처리자가 제1항에 따라 개인정보를 파기할 때에는 복구 또는 재생되지 아니하도록 조치하여야 한다(정보법 제21조 제2항). 개인정보처리자가 제1항 단서에 따라 개인정보를 파기하지 아니하고 보존하여야 하는 경우에는 해당 개인정보 또는 개인정보파일을 다른 개인정보와 분리하여서 저장·관리하여야 한다(정보법 제21조 제3항).

2. 개인정보의 처리 제한

2214 　　(1) 민감정보의 처리 제한　　개인정보처리자는 사상·신념, 노동조합·정당의 가입·탈퇴, 정치적 견해, 건강, 성생활 등에 관한 정보, 그 밖에 정보주체의 사생활을 현저히 침해할 우려가 있는 개인정보로서 대통령령으로 정하는 정보(이하 "민감정보"라 한다)를 처리하여서는 아니 된다. 다만, 다음 각 호(1. 정보주체에게 제15조 제2항 각 호 또는 제17조 제2항 각 호의 사항을 알리고 다른 개인정보의 처리에 대한 동의와 별도로 동의를 받은 경우, 2. 법령에서 민감정보의 처리를 요구하거나 허용하는 경우)의 어느 하나에 해당하는 경우에는 그러하지 아니하다(정보법 제23조 제1항).

2215 　　(2) 고유식별정보의 처리 제한　　개인정보처리자는 다음 각 호(1. 정보주체에게 제15조 제2항 각 호 또는 제17조 제2항 각 호의 사항을 알리고 다른 개인정보의 처리에 대한 동의와 별도로 동의를 받은 경우, 2. 법령에서 구체적으로 고유식별정보의 처리를 요구하거나 허용하는 경우)의 경우를 제외하고는 법령에 따라 개인을 고유하게 구별하기 위하여 부여된 식별정보로서 대통령령으로 정하는 정보(이하 "고유식별정보"라 한다)를 처리할 수 없다(정보법 제24조 제1항).

(3) **주민등록번호 처리의 제한**   제24조 제1항에도 불구하고 개인정보처리   2216
자는 다음 각 호(1. 법률·대통령령·국회규칙·대법원규칙·헌법재판소규칙·중앙선거관리
위원회규칙 및 감사원규칙에서 구체적으로 주민등록번호의 처리를 요구하거나 허용한 경우,
2. 정보주체 또는 제3자의 급박한 생명, 신체, 재산의 이익을 위하여 명백히 필요하다고 인정
되는 경우, 3. 제1호 및 제2호에 준하여 주민등록번호 처리가 불가피한 경우로서 보호위원회
가 고시로 정하는 경우)의 어느 하나에 해당하는 경우를 제외하고는 주민등록번호
를 처리할 수 없다(정보법 제24조의2 제1항).

(4) **영상정보처리기기의 설치·운영 제한**

(가) **고정형 영상정보처리기기**

1) **개   념**   고정형 영상정보처리기기란 일정한 공간에 설치되어 지   2217
속적 또는 주기적으로 사람 또는 사물의 영상 등을 촬영하거나 이를 유·무선망을
통하여 전송하는 장치로서 대통령령으로 정하는 장치를 말한다(정보법 제2조 제7호).

2) **공개된 장소에 설치·운영**   누구든지 다음 각 호(1. 법령에서 구체적으   2218
로 허용하고 있는 경우, 2. 범죄의 예방 및 수사를 위하여 필요한 경우, 3. 시설의 안전 및 관
리, 화재 예방을 위하여 정당한 권한을 가진 자가 설치·운영하는 경우, 4. 교통단속을 위하여
정당한 권한을 가진 자가 설치·운영하는 경우, 5. 교통정보의 수집·분석 및 제공을 위하여 정
당한 권한을 가진 자가 설치·운영하는 경우, 6. 촬영된 영상정보를 저장하지 아니하는 경우로
서 대통령령으로 정하는 경우)의 경우를 제외하고는 공개된 장소에 고정형 영상정보
처리기기를 설치·운영하여서는 아니 된다(정보법 제25조 제1항).

3) **불특정 다수가 이용하는 장소에서의 설치·운영**   누구든지 불특정 다   2219
수가 이용하는 목욕실, 화장실, 발한실(發汗室), 탈의실 등 개인의 사생활을 현저
히 침해할 우려가 있는 장소의 내부를 볼 수 있도록 고정형 영상정보처리기기
를 설치·운영하여서는 아니 된다. 다만, 교도소, 정신보건 시설 등 법령에 근거
하여 사람을 구금하거나 보호하는 시설로서 대통령령으로 정하는 시설에 대하
여는 그러하지 아니하다(정보법 제25조 제2항 단서).

4) **설치 절차**   고정형 영상정보처리기기를 설치·운영하려는 자는 공   2220
청회·설명회의 개최 등 대통령령으로 정하는 절차를 거쳐 관계 전문가 및 이해
관계인의 의견을 수렴하여야 한다(정보법 제25조 제3항).

5) **고정형 영상정보처리기기운영자의 의무**   고정형 영상정보처리기기운   2221
영자는 안내판 설치의무(정보법 제25조 제4항), 목적에 반하는 행위 금지의무(정보
법 제25조 제5항), 분실 등으로부터 안전확보의무(정보법 제25조 제6항), 운영·관리
방침 마련의무(정보법 제25조 제7항)를 부담한다.

2222   6) 사무의 위탁   고정형 영상정보처리기기운영자는 고정형 영상정보처리기기의 설치·운영에 관한 사무를 위탁할 수 있다. 다만, 공공기관이 고정형 영상정보처리기기 설치·운영에 관한 사무를 위탁하는 경우에는 대통령령으로 정하는 절차 및 요건에 따라야 한다(정보법 제25조 제8항).

     (내) 이동형 영상정보처리기기

2223   1) 의   의   "이동형 영상정보처리기기"란 사람이 신체에 착용 또는 휴대하거나 이동 가능한 물체에 부착 또는 거치(据置)하여 사람 또는 사물의 영상 등을 촬영하거나 이를 유·무선망을 통하여 전송하는 장치로서 대통령령으로 정하는 장치를 말한다(정보법 제2조 제7의2호).

2224   2) 공개된 장소에서 촬영   업무를 목적으로 이동형 영상정보처리기기를 운영하려는 자는 다음 각 호(1. 제15조 제1항 각 호의 어느 하나에 해당하는 경우, 2. 촬영 사실을 명확히 표시하여 정보주체가 촬영 사실을 알 수 있도록 하였음에도 불구하고 촬영 거부 의사를 밝히지 아니한 경우. 이 경우 정보주체의 권리를 부당하게 침해할 우려가 없고 합리적인 범위를 초과하지 아니하는 경우로 한정한다. 3. 그 밖에 제1호 및 제2호에 준하는 경우로서 대통령령으로 정하는 경우)의 경우를 제외하고는 공개된 장소에서 이동형 영상정보처리기기로 사람 또는 그 사람과 관련된 사물의 영상(개인정보에 해당하는 경우로 한정한다. 이하 같다)을 촬영하여서는 아니 된다(정보법 제25조의2 제1항).

2225   3) 불특정 다수가 이용하는 장소에서 촬영   누구든지 불특정 다수가 이용하는 목욕실, 화장실, 발한실, 탈의실 등 개인의 사생활을 현저히 침해할 우려가 있는 장소의 내부를 볼 수 있는 곳에서 이동형 영상정보처리기기로 사람 또는 그 사람과 관련된 사물의 영상을 촬영하여서는 아니 된다. 다만, 인명의 구조·구급 등을 위하여 필요한 경우로서 대통령령으로 정하는 경우에는 그러하지 아니하다(정보법 제25조의2 제2항).

2226   4) 이동형 영상정보처리기기운영자의 의무   이동형 영상정보처리기기운영자는 촬영 사실을 표시하고 알려야 할 의무(정보법 제25조의2 제3항), 분실 등으로부터 안전확보의무(정보법 제25조 제6항·제25조의2 제4항), 운영·관리 방침 마련 의무(정보법 제25조 제7항·제25조의2 제4항)를 부담한다.

2227   5) 사무의 위탁   이동형 영상정보처리기기운영자는 고이동형 영상정보처리기기의 설치·운영에 관한 사무를 위탁할 수 있다. 다만, 공공기관이 이동형 영상정보처리기기 설치·운영에 관한 사무를 위탁하는 경우에는 대통령령으로 정하는 절차 및 요건에 따라야 한다(정보법 제25조 제8항·제25조의2 제4항).

2227   (5) 업무위탁에 따른 개인정보의 처리 제한   개인정보처리자가 제3자에게

개인정보의 처리 업무를 위탁하는 경우에는 다음 각 호(1. 위탁업무 수행 목적 외 개인정보의 처리 금지에 관한 사항, 2. 개인정보의 기술적·관리적 보호조치에 관한 사항, 3. 그 밖에 개인정보의 안전한 관리를 위하여 대통령령으로 정한 사항)의 내용이 포함된 문서에 의하여야 한다(정보법 제26조 제1항).

(6) **영업양도 등에 따른 개인정보의 이전 제한**　　개인정보처리자는 영업의 　2228
전부 또는 일부의 양도·합병 등으로 개인정보를 다른 사람에게 이전하는 경우에는 미리 다음 각 호(1. 개인정보를 이전하려는 사실, 2. 개인정보를 이전받는 자(이하 "영업양수자등"이라 한다)의 성명(법인의 경우에는 법인의 명칭을 말한다), 주소, 전화번호 및 그 밖의 연락처, 3. 정보주체가 개인정보의 이전을 원하지 아니하는 경우 조치할 수 있는 방법 및 절차)의 사항을 대통령령으로 정하는 방법에 따라 해당 정보주체에게 알려야 한다(정보법 제27조 제1항). 영업양수자등은 개인정보를 이전받았을 때에는 지체 없이 그 사실을 대통령령으로 정하는 방법에 따라 정보주체에게 알려야 한다. 다만, 개인정보처리자가 제1항에 따라 그 이전 사실을 이미 알린 경우에는 그러하지 아니하다(정보법 제27조 제2항).

3. 동의를 받는 방법

(1) **원　　칙**　　개인정보처리자는 이 법에 따른 개인정보의 처리에 대하여 　2229
정보주체(제22조의2 제1항에 따른 법정대리인을 포함한다. 이하 이 조에서 같다)의 동의를 받을 때에는 각각의 동의 사항을 구분하여 정보주체가 이를 명확하게 인지할 수 있도록 알리고 동의를 받아야 한다. 이 경우 다음 각 호(1. 제15조 제1항 제1호에 따라 동의를 받는 경우, 2. 제17조 제1항 제1호에 따라 동의를 받는 경우, 3. 제18조 제2항 제1호에 따라 동의를 받는 경우, 4. 제19조 제1호에 따라 동의를 받는 경우, 5. 제23조 제1항 제1호에 따라 동의를 받는 경우, 6. 제24조 제1항 제1호에 따라 동의를 받는 경우, 7. 재화나 서비스를 홍보하거나 판매를 권유하기 위하여 개인정보의 처리에 대한 동의를 받으려는 경우, 8. 그 밖에 정보주체를 보호하기 위하여 동의 사항을 구분하여 동의를 받아야 할 필요가 있는 경우로서 대통령령으로 정하는 경우)의 경우에는 동의 사항을 구분하여 각각 동의를 받아야 한다(정보법 제22조 제1항).

(2) **서면동의 경우의 표시방법**　　개인정보처리자는 제1항의 동의를 서면(「전 　2229a
자문서 및 전자거래 기본법」 제2조 제1호에 따른 전자문서를 포함한다)으로 받을 때에는 개인정보의 수집·이용 목적, 수집·이용하려는 개인정보의 항목 등 대통령령으로 정하는 중요한 내용을 보호위원회가 고시로 정하는 방법에 따라 명확히 표시하여 알아보기 쉽게 하여야 한다(정보법 제22조 제2항).

(3) **동의 없이 처리할 수 있는 개인정보와 구분**　　개인정보처리자는 정보주　2230

체의 동의 없이 처리할 수 있는 개인정보에 대해서는 그 항목과 처리의 법적 근거를 정보주체의 동의를 받아 처리하는 개인정보와 구분하여 제30조 제2항에 따라 공개하거나 전자우편 등 대통령령으로 정하는 방법에 따라 정보주체에게 알려야 한다. 이 경우 동의 없이 처리할 수 있는 개인정보라는 입증책임은 개인정보처리자가 부담한다(정보법 제22조 제3항).

2231 　　⑷ 일정 동의거부의 경우, 재화 또는 서비스의 제공 거부 불가　　개인정보처리자는 정보주체가 선택적으로 동의할 수 있는 사항을 동의하지 아니하거나 제1항 제3호 및 제7호에 따른 동의를 하지 아니한다는 이유로 정보주체에게 재화 또는 서비스의 제공을 거부하여서는 아니 된다(정보법 제22조 제5항).

2232 　　⑸ 14세 미만 아동의 개인정보의 경우　　개인정보처리자는 만 14세 미만 아동의 개인정보를 처리하기 위하여 이 법에 따른 동의를 받아야 할 때에는 그 법정대리인의 동의를 받아야 하며, 법정대리인이 동의하였는지를 확인하여야 한다(정보법 제22조의2 제1항). 제1항에도 불구하고 법정대리인의 동의를 받기 위하여 필요한 최소한의 정보로서 대통령령으로 정하는 정보는 법정대리인의 동의 없이 해당 아동으로부터 직접 수집할 수 있다(정보법 제22조의2 제2항). 개인정보처리자는 만 14세 미만의 아동에게 개인정보 처리와 관련한 사항의 고지 등을 할 때에는 이해하기 쉬운 양식과 명확하고 알기 쉬운 언어를 사용하여야 한다(정보법 제22조의2 제3항).

4. 가명정보의 처리

2233 　　⑴ 의　　의　　개인정보처리자는 통계작성, 과학적 연구, 공익적 기록보존 등을 위하여 정보주체의 동의 없이 가명정보(개인정보의 일부를 삭제하거나 일부 또는 전부를 대체하는 등의 방법으로 추가 정보가 없이는 특정 개인을 알아볼 수 없도록 처리된 정보)를 처리할 수 있다(정보법 제28조의2 제1항). 누구든지 특정 개인을 알아보기 위한 목적으로 가명정보를 처리해서는 아니 된다(정보법 제28조의5 제1항).

　　⑵ 익명정보

2233a 　　㈎ 익명정보의 우선　　개인정보처리자는 개인정보를 익명 또는 가명으로 처리하여도 개인정보 수집목적을 달성할 수 있는 경우 익명처리가 가능한 경우에는 익명에 의하여, 익명처리로 목적을 달성할 수 없는 경우에는 가명에 의하여 처리될 수 있도록 하여야 한다(정보법 제3조 제7항). 익명정보란 복원이 불가할 정도로 처리되어 더 이상 특정 개인을 알아볼 수 없는 정보, 가명정보란 다른 정보를 사용하면 특정 개인을 알아볼 수 있는 정보를 말한다.

(+) **개인정보 보호법의 적용배제**　　개인정보 보호법은 시간·비용·기술 등을 2233b
합리적으로 고려할 때 다른 정보를 사용하여도 더 이상 개인을 알아볼 수 없는
정보에는 적용하지 아니한다(정보법 제58조의2). 따라서 익명정보는 개인정보 보
호법의 적용을 받지 아니한다.

(+) **가명정보의 결합 제한**　　제28조의2에도 불구하고 통계작성, 과학적 연 2233c
구, 공익적 기록보존 등을 위한 서로 다른 개인정보처리자 간의 가명정보의 결
합은 보호위원회 또는 관계 중앙행정기관의 장이 지정하는 전문기관이 수행한
다(정보법 제22조의3 제1항). 결합을 수행한 기관 외부로 결합된 정보를 반출하려
는 개인정보처리자는 가명정보 또는 제58조의2에 해당하는 정보로 처리한 뒤
전문기관의 장의 승인을 받아야 한다(정보법 제22조의3 제2항).

Ⅴ. 정보주체의 권리

1. 권리의 유형

정보주체는 자신의 개인정보 처리와 관련하여 다음 각 호의 권리, 즉 ① 개 2234
인정보의 처리에 관한 정보를 제공받을 권리, ② 개인정보의 처리에 관한 동의
여부, 동의 범위 등을 선택하고 결정할 권리, ③ 개인정보의 처리 여부를 확인
하고 개인정보에 대한 열람(사본의 발급을 포함한다. 이하 같다) 및 전송을 요구할
권리, ④ 개인정보의 처리 정지, 정정·삭제 및 파기를 요구할 권리, ⑤ 개인정보
의 처리로 인하여 발생한 피해를 신속하고 공정한 절차에 따라 구제받을 권리,
⑥ 완전히 자동화된 개인정보 처리에 따른 결정을 거부하거나 그에 대한 설명
등을 요구할 권리를 가진다(정보법 제4조).

(1) 열람청구권

(+) **의　　의**　　정보주체는 개인정보처리자가 처리하는 자신의 개인정보에 2235
대한 열람을 해당 개인정보처리자에게 요구할 수 있다(정보법 제35조 제1항). 공공
기관에 대한 열람청구권은 개인적 공권으로 보장된다. 제1항에도 불구하고 정
보주체가 자신의 개인정보에 대한 열람을 공공기관에 요구하고자 할 때에는 공
공기관에 직접 열람을 요구하거나 대통령령으로 정하는 바에 따라 보호위원회
를 통하여 열람을 요구할 수 있다(정보법 제35조 제2항).

(+) **개인정보처리자의 조치**　　개인정보처리자는 제1항 및 제2항에 따른 열람 2236
을 요구받았을 때에는 대통령령으로 정하는 기간 내에 정보주체가 해당 개인정
보를 열람할 수 있도록 하여야 한다. 이 경우 해당 기간 내에 열람할 수 없는
정당한 사유가 있을 때에는 정보주체에게 그 사유를 알리고 열람을 연기할 수 있

으며, 그 사유가 소멸하면 지체 없이 열람하게 하여야 한다(정보법 제35조 제3항).

2237　　　(다) **열람의 제한**　　　개인정보처리자는 다음 각 호(1. 법률에 따라 열람이 금지되거나 제한되는 경우, 2. 다른 사람의 생명·신체를 해할 우려가 있거나 다른 사람의 재산과 그 밖의 이익을 부당하게 침해할 우려가 있는 경우, 3. 공공기관이 다음 각 목(가. 조세의 부과·징수 또는 환급에 관한 업무, 나. 「초·중등교육법」 및 「고등교육법」에 따른 각급 학교, 「평생교육법」에 따른 평생교육시설, 그 밖의 다른 법률에 따라 설치된 고등교육기관에서의 성적 평가 또는 입학자 선발에 관한 업무, 다. 학력·기능 및 채용에 관한 시험, 자격 심사에 관한 업무, 라. 보상금·급부금 산정 등에 대하여 진행중인 평가 또는 판단에 관한 업무, 마. 다른 법률에 따라 진행 중인 감사 및 조사에 관한 업무)의 어느 하나에 해당하는 업무를 수행할 때 중대한 지장을 초래하는 경우)의 어느 하나에 해당하는 경우에는 정보주체에게 그 사유를 알리고 열람을 제한하거나 거절할 수 있다(정보법 제35조 제4항).

　　　(2) 전송요구권

2237a　　　(가) 의　　의　　　정보주체는 개인정보 처리 능력 등을 고려하여 대통령령으로 정하는 기준에 해당하는 개인정보처리자에 대하여 다음 각 호[1. 정보주체가 전송을 요구하는 개인정보가 정보주체 본인에 관한 개인정보로서 다음 각 목(가. 제15조 제1항 제1호, 제23조 제1항 제1호 또는 제24조 제1항 제1호에 따른 동의를 받아 처리되는 개인정보, 나. 제15조 제1항 제4호에 따라 체결한 계약을 이행하거나 계약을 체결하는 과정에서 정보주체의 요청에 따른 조치를 이행하기 위하여 처리되는 개인정보, 다. 제15조 제1항 제2호·제3호, 제23조 제1항 제2호 또는 제24조 제1항 제2호에 따라 처리되는 개인정보 중 정보주체의 이익이나 공익적 목적을 위하여 관계 중앙행정기관의 장의 요청에 따라 보호위원회가 심의·의결하여 전송 요구의 대상으로 지정한 개인정보)의 어느 하나에 해당하는 정보일 것, 2. 전송을 요구하는 개인정보가 개인정보처리자가 수집한 개인정보를 기초로 분석·가공하여 별도로 생성한 정보가 아닐 것, 3. 전송을 요구하는 개인정보가 컴퓨터 등 정보처리장치로 처리되는 개인정보일 것]의 요건을 모두 충족하는 개인정보를 자신에게로 전송할 것을 요구할 수 있다(정보법 제35조의2 제1항).

2237b　　　(나) 전송의무, 요구의 철회　　　① 개인정보처리자는 제1항 및 제2항에 따른 전송 요구를 받은 경우에는 시간, 비용, 기술적으로 허용되는 합리적인 범위에서 해당 정보를 컴퓨터 등 정보처리장치로 처리 가능한 형태로 전송하여야 한다(정보법 제35조의2 제3항). ② 정보주체는 제1항 및 제2항에 따른 전송 요구를 철회할 수 있다(정보법 제35조의2 제3항).

　　　(3) 정정·삭제청구권

2238　　　(가) 의　　의　　　제35조에 따라 자신의 개인정보를 열람한 정보주체는 개인정보처리자에게 그 개인정보의 정정 또는 삭제를 요구할 수 있다. 다만, 다른

법령에서 그 개인정보가 수집 대상으로 명시되어 있는 경우에는 그 삭제를 요구할 수 없다(정보법 제36조 제1항).

(나) 개인정보처리자의 조치 개인정보처리자는 제1항에 따른 정보주체의 요 2239
구를 받았을 때에는 개인정보의 정정 또는 삭제에 관하여 다른 법령에 특별한 절차가 규정되어 있는 경우를 제외하고는 지체 없이 그 개인정보를 조사하여 정보주체의 요구에 따라 정정·삭제 등 필요한 조치를 한 후 그 결과를 정보주체에게 알려야 한다(정보법 제36조 제2항). 개인정보처리자가 제2항에 따라 개인정보를 삭제할 때에는 복구 또는 재생되지 아니하도록 조치하여야 한다(정보법 제36조 제3항). 개인정보처리자는 정보주체의 요구가 제1항 단서에 해당될 때에는 지체 없이 그 내용을 정보주체에게 알려야 한다(정보법 제36조 제4항). 개인정보처리자는 제2항에 따른 조사를 할 때 필요하면 해당 정보주체에게 정정·삭제 요구사항의 확인에 필요한 증거자료를 제출하게 할 수 있다(정보법 제36조 제5항).

(4) 처리정지요구권

(가) 의 의 정보주체는 개인정보처리자에 대하여 자신의 개인정보 처리 2240
의 정지를 요구하거나 개인정보 처리에 대한 동의를 철회할 수 있다. 이 경우 공공기관에 대해서는 제32조에 따라 등록 대상이 되는 개인정보파일 중 자신의 개인정보에 대한 처리의 정지를 요구하거나 개인정보 처리에 대한 동의를 철회할 수 있다(정보법 제37조 제1항).

(나) 개인정보처리자의 조치 개인정보처리자는 제1항에 따른 처리정지 요구 2240a
를 받았을 때에는 지체 없이 정보주체의 요구에 따라 개인정보 처리의 전부를 정지하거나 일부를 정지하여야 한다. 다만, 다음 각 호(1. 법률에 특별한 규정이 있거나 법령상 의무를 준수하기 위하여 불가피한 경우, 2. 다른 사람의 생명·신체를 해할 우려가 있거나 다른 사람의 재산과 그 밖의 이익을 부당하게 침해할 우려가 있는 경우, 3. 공공기관이 개인정보를 처리하지 아니하면 다른 법률에서 정하는 소관 업무를 수행할 수 없는 경우, 4. 개인정보를 처리하지 아니하면 정보주체와 약정한 서비스를 제공하지 못하는 등 계약의 이행이 곤란한 경우로서 정보주체가 그 계약의 해지 의사를 명확하게 밝히지 아니한 경우)의 어느 하나에 해당하는 경우에는 정보주체의 처리정지 요구를 거절할 수 있다(정보법 제37조 제2항). 개인정보처리자는 정보주체가 제1항에 따라 동의를 철회한 때에는 지체 없이 수집된 개인정보를 복구·재생할 수 없도록 파기하는 등 필요한 조치를 하여야 한다. 다만, 제2항 각 호의 어느 하나에 해당하는 경우에는 동의 철회에 따른 조치를 하지 아니할 수 있다(정보법 제37조 제3항). 개인정보처리자는 제2항 단서에 따라 처리정지 요구를 거절하거나 제3항 단서에 따라 동의 철회에 따른 조치를 하지 아니하였을 때에는 정보주체에게 지체 없이 그 사유를 알려야 한다(정보법 제37조 제4항).

(5) 자동화된 결정에 대한 정보주체의 권리

2242 　　**(가) 자동화된 결정 거부권**　　정보주체는 완전히 자동화된 시스템(인공지능 기술을 적용한 시스템을 포함한다)으로 개인정보를 처리하여 이루어지는 결정(행정기본법 제20조에 따른 행정청의 자동적 처분은 제외하며, 이하 이 조에서 "자동화된 결정"이라 한다)이 자신의 권리 또는 의무에 중대한 영향을 미치는 경우에는 해당 개인정보처리자에 대하여 해당 결정을 거부할 수 있는 권리를 가진다. 다만, 자동화된 결정이 제15조 제1항 제1호·제2호 및 제4호에 따라 이루어지는 경우에는 그러하지 아니하다(정보법 제37조의2 제1항).

2242a 　　**(나) 자동화 결정에 대한 설명 요구권**　　정보주체는 개인정보처리자가 자동화된 결정을 한 경우에는 그 결정에 대하여 설명 등을 요구할 수 있다(정보법 제37조의2 제2항).

2242b 　　**(다) 개인정보처리자의 설명의무**　　개인정보처리자는 제1항 또는 제2항에 따라 정보주체가 자동화된 결정을 거부하거나 이에 대한 설명 등을 요구한 경우에는 정당한 사유가 없는 한 자동화된 결정을 적용하지 아니하거나 인적 개입에 의한 재처리·설명 등 필요한 조치를 하여야 한다(정보법 제37조의2 제3항).

2242c 　　**(라) 기준·절차 등의 공개**　　개인정보처리자는 자동화된 결정의 기준과 절차, 개인정보가 처리되는 방식 등을 정보주체가 쉽게 확인할 수 있도록 공개하여야 한다(정보법 제37조의2 제4항).

2243 　　**(6) 개인정보 유출 통지를 받을 권리**　　개인정보처리자는 개인정보가 분실·도난·유출(이하 이 조에서 "유출등"이라 한다)되었음을 알게 되었을 때에는 지체 없이 해당 정보주체에게 다음 각 호(1. 유출등이 된 개인정보의 항목, 2. 유출등이 된 시점과 그 경위, 3. 유출등으로 인하여 발생할 수 있는 피해를 최소화하기 위하여 정보주체가 할 수 있는 방법 등에 관한 정보, 4. 개인정보처리자의 대응조치 및 피해 구제절차, 5. 정보주체에게 피해가 발생한 경우 신고 등을 접수할 수 있는 담당부서 및 연락처)의 사항을 알려야 한다. 다만, 정보주체의 연락처를 알 수 없는 경우 등 정당한 사유가 있는 경우에는 대통령령으로 정하는 바에 따라 통지를 갈음하는 조치를 취할 수 있다(정보법 제34조 제1항). 개인정보처리자는 개인정보가 유출등이 된 경우 그 피해를 최소화하기 위한 대책을 마련하고 필요한 조치를 하여야 한다(정보법 제34조 제2항).

2. 권리행사의 방법 및 절차

(1) **대리인에 의한 권리행사**　　정보주체는 제35조에 따른 열람, 제35조의2 　2244
에 따른 전송, 제36조에 따른 정정·삭제, 제37조에 따른 처리정지 및 동의 철
회, 제37조의2에 따른 거부·설명 등의 요구(이하 "열람등요구"라 한다)를 문서 등
대통령령으로 정하는 방법·절차에 따라 대리인에게 하게 할 수 있다(정보법 제38
조 제1항).

(2) **만 14세 미만 아동의 경우**　　만 14세 미만 아동의 법정대리인은 개인정 　2244a
보처리자에게 그 아동의 개인정보 열람등요구를 할 수 있다(정보법 제38조 제2항).

(3) **수수료와 우송료**　　개인정보처리자는 열람등요구를 하는 자에게 대통 　2245
령령으로 정하는 바에 따라 수수료와 우송료(사본의 우송을 청구하는 경우에 한한다)
를 청구할 수 있다. 다만, 제35조의2 제2항에 따른 전송 요구의 경우에는 전송
을 위해 추가로 필요한 설비 등을 함께 고려하여 수수료를 산정할 수 있다(정보
법 제38조 제3항).

(4) **방법과 절차의 공개 등**　　개인정보처리자는 정보주체가 열람등요구를 　2245a
할 수 있는 구체적인 방법과 절차를 마련하고, 이를 정보주체가 알 수 있도록
공개하여야 한다. 이 경우 열람등요구의 방법과 절차는 해당 개인정보의 수집
방법과 절차보다 어렵지 아니하도록 하여야 한다(정보법 제38조 제4항). 개인정보
처리자는 정보주체가 열람등요구에 대한 거절 등 조치에 대하여 불복이 있는
경우 이의를 제기할 수 있도록 필요한 절차를 마련하고 안내하여야 한다(정보법
제38조 제5항).

Ⅵ. 권리보호

1. 손해배상(국가배상)

(1) **의　　의**　　정보주체는 개인정보처리자가 이 법을 위반한 행위로 손해 　2246
를 입으면 개인정보처리자에게 손해배상을 청구할 수 있다. 이 경우 그 개인정
보처리자는 고의 또는 과실이 없음을 입증하지 아니하면 책임을 면할 수 없다
(정보법 제39조 제1항). 한편, 제39조 제1항에도 불구하고 정보주체는 개인정보처
리자의 고의 또는 과실로 인하여 개인정보가 분실·도난·유출·위조·변조 또는
훼손된 경우에는 300만원 이하의 범위에서 상당한 금액을 손해액으로 하여 배
상을 청구할 수 있다. 이 경우 해당 개인정보처리자는 고의 또는 과실이 없음을
입증하지 아니하면 책임을 면할 수 없다(정보법 제39조의2 제1항).

2247   ⑵ 요   건   개인정보처리자가 국가·지방자치단체인 경우와 관련하는
한, 개인정보 보호법 제39조·제39조의2는 국가배상법에 대한 특칙이 된다. 본
조에 따른 배상책임의 요건은 국가배상법 제2조에 따른 요건과 특별히 다른 바
는 없다. 다만, 국가배상법상 배상책임의 경우, 불법행위자의 고의·과실에 대한
입증책임이 원고에게 있으나, 개인정보 보호법 제39조·제39조의2는 입증책임
이 정보주체가 아니라 개인정보처리자에게 있고, 아울러 개인정보처리자의 손
해배상책임의 경감에 관한 사항도 규정하고 있음이 특징적이다.

2. 분쟁조정과 행정심판

⑴ 관   념

2248   ㈎ 의   의   분쟁조정이란 소송절차에 앞서서 개인정보와 관련한 분쟁을
조정하는 절차를 말한다. 분쟁조정절차는 필요적 전치절차가 아니다. 분쟁조정
을 원하는 자가 제기하는 임의적 전치절차이다.

2249   ㈏ 행정심판과의 관계   개인정보처리자가 국가·지방자치단체이고 분쟁조
정사항이 행정심판의 대상에 해당하면, 정보주체는 분쟁조정 대신 행정심판법
에 따라 행정심판을 제기할 수도 있을 것이다. 이하에서는 분쟁조정에 관해서
보기로 한다.

⑵ 개인정보 분쟁조정위원회

2250   ㈎ 구   성   개인정보에 관한 분쟁의 조정(調停)을 위하여 개인정보 분쟁
조정위원회(이하 "분쟁조정위원회"라 한다)를 둔다(정보법 제40조 제1항). 분쟁조정위원
회는 위원장 1명을 포함한 30명 이내의 위원으로 구성하며, 위원은 당연직위원
과 위촉위원으로 구성한다(정보법 제40조 제2항). 분쟁조정위원회는 분쟁조정 업무
를 효율적으로 수행하기 위하여 필요하면 대통령령으로 정하는 바에 따라 조정
사건의 분야별로 5명 이내의 위원으로 구성되는 조정부를 둘 수 있다. 이 경우
조정부가 분쟁조정위원회에서 위임받아 의결한 사항은 분쟁조정위원회에서 의
결한 것으로 본다(정보법 제40조 제6항).

2251   ㈏ 위원장과 위원   위원장은 위원 중에서 공무원이 아닌 사람으로 보호위
원회 위원장이 위촉한다(정보법 제40조 제4항). 위촉위원은 다음 각 호(1. 개인정보
보호업무를 관장하는 중앙행정기관의 고위공무원단에 속하는 공무원으로 재직하였던 사람 또
는 이에 상당하는 공공부문 및 관련 단체의 직에 재직하고 있거나 재직하였던 사람으로서 개
인정보 보호업무의 경험이 있는 사람, 2. 대학이나 공인된 연구기관에서 부교수 이상 또는 이
에 상당하는 직에 재직하고 있거나 재직하였던 사람, 3. 판사·검사 또는 변호사로 재직하고
있거나 재직하였던 사람, 4. 개인정보 보호와 관련된 시민사회단체 또는 소비자단체로부터 추

천을 받은 사람, 5. 개인정보처리자로 구성된 사업 자단체의 임원으로 재직하고 있거나 재직하였던 사람)의 어느 하나에 해당하는 사람 중에서 보호위원회 위원장이 위촉하고, 대통령령으로 정하는 국가기관 소속공무원은 당연직위원이 된다(정보법 제40조 제3항). 위원은 자격정지 이상의 형을 선고받거나 심신상의 장애로 직무를 수행할 수 없는 경우를 제외하고는 그의 의사에 반하여 면직되거나 해촉되지 아니한다(정보법 제41조). 위원에게는 제척·기피·회피가 적용된다(정보법 제42조 제1항, 제2항, 제3항).

㈐ **의   결**   분쟁조정위원회 또는 조정부는 재적위원 과반수의 출석으로   2252
개의하며 출석위원 과반수의 찬성으로 의결한다(정보법 제40조 제7항).

⑶ **조정절차**

㈎ **조정의 신청과 대응**   개인정보와 관련한 분쟁의 조정을 원하는 자는 분   2253
쟁조정위원회에 분쟁조정을 신청할 수 있다(정보법 제43조 제1항). 분쟁조정위원회는 당사자 일방으로부터 분쟁조정 신청을 받았을 때에는 그 신청내용을 상대방에게 알려야 한다(정보법 제43조 제2항). 개인정보처리자가 제2항에 따른 분쟁조정의 통지를 받은 경우에는 특별한 사유가 없으면 분쟁조정에 응하여야 한다(정보법 제43조 제3항).

㈏ **처리기간**   분쟁조정위원회는 제43조 제1항에 따른 분쟁조정 신청을   2254
받은 날부터 60일 이내에 이를 심사하여 조정안을 작성하여야 한다. 다만, 부득이한 사정이 있는 경우에는 분쟁조정위원회의 의결로 처리기간을 연장할 수 있다(정보법 제44조 제1항). 분쟁조정위원회는 제1항 단서에 따라 처리기간을 연장한 경우에는 기간연장의 사유와 그 밖의 기간연장에 관한 사항을 신청인에게 알려야 한다(정보법 제44조 제2항).

㈐ **자료의 요청 등**   분쟁조정위원회는 제43조 제1항에 따라 분쟁조정 신청   2255
을 받았을 때에는 해당 분쟁의 조정을 위하여 필요한 자료를 분쟁당사자에게 요청할 수 있다. 이 경우 분쟁당사자는 정당한 사유가 없으면 요청에 따라야 한다(정보법 제45조 제1항). 분쟁조정위원회는 분쟁의 조정을 위하여 사실 확인이 필요한 경우에는 분쟁조정위원회의 위원 또는 대통령령으로 정하는 사무기구의 소속 공무원으로 하여금 사건과 관련된 장소에 출입하여 관련 자료를 조사하거나 열람하게 할 수 있다. 이 경우 분쟁당사자는 해당 조사·열람을 거부할 정당한 사유가 있을 때에는 그 사유를 소명하고 조사·열람에 따르지 아니할 수 있다(정보법 제45조 제2항). 제2항에 따른 조사·열람을 하는 위원 또는 공무원은 그 권한을 표시하는 증표를 지니고 이를 관계인에게 내보여야 한다(정보법 제45조 제3항).

2256   (라) **조정 전 합의 권고**   분쟁조정위원회는 제43조 제1항에 따라 분쟁조정
신청을 받았을 때에는 당사자에게 그 내용을 제시하고 조정 전 합의를 권고할
수 있다(정보법 제46조).

2257   (마) **조정안의 작성과 분쟁의 조정**   분쟁조정위원회는 다음 각 호(1. 조사 대상
침해행위의 중지, 2.원상회복, 손해배상, 그 밖에 필요한 구제조치, 3. 같거나 비슷한 침해의
재발을 방지하기 위하여 필요한 조치)의 어느 하나의 사항을 포함하여 조정안을 작성
할 수 있다(정보법 제47조 제1항). 분쟁조정위원회는 제2항에 따라 조정안을 작성
하면 지체 없이 각 당사자에게 제시하여야 한다(정보법 제47조 제2항). 제1항에 따
라 조정안을 제시받은 당사자가 제시받은 날부터 15일 이내에 수락 여부를 알
리지 아니하면 조정을 수락한 것으로 본다(정보법 제47조 제3항). 당사자가 조정내
용을 수락한 경우(제3항에 따라 수락한 것으로 보는 경우를 포함한다) 분쟁조정위원회
는 조정서를 작성하고, 분쟁조정위원회의 위원장과 각 당사자가 기명날인 또는
서명을 한 후 조정서 정본을 지체 없이 각 당사자 또는 그 대리인에게 송달하여
야 한다. 다만, 제3항에 따라 수락한 것으로 보는 경우에는 각 당사자의 기명날
인 및 서명을 생략할 수 있다(정보법 제47조 제4항). 제4항에 따른 조정의 내용은
재판상 화해와 동일한 효력을 갖는다(정보법 제47조 제5항).

2258   (바) **조정의 거부 및 중지**   분쟁조정위원회는 분쟁의 성질상 분쟁조정위원회
에서 조정하는 것이 적합하지 아니하다고 인정하거나 부정한 목적으로 조정이
신청되었다고 인정하는 경우에는 그 조정을 거부할 수 있다. 이 경우 조정거부
의 사유 등을 신청인에게 알려야 한다(정보법 제48조 제1항). 분쟁조정위원회는 신
청된 조정사건에 대한 처리절차를 진행하던 중에 한 쪽 당사자가 소를 제기하면
그 조정의 처리를 중지하고 이를 당사자에게 알려야 한다(정보법 제48조 제2항).

    (4) **집단분쟁조정**

2259   (가) **의   의**   국가 및 지방자치단체, 개인정보 보호단체 및 기관, 정보주
체, 개인정보처리자는 정보주체의 피해 또는 권리침해가 다수의 정보주체에게
같거나 비슷한 유형으로 발생하는 경우로서 대통령령으로 정하는 사건에 대하
여는 분쟁조정위원회에 일괄적인 분쟁조정(이하 "집단분쟁조정"이라 한다)을 의뢰
또는 신청할 수 있다(정보법 제49조 제1항).

2260   (나) **공   고**   제1항에 따라 집단분쟁조정을 의뢰받거나 신청받은 분쟁조
정위원회는 그 의결로써 제3항부터 제7항까지의 규정에 따른 집단분쟁조정의
절차를 개시할 수 있다. 이 경우 분쟁조정위원회는 대통령령으로 정하는 기간
동안 그 절차의 개시를 공고하여야 한다(정보법 제49조 제2항).

⒟ 당 사 자   분쟁조정위원회는 집단분쟁조정의 당사자가 아닌 정보주체 2261
또는 개인정보처리자로부터 그 분쟁조정의 당사자에 추가로 포함될 수 있도록
하는 신청을 받을 수 있다(정보법 제49조 제3항). 분쟁조정위원회는 그 의결로써
제1항 및 제3항에 따른 집단분쟁조정의 당사자 중에서 공동의 이익을 대표하기에
가장 적합한 1인 또는 수인을 대표당사자로 선임할 수 있다(정보법 제49조 제4항).

⒠ 보상계획서   분쟁조정위원회는 개인정보처리자가 분쟁조정위원회의 2262
집단분쟁조정의 내용을 수락한 경우에는 집단분쟁조정의 당사자가 아닌 자로서
피해를 입은 정보주체에 대한 보상계획서를 작성하여 분쟁조정위원회에 제출하
도록 권고할 수 있다(정보법 제49조 제5항).

⒡ 제소의 경우   제48조 제2항에도 불구하고 분쟁조정위원회는 집단분쟁 2263
조정의 당사자인 다수의 정보주체 중 일부의 정보주체가 법원에 소를 제기한
경우에는 그 절차를 중지하지 아니하고, 소를 제기한 일부의 정보주체를 그 절
차에서 제외한다(정보법 제49조 제6항).

⒢ 처리기간   집단분쟁조정의 기간은 제2항에 따른 공고가 종료된 날의 2264
다음 날부터 60일 이내로 한다. 다만, 부득이한 사정이 있는 경우에는 분쟁조정
위원회의 의결로 처리기간을 연장할 수 있다(정보법 제49조 제7항).

3. 행정소송과 단체소송

⑴ 행정소송   개인정보처리자가 국가·지방자치단체인 경우, 정보주체는 2265
행정소송법이 정하는 바에 따라 따라 국가·지방자치단체의 처분을 다투는 행정
소송을 제기할 수도 있다. 이 경우의 행정소송은 주관적 소송의 형태가 된다.

⑵ 단체소송   개인정보 보호법은 개인정보 단체소송을 규정하고 있다. 2266
단체소송의 피고인 개인정보처리자에는 국가·지방자치단체와 기타 공공단체,
그리고 사인 즉, 모든 개인정보처리자가 포함된다. 개인정보 단체소송은 「정보
처리자의 권리침해 행위의 금지·중지를 구하는 소송」인데, 이러한 소송유형은
행정소송법상 규정된 바 없다. 개인정보처리자가 국가·지방자치단체와 기타 공
공단체인 경우에 개인정보 단체소송은 공법적 성격의 분쟁임에도 민사법원의
관할에 놓인다는 점이 특징적이다.

4. 개인정보 단체소송

⑴ 의   의   개인정보 단체소송이란 일정한 단체가 자신의 고유한 권리 2267
침해나 구성원의 권리침해를 다투는 것이 아니라 일반적인 정보주체의 권리에
대한 침해행위의 금지·중지를 구하는 소송(다투는 소송)을 말한다.[1) 객관적 소송

의 성격을 갖는다.

(2) 원 고

2268 ㈎ 원고적격 이에 관해서는 개인정보 보호법 제51조에 규정되고 있다.

2269 ▌참고 ▌ 개인정보 보호법 제51조(단체소송의 대상 등) 다음 각 호의 어느 하나에 해당하는 단체는 개인정보처리자가 제49조에 따른 집단분쟁조정을 거부하거나 집단분쟁조정의 결과를 수락하지 아니한 경우에는 법원에 권리침해 행위의 금지·중지를 구하는 소송(이하 "단체소송"이라 한다)을 제기할 수 있다.

　　1. 「소비자기본법」 제29조에 따라 공정거래위원회에 등록한 소비자단체로서 다음 각목의 요건을 모두 갖춘 단체

　　　가. 정관에 따라 상시적으로 정보주체의 권익증진을 주된 목적으로 하는 단체일 것

　　　나. 단체의 정회원수가 1천명 이상일 것

　　　다. 「소비자기본법」 제29조에 따른 등록 후 3년이 경과하였을 것

　　2. 「비영리민간단체 지원법」 제2조에 따른 비영리민간단체로서 다음 각 목의 요건을 모두 갖춘 단체

　　　가. 법률상 또는 사실상 동일한 침해를 입은 100명 이상의 정보주체로부터 단체소송의 제기를 요청받을 것

　　　나. 정관에 개인정보 보호를 단체의 목적으로 명시한 후 최근 3년 이상 이를 위한 활동실적이 있을 것

　　　다. 단체의 상시 구성원수가 5천명 이상일 것

　　　라. 중앙행정기관에 등록되어 있을 것

2270 ㈏ 소송대리인 단체소송의 원고는 변호사를 소송대리인으로 선임하여야 한다(정보법 제53조).

2271 (3) 관할법원(전속관할) 단체소송의 소는 피고의 주된 사무소 또는 영업소가 있는 곳, 주된 사무소나 영업소가 없는 경우에는 주된 업무담당자의 주소가 있는 곳의 지방법원 본원 합의부의 관할에 전속한다(정보법 제52조 제1항). 제1항을 외국사업자에 적용하는 경우 대한민국에 있는 이들의 주된 사무소·영업소 또는 업무담당자의 주소에 따라 정한다(정보법 제52조 제2항).

(4) 소송허가

2272 ㈎ 소송허가신청 단체소송을 제기하는 단체는 소장과 함께 다음 각 호(1. 원고 및 그 소송대리인, 2. 피고, 3. 정보주체의 침해된 권리의 내용)의 사항을 기재한 소송허가신청서를 법원에 제출하여야 한다(정보법 제54조 제1항). 제1항에 따른 소송허가신청서에는 다음 각 호(1. 소제기단체가 제51조 각 호의 어느 하나에 해당하는 요건

---

1) 단체소송의 자세한 개념에 관한 옆번호 4091 이하를 보라.

을 갖추고 있음을 소명하는 자료, 2. 개인정보처리자가 조정을 거부하였거나 조정결과를 수락
하지 아니하였음을 증명하는 서류)의 자료를 첨부하여야 한다(정보법 제54조 제2항).

   (내) **소송허가결정 등**   법원은 다음 각 호(1. 개인정보처리자가 분쟁조정위원회의 2273
조정을 거부하거나 조정결과를 수락하지 아니하였을 것, 2. 제54조에 따른 소송허가신청서의
기재사항에 흠결이 없을 것)의 요건을 모두 갖춘 경우에 한하여 결정으로 단체소송
을 허가한다(정보법 제55조 제1항). 단체소송을 허가하거나 불허가하는 결정에 대
하여는 즉시항고할 수 있다(정보법 제55조 제2항).

   (5) **확정판결의 효력**   원고의 청구를 기각하는 판결이 확정된 경우 이와 2274
동일한 사안에 관하여는 제51조에 따른 다른 단체는 단체소송을 제기할 수 없
다. 다만, 다음 각 호(1. 판결이 확정된 후 그 사안과 관련하여 국가·지방자치단체 또는
국가·지방자치단체가 설립한 기관에 의하여 새로운 증거가 나타난 경우, 2. 기각판결이 원고
의 고의로 인한 것임이 밝혀진 경우)의 어느 하나에 해당하는 경우에는 그러하지 아
니하다(정보법 제56조).

   (6) **적용법률**   단체소송에 관하여 이 법에 특별한 규정이 없는 경우에는 2275
「민사소송법」을 적용한다(정보법 제57조 제1항). 제55조에 따른 단체소송의 허가
결정이 있는 경우에는 「민사집행법」 제4편에 따른 보전처분을 할 수 있다(정보
법 제57조 제2항). 단체소송의 절차에 관하여 필요한 사항은 대법원규칙으로 정한
다(정보법 제57조 제3항).

제 2 항 정보공개청구권

Ⅰ. 정보공개청구권의 관념

1. 의   의

   (1) **개   념**   정보공개청구권(정보청구권)이란 사인이 공공기관에 대하여 2280
정보를 제공해 줄 것을 요구할 수 있는 개인적 공권을 말한다. 정보공개청구권
은 자기와 직접적인 이해관계 있는 특정한 사안에 관한 '개별적' 정보공개청구
권(예 : 행정절차법상 정보공개청구권으로서 문서열람·복사청구권)과 자기와 직접적인 이
해관계가 없는 '일반적' 정보공개청구권으로 구분될 수 있다. 공공기관의 정보공
개에 관한 법률의 정보공개청구권은 양자를 포함하는 개념이다.[1] 말하자면 동
법률은 특정인의 특정사안에 대한 이해관련성의 유무를 불문하고 정보에 대한
이익 그 자체를 권리로서 보장하고 있다(공개법 제5조 제1항). 공공기관의 정보공

---

1) 대판 1999. 9. 21, 97누5114.

개에 관한 법률상 공개란 "공공기관이 이 법에 따라 정보를 열람하게 하거나 그 사본·복제물을 제공하는 것 또는 「전자정부법」 제2조 제10호에 따른 정보통신 망(이하 "정보통신망"이라 한다)을 통하여 정보를 제공하는 것 등"을 말한다(공개법 제2조 제2호).

2281 　　(2) 의　　미　　정보공개청구권은 헌법적 지위의 권리이다. 사인의 정보공 개청구권은 알 권리의 실현에 기여한다. 알 권리는 헌법상 원리로서의 참정권의 전제가 된다. 말하자면 국민이나 주민이 국가나 지방자치단체의 사정을 잘 알아 야만 국가나 지방자치단체의 구성원으로서 효과적으로 국가나 지방자치단체의 선거나 행정에 참여할 수 있기 때문이다(공개법 제1조 참조). 정보공개청구권은 개 인적 공권으로서 보호된다.

2. 법적 근거

2282 　　(1) **헌법상 근거**　　정보공개청구권의 헌법상 근거조항에 관해서는 견해가 갈린다. 일설은[1] 행복추구권(헌법 제10조)에서, 일설은[2] 표현의 자유(헌법 제21조 제1항)에서 찾기도 한다.

2283 　　(2) **법률상 근거**　　외국의 입법례와 마찬가지로[3] 우리나라도 정보공개청 구권에 관한 일반법을 가지고 있다. 즉 다른 법률에 특별한 규정이 있는 경우를 제외하고는[4] 공공기관의 정보공개에 관한 법률이 일반법으로서 적용된다(공개 법 제4조 제1항). 다만, 국가안전보장에 관련되는 정보 및 보안업무를 관장하는

---

1) 김철수, 헌법학(하), 982쪽.

2) 허영, 한국헌법론, 571쪽; 헌재 2021. 5. 27, 2018헌마1168(알 권리는 일반적으로 접근할 수 있 는 정보원으로부터 자유롭게 정보를 수령·수집하거나, 국가기관 등에 대하여 정보의 공개를 청구할 수 있는 권리를 말한다. 알 권리는 표현의 자유와 표리일체의 관계에 있으며, 자유권적 성질과 청구권적 성질을 공유한다. 자유권적 성질은 일반적으로 정보에 접근하고 수집·처리함 에 있어서 국가권력의 방해를 받지 아니한다는 것을 말하며, 청구권적 성질은 의사형성이나 여 론형성에 필요한 정보를 적극적으로 수집할 권리 등을 의미한다. 정보공개청구권은 정부나 공 공기관이 보유하고 있는 정보에 대하여 정당한 이해관계가 있는 자가 그 공개를 요구할 수 있 는 권리이며, 알 권리의 당연한 내용으로서 알권리의 청구권적 성질과 밀접하게 관련되어 있고 헌법 제21조에 의하여 직접 보장된다).

3) 스웨덴(The Freedom of the Press Act, 1949), 프랑스(The Law of July, 17, 1978), 미국(The Freedom of Information Act, 1976), 캐나다(The Access to Information Act, 1982), 호주(The Freedom of Information Act, 1982)등을 볼 수 있다(N. Marsch, Public Access to Govern-mentheld Information, 1987, p. 292ff.). 일본의 경우, 행정기관이 보유하는 정보 공개에 관한 법률(2001)이 있다.

4) 대판 2014. 4. 10, 2012두17384(여기서 '정보공개에 관하여 다른 법률에 특별한 규정이 있는 경 우'에 해당한다고 하여 정보공개법의 적용을 배제하기 위해서는, 특별한 규정이 '법률'이어야 하고, 내용이 정보공개의 대상 및 범위, 정보공개의 절차, 비공개대상정보 등에 관하여 정보공 개법과 달리 규정하고 있는 것이어야 한다).

기관에서 국가안전보장과 관련된 정보분석을 목적으로 수집하거나 작성한 정보
에 대해서는 적용하지 아니한다(공개법 제4조 제3항 본문). 그리고 교육관련기관의
정보공개에 관한 일반법으로 교육관련기관의 정보공개에 관한 특례법이 있으
며, 정보의 공개 등에 관하여 동법에서 규정하지 아니한 사항에 대하여는 「공공
기관의 정보공개에 관한 법률」을 적용한다(교육관련기관의 정보공개에 관한 특례법
제4조). 한편, 정보공개청구권과 관련된 규정을 갖는 개별법률도 없지 않다(예 :
민원 처리에 관한 법률 제13조의 민원사무편람의 비치, 제36조의 민원사무처리기준표의 고
시, 행정절차법 제19조의 처리기간의 공표, 제20조의 처분기준의 공표, 제23조의 처분의 이유
제시).

⑶ **정보공개조례** 공공기관의 정보공개에 관한 법률은 "지방자치단체는   2284
그 소관 사무에 관하여 법령의 범위에서 정보공개에 관한 조례를 정할 수 있
다(공개법 제4조 제2항)"고 규정하여 지방자치단체의 정보공개조례의 법적 근거
를 명시적으로 마련하고 있다. 따라서 지방자치단체의 주민은 조례에 근거하여
정보공개청구권을 가질 수도 있다. 본조항에 의한 정보공개대상에는 침익적인
사항도 포함된다. 한편, 동법이 제정되기 이전에도 판례는[1] 법률의 위임이 없
이도 지방자치단체가 비침익적인 내용의 정보공개조례를 제정할 수 있다고 하
였다.

3. 정보공개의 필요성과 문제점

⑴ **필 요 성** 정보의 공개는 ① 국가의 사정이나 지역의 사정을 국민이   2285
나 주민이 알 수 있도록 하며, 이로 인해 ② 국민이나 주민이 행정의사결정과정
에 효과적으로 참여할 수 있게 되며, ③ 아울러 행정서비스의 효율성을 보다 제
고할 수 있는 효과를 가져온다. 정보공개는 행정의 비밀주의에 대한 견제를 통
해 행정권한의 남용을 방지하고 정치 및 행정의 공공성을 확보하는 데 기여하
는 의미도 갖는다.[2]

그리고 정보의 공개는 개인이 갖는 정보상 자기결정권을 실질적인 권리로   2286
만들어주는 기능(정보상 자기결정권의 확보)을 갖는다는 점도 강조할 일이다. 아울
러 소수에 의한 정보의 독점은 경제적 독점과 불평등을 확대재생산할 뿐만 아
니라 사회의 민주화를 위한 그 동안의 모든 노력을 수포로 돌아가게 할 것이라
는 지적도[3] 유념할 일이다.

---

1) 대판 1992. 6. 23, 92추17(청주시행정정보공개조례안사건).
2) 김철수, 정보의 수집 · 관리와 사생활보호, 한국공법학회, 1989, 18쪽.
3) 홍준형, 행정법, 473쪽(2019).

2287   ⑵ **문 제 점**   정보공개제도와 관련하여 ① 과도한 정보공개는 오히려 국가기밀이나 개인정보에 대한 침해가능성을 갖는다는 점, ② 행정의 부담이 과중할 수 있다는 점, ③ 기업비밀이 악용될 수 있다는 점, ④ 부실정보·조작정보로 인한 정보질서의 혼란이 가능하다는 점, ⑤ 정보무능력자에 대해 정보능력자의 우위로 불평등을 초래할 수 있다는 점 등이 문제점으로 지적되고 있음[1]을 유념할 필요가 있다.

4. 공공기관의 정보공개의무와 정보공개위원회

2288   ⑴ **정보공개의무**(정보공개의 원칙)   공공기관이 보유·관리하고 있는 정보는 국민의 알권리 보장 등을 위하여 이 법에서 정하는 바에 따라 적극적으로 공개하여야 한다(공개법 제3조). 공공기관은 다음 각 호(1. 국민생활에 매우 큰 영향을 미치는 정책에 관한 정보, 2. 국가의 시책으로 시행하는 공사 등 대규모의 예산이 투입되는 사업에 관한 정보, 3. 예산집행의 내용과 사업평가 결과등 행정감시를 위하여 필요한 정보, 4. 그 밖에 공공기관의 장이 정하는 정보)의 어느 하나에 해당하는 정보에 대해서는 공개의 구체적 범위, 주기, 시기 및 방법 등을 미리 정하여 정보통신망 등을 통하여 알리고, 이에 따라 정기적으로 공개하여야 한다. 다만, 제9조 제1항 각 호의 어느 하나에 해당하는 정보에 대해서는 그러하지 아니하다(공개법 제7조 제1항). 공공기관은 제1항에 규정된 사항 외에도 국민이 알아야 할 필요가 있는 정보를 국민에게 공개하도록 적극적으로 노력하여야 한다(공개법 제7조 제2항).[2] 정보공개의무는 정부 외에 국회와 법원에도 적용된다. 정보공개의무는 사인에게는 자료제공의 의미, 공개자 자신에게는 통제의 의미, 국정의 민주적 성격 강화의 의미, 국정에 대한 국민의 신뢰제고의 의미 등을 갖는다.[3]

2289   ⑵ **정보공개위원회 등**   다음 각 호(1. 정보공개에 관한 정책 수립 및 제도 개선에 관한 사항, 2. 정보공개에 관한 기준 수립에 관한 사항, 3. 제12조에 따른 심의회 심의결과의 조사·분석 및 심의기준 개선 관련 의견제시에 관한 사항, 4. 제24조 제2항 및 제3항에 따른 공공기관의 정보공개 운영실태 평가 및 그 결과 처리에 관한 사항, 5. 정보공개와 관련된

---

1) 대판 1997. 5. 23, 96누2439(사생활침해내용의 정보를 포함하여 9029매의 과다한 정보공개청구의 거부는 적법하다).

2) 헌재 2004. 12. 16, 2002헌마579(알 권리에서 파생되는 정부의 공개의무는 특별한 사정이 없는 한 국민의 적극적인 정보수집행위, 특히 특정의 정보에 대한 공개청구가 있는 경우에야 비로소 존재하므로, 정보공개청구가 없었던 경우 대한민국과 중화인민공화국이 2000. 7. 31. 체결한 양국간 마늘교역에 관한 합의서 및 그 부속서 중 '2003. 1. 1.부터 한국의 민간기업이 자유롭게 마늘을 수입할 수 있다'는 부분을 사전에 마늘재배농가들에게 공개할 정부의 의무는 인정되지 아니한다).

3) Ehlers, in : Erichsen(Hrsg.), Allgemeines Verwaltungsrecht(13. Aufl.), §1, Rn. 65.

불합리한 제도·법령 및 그 운영에 대한 조사 및 개선권고에 관한 사항, 6. 그 밖에 정보공개에 관하여 대통령령으로 정하는 사항)의 사항을 심의·조정하기 위하여 국무총리 소속으로 정보공개위원회(이하 "위원회"라 한다)를 둔다(공개법 제22조).

5. 정보공개청구의 제한사유로서 권리남용

판례는 정보공개청구권자가 오로지 상대방을 괴롭힐 목적으로 정보공개를 구하고 있다는 등의 특별한 사정이 없는 한 정보공개청구는 신의칙에 반하거나 권리남용에 해당한다고 볼 수 없다고 하면서 정보를 공개하여야 한다는 입장을 취한다.[1]   2290

6. 개인정보공개와 개인정보자기결정권의 관계

"정보주체의 동의 없이 개인정보를 공개함으로써 침해되는 인격적 법익과 정보주체의 동의 없이 자유롭게 개인정보를 공개하는 표현행위로써 보호받을 수 있는 법적 이익이 하나의 법률관계를 둘러싸고 충돌하는 경우에는, 개인이 공적인 존재인지 여부, 개인정보의 공공성과 공익성, 개인정보 수집의 목적·절차·이용형태의 상당성, 개인정보 이용의 필요성, 개인정보 이용으로 인해 침해되는 이익의 성질과 내용 등 여러 사정을 종합적으로 고려하여, 개인정보에 관한 인격권 보호에 의하여 얻을 수 있는 이익(비공개이익)과 표현행위에 의하여 얻을 수 있는 이익(공개이익)을 구체적으로 비교 형량하여, 어느 쪽 이익이 더 우월한 것으로 평가할 수 있는지에 따라 그 행위의 최종적인 위법성 여부를 판단하여야 한다."[2]   2291

Ⅱ. 정보공개청구권의 주체·대상

1. 정보공개청구권자

모든 국민은 정보의 공개를 청구할 권리를 가진다(공개법 제5조 제1항). 여기서 국민이란 자연인 외에 법인을 포함하는 개념이다. 법인격 없는 단체도 포함된다고 볼 것이다.[3] 그러나 공법인인 지방자치단체는 포함되지 아니한다. 지방   2292

---

1) 대판 2014. 12. 24, 2014두9349(국민의 정보공개청구는 정보공개법 제9조에 정한 비공개 대상 정보에 해당하지 아니하는 한 원칙적으로 폭넓게 허용되어야 하지만, 실제로는 해당 정보를 취득 또는 활용할 의사가 전혀 없이 정보공개 제도를 이용하여 사회통념상 용인될 수 없는 부당한 이득을 얻으려 하거나, 오로지 공공기관의 담당공무원을 괴롭힐 목적으로 정보공개청구를 하는 경우처럼 권리의 남용에 해당하는 것이 명백한 경우에는 정보공개청구권의 행사를 허용하지 아니하는 것이 옳다).

2) 대판 2014. 7. 24, 2012다49933.

3) 대판 2003. 12. 12, 2003두8050(공공기관의정보공개에관한법률 제6조 제1항은 "모든 국민은 정

자치단체는 행정절차법 제8조(행정응원)에 따라 다른 공공기관에 행정응원의 방식으로 접근하여야 한다는 지적이 의미가 있다.[1] 한편, 외국인의 정보공개 청구에 관하여는 대통령령으로 정한다(공개법 제5조 제2항). 정보공개청구권자는 정보공개청구를 남용하여서는 아니 된다.[2]

2. 정보공개기관(공공기관)

2293   ⑴ 의   의   정보공개청구권의 행사의 대상이 되는 정보는 공공기관이 보유·관리하는 정보이므로(공개법 제9조 제1항), 정보공개청구권행사의 상대방이 되는 기관, 즉 정보공개기관은 공공기관이다. 여기서 "공공기관"이라 함은 다음 각 목(가. 국가 기관 1) 국회, 법원, 헌법재판소, 중앙선거관리위원회, 2) 중앙행정기관(대통령 소속 기관과 국무총리 소속 기관을 포함한다) 및 그 소속 기관, 3)「행정기관 소속 위원회의 설치·운영에 관한 법률」에 따른 위원회, 나. 지방자치단체, 다.「공공기관의 운영에 관한 법률」제2조에 따른 공공기관, 라. 그 밖에 대통령령으로 정하는 기관)의 기관을 말한다(공개법 제2조 제3호).

2294   ⑵ **공공기관의 범위**   공공기관의 정보공개에 관한 법률 제2조 제3호 라목에서 "그 밖에 대통령령이 정하는 기관"이란 다음 각호(1.「유아교육법」·「초·중등교육법」·「고등교육법」에 따른 각급 학교 또는 그 밖의 다른 법률에 따라 설치된 학교, 1의 2.「지방공기업법」에 따른 지방공사 및 지방공단, 2. 다음 각목 (가. 지방자치단체의 조례로 설립되고 해당 지방자치단체가 출연한 기관, 나. 지방자치단체의 지원액(조례 또는 규칙에 따라 직접 지방자치단체의 업무를 위탁받거나 독점적 사업권을 부여받은 기관의 경우에는 그 위탁업무나 독점적 사업으로 인한 수입액을 포함한다)이 총수입액의 2분의 1을 초과하는 기관, 다. 지방자치단체가 100분의 50 이상의 지분을 가지고 있거나 100분의 30 이상의 지분을 가지고 임원 임명권한 행사 등을 통하여 해당 기관의 정책 결정에 사실상 지배력을 확보하고 있는 기관, 라. 지방자치단체와 가목부터 다목까지의 어느 하나에 해당하는 기관이 합하여 100분의 50 이상의 지분을 가지고 있거나 100분의 30 이상의 지분을 가지고 임원 임명권한 행사 등을 통하여 해당 기관의 정책 결정에 사실상 지배력을 확보하고 있는 기관, 마. 가목부터 라목까지의 어느 하나에 해당하는 기관이 단독으로 또는 두개 이상의 기관이 합하여 100분의 50 이상의 지분을 가지고 있거나 100분의 30 이상의 지분을 가지고 임원 임명권한 행사 등을

보의 공개를 청구할 권리를 가진다"고 규정하고 있는데, 여기에서 말하는 국민에는 자연인은 물론 법인, 권리능력 없는 사단·재단도 포함되고, 법인, 권리능력 없는 사단·재단 등의 경우에는 설립목적을 불문한다).

1) 김중권의 행정법(2019), 528쪽.
2) 대판 2006. 8. 24, 2004두2783(구 공공기관의 정보공개에 관한 법률의 목적, 규정 내용 및 취지에 비추어 보면 정보공개청구의 목적에 특별한 제한이 없으므로, 오로지 상대방을 괴롭힐 목적으로 정보공개를 구하고 있다는 등의 특별한 사정이 없는 한 정보공개의 청구가 신의칙에 반하거나 권리남용에 해당한다고 볼 수 없다).

통하여 해당 기관의 정책 결정에 사실상 지배력을 확보하고 있는 기관, 바. 가목부터 라목까지의 어느 하나에 해당하는 기관이 설립하고, 지방자치단체 또는 설립 기관이 출연한 기관)의 어느 하나에 해당하는 기관 중 지방자치단체의 조례로 정하는 기관)의 기관 또는 단체를 말한다(공개법시행령 제2조).[1][2]

---

1) 대판 2010. 12. 23, 2008두13101(어느 법인이 공공기관의 정보공개에 관한 법률 제2조 제3호, 같은 법 시행령 제2조 제4호에 따라 정보를 공개할 의무가 있는 '특별법에 의하여 설립된 특수법인'에 해당하는지 여부는, 국민의 알 권리를 보장하고 국정에 대한 국민의 참여와 국정운영의 투명성을 확보하고자 하는 위 법의 입법 목적을 염두에 두고, 해당 법인에게 부여된 업무가 국가행정업무이거나 이에 해당하지 않더라도 그 업무 수행으로써 추구하는 이익이 해당 법인 내부의 이익에 그치지 않고 공동체 전체의 이익에 해당하는 공익적 성격을 갖는지 여부를 중심으로 개별적으로 판단하되, 해당 법인의 설립근거가 되는 법률이 법인의 조직구성과 활동에 대한 행정적 관리·감독 등에서 민법이나 상법 등에 의하여 설립된 일반 법인과 달리 규율한 취지, 국가나 지방자치단체의 해당 법인에 대한 재정적 지원·보조의 유무와 그 정도, 해당 법인의 공공적 업무와 관련하여 국가기관·지방자치단체 등 다른 공공기관에 대한 정보공개청구와는 별도로 해당 법인에 대하여 직접 정보공개청구를 구할 필요성이 있는지 여부 등을 종합적으로 고려하여야 한다. 방송법이라는 특별법에 의하여 설립 운영되는 한국방송공사(KBS)는 공공기관의 정보공개에 관한 법률 시행령 제2조 제4호의 '특별법에 의하여 설립된 특수법인'으로서 정보공개의무가 있는 공공기관의 정보공개에 관한 법률 제2조 제3호의 '공공기관'에 해당한다); 대판 2010. 4. 29, 2008두5643(어느 법인이 공공기관의 정보공개에 관한 법률 제2조 제3호 등에 따라 정보를 공개할 의무가 있는 '특별법에 의하여 설립된 특수법인'에 해당하는가는, 국민의 알권리를 보장하고 국정에 대한 국민의 참여와 국정운영의 투명성을 확보하고자 하는 위 법의 입법 목적을 염두에 두고, 당해 법인에게 부여된 업무가 국가행정업무이거나, 이에 해당하지 않더라도 그 업무 수행으로써 추구하는 이익이 당해 법인 내부의 이익에 그치지 않고 공동체 전체의 이익에 해당하는 공익적 성격을 갖는지 여부를 중심으로 개별적으로 판단하되, 당해 법인의 설립근거가 되는 법률이 법인의 조직구성과 활동에 대한 행정적 관리·감독 등에서 민법이나 상법 등에 의하여 설립된 일반 법인과 달리 규율한 취지, 국가나 지방자치단체의 당해 법인에 대한 재정적 지원·보조의 유무와 그 정도, 당해 법인의 공공적 업무와 관련하여 국가기관·지방자치단체 등 다른 공공기관에 대한 정보공개청구와는 별도로 당해 법인에 대하여 직접 정보공개청구를 구할 필요성이 있는지 여부 등을 종합적으로 고려하여야 한다. '한국증권업협회'는 증권회사 상호간의 업무질서를 유지하고 유가증권의 공정한 매매거래 및 투자자보호를 위하여 일정 규모 이상인 증권회사 등으로 구성된 회원조직으로서, 증권거래법 또는 그 법에 의한 명령에 대하여 특별한 규정이 있는 것을 제외하고는 민법 중 사단법인에 관한 규정을 준용 받는 점, 그 업무가 국가기관 등에 준할 정도로 공동체 전체의 이익에 중요한 역할이나 기능에 해당하는 공공성을 갖는다고 볼 수 없는 점 등에 비추어, 공공기관의 정보공개에 관한 법률 시행령 제2조 제4호의 '특별법에 의하여 설립된 특수법인'에 해당한다고 보기 어렵다).

2) 대판 2006. 8. 24, 2004두2783(정보공개 의무기관을 정하는 것은 입법자의 입법형성권에 속하고, 이에 따라 입법자는 구 공공기관의 정보공개에 관한 법률 제2조 제3호에서 정보공개 의무기관을 공공기관으로 정하였는바, 공공기관은 국가기관에 한정되는 것이 아니라 지방자치단체, 정부투자기관, 그 밖에 공동체 전체의 이익에 중요한 역할이나 기능을 수행하는 기관도 포함되는 것으로 해석되고, 여기에 정보공개의 목적, 교육의 공공성 및 공·사립학교의 동질성, 사립대학교에 대한 국가의 재정지원 및 보조 등 여러 사정을 고려해 보면, 사립대학교에 대한 국비지원이 한정적·일시적·국부적이라는 점을 고려하더라도, 같은 법 시행령 제2조 제1호가 정보공개의무를 지는 공공기관의 하나로 사립대학교를 들고 있는 것이 모법인 구 공공기관의 정보공개에 관한 법률의 위임 범위를 벗어났다거나 사립대학교가 국비의 지원을 받는 범위 내에서만 공공기관의 성격을 가진다고 볼 수 없다).

3. 공개대상정보와 비공개대상정보

2295   (1) **정보의 의의**   '공개법'상 "정보"란 공공기관이 직무상 작성 또는 취득하여 관리하고 있는 문서(전자문서를 포함)·도면·사진·필름·테이프·슬라이드 및 그 밖에 이에 준하는 매체 등에 기록된 사항을 말한다(공개법 제2조 제1호).[1) 정보의 개념은 내용보다 문서·도면 등 형식에 초점을 두고 규정되어 있다.

2296   (2) **공개대상정보의 범위**   공공기관이 보유·관리하는 정보는 공개대상이 된다(공개법 제9조 제1항).[2) '공개법'이 정하는 공공기관이 보유·관리하는 정보로서 비공개대상정보가 아닌 정보는 모두 공개대상이 된다.[3) 사본도 정보에 해당한다.[4) 판례는 공공기관에 의하여 전자적 형태로 보유·관리되는 정보가 정보공개청구인이 구하는 대로 되어 있지 않더라도, 공공기관이 공개청구대상정보를 보유·관리하고 있는 것으로 본다.[5) 정보의 보유·관리에 관한 입증책임은 공공기관

---

1) 대판 2013. 1. 24, 2010두18918(공공기관의 정보공개에 관한 법률에서 말하는 공개대상 정보는 정보 그 자체가 아닌 정보공개법 제2조 제1호에서 예시하고 있는 매체 등에 기록된 사항을 의미한다).

2) 대판 2013. 1. 24, 2010두18918(공개청구자는 그가 공개를 구하는 정보를 공공기관이 보유·관리하고 있을 상당한 개연성이 있다는 점에 대하여 입증할 책임이 있으나, 공개를 구하는 정보를 공공기관이 한때 보유·관리하였으나 후에 그 정보가 담긴 문서들이 폐기되어 존재하지 않게 된 것이라면 그 정보를 더 이상 보유·관리하고 있지 않다는 점에 대한 증명책임은 공공기관에 있다).

3) 대판 2009. 12. 10, 2009두12785(국민의 '알권리', 즉 정보에의 접근·수집·처리의 자유는 자유권적 성질과 청구권적 성질을 공유하는 것으로서 헌법 제21조에 의하여 직접 보장되는 권리이고, 그 구체적 실현을 위하여 제정된 공공기관의 정보공개에 관한 법률도 제3조에서 공공기관이 보유·관리하는 정보를 원칙적으로 공개하도록 하여 정보공개의 원칙을 천명하고 있고, 위 법 제9조가 예외적인 비공개사유를 열거하고 있는 점에 비추어 보면, 국민으로부터 보유·관리하는 정보에 대한 공개를 요구받은 공공기관으로서는 위 법 제9조 제1항 각 호에서 정하고 있는 비공개사유에 해당하지 않는 한 이를 공개하여야 하고, 이를 거부하는 경우라 할지라도 대상이 된 정보의 내용을 구체적으로 확인·검토하여 어느 부분이 어떠한 법익 또는 기본권과 충돌되어 위 각 호의 어디에 해당하는지를 주장·증명하여야만 하며, 여기에 해당하는지 여부는 비공개에 의하여 보호되는 업무수행의 공정성 등의 이익과 공개에 의하여 보호되는 국민의 알권리의 보장과 국정에 대한 국민의 참여 및 국정운영의 투명성 확보 등의 이익을 비교·교량하여 구체적인 사안에 따라 개별적으로 판단하여야 한다).

4) 대판 2006. 5. 25, 2006두3049(공공기관의 정보공개에 관한 법률상 공개청구의 대상이 되는 정보란 공공기관이 직무상 작성 또는 취득하여 현재 보유·관리하고 있는 문서에 한정되는 것이기는 하나, 그 문서가 반드시 원본일 필요는 없다).

5) 대판 2010. 2. 11, 2009두6001(공공기관의 정보공개에 관한 법률에 의한 정보공개제도는 공공기관이 보유·관리하는 정보를 그 상태대로 공개하는 제도이지만, 전자적 형태로 보유·관리되는 정보의 경우에는, 그 정보가 청구인이 구하는 대로 되어 있지 않다고 하더라도, 공개청구를 받은 공공기관이 공개청구대상정보의 기초자료를 전자적 형태로 보유·관리하고 있고, 당해 기관에서 통상 사용되는 컴퓨터 하드웨어 및 소프트웨어와 기술적 전문지식을 사용하여 그 기초자료를 검색하여 청구인이 구하는 대로 편집할 수 있으며, 그러한 작업이 당해 기관의 컴퓨터 시스템 운용에 별다른 지장을 초래하지 아니한다면, 그 공공기관이 공개청구대상정보를 보유·관리하고 있는 것으로 볼 수 있고, 이러한 경우에 기초자료를 검색·편집하는 것은 새로운

이 진다.[1] 판례는 이미 다른 사람에게 공개되어 널리 알려져 있다거나 인터넷 등을 통하여 공개되어 인터넷검색 등을 통하여 쉽게 알 수 있다고 하여도 공개청구의 대상이 될 수 있다고 한다.[2]

(3) **비공개대상정보** 다음 각호의 어느 하나에 해당하는 정보는 공개하지 2297 아니할 수 있다(공개법 제9조 제1항 단서). 그러나 비공개대상정보에 해당한다고 하더라도, 다른 법률에 특별한 규정이 있는 경우에는 사정이 다르다.[3]

　1. 다른 법률 또는 법률에서 위임한 명령(국회규칙·대법원규칙·헌법재판소규칙·중앙
　　선거관리위원회규칙·대통령령 및 조례로 한정한다)에 따라 비밀이나 비공개 사항
　　으로 규정된 정보[4]

정보의 생산 또는 가공에 해당한다고 할 수 없다).

1) 대판 2010. 2. 25, 2007두9877(정보공개제도는 공공기관이 보유·관리하는 정보를 그 상태대로 공개하는 제도로서 공개를 구하는 정보를 공공기관이 보유·관리하고 있을 상당한 개연성이 있다는 점에 대하여는 원칙적으로 공개청구자에게 입증책임이 있지만, 공개를 구하는 정보를 공공기관이 한때 보유·관리하였으나 후에 그 정보가 담긴 문서 등이 폐기되어 존재하지 않게 된 것이라면 그 정보를 더 이상 보유·관리하고 있지 아니하다는 점에 대한 입증책임은 공공기관에게 있다).

2) 대판 2010. 12. 23, 2008두13101(국민의 정보공개청구권은 법률상 보호되는 구체적인 권리이므로, 공공기관에 대하여 정보의 공개를 청구하였다가 공개거부처분을 받은 청구인은 행정소송을 통하여 그 공개거부처분의 취소를 구할 법률상의 이익이 있고, 공개청구의 대상이 되는 정보가 이미 다른 사람에게 공개되어 널리 알려져 있다거나 인터넷 등을 통하여 공개되어 인터넷검색 등을 통하여 쉽게 알 수 있다는 사정만으로는 소의 이익이 없다거나 비공개결정이 정당화될 수 없다).

3) 대결 2017. 12. 28, 2015무423(민사소송법 제344조는 '문서의 제출의무'에 관하여 정하고 있는데, 제1항 제1호는 당사자가 소송에서 인용한 문서(이하 '인용문서'라 한다)를 가지고 있는 때에는 문서를 가지고 있는 사람은 그 제출을 거부하지 못한다고 정하고 있다.…민사소송법 제344조 제1항 제1호에서 정하고 있는 인용문서는 당사자가 소송에서 문서 그 자체를 증거로서 인용한 경우뿐만 아니라 자기 주장을 명백히 하기 위하여 적극적으로 문서의 존재와 내용을 언급하여 자기 주장의 근거나 보조자료로 삼은 문서도 포함한다. …민사소송법 제344조 제1항 제1호의 문언, 내용, 체계와 입법 목적 등에 비추어 볼 때, 인용문서가 공무원이 그 직무와 관련하여 보관하거나 가지고 있는 문서로서 공공기관의 정보공개에 관한 법률 제9조에서 정하고 있는 비공개대상정보에 해당한다고 하더라도, 특별한 사정이 없는 한 그에 관한 문서 제출의무를 면할 수 없다); 대결 2011. 7. 6, 2010마1659.

4) 대판 2016. 12. 15, 2013두20882(구 공공기관의 정보공개에 관한 법률 제4조 제1항은 "정보의 공개에 관하여는 다른 법률에 특별한 규정이 있는 경우를 제외하고는 이 법이 정하는 바에 의한다."라고 규정하고 있다. 여기서 '정보공개에 관하여 다른 법률에 특별한 규정이 있는 경우'에 해당한다고 하여 정보공개법의 적용을 배제하기 위해서는, 그 특별한 규정이 '법률'이어야 하고, 나아가 그 내용이 정보공개의 대상 및 범위, 정보공개의 절차, 비공개대상정보 등에 관하여 정보공개법과 달리 규정하고 있는 것이어야 한다); 대판 2016. 12. 15, 2013두20882(형사소송법 제59조의2의 내용·취지 등을 고려하면, 형사소송법 제59조의2는 형사재판확정기록의 공개 여부나 공개 범위, 불복절차 등에 대하여 정보공개법과 달리 규정하고 있는 것으로 정보공개법 제4조 제1항에서 정한 '정보의 공개에 관하여 다른 법률에 특별한 규정이 있는 경우'에 해당한다고 볼 수 있다. 따라서 형사재판확정기록의 공개에 관하여는 정보공개법에 의한 공개청구가 허용되지 아니한다); 대판 2010. 12. 23, 2010두14800; 대판 2010. 6. 10, 2009두10512; 대

2. 국가안전보장·국방·통일·외교관계 등에 관한 사항으로서 공개될 경우 국가의 중대한 이익을 현저히 해칠 우려가 있다고 인정되는 정보[1]

3. 공개될 경우 국민의 생명·신체 및 재산의 보호에 현저한 지장을 초래할 우려가 있다고 인정되는 정보

4. 진행중인 재판에 관련된 정보와[2] 범죄의 예방, 수사, 공소의 제기 및 유지, 형의 집행, 교정(矯正), 보안처분에 관한 사항으로서 공개될 경우 그 직무수행을 현저히 곤란하게 하거나 형사피고인의 공정한 재판을 받을 권리를 침해한다고 인정할 만한 상당한 이유가 있는 정보[3]

5. 감사·감독·검사·시험[4]·규제·입찰계약·기술개발·인사관리에　관한　사항이나

판 2006. 11. 10, 2006두9351; 대판 2003. 12. 11, 2003두8395(공공기관의정보공개에관한법률 제1조, 제3조, 헌법 제37조의 각 취지와 행정입법으로는 법률이 구체적으로 범위를 정하여 위임한 범위 안에서만 국민의 자유와 권리에 관련된 규율을 정할 수 있는 점 등을 고려할 때, 공공기관의정보공개에관한법률 제7조 제1항 제1호 소정의 '법률에 의한 명령'은 법률의 위임규정에 의하여 제정된 대통령령, 총리령, 부령 전부를 의미한다기보다는 정보의 공개에 관하여 법률의 구체적인 위임 아래 제정된 법규명령(위임명령)을 의미한다).

1) 대판 2004. 3. 18, 2001두8254(보안관찰처분을 규정한 보안관찰법에 대하여 헌법재판소도 이미 그 합헌성을 인정한 바 있고, 보안관찰법 소정의 보안관찰 관련 통계자료는 우리나라 53개 지방검찰청 및 지청관할지역에서 매월 보고된 보안관찰처분에 관한 각종 자료로서, 보안관찰처분대상자 또는 피보안관찰자들의 매월별 규모, 그 처분시기, 지역별 분포에 대한 전국적 현황과 추이를 한눈에 파악할 수 있는 구체적이고 광범위한 자료에 해당하므로 '통계자료'라고 하여도 그 함의(함의)를 통하여 나타내는 의미가 있음이 분명하여 가치중립적일 수는 없고, 그 통계자료의 분석에 의하여 대남공작활동이 유리한 지역으로 보안관찰처분대상자가 많은 지역을 선택하는 등으로 위 정보가 북한정보기관에 의한 간첩의 파견, 포섭, 선전선동을 위한 교두보의 확보 등 북한의 대남전략에 있어 매우 유용한 자료로 악용될 우려가 없다고 할 수 없으므로, 위 정보는 공공기관의정보공개에관한법률 제7조 제1항 제2호 소정의 공개될 경우 국가안전보장·국방·통일·외교관계 등 국가의 중대한 이익을 해할 우려가 있는 정보, 또는 제3호 소정의 공개될 경우 국민의 생명·신체 및 재산의 보호 기타 공공의 안전과 이익을 현저히 해할 우려가 있다고 인정되는 정보에 해당한다); 대판 2023. 6. 1, 2019두41324.

2) 대판 2018. 9. 28, 2017두69892(위 규정이 정한 '진행중인 재판에 관련된 정보'에 해당한다는 사유로 정보공개를 거부하기 위하여는 반드시 그 정보가 진행중인 재판의 소송기록 그 자체에 포함된 내용의 정보일 필요는 없으나, 재판에 관련된 일체의 정보가 그에 해당하는 것은 아니고 진행중인 재판의 심리 또는 재판결과에 구체적으로 영향을 미칠 위험이 있는 정보에 한정된다.

3) 대판 2017. 9. 7, 2017두44558(정보공개법 제9조 제1항 제4호는 '수사에 관한 사항으로서 공개될 경우 그 직무수행을 현저히 곤란하게 한다고 인정할 만한 상당한 이유가 있는 정보'를 비공개대상정보의 하나로 규정하고 있다. 그 취지는 수사의 방법 및 절차 등이 공개되어 수사기관의 직무수행에 현저한 곤란을 초래할 위험을 막고자 하는 것으로서, 수사기록 중의 의견서, 보고문서, 메모, 법률검토, 내사자료 등(이하 '의견서 등'이라고 한다)이 이에 해당한다고 할 수 있으나(헌법재판소 1997. 11. 27. 선고 94헌마60 전원재판부 결정, 대법원 2003. 12. 26. 선고 2002두1342 판결 등 참조), 공개청구대상인 정보가 의견서 등에 해당한다고 하여 곧바로 정보공개법 제9조 제1항 제4호에 규정된 비공개대상정보라고 볼 것은 아니고, 의견서 등의 실질적인 내용을 구체적으로 살펴 수사의 방법 및 절차 등이 공개됨으로써 수사기관의 직무수행을 현저히 곤란하게 한다고 인정할 만한 상당한 이유가 있어야만 위 비공개대상정보에 해당한다).

4) 헌재 2010. 6. 1, 2010헌마291(시험의 관리에 있어서 가장 중요한 것은 정확성과 공정성이므로,

의사결정 과정 또는 내부검토 과정에 있는 사항[1] 등으로서 공개될 경우 업무의

이를 위하여 시험문제와 정답, 채점기준 등 시험의 정확성과 공정성에 영향을 줄 수 있는 모든 정보는 사전에 엄격하게 비밀로 유지되어야 할 뿐만 아니라, 공공기관에서 시행하는 대부분의 시험들은 평가대상이 되는 지식의 범위가 한정되어 있고 그 시행도 주기적으로 반복되므로 이미 시행된 시험에 관한 정보라 할지라도 이를 제한없이 공개할 경우에는 중요한 영역의 출제가 어려워지는 등 시험의 공정한 관리 및 시행에 영향을 줄 수밖에 없다고 할 것이므로, 이 사건 법률조항이 시험문제와 정답을 공개하지 아니할 수 있도록 한 것이 과잉금지원칙에 위반하여 알권리를 침해한다고 볼 수 없다); 헌재 2009. 9. 24. 2007헌바107 전원재판부(시험위원의 신원과 채점기준 등의 정보들은 평가과정에 관한 정보로서 이를 일률적으로 공개할 경우 공정하고 정확한 시험 관리에 부정적 영향을 줄 수 있다. 또한 공공기관에서 시행하는 대부분의 시험은 각 시험의 평가대상이 되는 지식의 범위가 한정되어 있고 그 시행도 주기적으로 반복되므로, 기출 시험문제와 그에 대한 정답 등을 일률적으로 공개할 경우 기출문제와 동일한 문제는 물론 이와 유사하거나 변형된 문제도 다시 출제할 수 없다. 이 경우 매년 많은 비용을 들여 종전 형태와 다른 새로운 문제를 개발하여야 하고 시험 출제의 범위가 점차 축소되어 평가가 반드시 필요한 영역의 출제가 어려워지는 문제도 발생한다. 또한 시험문제와 정답을 열람 등의 방법으로 공개할 경우에는 해당 시험 문제를 열람하거나, 그들과 접촉할 기회가 있었던 일부 한정된 집단의 사람들에게 다음 시험에서 특별히 유리한 지위를 부여할 가능성이 있으며 이와 같은 결과가 시험의 공정성에 나쁜 영향을 미칠 수 있다. 한편, 정보공개법에 따르면 청구인이 공공기관의 비공개에 불복이 있는 때에는 당해 공공기관에 이의신청을 하거나 행정심판을 청구할 수 있고, 공공기관의 비공개 결정에 불복하는 때에는 행정소송법이 정하는 바에 따라 행정소송을 제기할 수 있으므로 이 사건 법률조항에 따른 비공개로 인하여 법률상 이익을 침해받은 자를 위한 구제절차도 마련되어 있다. 따라서 이 사건 법률조항은 과잉금지원칙에 위반하여 정보공개청구권 및 알 권리를 침해한다고 볼 수 없다); 대판 2007. 6. 15, 2006두15936(치과의사 국가시험에서 채택하고 있는 문제은행 출제방식이 출제의 시간·비용을 줄이면서도 양질의 문항을 확보할 수 있는 등 많은 장점을 가지고 있는 점, 그 시험문제를 공개할 경우 발생하게 될 결과와 시험업무에 초래될 부작용 등을 감안하면, 위 시험의 문제지와 그 정답지를 공개하는 것은 시험업무의 공정한 수행이나 연구·개발에 현저한 지장을 초래한다고 인정할 만한 상당한 이유가 있는 경우에 해당하므로, 공공기관의 정보공개에 관한 법률 제9조 제1항 제5호에 따라 이를 공개하지 않을 수 있다); 대판 2010. 2. 25, 2007두9877(정보공개법 제9조 제1항 제5호는 시험에 관한 사항으로서 공개될 경우 업무의 공정한 수행에 현저한 지장을 초래한다고 인정할 만한 상당한 이유가 있는 정보는 공개하지 아니한다고 규정하고 있는바, 여기에서 규정하고 있는 '공개될 경우 업무의 공정한 수행에 현저한 지장을 초래한다고 인정할 만한 상당한 이유가 있는 경우'라 함은 공개될 경우 업무의 공정한 수행이 객관적으로 현저하게 지장을 받을 것이라는 고도의 개연성이 존재하는 경우를 의미한다. 그리고 위와 같은 알 권리와 학생의 학습권, 부모의 자녀교육권의 성격 등에 비추어 볼 때, 학교교육에서의 시험에 관한 정보로서 공개될 경우 업무의 공정한 수행에 현저한 지장을 초래하는지 여부는 정보공개법의 목적 및 시험정보를 공개하지 아니할 수 있도록 하고 있는 입법 취지, 당해 시험 및 그에 대한 평가행위의 성격과 내용, 공개의 내용과 공개로 인한 업무의 증가, 공개로 인한 파급효과 등을 종합하여, 비공개에 의하여 보호되는 업무수행의 공정성 등의 이익과 공개에 의하여 보호되는 국민의 알 권리와 학생의 학습권 및 부모의 자녀교육권의 보장, 학교교육에 대한 국민의 참여 및 교육행정의 투명성 확보 등의 이익을 비교·교량하여 구체적인 사안에 따라 신중하게 판단하여야 한다).

[1] 대판 2003. 8. 22, 2002두12946(공공기관의정보공개에관한법률상 비공개대상정보의 입법 취지에 비추어 살펴보면, 같은 법 제7조 제1항 제5호에서의 '감사·감독·검사·시험·규제·입찰계약·기술개발·인사관리·의사결정과정 또는 내부검토과정에 있는 사항'은 비공개대상정보를 예시적으로 열거한 것이라고 할 것이므로 의사결정과정에 제공된 회의관련자료나 의사결정과정이 기록된 회의록 등은 의사가 결정되거나 의사가 집행된 경우에는 더 이상 의사결정과정에 있는 사항 그 자체라고는 할 수 없으나, 의사결정과정에 있는 사항에 준하는 사항으로서 비공개대상정보에 포함될 수 있다. 학교환경위생구역 내 금지행위(숙박시설) 해제결정에 관한 학교

공정한 수행이나 연구·개발에 현저한 지장을 초래한다고 인정할 만한 상당한 이유가 있는 정보.[1] 다만, 의사결정 과정 또는 내부검토 과정을 이유로 비공개할 경우에는 제13조 제5항에 따라 통지를 할 때 의사결정 과정 또는 내부검토 과정의 단계 및 종료 예정일을 함께 안내하여야 하며, 의사결정 과정 및 내부검토 과정이 종료되면 제10조에 따른 청구인에게 이를 통지하여야 한다.

6. 해당 정보에 포함되어 있는 성명·주민등록번호 등 「개인정보 보호법」 제2조 제1호에 따른 개인정보로서 공개될 경우 개인의 사생활의 비밀 또는 자유를 침해할 우려가 있다고 인정되는 정보.[2] 다만, 다음 각 목에 열거한 사항은 제외한다.[3]

환경위생정화위원회의 회의록에 기재된 발언내용에 대한 해당 발언자의 인적사항 부분에 관한 정보는 공공기관의정보공개에관한법률 제7조 제1항 제5호 소정의 비공개대상에 해당한다); 대판 2000. 5. 30, 99추85(지방자치단체의 도시공원에 관한 조례에서 규정된 도시공원위원회의 심의사항에 관하여 위 위원회의 심의를 거친 후 시장이나 구청장이 위 사항들에 대한 결정을 대외적으로 공표하기 전에 위 위원회의 회의관련자료 및 회의록이 공개된다면 업무의 공정한 수행에 현저한 지장을 초래한다고 할 것이므로, 위 위원회의 심의 후 그 심의사항들에 대한 시장 등의 결정의 대외적 공표행위가 있기 전까지는 위 위원회의 회의관련자료 및 회의록은 공공기관의정보공개에관한법률 제7조 제1항 제5호에서 규정하는 비공개대상정보에 해당한다고 할 것이고, 다만 시장 등의 결정의 대외적 공표행위가 있은 후에는 이를 의사결정과정이나 내부검토 과정에 있는 사항이라고 할 수 없고 위 위원회의 회의관련자료 및 회의록을 공개하더라도 업무의 공정한 수행에 지장을 초래할 염려가 없으므로, 시장 등의 결정의 대외적 공표행위가 있은 후에는 위 위원회의 회의관련자료 및 회의록은 같은 법 제7조 제2항에 의하여 공개대상이 된다고 할 것인바, 지방자치단체의 도시공원에 관한 조례안에서 공개시기 등에 관한 아무런 제한 규정 없이 위 위원회의 회의관련자료 및 회의록은 공개하여야 한다고 규정하였다면 이는 같은 법 제7조 제1항 제5호에 위반된다고 할 것이다).

1) 대판 2018. 9. 28, 2017두69892(정보공개법 제9조 제1항 제5호가 비공개대상정보로서 규정하고 있는 '공개될 경우 업무의 공정한 수행에 현저한 지장을 초래한다고 인정할 만한 상당한 이유가 있는 정보'라 함은, 정보공개법 제1조의 정보공개제도의 목적과 정보공개법 제9조 제1항 제5호의 규정에 의한 비공개대상정보의 입법 취지에 비추어 볼 때, 공개될 경우 업무의 공정한 수행이 객관적으로 현저하게 지장을 받을 것이라는 고도의 개연성이 존재하는 경우를 말한다); 대판 2016. 12. 15, 2012두11409, 11416(병합); 대판 2014. 7. 24, 2013두20301; 대판 2003. 8. 22, 2002두12946.

2) 대판 2017. 9. 7, 2017두44558(공공기관의 정보공개에 관한 법률 제9조 제1항 제6호 본문은 "해당 정보에 포함되어 있는 성명·주민등록번호 등 개인에 관한 사항으로서 공개될 경우 사생활의 비밀 또는 자유를 침해할 우려가 있다고 인정되는 정보"를 비공개대상정보의 하나로 규정하고 있다. 여기에서 말하는 비공개대상정보에는 성명·주민등록번호 등 '개인식별정보'뿐만 아니라 그 외에 정보의 내용에 따라 '개인에 관한 사항의 공개로 인하여 개인의 내밀한 내용의 비밀 등이 알려지게 되고, 그 결과 인격적·정신적 내면생활에 지장을 초래하거나 자유로운 사생활을 영위할 수 없게 될 위험성이 있는 정보'도 포함된다. 따라서 불기소처분 기록이나 내사기록 중 피의자신문조서 등 조서에 기재된 피의자 등의 인적사항 이외의 진술내용 역시 개인의 사생활의 비밀 또는 자유를 침해할 우려가 인정되는 경우에는 위 비공개대상정보에 해당한다); 대판 2016. 12. 15, 2012두11409, 11416(병합); 대판 2012. 6. 18, 2011두2361.

3) 대판 2006. 12. 7, 2005두241(구 공공기관의 정보공개에 관한 법률) 제7조 제1항 제6호 단서 (다)목에서 정한 '공개하는 것이 공익을 위하여 필요하다고 인정되는 정보'에 해당하는지 여부는 비공개에 의하여 보호되는 개인의 사생활 보호 등의 이익과 공개에 의하여 보호되는 국정운영의 투명성 확보 등의 공익을 비교·교량하여 구체적 사안에 따라 신중히 판단하여야 한다. 원고가 공개를 청구한 사면대상자들의 사면실시건의서와 그와 관련된 국무회의 안건자료를 공

가. 법령에서 정하는 바에 따라 열람할 수 있는 정보

나. 공공기관이 공표를 목적으로 작성하거나 취득한 정보로서 사생활의 비밀 또는 자유를 부당하게 침해하지 아니하는 정보

다. 공공기관이 작성하거나 취득한 정보로서 공개하는 것이 공익이나 개인의 권리 구제를 위하여 필요하다고 인정되는 정보[1]

라. 직무를 수행한 공무원의 성명·직위

마. 공개하는 것이 공익을 위하여 필요한 경우로서 법령에 따라 국가 또는 지방자치단체가 업무의 일부를 위탁 또는 위촉한 개인의 성명·직업

7. 법인·단체 또는 개인(이하 "법인등"이라 한다)의 경영상·영업상 비밀에 관한 사항으로서 공개될 경우 법인등의 정당한 이익을 현저히 해칠 우려가 있다고 인정되는 정보. 다만, 다음 각 목에 열거한 정보는 제외한다.[2]

가. 사업활동에 의하여 발생하는 위해(危害)로부터 사람의 생명·신체 또는 건강을 보호하기 위하여 공개할 필요가 있는 정보[3]

나. 위법·부당한 사업활동으로부터 국민의 재산 또는 생활을 보호하기 위하여 공개할 필요가 있는 정보

개할 경우 비록 당사자들의 사생활의 비밀 등이 침해될 염려가 있다고 하더라도, 사면실시 당시 법무부가 발표한 사면발표문 및 보도자료에 이미 이 사건 정보의 당사자들 상당수의 명단이 포함되어 있는 점, 대통령이 행하는 사면권 행사가 고도의 정치적 행위라고 하더라도, 위 정보의 공개가 정치적 행위로서의 사면권 자체를 부정하려는 것이 아니라 오히려 사면권 행사의 실체적 요건이 설정되어 있지 아니하여 생길 수 있는 사면권의 남용을 견제할 국민의 자유로운 정치적 의사 등이 형성되도록 위 정보에의 접근을 허용할 필요성이 있는 점, 이 사건 정보의 당사자들이 저지른 범죄의 중대성과 반사회성에 비추어 볼 때 이 사건 정보를 공개하는 것은 사면권 행사의 형평성이나 자의적 행사 등을 지적하고 있는 일부 비판적 여론과 관련하여 향후 특별사면행위가 보다 더 국가이익과 국민화합에 기여하는 방향으로 이루어질 수 있게 하는 계기가 될 수 있다는 점 등에 견주어 보면, 이 사건 정보의 공개로 얻는 이익이 이로 인하여 침해되는 당사자들의 사생활의 비밀에 관한 이익보다 더욱 크다고 할 것이므로 정보공개법 제7조 제1항 제6호 소정의 비공개사유에 해당되지 않는다.

1) 대판 2017. 9. 7, 2017두44558(정보공개법 제9조 제1항 제6호 단서 (다)목은 '공공기관이 작성하거나 취득한 정보로서 공개하는 것이 공익이나 개인의 권리 구제를 위하여 필요하다고 인정되는 정보'를 비공개대상정보에서 제외하고 있다. 여기에서 '공개하는 것이 개인의 권리구제를 위하여 필요하다고 인정되는 정보'에 해당하는지 여부는 비공개에 의하여 보호되는 개인의 사생활의 비밀 등의 이익과 공개에 의하여 보호되는 개인의 권리구제 등의 이익을 비교·교량하여 구체적 사안에 따라 신중히 판단하여야 한다).

2) 대판 2014. 7. 24, 2012두12303(구 정보공개법 제9조 제1항 제7호에서 비공개대상정보로 정하고 있는 '법인 등의 경영·영업상 비밀'은 '타인에게 알려지지 아니함이 유리한 사업활동에 관한 일체의 정보' 또는 '사업활동에 관한 일체의 비밀사항'을 의미하는 것이고, 그 공개 여부는 공개를 거부할 만한 정당한 이익이 있는지 여부에 따라 결정되어야 한다. 그리고 그 정당한 이익 유무를 판단할 때에는 국민의 알권리를 보장하고 국정에 대한 국민의 참여와 국정 운영의 투명성을 확보함을 목적으로 하는 구 정보공개법의 입법 취지와 아울러 당해 법인 등의 성격, 당해 법인 등의 권리, 경쟁상 지위 등 보호받아야 할 이익의 내용·성질 및 당해 정보의 내용·성질 등에 비추어 당해 법인 등에 대한 권리보호의 필요성, 당해 법인 등과 행정과의 관계 등을 종합적으로 고려하여야 한다).

3) 대판 2018. 4. 12, 2014두5477; 대판 2007. 6. 1, 2007두2555.

8. 공개될 경우 부동산 투기·매점매석 등으로 특정인에게 이익 또는 불이익을 줄
우려가 있다고 인정되는 정보

Ⅲ. 정보공개의 청구와 공개

1. 정정보공개의 청구

2298   (1) **정보공개청구서의 제출**   정보의 공개를 청구하는 자(이하 "청구인"이라
한다)는 해당 정보를 보유하거나 관리하고 있는 공공기관에 다음 각 호[1. 청구인
의 성명·생년월일·주소 및 연락처((전화번호·전자우편주소 등을 말한다. 이하 이 조에서 같
다). 다만, 청구인이 법인 또는 단체인 경우에는 그 명칭, 대표자의 성명, 사업자등록번호 또는
이에 준하는 번호, 주된 사무소의 소재지 및 연락처를 말한다. 2. 청구인의 주민등록번호(본인
임을 확인하고 공개 여부를 결정할 필요가 있는 정보를 청구하는 경우로 한정한다). 3. 공개를
청구하는 정보의 내용 및 공개방법]의 사항을 적은 정보공개 청구서를 제출하거나
말로써 정보의 공개를 청구할 수 있다(공개법 제10조 제1항). 제1항에 따라 청구인
이 말로써 정보의 공개를 청구할 때에는 담당 공무원 또는 담당 임직원(이하 "담
당공무원등"이라 한다)의 앞에서 진술하여야 하고, 담당공무원등은 정보공개 청구
조서를 작성하여 이에 청구인과 함께 기명날인하거나 서명하여야 한다(공개법 제
10조 제2항).

2299   (2) **청구대상정보의 특정**   청구인이 정보공개법 제10조 제1항 제2호에 따
라 청구대상정보를 기재할 때에는 사회일반인의 관점에서 청구대상정보의 내용
과 범위를 확정할 수 있을 정도로 특정하여야 한다.[1]

2300   (3) **청구대상정보의 보유·관리에 대한 증명책임**   정보공개제도는 공공기관
이 보유·관리하는 정보를 그 상태대로 공개하는 제도로서 공개를 구하는 정보
를 공공기관이 보유·관리하고 있을 상당한 개연성이 있다는 점에 대하여 원칙
적으로 공개청구자에게 증명책임이 있다고 할 것이지만, 공개를 구하는 정보를
공공기관이 한 때 보유·관리하였으나 후에 그 정보가 담긴 문서등이 폐기되어
존재하지 않게 된 것이라면 그 정보를 더 이상 보유·관리하고 있지 아니하다는
점에 대한 증명책임은 공공기관에게 있다.[2]

---

1) 대판 2018. 4. 12, 2014두5477(정보공개법 제9조 제1항 제7호에서 정한 '법인 등의 경영·영업상
비밀'은 '타인에게 알려지지 아니함이 유리한 사업활동에 관한 일체의 정보' 또는 '사업활동에
관한 일체의 비밀사항'을 의미하는 것이고, 그 공개 여부는 공개를 거부할 만한 정당한 이익이
있는지에 따라 결정되어야 한다. 이러한 정당한 이익이 있는지는 정보공개법의 입법 취지에 비
추어 이를 엄격하게 판단하여야 한다).
2) 대판 2004. 12. 9, 2003두12707.

2. 공개여부결정의 기간

공공기관은 제10조에 따라 정보공개의 청구를 받으면 그 청구를 받은 날부 2301
터 10일 이내에 공개 여부를 결정하여야 한다(공개법 제11조 제1항). 공공기관은
부득이한 사유로 제1항에 따른 기간 이내에 공개 여부를 결정할 수 없을 때에
는 그 기간이 끝나는 날의 다음 날부터 기산(起算)하여 10일의 범위에서 공개 여
부 결정기간을 연장할 수 있다. 이 경우 공공기관은 연장된 사실과 연장 사유를
청구인에게 지체 없이 문서로 통지하여야 한다(공개법 제11조 제2항). 정보공개청
구의 상대방은 비공개사유에 대한 입증책임을 부담한다.[1]

3. 공개여부결정의 통지

⑴ 공개 일시 및 장소의 통지   공공기관은 제11조에 따라 정보의 공개를 2302
결정한 경우에는 공개의 일시 및 장소 등을 분명히 밝혀 청구인에게 통지하여
야 한다(공개법 제13조 제1항).

⑵ 사본 또는 복제물의 교부   공공기관은 청구인이 사본 또는 복제물의 2303
교부를 원하는 경우에는 이를 교부하여야 한다(공개법 제13조 제2항).

⑶ 대상 정보가 과다한 경우   공공기관은 공개 대상 정보의 양이 너무 많 2304
아 정상적인 업무수행에 현저한 지장을 초래할 우려가 있는 경우에는 해당 정
보를 일정 기간별로 나누어 제공하거나 사본 · 복제물의 교부 또는 열람과 병행
하여 제공할 수 있다(공개법 제13조 제3항).

⑷ 사본 또는 복제물의 공개   공공기관은 제1항에 따라 정보를 공개하는 2305
경우에 그 정보의 원본이 더럽혀지거나 파손될 우려가 있거나 그 밖에 상당한
이유가 있다고 인정할 때에는 그 정보의 사본 · 복제물을 공개할 수 있다(공개법
제13조 제4항).[2]

---

1) 대판 2003. 12. 11, 2001두8827(공공기관의정보공개에관한법률 제1조, 제3조, 제6조는 국민의
  알권리를 보장하고 국정에 대한 국민의 참여와 국정운영의 투명성을 확보하기 위하여 공공기
  관이 보유 · 관리하는 정보를 모든 국민에게 원칙적으로 공개하도록 하고 있으므로, 국민으로부
  터 보유 · 관리하는 정보에 대한 공개를 요구받은 공공기관으로서는 같은 법 제7조 제1항 각 호
  에서 정하고 있는 비공개사유에 해당하지 않는 한 이를 공개하여야 할 것이고, 만일 이를 거부
  하는 경우라 할지라도 대상이 된 정보의 내용을 구체적으로 확인 · 검토하여 어느 부분이 어떠
  한 법익 또는 기본권과 충돌되어 같은 법 제7조 제1항 몇 호에서 정하고 있는 비공개사유에 해
  당하는지를 주장 · 입증하여야만 할 것이며, 그에 이르지 아니한 채 개괄적인 사유만을 들어 공
  개를 거부하는 것은 허용되지 아니한다).
2) 대판 2003. 12. 11, 2001두8827(공개를 거부하는 경우라 할지라도 대상이 된 정보의 내용을 구
  체적으로 확인 · 검토하여 어느 부분이 어떠한 법익 또는 기본권과 충돌되어 같은 법 제7조 제1
  항 몇 호에서 정하고 있는 비공개사유에 해당하는지를 주장 · 입증하여야만 할 것이며, 그에 이
  르지 아니한 채 개괄적인 사유만을 들어 공개를 거부하는 것은 허용되지 아니한다).

2306   (5) 비공개 결정의 통지   공공기관은 제11조에 따라 정보의 비공개 결정을 한 경우에는 그 사실을 청구인에게 지체 없이 문서로 통지하여야 한다. 이 경우 제9조 제1항 각 호 중 어느 규정에 해당하는 비공개 대상 정보인지를 포함한 비공개 이유와 불복의 방법 및 절차를 구체적으로 밝혀야 한다(공개법 제13조 제5항).

4. 부분공개

2307   공개 청구한 정보가 제9조 제1항 각 호의 어느 하나에 해당하는 부분과 공개 가능한 부분이 혼합되어 있는 경우로서 공개 청구의 취지에 어긋나지 아니하는 범위에서 두 부분을 분리할 수 있는 경우에는 제9조 제1항 각 호의 어느 하나에 해당하는 부분을 제외하고 공개하여야 한다(공개법 제14조).[1]

5. 정보의 전자적 공개

2308   공공기관은 전자적 형태로 보유·관리하는 정보에 대하여 청구인이 전자적 형태로 공개하여 줄 것을 요청하는 경우에는 그 정보의 성질상 현저히 곤란한 경우를 제외하고는 청구인의 요청에 응하여야 한다(공개법 제15조 제1항).[2]

6. 정보공개심의회와 정보공개위원회

2308a   (1) 정보공개심의회   국가기관, 지방자치단체, 「공공기관의 운영에 관한 법률」 제5조에 따른 공기업 및 준정부기관, 「지방공기업법」에 따른 지방공사 및 지방공단(이하 "국가기관등"이라 한다)은 제11조에 따른 정보공개 여부 등을 심의하

---

1) 대판 2010. 2. 11, 2009두6001(공공기관의 정보공개에 관한 법률 제14조는 공개청구한 정보가 제9조 제1항 각 호에 정한 비공개대상정보에 해당하는 부분과 공개가 가능한 부분이 혼합되어 있는 경우로서 공개청구의 취지에 어긋나지 아니하는 범위 안에서 두 부분을 분리할 수 있는 때에는 비공개대상정보에 해당하는 부분을 제외하고 공개하여야 한다고 규정하고 있는바, 법원이 정보공개거부처분의 위법 여부를 심리한 결과, 공개가 거부된 정보에 비공개대상정보에 해당하는 부분과 공개가 가능한 부분이 혼합되어 있으며, 공개청구의 취지에 어긋나지 아니하는 범위 안에서 두 부분을 분리할 수 있다고 인정할 수 있을 때에는, 공개가 거부된 정보 중 공개가 가능한 부분을 특정하고, 판결의 주문에 정보공개거부처분 중 공개가 가능한 정보에 관한 부분만을 취소한다고 표시하여야 한다); 대판 2009. 12. 10, 2009두12785(법원이 행정기관의 정보공개거부처분의 위법 여부를 심리한 결과 공개를 거부한 정보에 비공개사유에 해당하는 부분과 그렇지 않은 부분이 혼합되어 있고, 공개청구의 취지에 어긋나지 않는 범위 안에서 두 부분을 분리할 수 있음을 인정할 수 있을 때에는 공개가 가능한 정보에 국한하여 일부취소를 명할 수 있다. 이러한 정보의 부분 공개가 허용되는 경우란 그 정보의 공개방법 및 절차에 비추어 당해 정보에서 비공개대상정보에 관련된 기술 등을 제외 혹은 삭제하고 나머지 정보만을 공개하는 것이 가능하고 나머지 부분의 정보만으로도 공개의 가치가 있는 경우를 의미한다).

2) 대판 2016. 11. 10, 2016두44674(공공기관이 공개청구의 대상이 된 정보를 공개는 하되, 청구인이 신청한 공개방법 이외의 방법으로 공개하기로 하는 결정을 하였다면, 이는 정보공개청구 중 정보공개방법에 관한 부분에 대하여 일부 거부처분을 한 것으로 보아야 하고, 청구인은 그에 대하여 항고소송으로 다툴 수 있다).

기 위하여 정보공개심의회(이하 "심의회"라 한다)를 설치·운영한다. 이 경우 국가기관등의 규모와 업무성격, 지리적 여건, 청구인의 편의 등을 고려하여 소속 상급기관(지방공사·지방공단의 경우에는 해당 지방공사·지방공단을 설립한 지방자치단체를 말한다)에서 협의를 거쳐 심의회를 통합하여 설치·운영할 수 있다(공개법 제12조 제1항).

(2) **정보공개위원회**　다음 각 호(1. 정보공개에 관한 정책 수립 및 제도 개선에　2308b 관한 사항, 2. 정보공개에 관한 기준 수립에 관한 사항, 3. 제12조에 따른 심의회 심의결과의 조사·분석 및 심의기준 개선 관련 의견제시에 관한 사항, 4. 제24조 제2항 및 제3항에 따른 공공기관의 정보공개 운영실태 평가 및 그 결과 처리에 관한 사항, 5. 정보공개와 관련된 불합리한 제도·법령 및 그 운영에 대한 조사 및 개선권고에 관한 사항, 6. 그 밖에 정보공개에 관하여 대통령령으로 정하는 사항)의 사항을 심의·조정하기 위하여 행정안전부장관 소속으로 정보공개위원회(이하 "위원회"라 한다)를 둔다(공개법 제22조 제1항).

Ⅳ. 권리보호[1]

1. 청구인의 권리보호

(1) 이의신청

(가) **의　의**　청구인이 정보공개와 관련한 공공기관의 비공개 결정 또는　2309 부분 공개 결정에 대하여 불복이 있거나 정보공개 청구 후 20일이 경과하도록 정보공개 결정이 없는 때에는 공공기관으로부터 정보공개 여부의 결정 통지를 받은 날 또는 정보공개 청구 후 20일이 경과한 날부터 30일 이내에 해당 공공기관에 문서로 이의신청을 할 수 있다(공개법 제18조 제1항).

(나) **심의회 개최**　국가기관 등은 제1항에 따른 이의신청이 있는 경우에는　2310 심의회를 개최하여야 한다. 다만, 다음 각 호(1. 심의회의 심의를 이미 거친 사항, 2. 단순·반복적인청구, 3. 법령에 따라 비밀로 규정된 정보에 대한 청구)의 어느 하나에 해당하는 경우에는 심의회를 개최하지 아니할 수 있으며 개최하지 아니하는 사유를 청구인에게 문서로 통지하여야 한다(공개법 제18조 제2항).

(다) **결　정**　공공기관은 이의신청을 받은 날부터 7일 이내에 그 이의신　2311 청에 대하여 결정하고 그 결과를 청구인에게 지체 없이 문서로 통지하여야 한다. 다만, 부득이한 사유로 정하여진 기간 이내에 결정할 수 없을 때에는 그 기간이 끝나는 날의 다음 날부터 기산하여 7일의 범위에서 연장할 수 있으며, 연

---

1) 비공개결정에 대한 구체절차의 입법례로 옴부즈만제도(예 : 스웨덴·핀란드·노르웨이·오스트레일리아·뉴질랜드), 정보커미셔너제도(예 : 캐나다), 행정문서액세스위원회제도(예 : 프랑스), 일반행정쟁송절차(예 : 미국·오스트리아) 등이 있다(최송화, 고시계, 1997. 2, 37쪽).

장 사유를 청구인에게 통지하여야 한다(공개법 제18조 제3항).

2312 　　㈐ **불복고지**　　공공기관은 이의신청을 각하(却下) 또는 기각(棄却)하는 결정을 한 경우에는 청구인에게 행정심판 또는 행정소송을 제기할 수 있다는 사실을 제3항에 따른 결과 통지와 함께 알려야 한다(공개법 제18조 제4항).

2312a 　　㈑ **제소기간**　　청구인이 공공기관의 비공개 결정 등에 대한 이의신청을 하여 공공기관으로부터 이의신청에 대한 결과를 통지받은 후 취소소송을 제기하는 경우 그 제소기간은 이의신청에 대한 결과를 통지받은 날부터 기산한다는 것이 판례의 견해이다.[1]

　　(2) **행정심판**

2313 　　㈎ **의　　의**　　청구인이 정보공개와 관련한 공공기관의 결정에 대하여 불복이 있거나 정보공개 청구 후 20일이 경과하도록 정보공개 결정이 없는 때에는 「행정심판법」에서 정하는 바에 따라 행정심판을 청구할 수 있다. 이 경우 국가기관 및 지방자치단체 외의 공공기관의 결정에 대한 감독행정기관은 관계 중앙행정기관의 장 또는 지방자치단체의 장으로 한다(공개법 제19조 제1항).

2314 　　㈏ **이의신청과 관계**　　청구인은 제18조에 따른 이의신청 절차를 거치지 아니하고 행정심판을 청구할 수 있다(공개법 제19조 제2항).

　　(3) **행정소송**

2315 　　㈎ **의　　의**　　청구인이 정보공개와 관련한 공공기관의 결정에 대하여 불복이 있거나 정보공개 청구 후 20일이 경과하도록 정보공개 결정이 없는 때에는 「행정소송법」에서 정하는 바에 따라 행정소송을 제기할 수 있다(공개법 제20조 제1항). 이의신청에 대한 결과를 통지받은 후 취소소송을 제기하는 경우, 제소기간은 그 결과를 통지받은 날부터 기산한다.[2]

2316 　　㈏ **비공개심사**　　재판장은 필요하다고 인정하면 당사자를 참여시키지 아니하고 제출된 공개 청구 정보를 비공개로 열람·심사할 수 있다(공개법 제20조 제2항).[3]

---

1) 대판 2023. 7. 13, 2022두52980.
2) 대판 2023. 7. 27, 2022두52980(공공기관의 정보공개에 관한 법률 제18조 제1항, 제3항, 제4항, 제20조 제1항, 행정소송법 제20조 제1항의 규정 내용과 그 취지 등을 종합하여 보면, 청구인이 공공기관의 비공개 결정 또는 부분 공개 결정에 대한 이의신청을 하여 공공기관으로부터 이의 신청에 대한 결과를 통지받은 후 취소소송을 제기하는 경우 그 제소기간은 이의신청에 대한 결과를 통지받은 날부터 기산한다고 봄이 타당하다).
3) 대판 2004. 9. 23, 2003두1370(법률신문 2004. 10. 25)(정보공개청구권은 법률상 보호되는 구체적 권리이므로 청구인이 공공기관에 대하여 정보공개를 청구하였다가 거부처분을 받은 것 자체가 법률상 이익의 침해에 해당한다고 할 것이고, 거부처분을 받은 것 이외에 추가로 어떤 법률상 이익을 가질 것을 요구하는 것은 아니다); 대판 2003. 12. 12, 2003두8050; 대판 2003. 12. 11, 2003두8395.

(대) **임의적 심판전치**   임의적 심판전치의 원칙을 규정하는 행정소송법 제   2317
18조 제1항 본문에 비추어 볼 때, '정보법'은 필요적 심판전치를 규정하고 있지
아니하므로, 정보공개와 관련된 행정소송을 제기함에 있어 이의신청이나 행정
심판을 반드시 먼저 거쳐야 하는 것은 아니다(임의적 심판전치).

(라) **정보폐기의 경우**   정보공개청구에 대하여 정보공개거부처분 후 대상   2318
정보의 폐기 등으로 공공기관이 그 정보를 보유·관리하지 않게 된 경우에는 소
의 이익이 없으므로 각하판결을 내려야 한다. 판례도 공개청구된 '공안사범사후
관리지침'이 공개거부처분 후 폐기된 사건에서 특별한 사정이 없는 한 거부처분
의 취소를 구할 법률상 이익이 없다고 한다.[1]

(4) **국가배상**   정보공개청구에 대하여 공공기관이 공개법에 위반하여[2]   2319
정보공개를 거부한 경우, 청구인은 국가배상을 청구할 수 있다. 그러나 만약 청
구인이 당해 정보의 직접적인 이해당사자가 아니라면 국민으로서 가지는 알권
리의 침해만을 이유로 국가배상을 청구하여 승소한다는 것은 예상하기 어렵다.

2. 제3자의 권리보호

(1) 행정절차상 권리보호

(가) **제3자에의 통지와 의견청취**   공공기관은 공개 청구된 공개 대상 정보의   2320
전부 또는 일부가 제3자와 관련이 있다고 인정할 때에는 그 사실을 제3자에게
지체 없이 통지하여야 하며, 필요한 경우에는 그의 의견을 들을 수 있다(공개법
제11조 제3항).

(나) **제3자의 공개거부의 요청과 공개결정**   제11조 제3항의 규정에 따라 공개   2321
청구된 사실을 통지받은 제3자는 그 통지받은 날부터 3일 이내에 해당 공공기
관에 대하여 자신과 관련된 정보를 공개하지 아니할 것을 요청할 수 있다(공개법
제21조 제1항). 제1항에 따른 비공개 요청에도 불구하고 공공기관이 공개 결정을
할때에는 공개 결정 이유와 공개 실시일을 분명히 밝혀 지체 없이 문서로 통지
하여야 한다(공개법 제21조 제2항 제1문). 공공기관은 제2항에 따른 공개 결정일과

---

1) 대판 2003. 4. 25, 2000두7087.
2) 대판 2001. 11. 30, 2000다68474(일반 국민들은 사회에서 발생하는 제반 범죄에 관한 알 권리를
   가지고 있고 수사기관이 피의사실에 관하여 발표를 하는 것은 국민들의 이러한 권리를 충족하
   기 위한 방법의 일환이라 할 것이나, 헌법 제27조 제4항(형사피고인에 대한 무죄추정의 원칙),
   형법 제126조(피의사실의 공판청구 전 공표금지), 형사소송법 제198조(비밀엄수)에 비추어…
   수사기관의 피의사실 공표행위가 위법성을 조각하는지의 여부를 판단함에 있어서는 공표 목적
   의 공익성과 공표 내용의 공공성, 공표의 필요성, 공표된 피의사실의 객관성 및 정확성, 공표의
   절차와 형식, 그 표현방법, 피의사실의 공표로 인하여 생기는 피침해이익의 성질, 내용 등을 종
   합적으로 참작하여야 한다).

공개 실시일의 사이에 최소한 30일의 간격을 두어야 한다(공개법 제21조 제3항).

2322　　(2) **행정쟁송절차상 권리보호**　　제21조 제1항에 따른 비공개요청에도 불구하고 공공기관이 공개 결정을 한 때에는 공개 결정 이유와 공개 실시일을 분명히 밝혀 지체 없이 문서로 통지하여야 하며, 제3자는 해당 공공기관에 문서로 이의신청을 하거나 행정심판 또는 행정소송을 제기할 수 있다. 이 경우 이의신청은 통지를 받은 날부터 7일 이내에 하여야 한다(공개법 제21조 제2항).

2323　　　(가) **청구인적격 · 원고적격**　　제3자의 청구인적격 · 원고적격은 공공기관의 정보공개에 관한 법률 제21조 제2항에 의하여 명시적으로 규정되고 있다.

2324　　　(나) **소송참가**　　제3자의 비공개신청에 대한 공공기관의 거부처분 · 인용처분은 제3자에게는 침익적 · 수익적 효과를, 청구인에게는 수익적 · 침익적 효과를 갖는바, 복효적 행정행위의 성질을 갖는다. 따라서 청구인은 제3자가 제기하는 취소소송에 소송참가가 가능하다.

2325　　　(다) **대상적격**　　제3자는 공공기관의 공개결정을 대상으로 행정소송을 제기할 것이다.[1] 제3자의 '비공개신청에 대한 거부처분'의 취소를 구하는 소송으로 볼 여지도 있다.

2326　　　(라) **집행정지**　　일단 정보가 공개되면 소송의 실익은 없으므로 제3자는 소송의 제기와 동시에 집행정지를 신청하여야 할 것이다. 전술한 제3자의 비공개요청이 있는 경우 소의 대상을 공개결정으로 보는 견해는 문제가 없지만, 비공개신청에 대한 거부처분으로 보는 견해에 따른다면 거부처분의 집행정지를 인정할 수 있는지의 문제와 연결될 것이다. 또한 우리 대법원이 집행정지의 요건을 엄격하게 해석하고 있어(예를 들어 회복하기 어려운 손해를 금전보상이 불가능하거나 현저히 곤란한 손해로 한정함) 집행정지가 기각될 가능성도 높아 예방적 소송의 인정필요성이 크다. 또한 입법론상으로 행정소송법상 집행부정지의 원칙의 예외로서 정보공개법에 집행정지원칙의 규정을 두는 것이 바람직하다는 견해가 설득력이 있다.[2]

2327　　　(마) **예방적 소송**　　현행법상 제3자의 비공개요청에 대한 공개결정과 공개실시일 사이에는 최소한 30일간의 간격을 두어야 하나(공개법 제21조 제3항) 집행정지결정여부가 불확실하므로 권리구제가 실효적이지 않을 수 있다. 따라서 제3자가 예방적 부작위소송(확인소송)을 제기하는 것을 생각할 수 있으나 현행법상 이러한 무명항고소송은 인정되지 않는다.

---

1) 김동희, 행정법(Ⅰ), 444쪽(2019); 박균성, 행정법론(상), 756쪽(2019).
2) 김동희, 행정법(Ⅰ), 444쪽(2019); 박균성, 행정법론(상), 756쪽(2019).

(3) **국가배상**　　공공기관이 공개법에 위반하여 비공개대상정보임에도 제3　2328
자의 정보를 공개하면 정보의 주체인 제3자는 국가배상을 청구할 수 있고, 비공
개대상정보가 아님에도 불구하고 정보공개를 거부하면 정보공개청구인은 국가
배상을 청구할 수 있다. 그러나 후자의 경우, 공개청구인이 당해 정보의 직접적
인 이해당사자가 아니라면 국민으로서 가지는 알권리의 침해만을 이유로 국가
배상을 청구하여 승소한다는 것은 예상하기 어렵다.

Ⅴ. 정보공개제도의 한계

1. 과도한 정보공개

개인의 국가에 대한 정보의 청구는 대체로 타인의 정보와 관련되는 경우도　2329
적지 않을 것이다. 예컨대 「측량·수로조사 및 지적에 관한 법률」·부동산등기
법·국민투표법 등에 의한 등본이나 초본의 발급, 또는 문서의 열람이 이에 해
당한다. 그런데 이러한 등본이나 초본의 발급 또는 열람은 비교적 자유스러운
것으로 보이는데, 과연 이러한 것이 바람직한 것인가는 검토를 요한다고 볼 것
이다. 다만, 주민등록법의 경우(제29조)는 오히려 제3자의 주민등록등본신청요건
이 비교적 엄격한 것으로 보인다.[1]

2. 언론사의 정보공개청구권

사인의 정보공개청구권의 문제로 일반사인의 정보공개청구권 외에 민주국　2330
가에서 중요한 의미를 갖는 것으로 국가에 대한 언론사의 정보공개청구권이 문제
된다. 언론사의 대국가 정보공개청구권은 일반사인의 정보공개청구권을 능가한
다. 그것은 개인의 권리보호를 능가하여 국가작용의 통제에까지 의미를 갖기 때
문이다. 언론사의 정보공개청구권은 행정부에 대한 것이 중심적이다. 재판절차나
입법절차에서는 그 지위가 일반사인과 다름이 없다. 다만, 공간상의 제한으로 인
해 일반사인보다 우선하여 방청이 허락되는 것은 비합리적인 것이 아니다. 물론
언론사의 대행정부 정보공개청구권은 개별경우에 사인의 이익보호를 위해 제한
될 수 있을 것이다. 그러나 공익이 현저한 경우에는 언론사의 정보공개청구권이
인정되어야 할 것이다. 현행의 방송법, 잡지 등 정기간행물의 진흥에 관한 법률에
서는 언론사의 정보공개청구권을 명시적으로 규정하는 바를 아직 볼 수 없다.

3. 공무원의 비밀엄수의무와의 관계

공무원은 재직중은 물론 퇴직 후에도 직무상 알게 된 비밀을 엄수하여야　2331

---

1) 법률신문, 1991. 7. 22, 16쪽 참조.

한다(국공법 제59조). 여기서 말하는 직무상 알게 된 비밀이란 직무수행상 알게 된 일체의 비밀을 뜻하는 것으로 이해된다. 그리고 그 비밀의 누설은 처벌(형법 제127조) 또는 징계의 원인(국공법 제78조 제1항 제1호)이 된다. 그러나 공공기관의 정보공개에 관한 법률에 따른 공개의 경우에는 공무원법상 비밀엄수의무의 적용이 배제된다고 볼 것이다.[1]

제 3 항 행정기관의 정보상 협력

Ⅰ. 일 반 론

1. 협력의 필요

2332   전체로서 국가작용(특히 행정작용)의 통일적이고도 효과적인 수행을 위하여 각급기관간의 정보상 협력(정보의 교환)은 중요한 문제가 된다. 말하자면 권력과 임무의 세분화로 생겨나는 효율성의 저하를 최대한 줄이기 위해서는 ① 입법권·집행권·사법권 사이에서뿐만 아니라, ② 각 권력내부의 기관 사이, ③ 그리고 국가와 지방자치단체 사이의 직무상의 협조(특히 정보상의 협력)는 불가피하다.

2. 협력상 준수사항

2333   기관간의 정보상의 협력을 위해서는 다음의 사항들이 준수되어야 할 것이다. 즉 ① 정보는 개별·구체적인 임무를 위해서만 공급되어야 할 것이고, ② 협력에는 법적 근거가 있어야 할 것이고, ③ 정보의 공급에는 큰 비용이 들지 않아야 할 것이고, ④ 비용은 공급받는 자가 부담하여야 할 것이다.

Ⅱ. 법적 상황

1. 개별법(특별법)과 일반법

2334   행정기관의 정보상 협력에 관해 명시적 규정을 두는 법률도 있다(예: 감염병의 예방 및 관리에 관한 법률 제76조의2, 공중위생관리법 제3조 제5항, 공직자 등의 병역사항

---

1) 대판 2011. 9. 2, 2008다42430 전원합의체(정보주체의 동의 없이 개인정보를 공개함으로써 침해되는 인격적 법익과 정보주체의 동의 없이 자유롭게 개인정보를 공개하는 표현행위로서 보호받을 수 있는 법적 이익이 하나의 법률관계를 둘러싸고 충돌하는 경우에는, 개인이 공적인 존재인지 여부, 개인정보의 공공성 및 공익성, 개인정보 수집의 목적·절차·이용형태의 상당성, 개인정보 이용의 필요성, 개인정보 이용으로 인해 침해되는 이익의 성질 및 내용 등 여러 사정을 종합적으로 고려하여, 개인정보에 관한 인격권 보호에 의하여 얻을 수 있는 이익(비공개 이익)과 표현행위에 의하여 얻을 수 있는 이익(공개 이익)을 구체적으로 비교 형량하여, 어느 쪽 이익이 더욱 우월한 것으로 평가할 수 있는지에 따라 그 행위의 최종적인 위법성 여부를 판단하여야 한다).

신고 및 공개에 관한 법률 제4조 제4항, 출입국관리법 제78조, 경찰관 직무집행법 제8조). 이러한 법률에 정함이 없는 사항에 관해서는 일반법인 행정절차법이 적용된다. 개별 법률에 행정기관의 정보상 협력에 관해 아무런 명시적 규정이 없는 경우에도 행정절차법이 적용된다.

2. 행정절차법

행정청은 다른 행정청이 관리하고 있는 문서(전자문서포함)·통계 등 행정자료가 직무수행을 위하여 필요한 경우에 행정응원을 요청할 수 있다(절차법 제8조 제1항 제4호, 석유법 제41조의3). 행정응원을 요청받은 행정청은 행정응원으로 인하여 고유의 직무수행이 현저히 지장받을 것으로 인정되는 명백한 이유가 있는 경우가 아닌 한, 이를 거부할 수 없다(절차법 제8조 제2항 제2호). 만약 행정응원을 요청받은 행정청이 행정응원을 거부하는 경우에는 그 사유를 응원요청한 행정청에 통지하여야 한다(절차법 제8조 제4항). 행정응원에 소요되는 비용은 응원을 요청한 행정청이 부담하며, 그 부담금액 및 부담방법은 응원을 요청한 행정청과 응원을 행하는 행정청이 협의하여 결정한다(절차법 제8조 제6항). 2334a

제 5 장   행정의 실효성확보

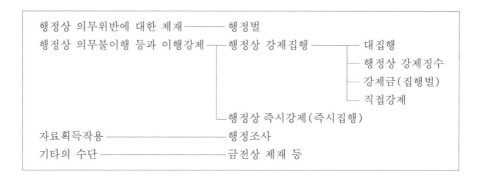

행정상 의무위반에 대한 제재 ─── 행정벌
행정상 의무불이행 등과 이행강제 ── 행정상 강제집행 ── 대집행
                                          ── 행정상 강제징수
                                          ── 강제금(집행벌)
                                          ── 직접강제
                          ── 행정상 즉시강제(즉시집행)
자료획득작용 ─────────── 행정조사
기타의 수단 ─────────── 금전상 제재 등

제 1 절   행 정 벌

제1항   행정벌의 관념

Ⅰ. 행정벌의 개념

2401　　행정벌(Verwaltungsstrafe)이란 행정의 상대방이 행정법상의 의무를 위반한 경우, 행정주체가 일반통치권에 의거 행정의 상대방에 과하는 행정법상의 제재로서의 처벌로 이해되어 왔다.[1] 그러나 행정벌 중 행정형벌은 법원에 의해 부과되는 것임을 고려한다면, 행정벌을 행정주체가 부과하는 것으로 정의하는 것은 정당하지 않다고 보겠다. 따라서 행정벌은 '행정의 상대방이 행정법상 의무를 위반한 경우에 국가(국가기관)가 행정의 상대방에 과하는 행정법상의 제재로서의 처벌'로 정의하는 것이 바람직하다고 보겠다. 행정벌은 간접적으로 의무이행을 확보하는 수단이 되면서 행정법규의 실효성확보에 그 의미를 갖는다. 그런데 행정법규의 실효성확보를 위한 수단으로는 이 밖에 행정조사·행정상 강제집행·행정상 즉시강제 등도 있다.

2402　　한편 ① 행정벌은 목적상 행정조사와 구분된다. 행정벌은 과거의 의무위반에 대한 제재를 목적으로 하는 것인 점에서 단순히 자료획득을 위한 행정조사와 목적을 달리한다. 또한 ② 행정벌은 내용상 행정상 강제집행이나 행정상 즉

---

1) 박윤흔, 최신행정법강의(상)(구판), 641쪽.

시강제와 구분된다. 행정벌은 과거의 의무위반에 대한 제재로서 처벌을 내용으로 하나, 행정상 강제집행은 불이행한 의무를, 행정상 즉시강제는 의무를 명함이 없이 행정상 필요한 상태를 현실로 실현시키는 것을 내용으로 한다.

II. 행정벌의 성질

행정벌은 행정법상 의무위반에 대해 가해지는 처벌인데, 법제상으로는 행 2403 정벌 외에도 처벌 내지 처벌에 유사한 성질을 갖는 제도가 있는바, 행정벌의 성질을 보다 명백히 하기 위해서는 이들과의 비교가 의미를 갖는다.

1. 행정벌과 형사벌

행정벌 중 행정형벌과 형사벌은 형식적 관점에서 볼 때 처벌이 주어진다는 2404 점에서 동일하다. 그러나 실질적인 관점에서 볼 때 처벌의 목적이나 성질이 같은 것인가, 아니면 다른 것인가의 문제가 있다. 행정형벌과 형사벌의 성질의 비교는 한편으로는 행정형벌의 의미를 명백히 한다는 뜻도 있지만, 또 한편으로는 비교의 결과 양자의 성질이 다르다면 형사벌에 적용되는 원리와 행정벌에서 적용되는 원리가 다를 수밖에 없다는 점을 가져다 주게 될 것이다.

(1) 구별기준

(개) 학 설   행정형벌과 형사벌의 구별을 부인하는 견해도 없는 것은 아 2405 니나, 우리의 행정법문헌상으로는 상대적이긴 하나 양자를 구별하는 견해가 일반적인 것으로 보인다.[1] 긍정설에도 ① 피침해이익의 성질을 기준으로 형사범은 법익침해의 위법행위이고, 행정범은 행정위반(반행정)행위라는 견해, ② 피침해규범의 성질을 기준으로 형사범은 모두 문화규범위반행위(자연범)이고, 행정범은 문화와 관계없는 규범위반행위(법정범)라는 견해가 있어 왔다. ③ 이 밖에도 '생활질서의 차이'를 기준으로 국가적·사회적 생활질서상 기본적인 생활질서에 반하는 것이 형사범, 파생적인 생활질서에 반하는 것이 행정범이라는 견해도 있다.[2] ④ 오늘날에는 윤리를 기준으로 하여 양자의 구별이 상대적·유동적이라는 견해, 즉 형사범은 반윤리적인 것이나, 행정범은 비교적 반윤리적 요소가 적다는 견해가 널리 주장되고 있다.[3]

(내) 사 견   ①설은 행정위반행위라는 것도 결국은 법위반의 위법행위라 2406 는 것을 간과한 흠이 있고, ②설은 행정범은 문화와 관계없이 행정법규가 공행

---

1) 김남진·김연태, 행정법(I), 566쪽(2019); 김도창, 일반행정법론(상), 522쪽.
2) 박윤흔·정형근, 최신행정법강의(상), 547쪽 참조.
3) 김철용, 행정법, 370쪽(2019); 이상규, 신행정법론(상), 511쪽.

정목적(예 : 질서유지·공공복리증진)을 위해 특히 명령·금지한 바를 위반한 경우의 행위라 하나, 문화라는 개념 자체가 명백한 것이 아닐 뿐더러 문화와 관계없는 것도 시간의 경과와 더불어 문화적인 것으로 전환할 수도 있다는 데에 이 견해의 흠이 있다. ③설 또한 그 의미하는 바가 분명하지 않다고 본다. 현재로서는 ④설이 비교적 타당하다고 본다.

2407 ⑵ **구별의 의미** 행정벌과 형사벌이 구별된다고 한다면, ① 행정벌에 타당한 총칙이 있어야 할 것이고, ② 하나의 행위가 행정벌과 형사벌 양자에 해당하게 되는 경우에는 법조경합(구별부인론은 상상적 경합으로 보게 될 것이다)의 문제를 가져온다고 보아야 할 것이다.[1]

2408 ▌참고▐ **법조경합과 상상적 경합**

법조경합이란 1개 또는 수개의 행위가 외관상 수개의 법조에 해당하는 것으로 보이나, 내용상 여러 개의 법조에 정한 구성 요건의 내용이 중복되기 때문에 어느 하나의 법조(형벌법규)만 적용되는 것을 말한다.

상상적 경합은 1개의 행위가 수개의 죄에 해당하는 경우를 말하며, 가장 중한 죄에 정한 형으로 처벌한다(형법 제40조).

2. 행정벌과 징계벌

2409 양자는 목적을 달리한다. 행정벌은 일반적인 행정법관계에서의 의무위반에 대해 가해지는 제재를 말하나, 징계벌은 특별행정법관계에서 내부질서유지를 위해 질서문란자에 대해 가해지는 제재를 말한다. 양자는 목적을 달리하기 때문에 하나의 행위가 동시에 양자의 대상이 될 수 있다(예 : 공무원이 관세법을 위반하여 밀수를 하면, 행정형벌로 처벌을 받게 되고, 동시에 징계벌로서 국가공무원법에 의한 파면 등의 징계벌을 받을 수 있게 된다). 따라서 이 경우에는 일사부재리(헌법 제13조)의 원칙이 적용되지 아니한다.

3. 행정벌과 강제금(집행벌)

2410 양자가 모두 행정법상 행정작용의 실효성확보를 위한 것임은 동일하다. 그러나 행정벌은 과거의 의무위반에 가해지는 제재이나 강제금은 장래에 의무의 이행을 강제하기 위하여 가해지는 제재이다. 엄밀히 말한다면 강제금은 강제집행의 일종이다. 요컨대 행정벌은 의무의 위반에 직접 관련된 것이고, 강제금은 의무의 장래이행과 관련된 것이다.

---

1) 김철용, 행정법, 370쪽(2019); 이상규, 신행정법론(상), 511쪽.

Ⅲ. 행정벌의 종류

1. 위반의무의 종류에 따른 구분

행정벌은 위반한 의무의 종류에 따라 질서벌(예 : 통행금지위반의 경우)·공기 2411
업벌(예 : 우편금지물품을 우편물로서 발송한 경우)·경제행정벌(예 : 가격표시제위반의 경
우)·재정벌(예 : 세금포탈의 경우)·군정벌(예 : 병역기피의 경우) 등으로 나눌 수 있다.

2. 처벌의 내용에 따른 구분

행정벌은 처벌의 내용에 따라 행정형벌과 행정질서벌로 나누어진다. ① 일 2412
반적인 견해에 따르면, 행정형벌이란 형법에 규정되어 있는 형명의 벌(예 : 사형·
징역·금고·벌금·구류·과료)이 가해지는 행정벌을 의미하고, 원칙적으로 형법총칙
과 형사소송법이 적용되며, 행정질서벌이란 일반사회의 법익에 직접 영향을 미
치지는 않으나 행정상의 질서에 장해를 야기할 우려가 있는 의무위반(예 : 각종의
등록·신고의무불이행의 경우)에 대해 과태료가 가해지는 제재를 말한다.[1] 헌법재판
소는 행정형벌과 행정질서벌의 구별을 입법재량으로 본다.[2] 또한 ② 위와 달리
제재수단을 형벌로 하는 경우를 보다 한정하려는 의도에서 구태여 형벌을 과할
만한 고도의 위법성과 유책성(가벌적 위법성과 가벌적 책임성)을 가지는 행위인가,
아니면 행정법규의 시행을 실효성있게 하기 위한 수단에 그치는가를 기준으로
행정형벌과 행정질서벌을 구분하여야 한다는 견해도 있다.[3]

---

1) 대결 1982. 7. 22, 82마210(무역거래법 제30조 제2항의 규정에 의한 과태료는 이른바 행정질서
   벌의 하나로서 행정질서유지를 위한 의무의 위반행위에 대하여 과하는 제재이므로 무역거래법
   또는 이 법에 의한 처분이 명하는 의무에 위반한 이상 고의 또는 과실유무를 불문하고 과태료
   책임을 면할 수 없는 것이다).
2) 헌재 2018. 8. 30, 2017헌바368(어떤 행정법규 위반행위에 대하여 이를 단지 간접적으로 행정상
   의 질서에 장해를 줄 위험성이 있음에 불과한 경우(단순한 의무태만 내지 의무위반)로 보아 행
   정질서벌인 과태료를 과할 것인가, 아니면 직접적으로 행정목적과 공익을 침해한 행위로 보아
   행정형벌을 과할 것인가, 그리고 행정형벌을 과할 경우 그 법정형의 종류와 형량을 어떻게 정
   할 것인가는, 당해 위반행위가 위의 어느 경우에 해당하는가에 대한 법적 판단을 그르친 것이
   아닌 한 그 처벌내용은 기본적으로 입법자가 제반 사정을 고려하여 결정할 입법재량에 속하는
   문제이다); 헌재 1994. 4. 28, 91헌바14.
3) 박윤흔·정형근, 최신행정법강의(상), 558쪽 참조.

제 2 항 행정벌과 법률의 유보

Ⅰ. 실정법상 근거

1. 국가행정

2413 　행정벌도 처벌의 한 종류이므로 죄형법정주의의 원칙상 법률의 근거가 필요하다. ① 행정형벌에 관한 일반법(행정형벌의 성립요건 등을 규정하는 총칙과 행정형벌의 구체적인 종류를 규정하는 각칙)은 없고 다만 개별 법률에서 약간의 규정을 두고 있을 뿐이다. ② 법률에 따르지 아니하고는 어떤 행위도 질서위반행위로 과태료를 부과하지 아니한다(질서법 제6조). 행정질서벌의 경우, 총칙으로 질서위반행위규제법이 있으나, 각칙은 개별 법률에서 규정되고 있다. 엄밀히 말한다면 질서위반행위규제법은 행정질서벌을 포함한 모든 질서벌의 일반법이다.

2. 지방자치행정

2414 　지방자치행정의 영역에서 행정질서벌에 관한 일반적 규정으로 "지방자치단체는 조례를 위반한 행위에 대하여 조례로써 1천만원 이하의 과태료를 정할 수 있다"고 규정하는 지방자치법 제27조 제1항과 "사기나 그 밖의 부정한 방법으로 사용료·수수료 또는 분담금의 징수를 면한 자에 대하여는 그 징수를 면한 금액의 5배 이내의 과태료를, 공공시설을 부정사용한 자에 대하여는 50만원 이하의 과태료를 부과하는 규정을 조례로 정할 수 있다"고 규정하는 지방자치법 제139조 제2항을 볼 수 있다.

Ⅱ. 총 칙

2415 　행정형벌의 총칙이 없는 탓으로 행정형벌에 형법총칙의 규정이 그대로 적용될 것인가의 문제가 발생한다. 아울러 행정형벌의 과형절차를 따로 규정하는 일반법도 없으므로, 행정형벌의 과형절차도 문제된다. 이러한 사항은 아래에서 행정형벌의 특수성의 문제로 검토한다. 한편, 행정질서벌의 총칙과 과형절차에 관해서는 일반법인 질서위반행위규제법이 있으므로, 행정질서법의 특수성은 질서위반행위규제법의 검토의 문제가 된다.

제 3 항 행정형벌

I. 선결문제

행정형벌에도 죄형법정주의가 적용됨은 재론을 요하지 아니한다. 하자가 2416
중대·명백한 무효의 경우에는 문제가 없으나, 문제는 단순위법의 행정행위에
위반 또는 대항하는 행위로 기소된 경우, 그 위법의 행정행위가 취소되기 전에
도 피고가 위법의 항변(정당방위)을 제출하여 자기의 무죄를 주장할 수 있는가의
여부이다. 즉 행정행위의 위법을 형사사건의 선결문제로서 주장할 수 있는가이
다. 생각건대 행정행위의 구성요건적 효력(공정력)과 처벌은 그 목적이 다른 것
이므로, 즉 구성요건적 효력은 행위의 효력의 문제이나 처벌은 전체로서의 법질
서위반의 경우에 가하는 제재의 문제이므로 피고인은 행정행위의 위법의 항변
을 제출할 수 있고, 법원은 위법한 행정행위로 인해 야기된 행위에 대해 유죄를
인정해서는 안 된다고 본다.

II. 행정형벌과 형법총칙

1. 원   칙

"본법총칙은 타법령에 정한 죄에 적용한다"는 형법 제8조 본문에 따라 형 2417
법총칙은 행정형벌에도 적용된다. 왜냐하면 여기서 '타법령'이란 형법 이외에 처
벌을 내용으로 갖는 모든 법령을 의미하는 것으로 보아야 하기 때문이다.

2. 예   외

⑴ **특별규정의 의미**   한편 "단 그 법령에 특별한 규정이 있는 때에는 예 2418
외로 한다"는 형법 제8조 단서에 따라 행정형벌의 경우에 형법총칙의 적용이
배제될 수도 있다. 그런데 문제는 단서상의 '특별한 규정'이 무엇을 뜻하는가이
다. 특별한 규정에 명문의 규정이 포함됨은 당연하나, 그 밖에 조리상의 특수성
도 포함될 것인가에 관해서는 견해가 갈린다. 생각건대 죄형법정주의의 엄격한
적용, 기본권보장의 내실화의 관점에서 사인의 책임을 축소하는 방향으로 접근
하여 조리상의 특수성을 '특별한 규정'에 포함되는 것으로 새기는 것이 바람직
하다.[1]

⑵ **특별규정의 예**

㈎ **고의·과실**   형벌은 고의범만을 처벌함을 원칙으로 한다. 다만 고의의 2419

---

1) 김동희, 행정법(Ⅰ), 530쪽(2019); 박균성, 행정법론(상), 608쪽(2019).

성립에 사실의 인식 외에 반드시 위법성의 인식이 필요한가는 문제이다. 모든 행정법규의 인식이 반드시 용이하지 않기 때문이다. 일단 위법성의 불인식에 과실이 없다면 처벌하기 곤란하다(형법 제16조). 통설은 위법성의 인식가능성이 있었다면 고의는 성립한다고 본다. 한편 명문의 규정이 있는 경우에는 과실범의 처벌도 가능하다.[1] 여기서 명문의 규정이 있는 경우란 그 규정에서 과실이라는 표현을 사용하거나, 이와 같은 내용의 다른 표현을 사용하여도 그 내용이 과실범을 처벌한다는 것이 분명한 경우를 말한다. 특별규정에 조리상의 특수성도 포함된다는 견해 중에는 과실만 있어도 행정범의 성립을 인정하는 입장이 있을 수 있다. 판례 중에는 명문의 규정이 없음에도 불구하고 해석을 통해 과실범을 처벌하는 경우가 나타난다.[2]

2419a　　　(나) **법률의 착오**　　　자기의 행위가 법령에 의하여 죄가 되지 아니하는 것으로 오인한 행위는 그 오인에 정당한 이유가 있는 때에 한하여 벌하지 아니한다(형법 제16조).[3] 행정형벌을 규정하는 개별 법률은 다양한바 일반인이 그 내용을 널리 알기는 어렵다. 따라서 일반인은 자기의 행위가 행정형벌이 되지 아니하는 것으로 오인하기 쉽다. 이와 관련하여 '오인에 정당한 이유가 있는 때'를 넓게 새기게 되면, 행정형벌의 대상은 상당히 축소될 것이다.

2420　　　(다) **법인의 책임**　　　형사법상 법인의 범죄능력은 부인되고 있다. 법인격 없는 사단도 마찬가지이다.[4] 그러나 행정법상으로는 행정법규의 실효성을 확보하

---

1) 대판 1986. 7. 22, 85도108(행정상의 단속을 주안으로 하는 법규라 하더라도 명문규정이 있거나 해석상 과실범도 벌할 뜻이 명확한 경우를 제외하고는 형법의 원칙에 따라 고의가 있어야 벌할 수 있다); 대판 2010. 2. 11, 2009도9807.

2) 대판 1993. 9. 10, 92도1136(구 대기환경보전법(1992. 12. 8. 법률 제4535호로 개정되기 전의 것)의 입법목적이나 제반 관계규정의 취지 등을 고려하면, 법정의 배출허용기준을 초과하는 배출가스를 배출하면서 자동차를 운행하는 행위를 처벌하는 위 법 제57조 제6호의 규정은 자동차의 운행자가 그 자동차에서 배출되는 배출가스가 소정의 운행자동차 배출허용기준을 초과한다는 점을 실제로 인식하면서 운행한 고의범의 경우는 물론 과실로 인하여 그러한 내용을 인식하지 못한 과실범의 경우도 함께 처벌하는 규정이다).

3) 대판 2021. 11. 25, 2021도10903(형법 제16조는 '법률의 착오'라는 제목으로 자기가 한 행위가 법령에 따라 죄가 되지 않는 것으로 오인한 행위는 그 오인에 정당한 이유가 있는 때에 한하여 벌하지 않는다고 정하고 있다. 이는 일반적으로 범죄가 성립하지만 자신의 특수한 사정에 비추어 법령에 따라 허용된 행위로서 죄가 되지 않는다고 그릇 인식하고 그러한 인식에 정당한 이유가 있는 경우에는 벌하지 않는다는 것이다. 이때 정당한 이유는 행위자에게 자기 행위의 위법 가능성에 대해 심사숙고하거나 조회할 수 있는 계기가 있어 자신의 지적 능력을 다하여 이를 회피하기 위한 진지한 노력을 다하였더라면 스스로의 행위에 대하여 위법성을 인식할 수 있는 가능성이 있었는데도 이를 다하지 못한 결과 자기 행위의 위법성을 인식하지 못한 것인지 여부에 따라 판단해야 한다. 이러한 위법성의 인식에 필요한 노력의 정도는 구체적인 행위정황과 행위자 개인의 인식능력 그리고 행위자가 속한 사회집단에 따라 달리 평가하여야 한다).

4) 대판 1997. 1. 24, 96도524.

기 위하여 행위자와 법인을 모두 처벌하는 양벌규정을 두기도 한다(예 : 소방법
제55조). 한편, 판례상 지방자치단체가 양벌규정에 따라 행정형벌(특히 벌금형)의
부과대상자가 되는 경우도 있었다.[1] 그런데 헌법재판소는 후술하는 「타인의 행
위에 대한 책임」의 경우와 마찬가지로 양벌규정은 위헌이라고 선언하였다.

    (라) **타인의 행위에 대한 책임**   행정법규는 자기의 감독하에 있는 타인의 비   2421
행에 대해 감독자(종업원의 사업주, 미성년자의 법정대리인)로서의 책임을 묻기 위해
행위자의 처벌유무를 불구하고 감독자(사업주)에게 책임을 묻기도 하였다(예 : 구
미성년자보호법 제7조).[2] 이 경우의 책임은 대위책임이 아니라 주의·감독의무를
태만히 한 자기책임으로 보았다.[3] 그런데 헌법재판소는 기술한 「법인의 책임」
의 경우와 마찬가지로 양벌규정은 위헌이라고 선언하였다.[4]

---

1) 대판 2005. 11. 10, 2004도2657(지방자치단체가 그 고유의 자치사무를 처리하는 경우에는 지방
자치단체는 국가기관의 일부가 아니라 국가기관과는 별도의 독립한 공법인이므로, 지방자치단
체 소속 공무원이 지방자치단체 고유의 자치사무를 수행하던 중 도로법 제81조 내지 제85조의
규정에 의한 위반행위를 한 경우에는 지방자치단체는 도로법 제86조의 양벌규정에 따라 처벌
대상이 되는 법인에 해당한다).

2) 대판 1987. 11. 10, 87도1213(양벌규정에 의한 영업주의 처벌은 금지위반행위자인 종업원의 처
벌에 종속하는 것이 아니라 독립하여 그 자신의 종업원에 대한 선임감독상의 과실로 인하여
처벌되는 것이므로 영업주의 위 과실책임을 묻는 경우 금지위반행위자인 종업원에게 구성요건
상의 자격이 없다고 하더라도 영업주의 범죄성립에는 아무런 지장이 없다).

3) 박윤흔·정형근, 최신행정법강의(상), 553쪽; 석종현·송동수, 일반행정법(상), 491쪽.

4) 헌재 2009. 10. 29, 2009헌가6(헌법재판소는, 이 사건 법률조항과 같이, 영업주에 대한 양벌규정
인 청소년보호법(2004. 1. 29. 법률 제7161호로 개정된 것) 제54조 중 "개인의 대리인, 사용인
기타 종업원이 그 개인의 업무에 관하여 제51조 제8호의 위반행위를 한 때에는 그 개인에 대
하여도 해당 조의 벌금형을 과한다"는 부분에 대하여 위헌결정을 선고하였는바(헌재 2009. 7.
30. 2008헌가10), 그 요지는 다음과 같다. 「형벌은 범죄에 대한 제재로서 그 본질은 법질서에
의해 부정적으로 평가된 행위에 대한 비난이다. 만약 법질서가 부정적으로 평가한 결과가 발생
하였다고 하더라도 그러한 결과의 발생이 어느 누구의 잘못에 의한 것도 아니라면, 부정적인
결과가 발생하였다는 이유만으로 누군가에게 형벌을 가할 수는 없다. 이와 같이 '책임없는 자
에게 형벌을 부과할 수 없다'는 형벌에 관한 책임주의는 형사법의 기본원리로서, 헌법상 법치
국가의 원리에 내재하는 원리인 동시에, 헌법 제10조의 취지로부터 도출되는 원리이다. 이 사
건 법률조항은 영업주가 고용한 종업원 등이 그 업무와 관련하여 위반행위를 한 경우에, 그와
같은 종업원 등의 범죄행위에 대해 영업주가 비난받을 만한 행위가 있었는지 여부와는 전혀
관계없이 종업원 등의 범죄행위가 있으면 자동적으로 영업주도 처벌하도록 규정하고 있다.
…… 결국, 이 사건 법률조항은 아무런 비난받을 만한 행위를 한 바 없는 자에 대해서까지, 다
른 사람의 범죄행위를 이유로 처벌하는 것으로서 형벌에 관한 책임주의에 반하므로 헌법에 위
반된다.」 한편 의료법 제91조 제1항 등 법인에 대한 양벌규정에 대하여도 다른 사람의 범죄에
대해 그 책임 유무를 묻지 않고 형벌을 부과함으로써 법치국가의 원리 및 죄형법정주의로부터
도출되는 책임주의 원칙에 반한다는 이유로 위헌이라는 결정을 한 바 있다(2009. 7. 30. 2008헌
가14, 16, 17, 18, 24). 즉, 이와 같은 양벌규정이 개인과 법인에 대한 것인지 여부를 불문하고
책임주의에 반하여 위헌이라는 것은 우리 재판소의 확립된 판례이다. 영업주에 대한 양벌규정
인 이 사건 법률조항의 위헌성과 관련하여, 위와 같이 판단한 선례와 달리 볼 사정의 변경이나
필요성이 있다고 인정되지 아니한다. 따라서 이 사건 법률조항은 다른 사람의 범죄에 대해 그
책임 유무를 묻지 않고 형벌을 부과함으로써 법치국가의 원리 및 죄형법정주의로부터 도출되

2422   ㈐ 기 타   ① 행정법규는 경우에 따라 형사책임무능력자(형법 제9조·제10조·제11조)를 처벌하기도 한다(예 : 담배법 제31조). ② 행정형벌에서 형법상의 공범규정의 적용을 배제하는 규정을 두기도 한다(예 : 담배법 제31조; 선박법 제39조). 명문의 규정이 없는 경우에 가벌성에 관하여는 견해가 나뉘나, 처벌불가로 보는 것이 죄형법정주의원칙에 합당할 것이다. 그러나 판례는 긍정적이다.[1] ③ 행정형벌에서 형법상의 양형에 관한 규정의 적용을 배제하는 경우도 있다.

Ⅲ. 이중처벌가능성

2423   **1. 행정형벌과 행정질서벌**(이에 관해서는 옆번호 2461을 보라)

2. 행정형벌과 과징금

2424   행정형벌과 과징금은 모두 불이익한 제재이지만, 그 목적이나 성질이 다르다고 볼 것이므로, 행정형벌과 아울러 과징금을 부과하는 것은 이중처벌에 해당하지 아니한다. 판례도 같은 입장이다.[2]

Ⅳ. 행정형벌의 과형절차

1. 일반절차

2425   행정형벌의 처벌절차는 형벌의 경우와 마찬가지로 형사소송법에 의하는 것이 원칙적이다. 다만 후술하는 특별절차가 주어지는 경우에 일반형사절차가 진행되기 위해서는 권한행정청의 고발이 있어야만 한다(조처법 제21조; 관세법 제316

는 책임주의 원칙에 반한다); 헌재 2011. 6. 30, 2010헌가99, 2011헌가2·11(병합).

1) 대판 2013. 12. 26, 2012도8004(지방공무원의 신분을 가지지 아니하는 사람도 지방공무원법 제58조 제1항을 위반하여 같은 법 제82조에 따라 처벌되는 지방공무원의 범행에 가공한다면 형법 제33조 본문에 의해서 공범으로 처벌받을 수 있으므로, 원심이 그 판시와 같은 이유를 들어 피고인 D를 지방공무원법 제58조 본문을 위반한 다른 경력직 공무원들의 공범으로 처벌할 수 있다).

2) 대판 2007. 7. 12, 2006두4554(구 부동산 실권리자명의 등기에 관한 법률(2007. 5. 11. 법률 제8418호로 개정되기 전의 것) 제5조에 규정된 과징금은 그 취지와 기능, 부과의 주체와 절차 등에 비추어 행정청이 명의신탁행위로 인한 불법적인 이익을 박탈하거나 위 법률에 따른 실명등기의무의 이행을 강제하기 위하여 의무자에게 부과·징수하는 것일 뿐 그것이 헌법 제13조 제1항에서 금지하는 국가형벌권 행사로서의 처벌에 해당한다고 할 수 없으므로 위 법률에서 형사처벌과 아울러 과징금의 부과처분을 할 수 있도록 규정하고 있다 하더라도 이중처벌금지 원칙에 위반한다고 볼 수 없다. 나아가 그 과징금의 금액에 관하여도, 행정청이 과징금을 부과할 당시에 명의신탁관계가 있으면 부과하는 날 현재의 부동산 가액, 과징금을 부과받은 날 이미 명의신탁관계가 종료되었거나 실명등기를 하였으면 명의신탁관계 종료시점 또는 실명등기시점의 부동산 가액, 위반기간, 조세를 포탈하거나 법령에 의한 제한을 회피할 목적으로 하였는지 여부 등을 고려하여 부동산 가액의 100분의 30에 해당하는 금액의 범위 안에서 각 부과하도록 하고 있으므로 비례원칙에 반하는 과잉제재라 할 수 없다).

조 등).[1)]

2. 특별절차

(1) 통고처분

⑦ **통고처분의 의의**   통고처분이란 일반형사소송절차에 앞선 절차로서 일   2426
정한 위법행위의 범법자에게 형벌 대신 일정금액(범칙금)을 납부토록 명하고, 범
칙자가 그 범칙금을 납부하면 처벌이 종료되는 과형절차를 말한다. 통고처분은
현재 조세범(조처법 제15조)·관세범(관세법 제311조)·출입국사범(출입법 제102조)·교
통사범(도교법 제163조)의 경우에 적용되고 있다.

⑷ **통고처분의 성질**   "통고처분은 법원에 의하여 자유형 또는 재산형에   2427
처하는 형사절차에 갈음하여 과세관청이 조세범칙자에 대하여 금전적 제재를 통고
하고 이를 이행한 조세범칙자에 대하여는 고발하지 아니하고 조세범칙사건을 신
속·간이하게 처리하는 절차로서, 형사절차의 사전절차로서의 성격을 가진다."[2)]

⑷ **통고처분의 합헌성**   통고처분은 상대방의 임의의 승복을 그 발효요건   2428
으로 하기 때문에 그 자체만으로는 통고이행을 강제하거나 상대방에게 아무런
권리의무를 형성하지 않으므로 행정심판이나 행정소송의 대상으로서의 처분성
을 부여할 수 없고, 통고처분에 대하여 이의가 있으면 통고내용을 이행하지 않
음으로써 고발되어 형사재판절차에서 통고처분의 위법·부당함을 얼마든지 다
툴 수 있기 때문에 구 관세법 제38조 제3항 제2호(현행법 제119조 제2항 제2호)가
법관에 의한 재판을 받을 권리를 침해한다든가 적법절차의 원칙에 저촉된다고
볼 수 없다.[3)]

⑷ **통고처분의 의미**   통고처분(범칙금제도)은 대량의 실정법의 위반사건을   2429
간이·신속하게 처리하는 의미를 갖는다. 통고처분은 법원의 부담을 완화하는데
기여하고, 전문성을 가진 공무원에 의해 행정목적을 기술적·효율적으로 달성하
는 데 기여하며, 국가수입의 확보에도 기여한다. 뿐만 아니라 일반절차에서 나
타나는 범법자의 신용실추와 고통의 장기화를 완화하는 데 기여하기도 한다. 또

---

1) 대판 1971. 11. 30, 71도1736(본법상 범칙행위는 국세청장, 지방국세청장, 세무서장 또는 세무
에 종사하는 공무원의 고발을 기다려 논하게 되어 있으므로, 고발 없이 공소가 제기된 경우에
는 공소제기절차가 법률규정에 위반한 것이니 공소를 기각하여야 한다).

2) 대판 2016. 9. 28, 2014도10748.

3) 헌재 1998. 5. 28, 96헌바4; 헌재 2003. 10. 30, 2002헌마275(통고처분의 이행 여부가 당사자의
임의에 맡겨져 있는 점, 승복하지 않는 당사자에게 법관에 의한 정식재판을 받을 기회가 보장
되어 있는 점, 비범죄화 정신에 근접한 통고처분의 제도적 의의 등을 종합할 때, 통고처분 제
도의 근거규정인 도로교통법 제118조 본문이 적법절차원칙이나 사법권을 법원에 둔 권력분립
원칙에 위배된다거나, 재판청구권을 침해하는 것이라 할 수 없다).

한 통고처분제도는 전과자의 발생의 방지에 기여한다.

2430　　㈒ **통고처분의 재량성**　　판례는 관세법상 통고처분과 관련하여 통고처분을 할 것인지의 여부는 행정청의 재량에 놓이는 것으로 보았다.[1]

2431　　㈓ **통고처분의 효과**　　범칙자가 범칙금을 납부하면 과형절차는 종료되고, 범칙자는 다시 형사소추되지 아니한다(예 : 관세법 제317조; 조처법 제15조 제3항; 출입법 제106조; 도교법 제164조 제3항).[2]

2432　　㈔ **통고처분의 불이행**　　만약 범칙자가 통고처분의 내용을 이행하지 아니하면 권한행정청(예 : 세무서장·세관장)은 일정기간 내에 고발할 수 있고(조처법 제17조 제2항; 관세법 제316조; 출입법 제105조 제2항), 이로써 일반과형절차로 넘어가게 된다. 교통사범의 경우에는 권한행정청이 즉결심판을 신청하여야 한다(도로교통법 제165조 제1항).[3]

2433　　㈕ **통고처분의 불복**　　통고처분에 불복하면 정식재판을 청구하여야 한다. 통고처분은 취소소송의 대상이 아니다.[4] 왜냐하면 소정의 기간 내에 통고처분을 이행하지 아니하면 당연히 통고처분은 효력을 상실하기 때문이다. 반면 행정

---

1) 대판 2007. 5. 11, 2006도1993(관세법 제284조 제1항, 제311조, 제312조, 제318조의 규정에 의하면, 관세청장 또는 세관장은 관세범에 대하여 통고처분을 할 수 있고, 범죄의 정상이 징역형에 처하여질 것으로 인정되는 때에는 즉시 고발하여야 하며, 관세범인이 통고를 이행할 수 있는 자금능력이 없다고 인정되거나 주소 및 거소의 불명 기타의 사유로 인하여 통고를 하기 곤란하다고 인정되는 때에도 즉시 고발하여야 하는바, 이들 규정을 종합하여 보면, 통고처분을 할 것인지의 여부는 관세청장 또는 세관장의 재량에 맡겨져 있고, 따라서 관세청장 또는 세관장이 관세범에 대하여 통고처분을 하지 아니한 채 고발하였다는 것만으로는 그 고발 및 이에 기한 공소의 제기가 부적법하게 되는 것은 아니다).

2) 대판 2002. 11. 22, 2001도849(구 도로교통법 제119조 제3항은 그 법 제118조에 의하여 범칙금 납부통고서를 받은 사람이 그 범칙금을 납부한 경우 그 범칙행위에 대하여 다시 벌받지 아니한다고 규정하고 있는바, 이는 범칙금의 납부에 확정재판의 효력에 준하는 효력을 인정하는 취지로 해석하여야 한다).

3) 대판 2023. 3. 16, 2023도751(경찰서장이 범칙행위에 대하여 통고처분을 한 이상, 범칙자의 위와 같은 절차적 지위를 보장하기 위하여 통고처분에서 정한 범칙금 납부기간까지는 원칙적으로 경찰서장은 즉결심판을 청구할 수 없고, 범칙행위에 대한 형사소추를 위하여 이미 한 통고처분을 임의로 취소할 수 없으며, 검사도 동일한 범칙행위에 대하여 공소를 제기할 수 없다고 보아야 한다. 이때 공소를 제기할 수 없는 범칙행위는 통고처분 시까지의 행위 중 범칙금 통고의 이유에 기재된 당해 범칙행위 자체 및 그 범칙행위와 동일성이 인정되는 범칙행위에 한정된다); 대판 2020. 4. 29, 2017도13409(경찰서장이 범칙행위에 대하여 통고처분을 한 이상, 범칙자의 위와 같은 절차적 지위를 보장하기 위하여 통고처분에서 정한 범칙금 납부기간까지는 원칙적으로 경찰서장은 즉결심판을 청구할 수 없고, 검사도 동일한 범칙행위에 대하여 공소를 제기할 수 없다고 보아야 한다).

4) 대판 1995. 6. 29, 95누4674(구 도로교통법 제118조에서 규정하는 경찰서장의 통고처분은 행정소송의 대상이 되는 행정처분이 아니므로 그 처분의 취소를 구하는 소송은 부적법하고, 도로교통법상의 통고처분을 받은 자가 그 처분에 대하여 이의가 있는 경우에는 통고처분에 따른 범칙금의 납부를 이행하지 아니함으로써 경찰서장의 즉결심판청구에 의하여 법원의 심판을 받을 수 있게 될 뿐이다); 대판 1980. 10. 14, 80누380.

기관에 의한 금전부과행위이므로 법정기간 내에 납부하지 않는 것을 해제조건
으로 하는 행정행위라는 견해도[1] 있다.

(2) **즉결심판·보호처분**   견해에 따라서는 즉결심판과 보호처분을 특별절   2434
차로 들 수도 있을 것이다. 그러나 즉결심판은 행정범이나 형사범에 모두 적용
이 있고, 보호처분은 소년에 적용되는 절차이다. 따라서 양자를 행정형벌에 관
한 특별절차로 다루기 곤란한 면도 있다.

제4항 행정질서벌

Ⅰ. 행정질서벌의 관념

1. 개 념

(1) **이론상 개념**   일반사회의 법익에 직접 영향을 미치지는 않으나 행정   2435
상의 질서에 장해를 야기할 우려가 있는 의무위반에 대해 과태료가 가해지는
제재를 말한다(예 : 식품법 제101조). 행정질서벌이나 행정형벌 모두 행정법규위반
의 경우에 과해지는 제재라는 점에서 동일하다. 그러나 전통적 견해에 따르면
행정형벌은 공행정목적을 정면으로 위반한 경우에 과해지는 것이나, 행정질서
벌은 단순의무위반으로 공행정질서에 장해를 줄 가능성이 있는 정도의 경미한
범법행위에 과해지는 제재라는 점이 다르다.[2]

(2) **실정법상 개념**   질서위반행위규제법은 질서위반행위를 형식적인 관   2435a
점에서 「법률(지방자치단체의 조례를 포함한다)상의 의무를 위반하여 과태료를 부과
하는 행위(가. 대통령령으로 정하는 사법(私法)상·소송법상 의무를 위반하여 과태료를 부과
하는 행위와 나. 대통령령으로 정하는 법률에 따른 징계사유에 해당하여 과태료를 부과하는
행위 제외)」로 정의하고 있다(질서법 제2조 제1호). 질서위반행위규제법에서 말하는
모든 질서위반행위가 행정질서벌에 해당하는 것은 아니고, 다만 행정법의 영역
에서 이루어지는 질서위반행위만이 행정질서벌에 해당한다.

---

1) 박균성, 행정법강의, 522쪽.
2) 헌재 2015. 7. 30, 2013헌바56(어떤 행정법규 위반행위에 대하여 이를 단지 간접적으로 행정상의
   질서에 장애를 줄 위험성이 있음에 불과한 경우로 보아 행정질서벌인 과태료를 부과할 것인지
   아니면 직접적으로 행정목적과 사회공익을 침해하는 행위로 보아 행정형벌을 과할 것인지 여부
   는 기본적으로 입법자가 제반사정을 고려하여 결정할 입법재량에 속하는 문제이다. 또한, 입법
   자가 그 재량으로 행정질서벌인 과태료를 부과하기로 입법상의 결단을 한 경우에 그 과태료의
   액수를 정하는 것 역시 입법재량에 속한다고 볼 것이다. 다만, 의무위반의 책임을 추궁하는 데
   필요한 정도를 현저히 넘어서고 다른 행정법규 위반자와 비교하여도 불합리하게 형평이 맞지
   않을 정도로 과태료의 액수가 지나치게 무거운 때에는 재량의 한계를 일탈한 것이 된다).

2. 처벌내용

2436 행정질서벌의 처벌의 내용은 과태료부과이다(질서법 제3조 제1항).

2437 ▮참고▮ 실정법상 "과태료" 용어의 사용례

실정법상 과태료라는 용어는 다양하게 사용되고 있다. 즉 행정질서벌로서의 과태료(예 : 고압가스 안전관리법 제43조), 민사상의 과태료(예 : 민법 제97조; 민소법 제311조), 징계벌로서의 과태료(예 : 변호법 제90조 제4호), 지방자치행정상 조례에 의한 과태료(예 : 지자법 제27조 제1항·제139조 제2항) 등으로 사용되고 있다. 일반적인 경우는 행정질서벌인 과태료이다.

2438 ▮참고▮ 질서위반행위규제법 시행 전 행정질서벌의 논리

1) 질서위반행위규제법(제정 2007. 12. 21 법률 제8725호, 시행일 2008. 6. 22.)은 제1장 총칙, 제2장 질서위반행위의 성립 등, 제3장 행정청의 과태료 부과 및 징수, 제4장 질서위반행위의 재판 및 집행, 제5장 보칙으로 구성되어 있다. 질서위반행위규제법이 시행되기 전까지는 행정질서벌과 형법총칙(질서위반행위규제법의 제2장 부분 중 일부에 해당하는데, 아래의 2)부분), 행정질서벌의 과형절차(질서위반행위규제법의 제3장 부분 중 일부에 해당하는데, 아래의 3)부분) 등의 문제가 행정질서벌의 특수성의 문제로서 다루어졌다.

2) 질서위반행위규제법 시행 전까지 판례는 행정질서벌인 과태료의 부과에는 법률에 특별한 규정이 없는 한 고의·과실을 요하지 아니하나, 위반자에게 의무를 탓할 수 없는 정당한 사유가 있는 경우에는 과태료를 부과할 수 없다고 하였다(대판 2000. 5. 26, 98두5972; 대결 2006. 4. 28, 2003마715). 과태료의 부과에 고의나 과실이 필요하다는 견해도 있었다. 판례는 또한 과태료의 처벌권에는 금전채권의 소멸시효가 적용되지 아니한다고 하였다(대결 2000. 8. 24, 2000마1350). 학설상으로는 형사소송법상 공소시효에 관한 규정(동법 제249조 제1항 제5호 참조)을 준용하여야 한다는 견해도[1] 있었다.

3) 질서위반행위규제법 시행 전까지 국가행정상 과태료부과처분은 두 가지 방식이 있었다. ① 한 가지 방법은 법원에 의한 부과방법이었다. 즉 다른 법령에 특별한 규정이 없는 한 과태료는 범법자의 주소지를 관할하는 지방법원이 부과하고(비송법 제247조·제248조), 이에 대하여 상대방의 이의가 있으면 즉시항고할 수 있고, 과태료의 집행은 검사의 명령에 의거하여 민사소송법에 따랐다(비송법 제249조). ② 또 한 가지 방법은 1차로 주무관청이 부과하고, 주무관청의 부과처분에 상대방이 이의를 제기하면, 주무관청의 부과처분은 효력을 잃게 되고, 주무관청의 통고에 따라 비송사건절차법에 의거하여 법원이 부과하였다.

---

1) 박정훈, 한국의 행정벌, 제4회 동아시아행정법학술대회 발표논문, 9쪽.

Ⅱ. 질서위반행위의 성립 등

1. 고의·과실, 위법성의 착오

고의 또는 과실이 없는 질서위반행위는 과태료를 부과하지 아니한다(질서법   2439
제7조).[1] 자신의 행위가 위법하지 아니한 것으로 오인하고 행한 질서위반행위는
그 오인에 정당한 이유가 있는 때에 한하여 과태료를 부과하지 아니한다(질서법
제8조).

2. 책임연령과 심신장애

① 14세가 되지 아니한 자의 질서위반행위는 과태료를 부과하지 아니한다.   2440
다만, 다른 법률에 특별한 규정이 있는 경우에는 그러하지 아니하다(질서법 제9
조). ② 심신장애로 인하여 행위의 옳고 그름을 판단할 능력이 없거나 그 판단에
따른 행위를 할 능력이 없는 자의 질서위반행위는 과태료를 부과하지 아니한다
(질서법 제10조 제1항). 심신장애로 인하여 제1항에 따른 능력이 미약한 자의 질서
위반행위는 과태료를 감경한다(질서법 제10조 제2항). ③ 스스로 심신장애 상태를
일으켜 질서위반행위를 한 자에 대하여는 제1항 및 제2항의 규정을 적용하지
아니한다(질서법 제10조 제3항).

3. 법인의 처리 등

법인의 대표자, 법인 또는 개인의 대리인·사용인 및 그 밖의 종업원이 업   2441
무에 관하여 법인 또는 그 개인에게 부과된 법률상의 의무를 위반한 때에는 법
인 또는 그 개인에게 과태료를 부과한다(질서법 제11조 제1항).

4. 다수인의 질서위반행위

2인 이상이 질서위반행위에 가담한 때에는 각자가 질서위반행위를 한 것으   2442
로 본다(질서법 제12조 제1항). 신분에 의하여 성립하는 질서위반행위에 신분이 없
는 자가 가담한 때에는 신분이 없는 자에 대하여도 질서위반행위가 성립한다(질
서법 제12조 제2항). 신분에 의하여 과태료를 감경 또는 가중하거나 과태료를 부
과하지 아니하는 때에는 그 신분의 효과는 신분이 없는 자에게는 미치지 아니
한다(질서법 제12조 제3항).

---

1) 대결 2011. 7. 14, 2011마364(질서위반행위규제법은 과태료의 부과대상인 질서위반행위에 대하
여도 책임주의 원칙을 채택하여 제7조에서 "고의 또는 과실이 없는 질서위반행위는 과태료를
부과하지 아니한다."고 규정하고 있으므로, 질서위반행위를 한 자가 자신의 책임 없는 사유로
위반행위에 이르렀다고 주장하는 경우 법원으로서는 그 내용을 살펴 행위자에게 고의나 과실
이 있는지를 따져보아야 한다).

5. 수개의 위반행위의 처리

2443　　하나의 행위가 2 이상의 질서위반행위에 해당하는 경우에는 각 질서위반행위에 대하여 정한 과태료 중 가장 중한 과태료를 부과한다(질서법 제13조 제1항). 제1항의 경우를 제외하고 2 이상의 질서위반행위가 경합하는 경우에는 각 질서위반행위에 대하여 정한 과태료를 각각 부과한다. 다만, 다른 법령(지방자치단체의 조례를 포함한다. 이하 같다)에 특별한 규정이 있는 경우에는 그 법령으로 정하는 바에 따른다(질서법 제13조 제2항).

6. 과태료의 시효

2444　　과태료는 행정청의 과태료 부과처분이나 법원의 과태료 재판이 확정된 후 5년간 징수하지 아니하거나 집행하지 아니하면 시효로 인하여 소멸한다(질서법 제15조 제1항).

Ⅲ. 과태료의 부과·징수의 절차

1. 사전통지·의견제출

2445　　행정청이 질서위반행위에 대하여 과태료를 부과하고자 하는 때에는 미리 당사자(제11조 제2항에 따른 고용주등을 포함한다. 이하 같다)에게 대통령령으로 정하는 사항을 통지하고, 10일 이상의 기간을 정하여 의견을 제출할 기회를 주어야 한다. 이 경우 지정된 기일까지 의견 제출이 없는 경우에는 의견이 없는 것으로 본다(질서법 제16조 제1항). 당사자는 의견 제출 기한 이내에 대통령령으로 정하는 방법에 따라 행정청에 의견을 진술하거나 필요한 자료를 제출할 수 있다(질서법 제16조 제2항). 행정청은 제2항에 따라 당사자가 제출한 의견에 상당한 이유가 있는 경우에는 과태료를 부과하지 아니하거나 통지한 내용을 변경할 수 있다(질서법 제16조 제3항).

2. 과태료의 부과

2446　　행정청은 제16조의 의견 제출 절차를 마친 후에 서면(당사자가 동의하는 경우에는 전자문서를 포함한다. 이하 이 조에서 같다)으로 과태료를 부과하여야 한다(질서법 제17조 제1항). 제1항에 따른 서면에는 질서위반행위, 과태료 금액, 그 밖에 대통령령으로 정하는 사항을 명시하여야 한다(질서법 제17조 제2항).

3. 자진납부자에 대한 과태료 감경

2447　　행정청은 당사자가 제16조에 따른 의견 제출 기한 이내에 과태료를 자진하

여 납부하고자 하는 경우에는 대통령령으로 정하는 바에 따라 과태료를 감경할
수 있다(질서법 제18조 제1항). 당사자가 제1항에 따라 감경된 과태료를 납부한 경
우에는 해당 질서위반행위에 대한 과태료 부과 및 징수절차는 종료한다.

4. 과태료 부과의 제척기간

행정청은 질서위반행위가 종료된 날(다수인이 질서위반행위에 가담한 경우에는 최   2448
종행위가 종료된 날을 말한다)부터 5년이 경과한 경우에는 해당 질서위반행위에 대
하여 과태료를 부과할 수 없다(질서법 제19조 제1항). 제1항에도 불구하고 행정청
은 제36조 또는 제44조에 따른 법원의 결정이 있는 경우에는 그 결정이 확정된
날부터 1년이 경과하기 전까지는 과태료를 정정부과 하는 등 해당 결정에 따라
필요한 처분을 할 수 있다(질서법 제19조 제2항).

5. 이의제기

행정청의 과태료 부과에 불복하는 당사자는 제17조 제1항에 따른 과태료   2449
부과 통지를 받은 날부터 60일 이내에 해당 행정청에 서면으로 이의제기를 할
수 있다(질서법 제20조 제1항). 제1항에 따른 이의제기가 있는 경우에는 행정청의
과태료 부과처분은 그 효력을 상실한다(질서법 제20조 제2항). 당사자는 행정청으
로부터 제21조 제3항에 따른 통지를 받기 전까지는 행정청에 대하여 서면으로
이의제기를 철회할 수 있다(질서법 제20조 제3항).

6. 법원에의 통보

제20조 제1항에 따른 이의제기를 받은 행정청은 이의제기를 받은 날부터   2450
14일 이내에 이에 대한 의견 및 증빙서류를 첨부하여 관할 법원에 통보하여야
한다. 다만, 다음 각 호(1. 당사자가 이의제기를 철회한 경우, 2. 당사자의 이의제기에 이
유가 있어 과태료를 부과할 필요가 없는 것으로 인정되는 경우)의 어느 하나에 해당하는
경우에는 그러하지 아니하다(질서법 제21조 제1항). 행정청은 사실상 또는 법률상
같은 원인으로 말미암아 다수인을 과태료를 부과할 필요가 있는 경우에는 다수
인 가운데 1인에 대한 관할권이 있는 법원에 제1항에 따른 이의제기 사실을 통
보할 수 있다(질서법 제21조 제2항). 행정청이 제1항 및 제2항에 따라 관할 법원에
통보를 하거나, 통보하지 아니하는 경우에는 그 사실을 즉시 당사자에게 통지하
여야 한다(질서법 제21조 제3항).

7. 질서위반행위의 조사

행정청은 질서위반행위가 발생하였다는 합리적 의심이 있어 그에 대한 조   2451

사가 필요하다고 인정할 때에는 대통령령으로 정하는 바에 따라 다음 각 호(1. 당사자 또는 참고인의 출석 요구 및 진술의 청취, 2. 당사자에 대한 보고 명령 또는 자료 제출의 명령)의 조치를 할 수 있다(질서법 제22조 제1항). 행정청은 질서위반행위가 발생하였다는 합리적 의심이 있어 그에 대한 조사가 필요하다고 인정할 때에는 그 소속 직원으로 하여금 당사자의 사무소 또는 영업소에 출입하여 장부·서류 또는 그 밖의 물건을 검사하게 할 수 있다(질서법 제22조 제2항). 제2항에 따른 검사를 하고자 하는 행정청 소속 직원은 당사자에게 검사 개시 7일 전까지 검사 대상 및 검사 이유 그 밖에 대통령령으로 정하는 사항을 통지하여야 한다. 다만, 긴급을 요하거나 사전통지의 경우 증거인멸 등으로 검사목적을 달성할 수 없다고 인정되는 때에는 그러하지 아니하다(질서법 제22조 제3항). 제2항에 따라 검사를 하는 직원은 그 권한을 표시하는 증표를 지니고 이를 관계인에게 내보여야 한다(질서법 제22조 제4항). 제1항 및 제2항에 따른 조치 또는 검사는 그 목적 달성에 필요한 최소한에 그쳐야 한다(질서법 제22조 제5항).

8. 자료제공의 요청

2452   행정청은 과태료의 부과·징수를 위하여 필요한 때에는 관계 행정기관, 지방자치단체 그 밖에 대통령령으로 정하는 공공기관(이하 "공공기관등"이라 한다)의 장에게 그 필요성을 소명하여 자료 또는 정보의 제공을 요청할 수 있으며, 그 요청을 받은 공공기관등의 장은 특별한 사정이 없는 한 이에 응하여야 한다(질서법 제23조).

9. 가산금 징수 및 체납처분 등

2453   행정청은 당사자가 납부기한까지 과태료를 납부하지 아니한 때에는 납부기한을 경과한 날부터 체납된 과태료에 대하여 100분의 5에 상당하는 가산금을 징수한다(질서법 제24조 제1항). 체납된 과태료를 납부하지 아니한 때에는 납부기한이 경과한 날부터 매 1월이 경과할 때마다 체납된 과태료의 1천분의 12에 상당하는 가산금(이하 이 조에서 "중가산금"이라 한다)을 제1항에 따른 가산금에 가산하여 징수한다. 이 경우 중가산금을 가산하여 징수하는 기간은 60개월을 초과하지 못한다(질서법 제24조 제2항). 행정청은 당사자가 제20조 제1항에 따른 기한 이내에 이의를 제기하지 아니하고 제1항에 따른 가산금을 납부하지 아니한 때에는 국세 또는 지방세 체납처분의 예에 따라 징수한다(질서법 제24조 제3항). 행정청의 과태료 결손처분에 관하여는 「국세징수법」 제86조를 준용한다(질서법 제24조 제4항).

10. 상속·합병과 집행

① 과태료는 당사자가 과태료 부과처분에 대하여 이의를 제기하지 아니한 2454
채 제20조 제1항에 따른 기한이 종료한 후 사망한 경우에는 그 상속재산에 대
하여 집행할 수 있다(질서법 제24조의2 제1항). ② 법인에 대한 과태료는 법인이 과
태료 부과처분에 대하여 이의를 제기하지 아니한 채 제20조 제1항에 따른 기한
이 종료한 후 합병에 의하여 소멸한 경우에는 합병 후 존속한 법인 또는 합병에
의하여 설립된 법인에 대하여 집행할 수 있다(질서법 제24조의2 제2항).

Ⅳ. 질서위반행위의 재판 및 집행

1. 관할법원

과태료 사건은 다른 법령에 특별한 규정이 있는 경우를 제외하고는 당사자 2455
의 주소지의 지방법원 또는 그 지원의 관할로 한다(질서법 제25조). 법원의 관할
은 행정청이 제21조 제1항 및 제2항에 따라 이의제기 사실을 통보한 때를 표준
으로 정한다(질서법 제26조).

2. 심문 등

법원은 심문기일을 열어 당사자의 진술을 들어야 한다(질서법 제31조 제1항). 2456
법원은 검사의 의견을 구하여야 하고, 검사는 심문에 참여하여 의견을 진술하거
나 서면으로 의견을 제출하여야 한다(질서법 제31조 제2항). 법원은 당사자 및 검
사에게 제1항에 따른 심문기일을 통지하여야 한다(질서법 제31조 제3항). 법원은
행정청의 참여가 필요하다고 인정하는 때에는 행정청으로 하여금 심문기일에
출석하여 의견을 진술하게 할 수 있다(질서법 제32조 제1항). 행정청은 법원의 허
가를 받아 소속 공무원으로 하여금 심문기일에 출석하여 의견을 진술하게 할
수 있다(질서법 제32조 제2항).

3. 재　판

과태료 재판은 이유를 붙인 결정으로써 한다(질서법 제36조 제1항). 결정은 당 2457
사자와 검사에게 고지함으로써 효력이 생긴다(질서법 제37조 제1항). 결정의 고지
는 법원이 적당하다고 인정하는 방법으로 한다(질서법 제37조 제2항 본문). 판례는
과태료재판의 경우에 법원으로서는 기록상 현출되어 있는 사항에 관하여 직권
으로 증거조사를 하고 이를 기초로 하여 판단할 수 있는 것이나, 그 경우 행정
청의 과태료부과처분사유와 기본적 사실관계에 있어서 동일성이 인정되는 한도

내에서만 과태료를 부과할 수 있다고 한다.[1]

4. 항 고

2458 당사자와 검사는 과태료 재판에 대하여 즉시항고를 할 수 있다. 이 경우 항고는 집행정지의 효력이 있다(질서법 제38조 제1항). 항고법원의 과태료 재판에는 이유를 적어야 한다(질서법 제39조).

5. 과태료 재판의 집행

2459 과태료 재판은 검사의 명령으로써 집행한다. 이 경우 그 명령은 집행력 있는 집행권원과 동일한 효력이 있다(질서법 제42조 제1항). 과태료 재판의 집행절차는 「민사집행법」에 따르거나 국세 또는 지방세 체납처분의 예에 따른다(질서법 제42조 제2항 본문). 검사는 과태료를 최초 부과한 행정청에 대하여 과태료 재판의 집행을 위탁할 수 있고, 위탁을 받은 행정청은 국세 또는 지방세 체납처분의 예에 따라 집행한다(질서법 제43조 제1항). 지방자치단체의 장이 제1항에 따라 집행을 위탁받은 경우에는 그 집행한 금원은 당해 지방자치단체의 수입으로 한다(질서법 제43조 제2항).

6. 약식재판

2460 법원은 상당하다고 인정하는 때에는 제31조 제1항에 따른 심문 없이 과태료 재판(약식재판)을 할 수 있다(질서법 제44조 제1항). 당사자와 검사는 제44조에 따른 약식재판의 고지를 받은 날부터 7일 이내에 이의신청을 할 수 있다(질서법 제45조 제1항). 법원이 이의신청이 적법하다고 인정하는 때에는 약식재판은 그 효력을 잃는다(질서법 제50조 제1항). 제1항의 경우 법원은 제31조 제1항에 따른 심문을 거쳐 다시 재판하여야 한다(질서법 제50조 제2항).

V. 관련문제

1. 병과(이중처벌)의 가능성

(1) 행정형벌과 행정질서벌

2461 ㈎ 학 설 학설은 ① 행정질서벌과 행정형벌은 넓은 의미의 처벌이고, 동일한 위반행위에 대한 행정벌이라는 점에서 병과가 불가능하다는 부정설과[2] ② 동일인이라도 그 대상행위가 다른 경우에 양자를 각각 부과하는 것은 그 보

---

1) 대결 2012. 10. 19, 2012마1163.
2) 김남진·김연태, 행정법(Ⅰ), 576쪽(2019); 박윤흔·정형근, 최신행정법강의(상), 560쪽; 정하중, 행정법개론, 503쪽; 홍준형, 행정법총론, 759쪽.

호법익과 목적에서 차이를 갖게 되므로 이중처벌에 해당하지 않는다는 긍정설
이[1] 있다.

(나) 판 례   대법원과[2] 헌법재판소는[3] 행정형벌과 행정질서벌은 모두   2462
행정벌의 일종이지만, 그 목적이나 성질이 다르므로, 행정질서벌인 과태료부과
처분 후에 행정형벌을 부과한다고 하여도 일사부재리의 원칙에 반하는 것은 아
니라고 한 바 있다.

(다) 사 견   ① 행정형벌과 행정질서벌의 개념은 법익침해의 강약 등에   2463
따른 처벌의 강약에 차이가 있다. 입법자는 특정 행위의 법익침해의 정도가 강
하여 강한 처벌이 필요하면 행정형벌로 규정할 것이고, 미약하다면 행정질서벌
로 규정할 것이다.[4] 따라서 특정의 행위는 행정형벌의 대상이 되든지 아니면
행정질서벌의 대상이 되는 것이지, 동시에 행정형벌의 대상이 되면서 행정질서
벌의 대상이 될 수는 없다(부정설). 그러나 ② 만약 입법자가 하나의 행위가 갖
는 여러 의미를 분리하여 규정한다면 — 그러한 입법은 바람직한 것도 아니고
위헌이라 할 수도 없지만 — 양자의 병과는 가능하다고 볼 것이다.[5]

---

1) 류지태·박종수, 행정법신론, 418쪽(2019).
2) 대판 1996. 4. 12, 96도158(행정법상의 질서벌인 과태료의 부과처분과 형사처벌은 그 성질이나
   목적을 달리하는 별개의 것이므로 행정법상의 질서벌인 과태료를 납부한 후에 형사처벌을 한
   다고 하여 이를 일사부재리의 원칙에 반하는 것이라고 할 수는 없으며, 자동차의 임시운행허가
   를 받은 자가 그 허가 목적 및 기간의 범위 안에서 운행하지 아니한 경우에 과태료를 부과하는
   것은 당해 자동차가 무등록 자동차인지 여부와는 관계없이, 이미 등록된 자동차의 등록번호표
   또는 봉인이 멸실되거나 식별하기 어렵게 되어 임시운행허가를 받은 경우까지를 포함하여, 허
   가받은 목적과 기간의 범위를 벗어나 운행하는 행위 전반에 대하여 행정질서벌로써 제재를 가
   하고자 하는 취지라고 해석되므로, 만일 임시운행허가기간을 넘어 운행한 자가 등록된 차량에
   관하여 그러한 행위를 한 경우라면 과태료의 제재만을 받게 되겠지만, 무등록 차량에 관하여
   그러한 행위를 한 경우라면 과태료와 별도로 형사처벌의 대상이 된다).
3) 헌재 1994. 6. 30, 92헌바38(구 건축법 제54조 제1항에 의한 형사처벌의 대상이 되는 범죄의 구성
   요건은 당국의 허가 없이 건축행위 또는 건축물의 용도변경행위를 한 것이고, 동법 제56조의2 제
   1항에 의한 과태료는 건축법령에 위반되는 위법건축물에 대한 시정명령을 받고도 건축주 등이 이
   를 시정하지 아니할 때 과하는 것이므로, 양자는 처벌 내지 제재대상이 되는 기본적 사실관계로서
   의 행위를 달리하는 것이다. 그리고, 전자가 무허가건축행위를 한 건축주 등의 행위 자체를 위법
   한 것으로 보아 처벌하는 것인 데 대하여, 후자는 위법건축물의 방치를 막고자 행정청이 시정조치
   를 명하였음에도 건축주 등이 이를 이행하지 아니한 경우에 행정명령의 실효성을 확보하기 위하
   여 제재를 과하는 것이므로 양자는 그 보호법익과 목적에서도 차이가 있고, 또한 무허가건축행위
   에 대한 형사처벌시에 위법건축물에 대한 시정명령의 위반행위까지 평가된다고 할 수 없으므로
   시정명령위반행위가 무허가건축행위의 불가벌적 사후행위라고 할 수도 없다. 이러한 점에 비추어
   구 건축법 제54조 제1항에 의한 무허가건축행위에 대한 형사처벌과 동법 제56조의2 제1항에 의한
   과태료의 부과는 헌법 제13조 제1항이 금지하는 이중처벌에 해당한다고 할 수 없다).
4) 헌재 2017. 5. 25, 2017헌바57(어떤 행정법규 위반행위에 대하여 입법자가 행정질서벌인 과태료
   를 부과할 것인지, 행정형벌을 부과할 것인지, 과태료를 부과하기로 한 경우 그 과태료의 액수
   를 정하는 것은 입법재량에 속한다).
5) 대판 1996. 4. 12, 96도158의 경우, 자동차 미등록 운행 시 벌칙 내용(구 자동차관리법 제71조

2464　　(2) **징계벌과 행정질서벌**　　징계벌과 행정질서벌은 모두 불이익한 처벌이지만, 그 목적이나 성질이 다르다고 볼 것이므로, 징계벌을 부과한 후 행정질서벌을 부과할 수도 있다.

2. 실효성 제고

2465　　(1) **관허사업의 제한**　　① 행정청은 허가·인가·면허·등록 및 갱신(이하 "허가등"이라 한다)을 요하는 사업을 경영하는 자로서 다음 각 호(1. 해당 사업과 관련된 질서위반행위로 부과받은 과태료를 3회 이상 체납하고 있고, 체납발생일부터 각 1년이 경과하였으며, 체납금액의 합계가 500만원 이상인 체납자 중 대통령령으로 정하는 횟수와 금액 이상을 체납한 자, 2. 천재지변이나 그 밖의 중대한 재난 등 대통령령으로 정하는 특별한 사유 없이 과태료를 체납한 자)의 사유에 모두 해당하는 체납자에 대하여는 사업의 정지 또는 허가등의 취소를 할 수 있다(질서법 제52조 제1항). ② 허가등을 요하는 사업의 주무관청이 따로 있는 경우에는 행정청은 당해 주무관청에 대하여 사업의 정지 또는 허가등의 취소를 요구할 수 있다(질서법 제52조 제2항). ③ 행정청은 제1항 또는 제2항에 따라 사업의 정지 또는 허가등을 취소하거나 주무관청에 대하여 그 요구를 한 후 당해 과태료를 징수한 때에는 지체 없이 사업의 정지 또는 허가등의 취소나 그 요구를 철회하여야 한다(질서법 제52조 제3항). ④ 제2항에 따른 행정청의 요구가 있는 때에는 당해 주무관청은 정당한 사유가 없는 한 이에 응하여야 한다(질서법 제52조 제4항).

2466　　(2) **신용정보의 제공 등**　　① 행정청은 과태료 징수 또는 공익목적을 위하여 필요한 경우 「국세징수법」 제7조의2를 준용하여 「신용정보의 이용 및 보호에 관한 법률」 제2조에 따른 신용정보회사 또는 같은 법 제25조에 따른 신용정보집중기관의 요청에 따라 체납 또는 결손처분자료를 제공할 수 있다(질서법 제53조 제1항). ② 행정청은 당사자에게 과태료를 납부하지 아니할 경우에는 체납

제1호, 제4조)은 이 판결 당시 법률과 현행 법률(자동차관리법 제80조 제1호, 제5조)의 내용이 동일하다. 그러나 임시운행기간 경과 후 운행의 경우, 당시 법률(구 자동차관리법 제75조 제1항 제3호, 제26조 제3항)은 과태료의 벌칙을 규정하고 있으나, 현행 법률은 벌칙규정을 두고 있지 않다. 당시 법률은 미등록운행금지와 임시운행기간 경과 후 운행금지를 분리 규정하였고, 현행 법률은 미등록운행금지에는 임시운행기간 경과 후 운행금지가 포함되는 것으로 보았다고 하겠다. 임시운행허가기간을 경과한 후의 운행에 대한 제재는 임시운행허가 번호판을 악용하여 임시운행허가기간이 경과한 후에 운행하는 것을 방지하겠다는 의도도 있다고 본다면, 반드시 이중처벌이라 말하기 어렵다. 이러한 관점에서 본다면 A는 이중처벌을 받았다고 보기 어렵다. 그러나 이 사건에서 피고인은 무단으로 자동차를 운행하였다는 것이므로, 논리적으로 보면 현행법의 태도가 바람직하지만, 그렇다고 당시 법률이 위헌이라 단언하기는 어렵다.

　한편, 헌재 1994. 6. 30, 92헌바38의 경우, 청구인은 무단으로 용도를 변경하였다는 것이므로, 논리상 무단용도변경 금지 위반과 시정명령위반을 합하여 하나의 처벌대상으로 하는 것도 가능하겠지만, 입법자는 현행법에서 양자를 분리 규정한 것으로 볼 것이다.

또는 결손처분자료를 제1항의 신용정보회사 또는 신용정보집중기관에게 제공할 수 있음을 미리 알려야 한다(질서법 제53조 제2항). ③ 행정청은 제1항에 따라 체납 또는 결손처분자료를 제공한 경우에는 대통령령으로 정하는 바에 따라 해당 체납자에게 그 제공사실을 통보하여야 한다(질서법 제53조 제3항).

(3) **고액·상습체납자에 대한 제재**　① 법원은 검사의 청구에 따라 결정으 2467
로 30일의 범위 이내에서 과태료의 납부가 있을 때까지 다음 각 호(1. 과태료를 3회 이상 체납하고 있고, 체납발생일부터 각 1년이 경과하였으며, 체납금액의 합계가 1,000만 원 이상인 체납자 중 대통령령으로 정하는 횟수와 금액 이상을 체납한 경우, 2. 과태료 납부능 력이 있음에도 불구하고 정당한 사유없이 체납한 경우)의 사유에 모두 해당하는 경우 체납자(법인인 경우에는 대표자를 말한다. 이하 이 조에서 같다)를 감치(監置)에 처할 수 있다(질서법 제54조 제1항). ② 행정청은 과태료 체납자가 제1항 각 호의 사유에 모두 해당하는 경우에는 관할 지방검찰청 또는 지청의 검사에게 체납자의 감치 를 신청할 수 있다(질서법 제54조 제2항). ③ 제1항의 결정에 대하여는 즉시항고를 할 수 있다(질서법 제54조 제3항). ④ 제1항에 따라 감치에 처하여진 과태료 체납 자는 동일한 체납사실로 인하여 재차 감치되지 아니한다(질서법 제54조 제4항).

(4) **자동차 관련 과태료 체납자에 대한 자동차 등록번호판의 영치**　① 행정청 2468
은 「자동차관리법」 제2조 제1호에 따른 자동차의 운행·관리 등에 관한 질서위 반행위 중 대통령령으로 정하는 질서위반행위로 부과받은 과태료(이하 "자동차 관 련 과태료"라 한다)를 납부하지 아니한 자에 대하여 체납된 자동차 관련 과태료와 관계된 그 소유의 자동차의 등록번호판을 영치할 수 있다(질서법 제55조 제1항). ② 자동차 등록업무를 담당하는 주무관청이 아닌 행정청이 제1항에 따라 등록 번호판을 영치한 경우에는 지체 없이 주무관청에 등록번호판을 영치한 사실을 통지하여야 한다(질서법 제55조 제2항). ③ 자동차 관련 과태료를 납부하지 아니한 자가 체납된 자동차 관련 과태료를 납부한 경우 행정청은 영치한 자동차 등록 번호판을 즉시 내주어야 한다(질서법 제55조 제3항).

3. 행정형벌의 행정질서벌화

행정형벌의 행정질서벌화는 비교적 오래전부터 주장되어 왔다. 경미한 행 2469
정법규위반이 행정형벌로 이어진다면, 그것은 국민을 전과자로 만들 가능성을 갖는다. 따라서 비교적 경미한 행정법규위반에 대해 단기자유형이나 벌금형을 규정하는 경우에는 과태료로 전환하는 것이 필요하며, 실무상으로도 늘 추진되 고 있다. 그러나 행정질서벌은 국민들의 책임의식의 해이와 국민들에 대한 절차 상 보호의 약화라는 문제점도 갖는다.

제 2 절 행정상 강제

제 1 항 일 반 론

1. 행정상 강제의 유형

2470 **(1) 유 형** 행정청은 행정목적을 달성하기 위하여 필요한 경우에는 법률로 정하는 바에 따라 필요한 최소한의 범위에서 다음 각 호(행정대집행, 이행강제금의 부과, 직접강제, 강제징수, 즉시강제)의 어느 하나에 해당하는 조치를 할 수 있다(기본법 제30조 제1항). 행정기본법은 이러한 수단들을 행정상 강제라 부르고 있다(기본법 제30조 제목).

2471 **(2) 행정벌·행정조사와 구별** ① 행정벌은 과거의 의무위반에 대하여 가해지는 제재이나, 행정상 강제는 의무를 현실적으로 실현시키는 것을 목적으로 한다. ② 행정조사는 자료획득을 위한 조사 자체를 목적으로 하나, 행정상 강제는 행정상 의무의 이행을 직접목적으로 한다.

2. 행정상 강제 법정주의

2472 행정기본법 제30조 제1항은 " … 법률로 정하는 바에 따라 … 조치(행정상 강제)를 할 수 있다"고 규정하고 있다. 따라서 행정기본법은 행정상 강제는 법률로 정하는 바에 따라야 한다는 행정상 강제 법정주의를 취하고 있다. 행정상 강제 조치에 관하여 행정기본법에서 정한 사항 외에 필요한 사항은 따로 법률로 정한다(기본법 제30조 제2항).

3. 비례원칙

2473 행정기본법 제31조 제1항은 ① "행정목적을 달성하기 위하여 필요한 경우"에 ② "필요한 최소한의 범위에서" 조치(행정상 강제)를 할 수 있다고 규정하여 행정상 강제가 이루어질 수 있는 실체적 요건으로서 비례원칙을 규정하고 있다.

4. 특징(사법상 강제집행과 비교)

2474 행정상 강제는 사법상 법률관계에서 강제집행과 달리 자력집행이라는 점을 특색으로 갖는다. 말하자면 사법관계에서는 의무자의 의무의 불이행이 있는 경우에 권리자는 스스로 집행할 수 없고 원칙적으로 사법적 원조, 즉 법원의 판결 및 집행기관에 의한 집행에 의해 권리를 실현하게 된다. 자력구제는 예외적이고 잠정적으로만 가능할 뿐이다. 그러나 행정법상 의무의 불이행의 경우에는 사법

적 원조 없이 행정주체가 스스로 고유의 집행기관의 도움을 받아 사인에 대해 강제적으로 권리를 실현할 수 있다. 이를 행정권의 자력강제라 부르기도 한다.

제 2 항   강제집행

제 1 목   일 반 론

1. 강제집행의 의의

강제집행이란 행정법상 개별·구체적인 의무의 불이행이 있는 경우에 행정   2475
주체가 의무자의 신체 또는 재산에 직접 실력을 가하여 의무자로 하여금 그 의무를 이행하게 하거나 또는 그 의무가 이행된 것과 같은 상태를 실현하는 공행정작용을 말한다. 행정상 강제 중 행정대집행, 이행강제금의 부과, 직접강제, 강제징수가 강제집행에 해당한다. 행정상 강제집행은 언제나 행정법상 개별·구체적인 의무의 불이행을 전제로 한다. 행정상 강제집행은 명령적 행위에서 문제된다. 왜냐하면 형성적 행위나 확인적 행위에서는 법적 효과가 당연히 발생하기 때문이다.

2. 즉시강제와 구별

강제집행과 즉시강제 모두 행정상 강제에 해당한다. 그러나 강제집행은 의   2476
무의 존재를 전제로 이의 불이행이 있는 경우에 일정한 절차를 거치면서 실력행사가 이루어지는 것이나, 즉시강제는 구체적인 의무의 불이행이 전제되지 않고 또는 구체적인 의무의 불이행이 있어도 강제집행에 요구되는 절차를 거침이 없이 이루어지는 실력행사인 점에서 양자는 상이하다.

3. 강제집행과 법률의 유보

(1) 대륙법과 영미법   행정상 강제집행에 법적 근거가 필요한가에 관해서   2477
종래 대륙법계의 사고와 영미법계의 사고에 차이가 있다고 설명되었다. 즉 전자에 따르면 국민에게 의무를 명하는 법규에는 그 의무를 불이행하는 경우에 강제집행할 수 있는 권한까지도 포함된다고 하고, 후자에 따르면 강제권은 사법권에 고유한 것이므로 행정권이 강제권을 갖기 위해서는 법률의 근거가 있어야 한다고 설명되었다. 그러나 오늘날에 있어서는 이러한 차이가 있다고 말하기 곤란하다. 적어도 본(Bonn)기본법하의 독일의 경우는 영미의 경우와 다를 바 없다 (법치국가원리).[1] 하여튼 의무부과와 불이행된 의무이행의 강제는 반드시 동일한

---

1) 졸저, 행정법원리, 257쪽; Giemulla/Jaworsky/Müller – Uri, Verwaltungsrecht, Rn. 531.

성질의 행위는 아니고, 강제의 방법·정도 여하에 따라서는 국민의 기본권에 침해를 가져올 수도 있다는 전제에서 보면, 기본권보장을 내실로 하는 법치국가·법치행정의 원리상 행정청이 강제권을 갖기 위해서는 법률의 근거를 요한다고 보아야 할 것이다. 이것은 통설의 입장이기도 하다.[1] 그러나 이러한 논의는 오늘날 실제상 큰 의미가 없다. 왜냐하면 후술하는 바와 같이 통일법전은 없어도 개별적인 법적 근거가 마련되어 있기 때문이다.

2478 　　(2) **실정법상 근거**　　행정상 강제집행에 관한 실정법에는 ① 대집행에 관한 일반법으로 행정대집행법과 ② 행정상 강제징수에 관한 실질적인 일반법으로 국세징수법이 있고, ③ 그 밖에 특별법으로 출입국관리법(제62조) 등이 있다. 다만 국세징수법은 원래 국세징수에 관한 것이나, 여러 법률이 국세징수법을 준용하고 있는 결과(예: 지기법 제147조), 동법은 공법상 금전급부의무의 강제에 관한 일반법으로 기능하고 있는 것이다. 한편, 지방자치단체의 영역에서 지방세외수입금(지방자치단체의 장이 행정목적을 달성하기 위하여 법률에 따라 부과·징수하는 조세 외의 금전으로서 과징금, 이행강제금, 부담금 등 대통령령으로 정하는 것)의 징수를 위한 근거법으로 지방세외수입금의 징수 등에 관한 법률(제정 2013. 8. 6, 시행 2014. 8. 7.)이 있다. ④ 직접강제에 관한 일반법은 없다.

2479 　　(3) **통일법전의 마련**　　현재로서 포괄적이고도 정비된 행정상 강제 제도를 규율하는 단일의 통일법전은 없다. 통일법전을 마련하는 것이 어려운 일이지만, 필요하다. 정비된 제도는 행정의 자의를 배제하고 오히려 국민의 권익보호에 기여한다는 점을 유념하여야 할 것이다. 프랑스의 경우에는 행정법상 강제수단은 예외적이고 형벌적 제재수단과 기타의 사법적 수단이 주된 수단이라고 하나, 독일의 경우는 행정집행법이라는 단일의 통일법전이 있다.[2]

4. 강제집행 수단의 선택

2480 　　「어떠한 의무의 불이행에 대하여 어떠한 강제집행의 방법이 도입되어야 하

---

　1) 이상규, 신행정법론(상), 532쪽.
　2) 독일은 하나의 법률, 즉 행정집행법률에서 강제집행의 수단으로 대집행, 강제금, 직접강제를 규정하면서(동법 제9조 제1항), 강제수단은 목적달성에 상당한 것이어야 함을 규정하고 있다(동법 제9조 제2항).
　　　Verwaltungs—Vollstreckungsgesetz (VwVG)
　　　§ 9 Zwangsmittel
　　　(1) Zwangsmittel sind : a) Ersatzvornahme (§ 10), b) Zwangsgeld (§ 11), c) unmittelbarer Zwang (§ 12).
　　　(2) Das Zwangsmittel muß in einem angemessenen Verhältnis zu seinem Zweck stehen. Dabei ist das Zwangsmittel möglichst so zu bestimmen, daß der Betroffene und die Allgemeinheit am wenigsten beeinträchtigt werden.

는가?」는 불이행된 의무의 성질을 전제로 하여 판단·결정할 문제이다. 의무의 종류에 따른 강제수단을 도해하면 다음과 같다.

종 류	적용 가능한 의무	근거법령(적용법령)
행정대집행	대체적 작위의무	개별법률＋행정대집행법＋행정기본법
이행강제금의 부과	대체적 작위의무＋비대체적 작위의무＋부작위의무＋수인의무	개별법률＋행정기본법
직접강제	비대체적 작위의무＋부작위의무＋수인의무	개별법률＋행정기본법
강제징수	금전급부의무	개별법률＋국세징수법＋행정기본법

* 직접강제가 비대체적 작위의무(예 : 퇴거의무)의 불이행에 적용 가능하지만, 성질상 적용하기
  곤란한 경우도 있다(예 : 전문가의 감정의견제출).

제 2 목 행정대집행

I. 의 의

1. 개 념

행정대집행이란 의무자가 행정상 의무(법령등에서 직접 부과하거나 행정청이 법 **2481** 령등에 따라 부과한 의무를 말한다. 이하 이 절에서 같다)로서 타인이 대신하여 행할 수 있는 의무를 이행하지 아니하는 경우 법률로 정하는 다른 수단으로는 그 이행을 확보하기 곤란하고 그 불이행을 방치하면 공익을 크게 해칠 것으로 인정될 때에 행정청이 의무자가 하여야 할 행위를 스스로 하거나 제3자에게 하게 하고 그 비용을 의무자로부터 징수하는 것을 말한다(기본법 제30조 제1항 제1호).[1] 행정대집행은 언제나 행정법상 개별·구체적인 의무의 불이행을 전제로 한다. 행정대집행은 명령적 행위에서 문제된다. 왜냐하면 형성적 행위나 확인적 행위에서는 법적 효과가 당연히 발생하기 때문이다. 행정대집행을 대집행으로 부르기도 한다(행집법 제2조 이하). 대집행은 종래 경찰목적 등의 소극적 목적을 위해 활용되어 왔으나, 근자에는 사유유휴지의 활용강제를 위한 대집행 등 적극적으로 공공복지의 실현을 위해 활용되기도 한다.

2. 직접강제와 구별

(1) **문제상황**   대집행은 대체적 작위의무의 경우에 문제되고, 직접강제는 **2482**

---

1) 대판 1968. 3. 19, 63누172(행정대집행법상 대집행은 헌법에 위반되지 아니한다).

대체적이거나 비대체적 작위 뿐만 아니라 수인이나 부작위에도 문제되는바, 대집행과 직접강제의 구분은 대체적 작위의무와 관련하여 문제된다. 대집행에는 자기집행과 타자집행이 있는데, 대집행과 직접강제의 구분은 대집행의 한 형태로서 자기집행과 직접강제의 구별의 문제가 된다.[1]

2483   (2) **구분기준**   ① 의무자인 사람에 대한 강제는 직접강제이고, 물건이나 동물에 대한 강제는 직접강제일 수도 있고, 대집행일 수도 있다는 견해가 있다. 후자의 경우 경찰작용이 의무자에게 놓인 작위의무와 동일할 때에는 대집행이 되고(예 : 사인 간에 싸움이 벌어진 때 사인의 요구가 없음에도 경찰이 특정인의 대문을 임의로 부수고 들어간 경우), 경찰작용이 의무자에게 놓인 작위의무와 동일하지 아니할 때에는 직접강제가 된다(예 : 의무자가 문을 열어야 함에도 열지 아니한 경우)고 한다.[2] 또한 ② 대집행과 직접강제의 구분이 반드시 명백한 것은 아니라는 전제하에 가옥의 철거에 있어서 보통의 방법이 아닌 소각 또는 폭파하는 등 행정청이 대체적으로 집행한다는 한계를 넘어서 실현한다면, 그것은 대집행이 아니라 직접강제라는 견해도 있다.[3] 그러나 그러한 것도 타인이 대신하여 행할 수 있다면, 역시 대집행으로 볼 것이다.

2484   (3) **구분의 실익**   ① 비례원칙에 따라 대집행으로도 목적달성이 가능하다면 대집행이 적용되어야 하고, 직접강제는 극단적인 경우에만 적용되어야 한다, ② 직접강제의 경우에는 행정청이 비용을 부담하나, 대집행의 경우에는 의무자가 비용을 부담하여야 한다.[4]

3. 법적 근거

2485   ① 헌법 제37조 제2항 등에 비추어 대집행에 법률의 근거가 필요하다. ② 행정 전반의 일반법인 행정기본법은 제30조 제1항에서 행정상 강제의 종류로 행정대집행 등을 규정하면서 이러한 수단은 법률로 정하는 바에 따라 발동될 수 있음을 규정하고 있다. ③ 행정대집행에 관한 일반법으로서 행정대집행법이 있다. 특별규정으로 건축법 제85조, 공익사업을 위한 토지 등의 취득 및 보상에 관한 법률 제89조 등을 볼 수 있다.

---

1) Schmidt, Polizei – und Ordnungsrecht(15. Aufl.), Rn. 921.
2) Pieroth/Schlink/Kniesel, Polizei – und Ordnungsrecht mit Versammlungsrecht(8. Aufl.), § 24, Rn. 14; Schmidt, Polizei – und Ordnungsrecht(15. Aufl.), Rn. 923, 927.
3) 박윤흔·정형근, 최신행정법강의(상), 506쪽.
4) Pieroth/Schlink/Kniesel, Polizei – und Ordnungsrecht mit Versammlungsrecht(8. Aufl.), § 24, Rn. 14; Schmidt, Polizei – und Ordnungsrecht(15. Aufl.), Rn. 927.

Ⅱ. 대집행의 요건(실체요건)

대집행의 일반적인 요건은 행정대집행법 제2조가 정하고 있다. 동조는 "법 2486
률(법률의 위임에 의한 명령, 지방자치단체의 조례를 포함한다)에 의하여 직접 명령되었
거나 또는 법률에 의거한 행정청의 명령에 의한 행위로서 타인이 대신하여 행
할 수 있는 행위를 의무자가 이행하지 아니하는 경우, 다른 수단으로써 그 이행
을 확보하기 곤란하고 또한 그 불이행을 방치함이 심히 공익을 해할 것으로 인
정될 때에는 당해 행정청은 스스로 의무자가 하여야 할 행위를 하거나 또는 제
3자로 하여금 이를 하게 하여 그 비용을 의무자로부터 징수할 수 있다"고 규정
하는바, 동조에서 요구되는 대집행의 요건으로는 '공법상 의무'로서 '대체적 작
위의무'의 '불이행'이 있고, 이행을 확보할 '다른 수단이 없고' 또한 불이행의 방
치가 공익을 해할 것, 즉 '공익상의 요청이 있을 것'을 들 수 있다.

1. 공법상 의무의 불이행이 있을 것

① 대집행은 공법상 의무의 불이행을 대상으로 한다. 따라서 사법상 의무의 2487
불이행은 대집행의 대상이 되지 아니한다.[1] 한편, ② 대집행의 대상이 되는 공
법상 의무는 법령에서 직접 명해질 수도 있고(예컨대, 물환경보전법 제15조(배출 등
의 금지) ② 제1항 제1호·제2호 또는 제4호의 행위로 인하여 공공수역이 오염되거나 오염될
우려가 있는 경우에는 그 행위자, 행위자가 소속된 법인 및 그 행위자의 사업주(이하 "행위자
등"이라 한다)는 해당 물질을 제거하는 등 환경부령으로 정하는 바에 따라 오염을 방지·제거
하기 위한 조치(이하 "방제조치"라 한다)를 하여야 한다), 법령에 근거한 행정행위에 의
해 명해질 수도 있다(예컨대, 옥광법 제10조 ① 시장등(제3조의2에 따라 시·도지사에게
허가를 받거나 신고한 경우에는 시·도지사를 말한다. 이하 이 조에서 같다)은 광고물등의 허
가·신고·금지·제한 등에 관한 제3조, 제3조의2, 제4조, 제4조의2, 제4조의3 및 제5조를 위반
하거나 제9조에 따른 안전점검에 합격하지 못한 광고물등 또는 제9조의2 제1항에 따른 안전점
검 결과 안전을 저해할 우려가 있다고 판단되는 광고물등에 대하여 다음 각 호(1. 광고물등을
표시하거나 설치한 자, 2. 광고물등을 관리하는 자, 3. 광고주, 4. 옥외광고사업자, 5. 광고물등
의 표시·설치를 승낙한 토지·건물 등의 소유자 또는 관리자)에 해당하는 자(이하 "관리자등"
이라 한다)에게 그 광고물등을 제거하거나 그 밖에 필요한 조치를 하도록 명하여야 한다).[2]

---

1) 대판 1975. 4. 22, 73누215(피고(서울철도국장)와 원고간의 본건 원판시의 각 임대차계약관계는
위 설시와 같이 사법상의 법률관계에 불과하여 원고에게 공법상의 행위의무가 생하는 것이 아
니므로 이 건 건물의 철거는 민사소송의 방법으로 구함은 모르되 행정대집행법에 의한 철거계
고처분을 한 조치는 법에 근거 없는 처분으로써 그 하자가 중대하고 명백한 것이어서 당연무
효라 할 것이다).

2) 대판 1966. 2. 28, 65누141(건축법 제42조 소정 요건의 구비여부는 본건 계고처분의 요건이 아

행정행위에 의한 의무부과는 대집행을 위한 계고처분절차보다 선행하는 것이 원칙이지만, 1장의 문서로서 양자가 동시에 이루어질 수도 있다는 것이 판례의 입장이다.[1] ③ 공법상 의무(대체적 작위의무)의 불이행이 있어야 한다. 대집행절차의 개시 후에 의무의 이행이 있었다면, 대집행은 중지되어야 한다. 말하자면 대집행은 이루어질 수 없다. ④ 공법상 의무를 부과한 행정행위가 반드시 적법하여야 하는 것은 아니다.[2] 물론 무효인 행위로부터 공법상 의무는 발생할 수 없다.

2. 불이행된 의무는 대체적 작위의무일 것

2488   그 공법상의 의무는 타인이 대신하여 행할 수 있는 의무, 즉 대체적 작위의 무이어야 한다(예 : 불법광고물제거의무불이행). 비대체적 의무나 부작위의무 또는 수인의무의 불이행의 경우에는 대집행이 적용될 수 없다. 대체성의 판단이 반드시 용이한 것은 아니다. 의무자만이 이행가능한 전문·기술적인 의무는 대체성이 없다.[3]

2489   토지·건물의 인도의무는 사람을 실력으로 배제하여야 하는 것이므로(즉 대체적 작위의무가 아니므로) 대집행에 적합하지 않다고[4] 하겠다.[5] 토지·건물의 인도의무의 불이행의 경우에는 사정에 따라 경찰관직무집행법상 위험발생방지조치 등이나 형법상 공무집행방해죄의 적용을 통해 의무의 이행을 확보할 수도

니고 계고처분이 있기 전의 행정대집행법 제2조 소정행정청에 명령 즉 본건에 있어서는 계고처분에 선행되어야 할 피고의 본건 건물에 대한 철거명령의 적부에 관한 문제로서, 위의 건축법 제42조 소정요건이 구비되어 있지 않다고 주장하는 변론의 전취지로 해석되는 본건에 있어서는, 원심은 모름지기 석명권을 행사하여 본건 계고처분에 선행하여 철거명령이 있었는지의 여부를 심리하여 그 철거명령이 없었다면 본건 계고처분은 요건 흠결로 인하여 적법한 것이라 할 수 없고, 철거명령이 있어 취소된 바 없다면, 본건에서 건축법 제42조 소정요건의 흠결을 주장할 수 없음을 판단하였어야 할 것이다).

1) 대판 1992. 6. 12, 91누13564(계고서라는 명칭의 1장의 문서로서 일정기간 내에 위법건축물의 자진철거를 명함과 동시에 그 소정기한 내에 자진철거를 하지 아니할 때에는 대집행할 뜻을 미리 계고한 경우라도 건축법에 의한 철거명령과 행정대집행법에 의한 계고처분은 독립하여 있는 것으로서 각 그 요건이 충족되었다고 볼 것이다).

2) Erbguth, Allgemeines Verwaltungsrecht(7. Aufl.), §19, Rn. 13 참조.

3) 대판 1998. 10. 23, 97누157(이 사건 계고처분의 대상이 되는 퇴거의무는 지방재정법 제85조에 의한 대집행의 대상이 되는 대체적 작위의무에 속하는 것이 아니라고 할 것이다).

4) 대판 2005. 8. 19, 2004다2809(피수용자 등이 기업자에 대하여 부담하는 수용대상 토지의 인도의무에 관한 구 토지수용법(폐지) 제63조, 제64조, 제77조 규정에서의 '인도'에는 명도도 포함되는 것으로 보아야 하고, 이러한 명도의무는 그것을 강제적으로 실현하면서 직접적인 실력행사가 필요한 것이지 대체적 작위의무라고 볼 수 없으므로 특별한 사정이 없는 한 행정대집행법에 의한 대집행의 대상이 될 수 있는 것이 아니다); 대판 1998. 10. 23, 97누157(이 사건 계고처분의 목적이 된 의무는 그 주된 목적이 위 매점의 원형을 보존하기 위하여 원고가 설치한 불법시설물을 철거하고자 하는 것이 아니라, 위 매점에 대한 원고의 점유를 배제하고 그 점유이전을 받는 데 있다고 할 것인데, 이러한 의무는 그것을 강제적으로 실현함에 있어 직접적인 실력행사가 필요한 것이지 대체적 작위의무에 해당하는 것은 아니어서 직접강제의 방법에 의하는 것은 별론으로 하고 행정대집행법에 의한 대집행의 대상이 되는 것은 아니다).

5) 박윤흔·정형근, 최신행정법강의(상), 507쪽.

있을 것이다.[1)]

부작위의무는 비대체적 의무이므로 대집행의 대상이 될 수 없으나, 부작위 2490
의무에 의하여 생긴 유형적 결과의 시정을 명하여 작위의무로써 전환됨으로써
비로소 대집행의 대상이 될 수 있다. 문제는 부작위의무를 부과하는 금지규정에
서 당연히 의무위반으로 인한 결과의 시정을 명할 수 있는 권한이 나오느냐인
데, 판례는 그 결과의 시정을 명할 수 있는 별도의 근거규정(전환규범)(예 : 건축법
제79조; 도로법 제96조 참조)을 요하고, 그러한 법적 근거가 없다면 법률유보의 원
칙상 대집행은 불가능하다고 한다.[2)] 공유재산 및 물품 관리법 제83조의 경우에
도 유사한 문제가 발생하나, 소극적으로 볼 것이다.[3)]

  ▌참고▐ 공익사업을 위한 토지 등의 취득 및 보상에 관한 법률 제44조 제1항 2491
은 "특별자치도지사, 시장·군수 또는 구청장은 다음 각 호(1. 토지나 물건을 인도 또
는 이전하여야 할 자가 고의나 과실 없이 그 의무를 이행할 수 없을 때, 2. 사업시행자가
과실 없이 토지나 물건을 인도하거나 이전하여야 할 의무가 있는 자를 알 수 없는 때)의
어느 하나에 해당할 때에는 사업시행자의 청구에 의하여 토지나 물건의 인도 또는
이전을 대행하여야 한다"라고 규정하는데 물건의 이전은 대체적 작위의무로 대집행
의 대상이 될 수 있지만, 토지나 건물의 인도의무는 대체적 작위의무가 아님에도 대
집행의 대상이 되는지가 문제된다. 일설은[4)] 대집행은 대체적 작위의무에만 가능하
므로 토지보상법 제44조를 근거로 대집행할 수 없다는 견해가 있는 반면, 동 규정
을 행정대집행법 제2조의 예외로 보는 견해도[5)] 있다. 판례는 부정적인 입장이다.[6)]

---

1) 김남진·김연태, 행정법(Ⅰ), 539쪽(2019) 참조.
2) 대판 1996. 6. 28, 96누4374(단순한 부작위의무의 위반, 즉 관계법령에 정하고 있는 절대적 금
   지나 허가를 유보한 상대적 금지를 위반한 경우에는 당해 법령에서 그 위반자에 대하여 위반
   에 의하여 생긴 유형적 결과의 시정을 명하는 행정처분의 권한을 인정하는 규정(예컨대, 건축
   법 제69조, 도로법 제74조, 하천법 제67조, 도시공원법 제20조, 옥외광고물등관리법 제10조
   등)을 두고 있지 아니한 이상, 법치주의의 원리에 비추어 볼 때 위와 같은 부작위의무로부터
   그 의무를 위반함으로써 생긴 결과를 시정하기 위한 작위의무를 당연히 끌어낼 수는 없으며,
   또 위 금지규정(특히 허가를 유보한 상대적 금지규정)으로부터 작위의무, 즉 위반결과의 시정
   을 명하는 권한이 당연히 추론되는 것도 아니다.
3) 대판 2011. 4. 28, 2007도7514(구 공유재산 및 물품 관리법(2010. 2. 4.법률 제10006호로 개정되
   기 전의 것, 이하 '공유재산법'이라 한다) 제83조는 "정당한 사유 없이 공유재산을 점유하거나
   이에 시설물을 설치한 때에는 행정대집행법 제3조 내지 제6조의 규정을 준용하여 철거 그 밖
   의 필요한 조치를 할 수 있다."라고 정하고 있는데, 위 규정은 대집행에 관한 개별적인 근거 규
   정을 마련함과 동시에 행정대집행법상의 대집행 요건 및 절차에 관한 일부 규정만을 준용한다
   는 취지에 그치는 것이고, 그것이 대체적 작위의무에 속하지 아니하여 원칙적으로 대집행의 대
   상이 될 수 없는 다른 종류의 의무에 대하여서까지 강제집행을 허용하는 취지는 아니다).
4) 박윤흔·정형근, 최신행정법강의(상), 508쪽.
5) 류지태·박종수, 행정법신론, 402쪽(2019).
6) 대판 2005. 8. 19, 2004다2809(구 토지수용법(공익사업을 위한 토지 등의 취득 및 보상에 관한

행정대집행법 제2조의 해석상 부정적인 견해가 타당하다.

3. 다른 방법이 없을 것(보충성)

2492   대집행이 인정되기 위해서는 불이행된 의무를 다른 수단으로는 이행을 확
보하기가 곤란하여야 한다. 여기서 다른 수단이란 비례원칙상 의무자에 대한 침
해가 대집행보다 경미한 수단을 의미한다고 본다. 따라서 직접강제나 행정벌은
이에 해당하기 어려울 것이고, 사실상의 권유 등이 이에 해당할 수 있다.

> ▌참고▌ 행정기본법(안)은 행정대집행에 비례원칙이 적용됨을 규정하고 있다.
>
> ▫ 행정기본법(안) 제31조(행정상 강제) ① 행정청은 …필요한 최소한의 범위에서 다음
> 각 호의 어느 하나에 해당하는 조치를 할 수 있다. (각호 생략)

4. 공익상의 요청이 있을 것(공·사익의 형량)

2493   의무의 불이행만으로 대집행이 가능한 것은 아니다. 의무의 불이행을 방치
하는 것이 심히 공익을 해한다고 인정되는 경우에 비로소 대집행이 허용된다.[1]
여기서 '심히'의 판단시기는 계고시가 기준이 된다.

> ▌참고▌

2494   [공익상 요청이 있는 것으로 본 판례 모음] ① 건축 도중 3회에 걸쳐 건축의
중지 및 시공부분의 철거지시를 받았음에도 공사를 강행하여 건축물을 완공한 경우
(대판 1980. 9. 24, 80누252), ② 도로부지 8평을 침범한 건물(대판 1983. 3. 8, 81누

법률 부칙 제2조에 의하여 폐지된 것, 이하 같다) 제63조(현행 제43조)는 …, 제64조(현행 제
44조)는 …, 제77조(현행 제89조)는 … 라고 규정하고 있는데, 위 각 규정에서의 '인도'에는 명
도도 포함되는 것으로 보아야 하고, 이러한 명도의무는 그것을 강제적으로 실현하면서 직접적
인 실력행사가 필요한 것이지 대체적 작위의무라고 볼 수 없으므로 특별한 사정이 없는 한 행
정대집행법에 의한 대집행의 대상이 될 수 있는 것이 아니다).

1) 대판 1989. 7. 11, 88누11193(이 사건 건물이나 주위의 미관상으로도 별다른 이상이 없는 사실,
피고가 계고처분을 한 위 위법건물부분을 대집행으로 철거할 경우 많은 비용이 소요되는 반면
에 철거를 한다 하더라도 위법건물을 철거하였다는 점 이외에는 위 건물 1, 2층에 새든 임주자
들의 생활에는 막대한 불편을 초래하여 오히려 쓰임새가 줄어든 건물을 만들게 되는바 위 증
축으로 인하여 위반결과가 현존하여 있고, 원고가 그 철거의무를 불이행하고 있으나 이를 방치
함이 도시계획이나 도로교통상 또는 방화, 보안, 위생, 도시미관 및 공해예방 등의 공익을 심히
해하는 때에 해당한다고 할 수 없으니 이 사건 계고처분은 위법하다); 대판 1989. 3. 28, 87누
930(무허가로 불법건축되어 철거할 의무가 있는 원판시건축물을 도시미관, 주거환경, 교통소통
에 지장이 없다는 등의 사유만을 들어 이를 그대로 방치한다면 불법건축물을 단속하는 당국의
권능을 무력화하여 건축행정의 원활한 수행이 위태롭게 되고 건축허가 및 준공검사시에 소방
시설, 주차시설 기타 건축법 소정의 제한규정을 회피하는 것을 사전예방한다는 더 큰 공익을
해칠 우려가 있다).

188), ③ 개발제한구역 내의 토지소유자가 부정한 방법으로 증축허가신청을 받고 건물을 증축한 후 관계공무원을 기망하여 준공검사까지 받은 경우(대판 1983. 12. 27, 83누379), ④ 골프연습장을 도시계획법 및 건축법을 위반하여 무허가로 용도변경하여 설치하고, 개발제한구역 내에 위치하고 있어 합법화될 가능성이 없는 건축물(대판 1995. 6. 29, 94누11354), ⑤ 원고 소유인 건물의 3층 부분 건평 32.56평방미터에 대한 이벽보강공사 및 지붕보수공사의 대수선신고를 마치고 그 공사를 하면서 허가를 받지 아니하고 위 3층 부분에 이어 건평 63.44평방미터를 증축한 경우(대판 1992. 3. 10, 91누4140), ⑥ 대지의 전면에 설치된 도시계획선을 침범하여 건축함으로써 1, 2층 점포부분을 허가면적보다 각 55평방미터 늘려 시공한 건축물(대판 1992. 8. 14, 92누3885), ⑦ 개발제한구역 내에 허가 없이 묘지를 설치한 불법형질변경을 한 경우(대판 1993. 5. 11, 92누8279), ⑧ 사설강습소를 운영하면서 구 건축법 제5조에 의한 허가를 받지 아니하고 건물 옥상에 스레트 및 함석브럭 구조로 된 간이건물 153평방미터를 증축하여 사용한 경우(대판 1993. 6. 25, 93누2346), ⑨ 공장건물 중 기존의 1층 181.32m²에 1개층 181.32m²가 기존의 2층 181.32m²에 1개층 60m²가 각 무단증축되어 있고, 기존 2층의 공장용도 85.32m² 부분이 주택으로 개조된 경우(대판 1995. 12. 26, 95누14114), ⑩ 소관청의 허가를 받음이 없이 시장건물의 후면벽과 공터 359평방미터에 인접한 주택의 담장을 벽으로 삼고 철골의 기둥과 천정을 세워 그 위에 스레트 및 천막을 씌워 차양시설로서 건축물을 완성한 경우(대판 1989. 3. 28, 87누930).

[공익상 요청이 없는 것으로 본 판례 모음] ① 1, 2층에는 각 세입자가 살고 2495
있고 3층에는 원고가 살고 있는 3층 주택에 있어서 1층에는 화장실과 부엌이 따로 없어 생활에 심한 불편이 있자 건축허가 없이 1층 출입문 옆에 화장실 2.86평방미터와 아궁이가 있는 창고 9.02평방미터를 설치하고 원고의 가족이 많아 방이 부족하므로 허가 건물인 옥탑에 덧붙여 13.11평방미터의 주택용 방실 1개를 증축한 경우(대판 1989. 7. 11, 88누11193), ② 기존건물의 4층 옥상 뒤편에 허가를 받지 아니하고 세면벽돌조 스라브지붕 주택 55.44평방미터를 증축한 경우(대판 1990. 1. 23, 89누6969), ③ 주택건물 중 신고 없이 무단 축조한 건물후면부분은 단열재를 보강하여 외벽을 다시 쌓음으로서 벽체의 두께가 40센티미터 정도 늘어난 부분으로서 바닥면적이 3.3평방미터에 불과한 경우(대판 1991. 8. 27, 91누5136), ④ 불법증축한 건물에 관하여 특정건축물정리에 관한 특별조치법 제4조의 절차에 따라 위 건물을 동법 제3조 소정의 대상건축물로 신고하여 서울특별시장이 위 건물을 동법소정의 대상건물로 판단하여 특정건축물정리심의위원회에 심의를 상정한 상태라 위 불법증축 부분에 대하여서는 위 특별조치법 소정의 절차에 따라 합법화될 가능성이 있는 경우(대판 1986. 11. 11, 86누173).

5. 기   타

2496   ① 불가쟁력의 발생은 고려의 대상은 되나 대집행의 요건은 아니다.[1] 그리고 ② 요건의 판단은 재량이 아니라 판단여지의 문제이다. 한편 ③ 상기의 대집행요건의 입증책임은 행정청에 있다는 것이 판례의 입장이다.[2] 물론 집행정지 중에는 집행을 할 수 없다. ④ 요건이 구비된 후 대집행을 할 것인가의 여부는 재량적이다. 다만 재량이 영으로 수축되는 경우에는 기속적이다.[3]

Ⅲ. 대집행주체와 대집행행위자

1. 대집행주체

2497   대집행을 결정하고 이를 실행할 수 있는 권한을 가진 자(대집행주체)는 당해 행정청이다(행집법 제2조). 여기서 당해 행정청이란 의무를 부과한 행정청을 의미한다. 그것은 국가기관일 수도 있고, 지방자치단체의 기관일 수도 있다. 당해 행정청의 위임이 있으면 다른 행정청도 대집행주체가 될 수 있다.[4]

2. 대집행행위자

2498   한편 대집행을 현실로 수행하는 자(대집행행위자)는 반드시 당해 행정청이어야 하는 것은 아니다. 경우에 따라서는 제3자가 대집행을 수행할 수도 있다. 전자를 자기집행, 후자를 타자집행이라 부를 수 있다.[5] 이러한 경우에는 의무자와 제3자 사이, 행정청과 제3자 사이, 행정청과 의무자 사이의 3면의 법관계가

---

1) 독일행정집행법은 불가쟁력의 발생을 원칙적으로 요구하고 있다(VwVG 제6조 제1항).
2) 대판 1996. 10. 11, 96누8086(건축법에 위반하여 건축한 것이어서 철거의무가 있는 건물이라 하더라도 그 철거의무를 대집행하기 위한 계고처분을 하려면 다른 방법으로는 이행의 확보가 어렵고 불이행을 방치함이 심히 공익을 해하는 것으로 인정될 때에 한하여 허용되고 이러한 요건의 주장·입증책임은 처분 행정청에 있다); 대판 1970. 8. 18, 70누84.
3) 김동희, 행정법(Ⅰ), 479쪽(2019); 박균성, 행정법론(상), 575쪽(2019).
4) 대판 2011. 9. 8, 2010다48240(대한주택공사(2009. 5. 22.법률 제9706호 한국토지주택공사법 부칙 제8조에 의하여 원고에게 권리·의무가 포괄승계되었다)는 구 대한주택공사법(위 한국토지주택공사법 부칙 제2조로 폐지, 이하 '법'이라 한다) 제2조, 제5조에 의하여 정부가 자본금의 전액을 출자하여 설립한 법인이고, 대한주택공사가 택지개발촉진법에 따른 택지개발사업을 수행하는 경우 이러한 사업에 관하여는 법 제9조 제1항 제2호, 제9조 제2항 제7호, 구 대한주택공사법 시행령(2009. 9. 21.대통령령 제21744호 한국토지주택공사법 시행령 부칙 제2조로 폐지, 이하 '시행령'이라 한다) 제10조 제1항 제2호, 공익사업을 위한 토지 등의 취득 및 보상에 관한 법률 제89조 제2항에 따라 시·도지사나 시장·군수 또는 구청장의 업무에 속하는 대집행권한을 대한주택공사에 위탁하도록 되어 있다. 따라서 대한주택공사는 위 사업을 수행함에 있어 법령에 의하여 대집행권한을 위탁받은 자로서 공무인 대집행을 실시함에 따르는 권리·의무 및 책임이 귀속되는 행정주체의 지위에 있다).
5) 독일연방행정집행법률은 행정청 자신에 의한 강제집행의 경우를 직접강제라 부르나, 대부분의 란트의 법률은 이것을 대집행의 한 종류로 규정하고 있다. 졸저, 행정법원리, 261쪽 참조.

생긴다. 나누어 살펴보기로 한다.

(1) **의무자와 제3자 사이**　　여기에는 원칙적으로 아무런 법관계가 없다. 다　2499
만 의무자는 제3자의 대집행행위(예 : 토지에 출입 또는 건물의 철거)에 대한 수인의
의무만을 질 뿐이다.[1]

(2) **제3자와 행정청 사이**　　공익적 요소를 가진 대집행권의 이전을 내용으　2500
로 하는 공법상 행정계약 또는 공무수탁사인의 관계에 있는 공법관계로 보는
견해도[2] 있으나 사법상 도급계약으로 보는 다수견해가 타당하다.[3] 제3자는 원
칙적으로 계약체결의 자유를 갖는다. 집행공무원은 계약의 이행을 감독할 수 있
고, 제3자에 대한 의무자의 대항이 있는 경우에는 직접적인 강제력으로 제3자
를 도울 수 있다. 제3자의 대가는 사법상 도급계약에 근거하여 행정청에 대해
청구하게 되며, 의무자에게 청구하는 것은 아니다.

(3) **행정청과 의무자 사이**　　행정청이 제3자에게 부담하게 한 비용은 궁극　2501
적으로 의무자가 부담하여야 한다. 따라서 행정청은 의무자에 대해 공법상 상환
청구권을 갖는다. 이러한 상환청구권은 행정행위에 의해 확정되고, 의무자의 임
의적인 이행이 없는 한 행정상 강제징수절차에 따라 징수된다(행집법 제6조). 요
컨대 행정청과 의무자의 관계는 공법관계이다.

Ⅳ. 대집행의 절차(절차요건)

1. 계　　고

(1) **원　　칙**　　대집행요건이 갖추어진 경우,[4] 대집행을 하기 위해서는 먼　2502
저 의무의 이행을 독촉하는 뜻의 계고를 하여야 한다. 이 때 의무의 내용은 특
정되어야 한다.[5] 그리고 상당한 이행기간을 정하여 그 기한까지 이행되지 아니
할 때에는 대집행한다는 뜻을 미리 문서로 계고하여야 한다(행집법 제3조 제1항).

---

1) Maurer/Waldhoff, Allgemeines Verwaltungsrecht(2017), § 20, Rn. 13.
2) 한견우, 현대행정법론2, 207쪽(2018).
3) 김남진·김연태, 행정법(Ⅰ), 536쪽(2019); 김성수, 일반행정법, 499쪽(2019); 류지태·박종
　수, 행정법신론, 402쪽(2019); 홍준형, 행정법총론, 594쪽(2019); Detterbeck, Allgemeines
　Verwaltungsrecht mit Verwaltungsprozessrecht(13. Aufl.), § 20, Rn. 1031; Maurer/Waldhoff,
　Allgemeines Verwaltungsrecht(2017), § 20, Rn. 13.
4) 대판 1961. 12. 31, 4293행상31(계고처분의 적법여부를 논하려면 그 전제가 되는 대체적 작위의
　무를 발생시킬 행정청의 명령이 있는 유무 및 그 위법여부를 조사하여야 한다).
5) 대판 1997. 2. 14, 96누15428(행정청이 행정대집행법 제3조 제1항에 의한 대집행계고를 함에 있
　어서는 의무자가 스스로 이행하지 아니하는 경우에 대집행할 행위의 내용 및 범위가 구체적으
　로 특정되어야 하지만, 그 행위의 내용 및 범위는 반드시 대집행계고서에 의하여서만 특정되어
　야 하는 것이 아니고 계고처분 전후에 송달된 문서나 기타 사정을 종합하여 행위의 내용이 특
　정되거나 대집행 의무자가 그 이행의무의 범위를 알 수 있으면 족하다).

상당한 기간이란 사회통념상 이행에 필요한 기간을 의미한다.[1] 행정청은 상당한 이행기한을 정함에 있어 의무의 성질·내용 등을 고려하여 사회통념상 해당 의무를 이행하는 데 필요한 기간이 확보되도록 하여야 한다(행집법 제3조 제1항 제2문). 계고는 문서에 의한 것이어야 하고, 구두에 의한 계고는 무효가 된다. 여기서 계고란 준법률행위적 행정행위로서 통지행위에 해당하며,[2] 행정쟁송의 대상이 된다.[3] 일설은 계고를 작위하명으로 본다.[4] 계고 없는 강제집행은 절차상의 하자를 구성한다. 계고요건구비여부의 판단은 판단여지의 문제가 된다고 본다. 한편, 계고가 반복된 경우, 철거의무는 제1차 계고처분에 의해 발생한다.[5] 그리고 판례는 위법한 건물의 공유자 1인에 대한 계고처분은 다른 공유자에 대하여는 그 효력이 없다고 본다.[6]

2503　　(2) **예　　외**　　다만 비상시 또는 위험이 절박한 경우에 있어서 당해 행위의 급속한 실시를 요하여 계고의 수속을 취할 여유가 없을 때에는 그 수속을 거치지 아니하고 대집행을 할 수 있다(행집법 제3조 제3항; 건축법 제85조; 옥광법 제10조의2 제1항). 이러한 경우는 행정상 즉시강제의 성격을 갖게 된다고 본다.

2. 대집행영장에 의한 통지

2504　　(1) **원　　칙**　　의무자가 계고를 받고 그 지정기한까지 그 의무를 이행하지 아니할 때에는 당해 행정청은 대집행영장으로써 대집행을 할 시기, 대집행을 시키기 위하여 파견하는 집행책임자의 성명과 대집행에 요하는 비용의 개산에 의한 견적액을 의무자에게 통지하여야 한다(행집법 제3조 제2항). 대집행통지는 준법

---

1) 대판 1990. 9. 14, 90누2048(행정대집행법 제3조 제1항은 행정청이 의무자에게 대집행영장으로써 대집행할 시기 등을 통지하기 위하여는 그 전제로서 대집행계고처분을 함에 있어서 의무이행을 할 수 있는 상당한 기간을 부여할 것을 요구하고 있으므로, 행정청인 피고가 의무이행기한이 1988. 5. 24.까지로 된 이 사건 대집행계고서를 5. 19. 원고에게 발송하여 원고가 그 이행종기인 5. 24. 이를 수령하였다면, 설사 피고가 대집행영장으로써 대집행의 시기를 1988. 5. 27 15:00로 늦추었더라도 위 대집행계고처분은 상당한 이행기한을 정하여 한 것이 아니어서 대집행의 적법절차에 위배한 것으로 위법한 처분이라고 할 것이다).
2) 대판 1966. 10. 31, 66누25; 석종현·송동수, 일반행정법총론, 463쪽(2022).
3) 대판 1962. 10. 18, 62누117(행정대집행법 제3조 제1항의 계고처분은 그 계고처분 자체만으로서는 행정적 법률효과를 발생하는 것은 아니지만, 같은 법 제3조 제2항의 대집행명령장을 발급하고 대집행을 하는데 전제가 되는 것이므로 행정처분이라 할 수 있고 따라서 행정소송의 대상이 될 수 있다).
4) Erichsen, in : ders.(Hrsg.), Allgemeines Verwaltungsrecht, § 21, Rn. 18; BVerwGE 49, 169, 170; 82, 243, 246; 84, 354, 360.
5) 대판 1994. 10. 28, 94누5144.
6) 대판 1994. 10. 28, 94누5144(위법한 건물의 공유자 1인에 대한 계고처분은 다른 공유자에 대하여는 그 효력이 없다).

률행위적 행정행위로 이해되나, 동시에 의무자에게 대집행시 수인의무를[1] 부과하는 것으로 볼 수 있다.[2]

(2) **예   외**   그러나 비상시 또는 위험이 절박한 경우에 있어서 당해 행   2505
위의 급속한 실시를 요하여 위에서 말한 대집행영장에 의한 통지의 절차를 취할 여유가 없을 때에는 그 수속을 거치지 아니하고 대집행을 할 수 있다(행집법 제3조 제3항). 계고절차는 거치되 대집행영장에 의한 통지절차를 생략하는 경우는 계고절차를 생략하는 경우와는 달리 행정상 즉시강제의 성격을 갖지 않는다고 본다.

3. 대집행의 실행

(1) **실   행**   의무자가 지정된 기한까지 의무를 이행하지 않으면, 당해   2506
행정청은 스스로 의무자가 해야 할 행위를 하거나 또는 제3자로 하여금 그 행위를 하게 한다. 여기서 스스로 한다고 하는 것은 소속공무원으로 하여금 실행하게 하는 것을 의미하고, 제3자로 하여금 하게 한다는 것은 도급계약에 의거 적당한 제3자로 하여금 행하게 하는 것을 말한다.

(2) **시간상 제한**   행정청(제2조에 따라 대집행을 실행하는 제3자를 포함한다. 이하   2507
이 조에서 같다)은 해가 뜨기 전이나 해가 진 후에는 대집행을 하여서는 아니 된다. 다만, 다음 각 호(1. 의무자가 동의한 경우, 2. 해가 지기 전에 대집행을 착수한 경우, 3. 해가 뜬 후부터 해가 지기 전까지 대집행을 하는 경우에는 대집행의 목적 달성이 불가능한 경우, 4. 그 밖에 비상시 또는 위험이 절박한 경우)의 어느 하나에 해당하는 경우에는 그러하지 아니하다(행집법 제4조 제1항).

(3) **안전 확보**   행정청은 대집행을 할 때 대집행 과정에서의 안전 확보를   2508
위하여 필요하다고 인정하는 경우 현장에 긴급 의료장비나 시설을 갖추는 등 필요한 조치를 하여야 한다(행집법 제4조 제2항).

(4) **증표의 휴대**   스스로 하든, 제3자로 하여금 행하게 하든간에 대집행을   2509
하기 위하여 현장에 파견되는 집행책임자는 그가 집행책임자라는 것을 표시한 증표를 휴대하여 대집행시에 이해관계인에게 제시하여야 한다(행집법 제4조 제4항). 집행책임자가 증표를 제시하면 이해관계자는 강제집행에 대해 수인할 의무를 부담하게 되고, 이에 대항하면 형법상 공무집행방해죄를 구성하게 된다.

---

1) 대판 2017. 4. 28, 2016다213916(행정대집행법에 따른 행정대집행에서 건물의 점유자가 철거의무자일 때에는 건물철거의무에 퇴거의무도 포함되어 있는 것이어서 별도로 퇴거를 명하는 집행권원이 필요하지 않다).
2) 김동희, 행정법(Ⅰ), 481쪽(2019); 박균성, 행정법론(상), 577쪽(2019).

2510   (5) **실력행사**   수인의무를 위반하여 의무자가 행하는 저항을 행정청이 실력으로 배제할 수 있는가는 문제이다. 명문으로 긍정하는 독일의 경우(독일행정집행법 제15조 제2항 : 의무자가 대집행이나 직접강제에서 저항하면, 이것은 권력으로 극복될 수 있다. 경찰은 집행청의 요청에 의거하여 직무원조를 제공하여야 한다)와 달리 우리는 명문의 규정을 갖고 있지 않다. 이 때문에 부정적으로 보는 견해가 있다.[1] 즉, 이 견해는 실력적 배제가 대집행에 내재하는 당연한 권능으로 보기 어렵고 대집행은 그 대상인 의무의 대체적 실행의 한도에 그쳐야 하며, 저항을 실력으로 배제하는 것은 신체에 대해 물리력을 행사하는 것이므로 대집행에 포함된다고 볼 수 없고 직접강제의 대상이 된다는 것이다. 따라서 이 견해는 공무집행방해죄의 적용이나 경찰관직무집행법상의 위험발생방지조치 또는 범죄의 예방·제지를 경찰권의 발동과 같은 방법에 의지할 수밖에 없다고 한다. 판례도 유사한 입장을 취하는 것으로 보인다.[2] 그러나 부득이한 경우에는 필요한 최소한의 한도 내에서 저항을 배제하는 것은 가능하다는 견해도[3] 있다. 긍정설이 타당하다. 그래야만 대집행은 의미있게 될 것이다. 한편 경찰력 등의 원조·협력이 없으면 행해질 수 없는 정도의 집행은 이미 대집행이 아니라 직접강제라는 견해도 있다.[4]

4. 비용의 징수

2511   대집행에 요한 비용은 의무자가 부담한다. 당해 행정청은 실제에 요한 비용과 그 납기일을 정하여 의무자에게 문서(비용납부명령서)로써 그 납부를 명하여야 한다(행집법 제5조). 의무자가 그 비용을 납부하지 않으면 당해 행정청은 대집행에 요한 비용을 국세징수법의 예에 의하여 징수할 수 있고(행집법 제6조 제1항), 대집행에 요한 비용에 대해서 행정청은 사무비의 소속에 따라 국세에 다음가는 순위의 선취특권을 가진다(행집법 제6조 제2항). 그리고 징수금은 국고 또는 지방자치단체의 수입이 된다(행집법 제6조 제3항). 판례와 같이[5] 민사소송절차로 비용

---

1) 박균성, 행정법강의, 490쪽.
2) 대판 2017. 4. 28, 2016다213916(행정청이 행정대집행의 방법으로 건물철거의무의 이행을 실현할 수 있는 경우에는 건물철거 대집행 과정에서 부수적으로 그 건물의 점유자들에 대한 퇴거조치를 할 수 있는 것이고, 그 점유자들이 적법한 행정대집행을 위력을 행사하여 방해하는 경우 형법상 공무집행방해죄가 성립하므로, 필요한 경우에는 「경찰관 직무집행법」에 근거한 위험발생 방지조치 또는 형법상 공무집행방해죄의 범행방지 내지 현행범체포의 차원에서 경찰의 도움을 받을 수도 있다).
3) 김동희, 행정법(Ⅰ), 482쪽(2019); 박윤흔·정형근, 최신행정법강의(상), 512쪽.
4) 서원우, 현대행정법론(상), 575쪽.
5) 대판 2011. 9. 8, 2010다48240(한국토지주택공사가 택지개발촉진법 및 동법시행령에 의하여 대집행권한을 위탁받아 공무인 대집행을 실시하기 위하여 지출한 비용은 행정대집행법의 절차에 따라 국세징수법의 예에 의하여 징수할 수 있다고 봄이 상당하다. 행정대집행법이 대집행비용

을 징수할 수는 없다고 볼 것이다.

┃참고┃   비용징수가 행정청의 재량행위인지 여부?[1)]

1. 행정대집행법 제2조의 구성   2512

행정대집행법 제2조는 대집행의 상황요건, 대집행주체, 대집행행위자와 비용징
수를 하나의 문장으로 규정하고 있다. 법제처의 질의(재량행위 여부)는 대집행의 상
황요건 및 비용징수 부분과 관련된다고 판단된다.

2. 행정대집행법 제3조에서 정한 절차의 유형   2513

행정대집행법 제3조는 대집행의 절차로서 ① 계고처분과 대집행영장발부통보
처분을 거치는 일반절차와 ② 이러한 절차를 생략하는 긴급절차의 두 가지를 규정
하고 있다. ①은 행정대집행법 제3조 제1항과 제2항이 적용되는 경우를 말하고, ②
는 행정대집행법 제3조 제3항이 적용되는 경우를 말한다.

3. 행정대집행법 제2조 말미의 "… 수 있다."의 의미 규명을 위한 쟁점   2514

(1) 행정대집행법 제2조 말미의 "… 수 있다."는 표현은 그 자체로서 의미가 불
분명하다. 대집행의 상황요건 및 비용징수 부분과 관련하여 해석상 4가지의 가능성
이 있다. 이해의 편의상 그림으로 보기로 한다.

	대집행 수단 도입 여부	비용징수 여부
제1설	의무적	재량적
제2설	의무적	의무적
제3설	재량적	재량적
제4설	재량적	의무적

(2) 행정대집행법 제2조의 의미는 행정대집행법 제3조의 일반절차와 긴급절차
에 따라 상이한지의 여부에 대한 검토도 필요하다.

4. 행정대집행법 제2조의 「대집행 수단 도입 여부」 부분의 검토   2515

(1) 강제집행수단의 도입은 물리력의 행사가 뒷받침되는 것이고, 물리력의 행사
는 생명·신체·재산에 대한 중대한 침해를 가져올 여지가 있기 때문에 행정대집행
법 제2조 말미에서는 "… 수 있다."는 표현을 쓴다. 이 때문에 강제집행수단의 도입
을 위한 요건이 구비되었다고 하여 반드시 강제집행수단이 도입되어야 한다고 볼
수는 없다. 그것은 불법시위가 있다고 하여 경찰이 물리력으로 반드시 진압하여야

의 징수에 관하여 민사소송절차에 의한 소송이 아닌 간이하고 경제적인 특별구제절차를 마련
해 놓고 있으므로 민법 제750조에 기한 손해배상으로서 대집행비용의 상환을 구하는 원고의
이 사건 청구는 소의 이익이 없어 부적법하다).

1) 이 부분은 2015년 6월 법제처의 요청에 따라 이루어진 저자의 의견서를 보완하여 옮긴 것이다.

하는 것은 아닌 것과 같다. 이러한 시각에서 보면 위의 제1설과 제2설은 타당하지 않다. 따라서 행정대집행법 제2조 말미의 "… 수 있다."는 표현은 「대집행 수단의 도입 여부는 재량적이다」라는 의미를 갖는다고 볼 것이다. 독일 행정집행법 제6조도 행정강제의 도입 여부를 재량적인 것으로 규정하고 있다.[1]

(2) 행정대집행법 제2조의 「대집행 수단 도입 여부는 재량적이다」라는 것은, 행정대집행법 제3조의 일반절차가 도입되는 경우나 긴급절차가 도입되는 경우가 다를 바 없다. 왜냐하면 행정대집행법 제2조는 대집행의 상황요건으로서 행정대집행법 제3조의 적용의 전제요건이 되기 때문이다.

5. 행정대집행법 제2조의 「비용징수 여부」 부분의 검토

2516

A. 일반절차가 적용되는 경우(행정대집행법 제3조 제1항과 제2항이 적용되는 경우)

(1) 대집행 개념의 구성 요소와 비용징수   대집행은 개념상 행정청이 타인(사인)의 비용부담으로 그 타인(사인)의 공법상 대체적 작위의무를 대신 행하는 것이다. 타인(사인)의 비용부담은 대집행 개념의 핵심요소의 하나이다. 타인(사인)의 비용부담은 필히 행정청의 의무적인 비용징수를 수반하는 것이다. 행정청의 의무적인 비용징수를 수반하지 않는 비용부담은 대집행 개념의 핵심요소가 될 수 없을 것이다.

(2) 대집행과 직접강제   대집행은 개념상 행정청이 타인(사인)의 비용부담으로 그 타인(사인)의 공법상 대체적 작위의무를 대신 행하는 것이다. 행정청이 타인(사인)의 의무를 대신 행하면서 그 타인(사인)으로부터 비용을 징수하지 않는 경우, 행정청이 타인(사인)의 의무를 대신 행한 것은 성질상 대집행이 아니라 행정청의 직접강제에 접근한다. 직접강제의 경우에는 행정청이 비용을 부담하여야 한다.

(3) 행정대집행법 제3조 제2항의 의미   행정대집행법 제3조 제2항은 대집행절

---

1) Verwaltungsvollstreckungsgesetz(Bund)(독일연방 행정집행법률)

§6 Zulässigkeit des Verwaltungszwanges(제6조 행정강제의 허용)

(1) Der Verwaltungsakt, der auf die Herausgabe einer Sache oder auf die Vornahme einer Handlung oder auf Duldung oder Unterlassung gerichtet ist, kann mit den Zwangsmitteln nach §9 durchgesetzt werden, wenn er unanfechtbar ist oder wenn sein sofortiger Vollzug angeordnet oder wenn dem Rechtsmittel keine aufschiebende Wirkung beigelegt ist(물건의 교부, 작위의 이행, 수인 또는 부작위를 명하는 행정행위는, 불가쟁력이 발생하였거나 즉시집행이 명령되었거나 쟁송수단으로 정지효가 부여될 수 없는 경우에 제9조의 강제수단으로 관철될 수 있다).

§9 Zwangsmittel(제9조 강제수단)

(1) Zwangsmittel sind(강제수단은 다음과 같다) :

    a) Ersatzvornahme(§10)(대집행 제10조),

    b) Zwangsgeld(§11)(강제금 제11조),

    c) unmittelbarer Zwang(§12)(직접강제 제12조)

(2) Das Zwangsmittel muß in einem angemessenen Verhältnis zu seinem Zweck stehen. Dabei ist das Zwangsmittel möglichst so zu bestimmen, daß der Betroffene und die Allgemeinheit am wenigsten beeinträchtigt werden(강제수단은 그 목적과 상당한 관계에 놓여야 한다. 그와 동시에 강제수단은 가능한 한 관계자와 공공에 대하여 침해가 가장 경미한 것이어야 한다).

차의 하나로서 대집행영장발부통보처분을 규정하면서 「대집행에 요하는 비용의 개산에 의한 견적액의 통지」에 관한 사항까지 규정하고 있는데, 이것은 「대집행에 요하는 비용의 개산에 의한 견적액의 통지」를 대집행의 필수적인 절차의 하나로 규정한 것으로 볼 것인바, 이것은 비용징수가 의무적임을 의미한다.

⑷ **행정대집행법 제5조**(비용납부명령서)의 의미　　"대집행에 요한 비용의 징수에 있어서는 실제에 요한 비용액과 그 납기일을 정하여 의무자에게 문서로써 그 납부를 명하여야 한다"는 행정대집행법 제5조는 행정대집행법 제3조 제2항의 「대집행에 요하는 비용의 개산에 의한 견적액을 의무자에게 통지하여야 한다.」는 부분의 후속절차로 이해되어야 하고, 아울러 **후속절차로서 문서주의**를 규정한 것으로 이해되어야 할 것이다. 이와 달리 행정대집행법 제5조는 단순히 비용부담을 명할 경우 그 방식이 구두가 아닌 문서에 의하여야 한다는 것을 규정한 것으로 이해하는 것은 온당하지 않다.

⑸ **소　결**　　이상을 논거로 할 때, 행정대집행법 제2조의 비용징수는 행정청이 의무적으로 집행하여야 할 행위이다.

⑹ **기속적인 행위로서 한계**(부담능력이 없는 자의 경우)　　비용징수를 기속적인 것으로 본다고 하여도 한계가 있다. 예컨대 의무자가 비용부담의 능력이 없다면 행정청으로서는 결손처분을 할 수밖에 없을 것이다.

B. 긴급절차가 적용되는 경우(행정대집행법 제3조 제3항이 적용되는 경우)　　2517

⑴ **긴급절차와 직접강제**　　행정대집행법 제3조 제3항에 따라 계고처분과 대집행영장발부통보처분이 생략되는 긴급절차가 적용되는 경우, 행정청의 강제집행은 대집행인지 아니면 직접강제인지가 문제된다. 말하자면 이러한 경우, 행정청의 강제집행은 행정청 자신의 고유한 직무를 수행한 것인지, 아니면 타인(사인)의 공법상 대체적 작위의무를 대신 행한 것인지의 구분이 용이하지 않다.

⑵ **타인(사인)의 수용가능성**　　계고처분과 대집행영장발부통보처분이 생략된 채 대집행을 하고 타인(사인)에게 비용의 납부를 명한 경우, 그 타인(사인)이 행정청의 비용납부명령을 수용하는 것은 용이하지 않다고 볼 것이다.

⑶ **소　결**　　이상을 논거로 할 때, 행정대집행법 제2조의 비용징수는 행정청이 재량적으로 집행하여야 할 행위이다.

⑷ **재량준칙**

㈎ **재량권의 억제적 행사**　　행정대집행법 제3조 제3항에 따른 강제집행이 있은 후의 비용징수를 재량행위로 본다면, 정부는 재량준칙을 마련하여야 한다. 행정대집행법 제3조 제3항에 따른 강제집행은 분명 직접강제의 성질도 갖는 것이므로 행정청의 비용징수를 위한 **재량권행사는 억제적**으로 이루어져야 한다. 이 때문에 재량준칙은 비용부담을 면제하는 경우가 아니라 비용부담을 명할 수 있는 경우를 중심적으로 정하여야 할 것이다. 비용부담을 명할 수 있는 경우는 ① 행정청의 강제집행이 행정대집행법 제3조 제1항의 대집행 요건을 구비하였다는 점, ② 비상시 또

는 위험이 절박하여 당해 행위의 급속한 실시를 필요하였다는 점, 그리고 ③ 그 타인(사인)의 의무불이행이 매우 중대한 것이었다는 점 등을 그 타인(사인)이 용이하게 받아들일 수 있는 경우라야 할 것이다.

(나) **공익상 이유로 인한 면제가능성**　　재량준칙에는 위의 (가)에서 정한 기준을 충족하였다고 하여도 「공익상 필요한 경우」에는 비용납부의무를 면제하는 것도 규정할 필요가 있을 것이다.

2518　　　　**6. 결　론**

(1) 행정대집행법 제3조 제1항과 제2항이 적용되는 경우(일반절차가 적용되는 경우) 「행정대집행법」 제2조의 비용징수는 행정청이 의무적으로 집행하여야 할 행위이다.

(2) 행정대집행법 제3조 제3항이 적용되는 경우(긴급절차가 적용되는 경우)

「행정대집행법」 제2조의 비용징수는 행정청이 재량적으로 집행하여야 할 행위이다.

2519　　　　**7. 개별법상 규정**

(1) **개별 법률에 비용부담에 관한 규정이 있는 경우**　　개별 법률에 규정이 있는 경우, 그 규정이 정하는 범위 안에서 행정대집행법에 우선하여 적용될 것이다.

(2) **개별 법률에 규정이 없고 개별 법률 시행령 등에 규정이 있는 경우**　　그 시행령 등에 규정된 사항이 행정대집행법에 반한다면 효력이 없다고 볼 것이다.

Ⅴ. 대집행에 대한 구제

1. 행정심판

2520　　대집행에 대하여는 행정기본법이 정하는 바에 따라 이의신청을 할 수 있고 (기본법 제36조), 행정심판법이 정하는 바에 따라 행정심판을 제기할 수도 있다(행집법 제7조). 대집행에 대하여는 행정심판을 제기할 수 있다(행집법 제7조). 바꾸어 말하면 대집행에 대해 불복이 있는 자는 행정심판의 제기를 통하여 위법 또는 부당한 대집행의 취소를 구할 수 있다. 행정대집행이 완료되면 더 이상 행정심판을 제기할 권리보호의 필요는 없게 된다. 따라서 대집행이 완료되기 전에 집행정지제도를 활용할 필요가 있다.

2. 행정소송

2521　　(1) **행정심판의 전치**　　대집행에 대한 행정심판의 제기가 법원에 대한 출소의 권리를 방해하지 아니한다(행집법 제8조). 다수의 학설은 본조항을 임의적 행정심판전치를 규정하는 것으로 보며,[1] 필요적 심판전치주의를 취하였던 구 행

---

1) 김동희, 행정법(Ⅰ), 483쪽(2019); 박윤흔·정형근, 최신행정법강의(상), 512쪽.

정소송법 하에서 판례는 본 조항이 필요적 심판전치를 규정한 것으로 보았다.[1)]
생각건대 "취소소송은 법령의 규정에 의하여 당해 처분에 대한 행정심판을 제
기할 수 있는 경우에도 이를 거치지 아니하고 제기할 수 있다. 다만, 다른 법률
에 당해 처분에 대한 행정심판의 재결을 거치지 아니하면 취소소송을 제기할
수 없다는 규정이 있는 때에는 그러하지 아니하다"는 행정소송법 제18조의 표
현에 비추어 대집행에는 임의적 심판전치가 적용되는 것으로 보는 것이 타당하
다. 왜냐하면 행정대집행법 제8조가 행정소송법 제18조 단서의 필요적 심판전
치주의를 명시적으로 규정하는 조문이라고 보기는 어렵기 때문이다.

　　(2) **대 집 행**　　① 여기서 대집행이란 계고, 대집행영장에 의한 통지, 대집　　2522
행의 실행을 포함하는 의미로 이해된다. 일설은 대집행의 현실적인 실행이 사실
행위임에도 행정소송의 대상이 된다는 것이 특징적이라 한다.[2)] 그러나 이것은
대집행의 실행이 상대방에 수인의 의무를 갖기 때문에 행정행위성이 인정된 것
으로 이해되어야 한다. 순수한 사실행위는 행정소송과 거리가 멀다. ② 하여튼
행정소송도 행정심판의 경우와 같이 행정대집행이 완료되면 의미를 갖지 못한
다. 이러한 경우는 통상 권리보호의 필요가 없기 때문이다.[3)] 이 단계에서는 손
해배상 또는 원상회복의 청구가 주장될 수 있을 뿐이다. 따라서 대집행이 완료
되기 전에 집행정지제도를 활용할 필요가 있다. ③ 하여튼 소송이 제기되면, 대
집행요건충족의 입증책임은 처분청이 부담하여야 한다.[4)]

　　(3) **하자의 승계**　　대체적 작위의무부과행위가 무효인 경우, 그 하자는 대　　2523
집행절차에 승계된다. 그러나 그것이 취소할 수 있는 행위에 불과한 경우에는
승계되지 아니한다.[5)] 다만 대집행의 절차를 이루는 계고, 대집행영장에 의한

---

1) 대판 1990. 10. 26, 90누5528(행정소송법 제18조 제1항에 의하면, 행정처분에 대한 취소소송을
　　제기하기 위하여는 소위 행정심판전치주의에 따라 먼저 행정심판을 거치는 것을 원칙으로 하
　　며, 행정대집행법 제7조는 대집행에 관하여도 행정심판을 제기할 수 있도록 규정하고 있으므로
　　이 사건 대집행계고처분취소의 행정소송에 있어서도 행정심판전치의 원칙이 적용된다고 할 것
　　이다); 대판 1993. 6. 8, 93누6164.
2) 김도창, 일반행정법론(상), 562쪽; 김동희, 행정법(Ⅰ), 483쪽(2019).
3) 대판 1995. 8. 28, 95누2623; 대판 1971. 4. 20, 71누22(행정대집행법 제2조에 의하여 의무자에
　　게 명령된 행위에 관하여 동법 제3조의 계고와 대집행영장에 의한 통지절차를 거쳐서 이미 그
　　대집행이 사실행위로서 실행이 완료된 이후에 있어서는 그 행위의 위법을 이유로 하여 그 처
　　분의 취소 또는 무효확인을 구함은 권리보호의 이익이 없는 것이다).
4) 대판 1996. 10. 11, 96누8086(건축법에 위반하여 건축한 것이어서 철거의무가 있는 건물이라 하
　　더라도 그 철거의무를 대집행하기 위한 계고처분을 하려면 다른 방법으로는 이행의 확보가 어
　　렵고 불이행을 방치함이 심히 공익을 해하는 것으로 인정될 때에 한하여 허용되고 이러한 요
　　건의 주장·입증책임은 처분 행정청에 있다).
5) 대판 1975. 12. 9, 75누218.

통지, 대집행의 실행, 비용납부명령의 각 하자는 승계된다.[1]

2524   ⑷ **민사집행법상 구제수단과의 관계**   대집행상 권리보호와 관련하여 민사집행법의 집행절차상 권리구제절차가 행정대집행의 경우에도 적용될 것인가가 문제된다. 두 종류의 견해가 있을 수 있다. ①설은 행정집행절차상 권리보호에 민사집행법상 구제수단의 적용이 없다는 입장이고(공법적 입장), ②설은 대집행절차에 민사집행법상 권리구제수단도 적용된다는 입장이다(사법적 입장). ①설은 행정소송법규정만으로도 족하다는 입장일 것이고, ②설은 의무부과절차와 집행절차는 구분되어야 한다는 입장일 것이다. 판례는 민사상의 권리구제수단의 활용에 소극적이다.[2]

2525   ⑸ **예방소송**   대집행에 대한 예방적인 구제수단으로 다음의 두 가지의 소송형태를 예상할 수 있다. 하나는 예방적으로 부작위를 구하는 소송이고, 또 하나는 예방적으로 확인을 구하는 소송이다. 전자는 집행행위의 금지를 명하는 것을 내용으로 하는 소송으로서 무명항고소송의 하나로 도입이 검토될 수 있을 것이고, 후자는 집행이 불가능함의 확인을 구하는 것을 내용으로 하는 확인의 소의 한 형태로서 역시 무명항고소송의 하나로 도입이 검토될 수 있을 것이다.

3. 손해배상 및 결과제거청구 등

2526   ① 위법한 대집행을 통해 손해를 입은 자는 국가나 지방자치단체를 상대로 손해배상을 청구할 수 있다. 손해배상청구는 대집행이 종료된 경우에 보다 의미를 갖는다. 손해배상의 청구에 대집행처분의 취소판결이 요구되는 것은 아니다.[3] 또한 ② 대집행 후에도 위법상태가 계속된다면 경우에 따라서 피해자는

---

 1) 대판 1993. 11. 9, 93누14271(대집행의 계고·대집행령장에 의한 통지·대집행의 실행·대집행에 필요한 비용의 납부명령 등은, 타인이 대신하여 행할 수 있는 행정의무의 이행을 의무자의 비용부담하에 확보하고자 하는, 동일한 행정목적을 달성하기 위하여 단계적인 일련의 절차로 연속하여 행하여지는 것으로서, 서로 결합하여 하나의 법률효과를 발생시키는 것이므로, 선행처분인 계고처분이 하자가 있는 위법한 처분이라면, 비록 하자가 중대하고도 명백한 것이 아니어서 당연무효의 처분이라고 볼 수 없고 대집행의 실행이 이미 사실행위로서 완료되어 계고처분의 취소를 구할 법률상 이익이 없게 되었으며, 또 대집행비용납부명령 자체에는 아무런 하자가 없다 하더라도, 후행처분인 대집행비용납부명령의 취소를 청구하는 소송에서 청구원인으로 선행처분인 계고처분이 위법한 것이기 때문에 그 계고처분을 전제로 행하여진 대집행비용납부명령도 위법한 것이라는 주장을 할 수 있다).
 2) 대판 2017. 4. 28, 2016다213916(관계 법령상 행정대집행의 절차가 인정되어 행정청이 행정대집행의 방법으로 건물의 철거 등 대체적 작위의무의 이행을 실현할 수 있는 경우에는 따로 민사소송의 방법으로 그 의무의 이행을 구할 수 없다); 대판 2000. 5. 12, 99다18909.
 3) 대판 1972. 4. 28, 72다337(공무원이 그 직무를 집행함에 당하여 고의 또는 과실로 법령에 위반하여 손해를 가하였을 때에는 국가 또는 지방자치단체에 대하여 배상청구를 할 수 있다 할 것인바, 본건 계고처분 또는 행정대집행 영장에 의한 통지와 같은 행정처분이 위법인 경우에는 그 각 처분의 무효확인 또는 취소를 소구할 수 있으나 행정대집행이 완료한 후에는 그 처분의

결과제거의 청구를 주장할 수도 있을 것이다. 그리고 ③ 위법한 대집행은 감독
청에 의한 취소·정지에 의해서 구제를 받을 수도 있을 것이다.

4. 문 제 점

대체적 작위의무위반의 경우에 대집행이 강제수단이 된다고 하였으나, 위   2527
법하게 축조된 초대형건물이나 영세민의 주거용건물의 철거 또는 철거에 고도
의 과학기술이 요구되는 경우에 과연 대집행이 타당한 수단인가에 대해서는 의
문이다.

제 3 목 이행강제금의 부과

Ⅰ. 관   념

1. 의   의

⑴ 개   념   이행강제금의 부과란 의무자가 행정상 의무를 이행하지 아   2528
니하는 경우 행정청이 적절한 이행기간을 부여하고, 그 기한까지 행정상 의무를
이행하지 아니하면 금전급부의무를 부과하는 것을 말한다(기본법 제30조 제1항 제2
호). 부과된 금전을 이행강제금이라 부른다. 이행강제금의 부과는 비대체적인
작위의무·부작위의무·수인의무의 불이행시에 일정액수의 금전이 부과될 것임
을 의무자에게 미리 계고함으로써 의무의 이행의 확보를 도모하는 강제수단을
말한다.[1] 국세징수법상 가산금과 중가산금 및 수질환경보전법·대기환경보전법
상 배출부과금은 이행강제금의 예가 아니다. 이러한 것은 이행강제금의 개념요
소의 하나인 '불이행시 금전부과의 사전계고'를 결하고 있기 때문이다.

⑵ 취   지   이행강제금의 부과 의무의 불이행이라는 과거의 위반행위   2529
에 대한 제재가 아니라, 의무를 이행하지 않고 있는 자에 다시 상당한 이행기한
을 부여하고 그 기한 안에 의무를 이행하지 않으면 강제금이 부과된다는 사실
을 고지함으로써 의무자에게 심리적 압박을 주어 의무의 이행을 간접적으로 강
제하는 행정상의 간접강제 수단이다.[2]

⑶ **확대도입**   이행강제금의 부과의 제도는 변화하는 행정환경에 적합한   2530

무효확인 또는 취소를 구할 소익이 없다 할 것이며 변론의 전 취지에 의하여 본건 계고처분 행
정처분이 위법임을 이유로 배상을 청구하는 취의로 인정될 수 있는 본건에 있어 미리 그 행정
처분의 취소판결이 있어야만 그 행정처분의 위법임을 이유로 피고에게 배상을 청구할 수 있는
것은 아니라고 해석함이 상당하다).

1) 대판 2015. 6. 24, 2011두2170; 헌재 2023. 2. 23, 2019헌바550.
2) 대판 2018. 1. 25, 2015두35116; 대판 2016. 7. 14, 2015두46598.

제도로서 보다 많은 의미를 가지게 된다[예 : 대집행이 곤란한 경우(예 : 불법건축된 초
고층건물의 철거)에 이행강제금제도는 의미를 갖는다]. 이행강제금의 부과제도는 널리
도입할 필요가 있다.

2. 성   질

2531   (1) **이행강제금과 행정벌**   강제금은 위반행위에 대한 제재로서의 벌금형
(형벌)이 아니다. 말하자면 이미 행한 불법에 대한 속죄를 위한 처분이 아니다.
강제금은 장래에 행위의 이행의 확보를 위한 강제수단일 뿐이다. 그것은 행정상
명령의 실현을 위한 집행수단이다. 따라서 행정행위의 불준수시에는 여러 차례
에 걸쳐 강제금이 부과될 수도 있다. 강제금은 처벌이라는 의미보다 의무의 이
행이라는 점에 보다 큰 의미를 갖는 탓으로 일종의 처벌이라 할 수 있는 과태료
와 성질을 다소 달리한다고 볼 수 있다. 따라서 강제금은 과태료나 형벌과 병과
될 수도 있다.[1]

2532   (2) **강제금과 대집행**   대체적 작위의무위반의 경우, 일반적으로 대집행이
효과적인 실효성확보수단이므로 이행강제금부과가 가능한지에 관해 견해가 나
뉜다.

2533   (가) **학   설**   부정설과 긍정설로 나뉜다. 부정설은 대체적 작위의무에 대
해서는 대집행이 가능하므로 대체적 작위의무에 대해 이행강제금을 인정할 필
요가 없다고 하고, 다수설인 긍정설은 경우에 따라서는 이행강제금이 대집행보
다 의무이행에 더욱 실효적인 수단이 될 수 있으므로 대체적 작위의무에 대해
서도 이행강제금의 부과를 인정하는 것이 타당하다고 한다.

2534   (나) **판   례**   판례는 긍정적이다.[2] 판례는 현행 건축법상 위법건축물에
대한 이행강제수단으로 대집행(건축법 제85조)과 이행강제금(건축법 제80조)이 인정

---

1) 헌재 2011. 10. 25, 2009헌바140(건축법 제80조 제1항, 제4항에서 규정하고 있는 이행강제금은
   일정한 기한까지 의무를 이행하지 않을 때에는 일정한 금전적 부담을 과할 뜻을 미리 계고함
   으로써 의무자에게 심리적 압박을 주어 장래에 그 의무를 이행하게 하려는 행정상 간접적인
   강제집행 수단의 하나로서 과거의 일정한 법률위반 행위에 대한 제재로서의 형벌이 아니라 장
   래의 의무이행의 확보를 위한 강제수단일 뿐이어서 범죄에 대하여 국가가 형벌권을 실행한다
   고 하는 과벌에 해당하지 아니하므로 헌법 제13조 제1항이 금지하는 이중처벌금지의 원칙이
   적용될 여지가 없을 뿐 아니라, 건축법 제108조, 제110조에 의한 형사처벌의 대상이 되는 행위
   와 이 사건 법률조항에 따라 이행강제금이 부과되는 행위는 기초적 사실관계가 동일한 행위가
   아니라 할 것이므로 이런 점에서도 이 사건 법률조항이 헌법 제13조 제1항의 이중처벌금지의
   원칙에 위반되지 아니한다).
2) 헌재 2004. 2. 26, 2001헌바80등, 2002헌바26(병합)(전통적으로 행정대집행은 대체적 작위의무
   에 대한 강제집행수단으로, 이행강제금은 부작위의무나 비대체적 작위의무에 대한 강제집행수
   단으로 이해되어 왔으나, 이는 이행강제금제도의 본질에서 오는 제약은 아니며, 이행강제금은
   대체적 작위의무의 위반에 대하여도 부과될 수 있다).

되고 있는데, 이것은 이중처벌이 아니라 한다.[1] 생각건대 양 제도는 각각의 장·단점이 있으므로 행정청은 개별사건에 있어서 위반내용, 위반자의 시정의지 등을 감안하여 대집행과 이행강제금을 선택적으로 활용할 수 있으며, 이처럼 그 합리적인 재량에 의해 선택하여 활용하는 이상 중첩적인 제재에 해당한다고 볼 수 없는바, 판례의 태도는 타당하다.

(3) **일신전속성**　　판례는 건축법상 이행강제금은 일신전속적인 것으로서 　2535
승계되지 아니하는 것으로 본다.[2]

(4) **행정행위의 성격**　　이행강제금의 부과처분은 행정행위의 성질을 갖 　2536
는다.

3. 법적 근거

(1) **부과근거의 법적 근거**　　이행강제금의 부과는 침익적 행위이므로 헌법 　2537
제37조 제2항에 근거하여 법률의 근거가 필요하다. 이에 따라 이행강제금의 부과 근거는 개별 법률에서 규정되고 있다. 개별법으로 건축법(제80조)·농지법(제62조)·부동산 실권리자명의 등기에 관한 법률(제6조)·장사 등에 관한 법률(제43조)·독점규제 및 공정거래에 관한 법률(제17조의3)·주차장법(제32조) 등을 볼 수 있다. 이행강제금 부과의 근거가 되는 법률에는 이행강제금에 관한 다음 각 호(1. 부과·징수 주체, 2. 부과 요건, 3. 부과 금액, 4. 부과 금액 산정기준, 5. 연간 부과 횟수나 횟수의 상한)의 사항을 명확하게 규정하여야 한다. 다만, 제4호 또는 제5호를 규정할 경우 입법목적이나 입법취지를 훼손할 우려가 크다고 인정되는 경우로서 대통령령으로 정하는 경우는 제외한다(기본법 제31조 제1항).

(2) **부과절차의 법적 근거**　　이행강제금의 부과 절차에 관한 일반법으로 행 　2538
정기본법 제31조가 있다. 개별 법률에 특별한 규정이 있다면, 그 특별규정이 우선 적용된다.

---

1) 헌재 2004. 2. 26, 2001헌바80등, 2002헌바26(병합)(건축법 제78조에 의한 무허가 건축행위에 대한 형사처벌과 건축법 제83조 제1항에 의한 시정명령 위반에 대한 이행강제금의 부과는 그 처벌 내지 제재대상이 되는 기본적 사실관계로서의 행위를 달리하며, 또한 그 보호법익과 목적에서도 차이가 있으므로 헌법 제13조 제1항이 금지하는 이중처벌에 해당한다고 할 수 없다).

2) 대결 2006. 12. 8, 2006마470(구 건축법상의 이행강제금은 구 건축법의 위반행위에 대하여 시정명령을 받은 후 시정기간 내에 당해 시정명령을 이행하지 아니한 건축주 등에 대하여 부과되는 간접강제의 일종으로서 그 이행강제금 납부의무는 상속인 기타의 사람에게 승계될 수 없는 일신전속적인 성질의 것이므로 이미 사망한 사람에게 이행강제금을 부과하는 내용의 처분이나 결정은 당연무효이고, 이행강제금을 부과받은 사람의 이의에 의하여 비송사건절차법에 의한 재판절차가 개시된 후에 그 이의한 사람이 사망한 때에는 사건 자체가 목적을 잃고 절차가 종료한다).

4. 부과의 절차

2539   ⑴ **이행강제금의 가중·감경**   행정청은 다음 각 호(1. 의무 불이행의 동기, 목적 및 결과, 2. 의무 불이행의 정도 및 상습성, 3. 그 밖에 행정목적을 달성하는 데 필요하다고 인정되는 사유)의 사항을 고려하여 이행강제금의 부과 금액을 가중하거나 감경할 수 있다(기본법 제31조 제2항).

2540   ⑵ **부과의 절차**(계고와 통지)   행정청은 이행강제금을 부과하기 전에 미리 의무자에게[1] 적절한 이행기간을 정하여 그 기한까지 행정상 의무를 이행하지 아니하면 이행강제금을 부과한다는 뜻을 문서로 계고(戒告)하여야 한다(기본법 제31조 제3항). 적절한 이행기간이란 불이행된 의무를 이행하는데 필요한 기간을 말하지만, 그 기간의 설정은 사회통념에 따라 이루어질 것이다.[2] 행정청은 의무자가 제3항에 따른 계고에서 정한 기한까지 행정상 의무를 이행하지 아니한 경우 이행강제금의 부과 금액·사유·시기를 문서로 명확하게 적어 의무자에게 통지하여야 한다(기본법 제31조 제4항).

2541   ⑶ **반복부과와 부과의 중지**   행정청은 의무자가 행정상 의무를 이행할 때까지 이행강제금을 반복하여 부과할 수 있다. 다만, 의무자가 의무를 이행하면 새로운 이행강제금의 부과를 즉시 중지하되,[3] 이미 부과한 이행강제금은 징수하여야 한다(기본법 제31조 제5항).

---

1) 대판 2010. 10. 14, 2010두13340(건축법의 관계 규정상 건축허가 혹은 건축신고시 관할 행정청에 명의상 건축주가 실제 건축주인지 여부에 관한 실질적 심사권이 있다고 보기 어렵고, 또 명목상 건축주라도 그것이 명의대여라면, 당해 위반 건축물에 대한 직접 원인행위자는 아니라 하더라도 명의대여자로서 책임을 부담하여야 하는 점, 만약 이와 같이 보지 않을 경우 건축주는 자신이 명목상 건축주에 불과하다고 주장하여 책임회피의 수단으로 악용할 가능성이 있고, 또 건축주 명의대여가 조장되어 행정법 관계를 불명확하게 하고 법적 안정성을 저해하는 요소로 작용할 수 있는 점 등을 종합적으로 고려하여 보면, 위반 건축물에 대해 건축주 명의를 갖는 자는 명의가 도용되었다는 등의 특별한 사정이 있지 않은 한 건축법 제79조 제1항의 건축주에 해당한다고 보아야 한다).

2) 헌재 2023. 2. 23, 2019헌바550(이행강제금의 취지상, 상당한 기간을 정하여 그 기한까지 이행되지 아니할 때에는 이행강제금을 부과·징수한다는 뜻을 미리 문서로 계고할 때의 그 기한은 무허가 건물의 규모 등 위법상태의 정도, 철거 등 원상회복의 난이도 등의 사정을 고려하여, 사회통념상 해당 의무를 이행하는 데 필요한 기간을 의미한다).

3) 대판 2018. 1. 25, 2015두35116; 대판 2014. 12. 11, 2013두15750(국토의 계획 및 이용에 관한 법률 제124조의2 제5항이 이행명령을 받은 자가 그 명령을 이행하는 경우에 새로운 이행강제금의 부과를 즉시 중지하도록 규정한 것은 이행강제금의 본질상 이행강제금 부과로 이행을 확보하고자 한 목적이 이미 실현된 경우에는 그 이행강제금을 부과할 수 없다는 취지를 규정한 것으로서, 이에 의하여 부과가 중지되는 '새로운 이행강제금'에는 국토계획법 제124조의2 제3항의 규정에 의하여 반복 부과되는 이행강제금뿐만 아니라 이행명령 불이행에 따른 최초의 이행강제금도 포함된다. 따라서 이행명령을 받은 의무자가 그 명령을 이행한 경우에는 이행명령에서 정한 기간을 지나서 이행한 경우라도 최초의 이행강제금을 부과할 수 없다).

(4) **강제징수**　　행정청은 이행강제금을 부과받은 자가 납부기한까지 이행 2542
강제금을 내지 아니하면 국세 체납처분의 예 또는 「지방행정제재·부과금의 징
수 등에 관한 법률」에 따라 징수한다(기본법 제31조 제6항).[1]

5. 권리보호

이행강제금부과처분에 불복이 있는 사람은 개별 법률이 정하는 바에 따라 2543
일정한 기간 내에 이의를 제기할 수 있다.[2] 개별 법률에 정함이 없다면, 행정기
본법이 정하는 바에 따라 이행강제금 관련 처분에 대한 이의신청을 청구할 수
있고(기본법 제36조) 행정심판법과 행정소송법이 정하는 바에 따라 행정심판이나
행정소송을 제기할 수 있다.[3] 행정기본법상 처분의 재심사는 허용되지 아니한
다(기본법 제36조 제1항).

　　▋**참고**▋　　건축법의 경우, 2005년 11월 8일에 개정되기 전까지는 이행강제금 2544
에 대한 권리보호절차는 구 건축법 제83조 제6항(제82조 제3항 내지 제5항의 규정은
이행강제금의 징수 및 이의절차에 관하여 이를 준용한다)에서 규정되었다. 준용된 동
법 제82조 제3항 내지 제5항(③ 제2항의 규정에 의한 과태료처분에 불복이 있는 자는
그 처분의 고지를 받은 날부터 30일 이내에 해당 부과권자에게 이의를 제기할 수 있다.

---

1) 독일의 경우, 납부의무자가 이행강제금을 납부하지 아니하고, 또한 납부의무자에 대한 강제징
　 수도 효과가 없을 때(예 : 의무자가 재산을 은닉한 경우 또는 지불능력이 없는 경우)에는 이행
　 강제금의 부과 제도는 한계를 갖는다. 이러한 경우에 이행강제금의 징수를 대체하여 일정기간
　 구인하는 제도를 두고 있다. 독일행정집행법상 대체강제구인은 집행행정청의 신청에 따라, 그
　 리고 의무자의 청문을 거친 후 행정법원이 결정으로 명한다(VwVG 제16조 제1항 제1문). 구류
　 기간은 1일 이상이며, 2주일을 한도로 한다(VwVG 제16조 제2항). 제도의 도입을 검토할 필요
　 가 있어 보인다.
2) 대판 2019. 4. 11, 2018두42955(농지법은 농지 처분명령에 대한 이행강제금 부과처분에 불복하
　 는 자가 그 처분을 고지받은 날부터 30일 이내에 부과권자에게 이의를 제기할 수 있고, 이의를
　 받은 부과권자는 지체 없이 관할 법원에 그 사실을 통보하여야 하며, 그 통보를 받은 관할 법
　 원은 비송사건절차법에 따른 과태료 재판에 준하여 재판을 하도록 정하고 있다(제62조 제1항,
　 제6항, 제7항). 따라서 농지법 제62조 제1항에 따른 이행강제금 부과처분에 불복하는 경우에는
　 비송사건절차법에 따른 재판절차가 적용되어야 하고, 행정소송법상 항고소송의 대상은 될 수
　 없다. 농지법 제62조 제6항, 제7항이 위와 같이 이행강제금 부과처분에 대한 불복절차를 분명
　 하게 규정하고 있으므로, 이와 다른 불복절차를 허용할 수는 없다. 설령 피고가 이행강제금 부
　 과처분을 하면서 재결청에 행정심판을 청구하거나 관할 행정법원에 행정소송을 할 수 있다고
　 잘못 안내하거나 경기도행정심판위원회가 각하재결이 아닌 기각재결을 하면서 관할 법원에 행
　 정소송을 할 수 있다고 잘못 안내하였다고 하더라도, 그러한 잘못된 안내로 행정법원의 항고소
　 송 재판관할이 생긴다고 볼 수도 없다).
3) 대판 2009. 12. 24, 2009두14507(구 건축법 제69조의2 제6항, 지방세법 제28조, 제82조, 국세징
　 수법 제23조의 각 규정에 의하면, 이행강제금 부과처분을 받은 자가 이행강제금을 기한 내에
　 납부하지 아니한 때에는 그 납부를 독촉할 수 있으며, 납부독촉에도 불구하고 이행강제금을 납
　 부하지 않으면 체납절차에 의하여 이행강제금을 징수할 수 있고, 이때 이행강제금 납부의 최초
　 독촉은 징수처분으로서 항고소송의 대상이 되는 행정처분이 될 수 있다).

④ 제2항의 규정에 의한 과태료처분을 받은 자가 제3항의 규정에 의하여 이의를 제기한 경우에는 당해 부과권자는 지체없이 관할법원에 그 사실을 통보하여야 하며, 그 통보를 받은 관할법원은 비송사건절차법에 의한 과태료의 재판을 한다. ⑤ 제3항의 규정에 의한 기간 내에 이의를 제기하지 아니하고 과태료를 납부하지 아니한 경우에는 국세 또는 지방세체납처분의 예에 의하여 이를 징수한다)에 근거하여 판례는 강제금부과처분이 행정소송의 대상이 되는 처분이 아니라고 보았다(대판 2000. 9. 22, 2000두5722). 그러나 2005년 11월 8일의 건축법 개정시에 구 건축법 제83조 제6항은 삭제되었으므로, 이제는 강제금부과처분을 행정소송의 대상이 되는 처분으로 볼 것이다.

제 4 목   직접강제

Ⅰ. 직접강제의 관념

1. 직접강제의 의의

2545   직접강제란 의무자가 행정상 의무를 이행하지 아니하는 경우 행정청이 의무자의 신체나 재산에 실력을 행사하여 그 행정상 의무의 이행이 있었던 것과 같은 상태를 실현하는 것을 말한다(기본법 제30조 제1항 제3호). 달리 말하면, 직접강제란 의무자가 의무(대체적 작위의무·비대체적작위의무·부작위의무·수인의무)를 불이행할 때, 행정기관이 직접 의무자의 신체·재산에 실력(예 : 체력, 불도저 등 체력의 보조수단, 무기 등)을 가하여 의무자가 직접 의무를 이행한 것과 같은 상태를 실현하는 작용으로 이해된다(예 : 영업자가 허가를 받지 아니하거나 신고를 하지 아니하고 영업을 하는 때 또는 영업자가 허가가 취소되거나 영업소의 폐쇄명령을 받은 후에 계속하여 영업을 하는 경우, 식품위생법 제79조 제1항에 근거하여 식품의약품안전처장, 시·도지사 또는 시장·군수·구청장의 명을 받아 관계공무원이 당해 영업소를 폐쇄하기 위하여 행하는 ① 해당 영업소의 간판 등 영업표지물의 제거나 삭제, ② 해당 영업소가 적법한 영업소가 아님을 알리는 게시문 등의 부착, ③ 해당 영업소의 시설물과 영업에 사용하는 기구 등을 사용할 수 없게 하는 봉인 또는 도로교통법 제71조 제2항에 근거하여 경철서장이 길가의 지상공작물이나 그 밖의 시설 또는 물건이 교통에 위험을 일으키게 하거나 교통에 뚜렷이 방해될 염려가 있는 때에 그 공작물 등의 소유자나 점유자 또는 관리자의 성명·주소를 알지 못하여 경찰서장이 스스로 그것을 제거하는 것 등이 직접강제의 예에 해당한다).

2. 적용영역

2546   직접강제는 작위의무의 불이행뿐만 아니라 부작위의무나 수인의무의 불이행의 경우에도 활용될 수 있는 수단이다. 한편, 개별 법률에서 직접강제를 할 수 있도록 규정하는 경우가 동시에 행정대집행법에 따른 대집행도 가능하다고

판단되는 경우, 의무자에게 침해가 적다고 보이는 대집행을 선택하여야 하는가의 문제가 있다. 이를 긍정적으로 보는 듯한 견해도 있으나,[1] 개별 법률에서의 명시적 규정을 오히려 특례로 보아 직접강제를 할 수 있다고 볼 것이다.

3. 즉시강제·대집행과 구별

① 직접강제는 의무의 불이행을 전제로 하는 점에서 그것을 전제로 하지 않는 행정상 즉시강제와 구별된다는 것이 일반적인 학설의 입장이다.[2] ② 행정청이 직접 행하는 대집행과 직접강제의 구분이 문제된다. 대집행은 행정청이 의무자에게 놓인 대체적 작위의무를 의무자의 지위에서 행하는 것이고(예 : 건물의 철거), 직접강제는 강제를 통하여 의무자로 하여금 다른 행위, 특히 비대체적 작위·부작위·수인으로 나아가도록 하는 것인 점(예 : 시위군중의 해산을 위한 물의 살포)에서 양자를 구별하기도 한다.[3]

2547

II. 직접강제의 법적 근거

1. 직접강제발동의 근거법률

직접강제는 침익적 작용이므로 헌법 제37조 제2항에 따라 법률의 근거가 필요하다. 행정기본법도 직접강제는 법률이 정하는 바에 따를 것을 규정하고 있다(기본법 제30조 제1항). 그러한 법률로 공중위생관리법 제11조, 도로교통법 제71조 제2항, 식품위생법 제79조 등이 있다.

2548

2. 직접강제절차의 근거법률

직접강제의 절차 등에 관한 일반법으로 행정기본법 제32조가 있다. 직접강제의 근거법률에 특별한 규정이 있으면 그러한 규정을 따르고, 특별한 규정이 없으면 행정기본법 제32조가 정하는 바에 의한다.

2549

III. 직접강제의 요건

1. 실체적 요건

직접강제는 국민의 신체나 재산에 대한 직접적인 침해수단이자 강력한 수단으로서 국민의 기본권을 침해할 가능성을 많이 갖는다. 따라서 직접강제의 남용으로부터 국민의 보호를 위해 직접강제는 행정대집행이나 이행강제금 부과의

2550

---

1) 심성보, 행정대집행에 있어서 대체적 작위의무, 법제, 2014. 6, 103쪽.
2) 김동희, 행정법(Ⅰ), 487쪽(2019); 박윤흔·정형근, 최신행정법강의(상), 516쪽.
3) Maurer, Allgemeines Verwaltungsrecht, §20, Rn. 18.

방법으로는 행정상 의무 이행을 확보할 수 없거나 그 실현이 불가능한 경우에
실시하여야 하여야 한다(기본법 제32조 제1항).

2. 절차적 요건

2551　　(1) **증표의 제시**　　직접강제를 실시하기 위하여 현장에 파견되는 집행책임
자는 그가 집행책임자임을 표시하는 증표를 보여 주어야 한다(기본법 제32조 제2항).

2552　　(2) **계고와 통지**　　행정청은 이행강제금을 부과하기 전에 미리 의무자에게
적절한 이행기간을 정하여 그 기한까지 행정상 의무를 이행하지 아니하면 이행
강제금을 부과한다는 뜻을 문서로 계고(戒告)하여야 한다(기본법 제32조 제3항, 제
31조 제3항). 행정청은 의무자가 제3항에 따른 계고에서 정한 기한까지 행정상
의무를 이행하지 아니한 경우 이행강제금의 부과 금액·사유·시기를 문서로 명
확하게 적어 의무자에게 통지하여야 한다(기본법 제32조 제3항, 제31조 제4항).

3. 비례원칙의 적용

2553　　직접강제는 필요한 최소한의 범위에서 이루어져야 한다(기본법 제31조 제1항
본문). 즉 직접강제의 실시에 비례원칙이 적용된다.[1] 직접강제의 실시에 비례원
칙을 규정하는 개별법(예 : 식품법 제79조 제4항)도 있다.

Ⅳ. 권리보호

1. 행정상 쟁송

2554　　직접강제의 발동은 기본적으로 권력적 사실행위이지만, 상대방에게 수인의
무를 요구한다는 점에서 법적 행위의 성질도 갖는다(합성행위). 따라서 직접강제
의 발동도 행정기본법상 이의신청 또는 행정심판법상 행정심판이나 행정소송법
상 행정소송의 대상이 된다. 그러나 직접강제는 통상 신속하게 종료되므로, 권
리보호의 이익이 없게 된다. 이 때문에 직접강제수단을 이의신청이나 행정심판
또는 행정소송의 대상으로 하는 것은 현실적으로 기대하기 어렵다. 예상하기는
어렵지만, 침해가 장기간에 걸치는 직접강제의 경우에는 이의신청이나 행정심
판 또는 행정소송을 제기할 수도 있다.

---

1) 대판 2001. 2. 23, 99두6002(학원의설립·운영에관한법률 제2조 제1호와 제6조 및 제19조 등의
　관련 규정에 의하면, 같은 법상의 학원을 설립·운영하고자 하는 자는 소정의 시설과 설비를
　갖추어 등록을 하여야 하고, 그와 같은 등록절차를 거치지 아니한 경우에는 관할 행정청이 직
　접 그 무등록 학원의 폐쇄를 위하여 출입제한 시설물의 설치와 같은 조치를 취할 수 있게 되어
　있으나, 달리 무등록 학원의 설립·운영자에 대하여 그 폐쇄를 명할 수 있는 것으로는 규정하
　고 있지 아니하고, 위와 같은 폐쇄조치에 관한 규정이 그와 같은 폐쇄명령의 근거 규정이 된다
　고 할 수도 없다).

2. 손해배상 등

① 위법한 직접강제를 통해 손해를 입은 자는 특별규정이 없는 한 국가배 2555
상법이 정하는 바에 따라 국가나 지방자치단체를 상대로 손해배상을 청구할 수
있다. ② 직접강제 후에 만약 위법상태가 계속된다면, 경우에 따라 피해자는 결
과제거의 청구를 주장할 수도 있다. ③ 위법한 직접강제에 대항하는 것은 정당
방위이며 공무집행방해죄를 구성하지 아니한다. 그리고 ④ 위법한 직접강제를
행한 공무원에게는 형사책임과 징계책임이 추궁될 수도 있다.

V. 폐쇄조치

1. 의   의

폐쇄조치는 일반적으로 ① 허가를 받지 않고 영업을 하거나, ② 허가가 취 2556
소된 후에 계속하여 영업을 하는 때, ③ 영업정지명령을 받고도 계속하여 영업
을 하는 때에 해당 영업소를 폐쇄하는 실력행사를 말한다. 폐쇄조치는 직접강제
의 한 예에 해당한다.

2. 절   차

① 폐쇄절차는 개별법률이 정한 바에 따르면 된다. 일반적으로 폐쇄조치를 2557
하고자 하는 경우에는 미리 당해 영업자 또는 그 대리인에게 서면으로 알려주
어야 한다. 다만, 법령이 정하는 급박한 사유가 있는 때에는 그러하지 아니하다.
② 영업소를 폐쇄하는 관계공무원은 그 권한을 나타내는 증표를 지니고 이를
관계인에게 내보여야 한다(관광진흥법 제36조 제6항, 먹는물관리법 제46조 제5항).

3. 내용과 한계

폐쇄조치의 내용은 ① 간판 기타 영업표지물의 제거·삭제, ② 적법한 영업 2558
소가 아님을 알리는 게시물의 부착, ③ 영업에 필요한 기구 또는 시설물 등을
사용할 수 없게 하는 봉인 등이다. 한편, 폐쇄조치는 그 영업을 할 수 없게 함에
필요한 최소한의 범위에 그쳐야 한다(관광진흥법 제36조 제5항, 먹는물관리법 제46조
제4항, 식품법 제79조 제4항 등).

4. 해   제

봉인을 한 후 봉인을 계속할 필요가 없다고 인정되거나 사업자 또는 그 대 2559
리인이 정당한 사유로 봉인의 해제를 요청하는 때에는 그 봉인을 해제할 수 있
다. 게시물등의 부착을 제거하는 경우에도 또한 같다(관광진흥법 제36조 제3항, 먹

는물관리법 제46조 제2항).

5. 기　　타

2560　　폐쇄명령을 받은 자(법인인 경우에는 그 대표자 포함)는 그 폐쇄명령을 받은 후 일정기간이 지나지 아니한 때에는 같은 종류의 영업을 할 수 없도록 규정한 경우도 있고, 누구든지 폐쇄명령이 있은 후 일정기간이 지나지 아니한 때에는 동일 장소에서 같은 종류의 영업을 할 수 없도록 규정한 경우도 있다(공위법 제11조의4).

제 5 목　강제징수

Ⅰ. 강제징수의 관념

1. 강제징수의 의의

2561　　강제징수란 의무자가 행정상 의무 중 금전급부의무를 이행하지 아니하는 경우 행정청이 의무자의 재산에 실력을 행사하여 그 행정상 의무가 실현된 것과 같은 상태를 실현하는 것을 말한다(기본법 제30조 제1항 제4호). 달리 말하면 사인이 국가 또는 지방자치단체 등에 대해 부담하고 있는 공법상 금전급부의무를 불이행한 경우에 행정청이 강제적으로 그 의무가 이행된 것과 같은 상태를 실현하는 작용을 말한다.

2. 강제징수의 법적 근거

2562　　강제징수는 법률로 정하는 바에 따라야 한다(기본법 제30조 제1항). 여러 법률이 강제징수와 관련하여 국세징수를 위한 법률인 「국세징수법」을 준용하고 있는 결과, 국세징수법은 공법상 금전급부의무의 강제에 관한 일반법으로 기능하고 있다. 예외적이기는 하지만, 명시적인 규정이 있는 경우에는 사법상 금전채권의 강제징수에도 국세징수법이 적용될 수 있다.

3. 강제징수 선행절차로서 독촉

2563　　⑴ 독촉장의 발급　　관할 세무서장은 납세자가 국세를 지정납부기한까지 완납하지 아니한 경우 지정납부기한이 지난 후 10일 이내에 체납된 국세에 대한 독촉장을 발급하여야 한다. 다만, 제9조에 따라 국세를 납부기한 전에 징수하거나 체납된 국세가 일정한 금액 미만인 경우 등 대통령령으로 정하는 경우에는 독촉장을 발급하지 아니할 수 있다(국징법 제10조 제1항).

(2) **납부기한**   관할 세무서장은 제1항 본문에 따라 독촉장을 발급하는 경   2564
우 독촉을 하는 날부터 20일 이내의 범위에서 기한을 정하여 발급한다(국징법 제
10조 제2항).

(3) **독촉의 성질·효과**   독촉의 성질은 준법률행위적 행정행위의 하나인   2565
통지행위에 해당한다. 독촉은 강제징수를 위한 전제요건이며, 또한 그것은 시효
중단의 효과를 발생시킨다(국세법 제28조 제1항). 한편, 동일한 내용의 독촉을 반
복한 경우, 반복된 독촉은 항고소송의 대상이 되는 처분이 아니다.[1]

II. 강제징수의 절차

관할 세무서장(체납기간 및 체납금액을 고려하여 대통령령으로 정하는 체납자의 경우   2566
에는 지방국세청장을 포함한다. 이하 이 장에서 같다)은 납세자가 제10조에 따른 독촉
또는 제9조 제2항에 따른 납부기한 전 징수의 고지를 받고 지정된 기한까지 국
세 또는 체납액을 완납하지 아니한 경우 재산의 압류(교부청구·참가압류를 포함한다),
압류재산의 매각·추심 및 청산의 절차에 따라 강제징수를 한다(국징법 제24조).

1. 압   류

(1) **압류의 요건**   ① 관할 세무서장은 다음 각 호(1. 납세자가 제10조에 따른   2567
독촉을 받고 독촉장에서 정한 기한까지 국세를 완납하지 아니한 경우, 2. 납세자가 제9조 제2
항에 따라 납부고지를 받고 단축된 기한까지 국세를 완납하지 아니한 경우)의 어느 하나에
해당하는 경우 납세자의 재산을 압류한다(국징법 제31조 제1항).[2] 압류란 의무자
의 재산에 대하여 사실상 및 법률상의 처분을 금지하고, 아울러 이를 확보하는
강제적인 보전행위를 말한다. ② 관할 세무서장은 국세를 징수하기 위하여 필요
한 재산 외의 재산을 압류할 수 없다. 다만, 불가분물(不可分物) 등 부득이한 경
우에는 압류할 수 있다(국징법 제32조). ③ 세무공무원은 압류를 위해 수색·질문·

---

1) 대판 1999. 7. 13, 97누119(구 의료보험법(1994. 1. 7. 법률 제4728호로 전문 개정되기 전의 것,
이하 '구법'이라고 한다) 제45조, 제55조, 제55조의2의 각 규정에 의하면, 보험자 또는 보험자
단체가 사기 기타 부정한 방법으로 보험급여비용을 받은 의료기관에게 그 급여비용에 상당하
는 금액을 부당이득으로 징수할 수 있고, 그 의료기관이 납부고지에서 지정된 납부기한까지 징
수금을 납부하지 아니한 경우 국세체납절차에 의하여 강제징수할 수 있는바, 보험자 또는 보험
자단체가 부당이득금 또는 가산금의 납부를 독촉한 후 다시 동일한 내용의 독촉을 하는 경우
최초의 독촉만이 징수처분으로서 항고소송의 대상이 되는 행정처분이 되고 그 후에 한 동일한
내용의 독촉은 체납처분의 전제요건인 징수처분으로서 소멸시효 중단사유가 되는 독촉이 아니
라 민법상의 단순한 최고에 불과하여 국민의 권리의무나 법률상의 지위에 직접적으로 영향을
미치는 것이 아니므로 항고소송의 대상이 되는 행정처분이라 할 수 없다).
2) 대판 1988. 6. 28, 87누1009(독촉절차 없이 이루어진 압류처분이 무효는 아니다); 대판 1984. 9.
25, 84누107(독촉장 발부 없이 한 압류처분은 위법하다).

검사의 권한을 갖고(국징법 제35조, 제36조), 압류한 때에는 압류조서를 작성하고 일정한 경우에는 그 등본을 체납자에게 교부하여야 한다(국징법 제349조).

2568   **(2) 압류금지 재산**   ① 다음 각 호[1. 체납자 또는 그와 생계를 같이 하는 가족(사실상 혼인관계에 있는 사람을 포함하며, 이하 이 조에서 "동거가족"이라 한다)의 생활에 없어서는 아니 될 의복, 침구, 가구, 주방기구, 그 밖의 생활필수품, 2. 체납자 또는 그 동거가족에게 필요한 3개월간의 식료품 또는 연료, 3. 인감도장이나 그 밖에 직업에 필요한 도장, 4.호 이하 생략]의 재산은 압류할 수 없다(국징법 제41조). ② 급료, 연금, 임금, 봉급, 상여금, 세비, 퇴직연금, 그 밖에 이와 비슷한 성질을 가진 급여채권에 대해서는 그 총액의 2분의 1에 해당하는 금액은 압류가 금지되는 금액으로 한다(국징법 제42조 제1항). ③ 제1항에도 불구하고 다음 각 호(1. 제1항에 따라 계산한 급여채권 총액의 2분의 1에 해당하는 금액이 표준적인 가구의 「국민기초생활 보장법」 제2조 제7호에 따른 최저생계비를 고려하여 대통령령으로 정하는 금액에 미달하는 경우 : 같은 호에 따른 최저생계비를 고려하여 대통령령으로 정하는 금액, 2. 제1항에 따라 계산한 급여채권 총액의 2분의 1에 해당하는 금액이 표준적인 가구의 생계비를 고려하여 대통령령으로 정하는 금액을 초과하는 경우 : 표준적인 가구의 생계비를 고려하여 대통령령으로 정하는 금액)의 경우 압류가 금지되는 금액은 각각 다음 각 호의 구분에 따른 금액으로 한다(국징법 제42조 제2항). ④ 퇴직금이나 그 밖에 이와 비슷한 성질을 가진 급여채권에 대해서는 그 총액의 2분의 1에 해당하는 금액은 압류하지 못한다(국징법 제42조 제3항). 압류가 가능한 재산이 수종이 있는 경우, 압류할 재산의 선택은 집행청의 의무에 합당한 재량행사에 놓인다고 본다. 그것은 재산가격·체납금액에 비례관계가 유지되도록 하여야 할 것이다.[1)]

2569   **(3) 압류의 효력**   ① 세무공무원이 재산을 압류한 경우 체납자는 압류한 재산에 관하여 양도, 제한물권의 설정, 채권의 영수, 그 밖의 처분을 할 수 없다(국징법 제43조 제1항). ② 압류의 효력은 압류재산으로부터 생기는 천연과실(天然果實) 또는 법정과실(法定果實)에도 미친다(국징법 제44조 제1항). 물론 압류는 적법한 것이어야 한다.[2)] 제1항에도 불구하고 체납자 또는 제3자가 압류재산의 사용

---

1) 대판 1986. 11. 11, 86누479(세무공무원이 국세의 징수를 위해 납세자의 재산을 압류하는 경우 그 재산의 가액이 징수할 국세액을 초과한다 하여 위 압류가 당연무효의 처분이라고는 할 수 없다).

2) 대판 1987. 11. 24, 87누593(국세징수법 제38조에 의하면, 동산에 대한 압류를 함에 있어 체납자에게 보관하게 하는 경우에는 봉인 기타의 방법으로 압류재산임을 명백히 하여야 한다라고 규정되어 있으므로 세무공무원이 같은 법 제29조의 규정에 의한 압류조서를 작성하고 체납자에게 압류동산을 보관시켰다 하더라도 봉인 기타의 방법으로 압류재산임을 명백히 하지 아니한 이상 압류의 효력이 없다 할 것인즉, 같은 취지에서 이 사건 압류처분이 당연무효라고 판단한 원심의 조치는 정당하다).

또는 수익을 하는 경우 그 재산의 매각으로 인하여 권리를 이전하기 전까지 이미 거두어들인 천연과실에 대해서는 압류의 효력이 미치지 아니한다(국징법 제44조 제2항).

(4) **압류의 해제**　　관할 세무서장은 다음 각 호[1. 압류와 관계되는 체납액의 전부가 납부 또는 충당(국세환급금, 그 밖에 관할 세무서장이 세법상 납세자에게 지급할 의무가 있는 금전을 체납액과 대등액에서 소멸시키는 것을 말하며, 이하 이 조, 제60조 제1항 및 제71조 제5항에서 같다)된 경우, 2. 국세 부과의 전부를 취소한 경우, 3. 여러 재산을 한꺼번에 공매(公賣)하는 경우로서 일부 재산의 공매대금으로 체납액 전부를 징수한 경우, 4. 총 재산의 추산(推算)가액이 강제징수비(압류에 관계되는 국세에 우선하는 「국세기본법」 제35조 제1항 제3호에 따른 채권 금액이 있는 경우 이를 포함한다)를 징수하면 남을 여지가 없어 강제징수를 종료할 필요가 있는 경우. 다만, 제59조에 따른 교부청구 또는 제61조에 따른 참가압류가 있는 경우로서 교부청구 또는 참가압류와 관계된 체납액을 기준으로 할 경우 남을 여지가 있는 경우는 제외한다. 5. 그 밖에 제1호부터 제4호까지의 규정에 준하는 사유로 압류할 필요가 없게 된 경우)의 어느 하나에 해당하는 경우 압류를 즉시 해제하여야 한다(국징법 제57조 제1항).[1] 한편, ④ 압류 후 부과처분의 근거법률이 위헌으로 결정된 경우에는 압류를 해제하여야 할 것이다.[2]

2570

2. 압류재산의 매각

(1) **매각의 방법**　　① 압류재산은 공매 또는 수의계약으로 매각한다(국징법 제65조 제1항). 매각은 압류재산을 금전으로 환가하는 것을 말한다. ② 공매는 다음 각 호[1. 경쟁입찰 : 공매를 집행하는 공무원이 공매예정가격을 제시하고, 매수신청인에게 문서로 매수신청을 하게 하여 공매예정가격 이상의 신청가격 중 최고가격을 신청한 자(이하 "최고가 매수신청인"이라 한다)를 매수인으로 정하는 방법, 2. 경매 : 공매를 집행하는 공무원이 공매예정가격을 제시하고, 매수신청인에게 구두 등의 방법으로 신청가격을 순차로 올려 매수신청을 하게 하여 최고가 매수신청인을 매수인으로 정하는 방법]의 어느 하나에 해당하는 방법(정보통신망을 이용한 것을 포함한다)으로 한다(국징법 제65조 제2항). ③ 관할 세무서장은 압류재산이 다음 각 호(1. 수의계약으로 매각하지 아니하면 매각대금이 강제징수비 금액 이하가 될 것으로 예상되는 경우, 2. 부패·변질 또는 감량되기 쉬운 재산으로서 속히 매각하지 아니하면 그 재산가액이 줄어들 우려가 있는 경우, 3. 압류한 재산의 추산가격이 1천만원 미만인 경우, 4. 법령으로 소지(所持) 또는 매매가 금지 및 제한된 재산인 경우, 5. 제1회 공매 후 1년간 5회 이상 공매하여도 매각되지 아니한 경우, 6. 공매가 공익을 위하여

2571

---

1) 대판 1989. 2. 28, 87다카684; 대판 1982. 7. 13, 81누360(납부로 인해 압류처분이 당연무효로 되는 것은 아니다).

2) 대판 2003. 9. 2, 2003다14348.

적절하지 아니한 경우)의 어느 하나에 해당하는 경우 수의계약으로 매각할 수 있다(국징법 제65조 제3항).

(2) 공매의 공고

2572 (개) **공고사항** 관할 세무서장은 공매를 하려는 경우 다음 각 호[1. 매수대금을 납부하여야 할 기한(이하 "대금납부기한"이라 한다), 2. 공매재산의 명칭, 소재, 수량, 품질, 공매예정가격, 그 밖의 중요한 사항, 3. 입찰서 제출 또는 경매의 장소와 일시(기간입찰의 경우 그 입찰서 제출기간), 4. 개찰의 장소와 일시, 5. 공매보증을 받을 경우 그 금액, 6. 공매재산이 공유물의 지분 또는 부부공유의 동산·유가증권인 경우 공유자(체납자는 제외한다. 이하 같다)·배우자에게 각 우선매수권이 있다는 사실, 7. 배분요구의 종기, 8. 배분요구의 종기까지 배분을 요구하여야 배분받을 수 있는 채권, 9. 매각결정기일, 10. 매각으로 소멸하지 아니하고 매수인이 인수하게 될 공매재산에 대한 지상권, 전세권, 대항력 있는 임차권 또는 가등기가 있는 경우 그 사실, 11. 공매재산의 매수인으로서 일정한 자격이 필요한 경우 그 사실, 12. 제77조 제2항 각 호에 따른 자료의 제공 내용 및 기간, 13. 차순위 매수신청의 기간과 절차]의 사항을 공고하여야 한다(국징법 제72조 제1항).

2573 (내) **공고기간** 공매공고 기간은 10일 이상으로 한다. 다만, 그 재산을 보관하는 데에 많은 비용이 들거나 재산의 가액이 현저히 줄어들 우려가 있으면 이를 단축할 수 있다(국징법 제73조).[1]

(3) 공매통지

2574 (개) **의 의** 관할 세무서장은 제72조 제1항 및 제2항에 따른 공매공고를 한 경우 즉시 그 내용을 다음 각 호[1. 체납자, 2. 납세담보물 소유자, 3. 다음 각 목의 구분에 따른 자(가. 공매재산이 공유물의 지분인 경우 : 공매공고의 등기 또는 등록 전 날 현재의 공유자, 나. 공매재산이 부부공유의 동산·유가증권인 경우 : 배우자), 4. 공매공고의 등기 또는 등록 전날 현재 공매재산에 대하여 전세권·질권·저당권 또는 그 밖의 권리를 가진 자]의 자에게 통지하여야 한다(국징법 제75조 제1항).

2575 (내) **성 질** 공매하기로 한 결정(공매결정)과 공매계획의 통지(공매통지)는 취소소송의 대상이 되는 처분이 아니라는 것이 판례의 태도였다.[2] 한편, 판례는 공매통지를 공매의 절차적 요건으로 본다. 그리하여 공매통지 없이 또는 적법하지 아니한 공매통지 후 이루어진 공매는 절차상 흠이 있는 위법한 것이 되

---

1) 대판 1974. 2. 26, 73누186(공고기간이 경과하지 아니한 공매는 위법하다).

2) 대판 2007. 7. 27, 2006두8464(한국자산공사가 당해 부동산을 인터넷을 통하여 재공매(입찰)하기로 한 결정 자체는 내부적인 의사결정에 불과하여 항고소송의 대상이 되는 행정처분이라고 볼 수 없고, 또한 한국자산공사가 공매통지는 공매의 요건이 아니라 공매사실 자체를 체납자에게 알려주는 데 불과한 것으로서, 통지의 상대방의 법적 지위나 권리·의무에 직접 영향을 주는 것이 아니라고 할 것이므로 이것 역시 행정처분에 해당한다고 할 수 없다).

는바, 공매통지의 하자를 들어 공매처분의 취소를 구할 수 있다고 한다(대판 2008. 11. 27, 2007두18154 전원합의체; 대판 2011. 3. 24, 2010두25527). 그럼에도 공매통지 자체를 항고소송의 대상으로 삼아 그 취소 등을 구할 수 없다는 것은 그 후의 판결에도 유지되고 있다.[1]

(4) 공매의 실시

(개) **실시방법**　　공매를 입찰의 방법으로 하는 경우 공매재산의 매수신청인 2576 은 그 성명·주소·거소, 매수하려는 재산의 명칭, 매수신청가격, 공매보증, 그 밖에 필요한 사항을 입찰서에 적어 개찰이 시작되기 전에 공매를 집행하는 공무원에게 제출하여야 한다(국징법 제82조 제1항). 개찰은 공매를 집행하는 공무원이 공개적으로 각각 적힌 매수신청가격을 불러 입찰조서에 기록하는 방법으로 한다(국징법 제82조 제2항). 공매를 집행하는 공무원은 최고가 매수신청인을 정한다. 이 경우 최고가 매수신청가격이 둘 이상이면 즉시 추첨으로 최고가 매수신청인을 정한다(국징법 제82조 제3항).

(내) **공매의 성질**　　그 자체는 우월한 공권력의 행사로서 행정소송의 대상이 2577 되는 공법상의 행정처분이라는 것이 판례의 입장이다.[2] 사법상의 계약으로 보는 견해도 있다. 한편, 기능적으로 본다면, 국세징수법상 공매는 체납자와 매수

---

1) 대판 2011. 3. 24, 2010두25527(국세징수법이 압류재산을 공매할 때에 공고와 별도로 체납자 등에게 공매통지를 하도록 한 이유는, 체납자 등으로 하여금 공매절차가 유효한 조세부과처분 및 압류처분에 근거하여 적법하게 이루어지는지 여부를 확인하고 이를 다툴 수 있는 기회를 주는 한편, 국세징수법이 정한 바에 따라 체납세액을 납부하고 공매절차를 중지 또는 취소시켜 소유권 또는 기타의 권리를 보존할 수 있는 기회를 갖도록 함으로써 체납자 등이 감수하여야 하는 강제적인 재산권 상실에 대응한 절차적인 적법성을 확보하기 위한 것으로 보아야 하고, 따라서 체납자 등에 대한 공매통지는 국가의 강제력에 의하여 진행되는 공매에서 체납자 등의 권리 내지 재산상의 이익을 보호하기 위하여 법률로 규정한 절차적 요건이라고 보아야 하며, 공매처분을 하면서 체납자 등에게 공매통지를 하지 않았거나 공매통지를 하였더라도 그것이 적법하지 아니한 경우에는 절차상의 흠이 있어 그 공매처분이 위법하게 되는 것이지만, 공매통지 자체가 그 상대방인 체납자 등의 법적 지위나 권리·의무에 직접적인 영향을 주는 행정처분에 해당한다고 할 것은 아니므로 다른 특별한 사정이 없는 한 체납자 등은 공매통지의 결여나 위법을 들어 공매처분의 취소 등을 구할 수 있는 것이지 공매통지 자체를 항고소송의 대상으로 삼아 그 취소 등을 구할 수는 없다).

　　[평석] 대법원은 2007두18154 전원합의체 판결에서 공매통지를 공매의 절차적 요건으로 판시하였는데, 이것은 공매통지를 항고소송의 대상으로 보지 않던 종래의 입장을 변경하여 공매통지를 준법률행위적 행정행위로서의 통지로 보고 대상적격성도 인정한 판결로 보아야 한다는 지적을 한 바 있다. 그러나 대법원은 그 후 2010두25527 판결에서 명시적으로 공매통지의 처분성을 부인하고 있다.

2) 대판 1984. 9. 25, 84누201(과세관청이 체납처분으로서 행하는 공매는 우월한 공권력의 행사로서 행정소송의 대상이 되는 공법상의 행정처분이며 공매에 의하여 재산을 매수한 자는 그 공매처분이 취소된 경우에 그 취소처분의 위법을 주장하여 행정소송을 제기할 법률상 이익이 있다고 할 것이다).

인 사이의 사법상 매매계약을 체납처분청이 대행하는 성격을 가진다고 말할 수 있다.[1]

⑸ 공매의 취소 및 정지

2578 ㈎ 취 소   관할 세무서장은 다음 각 호(1. 해당 재산의 압류를 해제한 경우, 2. 그 밖에 공매를 진행하기 곤란한 경우로서 대통령령으로 정하는 경우)의 어느 하나에 해당하는 경우 공매를 취소하여야 한다(국징법 제88조 제1항).

2579 ㈏ 정 지   관할 세무서장은 다음 각 호(1. 제105조에 따라 압류 또는 매각을 유예한 경우, 2.「국세기본법」제57조 또는「행정소송법」제23조에 따라 강제징수에 대한 집행정지의 결정이 있는 경우, 3. 그 밖에 공매를 정지하여야 할 필요가 있는 경우로서 대통령령으로 정하는 경우)의 어느 하나에 해당하는 경우 공매를 정지하여야 한다(국징법 제88조 제2항).

3. 청 산

2580 ⑴ **배분금전의 범위**   배분금전은 다음 각 호(1. 압류한 금전, 2. 채권·유가증권·그 밖의 재산권의 압류에 따라 체납자 또는 제3채무자로부터 받은 금전, 3. 압류재산의 매각대금 및 그 매각대금의 예치 이자, 4. 교부청구에 따라 받은 금전)의 금전으로 한다(국징법 제94조).

2581 ⑵ **배분방법**   ① 제94조 제2호 및 제3호의 금전은 다음 각 호(1. 압류재산과 관계되는 체납액, 2. 교부청구를 받은 체납액·지방세 또는 공과금, 3. 압류재산과 관계되는 전세권·질권·저당권 또는 가등기담보권에 의하여 담보된 채권, 4.「주택임대차보호법」또는「상가건물 임대차보호법」에 따라 우선변제권이 있는 임차보증금 반환채권, 5.「근로기준법」또는「근로자퇴직급여 보장법」에 따라 우선변제권이 있는 임금, 퇴직금, 재해보상금 및 그 밖에 근로관계로 인한 채권, 6. 압류재산과 관계되는 가압류채권, 7. 집행문이 있는 판결정본에 의한 채권)의 체납액과 채권에 배분한다. 이 경우, 제76조 제1항 및 제2항에 따라 배분요구의 종기까지 배분요구를 하여야 하는 채권의 경우에는 배분요구를 한 채권에 대해서만 배분한다(국징법 제96조 제1항). ② 제94조 제1호 및 제4호의 금전은 각각 그 압류 또는 교부청구와 관계되는 체납액에 배분한다(국징법 제96조 제2항). ③ 관할 세무서장은 제1항과 제2항에 따라 금전을 배분하고 남은 금액이 있는 경우 체납자에게 지급한다(국징법 제96조 제3항).

4. 압류·매각의 유예

2582 ① 관할 세무서장은 체납자가 다음 각 호(1. 국세청장이 성실세자로 인정하는 기

---

1) 헌재 2009. 4. 30, 2007헌가8 전원재판부.

준에 해당하는 경우, 2. 재산의 압류나 압류재산의 매각을 유예함으로써 체납자가 사업을 정상적으로 운영할 수 있게 되어 체납액의 징수가 가능하게 될 것이라고 관할 세무서장이 인정하는 경우)의 어느 하나에 해당하는 경우 체납자의 신청 또는 직권으로 그 체납액에 대하여 강제징수에 따른 재산의 압류 또는 압류재산의 매각을 대통령령으로 정하는 바에 따라 유예할 수 있다(국징법 제105조 제1항). ② 관할 세무서장은 제1항에 따라 유예를 하는 경우 필요하다고 인정하면 이미 압류한 재산의 압류를 해제할 수 있다(국징법 제105조 제2항).

Ⅲ. 권리보호(불복)

행정상 강제징수에 대하여 불복이 있을 때에는 개별법령에 특별규정이 없는 한 국세기본법(제55조 이하)·행정심판법·행정소송법이 정한 바에 따라 행정상 쟁송을 제기할 수 있다.[1] 물론 불복을 할 수 있는 자는 강제징수에 대하여 법률상 직접적인 이해관계를 가진 자에 한한다.[2] 강제징수에 하자가 있는 경우, 그 하자가 무효사유인지 아니면 취소사유인지 여부는 중대명백설에 따라 판단할 것이다.[3] 2583

제3항 즉시강제

Ⅰ. 관 념

1. 의 의

즉시강제란 현재의 급박한 행정상의 장해를 제거하기 위한 경우로서 다음 각 목(가. 행정청이 미리 행정상 의무 이행을 명할 시간적 여유가 없는 경우, 나. 그 성질상 2584

---

1) 국세기본법상 불복절차는 다음과 같이 다양하다. 선택은 불복하는 자의 몫이다.
   ① 이의신청(세무서장·관할 지방국세청장) → 심사청구(국세청장) → 행정소송
   ② 심사청구(국세청장) → 행정소송
   ③ 이의신청(세무서장·관할 지방국세청장) → 심판청구(조세심판원) → 행정소송
   ④ 심판청구(조세심판원) → 행정소송
   ⑤ 심사청구(감사원) → 행정소송
2) 대판 1990. 10. 16, 89누5706(과세관청이 조세의 징수를 위하여 납세의무자 소유의 부동산을 압류한 이후에 압류등기가 된 부동산을 양도받아 소유권이전등기를 마친 사람은 위 압류처분에 대하여 사실상 간접적 이해관계를 가질 뿐, 법률상 직접적이고 구체적인 이익을 가지는 것은 아니어서 그 압류처분의 무효확인을 구할 당사자 적격이 없다).
3) 대판 1992. 3. 10, 91누6030(납세의무자가 세금을 납부기한까지 납부하지 아니하기 때문에 과세청이 그 징수를 위하여 참가압류처분에 이른 것이라면, 참가압류처분에 앞서 독촉절차를 거치지 아니하였고 또 참가압류조서에 납부기한을 소론과 같이 잘못 기재한 잘못이 있다고 하더라도 이러한 위법사유만으로는 참가압류처분을 무효로 할만큼 중대하고도 명백한 하자라고 볼 수 없는 것이다).

행정상 의무의 이행을 명하는 것만으로는 행정목적 달성이 곤란한 경우)의 어느 하나에 해
당하는 경우에 행정청이 곧바로 국민의 신체 또는 재산에 실력을 행사하여 행
정목적을 달성하는 것을 말한다(기본법 제30조 제1항 제5호). 즉시강제는 급박한 위
험으로부터 개인을 보호하거나, 위험을 방지하고자 하는 데 그 목적이 있다. 따
라서 즉시강제는 강제집행에 비하여 예외적 수단의 성격을 갖는다.[1]

2. 행정벌, 직접강제, 행정조사와 구별

2585   (1) **행정벌과 구별**   행정벌은 과거의 의무위반에 대하여 가해지는 제재이
다. 즉시강제는 행정상 필요한 상태의 실현이라는 점에서 양자는 관심의 관심방
향을 달리한다.

(2) 직접강제와 구별

2586   (가) **전통적 견해**   전통적으로 양자 모두 행정상 필요한 상태의 실현을 위
한 행위라는 점에서는 동일하나, 행정상 강제집행은 의무부과를 전제로 이의 불
이행이 있어야만 실력행사가 가능하고 행정상 즉시강제는 의무의 불이행이 전
제되지 않고 이루어지는 실력행사라는 점에서 다르다고 설명되어 왔다. 이것은
행정상 강제집행은 구체적인 의무의 존재를 전제로, 행정상 즉시강제는 추상적
의무의 존재를 전제로 인정되는 것이라는 말로 설명되기도 한다. 그러나 이러한
전통적 견해에 다소 의문이 있다. 말하자면 우리의 전통적 견해는 행정상 강제
를 강제집행과 즉시강제로 구분하고 있는데, 강제집행의 수단(대집행·강제징수·
강제금·직접강제 중 특히 대집행과 직접강제)이 즉시강제의 수단과는 상이한 것인지,
아니면 동일한 것이지만, 다만 절차가 일부 생략되어 집행되는 것에 지나지 않
는 것인지의 문제가 있다(독일행정집행법상 즉시강제는 후자에 해당한다).

2587   (나) **절차상 차이**   직접강제는 개별·구체적인 의무부과를 전제로 이의 불
이행이 있어야만 실력행사가 가능하지만, 행정상 즉시강제는 개별·구체적인 의
무부과행위와 의무의 불이행이 전제되지 않고 이루어지는 실력행사이다(전통적
견해). 본서는 행정상 강제집행과 행정상 즉시강제는 절차상 차이가 있을 뿐이라
고 본다. 말하자면 사전절차(예 : 행집법 제3조 제3항의 경우)를 거치지 아니하고 이
루어지는 행정상 강제가 행정상 즉시강제이고, 사전절차를 거치고 이루어지는
행정상 강제가 행정상 강제집행이라고 본다.

2588   (3) **행정조사와 구별**   행정조사는 조사 그 자체를 기본적인 목적으로 하지

---

1) 헌재 2002. 10. 31, 2000헌가12(행정강제는 행정상 강제집행을 원칙으로 하며, 법치국가적 요청
   인 예측가능성과 법적 안정성에 반하고, 기본권 침해의 소지가 큰 권력작용인 행정상 즉시강제
   는 어디까지나 예외적인 강제수단이라고 할 것이다).

만, 행정상 즉시강제는 필요한 상태를 현실적으로 실현하는 것을 목적으로 한다. 다만 행정조사의 경우에 강제가 가해지는 경우도 있으나, 이 경우에도 양자는 목적에서 차이를 갖는다.

3. 법적 성질

즉시강제는 구체적인 의무부과행위이자 사실행위로서의 실력행사인 동시에 그 실력행사에 대해 참아야 하는 수인의무도 발생시키는 행위이다. 즉 행정상 즉시강제는 사실행위와 법적 행위가 결합된 합성행위이다. 따라서 즉시강제는 항고소송의 대상이 되는 처분이다. 2589

Ⅱ. 법적 근거

1. 이론적 논거

종래 대륙법계에서는 국가긴급권에서, 영미법계에서는 불법방해의 자력제거라는 법리에서 즉시강제를 정당화하였다. 그러나 오늘날의 법치국가에서는 국민(주민)의 자유나 재산에 침해를 가하는 행정상 즉시강제의 발동근거가 이론만으로는 정당화될 수 없는 것이고, 실정법상 근거를 가져야 함은 당연하다(헌법 제37조 제2항). 2590

2. 실정법상 근거

⑴ **즉시강제 발동의 근거법률**　　즉시강제는 법률의 근거가 있어야 가능하다(기본법 제30조 제1항). 그러한 법률로 경찰관 직무집행법, 마약류 관리에 관한 법률(제47조), 소방기본법(제25조), 감염병의 예방 및 관리에 관한 법률(제42조) 등이 있다. 2591

⑵ **즉시강제 절차의 근거법률**　　즉시강제의 절차 등에 관한 일반법으로 행정기본법 제33조가 있다. 즉시강제의 근거법률에 특별한 규정이 있으면 그러한 규정을 따르고, 특별한 규정이 없으면 행정기본법 제33조가 정하는 바에 의한다. 2592

Ⅲ. 요　　건

1. 장해제거의 소극목적성

즉시강제는 현재의 급박한 행정상의 장해를 제거하기 위한 것이어야 한다(행정기본법 제30조 제1항 제5호)(장해의 현재성 요건). 현 행정상 즉시강제는 급박한 장해의 제거라는 소극목적을 위해 실시될 수 있을 뿐, 적극적으로 어떠한 새로 2593

운 질서를 창조하기 위하여 실시될 수는 없다(기본법 제33조 제1항 제5호).

2. 제거대상인 장해의 현재성

2594 즉시강제는 현재의 급박한 행정상의 장해를 제거하기 위한 것이어야 한다 (기본법 제30조 제1항 제5호)(장해의 현재성 요건). 현재의 급박한 행정상의 장해란 위 험의 현재화가 거의 확실시되는 경우를 뜻한다.

3. 장해제거의 긴급성

2595 즉시강제는 ①. 행정청이 미리 행정상 의무 이행을 명할 시간적 여유가 없 는 경우, 또는 ② 그 성질상 행정상 의무의 이행을 명하는 것만으로는 행정목적 달성이 곤란한 경우에만 실시될 수 있다(기본법 제30조 제1항 제5호)(수단도입의 불가 피성 요건).

4. 즉시강제수단 도입의 보충성

2596 직접강제는 국민의 신체나 재산에 대한 직접적인 침해수단이자 강력한 수 단으로서 국민의 기본권을 침해할 가능성을 많이 갖는다. 따라서 국민의 보호를 위해 즉시강제는 "다른 수단으로는 행정 목적을 달성할 수 없는 경우에만" 실시 할 수 있다(기본법 제33조 제1항)(수단의 비대체성 요건).

5. 장해제거수단의 비례성

2597 즉시강제는 최소한으로만 실시하여야 한다(기본법 제33조 제1항 제2문). 즉 즉 시강제의 실시에 비례원칙이 적용된다.[1]

IV. 절 차

1. 증표의 제시와 고지

2598 ① 직접강제를 실시하기 위하여 현장에 파견되는 집행책임자는 그가 집행 책임자임을 표시하는 증표를 보여 주어야 한다(기본법 제33조 제2항 제1문). ② 즉 시강제를 실시하기 위하여 현장에 파견되는 집행책임자는 즉시강제의 이유와 내용을 고지하여야 한다(기본법 제33조 제2항 제2문).

---

1) 대판 2012. 12. 13, 2012도11162(경찰관직무집행법 제4조 제1항 제1호(이하 '이 사건 조항'이라 한다)에서 규정하는 술에 취한 상태로 인하여 자기 또는 타인의 생명·신체와 재산에 위해를 미칠 우려가 있는 피구호자에 대한 보호조치는 경찰 행정상 즉시강제에 해당하므로, 그 조치 가 불가피한 최소한도 내에서만 행사되도록 발동·행사 요건을 신중하고 엄격하게 해석하여야 한다).

2. 영장주의의 적용 여부

헌법은 제12조에서 신체의 구속 등에 영장이 필요함을, 제16조에서 주거의 2599
수색 등의 경우에 영장이 필요함을 규정하고 있다. 그러나 헌법은 행정작용의
경우에는 명시적으로 표현하는 바가 없다. 행정작용의 경우에도 헌법상 영장주
의가 적용되는지에 대해 견해가 나뉜다.

(1) **영장필요설**   헌법은 형사의 경우와 행정의 경우를 구분하지 않고 영 2600
장주의를 규정하고 있으므로 영장제도는 형사작용인가 행정작용인가를 불문하
고 적용되며, 따라서 행정목적을 위한 것이라 하여도 주거의 출입, 신체나 주거
의 수색을 위해서는 영장이 필요하다는 견해를 영장필요설이라 한다. 영장필요
설은 형사와 행정이 목적에서 차이가 있어도 기본권보장의 취지는 같다는 입장
이다.

(2) **영장불요설**   헌법상의 영장제도는 형사작용에만 적용되는 것이지 행 2601
정작용에는 적용이 없다. 행정상 즉시강제는 행정상 의무를 명할 여유가 없는
급박한 경우의 문제이므로, 이때 영장을 필요로 한다는 것은 헌법이 예상하는
바가 아니라는 견해를 영장불요설이라 한다. 영장불요설은 연혁적으로도 영장
주의는 형사사법제도와 관련하여 발전되었다는 점을 이유로 삼는다.

(3) **절 충 설**   이 견해는 원칙적으로 영장필요설에 입각하면서도 행정목 2602
적의 달성을 위해 불가피하다고 인정할 만한 특별한 사유가 있는 경우에는 사
전영장주의의 적용을 받지 않는다고 한다.[1] 판례의 입장이기도 하다.[2]

(4) **사   견**   ① 논리적으로는 절충설이 타당하다. 그러나 즉시강제가 2603
형사책임의 추궁과 관련을 갖는 것으로서, 침해가 계속되거나 개인의 신체·재
산·가택에 중대한 침해를 가할 수도 있는 경우에는 반드시 사후에라도 영장을
요한다(조처법 제9조 제2항 참조). 그러나 ② 행정상 즉시강제수단 중 경찰관 직무
집행법상 불심검문·보호조치·위험발생방지 등 표준처분은 영장주의의 예외,

---

1) 김철수, 헌법학(상), 733쪽; 김도창, 일반행정법론(상), 589쪽; 변재옥, 행정법강의(Ⅰ), 474쪽;
서원우, 현대행정법론(상), 598쪽.
2) 헌재 2002. 10. 31, 2000헌가12(구 음반·비디오물및게임물에관한법률 제24조 제3항 제4호(현행
법 제42조 제3항 제3호)에 따른 음반·비디오물·게임물의 수거와 폐기는 급박한 상황에 대처
하기 위한 것으로서 그 불가피성과 정당성이 충분히 인정되는 경우이므로, 이 법률조항이 영장
없는 수거를 인정한다고 하더라도 이를 두고 헌법상 영장주의에 위배되는 것으로는 볼 수 없
다); 대판 1997. 6. 13, 96다56115(사전영장주의는 인신보호를 위한 헌법상의 기속원리이기 때
문에 인신의 자유를 제한하는 모든 국가작용의 영역에서 존중되어야 하지만, 헌법 제12조 제3
항 단서도 사전영장주의의 예외를 인정하고 있는 것처럼 사전영장주의를 고수하다가는 도저히
행정목적을 달성할 수 없는 지극히 예외적인 경우에는 형사절차에서와 같은 예외가 인정된다).

즉 영장 없이 이루어지는 강제처분이다. 왜냐하면 이러한 수단은 공적 안전이나 공적 질서의 유지를 위해 매우 빈번히 도입되는 것으로서 영장주의를 관철시킬 수 없는 것이고, 이 때문에 경찰관 직무집행법은 표준처분이라는 특별구성요건을 둔 것이라고 새기는 것이 합리적이기 때문이다. 한편 이러한 경우에는 현행범의 요소가 다분히 있기 때문에 영장제의 예외사항에 해당되는 것이라고 볼 수 있다는 지적도 있다.[1]

V. 권리보호

1. 적법한 침해의 경우

2604   적법한 즉시강제로 인해 개인이 손실을 입게 되고 또한 그 손실이 특별한 희생에 해당한다면, 그 개인은 행정상 손실보상을 청구할 수 있을 것이다(헌법 제23조 제3항). 개별법이 손실보상에 관해 명문으로 규정을 두기도 한다(소방법 제25조 제4항; 자재법 제56조). 경우에 따라서는 생명이나 신체에 대한 피해의 보상을 청구할 수도 있을 것이다(소방법 제24조 제2항).

2. 위법한 침해의 경우

(1) 인신보호제도

2605   ㈎ 의   의   인신보호제도란 자유로운 의사에 반하여 국가, 지방자치단체, 공법인 또는 개인, 민간단체 등이 운영하는 수용시설(의료시설·복지시설·수용시설·보호시설)에 수용·보호 또는 감금되어 있는 자(형사절차에 따라 체포·구속된 자, 수형자 및 「출입국관리법」에 따라 보호된 자는 제외한다)가 인신보호법에 따라 법원에 그 구제를 청구할 수 있는 제도를 말한다.[2]

---

1) 윤세창·이호승, 행정법(상), 329쪽.
2) [판례] 인신보호법에 따른 구제신청의 예
   [사건개요] P는 2013년 11월경 정신보건법 제24조에 따라 자녀 2인의 동의와 정신건강의학과 전문의의 입원 진단에 의하여 정신의료기관에 강제입원되었다. 제청신청인은 정신의료기관에서 입원치료를 받을 만한 정도의 정신질환에 걸려 있지 않았음에도 보호의무자의 동의로 강제입원되었다고 주장하면서, 서울중앙지방법원에 인신보호법 제3조에 따른 구제청구를 하였다. P는 당해 사건 법원인 서울중앙지방법원에 위헌법률심판제청을 신청하였고, 이 당해 사건 법원인 서울중앙지방법원은 위헌법률심판을 제청하였다.
   [결정내용]
   헌법재판소는 정신보건법 제24조 제1항 및 제2항의 위헌을 결정하였다(헌재 2016. 9. 29, 2014헌가9). 헌법재판소는 이 결정에서 보호입원 제도 그 자체가 위헌이라고 본 것이 아니라, 심판대상조항이 보호입원을 통한 치료의 필요성 등에 관하여 독립적이고 중립적인 제3자에게 판단받을 수 있는 절차를 두지 아니한 채 보호의무자 2인의 동의와 정신과전문의 1인의 판단만으로 정신질환자 본인의 의사에 반하는 보호입원을 가능하게 함으로써, 결국 제도의 악용이나 남용 가능성을 배제하지 못하고 있다는 점에 위헌성이 있다고 보았다.

⒝ **법적 근거**   헌법 제12조 제6항(누구든지 체포 또는 구속을 당한 경우에는 적   2606
부의 심사를 법원에 청구할 권리가 있다)에서의 체포와 구속에는 형사절차상 체포와
구속뿐만 아니라 모든 형태의 공권력에 의한 체포, 구속(예컨대, 부랑인의 보호, 정
신의료기관의 수용, 가정폭력피해자의 보호 등) 등을 포함한다고 볼 것이므로 헌법 제
12조 제6항이 인신보호제도의 헌법적 근거규정이다. 헌법 제12조 제6항에 근거
하여 인신보호법이 제정되었다.

⒞ **결   정**   법원은 구제청구사건을 심리한 결과 그 청구가 이유가 있다   2607
고 인정되는 때에는 결정으로 피수용자의 수용을 즉시 해제할 것을 명하여야
한다(인신보호법 제13조 제1항). 법원은 구제청구가 이유 없다고 인정하는 때에는
이를 기각하여야 한다. 이 경우 제9조 제3항 또는 제11조에 따라 피수용자를 보
호하고 있는 자가 있는 때에는 피수용자의 신병을 수용자에게 인도할 것을 명
하여야 한다(인신보호법 제13조 제2항).

⑵ **행정상 쟁송**   즉시강제의 발동은 사실작용이지만, 상대방에게 수인의   2608
무를 요구한다는 점에서 법적 행위의 성질도 갖는다. 따라서 즉시강제의 발동도
행정기본법상 이의신청 또는 행정심판법상 행정심판이나 행정소송법상 행정소
송의 대상이 된다. 그러나 즉시강제가 완성되어버리면 취소나 변경을 구할 협의
의 소의 이익이 없기 때문에, 권리보호의 이익이 없게 된다. 실제상 행정상 쟁
송은 행정상 즉시강제가 장기간에 걸쳐 계속되는 경우(예 : 강제수용)에만 의미를
갖는다. 한편, 처분의 재심사는 허용되지 아니한다(기본법 제37조 제1항).

⑶ **행정상 손해배상**   위법한 즉시강제작용으로 인하여 손해를 입은 자는   2609
국가나 지방자치단체를 상대로 국가배상법이 정한 바에 따라 손해배상을 청구
할 수 있다.[1] 행정상 쟁송수단이 제 기능을 발휘하지 못하는 경우에 행정상 손
해배상은 특히 의미를 갖게 된다.

⑷ **기   타**   앞에서 본 직접적인 구제수단 외에도 다음의 간접적인 수단   2610
을 볼 수 있다. 즉 ① 자력구제(정당방위)가 인정된다. 위법한 즉시강제에 대항하

---

1) 대판 1998. 2. 13, 96다28578(경찰관직무집행법 제4조 제1항, 제4항의 규정에 의하면 경찰서 보
   호실에의 유치는 정신착란자, 주취자, 자살기도자 등 응급의 구호를 요하는 자를 24시간을 초
   과하지 아니하는 범위 내에서 경찰관서에서 보호조치하기 위한 경우에만 제한적으로 허용될
   뿐이라고 할 것이어서 비록 구 윤락행위등방지법 소정의 요보호여자에 해당한다 하더라도 그
   들을 경찰서 보호실에 유치하는 것은 영장주의에 위배되는 위법한 구금이라고 할 것이다. 관계
   증거를 기록에 비추어 살펴보면 원심이 판시와 같은 이유로 위 경장 소외 2가 원고 1을 구 윤
   락행위등방지법 소정의 '환경 또는 성행으로 보아 윤락행위를 하게 될 현저한 우려가 있는 요
   보호여자'에 해당한다고 보아 서울시립여자기술원에 위 원고에 대한 수용보호를 의뢰한 데에
   과실이 있다고 판단한 조치는 정당한 것으로 수긍이 가고, 거기에 소론과 같은 채증법칙 위배,
   심리미진, 국가배상책임에 있어서의 과실에 관한 법리오해 등의 위법이 있다고 볼 수 없다).

는 것은 정당방위(형법 제21조)로서 공무집행방해를 구성하는 것이 아니다. ② 취소·정지가 가능하다. 처분청이나 감독청에 의한 직권취소 또한 위법한 즉시강제에 대한 구제책이 된다. 행정의 실제상 이러한 직권에 의한 취소·정지가 가장 효과적인 수단의 하나가 될 수 있다. ③ 공무원의 형사책임과 징계책임의 추궁이 가능하다. 직권을 남용하여 위법하게 즉시강제수단을 도입한 공무원은 형법상 공무원의 직무에 관한 죄(형법 제123조), 또는 경찰관 직무집행법상의 직권남용죄로 처벌될 수 있다. 그리고 공무원법상의 징계책임이 부과될 수도 있다. 하여튼 이러한 책임추궁의 제도는 위법한 권한행사를 예방한다는 측면에서 간접적인 구제방법이 된다고 보겠다. ④ 이 밖에도 청원·여론·진정 등도 위법한 즉시강제권의 발동에 대한 구제책이 될 수 있다. 특히 청원이 집단으로 이루어진다면 그것은 매우 효과적인 구제수단의 하나가 될 수도 있다.

제 3 절 행정조사

제 1 항 행정조사의 관념

I. 행정조사의 행정법론상 위치

2611   종래의 전통적인 행정법론은 행정조사를 독립적인 연구대상으로 하지 않고 다만 행정상 즉시강제의 한 내용으로 다루어 왔다. 그러나 근자에 이르러 행정조사를 행정법론상 독자적인 문제로서 다루는 경향이 점증하고 있다. 그런데 이러한 입장은 대개 행정조사의 문제를 행정벌·행정강제, 행정상 제재와 의무이행의 강제 또는 행정법상 의무이행확보수단 등의 제목하에 다루고 있다. 그러나 이러한 태도에는 다소 의문이 생긴다. 행정조사의 문제가 행정상 즉시강제로부터 분리·고찰되게 된 것은 사실이다. 그럼에도 엄밀히 말한다면 행정조사는 행정강제·행정벌 내지 행정법상 의무이행확보수단만은 결코 아니기 때문이다. 그것은 넓은 의미에서 행정의 실효성확보수단의 하나가 된다. 이러한 의미에서 행정조사를 행정의 실효성확보수단이라는 제목하에 다루는 것이 용어상 보다 논리적이 아닌가 생각되기도 한다. 한편 저자의 생각으로는 행정조사를 행정의 행위형식의 한 종류로 다루는 것이 보다 의미있는 것이라 여겨진다. 그럼에도 이 책에서는 독자의 혼란을 방지하기 위해 일반적인 이론의 입장에 따라 광의의 행정의 실효성확보수단의 하나로 다루기로 한다.

2612   한편 과거에는 행정조사를 행정상 즉시강제로부터 분리하여 권력적 조사작

용만을 개념화하는 입장도 있었으나,[1] 오늘날에는 권력·비권력조사작용을 불문하고 일체의 조사작용을 개념화하는 것이 일반적이다.[2] 이 책에서는 일체의 조사작용을 행정조사의 문제로 파악하기로 한다. 왜냐하면 권력·비권력을 불문하고 모든 조사작용이 행정의 실효성확보를 위한 것이라 보기 때문이다.

Ⅱ. 행정조사의 개념

1. 정 의

행정조사란 "행정기관이 정책을 결정하거나 직무를 수행하는 데 필요한 정보나 자료를 수집하기 위하여 현장조사·문서열람·시료채취 등을 하거나 조사대상자에게 보고요구·자료제출요구 및 출석·진술요구를 행하는 활동"을 말한다(조사법 제2조 제1호). 여기서 행정기관이란 "법령 및 조례·규칙(법령등)에 따라 행정권한이 있는 기관과 그 권한을 위임 또는 위탁받은 법인·단체 또는 그 기관이나 개인"을 말한다(조사법 제2조 제2호). 행정조사는 적정하고도 효과적인 행정을 위한 것이므로 행정조사는 법령등의 위반에 대한 처벌보다는 법령등을 준수하도록 유도하는 데 중점을 두어야 한다(조사법 제4조 제4항). 2613

2. 즉시강제와 구별

행정조사는 적정하고도 효과적인 행정을 위한 준비작용으로서 조사를 목적으로 한다. 따라서 행정상 필요한 상태의 실현을 목적으로 하는 행정상 즉시강제와 구별된다. 행정조사에는 권력적 조사 외에 비권력적 조사도 있다. 따라서 권력적 작용만을 내용으로 하는 행정상 즉시강제와 구별된다. 2614

	행정조사	행정상 즉시강제
목 적	준비작용으로서 조사 목적	행정상 필요한 상태의 실현
성 질	권력적 작용＋비권력적 작용(이설 있음)	권력적 작용

3. 성 질

행정조사의 효과는 사실적이다. 일반적으로 행정조사 그 자체는 법적 효과를 가져오지 아니하므로 사실행위에 해당한다(예 : 여론조사). 그러나 경우에 따라 2615

---

1) 김동희, 행정법(Ⅰ), 509쪽(2019).
2) 김남진·김연태, 행정법(Ⅰ), 478쪽(2019); 김동희, 행정법(Ⅰ), 509쪽(2019); 류지태·박종수, 행정법신론, 431쪽(2019); 강구철, 강의행정법(Ⅰ), 543쪽.

서는 상대방에게 수인의무를 발생시키기도 한다(예 : 불심검문).[1] 이러한 경우에는 사실행위와 법적 행위가 결합된 행위(합성적 행위)가 된다.

Ⅲ. 행정조사와 인권보호(개인정보보호 등)

1. 정보상 자기결정권

2616   행정조사는 개념필수적으로 개인의 프라이버시침해의 가능성을 갖는다. 이때문에 개인의 사생활보호, 개인의 정보상 자기결정권의 보호 등이 문제된다. 이와 관련하여 행정조사의 법적 근거가 문제된다(이에 관해 뒤에서 살핀다).

2. 정보공개 등의 제한

2618   행정조사의 결과 얻어진 정보·자료는 국민 모두의 정보·자료이기 때문에 개인의 행복추구권·알 권리 등과 관련하여 정보공개의 문제가 나타난다. 그러나 정보공개는 동시에 조사대상자의 기본권의 침해를 가져온다. 이와 관련하여 행정조사기본법은 "다른 법률에 따르지 아니하고는 행정조사의 대상자 또는 행정조사의 내용을 공표하거나 직무상 알게 된 비밀을 누설하여서는 아니 된다(조사법 제4조 제5항)"고 규정하고, 아울러 "행정기관은 행정조사를 통하여 알게 된 정보를 다른 법률에 따라 내부에서 이용하거나 다른 기관에 제공하는 경우를 제외하고는 원래의 조사목적 이외의 용도로 이용하거나 타인에게 제공하여서는 아니 된다(조사법 제4조 제6항)"고 규정하고 있다.

3. 행정조사의 청구

2619   경우에 따라서는 사인이 자신의 이익추구를 위해 행정청에 대하여 행정조사를 청구할 수 있는가도 문제된다(행정개입청구권).

Ⅳ. 행정조사의 종류

1. 권력적 행정조사와 비권력적 행정조사

2620   이것은 행정조사의 성질에 따른 구분이다. 권력적 행정조사란 행정기관의 일방적인 명령·강제를 수단으로 하는 행정조사(예 : 경찰관직무집행법 제3조의 불심검문, 소방법 제30조의 화재조사)를 말하고, 비권력적 행정조사란 명령이나 강제를

---

1) 대판 2017. 3. 16, 2014두8360(세무조사는 국가의 과세권을 실현하기 위한 행정조사의 일종으로서 국세의 과세표준과 세액을 결정 또는 경정하기 위하여 질문을 하고 장부·서류 그 밖의 물건을 검사·조사하거나 그 제출을 명하는 일체의 행위를 말하며, 부과처분을 위한 과세관청의 질문조사권이 행하여지는 세무조사의 경우 납세자 또는 그 납세자와 거래가 있다고 인정되는 자 등(이하 '납세자 등'이라 한다)은 세무공무원의 과세자료 수집을 위한 질문에 대답하고 검사를 수인하여야 할 법적 의무를 부담한다).

수반하지 않는 행정조사(예 : 여론조사, 임의적인 공청회)를 말한다. 권력적 행정조사는 기본권보장과 관련하여 그 법적 근거와 한계가 특히 문제된다.

2. 직접조사와 간접조사

이것은 행정조사의 방법에 따른 구분이다. 직접조사란 사람의 신체·재산· 2621
가택에 직접 실력을 가하여 행정상 필요한 자료나 정보를 수집하는 행정조사
(예 : 수색)를 말하고, 간접조사란 사람의 신체·재산·가택에 직접 실력을 가함이
없이 행정상 필요한 자료나 정보를 수집하는 행정조사(예 : 여론조사)를 말한다.
조사의 효과에 있어서는 직접조사가 보다 적합하나, 기본권침해가능성의 배제
라는 점에서는 간접조사가 더 적합하다.

3. 대인적 조사·대물적 조사·대가택조사

이것은 행정조사의 대상에 따른 구분이다. 대인적 조사의 예로 불심검문· 2622
질문을, 대물적 조사의 예로 물건의 수거·검사를, 대가택조사의 예로 가택출입·
임검 등을 볼 수 있다.

4. 경찰상 조사·경제행정상 조사·교육행정상 조사 등

이것은 행정조사가 이루어지는 행정영역에 따른 구분이다. 경찰상 목적의 2623
조사의 예로 불심검문, 경제행정상 조사의 예로 국세조사, 교육행정상 조사의
예로 취학예정아동의 조사 등을 볼 수 있다. 여기서 예를 든 영역외의 행정영역
에도 행정조사가 이루어짐은 물론이다(예 : 보건행정상 AIDS환자실태조사).

5. 개별조사·일반조사

이것은 조사목적의 개별성과 일반성을 기준으로 한 구분이다. 개별조사란 2624
특정의 개별·구체적인 목적을 위한 조사를 말하고, 일반조사란 일반정책수립의
목적을 위한 조사를 말한다. 전자의 예로 공익사업을 위한 토지 등의 취득 및
보상에 관한 법률상 토지조서·물건조서의 작성을 위한 조사(동법 제27조 제1항),
후자의 예로 통계법상 국세조사를 볼 수 있다.

제 2 항 행정조사와 법률의 유보

Ⅰ. 행정조사의 법적 근거

1. 이론적 근거

권력적 행정조사는 국민의 신체나 재산에 침해를 가져오는 것이므로 헌법 2625

제37조 제2항에 근거하여 법률의 근거를 요한다. 그러나 비권력적 행정조사는 국민의 신체나 재산에 직접 침해를 가져오는 것이 아니므로 법적 근거를 요하지 아니한다. 따라서 행정작용의 근거규정은 비권력적 행정조사의 권능까지 포함하고 있는 것으로 본다. 물론 행정기관의 비권력적 조사는 조직법상 권한의 범위 내에서만 가능하다.

2. 실정법상 근거

2626   ① 일반법으로 행정조사기본법이 있다. 동법은 행정조사에 관한 기본원칙·행정조사의 방법 및 절차 등에 관한 공통적인 사항을 규정함으로써 행정의 공정성·투명성 및 효율성을 높이고, 국민의 권익을 보호함을 목적으로 제정되었다(조사법 제1조). ② 행정조사가 규정된 개별법으로 경찰관 직무집행법(예 : 동법 제3조 제1항의 불심검문), 소방기본법(예 : 동법 제29조 이하의 화재조사), 국세징수법(동법 제27조의 질문·검사), 감염병의 예방 및 관리에 관한 법률(동법 제42조의 조사), 그 밖에 공중위생관리법 제9조, 관광진흥법 제78조, 농약관리법 제24조, 마약류 관리에 관한 법률 제41조, 먹는물관리법 제42조, 비료관리법 제24조 제2항, 석유 및 석유대체연료 사업법 제38조, 석탄산업법 제36조, 액화석유가스의 안전관리 및 사업법 제38조 제1항, 약사법 제69조, 주차장법 제25조, 폐기물관리법 제39조 등을 볼 수 있다. ③ 행정기관은 법령등에서 행정조사를 규정하고 있는 경우에 한하여 행정조사를 실시할 수 있다. 다만, 조사대상자의 자발적인 협조를 얻어 실시하는 행정조사의 경우에는 그러하지 아니하다(조사법 제5조).[1] 따라서 특정의 조사대상자(행정조사의 대상이 되는 법인·단체 또는 그 기관이나 개인, 조사법 제2조 제3호)를 대상으로 하는 행정조사의 경우에는 조사대상자의 협조가 없는 한 법률의 근거 없이 행정조사를 할 수는 없다. 한편, ④ 특정의 조사대상자를 대상으로 하지 아니하는 행정조사라도 사인의 기본권에 대한 침해를 수반하는 행정조사는 헌법 제37조 제2항에 근거하여 반드시 법률의 근거가 있어야 한다.

3. 행정조사기본법의 적용범위

2627   행정조사에 관하여 다른 법률에 특별한 규정이 있는 경우를 제외하고는 이 법으로 정하는 바에 따른다(조사법 제3조 제1항). 다만 다음 각 호(1. 행정조사를 한다는 사실이나 조사내용이 공개될 경우 국가의 존립을 위태롭게 하거나 국가의 중대한 이익을

---

1) 대판 2016. 10. 27, 2016두41811(행정조사기본법 제5조 단서에서 정한 '조사대상자의 자발적인 협조를 얻어 실시하는 행정조사'는 개별 법령 등에서 행정조사를 규정하고 있는 경우에도 실시할 수 있다).

현저히 해칠 우려가 있는 국가안전보장·통일 및 외교에 관한 사항, 2. 국방 및 안전에 관한 사항 중 다음 각 목의 어느 하나에 해당하는 사항(가. 군사시설·군사기밀보호 또는 방위사업에 관한 사항, 나. 「병역법」·「향토예비군설치법」·「민방위기본법」·「비상대비자원 관리법」에 따른 징집·소집·동원 및 훈련에 관한 사항), 3. 「공공기관의 정보공개에 관한 법률」제4조 제3항의 정보에 관한 사항, 4. 「근로기준법」제101조에 따른 근로감독관의 직무에 관한 사항, 5. 조세·형사·행형 및 보안처분에 관한 사항, 6. 금융감독기관의 감독·검사·조사 및 감리에 관한 사항, 7. 「독점규제 및 공정거래에 관한 법률」, 「표시·광고의 공정화에 관한 법률」, 「하도급거래 공정화에 관한 법률」, 「가맹사업거래의 공정화에 관한 법률」, 「방문판매 등에 관한 법률」, 「전자상거래 등에서의 소비자보호에 관한 법률」, 「약관의 규제에 관한 법률」 및 「할부거래에 관한 법률」에 따른 공정거래위원회의 법률위반행위 조사에 관한 사항)의 어느 하나에 해당하는 사항에 대하여는 이 법을 적용하지 아니한다(조사법 제3조 제2항). 제2항에도 불구하고 제4조(행정조사의 기본원칙), 제5조(행정조사의 근거) 및 제28조(정보통신수단을 통한 행정조사)는 제2항 각 호의 사항에 대하여 적용한다(조사법 제3조 제3항).

Ⅱ. 행정조사의 한계

1. 실체법상 한계

행정조사는 조사목적을 달성하는데 필요한 최소한의 범위 안에서 실시하여   2628
야 하며, 다른 목적 등을 위하여 조사권을 남용하여서는 아니 된다(조사법 제4조 제1항). 말하자면 모든 행정조사는 그 조사의 ① 목적에 필요한 범위 내에서만 가능하다. 위법한 목적을 위한 조사는 불가능하다.[1] 그리고 ② 권력적 조사의 경우에는 근거된 법규의 범위 내에서만 가능하다.[2] ③ 또한 비권력적 조사를 포함하여 모든 행정조사는 기본권보장, 보충성의 원칙, 비례원칙 등 행정법의 일반원칙의 범위 내에서만 가능하다.[3]

---

1) 대판 1998. 7. 24, 96다42789(국민의 알 권리와 무관한 동향감시목적의 개인정보비밀수집은 면책되지 아니한다).

2) 대판 1992. 4. 10, 91도3044(노동조합법 제30조, 같은법시행령 제9조의2에 의하면 행정관청은 당해노동조합에 대하여 진정 등이 있는 경우와 분규가 야기된 경우뿐만 아니라 노동조합의 회계, 경리상태나 기타 운영에 대하여 지도할 필요가 있는 경우에도 노동조합의 경리상황 기타 관계서류를 제출하게 하여 조사할 수 있도록 규정되어 있으므로 행정기관이 그와 같은 업무지도의 필요성이 있다고 판단되면 관계서류 등의 제출을 요구하여 조사할 수 있다고 하여야 할 것이고, 설사 노동조합의 회계, 경리상태나 기타 운영에 대하여 지도할 필요가 있는 경우에 해당되지 않는다고 하더라도 행정관청이 그와 같이 판단하여 조사하기로 한 이상 노동조합은 이에 응할 의무가 있다고 할 것이다).

3) 대판 2016. 12. 15, 2016두47659(세무조사가 국가의 과세권을 실현하기 위한 행정조사의 일종으로서 과세자료의 수집 또는 신고내용의 정확성 검증 등을 위하여 필요불가결하며, 종국적으로는 조세의 탈루를 막고 납세자의 성실한 신고를 담보하는 중요한 기능을 수행하더라도 만약 남용이나 오용을 막지 못한다면 납세자의 영업활동 및 사생활의 평온이나 재산권을 침해하고

2. 절차법상 한계

⑴ 권력적 조사의 경우

2629   ㈎ **영장주의와의 관계**   ① 헌법 제12조 제3항 및 제16조의 영장주의가 행정조사를 위한 질문·검사·가택출입 등의 경우에도 적용될 것인가는 문제이다. 논리적으로는 행정상 즉시강제의 경우처럼 영장필요설(적극설)·영장불요설(소극설)[1]·절충설이 있겠는데, 절충설이 지배적인 견해이다.[2] 생각건대 행정조사도 상대방의 신체나 재산에 직접 실력을 가하는 것인 한, 그리고 행정조사의 결과가 형사책임의 추궁과 관련성을 갖는 한 사전영장주의는 원칙적으로 적용되어야 할 것이다. 다만 긴급을 요하는 불가피한 경우에는 그러하지 않다고 보겠다(다만 이 경우에도 침해가 장기적이면 사후영장이 필요하다). 절충설이 타당하다고 본다. 판례의 입장이기도 하다.[3]

2630   한편 ② 다만 일상적인 행정조사(예 : 호구조사·위생검사·제품검사)의 경우에는 영장주의의 적용이 배제된다는 지적이 있다. 타당한 지적이라 할 것이다. 왜냐하면 이러한 경우에는 사인에 대한 침해가 경미한바, 경찰관직무집행법상 불심검문과 마찬가지로 입법자가 영장주의를 배제한 것으로 보는 것이 합리적이라 판단되기 때문이다.

2631   ㈏ **증표의 제시**   권력적 행정조사의 경우에 국민은 관계법령에 의거 작위의무·수인의무를 부담하고 또한 사생활이 침해되는 등 불이익을 받게 되므로, 조사절차상 행정조사를 행하는 공무원이 조사의 권한을 가지고 있음을 명백히 할 필요가 있다. 이와 관련하여 개별법은 행정조사를 행하는 공무원은 그 권한을 증명하는 증표를 휴대하여 관계자에게 이를 제시하도록 하고 있다(예 : 국징법 제25조; 식품법 제22조 제3항). 개별법규가 증표의 제시를 규정하는 한 증표의 제시는 행정조사의 요건을 이루는 것이고, 증표의 제시로 피조사자는 작위·수인의무를 지게 된다.

2632   ⑵ **비권력적 조사의 경우**   개념상 비권력적 행정조사의 경우에는 영장주의에 관한 문제가 생기지 아니한다. 그것은 피조사자에 대해 강제력을 행사하는

나아가 과세권의 중립성과 공공성 및 윤리성을 의심받는 결과가 발생할 것이다).

1) 박윤흔, 최신행정법강의(상)(구판), 636쪽.
2) 류지태·박종수, 행정법신론, 434쪽(2019); 이상규, 신행정법론(상), 562쪽.
3) 대판 1976. 11. 9, 76도2703(세관공무원이 밀수품을 싣고 왔다는 정보에 의하여 정박중인 선박에 대하여 수색을 하려면 선박의 소유자 또는 점유자의 승낙을 얻거나 법관의 압수 수색영장을 발부받거나 또는 관세법 제212조 1항 후단에 의하여 긴급을 요하는 경우에 한하여 수색압수를 하고 사후에 영장의 교부를 받아야 할 것이다).

것이 아니고 피조사자측의 임의적인 협력을 전제로 하는 것이기 때문이다. 그렇
다고 비권력적 행정조사가 언제나 피조사자측의 협력을 요하는 것도 아니다. 한
편 증표제시절차는 국민의 신뢰 및 국민의 임의적인 협력을 용이하게 확보한다
는 점에서 비권력적 행정조사의 경우에도 도입하는 것이 바람직하다.

제 3 항 행정조사의 시행

I. 조사계획의 수립

1. 연도별 행정조사운영계획의 수립 및 제출

행정기관의 장은 매년 12월 말까지 다음 연도의 행정조사운영계획을 수립   2633
하여 국무조정실장에게 제출하여야 한다. 다만, 행정조사운영계획을 제출해야
하는 행정기관의 구체적인 범위는 대통령령으로 정한다(조사법 제6조 제1항). 행정
기관의 장이 행정조사운영계획을 수립하는 때에는 제4조에 따른 행정조사의 기
본원칙에 따라야 한다(조사법 제6조 제2항).

2. 조사의 주기

행정조사는 법령등 또는 행정조사운영계획으로 정하는 바에 따라 정기적으   2634
로 실시함을 원칙으로 한다. 다만, 다음 각 호(1. 법률에서 수시조사를 규정하고 있는
경우, 2. 법령등의 위반에 대하여 혐의가 있는 경우, 3. 다른 행정기관으로부터 법령등의 위반
에 관한 혐의를 통보 또는 이첩받은 경우, 4. 법령등의 위반에 대한 신고를 받거나 민원이 접
수된 경우, 5. 그 밖에 행정조사의 필요성이 인정되는 사항으로서 대통령령으로 정하는 경우)
중 어느 하나에 해당하는 경우에는 수시조사를 할 수 있다(조사법 제7조).

II. 조사대상자와 조사대상

1. 조사대상자의 선정과 교체신청

(1) 선정기준   행정기관은 조사목적에 적합하도록 조사대상자를 선정하여   2635
행정조사를 실시하여야 한다(조사법 제4조 제2항).

(2) 조사원 교체신청   ① 조사대상자는 조사원에게 공정한 행정조사를 기   2636
대하기 어려운 사정이 있다고 판단되는 경우에는 행정기관의 장에게 당해 조사
원의 교체를 신청할 수 있다(조사법 제22조 제1항). ② 제1항에 따른 교체신청은
그 이유를 명시한 서면으로 행정기관의 장에게 하여야 한다(조사법 제22조 제2항).
③ 제1항에 따른 교체신청을 받은 행정기관의 장은 즉시 이를 심사하여야 한다

(조사법 제22조 제3항). ④ 행정기관의 장은 제1항에 따른 교체신청이 타당하다고 인정되는 경우에는 다른 조사원으로 하여금 행정조사를 하게 하여야 한다(조사법 제22조 제4항). ⑤ 행정기관의 장은 제1항에 따른 교체신청이 조사를 지연할 목적으로 한 것이거나 그 밖에 교체신청에 타당한 이유가 없다고 인정되는 때에는 그 신청을 기각하고 그 취지를 신청인에게 통지하여야 한다(조사법 제22조 제5항).

2. 조사대상의 선정

2637 (1) 기   준   행정기관의 장은 행정조사의 목적, 법령준수의 실적, 자율적인 준수를 위한 노력, 규모와 업종 등을 고려하여 명백하고 객관적인 기준에 따라 행정조사의 대상을 선정하여야 한다(조사법 제8조 제1항).

2638 (2) **조사대상자의 열람**   조사대상자는 조사대상 선정기준에 대한 열람을 행정기관의 장에게 신청할 수 있다(조사법 제8조 제2항). 행정기관의 장이 제2항에 따라 열람신청을 받은 때에는 다음 각 호(1. 행정기관이 당해 행정조사업무를 수행할 수 없을 정도로 조사활동에 지장을 초래하는 경우, 2. 내부고발자 등 제3자에 대한 보호가 필요한 경우)의 어느 하나에 해당하는 경우를 제외하고 신청인이 조사대상 선정기준을 열람할 수 있도록 하여야 한다(조사법 제8조 제3항).

Ⅲ. 조사의 방법

1. 출석·진술 요구

2639 ① 행정기관의 장이 조사대상자의 출석·진술을 요구하는 때에는 다음 각 호(1. 일시와 장소, 2. 출석요구의 취지, 3. 출석하여 진술하여야 하는 내용, 4. 제출자료, 5. 출석거부에 대한 제재(근거 법령 및 조항 포함), 6. 그 밖에 당해 행정조사와 관련하여 필요한 사항)의 사항이 기재된 출석요구서를 발송하여야 한다(조사법 제9조 제1항). ② 조사대상자는 지정된 출석일시에 출석하는 경우 업무 또는 생활에 지장이 있는 때에는 행정기관의 장에게 출석일시를 변경하여 줄 것을 신청할 수 있으며, 변경신청을 받은 행정기관의 장은 행정조사의 목적을 달성할 수 있는 범위 안에서 출석일시를 변경할 수 있다(조사법 제9조 제2항). ③ 출석한 조사대상자가 제1항에 따른 출석요구서에 기재된 내용을 이행하지 아니하여 행정조사의 목적을 달성할 수 없는 경우를 제외하고는 조사원은 조사대상자의 1회 출석으로 당해 조사를 종결하여야 한다(조사법 제9조 제3항).

2. 보고요구와 자료제출의 요구

① 행정기관의 장은 조사대상자에게 조사사항에 대하여 보고를 요구하는 2640
때에는 다음 각 호(1. 일시와 장소, 2. 조사의 목적과 범위, 3. 보고하여야 하는 내용, 4. 보고거부에 대한 제재(근거법령 및 조항 포함), 5. 그 밖에 당해 행정조사와 관련하여 필요한 사항)의 사항이 포함된 보고요구서를 발송하여야 한다(조사법 제10조 제1항). ② 행정기관의 장은 조사대상자에게 장부·서류나 그 밖의 자료를 제출하도록 요구하는 때에는 다음 각 호(1. 제출기간, 2. 제출요청사유, 3. 제출서류, 4. 제출서류의 반환 여부, 5. 제출거부에 대한 제재(근거 법령 및 조항 포함), 6. 그 밖에 당해 행정조사와 관련하여 필요한 사항)의 사항이 기재된 자료제출요구서를 발송하여야 한다(조사법 제10조 제2항).

3. 현장조사

① 조사원(행정조사업무를 수행하는 행정기관의 공무원·직원 또는 개인, 조사법 제2조 2641
제3호)이 가택·사무실 또는 사업장 등에 출입하여 현장조사를 실시하는 경우에는 행정기관의 장은 다음 각 호(1. 조사목적, 2. 조사기간과 장소, 3. 조사원의 성명과 직위, 4. 조사범위와 내용, 5. 제출자료, 6. 조사거부에 대한 제재(근거 법령 및 조항 포함), 7. 그 밖에 당해 행정조사와 관련하여 필요한 사항)의 사항이 기재된 현장출입조사서 또는 법령등에서 현장조사시 제시하도록 규정하고 있는 문서를 조사대상자에게 발송하여야 한다(조사법 제11조 제1항). ② 제1항에 따른 현장조사는 해가 뜨기 전이나 해가 진 뒤에는 할 수 없다. 다만, 다음 각 호(1. 조사대상자(대리인 및 관리책임이 있는 자를 포함한다)가 동의한 경우, 2. 사무실 또는 사업장 등의 업무시간에 행정조사를 실시하는 경우, 3. 해가 뜬 후부터 해가 지기 전까지 행정조사를 실시하는 경우에는 조사목적의 달성이 불가능하거나 증거인멸로 인하여 조사대상자의 법령등의 위반 여부를 확인할 수 없는 경우)의 어느 하나에 해당하는 경우에는 그러하지 아니하다(조사법 제11조 제2항). ③ 제1항 및 제2항에 따라 현장조사를 하는 조사원은 그 권한을 나타내는 증표를 지니고 이를 조사대상자에게 내보여야 한다(조사법 제11조 제3항).

4. 시료채취

① 조사원이 조사목적의 달성을 위하여 시료채취를 하는 경우에는 그 시료 2642
의 소유자 및 관리자의 정상적인 경제활동을 방해하지 아니하는 범위 안에서 최소한도로 하여야 한다(조사법 제12조 제1항). ② 행정기관의 장은 제1항에 따른 시료채취로 조사대상자에게 손실을 입힌 때에는 대통령령으로 정하는 절차와 방법에 따라 그 손실을 보상하여야 한다(조사법 제12조 제2항).

5. 자료등의 영치

2643 ① 조사원이 현장조사 중에 자료·서류·물건 등(이하 이 조에서 "자료등"이라 한다)을 영치하는 때에는 조사대상자 또는 그 대리인을 입회시켜야 한다(조사법 제13조 제1항). ② 조사원이 제1항에 따라 자료등을 영치하는 경우에 조사대상자의 생활이나 영업이 사실상 불가능하게 될 우려가 있는 때에는 조사원은 자료등을 사진으로 촬영하거나 사본을 작성하는 등의 방법으로 영치에 갈음할 수 있다. 다만, 증거인멸의 우려가 있는 자료등을 영치하는 경우에는 그러하지 아니하다(조사법 제13조 제2항). ③ 조사원이 영치를 완료한 때에는 영치조서 2부를 작성하여 입회인과 함께 서명날인하고 그 중 1부를 입회인에게 교부하여야 한다(조사법 제13조 제3항). ④ 행정기관의 장은 영치한 자료등이 다음 각 호(1. 영치한 자료등을 검토한 결과 당해 행정조사와 관련이 없다고 인정되는 경우, 2. 당해 행정조사의 목적의 달성 등으로 자료등에 대한 영치의 필요성이 없게 된 경우)의 어느 하나에 해당하는 경우에는 이를 즉시 반환하여야 한다(조사법 제13조 제4항).

6. 공동조사

2644 행정기관은 유사하거나 동일한 사안에 대하여는 공동조사 등을 실시함으로써 행정조사가 중복되지 아니하도록 하여야 한다(조사법 제14조 제3항). ① 행정기관의 장은 다음 각 호(1. 당해 행정기관 내의 2 이상의 부서가 동일하거나 유사한 업무분야에 대하여 동일한 조사대상자에게 행정조사를 실시하는 경우, 2. 서로 다른 행정기관이 대통령령으로 정하는 분야에 대하여 동일한 조사대상자에게 행정조사를 실시하는 경우)의 어느 하나에 해당하는 행정조사를 하는 경우에는 공동조사를 하여야 한다(조사법 제14조 제1항). ② 제1항 각 호에 따른 사항에 대하여 행정조사의 사전통지를 받은 조사대상자는 관계 행정기관의 장에게 공동조사를 실시하여 줄 것을 신청할 수 있다. 이 경우 조사대상자는 신청인의 성명·조사일시·신청이유 등이 기재된 공동조사신청서를 관계 행정기관의 장에게 제출하여야 한다(조사법 제14조 제2항). ③ 제2항에 따라 공동조사를 요청받은 행정기관의 장은 이에 응하여야 한다(조사법 제14조 제3항). ④ 국무조정실장은 행정기관의 장이 제6조에 따라 제출한 행정조사운영계획의 내용을 검토한 후 관계 부처의 장에게 공동조사의 실시를 요청할 수 있다(조사법 제14조 제4항). ⑤ 그 밖에 공동조사에 관하여 필요한 사항은 대통령령으로 정한다(조사법 제14조 제5항).

7. 중복조사의 제한

① 제7조에 따라 정기조사 또는 수시조사를 실시한 행정기관의 장은 동일 2645
한 사안에 대하여 동일한 조사대상자를 재조사 하여서는 아니 된다. 다만, 당해
행정기관이 이미 조사를 받은 조사대상자에 대하여 위법행위가 의심되는 새로
운 증거를 확보한 경우에는 그러하지 아니하다(조사법 제15조 제1항). ② 행정조사
를 실시할 행정기관의 장은 행정조사를 실시하기 전에 다른 행정기관에서 동일
한 조사대상자에게 동일하거나 유사한 사안에 대하여 행정조사를 실시하였는지
여부를 확인할 수 있다(조사법 제15조 제2항). ③ 행정조사를 실시할 행정기관의
장이 제2항에 따른 사실을 확인하기 위하여 행정조사의 결과에 대한 자료를 요
청하는 경우 요청받은 행정기관의 장은 특별한 사유가 없는 한 관련 자료를 제
공하여야 한다(조사법 제15조 제3항).

8. 정보통신수단을 통한 행정조사

① 행정기관의 장은 인터넷 등 정보통신망을 통하여 조사대상자로 하여금 2646
자료의 제출 등을 하게 할 수 있다(조사법 제28조 제1항). ② 행정기관의 장은 정
보통신망을 통하여 자료의 제출 등을 받은 경우에는 조사대상자의 신상이나 사
업비밀 등이 유출되지 아니하도록 제도적·기술적 보안조치를 강구하여야 한다
(조사법 제28조 제2항).

Ⅳ. 조사의 실시

1. 개별조사계획의 수립

① 행정조사를 실시하고자 하는 행정기관의 장은 제17조에 따른 사전통지 2647
를 하기 전에 개별조사계획을 수립하여야 한다. 다만, 행정조사의 시급성으로
행정조사계획을 수립할 수 없는 경우에는 행정조사에 대한 결과보고서로 개별
조사계획을 갈음할 수 있다(조사법 제16조 제1항). ② 제1항에 따른 개별조사계획
에는 조사의 목적·종류·대상·방법 및 기간, 그 밖에 대통령령으로 정하는 사
항이 포함되어야 한다(조사법 제16조 제2항).

2. 조사의 사전통지와 의견제출

(1) **사전통지**   ① 행정조사를 실시하고자 하는 행정기관의 장은 제9조에 2648
따른 출석요구서, 제10조에 따른 보고요구서·자료제출요구서 및 제11조에 따른
현장출입조사서(출석요구서등)를 조사개시 7일 전까지 조사대상자에게 서면으로

통지하여야 한다. 다만, 다음 각 호(1. 행정조사를 실시하기 전에 관련 사항을 미리 통지하는 때에는 증거인멸 등으로 행정조사의 목적을 달성할 수 없다고 판단되는 경우, 2.「통계법」제3조 제2호에 따른 지정통계의 작성을 위하여 조사하는 경우, 3. 제5조 단서에 따라 조사대상자의 자발적인 협조를 얻어 실시하는 행정조사의 경우)의 어느 하나에 해당하는 경우에는 행정조사의 개시와 동시에 출석요구서등을 조사대상자에게 제시하거나 행정조사의 목적 등을 조사대상자에게 구두로 통지할 수 있다(조사법 제17조 제1항). ② 행정기관의 장이 출석요구서등을 조사대상자에게 발송하는 경우 출석요구서등의 내용이 외부에 공개되지 아니하도록 필요한 조치를 하여야 한다 (조사법 제17조 제2항).

2649　　⑵ 의견제출　　① 조사대상자는 제17조에 따른 사전통지의 내용에 대하여 행정기관의 장에게 의견을 제출할 수 있다(조사법 제21조 제1항). ② 행정기관의 장은 제1항에 따라 조사대상자가 제출한 의견이 상당한 이유가 있다고 인정하는 경우에는 이를 행정조사에 반영하여야 한다(조사법 제21조 제2항).

3. 조사의 연기신청

2650　　① 출석요구서등을 통지받은 자가 천재지변이나 그 밖에 대통령령으로 정하는 사유로 인하여 행정조사를 받을 수 없는 때에는 당해 행정조사를 연기하여 줄 것을 행정기관의 장에게 요청할 수 있다(조사법 제18조 제1항). ② 제1항에 따라 연기요청을 하고자 하는 자는 연기하고자 하는 기간과 사유가 포함된 연기신청서를 행정기관의 장에게 제출하여야 한다(조사법 제18조 제2항). ③ 행정기관의 장은 제2항에 따라 행정조사의 연기요청을 받은 때에는 연기요청을 받은 날부터 7일 이내에 조사의 연기 여부를 결정하여 조사대상자에게 통지하여야 한다(조사법 제18조 제3항).

4. 제3자에 대한 보충조사

2651　　① 행정기관의 장은 조사대상자에 대한 조사만으로는 당해 행정조사의 목적을 달성할 수 없거나 조사대상이 되는 행위에 대한 사실 여부 등을 입증하는 데 과도한 비용 등이 소요되는 경우로서 다음 각 호(1. 다른 법률에서 제3자에 대한 조사를 허용하고 있는 경우, 2. 제3자의 동의가 있는 경우)의 어느 하나에 해당하는 경우에는 제3자에 대하여 보충조사를 할 수 있다(조사법 제19조 제1항). ② 행정기관의 장은 제1항에 따라 제3자에 대한 보충조사를 실시하는 경우에는 조사개시 7일 전까지 보충조사의 일시·장소 및 보충조사의 취지 등을 제3자에게 서면으로 통지하여야 한다(조사법 제19조 제2항). ③ 행정기관의 장은 제3자에 대한 보충조사

를 하기 전에 그 사실을 원래의 조사대상자에게 통지하여야 한다. 다만, 제3자에 대한 보충조사를 사전에 통지하여서는 조사목적을 달성할 수 없거나 조사목적의 달성이 현저히 곤란한 경우에는 제3자에 대한 조사결과를 확정하기 전에 그 사실을 통지하여야 한다(조사법 제19조 제3항). ④ 원래의 조사대상자는 제3항에 따른 통지에 대하여 의견을 제출할 수 있다(조사법 제19조 제4항).

5. 자발적인 협조에 따라 실시하는 행정조사

① 행정기관의 장이 제5조 단서에 따라 조사대상자의 자발적인 협조를 얻어 행정조사를 실시하고자 하는 경우 조사대상자는 문서·전화·구두 등의 방법으로 당해 행정조사를 거부할 수 있다(조사법 제20조 제1항). ② 제1항에 따른 행정조사에 대하여 조사대상자가 조사에 응할 것인지에 대한 응답을 하지 아니하는 경우에는 법령등에 특별한 규정이 없는 한 그 조사를 거부한 것으로 본다(조사법 제20조 제2항). ③ 행정기관의 장은 제1항 및 제2항에 따른 조사거부자의 인적 사항 등에 관한 기초자료는 특정 개인을 식별할 수 없는 형태로 통계를 작성하는 경우에 한하여 이를 이용할 수 있다(조사법 제20조 제3항). **2652**

6. 조사권 행사의 제한

① 조사원은 제9조부터 제11조까지에 따라 사전에 발송된 사항에 한하여 조사대상자를 조사하되, 사전통지한 사항과 관련된 추가적인 행정조사가 필요할 경우에는 조사대상자에게 추가조사의 필요성과 조사내용 등에 관한 사항을 서면이나 구두로 통보한 후 추가조사를 실시할 수 있다(조사법 제23조 제1항). ② 조사대상자는 법률·회계 등에 대하여 전문지식이 있는 관계 전문가로 하여금 행정조사를 받는 과정에 입회하게 하거나 의견을 진술하게 할 수 있다(조사법 제23조 제2항). ③ 조사대상자와 조사원은 조사과정을 방해하지 아니하는 범위 안에서 행정조사의 과정을 녹음하거나 녹화할 수 있다. 이 경우 녹음·녹화의 범위 등은 상호 협의하여 정하여야 한다(조사법 제23조 제3항). ④ 조사대상자와 조사원이 제3항에 따라 녹음이나 녹화를 하는 경우에는 사전에 이를 당해 행정기관의 장에게 통지하여야 한다(조사법 제23조 제4항). **2653**

7. 조사결과의 통지

행정기관의 장은 법령등에 특별한 규정이 있는 경우를 제외하고는 행정조사의 결과를 확정한 날부터 7일 이내에 그 결과를 조사대상자에게 통지하여야 한다(조사법 제24조). **2654**

V. 자율관리체제

1. 자율신고제도

2655   ① 행정기관의 장은 법령등에서 규정하고 있는 조사사항을 조사대상자로 하여금 스스로 신고하도록 하는 제도를 운영할 수 있다(조사법 제25조 제1항). ② 행정기관의 장은 조사대상자가 제1항에 따라 신고한 내용이 거짓의 신고라고 인정할 만한 근거가 있거나 신고내용을 신뢰할 수 없는 경우를 제외하고는 그 신고내용을 행정조사에 갈음할 수 있다(조사법 제25조 제2항).

2. 자율관리체제의 구축

2656   ① 행정기관의 장은 조사대상자가 자율적으로 행정조사사항을 신고·관리하고, 스스로 법령준수사항을 통제하도록 하는 체제(자율관리체제)의 기준을 마련하여 고시할 수 있다(조사법 제26조 제1항). ② 다음 각 호(1. 조사대상자, 2. 조사대상자가 법령등에 따라 설립하거나 자율적으로 설립한 단체 또는 협회)의 어느 하나에 해당하는 자는 제1항에 따른 기준에 따라 자율관리체제를 구축하여 대통령령이 정하는 절차와 방법에 따라 행정기관의 장에게 신고할 수 있다(조사법 제26조 제2항). ③ 국가와 지방자치단체는 행정사무의 효율적인 집행과 법령등의 준수를 위하여 조사대상자의 자율관리체제 구축을 지원하여야 한다(조사법 제26조 제3항).

3. 자율관리에 대한 혜택의 부여

2657   행정기관의 장은 제25조에 따라 자율신고를 하는 자와 제26조에 따라 자율관리체제를 구축하고 자율관리체제의 기준을 준수한 자에 대하여는 법령등으로 규정한 바에 따라 행정조사의 감면 또는 행정·세제상의 지원을 하는 등 필요한 혜택을 부여할 수 있다(조사법 제27조).

제 4 항   위법조사와 실력행사

I. 행정조사시 실력행사

1. 권력적 조사의 경우

2658   ⑴ 문제상황   행정조사를 위한 임검·장부검사·가택수색 등의 경우에 피조사자측의 거부·방해 등이 있으면, 행정조사를 행하는 공무원은 피조사자측의 저항을 실력으로 억압하고 강제조사할 수 있을 것인가는 문제이다.

2659   ⑵ 학   설   ① 행정조사에서 실력행사가 가능하다고 한다면 즉시강제와

권력적 조사와의 구별이 어려워지며, 피조사자의 거부·방해가 있을 경우 실정법이 직접적 강제수단을 규정하지 않고 영업허가의 철회·벌칙 등의 규정(식품법 제77조 참조)을 마련하고 있다는 점을 논거로 하는 부정설(다수설)과[1] ② 강제조사의 성격상 강제조사의 방해를 배제하는 것은 강제조사의 범위 안에 들어온다는 것을 논거로 하는 긍정설로 나뉘고 있다. 긍정설도 제한적으로 긍정하는 입장이다.

⑶ **사　견**　　부정설은 법치국가에서 법률적 근거 없는 실력행사는 용인 2660 할 수 없다고 하지만, 강제조사의 방해를 배제하는 것은 강제조사의 범위 안에 들어온다고 보는 것이 오히려 합리적이다. 즉, 강제조사의 방해를 배제하는 범위 안에서 제한적으로 실력행사를 할 수 있다고 본다. 실력행사가 가능하기 때문에 권력적 조사가 된다고도 하겠다. 그러나 명문으로 강제할 수 없음을 규정하고 있는 경우에는(예 : 경직법 제3조 제2항 제2문·제7항) 물론 실력행사를 하여서는 아니된다.

⑷ **불이익처분**　　개별법률은 피조사자측의 거부·방해가 있는 경우, 처벌 2661 이나 불이익처분 등의 제재를 규정하기도 한다(예 : 식품법 제97조(벌칙) 다음 각 호의 어느 하나에 해당하는 자는 3년 이하의 징역 또는 3천만원 이하의 벌금에 처한다. 2. 제22조 제1항(제88조에서 준용하는 경우를 포함한다) 또는 제72조 제1항·제2항(제88조에서 준용하는 경우를 포함한다)에 따른 검사·출입·수거·압류·폐기를 거부·방해 또는 기피한 자. 그리고 축산물위생관리법 제45조 제4항 제5호, 하수도법 제80조 제3항 제28호 등에서도 유사한 내용이 규정되고 있다).

2. 비권력적 조사의 경우

개념상 비권력적 조사의 경우에는 피조사자측의 저항이 있어도(예 : 임의동행 2662 요구거부의 경우) 행정조사를 행하는 공무원은 실력으로 그 저항을 억압할 수 없다.

Ⅱ. 위법조사의 효과

1. 문제상황 2663

행정조사는 필요한 정보나 자료수집을 위한 준비작용으로 조사 그 자체를 목적으로 한다. 따라서 행정조사작용은 행정결정에 선행하는 전제요건이 아님이 일반적이다(행정절차와의 차이점). 그러나 행정조사를 하는 과정에서 절차법적 한계를 준수하지 못했거나 비례원칙에 위반되는 위법한 조사가 있었고 그에 근거하여 행정결정이 이루어진 경우 그 행정결정이 위법한지가 문제된다. 다만,

---

1) 김동희, 행정법(Ⅰ), 514쪽(2019); 김남진·김연태, 행정법(Ⅰ), 483쪽(2019); 류지태·박종수, 행정법신론, 436쪽(2019).

행정조사로 수집된 정보가 정당한 것이 아님에도 그러한 사실에 기초하여 침익적인 행정행위가 발령된다면 이는 위법한 처분이다.

2. 학 설

2664   ① 행정조사가 법령에서 특히 행정행위의 전제요건으로 규정하고 있는 경우를 제외하고는 일응 별개의 제도이고 이 경우 조사의 위법이 바로 행정행위를 위법하게 만들지는 않지만, 다만 행정조사로 수집된 정보가 정당한 것이 아님에도 그에 기초한 행정행위가 발령되었다면 이는 사실의 기초에 흠이 있는 행정행위가 된다는 견해,[1] ② 법령에서 행정조사를 행정행위의 전제요건으로 하고 있는 경우 외에는 별개·독자적 제도이지만, 양자는 하나의 과정을 구성하고 있으므로 적법절차의 관점에서 행정조사에 중대한 위법사유가 있다면 행정행위도 위법하다는 견해,[2] ③ 행정조사에 의해 수집된 정보가 행정결정을 위한 정보수집을 위한 것이라면 행정조사의 하자는 행정결정의 절차상의 하자라는 견해로[3] 나누어진다.

3. 판 례

2665   판례는 위법한 세무조사에 기초하여 이루어진 과세처분은 위법하다고 한 바 있다.[4]

---

1) 박윤흔·정형근, 최신행정법강의, 542쪽; 한견우·최진수, 현대행정법, 513쪽.
2) 김동희, 행정법(Ⅰ), 516쪽(2019); 김철용, 행정법(Ⅰ), 356쪽; 김남진·김연태, 행정법(Ⅰ), 484쪽(2019).
3) 박균성, 행정법론(상), 498쪽.
4) 대판 2016. 12. 15, 2016두47659(국세기본법은 제81조의4 제1항에서 "세무공무원은 적정하고 공평한 과세를 실현하기 위하여 필요한 최소한의 범위에서 세무조사를 하여야 하며, 다른 목적 등을 위하여 조사권을 남용해서는 아니 된다."라고 규정하고 있다. 이 조항은 세무조사의 적법 요건으로 객관적 필요성, 최소성, 권한 남용의 금지 등을 규정하고 있는데, 이는 법치국가원리를 조세절차법의 영역에서도 관철하기 위한 것으로서 그 자체로서 구체적인 법규적 효력을 가진다. 따라서 세무조사가 과세자료의 수집 또는 신고내용의 정확성 검증이라는 본연의 목적이 아니라 부정한 목적을 위하여 행하여진 것이라면 이는 세무조사에 중대한 위법사유가 있는 경우에 해당하고 이러한 세무조사에 의하여 수집된 과세자료를 기초로 한 과세처분 역시 위법하다); 대판 2006. 6. 2, 2004두12070(원심은 그 채용 증거에 의하여, 피고는 1998. 11.경 원고의 부동산 임대사업과 관련한 부가가치세의 탈루 여부에 대하여 세무조사를 벌인 결과, 임대수입을 일부 누락한 사실 등을 밝혀내고 그 세무조사 결과에 따라 같은 해 12.경 부가가치세 증액 경정처분을 한 사실, 그런데 서울지방국세청장은 1999. 11.경 원고의 개인제세 전반에 관하여 특별세무조사를 한다는 명목으로 이미 부가가치세 경정조사가 이루어진 과세기간에 대하여 다시 임대수입의 누락 여부, 매입세액의 부당공제 여부 등에 관하여 조사를 하였고, 피고는 그 세무조사 결과에 따라 부가가치세액을 증액하는 이 사건 재경정처분을 한 사실 등을 인정한 다음, 이 사건 부가가치세부과처분은 이미 피고가 1998. 11.경에 한 세무조사(부가가치세 경정조사)와 같은 세목 및 같은 과세기간에 대하여 중복하여 실시한 서울지방국세청장의 위법한 중복조사에 기초하여 이루어진 것이므로 위법하다고 판단하였다. 원심의 이러한 인정과 판단

4. 사   견

원칙적으로 말해 위법은 승계된다고 본다. 말하자면 권력을 남용하여 조사 2666
가 이루어지거나 비권력적 조사에서 실력행사를 통해 조사가 이루어지는 등 중
대하게 위법한 행정조사가 있으면, 그러한 위법한 조사로 수집된 정보에 기초하
여 내려진 행정결정은 위법하다고 보아야 한다. 행정조사가 반드시 어떠한 행정
결정에 필수적으로 요구되는 것은 아니고 단지 예비적인 작용이라 하여도 마찬
가지이다. 왜냐하면 공권력주체는 어떠한 경우에도 적법하고 정당한 절차를 거
쳐 행정결정을 하여야 하기 때문이다.

제 5 항 행정조사에 대한 구제

Ⅰ. 적법조사에 대한 구제

적법한 행정조사로 인하여 특별한 희생을 당한 자는 손실보상을 청구할 수 2667
있다. 다만 현재로서는 이에 관한 일반법이 없다. 개별법규에 간혹 나타난다(토
상법 제27조 제3항).

Ⅱ. 위법조사에 대한 구제

1. 행정상 쟁송

권력적 조사처분의 취소·변경을 구할 법률상 이익과 권리보호의 필요가 있 2668
는 자는 행정상 쟁송을 제기할 수 있다. 물론 권리보호의 필요는 통상 조사작용
이 장기간에 걸치는 경우에 존재하게 될 것이다. 여기서 취소·변경을 구한다는
것은 사실행위와 법적 행위의 합성적인 행위로서의 조사행위의 취소·변경을 구
함으로써 조사행위에 따르는 수인의무를 제거하고자 한다는 의미이다.

2. 행정상 손해배상

위법한 행정조사로 손해를 입은 자는 국가나 지방자치단체에 대해 국가배 2669
상법이 정한 바에 따라 손해배상을 청구할 수 있다. 위법한 행정조사의 경우에
행정상 쟁송은 사실상 큰 의미를 갖지 못하나, 행정상 손해배상은 중요한 의미
를 갖는다.

은 정당하다).

3. 형사상 구제

2670   무효인 행정조사에 대해서는 정당방위가 인정된다. 그러나 단순위법의 행정조사에 대해 정당방위가 인정될 것인가는 문제이다. 이 경우 정당방위의 성립여하는 형사법의 원리에 따라 정해질 문제이다. 즉 형법상 정당방위의 요건에 부합하는 경우에는 정당방위의 성립이 가능할 수도 있을 것이다.

4. 기   타

2671   이 밖에도 청원, 직권에 의한 취소·정지, 공무원의 형사책임·징계책임제도 등은 간접적으로 위법한 행정조사에 대한 구제제도로서의 의미를 갖는다.

제 4 절   기타의 실효성확보수단

2672   근자에 이르러 앞에서 본 실효성확보수단 외에 금전상 제재·제재적 행정처분(허가 등의 거부·정지·철회)·공급거부·공표·행위제한 등의 수단이 행정작용의 실효성확보를 위한 수단으로 빈번히 활용되고 있다. 이러한 수단들은 전통적인 수단들이 오늘날의 행정현실에서 갖는 한계(예 : 초대형위법건물의 강제철거는 곤란한 경우가 많고, 행정벌의 활용은 의무위반자를 전과자로 만들어 시민생활에 어려움을 야기한다)를 극복하기 위하여 등장하였다고 설명된다.

2673   이러한 수단의 성질과 관련하여 그것이 행정상 제재수단[1]인가, 아니면 의무이행확보수단[2]인가에 관해 학자들의 견해는 갈린다. 물론 행정상 제재수단으로 보는 견해도 이러한 수단이 간접적으로는 의무이행확보수단의 성질도 갖는다고 하므로 양견해에 큰 차이가 있는 것은 아니다. 생각건대 이러한 수단은 경우에 따라서는 행정상 제재수단으로서의 성질을 강하게 갖는 경우도 있을 것이고, 의무이행확보수단으로서의 성질을 강하게 갖는 경우도 있을 것이나, 일반적으로 말해 양자의 성질을 동시에 갖는다고 볼 것이다. 따라서 전체로서 행정법규나 명령의 실효성확보수단으로 이해하면 될 것이다.

---

1) 이상규, 신행정법론(상), 521쪽.
2) 박윤흔·정형근, 최신행정법강의(상), 565쪽.

제1항 금전상 제재

금전상 제재란 행정법상 의무위반자에게 금전의 납부를 명함으로써 그 의 　2674
무의 이행을 확보하는 것을 말한다. 현재 금전상의 제재수단으로 과징금·가산
세·가산금·부당이득세 등의 제도를 볼 수 있다.

Ⅰ. 과징금(부과금)

1. 의　　의

과징금이란 법령등에 따른 의무를 위반한 자에 대하여 그 위반행위에 대한 　2675
제재로서 부과·징수하는 금전을 말한다(기본법 제28조 제1항). 종래의 판례는 과
징금을 "원칙적으로 행정법상의 의무를 위반한 자에 대하여 당해 위반행위로
얻게 된 경제적 이익을 박탈하기 위한 목적으로 부과하는 금전적인 제재",[1] 또
는 "대체적으로 행정법상의 의무위반행위에 대하여 행정청이 의무위반행위로
인한 불법적인 이익을 박탈하거나, 혹은 당해 법규상의 일정한 행정명령의 이행
을 강제하기 위하여 의무자에게 부과·징수하는 금전"으로[2] 정의하였다, 과징
금은 부과금으로도 불리기도 한다.[3]

2. 성　질(형사벌·행정벌과의 차이와 병과)

⑴ **형사벌·행정벌과 차이**　　과징금은 금전상 제재라는 점에서 형사벌로서 　2676
의 벌금이나 행정벌로서의 과태료와 다를 바 없고, 행정법상 실효성의 확보를
위한 수단이라는 점에서 행정벌로서의 과태료와 다를 바 없다. 그러나 과징금은
① 행정법상 의무위반·의무불이행에 대해 가해지는 것인 점에서 형사벌과 다르
고, ② 행정법상 의무위반·불이행에 대해 가해지더라도 그것은 성질상 처벌은
아니며, 부당이득의 환수 또는 영업정지처분에 갈음하는 금전의 납부 등의 불이
익의 부과라는 점에서 행정벌과 구별된다.[4] ③ 아울러 행정(형)벌은 사법기관이

---

1) 대판 2002. 5. 28, 2000두6121.
2) 헌재 2001. 5. 31, 99헌가18.
3) 일설은 "부과금의 경우에는 국고수입으로 귀속되는 것이 아니라 당해 특정된 행정법상의 의무
　이행을 전체적으로 확보하기 위한 목적으로 그 사용목적이 제한되는 점에서 과징금과 구별된
　다"고 한다(류지태·박종수, 행정법신론, 428쪽(2019)). 그러나 국민건강보험법이나 도시철도법
　의 경우에는 과징금의 용도를 특정하는 경우도 있으므로, 일설의 지적은 정당하다고 보기 어렵다.
4) 헌재 2003. 7. 24, 2001헌가25(행정권에는 행정목적 실현을 위하여 행정법규 위반자에 대한 제
　재의 권한도 포함되어 있으므로, '제재를 통한 억지'는 행정규제의 본원적 기능이라 볼 수 있는
　것이고, 따라서 어떤 행정제재의 기능이 오로지 제재(및 이에 결부된 억지)에 있다고 하여 이
　를 헌법 제13조 제1항에서 말하는 국가형벌권의 행사로서의 '처벌'에 해당한다고 할 수 없는바,
　구 독점규제및공정거래에관한법률 제24조의2에 의한 부당내부거래에 대한 과징금은 그 취지와

부과하나 과징금은 행정기관이 부과하는 점에서도 양자는 차이를 갖는다.

2677

	과 태 료	과 징 금
성 질	의무위반에 대한 벌(질서벌)	의무이행확보수단
부과주체	(원칙)행정청	행정청
금액책정기준	가벌성정도	의무위반·불이행시 예상수익
불 복	질서위반행위규제법	행정쟁송법
쟁송제기효과	과태료 부과처분 효력상실(질서법 제20조 제2항)	과징금 부과처분 효력유지

2678   (2) **형사벌·행정벌과의 병과**   따라서 과징금의 부과와 행정벌·형사벌의 부과는 이론상 양립할 수 있다.[1]

3. 법적 근거

2679   헌법 제37조에 비추어 과징금부과에는 법률의 근거를 요한다. 이에 따라 행정기본법 제28조 제1항은 "행정청은 … 법률로 정하는 바에 따라 …과징금을 부과할 수 있다"고 하여 과징금법정주의를 규정하고 있다. 과징금법정주의로 인해 법률의 근거 없이 과징금을 부과하면, 그러한 과징금 부과처분은 위법한 처분이다. 과징금의 근거가 되는 법률에는 과징금에 관한 다음 각 호(1. 부과·징수 주체, 2. 부과 사유, 3. 상한액, 4. 가산금을 징수하려는 경우 그 사항, 5. 과징금 또는 가산금 체납 시 강제징수를 하려는 경우 그 사항)의 사항을 명확하게 규정하여야 한다(기본법 제28조 제2항). 실정법상의 용어례에 따라 개별 법률의 예를 보면, ① 과징금부과 의 경우로는 독점규제 및 공정거래에 관한 법률(제6조·제17조), 석유 및 석유대체 연료 사업법(제14조·제35조), 식품위생법(제82조), 여객자동차 운수사업법(제88조), 주차장법(제24조의2), ② (배출)부과금의 경우로는 대기환경보전법(제35조), 물환경 보전법(제4조의7·제41조) 등을 들 수 있다.

기능, 부과의 주체와 절차 등을 종합할 때 부당내부거래 억지라는 행정목적을 실현하기 위하여 그 위반행위에 대하여 제재를 가하는 행정상의 제재금으로서의 기본적 성격에 부당이득환수적 요소도 부가되어 있는 것이라 할 것이고, 이를 두고 헌법 제13조 제1항에서 금지하는 국가형벌 권 행사로서의 '처벌'에 해당한다고는 할 수 없다).

1) 헌재 2003. 7. 24, 2001헌가25(공정거래법에서 형사처벌과 아울러 과징금의 병과를 예정하고 있 더라도 이중처벌금지원칙에 위반된다고 볼 수 없으며, 이 과징금 부과처분에 대하여 공정력과 집행력을 인정한다고 하여 이를 확정판결 전의 형벌집행과 같은 것으로 보아 무죄추정의 원칙 에 위반된다고도 할 수 없다).

4. 과징금의 유형

한 연구에 의하면,[1] 과징금은 ① 법령위반행위에 따른 부당이득을 환수하 2680
는 성격을 갖거나 부당이득을 환수하는 성격과 행정제재의 성격을 갖는 과징금
(예 : 독점규제 및 공정거래에 관한 법률 제6조·제17조 등; 청소년 보호법 제54조; 대기환경보
전법 제35조)과[2] ② 사업(영업)의 취소(정지)에 갈음하거나(예 : 관광진흥법 제37조; 운
수법 제88조; 대기환경보전법 제37조) 사업(영업)의 취소(정지)와 선택관계에 놓이는
과징금(예 : 주차장법 제24조)으로 구분되기도 한다. 특히 공공성이 강한 사업은 영
업의 정지 등의 처분이 있게 되면 일반 대중이 불편을 겪기 때문에 영업정지 등
처분 대신 과징금부과를 규정하고 있다. 따라서 공익관련성이 낮은 사업에 대한
과징금부과 규정은 위헌이라는 견해가[3] 유력하다.

5. 부과·징수·구제

(1) 부   과   과징금의 구체적인 납부의무는 권한을 가진 기관의 납입고 2681
지에 의해 발생한다고 볼 것이다. 행정권에 의한 과징금의 부과는 헌법위반이
아니다.[4] 과징금부과에 위반자의 고의·과실은 요구되지 아니하지만, 위반자에
게 의무해태를 탓할 수 없는 정당한 사유가 있는 등 특별한 사유가 있는 경우에
는 부과할 수 없다는 것이 판례의 견해이다.[5]

(2) 납부기한의 연기, 분할 납부, 담보제공   과징금은 한꺼번에 납부하는 것 2682
을 원칙으로 한다. 다만, 행정청은 과징금을 부과받은 자가 다음 각 호(1. 재해 등으

---

1) 최영찬, 과징금제도에 관한 고찰, 법제, 2001. 11, 3쪽 이하.

2) 대판 2017. 5. 30, 2015두48884(부당한 공동행위에 대한 과징금 제도는 부당한 공동행위에 의하
   여 얻은 불법적인 경제적 이익을 박탈하고 이에 더하여 부당한 공동행위의 억지라는 행정목적
   을 실현하기 위한 것이며, 특히 그중 입찰담합 및 이와 유사한 행위에 대한 부분은 입찰담합의
   위법성이 중한 것을 감안하여 그에 대한 제재의 실효성을 확보하기 위하여 계약금액을 기준으
   로 과징금을 부과하도록 정책적으로 도입된 규정이다); 대판 2017. 4. 27, 2016두33360; 대판
   2011. 7. 28, 2010다18850; 대판 2004. 3. 12, 2001두7220.

3) 박정훈, 행정법의 체계와 방법론, 371쪽.

4) 헌재 2003. 7. 24, 2001헌가25(법관에게 과징금에 관한 결정권한을 부여한다든지, 과징금 부과
   절차에 있어 사법적 요소들을 강화한다든지 하면 법치주의적 자유보장이라는 점에서 장점이
   있겠으나, 공정거래법에서 행정기관인 공정거래위원회로 하여금 과징금을 부과하여 제재할 수
   있도록 한 것은 부당내부거래를 비롯한 다양한 불공정 경제행위가 시장에 미치는 부정적 효과
   등에 관한 사실수집과 평가는 이에 대한 전문적 지식과 경험을 갖춘 기관이 담당하는 것이 보
   다 바람직하다는 정책적 결단에 입각한 것이라 할 것이고, 과징금의 부과 여부 및 그 액수의
   결정권자인 위원회는 합의제 행정기관으로서 그 구성에 있어 일정한 정도의 독립성이 보장되
   어 있고, 과징금 부과절차에서는 통지, 의견진술의 기회 부여 등을 통하여 당사자의 절차적 참
   여권을 인정하고 있으며, 행정소송을 통한 사법적 사후심사가 보장되어 있으므로, 이러한 점들
   을 종합적으로 고려할 때 과징금 부과절차에 있어 적법절차원칙에 위반되거나 사법권을 법원
   에 둔 권력분립의 원칙에 위반된다고 볼 수 없다).

5) 대판 2021. 1. 14, 2017두41108; 김중권의 행정법(2019), 639쪽.

로 재산에 현저한 손실을 입은 경우, 2. 사업 여건의 악화로 사업이 중대한 위기에 처한 경우, 3. 과징금을 한꺼번에 내면 자금 사정에 현저한 어려움이 예상되는 경우, 4. 그 밖에 제1호부터 제3호까지에 준하는 경우로서 대통령령으로 정하는 사유가 있는 경우)의 어느 하나에 해당하는 사유로 과징금 전액을 한꺼번에 내기 어렵다고 인정될 때에는 그 납부기한을 연기하거나 분할 납부하게 할 수 있으며, 이 경우 필요하다고 인정하면 담보를 제공하게 할 수 있다(기본법 제29조).

2683   (3) **미납부시 조치**   과징금을 기한 내에 납부하지 아니한 경우에 대한 조치는 개별법상 다양하다. ① 지방세 징수의 예에 따라 징수하는 경우(주차장법 제24조의2 제2항), ② 과징금부과처분을 취소하고 사업정지처분을 하지만 폐업 등으로 사업정지처분을 할 수 없는 경우에는 국세 체납처분의 예 또는 지방세외수입금의 징수 등에 관한 법률에 따라 징수하는 경우(석유법 제35조 제5항), ③ 과징금 부과처분을 취소하고 업무정지처분을 하거나 국세 체납처분의 예 또는 지방세외수입금의 징수 등에 관한 법률에 따라 징수하지만 폐업 등으로 영업정지처분을 할 수 없는 때에는 국세 체납처분의 예 또는 지방세외수입금의 징수 등에 관한 법률에 따라 이를 징수하는 경우(약사법 제81조 제4항) 등이 있다.

    (4) **권리보호**   과징금의 부과·징수행위 역시 행정쟁송법상 처분에 해당한다. 말하자면 과징금의 부과는 행정기본법상 이의신청 또는 행정심판법상 행정심판이나 행정소송법상 행정소송의 대상이 된다. 행정기본법상 재심사는 배제된다(기본법 제37조 제1항).

6. 형벌과 병과

2684   (1) **헌법 제13조 제1항 제2문의 처벌의 의미**   헌법 제13조 제1항은 "모든 국민은 … 동일한 범죄에 대하여 거듭 처벌받지 아니한다"고 규정하고 있다. 처벌의 의미와 관련하여 형식설과 실질설로 나뉜다. 형식설은 형사처벌만 헌법 제13조 제1항 제2문의 처벌에 해당한다는 견해이다. 이에 의하면 과징금, 과태료, 보안처분, 보호처분, 신상공개처분은 처벌에 해당하지 아니한다. 실질설은 처벌과 다른 법적 형식을 취하고 있다고 하여도 본질적으로 형사처벌에 해당하면, 헌법 제13조 제1항 제2문의 처벌로 보는 견해이다.

2685   (2) **판 례**   판례는 행정벌이나 형사벌과 과징금의 병과를 이중처벌로 보지 아니한다.[1]

---

1) 헌재 2015. 2. 26, 2012헌바435; 헌재 2012. 4. 24, 2011헌바62([1] 헌법 제13조 제1항은 '이중처벌금지원칙'을 규정하고 있는데, 헌법 제13조 제1항에서 말하는 '처벌'은 원칙적으로 범죄에 대하여 국가가 형벌권을 실행하는 과벌을 의미하는 것이므로, 국가가 행하는 일체의 제재나 불이

(3) 사　　견　　독일과 같이 명시적 규정이 있는 것(독일기본법 제103조 ③ 누　2686
구든지 동일한 행위로 인하여 일반형법에 근거하여 거듭 처벌되지 아니한다)은 아니지만,
헌법 제13조 제1항 제2문의 처벌은 형사벌만을 의미하는 것으로 볼 것이다. 형
사벌과 과징금은 목적을 달리하므로 양자의 병과는 가능하다고 볼 것이다.[1]

7. 회사 분할시 신설회사에 대한 과징금

회사 분할시 신설회사 또는 존속회사가 승계하는 것은 분할하는 회사의 권　2687
리와 의무이고, 분할하는 회사의 분할 전 법 위반행위를 이유로 과징금이 부과
되기 전까지는 단순한 사실행위만 존재할 뿐 과징금과 관련하여 분할하는 회사
에 승계 대상이 되는 어떠한 의무가 있다고 할 수 없으므로, 특별한 규정이 없
는 한 신설회사에 대하여 분할하는 회사의 분할 전 법 위반행위를 이유로 과징
금을 부과하는 것은 허용되지 않는다.[2]

Ⅱ. 가 산 세

1. 의　　의

(1) 개　　념　　세법은 가산세를 '국세기본법 및 세법에서 규정하는 의무의　2688
성실한 이행을 확보하기 위하여 세법에 따라 산출한 세액에 가산하여 징수하는
금액을 말한다. 다만, 가산금은 포함하지 아니한다'고 정의하고 있다(국세법 제2
조 제4호; 지기법 제1조 제1항 제23호).

(2) 성　　질　　세법상 가산세는 과세의 적정을 기하기 위하여 납세의무자로　2689
하여금 성실한 과세표준의 신고 및 세액 납부의 의무를 부과하면서 그 확보책으
로 그 의무이행을 게을리하였을 경우에 가해지는 일종의 행정상의 제재이다.[3]

익 처분을 모두 그 '처벌'에 포함시킬 수는 없는 것이다.

　[2] 행정벌은 행정목적의 실현을 위하여 행정법규 위반자에 대하여 불이익을 가함으로써 더
이상의 위반이 없도록 유도하고 있는데, 이는 행정규제의 본원적인 기능이라 할 것이므로, 어
떤 행정제재의 기능이 오로지 제재 및 이에 결부된 억지에 있다고 하여 이를 여기에서 말하는
'처벌'에 해당한다고 할 수도 없다.

　[3] 이 사건 과징금 부과조항에 따른 과징금은 양도담보를 명의신탁과 구별하여 명의신탁
규제의 실효성을 도모한다는 목적에서, 양도담보 채권자로 하여금 채권관계 서면을 제출하도
록 강제하기 위하여 위반자에게 부과·징수하는 금전이라 할 수 있고, 이는 과거의 일정한 법
률위반 행위에 대하여 제재를 과함을 목적으로 하는 행정벌과 구별되는 것이다.

　[4] 이 사건 과징금 부과조항에 따른 과징금의 부과는 범죄에 대하여 국가가 형벌권을 실행
하는 과벌에 해당하지 아니하므로, 헌법 제13조 제1항이 금지하는 이중처벌금지원칙에 위배되
지 아니한다).

1) 김중권의 행정법(2019), 639쪽.
2) 대판 2011. 5. 26, 2008두18335.
3) 헌재 2021. 7. 15, 2018헌바338(가산세는 그 형식이 세금이기는 하나, 그 법적 성격은 과세권의

2. 형사벌·행정벌과의 차이와 병과

2690 　(1) **행정벌·형사벌과의 차이**　　① 가산세는 행정법상 의무위반의 경우에 가해지는 불이익처분인 점에서, 그리고 행정법상 의무의 이행을 확보한다는 점에서 행정벌과 동일한 점을 가진다. 그러나 가산세는 성질상 처벌은 아니며, 행정법상 납세의무의 성실한 이행을 확보한다는 점에서 과거의 의무위반을 벌하는 행정벌과 다르다. 부과주체도 다르다. 행정형벌의 부과주체는 사법기관이나 가산세의 부과주체는 행정기관이다. 한편 ② 가산세는 행정법상 의무위반시에 가해진다는 점에서, 형사상 의무위반에 가해지는 벌금·과료와는 구별된다. 양자 간에는 부과주체에도 차이가 있다.

2691 　(2) **행정벌·형사벌과의 병과**　　따라서 동일한 행위에 대하여 행정벌과 가산세의 부과는 양립할 수 있다고 보겠다.[1] 그러나 양자를 병과한다는 것은 내용상 이중처벌을 뜻하는 것일 수도 있는바, 입법론상 병과는 신중을 기해야 할 것이다.

3. 법적 근거

2692 　가산세부과에 역시 법적 근거가 요구됨은 당연하다(침해유보). 현행법상 가산세부과의 경우로 과세표준확정신고의 불이행·불성실신고(소득세법 제81조 제1항), 확정신고자진납부의 불이행·불성실신고(소득세법 제81조 제3항) 등의 경우가 있다. 형법총칙은 적용되지 아니한다.[2]

4. 부과·징수와 구제

　(1) **부　　과**

2693 　(개) **부과의 요건**　　가산세는 그 본질상 세법상 의무불이행에 대한 행정상의 제재로서의 성격을 지님과 동시에 조세의 형식으로 과징되는 부가세적 성격을 지니기 때문에 형법총칙의 규정이 적용될 수 없고, 따라서 행위자의 고의 또는

행사 및 조세채권의 실현을 용이하게 하기 위하여 납세자가 정당한 이유 없이 법에 규정된 신고·납세의무 등을 위반한 경우 법이 정하는 바에 의하여 부과하는 행정상의 제재이다. 의무위반의 정도와 부과되는 제재 사이에는 적정한 비례관계가 유지되어야 하므로, 조세의 형식으로 부과되는 금전적 제재인 가산세도 의무위반의 정도에 비례하여야 한다). 대판 2011. 2. 10, 2008두2330.

1) 박윤흔·정형근, 최신행정법강의(상), 566쪽.
2) 헌재 2015. 2. 26, 2012헌바355(가산세는 그 본질상 세법상 의무불이행에 대한 행정상의 제재로서의 성격을 지님과 동시에 조세의 형식으로 과징되는 부가세적 성격을 지니기 때문에 형법총칙의 규정이 적용될 수 없고, 따라서 행위자의 고의 또는 과실, 책임능력, 책임조건 등을 고려하지 아니하고 가산세 과세요건의 충족 여부만을 확인하여 조세의 부과절차에 따라 과징하게 된다).

과실, 책임능력, 책임조건 등을 고려하지 아니하고 가산세 과세요건의 충족 여부만을 확인하여 조세의 부과절차에 따라 과징하게 된다.[1]

(나) 비례원칙의 적용 의무위반에 대한 책임의 추궁에 있어서는 의무위반의 정도와 부과되는 제재 사이에 적정한 비례관계가 유지되어야 하므로, 조세의 형식으로 부과되는 금전적 제재인 가산세 역시 의무위반의 정도에 비례하여야 한다.[2] 2694

(다) 정당한 사유가 있는 경우 판례는 "세법상 가산세는 과세권의 행사 및 조세채권의 실현을 용이하게 하기 위하여 납세의무자가 정당한 이유 없이 법에 규정된 신고, 납세 등 각종 의무를 위반한 경우에 법이 정하는 바에 따라 부과하는 행정상의 제재이다. 따라서 단순한 법률의 부지나 오해의 범위를 넘어 세법해석상 의의(疑意)로 인한 견해의 대립이 있는 등으로 인해 납세의무자가 그 의무를 알지 못하는 것이 무리가 아니었다고 할 수 있어서 그를 정당시할 수 있는 사정이 있을 때 또는 그 의무의 이행을 그 당사자에게 기대하는 것이 무리라고 하는 사정이 있을 때 등 그 의무를 게을리한 점을 탓할 수 없는 정당한 사유가 있는 경우에는 이러한 제재를 과할 수 없다"고 한다.[3] 2695

(2) 징수·구제 가산세의 징수와 그에 대한 구제는 국세기본법·국세징수법·소득세법이 정한 바에 따른다.[4] 2696

---

1) 헌재 2015. 2. 26, 2012헌바355.
2) 헌재 2022. 5. 26, 2019헌바7(가산세는 납세의무자에게 부여된 협력의무위반에 대한 책임을 묻는 행정적 제재를 조세의 형태로 구성한 것인바, 의무위반에 대한 책임의 추궁에 있어서는 의무위반의 정도와 부과되는 제재 사이에 적정한 비례관계가 유지되어야 하므로, 조세의 형식으로 부과되는 금전적 제재인 가산세 역시 의무위반의 정도에 비례하여 그 세액이 산출되어야 하고, 그렇지 못한 경우에는 비례원칙에 어긋나서 재산권에 대한 부당한 침해가 된다).
3) 대판 2017. 7. 11, 2017두36885(가산세는 과세권의 행사와 조세채권의 실현을 용이하게 하기 위하여 납세의무자가 법에 규정된 신고, 납세 등 각종 의무를 위반한 경우에 법이 정하는 바에 따라 부과하는 행정적 제재로서, 정당한 사유가 있는 때에는 이를 부과하지 않는다(국세기본법 제48조 제1항). 따라서 단순한 법률의 부지나 오해의 범위를 넘어 세법 해석상 견해가 대립하는 등으로 납세의무자가 그 의무를 알지 못한 것에 책임을 귀속시킬 수 없는 합리적인 이유가 있을 때 또는 그 의무의 이행을 당사자에게 기대하기 어려운 사정이 있을 때 등 그 의무를 게을리한 점을 비난할 수 없는 정당한 사유가 있는 경우에는 가산세를 부과할 수 없다); 대판 2016. 10. 27, 2016두44711.
4) 헌재 2005. 2. 24, 2004헌바26(의무위반에 대한 책임의 추궁에 있어서는 의무위반의 정도와 부과되는 제재 사이에 적정한 비례관계가 유지되어야 하므로, 조세의 형식으로 부과되는 금전적 제재인 가산세 역시 의무위반의 정도에 비례하는 결과를 이끌어내는 그러한 비율에 의하여 산출되어야 하고, 그렇지 못한 경우에는 비례의 원칙에 어긋나서 재산권에 대한 침해가 된다).

Ⅲ. 부당이득세

1. 의 의

2697 구 부당이득세법은 "물가안정에 관한 법률이나 기타 법률에 의하여 정부가 결정·지정·승인·인가 또는 허가하는 물품의 가격, 부동산이나 기타의 물건의 임대료 또는 요금(수수료와 사용료를 포함한다)의 최고액을 기준으로 거래단계별· 지역별 기타의 구분에 따라 국세청장이 따로 정하는 가액(기준가격)을 초과하여 거래를 함으로써 얻은 이득"을 부당이득으로 규정하고(동법 제1조 제1항) 부당이 득 부분을 부당이득세로 징수하는 것을 규정하였다(동법 제2조·제3조). 그러나 동 법은 2007년 7월에 폐지되고 부당이득의 환수는 2007년 3월에 물가안정에 관한 법률(물가법) 제2조의2를 신설하면서 과징금의 형태로 규정되었다.

2. 물가안정에 관한 법률상 과징금

2698 ⑴ **최고가격의 지정** 정부는 국민생활과 국민경제의 안정을 위하여 필요 하다고 인정할 때에는 특히 중요한 물품의 가격, 부동산 등의 임대료 또는 용역 의 대가에 대하여 최고가액(최고가격)을 지정할 수 있다(물가법 제2조 제1항). 최고 가격은 생산단계·도매단계·소매단계 등 거래단계별 및 지역별로 지정할 수 있 다(물가법 제2조 제2항).

2699 ⑵ **과 징 금** 기획재정부장관은 제2조 제1항에 따라 정부가 지정한 최고 가격을 초과하여 거래를 함으로써 부당한 이득을 얻은 자에게는 과징금을 부과 한다(물가법 제2조의2 제1항). 제1항에 따른 과징금은 실제로 거래한 가격·임대료 또는 요금에서 최고가격을 뺀 금액으로 한다(물가법 제2조의2 제2항). 기획재정부 장관은 제1항 및 제2항에 따른 과징금 징수에 관한 업무를 국세청장에게 위임 할 수 있다(물가법 제2조의2 제3항).

제 2 항 제재처분

Ⅰ. 관 념

1. 의 의

2700 제재처분이란 법령등에 따른 의무를 위반하거나 이행하지 아니하였음을 이 유로 당사자에게 의무를 부과하거나 권익을 제한하는 처분을 제재처분이라 한 다(기본법 제2조 본문). 예를 들어 행정법상 의무위반자에 대하여 인가·허가 등을

거부·정지·철회하는 것이 제재처분에 해당한다. 행정기본법은 행정상 강제수단을 제재처분에서 제외하고 있다(기본법 제2조 단서).

2. 취   지

제재처분은 행정법상 의무위반자에 대하여 인가·허가 등을 거부·정지·철회등을 함으로써 위반자에게 불이익을 가하고, 이로써 행정법상 의무의 이행을 간접적으로 확보하기 위한 수단이다. 2701

3. 특   징

(1) 성   질   판례는 행정법규 위반에 대하여 가하는 제재조치를 행정목적의 달성을 위하여 행정법규 위반이라는 객관적 사실에 착안하여 가하는 제재로 본다.[1] 2702

(2) 형벌과 병과   제재처분에는 형벌이 부가될 수도 있다.[2] 왜냐하면 양자는 목적·대상 등을 달리하기 때문이다. 2703

Ⅱ. 제재처분의 유형

제재처분은 당사자에게 의무를 부과하거나(예 : 과징금 부과로 납부의무의 부과), 권익을 제한하는 것(예 : 식품판매업 허가 취소·정지, 운전면허 취소·정지로 영업의 자유 또는 운전의 자유의 제한)을 내용으로 한다. 그런데 처분의 내용은 처분의 사유와 직접적인 관련성을 갖는 경우도 있고, 갖지 아니하는 경우도 있다. 2704

1. 제재처분 내용이 처분 사유와 직접 관련을 갖는 경우

(1) 의   의   이러한 경우는 식품위생법상 의무 위반시 동법 제75조에 2705

---

1) 대판 2014. 12. 24, 2010두6700.
2) 헌재 2022. 3. 31, 2019헌바494(행정제재는 행정목적의 실현을 위하여 행정법규 위반자에 대하여 불이익을 가함으로써 더 이상의 위반이 없도록 유도하는 데에 그 본원적 기능이 있는 것으로 범죄에 대하여 국가가 형벌권을 실행하는 행정형벌과는 구별되므로 다른 의무이행확보수단과 중복 내지 병렬적으로 입법될 수 있다. 특히 해양여객운송사업은 도서 거주민들의 편의와 복리를 위하여 긴요한 것이면서 동시에 그 운행에 따라서는 위험성과 공익에 해로운 상황이 늘 따르는 영역이므로, 안전한 여객운송서비스의 제공과 도서 거주민의 교통복지 향상을 위하여 행정청이 발한 사업개선명령에 대하여는 더 효율적이고 확실한 제재수단을 통하여 그 이행을 확보할 필요가 있다고 할 것인데, 사업면허나 인가의 취소, 사업정지처분이나 과징금 부과처분 등의 행정제재만으로 그 이행을 담보할 수 있다고 단언하기는 어렵다); 대판 1986. 7. 8, 85누1002(일정한 법규위반사실이 행정처분의 전제사실이 되는 한편 이와 동시에 형사법규의 위반사실이 되는 경우에 행정처분과 형벌은 각기 그 권력적 기초, 대상, 목적을 달리하고 있으므로 동일한 행위에 관하여 독립적으로 행정처분이나 형벌을 과하거나 이를 병과할 수 있는 것이고 법규가 예외적으로 형사소추선행의 원칙을 규정하고 있지 아니한 이상 형사판결 확정에 앞서 일정한 위반사실을 들어 행정처분을 하였다고 하여 절차적 위반이 있다고 할 수 없다).

의한 영업허가의 취소·정지, 음주운전자에 대한 운전면허취소 등의 경우에 보는 바와 같이 제재처분 내용이 의무위반사항과 직접 관련을 갖는 경우를 말한다.

2706 (2) **입찰참가자격제한** 제재처분 내용이 의무위반사항과 직접 관련을 갖는 경우로 입찰참가자격제한이 빈번히 문제된다.

2707 ㈎ **의 의** 입찰참가제한(처분)이란 부정당업자(계약을 이행함에 있어서 부실·조잡 또는 부당하게 하거나 부정한 행위를 한 자 등)를 국가나 공공기관이 행하는 입찰에 일정기간 참가를 제한하는 처분을 말한다.

2708 ㈏ **법적 근거** 입찰참가제한처분의 실정법상 근거로 국가를 당사자로 하는 계약에 관한 법률(국가계약법) 제27조(부정당업자의 입찰 참가자격 제한 등), 지방자치단체를 당사자로 하는 계약에 관한 법률(지방계약법) 제31조(부정당업자의 입찰 참가자격 제한), 공공기관의 운영에 관한 법률 제39조(회계원칙 등)를 볼 수 있다.

2709 ㈐ **계약에 근거한 경우와 구분** 행정의 실제상 입찰참가자격의 제한은 ① 행정법령에 근거하여 나타나는 경우와 ② 계약에 근거한 권리행사로서 나타나는 경우가 있다. 제재적 행정처분으로서 입찰참가자격의 제한은 ①의 경우를 말한다. 양자의 구분이 불분명한 경우는 의사표시의 해석문제가 된다(대판 2018. 10. 25, 2016두33537).

2. 제재처분 내용이 처분 사유와 직접 관련을 갖지 않는 경우

2710 (1) **의 의** 국세징수법에서 보는 바와 같이 납세자가 허가·인가·면허 및 등록 등(이하 이 조에서 "허가등"이라 한다)을 받은 사업과 관련된 소득세, 법인세 및 부가가치세를 체납한 경우 해당 사업의 주무관청에 그 납세자에 대하여 허가등의 갱신과 그 허가등의 근거 법률에 따른 신규 허가등을 하지 아니할 것을 요구할 수 있고, 이에 따라 정당한 사유가 없는 한 해당 주무관청은 이에 응하여 허가 등을 거부·정지·철회하는 것을 말한다(국징법 제112조. 그리고 지징법 제7조; 지방행정제재·부과금의 징수 등에 관한 법률 제7조의2; 병역법 제76조 제2항 참조). 국세징수법은 이를 사업에 관한 허가등의 제한이라 부르고 있다.[1] 질서위반행위규제법 제52조와 지방행정제재·부과금의 징수 등에 관한 법률 제7조의2는 관허사업의 제한이라는 명칭 하에 사업에 관한 허가등의 제한을 규정하고 있다(동법 제52조).[2] 사업에 관한 허가등의 제한은 체납자의 사업 자체를 금지함으로써 의무이행을 확보하고자 하는 데 그 뜻이 있다.

---

1) 대판 1976. 4. 27, 74누284(국세징수법 제23조의 관허사업이란 널리 허가·인가·면허 등을 얻어 경영하는 사업 모두가 포함된다).
2) 이와 관련하여 옆번호 2465를 보라.

⑵ **부당결부금지의 원칙과의 관계**   사업에 관한 허가등의 제한은 의무위   2711
반내용과 직접 관련이 없는 사업 자체를 방해하는 것이므로 부당결부금지의 원
칙에 반하는 것으로 기본권인 영업의 자유를 침해하는 것이라는 지적, 말하자면
국세징수법 제112조는 위헌이라는 지적이 있다.[1] 생각건대 부당결부금지의 원
칙은 법률의 위헌 여부 판단에 무조건적으로 적용된다고 볼 수는 없다. 국세징
수법 제112조는 국가재정의 안정을 위해 입법정책상 불가피한 최소한을 규정하
고 있는 것으로 보아야 할 것이므로 국세징수법 제112조는 위헌이 아니라 합헌
으로 볼 것이다.

Ⅲ. 제재처분의 적법요건

1. 법적 근거

⑴ **침해유보**   제재처분은 권익침해의 효과를 가져 오기 때문에 헌법 제   2712
37조 제2항에 비추어 법률의 근거가 필요하다. 제재처분의 근거가 되는 법률에
는 제재처분의 주체, 사유,[2] 유형 및 상한을 명확하게 규정하여야 한다. 이 경
우 제재처분의 유형 및 상한을 정할 때에는 유사한 위반행위와의 형평성을 고
려하여야 한다(기본법 제22조 제1항).

⑵ **법 적용의 기준시**   법령등을 위반한 행위의 성립과 이에 대한 제재처   2712a
분은 법령등에 특별한 규정이 있는 경우를 제외하고는 법령등을 위반한 행위
당시의 법령등에 따른다. 다만, 법령등을 위반한 행위 후 법령등의 변경에 의하
여 그 행위가 법령등을 위반한 행위에 해당하지 아니하거나 제재처분 기준이
가벼워진 경우로서 해당 법령등에 특별한 규정이 없는 경우에는 변경된 법령등
을 적용한다(기본법 제14조 제3항).

2. 부과대상자

판례는 앞에서 언급한 제재조치의 성질을 근거로 행정법규 위반에 대하여   2713
가하는 제재조치는 현실적인 행위자가 아니라도 법령상 책임자로 규정된 자에
게 부과될 수 있는 것으로 이해한다.[3]

3. 고의·과실

판례는 앞에서 언급한 제재조치의 성질을 근거로 제재조치의 부과는 위반   2714

---

 1) 김남진·김연태, 행정법(Ⅰ), 589쪽(2019); 박윤흔·정형근, 최신행정법강의(상), 575쪽.
 2) 인·허가사업 양도의 경우, 양도인에게 발생한 위법사유를 근거로 양수인에게 제재처분을 할
    수 있는가의 문제, 즉 제재사유의 승계가 문제된다. 이에 관해 옆번호 636 이하 참조.
 3) 대판 2021. 2. 25, 2020두51587; 대판 2017. 5. 11, 2014두8773; 대판 2012. 5. 10, 2012두1297.

자의 고의·과실이 있어야만 하는 것은 아니나,[1] 그렇다고 하여 위반자의 의무 해태를 탓할 수 없는 정당한 사유가 있는 경우까지 부과할 수 있는 것은 아니라고 한다.[2]

4. 제재처분의 기준

2715   행정청은 제재처분을 할 때에는 다음 각 호(1. 위반행위의 동기, 목적 및 방법, 2. 위반행위의 결과, 3. 위반행위의 횟수, 4. 그 밖에 제1호부터 제3호까지에 준하는 사항으로서 대통령령으로 정하는 사항)의 사항을 고려하여야 한다(기본법 제22조 제2항). 재량권행사에는 남용이나 일탈이 없어야 한다.[3]

5. 제척기간의 미경과(소극적 요건)

2715a   제척기간이 경과하지 않아야 한다. 제척기간이 경과하면 제재처분을 할 수 없다. 제척기간이 경과하지 아니하였다고 하여도 행정기본법 제12조 제2항이 규정하는 실권의 원칙에 반하여 제재처분을 할 수는 없다.

6. 변경처분

2715b   판례는 "효력기간이 정해져 있는 제재적 행정처분의 효력이 발생한 이후에도 행정청은 특별한 사정이 없는 한 상대방에 대한 별도의 처분으로써 효력기

---

1) 대판 2021. 2. 25, 2020두51587; 대판 2017. 5. 11, 2014두8773.
2) 대판 2020. 6. 25, 2019두52980(일반적으로 제재적 행정처분은 행정목적의 달성을 위하여 행정법규 위반이라는 객관적 사실에 착안하여 가하는 제재이므로, 반드시 현실적인 행위자가 아니라도 법령상 책임자로 규정된 자에게 부과되고, 처분의 근거 법령에서 달리 규정하거나 또는 위반자에게 의무 위반을 탓할 수 없는 정당한 사유가 있는 경우와 같은 특별한 사정이 없는 한 위반자에게 고의나 과실이 없다고 하더라도 부과할 수 있다).
3) 대판 2022. 4. 14, 2021두60960(제재적 행정처분이 재량권의 범위를 일탈하였거나 남용하였는지는, 처분사유인 위반행위의 내용과 그 위반의 정도, 그 처분에 의하여 달성하려는 공익상의 필요와 개인이 입게 될 불이익 및 이에 따르는 여러 사정 등을 객관적으로 심리하여 공익침해의 정도와 처분으로 인하여 개인이 입게 될 불이익을 비교·교량하여 판단하여야 한다); 헌재 2023.6.29., 2022헌바227(행정법규 위반의 정도와 그에 대한 행정제재 간의 비례관계가 형사상 책임과 그에 대한 형벌 간의 비례관계와 비교하여 판단의 차원을 같이하는 것이라 볼 수 없다. 운전면허의 필요적 취소라는 행정제재는 형법에 규정된 형이 아니고, 그 절차도 형사소송절차와는 다를 뿐만 아니라, 주취 중 운전금지라는 행정상 의무를 전제로 하면서 그 이행을 확보하기 위하여 마련된 수단이라는 점에서 형벌과는 다른 목적과 기능을 가진다. 입법자는 음주운전 금지규정을 2회 이상 위반한 사람의 경우 운전자가 갖추어야 할 안전의식·책임의식이 결여되었다고 보아 음주운전행위로부터 이들을 즉각적으로 배제하기 위해 필요적으로 면허취소를 규정하였다. 음주운전 금지규정을 2회 이상 위반한 사람의 경우 운전면허를 필요적으로 취소하도록 규정한 것은, 재판에서 위반행위의 모든 정황을 고려하여 형을 정하는 사법기관과 달리 행정청은 각 위반행위에 내재된 비난가능성의 내용과 정도를 일일이 판단하기가 쉽지 않기 때문이다. 형사제재와 행정제재를 부과하는 목적·기능과 그 절차상 차이를 고려하면, 운전면허 취소에 있어 과거 위반 전력이나 혈중알코올농도 수준 등을 개별적으로 고려하지 않는 취소조항이 지나치다고 보기는 어렵다).

간의 시기와 종기를 다시 정할 수 있다. 이는 당초의 제재적 행정처분이 유효함을 전제로 그 구체적인 집행시기만을 변경하는 후속 변경처분이라고 할 것이다. 이러한 후속 변경처분도 특별한 규정이 없는 한 의사표시에 관한 일반법리에 따라 상대방에게 고지되어야 효력이 발생한다"는 견해를 취한다.[1]

Ⅳ. 제척기간

1. 원   칙

행정청은 법령등의 위반행위가 종료된 날부터 5년이 지나면 해당 위반행위에 대하여 제재처분(인허가의 정지·취소·철회처분, 등록 말소처분, 영업소 폐쇄처분과 정지처분을 갈음하는 과징금 부과처분을 말한다. 이하 이 조에서 같다)을 할 수 없다(기본법 제23조 제1항).[2]

> ▌참고▐ 행정기본법 제정 전부터 행정상 제척기간에는 과태료부과의 제척기간으로 질서위반행위규제법 제19조, 과징금부과의 제척기간으로 독점규제 및 공정거래에 관한 법률 제49조, 부담금 부과의 제척기간으로 도시교통정비 촉진법 제36조를 볼 수 있었다.

2716

2717

2. 제척기간 적용의 배제

다음 각 호(1. 거짓이나 그 밖의 부정한 방법으로 인허가를 받거나 신고를 한 경우, 2. 당사자가 인허가나 신고의 위법성을 알고 있었거나 중대한 과실로 알지 못한 경우, 3. 정당한 사유 없이 행정청의 조사·출입·검사를 기피·방해·거부하여 제척기간이 지난 경우, 4. 제재처분을 하지 아니하면 국민의 안전·생명 또는 환경을 심각하게 해치거나 해칠 우려가 있는 경우)의 어느 하나에 해당하는 경우에는 제1항을 적용하지 아니한다(기본법 제23조 제2항).

2718

3. 새로운 제재처분이 가능한 경우

행정청은 제1항에도 불구하고 행정심판의 재결이나 법원의 판결에 따라 제재처분이 취소·철회된 경우에는 재결이나 판결이 확정된 날부터 1년(합의제행정기관은 2년)이 지나기 전까지는 그 취지에 따른 새로운 제재처분을 할 수 있다(기본법 제23조 제3항).

2719

---

1) 대판 2022. 2. 11, 2021두40720.
2) 제척기간의 의의 등에 관해 옆번호 372, 654 참조.

4. 다른 법률과의 관계

2720   다른 법률에서 제1항 및 제3항의 기간보다 짧거나 긴 기간을 규정하고 있
으면 그 법률에서 정하는 바에 따른다(기본법 제23조 제4항).

Ⅴ. 권리보호

1. 일 반 론

2721   ① 제재적 행정처분이 위법하면 행정기본법에 따라 이의신청을 할 수 있고,
행정심판법에 따라 행정심판을 제기할 수 있으나, 행정기본법상 처분의 재심사
는 허용되지 아니한다(기본법 제38조).② 행정소송법이 정하는 바에 따라 행정소
송을 제기할 수 있다.[1] ③ 국가배상법이 정하는 바에 따라 손해배상을 청구할
수도 있다.

2. 본안 확정 후 제재처분에 대한 집행정지결정에 대하여 처분청이 취할 조치

2722   ⑴ 처분이 적법한 것으로 확정된 경우   "제재처분에 대한 행정쟁송절차에
서 처분에 대해 집행정지결정이 이루어졌더라도 본안에서 해당 처분이 최종적
으로 적법한 것으로 확정되어 집행정지결정이 실효되고 제재처분을 다시 집행
할 수 있게 되면, 처분청으로서는 당초 집행정지결정이 없었던 경우와 동등한
수준으로 해당 제재처분이 집행되도록 필요한 조치를 취하여야 한다. 집행정지
는 행정쟁송절차에서 실효적 권리구제를 확보하기 위한 잠정적 조치일 뿐이므
로, 본안 확정판결로 해당 제재처분이 적법하다는 점이 확인되었다면 제재처분
의 상대방이 잠정적 집행정지를 통해 집행정지가 이루어지지 않은 경우와 비교
하여 제재를 덜 받게 되는 결과가 초래되도록 해서는 안 된다(대판 2020. 9. 3,
2020두34070)."

2723   ⑵ 처분이 위법한 것으로 확정된 경우   "반대로, 처분상대방이 집행정지결
정을 받지 못했으나 본안소송에서 해당 제재처분이 위법하다는 것이 확인되어
취소하는 판결이 확정되면, 처분청은 그 제재처분으로 처분상대방에게 초래된
불이익한 결과를 제거하기 위하여 필요한 조치를 취하여야 한다(대판 2020. 9. 3,
2020두34070)."

---

1) 대판 2006. 4. 14, 2004두3854(제재적 행정처분이 재량권의 범위를 일탈하였거나 남용하였는
   지 여부는 처분사유로 된 위반행위의 내용과 그 위반의 정도, 당해 처분에 의하여 달성하려는
   공익상의 필요와 개인이 입게 될 불이익 및 이에 따르는 제반 사정 등을 객관적으로 심리하여
   공익침해의 정도와 그 처분으로 인하여 개인이 입게 될 불이익을 비교교량하여 판단하여야
   한다).

3. 형벌부과도 가능한 경우, 형사절차의 우선 여부

판례는 "행정처분과 형벌은 각각 그 권력적 기초, 대상, 목적이 다르다. 일 2724
정한 법규 위반 사실이 행정처분의 전제사실이자 형사법규의 위반 사실이 되는
경우에 동일한 행위에 관하여 독립적으로 행정처분이나 형벌을 부과하거나 이
를 병과할 수 있다. 법규가 예외적으로 형사소추 선행 원칙을 규정하고 있지 않
은 이상 형사판결 확정에 앞서 일정한 위반사실을 들어 행정처분을 하였다고
하여 절차적 위반이 있다고 할 수 없다"고 한다.

┃참고┃ 영업정지처분과 기타 불이익처분의 관계

(1) **행정벌과 병과**   업무정지명령 사유가 행정벌의 사유에도 해당되면 행정벌 2725
도 병과될 수 있다. 예컨대 농약관리법 제20조에 따른 농약등 또는 원제의 표시를
하지 아니하거나 거짓으로 표시한 경우에는 영업정지 사유가 되면서(농약관리법 제
7조 제1항 제5호) 동시에 3년 이하의 징역 또는 3천만원 이하의 벌금의 부과사유가
된다(농약관리법 제32조 제7호).

(2) **게시문의 게시**   예컨대 식품위생의 경우, 허가관청, 신고관청 또는 등록관 2726
청은 법 제75조에 따라 영업허가취소, 영업등록취소, 영업정지 또는 영업소의 폐쇄
처분을 한 경우 영업소명, 처분 내용, 처분기간 등을 적은 별지 제63호의5 서식의
게시문을 해당 처분을 받은 영업소의 출입구나 그 밖의 잘 보이는 곳에 붙여두어야
한다(식품법 시행규칙 제90조).

(3) **영업정지의 위반**   영업정지 처분을 받고도 영업을 계속하는 경우, ① 허 2727
가 취소, ② 영업소 폐쇄(예 : 관광진흥법 제36조, 먹는물관리법 제46조), ③ 행정벌 부
과(공위법 제20조 제1항 제2호, 비료관리법 제27조 제7호 및 제8호, 식품법 제95조 제5
호, 음악산업진흥에 관한 법률 제34조 제3항 제3호, 폐기물관리법 제65조 제16호, 하수
도법 제77조 제13호) 등의 조치를 할 수 있다.

(4) **동일업종의 불허가**   ① 영업정지처분을 받은 후 그 기간이 종료되지 아니 2728
한 자(법인의 경우 그 대표자 또는 임원을 포함한다)가 같은 업종을 다시 영위하고자
하는 때에는 허가를 할 수 없다(음악산업진흥에 관한 법률 제19조 제1호). ② 영업정
지처분을 받은 후 그 기간이 종료되지 아니한 경우에 같은 장소에서 같은 업종을
다시 영위하고자 새로 허가신청을 하는 때에는 허가를 할 수 없다(음악산업진흥에
관한 법률 제19조 제2호).

제 3 항   공급거부

Ⅰ. 의의와 성질

2729   공급거부란 행정법상 의무의 위반·불이행이 있는 경우에 행정상 일정한 재화나 서비스의 공급을 거부하는 행정작용을 말한다. 공급거부는 의무이행을 위한 직접적인 수단은 아니고 행정법상 의무위반자·불이행자에게 사업이나 생활상의 어려움을 주어 간접적으로 의무이행의 확보를 도모하는 제도이다.

Ⅱ. 법적 근거

2730   공급거부는 급부행정영역에서 문제된다. 실정법상으로 정당한 이유없이 공급거부를 할 수 없다는 명문의 규정을 둔 예(수도법 제39조 제1항)도 있으나, 명문규정의 유무를 불문하고 공급거부는 법률의 근거를 요한다고 볼 것이다. 왜냐하면 공급거부결정은 침해행정을 구성한다고 보기 때문이다(침해유보). 아울러 그 법규의 해석은 엄격하여야 할 것이다. 공급거부에 관한 규정의 예로 구 건축법에 의한 수도의 설치·공급금지(구 건축법 제69조 ② 허가권자는 제1항의 규정에 의하여 허가 또는 승인이 취소된 건축물 또는 제1항의 규정에 의한 시정명령을 받고 이행하지 아니한 건축물에 대하여는 전기·전화·수도의 공급자, 도시가스사업자 또는 관계행정기관의 장에게 전기· 전화·수도 또는 도시가스공급시설의 설치 또는 공급의 중지를 요청할…수 있다)가 있었다.

Ⅲ. 요   건

2731   공급거부의 요건은 일반적으로 논할 성질의 것이 아니다. 그것은 개별법률이 정하는 바에 따라 판단하여야 한다. 그렇지만 법률이 정하는 바의 요건에 합당하다고 하여도 공급거부에는 행정법의 일반원칙의 하나인 비례원칙이 적용되어야 할 것이다. 뿐만 아니라 당해 법률이 추구하는 목적이 아닌 다른 목적을 위하여 공급거부를 행하는 것도 배제되어야 할 것이다(예 : 기부채납을 독려하기 위하여 수도물의 공급을 거부하는 경우). 요컨대 공급거부에는 비례원칙뿐만 아니라 부당결부금지의 원칙의 준수가 특히 요구된다. 구 건축법 제69조 제2항은 부당결부금지의 원칙에 반하는 규정이라는 견해도 있을 수 있으나,[1] 본서는 제재적 행정처분 중 무관련사업의 제한을 부당결부금지의 원칙과 관련하여 검토할 때 위에 본 바와 같은 논거에서 합헌으로 보았다.[2]

---

1) 김동희, 행정법(Ⅰ), 498쪽(2019); 박윤흔·정형근, 최신행정법강의(상), 573쪽.
2) 옆번호 2711을 보라.

Ⅳ. 구　제

공급중단에 대해서는 중단되는 재화나 서비스의 내용에 따라 행정쟁송 또 는 민사소송을 제기할 수 있다. 종래의 판례는 구 건축법 제69조 제2항에 따른 단수처분을 항고소송의 대상이 되는 행정처분에 해당한다고 보았다.[1] 대판 1992. 10. 13, 91구24191 사건에서 대법원은 단수처분을 행정처분으로 보지 아 니하였다는 견해도 있을 수 있으나, 대판 1992. 10. 13, 91구24191은 피고행정청 이 다른 행정청에 단수요청을 하고, 그 다른 행정청이 단수한 경우, 피고행정청 의 단수요청을 다툰 것이지, 피고행정청의 단수처분을 다툰 것이 아님을 유의하 여야 한다.

2732

▌**참고**▌　구 건축법상의 행정청이 다른 행정청(또는 공급자인 사인)에 대하여 한 단수 등의 공급거부요청행위가 항고소송의 대상인 처분에 해당되는가의 여부에 관해 견해가 나뉘었다. ① 일설은 단수 등의 조치를 요청받은 자는 특별한 이유가 없는 한 이에 응하여야 하고 이는 공급자나 특정인의 법률상 지위에 직접적인 변동 을 가져오므로 항고소송의 대상인 처분에 해당된다고 하였다. ② 판례는 단수의 요 청이나 단전화·단전기 요청은 권고적 성격에 불과하여 행정처분이 아니라고 하였 다(대판 1996. 3. 22, 96누433). 그리고 구청장의 공급불가의 회신도 행정처분이 아니 라고 하였다(대판 1995. 11. 21, 95누9099). ③ 본서는 다른 행정청(공급자)이 요청행 위에 따르는 것은 법률규정에서 나오는 효과이지 요청행위에서 나오는 효과는 아니 므로 요청행위는 법적 행위가 아니며 따라서 항고소송의 대상인 처분이 아니라고 보았었다.

2732

---

1) 대판 1985. 12. 24, 84누598(당초 허가받은 건축물의 용도를 변경하여 그 허가받은 용도 이외의 다른 용도로 사용하는 것이 건축법 제48조에서 말하는 건축물의 건축에 해당하는 이상 이는 같은법 제42조 제1항 제1호에서 정한 이 법 또는 이 법에 의하여 발하는 명령이나 처분에 위반 하여 건축물의 건축을 한 경우에 해당된다 할 것이고, 한편 같은법 제42조 제3항의 규정에 의 하면 제1항 제1호에 해당하는 건축물에 대하여는 수도를 설치하거나 공급하여서는 아니되므 로, 위와 같은 요건에 해당하는 이상, 피고가 한 이 사건 단수처분은 적법하다 할 것이고, 용도 변경 면적이 건물의 일부에 불과하고 토산품을 취급하지 아니하면 근린생활시설에 해당되는 사정이 있다 한들 그러한 사정을 가지고서는 피고의 단수처분이 재량권을 남용한 것이라고도 할 수 없다).

제4항 공 표

Ⅰ. 관 념

1. 의 의

2733 행정청은 법령에 따른 의무를 위반한 자의 성명·법인명, 위반사실, 의무 위반을 이유로 한 처분사실 등(이하 "위반사실등"이라 한다)을 법률로 정하는 바에 따라 일반에게 알릴 수 있는바, 행정절차법은 이를 위반사실 등의 공표라 부르고 있다(이 책에서는 단순히 공표로 부르기로 한다). 한편「행정기관의 명령에 따라 사인이 일정사실을 공표하는 경우(전자상거래 등에서의 소비자보호에 관한 법률 제32조 제2항 제3호)」는 여기서 말하는 행정기관에 의한 공표와 구별을 요한다.

2. 기 능

2734 ① 공표제도는 정보화사회에서 여론의 압력을 통해 의무이행의 확보를 도모하려는 제도이기도 하다. 공표제도는 개인의 명예심 내지 수치심을 자극함으로써 개인에게 제재를 가하고 아울러 간접적으로 의무이행을 확보하는 성질을 갖는다.[1] 공표제도는 신속하고 경비가 저렴하다는 점에서 효용성을 갖는다. ② 공표제도는 또한 국민의 알 권리의 실현에 기여한다.

3. 법적 성질

2735 공표는 행정의 실효성확보수단의 하나로서 사실행위이지 의사표시를 요소로 하는 법적 행위는 아니다. 그러나 공표의 내용이 처분의 실질을 담고 있는 경우에는 항고소송의 대상이 된다. "명단공표결정이 의무위반자에게 통지된 후 행하는 명단공표행위는 단순 사실행위이나 의무위반자에게 통지함이 없이 행하는 명단공표행위는 권력적 사실행위에 해당된다"는 견해[2]도 있다.

Ⅱ. 법적 근거

1. 공표법정주의

2736 행정청은 법령에 따른 의무를 위반한 자의 성명·법인명, 위반사실, 의무 위반을 이유로 한 처분사실 등(이하 "위반사실등"이라 한다)을 법률로 정하는 바에 따라 일반에게 공표할 수 있는바(절차법 제40조의3 제1항), 행정절차법은 공표법정주

---

1) 대판 2019. 6. 27, 2018두49130(병역법 제81조의2 등에 따라 병무청장이 하는 병역의무 기피자의 인적사항 등 공개조치에는 특정인을 병역의무 기피자로 판단하여 그에게 불이익을 가한다는 행정결정이 전제되어 있고, 공개라는 사실행위는 행정결정의 집행행위라고 보아야 한다).

2) 박균성, 행정법론(상), 636쪽(2019).

의를 규정하고 있다. 개별 법률의 근거 없이는 공표할 수 없다.

2. 개 별 법

공표를 규정하는 개별 법률에 특별히 정함이 없는 사항에 대해서는 행정절   2737
차법 제40조의2가 적용된다. 공표를 규정하는 개별 법률은 적지않다(예 : 공직자
윤리법 제8조의2, 독점규제 및 공정거래에 관한 법률 제14조, 제24조, 제31조, 하도급거래 공
정화에 관한 법률 제25조의4, 약사법 제81조의3, 아동·청소년의 성보호에 관한 법률 제49조,
국세기본법 제85조의5 및 지방세징수법 제11조의 고액·상습체납자 명단공개, 석유 및 석유
대체연료 사업법 제14조의2).[1]

Ⅲ. 절   차

1. 증거 등의 확인

행정청은 위반사실등의 공표를 하기 전에 사실과 다른 공표로 인하여 당사   2738
자의 명예·신용 등이 훼손되지 아니하도록 객관적이고 타당한 증거와 근거가
있는지를 확인하여야 한다(절차법 제40조의3 제2항).

2. 공표대상자의 의견제출

① 행정청은 위반사실등의 공표를 할 때에는 미리 당사자에게 그 사실을   2739
통지하고 의견제출의 기회를 주어야 한다. 다만, 다음 각 호(1. 공공의 안전 또는
복리를 위하여 긴급히 공표를 할 필요가 있는 경우, 2. 해당 공표의 성질상 의견청취가 현저히
곤란하거나 명백히 불필요하다고 인정될 만한 타당한 이유가 있는 경우, 3. 당사자가 의견진
술의 기회를 포기한다는 뜻을 명백히 밝힌 경우)의 어느 하나에 해당하는 경우에는 그
러하지 아니하다(절차법 제40조의3 제3항). ② 제3항에 따라 의견제출의 기회를 받
은 당사자는 공표 전에 관할 행정청에 서면이나 말 또는 정보통신망을 이용하
여 의견을 제출할 수 있다(절차법 제40조의3 제4항). 제4항에 따른 의견제출의 방
법… 등에 관하여는 제27조 및 제27조의2를 준용한다. 이 경우 "처분"은 "위반
사실등의 공표"로 본다(절차법 제40조의3 제5항).

---

1) 대판 2003. 2. 28, 2002두6170(공정거래위원회는 구 독점규제및공정거래에관한법률 제24조 소
  정의 '법위반사실의 공표'부분이 위헌재정으로 효력을 상실하였다 하더라도 '기타 시정을 위하
  여 필요한 조치'로서 '법위반을 이유로 공정거래위원회로부터 시정명령을 받은 사실의 공표'명
  령을 할 수 있다); 헌재 2002. 1. 31, 2001헌바43(독점규제및공정거래에관한법률 제27조[공정거
  래법 제27조(시정조치) 공정거래위원회는 제26조(사업자단체의 금지행위)의 규정에 위반하는
  행위가 있을 때에는 당해 사업자단체(필요한 경우 관련 구성사업자를 포함한다)에 대하여 당해
  행위의 중지, 법위반사실의 공표 기타 시정을 위한 필요한 조치를 명할 수 있다] 중 "법위반사
  실의 공표" 부분은 헌법에 위반된다).

3. 제출 의견의 반영

2740   제4항에 따른 … 제출 의견의 반영 등에 관하여는 제27조 및 제27조의2를 준용한다. 이 경우 "처분"은 "위반사실등의 공표"로 본다(절차법 제40조의3 제5항).

4. 공표의 방법

2741   위반사실등의 공표는 관보, 공보 또는 인터넷 홈페이지 등을 통하여 한다(절차법 제40조의3 제6항).

Ⅳ. 중지와 정정

1. 공표의 중지

2742   행정청은 위반사실등의 공표를 하기 전에 당사자가 공표와 관련된 의무의 이행, 원상회복, 손해배상 등의 조치를 마친 경우에는 위반사실등의 공표를 하지 아니할 수 있다(절차법 제40조의3 제7항).

2. 공표의 정정

2743   행정청은 공표된 내용이 사실과 다른 것으로 밝혀지거나 공표에 포함된 처분이 취소된 경우에는 그 내용을 정정하여, 정정한 내용을 지체 없이 해당 공표와 같은 방법으로 공표된 기간 이상 공표하여야 한다. 다만, 당사자가 원하지 아니하면 공표하지 아니할 수 있다(절차법 제40조의3 제8항).

Ⅴ. 한 계

1. 프라이버시권과의 관계

2744   개인의 인권 내지 사적 비밀의 보호, 법률유보의 원칙 등과 관련하여 명문의 규정이 없이 이루어지는 공표제도의 적법성이 문제되고 있다. 일반론으로 말한다면 개인의 프라이버시는 원칙적으로 보호되어야 한다. 그러나 의무자의 의무위반이 중대한 경우까지 개인의 프라이버시가 반드시 보호되어야 한다고 보기는 어렵다. 양자는 조화되어야 한다.[1]

---

1) 대판 1998. 7. 14, 96다17257(민주주의 국가에서는 여론의 자유로운 형성과 전달에 의하여 다수 의견을 집약시켜 민주적 정치질서를 생성·유지시켜 나가는 것이므로 표현의 자유, 특히 공익 사항에 대한 표현의 자유는 중요한 헌법상의 권리로서 최대한 보장을 받아야 하지만, 그에 못지않게 개인의 명예나 사생활의 자유와 비밀 등 사적 법익도 보호되어야 할 것이므로, 인격권으로서의 개인의 명예의 보호와 표현의 자유의 보장이라는 두 법익이 충돌하였을 때 그 조정을 어떻게 할 것인지는 구체적인 경우에 사회적인 여러 가지 이익을 비교하여 표현의 자유로 얻어지는 이익, 가치와 인격권의 보호에 의하여 달성되는 가치를 형량하여 그 규제의 폭과 방법을 정하여야 한다).

2. 일반적 정보공개청구권

한편 일반국민이 국가에 대하여 행정법상 의무위반자의 명단의 공개를 청 2745
구할 수 있는 권리를 가지는가는 검토를 요한다. 생각건대 원칙적으로 일반 국
민은 공공기관의 정보공개에 관한 법률에 의거하여 공표청구권(공개청구권)을 갖
는다고 하겠으나(공개법 제5조), 동법상 여러 제한규정(예: 공개법 제9조 제1항 단서
참조)으로 인해 그 인정범위는 많이 제한된다고 하겠다.

3. 행정기본법상 행정의 법원칙의 준수

공표는 비례원칙과 부당결부금지의 원칙 등 행정기본법상 행정의 법원칙의 2746
준수 하에 이루어져야 한다. 이에 위반하면 위법한 것이 된다. 공표를 규정하는
법률도 당연히 비례원칙 등에 반하지 않아야 하고, 무죄추정의 원칙에 반하지
않아야 한다.

Ⅵ. 구　　제

1. 행정상 쟁송

⑴ 학　　설　　학설은 ① 공표를 비권력적 사실행위로 이해하면 공표는 2747
법적 효과가 없는 탓으로 행정상 쟁송의 대상이 될 수 없다는 견해,[1] ② "공표
는 비권력적 사실행위라는 점에서, 원칙적으로는 '처분' 등에 해당하지 아니한다
고 보아야 할 것이다. 그러나 행정권에 의한 위법한 공표행위에 대하여 다른 적
절한 구제수단이 없는 경우에는 공표행위도 공권력의 행사에 준하는 작용으로
보아 그 처분성을 인정할 수도 있을 것이다"(형식적 행정행위관념)라는 견해를[2]
볼 수 있다.

⑵ 판　　례 2747a

㈎ 처 분 성　　병무청장이 병역법 제81조의2 제1항에 따라 병역의무 기피
자의 인적사항 등을 인터넷 홈페이지에 게시하는 등의 방법으로 공개한 경우
병무청장의 공개결정을 항고소송의 대상이 되는 행정처분으로 본 판례가 있다.[3]

---

1) 이상규, 신행정법론(상), 527쪽.

2) 김동희, 행정법(Ⅰ), 500쪽(2019); 박균성, 행정법론(상), 637쪽(2019).

3) 대판 2019. 6. 27, 2018두49130(① 병무청장이 하는 병역의무 기피자의 인적사항 등 공개는, 특
　정인을 병역의무 기피자로 판단하여 그 사실을 일반 대중에게 공표함으로써 그의 명예를 훼손
　하고 그에게 수치심을 느끼게 하여 병역의무 이행을 간접적으로 강제하려는 조치로서 병역법
　에 근거하여 이루어지는 공권력의 행사에 해당한다.② 병무청장이 하는 병역의무 기피자의 인
　적사항 등 공개조치에는 특정인을 병역의무 기피자로 판단하여 그에게 불이익을 가한다는 행
　정결정이 전제되어 있고, 공개라는 사실행위는 행정결정의 집행행위라고 보아야 한다. 병무청

2747b   ㈏ 행정청의 결과제거의무   대법원은 앞에서 언급한 판결에서 "병무청장이 인터넷 홈페이지 등에 게시하는 사실행위를 함으로써 공개 대상자의 인적사항 등이 이미 공개되었더라도, 재판에서 병무청장의 공개결정이 위법함이 확인되어 취소판결이 선고되는 경우, 병무청장은 취소판결의 기속력에 따라 위법한 결과를 제거하는 조치를 할 의무가 있다"고 판시하였다. 만약 행정청이 위법한 결과를 제거하는 조치를 할 의무(예 : 정정공고)를 이행하지 아니한다면 원고는 그 이행을 청구할 수 있을 것이다.

2747c   ⑶ 사   견   법리적으로 보면, 공표는 순수한 사실행위일 뿐 수인의무를 수반하는 권력적 사실행위로 보기 어려운바, 행정쟁송의 대상이 될 수 없다. 만약 공표의 내용이 처분의 실질을 담고 있다면 행정쟁송의 대상이 될 수 있을 것이다. 한편, 입법론상 사실행위인 명단공표를 사전에 금지하는 것을 가능하게 하는 예방적 부작위소송을 마련할 필요가 있다.

2. 손해배상·정정공고

2748   공표 자체의 취소는 별다른 의미가 없음은 이미 지적한 바 있다. 그러나 공표가 만약 위법한[1] 것이라면 손해배상청구의 문제를 발생시킨다. 공표가 비권력적 사실행위이나 국가배상법상 직무행위에 해당한다고 보는 데는 어려움이 없다. 한편 공표의 상대방은 민법 제764조에 근거하여 정정공고를 구할 수도 있을 것이다.

3. 공무원의 형사상 책임

2749   만약 위법·부당한 공표가 있게 되면, 관계공무원은 경우에 따라 형사상 책임(형법 제126조·제127조 등)을 부담하게 되는 경우도 있을 것이다.

장이 그러한 행정결정을 공개 대상자에게 미리 통보하지 않은 것이 적절한지는 본안에서 해당 처분이 적법한가를 판단하는 단계에서 고려할 요소이며, 병무청장이 그러한 행정결정을 공개 대상자에게 미리 통보하지 않았다거나 처분서를 작성·교부하지 않았다는 점만으로 항고소송의 대상적격을 부정하여서는 아니 된다. ③ 병무청 인터넷 홈페이지에 공개 대상자의 인적사항 등이 게시되는 경우 그의 명예가 훼손되므로, 공개 대상자는 자신에 대한 공개결정이 병역법령에서 정한 요건과 절차를 준수한 것인지를 다툴 법률상 이익이 있다).

1) 대판 1998. 5. 22, 97다57689(공표사실이 의심의 여지없이 확실히 진실이라고 믿을 만한 객관적이고도 타당한 확증과 근거가 있으면, 행정상 공표에 의한 명예훼손에 위법성이 없다).

제 5 항 시정명령

Ⅰ. 관   념

1. 의   의

시정명령이란 행정법령의 위반행위로 초래된 위법상태의 제거 내지 시정을 명   2750
하는 행정행위를 말한다. 시정명령은 시정조치라고도 한다(예 : 정보법 제64조 제1항).

2. 성   질

시정명령은 작위(예 : 건축법 제79조 제1항의 건축물의 철거)·부작위(예 : 건축법 제   2751
79조 제1항의 건축물의 사용금지)·급부(가맹사업거래의 공정화에 관한법률 제33조 제1항의
가맹금의 반환) 등을 내용으로 하는 하명에 해당한다.

Ⅱ. 법적 근거

1. 일 반 법

시정명령은 상대방에게 작위·부작위·급부 등의 의무를 발생시키므로 헌법   2752
제37조 제2항에 비추어 법적 근거를 필요로 한다. 시정명령에 관한 일반법은 없다.

2. 개 별 법

시정명령을 규정하는 개별 법령은 적지 않다(예 : 건축법 제79조 제1항; 가맹사   2753
업거래의 공정화에 관한 법률 제33조; 가축전염병 예방법 제42조 제6항; 감염병의 예방 및 관
리에 관한 법률 제58조; 개발제한구역의 지정 및 관리에 관한 특별조치법 제30조; 개인정보
보호법 제64조; 건강기능식품에 관한 법률 제29조; 전자상거래 등에서의 소비자보호에 관한
법률 제32조).

Ⅲ. 특징(판례)

1. 고의·과실의 요부

행정법규 위반에 대하여 가하는 제재조치는 행정목적의 달성을 위하여 행   2754
정법규 위반이라는 객관적 사실에 착안하여 가하는 제재이므로, 위반자가 그 의무
를 알지 못하는 것이 무리가 아니었다고 할 수 있어 그것을 정당시할 수 있는
사정이 있을 때 또는 의무의 이행을 당사자에게 기대하는 것이 무리라고 하는 사
정이 있을 때 등 의무 해태를 탓할 수 없는 정당한 사유가 있는 경우 등의 특별한
사정이 없는 한 위반자에게 고의나 과실이 없다고 하더라도 부과될 수 있다.[1]

---

1) 대판 2022. 10. 14, 2021두45008(건축법 제79조 제1항에 따른 시정명령은 대지나 건축물이 건
축 관련 법령 또는 건축 허가 조건을 위반한 상태를 해소하기 위한 조치를 명하는 처분으로,

2. 시정명령의 대상

2755   원고가 주최하는 제품설명회 등에서의 비용지원은 비용지원을 통한 이익제공으로서의 고객유인행위이므로, 원고의 공정거래법 위반행위로 인정된 회식비 등의 지원, 골프·식사비 지원, 학회나 세미나 참가자에 대한 지원 등과 동일한 유형의 행위로서 가까운 장래에 반복될 우려가 있다고 할 것이어서, 피고는 시정명령으로 이러한 유형의 행위의 반복금지까지 명할 수 있다고 봄이 상당하다. 그럼에도 불구하고, 원심은 원고가 주최하는 제품설명회 등에서의 비용지원과 관련하여 공정거래법 위반행위가 인정되지 않는 이상 피고는 이와 관련한 시정명령을 할 수 없다고 보았으니, 이러한 원심판결에는 시정명령에 관한 법리를 오해하여 판결 결과에 영향을 미친 위법이 있다.[1]

3. 위반행위 결과의 부존재와 시정명령

2756   구 '하도급거래 공정화에 관한 법률' 제25조 제1항은 공정거래위원회가 같은 법 제13조 등의 규정을 위반한 원사업자에 대하여 하도급대금 등의 지급, 법 위반행위의 중지 기타 '당해 위반행위의 시정'에 필요한 조치를 권고하거나 명할 수 있다고 규정하고 있는데, 위 법이 제13조 등의 위반행위 그 자체에 대하여 과징금을 부과하고(제25조의3 제1항) 형사처벌을 하도록(제30조 제1항) 규정하고 있는 것과 별도로 그 위반행위를 이유로 한 시정명령의 불이행에 대하여도 형사처벌을 하도록(제30조 제2항 제2호) 규정하고 있는 점 및 이익침해적 제재규정의 엄격해석원칙 등에 비추어 볼 때, 비록 위 법 제13조 등의 위반행위가 있었더라도 그 위반행위의 결과가 더 이상 존재하지 않는다면 위 법 제25조 제1항에 의한 시정명령은 할 수 없다고 보아야 한다.[2]

4. 시정명령의 상대방

2757   건축법 제79조 제1항의 위법상태의 해소를 목적으로 하는 시정명령 제도의 본질상, 시정명령의 이행을 기대할 수 없는 자, 즉 대지 또는 건축물의 위법상태를 시정할 수 있는 법률상 또는 사실상의 지위에 있지 않은 자는 시정명령의 상대방이 될 수 없다고 봄이 타당하다. 시정명령의 이행을 기대할 수 없는 자에 대한 시정명령은 위법상태의 시정이라는 행정목적 달성을 위한 적절한 수단이

건축 관련 법령 등을 위반한 객관적 사실이 있으면 할 수 있고, 원칙적으로 시정명령의 상대방에게 고의·과실을 요하지 아니하며 대지 또는 건축물의 위법상태를 직접 초래하거나 또는 그에 관여한 바 없다고 하더라도 부과할 수 있다).
  1) 대판 2010. 11. 25, 2008두23177.
  2) 대판 2011. 3. 10, 2009두1990.

될 수 없고, 상대방에게 불가능한 일을 명령하는 결과밖에 되지 아니하기 때문이다.[1]

Ⅳ. 실효성의 확보

1. 공표·통지

① 시정명령을 받은 사실을 공표 또는 통지토록 하는 경우도 있고(예 : 가맹 2758
사업거래의 공정화에 관한 법률 제33조 ③ 공정거래위원회는 제1항에 따라 시정명령을 하는 경우에는 가맹본부에게 시정명령을 받았다는 사실을 공표하거나 거래상대방에 대하여 통지할 것을 명할 수 있다),[2] ② 관련 행정기관에 알리는 경우도 있다(예 : 개발제한구역의 지정 및 관리에 관한 특별조치법 제30조 ⑥ 국토교통부장관 또는 시·도지사가 제2항에 따라 위반행위자등에 대하여 시정명령을 한 경우 이를 해당 시장·군수·구청장에게 알려야 한다).

2. 불이행에 대한 제재

시정명령을 따르지 않는 경우에는 ① 행정형벌(개발제한구역의 지정 및 관리에 2759
관한 특별조치법 제31조 제2항 제2호에 따른 3년 이하의 징역 또는 3천만원 이하의 벌금)이나 행정질서벌(정보법 제75조 제13호에 따른 과태료)이 가해지기도 하고, ② 이행강제금이 부과되기도 하고(건축법 제80조 제1항의 이행강제금, 개발제한구역의 지정 및 관리에 관한 특별조치법 제30조의2에 따른 이행강제금), ③ 제재적 행정처분이 따르기도 한다(가축전염병예방법 제42조 제7항 제2호에 따른 검역시행장 지정의 취소, 감염병의 예방 및 관리에 관한 법률 제59조 제1항 제4호에 따른 영업정지처분이나 영업소 폐쇄).

Ⅴ. 구   제

시정명령을 받은 사람은 시정명령의 근거법령에 특별한 규정이 없다면, 행 2760
정심판법과 행정소송법이 정하는 바에 따라 시정명령의 취소등을 구할 수 있다.

---

1) 대판 2022. 10. 14, 2021두45008.
2) 대판 2006. 5. 12, 2004두12315(독점규제 및 공정거래에 관한 법률 제24조가 시정조치의 하나로서 시정명령을 받은 사실의 공표를 규정하고 있는 목적은 일반 공중이나 관련 사업자들이 법위반 여부에 대한 정보와 인식의 부족으로 피고의 시정조치에도 불구하고, 위법사실의 효과가 지속되고 피해가 계속되는 사례가 발생할 수 있으므로 조속히 법위반에 관한 중요 정보를 공개하는 등의 방법으로 일반 공중이나 관련 사업자들에게 널리 경고함으로써 계속되는 공공의 손해를 종식시키고 위법행위가 재발하는 것을 방지하고자 함에 있다).

제 6 항   국세징수법상 특별한 수단

2761   개별 법률에 따라서는 실효성 확보를 위한 특별한 수단을 규정하기도 한다. 아래에서 국세징수법 등이 정하는 몇몇 수단을 보기로 한다.

Ⅰ. 체납자료의 제공

2762   관할 세무서장(지방국세청장을 포함한다. 이하 이 조 및 제112조에서 같다)은 국세 징수 또는 공익(公益) 목적을 위하여 필요한 경우로서 「신용정보의 이용 및 보호 에 관한 법률」 제2조 제6호에 따른 신용정보집중기관, 그 밖에 대통령령으로 정 하는 자가 다음 각 호(1. 체납 발생일부터 1년이 지나고 체납액이 대통령령으로 정하는 금 액 이상인 자, 2. 1년에 3회 이상 체납하고 체납액이 대통령령으로 정하는 금액 이상인 자)의 어느 하나에 해당하는 체납자의 인적사항 및 체납액에 관한 자료(이하 이 조에서 "체납자료"라 한다)를 요구한 경우 이를 제공할 수 있다. 다만, 체납된 국세와 관 련하여 심판청구등이 계속 중이거나 그 밖에 대통령령으로 정하는 경우에는 체 납자료를 제공할 수 없다(국징법 제110조 제1항). 유사한 규정으로 지방세징수법 제9조, 질서위반행위규제법 제53조, 지방행정제재·부과금의 징수 등에 관한 법 률 제6조 등을 볼 수 있다.

Ⅱ. 관허사업의 제한

2763   국세징수법은 허가등을 받아 영업을 하는 납세자가 국세를 체납한 경우, 관 할 세무서장이 관련 허가청 등에 대하여 허가등을 갱신하지 말 것 또는 취소할 것 등을 요구할 수 있음을 규정하고 있다. 유사한 규정으로 지방세징수법 제7 조, 질서위반행위규제법 제52조, 지방행정제재·부과금의 징수 등에 관한 법률 제7조의2 등을 볼 수 있다.

□ 국세징수법 제112조(사업에 관한 허가 등의 제한) ① 관할 세무서장은 납세자가 허 가·인가·면허 및 등록 등(이하 이 조에서 "허가등"이라 한다)을 받은 사업과 관련된 소 득세, 법인세 및 부가가치세를 체납한 경우 해당 사업의 주무관청에 그 납세자에 대하여 허가등의 갱신과 그 허가등의 근거 법률에 따른 신규 허가등을 하지 아니할 것을 요구할 수 있다. 다만, 재난, 질병 또는 사업의 현저한 손실, 그 밖에 대통령령으로 정하는 사유가 있는 경우에는 그러하지 아니하다.
② 관할 세무서장은 허가등을 받아 사업을 경영하는 자가 해당 사업과 관련된 소득 세, 법인세 및 부가가치세를 3회 이상 체납하고 그 체납된 금액의 합계액이 500만원 이상

인 경우 해당 주무관청에 사업의 정지 또는 허가등의 취소를 요구할 수 있다. 다만, 재난, 질병 또는 사업의 현저한 손실, 그 밖에 대통령령으로 정하는 사유가 있는 경우에는 그러하지 아니하다.

　③ 관할 세무서장은 제1항 또는 제2항의 요구를 한 후 해당 국세를 징수한 경우 즉시 그 요구를 철회하여야 한다.

　④ 해당 주무관청은 제1항 또는 제2항에 따른 관할 세무서장의 요구가 있는 경우 정당한 사유가 없으면 요구에 따라야 하며, 그 조치 결과를 즉시 관할 세무서장에게 알려야 한다.

Ⅲ. 출국금지 요청

국세청장은 정당한 사유 없이 5천만원 이상으로서 대통령령으로 정하는 금액 이상의 국세를 체납한 자 중 대통령령으로 정하는 자에 대하여 법무부장관에게 「출입국관리법」 제4조 제3항에 따라 출국금지를 요청하여야 한다(국징법 제113조 제1항). 법무부장관은 제1항의 요청에 따라 출국금지를 한 경우 국세청장에게 그 결과를 정보통신망 등을 통하여 통보하여야 한다(국징법 제113조 제2항). 국세청장은 체납액 징수, 체납자 재산의 압류 및 담보 제공 등으로 출국금지 사유가 없어진 경우 즉시 법무부장관에게 출국금지의 해제를 요청하여야 한다(국징법 제113조 제3항). 유사한 규정으로 지방세징수법 제8조, 병역법 제70조 제2항 등을 볼 수 있다. 2764

Ⅳ. 고액·상습체납자의 명단 공개

① 국세청장은 「국세기본법」 제81조의13에도 불구하고 체납 발생일부터 1년이 지난 국세의 합계액이 2억원 이상인 경우 체납자의 인적사항 및 체납액 등을 공개할 수 있다. 다만, 체납된 국세와 관련하여 심판청구등이 계속 중이거나 그 밖에 대통령령으로 정하는 경우에는 공개할 수 없다(국징법 제114조 제1항). ② 제1항에 따른 명단 공개 대상자의 선정 절차, 명단 공개 방법, 그 밖에 명단 공개와 관련하여 필요한 사항은 「국세기본법」 제85조의5 제2항부터 제6항까지의 규정을 준용한다(국징법 제114조 제2항). 유사한 규정으로 지방행정제재·부과금의 징수 등에 관한 법률 제7조의3을 볼 수 있다. 2765

Ⅴ. 고액·상습체납자의 감치

1. 국세청장의 감치 신청

국세청장은 체납자가 제1항 각 호의 사유에 모두 해당하는 경우 체납자의 2766

주소 또는 거소를 관할하는 지방검찰청 또는 지청의 검사에게 체납자의 감치를 신청할 수 있다(국징법 제114조 제2항). 국세청장은 제2항에 따라 체납자의 감치를 신청하기 전에 체납자에게 대통령령으로 정하는 바에 따라 소명자료를 제출하거나 의견을 진술할 수 있는 기회를 주어야 한다(국징법 제114조 제3항).

2. 법원의 감치명령

2767 법원은 검사의 청구에 따라 체납자가 다음 각 호(1. 국세를 3회 이상 체납하고 있고, 체납 발생일부터 각 1년이 경과하였으며, 체납된 국세의 합계액이 2억원 이상인 경우, 2. 체납된 국세의 납부능력이 있음에도 불구하고 정당한 사유 없이 체납한 경우, 3. 「국세기본법」 제85조의5 제2항에 따른 국세정보위원회의 의결에 따라 해당 체납자에 대한 감치 필요성이 인정되는 경우)의 사유에 모두 해당하는 경우 결정으로 30일의 범위에서 체납된 국세가 납부될 때까지 그 체납자를 감치(監置)에 처할 수 있다(국징법 제114조 제1항).

3. 체납자의 보호

2768 제1항의 결정에 대해서는 즉시항고를 할 수 있다(국징법 제114조 제4항). 제1항에 따라 감치에 처하여진 체납자는 동일한 체납 사실로 인하여 다시 감치되지 아니한다(국징법 제114조 제5항). 제1항에 따라 감치에 처하는 재판을 받은 체납자가 그 감치의 집행 중에 체납된 국세를 납부한 경우 감치 집행을 종료하여야 한다(국징법 제114조 제5항).

제 6 장 국가책임법(배상과 보상)

제 1 절 국가배상제도

제 1 항 국가배상제도의 관념

Ⅰ. 국가배상제도의 의의

국가배상제도란 국가가 자신의 임무수행과 관련하여 위법하게 타인에게 손 2801
해를 가한 경우에 국가가 피해자에게 손해를 물어 주는 제도를 말한다. 이러한
국가배상제도는 법치국가에서 기본권을 존중하고 보장하기 위한 것임은 물론이
다. 국가가 공적 임무를 수행하는 과정에서 개인에게 가한 위법한 침해를 국가
가 방치한다는 것은 국민 개개인의 안정된 생활을 해치는 것이 된다. 따라서 발
생된 손해를 국가가 배상하여 피해자를 구제한다는 것은 재산권 등 기본권보장
을 내실로 하는 오늘날의 법치국가에서 당연한 것이 된다. 말하자면 법치국가·
부담평등 그리고 질서에 적합한 국가의 기능에 대한 국가의 보장의무 때문에
국가배상제도는 불가피한 제도가 된다.

Ⅱ. 국가배상제도의 발전[1]

1. 영·미

전통적으로 국왕은 악을 행하지 않는다(The King can do no wrong)라는 전제 2802
하에 국가가 불법을 행하는 경우, 그것은 공무원 개인의 잘못으로 간주되어 왔
으며, 국가가 공무원에 대신해서 책임을 부담하게 된 것은 근래의 일이다. 미국
의 경우는 1946년 연방불법행위청구권법(Federal Tort Claims Act), 영국의 경우는
1947년의 국왕소추법(Crown Proceeding Act)의 제정 이래의 일이다.

2. 독　일

위임이론에 의거 공무원은 다만 적법한 행위만을 위해 위임에 따른 권한을 2803
가지는 것이고, 만약 그가 위법하게 행위한다면 그 행위는 위임에 따른 것이 아

---

1) 독일·오스트리아·프랑스·스위스·이탈리아·영국·미국·폴란드의 국가책임법에 관한 비교로
　Kopp, Entwicklungen im Staatshaftungsrecht, 1982, S. 1ff.

니므로 그는 일반불법행위법에 따라 사인으로서 책임을 져야 한다는 것이 독일의 전통이었다(독일민법 제839조). 이러한 사정은 바이마르헌법이 제131조에서 공무원의 직무상 불법행위가 있는 경우에 그 책임은 공무원 개인이 아니라 국가가 부담한다고 규정함으로써 역전되었다. 그 후 본(Bonn)기본법 제34조가 바이마르헌법 제131조를 받아들임으로써 국가배상책임제도는 정착되었다.[1]

2804   한편 1982년에는 행정상 손해전보에 관한 일반법으로 국가책임법(Staats-haftungsgesetz)이 발효될 예정이었으나, 동법이 Land의 입법권을 침해하여 제정된 것이라는 이유로 연방헌법재판소에 의해 위헌으로 선언되었다(BVerfGE 61, 149. 1982. 10. 19.). 현재로서는 기본법 제34조와 독일민법 제839조가 손해배상책임에 대한 기본규정인 셈이다. 그런데 1994년의 기본법개정에서 국가책임에 관한 사항이 기본법 제74조 제25호로 연방과 란트의 경합적 입법사항으로 되었다. 따라서 국가책임법이 연방법률로 제정될 수 있는 길이 마련되었다. 그러나 아직까지 새로운 국가책임법의 제정은 이루어지고 있지 않다.

3. 프 랑 스

2805   프랑스에서 국가책임은 국사원(Conseil d'Etat)의 판례를 통해 발전되었다. 프랑스의 국가배상제도의 특징으로는 ① 행정작용으로 인한 책임에는 공법상 책임과 사법상 책임이 있고, ② 공무원 개인의 책임과 국가의 책임이 병존하며, ③ 과실책임·위험책임, 그리고 특별희생에 대한 보상의무가 인정되고, ④ 입법행위와 법원의 행위에 대해서도 국가책임이 승인되고 있다는 점 등이다.[2]

Ⅲ. 국가배상제도에 관한 헌법의 태도

1. 헌법규정의 내용

2806   규정내용에 다소 차이가 있으나 제헌헌법 이래 우리 헌법은 한결같이 국가배상제도를 규정하여 왔다. 현행헌법도 제29조 제1항에서 "공무원의 직무상 불법행위로 손해를 받은 국민은 법률이 정하는 바에 의하여 국가 또는 공공단체에 정당한 배상을 청구할 수 있다. 이 경우 공무원 자신의 책임은 면제되지 아니한다"고 규정하여 국가배상책임주의의 원칙을 선언하고 있으며, 이 조항에 의거 국가배상법이 제정되어 있다. 그리고 동조 제2항은 "군인·군무원·경찰공무원 기타 법률이 정하는 자가 전투·훈련 등 직무집행과 관련하여 받은 손해에

---

1) 졸저, 행정법원리, 317쪽 이하.
2) Kopp, Entwicklungen im Staatshaftungsrecht, S. 79ff.

대하여는 법률이 정하는 보상 외에 국가 또는 공공단체에 공무원의 직무상 불법행위로 인한 배상은 청구할 수 없다"고 하여 일정공무원의 경우에 이중배상을 금지하고 있다.

2. 헌법규정의 성질

(1) **청구권적 기본권**   헌법상 국가배상청구권은 단순히 재산권의 보장만 2807
을 의미하는 것은 아니다. 헌법 제29조 제1항이 말하는 국가배상청구권은 그것 외에도 청구권적 기본권(절차적 기본권)으로 보장하고 있는 것으로 새겨야 한다.[1]

(2) **직접적 효력규정**   헌법 제29조를 입법자에 대한 명령규정, 즉 법률로 2808
써 구체화함이 없이 피해자가 동 규정에 의해 직접 손해배상을 청구할 수 없다는 견해(방침규정설)도 있으나,[2] 동 규정이 직접 배상청구권의 근거가 된다고 볼 것이다(직접효력규정설). 다만, 동 규정의 '법률이 정하는 바에 의하여'라는 것은 구체적인 기준과 방법을 법률로 규정한다는 의미일 뿐이다.[3] 한편, 동조항에 따라 일반법으로서 국가배상법이 제정되어 있는바, 동조항의 성질에 대한 논의의 실제상 의미는 약화되었다고 보겠다.

Ⅳ. 국가배상법

1. 일반법으로서 국가배상법

국가배상법 제8조는 "국가나 지방자치단체의 손해배상 책임에 관하여는 이 2809
법에 규정된 사항 외에는 「민법」에 따른다. 다만, 「민법」 외의 법률에 다른 규정이 있을 때에는 그 규정에 따른다"고 규정하여 국가배상법이 국가 또는 지방자치단체의 불법행위책임에 관한 일반법임을 나타내고 있다. 한편 민법 이외의 법률상 다른 규정(특별규정)으로는 ① 배상금액을 정형화 또는 경감하는 경우(예 : 우편법 제38조)[4]와 ② 무과실책임을 인정하는 경우(원손법 제3조) 등이 있다.

2. 국가배상법의 성격

(1) **공 법 설**   이 견해는 실정법상 공·사법의 2원적 체계가 있다는 점, 2810
국가배상법은 공법적 원인으로 야기되는 배상문제를 규율하는 법이라는 점, 생명·신체의 침해로 인한 국가배상을 받을 권리는 압류와 양도의 대상이 되지 아

---

1) 김철수, 헌법학(상), 1324쪽; 권영성, 헌법학원론, 615쪽; 허영, 한국헌법론, 602쪽.
2) 구병삭, 신헌법원론, 701쪽.
3) 김철수, 헌법학(상), 1323쪽; 허영, 한국헌법론, 605쪽.
4) 대판 1977. 2. 8, 75다1059(우편물취급에 수반하여 발생한 손해는 우편법에 의해서만 배상을 청구할 수 있을 뿐이다).

니한다는 점(국배법 제4조) 등을 이유로 국가배상법을 공법으로 본다.[1]

2811　　(2) **사 법 설**　　이 견해는 국가의 특권적 지위, 즉 국가무책임의 원칙을 포기하고 국가나 지방자치단체 등도 사인과 같은 지위에서 책임을 지겠다는 것이 헌법의 태도인바, 국가배상책임도 일반불법행위의 한 종류에 불과한 것이고, 따라서 국가배상법은 민법의 특별법으로서 사법의 성질을 갖는다는 입장이다. 국가배상법 제8조가 민법이 보충적으로 적용됨을 규정하고 있는 것도 국가배상법이 민법의 특별법의 지위에 있음을 나타내는 것이라 한다.[2] 대법원의 입장이기도 하다.[3]

2812　　(3) **사 　 견**　　생각건대 ① 공법적 원인으로 발생한 법적 효과의 문제는 공법적으로 다루는 것이 논리일관하다는 점, ② 민법이 보충적으로 적용된다는 것은 공법흠결시 그 흠결의 보충을 위한 불가피한 방법이라는 점, ③ 국가무책임의 포기가 반드시 국가가 사인과 같은 지위에 선다는 것을 뜻하는 것은 아니라는 점 등을 고려하고, ④ 아울러 공·사법의 구별기준으로 귀속설을 따를 때 논리적으로는 공법설이 타당하다고 본다.

3. 국가배상청구권의 성질(공권설과 사권설)

2813　　국가배상법의 성질문제의 연장선상에 또 한 가지 검토를 요하는 것은 국가배상청구권이 공권인가, 아니면 사권인가의 문제가 있다. 국가배상법을 공법으로 보는 입장에서는 그것을 공권으로 볼 것이고, 사법으로 보는 견해는 그것을 사권으로 보게 된다. 본서는 전자의 입장(공권설)을 따른다.

4. 국가배상제도와 외국인

2814　　국가배상법 제7조는 "이 법은 외국인이 피해자인 경우에는 해당 국가와 상호 보증이 있을 때에만 적용한다"고 규정하여 상호주의를 택하고 있다. 여기서 상호의 보증이란 한국인도 피해자인 외국인의 본국에서 손해배상을 청구할 수 있어야 함을 의미한다. 개별법률에서 따로 특별규정을 두는 경우도 있다(예 : 대한민국과 아메리카합중국간의 상호방위조약 제4조에 의한 시설과 구역 및 대한민국에서의 합

---

1) 강구철, 강의행정법강의(Ⅰ), 646쪽; 김남진·김연태, 행정법(Ⅰ), 610쪽(2019); 김동희, 행정법(Ⅰ), 563쪽(2019); 박윤흔·정형근, 최신행정법강의(상), 592쪽; 천병태, 고시연구, 1989. 3, 96쪽; 한견우, 현대행정법신론, 60쪽(2014); 홍준형, 행정법, 654쪽(2019).

2) 김철수, 헌법학(상), 1325쪽; 변재옥, 행정법강의(Ⅰ), 499쪽; 이상규, 신행정법론(상), 591쪽.

3) 대판 1972. 10. 10, 69다701(공무원의 직무상 불법행위로 손해를 받은 국민이 국가 또는 공공단체에 배상을 청구하는 경우 국가 또는 공공단체에 대하여 그의 불법행위를 이유로 손해배상을 구함은 국가배상법이 정한 바에 따른다 하여도 이 역시 민사상의 손해배상책임을 특별법인 국가배상법이 정한데 불과하다).

중국 군대의 지위에 관한 협정의 시행에 관한 민사특별법 제2조 제1항).[1]

5. 사경제작용과 배상책임

국가배상법은 국가나 지방자치단체가 사인의 지위에서 행하는 사경제작용 2815
으로 인해 야기되는 배상책임에 관해서는 규정하는 바가 없다. 따라서 이러한
부분은 국가배상법 제8조(국가 또는 지방자치단체의 손해배상의 책임에 관하여는 이 법
의 규정에 의한 것을 제외하고는 민법의 규정에 의한다. 다만, 민법 이외의 법률에 다른 규정
이 있을 때에는 그 규정에 의한다)에 따라 사법이 정하는 바에 따른다.[2]

6. 배상책임의 종류

국가배상법은 배상책임의 유형으로 ① 공무원의 직무상 불법행위로 인한 2816
배상책임과, ② 영조물의 설치·관리상의 하자로 인한 배상책임의 두 가지 유형
을 규정하고 있다. 이하에서 양자를 구분하여 살펴보기로 한다.

제 2 항 위법한 직무집행행위로 인한 배상책임

Ⅰ. 국가배상법의 규정내용

헌법 제29조 제1항에 의거 제정된 국가배상법은 제2조에서 위법한 직무집 2817
행행위로 인한 배상책임에 관하여 다음과 같이 규정하고 있다. 즉 제1항 본문에
서 "국가나 지방자치단체는 공무원 또는 공무를 위탁받은 사인(이하 "공무원"이라
한다)이 직무를 집행하면서 고의 또는 과실로 법령을 위반하여 타인에게 손해를
입히거나, 「자동차손해배상 보장법」에 따라 손해배상의 책임이 있을 때에는 이
법에 따라 그 손해를 배상하여야 한다"고 규정하고, 제2항에서 "제1항 본문의
경우에 공무원에게 고의 또는 중대한 과실이 있으면 국가나 지방자치단체는 그
공무원에게 구상할 수 있다"고 규정하고 있다.

---

1) 대판 1997. 12. 12, 95다29895(대한민국과아메리카합중국간의상호방위조약제4조에의한시설과구
   역및대한민국에서의합중국군대의지위에관한협정(한미행정협정) 제23조 제5항은 공무집행중인
   미합중국 군대의 구성원이나 고용원의 작위나 부작위 또는 미합중국 군대가 법률상 책임을 지
   는 기타의 작위나 부작위 또는 사고로서 대한민국 안에서 대한민국 정부 이외의 제3자에게 손
   해를 가한 것으로부터 발생하는 청구권은 대한민국이 이를 처리하도록 규정하고 있으므로 위
   청구권의 실현을 위한 소송은 대한민국을 상대로 제기하는 것이 원칙이다).
2) 대판 1999. 6. 22, 99다7008(국가 또는 지방자치단체라 할지라도 공권력의 행사가 아니고 단순
   한 사경제의 주체로 활동하였을 경우에는 그 손해배상책임에 국가배상법이 적용될 수 없고 민
   법상의 사용자책임 등이 인정되는 것이고 국가의 철도운행사업은 국가가 공권력의 행사로서
   하는 것이 아니고 사경제적 작용이라 할 것이므로, 이로 인한 사고에 공무원이 관여하였다고
   하더라도 국가배상법을 적용할 것이 아니고 일반 민법의 규정에 따라야 한다).

Ⅱ. 배상책임의 요건

2818   이하에서 상기의 배상책임의 발생요건을 나누어 살펴보기로 한다. 다만 자동차손해배상보장법의 규정에 의하여 국가나 지방자치단체가 손해배상의 책임이 있는 경우에 관해서는 뒤에서 언급하기로 한다.

1. 공 무 원

2819   공무원이란 행정부소속의 공무원뿐만 아니라 입법부 및 사법부 소속의 공무원까지 포함한다. 다만 입법부소속의 공무원 중 국회의원은 면책특권을 가지므로 경우에 따라서는 여기의 공무원에서 제외되는 경우도 있을 것이다. 검사[1]와 판사[2]가 포함됨은 물론이다. 국가공무원인가, 지방공무원인가는 가리지 않는다. 판례는 집달관(집행관)을 공무원으로 보면서[3] 의용소방대원은 공무원으로 보지 않는다.[4] 그러나 의용소방대원을 포함시키는 것이 타당할 것이다.[5] 요컨대 배상법상 공무원은 기능적 의미의 공무원에 해당하고, 또한 그것은 최광의의

---

1) 대판 2022. 9. 16, 2021다295165(경찰 조사에서 범행을 부인하던 원고가 검찰 조사 과정에서 범행을 인정하는 취지의 진술을 하게 된 경위를 비롯한 제1심 판시 사실 등을 종합하면 시료에서 원고의 정액이나 유전자가 검출되지 않았다는 취지의 국립과학수사연구원의 유전자감정서는 형사피고사건에 대한 원고의 자백이나 부인, 소송 수행 방향의 결정 또는 방어권 행사에 결정적 영향을 미치는 자료로 볼 수 있는데, 검사가 원고에 대한 공소제기 당시 위 유전자감정서를 증거목록에서 누락하였다가 원고 측 증거신청으로 법원에 그 존재와 내용이 드러난 이후에야 증거로 제출한 것은 검사가 직무를 집행하면서 과실로 증거제출 의무를 위반한 것에 해당하므로, 피고는 원고에게 이로 인한 손해를 배상하여야 한다); 대판 2002. 2. 22, 2001다23447(강도강간의 피해자가 제출한 팬티에 대한 국립과학수사연구소의 유전자검사결과 그 팬티에서 범인으로 지목되어 기소된 원고나 피해자의 남편과 다른 남자의 유전자형이 검출되었다는 감정결과를 검사가 공판과정에서 입수한 경우 그 감정서는 원고의 무죄를 입증할 수 있는 결정적인 증거에 해당하는데도 검사가 그 감정서를 법원에 제출하지 아니하고 은폐하였다면 검사의 그와 같은 행위는 위법하므로 국가는 배상책임을 진다).

2) 대판 2003. 7. 11, 99다24218(헌법재판소 재판관이 청구기간 내에 제기된 헌법소원심판청구 사건에서 청구기간을 오인하여 각하결정을 한 경우, 이에 대한 불복절차 내지 시정절차가 없는 때에는 국가배상책임(위법성)을 인정할 수 있다); 대판 2001. 10. 12, 2001다47290(법관이 위법 또는 부당한 목적을 가지고 재판을 하는 등 법관이 그에게 부여된 권한의 취지에 명백히 어긋나게 이를 행사하였다고 인정할 만한 특별한 사정이 있어야 위법한 행위가 되어 국가배상책임이 인정된다고 할 것인바, 압수수색할 물건의 기재가 누락된 압수수색영장을 발부한 법관이 위법·부당한 목적을 가지고 있었다거나 법이 직무수행상 준수할 것을 요구하고 있는 기준을 현저히 위반하였다는 등의 자료를 찾아볼 수 없다면 그와 같은 압수수색영장의 발부행위는 불법행위를 구성하지 않는다).

3) 대판 1966. 7. 26, 66다854(집달관도 실질적 의미에서 국가공무원에 속한다).

4) 대판 1978. 7. 11, 78다584(소방법 제63조의 규정에 의하여 시, 읍, 면이 소방서장의 소방업무를 보조하게 하기 위하여 설치한 의용소방대를 국가기관이라고 할 수 없음은 물론 또 그것이 이를 설치한 시, 읍, 면에 예속된 기관이라고도 할 수 없다). 독일에서는 의용소방대원을 공무원으로 본 판례(BGHZ 20, S. 290)가 있다.

5) 김남진, 행정법(Ⅰ), 612쪽(2019).

공무원개념에 해당한다. 여기의 공무원은 1인일 수도 있고, 다수인일 수도 있다 (예 : 수인의 공무원에 의한 폭행).[1] 그리고 여기의 공무원은 자연인인 경우가 일반적이겠으나, 기관 그 자체도 공무원의 개념에 포함된다고 본다(예 : 합의제행정기관).[2] 해석상 국회 그 자체도 공무원 개념에 포함될 수도 있을 것이다.[3]

한편, 2009년 10월 개정 국가배상법 제2조 제1항은 공무를 위탁받은 사인도 공무원에 해당함을 명시적으로 규정하였다. 따라서 사인이라도 공무를 위탁받아 공무를 수행하는 한, 그것이 일시적인 사무라고 하여도 여기의 공무원에 해당한다.[4] 설령 사인이 사법상 계약에 의하여 공무를 수행하여도 그 공무가 공법작용에 해당하면(예 : 차량견인업자가 경찰의 위탁에 의하여 불법주차차량을 견인하는 도중에 견인되는 차량에 피해를 입힌 경우),[5] 그 사인은 국가배상법상 공무원에 해당한다고 볼 것이다. 2820

한편 한미상호방위조약(제4조) 및 그에 근거한 한미행정협정의 시행에 관한 민사특별법(제2조)에 의거 미합중국군대의 구성원·고용원 또는 한국증원부대구성원도 여기의 공무원에 준한다. 한미행정협정의시행에관한민사특별법에 의하 2821

---

1) 대판 2022. 8. 30, 2018다212610(긴급조치 제9호는 위헌·무효임이 명백하고 긴급조치 제9호 발령으로 인한 국민의 기본권 침해는 그에 따른 강제수사와 공소제기, 유죄판결의 선고를 통하여 현실화되었다. 이러한 경우 긴급조치 제9호의 발령부터 적용·집행에 이르는 일련의 국가작용은, 전체적으로 보아 공무원이 직무를 집행하면서 객관적 주의의무를 소홀히 하여 그 직무행위가 객관적 정당성을 상실한 것으로서 위법하다고 평가되고, 긴급조치 제9호의 적용·집행으로 강제수사를 받거나 유죄판결을 선고받고 복역함으로써 개별 국민이 입은 손해에 대해서는 국가배상책임이 인정될 수 있다).
2) 김남진, 행정법(Ⅰ)(제7판), 565쪽; 박균성, 행정법론(상), 807쪽(2019).
3) 대판 1997. 6. 13, 96다56115(국회의원의 입법행위는 그 입법내용이 헌법의 문언에 명백히 위반되는 특수한 경우에는 국가배상법 제2조의 위법행위에 해당할 수 있다).
4) 대판 2001. 1. 5, 98다39060. 한편, 공무수탁사인을 국가배상법상 사인에 포함시키는 견해에 대하여, "공무수탁사인은 독립된 법주체로서 자기의 위법 행위에 대하여 스스로 책임을 질 자인데, 경과실의 경우 스스로는 책임을 지지 아니하고 국가 또는 지방자치단체가 책임지게 되어 자기책임원칙에 반하는 결과가 된다"는 지적을 하는 견해가 있다(김철용, 행정법, 2011, 469쪽). 공무수탁사인을 행정기관으로 볼 수도 있다면(본서, 옆번호, 410 참조), 이러한 지적은 타당하다고 보기 어렵다.
5) 독일연방통상재판소는 차량견인업자가 상당한 범위에 걸쳐 행정청의 지시나 영향력 하에 있는 경우에만, 즉 견인업자가 도구로 여겨지는 경우에만 예외적으로 국가가 책임을 진다는 입장이었다. 그러나 이러한 소위 도구론(Werkzeugtheorie)은 비판의 대상이 되었다. 비판론은 행위하는 자의 지위가 아니라 활동 그 자체가 중요하다는 것이다. 그 후 동재판소가 도구론을 채택하는지가 분명하지 아니하나, 침해행정에서 사인의 행위도 국가배상책임의 대상이 된다는 입장은 유지되고 있다. 하여간 학자들의 일반적인 인식은 사인이 수행하는 사무가 공법적 성격을 강하게 가지면 가질수록, 그 사인이 수행하는 사무와 행정청이 수행하는 공법상 사무가 밀접한 관련을 가지면 가질수록 또한 사인의 결정능력이 상당히 제한되면 될수록 그 사인은 배상법상 공무원의 성격을 강하게 갖는다고 본다(Hendler, Allgemeines Verwaltungsrecht, Rn. 667; Maurer, Allgemeines Verwaltungsrecht, §25, Rn. 13).

면, 미군이 직무수행 중에 손해를 가한 때에만 국가배상법의 규정에 의하여 이를 배상토록 규정하고 있다.

2. 직　　무

(1) 직무의 범위

㈎ 학　　설

2822　　　1) 협 의 설　　국가배상법 제2조 제1항에서 말하는 직무란 공법상의 권력작용만을 뜻한다는 것이 협의설의 내용이다. 현재 협의설을 취하는 학자는 찾아볼 수 없다.

2823　　　2) 광 의 설　　국가배상법 제2조 제1항에서 말하는 직무란 공법상의 권력작용 외에 국가배상법 제5조에서 규정된 것을 제외한 공법상 비권력작용까지 포함한다는 것이 광의설의 내용이다.[1] 광의설은 사경제작용의 경우는 민법에 의하고, 국가배상법은 공행정작용에 적용할 취지의 법으로 이해하며, 또한 국가배상법이 공법으로 이해된다는 점을 근거로 한다. 최근에는 국가배상법 제2조는 공무원의 행위에 비난의 초점이 놓이고, 동법 제5조는 시설의 결함에 비난의 초점이 놓이므로 동법 제2조와 제5조의 경합을 긍정해야 한다는 입장도 있다.[2]

2824　　　3) 최광의설　　국가배상법 제2조 제1항에서 말하는 직무란 공법상의 작용뿐만 아니라 사법상의 작용까지 포함한다는 것이 최광의설의 내용이다.[3] 헌법은 공·사법의 구분없이 국가의 배상책임을 인정한다는 점, 그리고 국가배상법은 사법이라는 점이 이 견해의 논거이다.

2825　　㈏ 판　　례　　판례는 과거에 최광의설을 취한 바도 있으나,[4] 오늘날에는 광의설을 취하고 있다.[5]

2826　　㈐ 사　　견　　국가의 사경제작용으로 인한 배상책임이 국가배상법 이전부터 인정되어온 점도 고려할 때, 원칙적으로 구 광의설이 타당하다. 그러나 제2조의 「직무」와 제5조의 영조물의 「설치와 관리」와 경합하는 경우도 있을 수 있

---

1) 김남진·김연태, 행정법(Ⅰ), 613쪽(2019); 김동희, 행정법(Ⅰ), 569쪽(2019); 박윤흔·정형근, 최신행정법강의(상), 596쪽; 서원우, 현대행정법론(상), 682쪽.
2) 김연태, 행정법사례연습 제8판, 463쪽.
3) 김철수, 헌법학(상), 1327쪽; 변재옥, 행정법강의(Ⅰ), 502쪽; 이상규, 신행정법론(상), 596쪽.
4) 대판 1957. 6. 15, 4290민상118(국가배상법 제2조 제1항의 소위 공무원의 직무행위라 함은 모든 직무행위를 범칭하는 것이므로 그 행위가 국가 또는 공공단체의 경제적 작용에 기인한 경우는 물론 권력적 작용에 기인한 경우도 이를 포함하는 것이다).
5) 대판 2004. 4. 9, 2002다10691(국가배상법이 정한 손해배상청구의 요건인 '공무원의 직무'에는 국가나 지방자치단체의 권력적 작용뿐만 아니라 비권력적 작용도 포함되지만 단순한 사경제의 주체로서 하는 작용은 포함되지 않는다).

다(예컨대, 육교의 설치를 위해 설계도를 작성한 후 육교를 설치하였으나 육교가 붕괴된 경우, 설계도의 작성은 국가배상법 제2조 제1항의 직무에 해당하면서, 동시에 국가배상법 제5조의 영조물의 설치의 한 부분에 해당한다고 볼 수 있다). 따라서 종래의 광의설의 내용을 수정할 필요가 있다. 다만, 공법상 계약의 경우에는 문제가 있다. 광의설에 따라서 직무의 개념을 분석하기로 한다.

1) 권력작용　① 그 직무란 행정(행정입법작용[1] 포함)뿐만 아니라 입법(국회) 및 사법(법원)의 모든 직무를 의미한다. 다만, 구체적인 경우로서 국회입법상 불법이나 입법부작위,[2] 사법(재판)상 불법에 대하여 배상책임을 인정하기는 용이하지 않다.[3] 한편 ② 그 행위는 명령적 행위, 형성적 행위, 준법률행위적 행정행위(예 : 허위의 증명서 발부), 사실행위, 특별행정법관계에서의 행위 등을 가리지 아니한다. 그러나 ③ 통치행위는 사법적 통제 밖에 놓이는 것이므로 이에 해당하지 않는다고 볼 것이다.[4] 　2827

2) 비권력작용(단순고권작용)　　국가배상법 제5조에서 정한 바에 해당하지 　2828

---

1) 대판 2007. 11. 29, 2006다3561(입법부가 법률로써 행정부에게 특정한 사항을 위임했음에도 불구하고 행정부가 정당한 이유 없이 이를 이행하지 않는다면 권력분립의 원칙과 법치국가 내지 법치행정의 원칙에 위배되는 것으로서 위법함과 동시에 위헌적인 것이 되는바, 구 군법무관임용법(1967. 3. 3. 법률 제1904호로 개정되어 2000. 12. 26. 법률 제6291호로 전문 개정되기 전의 것, 이하 '구법'이라 한다) 제5조 제3항과 군법무관임용 등에 관한 법률(2000. 12. 26. 법률 제6291호로 개정된 것, 이하 '신법'이라 한다) 제6조가 군법무관의 보수를 법관 및 검사의 예에 준하도록 규정하면서 그 구체적 내용을 시행령에 위임하고 있는 이상, 위 법률의 규정들은 군법무관의 보수의 내용을 법률로써 일차적으로 형성한 것이고, 위 법률들에 의해 상당한 수준의 보수청구권이 인정되는 것이므로, 위 보수청구권은 단순한 기대이익을 넘어서는 것으로서 법률의 규정에 의해 인정된 재산권의 한 내용이 되는 것으로 봄이 상당하고, 따라서 행정부가 정당한 이유 없이 시행령을 제정하지 않은 것은 위 보수청구권을 침해하는 불법행위에 해당된다); 헌재 2004. 2. 26, 2001헌마718).

2) 대판 2008. 5. 29, 2004다33469(우리 헌법이 채택하고 있는 의회민주주의하에서 국회는 다원적 의견이나 각가지 이익을 반영시킨 토론과정을 거쳐 다수결의 원리에 따라 통일적인 국가의사를 형성하는 역할을 담당하는 국가기관으로서 그 과정에 참여한 국회의원은 입법에 관하여 원칙적으로 국민 전체에 대한 관계에서 정치적 책임을 질 뿐 국민 개개인의 권리에 대응하여 법적 의무를 지는 것은 아니므로, 국회의원의 입법행위는 그 입법 내용이 헌법의 문언에 명백히 위배됨에도 불구하고 국회가 굳이 당해 입법을 한 것과 같은 특수한 경우가 아닌 한 국가배상법 제2조 제1항 소정의 위법행위에 해당한다고 볼 수 없고, 같은 맥락에서 국가가 일정한 사항에 관하여 헌법에 의하여 부과되는 구체적인 입법의무를 부담하고 있음에도 불구하고 그 입법에 필요한 상당한 기간이 경과하도록 고의 또는 과실로 이러한 입법의무를 이행하지 아니하는 등 극히 예외적인 사정이 인정되는 사안에 한정하여 국가배상법 소정의 배상책임이 인정될 수 있으며, 위와 같은 구체적인 입법의무 자체가 인정되지 않는 경우에는 애당초 부작위로 인한 불법행위가 성립할 여지가 없다).

3) 독일의 경우, 입법상 불법은 원칙적으로 문제되지 아니하지만(예외 : 처분법률의 경우), 사법상 행위는 그 직무위반에 대해 형사처벌이 가능한 경우에만 배상책임을 진다(졸저, 행정법원리, 325쪽).

4) 윤세창·이호승, 행정법(상), 424쪽.

않는 공법상의 모든 비권력작용 역시 여기서 말하는 직무에 해당한다. 다만 공법상 계약은 여기서 말하는 비권력작용에 해당하지 아니한다고 볼 것이다. 말하자면 공법상 계약으로부터 나오는 의무(직무)를 위반한 경우에는 국가 또는 지방자치단체는 국가배상법에 따른 책임이 아니라 계약법의 원리에 따른 책임을 부담하여야 한다. 공법의 영역에서 계약법의 원리는 실제상 관련 민법규정의 유추적용으로 이루어질 것이다.

2829   **3) 사법작용**   사법에 따른 작용이 여기의 직무에 해당하는가는 기술한 바와 같이 문제이다.[1] 국가배상법의 성격을 공법으로 보는 한 사법작용으로 인한 배상책임은 사법상 배상책임문제로 다루는 것이 논리적이다. 만약 이 경우에 국가배상법의 적용을 받는다고 하면 피해자의 공무원 개인에 대한 책임추궁이 곤란하고, 민법의 적용을 받는다고 하면 책임추궁이 가능할 것이다.

2830   **(2) 재판작용**   법관도 국가배상법 제2조 제1항의 공무원에 해당하고, 재판행위도 직무에 해당한다. 하지만 법관의 재판행위의 결과인 확정판결에 대해 국가배상청구를 인정한다는 것은 직접적이지는 않으나 실질적으로 확정판결의 기판력을 부정하는 것이기에 재판행위에 대한 국가배상청구가 가능한지가 문제된다.

2831   **(개) 학   설**   ① 국가배상책임의 인정이 확정판결의 효력을 부정하는 것은 아니지만, 국가배상책임을 인정하기 위해서는 판결의 위법성이 인정되어야 하므로 확정판결에 대한 국가배상책임의 인정은 기판력을 침해하는 것이 되므로 국가배상책임이 인정되지 않는다는 견해,[2] ② 사법행정작용(강제집행, 가처분)은 일반행정작용과 같이 국가배상책임을 인정하고, 재판작용의 경우(판결, 결정)는 국가배상책임이 기판력을 침해할 우려가 있으므로 법적 안정성의 요구와 권리구제의 요구를 적정히 조화시켜 제한적으로 국가배상책임을 인정하자는 견해,[3] ③ 재판과 그로 인한 국가배상청구는 목적과 성질이 다르므로(기판력은 판결의 내용에, 손해배상은 판결의 위법에 관련된다) 국가배상책임을 인정하여도 확정판결의 기판력을 침해하는 것은 아니라는 견해가 대립한다.

2832   **(내) 판   례**   판례는 법관의 재판작용과 다른 공무원의 직무행위를 구분하지 않고 국가배상책임의 성립을 인정하고 있다.[4] 다만, 법관의 재판작용에

---

1) 대판 1997. 7. 22, 95다6991(국가의 철도운행사업은 국가가 공권력의 행사로서 하는 것이 아니고 사경제적 작용이라 할 것이므로, 이로 인한 사고에 공무원이 관여하였다고 하더라도 국가배상법을 적용할 것이 아니고 일반 민법의 규정에 따라야 한다).
2) 박균성, 행정법론(상), 813쪽(2019).
3) 정하중, 행정법개론, 540쪽(2019); 홍준형, 행정법, 713쪽(2017).
4) 정하중, 행정법총론, 532쪽 참조.

대한 국가배상책임은 상당히 제한적으로 인정한다.[1] 판례는 이러한 제한을「배상책임의 성립요건이 가중된 것」으로 보지 아니한다.[2]

(다) 사 견 ③설이 타당하다. 왜냐하면 재판의 특수성은 국가배상책임의 성립가능성을 인정하더라도 위법성 또는 고의, 과실의 판단과정에서 고려될 수 있고, 법관의 독립은 법관의 직무행위에 관한 전면적인 면책을 의미하지 않기 때문이다.   2833

(3) 사익보호성의 요부

(가) 문제상황 직무를 집행하는 공무원에 대하여는 법규 또는 행정규칙 등에 의하여 여러 가지의 직무상 의무가 부여된다. 그런데 국가 등의 국가배상 책임이 인정되려면 공무원에게 부과된 이러한 직무가 과연 부수적으로라도 개개 국민(피해자)의 이익을 위해 부과된 것이어야만 하는지가 문제된다. 참고로, 공무원에게 부과된 직무상 의무는 국민의 보호를 위한 것, 개개 국민의 이익과는 관계없이 전체로서 공공 일반의 이익을 유지 조장하기 위한 것, 그리고 개개 국민은 물론 전체로서의 국민의 이익과도 관계없이 순전히 행정기관 내부의 질서를 규율하기 위한 것 등이 있다.[3]   2834

(나) 학 설 ① 종래에는 국가배상법은 단순히 법령위반을 그 요건으로   2835

---

1) 대판 2022. 3. 17, 2019다226975(법관의 재판에 법령 규정을 따르지 않은 잘못이 있더라도 이로써 바로 재판상 직무행위가 국가배상법 제2조 제1항에서 말하는 위법한 행위로 되어 국가의 손해배상책임이 발생하는 것은 아니다. **법관의 오판으로 인한 국가배상책임이 인정되려면 법관이 위법하거나 부당한 목적을 가지고 재판을 하였다거나 법이 법관의 직무수행상 준수할 것을 요구하고 있는 기준을 현저하게 위반하는 등 법관이 그에게 부여된 권한의 취지에 명백히 어긋나게 이를 행사하였다고 인정할 만한 특별한 사정이 있어야 한다**는 것이 판례이다); 대판 2003. 7. 11, 99다24218(재판에 대하여 따로 불복절차 또는 시정절차가 마련되어 있는 경우에는 재판의 결과로 불이익 내지 손해를 입었다고 여기는 사람은 그 절차에 따라 자신의 권리 내지 이익을 회복하도록 함이 법이 예정하는 바이므로, 불복에 의한 시정을 구할 수 없었던 것 자체가 법관이나 다른 공무원의 귀책사유로 인한 것이라거나 그와 같은 시정을 구할 수 없었던 부득이한 사정이 있었다는 등의 특별한 사정이 없는 한, 스스로 그와 같은 시정을 구하지 아니한 결과 권리 내지 이익을 회복하지 못한 사람은 원칙적으로 국가배상에 의한 권리구제를 받을 수 없다고 봄이 상당하다고 하겠으나, 재판에 대하여 불복절차 내지 시정절차 자체가 없는 경우에는 부당한 재판으로 인하여 불이익 내지 손해를 입은 사람은 국가배상 이외의 방법으로는 자신의 권리 내지 이익을 회복할 방법이 없으므로, 이와 같은 경우에는 배상책임의 요건이 충족되는 한 국가배상책임을 인정하지 않을 수 없다).

2) 헌재 2023. 3. 23, 2022헌가21(대법원은 위법한 행정처분으로 인한 국가배상책임이 문제된 사안, 검사가 피의자를 구속하여 수사한 후 공소를 제기하였으나 무죄판결이 확정된 경우 국가배상책임의 인정 여부가 문제된 사안, 법관의 오판으로 인한 국가배상책임의 인정 여부가 문제된 사안 등 각각의 사안에서 구체적 판단기준을 제시하고 있는 것이다. 이처럼 제청법원이 위헌 여부를 다투는 내용은 대법원이 법관의 재판상 직무행위로 인한 국가배상책임의 인정 여부가 문제된 사안에서 국가배상책임의 성립요건인 고의 또는 과실 및 법령 위반에 대한 판단기준을 제시한 것일 뿐 이로써 새로운 성립요건이 가중된 것이라고 보기는 어렵다).

3) 손지열, 국가배상에 있어서의 위법성과 인과관계, 민사판례연구 제16집, 1994년, 210쪽.

하고 있으므로 법령상의 작위의무위반으로 족하고, 행정청이 피해자와의 개별적 관계에서 손해를 방지할 의무를 부담하는가는 문제되지 않는다는 견해도 있었다.[1] 그러나 최근에는 특히 부작위로 인한 손해배상의 경우와 관련하여 국가의 손해배상책임을 인정하려면 국가의 국민에 대한 일반적 직무수행의무와 구별되는 정도의 개별적 관련성이 인정되어야 한다는 점에서 사익보호성이 필요하다는 견해들이 주장되고 있다. ② 직무의 근거법률의 사익보호성이 인정되어야 하는 견해들도 국가배상책임의 성립요건에서 사익보호성의 체계적 지위와 관련하여 견해가 대립된다. 즉, 공무원이 직무의무를 규정한 관계법규가 공익뿐아니라 국민의 이익도 보호하는 경우에만 그 행정권의 작위의무는 법적인 의무가 되고 그 위반이 국가배상법상 위법한 것이 된다고 하여 위법성의 문제로 보는 견해와[2] 손해란 법익침해에 의한 불이익을 말하며, 반사적 이익의 침해에 의한 불이익, 공공일반의 이익침해 등은 포함되지 않는다고 보아 손해의 문제로 보는 견해로[3] 나누어진다.

2836   ㈐ 판   례   대법원은 국가배상법 제2조 제1항에서 말하는 직무란 사인의 보호를 위한 직무를 뜻하며, 사회 일반의 공익만을 위한 직무는 이에 포함되지 않는다고 한다.[4] 법령에 의한 공무원의 직무상 의무가 부수적으로라도 사회구성원 개인의 안전과 이익을 보호하기 위하여 설정된 것인지 여부에 대한 판단 기준에 대해서는 관련 법령 전체의 기본적인 취지·목적과 그 의무를 부과하고 있는 개별 규정의 구체적 목적·내용 및 그 직무의 성질 등 제반 사정을 고려하여 개별적·구체적으로 판단하여야 하는 것으로 판시하고 있다.[5] 다만, ③ 판례는[6] 직무의 사익보호성의 문제를 후술하는 인과관계의 문제로 처리한다.

---

1) 강구철, 부작위와 국가배상책임, 고시계, 1989. 11, 58쪽; 서원우, 국가의 부작위와 국가배상책임, 고시연구, 1979. 3, 17쪽.

2) 정하중, 행정법개론, 531쪽(2019); 손지열, 공무원의 직무상 의무위반과 국가배상책임, 민사재판의 제문제 제8권, 475쪽.

3) 김남진·김연태, 행정법(Ⅰ), 629쪽(2019).

4) 대판 2017. 11. 9, 2017다228083(공무원에게 부과된 직무상 의무의 내용이 단순히 공공 일반의 이익을 위한 것이거나 행정기관 내부의 질서를 규율하기 위한 것이 아니고 전적으로 또는 부수적으로 사회구성원 개인의 안전과 이익을 보호하기 위하여 설정된 것이라면, 공무원이 그와 같은 직무상 의무를 위반함으로 인하여 피해자가 입은 손해에 대하여는 상당인과관계가 인정되는 범위 내에서 국가가 배상책임을 진다); 대판 2015. 5. 28, 2013다41431.

5) 대판 2015. 5. 28, 2013다41431; 대판 2000. 6. 9, 98다55949.

6) 대판 2011. 9. 8, 2011다34521(공무원이 고의 또는 과실로 그에게 부과된 직무상 의무를 위반하였을 경우라고 하더라도 국가는 그러한 직무상의 의무 위반과 피해자가 입은 손해 사이에 상당인과관계가 인정되는 범위 내에서만 배상책임을 지는 것이고, 이 경우 상당인과관계가 인정되기 위하여는 공무원에게 부과된 직무상 의무의 내용이 단순히 공공 일반의 이익을 위한 것이거나 행정기관 내부의 질서를 규율하기 위한 것이 아니고 전적으로 또는 부수적으로 사회구

(라) 사   견   본서는 사익보호성을 직무의 문제로 본다. 한편 사익보호성   2837
이 필요하다는 판례의 태도는 원칙적으로 타당하다고 할 수 있다. 예컨대 금융
기관의 도산의 경우에 예금자가 국가의 금융기관감독에 위법이 있음을 이유로
국가에 손해배상을 구하는 것은 인정하기 어려울 것이다. 다만 법원은 사익보호
성의 인정에 인색한 태도를 가져서는 곤란할 것이다.

┃참고┃ 사익보호성을 긍정한 판례   2838

[1] 공직선거법 제49조 제10항에 의하면, 후보자가 되고자 하는 자 또는 정당은
본인 또는 후보자가 되고자 하는 소속 당원의 전과기록을 관할 국가경찰관서의 장에
게 조회할 수 있고, 당해 국가경찰관서의 장은 지체 없이 전과기록을 회보하여야 하
며, 관할 선거구 선거관리위원회는 확인이 필요하다고 인정되는 후보자에 대하여 후
보자등록 마감 후 지체 없이 당해 선거구를 관할하는 검찰청의 장에게 후보자의 전
과기록을 조회할 수 있고, 당해 검찰청의 장은 전과기록의 진위 여부를 지체 없이 회
보하여야 한다. 그리고 같은 조 제11항, 제12항은 위 전과기록을 누구든지 열람할 수
있고, 이를 선거구민에게 공개하도록 하고 있다. 공직선거법이 위와 같이 후보자가
되고자 하는 자와 그 소속 정당에게 전과기록을 조회할 권리를 부여하고 수사기관에
회보의무를 부과한 것은 단순히 유권자의 알권리 보호 등 공공 일반의 이익만을 위
한 것이 아니라, 그와 함께 후보자가 되고자 하는 자가 자신의 피선거권 유무를 정확
하게 확인할 수 있게 하고, 정당이 후보자가 되고자 하는 자의 범죄경력을 파악함으
로써 부적격자를 공천함으로 인하여 생길 수 있는 정당의 신뢰도 하락을 방지할 수
있게 하는 등 개별적인 이익도 보호하기 위한 것이다(대판 2011. 9. 8, 2011다34521).

[2] 주민등록법 관계 법령이 본적지와 다른 주민등록지에서 주민의 성명 등과
같은 중요한 기본적 신분사항을 신규등록하거나 이를 사후적으로 변경할 경우에 주
민등록지의 관할관청에게 본적지의 관할관청에 대한 통보의무 및 본적지의 관할관
청에게 그 등록사항에 관한 확인대조의무와 상이한 사항에 관한 통보의무를 각기
부과하는 한편 그 사무처리과정에 있어서 관련 장부의 비치와 기재, 관계공무원의
날인 등과 같은 사무처리방식을 엄격하게 규율하고 있는 취지는, 사람의 신분사항
을 기재한 기초적인 공부로서 그 기재 내용이 진실에 부합되는 것으로 추정을 받고
있는 호적부의 기재사항을 중심으로 주민등록의 신분사항을 일치시키고 만일 그 주
민등록에 있어서의 신분사항이 불법적으로 변조 또는 위조되는 사태가 발생하게 되
면 그것을 기초로 하여 발급된 허위내용의 주민등록등·초본, 인감증명서나 주민등
록증이 부정사용됨으로써 국민 개개인이 신분상·재산상의 권리에 관하여 회복할
수 없는 손해를 입게 될 개연성이 높을 것이기 때문에 그와 같은 사태의 발생을 예
방하기 위하여 각 관할관청에게 그러한 통보, 대조의무 등을 부과하고 그 사무처리

성원 개인의 안전과 이익을 보호하기 위하여 설정된 것이어야 한다).

과정에서의 책임소재를 명확하게 하고자 함에 있다고 할 것이므로 주민등록사무를 담당하는 공무원으로서는 만일 개명과 같은 사유로 주민등록상의 성명을 정정한 경우에는 위에서 본 바와 같은 법령의 규정에 따라 반드시 본적지의 관할관청에 대하여 그 변경사항을 통보하여 본적지의 호적관서로 하여금 그 정정사항의 진위를 재확인할 수 있도록 할 직무상의 의무가 있다고 할 것이고, 이러한 직무상 의무는 단순히 공공 일반의 이익을 위한 것이거나 행정기관 내부의 질서를 규율하기 위한 것이 아니고 전적으로 또는 부수적으로 사회구성원 개인의 안전과 이익을 보호하기 위하여 설정된 것이다(대판 2003. 4. 25, 2001다59842). 하천법의 관련 규정에 비추어 볼 때, 하천의 유지·관리 및 점용허가 관련 업무를 맡고 있는 지방자치단체 담당공무원의 직무상 의무는 부수적으로라도 사회구성원 개개인의 안전과 이익을 보호하기 위하여 설정된 것이다(대판 2006. 4. 14, 2003다41746).

　　　[3] 구 식품위생법(2005. 1. 27. 법률 제7374호로 개정되기 전의 것)은 제1조에서 "이 법은 식품으로 인한 위생상의 위해를 방지하고 식품영양의 질적 향상을 도모함으로써 국민보건의 증진에 이바지함을 목적으로 한다."고 규정하고 있고, 같은 법 제7조, 제9조, 제10조, 제16조 등에서는 식품의약품안전청장 등으로 하여금 식품 또는 식품첨가물의 제조 등의 방법과 성분, 용기와 포장의 제조 방법과 그 원재료, 표시 등에 대하여 일정한 기준 및 규격 등을 마련하도록 하고, 그와 같은 기준 및 규격 등을 준수하는지 여부를 확인할 필요가 있거나 위생상 위해가 발생할 우려나 국민보건상의 필요가 있을 경우 수입신고시 식품 등을 검사하도록 규정하고 있다. 위와 같은 구 식품위생법의 관련 규정을 종합하여 보면, 같은 법 제7조, 제9조, 제10조, 제16조는 단순히 국민 전체의 보건을 증진한다고 하는 공공 일반의 이익만을 위한 것이 아니라, 그와 함께 사회구성원 개개인의 건강상의 위해를 방지하는 등의 개별적인 안전과 이익도 도모하기 위하여 설정된 것이라고 할 수 있다(대판 2010. 9. 9, 2008다77795).

2839

　　▍참고▍　사익보호성을 부정한 판례

　　　[1] 구 풍속영업의규제에관한법률 제5조에서 다른 법률에 의한 허가·인가·등록 또는 신고대상이 아닌 풍속영업을 영위하고자 하는 자로 하여금 대통령령이 정하는 바에 의하여 경찰서장에게 신고하도록 한 규정의 취지는 선량한 풍속을 해하거나 청소년의 건전한 육성을 저해하는 행위 등을 규제하여 미풍양속의 보존과 청소년보호에 이바지하려는 데 있는 것이므로(제1조), 위 법률에서 요구되는 풍속영업의 신고 및 이에 대한 수리행위는 오로지 공공 일반의 이익을 위한 것으로 볼 것이고, 부수적으로라도 사회구성원의 개인의 안전과 이익 특히 사적인 거래의 안전을 보호하기 위한 것이라고 볼 수는 없다(대판 2001. 4. 13, 2000다34891).

　　　[2] 상수원수의 수질을 환경기준에 따라 유지하도록 규정하고 있는 관련 법령의 취지·목적·내용과 그 법령에 따라 국가 또는 지방자치단체가 부담하는 의무의 성질

등을 고려할 때, 국가 등에게 일정한 기준에 따라 상수원수의 수질을 유지하여야 할 의무를 부과하고 있는 법령의 규정은 국민에게 양질의 수돗물이 공급되게 함으로써 국민 일반의 건강을 보호하여 공공 일반의 전체적인 이익을 도모하기 위한 것이지, 국민 개개인의 안전과 이익을 직접적으로 보호하기 위한 규정이 아니므로, 국민에게 공급된 수돗물의 상수원의 수질이 수질기준에 미달한 경우가 있고, 이로 말미암아 국민이 법령에 정하여진 수질기준에 미달한 상수원수로 생산된 수돗물을 마심으로써 건강상의 위해 발생에 대한 염려 등에 따른 정신적 고통을 받았다고 하더라도, 이러한 사정만으로는 국가 또는 지방자치단체가 국민에게 손해배상책임을 부담하지 아니한다. 또한 상수원수 2급에 미달하는 상수원수는 고도의 정수처리 후 사용하여야 한다는 환경정책기본법령상의 의무 역시 위에서 본 수질기준 유지의무와 같은 성질의 것이므로, 지방자치단체가 상수원수의 수질기준에 미달하는 하천수를 취수하거나 상수원수 3급 이하의 하천수를 취수하여 고도의 정수처리가 아닌 일반적 정수처리 후 수돗물을 생산·공급하였다고 하더라도, 그렇게 공급된 수돗물이 음용수 기준에 적합하고 몸에 해로운 물질이 포함되어 있지 아니한 이상, 지방자치단체의 위와 같은 수돗물 생산·공급행위가 국민에 대한 불법행위가 되지 아니한다 (대판 2001. 10. 23, 99다36280).

[3] 가축전염병예방법의 입법취지와 관련 규정 등을 종합하면, 구 가축전염병예방법에서 정한 이동제한명령은 가축전염병이 발생하거나 퍼지는 것을 막기 위한 것일 뿐, 구 가축전염병예방법에서 정한 살처분 보상금 등을 지급하는 지방자치단체인 원고가 이러한 규정을 들어 불법행위를 원인으로 한 손해배상을 구하는 근거로 삼을 수는 없다고 판단된다. 지방자치단체가 가축 소유자에게 살처분 보상금 등을 지급하는 것은 가축전염병 확산의 원인이 무엇인지와 관계없이 구 가축전염병예방법에서 정한 지방자치단체의 의무이다. 따라서 이 사건에서 원고가 살처분 보상금 등을 지급하게 된 가축전염병 확산의 원인이 피고들의 이 사건 이동제한명령 위반 때문이라고 하더라도 원고의 살처분 보상금 등 지급이 피고들의 이 사건 이동제한명령 위반과 상당인과관계가 있는 손해라거나 원고가 다른 법령상 근거 없이 곧바로 피고들을 상대로 원고가 지급한 살처분 보상금 등 상당을 손해배상으로 구할 수 있다고 보기는 어렵다(대판 2022. 9. 16, 2017다247589).

3. 집행하면서

(1) 의 미 직무를 '집행하면서'라는 것은 순수히 집행시만을 뜻하는 2840 것은 아니다. 국민의 입장에서는 공무원이 행하는 행위가 순수한 직무집행행위인가의 여부를 구별하는 것이 용이하지 않고, 통상 공무원이 행하는 행위를 직무집행행위로 보는 것이 일반적이라 할 것이다. 따라서 직무를 집행하면서란 직무집행행위뿐만 아니라 널리 외형상으로 직무집행과 관련있는 행위를 포함하는

의미로 새겨야 한다(외형설). 통설[1]과 판례[2] 또한 외형설을 취한다. 그것은 또한 민법 제35조 제1항의 '그 직무에 관하여'와 같은 의미로 이해되고 있다.

2841   (2) **감독행위**   "직무를 집행하면서"의 판단에 있어서 그 기준이 되는 것은 국민에게 손해를 직접 발생시키는 특정공무원의 특정행위임이 일반적이다. 그러나 경우에 따라서 그 특정인을 감독하는 자가 있을 경우에는 그러한 감독도 여기의 직무에 해당한다고 본다. 예컨대 병사가 공휴일날 영외에서 불법총기사고를 일으키는 경우에는 그 병사에 대한 감독자의 감독직무태만으로 인해 국가배상책임이 인정될 수도 있을 것이다.

    (3) **일련의 국가작용 전체**   판례는 일련의 국가작용을 전체적으로 보아 '직무를 집행하면서'에 해당하는지 여부를 판단하기도 한다.[3]

    ### 4. 고의 또는 과실

2842   (1) **의   미**   ① 고의란 어떠한 위법행위의 발생가능성을 인식하고 그 결과를 인용하는 것을 말하고, ② 과실이란 부주의로 인해 어떠한 위법한 결과를 초래하는 것을 말한다.[4] 고의와 과실의 구별이 언제나 용이한 것은 아니다. 공무원의 직무집행상의 과실이라 함은 공무원이 그 직무를 수행함에 있어 당해 직무를 담당하는 평균인이 보통(통상) 갖추어야 할 주의의무를 게을리한 것을 말한다. 달리 말하면 보통 일반의 공무원을 표준으로 하여 볼 때 위법한 행정처분

---

1) 권영성, 헌법학원론, 618쪽; 박윤흔·정형근, 최신행정법강의(상), 600쪽; 서원우, 현대행정법론(상), 683쪽; 홍준형, 행정법, 662쪽(2017).

2) 대판 1994. 5. 27, 94다6741; 대판 2001. 1. 5, 98다39060(지방자치단체가 '교통할아버지 봉사활동 계획'을 수립한 후 관할 동장으로 하여금 '교통할아버지'를 선정하게 하여 어린이 보호, 교통안내, 거리질서 확립 등의 공무를 위탁하여 집행하게 하던 중 '교통할아버지'로 선정된 노인이 위탁받은 업무범위를 넘어 교차로 중앙에서 교통정리를 하다가 교통사고를 발생시킨 경우, 지방자치단체가 국가배상법 제2조 소정의 배상책임을 부담한다); 대판 2005. 1. 14, 2004다26805(울산세관의 통관지원과에서 인사업무를 담당하면서 울산세관 공무원들의 공무원증 및 재직증명서 발급업무를 하는 공무원인 K가 울산세관의 다른 공무원의 공무원증 등을 위조하는 행위는 비록 그것이 실질적으로는 직무행위에 속하지 아니한다 할지라도 적어도 외관상으로는 공무원증과 재직증명서를 발급하는 행위로서 직무집행으로 보여진다).

3) 대판 2023. 1. 12, 2020다210976(긴급조치 제9호는 위헌·무효임이 명백하고 긴급조치 제9호 발령으로 인한 국민의 기본권 침해는 그에 따른 강제수사와 공소제기, 유죄판결의 선고를 통하여 현실화되었다. 이러한 경우 긴급조치 제9호의 발령부터 적용·집행에 이르는 일련의 국가작용은 전체적으로 보아 공무원이 직무를 집행하면서 객관적 주의의무를 소홀히 하여 그 직무행위가 객관적 정당성을 상실한 것으로서 위법하다고 평가되고, 긴급조치 제9호의 적용·집행으로 강제수사를 받거나 유죄판결을 선고받고 복역함으로써 개별 국민이 입은 손해에 대해서는 국가배상책임이 인정될 수 있다).

4) 헌재 2021. 7. 15, 2020헌바1(주관적 구성요소로서 고의란 '누군가 타인에게 위법하게 손해를 가한다는 인식, 인용'을 의미하고, 과실이란 '객관적으로 자신의 행위가 누군가 타인의 법익을 침해한다는 것을 부주의로 예견하지 못하였거나(예견의무 위반), 손해 방지를 위한 조치가 객관적으로 보아 적절치 못하였거나 불충분한 상태(회피의무 위반)'를 의미한다).

의 담당 공무원이 객관적 주의의무를 소홀히 하고 그로 인해 행정처분이 객관적 정당성을 잃었다고 볼 수 있는 경우를 말한다.[1] 공무원의 법적 지식의 부족이 무과실을 의미하지는 아니한다. 공무원은 자신의 사무영역에서 표준적인 법령 및 그 법령에 대한 판례와 학설의 해석내용을 알아야 한다.[2] 다만, 객관적으로 의문이 있는 법적 상황에 있어서 공무원이 세밀하게 검토하였고 또한 학설이나 판례조차 불분명한 경우에는 사후에 재판상 그 행위가 위법한 것으로 판단되었다고 하여도 과실이 있다고 보기 어렵다.[3] ③ 공무원의 불법행위책임이 인정되는 경우, 국가가 공무원의 선임·감독에 게을리함이 없어도 책임을 지는 점에서 민법 제756조의 사용자의 배상책임의 경우와는 다르다. 말하자면 여기서 고의·과실은 공무원의 고의·과실이지 국가의 고의·과실이 아님을 유의하여야 한다. ④ 배상책임의 성립요건으로서 고의 또는 과실은 공무원을 기준으로 하는 주관

---

1) 대판 2021. 6. 30, 2017다249219.

2) 대판 2001. 2. 9, 98다52988(법령에 대한 해석이 복잡, 미묘하여 워낙 어렵고, 이에 대한 학설, 판례조차 귀일되어 있지 않는 등의 특별한 사정이 없는 한 일반적으로 공무원이 관계 법규를 알지 못하거나 필요한 지식을 갖추지 못하고 법규의 해석을 그르쳐 행정처분을 하였다면 그가 법률전문가가 아닌 행정직 공무원이라고 하여 과실이 없다고는 할 수 없다); 대판 2004. 6. 11, 2002다31018(어떠한 행정처분이 위법하다고 할지라도 그 자체만으로 곧바로 그 행정처분이 공무원의 고의 또는 과실로 인한 불법행위를 구성한다고 단정할 수는 없고, 공무원의 고의 또는 과실의 유무에 대하여는 별도의 판단을 요한다고 할 것인바, 그 이유는 행정청이 관계 법령의 해석이 확립되기 전에 어느 한 설을 취하여 업무를 처리한 것이 결과적으로 위법하게 되어 그 법령의 부당집행이라는 결과를 빚었다고 하더라도 처분 당시 그와 같은 처리방법 이상의 것을 성실한 평균적 공무원에게 기대하기 어려웠던 경우라면 특별한 사정이 없는 한 이를 두고 공무원의 과실로 인한 것이라고 볼 수는 없기 때문이다); 대판 1981. 8. 25, 80다1598; Maurer, Allgemeines Verwaltungsrecht, §26, Rn. 25.

3) 대판 2010. 4. 29, 2009다97925(일반적으로 공무원이 직무를 집행함에 있어서 관계 법규를 알지 못하거나 필요한 지식을 갖추지 못하여 법규의 해석을 그르쳐 잘못된 행정처분을 하였다면 그가 법률전문가가 아닌 행정직 공무원이라고 하여 과실이 없다고 할 수 없으나, 법령에 대한 해석이 그 문언 자체만으로는 명백하지 아니하여 여러 견해가 있을 수 있는 데다가 이에 대한 선례나 학설, 판례 등도 귀일된 바 없어 의의가 없을 수 없는 경우에 관계 공무원이 그 나름대로 신중을 다하여 합리적인 근거를 찾아 그 중 어느 한 견해를 따라 내린 해석이 후에 대법원이 내린 입장과 같지 않아 결과적으로 잘못된 해석에 돌아가고, 이에 따른 처리가 역시 결과적으로 위법하게 되어 그 법령의 부당집행이라는 결과를 가져오게 되었다고 하더라도 그와 같은 처리방법 이상의 것을 성실한 평균적 공무원에게 기대하기는 어려운 일이고, 따라서 이러한 경우에까지 공무원의 과실을 인정할 수는 없다); 대판 2011. 1. 27, 2008다30703(어떠한 행정처분이 후에 항고소송에서 위법한 것으로서 취소되었다고 하더라도 그로써 곧 당해 행정처분이 공무원의 고의 또는 과실에 의한 불법행위를 구성한다고 단정할 수는 없지만, 그 행정처분의 담당공무원이 보통 일반의 공무원을 표준으로 하여 볼 때 객관적 주의의무를 결하여 그 행정처분이 객관적 정당성을 상실하였다고 인정될 정도에 이른 경우에는 국가배상법 제2조 소정의 국가배상책임의 요건을 충족하였다고 보아야 한다. 이때 객관적 정당성을 상실하였는지 여부는 침해행위가 되는 행정처분의 태양과 그 목적, 피해자의 관여 여부 및 관여의 정도, 침해된 이익의 종류와 손해의 정도 등 여러 사정을 종합하여 결정하되 손해의 전보책임을 국가 또는 지방자치단체에게 부담시킬 만한 실질적인 이유가 있는지도 살펴서 판단하여야 하며, 이는 행정청이 재결의 형식으로 처분을 한 경우에도 마찬가지이다).

적인 요건이지만, 배상책임의 성립요건으로서 후술하는 위법성(법령을 위반)은 객관적인 법질서를 기준으로 하는 객관적 요건이다.

■ 참고 ■ 유형별 판례 검토

2843 (1) **공무원의 법령해석과 과실**

(가) **원 칙** 공무원에게는 일반적으로 자신의 사무영역에서의 표준적인 법령에 대한 지식과 학설·판례의 내용을 숙지하고 있어야 할 의무가 있다고 할 수 있다. 따라서 공무원의 법적 지식의 부족이 무과실을 의미하지는 않는다. 판례도 특별한 사정이 없는 한 일반적으로 공무원이 관계법규를 알지 못하거나 필요한 지식을 갖추지 못하고 법규의 해석을 그르쳐 행정처분을 하였다면 그가 법률전문가 아닌 행정직 공무원이라도 과실이 있다고 한다(대판 1981. 8. 25, 80다1598; 대판 2001. 2. 9, 98다52988).

(나) **예 외** 공무원이 일반적인 법적 지식을 갖추지 못하고 법규를 잘못 해석하여 처분한 경우 과실을 인정할 수 있다. 하지만 평균적인 공무원이 가질 수 있는 통상의 법률적 소양을 바탕으로 직무행위를 한 경우에는 후에 그 처분의 위법성이 인정된 경우라도 과실을 인정할 수 없다. 판례도 관계 법령의 해석이 확립되기 전에 어느 한 설을 취하여 업무를 처리한 것이 결과적으로 위법하게 되었다고 하더라도 공무원의 과실을 인정할 수 없다고 한다(대판 2004. 6. 11, 2002다31018).

2844 (2) **행정규칙에 따른 처분** 행정규칙에 따른 처분의 경우에는 후에 그 처분이 재량권을 일탈한 위법한 처분임이 판명된 경우에도 일반적으로 과실이 있다고 보기 어렵다(대판 1994. 11. 8, 94다26141).

2845 (3) **항고소송에서 행정청의 패소** 행정처분이 나중에 항고소송에서 위법하다고 판단되어 취소되더라도 그것만으로 행정처분이 공무원의 고의나 과실로 인한 불법행위를 구성한다고 단정할 수 없다(대판 2021. 6. 30, 2017다249219; 대판 2000. 5. 12, 99다70600; 대판 2003. 11. 27, 2001다33789; 대판 2003. 12. 11, 2001다65236).

2846 (4) **법률의 위헌선언과 국가배상청구** 국가배상청구소송에서 재판의 전제로 행하여진 위헌법률심사에서 처분의 근거가 된 법률이 처분 후에 위헌으로 결정·선고된 경우, 공무원에게 과실이 있다고 보기 어렵다.[1] 왜냐하면 공무원에게는 법령심사권이 없는바, 명백히 무효인 경우가 아니라면 공무원으로서는 법률을 적용할 수밖에 없기 때문이다. 상위법령에 반하는 법규명령이나 법률보충규칙에 근거한 처분의 경우도 마찬가지이다.[2]

---

1) 대판 2022. 8. 30, 2018다212610(헌법재판소의 위헌결정으로 소급하여 효력을 상실하였거나 법원에서 위헌·무효로 선언되었다는 사정만으로 형벌에 관한 법령을 제정한 행위나 법령이 위헌으로 선언되기 전에 그 법령에 기초하여 수사를 개시하여 공소를 제기한 수사기관의 직무행위 및 유죄판결을 선고한 법관의 재판상 직무행위가 국가배상법 제2조 제1항에서 말하는 공무원의 고의 또는 과실에 의한 불법행위에 해당한다고 단정할 수 없다).

2) 헌재 2014. 4. 24, 2011헌바56(일반적으로 법률이 헌법에 위반된다는 사정은 헌법재판소의 위헌결정이 있기 전에는 객관적으로 명백한 것이라고 할 수 없어 법률이 헌법에 위반되는지 여부

(2) **판단기준**　　고의·과실의 유무는 당해 공무원을 기준으로 하여 판단하 　2847
여야 한다(대위책임설의 입장). 공무원에게 고의·과실이 없으면 국가는 배상책임
이 없다. 따라서 과실의 의미와 고의·과실에 대한 입증책임의 완화를 통해 국
가나 지방자치단체의 배상책임의 성립요건을 완화할 필요성이 나타난다.

(3) **과실개념의 객관화**　　과실개념을 객관화하여 국가배상책임의 성립을 　2848
용이하게 하려는 시도가 근자의 경향인 것으로 보인다. ① 과실을 '공무원의 위
법행위로 인한 국가작용의 흠이라는 정도로 완화하는 것이 좋을 것'이라 하는
입장,[1] ② 과실을 '국가 등의 행정주체의 작용이 정상적 수준에 미달한 상태'
내지 '객관적 관념으로서의 국가작용의 흠'이라는 입장,[2] 또는 국가배상책임을
자기책임으로 보아야 한다는 전제 하에서 국가배상법상 과실개념을 주관적으로
파악하지 않고 국가작용의 하자라는 의미에서 객관적으로 이해하는 입장,[3] ③
일원적 관념으로 위법성과 과실을 통합하여 위법성과 과실 중의 어느 하나가
입증되면 다른 요건은 당연히 인정된다는 견해[4] 등이 이러한 경향을 나타낸다.
④ 과실의 판단을 당해공무원이 아니라 당해 직무를 담당하는 평균적 공무원을
기준으로 한다는 일반적 견해와[5] 판례의 입장도 과실개념을 객관적으로 접근
하는 입장의 하나라 하겠다.[6]

(4) **입증책임의 완화**　　폭넓은 국가배상책임의 성립을 위한 논리로서, 고 　2849
의·과실의 개념을 엄격히 새기지 않고 공무원의 의사에 흠이 있으면 족한 것으
로 새긴다고 하여 문제가 끝나지 않는다. 말하자면 고의·과실개념의 완화는 입
증책임과 관련된다는 점, 즉 입증책임의 완화가 긍정될 때에 고의·과실개념의
완화는 보다 의미를 갖게 된다는 점을 유념할 필요가 있다. 따라서 피해자인 사

　를 심사할 권한이 없는 공무원으로서는 행위 당시의 법률에 따를 수밖에 없다 할 것이므로, 행
　위의 근거가 된 법률조항에 대하여 위헌결정이 선고된다 하더라도 위 법률조항에 따라 행위한
　당해 공무원에게는 고의 또는 과실이 있다 할 수 없어 국가배상책임은 성립되지 아니한다).
1) 김도창, 일반행정법론(상), 628쪽.
2) 김동희, 행정법(Ⅰ), 581쪽(2019).
3) 박균성, 고시계, 1980. 8, 104쪽.
4) 김동희, 행정법(Ⅰ), 581쪽(2019) 참조.
5) 김남진·김연태, 행정법(Ⅰ), 624쪽(2019) 참조.
6) 독일의 경우, 책임조건(고의·과실)의 객관화의 하나로 조직책임(Organisationsverschulden)의
　개념이 있다. 예컨대 도로교통행정청이 필요한 교통표지를 설치하는 것을 — 관청내부에서 권
　한을 가진 담당자가 휴가 중이었으며, 또한 대리에 관한 규율이 없었으므로 — 부작위하였고,
　이 때문에 교통사고가 발생하였다면, 책임질 공무원이 없었다는 것을 피해자에게 주장할 수 없
　고, 오히려 행정청(책임자)이 질서에 적합한 대리를 위해 배려하지 않았다는 점에 대하여 행정
　주체가 책임을 부담한다는 논리이다. 요컨대 조직책임론은 행정청내부에서의 잘못은 책임자
　(장)의 잘못으로 귀속한다는 논리이다(Maurer, Allgemeines Verwaltungsrecht, § 25, Rn. 24).

인이 고의·과실의 개연성을 주장하면, 무과실의 입증책임이 국가측에 옮겨 가는 것으로 보는 입증책임의 완화제도(일응추정의 법리)를 도입하는 것이 필요하다고 볼 것이다.[1]

2850   ⑸ **가해공무원의 특정**   한편 공무원의 과실을 입증함에 있어서 가해공무원의 특정이 필수적인가에 대하여 학설은 소극적으로 새긴다. 말하자면 누구의 행위인지가 판명되지 않더라도 손해의 발생상황으로 보아 공무원의 행위에 의한 것이 인정되면 국가는 배상책임을 지게 된다는 것이다.[2] 타당한 지적이라 본다(예 : 야간시위 중 경찰의 집단불법구타). 그리고 여기서 법령위반여부의 판단시점은 공무원의 가해행위가 이루어지는 시점(행위시)이 된다. 말하자면 국가배상법상 국가의 배상책임은 공무원의 가해행위시의 불법(행위불법)을 문제삼는 것이지, 행위의 결과의 불법(결과불법)을 문제삼는 것은 아니다.

5. 법령을 위반

⑴ 손해배상의 성질과 법령위반

2851   ㈎ **학   설**   학설은 국가배상법상 위법개념은 손해배상의 성질과 관련하여 검토한다.[3] 학설은 위법개념과 관련하여 결과불법설·상대적 위법성설·행위위법설로 나뉘고 있다.

2852   **1) 결과불법설**   결과불법설이란 손해배상소송이 손해전보를 목적으로 하는 것이라는 전제하에, 국민이 받은 손해가 결과적으로 시민법상 원리로부터 수인되어야 하는가를 기준으로 위법성여부를 판단하여야 한다는 견해이다. 판례는 경북대 앞 동아약국 화재사건에서 결과불법설을 명시적으로 배제한 바 있다.[4]

2853   **2) 상대적 위법성설**   상대적 위법성설이란 행위 자체의 위법·적법뿐만 아니라 피침해이익의 성격과 침해의 정도, 가해행위의 태양 등을 고려하여 위법성여부를 판단하여야 한다는 견해이다.

2854   **3) 행위위법설**   행위위법설이란 법률에 의한 행정의 원리 또는 국가배상소송의 행정통제기능을 고려하여, 공권력행사의 행위규범에의 적합여부를 기준으로 위법성여부를 판단하여야 한다는 견해이다.

2855   **4) 직무의무위반설**   국가배상법상 위법을 법에 부합하지 않는 당해 행

---

1) 김도창, 일반행정법론(상), 629쪽; 홍준형, 행정법, 684쪽(2017).
2) Maurer, Allgemeines Verwaltungsrecht, §26, Rn. 24.
3) 박균성, 고시계, 1995. 7, 100쪽 이하.
4) 대판 1997. 7. 25, 94다2480.

정처분으로 인해 법익을 침해한 공무원의 직무의무의 위반으로 보는 견해로 취
소소송의 위법성은 행정작용의 측면에서만 위법여부를 판단하지만, 국가배상책
임에서의 위법성은 행정작용과 행정작용을 한 자와의 유기적 관련성 속에서 위
법여부를 판단한다. 즉 전자가 처분의 전체 법질서에 대한 객관적 정합성을 무
게중심으로 하는 반면, 후자는 불법한 처분의 주관적 책임귀속을 무게중심으로
한다고 한다.[1]

(ㄴ) **판   례**   판례의 주류적인 입장은 행위위법설이다. 즉, 시위자들의   2856
화염병으로 인한 약국화재에 대한 국가배상책임이 문제된 사건에서 결과불법설
을 명시적으로 배제하고, 행위위법설을 취하고 있다.[2] 다만, 위법한 개간허가취
소로 인한 고창군의 손해배상책임이 문제된 사건에서 객관적 정당성을 상실하
였는지 여부는 제반 사정을 종합하여 판단하여야 한다고 하여 상대적 위법성설
을 취한 것으로 평가되는 판결도 있다.[3]

(ㄷ) **사   견**   위법행위의 결과에 대한 손해전보수단인 국가배상은 적법행   2857
위의 결과로 발생된 손해에 대한 전보수단인 전통적 의미의 손실보상과 구별되
어야 하며,[4] 위법이란 법질서에 반한다는 단일한 가치판단으로 보아야 할 것이
기에[5] 행위위법설이 타당하다.

(2) **법령위반의 의의**

(ㄱ) **법   령**   행위위법설에서 보면, ① 법령이란 법률과 명령, 즉 법규를   2858
의미하는바, 여기에는 널리 성문법 외에 불문법도 포함된다.[6] 고시·훈령형식의

---

1) Maurer, Allgemeines Verwaltungsrecht, §26, Rn. 16ff. 참조; 류지태·박종수, 행정법신론, 489쪽.
2) 대판 1997. 7. 25, 94다2480(국가배상책임은 공무원의 직무집행이 법령에 위반한 것임을 요건으
   로 하는 것으로서, 공무원의 직무집행이 법령이 정한 요건과 절차에 따라 이루어진 것이라면
   특별한 사정이 없는 한 이는 법령에 적합한 것이고 그 과정에서 개인의 권리가 침해되는 일이
   생긴다고 하여 그 법령 적합성이 곧바로 부정되는 것은 아니라고 할 것인바, 불법시위를 진압
   하는 경찰관들의 직무집행이 법령에 위반한 것이라고 하기 위하여는 그 시위진압이 불필요하
   거나 또는 불법시위의 태양 및 시위 장소의 상황 등에서 예측되는 피해 발생의 구체적 위험성
   의 내용에 비추어 시위진압의 계속 수행 내지 그 방법 등이 현저히 합리성을 결하여 이를 위법
   하다고 평가할 수 있는 경우이어야 한다); 대판 2000. 11. 10, 2000다26807·26814.
3) 대판 2000. 5. 12, 99다70600(행정처분이 객관적 정당성을 상실하였다고 인정될 정도에 이른 경
   우에 국가배상법 제2조 소정의 국가배상책임의 요건을 충족하였다고 봄이 상당할 것이며, 이때
   에 객관적 정당성을 상실하였는지 여부는 피침해이익의 종류 및 성질, 침해행위가 되는 행정처
   분의 태양 및 그 원인, 행정처분의 발동에 대한 피해자측의 관여의 유무, 정도 및 손해의 정도
   등 제반 사정을 종합하여 … 판단하여야 한다).
4) 이상규, 신행정법론(상), 603쪽.
5) 김남진, 행정법(Ⅰ), 575쪽.
6) 대판 2022. 7. 14, 2020다253287; 대판 2015. 8. 27, 2012다204587(국가배상법 제2조 제1항의
   '법령을 위반하여'라고 함은 엄격하게 형식적 의미의 법령에 명시적으로 공무원의 행위의무가
   정하여져 있음에도 이를 위반하는 경우만을 의미하는 것은 아니고, 인권존중·권력남용금지·

법규명령도 이에 포함된다. 그러나 ② 행정규칙은 원칙적으로 법규성을 갖지 아니하므로 법령에 해당하지 않으나, 직접적인 외부적 구속효를 갖는 경우(저자의 입장)는 법령에 해당된다. 한편, 결과불법설에서는 그 밖에 인권존중[1]·권리남용 금지·신의성실원칙 등도 포함시킨다. 그러나 결과불법설이 주장하는 인권존중 은 헌법상 보장되는 생명권 등의 기본권으로부터 나오고,[2] 권리남용금지의 원칙과 신의성실의 원칙 등은 행정기본법 제2장 행정의 법원칙(제8조~제13조)에 명문으로 규정되고 있는바,[3] 행위불법설과 결과불법설 사이에 실제상 별다른 차이가 없다.

2859 　　(ᄂ) 위　　반　　① 위반이란 법령에 위배됨을 의미한다. ② 위반의 태양에는 적극적인 작위에 의한 위반과 소극적인 부작위에 의한 위반도[4] 있다. 물론 부작위의 경우에는 작위의무가 있어야 한다.[5] 기속행위에는 통상 작위의무가 있지만, 재량행위는 재량이 영으로 수축되는 경우에 작위의무가 있다. 이와 관련하여 명문의 근거가 없는 경우 헌법 및 행정법의 일반원칙(판례상 조리라 불리기도 한다)을 근거로 작위의무를 인정할 수 있는지가 문제되는데, ⓐ 법률에 의한 행

　　신의성실과 같이 공무원으로서 마땅히 지켜야 할 준칙이나 규범을 지키지 아니하고 위반한 경우를 비롯하여 널리 그 행위가 객관적인 정당성을 결여하고 있는 경우도 포함한다).

1) 대판 2022. 9. 29, 2018다224408(국가배상책임에 있어 공무원의 가해행위는 법령을 위반한 것이어야 하는데, 여기서 법령을 위반하였다는 것은 엄격한 의미의 법령 위반뿐 아니라 인권존중, 권력남용금지, 신의성실과 같이 공무원으로서 마땅히 지켜야 할 준칙이나 규범을 지키지 아니하고 위반한 경우를 포함하여 널리 그 행위가 객관적인 정당성을 결여하고 있음을 뜻한다).

2) 대판 2022. 7. 14, 2017다29053(국민의 생명·신체·재산 등에 관하여 절박하고 중대한 위험상태가 발생하였거나 발생할 우려가 있어서 국민의 생명·신체·재산 등을 보호하는 것을 본래적 사명으로 하는 국가가 초법규적, 일차적으로 그 위험 배제에 나서지 않으면 국민의 생명·신체·재산 등을 보호할 수 없는 경우에는 형식적 의미의 법령에 근거가 없더라도 국가나 관련 공무원에 대하여 그러한 위험을 배제할 작위의무를 인정할 수 있다. 공무원의 부작위를 이유로 국가배상책임을 인정할 것인지 여부가 문제 되는 경우에 관련 공무원에 대하여 작위의무를 명하는 법령 규정이 없다면 공무원의 부작위로 침해된 국민의 법익 또는 국민에게 발생한 손해가 어느 정도 심각하고 절박한 것인지, 관련 공무원이 그와 같은 결과를 예견하여 결과를 회피하기 위한 조치를 취할 가능성이 있는지 등을 종합적으로 고려하여 판단하여야 한다).

3) 대판 2022. 9. 29, 2018다224408(헌법상 과잉금지의 원칙 내지 비례의 원칙을 위반하여 국민의 기본권을 침해한 국가작용은 국가배상책임에 있어 법령을 위반한 가해행위가 된다).

4) 대판 2017. 11. 9, 2017다228083(경찰관의 … 권한은 일반적으로 경찰관의 전문적 판단에 기한 합리적인 재량에 위임되어 있는 것이나, 경찰관에게 권한을 부여한 취지와 목적에 비추어 볼 때 구체적인 사정에 따라 경찰관이 권한을 행사하여 필요한 조치를 취하지 아니하는 것이 현저하게 불합리하다고 인정되는 경우에는 그러한 권한의 불행사는 직무상의 의무를 위반한 것이 되어 위법하게 된다).

5) 대판 2005. 3. 10, 2004다65121(교도소의 의무관은 교도소 수용자에 대한 진찰·치료 등의 의료행위를 하는 경우 수용자의 생명·신체·건강을 관리하는 업무의 성질에 비추어 환자의 구체적인 증상이나 상황에 따라 위험을 방지하기 위하여 요구되는 최선의 조치를 행하여야 할 주의의무가 있다).

정의 원칙에 비추어 법률상의 근거를 결하는 작위의무를 인정할 수 없다는 부정설과 ⓑ 법치행정의 목적이 인권보장과 생명과 재산보호라는 점에서 공서양속·조리 내지 건전한 사회통념에 근거하여 법적 작위의무를 인정할 수 있다는 긍정설이 대립한다. ⓒ 판례는 긍정한다.[1] ⓓ 작위의무는 명문의 법규정뿐만 아니라 헌법상 인권존중의 원칙이나 행정기본법상 행정의 법 원칙(행정기본법 제8조~제13조)으로부터 도출될 수 있는 것으로 보아야 한다. 따라서 긍정함이 타당하다. ⓔ 판례는 의무위반 여부를 「직무에 충실한 보통 일반의 공무원을 표준으로 객관적 정당성을 상실하였다고 인정될 정도인가」를 기준으로 판단한다.[2] ③ 재량행위의 경우에는 과소보호 금지원칙이 적용된다.[3] 한편, 재량남용이나 재량일탈에 이르지 아니한 부당한 재량행사는 여기서 말하는 위반에 해당하지 아니한다. ④ 통치행위는 재판으로부터 자유로운 행위이므로 법령의 위반과 거리가 멀다. 한편, ⑤ 수익적 행위의 경우에도 위법이 문제될 수 있다.[4]

(ㄸ) **법령위반**   법령위반은 결국 법규위반, 즉 위법을 의미한다. 법령이 정한 요건과 절차 등에 따라 이루어지는 행위는 원칙적으로 법령에 적합한 행위   2860

---

1) 대판 2012. 7. 26, 2010다95666(국민의 생명·신체·재산 등에 대하여 절박하고 중대한 위험상태가 발생하였거나 발생할 상당한 우려가 있어서 국민의 생명 등을 보호하는 것을 본래적 사명으로 하는 국가가 초법규적·일차적으로 그 위험의 배제에 나서지 아니하면 국민의 생명 등을 보호할 수 없는 경우에는 형식적 의미의 법령에 근거가 없더라도 국가나 관련 공무원에 대하여 그러한 위험을 배제할 작위의무를 인정할 수 있을 것이다); 대판 1998. 10. 13, 98다18520.

2) 대판 2016. 8. 25, 2014다225083.

3) 헌재 2008. 12. 26, 2008헌마419·423·436(병합) 전원재판부(국가가 국민의 생명·신체의 안전에 대한 보호의무를 다하지 않았는지 여부를 헌법재판소가 심사할 때에는 국가가 이를 보호하기 위하여 적어도 적절하고 효율적인 최소한의 보호조치를 취하였는가 하는 이른바 '과소보호 금지원칙'의 위반 여부를 기준으로 삼아, 국민의 생명·신체의 안전을 보호하기 위한 조치가 필요한 상황인데도 국가가 아무런 보호조치를 취하지 않았든지 아니면 취한 조치가 법익을 보호하기에 전적으로 부적합하거나 매우 불충분한 것임이 명백한 경우에 한하여 국가의 보호의무의 위반을 확인하여야 한다); 대판 2006. 7. 28, 2004다759(시장·군수·구청장이 부랑인선도시설 및 정신질환자요양시설의 업무에 관하여 지도·감독을 하고, 필요한 경우 그 시설에 대하여 그 업무의 내용에 관하여 보고하게 하거나 관계 서류의 제출을 명하거나 소속공무원으로 하여금 시설에 출입하여 검사 또는 질문하게 할 수 있는 등 형식상 시장·군수·구청장에게 재량에 의한 직무수행권한을 부여한 것처럼 되어 있더라도 시장·군수·구청장에게 그러한 권한을 부여한 취지와 목적에 비추어 볼 때 구체적인 사정에 따라 시장·군수·구청장이 그 권한을 행사하여 필요한 조치를 취하지 아니하는 것이 현저하게 불합리하다고 인정되는 경우에는 그러한 권한의 불행사는 직무상의 의무를 위반하는 것이 되어 위법하게 된다).

4) 대판 2001. 5. 29, 99다37047(수익적 행정처분이 신청인에 대한 관계에서 국가배상법 제2조 제1항의 위법성이 있는 것으로 평가되기 위하여는 당해 행정처분에 관한 법령의 내용, 그 성질과 법률적 효과, 그로 인하여 신청인이 무익한 비용을 지출할 개연성에 관한 구체적 사정 등을 종합적으로 고려하여 객관적으로 보아 그 행위로 인하여 신청인이 손해를 입게 될 것임이 분명하다고 할 수 있어 신청인을 위하여도 당해 행정처분을 거부할 것이 요구되는 경우이어야 할 것이다); 대판 2017. 6. 29, 2017다211726.

이다.[1] 위법 여부를 판단할 때에는 국가기관의 직무집행을 전체적으로 판단할 필요가 있다.[2]

2861 　　(3) **위법행위의 취소불요**(선결문제)　　단순위법행위의 경우에 그 행위가 취소되기 전에도 손해배상을 청구할 수 있는가의 문제가 있다. 전통적 견해는 이러한 문제를 행정행위의 공정력과 관련하여 검토한다(저자를 포함한 일부 견해는 구성요건적 효력의 문제로 다룬다). 어느 입장을 취하든, 그러한 행위의 취소를 구하지 않고도 손해배상을 청구할 수 있다는데 학설은 일치하고 있다. 그 이유는 취소소송과 손해배상은 그 제도적 취지가 다르기 때문이라는 것이다. 판례도 학설과 마찬가지로 적극적인 입장이다.[3] 학설과 판례의 입장은 타당하다.

　　(4) **배상법상 위법개념과 소송법상 위법개념**

2862 　　㈎ **동일성 여부**　　국가배상법상 배상책임의 성립요건으로서 위법개념과 행정소송법상 취소소송에 있어서의 위법개념의 동일성여부와 관련하여 ① 손해배상제도와 취소소송은 성질이 다른바, 국가배상청구소송과 취소소송에서의 「위법」의 의미는 다르다는 견해(결과불법설의 입장)도[4] 있고, ② 위법의 개념을 다원화하는 것은 무용의 혼동을 가져올 우려를 낳게 하는 것이라 하여 양자를 동일한 것으로 새기는 견해(행위위법설의 입장)도 있다.[5] 생각건대 ③ 법질서단일의

---

1) 대판 2004. 12. 9, 2003다50184(교도소장이 아닌 일반교도관 또는 중간관리자에 의하여 징벌내용이 고지되었다는 사유에 의하여 당해 징벌처분이 위법하다는 이유로 공무원의 고의·과실로 인한 국가배상책임을 인정하기 위하여는 징벌처분이 있게 된 규율위반행위의 내용, 징벌혐의 내용의 조사·징벌혐의자의 의견 진술 및 징벌위원회의 의결 등 징벌절차의 진행경과, 징벌의 내용 및 그 집행경과 등 제반 사정을 종합적으로 고려하여 징벌처분이 객관적 정당성을 상실하고 이로 인하여 손해의 전보책임을 국가에게 부담시켜야 할 실질적인 이유가 있다고 인정되어야 한다.…행형법시행령 제144조의 규정에 반하여 교도소장이 아닌 관구교감에 의해 징벌처분이 고지되었다는 사유만으로는 위 징벌처분이 손해의 전보책임을 국가에게 부담시켜야 할 만큼 객관적 정당성을 상실한 정도라고 볼 수 없다); 대판 1997. 7. 25, 94다2480(불법시위를 진압하는 경찰관들의 직무집행이 법령에 위반한 것이라고 하기 위하여는 그 시위진압이 불필요하거나 또는 불법시위의 태양 및 시위장소의 상황 등에서 예측되는 피해 발생의 구체적 위험성의 내용에 비추어 시위진압의 계속 수행 내지 그 방법 등이 현저히 합리성을 결하여 이를 위법하다고 평가할 수 있는 경우이어야 한다); 대판 2000. 11. 10, 2000다26807·26814.

2) 대판 2023. 3. 9, 2021다202903.

3) 대판 1975. 5. 27, 74다347(토지구획정리사업시행자가 사실상 도로의 기타 소유자에 대하여 환지도 지정하지 아니하고 청산금도 지급하지 아니하기로 하는 처분은 하나의 공정력 있는 행정처분의 성질을 지닌 것이므로 이것이 적법한 행정소송의 절차에 의하여 취소되지 아니하는 한 이 처분은 법원을 기속한다 할 것이므로 법원이 그 행정처분의 내용과는 달리 청산금이나 손실보상금을 지급하라고 명할 수 없고, 다만 위와 같이 환지도 지정하지 아니하고 청산금지급처분도 하지 아니한 채 환지처분의 확정처분까지 거쳐 그 소유권을 상실시켰다면 사업시행자는 그 한도에서 토지구획정리사업을 위법하게 시행하였다고 보아 그 도로의 소유자에 대하여 불법행위의 책임을 면할 길이 없는 것이다); 대판 1981. 8. 25, 80다1598.

4) 서원우, 월간고시, 1991. 5, 64쪽.

5) 이상규, 신행정법론(상), 605쪽.

원칙상 양자를 동일한 것으로 보아야 한다.[1]

(나) **취소판결의 기판력과 국가배상소송** ① 취소소송의 소송물을 위법성 일 2863
반으로 보는 견해, 여기에도 ⓐ 취소소송과 국가배상청구소송의 위법이 다르다
는 견해에 의하면, 취소판결의 기판력은 국가배상청구소송에 영향을 미치지 않
는다고 보며, ⓑ 위법개념을 동일하게 새기는 견해, 여기에도 ㉠ 위법판단의 대
상이 동일하다고 보는 견해(협의설)는 취소판결의 기판력은 국가배상청구소송에
영향을 미친다고 보지만, ㉡ 국가배상법상 위법판단의 대상이 취소소송의 경우
보다 넓게 이해하는 견해(광의설)는 취소소송에서 청구인용판결의 기판력은 국
가배상청구소송에 영향을 미치지만, 청구기각판결의 경우에는 미치지 않는다고
본다.[2] 한편, ② 취소소송의 소송물을 당사자의 법적 주장(처분등이 위법하고 또한
그러한 처분등이 자기의 권리를 침해한다는 주장)으로 보는 견해는 위법성 개념이 동
일하다고 하더라도 기각판결의 경우에는 취소소송의 기판력이 국가배상청구소
송에 영향을 주지 않을 수 있다고 본다. 판례는 기판력부정설을 취하는 것으로
보인다.[3]

(다) **국가배상소송의 기판력과 취소소송** 국가배상청구소송의 기판력은 취소 2864
소송에 영향을 미치지 아니한다. 왜냐하면 국가배상청구소송은 국가배상청구권
의 존부를 소송물로 한 것이지 위법여부를 소송물로 한 것은 아니기 때문이다.
그것은 판결이유로 나타날 뿐이다. 또한 국가배상소송에 있어서의 위법성의 판
단은 판결이유 중의 판단이고, 판결이유 중의 판단에는 기판력이 미치지 않기
때문이다.

(5) **판단시점·입증책임** ① 법령위반여부의 판단시점은 공무원의 가해행 2865
위가 이루어지는 행위시가 된다. 국가배상법상 국가의 배상책임은 공무원의 가
해행위시의 불법(행위불법)을 문제삼는 것이지, 행위의 결과의 불법(결과불법)을
문제삼는 것은 아니기 때문이다. ② 원고가 직무행위의 위법성을 입증해야 하
고, 피고는 직무행위의 적법성을 입증할 책임을 부담한다고 본다.

---

1) 김중권의 행정법(2019), 865쪽.
2) 홍준형, 행정법, 676쪽(2017) 이하.
3) 대판 2022. 4. 28, 2017다233061(어떠한 행정처분이 항고소송에서 취소되었다고 할지라도 그
기판력으로 곧바로 국가배상책임이 인정될 수는 없고, '공무원이 직무를 집행하면서 고의 또는
과실로 법령을 위반하여 타인에게 손해를 입힌 때'라고 하는 국가배상법 제2조 제1항의 요건이
충족되어야 한다. 보통 일반의 공무원을 표준으로 공무원이 객관적 주의의무를 소홀히 하고 그
로 말미암아 객관적 정당성을 잃었다고 볼 수 있으면 국가배상법 제2조가 정한 국가배상책임
이 성립할 수 있다. 객관적 정당성을 잃었는지는 침해행위가 되는 행정처분의 양태와 목적, 피
해자의 관여 여부와 정도, 침해된 이익의 종류와 손해의 정도 등 여러 사정을 종합하여 판단하
여야 한다).

6. 타   인

2866   여기서 타인이란 위법한 행위를 한 자나 바로 그 행위에 가담한 자를 제외한 모든 피해자(자연인·법인 포함)를 말한다. 따라서 가해한 공무원과 동일한 행위를 위해 그 행위의 현장에 있다가 피해를 받은 공무원도 타인에 해당한다. 가해자가 국가인 경우에는 지방자치단체, 가해자가 지방자치단체인 경우에는 국가도 타인에 해당하게 된다. 다만 피해자가 군인·군무원 등인 경우에는 뒤에서 보는 바의 특례가 인정되고 있다.

7. 손   해

2867   (1) 손해의 의의   손해가 발생하여야 한다.[1] 손해란 가해행위로부터 발생한 일체의 손해를 말한다. 손해는 법익(법률상 이익)침해로서의 불이익을 의미한다. 반사적 이익의 침해는 여기의 손해에 해당하지 아니한다. 적극적 손해인가 또는 소극적 손해인가, 재산상의 손해인가 또는 생명·신체·정신상의 손해인가를 가리지 않는다.[2][3]

2868   (2) 상당인과관계   가해행위인 직무집행행위와 손해의 발생 사이에는 상당인과관계가 있어야 한다. 상당인과관계란 법률상 개념으로서 인과관계이다. 그것은 어떠한 원인으로부터 나온다고 추론되는 무한의 모든 결과를 포함하는 관계가 아니라, 어떠한 원인으로부터 일반적·통상적으로 나온다고 추론되는 제한된 결과만을 포함하는 관계이다. 그러한 관계의 유무, 즉 상당인과관계의 유무는 일반적인 결과 발생의 개연성은 물론 직무상 의무를 부과하는 법령을 비

---

1) 대판 2016. 8. 30, 2015두60617(국가배상책임이 성립하기 위해서는 공무원의 직무집행이 위법하다는 점만으로는 부족하고, 그로 인해 타인의 권리·이익이 침해되어 구체적 손해가 발생하여야 한다).

2) 대판 2022. 9. 29, 2018다224408(불법행위로 입은 정신적 고통에 대한 위자료 액수에 관하여는 사실심법원이 제반 사정을 참작하여 그 직권에 속하는 재량에 의하여 이를 확정할 수 있다); 대판 2004. 9. 23, 2003다49009(윤락녀들이 윤락업소에 감금된 채로 윤락을 강요받으면서 생활하고 있음을 쉽게 알 수 있는 상황이었음에도, 경찰관이 이러한 감금 및 윤락강요행위를 제지하거나 윤락업주들을 체포·수사하는 등 필요한 조치를 취하지 아니하고 오히려 업주들로부터 뇌물을 수수하며 그와 같은 행위를 방치한 것은 경찰관의 직무상 의무에 위반하여 위법하므로 국가는 이로 인한 정신적 고통에 대하여 위자료를 지급할 의무가 있다); 대판 1998. 7. 10, 96다38971(재산상 손해로 인한 정신적 고통은 특별한 사정이 없는 한 재산상 손해배상으로 위자된다).

3) 대판 2023. 2. 2, 2020다270633(불법행위로 인한 위자료를 산정할 경우, 피해자의 연령, 직업, 사회적 지위, 재산과 생활상태, 피해로 입은 고통의 정도, 피해자의 과실 정도 등 피해자 측의 사정과 아울러 가해자의 고의·과실의 정도, 가해행위의 동기와 원인, 불법행위 후의 가해자의 태도 등 가해자 측의 사정까지 함께 참작하는 것이 손해의 공평부담이라는 손해배상의 원칙에 부합하고, 법원은 이러한 여러 사정을 참작하여 그 직권에 속하는 재량에 의하여 위자료 액수를 확정할 수 있다).

롯한 행동규범의 목적, 가해행위의 양태와 피해의 정도 등을 종합적으로 고려하여 판단하여야 한다.[1] 피해자가 제3자인 경우도 같다.[2]

Ⅲ. 배상책임의 내용

1. 배 상 액

(1) 배상범위   헌법 제29조 제1항은 정당한 배상을 지급하도록 규정하고 있다. 국가배상법은 생명·신체에 대한 침해와 물건의 멸실·훼손으로 인한 손해에 관해서는 배상금액의 기준을 정해 놓고 있으며(국배법 제3조 제1항 내지 제3항), 그 밖의 손해에 대해서는 불법행위와 상당인과관계가 있는 범위 내의 손해를 기준으로 하고 있다(국배법 제3조 제4항). 2869

(2) 배상기준의 성질   배상액의 기준을 정하고 있는 상기의 국가배상법의 규정이 법원을 구속하는가, 아니면 단순한 기준에 불과한 것인가에 관해 문제가 있다. 전자의 입장을 한정액설, 후자의 입장을 기준액설이라 부른다. ① 한정액설은 배상범위가 명백하다는 점, 따라서 분쟁을 배제한다는 점을 논거로 갖는다. ② 기준액설은 국가배상법이 기준이라는 용어를 사용하고 있다는 점, 한정적으로 새긴다면 그것은 헌법의 정당한 보상규정에 위반될 가능성을 갖는다는 점을 논거로 한다. 한정액설을 지지하는 견해도[3] 있으나, 기준액설이 지배적인 견해이다.[4] 기준액설이 타당하다고 본다. 판례도 기준액설을 취한다.[5] 2870

(3) 공   제   한편, 피해자가 손해를 입은 동시에 이익을 얻은 경우에는 2871

---

1) 대판 2021. 6. 10, 2017다286874.

2) 대판 2020. 7. 9, 2016다268848(제3자에게 손해배상청구권이 인정되기 위하여는 공무원의 직무상 의무 위반행위와 제3자의 손해 사이에 상당인과관계가 있어야 하고, 상당인과관계의 유무를 판단할 때 일반적인 결과발생의 개연성은 물론 직무상 의무를 부과한 법령 기타 행동규범의 목적이나 가해행위의 태양 및 피해의 정도 등을 종합적으로 고려하여야 한다. 공무원에게 직무상 의무를 부과한 법령의 목적이 사회 구성원 개인의 이익과 안전을 보호하기 위한 것이 아니고 단순히 공공일반의 이익이나 행정기관 내부의 질서를 규율하기 위한 것이라면, 설령 공무원이 그 직무상 의무를 위반한 것을 계기로 하여 제3자가 손해를 입었다고 하더라도 공무원이 직무상 의무를 위반한 행위와 제3자가 입은 손해 사이에 상당인과관계가 있다고 할 수 없다).

3) 이상규, 신행정법론(상), 608쪽.

4) 김동희, 행정법(Ⅰ), 584쪽(2019); 박윤흔·정형근, 최신행정법강의(상), 614쪽; 변재옥, 행정법강의(Ⅰ), 512쪽; 홍준형, 행정법, 689쪽(2017).

5) 대판 1970. 1. 29, 69다1203(구 국가배상법(1967. 3. 3. 법률 제1899호) 제3조 제1항과 제3항의 손해배상의 기준은 배상심의회의 배상금지급기준을 정함에 있어서의 하나의 기준을 정한 것에 지나지 아니하는 것이고 이로써 배상액의 상한을 제한한 것으로 볼 수 없다 할 것이며 따라서 법원이 국가배상법에 의한 손해배상을 산정함에 있어서 그 기준에 구애되는 것이 아니라 할 것이니 이 규정은 국가 또는 공공단체에 대한 손해배상청구권을 규정한 구 헌법(1962. 12. 26. 개정헌법) 제26조에 위반된다고 볼 수 없다).

손해배상액에서 그 이익에 상당하는 금액을 빼야 한다(국배법 제3조의2 제1항). 의사상자 등 예우 및 지원에 관한 법률에 의해 지급되는 보상금은 의상자 및 의사자의 유족의 생활안정과 복지향상을 도모한다는 사회보장적 성격을 가질 뿐만 아니라 그들의 국가 및 사회를 위한 공헌이나 희생에 대한 국가적 예우를 시행하는 것으로서 손해를 배상하는 제도와는 그 취지나 목적을 달리하므로 공제대상이 아니다.[1] 국가배상법 제3조 제1항의 유족배상과 같은 조 제2항의 손해배상 및 장래에 필요한 요양비 등을 한꺼번에 신청하는 경우에는 중간이자를 빼야 한다(국배법 제3조의2 제2항). 중간이자를 빼는 방식은 대통령령으로 정한다(국배법 제3조의2 제3항). 국가배상법시행령은 호프만식을 규정하고 있다(동시행령 제6조 제3항). 1997년 12월 개정 전의 구 국가배상법은 중간이자의 공제방식으로 복할인법(라이프니쯔식)을 규정하였고(동법 제3조의2 제2항), 법원은 라이프니쯔식과 호프만식(단할인법) 중에서 어느 하나를 자유롭게 선택할 수 있었으나, 일반적으로는 피해자에게 유리한 호프만식을 적용하였다.[2]

2. 배상청구권의 양도 등 금지

2872 생명·신체의 침해로 인한 국가배상을 받을 권리는 양도하거나 압류하지 못한다(국배법 제4조). 이것은 사회보장적 견지에서 피해자 또는 피해자의 유족의 보호를 위한 것이다.

3. 군인·군무원 등의 이중배상배제

(1) 내 용

2873 ㈎ 규정내용 국가배상법은 제2조 제1항 단서에서 "군인·군무원·경찰공무원 또는 향토예비군대원이 전투·훈련 등 직무 집행과[3] 관련하여 전사·순직하거나 공상을 입은 경우에 본인이나 그 유족이 다른 법령에[4] 따라 재해보상금·

---

1) 대판 2001. 2. 23, 2000다46894.
2) 대판 1983. 6. 28, 83다191; 대판 1966. 11. 29, 66다1871.
3) 대판 2011. 3. 10, 2010다85942(이 사건 면책조항[국가배상법(2005. 7. 13.법률 제7584호로 개정된 것) 제2조 제1항 단서]은 종전 면책조항과 마찬가지로 전투·훈련 또는 이에 준하는 직무집행뿐만 아니라 일반 직무집행에 관하여도 국가나 지방자치단체의 배상책임을 제한하는 것이다).
4) 대판 2017. 2. 3, 2015두60075(국가배상법 제2조 제1항 단서는 헌법 제29조 제2항에 근거를 둔 규정이고, 보훈보상자법이 정한 보상에 관한 규정은 국가배상법 제2조 제1항 단서가 정한 '다른 법령'에 해당하므로, 보훈보상자법에서 정한 보훈보상대상자 요건에 해당하여 보상금 등 보훈급여금을 지급받을 수 있는 경우는 보훈보상자법에 따라 '보상을 지급받을 수 있을 때'에 해당한다. 따라서 군인·군무원·경찰공무원 또는 향토예비군대원(이하 '군인 등'이라 한다)이 전투·훈련 등 직무집행과 관련하여 공상을 입는 등의 이유로 보훈보상자법이 정한 보훈보상대상자 요건에 해당하여 보상금 등 보훈급여금을 지급받을 수 있을 때에는 국가배상법 제2조 제1항 단서에 따라 국가를 상대로 국가배상을 청구할 수 없다고 할 것이다); 대판 2019. 5. 30,

유족연금·상이연금 등의 보상을 지급받을 수 있을 때에는 이 법 및 민법에 따른 손해배상을 청구할 수 없다"고 하여 군인 등 특별한 신분을 가진 자에 대한 이중배상의 가능성을 배제하고 있다.[1] 헌법재판소는 국가배상법 제2조 제1항 단서를 합헌으로 본다.[2]

(나) **적용대상자**   이중배상이 배제되는 자는 군인·군무원·경찰공무원 또 2874 는 향토예비군대원이다. 전투경찰대설치법에 따른 전투경찰순경은 여기의 경찰 공무원에 해당하지만,[3] 공익근무요원은 이중배상이 배제되는 자에 속하지 않는 다는 것이 판례의 입장이다.[4] 한편, 군인·군무원·경찰공무원의 경우에는 헌법 상으로도 이중배상배제가 예정되어 있지만(헌법 제29조 제2항), 향토예비군대원은 국가배상법에서 비로소 규정된 자이다. 이와 관련하여 국가배상법이 향토예비 군을 이중배상배제의 대상자로 규정한 것이 위헌이 아닌가의 문제가 있으나, 헌 법재판소는 이를 합헌으로 보았다.[5] 판례는 또한 경비교도로 임용된 자도 이중

2017다16174(공무원연금법의 규정에 따라 공무상 요양비를 지급받는 것은 국가배상법 제2조 제1항 단서 소정의 "다른 법령의 규정"에 의한 보상을 지급받는 것에 해당하지 않는다. 그러나 국가유공자 등 예우 및 지원에 관한 법률은 국가배상법 제2조 제1항 단서의 "다른 법령"에 해 당할 수 있다).

1) 대판 2017. 2. 3, 2015두60075(헌법 제29조 제2항 및 국가배상법 제2조 제1항 단서의 취지는, 국가 또는 공공단체가 위험한 직무를 집행하는 군인 등에 대한 피해보상제도를 운영하여, 직무 집행과 관련하여 피해를 입은 군인 등이 간편한 보상절차에 의하여 자신의 과실 유무나 그 정 도와 관계없이 무자력의 위험부담이 없는 확실하고 통일된 피해보상을 받을 수 있도록 보장하 는 대신, 피해 군인 등이 국가 등에 대하여 공무원의 직무상 불법행위로 인한 손해배상을 청구 할 수 없게 함으로써, 군인 등의 동일한 피해에 대하여 국가 등의 보상과 배상이 모두 이루어 짐으로 인하여 발생할 수 있는 과다한 재정지출과 피해 군인 등 사이의 불균형을 방지하기 위 한 것이다).

2) 헌재 2001. 2. 22, 2000헌바38(국가배상법 제2조 제1항 단서는 헌법 제29조 제1항에 의하여 보 장되는 국가배상청구권을 헌법 내재적으로 제한하는 헌법 제29조 제2항에 직접 근거하고, 실 질적으로 그 내용을 같이하는 것이므로 헌법에 위반되지 아니한다).

3) 헌재 1996. 6. 13, 94헌마118, 93헌바39(병합)(국가배상법 제2조 제1항 단서 중의 '경찰공무원' 은 '경찰공무원법상의 경찰공무원'만을 의미한다고 단정하기 어렵고, 널리 경찰업무에 내재된 고도의 위험성을 고려하여 '경찰조직의 구성원을 이루는 공무원'을 특별취급하려는 취지로 파 악함이 상당하므로 전투경찰순경은 헌법 제29조 제2항 및 국가배상법 제2조 제1항 단서 중의 '경찰공무원'에 해당한다고 보아야 한다).

4) 대판 1997. 3. 28, 97다4036(공익근무요원은 … 국가기관 또는 지방자치단체의 공익목적수행에 필요한 경비·감시·보호 또는 행정업무 등의 지원과 국제협력 또는 예술·체육의 육성을 위하 여 소집되어 공익분야에 종사하는 사람으로서 보충역에 편입되어 있는 자이기 때문에, 소집되 어 군에 복무하지 않는 한 군인이라고 말할 수 없으므로, 비록 병역법 제75조 제2항이 공익근 무요원으로 복무중 순직한 사람의 유족에 대하여 국가유공자등예우및지원에관한법률에 따른 보상을 하도록 규정하고 있다고 하여도, 공익근무요원이 국가배상법 제2조 제1항 단서의 규정 에 의하여 국가배상법상 손해배상청구가 제한되는 군인·군무원·경찰공무원 또는 향토예비군 대원에 해당한다고 할 수 없다).

5) 헌재 1996. 6. 13, 94헌바20(향토예비군의 직무는 그것이 비록 개별 향토예비군대원이 상시로 수행하여야 하는 것이 아니라 법령에 의하여 동원되거나 소집된 때에 한시적으로 수행하게 되

배상이 배제되는 자에 속하지 않는다고 하였다.[1]

2875　　　　(따) 이중배상이 배제되는 직무의 범위　　　구 국가배상법 제2조 제1항 단서는 "전투·훈련·기타 직무집행"과 관련한 경우에 이중배상배제를 규정하였으나, 2005년 개정된 현행 규정은 "전투·훈련 등 직무 집행"과 관련한 경우에 이중배상배제를 규정하고 있어 표현상 차이가 난다. 이 때문에 일반직무가 이중배상이 배제되는 직무에 포함되는지의 여부가 문제된다. 구법 하에서 판례는 일반직무의 경우에도 이중배상배제가 적용된다고 보았고,[2] 아울러 현행 조문 하에서도 판례는 같은 입장을 취하고 있다.[3] 생각건대 2005년 개정의 의미가 이중배상배제제도의 문제점을[4] 완화하는 것이라고 본다면, 일반직무는 이중배상이 배제되는 직무에 포함되지 않는 것으로 볼 것이다.[5]

2876　　　　(라) 재해보상금 등에 관한 청구권소멸과 이중배상배제의 관계　　　판례는 "국가배상법 제2조 제1항 단서 규정은 다른 법령에 보상제도가 규정되어 있고, 그 법령에 규정된 상이등급 또는 장애등급 등의 요건에 해당되어 그 권리가 발생한 이상, 실제로 그 권리를 행사하였는지 또는 그 권리를 행사하고 있는지 여부에 관계없이 적용된다고 보아야 하고, 그 각 법률에 의한 보상금청구권이 시효로 소멸되었다 하여 적용되지 않는다고 할 수는 없다"는 입장이다.[6]

2877　　　　(마) 공동불법행위와 구상　　　종래 대법원은 이중배상의 배제를 이유로 국가와 공동불법행위책임이 있는 자의 국가에 대한 구상권행사를 전면 부인하였다.[7]

는 것이라 하더라도 그 성질상 고도의 위험성을 내포하는 공공적 성격의 직무이므로, 국가배상법 제2조 제1항 단서가 그러한 직무에 종사하는 향토예비군대원에 대하여 다른 법령의 규정에 의한 사회보장적 보상제도를 전제로 이중보상으로 인한 일반인들과의 불균형을 제거하고 국가 재정의 지출을 절감하기 위하여 임무수행중 상해를 입거나 사망한 개별 향토예비군대원의 국가배상청구권을 금지하고 있는 데에는 그 목적의 정당성, 수단의 상당성 및 침해의 최소성, 법익의 균형성이 인정되어 기본권제한규정으로서 헌법상 요청되는 과잉금지의 원칙에 반한다고 할 수 없고, 나아가 그 자체로서 평등의 원리에 반한다거나 향토예비군대원의 재산권의 본질적인 내용을 침해하는 위헌규정이라고 할 수 없다).

1) 대판 1998. 2. 10, 97다45914(현역병으로 입영하여 소정의 군사교육을 마치고 병역법 제25조의 규정에 의하여 전임되어 구 교정시설경비교도대설치법 제3조에 의하여 경비교도로 임용된 자는, 군인의 신분을 상실하고 군인과는 다른 경비교도로서의 신분을 취득하게 되었다고 할 것이어서 국가배상법 제2조 제1항 단서가 정하는 군인 등에 해당하지 아니한다).
2) 대판 2001. 2. 15, 96다42420 전원합의체.
3) 대판 2011. 3. 10, 2010다85942(국가배상법 제2조 제1항 단서의 면책조항은 구 국가배상법(2005. 7. 13. 법률 제7584호로 개정되기 전의 것) 제2조 제1항 단서의 면책조항과 마찬가지로 전투·훈련 또는 이에 준하는 직무집행뿐만 아니라 '일반 직무집행'에 관하여도 국가나 지방자치단체의 배상책임을 제한하는 것이다).
4) 본서, 옆번호 2878 참조.
5) 박균성, 행정법론(상), 918쪽(2019).
6) 대판 2002. 5. 10, 2000다39735.
7) 대판 1983. 6. 28, 83다카500(헌법 제28조 제2항에 근거를 둔 국가배상법 제2조 제1항 단서의

이에 대하여 헌법재판소는 국가배상법 제2조 제1항 단서부분에 대하여 한정위헌을 선고하였다.[1] 그 후 대법원은 민간인이 공동불법행위자로 부담하는 책임은 공동불법행위의 일반적인 경우와 달리 모든 손해에 대한 것이 아니라 귀책비율에 따른 부분으로 한정된다고 하고, 그 이상의 부담에 대해서는 구상을 청구할 수 없다고 하였다.[2] 이러한 입장은 국가배상법 제2조 제1항 단서의 취지

규정은 군인, 군무원 등 위 규정에 열거된 자에 대하여 재해보상금, 유족연금, 상여연금 등 별도의 보상제도가 마련되어 있는 경우에는 2중배상금지를 위하여 이들의 국가에 대한 국가배상법상 또는 민법상의 손해배상청구권을 배제한 규정이므로, 국가와 공동불법행위책임이 있는 자가 피해자에게 그 배상채무를 변제하였음을 이유로 국가에 대하여 구상권을 행사하는 것도 허용되지 않는다).

1) 헌재 1994. 12. 29, 93헌바21(국가배상법 제2조 제1항 단서 중 군인에 관련되는 부분을, 일반국민이 직무집행중인 군인과의 공동불법행위로 직무집행중인 다른 군인에게 공상을 입혀 그 피해자에게 공동의 불법행위로 인한 손해를 배상한 다음 공동불법행위자인 군인의 부담부분에 관하여 국가에 대하여 구상권을 행사하는 것을 허용하지 않는다고 해석한다면, 이는 위 단서규정의 헌법상 근거규정인 헌법 제29조가 구상권의 행사를 배제하지 아니하는데도 이를 배제하는 것으로 해석하는 것으로서 합리적인 이유 없이 일반국민을 국가에 대하여 지나치게 차별하는 경우에 해당하므로 헌법 제11조, 제29조에 위반되며, 또한 국가에 대한 구상권은 헌법 제23조 제1항에 의하여 보장되는 재산권이고 위와 같은 해석은 그러한 재산권의 제한에 해당하며 재산권의 제한은 헌법 제37조 제2항에 의한 기본권제한의 한계 내에서만 가능한데, 위와 같은 해석은 헌법 제37조 제2항에 의하여 기본권을 제한할 때 요구되는 비례의 원칙에 위배하여 일반국민의 재산권을 과잉 제한하는 경우에 해당하여 헌법 제23조 제1항 및 제37조 제2항에도 위반된다).

2) 대판 2001. 2. 15, 96다42420(헌법 제29조 제2항, 국가배상법 제2조 제1항 단서의 입법 취지를 관철하기 위하여는, 국가배상법 제2조 제1항 단서가 적용되는 공무원의 직무상 불법행위로 인하여 직무집행과 관련하여 피해를 입은 군인 등에 대하여 위 불법행위에 관련된 일반국민(법인을 포함한다. 이하 '민간인'이라 한다)이 공동불법행위책임, 사용자책임, 자동차운행자책임 등에 의하여 그 손해를 자신의 귀책부분을 넘어서 배상한 경우에도, 국가 등은 피해 군인 등에 대한 국가배상책임을 면할 뿐만 아니라, 나아가 민간인에 대한 국가의 귀책비율에 따른 구상의무도 부담하지 않는다고 하여야 할 것이다. 그러나 위와 같은 경우, 민간인은 여전히 공동불법행위자 등이라는 이유로 피해 군인 등의 손해 전부를 배상할 책임을 부담하도록 하면서 국가 등에 대하여는 귀책비율에 따른 구상을 청구할 수 없도록 한다면, 공무원의 직무활동으로 빚어지는 이익의 귀속주체인 국가 등과 민간인과의 관계에서 원래는 국가 등이 부담하여야 할 손해까지 민간인이 부담하는 부당한 결과가 될 것이고(가해 공무원에게 경과실이 있는 경우에는 그 공무원은 손해배상책임을 부담하지 아니하므로 민간인으로서는 자신이 손해발생에 기여한 귀책부분을 넘는 손해까지 종국적으로 부담하는 불이익을 받게 될 것이고, 가해 공무원에게 고의 또는 중과실이 있는 경우에도 그 무자력 위험을 사용관계에 있는 국가 등이 부담하는 것이 아니라 오히려 민간인이 감수하게 되는 결과가 된다), 이는 위 헌법과 국가배상법의 규정에 의하여도 정당화될 수 없다고 할 것이다. 이러한 부당한 결과를 방지하면서 위 헌법 및 국가배상법 규정의 입법취지를 관철하기 위하여는, 피해 군인 등은 위 헌법 및 국가배상법 규정에 의하여 국가 등에 대한 배상청구권을 상실한 대신에 자신의 과실 유무나 그 정도와 관계 없이 무자력의 위험부담이 없는 확실한 국가보상의 혜택을 받을 수 있는 지위에 있게 되는 특별한 이익을 누리고 있음에 반하여 민간인으로서는 손해 전부를 배상할 의무를 부담하면서도 국가 등에 대한 구상권을 행사할 수 없다고 한다면 부당하게 권리침해를 당하게 되는 결과가 되는 것과 같은 각 당사자의 이해관계의 실질을 고려하여, 위와 같은 경우에는 공동불법행위자 등이 부진정연대채무자로서 각자 피해자의 손해 전부를 배상할 의무를 부담하는 공동불법행위의 일반적인 경우와 달리 예외적으로 민간인은 피해 군인 등에 대하여 그 손해 중 국가 등이 민간인에 대한 구상의무를 부담한다면 그 내부적인 관계에서 부담하여야 할 부분을 제외한 나머지 자신

를 살리면서 동시에 공동불법행위자인 민간인의 재산권의 보호를 위한 것으로 이해된다.

2878   (2) 문 제 점   과거에 이중배상금지제도는 헌법상 근거없이 국가배상법에서 규정되었고, 1971년 6월 22일 대법원은 이중배상금지를 헌법위반으로 판결하였다.[1] 그 후 소위 유신헌법에서 이중배상금지를 명문화하였고, 이것이 현행 헌법까지 그대로 유지되고 있다. 이에 대하여 일설은 "위험성이 높은 직무에 종사하는 자에 대하여는 사회보장적 위험부담으로서의 국가보상제도를 별도로 마련함으로써, 그것과 경합하는 국가배상청구를 배제하려는 취지이다"라 하여 군인·군무원 등의 이중배상배제를 긍정적으로 보고 있는 듯하다.[2] 대법원이 보는 제도의 취지도 유사하다.[3] 그러나 논리적인 관점에서 보면, 국가배상법에 의한 배상은 '불법에 대한 배상'이며, 다른 법령에 의한 보상은 '국가에 바친 헌신에 대한 보상 등'이어서 양자는 목적을 달리하는 것이므로, 이중배상을 금하는 헌법과 국가배상법의 관련규정은 비합리적인 것으로 생각된다. 삭제가 요구된다고 본다.[4]

2879   (3) 배상가능한 경우   이중배상이 배제되는 군인·군무원·경찰공무원 등의 경우에도 다른 법령의 규정에 의하여 재해보상금·유족연금·상이연금 등의 보상을 지급받을 수 없을 때에는 국가배상법에 따라 배상을 청구할 수 있다.[5]

의 부담부분에 한하여 손해배상의무를 부담하고, 한편 국가 등에 대하여는 그 귀책부분의 구상을 청구할 수 없다고 해석함이 상당하다 할 것이고, 이러한 해석이 손해의 공평·타당한 부담을 그 지도원리로 하는 손해배상제도의 이상에도 맞는다 할 것이다).

1) 대판 1971. 6. 22, 70다1010(군인 또는 군속이 공무원의 직무상 불법행위의 피해자인 경우에 그 군인 또는 군속에게 이로 인한 손해배상청구권을 제한 또는 부인하는 국가배상법 제2조 제1항 단행은 헌법 제26조에서 보장된 국민의 기본권인 손해배상청구권을 헌법 제32조 제2항의 질서유지 또는 공공복리를 위하여 제한할 필요성이 없이 제한한 것이고 또 헌법 제9조의 평등의 원칙에 반하여 군인 또는 군속인 피해자에 대하여서만 그 권리를 부인함으로써 그 권리 자체의 본질적 내용을 침해하였으며 기본권제한의 범주를 넘어 권리 자체를 박탈하는 규정이므로 이는 헌법 제26조, 같은법 제8조, 같은법 제9조 및 같은법 제32조 제2항에 위반한다).

2) 김도창, 일반행정법론(상), 634쪽.

3) 대판 2002. 5. 10, 2000다39735(국가배상법 제2조 제1항 단서 규정의 입법 취지는, 국가 또는 공공단체가 위험한 직무를 집행하는 군인·군무원·경찰공무원 또는 향토예비군대원에 대한 피해보상제도를 운영하여, 직무집행과 관련하여 피해를 입은 군인 등이 간편한 보상절차에 의하여 자신의 과실 유무나 그 정도와 관계없이 무자력의 위험부담이 없는 확실하고 통일된 피해보상을 받을 수 있도록 보장하는 대신에, 피해 군인 등이 국가 등에 대하여 공무원의 직무상 불법행위로 인한 손해배상을 청구할 수 없게 함으로써, 군인 등의 동일한 피해에 대하여 국가 등의 보상과 배상이 모두 이루어짐으로 인하여 발생할 수 있는 과다한 재정지출과 피해 군인 등 사이의 불균형을 방지하고, 또한 가해자인 군인 등과 피해자인 군인 등의 직무상 잘못을 따지는 쟁송이 가져올 폐해를 예방하려는 데에 있다); 대판 2001. 2. 15, 96다42420.

4) 홍준형, 행정구제법, 135쪽.

5) 대판 1996. 2. 14, 96다28066(군인 또는 경찰공무원으로서 교육훈련 또는 직무수행중 상이(공

Ⅳ. 배상책임자와 배상책임의 성질 등

1. 배상책임자(배상주체)

⑴ **배상책임자로서 국가와 지방자치단체** 　국가배상법상 배상책임자는 국가 　2880
또는 지방자치단체이다.[1] 헌법은 국가와 공공단체를 배상책임자로 규정하고 있
으나, 국가배상법은 공공단체를 지방자치단체로 한정하고 있다. 따라서 지방자
치단체를 제외한 공공단체(공법상 법인)는 다른 특별규정이 없는 한 민법규정에
의할 수밖에 없을 것이다. 공공단체의 공무수행상의 손해배상에는 민법이 적용
되는 것으로 보아야 하나 공평의 원칙상 국가배상법 제2조 또는 제5조를 유추
적용하여 점유자의 면책을 인정하지 않는 것이 타당하다는 견해도[2] 있다. 국가
로부터 공행정사무를 위탁받은 공법인은 배상주체가 된다.[3]

　국가배상법이 배상주체를 헌법상의 공공단체 대신에 지방자치단체로 규정 　2881
한 것에 대하여는 ① 그 밖의 공공단체의 배상책임에 대해서 민법에 맡긴 것은
헌법 제29조의 취지에 어긋난다는 견해,[4] ② 동 규정이 국가·지방자치단체뿐
아니라 기타 공공조합·영조물법인 등의 공공단체가 포함되는 예시적인 의미로
확대해석하여 국가배상법을 탄력성있게 운영하여야 할 것이라는 견해[5]가 있다.
논리적으로는 ① 견해가 보다 타당하나, 국가배상법에 손질이 가해지기까지는
②로 운용하여야 할 것이다.

⑵ **사무의 귀속주체로서 배상책임자** 　국가배상법 제2조 제1항에서 국가 또 　2882
는 지방자치단체가 배상책임을 진다고 하는 것은 당해 사무의 귀속주체에 따라
서 국가사무의 경우에는 국가가 배상책임을 지고, 자치사무의 경우에 당해 지방
자치단체가 배상책임을 진다는 것을 뜻한다. 따라서 기관위임사무의 경우, 위임

무상의 질병 포함)를 입고 전역 또는 퇴직한 자라고 하더라도 국가유공자예우등에관한법률
에 의하여 국가보훈처장이 실시하는 신체검사에서 대통령령이 정하는 상이등급에 해당하는
신체의 장애를 입지 않은 것으로 판명되고 또한 군인연금법상의 재해보상 등을 받을 수 있는
장애등급에도 해당하지 않는 것으로 판명된 자는 위 각 법에 의한 적용대상에서 제외되고,
따라서 그러한 자는 국가배상법 제2조 제1항 단서의 적용을 받지 않아 국가배상을 청구할 수
있다).

1) 제3자에 대한 공무원의 직접책임을 인정하는 입법례(예 : 영국·이탈리아)도 있으나, 대부분의
　유럽국가는 국가책임을 규정하고 있다(Kopp, Entwicklungen im Staatshaftungsrecht, S. 123).
2) 박균성, 행정법강의, 667쪽.
3) 대판 2021. 1. 28, 2019다260197(공법인이 국가로부터 위탁받은 공행정사무를 집행하는 과정에
　서 공법인의 임직원이나 피용인이 고의 또는 과실로 법령을 위반하여 타인에게 손해를 입힌
　경우에는, 공법인은 위탁받은 공행정사무에 관한 행정주체의 지위에서 배상책임을 부담하여야
　한다).
4) 이상규, 신행정법론(상), 610쪽.
5) 변재옥, 행정법강의(Ⅰ), 506쪽.

기관이 속한 행정주체는 당연히 사무의 귀속주체로서 배상책임을 진다.[1]

(3) 비용부담자로서 배상책임자

2883 　　**㈎ 규정내용**　　국가배상법 제6조 제1항은 비용부담자 등의 책임이라는 제목하에 "제2조·제3조 및 제5조에 따라 국가 또는 지방자치단체가 손해를 배상할 책임이 있는 경우에 공무원의 선임·감독 또는 영조물의 설치·관리를 맡은 자와 공무원의 봉급·급여 그 밖의 비용 또는 영조물의 설치·관리비용을 부담하는 자가 동일하지 아니하면 그 비용을 부담하는 자도 손해를 배상하여야 한다"고 규정하고 있다.

㈏ 공무원의 선임·감독자 등

2884 　　**1) 학　설**　　일설은 「공무원의 선임·감독 또는 영조물의 설치·관리를 맡은 자」란 "사무주체 또는 영조물의 관리주체"로 이해하고, 「공무원의 봉급·급여 그 밖의 비용 또는 영조물의 설치·관리비용을 부담하는 자」를 "사무 또는 영조물의 비용부담자"로 이해하고, 관리주체를 당해 사무의 관리기관 또는 영조물의 관리기관이 속해 있는 법인격 있는 조직체로 이해한다.[2]

2885 　　**2) 판　례**　　판례는 "지방자치단체의 장이 기관위임된 국가행정사무를 처리하는 경우 그에 소요되는 경비의 실질적·궁극적 부담자는 국가라고 하더라도 당해 지방자치단체는 국가로부터 내부적으로 교부된 금원으로 그 사무에 필요한 경비를 대외적으로 지출하는 자이므로, 이러한 경우 지방자치단체는 국가배상법 제6조 제1항 소정의 비용부담자로서 공무원의 불법행위로 인한 위법에 의한 손해를 배상할 책임이 있다"고 하여,[3] 기관위임사무의 경우에 있어서 수임자의 배상책임을 국가배상법 제6조 제1항의 손해배상책임으로 새기고 있다. 국가배상법 제6조 제1항은 공무원의 선임·감독자와 공무원의 봉급·급여 그 밖의 비용부담자가 동일하지 아니한 경우를 전제로 하므로, 판례는 기관위임사무의 경우에 공무원의 선임·감독을 맡은 자를 국가 또는 지방자치단체로 보고, 비용부담자를 기관위임사무를 현실적으로 처리하는 자가 속한 지방자치단체로

---

1) 대판 1996. 11. 8, 96다21331(지방자치단체장간의 기관위임의 경우에 위임받은 하위 지방자치단체장은 상위 지방자치단체 산하 행정기관의 지위에서 그 사무를 처리하는 것이므로 사무귀속의 주체가 달라진다고 할 수 없고, 따라서 하위 지방자치단체장을 보조하는 하위 지방자치단체 소속 공무원이 위임사무처리에 있어 고의 또는 과실로 타인에게 손해를 가하였더라도 상위 지방자치단체는 여전히 그 사무귀속 주체로서 손해배상책임을 진다); 대판 1991. 12. 24, 91다34097(자동차운전면허시험 관리업무는 국가행정사무이고 지방자치단체의 장인 서울특별시장은 국가로부터 그 관리업무를 기관위임받아 국가행정기관의 지위에서 그 업무를 집행하므로, 국가는 면허시험장의 설치 및 보존의 하자로 인한 손해배상책임을 부담한다).

2) 박균성, 행정법론(상), 904쪽(2019).

3) 대판 1994. 12. 9, 94다38137.

보고 있는 셈이다.

　3) 사　　견　　① 국가배상법 제6조 제1항이 비용부담자도 배상책임을　　2886
진다(공무원의 봉급·급여 그 밖의 비용 또는 영조물의 설치·관리비용을 부담하는…자도 손
해를 배상하여야 한다)고 한 것은 선임·감독자 또는 설치·관리자(공무원의 선임·감
독 또는 영조물의 설치·관리를 맡은 자)도 손해를 배상할 책임이 있지만, 비용부담자
도 배상책임을 진다는 것을 뜻하는 것이고, ② 선임·감독자 또는 설치·관리자
의 손해배상책임은 국가배상법 제6조 제1항이 아니라, 국가배상법 제2조와 제5
조에서 나온다고 할 것이므로, ③ 국가배상법 제6조 제1항에서 말하는 공무원
의 선임·감독자란 국가배상법 제2조의 국가 또는 지방자치단체로, 영조물의 설
치·관리를 맡은 자란 국가배상법 제5조의 국가 또는 지방자치단체로 볼 것이
다. 결국 국가배상법 제6조 제1항에서 말하는 "공무원의 선임·감독 또는 영조
물의 설치·관리를 맡은 자"란 사무의 귀속주체를 뜻한다. 상기의 학설과 판례
의 태도는 정당하다.

　4) 단체위임사무와 관리주체　　일설은[1] 기관위임사무의 경우에 기관위임　　2887
사무를 집행하는 지방자치단체의 기관은 국가기관의 지위를 갖고 있으므로 국
가가 관리주체(귀속주체)가 된다고 하면서, 단체위임사무는 지방자치단체의 사무
이므로 단체위임사무의 관리주체(귀속주체)는 지방자치단체라고 한다(지위이전설).
생각건대 국가가 위임한 기관위임사무의 경우에 국가를 관리주체라고 하는 것
은 정당하다. 그러나 단체위임사무의 경우에 수임 지방자치단체를 관리주체라
고 하는 것은 문제가 있다. 왜냐하면 단체위임사무는 수임 지방자치단체가 수행
할 뿐, 그 사무의 효과의 귀속주체는 여전히 국가이고(예컨대 만약 도세징수사무를
군에 위임하였다면, 군이 징수한 도세는 도에 귀속하는 것이지, 군에 귀속하는 것은 아니다),
수임 지방자치단체 자체가 국가기관의 지위를 갖는다고 볼 여지도 있기 때문이
다(지위이전부정설). 따라서 지위이전부정설이 타당하다. 지위이전부정설에 의할
때에만 위임지방자치단체의 감독범위가 합법성과 합목적성에까지 미치는 것을
설명할 수 있다.

　⒟ 공무원의 봉급·급여 등 비용부담자

　1) 비용의 의의　　봉급·급여 그 밖의 비용부담자란 봉급·급여 또는 사　　2888
무집행에 소요되는 비용을 부담하는 자(행정주체)를 의미한다. 말하자면 봉급·급
여를 부담하거나, 봉급·급여 이외의 사무집행에 소요되는 비용을 부담하거나,
또는 봉급·급여뿐만 아니라 사무집행에 소요되는 비용까지 부담하는 자를 포함

　1) 박균성, 행정법론(상), 904쪽(2019) 이하.

한다.[1] 그리고 영조물의 설치·관리비용을 부담하는 자란 영조물의 설치·관리에 현실적으로 비용을 부담하는 자(행정주체)를 말한다.

2889 　　　2) 비용부담자의 의미에 관한 학설　　　국가배상법 제6조 제1항에서 말하는 "비용을 부담하는 자"의 의미와 관련하여 ① 비용부담자란 비용의 실질적·궁극적 부담자를 의미한다는 실질적 비용부담자설, ② 비용부담자란 단순히 대외적으로 비용을 부담하는 자를 의미한다는 형식적 비용부담자설, ③ 비용부담자란 실질적 비용부담자와 형식적 비용부담자를 포함한다는 병합설[2]이 있다.

2890 　　　3) 비용부담자의 의미에 관한 판례　　　판례는 "구 지방자치법(1988. 4. 6. 법률 4004호로 전면개정되기 전의 것) 제131조에서는 '지방자치단체는 그 자치사업수행에 필요한 경비와 위임된 사무로서 부담된 경비를 지출할 의무를 진다. 단 국가행정사무 및 자치단체사무를 위임할 때에는 반드시 그 경비는 이를 위임한 국가 또는 자치단체에서 부담하여야 한다'고 규정하고 있고(현행 지방자치법 제132조도 동일한 내용임), 구 지방재정법(1988. 4. 6. 이전) 제16조 제2항에는 '국가가 스스로 행하여야 할 사무를 지방자치단체 또는 그 기관에 위임하여 수행하는 경우에 소요되는 경비는 국가가 그 전부를 당해 지방자치단체에 교부하여야 한다'고 규정하고 있으므로(현행 지방재정법 제16조 제2항도 동일함), 지방자치단체의 장이 기관위임된 국가행정사무를 처리하는 경우 그에 소요되는 경비의 실질적·궁극적 부담자는 국가라고 하더라도 당해 지방자치단체는 국가로부터 내부적으로 교부된 금원으로 그 사무에 필요한 경비를 대외적으로 지출하는 자이므로, 이러한 경우 지방자치단체는 국가배상법 제6조 제1항 소정의 비용부담자로서 공무원의 불법행위로 인한 위 법에 의한 손해를 배상할 책임이 있다"고[3] 하여 병합설을 취하고 있다.

2891 　　　4) 사　　견　　　① 행정의 실제상 지방공무원의 봉급·급여는 특별회계가 아니라 일반회계에서 나온다는 점, 국가의 지방교부세 또는 특별시·광역시의 재정조정교부금은 일반회계의 내용이 된다는 점 등을 고려할 때, 형식적 비용부담과 실질적 비용부담의 구분은 곤란하고, ② 피해자인 국민은 비용출처에 관해

---

1) 대판 1994. 12. 9, 94다38137(국가배상법 제6조 제1항 소정의 '공무원의 봉급, 급여 기타의 비용'이란 공무원의 인건비만을 가리키는 것이 아니라 당해 사무에 필요한 일체의 경비를 의미한다).
2) 박균성, 행정법론(상), 913쪽(2019).
3) 대판 1994. 12. 9, 94다38137(갑차처분 및 개별운송사업면허처분에 관련된 사무가 천안시장에게 재위임된 국가행정사무이어서 위 법 제2조에 의한 공무원의 선임, 감독자로서의 손해배상책임은 국가에 있다고 하더라도, 위 사무에 소요되는 경비는 피고 시가 지출하였을 것이므로, 천안시장이 위 사무를 처리함에 있어서 원고의 주장과 같은 불법행위를 저질렀다면, 천안시는 위 법 제6조 제1항 소정의 비용부담자로서 이로 인한 손해를 배상할 책임이 있다).

통상 잘 알기 어려우므로 국민을 두텁게 보호할 필요가 있으므로, 실질적·궁극적 부담자인가, 또는 형식적 비용부담자인가를 구분하지 않고 모두 배상책임을 부담한다고 볼 것이다. 판례의 입장은 타당하다.

㈃ **선택적 청구**　　피해자는 선임·감독자와 비용부담자 중에서 선택적으로 청구권을 행사할 수 있다. 피해자에게 선택적 청구권을 인정한 것은 배상금청구의 상대방을 잘못 지정함으로써 오는 피해를 방지하여 피해자를 보호하기 위한 것이다. 2892

㈄ **종국적 배상책임자**　　국가배상법 제6조 제2항은 "제1항의 경우에 손해를 배상한 자는 내부관계에서 그 손해를 배상할 책임이 있는 자에게 구상할 수 있다"고 규정한다. 국가배상법 제6조 제2항의 의미에 대해서는 2가지 해석이 가능하다. 즉 ① 국가배상법 제6조 제1항이 비용부담자의 배상의무를 추가적으로 규정하고 있음을 전제로 제2항은 비용부담자가 제1항에 따라 손해를 배상한 경우에 사무의 귀속주체(공무원의 선임감독 또는 영조물의 설치관리를 맡은 자)에 대하여 구상권을 정하는 규정이라고 해석될 수도 있고, ② 국가배상법 제6조 제1항은 비용부담자의 배상의무를 규정할 뿐이어서 피해자는 사무의 귀속주체나 비용부담자 중에서 자신의 선택에 따라 손해배상을 청구할 수 있음을 규정하는 것이고 또한 제2항은 내부관계에서의 구상책임에 관해 일반적으로 규정할 뿐, 최종적인 배상책임자에 관해서는 언급하는 바가 없고, 누가 최종적인 배상책임자인가의 문제는 학설·판례가 정할 사항이라는 해석도 가능하다. ①의 해석이 타당하다고 보나, ②의 해석을 전제로 사무의 귀속주체와 비용부담자 중에서 누가 종국적인 비용부담자인가에 관한 학설을 보기로 한다. 2893

1) **사무귀속자설**　　사무를 관리하는 자(예 : 시장·군수·구청장)가 속하는 행정주체, 즉, 사무의 귀속주체가 최종적인 책임을 부담한다는 견해이다. 사무가 특정 행정주체에 귀속된다고 하는 것은 그 사무와 관련된 모든 권리·의무·책임이 그 주체에 속한다는 것을 뜻하는바, 명시적인 특별규정이 없는 한, 손해배상을 포함하여 사무수행에 따르는 모든 비용을 사무의 귀속주체가 최종적으로 부담하여야 한다는 것을 논거로 한다. 우리의 통설이다.[1] 사무귀속자설은 관리자부담설 또는 관리주체설이라고도 한다. 관리자와 사무의 귀속주체는 동일한 개념이 아니므로 사무귀속자설로 부르는 것이 바람직하다. 2894

2) **비용부담자설**　　비용부담자가 최종적인 비용부담자라는 견해이다. 관리자와 비용부담자가 상이한 경우를 전제로 하고 이 견해를 따르게 되면, ① 실 2895

1) 김남진, 행정법(Ⅰ)(제7판), 580쪽; 박윤흔·정형근, 최신행정법강의(상), 635쪽.

질적 비용부담자와 형식적 비용부담자가 동일한 경우에는 문제가 없으나, ② 실질적 비용부담자와 형식적 비용부담자가 다르다면, 실질적 비용부담자가 최종적 비용부담자라 하게 된다. 책임자의 경합시 비용부담의 비율에 따른 배상액분배가 용이하기 때문이라 한다. 일본의 통설이다.

2896　　　3) 기여도설　　　손해발생에 기여한 정도에 따라 최종적인 비용부담자가 정해져야 한다는 견해이다. 기여자가 수인인 경우에는 각자의 책임이 병존하므로 기여도에 따라 분담하여 최종적으로 비용을 부담하여야 한다는 입장이다.[1] 기여도설은 사무의 귀속주체와 비용부담주체가 상이한 경우(예 : 자치사무처리비용을 일부 또는 전부 국가가 부담하는 경우)와 관련하여 주장된다. 최근 다수설의 입장으로 보인다. 기여도설은 제6조 제1항과 제2항의 통합적인 해석을 강조한다.

2897　　　4) 개별검토설　　　국가배상법 제6조 제1항은 피해자가 관리자에 대해서뿐 아니라 비용부담자에 대해서도 배상을 청구할 수 있도록 하고 있으므로, 법 제6조 제2항상의 종국적 비용부담자의 개념을 관리자 또는 비용부담자의 어느 한 유형으로 한정할 필요가 없다고 하면서 판례의 입장대로 개별적인 사정을 반영하여(이 때에는 손해발생의 기여도, 비용부담의 비용 등을 고려) 구체적인 타당성을 확보한 해결을 도모하는 것이 타당하다는 견해도 있다.[2]

2898　　　5) 판　례　　　대법원은 이리지방관리청이 광주광역시를 위해 도로공사를 대행하였으나 그 도로의 관리를 이관하기 전에 페아스콘더미로 인해 발생한 교통사고사건에서 기여도설을 취하였다고 볼 여지가 큰 판시를 한 바 있다.[3]

2899　　　6) 사　견　　　자기의 사무가 아님에도 불구하고 단순히 비용만 부담한 자가 최종적으로 비용을 부담한다는 것은 「사무에는 비용이 따른다」는 원리에 반한다는 점, 기관위임사무나 단체위임사무 모두 그 사무처리의 효과는 위임자가 속한 행정주체에 귀속한다는 점, 기관위임이나 단체위임이 이루어지지 않았다면, 수임자에게 책임문제가 발생하지 아니하였을 것이라는 점 등을 고려할

---

  1) 박균성, 행정법론(상), 913쪽(2019).
  2) 류지태·박종수, 행정법신론, 687쪽(2019).
  3) 대판 1998. 7. 10, 96다42819(원래 광역시가 점유·관리하던 일반국도 중 일부 구간의 포장공사를 국가가 대행하여 광역시에 도로의 관리를 이관하기 전에 교통사고가 발생한 경우, 광역시는 그 도로의 점유자 및 관리자, 도로법 제56조, 제55조, 도로법시행령 제30조에 의한 도로관리비용 등의 부담자로서의 책임이 있고, 국가는 그 도로의 점유자 및 관리자, 관리사무귀속자, 포장공사비용 부담자로서의 책임이 있다고 할 것이며, 이와 같이 광역시와 국가 모두가 도로의 점유자 및 관리자, 비용부담자로서의 책임을 중첩적으로 지는 경우에는, 광역시와 국가 모두가 국가배상법 제6조 제2항 소정의 궁극적으로 손해를 배상할 책임이 있는 자라고 할 것이고, 결국 광역시와 국가의 내부적인 부담 부분은, 그 도로의 인계·인수 경위, 사고의 발생 경위, 광역시와 국가의 그 도로에 관한 분담비용 등 제반 사정을 종합하여 결정함이 상당하다).

때, 비용자부담설이나 기여도설은 타당하지 않다. 사무귀속자설이 타당하다.

(ㅂ) **국가배상법 제6조 제1항의 특징**　① 봉급·급여 그 밖에 비용부담자가 언 2900
제나 배상책임을 부담한다는 것은 아니다. 공무원의 선임·감독자와 공무원의
봉급·급여 그 밖의 비용부담자가 상이한 경우에만 비용부담자로서 배상책임을
부담한다. ② 비용부담자의 배상책임은 국가배상법 제6조 제1항에 의한 독립적
인 비용부담자이다. ③ 본조는 배상책임자의 범위의 확대를 가져온다. 배상책임
자의 범위의 확대는 자신의 사무가 아닌 타자의 사무의 처리와 관련하여 의미
를 갖는다. 본조는 행정의 실제상 특히 기관위임사무와 단체위임사무의 경우에
의미를 갖는다.[1]

2. 배상책임의 성질

(1) **학　　설**

(가) **자기책임설**　　이 견해는 위법·적법을 불문하고 공무원의 행위의 효과 2901
는 바로 국가나 지방자치단체의 행위로 귀속되는 까닭에 국가나 지방자치단체
가 부담하는 배상책임은 바로 그들 자신의 책임이라는 입장이다.[2] 이 견해는
민법상 법인실재설의 영향 및 프랑스책임법의 영향을 받은 것으로 이해되고 있
다. 자기책임설도 기관이론에 입각한 자기책임설(공무원의 직무상 불법행위는 국가기
관의 불법행위이므로 국가가 책임을 진다는 이론이다. 여기서 경과실에 의한 행위는 바로 기
관의 행위이고, 고의·중대한 과실에 의한 행위는 기관행위가 아니지만 직무행위로서 외형을
갖기 때문에 기관행위로 본다)과 위험책임설적 자기책임설(국가는 위법행사의 가능성이
있는 권한을 공무원에게 부여하였으므로 그 위법행사에 대한 책임까지 부담하여야 한다는 이
론)로 구분된다.

(나) **대위책임설**　　이 견해는 위법한 공무원의 행위는 국가나 지방자치단체 2902
의 행위로 볼 수 없고, 따라서 배상책임은 공무원 자신이 부담해야 할 것이나,
피해자의 보호 등을 위해 국가가 공무원에 대신하여 부담하는 책임이 바로 국
가배상책임이라는 입장이다.[3]

(다) **중 간 설**　　① 이 견해는 공무원의 위법행위가 고의 또는 중과실에 2903

---

1) 대판 1994. 12. 9, 94다38137(구 지방자치법 …의 규정상, 지방자치단체의 장이 기관위임된 국
가행정사무를 처리하는 경우 그에 소요되는 경비의 실질적·궁극적 부담자는 국가라고 하더라
도 당해 지방자치단체는 국가로부터 내부적으로 교부된 금원으로 그 사무에 필요한 경비를 대
외적으로 지출하는 자이므로, 이러한 경우 지방자치단체는 국가배상법 제6조 제1항 소정의 비
용부담자로서 공무원의 불법행위로 인한 같은법에 의한 손해를 배상할 책임이 있다).
2) 권영성, 헌법학원론, 619쪽; 허영, 한국헌법론, 609쪽; 강구철, 강의행정법(Ⅰ), 668쪽; 석종현·
송동수, 일반행정법(상), 620쪽.
3) 박윤흔·정형근, 최신행정법강의(상), 594쪽; 변재옥, 행정법강의(Ⅰ), 512쪽.

의한 것인 때에는 국가행위로 볼 수 없으므로 국가책임은 대위책임이나, 경과실에 의한 것인 때에는 국가의 공무원에 대한 구상권이 부인된다는 것을 이유로 국가책임을 자기책임으로 보는 입장이다.[1] 한편 ② 일설[2]은 ⓐ 경과실의 경우 국가책임은 자기책임이고, ⓑ 고의 또는 중대한 과실의 경우에는 원칙적으로 공무원 개인의 책임이지만, 직무행위의 외관을 갖춘 경우에는 국가의 자기책임이라 하면서 직무행위의 외관을 갖춘 경우에는 선택적 청구가 가능하다고 한다.

2904　　ㄹ) 절 충 설　　이 견해는 공무원의 위법행위가 고의 또는 중과실에 의한 것인 때에 국가책임은 대위책임과 자기책임의 양면성을 갖지만, 경과실에 의한 것인 때에는 국가의 공무원에 대한 구상권이 부인된다는 것을 이유로 국가책임을 자기책임으로 본다.

2905　　(2) 판　례　　판례의 다수견해는 절충설을 취한다.[3] 공무원의 위법행위가 고의 또는 중과실에 의한 것인 때에 국가책임은 대위책임과 자기책임의 양면성을 갖지만, 경과실에 의한 것인 때에는 국가에 구상권이 부인된다는 것을 이유로 국가책임을 자기책임으로 보는 입장을 취한다.

2906　　(3) 사　견　　① 기관이론에 입각한 자기책임설[4]의 경우 고의·중과실에 의한 행위가 직무행위로서의 외형을 갖춘다는 것이 바로 국가행위로 보아야 할 논리필연적인 이유는 아니다. 고의·중과실에 의한 행위가 직무행위로서의 외형을 갖춘다는 것은 다만 그러한 행위를 국가행위로 보게 할 수 있는 정책적인 사유에 해당할 뿐이라는 점에서 문제점을 갖는다.

2907　　② 대위책임설에 대해서는 ⓐ 독일과 달리 우리나라의 경우에는 '공무원에

---

1) 이상규, 신행정법론(상), 613쪽; 윤세창·이호승, 행정법(상), 434쪽.
2) 김동희, 행정법(Ⅰ), 639쪽(2019).
3) 대판 1996. 2. 15, 95다38677(국가배상법 제2조 제1항 본문 및 제2항의 입법취지는 공무원의 직무상 위법행위로 타인에게 손해를 끼친 경우에는 변제자력이 충분한 국가 등에게 선임감독상 과실여부에 불구하고 손해배상책임을 부담시켜 국민의 재산권을 보장하되, 공무원이 직무를 수행함에 있어 경과실로 타인에게 손해를 입힌 경우에는 그 직무수행상 통상 예기할 수 있는 흠이 있는 것에 불과하므로, 이러한 공무원의 행위는 여전히 국가 등의 기관의 행위로 보아 그로 인하여 발생한 손해에 대한 배상책임도 전적으로 국가 등에만 귀속시키고 공무원 개인에게는 그로 인한 책임을 부담시키지 아니하여 공무원의 공무집행의 안정성을 확보하고, 반면에 공무원의 위법행위가 고의·중과실에 기한 경우에는 비록 그 행위가 그의 직무와 관련된 것이라고 하더라도 그와 같은 행위는 그 본질에 있어서 기관행위로서의 품격을 상실하여 국가 등에게 그 책임을 귀속시킬 수 없으므로 공무원 개인에게 불법행위로 인한 손해배상책임을 부담시키되, 다만 이러한 경우에도 그 행위의 외관을 객관적으로 관찰하여 공무원의 직무집행으로 보여질 때에는 피해자인 국민을 두텁게 보호하기 위하여 국가 등이 공무원 개인과 중첩적으로 배상책임을 부담하되 국가 등이 배상책임을 지는 경우에는 공무원 개인에게 구상할 수 있도록 함으로써 궁극적으로 그 책임이 공무원 개인에게 귀속되도록 하려는 것이라고 봄이 합당하다).
4) 박균성, 행정법론(상), 804쪽(2019).

대신하여'라는 문구가 없고, ⓑ 국가면책사상은 철저히 포기되어야 한다는 점에서 문제가 있으며, ⓒ 공무원의 무과실을 이유로 국가가 면책될 수 있는 가능성을 갖는다는 문제점도 지적될 수 있다.

③ 중간설에 대해서는 고의·중과실의 경우, 대위책임설에 가해지는 문제점이 그대로 가해질 수 있다. 2908

④ 절충설에 대해서도 고의·중과실의 경우, 중간설에 대한 지적과 유사한 지적이 가능하다.

⑤ 생각건대 국가가 공무원에게 직무권한의 행사를 하게 한 것에는 공무원의 위법한 권한행사의 가능성까지 고려한 것으로 보아야 한다. 따라서 공무원의 불법행위에 대한 국가의 배상책임은 이러한 위험한 환경을 마련한 국가의 자기책임으로 볼 것이다.[1]

〈국가책임의 성질과 공무원의 책임〉 2909

	국가책임의 성질	공무원의 피해자에 대한 책임
자기책임설	국가의 자기책임	(1설) 유책임(고의·과실 불문) 　　　(판례의 별개의견) (2설) 무책임(고의·과실 불문)
대위책임설	공무원의 책임을 국가가 대신 부담	(1설) 무책임(판례의 반대의견·본 　　　서의 입장) (2설) 유책임
중 간 설	• 경과실의 경우, 국가의 자기책임 • 고의·중과실의 경우, 대위책임	(1설) 무책임 (2설) • 경과실 : 무책임 　　　• 고의·중과실 : 유책임
절 충 설	• 경과실의 경우, 국가의 자기책임 • 고의·중과실의 경우에는 대위책임과 국가의 자기책임의 중첩(양면성을 가짐)	• 경과실 : 무책임 • 고의·중과실 : 유책임(판례의 다수의견)

3. 선택적 청구의 문제

국가나 지방자치단체에 배상책임이 인정된다고 할 때, 피해자는 국가·지방자치단체 외에 가해공무원을 상대로 하여 배상을 청구할 수 있는가의 문제가 있다. 이것은 배상책임의 성질과 관련을 맺는다. 2910

---

1) 제21판부터 대위책임설에서 자기책임설로 견해를 변경한다.

(1) 학 설

2911   ㈎ 자기책임설의 입장   ① 이 견해에 따르면 피해자는 국가나 지방자치단체 외에 가해공무원에 대해서도 선택적으로 배상을 청구할 수 있다는 결과를 가져온다. 왜냐하면 가해행위는 국가의 행위인 동시에 가해공무원 자신의 행위이기도 하기 때문이라는 것이다. 이 견해는 또한 헌법 제29조 제1항 단서의 의미를 가해자도 피해자에 대하여 책임을 진다는 의미로 새긴다. ② 자기책임설의 입장에 서면서도 대외적으로 국가책임만 인정하는 견해도 있다.[1]

2912   ㈏ 대위책임설의 입장   ① 이 견해에 따르면 피해자는 국가나 지방자치단체에 대해서만 배상을 청구할 수 있다고 하게 된다. 이 견해는 배상책임은 원래 공무원의 책임이나 국가가 이를 대신하여 부담한다는 것이 국가배상책임이라는 것, 가해공무원이 무자력자인 경우에도 피해자는 보호되어야 한다는 것, 공무원의 직무집행의욕의 저하를 방지하여야 한다는 것 등을 논거로 한다.[2] ② 한편 대위책임설의 입장에 서면서 선택적 청구가 가능하다는 입장도 있다.[3]

2913   ㈐ 중간설의 입장   이 견해는 경과실의 경우에는 국가나 지방자치단체에 대해서만, 고의·중과실의 경우에는 선택적으로 배상을 청구할 수 있다는 입장이다. 한편 중간설의 입장에 서면서 선택적 청구를 부인하는 견해도 있다.[4]

2914   ㈑ 절충설의 입장   절충설은 판례의 입장이라는 것이 다수학자들의 시각이다.

2915   (2) 판 례   판례는 ① 선택적인 청구가 가능하다고 하다가,[5] ② 선택적인 청구가 불가능하다고 하더니,[6] ③ 현재에는 고의나 중대한 과실이 있는 경우에는 선택적 청구가 가능하지만, 경과실이 있는 경우에는 선택적 청구를 할

---

1) 권영성, 헌법학원론, 619쪽; 서원우, 현대행정법론(상), 701쪽.
2) 박윤흔·정형근, 최신행정법강의(상), 617쪽; 변재옥, 행정법강의(Ⅰ), 508쪽.
3) 김철수, 헌법학(상), 1332쪽.
4) 이상규, 신행정법론(상), 661쪽.
5) 대판 1972. 10. 10, 69다701(공무원의 직무상 불법행위로 손해를 받은 국민이 국가 또는 공공단체에 배상을 청구하는 경우 국가 또는 공공단체에 대하여 그의 불법행위를 이유로 손해배상을 구함은 국가배상법이 정한 바에 따른다 하여도 이 역시 민사상의 손해배상책임을 특별법인 국가배상법이 정한데 불과하며 헌법 제26조 단서는 국가 또는 공공단체가 불법행위로 인한 손해배상책임을 지는 경우 공무원 자신의 책임은 면제되지 아니한다고 규정하여 공무원의 직무상 불법행위로 손해를 받은 국민이 공무원 자신에게 대하여도 직접 그의 불법행위를 이유로 손해배상을 청구할 수 있음을 규정하여 국가배상법의 공무원 자신의 책임에 관한 규정여하를 기다릴 것 없이 공무원 자신이 불법행위를 이유로 민사상의 손해배상책임을 져야 한다).
6) 대판 1994. 4. 12, 93다11807(공무원의 직무상 불법행위로 인하여 손해를 받은 사람은 국가 또는 공공단체를 상대로 손해배상을 청구할 수 있고, 이 경우에 공무원에게 고의 또는 중대한 과실이 있는 때에는 국가 또는 공공단체는 그 공무원에게 구상할 수 있을 뿐, 피해자가 공무원 개인을 상대로 손해배상을 청구할 수 없다).

수 없다는 입장을 취하고 있다.[1]

(3) **사 견**   국가책임의 본질을 위험책임설적 자기책임으로 보는 본서 2916
의 입장에서는 피해자의 선택적인 청구는 불가하다고 본다. 말하자면 국가나 지
방자치단체에 대해서만 배상의 청구가 가능하다고 본다.[2] 선택적 청구의 배제
는 ① 피해자에게는 담보력이 충분한 자에 의한 배상의 보장을, ② 가해자인 공
무원에게는 피해자로부터 직접적인 배상청구를 피함으로써 공무집행에 전념하
게 하는 가능성을 가져다 준다.

4. 공무원의 책임

(1) **책임의 내용**   헌법은 국가 또는 공공단체가 배상책임을 지는 경우, 공 2917
무원 자신의 책임은 면제되지 아니한다고 규정하고 있다(헌법 제29조 제1항 단서).
여기서 말하는 "면제되지 아니하는 공무원 개인의 책임에는 민사상·형사상의
책임이나 국가 등의 기관내부에서의 징계책임 등 모든 법률상의 책임이 포함된
다고 할 것이고, 여기에서 특별히 민사상의 불법행위의 책임이 당연히 제외된다
고 보아야 할 아무런 근거가 없다"는 것이 판례의 태도이다.[3] 아울러 판례는
헌법 제29조 제1항 단서가 "공무원 개인의 구체적인 손해배상책임의 범위까지
규정한 것으로 보기는 어렵다"고 한다.[4]

---

1) 대판 1996. 2. 15, 95다38677. [다수의견] 공무원이 직무수행 중 불법행위로 타인에게 손해를
   입힌 경우에 국가 등이 국가배상책임을 부담하는 외에 공무원 개인도 고의 또는 중과실이 있
   는 경우에는 불법행위로 인한 손해배상책임을 진다고 할 것이지만, 공무원에게 경과실뿐인 경
   우에는 공무원 개인은 손해배상책임을 부담하지 아니한다고 해석하는 것이 헌법 제29조 제1항
   본문과 단서 및 국가배상법 제2조의 입법취지에 조화되는 올바른 해석이다.
   [별개의견] 공무원의 직무상 경과실로 인한 불법행위의 경우에도 공무원 개인의 피해자에 대한
   손해배상책임은 면제되지 아니한다고 해석하는 것이, 우리 헌법의 관계 규정의 연혁에 비추어
   그 명문에 충실한 것일 뿐만 아니라 헌법의 기본권보장 정신과 법치주의의 이념에도 부응하는
   해석이다.
   [반대의견] 공무원이 직무상 불법행위를 한 경우에 국가 또는 공공단체만이 피해자에 대하여
   국가배상법에 의한 손해배상책임을 부담할 뿐, 공무원 개인은 고의 또는 중과실이 있는 경우에
   도 피해자에 대하여 손해배상책임을 부담하지 않는 것으로 보아야 한다.
   [반대보충의견] 주권을 가진 국민 전체에 대한 봉사자로서 공공이익을 위하여 성실히 근무
   해야 할 공무원이 공무수행 중 국민에게 손해를 가한 경우, 국민의 봉사자인 공무원이 봉사 대
   상이 되는 피해자인 국민과 직접 소송으로 그 시비와 손해액을 가리도록 그 갈등관계를 방치
   하는 것보다는 국가가 나서서 공무원을 대위하여 그 손해배상책임을 지고, 국가가 다시 내부적
   으로 공무원의 직무상 의무의 불이행 내용에 따라 고의·중과실이 있는 경우에만 구상의 형태
   로 그 책임을 물어 공무원의 국민과 국가에 대한 성실의무와 직무상 의무의 이행을 제도적으
   로 확보하겠다는 것이, 헌법 제29조 제1항 단서와 국가배상법 제2조 제2항의 취지라고 해석함
   이 이를 가장 조화롭게 이해하는 길이 될 것이다.
2) 강구철, 강의행정법(Ⅰ), 670쪽.
3) 대판 1996. 2. 15, 95다38677.
4) 대판 1996. 2. 15, 95다38677.

2918   (2) **공무원의 배상책임**(대외적 책임)   ① 국가배상책임의 성질은 공무원의 피해자에 대한 배상책임과 논리적으로 관련되어 있다고 보지만, 공무원의 직무상 불법행위로 야기된 배상의 부담을 어떻게 규정·분산시키는가의 문제는 국가배상책임의 본질과는 관계없이 입법정책적인 문제라는 견해도[1] 있다. 이러한 입장에서 보면 학설은 긍정설(헌법 제29조 제1항 제2문은 공무원자신의 책임은 면제되지 않는다고 규정하는바, 여기서 면제되지 않는 책임은 공무원의 민·형사상 책임을 포함하고, 손해배상은 가해공무원에 대한 경고 및 제재의 기능을 가지므로 공무원 개인의 직권남용과 위법행위를 방지할 수 있고, 선택적 청구가 가능함으로써 피해자의 권리구제에도 만전을 기할 수 있음을 논거로 한다)과[2] 부정설(헌법 제29조 제1항 제2문의 면제되지 않는 공무원의 책임은 반드시 공무원의 외부적 책임을 의미하는 것이 아니라 내부적인 구상책임, 징계책임 내지 형사상의 책임을 의미하는 것이고, 공무원의 위법행위방지기능은 구상권과 징계책임을 통해 충분히 담보되며, 경제적 부담능력 있는 국가가 손해배상책임을 부담하면 피해자 구제에도 문제가 없고, 배상책임에 대한 두려움으로 공무원의 직무집행을 위축시킴으로서 결과적으로 국민 전체에 대한 불이익을 가져온다는 점을 논거로 한다)로[3] 나눌 수 있을 것이다. ② 판례는 공무원에게 고의 또는 중과실이[4] 있는 때에만 공무원 개인도 피해자에 대하여 민사상 손해배상책임을 지고, 경과실만 있는 때에는 책임을 지지 아니한다는 입장이다. 국가로부터 공행정사무를 위탁받은 공법인의 임직원의 경우도 같다.[5] ③ 본서는 피해자에 대한 민사상 손해배상책임을 부인하는 입장을 취한다.

2919   (3) **공무원의 변상책임**(내부적 구상책임)   국가나 지방자치단체가 배상하였을 경우, 공무원에게 고의 또는 중대한 과실이[6] 있었다면, 국가나 지방자치단체는 그 공무원에게 구상할 수 있다(국배법 제2조 제2항). 국가의 구상권 행사에는 제한이 따른다.[7] 구상권은 일종의 부당이득반환청구권이기도 하다. 다만 국가

---

1) 김남진·김연태, 행정법(Ⅰ), 644쪽(2019); 정하중, 행정법개론, 548쪽(2019).

2) 김남진, 행정법(Ⅰ)(제7판), 526쪽.

3) 정하중, 행정법개론, 548쪽(2019); 김연태, 행정법사례연습(제8판), 122쪽.

4) 대판 2021. 1. 28, 2019다260197(공무원의 중과실이란 공무원에게 통상 요구되는 정도의 상당한 주의를 하지 않더라도 약간의 주의를 한다면 손쉽게 위법·유해한 결과를 예견할 수 있는 경우임에도 만연히 이를 간과한 경우와 같이, 거의 고의에 가까운 현저한 주의를 결여한 상태를 의미한다).

5) 대판 2021. 1. 28, 2019다260197(공법인의 임직원이나 피용인은 실질적인 의미에서 공무를 수행한 사람으로서 국가배상법 제2조에서 정한 공무원에 해당하므로 고의 또는 중과실이 있는 경우에만 배상책임을 부담하고 경과실이 있는 경우에는 배상책임을 면한다).

6) 대판 2011. 9. 8, 2011다34521(공무원의 중과실이라 함은 공무원에게 통상 요구되는 정도의 상당한 주의를 하지 않더라도 약간의 주의를 한다면 손쉽게 위법, 유해한 결과를 예견할 수 있는 경우임에도 만연히 이를 간과함과 같은 거의 고의에 가까운 현저한 주의를 결여한 상태를 의미한다); 대판 2003. 12. 26, 2003다13307.

7) 대판 2016. 6. 10, 2015다217843(국가나 지방자치단체는 해당 공무원의 직무내용, 불법행위의

배상법이 경과실의 경우 구상권을 인정치 않는 것은 공무원으로 하여금 공무에만 전념케 하기 위한 입법정책적 고려의 결과라 하겠다.[1] 하여튼 국가책임원칙과 공무원 개인의 구상의무인정은 효과적인 국가작용의 요구, 공무수행자의 개인적인 책임, 그리고 소속공직자에 대한 국가의 배려의무의 타협의 결과이다.[2]

⑷ **공무원의 구상권**　"경과실이 있는 공무원이 피해자에 대하여 손해배상 2920 책임을 부담하지 아니함에도 피해자에게 손해를 배상하였다면 그것은 채무자 아닌 사람이 타인의 채무를 변제한 경우에 해당하고, 이는 민법 제469조의 '제3자의 변제' 또는 민법 제744조의 '도의관념에 적합한 비채변제'에 해당하여 피해자는 공무원에 대하여 이를 반환할 의무가 없고, 그에 따라 피해자의 국가에 대한 손해배상청구권이 소멸하여 국가는 자신의 출연 없이 그 채무를 면하게 되므로, 피해자에게 손해를 직접 배상한 경과실이 있는 공무원은 특별한 사정이 없는 한 국가에 대하여 국가의 피해자에 대한 손해배상책임의 범위 내에서 공무원이 변제한 금액에 관하여 구상권을 취득한다."[3]

5. 배상청구권의 시효

⑴ **소멸시효기간**

⑺ **국가배상법**　국가배상법에는 소멸시효에 관한 규정이 없는바, 국가배 2921 상법 제8조(국가나 지방자치단체의 손해배상 책임에 관하여는 이 법에 규정된 사항 외에는 「민법」에 따른다. 다만, 「민법」 외의 법률에 다른 규정이 있을 때에는 그 규정에 따른다)에 근거하여 민법이 적용된다. 민법 외의 법률이 있다면, 그 법률이 우선 적용된다.

⑷ **민법 외의 다른 법률**(국가재정법·지방재정법)　국가배상청구권은 국가나 2922 지방자치단체에 대한 금전채권의 문제인바, 이와 관련하는 민법 외의 법률로 국가재정법·지방재정법이 있다. ① 국가재정법 제96조 제1항은 "금전의 급부를 목적으로 하는 국가의 권리로서 시효에 관하여 다른 법률에 규정이 없는 것은 5년 동안 행사하지 아니하면 시효로 인하여 소멸한다"고 규정하고 있다. ② 지

상황과 손해발생에 대한 해당 공무원의 기여 정도, 평소 근무태도, 불법행위의 예방이나 손실 분산에 관한 국가 또는 지방자치단체의 배려의 정도 등 제반 사정을 참작하여 손해의 공평한 분담이라는 견지에서 신의칙상 상당하다고 인정되는 한도 내에서 구상권을 행사할 수 있다).

1) 대판 2021. 11. 11, 2018다288631(규정의 입법 취지는 공무원의 직무상 위법행위로 타인에게 손해를 끼친 경우에는 변제자력이 충분한 국가 등에 선임감독상 과실 여부에 불구하고 손해배 상책임을 부담시켜 국민의 재산권을 보장하되, 공무원이 직무를 수행함에 있어 경과실로 타인에게 손해를 입힌 경우에는 그로 인하여 발생한 손해에 대하여 공무원 개인에게는 배상책임을 부담시키지 아니하여 공무원의 공무집행의 안정성을 확보하려는 데에 있기 때문이다).

2) Kopp, Entwicklungen im Staatshaftungsrecht, S. 123.

3) 대판 2014. 8. 20, 2012다54478.

방재정법 제82조 제1항도 "금전의 지급을 목적으로 하는 지방자치단체의 권리는 시효에 관하여 다른 법률에 특별한 규정이 있는 경우를 제외하고는 5년간 행사하지 아니하면 소멸시효가 완성한다"고 규정하고 있다.

2923 ㈐ 민 법 민법 제766조(손해배상청구권의 소멸시효)는 제1항에서 "불법행위로 인한 손해배상의 청구권은 피해자나 그 법정대리인이 그 손해 및 가해자를 안 날로부터 3년간 이를 행사하지 아니하면 시효로 인하여 소멸한다"고 하고 제2항에서 "불법행위를 한 날로부터 10년을 경과한 때에도 전항과 같다"고 규정하고 있다.

2924 ㈑ 결 어 ① 국가재정법·지방재정법에는 주관적 기산점(손해 및 가해자를 안 날)에 관한 규정이 없으므로 이에 관해서는 민법 제766조 제1항이 적용된다. 한편, ② 국가재정법·지방재정법에는 객관적 기산점(불법행위를 한 날)에 관한 규정이 있으므로 이에 관해서는 국가재정법·지방재정법이 적용된다. 요컨대 국가배상청구권에 대해서는 피해자나 법정대리인이 그 손해와 가해자를 안 날(민법 제166조 제1항, 제766조 제1항에 따른 주관적 기산점)로부터 3년 또는 불법행위를 한 날(민법 제166조 제1항, 제766조 제2항에 따른 객관적 기산점)로부터 5년의 소멸시효가 적용됨이 원칙이다.[1]

2925 (2) 시효의 진행 "국가배상청구권에 관한 3년의 단기시효기간 기산에는 민법 제766조 제1항 외에 소멸시효의 기산점에 관한 일반규정인 민법 제166조 제1항이 적용된다. 따라서 3년의 단기시효기간은 그 '손해 및 가해자를 안 날'에 더하여 그 '권리를 행사할 수 있는 때'가 도래하여야 비로소 시효가 진행한다."[2] '손해 및 가해자를 안 날'은 공무원의 직무집행상 불법행위의 존재 및 그로 인한 손해의 발생 등 불법행위의 요건사실에 대하여 현실적이고도 구체적으로 인식하였을 때를 의미하지만, 피해자 등이 언제 불법행위의 요건사실을 현실적이고도 구체적으로 인식한 것으로 볼 것인지는 개별 사건에서 여러 객관적 사정과 손해배상청구가 가능하게 된 상황 등을 종합하여 합리적으로 판단하여야 한다.[3]

2926 (3) 단기소멸시효의 합헌성 한편, 헌법재판소는 국가배상청구사건의 소멸시효기간에 민법 제766조를 적용토록 한 것은 위헌이 아니라 한다.[4]

---

1) 대판 2022. 11. 30, 2018다247715; 대판 2019. 11. 14, 2018다233686.
2) 대판 2023. 1. 12, 2021다201184.
3) 대판 2012. 4. 13, 2009다33754.
4) 헌재 2011. 9. 29, 2010헌바116(2차례에 걸쳐 군복무를 한 것이 국가가 청구인에 대한 병적관리를 잘못하였기 때문임을 이유로 국가를 상대로 손해배상을 청구하는 소송을 제기하면서, 소송 계속중 국가배상법 제8조 등에 대하여 위헌심판을 신청한 사건); 헌재 1997. 2. 20, 96헌바24.

(4) **시효의 중단**　배상금지급신청은 시효의 중단사유가 된다(민법 제168조 2927
제1호). 배상심의회의 결정이 있으면 그 때부터 새로이 시효기간이 진행한다.

(5) **시효주장의 제한**　신의성실의 원칙에 반하는 소멸시효 완성 항변은 인 2928
정되지 아니한다.[1] 채무자가 소멸시효의 이익을 원용하지 않을 것 같은 신뢰를
부여한 경우에도 채권자는 그러한 사정이 있은 때로부터 상당한 기간 내에 권
리를 행사하여야만 채무자의 소멸시효의 항변을 저지할 수 있다.[2]

V. 국가와 지방자치단체의 자동차손해배상책임

1. 입법상황(법적 근거)

국가배상법은 "국가나 지방자치단체는 공무원이…자동차손해배상 보장법에 2929
따라 손해배상의 책임이 있을 때에는 이 법에 따라 그 손해를 배상하여야 한
다.…(국배법 제2조 제1항 본문)"고 규정하고 있고, 자동차손해배상 보장법은 "자기
를 위하여 자동차를 운행하는 자는 그 운행으로 인하여 다른 사람을 사망하게
하거나 부상하게 한 때에는 그 손해를 배상할 책임을 진다.…(동법 제3조)"고 규
정하고 있다. 국가배상법 제2조 제1항과 국가배상법 제8조의 규정을 종합해 보
면, 공무원의 차량사고로 인한 국가배상과 관련하여서는 국가 등이 자동차손해
배상 보장법상의 책임성립요건을 갖추면, 자동차손해배상책임의 범위와 절차는
국가배상법이 정한 바에 의하여 배상책임을 진다고 해석된다. 공무원의 차량사
고로 인한 국가배상의 경우 자동차손해배상 보장법상의 책임성립요건은 국가
등의 "운행자성"만 인정되면 되므로, 일반적인 국가배상책임의 성립보다 용이하
고, 그 배상책임의 내용은 국가배상법에 의하므로 자동차사고로 인한 피해자의

---

1) 대판 2016. 6. 10, 2015다217843(공무원의 불법행위로 손해를 입은 피해자의 국가배상청구권의
  소멸시효 기간이 지났으나 국가가 소멸시효 완성을 주장하는 것이 신의성실의 원칙에 반하는
  권리남용으로 허용될 수 없어 배상책임을 이행한 경우에는, 그 소멸시효 완성 주장이 권리남용
  에 해당하게 된 원인행위와 관련하여 해당 공무원이 그 원인이 되는 행위를 적극적으로 주도
  하였다는 등의 특별한 사정이 없는 한, 국가가 해당 공무원에게 구상권을 행사하는 것은 신의
  칙상 허용되지 않는다); 대판 2008. 5. 29, 2004다33469(채무자의 소멸시효에 기한 항변권의 행
  사도 우리 민법의 대원칙인 신의성실의 원칙과 권리남용금지의 원칙의 지배를 받는 것이어서,
  채무자가 시효완성 전에 채권자의 권리행사나 시효중단을 불가능 또는 현저히 곤란하게 하였
  거나, 그러한 조치가 불필요하다고 믿게 하는 행동을 하였거나, 객관적으로 채권자가 권리를
  행사할 수 없는 장애사유가 있었거나, 또는 일단 시효완성 후에 채무자가 시효를 원용하지 아
  니할 것 같은 태도를 보여 권리자로 하여금 그와 같이 신뢰하게 하였거나, 채권자보호의 필요
  성이 크고, 같은 조건의 다른 채권자가 채무의 변제를 수령하는 등의 사정이 있어 채무이행의
  거절을 인정함이 현저히 부당하거나 불공평하게 되는 등의 특별한 사정이 있는 경우에는 채무
  자가 소멸시효의 완성을 주장하는 것이 신의성실의 원칙에 반하여 권리남용으로서 허용될 수
  없다).
2) 대판 2013. 5. 16, 2012다202819 전원합의체.

구제에 있어서 더 효과적이다.

2. 배상책임의 성립요건

2930   **⑴ 규정내용**   공무원의 차량사고로 인한 손해발생의 경우 국가 등이 자동차손해배상 보장법상의 책임성립요건을 갖추면, 국가배상법에 의하여 손해배상책임을 진다. 즉 책임성립요건은 자동차손해배상 보장법이 우선 적용된다. 따라서 자동차손해배상 보장법 제3조에 의한 책임성립요건으로서의 국가 등의 "운행자성"이 인정되어야 한다.

⑵ 국가 또는 지방자치단체의 "운행자성"

2931   **⑺ 운행자성의 요소**   자동차손해배상 보장법상의 책임은 "자기를 위하여 자동차를 운행하는 자"(운행자성)에게 성립된다. 따라서, 국가 또는 지방자치단체가 자동차손해배상 보장법상의 운행자성을 갖추어야 한다. 운행자는 보유자(자동차의 소유자 또는 자동차를 사용할 권리가 있는 자로서 자기를 위하여 자동차를 운행하는 자. 동법 제2조 제3항)와 구별된다. 무단운전자, 절도운전자도 운행자에 포함되므로 운행자가 보유자보다 넓은 개념이다. 한편, 운행자는 운전자(타인을 위하여 자동차를 운전 또는 그 보조에 종사하는 자)와도 구별된다. 따라서 운전자는 운행자와는 달리 피해자에 대한 관계에서 민법상의 책임은 별론, 적어도 자동차손해배상 보장법상 책임은 지지 않는다. 따라서 국가 또는 지방자치단체의 운행자성이 인정되어 자동차손해배상 보장법상의 책임 성립요건을 갖출 경우, 공무원은 동법상 손해배상책임을 지지 않는다. 운행자성은 '운행이익'(운행으로부터 나오는 이익)과 '운행지배'(자동차의 운행과 관련하여 현실적으로 자동차를 관리운행할 수 있는 것)를 요건으로 한다.[1]

⑷ 국가 또는 지방자치단체의 운행자성의 구체적 판단

2932   **1) 공무원이 공무를 위해 관용차를 운행한 경우**   공무원이 관용차를 공무를 위해 운행한 경우, 국가 등이 운행자로서 국가배상법 제2조 제1항 본문 후단의 손해배상책임을 진다.[2] 그러나 관용차를 무단으로 사용한 경우라 할지라도 국가 등에게 운행지배나 운행이익을 인정할 사정이 있는 경우는 국가 등이 운행자의 손해배상책임을 지게 된다.[3]

---

1) 대판 2009. 10. 15, 2009다42703, 42710(자동차손해배상 보장법 제3조에서 자동차 사고에 대한 손해배상 책임을 지는 자로 규정하고 있는 '자기를 위하여 자동차를 운행하는 자'란 사회통념상 당해 자동차에 대한 운행을 지배하여 그 이익을 향수하는 책임주체로서의 지위에 있다고 할 수 있는 자를 말하고, 이 경우 운행의 지배는 현실적인 지배에 한하지 아니하고 사회통념상 간접지배 내지는 지배가능성이 있다고 볼 수 있는 경우도 포함한다).

2) 대판 1994. 12. 27, 94다31860; 대판 1992. 2. 25, 91다12356.

3) 대판 1988. 1. 19, 87다카2202.

　　2) 공무원이 공무수행을 위하여 자신 소유의 자동차를 이용한 경우　　공무원이 2933
직무수행을 위하여 자기 소유의 자동차를 운행하다가 사고가 난 경우, 국가 또
는 지방자치단체의 운행자성을 부인하는 것이 판례이다. 따라서 이 경우 공무원
이 자동차손해배상 보장법상의 책임을 지게 된다.[1] 그러나 이 경우에 외형이론
상 국가나 지방자치단체에 배상책임을 인정하는 것이 타당하다. 다만, 이 경우
국가 등은 운행자책임(국배법 제2조 제1항 본문 후단)이 부정된다고 하더라도 국가
배상책임성립요건을 갖춘다면 국가배상책임(국배법 제2조 제1항 본문 전단)은 성립
될 수 있다.[2]

　　(3) 기타의 요건　　자동차손해배상 보장법상의 손해배상책임은 인적 손해 2934
에 한하여 손해를 전보하는 것이므로, 자동차 사고로 인적 손해가 발생하여야
하고, 자동차손해배상 보장법상의 면책요건이 없어야 한다(예 : 고의나 자살행위로
인한 부상이 아닐 것 등. 동법 제3조 참조).

3. 자동차손해배상 보장법에 의하여 성립된 책임의 범위와 절차

　　국가나 지방자치단체가 자동차손해배상 보장법에 따라 손해배상의 책임이 2935
있을 때에는 국가배상법에 따라 그 손해를 배상하여야 한다(국배법 제2조 후문).
배상책임의 성립요건은 자동차손해배상 보장법에 의하면서 배상책임의 범위와
절차를 국가배상법에 의하게 한 것은 배상책임의 범위와 절차에 특례를 인정한
셈이다. 그리고 이 경우에도 이중배상금지규정의 적용은 있다.

4. 국가배상법 제5조와의 관계

　　자동차도 국가배상법 제5조의 공물에 해당한다. 따라서 자동차사고의 경우 2936
에는 제2조와 제5조와의 경합이 문제된다. 생각건대 자동차사고와 관련하는 한,
자동차손해배상 보장법이 국가배상법에 대하여 특별법이라 할 것이지만, 국가
배상법 제2조 제1항 본문이 자동차손해배상 보장법의 특례로 규정되고 있으므
로, 국가배상법 제5조의 적용은 없다고 볼 것이다.

5. 공무원의 배상책임

　　(1) 국가 등의 자동차손해배상 보장법상의 책임이 인정되는 경우　　국가 또는 2937
지방자치단체의 "운행자성"이 인정되는 경우에는, 공무원에게 자동차손해배상
보장법상의 책임은 발생할 여지가 없게 된다. 그리고 그 배상책임의 내용은 국

---

　1) 대판 1996. 5. 31, 94다15271.
　2) 대판 1994. 5. 27, 94다6741.

가배상법에 의하므로, 공무원의 대외적 책임 즉 민사상 책임도 국가배상법의 이론이 그대로 적용된다. 따라서 판례에 의하면 고의 또는 중과실이 있는 경우에 민사상 책임을 지게 될 것이다.

2938   ⑵ **국가 등의 자동차손해배상 보장법상의 책임이 부정되는 경우**   국가 또는 지방자치단체의 "운행자성"이 부정되는 경우, 공무원이 자동차손해배상 보장법 상의 운행자성이 인정되면 공무원의 민사책임에 관하여도 자동차손해배상 보장법이 국가배상법에 우선하여 적용된다(무과실책임). 따라서, 판례에 의하면 일반적으로 직무상의 불법행위로 인한 공무원의 대외적 책임이 공무원의 고의 또는 중과실의 경우에만 인정되지만, 공무원의 운행자성이 인정되어 자동차손해배상 보장법의 책임이 성립되는 경우에는 그 사고가 자동차를 운전한 공무원의 경과실에 의한 것인지 중과실 또는 고의에 의한 것인지를 가리지 않고 자동차손해배상 보장법상의 손해배상책임을 부담한다고 한다.[1]

제 3 항   영조물의 하자로 인한 배상책임

Ⅰ. 국가배상법의 규정내용

2939   영조물의 하자로 인한 배상책임은 헌법에서 규정하는 바가 없다. 그러나 입법자는 헌법 제29조 제1항의 취지 내지 정신을 고려하여 영조물의 하자로 인한 배상책임까지 국가배상법에서 규정한 것으로 이해된다. 국가배상법 제5조는 영조물의 하자로 인한 배상책임에 관해 규정하고 있다. 즉 제1항에서 "도로·하천 그 밖의 공공의 영조물의 설치나 관리에 하자가 있기 때문에 타인에게 손해를 발생하게 하였을 때에는 국가나 지방자치단체는 그 손해를 배상하여야 한다"고 규정하고, 제2항에서 "제1항을 적용할 때 손해의 원인에 대하여 책임을 질 자가 따로 있으면 국가나 지방자치단체는 그 자에게 구상할 수 있다"고 규정하고 있다.

Ⅱ. 배상책임의 요건

1. 도로 그 밖의 공공의 영조물

2940   ⑴ **영조물의 의의**   국가배상법 제5조 제1항은 도로·하천을 공공의 영조물의 일종으로 규정하고 있다. 그런데 행정법학에서 도로·하천은 일반적으로 영조물(공적 목적을 위한 인적·물적 종합시설)이 아니라 공물(공적 목적에 제공된 물건 등)로 이해되고 있으므로, 국가배상법 제5조 제1항에서 말하는 영조물이란 학문

---

1) 대판 1996. 3. 8, 94다23876.

상의 공물을 의미하는 것으로 보아야 한다.[1)]

(2) **공물의 종류**   공물에는 자연공물·인공공물, 동산·부동산이 있고 동물   2941
도 포함되며, 아울러 사소유물이라도 공물인 한 여기의 공물에 해당한다. 공물
에 공용물과 공공용물이 포함됨은 물론이다. 그러나 공물이 아닌 것(일반재산)은
비록 국가나 지방자치단체의 소유물일지라도 여기서 말하는 공물에 해당하지
않는다. 이러한 물건의 경우에는 민법 제758조가 적용되어야 할 것이다. 그리고
여기서 말하는 공물은 민법 제758조의 공작물보다 넓은 의미로 이해되고 있다.

2. 설치나 관리에 하자

설치란 영조물(공물)의 설계에서 건조까지를 말하고, 관리란 영조물의 건조   2942
후의 유지·수선을 의미한다. 하자의 의미와 관련하여 견해는 나뉘고 있다.

(1) 학   설

(가) 주 관 설   하자를 공물주체가 관리의무, 즉 안전확보 내지 사고방지의   2943
무를 게을리한 잘못, 이른바 설치·관리상의 주관적 귀책사유에 의한 하자로 이
해하는 견해이다. 배상책임의 성립여부가 관리자의 주의의무위반여부에 의존되
는바, 피해자의 구제에 만전을 기하기 어렵다. 학자에 따라서는 국가배상제도상
의 과실을 객관적 관념(국가작용의 흠)으로 파악하고 주관설을 채택하는 것이 보
다 논리적일 것이라는 지적도 있다.[2)] 주의의무를 객관화시키게 되면 객관설과
실질적 차이는 좁혀지게 된다.

(나) 객 관 설   하자를 공물 자체가 항상 갖추어야 할 객관적인 안정성의   2944
결여로 이해하는 견해, 즉 일반적인 사용법에 따른 것임에도 위험발생의 가능성
이 존재하는 경우를 의미한다는 견해이다. 객관설은 관리자의 고의·과실을 문
제삼지 않는다.[3)] 객관적 물적 결함설이라고도 한다.

(다) 절 충 설   영조물 자체의 하자뿐만 아니라 관리자의 안전관리의무위   2945
반이라는 주관적 요소도 부가하여 하자의 의미가 이해되어야 한다는 견해이다.
즉, 관리자의 주의의무위반에 기인하든 물적 결함에 기인하든 모두 하자에 해당
한다는 견해이다.[4)] 그러나 순수한 관리자의 의무위반으로 인한 손해는 국가배

1) 대판 1995. 1. 24, 94다45302.
2) 김동희, 고시계, 1989. 3, 58쪽.
3) 박윤흔·정형근, 최신행정법강의(상), 628쪽; 홍준형, 행정법, 729쪽(2017); 김성수, 일반행정법, 691쪽(2019).
4) 강구철, 강의행정법(Ⅰ), 673쪽. 한편, 본문과 달리 절충설을 관리자의 안전확보의무위반과 물적 결함이 동시에 구비되는 경우에 배상책임을 물을 수 있다는 견해로 소개하는 입장도 있다(류지태·박종수, 행정법신론, 514쪽). 절충설을 본문의 내용대로 소개하는 견해가 다수의 입장으로 보인다(김동희, 행정법(Ⅰ), 583쪽; 정하중, 행정법개론, 579쪽).

상법 제2조로 충분하다는 견해도 있다.[1)]

2946   ㈃ **안전의무위반설**   행정주체가 타인을 위험으로부터 보호하여야 할 객관적인 안전의무를 위법하게 위반하는 것을 하자로 보는 견해이다. 고의나 과실은 요구하지 아니한다. 객관설은 물적 상태의 결함에 초점을 두지만, 안전의무위반설은 관리자의 행위에 초점을 둔다. 안전의무위반설은 위법무과실책임설이라고도 한다.

(2) 판   례

2947   ㈎ **의   의**   판례는 '영조물 설치·관리상의 하자'를 공공의 목적에 공여된 영조물이 그 용도에 따라 통상 갖추어야 할 안전성을 갖추지 못한 상태에 있는 것으로 정의한다.[2)]

2948   ㈏ **안전성의 구비 여부의 판단기준**   판례는 "안전성의 구비 여부는 영조물의 설치자 또는 관리자가 그 영조물의 위험성에 비례하여 사회통념상 일반적으로 요구되는 정도의 방호조치의무를 다하였는지를 기준으로 판단하여야 하고, 아울러 그 설치자 또는 관리자의 재정적·인적·물적 제약 등도 고려하여야 한다. 따라서 영조물이 그 설치 및 관리에 있어 완전무결한 상태를 유지할 정도의 고도의 안전성을 갖추지 아니하였다고 하여 하자가 있다고 단정할 수는 없고, 그것을 이용하는 자의 상식적이고 질서 있는 이용 방법을 기대한 상대적인 안전성을 갖추는 것으로 족하다"고 한다.[3)]

2949   ㈐ **변형된 객관설**   판례는 영조물 설치·관리상의 하자의 의미를 정의할 때 "용도에 따라 통상 갖추어야 할 안전성을 갖추지 못한 상태"라 하여 객관설을 취한다. 그런데 안전성의 구비 여부의 판단기준에서 "완전무결한 상태를 유지할 정도의 고도의 안전성"을 요하는 것은 아니라 하여 객관설을 완화하고 있다. 이러한 판례의 입장을 변형된(수정된) 객관설이라 부르기도 한다.[4)] 판례는 판단기준으로 방호조치의무의 이행여부라는 표현을 활용하는 탓으로 주관설 또는 안전의무위반설을 취한다고 해석할 여지도 있다.[5)]

---

1) 정하중, 행정법개론, 555쪽(2019).
2) 대판 2013. 10. 24, 2013다208074; 대판 2010. 11. 25, 2007다20112; 대판 2000. 4. 25, 99다54998.
3) 대판 2022. 7. 14, 2022다225910; 대판 2013. 10. 24, 2013다208074; 대판 2000. 4. 25, 99다54998.
4) 행정구제법, 사법연수원, 2007, 319쪽.
5) 대판 2014. 1. 23, 2013다211865(자연영조물로서 하천은 이를 설치할 것인지 여부에 대한 선택의 여지가 없고, 위험을 내포한 상태에서 자연적으로 존재하고 있으며, 그 유역의 광범위성과 유수(流水)의 상황에 따른 하상의 가변성 등으로 인하여 익사사고에 대비한 하천 자체의 위험관리에는 일정한 한계가 있을 수밖에 없어, 하천 관리주체로서는 익사사고의 위험성이 있는 모든 하천구역에 대해 위험관리를 하는 것은 불가능하므로, 당해 하천의 현황과 이용 상황, 과거에 발생한 사고 이력 등을 종합적으로 고려하여 하천구역의 위험성에 비례하여 사회통념상 일

⑶ 사   견

⑺ **일 반 론**   생각건대 '영조물의 설치나 관리에 하자'라는 규정의 표현방 2950
식으로는 주관설에 입각한 것으로 보이나, 국가의 무과실책임을 내용으로 하는
제2조와의 관계상 객관설을 취할 때 제5조의 경우에도 국가의 무과실책임이 인
정될 것인바 객관설이 타당하다. 객관설이 전통적 견해의 입장이다. 하자의 유무
의 판단은 객관적이고도 종합적으로 이루어져야 한다.[1] 객관설이 말하는 객관
적 안전성은 자연과학적 관점에서 본 절대적 안전성을 뜻하는 것이 아니라 사회
통념의 관점에서 본 안전성을 뜻한다. 사회통념의 판단에 판단자의 주관적 의사
가 전혀 배제된다고 할 수 없으므로 객관설도 순수한 의미에서 객관설은 아니다.

⑷ **자연공물과 인공공물**   ① 다수의 학설은 설치·관리의 하자의 의미와 2951
관련하여 자연공물의 경우에는 인공공물과 구분하여 검토한다.[2] 예컨대 하천의
경우, 강수량의 정확한 예측이 어렵고, 제방의 축조에 막대한 비용이 소요되는
바, 하천이 범람하여 수재가 발생할 때마다 그 손해 전부에 대하여 국가가 책임
을 질 수는 없다는 것이다.[3] 즉 인공공물의 경우와 동일평면에서 논할 수는 없
다고 한다. 그리하여 제방시설에 통상 요구되는 안전성에 결함이 있어 수해가
발생하는 경우(제방파괴라는 의미에서 파제형 수해라고도 한다)에는 국가 등의 배상책
임이 인정되지만, 제방의 높이가 낮아 물이 넘쳐흘러 발생하는 수해의 경우(제방

반적으로 요구되는 정도의 방호조치의무를 다하였다면 하천의 설치·관리상의 하자를 인정할
수 없다); 대판 2010. 11. 25, 2007다20112(국가배상법 제5조 제1항에 정하여진 '영조물의 설치
또는 관리의 하자'라 함은 공공의 목적에 공여된 영조물이 그 용도에 따라 갖추어야 할 안전성
을 갖추지 못한 상태에 있음을 말하고, 여기서 안전성을 갖추지 못한 상태, 즉 타인에게 위해
를 끼칠 위험성이 있는 상태라 함은 당해 영조물을 구성하는 물적 시설 그 자체에 있는 물리적·
외형적 흠결이나 불비로 인하여 그 이용자에게 위해를 끼칠 위험성이 있는 경우뿐만 아니라,
그 영조물이 공공의 목적에 이용됨에 있어 그 이용상태 및 정도가 일정한 한도를 초과하여 제3
자에게 사회통념상 수인할 것이 기대되는 한도를 넘는 피해를 입히는 경우까지 포함된다고 보
아야 할 것이다. 그리고 수인한도의 기준을 결정함에 있어서는 일반적으로 침해되는 권리나 이
익의 성질과 침해의 정도뿐만 아니라 침해행위가 갖는 공공성의 내용과 정도, 그 지역환경의
특수성, 공법적인 규제에 의하여 확보하려는 환경기준, 침해를 방지 또는 경감시키거나 손해를
회피할 방안의 유무 및 그 난이 정도 등 여러 사정을 종합적으로 고려하여 구체적 사건에 따라
개별적으로 결정하여야 할 것이다); 대판 2005. 1. 27, 2003다49566('영조물 설치 또는 하자'에
관한 제3자의 수인한도의 기준을 결정함에 있어서는 일반적으로 침해되는 권리나 이익의 성질
과 침해의 정도뿐만 아니라 침해행위가 갖는 공공성의 내용과 정도, 그 지역환경의 특수성, 공
법적인 규제에 의하여 확보하려는 환경기준, 침해를 방지 또는 경감시키거나 손해를 회피할 방
안의 유무 및 그 난이 정도 등 여러 사정을 종합적으로 고려하여 구체적 사건에 따라 개별적으
로 결정하여야 한다).

1) 대판 1998. 2. 13, 97다49800; 대판 2001. 7. 27, 2000다56822.
2) 김남진·김연태, 행정법(Ⅰ), 654쪽(2019); 박균성, 행정법론(상), 879쪽(2019); 박윤흔·정형근,
   최신행정법강의(상), 629쪽; 정하중, 행정법개론, 559쪽(2019).
3) 정하중, 행정법개론, 559쪽(2019).

이 넘쳐흐른다는 의미에서 일제형 수해라고도 한다)에는 계획홍수량을 기준으로 판단하는 입장을 취하고 있다. 말하자면 계획홍수량(홍수시에 하천의 제방이 붕괴되지 아니하고 유지될 수 있도록 계획된 최대유량)이 과학적으로 산정되었는지, 그리고 제방이 계획홍수량에 상응하는 높이와 안전성을 구비하였는지의 여부에 따라 판단하고 있다.[1] 판례도 유사한 입장으로 보인다.[2] ② 생각건대 일제형 수해에 있어서 계획홍수량이라는 것도 객관설이 보는 통상적 안전성의 문제로 볼 수 있는바, 자연공물의 경우가 인공공물과 다르다고 할 특별한 이유는 보이지 않는다.

2952　　(4) **불가항력·예산부족**　　① 객관적 안전성(통상의 안전성)을 갖춘 이상 불가항력에 의한 가해행위는 면책이 된다.[3] 불가능에 대해서는 책임을 추궁할 수 없기 때문이다. 그러나 불가항력이 있어도 영조물의 설치·관리에 객관적 안전성을 결여하였다면, 그 결여로 인해 피해가 악화된 범위 내에서는 국가가 책임을 져야 한다.[4] ② 예산의 부족은 배상액의 산정에 참작사유는 될지언정 안전

---

1) 박윤흔·정형근, 최신행정법강의(상), 630·632쪽; 정하중, 행정법개론, 583쪽.

2) 대판 2007. 9. 21, 2005다65678(자연영조물로서의 하천은 원래 이를 설치할 것인지 여부에 대한 선택의 여지가 없고, 위험을 내포한 상태에서 자연적으로 존재하고 있으며, 간단한 방법으로 위험상태를 제거할 수 없는 경우가 많고, 유수라고 하는 자연현상을 대상으로 하면서도 그 유수의 원천인 강우의 규모, 범위, 발생시기 등의 예측이나 홍수의 발생 작용 등의 예측이 곤란하고, 실제로 홍수가 어떤 작용을 하는지는 실험에 의한 파악이 거의 불가능하고 실제 홍수에 의하여 파악할 수밖에 없어 결국 과거의 홍수 경험을 토대로 하천관리를 할 수밖에 없는 특질이 있고, 또 국가나 하천관리청이 목표로 하는 하천의 개수작업을 완성함에 있어서는 막대한 예산을 필요로 하고, 대규모 공사가 되어 이를 완공하는 데 장기간이 소요되며, 치수의 수단은 강우의 특성과 하천 유역의 특성에 의하여 정해지는 것이므로 그 특성에 맞는 방법을 찾아내는 것은 오랜 경험이 필요하고 또 기상의 변화에 따라 최신의 과학기술에 의한 방법이 효용이 없을 수도 있는 등 그 관리상의 특수성도 있으므로, 하천관리의 하자 유무는, 과거에 발생한 수해의 규모·발생의 빈도·발생원인·피해의 성질·강우상황·유역의 지형 기타 자연적 조건, 토지의 이용상황 기타 사회적 조건, 개수를 요하는 긴급성의 유무 및 그 정도 등 제반 사정을 종합적으로 고려하고, 하천관리에 있어서의 위와 같은 재정적·시간적·기술적 제약하에서 같은 종류, 같은 규모 하천에 대한 하천관리의 일반수준 및 사회통념에 비추어 시인될 수 있는 안전성을 구비하고 있다고 인정할 수 있는지 여부를 기준으로 하여 판단해야 한다. 관리청이 하천법 등 관련 규정에 의해 책정한 하천정비기본계획 등에 따라 개수를 완료한 하천 또는 아직 개수 중이라 하더라도 개수를 완료한 부분에 있어서는, 위 하천정비기본계획 등에서 정한 계획홍수량 및 계획홍수위를 충족하여 하천이 관리되고 있다면 당초부터 계획홍수량 및 계획홍수위를 잘못 책정하였다거나 그 후 이를 시급히 변경해야 할 사정이 생겼음에도 불구하고 이를 해태하였다는 등의 특별한 사정이 없는 한, 그 하천은 용도에 따라 통상 갖추어야 할 안전성을 갖추고 있다고 봄이 상당하다).

3) 대판 2003. 10. 23, 2001다48057(100년 발생빈도의 강우량을 기준으로 책정된 계획홍수위를 초과하여 600년 또는 1,000년 발생빈도의 강우량에 의한 하천의 범람은 예측가능성 및 회피가능성이 없는 불가항력적인 재해로서 그 영조물의 관리청에게 책임을 물을 수 없다).

4) 대판 2000. 5. 26, 99다53247(집중호우로 제방도로가 유실되면서 그 곳을 걸어가던 보행자가 강물에 휩쓸려 익사한 경우, 사고 당일의 집중호우가 50년 빈도의 최대강우량에 해당한다는 사실

성판단에 결정적인 사유는 될 수 없다고 본다.[1]

(5) **무과실책임**　　본조상의 국가책임은 무과실책임이다. 말하자면 국가나 　2953
지방자치단체가 공물을 설치·관리함에 있어 고의·과실이 없었음에도 하자가
발생하였다면, 즉 공물 자체에 객관적 안전성이 결여되었다면 국가나 지방자치
단체는 배상책임을 부담한다.[2] 민법 제758조는 소유자에게 2차적으로 무과실
책임을 인정하나, 1차적으로는 점유자에게 면책사유를 인정하고 있음에 비추어
공물의 경우는 타유공물일지라도 소유자에게 책임을 묻지 않고 국가나 지방자
치단체에 면책사유를 인정함이 없이 책임을 묻는 점이 다르다. 한편 학설상으로
는 영조물에 '하자'가 있어야 하므로 과연 무과실책임이라 할 수 있는가에 대해
의문이 제기되기도 한다.[3]

(6) **입증책임**　　하자의 유무에 관한 입증책임은 엄격하게 새길 것이 아니 　2954
다. 일반시민의 입장에서 공물의 안전도에 관한 전문적 지식을 갖는다는 것은
통상 기대하기 어렵다. 따라서 피해자가 하자의 개연성만 주장하면 하자가 추정
되는 것으로 보는 제도의 정착이 필요하다고 본다. 판례가[4] 예견가능성과 회피
가능성의 존부를 국가나 지방자치단체가 부담하도록 한 것은 피해자를 위한 입
증책임의 전환 내지 완화의 한 경향으로 볼 수 있을 것이다.

(7) **유형별 검토**　　판례의 태도를 유형화해 보면, ① 도로노면의 하자는 안 　2955
전장치가 가능한 시간적 유무에 따라 면책시키고, ② 도로 위의 낙화물 등 사고
는 당해 장해물을 발견하고 제거할 수 있는 합리적인 시간유무를 기초로 면책
시키고, ③ 신호등 사고는 예견가능성과 회피가능성을 추가적인 기준으로 하되
엄격히 보아 행정청에 입증책임을 전환시키고, ④ 홍수의 경우에는 '계획홍수량'
을 기준으로 하고 있다.

3. 타인에게 손해를 발생

타인과 손해의 개념은 제2조의 경우와 같다. 설치·관리의 하자와 손해 간 　2956

만으로 불가항력에 기인한 것으로 볼 수 없다).

1) 박윤흔·정형근, 최신행정법강의(상), 631쪽; 대판 1967. 2. 21, 66다1723(영조물 설치의 「하자」
라 함은 영조물의 축조에 불완전한 점이 있어 이 때문에 영조물 자체가 통상 갖추어야 할 완전
성을 갖추지 못한 상태에 있음을 말한다고 할 것인바 그 「하자」 유무는 객관적 견지에서 본 안
전성의 문제이고 그 설치자의 재정사정이나 영조물의 사용목적에 의한 사정은 안전성을 요구
하는데 대한 정도 문제로서 참작사유에는 해당할지언정 안전성을 결정지을 절대적 요건에는
해당하지 아니한다 할 것이다).
2) 김도창, 일반행정법론(상), 642쪽.
3) 김동희, 고시계, 1989. 3, 62쪽.
4) 대판 2001. 7. 27, 2000다56822.

에 상당인과관계가 있어야 한다.[1] 설치·관리의 하자가 손해의 발생이나 확대와 상당인과관계가 있는 한 자연현상이나 제3자 또는 피해자 자신의 행위가 손해의 원인으로서 가세되더라도 국가 등의 배상책임은 성립된다.

4. 제2조와 경합

2957   공물의 설치·관리상의 하자와 공무원의 위법한 직무집행행위가 경합하는 경우에는 피해자는 국가배상법 제2조나 제5조 그 어느 규정에 의해서도, 즉 선택적으로 배상을 청구할 수 있다고 본다.[2] 다만, 입증책임과 관련하여 제5조를 주장하는 것이 보다 용이할 것이다. 제5조는 제2조와의 관계에서 보충적 지위에 있다는 견해도 있다.[3]

Ⅲ. 배상책임의 내용

2958   배상액, 배상청구권의 양도 등 금지, 군인·군무원 등의 경우에 이중배상금지, 배상청구권의 시효 등은 제2조의 경우와 같다.

Ⅳ. 배상책임자와 구상권

1. 배상책임자로서 국가와 지방자치단체

2959   국가배상법 제2조 부분 옆번호 2880 이하에서 기술한 바와 같다.

---

1) 대판 2010. 11. 25, 2007다74560(소음 등을 포함한 공해 등의 위험지역으로 이주하여 들어가서 거주하는 경우와 같이 위험의 존재를 인식하면서 그로 인한 피해를 용인하며 접근한 것으로 볼 수 있는 경우에, 그 피해가 직접 생명이나 신체에 관련된 것이 아니라 정신적 고통이나 생활방해의 정도에 그치고 그 침해행위에 고도의 공공성이 인정되는 때에는, 위험에 접근한 후 실제로 입은 피해 정도가 위험에 접근할 당시에 인식하고 있었던 위험의 정도를 초과하는 것이거나 위험에 접근한 후에 그 위험이 특별히 증대하였다는 등의 특별한 사정이 없는 한 가해자의 면책을 인정하여야 하는 경우도 있을 수 있다. 특히 소음 등의 공해로 인한 법적 쟁송이 제기되거나 그 피해에 대한 보상이 실시되는 등 피해지역임이 구체적으로 드러나고 또한 이러한 사실이 그 지역에 널리 알려진 이후에 이주하여 오는 경우에는 위와 같은 위험에의 접근에 따른 가해자의 면책 여부를 보다 적극적으로 인정할 여지가 있을 것이다. 다만 일반인이 공해 등의 위험지역으로 이주하여 거주하는 경우라고 하더라도 위험에 접근할 당시에 그러한 위험이 존재하는 사실을 정확하게 알 수 없는 경우가 많고, 그 밖에 위험에 접근하게 된 경위와 동기 등의 여러 가지 사정을 종합하여 그와 같은 위험의 존재를 인식하면서도 위험으로 인한 피해를 용인하면서 접근하였다고 볼 수 없는 경우에는 손해배상액의 산정에 있어 형평의 원칙상 과실상계에 준하여 감액사유로 고려하는 것이 상당하다).

2) 대판 1999. 6. 25, 99다11120(권한을 위임받은 기관 소속의 공무원이 위임사무처리에 있어 고의 또는 과실로 타인에게 손해를 가하였거나 위임사무로 설치·관리하는 영조물의 하자로 타인에게 손해를 발생하게 한 경우에는 권한을 위임한 관청이 소속된 지방자치단체가 국가배상법 제2조 또는 제5조에 의한 배상책임을 부담한다).

3) 村重慶一, 國家賠償研究 ノート, 判例 タイムズ社, 1966, 6항.

2. 영조물의 원래의 관리주체(사무의 귀속주체)로서 배상책임자

국가배상법 제2조 부분 옆번호 2884 이하에서 기술한 바와 같다.[1] 한편,   2960
판례는 "(구)도로법(현행법 제20조) 제22조 제2항에 의하여 지방자치단체의 장인 시
장이 국도의 관리청이 되었다 하더라도 이는 시장이 국가로부터 관리업무를 위임
받아 국가행정기관의 지위에서 집행하는 것이므로 국가는 도로관리상 하자로 인
한 손해배상책임을 면할 수 없다"는 입장을 취한다.[2] 이러한 판례의 태도는 (구)
도로법(현행법 제23조) 제22조 제2항을 위임의 근거규정으로 본데 기인한다. 그러
나 (구)도로법(현행법 제23조) 제22조 제2항은 권한의 위임의 근거규정이 아니라
국가와 지방자치단체 사이의 권한배분에 관한 규정으로 보아야 한다. 법률에서
권한의 위임가능성(예 : '권한의 일부를 대통령령이 정하는 바에 따라 시장에게 위임한다'는
등의 방식)을 규정하는 것은 이해되지만, 법률에서 권한의 위임 그 자체를 규정하
는 것은 논리적으로 이해하기 어렵다. 왜냐하면 권한의 위임은 권한의 배분을
전제로 하는 것인데, 법률에서 권한을 배분하고 다시 권한의 위임을 규정하기보
다는 바로 법률에서 권한의 배분이 잘 이루어지면 권한의 위임은 불요하기 때문
이다. 따라서 (구)도로법(현행법 제23조) 제22조 제2항에 따른 사무는 관리청이 속
한 지방자치단체의 자치사무로 보는 것이 타당하다. 이러한 시각에서 보면, 비용
부담에 관해 규정하는 도로법 제85조는 당연한 사항을 규정하고 있는 셈이다.

┃**참고**┃   도로법

제23조(도로관리청) ① 도로관리청은 다음 각 호의 구분에 따른다.
1. 제11조 및 제12조에 따른 고속국도와 일반국도 : 국토교통부장관
2. 제15조 제2항에 따른 국가지원지방도(이하 "국가지원지방도"라 한다) : 도지사·특
   별자치도지사(특별시, 광역시 또는 특별자치시 관할구역에 있는 구간은 해당 특별시
   장, 광역시장 또는 특별자치시장)
3. 그 밖의 도로 : 해당 도로 노선을 지정한 행정청
② 제1항에도 불구하고 특별시·광역시·특별자치시·특별자치도 또는 시의 관할구
역에 있는 일반국도(우회국도 및 지정국도는 제외한다. 이하 이 조에서 같다)와 지방도
는 각각 다음 각 호의 구분에 따라 해당 시·도지사 또는 시장이 도로관리청이 된다.
1. 특별시·광역시·특별자치시·특별자치도 관할구역의 동(洞) 지역에 있는 일반국
   도 : 해당 특별시장·광역시장·특별자치시장·특별자치도지사

---

1) 대판 1991. 12. 24, 91다34097(지방자치단체의 장에 의해 수행되는 국가의 기관위임사무에 대
   하여 국가는 배상책임이 있다).
2) 대판 1993. 1. 26, 92다2684.

2. 특별자치시 관할구역의 동 지역에 있는 지방도 : 해당 특별자치시장

3. 시 관할구역의 동 지역에 있는 일반국도 및 지방도 : 해당 시장

제85조(비용부담의 원칙) ① 도로에 관한 비용은 이 법 또는 다른 법률에 특별한 규정이 있는 경우 외에는 도로관리청이 국토교통부장관인 도로에 관한 것은 국가가 부담하고, 그 밖의 도로에 관한 것은 해당 도로의 도로관리청이 속해 있는 지방자치단체가 부담한다. 이 경우 제31조 제2항에 따라 국토교통부장관이 도지사 또는 특별자치도지사에게 일반국도의 일부 구간에 대한 도로공사와 도로의 유지·관리에 관한 업무를 수행하게 한 경우에 그 비용은 국가가 부담한다.

3. 비용부담자로서 배상책임자

2961 (1) 의 의 국가배상법 제5조에 따라 국가나 지방자치단체가 손해를 배상할 책임이 있는 경우에 … 영조물의 설치·관리를 맡은 자와 … 영조물의 설치·관리비용을 부담하는 자가 동일하지 아니하면 그 비용을 부담하는 자도 손해를 배상하여야 한다(국배법 제6조 제1항).[1]

2962 (2) **영조물의 설치·관리자의 의미** 제2조의 경우와 같다.

2963 (3) **비용부담자의 의미** 제2조의 경우와 같다.

2964 (4) **선택적 청구와 구상** 피해자는 영조물의 설치·관리를 맡은 자와 영조물의 설치·관리비용을 부담하는 자 중에서 선택적으로 청구권을 행사할 수 있다. 그리고 이 때에 손해를 배상한 자는 내부관계에서 그 손해를 배상할 책임이 있는 자에게 구상할 수 있다(국배법 제6조 제2항). 다만, 이러한 경우에 내부적인 분담비율은 제반사정을 고려하여 종합적으로 판단되어야 한다.[2]

2965 (5) **특 징** ① 비용부담자의 배상책임은 국가배상법 제6조 제1항에 의

---

1) 대판 1995. 2. 24, 94다57671(여의도광장의 관리청이 본래 서울특별시장이라 하더라도 그 관리사무의 일부가 영등포구청장에게 위임되었다면, 그 위임된 관리사무에 관한 한 여의도광장의 관리청은 영등포구청장이 되고, 같은 법 제56조에 의하면 도로에 관한 비용은 건설부장관이 관리하는 도로 이외의 도로에 관한 것은 관리청이 속하는 지방자치단체의 부담으로 하도록 되어 있어 여의도광장의 관리비용부담자는 그 위임된 관리사무에 관한 한 관리를 위임받은 영등포구청장이 속한 영등포구가 되므로, 영등포구는 여의도광장에서 차량진입으로 일어난 인신사고에 관하여 국가배상법 제6조 소정의 비용부담자로서의 손해배상책임이 있다).

2) 대판 1998. 7. 10, 96다42819(원래 광역시가 점유 관리하던 일반국도 중 일부 구간의 포장공사를 국가가 대행하여 광역시에 도로의 관리를 이관하기 전에 교통사고가 발생한 경우, 광역시는 그 도로의 점유자 및 관리자, 도로법 제56조, 제55조, 도로법시행령 제30조에 의한 도로관리비용 등의 부담자로서의 책임이 있고, 국가는 그 도로의 점유자 및 관리자, 관리사무귀속자, 포장공사비용 부담자로서의 책임이 있다고 할 것이며, 이와 같이 광역시와 국가 모두가 도로의 점유자 및 관리자, 비용부담자로서의 책임을 중첩적으로 지는 경우에는, 광역시와 국가 모두가 국가배상법 제6조 제2항 소정의 궁극적으로 손해를 배상할 책임이 있는 자라고 할 것이고, 결국 광역시와 국가의 내부적인 부담 부분은, 그 도로의 인계·인수 경위, 사고의 발생 경위, 광역시와 국가의 그 도로에 관한 분담비용 등 제반 사정을 종합하여 결정함이 상당하다).

한 독립적인 비용부담자이다.[1] ② 본조는 배상책임자의 범위의 확대를 가져온다. 배상책임자의 범위의 확대는 자신의 사무가 아닌 타자의 사무(단체위임사무·기관위임사무)의 처리와 관련하여 의미를 갖는다.[2]

4. 종국적 배상책임자

제2조의 경우와 같다.　　　　　　　　　　　　　　　　　　　　　　2966

5. 원인책임자에 대한 구상

국가배상법 제6조 제1항의 경우에 손해를 배상한 자는 내부관계에서 그 손　2967
해를 배상할 책임이 있는 자에게 구상할 수 있다(국배법 제5조 제2항).[3]

제 4 항　배상금청구절차

Ⅰ. 행정절차(임의적 결정전치)

1. 임의적 결정전치의 의의

국가배상법은 "이 법에 따른 손해배상의 소송은 배상심의회(심의회)에 배상　2968
신청을 하지 아니하고도 제기할 수 있다"(국배법 제9조)고 규정하여 배상금청구에
있어서 행정절차(배상심의회의 결정절차)를 사법절차에 앞서서 제기할 수 있는 임
의적인 절차로 규정하고 있다. 따라서 원고는 국가배상법상 손해배상청구소송
을 배상심의회에 배상신청절차를 거쳐서 제기할 수도 있고, 그러한 절차를 거치
지 아니하고 바로 제기할 수도 있다.

---

1) 대판 1993. 1. 26, 92다2684(시가 국도의 관리상 비용부담자로서 책임을 지는 것은 국가배상법이
　정한 자신의 고유한 배상책임이므로 도로의 하자로 인한 손해에 대하여 시는 부진정연대채무자
　인 공동불법행위자와의 내부관계에서 배상책임을 분담하는 관계에 있으며 국가배상법 제6조 제2
　항의 규정은 도로의 관리주체인 국가와 그 비용을 부담하는 경제주체인 시 상호간에 내부적으로
　구상의 범위를 정하는데 적용될 뿐 이를 들어 구상권자인 공동불법행위자에게 대항할 수 없다).
2) 대판 1994. 12. 9, 94다38137.
3) 대판 2012. 3. 15, 2011다52727(한동건설 등이 시공한 도로공사구간에서 침수사고가 발생하자,
　국가가 이로 인해 피해를 입은 피해자 을에게 손해를 배상한 사안에서, 제반 사정에 비추어 국
　가와 갑 회사 등은 을에게 공동불법행위 책임을 부담하고, 내부 구상관계에서 사고발생에 과실
　이 없는 국가는 갑 회사 등에 배상액 전액을 구상할 수 있다고 본 원심판단을 다툰 한동건설사
　건에서)(원고가 영조물 설치·관리상의 하자로 인하여 손해를 배상한 경우, 손해의 원인에 대
　하여 책임을 질 자가 따로 있으면 그 자에게 구상할 수 있는바(국가배상법 제5조 제2항), 만약
　이 사건 침수사고 발생에 관하여 원고의 과실이 없고 피고 등이 전적으로 책임을 져야 하는 경
　우라면 원고의 배상액 전액을 피고 등에게 구상할 수 있다. 공동불법행위자 중 1인에 대하여
　구상의무를 부담하는 다른 공동불법행위자가 수인인 경우에는 특별한 사정이 없는 이상 그들
　의 구상권자에 대한 채무는 각자의 부담 부분에 따른 분할채무로 봄이 상당하지만, 구상권자인
　공동불법행위자 측에 과실이 없는 경우, 즉 내부적인 부담 부분이 전혀 없는 경우에는 이와 달
　리 그에 대한 수인의 구상의무 사이의 관계를 부진정연대관계로 봄이 상당하다).

2969   2000년 말에 개정된 국가배상법은 종전의 필요적 결정전치주의에서 임의적 결정전치주의로 전환하였다. 필요적 결정전치주의는 국민의 권리행사에 오히려 장해가 될 수 있다는 지적이 있었고, 이러한 이유로 위헌론도 제기되었다. 물론 대법원과[1] 헌법재판소는[2] 합헌을 선언한 바 있었다. 국가배상법이 임의적 결정전치주의를 채택함으로써 종전의 위헌논쟁은 사라지게 되었다.

2. 결정전치제도의 성격

2970   행정절차로서 결정전치제도는 행정소송법상 행정심판전치제도와 성격을 달리한다. 결정전치제도는 처분을 다투는 것도 아니고, 행정청의 반성을 촉구하는 것도 아니며, 행정청의 전문지식을 활용하는 것도 아니다. 결정전치제도의 효율적인 운영은 경제적이고도 신속한 배상금지급, 합리적인 처리, 법원의 업무경감 등의 의미를 가지게 될 것이다.

3. 결정전치제도의 내용

⑴ 배상심의회

2971   ㈎ 종 류   국가나 지방자치단체에 대한 배상신청사건을 심의하기 위하여 법무부에 본부심의회를 둔다(국배법 제10조 제1항 본문). 다만, 군인이나 군무원이 타인에게 입힌 손해에 대한 배상신청사건을 심의하기 위하여 국방부에 특별심의회를 둔다(국배법 제10조 제1항 단서). 본부심의회 및 특별심의회는 대통령령으로 정하는 바에 따라 지구심의회를 둔다(국배법 제10조 제2항). 배상심의회는 합의제행정청의 성격을 갖는다. 본부심의회와 특별심의회와 지구심의회는 법무부장관의 지휘를 받아야 한다(국배법 제10조 제3항). 각 심의회에는 위원장을 두며, 위원장은 심의회의 업무를 총괄하고 심의회를 대표한다(국배법 제10조 제4항).

2972   ㈏ 권 한   본부심의회와 특별심의회는 다음 각 호(1. 제13조 제6항에 따라 지구심의회로부터 송부받은 사건, 2. 제15조의2에 따른 재심신청사건, 3. 그 밖에 법령에 따라 그 소관에 속하는 사항)의 사항을 심의·처리한다(국배법 제11조 제1항). 각 지구심의회는 그 관할에 속하는 국가나 지방자치단체에 대한 배상신청사건을 심의·처리한다(국배법 제11조 제2항).

2973   ⑵ 배상신청   국가배상법에 따라 배상금을 지급받으려는 자는 그 주소지·소재지 또는 배상원인 발생지를 관할하는 지구심의회에 배상신청을 하여야 한다(국배법 제12조 제1항). 손해배상의 원인을 발생하게 한 공무원의 소속 기관의

---

1) 대결 1990. 8. 24, 90카72.
2) 헌재 2000. 2. 24, 99헌바17·18·19.

장은 피해자나 유족을 위하여 제1항의 신청을 권장하여야 한다(국배법 제12조 제2
항). 심의회의 위원장은 배상신청이 부적법하지만 보정할 수 있다고 인정하는
경우에는 상당한 기간을 정하여 보정을 요구하여야 한다(국배법 제12조 제3항). 제
3항에 따른 보정을 하였을 때에는 처음부터 적법하게 배상신청을 한 것으로 본
다(국배법 제12조 제4항). 제3항에 따른 보정기간은 제13조 제1항에 따른 배상결정
기간에 산입하지 아니한다(국배법 제12조 제5항).

(3) 심의와 결정

(가) **결정기간** 지구심의회는 배상신청을 받으면 지체 없이 증인신문·감정· 2874
검증 등 증거조사를 한 후 그 심의를 거쳐 4주일 이내에 배상금 지급결정, 기각
결정 또는 각하결정(이하 "배상결정"이라 한다)을 하여야 한다(국배법 제3조 제1항).

(나) **사전지급**(지구심의회의 결정) 지구심의회는 긴급한 사유가 있다고 인정 2975
할 때에는 제3조 제1항 제2호, 같은 조 제2항 제1호 및 같은 조 제3항 제1호에
따른 장례비·요양비 및 수리비의 일부를 사전에 지급하도록 결정할 수 있다(국
배법 제13조 제2항 제1문). 사전에 지급을 한 경우에는 배상결정 후 배상금을 지급
할 때에 그 금액을 빼야 한다(국배법 제13조 제2항 제2문). 제2항 전단에 따른 사전
지급의 기준·방법 및 절차 등에 관하여 필요한 사항은 대통령령으로 정한다(국
배법 제13조 제3항).

(다) **사전지급**(위원장의 직권) 제2항에도 불구하고 지구심의회의 회의를 소 2976
집할 시간적 여유가 없거나 그 밖의 부득이한 사유가 있으면 지구심의회의 위
원장은 직권으로 사전 지급을 결정할 수 있다(국배법 제13조 제4항 제1문). 이 경우
위원장은 지구심의회에 그 사실을 보고하고 추인을 받아야 하며, 지구심의회의
추인을 받지 못하면 그 결정은 효력을 잃는다(국배법 제13조 제4항 제2문).

(라) **배상금결정기준** 심의회는 제3조와 제3조의2의 기준에 따라 배상금 지 2977
급을 심의·결정하여야 한다(국배법 제13조 제5항).

(마) **본부심의회에 송부** 지구심의회는 배상신청사건을 심의한 결과 그 사 2978
건이 다음 각 호(1. 배상금의 개산액이 대통령령으로 정하는 금액 이상인 사건, 2. 그 밖에
대통령령으로 본부심의회나 특별심의회에서 심의·결정하도록 한 사건)의 어느 하나에 해
당한다고 인정되면 지체 없이 사건기록에 심의 결과를 첨부하여 본부심의회나
특별심의회에 송부하여야 한다(국배법 제13조 제6항). 본부심의회나 특별심의회는
제6항에 따라 사건기록을 송부받으면 4주일 이내에 배상결정을 하여야 한다(국
배법 제13조 제7항).

(바) **신청의 각하** 심의회는 다음 각 호(1. 신청인이 이전에 동일한 신청원인으로 2979

배상신청을 하여 배상금 지급 또는 기각의 결정을 받은 경우. 다만, 기각결정을 받은 신청인이 중요한 증거가 새로 발견되었음을 소명하는 경우에는 그러하지 아니하다. 2. 신청인이 이전에 동일한 청구원인으로 이 법에 따른 손해배상의 소송을 제기하여 배상금지급 또는 기각의 확정판결을 받은 경우, 3. 그 밖에 배상신청이 부적법하고 그 잘못된 부분을 보정할 수 없거나 제12조 제3항에 따른 보정 요구에 응하지 아니한 경우)의 어느 하나에 해당하면 배상신청을 각하한다(국배법 제13조 제8항).

2980　　　⑷ **결정서의 송달**　　심의회는 배상결정을 하면 그 결정을 한 날부터 1주일 이내에 그 결정정본(決定正本)을 신청인에게 송달하여야 한다(국배법 제14조 제1항). 제1항의 송달에 관하여는 「민사소송법」의 송달에 관한 규정을 준용한다(국배법 제14조 제2항).

2981　　　⑸ **신청인의 동의와 배상금지급신청**　　배상결정을 받은 신청인은 지체 없이 그 결정에 대한 동의서를 첨부하여 국가나 지방자치단체에 배상금 지급을 청구하여야 한다(국배법 제15조 제1항). 배상금 지급에 관한 절차, 지급기관, 지급시기, 그 밖에 필요한 사항은 대통령령으로 정한다(국배법 제15조 제2항). 배상결정을 받은 신청인이 배상금 지급을 청구하지 아니하거나 지방자치단체가 대통령령으로 정하는 기간 내에 배상금을 지급하지 아니하면 그 결정에 동의하지 아니한 것으로 본다(국배법 제15조 제3항). 한편, 구 국가배상법 제16조는 위헌으로 선언된 바 있다.[1]

　　　⑹ **재심신청**

2982　　　㈎ 신　　청　　지구심의회에서 배상신청이 기각(일부기각된 경우를 포함한다) 또는 각하된 신청인은 결정정본이 송달된 날부터 2주일 이내에 그 심의회를 거

---

1) 헌재 1995. 5. 25, 91헌가7(국가배상법 제16조 중 "심의회의 배상결정은 신청인이 동의한 때에는 민사소송법의 규정에 의한 재판상의 화해가 성립된 것으로 본다"라는 부분은 헌법에 위반된다. …이 사건 심판대상조항부분은 국가배상에 관한 분쟁을 신속히 종결·이행시키고 배상결정에 안정성을 부여하여 국고의 손실을 가능한 한 경감하려는 입법목적을 달성하기 위하여 동의된 배상결정에 재판상의 화해의 효력과 같은, 강력하고도 최종적인 효력을 부여하여 재심의 소에 의하여 취소 또는 변경되지 않는 한 그 효력을 다툴 수 없도록 하고 있는바, 사법절차에 준한다고 볼 수 있는 각종 중재·조정절차와는 달리 배상결정절차에 있어서는 심의회의 제3자성·독립성이 희박한 점, 심의절차의 공정성·신중성도 결여되어 있는 점, 심의회에서 결정되는 배상액이 법원의 그것보다 하회하는 점 및 부제소합의의 경우와는 달리 신청인의 배상결정에 대한 동의에 재판청구권을 포기할 의사까지 포함되는 것으로 볼 수도 없는 점을 종합하여 볼 때, 이는 신청인의 재판청구권을 과도하게 제한하는 것이어서 헌법 제37조 제2항에서 규정하고 있는 기본권 제한입법에 있어서의 과잉입법금지의 원칙에 반할 뿐 아니라, 권력을 입법·행정 및 사법 등으로 분립한 뒤 실질적 의미의 사법작용인 분쟁해결에 관한 종국적인 권한은 원칙적으로 이를 헌법과 법률에 의한 법관으로 구성되는 사법부에 귀속시키고 나아가 국민에게 그러한 법관에 의한 재판을 청구할 수 있는 기본권을 보장하고자 하는 헌법의 정신에도 충실하지 못한 것이다).

쳐 본부심의회나 특별심의회에 재심을 신청할 수 있다(국배법 제15조의2 제1항). 재심신청을 받은 지구심의회는 1주일 이내에 배상신청기록 일체를 본부심의회나 특별심의회에 송부하여야 한다(국배법 제15조의2 제2항). 본부심의회나 특별심의회는 제1항의 신청에 대하여 심의를 거쳐 4주일 이내에 다시 배상결정을 하여야 한다(국배법 제15조의2 제3항).

(나) 환 송 본부심의회나 특별심의회는 배상신청을 각하한 지구심의회의 결정이 법령에 위반되면 사건을 그 지구심의회에 환송할 수 있다(국배법 제15조의2 제4항). 본부심의회나 특별심의회는 배상신청이 각하된 신청인이 잘못된 부분을 보정하여 재심신청을 하면 사건을 해당 지구심의회에 환송할 수 있다(국배법 제15조의2 제5항). 2983

(다) 송달 등 재심신청사건에 대한 본부심의회나 특별심의회의 배상결정에는 제14조(결정서의 송달)와 제15조(신청인의 동의와 배상금 지급)를 준용한다(국배법 제15조의2). 2984

Ⅱ. 사법절차

1. 행정소송과 민사소송

① 국가배상법에 따른 손해배상의 소송은 배상심의회에 배상신청을 하지 아니하고도 제기할 수 있다(국배법 제9조). 이 때 손해배상청구의 절차는 국가배상법을 공법으로 보는 한 행정소송법상 당사자소송절차에 따라야 할 것이다.[1] 그러나 판례는 민사사건으로 다룬다. 한편 ② 처분의 취소를 구하는 소송을 제기하면서 손해배상의 청구를 병합하여 제기하는 것도 가능하다(예 : 위법한 영업허가취소처분으로 피해를 받은 사인이 영업허가취소처분취소청구소송과 손해배상청구소송을 병합하여 제기하는 경우. 행소법 제10조 제1항 제2호·제2항). 2985

2. 가집행선고

헌법재판소는 소송촉진 등에 관한 특례법 제6조 제1항 중 "국가를 상대로 하는 재산권의 청구에 관하여 가집행선고를 할 수 없다"는 부분이 재산권보장과 신속한 재판을 받을 권리의 보장에 있어서 소송당사자를 차별하여 합리적 이유 없이 국가를 우대하고 있다고 하여, 동 부분을 헌법 제11조 제1항(평등의 원칙)에 위반된다고 결정하였다.[2] 그 후 동법상 가집행선고에 관한 조항은 삭제되었다. 2986

---

1) 김남진·김연태, 행정법(Ⅰ), 954쪽(2019); 천병태, 고시연구, 1989. 3, 96쪽; 하명호, 행정법, 15쪽(2022).
2) 헌재 1989. 1. 25, 88헌가7(소송촉진등에관한특례법 제6조 제1항 중 단서 부분은 재산권과 신속

제2절 손실보상제도

제1항 손실보상제도의 관념

Ⅰ. 손실보상제도의 의의

1. 의   의

2987
행정상 손실보상제도란 국가나 지방자치단체가 공공의 필요에 응하기 위한 적법한 공권력행사로 인해 사인의 재산권에 특별한 희생을 가한 경우에 재산권보장과 공적 부담 앞의 평등이라는 견지에서 그 사인에게 조절적인 보상을 해주는 제도를 말한다.[1] 사유재산제도와 재산권을 보장하는 민주주의헌법국가에서 손실보상제도는 당연한 요청이 된다. 다만 과거의 손실보상제도가 주로 재산권보상이라는 측면에서 기능을 해왔다고 한다면, 오늘날에는 재산권보상 이외에 생활보상이라는 것이 부각되고 있음이 특징적이라 하겠다.[2]

2. 유사제도와 구분

2988
(1) **행정상 손해배상과 구분**　　행정상 손해배상은 위법한 행정작용으로 발생한 행정결과의 시정을 위한 것이나, 행정상 손실보상은 적법한 작용으로 발생한 행정결과의 조절에 관한 것인 점에서 양자간에 차이가 있다. 즉 손해배상은 행정결과의 시정이나 손실보상은 시정이 아니라 상실된 가치의 보전이다.

2989
(2) **사법상 손해배상과 구분**　　사법상 손해배상은 위법한 사법작용에 관한 문제이나, 행정상 손실보상은 공공필요에 의하여 공법적 근거하에 행해지는 공권력행사로 인해 야기되는 결과의 조절작용이다. 요컨대 손실보상제도는 공법에 특유한 제도이다. 다만 민법상 예외적으로 적법한 침해로 인한 손해의 보상이 인정되는 경우도 있다(민법 제218조 제1항·제219조 제2항·제226조 제2항·제228조·제230조 제1항 등). 이러한 제도는 행정상 손실보상제도와 유사한 것으로 보인다.

한 재판을 받을 권리의 보장에 있어서 합리적 이유 없이 소송당사자를 차별하여 국가를 우대하고 있는 것이므로 헌법 제11조 제1항에 위반된다).

1) 대판 2013. 6. 14, 2010다9658.
2) 행정상 이해의 조절이라는 면에서 볼 때, 손실보상이 적법한 국가의 침해로 인한 개인의 손실에 대한 보상의 문제라면, 이와 반대로 적법한 행정활동으로 인해 특정인에 이익이 발생한 경우 그 이익을 국가가 환수하는 문제 또는 긍정할 필요가 있다. 이에 관해서는 후술하는 개발이익의 환수 부분을 보라. 한편, 용례상 생활보상과 생활권보상이 혼용되기도 하고, 생활보상은 보상의 내용 내지 방법에 관한 것이고, 생활권보상은 보상의 범위 내지 대상에 관한 것이라 하여 구분하기도 한다(박균성, 행정법론(상), 1000쪽(2019)). 실제상 보상의 내용과 범위의 명확한 구별이 가능한지는 의문이다.

(3) **형사보상청구와 구분**   헌법이 제29조에서 국가배상청구권을 규정하는   2990
외에 제28조에서 형사보상청구권을 별도로 규정하고 있는 점을 보면, 헌법은
형사보상청구권을 일종의 손실보상청구권(희생보상청구권)으로 예상하고 있는 것
으로 보인다.[1] 그러나 형사보상청구권은 형사사법작용상 가해지는 침해에 대한
것이나, 여기서 말하는 행정상 손실보상제도는 공공의 필요를 위해 가해지는 침
해에 대한 보상인 점에서, 그리고 전자는 신체의 자유에 대한 침해의 보상을 관
심의 대상으로 하나, 후자는 재산권의 침해에 대한 보상을 관심의 대상으로 하
는 점에서 차이가 있다.

(4) **특혜보상**   특혜보상은 손실보상으로서는 헌법위반이다. 침해(수용)의   2991
구성요건과 보상의 구성요건이 관계자에게 충분한 명료성을 가지고 일체성을
가질 수 있을 때, 수용과 수용보상의 단일성은 보장된다. 만약 그러하지 않은
경우에 보상이 주어진다면, 그것은 특혜보상이 된다. 그것은 보상이 아니라 단
지 사회보장이라는 관점에서 의미를 가질 수는 있을 것이다.[2]

3. 성   질

헌법 제23조 제1항이 규정하는 재산권보장의 참뜻은 재산권자의 재산권의   2992
존속을 보호하는 것이지만,[3] 헌법 제23조 제3항의 수용제도를 통해 존속보장은
재산권가치보장으로 변하게 된다.[4] 존속보장이 가치보장으로 바뀐다고 하여도
존속보장의 참뜻이 퇴색되어서는 아니될 것이다. 이것은 수용보상이 단순한 객
관적 가치의 보상에 그쳐서는 아니되고 생활보상까지 고려하여야 함을 의미하
는 것이기도 하다.

---

1) 김철수, 헌법학(상), 1318쪽.
2) F. Weyreuther, Über die Verfassungswidrigkeit salvatorischer Entschädigungsregelungen im Enteignungsrecht, 1980, S. 51ff.
3) 헌재 2020. 12. 23, 2019헌바129(헌법 제23조 제1항에 의하면 헌법이 보장하는 재산권의 내용과 한계는 국회에서 제정되는 형식적 의미의 법률에 의하여 정해지므로 헌법상의 재산권은 이를 통하여 실현되고 구체화하게 된다. 그렇다 하더라도 입법자가 재산권의 내용을 형성함에 있어서 무제한적인 형성의 자유를 가지는 것은 아니며 어떠한 재산을 사용·수익할 수 있는 사적 유용성과 처분권을 본질로 하는 재산권은 인간으로서의 존엄과 가치를 실현하고 인간의 자주적이고 주체적인 삶을 이루어나가기 위한 범위에서 헌법적으로 보장되어 있는 것이다. 따라서 재산권의 내용과 한계를 법률로 정한다는 것은 헌법적으로 보장된 재산권의 내용을 구체화하면서 이를 제한하는 것으로 볼 수 있다).
4) Nüssgens/Boujong, Eigentum, Sozialbindung, Enteignung, 1987, S. 155; Erbguth/Guckelberger, Allgemeines Verwaltungsrecht(2018), §39, Rn. 2.

Ⅱ. 손실보상제도의 이론적 근거

1. 학   설

2993   손실보상제도의 이론적 근거로 기득권설(자연권으로서 기득권의 불가침을 전제로 공적 목적을 위한 침해에 보상이 주어져야 한다는 이론), 은혜설(보상은 국가가 은혜적으로 주는 것이라는 이론), 공용징수설(실정법상 공용징수제도를 일반화하여 이론화한 이론), 특별희생설이 행정법문헌에서 소개되고 있으나, 오늘날에는 특별희생설만이 지지되고 있는 것으로 보인다. 이에 관해서는 항을 바꾸어 살피기로 한다.

2. 특별희생설(희생사상)

2994   독일의 경우 손실보상제도(수용보상제도)는 18세기에 나타난 국가공동체 내부에서 부담의 균형화를 위한 희생사상에 기인한다. 이러한 사상이 공공복지와 개인의 권리 사이의 충돌해결을 위한 특별한 형식으로서 명문으로 처음 규정된 것이 프로이센일반란트법이다. 동법은 제74조에서 공공복지와 개인의 권리 사이에 충돌이 있는 경우에 공공복지가 우선함을, 제75조에서는 제74조에 의거 자기의 특별한 권익이 희생하도록 강요된 자에게는 보상이 주어져야 함을 규정하고 있었다.[1] 이러한 사상은 그 후 바이마르헌법 제153조, 본기본법 제14조에 계승되고 있다. 이러한 사상은 우리의 경우 학설상 특별희생설로 불리고 있다. 특별희생설은 우리의 통설·판례의 입장이다.

Ⅲ. 손실보상제도의 실정법적 근거

1. 헌법 제23조 제3항과 불가분조항

2995   현행헌법은 제23조 제3항에서 "공공필요에 의한 재산권의 수용·사용 또는 제한 및 그에 대한 보상은 법률로써 하되, 정당한 보상을 지급하여야 한다"고 규정하고 있다. 그런데 손실보상에 관한 역대헌법의 규정내용은 침해목적이 공공필요인 점, 침해대상이 재산권인 점, 침해종류가 수용·사용·제한인 점은 같

---

1) Einleitung zum Allgemeinen Landrecht für die preußischen Staaten vom 5. 2. 1794.
　　§ 74 Einzelne Rechte und Vorteile der Mitglieder des Staates müssen den Rechten und Pflichten zur Beförderung des gemeinschaftlichen Wohles, wenn zwischen beiden ein wirklicher Widerspruch(Kollision) eintritt, nachstehen.
　　§ 75 Dagegen ist der Staat demjenigen, welcher seine besonderen Rechte und Vorteile dem Wohle des gemeinen Wesens aufzuopfern benötigt wird, zu entschädigen gehalten. 프로이센일반란트법 제74조, 제75조의 의미에 관해 홍강훈, "분리이론·경계이론을 통한 헌법 제23조 재산권조항의 새로운 구조적 해석," 공법연구 제42집 제1호, 한국공법학회, 2013. 10, 617쪽 참조.

으나, 침해근거·보상방법·보상정도에 관해서는 동일한 것이 아니다. 이해의 편의를 위해 역대헌법의 규정내용 중 상이한 점을 도해하면 다음과 같다.

2996

	침해의 근거	보상의 방법	보상의 정도
제 헌 헌 법(제1공화국)	표현 없음	법률로	상당한 보상
5차개정헌법(제3공화국)	법률로	표현 없음	정당한 보상
7차개정헌법(제4공화국)	법률로	법률로	법률로
8차개정헌법(제5공화국)	법률로	법률로	법률로(이익형량)
9차개정헌법(제6공화국)	법률로	법률로	정당한 보상

(1) 의   의   헌법 제23조 제3항은 불가분조항(Junktim-Klausel, package deal clause, 결부조항, 부대조항)으로 이해된다. 불가분조항이란 내용상 분리할 수 없는 사항을 함께 규정하여야 한다는 조항을 말한다. 말하자면 헌법 제23조 제3항은 수용규율과 보상규율이 하나의 동일한 법률에서 규정될 것을 요구한다고 해석되는바, 동조항은 불가분조항으로 이해된다.[1] 따라서 보상규정을 두지 아니하거나 불충분한 보상규정을 두는 수용법률은 헌법위반이 되고, 무효이고, 수용의 근거일 수가 없다. 따라서 이러한 경우는 전형적인 손실보상이 아니라 비전형적인 손실보상의[2] 문제가 된다. 헌법 제23조 제3항을 불가분조항으로 보지 아니하는 견해도 있다.

2997

(2) 기   능   불가분조항은 사인에 대해서는 보상을 수용의 전제요건으로 함으로써 사인을 보호하는 기능을 가지며(보호기능), 입법자에 대해서는 그에 의해 발해지는 침해가 수용적인 성격을 갖는 것이며 그것은 일반예산수단으로 보상되어야 한다는 것을 인식시키는 기능을 가진다(경고기능). 또한 불가분조항은 행정청이나 법원의 독립적인 결정권능을 배제함으로써 의회의 결정권능과 예산권을 보장하는· 기능도 갖는다.[3]

2998

---

1) 대판 1993. 7. 13, 93누2131(헌법 제23조 제3항의 규정은 보상청구권의 근거에 관하여서 뿐만 아니라 보상의 기준과 방법에 관하여서도 법률의 규정에 유보하고 있는 것으로 보아야 하고, 위 구 토지수용법과 지가공시법의 규정들은 바로 헌법에서 유보하고 있는 그 법률의 규정들로 보아야 할 것이다). 한편, 수용·사용·제한 모두에 불가분조항이 적용되고, 전형적 결과를 넘어서 구체적으로 예견할 수 없는 우연한 침해로서의 공용제한의 위험이 있는 경우에 입법자는 그 제한초래의 근거법에 최소한 보조적 보상조항을 두어야 한다는 것을 인정한다면, 보상규정이 없는 위헌적인 공용침해법률의 경우 대부분 국가배상법 제2조에 의한 국가배상청구권이 성립될 수 있다는 지적도 있다(홍강훈, "분리이론·경계이론을 통한 헌법 제23조 재산권조항의 새로운 구조적 해석," 공법연구 제42집 제1호, 642쪽).

2) 이에 관해서는 옆번호 3119 이하에서 살핀다.

3) Maurer, Allgemeines Verwaltungsrecht, § 27, Rn. 24.

2999   (3) **한 계**   불가분조항은 침해와 보상을 충분히 명확하게 규정할 것으로 요구한다. 따라서 일반적인 형태의 보조적인 보상조항(salvatorische Entschä-digungsklauseln), 예컨대 "이 법률에 따라 이루어진 처분이 수용에 해당하면, 보상이 주어져야 한다"는 형식의 보상조항은 불가분조항과 거리가 멀다. 그러나 현실적으로 보상을 요하는 수용에 해당하는가의 여부에 대한 판단이 명백하지 아니한 경우에는 입법기술상 일반적인 형태의 보상규정을 둘 수도 있을 것이지만, 그것은 예외적이어야 한다.

2. 손실보상청구권의 근거로서 법률

3000   공익사업에 필요한 토지등(① 토지 및 이에 관한 소유권 외의 권리, ② 토지와 함께 공익사업을 위하여 필요한 입목, 건물 그 밖에 토지에 정착된 물건 및 이에 관한 소유권 외의 권리, ③ 광업권·어업권 또는 물의 사용에 관한 권리, ④ 토지에 속한 흙·돌·모래 또는 자갈에 관한 권리, 토상법 제3조·제2조 제1호)의 수용 및 사용과 그 손실보상에 관한 일반법으로 공익사업을 위한 토지 등의 취득 및 보상에 관한 법률(이하 "토상법"으로 부르기로 한다)이 있다. '토상법'은 공용제한과 그 보상에 관해서는 특별히 규정하는 바는 없다. 한편, 그 밖의 단행법률에서도 손실보상에 관한 규정이 발견된다(예 : 도로법 제83조, 제99조; 하천법 제76조; 수산법 제88조; 소방법 제49조의2 제1항; 수목원·정원의 조성 및 진흥에 관한 법률 제8조의2 등).

Ⅳ. 손실보상청구권의 성질

1. 학 설

3001   학설은 공권설과 사권설로 나뉘고 있다. 공권설은 손실보상의 원인행위가 공법적인 것이므로, 그 효과로서 손실보상 역시 공법적으로 보아야 한다는 견해이다.[1] 이에 따르면 손실보상에 관한 소송은 행정소송(당사자소송)의 문제가 된다. 사권설은 손실보상의 원인은 공법적이나 그 효과로서의 손실보상은 사법적인 것이라는 견해이다.[2] 이에 따르면 손실보상에 관한 소송은 민사소송의 문제가 된다.

---

1) 김도창, 일반행정법론(상), 659쪽; 박윤흔·정형근, 최신행정법강의(상), 652쪽; 변재옥, 행정법강의(Ⅰ), 527쪽; 이상규, 신행정법론(상), 634쪽; 김남진, 행정법(Ⅰ), 675쪽(2019).
2) 대판 1998. 2. 27, 97다46450(구 수산업법 제81조 제1항 제1호 등이 정하는 사유로 인하여 허가어업을 제한하는 등의 처분을 받았거나 어업면허 유효기간의 연장이 허가되지 아니함으로써 손실을 입은 자는 행정관청에 대하여 보상을 청구할 수 있다고 규정하고 있는바, 이러한 어업면허에 대한 처분등이 행정처분에 해당된다 하여도 이로 인한 손실은 사법상의 권리인 어업권에 대한 손실을 본질적 내용으로 하고 있는 것으로서 그 보상청구권은 공법상의 권리가 아니라 사법상의 권리이다); 대판 1996. 7. 26, 94누13848.

2. 판　례

(1) **일반적인 경우**　　① 종래의 판례는 손실보상의 원인이 공법적이라도 　3002
손실의 내용이 사권이라면, 손실보상은 사법적인 것이라 하였다. 공용침해의 대
상이 일반적으로 사권이라고 볼 때, 이러한 판례는 원칙적으로 사권설을 취하면
서 손실보상을 민사소송의 대상으로 보았다.[1] ② 2006년 5월 대법원 전원합의
체 판결은 하천법상의 손실보상청구를 공법상 권리로 보아 행정소송법상 당사
자소송의 대상이 된다고 판시하며 이전의 하천법상 부칙과 이에 따른 특별조치
법에 의한 손실보상청구를 민사소송으로 다루던 판례를 변경하였다.[2] ③ 판례
는 근년에 손실보상청구권이 재산상 가해진 공법상 특별한 희생에 대한 것임을
이유로 공법상 권리로 본다.[3]

(2) **보상금증감소송의 경우**　　공익사업을 위한 토지 등의 취득 및 보상에 　3003
관한 법률상 보상금증감소송은 형식적 당사자소송으로 볼 것이다(다수설). 판례
의 입장도 같다.[4]

---

1) 대판 2000. 5. 26, 99다37382(구 수산업법 제81조 제1항 제1호 등이 정하는 사유로 인하여 면허·
　허가 또는 신고한 어업에 대한 처분을 받았거나 당해 사유로 인하여 제14조의 규정에 의한 어
　업면허의 유효기간의 연장이 허가되지 아니함으로써 손실을 입은 자는 그 처분을 행한 행정관
　청에 대하여 보상을 청구할 수 있다고 규정하고 있으므로, 면허·허가 또는 신고한 어업에 대
　한 위와 같은 처분으로 인하여 손실을 입은 자는 처분을 한 행정관청 또는 그 처분을 요청한
　행정관청이 속한 권리주체인 지방자치단체 또는 국가를 상대로 민사소송으로 손실보상금지급
　청구를 할 수 있다); 대판 1998. 1. 20, 95다29161.
2) 대판 2006. 5. 18, 2004다6207.
3) 대판 2019. 11. 28, 2018두227(공공사업의 시행에 따른 손실보상청구권은 적법한 공익사업에
　따라 필연적으로 발생하는 손실에 대한 보상을 구하는 권리로서 국가배상법에 따른 손해배상
　청구권이나 민법상 채무불이행 또는 불법행위로 인한 손해배상청구권 등과 같은 사법상의 권
　리와는 그 성질을 달리하는 것으로, 그에 관한 쟁송은 민사소송이 아니라 행정소송법 제3조 제
　2호에서 정하고 있는 공법상 당사자소송 절차에 의하여야 한다); 대판 2012. 10. 11, 2010다
　23210(구 공익사업을 위한 토지 등의 취득 및 보상에 관한 법률(2007. 10. 17. 법률 제8665호로
　개정되기 전의 것, 이하 '구 공익사업법'이라고 한다) 제79조 제2항은 "기타 공익사업의 시행으
　로 인하여 발생하는 손실의 보상 등에 대하여는 건설교통부령이 정하는 기준에 의한다."고 규
　정하고 있고, 그 위임에 따라 공익사업을 위한 토지 등의 취득 및 보상에 관한 법률 시행규칙
　(이하 '공익사업법 시행규칙'이라고 한다) 제57조는 '사업폐지 등에 대한 보상'이라는 제목 아래
　"공익사업의 시행으로 인하여 건축물의 건축을 위한 건축허가 등 관계 법령에 의한 절차를 진
　행 중이던 사업 등이 폐지·변경 또는 중지되는 경우 그 사업 등에 소요된 법정수수료 그 밖의
　비용 등의 손실에 대하여는 이를 보상하여야 한다."고 규정하고 있다. 위 규정들에 따른 사업
　폐지 등에 대한 보상청구권은 공익사업의 시행 등 적법한 공권력의 행사에 의한 재산상의 특
　별한 희생에 대하여 전체적인 공평부담의 견지에서 공익사업의 주체가 그 손해를 보상하여 주
　는 손실보상의 일종으로 공법상의 권리임이 분명하므로 그에 관한 쟁송은 민사소송이 아닌 행
　정소송절차에 의하여야 할 것이다).
4) 대판 1993. 5. 25, 92누15772(수용대상 토지의 소유자 또는 관계인이 토지수용법 제75조의2 제
　1항과 제2항의 규정에 의하여 이의신청의 재결에 대하여 보상금의 증감에 관한 행정소송을 제
　기하는 경우 그 소송은 재결청과 기업자를 공동피고로 하는 필요적 공동소송이다).

3. 사 견

3004 　　손실보상제도는 공법상 특유한 제도이고, 손실보상청구권의 발생이 공법적인 것이며, 그리고 현행 행정소송법이 행정청의 처분등을 원인으로 하는 법률관계에 관한 소송을 행정소송의 한 종류로 규정하고 있는 만큼(행소법 제3조 제2호) 손실보상청구권을 공권으로 보는 것이 타당하다.

제 2 항 손실보상청구권의 성립요건

3005 　　헌법 제23조 제3항은 "공공필요에 의한 재산권의 수용·사용 또는 제한 및 그에 대한 보상은 법률로써 하되, 정당한 보상을 지급하여야 한다"고 규정하고 있는바, 헌법이 예정하는 손실보상청구권의 요건으로 공공필요, 재산권, 침해와 특별한 희생(이 부분은 해석상 도출된다), 보상규정에 대한 검토가 필요하다. 그 성립요건을 ① 공공필요, ② 재산권, ③ (적법한) 침해, ④ 특별한 희생, ⑤ 보상규정으로 나누어 살펴보기로 한다.[1][2] 보상규정은 필수요건이 아니라 본다.

Ⅰ. 공공필요

3006 　　(1) 의 의 　　손실보상청구권이 주어지는 침해는 공공필요(공익목적실현)[3]를 위한 것이어야 한다. 여기서 공공필요란 도로·항만건설 등 반드시 일정한 사업만을 의미하는 것은 아니다.[4] 그것은 넓게 새겨야 하며, 무릇 일반공익을

---

1) 위헌무효설을 취하는 입장은 손실보상의 성립요건을 손실보상의 원인으로 설명한다.

2) 독일의 경우, 1차 산업혁명기에 철도와 도로건설을 위해 발령된 수용법률은 프로이센일반란트법 제74조, 제75조의 일반원칙을 구체화하여 수용대상을 부동산으로, 침해수단을 법률에 근거를 둔 행정행위로 제한하였고 수용목적, 즉 재산권의 공적 기업에의 이전의 목적을 공공복지로 규정하였으나, 그 후 통상재판소(BGH)는 수용은 직접 법률로서도 가능하고 법률에 근거한 행정행위로도 가능하며, 토지소유권(부동산)뿐만 아니라 동산(1870/1871, 1914/1918)과 재산적 가치있는 개인적 공권(2차 대전후)도 수용대상이 되며, 또한 권리의 박탈의 경우뿐만 아니라 재산적 가치 있는 권리의 제한의 경우도 보상의무 있는 수용에 해당한다고 하여 요건을 확대하였다고 한다(Wallerath, Allgemeines Verwaltungsrecht(6. Aufl.), § 18, Rn. 7f.).

3) 헌재 2014. 10. 30, 2011헌바172(헌법재판소는 헌법 제23조 제3항에서 규정하고 있는 '공공필요'의 의미를 "국민의 재산권을 그 의사에 반하여 강제적으로라도 취득해야 할 공익적 필요성"으로 해석하여 왔다(헌재 1995. 2. 23. 92헌바14; 헌재 2011. 4. 28. 2010헌바114 등 참조). 오늘날 공익사업의 범위가 확대되는 경향에 대응하여 '공공필요'의 요건 중 공익성은 추상적인 공익 일반 또는 국가의 이익 이상의 중대한 공익을 요구하므로 기본권 일반의 제한사유인 '공공복리'보다 좁게 보는 것이 타당하며, 공익성의 정도를 판단함에 있어서는 공용수용을 허용하고 있는 개별법의 입법목적, 사업내용, 사업이 입법목적에 이바지하는 정도는 물론, 특히 그 사업이 대중을 상대로 하는 영업인 경우에는 그 사업 시설에 대한 대중의 이용·접근가능성도 아울러 고려하여야 한다.

4) 헌재 2011. 6. 30, 2008헌바16(국토의 계획 및 이용에 관한 법률에서 규정하는 도시계획시설사

위한 것이면 공공필요에 해당하는 것으로 보아야 한다. 순수 국고목적(영리목적)은 여기서의 공공필요에 해당하지 않는다고 본다.[1] 그러나 판례는 워커힐사건에서 외국인을 대상으로 하는 워커힐관광 및 서비스 제공사업을 공익사업으로 인정한 바 있는데,[2] 판례의 태도를 긍정적으로 평가하기 어렵다. 수용은 국유재산의 증대를 위한 것이 아니기 때문이다. 공공필요는 단순한 공익을 의미하는 것이 아니다. 오히려 공공필요는 특별한 공공복지의 이익을 의미한다. 공공필요는 수용의 사유이자 한계이다. 공공필요의 개념은 매우 광범위하고 불확정적이므로, 개별 수용법률에서 공공필요를 규정하고 한계를 설정하는 것은 입법자의 몫이다. 그리고 공공필요의 판단에는 비례원칙이 또한 고려되어야 한다. 공공필요를 위한 것이 아닌 수용처분은 위법하다. 공공복지라는 불확정개념을 구체화하는 것은 입법자의 임무이다. 그것은 입법재량영역에 속한다.[3]

(2) **수용주체로서 사인과 공공필요**　　특정 사기업이 생활배려영역에서 복리적 3007
인 기능을 수행한다면, 그 사기업을 위해서도 법률 또는 법률에 근거한 처분으로 수용이 이루어질 수 있다고 본다(예 : 사기업인 원자력발전소가 전기공급을 위한 경우).[4] 헌법재판소의 입장도 같다.[5] 사기업을 위한 수용을 통해 경제구조의 유지·개

업은 도로·철도·항만·공항·주차장 등 교통시설, 수도·전기·가스공급설비 등 공급시설과 같은 도시계획시설을 설치·정비 또는 개량하여 공공복리를 증진시키고 국민의 삶의 질을 향상시키는 것을 목적으로 하고 있으므로, 도시계획시설사업은 그 자체로 공공필요성의 요건이 충족된다).

1) Wallerath, Allgemeines Verwaltungsrecht(6. Aufl.), §18, Rn. 36; Erbguth/Guckelberger, Allgemeines Verwaltungsrecht(2018), §39, Rn. 12.

2) 대판 1971. 10. 22, 71다1716(워커힐관광, 서비스 제공사업을 한국전쟁에서 전사한 고 워커 장군을 추모하고 외국인을 대상으로 하여 교통부 소관사업으로 행하기로 하는 정부방침 아래 교통부 장관이 토지수용법 제3조 제1항 제3호 소정의 문화시설에 해당하는 공익사업으로 인정하고 스스로 기업자가 되어 본건 토지수용의 재결신청을 하여 중앙토지수용위원회의 재결을 얻어 보상금을 지급한 사실을 인정하였음은 정당하고, 사실관계가 이렇다면 본건 수용재결은 적법유효한 것이다).

3) Erbguth/Guckelberger, Allgemeines Verwaltungsrecht(2018), §39, Rn. 12.

4) BVerfGE 66, 248, 275ff.

5) 헌재 2009. 9. 24, 2007헌바114 전원재판부(헌법 제23조 제3항은 정당한 보상을 전제로 하여 재산권의 수용 등에 관한 가능성을 규정하고 있지만, 재산권 수용의 주체를 한정하지 않고 있다. 위 헌법조항의 핵심은 당해 수용이 공공필요에 부합하는가, 정당한 보상이 지급되고 있는가 여부 등에 있는 것이지, 그 수용의 주체가 국가인지 민간기업인지 여부에 달려 있다고 볼 수 없다. 또한 국가 등의 공적 기관이 직접 수용의 주체가 되는 것이든 그러한 공적기관의 최종적인 허부판단과 승인결정하에 민간기업이 수용의 주체가 되는 것이든, 양자 사이에 공공필요에 대한 판단과 수용의 범위에 있어서 본질적인 차이를 가져올 것으로 보이지 않는다. 따라서 위 수용 등의 주체를 국가 등의 공적 기관에 한정하여 해석할 이유가 없다. 오늘날 산업단지의 개발에 투입되는 자본은 대규모로 요구될 수 있는데, 이러한 경우 산업단지개발의 사업시행자를 국가나 지방자치단체로 제한한다면 예산상의 제약으로 인해 개발사업의 추진에 어려움이 있을 수 있고, 만약 이른바 공영개발방식만을 고수할 경우에는 수요에 맞지 않는 산업단지가 개발되

선, 실업의 감소 등을 도모할 수도 있을 것이다.[1] 사립학교를 위해서도 수용이 가능할 것이다.[2] 사기업(사인)에 의한 수용은 사인을 위한 수용으로 불리기도 한다. 명칭이야 어떠하든 사기업(사인)에 의한 수용이 가능하다고 하여도, 그것은 공익목적의 실현을 위한 경우에 가능하고, 사익(사기업의 이익)만을 위한 경우에는 불가하다고 볼 것이다.[3] 하여간 수용으로 사기업의 이익을 우선하더라도, 기업활동의 간접효과로서 예컨대 지역경제구조개선, 일자리공급, 환경보호 등에 기여하면, 공공복지의 의미를 인정할 수도 있을 것인데, 이러한 경우, 수용이 무엇을 위한 것인지, 수용이 어느 정도 허용될 것인지에 관한 법적 규율은 보다 엄격하여야 할 것이다.[4]

Ⅱ. 재 산 권

3008 　　손실보상청구권을 발생시키는 침해는 재산권에 대한 것이어야 한다. 재산권의 종류는 물권인가 채권인가를 가리지 않고,[5] 공법상의 권리인가 사법상의

어 자원이 비효율적으로 소모될 개연성도 있다. 또한 기업으로 하여금 산업단지를 직접 개발하도록 한다면, 기업들의 참여를 유도할 수 있는 측면도 있을 것이다. 그렇다면 민간기업을 수용의 주체로 규정한 자체를 두고 위헌이라고 할 수 없으며, 나아가 이 사건 수용조항을 통해 민간기업에게 사업시행에 필요한 토지를 수용할 수 있도록 규정할 필요가 있다는 입법자의 인식에도 합리적인 이유가 있다 할 것이다); 헌재 2009. 11. 27, 2008헌바133(이 사건 법률조항인 주택법 제18조의2가 민간사업자에게 주택건설사업에 필요한 토지를 매수할 수 있게 한 것은 지구단위계획에 따라 승인받은 주택건설사업을 가능하게 하는 공공복리를 달성하기 위한 것으로서 입법목적의 정당성이 인정되고, 공용수용의 효과를 부여하기 위하여 필요한 공공필요성의 요건도 갖추었다고 할 것이다. 그리고 그러한 입법목적을 달성하기 위하여 민간주택건설사업자에게 시가로 매도청구할 수 있는 권리를 부여하는 것은 적절한 수단이라고 할 수 있다. 20호 이상의 주택을 건축하기 위하여 필요한 일단의 연접 토지를 확보할 수 있게 하기 위해서는 그 사업부지 내의 토지를 취득할 수 있는 수단을 허용하지 않을 수 없다고 할 것이다. 이 사건 법률조항에 의한 매도청구권이 행사되면 공용수용과 마찬가지의 효과가 생기지만, 도시개발법 제22조 제1항, 기업도시개발특별법 제14조 제1항, 제3항, '도시 및 주거환경정비법' 제28조 제5항, '지역균형개발 및 지방중소기업육성에 관한 법률' 제19조 제1항, '물류시설의 개발 및 운영에 관한 법률' 제10조 제1항, '사회간접자본시설에 대한 민간투자법' 제20조, '산업입지 및 개발에 관한 법률' 제22조 제1항 등도 일정한 요건 하에 민간기업의 사업에 필요한 토지를 수용할 수 있도록 허용하고 있다); Erbguth/Guckelberger, Allgemeines Verwaltungsrecht(2018), §39, Rn. 12.

1) 사설철도, 사설발전소, 사립학교건설 등의 경우가 이에 해당할 것이다. 이러한 경우, 입법자는 수용목적을 정밀하게 규정하여야 하고, 수용의 요건과 절차를 스스로 명확히 규정하고, 수용으로 추구하는 공적목적을 지속적으로 보장하는 장치가 확보되어야 한다는 것이 독일연방헌법재판소의 입장이다(BVerfGE 74, 264, 284ff.).

2) BGHZ 105, 94.

3) 정남철, 행정구제의 기본원리, 137쪽, 172쪽 이하.

4) Erbguth/Guckelberger, Allgemeines Verwaltungsrecht(2018), §39, Rn. 12.

5) 대판 1989. 6. 13, 88누5495(토지의 담보권자가 하천법 제74조 소정의 처분이나 하천공사로 말미암아 그 토지가 하천 또는 제방이 되어 국가에 귀속됨으로써 담보권을 상실하게 되어 채권

권리인가도 가리지 않는다.[1] 말하자면 재산적 가치있는 모든 공권과 사권이 침해의 대상이 될 수 있다.[2] 다만 여기서 '가치 있는'이라는 의미는 현재가치가 있는 것을 의미하며, 영업기회나 이득가능성은 이에 포함되지 아니한다. 한편 자연·문화적인 학술적 가치는 특별한 사정이 없는 한 손실보상의 대상이 되지 아니한다는 것이 판례의 입장이다.[3] 그런데 헌법상 재산권의 내용과 한계는 법률로 정하게 되어 있는바, 재산권이 되는가의 여부는 기본적으로 법률해석의 문제가 된다.[4] 보다 구체적인 것은 보상의 범위의 문제에서 살피기로 한다. 손실

의 만족을 얻을 수 없게 되었다면 손실을 입은 경우에 해당함이 명백하므로 그 손실을 보상받기 위하여 스스로 재결을 신청할 수 있다).

1) 헌재 2023. 6. 29, 2019헌가27(헌법이 보장하고 있는 재산권은 경제적 가치가 있는 모든 공법상·사법상의 권리를 뜻한다(헌재 1992. 6. 26, 90헌바26 참조). 이러한 재산권의 범위에는 동산·부동산에 대한 모든 종류의 물권은 물론, 재산가치 있는 모든 사법상의 채권과 특별법상의 권리 및 재산가치 있는 공법상의 권리 등이 포함되나, 단순한 기대이익·반사적 이익 또는 경제적인 기회 등은 재산권에 속하지 않는다); 헌재 2023. 6. 29, 2020헌마1669(헌법 제23조에서 보장하는 재산권은 사적 유용성 및 그에 대한 원칙적 처분권을 내포하는 재산가치 있는 구체적 권리이므로, 구체적인 권리가 아닌 단순한 이익이나 재화의 획득에 관한 기회 또는 기업활동의 사실적·법적 여건 등은 재산권보장의 대상에 포함되지 아니한다. 감염병예방법 제49조 제1항 제2호에 근거한 집합제한 조치로 인하여 청구인들의 일반음식점 영업이 제한되어 영업이익이 감소되었다 하더라도, 청구인들이 소유하는 영업 시설·장비 등에 대한 구체적인 사용·수익 및 처분권한을 제한받는 것은 아니므로, 보상규정의 부재가 청구인들의 재산권을 제한한다고 볼 수 없다.

2) 헌재 2019. 8. 29, 2017헌마828; 헌재 2018. 2. 22, 2015헌마552(해상여객운송사업자가 특허에 의하여 이를 취득하여 보유하면서 그 영업이익 획득을 위해 이를 이용할 수 있으므로(대법원 2008. 12. 11. 선고 2007두18215 판결 참조), 그 사적 유용성이 인정된다. 또한 해상여객운송사업자는 그 사업을 자유롭게 양도할 수 있고, 이 경우 양수인은 해양수산부령으로 정하는 바에 따라 해양수산부장관에게 신고하기만 하면 해당 면허에 따른 권리·의무를 승계하며(해운법 제17조 제1항, 제4항), 사업자가 사망하거나 법인이 합병될 때에도 그 상속인 또는 합병 후 존속하는 법인이나 합병으로 설립되는 법인은 해양수산부장관에게 신고하기만 하면 해당 면허에 따른 권리·의무를 승계하므로(해운법 제17조 제1항), 위 면허권은 원칙적 처분도 인정되는 재산적 가치가 있는 구체적 권리로 볼 수 있다. 이와 같이 해상여객운송사업의 면허권은 사적 유용성 및 그에 대한 원칙적 처분권을 내포하는 재산적 가치가 있는 구체적 권리에 해당하므로, 헌법 제23조에 의하여 보장되는 재산권에 속한다).

3) 대판 1989. 9. 12, 88누11216(문화적·학술적 가치는 특별한 사정이 없는 한 그 토지의 부동산으로서의 경제적·재산적 가치를 높여 주는 것이 아니므로 토지수용법 제51조 소정의 손실보상의 대상이 될 수 없으니, 이 사건 토지가 철새 도래지로서 자연 문화적인 학술가치를 지녔다 하더라도 손실보상의 대상이 될 수 없다).

4) 대판 2001. 10. 23, 99두7470(구 지하수법 제3조 등 관련 규정을 종합하면, 자연히 용출하는 지하수나 동력장치를 사용하지 아니한 가정용 우물 또는 공동우물 및 기타 경미한 개발·이용 등 공공의 이해에 직접 영향을 미치지 아니하는 범위에 속하는 지하수의 이용은 토지소유권에 기한 것으로서 토지소유권에 부수(附隨)하여 인정되는 권리로 보아야 할 것이지만, 그 범위를 넘어선 지하수 개발·이용은 토지소유권에 부수되는 것이 아니라 지하수의 공적 수자원으로서의 성질과 기능 등을 고려하여 행정청의 허가·감시·감독·이용제한·공동이용 명령·허가취소 등 공적관리방법에 의한 규제를 받게 하고 있다고 할 것이고, 따라서 이러한 규제의 범위에 속하는 지하수 개발·이용권은 토지소유권의 범위에 속하지 않는 것이므로 지하수의 개발·이용허가를 받은 후 그 토지소유권이 이전된다고 하여 허가에 의한 지하수 개발·이용권이 새로운 토

보상의 문제에서 제외되는 비재산적 가치있는 권리에 대한 침해는 후술의 희생
보상의 문제로 이론을 구성하고 제도화할 필요가 있다.

Ⅲ. 침해(수용·사용·제한)

3009   침해란 공법적 행위로서의 침해를 말한다. 침해란 재산권을 박탈하는 '수
용', 일시사용을 의미하는 '사용', 개인의 사용·수익을 한정하는 '제한' 등을 말
한다.[1] 용례상 넓은 의미로 수용은 기술한 (좁은 의미의) 수용·사용·제한을 모
두 내포하는 의미로 사용되기도 한다. 넓은 의미의 수용은 공용침해라고도 한
다. 재산의 파기처분 역시 침해의 한 종류가 될 수 있다. 이러한 침해에 법치국
가의 요청인 비례원칙이 적용되어야 함은 당연하다.

3010   한편 침해의 방법에는 법률에 의한 직접적인 침해와 법률에 근거하여 이루
어지는 행정행위에 의거한 침해의 경우가 있다. 전자는 법률수용(Legalenteignung,
Legislativenteignung), 후자는 행정수용(Administrativenteignung)이라[2] 불린다. 법률
수용은 법률 그 자체의 효력발생과 더불어 직접, 그리고 집행행위 없이 사인의
개별·구체적인 권리를 침해하는 것을 말한다.[3] 법률수용의 경우에 법률은 처
분법률의 성질을 갖는다.[4] 처분법률은 형식상으로는 입법이나 내용상으로는 행

지소유자에게 당연히 이전되는 것은 아니다).

1) 우리 헌법상 침해의 종류로 수용·사용·제한이라는 용어가 구분 사용되고 있지만, 독일 기본법
에서는 Enteignung(수용)이라는 용어만 사용된다. 이 용어는 바이마르시대 이전에는 재산권의
'양도'의 의미로 이해되었으나, 바이마르시대부터 재산권의 '양도', 재산가치 있는 권리의 '제한'
이나 '박탈'의 의미까지 포함하는 것으로 이해된다고 한다(홍강훈, "분리이론·경계이론을 통한
헌법 제23조 재산권조항의 새로운 구조적 해석," 공법연구 제42집 제1호, 2013. 10, 619쪽).

2) 행정수용은 국회제정의 법률에 근거한 공법적 행위(행정행위, 법규명령, 조례)에 의한 경우를
말한다(Detterbeck, Allgemeines Verwaltungsrecht mit Verwaltungsprozessrecht(9. Aufl.), §
22, Rn. 1117). 독일의 경우, 바이마르시대 이전에는 행정수용만 인정되었으나 바이마르시대부
터 행정수용 외에 입법수용까지 인정되었다고 한다(홍강훈, "분리이론·경계이론을 통한 헌법
제23조 재산권조항의 새로운 구조적 해석," 공법연구 제42집 제1호, 618쪽, 619쪽).

3) 헌재 2010. 2. 25, 2008헌바6 전원재판부(이 사건 토지는 제방부지와 제외지로서 공부상 소유자
가 복구되지 않은 상태에서 1971년 하천법의 시행으로 일제히 국유로 귀속된 것으로서, 이는
하천관리라는 공익 목적을 위하여 국민의 특정 재산권을 직접 법률에 의하여 강제적으로 국가
가 취득한 것이므로, 헌법 제23조 제3항에 규정된 재산의 "수용"에 해당된다); 대판 1992. 6.
9, 91다42640(하천법 제2조 제1항의 규정을 비롯한 관계법규에 의하면, 제방으로부터 하심측
에 위치하는 이른바 제외지는 위 법 제2조 제1항 제2호 다목 전단에 의하여 당연히 하천구역
에 속하게 되는 것이지 이러한 제외지가 위 법 제2조 제1항 제2호 다목 후단의 적용을 받아 관
리청의 지정이 있어야 하천구역이 되는 것은 아닌 것이다).

4) 처분법률에 의한 수용의 경우에는 재산권자에 대하여 재산권의 박탈의 의미(존속보장)가 보상
의 의미(가치보장)보다 크다고 볼 것이다. 독일 연방헌법재판소는 공공의 복지를 목적으로 하
고, 단일한 방식으로 법률관계를 해결하고, 입법의 목적을 시간적으로 신속하게 실현시키려는
경우에 처분법률은 허용되는 것으로 본다(BVerfGE 24, 367, 401).

정작용의 성질을 갖는다고 볼 것이다.[1] 하여튼 개인의 권리보호와 관련하여 법률수용은 예외적으로만 허용된다고 볼 것이다. 왜냐하면 행정소송상 행정수용의 경우에 권리보호가 보다 용이하기 때문이다.[2] 달리 말한다면, 수용대상물은 피수용자마다 상이하기 때문에, 피수용자의 상황을 개별적으로 고려하기에는 법률보다 처분이 적합하기 때문이다. 행정수용은 법률의 수권에 근거하여 개인의 구체적인 재산권을 박탈하는 것을 말한다. 행정수용이 일반적인 현상이다. 법률수용이나 행정수용이나 모두 근거되는 법률은 국회제정의 형식적 의미의 법률을 의미한다. 한편 헌법 제23조 제3항에 따라 보상이 주어지는 침해는 적법한 것이어야 하나, 위법한 침해의 경우에도 유사한 보상이[3] 문제된다.

Ⅳ. 특별한 희생

1. 경계이론과 분리이론

특별한 희생의 문제를 언급하기에 앞서서 우선 「공용침해(수용·사용·제한)」와 「재산권의 내용·한계의 설정」 사이의 구분과 관련하여 경계이론과 분리이론을 살펴본다.

(1) **경계이론**　　재산권의 내용과 공용침해는 별개의 제도가 아니며, 양자 간에는 정도의 차이가 있을 뿐이며, 내용규정의 경계를 벗어나면 보상의무가 있는 공용침해로 전환한다는 이론을 말한다. 즉, 사회적 제약을 벗어나는 재산권 규제는 보상규정의 유무를 불문하고 보상이 따라야 한다는 논리이다. 사회적 제약을 벗어나는 침해에 의한 희생이 특별한 희생에 해당한다. 경계이론은 수용유사침해론으로 연결된다. 경계이론은 독일의 통상재판소가 취하는 입장이다.[4]　　3011

(2) **분리이론**　　입법자의 의사에 따라 공용침해(수용·사용·제한)와 재산권의 내용·한계의 설정이 분리된다는 이론을 말한다. 따라서 입법자가 공용침해(수용·사용·제한)를 규정한 것이 아니라 재산권의 내용을 규정하는 경우, 그 규정이 일정한 한계를 벗어나면 보상의 문제를 가져오는 것이 아니라, 위헌의 문제만을 가져온다는 견해이다.[5] 분리이론에 따르면, 재산권의 내용규정은 "입법자가 장래에 있어서 재산권자의 권리와 의무를 일반적·추상적 형식으로 확정하는 것"　　3012

---

1) Wallerath, Allgemeines Verwaltungsrecht(6. Aufl.), §18, Rn. 12.
2) Storr/Schröder, Allgemeines Verwaltungsrecht, Rn. 391.
3) 이에 관한 옆번호 3118 이하를 보라.
4) 자세한 것은, 홍강훈, "분리이론·경계이론을 통한 헌법 제23조 재산권조항의 새로운 구조적 해석," 공법연구 제42집 제1호, 620쪽 이하 참조.
5) 자세한 것은, 홍강훈, 위의 논문, 623쪽 이하 참조.

으로, 공용침해는 "국가가 구체적인 공적 과제의 이행을 위하여 이미 형성된 구체적인 재산권적 지위를 전면적 또는 부분적으로 박탈하는 것"으로 정의한다. 분리이론은 우리와 독일의 헌법재판소가 취하는 입장이다.[1]

3013   (3) 사 견   사회적 제약을 벗어나는 침해의 경우, 경계이론에 따르면 보상이 주어져야 하고, 분리이론에 따르면 침해행위의 폐지가 문제될 뿐 보상은 문제되지 아니한다. 경계이론은 가치의 보장에 중점을 두고, 분리이론은 위헌적인 침해의 억제에 중점을 두고 있다. 본서는 경계이론의 관점에서 접근한다.

3014   ▌참고▌   사인의 구체적인 권리보호를 주된 목적으로 하는 대법원의 논리는 개발제한구역지정으로 인한 피해가 특별한 희생에 해당되어 보상이 주어져야 하는 것인가 또는 그러한 피해가 보상이 주어져야 하는 특별한 희생에 해당하는가의 여부에 초점이 맞추어져 있고, 헌법질서의 수호를 주된 목적으로 하는 헌법재판소의 논리는 사회적 제약의 범위를 넘는 가혹한 부담이 발생하는 예외적인 경우에 보상규정을 두지 않은 것이 헌법에 반하는가의 여부에 초점이 맞추어져 있다. 대법원의 논리는 경계이론으로 연결되고, 헌법재판소의 논리는 분리이론으로 연결된다.

2. 수용과 재산권의 내용·제한의 구분

3015   정의와 공평의 원리에 의거하여 인정되는 손실보상제도의 본질상 재산권에 대한 모든 침해에 보상이 주어지는 것은 아니다. 재산권의 내용과 단순한 제한의 구체화 및 재산권의 사회적 구속성의 구체화는 보상이 주어지는 침해가 아니다.[2] 이러한 것을 능가하여 법이 보호하는 이익을 침해하는 경우에 보상이

---

1) 헌재 2006. 3. 30, 2005헌바110(초·중·고등학교 및 대학교 경계선으로부터 200미터 내로 설정된 학교환경위생정화구역 안에서 여관시설 및 영업행위를 금지하고 있는 이 사건 법률조항 중 초등학교부분에 대하여는 초등학교 학생들의 건전하고 쾌적한 교육환경을 조성하여 학교 교육의 능률화를 기하기 위하여 일정한 학교환경위생정화구역 안에 여관의 시설을 금지함으로써 그 여관시설 및 영업자에 대한 재산권의 사회적 제약을 구체화하는 입법이라는 것이 헌법재판소의 판례인바, 이러한 이치는 중·고등학교 및 대학교 부분에 대하여도 그대로 타당하다고 할 것이고 따라서 이 사건 법률조항은 공익목적을 위하여 개별적·구체적으로 이미 형성된 구체적 재산권을 박탈하거나 제한하는 것이 아니므로, 보상을 요하는 헌법 제23조 제3항 소정의 수용·사용 또는 제한에 해당되는 것은 아니다).

2) 헌재 2020. 9. 24, 2018헌마1163[심판대상조항인 **건축법 제81조**(건축물 등의 사용·수익의 중지 및 철거 등) 제1항(① 종전의 토지 또는 건축물의 소유자·지상권자·전세권자·임차권자 등 권리자는 제78조 제4항에 따른 관리처분계획인가의 고시가 있은 때에는 제86조에 따른 이전고시가 있는 날까지 종전의 토지 또는 건축물을 사용하거나 수익할 수 없다)는 관리처분계획인가 고시가 있은 때로부터 준공인가 후 이전고시가 있는 날까지 종전 토지 또는 건축물의 소유자에게 그 토지 또는 건축물의 사용·수익을 중지시키고 있을 뿐 소유자의 소유권을 박탈하는 규정이 아니다. 심판대상조항은 재산권적 법질서를 재건축사업의 관리처분계획인가에 따라 새로이 부각된 공익에 적합하도록 장래를 향하여 획일적으로 확정하려는 것으로, 입법자가 재산권

주어진다.[1] 그런데 명문의 규정이 없는 한 이러한 구분은 결코 용이하지 않다. 이에 관한 기준으로 여러 견해가 제시되고 있다. 그런데 그 기준들은 상호 배타적인 것이 아니라 서로 겹치는 부분도 있고, 복수의 것이 쓰여지는 경우도 있다는 점을 기억할 필요가 있다.

▌참고▌   수용과 내용·제한규정의 비교

　　재산권의 내용규정·제한규정은 입법자가 법익과 관련하여 권리와 의무를 일반 추상적으로 정하는 것으로서, 이러한 법률의 목적은 재산권의 내용과 한계를 미래를 대비해 일반적인 형식으로 규정하는 것이고, 수용은 헌법 제23조 제3항에 의해 구체적으로 개별적으로 보장되는 법적 지위를 공적 사무의 수행을 위해 강제로 취득하는 것이다. 내용규정·제한규정은 모든 재산권자를 위한 재산법질서의 형성에 관한 규정이고, 수용은 기존의 재산법질서를 예외적으로 침해하는 것이다.[2] 재산권의 내용규정·제한규정은 미래지향적인 개념이고, 수용은 구체적으로 현존하는 재산권에 대한 개념으로 볼 수도 있다.[3][4]

3016

의 내용을 형성하고 사회적 제약을 구체화한 것이다]; 헌재 2015. 10. 21, 2012헌바367(도축장 사용정지·제한명령의 목적은 가축전염병의 발생과 확산을 막기 위한 것이고, 그러한 명령이 내려지면 국가가 도축장 영업권을 강제로 취득하는 것이 아니라 일정기간 동안 도축장을 사용하지 못하게 하는 것에 불과하다. 그러한 목적과 재산권 제한형태에 비추어 볼 때, 도축장 사용정지·제한명령은 공익목적을 위하여 이미 형성된 구체적 재산권을 박탈하거나 제한하는 헌법 제23조 제3항의 수용·사용 또는 제한에 해당하는 것이 아니라 헌법 제23조 제1항의 재산권의 내용과 한계에 해당한다. 따라서 보상금은 도축장 사용정지·제한명령으로 인한 경제적인 부담을 완화하고 그러한 명령의 준수를 유도하기 위하여 지급하는 시혜적인 입법조치에 해당한다); 헌재 2013. 10. 24, 2011헌바355(도시정비법 제65조 제2항 전단은 재산권의 법률적 수용이라는 법적 외관을 가지고 있으나 그 실질은 정비기반시설의 설치와 그 비용부담자 등에 관하여 규율하는 것으로, 그 규율형식의 면에서 정비사업의 시행으로 새로이 설치된 정비기반시설과 그 부지를 '개별적이고 구체적으로' 박탈하려는 데 본질이 있는 것이 아니라, 해당 정비기반시설과 그 부지의 소유관계를 '일반적이고 추상적으로' 규율하고자 한 것이고, 그 규율목적의 면에서도 사업시행자의 정비기반시설에 대한 재산권을 박탈·제한함에 본질이 있는 것이 아니라, 사업지구 안의 정비기반시설의 소유관계를 정함으로써 사업시행자의 지위를 장래를 향하여 획일적으로 확정하고자 하는 것이므로, 재산권의 내용과 한계를 정한 것으로 이해함이 타당하다. 따라서 도시정비법 제65조 제2항 전단에 따른 정비기반시설의 소유권 귀속은 헌법 제23조 제3항의 수용에 해당하지 않고, 이 사건 법률조항이 그에 대한 보상의 의미를 가지는 것도 아니므로, 그 위헌 여부에 관하여 정당한 보상의 원칙에 위배되는지는 문제되지 않는다).

1) 헌재 2005. 9. 29, 2002헌바84등(토지를 종래의 목적으로도 사용할 수 없거나 더 이상 법적으로 허용된 토지이용방법이 없어서 실질적으로 사용·수익을 할 수 없는 경우에 해당하지 않는 제약은 토지소유자가 수인하여야 하는 사회적 제약의 범주 내에 있는 것이고, 그러하지 아니한 제약은 손실을 완화하는 보상적 조치가 있어야 비로소 허용되는 범주 내에 있다); 헌재 1998. 12. 24, 89헌마214.
2) Detterbeck, Allgemeines Verwaltungsrecht mit Verwaltungsprozessrecht(9. Aufl.), §22, Rn. 1120f.
3) Schmidt, Allgemeines Verwaltungsrecht(14. Aufl.), Rn. 1156.
4) 헌재 2013. 10. 24, 2012헌바376(심판대상조항[도로법 제3조(도로를 구성하는 부지, 옹벽, 그 밖

3. 구별기준에 관한 학설

3017 　　(1) **개별행위설**(Einzelakttheorie) 　　이 견해는 라이히재판소에 의해 발전된 이론으로,[1] 고권주체의 개별행위로 특정인의 권리가 침해되었는가의 여부와, 그리고 이것이 공공의 복지를 위한 특별한 희생을 가져왔는가의 여부에 따라 구분하려는 입장이다. 이 견해에 따르면 동일한 상황하에 있는 모든 사람이 동일한 방식으로 관련되면 기본적으로 특별희생은 존재하지 않는 것이 된다. 이 견해를 형식적 기준설, 형식설 또는 형식적 표준설이라고도 한다(그 밖의 기준은 모두 실질적 기준설, 실질설 또는 실질적 표준설이라 할 수 있다).

3018 　　(2) **특별희생설**(Sonderopfertheorie) 　　이 견해는 독일의 연방통상재판소에 의해 앞서 본 개별행위설을 대체하여 발전된 이론으로, 개인에 요구된 특별한 희생(Sonderopfer)여부를 결정적인 구분기준으로 한다. 즉 이 견해는 관계된 개인이나 집단을 다른 개인이나 집단과 비교할 때 그들을 불평등하게 다루고, 또한 그들에게 수인을 요구할 수 없는 희생을 공익을 위해 강제하게 되는 경우의 재산권의 침해를 수용이라 한다.[2] 이 견해는 개인의 부담평등의 사상에서 나온다. 이 견해는 공적 목적의 필요상 절대적인 평등취급이 불가능한 경우에는 가치의 보장의 관점에서 가치교환을 통해 가치상의 평등이 주어져야 한다는 사상에 기인한다. 이 견해에 대해서는 구체적인 경우에 사회적 구속의 한계를 능가하는 특별한 희생이 있는가의 판단에 아무런 충분한 기준도 제시하지 못한다는 지적이 있다.

3019 　　(3) **중대설**(Schweretheorie) 　　이 견해는 독일의 연방행정재판소가 취하는 이론으로 침해의 중대성과 범위를 구분기준으로 하는 입장이다.[3] 그리하여 침해의 중대성과 범위에 비추어 사인이 수인할 수 없는 경우에만 보상이 주어진

의 물건에 대하여는 사권(私權)을 행사할 수 없다. 다만, 소유권을 이전하거나 저당권을 설정하는 것은 그러하지 아니하다)]은 도로관리청이 도로법 또는 구 도시계획법 등 근거 법률이 정하는 절차에 따라 개설한 도로의 경우 토지의 소유권 등 사법상 권원을 취득하였는지를 불문하고 소유자의 도로부지 인도청구 등을 불허하여 도로개설행위에 의하여 제한된 재산권의 상태를 유지하는 규정이다. 따라서 심판대상조항은 이미 형성된 구체적인 재산권을 공익을 위하여 개별적·구체적으로 박탈하거나 제한하는 것으로서 보상을 요하는 헌법 제23조 제3항의 수용·사용 또는 제한을 규정한 것이라고 할 수는 없고, 헌법 제23조 제1항 및 제2항에 따라 도로부지 등에 관한 재산권의 내용과 한계를 규정한 것이라고 보아야 한다).

1) 홍강훈, "분리이론·경계이론을 통한 헌법 제23조 재산권조항의 새로운 구조적 해석," 공법연구 제42집 제1호, 620쪽; RGZ 124, Ahn. 33.
2) BGHZ 6, 270, 280; 홍강훈, "분리이론·경계이론을 통한 헌법 제23조 재산권조항의 새로운 구조적 해석," 공법연구 제42집 제1호, 622쪽.
3) BVerwGE 5, 143, 145f.; BVerwGE 15, 1; BVerwG, DÖV 1974, 390f.

다는 것이다. 중대설의 결점은 그 기준의 불명확성에 있다. 특정인에게 무보상
이 수인가능한 것인가가 명백한 일반기준에 따라 정해지는 것이 아니고, 법외적
인 수인가능성이라는 기준의 해석을 통해 다루어지고, 경우에 따라서는 특별희
생의 기준에 의하기도 하는 데에 문제점이 있다는 것이다.

(4) 기   타   위에서 본 견해 외에도 ① 침해되는 재산상의 권리가 보호   3020
할 가치가 있는 것인가를 기준으로 하는 보호가치설(Schutzwürdigkeitstheorie), ②
침해가 수인할 수 있는 것인가를 기준으로 하는 수인설(Zumutbarkeitstheorie), ③
개인이 갖는 재산권의 사적 이용가능성이 고차원의 이익에 의해 제한될 때, 즉
사소유자의 경제적 형성의 자유가 침해될 때 보상이 주어진다는 사적 이용설
(Privatnützigkeitstheorie), ④ 재산권의 실질적 내용이 박탈되어 재산의 본질적인
경제적 기능이 침해받았는가의 여부를 기준으로 하는 실체감소설(Substanzmin-
derungstheorie), ⑤ 침해가 당해 재산권에 대해 인정되어온 목적에 위배되는가의
여부를 기준으로 하는 목적위배설(Zweckentfremdungstheorie), ⑥ 재산권(특히 토지
소유권)이 소재하는 위치와 상황에 따른 사회적 제약을 기준으로 보상여부를 정
하는 상황구속성의 이론(Theorie der Situationsgebundenheit) 등이 있다.[1]

(5) 사 견(절충설)   어느 견해도 만족할 만한 것으로 보이지는 않는다. 실   3021
제상으로는 앞의 여러 견해를 종합하여 판단해야 할 것이다. 독일의 연방통상재
판소는 중대설·특별 희생설·수인가능설·경찰상 위험성·부동산의 상황구속성
의 이론 등을 결합하고 있다.[2]

4. 개별적 검토

(1) 수용의 경우   ① 식품위생법상의 검사를 위한 수거는 수거되는 재산   3022
이 사소한 것인 한 보상의 대상이 되지 아니한다(식품법 제22조 제1항 제2목 나호).
② 위험성있는 물건(예: 광견병에 감염된 개)의 파기 역시 보상의 대상이 되지 않
는다고 본다. 위험성있는 물건은 그 자체가 고유의 가치를 갖지 않기 때문이다.
③ 형사법상 몰수가 행정법상의 제도가 아니며, 손실보상이 주어지는 것이 아닌
것임은 명백하다.

---

1) 보호가치설은 Jellinek, Verwaltungsrecht, S. 413, 수인설은 Stödter, Öffentlich − rechtliche
   Entschädigung, 1933, S. 190ff., 사적이용설은 Reinhardt, in : Reinhardt/Scheuner(Hrsg.), Ver-
   fassungsschutz des Eigentums, 1954, S. 12ff., 실체감소설은 Huber, Wirtschaftsverwal-
   tungsrecht, Bd. Ⅱ, 1954, S. 26ff., 목적위배설은 Fortsthoff, Lehrbuch des Verwaltungsrechts,
   S. 344에서 근거한다.
2) Battis, Allgemeines Verwaltungsrecht, S. 348f.

(2) 제한의 경우

3023 ㈎ 일반적 재산권제한의 경우　　재산권의 사회적 구속에 근거하여 개인이 수인하여야 하는 침해는 명문의 규정이 없어도 헌법상 재산권의 공공복리적합의무에 근거하여 보상이 주어지지 아니한다고 보아야 한다. 이러한 경우의 예로 ① 공공임무의 수행을 위해 수인이 요구되는 경우(예 : 도로표지판·교통표지판설치), ② 공적으로 인정된 시설로부터 생기는 최소한의 침해(예 : 군부대의 교회종소리)를 들 수 있다. 그러나 일반적인 제한도 종래의 적법한 이용권을 침해하거나, 사물의 상황에 비추어 객관적으로 인정되는 이용가능성을 배제하는 경우에는 특별한 희생에 해당한다고 볼 것이다.

3024 ㈏ 특별법규에 근거한 재산권제한의 경우　　① 건축법상 각종 건축규제의 경우가 있다. 이것은 공동체생활상 필요한 공적안전의 확보 등 질서유지상(예 : 일정건축물의 건축허가제), 시민상호간의 이해조정상(즉 재산권의 상호이용조절), 문화목적상(예 : 보존건물의 개축제한),[1] 교통목적상(예 : 사소유지에 전선부설) 필요한 것이므로 보상을 요하는 것이 아니라고 본다.

② 계획법상 지역·지구제의 경우가 있다.

3025 　1) 문제상황　　예컨대 국토의 계획 및 이용에 관한 법률상 도시계획제한은 사인의 토지이용에 제한을 가져오는 것이지만, 그 규제가 일반적인 것으로 보아 보상대상이 되지 않는다고 본다. 종래 도시관리계획(구 도시계획법상 도시계획)에 의거, 지정된 용도지역·용도지구·용도구역 내에서 부작위의무의 부과를 내용으로 하는 공법상의 제한인 도시계획제한을 둘러싸고 논쟁이 있어 왔다. 일설은 계획제한의 경우에도 특별한 희생이 있을 수 있고, 이 경우에는 재산권보장규정과 평등원칙규정에 근거하여 보상이 주어져야 한다는 것이다.[2]

3026 　2) 판례경향　　한편, 대법원은 보상을 요하지 아니한다고 하였지만,[3] 헌

---

1) 헌재 2012. 7. 26, 2009헌바328(구 국토의 계획 및 이용에 관한 법률 제37조 제1항 제2호 및 해당 지구 내 재산권제한에 관하여 규정하고 있는 제76조 제2항이, 역사문화미관지구 내 토지소유자들에게 일정한 건축제한을 부과하면서 아무런 보상조치를 마련하지 않고 있어 토지소유자들의 재산권을 침해한다는 것 등을 주장하면서 청구한 헌법소원심판에서)(이 사건 법률조항들로 인하여 역사문화미관지구 내 토지소유자들에게 부과되는 재산권의 제한 정도는 사회적 제약 범위를 넘지 않는 것으로서, 비례의 원칙에 반하지 아니한다).

2) 헌재 1999. 10. 21, 97헌바26(도시계획시설의 지정으로 말미암아 당해 토지의 이용가능성이 배제되거나 또는 토지소유자가 토지를 종래 허용된 용도대로도 사용할 수 없기 때문에 이로 말미암아 현저한 재산적 손실이 발생하는 경우에는, 원칙적으로 사회적 제약의 범위를 넘는 수용적 효과를 인정하여 국가나 지방자치단체는 이에 대한 보상을 해야 한다).

3) 대판 1996. 6. 28, 94다54511(도시계획법 제21조의 규정에 의하여 개발제한구역 안에 있는 토지의 소유자는 재산상의 권리행사에 많은 제한을 받게 되고 그 한도 내에서 일반 토지 소유자에 비하여 불이익을 받게 됨은 명백하지만, '도시의 무질서한 확산을 방지하고 도시주변의 자연환

법재판소는[1] 그린벨트제도 그 자체는 헌법적으로 하자가 없는 것으로서 이를 그대로 유지해야 할 필요성과 당위성이 있고, 다만 개발제한구역 지정으로 말미암아 일부 토지소유자(예 : 나대지나 오염된 도시근교농지의 소유자)에게 사회적 제약의 범위를 넘는 가혹한 부담이 발생하는 예외적인 경우에 대하여 보상규정을 두지 않은 것에는 위헌성이 있다고 하였다.

　　　3) **입법적 보완 1**(국토의 계획 및 이용에 관한 법률의 개정)　　기술한 헌법재판　3027
소결정에 영향을 받아 도시계획법이 전면적으로 개정되었으나, 도시계획법은 2002년 말에 폐지되었고, 그 규율내용은 국토의 계획 및 이용에 관한 법률에서 규정되고 있다. 도시계획(도시계획시설)으로 인한 피해의 구제와 관련된 조항으로 도시계획시설의 공중 및 지하에의 설치기준과 보상(토용법 제46조)·도시계획시설부지의 매수청구(토용법 제47조)·도시계획시설결정의 실효(토용법 제48조) 등의 규정이 마련되었다.

　　　4) **입법적 보완 2**(개발제한구역의 지정 및 관리에 관한 특별조치법의 제정)　　기술　3028
한 헌법재판소의 판결취지에 따르기 위하여 개발제한구역의 지정 및 관리에 관한 특별조치법이 제정되었다. 동 법률상 피해의 구제와 관련된 조항으로 존속중인 건축물 등에 대한 특례(개제법 제13조)·취락지구에 대한 특례(개제법 제15조)·주민지원사업(개제법 제16조 제1항)·토지매수의 청구(개제법 제17조 제1항) 등의 규정이 마련되었다.

　　③ 문화재·사적지·명승지보존의 경우가 있다. 사유재산이 문화재·사적지·　3029
명승지여서 사적 이용에 제한이 가해지는 경우에는 보상이 따르기 어렵다고 본다.

　　경을 보전하여 도시민의 건전한 생활환경을 확보하기 위하여 또는 국방부장관의 요청이 있어 보안상 도시의 개발을 제한할 필요가 있다고 인정되는 때'(도시계획법 제21조 제1항)에 한하여 가하여지는 그와 같은 제한으로 인한 토지소유자의 불이익은 공공의 복리를 위하여 감수하지 아니하면 안 될 정도의 것이라고 인정되므로, 그에 대하여 손실보상의 규정을 두지 아니하였다 하여 도시계획법 제21조의 규정을 헌법 제23조 제3항, 제11조 제1항 및 제37조 제2항에 위배되는 것으로 볼 수 없다); 대결 1990. 5. 8, 89부2.

1) 헌재 1998. 12. 24, 89헌마214(도시계획법 제21조에 규정된 개발제한구역제도 그 자체는 원칙적으로 합헌적인 규정인데, 다만 개발제한구역의 지정으로 말미암아 일부 토지소유자에게 사회적 제약의 범위를 넘는 가혹한 부담이 발생하는 예외적인 경우에 대하여 보상규정을 두지 않은 것에 위헌성이 있는 것이고, 보상의 구체적 기준과 방법은 헌법재판소가 결정할 성질의 것이 아니라 광범위한 입법형성권을 가진 입법자가 입법정책적으로 정할 사항이므로, 입법자가 보상입법을 마련함으로써 위헌적인 상태를 제거할 때까지 위 조항을 형식적으로 존속케 하기 위하여 헌법불합치결정을 하는 것인바, 입법자는 되도록 빠른 시일 내에 보상입법을 하여 위헌적 상태를 제거할 의무가 있고, 행정청은 보상입법이 마련되기 전에는 새로 개발제한구역을 지정하여서는 아니되며, 토지소유자는 보상입법을 기다려 그에 따른 권리행사를 할 수 있을 뿐 개발제한구역의 지정이나 그에 따른 토지재산권의 제한 그 자체의 효력을 다투거나 위 조항에 위반하여 행한 자신들의 행위의 정당성을 주장할 수는 없다).

5. 특별한 희생의 실현

3030 손실보상청구권의 성립요건으로서 특별희생은 관념적인 것만으로는 부족하다. 그것은 실현되거나 아니면 현실화가 확실하여야 한다.[1]

Ⅴ. 보상규정

1. 보상규정이 있는 경우

3031 헌법 제23조 제3항은 "공공필요에 의한 재산권의 수용·사용 또는 제한 및 그에 대한 보상은 법률로써 하되 정당한 보상을 지급하여야 한다"고 규정하고 있으므로, 헌법이 예정하고 있는 형태의 손실보상은 공용침해를 규정하는 법률에서 보상까지 규정하는 것이라 하겠다. 현행법상 이러한 유형의 법률은 적지 않다(예 : 토상법 제40조; 도로법 제82조; 하천법 제76조 등).

2. 보상규정이 없는 경우

3032 특정법률이 보상규정을 두지 않고 다만 특별한 희생을 수반하는 공용침해만을 규정한다면, 이러한 경우에는 헌법 제23조 제3항에 의해 손실보상청구권이 발생한다고 볼 것이 아니다. 오히려 헌법 제23조 제1항·제11조 그리고 제23조 제3항 및 관계규정의 종합적인 해석상 발생한다고 볼 것이다(간접효력규정설).[2] 이렇게 되면 우리도 독일의 수용유사침해보상과 유사한 제도를 갖는 셈이다.[3]

---

1) 대판 2010. 12. 9, 2007두6571(구 공유수면매립법(1999. 2. 8.법률 제5911호로 전부 개정되기 전의 것) 제17조가 "매립의 면허를 받은 자는 제16조 제1항의 규정에 의한 보상이나 시설을 한 후가 아니면 그 보상을 받을 권리를 가진 자에게 손실을 미칠 공사에 착수할 수 없다. 다만, 그 권리를 가진 자의 동의를 받았을 때에는 예외로 한다."고 규정하고 있으나, 손실보상은 공공필요에 의한 행정작용에 의하여 사인에게 발생한 특별한 희생에 대한 전보라는 점에서 그 사인에게 특별한 희생이 발생하여야 하는 것은 당연히 요구되는 것이고, 공유수면 매립면허의 고시가 있다고 하여 반드시 그 사업이 시행되고 그로 인하여 손실이 발생한다고 할 수 없으므로, 매립면허 고시 이후 매립공사가 실행되어 관행어업권자에게 실질적이고 현실적인 피해가 발생한 경우에만 공유수면매립법에서 정하는 손실보상청구권이 발생하였다고 할 것이다).
2) 이에 관해서는 옆번호 3118 이하에서 상론한다.
3) 수용의 근거법령에 보상규정을 두지 아니하였던 탓으로 발생한 재산권침해문제를 사후의 보상법률의 제정을 통해 해결한 경우도 나타난다(예 : 구 사설철도주식회사주식소유자에대한보상에 관한법률).

제3항 손실보상의 내용과 절차

I. 정당한 보상의 원칙

1. 법률에 의한 정당한 보상(헌법규정)

헌법 제23조 제3항은 재산권의 수용·사용 또는 제한시 법률로써 하되, 정 3033
당한 보상을 지급하여야 한다고 규정하고 있다. 여기서 정당한 보상의 의미가
문제된다. 정당한 보상의 의미와 관련하여 완전보상설과 상당보상설의 대립이
있다.

(1) **완전보상설** 이 견해는 손실보상이 재산권보장, 부담의 공평, 상실된 3034
가치의 보전이라는 관점에서 인정된다고 보아 보상은 완전보상이어야 한다는
입장이다.[1] 판례의 입장이기도 하다.[2] 헌법재판소도 같은 입장이다.[3] 완전보
상의 의미도 객관적 교환가치만을 의미하는가, 아니면 부대적 손실도 포함하는
가에 관해 견해는 갈리고 있다. 완전보상설은 미국 헌법수정 제5조의 정당한 보
상(just compensation)의 해석을 중심으로 미국에서 발전된 것으로 이해되고 있다.

(2) **상당보상설** 이 견해는 재산권의 사회적 제약 내지 사회적 구속성, 재 3035
산권의 공공복리적합의무의 관점에서 공·사익을 형량하여 보상내용이 결정되
어야 한다는 입장이다. 이 견해는 완전보상을 원칙으로 하되 합리적인 이유가
있는 경우에는 완전보상을 하회할 수도 있다는 입장이다.[4] 독일기본법 제14조
제3항이 "보상은 공공 및 관계자의 이해를 공정히 고려하여 결정하여야 한다"
고 규정하는 것은 상당보상설의 입장인 것으로 보인다. 사회국가원리 또한 우리
헌법이 지향하는 이념의 하나임을 고려할 때, 상당보상설이 타당하다고 본다.

(3) **절 충 설** 학자에 따라서는 정당한 보상이 상황에 따라 완전보상 또 3036

---

1) 허영, 한국헌법론, 512쪽; 김동희, 행정법(Ⅰ), 627쪽(2019); 이상규, 신행정법론(상), 656쪽.
2) 헌재 2010. 2. 25, 2008헌바6 전원재판부(헌법 제23조 제3항에 규정된 "정당한 보상"이란 원칙
적으로 수용되는 재산의 객관적인 재산가치를 완전하게 보상하여야 한다는 이른바 "완전보상"
을 뜻하는데, 토지의 경우에는 그 특성상 인근 유사토지의 거래가격을 기준으로 하여 그 가격
형성에 미치는 제 요소를 종합적으로 고려한 합리적 조정을 거쳐서 객관적인 가치를 평가할
수밖에 없다); 대판 2001. 9. 25, 2000두2426(헌법 제23조 제3항에 따른 정당한 보상이란 원칙
적으로 피수용재산의 객관적인 재산가치를 완전하게 보상하여야 한다는 완전보상을 뜻하는 것
이다).
3) 헌재 1991. 2. 11, 90헌바17·18; 헌재 1998. 3. 26, 93헌바12(헌법 제23조 제3항에 규정된 "정당
한 보상"이란 원칙적으로 피수용재산의 객관적인 재산가치를 완전하게 보상하는 것이어야 한
다는 완전보상을 뜻하고, 토지의 경우에는 그 특성상 인근유사토지의 거래가격을 기준으로 하
여 토지의 가격형성에 미치는 제 요소를 종합적으로 고려한 합리적 조정을 거쳐서 객관적인
가치를 평가할 수밖에 없다); 헌재 2001. 4. 26, 2000헌바31.
4) 김철수, 헌법학(상), 891쪽; 권영성, 헌법학원론, 628쪽.

는 상당보상일 수 있다는 견해(절충설)를 언급하기도 한다.

3037   ⑷ **전시보상의 경우**   우리 헌법은 평시보상과 전시보상(戰時補償)을 구분
함이 없이 하나의 보상조항만을 두고 있는 관계상 사변 중의 전시징발에 대하
여 완전보상설을 적용하는 일이 생길 수 있으므로, '독일의 기본법처럼 우리 헌
법상으로도 평시보상과 전시보상을 분리하는 것이 헌법정책적으로 옳다고 본
다'는 지적이 있다.[1] 헌법상 정당한 보상을 완전보상으로 새기는 입장에서는 이
러한 지적이 타당할 것이나, 상당보상으로 새기는 본서의 입장에서는 평시보상
과 전시보상의 구분이 헌법상 특별히 문제되지는 않는다고 본다.

2. 공익사업을 위한 토지 등의 취득 및 보상에 관한 법률의 경우

3038   ⑴ **보상액산정의 기준시**(시가보상의 원칙)   보상액의 산정은 협의에 의한 경
우에는 협의 성립 당시의 가격을, 재결에 의한 경우에는 수용 또는 사용의 재결
당시의 가격을 기준으로 한다(토상법 제67조 제1항). 동법은 제67조 제1항에 따른
보상액 산정의 기준이 되는 시점을 가격시점이라 부른다(토상법 제2조 제6호). 한
편, 보상액을 산정할 경우에 해당 공익사업으로 인하여 토지등의 가격이 변동되
었을 때에는 이를 고려하지 아니한다(토상법 제67조 제2항).

    ⑵ **보상액의 산정방법**(토지의 경우)

    ㈎ **수용보상**(공시지가)

3039   1) 공시지가 기준   협의나 재결에 의하여 취득하는 토지에 대해서는 부
동산 가격공시에 관한 법률에 따른 공시지가를 기준으로 하여 보상하되, 그 공
시기준일부터 가격시점까지의 관계 법령에 따른 그 토지의 이용계획, 해당 공
익사업으로 인한 지가의 영향을 받지 아니하는 지역의 대통령령으로 정하는
지가변동률, 생산자물가상승률(한국은행법 제86조에 따라 한국은행이 조사·발표하
는 생산자물가지수에 따라 산정된 비율을 말한다)과 그 밖에 그 토지의 위치·형상·환
경·이용상황 등을 고려하여 평가한 적정가격으로 보상하여야 한다(토상법 제70
조 제1항).

3040   2) 기준 공시지가   사업인정 후의 취득의 경우에 제1항에 따른 공시지
가는 사업인정고시일 전의 시점을 공시기준일로 하는 공시지가로서,[2] 해당 토

---

1) 김도창, 일반행정법론(상), 665쪽. 그리고 독일기본법 제115C조·제115K조·제74조 참조.
2) 헌재 2011. 5. 26, 2009헌바296(도로법 제48조 제2항 후단이 공익사업법 제23조 제1항과 제28
조 제1항을 준용하지 아니하여, 도로법에 의한 도로공사의 경우 사업인정고시일로부터 1년 이
내라는 기간 제한 없이 재결신청이 허용되어 사업인정고시일 무렵의 공시지가와 수용재결일
무렵의 공시지가의 변동폭이 큰 경우가 발생할 수 있다. 그러나 이 사건 법률조항에서 도로법
에 의한 도로공사의 경우에도 일반적인 공익사업과 마찬가지로 사업인정고시일 전의 시점을

지에 관한 협의의 성립 또는 재결 당시 공시된 공시지가 중 그 사업인정고시일
과 가장 가까운 시점에 공시된 공시지가로 한다(토상법 제70조 제4항).

3) 표준지 미선정   기준지가(공시지가)가 고시된 지역 안에 있어서도 표   3041
준지가 선정되지 아니하여 적법한 기준지가(공시지가)가 고시된 것으로 볼 수 없
을 때에는 일반적인 손실보상액 산정방법에 따라 수용재결 당시의 인근토지의
거래가격을 고려한 적정가격으로 그 보상액을 산정할 수밖에 없다는 것이 판례
의 입장이다.[1]

4) 공시지가의 고시   국토교통부장관은 토지이용상황이나 주변 환경, 그   3042
밖의 자연적·사회적 조건이 일반적으로 유사하다고 인정되는 일단의 토지 중
에서 선정한 표준지에 대하여 매년 공시기준일 현재의 단위면적당 적정가격(이하
"표준지공시지가"라 한다)을 조사·평가하고, 제24조에 따른 중앙부동산가격공시
위원회의의 심의를 거쳐 이를 공시하여야 한다(부동산 가격공시에 관한 법률 제3조
제1항).[2]

5) 공시지가제의 합헌성   공시지가제가 정당한 보상을 규정하는 헌법에   3043
위반하는 것이 아닌가의 문제가 있었다. 이에 대하여 헌법재판소는 구 토지수용
법 제46조 제2항(공시지가제)이 개발이익배제를 위한 취지의 규정이라는 전제하
에 동규정이 헌법상 정당보상의 원칙 및 평등원칙에 반하는 것이 아니라는 결
정을 내린 바 있다.[3]

공시기준일로 하는 공시지가를 손실보상액 산정의 기준으로 삼는 것은 개발이익을 배제하기
위한 합리적 이유가 있는 것이고, 공익사업법 제70조 제1항에서 공시기준일부터 수용시까지의
시점보정을 인근토지의 가격변동률과 생산자물가상승률 등에 의하여 행하도록 규정하여 공시
기준일 이후 수용시까지 시가변동을 산출하는 적정한 시점보정 방법을 채택하고 있으며, 공익
사업과 관련된 대부분의 개별법(도시개발법 제22조 제3항, 도시 및 주거환경정비법 제40조 제
3항, 국토의 계획 및 이용에 관한 법률 제96조 제2항 등)에서도 개별 개발사업이 갖는 특성에
따라 사업인정일로부터 1년 이내에 수용재결을 신청하는 것이 적당하지 않은 경우에는 공익사
업법 제23조 제1항 및 제28조 제1항의 적용을 배제하고 사업시행기간 내에 재결신청을 할 수
있도록 하는 특례규정을 두고 있는 점 등을 종합하면, 이 사건 법률조항이 헌법 제11조의 평등
원칙에 위배된다고 할 수 없다).

1) 대판 1990. 5. 22, 89누7214(기준지가가 고시된 지역 안에 있는 수용대상 토지가 당해 기준지가
고시대상지역 안에서 선정된 표준지의 적용범위 안에 들어 있지 않다면 인접한 유사지역 안에
있는 지목이 같거나 유사한 표준지의 기준지가를 기준으로 하여 손실보상액을 산정할 수 없고,
이 경우에는 구 국토이용관리법에 따라서 기준지가고시대상 지역으로 공고는 되었으나 표준지
가 선정되지 아니하여 적법하게 기준지가가 고시된 것으로 볼 수 없어 같은법 제29조 제5항에
의한 손실보상액을 산정할 도리가 없으므로 구 토지수용법 제46조 제1항 소정의 일반적인 손
실보상액산정 방법에 따라 그 보상액을 산정할 수밖에 없다).
2) 대판 1990. 10. 23, 90누3010(지목이 같은 표준지란 관계공부상의 지목과 관계 없이 현실적인
이용상황이 같은 지목의 표준지를 말한다).
3) 헌재 2013. 12. 26, 2011헌바162(헌법 제23조 제3항이 규정하는 정당한 보상이란 원칙적으로
피수용 재산의 객관적 재산 가치를 완전하게 보상하는 완전보상을 의미하는데, 이 사건 토지보

3044 ㈜ **사용보상·제한보상**　① 협의 또는 재결에 의하여 사용하는 토지에 대해서는 그 토지와 인근 유사토지의 지료(地料)·임대료·사용방법·사용기간 및 그 토지의 가격 등을 고려하여 평가한 적정가격으로 보상하여야 한다(토상법 제71조 제1항). ② 헌법 제23조 제3항은 공용제한의 경우에도 보상이 가능함을 예정하고 있으나, 공익사업을 위한 토지 등의 취득 및 보상에 관한 법률은 공용제한의 경우에 보상을 예정하고 있지 아니하다. 공용제한의 경우에 보상이 특히 문제되는 것은 개발제한구역의 지정 및 관리에 관한 특별조치법상 개발제한구역(Green Belt)의 경우이다. 한편 개별법률상 공용제한보상이 인정되는 경우도 있음은 물론이다(문화재보호법 제83조; 산지관리법 제48조).

3045 ⑶ **개발이익환수(개발부담금)**　정당한 대가없이 이루어지는 개발이익이 사인에게 귀속되는 것은 배제되어야 한다. 개발은 국민전체의 부담으로 이루어진 것인데, 개발의 결과인 개발이익을 특정의 토지소유자 등이 독점한다는 것은 분명히 불공평하고 형평의 원리에 반하는 것이기 때문이다. 이 때문에 토지에서 발생하는 개발이익을 환수하여 이를 적정하게 배분하여서 토지에 대한 투기를 방지하고 토지의 효율적인 이용을 촉진하여 국민경제의 건전한 발전에 이바지하는 것을 목적으로 제정된 개발이익 환수에 관한 법률은 개발부담금제도를 도입하고 있다. 동법상 개발부담금이란 개발이익(개발사업의 시행이나 토지이용계획의 변경, 그 밖에 사회적·경제적 요인에 따라 정상지가상승분을 초과하여 개발사업을 시행하는 자(이하 "사업시행자"라 한다)나 토지 소유자에게 귀속되는 토지 가액의 증가분(환수법 제2조 제1호)) 중 이 법에 따라 국가가 부과·징수하는 금액을 말한다(환수법 제2조 제4호).

Ⅱ. 대물적 보상과 생활보상

1. 대인적 보상

3046 역사적으로 보면, 손실보상은 피수용자가 수용목적물에 대하여 갖는 주관적 가치의 보상에서 시작된다. 19세기 영국의 법제가 그러하였다.[1] 주관적 가치란 시장에서의 객관적인 교환가치가 아니라 피수용자 스스로가 평가하는 주

상조항이 '부동산 가격공시 및 감정평가에 관한 법률'에 의한 공시지가를 기준으로 토지수용으로 인한 손실보상액을 산정하되, 개발이익을 배제하고 공시기준일부터 재결 시까지의 시점보정을 인근 토지의 가격변동률과 생산자물가상승률에 의하도록 한 것은 공시 기준일의 표준지의 객관적 가치를 정당하게 반영하는 것이고 표준지의 선정과 시점보정의 방법이 적정하므로, 이 사건 토지보상조항은 헌법 제23조 제3항이 규정한 정당보상의 원칙에 위배되지 않는다); 헌재 1995. 4. 20, 93헌바20; 헌재 1999. 12. 23, 98헌바13·49, 99헌바25(병합).

1) 영국의 Land Clauses Consolidation Act, 1845.

관적 가치를 의미한다. 이러한 보상을 대인적 보상이라 부른다. 오늘날 대인적
보상을 취하는 입법례는 찾아볼 수 없다. 공익사업을 위한 토지 등의 취득 및
보상에 관한 법률도 "토지에 대한 보상액은 가격시점에서의 현실적인 이용상황
과 일반적인 이용방법에 의한 객관적 상황을 고려하여 산정하되, 일시적인 이용
상황과 토지소유자나 관계인이 갖는 주관적 가치 및 특별한 용도에 사용할 것
을 전제로 한 경우 등은 고려하지 아니한다"고 하여 주관적 가치의 보상을 배제
하고 있다(토상법 제70조 제2항).

2. 대물적 보상

(1) 의   의   대인적 보상은 보상액산정에 기준이 없을 뿐더러 보상금액   3047
이 통상 고액이 된다. 이것은 공공사업의 시행에 장해가 있음을 의미하게 된다.
그리하여 20세기 초부터 시장에서의 객관적인 교환가치를 보상액으로 하는 것
이 나타났다.[1] 이것을 소위 대물적 보상 또는 재산권보상이라 부른다. 대물적
보상의 원칙을 취하는 것이 일반적인 입법례이며, 우리나라도 이를 취하고 있
다. 공익사업을 위한 토지 등의 취득 및 보상에 관한 법률이 시가보상의 원칙을
취하고 있다는 것은 바로 대물적 보상의 원칙을 채택하고 있음을 반증하는 것
이기도 하다.

(2) **실정법상 보상내용**

(가) **토지에 대한 보상**

1) **수용하는 토지의 보상**   협의나 재결에 의하여 취득하는 토지에 대하   3047a
여는 「부동산 가격공시에 관한 법률」에 따른 공시지가를 기준으로 하여 보상하
되, 그 공시기준일부터 가격시점까지의 관계 법령에 따른 그 토지의 이용계획,
해당 공익사업으로 인한 지가의 영향을 받지 아니하는 지역의 대통령령으로 정
하는 지가변동률, 생산자물가상승률(「한국은행법」 제86조에 따라 한국은행이 조사·발표
하는 생산자물가지수에 따라 산정된 비율을 말한다)과 그 밖에 그 토지의 위치·형상·
환경·이용상황 등을 고려하여 평가한 적정가격으로 보상하여야 한다(토상법 제
70조 제1항).

2) **사용하는 토지의 보상**   협의 또는 재결에 의하여 사용하는 토지에 대하   3047b
여는 그 토지와 인근 유사토지의 지료, 임대료, 사용방법, 사용기간 및 그 토지의
가격 등을 고려하여 평가한 적정가격으로 보상하여야 한다(토상법 제71조 제1항).

3) **제한하는 토지의 보상**   공익사업을 위한 토지 등의 취득 및 보상에   3047c

---

1) 영국의 Acquisition of Land Act, 1919.

관한 법률에는 사용하는 토지의 보상에 관한 규정이 없다. 동법 시행규칙에 공법상 제한을 받는 토지의 평가에 관한 규정이 있을 뿐이다. 간접효력규정설에 따라 손실보상청구권을 인정할 수 있다고 본다. 손실보상청구권을 인정하는 개별법은 볼 수 있다(예 : 도로법 제99조; 철도안전법 제46조).

3047d 　　(내) **물건에 대한 보상** 　　　건축물·입목·공작물과 그 밖에 토지에 정착한 물건(이하 "건축물등"이라 한다)에 대하여는 이전에 필요한 비용(이하 "이전비"라 한다)으로 보상하여야 한다. 다만, 다음 각 호(1. 건축물등을 이전하기 어렵거나 그 이전으로 인하여 건축물등을 종래의 목적대로 사용할 수 없게 된 경우, 2. 건축물등의 이전비가 그 물건의 가격을 넘는 경우, 3. 사업시행자가 공익사업에 직접 사용할 목적으로 취득하는 경우)의 어느 하나에 해당하는 경우에는 해당 물건의 가격으로 보상하여야 한다(토상법 제75조 제1항).

3047e 　　(대) **권리에 대한 보상** 　　　광업권·어업권·양식업권 및 물(용수시설을 포함한다) 등의 사용에 관한 권리에 대하여는 투자비용, 예상 수익 및 거래가격 등을 고려하여 평가한 적정가격으로 보상하여야 한다(토상법 제76조 제1항).

　　(3) **개발이익·개발손실과 대물적 보상**

3048 　　(가) **문제상황** 　　　공익사업의 시행으로 지가가 상승하여 발생하는 이익을 개발이익이라 하고, 공익사업의 시행으로 지가가 하락하여 발생하는 손실을 개발손실이라 한다. 공익사업을 위한 토지 등의 취득 및 보상에 관한 법률 제67조 제2항은 "보상액을 산정할 경우에 해당 공익사업으로 인하여 토지등의 가격이 변동되었을 때에는 이를 고려하지 아니한다"라고 하여 개발이익·개발손실은 보상액의 산정에 고려사항이 아니라고 규정하고 있는데, 이 조항이 객관적 교환가치(대물적 보상)의 보상에 반하는 것이 아닌가의 여부가 논란되고 있다.

　　(나) **학　　설**

3049 　　1) **위헌론**(대물적 보상 긍정론) 　　　한 사건에서(헌재 2009. 9. 24, 2008헌바112 전원재판부) 청구인은 ① 재산권의 수용에 대하여 정당한 보상이 이루어지려면 그 보상액이 인근지역에서 동등한 토지를 대체 취득할 수 있는 수준이어야 한다는 점, ② 사업지구 내 토지의 소유자로부터는 지가상승의 이익을 박탈하여 사업시행자로 하여금 이를 취득하게 하고, 인접지역 토지의 소유자들은 지가상승의 이익을 그대로 누릴 수 있게 하는 것은 헌법상의 재산권 보장에 반하고, 사업지구 내 토지의 소유자를 사업시행자 및 인접지역 토지의 소유자와 합리적 이유 없이 차별하는 것임을 이유로 토상법 제67조 제2항은 위헌이라 주장하였다.

3050 　　2) **합헌론**(대물적 보상 부정론) 　　　헌법재판소는 위의 사건에서 ① 개발이익

은 피수용자인 토지소유자의 노력이나 자본에 의하여 발생한 것이 아니라는 점,
② 개발이익은 공공사업의 시행에 의하여 비로소 발생하는 것이므로, 그것이 피
수용 토지가 수용 당시 갖는 객관적 가치에 포함된다고 볼 수 없다는 점 등을
이유로, 개발이익은 그 성질상 완전보상의 범위에 포함되는 피수용자의 손실이
라고 볼 수 없고, 이러한 개발이익을 배제하고 손실보상액을 산정하여도 헌법이
규정한 정당보상의 원리에 어긋나는 것은 아니라 하였다.

　　　　3) 사　　견　　합헌론의 논지가 정당하다. 다만 위의 사건에서 헌법재판　3051
소가 지적한 바와 같이 위헌론이 제기하는 문제점인 인접지역 토지의 소유자들
이 누리게 되는 지가상승의 이익에 대한 개선방안은 마련되어야 할 것이다.

　　(다) 개발이익의 범위　　공익사업을 위한 토지 등의 취득 및 보상에 관한 법　3052
률 제67조 제2항은 "보상액을 산정할 경우에 해당 공익사업으로 인하여 토지등
의 가격이 변동되었을 때에는 이를 고려하지 아니한다"고 규정하는바, 해당 공
익사업으로 인한 이익이 개발이익으로서 보상이 배제된다. 따라서 보상금은 해
당 공익사업 이전 상태를 기준으로 책정되어야 한다.

　　(3) **부수적 손실과 대물적 보상**　　공용수용으로 목적물의 소유권 이전이라　3053
는 직접적인 효과가 발생할 뿐만 아니라 그 밖에도 잔여지의 가치하락, 영업상
의 필요한 물건의 이전비나 입목이나 건축물 등의 이전비의 발생, 영업장의 폐
쇄로 인한 근로자의 임금의 손실 등이 부수적으로 발생할 수 있다. 이러한 부수
적 손실은 대물적 보상의 대상이 된다고 볼 것이다. 공익사업을 위한 토지 등의
취득 및 보상에 관한 법률도 부수적 손실을 보상의 대상으로 하고 있다.[1]

3. 생활보상

　　(1) 배　　경　　객관적 교환가치의 보상(재산권 보상)이 아니라, 그것 외에도　3054
삶의 기본터전도 마련해 주어야만 보상이 의미 있는 경우가 나타난다. 이러한
것은 생활근거 그 자체가 상실되는 경우에 문제된다. 예컨대 대단위 댐의 건설
로 수몰되는 벽지의 농민들은 수용보상금만으로는 수용전의 상태와 같은 삶을
유지할 수 없게 될 수도 있다(예 : 지가가 저렴한 수몰지구농민은 보상금으로 타지역에서
수용전과 같은 면적의 농지의 매입이 쉽지 않다는 점을 상기하라). 이러한 경우에는 이주
대책과[2] 생계지원대책 등도 마련해 주어야 할 것이다. 이와 관련하여 생활보상

---

1) 옆번호 3063 이하를 보라.
2) 대판 2010. 11. 11, 2010두5332(공익사업을 위한 토지 등의 취득 및 보상에 관한 법률 제78조
　제5항 등 관련 법령의 규정 내용, 형식 및 입법 경위, 주거이전비는 당해 공익사업시행지구 안
　에 거주하는 세입자들의 조기이주를 장려하여 사업추진을 원활하게 하려는 정책적인 목적과

의 개념이 나타난다.

3055   (2) 개   념   현재로서 생활보상의 개념이 학자들간에 일치되고 있는 것이 아니다. ① 광의로 이해하는 입장은 생활보상을 수용전과 같은 생활상태의 보장으로 파악한다.[1] 그리고 그 내용으로 ⓐ 주거의 총체가치의 보장, ⓑ 영업상 손실의 보상, ⓒ 이전료보상, ⓓ 소수잔존자보상을 든다.[2] 한편 ② 협의로 이해하는 입장은[3] 생활보상을 현재 당해 장소에서 현실적으로 누리고 있는 생활이익의 상실로서 재산권 보상으로 메꾸어지지 아니한 손실에 대한 보상으로 정의한다. 협의의 입장에서는 실비변상적 보상과 일실손실보상은 생활보상에서 제외된다. 이러한 입장에서는 생활보상이라 하지 않고, 재산권 보상에 대응되는 개념으로서 생활권보상이라 부르기도 한다.[4]

      (3) **법적 근거**

3056   ㈎ 학   설   ⓐ 헌법 제23조 제3항의 보상을 완전보상으로 이해하면서 완전보상이란 수용 등이 이루어지기 전 상태와 유사한 생활상태를 실현할 수 있도록 하는 보상이므로, 생활보상도 헌법 제23조 제3항의 완전보상에 포함될 수 있다는 견해(헌법 제23조설), ⓑ 헌법 제23조 제3항은 재산권 보상을 염두에 둔 규정으로 제한적으로 이해되어야 하며, 재산권 보상으로 메워지지 않는 내용의 보장은 헌법 제34조에 의하여 해결되어야 한다고 하면서, 생활보상은 헌법 제34조의 사회보장수단으로서의 성격을 가진다는 견해(헌법 제34조설),[5] ⓒ 생활보상을 헌법 제23조 제3항의 공적부담의 평등에 근거한 보상이라는 성격과 헌법 제34조의 생존배려에 근거한 보상이라는 성격이 결합된 것으로 보는 견해(헌법 제23조·제34조 결합설)(다수설)가 대립된다.

      ㈏ 판   례

3057   1) 대 법 원   대법원은 생활보상의 성격인 생활대책을 헌법 제23조 제3항의 보상으로 본 판결과(헌법 제23조설의 입장),[6] 생활보상의 성격인 이주대책을 인간다운 생활을 보장하기 위한 것으로 본 판결도 있다.[7]

3058   2) 헌법재판소   헌법재판소는 생활보상의 성격인 이주대책에 대해 헌법

주거이전으로 인하여 특별한 어려움을 겪게 될 세입자들을 대상으로 하는 사회보장적인 차원에서 지급하는 성격의 것이다).

1) 김중권의 행정법(2019), 921쪽.
2) 이상규, 신행정법론(상), 650쪽 이하.
3) 김철용, 행정법, 674쪽(2019); 박윤흔·정형근, 최신행정법강의(상), 670쪽 이하.
4) 김철용, 행정법, 674쪽(2019).
5) 김철용, 행정법, 647쪽(2018); 류지태·박종수, 행정법신론, 592쪽(2019).
6) 대판 2011. 10. 13, 2008두17905.
7) 대판 2011. 2. 24, 2010다43498; 대판 2003. 7. 25. 2001다57778.

제23조 제3항의 보상이 아니라는 결정을 하였다(헌법 제34조설의 입장으로 해석될 수 있다).[1]

㈐ 사 견 생활보상은 헌법 제23조 제3항의 공적부담의 평등이라는 성격 외에 생존배려의 성격을 가지는바 헌법 제23조설은 타당하지 않고, 헌법 제34조설에 따르면 손실보상에는 헌법 제23조에 의한 것과 헌법 제34조에 의한 것이 있어 행정상 손실보상의 체계가 이원화된다는 문제가 있다. 따라서 헌법 제23조·제34조설이 타당하다.

⑷ 성 질 ① 생활보상은 단순히 재산권의 보장에만 머무르는 것이 3059 아니다. 그것은 삶의 기반을 확보하는 문제인 까닭에 생존권적 기본권의 문제이기도 하다. 따라서 생활보상은 사회복지국가원리에 바탕을 두는 제도로서의 성질을 갖는다.[2] 한편 ② 생활보상은 대인적 보상에 비하여는 객관성이 강하다는 점, 대물적 보상에 비하여 보상의 범위가 확대된다는 점이 특징적이다. ③ 특히 광의의 생활보상개념에 입각하게 되면, 생활보상은 수용 전 상태로의 회복이라는 의미에서 원상회복의 의미를 갖는다.

⑸ 내 용

㈎ 광의설의 입장 생활보상의 개념을 어떻게 파악할 것인가에 따라 생활 3060 보상의 내용에 차이가 생긴다. 생활보상을 광의로 이해하는 입장은 '대물적 보상과 정신적 손실에 대한 보상을 제외한 손실에 대한 보상'을 생활보상으로 이해하고, 기술한 바와 같이 생활보상의 내용으로 ① 주거의 총체가치의 보장(시장가치를 초과하여 주거용으로 현실적으로 얻고 있는 총체가치를 보상하는 것), ② 영업상 손

---

[1] 헌재 2006. 2. 23, 2004헌마19; 헌재 1993. 7. 29, 92헌마30.

[2] 대판 2010. 11. 11. 선고 2010두5332(주거이전비(주거이전에 필요한 비용)는 당해 공익사업시행 지구 안에 거주하는 세입자들의 조기이주를 장려하여 사업추진을 원활하게 하려는 정책적인 목적과 주거이전으로 인하여 특별한 어려움을 겪게 될 세입자들을 대상으로 하는 사회보장적인 차원에서 지급하는 성격의 것이다. 이사비(가재도구 등 동산의 운반에 필요한 비용을 말한다)제도의 취지는 공익사업의 추진을 원활하게 함과 아울러 주거를 이전하게 되는 거주자들을 보호하기 위한 것이다); 헌재 2006. 2. 23, 2004헌마19(이주대책은 헌법 제23조 제3항에 규정된 정당한 보상에 포함되는 것이라기보다는 이에 부가하여 이 주자들에게 종전의 생활상태를 회복시키기 위한 생활보상의 일환으로서 국가의 정책적인 배려에 의하여 마련된 제도라고 볼 것이다. 따라서 이주대책의 실시 여부는 입법자의 입법정책적 재량의 영역에 속하므로 공익사업을위한토지등의취득및보상에관한법률시행령 제40조 제3항 제3호가 이주대책의 대상자에서 세입자를 제외하고 있는 것이 세입자의 재산권을 침해하는 것이라 볼 수 없다); 대판 2011. 2. 24, 2010다43498(공익사업법에 의한 이주대책은 공익사업의 시행에 필요한 토지 등을 제공함으로 인하여 생활의 근거를 상실하게 되는 이주대책대상자들을 위하여 사업시행자가 '기본적인 생활시설이 포함된' 택지를 조성하거나 그 지상에 주택을 건설하여 이주대책대상자들에게 이를 '그 투입비용 원가만의 부담 하에' 개별 공급하는 것으로서, 그 본래의 취지가 이주대책대상자들에 대하여 종전의 생활상태를 원상으로 회복시키면서 동시에 인간다운 생활을 보장하여 주기 위한 이른바 생활보상의 일환으로 국가의 적극적이고 정책적인 배려에 의하여 마련된 제도이다).

실의 보상, ③ 이전료보상, ④ 소수잔존자보상을 들고 있다.[1]

3061   (4) 협의설의 입장   생활보상의 개념을 협의로 이해하는 입장은 기술한 바와 같이 생활보상을 '현재 당해 지역에서 누리고 있는 생활이익의 상실로서 재산권 보상으로 메꾸어지지 아니한 손실에 대한 보상'으로 이해한다.[2] 그리고 그 내용으로 영세농 등 생활보상·생활비보상·주거대책비보상을 들고 있다.[3] 동시에 협의설은 보상금이 피보상자의 생활재건을 위하여 가장 유효하게 쓰여지도록 유도하는 각종의 조치를 생활재건조치(예 : 이주대책[4]·공영주택알선·직업훈련·상담)라[5] 하고 이를 재산권보상과 생활보상으로부터 구분하는 견해와 협의설을 취하면서 생활권보상의 내용으로 생활보상금(토상법 제78조 제1항의 이주정착금, 같은 조 제5항의 가재도구등 운반비용보상, 같은 조 제3항의 국민주택기금우선지원 등)과 피보상자의 생활재건조치(이주대책, 고용, 직업훈련실시 등)를 드는 견해를 볼 수 있다.[6] 판례는 이주대책을 생활보상의 한 종류로 보고 있다.[7] 판례는 개발사업에서 이주대책을 헌법 제23조 제3항의 정당한 보상에 포함되는 것으로 보지 아니한다.[8]

3062   (다) 사   견   ① 수용의 대상물은 아니지만, 공공의 필요에 의한 사업으로 인해 그 물건의 본래의 기능을 수행할 수 없게 되어서 입는 손실의 보상인 간접보상은 대물적 보상의 의미만을 갖는 것은 아니고 생활보상의 의미도 갖는다고 본다. 간접보상의 내용으로는 매수보상, 이전료·이사비·이농비보상, 소수잔존자보상, 영업보상, 실농 등의 보상을 들 수 있다. ② 생활보상의 또 하나의 내용으로 이주관련보상을 들 수 있다. 이에는 이주대책, 이주대책비, 세입자에 대한 주거대책비 등(토상법 제78조)을 들 수 있다. ③ 결국 생활보상의 개념은 넓게 새길 필요가 있는 셈이다.

---

1) 이상규, 신행정법론(상), 650쪽 이하.
2) 박윤흔·정형근, 최신행정법강의(상), 670쪽.
3) 박윤흔·정형근, 최신행정법강의(상), 673쪽.
4) 이주대책에 관해 졸지, 행정법원론(하), 옆번호 1833 이하 참조.
5) 박윤흔·정형근, 최신행정법강의(상), 673쪽.
6) 김철용, 행정법, 648쪽(2019).
7) 대판 1994. 5. 24, 92다35783; 대판 2013. 8. 23, 2012두24900(공익사업을 위한 토지 등의 취득 및 보상에 관한 법률이 규정하고 있는 이주대책은 공공사업의 시행에 따라 생활의 근거를 상실하게 되는 이주자들에 대하여 종전의 생활상태를 원상으로 회복시키면서 동시에 인간다운 생활을 보장하여 주기 위하여 생활보상의 일환으로 마련된 제도이다).
8) 헌재 2023. 9. 26, 2023헌마785, 786(병합)(개발사업에서의 이주대책은 이주자들에 대한 **생활보호차원의 시혜적 조치**에 불과하여 헌법 제23조 제3항에서 규정하고 있는 정당한 보상에 포함된다고 볼 수 없으므로, 이주대책의 실시여부는 입법정책적 재량의 영역에 속한다).

▌참고▐ 간접보상(간접손실보상, 사업손실보상)

(1) **의 의** 공공사업의 시행 또는 완성 후의 시설이 간접적으로 사업지범 3063
위 밖에 위치한 타인의 토지 등의 재산에 손실을 가하는 경우의 보상을 말한다.[1]

(2) **성 질** 간접보상을 생활보상의 한 내용으로 보는 견해와[2] 재산권보상 3064
의 하나로 보는 견해,[3] 그리고 재산권보상 및 생활보상과 구별되는 확장된 보상 개
념으로 보는 견해로[4] 나누어진다.

(3) **유 형** 물리적·기술적 손실(공사중의 소음·진동 또는 완성시설로 인한 3065
일조나 전파 장애)과 경제적·사회적 손실(댐건설로 주민이 이전함으로 생기는 지역경
제의 영향이나 어업권의 소멸로 어업활동이 쇠퇴하게 됨으로써 생기는 경제활동의 영향
등)을 포함한다.

(4) **실 정 법** 공익사업을 위한 토지 등의 취득 및 보상에 관한 법률은 간접 3066
보상과 관련하여 다음을 규정하고 있다.

㈎ **잔여지의 손실과 공사비 보상** 사업시행자는 동일한 소유자에게 속하는 일 3066a
단의 토지의 일부가 취득되거나 사용됨으로 인하여 잔여지의 가격이 감소하거나 그
밖의 손실이 있을 때 또는 잔여지에 통로·도랑·담장 등의 신설이나 그 밖의 공사
가 필요할 때에는 국토교통부령으로 정하는 바에 따라 그 손실이나 공사의 비용을
보상하여야 한다.[5] 다만, 잔여지의 가격 감소분과 잔여지에 대한 공사의 비용을 합
한 금액이 잔여지의 가격보다 큰 경우에는 사업시행자는 그 잔여지를 매수할 수 있
다(토상법 제73조 제1항).

㈏ **잔여지 등의 매수 및 수용 청구** 동일한 소유자에게 속하는 일단의 토지의 3066b
일부가 협의에 의하여 매수되거나 수용됨으로 인하여 잔여지를 종래의 목적에 사용
하는 것이 현저히 곤란할 때에는 해당 토지소유자는 사업시행자에게 잔여지를 매수
하여 줄 것을 청구할 수 있으며, 사업인정 이후에는 관할 토지수용위원회에 수용을
청구할 수 있다. 이 경우 수용의 청구는 매수에 관한 협의가 성립되지 아니한 경우
에만 할 수 있으며, 사업완료일까지 하여야 한다(토상법 제74조 제1항).

㈐ **잔여지 등을 제외한 토지에 대한 공사비 보상** 사업시행자는 공익사업의 시 3066c
행으로 인하여 취득하거나 사용하는 토지(잔여지를 포함한다) 외의 토지에 통로·도
랑·담장 등의 신설이나 그 밖의 공사가 필요할 때에는 그 비용의 전부 또는 일부를

---

1) 박윤흔·정형근, 최신행정법강의(상), 671쪽; 류지태·박종수, 행정법신론, 558쪽(2019).
2) 김남진·김연태, 행정법(Ⅰ), 688쪽(2019).
3) 류지태·박종수, 행정법신론, 589쪽(2019); 박균성, 행정법론(상), 986쪽(2019).
4) 박윤흔·정형근, 최신행정법강의(상), 671쪽; 김철용, 행정법, 648쪽(2019); 김동희, 행정법(Ⅰ), 636쪽(2019).
5) 대판 2020. 4. 9, 2017두275(사업시행자가 동일한 토지소유자에 속하는 일단의 토지 일부를 취득함으로써 잔여지의 가격이 감소하거나 그 밖의 손실이 있을 때에는 잔여지를 종래의 목적으로 사용할 수 있는 경우라도 잔여지 손실보상의 대상이 되고, 잔여지를 종래의 목적에 사용하는 것이 불가능하거나 현저히 곤란한 경우에만 잔여지 손실보상청구를 할 수 있는 것이 아니다).

보상하여야 한다. 다만, 그 토지에 대한 공사의 비용이 그 토지의 가격보다 큰 경우에는 사업시행자는 그 토지를 매수할 수 있다(토상법 제79조 제1항).

3066d   ㈔ **공익사업 시행 지역 밖에 있는 토지등에 대한 보상**   공익사업이 시행되는 지역 밖에 있는 토지등이 공익사업의 시행으로 인하여 본래의 기능을 다할 수 없게 되는 경우에는 국토교통부령으로 정하는 바에 따라 그 손실을 보상하여야 한다(토상법 제79조 제2항). 이에 국토교통부령인 공익사업을 위한 토지 등의 취득 및 보상에 관한 법률 시행규칙은 공익사업시행지구 밖의 대지 등에 대한 보상(토상법 제59조), 공익사업시행지구 밖의 건축물에 대한 보상(토상법 제60조), 소수잔존자에 대한 보상(토상법 제61조), 공익사업시행지구 밖의 공작물등에 대한 보상(토상법 제62조), 공익사업시행지구 밖의 어업의 피해에 대한 보상(토상법 제63조), 공익사업시행지구 밖의 영업손실에 대한 보상(토상법 제64조), 공익사업시행지구 밖의 농업의 손실에 대한 보상(토상법 제65조) 등을 규정하고 있다.

3066e   ㈕ **잔여 건축물의 손실에 대한 보상 등**   사업시행자는 동일한 소유자에게 속하는 일단의 건축물의 일부가 취득되거나 사용됨으로 인하여 잔여 건축물의 가격이 감소하거나 그 밖의 손실이 있을 때에는 국토교통부령으로 정하는 바에 따라 그 손실을 보상하여야 한다. 다만, 잔여 건축물의 가격 감소분과 보수비(건축물의 나머지 부분을 종래의 목적대로 사용할 수 있도록 그 유용성을 동일하게 유지하는 데에 일반적으로 필요하다고 볼 수 있는 공사에 사용되는 비용을 말한다. 다만, 「건축법」 등 관계 법령에 따라 요구되는 시설 개선에 필요한 비용은 포함하지 아니한다)를 합한 금액이 잔여 건축물의 가격보다 큰 경우에는 사업시행자는 그 잔여 건축물을 매수할 수 있다(토상법 제75조의2 제1항).

3066f   ㈖ **영업·농업의 손실과 휴직·실직에 대한 보상**   ① 영업을 폐업하거나 휴업함에 따른 영업손실에 대하여는 영업이익과 시설의 이전비용 등을 고려하여 보상하여야 한다(토상법 제77조 제1항).[1] ② 농업의 손실에 대하여는 농지의 단위면적당 소득 등을 고려하여 실제 경작자에게 보상하여야 한다. 다만, 농지소유자가 해당 지역에 거주하는 농민인 경우에는 농지소유자와 실제 경작자가 협의하는 바에 따라 보상할 수 있다(토상법 제77조 제2항). ③휴직하거나 실직하는 근로자의 임금손실에 대하여는 「근로기준법」에 따른 평균임금 등을 고려하여 보상하여야 한다(토상법 제77조 제3항).

3067   ⑸ **명문의 규정이 없는 경우의 보상**   판례는 간접손실에 대한 보상에 관한 명문의 규정이 없더라도 ① 공공사업의 시행으로 인하여 그러한 손실이 발생하리라는

---

1) 대판 2020. 4. 9, 2017두275(토지보상법 제77조 제1항과 제4항에 따라 동법시행규칙 제47조 제3항이 정하는 **잔여 영업시설 손실보상**은 토지보상법 제73조 제1항에 따른 **잔여지 손실보상**, 토지보상법 제75조의2 제1항에 따른 **잔여건축물 손실보상**과 비교해 보면, 이들은 모두 사업시행자가 공익사업을 시행하기 위해 일단의 토지·건축물·영업시설 중 일부를 분할하여 취득함으로써 잔여 토지·건축물·영업시설에 발생한 손실까지 함께 보상하도록 하는 것으로서, 사업시행자가 분할하여 취득하는 목적물의 종류만 다를 뿐 헌법상 정당보상원칙을 구현한다는 점에서 입법 목적이 동일하다).

것을 쉽게 예견할 수 있고, ② 그 손실의 범위도 구체적으로 이를 특정할 수 있는 경우라면 관련규정을 유추적용하여 보상할 수 있다고 본다.[1]

Ⅲ. 손실보상의 지급상 원칙

손실보상의 방법은 법률로 정하라는 헌법규정에 따라 손실보상을 청구하려 면 그 손실보상의 기준과 방법을 정한 법률이 있어야 한다. 손실보상의 기준과 방법의 결정은 입법자의 의무이지 법원이나 행정청의 의무가 아니다. 입법자는 보상기준의 결정에 있어서 공익과 사익을 형량하여야 한다. 보상규정없는 수용은 헌법 제23조 제3항에 따른 수용이 아니다. 그것은 수용유사침해의 문제가 된다.

3068

1. 사업시행자보상의 원칙

수용 등을 통해 직접 수익한 자가 보상의무자가 된다. 실정법도 사업시행자 의 보상책임을 규정하고 있다. 즉, 공익사업에 필요한 토지등의 취득 또는 사용 으로 인하여 토지소유자나 관계인이 입은 손실은 사업시행자가 보상하여야 한 다(토상법 제61조). 보상금청구권자는 물론 헌법 제23조 제3항에 의하여 보호되는 법적 지위를 가지는 자로서 수용 등을 통해 재산권이 침해된 토지소유자 기타 이해관계인이다.

3069

2. 현금보상의 원칙과 채권보상

⑴ **현금보상**　　손실보상은 다른 법률에 특별한 규정이 있는 경우를 제외 하고는 현금으로 지급하여야 한다(토상법 제63조 제1항 본문). 현금보상은 금전보상 이라고도 한다. 현금보상의 예외로 채권보상이나 현물보상이 인정될 수 있는데, 2007년 개정된 공익사업을 위한 토지 등의 취득 및 보상에 관한 법률은 현물보 상으로서 대토보상을 인정하고 있다(토상법 제63조 제1항 단서). 대토보상이란 공익 사업의 시행으로 인하여 조성된 토지로 보상하는 보상방법을 말한다. 한편 개별 법에서도 현물보상으로서 환지의 제공(도시개발법 제40조 제4항)이나 건축시설물로 보상되기도 한다(도시 및 주거환경정비법 제79조 제2항).

3070

⑵ **채권보상**　　일정한 경우(사업시행자가 국가, 지방자치단체, 그 밖에 대통령령으 로 정하는 「공공기관의 운영에 관한 법률」에 따라 지정·고시된 공공기관 및 공공단체인 경우 로서 다음 각 호(1. 토지소유자나 관계인이 원하는 경우, 2. 사업인정을 받은 사업의 경우에는 대통령령으로 정하는 부재부동산 소유자의 토지에 대한 보상금이 대통령령으로 정하는 일정 금액을 초과하는 경우로서 그 초과하는 금액에 대하여 보상하는 경우)의 어느 하나에 해당되

3071

---

1) 대판 2004. 9. 23, 2004다25581.

는 경우에는 제1항 본문에도 불구하고 해당 사업시행자가 발행하는 채권으로 지급할 수 있다)
에는 채권보상이 이루어지기도 한다(토상법 제63조 제7항). 한편, 종래 채권보상의
합헌성의 논란이 있었다. 합헌론은 채권보상이 보상대상자인 부재부동산소유자
에게 자산증식수단으로서의 토지에 대한 통상적인 수익을 보장해 주는 것이므로
헌법위반이 아니라 하였고, 위헌론은 부재부동산소유자의 토지와 비업무용토지
와 다른 토지를 구분하는 것은 평등원칙에 어긋나는 것이라 하였다.[1] 그러나 실
질가액이 보장되는 것인 한 채권보상은 헌법에 위반되는 것으로 보기 어렵다.

3. 개인별 보상의 원칙

3072   손실보상은 토지소유자나 관계인에게 개인별로 행하여야 한다(토상법 제64조
본문). 다만, 개인별로 보상액을 산정할 수 없을 때에는 그러하지 아니하다(토상
법 제64조 단서). 여기서 개인별이란 수용 또는 사용의 대상이 되는 물건별로 보
상하는 것이 아니라 피보상자의 개인별로 보상하는 것을 뜻한다.[2] 개인별 보상
을 개별급이라고도 한다. 한편, 사업시행자는 동일한 사업지역에 보상시기를 달
리하는 동일인 소유의 토지등이 여러 개 있는 경우 토지소유자나 관계인이 요
구할 때에는 한꺼번에 보상금을 지급하도록 하여야 한다(토상법 제65조).

4. 사전보상의 원칙

3073   사업시행자는 해당 공익사업을 위한 「공사에 착수하기 이전에」 토지소유자
의 관계인에게 보상액 전액을 지급하여야 한다(토상법 제62조 본문). 사전보상은
선급이라고도 한다. 그러나 제38조에 따른 천재·지변 시의 토지 사용과 제39조
에 따른 시급한 토지 사용 또는 토지소유자 및 관계인의 승낙이 있는 경우에는
그러하지 아니하다(토상법 제62조 단서). 즉 후급을 할 수 있다. 채권보상도 성질
상 후급에 해당한다. 후급의 경우에 이자와 물가변동에 따르는 불이익은 보상의
무자가 부담하여야 한다.[3]

---

1) 이상규, 판례월보, 1992. 3, 11쪽 참조.
2) 대판 2000. 1. 28, 97누11720(구 토지수용법 제45조 제2항은 수용 또는 사용함으로 인한 보상은
   피보상자의 개인별로 산정할 수 없을 때를 제외하고는 피보상자에게 개인별로 하여야 한다고
   규정하고 있으므로, 보상은 수용 또는 사용의 대상이 되는 물건별로 하는 것이 아니라 피보상
   자 개인별로 행하여지는 것이라고 할 것이어서 피보상자는 수용 대상물건 중 전부 또는 일부
   에 관하여 불복이 있는 경우 그 불복의 사유를 주장하여 행정소송을 제기할 수 있다); 대판
   1995. 9. 15, 93누20627; 대판 1994. 8. 26, 94누2718.
3) 대판 1991. 12. 24, 91누308(재결절차에서 정한 보상액과 행정소송절차에서 정한 보상금액의 차
   액이 수용시기에 지급되지 않은 이상 지연손해금이 당연히 발생한다); 대판 1992. 1. 17, 91누
   1127(소송촉진등에관한특례법상 법정이율의 특례조항은 행정소송사건에도 당연히 적용된다).

5. 전액보상의 원칙

사업시행자는 해당 공익사업을 위한 공사에 착수하기 이전에 토지소유자와   3074
관계인에게 보상액「전액을」지급하여야 한다(토상법 제62조 본문). 여기서 말하는
전액지급은 통상 일시급으로 이루어질 것이다. 분할급이 이루어진다고 하여도
공사착수 이전에 전액이 지급되면 문제되지 아니한다. 만약 일부의 보상급이 공
사착수 후에 지급된다면, 그 부분은 후급에 해당한다. 이 경우 이자와 물가변동
에 따르는 불이익은 보상의무자가 부담하여야 한다(징발법 제22조의2 제2항).

Ⅳ. 손실보상의 절차·권리보호

이하에서는 공익사업을 위한 토지 등의 취득 및 보상에 관한 법률을 중심
으로 하여 살피기로 한다.

> ▌참고▌   임의적 협의절차와 강제적 협의절차   3074a
> [1] 공익사업을 위한 토지 등의 취득 및 보상에 관한 법률은 사인의 재산권을 강
> 제취득하는 공용수용절차의 핵심절차인 사업인정 이전에 사업시행자가 토지소유자·
> 관계인 사이의 협의를 통해 토지등을 취득하거나 사용할 수 있음을 규정하고 있다
> (토상법 제14조 이하). 이러한 임의적 협의절차와 관련하여 토지조서와 물건조서를 작
> 성하여 서명 또는 날인(토상법 제14조 제1항), 공익사업의 개요, 토지조서 및 물건조
> 서의 내용과 보상의 시기·방법 및 절차 등이 포함된 보상계획의 공고·통지와 열람
> (토상법 제15조), 협의(토상법 제16조), 계약의 체결(토상법 제17조)을 규정하고 있다.
> [2] 임의적 협의절차와 사인의 재산권을 강제취득하는 공용수용절차의 핵심절
> 차인 사업인정 후에 이루어지는 협의절차(토상법 제26조)는 상이한 절차이다. 임의
> 적 협의절차의 내용인 토지조서와 물건조서의 작성과 보상계획의 공고·통지와 열
> 람은 사업인정 이후의 절차에도 준용되고 있다(토상법 제26조). 손실보상과 관련된
> 옆번호 3075의 협의는 사업인정 이후에 이루어지는 절차임은 물론이다.

1. 협   의

(1) 협의의 의의   사업시행자는 토지등에 대한 보상에 관하여 토지소유자   3075
및 관계인과 성실하게 협의하여야 하며, 협의의 절차 및 방법 등 협의에 필요한
사항은 대통령령으로 정한다(토상법 제26조 제1항 제2문·제16조·제26조 제2항 단서).

(2) 협의성립확인의 신청   사업시행자와 토지소유자 및 관계인 간에 제26   3076
조에 따른 절차를 거쳐 협의가 성립되었을 때에는 사업시행자는 제28조 제1항
에 따른 재결 신청기간 이내에 해당 토지소유자 및 관계인의 동의를 받아 대통

령령으로 정하는 바에 따라 관할 토지수용위원회에 협의성립의 확인을 신청할
수 있다(토상법 제29조 제1항).

3077   (3) **협의성립확인의 효과**   공익사업을 위한 토지 등의 취득 및 보상에 관
한 법률 제29조 제1항 및 제3항에 따른 확인은 이 법에 따른 재결로 보며,[1] 사
업시행자, 토지소유자 및 관계인은 그 확인된 협의의 성립이나 내용을 다툴 수
없다(토상법 제29조 제4항).

2. 재 결

3078   (1) **재결의 신청**   제26조에 따른 협의가 성립되지 아니하거나[2] 협의를 할
수 없을 때(제26조 제2항 단서에 따른 협의 요구가 없을 때를 포함한다)에는 사업시행자
는 사업인정고시가 된 날부터 1년 이내에 대통령령으로 정하는 바에 따라 관할
토지수용위원회에 재결을 신청할 수 있다(토상법 제28조 제1항). 사업인정고시가
된 후 협의가 성립되지 아니하였을 때에는 토지소유자와 관계인은 대통령령으
로 정하는 바에 따라 서면으로 사업시행자에게 재결을 신청할 것을 청구할 수
있다(토상법 제30조 제1항).

3079   (2) **재결의 방식 등**   토지수용위원회의 재결은 서면으로 한다(토상법 제34조

---

1) 대판 1979. 7. 24, 79다655(토지수용에 있어서의 협의 그 자체는 사법상의 법률행위임은 소론과
   같다고 할 것이나, 구 토지수용법 제25조의2에 의하면 협의가 성립되었을 때에는 기업자는 관
   할 토지수용위원회에 협의 성립의 확인을 신청할 수 있게 되어 있는바, 그 확인은 구 토지수용
   법에 의한 재결로 본다고 규정되어 있고, 같은법 제67조 제1항에 의하면, 기업자는 토지 또는
   물건을 수용한 날에 그 소유권을 취득하고, 그 토지나 물건에 관한 다른 권리는 소멸한다고 규
   정되어 있으며, 같은법 제69조에 의하면, 담보물권의 목적물이 수용 또는 사용되었을 경우에는
   당해 담보물권은 그 목적물의 수용 또는 사용으로 인하여 채무자가 받을 보상금에 대하여 행
   사할 수 있으되 다만 그 지불 전에 이를 압류하여야 하도록 규정되어 있으니, 기업자는 수용목
   적물에 제한물권이 설정되어 있으면, 협의 성립 후에 구 토지수용법상의 재결의 효과를 발생시
   킴으로써 제한물권을 소멸시키기 위하여 협의 성립의 확인을 신청할 것임이 명백하다 할 것인
   바, 같은 취지에서 가압류의 요건이 갖추어졌다 하여 채권자의 이 사건 가압류신청을 받아들인
   원심판결은 정당하다).

2) 대판 2011. 7. 14, 2011두2309(공익사업을 위한 토지 등의 취득 및 보상에 관한 법률(이하 '공익
   사업법'이라 한다) 제30조 제1항은 재결신청을 청구할 수 있는 경우를 사업시행자와 토지소유자
   및 관계인 사이에 '협의가 성립하지 아니한 때'로 정하고 있을 뿐 손실보상대상에 관한 이견으
   로 협의가 성립하지 아니한 경우를 제외하는 등 그 사유를 제한하고 있지 않은 점, 위 조항이
   토지소유자 등에게 재결신청청구권을 부여한 취지는 공익사업에 필요한 토지 등을 수용에 의하
   여 취득하거나 사용할 때 손실보상에 관한 법률관계를 조속히 확정함으로써 공익사업을 효율적
   으로 수행하고 토지소유자 등의 재산권을 적정하게 보호하기 위한 것인데, 손실보상대상에 관한
   이견으로 손실보상협의가 성립하지 아니한 경우에도 재결을 통해 손실보상에 관한 법률관계를
   조속히 확정할 필요가 있는 점 등에 비추어 볼 때, '협의가 성립되지 아니한 때'에는 사업시행자
   가 토지소유자 등과 공익사업법 제26조에서 정한 협의절차를 거쳤으나 보상액 등에 관하여 협
   의가 성립하지 아니한 경우는 물론 토지소유자 등이 손실보상대상에 해당한다고 주장하며 보상
   을 요구하는데도 사업시행자가 손실보상대상에 해당하지 아니한다며 보상대상에서 이를 제외한
   채 협의를 하지 않아 결국 협의가 성립하지 않은 경우도 포함된다고 보아야 한다).

제1항). 토지수용위원회는 제32조에 따른 심리를 시작한 날부터 원칙적으로 14일 이내에 재결을 하여야 한다. 다만, 특별한 사유가 있을 때에는 14일의 범위에서 한 차례만 연장할 수 있다(토상법 제35조). 재결은 형성적 행위에 해당한다.

3. 이의신청

(1) **이의신청의 의의**   중앙토지수용위원회의 제34조에 따른 재결에 이의 **3080**가 있는 자는 중앙토지수용위원회에 이의를 신청할 수 있다(토상법 제83조 제1항). 지방토지수용위원회의 제34조에 따른 재결에 이의가 있는 자는 해당 지방토지수용위원회를 거쳐 중앙토지수용위원회에 이의를 신청할 수 있다(토상법 제83조 제2항). 제소를 위한 필요적 절차는 아니다. 이의신청은 행정심판의 일종으로서 복심적 쟁송의 성질을 갖는다. 이의신청절차에는 행정심판법이 준용된다.

(2) **이의신청의 요건 등**   ① 재결에 이해관계를 갖는 토지소유자 또는 관 **3081**계인·사업시행자는 신청인이 될 수 있다. ② 이의의 신청은 재결서의 정본을 받은 날부터 30일 이내에 하여야 한다(토상법 제83조 제3항). ③ 보상금의 증액에 관한 사항을 포함하여 토상법 제50조가 정하는 재결사항은 모두 이의신청의 대상이 된다. ④ 제83조에 따른 이의의 신청이나 제85조에 따른 행정소송의 제기는 사업의 진행 및 토지의 수용 또는 사용을 정지시키지 아니한다(토상법 제88조).

(3) **이의신청의 재결**(이의재결)

(가) **이의재결의 유형**   중앙토지수용위원회는 제83조에 따른 이의신청을 받 **3082**은 경우 제34조에 따른 재결이 위법하거나 부당하다고 인정할 때에는 그 재결의 전부 또는 일부를 취소하거나 보상액을 변경할 수 있다(토상법 제84조 제1항).

(나) **이의재결의 효력**   제85조 제1항에 따른 기간 이내에 소송이 제기되지 **3083**아니하거나 그 밖의 사유로 이의신청에 대한 재결이 확정된 때에는 「민사소송법」상의 확정판결이 있은 것으로 보며, 재결서 정본은 집행력 있는 판결의 정본과 동일한 효력을 가진다(토상법 제86조 제1항). 사업시행자, 토지소유자 또는 관계인은 이의신청에 대한 재결이 확정되었을 때에는 관할 토지수용위원회에 대통령령으로 정하는 바에 따라 재결확정증명서의 발급을 청구할 수 있다(토상법 제86조 제2항).

(다) **보상금지급의무**   토상법 제84조 제1항에 따라 보상금이 늘어난 경우 **3084**사업시행자는 재결의 취소 또는 변경의 재결서 정본을 받은 날부터 30일 이내에 보상금을 받을 자에게 그 늘어난 보상금을 지급하여야 한다. 다만, 제40조 제2항 제1호·제2호 또는 제4호에 해당할 때에는 그 금액을 공탁할 수 있다(토상

법 제84조 제2항).

4. 행정소송

3085　　　⑴ **행정소송의 제기**　　　사업시행자, 토지소유자 또는 관계인은 제34조에 따른 재결에 불복할 때에는 재결서를 받은 날부터 60일 이내에, 이의신청을 거쳤을 때에는 이의신청에 대한 재결서를 받은 날부터 30일 이내에 각각 행정소송을 제기할 수 있다(토상법 제85조 제1항 제1문). 판례는 토상법상 재결절차를 거치지 않은 채 사업시행자를 상대로 영업손실보상을 청구할 수는 없다고 한다.[1)]

　　　⑵ **원처분중심주의와 재결주의**

3086　　　㈎ **(구) 토지수용법과 재결주의**　　　행정소송과 관련하여 (구) 토지수용법 제75조의2 제1항 본문은 "이의신청의 재결에 대하여 불복이 있을 때에는 재결서가 송달된 날로부터 1월 이내에 행정소송을 제기할 수 있다"고 규정하였고, 판례는 동 조항의 소송이 원처분(재결신청에 대한 재결)이 아니라 재결(이의신청에 대한 재결)을 대상으로 한다고 이해하였다.[2)] 헌법재판소도 동법이 재결주의를 규정한 것으로 이해하면서 이러한 (구) 토지수용법을 합헌으로 보았다.[3)] 말하자면 판례는 이 소송을 원처분중심주의의 예외로 보았다(행소법 제19조 단서). 그러나 이러한 판례태도에 대하여 비판적인 학자들도 있었다. 한편, 대법원은 중앙토지수용위원회의 이의신청에 대한 재결이 아닌 중앙토지수용위원회의 수용재결은 행정소송의 대상으로 삼을 수 없다고 하다가,[4)] 그 후 수용재결 자체가 당연무효라

---

1) 대판 2011. 9. 29, 2009두10963(구 공익사업법 제26조, 제28조, 제30조, 제34조, 제50조, 제61조, 제83조 내지 제85조의 규정 내용 및 입법 취지 등을 종합하여 보면, 공익사업으로 인하여 영업을 폐지하거나 휴업하는 자가 사업시행자로부터 구 공익사업법 제77조 제1항에 따라 영업손실에 대한 보상을 받기 위해서는 구 공익사업법 제34조, 제50조 등에 규정된 재결절차를 거친 다음 그 재결에 대하여 불복이 있는 때에 비로소 구 공익사업법 제83조 내지 제85조에 따라 권리구제를 받을 수 있을 뿐, 이러한 재결절차를 거치지 않은 채 곧바로 사업시행자를 상대로 손실보상을 청구하는 것은 허용되지 않는다).

2) 대판 1990. 6. 12, 89누8187(토지수용에 관한 행정소송에 있어서는 토지수용법 제25조, 제73조, 제74조, 제75조의2 소정의 소유자 및 관계인과의 협의, 관할 토지수용위원회의 재결, 중앙토지수용위원회의 이의신청의 재결 등 절차를 거친 다음 그 이의신청의 재결에 대하여 그 재결서가 송달된 날로부터 1월의 제소기간 내에 중앙토지수용위원회를 피고로 하여 소를 제기하여야 할 것이다); 헌재 2001. 6. 28, 2000헌바77.

3) 헌재 2001. 6. 28, 2000헌바77(위법한 원처분을 소송의 대상으로 하여 다투는 것보다는 행정심판에 대한 재결을 다투는 것이 당사자의 권리구제에 보다 효율적이고, 판결의 적정성을 더욱 보장할 수 있는 경우에는 행정심판에 대한 재결에 대하여만 제소하도록 하는 것이 국민의 재판청구권의 보장이라는 측면에서 더욱 바람직한 경우도 있으므로, 개별법률에서 이러한 취지를 정하는 때에는 원처분주의의 적용은 배제되고 재결에 대해서만 제소를 허용하는 이른바 '재결주의'가 인정된다).

4) 대판 1983. 6. 14, 81누254(구 토지수용법 제73조 내지 제75조의2의 규정을 종합하면 토지수용에 관한 행정소송에 있어서는 중앙토지수용위원회의 이의신청에 대한 재결에 대하여 불복이

하여 그 무효확인을 구하는 경우에는 이의재결이 아닌 수용재결도 행정소송의 대상이 된다고 하였다.[1)]

(나) '**토상법**'의 경우   동법 제85조 제1항은 원처분(재결신청에 대한 재결)에 대 3087
해서도 행정소송을 제기할 수 있음을 명시적으로 규정하고 있으므로, 원처분이 행정소송의 대상이 됨은 분명하다. 문제는 이의재결을 거친 후 행정소송을 제기하는 경우이다. 생각건대 동 조항이 명시적으로 재결주의를 규정하고 있는 것은 아니고, 또한 재결주의가 적용되어야 한다고 볼만한 특별한 사정도 보이지 아니한다. 따라서 이의재결을 거친 후 제기하는 행정소송에도 원처분중심주의가 적용된다고 볼 것이다. 동 조항은 다만 이의신청의 재결을 거친 후에도 소송을 제기할 수 있음을 규정하는 조항으로 본다. 판례의 입장도 같다.[2)]

(3) **제소기간 등의 특례**   재결신청의 재결에 불복할 때에는 재결서를 받은 3088
날부터 90일 이내에, 이의신청을 거쳤을 때에는 이의신청에 대한 재결서를 받은 날부터 60일 이내에 행정소송을 제기할 수 있다(토상법 제85조 제1항 제1문). 행정심판법 제27조(행정심판제기기간)와 행정소송법 제20조(제소기간)의 규정은 적용

있을 때에 제기할 수 있다 할 것이므로, 중앙토지수용위원회의 이의신청에 대한 재결이 아닌 중앙토지수용위원회의 수용재결은 행정소송의 대상으로 삼을 수 없다).
1) 대판 1993. 1. 19, 91누8050(구 토지수용법 제73조 내지 제75조의2의 각 규정과 관련하여, 중앙 또는 지방토지수용위원회의 수용재결에 대하여 불복이 있는 자는 중앙토지수용위원회에 이의신청을 하고, 중앙토지수용위원회의 이의재결에도 불복이 있으면 수용재결이 아닌 이의재결을 대상으로 행정소송을 제기하도록 해석·적용한 것은 어디까지나 토지수용에 관한 재결이 위법 부당함을 이유로 그 취소를 소구하는 경우에 한하는 것이지, 수용재결 자체가 당연무효라 하여 그 무효확인을 구하는 경우에까지 그와 같이 해석할 수는 없다); 대판 2001. 5. 8, 2001두1468 (구 토지수용법과 같이 재결전치주의를 정하면서 원처분인 수용재결에 대한 취소소송을 인정하지 아니하고 재결인 이의재결에 대한 취소소송만을 인정하고 있는 경우에는 재결을 거치지 아니하고 원처분인 수용재결취소의 소를 제기할 수 없는 것이며 행정소송법 제18조는 적용되지 아니한다. 따라서 수용재결처분이 무효인 경우에는 재결 그 자체에 대한 무효확인을 소구할 수 있지만(대법원 1993. 4. 27. 선고 92누15789 판결), 토지수용에 관한 취소소송은 중앙토지수용위원회의 이의재결에 대하여 불복이 있을 때에 제기할 수 있고 수용재결은 취소소송의 대상으로 삼을 수 없으며(대법원 1990. 6. 22. 선고 90누1755 판결 참조), 이의재결에 대한 행정소송에서는 이의재결 자체의 고유한 위법사유뿐 아니라 이의신청사유로 삼지 않은 수용재결의 하자도 주장할 수 있는 것이다).
2) 대판 2010. 1. 28, 2008두1504(공익사업을 위한 토지 등의 취득 및 보상에 관한 법률 제85조 제1항 전문의 문언 내용과 같은 법 제83조, 제85조가 중앙토지수용위원회에 대한 이의신청을 임의적 절차로 규정하고 있는 점, 행정소송법 제19조 단서가 행정심판에 대한 재결은 재결 자체에 고유한 위법이 있음을 이유로 하는 경우에 한하여 취소소송의 대상으로 삼을 수 있도록 규정하고 있는 점 등을 종합하여 보면, 수용재결에 불복하여 취소소송을 제기하는 때에는 이의신청을 거친 경우에도 수용재결을 한 중앙토지수용위원회 또는 지방토지수용위원회를 피고로 하여 수용재결의 취소를 구하여야 하고, 다만 이의신청에 대한 재결 자체에 고유한 위법이 있음을 이유로 하는 경우에는 그 이의재결을 한 중앙토지수용위원회를 피고로 하여 이의재결의 취소를 구할 수 있다).

되지 아니한다.[1] 그리고 헌법재판소는 1개월의 단기출소기간이 헌법위반은 아니라고 하였다.[2]

3089 (4) **집행부정지** 제85조에 따른 행정소송의 제기는 사업의 진행 및 토지의 수용 또는 사용을 정지시키지 아니한다(토상법 제88조).

5. 보상금증감소송

3090 (1) **의 의** '토상법' 제85조 제1항에 따라 제기하려는 행정소송이 보상금의 증감에 관한 소송인 경우 그 소송을 제기하는 자가 토지소유자 또는 관계인일 때에는 사업시행자를, 사업시행자일 때에는 토지소유자 또는 관계인을 각각 피고로 한다(토상법 제85조 제2항). 이를 보상금증감소송이라 부른다. 위원회는 소송당사자가 아니다. 판례는 잔여지 수용청구를 받아들이지 않은 토지수용위원회의 재결에 불복하여 제기하는 소송도 보상금의 증감에 관한 소송에 해당한다고 한다.[3]

3091 (2) **소송당사자에서 재결청을 제외한 취지** 헌법재판소는 "보상금증감소송에서 실질적인 이해관계인은 피수용자와 시업시행자일 뿐 재결청은 이해관계가 없으므로, 이 사건 법률조항(보상금증감의 소에서 당사자적격을 규정하고 있는 구 공익사업을 위한 토지 등의 취득 및 보상에 관한 법률 제85조 제2항 중 '제1항의 규정에 따라 제기하고자 하는 행정소송이 보상금의 증감에 관한 소송인 경우 당해 소송을 제기하는 자가 토지소유자인 때에는 사업시행자를 피고로 한다'는 부분)은 실질적인 당사자들 사이에서만 소송이 이루어지도록 합리적으로 조정하고, 절차의 반복 없이 분쟁을 신속하게 종결하여 소송경제를 도모하며, 항고소송의 형태를 취할 경우 발생할 수 있

---

1) 대판 1989. 3. 28, 88누5198(구 토지수용법 제73조 내지 제75조의2의 각 규정을 종합하면 관할 토지수용위원회의 원재결에 대하여 불복이 있을 때에는 그 재결서의 정본이 송달된 날로부터 1월 이내에 중앙토지수용위원회에 이의를 신청하여야 하고, 중앙토지수용위원회의 이의신청에 대한 재결에도 불복이 있으면 그 재결서의 정본이 송달된 날로부터 1월 이내에 비로소 그 이의재결의 취소를 구하는 행정소송을 제기하여야 하며 이 경우에는 행정심판법 제18조, 행정소송법 제20조의 규정은 적용될 수 없다).

2) 헌재 1996. 8. 29, 93헌바63, 95헌바8(병합)(구 토지수용법이 행정소송의 제소기간에 관하여 일반법인 행정소송법을 배제하고 그보다 짧은 제소기간을 규정함으로써 국민이 착오를 일으켜 제소기간을 놓치는 사례가 있을 수 있으나, 이러한 사태는 특별법에서 일반법과 다른 규정을 두는 경우에 언제나 발생할 가능성이 있는 것이며, 그 이유만으로 그 규정이 헌법에 위반되는 것으로 볼 수 없다).

3) 대판 2010. 8. 19, 2008두822(구 '공익사업을 위한 토지 등의 취득 및 보상에 관한 법률'(2007. 10. 17. 법률 제8665호로 개정되기 전의 것) 제74조 제1항에 규정되어 있는 잔여지 수용청구권은 손실보상의 일환으로 토지소유자에게 부여되는 권리로서 그 요건을 구비한 때에는 잔여지를 수용하는 토지수용위원회의 재결이 없더라도 그 청구에 의하여 수용의 효과가 발생하는 형성권적 성질을 가지므로, 잔여지 수용청구를 받아들이지 않은 토지수용위원회의 재결에 대하여 토지소유자가 불복하여 제기하는 소송은 위 법 제85조 제2항에 규정되어 있는 '보상금의 증감에 관한 소송'에 해당하여 사업시행자를 피고로 하여야 한다).

는 수용처분의 취소로 인한 공익사업절차의 중단을 최소화하기 위하여, 소송당
사자에서 재결청을 제외하고 사업시행자만을 상대로 다투도록 피고적격을 규정
한 것이다"라고 한다.[1]

(3) 성　　질

(가) 단일소송　　'토상법'상 보상금증감소송은 1인의 원고와 1인의 피고를　3092
당사자로 하는 단일소송이다(구 토지수용법 제75조의2 제2항은 "제1항의 규정에 의하여
제기하고자 하는 행정소송이 보상금의 증감에 관한 소송인 때에는, 당해 소송을 제기하는 자
가 토지소유자 또는 관계인인 경우에는 재결청 외에 기업자를, 기업자인 경우에는 재결청 외
에 토지소유자 또는 관계인을 각각 피고로 한다"고 규정하였던 탓으로 판례는 필요적 공동소
송으로 보았다).[2]

(나) 형식적 당사자소송　　'토상법'은 보상금증감소송의 경우에 처분청인 토　3093
지수용위원회를 피고로 하지 아니하고, 대등한 당사자인 토지소유자 또는 관계
인과 사업시행자를 당사자로 하고 있는바, 형식적 관점에서 보상금증감소송은
당사자소송에 속한다. 그러나 보상금증감소송은 처분청(위원회)의 처분을 다투는
의미도 갖는 것이므로 항고소송의 성질도 갖는다.[3] 따라서 전체로서 보상금증
감소송을 형식적 당사자소송이라 부를 수 있다(구 토지수용법 제75조의2 제2항은 제
소자가 토지소유자 또는 관계인인 경우에는 재결청 외에 기업자를, 기업자인 경우에는 재결청
외에 토지소유자 또는 관계인을 각각 공동피고로 규정하였던 탓으로 일설은 동 소송을 법률이
정한 특수한 소송이라 하였고,[4] 판례는 단순히 당사자소송이라[5] 하였다).

(다) 형성소송·확인소송　　보상금증감소송이 실질적으로 토지수용위원회의　3094
보상금에 대한 결정의 취소·변경을 구하는 형성소송인지, 아니면 발생된 보상

---

1) 헌재 2013. 9. 26, 2012헌바23.
2) 대판 1997. 11. 28, 96누2255(구 토지수용법 제75조의2 제2항 소정의 손실보상금 증액청구의
　소에 있어서 그 이의재결에서 정한 손실보상금액보다 정당한 손실보상금액이 더 많다는 점에
　대한 입증책임은 원고에게 있다고 할 것이고, 위 보상금증액소송은 재결청과 기업자를 공동피
　고로 하는 필요적 공동소송으로 그 공동피고 사이에 소송의 승패를 합일적으로 확정하여야 하
　므로 비록 이의재결이 그 감정평가의 위법으로 위법한 경우라도 그 점만으로 위와 같은 입증
　책임의 소재를 달리 볼 것은 아니다).
3) 대판 2022. 11. 24, 2018두67 전원합의체(토지보상법 제85조 제2항은 토지소유자 등이 보상금
　증액 청구의 소를 제기할 때에는 사업시행자를 피고로 한다고 규정하고 있다. 위 규정에 따른
　보상금 증액 청구의 소는 토지소유자 등이 사업시행자를 상대로 제기하는 당사자소송의 형식
　을 취하고 있지만, 토지수용위원회의 재결 중 보상금 산정에 관한 부분에 불복하여 그 증액을
　구하는 소이므로 실질적으로는 재결을 다투는 항고소송의 성질을 가진다).
4) 윤형한, 인권과 정의, 1991. 8, 128쪽.
5) 대판 1991. 11. 26, 91누285(구 토지수용법 제75조의2 제2항의 규정은 그 제1항에 의하여 이의
　재결에 대하여 불복하는 행정소송을 제기하는 경우, 이것이 보상금의 증감에 관한 소송인 때에
　는 이의재결에서 정한 보상금이 증액 변경될 것을 전제로 하여 기업자를 상대로 보상금의 지
　급을 구하는 공법상의 당사자소송을 규정한 것으로 볼 것이다); 대판 2000. 11. 28, 99두3416.

청구권의 내용·범위 등의 확인을 구하는 소송인가도 문제된다. ① 학설은 ⓐ 재결의 처분성이나 공정력을 강조하여 보상금증감청구소송의 실질은 재결에서 정한 보상액의 취소·변경을 구하는 것으로 구체적인 손실보상청구권은 법원이 재결을 취소함으로써 비로소 형성되는 것이라고 보는 견해(형성소송설)와, ⓑ 보상금증감청구소송을 법규에 의해 객관적으로 발생하여 확정된 보상금의 지급의무의 이행 또는 그 확인을 구하는 소송으로 보는 견해(확인·급부소송설)가 대립된다. ② 생각건대 현행 공익사업을 위한 토지 등의 취득 및 보상에 관한 법률 제85조 제2항이 위원회를 피고에서 제외하고 있는 점을 고려하면 후자가 타당하다.

(4) **소송요건**(보상금증액청구소송이 일반적이다) 등

3095   (개) **소의 대상**   토지수용위원회는 보상금증감소송의 피고가 아니다. 따라서 보상금증감소송은 토지수용위원회의 재결을 직접적인 다툼의 대상으로 하는 소송으로 보기 어렵다. 보상금증감소송은 토지수용위원회의 보상금에 관한 재결을 전제로 하면서 직접적으로는 보상금의 증감을 다투는 소송이므로 보상금에 관한 법률관계를 대상으로 한다고 볼 것이다.

3096   (내) **원고적격**   토지소유자와 관계인이다. 토지소유자는 공익사업에 필요한 토지의 소유자를 말하고, 관계인이란 사업시행자가 취득하거나 사용할 토지에 관하여 지상권·지역권·전세권·저당권·사용 대차 또는 임대차에 따른 권리 또는 그 밖에 토지에 관한 소유권외의 권리를 가진 자나 그 토지에 있는 물건에 관하여 소유권이나 그 밖의 권리를 가진 자를 말한다(토상법 제2조 참조). 제3자인 추심채권자는 원고적격을 갖지 아니하나,[1] 손실보상금 채권에 관하여 압류 및 추심명령이 있는 경우에도 토지소유자는 원고적격을 갖는다는 것이 판례의 견해이다.[2]

3097   (대) **피고적격**   행정소송법 제39조가 "당사자소송은 국가·공공단체 그 밖

---

1) 대판 2022. 11. 24, 2018두67 전원합의체(행정소송법 제12조 전문은 "취소소송은 처분 등의 취소를 구할 법률상 이익이 있는 자가 제기할 수 있다."라고 규정하고 있다. 앞서 본 바와 같이 보상금 증액 청구의 소는 항고소송의 성질을 가지므로, 토지소유자 등에 대하여 금전채권을 가지고 있는 제3자는 재결에 대하여 간접적이거나 사실적·경제적 이해관계를 가질 뿐 재결을 다툴 법률상의 이익이 있다고 할 수 없어 직접 또는 토지소유자 등을 대위하여 보상금 증액 청구의 소를 제기할 수 없고, 토지소유자 등의 손실보상금 채권에 관하여 압류 및 추심명령이 있더라도 추심채권자가 재결을 다툴 지위까지 취득하였다고 볼 수는 없다).
2) 대판 2022. 11. 24, 2018두67 전원합의체(토지소유자 등이 토지보상법 제85조 제2항에 따라 보상금 증액 청구의 소를 제기한 경우, 그 손실보상금 채권에 관하여 압류 및 추심명령이 있다고 하더라도 추심채권자가 그 절차에 참여할 자격을 취득하는 것은 아니므로, 보상금 증액 청구의 소를 제기한 토지소유자 등의 지위에 영향을 미친다고 볼 수 없다. 따라서 보상금 증액 청구의 소의 청구채권에 관하여 압류 및 추심명령이 있다고 하더라도 토지소유자 등이 그 소송을 수행할 당사자적격을 상실한다고 볼 것은 아니다).

의 권리주체를 피고로 한다"고 규정하고 있지만, 토상법 제85조 제2항은 보상금 증액청구소송에서의 피고를 '사업시행자'로 하고 있다. 사업시행자란 재결에 의하여 토지의 소유권 등의 권리를 취득하고 그로 인하여 토지소유자 또는 관계인이 입은 손실을 보상하여야 할 의무를 지는 권리·의무의 주체인 국가·지방자치단체 등 공공단체를 의미하는 것이므로 행정청은 피고가 아니다.[1]

㈑ **제소기간** 수용재결인 경우는 재결서를 받은 날부터 90일 이내에, 이의재결인 경우는 이의신청에 대한 재결서를 받은 날부터 60일 이내에 행정소송을 제기할 수 있다(토상법 제85조 제1항).   3098

㈒ **입증책임** 판례는 보상금증액청구의 소송에서 입증책임은 원고에게 있다고 한다.[2] 한편, 판례는 "통상 수용과 관련된 서류들은 사업시행자를 포함한 재결청에서 보관하고 있으므로, 보상금증감소송에서는 증거의 구조적인 편재현상이 나타난다. 그럼에도 이 사건 법률조항(보상금증감의 소에서 당사자적격을 규정하고 있는 구 공익사업을 위한 토지 등의 취득 및 보상에 관한 법률 제85조 제2항 중 '제1항의 규정에 따라 제기하고자 하는 행정소송이 보상금의 증감에 관한 소송인 경우 당해 소송을 제기하는 자가 토지소유자인 때에는 사업시행자를 피고로 한다'는 부분)이 재결청을 피고에서 제외한 것은 증거의 구조적 편재를 해소하기 위한 보완수단이 있기 때문이다. 특히 민사소송법상 문서의 제출명령(제344조), '공공기관의 정보공개에 관한 법률'에 따른 정보공개청구나 문서송부 촉탁 등을 통하여 감정과 관련된 증거를 확보할 수 있고, 새로운 감정을 신청하여 정당한 보상금을 산정하도록 할 수도 있다. 또한, 법원을 통하여 사실조회를 하는 방법도 사용할 수 있다"고 한다.[3]   3099

㈓ **재결 일부에 대한 불복** 판례는 "하나의 재결에서 피보상자별로 여러 가지의 토지, 물건, 권리 또는 영업(이처럼 손실보상 대상에 해당하는지, 나아가 그 보상액이 얼마인지를 심리·판단하는 기초 단위를 이하 '보상항목'이라고 한다)의 손실에 관하여 심리·판단이 이루어졌을 때, 피보상자 또는 사업시행자가 반드시 그 재결   3100

---

1) 대판 1993. 5. 25, 92누15772(구 토지수용법 제75조의2 제2항에 규정된 "기업자"라 함은 재결에 의하여 토지의 소유권 등의 권리를 취득하고 그로 인하여 토지소유자 또는 관계인이 입은 손실을 보상하여야 할 의무를 지는 권리의무의 주체인 국가 또는 지방공공단체 등을 의미한다. 도시계획법 제23조 등에 의하여 건설부장관이나 시장·군수 등의 행정청이 토지를 수용 또는 사용할 수 있는 공익사업을 시행하는 경우에도 손실보상금의 증감에 관한 행정소송은 행정청이 속하는 권리의무의 주체인 국가나 지방공공단체를 상대로 제기하여야 하고 그 기관에 불과한 행정청을 상대로 제기할 수 없다).
2) 대판 1997. 11. 28, 96누2255(구 토지수용법 제75조의2 제2항 소정의 손실보상금 증액청구의 소에 있어서 그 이의재결에서 정한 손실보상금액보다 정당한 손실보상금액이 더 많다는 점에 대한 입증책임은 원고에게 있다).
3) 헌재 2013. 9. 26, 2012헌바23.

전부에 관하여 불복하여야 하는 것은 아니며, 여러 보상항목들 중 일부에 관해
서만 불복하는 경우에는 그 부분에 관해서만 개별적으로 불복의 사유를 주장하
여 행정소송을 제기할 수 있다. 이러한 보상금 증감 소송에서 법원의 심판범위
는 하나의 재결 내에서 소송당사자가 구체적으로 불복신청을 한 보상항목들로
제한된다"는 견해를 취한다.[1]

6. 기타 법률상 보상절차와 권리보호

3101   ⑴ 하 천 법   행정청(국토교통부장관 또는 환경부장관, 시·도지사)은 손실을 보
상함에 있어서는 손실을 입은 자와 협의하여야 한다(하천법 제76조 제2항). 협의가
성립되지 아니하거나 협의를 할 수 없는 때에는 대통령령으로 정하는 바에 따
라 관할 토지수용위원회에 재결을 신청할 수 있다(하천법 제76조 제3항). 손실을
받은 자도 재결을 신청할 수 있다.[2] 그리고 재결에 불복하면 당연히 행정소송
을 제기할 수 있다(하천법 제76조 제4항).[3] 한편, 판례는 1984. 12. 31. 전에 하천구
역에 편입된 토지에 대한 개정 '하천법' 부칙 제2조나 '법률 제3782호 하천법 중
개정법률 부칙 제2조의 규정에 의한 보상청구권의 소멸시효가 만료된 하천구역
편입토지 보상에 관한 특별조치법' 제2조 소정의 손실보상청구를 종래에는 행정
소송이 아닌 민사소송의 대상이라고 보았으나,[4] 대판 2006. 5. 18, 2004다6207
에서 견해를 변경하여 행정소송으로 보았다.[5]

---

1) 대판 2018. 5. 15, 2017두41221.
2) 대판 1989. 11. 28, 89누4680(하천법 제74조에 의한 손실보상은 토지수용에 대한 손실보상의 경
우와는 달리 하천관리청이 행한 공사로 인하여 이미 손실을 입은 자에 대한 보상이므로 하천
관리청뿐만 아니라 손실을 받은 자에게도 위 법조에 의한 협의요청과 그 협의가 성립되지 아
니하거나 협의를 할 수 없을 때의 재결신청의 권한이 있다고 볼 것이다).
3) 대판 2003. 4. 25, 2001두1369(토지가 준용하천의 제외지와 같은 하천구역에 편입된 경우, 토지
소유자는 구 하천법 제74조가 정하는 바에 따라 하천관리청과 협의를 하고 그 협의가 성립되지
아니하거나 협의를 할 수 없을 때에는 관할 토지수용위원회에 재결을 신청하고 그 재결에 불복
일 때에는 바로 관할 토지수용위원회를 상대로 재결 자체에 대한 행정소송을 제기하여 그 결과
에 따라 손실보상을 받을 수 있을 뿐이고, 같은 법 부칙 제2조 제1항을 준용하여 직접 하천관리
청을 상대로 민사소송으로 손실보상을 청구할 수는 없다); 대판 2001. 9. 14, 2001다40879.
4) 대판 1990. 12. 21, 90누5689; 대판 1991. 4. 26, 90다8978.
5) 대판 2006. 5. 18, 2004다6207(하천법 등에서 하천구역으로 편입된 토지에 대하여 손실보상청
구권을 규정한 것은 헌법 제23조 제3항이 선언하고 있는 손실보상청구권을 구체화한 것으로
서, 하천법 그 자체에 의하여 직접 사유지를 국유로 하는 이른바 입법적 수용이라는 국가의 공
권력 행사로 인한 토지소유자의 손실을 보상하기 위한 것으로 그 법적 성질은 공법상의 권리
이므로, 구 하천법(1984. 12. 31. 법률 제3782호로 개정된 것, 이하 '개정 하천법'이라 한다) 부
칙 제2조 또는 '법률 제3782호 하천법 중 개정법률 부칙 제2조의 규정에 의한 보상청구권의 소
멸시효가 만료된 하천구역 편입토지 보상에 관한 특별조치법'(이하 '특별조치법'이라 한다) 제2
조에 의한 손실보상의 경우에도 이를 둘러싼 쟁송은 공법상의 법률관계를 대상으로 하는 행정
소송 절차에 의하여야 할 것이다. 한편, 특별조치법 제2조 소정의 손실보상청구권은 1984. 12.

(2) 공유수면 관리 및 매립에 관한 법률   공유수면관리청, 매립면허관청 또   3102
는 사업시행자는 손실보상에 관하여 손실을 입은 자와 협의하여야 하고(동법 제
57조 제2항), 제2항에 따른 협의가 성립되지 아니하거나 협의할 수 없는 경우에
는 대통령령으로 정하는 바에 따라 관할 토지수용위원회에 재결을 신청할 수
있다(동법 제57조 제3항). 재결에 불복하면 행정소송을 제기할 수도 있다(동법 제57
조 제4항).[1]

제 3 절 국가책임제도의 보완

제 1 항 특별한 희생에 대한 보상제도의 보완

제1 일반론(문제상황)

1. 특별한 희생과 보상

국가나 지방자치단체가 공공복지의 실현을 위한 과정에서 사인의 권리를   3103
침해한 경우, 침해된 사인의 특별한 희생에 대하여 보상이 이루어져야 한다는
것, 달리 말한다면 공공복지와 개인의 권리 사이에 충돌이 있는 경우, 공공복지
를 위해 자기의 권리가 희생되도록 강요된 자에게 국가가 보상을 하여야 한다
는 것은 기본권(재산권, 생명권, 평등권 등) 보장에 합치되고 법치국가원리에 합치
되는 것으로서 일반적으로 시인되고 있다.

2. 특별한 희생의 유형

국가나 지방자치단체가 공공복지의 실현을 위한 과정에서 사인은 재산권과   3104
관련하여 특별한 희생을 겪을 수도 있고, 비재산권과 관련하여 특별한 희생을
겪을 수도 있다.[2]

---

31. 전에 토지가 하천구역으로 된 경우에는 당연히 발생되는 것이지, 관리청의 보상금지급결
    정에 의하여 비로소 발생하는 것은 아니므로, 행정소송법 제3조 제2호 후단 소정의 공법상의
    법률관계에 관한 소송으로서 그 법률관계의 한쪽 당사자를 피고로 하는 당사자소송에 의하여
    야 할 것이다).

1) 대판 1997. 10. 10, 96다3838(공유수면매립법 제16조에 의한 손실보상은 협의가 성립되지 아니
   하거나 협의할 수 없을 경우에 토지수용위원회의 재정을 거쳐 토지수용위원회를 상대로 재정
   에 대한 행정소송을 제기하는 방법으로 청구하여야 하므로, 이를 민사소송으로 청구하는 것은
   부적법하다); 대판 2001. 6. 29, 99다56468.

2) 근년에 새로운 주장으로, 홍강훈 교수는 "(헌법 제23조 제1항의 '한계'와 제3항의 '수용,' '사용'
   은 전혀 다른 용어로 서로 혼용할 수 없지만, 제1항의 '한계'와 제3항의 '제한'은 혼용 가능한
   사실상 같은 용어이므로) 공용수용과 공용사용에는 분리이론이 적용되지만, 공용제한에는 경
   계이론이 적용되며, 나아가 독일의 공용수용보상이론은 부분적 박탈을 제외하고는 한국의 공

3105 **(1) 재산권과 특별한 희생**　　재산권과 관련하여서는 ① 재산권의 내용과 한계를 설정하는 규정으로 인해 특별한 희생이 발생할 수 있는지의 여부가 먼저 문제되고, 다음으로 ② 재산권의 수용·사용 또는 제한으로 인해 특별한 희생이 발생할 수 있음은 분명하지만, 이러한 경우에도 ⓐ 헌법 제23조 제3항이 정하는 바에 따라 수용·사용·제한 및 보상을 정하는 법률에 따라 특별한 희생이 발생하는 경우, ⓑ 수용·사용·제한은 규정하지만 보상을 규정하지 아니한 법률에 따라 특별한 희생이 발생하는 경우, ⓒ 법률에서 수용·사용·제한 및 보상을 규정하지만 법률이 위법하게 집행되어 특별한 희생이 발생하는 경우, ⓓ 직접 수용·사용·제한을 한 것은 아니지만, 예외적으로 특별한 희생이 발생하는 경우를 예상할 수 있다. 이상을 도해하면 다음과 같다.

3106
> ① 재산권의 내용·한계와 특별한 희생
> ② 재산권의 수용·사용·제한과 특별한 희생
> 　ⓐ 수용·사용·제한 및 보상의 규정이 있는 법률에 따른 특별한 희생
> 　ⓑ 수용·사용·제한규정은 있으나 보상규정이 없는 법률에 따른 특별한 희생
> 　ⓒ 수용·사용·제한규정 및 보상규정 있는 법률의 위법한 집행에 따른 특별한 희생
> 　ⓓ 수용·사용·제한규정 및 보상규정 없는 법률에 따른 특별한 희생

3107 **(2) 비재산권과 특별한 희생**　　공동체의 복지를 위한 과정에서 사인의 생명권이나 신체권 등이 침해되어 특별한 희생을 겪는 경우에도 보상이 따라야 하지만, 헌법은 이에 관해 규정하는 바가 없고, 이에 관한 일반법도 없다.

3. 논술의 순서

3108 위 도표의 ①은 재산권의 내용·한계규정과 보상의 문제로서 살핀다. ②의 ⓐ는 헌법 제23조 제3항에 따른 전형적 손실보상에 해당되며, 종래부터 행정법학에서 손실보상론의 대상이다. 이에 관해서는 제2절에서 상론한 바 있다. ②의 ⓑ·ⓒ·ⓓ는 헌법 제23조 제3항에 따른 손실보상으로 보기 어려운 면이 있으나, 이러한 경우에도 보상이 이루어져야 한다고 할 때, 이러한 보상은 헌법이 명시

용수용보상에 그대로 적용되고, 독일의 수용적 침해보상이론과 보상의무 있는 내용결정이론은 한국의 공용제한보상에 포섭되므로 그 도입논의가 불필요하며, 독일의 수용유사침해보상이론은 입법적 불법(예 : 수용법률에 보상규정을 두지 않은 경우)의 경우를 제외하고 한국헌법 제23조의 공백을 메우는 유용한 이론으로 그 명칭을 유사공용침해보상으로 바꾸어 도입하는 것이 필요하다"고 하며 아울러 "입법자는 재산권 제한입법을 하는 경우 공용수용·사용·제한의 모든 경우에 그 보상조항을 규정하여야 하고, 제한의 경우 그 침해를 예견할 수 없다면 보조적 보상조항을 두어야 한다"는 견해를 제시하고 있다(홍강훈, "분리이론·경계이론을 통한 헌법 제23조 재산권조항의 새로운 구조적 해석," 공법연구 제42집 제1호, 639쪽 이하).

적으로 예정한 것이 아닌 비전형적 손실보상에 해당하므로 손실보상청구권의
확장의 문제로서 검토한다. 이상을 도해하면 다음과 같다.

3109

〈특별한 희생에 대한 보상제도〉

■ 재산권 침해에 대한 보상제도
1. 재산권의 내용·한계규정과 보상청구권   (제3절 제1항 제2.)
2. 재산권의 수용·사용·제한과 손실보상청구권
(1) 손실보상청구권(전형적 손실보상청구권)   (제2절)
⑺ 수용·사용·제한 및 보상의 규정이 있는 법률과 손실보상
(2) 손실보상청구권의 확장(비전형적 손실보상청구권)   (제3절 제1항 제3.)
⑺ 수용·사용·제한규정은 있으나 보상규정 없는 법률과 손실보상*
⑷ 수용·사용·제한규정 및 보상규정 있는 법률의 위법한 집행과 손실보상*
⒟ 수용·사용·제한규정 및 보상규정 없는 법률과 손실보상**
*위법 침해에 대한 손실보상청구권의 문제로서 이른바 독일의 수용유사침해보상과 관련
**비의도적 적법 침해에 대한 손실보상청구권의 문제로서 이른바 독일의 수용적 침해보상과 관련
■ 비재산권 침해에 대한 보상제도(이른바 희생보상청구권 관련)   (제3절 제1항 제4.)

제2 재산권의 내용·한계규정과 보상청구권

1. 의 의

모든 국민의 재산권은 보장된다(헌법 제23조 제1항 제1문). 그 내용과 한계는   3110
법률로 정한다(헌법 제23조 제1항 제2문). 재산권의 내용규정과 한계규정의 범위
안에서 입법자는 재산권을 법적으로 형성할 수 있으나, 재산권제도의 본질적인
요소를 제거할 수는 없다(사유재산제도보장). 입법자는 재산권을 형성하거나 새로
이 규정할 경우에는 재산권의 사적이용가능성의 유지, 재산권의 대상에 대한 원
칙적인 처분권능의 유지, 특히 사회적 구속성과 관련하여 비례원칙 내지 수인가
능한계의 준수, 평등원칙의 준수, 재산권의 본질적 내용의 보호 등을 고려하여
야 한다.[1]

2. 유 형

한편, 재산권의 내용·한계규정은 보상법적 관점에서 볼 때에 ① 보상을 요   3111
하지 아니하는 사회적 구속 하에 놓이는 내용·한계규정과 ② 보상을 요하는 내
용·한계규정의 구분이 문제된다. 여기서 문제되는 것은 ②의 경우이다. ②의 문
제는 독일연방헌법재판소가 자갈채취사건판결 하루 전에 출판물 의무 납본 사

---

1) Erbguth, Allgemeines Verwaltungsrecht(7. Aufl.), §39, Rn. 24.

건 판결(Pflichtexemplarentscheidungsbeschluss)에서[1] 재산권의 내용·한계에 관한
규정의 경우에도 보상이 주어져야 하는 경우도 있다고 판시한 것으로부터 비롯
된다. 이러한 판시는 공익을 위한 것이지만, 개인에 대하여 특별한 희생(침해)을 가
져오는 재산권의 내용규정과 제한규정은 보상이 주어질 때, 즉 입법자에 의한 반
비례성을 보상하는 재정상 균형화가 이루어질 때, 합헌적이라는 의미를 갖는다.[2]

┃참고┃   출판물납본사건

1. 사건의 개요

3112   독일의 Hessen주출판법 제9조 및 동조항에 따른 시행령은 모든 출판물발행자
에게 의무적으로 1부의 인쇄물견본품을 무상으로 란트중앙도서관에 납본할 것을
규정하였다. 의무적인 납본을 통해 모든 새로운 인쇄물이 한 장소에서 수집되고 열
람될 수 있는 것이 확보되었다. 그런데 제작에 많은 비용이 소요되었으나 제한된
약간의 부수만을 발행한 한 출판물발행자가 납본의무로 인해 특별한 부담을[3] 지게
되었음을 이유로 의무적인 출판물납본제도를 다투었다. 기본법 제100조 제1항에 따
라 행정재판소가 이 사건을 헌법재판소로 이송하였다.

2. 판결의 요지

3113   헌법재판소는 납본의무가 수용은 아니고, 내용규정으로 평가되며, 그것이 기본
법 제14조 제1항(재산권과 상속권은 보장된다. 내용과 한계는 법률로 정한다)과 일치한
다는 것, 그리고 많은 비용이 들지만 적은 부수만을 발행하는 인쇄물을 보상 없이
의무적으로 납본하게 하는 것은 비례원칙에 어긋나고 평등에 반하는 부담으로서 기
본법 제14조 제1항에 합치되지 아니한다는 것을 판시하였다. 헌법재판소는 예외 없
이 무보상의 납본의무를 명하는 한, 의무납본제도는 위헌임을 선언하였다.

3. 판결의 의의

3114   이러한 내용의 의무적 출판물납본사건의 판결로 인하여 보상을 요하는 내용규
정(ausgleichspflichtige Inhaltsbestimmung)이 이제는 판례와 이론상 고유한 법제도로
간주되는 것으로 보인다. 따라서 재산권의 내용·한계규정에도 보상을 요하지 아니
하는 원칙적인 경우 외에 보상을 요하는 예외적인 경우도 있게 되었다. 말하자면
보상이 없이는 비례원칙에 어긋나고 따라서 헌법위반인 내용·한계규정도 보상이
보장되면 비례적이고 따라서 합헌적이 되는 경우도 있게 되었다. 보상을 요하는 내
용·한계규정도 공익을 위한 것인 점에서는 전통적인 손실보상의 경우와 동일하다.

---

1) BVerfGE 58, 137(1981. 7. 14).
2) Erbguth/Guckelberger, Allgemeines Verwaltungsrecht(2018), § 39, Rn. 26.
3) 간행물은 적게는 70부, 많게는 600부를 출간하였고, 책값은 적게는 180유로도 있었고 많게는
   650유로로 하는 것도 있었다고 한다.

요컨대, ① 재산권의 내용과 한계에 관한 규정으로 인해 ② 재산적인 가치가 있는 법적 지위가 ③ 특별하게 그리고 수인할 수 없을 방식으로 침해되고, 그리고 ④ 법령상 보상규정이 있다면, 보상이 이루어져야 한다는 것이 보상을 요하는 내용·한계규정의 제도이다.[1] 만약 보상규정이 없다면, 위헌을 선언한다는 것이 독일연방헌법재판소의 입장이다.

3. 보상청구권 인정여부

우리 헌법재판소는 구 택지소유상한에관한법률 제2조 제1호 나목 등 위헌   3115
소원사건에서 헌법 제23조 제1항과 제2항을 「입법자가 일반적이고 추상적인 형식으로 재산권의 내용을 형성하고 확정하는 것(재산권의 내용과 한계)을 내용으로 하는 규정」으로,[2] 제23조 제3항을 「국가가 공익목적을 위하여 이미 개별적·구체적으로 형성된 재산권을 박탈하거나 제한하는 것(공용침해)을 내용으로 하는 규정」으로 보면서,[3] 헌법 제23조 제1항의 경우에도 보상문제가 발생할 수 있음을 판시하고 있는바,[4] 상기의 출판물납본사건에서와 유사한 면을 볼 수 있다.

---

1) Maurer, Allgemeines Verwaltungsrecht, §27, Rn. 85. 한편, 도서관법은 정당한 보상을 명시적으로 규정하고 있다(도서관법 제20조 제4항). 관련하여 판례는 도서관법상 납본보상금을 받을 권리는 관련 법령의 규정에 의하여 직접 발생하는 것이 아니라 이를 받으려는 사람이 국립중앙도서관장에게 납본보상금을 신청하여 국립중앙도서관장이 납본보상금을 결정함으로써 구체적인 권리가 발생한다는 견해를 취한다(헌재 2021. 7. 15, 2019헌바126).

2) 헌재 2015. 10. 21, 2012헌바367(도축장 사용정지·제한명령의 목적은 가축전염병의 발생과 확산을 막기 위한 것이고, 그러한 명령이 내려지면 국가가 도축장 영업권을 강제로 취득하는 것이 아니라 일정기간 동안 도축장을 사용하지 못하게 하는 것에 불과하다. 그러한 목적과 재산권 제한형태에 비추어 볼 때, 도축장 사용정지·제한명령은 공익목적을 위하여 이미 형성된 구체적 재산권을 박탈하거나 제한하는 헌법 제23조 제3항의 수용·사용 또는 제한에 해당하는 것이 아니라 헌법 제23조 제1항의 재산권의 내용과 한계에 해당한다. 따라서 보상금은 도축장 사용정지·제한명령으로 인한 경제적인 부담을 완화하고 그러한 명령의 준수를 유도하기 위하여 지급하는 시혜적인 입법조치에 해당한다).

3) 독일 연방헌법재판소는 내용·한계규정과 수용규정의 구분기준으로 침해의 형식과 목적만을, 즉 형식적 기준을 취한다. 말하자면 국가의 규율이 재산권자의 권리와 의무를 일반추상적으로 규정하면 그것을 내용·한계규정으로 보고, 국가의 규율이 재산권을 개별구체적으로 규정하면 그것을 수용규정으로 본다(BVerfGE 79, 174, 191; 100, 226, 239f.; 6). Erbguth, Allgemeines Verwaltungsrecht(7. Aufl.), §39, Rn. 7; Schmidt, Allgemeines Verwaltungsrecht(18. Aufl.), S. 416, Rn. 1151.

4) 헌재 1999. 4. 29, 94헌바37.

⟨헌법 제23조 제1항·제2항과 제3항의 비교⟩

3116

	제23조 제1항·제2항	제23조 제3항
성 격	내용·한계규정[1]	수용규정
규율대상	일반 추상적 제도	개별 구체적인 사인의 법적 지위
보 상	무보상, 예외적 보상(?)	보상
방 향 성	미래지향의 새로운 개념	구체적으로 형성된 재산권의 의도된 박탈

4. 문 제 점

3117   재산권의 내용·한계규정으로 인한 보상제도를 인정한다면, 보상을 요하는 재산권의 내용·한계규정과 보상을 요하지 아니하는 재산권의 내용·한계규정의[2] 구분이 문제된다. 이에 대한 명확한 기준은 보이지 아니한다. 종전에는 손실보상청구권의 성립요건의 하나인 특별한 희생에 관한 학설을 종합적으로 고려하는 방식을 취하였다.[3] 뿐만 아니라 보상을 요하는 재산권의 내용·한계규정과 수용의 구분도 문제된다. 재산권의 내용·한계규정은 일반추상적인 법규이지만, 수용은 개별구체적인 권리의 박탈이라 할 수 있다. 그러나 행정수용이 아니라 법률수용인 경우에는 보상을 요하는 재산권의 내용·한계규정과 구분이 반드시 용이한 것은 아니다.

---

1) 헌재 2016. 2. 25, 2015헌바257(헌법은 제23조 제1항 제1문에서 '모든 국민의 재산권은 보장된다.'라고 하여 재산권의 보장을 선언하고, 제2문에서 '그 내용과 한계는 법률로 정한다.'라고 하여 재산권은 다른 기본권 규정과는 달리 그 내용과 한계가 법률에 의해 구체적으로 형성되는 기본권 형성적 법률유보의 형태를 취하고 있다. 그리하여 헌법이 보장하는 재산권의 내용과 한계는 국회에서 제정되는 형식적 의미의 법률에 의하여 정해지므로 이 헌법상의 재산권 보장은 재산권 형성적 법률유보에 의하여 실현되고 구체화하게 된다. 따라서 재산권의 구체적 모습은 재산권의 내용과 한계를 정하는 법률에 의하여 형성된다. 다만 이러한 재산권의 내용과 한계를 정하는 법률의 경우에도 사유재산제도나 사유재산을 부인하는 것은 재산권보장규정의 침해를 의미하고 결코 재산권 형성적 법률유보라는 이유로 정당화될 수 없다).

2) 헌재 2015. 10. 21, 2012헌바367(도축장 사용정지·제한명령의 목적은 가축전염병의 발생과 확산을 막기 위한 것이고, 그러한 명령이 내려지면 국가가 도축장 영업권을 강제로 취득하는 것이 아니라 일정기간 동안 도축장을 사용하지 못하게 하는 것에 불과하다. 그러한 목적과 재산권 제한형태에 비추어 볼 때, 도축장 사용정지·제한명령은 공익목적을 위하여 이미 형성된 구체적 재산권을 박탈하거나 제한하는 헌법 제23조 제3항의 수용·사용 또는 제한에 해당하는 것이 아니라 헌법 제23조 제1항의 재산권의 내용과 한계에 해당한다. 따라서 보상금은 도축장 사용정지·제한명령으로 인한 경제적인 부담을 완화하고 그러한 명령의 준수를 유도하기 위하여 지급하는 시혜적인 입법조치에 해당한다).

3) Grzeszick, in : Erichsen(Hrsg.), Allgemeines Verwaltungsrecht, 11, §44, Rn. 56.

제3 재산권 침해에 대한 손실보상청구권의 확장

I. 수용·사용·제한규정은 있으나 보상규정 없는 법률과 손실보상청구권

1. 의   의

헌법 제23조 제3항을 불가분조항으로 보는 경우, 공익을 위한 법률이 재산   3118
권의 수용·사용 또는 제한에 관한 규정을 두면서 보상에 관한 규정을 두고 있
지 아니하다면, 이러한 법률은 헌법위반의 법률이 된다. 이러한 법률에 따라 특
별한 희생으로서 피해가 발생한다면(예컨대 개발제한구역의 지정 및 관리에 관한 특별
조치법상 개발제한구역의 지정으로 인한 불이익으로서 공동체를 위해 참아야 할 정도를 벗어
나는 특별한 희생이 있는 경우, 동법상 보상규정이 없다), 피해자인 사인에게 ① 국가의
불법행위를 이유로 하는 손해배상청구권이 발생하는지, ② 일종의 손실보상청구
권이 발생하는지의 여부가 문제된다. ②로 본다면, 위법한 법률로 인한 피해를 대
상으로 하는 비전형적 손실보상의 문제가 된다. 헌법 제23조 제3항을 불가분조항
으로 보지 않는다고 하여도 보상가능성의 인정 근거와 관련하여 논란이 있을 수
있고, 보상가능성을 인정한다고 하여도 비전형적인 손실보상의 문제가 된다.[1]

2. 손실보상청구권의 인정여부

보상규정이 없는 경우에 손실보상청구권을 갖는가의 여부는 헌법 제23조   3119
제3항 등을 근거로 손실보상을 청구할 수 있는가의 문제와 관련된다. 이와 관련
하여 헌법 제23조 제3항의 성질을 둘러싸고 다양한 견해가 있어 왔다.

(1) 학   설

(가) **방침규정설**   이 견해는 헌법상 손실보상에 관한 규정은 입법의 방침을   3120
정한 것에 불과한 프로그램규정이라 한다. 따라서 이 견해는 손실보상에 관한
구체적인 사항이 법률로써 정해져야만 사인은 손실보상청구권을 갖게 된다는
입장이다. 이를 입법지침설이라고도 한다.

(나) **직접효력규정설**   이 견해는 개인의 손실보상청구권은 헌법규정으로부   3121
터 직접 나온다는 입장이다. 즉 헌법 제23조 제3항을 국민에 대해 직접적인 효
력이 있는 규정으로 본다. 이 견해에 따르면 결국 보상규정이 없는 법률에 의거,
사유재산이 침해된 개인은 헌법을 근거로 직접 보상을 청구할 수 있게 된다.[2]

---

1) 독일에서는 수용유사침해보상의 법리로 해결하고 있다. 독일의 수용유사침해보상에 관해서는
   옆번호 3134 이하를 보라. 한편, 본서는 제20판까지 독일의 수용유사침해보상의 법리를 활용하
   여 기술하는 방식을 채택하였으나, 제21판부터는 이러한 방식을 폐기하였다. 왜냐하면 이제는
   우리의 학설과 판례만으로도 문제해결이 가능하다고 보았기 때문이다.
2) 김철수, 헌법학(상), 889쪽; 변재옥, 행정법강의(Ⅰ), 525쪽; 윤세창·이호승, 행정법(상), 451쪽;

보상규정이 없다는 것이 보상을 배제하는 것은 아니라는 것이다.[1]

3122   ㈐ 위헌무효설   이 견해는 손실보상청구권은 헌법이 아니라 법률에서 근거되는 것이라는 전제하에 만약 보상규정 없는 수용법률에 의거 수용이 행해진다면 그 법률은 위헌무효의 법률이고, 따라서 수용은 위법한 작용이 되는바, 사인은 손해배상청구권을 갖게 된다는 것이다.[2] 이를 위헌설 또는 입법자에 대한 직접효력설이라 부르기도 한다.

3123   ㈑ 손실보상청구부정설   이 견해는 독일연방대법원(BGH)의 일관된 입장과 같이 ① 손실보상을 인정할 경우 국가재정에 미치는 광범위하고도 예상 불가능한 부담의 존재, ② 의회가 법률에 보상규정을 두지 않았음에도 막대한 국고의 지출을 수반하는 보상을 의회의 동의 없이 법원에서 독자적으로 결정하는 것은 의회의 재정특권에 대한 침해이자 3권 분립에 반한다는 것, ③ 가치보장 대신 존속보장을 우선시 하고 사후입법을 통한 다양한 해결가능성을 국회에 유보해야 한다는 것을 근거로 입법적 불법의 경우(즉, 수용법률에 보상규정을 두지 않은 경우)를 수용유사침해보상의 대상에서 제외한다.[3]

3124   ㈒ 간접효력규정설   이 견해는 공용침해에 따르는 보상규정이 없는 경우에는 헌법 제23조 제1항(재산권보장) 및 제11조(평등원칙)에 근거하고, 헌법 제23조 제3항 및 관계규정의 유추해석을 통하여 보상을 청구할 수 있다는 이론이다.[4] 간접효력규정설이란 본서가 붙인 이름이다.[5] 여기서 간접이란 손실보상청구권이 헌법상 하나의 특정조문(헌법 제23조 제3항)에 근거하는 것이 아니라 여러 조항의 해석의 결과 도출됨을 의미한다. 간접효력규정설은 유추적용설이라 불리기도 한다.[6]

▌참고▌ 간접효력규정설과 유추적용설의 비교

3125   ① 간접효력규정설은 법률에 명시적인 보상규정이 없는 경우에 헌법을 근거로 보상을 청구할 수 있다는 논리로서 헌법을 1차적인 관심의 대상으로 한다. 유추적

김동희, 행정법(Ⅰ), 617쪽(2019); 홍준형, 행정법, 747쪽(2017).
1) 박균성, 고시계, 1990. 8, 114쪽.
2) 박윤흔·정형근, 최신행정법강의(상), 651쪽; 이상규, 신행정법론(상), 644쪽.
3) 홍강훈, "분리이론·경계이론을 통한 헌법 제23조 재산조항의 새로운 구조적 해석," 공법연구 제42집 제1호, 628쪽 이하, 640쪽 이하.
4) 김남진, 행정법(Ⅰ)(제7판), 543쪽; 서원우, 고시계, 1990. 4, 101쪽; 석종현·송동수, 일반행정법(상), 695쪽; 강구철, 강의행정법(Ⅰ), 697쪽.
5) 졸고, 월간고시, 1992. 4, 41쪽.
6) 의미상 간접효력규정설과 유추적용설은 다소 차이가 있다고 본다. 왜냐하면 간접효력규정이라는 용어는 보상의 근거를 관심의 대상으로 하지만, 유추적용이라는 용어는 법의 해석·적용의 방식을 관심의 대상으로 하기 때문이다. 그러나 기능적으로 본다면 양자를 달리 취급할 필요가 없다고 하겠다.

용설은 관련 법률의 유추해석을 통해 보상을 청구할 수 있다는 논리로서 관련 법률을 1차적인 관심의 대상으로 한다. ② 간접효력규정설에 근거하여 개별 사건에서 보상청구권의 존부를 판단할 때, 관련 법령의 유추해석이나 목적론적 해석 또는 역사적 해석 등이 활용될 수 있다. 유추적용설도 「법률에 명시적인 보상규정이 없다고 하여도 헌법상 보상청구권이 인정될 수 있다는 논리를 전제로 한다」고 볼 것이므로 유추적용설은 간접효력규정설의 한 적용형태에 해당한다고 말할 수 있다. ③ 그렇다고 간접효력규정설과 유추적용설을 동일한 것이라 말하기는 어렵다.

(2) **판   례**   판례는 상황에 따라서 ① 직접적인 근거규정이 없는 경우에   3126
도 관련규정의 유추해석이 가능한 경우에는 유추해석을 통해 손실보상을 인정하기도 하며,[1] ② 관련규정이 없는 경우에도 손실보상을 인정하기도 하였다.[2] ③ 문화방송주식의 강제증여사건에서 대법원은 보상책임을 부인하였지만, 간접효력규정설(유추적용설)에서 주장되는 수용유사적 침해보상의 개념을 처음으로 언급한 것이 눈에 띈다.[3] ④ 헌법재판소는 진정입법부작위로서의 위헌,[4] 또는

---

1) 대판 2011. 8. 25, 2011두2743(법률 제2292호 하천법 개정법률 제2조 제1항 제2호 (나)목 및 (다)목, 제3조에 의하면, 제방부지 및 제외지는 법률 규정에 의하여 당연히 하천구역이 되어 국유로 되는데도, 하천편입토지 보상 등에 관한 특별조치법(이하 '특별조치법'이라 한다)은 법률 제2292호 하천법 개정법률 시행일(1971. 7. 20.)부터 법률 제3782호 하천법 중 개정법률의 시행일(1984. 12. 31.) 전에 국유로 된 제방부지 및 제외지에 대하여는 명시적인 보상규정을 두고 있지 않다. 그러나 제방부지 및 제외지가 유수지와 더불어 하천구역이 되어 국유로 되는 이상 그로 인하여 소유자가 입은 손실은 보상되어야 하고 보상방법을 유수지에 관한 것과 달리할 아무런 합리적인 이유가 없으므로, 법률 제2292호 하천법 개정법률 시행일부터 법률 제3782호 하천법 중 개정법률 시행일 전에 국유로 된 제방부지 및 제외지에 대하여도 특별조치법 제2조를 유추적용하여 소유자에게 손실을 보상하여야 한다고 보는 것이 타당하다); 대판 2006. 4. 28, 2004두12278; 대판 2004. 9. 23, 2004다25581(행정주체의 행정행위를 신뢰하여 그에 따라 재산출연이나 비용지출 등의 행위를 한 자가 그 후에 공공필요에 의하여 수립된 적법한 행정계획으로 인하여 재산권행사가 제한되고 이로 인한 공공사업의 시행 결과 공공사업시행지구 밖에서 발생한 간접손실에 관하여 그 피해자와 사업시행자 사이에 협의가 이루어지지 아니하고, 그 보상에 관한 명문의 근거 법령이 없는 경우라고 하더라도, 헌법 제23조 제3항 및 구 토지수용법 등의 개별 법률의 규정, 구 공공용지의취득및손실보상에관한특례법 제3조 제1항 및 같은법시행규칙 제23조의2 내지 7 등의 규정 취지에 비추어 보면, 공공사업의 시행으로 인하여 그러한 손실이 발생하리라는 것을 쉽게 예견할 수 있고, 그 손실의 범위도 구체적으로 이를 특정할 수 있는 경우에는 그 손실의 보상에 관하여 구 공공용지의취득및손실보상에관한특례법시행규칙의 관련 규정 등을 유추적용할 수 있다); 대판 1987. 7. 21, 84누126.

2) 대판 1972. 11. 28, 72다1597(토지구획정리사업으로 말미암아 본건 토지에 대한 환지를 교부하지 않고 그 소유권을 상실케 한데 대한 본건과 같은 경우에 손실보상을 하여야 한다는 규정이 본법에 없다 할지라도 이는 법리상 그 손실을 보상하여야 할 것이다).

3) 대판 1993. 10. 26, 93다6409(원심이 들고 있는 … 수용유사적 침해의 이론은 국가 기타 공권력의 주체가 위법하게 공권력을 행사하여 국민의 재산권을 침해하였고 그 효과가 실제에 있어서 수용과 다름없을 때에는 적법한 수용이 있는 것과 마찬가지로 국민이 그로 인한 손실의 보상을 청구할 수 있다는 내용으로 이해되는데, 과연 우리 법제하에서 그와 같은 이론을 채택할 수 있는 것인가는 별론으로 하더라도 위에서 본 바에 의하여 이 사건에서 피고 대한민국의 이 사

분리이론에 입각하여 보상이 아니라, 보상입법의무의 부과를[1] 통해 문제를 해결하기도 한다.

3127   ⑶ 사   견   헌법은 침해의 근거와 보상을 법률로 정하도록 하고 있는바, 직접효력규정설은 채택하기 곤란하다. 한편 보상규정없는 법률에 의한 침해의 경우에는 손해배상청구권이 발생한다는 위헌무효설 역시 문제가 있다. 왜냐하면 공공복지를 위한 침해가 보상규정이 없다는 이유만으로 불법행위와 동일하게 다루어진다는 것은 비합리적이기 때문이다. 생각건대 보상은 법률로 정하라는 헌법규정도 고려하고, 보상에 관한 법률의 규정유무를 불문하고 공공필요를 위한 침해는 동일하게 다루어져야 한다는 점을 고려한다면, 간접효력규정설이 보다 합리적이다.

3. 전형적 손실보상청구권과 비교

3128   ⑴ 성립요건   보상규정이 미비된 법률의 집행에 따른 피해의 경우에 손실보상청구권이 인정된다고 할 때, 그 요건은 침해의 위법 부분만 제외하면, 기본적으로 전형적인 손실보상청구권과 다를 바 없다. 말하자면 전형적인 손실보상청구권의 성립요건 중 보상규정 부분(옆번호 3031)을 제외하고 나머지 요건, 즉 공공필요(옆번호 3006 이하), 재산권(옆번호 3008), 침해(옆번호 3009 이하), 특별한 희

  건 주식취득이 그러한 공권력의 행사에 의한 수용유사적 침해에 해당한다고 볼 수는 없다).

 4) 헌재 1994. 12. 29, 89헌마2(우리 헌법은 제헌 이래 현재까지 일관하여 재산의 수용, 사용 또는 제한에 대한 보상금을 지급하도록 규정하면서 이를 법률이 정하도록 위임함으로써 국가에게 명시적으로 수용 등의 경우 그 보상에 관한 입법의무를 부과하여 왔는바, 해방 후 사설철도회사의 전 재산을 수용하면서 그 보상절차를 규정한 군정법령 제75호에 따른 보상절차가 이루어지지 않은 단계에서 조선철도의통일폐지법률에 의하여 위 군정법령이 폐지됨으로써 대한민국의 법령에 의한 수용은 있었으나 그에 대한 보상을 실시할 수 있는 절차를 규정하는 법률이 없는 상태가 현재까지 계속되고 있으므로, 대한민국은 위 군정법령에 근거한 수용에 대하여 보상에 관한 법률을 제정하여야 하는 입법자의 헌법상 명시된 입법의무가 발생하였으며, 위 폐지법률이 시행된 지 30년이 지나도록 입법자가 전혀 아무런 입법조치를 취하지 않고 있는 것은 입법재량의 한계를 넘는 입법의무불이행으로서 보상청구권이 확정된 자의 헌법상 보장된 재산권을 침해하는 것이므로 위헌이다).

 1) 헌재 1998. 12. 24, 89헌마214, 90헌바16, 97헌바7(구 도시계획법 제21조에 규정된 개발제한구역제도 그 자체는 원칙적으로 합헌적인 규정인데, 다만 개발제한구역의 지정으로 말미암아 일부 토지소유자에게 사회적 제약의 범위를 넘는 가혹한 부담이 발생하는 예외적인 경우에 대하여 보상규정을 두지 않은 것에 위헌성이 있는 것이고, 보상의 구체적 기준과 방법은 헌법재판소가 결정할 성질의 것이 아니라 광범위한 입법형성권을 가진 입법자가 입법정책적으로 정할 사항이므로, 입법자가 보상입법을 마련함으로써 위헌적인 상태를 제거할 때까지 위 조항을 형식적으로 존속케 하기 위하여 헌법불합치결정을 하는 것인바, 입법자는 되도록 빠른 시일 내에 보상입법을 하여 위헌적 상태를 제거할 의무가 있고, 행정청은 보상입법이 마련되기 전에는 새로 개발제한구역을 지정하여서는 아니되며, 토지소유자는 보상입법을 기다려 그에 따른 권리행사를 할 수 있을 뿐 개발제한구역의 지정이나 그에 따른 토지재산권의 제한 그 자체의 효력을 다투거나 위 조항에 위반하여 행한 자신들의 행위의 정당성을 주장할 수는 없다).

생(옆번호 3011 이하)의 요건은 수용·사용·제한규정은 있으나 보상규정 없는 법률에 의한 특별한 희생에 대한 손실보상청구권의 성립요건이 된다.

⑵ **보상의 내용과 절차**　　보상규정이 미비된 법률의 집행에 따른 피해의 경우에 손실보상청구권이 인정된다고 할 때, 그 보상의 내용과 절차는 전형적인 손실보상청구권과 다를 바 없다.

3129

Ⅱ. 수용·사용·제한규정 및 보상규정 있는 법률의 위법한 집행과 손실보상청구권

1. 의　　의

수용·사용·제한 및 보상을 규정하는 법률이 위법하게 집행되는 경우는 ① 공공복지에 응하기 위한 경우와 ② 그러하지 아니한 경우로 나눌 수 있다. 특별한 희생이 문제되는 것은 ①의 경우이다. 따라서 수용·사용·제한규정 및 보상규정 있는 법률의 위법한 집행과 손실보상청구권의 문제는 ①과 관련한다. 여기서 법률에서 수용·사용·제한과 보상을 규정하지만 법률이 위법하게 집행되어 특별한 희생으로서 재산상 피해가 발생하는 경우, ① 국가의 불법행위를 이유로 손해배상청구권이 발생하는지, 아니면 ② 일종의 손실보상청구권이 발생하는지의 여부가 문제된다. ②로 본다면, 법률의 위법한 집행으로 인한 피해를 대상으로 한 비전형적인 손실보상의 문제가 된다.[1]

3130

2. 손실보상청구권의 인정여부

국가배상법상 국가배상청구권은 국가의 불법에 대한 속죄의 대가로서 사인에게 인정되는 권리이지만, 손실보상청구권은 공동체를 위한 사인의 헌신 내지 희생에 대한 대가라는 점을 전제할 때, 법률에서 수용·사용·제한과 보상을 규정하지만 법률이 위법하게 집행되어 특별한 희생으로서 재산상 피해가 발생하는 경우, 사인의 피해는 공동체를 위한 희생이므로 그에게 손해배상청구권이 아니라 손실보상청구권이 인정되는 것이 타당하다. 그러나 판례는 손해배상청구권의 문제로 본다.[2][3]

3131

---

1) 옆번호 3118의 각주와 동일.
2) 대판 2021. 11. 11, 2018다204022(공익사업의 시행자는 해당 공익사업을 위한 공사에 착수하기 이전에 토지소유자와 관계인에게 보상액 전액을 지급하여야 한다(토지보상법 제62조 본문). 공익사업의 시행자가 토지소유자와 관계인에게 보상액을 지급하지 않고 그 승낙도 받지 않은 채 공사에 착수함으로써 토지소유자와 관계인이 손해를 입은 경우, 토지소유자와 관계인에 대하여 불법행위가 성립할 수 있고, 사업시행자는 그로 인한 손해를 배상할 책임을 진다).
3) 대판 2021. 11. 11, 2018다204022(공익사업의 시행자가 사전보상을 하지 않은 채 공사에 착수함으로써 토지소유자와 관계인이 손해를 입은 경우, 토지소유자와 관계인이 입은 손해는 손실

3. 전형적 손실보상청구권과 비교

3132   **(1) 성립요건**   헌법합치적 법률의 위법한 집행으로 인한 경우에도 손실보상청구권이 인정된다고 할 때, 그 요건은 침해의 위법 부분만 제외하면, 전형적인 손실보상청구권과 다를 바 없다. 말하자면 전형적인 손실보상청구권의 성립요건 중 공공필요(옆번호 3006 이하), 재산권(옆번호 3008), 특별한 희생(옆번호 3011 이하), 보상규정(옆번호 3031)의 요건은 구비되어야 한다. 다만, 침해의 요건이 전형적인 손실배상의 경우에는 적법한 침해이지만(옆번호 3009 이하), 헌법합치적 법률의 위법한 집행으로 인한 손실보상의 경우의 침해는 수용·사용·제한이 법률이 정하는 바를 따르지 아니하였다는 점에서 위법하다는 것이 다르다.

3133   **(2) 보상의 내용과 절차**   법률에서 수용·사용·제한과 보상을 규정하지만 그 법률이 위법하게 집행되어 특별한 희생으로서 재산상 피해가 발생하는 경우에 손실보상청구권이 인정된다고 할 때, 그 보상의 내용과 절차는 그 법률이 정하는 바에 따를 것이고, 그것은 전형적인 손실보상청구권의 경우와 다를 바 없다.

▌참고▌   독일법상 수용유사침해보상

Ⅰ. 관   념

1. 의   의

3134   독일법상 수용유사침해란 국가나 지방자치단체가 공공의 필요에 응하기 위해 법령에 근거하여 공권력행사를 통해 사인의 재산권에 특별한 희생을 가하였으나, 그 근거법령에 보상규정이 없거나 하여 그 공권력행사가 위법한 경우에도 수용침해보상(전통적 손실보상제도)의 경우와 마찬가지로 재산권 보장과 공적 부담 앞의 평등이라는 견지에서 그 사인에게 조절적인 보상을 해주는 제도를 말한다. 재산권에 대한 침해의 방지를 위한 방어권이 재산권보호의 1단계이고, 사실상 이루어진 재산권의 객체의 반환을 위한 결과제거청구권이 재산권보호의 2단계라면, 수용유사침해보상청구권은 재산권보호의 3단계에 해당한다.

2. 유사개념과 구별

3135   ① 수용유사침해보상은 위법한 침해를 요건으로 하지만, 수용침해보상은 적법한·의도된 침해를 요건으로 한다. ② 수용유사침해보상은 재산권에 대한 침해를 요건으로 하지만, 희생보상은 생명·신체에 대한 침해를 요건으로 한다. ③ 수용유사

보상청구권이 침해된 데에 따른 손해이므로, 사업시행자가 배상해야 할 손해액은 원칙적으로 손실보상금이다. 다만 그 과정에서 토지소유자와 관계인에게 손실보상금에 해당하는 손해 외에 별도의 손해가 발생하였다면, 사업시행자는 그 손해를 배상할 책임이 있으나, 이와 같은 손해배상책임의 발생과 범위는 이를 주장하는 사람에게 증명책임이 있다).

침해보상은 위법한 침해를 요건으로 하지만, 수용적 침해보상은 적법한·의도되지 아니한 침해를 요건으로 한다. ④ 수용유사침해보상은 국가 등에 대한 헌신의 대가이지만, 국가배상은 불법행위(악)에 대한 대가이다.

3. 사적 발전

수용유사침해로 인한 보상청구권은 명시적인 법률의 근거 없이 판례에 의해 3136 독일기본법 제14조 제3항(수용은 공공복리를 위해서만 허용된다. 그것은 다만 보상의 종류와 범위를 정하는 법률에 의하거나 법률에 근거하여서만 이루어질 수 있다. 보상은 공공의 이익과 관계자의 이익에 대한 정당한 형량하에서만 정해질 수 있다. 보상금액에 관한 분쟁은 일반법원(통상법원)의 관할하에 놓인다)에 따른 수용보상청구권의 유추의 형식으로 발전된 것이다.[1] 즉 수용보상청구권이 적법한 목적적인 침해에 한정되는 결과 보상에서 제외되는 부분을 보충하기 위하여 발전된 것이다. 말하자면 공공의 필요를 위한 고권작용(공법작용)에 의해 사인에 재산상의 불이익이 생긴 경우에는 그 작용이 적법한가 위법한가를 가리지 않고 모두 보상되어야 함이 기본법상의 재산권의 보장정신에 합당하다는 데에서 발전을 본 것이 수용유사침해로 인한 보상청구권이다.[2] 한편, 자갈채취사건(뒤의 <참고>를 보라)으로 수용유사침해보상론은 다소 위축된 감이 없지 않다. 그러나 수용유사침해보상론은 그 법적 근거를 종전과 달리하면서 여전히 의미를 갖고 있다.[3]

---

1) 독일에서 수용유사침해가 최초로 인정된 판례는 연방 통상재판소의 주택법사건(Wohnungs-gesetz)이다(BGH 6, 270＝NJW 1952, 972). 이 사건의 개요는 다음과 같다. 제2차 세계대전에 패망한 독일은 극심한 주택난에 시달리게 되는데 이를 타개하기 위해 소위 주택법을 제정하여 주택청(Wohnungsamt)에 주거공간을 등록하게 하고 주택청이 세입자에게 이를 할당할 수 있는 권한을 가지도록 하였다. 그러나 이 법의 시행은 일부 문제점을 노출하게 되는데 등록된 주거공간이 세입자를 할당받지 못하고 비어있거나, 할당받고 들어온 세입자가 집세를 지불할 능력이 없어 집주인이 집세를 받지 못하는 피해가 속속 발생하게 된 것이다. 이에 피해를 본 임대인들이 보상을 요구하며 소송을 제기한 것이다. 이 경우 공무원에게는 아무런 고의 과실이 없어서 처음부터(독일 민법 제839조 및 기본법 제34조에 근거한) 국가배상의 가능성은 배제되었다. BGH는 이 사건에서 주택법을 통해 일반적으로 명령된 재산권의 내용적 기속과 제한은 재산권의 사회적 기속을 넘어선 것으로서 이는 입법행위를 무효로 하며, 무효인 입법행위의 위법한[이 경우 집행의 위법성은 법률의 위헌성으로부터 도출된다고 한다(vgl. Lege, NJW 1990, 864(866f.)] 개개의 집행은 수용유사적으로(enteignungsgleich) 작용할 수 있으며 이는 보상되어야 한다고 판시하였다고 한다(홍강훈, "분리이론·경계이론을 통한 헌법 제23조 재산권조항의 새로운 구조적 해석," 공법연구 제42집 제1호, 621쪽에서 인용).

2) 수용유사침해는 확대되었다. 독일 통상재판소는 수용유사침해보상은 위법·무책으로 인한 침해뿐만 아니라 위법·유책한 침해에까지 — 손해배상과 별도로 — 보장되어야 한다는 것(BGHZ 7, 296; 13, 88)과 수용보상에 필요한 특별희생은 이미 침해의 위법성에도 놓일 수 있다는 것(BGHZ 32, 208), 의도된 침해가 필수적인 것은 아니고 재산권에 대한 직접적인 침해로 족하다는 것(BGHZ 37, 44, 47)을 판결하였다(Maurer, Allgemeines Verwaltungsrecht, §27, Rn. 87).

3) Detterbeck, Allgemeines Verwaltungsrecht(9. Aufl.), §22, Rn. 1134f.

Ⅱ. 법적 근거

3137

독일에서 수용유사침해로 인한 보상청구권의 법적 근거로 이전에는 기본법 제14조 제3항의 유추적용이 제시되었으나, 연방헌법재판소가 기본법 제14조 제3항에 따른 수용보상은 적법한 수용(즉, 보상규정을 갖는 법률에 의한 수용)의 경우에만 적용된다고 판결(후술의 자갈채취사건 참조)을 한 후에는 문헌상 수용유사침해제도의 존속에 의문이 제기되기도 하였다. 그러나 연방통상재판소는 수용유사침해제도의 존속에 확고한 입장이다. 연방통상재판소는 더 이상 기본법 제14조 제3항을 유추적용하지 아니하고, 그 대신 관습법적인 프로이센일반란트법 제74조·제75조상의 일반희생원칙(Allgemeiner Aufopferungsgrundsatz)을 제시하고 있다.[1] 한편 일부의 견해는 그 법적 근거로 수용유사침해로 인한 보상에 관한 판례 및 학설상 지지되는 관습법이라 하기도 한다.[2]

Ⅲ. 요 건

3138

수용유사침해로 인한 보상청구권의 성립요건으로는 침해의 위법성을 제외하면, 수용보상청구권의 요건을 유추하여 정해진다. 그 요건으로 ① 공법상 행정주체의 침해, ② 재산권에 대한 침해, ③ 특별희생, ④ 침해의 위법성, ⑤ 침해의 공공복지관련성 등이 제시되고 있다. 기술한 손실보상의 경우와 비교하여 특이한 점만 몇 가지 언급하기로 한다.

1. 침해의 유형·의도성(목적성)

3139

여기서 침해란 공법상 권리침해로 이해된다.[3] 침해의 형태와 관련하여 재산권의 박탈, 재산권의 대상인 물건의 파괴, 재산권의 이용제한 및 처분제한 등이 문제될 수 있다. 침해는 법적 행위(규범정립행위 포함) 외에 사실행위로도 이루어질 수 있다.[4] 단순한 부작위(예 : 신청에 대한 미결정)로는 원칙적으로 침해가 이루어지지 아니한다. 물론 관련자의 권리를 침해하는 행위로 간주될 수 있는 부작위(예 : 적법한 재산권행사의 신청으로서 건축허가신청에 대한 거부)는 예외적으로 침해의 성격을 갖는다. 한편, 침해가 목적지향적 또는 의도적일 필요는 없다.[5] 그러나 독일연방통상재판소는 재산권에 대한 직접적인 침해일 것을 요구한다. 행정작용의 성질에서 나오는 위험성이 재산권에 대한 침해로 나타나면 일단 직접성이 있는 것으로 볼 수 있다.

---

1) BVerwGE 58, 300; 90, 17, 30f.; 91, 20, 27; 99, 24, 29; 102, 350; 125, 293; Detterbeck, Allgemeines Verwaltungsrecht mit Verwaltungsprozessrecht(13. Aufl.), § 22, Rn. 1135.
2) Mayer/Kopp, Allgemeines Verwaltungsrecht, 1985, S. 461; Detterbeck, Allgemeines Verwaltungsrecht mit Verwaltungsprozessrecht(9. Aufl.), § 22, Rn. 1163.
3) Detterbeck, Allgemeines Verwaltungsrecht, § 22, Rn. 1137.
4) Erbguth, Allgemeines Verwaltungsrecht(7. Aufl.), § 39, Rn. 32.
5) BGHZ 28, 310; 37, 44; Rüfner, in : Erichsen(Hrsg.), Allgemeines Verwaltungsrecht, § 48, Rn. 59.

2. 침해의 위법성

침해의 위법성이 수용유사침해를 수용(손실보상)과 수용적 침해로부터 구별하   3140
는 본질적인 특징이다.[1] 따라서 침해가 적법한 것이라면, 그것은 수용과 수용적 침
해의 문제이다. 수용유사침해의 경우에 있어서 위법성은 특히 독일 기본법 제14조
제3항에 따른 수용에 본질적인 것인 적법성의 요건이 결여될 때 문제가 된다. 침해
의 위법성은 ① 침해의 근거규정·보상규정을 갖는 수용법률을 위법하게 집행하는
경우, ② 침해의 근거규정은 있으나 보상규정이 없는 경우의 침해의 경우에 언급된다.

3. 침해의 공공복지관련성

지배적인 견해에 따르면, 그 침해는 공공복지에서 동기가 주어진 것임을 요구   3141
한다. 따라서 사적인 또는 국고상의 이익추구만을 위한 경우에는 보상이 주어질 수
없다고 한다. 그러나 일부 견해는 수용유사침해의 경우에는 수용과 달리 그 침해가
공공복지에 봉사할 것이 보상의무의 전제요건은 아니라고 한다. 왜냐하면 공공복지
는 법과 분리되어 고려될 수 없는 것이기 때문이라는 것이다. 즉 모든 법은 공익을
지향하기 때문이라는 것이다.

4. 존속보호의 불가(소극적 요건)

재산권보장은 1차적으로 존속보호를 목표로 한다. 따라서 누구든지 위법하게   3142
자기의 재산권이 침해되면, 재산권의 존속을 주장할 수 있다. 그러나 구체적인 경우
에 방어가 가능하지 않거나 수인할 수 없고, 이 때문에 재산권에 대한 위법한 침해
에 대하여 존속보호가 불가능하거나 충분하지 아니하면, 보상이 주어져야 한다는
전제하에 수용유사침해보상청구권이 인정된다는 것이 독일의 이론과 판례의 태도
이다. 이러한 입장에서 보면, 수용유사침해보상청구권의 성립에는 수용보상에서 요
구되는 적극적 요건 외에 소극적 요건으로 존속보호의 불가능성(예컨대, 처분의 폐
지의 불가능성)이 또한 요구된다.

Ⅳ. 보   상

구체적인 것은 손실보상(수용보상)의 일반원리가 그대로 적용된다. 다만 개별   3143
법률에서 수용유사침해로 인한 보상청구권을 규정하면 이 규정이 우선하며, 일반원
칙론에 따른 청구권은 배제된다고 한다. 물론 이러한 것은 그 관련규정이 헌법상의
최소한의 요건을 충족시키는 경우에만 타당하다. 보상의무자는 수익을 한 행정주체
이다. 만약 특별한 수익자가 없다면, 그 침해가 이루어진 사무를 수행하는 행정주체
가 보상의무자가 된다. 사인이 수익을 하였다고 하여도 사인은 결코 청구권의 상대

---

1) 독일에서 수용유사침해보상은 위법하지만 책임이 없는 경우에 발전된 것이지만(BGHZ 6,
290), 그 후 연방통상재판소는 위법하고 유책한 경우까지 수용유사침해보상을 확대하였다
(BGHZ 7, 297f.)고 새긴다(Wallerath, Allgemeines Verwaltungsrecht(6. Aufl.), §18, Rn. 52).

방이 될 수 없다.[1] 한편, 손해배상책임으로 인한 청구권과 수용유사침해로 인한 청구권은 경합이 가능하고, 양자에 우열이 없다고 한다. 따라서 어느 것을 근거로 하여서도 청구권의 행사가 가능한 경우도 있다.[2]

Ⅴ. 우리나라에 도입가능성

1. 학 설

3144   (1) **도입부정론**   수용유사침해론은 독일의 관습법적인 희생보상청구에 근거하고 있으므로 그러한 관습법적인 뿌리를 도외시하고 그것이 함축하는 희생보상의 법리만을 받아들이는 주장은 동의하기 어렵고, 수용유사침해이론이 가지는 실익은 문제가 되는 행위가 기본법상의 수용개념에 해당하지 아니함으로 인하여 기본법 제14조 제3항에 근거한 손실보상청구가 불가능한 경우에 대처할 수 있다는 점이나, 동일한 행정작용이 우리나라에서는 헌법 제23조 제3항의 공용침해라는 개념에 포함될 수 있으므로 독일과 같은 공백은 존재하지 않으며, 국가배상책임에 무과실책임을 인정함으로써 독일에서의 수용유사침해이론으로 설명되는 상당부분을 수용할 수 있기 때문에 수용유사침해이론을 인정하기 어렵다는 견해이다.[3]

3145   (2) **도입긍정론**   우리나라에 있어서 공용침해에 해당되지만 손실보상규정이 없는 경우 그 때문에 손실보상을 받지 못하는 공백은 여전히 남아 있으므로 수용유사침해이론이 필요하고, 수용유사침해의 법리는 적어도 국가배상법상의 위험책임이나 무과실책임이 도입되어 보상규정 없는 법률에 의한 재산권의 박탈에 대한 불법행위책임이 인정되기까지는 우리나라 행정법에도 충분히 수용될 가치를 가진다는 견해이다.[4]

2. 판 례

3146   대법원은 '과연 우리 법제하에서 그와 같은 이론을 채택할 수 있는가는 별론으로 하더라도'라고 하여 수용유사침해이론의 채택여부에 대해서는 판단하지 않았다.[5] 다만 서울 고등법원은 MBC주식강제증여사건에서 '피고 대한민국의 이 사건 주식수용은 명백히 개인의 자유로운 동의가 없이 이루어진 것이고, 나아가 법률의 근거가 없이 이루어진 것으로서 개인의 재산권에 대한 위법한 침해이고, 이는 결국 법률의 근거없이 개인의 재산을 수용함으로써 발생한 수용유사적 침해이므로 이로 인하여 특별한 희생, 즉 손실을 당한 원고는 자연법의 원리나 구 헌법 재22조

---

1) Grzeszick, in : Erichsen(Hrsg.), Allgemeines Verwaltungsrecht(11. Aufl.), §44, Rn. 82.
2) 양자는 독일법상 청구권의 범위(전자는 모든 피해, 후자는 상실된 재산권)와 시효(전자는 3년, 후자는 30년) 등에 차이가 있다. 수용유사침해로 인한 보상청구권은 독일행정재판소법 제40조 제2항 제1문에 의거하여 민사소송사항이다.
3) 정하중, 사법행정, 1992. 10, 36·37쪽.
4) 홍준형, 행정법, 766쪽(2019).
5) 대판 1993. 10. 26, 93다6409.

제3항의 효력으로서 국가에게 그 손실의 보상을 청구할 권리가 있다'고 판시한 바 있다.

3. 사 견

행위 자체가 공공복리를 위한 경우에는 불법행위가 아니라 수용에 준하여 해 3147
결하는 것이 보다 논리적이다. 우리의 경우에는 독일에서 보는 바의 헌법적 관습법
으로서 희생사상은 없으므로 독일식의 헌법적 근거를 적용할 수는 없다. 그러나 우
리 헌법상 여러 조항(예 : 헌법 제10조·제23조 제1항·제23조 제3항·제37조 제1항)의
유기적인 해석을 통해(간접효력규정설). 손실보상을 인정할 수 있다고 하겠다.

▌참고 ▌ 자갈채취사건

독일연방헌법재판소는 자갈채취사건판결(Naßauskiesungsbeschluß, 1981. 7. 15, 3148
BVerfGE 58, 300)에서 연방통상재판소가 전통적으로 취하고 있는 수용유사침해론
을 취하지 아니하였다. 이리하여 이 판결이 수용유사침해론의 포기를 의미하는지, 아
니면 수정을 의미하는지에 관하여 견해의 대립이 있게 되었다. 이하에서 ① 사건의
개요, ② 판결의 취지, ③ 판결의 반응, 그리고 ④ 새로운 법적 근거에 관해 보기로
한다.[1]

⑴ 사건의 개요   동사건은 과거부터 채취하여 오던 자갈을 계속하여 채취하 3149
고자 원고가 당국에 허가를 신청하였으나, 사후에 제정된 수관리법에 의해 허가가
거부되었다. 왜냐하면 자갈채취장은 수원지로부터 가까운 곳에 있었고, 동법은 수
원지로부터 가까운 거리 내에서의 자갈채취를 금하였기 때문이다. 원고의 허가발령
청구는 행정심판절차에서도 거부되었다. 그러자 원고는 당국에 손실보상을 청구하
였으나 역시 거부당하였다. 이에 원고는 소송을 제기하게 되었는바, 제1심은 원고
의 청구를 정당한 것으로, 제2심은 원고의 청구를 이유없는 것으로 판단하였다. 연
방통상재판소는 수관리법이 재산권보장으로부터 나오는 지하수이용에 대하여 보상
없는 배제를 규정하는 위헌법률임을 이유로 기본법 제100조 제1항에 의거하여 연
방헌법재판소에 이송하였다.

⑵ 판결의 요지   연방헌법재판소는 다음과 같은 요지의 판결을 하였다. 3150
1) 권한을 가진 행정재판소는 수용적인 처분의 적법성에 관한 분쟁에서, 그 분
쟁의 적법성에 관하여 완전한 범위 내에서 심사를 하여야 한다. 여기에는 침해를
근거지우는 법률이 보상의 종류와 범위에 관한 규율을 포함하고 있는지의 여부에
대한 확정도 포함된다.
2) 보상금액에 관한 분쟁에서 관계자에게 법률상의 규정에 상응하는 보상이
주어지는지의 여부에 대한 심사도 통상재판소의 관할에 속한다.
3) 관계자에게 처분으로 수용이 있게 되는 경우에 그 관계자는 법상으로 청구

---

1) Nüssgens/Boujongs, Eigentum, Sozialbindung, Enteignung, 1987, S. 191ff.

권의 근거가 주어지는 경우에만 보상청구소송을 제기할 수 있다. 만약 그것이 없다면, 그는 권한있는 재판소에서 침해행위의 폐지를 구하여야 한다(취소와 손실보상 중 어느 하나에 대한 선택권이 주어지지 않는다).

　　　4) 토지소유권자의 법적 지위를 정할 때에는 기본법 제14조 제1항 제2문에 따라서 민법과 공법이 동등하게 적용된다.

　　　5) 수관리법(Wasserhaushaltgesetz)이 기능에 적합한 수관리(특히 공적인 용수공급)의 안전을 위하여 지하수를 토지소유권으로부터 분리된 공법상의 이용질서에 두는 것은 기본법과 합치된다.

3151　　　　　(3) 판결의 반응　　　이 판결 후 수용유사침해제도의 존속에 대한 활발한 논의가 있었다. 논의의 핵심은 (국가)책임제도가 이 판결로 인하여 바닥까지 흔들리게 되었는가, 아니면 이 판결이 다만 의미있는 수정만을 가했는가의 대립이었다. 그럼에도 연방통상재판소는 수용유사침해제도를 유지하며, 문헌상의 지배적인 이론의 입장도 마찬가지이다.

　　　연방통상재판소는 ① 연방헌법재판소의 동 판결이 '민사법원은 수용의 법률적 합성의 원칙상 명시적인 법률상의 근거가 있는 경우에만 보상토록 판결할 수 있음'을 정한 것으로 전제하고, ② 연방헌법재판소의 동판결은 다만 기본법 제14조 제3항에서 말하는 의미의 형식화된 수용개념(협의의 수용개념. 사용·수익은 제외)에 근거하여 판시하였다는 것이고, ③ 따라서 수용의 법률적합성의 원칙에 대한 연방헌법재판소의 판시는 위법의 수용유사의 침해에는 적용되지 않는다는 것이다.

3152　　　　　(4) 새로운 법적 근거　　　연방통상재판소는 수용유사침해에 대한 국가의 책임의 근거를 이제는 (전 독일에 적용되는) 프로이센일반란트법 제74조와 제75조의 일반적인 희생사상에서 구하고 있다. 기본법 제14조 제3항 또는 전체로서 기본법 제14조는 더 이상 제시하지 아니한다. 이러한 태도는 수용이 일반적 희생요건의 한 특별한 경우에 지나지 아니함을 전제로 한다. 연방통상재판소는 수용유사침해제도가 이제는 도입된 지 오래된 것임을 바탕으로 한다.[1]

Ⅲ. 수용·사용·제한규정 및 보상규정 없는 법률의 집행과 손실보상청구권

1. 의　　의

3153　　　사인의 재산권의 침해를 직접적으로 의도하는 수용·사용·제한에는 해당하지 아니하지만, 공공복지를 위한 적법한 공권력행사로 인해 사인에게 특별한 희생으로서 재산상 피해가 발생하는 경우(예컨대 지하철공사를 위해 특정의 도로에 대해 상당한 기간 동안 통행을 금지함으로써 발생하는 불이익으로서 공동체를 위해 참아야 할 정도를 벗어나는 특별한 희생이 있는 경우), ① 사인에게 아무런 손실보상청구권도 발생

---

1) Maurer, Allgemeines Verwaltungsrecht, § 27, Rn. 36.

하는 것이 아닌지, 아니면 ② 일종의 손실보상청구권이 발생하는지의 여부가 문제된다. ②로 본다면, 이러한 경우의 손실보상청구권도 헌법 제23조 제3항이 예정하지 아니한 비전형적인 손실보상의 문제가 된다.[1]

> ▌참고▐ 수용·사용·제한의 근거 규정 없이 이루어진 공공목적의 침해에는 ① 특정 법령을 적법하게 집행하면서 나타나는 침해(예 : 지하철공사를 위해 특정의 도로에 대해 상당한 기간 동안 통행을 금지함으로써 발생하는 불이익으로서 공동체를 위해 참아야 할 정도를 벗어나는 특별한 희생이 있는 경우)와 ② 관련 법령이 없음에도 나타나는 공공목적의 침해가 있다. 여기에서 논의는 ①의 경우에 관한 것이다. ②의 경우, 판례는 손해배상의 문제로 접근한다.[2]

2. 손실보상청구권의 인정여부

(1) 학　　설　　이러한 경우에 사인이 손실보상청구권을 갖는가의 여부는 헌법 제23조 제3항 등을 근거로 손실보상을 청구할 수 있는가의 문제와 관련된다. 이와 관련하여 헌법 제23조 제3항의 성질을 둘러싸고 다양한 견해가 있다. 　3154

(개) **입법보상설**　　헌법 제23조 제3항은 법적 행위에 의하여 재산권 제약행위가 예정되는 경우에 관한 규정이므로, 사실행위를 주된 대상으로 하고 처음부터 당사자의 재산권 제약의 결과를 예상할 수 없는 경우에는 적용될 수 없으므로 유추적용될 수도 없다고 한다.[3] 또한 헌법 제23조 제3항의 해석과 관련하여 수용적 침해가 논의되는 상황은 당해 행정작용에 의해 사전에 예정되고 의도된 손해발생이 아닌 경우이므로 헌법 제23조 제3항이 규정하고 있는 불가분조항원칙이 적용될 수 없는 경우에 해당하므로 헌법 제23조 제3항을 직접적용하거나 유추적용하는 논리는 따를 수 없고 결국 입법적으로 별도의 손실보상규정을 마련하여야 한다고 주장한다.[4] 　3155

---

1) 독일에서는 수용적 침해보상의 법리로 해결하고 있다. 독일의 수용적 침해보상에 관해서는 옆번호 3163 이하를 보라. 한편, 본서는 제20판까지 독일의 수용적 침해보상의 법리를 활용하여 기술하는 방식을 채택하였으나, 제21판부터는 이러한 방식을 폐기하였다. 왜냐하면 이제는 우리의 학설과 판례만으로도 문제해결이 가능하다고 보았기 때문이다.

2) 대판 1966. 10. 18, 66다1715(군사상의 긴급한 필요에 의하여 국민의 재산권을 수용 또는 사용하게 되었던 것이라 할지라도 그 수용 또는 사용이 법률의 근거 없이 이루어진 경우에는 재산권자에 대한 관계에 있어서는 불법행위가 된다. … 우리나라 헌법이 재산권의 보장을 명시하였는 만큼 제헌 후 아직 징발에 관한 법률이 제정되기 전에 6.25사변이 발발되었고 그로 인한 사실상의 긴급한 필요에 의하여 국민의 재산권을 수용 또는 사용하게 되었던 것이라 할지라도 그 수용 또는 사용이 법률의 근거 없이 이루어진 것인 경우에는 그것을 재산권자에 대한 관계에 있어서는 불법행위라고 않을 수 없다).

3) 류지태·박종수, 행정법신론, 584쪽(2019).

4) 김철용, 행정법, 656쪽(2019); 박윤흔·정형근, 최신행정법강의(상), 690쪽; 류지태·박종수, 행

3156 (ⅱ) **구 직접효력규정설** 이러한 침해는 적법한 공권력 행사에 의해 직접 가해진 손실이므로 헌법 제23조 제3항을 유추적용하여 보상청구할 수 있다는 견해이다.[1] 구 직접효력규정설이란 아래의 신 직접효력규정설과 구분하기 위하여 이 책에서 붙인 명칭이다.

3157 (ⅲ) **신 직접효력규정설** 이 견해는 헌법 제23조 제3항의 제한의 의미를 의도되었든 의도되지 않았든 상관없이 수용이나 사용을 제외하고 재산가치 있는 법적 지위를 직접적으로 침해하는 모든 공법상 행위를 다 포괄하는 광범위한 개념으로 이해하면서, 이 조항을 근거로 손실보상을 청구할 수 있다고 한다. 제한이라는 개념은 원래 의도성이 포함되지 않은 중립적 개념인 반면에, 수용은 예를 들어 '특정구역'을 정해서 그 구역의 재산권을 박탈하여 재개발 등을 하므로 우연히 발생한 비의도적 수용이란 있을 수 없고, 사용도 마찬가지로 '특정한' 동산, 부동산, 권리 등을 공익목적으로 기한을 정해 사용하는 것이므로 우연히 발생한 비의도적인 사용이란 생각할 수 없기 때문이라는 것이다.[2] 신 직접효력설이란 종래의 직접효력설과 구분하기 위하여 이 책에서 붙인 명칭이다.

3158 (ⅳ) **간접효력규정설** 헌법 제23조 제3항은 문면상 의도된 재산권의 제약의 경우에 관한 것이지 의도되지 아니한 재산권의 제약의 경우에 관한 것이 아니다. 그러나 헌법 제11조의 평등의 원리, 제23조 제1항의 재산권보장의 원리, 제37조 제1항의 기본권보장의 원리와 함께 제23조 제3항의 특별희생의 원리를 종합적으로 고려한다면, 의도되지 아니한 재산권의 제약의 경우에도 손실보상을 하여야 한다는 규범적 의미를 찾을 수 있다는 견해이다.

3159 (ⅴ) **수용적 침해보상설** 우리나라의 경우에도 수용적 침해에 해당하는 재산권침해유형이 적지 않게 발생하고 있고, 손해배상으로 처리하기 어려운 적법한 공권력행사와 예상치 못한 부수적인 결과로 인한 피해에 대하여 적절한 보상입법이 행하여지지 않는 우리 현실을 감안한다면 독일의 수용적 침해보상이론을 원용하여 권리구제의 수요를 충족시키는 것이 타당하다는 견해이다.[3]

3160 (2) **사 견** 간접효력규정설이 타당하다. 수용적 침해보상설도 일종의 간접효력규정설에 해당하는 것으로 이해될 수 있을 것이다.

정법신론, 584쪽(2019).
1) 박균성, 행정법론(상), 1065쪽(2019).
2) 홍강훈, "분리이론·경계이론을 통한 헌법 제23조 재산권조항의 새로운 구조적 해석," 공법연구 제42집 제1호, 636쪽 이하.
3) 김남진·김연태, 행정법(Ⅰ), 703쪽(2019); 김성수, 일반행정법, 714쪽(2018); 석종현·송동수, 일반행정법(상), 702쪽; 홍준형, 행정법, 789쪽(2017).

Ⅳ. 전형적 손실보상청구권과 비교

1. 성립요건

사인의 재산권의 침해를 직접적으로 의도하는 수용·사용·제한에는 해당하 3161
지 아니하지만, 공공복지를 위한 적법한 공권력행사로 인해 사인에게 특별한 희
생으로서 피해가 발생하는 경우에 손실보상청구권이 인정된다고 할 때, 그 요건
은 침해의 위법 부분과 보상규정 부분만 제외하면, 전형적인 손실보상청구권과
다를 바 없다. 말하자면 전형적인 손실보상청구권의 성립요건 중 공공필요(옆번
호 3006 이하), 재산권(옆번호 3008), 특별한 희생(옆번호 3011 이하)의 요건은 구비되
어야 한다. 다만, 침해의 요건이 후자인 전형적인 손실배상의 경우에는 사인의
재산권의 침해를 직접적으로 의도하는 수용·사용·제한을 의미하지만, 전자의
경우에는 입법에 의해 직접적으로 의도된 침해가 아니라 의도되지 아니한 침해
라는 점에서 다르다.

2. 보상의 내용과 절차

사인의 재산권의 침해를 직접적으로 의도하는 수용·사용·제한에는 해당하 3162
지 아니하지만, 공공복지를 위한 적법한 공권력행사로 인해 사인에게 특별한 희
생으로서 피해가 발생하는 경우에 손실보상청구권이 인정된다고 할 때, 그 보상
의 내용과 절차는 전형적인 손실보상청구권을 규정하는 법률(예컨대 공익사업을
위한 토지 등의 취득 및 보상에 관한 법률)을 유추하여 정할 것이다. 요컨대 기본적으
로 전형적인 손실보상청구권의 경우와 동일하여야 할 것이다.

▌참고▐ 독일법상 수용적 침해보상

Ⅰ. 관　념

1. 의　　의

독일법상 수용적 침해란 공공복지를 위하여 사인의 재산권에 가해지는 공법상 3163
적법하고도 직접적인 침해로서 의도하지 아니한 피해를 부수적 효과로서 가져오고,
그 피해가 사인에게 특별한 희생을 가져오는 재산권의 침해를[1] 말한다(예 : 적법한
지하철공사에서 불가피한 교통차단으로 인하여 도로에 접한 영업자가 영업을 할 수 없게
된 경우, 질서에 적합하게 수행되는 지방자치단체의 굴착공사로 인해 이웃하는 주택에
균열이 발생한 경우, 경찰관이 총기발사에 필요한 법적 요건을 구비하고 총기를 발사하였

---

1) BGHZ 117, 240, 252. Detterbeck, Allgemeines Verwaltungsrecht mit Verwaltungsprozess-recht(9. Aufl.), §22, Rn. 1161.

으나 방향을 잃은 총알에 의해 사인의 차량이 파손된 경우). 이러한 사례에서의 침해들은 보상이 없는 사회적 구속으로 볼 수 있으나, 예외적으로 종류·범위·강도 등에 있어 그 침해가 관계자에게 수인을 요구할 수 없는 중대한 희생을 강요하는 경우에는 헌법 제23조 제3항에 따른 보상규정이 없을 때에 수용적 침해가 되는 것이다.[1]

2. 유사개념과 구별

3164　　수용적 침해보상제도와 보상을 요하는 내용·한계규정의 구별이 문제된다. 현재로서 판례나 학설상으로 양자의 구분이 만족스럽게 이루어지고 있는 것이 아니다.[2] 수용적 침해보상제도가 보상을 요하는 내용규정의 새로운 법적 현상인지의 여부는 불분명하다. 하여간 양자가 모두 재산권에 대한 침해와 관련한다는 점, 그리고 수인할 수 없는 부담과 관련하여 보상이 이루어진다는 점에서 동일하며, 보상을 요하는 내용·한계규정은 일반추상적으로 규정되지만 수용적 보상은 개별구체적인 것이라는 점에서 양자는 차이점도 갖는다.

3. 사적 발전

3165　　독일의 지배적인 견해에 따르면, 수용의 본질은 공익을 위해 개인의 재산권에 대해 가해지는 목적적인·의도적인 적법침해에 있고, 수용유사침해의 본질은 위법침해에 있는바, 적법한 행정작용으로 인해 야기되지만 그러나 의도되지 않은 비전형적인 부수적 효과로서의 재산권에 대한 침해의 경우는 수용이나 수용유사침해의 어느 경우에도 해당하지 않는 것이 된다. 따라서 이 경우에는 수용보상이나 수용유사침해로 인한 보상도 주어질 수 없다. 이러한 보상의 공백을 메우고자 독일의 연방통상재판소에 의해 창안된 개념이 수용적 침해(Enteignender Eingriff)의 개념인 것이다.[3] 한편, 자갈채취사건으로 수용적 침해보상론은 다소 위축된 감이 없지 않다. 그러나 수용적침해보상론은 수용유사침해보상과 같이 그 법적 근거를 종전과 달리하면서 여전히 의미를 갖고 있다.

Ⅱ. 법적 근거(인정여부)

3166　　독일에서 수용적 침해보상의 법적 근거(인정여부)는 기술한 수용유사침해보상의 경우와 같다.[4]

Ⅲ. 요　　건

3167　　수용유사침해의 경우와 마찬가지로 수용적 침해의 경우에도 보상청구권의 요

---

1) Maurer, Allgemeines Verwaltungsrecht, §27, Rn. 24.
2) Koch/Rubel, Allgemeines Verwaltungsrecht, S. 216.
3) BGH NJW 1965, 1907; BGHZ 57, 359; BGHZ 64, 220.
4) Detterbeck, Allgemeines Verwaltungsrecht mit Verwaltungsprozessrecht(9. Aufl.), §22, Rn. 1163.

건은 수용보상의 요건에서 유추하여 논급되고 있다. 그 요건으로 ① 공법상 행정주체의 침해, ② 재산권에 대한 침해, ③ 특별희생, ④ 침해의 적법성과 그 결과로서의 손해의 발생, ⑤ 침해의 공공복지관련성을 들 수 있다. 요건과 관련하여 수용유사침해와 특이한 몇 가지만 언급하기로 한다.

1. 특별희생

독일의 판례에 따르면 수용적 침해에서 침해를 뜻하는 적법한 행정작용의 부 3168
수적 효과는 그것이 행정작용의 한 부분이고, 또한 그 행정작용을 규율하는 법률상의 수권하에 들어오는 것으로 판단되는 것이어야 하고, 이 때 수용법원칙의 유추하에 침해결과가 재산권의 사회적 구속의 차원에서 무보상이 되는 경우를 능가할 때만(즉 그 침해가 종류·범위·강도에 따라 관계자에게 무보상을 수인케 할 수 없는 특별한 희생을 의미하는 경우에만) 보상청구권이 인정된다.

2. 침해의 적법성·의도성(목적성)

① 수용의 경우와 같이 적법성이 보상청구권의 전제요건이 된다. 여기서 적법 3169
판단의 대상은 그 부수적인, 의도되지 않은 효과가 손해로 나타난 처분이다. 그리고 행위가 적법하다는 것이 행위의 결과(실현된 피해)가 적법하다는 것을 뜻하는 것은 아니다. 오히려 그 결과는 위법하다. 여기서 행위불법(Handlungsunrecht)과 결과불법(Erfolgsunrecht)의 구별이 문제된다. 수용유사침해의 경우에는 양자가 동시에 발생하지만, 수용적 침해에서는 결과불법만이 발생한다. 수용적 침해가 고유한 책임제도인지 아니면 수용유사침해의 한 종류인지도 문제된다. ② 그리고 여기서 침해는 의도된 침해가 아니라 의도되지 않은 침해를 뜻한다. ③ 침해의 직접성과 침해의 공공복지관련성은 수용유사침해의 경우와 같다.

Ⅳ. 보   상

수용유사침해의 경우와 같다. 참고로, 독일의 경우에 수용보상·수용유사침해 3170
보상·수용적 보상에 관한 청구권의 분쟁은 모두 민사법원의 관할사항이지만, 내용규정에 따른 보상청구권의 경우는 행정법원의 관할사항이다.[1] 다만, 수용적 보상청구권의 경우에는 행정법원의 관할사항이라는 견해도 있다.

제4 비재산권 침해에 대한 보상청구권(이른바 희생보상청구권 관련)

1. 의   의

공공복지를 위한 적법한 공권력행사로 인해 사인의 비재산적 법익에 특별 3171
한 희생을 가져오는 경우(예컨대 해변에서 위험방지를 위한 경찰관의 도움 요청에 응하다

---

1) Würtenberger, Verwaltungsprozessrecht, Rn. 180; BVerwGE 77, 295, 296; 94, 1, 2ff.

가 해일로 인해 실종된 사인의 경우. 경범죄처벌법 제3조 제1항 제29호는 공무원원조불응에 대하여 10만원 이하의 벌금, 구류 또는 과료의 형을 규정하고 있다), 보상을 규정하는 법률이 없다고 하면 ① 사인에게 아무런 보상청구권도 발생하는 것이 아닌지, 아니면 ② 보상청구권이 발생하는지의 여부가 문제된다. ②로 본다면, 이러한 경우의 보상청구권은 헌법이 예정하지 아니한 보상 문제가 된다. ②의 입장에서 이러한 보상청구권을 이하에서 비재산권침해보상청구권이라 부르기로 한다.[1]

2. 입법상황(법적 근거)

3172   헌법은 비재산권침해보상청구권을 규정하는 바가 없다. 비재산권침해보상청구권을 규정하는 일반법도 없다. 현재로서는 개별 법률로 소방기본법(제49조의 2 제1항 제2호)·산림보호법(제44조)·감염병의 예방 및 관리에 관한 법률(제71조)[2] 등에서 비재산권침해보상청구권을 볼 수 있다.[3] 의사상자에 대한 보상제도는 비재산권침해보상제도와 격을 달리한다.[4]

---

1) 독일에서는 희생보상청구권의 법리로 해결하고 있다. 독일의 희생보상청구권에 관해서는 옆번호 3187 이하를 보라. 한편, 본서는 제20판까지 독일의 희생보상청구권의 법리를 활용하여 기술하는 방식을 채택하였으나, 제21판부터는 이러한 방식을 폐기하였다. 왜냐하면 이제는 우리의 학설과 판례만으로도 문제해결이 가능하다고 보았기 때문이다.

2) 대판 2019. 4. 3, 2017두52764(감염병의 예방 및 관리에 관한 법률(이하 '감염병예방법'이라 한다) 제71조에 의한 예방접종 피해에 대한 국가의 보상책임은 무과실책임이지만, 질병, 장애 또는 사망(이하 '장애 등'이라 한다)이 예방접종으로 발생하였다는 점이 인정되어야 한다); 대판 2014. 5. 16, 2014두274(국가의 보상책임은 예방접종의 실시 과정에서 드물기는 하지만 불가피하게 발생하는 부작용에 대해서, 예방접종의 사회적 유용성과 이에 따른 국가적 차원의 권장 필요성, 예방접종으로 인한 부작용이라는 사회적으로 특별한 의미를 가지는 손해에 대한 상호부조와 손해분담의 공평, 사회보장적 이념 등에 터 잡아 구 전염병예방법이 특별히 인정한 독자적인 피해보상제도이다. … 구 전염병예방법에 의한 피해보상제도가 수익적 행정처분의 형식을 취하고는 있지만, 구 전염병예방법의 취지와 입법 경위 등을 고려하면 실질은 피해자의 특별한 희생에 대한 보상에 가깝다).

3) 예컨대, 소방본부장·소방서장 또는 소방대장은 화재, 재난·재해 그 밖의 위급한 상황이 발생한 현장에서 소방활동을 위하여 필요한 때에는 그 관할구역 안에 사는 자 또는 그 현장에 있는 자로 하여금 사람을 구출하는 일 또는 불을 끄거나 불이 번지지 아니하도록 하는 일을 하게 할 수 있는바(소방활동 종사명령)(소방기본법 제24조 제1항 전단), 이에 의거하여 "소방활동에 종사한 자가 이로 인하여 사망하거나 부상을 입은 경우에는 이를 보상하여야 한다(소방기본법 제24조 제2항)"는 소방기본법상 사망 등에 대한 보상 그리고 소방기본법 제34조 제2항, 산림법 제102조의3, 감염병의 예방 및 관리에 관한 법률 제71조 참조.

4) 대판 2001. 2. 23, 2000다46894(의상자 및 의사자의 유족에 대하여 보상금 등을 지급 및 실시하는 제도는 의상자 및 의사자의 유족의 생활안정과 복지향상을 도모한다는 사회보장적 성격을 가질 뿐만 아니라 그들의 국가 및 사회를 위한 공헌이나 희생에 대한 국가적 예우를 시행하는 것으로서 손해를 배상하는 제도와는 그 취지나 목적을 달리 하는 등 손실 또는 손해를 전보하기 위하여 시행하는 제도가 아니라 할 것이므로, 의사상자예우에관한법률에 의해 지급되거나 지급될 보상금, 의료보호, 교육보호 등의 혜택을 국가배상법에 의하여 배상하여야 할 손해액에서 공제할 수는 없다).

3. 비재산권침해보상청구권의 인정 여부

⑴ 학 설 관련 법률에서 보상규정이 없는 경우에 특별한 희생을 당한 3173
사인이 보상을 청구할 수 있는가의 문제와 관련하여 견해는 나뉘고 있다.

㈎ 입법보상설 생명·신체에 대한 침해가 있는 경우에 보상이 주어져야 3174
한다는 규정이 없다면, 보상청구는 허용될 수 없다는 견해이다.[1]

㈏ 간접효력규정설 헌법 제23조 제3항을 유추적용하고, 헌법상 기본권보 3175
장규정(제10조, 제12조) 및 평등조항(제11조)을 직접 근거로 하여 보상을 인정하여
야 한다는 견해이다.[2]

㈐ 희생침해보상설 독일의 희생보상이론을 원용하면서 ① 정당보상원칙 3176
을 규정한 헌법 제23조 제3항을 유추적용하여 희생보상의 근거로 삼아야 한다
는 견해,[3] ② 헌법 제23조 제3항의 규정에 의한 손실보상이 법리적 기초를 이
루는 특별희생보상의 법리와 헌법상 법치주의, 평등의 원칙으로 보상청구권을
인정하여야 한다는 견해,[4] ③ 헌법 제10조와 제12조, 제37조 제1항과 제2항에
의해 보상청구권을 인정하여야 한다는 견해[5] 등이 이에 속한다.

⑵ 사 견 우리나라에는 독일의 관습법인 희생사상과 같은 관습법이 3177
존재하지 아니한다. 그러나 재산권보다 생명, 신체에 대한 기본권이 우월하므로
그에 대한 침해가 있는 경우 당연히 그 희생에 대한 보상청구권을 인정하는 것
이 정당하며, 그 근거는 헌법상의 특정의 조항이 아니라 여러 기본권 규정 즉
헌법 제10조, 제12조, 제23조 제3항, 제37조 제1항과 제11조의 평등조항의 정신
에서 간접적으로 도출된다고 본다. 요컨대 간접효력규정설이 타당하다. 희생침
해보상설도 일종의 간접효력규정설에 해당하는 것으로 이해될 수 있을 것이다.

4. 성립요건과 보상

⑴ 성립요건 손실보상청구권이나 비재산권침해보상청구권은 모두 공공 3178
복지를 위한 특별한 희생에 대하여 인정되는 것이므로 침해의 대상만 제외한다
면 손실보상청구권의 성립요건을 활용하여 비재산권침해보상청구권의 성립요건
으로 공공필요, 비재산권, 침해, 특별한 희생을 들 수 있다.

㈎ 공공필요 비재산권침해보상청구권의 성립요건으로서 공공필요(공공복 3179

---

1) 류지태·박종수, 행정법신론, 606쪽(2019).
2) 박균성, 행정법론(상), 1067쪽(2019).
3) 석종현·송동수, 일반행정법(상), 704쪽.
4) 홍준형, 행정구제법, 322쪽.
5) 김남진·김연태, 행정법(Ⅰ), 706쪽(2019).

지, 공익)란 국민의 건강·교육 등을 들 수 있을 것이다. 국고적 목적은 공공필요에 해당하지 아니한다.

3180   ㈏ **비재산권**   비재산권이란 사람의 생명이나 신체 또는 자유 등을 말한다.

3181   ㈐ **침 해**   침해란 생명을 잃게 하거나 건강을 악화시키거나 자유를 억압하거나 제한하는 공권력 행사를 말한다. 이러한 침해는 반드시 의도된 것일 필요는 없다. 그러나 여기서 침해란 적법한 침해를 말한다.

3182   ㈑ **특별한 희생**   생명을 잃게 되거나 공동체의 구성원으로서 수인하여야 할 범위를 벗어난 정도의 건강악화나 자유억압 등을 말한다.

3183   (2) **보 상**   ① 보상의무자는 공권력을 행사한 행정주체이다. ② 보상내용은 비재산적 침해에 따른 재산상 피해이며, 위자료도 포함된다고 볼 것이다.

5. 관할법원

3184   비재산권침해보상청구권은 공권에 속하는바, 비재산권침해보상청구권에 관한 분쟁에는 행정소송법상 당사자소송이 적용된다고 볼 것이다.

6. 비재산권침해보상청구권의 확장

3185   (1) **유사비재산권침해보상청구권**   공공필요를 위한 공권력행사를 규정하는 법률을 집행하면서 특별한 희생이 발생하였으나, 그 법률의 집행과정에서 그 법률이 정한 절차 등을 위반한 경우에는 위법한 침해가 된다. 비록 위법한 침해가 있었다고 하여도 공공필요를 위한 것이면 적법한 경우와 마찬가지로 비재산권침해보상청구권을 인정하는 것이 타당하다. 이러한 청구권을 유사비재산권침해보상청구권으로 부르기로 한다.

3186   (2) **청구권의 경합**   유사비재산권침해보상청구권이 인정되면, 경우에 따라서 국가배상법상 손해배상청구권이 경합적으로 적용될 수도 있을 것이다.

▌참고▌   독일법상 희생보상청구권

Ⅰ. 의 의

3187   독일법상 희생보상청구권이란 공공복지를 위하여 사인의 비재산적인 법익에 특별한 희생을 가져오는 공법상 직접적인 침해에 대한 보상청구권을 말한다(예: 국가의 전염병예방접종명령에 따른 예방접종의 결과 치료와 회복에 엄청난 비용이 요구되는 경우, 또는 경찰관이 총기발사에 필요한 법적 요건을 구비하고 총기를 발사하였으나 방향을 잃은 총알에 의해 사인의 심하게 다친 경우에 있어서 보상청구권). 수용이나 수용유사침해 또는 수용적 침해로 인한 보상청구권은 오직 재산적 가치있는 권리나

법적 지위에 대한 침해시의 문제이고, 그 밖에 생명·건강·명예·자유와 같은 법익의 침해의 경우에는 적용되지 않는다. 그러나 이러한 비재산적인 가치를 재산적인 것보다 덜 보호한다면, 그것은 헌법상의 기본권보장, 법치국가원리, 사회국가원리에 부합하지 않는 것이 된다. 여기에서 이러한 비재산적인 가치의 보호에 기여하는 것이 바로 희생(Aufopferung)에 따른 보상청구권, 즉 희생보상청구권(Aufopferung-sanspruch)의 제도인 것이다.[1]

II. 법적 근거

희생보상청구권은 판례상 발전된 것이다. 근본적으로는 프로이센일반란트법 3188
제74조·제75조에 있었던 그러나 오늘날에는 전 독일에서 관습법적인 것으로 인정되고 있는, 소위 일반희생원칙(Allgemeiner Aufopferungsgrundsatz)의 발전의 결과이다. 요컨대 희생보상청구권은 기본법상의 기본권(GG 제14조·제3조) 및 프로이센일반란트법 제74조·제75조에 근거를 두고 판례상 발전된 헌법적 지위의 관습법으로 이해되고 있다.[2] 그 밖에 부차적인 근거로 법치국가원리·사회국가원리·평등원칙 등이 언급되기도 한다.

III. 요 건

희생보상청구권도 수용보상청구권 등의 경우와 유사한 다음의 성립요건을 요 3189
구한다. 즉 ① 행정주체의 침해, ② 비재산권에 대한 침해와 관련법적 지위의 보호 가치성, ③ 특별한 희생, ④ 침해의 공공복지관련성 등이 그것이다(독일의 경우, 이러한 요건들은 판례상 발전된 최소한의 일반원칙이다). 이하에서 각 요건을 개별적으로 간략히 살펴보기로 한다.

1. 행정주체의 적법한 침해

여기서 침해의 개념은 수용유사침해 또는 수용적 침해의 경우와 같고 수용침해 3190
의 경우와 다르다. 말하자면 침해가 어떠한 법익에 대한 의도된, 목적적인 침해일 것을 요하지 아니한다. 그리고 손해의 결과를 가져온 침해는 법적 근거, 행위의 종류나 방식 등이 적법한 것이어야 한다. 만약 침해가 위법한 것이라면 희생유사침해의 문제가 된다. 다만 침해는 행정권에 의한 강제적인 것이어야 하며, 관계 사인이 임의적으로 위험상황을 만들었을 경우에는 침해에 해당하지 아니한다(예 : 사인이

---

1) Detterbeck, Allgemeines Verwaltungsrecht mit Verwaltungsprozessrecht(13. Aufl.), §23, Rn. 1181f. 한편, 용례상 본문에서 말하는 희생보상청구권을 협의의 희생보상청구권이라 하고, 수용유사침해보상청구권과 수용적 침해보상청구권을 합하여 광의의 희생보상청구권이라 부르기도 한다. 이러한 권리가 모두 프로이센일반란트법의 희생사상에 근거하는 것임은 기술한 바 있다.

2) Detterbeck, Allgemeines Verwaltungsrecht mit Verwaltungsprozessrecht(9. Aufl.), §22, Rn. 1185; P. Schiwy, Impfung und Aufopferungsentschädigung, 1974, S. 27ff., 33; Wallerath, Allgemeines Verwaltungsrecht(6. Aufl.), §18, Rn. 64.

임의적으로 경찰을 돕다가 신체상에 침해를 받은 경우에는 희생보상의 적용은 없고, 특별법상의 보상이 있을 뿐이라 한다). 침해의 직접성의 판단기준은 수용유사침해의 경우와 같다. 국고작용에 의한 침해는 여기서 말하는 침해에 해당하지 아니한다.[1]

2. 비재산권침해

3191   수용이나 수용유사침해, 그리고 수용적 침해의 경우에 있어서 보상청구권의 제도가 기본법이나 법률 또는 판례상 독자적인 법제도로서 발전된 결과, 오늘날에 있어서 희생보상청구권은 다만 비재산적인 법익과 법적 지위에 대한 침해의 경우에만 해당이 있게 되었다. 판례상으로는 특히 기본법 제2조 제2항의 생명·건강·자유에 대한 침해의 경우와 관련하여 동청구권이 발전되어 왔다. 그리고 수용의 경우와 같이 희생보상청구권의 경우에 있어서도 상대방의 관련법적 지위가 보호할 가치가 없는 것인 때(예 : 위법한 직업상의 업무수행)에는 청구권이 배제된다.

3. 특별희생

3192   수용의 경우와 마찬가지로 희생보상청구권도 관계자에게 발생된 손해가(수용법상 특별희생론의 의미에서) 특별희생(Sonderopfer)일 것을 요구한다. 관련 사인에 대한 부담이 그러한 침해로 인해 통상 발생하는 부담을 능가하는 경우에 특별한 희생은 존재한다. 일반적인 생활상의 위험의 현실화는 특별한 희생에 해당하지 아니한다.[2] 한편, 희생보상청구권은 비재산상의 법익에 대한 침해를 통해 재산상의 손해가 발생할 것을 요건으로 한다.[3] 사망의 경우에는 민법규정(BGB 제844조 참조)의 도움을 받아 재산상 피해가 정해진다.

4. 침해의 공공복지관련성

3193   수용의 경우와 같이 손해의 결과를 가져온 침해는 공공복지에 봉사하는 것이어야 한다(독일의 경우, 이것은 프로이센일반란트법 제75조 이하에 명시적으로 규정되어 있다). 사익을 추구하거나, 국고상의 이익을 추구하는 것은 공공복지에 봉사하는 것이 아니다.

Ⅳ. 보   상

1. 보상의무자

3194   희생보상청구권에 있어 보상의무자의 판단도 수용보상의 경우를 유추해석하여

---

1) Peine, Allgemeines Verwaltungsrecht, Rn. 1163.
2) 말하자면 국가적으로 규율되는 영역이나 법적으로 명령된 처분의 범위 안에서 일반적인 생활상의 위험이 실현되었을 때에는 특별희생이 부인된다. 예컨대, 어린 아이가 세밀한 관찰 하에 회전운동을 하다가 다친 경우가 이에 해당한다. 그러나 치료시설에서 보호를 필요로 하는 사람이 다른 환자의 발작으로 다친 경우에는 그러하지 않다고 할 것이다(Wallerath, Allgemeines Verwaltungsrecht(6. Aufl.), §18, Rn. 71).
3) Detterbeck, Allgemeines Verwaltungsrecht, §22, Rn. 1192.

정함이 일반적이다. 즉 침해를 통해 수익하는 자가 있다면 그 자가 보상의무자가 되고, 만약 없다면 처분의 관할청이 속한 행정주체가 보상의무자가 된다.

2. 보상의 내용·범위

① 비재산적인 이익이 재산적인 이익보다 과소평가되어서는 아니된다는 원칙   3195
이 승인되고 있음에도 독일의 판례는 보상을 비재산적 이익의 침해에 대한 것이 아니라, 비재산적 침해에 따른 재산적(물질적·재산법적) 결과(예 : 치료비·소송비용 등)의 보상으로 다루고 있다. 위자료는 배제되고 있다.[1] 말하자면 비재산적 가치 있는 법익에 대한 직접적인 침해로 발생한 재산상 손해(피해)를 보상하는 것을 말한다. 따라서 비재산적인 법익의 침해를 통해 발생한 물질적 손해를 상당한 금액의 보상을 통해 균형화하는 것이 희생보상제도의 취지이다.[2] ② 한편 보상액의 산정에 있어 공동과실·과실상계 등의 일반법제도 또한 적용이 있다고 한다.

V. 권리보호

독일의 경우, 희생보상청구권에 관한 분쟁은 통상법원의 관할에 속한다(VwGO   3196
제40조 제2항 제1문).

VI. 희생유사침해로 인한 보상청구권

1. 의   의

수용의 경우와 같이 희생으로 인한 보상청구권의 경우에 있어서도 적법침해로   3197
인한 보상청구권과 위법침해로 인한 보상청구권의 경우로 구분된다. 독일의 이론과 판례는 수용유사침해를 인정한 것과 같은 논리에서, 위법한 작용의 경우에까지 희생으로 인한 보상청구권을 확장하였다.[3] 이를 희생유사침해(Aufopferungsgleicher Eingriff)로 인한 보상청구권이라 부른다. 희생유사침해의 법적 근거·요건·결과는 위법성의 문제만 제외한다면 적법작용으로 인한 희생보상청구권의 경우와 동일하다.

2. 청구권의 경합

희생 유사침해로 인한 보상청구권은 특별규율을 가하는 명문의 규정이 없는   3198
경우에만 적용된다. 한편 직무책임으로 인한 배상청구권과 희생 유사침해로 인한 보상청구권은 서로 배척하지 않고 병렬관계에 선다. 그러나 국가가 관련사인에게 특별한 희생에 대하여 이미 다른 방법으로 충분히 보상하는 한, 이 보상청구권은 행사될 수 없다는 의미에서 희생 유사침해로 인한 보상청구권은 보충적이다.

---

1) BGH 20, 61, 68.
2) Wallerath, Allgemeines Verwaltungsrecht(6. Aufl.), §19, Rn. 72.
3) P. Schiwy, Impfung und Aufopferungsentschädigung, S. 25.

제2항 결과제거청구권 등

Ⅰ. 관   념

1. 의   의

3199   위법한 고권작용(공법작용)으로 인해 자기의 권리가 침해되고 또한 그 위법 침해로 인해 야기된 사실상태가 계속되는 경우에 관계자는 행정주체에 대하여 불이익한 결과의 제거를 통해 계속적인 법익침해의 해소를 구할 수 있는 권리를 가지는바(예 : 수용처분의 취소 후에도 계속 공공용지로사용하고 있는 경우에 당해 토지의 반환청구), 이러한 권리를 결과제거청구권(Folgenbeseitigungsanspruch)이라 부른다.[1] 말하자면 위법침해가 동시에 위법한 사실상태를 야기한 경우, 적법한 사실상태의 회복을 구할 수 있는 청구권이 바로 결과제거청구권이다(예컨대 A가 즉시명령집행에 의거 행정관청에 운전면허증이 압수되었으나, 그 압수가 위법한 것이라면 A는 위법한 면허증압수처분에 대해 취소소송을 제기할 수 있다. 그런데 만약 취소판결이 있음에도 불구하고 관계행정청이 A에게 면허증을 되돌려 주지 아니하면, 법원은 독일 행정재판소법 제113조 제1항 제2문에 의거 행정청이 되돌려 줄 것을 명할 수 있다는 것이다. 이러한 방식으로 A의 권리에 대한 위법한 침해의 결과는 사실상 제거될 수 있게 되며, 이러한 상황을 체계화한 것이 결과제거청구권론이다). 결과제거청구권은 독일에서는 공법상의 청구권으로 일반적으로 인정되고 있다.[2] 우리의 경우는 이를 행정상의 원상회복[3] 또는 방해배제청구권[4]으로 관념하기도 한다.

3200   ▌참고▐ 일반적인 결과제거청구권과 집행결과제거청구권

용례상 일반적인 결과제거청구권과 집행결과제거청구권을 구분하기도 한다. 일반적인 결과제거청구권(Folgenbeseitigungsanspruch)은 행정행위가 아닌 단순공행정작용의 결과의 제거와 관련하며, 집행결과제거청구권(Vollzugsfolgenbeseitigungs-anspruch)은 행정행위의 집행의 결과의 제거와 관련한다.[5]

독일의 경우, 일반적인 결과제거청구권의 예로 공법적 견해표명(예 : 명예훼손적인 주장, 위법한 공적 경고·추천·평가)의 철회청구권 또는 공공시설에서 배출되는

---

1) Detterbeck, Allgemeines Verwaltungsrecht mit Verwaltungsprozessrecht(13. Aufl.), §23, Rn. 1181f.
2) 독일의 판례상 결과제거청구권이 인정된 예로, 압수처분의 폐지 후 압수한 운전면허의 반환 (HessVGH, DÖV 1963, 390), 다른 토지에 대한 공설 도로의 건설(BVerwG, DÖV 1971, 857), 명예를 침해하는 공적 의사표명의 취소(BVerwGE 59, 319; 38, 337) 등을 볼 수 있다.
3) 김도창, 일반행정법론(상), 645쪽.
4) 이상규, 신행정법론(상), 625쪽.
5) Detterbeck, Allgemeines Verwaltungsrecht mit Verwaltungsprozessrecht(13. Aufl.), §24, Rn. 1202f.; Erbguth, Allgemeines Verwaltungsrecht(7. Aufl.), §41, Rn. 2.

임미씨온의 방지청구권을 들고, 집행결과제거청구권의 예로 부랑자에게 배정된 주
거공간 옆에서 압류된 물건의 반환청구권 등을 든다.[1]

2. 사적 발전

오늘날의 법치국가에서 개인의 권리보호의 요구는 ① 개인에 손해를 가한   3201
국가나 기타의 행정주체가 그 개인에 대하여 발생된 손해만을 보상할 것을 뜻
하는 것은 아니다. ② 그 손해의 제거는 물론이요, 그 밖에 위법한 침해작용이
없었더라면 그 개인이 처해 있을 상황으로 그 개인의 지위를 회복하여 줄 것을
또한 내용으로 갖는다. 요약하자면 개인은 국가나 지방자치단체의 위법침해를
수인하여야 하며, 다만 손해배상청구권만을 갖는다는 과거의 행정법의 내용이
오늘날의 현대행정법에서는 유지될 수 없다는 것이다. 결과제거청구권은 제2차
대전 후 먼저 학문상으로 발전되었고,[2] 그 후 판례상으로 인정되었다. 1960년
대에는 소송법상문제와 관련하여 독일 행정재판소법 제113조 제1항 제2문[3] 이
하에서 그 법적 근거를 찾았다. 그 후 판례는 사실행위에도 결과제거청구권을
확장하였다(예 : 연방헌법재판소는 위법한 방식으로 도로가 폐쇄되어 도로로 나아가는 출구
를 폐쇄당한 자는 위법의 확인이 아니라 이전상태의 회복 또는 유사한 상태의 요구가 가능하
다고 하였다. BVerfGE 38, 345f.). 하여튼 결과제거청구권은 1960년대 이미 학설과
판례에서 일반적으로 인정되었던 것이다.[4]

3. 성   질

(1) **개인적 공권 여부**   독일의 경우 결과제거청구권은 공법상 특별한 제도   3202
로서 고권작용의 영역에서 국가나 그 밖의 행정주체의 작용의 결과와 관련하는
것이지 사법적으로 작용하는 행정주체의 경우에는 문제되지 아니한다. 후자의
경우에는 민법(BGB 제1004조·제12조·제862조)에 따른 사법상의 방해배제청구권이
문제된다고 한다. 결과제거청구권의 인정·내용·범위에 관해 독일의 지배적 견
해와 판례는 광범위하게 일치한다. 우리의 일반적 견해도 결과제거청구권을 공

---

1) Erbguth, Allgemeines Verwaltungsrecht(7. Aufl.), §41, Rn. 2.
2) Bachof, Die verwaltungsgerichtliche Klage auf Vornahme einer Amtshandlung, 1951, 98ff.
3) VwGO(독일연방행정절차법) 제113조(판결의 내용) ① 1행정행위가 위법하고, 원고가 그 행위
   로 인해 권리가 침해되었다면, 법원은 행정행위와 기각재결을 폐지한다. 2행정행위가 집행되었
   다면, 법원은 신청에 의거하여 행정청이 집행을 소급적으로 해제할 것과 그 해제방법을 판시할
   수 있다. 3이러한 판시는 행정청이 그것을 할 수 있는 상태에 있고, 또한 이러한 문제가 판결을
   내릴 수 있을 정도로 성숙한 경우에만 허용된다. 4행정행위가 이미 취소되었거나 다른 이유로
   소멸한 경우에도 원고가 그 행정행위가 위법하였다는 확인에 정당한 이익을 갖는 한, 법원은
   신청에 의거하여 그 행정행위가 위법하였다는 것을 판시할 수 있다.
4) T. Rösslein, Der Folgenbeseitigungsanspruch, 1968, S. 13.

행정작용으로 인한 침해의 경우에 발생하는 공권으로 이해한다.[1] 그러나 일설은 사권의 일종으로 보면서 결과제거청구권이 공권력행사와 관련되는 것만은 아니라고 지적하기도 한다.[2]

3203 　　(2) **물권적 청구권 여부**　　한편 결과제거청구권은 물권적 지배권이 침해된 경우에 발생하는 물권적 청구권이라는 견해도 있으나,[3] 결과제거청구권은 물권적 지배권이 아닌 권리, 예컨대 개인의 명예권이 침해되는 경우에도 발생할 수 있다.[4] 결과제거청구권의 범위는 민법상 물권적 청구권보다 포괄적이다.

3204 　　(3) **회복청구권**　　결과제거청구권은 손해의 배상청구권도 아니고 손실의 보상청구권도 아니다. 결과제거청구권은 다만 계속되는 위법한 침해의 제거를 통해 원래의 상태로의 회복을 구하는 회복청구권일 뿐이다. 결과제거청구권은 단순한 방어권(방어청구권)과도 구별된다. 방어권은 교란·침해의 부작위를 요구하지만, 결과제거청구권은 이전의 상태로의 회복을 위한 적극적인 작위를 요구한다. 결과제거청구권은 일종의 보상청구권의 성격을 가지며, 고의·과실과는 무관한 독자적인 국가책임제도의 하나이다.

Ⅱ. 법적 근거

1. 독일의 경우

3205 　　개인이 국가나 그 밖의 행정주체에 대해 갖는 결과제거청구권은 여태까지 명문으로 규율되어 온 것이 아니다. 결과제거청구권의 법적 근거는 관련민법규정(제1004조·제12조·제862조)의 유추, 법치국가원리,[5] 행정의 법률적합성의 원칙,[6] 기본권(자유권)보장[7] 등에서 찾았으며, 또한 결과제거청구권은 관습법으로[8] 이해되고 있다. 그리고 결과제거청구권의 간접적인 법적 근거로 독일 행정법원법 제113조 제1항 2문 이하가[9] 언급되기도 한다. 동조항은 결과제거청구권

---

1) 김도창, 일반행정법론(상), 645쪽; 김동희, 행정법(Ⅰ), 651쪽(2019); 박윤흔·정형근, 최신행정법강의(상), 638쪽.

2) 이상규, 신행정법론(상), 626쪽.

3) 이상규, 신행정법론(상), 626쪽.

4) 박윤흔·정형근, 최신행정법강의(상), 638쪽; 김남진·김연태, 행정법(Ⅰ), 712쪽(2019); 김동희, 행정법(Ⅰ), 651쪽(2019); 류지태·박종수, 행정법신론, 620쪽(2019).

5) BVerwGE 69, 366, 370.

6) BVerwGE 69, 366, 370.

7) BVerwG 82, 24, 25.

8) BVerwG DÖV 1971, 857, 858; Hofmann/Gerke, Allgemeines Verwaltungsrecht, S. 425.

9) 독일행정법원법 제113조(판결의 주문) ① 행정행위가 위법하고 아울러 그로 인해 원고의 권리가 침해되었다면, 법원은 행정행위(경우에 따라서는 재결)를 폐지한다. 만약 행정행위가 이미 집행되었다면, 법원은 신청에 따라 행정청이 집행을 되돌려야만 하는 것과 그 방법을 선고할

의 승인을 전제로 한 규정으로 해석될 수 있기 때문이다.

2. 우리나라의 경우

결과제거청구권을 인정하는 견해는 동청구권의 법적 근거를 ① 법치행정원 3206
리(헌법 제 107조 등), 기본권규정(헌법 제10조 내지 제37조 제1항), 민법상의 관계규정
(제213조·제214조)의 유추적용에서 찾기도 하고,[1] ② 헌법 제10조·제23조 제1항
전단·제29조, 민법 제213조·제214조 등에서 찾기도 한다.[2] 한편 ③ 일부 견해
는 근거를 민법 제213조·제214조에서 찾는데,[3] 이러한 입장이 말하는 방해배
제청구권은 여기서 말하는 공법상 청구권으로서의 결과제거청구권과 다소 차이
가 있어 보인다. 그리고 ④ 일부 견해는 행정소송법상의 판결의 기속력에 관한
규정(제30조 제1항),[4] 관련청구의 이송 및 병합에 관한 규정(제10조), 당사자소송
에 관한 규정(제39조 이하)[5]에서 소송법적 근거를 찾기도 한다. ⑤ 생각건대 여
기서 말하는 결과제거청구권은 공법상의 것이므로 민법에서 직접 근거를 찾지
않는 ①설이 합리적인 견해로 보인다.

Ⅲ. 요   건

개별법률에서 그 요건을 정함이 있는 경우에는 그에 따라야 할 것이나, 그 3207
러하지 아니한 경우에는 최소한 다음의 요건을 갖추어야 된다고 한다. 즉 ① 공
법작용, ② 주관적인 법적 지위와의 관련성 및 관련 법적 지위의 보호가치성,
③ 침해의 계속, ④ 행위의 위법성, ⑤ 지위회복의 가능성·허용성·수인성 등이
그것이다.[6]

1. 공법작용

결과제거청구권은 공법작용(고권작용)을 전제로 한다. 사법상 행정작용의 경 3208
우에는 사법상 청구권만이 문제된다. 원래 결과제거청구권은 위법한 행정행위

수 있다. 이러한 선고는 다만 행정청이 되돌릴 수 있는 상태에 있고 또한 이러한 문제가 선고
할 수 있을 만큼 성숙한 경우에만 허용된다. 만약 행정행위가 이미 취소되었거나 다른 사유로
소멸되었다면, 원고가 확인에 대한 정당한 이익을 갖는 경우에 법원은 신청에 따라 판결로써
그 행정행위가 위법하였다는 것을 선고한다.

1) 김남진·김연태, 행정법(Ⅰ), 711쪽(2019).
2) 김도창, 일반행정법론(상), 645쪽.
3) 이상규, 신행정법론(상), 627쪽.
4) 김남진·김연태, 행정법(Ⅰ), 711쪽(2019); 류지태·박종수, 행정법신론, 620쪽(2019).
5) 박윤흔·정형근, 최신행정법강의(상), 640쪽; 류지태·박종수, 행정법신론, 620쪽(2019).
6) Ipsen, Allgemeines Verwaltungsrecht(7. Aufl.), §22, Rn. 1341f.; Peine, Allgemeines Ver-
waltungsrecht, §16, Rn. 1066ff.

를 통해 야기된 결과의 제거와 관련하였다(집행결과제거청구권)(예: 압수처분의 폐지 후 압수된 운전면허증의 반환). 그 후 결과제거청구권은 단순고권작용(비권력공법작용)의 결과의 제거가 문제되는 경우까지 확대되었다. 그리고 고권작용은 작위만을 뜻하는 것이 아니고, 침해를 가져오는 의무에 위반한 부작위로도 가능하다. 예컨대 행정주체가 압류승용차를 압류해제 후에도 권리자에게 돌려 주지 않고 있는 경우가 이에 해당한다. 또한 행정주체의 임무수행을 돕는 사인의 행위도 행정주체의 행위와 동일시된다(예: 경찰의 요청에 의거 사인이 주차위반차량 또는 고장난 차량을 견인하여 보관하고 있는 경우).

2. 주관적인 법적 지위(개인적 공권)와의 관련성(법률상 이익의 침해)

3209 ① 그 제거를 구하려고 하는 결과는 결과제거청구권을 행사하려는 개인의 권리와 관련하는 것이어야 한다. 즉 법상으로 보호되는 이익이 침해되어야 한다. 여기서 그 이익은 재산상 가치있는 권리에만 한정되는 것은 아니고, 그 밖에 명예·직업 등도 포함된다고 한다. ② 결과제거청구권은 침해된 법적 지위가 보호할 가치가 있는 경우에만 인정된다. 만약 관계자가 자신의 재산권을 법에 반하는 방식으로 행사하는 경우에는 수용에서와 같이 보호할 가치가 없는 것이 된다. 예컨대 주차금지장소에 주차한 차량을 다른 장소로 견인한 경우, 그 차량의 소유자는 주차금지장소에서 차량을 반환해 줄 것을 요구할 수 없는 것이며, 광견병에 감염된 가능성이 매우 높은 개의 소유자는 그 개의 반환을 요구할 수는 없다는 것이다.

3. 침해의 계속

3210 결과제거청구권은 제거하고자 하는 결과가 존재함을 전제요건으로 한다. 만약 불이익을 가져오는 사실상태가 더 이상 존재하지 않는다면, 논리적으로 결과제거청구권은 존재할 수 없고, 다만 수용보상이나 직무책임으로 인한 배상 등이 문제될 수 있을 뿐이다. 발생된 결과에 대하여 관련사인에게도 공동책임이 있다면, 그러한 결과를 가져오는 침해는 여기서 말하는 침해가 아니다. 말하자면 그러한 사인은 결과제거청구권을 갖지 못한다.[1]

4. 침해의 위법성

3211a 결과제거청구권은 위법한 상태의 제거를 내용으로 한다. 그 위법은 처음부터 위법한 것일 수도 있고, 기한의 경과나 조건의 발생 등으로 인해 사후에 생

---

1) Wittern, Grundriß des Verwaltungsrechts, §4, Rn. 61; BVerwGE 38, 377.

겨난 것일 수도 있다. 단순위법의 행정행위는 그것이 폐지될 때, 비로소 여기서 말하는 위법이 문제된다. 행정행위가 존속하는 한, 그리고 어떠한 상황의 존속을 정당화하는 한 결과제거청구권은 인정되지 아니한다. 위법상태의 존재여부는 사실심의 변론종결시가 기준이 된다.

5. 결과제거의 가능성·허용성·수인가능성

원상 또는 유사한 상태의 회복이 가능하여야 하며(예 : 모욕은 사후적인 행위로   3211b
회복이 가능하지 아니하므로, 모욕행위에 대한 결과제거청구는 허용되지 아니한다),[1] 법상 허용되어야 하며(예 : 건축허가신청이 위법하게 거부되었으나, 그 후 거부사유를 적법하게 하는 법적 상황의 변경이 있는 경우에는 건축허가발령을 요구할 수 없다), 또한 수인이 가능하여야 한다(예 : 비례원칙에 어긋나고 부당하게 많은 비용이 요구되는 경우에는 결과제거청구권이 인정되지 아니한다). 이러한 요건이 구비되지 아니하면 손해배상이나 손실보상만이 문제된다.[2]

Ⅳ. 청 구 권

1. 청구권의 상대방

결과제거청구권은 일반적으로 결과를 야기한 행정주체에 대해 행사된다.   3212
만약 그 자가 사후에 권한을 갖지 못하게 되면, 그 때부터는 결과제거를 위한 필요한 작용에 대해 권한을 갖게 된 행정주체가 청구권행사의 상대방이 된다.

---

1) (참고판례) 대판 1987. 7. 7, 85다카1383(대지소유자가 그 소유권에 기하여 그 대지의 불법점유자인 시에 대하여 권원없이 그 대지의 지하에 매설한 상수도관의 철거를 구하는 경우에 공익사업으로서 공중의 편의를 위하여 매설한 상수도관을 철거할 수 없다거나 이를 이설할 만한 마땅한 다른 장소가 없다는 이유만으로써는 대지소유자의 위 철거청구가 오로지 타인을 해하기 위한 것으로서 권리남용에 해당한다고 할 수는 없다).

2) 대판 1969. 3. 25, 68다2081(원판결은 그 이유 설명에서 피고는 1966. 8. 21.부터 같은 해 11. 10. 까지 청계천변 보도설치공사를 함에 있어 원고 소유인 본건 토지를 적법한 수용절차도 없이 도로로 편입 사용중인 사실을 인정하고 피고의 불법점유라는 이유로 그의 인도와 임료 상당의 손해배상의무 있음을 판단하였다. 그러나 본건 토지가 도로법 소정 노선의 인정과 구역결정이 있는 소위 도로법 소정 도로에 예정지로 인정될 수 있고 도로법 제7조의 적용과 1966. 10. 25. 개정 전의 도로법시행령 제7조의 적용 또는 개정 후의 같은 규정에 의한 공고가 있어 도로법 제40조 등의 준용이 있을 경우에는 특별한 사정이 없는 한 원고는 본건 토지의 인도를 청구할 수 없고 또한 손실보상은 몰라도 불법점유를 이유로 손해배상을 청구할 수 없을 것임에도 불구하고 도로 예정지 인지의 여부 및 위 도로법 제40조 등의 준용이 있을 수 있는지의 여부에 관한 아무런 심리판단도 없이 위와 같이 한 원판결 판단에는 심리미진 나아가 이유불비의 위법이 있다 할 것으로서 이 점에 관한 상고논지는 결국 이유 있음에 귀착되어 원판결 중 피고 패소부분은 파기를 면하지 못할 것이다).

2. 청구권의 내용과 범위

3213   결과제거청구권은 다만 소극적으로 위법의 고권작용으로 발생한 또는 사후적으로 위법하게 된 상태의 직접적인 제거만을 목적으로 한다.[1] 말하자면 그것은 발생된 손해의 배상이나 보상이 아니라, 단지 행정청의 위법작용으로 인해 개인에게 손해가 되는 변경된 상태로부터 원래의 상태 또는 그와 유사한 상태로 회복하는 것을 내용으로 한다. 청구권의 내용은 원래 상태에로의 완전한 회복에 미달할 수도 있다(예 : 막힌 골목길을 무단으로 공사하여 차도로 연결함으로써 그 골목길의 주민의 권리가 침해를 받는 경우, 결과제거청구권은 복원공사가 아니라 무단으로 연결된 도로의 폐쇄처분을 내용으로 한다).[2] 그리고 결과제거청구권이 원래 상태로의 회복이 아니라 원래와 동등한 가치를 갖는 상태로의 회복을 포함하는가의 여부에 대한 독일의 판례는 입장이 한결같지 않다. 결과제거청구권의 발생을 가져오는 위법한 상황에 청구권자도 책임이 있다면, 청구권의 범위는 감소된다.

3. 청구권의 경합

3214   결과제거의 방식으로 침해된 손해가 완전히 복구되지 아니하는 경우에는 결과제거청구권 외에 손해배상청구권의 행사 또한 가능하다고 한다.

V. 권리보호

1. 독일의 경우

3215   결과제거청구권은 공법상 청구권으로서 행정재판소법 제40조에 따라 행정소송의 대상이 된다. 그것은 두 가지의 경우로 나누어 볼 수 있다. 먼저 결과제거청구권이 행정행위의 취소소송 등과 병합하여 제기되는 경우이다. 이 때에 ① 그 위법행위가 무효라면 이미 발생된 결과제거청구권의 행사가 되고, ② 그 위법행위가 취소할 수 있는 경우라고 하면, 그 행위의 취소에 유보되어 결과제거청구권이 발생하게 된다.

3216   다음으로, 결과제거청구권이 소송상 독립적으로 제기되는 경우이다. 이 때 결과제거청구권은 행정소송상 원칙적으로 일반적인 급부소송의 방식으로 제기되고, 예외적으로 의무화소송의 방식으로 제기된다. 후자의 경우에는 결과의 제거가 오로지 행정행위의 발령(예 : 이웃에 대한 철거처분)을 통해 이루어질 수 있는 경우이다.

---

1) Hofmann/Gerke, Allgemeines Verwaltungsrecht, S. 426; Maurer, Allgemeines Verwaltungsrecht, §30, Rn. 1; T.Rösslein, Der Folgenbeseitigungsanspruch, S. 33.
2) BVerwGE 94, 100.

2. 우리나라의 경우

① 학설은 공법상 결과제거청구권에 관한 쟁송은 행정소송의 일종으로서 3217
당사자소송의 성격을 가지므로 행정소송법(법 제3조 제2호·제4조)의 적용이 있다
고 한다.[1] ② 결과제거청구권을 사권으로 보면 민사소송사항이 될 것이다. ③
공법상 결과제거청구권의 개념에 비추어 볼 때, ①설이 논리적이라고 하겠다.

Ⅵ. 공법상 부작위청구권

독일에서는 결과제거청구권 외에 공법상 부작위청구권이 인정되고 있다.[2] 3218
부작위청구권이란 사인의 개인적 공권에 대한 행정청의 공법상 침해가 급박하
고, 그 침해가 위법한 경우에 그 침해행위의 부작위를 구하는 청구권을 말한다.
부작위청구권은 부작위가 가능하고 또한 수인할 수 있을 때에 존재한다. 공법상
부작위청구권은 기본권(기본법 제2조 제1항)으로부터 나오는 것으로 이해된다. 공
법상 부작위청구권은 급박한 권리침해를 방어하는 것을 목적으로 한다. 부작위
청구권의 행사에 의해 행정청은 부작위의 의무를 진다. 부작위청구권은 부작위
를 목적으로 하는 점에서 이전의 상태에로의 회복, 즉 행정청의 적극적인 작용
을 대상으로 하는 결과제거청구권과 차이를 갖는다. 우리의 경우에 공법상 부작
위청구권이 인정될 것인가의 여부는 검토를 요한다.

Ⅶ. 조성청구권

여태까지의 발전을 볼 때, 결과제거청구권은 침익적 행정작용에 한정되고 3219
있다. 그러나 급부행정의 영역에서도 제거되어야 할 하자와 관련하여 사인의 보
호가 문제되는 경우가 있다. 이와 관련하여 독일의 사회재판소의 판례로 발전된
조성청구권(Herstellungsanspruch)의 개념이 나타난다.[3] 이에 의하면, 보호지원상
의 하자(예: 그릇된 또는 의무에 반하여 부작위한 조언·통지·안내)로 인하여 손해를 입
은 사인은 사회급부행정청이 적법하게 행위하였다면 그 사인이 놓여있을 상태
로의 조성을 위한 청구권을 갖는다. 따라서 사인은 조성청구권에 의하여 기간경
과 후에도 분담금의 추가지불을 위한 신청을 할 수 있다고 한다.[4] 조성청구권
의 법적 근거는 결과제거청구권과 동일한 논리인 것으로 보인다.[5]

---

1) 김남진·김연태, 행정법(Ⅰ), 715쪽(2019); 석종현·송동수, 일반행정법(상), 712쪽.
2) Hendler, Allgemeines Verwaltungsrecht, Rn. 875aff. 참조.
3) BSGE 41, 126; 49, 76; 50, 12, 13ff.; 51, 89, 92ff.; 57, 288, 290; 60, 245, 246f.
4) Rüfner, in : Erichsen(Hrsg.), Allgemeines Verwaltungsrecht(12. Aufl.), §49, Rn. 37.
5) Rüfner, in : Erichsen(Hrsg.), Allgemeines Verwaltungsrecht(12. Aufl.), §49, Rn. 37.

제 3 항   위험책임 등

3220   여태까지 살펴본 국가책임제도(손해전보제도, 배상·보상청구권) 외에도 ① 행정법상 채무관계에 의한 손해배상, ② 위험책임, ③ 사무관리, ④ 부당이득반환청구권, ⑤ 계획보장청구권, 그리고 ⑥ 수익적 행위의 직권취소 및 철회에 따른 보상청구권 등이 국가책임제도의 한 부분을 구성한다. ③·④·⑤·⑥은 이미 살펴본 바 있으므로, 여기서는 ①·②에 관해서 개관하기로 한다.

I. 행정법상 채무관계에서의 손해배상

1. 관   념

3221   행정법상 채무관계는 공법상 급부관계이다. 행정법상 채무관계는 행정주체와 사인간의 공법상 법률관계로서(예 : 지방자치단체와 사인간의 수돗물사용관계와 폐수처리관계), 그 구조와 성질이 사법상 채무관계에 비교된다. 행정법상 채무관계는 독일의 경우, 판례상 발전된 개념이다. 독일연방통상재판소는 모든 행정법관계가 아니라 행정주체와 사인간의 특별히 밀접한 관계에는 일반적인 공법규율 외에 민법 중 채무법의 특별규정, 특히 책임규정이 유추적용되어야 한다고 하였다.[1] 이러한 논리는 하나의 생활관계가 공법관계로도 규율될 수 있고, 또한 사법관계로도 규율될 수 있을 때에 의미를 갖는다. 왜냐하면 공법관계에 의한 규율이 책임회피의 수단이 되어서는 아니 되기 때문이다.

3222   한편, 행정법상 채무관계에 있어서의 배상책임과 공무원의 직무상 불법행위에 의한 배상책임은 선택의 관계가 아니라 경합적인 관계라 한다. 양자는 책임의 성립요건과 시효기간이 상이하므로 양자를 경합적으로 인정하는 것은 사인의 권리보호에 기여하는 것이 된다.

2. 책   임

3223   공법상 법률관계에 적용될 공법규정이 없으면, 공법상 법률관계의 성질이 허용하는 한 민법중 채무법의 규정(예 : 이행지체·적극적 채권침해 등)이 유추 또는 일반원칙으로 적용된다고 한다. 그러나 적용가능한 규정을 나열할 수 있을 정도로 사법규정들이 규명되고 있는 것은 아니다. 어느 범위만큼 매매규정이 적용될 수 있는지도 불분명하다. 그리고 행정법상 채무관계에서 나오는 배상책임은 책

---

1) BGHZ 21, 214, 218; Battis, Allgemeines Verwaltungsrecht, S. 373f.; Maurer, Allgemeines Verwaltungsrecht, § 29, Rn. 4.

임조건을 전제로 한다.[1]

공법상 채무관계에 있어서도 채무불이행의 경우에 채무법상 책임은 계약상 3224
제한될 수도 있다. 그러나 대부분의 행정법상 채무관계(이용관계·급부관계)는 계
약이 아니라 행정행위의 형식인 허가 또는 단순한 이용의 방식으로 이루어지므
로 계약에 의한 책임제한은 큰 의미를 갖지 아니한다. 한편, 이와 관련하여 조례
로서 책임제한을 정할 수 있는가의 문제가 있다. 독일의 지배적인 견해는 이를
긍정한다.[2] 다만, 중대한 과실의 경우에 면책이 되어서는 아니 되고, 아울러 사항
적으로 정당화할 수 있어야 하며, 비례원칙에 상응하여야 한다는 전제가 따른다.

Ⅱ. 위험책임(무과실책임)

1. 프랑스의 위험책임

⑴ 의　의　　프랑스에서는 일정한 경우에 과실없이도 행정권이 책임을 3225
지는 제도(무과실책임)가 승인되어 있다. 이러한 무과실책임의 법리적 근거는 위
험이론(Theory of Risk)이다. 국가의 행위는 비록 과실 없이 수행되어도 일정한
상황에서는 위험의 창조를 가져올 수도 있고, 그 위험이 현실화되어 개인이 피
해나 손실을 입으면 그것만으로 국가는 피해자에 보상하여야 한다는 이론이 바
로 위험이론이다. 무과실책임론의 또 하나의 근원적인 근거는 공적 부담 앞의
평등(균형화)의 원칙이다.[3] 위험책임은 국가의 적법·위법, 고의·과실을 문제삼
지 아니한다.

⑵ 종　류　　한 문헌에 따르면,[4] 프랑스에서 위험책임은 ① 공역무원조 3226
에 따른 위험(예 : 보행자가 절도범 추적중 받은 피해의 보상)(Pinquet, CE 17April, 1953),
② 위험한 작업으로부터 야기되는 위험(예 : 학생의 홍역으로 말미암아 여교사의 신생
아가 입은 피해의 보상)(Saluze, CE 6 November, 1968), ③ 행정기관의 사법적 결정의
집행거부(예 : 지주가 원주민퇴거의 강제집행을 요청하였으나 원주민폭동 등을 이유로 거부
한 경우의 보상, 정부의 과실불문)(Couiteas, CE 30 November), ④ 입법에 의해 야기된
국가책임(예 : 입법으로 상표에서 일정용어사용을 금한 경우, 종전부터 그 용어를 사용해온
자에 대한 보상)(La Fleurette, CE 14 January, 1938)의 네 가지의 유형으로 구분되기도
한다.

---

1) Maurer, Allgemeines Verwaltungsrecht, § 29, Rn. 6.
2) Maurer, Allgemeines Verwaltungsrecht, § 29, Rn. 7.
3) Brown/Garner, French Administrative Law, p. 120.
4) Brown/Garner, French Administrative Law, p. 120ff.

2. 독일의 경우

3227   (1) 학 설   고권행정상 행정주체에 의해 창조된 위험상태로부터 초래된, 그러나 그것이 직무수행자의 위법·유책한 행위에 의한 것도 아니고 또한 고권적인 침해에 의한 것도 아닌 손해(예 : 경찰이 범인을 추적하면서 우연히 나타난 제3자에게 피해를 발생시킨 경우)에 대한 보상청구권이 공법상 위험책임청구권 (Öffentlichrechtlicher Gefährdungshaftungsanspruch)으로 이해되고 있으나, 이러한 청구권을 인정할 것인가에 관해서는 견해가 갈리고 있다. 일부 학설은 공법상 위험책임청구권의 승인을 주장하기도 하고, 일부 이론은 동청구권의 승인을 거부하기도 한다. 지배적 견해와 판례는 성문법의 흠결을 시인하고, 이를 수용보상과 희생보상 등의 문제로 귀속시키고 있다.[1]

3228   (2) 요 건   승인론자는 그 요건으로 ① 손해가 발생할 것, ② 손해의 발생에 관계당사자의 귀책사유가 없을 것, ③ 손해는 행정주체가 고권작용의 영역에서 창조한 위험상태로부터 발생된 것일 것, ④ 손해는 고권적인 침해에 근거한 것이 아닐 것, ⑤ 손해는 관계당사자에게 특별한 희생일 것을 들고 있었다고 한다.[2]

3. 우리나라의 경우

3229   위험책임의 문제는 두 가지 방향에서 검토를 요한다. 하나는 일반적인 법제도로서 공행정주체의 위험책임의 문제이고, 또 하나는 특별법상 공행정주체의 위험책임의 문제이다. 전자는 임무영역을 불문하고 국가 등 공행정주체에 의해 위험이 창조된 경우에 당해 주체가 책임을 부담하는 문제이고, 후자는 특별한 임무영역에서 특별한 법을 통해 국가 등 공행정주체가 책임을 부담하는 문제이다. 나누어서 간략히 살펴보기로 한다.

(1) 일반적 제도로서 위험책임

3230   (개) 입법상황   우리의 현행법제상 위험책임을 일반적인 법제도로서 규정하고 있는 법률은 없다. 구태여 말한다면 형사보상법상 형사보상제도가 부분적으로는 위험책임에 관한 부분을 갖고 있다고 할 수 있을 것이다. 왜냐하면 형사보상청구권자인 무죄판결을 받은 자의 구금이나 형집행에 검사의 고의나 과실이 반드시 요구되는 것은 아니기 때문이다. 그러나 엄밀히 말한다면 형사보상제

---

1) BGHZ 54, 332, 336; Battis, Allgemeines Verwaltungsrecht, S. 371; Rüfner, in : Erichsen (Hrsg.), Allgemeines Verwaltungsrecht(12. Aufl.), §49, Rn. 60; Maurer, Allgemeines Ver-waltungsrecht, §29, Rn. 17; Wallerath, Allgemeines Verwaltungsrecht(6. Aufl.), §19, Rn. 72.
2) 졸저, 행정법원리, 354쪽.

도는 형사사법상의 문제이지 행정법상의 문제라 보기는 곤란하므로 형사보상제
도를 행정법상 위험책임의 한 경우라 말하기는 어렵다.

㈏ 판　례　　우리의 판례상 행정법의 영역에서 위험책임을 정면으로 인　3231
정한 경우는 현재로서 찾아볼 수 없다. 물론 국가배상법상 공무원의 고의나 과
실의 개념 또는 영조물의 설치나 관리상의 하자의 의미를 넓게 새겨서 결과적
으로 위험책임을 인정한 것과 같은 효과를 가져온 경우는 볼 수 있겠으나, 그렇
다고 이를 근거로 판례가 일반적으로 위험책임을 인정한다고 보기는 어려울 것
이다.

㈐ 학설의 현황　　위험책임론에 관한 우리의 학설은 명백하지 않다. ① 일　3232
부견해는 과실개념과 주의의무의 확대를 통해 국가배상법에 의한 해결을 지지
하는 것으로 보이며, ② 일부 견해는 수용유사침해의 법리 또는 희생보상청구권
의 법리로 해결하려는 것으로도 보이고, ③ 일부 견해는 입법으로 해결하여야
한다는 입장인 것으로 보인다.

㈑ 사　견　　오늘날의 산업화시대·기술시대는 보다 많은 위험을 동반한　3233
다는 점, 그러한 위험은 공동체구성원 모두의 부담으로 하는 것이 현대사회에서
의 공동체의 존속과 평화에 유익하다는 점, 따라서 사인의 고의·과실을 불문하
고 그러한 위험이 현실화된 자에게는 보상이 주어지는 것이 합리적이라는 점에
서 위험책임제도의 모색은 필요하다고 볼 것이다.

위험책임제도의 도입은 입법적으로 해결하는 것이 가장 신속하고 효과적인　3234
것이지만, 앞서 말한 대로 당장에는 입법할 토양이 마련되어 있지 아니하다. 따
라서 위험책임제도의 입법화 여부는 학설과 판례의 발전에 따라 장래 판단할
문제라 하겠으나, 현재로서는 국가배상법의 확대해석 또는 국가책임제도의 보
완을 통해 위험책임제도의 효과를 살릴 수 있는 방향으로 나아가는 것이 필요
하다고 본다.

⑵ 개별적 제도로서 위험책임

㈎ 소방활동 희생자 등　　개별 법령에서 위험책임을 규정하고 있는 경우로　3235
소방기본법 제49조의2 제1항 제2호(소방청장 또는 시·도지사는 다음 각 호의 어느 하
나에 해당하는 자에게 제3항의 손실보상심의위원회의 심사·의결에 따라 정당한 보상을 하여야
한다. … 2. 제24조 제1항 전단(소방본부장, 소방서장 또는 소방대장은 화재, 재난·재해, 그 밖
의 위급한 상황이 발생한 현장에서 소방활동을 위하여 필요할 때에는 그 관할구역에 사는 사람
또는 그 현장에 있는 사람으로 하여금 사람을 구출하는 일 또는 불을 끄거나 불이 번지지 아니
하도록 하는 일을 하게 할 수 있다)에 따른 소방활동 종사로 인하여 사망하거나 부상을 입은

자), 원자력 손해배상법 제3조 제1항 본문(원자로의 운전등으로 인하여 원자력손해가 생겼을 때에는 해당 원자력사업자가 그 손해를 배상할 책임을 진다)을 볼 수 있다.

3236   (나) 의사상자   의사상자 등 예우 및 지원에 관한 법률에서 규정하는 의사자(직무 외의 행위로서 구조행위를 하다가 사망(의상자가 그 부상으로 인하여 사망한 경우를 포함한다)하여 보건복지부장관이 이 법에 따라 의사자로 인정한 사람)와 의상자(직무 외의 행위로서 구조행위를 하다가 대통령령으로 정하는 신체상의 부상을 입어 보건복지부장관이 이 법에 따라 의상자로 인정한 사람)에 대한 보상제도(의사상자 등 예우 및 지원에 관한 법률 제8조 등) 역시 일종의 위험책임을 규정하는 것으로 볼 수 있다.

제2부 행정쟁송법

제 2 부   행정쟁송법

I. 행정쟁송법의 의의

행정쟁송법은 행정쟁송과 법의 복합개념이다. 행정쟁송법은 행정쟁송에 관 3301
한 법규의 총체를 말한다. 따라서 행정쟁송법의 개념을 이해하기 위해서는 행정
쟁송의 의의에 대한 이해가 필요하다.

1. 행정쟁송의 개념

일반적으로 행정쟁송이란 행정법관계에서 위법 또는 부당한 행정작용으로 3302
인해 권리나 이익을 침해당한 자가 일정한 국가기관에 이의를 제기하여 그 행
정작용의 위법이나 부당을 시정토록 요구하는 절차를 말한다. 행정쟁송절차의
체계를 행정쟁송제도라 부른다.

2. 행정쟁송제도의 의미(권리보호·행정통제)

법치국가에서 행정은 공익을 위하고, 적법하고 합목적적이어야 한다. 따라 3303
서 행정권의 발동을 위해 일정한 원리를 법으로 세워 두는 것도 중요하지만, 또
한편으로 위법 또는 부당한 행정권의 발동이 있을 때, 이를 시정하여 국민의 권
익을 보장하고, 적법하고 합목적적인 행정으로 나아가도록 하는 것도 중요한 문
제가 아닐 수 없다. 이러한 요청에 응하기 위한 제도가 행정쟁송제도이다. 요컨
대 행정쟁송제도는 사인의 권리보호를 위한 수단·절차이지만, 동시에 그것은
행정통제의 기능도 갖는다.

3. 행정쟁송제도의 유형

```
                           ┌─ 행정기관에 의한 분쟁해결절차(광의의 행정심판절차)
   행정상 분쟁해결절차 ─┤
      (행정쟁송절차)      └─ 법원에 의한 분쟁해결절차(행정소송절차)
```

3304 　　행정쟁송제도에는 행정청이 판단의 주체가 되는 쟁송제도와 법원이 판단의 주체가 되는 쟁송제도가 있다. 후자, 즉 행정소송제도의 경우, 구체적인 내용은 나라마다 상이하다. 예컨대 독일이나 프랑스는 사법재판소로부터 독립한 별개의 행정재판소가 행정사건을 최종적으로 재판하나, 우리나라나 영국이나 미국은 사법재판소에서 행정사건도 재판하고 있다.

4. 행정쟁송 관련 법률

3305 　　⑴ **일 반 법**　　행정쟁송 관련 일반법으로 이의신청·처분의 재심사를 규정하는 행정기본법, 행정심판을 규정하는 행정심판법, 행정소송을 규정하는 행정소송법이 있다. 행정기본법상 이의신청·처분의 재심사, 행정심판법상 행정심판에서 판정기관은 행정기관임에 반해 행정소송법상 행정소송에서 판정기관은 법원이다.

3306 　　⑵ **특 별 법**(개별법)　　행정쟁송절차를 규정하는 특별법(개법법)도 적지 않다(예 : 지방자치법상 이의신청, 도로법상 이의신청, 특허법상 심판, 디자인보호법상 심판).

　　[행정쟁송 관련 용어]

3307 　　**[1] 광의의 행정쟁송과 협의의 행정쟁송**　　① 넓은 의미의 행정쟁송은 판단기관의 여하를 불문하고 행정법관계에 관한 분쟁해결절차를 의미한다. 넓은 의미의 행정쟁송은 모든 국가에서 볼 수 있다. ② 좁은 의미의 행정쟁송은 행정기관이 행정법관계에 관한 분쟁을 해결하는 절차를 의미한다. 행정기관이란 일반행정기관 및 행정부소속으로 설치된 행정재판소를 의미한다. 이러한 의미의 행정쟁송의 실례는 제2차 대전 전의 독일에서 볼 수 있다.

3308 　　**[2] 실질적 의미의 행정쟁송과 형식적 의미의 행정쟁송**　　① 실질적 의미의 행정쟁송이란 위법·부당한 행정작용으로 인해 권리(법률상 이익)가 침해된 자가 일정 국가기관에 이의를 제기하여 그 위법·부당을 시정하고, 이로써 침해된 권리·이익의 회복을 구하는 절차를 말한다. 실질적 의미의 행정쟁송은 사후적인 절차로서 분쟁의 유권적인 판정절차를 말한다. ② 형식적 의미의 행정쟁송이란 공권력행사를 신중·공정히 행하기 위한 절차를 말한다. 바꾸어 말하면 분쟁의 발생을 미연에 방지하기 위하여 행정기관이 공권력을 행사함에 있어서 반드시 따라야 할 절차를 정해 둔 경우(예 : 청문·출원·공고·의견청취), 그러한 절차를 형식적 의미의 행정쟁송이라 한다. 형식적 의미의 행정쟁송은 바로 행정절차의 문제가 된다.

3309 　　**[3] 정식쟁송과 약식쟁송**　　① 정식쟁송이란 분쟁의 공정한 해결을 위해 ⓐ 당사자에게 자기의 입장을 충분히 주장할 수 있는 구두변론의 기회가 보장되고, 아울러 ⓑ 판단은 당사자로부터 독립적인 제3자가 행하는 행정쟁송을 말한다. 행정소송

이 이에 해당한다. ② 앞에서 본 두 개의 요건 중 어느 하나라도 결여된 행정쟁송을 말한다. 행정기본법상 이의신청·처분의 재심사, 행정심판법상 행정심판이 이에 해당한다.

[4] **시심적 쟁송과 복심적 쟁송**　① 시심적 쟁송이란 행정법관계의 형성·변경 등이 쟁송의 형식을 거쳐 비로소 처음으로 이루어지는 경우의 쟁송을 말한다. ② 복심적 쟁송이란 이미 이루어진 행위의 재심사 절차로서의 쟁송을 말한다. 앞서 본 형식적 의미의 쟁송은 언제나 시심적 쟁송이다. 실질적 의미의 쟁송은 복심적 쟁송인 것이 일반적이나 시심적 쟁송일 경우도 있다. 시심적 쟁송도 상소에 의해 다투게 되면 복심적 쟁송이 된다.

3310

[5] **당사자쟁송과 항고쟁송**　① 당사자쟁송이란 양 당사자가 대등한 입장에서 법률상 분쟁을 다투는 쟁송을 말한다. 당사자쟁송의 1심은 언제나 시심적 쟁송이다. ② 항고쟁송이란 행정청이 우월한 지위에서 행한 행위의 취소·변경을 구하는 쟁송을 말한다. 항고쟁송은 복심적 쟁송이다.

3311

[6] **주관적 쟁송과 객관적 쟁송**　① 주관적 쟁송이란 개인의 권리의 보호를 직접적인 목적으로 하는 쟁송을 말한다. 주관적 쟁송도 부가적으로는 행정작용의 적법성·타당성 확보라는 공익상의 요청에 기여함은 물론이다. ② 객관적 쟁송이란 일반공공의 이익의 보호를 직접적인 목적으로 하는 쟁송을 말한다. 원래 쟁송제도는 개인의 주관적인 권리·이익의 보호를 목적으로 인정되는 것인바, 객관적인 쟁송이 인정되기 위해서는 법률에서 특별히 정하는 바가 있어야 한다. 객관적 쟁송에는 국가 또는 지방자치단체의 기관 상호간에 인정되는 기관쟁송과 선거인이 제기하는 선거쟁송 등이 있다.

3312

Ⅱ. 행정통제의 수단

행정쟁송제도는 사인의 권리보호 외에 행정에 대한 통제에 기여한다. 행정에 대한 통제에 초점을 맞춘다면, 행정통제기능을 갖는 수단으로는 행정쟁송제도 외에 부패방지 및 국민권익위원회의 설치와 운영에 관한 법률상 고충민원 처리제도, 부패행위 등의 신고제도, 국민감사청구제도, 청원법상 청원제도, 감사원법상 감사제도, 공공감사에 관한 법률상 자체감사제도, 국회법상 국정감사·국정조사제도, 지방자치법상 행정감사·행정조사제도 등이 있다. 이 밖에 사실상의 수단으로 진정, 여론 등도 볼 수 있다. 이하에서는 부패방지 및 국민권익위원회의 설치와 운영에 관한 법률과 청원법의 관련 내용을 개관하기로 한다.

3313

1. 부패방지 및 국민권익위원회의 설치와 운영에 관한 법률

국민권익위원회를 설치하여 고충민원의 처리와 이에 관련된 불합리한 행정

3314

제도를 개선하고, 부패의 발생을 예방하며 부패행위를 효율적으로 규제함으로써 국민의 기본적 권익을 보호하고 행정의 적정성을 확보하며 청렴한 공직 및 사회풍토의 확립에 이바지함을 그 목적으로 부패방지 및 국민권익위원회의 설치와 운영에 관한 법률이 제정되었다(동법 제1조).

3315 **(1) 고충민원처리제도**

3316 **㈎ 고충민원의 의의** 부패방지 및 국민권익위원회의 설치와 운영에 관한 법률상 "고충민원"이란 행정기관등의 위법·부당하거나 소극적인 처분(사실행위 및 부작위를 포함한다) 및 불합리한 행정제도로 인하여 국민의 권리를 침해하거나 국민에게 불편 또는 부담을 주는 사항에 관한 민원(현역장병 및 군 관련 의무복무자의 고충민원을 포함한다)을 말한다(동법 제2조 제5호).

3317 **㈏ 고충민원의 신청** 누구든지(국내에 거주하는 외국인을 포함한다) 국민권익위원회(위원회) 또는 시민고충처리위원회(양 위원회를 합하여 권익위원회라 부른다)에 고충민원을 신청할 수 있다. 이 경우 하나의 권익위원회에 대하여 고충민원을 제기한 신청인은 다른 권익위원회에 대하여도 고충민원을 신청할 수 있다(동법 제39조 제1항). 권익위원회에 고충민원을 신청하고자 하는 자는 다음 각 호의 사항(1. 신청인의 이름과 주소(법인 또는 단체의 경우에는 그 명칭 및 주된 사무소의 소재지와 대표자의 이름), 2. 신청의 취지·이유와 고충민원신청의 원인이 된 사실내용, 3. 그 밖에 관계 행정기관의 명칭 등 대통령령으로 정하는 사항)을 기재하여 문서(전자문서를 포함한다)로 이를 신청하여야 한다. 다만, 문서에 의할 수 없는 특별한 사정이 있는 경우에는 구술로 신청할 수 있다(동법 제39조 제2항).

3318 **㈐ 고충민원의 처리** 권익위원회는 고충민원의 결정내용을 지체 없이 신청인 및 관계 행정기관등의 장에게 통지하여야 한다(동법 제49조). 권익위원회는 합의의 권고(동법 제44조), 조정(동법 제45조), 시정의 권고 및 의견의 표명(동법 제46조), 제도개선의 권고 및 의견의 표명(동법 제47조), 감사의 의뢰(동법 제51조) 등을 할 수 있다.

3319 **(2) 부패행위 등의 신고제도**

3320 **㈎ 신 고 자** 누구든지 부패행위를 알게 된 때에는 이를 위원회에 신고할 수 있다(동법 제55조). 공직자는 그 직무를 행함에 있어 다른 공직자가 부패행위를 한 사실을 알게 되었거나 부패행위를 강요 또는 제의받은 경우에는 지체 없이 이를 수사기관·감사원 또는 위원회에 신고하여야 한다(동법 제56조).

3321 **㈏ 신고방법**(본인신고·대리인신고) ① 부패행위를 신고하고자 하는 자는 신고자의 인적사항과 신고취지 및 이유를 기재한 기명의 문서로써 하여야 하며,

신고대상과 부패행위의 증거 등을 함께 제시하여야 한다(동법 제58조). ② 제58조에도 불구하고 신고자는 자신의 인적사항을 밝히지 아니하고 변호사를 선임하여 신고를 대리하게 할 수 있다. 이 경우 제58조에 따른 신고자의 인적사항 및 기명의 문서는 변호사의 인적사항 및 변호사 이름의 문서로 갈음한다(동법 제58조의2 제1항).

(대) **포상 및 보상**　　위원회는 이 법에 따른 신고에 의하여 현저히 공공기관에 재산상 이익을 가져오거나 손실을 방지한 경우 또는 공익의 증진을 가져온 경우에는 신고를 한 자에 대하여 상훈법 등의 규정에 따라 포상을 추천할 수 있으며, 대통령령으로 정하는 바에 따라 포상금을 지급할 수 있다(동법 제68조 제1항).　　3322

(3) **국민감사청구제도**　　3323

(가) **감사의 청구**　　① 18세 이상의 국민은 공공기관의 사무처리가 법령위반 또는 부패행위로 인하여 공익을 현저히 해하는 경우 대통령령으로 정하는 일정한 수 이상의 국민의 연서로 감사원에 감사를 청구할 수 있다. 다만, 국회·법원·헌법재판소·선거관리위원회 또는 감사원의 사무에 대하여는 국회의장·대법원장·헌법재판소장·중앙선거관리위원회 위원장 또는 감사원장(이하 "당해 기관의 장"이라 한다)에게 감사를 청구하여야 한다(동법 제72조 제1항). ② 제1항에도 불구하고 지방자치단체와 그 장의 권한에 속하는 사무의 처리에 대한 감사청구는 「지방자치법」 제21조에 따른다(동법 제72조 제3항).　　3324

(나) **감사청구대상이 아닌 사항**　　제1항에도 불구하고 다음 각 호(1. 국가의 기밀 및 안전보장에 관한 사항, 2. 수사·재판 및 형집행(보안처분·보안관찰처분·보호처분·보호관찰처분·보호감호처분·치료감호처분·사회봉사명령을 포함한다)에 관한 사항, 3. 사적인 권리관계 또는 개인의 사생활에 관한 사항, 4. 다른 기관에서 감사하였거나 감사중인 사항. 다만, 다른 기관에서 감사한 사항이라도 새로운 사항이 발견되거나 중요 사항이 감사에서 누락된 경우에는 그러하지 아니하다. 5. 그 밖에 감사를 실시하는 것이 적절하지 아니한 정당한 사유가 있는 경우로서 대통령령이 정하는 사항)의 어느 하나에 해당하는 사항은 감사청구의 대상에서 제외한다(동법 제72조 제2항).　　3325

(다) **감사청구의 방법**　　감사청구를 하고자 하는 자는 대통령령으로 정하는 바에 따라 청구인의 인적사항과 감사청구의 취지 및 이유를 기재한 기명의 문서로 하여야 한다(동법 제73조).　　3326

(라) **감사실시의 결정과 심사**　　제72조 제1항 본문에 따라 감사청구된 사항에 대하여는 감사원규칙으로 정하는 국민감사청구심사위원회에서 감사실시 여부를 결정하여야 한다(동법 제74조 제1항). 제72조 제1항 단서에 따라 당해 기관의 장이　　3327

감사청구를 접수한 때에는 그 접수한 날부터 30일 이내에 국회규칙·대법원규칙·헌법재판소규칙·중앙선거관리위원회규칙 또는 감사원규칙으로 정하는 바에 따라 감사실시 여부를 결정하여야 한다(동법 제74조 제2항). 감사원 또는 당해 기관의 장은 감사를 실시하기로 결정한 날부터 60일 이내에 감사를 종결하여야 한다. 다만, 정당한 사유가 있는 경우에는 그 기간을 연장할 수 있다(동법 제75조 제1항).

2. 청 원 법

3328 　　대한민국헌법 제26조에 따른 청원권 행사의 절차와 청원의 처리에 관한 사항을 규정하여 국민이 편리하게 청원권을 행사하고 국민이 제출한 청원이 객관적이고 공정하게 처리되도록 함을 목적으로 청원법이 제정되었다(청원법 제1조).

3329 　　⑴ **청 원 인**　　국민이라면 누구나 청원할 수 있다(청원법 제1조). 누구든지 청원을 하였다는 이유로 청원인을 차별대우하거나 불이익을 강요해서는 아니 된다(청원법 제26조).

3330 　　⑵ **청원기관**　　청원법에 따라 국민이 청원을 제출할 수 있는 기관(이하 "청원기관"이라 한다)은 다음 각 호(1. 국회·법원·헌법재판소·중앙선거관리위원회, 중앙행정기관(대통령 소속 기관과 국무총리 소속 기관을 포함한다)과 그 소속 기관, 2. 지방자치단체와 그 소속 기관, 3. 법령에 따라 행정권한을 가지고 있거나 행정권한을 위임 또는 위탁받은 법인·단체 또는 그 기관이나 개인)와 같다(청원법 제4조).

　　⑶ **청원사항과 예외사항**

3331 　　㈎ **청원사항**　　국민은 다음 각 호(1. 피해의 구제, 2. 공무원의 위법·부당한 행위에 대한 시정이나 징계의 요구, 3. 법률·명령·조례·규칙 등의 제정·개정 또는 폐지, 4. 공공의 제도 또는 시설의 운영, 5. 그 밖에 청원기관의 권한에 속하는 사항)의 어느 하나에 해당하는 사항에 대하여 청원기관에 청원할 수 있다(청원법 제5조).

3332 　　㈏ **예외사항**　　청원기관의 장은 청원이 다음 각 호(1. 국가기밀 또는 공무상 비밀에 관한 사항, 2. 감사·수사·재판·행정심판·조정·중재 등 다른 법령에 의한 조사·불복 또는 구제절차가 진행 중인 사항, 3. 허위의 사실로 타인으로 하여금 형사처분 또는 징계처분을 받게 하는 사항, 4. 허위의 사실로 국가기관 등의 명예를 실추시키는 사항, 5. 사인간의 권리관계 또는 개인의 사생활에 관한 사항, 6. 청원인의 성명, 주소 등이 불분명하거나 청원내용이 불명확한 사항)의 어느 하나에 해당하는 경우에는 처리를 하지 아니할 수 있다. 이 경우 사유를 청원인(제11조 제3항에 따른 공동청원의 경우에는 대표자를 말한다)에게 알려야 한다(청원법 제6조).

3333 　　⑷ **청원심의회**　　청원기관의 장은 다음 각 호(1. 제11조 제2항에 따른 공개청원의 공개 여부에 관한 사항, 2. 청원의 조사결과 등 청원처리에 관한 사항, 3. 그 밖에 청원에

관한 사항)의 사항을 심의하기 위하여 청원심의회(이하 "청원심의회"라 한다)를 설치·
운영하여야 한다(청원법 제8조).

⑸ **청원방법**　　청원은 청원서에 청원인의 성명(법인인 경우에는 명칭 및 대표　3334
자의 성명을 말한다)과 주소 또는 거소를 적고 서명한 문서(『전자문서 및 전자거래 기
본법』에 따른 전자문서를 포함한다)로 하여야 한다(청원법 제9조 제1항). 제1항에 따라
전자문서로 제출하는 청원(이하 "온라인청원"이라 한다)은 본인임을 확인할 수 있는
전자적 방법을 통해 제출하여야 한다. 이 경우 서명이 대체된 것으로 본다(청원
법 제9조 제2항).

⑹ **청원서의 제출·심사 등**　　3335

㈎ **제　　출**　　청원인은 청원서를 해당 청원사항을 담당하는 청원기관에　3336
제출하여야 한다(청원법 제11조 제1항). 청원인은 청원사항이 제5조 제3호 또는 제
4호에 해당하는 경우 청원의 내용, 접수 및 처리 상황과 결과를 온라인청원시스
템에 공개하도록 청원(이하 "공개청원"이라 한다)할 수 있다. 이 경우 청원서에 공
개청원으로 표시하여야 한다(청원법 제11조 제2항). 다수 청원인이 공동으로 청원
(이하 "공동청원"이라 한다)을 하는 경우에는 그 처리결과를 통지받을 3명 이하의
대표자를 선정하여 이를 청원서에 표시하여야 한다(청원법 제11조 제3항). 청원인
은 청원서에 이유와 취지를 밝히고, 필요한 때에는 참고자료를 붙일 수 있다(청
원법 제11조 제4항).

㈏ **접　　수**　　청원기관의 장은 제11조에 따라 제출된 청원서를 지체 없이　3337
접수하여야 한다(청원법 제12조 제1항).

㈐ **보완요구·이송**　　청원기관의 장은 청원서에 부족한 사항이 있다고 판단　3338
되는 경우에는 보완사항 및 보완기간을 표시하여 청원인(공동청원의 경우 대표자를
말한다)에게 보완을 요구할 수 있다(청원법 제15조 제1항). 청원기관의 장은 청원사
항이 다른 기관 소관인 경우에는 지체 없이 소관 기관에 청원서를 이송하고 이
를 청원인(공동청원의 경우 대표자를 말한다)에게 알려야 한다(청원법 제15조 제2항).

㈑ **심의·처리**　　청원기관의 장은 청원심의회의 심의를 거쳐 청원을 처리　3339
하여야 한다. 다만, 청원심의회의 심의를 거칠 필요가 없는 사항에 대해서는 심
의를 생략할 수 있다(청원법 제21조 제1항). 청원기관의 장은 청원을 접수한 때에
는 특별한 사유가 없으면 90일 이내(제13조 제1항에 따른 공개청원의 공개 여부 결정기
간 및 같은 조 제2항에 따른 국민의 의견을 듣는 기간을 제외한다)에 처리결과를 청원인
(공동청원의 경우 대표자를 말한다)에게 알려야 한다. 이 경우 공개청원의 처리결과
는 온라인청원시스템에 공개하여야 한다(청원법 제21조 제2항).

3340 ㈒ **통 지** 청원기관의 장은 청원의 접수 및 처리 상황을 청원인(공동청원의 경우 대표자를 말한다)에게 알려야 한다. 공개청원의 경우에는 온라인청원시스템에 접수 및 처리 상황을 공개하여야 한다(청원법 제14조 제1항).

3341 ㈓ **이의신청** 청원인은 다음 각 호(1. 청원기관의 장의 공개 부적합 결정에 대하여 불복하는 경우, 2. 청원기관의 장이 제21조에 따른 처리기간 내에 청원을 처리하지 못한 경우)의 어느 하나에 해당하는 경우로서 공개 부적합 결정 통지를 받은 날 또는 제21조에 따른 처리기간이 경과한 날부터 30일 이내에 청원기관의 장에게 문서로 이의신청을 할 수 있다(청원법 제22조 제1항). 청원기관의 장은 이의신청을 받은 날부터 15일 이내에 이의신청에 대하여 인용 여부를 결정하고, 그 결과를 청원인(공동청원의 경우 대표자를 말한다)에게 지체 없이 알려야 한다(청원법 제22조 제2항).

(7) 금지사항

3342 ㈎ **반복청원의 금지** 청원기관의 장은 동일인이 같은 내용의 청원서를 같은 청원기관에 2건 이상 제출한 반복청원의 경우에는 나중에 제출된 청원서를 반려하거나 종결처리할 수 있고, 종결처리하는 경우 이를 청원인에게 알려야 한다(청원법 제16조 제1항).

3343 ㈏ **이중청원의 금지** 동일인이 같은 내용의 청원서를 2개 이상의 청원기관에 제출한 경우 소관이 아닌 청원기관의 장은 청원서를 소관 청원기관의 장에게 이송하여야 한다. 이 경우 반복청원의 처리에 관하여는 제1항을 준용한다(청원법 제16조 제2항).

3344 ㈐ **모해의 금지** 누구든지 타인을 모해(謀害)할 목적으로 허위의 사실을 적시한 청원을 하여서는 아니 된다(청원법 제25조).

3345 (8) **청원법과 다른 법률의 관계** 청원법은 청원에 관한 일반법이다. 청원에 관하여 다른 법률에 특별한 규정이 있는 경우를 제외하고는 청원법에 따른다(청원법 제2조). 특별법으로 국회법(제123조~제126조), 지방자치법(제85조~제88조)을 볼 수 있다. 국회와 지방의회에 대해서는 청원법 제8조부터 제10조까지, 제11조 제2항, 제13조부터 제15조까지 및 제21조부터 제23조까지를 적용하지 아니한다(청원법 제3조).

제1편 행정기본법·
행정심판법

제 1 장   행정기관에 의한 분쟁해결절차

I. 일 반 론

1. 의   의

3401 　행정기관에 의한 분쟁해결절차란 행정기관이 행정상 법률관계의 분쟁을 심리·재결하는 행정쟁송절차를 말한다. 이러한 절차는 어느 누구도 자기의 행위의 심판관이 될 수 없다는 자연적 정의의 원칙에 반하는 제도이다. 그렇지만 이러한 절차에 따른 판정에 불복하는 경우에는 행정소송을 제기할 수 있으므로 그 가치를 과소평가할 수만은 없다. 행정기관에 의한 분쟁해결절차는 분쟁해결의 성질을 갖는 광의의 재판의 일종이기는 하나, 그것은 행정절차이며 사법절차는 아니다.

2. 근 거 법

3402 　행정기관에 의한 분쟁해결절차를 규정하는 일반법으로서 행정기본법과 행정심판법이 있다. 그 밖에 개별법도 적지 않다(예 : 도로법 제71조의 이의신청, 지방자치법 제15조의 이의신청, 특허법 제132조의16의 특허심판, 국세기본법 제55조 이하의 불복절차 등).

3. 실정법상 유형

3403 　① 행정기본법상 분쟁해결절차로 처분에 대한 이의신청과 처분의 재심사가 있다. 두 경우 모두 처분청에 대하여 제기하는 쟁송절차이다. ② 행정심판법은 분쟁해결절차로 행정심판위원회에 대하여 제기하는 행정심판을 규정하고 있다. ③ 특별법인 특허법, 해양사고의 조사 및 심판에 관한 법률 등은 특별한 심판(특허심판, 해난심판) 등을 규정하고 있다. ④ 개별 법률에 따라서는 당사자쟁송을 규정하기도 한다. 이를 도해하면 다음과 같다.

[행정기관에 의한 분쟁해결절차의 유형]

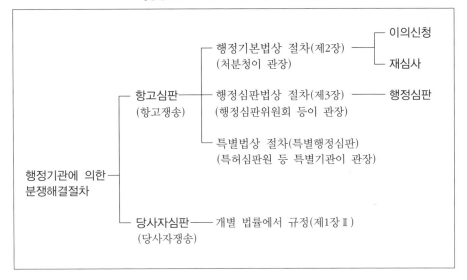

4. 유사 개념과 구분

(1) **직권재심사와 구분**　　행정기관에 의한 분쟁해결절차로서 항고쟁송절차　3404
(이의신청, 재심사, 행정심판)와 직권재심사 모두 행정작용에 대한 통제수단임은 동
일하다. 그러나 항고쟁송절차(이의신청, 재심사, 행정심판)는 사인의 이의제기에 의
해 절차가 개시되지만 직권재심사는 행정청 스스로의 판단에 따라 개시된다는
점, 항고쟁송절차(이의신청, 재심사, 행정심판)는 행정기본법이나 행정심판법에 의
거, 여러 가지의 법적 제한이 가해지지만, 직권재심사는 법적 제한이 비교적 엄
격하지 않다는 점에 차이가 있다.

(2) **청원과 구분**　　항고쟁송절차(이의신청, 재심사, 행정심판)는 행정기본법과　3405
행정심판법을 근거로 하며, 청원은 청원법을 근거로 한다. 청원법상 청원사항은
국가기관 등의 권한과 관련한 일정한 사항으로서 그 범위가 비교적 광범위하지
만(동법 제5조), 행정기본법(기본법 제36조 제1항)과 행정심판법상 심판대상은 처분
과 재결(행정심판법상 재결 제외, 행심법 제51조 참조)에 한정된다. 청원기간에는 제한
이 없지만, 이의신청이나 행정심판의 제기에는 기간상 제한이 있다. 그리고 이
의신청이나 행정심판의 재결에는 구속력이 주어지나, 청원에 대한 결정에는 법
적 구속력이 주어지지 아니한다.

(3) **진정과 구분**　　항고쟁송절차(이의신청, 재심사, 행정심판)는 법적 제도이나　3406
진정은 사실행위이다. 진정에 의해 행정기관이 어떠한 행위를 한다고 하여도 그

것은 행정기관 스스로에 의한, 즉 직권에 의한 행정에 불과하다. 다만 진정이란 용어를 사용한다고 해도 그 내용이 행정심판에 해당하는 것이면 행정심판으로 처리되어야 한다. 판례도 같은 입장이다.[1] 진정을 받아들여 구체적인 조치를 취할 것인지 여부는 국가기관의 자유재량에 속한다. 판례도 같은 입장이다.[2]

3406a ⑷ **고충민원** 부패방지 및 국민권익위원회의 설치와 운영에 관한 법률(약칭: 부패방지권익위법)은 고충민원에 관한 규정을 두고 있다. 이에 관해 보기로 한다.

㈎ **의 의** 고충민원이란 행정기관등의 위법·부당하거나 소극적인 처분(사실행위 및 부작위를 포함한다) 및 불합리한 행정제도로 인하여 국민의 권리를 침해하거나 국민에게 불편 또는 부담을 주는 사항에 관한 민원(현역장병 및 군 관련 의무복무자의 고충민원을 포함한다)을 말한다(부패방지권익위법 제2조 제5호).

㈏ **특 징** 고충민원에는 사실행위가 포함된다는 점(이러한 점에서 행정기본법상 이의신청, 행정심판법상 처분, 행정소송법상 처분과 다르다), 위법에 이르지 않은 불합리한 행위도 포함된다는 점이다(이러한 점에서 행정소송법상 처분과 다르다).

㈐ **관장기구** ① 고충민원의 처리…(를) 위하여 국무총리 소속으로 국민권익위원회(이하 "위원회"라 한다)를 둔다(부패방지권익위법 제11조 제1항). 위원회는 「정부조직법」 제2조에 따른 중앙행정기관으로서 그 권한에 속하는 사무를 독립적으로 수행한다(부패방지권익위법 제11조 제1항). ② 지방자치단체 및 그 소속 기관에 관한 고충민원의 처리와 행정제도의 개선 등을 위하여 각 지방자치단체에 시민고충처리위원회를 둘 수 있다(부패방지권익위법 제32조 제1항).

㈑ **신 청 인** 누구든지(국내에 거주하는 외국인을 포함한다) 위원회 또는 시민고충처리위원회(이하 이 장에서 "권익위원회"라 한다)에 고충민원을 신청할 수 있다. 이 경우 하나의 권익위원회에 대하여 고충민원을 제기한 신청인은 다른 권익위원회에 대하여도 고충민원을 신청할 수 있다(부패방지권익위법 제39조 제1항).

---

1) 대판 1995. 9. 5, 94누16250(진정서에는 처분청과 청구인의 이름 및 주소가 기재되어 있고, 청구인의 기명날인이 되어 있으며 그 진정서의 기재내용에 의하여 심판청구의 대상이 되는 행정처분의 내용과 심판청구의 취지 및 이유를 알 수 있고, 거기에 기재되어 있지 않은 재결청, 처분이 있는 것을 안 날, 처분을 한 행정청의 고지의 유무 및 그 내용 등의 불비한 점은 어느 것이나 그 보정이 가능한 것이므로, 처분청에 제출한 처분의 취소를 구하는 취지의 진정서를 행정심판청구로 보아야 한다).

2) 대판 1991. 8. 9, 91누4195(진정을 수리한 국가기관이 진정을 받아들여 구체적인 조치를 취할 것인지 여부는 국가기관의 자유재량에 속하고, 위 진정을 거부하는 "민원회신"이라는 제목의 통지를 하였다 하더라도 이로써 진정인의 권리의무나 법률관계에 하등의 영향을 미치는 것이 아니므로 이를 행정처분이라고 볼 수 없어 이는 행정소송의 대상이 될 수 없으므로 위 회신을 진정에 대한 거부처분으로 보아 그 취소를 구하는 소는 부적법하다).

(마) **결정의 통지**   권익위원회는 고충민원의 결정내용을 지체 없이 신청인 및 관계 행정기관등의 장에게 통지하여야 한다(부패방지권익위법 제49조).

Ⅱ. 당사자심판(재결의 신청)

1. 의 의

(1) **개 념**   당사자심판은 토지수용절차상 사업시행자와 피수용자(토지 소유자 등) 사이에 협의가 성립되지 아니하는 경우에 사업시행자가 관할 토지수용위원회에 재결을 신청하는 경우에 보는 바와 같이 행정법관계의 형성·존부에 관한 분쟁이 있을 경우에 일정한 기관에 그에 관한 재결을 구하는 심판을 말한다.   3407

(2) **항고심판과 구별**   항고심판은 운전면허취소처분의 취소를 구하는 것과 같이 기존의 위법·부당한 처분의 시정을 구하는 심판을 말한다. 이에 반해 당사자심판은 공권력행사를 전제로 하지 않고 행정법관계의 형성 또는 존부에 관해 다툼이 있는 경우, 당사자의 신청에 의거하여 권한을 가진 행정기관이 그 법관계에 관해 처음으로 유권적으로 판정하는 심판을 말한다.   3408

2. 성 질

당사자심판은 성질상 시심적 쟁송이다. 당사자심판을 구하는 절차를 재결신청(토상법 제30조 제2항 제1문; 수산법 제84조·제85조)이라 하고, 그 판정을 재결이라 부른다. 실정법상으로는 재결·재정·결정 등의 용어를 사용한다.   3409

3. 법적 근거

당사자심판에 관한 일반적인 근거법은 없다. 다만 단행법률이 몇몇 있을 뿐이다. 재결신청도 행정기관에 심리·판단의 의무를 부과하는 것이므로 법적 근거를 요한다. 따라서 단행법에 근거가 없는 한 재결신청은 불가하다.   3410

4. 종 류

당사자심판에는 법률관계의 존부에 관한 확인적 재결(예 : 수산법 제84조)과 법률관계의 형성에 관한 형성적 재결(예 : 토상법 제34조 제1항)이 있다.   3411

5. 심판기관

심판기관, 즉 재결기관은 일반행정청인 것이 보통이나 공정을 위해 토지수용위원회·농지위원회·노동위원회처럼 행정위원회가 설치되는 경우도 있고, 일반행정청이 재결기관인 때에도 조정위원회의 심의를 거치게 하는 경우(예 : 수산   3412

법 제84조 제2항·제85조 제2항)가 있다.

6. 심판청구권자 등

3413   심판청구권자나 심판청구기간·심판절차는 각각의 단행법이 정하는 바에 따른다. 개별법에 따르면 재결기간에 제한을 두기도 하고(예 : 토상법 제35조), 재결에 일정형식(예 : 이유제시)을 요구하기도 한다(예 : 토상법 제34조 제2항). 재결은 신청의 범위 내에서 이루어지며(예 : 토상법 제50조 제2항), 불가변력을 갖는다. 재결에 불복이 있으면 관련법률이 정하는 바에 따라 제1차로 이의신청(예 : 토상법 제83조), 제2차로 행정소송의 제기가 가능하기도 하다.

제2장 행정기본법상 이의신청·재심사[1]

제1절 이의신청

I. 이의신청의 관념

1. 의 의

(1) **개 념** 이의신청이란 행정청의 처분에 이의가 있는 당사자가 처분 **3501**
청에 대하여 처분의 시정을 구하는 절차를 말한다(기본법 제36조 제1항). 달리 말
하면, 위법·부당한 처분으로 법률상 이익의 이 침해된 자가 처분청에 대하여
그러한 행위의 취소를 구하는 절차(예 : 서울지방경찰청장의 운전면허취소로 운전의 권
리가 침해된 자가 서울지방경찰청장에게 취소를 구하는 절차)를 말한다. 개별법상 불복
신청·재결신청으로 불리기도 한다.

(2) **행정심판법상 행정심판과의 비교** 양자는 ① 행정심판법상 행정심판은 **3501a**
헌법상 근거(헌법 제106조 제3항)를 갖지만, 행정기본법상 이의신청은 그러하지 않
다는 점, ② 행정심판에는 사법절차가 준용되지만, 이의신청은 그러하지 않다는
점, ③ 행정심판은 원칙적으로 처분청이 아닌 행정심판위원회가 심판의 주체가
되지만, 이의신청에는 처분청이 심판의 주체가 된다는 점 등에서 차이점을 갖는
다. 한편, 양자는 ① 행정기관에 의한 처분의 시정을 위한 절차라는 점, ② 사인
(행정심판은 상대방과 이해관계 있는 제3자를 의미하지만, 이의신청은 상대방만 해당한다는
점에서 차이가 있다)의 권리보호(권익구제)를 위한 것이라는 점, ③ 사인이 청구나
신청으로 절차가 개시된다는 점, ④ 심사의 결과에 대하여 불복하는 자는 행정
소송으로 다툴 수도 있다는 점 등에서 다를 바가 없다.

---

1) 행정기본법상 이의신청과 처분의 재심사를 논술하는 위치와 방식은 다양하다. 행정기본법상 이
   의신청과 처분의 재심사를 행정행위 부분에서 다루는 견해(김유환, 현대 행정법, 229쪽(2022)
   이하; 하명호, 행정법, 229쪽(2022) 이하), 행정심판법상 행정쟁송절차를 행정심판으로 정의하
   고, 행정기본법상 이의신청과 처분의 재심사를 행정심판의 개념에서 분리하여 다루는 견해(박
   균성, 행정법론(상), 1114쪽(2022) 이하), 행정심판은 행정기관에 의한 심판이라고 하면서 행정
   기본법상 이의신청과 처분의 재심사를 행정심판의 유사제도로 다루는 견해(석종현·송동수, 일
   반행정법총론, 676쪽), 행정심판을 광의로는 행정기관에 의한 심판, 협의로는 행정심판법상 행
   정심판을 의미하고, 행정심판법상 행정심판을 형식적 의미의 행정심판이라 하면서 행정심판법
   상 행정심판만을 행정심판으로 다루는 견해(김남철, 행정법 강론, 735쪽(2022) 이하) 등이 있다.

2. 법적 근거

3502 　(1) **일 반 법**　　① 이의신청에 관한 일반법으로 행정기본법 제36조가 있다. 행정기본법 제36조에 규정한 사항 외에 이의신청의 방법 및 절차 등에 관한 사항은 대통령령으로 정한다(기본법 제37조 제6항). ② 개별법으로 도로교통법(제94조), 주민등록법(제21조), 공공기관의 정보공개에 관한 법률(제18조), 민원처리에 관한 법률(제35조), 지방자치법(제157조)[1] 등을 볼 수 있다.

3502a 　(2) **다른 법률과의 관계**　　다른 법률에서 이의신청과 이에 준하는 절차에 대하여 정하고 있는 경우에도 그 법률에서 규정하지 아니한 사항에 관하여는 이 조에서 정하는 바에 따른다(기본법 제36조 제5항). 이에 준하는 절차란 행정기본법에서 정하는 이의신청절차와 동일한 것은 아니지만 제도의 취지가 행정기본법에서 정하는 이의신청절차에 유사한 절차를 말한다(예 : 민원처리에 관한 법률 제35조가 정하는 거부처분에 대한 이의신청 절차의 경우, 거부된 처분의 성질이 행정절차법상 처분에 해당하지 아니하는 경우에는, 민원처리에 관한 법률 제35조가 정하는 거부처분에 대한 이의신청 절차는 행정기본법 제36조 제5항의 이에 준하는 절차에 해당한다고 본다).

3. 성격(일반적 제도)

3503 　이의신청제도는 2023. 3. 23. 제정되고 2021. 9. 24. 시행에 들어간 행정기본법에 도입되었다. 시행에 필요한 준비기간을 고려하여 이의신청제도는 2023. 3. 24.부터 시행되었다. 행정기본법이 제정되기 전에는 개별법에서 이의신청을 규정하지 않는 한 이의신청은 인정될 수 없다고 보았다. 왜냐하면 행정심판법은 행정심판의 제기를 개괄적으로 인정하고 있고(행심법 제3조 제1항), 개별법에서 이의신청을 규정하지 않는 한 처분청에 대하여 자기가 한 행위를 다시 판단하도록 의무를 부과할 수는 없다고 보았기 때문이다. 반론도 없지 않았으나, 입법자는 국민의 권익보호의 확대를 위해 이의신청제도를 널리 인정할 필요가 있다고 보아 처분에 대한 이의신청을 일반적인 제도로 규정하였다.

---

1) 대판 2012. 3. 29, 2011두26886(지방자치법 제140조 제3항에서 정한 이의신청은 행정청의 위법·부당한 처분에 대하여 행정기관이 심판하는 행정심판과는 구별되는 별개의 제도이나, 이의신청과 행정심판은 모두 본질에 있어 행정처분으로 인하여 권리나 이익을 침해당한 상대방의 권리구제에 목적이 있고, 행정소송에 앞서 먼저 행정기관의 판단을 받는 데에 목적을 둔 엄격한 형식을 요하지 않는 서면행위이므로, 이의신청을 제기해야 할 사람이 처분청에 표제를 '행정심판청구서'로 한 서류를 제출한 경우라 할지라도 서류의 내용에 이의신청 요건에 맞는 불복취지와 사유가 충분히 기재되어 있다면 표제에도 불구하고 이를 처분에 대한 이의신청으로 볼 수 있다).

Ⅱ. 이의신청의 요건

1. 이의신청의 대상

(1) 범　위　　이의신청은 「행정심판법」 제3조에 따라 같은 법에 따른 행　　3504
정심판의 대상이 되는 처분을 대상으로 한다(기본법 제36조 제1항). 입법자가 행정
기본법상 이의신청의 대상을 행정심판법상 행정심판의 대상과 보조를 맞춘 것
은 행정기본법상 이의신청제도와 행정심판법상 행정심판제도가 행정기관에 의
한 처분의 시정이라는 점에서 취지가 같다고 하기 때문일 것이다.

(2) 대상에서 제외되는 사항　　3504a

(개) 행정심판법의 행정심판의 대상이 아닌 처분　　행정심판법의 대상이 아닌
처분[예 : 대통령의 처분 또는 부작위(행심법 제3조 제2항), 행정심판의 재결(행심법 제51조),
국세기본법상 국세심판, 세무서장의 통고처분, 가정법원에 불복하여야 하는 가족관계의 등록
등에 관한 법률상 가족관계의 등록 등에 관한 시 · 읍 · 면장의 처분]은 이의신청의 대상이
아니다(기본법 제36조 제1항).

(내) 행정기본법 제36조 제7항 규정사항　　다음 각 호의 어느 하나에 해당하는
사항에 관하여는 이 조를 적용하지 아니한다(기본법 제36조 제7항).

1. 공무원 인사 관계 법령에 따른 징계 등 처분에 관한 사항
2. 「국가인권위원회법」 제30조에 따른 진정에 대한 국가인권위원회의 결정
3. 「노동위원회법」 제2조의2에 따라 노동위원회의 의결을 거쳐 행하는 사항
4. 형사, 행형 및 보안처분 관계 법령에 따라 행하는 사항
5. 외국인의 출입국 · 난민인정 · 귀화 · 국적회복에 관한 사항
6. 과태료 부과 및 징수에 관한 사항

2. 당 사 자

(1) 이의신청권자(신청인적격)

(개) 상 대 방　　이의신청은 당사자만 할 수 있다(기본법 제36조 제1항). 당사　　3505
자란 처분의 상대방을 말한다(기본법 제2조 제3호). 따라서 행정심판법상 행정심판
과 달리 처분의 상대방이 아닌 이해관계 있는 제3자는 이의신청을 할 수 없다.
이의신청을 할 수 있는 자를 당사자로 제한하고 이해관계 있는 제3자를 배제한
것은 이의신청의 남발을 방지하여 이의신청제도가 보다 용이하게 정착될 수 있
도록 하기 위한 것이다. 그러나 이의신청제도가 안착되면, 이해관계 있는 제3자
도 이의신청을 할 수 있는 방향으로 나아가야 할 것이다. 현재로서 이해관계 있

는 제3자는 이의신청을 할 수는 없지만, 행정심판법이 정하는 바에 따라 행정심판을 제기할 수는 있다.

3505a   ㈔ **법률상 이익** 행정심판법·행정소송법은 법률상 이익이 침해된 자가 행정심판·행정소송(항고소송)을 청구할 수 있음을 규정하고 있으나(행심법 제13조, 행소법 제12조 등), 행정기본법은 상대방이 법률상 이익이 침해된 경우에만 이의신청을 할 수 있는지 여부에 관해 언급하는 바가 없다. 행정기본법상 이의신청 절차는 객관적인 법질서의 유지 외에 국민 개개인의 권익보호를 위한 것이고(기본법 제1조), 국민의 권익보호는 궁극적으로 행정쟁송법(행정심판법 + 행정소송법)을 통해 이루어진다는 점, 이의신청을 한 경우에도 그 이의신청과 관계없이 행정심판법에 따른 행정심판 또는 행정소송법에 따른 행정소송을 제기할 수 있다는 점(기본법 제36조 제3항)을 고려할 때, 명시적인 표현이 없다고 하여도 이의신청은 법률상 이익이 침해된 경우에 제기할 수 있다고 본다.

3505b   ㈕ **개인적 공권**(주관적 공권) 법률상 이익이 침해된 경우, 상대방이 행정기본법 제37조에 따라 이의신청을 할 수 있다는 것은 행정기본법 제36조가 상대방의 이의신청권을 개인적 공권(주관적공권)으로 보호한다는 것을 의미한다.

3505c   (2) **이의신청기관**(피신청인) 이의신청은 해당 행정청에 한다(기본법 제36조 제1항). 해당 행정청이란 이의신청의 대상인 처분을 발급한 처분청을 의미한다. 이의신청은 처분을 한 행정청에 대하여 불복하는 것이므로, 처분을 한 행정청이 아닌 제3의 기관(재결청)에 불복하는 행정심판 또는 특별행정심판과 구별된다.

3506 **3. 이의신청기간**

  이의신청은 당사자가 처분을 받은 날부터 30일 이내에 하여야 한다(기본법 제36조 제1항). 처분을 받은 날이란 처분이 상대방에게 도달한 날을 의미한다. 기간을 30일로 한 것은 법적 불안정을 조속히 안정시키기 위한 것이다. 30일은 제척기간이다. 30일이 경과하면 이의신청을 할 수 없다

 4. 이의신청사유

3507   (1) **규정 내용** ① 행정기본법은 행정청의 처분에 이의가 있는 경우에 제기할 수 있다고 규정할 뿐, 부당한 처분이나 위법한 처분에 대하여 이의를 제기할 수 있다고 규정하는 것은 아니다. 행정심판법상 행정심판은 부당하거나 위법한 처분을 대상으로 하고, 행정소송법상 행정소송은 위법한 처분을 대상으로 하는 점에 비추어 보면, 이의신청의 사유는 넓어 보이기도 한다.

3507a   (2) **위법 또는 부당** 이의신청을 한 경우에도 그 이의신청과 관계없이 행

정심판법에 따른 행정심판 또는 행정소송법에 따른 행정소송을 제기할 수 있다
는 점(기본법 제36조 제3항), 행정실무상 적법하고 정당한 처분에 이의를 신청하는
경우, 해당 행정청이 이를 받아들이기 어려울 것이라는 점 등을 고려하면, 처분
에 대한 이의신청은 실제상 처분이 부당하거나 위법한 경우에 이루어질 것이다.

5. 이의신청내용

행정기본법은 행정청의 처분에 이의가 있는 경우에 이의신청을 할 수 있다   3507b
고 규정할 뿐, 이의신청의 내용에 관해서는 규정하는 바가 없다. 당사자가 신청
할 수 있는 내용으로는 전부 취소·철회 또는 변경, 일부 취소·철회 또는 변경,
일부 취소와 일부 변경 등 다양하다.

6. 이의신청방법

행정기본법 제36조 제1항에 따라 이의신청을 하려는 자는 다음 각 호[1. 신   3507c
청인의 성명·생년월일·주소(신청인이 법인이나 단체인 경우에는 그 명칭, 주사무소의 소재
지와 그 대표자의 성명)와 연락처, 2. 이의신청 대상이 되는 처분의 내용과 처분을 받은 날,
3. 이의신청 이유]의 사항을 적은 문서를 해당 행정청에 제출해야 한다(기본령 제11조
제1항).

Ⅲ. 심사결과의 통지

1. 통지기간과 방법

① 행정청은 제1항에 따른 이의신청을 받으면 그 신청을 받은 날부터 14일   3508
이내에 그 이의신청에 대한 결과를 신청인에게 통지하여야 한다(기본법 제36조 제
2항 본문). 신청에 대한 결과란 신청인의 신청을 전부 또는 일부 받아들이거나
아니면, 신청을 배척하는 내용이 될 것이다. ② 통지는 문서로 함이 원칙이다(절
차법 제24조).

2. 통지기간의 연장

부득이한 사유로 14일 이내에 통지할 수 없는 경우에는 그 기간을 만료일   3508a
다음 날부터 기산하여 10일의 범위에서 한 차례 연장할 수 있으며, 연장 사유를
신청인에게 통지하여야 한다(기본법 제36조 제2항 단서).

(1) **연장기간** ① 부득이한 사유로 14일 이내에 통지할 수 없는 경우에는
그 기간의 만료일 다음 날부터 기산하여 10일의 범위에서 한 차례 연장할 수 있
다. ② 연기기간은 만료일 다음 날부터 기산하여 10일의 범위 이내이다. 그 기

간을 반드시 10일을 하여야 하는 것은 아니다. 10일은 최장기간이다. 연기는 단한 차례만 가능하다.

　　⑵ **부득이한 사유**　　부득이한 사유란 천재지변 등 불가항력만을 의미하는것은 아니다. 부득이한 사유란 정상적인 업무수행을 할 수 없는 상황을 뜻한다. 부득이한 사유의 유무는 건전한 사회관념에 따라 판단되어야 한다.

　　⑶ **연장사유의 통지**　　행정청은 행정기본법 제36조 제2항 단서에 따라 이의신청 결과의 통지 기간을 연장하려는 경우에는 연장 통지서에 연장 사유와연장 기간 등을 구체적으로 적어야 한다(기본령 제11조 제2항).

3. 불복고지(이의신청 가부의 고지)

3508b　　행정절차법 제26조(고지)는 "행정청이 처분을 할 때에는 당사자에게 그 처분에 관하여 행정심판 및 행정소송을 제기할 수 있는지 여부, 그 밖에 **불복**을할 수 있는지 여부, 청구절차 및 청구기간, 그 밖에 필요한 사항을 알려야 한다"고 규정하고 있다. 이의신청은 불복의 한 종류이므로, 행정청이 행정기본법 제36조의 적용대상이 되는 처분을 하는 경우에는 당사자에게 행정절차법 제26조에 근거하여 「행정기본법 제36조가 정하는 바에 따라 이의신청을 제기할 수 있음」을 알려야 한다.

Ⅳ. 행정심판·행정소송의 관계

1. 임의적 전치절차로서 이의신청

3509　　제1항에 따라 이의신청을 한 경우에도 그 이의신청과 관계없이 행정심판법에 따른 행정심판 또는 행정소송법에 따른 행정소송을 제기할 수 있다(기본법 제36조 제3항). 행정기본법상 이의신청은 임의적 절차이다. 이의신청은 「행정심판법」에 따른 행정심판 또는 「행정소송법」에 따른 행정소송을 제기하기 위해서는반드시 먼저 거쳐야 하는 절차가 아니다. 이것은 행정기본법상 이의신청제도가행정심판법상 행정심판제도와 결합되어 있는 것도 아니고, 행정소송법상 행정소송제도와 결합되어 있는 것도 아님을 의미한다.

2. 행정심판·행정소송의 제기기간

3509a　　⑴ **이의신청절차를 거친 경우**　　이의신청에 대한 결과를 통지받은 후 행정심판 또는 행정소송을 제기하려는 자는 그 결과를 통지받은 날(제2항에 따른 통지기간 내에 결과를 통지받지 못한 경우에는 같은 항에 따른 통지기간이 만료되는 날의 다음 날을 말한다)부터 90일 이내에 행정심판 또는 행정소송을 제기할 수 있다(기본법 제

36조 제4항). 이 조항은 "이의신청에 대한 결과를 통지받은 후 행정심판 또는 행정소송을 제기하려는 경우"에 적용되는 것이므로, 이의신청·행정심판청구·행정소송 제기가 동시에 이루어지거나 이의신청에 대한 결과를 통지받기 전(제2항에 따른 통지기간 내에 결과를 통지받지 못한 경우에는 같은 항에 따른 통지기간이 만료되기 전)에 이루어지는 경우에는 적용될 여지가 없다.

　　⑵ 이의신청절차를 거치지 않은 경우　　행정청의 처분에 이의가 있는 당사　　3509b
자가 해당 행정청에 이의신청을 하지 않고 바로 행정심판을 청구하는 경우에 그 청구기간은 행정심판법이 정하는 기간, 바로 행정소송을 제기하는 경우에 그 제소기간은 행정소송법이 정하는 바에 의한다.

3. 불복의 대상

　　① 이의신청에 대한 결과가 이의신청인의 신청을 받아들이지 않는 경우라　　3509c
면, 이의신청의 대상이었던 원처분이 행정심판 또는 행정소송의 대상이 된다(예 : 영업정지 3개월 처분에 대하여 취소를 요구하면서 이의신청을 제기하였으나, 처분청이 이의신청을 배척한 경우에는 영업정지 3개월 처분이 행정심판 또는 행정소송의 대상이 된다). ② 이의신청에 대한 결과가 이의신청인의 신청을 일부만 받아들이는 경우라면, 이의신청의 결과로 변경된 처분이 행정심판 또는 행정소송의 대상이 된다(예 : 영업정지 3개월 처분에 대하여 취소를 요구하면서 이의신청을 제기하였으나, 처분청이 영업정지 3개월 처분을 영업정지 1개월 처분으로 변경한 경우에는 영업정지 1개월 처분이 행정심판 또는 행정소송의 대상이 된다). 왜냐하면 변경된 처분의 발효로 원처분은 소멸되었다고 볼 것이기 때문이다.

제 2 절　처분의 재심사

I. 재심사의 관념

1. 의　　의

　　처분이 행정심판, 행정소송 및 그 밖의 쟁송을 통하여 다툴 수 없게 된 경　　3510
우라도(예 : 석궁판매업을 하는 A는 2030. 6. 6. 공공의 안녕질서를 해칠 우려가 있다고 믿을 만한 상당한 이유가 있다는 이유로 서울지방경찰청장으로부터 석궁판매업허가처분을 취소하는 통지서를 받았다. A는 2030. 12.이 되어 시간이 나자 석궁판매업허가처분의 취소를 다투려고 한다. 그러나 A는 이의신청이나 행정심판법상 행정심판, 행정소송을 제기할 수 없다. 왜냐하면 이의신청은 처분을 받은 날부터 30일 이내에(기본법 제36조 제1항), 행정심판법상 취소심판은 처분이 있음을 알게 된 날부터 90일 이내에(행심법 제27조 제1항), 취소소송은 처분등이 있음을 안 날부터 90일 이내에(행소법 제20조 제1항) 제기해야 하기 때문이다) 일정한 사유가 있다면, 해당 처분을 한 행정청에 처분을 취소·철회하거나 변경하여 줄 것을 신청할 수 있는바, 이를 처분의 재심사라 한다(기본법 제37조 제1항).

2. 법적 근거

3510a 행정심판, 행정소송 및 그 밖의 쟁송을 통하여 다툴 수 없게 되었음에도 불구하고 행정청으로 하여금 해당 처분을 다시 재심사토록 한다는 것은 법적 안정성을 침해하는 성격을 갖기 때문에 처분의 재심사를 위해서는 법적 근거가 필요하다. 행정기본법 제37조가 처분의 재심사에 대한 일반조항이다. 행정기본법 제37조에서 규정한 사항 외에 처분의 재심사의 방법 및 절차 등에 관한 사항은 대통령령으로 정한다(기본법 제37조 제7항).

3. 성   격

3510b ⑴ 제도의 도입   처분의 재심사는 2023. 3. 23. 제정되고 2021. 9. 24. 시행에 들어간 행정기본법에 도입되었다. 시행에 필요한 준비기간을 고려하여 처분의 재심사제도는 2023. 3. 24.부터 시행되었다. 행정기본법의 제정 전부터 학설상 처분의 재심사 제도의 도입이 주장되기도 하였으나, 처분의 재심사를 규정하는 법률은 찾아보기 어려웠다. 반론도 없지 않았으나, 입법자는 국민의 권익보호의 확대를 위해 처분의 재심사 제도를 널리 인정할 필요가 있다고 보아 처분의 재심사를 일반적인 제도로 규정하였다.[1]

3510c ⑵ 제도의 성격   행정심판법상 행정심판을 제기할 수 있는 기간이 경과하거나 행정소송법상 행정소송을 제기할 수 있는 기간이 경과하면, 당사자는 더 이상 다툴 수 없다. 그렇지만 기간의 경과로 처분에 기초가 되었던 사실관계 또는 법률관계가 사회적 관념이나 헌법질서와 충돌하는 경우, 종전의 처분을 유지하는 것은 정의의 관념에 반하므로, 종전의 처분을 취소하거나 철회할 필요가 있다. 처분의 재심사는 바로 이러한 필요에 응하는 제도이다.

Ⅱ. 재심사의 요건

1. 재심사의 대상

3511 ⑴ 범   위   처분의 재심사의 대상은 행정심판, 행정소송 및 그 밖의

---

1) 처분의 재심사 제도는 1987년 7월에 입법예고되었던 행정절차법(안) 제33조에도 규정이 있었으나, 행정기본법의 제정으로 제도화되었다.

쟁송을 통하여 다툴 수 없게 된 처분이다(기본법 제37조 제1항). 행정심판, 행정소송 및 그 밖의 쟁송을 통하여 다툴 수 없게 된 처분이란 불가쟁력(형식적 존속력)이 발생한 처분을 말한다.

(2) 대상에서 제외되는 사항

(개) **제재처분 및 행정상 강제**   제재처분 및 행정상 강제는 처분의 재심사의   3511a
대상에서 제외된다. 불가쟁력이 발생한 제재처분이나 행정상 강제를 취소·철회 또는 변경하여 줄 것을 신청할 수 있게 되면, 그리하여 제재처분이나 행정상 강제를 둘러싼 법적 평화와 안정이 장해를 받게 되면, 그만큼 제재처분이나 행정상 강제의 실효성 확보기능은 약화될 수밖에 없다. 이러한 문제점을 방지하기 위하여 제재처분 및 행정상 강제를 처분의 재심사 대상에서 제외한 것으로 이해된다.

(내) **법원의 확정판결이 있는 처분**   제재처분이나 행정상 강제에 해당하지 않   3511b
는 처분일지라도 그 처분에 관해 법원의 확정판결이 있다면, 그러한 처분은 재심사의 대상에서 제외된다. 법원의 확정판결이 있는 처분에 대하여 행정기관이 재심사를 한다는 것은 권력분립원칙에 반하기 때문이다.[1] 법원의 확정판결이 있는 처분에 문제가 있다면 소송상 재심절차로 다툴 수 있다.

(대) **행정기본법 제37조 제8항의 배제사항**   행정기본법 제37조 제8항은 아래   3511c
의 사항에 대하여 처분의 재심사를 배제하고 있다. 이러한 경우는 성질상 처분의 재심사를 인정하는 것이 바람직하지 않다고 보았기 때문일 것이다.

1. 공무원 인사 관계 법령에 따른 징계 등 처분에 관한 사항   제1호는 「공무원의 인사 관계 처분은 공무원법관계의 안정을 침해하여서는 아니 된다」라는 점을 근거로 한다.
2. 「노동위원회법」 제2조의2에 따라 노동위원회의 의결을 거쳐 행하는 사항   제2호는 「노사관계의 특수성과 노동위원회는 독립의 합의제 기관이다」라는 점을 근거로 한다.
3. 형사, 행형 및 보안처분 관계 법령에 따라 행하는 사항   제3호는 「형사, 행형 및 보안처분 관계 처분은 사법작용의 성질이 강하다」라는 점을 근거로 한다.
4. 외국인의 출입국·난민인정·귀화·국적회복에 관한 사항   제4호는 「외국인 관련 사항은 상호주의가 적용되어야 한다」라는 점을 근거로 한다.
5. 과태료 부과 및 징수에 관한 사항   제5호는 「과태료 부과는 사법작용

---

1) 김유환, 현대 행정법, 233쪽(2022).

과 유사하다」라는 점을 근거로 한다.

6. 개별 법률에서 그 적용을 배제하고 있는 사항   개별 법률에서 정함이 있다면, 그 조항은 특별규정으로서 당연히 적용되기 때문에, 제6호는 특별한 의미를 갖는 것으로 보이지 아니한다.

2. 재심사의 당사자

⑴ 신청권자(신청인적격)

3512   **㈎ 상 대 방**   ① 처분의 재심사의 신청은 당사자만 할 수 있고, 제3자는 신청을 할 수 없다. 처분의 재심사의 신청을 할 수 있는 자를 당사자로 제한한 것은 처분의 재심사 신청의 남발을 방지하기 위한 것이다. ② 당사자가 처분의 재심사를 신청할 수 있다는 것은 당사자가 개인적 공권(공법상 권리)으로서 처분의 재심사 신청권을 갖는다는 것을 의미한다.

3512a   **㈏ 법률상 이익**   행정심판법·행정소송법은 법률상 이익이 침해된 자가 행정심판·행정소송(항고소송)을 청구할 수 있음을 규정하고 있으나(행심법 제13조, 행소법 제12조 등), 행정기본법은 상대방이 법률상 이익이 침해된 경우에만 재심사를 신청할 수 있는지 여부에 관해 언급하는 바가 없다. 행정기본법상 처분의 재심사 절차는 객관적인 법질서의 유지 외에 국민 개개인의 권익보호를 위한 것이라는 점(기본법 제36조 제3항)을 고려할 때, 명시적인 표현이 없다고 하여도 이의신청은 법률상 이익이 침해된 경우에 제기할 수 있다고 본다.

3512b   **㈐ 개인적 공권**(주관적 공권)   행정기본법 제37조에 따라 위법 또는 부당한 처분의 취소나 변경을 구하는 재심사 또는 적법한 처분의 철회나 변경을 구하는 재심사를 청구할 수 있다는 것은 행정기본법 제37조가 상대방의 이의신청권을 개인적 공권(주관적공권)으로 보호한다는 것을 의미한다.

3512c   **⑵ 재심사기관**(피신청인)   처분의 재심사 신청기관은 해당 행정청이다. 해당 행정청이란 재심사 신청의 대상인 처분을 발급한 처분청을 의미한다. 처분의 재심사 신청은 처분을 한 행정청에 대하여 불복하는 것이므로, 처분을 한 행정청이 아닌 제3의 기관(재결청)에 불복하는 행정심판(또는 특별행정심판)과 구별된다.

3. 재심사 신청사유와 제한

3513   **⑴ 사   유**   행정기본법 제37조 제1항은 처분의 재심사 신청의 남용을 방지하기 위하여 처분의 재심사를 신청할 수 있는 사유를 3가지 경우로 제한하고 있다.[1]

---

1) 재심사 신청의 사유는 1987년의 행정절차법(안) 제33조 제1항이 정하는 사유(① 재심사의 사

㈎ 처분의 근거가 된 사실관계 또는 법률관계가 추후에 당사자에게 유리하게 바뀐 경 3513a
우　　사실관계가 추후에 당사자에게 유리하게 바뀐 경우란 처분의 결정에 객
관적으로 중요하였던 사실이 없어지거나 새로운 사실(과학적 지식 포함)이 추후에
발견되어 관계인에게 유리한 결정을 이끌어 낼 수 있는 경우를 의미한다. 법률
관계가 추후에 당사자에게 유리하게 바뀐 경우란 처분의 근거가 되었던 법령이
처분 이후에 폐지되었거나 당사자에게 유리하게 변경된 경우 등을 의미한다.[1]

㈏ 당사자에게 유리한 결정을 가져다주었을 새로운 증거가 있는 경우　　새로운 3513b
증거란 ① 처분의 절차나 쟁송 과정에서 사용할 수 없었던 증거, ② 당사자의
과실 없이 절차진행 당시 제때 습득하지 못하거나 마련할 수 없었던 증거, ③
당사자의 과실 없이 당사자가 당시에 인지하지 못하고 있었던 증거, ④ 처분 당
시 제출되어 있었으나 행정청의 무지, 오판, 불충분한 고려가 있었던 경우 등을
의미한다.[2]

㈐ 「민사소송법」 제451조에 따른 재심사유에 준하는 사유가 발생한 경우 등 대통령령 3513c
으로 정하는 경우　　제3호는 「민사소송법」 제451조에 따른 재심사유에 준하는
사유와 그 밖에 대통령령으로 정하는 사항을 재심사의 사유로 규정하고 있다.
　　대통령령으로 정하는 경우"란 다음 각 호(1. 처분 업무를 직접 또는 간접적으로
처리한 공무원이 그 처분에 관한 직무상 죄를 범한 경우, 2. 처분의 근거가 된 문서나 그 밖의
자료가 위조되거나 변조된 것인 경우, 3. 제3자의 거짓 진술이 처분의 근거가 된 경우, 4. 처
분에 영향을 미칠 중요한 사항에 관하여 판단이 누락된 경우)의 어느 하나에 해당하는
경우를 말한다(기본령 제12조).

(2) 제　　한

㈎ 의　　의　　제1항에 따른 신청은 해당 처분의 절차, 행정심판, 행정소송 3513d
및 그 밖의 쟁송에서 당사자가 중대한 과실 없이 제1항 각 호의 사유를 주장하
지 못한 경우에만 할 수 있다(기본법 제37조 제2항). 처분의 재심사는 불가쟁력이

유로 ① 행정처분의 근거가 되는 사실관계 또는 법률관계가 당사자 등에게 유리하게 변경된
　경우, ② 당사자 등에게 유리한 결정을 초래할 만한 새로운 증거가 제출된 경우, ③ 민사소송
　법 제422조에 준하는 재심사유가 발생한 경우)와 독일행정절차법 제51조(절차의 재심사) 제1
　항이 정하는 사유(1. 행정행위에 근거가 되었던 사실상태 또는 법적 상태가 사후에 관계자에게
　유리하게 변경된 경우, 2. 관계자에게 보다 유리한 결정을 가져올 수 있었던 새로운 증거수단
　이 있는 경우, 3. 민사소송법 제580조에 따른 재심사유가 있는 경우)와 흡사하다.
 1) 사실관계의 변경 관련 독일 판례로 당사자가 주택보조금으로 80유로를 신청하였으나 행정청이
　40유로로 결정하였고, 이후 당사자의 소득이 줄어든 경우 재심을 허용한 경우가 있고, 법률관
　계의 변경 관련 독일 판례로 행정청이 주택 증축허가 신청을 반려한 후 제소기간이 도과되었
　고, 이 후 반려처분의 근거가 된 법령이 폐지되어 증축허가 반려에 대한 재심을 허용한 경우가
　있다[법제처, 행정기본법안 조문별 제정이유서, 2020. 6, 110쪽].
 2) 법제처, 행정기본법안 조문별 제정이유서, 2020. 6, 111쪽 활용.

발생한 처분을 대상으로 하는 것이기에 예외적인 구제제도의 성격을 갖는바, 상대방에게 심하게 탓할 수 있는 사정이 있는 경우까지 재심사 신청을 허용하는 것은 법적 평화에 도움이 되지 아니한다는 것이 본조의 취지이다.

3513e 　　(나) 제한사유로서 중대한 과실　　행정기본법 제37조 제1항이 정하는 사유가 있다고 하여도, 당사자가 해당 처분의 절차, 행정심판, 행정소송 및 그 밖의 쟁송에서 중대한 과실로 그 사유를 주장하지 않았다면, 당사자는 그 사유를 근거로 처분의 재심사를 청구할 수 없다. 고의로 그 사유를 주장하지 아니한 경우도 마찬가지이다. 따라서 당사자가 처분의 재심사를 신청할 수 있는 것은 해당 처분의 절차, 행정심판, 행정소송 및 그 밖의 쟁송에서 경과실 또는 경과실 없이 그 사유를 주장하지 못한 경우에 한한다.

4. 재심사 신청내용

3513f 　　당사자는 「처분을 취소·철회하거나 변경하여 줄 것」을 신청할 수 있다(기본법 제37조 제1항). 취소·철회 또는 변경에는 전부 취소·철회 또는 변경, 일부 취소·철회 또는 변경, 일부 취소와 일부 변경 등 여러 경우가 있을 수 있다.

5. 재심사 신청기간

3514 　　(1) 의　　　의　　　제1항에 따른 신청은 당사자가 제1항 각 호의 사유를 안 날부터 60일 이내에 하여야 한다(기본법 제37조 제3항 본문). 다만, 처분이 있은 날부터 5년이 지나면 신청할 수 없다(기본법 제37조 제3항 단서). 사유를 안 날이란 사유가 있음을 현실적으로 안 날을 뜻하고, 처분이 있은 날이란 처분이 효력을 발생한 날을 말한다.

3514a 　　(2) 불변기간　　　60일은 불변기간이다. 연장할 수 있는 기간이 아니다. 5년의 기간을 둔 것은 법적 안정성을 위한 것이다. 상기의 60일과 5년 중 어느 것이라도 먼저 경과하면 재심사의 신청은 불가능하다

Ⅳ. 재심사의 절차

3515 ### 1. 재심사의 신청

　　법 제37조 제1항에 따라 처분의 재심사를 신청하려는 자는 다음 각 호[1. 신청인의 성명·생년월일·주소(신청인이 법인이나 단체인 경우에는 그 명칭, 주사무소의 소재지와 그 대표자의 성명)와 연락처, 2. 재심사 대상이 되는 처분의 내용과 처분이 있은 날, 3. 재심사 신청 사유]의 사항을 적은 문서에 처분의 재심사 신청 사유를 증명하는 서류를 첨부하여 해당 처분을 한 행정청에 제출해야 한다(기본령 제13조 제1항).

2. 보완 요구

제1항에 따른 신청을 받은 행정청은 그 신청 내용에 보완이 필요하면 보완 3515a
해야 할 내용을 명시하고 20일 이내에서 적절한 기간을 정하여 보완을 요청할
수 있다(기본령 제13조 제2항).

3. 재심사(요건심사·본안심사)

재심사과정은 요건심사와 본안심사의 과정을 거친다. 요건심사란 당사자의 3515b
신청이 처분의 재심사 신청 요건을 구비하였는지 여부를 심사하는 것을 말한다.
요건에 미비가 있다면, 신청에 대한 거부처분을 한다. 본안심사란 요건에 미비
가 없는 경우에 신청 사유의 당부를 심사하는 것을 말한다. 신청사유가 정당하
다면 피신청인인 재심사기관은 처분을 취소·철회하거나 변경할 것이고, 정당하
지 않다면 거부처분을 한다.

4. 재심사 결과 통지

(1) 결과통지의 기간

⑺ 원   칙   제1항에 따른 신청을 받은 행정청은 특별한 사정이 없으면 3516
신청을 받은 날부터 90일(합의제행정기관은 180일) 이내에 처분의 재심사 결과(재심
사 여부와 처분의 유지·취소·철회·변경 등에 대한 결정을 포함한다)를 신청인에게 통지
하여야 한다(기본법 제37조 제4항 본문). 합의제행정기관의 경우에 180일로 한 것
은 독임제기관에 비하여 의사결정에 많은 시간이 소요되기 때문이다.

⑵ 연   장   부득이한 사유로 90일(합의제행정기관은 180일) 이내에 통지할 3516a
수 없는 경우에는 그 기간을 만료일 다음 날부터 기산하여 90일(합의제행정기관은
180일)의 범위에서 한 차례 연장할 수 있으며, 연장 사유를 신청인에게 통지하여
야 한다(기본법 제37조 제4항 단서). 부득이한 사유란 천재지변 등 불가항력만을 의
미하는 것은 아니다. 부득이한 사유란 정상적인 업무수행을 할 수 없는 상황을
뜻한다. 부득이한 사유의 유무는 건전한 사회관념에 따라 판단되어야 한다. 행
정청은 법 제37조 제4항 단서에 따라 처분의 재심사 결과의 통지 기간을 연장
하려는 경우에는 연장 통지서에 연장 사유와 연장 기간 등을 구체적으로 적어
야 한다(기본령 제13조 제4항).

⑶ 보완요구에 따른 결과 통지 기간   행정청이 신청인에게 신청 내용에 보 3516b
완을 요청한 경우, 그 보완 기간은 법 제37조 제4항에 따른 재심사 결과 통지
기간에 포함하지 않는다(기본령 제13조 제3항).

Ⅴ. 재심사 결과에 대한 불복

1. 처분을 유지하는 결과에 대한 불복

3517 　제4항에 따른 처분의 재심사 결과 중 처분을 유지하는 결과에 대해서는 행정심판, 행정소송 및 그 밖의 쟁송수단을 통하여 불복할 수 없다(행정기본법 제37조 제5항). 처분을 유지하는 결과란 당사자의 신청이 행정기본법 제37조가 정하는 인용요건을 구비하지 못하였기에 피신청인인 재심사기관이 당사자의 신청을 배척하는 경우를 말한다. 한편, 인용요건을 구비하였지만 피신청인인 재심사기관이 명백히 판단을 잘못하여 처분을 유지하는 결정을 한 경우까지 행정심판이나 행정소송을 통하여 불복할 수 없다는 것은 문제가 있는바, 이러한 경우는 행정심판이나 행정소송을 통하여 다툴 수 있다고 보아야 할 것이다.

2. 처분을 유지하지 아니하는 결과에 대한 불복

3517a 　처분을 유지하지 않는 재심사 결정은 피신청인인 재심사기관이 상대방의 신청을 받아들이는 결정이다. 명문으로 표현되고 있지 않으나, 신청을 전부 받아들이는 결정은 행정심판, 행정소송 및 그 밖의 쟁송수단을 통하여 불복할 이유가 없다. 일부는 유지하지 않지만 일부는 유지되는 경우, 유지되는 부분이 피신청인인 재심사기관의 명백히 그릇된 판단에 기인한 것이라면 문제가 있다. 유지되는 부분에 대해서는 행정심판이나 행정소송을 통하여 다툴 수 있다고 보아야 할 것이다.

Ⅵ. 직권취소·철회와의 관계

1. 의　　의

3518 　행정청의 제18조에 따른 취소와 제19조에 따른 철회는 처분의 재심사에 의하여 영향을 받지 아니한다(기본법 제37조 제6항). 이것은 제18조에 따른 취소 및 제19조에 따른 철회는 제37조의 처분의 재심사와 별개의 절차임을 의미한다.[1]

---

1) 행정기본법 제18조는 행정청이 직권으로 하는 취소만 규정하고, 행정기본법 제18조는 행정청이 직권으로 하는 철회만을 규정하고 있는데, 행정기본법 제18조를 개정하여 상대방의 신청에 따른 직권취소도 인정하고, 행정기본법 제19조를 개정하여 상대방의 신청에 따른 철회를 인정하면, 처분의 재심사 제도는 두지 않아도 된다는 주장이 가능하다. 이와 관련하여 상대방에게 직권취소신청권, 철회신청권을 부여하는 경우, 처분의 재심사와의 비교에 관해 졸저, 행정기본법 해설, 274쪽(2022) 참조.

2. 내 용

⑺ **직권취소·철회의 독자성**　　행정청은 처분의 재심사 절차와 관계없이 행 　3519
정기본법 제18조가 정하는 위법 또는 부당한 처분의 취소, 제19조가 정하는 적
법한 처분의 철회를 할 수 있다. 즉 상대방의 재심사 신청이 있은 후, 행정청은
재심사 결정과 무관하게 처분을 취소하거나 철회할 수 있다.

⑻ **재심사 신청 후 직권취소·철회**　　상대방의 재심사 신청이 있은 후, 행정 　3519a
청이 처분을 취소하거나 철회하면, 당사자는 재심사 신청을 철회할 수 있을 것
이고, 아니면 행정청이 재심사에 그 처분의 취소나 철회를 반영할 수도 있을 것
이다.

제 3 장 행정심판법상 행정심판

제 1 절 일 반 론

I. 행정심판의 관념

1. 행정심판의 개념

3601　　　(1) **행정심판의 강학상 개념**　　　강학상 넓은 의미(광의)로 행정심판이란 행정상 법률관계의 분쟁을 행정기관이 심리·재결하는 모든 행정쟁송절차를 말하고, 좁은 의미(협의)로 행정심판이란 행정심판법에 따른 행정심판을 말한다.

　　　(2) **이 책에서 행정심판의 개념**　　　이 책에서는 행정심판을 좁은 의미로 사용한다. 즉, 행정심판법상 행정심판의 의미로 사용한다.

3602　　　(카) **행정심판 개념의 정의**　　　행정심판법상 행정심판이란 행정청의 위법 또는 부당한 처분이나 부작위로 권리 또는 이익이 침해된 국민이 행정심판위원회에 대해 그 처분의 재심사를 구하고, 이에 대하여 행정심판위원회가 재결을 행하는 절차를 말한다. 행정심판법상 행정심판은 실질적 심판·주관적 심판·항고심판의 성격을 가진다. 행정심판법의 적용을 받는 행정심판을 형식적·제도적 의미의 행정심판이라 부르기도 한다.

　　　(나) **행정소송과 구분**

3602a　　　(a) **공 통 점**　　　행정심판과 행정소송 모두 원칙적으로 실질적 쟁송으로서 ① 행정청의 처분을 시정하는 절차라는 점(행정쟁송), ② 법률상 이익을 가진 자만이 제기할 수 있다는 점(원고적격), ③ 당사자의 쟁송제기에 의해 절차가 개시된다는 점(신청에 의한 절차개시), ④ 당사자는 대등한 입장에 선다는 점(대심주의), ⑤ 행정심판의 경우에는 다소 문제가 있으나, 당사자가 아닌 제3자가 판단한다는 점(판정기관), ⑥ 위법한 처분(행정심판의 경우에는 부당한 처분도 대상이 된다)이나 부작위를 대상으로 한다는 점(쟁송의 대상), ⑦ 취소를 구하는 경우, 일정한 기간 내에 제기하여야 한다는 점(쟁송기간)이 같고, 이 밖에도 ⑧ 참가인제도, ⑨ 청구(소)의 변경, ⑩ 직권심리(직권탐지주의), ⑪ 집행부정지의 원칙, ⑫ 불이익변경금지의 원칙, ⑬ 사정판단(재결·판결)이 인정되는 점에서 동일하다.

3602c　　　(b) **차 이 점**　　　행정심판과 행정소송은 다음의 차이점도 갖는다. 이해의

편의를 위해 차이점을 도표로 비교해 보기로 한다.

	행정심판	행정소송
제도의 본질	행정통제적 성격이 강하다	권리구제적 성격이 강하다
판정기관	행정기관이 판정기관이다	법원이 판정기관이다
판정절차	서면심리주의와 구술심리주의가 병행 적용된다	구두변론주의가 원칙이다
쟁송대상	위법행위 외에 부당행위도 심판의 대상이 된다	위법행위만이 소송의 대상이 된다
적극적 판단	인정된다(의무이행심판)	인정 안 된다(통설)(부작위위법 확인소송 정도로 인정)

(c) 양자의 관련   행정심판과 행정소송의 관계를 보면, 우리의 구 행정 3602d
소송법은 원칙적으로 행정심판을 거친 후 행정소송을 제기할 수 있도록 규정하
고 있었으며(구 행소법 제18조), 이러한 제도를 필요적 행정심판전치주의라 불렀
다. 그러나 현행 법률인 1994년 개정행정소송법은 명문의 규정이 없는 한, 원칙
적으로 행정심판을 거치지 않고서도 행정소송을 제기할 수 있도록 하였다(행소
법 제18조 제1항). 현행법은 임의적 행정심판전치제도를 채택하고 있다.

2. 행정심판의 의미

(1) **사인의 권리보호**(권리보호기능)   행정심판절차에서 분쟁의 대상인 행정 3603
결정은 모든 방향에서 심사가 이루어진다. 말하자면 행정소송절차와 달리 행정
심판절차에서는 기존의 결정의 적법성 외에 합목적성에 대한 통제까지 이루어
진다. 이를 통하여 사인의 권리는 보호를 받게 된다. 또한 행정심판은 행정소송
에 비하여 신속하게 이루어지고 비용이 들지 아니하므로 사인의 권리보호에 보
다 효과적인 면도 갖는다. 행정심판이 행정기관에 의한 판단이라고 하여도 사인
의 권리보호의 기능을 결코 경시할 수는 없다.

(2) **행정의 자기통제**(통제적 기능)   행정심판은 위법 또는 부당한 행위를 피 3603a
하기 위하여 다투어지는 결정의 적법성·합목적성을 행정청(처분청) 스스로가 다
시 한번 심사하는 기회를 의미한다. 따라서 행정심판은 행정권에 의한 행정작용
을 행정권 스스로 통제하는 것, 즉 자율적 통제를 의미한다. 이러한 관점에서
행정심판은 행정내부적인 적법성통제·합목적성의 통제를 위한 기회로 이해된
다. 행정권의 자율적 통제는 권력분립의 원칙에 바람직한 현상이다. 행정의 자

기통제기능은 행정심판제도의 중심적인 기능이다.

3603b   (3) **법원의 부담완화**(소송경제적 기능)   행정사건에 대하여 바로 법원에 소송을 제기하지 아니하고 그 대신 행정심판을 거칠 수 있도록 하고, 아울러 행정심판을 통해 사인이 만족하게 되면, 법원은 그만큼 소송상 부담을 덜게 된다. 이러한 부담완화는 법원으로 하여금 소송사건에 전념할 수 있게 한다. 특히 법원의 업무가 폭주하고, 국가예산의 한계로 인해 법원조직의 확대가 용이하지 않는 상황에서 행정심판의 소송경제적 기능은 특히 중요한 의미를 갖는다. 법원의 부담완화는 행정의 자기통제기능으로부터 파생되는 기능으로 이해될 수 있다.[1]

3. 행정심판의 유형

3604   (1) **실질적 심판·형식적 심판**   강학상 넓은 의미의 행정심판은 실질적 심판·형식적 심판으로 구분할 수 있다. 실질적 심판은 실질적 쟁송으로서의 심판을 말하고, 형식적 심판은 형식적 쟁송으로서의 심판, 즉 행정절차로서의 행정심판을 말한다. 한편 학자에 따라서는 실질적 의미의 행정심판을 넓게는 행정청이 일정한 공법적 결정을 함에 있어서 거치는 모든 준사법적 절차로, 좁게는 행정기관이 재결청이 되는 행정쟁송절차로 파악하며, 형식적 의미의 행정심판을 행정심판법의 적용을 받는 행정심판으로 파악하기도 한다.[2] 형식적 의미의 행정심판을 제도적 의미의 심판이라 부르기도 한다.

3604a   (2) **주관적 심판·객관적 심판**   강학상 넓은 의미의 행정심판은 주관적 심판·객관적 심판으로 구분할 수 있다. 주관적 심판이란 행정작용과 관련하여 자기의 권리(법률상 이익)의 보호를 위해 제기하는 심판을 말하고, 객관적 심판이란 공익에 반하는 행정작용의 시정을 구하는 심판을 말하며, 원칙적으로는 주관적 심판의 한 유형이라 할 특수한 심판이란 일반 행정이 아닌 전문적인 지식과 기술을 요하는 특수한 행정작용을 대상으로 하는 심판을 말한다. 주관적 심판은 항고심판과 당사자심판으로, 객관적 심판은 민중심판과 기관심판으로 구분되며, 특수한 심판으로는 특허심판(특허법 제132조의2 이하)과 해난심판(해난법 제31조 내지 제77조) 등을 들 수 있다. 특수한 심판에는 행정심판법의 적용이 제한된다.

▌참고▐ **특허쟁송의 체계**

3604b   모든 특허심판이 언제나 특수한 행정심판에 속하는 것은 아니다. 특허청장의 처분에 대한 심판은 행정심판법이 적용되는 일반행정심판이며, 심사관의 사정에 대

---

1) Glaeser, Verwaltungsprozeßrecht, Rn. 183.
2) 김남진·김연태, 행정법(Ⅰ), 728쪽(2019).

한 심판은 특허법이 적용되는 특별행정심판이다. 이해의 편의상 양자의 체계를 도해하기로 한다.

심판의 유형	심판대상	심판기관	관할법원
일반행정심판	특허청장의 일반적 처분	중앙행정심판위원회 (재결)[1]	법원(행정[지방]법원→고등법원→대법원)
특별행정심판	심사관의 사정[2]	특허심판원(심결)[3]	법원(특허법원→대법원)[4][5]

1) 행정심판의 전치는 임의절차이다.
2) 심사관은 자신의 명의로 처분을 하는 단독관청의 지위를 갖는다.
3) 특허심판의 전치는 필수절차이다.
4) 특허법원은 고등법원급이다.
5) 대판 2005. 7. 28, 2003후922(심판은 특허심판원에서의 행정절차이며 심결은 행정처분에 해당하고, 그에 대한 불복의 소송인 심결취소소송은 행정소송에 해당한다).

⑶ **항고심판·당사자심판**　　강학상 넓은 의미의 행정심판은 항고심판과 당 　3604c
사자심판으로 구분할 수 있다. 항고심판은 운전면허취소처분의 취소를 구하는 것과 같이 기존의 위법·부당한 처분의 시정을 구하는 심판을 말한다. 항고심판은 행정기본법상 이의신청과 재심사, 행정심판법상 행정심판 등으로 구분된다. 당사자심판은 토지수용절차상 사업시행자와 피수용자(토지소유자 등) 사이에 협의가 성립되지 아니하는 경우에 사업시행자가 관할 토지수용위원회에 재결을 신청하는 경우에 보는 바와 같이 행정법관계의 형성·존부에 관한 분쟁이 있을 경우에 일정한 기관에 그에 관한 재결을 구하는 심판을 말한다. 당사자심판은 개별 법률에 규정이 있는 경우에만 인정된다(예 : 토상법 제30조).

Ⅱ. 행정심판의 근거법(헌법·행정심판법)

1. 행정심판의 법적 근거

⑴ **헌법상 근거**　　헌법은 행정심판제도를 배척하는 것이 아니다. 헌법 제 　3605
107조 제3항은 "재판의 전심절차로서 행정심판을 할 수 있다. 행정심판의 절차는 법률로 정하되 사법절차가 준용되어야 한다"고 하여 오히려 행정심판절차의 헌법적인 근거를 마련하고 있다. 행정심판제도가 헌법에서 근거된 이상 그것은 헌법의 정신을 실현하는 데에 적합한 것이어야 한다. 말하자면 행정심판은 사인의 기본권보장과 법치주의의 실현에 기여하여야 한다. 동시에 행정심판은 행정권의 자율성의 확보·존중에 적합한 것이어야 한다. 그래야만 권력분립주의는

의미를 가지게 될 것이다.[1]

3606 (2) **법률상 근거** 행정심판에 관한 일반법으로 행정심판법이 있다. 행정심판법은 행정심판위원회 등이 심리·판단하는 행정심판을 규정하고 있다. 개별법에서 특별 규정을 두기도 한다(예 : 특허법 제132조의16의 특허심판, 국세기본법 제55조이하의 불복절차 등).

2. 행정심판법의 성격

3607 (1) **일반법으로서 행정심판법** 행정심판법 제3조 제1항은 "행정청의 처분 또는 부작위에 대하여는 다른 법률에 특별한 규정이 있는 경우 외에는 이 법에 따라 행정심판을 청구할 수 있다"고 하고, 아울러 동법 제4조 제2항은 "다른 법률에서 특별행정심판이나 이 법에 따른 행정심판 절차에 대한 특례를 정한 경우에도 그 법률에서 규정하지 아니한 사항에 관하여는 이 법에서 정하는 바에 따른다"고 하여 동법이 행정심판에 관한 일반법임을 나타내고 있다.[2] 그러나 행정심판법이 모든 종류의 행정심판을 규율하고 있는 것은 아니다. 행정심판법은 항고심판을 중심으로 규율하고 있다.

(2) **행정심판법의 특례**

3608 (가) **특례법의 제한** 사안의 전문성과 특수성을 살리기 위하여 특히 필요한 경우 외에는 이 법에 따른 행정심판을 갈음하는 특별한 행정불복절차(이하 "특별행정심판"이라 한다)나 이 법에 따른 행정심판 절차에 대한 특례를 다른 법률로 정할 수 없다(행심법 제4조 제1항). 관계 행정기관의 장이 특별행정심판 또는 이 법에 따른 행정심판 절차에 대한 특례를 신설하거나 변경하는 법령을 제정·개정할 때에는 미리 중앙행정심판위원회와 협의하여야 한다(행심법 제4조 제3항).[3]

3608a (나) **특별한 행정불복절차** 행정심판을 갈음하는 특별한 행정불복절차의 예로 "급여에 관한 결정, 기여금의 징수, 그 밖에 이 법에 따른 급여에 관하여는 「행정심판법」에 따른 행정심판을 청구할 수 없다"는 공무원연금법 제87조 제3

---

1) 헌재 2023. 3. 23, 2018헌바385; 헌재 2014. 6. 26, 2013헌바122(헌법 제107조 제3항은 "재판의 전심절차로서 행정심판을 할 수 있다. 행정심판의 절차는 법률로 정하되, 사법절차가 준용되어야 한다"라고 규정하고 있으나, 이는 행정심판제도의 목적이 행정의 자율적 통제기능과 사법보완적 기능을 통한 국민의 권리구제에 있으므로 행정심판의 심리절차에서도 관계인의 충분한 의견진술 및 자료제출과 당사자의 자유로운 변론 보장 등과 같은 대심구조적 사법절차가 준용되어야 한다는 취지일 뿐, 사법절차의 심급제에 따른 불복할 권리까지 준용되어야 한다는 취지는 아니다).

2) 대판 1992. 6. 9, 92누565(수용재결에 대한 이의절차에 관해 구 토지수용법에 특별한 규정이 없으면 행정심판법이 적용된다); 대판 1989. 9. 12, 89누909(지방공무원의 불복절차에 관해 지방공무원법에 규정되지 아니한 사항에는 행정심판법이 적용된다).

3) 본 조항(행정심판법 제4조 제3항)은 2010년 개정 행정심판법에서 신설되었다.

항을 볼 수 있다.[1]

3. 행정심판법의 개정

국회는 2009년 12월 29일 "행정심판청구사건이 매년 큰 폭으로 증가하고   3609
있고, 행정심판의 준사법절차화에 따른 당사자의 행정심판절차에의 참여 요구
가 증가함에 따라, 임시처분, 이의신청, 전자정보처리조직을 통한 행정심판제도
등 당사자의 절차적 권리를 강화하기 위한 제도를 도입하는 한편, 그 밖에 현행
제도의 운영상 나타난 일부 미비점을 개선·보완하려는 목적으로"정부가 제출
한 행정심판법 전부개정법률안을 의결하였다. 행정심판법 전부개정법률은 공포
후 6개월이 경과한 날부터 시행되었다(부칙 제1조, 2010. 7. 26. 시행). 전부개정법률
의 특징은 다음과 같다.

  (1) 특별행정심판 신설 등을 위한 협의 의무화(제4조)
  (2) 행정심판위원회의 회의 정원 및 위촉위원 비중 확대(제7조 제5항)
  (3) 행정심판위원회 결정에 대한 이의신청제도의 도입(제16조 제8항·제17조 제
    6항·제20조 제6항 및 제29조 제7항)
  (4) 심판참가인의 절차적 권리 강화(제20조부터 제22조까지).
  (5) 임시처분제도의 도입(제31조)
  (6) 전자정보처리조직을 통한 행정심판 근거 마련(제52조부터 제54조까지)

Ⅲ. 행정심판의 종류

1. 취소심판

  (1) 의   의   취소심판이란 행정청의 위법 또는 부당한 처분을 취소하거   3610
나 변경하는 행정심판을 말한다(행심법 제5조 제1호). 취소심판은 공정력있는 행위
의 효력을 제거하는 것을 주된 목적으로 한다. 취소심판은 행정심판의 중심적
지위에 놓인다. 현행 행정심판법은 취소심판을 중심으로 규정하고 있다.

  (2) 성   질   취소심판은 처분의 취소·변경을 통하여 법률관계의 변경·   3611
소멸을 가져오는 형성적 쟁송인가(형성적 쟁송설), 아니면 발령당시의 처분의 위
법성·부당성을 다투는(확인하는) 쟁송인가(확인적 쟁송설)의 문제가 있으나 형성적

---

1) 개별법에서 정한 특례로 조세심판(조세심판원), 특허심판(특허심판원), 토지수용 재결에 대한
  이의신청(중앙토지수용위원회), 부당해고에 관한 구제명령에 대한 재심(중앙노동위원회), 공무
  원 징계처분에 대한 불복(소청심사위원회), 공정거래 관련 처분에 대한 이의신청(공정거래위원
  회), 국민건강보험 급여결정에 대한 심판(국민건강분쟁조정위원회), 산재보험 급여결정에 대한
  재심사(산업재해보상보험재심사위원회), 고용보험 급여결정에 대한 재심사(고용보험심사위원
  회) 등이 있다.

쟁송이라 함이 통설이다.

3612   **(3) 특   징**   취소심판은 청구기간의 제한(행심법 제27조), 집행부정지의 원칙(행심법 제30조), 사정재결(행심법 제44조) 등을 특징으로 갖는다. 위원회는 취소심판의 청구가 이유가 있다고 인정하면 ① 스스로 처분을 취소 또는 다른 처분으로 변경하거나(형성재결) ② 처분을 다른 처분으로 변경할 것을 피청구인에게 명한다(이행재결)(행심법 제43조 제3항).

(4) 거부처분취소심판의 가능성

3613   **㈎ 학   설**   일반적 견해는 행정심판법 제2조 제1호("처분"이란 행정청이 행하는 구체적 사실에 관한 법집행으로서의 공권력의 행사 또는 그 거부, 그 밖에 이에 준하는 행정작용을 말한다)와 제5조 제1호(취소심판 : 행정청의 위법 또는 부당한 처분을 취소하거나 변경하는 행정심판)를 근거로 거부처분취소심판의 가능성을 인정하고 있다(긍정설).

3614   **㈏ 판   례**   판례는 '당사자의 신청을 거부하는 처분을 취소하는 재결'을 인정하고 있어 긍정하는 입장이다.[1]

3615   **㈐ 사   견**   2017. 4. 18. 발효된 개정 행정심판법 제49조 제2항은 "재결에 의하여 취소되거나 …(하는) 처분이 당사자의 신청을 거부하는 것을 내용으로 하는 경우에는 그 처분을 한 행정청은 재결의 취지에 따라 다시 이전의 신청에 대한 처분을 하여야 한다"고 규정하고 있는바, 행정심판법 제13조 제1항의 취소심판의 대상인 처분에는 거부처분도 포함되는 것으로 볼 수밖에 없을 것이다.[2]

2. 무효등확인심판

3616   **(1) 의   의**   무효등확인심판이란 행정청의 처분의 효력 유무 또는 존재 여부를 확인하는 행정심판을 말한다(행심법 제5조 제2호). 이것은 구체적인 내용에 따라 다시 유효확인심판 · 무효확인심판 · 실효확인심판 · 존재확인심판 · 부존재확인심판으로 구분된다.

3617   **(2) 성   질**   무효등확인심판은 처분의 효력 유무 또는 존재 여부를 공권적으로 확인하는 쟁송인가(확인적 쟁송설), 무효와 취소사유의 구분의 상대성을 전제로 하여 행정청이 우월한 지위에서 행한 처분의 효력을 다투는 쟁송인가(형

---

1) 대판 1988. 12. 13, 88누7880.
2) 2017. 4. 18. 개정 행정심판법 제49조 제2항 시행 이전의 행정심판법 하에서 본서는 행정심판법상 거부처분은 의무이행심판의 대상이지 취소심판의 대상이 아니므로 당사자가 거부처분취소심판을 제기한 경우 행정심판위원회는 의무이행심판으로 변경 청구하도록 하여야 한다는 견해를 취하였으나, 2017. 4. 18. 개정 행정심판법 제49조 제2항의 시행으로 견해를 변경한다.

성적 쟁송설), 아니면 실질적으로는 확인적 쟁송이나 형식적으로는 행정청이 우월한 지위에서 행한 처분의 효력유무 등을 다투는 쟁송인가(준형성적 쟁송설)의 문제가 있으나 준형성적 쟁송설이 통설이다.

(3) 특   징   무효등확인심판은 취소심판의 경우와 달리 심판청구기간의 제한도 없고 사정재결도 인정되지 않는다(통설). 한편 실효확인심판이 학설상 인정되고 있다.   3618

3. 의무이행심판

(1) 의   의   의무이행심판이란 당사자의 신청에 대한 행정청의 위법 또는 부당한 거부처분이나 부작위에 대하여 일정한 처분을 하도록 하는 행정심판을 말한다(행심법 제5조 제3호). 예컨대 건축허가신청을 하였으나 건축행정청이 허가발령을 거부하거나 또는 상당기간 아무런 조치도 하지 아니하고 있는 경우, 신청인이 건축허가발령을 구하는 행정심판을 말한다. 취소심판이 행정청의 적극적인 행위로 인한 침해로부터 권익보호를 목적으로 하는 것이라면, 의무이행심판은 행정청의 소극적인 행위로 인한 침해로부터 국민의 권익보호를 목적으로 하는 것이라 하겠다.   3619

(2) 성   질   의무이행심판은 행정청으로 하여금 일정한 처분을 할 것을 구하는 심판이므로 이행쟁송(급부쟁송)의 성질을 갖는다. 그런데 의무이행심판은 현재 법률상 의무있는 행위가 이루어지고 있지 아니한 경우에 적용될 뿐 장래에 이행하여야 할 법률상 의무있는 행위의 경우에는 적용되지 아니한다.   3620

(3) 특   징   거부처분에 대한 의무이행심판에는 심판청구에 기간상 제한이 따르지만, 부작위에 대한 의무이행심판에는 심판청구에 기간상 제한이 따르지 않는다(행심법 제27조 제7항). 의무이행심판에는 사정재결의 적용이 있다(행심법 제44조 제3항). 한편 위원회는 심판청구에 이유있다고 인정하면, 지체없이 신청에 따른 처분을 하거나 처분을 할 것을 피청구인에게 명한다(행심법 제43조 제5항). 전자를 처분재결이라 하고, 후자를 처분명령재결이라 한다. 처분명령재결의 경우에 행정청은 지체 없이 이전의 신청에 대하여 재결의 취지에 따라 처분을 하여야 한다(행심법 제49조 제2항). 이 경우 위원회는 피청구인이 처분을 하지 아니하는 경우에는 당사자가 신청하면 기간을 정하여 서면으로 시정을 명하고 그 기간에 이행하지 아니하면 직접 처분을 할 수 있다(행심법 제50조 제1항 본문). 다만, 그 처분의 성질이나 그 밖의 불가피한 사유로 위원회가 직접 처분을 할 수 없는 경우에는 그러하지 아니하다(행심법 제50조 제1항 단서).   3621

제 2 절 고지제도(행정심판제도의 활용)

I. 의   의

1. 개   념

3622   행정청이 처분을 할 때에는 처분의 상대방에게 해당 처분에 대하여 행정심판을 청구할 수 있는지 여부와 행정심판을 청구하는 경우의 심판청구 절차 및 심판청구 기간을 알려야 할 뿐만 아니라 이해관계인이 요구하면 해당 처분이 행정심판의 대상이 되는 처분인지 여부와 행정심판의 대상이 되는 경우 소관 위원회 및 심판청구 기간을 지체 없이 알려 주어야 하는바, 이를 고지제도라 한다. 불복고지라 부르기도 한다.

2. 의   미

3623   고지제도는 행정의 민주화, 행정의 신중 · 적정 · 합리화를 도모하기 위한 제도이다. 고지제도는 개인의 권익보호의 강화에 기여한다. 행정의 행위형식이 다양하고, 행정조직이 복잡할 뿐만 아니라 행정구제절차가 복잡한 점을 고려할 때, 고지제도는 의미를 갖는다.

3. 법적 성질

3624   고지는 사실행위이다. 그것은 법적 효과의 발생을 목적으로 하는 행정작용인 준법률행위적 행정행위가 아니며 사실행위일 뿐이다. 따라서 고지 그 자체는 행정쟁송의 대상이 되지 아니한다.[1] 한편 고지제도에 관한 행정심판법의 규정의 성질에 관해서는 훈시규정이라는 견해와 강행규정 또는 의무규정이라는 견해로[2] 나누어 볼 수 있다. 그릇된 고지가 행정행위의 효력에 영향을 미치는 것은 아니나, 그럼에도 그릇된 고지 등에 일정한 제재가 가해지는 점을 고려한다면 강행규정으로 보는 것이 타당하다고 하겠다.

II. 법적 근거

1. 입 법 례

3625   ⑴ 유   형   불복고지를 규정하는 입법의 형태에는 세 가지가 있다. 즉 ① 행정절차법에서 규정하는 방법(예 : 오스트리아 행정절차법 제61조; 스위스 행정절차

---

1) Wallerath, Allgemeines Verwaltungsrecht(6. Aufl.), §9, Rn. 120.
2) 강구철, 강의행정법(I), 814쪽; 석종현 · 송동수, 일반행정법(상), 792쪽; 홍준형, 행정쟁송법, 35쪽(2017).

법 제35조), ② 행정심판법에서 규정하는 방법(예 : 일본의 행정불복심사법 제57조·제
58조), ③ 행정재판소법(행정심판과 관련된 부분)에서 규정하는 방법(예 : 독일 행정재
판소법 제58조·제59조)이 그것이다.

(2) 평   가   논리적으로 본다면 불복고지를 행정처분절차를 규정하는   3626
행정절차법에서 규정하는 것이 합리적이다. 왜냐하면 시간적인 관점에서 볼 때,
불복고지는 행정심판이나 행정소송이 아니라 행정처분과 동시에 이루어질 때에
사인의 권리보호가 가장 용이하기 때문이다.

2. 우리나라

(1) 현   황   연혁적으로 볼 때, 고지제도는 1985년에 발효된 행정심판법   3627
(제42조)과 1998년에 발효된 행정절차법(제26조) 및 공공기관의 정보공개에 관한
법률(제11조 제3항)에서 규정되어 왔다. 이들 법률의 규정내용은 상이하다.

(2) 관   계   ① 고지제도와 관련하여 기술한 세 법률의 관계를 보면 논   3628
리상으로는 행정절차법을 일반법이라 하겠으나, 내용상으로는 행정심판법을 일
반법이라 하겠다. ② 행정절차법은 행정심판법에 비해 고지의 대상을 포괄적으
로 규정하고 있다. ③ 행정절차법은 행정심판법의 경우와 달리 고지의무위반에
대한 제재수단에 관해 규정하는 바가 없다. 그러나 앞에서 언급한 바를 고려할
때, 행정심판법상의 고지의무위반에 대한 제재규정은 행정절차법과 공공기관의
정보공개에 관한 법률에도 보충적으로 적용된다고 볼 것이다.

(3) 개   선   행정절차법을 제정한 이상 고지제도를 여러 법률에 규정을   3629
두기보다는 행정절차법에서 단일의 규정을 두는 것이 입법체계상 바람직하다고
본다. 고지제도에 대한 입법상 정리가 필요할 것이다.

3. 고지의 배제

판례에 의하면 개별법이 행정심판법의 적용을 배제하는 탓으로 불복고지제   3630
도가 배제되게 되는 경우(예 : 국세법 제56조 제1항)도 나타난다.[1] 그러나 판례의
해석은 정당하다고 보기 어렵다. 왜냐하면 불복고지제도는 성질상 행정절차법
의 규정사항이지 행정심판법상의 규정사항은 아니라고 볼 것이기 때문이다.

---

1) 대판 1992. 3. 31, 91누6016(국세기본법 제56조 제1항은 '제55조에 규정하는 처분에 대하여는
   행정심판법의 규정을 적용하지 아니한다'고 규정하고 있으므로, 국세청장이 같은법 제55조에
   규정하는 처분인, 조세범처벌절차법 제16조에 의한 보상금을 교부하지 않기로 하는 처분을 함
   에 있어서, 행정심판법 제42조 제1항에 따라 그 상대방에게 행정불복의 방법을 고지할 의무는
   없다고 할 것이고 국세기본법 제60조나 같은법시행령 제48조에 의하더라도 국세청장이 위 처
   분을 함에 있어 상대방에게 불복방법을 통지할 의무가 있는 것으로 해석되지 아니한다).

Ⅲ. 종 류

행정심판법상 고지제도에는 행정청이 반드시 하여야 하는 의무적인 직권고지와 이해관계인의 신청에 의한 고지의 두 종류가 있다.

1. 직권에 의한 고지

3631 "행정청이 처분을 할 때에는 처분의 상대방에게 다음 각 호(1. 해당 처분에 대하여 행정심판을 청구할 수 있는지, 2. 행정심판을 청구하는 경우의 심판청구 절차 및 심판청구 기간)의 사항을 알려야 한다"(행심법 제58조 제1항). 이하에서 이를 분설한다.

3632 ⑴ **고지의 주체와 상대방** ① 고지의 주체는 행정에 관한 의사를 결정하여 표시하는 국가 또는 지방자치단체의 기관, 그 밖에 법령 또는 자치법규에 따라 행정권한을 가지고 있거나 위탁을 받은 공공단체나 그 기관 또는 사인을 말한다(행심법 제2조 제4호). ② 고지의 상대방은 해당 처분의 상대방을 의미한다. 제3자효있는 행위의 경우에는 제3자에게도 고지함이 바람직할 것이다. 물론 제3자는 후술하는 바와 같이 고지를 신청할 수 있다.

3633 ⑵ **고지의 대상인 처분** 고지의 대상이 되는 처분은 서면에 의한 처분뿐만 아니라, 구두에 의한 처분도 포함된다. 그리고 여기의 처분은 행정심판법상 행정쟁송의 대상이 될 수 있는 모든 처분뿐만 아니라 특별법상 쟁송대상(예: 각종의 이의신청, 심사청구, 심판청구 등)까지 포함한다. 고지제도는 행정절차법적인 사항이기 때문이다. 뿐만 아니라 행정심판 역시 넓은 의미에서 행정절차의 한 부분으로 볼 것이므로 재결처분도 고지의 대상인 처분에 포함된다고 볼 것이다. 신청에 따른 처분이 있는 경우에는 상대방이 다툴 이유가 없기 때문에 고지가 불필요할 것이다. 한편, 고지의 대상에는 침익적인 처분 외에 수익적인 처분도 포함된다.

3634 ⑶ **고지의 내용** 고지의 내용으로는 ① 다른 법률에 의한 행정심판까지 포함하여 해당 처분에 대하여 행정심판을 청구할 수 있는지의 여부, 그리고 심판청구가 불필요한 경우에는(행소법 제18조 제3항) 불필요하다는 사항까지 포함된다. 그리고 행정심판을 청구할 수 있는 경우에는, ② 심판청구 절차 및 ③ 심판청구 기간도 알려야 한다. 그런데 여기서 말하는「심판청구 절차를 알려야 한다」는 것은 행정심판청구서가 제출되어야 하는 기관이 어떠한 위원회인지를 알려야 한다는 것을 포함한다고 볼 것이다.

3635 ⑷ **고지의 방법·시기** 고지의 방법이나 시기에 대해서는 특별히 규정하

는 바가 없다. 그러나 문서로 고지하는 것이 바람직하다. 그리고 고지는 처분과 동시에 이루어져야 할 것이다. 상당한 기간 내에 사후고지가 있는 경우에는 불고지의 하자가 치유된다고 볼 것이다.[1]

2. 신청에 의한 고지

행정청은 이해관계인이 요구하면 다음 각 호(1. 해당 처분이 행정심판의 대상이 3636 되는 처분인지, 2. 행정심판의 대상이 되는 경우 소관 위원회 및 심판청구 기간)의 사항을 지체 없이 알려 주어야 한다. 이 경우 서면으로 알려 줄 것을 요구받으면 서면으로 알려 주어야 한다(행심법 제58조 제2항).

(1) **신청권자**　　　이해관계인이 신청권자가 된다. 이해관계인에는 처분의 상 3637 대방뿐만 아니라 법률상 이익이 침해된 제3자도 포함된다. 다만 여기서 말하는 처분의 상대방은 행정심판법 제58조 제1항에 비추어 행정청으로부터 고지를 받지 못한 상대방을 의미한다.

(2) **고지의 대상인 처분**　　　직권에 의한 고지의 경우와 다를 바 없다. 3638

(3) **고지의 내용**　　　고지의 내용은 ① 심판대상 여부, ② 행정심판의 대상이 3639 되는 경우에는 소관위원회 및 ③ 심판청구 기간이다. ④ 명시적으로 규정되고 있는 것은 아니지만, 제58조 제1항과의 균형상 심판청구 절차도 알려야 할 것이다.

〈직권고지와 신청에 의한 고지의 비교〉　　　3640

	직권고지(제58조 제1항)	신청에 의한 고지(제58조 제2항)
고지의 주체	행정청(조문)	행정청(조문)
고지의 신청	해당없음	이해관계인(조문)(상대방＋제3자)
고지의 상대방	상대방(조문)	이해관계인(조문)(상대방＋제3자)
고지의 대상	서면처분(조문)	구두처분＋미고지의 서면처분
고지의 내용	심판제기여부·청구절차·청구기간 (조문)	심판대상여부·위원회·청구기간 (조문)
고지의 방법	문서(해석)	적당한 방법(해석) 서면요청시 서면(조문)
고지의 시기	서면처분과 동시(해석)	신청받고 지체없이(조문)

(4) **고지의 방법**　　　① 고지의 방법에 대해서는 특별히 정함이 없다. 적당한 3641 방법으로 알려 주면 될 것이다. 그러나 이해관계인이 서면으로 요구한 경우에는

---

1) 이상규, 신행정법론(상), 755쪽.

서면으로 알려야만 한다. 그리고 ② 지체없이 고지하여야 한다. 여기서 '지체없이'란 사회통념상 인정될 수 있는 범위 내에서 신속성이 있어야 한다는 의미이다.

Ⅳ. 고지의무위반의 효과

1. 처분의 위법 여부

3642 고지위반이 당해 처분의 효력에 영향을 미치는 것은 아니나 행정심판법은 경유절차 및 청구기간과 관련하여 일정한 제약을 가하고 있다. 여기서 말하는 고지위반의 효과는 불고지·오고지라는 의사 그 자체의 흠결에서 나오는 것이 아니라, 행정심판법이 고지제도의 실효성확보를 위하여 특별히 부여하는 힘이라는 점을 유념할 필요가 있다. 따라서 불고지나 오고지는 그릇된 것이지만, 불고지나 오고지가 처분을 위법하게 만드는 것은 아니다.[1]

2. 청구서의 송부

3643 행정청이 행정심판법 제58조에 따른 고지를 하지 아니하거나(불고지) 잘못 고지하여(오고지) 청구인이 심판청구서를 다른 행정기관에 제출한 경우에는 그 행정기관은 그 심판청구서를 지체 없이 정당한 권한이 있는 피청구인에게 보내야 한다(행심법 제23조 제2항). 제2항에 따라 심판청구서를 보낸 행정기관은 지체 없이 그 사실을 청구인에게 알려야 한다(행심법 제23조 제3항). 제27조에 따른 심판청구 기간을 계산할 때에는 … 제2항에 따른 행정기관에 심판청구서가 제출되었을 때에 행정심판이 청구된 것으로 본다(행심법 제23조 제4항).

3. 청구기간

3644 행정청이 심판청구 기간을 행정심판법 제27조 제1항(행정심판은 처분이 있음을 알게 된 날부터 90일 이내에 청구하여야 한다)에 규정된 기간보다 긴 기간으로 잘못 알린 경우 그 잘못 알린 기간에 심판청구가 있으면 그 행정심판은 제1항에 규정된 기간에 청구된 것으로 본다(행심법 제27조 제5항). 이 규정이 행정소송의 제기에도 적용되는 것은 아니다.[2] 행정청이 심판청구 기간을 알리지 아니한 경우

---

1) 대판 1987. 11. 24, 87누529(구 자동차운수사업법 제31조 등의 규정에 의한 사업면허의 취소등의 처분에 관한 규칙(교통부령) 제7조 제3항의 고지절차에 관한 규정은 행정처분의 상대방이 그 처분에 대한 행정심판의 절차를 밟는 데 있어 편의를 제공하려는 데 있으며 처분청이 위 규정에 따른 고지의무를 이행하지 아니하였다고 하더라도 경우에 따라서는 행정심판의 제기기간이 연장될 수 있는 것에 그치고 이로 인하여 심판의 대상이 되는 행정처분에 어떤 하자가 수반된다고 할 수 없다).

2) 대판 2001. 5. 8, 2000두6916(행정청이 법정 심판청구기간보다 긴 기간으로 잘못 알린 경우에 그 잘못 알린 기간 내에 심판청구가 있으면 그 심판청구는 법정 심판청구기간 내에 제기된 것

에는 제3항(행정심판은 처분이 있었던 날부터 180일이 지나면 청구하지 못한다. 다만, 정당한 사유가 있는 경우에는 그러하지 아니하다)에 규정된 기간에 심판청구를 할 수 있다(행심법 제27조 제6항·제3항).[1] 이는 다른 법률에서 행정심판청구기간을 행정심판법보다 짧게 정한 경우에도 마찬가지이다.[2]

4. 행정심판전치의 불요

처분을 행한 행정청이 행정심판을 거칠 필요가 없다고 잘못 알린 때에는 행정심판을 제기함이 없이 행정소송을 제기할 수 있다(행소법 제18조 제3항 제4호). 판례는 위원회가 잘못 알린 경우에도 처분청이 잘못 알린 경우와 동일한 것으로 본다.[3] 이러한 태도는 고지제도의 취지에 비추어 타당하다(행소법 제18조 제3항 제4호). 3645

제 3 절   심판기관과 참가자

제 1 항   행정심판기관(행정심판위원회)

Ⅰ. 행정심판위원회의 관념

1. 의   의

(1) 개   념   행정심판위원회란 심판청구사항에 대하여 심리한 후, 그 심 3646

으로 본다는 취지의 행정심판법 제18조 제5항의 규정은 행정심판 제기에 관하여 적용되는 규정이지, 행정소송 제기에도 당연히 적용되는 규정이라고 할 수는 없다).

1) 독일행정재판소법은 불복고지가 행정행위에서 결여되거나, 하자가 있거나 또는 불분명한 경우에는 심판청구기간을 1년으로 규정하고 있다(VwGO 제70조 제2항, 제58조 제2항 제1문).

2) 대판 1990. 7. 10, 89누6839(도로점용료 상당 부당이득금의 징수 및 이의절차를 규정한 지방자치법에서 이의제출기간을 행정심판법 제18조 제3항 소정기간보다 짧게 정하였다고 하여도 같은법 제42조 제1항 소정의 고지의무에 관하여 달리 정하고 있지 아니한 이상 도로관리청인 피고가 이 사건 도로점용료 상당 부당이득금의 징수고지서를 발부함에 있어서 원고들에게 이의제출기간 등을 알려주지 아니하였다면 원고들은 지방자치법상의 이의제출기간에 구애됨이 없이 행정심판법 제18조 제6항, 제3항의 규정에 의하여 징수고지처분이 있는 날로부터 180일 이내에 이의를 제출할 수 있다고 보아야 할 것이다).

3) 대판 1996. 8. 23, 96누4671(행정소송법 제18조 제3항 제4호의 규정이 행정청이 행정심판을 거칠 필요가 없다고 잘못 알린 때에는 행정심판을 제기하지 않고도 취소소송을 제기할 수 있도록 행정심판전치주의에 대한 예외를 두고 있는 것은 행정에 대한 국민의 신뢰를 보호하려는 것이므로, 처분청이 아닌 재결청이 이와 같은 잘못된 고지를 한 경우에도 행정소송법 제18조 제3항 제4호의 규정을 유추·적용하여 행정심판을 제기함이 없이 그 취소소송을 제기할 수 있다고 할 것이고, 이 때에 재결청의 잘못된 고지가 있었는지 여부를 판단함에 있어서는 반드시 행정조직상의 형식적인 권한분장에 구애될 것이 아니라 담당자의 조직상의 지위와 임무, 당해 언동을 하게 된 구체적인 경위 및 그에 대한 행정심판청구인의 신뢰가능성에 비추어 실질에 의하여 판단하여야 한다).

판청구사건에 대하여 각하나 기각 또는 인용을 결정하는 작용인 재결을 행하는 권한을 가진 기관을 말한다. 행정심판위원회는 합의제행정청의 성격을 갖는다. 말하자면 행정심판위원회는 복수의 위원으로 구성되면서 위원의 합의로 의사를 정한다는 점에서 합의제기관이고, 또한 국가의사를 행정심판위원회 스스로 결정하고 외부에 표시하는 권한을 갖는다는 점에서 행정청의 성격을 갖는다.

3647   (2) **구법과 비교**   2008년 2월 29일에 개정되기 전의 구 행정심판법상 행정심판기관은 심판청구사건에 대하여 심리·의결하는 권한을 가진 행정심판위원회와 행정심판위원회의 심리·의결에 따라 재결만을 행하는 재결청의 2원적 구조였으나, 현행 법률은 재결청의 제도를 폐지하고 행정심판위원회가 심리·의결과 재결을 모두 하도록 하는 1원적 구조를 취하고 있다.

2. 유   형

3648   (1) **해당 행정청 소속 행정심판위원회**   다음 각 호(1. 감사원, 국가정보원장, 그밖에 대통령령으로 정하는 대통령 소속기관의 장, 2. 국회사무총장·법원행정처장·헌법재판소 사무처장 및 중앙선거관리위원회사무총장, 3. 국가인권위원회, 진실·화해를위한과거사정리위원회, 그 밖에 지위·성격의 독립성과 특수성 등이 인정되어 대통령령으로 정하는 행정청)의 행정청 또는 그 소속 행정청(행정기관의 계층구조와 관계없이 그 감독을 받거나 위탁을 받은 모든 행정청을 말하되, 위탁을 받은 행정청은 그 위탁받은 사무에 관하여는 위탁한 행정청의 소속 행정청으로 본다. 이하 같다)의 처분 또는 부작위에 대한 행정심판의 청구(이하 "심판청구"라 한다)에 대하여는 다음 각 호(위에서 기술하였음)의 행정청에 두는 행정심판위원회에서 심리·재결한다(행심법 제6조 제1항). 예컨대, 법원행정처장의 처분에 대해서는 법원행정처 소속 행정심판위원회(대법원행정심판위원회)가 행정심판기관이 된다. 그리고 "위탁을 받은 행정청은 그 위탁받은 사무에 관하여는 위탁한 행정청의 소속 행정청으로 본다"는 것은 예컨대, 감사원이 A지방공사에 행정권한을 위탁한 경우에 A지방공사는 감사원장 소속으로 본다는 것인바, 감사원으로부터 위탁받은 권한의 행사로서 이루어진 A지방공사의 처분에 대한 행정심판은 감사원에 두는 행정심판위원회(감사원행정심판위원회)가 행정심판기관이 된다.

3649   (2) **중앙행정심판위원회**   다음 각 호(1. 제1항에 따른 행정청 외의 국가행정기관의 장 또는 그 소속 행정청, 2. 특별시장·광역시장·특별자치시장·도지사·특별자치도지사(특별시·광역시·특별자치시·도 또는 특별자치도의 교육감을 포함한다. 이하 "시·도지사"라 한다) 또는 특별시·광역시·특별자치시·도·특별자치도(이하 "시·도"라 한다)의 의회(의장, 위원회의 위원장, 사무처장 등 의회 소속 모든 행정청을 포함한다), 3.「지방자치법」에 따른 지

방자치단체조합 등 관계 법률에 따라 국가·지방자치단체·공공법인 등이 공동으로 설립한 행정청. 다만, 제3항 제3호에 해당하는 행정청은 제외한다)의 행정청의 처분 또는 부작위에 대한 심판청구에 대하여는 「부패방지 및 국민권익위원회의 설치와 운영에 관한 법률」에 따른 국민권익위원회(이하 "국민권익위원회"라 한다)에 두는 중앙행정심판위원회에서 심리·재결한다(행심법 제6조 제2항). 예컨대, 행정안전부장관의 처분이나 서울특별시장의 처분에 대해서는 중앙행정심판위원회가 행정심판기관이 된다.

한편, 특별시장·광역시장·도지사·제주특별자치도지사의 처분 또는 부작위   3650
가 기관위임사무인 경우에는 별문제가 없으나, 자치사무인 경우에 중앙행정심판위원회가 심리·재결을 하는 것은 시·군·구의 장의 처분 또는 부작위가 자치사무인 경우에 특별시장·광역시장·도지사 소속의 행정심판위원회가 심리·재결을 하는 경우에 본 것과 동일한 문제가 발생한다.

⑶ **시·도지사 소속으로 두는 행정심판위원회**   다음 각 호의 행정청(1. 시·   3651
도 소속 행정청, 2. 시·도의 관할구역에 있는 시·군·자치구의 장, 소속 행정청 또는 시·군·자치구의 의회(의장, 위원회의 위원장, 사무국장, 사무과장 등 의회 소속 모든 행정청을 포함한다), 3. 시·도의 관할구역에 있는 둘 이상의 지방자치단체(시·군·자치구를 말한다)·공공법인 등이 공동으로 설립한 행정청)의 처분 또는 부작위에 대한 심판청구에 대하여는 시·도지사 소속으로 두는 행정심판위원회에서 심리·재결한다(행심법 제6조 제3항). 예컨대, 서울특별시 서대문구청장의 처분에 대해서는 서울특별시장 소속 행정심판위원회(서울특별시행정심판위원회)가 행정심판기관이 된다.

한편, 시·군·구의 장의 처분 또는 부작위가 기관위임사무인 경우에는 별문   3652
제가 없으나, 자치사무인 경우에 특별시장·광역시장·도지사 소속의 행정심판위원회가 심리·재결을 한다는 것은 시·군·구의 자치권에 대한 침해의 문제가 있다. 왜냐하면 지방자치제의 본지에 비추어 시·군·구에 대한 광역지방자치단체장 소속 행정심판위원회에 의한 통제는 적법성의 통제에만 한정되고 합목적성의 통제에는 미치지 아니하는 것이 합당하다는 점(지자법 제188조 제5항 참조), 그리고 행정심판은 합목적성의 통제를 위해 부당한 행위에도 제기될 수 있으나 위법과 부당의 구분이 용이한 것이 아니라는 점에 비추어 시·군·구에 대한 행정심판도 원칙적으로 시·군·구의 장 소속 행정심판위원회에서 심리·재결토록 하는 것이 바람직하다.[1)

---

1) 독일연방행정재판소법은 자치행정사무의 경우에 처분청(Ausgangsbehörde)인 자치행정관청을 재결청(Wiederspruchsbehörde)으로 규정하고 있다. 물론 법률로 달리 정할 수도 있다(동법 제73조 제1항 제3호). 법률로 달리 정할 수 있다는 것은 감독청을 재결청으로 정할 수 있다는 것

3653　　　　⑷ **직근 상급행정기관에 두는 행정심판위원회**　　　제2항 제1호에도 불구하고 대통령령으로 정하는 국가행정기관 소속 특별지방행정기관의 장의 처분 또는 부작위에 대한 심판청구에 대하여는 해당 행정청의 직근 상급행정기관에 두는 행정심판위원회에서 심리·재결한다(행심법 제6조 제4항).

3654　　　　⑸ **특별규정**　　　개별 법률에 따라서는 ① 제3의 행정기관을 행정심판기관으로 정하기도 한다(예 : 국세기본법상 조세심판원, 국가공무원법상 소청심사위원회, 개발이익환수에 관한 법률 제26조 ② 제1항에 따른 행정심판청구에 대하여는「행정심판법」제6조에도 불구하고「공익사업을 위한 토지 등의 취득 및 보상에 관한 법률」에 따른 중앙토지수용위원회가 심리·의결하여 재결한다). ② 행정청(A)으로부터 사업시행권을 받은 사인 등(B)이 다른 사인 등(C)에 처분을 한 경우, C가 A에게 행정심판을 제기할 수 있음을 규정하기도 한다(예 : 국토의 계획 및 이용에 관한 법률 제134조(행정심판) 이 법에 따른 도시·군계획시설사업 시행자의 처분에 대하여는「행정심판법」에 따라 행정심판을 제기할 수 있다. 이 경우 행정청이 아닌 시행자의 처분에 대하여는 제86조 제5항에 따라 그 시행자를 지정한 자에게 행정심판을 제기하여야 한다). 물론 이러한 경우는 B의 처분을 A의 처분으로 볼 수도 있으므로(행심법 제2조 제4호) 특별규정이 아니라 할 수도 있을 것이다.

3. 구　　성

3655　　　　⑴ **행정심판위원회**　　　① 행정심판위원회(중앙행정심판위원회는 제외한다. 이하 이 조에서 같다)는 위원장 1명을 포함한 30명 이내의 위원으로 구성한다(행심법 제7조 제1항). ② 행정심판위원회의 위원장은 그 행정심판위원회가 소속된 행정청이 되며, 위원장이 없거나 부득이한 사유로 직무를 수행할 수 없거나 위원장이 필요하다고 인정하는 경우에는 다음 각 호(1. 위원장이 사전에 지명한 위원, 2. 제4항에 따라 지명된 공무원인 위원(2명 이상인 경우에는 직급 또는 고위공무원단에 속하는 공무원의 직무등급이 높은 위원 순서로, 직급 또는 직무등급도 같은 경우에는 위원 재직기간이 긴 위원 순서로, 재직기간도 같은 경우에는 연장자 순서로 한다)의 순서에 따라 위원이 위원장의 직무를 대행한다(행심법 제7조 제2항). 제2항에도 불구하고 제6조 제3항에 따라 시·도지사 소속으로 두는 행정심판위원회의 경우에는 해당 지방자치단체의 조례로 정하는 바에 따라 공무원이 아닌 위원을 위원장으로 정할 수 있다. 이 경우 위원장은 비상임으로 한다(행심법 제7조 제3항).

3656　　　　⑵ **중앙행정심판위원회**　　　중앙행정심판위원회는 위원장 1명을 포함한 50

───────────

을 뜻하지만, 그것도 적법성 통제만 가능할 뿐 합목적성 통제는 불가한 것으로 본다(Hufen, Verwaltungsprozessrecht(8. Aufl.), §5, Rn. 7).

명 이내의 위원으로 구성하되, 위원 중 상임위원은 4명 이내로 한다(행심법 제8조 제1항). 중앙행정심판위원회의 위원장은 국민권익위원회의 부위원장 중 1명이 되며, 위원장이 없거나 부득이한 사유로 직무를 수행할 수 없거나 위원장이 필요하다고 인정하는 경우에는 상임위원(상임으로 재직한 기간이 긴 위원 순서로, 재직기간이 같은 경우에는 연장자 순서로 한다)이 위원장의 직무를 대행한다(행심법 제8조 제2항).

4. 회   의

(1) **행정심판위원회**　　행정심판위원회의 회의는 위원장과 위원장이 회의마 　3657 다 지정하는 8명의 위원(그중 제4항에 따른 위촉위원은 6명 이상으로 하되, 제3항에 따라 위원장이 공무원이 아닌 경우에는 5명 이상으로 한다)으로 구성한다. 다만, 국회규칙, 대법원규칙, 헌법재판소규칙, 중앙선거관리위원회규칙 또는 대통령령(제6조 제3 항에 따라 시·도지사 소속으로 두는 행정심판위원회의 경우에는 해당 지방자치단체의 조례)으로 정하는 바에 따라 위원장과 위원장이 회의마다 지정하는 6명의 위원(그중 제4항에 따른 위촉위원은 5명 이상으로 하되, 제3항에 따라 공무원이 아닌 위원이 위원장인 경우에는 4명 이상으로 한다)으로 구성할 수 있다(행심법 제7조 제5항). 행정심판위원 회는 제5항에 따른 구성원 과반수의 출석과 출석위원 과반수의 찬성으로 의결한다(행심법 제7조 제6항).

(2) **중앙행정심판위원회**　　중앙행정심판위원회의 회의(제6항에 따른 소위원회 　3658 회의는 제외한다)는 위원장, 상임위원 및 위원장이 회의마다 지정하는 비상임위원을 포함하여 총 9명으로 구성한다(행심법 제8조 제5항). 중앙행정심판위원회는 심판청구사건(이하 "사건"이라 한다) 중 「도로교통법」에 따른 자동차운전면허 행정처분에 관한 사건(소위원회가 중앙행정심판위원회에서 심리·의결하도록 결정한 사건은 제외한다)을 심리·의결하게 하기 위하여 4명의 위원으로 구성하는 소위원회를 둘 수 있다(행심법 제8조 제6항).[1] 중앙행정심판위원회 및 소위원회는 각각 제5항 및 제6항에 따른 구성원 과반수의 출석과 출석위원 과반수의 찬성으로 의결한다(행심법 제8조 제7항). 중앙행정심판위원회는 위원장이 지정하는 사건을 미리 검토하도록 필요한 경우에는 전문위원회를 둘 수 있다(행심법 제8조 제8항).

Ⅱ. 행정심판위원회의 권한과 의무

1. 권   한

행정심판위원회는 심판청구사건을 심리·재결하는 기관이므로(행심법 제6조· 　3659

---

1) 본 조항(제8조 제6항)은 2010년 개정 행정심판법에서 신설되었다.

제43조), 심판청구사건의 ① 심리권과 ② 재결권이 행정심판위원회의 주된 권한이다. 그리고 행정심판법은 행정심판위원회의 심리·재결이 본래의 의미를 다할 수 있도록 하기 위하여 행정심판위원회에 ③ 증거조사권(행심법 제35조)을 부여하고 있고, 그 밖에 행정심판위원회는 선정대표자 선정권고권(행심법 제15조 제2항), 청구인지위승계허가권(행심법 제16조 제5항), 피청구인경정권(행심법 제17조 제3항), 대리인선임권(행심법 제18조 제1항 제5호), 이해관계가 있는 제3자 또는 행정청에 대한 심판참가허가권 및 요구권(행심법 제21조 제1항), 청구취지 또는 청구이유변경 불허권(행심법 제29조 제6항), 집행정지의 결정권과 취소권(행심법 제30조 제2항·제4항), 심판청구보정요구권(행심법 제32조 제1항), 심리권(행심법 제40조), 관련 심판청구의 병합 심리권과 병합된 관련청구의 분리 심리권(행심법 제37조), 재결권(행심법 제43조) 등 여러 종류의 부수적인 권한도 부여하고 있다. 한편, 위원회의 권한 중 일부를 국회규칙, 대법원규칙, 헌법재판소규칙, 중앙선거관리위원회규칙 또는 대통령령이 정하는 바에 따라 위원장에게 위임할 수 있다(행심법 제61조).

2. 의 무

3660   피청구인에 대한 심판청구서 부본의 송부의무(행심법 제26조 제1항), 다른 당사자에 대한 답변서 부본 송달의무(행심법 제26조 제5항), 제3자가 제기한 심판청구를 처분의 상대방에 통지할 의무(행심법 제24조 제2항), 당사자로부터 제출된 증거서류 부본의 다른 당사자에게 대한 송달의무(행심법 제34조 제3항), 증거서류 등의 반환의무(행심법 제55조), 재결서 정본 송달의무(행심법 제48조) 등을 부담한다.

3. 권한의 승계

3661   당사자의 심판청구 후 위원회가 법령의 개정·폐지 또는 제17조 제5항에 따른 피청구인의 경정 결정에 따라 그 심판청구에 대하여 재결할 권한을 잃게 된 경우에는 해당 위원회는 심판청구서와 관계 서류, 그 밖의 자료를 새로 재결할 권한을 갖게 된 위원회에 보내야 한다(행심법 제12조 제1항). 제1항의 경우 송부를 받은 위원회는 지체 없이 그 사실을 다음 각 호(1. 행정심판 청구인(이하 "청구인"이라 한다), 2. 행정심판 피청구인(이하 "피청구인"이라 한다), 3. 제20조 또는 제21조에 따라 심판참가를 하는 자(이하 "참가인"이라 한다))의 자에게 알려야 한다(행심법 제12조 제2항).

4. 중앙행정심판위원회의 특별 통제권

⑴ 불합리한 법령 등의 시정조치 요구권

3662   ㈎ 의 의   중앙행정심판위원회는 심판청구를 심리·재결할 때에 처분

또는 부작위의 근거가 되는 명령 등(대통령령·총리령·부령·훈령·예규·고시·조례·규칙 등을 말한다. 이하 같다)이 법령에 근거가 없거나 상위 법령에 위배되거나 국민에게 과도한 부담을 주는 등 크게 불합리하면 관계 행정기관에 그 명령 등의 개정·폐지 등 적절한 시정조치를 요청할 수 있다(행심법 제59조 제1항).

　(내) **효　력**　　제1항에 따른 요청을 받은 관계 행정기관은 정당한 사유가 3663 없으면 이에 따라야 한다(행심법 제59조 제2항). 제도의 취지에 비추어 여기서 말하는 '정당한 사유'는 엄격히 새겨야 할 것이다.

　(2) **조사·지도의 권한**　　① 중앙행정심판위원회는 행정청에 대하여 다음 3664 각 호(1. 위원회 운영 실태, 2. 재결 이행 상황, 3. 행정심판의 운영 현황)의 사항 등을 조사하고, 필요한 지도를 할 수 있다(행심법 제60조 제1항). 행정청은 이 법에 따른 행정심판을 거쳐 「행정소송법」에 따른 항고소송이 제기된 사건에 대하여 그 내용이나 결과 등 대통령령으로 정하는 사항을 반기마다 그 다음 달 15일까지 해당 심판청구에 대한 재결을 한 중앙행정심판위원회 또는 제6조 제3항에 따라 시·도지사 소속으로 두는 행정심판위원회에 알려야 한다(행심법 제60조 제2항). ② 제6조 제3항에 따라 시·도지사 소속으로 두는 행정심판위원회는 중앙행정심판위원회가 요청하면 제2항에 따라 수집한 자료를 제출하여야 한다(행심법 60조 제3항).

Ⅲ. 행정심판위원회의 위원

1. 위원의 자격

　(1) **행정심판위원회**　　행정심판위원회의 위원은 해당 행정심판위원회가 소 3665 속된 행정청이 다음 각 호(1. 변호사 자격을 취득한 후 5년 이상의 실무 경험이 있는 사람, 2. 「고등교육법」 제2조 제1호부터 제6호까지의 규정에 따른 학교에서 조교수 이상으로 재직하거나 재직하였던 사람, 3. 행정기관의 4급 이상 공무원이었거나 고위공무원단에 속하는 공무원이었던 사람, 4. 박사학위를 취득한 후 해당 분야에서 5년 이상 근무한 경험이 있는 사람, 5. 그 밖에 행정심판과 관련된 분야의 지식과 경험이 풍부한 사람)의 어느 하나에 해당하는 사람 중에서 위촉하거나 그 소속 공무원 중에서 지명한다(행심법 제7조 제4항).

　(2) **중앙행정심판위원회**　　중앙행정심판위원회의 상임위원은 일반직 공무 3666 원으로서 「국가공무원법」 제26조의5에 따른 임기제공무원으로 임명하되, 3급 이상 공무원 또는 고위공무원단에 속하는 일반직공무원으로 3년 이상 근무한 사람이나 그 밖에 행정심판에 관한 지식과 경험이 풍부한 사람 중에서 중앙행정심판위원회 위원장의 제청으로 국무총리를 거쳐 대통령이 임명한다(행심법 제8조 제3항). 중앙행정심판위원회의 비상임위원은 제7조 제4항 각 호의 어느 하나

에 해당하는 사람 중에서 중앙행정심판위원회 위원장의 제청으로 국무총리가 위촉한다(행심법 제8조 제4항).

3667 　　(3) **결격사유**　　다음 각 호(1. 대한민국 국민이 아닌 사람, 2.「국가공무원법」제33조 각 호의 어느 하나에 해당하는 사람)의 어느 하나에 해당하는 사람은 제6조에 따른 행정심판위원회(이하 "위원회"라 한다)의 위원이 될 수 없으며, 위원이 이에 해당하게 된 때에는 당연히 퇴직한다(행심법 제9조 제4항).

2. 위원의 임기

3668 　　제7조 제4항에 따라 지명된 위원은 그 직에 재직하는 동안 재임한다(행심법 제9조 제1항). 제8조 제3항에 따라 임명된 중앙행정심판위원회 상임위원의 임기는 3년으로 하며, 1차에 한하여 연임할 수 있다(행심법 제9조 제2항). 제7조 제4항 및 제8조 제4항에 따라 위촉된 위원의 임기는 2년으로 하되, 2차에 한하여 연임할 수 있다. 다만, 제6조 제1항 제2호에 규정된 기관에 두는 행정심판위원회의 위촉위원의 경우에는 각각 국회규칙, 대법원규칙, 헌법재판소규칙 또는 중앙선거관리위원회규칙으로 정하는 바에 따른다(행심법 제9조 제3항).[1]

3. 신분보장과 공무원의제

3669 　　① 행정심판법 제7조 제4항 및 제8조 제4항에 따라 위촉된 위원은 금고(禁錮) 이상의 형을 선고받거나 부득이한 사유로 장기간 직무를 수행할 수 없게 되는 경우 외에는 임기 중 그의 의사와 다르게 해촉(解囑)되지 아니한다(행심법 제9조 제5항). ② 위원 중 공무원이 아닌 위원은 「형법」과 그 밖의 법률에 따른 벌칙을 적용할 때에는 공무원으로 본다(행심법 제11조).

4. 제척·기피·회피

　　(1) 제　　척

3670 　　(개) 의　　의　　제척이란 공정한 심판을 위하여 행정심판위원회의 위원이 일정한 사유에 해당하면, ① 위원 또는 그 배우자나 배우자이었던 사람이 사건의 당사자이거나 사건에 관하여 공동 권리자 또는 의무자인 경우, ② 위원이 사건의 당사자와 친족이거나 친족이었던 경우, ③ 위원이 사건에 관하여 증언이나 감정(鑑定)을 한 경우, ④ 위원이 당사자의 대리인으로서 사건에 관여하거나 관여하였던 경우, ⑤ 위원이 사건의 대상이 된 처분 또는 부작위에 관여한 경우 중 어느 하나에 해당하는 경우에는 그 사건의 심리·의결에서 당연히 배제되는

---

1) 본 조(제9조)는 2010년 개정 행정심판법에서 신설되었다.

것을 말한다(행심법 제10조 제1항 제1문).

(나) 절　　차　　위원이 제척사유에 해당하는 경우, 제척결정은 위원회의 위 3671
원장(이하 "위원장"이라 한다)이 직권으로 또는 당사자의 신청에 의하여 한다(행심
법 제10조 제1항 제2문). 위원에 대한 제척신청은 그 사유를 소명(疏明)한 문서로
하여야 한다(행심법 제10조 제3항). 위원장은 제척신청의 대상이 된 위원에게서 그
에 대한 의견을 받을 수 있다(행심법 제10조 제4항). 위원장은 제척신청을 받으면
제척여부에 대한 결정을 하고, 지체 없이 신청인에게 결정서 정본(正本)을 송달
하여야 한다(행심법 제10조 제5항).[1]

(2) 기　　피

(가) 의　　의　　기피란 위원에게 공정한 심리·의결을 기대하기 어려운 사정 3672
이 있는 경우에 당사자의 신청에 의하여 그 위원을 심리·의결에서 배제하는 것
을 말한다(행심법 제10조 제2항).

(나) 절　　차　　기피는 당사자의 신청에 의한다. 위원에 대한 기피신청은 3673
그 사유를 소명(疏明)한 문서로 하여야 한다(행심법 제10조 제3항). 위원장은 기피
신청의 대상이 된 위원에게서 그에 대한 의견을 받을 수 있다(행심법 제10조 제4
항). 위원장은 기피신청을 받으면 제척 또는 기피 여부에 대한 결정을 하고, 지
체 없이 신청인에게 결정서 정본(正本)을 송달하여야 한다(행심법 제10조 제5항).

(3) 회　　피

(가) 의　　의　　회피란 위원회의 회의에 참석하는 위원이 제척사유 또는 기 3674
피사유에 해당되는 것을 알게 되었을 때에는 스스로 그 사건의 심리·의결에서
물러나는 것을 말한다(행심법 제10조 제6항 제1문).

(나) 절　　차　　회피하고자 하는 위원은 위원장에게 그 사유를 소명하여야 3675
한다(행심법 제10조 제6항 제2문).

(4) **직원에 대한 준용**　　사건의 심리·의결에 관한 사무에 관여하는 위원 3676
아닌 직원에게도 제1항부터 제6항까지의 규정을 준용한다(행심법 제10조 제7항).

제 2 항　참 가 자

행정심판에 참가하는 자로는 당사자인 ① 심판을 청구하는 청구인과 ② 심 3677
판청구의 상대방인 피청구인, 그 밖에 ③ 심판청구에 이해관계있는 자가 있다.[2]

---

1) 본 조항(제10조 제4항·제5항)은 2010년 개정 행정심판법에서 신설되었다.
2) 행정심판청구인은 청구인적격 외에 권리보호의 필요의 요건도 구비하여야 한다. 권리보호의 필

Ⅰ. 심판청구인

1. 의　　의

3678　심판청구인이란 심판청구의 대상이 되는 처분 등에 불복하여 심판청구를 제기하는 자를 말한다. 반드시 처분의 상대방만을 의미하는 것은 아니다. 제3자도 심판청구인이 될 수 있다.[1]

2. 심판청구인적격(법률상 이익)

3679　(1) **행정심판법 규정**　행정심판을 청구할 수 있는 자는 ① 취소심판의 경우에는 처분의 취소 또는 변경을 구할 법률상 이익이[2] 있는 자이고(행심법 제13조 제1항), ② 무효등확인심판의 경우에는 처분의 효력 유무 또는 존재 여부의 확인을 구할 법률상의 이익이 있는 자이며(행심법 제13조 제2항), ③ 의무이행심판의 경우에는 처분을 신청한 자로서 행정청의 거부처분 또는 부작위에 대하여 일정한 처분을 구할 법률상 이익이 있는 자이다(행심법 제13조 제3항). ④ 다만 취소심판의 경우 처분의 효과가 기간의 경과, 처분의 집행 그 밖의 사유로 소멸된 뒤에도 그 처분의 취소로 회복되는 법률상 이익이 있는 자도 행정심판을 제기할 수 있다(행심법 제13조 제1항 제2문).

요의 요건은 행정심판법에 규정된 바 없지만, 모든 권리보호제도에 공통하는 원칙이라 할 것이다(Hufen, Verwaltungsprozessrecht(8. Aufl.), §6, Rn. 37). 말하자면 보다 용이한 방법으로 권리보호를 실현할 수 있다면 그러한 방법으로 권리보호를 실현하여야 한다. 이와 관련하여 옆번호 4200 이하 참조.

1) 외국인의 경우, ① 행정심판법과 행정소송법상 명문의 규정이 없음에도 불구하고 현재 국내 거주 외국인에게 행정심판법상 청구인적격이 인정되고 있을 뿐만 아니라, 행정소송법상 원고적격이 인정되고 있는데, 국내거주 외국인과 국외거주 외국인 사이에 청구인적격 또는 원고적격과 관련하여 본질적인 차이가 있다고 보기 어려운바, 국외거주 외국인에게도 청구인적격 또는 원고적격을 인정하는 것이 합리적이라는 점, ② 국외거주 외국인에 대한 재외공관장의 처분은 대부분 재량행위일 것으로 판단되는데, 재외공관장의 적절한 재량권행사를 통하여 대한민국의 주권행사는 적절히 이루어질 수 있다는 점, ③ 행정심판과 행정소송은 개인의 권리보호의 목적 외에도 부당 또는 위법한 공권력행사를 통제한다는 목적이 있는바, 처분의 상대방이 누구인가를 불문하고 국가의 행정권의 그릇된 행사를 통제하는 길이 확보되는 것이 법치국가원리에 부합한다는 점, ④ 국외거주 외국인에게 행정심판과 행정소송의 길을 열어줄 때, 국내거주 한국인이 당해 외국의 처분을 다툴 수 있는 길이 확보되는데 유익할 수 있다는 점, ⑤ 국외거주 외국인에게 행정심판과 행정소송의 길을 열어주는 것이 세계화 내지 지구촌으로 표현되는 오늘날의 국제환경에 접근하는 길일 것이라는 점에 비추어 국외거주 외국인에게도 행정심판법상 청구인적격과 행정소송법상 원고적격을 인정하는 것이 타당하다.

2) 독일행정재판소법에는 심판청구인적격에 관해 특별히 정하는 바가 없다. 일설에 의하면 심판청구인은 자기의 권리의 침해(Verletzung)를 다툴 수 있을 뿐만 아니라 단순한 비합목적성을 다툴 수도 있다고 한다. 물론 후자의 경우에도 자기의 권리와 관련이 있어야 된다고 한다. Kopp, VwGO, 1991, S. 734.

(2) 입법상 과오여부

(가) **과 오 설**   일설[1]은 행정심판법상 '법률상 이익'이라는 표현은 입법상   3680
과오라 한다. 왜냐하면 행정심판의 경우 위법한 침해뿐만 아니라 부당한 침해에
대해서도 다툴 수 있는데(행심법 제1조), 부당한 행위로는 법률상 이익이 침해될
수 없기 때문이라는 것이다. 따라서 사실상 이익이 침해된 경우에도 심판청구를
할 수 있도록 규정되어야 한다는 것이다. 본서는 이러한 입장을 과오설이라 부
르기로 한다. 과오설은 행정심판청구인적격과 처분의 위법·부당여부에 대한 본
안심리는 필연적 관계에 있음을 전제로 한다.

(나) **비과오설**   일설[2]은 청구인적격문제는 행정의 적법·타당성의 실효적   3681
보장과 남소방지의 요청 사이의 비교형량에 따라 결정되는 입구(쟁송제기단계)의
문제이고, 처분의 위법·부당의 문제는 출구(본안심리)의 문제이므로 양자는 필연
적인 관계에 있지 않으며, 부당한 처분에 의해서도 권리(법률상 이익)가 침해될
수 있음을 논거로 한다. 본서는 이러한 입장을 비과오설이라 부르기로 한다.

(다) **사 견(입법미비설)**   법규의 의미는 문리적 해석에서 시작되어야 한다.   3682
과오설이나 비과오설은 이러한 점을 간과하고 있다. 침해란 무릇 불이익을 가져
오는 일체의 행위를 말한다. 침해에는 적법한 침해(예 : 토지수용)도 있고, 위법한
침해(예 : 위법한 철거명령)도 있고, 부당한 침해(예 : A와 B는 동일노선을 운행하는 경쟁
자이다. 버스증차여부의 결정은 재량행위이다. 행정청이 10대의 버스를 가진 A에게 5대 증차
하면서 20대의 버스를 가진 B에게 9대를 증차한다면, 그러한 결정은 합리성이 다소 결여되어
부당하다고 할 것이지 위법하다고 단언하기 곤란하다)도 있다.[3] 침해는 법률상 이익과
관련할 수도 있고(예 : 위법한 영업허가의 취소), 반사적 이익과 관련할 수도 있다
(예 : 기존 단란주점영업자의 영업장 바로 옆에 제3자에 대하여 위법하게 단란주점영업허가를
신규로 허가하는 경우). 따라서 행정심판법이 부당한 행위로도 법률상 이익이 침해
될 수 있음을 전제로 하는 것은 결코 입법상 과오로 볼 수는 없다.[4] 다만, 입법
정책적으로 볼 때, 행정심판법이 반사적 이익의 침해를 이유로 다툴 수 있는 가

---

1) 김남진, 고시연구, 1990. 11, 108쪽; 강구철, 고시연구, 1991. 2, 68쪽; 김향기, 월간고시, 1991.
   4, 108쪽.
2) 김동희, 고시연구, 1991. 11, 103쪽 이하.
3) 독일법상 권리침해라는 용어에는 적법한 권리침해(rechtmäßiger Rechtseingriff)와 위법한 권리
   침해(rechtswidriger Rechtseingriff)가 있고, 위법한 권리침해는 Rechtsverletzung이라는 용어로
   표현되고 있다[Detterbeck, Allgemeines Verwaltungsrecht mit Verwaltungsprozessrecht(9.
   Aufl.), §6, Rn. 232].
4) 독일에서도 행정심판은 위법한(rechtswidrig) 법률상 이익(권리)의 침해(verletzen)의 경우뿐만
   아니라 부당한(unzweckmäßig) 법률상 이익(권리)의 침해(eingreifen)의 경우에도 제기가 가능
   한 것으로 이해되고 있다(Hufen, Verwaltungsprozessrecht(8. Aufl.), §6, Rn. 22).

능성을 완전히 배제한 것은 문제가 있다. 요컨대 행정심판법상 청구인적격에 관한 조항은 입법상 과오가 아니라 내용상 미흡한 조항이라 하겠다.

3683 　　⑶ **법률상 이익이 있는 자** 　　「법률상 이익」이 무엇을 의미하는가는 법문상 명백하지 않다. 이와 관련하여 권리구제설, 법이 보호하는 이익구제설, 보호할 가치있는 이익설, 행정의 적법성보장설 등의 대립이 있다. 구체적인 것은 행정소송법에서 보기로 한다. 법률상 이익이 있는 「자」의 의미는 항고소송의 경우와 동일하다고 하겠다.[1]

3. 청구인지위의 보장

3684 　　⑴ **법인이 아닌 사단 또는 재단** 　　법인이 아닌 사단 또는 재단으로서 대표자나 관리인이 정하여져 있는 경우에는 그 사단이나 재단의 이름으로 심판청구를 할 수 있다(행심법 제14조). 이 때 대표자 또는 관리인의 자격은 서면으로 소명하여야 한다(행심법 제19조 제1항).

　　⑵ **선정대표자**

3685 　　㈎ **선정과 해임** 　　여러 명의 청구인이 공동으로 심판청구를 할 때에는 청구인들 중에서 3명 이하의 선정대표자를 선정할 수 있다(행심법 제15조 제1항).[2] 청구인들이 제1항에 따라 선정대표자를 선정하지 아니한 경우에 위원회는 필요하다고 인정하면 청구인들에게 선정대표자를 선정할 것을 권고할 수 있다(행심법 제15조 제2항). 선정대표자를 선정한 청구인들은 필요하다고 인정하면 선정대표자를 해임하거나 변경할 수 있다. 이 경우 청구인들은 그 사실을 지체 없이 위원회에 서면으로 알려야 한다(행심법 제15조 제5항). 선정대표자의 자격은 서면으로 소명하여야 한다(행심법 제19조 제1항). 청구인은 선정대표자가 그 자격을 잃으면 그 사실을 서면으로 위원회에 신고하여야 한다. 이 경우 소명 자료를 함께 제출하여야 한다(행심법 제19조 제2항).

3686 　　㈏ **권　　한** 　　선정대표자는 다른 청구인들을 위하여 그 사건에 관한 모든 행위를 할 수 있다. 다만, 심판청구를 취하하려면 다른 청구인들의 동의를 받아야 하며, 이 경우 동의받은 사실을 서면으로 소명하여야 한다(행심법 제15조 제3

---

1) 대판 2000. 9. 8, 98두13072(행정심판청구인이 아닌 제3자라도 당해 행정심판청구를 인용하는 재결로 인하여 권리 또는 법률상 이익을 침해받게 되는 경우에는 그 재결의 취소를 구할 수 있으나, 이 경우 법률상 이익이란 당해 처분의 근거 법률에 의하여 직접 보호되는 구체적인 이익을 말하므로 제3자가 단지 간접적인 사실상 경제적인 이해관계를 가지는 경우에는 그 재결의 취소를 구할 원고적격이 없다).

2) 대판 1992. 1. 25, 90누7791(당사자가 아닌 선정대표자는 행정심판절차상 당사자가 되지 아니한다).

항). 선정대표자가 선정되면 다른 청구인들은 그 선정대표자를 통해서만 그 사
건에 관한 행위를 할 수 있다(행심법 제15조 제4항).

⑶ 청구인의 지위승계

㈎ **당연 승계**　　　청구인이 사망한 경우에는 상속인이나 그 밖에 법령에 따 　3687
라 심판청구의 대상에 관계되는 권리나 이익을 승계한 자가 청구인의 지위를
승계한다(행심법 제16조 제1항). 법인인 청구인이 합병(合倂)에 따라 소멸하였을 때
에는 합병 후 존속하는 법인이나 합병에 따라 설립된 법인이 청구인의 지위를
승계한다(행심법 제16조 제2항). 제1항과 제2항에 따라 청구인의 지위를 승계한 자
는 위원회에 서면으로 그 사유를 신고하여야 한다. 이 경우 신고서에는 사망 등
에 의한 권리·이익의 승계 또는 합병 사실을 증명하는 서면을 함께 제출하여야
한다(행심법 제16조 제3항). 제1항 또는 제2항의 경우에 제3항에 따른 신고가 있을
때까지 사망자나 합병 전의 법인에 대하여 한 통지 또는 그 밖의 행위가 청구인
의 지위를 승계한 자에게 도달하면 지위를 승계한 자에 대한 통지 또는 그 밖의
행위로서의 효력이 있다(행심법 제16조 제4항).

㈏ **허가 승계**　　　심판청구의 대상과 관계되는 권리나 이익을 양수한 자는 　3688
위원회의 허가를 받아 청구인의 지위를 승계할 수 있다(행심법 제16조 제5항). 위
원회는 제5항의 지위 승계 신청을 받으면 기간을 정하여 당사자와 참가인에게
의견을 제출하도록 할 수 있으며, 당사자와 참가인이 그 기간에 의견을 제출
하지 아니하면 의견이 없는 것으로 본다(행심법 제16조 제6항). 위원회는 제5항
의 지위 승계 신청에 대하여 허가 여부를 결정하고, 지체 없이 신청인에게는
결정서 정본을, 당사자와 참가인에게는 결정서 등본을 송달하여야 한다(행심법
제16조 제7항). 신청인은 위원회가 제5항의 지위 승계를 허가하지 아니하면 결정
서 정본을 받은 날부터 7일 이내에 위원회에 이의신청을 할 수 있다(행심법 제16
조 제8항).[1]

⑷ 대　　리

㈎ **대리인의 선임**　　　청구인은 법정대리인 외에 다음 각 호(1. 청구인의 배우 　3689
자, 청구인 또는 배우자의 사촌 이내의 혈족, 2. 청구인이 법인이거나 제14조에 따른 청구인
능력이 있는 법인이 아닌 사단 또는 재단인 경우 그 소속 임직원, 3. 변호사, 4. 다른 법률에
따라 심판청구를 대리할 수 있는 자, 5. 그 밖에 위원회의 허가를 받은 자)의 어느 하나에
해당하는 자를 대리인으로 선임할 수 있다(행심법 제18조 제1항).

㈏ **대리인의 권한**　　　대리인은 청구인들을 위하여 그 사건에 관한 모든 행 　3690

---

1) 본 조항(제16조 제5항·제6항·제7항·제8항)은 2010년 개정 행정심판법에서 신설되었다.

위를 할 수 있다. 다만, 심판청구를 취하하려면 청구인의 동의를 받아야 하며, 이 경우 동의받은 사실을 서면으로 소명하여야 한다(행심법 제18조 제3항, 제15조 제3항).

3691 ㈐ **대리인의 자격** 대리인의 자격은 서면으로 소명하여야 한다(행심법 제19조 제1항). 청구인은 대리인이 그 자격을 잃으면 그 사실을 서면으로 위원회에 신고하여야 한다. 이 경우 소명 자료를 함께 제출하여야 한다(행심법 제19조 제2항). 청구인은 필요하다고 인정하면 대리인을 해임하거나 변경할 수 있다. 이 경우 청구인은 그 사실을 지체 없이 위원회에 서면으로 알려야 한다(행심법 제18조 제3항, 제15조 제5항).

3692 ㈑ **국선대리인** 청구인이 경제적 능력으로 인해 대리인을 선임할 수 없는 경우에는 위원회에 국선대리인을 선임하여 줄 것을 신청할 수 있다(행심법 제18조의2 제1항). 위원회는 제1항의 신청에 따른 국선대리인 선정 여부에 대한 결정을 하고, 지체 없이 청구인에게 그 결과를 통지하여야 한다. 이 경우 위원회는 심판청구가 명백히 부적법하거나 이유 없는 경우 또는 권리의 남용이라고 인정되는 경우에는 국선대리인을 선정하지 아니할 수 있다(행심법 제18조의2 제2항). 국선대리인 신청절차, 국선대리인 지원 요건, 국선대리인의 자격·보수 등 국선대리인 운영에 필요한 사항은 국회규칙, 대법원규칙, 헌법재판소규칙, 중앙선거관리위원회규칙 또는 대통령령으로 정한다(행심법 제18조의2 제3항). 국선대리인제도는 2017. 10. 31. 개정 행정심판법에 반영되었다.

3693 ⑸ **청구인변경** 판례는 행정심판법에 의한 행정심판절차에서 임의적인 청구인의 변경은 원칙적으로 허용되지 아니하고, 청구인적격이 없는 자가 제기한 심판청구는 부적법한 것으로서 흠결이 보정될 수 없으며,[1] 또한 행정청이나 재결청이 청구인적격이 있는 자로 변경할 것을 명할 의무도 없다고 본다.[2]

Ⅱ. 심판피청구인

1. 피청구인적격

3694 행정심판은 처분을 한 행정청(의무이행심판의 경우에는 청구인의 신청을 받은 행정청)을 피청구인으로 하여 청구하여야 한다. 다만, 심판청구의 대상과 관계되는

---

1) 대판 1990. 2. 9, 89누4420(청구인적격이 없는 자의 명의로 제기된 행정심판청구에 대하여 행정청이나 재결청에게 행정심판청구인을 청구인적격이 있는 자로 변경할 것을 요구하는 보정을 명할 의무가 없고, 행정심판절차에서 임의적인 청구인의 변경은 원칙적으로 허용되지 아니한다).

2) 대판 1999. 10. 8, 98두10073.

권한이 다른 행정청에 승계된 경우에는 권한을 승계한 행정청을 피청구인으로 하여야 한다(행심법 제17조 제1항). 여기서 "행정청"이란 행정에 관한 의사를 결정하여 표시하는 국가 또는 지방자치단체의 기관, 그 밖에 법령 또는 자치법규에 따라 행정권한을 가지고 있거나 위탁을 받은 공공단체나 그 기관 또는 사인을 말한다(행심법 제2조 제4호). 한편 피청구인은 원래 권리주체로서 국가(또는 지방자치단체)이어야 하나, 심판절차진행의 편의와 적정한 분쟁해결을 위해 편의상 행정청을 피청구인으로 한 것이다. 그런데 이러한 제도의 도입의 결과 행정청이 피청구인의 지위에 서는 한 행정청은 어느 정도 권리주체에 유사한 성질을 갖는다고도 할 수 있다. 한편, 개별 법률에서 특별규정을 두기도 한다[국토의 계획 및 이용에 관한 법률 제134조(행정심판) 이 법에 따른 도시·군계획시설사업 시행자의 처분에 대하여는 「행정심판법」에 따라 행정심판을 제기할 수 있다. 이 경우 행정청이 아닌 시행자의 처분에 대하여는 제86조 제5항에 따라 그 시행자를 지정한 자에게 행정심판을 제기하여야 한다].

2. 피청구인의 경정

(1) **피청구인의 잘못 지정으로 인한 경정**   청구인이 피청구인을 잘못 지정 3695 한 경우에는 위원회는 직권으로 또는 당사자의 신청에 의하여 결정으로써 피청구인을 경정(更正)할 수 있다(행심법 제17조 제2항).[1] 위원회는 제2항에 따라 피청구인을 경정하는 결정을 하면 결정서 정본을 당사자(종전의 피청구인과 새로운 피청구인을 포함한다. 이하 제6항에서 같다)에게 송달하여야 한다(행심법 제17조 제3항). 제2항에 따른 결정이 있으면 종전의 피청구인에 대한 심판청구는 취하되고 종전의 피청구인에 대한 행정심판이 청구된 때에 새로운 피청구인에 대한 행정심판이 청구된 것으로 본다(행심법 제17조 제4항). 당사자는 제2항에 따른 위원회의 결정에 대하여 결정서 정본을 받은 날부터 7일 이내에 위원회에 이의신청을 할 수 있다(행심법 제17조 제6항).

---

1) 대판 1992. 2. 28, 91누6979(피청구인을 국가보훈처 보훈심사위원장으로 잘못 지정한 경우 행정심판법 제13조 제2항이 예컨대 본안은 이유 있는 사안으로 보여지나 청구인이 피청구인을 잘못 지정하여 그대로 두면 각하됨으로써 청구인의 권리가 침해될 우려가 있는 경우 등에는 직권에 의한 경정결정을 할 수 있도록 하고, 예컨대 본안이 이유 없는 사안으로 보여져 직권에 의한 경정결정을 하더라도 청구가 기각됨으로써 번거로운 절차만 반복될 것으로 예상되는 사안 등에는 경정결정을 하지 아니할 수도 있도록 하는 등 직권에 의한 피청구인의 경정결정을 위원회의 임의에 맡겨 두고 있으므로 피청구인에 관한 점은 위 법 제23조 제1항 소정의 보정을 명할 사항이 아니고, 또 위 법 제17조 제2항은 행정심판청구의 경유절차를 알리지 아니하였거나 잘못 알린 행정청에게 행정심판청구 사건의 권한 있는 행정청에의 송부의무를 규정하고 있을 뿐 행정심판 재결청에 부여된 의무는 아니므로 재결청이 권한 있는 행정청에 송부하거나 피청구인을 직권에 의하여 경정하지 아니하고 행정심판청구를 각하하였다 하여 그 재결절차에 위법이 있다 할 수 없다).

3696   ⑵ **권한승계로 인한 경정**   위원회는 행정심판이 청구된 후에 제1항 단서의 사유(권한의 승계)가 발생하면 직권으로 또는 당사자의 신청에 의하여 결정으로써 피청구인을 경정한다. 이 경우에는 제3항과 제4항을 준용한다(행심법 제17조 제5항). 당사자는 제5항에 따른 위원회의 결정에 대하여 결정서 정본을 받은 날부터 7일 이내에 위원회에 이의신청을 할 수 있다(행심법 제17조 제6항).

3. 대   리

3697   ⑴ **대리인의 선임**   피청구인은 그 소속 직원 또는 제1항 제3호부터 제5호까지(3. 변호사, 4. 다른 법률에 따라 심판청구를 대리할 수 있는 자, 5. 그 밖에 위원회의 허가를 받은 자)의 어느 하나에 해당하는 자를 대리인으로 선임할 수 있다(행심법 제18조 제2항).

3698   ⑵ **대리인의 권한**   대리인은 피청구인들을 위하여 그 사건에 관한 모든 행위를 할 수 있다. 다만, 심판청구를 취하하려면 청구인의 동의를 받아야 하며, 이 경우 동의받은 사실을 서면으로 소명하여야 한다(행심법 제18조 제3항, 제15조 제3항).

3699   ⑶ **대리인의 자격**   대리인의 자격은 서면으로 소명하여야 한다(행심법 제19조 제1항). 청구인은 대리인이 그 자격을 잃으면 그 사실을 서면으로 위원회에 신고하여야 한다. 이 경우 소명 자료를 함께 제출하여야 한다(행심법 제19조 제2항). 청구인은 필요하다고 인정하면 대리인을 해임하거나 변경할 수 있다. 이 경우 청구인은 그 사실을 지체 없이 위원회에 서면으로 알려야 한다(행심법 제18조 제3항, 제15조 제5항).

Ⅲ. 참가인(이해관계자)

1. 의   의

3700   심판결과에 이해관계가 있는 제3자 또는 행정청이 그 사건에 참가하는 것을 심판참가라 하고, 참가하는 그 자를 참가인이라 한다. 심판참가제도는 이해관계자를 심판절차에 참여시킴으로써 적정하고도 공정한 심리를 도모할 뿐만 아니라 이해관계자의 권익도 보호함을 목적으로 한다. 한편 여기서 이해관계자란 사실상의 이해관계자가 아니라 행정심판의 재결로 인하여 자기의 법률상 이익이 침해되는 자(예 : 제3자효있는 행위가 다투어지는 경우에 있어서 제3자 또는 공매처분취소심판에 있어서 제3자인 매수인)를 말한다.[1]

---

1) 대판 1997. 12. 26, 96다51714(소송사건에서 당사자의 일방을 보조하기 위하여 보조참가를 하

2. 허가에 의한 참가

(1) 의   의   행정심판의 결과에 이해관계가 있는 제3자나 행정청은 해당   3701
심판청구에 대한 제7조 제6항 또는 제8조 제7항에 따른 위원회나 소위원회의
의결이 있기 전까지 그 사건에 대하여 심판참가를 할 수 있다(행심법 제20조 제1항).

(2) 신   청   제1항에 따른 심판참가를 하려는 자는 참가의 취지와 이유   3702
를 적은 참가신청서를 위원회에 제출하여야 한다. 이 경우 당사자의 수만큼 참
가신청서 부본을 함께 제출하여야 한다(행심법 제20조 제2항). 위원회는 제2항에
따라 참가신청서를 받으면 참가신청서 부본을 당사자에게 송달하여야 한다(행심
법 제20조 제3항). 제3항의 경우 위원회는 기간을 정하여 당사자와 다른 참가인에
게 제3자의 참가신청에 대한 의견을 제출하도록 할 수 있으며, 당사자와 다른
참가인이 그 기간에 의견을 제출하지 아니하면 의견이 없는 것으로 본다(행심법
제20조 제4항).

(3) 허   가   위원회는 제2항에 따라 참가신청을 받으면 허가 여부를 결   3703
정하고, 지체 없이 신청인에게는 결정서 정본을, 당사자와 다른 참가인에게는
결정서 등본을 송달하여야 한다(행심법 제20조 제5항). 신청인은 제5항에 따라 송달
을 받은 날부터 7일 이내에 위원회에 이의신청을 할 수 있다(행심법 제20조 제6항).

3. 요구에 의한 참가

위원회는 필요하다고 인정하면 그 행정심판 결과에 이해관계가 있는 제3자   3704
나 행정청에 그 사건 심판에 참가할 것을 요구할 수 있다(행심법 제21조 제1항).
제1항의 요구를 받은 제3자나 행정청은 지체 없이 그 사건 심판에 참가할 것인
지 여부를 위원회에 통지하여야 한다(행심법 제21조 제2항).

4. 참가인의 지위

참가인은 행정심판 절차에서 당사자가 할 수 있는 심판절차상의 행위를 할   3705
수 있다(행심법 제22조 제1항). 이 법에 따라 당사자가 위원회에 서류를 제출할 때
에는 참가인의 수만큼 부본을 제출하여야 하고, 위원회가 당사자에게 통지를 하
거나 서류를 송달할 때에는 참가인에게도 통지하거나 송달하여야 한다(행심법 제
22조 제2항). 참가인의 대리인 선임과 대표자 자격 및 서류 제출에 관하여는 제
18조(대리인의 선임), 제19조(대표자 등의 자격) 및 이 조 제2항을 준용한다(행심법 제

려면 당해 소송의 결과에 대하여 이해관계가 있어야 할 것인바, 여기에서 말하는 이해관계라
함은 사실상, 경제상 또는 감정상의 이해관계가 아니라 법률상의 이해관계를 가리킨다).

22조 제3항).

Ⅳ. 당사자(심판청구인·피청구인)의 권리

3706　　　심판청구의 당사자인 심판청구인과 심판피청구인은 주된 권리로서 심판을 받을 권리를 가지며, 행정심판절차상으로는 위원·직원의 기피신청권(행심법 제10조 제2항), 보충서면제출권(행심법 제33조 제1항), 구술심리신청권(행심법 제40조 제1항 단서), 증거제출권(행심법 제34조 제1항), 증거조사신청권(행심법 제36조 제1항) 등을 갖는다.

Ⅴ. 서류의 송달

3707　　　① 당사자, 대리인, 참가인 등은 주소나 사무소 또는 송달장소를 바꾸면 그 사실을 바로 위원회에 서면으로 또는 전자정보처리조직을 통하여 신고하여야 한다. 제54조(전자정보처리조직을 이용한 송달 등) 제2항에 따른 전자우편주소 등을 바꾼 경우에도 또한 같다(행심법 제56조). ② 행정심판법에 따른 서류의 송달에 관하여는 「민사소송법」 중 송달에 관한 규정을 준용한다(행심법 제57조).

제 4 절　심판의 청구

제1항　심판청구의 대상

Ⅰ. 개괄주의

3708　　　어떠한 사항을 행정심판의 대상으로 할 것인가에 관해서는 개괄주의·개별적 개괄주의·열기주의·개괄적 열기주의의 네 가지 방식이 가능하다. 그런데 현행행정심판법은 "행정청의 처분 또는 부작위에 대하여는 다른 법률에 특별한 규정이 있는 경우 외에는 이 법에 따라 행정심판을 청구할 수 있다"(행심법 제3조 제1항), "대통령의 처분 또는 부작위에 대하여는 다른 법률에서 행정심판을 청구할 수 있도록 정한 경우 외에는 행정심판을 청구할 수 없다"(행심법 제3조 제2항)고 규정하고 있는바, 개인의 권익을 폭넓게 보호하기 위해 개괄주의를 택하고 있다. 다만, 대통령의 처분이나 부작위를 배제한 것은 대통령의 업무가 과다해짐을 피하기 위한 것으로 이해될 수 있다.

Ⅱ. 처분과 부작위의 의미

심판청구의 대상은 처분 또는 부작위인데, 행정심판법은 이에 대하여 정의 규정을 두고 있다. 이에 관해 보기로 한다.

1. 처   분

행정심판법은 "처분이란 행정청이 행하는 구체적 사실에 관한 법집행으로 3709 서의 공권력의 행사 또는 그 거부, 그 밖에 이에 준하는 행정작용을 말한다"(행심법 제2조 제1호)고 규정하고 있다. 표현형식상 이러한 정의는 ① 행정청이 행하는 구체적 사실에 관한 법집행으로서의 공권력행사, ② 그 거부, ③ 그 밖에 이에 준하는 행정작용의 세 부분으로 구성되어 있다. ①의 개념 그 자체는 강학상 행정행위개념(실체법상 행정행위개념)보다 넓다고 하겠으나, 현행 행정심판법상 세 가지의 행정심판과 관련하는 한, 그리고 취소심판을 형성적인 것으로 이해하는 한, 그 개념은 실체법상 행정행위개념과 차이가 없다고 하겠다. 엄밀히 말한다면 ②는 ①에 포함될 수 있는 개념이다. 문제는 ③의 의미이다. 추상적으로 말한다면 그것은 ①·②에 해당하지는 않으나 실제상 행정구제의 필요성이 인식되는 행위를 의미한다고 하겠다.

한편, 일정한 처분은 성질상 처분이 집행되기 전에만 행정심판의 대상이 되 3710 는 경우도 있다(예 : 5월 10일의 집회를 금지하는 5월 5일자 처분을 5월 15일에 제기할 수는 없다. 왜냐하면 5월 10일의 경과로 동처분은 집행되었고, 이를 다툴 실익은 소멸되었기 때문이다).

2. 부 작 위

(1) **규정내용**   행정심판법은 "부작위란 행정청이 당사자의 신청에 대하여 3711 상당한 기간 내에 일정한 처분을 하여야 할 법률상 의무가 있는데도 처분을 하지 아니하는 것을 말한다"(행심법 제2조 제2호)고 규정하고 있다.

(2) **인정취지**   과거 소원법상으로는 인정되지 않았던 부작위를 행정심판 3712 의 대상으로 한 것은 현행행정심판법의 주요특징 중의 하나이다. 국민이 신청한 여러 종류의 사항에 대하여 법상으로 행정청이 그 사항을 처리하여야 할 기간에 제한이 없다고 하여 행정청이 그 처리를 장기간 게을리하거나 방치하면, 그것은 결국 국민의 권익을 침해하는 결과를 가져온다. 이 때 부작위상태가 장기간이어서 위법·부당한 것으로 판단될 수 있는 경우에는 그 부작위를 시정하여 국민의 권익을 보호하고자 하는 것이 부작위를 행정심판의 대상으로 한 이유라

하겠다.

⑶ 성립요건

3713   ⑺ **당사자의 신청이 있을 것**   여기서 당사자의 신청이라 함은 명문의 규정으로 인정된 경우뿐만 아니라 해석상 당사자에게 신청권이 있는 것으로 판단되는 경우의 신청도 포함한다. 이러한 판단과 관련하여 고려할 때, 헌법상 기본권규정이 중요한 판단기준 중의 하나로 기능하여야 한다고 본다(예 : 직업선택의 자유).

3714   ⑷ **상당한 기간이 경과할 것**   어느 정도의 기간이 상당한 기간인가는 일률적으로 말할 수 없다. 그것은 사회통념에 비추어 판단할 수밖에 없다. 대체로 말해 상당한 기간이란 어떠한 사무를 처리함에 객관적으로 요구된다고 보는 기간을 뜻하나, 업무의 폭주, 인원의 부족 등의 주관적 사유는 상당한 기간의 판단에 고려될 수 없다고 본다. 이러한 판단의 한 기준으로 민원 처리에 관한 법령상 처리기간이 의미를 가질 수 있을 것이다(민원법 제17조).

3715   ⑸ **법률상 처분의무가 있을 것**   여기서 법률상 처분의무란 명문으로 처분의무가 부여되어 있는 경우뿐만 아니라 해석상 처분의무가 있는 것으로 판단되는 경우도 포함된다. 기속행위의 경우에 방치행위에 위법성을 인정하는 데는 어려움이 적다. 한편 재량행위의 경우, 내용이 특정되어 있는 것은 아니나 일정처분을 하여야 할 의무는 있다고 볼 것이다.

3716   ⑹ **아무런 처분도 없을 것**   종국적으로 부작위는 행정청이 아무런 처분을 하지 아니할 때에 성립한다. 즉 무효인 처분이나 거부처분 등을 포함하여 아무런 적극적인 의사표시나 간주거부도 없을 때에 성립한다.

3717   ⑺ **요건판단의 기준시**   이러한 요건의 구비여부는 행정심판위원회의 심리 종결시를 기준으로 판단하여야 한다고 본다.

3. 제외되는 처분등

3718   ① 대통령의 처분 또는 부작위에 대하여는 다른 법률에서 행정심판을 청구할 수 있도록 정한 경우 외에는 행정심판을 청구할 수 없다(행심법 제3조 제2항). ② 심판청구에 대한 재결이 있으면 그 재결 및 같은 처분 또는 부작위에 대하여 다시 행정심판을 청구할 수 없다(행심법 제51조). 이 경우에 재결 자체에 고유한 위법이 있다면 바로 행정소송을 제기하여야 한다(행소법 제19조 단서). 그리고 ③ 특별절차가 있는 경우(예 : 통고처분)에는 그 절차에 따라서 소송을 제기하여야 한다(예 : 조처법 제12조).

Ⅲ. 취소심판과 처분의 소멸

1. 문제상황

취소심판은 위법 또는 부당한 처분의 취소 또는 변경을 구하는 심판이다. 3719
취소심판은 처분의 취소 또는 변경을 구하는 소송이므로, 위법 또는 부당한 처
분의 존재를 전제로 한다. 만약 처분이 소멸하여 존재하지 아니한다면, 취소심
판의 제기는 논리상 불가능하다. 그러나 처분이 소멸한 후에도 침해된 권리의
회복을 구할 필요성이 있는 경우가 생겨난다. 법치국가원리에 비추어 개인의 권
리보호를 위해 이에 대한 해결책이 필요하다.

2. 입법적 해결

행정심판법 제13조 제1항 단서는 "처분의 효과가 기간의 경과, 처분의 집행 3720
그 밖의 사유로 소멸된 뒤에도 그 처분의 취소로 회복되는 법률상 이익이 있는
자의 경우에도 또한 같다"고 규정하여, 처분이 소멸한 후에도 취소심판의 제기
가 가능함을 규정하고 있다. 이러한 입법방식은 취소소송의 경우에도 동일하게
적용되고 있다. 처분이 소멸한 후에 있어서의 취소소송과 관련된 논리구조는 취
소심판의 경우에도 그대로 적용된다고 볼 것이다.

제 2 항 심판청구의 방식

Ⅰ. 서면주의

심판청구는 서면으로 하여야 한다(행심법 제28조 제1항). 서면청구주의를 택한 3721
것은 청구의 내용을 명백히 하여 법적 안정을 도모하고자 하는 데 있다(법적 명
료성·법적 안정성).

Ⅱ. 기재사항

처분에 대한 심판청구의 경우에는 심판청구서에 다음 각 호(1. 청구인의 이름 3722
과 주소 또는 사무소(주소 또는 사무소 외의 장소에서 송달받기를 원하면 송달장소를 추가로
적어야 한다), 2. 피청구인과 위원회, 3. 심판청구의 대상이 되는 처분의 내용, 4. 처분이 있음
을 알게 된 날, 5. 심판청구의 취지와 이유, 6. 피청구인의 행정심판 고지 유무와 그 내용)의
사항이 포함되어야 한다(행심법 제28조 제2항). 부작위에 대한 심판청구의 경우에
는 제2항 제1호·제2호·제5호의 사항과 그 부작위의 전제가 되는 신청의 내용

과 날짜를 적어야 한다(행심법 제28조 제3항). 청구인이 법인이거나 제14조에 따른
청구인 능력이 있는 법인이 아닌 사단 또는 재단이거나 행정심판이 선정대표자
나 대리인에 의하여 청구되는 것일 때에는 제2항 또는 제3항의 사항과 함께 그
대표자 · 관리인 · 선정대표자 또는 대리인의 이름과 주소를 적어야 한다(행심법 제
28조 제4항). 심판청구서에는 청구인 · 대표자 · 관리인 · 선정대표자 또는 대리인이
서명하거나 날인하여야 한다(행심법 제28조 제5항). 행정심판청구서면의 표제가 반
드시 행정심판이어야 하는 것은 아니다. 판례도 같은 입장이다.[1] 한편 구술 · 전
화 · 전보 등에 의한 심판청구도 인정될 필요가 있다는 주장도 있다.

제 3 항   심판청구의 기간

3723   심판청구의 기간은 주로 취소심판청구에서 문제되고, 그 밖에 거부처분에
대한 의무이행심판청구에서도 문제된다. 그러나 무효등확인심판청구와 부작위
에 대한 의무이행심판청구에는 문제되지 아니한다(행심법 제27조 제7항). 행정심판
청구기간을 법정화한 것은 행정법관계의 신속한 확정을 도모하기 위한 것이다.
말하자면 행정처분을 무제한 또는 장기간 불확정상태에 두는 것은 국가시책에
중대한 영향을 미치게 되므로, 불변기간을 경과하면 동행정처분을 확정적인 것
으로 하여 관계인으로서는 더 이상 다툴 수 없도록 함으로써 행정의 안정을 기
하기 위한 것이다.[2]

Ⅰ. 원   칙
1. 의   의

3724   행정심판은 처분이 있음을 알게 된 날부터 90일(1995년 12월 개정 전의 행정심판
법상으로는 60일이었다) 이내에 청구하여야 한다(행심법 제27조 제1항). 행정심판은 처
분이 있었던 날부터 180일이 지나면 청구하지 못한다. 다만, 정당한 사유가 있는
경우에는 그러하지 아니하다(행심법 제27조 제3항). 처분이 있음을 안 날이란 유효

---

1) 대판 1985. 7. 9, 83누189(소원법에서 규정하고 있는 소원은 엄격한 형식을 요하지 않는 서면행
위라 할 것이어서 위법 또는 부당한 행정처분으로 인하여 권리나 이익을 침해당한 자가 법정
기간 내에 그 행정청에 처분의 취소 또는 변경을 구하는 취지의 서면을 제출하였을 때는 그 표
제에 표시된 제출기관의 여하를 불문하고 이를 행정소송법 제2조 소정의 소원으로 보아야 할
것이므로 상급행정청이 아닌 처분청에 제출된 이의신청서란 표제의 서면이 처분청의 행정행위
의 취소를 구하는 내용이라면 이는 소원법 제2조 소정의 소원에 해당한다).
2) 대판 1955. 1. 12, 4288행상126.

한 처분이[1] 있음을 현실적으로 안 날을 뜻한다.[2] 행정기관에 의한 공고문서의 경우에는 공고문서에 특별한 규정이 있는 경우를 제외하고는 그 고시 또는 공고가 있은 후 5일이 경과한 날부터 효력을 발생한다(사무정 제8조 제2항 단서). 따라서 처분이 고시 또는 공고에 의하는 경우에는 고시 또는 공고가 있은 후 5일이 경과한 날에 행정처분이 있음을 알았다고 본다.[3] 90일은 불변기간이며(행심법 제27조 제4항) 직권조사사항이다. 하여간 180일의 기간을 둔 것은 법적 안정성을 위한 것이라 하겠다. 처분이 있은 날이란 처분이 효력을 발생한 날을 의미한다.[4] 상기의 90일과 180일 중 어느 것이라도 먼저 경과하면 심판제기는 불가능하게 된다(과거의 소원법상으로는 심판제기기간이 안 날로부터 1월, 있은 날로부터 3월이었다. 동법 제3조).

2. 제3자효 있는 행위의 경우

한편 명문의 규정은 없지만 제3자효있는 행위의 경우에는 제3자에게도 상대방의 경우와 동일한 심판청구기간상의 제한을 받는다고 볼 것이다.　3725

Ⅱ. 예　　외

1. 정당한 사유가 있는 경우

정당한 사유가 있는 경우에는 처분이 있었던 날부터 180일이 지나도 청구할 수 있다(행심법 제27조 제3항 단서). 여기서 정당한 사유란 청구인이 심판청구기　3726

---

1) 대판 2019. 8. 9, 2019두38656.
2) 대판 1995. 11. 24, 95누11535(행정심판법 제18조 제1항 소정의 심판청구기간 기산점인 '처분이 있음을 안 날'이라 함은 당사자가 통지·공고 기타의 방법에 의하여 당해 처분이 있었다는 사실을 현실적으로 안 날을 의미하고, 추상적으로 알 수 있었던 날을 의미하는 것은 아니라 할 것이며, 다만 처분을 기재한 서류가 당사자의 주소에 송달되는 등으로 사회통념상 처분이 있음을 당사자가 알 수 있는 상태에 놓여진 때에는 반증이 없는 한 그 처분이 있음을 알았다고 추정할 수는 있다); 대판 2002. 8. 27, 2002두3850(아파트 경비원이 관례에 따라 부재중인 납부의무자에게 배달되는 과징금부과처분의 납부고지서를 수령한 경우, 납부의무자가 아파트 경비원에게 우편물 등의 수령권한을 위임한 것으로 볼 수는 있을지언정, 과징금부과처분의 대상으로 된 사항에 관하여 납부의무자를 대신하여 처리할 권한까지 위임한 것으로 볼 수는 없고, 설사 위 경비원이 위 납부고지서를 수령한 때에 위 부과처분이 있음을 알았다고 하더라도 이로써 납부의무자 자신이 그 부과처분이 있음을 안 것과 동일하게 볼 수는 없다).
3) 대판 2000. 9. 8, 99두11257(통상 고시 또는 공고에 의하여 행정처분을 하는 경우에는 그 처분의 상대방이 불특정다수인이고, 그 처분의 효력이 불특정다수인에게 일률적으로 적용되는 것이므로, 그에 대한 행정심판 청구기간도 그 행정처분에 이해관계를 갖는 자가 고시 또는 공고가 있었다는 사실을 현실적으로 알았는지 여부에 관계없이 고시가 효력을 발생하는 날인 고시 또는 공고가 있은 후 5일이 경과한 날에 행정처분이 있음을 알았다고 보아야 한다).
4) 대판 1977. 11. 22, 77누195(건축허가처분과 같이 상대방이 있는 행정처분에 있어서는 달리 특별한 규정이 없는 한 그 처분을 하였음을 상대방에게 고지하여야 그 효력이 발생한다고 할 것이어서 위의 행정처분이 있은 날이라 함은 위와 같이 그 행정처분의 효력이 발생한 날을 말한다).

간 경과에 대하여 책임질 수 없는 사유를 뜻한다고 볼 것인데,[1] 반드시 천재지변 등 불가항력만을 의미하는 것은 아니다. 그것은 건전한 사회관념에 따라 판단될 성질의 것이다.

3727   제3자효있는 행위의 경우, 제3자에게는 행정행위의 통지가 주어지지 아니하므로 이에 해당하는 경우가 적지 않을 것이다.[2] 물론 제3자가 처분이 있음을 알았다면 90일의 기간제한이 적용될 것이다. 왜냐하면 신의성실의 원칙은 행정심판법에도 적용된다고 보아야 하고, 따라서 제3자가 이웃에 대한 행정행위의 발령을 확실히 알았다면 행정청이 자신에게 공적으로 통지하지 아니하였다는 것을 주장할 수는 없다고 보아야 할 것이기 때문이다.[3] 한편, 안 날부터 90일이 경과한 경우에는 정당한 사유가 있어도 제소기간의 제한이 완화되지 아니한다.

2. 천재지변 등과 청구기간

3728   청구인이 천재지변, 전쟁, 사변(事變), 그 밖의 불가항력으로 인하여 제1항에서 정한 기간에 심판청구를 할 수 없었을 때에는 그 사유가 소멸한 날부터 14일 이내에 행정심판을 청구할 수 있다. 다만, 국외에서 행정심판을 청구하는 경우에는 그 기간을 30일로 한다(행심법 제27조 제2항). 제2항의 기간은 불변기간으로 한다(행심법 제27조 제4항).

---

1) 독일문헌상 정당한 사유로 장기간 주소지 부재, 질병, 독일어해독불가 등이 언급되고 있다 (Hufen, Verwaltungsprozessrecht(8. Aufl.), §6, Rn. 34).

2) 대판 1992. 7. 28, 91누12844(행정심판법 제18조 제3항에 의하면 행정처분의 상대방이 아닌 제3자라도 처분이 있은 날로부터 180일을 경과하면 행정심판청구를 제기하지 못하는 것이 원칙이지만, 다만 정당한 사유가 있는 경우에는 그러하지 아니하도록 규정되어 있는바, 행정처분의 직접 상대방이 아닌 제3자는 일반적으로 처분이 있는 것을 바로 알 수 없는 처지에 있으므로, 위와 같은 심판청구기간 내에 심판청구를 제기하지 아니하였다고 하더라도, 그 기간 내에 처분이 있은 것을 알았거나 쉽게 알 수 있었기 때문에 심판청구를 제기할 수 있었다고 볼 만한 특별한 사정이 없는 한, 위 법조항 본문의 적용을 배제할 "정당한 사유"가 있는 경우에 해당한다고 보아 위와 같은 심판청구기간이 경과한 뒤에도 심판청구를 제기할 수 있다); 대판 1991. 5. 28, 90누1359; 대판 1988. 9. 27, 88누29.

3) Würtenberger, Verwaltungsprozessrecht, Rn. 305; 헌재 1999. 11. 25, 98헌바36(구 행정심판법 제18조 제6항은 행정청에게 행정심판 고지의무를 부과하고 있는 행정심판법 제42조의 실효성을 확보하고 국민의 권리구제의 기회를 보장하려는 데에 입법취지가 있으므로, 행정처분이 있음을 알고서도 고지신청을 하지 아니한 제3자에 대하여는 행정청의 고지의무가 없기 때문에 행정청이 청구기간 등을 알릴 필요가 없어서 청구기간의 특례가 인정되지 아니한다. 그러므로 구 행정심판법 제18조 제6항이 처분이 있음을 알았으나, 법 제42조 제1항에 의거 행정심판고지를 받지 못한 처분의 상대방에게는 처분이 있은 날로부터 180일 이내의 청구기간을 적용하는데 반해서, 처분이 있음을 알고도 법 제42조 제2항에 의거 행정심판고지신청을 하지 아니하여서 행정심판 고지를 받지 못한 처분의 제3자에게는 처분이 있음을 안 날로부터 60일 이내에 청구기간을 적용하도록 차별취급을 하는 데에는 합리적인 사유가 존재하므로 헌법 제11조 제1항상의 평등원칙에 위배되지 아니한다).

3. 특별법상 청구기간

개별법에서 행정심판청구기간에 관하여 특례를 두기도 한다. 이러한 특례   3729
규정이 행정심판법에 우선함은 물론이다(예 : 국공법 제76조).

4. 행정청의 오고지·불고지와 청구기간

(1) 기간의 오고지·불고지   ① 행정청이 심판청구 기간을 제1항에 규정된   3730a
기간보다 긴 기간으로 잘못 알린 경우(오고지) 그 잘못 알린 기간에 심판청구가
있으면 그 행정심판은 제1항에 규정된 기간에 청구된 것으로 본다(행심법 제27조
제5항). ② 행정청이 심판청구 기간을 알리지 아니한 경우에는(불고지) 제3항에
규정된 기간에 심판청구를 할 수 있다(행심법 제27조 제6항).[1]

(2) 제도의 취지   행정심판법이 심판청구기간을 길게 고지하거나 또는 고   3730b
지하지 않은 경우에 대비하여 상기 규정을 둔 것은 행정심판법이 채택하고 있
는 고지제도(행심법 제58조)의 실효성을 확보하고 아울러 고지를 신뢰한 국민을
보호하고자 함에 그 목적이 있다고 하겠다.

5. 청구기간의 배제

무효등확인심판청구와 부작위에 대한 의무이행심판청구에는 심판청구의 기   3731
간제한이 없다(행심법 제27조 제7항).

Ⅲ. 심판청구일자

제27조에 따른 심판청구 기간을 계산할 때에는 제1항(행정심판을 청구하려는   3732
자는 제28조에 따라 심판청구서를 작성하여 피청구인이나 위원회에 제출하여야 한다. 이 경우
피청구인의 수만큼 심판청구서 부본을 함께 제출하여야 한다)에 따른 피청구인이나 위원
회 또는 제2항(행정청이 제58조에 따른 고지를 하지 아니하거나 잘못 고지하여 청구인이
심판청구서를 다른 행정기관에 제출한 경우에는 그 행정기관은 그 심판청구서를 지체 없이 정
당한 권한이 있는 피청구인에게 보내야 한다)에 따른 행정기관에 심판청구서가 제출되
었을 때에 행정심판이 청구된 것으로 본다(행심법 제23조 제4항).

---

1) 독일의 경우, 불고지나 시민에 대한 고지에 하자가 있으면, 그 기간이 1개월에서 1년으로 연장
   된다(VwGO 제58조 제2항).

제 4 항 심판청구서의 제출 등

Ⅰ. 심판청구서의 제출

1. 선택적 청구

3733   행정심판을 청구하려는 자는 제28조(심판청구의 방식)에 따라 심판청구서를 작성하여 피청구인이나 위원회에 제출하여야 한다. 이 경우 피청구인의 수만큼 심판청구서 부본을 함께 제출하여야 한다(행심법 제23조 제1항). 1995년 12월의 개정 전에 행정심판청구는 피청구인인 행정청을 거쳐 재결청(현행법상 위원회)에 제기하여야 한다고 규정하였다(구법 제17조 제1항). 구법이 심판청구에 처분청을 경유토록 한 것은 ① 처분청에 의한 시정,[1] ② 신속한 답변서의 제출, 그리고 ③ 위원회와 법원의 임무경감을 위한 것으로 이해되었다. 그러나 불이익을 준 행정관청에 대한 심판청구는 국민의 법감정과 거리가 멀고 아울러 처분청으로부터 행정심판청구취하의 압력을 받을 우려가 있다는 이유로 상기의 개정법률은 청구인의 판단에 따라 처분청을 경유하거나 아니면 재결청(현행법상 위원회)에 직접 청구할 수 있도록 하였다.

2. 불고지·오고지와 청구서의 송부

3734   행정청이 제58조(행정심판의 고지)에 따른 고지를 하지 아니하거나 잘못 고지하여 청구인이 심판청구서를 다른 행정기관에 제출한 경우에는 그 행정기관은 그 심판청구서를 지체 없이 정당한 권한이 있는 피청구인에게 보내야 한다(행심법 제23조 제2항). 제2항에 따라 심판청구서를 보낸 행정기관은 지체 없이 그 사실을 청구인에게 알려야 한다(행심법 제23조 제3항).

Ⅱ. 피청구인의 심판청구서 등의 접수와 처리

1. 위원회에 심판청구서·답변서 송부 등

3735   ⑴ 위원회에 송부

    ㈎ 의   의   피청구인이 제23조(심판청구서의 제출) 제1항·제2항 또는 제26조(위원회의 심판청구서등의 접수·처리) 제1항에 따라 심판청구서를 접수하거나

---

1) 대판 1985. 5. 28, 83누435(국세기본법 제62조 제1항에 따르면 심사청구는 대통령령이 정하는 바에 의하여 불복의 사유를 갖추어 당해 처분을 하거나 하였어야 할 세무서장을 거쳐 국세청장에게 하도록 규정되어 있는바, 이 취지는 청구인의 이익을 위하여 처분세무서장으로 하여금 재도의 고려를 할 기회를 주는데 있다 할 것이니 청구인이 스스로 이를 포기하고 바로 국세청장의 심사를 요청하는 이상 그 심사청구는 적법하다).

송부받으면 10일 이내에 심판청구서(제23조 제1항·제2항의 경우만 해당된다)와 답변서를 위원회에 보내야 한다. 다만, 청구인이 심판청구를 취하한 경우에는 그러하지 아니하다(행심법 제24조 제1항).

(바) **심판청구가 부적법한 경우**　　제1항에도 불구하고 심판청구가 그 내용이 특정되지 아니하는 등 명백히 부적법하다고 판단되는 경우에 피청구인은 답변서를 위원회에 보내지 아니할 수 있다. 이 경우 심판청구서를 접수하거나 송부받은 날부터 10일 이내에 그 사유를 위원회에 문서로 통보하여야 한다(행심법 제24조 제2항). 제2항에도 불구하고 위원장이 심판청구에 대하여 답변서 제출을 요구하면 피청구인은 위원장으로부터 답변서 제출을 요구받은 날부터 10일 이내에 위원회에 답변서를 제출하여야 한다(행심법 제24조 제3항).

(2) **소관 중앙행정기관의 장에 통지**　　중앙행정심판위원회에서 심리·재결하는 사건인 경우 피청구인은 제1항에 따라 위원회에 심판청구서 또는 답변서를 보낼 때에는 소관 중앙행정기관의 장에게도 그 심판청구·답변의 내용을 알려야 한다(행심법 제24조 제8항). 　3736

(3) **위원회 미표기의 경우**　　피청구인이 제1항 본문에 따라 심판청구서를 보낼 때에는 심판청구서에 위원회가 표시되지 아니하였거나 잘못 표시된 경우에도 정당한 권한이 있는 위원회에 보내야 한다(행심법 제24조 제5항). 이러한 경우에 피청구인은 송부 사실을 지체 없이 청구인에게 알려야 한다(행심법 제24조 제7항). 　3737

2. 제3자가 제기한 심판청구의 경우, 상대방에 통지

피청구인은 처분의 상대방이 아닌 제3자가 심판청구를 한 경우에는 지체 없이 처분의 상대방에게 그 사실을 알려야 한다. 이 경우 심판청구서 사본을 함께 송달하여야 한다(행심법 제24조 제4항). 이러한 경우에 피청구인은 송부 사실을 지체 없이 청구인에게 알려야 한다(행심법 제24조 제7항). 　3738

3. 답변서의 수와 기재사항

피청구인은 제1항 본문에 따라 답변서를 보낼 때에는 청구인의 수만큼 답변서 부본을 함께 보내되, 답변서에는 다음 각 호(1. 처분이나 부작위의 근거와 이유, 2. 심판청구의 취지와 이유에 대응하는 답변, 3. 제4항에 해당 하는 경우에는 처분의 상대방의 이름·주소·연락처와 제2항의 의무 이행 여부)의 사항을 명확하게 적어야 한다(행심법 제24조 제6항). 　3739

4. 피청구인의 직권취소

3740 (1) **직권취소와 청구인에 통지** 제23조(심판청구서의 제출) 제1항·제2항 또는 제26조(위원회의 심판청구서등의 접수·처리) 제1항에 따라 심판청구서를 받은 피청구인은 그 심판청구가 이유 있다고 인정하면 심판청구의 취지에 따라 직권으로 처분을 취소·변경하거나 확인을 하거나 신청에 따른 처분(이하 이 조에서 "직권취소등"이라 한다)을 할 수 있다. 이 경우 서면으로 청구인에게 알려야 한다(행심법 제25조 제1항). 청구인의 청구의 취지에 따른 확인이나 처분은 피청구인의 자기통제를 의미한다. 이러한 절차는 행정심판절차의 한 부분이다. 그렇지만 이러한 피청구인의 확인이나 처분은 재결은 아니며, 그것은 원처분의 변경일 뿐이다.[1]

3741 한편, 처분청의 청구의 취지에 따르는 처분이나 확인은 처분청이 심판청구서를 위원회에 송부한 후에도 가능한가의 문제가 있다. 행정심판법 제25조 제1항은 시간상 특별한 제한을 두고 있지 아니하므로, 청구의 취지에 따르는 처분이나 확인은 재결이 있기 전까지 가능하다고 볼 것이다. 청구의 취지에 따르는 처분이나 확인은 청구인에게 유익한 결정에만 가능하며, 여기에는 처분이유의 제시가 요구되지 아니한다.

3742 (2) **직권취소등을 증명하는 서류의 위원회 제출** 피청구인은 제1항에 따라 직권취소등을 하였을 때에는 청구인이 심판청구를 취하한 경우가 아니면 제24조(피청구인의 심판청구서 등의 접수·처리) 제1항 본문에 따라 심판청구서·답변서를 보내거나 같은 조 제3항에 따라 답변서를 보낼 때 직권취소등의 사실을 증명하는 서류를 위원회에 함께 제출하여야 한다(행심법 제25조 제2항).

Ⅲ. 위원회의 심판청구서 등의 접수와 처리

1. 피청구인에 심판청구서 송부

3743 위원회는 제23조(심판청구서의 제출) 제1항에 따라 심판청구서를 받으면 지체 없이 피청구인에게 심판청구서 부본을 보내야 한다(행심법 제26조 제1항).

2. 청구인에 답변서 부본 송부

3744 위원회는 제24조 제1항 본문 또는 제3항에 따라 피청구인으로부터 답변서가 제출된 경우 답변서 부본을 청구인에게 송달하여야 한다(행심법 제26조 제2항).

---

1) Würtenberger, Verwaltungsprozessrecht, Rn. 360.

제 5 항   심판청구의 변경

행정심판법은 청구인의 편의와 신속한 심판을 위해 심판청구를 제기한 후   3745
일정한 사유가 발생하였을 때, 새로운 심판을 제기하는 대신 계속중인 심판청구
에 변경을 할 수 있도록 규정하고 있다.

Ⅰ. 청구의 변경의 의의

① 청구인은 청구의 기초에 변경이 없는 범위에서 청구의 취지나 이유를   3746
변경할 수 있다(행심법 제29조 제1항). 청구의 기초에 변경이 없는 범위란 청구한
사건의 동일성을 깨뜨리지 않는 범위를 말한다. ② 행정심판이 청구된 후에 피
청구인이 새로운 처분을 하거나 심판청구의 대상인 처분을 변경한 경우에는 청
구인은 새로운 처분이나 변경된 처분에 맞추어 청구의 취지나 이유를 변경할
수 있다(행심법 제29조 제2항).

Ⅱ. 청구의 변경의 절차

1. 신   청

제1항 또는 제2항에 따른 청구의 변경은 서면으로 신청하여야 한다. 이 경   3747
우 피청구인과 참가인의 수만큼 청구변경신청서 부본을 함께 제출하여야 한다
(행심법 제29조 제3항). 위원회는 제3항에 따른 청구변경신청서 부본을 피청구인과
참가인에게 송달하여야 한다(행심법 제29조 제4항).

2. 의견제출

제4항의 경우 위원회는 기간을 정하여 피청구인과 참가인에게 청구변경 신   3748
청에 대한 의견을 제출하도록 할 수 있으며, 피청구인과 참가인이 그 기간에 의
견을 제출하지 아니하면 의견이 없는 것으로 본다(행심법 제29조 제5항).

3. 결   정

위원회는 제1항 또는 제2항의 청구변경 신청에 대하여 허가할 것인지 여부   3749
를 결정하고, 지체 없이 신청인에게는 결정서 정본을, 당사자 및 참가인에게는
결정서 등본을 송달하여야 한다(행심법 제29조 제6항). 신청인은 제6항에 따라 송달
을 받은 날부터 7일 이내에 위원회에 이의신청을 할 수 있다(행심법 제29조 제7항).

Ⅲ. 청구의 변경의 효과

3750　청구의 변경결정이 있으면 처음 행정심판이 청구되었을 때부터 변경된 청구의 취지나 이유로 행정심판이 청구된 것으로 본다(행심법 제29조 제8항).

제 6 항　심판청구의 효과와 가구제(집행정지 · 임시처분)

Ⅰ. 심판청구의 효과

1. 심판할 의무와 심판을 받을 권리

3751　행정심판법이 요구하는 제요건을 갖춘 심판청구가 제기되면 행정심판위원회는 심판을 심리 · 재결할 의무를 진다(행심법 제6조, 제43조 이하). 한편 심판청구인은 심판을 받을 권리, 그 밖에 행정심판법상 인정되는 절차상의 권리를 갖게 된다.

2. 집행의 부정지

3752　심판청구가 있어도 그것이 처분의 효력이나 그 집행 또는 절차의 속행에 영향을 주지 아니한다(행심법 제30조 제1항). 이를 집행부정지의 원칙이라 부른다(국세기본법 제57조도 유사한 내용을 규정하고 있다). 현행법이 집행정지 대신 집행부정지를 원칙으로 택한 것은 입법정책적인 견지에서 국민의 과다한 행정심판제기를 억제하고 행정의 원활한 운용을 위한 것이라는 것이 통설의 견해이다. 통설이 정당하다고 보나, 집행부정지를 지나치게 강조하면 오히려 국민의 권익보호에 침해가 될 수 있음도 고려하여야 할 것이다. 집행정지는 예외적으로 허용된다.[1]

Ⅱ. 집행정지

1. 집행정지의 의의

3753　위원회는 처분, 처분의 집행 또는 절차의 속행 때문에 중대한 손해가 생기는 것을 예방할 필요성이 긴급하다고 인정할 때에는 직권으로 또는 당사자의 신청에 의하여 처분의 효력, 처분의 집행 또는 절차의 속행의 전부 또는 일부의 정지(이하 "집행정지"라 한다)를 결정할 수 있는바(행심법 제30조 제2항 본문), 이것이

---

[1] 독일행정절차법은 행정심판의 제기에 원칙적으로 집행정지효력을 규정한다(동법 제80조 제1항 제1문). 그러나 ① 공과금의 청구, ② 집행경찰공무원에 의한 정지될 수 없는 명령 · 처분(예 : 제복을 입은 교통경찰관의 정지명령), ③ 특별규정이 있는 경우, ④ 공익상 즉시 집행되어야 하는 경우 등에는 예외로서 집행정지의 효력이 인정되지 아니한다(동법 제80조 제2항).

소위 집행정지의 문제이다.

2. 집행정지의 요건

① 심판청구가 계속중이어야 한다. 심판청구가 없는 한 집행정지는 문제되 3754
지 아니한다.

② 그리고 정지의 대상인 처분이 존재하여야 한다. 거부처분이나 부작위는
집행대상이 되는 처분이 아니다. 또한 처분이 이미 집행되었다면 역시 집행정지
는 불가능하다.

③ 처분, 처분의 집행 또는 절차의 속행 때문에 중대한 손해가 생기는 것을
예방하기 위한 것이어야 한다. 2010년 7월 개정 행정심판법 이전의 구 행정심
판법상으로는 '회복하기 어려운 손해'가 생기는 것을 예방하기 위한 것을 요건
으로 하였고, 판례는 '회복하기 어려운 손해'를 특별한 사정이 없는 한 금전으로
보상할 수 없는 손해로서 이는 금전보상이 불능인 경우 내지는 금전보상으로는
사회관념상 행정처분을 받은 당사자가 참고 견딜 수 없거나 또는 참고 견디기
가 현저히 곤란한 경우의 유·무형의 손해로 판시하였다.[1] 그러나 2010년 7월
의 개정 행정심판법은 요건을 완화하여 청구인의 권리를 보다 두텁게 보호하고
자 하는 취지에서 '중대한 손해'가 생기는 것을 예방하기 위한 것으로 요건을 바
꾸었다.

④ 긴급한 필요가 있어야 한다. 여기서 긴급한 필요란 재결을 기다릴 시간
적 여유가 없는 것을 의미한다.

⑤ 집행정지가 공공복리에 중대한 영향을 미칠 우려가 없어야 한다(행심법
제30조 제3항). 여기서 공공복리에 중대한 영향을 미칠 우려가 있는가의 여부는
구체적 상황에 관계되는 공·사의 제이익의 형량을 통해 정해질 문제이다. 대체
로 말해 개인의 권익이 희생되지 않으면 아니될 불가피한 사정이 있는 경우에
한한다고 보아야 한다.

⑥ 본안에 이유있음을 요하는 것은 아니다. 본안심리 전에 이유 있음을 알
기는 곤란할 것이기 때문이다.[2] 그러나 본안에 이유없음이 너무도 명백한 경우
는 사정이 다르다고 하겠다.

⑦ 행정소송법상 집행정지의 경우와 달리 이유소명은 요구되지 아니한다
(행소법 제23조 제4항 참조).

---

1) 대결 2008. 5. 6, 2007무147.
2) 반대견해로 김도창, 일반행정법론(상), 713쪽.

3. 집행정지의 대상

집행정지의 대상은 처분의 효력, 처분의 집행 또는 절차의 속행의 전부 또는 일부이다(행심법 제30조 제2항 본문). 이를 나누어 보면 다음과 같다.

3755   ⑴ **효력의 전부 또는 일부의 정지**   효력이 정지되면 처분이 갖는 제효력(구속력·공정력·집행력)이 정지되어 처분이 형식상으로는 있으되 실질상으로는 없는 것과 같은 상태가 된다(예 : 공무원파면처분의 정지). 다만 처분의 효력정지는 처분의 집행 또는 절차의 속행을 정지함으로써 그 목적을 달성할 수 있을 때에는 허용되지 아니한다(행심법 제30조 제2항 단서). 왜냐하면 집행정지는 원상회복이 곤란한 경우에 인정되는 것이며(예 : 영업정지), 처분의 집행이나 절차의 속행이 요구되는 처분에서는 그러한 집행이나 속행이 없는 한 실제상 개인의 권익이 침해되는 것은 아니므로, 이 때 처분의 효력 자체는 일단 유효한 것으로 유지해 두는 것이 타당하기 때문이다.

3756   ⑵ **처분의 집행의 전부 또는 일부의 정지**   여기서 집행의 정지란 처분내용의 강제적인 실현을 위한 공권력행사의 정지를 의미한다(예 : 강제퇴거명령서에 따른 강제퇴거의 정지).

3757   ⑶ **절차의 속행의 전부 또는 일부의 정지**   여기서 절차의 속행의 정지란 단계적으로 발전하는 법률관계에서 선행행위의 하자를 다투는 경우에 후행행위를 하지 못하게 함을 말한다. 예컨대 체납처분절차에서 압류의 효력을 다투는 경우에 매각을 정지시키는 경우가 이에 해당한다.

4. 집행정지의 절차

3758   ⑴ **절차의 개시**   집행정지의 절차는 직권 또는 당사자의 신청에 의한다(행심법 제30조 제2항). 집행정지 신청은 심판청구와 동시에 또는 심판청구에 대한 제7조 제6항 또는 제8조 제7항에 따른 위원회나 소위원회의 의결이 있기 전까지 신청의 취지와 원인을 적은 서면을 위원회에 제출하여야 한다. 다만, 심판청구서를 피청구인에게 제출한 경우로서 심판청구와 동시에 집행정지 신청을 할 때에는 심판청구서 사본과 접수증명서를 함께 제출하여야 한다(행심법 제30조 제5항).

3759   ⑵ **위원장의 직권결정**(예외)   제2항(위원회에 의한 집행정지결정)에도 불구하고 위원회의 심리·결정을 기다릴 경우 중대한 손해가 생길 우려가 있다고 인정되면 위원장은 직권으로 위원회의 심리·결정을 갈음하는 결정을 할 수 있다. 이 경우 위원장은 지체 없이 위원회에 그 사실을 보고하고 추인(追認)을 받아야 하며, 위원회의 추인을 받지 못하면 위원장은 집행정지에 관한 결정을 취소하여

야 한다(행심법 제30조 제6항). 행정심판위원회는 비상설일뿐더러 위원회가 심리·의결하는 데 따른 절차가 복잡하고 기일이 많이 걸리는바, 집행정지의 목적을 달성하기가 어려운 면도 있으므로 청구인의 권익을 실질적으로 구제하고자 한 것이 본조항의 목적이라 하겠다.

(3) 심리·결정내용의 통지　　　위원회는 집행정지 또는 집행정지의 취소에　3760
관하여 심리·결정하면 지체 없이 당사자에게 결정서를 송달하여야 한다(행심법 제30조 제7항).

5. 집행정지의 효력

집행정지의 결정이 있게 되면 정지된 처분은 없었던 것과 같은 상태가 되　3761
며(형성력), 그 효과도 결정주문에서 특별히 정함이 없다면 당해 심판의 재결이 확정될 때까지 지속한다고 본다(시간적 효력).[1] 그리고 그 효과는 당사자뿐만 아니라 관계행정청에도 미친다고 보며, 제3자에게도 미친다고 본다(대인적 효력).

6. 집행정지의 취소

(1) 위원회의 결정　　　위원회는 집행정지의 결정을 한 후에 집행정지가 공　3762
공복리에 중대한 영향을 미치거나 그 정지사유가 없어진 경우에는 직권으로 또는 당사자의 신청에 의하여 집행정지 결정을 취소할 수 있다(행심법 제30조 제4항). 집행정지 결정의 취소신청은 심판청구에 대한 제7조 제6항 또는 제8조 제7항에 따른 위원회나 소위원회의 의결이 있기 전까지 신청의 취지와 원인을 적은 서면을 위원회에 제출하여야 한다(행심법 제30조 제5항 본문 후단). 심리·결정내용의 통지는 기술한 바 있는 집행정지의 절차의 경우와 동일하다.

(2) 위원장의 직권결정(예외)　　　제4항(위원회에 의한 집행정지결정의 취소)에도　3763
불구하고 위원회의 심리·결정을 기다릴 경우 중대한 손해가 생길 우려가 있다고 인정되면 위원장은 직권으로 위원회의 심리·결정을 갈음하는 결정을 할 수 있다. 이 경우 위원장은 지체 없이 위원회에 그 사실을 보고하고 추인(追認)을

---

1) 대판 2022. 2. 11, 2021두40720(행정소송법 제23조에 따른 집행정지결정의 시간적 효력 법리는 행정심판위원회가 행정심판법 제30조에 따라 집행정지결정을 한 경우에도 그대로 적용된다. 행정심판위원회가 행정심판 청구 사건의 재결이 있을 때까지 처분의 집행을 정지한다고 결정한 경우에는, 재결서 정본이 청구인에게 송달된 때 재결의 효력이 발생하므로(행정심판법 제48조 제2항, 제1항 참조) 그때 집행정지결정의 효력이 소멸함과 동시에 처분의 효력이 부활한다). 대판 2022. 2. 11, 2021두40720(행정소송법 제23조에 따른 집행정지결정의 시간적 효력 법리는 행정심판위원회가 행정심판법 제30조에 따라 집행정지결정을 한 경우에도 그대로 적용된다. 행정심판위원회가 행정심판 청구 사건의 재결이 있을 때까지 처분의 집행을 정지한다고 결정한 경우에는, 재결서 정본이 청구인에게 송달된 때 재결의 효력이 발생하므로(행정심판법 제48조 제2항, 제1항 참조) 그때 집행정지결정의 효력이 소멸함과 동시에 처분의 효력이 부활한다).

받아야 하며, 위원회의 추인을 받지 못하면 위원장은 집행정지 취소에 관한 결정을 취소하여야 한다(행심법 제30조 제6항).

Ⅲ. 임시처분

1. 임시처분의 의의

3764   위원회는 처분 또는 부작위가 위법·부당하다고 상당히 의심되는 경우로서 처분 또는 부작위 때문에 당사자가 받을 우려가 있는 중대한 불이익이나 당사자에게 생길 급박한 위험을 막기 위하여 임시지위를 정하여야 할 필요가 있는 경우에는 직권으로 또는 당사자의 신청에 의하여 임시처분을 결정할 수 있다(행심법 제31조 제1항). 예컨대 국공립대학교 입학시험에서 불합격처분을 받은 자가 불합격처분을 다투는 경우, 임시처분을 활용하면 재결이 날 때까지 임시로 학교에 다닐 수도 있게 된다.

2. 임시처분의 요건

3765   ① 심판청구가 계속중이어야 한다. 심판청구가 없는 한 임시처분은 문제되지 아니한다(행심법 제31조 제1항).

② 처분 또는 부작위가 위법·부당하다고 상당히 의심되는 경우이어야 한다(행심법 제31조 제1항).

③ 처분 또는 부작위 때문에 당사자가 받을 우려가 있는 중대한 불이익이나 당사자에게 생길 급박한 위험을 막기 위한 것이어야 한다(행심법 제31조 제1항).

④ 임시처분이 공공복리에 중대한 영향을 미칠 우려가 없어야 한다(행심법 제31조 제2항, 제30조 제3항).

⑤ 집행정지로 목적을 달성할 수 있는 경우가 아니어야 한다(행심법 제31조 제3항). 임시처분은 집행정지제도를 보완하는 의미를 갖는다.

3. 임시처분의 절차

3766   ⑴ **절차의 개시**   임시처분 절차는 직권 또는 당사자의 신청에 의한다(행심법 제31조 제1항). 신청은 심판청구와 동시에 또는 심판청구에 대한 제7조 제6항 또는 제8조 제7항에 따른 위원회나 소위원회의 의결이 있기 전까지 신청의 취지와 원인을 적은 서면을 위원회에 제출하여야 한다. 다만, 심판청구서를 피청구인에게 제출한 경우로서 심판청구와 동시에 임시처분 신청을 할 때에는 심판청구서 사본과 접수증명서를 함께 제출하여야 한다(행심법 제31조 제2항, 제30조 제5항).

(2) **직권결정**　　제2항(위원회에 의한 임시처분 결정)에도 불구하고 위원회의 심 　3767
리·결정을 기다릴 경우 중대한 불이익이나 급박한 위험이 생길 우려가 있다고
인정되면 위원장은 직권으로 위원회의 심리·결정을 갈음하는 결정을 할 수 있
다. 이 경우 위원장은 지체 없이 위원회에 그 사실을 보고하고 추인(追認)을 받
아야 하며, 위원회의 추인을 받지 못하면 위원장은 임시처분에 관한 결정을 취
소하여야 한다(행심법 제31조 제2항, 제30조 제6항).

(3) **결정서 정본의 송달**　　위원회는 집행정지 또는 집행정지의 취소에 관하 　3768
여 심리·결정하면 지체 없이 당사자에게 결정서 정본을 송달하여야 한다(행심법
제31조 제2항, 제30조 제7항).

4. 임시처분의 효력

임시처분이 결정되면, 임시처분에서 정해진 내용대로 청구인의 법적 지위 　3769
가 정해진다. 이러한 청구인의 법적 지위는 청구에 대한 재결이 있기까지 지속
한다.

5. 임시처분의 취소

(1) **위원회의 결정**　　위원회는 임시처분을 결정한 후에 임시처분이 공공복 　3770
리에 중대한 영향을 미치거나 그 정지사유가 없어진 경우에는 직권으로 또는
당사자의 신청에 의하여 집행정지 결정을 취소할 수 있다(행심법 제31조 제2항, 제
30조 제4항). 임시처분 결정의 취소신청은 심판청구에 대한 제7조 제6항 또는 제
8조 제7항에 따른 위원회나 소위원회의 의결이 있기 전까지 신청의 취지와 원
인을 적은 서면을 위원회에 제출하여야 한다(행심법 제31조 제2항, 제30조 제5항).

(2) **직권결정**　　제4항(위원회에 의한 임시처분 취소결정)에도 불구하고 위원회 　3771
의 심리·결정을 기다릴 경우 중대한 불이익이나 급박한 위험이 생길 우려가 있
다고 인정되면 위원장은 직권으로 위원회의 심리·결정을 갈음하는 결정을 할
수 있다. 이 경우 위원장은 지체 없이 위원회에 그 사실을 보고하고 추인(追認)
을 받아야 하며, 위원회의 추인을 받지 못하면 위원장은 임시처분 취소에 관한
결정을 취소하여야 한다(행심법 제31조 제2항, 제30조 제6항).

(3) **결정서 정본의 송달**　　위원회는 임시처분의 취소에 관하여 심리·결정 　3772
하면 지체 없이 당사자에게 결정서 정본을 송달하여야 한다(행심법 제31조 제2항,
제30조 제7항).

제 7 항　심판청구 등의 취하

Ⅰ. 심판청구의 취하

3773　　　청구인은 심판청구에 대하여 제7조 제6항 또는 제8조 제7항에 따른 의결이 있을 때까지 서면으로 심판청구를 취하할 수 있다(행심법 제42조 제1항). 취하서에는 청구인이 서명하거나 날인하여야 한다(행심법 제42조 제3항). 청구인은 취하서를 피청구인 또는 위원회에 제출하여야 한다. 이 경우 제23조 제2항부터 제4항까지의 규정을 준용한다(행심법 제42조 제4항). 피청구인 또는 위원회는 계속 중인 사건에 대하여 제1항에 따른 취하서를 받으면 지체 없이 다른 관계 기관, 청구인, 참가인에게 취하 사실을 알려야 한다(행심법 제42조 제5항).

Ⅱ. 참가신청의 취하

3774　　　참가인은 심판청구에 대하여 제7조 제6항 또는 제8조 제7항에 따른 의결이 있을 때까지 서면으로 참가신청을 취하할 수 있다(행심법 제42조 제2항). 취하서에는 참가인이 서명하거나 날인하여야 한다(행심법 제42조 제3항). 참가인은 취하서를 피청구인 또는 위원회에 제출하여야 한다. 이 경우 제23조 제2항부터 제4항까지의 규정을 준용한다(행심법 제42조 제4항). 피청구인 또는 위원회는 계속 중인 사건에 대하여 제2항에 따른 취하서를 받으면 지체 없이 다른 관계 기관, 청구인, 참가인에게 취하 사실을 알려야 한다(행심법 제42조 제5항).

제 8 항　전자정보처리조직을 통한 행정심판 절차

Ⅰ. 전자정보처리조직을 통한 심판청구 등

1. 전자문서의 제출

3775　　　행정심판법에 따른 행정심판 절차를 밟는 자는 심판청구서와 그 밖의 서류를 전자문서화하고 이를 정보통신망을 이용하여 위원회에서 지정·운영하는 전자정보처리조직(행정심판 절차에 필요한 전자문서를 작성·제출·송달할 수 있도록 하는 하드웨어, 소프트웨어, 데이터베이스, 네트워크, 보안요소 등을 결합하여 구축한 정보처리능력을 갖춘 전자적 장치를 말한다. 이하 같다)을 통하여 제출할 수 있다(행심법 제52조 제1항).

2. 전자문서의 효과

3776　　　제1항에 따라 제출된 전자문서는 이 법에 따라 제출된 것으로 보며, 부본을

제출할 의무는 면제된다(행심법 제52조 제2항). 전자정보처리조직을 통하여 접수된 심판청구의 경우 제27조에 따른 심판청구 기간을 계산할 때에는 제3항에 따른 접수가 되었을 때 행정심판이 청구된 것으로 본다(행심법 제52조 제4항).

3. 전자문서의 접수

제1항에 따라 제출된 전자문서는 그 문서를 제출한 사람이 정보통신망을 3777 통하여 전자정보처리조직에서 제공하는 접수번호를 확인하였을 때에 전자정보 처리조직에 기록된 내용으로 접수된 것으로 본다(행심법 제52조 제3항).

4. 기   타

전자정보처리조직의 지정내용, 전자정보처리조직을 이용한 심판청구서 등 3778 의 접수와 처리 등에 관하여 필요한 사항은 국회규칙, 대법원규칙, 헌법재판소 규칙, 중앙선거관리위원회규칙 또는 대통령령으로 정한다(행심법 제52조 제5항).

Ⅱ. 전자서명 등

1. 공인전자서명 등의 요구

위원회는 전자정보처리조직을 통하여 행정심판 절차를 밟으려는 자에게 본 3779 인(本人)임을 확인할 수 있는 「전자서명법」 제2조 제3호에 따른 공인전자서명이 나 그 밖의 인증(이하 이 조에서 "전자서명등"이라 한다)을 요구할 수 있다(행심법 제53 조 제1항).

2. 공인전자서명의 효과 등

제1항에 따라 전자서명등을 한 자는 이 법에 따른 서명 또는 날인을 한 것 3780 으로 본다(행심법 제53조 제2항). 전자서명등에 필요한 사항은 국회규칙, 대법원규 칙, 헌법재판소규칙, 중앙선거관리위원회규칙 또는 대통령령으로 정한다(행심법 제53조 제3항).

Ⅲ. 피청구인·위원회의 전자정보처리조직의 이용 등

1. 전자정보처리조직을 통한 송달 가능성

피청구인 또는 위원회는 제52조 제1항에 따라 행정심판을 청구하거나 심판 3781 참가를 한 자에게 전자정보처리조직과 그와 연계된 정보통신망을 이용하여 재 결서나 이 법에 따른 각종 서류를 송달할 수 있다. 다만, 청구인이나 참가인이 동의하지 아니하는 경우에는 그러하지 아니하다(행심법 제54조 제1항). 제1항 본문

의 경우 위원회는 송달하여야 하는 재결서 등 서류를 전자정보처리조직에 입력
하여 등재한 다음 그 등재사실을 국회규칙, 대법원규칙, 헌법재판소규칙, 중앙
선거관리위원회규칙 또는 대통령령으로 정하는 방법에 따라 전자우편 등으로
알려야 한다(행심법 제54조 제2항).

2. 전자정보처리조직을 통한 송달의 효력

3782   제1항에 따른 전자정보처리조직을 이용한 서류 송달은 서면으로 한 것과
같은 효력을 가진다(행심법 제54조 제3항).

3. 전자정보처리조직을 통한 송달의 도달

3783   제1항에 따른 서류의 송달은 청구인이 제2항에 따라 등재된 전자문서를 확
인한 때에 전자정보처리조직에 기록된 내용으로 도달한 것으로 본다. 다만, 제2
항에 따라 그 등재사실을 통지한 날부터 2주 이내(재결서 외의 서류는 7일 이내)에
확인하지 아니하였을 때에는 등재사실을 통지한 날부터 2주가 지난 날(재결서 외
의 서류는 7일이 지난 날)에 도달한 것으로 본다(행심법 제54조 제4항).

4. 기   타

3784   서면으로 심판청구 또는 심판참가를 한 자가 전자정보처리조직의 이용을
신청한 경우에는 제52조·제53조 및 이 조를 준용한다(행심법 제54조 제5항). 위원
회, 피청구인, 그 밖의 관계 행정기관 간의 서류의 송달 등에 관하여는 제52조·
제53조 및 제54조를 준용한다(행심법 제54조 제6항). 제1항 본문에 따른 송달의 방
법이나 그 밖에 필요한 사항은 국회규칙, 대법원규칙, 헌법재판소규칙, 중앙선
거관리위원회규칙 또는 대통령령으로 정한다(행심법 제54조 제7항).

제 5 절   행정심판의 심리

행정심판의 절차는 사법절차가 준용되어야 한다는 헌법규정(제107조 제2항)
의 정신에 따라 현행 행정심판법은 과거의 소원법에 비해 심리절차를 많이 정
비하고 있다.

제 1 항 심리의 관념

I. 심리의 의의

분쟁의 대상이 되고 있는 사실관계와 그에 관한 법률관계를 분명히 하기   3785
위해 당사자나 관계자의 주장이나 반대주장을 듣고, 아울러 그러한 주장을 정당
화시켜 주는 각종의 증거·자료를 수집·조사하는 일련의 절차를 심리라고 한다.

위원회는 행정심판법 제23조 제1항에 따라 심판청구인으로부터 직접 심판
청구서를 받거나 또는 행정심판법 제24조 제1항(피청구인이 제23조 제1항·제2항 또
는 제26조 제1항에 따라 심판청구서를 접수하거나 송부받으면 10일 이내에 심판청구서(제23
조 제1항·제2항의 경우만 해당된다)와 답변서를 위원회에 보내야 한다. 다만, 청구인이 심판
청구를 취하한 경우에는 그러하지 아니하다)에 따라 피청구인인 행정청으로부터 심판
청구서를 송부받으면, 심리를 할 의무를 진다.

II. 심리기일

1. 심리기일의 지정과 변경의 방법   3786

심리기일은 위원회가 직권으로 지정한다(행심법 제38조 제1항). 심리기일의 변
경은 직권으로 또는 당사자의 신청에 의하여 한다(행심법 제38조 제2항). 위원회는
심리기일이 변경되면 지체 없이 그 사실과 사유를 당사자에게 알려야 한다(행심
법 제38조 제3항).

2. 심리기일의 지정과 변경의 통지

심리기일의 통지나 심리기일 변경의 통지는 서면으로 하거나 심판청구서에   3787
적힌 전화, 휴대전화를 이용한 문자전송, 팩시밀리 또는 전자우편 등 간편한 통
지 방법(이하 "간이통지방법"이라 한다)으로 할 수 있다(행심법 제38조 제4항).

제 2 항 심리의 내용(요건심리와 본안심리)

I. 요건심리

이것은 행정심판의 제기요건을 구비하였는가에 관한 심리를 말한다. 만약   3788
요건의 불비가 있어서 부적법한 경우, 보정가능한 것이면 보정을 명하거나 직권
으로 보정하고 그렇지 않으면 각하재결을 행한다. 본안재결 전까지는 언제라도
요건심리가 가능하다.

1. 보정의 요구 등

3789　위원회는 심판청구가 적법하지 아니하나 보정(補正)할 수 있다고 인정하면 기간을 정하여 청구인에게 보정할 것을 요구할 수 있다. 다만, 경미한 사항은 직권으로 보정할 수 있다(행심법 제32조 제1항).[1]

2. 보정기간의 경과

3790　위원회는 청구인이 제1항에 따른 보정기간 내에 그 흠을 보정하지 아니한 경우에는 그 심판청구를 각하할 수 있다(행심법 제32조 제6항). 심판청구인이 위원회가 심판청구를 각하하기 전까지 보정한 심판청구서를 다시 제출하면 행정심판청구는 적법한 것으로 치유되었다고 볼 것이다.[2]

3. 보정의 방식

3791　청구인은 제1항의 요구를 받으면 서면으로 보정하여야 한다. 이 경우 다른 당사자의 수만큼 보정서 부본을 함께 제출하여야 한다(행심법 제32조 제2항). 위원회는 제2항에 따라 제출된 보정서 부본을 지체 없이 다른 당사자에게 송달하여야 한다(행심법 제32조 제3항).

4. 보정의 효과

3792　제1항에 따른 보정을 한 경우에는 처음부터 적법하게 행정심판이 청구된 것으로 본다(행심법 제32조 제4항). 제1항에 따른 보정기간은 제45조(재결기간)에 따른 재결 기간에 산입하지 아니한다(행심법 제32조 제5항).

5. 보정할 수 없는 심판청구의 각하

3792a　위원회는 심판청구서에 타인을 비방하거나 모욕하는 내용 등이 기재되어 청구 내용을 특정할 수 없고 그 흠을 보정할 수 없다고 인정되는 경우에는 제32조 제1항에 따른 보정요구 없이 그 심판청구를 각하할 수 있다(행심법 제32조의2).

---

1) 대판 1992. 4. 14, 91누7798(행정심판청구는 엄격한 형식을 요하는 서면행위가 아니다. 취지가 불명한 경우에는 서면을 가능한 한 제출자의 이익이 되도록 해석·처리하여야 한다).

2) 대판 1983. 4. 26, 82누76(소원장의 서식에 결함이 있음을 이유로 그 보정기간을 정하여 환부되었으나 보정기간 내에 소원장을 다시 제출하지 아니하였다 하더라도 그 보정기간 경과로 당연히 그 소원이 취하된 것으로 간주되는 것이 아니라, 재결행정청은 그 소원을 취하된 것으로 간주할 수 있음에 불과하므로, 재결행정청이 그 소원을 취하된 것으로 간주하기 전에 그 결함을 보정한 소원장을 다시 제출하였다면 그 소원은 적법한 것으로 치유되었다고 해석함이 상당하다).

Ⅱ. 본안심리

1. 위법·부당판단의 기준시

행정심판에 있어서 위법·부당여부의 판단은 처분시를 기준으로 한다.[1] 다 만 부작위를 대상으로 하는 의무이행심판의 경우에는 재결시를 기준으로 한다. 3793

2. 위법·부당의 판단

⑴ 기준시점   요건심리의 결과 행정심판의 제기가 적법한 것이면 행정처 분의 위법·부당여부를 심리하게 된다. 만약 청구인의 청구가 정당하다면 인용 재결을, 그렇지 않다면 기각재결을 하게 된다. 그런데 원처분에 제시된 법적 근 거가 잘못인 경우라도 원처분이 정당하다면, 위원회는 그릇된 법적 근거를 정당 한 법적 근거로 대체함으로써 기각판결을 할 수 있다. 그러나 위원회는 원처분 청이 고려하지 아니한 사실을 근거로 원처분을 정당화할 수는 없다고 본다.[2] 그리고 법령상 원처분청에 고유한 평가영역을 부여하였다고 판단되는 경우에는 행정심판위원회의 포괄적인 사후심사권능에 다소 제한이 따른다고 볼 것이다 (예 : 시험평가행위). 3794

⑵ **부당성의 심사**   행정심판의 심사기준은 적법·위법 여부(적법성 심사)와 목적의 정당·부당 여부(적합·부적합 여부)(합목적성 심사)이므로 구체적인 심사과정에 서 양자의 개념에 대한 혼동이 없어야 한다. 행정심판위원회는 재량행위에 대한 심 사에 있어서 재량하자뿐만 아니라 처분목적의 부당성(비합목적성) 여부, 경제성 여부 그리고 사안의 본질과 거리가 먼 것인지의 여부 등에 대한 심사도 하여야 한다.[3] 3795

⑶ **심사의 범위**   자치사무에 대한 심사의 경우, 행정심판위원회가 위법 여부의 심사를 하는 것은 문제되지 아니하지만, 부당 여부의 심사를 하는 것은 자치권의 침해일 수 있다.[4] 그러나 불확정개념의 해석·적용이나 계획재량의 영역에서 행정심판위원회는 제한없는 심사를 할 수 있다. 말하자면 행정심판위 원회는 법원에 의한 사법심사와 달리 처분청의 판단여지나 형성의 자유의 영역 까지 심사할 수 있다. 3796

---

1) 대판 2001. 7. 27, 99두5092(행정심판에 있어서 행정처분의 위법·부당여부는 원칙적으로 처분 시를 기준으로 판단하여야 할 것이나, 위원회는 처분 당시 존재하였거나 행정청에 제출되었던 자료뿐만 아니라, 재결 당시까지 제출된 모든 자료를 종합하여 처분 당시 존재하였던 객관적 사실을 확정하고 그 사실에 기초하여 처분의 위법·부당여부를 판단할 수 있다).

2) Würtenberger, Verwaltungsprozessrecht, Rn. 362.

3) Hufen, Verwaltungsprozessrecht(8. Aufl.), §7, Rn. 7.

4) 본서, 옆번호 3652 참조.

3797　　　⑷ **처분사유의 추가 · 변경**　　　"행정처분의 취소를 구하는 항고소송에서 처분청은 당초 처분의 근거로 삼은 사유와 기본적 사실관계가 동일성이 있다고 인정되는 한도 내에서만 다른 사유를 추가 또는 변경할 수 있고, 이러한 기본적 사실관계의 동일성 유무는 처분사유를 법률적으로 평가하기 이전의 구체적 사실에 착안하여 그 기초인 사회적 사실관계가 기본적인 점에서 동일한지에 따라 결정되므로, 추가 또는 변경된 사유가 처분 당시에 이미 존재하고 있었다거나 당사자가 그 사실을 알고 있었다고 하여 당초의 처분사유와 동일성이 있다고 할 수 없다. 그리고 이러한 법리는 행정심판 단계에서도 그대로 적용된다."[1]

제 3 항　심리의 방식

I. 대심주의와 직권탐지주의의 보충

3798　　　행정심판은 대심주의를 택한다. 대심주의란 심판청구인과 피청구인이 서로 대등한 입장에서 공격 · 방어를 하고, 이를 바탕으로 심리를 진행하는 원칙을 말한다. 이것은 사법절차의 준용을 의미하는 것이기도 하다. 한편 위원회는 필요하면 당사자가 주장하지 아니한 사실에 대하여도 심리할 수 있다(행심법 제39조). 이것은 직권탐지주의가 보충적으로 인정됨을 의미한다. 직권증거조사도 가능하다(자세한 것은 후술의 증거조사 참조).

II. 서면심리주의와 구술심리주의

3799　　　행정심판의 심리는 구술심리나 서면심리로 한다. 다만, 당사자가 구술심리를 신청한 경우에는 서면심리만으로 결정할 수 있다고 인정되는 경우 외에는 구술심리를 하여야 한다(행심법 제40조 제1항). 1995년 12월의 개정 전의 행정심판법은 서면심리를 원칙으로 하였으나, 현행법률은 심판절차에 청구인의 참여기회를 넓힘으로써 심판절차의 민주화를 도모하고자 구술심리를 확대하고 있다. 위원회는 제1항 단서에 따라 구술심리 신청을 받으면 그 허가 여부를 결정하여 신청인에게 알려야 한다(행심법 제40조 제2항). 제2항의 통지는 간이통지방법(제38조 제4항에서 규정)으로 할 수 있다(행심법 제40조 제3항). 서면심리주의와 구술심리주의는 서로 상충되는 장 · 단점을 갖는다. 구술심리주의는 ① 당사자의 진의의 파악이 용이하고 쟁점의 정리가 용이하다는 장점을 가지나, ② 심리에 장시간이 소요되고 당사자의 진술이 충분하지 못하고 누락될 수 있다는 단점도 가진다.

---

1) 대판 2014. 5. 16, 2013두26118.

서면심리주의와 구술심리주의는 서로 배척관계가 아니라 조화관계에 놓여져야
할 것이다.

Ⅲ. 비공개주의

명문으로 정하는 바는 없으나 서면심리도 원칙의 하나로 택한 점을 보면   3800
현행법은 행정심판의 심리·의결절차를 일반에 공개하지 아니함을 원칙으로 하
는 것으로 이해된다. 다만 위원회에서의 위원의 발언내용 등은 공공기관의 정보
공개에 관한 법률에 의거하여 공개의 대상이 된다. 그러나 무제한의 공개는 심
리·의결의 공정성을 해할 수도 있다. 이 때문에 "위원회에서 위원이 발언한 내
용이나 그 밖에 공개되면 위원회의 심리·재결의 공정성을 해칠 우려가 있는 사
항으로서 대통령령으로 정하는 사항은 이를 공개하지 아니한다"(행심법 제41조).

Ⅳ. 답변서의 제출 및 주장의 보충

1. 답변서의 제출

⑴ 위원회에 송부   피청구인이 제23조 제1항·제2항 또는 제26조 제1항   3801
에 따라 심판청구서를 접수하거나 송부받으면 10일 이내에 심판청구서(제23조
제1항·제2항의 경우만 해당된다)와 답변서를 위원회에 보내야 한다. 다만, 청구인이
심판청구를 취하한 경우에는 그러하지 아니하다(행심법 제24조 제1항). 피청구인은
제1항 본문에 따라 답변서를 보낼 때에는 청구인의 수만큼 답변서 부본을 함께
보내되, 답변서에는 다음 각 호(1. 처분이나 부작위의 근거와 이유, 2. 심판청구의 취지
와 이유에 대응하는 답변, 3. 제2항에 해당하는 경우에는 처분의 상대방의 이름·주소·연락처
와 제2항의 의무 이행 여부)의 사항을 명확하게 적어야 한다(행심법 제24조 제4항). 이
것은 답변서에 대한 반론을 용이하게 하기 위함이다.[1]

⑵ 청구인 등에 통지   ① 위원회는 제24조(피청구인의 심판청구서 등의 접수·   3802
처리) 제1항 본문에 따라 피청구인으로부터 답변서가 제출되면 답변서 부본을
청구인에게 송달하여야 한다(행심법 제26조 제2항). ② 중앙행정심판위원회에서 심
리·재결하는 사건인 경우 피청구인은 제24조 제1항에 따라 위원회에 심판청구

---

1) 대판 1992. 2. 28, 91누6979(행정심판청구에 대한 피청구인의 답변서 제출 및 송달은 행정심판
　위원회의 의결의 편의와 청구인에게 주장을 보충하고 답변에 대한 반박의 기회를 주기 위한
　것일 뿐이므로 행정심판위원회가 피청구인이 아닌 자로부터 제출된 답변서를 청구인에게 송달
　하여 청구인으로 하여금 그 주장을 보충하고 답변서에 대하여 반박할 기회를 주었다면 청구인
　이 피청구인으로 한 자의 답변서 제출과 그 송달 없이 한 행정심판의 재결에 고유한 위법이 있
　다고 할 수 없다).

서 또는 답변서를 보낼 때에는 소관 중앙행정기관의 장에게도 그 심판청구·답변의 내용을 알려야 한다(행심법 제24조 제6항).

2. 주장의 보충(보충서면)

3803 (1) 의 의 당사자는 심판청구서·보정서·답변서·참가신청서 등에서 주장한 사실을 보충하고 다른 당사자의 주장을 다시 반박하기 위하여 필요하면 위원회에 보충서면을 제출할 수 있다. 이 경우 다른 당사자의 수만큼 보충서면 부본을 함께 제출하여야 한다(행심법 제33조 제1항). 주장이란 당사자가 자기에게 유리한 사실이나 법적효과를 진술하는 것을 말한다.

3804 (2) **제출의 기한과 회수** 위원회는 필요하다고 인정하면 보충서면의 제출기한을 정할 수 있다(행심법 제33조 제2항). 제출기한을 준수하는 한, 보충서면의 제출은 1회에 한정된다고 보기 어렵다.

3805 (3) 송 달 위원회는 제1항에 따라 보충서면을 받으면 지체 없이 다른 당사자에게 그 부본을 송달하여야 한다(행심법 제33조 제3항).

3. 자료제공요구권 등

3806 심판청구인은 자신의 주장을 실효성 있도록 하기 위해 공공기관의 정보공개에 관한 법률이 정하는 바에 따라 정보공개청구권을 행사할 수 있다. 그리고 심판청구인에게 행정심판법상 자료제공요구권이나 자료열람청구권이 인정된다면, 심판청구인의 지위는 그만큼 강화될 것이다. 심판청구인의 지위를 실질적으로 보장하기 위해, "심판청구인에게 자료제공요구권이나 자료열람청구권이 부여되어야 한다"는 지적은 의미있어 보인다.[1]

Ⅴ. 증거서류 등의 제출 및 증거조사 등

1. 당사자의 증거서류 등의 제출

3807 당사자는 심판청구서·보정서·답변서·참가신청서·보충서면 등에 덧붙여 그 주장을 뒷받침하는 증거서류나 증거물을 제출할 수 있다(행심법 제34조 제1항). 제1항의 증거서류에는 다른 당사자의 수만큼 부본을 함께 제출하여야 한다(행심법 제34조 제2항). 그리고 위원회는 당사자가 제출한 증거서류의 부본을 지체없이 다른 당사자에게 송달하여야 한다(행심법 제34조 제3항). 증거물은 증거서류를 제외한 일체의 물적 증거를 말하고, 증거서류는 그 의미내용이 증거로 되는 서증을 말한다.

---

1) 김철용, 고시계, 1994. 12, 131쪽.

2. 관계 행정기관에 자료제출 요구 등

⑴ **자료제출**   위원회는 사건 심리에 필요하면 관계 행정기관이 보관 중   3808
인 관련 문서, 장부, 그 밖에 필요한 자료를 제출할 것을 요구할 수 있다(행심법
제35조 제1항). 관계 행정기관의 장은 특별한 사정이 없으면 제1항에 따른 위원회
의 요구에 따라야 한다(행심법 제35조 제3항).

⑵ **의견진술**   위원회는 필요하다고 인정하면 사건과 관련된 법령을 주관   3809
하는 행정기관이나 그 밖의 관계 행정기관의 장 또는 그 소속 공무원에게 위원
회 회의에 참석하여 의견을 진술할 것을 요구하거나 의견서를 제출할 것을 요
구할 수 있다(행심법 제35조 제2항). 관계 행정기관의 장은 특별한 사정이 없으면
제2항에 따른 위원회의 요구에 따라야 한다(행심법 제35조 제3항). 중앙행정심판위
원회에서 심리·재결하는 심판청구의 경우 소관 중앙행정기관의 장은 의견서를
제출하거나 위원회에 출석하여 의견을 진술할 수 있다(행심법 제35조 제4항).

3. 증거조사

위원회는 사건을 심리하기 위하여 필요하면 직권으로 또는 당사자의 신청   3810
에 의하여 다음 각 호(1. 당사자나 관계인(관계 행정기관 소속 공무원을 포함한다. 이하
같다)을 위원회의 회의에 출석하게 하여 신문하는 방법, 2. 당사자나 관계인이 가지고 있는 문
서·장부·물건 또는 그 밖의 증거자료의 제출을 요구하고 영치하는 방법, 3. 특별한 학식과 경
험을 가진 제3자에게 감정을 요구하는 방법, 4. 당사자 또는 관계인의 주소·거소·사업장이나
그 밖의 필요한 장소에 출입하여 당사자 또는 관계인에게 질문하거나 서류·물건 등을 조사·
검증하는 방법)의 방법에 따라 증거조사를 할 수 있다(행심법 제36조 제1항). 위원회
는 필요하면 위원회가 소속된 행정청의 직원이나 다른 행정기관에 촉탁하여 제
1항의 증거조사를 하게 할 수 있다(행심법 제36조 제2항). 제1항에 따른 당사자 등
은 위원회의 조사나 요구 등에 성실하게 협조하여야 한다(행심법 제36조 제4항).
제1항에 따른 증거조사를 수행하는 사람은 그 신분을 나타내는 증표를 지니고
이를 당사자나 관계인에게 내보여야 한다(행심법 제36조 제3항).

4. 증거자료 등의 반환

위원회는 재결을 한 후 증거서류 등의 반환 신청을 받으면 신청인이 제출   3811
한 문서·장부·물건이나 그 밖의 증거자료의 원본을 지체 없이 제출자에게 반
환하여야 한다(행심법 제55조).

Ⅵ. 심리절차의 병합·분리와 조정

1. 병합·분리

3812   위원회는 필요하면 관련되는 심판청구를 병합하여 심리하거나 병합된 관련 청구를 분리하여 심리할 수 있다(행심법 제37조). 병합은 여러 문제를 통일적으로 해결하고 그 심리의 촉진을 위한 것이다.

2. 조   정

3813   ⑴ 의   의   위원회는 당사자의 권리 및 권한의 범위에서 당사자의 동의를 받아 심판청구의 신속하고 공정한 해결을 위하여 조정을 할 수 있다. 다만, 그 조정이 공공복리에 적합하지 아니하거나 해당 처분의 성질에 반하는 경우에는 그러하지 아니하다(행심법 제43조의2 제1항). 조정은 양 당사자 간의 합의가 가능한 사건의 경우 위원회가 개입·조정하는 절차를 통해 갈등을 조기에 해결하기 위한 것이다. 조정제도는 2017. 10. 31. 개정 행정심판법에 반영되었다.

3814   ⑵ 절   차   위원회는 제1항의 조정을 함에 있어서 심판청구된 사건의 법적·사실적 상태와 당사자 및 이해관계자의 이익 등 모든 사정을 참작하고, 조정의 이유와 취지를 설명하여야 한다(행심법 제43조의2 제2항).

3815   ⑶ 성   립   조정은 당사자가 합의한 사항을 조정서에 기재한 후 당사자가 서명 또는 날인하고 위원회가 이를 확인함으로써 성립한다(행심법 제43조의2 제3항).

3816   ⑷ 효   력   제3항에 따른 조정에 대하여는 제48조부터 제50조까지, 제50조의2, 제51조의 규정을 준용한다(행심법 제43조의2 제4항). 말하자면 재결과 같은 효력을 갖는다.

제 6 절   심판의 재결

제1항 일 반 론

Ⅰ. 재결의 관념

1. 재결의 의의

3817   재결이란 행정심판의 청구에 대하여 제6조에 따른 행정심판위원회가 행하는 판단을 말한다(행심법 제2조 제3호). 말하자면 행정심판위원회가 행정심판의 청

구에 대하여 심리한 후 그 청구에 대하여 각하·기각·인용 여부 등을 결정하는 것을 말한다. 재결은 행정심판위원회의 의사표시로서 준사법적 행위의 성질을 갖는다.

2. 재결의 성질

재결은 위원회의 의사표시로서 준사법적 행위의 성질을 갖는다. 참고로, 2008년 2월 29일의 개정 행정심판법 이전의 행정심판법상으로는 위원회가 심판 청구에 대하여 심리·의결한 후 그 내용을 재결청에 통보하면, 재결청은 위원회 의 의결내용에 따라 재결하였으나, 2008년 2월 29일의 개정 행정심판법에서는 재결청 제도는 폐지되고 재결도 위원회가 관장하게 되었다.

Ⅱ. 재결기간

재결은 제23조에 따라 피청구인 또는 위원회가 심판청구서를 받은 날부터 60일 이내에 하여야 한다(행심법 제45조 제1항 본문).[1] 재결에 기간의 제한을 두는 것은 법적 불안정상태를 조속히 시정하고자 하는 데 있다. 다만 부득이한 사정 이 있는 경우에는 위원장이 직권으로 30일을 연장할 수 있다(행심법 제45조 제1항 단서). 만약 재결 기간을 연장할 경우에는 재결 기간이 끝나기 7일 전까지 당사 자에게 알려야 한다(행심법 제45조 제2항). 한편, 행정심판법 제32조 제1항에 따른 보정기간은 제45조에 따른 재결 기간에 산입하지 아니한다(행심법 제32조 제5항).

Ⅲ. 재결의 방식

1. 서면주의

재결은 서면으로 한다(행심법 제46조 제1항). 제1항에 따른 재결서에는 다음 각 호(1. 사건번호와 사건명, 2. 당사자·대표자 또는 대리인의 이름과 주소, 3. 주문, 4. 청구 의 취지, 5. 이유, 6. 재결한 날짜)의 사항이 포함되어야 한다(행심법 제46조 제2항). 그 리고 재결을 서면으로 한 것은 법적 안정성을 위한 것이다. 구두에 의한 재결은 무효이다. 한편, 재결 역시 행정처분의 일종이므로, 재결서에는 행정심판법이 정하는 바에 따라 불복고지에 관한 사항도 기재하여야 한다(행심법 제58조).

2. 재결의 이유

재결서에는 이유를 기재하여야 한다(행심법 제46조 제2항 제5호). 행정심판법

3818

3819

3820

3821

---

1) 대판 1985. 4. 23, 84누709(심판청구서가 직접 국세심판소장에게 제출된 경우, 심판결정기간의 기산일은 경유절차와 관계없이 당초 국세심판소장에게 심판청구서를 제출한 날이다).

상 이유의 기재는 재결의 종류를 불문하고 요구되는 것으로 보인다. 그러나 청구인의 청구를 모두 그대로 인정하는 경우에는 이유를 제시하지 아니할 수도 있다(절차법 제23조 제1항 제1호). 한편 재결서에 적는 이유에는 주문 내용이 정당하다는 것을 인정할 수 있는 정도의 판단을 표시하여야 한다(행심법 제46조 제3항). 여기서 정당함을 인정할 수 있는 정도란 재결내용이 실제상 어떠한 법적 고려와 사실상의 고려 하에 이루어진 것인지를 확실히 인식할 수 있을 정도로 구체적인 것을 의미한다.

3822　　한편, 처분의 이유제시는 행정행위의 적법요건의 하나이므로, 이유기재의 미비는 재결처분을 위법한 것으로 만든다. 명문의 규정은 없으나, 이유제시미비의 하자는 행정소송절차의 종결시까지 치유될 수 있다고 볼 것이다. 그때까지 이유의 사후제시가 이루어지지 아니하면, 원칙적으로 재결처분의 취소사유가 된다.

Ⅳ. 재결의 범위

1. 불고불리의 원칙

3823　　위원회는 심판청구의 대상이 되는 처분 또는 부작위 외의 사항에 대하여는 재결하지 못한다(행심법 제47조 제1항). 이와 같이 불고불리원칙이 적용되는 것은 청구인에게 예기하지 못한 불이익이 발생하는 것을 방지하기 위한 것으로 보인다. 과거의 소원법에는 이러한 규정이 없었다.

2. 불이익변경금지의 원칙

3824　　⑴ 의　　의　　위원회는 심판청구의 대상이 되는 처분보다 청구인에게 불리한 재결을 하지 못한다(행심법 제47조 제2항). 재결을 통해 제3자에게 처음으로 불이익이 가해지는 경우, 제3자가 제기한 심판에서 처분이 취소되거나 처분의 상대방에게 부담이 가해지는 경우, 처분의 이유를 보다 자세히 적시하거나 처분의 이유를 변경하는 경우는 불이익변경금지의 원칙에 반하는 것이 아니다.

3825　　⑵ 취　　지　　불이익변경금지의 원칙은 청구인의 이익을 고려한 결과이다. 말하자면 불이익변경금지의 원칙은 행정심판절차의 의미와 목적이 최소한 사인의 권리보호에 있기 때문이다. 만약 불이익변경을 허용한다면, 사인의 권리보호의 기회는 확실히 악화될 것이다.

3826　　⑶ 문제점　　행정심판제도의 목적이 사인의 권리보호에만 있는 것은 아니다. 행정심판제도는 원처분에 대하여 포괄적으로 적법성 및 합목적성에 대한

심사를 함으로써 위법·부당한 행위를 적법·타당한 행위로 바로 잡는 것에도 목적이 있다. 따라서 이와 같은 행정의 자기통제의 시각에서 보면, 청구인에게 불이익한 처분도 가능하여야 할 것이다.[1] 달리 말한다면 객관적으로 적법한 행위를 보장하는 것, 그리고 위법한 행위를 바로잡는 것은 위원회의 재량이 아니라 법적 의무라고 볼 수도 있다는 점이다.

V. 재결의 송달과 공고

1. 송 달

(1) 당사자에 송달   위원회는 지체 없이 당사자에게 재결서의 정본을 송 3827 달하여야 한다. 이 경우 중앙행정심판위원회는 재결 결과를 소관 중앙행정기관의 장에게도 알려야 한다(행심법 제48조 제1항). 재결은 청구인에게 제1항 전단에 따라 송달되었을 때에 그 효력이 생긴다(행심법 제48조 제2항).

(2) 참가인·제3자에 송달   위원회는 재결서의 등본을 지체 없이 참가인에 3828 게 송달하여야 한다(행심법 제48조 제3항). 처분의 상대방이 아닌 제3자가 심판청구를 한 경우 위원회는 재결서의 등본을 지체 없이 피청구인을 거쳐 처분의 상대방에게 송달하여야 한다(행심법 제48조 제4항).

2. 공 고

법령의 규정에 따라 공고하거나 고시한 처분이 재결로써 취소되거나 변경 3829 되면 처분을 한 행정청은 지체 없이 그 처분이 취소 또는 변경되었다는 것을 공고하거나 고시하여야 한다(행심법 제49조 제5항).

3. 통 지

법령의 규정에 따라 처분의 상대방 외의 이해관계인에게 통지된 처분이 재 3830 결로써 취소되거나 변경되면 처분을 한 행정청은 지체 없이 그 이해관계인에게 그 처분이 취소 또는 변경되었다는 것을 알려야 한다(행심법 제49조 제6항).

---

1) 이러한 관점에서 불이익변경을 허용하는 입법례(독일행정법원법 제71조·제79조 제1항 제2호 및 제2항 제1호)도 있다. 독일에서도 불이익변경금지의 원칙에 학설상 찬반양론이 있다. 불이익변경의 찬성론자는 이 원칙이 관습법적·법적으로 승인되고 있다는 점, 행정의 완전한 자기통제는 불이익변경까지 포함한다는 점, 행정의 법률에 대한 구속은 불이익변경을 요구한다는 점, 심판청구인이 심판청구로 존속력(형식적 확정력)의 발생을 스스로 방해하였다는 점을 논거로 한다. 한편, 반대론자는 행정행위는 존속력과 무관하게 신뢰상태를 창출한 유효한 규율내용을 이미 갖고 있고 따라서 특별한 법률상 수권이 있는 경우에만 취소될 수 있다는 점, 불이익변경은 절차법적 지위에서 불이익이 되므로 이를 위해서는 입법자가 특별한 법적 근거를 마련하여야 한다는 점, 권리구제의 기회가 오히려 동시에 권리구제에 위험을 가져올 수 있다는 점 등을 논거로 한다(Hufen, Verwaltungsprozessrecht(8. Aufl.), §9, Rn. 17).

제 2 항 재결의 종류

Ⅰ. 요건재결

3831   위원회는 심판청구가 적법하지 아니하면 그 심판청구를 각하(각하)한다(행심법 제43조 제1항). 이로써 본안심리는 거절되게 된다. 각하재결은 요건재결이라고도 한다.

Ⅱ. 본안재결

1. 기각재결

3832   (1) 의   의   위원회는 심판청구가 이유가 없다고 인정하면 그 심판청구를 기각한다(행심법 제43조 제2항). 이는 원처분이 적법·타당함을 인정하는 재결이다. 다만 예외로서 심판청구가 이유있으나 그 청구를 기각하는 사정재결이 있다.

   (2) 사정재결

3833   ㈎ 의   의   위원회는 심판청구가 이유있다고 인정하면 인용재결을 하는 것이 원칙이나, 이를 인용하는 것이 공공복리에 크게 위배된다고 인정하면 그 심판청구를 기각하는 재결을 할 수 있다(행심법 제44조 제1항 전단). 이 경우의 재결을 사정재결이라 한다.

3834   ㈏ 인정이유   사정재결은 사익의 보호가 결과적으로 공익에 중대한 침해를 가져올 때 이를 시정하여 다수인 또는 국가전체의 이익을 우선시켜 전체로서 공익보호를 위한 것이다. 결국 사정재결은 공익과 사익의 조절제도이다.

3835   ㈐ 위법·부당의 명시   위원회가 사정재결을 하고자 할 때, 위원회는 재결의 주문에서 그 처분 또는 부작위가 위법하거나 부당하다는 것을 구체적으로 밝혀야 한다(행심법 제44조 제1항 후단). 왜냐하면 사정재결을 하여도 위법·부당한 것은 여전히 위법·부당한 것이고, 또 한편으로 위법·부당을 위원회가 승인함으로써 후일 청구인이 원처분의 위법·부당을 다시 주장할 필요가 있을 때 재결서면으로 충분한 증거방법이 되는 실익이 있기 때문이다.

3836   ㈑ 구제방법 명령·불복   사정재결은 사익보다 공익을 우선시키는 것이지만, 그렇다고 사익이 무시되어도 좋다는 것은 아니다. 이와 관련하여 위원회는 사정재결을 할 때에는 청구인에 대하여 상당한 구제방법(예 : 손해배상명령)을 취하거나, 상당한 구제방법을 취할 것을 피청구인에게 명할 수 있다(행심법 제44조 제2항). 청구인이 사정재결에 대하여 행정소송을 제기할 수 있음은 물론이다.

3837   ㈒ 사정재결의 적용제한   사정재결은 취소심판·의무이행심판에만 인정되

고, 무효등확인심판에는 적용되지 아니한다(행심법 제44조 제3항). 왜냐하면 무효
등확인소송에서 무효와 부존재는 언제나 무효 또는 부존재이고, 유효와 존재의
경우에는 사정재결이 불필요하기 때문이다.

　　㈐ 비 판 론　　논자에 따라서는 사정재결이 ① 권리보호의 관점에서 문제 3838
가 있고, ② 독립성없는 기관에 사정재결권을 부여하는 것은 객관성을 잃을 우
려가 있다는 등의 이유로 사정재결제도를 비판적으로 보기도 한다.

2. 인용재결

　　⑴ 취소재결　　위원회는 취소심판의 청구가 이유가 있다고 인정하면 처분 3939
을 취소 또는 다른 처분으로 변경하거나(이 경우는 형성재결이 된다) 처분을 다른
처분으로 변경할 것(이 경우는 이행재결이 된다)을 피청구인에게 명한다(행심법 제43
조 제3항). 따라서 취소심판의 인용재결에는 취소재결과 변경재결 및 변경명령재
결이 있다. 2010년 7월 개정 이전의 구 행정심판법상에서는 위원회가 처분청에
대하여 취소할 것을 명령하는 취소명령재결도 규정되어 있었으나, 2010년 7월
개정 행정심판법에서는 위원회의 처분청에 대한 취소명령재결은 삭제되었다.
한편, 여기서 변경이란 일부취소가 아니라 처분내용의 적극적인 변경을 의미한
다.[1] 그리고 취소란 전부취소와 일부취소를 포함한다.

　　⑵ 무효등확인재결　　위원회는 무효등확인심판의 청구가 이유가 있다고 3840
인정하면 처분의 효력 유무 또는 존재 여부를 확인한다(행심법 제43조 제4항). 따
라서 무효등확인재결에는 유효확인재결·무효확인재결·실효확인재결, 존재확인
재결·부존재확인재결이 있다. 실효확인재결은 명문이 아니라 학설상 인정되고
있다(통설).

　　⑶ 의무이행재결　　위원회는 의무이행심판의 청구가 이유가 있다고 인정 3841
하면 지체 없이 신청에 따른 처분을 하거나 처분을 할 것을 피청구인에게 명한
다(행심법 제43조 제5항). 따라서 의무이행재결에는 처분재결과 처분명령재결이 있
다. 처분명령재결은 신청대로 처분할 것을 명하거나 또는 지체없이 어떤 처분을
할 것을 명하는 재결이다. 그러나 처분재결은 형성재결의 성질을 갖는다.[2] 그리
고 여기서 신청에 따른 처분이란 반드시 신청인의 신청대로의 처분이라는 것을
뜻하는 것은 아니다. 경우에 따라서는 거부나 기타의 처분이 가해질 수도 있다.[3]

　　한편, 행정심판의 실제상 처분재결보다는 처분명령재결이 많이 활용되는 3842

---

1) 김남진·김연태, 행정법(Ⅰ), 771쪽(2019); 김도창, 일반행정법론(상), 724쪽.
2) 김남진·김연태, 행정법(Ⅰ), 771쪽(2019); 김도창, 일반행정법론(상), 724쪽.
3) 김남진·김연태, 행정법(Ⅰ), 771쪽(2019); 김도창, 일반행정법론(상), 724쪽.

것으로 보인다. 처분재결과 처분명령재결 중 어느 것을 선택할 것인가는 행정심판위원회의 재량에 놓인다. 그러나 신속한 권리보호의 관점에서 본다면, 행정심판위원회가 원처분에 대하여 충분한 심사를 할 수 있는 경우에는 처분재결을 활용하고, 그 밖의 경우에는 처분명령재결을 활용하는 것이 타당하다고 본다.

제 3 항 재결의 효력

Ⅰ. 효력의 발생

3843   재결은 청구인에게 제48조 제1항 전단에 따라 송달되었을 때에 그 효력이 생긴다(행심법 제48조 제2항). 제기기간이 지난 소원(행정심판)에 의하여 하자있는 행정처분을 취소하여도 위법이 아니라는 것이 종래 판례의 태도였다.[1]

Ⅱ. 효력의 내용

1. 행정행위로서 재결의 효력

3844   재결도 행정행위의 일종으로서 내용상 구속력·공정력·구성요건적 효력·형식적 존속력과 실질적 존속력(행정심판 재청구의 금지, 행심법 제51조)[2] 등의 효력을 갖는다. 그러나 명령재결(취소명령재결·변경명령재결 등)이 아닌 재결(취소재결·변경재결 등)의 경우, 위원회로부터 형성재결을 통보받은 처분청이 행하는 재결결과의 통보는 사실행위이지 행정행위는 아니므로,[3] 당연히 공정력 등이 발생하지 아니한다.

2. 형 성 력

3845   ① 취소·변경의 재결은 형성력을 갖는다. 그것은 기존의 법률관계에 변동을

---

1) 대판 1960. 6. 25, 4291행상24.
2) 대판 1965. 4. 22, 63누200(귀속재산소청심의회의 판정은 재심 기타 특별한 사정이 없는 한 심의회 자신이 취소변경할 수 없고 재산국장 적시 위 재정의 취소변경 없이 그가 한 처분을 취소변경할 수 없다); 대판 2000. 4. 25, 2000다2023(일반적으로 행정처분이나 행정심판재결이 불복기간의 경과로 인하여 확정될 경우, 그 확정력은 그 처분으로 인하여 법률상 이익을 침해받은 자가 당해 처분이나 재결의 효력을 더 이상 다툴 수 없다는 의미일 뿐, 더 나아가 판결에 있어서와 같은 기판력이 인정되는 것은 아니어서 그 처분의 기초가 된 사실관계나 법률적 판단이 확정되고 당사자들이나 법원이 이에 기속되어 모순되는 주장이나 판단을 할 수 없게 되는 것은 아니다).
3) 대판 1997. 5. 30, 96누14678(재결청으로부터 '처분청의 공장설립변경신고수리처분을 취소한다'는 내용의 형성적 재결을 송부받은 처분청이 당해 처분의 상대방에게 재결결과를 통보하면서 공장설립변경신고 수리시 발급한 확인서를 반납하도록 요구한 것은 사실의 통지에 불과하고 항고소송의 대상이 되는 새로운 행정처분이라고 볼 수 없다).

가져온다. 취소시에 소급하여 효력의 소멸·변경을 가져온다. 행정심판위원회와 재결청을 분리하였던 구 행정심판법 하에서 판례는 형성력을 부정하는 태도를 취한 적도 있었다. 즉 위원회의 재결은 당해 행정처분을 한 행정청을 기속하는 것이나 위원회의 재결에 의하여 당해 행정처분이 당연히 취소·변경되는 것이 아니고, 그 재결에 따라 행정청이 당해 행정처분을 취소·변경하는 처분이 있어야 그때 그 내용에 따라 취소·변경이 된다고 하였다.[1] 그러나 현행법은 위원회가 스스로 취소·변경하거나 처분청에 변경을 명령할 수 있다고 규정하므로, 위원회 스스로 처분을 취소·변경하면 형성력이 발생한다고 볼 것이다. 판례의 입장도 같다.[2] ② 확인재결의 효력도 당사자는 물론 제3자에게도 미친다고 볼 것이다.

3. 기 속 력

(1) **기속력의 의의**　　심판청구를 인용하는 재결은 피청구인과 그 밖의 관 　3846
계행정청을 기속하는바(행심법 제49조 제1항), 이러한 재결의 효력을 기속력이라 한다. 피청구인이 광역지방자치단체의 장인 경우의 중앙행정심판위원회의 재결, 피청구인이 기초지방자치단체의 장인 경우의 시·도행정심판위원회의 재결에 기속력을 규정하는 것은 지방자치의 본지에 비추어 문제가 있으나, 판례는 긍정적이다.[3] 하여간 여기서 기속이란 피청구인인 행정청과 관계행정청이 재결의

---

1) 대판 1975. 11. 25, 74누214(행정처분에 관한 이의소청·재조사·심사청구 등 소원에 대하여 한 재결청의 재결은 당해 행정처분을 한 행정청을 기속하는 것이나 재결청의 재결에 의하여 당해 행정처분이 당연히 취소변경되는 것이 아니고 그 재결에 따라 행정청이 당해 행정처분을 취소 변경하는 처분이 있어야 그 때 그 내용에 따른 취소변경이 되는 것이며 법에 별도 규정이 없는 한 재결에 대하여는 행정소송을 제기할 수 없고 그 재결의 결과로 시행된 행정처분만이 행정소송의 대상이 된다).

2) 대판 1998. 4. 24, 97누17131(행정심판법 제32조 제3항에 의하면 재결청은 취소심판의 청구가 이유 있다고 인정할 때에는 처분을 취소·변경하거나 처분청에게 취소·변경할 것을 명한다고 규정하고 있으므로, 행정심판재결의 내용이 처분청에게 처분의 취소를 명하는 것이 아니라 재결청이 스스로 처분을 취소하는 것일 때에는 그 재결의 형성력에 의하여 당해 처분은 별도의 행정처분을 기다릴 것 없이 당연히 취소되어 소멸되는 것이다); 대판 1997. 5. 30, 96누14678.

3) 헌재 2014. 6. 26, 2013헌바122(헌법 제117조와 제118조에 의하여 제도적으로 보장되는 지방자치는 국민주권의 기본원리에서 출발하여 주권의 지역적 주체로서의 주민에 의한 자기통치의 실현으로 요약할 수 있고, 이러한 지방자치의 본질적 내용인 핵심영역은 어떠한 경우라도 입법 기타 중앙정부의 침해로부터 보호되어야 한다는 것을 의미한다. 다시 말하면 중앙정부의 권력과 지방자치단체 간의 권력의 수직적 분배는 서로 조화가 요청되고 그 조화과정에서 지방자치의 핵심영역은 침해되어서는 안 되는 것이며, 이와 같은 권력분립적·지방분권적인 기능을 통하여 지역주민의 기본권 보장에도 이바지하는 것이다. 다만, 지방자치도 국가적 법질서의 테두리 안에서만 인정되는 것이고, 지방행정도 중앙행정과 마찬가지로 국가행정의 일부이므로, 지방자치단체가 어느 정도 국가적 감독, 통제를 받는 것은 불가피하다. 만일 그 제한이 불합리하여 자치권의 본질을 훼손하는 정도에 이른다면 헌법에 위반된다고 보아야 할 것이지만, 지방자치단체의 존재 자체를 부인하거나 각종 권한을 말살하는 것과 같이 그 본질적 내용을 침해하지 않는 한 법률에 의한 통제는 가능하다).

취지에 따라야 함을 의미하는데, 재결의 취지에 따른다는 것은 다시 소극적인
면과 적극적인 면에서 재결의 취지에 따라야 함을 의미한다. 기속력은 인용재결
에서의 문제이지, 각하재결이나 기각재결에서는 문제되지 아니한다. 재결의 기
속력은 판결의 기판력과 성질을 달리한다.[1]

(2) 기속력의 내용

3847 　(가) **반복금지의무**(소극적 의무)　　　　청구인용재결(취소·변경재결, 무효등확인재결,
의무이행재결)이 있게 되면 관계행정청은 그 재결을 준수하여야 하므로, 그 재결
에 반하는 행위를 할 수 없다.[2] 따라서 소극적으로는 동일한 상황하에서 동일
한 처분을 반복할 수는 없다. 이러한 반복금지의무는 일종의 부작위의무이기도
하다. 그러나 위법사유를 보완하여 행하는 처분은 재결의 기속력에 반하는 것이
아니다.[3]

---

1) 대판 2015. 11. 27, 2013다6759(행정심판의 재결은 피청구인인 행정청을 기속하는 효력을 가지
므로 재결청이 취소심판의 청구가 이유 있다고 인정하여 처분청에 처분을 취소할 것을 명하면
처분청으로서는 재결의 취지에 따라 처분을 취소하여야 하지만, 나아가 재결에 판결에서와 같
은 기판력이 인정되는 것은 아니어서 재결이 확정된 경우에도 처분의 기초가 된 사실관계나
법률적 판단이 확정되고 당사자들이나 법원이 이에 기속되어 모순되는 주장이나 판단을 할 수
없게 되는 것은 아니다)(원고가 완주군의 토석채취허가의 위법을 이유로 손해배상을 구한 사건).

2) 대판 2003. 4. 25, 2002두3201(행정심판법 제37조가 정하고 있는 재결은 당해 처분에 관하여 재
결주문 및 그 전제가 된 요건사실의 인정과 판단에 대하여 처분청을 기속하므로, 당해 처분에
관하여 위법한 것으로 재결에서 판단된 사유와 기본적 사실관계에 있어 동일성이 인정되는 사
유를 내세워 다시 동일한 내용의 처분을 하는 것은 허용되지 않는다); 대판 1986. 5. 27, 86누
127(감사원의 시정요구가 있어도 행정심판에 의해 취소된 행위와 동일한 처분을 할 수는 없다).

3) 대판 2005. 12. 9, 2003두7705((1) 재결의 기속력은 재결의 주문 및 그 전제가 된 요건사실의
인정과 판단, 즉 처분 등의 구체적 위법사유에 관한 판단에만 미친다고 할 것이고, 종전 처분
이 재결에 의하여 취소되었다 하더라도 종전 처분시와는 다른 사유를 들어서 처분을 하는 것
은 기속력에 저촉되지 않는다고 할 것이며, 여기에서 동일 사유인지 다른 사유인지는 종전 처
분에 관하여 위법한 것으로 재결에서 판단된 사유와 기본적 사실관계에 있어 동일성이 인정되
는 사유인지 여부에 따라 판단되어야 한다.
(2) 종전 처분의 처분사유는 이 사건 사업이 주변의 환경, 풍치, 미관 등을 해할 우려가 있다는
것이고, 그에 대한 재결은 이 사건 사업이 환경, 풍치, 미관 등을 정한 1994. 7. 5. 고시와 군산
시건축조례에 위반되지 않고, 환경, 풍치, 미관 등을 유지하여야 하는 공익보다는 이 사건 사업
으로 인한 지역경제 승수효과와 도시서민들을 위한 임대주택 공급이라는 또 다른 공익과 재산
권행사의 보장이라는 사익까지 더해 보면 결국 종전 처분은 비례의 원칙에 위배되어 재량권을
남용하였다는 것이므로 종전 처분에 대한 재결의 기속력은 그 주문과 재결에서 판단된 이와
같은 사유에 대해서만 생긴다고 할 것이고, 한편 이 사건 처분의 처분사유는 공단대로 및 교통
여건상 예정 진입도로계획이 불합리하여 대체 진입도로를 확보하도록 한 보완요구를 이행하지
아니하였다는 것 등인 사실을 알 수 있는바, 그렇다면 이 사건 처분의 처분사유와 종전 처분에
관하여 위법한 것으로 재결에서 판단된 사유와는 기본적 사실관계에 있어 동일성이 없다고 할
것이므로 이 사건 처분이 종전 처분에 대한 재결의 기속력에 저촉되는 처분이라고 할 수 없다).

(나) 재처분의무(적극적 의무)

1) 신청 거부처분에 대한 취소재결·무효확인재결·부존재확인재결과 재처분의무   3848

재결에 의하여 취소되거나 무효 또는 부존재로 확인되는 처분이 당사자의 신청을 거부하는 것을 내용으로 하는 경우에는 그 처분을 한 행정청은 재결의 취지에 따라 다시 이전의 신청에 대한 처분을 하여야 한다(행심법 제49조 제2항).[1] 따라서 그 처분을 한 행정청은 재처분을 반드시 해야 할 의무(작위의무)와 재처분을 하는 경우 재결의 취지에 따라야 할 의무(재결의 취지에 위반되는 재처분을 해서는 안 되는 부작위의무)를 부담한다. 기속행위의 경우에는 신청된 대로의 처분을, 재량행위의 경우에는 신청에 대한 처분을, 영으로의 재량수축의 경우에는 기속행위와 동일한 처분, 즉 신청한 대로의 처분을 하여야 할 것이다.[2]

▐참고▐ 행정심판법 제49조 제2항은 2017. 4. 18. 개정 행정심판법에 신설되었다. 종전에는 거부처분취소심판의 인용재결(취소재결)에 대한 재처분의무의 존부는 학설상 논란이 있었다. 본서 2017년판에 서술된 내용을 그대로 옮겨본다.

㉠ 문 제 점   거부처분에 대해 의무이행심판을 제기하여 인용재결을 받은   3849
경우는 재처분의무를 규정하고 있지만(행심법 제49조 제2항(현행법 제3항)은 "거부하거나 부작위로 방치한 처분의 이행을 명하는 재결"이라고 규정한다), 거부처분에 대해 취소심판을 청구하여 인용재결을 받은 경우에는 명문으로 재처분의무를 규정하고 있지는 않다. 따라서 거부처분취소심판의 인용재결이 있는 경우 재처분의무를 지는가에 관해 학설의 대립이 있다(거부처분무효확인심판의 인용재결이 있는 경우에도 같다).

㉡ 학   설   ① 거부처분에 대한 취소심판이 인용된 경우에도 처분청은 재   3850
결의 기속력(이 견해는 행정심판법 제49조 제1항을 기속력의 일반적 규정으로 본다)에 따라 원래의 신청에 따른 재처분을 행하여야 할 의무를 진다는 견해,[3] ② 거부처분에 대해 취소심판을 제기할 수는 있지만, 인용재결에 대해 재처분의무를 인정하기 위해서는 명문의 근거가 필요한데 행정심판법은 의무이행심판의 이행재결 등의 경우만 재처분의무를 규정(행심법 제49조 제2항(현행법 제3항)·제3항(현행법 제4항))하고 있어 취소심판의 경우에는 재처분의무가 발생하지 않는다는 견해,[4] ③ 행정심판법상 거부처분은 의무이행심판의 대상이므로 거부처분에 대해서는 취소심판을 인정할 수 없고 따라서 재처분의무가 발생할 수 없다는 견해가 대립된다.

---

1) 대판 1988. 12. 13, 88누7880(재결의 취지에 따른 처분과 양립할 수 없는 처분을 하는 것은 위법하고, 재결의 신청인은 그 처분의 취소를 소구할 이익을 갖는다).
2) 김동희, 고시연구, 1990. 5, 33쪽 이하.
3) 김동희, 행정법(Ⅰ), 704쪽(2019).
4) 박균성, 행정법론(상), 1003쪽(2019년판에서는 관련 내용이 보이지 아니한다).

3851   ⓒ **판 례** 판례는 "당사자의 신청을 거부하는 처분을 취소하는 재결이 있는 경우에는 행정청은 그 재결의 취지에 따라 다시 이전의 신청에 대한 처분을 하여야 하는 것"이라고 하고 있어 긍정하는 것으로 보인다.[1]

3852   ⓓ **사 견** 생각건대 행정심판법상 거부처분은 의무이행심판의 대상이지 취소심판의 대상은 아니다(행심법 제5조 제3호). 따라서 청구인이 거부처분에 대하여 취소심판을 청구한다면, 행정심판위원회는 청구인에게 의무이행심판으로 변경하여 청구하도록 하여야 할 것이다. 만약 거부처분에 대한 취소심판의 청구가 있고, 이에 대하여 인용재결이 이루어진다면, 그러한 인용재결은 위법하다고 보아야 할 것이므로 기속력의 문제가 발생할 수 없다.

3853 **2) 신청을 거부하거나 방치한 처분에 대한 이행재결과 재처분의무** 당사자의 신청을 거부하거나 부작위로 방치한 처분의 이행을 명하는 재결이 있으면 행정청은 지체 없이 이전의 신청에 대하여 재결의 취지에 따라 처분을 하여야 한다(행심법 제49조 제3항).[2] 재처분의무의 의미는 앞에서 본 「당사자 신청을 거부한 처분에 대한 취소재결·무효확인재결·부존재확인재결」의 경우에 처분행정청에 발생하는 재처분의무와 같다.

3854 **3) 취소심판에서 변경명령재결과 재처분의무** 취소심판에서 취소재결(행심법 제49조 제2항이 적용되는 경우는 제외)이나 변경재결이 있는 경우는 재처분의무는 문제되지 않지만, 변경을 명하는 재결이 있는 때에 처분청은 행정심판법 제49조 제1항에 따라 당해 처분을 변경해야 할 의무를 부담한다.

3855 **4) 절차하자를 이유로 취소하는 재결에 따른 재처분의무** 신청에 따른 처분이 절차의 위법 또는 부당을 이유로 재결로써 취소된 경우에도 재결의 취지에 따라 다시 처분을 하여야 한다(행심법 제49조 제4항).

3856 ㈐ **결과제거의무** 취소·무효확인재결이 있게 되면 행정청은 위법·부당으로 명시된 처분에 의해 야기된 위법한 상태를 제거하여야 할 의무를 부담한다.[3]

  (3) **기속력의 범위** 기속력의 내용에 따른 각 의무의 범위는 기속력의 범위에서 결정된다.

3857 ㈎ **주관적 범위** 기속력은 피청구인과 그 밖의 관계행정청에 대하여 미친다. 여기서 그 밖의 관계 행정청이란 심판의 대상인 처분(거부, 부작위) 등과 관련되는 처분이나 부수되는 행위를 할 수 있는 행정청을 총칭하는 것이다.

---

1) 대판 1988. 12. 13, 88누7880.
2) 대판 1988. 12. 13, 88누7880(재결의 취지에 따른 처분과 양립할 수 없는 처분을 하는 것은 위법하고, 재결의 신청인은 그 처분의 취소를 소구할 이익을 갖는다).
3) 김남진·김연태, 행정법(Ⅰ), 775쪽(2019); 강구철, 강의행정법(Ⅰ), 810쪽.

(내) **객관적 범위**　　재결의 주문 및 이유에서 판단된 처분 등의 구체적 위법
사유에만 미친다.[1)]

　　1) 절차나 형식의 위법이 있는 경우　　이 경우 재결의 기속력은 재결에 적　　**3858**
시된 개개의 위법사유에 미치기 때문에 재결 후 행정청이 재결에 적시된 절차
나 형식의 위법사유를 보완한 경우에는 다시 동일한 내용의 처분을 하더라도
기속력에 위반되지 않는다.

　　2) 내용상 위법이 있는 경우

　　a) **범　　위**　　처분사유의 추가·변경과의 관계로 인해 재결의 주문 및　　**3859**
이유에서 판단된 위법사유와 기본적 사실관계가 동일한 사유를 말한다. 따라서
재결에서 판단된 사유와 기본적 사실관계의 동일성이 인정되는 사유에 대해서
는 기속력이 미친다.

　　b) **기본적 사실관계의 동일성 판단**　　판례는 기본적 사실관계의 동일성　　**3860**
유무는 처분사유를 법률적으로 평가하기 이전의 구체적인 사실에 착안하여 그
기초인 사회적 사실관계가 기본적인 점에서 동일한지 여부에 따라 결정된다고
한다.[2)] 구체적인 판단은 시간적·장소적 근접성, 행위 태양·결과 등의 제반사
정을 종합적으로 고려해야 한다.

　　(대) **시간적 범위**　　처분의 위법성 판단 기준시점은 처분시설이 통설·판례　　**3861**
의 입장인바 기속력은 처분시까지의 사유를 판단의 대상으로 한다. 따라서 처분
시 이후의 새로운 법률관계나 사실관계는 재결의 기속력이 미치지 않는다.[3)]

　　(4) **기속력 위반의 효력과 실효성확보**

　　(가) **반복금지의무 위반시 효력**　　반복금지의무에 위반하여 동일한 내용의 처　　**3862**
분을 다시 한 경우 이러한 처분은 그 하자가 중대명백하여 무효이다.

---

1) 대판 2023. 2. 2, 2022다226234(교원의 지위 향상 및 교육활동 보호를 위한 특별법 제10조의2는
　 교원소청심사위원회의 결정은 처분권자를 기속한다고 규정하고 있다. 여기서 교원소청심사위
　 원회 결정의 기속력은 결정의 주문에 포함된 사항뿐 아니라 그 전제가 된 요건사실의 인정과
　 판단, 즉 처분 등의 구체적 위법사유에 관한 판단에까지 미친다); 대판 2017. 2. 9, 2014두
　 40029(재결의 기속력은 재결의 주문 및 그 전제가 된 요건사실의 인정과 판단, 즉 처분의 구체
　 적 위법사유에 관한 판단에만 미친다. 따라서 종전 처분이 재결에 의하여 취소되었더라도 종전
　 처분 시와는 다른 사유를 들어 처분을 하는 것은 기속력에 저촉되지 아니한다. 여기서 동일한
　 사유인지 다른 사유인지는 종전 처분에 관하여 위법한 것으로 재결에서 판단된 사유와 기본적
　 사실관계에서 동일성이 인정되는 사유인지 여부에 따라 판단하여야 한다); 대판 2015. 11. 27,
　 2013다6759.
2) 대판 2004. 11. 26, 2004두4482.
3) 대판 2017. 10. 31, 2015두45045(당사자의 신청을 받아들이지 않은 거부처분이 재결에서 취소
　 된 경우에 행정청은 종전 거부처분 또는 재결 후에 발생한 새로운 사유를 내세워 다시 거부처
　 분을 할 수 있다. 그 재결의 취지에 따라 이전의 신청에 대하여 다시 어떠한 처분을 하여야 할
　 지는 처분을 할 때의 법령과 사실을 기준으로 판단하여야 하기 때문이다).

(나) 재처분의무 불이행시 실효성확보

1) 위원회의 직접처분(이행재결의 취지에 따른 처분을 아니한 경우)(행심법 제50조)

3863 a) 의   의   위원회는 피청구인이 제49조 제3항에도 불구하고 처분을 하지 아니하는 경우에는 당사자가 신청하면 기간을 정하여 서면으로 시정을 명하고 그 기간에 이행하지 아니하면 직접 처분을 할 수 있다. 다만, 그 처분의 성질이나 그 밖의 불가피한 사유로 위원회가 직접 처분을 할 수 없는 경우에는 그러하지 아니하다(행심법 제50조 제1항). 직접처분제도는 청구인의 권리를 실질적으로 보호하기 위한 것이다. 행정소송에서는 권력분립원칙상 법원에 의한 직접처분이 허용되지 아니하지만, 행정심판은 행정의 자기통제이므로 행정심판위원회에 의한 직접처분이 가능하다.

b) 요   건

3864 ㉠ 피청구인이 제49조 제3항에도 불구하고 처분을 하지 아니하였을 것   직접 처분을 위해서는 당사자의 신청을 거부하거나 부작위로 방치한 처분의 이행을 명하는 이행명령재결이 있었음에도 불구하고 행정청이 지체 없이 이전의 신청에 대하여 재결의 취지에 따라 처분을 한 바가 없어야 한다.

3865 ㉡ 당사자의 신청이 있을 것   직접 처분은 당사자의 신청을 전제로 한다. 직권에 의한 직접 처분은 인정되지 아니한다. 당사자의 신청기간에는 특별한 제한이 없다. 그러나 당사자의 신청은 이행명령재결 후 상당한 기간 내에 이루어져야 할 것이다.

3866 ㉢ 위원회가 기간을 정하여 서면으로 시정을 명하였을 것   직접 처분을 위해서는 ① 위원회가 시정기간을 정하여야 한다. 시정기간은 처분에 필요한 상당한 기간이어야 할 것이다. ② 시정명령은 서면으로 이루어져야 한다.

3867 ㉣ 시정명령 기간 내에 시정이 없을 것   시정명령 기간 내에 시정이 있으면, 직접 처분을 할 필요가 없을 것이다. 시정명령 기간이 경과하였다고 하여도 위원회의 직접 처분이 있기 전까지 행정청은 처분을 할 수 있다고 볼 것이다. 시정명령 기간이 경과하였다고 하여도 행정청이 처분을 하였다면, 그 이후에 위원회는 직접 처분을 할 수 없다고 볼 것이다.

3868 ㉤ 직접 처분이 불가한 경우가 아닐 것   처분의 성질이나 그 밖의 불가피한 사유로 위원회가 직접 처분을 할 수 없는 경우라면 직접 처분은 할 수 없다(행심법 제50조 제1항 단서). 이러한 경우에는 다른 실효성 확보수단이 마련되어야 할 것이다.

3869 c) 직접 처분의 발령   직접 처분을 위한 요건이 구비되면, 위원회는 스

스로 직접 처분을 할 수 있다. 위원회의 직접 처분은 피청구인인 행정청이 한 처분의 효과를 갖는다. 직접 처분에 법률상 이해관계를 가진 제3자가 직접 처분에 대하여 불복하여 제소하는 경우, 피고는 위원회인가 아니면 피청구인인 행정청인가가 문제된다. 위원회는 외견상 처분청이며, 피청구인인 행정청은 직접처분의 효과의 귀속주체로서 내용상 처분청에 해당한다고 보아 양자 모두 피고가 될 수 있다고 볼 것이다.

d) 사후조치

㉠ 해당 행정청에 통보   위원회는 제1항 본문에 따라 직접 처분을 하였 3870 을 때에는 그 사실을 해당 행정청에 통보하여야 한다(행심법 제50조 제2항 제1문).

㉡ 행정청의 조치   통보를 받은 행정청은 위원회가 한 처분을 자기가 3871 한 처분으로 보아 관계 법령에 따라 관리·감독 등 필요한 조치를 하여야 한다 (행심법 제50조 제2항 제2문).

e) 한   계

㉠ 내   용   학자에 따라서는,[1] ① 직접 처분의 대상이 아닌 처분(예 : 3872 정보공개거부처분취소청구에 대한 이행재결, 과도한 예산이 수반되는 이주대책의 수립시행) 이 있다는 점, ② 위원회가 직접 처분에 대한 전문성을 갖지 못한다는 점, ③ 행정심판위원회가 직접 처분을 한 경우 해당 처분에 대하여 행정소송에 피소되어 행정소송의 당사자가 될 수 있어 위원회가 직접처분제도를 기피할 가능성이 있다는 점, ④ 위원회는 원래부터 처분권한이 없어 위원회의 처분에 대하여 처분청이 반발하거나 비협조시 직접 처분 이후의 사후관리가 사실상 불가능하다는 점, ⑤ 시·도행정심판위원회의 경우에는 광역지방자치단체의 기초지방자치단체에 대한 통제력 약화, 광역지방자치단체장과 기초지방자치단체장 간 정당과 정책이 다른 데 따른 마찰, 지역이기주의의 심화 등으로 시·도행정심판위원회가 직접처분을 기피하거나 직접처분 후 후속조치에 많은 어려움이 있다는 점, ⑥ 직접처분의 대상이 지방자치단체의 자치사무인 경우에는 자치권의 침해일 수 있다는 점을 현행 직접 처분제도의 한계로 지적하고 있다.

㉡ 보   완   위에서 지적된 ①의 경우에는 적절한 실효성확보수단(예 : 3873 간접강제)의 방법으로, ②의 경우는 위원회의 전문성 확보수단(예 : 전문가인 공무원의 파견 등)의 마련으로, ③의 경우는 위원회의 적극적 자세의 확보로, ④와 ⑤의 경우에도 제도보완(예 : 비협조시 행정·재정상 불이익 부여와 관련된 방법의 확보)으로 문

---

1) 김남철, 행정심판 재결의 실효성 강화방안 — 직접처분과 간접강제를 중심으로 —, 공법연구, 한국공법학회, 제41집 제2호, 2012. 2, 461~468쪽 요약 인용.

제해결에 노력할 필요가 있을 것이다. ⑥의 경우는 지방자치단체의 자치사무에 대한 행정심판기관을 해당 지방자치단체에 설치함으로써 해소할 수 있을 것이다.

2) 위원회의 간접강제(배상명령을 통한 강제)(행심법 제50조의2)

3874　　　a) 의　　　의　　　위원회는 피청구인이 제49조 제2항(제49조 제4항에서 준용하는 경우를 포함한다) 또는 제3항에 따른 처분을 하지 아니하면 청구인의 신청에 의하여 결정으로 상당한 기간을 정하고 피청구인이 그 기간 내에 이행하지 아니하는 경우에는 그 지연기간에 따라 일정한 배상을 하도록 명하거나 즉시 배상을 할 것을 명할 수 있다(행심법 제50조의2 제1항).

b) 요　　　건

3875　　　㉠ 피청구인이 제49조 제2항(제49조 제4항에서 준용하는 경우를 포함한다) 또는 제3항에 따른 처분을 하지 아니하였을 것　　　간접강제를 위해서는, ① 재결에 의하여 취소되거나 무효 또는 부존재로 확인되는 처분이 당사자의 신청을 거부하는 것을 내용으로 하는 경우(행심법 제49조 제2항 부분) 또는 신청에 따른 처분이 절차의 위법 또는 부당을 이유로 재결로써 취소된 경우(행심법 제49조 제4항 부분), ② 처분을 한 행정청이 재결의 취지에 따른 처분을 한 바가 없거나, 당사자의 신청을 거부하거나 부작위로 방치한 처분의 이행을 명하는 재결이 있음에도 행정청이 지체 없이 이전의 신청에 대하여 재결의 취지에 따른 처분을 한 바가 없는 경우(행심법 제49조 제3항 부분)여야 한다.

3876　　　㉡ 당사자의 신청이 있을 것　　　간접강제는 당사자의 신청을 전제로 한다. 직권에 의한 간접강제는 인정되지 아니한다. 당사자의 신청기간에는 특별한 제한이 없다. 그러나 당사자의 신청은 재결 후 상당한 기간 내에 이루어져야 할 것이다.

3877　　　㉢ 위원회가 기간을 정하여 이행을 명하였을 것　　　간접강제를 위해서는 ① 위원회가 상당한 기간을 정하여 재결의 취지에 따른 이행을 명하였어야 한다. ② 이행명령이 서면으로 이루어져야 한다는 명시적 규정은 보이지 아니한다. 그러나 행정절차법은 처분은 문서주의를 취하는바(절차법 제24조 제1항), 이행명령은 서면으로 이루어져야 할 것이다.

3878　　　㉣ 이행명령 기간 내에 이행이 없을 것　　　이행명령 기간 내에 이행이 있으면, 간접강제를 할 필요가 없을 것이다. 이행명령 기간이 경과하였다고 하여도 위원회의 간접강제가 있기 전까지 행정청은 처분을 할 수 있다고 볼 것이다. 이행명령 기간이 경과한 후 행정청이 처분을 하였다면, 그 이후에 위원회는 간접강제를 할 수 없다고 볼 것이다.

3879　　　㉤ 위원회가 결정을 하기 전에 신청 상대방의 의견을 청취할 것　　　위원회는

제1항 또는 제2항에 따른 결정을 하기 전에 신청 상대방의 의견을 들어야 한다 (행심법 제50조의2 제3항). 신청 상대방이 처분의 성질이나 그 밖의 불가피한 사유로 상당한 이행기간 내에 이행하는 것이 곤란한 경우도 예외적으로 있을 수 있는바, 그러한 예외는 고려할 필요가 있다는 것이 이 규정의 취지일 것이다.

c) 간접강제의 결정

㉠ 결정의 내용과 변경 ① 간접강제를 위한 요건이 구비되면, 위원회는 3880 그 이행기간의 경과시부터 지연기간에 따라 일정한 배상을 하도록 명하거나 즉시 배상을 할 것을 명할 수 있다(행심법 제50조의2 제1항). ② 위원회는 사정의 변경이 있는 경우에는 당사자의 신청에 의하여 제1항에 따른 결정의 내용을 변경할 수 있다(행심법 제50조의2 제2항).

㉡ 결정의 효력 ① 제1항 또는 제2항에 따른 결정의 효력은 피청구인 3881 인 행정청이 소속된 국가·지방자치단체 또는 공공단체에 미치며, 결정서 정본은 제4항에 따른 소송제기와 관계없이 「민사집행법」에 따른 강제집행에 관하여는 집행권원과 같은 효력을 가진다. 이 경우 집행문은 위원장의 명에 따라 위원회가 소속된 행정청 소속 공무원이 부여한다(행심법 제50조의2 제5항).

d) 청구인의 불복 청구인은 제1항 또는 제2항에 따른 결정에 불복하 3882 는 경우 그 결정에 대하여 행정소송을 제기할 수 있다(행심법 제50조의2 제4항).

e) 강제집행에 관한 적용법규 간접강제 결정에 기초한 강제집행에 관하 3883 여 이 법에 특별한 규정이 없으면 「민사집행법」의 규정을 준용한다. 다만, 「민사집행법」 제33조(집행문부여의 소), 제34조(집행문부여 등에 관한 이의신청), 제44조(청구에 관한 이의의 소) 및 제45조(집행문부여에 대한 이의의 소)에서 관할 법원은 피청구인의 소재지를 관할하는 행정법원으로 한다(행심법 제50조의2 제6항).

3) 재결의 취지에 따르지 않은 재처분에 대한 강제 재결의 취지에 따르지 3884 않고 동일한 사유로 다시 거부처분 등을 한 경우 그러한 거부처분은 무효이다. 이 경우에도 행정심판위원회는 시정명령 및 직접처분 또는 간접강제를 할 수 있다(행심법 제50조, 제50조의2).

Ⅲ. 재결의 불복

재심판청구는 금지된다. 즉 심판청구에 대한 재결이 있으면 그 재결 및 같 3885 은 처분 또는 부작위에 대하여 다시 행정심판을 청구할 수 없다(행심법 제51조). 물론 개별법(예 : 국세기본법)에 특별규정이 있으면 그에 따라야 할 것이다. 재결에 불복이 있으면 행정소송의 제기로 나아갈 수밖에 없다.

제2편 행정소송법

제1장 일 반 론

제1절 행정소송의 관념

제1항 행정소송의 의의

3901   행정소송이란 행정법규의 적용과 관련하여 위법하게 권리(법률상 이익)가 침해된 자가 소송을 제기하고, 법원이 이에 대해 심리·판단을 행하는 정식의 행정쟁송을 말한다. 말하자면 행정소송은 행정사건에 대해 이루어지는 법원에 의한 정식절차를 말한다. 독립된 행정재판제도를 통한 효과적인 통제 없이는 기본적인 법치국가의 원칙이 관철될 수 없다는 의미에서 독립된 행정소송제도는 법치국가의 토대이자 완결을 뜻한다.

Ⅰ. 행정심판과 구별

3902   행정소송은 당사자로부터 독립한 지위에 있는 제3자기관인 법원이 구두변론 등을 거쳐 행하는 정식쟁송절차이다. 따라서 행정청이 자기의 행위를 간략한 절차에 따라 행하는 행정심판 등의 약식쟁송과 구별된다.

Ⅱ. 민사소송 및 형사소송과 구별

3903   행정소송은 행정에 관한 공법상의 분쟁, 즉 행정사건을 대상으로 하는 소송을 말한다. 따라서 행정소송은 사법상 권리관계에 관한 소송인 민사소송과 구별된다. 행정소송사항과 민사소송사항의 구별은 공법과 사법의 구별기준에 따라 판단된다. 양자의 구별기준에 관한 확립된 견해는 없다. 귀속설이 많은 지지를 받지만, 귀속설이 해결하지 못하는 영역도 있다. 현실적으로는 공법과 사법의 구별에 관한 여러 학설과 관련법령의 여러 규정을 종합적으로 해석하는 방식이 일반적으로 채택되고 있다.[1] 뿐만 아니라 행정소송은 국가형벌권의 존부·범위에 관한 소송인 형사소송과도 구별된다.

---

1) 대판 1991. 5. 10, 90다10766; 대판 1961. 10. 5, 4292행상125. 한편, 공기업과 그 직원간의 내부적 법률관계는 사법관계(예 : 대판 2001. 12. 24, 2001다54038), 그 공기업이 법령에 의하여 위임받아 국가사무를 행함에 있어서 발생하는 대외적 관계는 공법관계에 해당하는 경우가 많다.

Ⅲ. 헌법소송과 구별

행정소송은 헌법소송과도 구별된다. 행정소송이나 헌법소송 모두 공법상   3904
소송이지만, 행정소송은 성질상 비헌법적인 공법상의 분쟁을[1] 대상으로 한다.
즉 행정소송은 공법상 분쟁 중에서 헌법소송사항을 제외한 분쟁을 대상으로 한
다. 물론 행정소송에도 한계가 있다. 한편, 헌법소송사항은 헌법에서 열거되고
있다. 즉 헌법소송은 ① 법원의 제청에 의한 법률의 위헌여부 심판, ② 탄핵의
심판, ③ 정당의 해산심판, ④ 국가기관 상호간, 국가기관과 지방자치단체간 및
지방자치단체 상호간의 권한쟁의에 관한 심판, ⑤ 법률이 정하는 헌법소원에 관
한 심판을 말한다(헌법 제111조 제1항). 다만 헌법소송 중 지방자치단체 상호간의
권한쟁의에 관한 심판은 행정적 성질을 갖지만, 헌법이 이를 헌법소송사항으로
규정하였으므로 행정소송사항에서 제외된다.

제 2 항   행정소송의 기능(목적)

행정소송의 기능은 행정소송의 목적으로 다루어지기도 한다. 이와 관련하   3905
여 행정소송법은 "행정소송절차를 통하여 행정청의 위법한 처분, 그 밖에 공권
력의 행사·불행사 등으로 인한 국민의 권리 또는 이익의 침해를 구제하고, 공
법상의 권리관계 또는 법적용에 관한 다툼을 적정하게 해결함을 목적으로 한
다"고 규정하고 있다(행소법 제1조). 논리적으로 보아 행정소송의 존재목적은 대
체로 다음의 세 가지로 요약할 수 있다.[2] 국내학자들은 행정소송의 기능으로
권리구제기능(행정구제기능)과 행정통제기능을 들고 있음이 일반적이다.

Ⅰ. 관련사인의 보호(권리구제기능)

행정소송은 개인의 권익보호에 기여한다. 행정소송은 원칙적으로 법률상   3906
이익이 있는 자만이 제기할 수 있다(행소법 제12조·제35조·제36조). 어떠한 외부세
력에 의해서도 영향받지 않고 오로지 헌법과 법률 및 양심에 따라 독립하여 판

---

1) 비헌법적인 공법상 분쟁이란 공법상 분쟁 중 헌법적 분쟁을 제외한 것을 말한다. 헌법적 분쟁
   이란 헌법기관 간의 분쟁과 범위를 한정짓기는 어렵지만 기본권에 관한 일정한 분쟁으로 이해
   할 수 있을 것이다(Ipsen, Allgemeines Verwaltungsrecht(9. Aufl.), §17, Rn. 1018 참조).
2) Harry V. Rosen－v. Hoewel, Allgemeines Verwaltungsrecht mit Verwaltungsprozeßrecht,
   1977, S. 152. 한편, 일설은 행정소송의 절차상 목표를 권리보호, 행정통제, 행정법의 형성·발
   전, 법적 평화의 4가지를 든다(Würtenberger, Verwaltungsprozessrecht, Rn. 3ff.).

단하는 법원에 의한 재판을 받는다는 것은 바로 법이 보호하는 개인의 권익이 정당하게 보호됨을 의미한다. 여기서 개인의 권익이란 권리와 이익을 말한다. 권리란 개인적 공권을 의미하고, 이익이란 법률상 주요한 이익 내지 법률상 보호되는 이익을 의미한다. 결국 양자는 동일한 의미를 갖는다. 그러나 여기서 말하는 이익은 법률상 보호되는 이익을 의미하는바, 반사적 이익은 제외된다는 점이 기억되어야 한다. 공법상의 분쟁에서 구두변론을 보장한다는 것 또한 바로 사인의 보호를 의미한다. 한편 법원을 통해 행정행위의 합법성을 심사할 수 있다는 것은 행정의 상대방으로 하여금 행정청의 행위에 신뢰를 갖게 한다.

Ⅱ. 행정법질서의 보호(행정통제기능)

3907   행정소송은 적법한 행정작용을 보장하는 데 기여한다. 법치국가는 법에 의한 행정권의 발동을 요구하는 것이지만, 또 한편으로 법에 반하는 행정권의 발동을 사후적으로 시정하는 것도 법치국가의 중요한 요청이다. 행정소송은 바로 이러한 요청에 응하기 위한 것이다. 행정의 법에의 구속은 오로지 독립된 법원에 의해서만 보다 효과적으로 달성될 수 있다. 법원에 의한 행정통제의 결여는 행정청에 의한 법의 남용을 초래하기 쉽다.

Ⅲ. 행정의 효율성확보(임무경감기능)[1]

3908   법원에 의한 심사는 행정권한의 분권에 이바지한다. 법원에 의한 심사로 인하여 행정청은 자신의 소관사항과 거리가 먼 업무에 대해서는 개입을 멀리하게 된다. 이것은 행정청의 무절제한 권한영역확대로부터 고유한 임무영역에로의 절제를 의미하는 것이 된다. 이러한 것은 행정법의 발전에 중대한 영향을 미친다. 그것은 동시에 행정의 질의 제고를 도모한다.

---

1) 일설은 "행정의 효율성확보란 행정소송의 목적이라기보다는 어디까지나 행정법이 고려해야 할 또는 행정소송법이 아울러 고려하고 있는 법익이라고 해야 할 것이다. 행정소송에 있어서 법원은 이러한 목적을 판결정책의 차원에서 고려할 수 있으며, 또 고려하는 것이 합목적적이라고 하겠지만, 행정소송이 행정의 효율성확보를 목적으로 한다는 것은 적절치 못한 표현이다"(홍준형, 행정구제법, 292쪽)고 하여 저자의 입장에 비판적이다. 그러나 이러한 비판은 저자의 접근방법에 대한 이해없이 이루어진 것이 아닌가 생각된다. 저자가 전통적 입장과 달리 행정소송의 기능(목적)을 세 가지로 제시한 것은 소송에 직접 관계하는 자에 세 가지 부류, 즉 재판을 하는 자(법원), 재판을 제기하는 자(원고인 사인) 그리고 재판의 제기를 당하는 자(피고인 행정청)가 있는바, 그 자마다 소송의 의미를 새기는 것도 필요하다고 보았기 때문이다. 그리하여 원고와 관련하여서는 권리구제기능, 법원과 관련하여서는 행정통제기능, 피고와 관련하여서는 임무경감기능을 논급하였던 것이다. 저자 역시 이러한 기능들이 모두 동등한 평가를 받아야 한다고 보지는 않는다.

제 3 항   행정소송의 종류

Ⅰ. 주관적 소송·객관적 소송

주관적 소송이란 개인의 권리·이익의 구제를 주된 내용으로 하는 행정소송 3909
을 말하고, 객관적 소송이란 개인의 권리·이익이 아니라 행정법규의 적정한 적
용의 보장을 주된 내용으로 하는 행정소송을 말하며, 원칙적으로 주관적 소송의
한 특별한 경우라고 할 특수한 소송이란 그 판단에 특수한 전문적 기술을 요하
는 행정소송을 말한다. 주관적 소송은 다시 항고소송과 당사자소송으로, 객관적
소송은 민중소송과 기관소송으로 구분할 수 있고, 특수한 소송의[1] 예로는 특허
소송·해난소송 등을 들 수 있다. 그런데 일설은 행정의 적법성의 보장이 항고
소송의 주목적이고, 따라서 항고소송은 객관적 소송이라고 한다.[2] 그러나 통설
이 보는 바와 같이 ① 행정소송제도가 개인의 권리보호와 관련하여 발전되었을
뿐만 아니라[3] 현재도 그러하고(즉 항고소송은 법률상 이익개념을 중심으로 구성되어 있
고), ② 행정의 적법성보장 자체가 기본권을 위한 것인 점을 고려한다면 항고소
송이 객관적 소송이라는 주장은 이해하기 곤란하다.

Ⅱ. 형성소송·급부소송·확인소송

첫째, 형성소송(Gestaltungsklage)은 다투어지는 행정행위의 취소·변경을 통 3910
해 행정법관계의 변경을 가져오는 소송이다. 말하자면 형성소송은 판결을 통해
직접 법형성을 가져오는 소송이다. 법형성이란 권리나 법관계의 발생, 변경, 소
멸을 말한다.[4] 취소소송이 이에 속한다. 형성소송의 인용판결은 형성판결
(Gestaltungsurteil)이 된다. 형성판결은 직접, 그리고 절대적으로 법률관계를 설정·
변경·폐지하는 효력을 갖는다. 즉 형성판결은 새로운 법관계를 만든다(창설적 효
력). 형성판결은 집행에 적합하지 않고, 집행이 필요하지도 않다.

둘째, 급부소송(Leistungsklage)은 일정한 작위·부작위 등 직무행위를 구하는 3911
소송이다. 이행소송이라고도 한다. 이행을 목적으로 하는 당사자소송이 이에 속
한다. 급부소송의 인용판결은 급부판결(Leistungsurteil)이 된다. 급부판결은 특정

---

1) 특허소송은 크게 사정계 소송과 당사자계 소송으로 나눈다. 사정계 소송은 심사관의 특허거절
   사정(특허법 제62조), 취소결정(특허법 제74조 3항) 등에 대한 특허심판원의 심결에 대한 취소
   소송을 말하고, 당사자계 소송이란 특허무효, 권리범위확인 등에 관한 특허심판원의 심결에 대
   한 불복소송을 말한다(행정구제법, 사법연수원, 2004, 13쪽).
2) 한견우, 고시연구, 1991. 1, 106쪽 이하.
3) Hufen, Verwaltungsprozessrecht, §14, Rn. 56 참조.
4) Wolff/Deck, Studienkommentar VwGO VwVfG(3. Aufl.), VwGO Vor, §40, Rn. 12.

의 급부, 즉 특정의 작위·부작위·수인 등을 명하는 판결이다. 급부판결은 청구권이 원고에게 있다는 확인을 전제로 하는 판결이다.

3912   셋째, 확인소송(Feststellungsklage)은 법률관계의 존부, 행정행위의 유효·무효 등의 확인을 구하는 소송이다. 확인소송의 인용판결은 확인판결(Feststellungs-urteil)이 된다. 확인판결은 법적 분쟁을 명료하게, 즉 일정 법관계를 확정하는 판결이다. 확인판결은 법관계의 변경이 아니라 법관계의 증명·확인을 행하는 선언적 판결이다.

Ⅲ. 행정소송법상 행정소송의 종류

3913   행정소송법은 행정소송의 종류를 항고소송·당사자소송·민중소송·기관소송의 네 가지로 규정하고 있다(행소법 제3조). ① 항고소송이란 행정청의 처분 등이나 부작위에 대하여 제기하는 소송을 말한다. 항고소송은 다시 취소소송·무효등확인소송·부작위위법확인소송으로 구분된다(행소법 제4조). ⓐ 취소소송은 행정청의 위법한 처분 등을 취소 또는 변경하는 소송을 말하고, ⓑ 무효등확인소송은 행정청의 처분 등의 효력유무 또는 존재 여부를 확인하는 소송을 말하고, ⓒ 부작위위법확인소송이란 행정청의 부작위가 위법하다는 것을 확인하는 소송을 말한다. 한편 행정소송법에서 규정되지 않았으나 학설상 주장되는 항고소송으로 무명항고소송이 있다. ② 당사자소송이란 행정청의 처분 등을 원인으로 하는 법률관계에 관한 소송, 그 밖에 공법상의 법률관계에 관한 소송으로서 그 법률관계의 한쪽 당사자를 피고로 하는 소송을 말한다. ③ 민중소송이란 국가 또는 공공단체의 기관이 법률에 위반되는 행위를 한 때에 직접 자기의 법률상 이익과 관계없이 그 시정을 구하기 위하여 제기하는 소송을 말한다. ④ 기관소송이란 국가 또는 공공단체의 기관상호간에 있어서의 권한의 존부나 그 행사에 관한 다툼이 있을 때에 이에 대하여 제기하는 소송을 말한다.

3914   ▌참고▌ 독일법상 행정소송의 종류

　1. 형성소송(Gestaltungsklage)

　⑴ 실체법상 형성소송(예 : 취소소송, Anfechtungsklage, 행정행위의 폐지(취소)를 구하는 소송(VwGO 제42조 제1항))

　⑵ 소송법상 형성소송(예 : 재심의 소, VwGo 제153조)

2. 급부소송(Leistungsklage)[1]

(1) **의무화소송**(Verpflichtungsklage)

① 거부처분에 대한 소송(Versagungsgegenklage, Weigerungsgegenklage, Vornahmeklage) : 거부된 행정행위의 발령을 구하는 소송(VwGO 제42조 제1항)

② 부작위에 대한 소송(Untätigkeitsklage) : 부작위된 행정행위의 발령을 위한 판결을 구하는 소송(VwGO 제42조 제1항)

③ 부작위를 구하는 소송(Unterlassungsklage) : 행정청이 일정한 행정행위의 발령을 부작위할 것을, 즉 발령하지 아니할 것을 구하는 소송(지배적 견해 긍정)

(2) **일반적 급부소송**(Allgemeine Leistungsklage) : 행정행위가 아닌 작위·부작위 또는 수익을 구하는 소송(VwGO 제43조 제2항·제113조 제4항). 종류로 사실행위의 청구(예 : 정보의 폐기, 금전의 지급, 물건의 교부), 공법상 의사의 표명(예 : 공법상 계약의 체결, 환경법상 정보 등의 공표, 결과제거청구) 등이 있음.

3. 확인소송(Feststellungsklage)

① 일반적 확인소송(allgemeine Feststellungsklage) : 행정법관계의 존부의 확인 또는 행정행위의 무효의 확인을 구하는 소송(VwGO 제43조)

② 사후적 확인소송(nachträgliche Feststellungsklage) : 취소소송제기 후 판결전에 다투는 행정행위가 집행된 경우에 그 다투어진 행위의 위법성을 확인하는 소송(VwGO 제113조 제1항 제4호)

③ 예방적 확인소송(vorbeugende Feststellungsklage) : 행정청이 일정한 작위, 특히 행정행위의 발령권한이 없음의 확인을 구하는 소송(지배적 견해 긍정)

제 4 항 행정소송의 본질

I. 대륙법계국가(행정제도국가)

프랑스나 독일은 전통적으로 일반사법재판소와는 별도로 행정재판소를 설치하여 행정사건을 관할하게 하고 있다. 엄밀하게 말한다면 행정재판소제도에도 두 종류의 구분이 가능하다. ① 하나는 조직상으로나 인적으로 행정관청과

---

[1] 판결의 주문형식을 보면, 거부처분을 다투는 의무화소송의 인용판결 중 기속행위에 대해서는 "A처분의 거부처분은 취소한다. 피고는 A처분을 할 의무를 진다"는 형식으로, 재량행위에 대해서는 "A처분의 거부처분은 취소한다. 피고는 원고의 A처분의 허가신청에 대하여 우리 법원의 법적 견해를 준수하면서 새로이 결정하여야 한다"는 형식으로 주문이 이루어진다. 재량행위라도 재량이 영으로 수축되는 경우에는 기속행위의 경우와 동일하지만, 재판의 실제상 재량이 영으로 수축되는 경우는 예외적이라 한다(Hofmann/Gerke, Allgemeines Verwaltungsrecht, S. 337). 그리고 일반적 급부소송의 주문은 "피고는 원고의 경제상황에 대한 피고의 의사표명을 철회할 의무를 진다," 또는 "피고는 원고에게 000마르크를 지급하여야 할 의무를 진다"는 형식으로 이루어진다(Hofmann/Gerke, a.a.O., S. 346).

결합된 행정재판소에 의한 행정재판소제도로서 과거 독일의 여러 란트의 하급 행정재판소가 이에 해당한다(예 : Preußen의 Bezirksverwaltungsgerichte, Baden의 Bezirksrate). ② 또 하나는 행정관청으로부터 독립된 행정재판소제도이다. 프랑스의 행정재판소와 과거 독일의 상급행정재판소(예 : Preußen의 Oberverwaltungs-gericht)와 1945년 이후의 독일의 모든 행정재판소가 이에 속한다.

3918   연혁적으로 보아 공·사법의 이원적 체계를 가진 이들 국가가 특별히 행정재판소를 설치한 것은 ① 권력분립의 원리상 행정권을 사법권의 구속으로부터 탈피하게 하여 행정권의 자율성을 보장하려는 취지에서(특히 프랑스의 경우), 그리고 ② 전문·기술적인 행정사건의 재판은 법전문가인 사법관보다 행정전문가인 행정관에 의하게 하는 것이 보다 적합하다(특히 독일의 경우)고 하는 데에 근거하고 있다. 이러한 입장에 서면 행정재판소가 어느 정도 독립성을 갖는다고 하여도 행정소송은 행정기관에 의한 재판이고, 따라서 행정소송은 행정작용의 하나가 될 것이다.

3919   그러나 오늘날에 이르러서는 이러한 국가에 있어서도 행정사건의 재판에서 개인의 권리보호에 중점을 두고 있는 관계로 후술하는 영미법계국가의 경우와 마찬가지로 사법국가화하고 있다. 특히 독일의 경우 행정소송은 이제 사법작용의 일부로 간주되고 있다.[1]

3920   한편 일반사법재판소 외에 행정재판소를 두게 되면, ① 행정재판소와 민사재판소간에 관할권의 소재를 정하는 기준이 확립되어야 하며, ② 두 재판소간의 관할권에 분쟁이 있는 경우 이를 해결하는 기관이 필요하다. 말하자면 관할판단을 임무로 하는 기구(관할재판소)가 필요하게 된다. 만약 이러한 기구를 두지 않는다면 민사법원이나 행정법원 중 어느 일방에 우월적인 지위를 부여하든가, 아니면 먼저 재판하는 법원의 판단을 우선시키게 될 것이다.[2] 또한 ③ 경우에 따라서는(예 : 법률에 의해 예외적으로 사법재판소가 특정행정사건을 재판하는 경우) 유사한 사건에 관하여 판례가 달라질 수도 있다.

Ⅱ. 영미법계국가(사법제도국가)

3921   전통적으로 영국이나 미국 등의 영미법계국가에서는 공법과 사법의 이원적 체계를 몰랐으며, 오로지 법의 지배의 원리 하에 행정사건도 일반사법재판소의

---

1) Scholler/Bross, Verfassungs – und Verwaltungeprozeßrecht, 1980, S. 152.
2) Harry V. Rosen – v.Hoewel, Allgemeines Verwaltungsrecht mit Verwaltungsprozeßrecht, 1977, S. 167.

관할하에 두어 오고 있다. 영미국가들이 이렇게 일반사법재판소에서 행정사건을 재판하게 하는 것은 ① 권력분립을 기능분립으로 보아 민사·형사·행정 등의 일체의 법적 분쟁의 해결기능은 독립된 사법권에 귀속되는 것으로 보았고, ② 아울러 독립된 법원, 완전한 절차에 의해 재판할 때 개인의 권익은 보다 보장될 수 있다는 사고에 근거한다. 이러한 입장에 서게 되면, 행정소송은 행정작용이 아니라 사법작용의 하나가 된다.

Ⅲ. 우리나라

제헌헌법 이래 우리의 전통은 행정사건의 최종적인 분쟁해결기관으로서 행정법원의 존재를 인정하지 않는다. 현행법제도 마찬가지이다. 헌법상 사법권은 법관으로써 구성된 법원에 속하며, 법원은 최고법원인 대법원과 각급법원으로 조직되고(헌법 제101조 제1항), 대법원에는 부를 둘 수 있다(헌법 제102조 제1항). 행정사건의 최고심은 대법원이다. 그리고 헌법상 사법(헌법 제101조 제1항)에는 민사·형사·행정의 재판권이 포함되는 것으로 해석된다. 따라서 우리나라는 통상법원이 민·형사사건과 함께 행정사건도 재판하는 영미형의 사법제도국가(사법국가주의)를 채택한 셈이다. 요컨대 헌법 제101조에 근거하여 행정소송은 법원의 관할하에 놓이는 것이다. 3922

이러한 원칙하에서 현행헌법은 명령·규칙 또는 처분이 헌법이나 법률에 위반되는 여부가 재판의 전제가 된 경우에는 대법원은 이를 최종적으로 심사할 권한을 가진다(헌법 제107조 제2항)고 하고, 다만 행정사건의 특수성을 고려하여 재판의 전심절차로서 행정심판을 할 수 있다(헌법 제107조 제3항)고 규정하고 있다. 3923

아울러 헌법 제102조 제3항에 근거하여 제정된, 대법원과 각급법원의 조직을 정하는 법원조직법은 "법원은 헌법에 특별한 규정이 있는 경우를 제외한 모든 법률상의 쟁송을 심판한다"고 규정하고 있고(법조법 제2조 제1항), 행정소송법은 행정사건의 제1심 관할법원을 지방법원에 해당하는 행정법원으로 규정하고 있다(행소법 제9조 제1항). 3924

이상을 요약한다면 우리의 현행제도는 행정소송을 사법작용으로 보아 법원의 관할하에 두고 있다. 그러나 행정소송은 행정사건을 판단의 대상으로 하는 바, 행정이 갖는 특수한 성격을 고려하여 그에 관한 절차법을 별도로 두고 있으니, 그것이 바로 행정소송법이다. 행정소송의 특수성의 문제는 ① 행정소송의 한계와, ② 행정소송법의 특성을 그 중심문제로 한다. 3925

제 2 절 행정소송의 한계

3926

〈행정소송의 대상과 한계〉

행정소송의 대상(개괄주의)		• 법률상 쟁송(법원조직법 제2조 1항 1문) • 처분(행정소송법 제2조 1항 1호) • 부작위(행정소송법 제2조 1항 2호)

행정소송의 한계	사법본질적 한계	• 구체적 사건성의 한계
		  (1) 사실행위
		  (2) 추상적 규범통제
		  (3) 객관적 소송
		  (4) 반사적 이익

		• 법적용상의 한계
		  (1) 행정상 방침규정
		  (2) 재량행위 · 판단여지
		  (3) 소위 특별권력관계에서의 행위
		  (4) 통치행위

	권력분립적 한계	• 의무이행소송 · 예방적 부작위소송 · 작위의무 확인소송 · 적극적 형성판결 등

제 1 항 문제상황

I. 행정소송의 대상

3927   논리적으로 보아 행정소송의 한계문제는 행정소송의 대상(범위)이 먼저 정해진 후에 논의될 수 있다. 행정소송의 대상을 정하는 방식에는 열기주의와 개괄주의의 두 종류가 있다.

1. 열기주의

3928   열기주의란 행정법원이 관할권을 갖는 경우를 입법자가 명시적으로 나열하는 방식을 말한다. 열기주의에 의하면, 입법자가 명시하지 아니한 사건은 행정법원이 재판권을 갖지 못한다. 열기주의는 1945년까지의 독일의 지배적인 형태였다.[1]

---

1) 19세기 독일에서는 Württemberg와 Sachsen을 제외하고 모두 열기주의를 취하였다고 한다 (Würtenberger, Verwaltungsprozessrecht(3. Aufl.), Rn. 45).

2. 개괄주의

개괄주의란 행정법원이 기본적으로 모든 공법상의 분쟁에 대하여 관할권을 3929
갖는 방식을 말한다. 개괄주의는 행정의 효과적인 통제라는 법치국가의 요구에
부응하는 가장 적합한 방식이다. 왜냐하면 개괄주의에 의할 때에 국민들은 행정
청의 모든 위법한 공법작용을 행정법원에서 다룰 수 있기 때문이다.[1] 개괄주의
는 독일의 경우, 1876년 Württemberg에서 처음으로 도입되었고, 1945년 이후
전 독일에 확대되었다. 우리의 행정소송법은 물론 개괄주의를 채택하고 있다(행
소법 제1조·제4조 제1호·제19조).

한편, 독일에서의 열기주의의 폐지(VwGO 제40조)는 권리보호가 국가적인 행 3930
위형식(예 : 행정행위)에 관계없이 모든 고권작용(공법작용)에 이루어진다는 것을
의미한다.[2] 이러한 전통적인 열기주의로부터 작별은 기본법상 명령되는 효과적
인 권리보호를 위한 것으로 이해된다(기본법 제19조 제4항).[3] 그리하여 행정소송
법상 소송의 종류는 예시적인 것이고, 행정소송의 종류에는 제한(정원)이 없는
것으로 새긴다.[4] 그러나 우리의 경우에는 행정소송법상 협소한 처분개념과 소
송형식의 한정성으로 인해 모든 고권작용에 권리보호(행정소송)가 이루어지고 있
는 것은 아니라는 점에 중대한 문제점이 있다.

Ⅱ. 한계문제의 의미

개괄주의가 적용된다고 하여 모든 행정사건이 행정소송의 대상이 되는 것 3931
은 아니다. 행정소송은 행정사건을 판단의 대상으로 하는 것이지만, 행정소송은
"구체적인 법률상의 분쟁이 있는 경우에 당사자의 소송제기를 전제로 하여 그
사건에 무엇이 법인가를 판단·선언하는 작용"인 사법작용의 일부이므로, 행정
소송도 당연히 사법권이 미치는 한계 내에서만 인정될 수 있다. 행정소송에 대
한 사법심사의 한계는 ① 사법의 본질에서 나오는 한계와 ② 권력분립원리에서
나오는 한계로 나누어 살펴볼 필요가 있다.[5]

---

1) 행정의 한 부분영역에만 개괄주의가 적용되는 방식을 부분개괄주의(partielle Generalklausel)
   라 부른다. 부분개괄주의는 과거 프로이센에서 세법상 처분과 경찰상 처분에서 인정된 바 있다.
2) Hufen, Verwaltungsprozessrecht, §11, Rn. 4.
3) Hufen, Verwaltungsprozessrecht, §13, Rn. 1.
4) Hufen, Verwaltungsprozessrecht, §13, Rn. 4.
5) 김남진 교수는 행정소송의 한계를 전통적인 입장과 달리 구성하고 있는바(김남진·김연태 교
   수, 행정법(Ⅰ), 788쪽(2019) 이하), 참고로 이를 도해해 보기로 한다.

제 2 항 사법본질적 한계(법률상 쟁송)

3932   ① 본래적 의미에서 사법이란 구체적인 법률상 쟁송이 있는 경우에 당사자로부터의 쟁송제기를 전제로 하여 무엇이 법인가를 판단하고 선언함으로써 법질서를 유지함을 목적으로 하는 작용이다. 법원은 헌법에 특별한 규정이 있는 경우를 제외한 모든 법률상의 쟁송을 심판한다(법조법 제2조 제1항 제1문).

3933   ② 문제는 법률상 쟁송의 개념이 무엇인가이다. 확립된 법률상 쟁송의 개념은 없어 보이지만, 편의상 이하에서 법률상 쟁송의 개념을 「권리주체간의 구체적인 법률관계(이와 관련하여 추상적 규범통제와 사실행위가 문제된다)하에서 특정인(이와 관련하여 객관적 소송이 문제된다)의 법률상 이익(이와 관련하여 반사적 이익이 문제된다)에 관한 법령(이와 관련하여 방침규정이 문제된다)의 해석·적용(이와 관련하여 소위 법으로부터 자유로운 행위인 재량행위·특별권력관계에서의 행위·통치행위가 문제된다)에 관한 분쟁」으로 정의해 두기로 한다.

3934   ③ 여기서 법률상 쟁송의 개념은 ⓐ 권리주체간의 구체적인 법률관계를 둘러싼 특정인의 법률상 이익에 관한 분쟁의 부분과 ⓑ 법령의 해석·적용의 부분으로 구분할 수 있는바, 전자가 구체적 사건성의 문제이고, 후자가 법적용상의 문제가 되는 셈이다. 이를 단순하게 말한다면 법률상 쟁송으로서 행정소송은 구체적 사건성과 법적용상의 분쟁을 개념요소로 한다고 보겠다.

Ⅰ. 구체적 사건성의 한계

3935   구체적 사건성의 한계란 권리주체간의 법률상 이익에 관한 구체적인 법적 분쟁이 아니면 행정소송의 대상이 되지 않는다는 점에서 나오는 행정소송의 한계를 말한다. 이러한 전제와 관련하여 다음의 사항들이 행정소송의 한계문제로서 논급될 수 있다.

사법의 본질에 의한 한계	권력분립에 따른 한계
(1) 처분권주의의 지배	(1) 행정의 독자성 존중
(2) 주관적 소송의 원칙	① 행정의 유보론
① 반사적 이익	② 재량행위
② 객관적 소송·단체소송	(2) 통치행위
(3) 구체적 사건성	(3) 이행소송과 부작위소송
	① 의무이행소송
	② 부작위청구소송(예방적 부작위소송)
	③ 일반이행소송

1. 사실행위

행정소송은 법률적 쟁송의 문제, 즉 공법상 권리·의무관계에 관한 소송이 므로, 단순한 사실관계의 존부 등의 문제는 행정소송의 대상이 되지 아니한 다.[1] 그러나 법적 효과가 아니라 사실상의 효과를 목적으로 하는 공법상 사실 행위도 개인의 권리에 침해를 가져오면, 이것은 넓은 의미에서 법적인 성격을 갖는 것이므로, 행정소송의 대상일 수 있다(예 : 독일의 예방적 부작위소송)는 주장 도 있을 수 있다. 그러나 우리의 경우에 위법한 공법상 사실행위로 인한 재산상 피해의 배상을 구하는 소송은 가능하지만, 위법한 공법상 사실행위 그 자체의 예방 내지 부작위를 구하는 소송은 인정되고 있지 않다.

3936

2. 행정법규의 효력과 해석(추상적 규범통제)

(1) 의   의   행정소송은 구체적 사건이라는 법적 분쟁에 대한 행정법령 의 해석·적용을 의미하므로, 구체적 사건과 무관하게 추상적 법령의 효력을 다 투는 추상적 규범통제는 법률상 쟁송에 해당되지 않는다.[2] 헌법은 구체적 규범 통제를 규정하고 있으므로(헌법 제107조 제1항·제2항), 구체적 사건에서 처분의 근 거법령의 위헌·위법여부가 재판의 전제가 된 경우에만[3] 법령의 효력·해석에

3937

---

1) 대판 1990. 11. 23, 90누3553(피고 국가보훈처장이 발행·보급한 독립운동사, 피고 문교부장관이 저작하여 보급한 국사교과서 등의 각종 책자와 피고 문화부장관이 관리하고 있는 독립기념관에 서의 각종 해설문·전시물의 배치 및 전시 등에 있어서, 일제치하에서의 국내외의 각종 독립운 동에 참가한 단체와 독립운동가의 활동상을 잘못 기술하거나, 전시·배치함으로써 그 역사적 의 의가 그릇 평가되게 하였다는 이유로 그 사실관계의 확인을 구하고, 또 피고 국가보훈처장은 이 들 독립운동가들의 활동상황을 잘못 알고 국가보훈상의 서훈추천권을 행사함으로써 서훈추천권 의 행사가 적정하지 아니하였다는 이유로 이러한 서훈추천권의 행사, 불행사가 당연무효임의 확 인, 또는 그 부작위가 위법함의 확인을 구하는 청구는 과거의 역사적 사실관계의 존부나 공법상 의 구체적인 법률관계가 아닌 사실관계에 관한 것들을 확인의 대상으로 하는 것이거나 행정청 의 단순한 부작위를 대상으로 하는 것으로서 항고소송의 대상이 되지 아니하는 것이다).
2) 대판 2022. 12. 1, 2019두48905(항고소송의 대상이 되는 행정처분은 행정청의 공법상 행위로서 특정 사항에 대하여 법률에 의하여 권리를 설정하고 의무의 부담을 명하거나 그 밖의 법률상 효과를 발생하게 하는 등으로 상대방의 권리의무에 직접 영향을 미치는 행위이어야 하고, 다른 집행행위의 매개 없이 그 자체로 상대방의 구체적인 권리의무나 법률관계에 직접적인 변동을 초래하는 것이 아닌 일반적, 추상적인 법령 등은 그 대상이 될 수 없다).
3) 대판 2019. 6. 13, 2017두33985(법원이 법률 하위의 법규명령, 규칙, 조례, 행정규칙 등(이하 '규 정'이라 한다)이 위헌·위법인지를 심사하려면 그것이 '재판의 전제'가 되어야 한다. 여기에서 '재판의 전제'란 구체적 사건이 법원에 계속 중이어야 하고, 위헌·위법인지가 문제된 경우에는 규정의 특정 조항이 해당 소송사건의 재판에 적용되는 것이어야 하며, 그 조항이 위헌·위법인 지에 따라 그 사건을 담당하는 법원이 다른 판단을 하게 되는 경우를 말한다. 따라서 법원이 구체적 규범통제를 통해 위헌·위법으로 선언할 심판대상은, 해당 규정의 전부가 불가분적으로 결합되어 있어 일부를 무효로 하는 경우 나머지 부분이 유지될 수 없는 결과를 가져오는 특별한 사정이 없는 한, 원칙적으로 해당 규정 중 재판의 전제성이 인정되는 조항에 한정된다).

관하여 다툴 수 있다고 새기는 것이 일반적이다(구체적 규범통제).

3938 　　(2) **처분성을 갖는 법규** 　　법령 그 자체가 직접 국민의 권리·의무를 침해하는 경우에는 구체적 사건성을 갖게 되므로 행정소송의 대상이 된다.[1]

3939 　　(3) **추상적 규범통제의 인정여부** 　　판례는 부정적이지만[2] 헌법상 추상적 규범통제가 반드시 배제된다고 보는 것은 문제이다. 생각건대 헌법 제107조 제2항은 다만 구체적 규범통제의 보장만을 규정하고 있을 뿐이고, 추상적 규범통제의 도입여부는 입법자의 판단에 맡겼다고 볼 것이다. 헌법 제107조 제2항을 이렇게 새기면, 기관소송의 성질과 일종의 추상적 규범통제의 성질을 동시에 갖는 지방자치법상 조례소송(예 : 지자법 제107조 제3항)의 헌법적 근거파악이 용이해진다. 한편, 2005년 1월 27일에 개정된 구 지방자치법부터 도입되고 현행법에서는 제172조 제7항에 규정된 "법령에 위반되는 지방의회의 의결사항이 조례안인 경우로서 재의요구지시를 받기 전에 당해 조례안을 공포한 경우"에 감독청이 제기하는 소송은 일종의 추상적 규범통제의 성격을 띤다고 볼 것이다.

3. 객관적 소송

3940 　　민중소송이나 기관소송같은 행정의 적법성의 보장을 주된 내용으로 하는 객관적 소송은 개인의 구체적인 권리·의무에 직접 관련되는 것은 아니므로, 원칙적으로 행정소송의 대상이 되지 아니한다. 다만 법률에 특별한 규정(행소법 제45조)이 있는 경우에는 그러하지 않다.

4. 반사적 이익

3941 　　행정소송은 구체적인 법률관계에서 법률상 이익이 침해된 자가 소송을 제기함으로써 진행되는 절차이므로(행소법 제12조·제35조·제36조), 법률상 이익의 침

---

1) 대판 1954. 8. 19, 4286행상37(법령의 효력을 가진 명령이라도 그 효력이 다른 행정행위를 기다릴 것 없이 직접적으로 또 현실히 그 자체로서 국민의 권리훼손 기타 이익침해의 효과를 발생케 하는 성질의 것이라면 행정소송법상 처분이라 보아야 할 것이오 따라서 그에 관한 이해관계자는 그 구체적 관계사실과 이유를 주장하여 그 명령의 취소를 법원에 구할 수 있을 것이다); 대판 1996. 9. 20, 95누8003(조례가 집행행위의 개입 없이도 그 자체로서 직접 국민의 구체적인 권리의무나 법적 이익에 영향을 미치는 등의 법률상 효과를 발생하는 경우 그 조례는 항고소송의 대상이 되는 행정처분에 해당한다).

2) 대결 1994. 4. 26, 93부32(헌법 제107조 제2항은 "명령, 규칙 또는 처분이 헌법이나 법률에 위반되는 여부가 재판의 전제로 된 경우에는 대법원은 이를 최종적으로 심사할 권한을 가진다"라고 규정하여 행정입법의 심사는 일반적인 재판절차에 의하여 구체적 규범통제의 방법에 의하도록 명시하고 있으므로, 당사자는 구체적 사건의 심판을 위한 선결문제로서 행정입법의 위법성을 주장하여 법원에 대하여 당해 사건에 대한 적용여부의 판단을 구할 수 있을 뿐 행정입법 자체의 합법성의 심사를 목적으로 하는 독립한 신청을 제기할 수는 없는 것이다); 대판 1992. 3. 10, 91누12639; 대판 1987. 3. 24, 86누656.

해에 해당하지 않는 반사적 이익의 침해는 행정소송의 대상이 되지 아니한다.[1] 물론 법률상 이익과 반사적 이익의 구분이 명확하지 않은 것은 사실이나 관념상 양자의 구분은 불가피하다. 개괄적으로 말한다면, ① 행정청의 의무가 존재하고, 또한 ② 관련법규범에 의해 사익보호성이 갖추어지면, 이로 인한 이익은 공권(법률상 이익)이고, 이 요건 중 어느 하나라도 결여되는 경우의 이익은 반사적 이익이 된다고 하겠다.

Ⅱ. 법적용상의 한계

법적용상의 한계란 분쟁의 해결을 위해 행정법령의 적용을 통하여 해결하는 것이 적절하지 않다는 점에서 나오는 행정소송의 한계를 말한다. 이와 관련하여 다음이 언급될 수 있다.   3942

1. 행정상 훈시규정 또는 방침규정

어떠한 법규가 단순히 행정상의 방침만을 규정하고 있을 뿐일 때에는 그 규정의 준수와 실현을 소송으로써 주장할 수 없다. 훈시규정은 다만 행정청에 향하여진 하나의 기준에 불과한 것이고, 직접 개인의 권리나 이익의 보호를 목적으로 하는 것은 아니기 때문이다. 문제는 어떠한 규정이 과연 훈시규정인가의 문제일 것이다. 이것은 법의 해석문제가 된다. 이러한 문제의 해석에 있어서는 당해 조문의 표현·목적뿐만 아니라, 당해 법률의 전체의 목적·구조 등도 고려하여야 한다. 특히 행정편의적인 착상에서 훈시규정으로 새기는 자세는 지양되어야 한다.   3943

2. 재량행위·판단여지

① 재량행위에서 재량행사의 잘못은 원칙적으로 부당을 의미할 뿐 위법을 의미하는 것은 아니므로 재량행위는 위법성의 통제를 내용으로 하는 행정소송의 대상이 될 수 없고 행정심판의 대상이 될 수 있을 뿐이다. 그러나 재량권남용이나 재량권일탈의 경우에는 위법한 권한행사가 되어 행정소송의 대상이 된다고 함이 제도(행소법 제27조)·판례[2]·이론의 입장이다.   3944

한편 소송법상의 문제로서 재량행위를 다투는 소송이 제기되었을 때, 이를 각하판결과 기각판결 중 어느 판결로 배척할 것인가가 문제된다. 재량행위는 위법성이 결여된 것이므로 소송요건이 결여된 것이라 보면 각하판결을 하여야 할   3945

---

1) 대판 1963. 8. 22, 63누97(다른 목욕장의 영업허가로 인한 기존 영업장의 수입감소는 반사적 이익의 침해에 지나지 아니한다).
2) 대판 1991. 6. 11, 91누2083; 대판 1984. 1. 31, 83누451.

것이고, 재량행위성의 유무와 재량권남용·일탈의 문제가 검토된 후에라야만 청구의 배척이 가능한 것이라는 실제적 상황에 중점을 둔다면 기각판결을 해야 할 것이다. 후자가 통설·판례의 입장이다.

3946 　② 예외적으로 행정법령의 요건에 규정된 불확정개념의 해석·적용과 관련하여 행정청의 판단여지가 인정되면 사법심사가 제한되므로 행정법령의 적용을 통하여 해결될 분쟁에 해당되지 않는다.

3947 　③ 계획법의 영역에서 계획재량의 경우에도 행정청에 형성의 자유(계획재량)가 인정되는 범위 안에서의 행정청의 결정은 사법심사 밖에 놓인다고 할 것이다. 물론 형성의 자유가 인정되는 영역에서도 형량하자가 있다면, 당연히 사법심사의 대상이 된다.

3. 소위 특별권력관계에서의 행위

3948 　종래 특별권력관계 내부질서유지를 위한 지배 내지 관리행위는 법률적 쟁송이 아니어서 행정소송의 대상이 되지 않는다고 함이 통설이었다. 그 이유는 ① 특별권력관계에서의 행위는 행정행위에 해당하지 않고, ② 사법권은 일반 시민사회의 법질서의 유지를 목적으로 하는 것이기 때문이라는 것이었다. 그러나 이미 살펴본 대로 법적 통제 밖에 놓이는 특별권력관계라는 것은 인정될 수가 없다. 말하자면 소위 특별권력관계도 일반법관계(일반권력관계)와 마찬가지로 법적 통제하에 놓이는 것이다. 따라서 행정처분의 성질을 갖는 한 소위 특별권력관계에서의 행위도 사법심사의 대상이 되어야 할 것이다. 다만 소위 특별권력관계에서의 행위는 특별한 행정목적달성을 위해 인정되는 것이어서 행정주체에 비교적 광범위한 재량이 주어질 것이고, 따라서 실제상 행정소송의 대상이 되는 범위는 비교적 좁을 것이다.

4. 통치행위

3949 　고도의 정치적 성격을 갖는 일련의 행위는 사법심사로부터 거리가 멀다. 이러한 행위를 통치행위라 부른다. 통치행위의 관념을 인정하는 것이 외국의 일반적인 경향이고, 또한 우리의 학설·판례의 경향이다. 다만 통치행위의 범위는 나라에 따라 다소 상이하다. 그러나 오늘날에 있어서는 통치행위의 범위를 좁히는 방향으로 나아가고 있는 것이 이론의 경향이라 하겠다.[1]

---

1) 통치행위를 권력분립적 한계의 문제로 다루는 견해도 있다(김동희, 행정법(Ⅰ), 719쪽(2019)). 한편, 통치행위가 사법심사의 대상이 된다고 하여도 통치행위가 사인의 법률상 이익을 직접적으로 침해하지 않는다면 원고적격이 인정되기 어렵다. 그리고 본서, 옆번호 38의 각주 참조.

제 3 항 권력분립적 한계(사법의 적극성 문제)

행정청이 법에서 명령되는 처분을 행하지 않거나 법에 반하는 처분을 한 경우, 법원이 판결로써 행정청에 일정한 처분을 행할 것을 명하거나(이행판결) 또는 법원이 행정청을 대신하여 판결로써 직접 어떠한 처분을 행할 수 있는가 (적극적 형성판결)가 문제된다. 왜냐하면 행정소송이 사법작용의 하나이긴 하지만 그렇다고 재판을 통하여 법원이 행정청의 권한을 대신 행하는 것이 가능한 것 인가의 여부는 권력분립의 원칙상 문제가 되기 때문이다.

3950

Ⅰ. 입 법 례

영미의 경우에는 직무집행명령(mandamus)·이송명령(certiorari) 등 행정청에 의무를 부과하는 소송을 인정하고 있고, 독일의 경우에도 의무화소송이 인정되 고 있다. 일본은 부작위위법확인소송 외에 의무이행소송도 인정하고 있다.

3951

Ⅱ. 학   설

1. 소극설(부정설)

① 법원은 행정기관 또는 행정감독기관도 아니고, ② 행정소송법 제3조와 제 4조는 행정소송을 제한적으로 열거하고 있고, ③ 행정에 대한 일차적 판단권은 행정기관에 있으므로, 법원은 취소 또는 무효확인판결을 할 수 있을 뿐 이행판결 이나 적극적 형성판결은 할 수 없다는 것이 소극설의 입장이다.[1] 이 견해는 권력 분립의 견지에서 사법의 적극성을 부인하는 입장이고, 따라서 이 견해에 입각하 면 현행행정소송법 제4조 제1호의 변경은 일부취소를 의미한다고 새기게 된다.

3952

2. 적극설(긍정설)

① 행정소송법이 변경이라는 용어를 사용하고 있고, ② 행정소송법 제3조 와 제4조는 행정소송을 예시하고 있다고 볼 것이고, ③ 행정의 적법성은 보장되 어야 할 뿐만 아니라 개인의 권리보호는 효과적인 것이어야 하고, 또한 ④ 급부 소송(이행판결)이 사법권에 의한 침해라고는 하지만 행정청이 유효하다고 주장하 는 처분을 취소하는 그 자체도 일종의 사법권에 의한 침해라고 보아야 할 것이 라 하여 소극설이 들고 있는 권력분립적 근거를 비판하면서 사법의 적극성을

3953

---

[1] 김도창, 일반행정법론(상), 738쪽; 류지태·박종수, 행정법신론, 680쪽(2019) 이하; 홍준형, 행정 쟁송법, 162쪽(2017); 김남진·김연태, 행정법(Ⅰ), 794쪽(2019).

긍정하는 것이 적극설의 입장이다.[1] 이 견해에 따르면 현행 행정소송법 제4조 제1호의 변경은 일부취소가 아니라 문자 그대로 적극적인 변경을 의미하는 것으로 새기게 된다(제한적 긍정설).

3. 절 충 설

3954 　　법정항고소송에 의해서는 실효성 있는 권익구제가 기대될 수 없는 경우에, 헌법상의 재판을 받을 권리에 비추어 인정할 수 있다는 견해이다. 따라서 부작위에 대한 구제방법으로는 부작위위법확인소송에 의해 실효성 있는 구제가 가능하지 않은 경우에 한하여 예외적으로 인정될 수 있다. 절충설은 예외적으로 허용되는 경우로 ① 행정청에게 제1차적 판단권을 행사하게 할 것도 없을 정도로 처분요건이 일의적으로 정하여져 있고, ② 사전에 구제하지 않으면 회복할 수 없는 손해가 발생할 우려가 있으며, ③ 다른 구제방법이 없는 경우 등을 들고 있다.[2]

Ⅲ. 판　　례

3955 　　판례는 소극설의 입장을 취한다. 즉, 판례는 의무이행소송을 인정하지 아니하고,[3] 적극적 형성판결도 부인하고,[4] 작위의무확인소송도 부인하고,[5] 예방적

---

1) 변재옥, 행정법강의(Ⅰ), 621쪽; 이상규, 신행정법론(상), 775쪽; 윤세창·이호승, 행정법(상), 530쪽.

2) 김동희, 행정법(Ⅰ), 720쪽(2019); 박균성, 행정법론(상), 1173쪽(2019); 박윤흔·정형근, 최신행정법강의(상), 762쪽.

3) 대판 1997. 9. 30, 97누3200(현행 행정소송법상 행정청으로 하여금 일정한 행정처분을 하도록 명하는 이행판결을 구하는 소송이나 법원으로 하여금 행정청이 일정한 행정처분을 행한 것과 같은 효과가 있는 행정처분을 직접 행하도록 하는 형성판결을 구하는 소송은 허용되지 아니한다); 대판 1995. 3. 10, 94누14018(검사에게 압수물 환부를 이행하라는 청구는 행정청의 부작위에 대하여 일정한 처분을 하도록 하는 의무이행소송으로 현행 행정소송법상 허용되지 아니한다); 대판 1990. 10. 23, 90누5467(행정청에 대하여 행정상의 처분의 이행을 구하는 청구는 특별한 규정이 없는 한 행정소송의 대상이 될 수 없고 가옥대장 내지 건축물관리대장에 일정한 사항을 등재하는 행위는 행정사무 집행의 편의와 사실증명의 자료로 삼기 위한 것일 뿐 그 등재행위로 인하여 당해 가옥에 관하여 실체상의 권리관계에 어떠한 변동을 가져오는 것은 아니므로 가옥대장의 등재행위는 행정처분이라 할 수 없으니 구청에 비치된 가옥대장에 한 등재의 말소를 구하는 소는 부적법하다).

4) 대판 1997. 9. 30, 97누3200(현행 행정소송법상 행정청으로 하여금 일정한 행정처분을 하도록 명하는 이행판결을 구하는 소송이나 법원으로 하여금 행정청이 일정한 행정처분을 행한 것과 같은 효과가 있는 행정처분을 직접 행하도록 하는 형성판결을 구하는 소송은 허용되지 아니하므로(대법원 1989. 5. 23. 선고 88누8135 판결, 1992. 2. 11. 선고 91누4126 판결, 1994. 12. 22. 선고 93누21026 판결 등 참조), 원심이 피고에 대하여 판시의 도면표시 (나), (마) 부분을 공동어업면허의 면허면적에 편입시켜 줄 것을 구하는 취지의 원고들의 청구 부분은 부적법하다고 판단한 것은 정당하다).

5) 대판 1990. 11. 23, 90누3553(피고 국가보훈처장 등에게, 독립운동가들에 대한 서훈추천권의 행

부작위소송도 부인한다.[1]

Ⅳ. 사   견

생각건대 ① 이행판결은 행정권이 법상 명령되는 바를 따르지 않은 경우에   3956
주어지는 것인 만큼 그것이 행정권의 일차적 판단권을 침해하는 것이라는 논거
는 의문이 있고, ② 권력분립이라는 것도 결국은 인권의 보장에 참뜻이 있는 것
이지 권력의 분립 그 자체에 참뜻이 있는 것은 아니고, ③ 사법의 적극성이 인
정되는 예가 외국에서 볼 수 없는 것도 아니다. 따라서 실정법상 변경이라는 것
을 적극적으로 이해하여 이행판결 내지 적극적 형성판결을 긍정하는 방향으로
나아가는 것이 바람직하다고 본다. 다만 현행법상 명문으로는 거부처분 또는 부
작위에 대해 재처분의무 및 간접강제제도를 도입하는 정도의 부작위위법확인소
송만이 인정되고 있을 뿐이다.

제 3 절   행정소송법

Ⅰ. 행정소송법의 구성

현행 행정소송법은 1984년 12월 15일에 법률 제3754호로 제정·공포되었으   3957
며, 동법 부칙 제1조에 의거하여 1985년 10월 1일부터 효력을 발생하였다. 동법
은 전5장 46개조로 구성되어 있다. 제1장은 총칙, 제2장은 취소소송(제1절 재판관
할, 제2절 당사자, 제3절 소의 제기, 제4절 심리, 제5절 재판, 제6절 보칙), 제3장은 취소소
송 외의 항고소송, 제4장은 당사자소송, 제5장은 민중소송 및 기관소송으로 구
성되어 있다. 구법에 비하여 보다 체계적이며 보다 많은 규정을 두고 있다.

사가 적정하지 아니하였으니 이를 바로잡아 다시 추천하고, 잘못 기술된 독립운동가의 활동상
을 고쳐 독립운동사 등의 책자를 다시 편찬, 보급하고, 독립기념관 전시관의 해설문, 전시물 중
잘못된 부분을 고쳐 다시 전시 및 배치할 의무가 있음의 확인을 구하는 청구는 작위의무확인
소송으로서 항고소송의 대상이 되지 아니한다).

1) 대판 2006. 5. 25, 2003두11988(행정소송법상 행정청이 일정한 처분을 하지 못하도록 그 부작위
를 구하는 청구는 허용되지 않는 부적법한 소송이라 할 것이므로, 피고 국민건강보험공단은 이
사건 고시(건강보험요양급여행위 및 그 상대가치점수 개정)(보건복지부고시 제2001-32호)를
적용하여 요양급여비용을 결정하여서는 아니된다는 내용의 원고들의 위 피고에 대한 이 사건
청구는 부적법하다 할 것이다); 대판 1987. 3. 24, 86누182(건축건물의 준공처분을 하여서는 아
니된다는 내용의 부작위를 구하는 청구는 행정소송에서 허용되지 아니하는 것이므로 부적법
하다).

Ⅱ. 행정소송법의 특색

3958   현행 행정소송법은 과거의 행정소송법에 비해 발전된 내용을 많이 갖고 있다. 말하자면 ① 행정소송의 종류를 구법에 비해 체계적으로 분류하면서 부작위위법확인소송을 인정하고 있고, ② 원고적격을 명문화하고 있고, ③ 제3자의 소송참가를 규정하고 있고, ④ 제소기간도 연장하고 있고, ⑤ 행정심판전치주의의 예외사유를 구체적으로 규정하고 있고, ⑥ 간접강제제도가 도입되어 있고, ⑦ 행정심판기록제출명령도 도입되어 있는 점 등은 구법에 비해 개선된 점이라 하겠다.

Ⅲ. 행정소송법의 문제점

3959   현행 행정소송법은 앞에서 본 바와 같은 긍정적인 면도 갖지만, 또한 문제점도 갖는다. 현행 행정소송법은 의무이행소송 내지 적극적 형성판결을 규정하고 있지 아니하며(효과적인 권리보호의 미흡), 원고의 행정심판자료의 열람·복사신청권을 인정하고 있지 아니하며(원고의 정보권 미흡), 가처분에 대해서도 특별한 규정을 두고 있지 않다(신속한 권리보호의 미흡)는 등의 문제점도 갖는다.

Ⅳ. 민사소송법 등의 준용

3960   행정소송에 대하여는 다른 법률에 특별한 규정이 있는 경우를 제외하고는 행정소송법이 정하는 바에 의한다(행소법 제8조 제1항). 행정소송에 관하여 행정소송법에 특별한 규정이 없는 사항에 대하여는 법원조직법과 민사소송법 및 민사집행법의 규정을 준용한다(행소법 제8조 제2항).[1]

Ⅴ. 1994년 행정소송법의 개정

3961   국회는 1994년 7월 대법원의 건의에 따라 소위 사법제도개혁을 위한 입법으로서 법원조직법중개정법률, 각급법원의설치와관할구역에관한법률중개정법률, 법원판사정원법중개정법률, 법관의보수에관한법률중개정법률, 상고심절차에관한법률, 행정소송법중개정법률을 통과시켰다. 이러한 개정사항 중 행정소송과 직결된 것으로는 ① 필수적인 행정심판전치주의를 임의적인 절차로 전환토록

---

1) 준용되는 주요내용으로 법관의 제척·기피·회피, 당사자의 확정 및 정정, 비법인사단의 당사자능력, 선정당사자제도, 필수적 공동소송인의 추가, 변호사보수의 소송비용산입 등 소송비용, 기일 및 기간, 송달, 재판의 종류 및 형식, 소송절차의 중단·중지, 변론과 그 준비, 증거조사, 책문권의 포기 및 상실, 상소제도 등에 관한 규정을 들 수 있다(사법연수원, 행정구제법, 2004, 4쪽).

한 점(1998년 3월 1일부터 시행), ② 지방법원급의 행정법원설치와 이로 인한 행정소송의 3심제의 도입(1998년 3월 1일부터 시행)과 고등법원급의 특허법원설치(1998년 3월 1일부터 시행)를 규정한 점, ③ 제소기간을 연장한 점(1998년 3월 1일부터 시행), ④ 심리불속행제를 채택한 점(1994년 9월 1일부터 발효) 등이 있었다.

Ⅵ. 최근의 행정소송법 개정논의

1. 대법원의 개정노력

대법원은 행정소송법 개정시안의 마련을 목적으로 2002년 4월 1일 법원행 3962
정청에 의해 발족되었던 행정소송법개정위원회(저자를 포함한 행정법학자 5인, 판사
5인, 검사 1인, 법제처공무원 1인, 변호사 2인으로 구성)에서 논의되었던 사항을 중심으
로 하여 정리한 행정소송법 개정의견(모든 의견이 행정소송법개정위원회에서 합의된
것으로 볼 것은 아님)을 2006년 9월 8일에 법원조직법 제9조에 따라 국회에 제출
하였다. 대법원이 국회에 제출한 개정의견의 주요내용은 다음과 같다(전문은 부
록 3을 보라).

① 항고소송의 대상 확대(처분등＝처분＋명령 등＋처분과 명령 등의 거부＋재결)
　　(개정의견 제2조 제3호)
② 의무이행소송의 신설(개정의견 제4조 제3호·제48조 이하)
③ 예방적 금지소송의 신설(개정의견 제4조 제4호·제55조 이하)
④ 항고소송의 원고적격 확대("법률상 이익이 있는 자"에서 "법적으로 정당한 이익
　　이 있는 자"로 변경)(개정의견 제12조·제44조)
⑤ 효과가 소멸한 처분 등에 대한 취소판결 인정(개정의견 제30조 제2문)
⑥ 행정소송과 민사소송 사이의 소의 변경 및 이송제도 보완(개정의견 제22조)
⑦ 집행정지제도의 보완(개정의견 제24조)
⑧ 항고소송에서의 가처분에 관한 규정 신설(개정의견 제26조)
⑨ 자료제출요구에 관한 규정 신설(개정의견 제28조)
⑩ 항고소송에서의 화해권고결정에 관한 규정 신설(개정의견 제35조)
⑪ 취소판결의 기속력으로서의 결과제거의무규정 등의 신설(개정의견 제34조
　　제3항)
⑫ 명령 등을 대상으로 한 항고소송에 관한 특칙 신설(개정의견 제36조 이하)
⑬ 당사자소송의 구체화(개정의견 제3조 제2호)
⑭ 기관소송 법정주의의 일부 폐지(개정의견 제65조)
⑮ 기타

2. 정부의 개정작업

3963   ① 법무부는 2007년 행정소송법 전부개정안(이하 2007년안으로 부르기로 한다)(전문은 부록 2를 보라)을 마련하여 국회에 제출하였으나 제17대 국회의원의 임기가 2008년 5월 29일로 만료되었으므로 이 전부개정안은 헌법 제51조 단서에 따라 자동 폐기되었다. ② 법무부는 2012년 3월에 행정절차법 제41조에 따라 행정소송법 전부개정안(이하 2012년안으로 부르기로 한다)(전문은 부록 1을 보라)을 입법예고하였는데, 더 이상 진척된 바는 보이지 아니한다.

3964   (1) **의무이행소송의 도입**(2007년안 제4조 제3호 및 제43조부터 제47조까지, 2012년안 제4조 제3호, 제41조부터 제47조까지)   ① 허가등 신청에 대한 행정청의 위법한 부작위 또는 거부처분을 다투는 방법으로 현행법상 부작위위법확인소송과 거부처분취소소송이 있으나, 권리구제절차가 불완전하고 우회적이라는 비판이 있어 왔다. ② 이러한 문제를 해소하기 위해 법원의 충분한 심리를 거쳐 승소하였을 경우 법원의 판결로 원하는 행정처분을 받도록 하는 의무이행소송 제도를 도입함으로써 분쟁을 일회적으로 해결할 수 있을 것으로 기대되었다.

3965   (2) **예방적 금지소송의 도입**(2007년안 제4조 제4호 및 제48조부터 제50조까지, 2012년안에 없음)   ① 현행법상으로는 위법한 처분이 행하여질 개연성이 매우 높고 사후의 구제방법으로는 회복하기 어려운 손해가 발생할 것이 예상되더라도 사전에 그 처분을 금지하는 소송을 제기할 수 없어 권익구제절차가 불완전하다는 비판이 있어 왔다. ② 2007년안에서는 이러한 문제를 해소하기 위해 취소소송으로는 권리구제를 할 수 없는 예외적인 경우 사전에 위법한 처분을 하지 못하도록 하는 예방적 금지소송 제도를 도입함으로써 권리구제의 흠결을 보완할 수 있을 것으로 기대되었다. 다만, 예방적 금지소송 제도의 남용을 방지하기 위하여 엄격한 요건을 규정하고 소의 변경을 허가하지 아니하도록 하였다. ③ 그러나 2012년안에서는 예방적 금지소송이 배제되고 있다. 앞으로의 개정작업시 정부는 2007년안으로 돌아가야 할 것이다.

3966   (3) **당사자소송의 활성화**(2007년안 제3조 제2호, 제51조부터 제54조까지, 2012년안 제3조 제2호, 제48조부터 제52조까지)   ① 성질상 당사자소송이지만 편의상 민사소송으로 다루어지던 행정상 손해배상·부당이득반환 등 공법상 원인으로 발생하는 법률관계에 관한 소송을 행정소송의 대상으로 명시하였다. ② 이로써 행정처분의 위법성 다툼과 직접 관련된 소송을 행정소송의 공익성 등을 고려할 수 있는 전문법원에서 담당하게 될 수 있었다.

3967   (4) **원고적격의 확대**(2012년안 제12조)   국민의 실질적 권익구제 가능성을

넓히기 위해 원고적격을 「법률상 이익」(현행법 제12조, 2007년안 제12조)에서 「법적 이익(2012년안 제12조)」으로 변경하였다. 그러나 법률상 이익과 법적 이익 사이에 어떠한 차이가 있는 것인지는 불분명하다.

(5) **이해관계자의 소송참여기회 확대**(2007년안 제16조, 2012년안 제16조)   ① 행   3968
정처분은 그 성질상 다수의 이해관계자들에게 영향을 미칠 수 있으므로 이해관계가 있는 제3자 및 관계 행정청이 행정소송절차에 참여할 필요가 있다는 점이 지적되어 왔다. ② 이러한 문제를 해소하기 위해 이해관계자에게 소제기 사실을 통지하고 의견을 제출할 수 있도록 하는 규정을 신설하였다. 이로써 행정소송 절차에 이해관계자의 참여를 제도적으로 보장함으로써 실질적인 분쟁해결에 도움이 될 것으로 기대되었다.

(6) **소의 변경 및 이송의 허용범위 확대**(2007년안 : 현행 제7조 삭제 및 제22조 등,   3969
2012년안 : 현행 제7조 삭제 및 제22조 등)   ① 법률 지식이 부족한 일반 국민의 입장에서 볼 때 민사소송과 행정소송을 구분하지 못하거나 적절한 소송방법을 판단하기 어려운 실정이라는 비판이 있어 왔다. ② 이러한 문제를 해소하기 위해 행정소송과 민사소송 사이의 소의 변경이나 이송을 넓게 허용함으로써 국민들이 행정소송을 보다 쉽게 활용할 수 있게 될 것으로 기대되었다.

(7) **관할지정제도**(2007년안 제9조, 2012년안 제9조)   사건이 행정법원과 지방   3970
법원 중 어느 법원의 관할에 속하는지 명백하지 아니한 때, 고등법원이 관할법원을 지정해주는 제도를 도입하였다. 국민의 입장에서 관할 법원 선택의 위험과 불편을 해소할 수 있는 것으로 기대되었다.

(8) **집행정지 요건의 완화**(2007년안 제24조 제2항, 2012년안 제24조 제2항·제4항)   3971
① 현행법에서는 '회복할 수 없는 손해를 예방하기 위한 긴급한 필요가 있는 경우'라는 매우 제한적인 범위에서만 집행정지가 가능하여 권익구제에 미흡하다는 비판이 있어 왔다. ② 이러한 문제를 해소하기 위해 2007년안과 2012년안은 집행정지의 요건을 '회복할 수 없는 손해'에서 '중대한 손해'로 완화하였다. 이로써 금전상 손해라도 손해의 정도가 중대한 경우에 집행정지가 가능하게 되어 충실한 권익구제가 이루어질 것으로 기대되었다. ③ 2012년안은 제3자에 대한 수익적 행정처분의 취소를 구하는 소송(제3자에 대한 건축허가취소소송의 제기와 아울러 집행정지를 신청하는 경우)의 경우, 제3자 보호를 위해 담보제공 규정을 신설했었다.

(9) **가처분제도의 도입**(2007년안 제26조, 2012년안 제26조)   ① 현행법에서는   3972
수익적인 행정처분을 구하는 신청에 대하여 행정청이 위법한 거부처분을 하더라도 행정소송이 확정될 때까지 임시구제를 받을 수 없어 권리보호에 문제가 있다고 지적되어 왔다. ② 이러한 문제를 해소하기 위해 임시로 수익적 처분을 받을 수 있는 가처분 제도를 도입하였다. ③ 가처분 제도의 도입으로 인해 기존의 집행정지 제도로는 임시구제가 어려웠던 부분에 대하여 사전구제를 할 수 있게 되어 충실한 권익구제[예 : 기한부 어업(어업면허, 체류기간 연장 등)에 대한 갱신처분을 거부할 경우, 판결확정시까지 임시로 어업활동, 체류가 가능하도록 할 급박한 사정이 있는 경우 가처분 허용]가 이루어질 것으로 기대되었다.

3973 ⑽ **행정청에 대한 자료제출요구권 신설**(2007년안 제28조, 2012년안에는 없음)
① 행정청이 처분등의 위법성 심리에 필요한 자료를 제출하지 아니할 경우 법원에서 충분한 심리를 하기 어려운 문제가 있다는 비판이 있어 왔다. ② 이러한 문제를 해소하기 위해 2007년안에서는 해당 행정청 및 관계 행정청은 법령상 또는 사실상 비밀로 하여야 할 자료나 공익을 해할 우려가 있는 자료를 제외하고는 원칙적으로 법원의 자료제출 요구에 응하도록 하였고, 이로써 법원에서 보다 충실한 심리가 이루어질 것으로 기대되었다. ③ 그러나 2012년안에서 삭제되었다. 앞으로의 개정작업시 정부는 2007년안으로 돌아가야 할 것이다.

3974 ⑾ **취소판결의 기속력으로서 결과제거의무의 인정**(2007년안 제34조 제4항, 2012년안 제32조 제4항)   취소판결의 기속력이 규정되고 있음에도 행정청이 자발적으로 위법한 결과를 제거하지 않는 경우 별소를 제기하여야 하는 문제가 있는바, 이 조항의 신설로 행정청에 대하여 위법한 결과를 제거하기 위한 필요한 조치의무를 부여하여 신속하게 적법한 상태를 실현할 수 있을 것으로 기대되었다.

3975 ⑿ **당사자소송에서 가집행선고 제한 규정 삭제**(2007년안·2012년안 현행 제43조 삭제)   ① 현행 규정은 국가를 상대로 하는 당사자소송의 경우에는 가집행선고를 할 수 없도록 규정하고 있으나 이는 합리적 이유 없이 일반 사인에 비하여 국가를 지나치게 우대하는 차별적 조항이라는 비판이 있어 왔다. ② 이러한 문제를 해소하기 위해 국가를 상대로 하는 당사자소송의 경우에는 가집행선고를 할 수 없도록 한 규정을 삭제하였다. 이로써 국민의 권리실현이 신속하게 이루어질 수 있을 것으로 기대되었다.

3976 ⒀ 기   타   ① 명령·규칙의 위헌판결 등의 통보대상으로 행정안전부장관 외에 지방자치단체의 장(조례·규칙과 관련하여)을 포함시켰고(2007년안 제6조, 2012년안 제6조), ② 처분변경으로 인한 소의 변경의 기간을 연장하였고(현행법 제22조 제2항과 2007년안 제23조 제2항은 "60일 이내"로 규정하고 있으나, 2012년안은 "90일 이내"로 규정하고 있다), ③ "민중소송"의 명칭(현행법 제3조 제3호, 2007년안 제3조 제3호)을 "공익소송"으로 변경하였다(2012년안 제3조 제3호).

제 2 장   항고소송

　행정소송법은 항고소송을 행정청의 처분 등이나 부작위에 대하여 제기하는　3977
소송으로 규정하고 있다(행소법 제3조 제1호). 이것은 적극적인 것인가, 소극적인
것인가를 불문하고 공권력행사와 관련하여 야기된 위법상태의 제거를 통해 사
인의 권익의 보호를 목적으로 하는 소송으로 이해된다. 현행행정소송법은 항고
소송을 다시 취소소송·무효등확인소송·부작위위법확인소송의 세 가지 형태로
나누고 있다(행소법 제4조). 이 세 가지의 소송형태(이를 통상 법정항고소송이라 부른
다) 외에 다른 종류의 소송형태(이를 무명항고소송이라 부른다)는 인정될 수 없는가
에 관해서는 견해가 갈린다. 이하에서 취소소송·무효등확인소송·부작위위법확
인소송·무명항고소송의 순으로 살펴보기로 한다.

제 1 절   취소소송

제1항   취소소송의 관념

Ⅰ. 의   의

　취소소송이란 행정청의 위법한 처분 등을 취소 또는 변경하는 소송을 말한　3978
다(행소법 제4조 제1호). 행정행위의 무효선언을 구하는 의미의 취소소송도 판례상
취소소송의 하나로 인정되고 있다. 취소소송은 항고소송의 중심적인 위치에 놓
인다. 행정소송법상 항고소송은 취소소송을 중심으로 하여 규정되고 있다.

Ⅱ. 종   류

　행정소송법상 처분 등은 처분과 재결을 의미하는 까닭에(행소법 제2조 제1항　3979
제1호), 취소소송으로 다투는 대상과 구하는 판결의 내용에 따라 취소소송은 다
시 처분취소소송·처분변경소송·재결취소소송·재결변경소송,[1] 그리고 판례상
인정된 무효선언을 구하는 취소소송으로[2] 구분할 수 있다.

---

　1) 변경의 의미에 관해서는 옆번호 4447을 보라.
　2) 무효를 선언하는 의미의 취소소송이란 위법한 행정처분으로 말미암아 권리이익을 침해받은 자

Ⅲ. 성   질

3980   취소소송은 개인의 권익구제를 직접적인 목적으로 하는 주관적 소송이고, 그것은 또한 기존처분의 적법여부를 심사하는 것이므로 복심적 소송이다. 그리고 취소소송은 위법처분으로 인해 발생한 위법상태의 제거를 위한 소송형식이고, 취소소송의 판결은 유효한 행위의 효력을 소멸시키는 것이므로 형성소송에 속한다(통설).[1] 판례의 입장이기도 하다.[2] "처분 등을 취소하는 확정판결은 제3자에 대하여도 효력이 있다"고 규정하는 행정소송법 제29조 제1항은 취소소송이 형성소송임을 말해 주는 하나의 실정법상 근거로 볼 수 있다. 한편 취소소송은 행정행위가 발령 당시에 이미 위법하였다는 확인을 구하는 소송이라는 견해(확인소송설)[3]와 형성소송의 성질과 확인소송의 성질을 모두 갖는 소송이라는 견해도 있다(구제소송설).

Ⅳ. 소 송 물

1. 법적 분쟁의 동일성

3981   소송의 대상, 달리 말하면 심판의 대상을 소송물(Streitgegenstand)이라 한다. 무엇이 소송상 심판의 대상인가의 문제는 소송상 중요한 의미를 갖는다. 왜냐하면 법적 분쟁의 동일성은 소송물의 개념에 따라 정해지기 때문이다. 즉, 소송물의 개념은 행정소송해당여부, 관할법원, 소송의 종류, 소의 병합과 소의 변경, 소송계속의 범위, 그리고 기판력의 범위 및 그에 따른 판결의 기속력의 범위를 정하는 기준이 된다. 예컨대 동일한 소송물에 대한 소송은 이중소송이 된다.[4]

2. 소송물의 개념

3982   ⑴ 학   설   행정소송법상 일치된 소송물의 개념은 없다. 학설은 ① 다툼 있는 행정행위 그 자체를 소송물로 보는 견해, ② 다툼 있는 행정행위의 취

가 그 행정처분에 취소사유를 넘는 무효사유의 하자가 있음에도 불구하고 무효확인의 소가 아닌 취소의 소를 제기한 경우를 말한다(대판 1976. 2. 24, 75누128; 대판 1987. 6. 9, 87누219; 대판 1990. 8. 28, 90누1892).

1) 김남진·김연태, 행정법(Ⅰ), 800쪽(2019); 박윤흔·정형근, 최신행정법강의(상), 766쪽; 박균성, 행정법론(상), 1164쪽(2019).
2) 대판 2017. 10. 31, 2015두45045(행정청이 한 처분 등의 취소를 구하는 소송은 처분에 의하여 발생한 위법 상태를 배제하여 원래 상태로 회복시키고 처분으로 침해된 권리나 이익을 구제하고자 하는 것이다); 대판 2006. 7. 28, 2004두13219; 대판 1997. 1. 24, 95누17403.
3) 박정훈, 행정소송의 구조와 기능, 165쪽.
4) Hufen, Verwaltungsprozessrecht(9. Aufl.), §10, Rn. 6

소를 구하는 원고의 취소청구권(행정행위의 취소를 구하는 원고의 권리)의 존부가 소송물이고 행정행위의 위법성은 그 선결문제에 불과하다는 견해, ③ 행정행위의 위법성 그 자체(행정행위의 위법성 일반)로 보는 견해,[1] ④ 학설·판례의 일반적 경향은 소송물의 개념 중 처분의 위법성 일반에만 치중하고 전반부의 '처분'부분은 고려대상에서 제외하거나 아니면 당초처분 내지 특정처분으로 한정하고 있음을 지적(처분의 동일성은 '규율의 동일성'으로 판단)하며 '당초처분 및 이와 동일한 규율인 처분의 위법성 일반'을 소송물로 보는 견해,[2] ⑤ 처분등이 위법하고 또한 처분등이 자기의 권리를 침해한다는 원고의 법적 주장을 소송물로 보는 견해,[3] ⑥ 처분의 객관적 위법성은 당사자의 법적 주장 자체와는 관계없다는 이유로 처분을 통해 자신의 권리가 침해되었다는 원고의 법적 주장을 소송물로 보는 견해[4]로 나뉜다.

(2) 판 례   판례는 ③설을 취한다.[5]   3983

(3) 사 견

㈎ 비 판   ①설은 다툼이 있는 행위 그 자체는 제소의 목적과 거리가   3984
멀고 또한 취소의 대상과 소송물은 구별되어야 하며, ②설은 원고의 계쟁행위의

---

1) 김동희, 행정법(Ⅰ), 735쪽(2019); 박윤흔·정형근, 최신행정법강의(상), 767쪽; 김연태, 행정법사례연습(제5판), 615쪽.

2) 박정훈, 행정소송의 구조와 기능, 411쪽.

3) 김남진, 행정법(Ⅰ), 651쪽; 홍준형, 행정법, 894쪽(2017); 정남철, 행정구제의 기본원리, 22쪽.

4) 류지태·박종수, 행정법신론, 685쪽(2019).

5) 대판 2019. 10. 17, 2018두104(취소소송의 소송물은 '처분의 위법성 일반'이라는 것이 대법원의 확립된 견해이다(대법원 1990. 3. 23. 선고 89누5386 판결, 대법원 1994. 3. 8. 선고 92누1728 판결 등 참조). 취소소송에서 법원은 해당 처분이 헌법, 법률, 그 하위의 법규명령, 법의 일반원칙 등 객관적 법질서를 구성하는 모든 법규범에 위반되는지 여부를 기준으로 처분의 위법성을 판단하여야 하고, 이는 주민소송에서도 마찬가지이다); 대판 1990. 3. 23, 89누5386(원래 과세처분이란 법률에 규정된 과세요건이 충족됨으로써 객관적, 추상적으로 성립한 조세채권의 내용을 구체적으로 확인하여 확정하는 절차로서, 과세처분취소소송의 소송물은 그 취소원인이 되는 위법성 일반이고 그 심판의 대상은 과세처분에 의하여 확인된 조세채무인 과세표준 및 세액의 객관적 존부이다); 대판 1996. 4. 26, 95누5820(취소판결의 기판력은 소송물로 된 행정처분의 위법성 존부에 관한 판단 그 자체에만 미치는 것이므로 전소와 후소가 그 소송물을 달리하는 경우에는 전소 확정판결의 기판력이 후소에 미치지 아니하는 것인바, 원심이 확정한 바에 의하더라도 전 소송은 이 사건에서의 피고 보조참가인이 원고가 되어 피고를 상대로 피고가 1990. 2. 3.에 한 이 사건 변경승인취소처분의 취소를 구하는 소송에서 이 사건에서의 원고가 피고 보조참가인이 되어 원고(이 사건에서의 피고 보조참가인)의 청구를 다투는 형식이었는데 반하여, 이 사건 소송은 원고가 피고를 상대로 1988. 9. 6.자 피고의 이 사건 변경승인의 무효확인(주위적으로) 또는 취소(예비적으로)를 구하는 소송에서 피고 보조참가인이 피고를 보조하여 원고의 청구를 다투는 것이어서, 전 소송과 이 사건 소송은 그 청구취지를 달리하는 것이므로 전 소송의 판결의 기판력은 그 소송물이었던 1990. 2. 3.자 변경승인취소처분의 위법성 존부에 관한 판단 그 자체에만 미치는 것이고 그 소송물을 달리하는 이 사건 소에는 미치지 아니한다고 보아야 할 것이다).

취소청구권의 존부만이 문제될 뿐 행정행위의 위법성을 소송물에서 제외함으로
써 취소소송판결의 기판력이 국가배상청구소송에 미치지 않으므로 분쟁의 일회
적 해결이나 취소소송에서 승소한 원고의 권리구제에 미흡하며, 취소소송의 기
각판결이 내려진 경우 그 기판력은 원고에게 취소청구권이 없다는 점에 대해
서만 발생하고 후소인 무효확인소송에 있어 처분의 위법성 판단에는 미치지
못하게 된다는 문제점이 있는바 동일한 처분에 대한 무효확인소송은 취소소송
의 기각판결에 의해 반드시 차단되어야 하므로 취소소송의 소송물에 처분의 위
법성이 포함되어야 하며, ③설에 따르면 권고의 권리를 직접 침해하는 것이 아
니라도 처분이 위법하기만하면 인용될 수 있다는 점, 취소소송은 권리구제를 주
된 목적으로 하는 주관적 소송이라는 성격을 고려할 때 문제가 있으며, 취소소
송에서 패소한 원고가 국가배상청구소송에서 승소할 가능성이 박탈된다는 점에
서 문제가 있다. 하여간 ③설이 우리의 일반적인 견해이며, ④설은 기본적으로
③설과 같은 문제점을 가진다. ⑥설도 기본적으로 ②설과 같은 문제점을 가진다.

3985　　　(바) **결　　론**　　생각건대 행정소송법 제1조가 규정하는 행정소송의 목적(권
리침해의 구제)과 행정소송법 제4조 제1호가 규정하는 취소소송의 의의(행정청의
위법한 처분등을 취소 또는 변경하는 소송)에 비추어 취소소송의 소송물을 ⑤설로 새
기는 것이 보다 합리적이다.[1] ⑤설은 처분권주의에 부합하고, 항고소송의 인용
판결의 기판력은 국가배상청구소송에 영향을 미치지만, 기각판결의 기판력은
국가배상청구소송에 미치지 않는다는 것을 설명하는데 적합하다. 다만, 이하에
서 소송물과 관련되는 부분을 기술할 때에는 특별한 지적이 없는 한, 독자들의
이해의 편의를 위해 일반적인 견해인 ③의 입장을 전제로 기술한다.

V. 행정소송 상호간의 관계

1. 취소소송과 무효확인소송의 관계

3986　　　(1) **병렬관계**　　취소소송과 무효확인소송은 양립할 수 있는 것이 아니다.
양 소송은 주위적·예비적 청구로서 병합이 가능하다. 단순병합은 허용되지 아
니한다.[2]

3987　　　(2) **포섭관계(중첩관계)**　　① 무효인 처분을 취소소송으로 다투면, 원고가

---

1) 김남진, 행정법(Ⅰ)(제7판), 747쪽; Glaeser, Verwaltungsprozeßrecht, Rn. 113; Hufen, Ver-
waltungsprozessrecht, §10, Rn. 7ff.
2) 대판 1999. 8. 20, 97누6889(행정처분에 대한 무효확인과 취소청구는 서로 양립할 수 없는 청구
로서 주위적·예비적 청구로서만 병합이 가능하고 선택적 청구로서의 병합이나 단순 병합은 허
용되지 아니한다).

취소만을 다투는 것이 명백한 것이 아니라면 무효를 선언하는 의미의 취소를 구하는 취지까지 포함되어 있는 것으로 볼 것이다. 물론 이러한 경우에는 취소소송의 요건을 구비하여야 한다(무효선언을 구하는 취소소송).[1] 요건을 구비하였다면 취소판결을 하게 된다.[2] 요건을 구비하지 못하였다면, 무효확인소송으로 변경이 없는 한, 인용판결하기 어렵다. 역으로 ② 취소할 수 있는 행위를 무효등확인소송으로 다투면, 역시 원고가 무효확인만을 구한다는 것이 명백한 것이 아니라면 취소를 구하는 취지까지 포함되어 있는 것으로 볼 것이다.[3] 물론 이러한 경우에는 취소소송의 요건을 구비하여야 하며, 법원의 취소판결은 법원이 석명권을 행사하여 무효등확인소송을 취소소송으로 소변경을 한 후에 이루어질 것이다.[4]

2. 취소소송과 부작위위법확인소송의 관계

부작위가 처분으로 간주되는 경우 또는 처분이 이루어져 부작위가 해소되면, 부작위위법확인소송을 제기할 수 없고, 취소소송을 제기하여야 한다는 점에서 부작위위법확인소송은 취소소송과의 관계에서 보충적이다. 이러한 경우에 부작위위법확인소송을 제기하면 부적법을 이유로 각하된다.

3988

---

1) 대판 1984. 5. 29, 84누175(행정처분의 당연무효를 선언하는 의미에서 그 취소를 청구하는 행정소송을 제기하는 경우에도 소원의 전치와 제소기간의 준수 등 취소소송의 제소요건을 갖추어야 한다).

2) 대판 1999. 4. 27, 97누6780(원고의 이 사건 대문설치신고는 형식적 하자가 없는 적법한 요건을 갖춘 신고라고 할 것이어서 피고의 신고증 교부 또는 수리처분 등 별단의 조처를 기다릴 필요가 없이 그 신고의 효력이 발생하였다고 할 것이어서 이 사건 대문은 적법한 것임에도 피고가 원고에 대하여 명한 이 사건 대문의 철거명령은 그 하자가 중대하고 명백하여 당연무효라고 할 것이고, 그 후행행위인 이 사건 계고처분 역시 당연무효라고 할 것인바, 이와 같은 취지의 원심 판단(원심판결주문 : 피고가 1996. 1. 19.자로 원고에게 한 서울 동작구 상도동 410 현대아파트 후문에 설치된 대문에 대한 대집행계고처분을 취소한다)은 정당하다).

3) 대판 2005. 12. 23, 2005두3554(하자 있는 행정처분을 놓고 이를 무효로 볼 것인지 아니면 단순히 취소할 수 있는 처분으로 볼 것인지는 동일한 사실관계를 토대로 한 법률적 평가의 문제에 불과하고, 행정처분의 무효확인을 구하는 소에는 특단의 사정이 없는 한 그 취소를 구하는 취지도 포함되어 있다고 보아야 하는 점(대판 1987. 4. 28, 86누887; 대판 1994. 12. 23, 94누477 등 참조) 등에 비추어 볼 때, 동일한 행정처분에 대하여 무효확인의 소를 제기하였다가 그 후 그 처분의 취소를 구하는 소를 추가적으로 병합한 경우, 주된 청구인 무효확인의 소가 적법한 제소기간 내에 제기되었다면 추가로 병합된 취소청구의 소도 적법하게 제기된 것으로 봄이 상당하다 할 것이다(대판 1976. 4. 27, 75누251 참조). 따라서 이 사건 주위적 청구인 무효확인에 관한 소가 적법한 제소기간 내에 제기되었다면 예비적 청구인 취소청구에 관한 소도 적법하게 제기된 것으로 보아야 할 것이다); 대판 1986. 9. 23, 85누838(행정처분의 무효확인을 구하는 청구에는 특별한 사정이 없는 한 그 처분의 취소를 구하는 취지까지도 포함되어 있다고 볼 수는 있으나 위와 같은 경우에 취소청구를 인용하려면 먼저 취소를 구하는 항고소송으로서의 제소요건을 구비한 경우에 한한다).

4) 대판 1994. 12. 23, 94누477; 대판 1987. 4. 28, 86누887.

3. 취소소송과 당사자소송의 관계

3989   행정행위의 공정력으로 인해 단순위법의 하자있는 행정행위는 취소소송 이외의 소송으로 그 효력을 부인할 수 없다. 따라서 파면처분을 받은 공무원은 그 파면처분이 당연무효가 아니라 단순위법의 처분이라면, 파면처분취소소송을 제기하여야 하고, 바로 당사자소송으로 공무원지위확인소송을 제기할 수는 없다. 만약 제기되면 그 청구는 기각될 수밖에 없다.[1]

제 2 항 본안판단의 전제요건(소송요건)

제 1 의   의

3990   '소없으면 재판없다'는 원칙은 취소소송의 경우에도 당연히 적용된다. 취소소송을 제기하여 법원으로부터 본안에 관한 승소판결을 받기 위해서는 본안판단의 전제요건(소송요건)과[2] 본안요건을 갖추어야 한다. 본안판단의 전제요건으로는 처분등이 존재하고(제2), 관할법원에(제3) 원고가 피고를 상대로(제4) 일정한 기간 내에(제5) 소장을 제출하여야 하고(제6), 일정한 경우에는 행정심판전치를 거쳐야 하되(제7), 원고에게는 처분등의 취소 또는 변경을 구할 이익(권리보호의 필요)이 있어야 하며(제8), 아울러 당사자 사이의 소송대상에 대하여 기판력 있는 판결이 없어야 하고 또한 중복제소도 아니어야 한다(제9).

3991   본안판단의 전제요건의 구비여부는 법원에 의한 직권심사사항이다. 본안판단의 전제요건이 결여되면, 법원은 소송판결(각하판결)을 한다. 이로써 소송은 본안심사가 허용되지 아니하는 것으로서 배척된다. 한편, 허용성의 심사(본안판단의 전제요건의 심사)와 이유심사(본안심사)의 구별은 소송법상 오랜 전통이다.[3] 본안판단의 전제요건의 심사를 통하여 법원이 계속중인 절차에 대한 결정의 권한을 갖는가의 여부를 분명히 하고자 하는 것이 양자를 구별하는 취지이다. 이하에서 차례로 살펴보기로 한다.

---

1) 2001. 4. 27, 2000다50237(재결에 대하여 불복절차를 취하지 아니함으로써 그 재결에 대하여 더 이상 다툴 수 없게 된 경우에는 기업자는 그 재결이 당연무효이거나 취소되지 않는 한, 이미 보상금을 지급받은 자에 대하여 민사소송으로 그 보상금을 부당이득이라 하여 반환을 구할 수 없다).

2) 본안판단의 전제요건(Sachentscheidungsvoraussetzungen)에 미비가 있는 경우에도 판결(소송판결)은 이루어지므로, 소송요건(Prozessvoraussetzungen)이라는 용어를 사용하지 아니하고 다만 본안판단의 전제요건이라는 용어만을 사용하는 입장도 있다(Hufen, Verwaltungsprozessrecht, § 10, Rn. 3).

3) Würtenberger, Verwaltungsprozessrecht, Rn. 121.

제2 처분등의 존재

취소소송을 제기하기 위해서는 처분등이 존재하여야 된다. 여기서 '처분등 3992
의 의미'와 '처분의 존재'가 문제된다. 행정소송법상 처분등은 처분과 재결로 구
성되고 있다. 즉 처분등은 "행정청이 행하는 구체적 사실에 관한 법집행으로서
의 공권력의 행사 또는 그 거부와 그 밖에 이에 준하는 행정작용(이를 처분이라
한다) 및 행정심판에 대한 재결"로 정의되고 있다(행소법 제2조 제1항 제1호). 처분
등의 존부여부는 법원의 직권조사사항이다.[1] 헌법재판소는 행정소송법상 처분
개념을 합헌으로 본다.[2] 한편, "행정소송법 제2조 소정의 행정처분이라고 하더
라도 그 처분의 근거 법률에서 행정소송 이외의 다른 절차에 의하여 불복할 것
을 예정하고 있는 처분은 항고소송의 대상이 될 수 없다."[3]

I. 처분의 관념

행정소송법 제2조 제1항 제1호 처분 개념의 구성
  □ 행정청이 행하는 구체적 사실에 관한 법집행으로서의 공권력의 행사
  □ 행정청이 행하는 구체적 사실에 관한 법집행으로서의 공권력의 행사의 거부
  □ 그 밖에 이에 준하는 행정작용

---

1) 대판 2004. 12. 24, 2003두15195(행정소송에서 쟁송의 대상이 되는 행정처분의 존부는 소송요
   건으로서 직권조사사항이고, 자백의 대상이 될 수 없는 것이므로, 설사 그 존재를 당사자들이
   다투지 아니한다 하더라도 그 존부에 관하여 의심이 있는 경우에는 이를 직권으로 밝혀 보아
   야 할 것이고, 사실심에서 변론종결시까지 당사자가 주장하지 않던 직권조사사항에 해당하는
   사항을 상고심에서 비로소 주장하는 경우 그 직권조사사항에 해당하는 사항은 상고심의 심판
   범위에 해당한다); 대판 1992. 1. 21, 91누1684.
2) 헌재 2009. 4. 30, 2006헌바66 전원재판부(항고소송에서 처분성이 인정되지 않는 '공권력의 행
   사'라고 하더라도 헌법재판소법 제68조 제1항 소정의 헌법소원이나 행정소송법상 당사자소송
   에 의한 구제수단에 의하여 권리구제가 확대될 수 있음을 감안할 때, 처분 개념을 규정한 이
   사건 법률조항은 국민의 효율적인 권리구제를 어렵게 할 정도로 입법재량권의 한계를 벗어났
   다고 할 수 없고, 항고소송의 대상이 되는 처분 개념을 위와 같이 규정한 데에는 충분한 합리
   적인 이유가 있으므로 재판을 받을 권리를 침해한다고 할 수 없다).
3) 대판 2018. 9. 28, 2017두47465(행정소송법 제2조의 처분의 개념 정의에는 해당한다고 하더라
   도 그 처분의 근거 법률에서 행정소송 이외의 다른 절차에 의하여 불복할 것을 예정하고 있는
   처분은 항고소송의 대상이 될 수 없다. 검사의 불기소결정에 대해서는 검찰청법에 의한 항고와
   재항고, 형사소송법에 의한 재정신청에 의해서만 불복할 수 있는 것이므로, 이에 대해서는 행
   정소송법상 항고소송을 제기할 수 없다); 대판 2000. 3. 28, 99두11264.

1. 개념의 분석

⑴ 행정청의 공권력 행사와 그 거부

3993 ㈎ **행 정 청** 행정소송법상 처분은 행정청이 행하는 공권력행사이다. 행정청에는 단독제기관 이외에 합의제기관(예 : 방송통신위원회·공정거래위원회·노동위원회·토지수용위원회·교원소청심사위원회)도 포함됨은 물론이다. 행정청에는 법령에 의하여 행정권한의 위임 또는 위탁을 받은 행정기관, 공공단체 및 그 기관 또는 사인이 포함된다(행소법 제2조 제2항)(예 : 대한주택공사·도시개발사업조합·농업기반공사·한국토지주택공사·한국자산관리공사·건강보험관리공단·교통안전공단, 별정우체국법상 별정우체국 등. 다만, 이러한 기관이 국가나 지방자치단체로부터 권한을 위임받아 국민·주민에 대하여 권력적 행위를 하는 범위 안에서만 행정청에 포함된다. 한편, 이러한 기관의 내부관계에서의 행위는 민사소송사항이다).[1] 여기서 말하는 행정청은 행정조직법상 행정청과 일치하는 것이 아니다. 행정소송법상 행정청의 개념은 기능적으로 이해되어야 한다. "상대방의 권리를 제한하는 행위라 하더라도 행정청 또는 그 소속기관이나 권한을 위임받은 공공기관의 행위가 아닌 한 이는 행정처분이 아니다"라는 것이 판례의 입장이다.[2]

---

1) 대판 1994. 5. 24, 92다35783(사업시행자인 대한주택공사는 국가 또는 지방자치단체와 같은 행정기관이 아니고 이와는 독립하여 법률에 의하여 특수한 존립목적을 부여받아 국가의 특별감독하에 그 존립목적인 공공사무를 행하는 공법인이고, 대한주택공사가 관계법령에 따라 공공사업을 시행하면서 그에 따른 이주대책을 실시하는 경우에도, 그 이주대책에 관한 처분은 법률상 부여받은 행정작용권한을 행사하는 것으로서 항고소송의 대상이 되는 공법상 처분이 되므로, 그 처분이 위법부당한 것이라면 사업시행자인 당해 공법인을 상대로 그 취소소송을 제기할 수 있다); 대판 2002. 12. 10, 2001두6333(도시재개발법에 의한 재개발조합은 조합원에 대한 법률관계에서 적어도 특수한 존립목적을 부여받은 특수한 행정주체로서 국가의 감독하에 그 존립 목적인 특정한 공공사무를 행하고 있다고 볼 수 있는 범위 내에서는 공법상의 권리의무관계에 서 있는 것이므로 분양신청 후에 정하여진 관리처분계획의 내용에 관하여 다툼이 있는 경우에는 그 관리처분계획은 토지 등의 소유자에게 구체적이고 결정적인 영향을 미치는 것으로서 조합이 행한 처분에 해당하므로 항고소송의 방법으로 그 무효확인이나 취소를 구할 수 있다); 대판 1993. 8. 27, 93누3356(병역법상 신체등위판정은 행정청이라고 볼 수 없는 군의관이 하도록 되어 있으며, 그 자체만으로 바로 병역법상의 권리의무가 정하여지는 것이 아니라 그에 따라 지방병무청장이 병역처분을 함으로써 비로소 병역의무의 종류가 정하여지는 것이므로 항고소송의 대상이 되는 행정처분이라 보기 어렵다).
2) 대판 2014. 12. 24, 2010두6700; 대결 2010. 11. 26, 2010무137(재항고인은 수도권매립지관리공사의 설립 및 운영 등에 관한 법률의 규정에 의하여 설립된 공공기관(법인)으로서 공공기관의 운영에 관한 법률 제5조 제4항에 의한 '기타 공공기관'에 불과하여 같은 법 제39조에 의한 입찰참가자격 제한 조치를 할 수 없을 뿐만 아니라, 재항고인의 대표자는 국가를 당사자로 하는 계약에 관한 법률 제27조 제1항에 의하여 입찰참가자격 제한 조치를 할 수 있는 '각 중앙관서의 장'에 해당하지 아니함이 명백하다. 따라서 재항고인은 행정소송법에 정한 행정청 또는 그 소속기관이거나, 그로부터 이 사건 제재처분의 권한을 위임받은 공공기관에 해당하지 아니하므로, 재항고인이 한 이 사건 제재처분은, 행정소송의 대상이 되는 행정처분이 아니라 단지 신청인을 재항고인이 시행하는 입찰에 참가시키지 않겠다는 뜻의 사법상의 효력을 가지는 통지행위에 불과하다 할 것이고, 따라서 재항고인이 이와 같은 통지를 하였다고 하여 신청인에게

⒩ **구체적 사실**   행정소송법상 처분은 구체적 사실에 관한 공권력행사이   3994
다. 구체적 사실이란 기본적으로 관련자가 개별적이고 규율대상이 구체적인 것
을 의미한다. 일반·추상적 사실에 대한 규율은 입법을 의미한다. 관련자가 일반
적이고 규율사건이 구체적인 경우의 규율은 일반처분이라 하고 이것 역시 처분
에 해당한다고 새긴다.

㈐ **법 집 행**   행정소송법상 처분은 법집행으로서의 공권력행사이다. 법집   3995
행행위라는 점에서 처분과 사법(판결)은 유사한 면을 갖는다(물론 기본성격·판단의
내용·판단기관의 성격·절차·효과 등에서 차이를 갖는다). 그러나 처분은 법집행행위이
므로 법정립행위인 입법과는 구별된다. 행정규칙의 집행도 법집행에 해당할 수
있다.[1]

㈑ **공권력행사**   행정소송법상 처분은 공권력행사이다. 공권력행사의 의미   3996
는 분명하지 않지만, 공권력행사란 공법에 근거하여 행정청이 우월한 지위에
서[2] 일방적으로 행하는 일체의 행정작용을 의미한다고 말할 수 있다. 따라서
행정청이 행하는 사법작용이나 사인과의 대등한 관계에서 이루어지는 공법상
계약등은 여기서 말하는 공권력행사에 해당하지 아니한다고 볼 것이다. 하여간
공권력행사에는 적극적 행위이든, 소극적 행위로서의 거부처분이든[3] 불문하고

국가를 당사자로 하는 계약에 관한 법률 제27조 제1항에 의한 국가에서 시행하는 모든 입찰에
의 참가자격을 제한하는 효력이 발생한다고 볼 수는 없으므로, 신청인이 재항고인을 상대로 하
여 제기한 이 사건 효력정지 신청은 부적법하다).

1) 대판 2021. 2. 10, 2020두47564(어떠한 처분의 근거나 법적인 효과가 행정규칙에 규정되어 있다
고 하더라도, 그 처분이 행정규칙의 내부적 구속력에 의하여 상대방에게 권리의 설정 또는 의
무의 부담을 명하거나 기타 법적인 효과를 발생하게 하는 등으로 그 상대방의 권리 의무에 직
접 영향을 미치는 행위라면, 이 경우에도 항고소송의 대상이 되는 행정처분에 해당한다고 보아
야 한다).

2) 대판 2017. 6. 15, 2014두46843(구 산업집적활성화 및 공장설립에 관한 법률(2013. 3. 23. 법률
제11690호로 개정되기 전의 것) 제13조 제1항 등의 규정들에서 알 수 있는 산업단지관리공단
의 지위, 입주계약 및 변경계약의 효과, 입주계약 및 변경계약 체결 의무와 그 의무를 불이행
한 경우의 형사적 내지 행정적 제재, 입주계약해지의 절차, 해지통보에 수반되는 법적 의무 및
그 의무를 불이행한 경우의 형사적 내지 행정적 제재 등을 종합적으로 고려하면, 입주변경계약
취소는 행정청인 관리권자로부터 관리업무를 위탁받은 산업단지관리공단이 우월적 지위에서
입주기업체들에게 일정한 법률상 효과를 발생하게 하는 것으로서 항고소송의 대상이 되는 행
정처분에 해당한다).

3) 대판 1992. 3. 31, 91누4911(행정소송법은 행정소송절차를 통하여 행정청의 위법한 처분 그 밖
에 공권력의 행사·불행사 등으로 인한 국민의 권리 또는 이익의 침해를 구제하는 것 등을 목
적으로 하는 법으로서, 취소소송은 처분등을 대상으로 하는 것인바, 이 법에서 "처분등"이라
함은 행정청이 행하는 구체적 사실에 관한 법집행으로서의 공권력의 행사 또는 그 거부와 그
밖에 이에 준하는 행정작용을 말하는 것이라고 정의되어 있으므로, 행정청이 구체적인 사실에
관한 법집행으로서 공권력을 행사할 의무가 있는데도 그 공권력의 행사를 거부함으로써 국민
의 권리 또는 이익을 침해한 때에는 그 처분등을 대상으로 취소소송을 제기할 수 있다).

모두 포함된다.

　　㈒ **공권력 행사의 거부**

3997　　　　**1) 거부처분의 의의**　　　행정소송법상 거부처분 취소소송의 대상인 '거부처분'이란 '행정청이 행하는 구체적 사실에 관한 법집행으로서의 공권력의 행사 또는 이에 준하는 행정작용', 즉 적극적 처분의 발급을 구하는 신청에 대하여 그에 따른 행위를 하지 않았다고 거부하는 행위를 말한다.[1]

3998　　　　**2) 부작위와의 구별**　　　거부는 처분의 신청에 대한 명백한 거절의 의사표시라는 점에서 처음부터 아무런 의사표시를 하지 않는 부작위와 구별된다. 다만 법령상 일정기간의 경과에 의하여 거부로 간주되는 간주거부(예 : 구 공개법 제11조 제5항, 구 국세기본법 제65조 제5항·제81조)와 묵시적 거부는 거부처분에 포함된다. 거부의 의사표시는 행정청이 외부적으로 명백히 표시하는 것이 일반적이겠으나, 신청인에 대해 직접 거부의 의사표시를 하지 아니하더라도 본인이 알았거나 알 수 있었을 때에 거부처분이 있는 것으로 볼 수 있다는 것이 판례의 입장이다.[2] 그런데 대법원은 서울대 김민수교수사건에서 "대학교원의 임용권자가 임용기간이 만료된 조교수에 대하여 재임용을 거부하는 취지로 한 임용기간의 만료의 통지가 행정소송의 대상이 되는 처분이다"라고 판시한 바 있다.[3]

　　　　3) 거부처분의 성립요건

3999　　　　**a) 판례의 태도**　　　법원은 "국민의 적극적 신청행위에 대하여 행정청이 그 신청에 따른 행위를 하지 않겠다고 거부한 행위가 항고소송의 대상이 되는 행정처분에 해당하기 위해서는, 신청한 행위가 공권력의 행사 또는 이에 준하는 행정작용이어야 하고, 거부행위가 신청인의 법률관계에 어떤 변동을 일으키는 것이어야 하며, 국민에게 행위발동을 요구할 법규상 또는 조리상의 신청권이 있어야 한다"고[4] 하면서 "그 거부행위의 처분성을 인정하기 위한 전제요건이 되는 신청권의 존부는 구체적 사건에서 신청인이 누구인가를 고려하지 않고 관계 법규의 해석에 의하여 국민에게 그러한 신청권을 인정하고 있는가를 살펴 추상적으로 결정되는 것이므로, 국민이 어떤 신청을 한 경우에 그 신청의

---

1) 대판 2018. 9. 28, 2017두47465.
2) 대판 1991. 2. 12, 90누5825(검사지원자 중 한정된 수의 임용대상자에 대한 임용결정은 한편으로는 그 임용대상에서 제외한 자에 대한 임용거부 결정이라는 양면성을 지니는 것이므로 임용대상자에 대한 임용의 의사표시는 동시에 임용대상에서 제외한 자에 대한 임용거부의 의사표시를 포함한 것으로 볼 수 있고, 이러한 임용거부의 의사표시는 본인에게 직접 고지되지 않았다고 하여도 본인이 이를 알았거나 알 수 있었을 때에 그 효력이 발생한 것으로 보아야 한다).
3) 대판 2004. 4. 22, 2000두7735.
4) 대판 2017. 6. 15, 2013두2945; 대판 2016. 11. 10, 2016두44674.

근거가 된 조항의 해석상 행정발동에 대한 개인의 신청권을 인정하고 있다고 보이면 그 거부행위는 항고소송의 대상이 되는 처분으로 보아야 한다"라는 입장이다.[1]

　　b) 학　설　　판례가 드는 거부처분의 성립요건 중 법규상 또는 조리상 4000 의 신청권이 있어야 한다는 부분에 대하여는 학설의 대립이 있다. 판례에 찬성하는 견해는[2] 거부처분의 처분성을 인정하기 위한 전제요건이 되는 신청권의 존부는 구체적 사건에서 신청인이 누구인가를 고려하지 않고 관계법규의 해석에 의해 일반국민에게 그러한 신청권을 인정하고 있는가를 살펴 추상적으로 결정된다는 판례의[3] 신청권에 대한 입장을 '형식적 신청권(원고의 신청에 대한 단순 응답권)'으로 보아 이러한 신청권은 처분성인정의 문제라고 한다. 이 견해에 의하면 신청의 대상이 항고소송의 대상인 처분이라면 이러한 신청권은 항상 긍정된다고 한다. 이에 대하여 신청권을 소송요건의 문제로 보면 '본안판단의 선취'가 된다고 하면서 신청권의 존부는 본안에 가서야 판단될 수 있다는 견해도 있다.[4]

　　c) 사　견　　신청권을 대상적격으로 처리하는 판례의 입장에는 문제가 4001 있다. 말하자면 어떠한 거부행위가 행정소송의 대상이 되는 처분에 해당하는가의 여부는「그 거부된 행위가 행정소송법 제2조 제1항 제1호의 처분에 해당하는가」의 여부에 따라 판단하는 것이 논리적이다. 그래야만 행정소송법이 제2조 제1항 제1호에서 처분개념에 관한 정의규정을 두고 있는 취지에 부합할 것이다. 그런데 판례는 거부행위의 처분성에 관한 판단에 있어서 신청권(신청에 따른 행정행위를 요구할 수 있는 법규상 또는 조리상 권리)의 유무를 기준으로 하고 있는데, 이것은 행정소송법 제2조 제1항 제1호의 의미와 거리가 멀어 보인다. 대상적격은 객관적·외형적으로 판단해야 하고, 신청권의 판단은 객관적·외형적 판단을 넘어서 사인의 개별·구체적인 상황을 고려해야만 가능하며,[5] 또한 판례의 입장은 대상적격과 원고적격의 구분을 무시한 것이며 거부처분의 개념을 부당하

---

1) 헌재 2015. 3. 26, 2013헌마134; 대판 2011. 10. 13, 2008두17905; 대판 2007. 10. 11, 2007두1316; 대판 2005. 11. 25, 2004두12421(당연퇴직공무원의 복직신청거부처분의 처분성); 대판 2006. 6. 30, 2004두701(산림복구준공통보취소신청거부처분의 처분성); 대판 2005. 4. 15, 2004두11626; 대판 2005. 2. 25, 2004두4031; 대판 2004. 4. 28, 2003두1806(도시계획시설변경입안의 제안거부처분의 처분성); 대판 2004. 4. 27, 2003두8821(문화재보호구역지정신청거부처분의 처분성).
2) 김남진·김연태, 행정법(Ⅰ), 857쪽(2019).
3) 대판 1996. 6. 11, 95누12460.
4) 홍준형, 행정쟁송법, 191쪽(2017).
5) 박정훈, 행정소송의 구조와 기능, 86쪽.

게 축소한 것이라는[1] 비판도 있다. 신청권의 유무는 원고적격(행소법 제12조)의 문제로 처리하는 것이 논리적이다. 물론 이러한 판단에는 행정소송법상 규정되고 있는 항고소송의 성질도 고려되어야 할 것이다.

4002   ▎**참고**▎   거부행위가 항고소송의 대상인 행정처분이 되기 위해서는 신청권이 필요하다는 판시는 현행 행정소송법의 발효일(1985. 10. 1.) 이전의 판례부터 나타난다. 예컨대 대판 1984. 10. 23, 84누227(국민의 신청에 대한 행정청의 거부처분이 항고소송의 대상이 되는 행정처분이 되기 위하여는, 국민이 행정청에 대하여 그 신청에 따른 행정행위를 해줄 것을 요구할 수 있는 법규상 또는 조리상의 권리가 있어야 하는바, 도시계획법상 주민이 도시계획 및 그 변경에 대하여 어떤 신청을 할 수 있음에 관한 규정이 없을 뿐만 아니라, 도시계획과 같이 장기성·종합성이 요구되는 행정계획에 있어서는 그 계획이 일단 확정된 후에 어떤 사정의 변동이 있다고 하여 지역주민에게 일일이 그 계획의 변경을 청구할 권리를 인정해 줄 수도 없는 이치이므로 도시계획시설변경신청을 불허한 행위는 항고소송의 대상이 되는 행정처분이라고 볼 수 없다)이 대표적이다. 현행 행정소송법과 달리 구 행정소송법에는 처분개념에 대한 정의규정이 없었으므로 신청권이 필요하다는 판례의 태도를 이해할 수도 있으나, 현행법은 처분개념에 대한 정의규정을 두고 있으므로, 1985. 10. 1. 이후부터 법원은 거부처분에 대한 해석을 달리하였어야 했다.

4003   4) 거부처분 후 재신청에 대한 거부처분   판례는 "수익적 행정처분을 구하는 신청에 대한 거부처분이 있은 후 당사자가 다시 신청을 한 경우에는 신청의 제목 여하에 불구하고 그 내용이 새로운 신청을 하는 취지라면 관할 행정청이 이를 다시 거절하는 것은 새로운 거부처분이라고 보아야 한다. 나아가 어떠한 처분이 수익적 행정처분을 구하는 신청에 대한 거부처분이 아니라고 하더라도, 해당 처분에 대한 이의신청의 내용이 새로운 신청을 하는 취지로 볼 수 있는 경우에는, 그 이의신청에 대한 결정의 통보를 새로운 처분으로 볼 수 있다"는 견해를 취한다.[2]

   ㈐ 항고소송의 본질에 따른 처분개념의 제한

4004   1) 법적 행위로서 공권력 행사   취소소송의 본질은 일반적으로 위법성의 소급적 제거에 있는 것으로 이해되고 있다. 그런데 사실적인 것은 소급적인 제거가 불가능하지만, 법적 행위에 있는 위법성은 소급적으로 제거할 수 있으므로, 취소소송의 대상이 되는 공권력행사(처분)는 법적 행위에 한정된다고 볼 것

---

1) 홍준형, 행정쟁송법, 191쪽(2017).
2) 대판 2022. 3. 17, 2021두53894.

이다. 법적 행위인 한 행정규칙에 근거한 처분도 취소소송의 대상이 된다.[1] 법적 행위란 외부적으로 직접적인 법효과를 의도하는 의사표시를 말한다.

　　2) 판　례　　판례는 "항고소송의 대상이 되는 행정처분은, 행정청의　4005
공법상의 행위로서 특정사항에 대하여 법규에 의한 권리의 설정 또는 의무의 부담을 명하거나 기타 법률상 효과를 발생하게 하는 등 국민의 구체적인 권리·의무에 직접적 변동을 초래하는 행위를 말하고, 행정권 내부에서의 행위나 알선, 권유, 사실상의 통지 등과 같이 상대방 또는 기타 관계자들의 법률상 지위에 직접적인 법률적 변동을 일으키지 아니하는 행위 등은 항고소송의 대상이 될 수 없다"고[2] 하는데, 이러한 표현이 법적 행위만을 항고소송의 대상으로 제한하는 것이라 단언하기 어렵다. 판례는 더 나아가서 "행정청의 행위가 항고소송의 대상이 될 수 있는지는 추상적·일반적으로 결정할 수 없고, 구체적인 경우에 관련 법령의 내용과 취지, 그 행위의 주체·내용·형식·절차, 그 행위와 상대방 등 이해관계인이 입는 불이익 사이의 실질적 견련성, 법치행정의 원리와 그 행위에 관련된 행정청이나 이해관계인의 태도 등을 고려하여 개별적으로 결정하여야 한다. 행정청의 행위가 '처분'에 해당하는지가 불분명한 경우에는 그에 대한 불복방법 선택에 중대한 이해관계를 가지는 상대방의 인식가능성과 예측가능성을 중요하게 고려하여 규범적으로 판단하여야 한다"는 견해를 취한다.[3]

　　3) 권력적 사실행위　　한편 전통적으로 행정행위 외에 권력적 사실행위　4006
도 취소소송의 대상이 되는 공권력행사에 해당하는 것으로 본다. 이 때 권력적 사실행위(예 : 불법건물의 철거)는 순수사실행위(예 : 건물철거행위)와 행정행위(예 : 철거시 상대방의 수인의무)의 합성적인 행위로 이해된다. 그러나 권력적 사실행위에는 행정행위의 성격을 갖지 아니하는 것도 있다(예 : 경찰의 미행행위). 이러한 행위는 취소소송의 대상이 아니다. 소의 대상이 되는 권력적 사실행위로 강제격리, 미결수용 중인 교도소 재소자의 이송조치,[4] 유치나 예치, 영업소 폐쇄, 단수처분[5] 등이 언급되기도 한다.[6]

---

1) 대판 2004. 11. 26, 2003두10251·10268(어떠한 처분의 근거가 행정규칙에 규정되어 있다고 하더라도, 그 처분이 상대방에게 권리의 설정 또는 의무의 부담을 명하거나 기타 법적인 효과를 발생하게 하는 등으로 그 상대방의 권리의무에 직접 영향을 미치는 행위라면, 이 경우에도 항고소송의 대상이 되는 행정처분에 해당한다).
2) 대판 2016. 12. 27, 2014두5637; 대판 2015. 12. 10, 2011두32515.
3) 대판 2022. 7. 28, 2021두60748; 대판 2021. 1. 14, 2020두50324.
4) 대결 1992. 8. 7, 92두3.
5) 대판 1979. 12. 28, 79누218.
6) 행정법원 실무연구회, 행정소송의 이론과 실무, 66쪽.

⑵ 이에 준하는 행정작용

4007　　　㈎ 일원론과 이원론　　　취소소송의 본질을 위법성의 소급적 제거로 보는 견해(일원론)에 의하면 처분개념과 행정행위 개념은 동일하다고 본다. 이러한 견해에 의하면 순수한 사실행위는 법적 효과의 제거와 무관하다고 보므로 취소소송의 대상이 되지 않는다고 한다. 따라서 "기타 이에 준하는 작용"에 포함될 수 있는 것으로는 ① 법집행으로서의 공권력의 행사로서의 성질은 갖지만 전형적인 행정행위에 해당하지 않는 행정작용인 권력적 사실행위가 그에 해당한다는 견해,[1] ② '이에 준하는'의 의미를 당해 행정작용이 공권력 행사로서의 성질은 갖지만, 구체적 사실에 관한 법집행으로서의 정형적인 공권력 행사인 개별·구체적인 경우가 아니면서도 공권력행사로서 외부적인 법적 구속력을 갖는 일반처분의 경우가 이에 해당한다는 견해,[2] ③ 쟁송법상 행정행위 개념과 실체법상 행정행위 개념간의 한계설정과 행정의 행위형식에 관한 분류의 필요성을 이유로 일반처분과 처분적 법령에 한정하여야 한다는 견해[3] 등이 주장된다. 한편, 쟁송법상 처분 개념을 주장하는 견해[4](이원론)들은 권력적 사실행위, 행정내부행위, 일부의 행정지도와 사실행위, 행정조사 그리고 일부의 행정규칙을 이에 준하는 행정작용의 예로 든다.

4008　　　㈏ 사실행위의 문제　　　행정소송법이 말하는 '이에 준하는 행정작용'이란 무엇을 의미하는 것인가? 1설은 이에 준하는 행정작용은 권력행사로서의 사실행위와 관련하여 의미를 갖는다고 하고, 2설은 수인하명을 내포하는 권력적 사실행위는 별문제이나 순수사실행위는 취소소송의 대상이 아니라 이행소송의 대상이 될 뿐이라 하고 있다.

4009　　　1설의 입장에서는 현행 행정소송법은 쟁송법상 처분개념을 도입하였다고 하게 된다. 그러나 만약 '이에 준하는 행정작용'이 수인의무를 동반하는 작용을 의미한다면, 그것은 앞에서 본 행정청이 행하는 구체적 사실에 관한 법집행으로서의 공권력행사의 문제로 해결될 수 있을 것이며, 순수사실행위를 의미한다면 그것은 법적 효과의 제거라는 취소소송의 본래의 취지와 거리가 먼 것이 된다. 여기에 1설은 문제점을 갖는다. 따라서 취소소송과 관련하는 한 2설이 보다 논리적이다. 소송형태의 다양화를 통해 사실행위도 다툴 수 있는 길을 모색하는 것이 필요하다. 예컨대, 경찰의 불법미행행위는 행정소송법 제2조 제1항 제1호

---

1) 김남진·김연태, 행정법(Ⅰ), 854쪽(2019).
2) 류지태·박종수, 행정법신론, 728쪽(2019).
3) 정하중, 행정법개론, 730쪽(2019).
4) 김동희, 행정법(Ⅰ), 766쪽(2019); 김남진, 행정법(Ⅰ)(제7판), 776쪽 이하.

에서 말하는 공권력행사이지만, 법적인 행위가 아니므로 취소소송의 대상이 되지 아니한다. 그러나 권한부존재확인의 소를 인정하거나 부작위를 명하는 소송을 인정한다면, 불법미행행위도 소송으로 다툴 수 있게 될 것이다.

(대) **행정입법 등의 문제**   한편 학자에 따라서는 이에 준하는 행정작용의 예   4010
로 행정입법·법률대위적 행정규칙·구속적 행정계획을 들기도 한다. 그러나 행정입법과 법률대위적 행정규칙은 구체적 사실에 대한 법집행으로서의 공권력행사에 준하는 것으로 보기 어려울 뿐만 아니라 이러한 것은 규범통제의 문제로 처리하는 것이 바른 방법이며, 구속적 행정계획은 일률적으로 말할 수 있는 것이 아니고 계획마다 검토되어야 하는 것이므로 상기의 행위형식들은 이에 준하는 작용의 예로 부적절하다. 일설은 이에 준하는 행정작용을 일반처분과 처분법령에 한정시키는 것이 바람직하다고 한다.[1]

(라) **처분적 법규명령의 문제**   다만 집행행위를 요함이 없이도 바로 직접 국   4011
민의 권리·의무를 발생시키는 처분적 법규명령은 「이에 준하는 행정작용」에 해당하는 것으로 볼 수 있다.[2] 동시에 이것은 "행정청이 행하는 구체적 사실에 관한 법집행으로서의 공권력행사"에 해당한다고 볼 여지도 있다. 고시형식의 처분적 법규명령의 경우도 같다.

2. 개별적인 문제

(1) **행정입법**   ① 법규명령은 일반추상성을 기본적인 속성으로 갖는바,   4012
구체적 사실에 관한 법집행으로 볼 수 없다고 할 것이고, 따라서 법규명령은 행정소송법상 처분으로 볼 수 없다. 그러나 경우에 따라서는 법규명령 그 자체만으로 개인의 권리를 직접 침해하는 경우도 있을 수 있는바, 이러한 경우는 처분성을 갖는다고 볼 것이다. 그리고 이러한 경우는 행정소송법 제2조 제1항 제1호에 전단에도 해당한다고 볼 수 있을 것이지만, 후단의 "그 밖에 이에 준하는 행정작용"으로 볼 여지도 있다. 한편 ② 고시형식의 법규명령의 경우도 통상적인 법규명령의 경우와 같다.[3]

---

1) 정하중, 행정법개론, 730쪽(2019).
2) 대판 1954. 8. 19, 4286행상37.
3) 대판 2006. 9. 22, 2005두2506(보건복지부 고시인 약제급여·비급여목록 및 급여상한금액표(보건복지부 고시 제2002-46호로 개정된 것)는 다른 집행행위의 매개 없이 그 자체로서 국민건강보험가입자, 국민건강보험공단, 요양기관 등의 법률관계를 직접 규율하는 성격을 가지므로 항고소송의 대상이 되는 행정처분에 해당한다); 대결 2003. 10. 9, 2003무23(어떠한 고시가 일반적·추상적 성격을 가질 때에는 법규명령 또는 행정규칙에 해당할 것이지만, 다른 집행행위의 매개 없이 그 자체로서 직접 국민의 구체적인 권리의무나 법률관계를 규율하는 성격을 가질 때에는 항고소송의 대상이 되는 행정처분에 해당한다).

4013 (2) **무효행위**   무효행위는 무효확인소송의 대상이지 취소소송의 대상이
되는 것은 아니다. 그러나 판례는 무효선언을 구하는 의미의 취소소송의 형식으
로 무효를 주장하는 것을 인정하는바, 이러한 범위 안에서 무효행위도 취소소송
의 대상이 된다.

4014 (3) **거부처분**   거부처분 역시 공권력행사의 거부에 해당하는 것인바, 거
부처분이 구체적 사실에 대한 법집행위인 한, 행정소송법 제2조 제1항 제1호가
말하는 처분에 해당함에는 의문이 없다.

4015 (4) **일반처분**   일반처분은 행정처분의 일종으로 이해되는바, 일반처분 역
시 행정소송법상 처분개념에 해당한다고 보겠다.

4016 (5) **행정행위의 부관**   부관도 행정처분의 한 부분인 까닭에 행정소송법상
처분개념에 해당한다고 볼 것이지만, 부관이 독립하여 행정소송의 대상이 될 수
있는가에 관해서는 견해가 갈린다. 판례는 부관 중에서 부담만은 독립하여 다툴
수 있다고 한다.

4017 (6) **가행정행위**   가행정행위의 구속력이 통상의 행정행위의 경우보다 약
하다고 하여도 역시 일종의 행정행위인바, 가행정행위도 행정소송법상 처분개
념에 속한다고 볼 것이다.

4018 (7) **예비결정**   예비결정의 의미가 통상의 행정행위와 다소 상이하다고 하
여도 그것 역시 공법상 구체적 사실에 대한 법집행행위임은 분명하므로, 행정소
송법상 처분개념에 해당된다고 볼 것이다.

4019 (8) **행정청의 내부행위**   행정기관의 내부행위는 국민들의 권리·의무와 직
결된 행위는 아니므로 행정소송법상 처분개념에 해당하지 않는다고 볼 것이다.[1]

4020 (9) **사실행위**   순수한 사실행위도 행정소송법상 처분개념에 해당한다고
볼 수도 있으나, 취소소송의 대상이 되는 처분은 아니라 하겠다. 왜냐하면 취소
소송은 법적 효과의 제거를 목적으로 하는 것이기 때문이다. 그러나 사실행위가
법적 요소(수인하명)와 물리적 요소(순수사실행위)가 결합된 경우에는 법적 요소의
부분과 관련하여 취소소송의 대상이 된다고 볼 것이다.

4021 (10) **통치행위**   통치행위를 인정할 것인가의 여부는 문제이지만, 통치행위

---

1) 대결 2011. 4. 21, 2010무111 전원합의체(항고소송의 대상이 되는 행정청의 처분이란 원칙적으
로 행정청의 공법상 행위로서 특정사항에 대하여 법규에 의한 권리의 설정 또는 의무의 부담
을 명하거나 기타 법률상 효과를 직접 발생하게 하는 등 국민의 권리의무에 직접 관계가 있는
행위를 말하므로, 행정청의 내부적인 의사결정 등과 같이 상대방 또는 관계자들의 법률상 지위
에 직접 법률적 변동을 일으키지 않는 행위는 그에 해당하지 아니한다); 대판 1999. 8. 20, 97누
6889; 대판 1997. 9. 26, 97누8540.

의 관념을 인정하는 한 통치행위가 행정소송의 대상인 처분이 아님은 물론이다.

  ⑾ **교원징계**   사립학교교원의 경우에는 민사소송절차로서 학교법인의 해   4022
임처분을 다투거나,[1] 아니면 교원징계재심위원회의 결정을 원처분으로서 다투
어야 한다는 입장이다.[2] 한편, 국공립학교교원의 경우에는 재심결정이 아니라
원처분이 소의 대상이 되며, 재심결정에 고유한 위법이 있으면 재심결정이 소의
대상이 된다.[3] 재임용거부처분도 소의 대상이 되고,[4] 경우에 따라서는 신규임
용거부도 소의 대상이 된다.[5]

---

1) 대판 1993. 2. 12, 92누13707(사립학교교원은 학교법인 또는 사립학교 경영자에 의하여 임면되는
   것으로서 사립학교교원과 학교법인의 관계를 공법상의 권력관계라고는 볼 수 없으므로 사립학
   교교원에 대한 학교법인의 해임처분을 취소소송의 대상이 되는 행정청의 처분으로 볼 수 없고,
   따라서 학교법인을 상대로 한 불복은 행정소송에 의할 수 없고 민사소송절차에 의할 것이다).
2) 대판 1993. 2. 12, 92누13707(사립학교교원에 대한 해임처분에 대한 구제방법으로 학교법인을
   상대로 한 민사소송 이외 교원지위향상을위한특별법 제7조 내지 제10조에 따라 교육부 내에
   설치된 교원징계재심위원회에 재심청구를 하고 교원징계재심위원회의 결정에 불복하여 행정소
   송을 제기하는 방법도 있으나, 이 경우에도 행정소송의 대상이 되는 행정처분은 교원징계재심
   위원회의 결정이지 학교법인의 해임처분이 행정처분으로 의제되는 것이 아니며 또한 교원징계
   재심위원회의 결정을 이에 대한 행정심판으로서의 재결에 해당되는 것으로 볼 수는 없다); 헌
   재 2003. 12. 18, 2002헌바14·32(병합)(학교법인에 의하여 징계처분 등을 받은 사립학교 교원
   은 교원지위법에 따른 재심위원회의 재심절차와 행정소송절차를 밟을 수 있을 뿐만 아니라 종
   래와 같이 민사소송을 제기하여 권리구제를 받을 수도 있는데, 이 두 구제절차는 임의적·선택
   적이다).
3) 대판 1994. 2. 8, 93누17874(국공립학교교원에 대한 징계 등 불리한 처분은 행정처분이므로 국
   공립학교교원이 징계 등 불리한 처분에 대하여 불복이 있으면 교원징계재심위원회에 재심청구
   를 하고 위 재심위원회의 재심결정에 불복이 있으면 항고소송으로 이를 다투어야 할 것인데,
   이 경우 그 소송의 대상이 되는 처분은 원칙적으로 원처분청의 처분이고, 원처분이 정당한 것
   으로 인정되어 재심청구를 기각한 재결에 대한 항고소송은 원처분의 하자를 이유로 주장할 수
   는 없고 그 재결 자체에 고유한 주체, 절차, 형식 또는 내용상의 위법이 있는 경우에 한한다고
   할 것이므로, 도교육감의 해임처분의 취소를 구하는 재심청구를 기각한 재심결정에 사실오인
   의 위법이 있다거나 재량권의 남용 또는 그 범위를 일탈한 것으로서 위법하다는 사유는 재심
   결정 자체에 고유한 위법을 주장하는 것으로 볼 수 없어 재심결정의 취소사유가 될 수 없다).
4) 대판 2004. 4. 22, 2000두7735(기간제로 임용되어 임용기간이 만료된 국·공립대학의 조교수는
   교원으로서의 능력과 자질에 관하여 합리적인 기준에 의한 공정한 심사를 받아 위 기준에 부
   합되면 특별한 사정이 없는 한 재임용되리라는 기대를 가지고 재임용 여부에 관하여 합리적인
   기준에 의한 공정한 심사를 요구할 법규상 또는 조리상 신청권을 가진다고 할 것이니, 임용권
   자가 임용기간이 만료된 조교수에 대하여 재임용을 거부하는 취지로 한 임용기간만료의 통지
   는 위와 같은 대학교원의 법률관계에 영향을 주는 것으로서 행정소송의 대상이 되는 처분에
   해당한다).
5) 대판 2004. 6. 11, 2001두7053(유일한 면접심사 대상자로 선정된 임용지원자에 대한 교원신규
   채용업무를 중단하는 조치는 교원신규채용절차의 진행을 유보하였다가 다시 속개하기 위한 중
   간처분 또는 사무처리절차상 하나의 행위에 불과한 것이라고는 볼 수 없고, 유일한 면접심사
   대상자로서 임용에 관한 법률상 이익을 가지는 임용지원자에 대한 신규임용을 사실상 거부하
   는 종국적인 조치에 해당하는 것이며, 임용지원자에게 직접 고지되지 않았다고 하더라도 임용
   지원자가 이를 알게 됨으로써 효력이 발생한 것으로 보아야 할 것이므로, 이는 임용지원자의
   권리 내지 법률상 이익에 직접 관계되는 것으로서 항고소송의 대상이 되는 처분 등에 해당한다).

4023   ⑿ **행정행위**(처분)**의 절차상 내부적·중간적 행위**   판례는 내부적·중간적 행위도 경우에 따라 최종적 행위와는 별도로 항고소송의 대상이 될 수 있다는 견해를 취한다.[1]

   ▌참고▌   처분에 관한 판례 모음

4024   1. 처분이라 한 판례

   ⑴ **공법인의 내부관계**   농지개량조합 임직원의 근무관계(대판 1998. 10. 9, 97누1198; 대판 1995. 6. 9, 94누10870).

   ⑵ **행정입법**   ① 구체적 효과를 발생하는 법령(두밀분교폐지조례)(대판 1996. 9. 20, 95누8003). ② 행정규칙(공무원의 권리침해를 다투는 경우)(대판 2002. 7. 26, 2001두3532).

   ⑶ **행정계획**   ① (구) 도시재개발법상 관리처분계획(대판 1996. 2. 15, 94다31235). ② 산업입지 및 개발에 관한 법률에 따라 산업단지개발계획상 산업단지 안의 토지소유자로서 산업단지개발계획에 적합한 시설을 설치하여 입주하려는 자는 산업단지지정권자 또는 그로부터 권한을 위임받은 기관에 대하여 **산업단지개발계획의 변경을 요청할 수 있는 법규상 또는 조리상 신청권이 있고, 이러한 신청에 대한 거부행위는 항고소송의 대상이 되는 행정처분에 해당한다고 보아야 한다**(대판 2017. 8. 29, 2016두44186).

   ⑷ **내부행위·중간처분**   ① 산업재해보상보험법상 장해보상금 결정의 기준이 되는 장해등급결정(대판 1995. 2. 14, 94누12982; 대판 2002. 4. 26, 2001두8155). ② 근로기준법상 평균임금결정(대판 2002. 10. 25, 2000두9717). ③ 공무원연금법상 재직기간합산처분(대판 1996. 7. 12, 94다52195). ④ '토상법'상 사업인정(대판 1992. 11. 13, 92누596). ⑤ '지가법'상 표준지공시지가(대판 1994. 3. 8, 93누10828; 대판 1995. 3. 28, 94누12920). ⑥ '지가법'상 개별공시지가(대판 1993. 1. 15, 92누12407; 대판 1993. 6. 11, 92누16706).

   ⑸ **부분승인**(부분허가)   원자력법 제11조 제3항 소정의 부지사전승인제도(대판 1998. 9. 4, 97누19588)(다만, 부지사전승인처분은 그 자체로서 …독립한 행정처분이지만, … 나중에 건설허가처분이 있게 되면 그 건설허가처분에 흡수되어 독립된 존재가

---

1) 대판 2020. 4. 29, 2017두31064(일련의 행정과정(제안공모 → 제안서 심사 → 우선협상대상자 선정 → 협상 → 실시 협약 체결 및 사업시행자 지정 → 실시계획승인 → 시설설치 공사 → 시설 기부채납 → 공유재산 사용·수익허가 → 관리·운영)에서 내부적·중간적 행위(우선협상대상자 선정, 공유재산 사용·수익허가)에서 내부적·중간적 행위를 반드시 처분으로 인정하여야 하는 것은 아니며, 개별 행정작용의 특수성을 고려하여 개별·구체적으로 판단하여야 한다. 내부적·중간적 행위를 최종적 행위와는 별도로 항고소송의 대상으로 삼아 다툴 수 있도록 하려면 한편으로는 분쟁을 조기에 실효적으로 해결하여야 할 필요와 다른 한편으로는 이를 처분이라고 봄으로써 제소기간과 불가쟁력을 통한 법률관계의 조기확정과 행정의 원활한 수행을 보장할 필요가 인정되어야 한다).

치를 상실함으로써 그 건설허가처분만이 쟁송의 대상이 되고, 부지사전승인처분의 취소를 구하는 소는 소의 이익을 잃게 되고, 따라서 부지 사전승인처분의 위법성은 나중에 내려진 건설허가처분의 취소를 구하는 소송에서 이를 다투면 된다).

⑹ **공부에 기재행위**　　① 건축주명의변경 신고거부처분(대판 1992. 3. 31, 91누4911). ② 1필지의 일부가 소유자가 다르게 되었음을 이유로 하는 토지분할의 신청(대판 1993. 3. 23, 91누8968). ③ 지적공부의 지목변경신청 반려행위(대판 2004. 4. 22, 2003두9015).[1] ④ 지적공부 소관청의 토지대장 직권 말소행위(대판 2013. 10. 24, 2011두13286).

⑺ **거부처분 등**　　① 주민등록법상 전입신고 미수리처분(대판 2002. 7. 9, 2002두1748). ② 건축법상 착공신고에 대한 반려행위(대판 2011. 6. 10, 2010두7321). ③ 지적공부 등록사항 정정신청에 대한 반려처분(대판 2011. 8. 25, 2011두3371). ④ 대학교원의 임용권자가 임용기간이 만료된 조교수에 대하여 재임용을 거부하는 취지로 한 임용기간만료의 통지(대판 2004. 4. 22, 2000두7735). ⑤ 교육공무원승진임용제외처분(대판 2018. 3. 27, 2015두47492).

⑻ **행정행위의 부관**　　부담(대판 1994. 1. 25, 93누13537; 대판 1992. 1. 21, 91누1264).

⑼ **반복된 행위**　　반복된 거부처분은 각각 독립의 처분으로서 항고소송의 대상이 된다(대판 2002. 3. 9, 2000두6084; 대판 2001. 12. 24, 2001두7954; 대판 1998. 3. 13, 96누15251).

⑽ **특별행정법관계**　　서울교육대학장의 학생에 대한 퇴학처분(대판 1991. 11. 22, 91누2144).

⑾ **국·공유재산**　　① 행정재산의 사용허가(대판 2001. 6. 15, 99두509). ② 무단점유자에 대한 변상금부과처분(대판 1998. 2. 23, 87누1046·1047(국유재산); 대판 2000. 1. 14, 99두9735(공유재산)).

⑿ **특별행정기관의 행위**　　① 국가인권위원회의 성희롱결정과 시정권고조치(대판 2005. 7. 8, 2005두487). ② 금융감독원장의 금융기관에 대한 문책경고(대판 2005. 2. 17, 2003두14765). ③ 방송위원회가 행한 중계방송사업의 종합유선방송사업으로의 전환승인(대판 2005. 1. 14, 2003두13045). ④ 구 특수임무수행자 보상에 관한 법률상 특수임무수행자 보상심의위원회의 의결(대판 2008. 12. 11, 2008두6554). ⑤

---

1) 대판 2004. 4. 22, 2003두9015(지목변경(정정이나 등록전환 등 포함, 이하 같다)신청에 대한 반려(거부)행위를 항고소송의 대상이 되는 행정처분에 해당한다고 할 수 없다고 판시한 대법원 1981. 7. 7. 선고 80누456 판결, 1991. 2. 12. 선고 90누7005 판결, 1993. 6. 11. 선고 93누3745 판결, 1995. 12. 5. 선고 94누4295 판결 등과 지적공부 소관청이 직권으로 지목변경한 것에 대한 변경(정정)신청 반려(거부)행위를 항고소송의 대상이 되는 행정처분에 해당한다고 할 수 없다고 판시한 대법원 1971. 8. 31. 선고 71누103 판결, 1972. 2. 22. 선고 71누196 판결, 1976. 5. 11. 선고 76누12 판결, 1980. 2. 26. 선고 79누439 판결, 1980. 7. 8. 선고 79누309 판결, 1985. 3. 12. 선고 84누681 판결, 1985. 5. 14. 선고 85누25 판결 등을 비롯한 같은 취지의 판결들은 이 판결의 견해에 배치되는 범위 내에서 이를 모두 변경하기로 한다).

친일반민족행위자재산조사위원회의 재산조사개시결정(대판 2009. 10. 15, 2009두6513). ⑥ 국가인권위원회의 진정에 대한 결정(헌재 2015. 3. 26, 2013헌마134).

⒀ **구역의 지정** 국토의 계획 및 이용에 관한 법률상 토지거래허가구역의 지정(대판 2006. 12. 22, 2006두12883).

⒁ **표준약관 사용권장행위** 약관의 규제에 관한 법률(2010. 3. 22. 법률 제10169호로 개정되기 전의 것, 이하 '구 약관규제법'이라고 한다) 제19조의2 제5항, 제6항, 제34조 제2항 등에 따른 표준약관 사용권장행위(대판 2010. 10. 14, 2008두23184).

⒂ **행정조사** 세무조사(대판 2011. 3. 10, 2009두23617, 2009두23624(병합)).

⒃ 공정거래위원회의 허위·과장의 광고에 대한 경고(헌재 2012. 6. 27, 2010헌마508).

⒄ 과거사정리위원회의 진실규명결정(대판 2013. 1. 16, 2010두22856).

⒅ 구 표시·광고의 공정화에 관한 법률 위반을 이유로 한 공정거래위원회의 경고의결(대판 2013. 12. 26, 2011두4930).

⒆ 구 건축법 제29조 제1항에서 정한 건축협의의 취소(대판 2014. 2. 27, 2012두22980).

⒇ 공익사업을 위한 토지 등의 취득 및 보상에 관한 법률상의 공익사업시행자가 하는 이주대책대상자 확인·결정(대판 2014. 2. 27, 2013두10885).

(21) 국유재산의 무단점유자에 대한 변상금 부과(대판 2014. 7. 16, 2011다76402).

(22) **입찰참가자격의 제한** ① 국가를 당사자로 하는 계약에 관한 법률 제27조 제1항에 따라 이루어진 조달청장의 계약상대방에 대하여 입찰참가자격 제한 처분(대판 2017. 12. 28, 2017두39433). ② 공공기관의 운영에 관한 법률 제39조 제2항에 따라 이루어진 한국수력원자력 주식회사의 입찰참가자격 제한 처분(대판 2018. 10. 25, 2016두33537; 대판 2020. 5. 28, 2017두66541). ③ 조달청장의 나라장터 종합쇼핑몰 거래정지 조치(대판 2018. 11. 29, 2015두52395).

(23) 여객자동차운수사업법상 개선명령(헌재 2019. 4. 11, 2018헌마42)

(24) 공법인인 총포. 화약안전기술협회가 회비납부의무자에게 한 '회비납부통지'(대판 2021. 12. 30, 2018다241458).

(25) 동일한 내용의 후행처분이 근거법률을 달리하는 경우. 그 후행처분(대판 2022. 9. 7, 2022두42365).

(26) 하도급거래 공정화에 관한 법률 제26조 제2항의 입찰참가자격제한 요청 결정(대판 2023. 2. 2, 2020두48260; 대판 2023. 4. 27, 2020두47892).

4025 **2. 처분이 아니라 한 판례**

⑴ **공법인의 내부관계** ① 서울특별시지하철공사 임직원에 대한 징계처분(대판 1989. 9. 12, 89누2103). ② 한국조폐공사의 직원에 대한 징계처분(대판 1978. 4. 25, 78다414). ③ 공무원및사립학교교직원의료보험관리공단 직원의 근무관계(대판 1993. 11. 23, 93누15212).

(2) **행정입법**　　① 일반적·추상적인 법령 또는 내부적 내규 및 내부적 사업계획(내신성적 산정기준에 관한 시행지침)(대판 1994. 9. 10, 94두33). ② 시행규칙(부령)(대판 1987. 3. 24, 86누656).

(3) **행정계획**　　① (구) 도시계획법상 도시기본계획(대판 2002. 10. 11, 2000두8226). ② 하수도법상 하수도정비기본계획(대판 2002. 5. 17, 2001두10578). ③ 도시개발법 제27조의 환지계획(대판 1999. 8. 20, 97누6889).

(4) **내부행위·중간처분**　　① 과세표준결정(대판 1996. 9. 24, 95누12842). ② 국가보훈처 보훈심사위원회의 의결(대판 1989. 1. 24, 88누3314). ③ 국가유공자가 부상여부 및 정도를 판정받기 위하여 하는 신체검사판정(대판 1993. 5. 11, 91누9206). ④ 병역처분의 자료로 군의관이 하는 신체등위판정(대판 1993. 8. 27, 93누3356). ⑤ 독점규제 및 공정거래에 관한 법률상 공정거래위원회의 고발조치(대판 1995. 5. 12, 94누13794).

(5) **내 인 가**　　어업권면허에 선행하는 우선순위결정(대판 1995. 1. 20, 94누6529).

(6) **공부의 기재·정정·말소행위**　　① 지적도(대판 2002. 4. 26, 2000두7612; 대판 1990. 5. 8, 90누554), 임야도(대판 1989. 11. 28, 89누3700), 토지대장(대판 1995. 12. 5, 94누4295), 임야대장(대판 1987. 3. 10, 86누672) 등 지적공부, ② 측량성과도(대판 1993. 12. 14, 93누555). ③ 건축물대장(대판 2001. 6. 12, 2000두7777; 대판 1995. 5. 26, 95누3428; 대판 1989. 12. 12, 89누5348). ④ 하천대장(대판 1982. 7. 13, 81누129). ⑤ 공무원연금카드(대판 1980. 2. 12, 79누121). ⑥ 자동차운전면허대장(대판 1991. 9. 24, 91누1400). ⑦ 운전면허 행정처분처리대장(대판 1994. 8. 12, 94누2190). ⑧ 온천관리대장(대판 2000. 9. 8, 98두13072).

(7) **거부처분**　　① 국·공유 잡종재산의 매각·대부·임대기간연장 요청 등 사경제적 행위의 요청에 대한 거부(대판 1998. 9. 22, 98두7602; 대판 1983. 9. 13, 83누240). ② 지적공부 등에의 기재 요구 거부(대판 1995. 12. 5, 94누4295). ③ 건축허가 및준공검사취소 등에 대한 거부(대판 1999. 12. 7, 97누17568). ④ 전통사찰의 등록말소신청의 거부(대판 1999. 9. 3, 97누13641).

(8) **행정행위의 부관**　　부담을 제외한 부관(대판 2001. 6. 15, 99두509(기간); 대판 1993. 10. 8, 93누2032(법률효과의 일부배제); 대판 1991. 12. 3, 90누8503(법률효과의 일부배제)).

(9) **비권력적 행위**　　영업시간 준수촉구(대판 1982. 12. 28, 82누366), 공무원에 대한(법정 징계처분이 아닌) 단순서명경고(대판 1991. 11. 12, 91누2700), 건축법 제69조 2항에 따른 단전요청(대판 1995. 11. 21, 95누9099; 대판 1996. 3. 22, 96누433).

(10) **관념의 통지**　　① 당연퇴직사유에 따른 퇴직발령(대판 1995. 2. 10, 94누148; 대판 1995. 11. 14, 95누2036)(이 경우, 공무원지위확인의 당사자소송을 제기할 수 있을 것이다). ② 당연퇴직 공무원의 복직신청거부행위(대판 2005. 11. 25, 2004두12421).

⑾ **반복된 행위** ① 행정대집행법상 2차, 3차 계고처분(대판 1994. 10. 28, 94누5144; 대판 1994. 2. 22, 93누21156). ② 국세징수법상 2차 독촉(대판 1999. 7. 13, 97누119).

⑿ **통치행위** 대통령의 계엄선포행위(대판 1997. 4. 17, 96도3376; 대판 1982. 9. 14, 82도1847; 대판 1981. 4. 28, 81도874; 대판 1980. 8. 26, 80도1278).

⒀ **금융감독위원회의 파산신청**(대판 2006. 7. 28, 2004두13219).

⒁ **혁신도시 최종입지 선정행위** 정부의 수도권 소재 공공기관의 지방이전시책을 추진하는 과정에서 도지사가 도 내 특정시를 공공기관이 이전할 혁신도시 최종입지로 선정한 행위는 항고소송의 대상이 되는 행정처분이 아니다(대판 2007. 11. 15, 2007두10198).

⒂ **국가인권위원회의 진정 각하 또는 기각결정**(헌재 2008. 11. 27, 2006헌마440).

⒃ 각 군 참모총장이 '군인 명예전역수당 지급대상자 결정절차'에서 국방부장관에게 수당지급대상자를 추천하거나 신청자 중 일부를 추천하지 않는 행위(대판 2009. 12. 10, 2009두14231).

⒄ **법무법인의 공정증서 작성행위** 행정소송 제도의 목적 및 기능 등에 비추어 볼 때, 행정청이 한 행위가 단지 사인 간 법률관계의 존부를 공적으로 증명하는 공증행위에 불과하여 그 효력을 둘러싼 분쟁의 해결이 사법원리에 맡겨져 있거나 행위의 근거 법률에서 행정소송 이외의 다른 절차에 의하여 불복할 것을 예정하고 있는 경우에는 항고소송의 대상이 될 수 없다고 보는 것이 타당하다(대판 2012. 6. 14, 2010두19720).

⒅ **과태료 부과처분** 과태료의 부과 여부 및 그 당부는 최종적으로 질서위반행위규제법에 의한 절차에 의하여 판단되어야 할 것이므로, 과태료 부과처분은 행정청을 피고로 하는 행정소송의 대상이 되는 행정처분이라고 볼 수 없다(대판 2012. 10. 11, 2011두19369).

⒆ **민원사무처리법이 규정하는 사전심사결과 통보**(대판 2014. 4. 24, 2013두7834).

⒇ **국세기본법상 경정청구기간 도과 후 제기된 경정청구에 대한 거부행위**(대판 2017. 8. 23, 2017두38812).

(21) **방송통신위원회의 고지방송명령**(대판 2023. 7. 13, 2016두34257).

4026 ## 3. 처분변경의 경우

⑴ 일반적인 처분의 경우

⑺ 기존의 행정처분을 변경하는 내용의 행정처분이 뒤따르는 경우, 후속처분이 종전처분을 완전히 대체하는 것이거나 주요 부분을 실질적으로 변경하는 내용인 경우에는 특별한 사정이 없는 한 종전처분은 효력을 상실하고 후속처분만이 항고소송의 대상이 되지만, 후속처분의 내용이 종전처분의 유효를 전제로 내용 중 일부만을 추가·철회·변경하는 것이고 추가·철회·변경된 부분이 내용과 성질상 나머지 부분과 불가분적인 것이 아닌 경우에는, 후속처분에도 불구하고 종전처분이 여전히 항

고소송의 대상이 된다(대판 2015. 11. 19, 2015두295 전원합의체; 대판 2020. 4. 9, 2019 두49953(선행처분의 주요 부분을 실질적으로 변경하는 내용으로 후행처분을 한 경우에 선행처분은 특별한 사정이 없는 한 그 효력을 상실하지만, 후행처분이 선행처분의 내용 중 일부만을 소폭 변경하는 정도에 불과한 경우에는 선행처분은 소멸하는 것이 아니라 후행처분에 의하여 변경되지 아니한 범위 내에서는 그대로 존속한다).

(내) 과징금 부과처분에 있어 행정청이 납부의무자에 대하여 부과처분을 한 후 그 부과처분의 하자를 이유로 과징금의 액수를 감액하는 경우에 그 감액처분은 감액된 과징금 부분에 관하여만 법적 효과가 미치는 것으로서 당초 부과처분과 별개 독립의 과징금 부과처분이 아니라 그 실질은 당초 부과처분의 변경이고, 그에 의하여 과징금의 일부취소라는 납부의무자에게 유리한 결과를 가져오는 처분이므로 당초 부과처분이 전부 실효되는 것은 아니다. 따라서 그 감액처분에 의하여 감액된 부분에 대한 부과처분 취소청구는 이미 소멸하고 없는 부분에 대한 것으로서 그 소의 이익이 없어 부적법하다(대판 2017. 1. 12, 2015두2352).

(2) **과세처분의 경우**

(개) **학   설**   당초처분과 경정처분 중 항고소송의 대상에 관한 학설로 병존설(두 처분은 독립된 처분으로 별개의 소송대상이라는 견해)·흡수설(당초처분은 경정처분에 흡수되어 소멸하고 경정처분만이 효력을 가지며 소송의 대상이 된다는 견해)·병존적 흡수설(당초처분의 효력이 그대로 존속하지만 경정처분만이 대상이 된다는 견해)·역흡수설(경정처분은 당초처분에 흡수되어 경정처분에 의하여 수정된 당초의 처분이 소송의 대상이 된다는 견해)·역흡수병존설(당초처분과 경정처분은 결합하여 일체로서 병존하나, 소송의 대상은 경정처분으로 수정된 당초처분이라는 견해)이 있다.[1]

(내) **판   례**   ① 증액경정처분의 경우, 당초처분은 증액결정처분에 흡수되어 독립한 존재가치를 상실하여 당연히 소멸하고, 증액경정처분만이 소송의 대상이 된다(대판 2009. 5. 14, 2006두17390). ② 감액경정처분의 경우, 당초의 처분 전부를 취소하고 새로이 처분을 한 것이 아니라, 당초처분의 일부 효력을 취소하는 처분으로, 소송의 대상은 경정처분으로 인하여 감액되고 남아 있는 당초의 처분이다(대판 1991. 9. 13, 91누391; 대판 1986. 7. 8, 84누50). ③ 증액경정처분이 제척기간 도과 후에 이루어진 경우에는 증액부분만이 무효로 되고 제척기간 도과 전에 있었던 당초처분은 유효한 것이므로, 납세의무자로서는 그와 같은 증액경정처분이 있었다는 이유만으로 당초 처분에 의하여 이미 확정되었던 부분에 대하여 다시 위법 여부를 다툴 수는 없다(대판 2004. 2. 13, 2002두9971).

4. 특별한 경우

도로교통법상 과태료처분(도로교통법 제160조)에는 비송사건절차법, 검사 또는 사법경찰관의 구금, 압수 또는 압수물의 환부에 관한 처분에 대하여 불복은 형사소

4027

---

1) 사법연수원, 행정구제법, 2003, 108쪽.

송법이 적용되며, 독점규제및공정거래에관한법률상 이행강제금(제17조의3)·과징금(제6조·제17조)의 부과처분에는 행정소송법이 적용된다.

II. 재결의 관념

1. 개 념

4028 　행정심판법은 재결을 "행정심판의 청구에 대하여 행정심판법 제6조에 따른 행정심판위원회가 행하는 판단을 말한다"고 정의하고 있다(행심법 제2조 제3호). 그런데 행정소송법에서 말하는 재결은 행정심판법이 정하는 절차에 따른 재결만을 뜻하는 것은 아니다. 이 밖에 당사자심판이나 이의신청에 의한 재결도 포함된다.

2. 원처분중심주의

4029 　행정소송법 제19조는 "취소소송은 처분등을 대상으로 한다. 다만, 재결취소소송의 경우에는 재결 자체에 고유한 위법이 있음을 이유로 하는 경우에 한한다"고 규정하여, 취소소송은 원칙적으로 원처분을 대상으로 하고, 재결은 다만 예외적으로 취소소송의 대상으로 하고 있다. 여기서 원처분을 취소소송의 원칙적인 대상으로 하는 것을 원처분중심주의라 부른다.

3. 재결소송

4030 　(1) 의 의 　재결을 분쟁대상으로 하는 항고소송을 재결소송이라 부른다. 재결소송은 재결 자체에 고유한 위법이 있음을 이유로 하는 경우에 한한다. 재결에 고유한 위법이 없는 한, 원처분을 다투어야 한다. 원처분주의와 재결주의(재결만이 항고소송의 대상이며, 재결소송에서 재결의 위법뿐 아니라 원처분의 위법도 주장 가능하다는 입장) 중 어느 것을 택할 것인가는 입법정책의 문제이다.

4031 　(2) 인정필요성 　원처분중심주의의 예외로서 재결소송(재결에 대한 취소소송)을 인정한 것은 원처분을 다툴 필요가 없거나 다툴 수 없는 자도 재결로 인하여 다툴 필요가 생겨날 수 있을 것인데(예: 유해화학물질생산업허가거부의 경우에 이웃주민은 거부처분을 다툴 필요가 없다. 그러나 거부처분을 받은 자가 거부처분취소재결을 구한 결과 거부처분의 취소가 있게 되면, 이웃주민은 이 단계에서 비로소 다툴 필요성을 갖게 된다), 이러한 경우에 재결을 다툴 수 없다면 그러한 자들을 위한 권리보호의 길은 막히는 결과가 되기 때문이다. 요컨대 재결로 인하여 비로소 불이익을 받게 되는 경우에 재결소송은 인정된다.

4032 　(3) **재결소송의 사유** 　재결에 대한 취소소송(재결소송)은 재결 자체에 고유

한 위법이 있는 경우에 가능하다. 따라서 원처분의 위법을 이유로 재결의 취소를 구할 수는 없다. 여기서 재결 자체의 고유한 위법이란 재결 자체에 주체·절차·형식 그리고 내용상의 위법이 있는 경우를 의미한다.

⑺ **주체·절차·형식의 위법**　　① 권한이 없는 기관이 재결하거나 행정심판 4033 위원회의 구성원에 결격자가 있다거나 정족수 흠결 등의 사유가 주체의 위법에 해당한다. ② 절차의 위법은 행정심판위원회의 의결 없이 재결을 하였거나 기타 행정심판법상의 심판절차를 준수하지 않은 경우를 말한다. 그리고 ③ 형식의 위법은 서면에 의하지 아니하고 구두로 한 재결이나 행정심판법 제35조 제2항 소정의 주요기재 사항이 누락되거나 이유 기재에 중대한 흠이 있는 재결서에 의한 재결은 위법하다고 보아야 한다.

⑷ **내용의 위법**　　내용의 위법은 재결 자체의 고유한 위법에 포함되지 않 4034 는다는 견해도[1] 있으나 내용상의 위법도 포함된다고 보아야 한다(다수견해). 판례도[2] "행정소송법 제19조에서 말하는 재결 자체에 고유한 위법이란 원처분에는 없고 재결에만 있는 재결청(현행법상위원회)의 권한 또는 구성의 위법, 재결의 절차나 형식의 위법, 내용의 위법 등을 뜻하고, 그 중 내용의 위법에는 위법·부당하게 인용재결을 한 경우가 해당한다"고 판시한 바 있다.

　　1) **각하재결의 경우**　　심판청구가 부적법하지 않음에도 실체심리를 하지 아 4035 니한 채 각하한 재결에 대하여는 실체심리를 받을 권리를 박탈당한 것이고, 원처분에는 없는 재결에 고유한 하자이므로 재결취소소송의 대상이 된다 할 것이다.[3]

　　2) **기각재결의 경우**　　원처분을 정당하다 하여 유지하고 심판청구를 기 4036 각한 재결에 대하여는 원칙적으로 내용상의 위법을 주장하여 제소할 수 없다. 원처분에 있는 하자와 동일한 하자를 주장하는 것이 될 것이기 때문이다. 그러나 행정심판법 제47조에 위반하여 심판청구의 대상이 되지 아니한 사항에 대하여 한 재결이나 원처분보다 청구인에게 불리한 재결은 심판범위를 위반한 재결 고유의 하자가 있으므로 그 취소를 구할 수 있고, 사정재결에 대하여는 원처분을 취소하더라도 현저히 공공복리에 적합하지 않는 것이 아니라는 등의 이유를 들어 재결취소의 소 등을 제기할 수 있다 할 것이다.[4]

---

1) 서원우, "원처분주의와 피고적격," 행정판례연구 Ⅱ, 217쪽.
2) 대판 1997. 9. 12, 96누14661.
3) 대판 2001. 7. 27, 99두2970(행정심판청구가 부적법하지 않음에도 각하한 재결은 심판청구인의 실체심리를 받을 권리를 박탈한 것으로서 원처분에 없는 고유한 하자가 있는 경우에 해당하고, 따라서 위 재결은 취소소송의 대상이 된다고 할 것이다).
4) 윤영선, "항고소송의 대상으로서의 행정심판의 재결," 특별법연구 제4권, 401쪽.

4037   3) 인용재결의 경우   행정심판청구인은 인용재결에 대하여 불복할 이유도, 그 취소 등을 구할 소의 이익도 없다. 하지만 아래의 경우에는 재결 자체의 고유한 위법이 있을 수 있다.

4038   a) 제기요건 미비의 심판청구에 대하여 인용재결이 있는 경우   행정심판의 제기요건을 결여하였음에도 불구하고 각하하지 아니하고 인용재결을 한 경우는 재결 자체에 고유한 위법이 있는 경우에 해당한다. 예컨대 행정처분이 아닌 관념의 통지를 대상으로 한 재결이 이에 해당한다.[1] 또한 자체완성적 공법행위인 신고는 적법한 요건을 갖춘 것이면 바로 효력이 발생하는 것이며, 수리처분 등 행정청의 특단의 조치를 기다릴 필요가 없어 행정소송법상의 처분성이 문제될 여지가 없기 때문에, 이러한 신고의 수리처분에 대한 심판청구는 부적법하여 각하하여야 함에도 인용재결을 한 것은 재결 자체에 고유한 위법이 있는 경우에 해당한다.[2]

4039   b) 제3자효 있는 행정행위에 대한 인용재결이 있는 경우   제3자효를 수반하는 행정행위에 있어서 인용재결로 인하여 불이익을 입은 자(제3자가 행정심판청구인인 경우의 행정처분 상대방, 행정처분 상대방이 행정심판청구인인 경우의 제3자)는 그 인용재결에 대하여 다툴 필요가 있고, 그 인용재결은 원처분과 내용을 달리하는 것이므로 인용재결의 취소를 주장하는 것은 원처분에는 없는 재결에 고유한 하자를 주장하는 셈이어서 당연히 항고소송의 대상이 된다 할 것이다. 이에 반해 당해 인용재결을 형식상으로는 재결이나 실질적으로는 제3자에게 최초처분의 성질을 갖는 것이라고 보아 제3자의 소송은 행정소송법 제19조 본문의 소송으로 보는 견해도[3] 있다.

   4) 일부 인용재결·수정재결의 경우

4040   a) 문제상황   일부 인용재결(일부취소재결)(예 : 공무원에 대한 3월의 정직처분이 소청절차에서 1월의 정직처분으로 감경된 경우)이나 수정재결(변경재결 포함)(예 : 공무원에 대한 3월의 정직처분이 소청절차에서 감봉처분으로 감경된 경우)이 있는 경우 당사자가 일부 인용재결이나 수정재결 후에도 여전히 해당 처분에 불복하려 한다면 어느 행위를 소송의 대상으로 해야 하는지가 문제된다.

4041   b) 학 설   ① 일부인용재결과 수정재결을 구별하지 않고 원처분주의 원칙상 재결 자체의 고유한 위법이 없는 이상 재결은 소의 대상이 되지 않고 재결로 인해 일부 취소되고 남은 원처분이나 수정(변경)된 원처분이 소송의 대

---

1) 대판 1993. 8. 24, 92누1865.

2) 대판 2001. 5. 29, 99두10292.

3) 김용섭, "취소소송의 대상으로서의 행정심판의 재결," 행정법연구, 제3호, 1998. 10, 226쪽; 박균성, 행정법강의, 739쪽.

상이 된다는 견해와[1] ② 일부인용재결의 경우는 남은 원처분이 소송의 대상이나, 수정재결의 경우는 수정재결에 따른 처분은 원처분과 질적으로 다른 처분이어서 수정재결로 원처분은 취소되어 버리기에 위원회를 상대로 재결을 취소해야 한다는 견해가 대립된다.

　　　　c) 판　　례　　　판례는 일부인용의 경우 명시적인 판결은 없으나, 수정재결과 관련해 원처분청을 피고로 재결에 의해 수정된 원처분의 취소를 구하는 방식을 취해야지 위원회를 피고로 수정재결의 취소를 구해서는 아니 된다는 입장이다.[2]　　4042

　　　　d) 사　　견　　　행정소송법 제19조 단서는 재결 자체의 고유한 위법이 없는 한 원처분을 소송의 대상으로 해야 한다고 규정하며, 일부인용과 수정재결을 구분하는 견해는 예를 들어 국가공무원법상의 징계를 정직 3월에서 정직 1월로 감경하는 재결인 경우 원처분청을 피고로 정직 1월처분의 취소를 구하여야 하며, 정직 3월을 감봉으로 감경하는 경우에는 소청심사위원회를 피고로 재결의 취소를 구해야 하기에 일관성이 결여된 것이다.[3] 따라서 ①설이 타당하다.　　4043

　⑷ **재결소송의 대상인 재결**

　　㈎ **취소재결·변경재결**　　　형성재결인 취소재결·변경재결의 경우, 위원회로부터 재결을 통보받은 처분청이 행하는 재결결과의 통보는 사실행위이지 행정행위가 아니다. 따라서 형성재결인 취소재결의 경우에는 취소재결 그 자체가 소의 대상이 된다.[4]　　4044

　　㈏ **변경명령재결**　　　명령재결(이행재결)인 변경명령재결의 경우 변경명령재결이 소의 대상인지 아니면 변경명령재결에 따른 처분이 소의 대상인지 여부가 문제된다. ① 변경명령재결과 그에 따른 처분이 각각 소송의 대상이 되고 별도로 판단할 수 있다는 견해(재결과 그에 따른 처분이 독립된 행정처분이라는 데 근거), ② 변경명령재결취소가 선행되어야 하고 변경명령재결을 놔둔 채 그에 따른 처분만의 취소는 구할 수 없다는 견해(변경명령재결에 따른 처분은 행정심판법 제49조 제1항이 규정한 재결의 기속력에 따른 것으로 재결이 그대로 유지되는 상태에서 그에 따른 처분만을 위법하다고 할 수 없다는 데 근거)가 있지만, ③ 변경명령재결은 소송의 대상이　　4045

---

　1) 행정구제법, 사법연수원, 112쪽; 윤영선, "항고소송의 대상으로서의 행정심판의 재결," 특별법연구 제4권, 405쪽.
　2) 대판 1993. 8. 24, 93누5673.
　3) 김석우, 행정재판실무편람(Ⅱ), 76쪽.
　4) 대판 1997. 12. 23, 96누10911(당해 재결과 같이 그 인용재결청인 문화체육부장관 스스로가 직접 당해 사업계획승인처분을 취소하는 형성적 재결을 한 경우에는 그 재결 외에 그에 따른 행정청의 별도의 처분이 있지 않기 때문에 재결 자체를 쟁송의 대상으로 할 수밖에 없다).

되지 않고 그에 따른 처분만이 소송의 대상이라는 견해(명령적 재결이 있다 하더라도 그에 따른 행정청의 처분이 있기 전까지는 구체적·현실적으로 권리이익이 침해되었다 볼 수 없고, 어디까지나 그 잠재적 가능성만이 있을 뿐이므로 명령적 재결은 항고소송의 대상이 될 수 없고, 그에 따른 행정청의 처분만이 쟁송의 대상이 될 수 있다는 데 근거)가[1] 타당하다. 하지만 판례는 양자 모두 소의 대상일 수 있다는 입장이다.[2]

4046   **(5) 기각재결**   재결 자체의 고유한 위법이 없음에도 재결에 대해 취소소송을 제기한 경우의 소송상 처리에 관해서는 학설의 대립이 있다. 행정소송법 제19조 단서를 소극적 소송요건으로 보아 각하판결을 해야 한다는 견해가 있으나[3] 재결 자체의 위법여부는 본안판단사항이기 때문에 기각판결을 하여야 한다.[4] 판례도[5] "재결 자체에 고유한 위법이 없는 경우에는 원처분의 당부와는 상관없이 당해 재결취소소송은 이를 기각하여야 한다"고 한다.

　　(6) 거부처분취소재결의 특성

4047   **(개) 제3자 이익침해 여부**   판례는 "거부처분을 취소하는 재결이 있더라도 그에 따른 후속처분이 있기까지는 제3자의 권리나 이익에 변동이 있다고 볼 수 없고 후속처분 시에 비로소 제3자의 권리나 이익에 변동이 발생하며, 재결에 대한 항고소송을 제기하여 재결을 취소하는 판결이 확정되더라도 그와 별도로 후속처분이 취소되지 않는 이상 후속처분으로 인한 제3자의 권리나 이익에 대한 침해 상태는 여전히 유지된다"고 한다.[6]

4048   **(내) 후속처분이 있는 경우, 소의 대상**   판례는 "행정청이 재결에 따라 이전의 신청을 받아들이는 후속처분을 하였더라도 후속처분이 위법한 경우에는 재결에 대한 취소소송을 제기하지 않고도 곧바로 후속처분에 대한 항고소송을 제기하여 다툴 수 있다"고 한다.[7]

---

1) 김용섭, 행정심판재결의 관념, 고시연구, 1998. 8, 45쪽; 윤영선, "항고소송의 대상으로서의 행정심판의 재결," 특별법연구 제4권, 404쪽.
2) 대판 1993. 9. 28, 92누15093(행정심판법 제37조 제1항의 규정에 의하면 재결은 행정청을 기속하는 효력을 가지므로 재결청이 취소심판의 청구가 이유 있다고 인정하여 처분청에게 처분의 취소를 명하면 처분청으로서는 그 재결의 취지에 따라 처분을 취소하여야 하지만, 그렇다고 하여 그 재결의 취지에 따른 취소처분이 위법할 경우 그 취소처분의 상대방이 이를 항고소송으로 다툴 수 없는 것은 아니다). [참고] 이 판례는 취소명령재결이 인정되던 시기에 나온 것이지만, 이 논리는 현행법상 변경명령재결과 그에 따른 변경처분의 경우에도 적용될 수 있을 것이다.
3) 김용섭, "행정심판의 재결에 대한 취소소송," 법조 제48권 1호, 191쪽.
4) 김향기, "재결 및 재결통지의 처분성여부," 고시계, 2004. 6, 129쪽; 윤영선, "항고소송의 대상으로서의 행정심판의 재결," 특별법연구 제4권, 408쪽.
5) 대판 1994. 1. 25, 93누16901.
6) 대판 2017. 10. 31, 2015두45045.
7) 대판 2017. 10. 31, 2015두45045.

(다) 제3자가 재결의 취소를 구할 수 있는지 여부　　판례는 "거부처분이 재결　4049
에서 취소된 경우 재결에 따른 후속처분이 아니라 그 재결의 취소를 구하는 것
은 실효적이고 직접적인 권리구제수단이 될 수 없어 분쟁해결의 유효적절한 수
단이라고 할 수 없으므로 법률상 이익이 없다"고 한다.[1]

4. 원처분중심주의의 예외

아래에서 보는 바와 같이 개별 법률에서 원처분중심주의를 배제하고, 재결　4050
중심주의를 규정하는 경우도 있다. 이러한 경우에 당사자는 재결에 대한 취소소
송에서 재결에 고유한 위법 외에 원처분의 위법도 주장할 수는 있다.[2] 물론, 원
처분이 무효인 경우 그 효력은 처음부터 당연히 발생하지 않는 것이어서 행정
심판 절차를 거칠 필요도 없으므로 개별 법률이 재결주의를 취하고 있는 경우
라도 재결을 거칠 필요 없이 원처분 무효확인의 소를 제기할 수 있다.[3]

(1) 감사원의 재심의판정　　감사원법 제40조 제2항은 "감사원의 재심의판정　4051
에 대하여는 감사원을 당사자로 하여 행정소송을 제기할 수 있다. 다만, 그 효
력을 정지하는 가처분결정은 할 수 없다"고 규정하여 원처분중심주의의 예외를
규정하고 있다.[4]

(2) **중앙노동위원회의 재심판정**　　노동조합 및 노동관계조정법 제85조는　4052
"① 지방노동위원회 또는 특별노동위원회의 구제명령 또는 기각결정에 불복이
있는 관계 당사자는 그 명령서 또는 결정서의 송달을 받은 날부터 10일 이내에
중앙노동위원회에 그 재심을 신청할 수 있다. ② 제1항의 규정에 의한 중앙노동
위원회의 재심판정에 대하여 관계 당사자는 그 재심판정서의 송달을 받은 날부
터 15일 이내에 행정소송법이 정하는 바에 의하여 소를 제기할 수 있다"고 규정
하여 원처분중심주의의 예외를 규정하고 있다.[5] 다만, 중앙노동위원회의 처분
에 대한 소송은 중앙노동위원회 위원장을 피고로 하여 처분의 송달을 받은 날
부터 15일 이내에 제기하여야 한다(노동위원회법 제27조 제1항).

---

1) 대판 2017. 10. 31, 2015두45045.
2) 대판 1991. 2. 12, 90누288.
3) 대판 1993. 1. 19, 91누8050 전원합의체.
4) 대판 1984. 4. 10, 84누91(감사원의 변상판정처분에 대하여서는 행정소송을 제기할 수 없고, 재
　결에 해당하는 재심의 판정에 대하여서만 감사원을 피고로 하여 행정소송을 제기할 수 있다).
5) 대판 1995. 9. 15, 95누6724(노동위원회법 제19조의2 제1항의 규정은 행정처분의 성질을 가지
　는 지방노동위원회의 처분에 대하여 중앙노동위원장을 상대로 행정소송을 제기할 경우의 전치
　요건에 관한 규정이라 할 것이므로 당사자가 지방노동위원회에 재심을 신청하고 중앙노동위원
　회의 재심판정서 송달일로부터 15일 이내에 중앙노동위원장을 피고로 하여 재심판정취소의 소
　를 제기하여야 할 것이다).

4053   ⑶ **특허심판원의 심결**   특허출원에 대한 심사관의 거절사정에 대하여 행정소송을 제기할 수 없고, 특허심판원에 심판청구를 한 후 그 심결을 소송대상으로 하여 특허법원에 심결취소를 구하는 소를 제기하여야 한다(특허법 제186조·제189조, 실용신안법 제33조 등 참조).

4054   ⑷ **법무부징계위원회의 결정**   변호사법에 의하면, 변협징계위원회의 결정에 불복하는 징계혐의자 및 징계개시 신청인은 그 통지를 받은 날부터 30일 이내에 법무부징계위원회에 이의신청을 할 수 있고(변호사법 제100조 제1항), 법무부징계위원회의 결정에 불복하는 징계혐의자는 「행정소송법」으로 정하는 바에 따라 그 통지를 받은 날부터 90일 이내에 행정법원에 소를 제기할 수 있다(변호사법 제100조 제4항). 이 조문의 해석상 법무부징계위원회의 재결을 거친 경우 변협징계위원회에 대한 취소청구는 부적법하다는 견해가 있다.[1]

4055   ⑸ **중앙토지수용위원회의 이의재결**   공익사업을 위한 토지 등의 취득 및 보상에 관한 법률은 재결에 대한 행정소송과 관련하여 "사업시행자·토지소유자 또는 관계인은 제34조의 규정에 의한 재결에 불복할 때에는 재결서를 받은 날부터 90일 이내에, 이의신청을 거쳤을 때에는 이의신청에 대한 재결서를 받은 날부터 60일 이내에 각각 행정소송을 제기할 수 있다(토상법 제85조 제1항 제1문)"고 규정하고 있다. '토상법' 제34조의 규정에 의한 재결에 대하여 불복하는 행정소송은 원처분에 대한 행정소송이 명백하지만, 중앙토지수용위원회의 이의재결을 거친 후 행정소송을 제기하는 경우에는 소의 대상과 관련하여 구 토지수용법의[2] 경우와 같은 논쟁의 여지가 있다.[3] 생각건대 '토상법' 제85조 제1항 제1문이 명시적으로 재결소송을 규정하고 있는 것은 아니라는 점, 재결소송은 예외

---

1) 행정소송의 이론과 실무, 서울행정법원 실무연구회, 사법발전재단, 2013, 76쪽.

2) 구 토지수용법 제74조(이의의 신청) 지방토지수용위원회의 재결에 대하여 불복이 있는 자는 재결서의 정본의 송달을 받은 날로부터 1월 이내에 당해 지방토지수용위원회를 거쳐 중앙토지수용위원회에 이의를 신청할 수 있다.

제75조(이의신청에 대한 재결) ① 중앙토지수용위원회는 제73조 및 제74조의 규정에 의한 이의신청이 있는 경우에 원재결이 위법 또는 부당하다고 인정할 때에는 그 원재결의 전부 또는 일부를 취소하거나 손실보상액을 변경할 수 있다.

제75조의2(이의신청에 대한 재결의 효력) ① 이의신청의 재결에 대하여 불복이 있을 때에는 재결서가 송달된 날로부터 1월 이내에 행정소송을 제기할 수 있다. 다만, ….

3) ① 대법원은 구 토지수용법 제75조의2에 따른 소송을 중앙토지수용위원회의 이의재결에 대한 소송으로, 즉 원처분주의의 예외로 보았다(대판 1991. 2. 12, 90누288; 대판 1995. 12. 8, 95누5561; 대판 2001. 1. 19, 98두17582). 다만, 원처분(지방토지수용위원회의 수용재결)이 무효인 경우에는 원처분의 무효를 다툴 수 있다고 하였다(대판 1993. 1. 19, 91누8050). ② 헌법재판소도 구 토지수용법 제75조의2가 재결소송을 규정한 것으로 보면서 합헌으로 선언하였다(헌재 2001. 6. 28, 2000헌바27). ③ 학설은 판례의 태도를 지지하는 견해(예컨대, 김동희)와 비판하는 견해(예컨대, 류지태)로 나뉘었다.

적인 것이므로 제한적으로 새겨야 한다는 점을 고려할 때, 중앙토지수용위원회
의 이의재결에 대하여 불복하는 경우에도 원처분주의가 적용된다고 볼 것이다.
물론 이의재결에 고유한 위법이 있다면 이의재결을 다툴 수도 있다(행소법 제19
조 단서). 판례의 입장도 같다.[1]

Ⅲ. 존재의 의미

1. 의   의

취소소송은 형성소송이다. 취소소송은 인용판결시에 법률관계의 변동을 가
져오는 소송형식이다. 이것은 취소소송의 제기를 위해서는 소송의 대상이 되는
처분등이 존재하여야 함을 의미한다.[2] 따라서 원고가 다투는 행위는 객관적으
로 처분등이어야 한다(취소소송을 형성소송이 아니라 확인소송으로 본다면, 처분의 존재
여부는 특별히 문제되지 아니할 것이다. 왜냐하면 소멸한 처분에 대한 취소소송은 소멸한 처
분이 위법하였음의 확인을, 존재하는 처분에 대한 취소소송은 존재하는 처분이 위법함의 확인
을 구하는 소송으로 이해될 것이기 때문이다). 원고가 처분등이라고 주장한다고 처분
등이 존재하는 것은 아니다. 한편, ① 처분등이 부존재하거나 무효이면, 취소소
송의 대상이 아니다. 그것은 무효등확인소송의 대상일 뿐이다. 따라서 만약 부
존재나 무효를 다투는 취소소송이 제기되면 각하될 수밖에 없다.[3] 다만, 판례

4056

---

1) 대판 2010. 1. 28, 2008두1504(공익사업을 위한 토지 등의 취득 및 보상에 관한 법률 제85조 제
   1항 전문의 문언 내용과 같은 법 제83조, 제85조가 중앙토지수용위원회에 대한 이의신청을 임
   의적 절차로 규정하고 있는 점, 행정소송법 제19조 단서가 행정심판에 대한 재결은 재결 자체
   에 고유한 위법이 있음을 이유로 하는 경우에 한하여 취소소송의 대상으로 삼을 수 있도록 규
   정하고 있는 점 등을 종합하여 보면, 수용재결에 불복하여 취소소송을 제기하는 때에는 이의신
   청을 거친 경우에도 수용재결을 한 중앙토지수용위원회 또는 지방토지수용위원회를 피고로 하
   여 수용재결의 취소를 구하여야 하고, 다만 이의신청에 대한 재결 자체에 고유한 위법이 있음
   을 이유로 하는 경우에는 그 이의재결을 한 중앙토지수용위원회를 피고로 하여 이의재결의 취
   소를 구할 수 있다고 보아야 한다).
2) 대판 2019. 6. 27, 2018두49130(행정처분의 무효확인 또는 취소를 구하는 소가 제소 당시에는
   소의 이익이 있어 적법하였더라도, 소송 계속 중 처분청이 다툼의 대상이 되는 행정처분을 직
   권으로 취소하면 그 처분은 효력을 상실하여 더 이상 존재하지 않는 것이므로, 존재하지 않는 그
   처분을 대상으로 한 항고소송은 원칙적으로 소의 이익이 소멸하여 부적법하다고 보아야 한다).
3) 대판 2015. 12. 10, 2013두14221(관련 법령상 도시자연공원구역은 국토계획법 제2조 제17호가
   정하는 '용도구역'에 해당할 뿐, 공원조성계획의 입안 및 결정의 대상인 도시계획시설로서의 공
   원에는 해당되지 않는다는 점 등 관련법령의 체계와 내용에 비추어 살펴보면, 원고가 이 사건
   소를 제기하기 이전인 2011. 10. 20. 이루어진 이 사건 변경결정에 의하여 이 사건 제안지를 포
   함한 공원 부지 전부에 대한 도시계획시설 결정이 폐지됨과 동시에 이 사건 제안지가 도시자
   연공원구역으로 지정됨으로써, 이 사건 제안지가 더 이상 공원조성계획의 대상이 되는 도시계
   획시설인 공원이 아니게 되었고, 이에 따라 이 사건 제안지에 관한 이 사건 공원조성계획 역시
   폐지되어 존재하지 않게 되었다고 봄이 타당하다. 따라서 (1) 이 사건 소는 더 이상 존재하지
   않는 이 사건 공원조성계획의 변경을 구하는 이 사건 입안제안을 받아들이지 않은 처분의 위
   법성을 다투는 것에 불과하여 그 소의 이익이 있다고 할 수 없다); 대판 2010. 4. 29, 2009두

상 무효선언을 구하는 의미의 취소소송의 제기는 인정되고 있다. 그리고 ② 부작위 역시 처분이 존재하는 것은 아니므로 취소소송의 대상이 될 수 없다. 다만 거부처분으로 볼 수 있는 부작위는 취소소송의 대상이 될 수 있다(예 : 간주거부) 한편, ③ 행정처분이 취소되면 그 처분은 효력을 상실하여 더 이상 존재하지 않으며, 존재하지 않는 행정처분을 대상으로 한 취소소송은 부적법하다.[1] ④ 취소소송에 있어서 처분의 존부는 법원의 직권조사사항이다.[2]

2. 처분등의 소멸과 취소소송

4057　　⑴ **문제상황**　　앞에서 언급한 바와 같이 취소소송은 처분등의 존재를 전제로 한다.[3] 따라서 논리적으로 본다면, 처분등이 폐지, 기간경과 등으로 소멸되면, 취소소송을 제기할 수가 없다.[4] 그러나 처분등이 소멸된 뒤에도 침해된 권리를 다툴 필요성은 존재하는 경우가 있다(예 : 건축사업무정지처분의 기간이 경과하면 동 처분은 소멸한다. 그러나 업무정지처분을 받은 건축사는 정지기간이 경과한 후에도 추후에 발생할 수 있는 불이익의 방지를 위해 소급적으로 다툴 필요가 있다).[5] 또한 취소소송의 제기 후에 처분이 소멸되는 경우에도 마찬가지로 다툴 필요성이 존재하는 경우가 있다(예 : 소송계속중에 업무정지기간이 경과한 경우). 처분의 소멸사유에는 법적인 것(예 : 직권취소·철회·해제조건의 성취)과 사실적인 것(예 : 시간의 경과·규율대

16879(행정처분이 취소되면 그 처분은 효력을 상실하여 더 이상 존재하지 않는 것이고, 존재하지 않는 행정처분을 대상으로 한 취소소송은 소의 이익이 없어 부적법하다).

1) 대판 2023. 4. 27, 2018두62928.

2) 대판 2001. 11. 9, 98두892(행정소송에서 쟁송의 대상이 되는 행정처분의 존부는 소송요건으로서 직권조사사항이고, 자백의 대상이 될 수 없는 것이므로, 설사 그 존재를 당사자들이 다투지 아니한다 하더라도 그 존부에 관하여 의심이 있는 경우에는 이를 직권으로 밝혀 보아야 한다).

3) 대판 2020. 2. 27, 2016두60898(과세관청이 납세의무자의 기한후 신고에 대하여 내부적인 결정을 하였다 하더라도 이를 납세의무자에게 공식적인 방법으로 통지하지 않은 경우에는 기한후 신고에 대한 결정이 외부적으로 성립하였다고 볼 수 없으므로, 항고소송의 대상이 되는 처분이 존재한다고 할 수 없다).

4) 대판 2020. 4. 9, 2019두49953(행정처분을 다툴 소의 이익은 개별·구체적 사정을 고려하여 판단하여야 한다. 행정처분의 무효확인 또는 취소를 구하는 소가 제소 당시에는 소의 이익이 있어 적법하였더라도, 소송 계속 중 처분청이 다툼의 대상이 되는 행정처분을 직권으로 취소하면 그 처분은 효력을 상실하여 더 이상 존재하지 않는 것이므로, 존재하지 않는 처분을 대상으로 한 항고소송은 원칙적으로 소의 이익이 소멸하여 부적법하다고 보아야 한다); Hufen, Verwaltungsprozessrecht(10. Aufl.). §14, Rn. 100; W－R. Schenke, Verwaltungsprozessrecht(15. Aufl.), Rn. 314.

5) 대판 2020. 4. 9, 2019두49953(처분청의 직권취소에도 완전한 원상회복이 이루어지지 않아 무효확인 또는 취소로써 회복할 수 있는 다른 권리나 이익이 남아 있거나 또는 동일한 소송 당사자 사이에서 그 행정처분과 동일한 사유로 위법한 처분이 반복될 위험성이 있어 행정처분의 위법성 확인 내지 불분명한 법률문제에 대한 해명이 필요한 경우 행정의 적법성 확보와 그에 대한 사법통제, 국민의 권리구제의 확대 등의 측면에서 예외적으로 그 처분의 취소를 구할 소의 이익을 인정할 수 있다).

상의 소멸)이 있다. 그러나 임의적으로 이행하였거나 강제적으로 집행된 처분이라도 그 처분의 효력이 소급적으로 소멸될 수 있는 경우에는 그 처분의 집행이 여기서 말하는 소멸에 해당하지 아니한다(예 : 과세처분에 따라 세금을 납부한 경우, 여전히 과세처분의 취소를 구할 수 있는 경우에는 과세처분이 소멸한 것이 아니라 계속 존속하는 것으로 볼 것이고, 따라서 납세자는 행정소송법 제12조 제1문에 따른 본래적인 의미의 취소소송의 원고적격을 갖는다고 볼 것이다). 집행의 유지를 위한 법적 근거가 있는 한, 행정행위는 효력이 있다. 집행이 더 이상 소급적으로 소멸될 수 없고, 따라서 집행결과제거청구권이 없는 경우에는 행정행위의 집행은 그 행정행위의 소멸을 가져온다.[1]

(2) **해결방식**(확인소송과 취소소송)   이러한 문제를 해결하는 방식에는 두 가지가 있을 수 있다. 말하자면 ① 소멸한 처분등이 사인의 권리를 침해하는 위법한 처분이었다는 것을 확인하는 방식(확인소송의 방식)과[2] ② 소멸한 처분등을

4058

---

1) W-R. Schenke, Verwaltungsprozessrecht(15. Aufl.), Rn. 316.
2) 이러한 경우를 취하는 입법례로 독일의 계속적 확인소송을 볼 수 있다.

　　(개) 종　　류　　독일행정법원법 제113조 제1항 제4호는 제소 중 처분이 소멸된 경우와 관련하여 계속적 확인소송을 규정하고 있으나, 학설과 판례는 소 제기 전에 처분이 소멸된 경우에도 계속적 확인소송을 인정한다(BVerwGE 12, 87, 90; 26, 161, 165; 49, 36, 39; Hufen, Verwaltungsprozessrecht(8. Aufl.), §18, Rn. 42f.)

　　(내) 필 요 성　　독일행정법원법 제113조 제1항 제4호에 의하면, 원고가 확인에 정당한 이익이 있는 경우, 신청에 따라 법원은 판결로서 행정행위가 위법하였다는 것을 선고한다. 계속적 확인소송은 실제상 매우 의미 있다. 왜냐하면 제소 전에 행정행위가 소멸되거나 행정청의 처분이 법적 분쟁의 종료 전에 이행될 수 있기 때문이다. 특히 계속적 확인소송은 경찰법에서 유일하게 가능한 소송 종류일 수 있다. 왜냐하면 이러한 처분은 성질상 단기간에 이행되어 버리지만, 행정소송으로 다툴 경우 일반적으로 장기간 소요되기 때문이다(Hufen, Verwaltungsprozessrecht(8. Aufl.), §18, Rn. 36).

　　(대) 제소요건　　계속적 확인소송은 원래의 소송을 계속하는 것이다. 원래 소송의 전제요건은 계속적 확인소송의 허용을 위한 척도이다. 소송계속은 원래 소송이 처분의 소멸 전에 적법한 것이어야 하고, 행정행위가 소멸되었어야 한다(Hufen, Verwaltungsprozessrecht(8. Aufl.), §18, Rn. 37f.)

　　(래) 소멸의 의의　　행정법원법 제113조 제1항 제4호에 따른 계속적 확인소송은 행정행위가 이전에, 말하자면 판결에 적합한 시점 이전에 소멸되었을 때에 허용된다. 행정행위가 더 이상 집행될 수 없고, 그리고 대상의 결여로 취소가 의미 없게 된 경우에 행정행위는 소멸되었다고 한다. 소멸에는 법적 소멸과 사실상 소멸이 포함된다. ⓐ 법적으로 행정행위가 소멸된 경우로 ① 직권취소, 철회 또는 다른 형식의 폐지, ② 정지조건의 발생, ③ 법률상 해소, ④ 내용이 동일한 다른 행정행위 또는 처분으로 대체 등이 언급되고, ⓑ 사실상 행정행위가 소멸된 경우로 ① 처분의 사실상 종료, ② 기간 경과, ③ 사건의 경과, ④ 법적 의무의 종료, ⑤ 규율대상의 소멸(제거처분에서), ⑥ 그 밖의 사실상 변경(영업양도 등) 등이 언급된다. 그러나 ① 행정행위가 이미 집행된 경우와 ② 행정행위가 임의로 이행된 경우는 소멸에 해당하지 않는 것으로 본다(Hufen, Verwaltungsprozessrecht(8. Aufl.), §18, Rn. 40; Schenke, Verwaltungsprozessrecht (12. Aufl.), Rn. 314).

　　(매) 특별한 확인의 이익　　원고가 특별한 확인의 이익을 주장할 수 있어야 한다. 다른 확인소송과 마찬가지로 특별한 확인의 이익이 있는 경우로 ① 반복의 위험이 있는 경우(소멸된 처분

존재하는 처분등으로 간주하여 처분등을 취소하는 방식(취소소송의 방식)이 그것이다. ②의 경우도 성질상은 ①의 의미, 즉 확인소송의 의미를 갖는다. 왜냐하면 이미 소멸된 처분은 취소시킬 수가 없고, 취소라는 표현을 사용하여도 그것은 소멸된 종전의 행위가 위법함을 확인하는데 불과하기 때문이다.

4059   (3) **현행법의 태도**   행정소송법은 "처분등의 효과가 기간의 경과, 처분등의 집행 그 밖의 사유로 인하여 소멸된 뒤에도 그 처분등의 취소로 인하여 회복되는 법률상 이익이 있는 자의 경우에도 또한 같다(제12조 제2문)"고 하여 처분등의 소멸의 경우에도 취소소송의 제기(원고적격)를 인정하고 있는바, 앞의 ②의 방식을 취하고 있다.[1] 한편, 처분등의 소멸 후에 취소소송을 제기할 수 있다고 하여도, 이러한 소송은 「처분의 존재」의 요건을 제외하고는 취소소송의 제기에 요구되는 모든 요건을 구비하여야 한다. 그리고 이러한 소송은 처분의 위법성을 다툰다는 점에서 처분등의 존부 그 자체를 다투는 소송(처분존재확인소송·처분부존재확인소송)과 구별된다.

제 3 관할법원

Ⅰ. 행정법원

1. 삼 심 제

4060   행정소송법에서 정한 행정사건과 다른 법률에 의하여 행정법원의 권한에 속하는 사건은 행정법원(합의부·단독판사)이 1심으로 심판한다(법조법 제40조의4).[2]

의 반복의 위험이 있어야 한다. 반복의 위험의 추상적 가능성만으로는 미흡하다. 비교할만한 그리고 예견되는 사실관계에서 새로운 침익의 발생의 구체적 사유(정황) 등이 있어야 한다 [BVerwGE 42, 318, 326; 80, 355, 365]. 유사한 데모에 대하여 집회금지통보가 반복되는 경우가 예에 해당한다), ② 계속 존재하는 차별의 제거를 위한 경우(회복의 이익), ③ 국가배상소송, 손실보상소송의 준비(위법의 확인)를 위한 경우, ④ 본질적인 기본권지위에 대한 침해가 있는 경우가 언급된다(Hufen, Verwaltungsprozessrecht(8. Aufl.), §18, Rn. 47f.).

1) 독일은 확인소송의 일종인 계속적 확인소송(Fortsetzungsfeststellungsklage)의 방식을 취한다. 제소 후에 행정행위가 소멸하는 경우에 관해서는 행정재판소법에 명시적인 규정(VwGO 제113조 제1항 제4문)이 있으나, 행정행위가 소멸한 후에 제소하는 경우에 관해서는 명시적인 규정이 없다. 그러나 판례는 동 규정을 유추적용하여 후자의 경우에도 제소를 인정한다(BVerwGE 12, 87, 90; 26, 161, 165; 49, 36; Hufen, Verwaltungsprozessrecht, §14, Rn. 12).

2) 대판 2009. 10. 15, 2008다93001(도시 및 주거환경정비법상의 주택재건축정비사업조합을 상대로 관리처분계획안과 사업시행계획안에 대한 총회결의의 무효확인을 구하는 소를 민사소송으로 제기한 이 사건의 제1심 전속관할법원은 서울행정법원이라 할 것인바, 그럼에도 제1심과 원심은 이 사건 소가 서울중앙지방법원에 제기됨으로써 전속관할을 위반하였음에도 이를 간과한 채 민사소송으로 보고서 본안판단으로 나아갔으니, 이러한 제1심과 원심(서울고법)의 판단에는 행정소송법상 당사자소송에 관한 법리를 오해하여 전속관할에 관한 규정을 위반한 위법이 있다).

행정법원의 재판에 대하여는 고등법원에 항소할 수 있고(법조법 제28조), 고등법원의 재판에 대하여는 대법원에 상고할 수 있다(법조법 제14조).[1] 종전에는 행정심판제기의 여부를 불문하고 행정법관계의 신속한 해결과 안정을 도모한다는 취지에서 2심제가 도입되었으나, 현행법은 국민의 권리구제를 강화한다는 취지에서 3심제로 전환하였다.[2] 결국 법원조직법상 행정법원은 지방법원급에 해당한다.

2. 재판관할

취소소송의 제1심 관할법원은 피고의 소재지를 관할하는 행정법원으로 한다(행소법 제9조 제1항). 제1항에도 불구하고 다음 각 호(1. 중앙행정기관, 중앙행정기관의 부속기관과 합의제행정기관 또는 그 장, 2. 국가의 사무를 위임 또는 위탁받은 공공단체 또는 그 장)의 어느 하나에 해당하는 피고에 대하여 취소소송을 제기하는 경우에는 대법원소재지를 관할하는 행정법원에 제기할 수 있다(행소법 제9조 제2항)(보통재판적).[3] 한편, 토지의 수용 기타 부동산 또는 특정의 장소에 관계되는 처분 등에 대한 취소소송은 그 부동산 또는 장소의 소재지를 관할하는 행정법원에 이를 제기할 수 있다(행소법 제9조 제3항)(특별재판적). 1951년의 행정소송법상 토지관할은 전속관할이었으나, 1985년의 법률과 현행법상은 전속관할이 아니다. 따라서 합의관할(민소법 제29조)·변론관할(민소법 제30조) 등이 적용될 수도 있다.

4061

3. 설치·조직

(1) 설   치   행정법원의 설치·폐지 및 관할구역은 따로 법률로 정한다(법조법 제3조 제3항). 각급법원의 설치 및 관할구역에 관한 법률에 의하면, 현재로서 행정법원은 서울에만 설치된다. 행정법원이 설치되지 아니한 지역에서는 지방법원 본원이 행정법원의 역할을 수행한다(1994. 7. 27. 개정 법조법 부칙 제2조). 다만 춘천지방법원 강릉지원은 지방법원 본원이 아니지만 예외적으로 행정사건

4062

---

1) 헌재 2022. 6. 30, 2019헌바347·420(병합)(법원의 관할 가운데 제1심 법원 간의 심판권 분배에 관한 사물관할과 상소절차에 관한 심급관할이 있다 … 심급관할은 상소제도상 나타나는 것으로서, 당사자가 하급심 법원의 재판에 불복을 신청할 경우에 심판할 상급심 법원을 정하는 관할을 말한다. 이는 법원 간의 심판의 순서와 상하관계를 정하는 것이며 직분관할의 성격을 지닌다).

2) 개별법률은 삼심제가 아니라 이심제를 규정하기도 한다. 예컨대 ① 독점규제 및 공정거래에 관한 법률 제55조과 약관의 규제에 관한 법률 제30조의2 그리고 하도급거래에 관한 법률 제27조 제1항은 서울고등법원을 전속관할법원으로, ② 소비자보호법 제52조의5는 고등법원을 전속관할법원으로, ③ 보안관찰법 제23조는 서울고등법원을 관할법원으로 규정하고 있다.

3) 세종시로 행정부처가 이동하기 전에는 중앙행정기관의 소재지가 모두 서울이었기에 대법원소재지인 서울에서 재판을 받도록 하는 것이 큰 문제는 없었지만 세종시로 다수의 행정부처가 이동하였음에도 피고의 소재지에서만 재판을 받도록 하는 것은 비합리적이므로, 서울에서도 재판을 받을 수 있도록 하기 위해 본조의 개정이 이루어졌다.

을 심판한다(각급 법원의 설치와 관할구역에 관한 법률 제4조 제7호).

4063   (2) 조   직   행정법원에는 부를 두며(법조법 제40조의3 제1항), 행정법원의 심판권은 판사 3인으로 구성된 합의부에서 이를 행한다(법조법 제7조 제3항 본문). 다만 행정법원의 경우 단독판사가 심판할 것으로 행정법원 합의부가 결정한 사건의 심판권은 단독판사가 행사한다(법조법 제7조 제3항 단서). 단독부는 판례가 비교적 많으면서도 경미한 사건(예 : 운전면허사건)을 담당한다.

4064   ▌참고▌ 특허법원의 설치·관할
     1) 즉 1998년 3월 1일부터(법조법 부칙 제1조) ① 특허법 제186조 제1항, 실용신안법 제33조, 디자인보호법 제166조 제1항 및 상표법 제162조에서 정하는 1심 사건과 ② 다른 법률에 의하여 특허법원의 권한에 속하는 사건은 특허법원이 심판하고 있다(법조법 제28조의4). 특허법원에 부를 두며(법조법 제28조의3 제1항), 특허법원의 심판권은 판사 3인으로 구성된 합의부에서 이를 행한다(법조법 제7조 제3항).
     2) 특허법원은 전국을 관할범위로 하여 서울에 설치되어 있다(각급법원의 설치와 관할구역에 관한 법률 중 개정법률 제2조 제1항 별표 1). 특허법원은 고등법원급에 해당한다. 특허법원의 판결에 대한 상고사건은 대법원이 심판한다(법조법 제14조 제1호). 결국 법원조직법은 특허소송을 2심제로 하고 있음을 의미한다.

4. 권한쟁의심판의 관할과 행정소송의 관할의 중복가능성

4065   예컨대 사인 A가 서울특별시장의 B처분의 취소를 구하는 소송을 제기하였는데, 이 소송에서 서울특별시장이 B처분을 할 수 있는 권한행정청인지의 여부가 쟁점이 되자, 서울특별시 강남구청장이 서울특별시장의 A에 대한 처분은 강남구의 권한을 침해한 것임을 이유로 권한쟁의심판을 제기하는 경우, 두 사건에서 법원과 헌법재판소의 판단이 다르다면 혼란이 발생한다. 생각건대 이에 대하여 입법적으로 보완이 있어야 한다.[1] 입법적 보완이 있기까지는 법원이 헌법재판소의 결정을 보고 재판을 하는 것도 방법일 것이다. 만약 양자 간에 상이한 판단이 난다면 헌법재판소법 제67조 제1항(헌법재판소의 권한쟁의심판의 결정은 모든 국가기관과 지방자치단체를 기속한다)에 따라 권한쟁의심판결정이 법원의 판결에 우선하게 될 것이다.[2]

---
  1) 김남철, "국가와 지방자치단체간의 분쟁해결수단," 지방자치법연구, 통권 제4호, 79쪽.
  2) 헌법재판소, 헌법재판실무제요, 214쪽 이하.

Ⅱ. 관할이송

1. 관할권이 없는 행정법원에 항고소송을 제기한 경우

관할권이 없는 법원에 소송이 제기된 경우, 다른 모든 소송요건을 갖추고 4066
있는 한 각하할 것이 아니라 결정으로 관할법원에 소송을 이송하여야 한다(행소
법 제8조 제2항; 민소법 제34조 제1항). 이와 같은 관할이송은 원고의 고의 또는 중대
한 과실없이 행정소송이 심급을 달리하는 법원(예 : 지방법원·고등법원)에 잘못 제
기된 경우에도 적용된다(행소법 제7조). 이러한 경우에 소제기의 효력발생시기는
이송된 때라는 종래의 판례도 있으나,[1] 행정소송법 제8조 제2항(행정소송에 관하
여 이 법에 특별한 규정이 없는 사항에 대하여는 법원조직법과 민사소송법 및 민사집행법의
규정을 준용한다), 민사소송법 제40조 제1항(이송결정이 확정된 때에는 소송은 처음부터
이송받은 법원에 계속된 것으로 본다), 그리고 원고의 보호 등에 비추어 이송한 법원에
소가 제기된 때를 기준으로 하여야 할 것이다(대판 2007. 11. 30, 2007다54610 참조).

2. 항고소송을 민사소송으로 제기한 경우

판례는 원고가 고의 또는 중대한 과실 없이 행정소송으로 제기하여야 할 4067
사건을 민사소송으로 잘못 제기한 경우, ① 수소법원으로서는 만약 그 행정소송
에 대한 관할을 동시에 가지고 있다면 이를 행정소송으로 심리·판단하여야 하
고, ② 행정소송에 대한 관할을 가지고 있지 아니하다면 당해 소송이 이미 행정
소송으로서의 전심절차와 제소기간을 도과하였거나 행정소송의 대상이 되는 처
분 등이 존재하지도 아니한 상태에 있는 등 행정소송으로서 소송요건을 결하고
있음이 명백하여 행정소송으로 제기되었더라도 어차피 부적법하게 되는 경우가
아닌 이상 이를 부적법한 소라고 하여 각하할 것이 아니라 관할법원에 이송하
여야 한다는 견해를 취한다.[2] 실무상으로는 접수단계에서 관할법원에 제소하

---

1) 대판 1969. 3. 18, 64누51(행정소송을 행정소송에 관한 관할권 없는 법원에 제기한 결과 동 법
원에서 관할권 있는 법원에 기록이송한 경우 소제기의 효력발생시기는 관할권 있는 법원이 이
송받은 때이다).
2) 대판 2017. 11. 9, 2015다215526(민사소송법 제31조는 전속관할이 정하여진 소에는 합의관할에
관한 민사소송법 제29조, 변론관할에 관한 민사소송법 제30조가 적용되지 아니한다고 규정하
고 있고, 민사소송법 제34조 제1항은 법원은 소송의 전부 또는 일부에 대하여 관할권이 없다고
인정하는 경우에는 결정으로 이를 관할법원에 이송한다고 규정하고 있다. 그리고 행정소송법
제7조는 "민사소송법 제34조 제1항의 규정은 원고의 고의 또는 중대한 과실 없이 행정소송이
심급을 달리하는 법원에 잘못 제기된 경우에도 적용한다."라고 규정하고 있다. 그리고 관할 위
반의 소를 부적법하다고 하여 각하하는 것보다 관할법원에 이송하는 것이 당사자의 권리구제
나 소송경제의 측면에서 바람직함은 물론이다. 따라서 원고가 고의 또는 중대한 과실 없이 행
정소송으로 제기하여야 할 사건을 민사소송으로 잘못 제기한 경우, 수소법원으로서는 만약 그

도록 권유하거나 행정사건으로 접수토록 하는 것이 바람직할 것이다.

3. 관할위반의 경우 이송청구권의 유무

4068   판례는 "수소법원의 재판관할권 유무는 법원의 직권조사사항으로서 법원이
그 관할에 속하지 아니함을 인정한 때에는 민사소송법 제34조 제1항에 의하여
직권으로 이송결정을 하는 것이고, 소송당사자에게 관할위반을 이유로 하는 이
송신청권이 있는 것은 아니다. 따라서 당사자가 관할위반을 이유로 한 이송신청
을 한 경우에도 이는 단지 법원의 직권발동을 촉구하는 의미밖에 없다"는 견해
를 취한다.[1]

Ⅲ. 관련청구소송의 이송 및 병합

1. 제도의 취지

4069   행정소송법은 상호관련성이 있는 여러 청구를 하나의 절차에서 심판함으로
써 심리의 중복, 재판상의 모순을 방지하고 아울러 신속하게 재판을 진행시키고
자 관련청구소송의 이송 및 병합의 제도를 규정하고 있다(행소법 제10조).

2. 관련청구소송의 의의

4070   행정소송법은 ① 당해 처분 등과 관련되는 손해배상·부당이득반환·원상회
복 등 청구소송, ② 당해 처분 등과 관련되는 취소소송을 관련청구소송으로 규
정하고 있다(행소법 제10조 제1항). ①의 경우로는 처분 등이 원인이 되어 발생한
손해배상청구소송, 처분 등의 취소·변경이 원인이 되어 발생한 손해배상청구소
송, 처분 등의 취소·변경을 선결문제로 하는 손해배상청구소송 등이 있다.[2] 손

행정소송에 대한 관할도 동시에 가지고 있다면 이를 행정소송으로 심리·판단하여야 하고(대법
원 1996. 2. 15. 선고 94다31235 전원합의체 판결 참조), 그 행정소송에 대한 관할을 가지고 있
지 아니하다면 당해 소송이 이미 행정소송으로서의 전심절차 및 제소기간을 도과하였거나 행
정소송의 대상이 되는 처분 등이 존재하지도 아니한 상태에 있는 등 행정소송으로서의 소송요
건을 결하고 있음이 명백하여 행정소송으로 제기되었더라도 어차피 부적법하게 되는 경우가
아닌 이상 이를 부적법한 소라고 하여 각하할 것이 아니라 관할법원에 이송하여야 한다); 대판
2023. 6. 29, 2019다250025.

1) 대결 2018. 1. 19, 2017마1332.
2) 대판 2000. 10. 27, 99두561(행정소송법 제10조 제1항 제1호는 행정소송에 병합될 수 있는 관련
청구에 관하여 '당해 처분 등과 관련되는 손해배상·부당이득반환·원상회복 등의 청구'라고 규
정함으로써 그 병합요건으로 본래의 행정소송과의 관련성을 요구하고 있는바, 이는 행정소송
에서 계쟁 처분의 효력을 장기간 불확정한 상태에 두는 것은 바람직하지 않다는 관점에서 병
합될 수 있는 청구의 범위를 한정함으로써 사건의 심리범위가 확대·복잡화되는 것을 방지하여
그 심판의 신속을 도모하려는 취지라 할 것이므로, 손해배상청구 등의 민사소송이 행정소송에
관련청구로 병합되기 위해서는 그 청구의 내용 또는 발생원인이 행정소송의 대상인 처분 등과
법률상 또는 사실상 공통되거나, 그 처분의 효력이나 존부 유무가 선결문제로 되는 등의 관계

해배상청구의 경우, 취소판결이 확정되어야 하는 것은 아니다.[1] ②의 경우로는 원처분에 대한 소송에 병합하여 제기하는 재결의 취소소송, 당해 처분과 함께 하나의 절차를 구성하는 행위의 취소청구소송, 상대방이 제기하는 취소소송 외에 제3자가 제기하는 취소소송 등의 경우가 있다.

3. 관련청구소송의 이송

(1) 의   의   사건의 이송이란 어느 법원에 일단 계속된 소송을 그 법원 4071 의 재판에 의하여 다른 법원에 이전하는 것을 말한다. 법원간의 이전이므로 동일 법원 내에서 담당재판부를 달리하는 것은 이송에 속하지 않고 사무분담의 문제이다.

(2) 요   건   관련청구소송의 이송을 위해서는 다음의 요건을 필요로 한 4072 다(행소법 제10조 제1항). ① 취소소송과 관련청구소송이 각각 다른 법원에 계속되어야 한다. ② 관련청구소송이 계속된 법원이 이송이 상당하다고 인정하여야 한다. ③ 당사자의 신청이 있거나 법원의 직권에 의해 이송결정이 있어야 한다. ④ 이송은 관련청구소송이 취소소송이 계속된 법원으로 이송되는 것이다.

(3) **절차·효과 등**   한편 이송에 관한 재판은 민사소송법의 적용(민소법 제 4073 34조·제39조·제40조; 행소법 제8조 제2항)을 받는다. 따라서 이송결정 또는 이송신청 각하결정에 대하여는 즉시 항고할 수 있고(민소법 제39조), 이송결정이 확정되면 관련청구소송은 처음부터 이송받은 법원에 계속된 것으로 본다(민소법 제40조 제1항). 이송받은 법원은 이를 다시 다른 법원에 이송할 수 없다고 볼 것이다(민소법 제38조 제2항). 관련청구소송의 이송은 무효등확인소송(행소법 제38조 제1항)·부작위위법확인소송(행소법 제38조 제2항)·당사자소송(행소법 제44조 제2항)·기관소송과 민중소송(행소법 제46조 제1항)의 경우에도 적용이 있다.

4. 관련청구소송의 병합

(1) 의   의   청구의 병합이란 1개의 소가 하나의 소송절차에서 같은 원 4074 고가 같은 피고에 대하여 수개의 청구를 하는 경우(소의 객관적 병합)와 소송당사자가 다수가 되는 경우를 말한다(소의 주관적 병합). 행정소송법 제10조 제2항은

에 있어야 함이 원칙이다).

1) 대판 2009. 4. 9, 2008두23153(행정소송법 제10조는 처분의 취소를 구하는 취소소송에 당해 처분과 관련되는 부당이득반환소송을 관련 청구로 병합할 수 있다고 규정하고 있는바, 이 조항을 둔 취지에 비추어 보면, 취소소송에 병합할 수 있는 당해 처분과 관련되는 부당이득반환소송에는 당해 처분의 취소를 선결문제로 하는 부당이득반환청구가 포함되고, 이러한 부당이득반환청구가 인용되기 위해서는 그 소송절차에서 판결에 의해 당해 처분이 취소되면 충분하고 그 처분의 취소가 확정되어야 하는 것은 아니라고 보아야 한다).

취소소송에는 사실심의 변론종결시까지 관련청구소송을 병합하거나 피고 이외
의 자를 상대로 한 관련청구소송을 취소소송이 계속된 법원에 병합하여 제기할
수 있다고 규정하고 있어 소의 주관적 병합과 소의 객관적 병합 및 원시적 병합
과 추가적 병합을 모두 인정하고 있다. 민사소송법이 소의 객관적 병합에 관하
여 동종의 소송절차에 의해서 심리되어질 것을 요건으로 하고 각 청구간의 관
련성을 요건으로 하지 아니하고 있는 데에 대하여 행정소송법이 관련청구에 한
하여 소의 병합을 인정하는 취지는 취소소송에 관련되는 청구를 병합해서 심리
의 중복, 재판의 모순·저촉을 피하고 동일 처분에 관한 분쟁을 일거에 해결하
는 한편, 청구의 병합을 그 범위에 한정함으로써 청구를 병합하여 사건의 심리
범위를 확대하고 심리가 복잡화되는 것을 방지하며 취소소송 자체의 신속한 심
리, 재판을 도모하는 데에 있다.[1]

4075　　　(2) 요　　건　　① 관련청구의 병합은 그 청구를 병합할 취소소송을 전제로
하여 그 항고소송에 관련되는 청구를 병합하는 것이므로, 관련청구소송이 병합
될 기본인 취소소송이 적법한 것이 아니면 안 된다. 따라서 관련청구를 병합할
취소소송은 그 자체로서 소송요건, 예컨대 출소기간의 준수, 소익 등을 갖춘 적
법한 것이어야 한다(취소소송의 적법성).[2] ② 행정소송법 제10조 제1항의 관련청
구소송이어야 한다(관련청구소송). '관련'이란 청구의 내용 또는 원인이 법률상 또
는 사실상 공통되는 것이거나, 병합되는 청구가 당해 행정처분으로 인한 것인
경우 또는 당해 행정처분의 취소·변경을 선결문제로 하는 경우를 뜻한다.[3] ③
관련청구의 병합은 사실심변론종결 전에 하여야 한다(행소법 제10조 제2항)(병합의
시기). 그러나 사실심변론종결 전이면 원시적 병합이나 추가적 병합이거나 가릴
것 없이 인정된다. ④ 행정소송법 제10조 제2항은 제3자에 의한 관련청구소송
의 병합은 인정하고 있지 아니하므로 다수의 원고들이 단일 또는 다수의 피고
에 대하여 각자의 관련청구소송을 병합하고자 하는 경우에는 처음부터 공동소
송인이 될 수밖에 없다.[4] 특별한 절차를 요하지 아니한다.[5]

---

1) 이홍훈, 주석행정소송법, 296쪽.
2) 대판 2011. 9. 29, 2009두10963; 대판 2001. 11. 27, 2000두697; 대판 1997. 3. 14, 95누13708(행
　정소송법 제10조에 의한 관련청구소송의 병합은 본래의 취소소송이 적법할 것을 요건으로 하
　는 것이므로, 본래의 취소소송이 부적법하여 각하되면 그에 병합된 청구도 소송요건을 흠결한
　부적합한 것으로서 각하되어야 한다); 대판 1997. 11. 11, 97누1990.
3) 이상규, 행정쟁송법, 393쪽.
4) 이상규, 행정쟁송법, 394쪽.
5) 대판 1989. 10. 27, 89두1(행정소송법 제10조 제2항의 관련청구의 병합은 그것이 관련청구에 해
　당하기만 하면 당연히 병합청구를 할 수 있으므로 법원의 피고경정결정을 받을 필요가 없다).

(3) 형 태 관련청구소송의 병합의 형태는 여러 가지로 나누어 볼 수 4076
있다. 먼저 ① 원·피고 사이에서 복수청구의 병합인 객관적 병합(행소법 제10조
제2항 전단)[1]과 피고 외의 자를 상대로 하는 주관적 병합(행소법 제10조 제2항 후단)
이 있다. 후자의 경우에도 관련청구소송을 병합하는 경우[2]와 공동소송으로서
주관적 병합(행소법 제15조)이 있다. 한편 시기를 기준으로 할 때, ② 취소소송의
제기시에 병합제기하는 경우인 원시적 병합(행소법 제10조 제2항 전단·제15조)[3]과
계속중인 취소소송에 사후적으로 병합하는 추가적 병합(행소법 제10조 제2항 후단)
이 있다. 그리고 ③ 주위적 청구(주된 청구, Hauptantrag)가 허용되지 아니하거나
이유 없는 경우를 대비하여 예비적 청구(보조적 청구, Hilfsantrag)를 병합하여 제기
하는 것도 관련청구소송의 한 특별한 형태에 해당한다고 볼 것이다.[4] 그러나
④ 서로 양립할 수 없는 청구(예 : 무효확인과 취소청구)는 주위적·예비적 청구로서
만 병합이 가능하고 선택적 청구로서 병합이나 단순병합은 허용되지 아니한다.[5]

(4) **적용법규** 병합된 관련청구소송이 민사사건인 경우, 민사사건에 대한 4077

---

1) 대판 1990. 2. 27, 89누3557(납세자가 과세관청을 상대로 이 사건 양도소득세 등 과세처분의 취
소소송에 병합하여 그가 자진납부한 세액에서 그 주장의 정당한 세액을 공제한 금액의 부당이
득반환청구의 소를 제기한 경우, 이는 행정소송법 제10조 제2항에 의거 양도소득세부과처분취
소소송에 병합하여 관련청구소송을 제기한 것으로 볼 수 있으나 이 사건 부과처분을 한 처분
청에 대하여 위와 같은 부당이득금반환의 이행판결을 구하는 소를 제기할 수는 없는 것이다).
2) 대판 1962. 10. 18, 62누52(두 개의 사건이 피고는 다르다 하여도 그 청구에 있어서 관련성이
있으면 그 소송을 병합하여 심리할 수 있다).
3) 대판 1971. 2. 25, 70누125(행정소송의 무효확인청구와 취소청구는 그 소송의 요건을 달리하는
것이므로 동일한 행정처분의 동일한 하자를 청구의 원인으로 하여 두 청구를 병합해서 소구할
수 있다).
4) 대판 2016. 7. 27, 2015두46994(국가유공자법과 보훈보상자법은 사망 또는 상이의 주된 원인이
된 직무수행 또는 교육훈련이 국가의 수호·안전보장 또는 국민의 생명·재산 보호와 직접적인
관련이 있는지에 따라 국가유공자와 보훈보상대상자를 구분하고 있으므로, 국가유공자 요건
또는 보훈보상대상자 요건에 해당함을 이유로 국가유공자 비해당결정처분과 보훈보상대상자
비해당결정처분의 취소를 청구하는 것은 동시에 인정될 수 없는 양립불가능한 관계에 있다고
보아야 하고, 이러한 두 처분의 취소청구는 원칙적으로 국가유공자 비해당결정처분 취소청구
를 주위적 청구로 하는 주위적·예비적 관계에 있다고 보아야 한다); 대판 2000. 11. 16, 98다
22253(청구의 예비적 병합이란 병합된 수개의 청구 중 주위적 청구(제1차 청구)가 인용되지
않을 것에 대비하여 그 인용을 해제조건으로 예비적 청구(제2차 청구)에 관하여 심판을 구하는
병합형태로, 이와 같은 예비적 병합의 경우에는 원고가 붙인 순위에 따라 심판하여야 하며
주위적 청구를 배척할 때에는 예비적 청구에 대하여 심판하여야 하나 주위적 청구를 인용할
때에는 다음 순위인 예비적 청구에 대하여 심판할 필요가 없는 것이므로, 주위적 청구를 인용
하는 판결은 전부판결로서 이러한 판결에 대하여 피고가 항소하면 제1심에서 심판을 받지 않
은 다음 순위의 예비적 청구도 모두 이심되고 항소심이 제1심에서 인용되었던 주위적 청구를
배척할 때에는 다음 순위의 예비적 청구에 관하여 심판을 하여야 하는 것이다).
5) 대판 1999. 8. 20, 97누6889(행정처분에 대한 무효확인과 취소청구는 서로 양립할 수 없는 청구
로서 주위적·예비적 청구로서만 병합이 가능하고 선택적 청구로서의 병합이나 단순 병합은 허
용되지 아니한다).

적용법규는 행정소송법인가 민사소송법인가의 문제가 있다. 생각건대 병합심리는 재판상의 편의를 위한 것일 뿐이고, 병합한다고 하여 민사사건이 행정사건으로 성질이 변하는 것은 아니므로 병합된 청구에 대해서는 민사소송법이 적용되어야 할 것이다.

제 4 당사자와 참가인

Ⅰ. 당 사 자[1]

1. 당사자의 지위

4078 취소소송도 소송의 일종으로서 이해대립하는 원·피고 사이에서 법원이 판결을 하는 정식쟁송이다. 그러나 엄밀히 말해 원고는 자기의 권익을 주장하는 자이나 피고는 권익의 주장보다 행정법규의 적법한 집행을 변호하는 자인 점에서, 서로의 권익을 주장하는 민사소송과는 다른 점이 있다. 이와 관련하여 자기자신의 권리를 주장하는 독립의 인격자로서의 당사자를 실질상의 당사자라 하고, 자기 자신의 권리를 주장하는 독립의 인격자로서가 아니라 다만 명의상 소송에 참가하는 데 지나지 않는 자로서 소송의 당사자가 되는 경우를 형식상의 당사자라고 부르기도 한다.[2] 이러한 표현방식에 따르면 취소소송의 원고는 실질상의 당사자이고, 피고는 형식상의 당사자가 된다.

2. 당사자능력과 당사자적격

4079 (1) **당사자능력** 여기서 당사자능력(Parteifähigkeit)이란 소송상 당사자(원고·피고·참가인)가 될 수 있는 능력을 말한다. 달리 말한다면 당사자능력은 소송법관계의 주체가 될 수 있는 능력을 의미한다. 행정소송상 당사자능력은 민법 등의 법률에 의해 권리능력이 부여된 자(자연인·법인)에게 인정될 뿐만 아니라 대

---

1) 대판 2016. 12. 27, 2016두50440(소송에서 당사자가 누구인가는 당사자능력, 당사자적격 등에 관한 문제와 직결되는 중요한 사항이므로, 사건을 심리·판단하는 법원으로서는 직권으로 소송당사자가 누구인가를 확정하여 심리를 진행하여야 한다. 그리고 개인이나 법인이 과세처분에 대하여 심판청구 등을 제기하여 전심절차를 진행하던 중 사망하거나 흡수합병되는 등으로 당사자능력이 소멸하였으나, 전심절차에서 이를 알지 못한 채 사망하거나 합병으로 인해 소멸된 당사자를 청구인으로 표시하여 그 청구에 관한 결정이 이루어지고, 상속인이나 합병법인이 위 결정에 불복하여 소를 제기하면서 소장에 착오로 소멸한 당사자를 원고로 기재하였다면, 이러한 경우 실제 소를 제기한 당사자는 상속인이나 합병법인이고 다만 그 표시를 잘못한 것에 불과하므로, 법원으로서는 이를 바로잡기 위한 당사자표시정정신청을 받아들인 후 본안에 관하여 심리·판단하여야 한다).

2) 윤세창·이호승, 행정법(상), 536쪽.

표자 또는 관리인이 있으면 권리능력없는 사단이나 재단의 경우에도 인정된다
(행소법 제8조 제2항; 민소법 제52조).[1] 다만 권리능력 없는 사단이나 재단도 구체적
인 분쟁사건과 관련하여 개인적 공권을 가져야 한다. 당사자능력을 참가능력
(Beteiligtenfähigkeit, Beteiligungsfähigkeit)이라 부르기도 한다.[2]

(2) **당사자적격**　　당사자적격이란 개별·구체적인 사건에서 원고나 피고로 　4080
서 소송을 수행하고 본안판결을 받을 수 있는 능력(자격)을 의미한다. 행정소송
상 당사자적격은 일정 행정소송에서 소의 대상인 처분 등의 존재여부·위법여부
의 확인·확정 등에 대하여 법률상 대립하는 이해관계를 갖는 자에게 인정된다.

Ⅱ. 원고적격(법률상 이익)

원고적격이란 행정소송에서 원고가 될 수 있는 자격을 의미한다. 행정소송 　4081
법은 취소소송의 원고적격으로 "취소소송은 처분등의 취소를 구할 법률상 이익
이 있는 자가 제기할 수 있다. 처분등의 효과가 기간의 경과, 처분등의 집행 그
밖의 사유로 인하여 소멸된 뒤에도 그 처분등의 취소로 인하여 회복되는 법률
상 이익이 있는 자의 경우에는 또한 같다"고 규정하고 있다(행소법 제12조).[3] 동
조항은 원고적격의 개념을 민중소송 및 사실상 이익으로부터 분리하는 중요한

---

1) 대판 2015. 7. 23, 2012두19496, 19502(민사소송법 제48조가 비법인의 당사자능력을 인정하는
것은 법인이 아닌 사단이나 재단이라도 사단 또는 재단으로서의 실체를 갖추고 대표자 또는
관리인을 통하여 사회적 활동이나 거래를 하는 경우에; 그로 인하여 발생하는 분쟁은 그 단체
의 이름으로 당사자가 되어 소송을 통하여 해결하게 하고자 함에 있으므로, 여기서 말하는 사
단이라 함은 일정한 목적을 위하여 조직된 다수인의 결합체로서 대외적으로 사단을 대표할 기
관에 관한 정함이 있는 단체를 말한다. 따라서 만일 어떤 단체가 외형상 목적, 명칭, 사무소 및
대표자를 정하고 있다고 할지라도 사단의 실체를 인정할 만한 조직, 그 재정적 기초, 총회의
운영, 재산의 관리 기타 단체로서의 활동에 관한 증명이 없는 이상 이를 법인이 아닌 사단으로
볼 수 없는 것이다. 그리고 사단으로서의 실체를 갖추는 조직행위는 사단을 조직하여 그 구성
원이 되는 것을 목적으로 하는 구성원들의 의사의 합치에 기한 것이어야 함은 앞서 본 사단의
특성에 비추어 당연하다).
2) Würtenberger, Verwaltungsprozessrecht, Rn. 213.
3) 독일행정법원법 제42조 제2항은 "원고는 행정행위 또는 그 거부나 부작위로 인해 자기의 권리
가 침해됨을 다투는 경우에만 소송을 제기할 수 있다"고 규정함에 따라 학설은 취소소송의 경
우에 침익적 행위의 수범자는 일반적으로 원고적격(소권)을 갖는다고 새긴다. 이러한 이론을
수범자이론(Adressatentheorie)이라 한다. 수범자이론은 침익적 행정행위는 적어도 「원고의 자
유에 대한 위법한 강제」라는 침해를 가져온다거나(Würtenberger, Verwaltungsprozessrecht(3.
Aufl.), Rn. 280) 또는 기본법 제2조 제1항으로부터 나오는 일반적 행동의 자유권이 침해되기
때문이라는 것을 논거로 한다(Schmidt, Verwaltungsprozessrecht(14. Aufl.), Rn. 136). 수범자
이론은 의무화소송과 일반적 급부소송에서는 활용성이 없고, 이러한 소송에서는 가능성이론,
즉 권리침해가 확정적인 것임을 밝히는 것이 아니라 침해가 없다고 단정할 수 없을 정도로 밝
히면 된다는 가능성이론이 활용된다고 한다(Schmidt, Verwaltungsprozessrecht(14. Aufl.), Rn.
137).

의미를 갖는다. 한편, 용례상 원고적격의 의미로 소의 이익이라는 용어가 사용되기도 하나, 일반적으로 소의 이익은 권리보호의 필요의 의미로 사용되는 것으로 보인다. 한편, 법률상 이익은 법원의 직권조사사항이다.[1]

1. 법률상 이익의 주체

4082   (1) **규정의 성격**   취소소송은 처분 등의 취소를 구할 법률상 이익이 있는 자만이 제기할 수 있다(행소법 제12조 전단).[2] 법률상 이익이 있는 '자'만이 제기할 수 있다는 것은 취소소송이 주관적 소송임을 의미하고, 민중소송의 배제를 의미한다.[3]

4083   (2) **자연인과 법인**   법률상 이익이 있는 '자'에는 권리주체로서 자연인과 법인이 있다. 법인에는 공법인과 사법인이 있고,[4] 지방자치단체 또한 이에 포함된다고 본다.[5] 물론 지방자치단체는 자기의 고유한 권리가 침해되었을 때에

---

1) 대판 2017. 3. 9, 2013두16852(해당 처분을 다툴 법률상 이익이 있는지 여부는 직권조사사항으로 이에 관한 당사자의 주장은 직권발동을 촉구하는 의미밖에 없으므로, 원심법원이 이에 관하여 판단하지 않았다고 하여 판단유탈의 상고이유로 삼을 수 없다).

2) 대판 2018. 5. 15, 2014두42506(행정처분에 대한 취소소송에서 원고적격이 있는지 여부는, 당해 처분의 상대방인지 여부에 따라 결정되는 것이 아니라 그 취소를 구할 법률상 이익이 있는지 여부에 따라 결정되는 것이다).

3) 독일행정재판소법은 취소소송의 경우에 원칙적으로 권리침해를 요건으로 하지만, 개별법률에서 달리 정할 수 있음을 규정하고 있다(VwGO 제42조 제2항). 환경법상 단체소송이 달리 정하는 예(즉, 권리침해가 없이도 취소소송을 제기할 수 있는 경우)에 해당한다.

4) 대판 2011. 6. 24, 2008두9317(원고는 아주대학교 총장으로서 아주대학교 교원의 임용권을 위임받아 피고 보조참가인에 대하여 그 이름으로 재임용기간의 경과를 이유로 당연면직의 통지를 하였고, 그 후 구제특별법이 시행되자 피고 보조참가인은 원고를 피청구인으로 하여 재임용 거부처분 취소 청구를 하여 피고가 위 재임용 거부처분을 취소한다는 이 사건 결정처분을 한 다음 원고에게 이를 통지한 사실을 알 수 있으므로, 이를 앞서 본 법리에 비추어 보면, 원고는 피고를 상대로 이 사건 결정처분의 취소를 구하는 행정소송을 제기할 당사자능력 및 당사자적격이 있다).

5) 지방자치단체가 원고적격을 가질 수 있는 헌법적 근거는 ① 헌법 제27조 제1항(모든 국민은 헌법과 법률이 정한 법관에 의하여 법률에 의한 재판을 받을 권리를 가진다)에서 말하는 모든 국민에는 법인이 포함되고, 법인에는 공법인도 포함되며, 그리고 공법인인 지방자치단체를 제외할 특별한 이유는 없다고 할 것이고, ② 또한 헌법 제117조 제1항(지방자치단체는 주민의 복리에 관한 사무를 처리하고 재산을 관리하며, 법령의 범위 안에서 자치에 관한 규정을 제정할 수 있다) 등에 의한 지방자치제의 보장에는 지방자치단체의 주관적 지위의 보장도 포함되고, 주관적 지위의 보장에는 재판청구권도 포함된다고 볼 수 있기 때문이다. 대판 2014. 2. 27, 2012두22980(구 건축법(2011. 5. 30. 법률 제10755호로 개정되기 전의 것) 제29조 제1항, 제2항, 제11조 제1항 등의 규정 내용에 의하면, 건축협의의 실질은 지방자치단체 등에 대한 건축허가와 다르지 않으므로, 지방자치단체 등이 건축물을 건축하려는 경우 등에는 미리 건축물의 소재지를 관할하는 허가권자인 지방자치단체의 장과 건축협의를 하지 않으면, 지방자치단체라 하더라도 건축물을 건축할 수 없다. 그리고 구 지방자치법 등 관련 법령을 살펴보아도 지방자치단체의 장이 다른 지방자치단체를 상대로 한 건축협의 취소에 관하여 다툼이 있는 경우에 법적 분쟁을 실효적으로 해결할 구제수단을 찾기도 어렵다. 따라서 건축협의 취소는 상대방이 다른 지방자치단체 등 행정주체라 하더라도 '행정청이 행하는 구체적 사실에 관한 법집행으로서의 공권

만 당사자적격을 갖는다(예 : 지방자치단체는 국가의 특정행위를 자치권의 침해를 이유로 다툴 수는 있으나 환경침해 또는 주민의 건강권의 침해를 이유로 다툴 수는 없다). 실제상 지방자치단체의 원고적격의 문제는 국가의 감독처분과 관련하여 보다 많은 의미를 갖는다. 이 밖에 법인격 없는 단체도 구체적인 분쟁대상과 관련하여 권리(법률상 이익)를 가질 수 있는 범위 안에서 법률상 이익이 있는 자가 될 수 있다.[1] 법인격 없는 단체는 대표자를 통해 단체의 이름으로 출소할 수 있다(행소법 제8조 제2항; 민소법 제52조). 외국인도 원고가 될 수 있다.[2] 법인의 주주는 원고적격이 없으나 판례상 예외적으로 인정되기도 한다.[3] 한편, 경우에 따라서는

력 행사'(행정소송법 제2조 제1항 제1호)로서 처분에 해당한다고 볼 수 있고, 지방자치단체인 원고가 이를 다툴 실효적 해결 수단이 없는 이상, 원고는 건축물 소재지 관할 허가권자인 지방자치단체의 장을 상대로 항고소송을 통해 건축협의 취소의 취소를 구할 수 있다). 한편, 독일 이론은 지방자치단체(공법인)가 원고적격을 갖는 근거로 수범자이론과 보호규범론 등을 들기도 한다(Hufen, Verwaltungsprozessrecht(8. Aufl.), §14, Rn. 94f.). 수범자이론은 자연인과 사단에 모두 적용되는 것으로 이해된다. 수범자가 없는 물적 행정행위의 경우에는 수범자이론이 적용되지 아니한다. 수범자이론은 취소소송의 경우에만 적용되는 것으로 본다. 따라서 공법인인 지방자치단체가 직접적인 침익적 행정행위의 상대방이라면, 당연히 수범자이론이 적용되는 바, 언제나 원고적격을 갖는다고 하게 된다. 그러한 원고적격은 기본권이 아니라 헌법 제117조 및 관련 법률에 근거하여 인정된다(Hufen, Verwaltungsprozessrecht(8. Aufl.), §14, Rn. 60.). 한편, 보호규범론을 근거로 하나의 규범이 공법인의 보호를 목표로 한다면, 그 공행정주체는 그 규범으로부터 원고적격을 가질 수 있다고 하는 경우도 있다. 기본권을 근거로 공법인의 원고적격을 갖는가에 관해서는 논란이 있다.

1) 대판 1961. 11. 23, 4293행상43(원고 장학회가 민사소송법 제47조의 요건을 구비한 법인 아닌 사단으로 당사자능력을 가지고 있다고 본 원심의 인정은 정당하고 설혹 원고장학회가 어느 특정한 권리관계에 있어 권리능력이 없다 하여 일반적인 당사자 능력이 없다고 볼 수 없다); Hufen, Verwaltungsprozessrecht(9. Aufl.), §14, Rn. 94.
2) 이와 관련하여 옆번호 3678의 각주를 보라.
3) 대판 2005. 1. 27, 2002두5313(법인의 주주는 법인에 대한 행정처분에 관하여 사실상이나 간접적인 이해관계를 가질 뿐이어서 스스로 그 처분의 취소를 구할 원고적격이 없는 것이 원칙이라고 할 것이지만, 그 처분으로 인하여 법인이 더 이상 영업 전부를 행할 수 없게 되고, 영업에 대한 인·허가의 취소 등을 거쳐 해산·청산되는 절차 또한 처분 당시 이미 예정되어 있으며, 그 후속절차가 취소되더라도 그 처분의 효력이 유지되는 한 당해 법인이 종전에 행하던 영업을 다시 행할 수 없는 예외적인 경우에는 주주도 그 처분에 관하여 직접적이고 구체적인 법률상 이해관계를 가진다고 보아 그 효력을 다툴 원고적격이 있다); 대판 2005. 1. 27, 2002두5313(부실금융기관의 정비를 목적으로 은행의 영업 관련 자산 중 재산적 가치가 있는 자산 대부분과 부채 등이 타에 이전됨으로써 더 이상 그 영업 전부를 행할 수 없게 되고, 은행업무정지처분 등의 효력이 유지되는 한 은행이 종전에 행하던 영업을 다시 행할 수는 없는 경우, 은행의 주주에게 당해 은행의 업무정지처분 등을 다툴 원고적격이 인정된다); 대판 2004. 12. 23, 2000두2648(일반적으로 법인의 주주는 당해 법인에 대한 행정처분에 관하여 사실상이나 간접적인 이해관계를 가질 뿐이어서 스스로 그 처분의 취소를 구할 원고적격이 없는 것이 원칙이라고 할 것이지만, 그 처분으로 인하여 궁극적으로 주식이 소각되거나 주주의 법인에 대한 권리가 소멸하는 등 주주의 지위에 중대한 영향을 초래하게 되는데도 그 처분의 성질상 당해 법인이 이를 다툴 것을 기대할 수 없고 달리 주주의 지위를 보전할 구제방법이 없는 경우에는 주주도 그 처분에 관하여 직접적이고 구체적인 법률상 이해관계를 가진다고 보이므로 그 취소를 구할 원고적격이 있다).

국가도 지방자치단체의 장의 자치사무에 관한 처분을 다투는 경우에는 원고가 될 수 있으나 기관위임사무의 경우에는 그러하지 않다.[1]

(3) 상대방과 제3자

4084
⑺ 상 대 방　침익적 행정행위의 상대방은 헌법 제10조로부터 나오는 행동의 자유로부터 일반적으로 원고적격을 갖는다. 일반적인 행동의 자유는 위법한 국가의 침해로부터 사인이 피해를 입지 않는 것을 보장하는 권리 등을 보장하는 것을 내용으로 갖기 때문이다.[2] 한편, 법규범이 공공의 이익뿐만 아니라 상대방의 보호를 규정하고 있다면, 상대방도 법률상 이익을 갖는바(보호규범론), 법률상 이익이 침해된 상대방은 원고적격을 가져오는 법률상 이익의 주체가 된다고 말할 수도 있다.

4085
⑻ 제3자　법규범이 공공의 이익뿐만 아니라 제3자의 보호를 규정하고 있다면, 그 제3자도 법률상 이익을 갖는바(보호규범론), 법률상 이익이 침해된 제3자는 원고적격을 갖는 법률상 이익의 주체가 된다(경쟁자소송·경원자소송·이웃소송).[3] 이러한 제3자소송은 제3자효 있는 행정행위에서 의미를 갖는다.

4086
⑷ 다수인(공동소송)　수인의 청구 또는 수인에 대한 청구가 처분 등의 취소청구와 관련되는 청구인 경우에 한하여 그 수인은 공동소송인이 될 수 있다(행소법 제15조). 공동소송인의 제도는 일종의 주관적 병합의 제도이다. 행정소송법은 공동소송에 대해 그 밖의 특별한 규정을 두고 있지 않다. 따라서 민사소송

---

1) 대판 2007. 9. 20, 2005두6935(건설교통부장관은 지방자치단체의 장이 기관위임사무인 국토이용·계획 사무를 처리함에 있어 자신과 의견이 다를 경우 행정협의조정위원회에 협의·조정 신청을 하여 그 협의·조정 결정에 따라 의견불일치를 해소할 수 있고, 법원에 의한 판결을 받지 않고서도 행정권한의 위임 및 위탁에 관한 규정이나 구 지방자치법에서 정하고 있는 지도·감독을 통하여 직접 지방자치단체의 장의 사무처리에 대하여 시정명령을 발하고 그 사무처리를 취소 또는 정지할 수 있으며, 지방자치단체의 장에게 기간을 정하여 직무이행명령을 하고 지방자치단체의 장이 이를 이행하지 아니할 때에는 직접 필요한 조치를 할 수도 있으므로, 국가가 국토이용계획과 관련한 지방자치단체의 장의 기관위임사무의 처리에 관하여 지방자치단체의 장을 상대로 취소소송을 제기하는 것은 허용되지 않는다). Hufen, Verwaltungsprozessrecht(8. Aufl.), § 12, Rn. 20.

2) R. Schmidt, Verwaltungsprozessrecht(18. Aufl.), Rn. 136. Rn. 145; 대판 2018. 3. 27, 2015두47492(항고소송은 처분 등의 취소 또는 무효확인을 구할 법률상 이익이 있는 자가 제기할 수 있고(행정소송법 제12조, 제35조), 불이익처분의 상대방은 직접 개인적 이익의 침해를 받은 자로서 원고적격이 인정된다).

3) 대판 2021. 2. 4, 2020두48772(불이익처분의 상대방은 직접 개인적 이익의 침해를 받은 자로서 원고적격이 인정된다. 처분의 직접 상대방이 아닌 제3자라 하더라도 이른바 '경원자 관계'나 '경업자 관계'와 같이 처분의 근거 법규 또는 관련 법규에 의하여 개별적·직접적·구체적으로 보호되는 이익이 있는 경우에는 처분의 취소를 구할 원고적격이 인정되지만, 제3자가 해당 처분과 간접적·사실적·경제적인 이해관계를 가지는 데 불과한 경우에는 처분의 취소를 구할 원고적격이 인정되지 않는다).

법의 관련규정이 행정소송법상 공동소송에 준용된다(민소법 제66조·제67조·제69조; 행소법 제8조 제2항).

(5) **국가기관**   국가의 기관은 원칙적으로 원고가 되지 못한다.[1] 그러나   4087
① 법률이 인정하고 있는 경우나 ② 해석상 특정 행정청의 법률상 이익이 침해된다고 볼 수 있는 경우에는 원고적격을 인정할 수 있을 것이다.[2] 판례도 국가기관이 경우에 따라서는 원고적격을 갖는다고 한다.[3] 이러한 판례의 태도는 현행법상 단일의 법주체의 기관 사이에 소송이 인정되지 아니한 경우(예 : 국립대학법인이나 방송법인의 집행기관과 의결기관 사이), 자신의 권한을 다른 기관의 침해로부터 방어하고, 이를 사법적으로 관철할 수 있는 권한이라는 의미에서 「기관권」의 개념을 설정하고, 기관권은 단순한 수행권한이 아니라 독자적인 권한으로서 법률상 이익에 해당한다고 하면서 그러한 단일의 법주체의 기관 사이에도 해석상 행정소송법상 당사자소송이 적용될 수 있을 것이라는 견해와[4] 맥을 같이하는 것으로 볼 것이다. 물론 법인화된 국립대학은 원고적격을 갖는다.[5]

---

1) 대판 2007. 9. 20, 2005두6935(예비적 원고 충북대학교 총장의 소는, 원고 충북대학교 총장이 원고 대한민국이 설치한 충북대학교의 대표자일 뿐 항고소송의 원고가 될 수 있는 당사자능력이 없어 부적법하다). Hufen, Verwaltungsprozessrecht(8. Aufl.), § 12, Rn. 22.

2) R. Schmidt, Verwaltungsprozessrecht(18. Aufl.), Rn. 174.

3) 대판 2018. 8. 1, 2014두35379(법령이 특정한 행정기관 등으로 하여금 다른 행정기관을 상대로 제재적 조치를 취할 수 있도록 하면서, 그에 따르지 않으면 그 행정기관에 대하여 과태료를 부과하거나 형사처벌을 할 수 있도록 정하는 경우가 있다. 이러한 경우에는 단순히 국가기관이나 행정기관의 내부적 문제라거나 권한 분장에 관한 분쟁으로만 볼 수 없다. 행정기관의 제재적 조치의 내용에 따라 '구체적 사실에 대한 법집행으로서 공권력의 행사'에 해당할 수 있고, 그러한 조치의 상대방인 행정기관이 입게 될 불이익도 명확하다. 그런데도 그러한 제재적 조치를 기관소송이나 권한쟁의심판을 통하여 다툴 수 없다면, 제재적 조치는 그 성격상 단순히 행정기관 등 내부의 권한 행사에 머무는 것이 아니라 상대방에 대한 공권력 행사로서 항고소송을 통한 주관적 구제대상이 될 수 있다고 보아야 한다. 기관소송 법정주의를 취하면서 제한적으로만 이를 인정하고 있는 현행 법령의 체계에 비추어 보면, 이 경우 항고소송을 통한 구제의 길을 열어주는 것이 법치국가 원리에도 부합한다. 따라서 이러한 권리구제나 권리보호의 필요성이 인정된다면 예외적으로 그 제재적 조치의 상대방인 행정기관 등에게 항고소송 원고로서의 당사자능력과 원고적격을 인정할 수 있다); 대판 2013. 7. 25, 2011두1214(국민권익위원회법이 원고(경기도선거관리위원회 위원장)에게 피고 위원회(국민권익위원회)의 조치요구에 따라야 할 의무를 부담시키는 외에 별도로 그 의무를 이행하지 아니할 경우 과태료나 형사처벌의 제재까지 규정하고 있는데, 이와 같이 국가기관 일방의 조치요구에 불응한 상대방 국가기관에게 그와 같은 중대한 불이익을 직접적으로 규정한 다른 법령의 사례를 찾기 어려운 점, 그럼에도 원고가 피고 위원회의 조치요구를 다툴 별다른 방법이 없는 점 등에 비추어 보면, 피고 위원회의 이 사건 조치요구의 처분성이 인정되는 이 사건에서 이에 불복하고자 하는 원고로서는 이 사건 조치요구의 취소를 구하는 항고소송을 제기하는 것이 유효·적절한 수단이라고 할 것이므로, 비록 원고가 국가기관에 불과하더라도 이 사건에서는 당사자능력 및 원고적격을 가진다고 봄이 상당하다).

4) 본서, 옆번호 4809 각주 참조.

5) 헌재 2015. 12. 23, 2014헌마1149(법인화되지 않은 국립대학 및 국립대총장은 행정소송의 당사

4088 (6) **지방자치단체** 여기서 지방자치단체의 원고적격의 문제는 지방자치단체가 국가나 광역지방자치단체를 피고로 하여 항고소송을 제기할 수 있는가의 여부를 내용으로 한다(지방자치단체의 내부에서 한 기관이 다른 기관을 상대로 다툴 수 있는가의 여부는 기관소송의 문제가 된다). 일반적인 경우와 지방자치단체의 장이 행정심판의 피청구인인 경우로 나누어서 보기로 한다.

4089 (개) **일반적인 경우** 헌법 제117조 제1항의 지방자치제도의 헌법적 보장은 그것의 제도적 성격과 무관하게 행정소송절차로 나아갈 수 있는 주관적 권리를 보장한다.[1] 따라서 지방자치단체도 원고적격을 갖는다고 보아야 한다. 따라서 지방자치단체는 자치행정권을 침해하는 국가 등의 감독처분에 대해 행정소송법이 정하는 바에 따라 행정소송을 제기할 수 있다고 볼 것이다. 물론 위임사무영역에서의 감독처분에 대해서는 원칙적으로 소권을 인정하기 어렵다.[2]

4090 (내) **행정심판피청구인으로서 지방자치단체** ① 자치사무와 위임사무에 관한 단체장의 처분에 대한 행정심판에서 인용재결이 내려진 경우 지방자치단체가 행정소송을 제기할 수 있는지가 문제된다. 재결도 그 자체의 고유한 위법이 있으면 항고소송의 대상이 되는데(행소법 제19조 단서), 피청구인인 행정청이나 그 소속 행정주체가 인용재결(직접처분)에 대해 행정소송을 제기하는 것을 금지하는 규정이 없기 때문이다. ② 판례는 인용재결이 있는 경우, 피청구인인 행정청은 재결의 기속력(행심법 제49조 제1항)으로 인해 취소소송을 제기할 수 없다는 입장이다.[3] ③ 그러나 시·도지사가 시장·군수·구청장을 피청구인으로 하여 시·군·구의 자치사무에 관해 인용재결을 하거나, 장관이 시·도지사를 피청구인으로 하여 시·도의 자치사무에 관해 인용재결을 하는 경우, 피청구인이 항고소송을 다툴 수 있어야 한다. 왜냐하면 ⓐ 자치사무는 행정심판위원회가 속하는 법주체의 사무가 아니라 피청구인이 속하는 법주체의 사무인바, 조직의 원리에 비추어 볼 때 피청구인이 행정심판위원회의 재결에 구속되어야 한다는 것은 입법정책적인 것이지 논리필연적인 것이라 할 수는 없고, ⓑ 피청구인이 속하는 지

자능력이 인정되지 않는다는 것이 법원의 확립된 판례이다).

1) 졸저, 신지방자치법(제4판), 74쪽 이하 및 94쪽 이하.

2) Hufen, Verwaltungsprozessrecht(10. Aufl.), §14, Rn. 101.

3) 대판 1998. 5. 8, 97누15432(행정심판청구의 대상이 된 행정청에 대하여 재결에 관한 항쟁수단을 별도로 인정하는 것은 행정상의 통제를 스스로 파괴하고 국민의 신속한 권리구제를 지연시키는 작용을 하게 될 것이다. …행정심판법 제37조 1항에 '재결은 피청구인인 행정청과 그 밖의 관계행정청을 기속한다'고 규정하고 있으므로 이에 따라 처분행정청은 재결에 기속되어 재결의 취지에 따른 처분의무를 부담하게 되므로 이에 불복하여 행정소송을 제기할 수 없다 할 것이며, 이 규정이 지방자치의 내재적 제약의 범위를 일탈하여 헌법상의 지방자치의 제도적 보장을 침해하는 것으로 볼 수 없다).

방자치단체는 그 자체가 객관적인 제도라 하여도, 주민과의 관계에서 어느 정도 사인 유사의 독자적·주관적인 지위를 갖기 때문이다. 또한, ⓒ 당해소송을 기관소송으로 본다면 행정소송법 제45조는 법률의 규정이 있는 경우에만 허용되어 소송이 불가능하겠지만, 지방자치단체장에 대한 재결의 경우에는 별개의 법주체 사이의 문제이므로 그에 대한 불복 소송은 기관소송이 아니라 일반적인 항고소송이며, ⓓ 행정심판법 제49조 제1항은 기속력을 규정하고 있으나 행정심판의 피청구인은 행정청으로서의 단체장인 반면 재결에 대해 불복하여 항고소송을 제기하는 것은 지방자치단체이므로 재결의 기속력이 미치지 않는다고 보아야 하고, ⓔ 인용재결은 형식적으로는 직접 상대방이 행정청으로서의 단체장이지만, 실질적으로 지방자치단체가 그 직접 상대방이 되므로 법률상 이익을 가지고 따라서 원고적격이 인정된다. 결국 긍정함이 타당하다.[1]

  (7) 단 체(단체소송)

  ㈎ 의 의 단체(공법상 단체＋사법상 단체)가 원고로서 다투는 소송에는   4091
ⓐ 단체가 자신의 고유한 권리의 침해를 다투는 소송(예 : 사회단체신고의 수리를 거부하는 처분을 다투는 경우), ⓑ 단체가 구성원의 권리의 침해를 다투는 소송(예 : 환경단체의 구성원이 위법한 환경운동을 하였다고 하여 가해지는 제재를 다투는 경우), ⓒ 일반적 공익(예 : 환경보호·자연보호·기념물보호)의 침해를 다투는 소송을 생각할 수 있다. ① 일설은 ⓐ를 이기적 단체소송(egoistische Verbandsklage), ⓒ를 이타적 단체소송(altruistische Verbandsklage)이라 하고, 양자를 합하여 단체소송이라 한다.[2] ② 일설은 ⓑ를 이기적 단체소송, ⓒ를 이타적 단체소송이라 하고 양자를 합하여 단체소송이라 한다.[3] ③ 일설은 ⓑ와 ⓒ를 합하여 진정한 단체소송이라 하고, ⓐ를 부진정단체소송이라 부르기도 한다.[4]

  ㈏ 원고적격 ⓐ의 경우에는 단체에 원고적격이 일반적으로 인정되지만,   4092
ⓑ의 경우에는 지방자치단체가 국가에 의한 주민의 권리침해를 다툴 수 없는 것과 같이 단체는 구성원의 권리침해를 다툴 수 없다. 그러나 구성원의 권리침해가 동시에 단체의 권리침해가 되는 경우에는 다툴 수 있다.[5] ⓒ의 경우에는 원칙적으로 단체에 원고적격이 인정되지 아니한다.[6]

---

1) 박정훈, 행정소송의 구조와 기능, 357쪽 이하.
2) Schenke, Verwaltungsprozessrecht, Rn. 525.
3) Hufen, Verwaltungsprozessrecht(9. Aufl.), §14, Rn. 93.
4) 김남진, 행정법(Ⅱ), 637쪽.
5) Schenke, Verwaltungsprozessrecht, Rn. 525f.
6) Schenke, Verwaltungsprozessrecht, Rn. 525; Kopp/Schenke, Verwaltungsgerichtsordnung, Kommentar, Vorb §40, Rn. 26, §42, Rn. 180.

4093 (다) **이타적 단체소송의 입법례** 이타적 단체소송의 예는 독일의 여러 란트 (예 : Berlin·Brandenburg·Bremen·Hamburg·Hessen·Saarland·Sachsen·Sachsenanhalt· Thüringen)의 자연보호법에서 볼 수 있다.[1] 이러한 란트에서는 공인된 자연보호 단체가 행정절차에 참여할 수 있고, 개인적인 이해와 관계없이 자연을 침해하는 일정한 행위에 대해 소권(당사자적격)을 갖는다.[2]

4094 (라) **이타적 단체소송의 인정가능성** 독일에서 객관적인 단체소송은 "법률에서 달리 규정하지 아니하는 한, 취소소송과 의무화소송은 다만 원고가 행정행위 또는 그 거부 또는 부작위로 인해 자기의 권리가 침해되었음을 다투는 경우에만 허용된다"는 규정(VwGO 제42조 제2항)에 근거한다. 우리의 경우, 민중소송은 법률이 정한 경우에 법률에 정한 자가 제기할 수 있으므로(행소법 제45조), 단체소송의 도입가능성은 열려있는 셈이다.

4095 (마) **개인정보 단체소송** 2011년 9월에 발효된 개인정보 보호법은 정보주체의 권리가 침해된 경우에 소비자단체나 비영리민간단체가 정보주체를 위해 소송을 제기할 수 있는 개인정보 단체소송을 도입하였다.[3]

4096 (바) **집단소송** 독일의 단체소송에 비견되는 것으로 미국의 집단소송(class action)이 있다. 여기서 집단소송이란 조직체가 아니면서 공통의 이해관계를 가진 집단의 1인 또는 수인이 그 집단의 전체를 위하여 제소하거나 제소될 수 있는 소송형태를 의미한다. 집단소송은 주관적 소송과 객관적 소송의 양면을 갖는 것으로 이해되고 있다.

2. 법률상 이익의 의의

4097 (1) **취소소송의 본질(기능)** 법률상 이익개념의 이해를 위해서는 먼저 취소소송의 본질 내지 기능에 대한 다음의 네 가지 견해, 즉 권리구제설, 법률상 (보호)이익설, 보호가치있는 이익설, 적법성보장설을 살펴볼 필요가 있다. ① 권리구제설은 취소소송의 목적이 위법한 처분으로 인하여 침해된 개인의 권리의 회복에 있다는 전제하에 권리가 침해된 자만이 소송을 제기할 수 있다는 입장이다. ② 법률상 (보호)이익설은 위법한 처분으로 인하여 개인의 이익이 침해되는 경우에 관련있는 법에 의해 그 이익이 보호되는 것이라면, 이러한 이익의 피해자도 행정청의 처분을 다툴 수 있다는 입장이다. 이 입장에 따른 보호이익의 범위는 전통적

---

1) BNatSchG 제61조, UmwRG 제2조 등.
2) E.Gassner, Treuhandklage zugunsten von Natur und Landschaft, 1984, S. 12ff.; Glaeser, Verwaltungsprozessrecht, Rn. 170; Hufen, Verwaltungsprozessrecht, §25, Rn. 49; Würten-berger, Verwaltungsprozessrecht, Rn. 4.
3) 자세한 것은 옆번호 2267을 보라.

의미의 권리(예 : 광업권)개념의 경우보다 넓은 것이 된다. ③ 보호가치있는 이익설은 법에 의해 보호되는 이익이 아니라고 하여도 그 이익의 실질적인 내용이 재판상 보호할 가치가 있다고 판단되는 경우에는 그러한 이익이 침해된 자도 소송을 제기할 수 있다는 입장이다. 이러한 입장에서는 사실상의 이익의 침해도 다툴 수 있는 경우가 존재하게 된다. ④ 적법성보장설은 원고가 다투는 이익의 성질여하가 문제가 아니고 당해 처분에 대한 소송에서 행정처분의 시정, 행정청의 적법성의 확보에 가장 이해관계를 가지는 자가 원고적격을 갖는다는 입장이다.

(2) **법률상 이익의 개념에 관한 학설**   행정소송법상 법률상 이익의 개념에   4098
대한 학자들의 견해는 통일되어 있지 않다. ① 일부 견해는 법률상 이익과 권리를 같은 개념으로 이해하고 있고,[1] ② 일부 견해는 법률상 이익을 법률상 보호이익으로 이해한다.[2] ③ 생각건대 상기의 두 견해는 근본적으로 다른 입장은 아니라고 본다. 법률상 이익을 권리와 동일시하는 입장은 권리개념을 논리적 입장에서 확대하여 새기는 것이고, 상이한 것으로 보는 입장은 사적 이익보호확대라는 사적 발전과정을 그대로 표현하고 있다는 점에 차이가 있을 뿐이라 할 수 있기 때문이다. 논리성을 중시한다면 전자의 견해가, 역사성을 강조한다면 후자의 견해가 보다 의미를 가질 것이다.

앞에서 본서는 법률상 이익을 광의의 권리로, 전통적 의미의 권리를 협의의   4099
권리로 관념하기로 한 바 있다. 협의의 권리이든 법률상 보호이익이든 그 어느것도 논리적으로는 동일한 것으로서 개인적 공권의 성립요건에 합당한 것이어야 함은 물론이다. 하여튼 법률상 이익이란 전통적인 의미의 권리와 판례상 인정되어온 법률상 보호되는 이익의 상위개념으로 이해된다.[3]

(3) **판례의 입장**   판례는 '직접 권리의 침해를 받은 자가 아닐지라도 소송   4100
을 제기할 법률상의 이익을 가진자는 그 행정처분의 효력을 다툴 수 있다'고[4]
하여 법률상 이익(권리)의 개념을 광의로 이해하고 있다.

3. 협의의 권리(법률상 이익의 의미분석 1)

권리에는 공법상 권리 외에 사법상 권리가 포함된다.[5] 실체적 권리인가 절   4101

---

1) 김남진, 행정법(Ⅰ), 654쪽.
2) 김도창, 일반행정법론(상), 773쪽.
3) 독일행정재판소법상 취소소송도 권리가 침해된 자만이 제기할 수 있는데(동법 제42조 제2항),
   여기서 권리란 '법질서상 보호할 가치가 있는 것으로 승인된 모든 개인의 이익'으로 이해되고
   있다(Glaeser, Verwaltungsprozeßrecht, Rn. 158).
4) 대판 1974. 4. 9, 73누173.
5) 대판 1970. 3. 24, 70누15(원고가 이 사건에서 문제로 되어 있는 토지를 1960. 3. 18. 소외인 A로
   부터 사기는 하였어도 아직 그 앞으로 소유권이전등기를 경유하지 못하였기 때문에 A에게 대

차적 권리인가, 또는 헌법상의 권리인가 관습법상의 권리인가를 가리지 않는다.

4. 법률상 보호되는 이익(보호규범론)(법률상 이익의 의미분석 2)

4102 　　(1) 의　　　의　　　법률상 보호되는 이익은 개인적 공권의 성립요건 중 두 번째 요건의 문제이다. 법률상 보호되는 이익의 판단에는 관련법규범이 기준이 된다. 관련보호규범이 개인의 이익보호도 목적으로 한다면, 그 이익은 법률상 보호이익이 된다(보호규범론).[1]

　　(2) 판단기준

4103 　　(개) 학　　　설　　　사익보호목적(법률상 이익)의 존부의 판단은 ① 당해 처분의 근거되는 법률의 규정과 취지(목적)만을 고려해야 한다는 견해(실체법적 근거법령과 절차법적 근거법령 — 절차법적 근거법령의 예로 환경영향평가법 — 으로 구분하기도 한다),[2] ② 당해 처분의 근거되는 법률의 규정과 취지 외에 관련 법률의 규정과 취지도 고려하여야 한다는 견해, ③ 당해 처분의 근거되는 법률의 규정과 취지 외에 관련 법률의 규정과 취지, 그리고 기본권 규정도 고려하여야 한다는 견해로 구분할 수 있다. ③이 일반적인 견해로 보인다.

4104 　　(내) 판　　　례　　　종래 판례는 '법률상의 이익이란 당해 처분의 근거법률에 의하여 직접 보호되는 구체적인 이익을 말한다'고 하여 기본적으로는 당해 처분의 근거되는 법률만을 고려하였지만,[3] 오늘날에는 근거법률 외에 관련법률까지 고려한다.[4] 그리고 기본권을 법률상 이익으로 인정하거나 고려하는 듯한 판례

하여는 현재 채권적인 소유권이전등기청구권밖에 가지지 못한다 할지라도 원고로서는 이 사건 항고소송을 제기할 만한 법률상의 이해관계가 있다고 볼 수 있다. 왜냐하면 이 항고소송에서 원고가 승소한다면 이 사건에서 문제로 되어 있는 토지에 관하여 소외인 A는 농지로서 분배를 받을 수 있을 것이요, 원고는 또한 위에서 본 매매계약에 의하여 위 토지에 대한 소유권이전등기를 청구할 수 있을 것이기 때문이다. 이러한 지위에 있는 원고에게 사실상의 이해관계밖에 없음을 전제로 하여 이론을 전개하는 논지는 채용할 수 없다).

1) 이에 관해 옆번호 551의 끝부분 각주를 보라. 그리고 Hufen, Verwaltungsprozessrecht(10. Aufl.), §14, Rn. 72.
2) 박정훈, 행정소송의 구조와 기능, 252쪽.
3) 대판 2014. 2. 21, 2011두29052(생태·자연도의 작성 및 등급변경의 근거가 되는 구 자연환경보전법(2011. 7. 28. 법률 제10977호로 개정되기 전의 것) 제34조 제1항 및 그 시행령 제27조 제1항, 제2항에 의하면, 생태·자연도는 토지이용 및 개발계획의 수립이나 시행에 활용하여 자연환경을 체계적으로 보전·관리하기 위한 것일 뿐, 1등급 권역의 인근 주민들이 가지는 생활상 이익을 직접적이고 구체적으로 보호하기 위한 것이 아님이 명백하고, 1등급 권역의 인근 주민들이 가지는 이익은 환경보호라는 공공의 이익이 달성됨에 따라 반사적으로 얻게 되는 이익에 불과하다); 대판 1971. 3. 23, 70누164.
4) 대판 2015. 7. 23, 2012두19496, 19502(당해 처분의 근거 법규 및 관련 법규에 의하여 보호되는 법률상 이익은 당해 처분의 근거 법규의 명문 규정에 의하여 보호받는 법률상 이익, 당해 처분의 근거 법규에 의하여 보호되지는 아니하나 당해 처분의 행정목적을 달성하기 위한 일련의 단계적인 관련 처분들의 근거 법규에 의하여 명시적으로 보호받는 법률상 이익, 당해 처분의

도 있다.[1] 또한 거부처분이나 부작위를 다투는 소송에서 신청권과 관련하여 조
리(행정법의 일반원칙)를 활용하기도 한다.[2]

  ㈐ 사   견 ③의 견해가 타당하다고 본다. 객관적 법규가 개인의 이익의   4105
보호도 의도하는가의 판단은 전체법질서와의 고려 하에 이루어져야 한다. 한편,
입법자가 헌법상 보호되는 개인의 권리를 개별 법률에서 구체화하고 있다면, 먼
저 그 법률에서 보호되는 이익을 찾아야 하지만, 만약 개별 법률상 보호규범이
없다면, 법률상 보호이익은 직접 기본권에서 찾아야 할 것이다.[3] 이러한 판단
의 결정적 기준으로는 ① 보호되는 이익, ② 침해의 종류, ③ 보호받는 사람의
범위 등을 들 수 있다.[4] 일반적으로 단순한 영업기회, 경제적·정치적 이익, 단
순한 지리상의 이점(예 : 풍치지구의 지정으로 인한 주민의 이익)은 법률상 이익에 해
당하지 아니한다. 그리고 무하자재량행사청구권도 원고적격을 가져오는 법률상
이익에 해당하지 아니한다. 한편 제3자의 이익의 침해여부 역시 실체법의 보호
목표에 따라 판단될 문제이다. 제3자소송으로 경쟁자소송(Konkurrentenklage)·경
원자소송과 이웃소송(Nachbarklage) 등이 있다. 경쟁자소송은 경업자소송이라고
도 한다.

 근거 법규 또는 관련 법규에서 명시적으로 당해 이익을 보호하는 명문의 규정이 없더라도 근
거 법규 및 관련 법규의 합리적 해석상 그 법규에서 행정청을 제약하는 이유가 순수한 공익의
보호만이 아닌 개별적·직접적·구체적 이익을 보호하는 취지가 포함되어 있다고 해석되는 경
우까지를 말한다); 대판 2013. 9. 12, 2011두33044.

1) 대판 1992. 5. 8, 91부8(만나고 싶은 사람을 만날 수 있다는 것은 인간이 가지는 가장 기본적인
 자유 중 하나로서, 이는 헌법 제10조가 보장하고 있는 인간으로서의 존엄과 가치 및 행복추구
 권 가운데 포함되는 헌법상의 기본권이라고 할 것인바, 구속된 피고인이나 피의자도 이러한 기
 본권의 주체가 됨은 물론이며 오히려 구속에 의하여 외부와 격리된 피고인이나 피의자의 경우
 에는 다른 사람과 만남으로써 외부와의 접촉을 유지할 수 있다는 것이 더욱 큰 의미를 가지게
 되는 것이고, 또한 무죄추정의 원칙을 규정한 헌법 제27조 제4항의 규정도 구속된 피고인이나
 피의자가 위와 같은 헌법상의 기본권을 가진다는 것을 뒷받침하는 규정이라 할 수 있으므로
 형사소송법 제89조 및 제213조의2가 규정하고 있는 구속된 피고인 또는 피의자의 타인과의 접
 견권은 위와 같은 헌법상의 기본권을 확인하는 것일 뿐 형사소송법의 규정에 의하여 비로소
 피고인 또는 피의자의 접견권이 창설되는 것으로는 볼 수 없다); 헌재 1998. 4. 30, 97헌마141
 (행정처분의 직접 상대방이 아닌 제3자라도 당해처분의 취소를 구할 법률상 이익이 있는 경우
 에는 행정소송을 제기할 수 있다. 이 사건에서 보건대, 설사 국세청장의 지정행위의 근거규범
 인 이 사건 조항들이 단지 공익만을 추구할 뿐 청구인 개인의 이익을 보호하려는 것이 아니라
 는 이유로 청구인에게 취소소송을 제기할 법률상 이익을 부정한다고 하더라도, 청구인의 기본
 권인 경쟁의 자유가 바로 행정청의 지정행위의 취소를 구할 법률상 이익이 된다 할 것이다).
2) 대판 1999. 12. 7, 97누17568(부작위위법확인의 소에 있어 당사자가 행정청에 대하여 어떠한 행
 정행위를 하여 줄 것을 요구할 수 있는 법규상 또는 조리상 권리를 갖고 있지 아니한 경우에는
 원고적격이 없거나 항고소송의 대상인 위법한 부작위가 있다고 볼 수 없어 그 부작위위법확인
 의 소는 부적법하다).
3) Hufen, Verwaltungsprozessrecht(10. Aufl.), § 14, Rn. 83.
4) F. O. Kopp, Verwaltungsgerichtsordnung, Kommentar(15. Aufl.), § 42, Rn. 84.

4106   (다) 내   용   법률상 이익의 성립요건으로서 그 존재가 요구되는 사익은 직접적이고 구체적인 것이어야 한다. 판례는 그 이익을 법률상 보호되는 이익은 당해 처분의 근거 법규와 관련 법규에 의하여 보호되는 개별적·직접적·구체적 이익으로 이해하고, 공익보호의 결과로 국민 일반이 공통적으로 가지는 일반 적·간접적·추상적 이익과 같이 사실적·경제적 이해관계를 갖는 데 불과한 경우는 이에 해당하지 않는 것으로 본다.[1]

(3) 거부처분과 법률상 이익

4107   (가) 문제상황   거부처분의 취소를 구하는 경우에도 법률상 이익이 필요하다. 판례는 국민의 적극적 행위신청에 대한 거부가 항고소송의 대상인 처분에 해당하려면 국민에게 그 행위발동을 요구할 법규상 또는 조리상 신청권이 있어야 한다고 하지만, 신청권은 원고적격의 문제로 보아야 한다.[2] 거부처분의 취소를 구하는 소송에서 법률상 이익은 실제상 신청권의 문제가 된다.

4108   (나) 신청권의 내용   신청권에는 2종류, 즉 ① 실체상의 권리의 법적 실현을 위한 절차의 첫 단계로서 인정되는 권리로서 신청권(예 : 헌법과 식품위생법에 의해 인정되는 단란주점영업의 자유(권)의 실현을 위한 단란주점영업허가의 신청권. 여기서 요건을 구비하였다면, 허가는 필요적이다)과 ② 실체상의 권리의 법적 실현과 관련이 없이 다만 신청 그 자체를 권리로 관념하는 경우의 신청권(예 : 청원의 권리, 도시계획의 책정에 필요한 아이디어제출의 의미에서 도시계 획신청권. 여기서 의견반영은 필요적인 것이 아니다)이 있다.

(4) 경쟁자소송

4109   (가) 의   의   경쟁자소송(경업자소송)은 서로 경쟁관계에 있는 자들 사이에서 특정인에게 주어지는 수익적 행위가 타인에게는 법률상 불이익을 초래하는

---

1) 대판 2014. 12. 11, 2012두28704; 대판 2012. 6. 28, 2010두2005(재단법인 갑 수녀원이, 매립목적을 택지조성에서 조선시설용지로 변경하는 내용의 공유수면매립목적 변경 승인처분으로 인하여 법률상 보호되는 환경상 이익을 침해받았다면서 행정청을 상대로 처분의 무효 확인을 구하는 소송을 제기한 사안에서, 공유수면매립목적 변경 승인처분으로 갑 수녀원에 소속된 수녀 등이 쾌적한 환경에서 생활할 수 있는 환경상 이익을 침해받는다고 하더라도 이를 가리켜 곧바로 갑 수녀원의 법률상 이익이 침해된다고 볼 수 없고, 자연인이 아닌 갑 수녀원은 쾌적한 환경에서 생활할 수 있는 이익을 향수할 수 있는 주체가 아니므로 위 처분으로 위와 같은 생활상의 이익이 직접적으로 침해되는 관계에 있다고 볼 수도 없으며, 위 처분으로 환경에 영향을 주어 갑 수녀원이 운영하는 쨈 공장에 직접적이고 구체적인 재산적 피해가 발생한다거나 갑 수녀원이 폐쇄되고 이전해야 하는 등의 피해를 받거나 받을 우려가 있다는 점 등에 관한 증명도 부족하다는 이유로, 갑 수녀원에 처분의 무효 확인을 구할 원고적격이 없다). 일반적으로 단순한 삶의 안락, 편안함, 단순한 영업상 기회, 경제적 이익, 정치적 이익, 단순한 지리적인 위치상 이익, 관념상 이익(미모, 도시의 미관이나 매력) 등은 사실적 이익, 반사적 이익에 해당하는 것으로 본다.

2) 옆번호 4001을 보라.

경우에 그 타인이 자기의 법률상 이익의 침해를 다투는 소송을 말한다. 경쟁자
소송이 일반적으로 인정되고 있는 것은 아니다.

(나) 종 류   경쟁자소송은 경쟁자의 수익의 방지를 목적으로 하는 소극   4110
적 경쟁자소송과 제3자가 경쟁자와 동일한 수익을 목적으로 하는 적극적 경쟁
자소송으로 구분할 수 있다. 판례상 나타난 경쟁자소송은 소극적 경쟁자소송이
다. 소극적 경쟁자소송은 경쟁자에 대한 처분의 취소를 구하는 취소소송(예외적
으로 의무화소송)이 적합한 소송방식이고, 적극적 경쟁자소송은 자신에게 수익적
처분을 할 것을 구하는 의무화소송이 적합한 소송방식이다.[1] 우리의 경우에는
의무화소송이 인정되지 아니하므로 적극적 경쟁자소송도 수익적 행위의 발령을
구하는 신청에 대한 거부를 다투는 취소소송의 방식으로 이루어질 것이다. 말하
자면 원처분의 제3자인 청구인(원고)이 우선 행정청에 대하여 자기에게 수익적
처분을 할 것을 구하고, 행정청이 거부하면 거부처분의 취소를 구하는 방식으로
실현되게 될 것이다.

(다) 실 례   한정면허를 받은 시외버스운송사업자라고 하더라도 다 같이   4111
운행계통을 정하고 여객을 운송하는 노선여객자동차운송사업을 한다는 점에서
일반면허를 받은 시외버스운송사업자와 본질적인 차이가 없으므로, 일반면허를
받은 시외버스운송사업자에 대한 사업계획변경 인가처분으로 인하여 기존에 한
정면허를 받은 시외버스운송사업자의 노선 및 운행계통과 일반면허를 받은 시
외버스운송사업자의 그것이 일부 중복되게 되고 기존업자의 수익감소가 예상된
다면, 기존의 한정면허를 받은 시외버스운송사업자와 일반면허를 받은 시외버
스운송사업자는 경업관계에 있는 것으로 봄이 상당하고, 따라서 기존의 한정면
허를 받은 시외버스운송사업자는 일반면허 시외버스운송사업자에 대한 사업계
획변경인가처분의 취소를 구할 법률상의 이익이 있다.[2]

(5) **경원자소송**   "면허나 인·허가 등의 수익적 행정처분의 근거가 되는   4112
법률이 해당 업자들 사이의 과당경쟁으로 인한 경영의 불합리를 방지하는 것도

---

1) Schenke, Verwaltungsprozessrecht(12. Aufl.), Rn. 273; Würtenberger, Verwaltungsprozess-
recht(3. Aufl.), Rn. 291.
2) 대판 2018. 4. 26, 2015두53824; 대판 2010. 11. 11, 2010두4179; 대판 2010. 6. 10, 2009두10512;
대판 1999. 10. 12, 99두6026. 그 밖에 대판 1969. 12. 30, 69누106(선박운항사업면허처분에 대
한 기존업자); 대판 1974. 4. 9, 73누173(자동차운송사업면허에 대한 당해 노선에 대한 기존업
자); 대판 1982. 7. 27, 81누271(광업법이 정한 거리제한을 위배한 증구허가에 대한 인접광업권
자); 대판 1975. 7. 22, 75누12(직행버스정류장설치인가처분에 대하여 그로부터 70여미터 떨어
진 정류장을 운영하는 기존업자); 대판 1987. 9. 22, 85누985와 대판 2002. 10. 25, 2001두4450
(기존 시외버스를 시내버스로 전환하는 사업계획변경인가처분에 대한 노선이 중복되는 기존시
내버스업자) 등이 있다.

그 목적으로 하고 있는 경우 다른 업자에 대한 면허나 인·허가 등의 수익적 행정처분에 대하여 미리 같은 종류의 면허나 인·허가 등의 수익적 행정처분을 받아 영업을 하고 있는 기존의 업자나, 면허나 인·허가 등의 수익적 행정처분을 신청한 수인이 서로 경쟁관계에 있어서 일방에 대한 면허나 인·허가 등의 행정처분이 타방에 대한 불면허·불인가·불허가 등으로 귀결될 수밖에 없는 경우(이른바 경원관계에 있는 경우로서 동일 대상지역에 대한 공유수면매립면허나 도로점용허가 혹은 일정지역에 있어서의 영업허가 등에 관하여 거리제한규정이나 업소개수제한규정 등이 있는 경우를 그 예로 들 수 있다.)에 면허나 인·허가 등의 행정처분을 받지 못한 사람 등은 비록 경업자나 경원자에 대하여 이루어진 면허나 인·허가 등 행정처분의 상대방이 아니라 하더라도 당해 행정처분의 취소를 구할 당사자적격이 있다."[1]·[2] 다만 구체적인 경우, 그 처분이 취소된다고 하여도 허가등의 처분을 받지 못한 불이익이 회복된다고 볼 수 없을 때에는 원고적격을 갖지 아니한다.[3]

(6) 이웃소송

4113   (가) 의   의   이웃소송은 이웃하는 자들 사이에서 특정인에게 주어지는 수익적 행위가 타인에게는 법률상 불이익을 초래하는 경우에 그 타인이 자기의 법률상 이익의 침해를 다투는 소송을 말한다. 이웃소송은 인인소송이라고도 한다. 이웃소송은 특히 건축법·환경법분야에서 문제된다. 이하에서 판례상 이웃소송의 실례를 보기로 한다.

4114   (나) 실 례 (1)(건축행정)   도시계획법과 건축법의 규정취지에 비추어 볼 때 이 법률들이 주거지역 내에서의 일정한 건축을 금지하고 또한 제한하고 있는 것은 도시계획법과 건축법이 추구하는 공공복리의 증진을 도모하는 데 그 목적이 있는 동시에, 한편으로는 주거지역 내에 거주하는 사람의 주거안녕과 생활환경을 보호하고자 하는 데도 그 목적이 있는 것으로 해석된다. 그러므로 주거지역 내에 거주하는 사람의 주거의 안녕과 생활환경을 보호받을 이익은 단순한

---

1) 대판 2015. 10. 29, 2013두27517; 대판 2009. 12. 10, 2009두8359; 대판 1998. 9. 8, 98두6272; 대판 1992. 5. 8, 91누13274.
2) 대판 2015. 10. 29, 2013두27517(경원자소송에서 취소판결이 확정되는 경우 그 판결의 직접적인 효과로 경원자에 대한 허가 등 처분이 취소되거나 그 효력이 소멸되는 것은 아니더라도 행정청은 취소판결의 기속력에 따라 그 판결에서 확인된 위법사유를 배제한 상태에서 취소판결의 원고와 경원자의 각 신청에 관하여 처분요건의 구비 여부와 우열을 다시 심사하여야 할 의무가 있으며, 그 재심사 결과 경원자에 대한 수익적 처분이 직권취소되고 취소판결의 원고에게 수익적 처분이 이루어질 가능성을 완전히 배제할 수는 없으므로 특별한 사정이 없는 한 경원관계에서 허가 등 처분을 받지 못한 사람은 자신에 대한 거부처분의 취소를 구할 소의 이익이 있다).
3) 대판 1998. 9. 8, 98두6272; 대판 1992. 5. 8, 91누13274.

반사적 이익이나 사실상의 이익이 아니라 바로 법률에 의하여 보호되는 이익이라고 할 것이다.[1]

㈐ 실 례 (2)(환경행정)   행정처분의 직접 상대방이 아닌 자로서 그 처분에   4115
의하여 자신의 환경상 이익이 침해받거나 침해받을 우려가 있다는 이유로 취소소송을 제기하는 제3자는, 자신의 환경상 이익이 그 처분의 근거 법규 또는 관련 법규에 의하여 개별적·직접적·구체적으로 보호되는 이익, 즉 법률상 보호되는 이익임을 증명하여야 원고적격이 인정되고, 다만 그 행정처분의 근거 법규 또는 관련 법규에 그 처분으로써 이루어지는 행위 등 사업으로 인하여 환경상 침해를 받으리라고 예상되는 영향권의 범위가 구체적으로 규정되어 있는 경우에는, 그 영향권 내의 주민들은 당해 처분으로 인하여 직접적이고 중대한 환경피해를 입으리라고 예상할 수 있고, 이와 같은 환경상의 이익은 주민 개개인에 대하여 개별적으로 보호되는 직접적·구체적 이익으로서 그들에 대하여는 특단의 사정이 없는 한 환경상 이익에 대한 침해 또는 침해 우려가 있는 것으로 사실상 추정되어 법률상 보호되는 이익으로 인정됨으로써 원고적격이 인정되며, 그 영향권 밖의 주민들은 당해 처분으로 인하여 그 처분 전과 비교하여 수인한도를 넘는 환경피해를 받거나 받을 우려가 있다는 자신의 환경상 이익에 대한 침해 또는 침해 우려가 있음을 증명하여야만 법률상 보호되는 이익으로 인정되어 원고적격이 인정된다.[2]

---

1) 대판 2015. 7. 23, 2012두19496, 19502; 대판 1975. 5. 13, 73누96(주거지역 안에서는 도시계획법 제19조 1항과 개정전 건축법 제32조 1항에 의하여 공익상 부득이 하다고 인정될 경우를 제외하고는 거주의 안녕과 건전한 생활환경의 보호를 해치는 모든 건축이 금지되고 있을 뿐 아니라 주거지역 내에 거주하는 사람이 받는 위와 같은 보호이익은 법률에 의하여 보호되는 이익이라고 할 것이므로 주거지역 내에 위 법조 소정 제한면적을 초과한 연탄공장 건축허가처분으로 불이익을 받고 있는 제3거주자는 비록 당해 행정처분의 상대자가 아니라 하더라도 그 행정처분으로 말미암아 위와 같은 법률에 의하여 보호되는 이익을 침해받고 있다면 당해 행정처분의 취소를 소구하여 그 당부의 판단을 받을 법률상의 자격이 있다). 한편, 독일의 근래의 판례는 건축허가에 대한 방어권을 기본권에서 직접 도출할 수 없고, 원칙적으로 입법자가 그것을 규범화한 경우에만 이웃보호(인인보호)가 존재한다는 입장이다(BVerwGE 88, 69ff.; BVerwG NVwZ 1997, 173, 178f.; Würtenberger, Verwaltungsprozessrecht, Rn. 283).

2) 대판 2011. 9. 8, 2009두6766. 이 판결에서 대법원은 "장사법령에 따른 파주시 장사시설의 설치 및 운영조례(2010. 4. 20. 제880호로 개정되기 전의 것) 제6조 본문은 위와 같은 사설납골시설을 설치할 수 있는 장소로 20호 이상의 인가가 밀집한 지역으로부터 500m 이상 떨어진 곳 등을 규정하고 있다. 관계 법령에서 납골묘, 납골탑, 가족 또는 종중·문중 납골당 등의 사설납골시설의 설치장소에 제한을 둔 것은, 이러한 사설납골시설을 인가가 밀집한 지역 인근에 설치하지 못하게 함으로써 주민들의 쾌적한 주거, 경관, 보건위생 등 생활환경상의 개별적 이익을 직접적·구체적으로 보호하려는 취지라고 할 것이므로, 이러한 납골시설 설치장소로부터 500m 내에 20호 이상의 인가가 밀집한 지역에 거주하는 주민들은 납골당 설치에 대하여 환경상 이익 침해를 받거나 받을 우려가 있는 것으로 사실상 추정된다. 다만 사설납골시설 중 종교단체 및 재단법인이 설치하는 납골당에 대하여는 그와 같은 설치 장소를 제한하는 규정을 명시적으

4116   ㈓ **실 례 (3)**(광업행정)   광업권설정허가처분의 근거 또는 관련 법규가 되는 구 광업법령의 관련 규정을 종합하여 보면, 위 관련 법령의 취지는 광업권설정허가처분과 그에 따른 광산 개발과 관련된 후속 절차로 인하여 직접적이고 중대한 재산상·환경상 피해가 예상되는 토지나 건축물의 소유자나 점유자 또는 이해관계인 및 주민들이 전과 비교하여 수인한도를 넘는 재산상·환경상 침해를 받지 아니한 채 토지나 건축물 등을 보유하며 쾌적하게 생활할 수 있는 개별적 이익까지도 보호하려는 데에 있으므로 광업권설정허가처분과 그에 따른 광산 개발로 인하여 재산상·환경상 이익의 침해를 받거나 받을 우려가 있는 토지나 건축물의 소유자와 점유자 또는 이해관계인 및 주민들로서는 그 처분 전과 비교하여 수인한도를 넘는 재산상·환경상 이익의 침해를 받거나 받을 우려가 있다는 것을 증명함으로써 그 처분의 취소를 구할 수는 있다.[1]

4117   ㈔ **실 례 (4)**(도시행정)   도시 및 주거환경정비법 제13조 제1항 및 제2항의 입법 경위와 취지에 비추어 하나의 정비구역 안에서 복수의 조합설립추진위원회에 대한 승인은 허용되지 않는 점, 조합설립추진위원회가 조합을 설립할 경우 같은 법 제15조 제4항에 의하여 조합설립추진위원회가 행한 업무와 관련된 권리와 의무는 조합이 포괄승계하며, 주택재개발사업의 경우 정비구역 내의 토지 등 소유자는 같은 법 제19조 제1항에 의하여 당연히 그 조합원으로 되는 점 등에 비추어 보면, 조합설립추진위원회의 구성에 동의하지 아니한 정비구역 내의 토지 등 소유자도 조합설립추진위원회 설립승인처분에 대하여 같은 법에 의하여 보호되는 직접적이고 구체적인 이익을 향유하므로 그 설립승인처분의 취소소송을 제기할 원고적격이 있다.[2]

4118   ⑺ **소비자소송 등**   그러나 판례상 아직까지 소비자소송(소비자집단의 이익을 추구하기 위한 소송)이나 단체소송, 또는 일반적인 환경소송이 용인된 경우는 찾아보기 어렵다.

로 두고 있지는 아니하다. 그러나 종교단체나 재단법인이 설치한 납골당이라 하여 그 납골당으로서의 성질이 가족 또는 종중, 문중 납골당과 다르다고 할 수 없고, 인근 주민들이 납골당에 대하여 가지는 쾌적한 주거, 경관, 보건위생 등 생활환경상의 이익에 차이가 난다고 보이지 않는다. 그렇다면 납골당 설치장소로부터 500m 내에 20호 이상의 인가가 밀집한 지역에 거주하는 주민들에 대하여는 납골당이 누구에 의하여 설치되는지 여부를 따질 필요 없이 납골당 설치에 대하여 환경 이익 침해 또는 침해 우려가 있는 것으로 사실상 추정되어 원고적격이 인정된다"고 판시하였다; 대판 2010. 4. 15, 2007두16127.
 1) 대판 2009. 5. 14, 2009두638.
 2) 대판 2007. 1. 25, 2006두12289.

5. 판단의 기준시

법률상 이익의 유무판단의 기준시는 사실심변론종결시를 표준으로 하   4119
며,[1] 행정행위의 성립시를 기준으로 하는 것이 아니다. 위법은 사후적인 법의
변경의 결과일 수도 있다(예 : 사후에 최종적으로 납부의무가 없다는 것이 확정되면, 이전
에 한 선납결정은 위법하게 된다).

Ⅲ. 피고적격

1. 원   칙

다른 법률에 특별한 규정이 없는 한 취소소송에서는 그 처분등을 행한 행   4120
정청이 피고가 된다(행소법 제13조 제1항 전단). 요컨대 처분청(처분의 취소·변경의 경
우)이나 위원회(재결의 취소·변경의 경우)가 피고가 된다. 논리상 피고는 권리주체
인 국가나 지방자치단체가 되어야 할 것이나[2] 행정소송수행의 편의상 행정소
송법은 행정청을 피고로 하고 있다. 여기서 처분 등을 행한 행정청이란 원칙적
으로 소송의 대상인 행정처분 등을 외부적으로 그의 명의로 행한 행정청을 의
미한다는 것이 판례의 입장이다.[3] 또한 여기서 말하는 행정청에는 단독기관
(예 : 각부장관)뿐만 아니라 합의제기관(예 : 배상심의회·토지수용위원회·방송위원회·공
직자윤리위원회)도 물론 포함된다.[4] 다만 개별법령이 합의제기관의 장을 피고로
할 것을 명시적으로 규정한 예외적인 경우도 있다(예 : 노동위원회법 제27조에 따른
중앙노동위원회위원장, 해양사고의 조사 및 심판에 관한 법률 제75조에 따른 중앙해양안전심

---

1) 대판 2007. 4. 12, 2004두7924(행정처분의 직접 상대방이 아닌 제3자라 하더라도 당해 행정처분
  으로 인하여 법률상 보호되는 이익을 침해당한 경우에는 그 처분의 취소나 무효확인을 구하는
  행정소송을 제기하여 그 당부의 판단을 받을 자격 즉 원고적격이 있고, 여기에서 말하는 법률
  상 보호되는 이익은 당해 처분의 근거 법규 및 관련 법규에 의하여 보호되는 개별적·직접적·구
  체적 이익을 말하며, 원고적격은 소송요건의 하나이므로 사실심 변론종결시는 물론 상고심에
  서도 존속하여야 하고 이를 흠결하면 부적법한 소가 된다).
2) 독일행정법원법 제78조는 처분청이 속한 법주체를 피고로 규정하고 있다. 이러한 법주체원칙은
  국가를 고유한 기관을 가진 법인으로 보는 전통적 사고에 기인하는 것으로 이해된다(Hufen,
  Verwaltungsprozessrecht(8. Aufl.), §12, Rn. 32).
3) 대판 2014. 5. 16, 2014두274(취소소송은 다른 법률에 특별한 규정이 없는 한 그 처분 등을 행
  한 행정청을 피고로 한다(행정소송법 제13조 제1항). 여기서 '행정청'이라 함은 국가 또는 공공
  단체의 기관으로서 국가나 공공단체의 의견을 결정하여 외부에 표시할 수 있는 권한, 즉 처분
  권한을 가진 기관을 말하고, 대외적으로 의사를 표시할 수 있는 기관이 아닌 내부기관은 실질
  적인 의사가 그 기관에 의하여 결정되더라도 피고적격을 갖지 못한다).
4) 대판 1997. 3. 28, 95누7055(구 지방공무원법(1993. 12. 27. 법률 제4613호로 개정되기 전의 것)
  제7조, 제8조, 제9조, 제32조, 지방공무원임용령 제42조의2 등 관계규정에 의하면, 시·도 인사
  위원회는 독립된 합의제행정기관으로서 7급 지방공무원의 신규임용시험의 실시를 관장한다고
  할 것이므로, 그 관서장인 시·도 인사위원회 위원장은 그의 명의로 한 7급 지방공무원의 신규
  임용시험 불합격결정에 대한 취소소송의 피고적격을 가진다).

판원장). 그리고 국회의 기관이나 법원의 기관도 행정적인 처분을 하는 범위 안에서는 여기의 행정청에 해당한다. 한편, 처분청의 처분권한의 유무는 직권조사사항이 아니라는 것이 판례의 입장이다.[1]

2. 예   외

처분청이나 재결청이 아니면서 피고가 되는 경우로 다음을 들 수 있다.

4121 ⑴ **대통령 등의 처분의 경우**   국가공무원법에 의한 처분 기타 본인의 의사에 반한 불리한 처분으로 대통령이 행한 처분에 대한 행정소송의 피고는 소속장관(경찰공무원은 경찰청장)이 된다(국공법 제16조 제2항; 경찰공무원법 제28조).[2] 그리고 국회의장이 행한 처분의 경우에는 국회사무총장(국회사무처법 제4조 제3항), 대법원장이 행한 처분의 경우에는 법원행정처장(법조법 제70조), 헌법재판소장이 행한 처분의 경우에는 헌법재판소사무처장(헌재법 제17조 제5항)이 피고가 된다.

4122 ⑵ **권한의 위임·위탁과 대리의 경우**

㈎ **위임·위탁**   ① 행정권한의 위임·위탁이 있는 경우에는 현실적으로 처분을 한 수임·수탁청이 피고가 된다(행소법 제2조 제2항).[3] ② 내부위임의 경우, 수임기관의 명의로 처분을 한 경우에는 수임기관이,[4] 위임기관의 명의로 처분을 하였다면 위임기관이[5] 피고가 된다고 한다. 한편, ③ 국가나 지방자치단체

---

1) 대판 1997. 6. 19, 95누8669(행정소송에 있어서 처분청의 처분권한 유무는 직권조사사항이라고 할 수 없다); 대판 1996. 6. 25, 96누570.
2) 대판 1990. 3. 14, 90두4(검찰청법 제34조, 국가공무원법 제3조 제2항 제2호, 제16조, 행정심판법 제3조 제2항의 규정취지를 종합하여 보면, 검사임용처분에 대한 취소소송의 피고는 법무부장관으로 함이 상당하다고 할 것이므로 원심이 피고를 대통령으로 경정하여 줄 것을 구하는 원고의 신청을 각하한 조치는 옳다).
3) 대판 2013. 2. 28, 2012두22904(항고소송은 원칙적으로 소송의 대상인 행정처분 등을 외부적으로 그의 명의로 행한 행정청을 피고로 하여야 하는 것으로서, 그 행정처분을 하게 된 연유가 상급행정청이나 타행정청의 지시나 통보에 의한 것이라 하여 다르지 않고, 권한의 위임이나 위탁을 받아 수임행정청이 자신의 명의로 한 처분에 관하여도 마찬가지이다).
4) 대판 1994. 8. 12, 94누2763; 대판 1991. 2. 22, 90누5641; 대판 1989. 11. 14, 89누4765(행정처분의 취소 또는 무효확인을 구하는 행정소송은 다른 법률에 특별한 규정이 없는 한 그 처분을 행한 행정청을 피고로 하여야 하며, 행정처분을 행할 적법한 권한 있는 상급행정청으로부터 내부위임을 받은데 불과한 하급행정청이 권한 없이 행정처분을 한 경우에도 실제로 그 처분을 행한 하급행정청을 피고로 할 것이지 그 상급행정청을 피고로 할 것은 아니다).
5) 대판 1991. 10. 8, 91누520(행정관청이 특정한 권한을 법률에 따라 다른 행정관청에 이관한 경우와 달리 내부적인 사무처리의 편의를 도모하기 위하여 그의 보조기관 또는 하급행정관청으로 하여금 그의 권한을 사실상 행하도록 하는 내부위임의 경우에는 수임관청이 그 위임된 바에 따라 위임관청의 이름으로 권한을 행사하였다면 그 처분청은 위임관청이므로 그 처분의 취소나 무효확인을 구하는 소송의 피고는 위임관청으로 삼아야 한다. …구청장이 서울특별시장의 이름으로 한 직위해제 및 파면의 처분청은 서울특별시장이므로 구청장을 피고로 한 소를 각하한 원심의 판단이 정당하다).

의 사무가 공법인(예 : 공무원연금공단·국민연금공단·근로복지공단·한국농어촌공사·한국 자산관리공사)에 위임된 경우에는 그 대표자가 아니라 공법인 그 자체가 피고가 된다.[1]

(나) **권한의 대리**　　권한의 대리가 있는 경우에는 피대리관청이 피고가 된 4123 다.[2] 그러나 대리권이 없는 관청이 자신의 이름으로 처분을 하였다면, 처분을 한 관청이 피고가 된다.[3]

(3) **권한승계의 경우**　　처분등이 있은 뒤에 그 처분등에 관계되는 권한이 4124 다른 행정청에 승계된 때에는 이를 승계한 행정청이 피고가 된다(행소법 제13조 제1항 후단).[4] 다만 그 승계가 취소소송제기 후에 발생한 것이면, 법원은 당사자

---

1) 대판 2019. 8. 30, 2016다252478[국토계획법 제65조, 제99조 등의 문언 및 내용, 체계에 비추어 보면, 원고는 「지방공기업법」에 따라 서울특별시가 전액 출자하여 설립한 공공단체(지방공사) 로서, 그 설립행위 등을 통해 서울특별시로부터 서울특별시의 개발사업 시행 권한을 위임받은 행정청으로 볼 수 있다(행정절차법 제2조 제1항 나.목)]; 대판 2005. 6. 24, 2003두6641(고속국 도법은 고속국도의 관리청을 피고 건설교통부장관으로 규정하고 있으며, 한국도로공사법 제6 조 제1항은 국가는 유료도로관리권을 피고 공사에 출자할 수 있다고 규정하고 있고, 구법 제2 조 제3항은 유료도로관리권이라 함은 유료도로를 유지·관리하고 유료도로를 통행하거나 이용 하는 자로부터 통행료 또는 점용료 등을 징수하는 권리를 말한다고 규정하고 있는바, 위에서 본 사실 및 관계 법령의 규정을 종합하면, 피고 공사는 국가로부터 유료도로 통행료 징수권이 포함된 유료도로관리권을 출자받아 이 사건 구간의 통행료 징수권을 행사할 권한을 적법하게 가지게 되었고, 이에 따라 피고 한국도로공사가 이 사건 처분을 한 것이지 피고 장관이 이 사 건 처분을 하였다고 볼 수 없으므로 이 사건 소 중 피고 장관을 상대로 한 부분은 부적법하고, 한편 이 사건 처분의 통지서 명의자가 피고 공사가 아닌 피고 공사의 중부지역본부장으로 되 어 있지만, 피고 공사의 중부지역본부장은 한국도로공사법 제11조에 의한 피고 공사의 대리인 으로서 이 사건 처분은 피고 공사의 중부지역본부장이 피고 공사를 대리하여 적법하게 행한 것이라고 할 것이다).

2) 대판 2018. 10. 25, 2018두43095(항고소송은 다른 법률에 특별한 규정이 없는 한 원칙적으로 소 송의 대상인 행정처분을 외부적으로 행한 행정청을 피고로 하여야 하고(행정소송법 제13조 제 1항 본문), 다만 대리기관이 대리관계를 표시하고 피대리 행정청을 대리하여 행정처분을 한 때 에는 피대리 행정청이 피고로 되어야 한다).

3) 대결 2006. 2. 23, 2005부4(대리권을 수여받은 데 불과하여 그 자신의 명의로는 행정처분을 할 권한이 없는 행정청의 경우 대리관계를 밝힘이 없이 그 자신의 명의로 행정처분을 하였다면 그에 대하여는 처분명의자인 당해 행정청이 항고소송의 피고가 되어야 하는 것이 원칙이지만, 비록 대리관계를 명시적으로 밝히지는 아니하였다 하더라도 처분명의자가 피대리 행정청 산하 의 행정기관으로서 실제로 피대리 행정청으로부터 대리권한을 수여받아 피대리 행정청을 대리 한다는 의사로 행정처분을 하였고 처분명의자는 물론 그 상대방도 그 행정처분이 피대리 행정 청을 대리하여 한 것임을 알고서 이를 받아들인 예외적인 경우에는 피대리 행정청이 피고가 되어야 한다).

4) 대판 2000. 11. 14, 99두5481(무효등확인소송에 준용되는 행정소송법 제13조 제1항은 "취소소 송은 다른 법률에 특별한 규정이 없는 한 그 처분등을 행한 행정청을 피고로 한다. 다만, 처분 등이 있은 뒤에 그 처분등에 관계되는 권한이 다른 행정청에 승계된 때에는 이를 승계한 행정 청을 피고로 한다"고 규정하고 있고, 여기서 '그 처분등에 관계되는 권한이 다른 행정청에 승계 된 때'라고 함은 처분등이 있은 뒤에 행정기구의 개혁, 행정주체의 합병·분리 등에 의하여 처 분청의 당해 권한이 타행정청에 승계된 경우뿐만 아니라 처분등의 상대방인 사인의 지위나 주 소의 변경 등에 의하여 변경 전의 처분등에 관한 행정청의 관할이 이전된 경우 등을 말한다).

의 신청 또는 직권에 의해 피고를 경정한다. 이 때 종전의 소는 취하된 것으로 보며, 새로운 피고에 대한 소송은 처음에 소를 제기한 때에 제기한 것으로 본다(행소법 제14조 제6항).

4125   ⑷ **처분청 소멸의 경우**   처분청이 없게 된 때에는 그 처분등에 관한 사무가 귀속되는 국가 또는 공공단체가 피고가 된다(행소법 제13조 제2항). 다만 그 승계가 취소소송제기 후에 발생한 것이면, 법원은 당사자의 신청 또는 직권에 의해 피고를 경정한다. 이 때 종전의 소는 취하된 것으로 보며, 새로운 피고에 대한 소송은 처음에 소를 제기한 때에 제기한 것으로 본다(행소법 제14조 제6항).

⑸ 기   타

4126   ㈎ **지방자치단체에 대한 감독의 경우**   감독청의 지시에 따라 지방자치단체가 처분한 경우에는 처분청이 피고가 되지만, 감독청이 지방자치단체를 대신하여 직접 처분한 경우에는 감독청이 피고가 된다. 후자의 경우, 효과의 귀속주체인 지방자치단체의 장을 피고로 할 수 없다고 단정하기 어렵다.

4127   ㈏ **다단계 행정행위의 경우**   다단계행정행위에서는[1] 협력을 구하는 행정청, 즉 처분의 상대방에게 최종적으로 처분을 행하는 행정청(처분청, 1차행정청)이 피고가 된다.

4128   ㈐ **공무수탁사인의 경우**   행정소송법 제2조 제2항에 비추어 공무를 수탁한 행정청이 아니라 공무수탁사인이 피고가 된다.[2]

4129   ㈑ **경찰처분의 경우**   경찰관직무집행법 등 경찰법령은 경찰관을 처분의 주체로 규정하는 경우(예 : 경찰관직무집행법 제4조 제1항)가 적지 않다. 이러한 처분의 경우에는 경찰관이 아니라 그 경찰관이 속한 경찰서의 장이 권한행정청으로서 피고가 된다고 볼 것이다. 왜냐하면 경찰법령상 처분은 많은 경우에 신속을 요하는 것이므로 경찰관이 처분을 할 수 있도록 한 것일 뿐이므로 경찰관을 행정청으로 규정한 것으로는 보기 어렵기 때문이다.

3. 피고경정

4130   ⑴ 의   의   원고가 피고를 잘못 지정한 때에는 법원은 원고의 신청에 의하여 결정으로써 피고의 경정을 허가할 수 있다(행소법 제14조 제1항). 원고의 고의·과실을 요하지 아니한다.[3] 행정조직이 복잡한 탓으로 피고를 잘못 지정

---

1) 다단계행정행위의 개념등에 관한 본서, 옆번호 1140 참조.
2) 본서, 옆번호 426 참조.
3) 대판 2004. 7. 8, 2002두7852(원고가 피고를 잘못 지정하였다면 법원으로서는 당연히 석명권을 행사하여 원고로 하여금 피고를 경정하게 하여 소송을 진행케 하였어야 할 것임에도 불구하고

하는 경우가 생겨날 가능성이 많다. 이러한 경우 소를 각하하고 새로운 소를 제기하게 하는 것보다 피고를 경정하는 것이 보다 효과적이라는 데에 피고경정제도의 의미가 있다. 피고경정의 허가가 있으면 새로운 피고에 대한 소송은 처음에 소를 제기한 때에 제기된 것으로 보며(행소법 제14조 제4항) 아울러 종전의 피고에 대한 소송은 취하된 것으로 본다(행소법 제14조 제5항). 피고경정의 결정시 결정의 정본을 피고인에게 송달하여야 하고(행소법 제14조 제2항), 피고경정신청을 각하하는 결정에 대해서는 즉시항고할 수 있다(행소법 제14조 제3항). 피고경정은 사실심변론종결시까지만 가능하다는 것이 판례의 입장이다.[1] 판례는 행정소송에서 피고경정신청이 이유 있다 하여 인용한 결정에 대하여는 종전 피고는 항고제기의 방법으로 불복신청할 수 없고, 행정소송법 제8조 제2항에 의하여 준용되는 민사소송법 제449조 소정의 특별항고가 허용될 뿐이라 한다.[2]

(2) **소의 변경의 경우**   성질이 다르긴 하나 소의 변경시에도 피고의 경정   4131 이 인정되고 있다(행소법 제21조 제2항·제4항). 판례는 "행정소송법상 소의 종류의 변경에 따른 당사자(피고)의 변경은 교환적 변경에 한한다고 봄이 상당하며, 행정소송법 제10조 제2항의 관련청구의 병합은 그것이 관련청구에 해당하기만 하면 당연히 병합청구를 할 수 있으므로 법원의 피고경정결정을 받을 필요가 없다"고 하고 있다.[3]

4. 지방자치단체에 대한 소송지휘

(1) **문제상황**   행정소송의 수행에 있어서는 행정청의 장은 법무부장관의   4132 지휘를 받아야 하는바(국가를 당사자로 하는 소송에 관한 법률 제6조 제1항), 지방자치단체에서 수행하는 행정소송도 법무부장관의 지휘를 받고 있다. 그러나 지방자치제가 전면적으로 시행되는 상황하에서 지방자치단체에서 수행하는 행정소송에 대한 법무부장관의 지휘제도는 이중결재제도로 인하여 소송사무의 번잡을 초래하며, 아울러 인력 및 예산을 낭비한다는 지적이 있다.

(2) **개 선 론**   이러한 지적에 대해 그 개선방안으로 지방자치단체가 독자   4133 적으로 행정소송을 수행하고 사후적으로 소송결과를 법무부장관에게 보고하는 제도의 도입을 주장하고, 아울러 예외적으로 필요한 경우 지방자치단체장과 법

이러한 조치를 취하지 아니한 채 피고의 지정이 잘못되었다는 이유로 소를 각하한 것이 위법하다).

1) 대결 2006. 2. 23, 2005부4; 대판 1996. 1. 23, 95누1378(행정소송법 제14조 제1항 소정의 피고경정은 사실심변론종결시까지만 가능하고 상고심에서는 허용되지 않는다).

2) 대결 2006. 2. 23, 2005부4.

3) 대판 1989. 10. 27, 89두1.

무부장관의 협의하에 장관의 지휘권을 인정하여야 한다는 주장이 있다.

4134   ⑶ 반 대 론   현행 제도는 ① 패소방지(행정의 적법성확보), ② 법집행의 안정성의 확보, ③ 법의 전국적 통일성의 확보에 기여하고 아울러, ④ 행정소송제도는 주민의 권익구제를 위해 법원에 제기하는 것이므로 지방자치제와는 무관하다는 주장도 있다.

Ⅳ. 소송참가

1. 일 반 론

4135   ⑴ 소송참가의 의의   행정소송의 공정한 해결, 모든 이해관계자의 이익의 보호 및 충분한 소송자료의 확보를 위해 취소소송과 이해관계 있는 제3자나 다른 행정청을 소송에 참여시키는 것이 소송참가제도이다(예 : 제3자가 이웃보호규정을 위반한 건축허가처분을 다투는 경우에 있어서 건축허가처분의 상대방은 신청이나 직권에 의해 소송에 참가하여 자기의 권리를 위해 다투게 되는바, 여기서 처분의 상대방은 참가인이 된다). 여기서 소송참가란 보조참가를 의미한다. 종전의 판례에 따르면 행정소송에서 독립당사자참가(민소법 제79조)는 허용되지 아니한다고 한다.[1] 소송에 참가하는 행정청에는 보조참가에 관한 민사소송법의 규정이 적용되므로(행소법 제17조 제3항), 현행법상으로도 소송참가는 보조참가에 한정된다고 볼 것이다.

4136   ▮참고▮   제3자가 타인간의 소송절차에 참가하는 형태는 종전의 당사자 가운데 어느 한쪽 당사자의 승소보조자의 지위에서 참가하는 보조참가와 종전의 당사자와 동등한 당사자의 지위에서 참가하는 당사자참가가 있다. 전자는 제3자가 당사자의 일방을 승소시키기 위해 그를 보조하려고 참가하는 통상의 보조참가와 판결의 효력은 받지만 당사자적격이 없는 자가 참가하는 공동소송적 보조참가가 있으며, 후자는 제3자가 계속중인 소송당사자 쌍방에 대하여 독립한 당사자로서 참가하는 독립당사자참가와 제3자가 당사자 일방의 공동소송인으로서 참가하는 공동소송참가로 나누어진다.[2]

4137   ⑵ 소송참가의 취지(목적)   참가제도의 본질적인 의의는 보조참가인도 소송참가인이므로 분쟁대상에 관한 판결의 효력이 보조참가인에게도 미친다는 점에 있다(소송참가인의 지위). 그리고 기판력이 있는 판결은 당사자인 원고와 피고

---

1) 대판 1970. 8. 31, 70누70·71(민사소송법에 대한 특별법인 행정소송법에 있어서는 동법에서 처분을 행한 행정청을 상대로 하여 제기하라고 규정되어 있으므로 행정청 아닌 원고를 피고로 하여 독립당사자참가를 하는 것은 허용되지 아니한다).
2) 이상규, 행정쟁송법, 371쪽.

뿐만 아니라 보조참가인에게도 미치는바, 당사자와 보조참가인 사이의 더 이상의 분쟁은 방지된다(소송경제). 뿐만 아니라 참가제도는 제3자가 자신의 법률상 이익의 보호를 위해 직접 공격·방어방법을 제출함으로써 다툴 수 있으므로 권리보호에도 기여하며(권리보호기능), 아울러 분쟁대상에 대한 모순되는 판결을 방지함으로써 법적 안정에도 기여한다(법적 안정의 보장).[1]

(3) **소송참가의 종류**   소송참가에는 제3자의 소송참가와 행정청의 소송참 4138 가, 신청에 의한 참가와 직권에 의한 참가가 있다. 또한 소송참가에는 판결과 법적으로 이해관계를 갖는 자를 참가시킬 수 있는 단순참가와 판결이 참가자에게도 반드시 단일의 내용이어야 하는 경우에 반드시 참가시켜야 하는 필요적 참가(예 : 소의 대상이 제3자효 있는 행위의 경우)로 구분할 수 있다. 그러나 행정소송법은 "…참가시킬 수 있다"고 하여 단순참가의 형식만을 규정하고 있다.[2]

(4) **소송참가의 시기**   소송참가는 판결선고 전까지 가능하며, 소송의 취하 4139 가 있거나 재판상 화해가 있은 후에는 참가시킬 수 없다.

2. 제3자의 소송참가

(1) **의   의**   법원은 소송의 결과에 따라 권리 또는 이익의 침해를 받을 4140 제3자가 있는 경우에는 당사자 또는 제3자의 신청 또는 직권에 의하여 결정으로써 그 제3자를 소송에 참가시킬 수 있다(행소법 제16조 제1항). 이를 제3자의 소송참가라고 한다. 제3자의 소송참가는 제3자효 있는 행정행위에서 특히 의미를 갖는다.[3] 제3자의 소송참가가 인정되는 것은 취소판결의 효력이 제3자에게도 미치기 때문이다(행소법 제29조 제1항). 따라서 직접적으로 제3자의 권리를 침해함이 없이는 판결이 불가한 경우에는 제3자를 반드시 소송에 참가시키도록 하여야 할 것이다. 여기서 말하는 제3자란 소송당사자 이외의 자를 의미한다. 국가 등의 행정주체도 이에 해당할 수 있다.

(2) **요   건**   제3자의 소송참가를 위해서는 ① 타인간에 소송이 계속중이 4141

---

1) Hufen, Verwaltungsprozessrecht(9. Aufl.), §12, Rn. 4ff. Würtenberger, Verwaltungsprozess-recht, Rn. 222f.
2) 독일행정재판소법 제65조 제2항 : 제3자에게도 판결이 반드시 단일하게 이루어져야 하는 법률분쟁에 있어서는 제3자를 반드시 참가시켜야 한다.
3) 대판 1982. 7. 27, 81누271(원고들의 광구로부터 상당한 거리를 보유한 경계선에 동종의 광업권을 갖고 있던 피고 보조참가인이 원고들에 대한 광업권 증구허가처분으로 인하여 동 증구허가의 대상구역에 해당하는 보안구역이 폐지됨으로 말미암아 원고들의 광구로부터의 상당한 거리를 상실하는 결과가 되어 보안구역존치의 이익을 침해당하였다면 위 증구허가처분에 대하여 구 광업법 제71조 소정의 이의신청을 할 적격이 있고 위 증구허가처분취소처분의 취소를 구하는 소송에 이해관계 있는 자로서 보조참가할 수 있다).

어야 한다. ② 제3자는 소송의 결과에 따라 권리 또는 이익을 침해받을 자이어야 한다. 여기서 '제3자'란 당해 소송당사자 이외의 자를 말하는 것으로서 개인에 한하지 않고 국가 또는 공공단체도 포함되나, 행정청은 당사자능력이 없어이에 해당되지 아니하므로 행정소송법 제17조의 행정청의 소송참가규정에 의한 참가만이 가능하다. '소송의 결과'에 따라 권리 또는 이익의 침해를 받는다는 것은 취소판결의 결과 그 판결의 형성력을 받기 때문에 판결의 주문에 의하여 직접 자기의 권리 또는 이익을 침해받는 것을 말하므로 그 취소판결의 효력, 예컨대 그 형성력 자체에 의하여 직접 권리 또는 이익을 침해받는 경우에 한한다고 엄격하게 해석할 것은 아니고, 취소판결의 기속력 때문에 이루어지는 행정청의 새로운 처분에 의해서 권리 또는 이익을 침해받는 경우도 역시 여기서 말하는 권리 또는 이익을 침해받는 경우에 해당한다고 해석하여야 한다.[1] '권리 또는 이익'이란 단순한 경제상의 이익이 아니라 법률상 이익을 의미한다.[2] 그 법률상 이익이 반드시 공법에 근거하여야 하는 것은 아니다.[3]

4142 　　(3) 절　　차　　① 제3자의 소송참가는 소송 당사자나 참가하고자 하는 제3자의 신청 또는 직권에 의한다(행소법 제16조 제1항)(참가신청). ② 당사자 또는 제3자로부터 참가신청이 있는 때에는 결정으로 참가허부의 재판을 하며, 직권으로 제3자를 소송에 참가시킬 필요가 있다고 인정할 때에는 결정으로 참가를 명한다. 법원은 제3자의 참가를 허가하거나 명하는 결정을 하고자 하는 때에는 미리 소송당사자 및 제3자의 의견을 들어야 한다(행소법 제16조 제2항)(참가의 허부결정). ③ 제3자가 참가신청을 하였으나 각하된 경우 그 제3자는 그에 대해 즉시항고를 할 수 있다(행소법 제16조 제3항)(결정에 대한 불복).

4143 　　(4) 소송참가인의 지위　　① 제3자를 소송에 참가시키는 결정이 있으면 그 제3자는 참가인의 지위를 취득한다. 이 때 제3자는 행정소송법 제16조 제4항에 따라 민사소송법 제67조의 규정이 준용되어 참가인은 피참가인과 사이에 필요적 공동소송에서의 공동소송인에 준하는 지위에 서게 되나, 당사자에 대하여 독자적인 청구를 하는 것이 아니므로 강학상 공동소송적 보조참가인의 지위에 있다고 보는 것이 통설이다. ② 소송참가인으로의 지위를 취득한 제3자는 실제 소송에 참가하여 소송행위를 하였는지 여부를 불문하고 판결의 효력을 받는다. 참

---

1) 오진환, 주석행정소송법, 455쪽.
2) 대판 2014. 8. 28, 2011두17899(특정 소송사건에서 당사자 일방을 보조하기 위하여 보조참가를 하려면 당해 소송의 결과에 대하여 이해관계가 있어야 하고, 여기서 말하는 이해관계라 함은 사실상·경제상 또는 감정상의 이해관계가 아니라 법률상의 이해관계를 가리킨다).
3) Scholler/Bross, Verfassungs — und Verwaltungsprozeßrecht, 1980, S. 190.

가인이 된 제3자는 판결확정 후 행정소송법 제31조에 의한 재심의 소를 제기할 수 없다.

3. 다른 행정청의 소송참가

⑴ 의   의   법원은 다른 행정청을 소송에 참가시킬 필요가 있다고 인정   4144 할 때에는 당사자 또는 당해 행정청의 신청 또는 직권에 의하여 결정으로써 그 행정청을 소송에 참가시킬 수 있다(행소법 제17조 제1항). 다른 행정청의 소송참가 는 협력을 요하는 행정행위에서 특히 의미를 갖는다. 예컨대 행정행위(A)의 발 령에 다른 행정청(B)의 동의가 필요한 경우, A행위의 취소에 B를 참가시키게 될 때에 다른 행정청의 소송참가를 볼 수 있다. 다른 행정청의 참가가 인정되는 것은 취소판결의 효력이 다른 관계행정청에게도 미치기 때문이다(행소법 제30조 제1항).[1] 여기서 말하는 행정청에는 법인격을 달리하는 행정주체인 행정청(예 : 피고가 지방자치단체인 경우에 있어서 국가의 행정청)도 포함한다.

⑵ 요   건   다른 행정청의 소송참가를 위해서는 ① 타인간의 소송이   4145 계속중이어야 하고, ② 피고 행정청 이외의 다른 행정청이 참가해야 하며, ③ 피고행정청을 위한 참가라야 하고, ④ 법원이 참가시킬 필요가 있다고 인정될 때 당사자나 당해 행정청의 신청 또는 직권에 의한 결정으로써 하게 된다. '참 가의 필요성'이란 법원이 재량으로 결정할 문제이나 행정청의 소송참가제도의 취지를 고려할 때 관계되는 다른 행정청을 소송에 끌어들여 소송자료를 모두 제출하게 함으로써 사건의 적정한 심리와 재판을 실현하기 위하여 필요한 경우 를 가리킨다고 볼 것이다.[2]

⑶ 절   차   법원이 참가결정을 하고자 할 때에는 당사자 및 당해 행정   4146 청의 의견을 들어야 하나(행소법 제17조 제2항) 그 의견에 기속되지는 않는다. 그 리고 참가의 허부결정에 대해 불복규정이 없으므로 당사자나 참가행정청 모두 불복할 수 없다.

⑷ 효   과

㈎ 소송참가인의 지위   행정청을 소송에 참가시키는 법원의 결정이 있으   4147 면, 그 참가하는 행정청에 대하여는 민사소송법 제76조의 규정이 준용되므로,

---

1) 대판 2002. 9. 24, 99두1519(타인 사이의 항고소송에서 소송의 결과에 관하여 이해관계가 있다 고 주장하면서 민사소송법 제71조에 의한 보조참가를 할 수 있는 제3자는 민사소송법상의 당 사자능력 및 소송능력을 갖춘 자이어야 하므로 그러한 당사자능력 및 소송능력이 없는 행정청 으로서는 민사소송법상의 보조참가를 할 수는 없고 다만 행정소송법 제17조 제1항에 의한 소 송참가를 할 수 있을 뿐이다)(행정청에 불과한 서울특별시장의 보조참가신청은 부적법하다).
2) 이상규, 행정쟁송법, 375쪽.

참가행정청은 소송수행상 보조참가인에 준하는 지위에 있다.

4148   (내) **판결의 효력**   참가인은 보조참가인에 준하는 지위에 있기 때문에 판결의 참가인에 대한 효력은 참가적 효력만 미치게 되지만, 행정소송법 제30조에 의해서 판결의 기속력이 참가인에게 미치는 경우(관계행정청)가 있을 수 있음은 별개의 문제이다.[1]

4. 민사소송법에 의한 소송참가

4149   (1) **보조참가의 허용여부**   보조참가는 참가인 자신의 이름으로 판결을 구하는 것이 아니라 당사자의 일방을 보조하는 데 그치는 것이므로 민사소송법 제71조의 요건을 충족하는 한 행정소송에서도 허용되는 것으로 보는 것이 다수설과 판례의 입장이다.[2] 따라서 제3자는 그 선택에 따라 행정소송법 제16조에 의하여 판결의 형성력을 받는 참가를 하든가 민사소송법상 판결의 참가적 효력만을 받는 보조참가를 하든가 선택할 수 있다.

4150   (2) **독립당사자참가의 가부**   서로 이해관계가 대립하는 원고·피고·참가인 사이의 분쟁해결에 적합한 독립당사자참가는 개인의 권익보호 외에 공익실현 등을 목적으로 하는 행정소송의 취지 등에 비추어 볼 때 행정소송에서 인정하기 어렵다.[3] 판례도 행정소송에 있어서는 행정청이나 그 소속기관 이외의 자를 피고로 삼을 수 없다고 하여 독립당사자참가에 대해 부정적이다.[4]

4151   (3) **공동소송참가의 허용여부**   행정소송법 제16조에 의한 참가인은 공동소송인에 준하는 소송상의 지위를 취득한다고 하더라도 그 참가인은 자기의 청구를 따로이 가지는 것은 아닌데 대하여, 공동소송참가인은 독자적인 청구를 할

---

1) 오진환, 주석행정소송법, 468쪽.
2) 대판 2017. 10. 12, 2015두36836(행정소송 사건에서 참가인(피고보조참가인 한국농어촌공사)이 한 보조참가가 행정소송법 제16조가 규정한 제3자의 소송참가에 해당하지 않는 경우에도, 판결의 효력이 참가인에게까지 미치는 점 등 행정소송의 성질에 비추어 보면 그 참가는 민사소송법 제78조에 규정된 공동소송적 보조참가라고 볼 수 있다. 민사소송법 제78조의 공동소송적 보조참가에는 필수적 공동소송에 관한 민사소송법 제67조 제1항, 즉 "소송목적이 공동소송인 모두에게 합일적으로 확정되어야 할 공동소송의 경우에 공동소송인 가운데 한 사람의 소송행위는 모두의 이익을 위하여서만 효력을 가진다."고 한 규정이 준용되므로, 피참가인의 소송행위는 모두의 이익을 위하여서만 효력을 가지고, 공동소송적 보조참가인에게 불이익이 되는 것은 효력이 없으므로, 참가인이 상소를 할 경우에 피참가인이 상소취하나 상소포기를 할 수는 없다. 한편, 민사소송법상 보조참가신청에 대하여 당사자가 이의를 신청한 때에는 수소법원은 참가를 허가할 것인지 여부를 결정하여야 하지만, 당사자가 이의를 신청하지 아니한 채 변론하거나 변론준비기일에서 진술을 한 경우에는 이의를 신청할 권리를 잃게 되고(민사소송법 제73조 제1항, 제74조) 수소법원의 보조참가 허가 결정 없이도 계속 소송행위를 할 수 있다); 대판 2013. 7. 12, 2012무84.
3) 정하중, 행정법개론, 722쪽(2019).
4) 대판 1970. 8. 31, 70누70·71.

수 있을(관련청구의 병합 등) 뿐 아니라, 행정소송법 제16조에 의하여 참가한 제3
자는 공동소송적 보조참가인과 흡사한 것이나, 공동소송참가인은 필요적인 공
동소송인인 것이므로 양자의 소송상 지위에는 차이가 있는 것이다. 따라서 행정
소송법 제16조의 참가 외에 민사소송법에 의한 공동소송참가를 인정할 필요가
있다는 긍정설이 다수설이다.[1]

5. 참가자의 처분권

참가자는 당사자가 아니다. 형식적 당사자개념에 따를 때 참가자는 법원에   4152
판결을 구하는 자도 판결의 상대방도 아니기 때문에 당사자가 아니다. 이러한
참가자의 지위와 관련하여 참가자의 처분권의 범위가 문제된다. 상이한 견해가
있을 수 있다. ①설은 참가자는 원고와 피고에 비하여 작은 권리만을 갖는다고
한다. 그는 절차상 종속적인 지위를 가지며, 분쟁대상에 대하여 처분권을 갖지
않는다는 입장이다. ②설은 원고 및 피고와 동일한 지위를 갖는다는 입장이다.
③설은 참가인이 제한된 범위 안에서 분쟁대상에 대한 처분권을 갖는다는 입장
이다. 그리고 참가인이 원고와 피고에 협력하면서 일정 전제하에 새로운 분쟁대
상을 도입하는 것이 허용된다는 입장이다. 사견으로는, 참가인은 소송상 당사자
가 아닌 까닭에 분쟁대상에 대하여 처분권을 갖지 않는다고 볼 것이다.

제 5 제소기간

Ⅰ. 의의·성질

제소기간이란 처분의 상대방 등이 소송을 제기할 수 있는 시간적 간격을   4153
말한다.[2] 제소기간이 준수되었는가의 여부는 소송요건으로서 법원의 직권조사
사항에 속한다. 따라서 법원은 제소기간이 지켜졌는가의 여부를 명백히 한 다음
본안판결을 하여야 한다. 따라서 본안의 심리에 들어 갔다고 하여 소송요건의
흠결을 덮어 둘 수는 없다. 이것은 판례의 입장이기도 하다.[3] 제소기간의 설정
은 입법자의 입법형성재량에 속한다.[4]

---

1) 이상규, 행정쟁송법, 379쪽.
2) 대판 2023. 8. 31, 2023두39939.
3) 대판 1987. 1. 20, 86누490. 한편, 독일의 경우에는 단기간의 제소기간(송달로부터 1개월)을 규
   정하되, 제소기간은 처분(행정소송의 제기에 행정심판절차가 요구되지 아니하는 경우)이나 재
   결에서 제소법원과 제소기간 등을 문서로 고지한 경우에만 진행하고, 이를 알리지 아니하였거
   나 불충분하게 알린 경우에는 1년의 제소기간을 적용한다(VwGO 제58조 제1항·제2항).
4) 헌재 2022. 9. 29, 2022헌바32; 헌재 2016. 7. 28, 2014헌바206(재판을 청구할 수 있는 기간 또는
   재판에 불복할 수 있는 기간을 정하는 것 역시 입법자가 그 입법형성재량에 기초한 정책적 판

Ⅱ. 유 형

1. 안 날부터 90일

4154 ⑴ **행정심판을 거치지 않은 경우** 취소소송은 처분등이 있음을 안 날부터 90일 이내에 제기하여야 한다(행소법 제20조 제1항 제1문).[1] 이를 분설하기로 한다. ① 처분등이란 적법요건에 다소 미비가 있더라도 대외적인 효력을 발생한 처분을 의미한다.[2] ② 처분등이 있음을 안 날이란 통지·공고 기타의 방법에 의하여 당해 처분이 있었다는 사실을 현실적으로 안 날을 의미하며,[3] 구체적으로 그 행정처분의 위법여부를 판단한 날을 가리키는 것은 아니라는 것이 판례의 입장이다.[4] 주소불명 등의 이유로 공고한 경우에는 상대방이 당해 처분이 있었다는 사실을 현실적으로 안 날에 그 처분이 있음을 알았다고 보는 것이 판례의 입장이다.[5] 판례는 또한 고시에 의한 행정처분의 경우에는 고시가 효력을 발생하는 날 행정처분이 있음을 알았다고 본다.[6]

단에 따라 결정할 문제이므로, 그것이 입법부에 주어진 합리적인 재량의 한계를 일탈하지 아니하는 한 위헌이라고 할 수 없다. 다만, 이러한 입법재량도 제소기간 또는 불복기간을 너무 짧게 정하여 재판을 제기하거나 불복하는 것을 사실상 불가능하게 하거나 합리적인 이유로 정당화될 수 없는 방법으로 이를 어렵게 할 수는 없다는 점에서 입법형성권의 한계가 있다).

1) 헌재 2018. 6. 28, 2017헌바66('처분 등이 위법하다는 것을 알게 된 날'을 기산점으로 삼지 않고, '처분 등이 있음을 안 날'을 제소기간의 기산점으로 정한 것은 입법형성의 한계를 벗어난 것이 아니다).

2) 대판 1967. 11. 21, 67누129.

3) 대판 2014. 9. 25, 2014두8254(행정처분이 상대방에게 고지되어 상대방이 이러한 사실을 인식함으로써 행정처분이 있다는 사실을 현실적으로 알았을 때 행정소송법 제20조 제1항이 정한 제소기간이 진행한다고 보아야 한다[따라서 원고가 자신의 의무기록에 관한 정보공개를 청구하여 피고로부터 통보서를 교부받았다고 하여도 그 후에 처분이 이루어지는 시점에 처분이 있다고 보아야 한다]).

4) 대판 1991. 6. 28, 90누6521.

5) 대판 2006. 4. 28, 2005두14851(행정소송법 제20조 제1항 소정의 제소기간 기산점인 '처분이 있음을 안 날'이라 함은 당사자가 통지, 공고 기타의 방법에 의하여 당해 처분이 있었다는 사실을 현실적으로 안 날을 의미하는바, 특정인에 대한 행정처분을 주소불명 등의 이유로 송달할 수 없어 관보·공보·게시판·일간신문 등에 공고한 경우에는, 공고가 효력을 발생하는 날에 상대방이 그 행정처분이 있음을 알았다고 볼 수는 없고, 상대방이 당해 처분이 있었다는 사실을 현실적으로 안 날에 그 처분이 있음을 알았다고 보아야 한다).

6) 대판 2007. 6. 14, 2004두619(통상 고시 또는 공고에 의하여 행정처분을 하는 경우에는 그 처분의 상대방이 불특정 다수인이고 그 처분의 효력이 불특정 다수인에게 일률적으로 적용되는 것이므로, 그 행정처분에 이해관계를 갖는 자가 고시 또는 공고가 있었다는 사실을 현실적으로 알았는지 여부에 관계없이 고시가 효력을 발생하는 날 행정처분이 있음을 알았다고 보아야 한다. 인터넷 웹사이트에 대하여 구 청소년보호법에 따른 청소년유해매체물 결정 및 고시처분을 한 사안에서, 위 결정은 이해관계인이 고시가 있었음을 알았는지 여부에 관계없이 관보에 고시됨으로써 효력이 발생하고, 그가 위 결정을 통지받지 못하였다는 것이 제소기간을 준수하지 못한 것에 대한 정당한 사유가 될 수 없다).

③ 종래에는 행정심판을 거치지 아니하거나 그 재결을 거치지 아니하는 사 4155
건에 대한 소는 처분이 있음을 안 날부터 180일 내에 제기하여야 하였다(구 행소
법 제20조 제2항 단서). 그러나 현행법상으로는 행정법관계의 신속한 안정을 위해
출소기간을 90일로 단축하였다.

(2) **행정심판을 거친 경우**   ① 행소법 제18조 제1항 단서(다른 법률에 당해 4156
처분에 대한 행정심판의 재결을 거치지 아니하면 취소소송을 제기할 수 없다는 규정이 있는
때)에 규정된 경우와 그 밖에 행정심판청구를 할 수 있는 경우 또는 행정청이
행정심판청구를 할 수 있다고 잘못 알린 경우에 행정심판청구[1]가 있은 때의 제
소기간은 역시 90일이며, 그 기간은 재결서의 정본을 송달받은 날부터 기산한
다(행소법 제20조 제1항 단서).[2] 그러나 불가쟁력이 발생한 후의 불복고지의 경우
에는 적용이 없다.[3]

② 종래에는 행정심판의 재결을 거쳐 제기하는 사건에 대한 소는 그 재결 4157
서의 정본을 송달받은 날로부터 60일 이내에 제기하여야 하였고(구행소법 제20조
제1항), 다만 국외에서 소를 제기하는 경우에는 그 기간이 90일이었다(구행소법
제5조). 그러나 현행법상으로는 국내의 경우에도 출소기간은 90일이다.

---

1) 대판 2014. 4. 24, 2013두10809(행정소송법 제20조 제1항에 따르면, 취소소송은 처분 등이 있음
  을 안 날부터 90일 이내에 제기하여야 하는데, 행정심판청구를 할 수 있는 경우에 행정심판청
  구가 있은 때의 기간은 재결서의 정본을 송달받은 날부터 기산한다. 이처럼 취소소송의 제소기
  간을 제한함으로써 처분 등을 둘러싼 법률관계의 안정과 신속한 확정을 도모하려는 입법 취지에
  비추어 볼 때, 여기서 말하는 '행정심판'은 행정심판법에 따른 일반행정심판과 이에 대한 특례로
  서 다른 법률에서 사안의 전문성과 특수성을 살리기 위하여 특히 필요하여 일반행정심판을 갈음
  하는 특별한 행정불복절차를 정한 경우의 특별행정심판(행정심판법 제4조)을 뜻한다고 보아야
  할 것이다. 공공감사법상의 재심의신청과 이 사건 감사규정상의 이의신청에 관한 관련 규정에
  비추어 보면, 이러한 법령들은 다른 법률에 해당하지 않는다고 본 원심판단은 정당하다).
2) 대판 2006. 9. 8, 2004두947. 한편, 독일행정재판소법은 적법하게 불복고지를 하였음을 전제로
  재결이 송달된 날부터 1개월을 제소기간으로 한다(VwGO 제74조 제1항 제1문, 제58조 제2항).
3) 대판 2012. 9. 27, 2011두27247(행정소송법 제20조 제1항은 '취소소송은 처분 등이 있음을 안
  날부터 90일 이내에 제기하여야 하나 행정청이 행정심판청구를 할 수 있다고 잘못 알린 경우
  에 행정심판청구가 있은 때의 기간은 재결서의 정본을 송달받은 날부터 기산한다'고 규정하고
  있는데, 위 규정의 취지는 불가쟁력이 발생하지 않아 적법하게 불복청구를 할 수 있었던 처분
  상대방에 대하여 행정청이 법령상 행정심판청구가 허용되지 않음에도 행정심판청구를 할 수
  있다고 잘못 알린 경우에 있어서, 그 잘못된 안내를 신뢰하여 부적법한 행정심판을 거치느라
  본래의 제소기간 내에 취소소송을 제기하지 못한 자를 구제하려는 데에 있다고 할 것이다. 이
  와 달리 이미 제소기간이 도과함으로써 불가쟁력이 발생하여 불복청구를 할 수 없었던 경우라
  면 그 이후에 행정청이 행정심판청구를 할 수 있다고 잘못 알렸다 하더라도 그로 인하여 처분
  상대방이 적법한 제소기간 내에 취소소송을 제기할 수 있는 기회를 상실하게 된 것은 아니므
  로 이러한 경우에 있어서 그 잘못된 안내에 따라 청구된 행정심판 재결서 정본을 송달받은 날
  부터 다시 취소소송의 제소기간이 기산되는 것은 아니다. 불가쟁력이 발생하여 더 이상 불복청
  구를 할 수 없는 처분에 대하여 행정청의 잘못된 안내가 있었다고 하여 처분 상대방의 불복청
  구의 권리가 새로이 생겨나거나 부활한다고 볼 수는 없기 때문이다).

4158　　　(3) **불변기간**　　　상기의 90일의 기간은 불변기간으로 한다(행소법 제20조 제3항). 따라서 법원은 이 기간을 신장하거나 단축할 수 없다(민소법 제172조 제1항). 다만 원격지에 있는 자를 위하여 부가기간을 정할 수 있고(민소법 제172조 제2항), 당사자가 그 책임을 질 수 없는 사유로 인하여 불변기간을 준수할 수 없었던 경우에는 그 사유가 종료된 후 2주일 내에 해태된 소송행위를 추완할 수 있다(민소법 제173조).[1] 그러나 국외에서 소송행위를 추완하는 경우에는 그 기간은 30일로 한다(행소법 제5조). 기간의 계산은 민사소송법 제170조에 의거하여 민법규정을 적용하게 된다(행소법 제8조 제2항).

2. 있은 날부터 1년

4159　　　(1) **행정심판을 거치지 않은 경우**　　　취소소송은 처분 등이 있은 날부터 1년을 경과하면 이를 제기하지 못한다. 이를 분설하기로 한다. ① 처분등이란 적법요건에 다소 미비가 있더라도 대외적인 효력을 발생한 처분을 의미함은 이미 언급한 바 있다. ② 처분등이 있은 날이란 상대방 있는 행정행위의 경우에는 특별한 규정이 없는 한 의사표시의 일반적 법리에 따라 그 행정처분이 상대방에게 도달되어 효력을 발생한 날을 의미한다.[2] ③ 종래에는 행정심판을 거치지 아니하거나 그 재결을 거치지 아니하는 사건에 대한 소는 처분이 있은 날부터 1년 내에 제기하여야 하였다(구행소법 제20조 제2항 본문). 그 기간은 현행법의 경우와 같았다.

4160　　　(2) **행정심판을 거친 경우**　　　① 행소법 제18조 제1항 단서(다른 법률에 당해 처분에 대한 행정심판의 재결을 거치지 아니하면 취소소송을 제기할 수 없다는 규정이 있는 때)에 규정된 경우와 그 밖에 행정심판청구를 할 수 있는 경우 또는 행정청이 행정심판청구를 할 수 있다고 잘못 알린 경우에 행정심판청구가 있은 때의 제소기간은 재결이 있은 날부터 역시 1년이다(행소법 제20조 제2항 본문).

4161　　　② 종래에는 행정심판을 거쳐 소를 제기하는 경우, 있은 날과 관련하여 규정하는 바가 없었다. 따라서 구법상으로는 행정심판의 재결을 거쳐 제기하는 사건에 대한 소는 그 재결서의 정본을 송달받은 날로부터 60일(국외는 90일)이 경

---

1) 대판 2005. 1. 13, 2004두9951(행정소송법 제20조 제1항, 제3항에서 말하는 "취소소송은 처분등이 있음을 안 날부터 90일 이내에 제기하여야 한다"는 제소기간은 불변기간이고, 다만 당사자가 책임질 수 없는 사유로 인하여 이를 준수할 수 없었던 경우에는 같은 법 제8조에 의하여 준용되는 구 민사소송법 제160조 제1항에 의하여 그 사유가 없어진 후 2주일 내에 해태된 소송행위(제소행위)를 추완할 수 있다고 할 것이며, 여기서 당사자가 책임질 수 없는 사유란 당사자가 그 소송행위를 하기 위하여 일반적으로 하여야 할 주의를 다하였음에도 불구하고 그 기간을 준수할 수 없었던 사유를 말한다).

2) 대판 1990. 7. 13, 90누2284.

과하면 제소할 수 없었으나, 현행법상으로는 재결서의 정본을 송달받은 날로부터 90일이 경과하여도 당사자가 재결을 몰랐다면 재결서의 정본을 송달받은 날로부터 1년 이내에 제소할 수 있게 되었다.

(3) **정당한 사유가 있는 경우**　　　한편, 정당한 사유가 있으면 상기의 두 경우 4162 모두 1년의 기간이 경과하여도 제소할 수 있다(행소법 제20조 제2항 단서). 여기서 "정당한 사유란 불확정개념으로서 그 존부는 사안에 따라 개별적·구체적으로 판단하여야 하나 민사소송법 제173조의 '당사자가 그 책임을 질 수 없는 사유'나 행정심판법 제27조 제2항 소정의 '천재, 지변, 사변 그 밖에 불가항력적인 사유'보다는 넓은 개념이라고 풀이되므로 제소기간경과의 원인 등 여러 사정을 종합하여 지연된 제소를 허용하는 것이 사회통념상 상당하다고 할 수 있는가에 의하여 판단하여야 한다"는 것이 판례의 태도이다.[1]

3. 안 날과 있은 날의 관계

처분이 있음을 안 날과 처분이 있은 날 중 어느 하나의 기간만이라도 경과 4163 하면 제소기간은 종료하게 된다.[2] 말하자면 두 가지 기간 모두가 경과하여야 하는 것은 아니다.

4. 재조사결정의 경우

판례는 재조사결정에 따른 심사청구기간이나 심판청구기간 또는 행정소송 4164 의 제소기간은 이의신청인 등이 후속 처분의 통지를 받은 날부터 기산된다고 한다.[3]

---

1) 대판 1991. 6. 28, 90누6521; 대판 2001. 5. 8, 2000두6916(행정소송법 제20조 제1항, 제3항에서 말하는 "취소소송은 처분등이 있음을 안 날부터 90일 이내에 제기하여야 한다"는 제소기간은 불변기간이고, 다만 당사자가 책임질 수 없는 사유로 인하여 이를 준수할 수 없었던 경우에는 같은법 제8조에 의하여 준용되는 구 민사소송법 제160조 제1항에 의하여 그 사유가 없어진 후 2주일 내에 해태된 제소행위를 추완할 수 있다고 할 것이며, 여기서 당사자가 책임질 수 없는 사유란 당사자가 그 소송행위를 하기 위하여 일반적으로 하여야 할 주의를 다하였음에도 불구하고 그 기간을 준수할 수 없었던 사유를 말한다).
2) 대판 1964. 9. 8, 63누196(「행정처분이 있은 것을 안 날부터 1월 이내 행정처분이 있는 날로부터 3월 이내」로 정한 취지를 감안함으로서 동법은 행정처분의 조기확정을 기하여 당사자가 처분이 있은 사실을 알지 못하였다 할지라도 소원제기의 최장기간을 처분이 있은 날로부터 3월 이내로 제한하는 일방당사자가 처분이 있은 것을 알았을 경우에는 위 기간 내에서 처분이 있은 것을 안 날부터 1월 이내로 소원제기의 기간을 단축하였음을 알 수 있는 바이니 위에서 말하는 「안 날」은 소원 당사자가 그 행정처분이 있은 사실을 현실적으로 안 날을 이르는 것이라고 해석한 것이다).
3) 대판 2010. 6. 25, 2007두12514(이의신청 등에 대한 결정의 한 유형으로 실무상 행해지고 있는 재조사결정은 처분청으로 하여금 하나의 과세단위의 전부 또는 일부에 관하여 당해 결정에서 지적된 사항을 재조사하여 그 결과에 따라 과세표준과 세액을 경정하거나 당초 처분을 유지하는 등의 후속 처분을 하도록 하는 형식을 취하고 있다. 이에 따라 재조사결정을 통지받은 이의

Ⅲ. 적용범위

1. 상대방·제3자

4165   제소기간의 요건은 처분의 상대방이 소송을 제기하는 경우는 물론이고, 법률상 이익이 침해된 제3자가 소송을 제기하는 경우에도 적용된다.[1]

2. 무효인 처분

4166   무효등확인소송의 경우에는 제소기간의 제한이 없다. 그러나 "행정처분의 당연무효를 선언하는 의미에서 그 취소를 구하는 행정소송을 제기하는 경우에는 제소기간의 준수 등 취소소송의 제소요건을 갖추어야 한다는 것"이 판례의 입장이다.[2]

3. 특별법의 경우

4167   개별법률에서 제소기간에 관해 특례를 두기도 한다. 말하자면 ① 제소기간을 90일로 하는 경우(예 : 토상법 제85조 제1항 제1문)도 있고, ② 60일로 하는 경우(예 : 토상법 제85조 제1항 제2문; 보안관찰법 제23조)도 있다. 특별법은 당연히 행정소송법에 우선하여 적용된다.

4. 소의 변경 등

4168   ⑴ 소의 변경   청구취지를 변경하여 구소가 취하되고 새로운 소가 제기된 것으로 변경되었을 때에 새로운 소에 대한 제소기간의 준수 등은 원칙적으로 소의 변경이 있은 때를 기준으로 하며,[3] 청구취지의 추가·변경의 경우에는 변경신청이 있은 때를 기준으로 한다는[4] 것이 판례의 태도이다.

신청인 등은 그에 따른 후속 처분의 통지를 받은 후에야 비로소 다음 단계의 쟁송절차에서 불복할 대상과 범위를 구체적으로 특정할 수 있게 된다. 이와 같은 재조사결정의 형식과 취지, 그리고 행정심판제도의 자율적 행정통제기능 및 복잡하고 전문적·기술적 성격을 갖는 조세법률관계의 특수성 등을 감안하면, 재조사결정은 당해 결정에서 지적된 사항에 관해서는 처분청의 재조사결과를 기다려 그에 따른 후속 처분의 내용을 이의신청 등에 대한 결정의 일부분으로 삼겠다는 의사가 내포된 변형결정에 해당한다고 볼 수밖에 없다. 그렇다면 재조사결정은 처분청의 후속 처분에 의하여 그 내용이 보완됨으로써 이의신청 등에 대한 결정으로서의 효력이 발생한다고 할 것이므로, 재조사결정에 따른 심사청구기간이나 심판청구기간 또는 행정소송의 제소기간은 이의신청인 등이 후속 처분의 통지를 받은 날부터 기산된다).

1) 대판 1991. 6. 28, 90누6521(정당한 사유가 있음을 증명하지 못하는 한, 제3자에게도 제소기간의 제한이 적용된다).
2) 대판 1993. 3. 12, 92누11039; 대판 1987. 6. 9, 87누219.
3) 대판 2019. 7. 14, 2018두58431; 대판 2004. 11. 25, 2004두7023.
4) 대판 2018. 11. 15, 2016두48737(청구취지를 추가하는 경우, 청구취지가 추가된 때에 새로운 소를 제기한 것으로 보므로, 추가된 청구취지에 대한 제소기간 준수 등은 원칙적으로 청구취지의

(2) 민사소송으로 잘못 제기하였다가 관할 행정법원으로 이송된 경우   이송결정이 확정된 후 원고가 항고소송으로 소 변경을 한 경우, 그 항고소송에 대한 제소기간의 준수 여부는 원칙적으로 처음에 소를 제기한 때를 기준으로 판단하여야 한다는 것이 판례의 견해이다.[1]

5. 감액처분의 경우

행정청이 산업재해보상보험법에 의한 보험급여 수급자에 대하여 부당이득   4169 징수결정을 한 후 그 징수결정의 하자를 이유로 징수금 액수를 감액하는 경우에 그 감액처분은 감액된 징수금 부분에 관하여만 법적 효과가 미치는 것으로서 당초 징수결정과 별개 독립의 징수금 결정처분이 아니라 그 실질은 당초 징수결정의 변경이므로, 감액처분으로도 아직 취소되지 않고 남아 있는 부분이 위법하다 하여 다투고자 하는 경우, 감액처분을 항고소송의 대상으로 할 수는 없고, 당초 징수결정 중 감액처분에 의하여 취소되지 않고 남은 부분을 항고소송의 대상으로 할 수 있을 뿐이며, 그 결과 제소기간의 준수 여부도 감액처분이 아닌 당초 처분을 기준으로 판단해야 한다는 것이 판례의 입장이다.[2]

6. 증액처분의 경우

당초의 조세부과처분에 대하여 적법한 취소소송이 계속 중에 동일한 과세   4170 목적물에 대하여 당초의 부과처분을 증액 변경하는 경정결정 또는 재경정결정

추가·변경 신청이 있는 때를 기준으로 판단하여야 한다); 대판 2004. 12. 10, 2003두12257(공익근무요원복무중단처분, 현역병입영대상편입처분 및 현역병입영통지처분은 보충역편입처분취소처분을 전제로 한 것이기는 하나 각각 단계적으로 별개의 법률효과를 발생시키는 독립된 행정처분으로서 하나의 소송물로 평가할 수 없고, 보충역편입처분취소처분의 효력을 다투는 소에 공익근무요원복무중단처분, 현역병입영대상편입처분을 다투는 소도 포함되어 있다고 볼 수는 없다고 할 것이므로, 공익근무요원복무중단처분, 현역병입영대상편입처분 및 현역병입영통지처분의 취소를 구하는 소의 제소기간의 준수여부는 각 청구취지의 추가·변경신청이 있은 때를 기준으로 개별적으로 살펴봐야 할 것이지, 최초에 보충역편입처분취소처분의 취소를 구하는 소가 제기된 때를 기준으로 할 것은 아니다)(법률신문 2005. 1. 13).

1) 대판 2022. 11. 17, 2021두44425(행정소송법 제8조 제2항은 "행정소송에 관하여 이 법에 특별한 규정이 없는 사항에 대하여는 법원조직법과 민사소송법 및 민사집행법의 규정을 준용한다"라고 규정하고 있고, 민사소송법 제40조 제1항은 "이송결정이 확정된 때에는 소송은 처음부터 이송받은 법원에 계속된 것으로 본다"라고 규정하고 있다. 한편 행정소송법 제21조 제1항, 제4항, 제37조, 제42조, 제14조 제4항은 행정소송 사이의 소 변경이 있는 경우 처음 소를 제기한 때에 변경된 청구에 관한 소송이 제기된 것으로 보도록 규정하고 있다. 이러한 규정 내용 및 취지 등에 비추어 보면, 원고가 행정소송법상 항고소송으로 제기하여야 할 사건을 민사소송으로 잘못 제기한 경우에 수소법원이 그 항고소송에 대한 관할을 가지고 있지 아니하여 관할법원에 이송하는 결정을 하였고, 그 이송결정이 확정된 후 원고가 항고소송으로 소 변경을 하였다면, 그 항고소송에 대한 제소기간의 준수 여부는 원칙적으로 처음에 소를 제기한 때를 기준으로 판단하여야 한다).

2) 대판 2012. 9. 27, 2011두27247.

이 있는 경우에 당초 부과처분에 존재하고 있다고 주장되는 취소사유(실체상의 위법성)가 경정결정 또는 재경정결정에도 마찬가지로 존재하고 있어 당초 부과처분이 위법하다고 판단되면 경정결정 또는 재경정결정도 위법하다고 하지 않을 수 없는 경우 원고는 경정결정 또는 재경정결정에 대하여 따로 전심절차를 거칠 필요없이 청구취지를 변경하여 경정결정 또는 재경정결정의 취소를 구할 수 있고, 이러한 경우 당초의 소송이 적법한 제소기간내에 제기된 것이라면 경정결정 또는 재경정결정에 대한 청구취지변경의 제소기간 준수 여부는 따로 따질 필요가 없다는 것이 판례의 입장이다.[1]

7. 처분변경의 경우

4171   판례는 "행정청이 식품위생법령에 따라 영업자에게 행정제재처분을 한 후 그 처분을 영업자에게 유리하게 변경하는 처분을 한 경우, 변경처분에 의하여 당초 처분은 소멸하는 것이 아니고 당초부터 유리하게 변경된 내용의 처분으로 존재하는 것이므로, 변경처분에 의하여 유리하게 변경된 내용의 행정제재가 위법하다 하여 그 취소를 구하는 경우 그 취소소송의 대상은 변경된 내용의 당초 처분이지 변경처분은 아니고, 제소기간의 준수 여부도 변경처분이 아닌 변경된 내용의 당초 처분을 기준으로 판단하여야 한다"는 입장이다.[2]

제 6 소   장

4172   소장에는 당사자, 법정대리인, 청구의 취지와 원인을 기재하여야 한다(민소법 제249조 제1항; 행소법 제8조 제2항). 그 밖에 준비서면에 기재하는 사항도 소장에 기재하여야 한다(민소법 제249조 제2항; 행소법 제8조 제2항). 행정소송은 서면(소장)으로 제기되어야 하며, 구두에 의한 소의 제기는 허용되지 아니한다. 전보나 모

---

1) 대판 2012. 11. 29, 2010두7796.
2) 대판 2007. 4. 27, 2004두9302.
   [사건개요]
   2002. 12. 26. 피고(전주 완산구청장)는 원고에 대하여 3월의 영업정지처분(당초처분)
   2003. 3. 6. 행정심판의 재결["피고가 2002. 12. 26. 원고에 대하여 한 3월의 영업정지처분을 2월의 영업정지에 갈음하는 과징금부과처분으로 변경하라" 일부기각(일부인용)]
   2003. 3. 10.   재결서 정본 원고에게 도달
   2003. 3. 13.   피고는 "3월의 영업정지처분을 과징금 560만 원으로 변경한다"는 취지의 이 사건 후속 변경처분을 함
   2003. 6. 12. 원고 이 사건 소 제기['2003. 3. 13.자 과징금부과처분을 취소한다'라는 판결을 구함]
   2007. 4. 27. 판결[재결서의 정본을 송달받은 날로부터 90일이 경과하여 제기한 소로서 부적법하다]

사전송(팩스)에 의한 것도 서면에 의한 것으로 볼 수 있을 것이다. 소장에 피고가 확정되지 아니하였거나 확정될 수 없는 제소는 허용되지 아니한다.

제 7 행정심판법상 행정심판의 전치(행정심판과 행정소송의 관계)

I. 일 반 론

1. 행정심판전치의 의의

행정심판의 전치란 사인이 행정소송의 제기에 앞서서 행정청에 대해 먼저   4173
행정심판법상 행정심판(이하 단순히 행정심판으로 부르기로 한다)의 제기를 통해 처분의 시정을 구하고, 그 시정에 불복이 있을 때 소송을 제기하는 것을 말한다. 행정심판의 전치를 필수적인 절차로 하는 원칙을 행정심판전치주의라 부른다. 현행법은 행정심판의 전치를 임의적인 절차로 하고 있다. 하여간 행정심판의 전치는 행정소송과 행정심판의 제도적 결합을 의미한다[1](독일의 Widerspruchsverfahren, 영미법상의 principle of exhaustion of administrative remidies는 우리의 행정심판전치주의와 유사한 취지를 갖는다).

2. 행정심판전치의 취지와 문제점

(1) 취　　지　　행정심판의 전치가 갖는 취지는 ① 행정청에 대하여는 행   4174
정권 스스로에 의한 시정의 기회를 줌으로써 행정권의 자율성 내지 자기통제를 확보하고(이것이 본질적 기능이다), ② 법원에 대하여는 행정청의 전문적인 지식을 활용하게 하고 아울러 법원의 부담을 경감해 주고 이로써 경제적이고 신속한 분쟁의 해결을 확보하고, 아울러 ③ 개인에 대해서는 자신의 권리를 보호하는 데 있다.[2]

(2) 문 제 점　　행정심판의 전치제도는 ① 행정심판 자체가 행정청에 의한   4175

---

1) 행정소송과 행정심판의 결합에 관한 입법례로 ① 항고소송에서 행정심판전치주의를 택하는 예(독일 등)와 ② 항고소송에서 행정심판전치주의를 두되 경유여부는 당사자의 선택에 맡기는 예(일본), ③ 당사자소송에 행정심판전치주의를 취하고 있는 예(프랑스), ④ 사법절차적 요소가 강한 행정심판을 전치시키는 영·미적 행정심판전치주의의 예가 있다(김남진, 행정법(Ⅰ), 773쪽), 과거 우리나라의 경우는 ①에 해당하며, 1994년 7월의 행정소송법 중 개정법률에 의거하여 1998년 3월 1일부터는 ②의 경우가 적용되고 있다(개정법률 제18조 제1항).

2) 헌재 2002. 10. 31, 2001헌바40(행정심판전치주의를 정당화하는 이유는 일반적으로 다음과 같다. 첫째, 행정심판절차는 통상의 소송절차에 비하여 간편한 절차를 통하여 시간과 비용을 절약하면서 신속하고 효율적인 권리구제를 꾀할 수 있다는 장점이 있다. 궁극적으로 행정심판은 국민의 이익을 위한 것이고, 사전절차를 통하여 원칙적으로 권리구제가 약화되는 것이 아니라 강화되는 것이다. 둘째, 법원의 입장에서 보더라도, 행정심판제도는 불필요한 소송을 방지하는 동시에 쟁점, 증거 등을 정리하게 하여 법원의 부담을 경감하는 효과를 가져온다).

심판, 즉 행정청이 자기사건에 대한 심판관이 되는 것이므로 공정한 심판에 문제가 있고, ② 실제상 행정심판결과가 국민의 권익보호와 거리가 멀다면 오히려 신속하고 적정한 분쟁해결을 기대하는 국민에게 불이익한 것으로 작용할 수 있고, ③ 심판제기기간이 짧은 경우에는 기간경과로 소송제기가 봉쇄된다는 결함도 갖는다.

3. 행정심판의 전치와 법치주의

4176 　　(1) **행정심판의 전치와 헌법**　　상기와 같은 결함으로 인하여 필수적인 절차로서 행정심판전치주의(과거에는 소원전치주의라 불렀다)는 위헌이라는 논란이 과거한 때 있었다. 그러나 현행헌법은 재판의 전심절차로서 행정심판을 할 수 있다고 규정한다. 말하자면 행정심판의 절차는 법률로 정하되, 사법절차가 준용되어야 한다(헌법 제107조 제3항)고 규정하여 위헌의 소지를 배제하고 있다. 이와 관련하여 판례는 "행정심판전치주의는 행정행위의 특수성·전문성 등에 비추어 행정청으로 하여금 그 스스로의 재고·시정의 기회를 부여함에 그 뜻이 있는 만큼 법률에 특별한 규정이 없는 이상 그 필요를 넘어서 국민에게 지나치게 엄격한 절차를 요구하여서는 안 된다"고 하였다.[1] 그런데 1998년 3월 1일부터는 행정심판의 전치가 필수적인 절차에서 임의적인 절차로 변경된 까닭에 위헌논란의 소지는 없어진 셈이다.

4177 　　(2) **행정심판전치의 법적 근거**　　행정심판전치의 헌법적 근거는 헌법 제107조 제3항이나 이에 근거하여 행정심판전치의 일반적 근거규정으로 행정소송법 제18조가 있다.

4. 행정심판 해당여부

4178 　　행정심판의 전치에서 말하는 행정심판이란 적법한 행정심판으로서[2] 행정심판법에 따른 행정심판이 중심적인 것이지만 이것만에 한정되는 것은 아니다(예 : 국세기본법상 이의신청·심사청구·심판청구, 국가공무원법상 소청, 국민연금법상 심사청구, 도로교통법 제94조의 이의신청 등). 판례상 문제되었던 몇 가지 경우를 보기로 한다.

4179 　　(1) **감사원의 심사**　　① 감사원법 제43조 제1항의 규정에 의한 심사청구는 감사원의 감사를 받을 자의 행정행위에 대하여 이해관계가 있는 자가 감사원으로 하여금 그 행정행위의 적법 여부 또는 그 타당성 여부에 대한 심사를 하도록

---

1) 대판 1986. 9. 9, 86누254.
2) 대판 1982. 6. 22, 81누358(심판청구기간을 도과한 뒤에 제기한 부적법한 심판청구를 각하하지 아니하고 국세심판소장이 본안에 들어가서 기각결정을 하였다고 하더라도 이러한 심판청구는 행정소송의 전제가 되는 전치절차를 거친 것이라고 볼 수 없다).

하여 감사원의 직무수행에 도움을 주고 행정운영의 개선방향을 기하고자 하는 취지에 불과한 것인바, 이러한 심사청구에 관한 절차는 행정소송의 전심절차에 해당하지 않는다는 것이 종래 판례의 태도이었다.[1] 그러나 1994년 12월 감사원법 개정에서 심사청구 및 결정을 전심절차로 규정하는 조항(감사원법 제46조의2)을 신설하였는바, 그 후 사정이 달라지게 되었다. 한편 ② 국세·관세·지방세의 경우에는 감사원의 심사청구가 판례상 전심절차로 인정되어 왔다.[2] "제55조 제1항 제2호(「감사원법」에 따라 심사청구를 한 처분이나 그 심사청구에 대한 처분)의 심사청구를 거친 경우에는 이 법에 따른 심사청구 또는 심판청구를 거친 것으로 보고 제2항(제55조에 규정된 위법한 처분에 대한 행정소송은 「행정소송법」 제18조 제1항 본문, 제2항 및 제3항에도 불구하고 이 법에 따른 심사청구 또는 심판청구와 그에 대한 결정을 거치지 아니하면 제기할 수 없다)을 준용한다"는 규정을 두고 있다(국세법 제56조 제5항).

　(2) **정부합동민원실에 대한 민원의 접수**　　정부합동민원실에 대한 민원의 접수를 행정소송의 전치절차로서 요구되는 소원(행정심판)으로 볼 수는 없으나, 다만 그 민원의 내용이 행정청의 처분에 대한 불만의 표시로서 그 시정을 구하는 취지라면 정부합동민원실로부터 당해 행정청으로 그 민원이 이관되었을 때 비로소 소원(행정심판)이 제기된 것으로 볼 것이라는 것이 판례의 입장이다.[3]　　4180

Ⅱ. 임의적 행정심판전치(원칙)

1. 내　　용

　취소소송은 법령의 규정에 의하여 당해 처분에 대한 행정심판을 제기할 수 있는 경우에도 이를 거치지 아니하고 제기할 수 있다(행소법 제18조 제1항 본문).　4181 말하자면 법률상 행정심판의 전치에 관해 규정하는 바가 없거나, 또는 법률상 행정심판의 전치에 관한 규정이 있어도 그것이 강제되는 경우가 아니라면 행정심판을 거쳐 소송을 제기할 것인지의 여부는 제소자가 판단할 사항이다.

2. 의　　미

　현행법은 행정심판의 전치를 종래의 필요적 절차(행정심판전치주의)에서 임의　4182 적인 절차로 전환하였는바, 이로써 기술한 행정심판전치가 갖는 문제점을 완화

---

　1) 대판 1994. 5. 27, 93누23633; 대판 1990. 10. 26, 90누5528.
　2) 대판 1991. 2. 26, 90누7944(관련법령의 규정을 종합하여 고찰하면, 조세의 부과징수처분에 대하여 감사원법 제43조 제1항에 정한 심사청구를 하여 그 절차를 거친 경우에는 이를 위 국세기본법, 관세법, 지방세법에 정한 불복절차를 거친 경우에서와 같이 그 처분의 취소소송 제기에 앞서 필요한 요건으로서의 당해 처분에 대한 행정심판을 거친 것으로 보아야 한다).
　3) 대판 1985. 10. 22, 84누724.

하고 있다. 구법의 원칙(필요적 전치)은 현행법의 예외를 구성하고, 구법의 예외
(필요적 전치의 예외)는 현행법의 예외의 예외를 구성한다.

3. 문 제 점

4183   많은 개별법률이 행정심판의 전치를 강제하는 규정을 두게 되면, 원칙으로
서의 임의적 행정심판전치는 의미를 잃게 될 것이며, 결과적으로 필요적 행정심
판전치제도로 변하게 될 것이다. 개별법률의 제정·개정시 필요적 행정심판전치
의 도입에는 신중을 기하여야 할 것이다.

Ⅲ. 필요적 행정심판전치(예외)

1. 내   용

4184   다른 법률에 당해 처분에 대한 행정심판의 재결을 거치지 아니하면 취소소
송을 제기할 수 없다는 규정이 있는 때에는 반드시 행정심판의 재결을 거쳐야
만 제소할 수 있다(행소법 제18조 제1항 단서).[1] 여기서 ① 다른 법률이란 행정소
송법 이외의 국회제정 법률(예 : 도로교통법 제142조, 소청에 관해 규정하는 국가공무원
법, 심사청구·심판청구 등을 규정하는 국세기본법, 군인사법 제51조의2 등)을[2] 말한다. 그

---

1) 헌재 2016. 12. 29, 2015헌바229(조세부과처분, 도로교통법상의 처분 등과 같이 대량·반복적으
   로 행해지는 처분으로서 행정의 통일을 기해야 할 필요가 있거나, 행정처분의 특성상 전문적·
   기술적 성질을 가지는 것 등에 대해서만 예외적으로 개별법률에서 필요적 행정심판전치주의를
   채택하고 있다); 헌재 2007. 1. 17, 2005헌바86(입법자는 행정심판을 통한 권리구제의 실효성,
   행정청에 의한 자기시정의 개연성, 문제되는 행정처분의 특수성 등을 고려하여 행정심판을 임
   의적 전치절차로 할 것인지, 아니면 필요적 전치절차로 할 것인지를 결정하는 입법형성권을 가
   지고 있다).
2) 헌재 2007. 1. 17, 2005헌바86(재심청구는 불복절차로 행정소송을 제기할 수 있으므로 재판의
   전심절차로서의 한계를 준수하고 있고, 판단기관인 재심위원회의 구성과 운영에 있어서 심사·
   결정의 독립성과 공정성을 객관적으로 신뢰할 수 있으며, 교원지위법과 교원징계처분등의재심
   에관한규정이 규정하고 있는 재심청구의 절차와 보완적으로 적용되는 행정심판법의 심리절차
   를 고려하여 보면 심리절차에 사법절차를 준용하고 있으므로, 헌법 제107조 제3항에 위반된다
   고 할 수 없다).
   [참고조문] 국가공무원법 제16조(행정소송과의 관계) ① 제75조의 규정에 의한 처분 기타
   본인의 의사에 반한 불리한 처분이나 부작위에 관한 행정소송의 피고는 대통령의 처분 또는
   부작위의 경우에는 소속장관(대통령령이 정하는 기관의 장을 포함한다. 이하 같다)으로, … 한다.
   ② 제1항의 규정에 의한 행정소송은 소청심사위원회의 심사·결정을 거치지 아니하면 이를
   제기할 수 없다.
   교육공무원법 제53조(국가공무원법과의 관계) ① 국가공무원법 제16조 제2항을 교육공무원
   (공립대학에 근무하는 교육공무원을 제외한다. 이하 이 조에서 같다)인 교원에 적용함에 있어
   서 동조 제2항의 "소청심사위원회"는 이를 "교원소청심사위원회"로 본다.
   교원지위향상을 위한 특별법 제9조(재심의 청구등) ① 교원이 징계처분 그 밖에 그 의사에
   반하는 불리한 처분에 대하여 불복이 있을 때에는 그 처분이 있은 것을 안 날부터 30일 이내에
   심사위원회에 소청심사를 청구할 수 있다. 이 경우에 재심청구인은 변호사를 대리인으로 선임
   할 수 있다.

리고 ② 규정이란 명문의 규정을 말하며, 재결을 거치는 것이 필수적이라는 점을 해석을 통해서 주장할 수는 없다고 본다.[1] 한편, ③ 종전 판례는 행정대집행법상 대집행계고처분의 취소를 구하는 경우에는 필요적 전치가 적용된다는 입장이다.[2] 행정대집행법 제8조가 명시적으로 필요적 심판전치를 규정한 것으로 보기는 어려우므로, 필요적 심판전치를 규정하는 행정소송법 제18조 제1항 단서에 비추어 판례의 태도는 정당하다고 보기 어렵다.

2. 예 외

행정심판의 전치가 필요적인 경우라 하여도 이를 강행하는 것이 국민의 권익을 침해하는 결과가 되는 경우도 있는바, 이러한 경우 필요적 심판전치의 예외를 인정할 필요가 있다. 그 예외의 경우로서 행정소송법은 ① 행정심판은 제기하되 재결을 거치지 아니하고 소송을 제기할 수 있는 경우와[3] ② 행정심판조차 제기하지 않고 소송을 제기할 수 있는 경우를 규정하고 있다(행소법 제18조 제2항·제3항). 이 두 경우 모두 원고는 법원에 대하여 사유를 소명하여야 한다(행소법 제18조 제4항). 4185

(1) **재결을 요하지 않는 경우** ① 행정심판청구가 있는 날로부터 60일이 지나도 재결이 없는 때, 이것은 재결의 부당한 지연으로부터 생기는 불이익을 방지하기 위한 것이다. 물론 이러한 경우에는 재결을 기다려서 재결서의 송달을 받고 90일 이내에 제기하여도 될 것이다(행소법 제20조 제1항). ② 처분의 집행 또는 절차의 속행으로 생길 중대한 손해를 예방하여야 할 긴급한 필요가 있는 때,[4] 4186

---

1) 대판 1999. 12. 20, 99무42(독점규제및공정거래에관한법률은 1999. 2. 5. 법률 제5813호로 개정되기 이전은 물론 그 이후에 있어서도 같은 법 제53조에서 공정거래위원회의 처분에 대하여 불복이 있는 자는 그 처분의 고지 또는 통지를 받은 날부터 30일 이내에 공정거래위원회에 이의신청을 할 수 있다고 규정하고 있을 뿐, 달리 그에 대한 재결을 거치지 아니하면 취소소송을 제기할 수 없다는 규정을 두고 있지 아니하므로, 행정소송법 제18조 제1항 개정 조항이 같은 법 부칙(1994. 7. 27) 제1조에 의하여 1998. 3. 1.자로 시행된 이후에는 공정거래위원회의 처분에 대하여도 이의신청을 제기함이 없이 바로 취소소송을 제기할 수 있다).

2) 대판 1993. 6. 8, 93누6164(행정대집행법 제8조는 대집행에 대한 행정심판의 제기가 법원에 민사소송이나 행정소송을 제기할 권리를 방해하지 아니한다는 것을 규정한 취지일 뿐 행정심판을 제기하지 아니하고 취소소송을 제기할 수 있음을 규정한 것은 아니다); 대판 1990. 10. 26, 90누5528; 대판 1985. 10. 22, 84누477; 대판 1985. 5. 14, 84누753.

3) 대판 1987. 12. 8, 87누381(행정심판을 제기함이 없이 취소소송을 제기할 수 있는 경우가 별도로 행정소송법 제18조 제3항에 규정되어 있는 점에 비추어 보면, 같은조 제2항 제2호 소정의 행정심판의 재결을 거치지 아니하고 취소소송을 제기할 수 있다는 뜻은 행정심판의 제기 없이도 취소소송을 제기할 수 있다는 취지가 아니라 행정심판은 제기하였으나 위 규정소정의 사유가 있는 때에는 그에 대한 재결을 기다리지 아니하고 바로 취소소송을 제기할 수 있다는 뜻으로 풀이함이 상당하다).

4) 대판 1990. 10. 26, 90누5528(계고처분의 집행으로 생길 중대한 손해를 예방하여야 할 긴급한

③ 법령의 규정에 의한 행정심판기관이 의결 또는 재결을 하지 못할 사유가 있는 때, 예컨대 위원의 과반수 이상이 사퇴한 경우, ④ 그 밖의 정당한 사유가 있는 때에는(행소법 제18조 제2항) 재결을 거치지 않고 소송을 제기할 수 있다.

4187   **(2) 심판제기를 요하지 않는 경우**   ① 동종사건에 관하여 이미 행정심판의 기각재결이 있은 때(해석상 수인에 대한 동일한 처분에 관한 경우도 같다고 본다),[1] 이 경우에는 재심사의 의미가 없기 때문에 절차의 중복을 방지하기 위한 의미를 갖는다. 다만 문제는 동종사건이 무엇을 의미하는가이다. 근거나 기준 등의 기본적인 점에서 동질성이 있으면 동질사건이라 볼 것이다.[2] ② 서로 내용상 관련되는 처분 또는 같은 목적을 위하여 단계적으로 진행되는 처분 중 어느 하나가 이미 행정심판의 재결을 거친 때,[3] 문제는 어떠한 경우에 내용상 관련이 있다고 할 것인가이다.[4] ③ 행정청이 사실심의 변론종결 후 소송의 대상인 처분

필요가 있었더라도 이는 행정소송법 제18조 제2항에 따라 재결을 거치지 아니하고 바로 취소소송을 제기할 수 있다는 뜻일 뿐 행정심판 자체를 제기하지 않고도 취소소송을 제기할 수 있다는 취지는 아니다).

1) 대판 1988. 2. 23, 87누704(동일한 처분으로 수인이 동일한 의무를 부담하는 경우, 1인의 심판제기가 있으면, 타인은 심판제기하지 아니하고 제소할 수 있다); 대판 1994. 11. 8, 94누4653(행정소송법 제18조 제3항 제1호에서 "동종사건에 관하여 이미 행정심판의 기각재결이 있은 때"에 행정심판을 거치지 아니하고 행정소송을 제기할 수 있도록 한 것은, 행정심판의 재결결과가 명확하여 인용재결이 예상될 수 없는 경우에는 행정심판전치가 무의미하기 때문이며, 여기서 "동종사건"이라 함은 당해 사건은 물론이고 당해 사건과 기본적인 동질성이 있는 사건을 말한다. 재산세 또는 종합토지세는 보유하는 재산에 담세력을 인정하여 과세하는 수익세적 성격을 지닌 보유세로서 그 납세의무는 당해 재산을 보유하는 동안 매년 독립적으로 발생하는 것이므로, 그에 대한 종전 부과처분들과 후행 부과처분은 각각 별개의 처분일 뿐만 아니라, 납세의무자와 과세대상물건이 동일하다고 하더라도, 매년 과세대상물건의 가액의 변동에 따라 그 과세표준도 달라지고, 특히 종합토지세의 경우에는 그 지상 건물의 유무, 면적, 용도, 가액 등의 변동에 따라 그 과세방법(종합합산, 별도합산, 분리과세)이, 납세의무자가 소유하는 전체토지의 면적이나 가액의 변동에 따라 그 세율이 각 달라지며, 게다가 외국인투자기업의 경우에는 외자도입법의 규정에 의한 조세감면비율이 외국인투자의 인가 또는 등록의 시기, 토지의 취득시기에 따라 매년 달라지는 등 매년 그 세액이 달라짐으로써 그 부과처분에 대한 다툼의 내용도 서로 달라질 가능성이 있으므로, 양 부과처분은 기본적으로 동질성이 있는 사건으로 볼 수 없어 행정소송법 제18조 제3항 제1호 소정의 동종사건에 해당한다고 할 수 없다).

2) 대판 2000. 6. 9, 98두2621(구 행정소송법(1994. 7. 27. 법률 제4770호로 개정되기 전의 것) 제18조 제3항 제1호에서 행정심판의 제기 없이도 행정소송을 제기할 수 있는 경우로 규정하고 있는 '동종사건에 관하여 이미 행정심판의 기각재결이 있은 때'에 있어서의 '동종사건'이라 함은 당해 사건은 물론 당해 사건과 기본적인 점에서 동질성이 인정되는 사건을 가리킨다).

3) 대판 2006. 9. 8, 2004두947(하천구역의 무단 점용을 이유로 부당이득금 부과처분과 가산금 징수처분을 받은 사람이 가산금 징수처분에 대하여 행정청이 안내한 전심절차를 밟지 않았다 하더라도 부당이득금 부과처분에 대하여 전심절차를 거친 이상 가산금 징수처분에 대하여도 부당이득금 부과처분과 함께 행정소송으로 다툴 수 있다); 대판 1986. 7. 22, 85누297(국세의 납세고지처분에 대하여 적법한 전심절차를 거친이상, 가산금 및 중가산금에 대해 따로 전심절차를 거칠 필요가 없다).

4) 대판 1989. 1. 24, 87누322(서울특별시장의 주유소의 석유판매업허가의 취소처분과 소방서장의 위험물주유취급소설치허가의 취소처분은 내용상 관련이 없다).

을 변경하여 당해 변경된 처분에 관하여 소를 제기하는 때, 새로이 전치를 하게 한다는 것은 가혹할 뿐만 아니라 소송의 지연을 위한 수단으로 악용할 수도 있기 때문이다. ④ 처분을 행한 행정청이 행정심판을 거칠 필요가 없다고 잘못 알린 때, 상대방의 신뢰를 보호하기 위한 것이다. 판례는 재결청이 잘못 알린 경우도 이 경우에 해당하는 것으로 본다.[1] 이상의 경우에는 심판의 제기없이도 소송을 제기할 수 있다(행소법 제18조 제3항).

3. 특별한 경우

법원은 행정청이 소송의 대상인 처분을 소가 제기된 후 변경한 때에는 원 4188 고의 신청에 의하여 결정으로써 청구의 취지 또는 원인의 변경을 허가할 수 있고(행소법 제22조 제1항), 이에 따라 변경되는 청구는 행정소송법 제18조 제1항 단서의 규정(필요적 심판전치)에 의한 요건을 갖춘 것으로 본다(행소법 제22조 제3항). 따라서 변경되는 처분은 심판전치의 요건을 구비한 것으로 간주된다.

4. 직권조사사항

필요적 행정심판전치가 적용되는 경우에 있어서 그 요건을 구비하였는가의 4189 여부는 소송요건으로서 당사자의 주장의 유무에 불구하고 법원이 직권으로 조사할 사항에 속한다.[2] 필요적 행정심판전치가 적용되는 경우에 그 요건의 구비 여부는 변론종결시를 기준으로 한다.[3] 따라서 행정소송의 제기시에는 심판전치의 요건을 구비하지 못하였으나, 사실심변론종결시까지 원고가 심판전치의 요

---

1) 대판 1996. 8. 23, 96누4671(행정소송법 제18조 제3항 제4호의 규정이 행정청이 행정심판을 거칠 필요가 없다고 잘못 알린 때에는 행정심판을 제기하지 않고도 취소소송을 제기할 수 있도록 행정심판전치주의에 대한 예외를 두고 있는 것은 행정에 대한 국민의 신뢰를 보호하려는 것이므로, 처분청이 아닌 재결청이 이와 같은 잘못된 고지를 한 경우에도 행정소송법 제18조 제3항 제4호의 규정을 유추·적용하여 행정심판을 제기함이 없이 그 취소소송을 제기할 수 있다고 할 것이고, 이 때에 재결청의 잘못된 고지가 있었는지 여부를 판단함에 있어서는 반드시 행정조직상의 형식적인 권한 분장에 구애될 것이 아니라 담당자의 조직상의 지위와 임무, 당해 언동을 하게 된 구체적인 경위 및 그에 대한 행정심판청구인의 신뢰가능성에 비추어 실질에 의하여 판단하여야 한다).

2) 대판 1996. 9. 6, 96누7045(행정소송에 있어 전심절차를 거쳤는지 여부는 소송요건으로서 직권조사사항에 속하는 것인바, 취득세 부과처분에 대하여 이의신청을 받은 처분청이나 심사청구를 받은 내무부장관이 각 불복신청이 적법한 기간 내에 제기된 것임을 전제로 본안에 들어가 판단하였고, 원심의 변론절차에서도 그 처분의 적법여부에 대하여만 다투어졌을 뿐 이의신청이 적법한 기간 내에 제기된 것인지 여부에 대하여는 별다른 다툼이나 석명이 없었다면, 원심은 그 소를 각하하기에 앞서 원고에게 이의신청기간의 준수여부에 대하여 석명을 하여 입증을 촉구하였어야 한다); 대판 1982. 12. 28, 82누7.

3) 헌재 2016. 12. 29, 2015헌바229(행정심판 전치요건은 행정소송 제기 이전에 반드시 갖추어야 하는 것은 아니고 사실심 변론종결 시까지 갖추면 되므로, 전치요건을 구비하면서도 행정소송의 신속한 진행을 동시에 꾀할 수 있다).

건을 구비하였다면 행정심판전치의 요건은 구비한 것이 된다. 말하자면 심판전치요건의 사후구비는 하자치유의 사유가 된다는 것이 일반적 견해이고, 판례의 입장이다.[1]

5. 적용범위

4190   (1) **부작위위법확인소송**   취소소송에 적용되는 행정심판전치의 법리는 부작위위법확인소송에도 준용된다(행소법 제38조 제2항).

4191   (2) **무효등확인소송**   무효등확인소송에는 행정심판전치의 법리가 적용되지 아니한다(행소법 제38조 제1항). 그러나 무효등확인소송에 병합된 취소소송에는 행정심판전치의 법리가 적용된다.[2]

4192   (3) **무효선언을 구하는 의미의 취소소송**   무효선언을 구하는 의미의 취소소송의 경우에도 행정심판전치의 법리가 적용될 수 있는가가 문제된다. 행정심판전치는 소송요건이지 본안요건은 아닐 뿐 아니라 무효와 취소의 구별은 상대적이라는 이유로 긍정하는 견해와[3] 무효선언을 구하는 의미의 취소소송은 본질이 무효 등 확인소송이라는 이유로 부정하는 견해가[4] 대립된다. 판례는 긍정설의 입장이다.[5]

4193   (4) **당사자소송**   당사자소송의 경우에도 행정심판전치의 법리는 적용이 없다. 그러나 주위적 청구가 전심절차를 요하지 아니하는 당사자소송이라 하여도 병합·제기된 예비적 청구가 항고소송이라면 이에 대한 전심절차 등 제소의 적법요건을 갖추어야 한다.[6]

4194   (5) **제3자소송**   제3자가 취소소송을 제기하는 경우에도 행정심판전치의 법리는 적용된다.[7] 제3자에 의한 소송제기의 경우에 행정심판전치의 법리의 적

---

1) 대판 1965. 6. 29, 65누57.
2) 대판 1994. 4. 29, 93누12626(주위적 청구가 행정심판의 재결을 거칠 필요가 없는 무효확인소송이라 하더라도 병합 제기된 예비적 청구가 취소소송이라면 이에 대한 행정심판의 재결을 거치는 등으로 적법한 제소요건을 갖추어야 한다); 대판 1989. 10. 27, 89누39.
3) 김도창, 일반행정법론(상), 759쪽; 박균성, 행정법론(상), 1355쪽(2019).
4) 박윤흔·정형근, 최신행정법강의(상), 835쪽.
5) 대판 1990. 8. 28, 90누1892(과세처분의 무효선언을 구하는 의미에서 그 취소를 구하는 소송이라도 전심절차를 거쳐야 한다); 대판 1987. 9. 22, 87누482; 대판 1984. 5. 29, 84누175.
6) 대판 1989. 10. 27, 89누39(주위적 청구가 전심절차를 요하지 아니하는 당사자 소송이더라도 병합 제기된 예비적 청구가 항고소송이라면 이에 대한 전심절차 등 제소의 적법요건을 갖추어야 한다).
7) 대판 1989. 5. 9, 88누5150(행정소송법 제20조 제2항은 행정심판을 제기하지 아니하거나 그 재결을 거치지 아니하는 사건을 적용대상으로 한 것임이 규정 자체에 의하여 명백하고, 행정처분의 상대방이 아닌 제3자가 제기하는 사건은 같은법 제18조 제3항 소정의 행정심판을 제기하지 아니하고 제소할 수 있는 사건에 포함되어 있지 않으므로 같은법 제20조 제2항 단서를 적용하여 제소에 관한 제척기간의 규정을 배제할 수는 없다. (그러나) 행정처분의 직접상대방이 아닌

용을 배제하는 명문의 규정은 보이지 않는다.

(6) **2단계의 행정심판**   둘 이상의 행정심판절차가 규정되어 있다면 명문 4195
의 규정이 없는 한, 하나의 절차만 거치면 족하다(일반적 견해).[1] 행정청에 1회의
반성의 기회만 부여하면 족하기 때문이다.

6. 행정소송과 행정심판의 관련도

(1) **행정심판제기의 적법성·위법성의 문제**   필요적 행정심판전치의 경우에 4196
요구되는 행정심판은 적법한 것이어야 하는데, 이 문제와 관련하여 몇 가지 경
우를 나누어서 살펴보기로 한다.

① 적법한 심판제기가 있었으나 기각된 경우에는 심판전치의 요건이 구
비된 것으로 볼 것이다. 가장 전형적인 형식이다.

② 적법한 심판제기가 있었으나 본안심리를 하지 않고 각하된 경우에도
심판전치의 요건이 구비된 것으로 볼 것이다. 왜냐하면 행정청에게 반성의 기회
는 주어졌던 것이기 때문이다.

③ 기간경과 등의 부적법한 심판제기가 있었고 이에 대해 각하재결이 있
었다면, 심판전치의 요건이 구비되지 않은 것임은 분명하다.

④ 기간경과 등의 부적법한 심판제기가 있었고, 재결청이 각하하지 않고
기각재결을 한 경우에는 문제가 있다. 근자의 판례의 입장은[2] 심판전치의 요건
이 구비되지 않은 것으로 본다. 판례의 입장이 타당한 것으로 보인다.

⑤ 기간경과 등의 부적법한 심판제기가 있었지만, 인용재결이 있은 경우
에는 청구인의 입장에서는 아무런 문제가 없겠지만, 심판의 대상이 되는 행위가
만약 제3자효있는 행위인 경우에는 제3자의 입장에서는 문제가 있다. 이 경우
는 제3자가 제기한 심판이 아니어서 제3자가 인용재결의 취소소송을 제기하려
면 행정심판을 다시 거쳐야 하는가의 문제가 있다. 이 경우에는 행정심판을 제
기함이 없이 바로 행정소송을 제기할 수 있는 경우 중의 하나인 '동종사건에 관
하여 이미 행정심판의 기각재결이 있은 때'(행심법 제18조 제3항 제1호)를 유추적용

제3자는 행정처분이 있음을 곧 알 수 없는 처지이므로 행정심판법 제18조 제3항 소정의 심판
청구의 제척기간 내에 처분이 있음을 알았다는 특별한 사정이 없는 한 그 제척기간의 적용을
배제할 같은 조항 단서 소정의 정당한 사유가 있는 때에 해당한다).
1) 박윤흔·정형근, 최신행정법강의(상), 835쪽.
2) 대판 1991. 6. 25, 90누8091(행정처분의 취소를 구하는 항고소송의 전심절차인 행정심판청구가
기간도과로 인하여 부적법한 경우에는 행정소송 역시 전치의 요건을 충족치 못한 것이 되어
부적법 각하를 면치 못하는 것이고, 이 점은 행정청이 행정심판의 제기기간을 도과한 부적법한
심판에 대하여 그 부적법을 간과한 채 실질적 재결을 하였다 하더라도 달라지는 것이 아니다);
대판 2011. 11. 24, 2011두18786.

하여 바로 행정소송의 제기가 가능하다고 볼 것이다. 왜냐하면 이 경우에는 이미 행정청에게 당해 사건에 관하여 반성의 기회를 부여하였다고 볼 수 있을 것이기 때문이다.

4197   (2) **사후재결의 구비**   필요적 행정심판전치의 경우, 행정소송의 제기시에는 심판전치의 요건을 구비하지 못하였으나, 판결이 있기 전까지 원고가 심판전치의 요건을 구비하였다면 행정심판전치의 요건은 구비된 것으로 볼 것이다. 말하자면 심판전치요건의 사후구비는 하자치유의 사유가 된다.[1] 판례도 같은 입장이다.[2]

4198   (3) **사건의 동일성**   행정심판대상인 처분과 행정소송대상인 처분이 반드시 동일해야 하는가도 문제이다. 생각건대 필요적 행정심판전치의 경우, 행정심판전치의 요건이 구비되려면, 처분의 내용이 동일한 것으로서 청구의 취지나 청구의 이유가 기본적인 점에서 일치하면 족하다고 본다(사항적 관련성). 한편 동일한 처분인 한 청구인(원고)의 지위에 승계(예 : 부모공동재산에 대한 과세처분을 다투는 행정심판제기 후 자녀가 단독상속한 경우)가 있어도 무관하다(인적 관련성). 동일한 행정처분에 의하여 여러 사람이 동일한 의무를 부담하는 경우 그중 한 사람이 적법한 행정심판을 제기하여 처분청으로 하여금 그 행정처분을 시정할 수 있는 기회를 가지게 한 이상 나머지 사람은 행정심판을 거치지 아니하더라도 행정소송을 제기할 수 있다고[3] 볼 것이다.

4199   (4) **공격방어방법의 동일성**   "항고소송에 있어서 원고는 전심절차에서 주장하지 아니한 공격방어방법을 소송절차에서 주장할 수 있고 법원은 이를 심리하여 행정처분의 적법 여부를 판단할 수 있는 것이므로, 원고가 전심절차에서 주장하지 아니한 처분의 위법사유를 소송절차에서 새롭게 주장하였다고 하여 다시 그 처분에 대하여 별도의 전심절차를 거쳐야 하는 것은 아니다."[4] 행정심판의 전치는 행정심판과 행정소송의 관계에서 사건을 대상으로 하는 개념이지, 그 사건의 공격방어방법을 대상으로 하는 것이 아니기 때문이다. 사건의 동일성 여부와 공격방어방법의 동일성 여부는 별개의 문제이다.

---

1) 박윤흔·정형근, 최신행정법강의(상), 837쪽.
2) 헌재 2015. 3. 26, 2013헌바186(행정심판의 전치요건은 행정소송 제기 이전에 반드시 갖추어야 하는 것은 아니며 사실심 변론종결 시까지 갖추면 되므로, 전치요건을 구비하면서도 행정소송의 신속한 진행을 동시에 꾀할 수 있다); 대판 1981. 1. 27, 80누447; 대판 1965. 6. 29, 65누57(귀속재산 매매계약 해약처분의 취소를 구하는 소송의 제기당시에는 소원전치의 요건을 구비하지 못한 위법이 있다 하더라도 위 소송계속중에 소청을 하였고, 위 소송변론종결 당시까지에는 소청을 제기한 날로부터 2월이 경과하였음이 명백하다면 위 소송의 소원 전치요건의 흠결은 치유되었다 할 것이다).
3) 대판 1988. 2. 23, 87누704.
4) 대판 1996. 6. 14, 96누754.

제 8 권리보호의 필요(협의의 소의 이익)

Ⅰ. 의   의

권리보호의 필요란 원고적격에서 말하는 법률상 이익을 실제적으로 보호할   4200
필요성을 뜻한다. 재판은 원고의 관념적 만족만으로는 불충분하다. 본안판결을
구할 정당한 이익 내지 필요성이 있어야 한다. 취소판결의 경우 취소로 인해 구
제가 현실로 실현될 수 있는 상황이 있어야 권리보호의 필요는 존재하는 것이
된다. 말하자면 위법한 처분을 취소한다 하더라도 원상회복이 불가능한 경우에
는 그 취소의 이익은 없는 것이 된다. 판례의 입장도 이와 같다.[1] 권리보호의
필요는 직권조사사항이다. 권리보호의 필요는 협의의 소의 이익이라 불리기도
한다(소의 이익은 다의적인 개념이다. 광의로 소의 이익은 취소소송의 대상적격·원고적격·
권리보호의 필요를 포함하는 개념을 뜻하고, 협의로는 권리보호의 필요만을 뜻한다).

Ⅱ. 근   거

국민의 재판청구권을 제한하는 권리보호의 필요라는 소송요건(본안판단의 전   4201
제요건)은 법률상 규정되고 있지 않다. 그러나 권리보호의 필요의 요건은 유용성
이 없는 재판청구, 과도한 재판청구는 금지되어야 한다는 소송경제의 원칙과 소
송법에도 적용되는 신의성실의 원칙(소권남용의 부인)으로부터 나온다.[2] 달리 말
한다면, 권리보호의 필요는 신의성실의 원칙에 뿌리를 둔 '소송법의 제도적 남
용의 금지'로부터 나온다.[3] 사실 판례가 지적하는 바와 같이 '행정소송에서 소
의 이익이라는 개념은 국가의 행정재판제도를 국민이 이용할 수 있는 한계를
구획하기 위하여 생겨난 것으로 그 인정을 인색하게 하면 실질적으로는 재판의
거부와 같은 부작용을 낳게 될 것'이라 하겠다.[4] 이러한 전제에서 보면, 소의
이익의 개념은 사인의 남소방지와 이로 인한 법원·행정청의 부담완화, 그리고
원활한 행정작용을 위한 것이라 하겠다.

---

1) 대판 2017. 4. 13, 2016두64241(행정처분의 무효확인 또는 취소를 구하는 소에서, 비록 행정처
  분의 위법을 이유로 무효확인 또는 취소 판결을 받더라도 그 처분에 의하여 발생한 위법상태
  를 원상으로 회복시키는 것이 불가능한 경우에는 원칙적으로 그 무효확인 또는 취소를 구할
  법률상 이익이 없고, 다만 원상회복이 불가능하더라도 그 무효확인 또는 취소로써 회복할 수
  있는 다른 권리나 이익이 남아 있는 경우 예외적으로 법률상 이익이 인정될 수 있을 뿐이다);
  대판 2016. 8. 30, 2015두60617.
2) Würtenberger, Verwaltungsprozessrecht, Rn. 253.
3) Glaeser, Verwaltungsprozeßrecht, Rn. 118.
4) 대판 1989. 12. 26, 87누308.

Ⅲ. 유무의 판단기준

1. 원   칙

4203   권리보호의 필요성은 법률상 이익의 실제적인 보호필요성을 의미하는 것이지만, 권리보호의 필요가 명시적으로 규정되어 있는 것도 아니고, 내용상 명확히 설정할 수도 없다. 법률상 이익의 실제적인 보호필요성의 유무를 판단함에 있어서는 관련 있는 중요한 이익을 널리 고려하여야 한다. 말하자면 권리보호의 필요의 유무에 대한 판단의 대상은 법률상 이익에만 한정되는 것은 아니고, 그밖에 경제상 또는 정신상 이익도 포함된다고 본다. 그리고 권리보호의 필요는 넓게 인정하는 것이 국민의 재판청구권의 보장에 적합하다고 본다. 물론 권리보호의 필요의 유무의 판단은 이성적인 형량에 따라야 한다. 다른 본안판단의 전제요건을 모두 구비하게 되면, 일반적으로 권리보호의 필요의 요건을 구비하게 된다.[1]

2. 권리보호가 필요 없는 경우

4204   다음의 경우에는 권리보호의 필요가 없다고 볼 것이다.[2] 즉 ① 원고가 추구하는 목적을 소송아닌 보다 간편한 방법으로 달성할 수 있는 경우(예 : 항소 대신에 판결의 정정신청 또는 행정청이 직권으로 원고가 구하는 처분을 발령하겠다는 의사표시를 한 경우),[3] ② 원고가 추구하는 권리보호가 오로지 이론상으로만 의미있는 경우(소송절차 중 행정행위가 변경되고, 변경된 행위에 존속력이 발생한 경우),[4] ③ 원고가

---

1) Würtenberger, Verwaltungsprozessrecht, Rn. 254; BVerwGE 81, 164f; Hufen, Friedhelm, Verwaltungsprozessrecht, §23, Rn. 11.

2) Glaeser, Verwaltungsprozeßrecht, Rn. 119ff.; Schmidt, Verwaltungsprozessrecht(14. Aufl.), Rn. 323. 일설(김동희, 행정법(Ⅰ), 753쪽(2019))은 권리보호의 필요가 없는 경우로 ① 원상회복이 불가능한 경우, ② 처분 후의 사정에 의하여 이익침해가 해소된 경우, ③ 처분의 효력이 소멸된 경우를 들면서, ①의 예로 철거명령에 따른 건물의 철거를 들고 있다. 그러나 건물의 철거로 인해 철거처분의 효력은 소멸되는 것이므로 건물의 철거는 ③에 포함되는 것이다.

3) 대판 1993. 4. 23, 92누17297(원심판결이유 중 이의재결시의 보상가액이 아닌 수용재결 보상가액을 공제한 것은 명백한 계산상의 착오로서 판결경정 절차를 통하여 시정될 일이며 상고로 다툴 성질의 것이 아니다); 대판 2017. 10. 31, 2015두45045(해당 처분 등의 취소를 구하는 것보다 실효적이고 직접적인 구제수단이 있음에도 처분 등의 취소를 구하는 것은 특별한 사정이 없는 한 분쟁해결의 유효적절한 수단이라고 할 수 없어 법률상 이익이 있다고 할 수 없다).

4) 대판 2006. 7. 28, 2004두13219(위법한 행정처분의 취소를 구하는 소는 위법한 처분에 의하여 발생한 위법상태를 배제하여 원상으로 회복시키고 그 처분으로 침해되거나 방해받은 권리와 이익을 보호·구제하고자 하는 소송이므로, 비록 그 위법한 처분을 취소한다고 하더라도 원상회복이 불가능한 경우에는 그 취소를 구할 이익이 없다. 부실금융기관에 대한 파산결정이 확정되고 이미 파산절차가 상당부분 진행되고 있다 하더라도 파산종결이 될 때까지는 그 가능성이 매우 적기는 하지만 동의폐지나 강제화의 등의 방법으로 당해 부실금융기관이 영업활동을 재개할 가능성이 여전히 남아 있으므로, 금융감독위원회의 위 부실금융기관에 대한 영업인가의

오로지 부당한 목적으로 소구하는 경우(소권 남용의 경우, 예컨대 원고의 의도가 법원이나 상대방에게 피해나 불편을 가져오는 것이 명백한 경우)에는 권리보호의 필요가 없다고 본다.[1]

또한, ④ 소권의 실효가 있으면 권리보호의 필요는 없다고 본다. 소송상의 실효는 소송법을 관류하는 신의성실의 원칙으로부터 나온다. 소송상 실효는 ⓐ 원고가 소를 제기할 수 있음을 알고서도 상당한 기간 동안 소를 제기하지 아니하고, 또한 ⓑ 원고가 자신의 행동을 통해 피고 등에게 원고는 더 이상 권리를 다투지도 않고 더 이상 소송을 제기하지도 않는다는 믿음을 주었기 때문에, 누구나 더 이상은 소송의 제기가 없을 것으로 믿을 수밖에 없는 경우에는 인정된다고 볼 것이다.[2]

3. 권리보호 필요 유무의 판단방법

판례는 "구체적인 사안에서 권리보호의 필요성 유무를 판단할 때에는 국민의 재판청구권을 보장한 헌법 제27조 제1항의 취지와 행정처분으로 인한 권익침해를 효과적으로 구제하려는 행정소송법의 목적 등에 비추어 행정처분의 존재로 인하여 국민의 권익이 실제로 침해되고 있는 경우는 물론이고 권익침해의 구체적·현실적 위험이 있는 경우에도 이를 구제하는 소송이 허용되어야 한다는 요청을 고려하여야 한다"는 견해를 취한다.[3]

4205

4206

취소처분에 대한 취소를 구할 소의 이익이 있다); 대판 2005. 5. 13, 2004두4369(공익근무요원 소집해제신청을 거부한 후에 원고가 계속하여 공익근무요원으로 복무함에 따라 복무기간 만료를 이유로 소집해제처분을 한 경우, 원고가 입게 되는 권리와 이익의 침해는 소집해제처분으로 해소되었으므로 위 거부처분의 취소를 구할 소의 이익이 없다); 대판 1998. 9. 8, 98두9165(징집을 면하기 위한 병역처분변경거부처분의 취소를 구하는 소를 제기한 후 현역병으로 지원하여 복무중이라면, 이 사건의 위법을 다툴 효용 내지 실익이 없다); 대판 2000. 5. 16, 99두7111.

1) 대판 1989. 12. 12, 88누8869(피징계자가 징계처분에 중대하고 명백한 흠이 있음을 알면서도 퇴직시에 지급되는 퇴직금 등 급여를 지급받으면서 그 징계처분에 대하여 위 흠을 들어 항고하였다가 곧 취하하고 그 후 5년 이상이나 그 징계처분의 효력을 일체 다투지 아니하다가 위 비위사실에 대한 공소시효가 완성되어 더 이상 형사소추를 당할 우려가 없게 되자 새삼 위 흠을 들어 그 징계처분의 무효확인을 구하는 소를 제기하기에 이르렀고 한편 징계권자로서도 그 후 오랜 기간 동안 피징계자의 퇴직을 전제로 승진·보직 등 인사를 단행하여 신분관계를 설정하였다면 피징계자가 이제 와서 위 흠을 내세워 그 징계처분의 무효확인을 구하는 것은 신의칙에 반한다); R. Schmidt, Verwaltungsprozessrecht(18. Aufl.), Rn. 323.

2) Würtenberger, Verwaltungsprozessrecht, Rn. 259; BVerwGE 44, 294, 298; Detterbeck, Allgemeines Verwaltungsrecht, §29, Rn. 1349.

3) 대판 2018. 7. 12, 2015두3485.

Ⅳ. 효력소멸의 경우

1. 원 칙

4207   처분등이 소멸하면 권리보호의 필요는 없게 됨이 원칙이다. 행정처분에 그 효력기간이 정하여져 있는 경우에는 그 처분의 효력 또는 집행이 정지된 바 없다면, 그 기간의 경과로 그 행정처분의 효력은 상실되는 것이므로 그 기간경과 후에는 그 처분이 외형상 잔존함으로 인하여 어떠한 법률상 이익이 침해되고 있다고 볼 만한 별다른 사정이 없는 한, 그 처분의 취소 또는 무효확인을 구할 법률상 이익이 없다는 것이 판례의 입장이기도 하다.[1]

2. 예 외

4208   처분 등의 집행 그 밖의 사유로 인하여 소멸된 뒤에 그 처분 등의 취소를 구하거나 처분 등의 취소를 구하는 도중에 처분등의 집행 그 밖의 사유로 인하여 소멸되는 경우에도 권리보호의 필요는 요구된다. 이러한 소송에 있어서 권리보호의 필요는 ① 위법한 처분이 반복될 위험성이 있는 경우,[2] 그러나 반복의 위험은 추상적인 것이 아니라 구체적이어야 한다(예 : 유사한 집회를 위해 종전의 집회금지처분을 다투는 경우). ② 회복하여야 할 불가피한 이익이 있는 경우(예 : 제재적 행정처분의 가중요건이 법률에서 규정된 경우의 판례에서 보는 바와 같이 제재적 처분이 따르는 경우),[3] ③ 손해배상청구소송이나 손실보상청구소송의 준비가 필요한 경우에 있다고 볼 것이다.[4]

---

1) 대판 2004. 7. 8, 2002두1946; 대판 2002. 7. 26, 2000두7254; 대판 1999. 2. 23, 98두14471; 대판 1996. 2. 9, 95누14978(임기 만료된 지방의회의원이 군의회를 상대로 한 의원제명처분 취소소송에서 승소한다고 하더라도 군의회 의원으로서의 지위를 회복할 수는 없는 것이므로 위 의원은 소를 유지할 법률상의 이익이 없다).

2) 대판 2019. 5. 10, 2015두46987(행정처분의 취소를 구하는 소는 그 처분에 의하여 발생한 위법상태를 배제하여 원상으로 회복시키고 그 처분으로 침해되거나 방해받은 권리와 이익을 보호·구제하고자 하는 소송이므로, 비록 처분을 취소한다 하더라도 원상회복이 불가능한 경우에는 그 처분의 취소를 구할 이익이 없는 것이 원칙이다. 그러나 원상회복이 불가능하게 보이는 경우라 하더라도, 동일한 소송 당사자 사이에서 그 행정처분과 동일한 사유로 위법한 처분이 반복될 위험성이 있어 행정처분의 위법성 확인 내지 불분명한 법률문제에 대한 해명이 필요하다고 판단되는 경우 등에는 행정의 적법성 확보와 그에 대한 사법통제, 국민의 권리구제의 확대 등의 측면에서 여전히 그 처분의 취소를 구할 이익이 있다고 보아야 한다); 대판 2007. 7. 19, 2006두19297 전원합의체.

3) 대판 2005. 3. 25, 2004두14106.

4) Hufen, Verwaltungsprozessrecht, §18, Rn. 48ff.; Schenke, Verwaltungsprozessrecht, Rn. 580ff.; 대판 2002. 1. 11, 2000두3306(일반적으로 공장등록이 취소된 후 그 공장 시설물이 어떠한 경위로든 철거되어 다시 복구 등을 통하여 공장을 운영할 수 없는 상태라면 이는 공장등록의 대상이 되지 아니하므로 외형상 공장등록취소행위가 잔존하고 있다고 하여도 그 처분의 취소를 구할 법률상의 이익이 없다 할 것이나, 위와 같은 경우에도 유효한 공장등록으로 인하여

3. 행정소송법 제12조 제2문의 성질

(1) 학   설

㈎ **입법상 과오설**(권리보호의 필요규정설)   행정소송법 제12조 제1문은 원고   4209
적격(Klagebefugnis)에 관한 조항이고, 제2문은 권리보호의 필요(Rechtsschutz-
bedürfnis)에 관한 조항이므로, 행정소송법 제12조 제1문과 제2문이 함께 규정되
고 있는 것은 문제라고 한다.[1] 다수설이다. 판례는 행정소송법 제12조 제2문을
권리보호의 필요에 관한 조항으로 본다.[2]

㈏ **입법상 비과오설**(원고적격규정설)   행정소송법 제12조 제2문도 원고적격   4210
에 관한 조항으로 보아야 한다는 견해이다.

(2) 사   견   생각건대 입법상 비과오설이 타당하다. 말하자면 동조항은   4211
처분이 소멸된 경우에도 권리(법률상 이익)가 침해된 자는 취소소송의 원고적격
을 갖는다는 조항으로 보아야 할 것이다. 만약 동조항을 권리보호의 필요의 조
항으로 본다면, 처분등이 소멸된 뒤에 취소소송을 제기할 수 있는 원고적격에
관한 조항은 행정소송법에 없는 것이 된다. 왜냐하면 취소소송은 처분의 존재를
전제로 하는 것이기 때문이다. 따라서 동조항은 원고적격에 관한 것이고, 권리
보호의 필요는 취소소송의 경우와 마찬가지로 행정소송법에 규정이 없고, 판례
와 학설에 의해 인정되는 것으로 보는 것이 합리적이다.[3]

공장등록에 관한 당해 법률이나 다른 법률에 의하여 보호되는 직접적·구체적 이익이 있다면,
당사자로서는 공장건물의 멸실 여부에 불구하고 그 공장등록취소처분의 취소를 구할 법률상의
이익이 있다); 대판 1985. 6. 25, 85누39(원고가 허위공문서작성, 동행사죄로 징역 8월에 2년간
집행유예의 판결을 받아 그 판결이 원심변론종결 전인 1983. 12. 27에 확정됨으로서 지방공무
원법 제61조의 규정에 따라 같은 날자로 당연퇴직되었고, 당연퇴직이나 파면이 퇴직급여에 관
한 불이익의 점에 있어서 동일하다 하더라도 그 점은 피고가 원고에 대한 징계의 종류로 파면
을 택한 것이 재량권 남용이 되는 여부의 판단을 좌우할 사유가 될 수 없을 뿐 아니라, 원고가
그와 같은 당연퇴직으로 공무원으로서의 신분을 상실하였다 하여도 최소한도 이 사건 파면처
분이 있은 때(1983. 5. 9)로부터 지방공무원법 제61조의 규정에 의한 당연퇴직일자(1983. 12.
27)까지의 기간에 있어서는 파면처분의 취소를 구하여 그로 인해 박탈당한 이익의 회복을 구
할 소의 이익이 있다).

1) 김남진·김연태, 행정법(Ⅰ), 811쪽(2019). 저자도 종전에는 이러한 입장을 지지하였다.
2) 대판 2018. 7. 12, 2015두3485(행정소송법 제12조 후문은 '처분등의 효과가 기간의 경과, 처분
등의 집행 그 밖의 사유로 인하여 소멸된 뒤에도 그 처분 등의 취소로 인하여 회복되는 법률상
이익이 있는 자의 경우에는' 취소소송을 제기할 수 있다고 규정하여, 이미 효과가 소멸된 행정
처분에 대해서도 권리보호의 필요성이 인정되는 경우에는 취소소송의 제기를 허용하고 있다).
3) 본서, 옆번호 4058 참조.

4. 판   례

⑴ 내   용

4212   ㈎ **법률 또는 대통령령에 규정된 경우**   판례는 (처분등의 효과가 기간의 경과로 인하여 소멸한 경우에 있어서 권리보호의 필요의 유무에 관한 문제의 일종인) 제재적 행정처분에 있어서 제재기간 경과 후에 권리보호의 필요가 있는가의 여부와 관련하여 가중요건이 법률 또는 대통령령인 시행령으로 규정된 경우(예 : 건축사법 제28조 제1항 제5호; 건설기술진흥법 제24조 제1항 제3호)에는 법률상 이익(권리보호의 필요)이 있는 것으로 본다.[1] 물론 이러한 경우에도 실제상 제재처분을 받을 우려가 없다면 법률상 이익이 없다는 것이 판례의 입장이다.[2]

4213   ㈏ **시행규칙에 규정된 경우**   ① 종래의 판례는 가중요건이 부령인 시행규칙상 처분기준으로 규정되어 있는 경우(예 : 식품위생법시행규칙 제89조 별표 23 행정

---

1) 대판 2005. 3. 25, 2004두14106(의료법 제53조 제1항은 보건복지부장관으로 하여금 일정한 요건에 해당하는 경우 의료인의 면허자격을 정지시킬 수 있도록 하는 근거 규정을 두고 있고, 한편 같은 법 제52조 제1항 제3호는 보건복지부장관은 의료인이 3회 이상 자격정지처분을 받은 때에는 그 면허를 취소할 수 있다고 규정하고 있는바, 이와 같이 의료법에서 의료인에 대한 제재적인 행정처분으로서 면허자격정지처분과 면허취소처분이라는 2단계 조치를 규정하면서 전자의 제재처분을 보다 무거운 후자의 제재처분의 기준요건으로 규정하고 있는 이상 자격정지처분을 받은 의사로서는 면허자격정지처분에서 정한 기간이 도과되었다 하더라도 그 처분을 그대로 방치하여 둠으로써 장래 의사면허취소라는 가중된 제재처분을 받게 될 우려가 있는 것이어서 의사로서의 업무를 행할 수 있는 법률상 지위에 대한 위험이나 불안을 제거하기 위하여 면허자격정지처분의 취소를 구할 이익이 있다); 대판 1990. 10. 23, 90누3119(행정처분의 효력기간이 경과하였다고 하더라도 그 처분을 받은 전력이 장래에 불이익하게 취급되는 것으로 법정의 가중요건으로 되어 있고, 이후 그 법정가중요건에 따라 새로운 제재적인 행정처분이 가해지고 있다면 선행행정처분의 잔존으로 인하여 법률상의 이익이 침해되고 있다고 볼 만한 특별한 사정이 있는 경우에 해당한다고 볼 것인바, 연 2회 이상 건축사의 업무정지명령을 받은 경우 그 정지기간이 통산하여 12월 이상이 된 때를 건축사사무소의 등록을 취소할 경우의 하나로 규정하고 있는 건축사법 제28조 제1항 제5호의 규정은 제재적인 행정처분의 법정가중요건을 규정해 놓은 것으로 보아야 하고, 원고가 변론재개신청과 함께 이 사건 건축사업무정지명령이 전제가 되어 원고의 건축사사무소 등록이 취소되었음을 알 수 있는 소명자료까지 제출하고 있다면, 이 사건 건축사업무정지명령에서 정한 정지기간이 도과하였다고 하더라도 그 처분으로 인하여 원고에게는 건축사사무소등록취소라는 법률상의 이익이 침해되고 있다는 사정을 나타내 보인 것이라고 할 것이다).

2) 대판 2000. 4. 21, 98두10080(건축사법 제28조 제1항이 건축사 업무정지처분을 연 2회 이상 받고 그 정지기간이 통산하여 12월 이상이 될 경우에는 가중된 제재처분인 건축사사무소 등록취소처분을 받게 되도록 규정하여 건축사에 대한 제재적인 행정처분인 업무정지명령을 더 무거운 제재처분인 사무소등록취소처분의 기준요건으로 규정하고 있으므로, 건축사 업무정지처분을 받은 건축사로서는 위 처분에서 정한 기간이 경과하였다 하더라도 위 처분을 그대로 방치하여 둠으로써 장래 건축사사무소 등록취소라는 가중된 제재처분을 받을 우려가 있어 건축사로서 업무를 행할 수 있는 법률상 지위에 대한 위험이나 불안을 제거하기 위하여 건축사 업무정지처분의 취소를 구할 이익이 있으나, 업무정지처분을 받은 후 새로운 업무정지처분을 받음이 없이 1년이 경과하여 실제로 가중된 제재처분을 받을 우려가 없어졌다면 위 처분에서 정한 정지기간이 경과한 이상 특별한 사정이 없는 한 그 처분의 취소를 구할 법률상 이익이 없다).

처분기준·도로교통법시행규칙 제91조 제1항 별표 28 행정처분기준)에는 법률상 이익이 없는 것으로 보았다.[1] 판례의 이러한 태도는 시행규칙상 처분기준의 법형식은 부령이지만, 법적 성질은 행정규칙으로 보는 데 기인하였다.[2] 그러나 ② 대법원은 2006년 6월 22일 입장을 변경하여 법률상 이익이 있는 것으로 보았으나, 동 판결에서 처분기준의 법적 성질에 대해서는 입장을 밝히지 아니하였다.[3]

---

1) 대판 1995. 10. 17, 94누14148[다수의견](행정처분에 효력기간이 정하여져 있는 경우, 그 처분의 효력 또는 집행이 정지된 바 없다면 위 기간의 경과로 그 행정처분의 효력은 상실되므로 그 기간 경과 후에는 그 처분이 외형상 잔존함으로 인하여 어떠한 법률상 이익이 침해되고 있다고 볼 만한 별다른 사정이 없는 한 그 처분의 취소를 구할 법률상의 이익이 없고, 행정명령에 불과한 각종 규칙상의 행정처분 기준에 관한 규정에서 위반 횟수에 따라 가중처분하게 되어 있다 하여 법률상의 이익이 있는 것으로 볼 수는 없다).

　　대판 1995. 10. 17, 94누14148[소수의견](과거에 제재적 행정처분을 받은 전력이 장래 동종의 행정처분을 받게 될 경우에 정상관계의 한 요소로 참작되는 것에 불과하다면 그 장래 받게 될 행정처분에 미치는 영향의 유무 및 정도가 명확하다고 할 수는 없으므로 이는 단순한 사실상의 불이익을 받는 것에 불과할 뿐 이를 법률상의 불이익이라고 할 수는 없으나, 제재적 행정처분을 받은 전력이 장래 동종의 처분을 받을 경우에 가중요건으로 법령에 규정된 것은 아니더라도 부령인 시행규칙 또는 지방자치단체의 규칙 등으로 되어 있어 그러한 규칙의 규정에 따라 실제로 가중된 제재처분을 받은 경우는 물론 그 가중요건의 존재로 인하여 장래 가중된 제재처분을 받을 위험이 있는 경우 선행의 제재처분을 받은 당사자가 그 처분의 존재로 인하여 받았거나 장래에 받을 불이익은 직접적이고 구체적이며 현실적인 것으로서 결코 간접적이거나 사실적인 것이라고 할 수는 없으므로 그 처분을 당한 국민에게는 그 처분의 취소소송을 통하여 불이익을 제거할 현실적 필요성이 존재한다. 또한, 행정소송법 제12조 후문이 규정하는 "처분의 취소로 인하여 회복되는 법률상 이익"의 유무는 원래 항고소송의 목적·기능을 어떻게 이해하며 국민의 권익신장을 위하여 어느 범위에서 재판청구권의 행사를 허용할 것인가의 문제와 관련된 것으로서 이를 위 조항에 대한 일의적·문리적·형식적 해석에 의하여 판별할 수는 없고, 구체적인 사안별로 관계 법령의 규정 및 그 취지를 살펴서 현실적으로 권리보호의 실익이 있느냐를 기준으로 판단되어야 할 것인바, 제재기간이 정하여져 있는 제재적 행정처분에 있어서는 그 처분의 전력을 내용으로 한 가중요건이 규칙으로 규정되어 있는 경우에도 제재기간이 지난 후에 그 처분의 취소를 구할 실질적 이익이 있다).

2) 대판 1993. 9. 14, 93누4755(행정명령에 불과한 식품위생법시행규칙 제53조에서 위반횟수에 따라 가중처분하게 되어 있다 하여 이것만으로 효력기간이 경과한 행정처분의 취소를 구할 어떠한 법률상 이익이 있다고 볼 수 없다).

3) 대판 2006. 6. 22, 2003두1684((1) 국민의 재판청구권을 보장한 헌법 제27조 제1항의 취지와 행정처분으로 인한 권익침해를 효과적으로 구제하려는 행정소송법의 목적 등에 비추어 행정처분의 존재로 인하여 국민의 권익이 실제로 침해되고 있는 경우는 물론이고 권익침해의 구체적·현실적 위험이 있는 경우에도 이를 구제하는 소송이 허용되어야 한다는 요청을 고려하면, 규칙이 정한 바에 따라 선행처분을 가중사유 또는 전제요건으로 하는 후행처분을 받을 우려가 현실적으로 존재하는 경우에는, 선행처분을 받은 상대방은 비록 그 처분에서 정한 제재기간이 경과하였다 하더라도 그 처분의 취소소송을 통하여 그러한 불이익을 제거할 권리보호의 필요성이 충분히 인정된다고 할 것이므로, 선행처분의 취소를 구할 법률상 이익이 있다고 보아야 할 것이다. 그러므로 이와는 달리 규칙에서 제재적 행정처분을 장래에 다시 제재적 행정처분을 받을 경우의 가중사유로 규정하고 있고 그 규정에 따라 가중된 제재적 행정처분을 받게 될 우려가 있다고 하더라도 그 제재기간이 경과한 제재적 행정처분의 취소를 구할 법률상 이익이 없다는 취지로 판시한 대법원 1995. 10. 17. 선고 94누14148 전원합의체 판결 및 대법원 1988. 5. 24. 선고 87누944 판결, 대법원 1992. 7. 10. 선고 92누3625 판결, 대법원 1997. 9. 30. 선고 97누7790 판결, 대법원 2003. 10. 10. 선고 2003두6443 판결 등을 비롯한 같은 취지의 판결들은

4214   (2) 비 판   시행규칙(부령)에 규정된 제재적 행정처분기준과 관련하여 대법원이 종전의 입장을 변경하여 법률상 이익을 긍정한 것은 타당하지만, 시행규칙(부령)에 규정된 제재적 행정처분기준이 법규명령임을 밝히지 아니한 것은 타당하지 않다. 본서는 대법원이 2006년 6월 22일 판례를 변경하기 이전부터 ① 법령의 위임을 받아 제재적 처분기준을 정하는 부령은 헌법 제95조에 따른 위임입법으로서 법규명령으로 보아야 한다는 점, ② 제재적 처분기준을 대통령령으로 정하는 경우는 법규명령으로 보면서 부령으로 정하는 경우는 행정규칙으로 보아야 할 특별한 이유는 없다는 점, ③ 제재적 처분기준은 행정내부적 사무처리기준으로서의 성격도 갖지만, 국민의 기본권제한과 관련하므로 그것을 단순히 행정내부적 사무처리기준으로만 볼 수 없다는 점 등을 지적하여 왔다. 「대판 2006. 6. 22, 2003두1684」에 대해서도 여전히 동일한 지적을 가하지 않을 수 없다. 이러한 저자의 시각에서 볼 때 동 판결의 소수의견이 합리적이다.[1]

‖참고‖

4215   [권리보호의 필요를 부인한 판례] ① 영업정지(면허정지)의 기간이 경과한 후에 영업정지(면허정지기간)의 취소를 구한 경우(대판 1989. 11. 14, 89누4833; 대판 1993. 7. 27, 93누3899; 대판 1995. 10. 17, 94누14148), ② 환지처분 공고 후 환지예정

이 판결의 견해에 배치되는 범위 내에서 이를 모두 변경하기로 한다.
      (2) 제재적 행정처분의 가중사유나 전제요건에 관한 규정이 법령이 아니라 규칙의 형식으로 되어 있다고 하더라도, 그러한 규칙이 법령에 근거를 두고 있는 이상 그 법적 성질이 대외적·일반적 구속력을 갖는 법규명령인지 여부와는 상관없이, 관할 행정청이나 담당공무원은 이를 준수할 의무가 있으므로 이들이 그 규칙에 정해진 바에 따라 행정작용을 할 것이 당연히 예견되고, 그 결과 행정작용의 상대방인 국민으로서는 그 규칙의 영향을 받을 수밖에 없다. 따라서 그러한 규칙이 정한 바에 따라 선행처분을 받은 상대방이 그 처분의 존재로 인하여 장래에 받을 불이익, 즉 후행처분의 위험은 구체적이고 현실적인 것이므로, 상대방에게는 선행처분의 취소소송을 통하여 그 불이익을 제거할 필요가 있다고 할 것이다).
  1) 대판 2006. 6. 22, 2003두1684([대법관 이강국의 별개의견] 다수의견은, 제재적 행정처분의 기준을 정한 부령인 시행규칙의 법적 성질에 대하여는 구체적인 논급을 하지 않은 채, 시행규칙에서 선행처분을 받은 것을 가중사유나 전제요건으로 하여 장래 후행처분을 하도록 규정하고 있는 경우, 선행처분의 상대방이 그 처분의 존재로 인하여 장래에 받을 불이익은 구체적이고 현실적이라는 이유로, 선행처분에서 정한 제재기간이 경과한 후에도 그 처분의 취소를 구할 법률상 이익이 있다고 보고 있는바, 다수의견이 위와 같은 경우 선행처분의 취소를 구할 법률상 이익을 긍정하는 결론에는 찬성하지만, 그 이유에 있어서는 부령인 제재적 처분기준의 법규성을 인정하는 이론적 기초 위에서 그 법률상 이익을 긍정하는 것이 법리적으로는 더욱 합당하다고 생각한다. 상위법령의 위임에 따라 제재적 처분기준을 정한 부령인 시행규칙은 헌법 제95조에서 규정하고 있는 위임명령에 해당하고, 그 내용도 실질적으로 국민의 권리의무에 직접 영향을 미치는 사항에 관한 것이므로, 단순히 행정기관 내부의 사무처리준칙에 지나지 않는 것이 아니라 대외적으로 국민이나 법원을 구속하는 법규명령에 해당한다고 보아야 한다).

지지정처분의 취소를 구한 경우(대판 1990. 9. 25, 88누2557; 대판 1999. 8. 20, 97누6889; 대판 1999. 10. 8, 99두6873), ③ 원자로건설허가처분 후 원자로부지사전승인처분의 취소를 구한 경우(대판 1998. 9. 4, 97누19588), ④ 집회일자가 지난 후 집회신고불수리처분의 취소를 구한 경우(대판 1961. 9. 28, 4292행상50), ⑤ 철거처분 완료 후 대집행계고처분의 취소를 구한 경우(대판 1993. 6. 8, 93누6164), ⑥ 건축허가에 따른 건축공사완료 후 건축허가의 취소를 구한 경우(대판 1992. 4. 24, 91누11131)와 건축허가에 따른 건축공사완료 후 준공검사를 받은 후 준공처분의 취소를 구한 경우(대판 1992. 4. 28, 91누13441; 대판 1993. 11. 9, 93누13988), ⑦ 공유수면점용허가취소처분취소소송 중에 공유수면점용허가기간이 만료된 경우(대판 1985. 5. 28, 85누32; 대판 1991. 7. 23, 90누6651), 토석채취허가취소처분취소소송 중에 토석채취허가기간이 만료된 경우(대판 1993. 7. 27, 93누3899)와 광업권취소처분취소소송 중에 존속기간이 만료된 경우(대판 1995. 7. 11, 95누4568), ⑧ 치과의사국가시험 불합격처분 이후 새로 실시된 국가시험에 합격한 자가 불합격처분의 취소를 구한 경우(대판 1993. 11. 9, 93누6867)와 사법시험 제1차 시험 불합격처분 이후에 새로이 실시된 사법시험 제1차 시험에 합격한 자가 그 불합격 처분의 취소를 구한 경우(대판 1996. 2. 23, 95누2685), ⑨ 공익근무요원 소집해제신청을 거부당한 자가 계속하여 공익근무요원으로 복무한 후 복무기간만료를 이유로 소집해제처분을 받은 후에 계속하여 소집해제신청거부처분을 다툰 경우(대판 2005. 5. 13, 2004두4369), ⑩ 보충역편입처분 및 공익근무요원소집처분의 취소를 구하는 소의 계속중 병역처분변경신청에 따라 제2국민역편입처분으로 병역처분이 변경된 경우(대판 2005. 12. 9, 2004두6563), ⑪ 취소된 처분의 취소를 구하는 경우(대판 2006. 9. 28, 2004두5317) 등이 있다.

[권리보호의 필요를 인정한 판례] ① 서울대학교 불합격처분의 취소를 구하는 소   4216
송계속중 당해연도의 입학시기가 지난 경우(당해연도의 합격자로 인정되면 다음연도의 입학시기에 입학할 수도 있으므로)(대판 1990. 8. 28, 89누8255), ② 고등학교에서 퇴학처분을 받은 자가 비록 고등학교졸업학력검정고시에 합격하였다 하여도 그 퇴학처분을 다투는 경우(대판 1992. 7. 14, 91누4737), ③ 징계처분으로서 감봉처분이 있은 후 공무원의 신분이 상실된 경우에도 위법한 감봉처분의 취소가 필요한 경우(대판 1977. 7. 12, 74누147)와 일반사면이 있었다고 할지라도 파면처분으로 이미 상실된 공무원 지위가 회복될 수는 없는바, 파면처분의 위법을 주장하여 그 취소를 구하는 경우(대판 1983. 2. 8, 81누121), ④ 행정처분의 효력기간이 경과하였다고 하더라도 그 처분을 받은 전력이 장래에 불이익하게 취급되는 것으로 법정된 경우(법률상의 가중요건으로 되어 있고, 이후 그 법정가중 요건에 따라 새로운 제재적인 행정처분이 가해지고 있는 경우)(대판 1990. 10. 23, 90누3119), ⑤ 현역입영대상자로서 현실적으로 입영을 한 자가 입영 이후의 법률관계에 영향을 미치고 있는 현역병입영통지처분 등을 한 관할지방병무청장을 상대로 위법을 주장하여 그 취소를 구하는 경우

(대판 2003. 12. 26, 2003두1875).[1] ⑥ 도시계획시설사업의 시행자가 도시계획시설사업의 실시계획에서 정한 사업시행기간 내에 토지에 대한 수용재결 신청을 하였다면, 그 신청을 기각하는 내용의 이의재결의 취소를 구하던 중 그 사업시행기간이 경과하였다 하더라도, 이의재결이 취소되면 도시계획시설사업 시행자의 신청에 따른 수용재결이 이루어질 수 있어 원상회복이 가능하므로 위 사업시행자로서는 이의재결의 취소를 구하는 경우(대판 2007. 1. 11, 2004두8538). ⑦ 지방의회의원이 제소한 제명의결 취소소송 계속 중 임기가 만료되어 제명의결의 취소로 지방의회 의원으로서의 지위를 회복할 수는 없다 할지라도, 그 취소로 인하여 최소한 제명의결시부터 임기만료일까지의 기간에 대해 월정수당의 지급을 구할 수 있는 경우(대판 2009. 1. 30, 2007두13487). ⑧ 개발제한구역 안에서의 공장설립을 승인한 처분이 위법하다는 이유로 쟁송취소되었다고 하더라도 그 승인처분에 기초한 공장건축허가처분이 잔존하는 이상, 공장설립승인처분이 취소되었다는 사정만으로 인근 주민들의 환경상 이익이 침해되는 상태나 침해될 위험이 종료되었다거나 이를 시정할 수 있는 단계가 지나버렸다고 단정할 수는 없고, 인근 주민들은 여전히 공장건축허가처분의 취소를 구할 법률상 이익이 있다고 보아야 한다(대판 2018. 7. 12, 2015두3485).

제 9 중복제소 등의 배제

I. 기판력 있는 판결의 부존재

4217   소송당사자 사이의 소송물(분쟁대상)에 대하여 이미 기판력 있는 판결이 있으면 새로운 소송은 허용되지 아니한다(기판력의 확보). 소송절차의 목적은 당사자 사이에 기판력 있는 판결을 통해 법적 안정과 법적 평화를 구축하는데 있다.

---

1) 대판 2003. 12. 26, 2003두1875(병역법 제2조 제1항 제3호에 의하면 '입영'이란 병역의무자가 징집·소집 또는 지원에 의하여 군부대에 들어가는 것이고, 같은 법 제18조 제1항에 의하면 현역은 입영한 날부터 군부대에서 복무하도록 되어 있으므로 현역병입영통지처분에 따라 현실적으로 입영을 한 경우에는 그 처분의 집행은 종료되지만, 한편, 입영으로 그 처분의 목적이 달성되어 실효되었다는 이유로 다툴 수 없도록 한다면, 병역법상 현역입영대상자로서는 현역병입영통지처분이 위법하다 하더라도 법원에 의하여 그 처분의 집행이 정지되지 아니하는 이상 현실적으로 입영을 할 수밖에 없으므로 현역병입영통지처분에 대하여는 불복을 사실상 원천적으로 봉쇄하는 것이 되고, 또한 현역입영대상자가 입영하여 현역으로 복무하는 과정에서 현역병입영통지처분 외에는 별도의 다른 처분이 없으므로 입영한 이후에는 불복할 아무런 처분마저 없게 되는 결과가 되며, 나아가 입영하여 현역으로 복무하는 자에 대한 병적을 당해 군 참모총장이 관리한다는 것은 입영 및 복무의 근거가 된 현역병입영통지처분이 적법함을 전제로 하는 것으로서 그 처분이 위법한 경우까지를 포함하는 의미는 아니라고 할 것이므로, 현역입영대상자로서는 현실적으로 입영을 하였다고 하더라도, 입영 이후의 법률관계에 영향을 미치고 있는 현역병입영통지처분 등을 한 관할지방병무청장을 상대로 위법을 주장하여 그 취소를 구할 소송상의 이익이 있다).

기판력 있는 판결로써 사법절차는 종료되고, 당사자는 판결내용(법적 형성, 법적 확인)에 구속된다. 기판력 있는 판결의 유무는 법원의 직권조사사항이다.

Ⅱ. 중복제소가 아닐 것

소송물이 이미 다른 법원에 계속중이면, 새로운 소송은 허용되지 아니한다   4218
(중복제소의 금지). 소송의 계속은 법원에 소송을 제기함으로써 시작된다. 중복제
소가 금지되는 동일한 소송이란 당사자가 동일하고 소송물이 동일한 소송을 말
한다. 소송계속의 범위는 소송물을 통해 정해진다. 소송의 계속은 절차의 기판
력 있는 종료, 소의 취하, 소송상 화해절차의 종료 등으로 종료된다.

Ⅲ. 제소권의 포기가 없을 것

그 밖에 제소의 권리행사의 포기가 없어야 한다. 원고가 제소권을 포기하   4219
면, 피고는 제소포기의 항변을 제출할 수 있다. 사인은 행정청으로부터 처분의
통지를 받은 후에는 권리구제수단을 포기할 수 있다. 한편, 제소권의 포기와 실
체법상 청구권의 포기는 구분되어야 한다. 제소권을 포기하여도 실체법상 청구
권은 그대로 존속한다.

제10 소제기의 효과

Ⅰ. 주관적 효과(법원의 심리의무와 중복제소금지)

소가 제기되면(소장이 수리되면) 법원은 이를 심리하고 판결하지 않으면 아니   4220
될 기속을 받는다. 그것이 법원의 존재이유이기 때문이다. 한편 당사자는 법원
에 계속되어 있는 사건에 대하여 다시 소를 제기하지 못한다(민소법 제259조).

Ⅱ. 객관적 효과(집행부정지원칙)

취소소송의 제기는 처분 등의 효력이나 그 집행 또는 절차의 속행에 영향   4221
을 미치지 아니하는바(행소법 제23조 제1항), 이를 집행부정지의 원칙이라 한다.
현행법이 집행정지 대신 집행부정지의 원칙을 택한 것은 행정행위의 공정력의
결과가 아니라 공행정의 원활하고 영속적인 수행을 위한 정책적인 고려의 결과
라고 본다. 독일의 경우 행정심판의 청구나 취소소송의 제기는 집행정지효를 가
져온다(VwGO 제80조 제1항). 그러나 ① 공과금이나 공적 부과금의 징수, ② 경찰

집행청의 정지불가의 명령이나 처분, ③ 연방법률로 정해진 경우, ④ 공익상 즉 시집행이 명해진 경우나 관계자에게 중대한 이익의 보호가 요구되는 경우에는 예외가 인정되고 있다(VwGO 제80조 제2항).

제 3 항 이유의 유무(본안요건)

4222   행정소송법 제1조가 규정하는 행정소송의 목적(권리침해의 구제)과 행정소송법 제4조 제1호가 규정하는 취소소송의 의의(행정청의 위법한 처분등을 취소 또는 변경하는 소송)를 고려할 때, 취소소송의 소송물은 '처분등이 위법하고 또한 처분등이 자기의 권리를 침해한다'는 원고의 법적 주장이라 할 것인 바, 처분의 위법성과 권리침해의 문제가 본안판단의 대상이 된다. 물론 취소소송의 소송물을 '행정행위의 위법성 그 자체, 즉 행정행위의 위법성 일반'으로 이해하는 판례와[1] 다수 견해는 처분의 위법성만을 본안판단의 대상으로 보고 있다.

I. 위 법 성

1. 위법의 의의

4223   원고가 승소판결을 얻기 위해서는 원고의 주장이 정당하여야 한다. 취소소송에서 원고의 주장은 행정청의 위법한 처분등으로 자신의 권리가 침해되었다는 것이므로, 원고의 주장이 정당하다는 것은 처분등이 위법함을 의미한다. 부당은 행정소송에서 문제되지 아니한다. 위법이란 외부효를 갖는 법규위반을 의미한다. 따라서 행정규칙위반은 원칙적으로 위법이 되지 아니한다.[2] 물론 행정규칙위반이 동시에 외부효를 갖는 법규의 위반이 되면, 물론 위법이 된다. 재량행위의 경우, 단순한 재량위반행위는 비합목적적인 행위로서 부당한 행위가 될

---

1) 일설은 「대판 2014. 12. 24, 2014두9349」를 검토하면서, 이 판결이 원고의 권리남용금지원칙위반을 소송요건인 권리보호의 필요가 결여된 사안(소권남용)으로 본 것이 아니라, 원고의 행정법의 일반법원칙위반 즉 원고의 행위의 위법성을 본안판단사유로 보고 있는 것이라 한다(홍강훈, "신의성실의 원칙의 양면성과 신소송물이론에 의한 원형적 이원설, 연이행정법연구회 발표문, 2016. 9. 2, 21쪽).

2) 대판 1998. 6. 9, 97누19915(개발제한구역관리규정(1995. 11. 11. 건설교통부훈령 제126호로 개정된 것)은 그 규정의 내용이나 성질 등에 비추어 볼 때 개발제한구역의 관리 등에 관한 행정청 내부의 사무처리준칙을 정한 것에 불과하여 대내적으로 행정청을 기속함은 별론으로 하되 대외적으로 법원이나 일반국민을 기속하는 효력은 없으므로, 위 개발제한구역관리규정이 정한 기준에 부합한다고 하여 바로 토지형질변경불허가처분 등이 적법하게 되는 것은 아니고, 그 처분의 적법여부는 관계 법령의 규정내용과 취지 및 공익상의 필요 여부 등에 따라 별도로 판단되어야 한다).

뿐, 위법한 행위가 아니다. 그러나 재량하자(재량일탈·재량결여·재량남용)의 경우에는 위법이 된다.[1] 한편, 행정처분의 위법여부는 공무원의 고의나 과실 여부에 관계없이 객관적으로 판단되어야 한다.

2. 위법의 심사

처분의 위법여부의 심사는 형식적 적법요건으로서 처분이 정당한 권한행정청에 의한 것인지의 여부, 적법한 절차를 거친 것인지의 여부,[2] 적법한 형식을 구비하였는지의 여부, 적법하게 이유제시가 된 것인지의 여부, 적법한 통지나 공고가 있었는지의 여부, 실질적 적법요건으로서 처분이 법률의 우위의 원칙과 법률의 유보의 원칙에 반하는 것인지의 여부, 행정법의 일반원칙에 적합한지의 여부, 상대방이 정당한지의 여부, 내용이 가능하고 명확한지의 여부, 재량행사가 정당한 것인지의 여부 등 행정행위의 적법요건 전반에 대한 평가를 통해 이루어진다. 위법여부의 판단은 처분시를 기준으로 한다.[3]

4224

3. 위법의 승계

선행행위의 하자를 이유로 후행행위의 위법 및 취소를 주장할 수 있는가의 문제가 있다. 일반적인 견해는 선행행위와 후행행위가 하나의 효과를 목표로 하는가, 아니면 별개의 효과를 목표로 하는가의 문제로 구분하고, 전자의 경우에는 선행행위의 위법을 후행행위에서 주장할 수 있지만, 후자의 경우에는 선행행위의 위법을 후행행위에서 주장할 수 없다는 입장이다.

4225

Ⅱ. 권리의 침해(권리의 침해를 본안요건으로 보는 것은 소수설의 입장이다. 수험자들은 이 부분을 다만 참고로만 읽어두어도 족할 것이다)

---

1) 대판 2001. 2. 9, 98두17593(구 도시계획법(2000. 1. 18. 법률 제6243호로 전문 개정되기 전의 것) 제21조와 같은법시행령(1998. 5. 19. 대통령령 제15799호로 개정되기 전의 것) 제20조 제1항·제2항 및 같은법시행규칙(1998. 5. 19. 건설교통부령 제133호로 개정되기 전의 것) 제7조 제1항 제6호 (다)목 등의 규정을 살펴보면, 도시의 무질서한 확산을 방지하고 도시주변의 자연환경을 보전하여 도시민의 건전한 생활환경을 확보하기 위하여 지정되는 개발제한구역 내에서는 구역지정의 목적상 건축물의 건축이나 그 용도변경은 원칙적으로 금지되고, 다만 구체적인 경우에 위와 같은 구역지정의 목적에 위배되지 아니할 경우 예외적으로 허가에 의하여 그러한 행위를 할 수 있게 되어 있음이 위와 같은 관련 규정의 체제와 문언상 분명한 한편, 이러한 건축물의 용도변경에 대한 예외적인 허가는 그 상대방에게 수익적인 것에 틀림이 없으므로, 이는 그 법률적 성질이 재량행위 내지 자유재량행위에 속하는 것이라고 할 것이고, 따라서 그 위법 여부에 대한 심사는 재량권 일탈·남용의 유무를 그 대상으로 한다).
2) 대판 2016. 8. 30, 2015두60617(어떠한 처분에 법령상 근거가 있는지, 행정절차법에서 정한 처분 절차를 준수하였는지는 본안에서 당해 처분이 적법한가를 판단하는 단계에서 고려할 요소이지, 소송요건 심사단계에서 고려할 요소가 아니다).
3) 이에 관해 자세한 것은 옆번호 4326 이하 참조.

1. 본안판단의 문제로서 권리침해

4226 원고의 주장이 정당한 것이기 위해서는 처분등이 위법하여야 할뿐만 아니라, 그 위법한 처분등으로 인해 원고의 권리가 침해되어야 한다. 위법한 처분과 권리침해는 인과적이어야 한다. 처분등이 위법하다고 하여도 원고의 개인적인 공권(법률상 이익)을 침해하는 것이 아니라면 원고의 주장은 이유 없는 것이 된다. 위법한 침익적 처분의 직접 상대방은 언제나 자기의 권리가 침해된다고 볼 것이지만, 제3자의 경우에는 보호규범론에 따라 판단하여야 한다.

2. 원고적격과의 관계

4227 취소소송은 처분등의 취소를 구할 법률상 이익이 있는 자가 제기할 수 있다(행소법 제12조 전단). 말하자면 처분등으로 인해 자기의 권리가 침해된 자만이 취소소송을 제기할 수 있다. 따라서 원고적격에서도 권리침해의 문제가 있다. 그러나 원고적격(소권)의 문제로서 권리침해는 권리침해의 주장 내지 권리침해의 가능성의 유무를 말하는 것이고, 본안의 문제로서 권리침해는 사법적 판단의 단계에서, 즉 최종구두변론의 종결 후에 원고의 권리가 침해된다는 것을 확정하는 문제가 된다.[1]

제 4 항 소의 변경

4228 소송의 계속 후 당사자(피고), 청구의 취지, 청구의 원인 등의 전부 또는 일부를 변경하는 것을 소의 변경이라 부른다. 소의 변경 후에도 변경 전의 절차가 그대로 유지된다. 단순한 공격·방어방법의 변경은 소의 변경이 아니다. 현행행정소송법상 소의 변경은 소의 종류의 변경, 처분변경 등으로 인한 소의 변경, 그리고 기타의 소의 변경의 세 경우로 나누어 볼 수 있다.

Ⅰ. 소의 종류의 변경

1. 의의·인정이유

4229 법원은 취소소송을 당해 처분 등에 관계되는 사무가 귀속하는 국가 또는 공공단체에 대한 당사자소송 또는 취소소송 외의 항고소송으로 변경하는 것이 상당하다고 인정할 때에는 청구의 기초에 변경이 없는 한 사실심의 변론종결시까지 원고의 신청에 의하여 결정으로써 소의 변경을 허가할 수 있다(행소법 제21

---

1) Hufen, Verwaltungsprozessrecht, § 25, Rn. 41 참조.

조 제1항). 이와 같은 소의 종류의 변경은 피고의 변경을 수반하는 경우가 있다
는 점에서 민사소송법에 의한 소의 변경에 대한 특례이며, 또 교환적 변경에 한
한다. 행정소송의 종류가 다양한 까닭에 소의 종류를 잘못 선택할 가능성은 항
시 있을 수 있고, 따라서 사인의 권리구제에 만전을 기하기 위해서 소의 종류의
변경은 인정될 수밖에 없는 것이다.[1] 요컨대 소의 종류의 변경은 소송경제 및
효과적인 권리보호의 관점에서 정당성을 갖는다.

2. 요   건

(1) **소송계속 중일 것**   행정소송이 적법하게 제기되어 사실심에 계속 중이   4230
고 변론종결 전이어야 한다.

(2) **청구의 기초에 변경이 없을 것**   '청구의 기초'라는 개념은 신·구청구간   4231
의 관련성을 뜻하지만, 그 동일성이 구체적으로 무엇을 의미하는가에 관해 이익
설·사실설·병용설의 다툼이 있다.[2] ① 이익설은 청구를 특정한 권리의 주장으
로 구성하기 전의 사실적인 분쟁이익 자체가 공통적인 때로 보며, ② 사실설에
는 소의 목적인 권리관계의 발생원인인 근본적인 사회현상인 사실이 공통적인
경우로 보는 설과[3] 신·구청구의 사실자료 사이에 심리의 계속적 시행을 정당
화할 정도의 공통성이 있는 경우라는 설이 있고, ③ 병용설은 신청구와 구청구
의 재판자료의 공통만이 아니라 신·구청구의 이익관계도 서로 공통적인 경우로
본다.[4] ④ 생각건대, '청구의 기초에 변경이 없는 한'이란 재판을 통해 원고가
회복하려는 법률상 이익에 변경이 없어야 함을 의미한다고 보아야 한다.

(3) **상당한 이유가 있을 것**   소의 변경이 상당한 이유가 있어야 한다. 상당   4232
성은 각 사건에 구체적으로 판단할 것이지만 소송자료의 이용가능성, 다른 구제
수단의 존재여부, 소송경제, 새로운 피고에 입히는 불이익의 정도 등을 종합적
으로 고려할 것이다.[5]

(4) **취소소송을 당사자소송 또는 취소소송 외의 항고소송으로 변경하는 것일 것**   4233
취소소송을 당해 처분등에 관계되는 사무가 귀속하는 국가 또는 공공단체에 대

---

1) 대판 2021. 12. 16, 2019두45944(원고가 고의 또는 중대한 과실 없이 항고소송으로 제기해야 할
   것을 당사자소송으로 잘못 제기한 경우에, 항고소송의 소송요건을 갖추지 못했음이 명백하여
   항고소송으로 제기되었더라도 어차피 부적법하게 되는 경우가 아닌 이상, 법원으로서는 원고
   가 항고소송으로 소 변경을 하도록 석명권을 행사하여 행정청의 처분이나 부작위가 적법한지
   여부를 심리·판단해야 한다).
2) 이시윤, 신민사소송법, 585쪽.
3) 이상규, 행정쟁송법, 398쪽.
4) 윤영선, 주석행정소송법, 621쪽; 홍준형, 행정구제법, 632쪽.
5) 윤영선, 주석행정소송법, 623쪽.

한 당사자소송 또는 취소소송 외의 항고소송으로 변경하는 것이어야 한다. 사무가 귀속하는 국가 또는 지방자치단체란 처분청 또는 감독행정기관이 속하는 국가 또는 공공단체가 아니라 처분이나 재결의 효과가 귀속하는 국가 또는 공공단체를 의미한다. 따라서 지방자체단체가 행하는 국가위임사무의 경우에는 위임자인 국가가 이에 해당한다고 봄이 타당하다.

4234   ⑸ **변경하는 소가 적법하게 제기될 수 있어야 할 것**   따라서 무효등확인소송을 취소소송으로 변경하는 경우 제소기간은 준수되어야 한다.[1]

3. 절   차

4235   소의 변경을 위해서는 원고의 신청 외에 변경허가로 인해 피고를 달리하게 될 때에는 새로이 피고될 자의 의견도 들어야 한다(행소법 제21조 제2항). 의견을 듣는 방법에는 제한이 없다. 구두나 서면 어느 것도 무관할 것이다. 한편 허가 결정이 있게 되면, 결정의 정본을 새로운 피고에게 송달하여야 한다(행소법 제21조 제4항·제14조 제2항).

4. 효   과

4236   피고의 변경이 있는 경우 새로운 피고에 대한 소송은 처음부터 소를 제기한 때에 제기된 것으로 보며(행소법 제21조 제4항·제14조 제4항), 아울러 종전의 피고에 대한 소송은 취하된 것으로 본다(행소법 제21조 제4항·제14조 제5항). 종전의 소와 관련하여 진행된 일련의 절차는 변경된 새로운 소에 그대로 유효하게 유지된다.

Ⅱ. 처분변경으로 인한 소의 변경

1. 의   의

4237   행정청이 소송의 대상인 처분을 소가 제기된 후 변경한 때에는 원고의 신청에 의하여 법원은 결정으로써 청구의 취지 또는 원인의 변경을 허가할 수 있다(행소법 제22조 제1항). 행정소송은 행정청의 처분을 대상으로 하는 것이 보통이고, 행정청은 행정소송이 계속되고 있는 동안에도 직권 또는 행정심판의 재결에 따라(행정심판의 재결을 거치지 않고 취소소송을 제기한 때) 행정소송의 대상이 된 처분을 변경할 수 있는 것이며, 그러한 처분의 변경이 있는 경우에는 당해 소송의 대상이나 원인이 상실 내지 변경됨으로써 소송의 목적을 달성하기 어렵다.[2] 따라서 이 제도는 소의 각하나 새로운 소의 제기라는 무용한 절차의 반복을 배제

---

1) 이상규, 행정쟁송법, 398쪽.
2) 이상규, 행정쟁송법, 401쪽.

하여 간편하고도 신속하게 개인의 권익구제를 확보하기 위한 것이다.

2. 요   건

① 당해 소송의 대상인 처분이 소의 제기 후에 행정청에 의하여 변경이 있   4238
어야 한다. 처분의 변경은 원처분에 대한 적극적인 변경이거나 일부취소를 가리
지 않으며, 처분을 변경하는 행정청은 원처분청이 보통이나 감독행정청인 경우도
포함한다. ② 처분의 변경이 있음을 안 날로부터 60일 이내에 원고가 신청해야
한다(행소법 제22조 제2항). ③ 소의 변경의 일반적 요건으로 변경될 소가 계속되고,
사실심변론종결 전이어야 한다. 다만, 변경되는 청구가 필요적 행정심판전치의
대상이 되는 행위라 할지라도 행정심판을 거칠 필요는 없다(행소법 제22조 제3항).

3. 절   차

원고의 신청이 있어야 하며, 법원은 결정으로써 변경을 허가할 수 있다(행   4239
소법 제22조 제1항).

4. 효   과

소의 변경을 허가하는 결정이 있으면 당초의 소가 처음에 제기된 때에 변   4240
경한 내용의 신소가 제기되고, 구소는 취하된 것으로 간주된다.

Ⅲ. 적용범위

1. 행정소송법에 따른 소의 변경의 경우

① 소의 변경은 무효등확인소송 및 부작위위법확인소송의 경우에도 준용된   4241
다(행소법 제37조). 무효확인의 소를 취소소송으로 변경하는 경우에는 소송요건상
의 제한이 따른다.[1] ② 소의 변경은 당사자소송을 항고소송으로 변경하는 경우
에도 준용된다(행소법 제42조).

2. 민사소송법에 따른 소의 변경의 가부

행정소송법 제8조 제2항에 의거하여 민사소송법에 따른 소의 변경 또한 가   4242
능하다(행소법 제8조 제2항; 민소법 제262조, 제263조).[2] 민사소송법에 따른 소변경은

---

1) 대판 1986. 9. 23, 85누838(행정처분의 무효확인을 구하는 청구에는 특별한 사정이 없는 한 그
   처분의 취소를 구하는 취지까지도 포함되어 있다고 볼 수는 있으나 위와 같은 경우에 취소청
   구를 인용하려면 먼저 취소를 구하는 항고소송으로서의 제소요건을 구비한 경우에 한한다).
2) 헌재 2023. 2. 23, 2019헌바244(행정소송법 제21조도 소의 변경에 관하여 정하고 있으나, 여기
   서 정하는 소의 변경은 그 법조에 의하여 특별히 인정되는 것으로서 민사소송법상의 소의 변
   경을 배척하는 것이 아니므로, 행정소송의 원고는 행정소송법 제8조 제2항에 의하여 준용되는
   민사소송법 제262조에 따라 청구의 기초에 변경이 없는 한도에서 청구의 취지 또는 원인을 변

소송의 종류의 변경에 이르지 않는 소변경, 즉 처분의 일부취소만을 구하다가 전부취소를 구하는 것으로 청구취지를 확장하거나, 소송의 대상이 될 수 없는 중간단계의 처분등의 취소를 구하다가 소송의 대상이 될 수 있는 최종단계의 처분의 취소를 구하는 것으로 변경하는 것 등을 말한다.

3. 민사소송과 행정소송 간 소의 변경의 가부

4243　　⑴ **부정설**　　민사소송의 소의 변경의 요건으로 신·구청구가 동종의 소송절차에 의해 심리될 수 있을 것이 요구되나 민사소송과 행정소송은 동종의 소송절차가 아니며, 민사소송법상 소의 변경은 당사자의 변경을 포함하지 않는데 무효확인소송을 부당이득반환청구소송으로 변경하는 경우 피고가 처분청에서 국가 등으로 되는 것과 같이 당사자가 변경되기에 소변경이 인정될 수 없다는 견해이다.

4244　　⑵ **긍정설**　　실무상 어떤 청구가 민사소송인지 행정소송인지 구별이 분명하지 않고, 무효확인소송을 부당이득반환청구소송으로 변경하는 경우 피고가 처분청에서 행정주체로 되어 당사자가 변경되나 양자는 실질에 있어 동일하며, 당사자의 권리구제나 소송경제를 위해 민사소송과 행정소송과 사이에서도 소변경이 가능하다고 보아야 한다는 견해이다.

4245　　⑶ **판례**　　판례는 행정소송으로 제기하여야 할 사건을 민사소송으로 잘못 제기한 경우 수소법원이 그 행정소송에 대한 관할도 동시에 가지고 있는 경우라면 항고소송으로 심리·판단하여야 한다고 본다.[1] 그러나 구체적으로 어떠한 법률규정에 의하여 소변경을 할 수 있는지 여부는 설시하지 않았다.

4246　　⑷ **사견**　　항고소송과 민사소송 사이에서의 피고(처분청과 처분청이 소속한 행정주체)는 실질적으로 동일하여 소의 변경이 피고에게 큰 불이익을 주지 않는다는 점, 소송경제 및 원고의 권리구제를 위하여 판례의 입장처럼 수소법원이 그 행정소송(반대의 경우 민사소송)에 대한 관할도 동시에 가지고 있는 경우라면 행정소송과 민사소송 사이의 소의 변경을 인정할 수 있을 것이다.

경할 수 있다); 대판 1999. 11. 26, 99두9407(하나의 행정처분인 택지초과소유부담금 부과처분 중 일부의 액수에 대하여만 불복하여 전심절차를 거치고 그 후 다시 행정소송에서 위 액수에 관하여만 부과처분의 취소를 구하였다가 택지소유상한에관한법률이 헌법에 위반된다는 헌법재판소의 결정에 따라 그 청구취지를 부과처분 전부의 취소를 구하는 것으로 확장하였다고 하더라도, 이는 동일한 처분의 범위 내에서 청구의 기초에 변경이 없이 이루어진 소의 변경에 해당하여 적법하다).

1) 대판 1997. 5. 30, 95다28960; 대판 1999. 11. 26, 97다42250.

제 5 항 가구제(잠정적 권리보호)

민사소송의 경우와 마찬가지로 행정소송도 판결로써 확정되기까지는 상당 4247
히 오랜 시일이 걸린다. 그런데 경우에 따라서는 판결이 있기까지 기다려서는
승소하여도 권리보호의 목적을 달성할 수 없을 수도 있다. 이러한 경우에는 판
결이 있기 전에 일시적인 조치를 취하여 잠정적으로 권리를 보호하여야 할 필
요가 생긴다.[1] 이것이 잠정적 권리보호제도 또는 가구제의 문제이다. 가구제는
효과적인 권리보호에 기여한다. 가구제의 광범위한 인정은 오히려 행정목적의
실현에 역효과를 가져올 수도 있고, 소송의 남용을 가져올 수도 있다. 따라서
행정목적의 실현과 국민의 권리보호의 조화가 가구제의 중심문제가 된다. 가구
제수단으로 집행정지제도와 가처분이 문제되고 있다.

Ⅰ. 집행정지

1. 관   념

(1) **규정내용**   행정소송법 제23조 제2항은 "취소소송이 제기된 경우에 처 4248
분 등이나 그 집행 또는 절차의 속행으로 인하여 생길 회복하기 어려운 손해를
예방하기 위하여 긴급한 필요가 있다고 인정할 때에는 본안이 계속되고 있는
법원은 당사자의 신청 또는 직권에 의하여 처분 등의 효력이나 그 집행 또는 절
차의 속행의 전부 또는 일부의 정지를 결정할 수 있다. 다만 처분의 효력정지는
처분 등의 집행 또는 절차의 속행을 정지함으로써 목적을 달성할 수 있는 경우
에는 허용되지 아니한다"고 하여, 집행정지에 관해 규정하고 있다. 항고소송의
제기 자체에 집행정지의 효력을 인정할 것인지 아니면 별도의 집행정지결정절차
를 거쳐야 집행정지의 효력을 인정할 것인지의 여부는 입법정책의 문제이다.[2][3]

---

1) 헌재 2018. 1. 25, 2016헌바208(행정소송상 가구제(假救濟)란 본안 소송 확정 전에 계쟁 행정처
   분 및 공법상 권리관계의 효력이나 절차의 속행 때문에 원상회복할 수 없는 결과에 이르는 것
   을 방지하고자 권리를 잠정구제하는 것을 말한다. 행정법관계에서는 법령 및 성질상 특수한 효
   력인 공정력, 구속력, 자력집행력 등이 인정되는데, 쟁송이 진행되고 있음에도 그러한 효력의
   관철을 허용할 경우 현상의 변경 등으로 당사자가 현저한 손해를 입거나 소송목적을 달성할
   수 없게 되는 경우가 생길 수 있다. 따라서 본안판결의 실효성을 확보하고 국민의 권리를 효과
   적으로 보호하기 위하여 임시구제의 길을 열어줄 필요가 있다).
2) 헌재 2018. 1. 25, 2016헌바208(처분에 대한 항고소송의 제기 자체에 집행정지의 효력을 인정할
   지 아니면 별도의 집행정지결정을 거치도록 할 것인지, 어떠한 소송유형에 대하여 어느 정도
   범위에서 집행정지를 인정할지 등은 기본적으로 입법정책의 문제이다. 외국의 입법례를 살펴
   보더라도 집행정지 이외의 가구제 수단을 인정하고 있는 대륙법계 국가들은 민사소송을 준용
   하여 가구제의 폭을 넓히기보다는 별도로 개별 규정을 두어 행정소송상 가처분 및 가명령 등
   을 제도화하고 있다).
3) 독일은 집행정지의 원칙을, 일본과 프랑스는 집행부정지의 원칙을 택하고 있다. 그러나 독일은

4249 　　⑵ 의　　미　　　행정소송법이 집행부정지원칙을 택하면서 집행정지의 길을 열어 둔 것은 원활한 행정운용의 확보와 개인(원고)의 권리보호의 확보라는[1] 요청을 조화시키기 위한 것이다. 원고의 입장에서 본다면, 집행정지제도는 효과적인 권리보호를 위한 제도이다. 따라서 효력정지신청에도 법률상 이익이 있어야 한다.[2]

4250 　　⑶ 준　　용　　　집행정지는 본안소송이 무효등확인소송인 경우에도 준용되고 있다(행소법 제38조 제1항).

2. 성　　질

4251 　　집행정지결정은 행정작용인가, 또는 사법작용인가의 문제가 있다. 행정작용설은 집행정지결정이 행정작용이지만 법률이 그 권한을 법원에 부여한 것일 뿐이라 하고, 사법작용설은 본안절차와 아울러 가구제절차도 사법절차라는 것이다. 집행정지제도가 권리구제적인 측면에 중점을 갖는 제도임을 고려하여 본서는 사법작용으로 보기로 한다.

3. 요　　건

4252 　　집행정지의 요건은 적극적인 요건과 소극적인 요건으로 구분할 수 있다. 아래에서 나누어 살피기로 한다.

⑴ 적극적 요건

4253 　　㈎ **본안이 계속중일 것**　　　민사소송에서의 가처분과는 달리 집행정지의 신청은 본안소송의 계속을 전제로 한다.[3] 왜냐하면 집행정지는 본안에 대한 판결이 확정되기까지의 잠정적인 권리보호제도이기 때문에 본안에 대한 다툼이 없는 한 집행정지는 의미를 가질 수 없기 때문이다. 따라서 본안소송이 취하되면 집행정지결정은 당연히 소멸한다고 볼 것이다.[4] 한편, 본안소송의 제기 자체

　　행정소송법 제80조 제2항 각 호에서 성질상 집행정지가 부적절하거나 즉시 집행에 대한 공익이 개인의 이익보다 우월하다고 판단되는 경우 법률에 따른 집행정지의 예외를 규정하고 있고, 이 경우 관청이 직권으로 집행을 정지하거나(동조 제4항), 당사자의 신청에 의하여 집행을 정지하도록 하는 길을 마련하고 있다(동조 제5항).

1) 대결 1992. 6. 8, 92두14(집행정지…제도는 신청인이 본안소송에서 승소판결을 받을 때까지 그 지위를 보호함과 동시에 후에 받을 승소판결을 무의미하게 하는 것을 방지하려는 것이다).

2) 대결 2000. 10. 10, 2000무17(행정처분에 대한 효력정지신청을 구함에 있어서도 이를 구할 법률상 이익이 있어야 하는바, 이 경우 법률상 이익이라 함은 그 행정처분으로 인하여 발생하거나 확대되는 손해가 당해 처분의 근거 법률에 의하여 보호되는 직접적이고 구체적인 이익과 관련된 것을 말하는 것이고 단지 간접적이거나 사실적·경제적 이해관계를 가지는 데 불과한 경우는 여기에 포함되지 않는다).

3) 대결 1980. 4. 30, 79두10(집행정지기각결정 후 본안소송이 취하되면, 기각결정에 대한 재항고는 각하되어야 한다).

4) 대판 1975. 11. 11, 75누97(행정처분의 집행정지결정을 하려면 이에 대한 본안소송이 법원에 제기되어 계속중임을 요건으로 할 것이고 집행정지결정을 한 후에라도 본안소송이 취하되어 그

는 적법한 것이어야 한다.[1] 본안 자체의 적법여부는 집행정지신청의 요건이
아니다.[2] 집행정지신청은 본안의 소 제기 후 또는 동시에 제기되어야 한다. 본
안소송의 대상과 집행정지신청의 대상은 동일하거나 밀접한 관련성을 가져야
한다.

㈐ 처분등이 존재할 것

1) 처분의 유형   제3자효 있는 행위, 재결, 행정행위의 부관 중 부담 등   4254
은 당연히 처분등에 해당한다. 사실행위는 처분에 해당하지 아니한다.

2) 거부처분   거부처분의 경우에는 견해가 나뉘고 있다.   4255

a) 학   설

㉠ 긍 정 설   집행정지결정으로 처분의 효력이 발생하는 것은 아니지
만, 집행정지가 허용된다면 행정청에 사실상의 구속력을 갖게 될 것이라는 점을
논거로 한다.

㉡ 부 정 설   집행정지를 인정한다고 하여도 신청인의 지위는 거부처
분이 없는 상태로 돌아가는 것에 불과하고, 집행정지결정의 기속력과 관련하여
행정소송법 제23조 제6항은 기속력에 관한 원칙규정인 제30조 제1항의 준용만
을 규정할 뿐, 재처분의무를 규정한 제30조 제2항의 준용을 규정하고 있지 아니
함을 논거로 한다. 통설의 입장이다.

㉢ 제한적 긍정설   원칙적으로 부정설의 입장이 타당하지만, 기간에 제
한이 있는 허가사업을 영위하는 자가 허가기간의 만료시 갱신허가를 신청하였
음에도 권한행정청이 거부처분한 경우에는 집행정지를 인정할 실익도 있는바,
거부처분이 언제나 집행정지의 대상이 아니라고 말하기는 어려운바, 제한적으
로 긍정할 필요가 있다는 견해이다.[3]

소송에 계속하지 아니한 것으로 되면 이에 따라 집행정지결정은 당연히 그 효력이 소멸되는
것이고 별도의 취소 조치를 필요로 하는 것은 아니다).
 1) 대결 2010. 11. 26, 2010무137(행정처분의 효력정지나 집행정지를 구하는 신청사건에서는 행정
처분 자체의 적법 여부는 원칙적으로 판단의 대상이 아니고, 그 행정처분의 효력이나 집행을
정지할 것인가에 관한 행정소송법 제23조 제2항 소정의 요건의 존부만이 판단의 대상이 되는
것이다. 다만, 집행정지는 행정처분의 집행부정지원칙의 예외로서 인정되는 것이고, 또 본안에
서 원고가 승소할 수 있는 가능성을 전제로 한 권리보호수단이라는 점에 비추어 보면, 집행정
지사건 자체에 의하여도 신청인의 본안청구가 적법한 것이어야 한다는 것을 집행정지의 요건
에 포함시킴이 상당하다); 대결 1999. 11. 26, 99부3; 대판 1995. 2. 28, 94두36.
 2) 대판 1994. 10. 11, 94두35(행정처분의 효력정지나 집행정지를 구하는 신청사건에 있어서는 행
정소송법 제23조 제2항, 제3항 소정의 요건의 존부만이 판단의 대상이 되는 것이고, 행정처분
자체의 적법여부는 궁극적으로 본안재판에서 심리를 거쳐 판단할 성질의 것이어서 신청사건에
서는 판단의 대상이 되는 것은 아니다).
 3) 박균성, 행정법론(상), 1364쪽(2019).

　　　　b) 판　　례　　　판례는 부정설을 취한다.[1]

　　　　c) 사　　견　　　제한적 긍정설이 합목적적이고 타당하다.

4256　　　　3) 존　　재　　　효력이 발생하기 전이나 효력이 소멸되어 버린 경우에는 집행정지의 문제가 생기지 않는다. 그러나 무효인 처분은 집행정지의 대상이 된다(행소법 제38조 제1항·제23조). 무효인 처분을 집행정지의 대상으로 한 것은 행정청이 무효를 유효로 오인할 가능성이 있다는 점에 바탕을 둔 것이다.

4257　　　　㈐ 회복하기 어려운 손해를 예방하기 위한 것일 것　　　처분등이나 그 집행 또는 절차의 속행으로 인하여 회복하기 어려운 손해가 발생할 우려가 있어야 한다. 판례는 회복하기 어려운 손해를 특별한 사정이 없는 한 금전으로 보상할 수 없는 손해로 이해하고, 이는 금전보상이 불능인 경우뿐만 아니라 금전보상으로는 사회관념상 행정처분을 받은 당사자가 참고 견딜 수 없거나 또는 참고 견디기가 현저히 곤란한 경우의 유형·무형의 손해를 일컫는다고 한다.[2] 그리고 여기서 손해란 사인의 손해를 의미하며 공공의 손해나 제3자의 손해를 포함하지 않는다고 본다. 판례상 회복하기 어려운 손해라고 인정된 경우로는 타교도소로의 이송[3]과 병역의무의 중복이행의 경우를 볼 수 있다.[4]

4258　　　　㈑ 긴급한 필요가 있을 것　　　본안판결까지 기다릴 수 없는 긴급한 필요가 있어야 한다(행소법 제23조 제2항). 여기서 긴급이란 시간적 절박성과 손해발생가능성에 관련된 개념이다.[5]

---

1) 대결 1992. 2. 13, 91두47(신청에 대한 거부처분의 효력을 정지하더라도 거부처분이 없었던 것과 같은 상태 즉 거부처분이 있기 전의 신청시의 상태로 되돌아가는 데에 불과하고 행정청에게 신청에 따른 처분을 하여야 할 의무가 생기는 것이 아니므로, 거부처분의 효력정지는 그 거부처분으로 인하여 신청인에게 생길 손해를 방지하는 데에 아무런 소용이 없어 그 효력정지를 구할 이익이 없다).

2) 대결 2018. 7. 12, 2018무600; 대결 1991. 3. 2, 91두1.

3) 대결 1992. 8. 7, 92두30.

4) 대결 1992. 4. 29, 92두7(병역의무의 중복이행의 가능성이 있는 경우).

5) 대결 2018. 7. 12, 2018무600(행정소송법 제23조 제2항은 '취소소송이 제기된 경우에 처분 등이나 그 집행 또는 절차의 속행으로 인하여 생길 회복하기 어려운 손해를 예방하기 위하여 긴급한 필요가 있다고 인정할 때에는 처분 등의 효력 등을 정지할 수 있다'고 정하고 있다. 여기에서 '처분 등이나 그 집행 또는 절차의 속행으로 인하여 생길 회복하기 어려운 손해를 예방하기 위하여 긴급한 필요'가 있는지는 처분의 성질, 양태와 내용, 처분상대방이 입는 손해의 성질·내용과 정도, 원상회복·금전배상의 방법 및 그 난이도 등은 물론 본안청구의 승소가능성 정도 등을 종합적으로 고려하여 구체적·개별적으로 판단하여야 한다); 헌재 2018. 1. 25, 2016헌바208('긴급한 필요'라 함은 손해의 발생이 시간상 임박하여 손해를 방지하기 위해서 본안판결까지 기다릴 여유가 없는 경우를 의미하는 것으로, 이는 집행정지가 본안판결의 확정시까지 존속하는 임시적 권리구제제도로서 잠정성, 긴급성, 본안소송에의 부종성의 특징을 지니는 것이라는 점에서 그 의미를 쉽게 예측할 수 있다).

(2) 소극적 요건

(개) **공공복리에 중대한 영향이 없을 것** 집행의 정지가 공공복리에 중대한 4259
영향을 미칠 우려가 없어야 한다(행소법 제23조 제3항). 여기서 말하는 공공복리는
"그 처분의 집행과 관련된 구체적이고도 개별적인 공익"을 말한다.[1]

(내) **본안청구의 이유없음이 명백하지 않을 것** 행정처분 자체의 위법여부는 4260
집행정지여부를 결정하는 데 요구되는 요건이 아님을 유의할 필요가 있다. 판례
의 입장도 같다.[2]

한편 ① 판례는 "처분의 취소가능성이 없음에도 처분의 효력이나 집행의 4261
정지를 인정한다는 것은 제도의 취지에 반하므로 집행정지사건 자체에 의하여
도 신청인의 본안청구가 이유없음이 명백하지 않아야 한다는 것도 집행정지의
요건에 포함시켜야 한다"고 판시하고 있다.[3] ② 학설은 ⓐ 본안청구에 이유 없
음이 명백하지 않아야 한다는 것을 집행정지의 소극적 요건으로 보는 견해, ⓑ
그것을 요건으로 보지 아니하는 견해, ⓒ 본안청구에 이유 있음이 명백하여야
한다는 것을 집행정지의 적극적 요건으로 보는 견해로 나뉜다. ③ 생각건대 판
례의 입장인 ⓐ의 견해가 합리적이다.

(3) **주장·소명책임** 판례는 집행정지의 적극적 요건에 관한 주장·소명책 4262
임은 원칙적으로 신청인측에 있고, 집행정지의 소극적 요건에 대한 주장·소명
책임은 행정청에게 있다는 입장이다.[4]

4. 절차와 불복

집행정지결정절차는 당사자의 신청이나 법원의 직권에 의해 개시되나(행소 4263
법 제23조 제2항), 당사자의 신청에 의한 경우에는 집행정지신청에 대한 이유에

---

1) 대결 1999. 12. 20, 99무42(행정소송법 제23조 제3항에서 집행정지의 요건으로 규정하고 있는
 '공공복리에 중대한 영향을 미칠 우려'가 없을 것이라고 할 때의 '공공복리'는 그 처분의 집행과
 관련된 구체적이고도 개별적인 공익을 말하는 것으로서 이러한 집행정지의 소극적 요건에 대
 한 주장·소명책임은 행정청에게 있다).
2) 대결 1999. 11. 26, 99부3; 대결 1994. 9. 24, 94두42; 대결 1990. 7. 19, 90두12(행정처분의 집행
 정지는 그 처분의 집행 또는 절차의 속행으로 인하여 생길 회복하기 어려운 손해를 예방하기
 위하여 긴급한 필요가 있다고 인정될 때에 할 수 있는 것이므로 행정처분 그 자체가 위법하다
 고 주장하는 사유는 그 행정처분의 집행정지신청을 기각한 원심결정에 대한 적법한 재항고사
 유가 된다고 할 수 없다).
3) 대결 1992. 6. 8, 92두14(허가 없이 자동차관련시설인 차고지로 조성하기 위하여 정지작업을 함
 으로써 토지의 형질을 변경하고, 나아가 조성된 차고지 일부에 차고관련시설로서 건축물인 컨
 테이너하우스 6개를 허가 없이 축조 설치하여 사용함으로써 도시계획법 제4조, 건축법 제5조
 를 위반한 신청인이 행정청의 건물철거대집행계고처분에 대한 집행정지신청을 한 데 대하여
 집행정지의 요건이 결여되었다).
4) 대결 1999. 12. 20, 99무42.

관해 소명이 있어야 한다(행소법 제23조 제4항). 집행정지는 결정의 재판에 의한다(행소법 제23조 제2항). 다만 처분등의 집행 또는 절차의 속행을 정지함으로써 목적을 달성할 수 있는 경우에는 처분의 효력정지는 인정되지 아니한다(행소법 제23조 제2항 단서). 관할법원은 본안이 계속된 법원이다. 상고심도 포함된다.[1] 집행정지의 결정 또는 기각의 결정에 대하여는 즉시항고할 수 있다. 이 경우 집행정지의 결정에 대한 즉시항고에는 결정의 집행을 정지하는 효력이 없다(행소법 제23조 제5항).

5. 집행정지의 대상

집행정지의 대상은 처분의 효력이나 그 집행 또는 절차의 속행의 전부 또는 일부이다(행소법 제23조 제2항). 이를 나누어보면 다음과 같다.

4264 　　**(1) 효력의 전부 또는 일부의 정지**　　효력이 정지되면 처분이 갖는 제효력(구속력·공정력·존속력 등)이 정지되어 처분이 형식상으로는 있으되 실질상으로는 없는 것과 같은 상태가 된다(예 : 공무원파면처분의 정지). 다만, 처분의 효력정지는 처분의 집행 또는 절차의 속행을 정지함으로써 그 목적을 달성할 수 있을 때에는 허용되지 아니한다(행소법 제23조 제2항 단서). 왜냐하면 집행정지는 원상회복이 곤란한 경우에 인정되는 것이므로(예 : 영업정지) 처분의 집행이나 절차의 속행이 요구되는 처분에서는 그러한 집행이나 속행이 없는 한 실제상 개인의 권익이 침해되는 것은 아니므로, 이 때 처분의 효력 자체는 일단 유효한 것으로 유지해 두는 것이 행정권의 존중이라는 면에서 타당하기 때문이다.

4265 　　**(2) 처분의 집행의 전부 또는 일부의 정지**　　여기서 집행의 정지란 처분내용의 강제적인 실현을 위한 공권력행사의 정지를 의미한다(예 : 강제퇴거명령서에 따른 강제퇴거의 정지).

4266 　　**(3) 절차의 속행의 전부 또는 일부의 정지**　　여기서 절차의 속행의 정지란 단계적으로 발전하는 법률관계에서 선행행위의 하자를 다투는 경우에 후행행위를 하지 못하게 함을 말한다(예 : 체납처분절차에서 압류의 효력을 다투는 경우에 매각을 정지시키는 경우).[2]

---

1) 대결 2005. 12. 12, 2005무67(본안판결에 대하여 상소를 한 경우에 소송기록이 원심법원에 있으면 원심법원이 민사소송법 제501조, 제500조 제4항의 예에 따라 행정소송법 제23조 제2항의 규정에 의한 집행정지에 관한 결정을 할 수 있다고 봄이 상당하다).
2) 대결 2000. 1. 8, 2000무35(산업기능요원 편입 당시 지정업체의 해당 분야에 종사하지 아니하였음을 이유로 산업기능요원의 편입이 취소된 사람은 편입되기 전의 신분으로 복귀하여 현역병으로 입영하게 하거나 공익근무요원으로 소집하여야 하는 것으로 되어 있는데, 그 취소처분에 의하여 생기는 손해로서 그 동안의 근무실적이 산업기능요원으로서 종사한 것으로 인정받지 못하게 된 손해 부분은 본안소송에서 그 처분이 위법하다고 하여 취소하게 되면 그 취소판결

6. 효 과

(1) **형 성 력** ① 집행정지결정중 효력정지결정은 효력 그 자체를 정지시 4267
키는 것이므로 행정처분이 없었던 원래상태와 같은 상태를 가져온다. 그러나 집
행정지결정중 집행의 정지결정과 절차속행의 정지결정은 처분의 효력에는 영향
을 미치지 아니하지만, 처분의 현실화(집행)만을 저지하는 효과를 갖는다. 그러
나 집행의 정지결정과 절차속행의 정지결정이 있게 되면 실제상으로는 행정처
분이 없었던 원래상태와 같은 상태가 된다. 따라서 처분등의 효력이나 그 집행
또는 절차의 속행의 전부 또는 일부정지결정이 있게 되면, 정지결정에 위배된
후속행위들은 무효가 된다.[1] 그러나 집행정지결정 전에 이미 집행된 부분에 대
해서는 영향을 미치지 아니한다.[2] ② 제3자효있는 행위의 경우에는 제3자에게
까지 효력을 미친다(행소법 제29조 제2항). 한편, ③ 처분의 효력정지는 처분의 효
력의 발생을 저지하는 명령이라는 점에서 형성적이지만, 처분의 집행정지는 집
행을 정지시키는 명령이라는 점에서 형성적인 성질 외에 명령적인 성질도 가지
며, 절차속행의 정지는 절차의 속행을 금지하는 명령이라는 점에서 명령적인 성
질을 갖는다는 지적도[3] 있다. 경청할 만한 견해이다.

(2) **기 속 력** 집행정지결정은 당사자인 행정청과 그 밖의 관계행정청을 4268
기속한다(행소법 제23조 제6항·제30조 제1항). 따라서 집행정지결정에 반하는 행정
행위는 발할 수 없다. 그러한 행위는 무효이다.[4]

(3) **시간적 효력** 집행정지결정의 효력은 정지결정의 대상인 처분의 발령 4269
시점에 소급하는 것이 아니라, 집행정지결정시점부터 발생한다. 그리고 집행정

의 소급효만으로 그대로 소멸되게 되므로, 그 부분은 그 처분으로 인하여 생기는 회복할 수 없
는 손해에 해당한다고 할 수가 없고, 결국 그 취소처분으로 인하여 입게 될 회복할 수 없는 손
해는 그 처분에 의하여 산업기능요원 편입이 취소됨으로써 편입 이전의 신분으로 복귀하여 현
역병으로 입영하게 되거나 혹은 공익근무요원으로 소집되는 부분이라고 할 것이며, 이러한 손
해에 대한 예방은 그 처분의 효력을 정지하지 아니하더라도 그 후속절차로 이루어지는 현역병
입영처분이나 공익근무요원 소집처분 절차의 속행을 정지함으로써 달성할 수가 있으므로, 산
업기능요원편입취소처분에 대한 집행정지로서는 그 후속절차의 속행정지만이 가능하고 그 처
분 자체에 대한 효력정지는 허용되지 아니한다).

1) 대판 1961. 11. 23, 4294행상3(행정처분의 집행정지결정에 위배한 행정처분은 그 하자가 중대하
고 명백하여 무효이다).
2) 대판 1957. 11. 4, 4290민상623(행정처분의 집행정지가처분은 행정소송의 대상이 된 행정처분
이 집행을 요하는 경우 그 집행이 종료되지 아니한 때에 당해 소송에 관한 판결이 있을 때까지
그 집행을 정지하는데 불과하고 이미 집행된 사권의 행사를 제한하는 효력은 없다).
3) 이현수, 행정소송상 예방적 구제에 관한 연구(서울대학교 박사학위청구논문, 2002. 8), 329쪽.
4) 대판 1961. 11. 23, 4294행상3(행정처분의 집행정지결정에 위배한 행정처분은 그 하자가 중대하
고 명백하여 무효이다).

지결정의 효력은 결정주문에서 정한 시기까지 존속하며,[1] 그 주문에 특별한 제한이 없다면 본안판결이 확정될 때까지 그 효력이 존속한다.[2] 그러나 본안판결의 확정 이외의 사유로도 정지결정의 대상인 처분에 불가쟁력이 발생하면, 집행정지결정의 효력은 소멸한다고 볼 것이다.

7. 집행정지결정의 취소와 불복

4270   집행정지의 결정이 확정된 후 집행정지가 공공복리에 중대한 영향을 미치거나[3] 그 정지사유가 없어진 때에는 당사자의 신청 또는 직권에 의하여 결정으로써 집행정지의 결정을 취소할 수 있다(행소법 제24조 제1항). 당사자가 취소를 신청함에는 이유를 소명해야 하고, 취소결정에 불복하는 자는 즉시항고할 수 있으나 즉시항고는 취소결정의 집행을 정지하는 효력이 없다(행소법 제24조 제2항, 제23조 제4항·제5항).

4271   집행정지결정이 취소되면 처분의 원래의 효과가 발생한다. 그 집행정지결정이 취소되면 영업정지처분의 경우 그 정지기간은 특별한 사유가 없는 한 이때부터 다시 진행하게 된다.[4]

Ⅱ. 가 처 분

1. 의   의

4272   가처분이란 권리 또는 법률관계에 관한 쟁송이 있음을 전제로 그 판결의

---

1) 대판 2022. 2. 11, 2021두40720(행정소송법 제23조에 따른 집행정지결정의 효력은 결정 주문에서 정한 종기까지 존속하고, 그 종기가 도래하면 당연히 소멸한다. 따라서 효력기간이 정해져 있는 제재적 행정처분에 대한 취소소송에서 법원이 본안소송의 판결 선고 시까지 집행정지결정을 하면, 처분에서 정해 둔 효력기간(집행정지결정 당시 이미 일부 집행되었다면 그 나머지 기간)은 판결 선고 시까지 진행하지 않다가 판결이 선고되면 그때 집행정지결정의 효력이 소멸함과 동시에 처분의 효력이 당연히 부활하여 처분에서 정한 효력기간이 다시 진행한다. 이는 처분에서 효력기간의 시기(始期)와 종기(終期)를 정해 두었는데, 그 시기와 종기가 집행정지기간 중에 모두 경과한 경우에도 특별한 사정이 없는 한 마찬가지이다); 대판 2017. 7. 11, 2013두25498; 대판 1999. 9. 23, 98두14471; 대판 1993. 8. 24, 92누18054.
2) 대판 1962. 4. 12, 4294민상1541(행정처분 집행정지결정의 효력은 그 주문에 특별한 제한이 없는 한 그 본안재판이 확정될 때까지 그 효력이 존속한다).
3) 대판 1960. 9. 5, 4291행상36(행정처분 집행정지신청사건의 본안소송사건에서 신청인의 패소가 확정된 경우에 그 집행정지결정을 유지함은 공공복리에 중대한 영향을 미치게 할 우려가 있다고 할 것이다).
4) 대판 2003. 7. 11, 2002다48023(일정한 납부기한을 정한 과징금부과처분에 대하여 '회복하기 어려운 손해'를 예방하기 위하여 긴급한 필요가 있고 달리 공공복리에 중대한 영향을 미치지 아니한다는 이유로 집행정지결정이 내려졌다면 그 집행정지기간 동안은 과징금부과처분에서 정한 과징금의 납부기간은 더 이상 진행되지 아니하고 집행정지결정이 당해 결정의 주문에 표시된 시기의 도래로 인하여 실효되면 그 때부터 당초의 과징금부과처분에서 정한 기간(집행정지결정 당시 이미 일부 진행되었다면 그 나머지 기간)이 다시 진행하는 것으로 보아야 한다).

집행을 용이하게 하거나 확정판결이 있을 때까지 손해가 발생하는 것을 방지할
목적으로 일시적으로 현상을 동결하거나 임시적 법률관계를 형성하는 보전처분
을 말한다.[1] 행정소송법은 이에 관한 명문의 규정이 없고 다만 집행정지만을
규정하고 있다. 하지만 집행정지제도는 가구제로서 일정한 한계가 있다. 그것은
침익적 행정처분이 발해진 것을 전제로 그 효력을 정지시키는 소극적 형성력이
있을 뿐이므로 적극적으로 수익적 처분을 행정청에 명하거나 명령한 것과 동일
한 상태를 창출하는 기능이 없고 또한 처분을 행하려고만 하는 단계, 즉 처분이
행해지기 전에는 그 처분을 정지시키는 적극적 기능을 수행할 수 없으므로 가
처분의 문제가 논의된다.

2. 인정가능성

행정소송법상 이에 관한 명문의 규정은 없다. 가처분제도가 행정소송에도 4273
적용될 수 있는 것인가에 관해서는 견해가 갈린다.

(1) 학　설

(개) 긍 정 설　　행정소송법상 가처분제도를 배제하는 특별한 규정은 없고, 4274
또한 "행정소송에 관하여 이 법에 특별한 규정이 없는 사항에 대하여는 법원조
직법과 민사소송법 및 민사집행법의 규정을 준용한다"는 행정소송법 제8조 제2
항에 의거, 민사집행법상의 가처분규정이 준용될 수 있다는 것이 긍정설의 입장
이다. 가처분규정을 준용하는 것은 위법한 행정작용으로부터 국민의 권익구제
를 목적으로 하고 아울러 법치행정의 원리를 확보하려는 사법의 본질에 반하는
것이 아니라는 것이다.[2]

(내) 부 정 설　　부정설은 권력분립주의원칙상 사법권에는 일정한 한계가 4275
있다는 것을 전제로 한다. 즉 행정처분의 위법여부에 대한 판단은 문제가 아니
나 그 판단에 앞서 행정처분에 대한 가처분을 하는 것은 사법권의 범위를 벗어
나는 것이고, 또한 현행법은 의무이행소송을 인정하고 있지 아니하므로 가처분
의 본안소송이 있을 수 없는바, 긍정설을 취하여도 실익이 없다는 것이다. 그리
고 행정소송법상 집행정지제도는 가처분제도에 관한 민사집행법의 특칙으로 보
아야 한다는 것이다.[3]

(대) 제한적 긍정설　　① 행정소송법이 처분등의 집행정지제도를 두고 있는 4276

---

1) 사법연수원, 보전소송, 2011, 9～10쪽.
2) 변재옥, 행정법강의(Ⅰ), 658쪽; 석종현·송동수, 일반행정법(상), 879쪽.
3) 박윤흔·정형근, 최신행정법강의(상), 831쪽; 서원우, 현대행정법론(상), 842쪽; 박균성, 행정법
　론(상), 1375쪽(2019); 이상규, 신행정법론(상), 861쪽.

관계상 처분등의 집행정지제도가 미치지 않는 범위에서만 가처분제도가 인정된다고 보는 견해이다.[1] ② 집행정지는 무효확인소송에 준용되고 있는데(행소법 제38조·제23조), 무효확인소송에서 무효처분의 경우에는 형성적 효력을 인정할 수는 없는 것이므로, 무효확인소송에서 집행정지는 금지명령적으로 보아야 하는바, 이러한 범위 안에서 가처분은 인정된 것으로 볼 여지가 있다는 주장도 있다.[2]

4277 　　(2) 판　　례　　판례는 부정설을 취한다.[3]

4278 　　(3) 사　　견　　권리보호의 확대, 가처분의 잠정적 성격 등을 고려하여 행정소송상 기본적으로 가처분제도를 인정할 필요가 있다. 제한적 긍정설 ①의 입장이 타당하다.[4] 제한적 긍정설 ②의 입장도 경청할 만하다.

제 6 항　취소소송의 심리

Ⅰ. 심리절차상 원칙

1. 처분권주의

4279 　　처분권주의(Dispositionsmaxime, Verfügungsgrundsatz)란 당사자가 분쟁대상 및

---

1) 류지태·박종수, 행정법신론, 745쪽(2019); 홍준형, 행정법, 967쪽(2019); 김남진·김연태, 행정법(Ⅰ), 894쪽(2019).

2) 이현수, 앞의 논문, 331쪽.

3) 대결 2011. 4. 18, 2010마1576(민사집행법 제300조 제2항이 규정한 임시의 지위를 정하기 위한 가처분은 그 가처분의 성질상 그 주장 자체에 의하여 다툼이 있는 권리관계에 관한 정당한 이익이 있는 자는 그 가처분의 신청을 할 수 있고, 그 경우 그 주장 자체에 의하여 신청인과 저촉되는 지위에 있는 자를 피신청인으로 하여야 한다. 한편 민사집행법상의 가처분으로써 행정청의 어떠한 행정행위의 금지를 구하는 것은 허용될 수 없다); 대결 1992. 7. 6, 92마54(민사소송법상의 보전처분은 민사판결절차에 의하여 보호받을 수 있는 권리에 관한 것이므로, 민사소송법상의 가처분으로써 행정청의 어떠한 행정행위의 금지를 구하는 것은 허용될 수 없다 할 것이다. …채권자가, 채무자와 제3채무자(국가)를 상대로 채무자의 공유수면매립면허권에 관하여, "채무자는 이에 대한 일체의 처분행위를 하여서는 아니되며, 제3채무자는 위 면허권에 관하여 채무자의 신청에 따라 명의개서 기타 일체의 변경절차를 하여서는 아니된다"는 요지의 내용을 신청취지로 하여 가처분신청을 한 데 대하여, 원심이, 채무자에 대한 신청부분은 인용하면서도, 제3채무자에 대한 부분에 대하여는, 위 신청취지를 채무자가 면허권을 타에 양도할 경우 면허관청으로 하여금 그 양도에 따른 인가를 금지하도록 명해 달라는 뜻으로 풀이한 후, 이 부분 신청은 허용될 수 없다고 한 조치는 정당하다).

4) 독일의 경우 의무화소송·급부소송·확인소송이나 규범통제절차가 사후에 제기될 수 있는 경우에 개인의 청구권의 확보를 위해 개인의 신청에 따라 법원은 가명령(Einstweilige Anordnung)을 발할 수 있다. 독일의 행정재판소법 제123조 제1항은 가명령을 ① 위협받는 권리의 보호를 위한 경우와 ② 잠정적인 상태의 규율을 위한 경우를 규정하고 있다. 전자는 기존상태의 변경을 통하여 신청인의 권리의 실현이 불가능해지거나 또는 매우 어렵게 될 수 있는 위험성이 존재하는 경우의 가명령을 의미하고, 후자는 영속적인 법관계에서 중요한 불이익을 방지하기 위하여 또는 다른 이유로 필요한 경우에 분쟁있는 법관계와 관련하여 잠정적인 상태를 규율하기 위해 발해지는 가명령을 의미한다(졸저, 행정법원리, 283쪽).

소송절차의 개시(예 : 제소)와 종료(예 : 소송취하·재판상 화해)에 대하여 결정할 수 있다는 원칙을 말한다(민소법 제203조; 행소법 제8조 제2항). 이 원칙은 사적 자치에 근거를 둔 법질서에 뿌리를 두고 있다. 사적 자치는 사인으로 하여금 자기의 권리 또는 개인적 공권을 사법적으로 다툴 것인지의 여부와 다투는 경우에 있어서 다투는 범위를 스스로 정하는 원리를 제공한다. 처분권주의는 사인의 권리보호에 기여한다. 처분권주의에 반하는 판결은 위법하다.[1]

2. 직권탐지주의와 변론주의

(1) 의 의   직권탐지주의(Untersuchungsgrundsatz, Amtsermittlungsgrundsatz,   4280
Inquisitionsmaxime)는 사실관계와 관련한다. 대칭개념은 변론주의이다. 직권탐지주의와 변론주의는 '누가 판결에 중요한 사실의 탐구에 책임을 부담하는가'의 문제와 관련한다. 직권탐지주의란 법원이 판결에 중요한 사실을 당사자의 신청 여부와 관계 없이 직접 조사할 수 있는 원칙을 말한다. 행정소송상 소송자료의 수집에 대한 책임분배의 원칙으로서 변론주의를 택할 것인가 아니면 직권탐지주의를 택할 것인가는 입법정책적으로 정할 문제이다. 입법례로는 변론주의를 채택하면서 민사소송법상 보충적 직권증거조사를 인정하는 경우(일본 행정사건소송법 제24조 제1문 : 재판소는 필요하다고 인정하는 때에는 직권으로 증거조사를 할 수 있다)와 직권탐지주의를 인정하는 경우(독일 행정법원법 제86조 제1항 제1문 : 법원은 사실관계를 직권으로 탐지한다)가 있다.

(2) **행정소송법 제26조의 의의**   행정소송법 제26조는 직권심리라는 제목하   4281
에 "법원은 필요하다고 인정할 때에는 직권으로 증거조사를 할 수 있고, 당사자가 주장하지 아니한 사실에 대하여도 판단할 수 있다"고 규정하고 있다. 이것은 사인이 사실관계에 대한 포괄적인 파악이 용이하지 아니한 경우, 법원에 의한 포괄적인 파악을 통하여 효과적인 사인의 권리보호에 기여하는 면을 갖는다. 뿐만 아니라 법원에 의한 직권탐지는 행정작용의 적법성보장을 위한 것이므로 법치국가적인 근거도 갖는다.

---

1) 대판 1993. 6. 8, 93누4526(원심이 원고가 청구하지도 아니한 1990년 개별지가결정처분에 대하여 판결한 것은 민사소송법 제188조 소정의 처분권주의에 반하여 위법하다 할 것이므로 그 취소(파기)를 면할 수 없다); 대판 1989. 12. 26, 88누9510(원심은 이 사건 청구의 내용을 오해하여 원고가 청구하지 아니한 사항에 대하여 판결하였으니 이는 처분권주의에 위배하여(행정소송법 제8조 제2항, 민사소송법 제188조 참조) 판결결과에 영향을 미친 위법을 저질렀다고 할 것이다).

⑶ 행정소송법 제26조의 성질

㈎ 학   설[1]

4282   **1) 변론주의보충설**   이 견해는 당사자가 주장하지 않은 사실은 심판의 대상이 될 수 없고, 당사자가 주장한 사실에 대해 당사자의 입증활동이 불충분하여 법원이 심증을 얻기 어려운 경우에 당사자의 증거신청에 의하지 않고 직권으로 증거조사가 가능하다고 한다.[2] 행정소송에 공익적인 면이 있다고 할지라도 사인이 원고로서 자신의 이익을 확보하기 위해 가능한 모든 소송자료를 제출하는 것임은 민사소송에서와 같다는 것을 논거로 한다. 종전의 다수설이었다.

4283   **2) 직권탐지주의가미설**   이 견해는 변론주의보충설에서 주장하는 직권증거조사 외에 일정한 한도 내에서 사실관계에 대한 직권탐지도 가능하다고 본다. 직권탐지주의보충설이라고도 한다.

4284   **3) 직권탐지주의설**   이 견해는 당사자가 주장하지 아니한 사실(당사자의 주장에 구애되지 않고)에 대해서도 직권탐지가 가능하며 당사자의 증거신청에 의하지 않고 직권으로 증거조사가 가능하다는 견해이다. 행정소송의 목적이 권리구제에만 있는 것이 아니라 행정의 적법성 통제도 그 목적으로 하고 있으며(행정소송의 공익소송으로서의 성격을 감안),[3] 법문이 "…당사자가 주장하지 아니한 사실에 대하여도 판단할 수 있다"고 규정하며,[4] 처분등을 취소하는 확정판결은 당사자뿐만 아니라 제3자에 대하여도 그 효력이 미치는 것이므로(행소법 제29조 제1항) 변론주의에 의하여 판결내용을 당사자의 처분에 맡기는 경우에는 그 소송에 관여할 기회가 없는 제3자의 이익을 해칠 우려도 있게 되므로 법원은 민사소송에서처럼 당사자에게만 소송의 운명을 맡길 것이 아니라, 적극적으로 소송에 개입하여 재판의 적정·타당을 기하여야 함을[5] 논거로 한다. 이 견해는 직권탐지주의가미설과 달리 직권탐지의 범위를 광범위하게 인정한다. 논자에 따라 직권탐지주의원칙설로 부르기도 한다.[6]

---

1) 논자에 따라 행정소송법 제26조의 성질을 ① 변론주의보충설·직권탐지주의가미설로 구분·검토하기도 하고(김중권, 김중권의 행정법, 791쪽(2019)), ② 직권증거조사주의설·직권탐지주의·직권탐지주의 보충설로 구분·검토하기도 하고(박균성, 행정법론(상)(2013), 1210쪽), ③ 직권탐지주의원칙설·변론주의보충설·직권탐지주의가미설로 구분·검토하기도 한다(정하중, 행정법개론(2013), 815쪽 이하).

2) 이상규, 신행정법론, 867쪽; 류지태·박종수, 행정법신론, 751쪽(2019).

3) 김남진·김연태, 행정법(Ⅰ), 897쪽(2019) 참조.

4) 박균성, 행정법론(상), 1385쪽(2019) 참조.

5) 이혁우, "행정소송에서의 직권심리 범위 — 행정소송법 제26조의 해석과 관련하여," 특별법연구, 41쪽.

6) 정하중, 행정법개론, 778쪽(2019).

(나) 판 례   판례는 직권탐지주의가미설을 취하고 있다.[1] 판례는 아무런   4285
제한 없이 당사자가 주장하지 아니한 사실을 판단할 수 있는 것은 아니고 일건
기록상 현출되어 있는 사항에 관해서만 판단할 수 있다고 함으로써 행정소송법
제26조 규정의 의미를 축소 해석한다고 볼 수 있다.[2]

(다) 사 견   생각건대 법원은 변론주의의 원칙하에서(이 점에서 직권탐지주   4286
의를 취하는 독일과 다르다) 행정소송법 제26조를 근거로 하여 사실자료에 대한 직
권탐지도 할 수 있고(이 점에서 보충적 직권증거조사만을 인정하는 일본과 다르다), 행정
소송법 제8조 제2항에 의하여 준용되는 민사소송법 제292조(법원은 당사자가 신청
한 증거에 의하여 심증을 얻을 수 없거나, 그 밖에 필요하다고 인정한 때에는 직권으로 증거조
사를 할 수 있다)의 보충적 직권증거조사를 넘어서서 독자적으로 직권으로 증거조
사를 할 수도 있다. 요컨대 행정소송법 제26조는 소송자료수집에 대한 책임을
일차적으로 당사자에게 인정하면서 동시에 공익을 고려하여 직권으로 탐지할 수
있도록 하고 있는바, 일본과 독일의 절충형을 취하고 있다고 하겠다. 직권탐지주
의설을 따르게 되면, 행정소송법은 민사소송법상 변론주의를 원칙으로 하면서(행
소법 제8조 제2항) 동시에 직권탐지주의를 또 하나의 원칙으로 한다고 볼 것이다.

3. 구두변론주의

구두변론주의(Grundsatz der mündlichen Verhandlung, Grundsatz der Mündlich-   4287
keit)란 특별한 규정이 없는 한 소송절차는 구두로 진행되어야 하고, 판결도 구
두변론에 근거하여 한다는 원칙을 말한다. 구두변론주의의 원칙에 따라서 구두
로 변론된 사항이 판결의 기초가 될 수 있다. 구두변론주의는 법원과 당사자 모

---

1) 대판 2017. 5. 17, 2016두53050(항고소송에서 법원은 필요하다고 인정하면 직권으로 증거조사
   를 할 수 있고 당사자가 주장하지 아니한 사실에 대하여도 판단할 수 있다(행정소송법 제26
   조). 이는 행정소송의 특수성을 고려하여 당사자주의 및 변론주의에 대한 일부 예외를 규정한
   것이기는 하지만, 그 경우에도 새로운 처분사유를 인정하여 행정처분의 정당성 여부를 판단하
   는 것은 당초의 처분사유와 기본적 사실관계의 동일성이 인정되는 한도 내에서만 허용된다. …
   부동산 실권리자명의 등기에 관한 법률상 명의신탁등기 과징금과 장기미등기 과징금은 위반행
   위의 태양, 부과 요건, 근거 조항을 달리하므로, 각 과징금 부과처분의 사유는 상호 간에 기본
   적 사실관계의 동일성이 있다고 할 수 없다. 그러므로 그중 어느 하나의 처분사유에 의한 과징
   금 부과처분에 대하여 당해 처분사유가 아닌 다른 처분사유가 존재한다는 이유로 적법하다고
   판단하는 것은 특별한 사정이 없는 한 행정소송법상 직권심사주의의 한계를 넘는 것으로서 허
   용될 수 없다); 대판 2010. 2. 11, 2009두18035(행정소송에서 기록상 자료가 나타나 있다면 당
   사자가 주장하지 않았더라도 판단할 수 있고, 당사자가 제출한 소송자료에 의하여 법원이 처분
   의 적법 여부에 관한 합리적인 의심을 품을 수 있음에도 단지 구체적 사실에 관한 주장을 하지
   아니하였다는 이유만으로 당사자에게 석명을 하거나 직권으로 심리·판단하지 아니함으로써
   구체적 타당성이 없는 판결을 하는 것은 행정소송법 제26조의 규정과 행정소송의 특수성에 반
   하므로 허용될 수 없다).
2) 박정훈, 행정소송의 구조와 기능, 19쪽.

두 사실상황과 법적 상황에 대해 구두로 변론할 것을 요구한다. 당사자는 구두 변론을 포기할 수도 있다.

4. 공개주의

4288   공개주의(Grundsatz der Öffentlichkeit der Verfahrens)란 재판절차(심리·판결)는 공개적으로 진행되어야 한다는 원칙을 말한다(헌법 제109조 제1문). 공개원칙은 재판에 참가하는 자가 아닌 자도 변론의 시기와 장소를 알 수 있어야 하고, 또한 참석할 수 있어야 함을 요구한다. 공개주의는 법원에 대한 공공의 통제를 강화시킨다. 공개주의는 판결의 객관성을 강화해준다. 그리고 법원의 독립에 기여한다. 그러나 법정이 협소하면, 출입이 제한될 수 있다. 또한 국가의 안전보장 또는 안녕질서를 방해하거나 선량한 풍속을 해할 염려가 있을 때에는 법원은 결정으로 심리를 공개하지 아니할 수 있다(헌법 제109조 제2문).

5. 기   타

4289   이 밖에도 법원이 소송절차를 직권으로 진행시키는 직권주의(Grundsatz der Amtsbetriebens) (민소법 제135조, 제141조 등; 행소법 제8조 제2항), 증거에 대한 평가는 절차의 전과정을 통하여 법관이 획득한 확신에 따른다는 자유심증주의(Grundsatz der freien Beweiswürdigung)(민소법 제202조; 행소법 제8조 제2항),[1] 구두변론과 입증은 진실발견과 소송경제의 관점에서 직접 법원(재판부)의 면전에서 이루어져야 한다는 직접심리주의(Grundsatz der Unmittelbarkeit) 등이 심리절차상의 원칙으로 기능한다(민소법 제204조; 행소법 제8조 제2항).

Ⅱ. 심리의 범위

1. 요건심리와 본안심리

4290   요건심리란 당해 소송이 법상 요구되는 제요건을 구비한 적법한 소송인가를 심리하는 것을 말하고, 요건심리의 결과 소송제기요건이 구비되어 있지 않다고 인정되면 이를 각하하게 된다. 요건은 사실심의 변론종결시까지 구비되면 된다. 요건구비의 여부는 법원의 직권조사사항이다. 한편 본안심리란 요건심리의 결과 소송요건이 구비된 경우, 청구를 인용할 것인가 또는 기각할 것인가를 판

---

1) 대판 2017. 3. 9, 2016두55933(행정소송법 제8조 제2항에 따라 행정소송에 준용되는 민사소송법 제202조가 선언하고 있는 자유심증주의는 형식적·법률적 증거규칙에 얽매일 필요가 없다는 것을 뜻할 뿐 법관의 자의적 판단을 허용하는 것은 아니므로, 사실의 인정은 적법한 증거조사절차를 거친 증거에 의하여 정의와 형평의 이념에 입각하여 논리와 경험의 법칙에 따라 하여야 하고, 사실인정이 사실심의 재량에 속한다고 하더라도 그 한도를 벗어나서는 아니 된다).

단하기 위해 본안에 대해 심리하는 것을 말한다.[1]

2. 사실문제·법률문제

법원이 법률문제에 관해 심리권을 가지고 있음은 당연하다. 여기서 법률문 4291
제란 어떠한 행정작용이 행정의 법률적합성의 원칙에 부합하는가의 문제이다.
사실의 인정문제 역시 법원의 심리대상이고,[2] 또한 특정사실이 법률요건에 해
당하는가의 판단도 법원의 심리의 대상이 된다. 다만 판단여지의 문제가 있는
경우도 있다. 법원은 행정청의 사실 인정 여부에 구속되지 아니한다.

3. 재량문제

재량문제는 법원이 심리권 밖에 놓이는 것이 원칙이나 재량권의 일탈이나 4292
남용 등 재량하자가 있는 경우에는 위법이 되므로 심리의 대상이 된다(행소법 제
27조). 부당한 재량행사의 경우에는 각하가 아니라 기각되어야 한다는 것이 이
론과 판례의 흐름이다.

Ⅲ. 심리의 방법

1. 행정심판기록제출명령

법원은 당사자의 신청이 있는 때에는 결정으로써 재결을 행한 행정청에 대 4293
하여 행정심판에 관한 기록의 제출을 명할 수 있다(행소법 제25조 제1항). 그리고
법원의 제출명령을 받은 행정청은 지체없이 당해 행정심판에 관한 기록을 법원
에 제출하여야 한다(행소법 제25조 제2항). 여기서 행정심판에 관한 기록이란 당해
사건과 관련하여 행정심판위원회에 제출된 일체의 서류를 의미한다. 유의할 것
은 당사자(원고)가 행정청에 대하여 직접 서류를 열람하거나 복사를 청구할 수
있는 권리가 당사자에게 인정되고 있는 것은 아니라는 점이다.

2. 주장책임

(1) **주장책임의 의의**   분쟁의 중요한 사실관계를 주장하지 않음으로 인하 4294
여 일방당사자가 받는 불이익부담을 주장책임이라 부른다. 주장책임은 변론주

---

1) 대판 2018. 7. 12, 2017두65821(교원소청심사위원회가 한 결정의 취소를 구하는 소송에서 그 결
  정의 적부는 결정이 이루어진 시점을 기준으로 판단하여야 하지만, 그렇다고 하여 소청심사 단
  계에서 이미 주장된 사유만을 행정소송의 판단대상으로 삼을 것은 아니다. 따라서 소청심사 결
  정 후에 생긴 사유가 아닌 이상 소청심사 단계에서 주장하지 아니한 사유도 행정소송에서 주
  장할 수 있고, 법원도 이에 대하여 심리·판단할 수 있다).
2) 대판 1999. 11. 26, 98두10424(행정소송에 있어서 형사판결이 그대로 확정된 이상 위 형사판결의
  사실판단을 채용하기 어렵다고 볼 특별한 사정이 없는 한 이와 배치되는 사실을 인정할 수 없다.
  … 원심이 형사판결의 사실판단과 배치되는 비위사실을 징계사유에 포함시킨 것은 잘못이다).

의에서 문제되며, 그것은 소송상 쟁점의 형성을 당사자에게 맡기는 것이다. 그러나 기술한 바와 같이 현행행정소송법은 직권탐지주의를 보충적으로 인정하고 있으므로 그러한 한도 안에서 주장책임의 의미는 완화되고 있다.

4295　　　(2) **주장책임자**　　　"행정소송에 있어서 특단의 사정이 있는 경우를 제외하면 당해 행정처분의 적법성에 관하여는 당해 처분청이 이를 주장·입증하여야 할 것이나, 행정소송에 있어서 직권주의가 가미되어 있다고 하여도 여전히 당사자주의, 변론주의를 그 기본 구조로 하는 이상 행정처분의 위법을 들어 그 취소를 청구함에 있어서는 직권조사사항을 제외하고는 원고는 그 위법된 구체적인 사실을 먼저 주장하여야 한다."[1)]

4296　　　(3) **전심절차와의 관계**(새로운 주장)　　　① 취소소송절차상 원고의 주장내용은 행정심판절차상의 주장과 어느 범위만큼 일치하여야 하는가는 문제이다. 행정심판과 행정소송이 상호관련된 제도이므로 그 주장내용이 전혀 별개일 수는 없을 것이지만, 그렇다고 반드시 모든 점에서 동일하여야 하는 것은 아닐 것이다. 말하자면 기본적인 점에서 동일하면 된다고 보겠다. 한편 피고의 경우에는 당초처분의 근거로 삼은 사유와 기본적 사실관계가 동일하다고 인정되는 한도 내에서만 다른 처분사유를 새로 추가하거나 변경할 수 있을 뿐이다.

4297　　　② 한편 "행정처분에 대한 행정심판의 재결에 이유모순의 위법이 있다는 사유는 재결처분 자체에 고유한 하자로서 재결처분의 취소를 구하는 소송에서는 그 위법사유로 주장할 수 있으나, 원처분의 취소를 구하는 소송에서는 그 취소를 구할 위법사유로서 주장할 수 없다"는 것이 판례의 입장이다.[2)]

4298　　　(4) **불가쟁력과 주장책임**　　　판례는 "일반적으로 행정처분이나 행정심판 재결이 불복기간의 경과로 인하여 확정될 경우 그 확정력은, 그 처분으로 인하여 법률상 이익을 침해받은 자가 당해 처분이나 재결의 효력을 더 이상 다툴 수 없다는 의미일 뿐, 더 나아가 판결에 있어서와 같은 기판력이 인정되는 것은 아니어서 그 처분의 기초가 된 사실관계나 법률적 판단이 확정되고 당사자들이나 법원이 이에

---

1) 대판 2000. 5. 30, 98두20162(원고는 원심에서, 이 사건 토지는 취득하여 양도시까지 8년 이상 자경한 농지로서 양도소득세 면제대상이고 양도 당시 농지소재지에 거주하면서 직접 이를 경작하였으므로 농어촌특별세는 감면되어야 한다고 주장하였을 뿐 이 사건 토지의 양도차익을 산정함에 있어서 양도가액을 환지된 면적을 기준으로 하여 계산하지 않은 것이 위법하다는 점은 이를 다투거나 주장한 바 없이 상고심에서 비로소 주장하는 것이어서 이 점을 들어 적법한 상고이유로 삼을 수 없다 할 것이고, 나아가 원심이 이 점에 대하여 심리·판단하지 아니하였다 하여 원심판결에 행정소송법 제26조의 규정에 위배한 위법이나 심리미진 내지 판단유탈의 위법이 있다고 할 수 없다); 대판 1994. 11. 25, 94누9047; 대판 1995. 4. 11, 94누8020.
2) 대판 1996. 2. 13, 95누8027.

기속되어 모순되는 주장이나 판단을 할 수 없게 되는 것은 아니다"라 하고 있다.[1]

3. 입증책임

(1) **입증책임의 의의**   판결은 사실의 확정과 법의 적용과정이다. 고도의   4299
개연성이 있을 때 사실은 확정된다.[2] 이와 관련하여 어떠한 사실관계에 대한
명백한 입증이 없을 때, 누가 이로 인한 불이익을 부담하여야 할 것인가의 문제
가 입증책임의 문제이다. 입증책임은 직권탐지주의가 적용되는 경우에도 여전
히 의미를 갖는다. 왜냐하면 직권탐지가 언제나 입증문제를 분명하게 해결해 주
는 것은 아니기 때문이다. 입증책임을 증명책임이라고도 한다.

(2) **입증책임의 분배**   행정소송법상 입증책임은 소송의 종류, 소송상 당사   4300
자의 지위에 따르는 것이 아니다. 행정법상 입증책임의 분배에 관한 원칙적인
규정은 없다. 개별규정에서 적법성의 추정을 규정할 수는 있다. 이러한 명문의
규정이 없는 경우가 문제이다. 여기서 입증책임의 분배의 문제가 나타난다.

(가) **학   설**   4301

1) **원고책임설**   행정행위에는 공정력이 있어서 처분의 적법성이 추정되
므로 행정행위의 위법성에 대한 입증책임은 원고에게 있다는 견해이다.

2) **피고책임설**   법치행정의 원리상 국가행위의 적법성은 국가가 담보하
여야 하므로, 행위의 적법성의 입증책임은 피고인 국가에 놓인다는 견해이다.

3) **법률요건분류설**   특별한 규정이 없는 한 민사소송법상의 입증책임분
배의 원칙에 따라야 한다는 견해이다. 말하자면 당사자는 각각 자기에게 유리한
요건사실의 존재에 대하여 입증책임을 부담한다는 입장인데, 이 견해는 입증책
임분배설·규범설 등으로 불리기도 한다. 다수설의 입장이기도 하다.[3]

4) **독자분배설**   행정소송의 특수성을 고려한다는 전제하에 권리나 이익
을 제한하는 것은 행정청이 적법성의 입증책임을, 권리·이익의 확장은 원고가
입증책임을, 재량일탈이나 남용은 원고가 입증책임을 부담한다는 견해이다.[4]
특수성인정설로 불리기도 한다.

(나) **판   례**   판례는 "민사소송법 규정이 준용되는 행정소송에서 증명책   4302

---

1) 대판 2004. 7. 8, 2002두11288.
2) 대판 2018. 4. 12, 2017두74702(민사소송이나 행정소송에서 사실의 증명은 추호의 의혹도 없어
   야 한다는 자연과학적 증명이 아니고, 특별한 사정이 없는 한 경험칙에 비추어 모든 증거를 종
   합적으로 검토하여 볼 때 어떤 사실이 있었다는 점을 시인할 수 있는 고도의 개연성을 증명하
   는 것이면 충분하다).
3) 김남진·김연태, 행정법(Ⅰ), 900쪽(2019); 이상규, 신행정법론(상), 871쪽.
4) 박윤흔·정형근, 최신행정법강의(상), 849쪽; 석종현·송동수, 일반행정법(상), 897쪽.

임은 원칙적으로 민사소송 일반원칙에[1] 따라 당사자 간에 분배되고, 항고소송
의 경우에는 그 특성에 따라 처분의 적법성을 주장하는 피고에게 그 적법사유
에 대한 증명책임이 있다. 피고가 주장하는 일정한 처분의 적법성에 관하여 합
리적으로 수긍할 만한 증명이 있는 경우에는 그 처분은 정당하다고 볼 수 있고,
이와 상반되는 예외적인 사정에 대한 주장과 증명은 그 상대방인 원고에게 그
책임이 있다”고[2] 하여 법률요건분류설을 취하고 있다.

4303 　　　(다) 사　　견　　　공정력이란 처분내용의 적법성의 추정이 아니라 정책적 견
지에서 인정되는 사실상의 통용력에 불과하므로 공정력을 입증책임의 근거로
삼는 것은 타당하지 않다. 피고책임설은 입증이 곤란한 경우에 패소가능성을 피
고에만 전담시키는 결과가 되므로 공평의 원리에 반한다. 독자분배설은 법률요
건분류설과 근본적으로 다른 바가 없다. 그것은 법률요건분류설을 유형적으로
바꾸어 놓은 견해에 불과하다. 입증책임분배설을 원칙으로 하되, 행정소송의 특
성을 고려하는 방식이 타당하다고 본다. 다수설과 판례의 입장이 타당하다.

(3) 개별적 검토

4304 　　　(가) 개인적 공권의 존재　　　개인적 공권(법률상 이익)의 존재를 주장하는 원고
(사인)는 법률상 그러한 개인적 공권의 성립을 가져오는 사실관계의 존재에 대
한 입증책임을 부담한다.[3]

4305 　　　(나) 처분근거의 존재　　　행정청은 자신의 처분에 근거로 삼은 법령의 요건사
실의 존재에 대한 입증책임을 부담한다. 즉, 행정소송에 있어서 특단의 사정이
있는 경우를 제외하면 당해 행정처분의 적법성에 관하여는 당해 처분청이 이를
주장·입증하여야 한다.[4] 말하자면 행정의 법률에의 구속의 원리상 행정청은

---

1) 헌재 2016. 4. 28, 2015헌바230(입증책임은 법규의 구조와 형식(예컨대 본문과 단서, 일반규정
과 특별규정, 원칙규정과 예외규정 등)에 따라 분배되어야 하고, 권리의 존재를 주장하는 당사
자는 권리근거사실에 대하여 입증책임을 부담하며, 권리의 존재를 다투는 당사자는 권리장애
사실, 권리소멸사실 또는 권리저지사실에 대하여 입증책임을 진다는 것이 일반적으로 받아들
여지고 있다).

2) 대판 2023. 6. 29, 2020두46073; 대판 2017. 7. 11, 2015두2864.

3) 대판 2012. 11. 29, 2008두21669(심사평가원에 심사청구를 함에 있어 그 요양급여가 법령과 고
시 등 법규에서 규정한 요양급여의 기준에 합치한다는 점은 이를 청구하는 요양기관이 증명할
책임을 진다).

4) 대판 2013. 1. 10, 2011두7854(항고소송에 있어서 당해 행정처분의 적법성에 대한 증명책임은
원칙적으로 그 행정처분의 적법을 주장하는 처분청에 있지만, 행정청이 주장하는 당해 행정처
분의 적법성에 관하여 합리적으로 수긍할 수 있는 정도로 증명이 된 경우에는 그와 상반되는
예외적인 사정에 대한 주장과 증명은 상대방이 증명할 책임을 진다고 봄이 타당하다); 대판
2010. 2. 11, 2008두16407(독점규제 및 공정거래에 관한 법률 제3조의2 제1항 제5호 후단은 ‘부
당하게 소비자의 이익을 현저히 저해할 우려가 있는 행위’를 시장지배적 사업자의 지위남용행
위의 한 유형으로 규정하고 있는바, 그 요건으로서는 시장지배적 사업자의 소비자이익을 저해

침해규범의 사실상·법상의 요건이 존재함을 입증하여야 한다. 국가에 의한 기본권침해·자유침해는 정당화되어야 하는바, 침익적 행정의 요건사실의 존재에 대한 입증책임은 당연히 행정청이 부담한다.[1]

㈐ **허가요건·과세요건의 존부**　　① 허가의 경우, 허가발령의 일반적 요건을 　　4306 구비하였다는 것은 원고(사인)가 입증책임을 부담한다. 그러나 허가발령을 저지하는 요건(예 : 허가기준미달)은 행정청이 입증책임을 진다.[2] ② 과세요건을 구비하였다는 것은 과세관청이 입증책임을 부담한다. 그러나 과세처분을 저지하는 요건의 입증책임은 원고가 부담한다.[3] 배우자간의 명의신탁이 조세 포탈, 강제집행의 면탈 또는 법령상 제한의 회피를 목적으로 한 것이라는 점은 과징금의 부과요건에 해당하는 것이므로 과징금부과관청이 이를 증명하여야 한다.[4] 수익적 행위의 직권취소의 경우, 하자나 취소해야 할 필요성에 관한 증명책임은 기존 이익과 권리를 침해하는 처분을 한 행정청에 있다.[5]

㈑ **무효·취소사유의 존부**　　판례에 의하면, 행정처분의 당연무효를 주장하　　4307 는 경우 행정처분의 하자가 중대하고 명백하다는 것은 원고가 주장·입증책임을 부담하며, 무효 확인을 구하는 뜻에서 행정처분의 취소를 구하는 경우도 같다.[6]

할 우려가 있는 행위의 존재, 소비자이익 저해 정도의 현저성 및 그 행위의 부당성이 증명되어야 하고, 그러한 요건에 대한 증명책임은 시정명령 등 처분의 적법성을 주장하는 공정거래위원회에 있다); 대판 2000. 5. 30, 98두20162; 대판 2000. 3. 23, 98두2768.

1) Scholler/Bross, Verfassungs - und Verwaltungsprozessrecht, 1980, S. 250.
2) 대판 1986. 4. 8, 86누107(허가신청에 대하여 허가기준 미달을 이유로 불허가한 처분이 적법하다는 주장과 입증의 책임은 처분청에게 있다); 대판 1992. 3. 27, 91누12912(과세처분의 위법을 이유로 그 취소를 구하는 행정소송에 있어 처분의 적법성 및 과세요건사실의 존재에 관하여는 원칙적으로 과세청인 피고가 그 입증책임을 부담하나, 경험칙상 이례에 속하는 특별한 사정의 존재에 관하여는 납세의무자인 원고에게 입증책임 내지는 입증의 필요가 돌아가는 것이므로 법인세의 과세표준인 소득액 확정의 기초가 되는 손금에 산입할 비용액에 대한 입증책임도 원칙적으로 과세청에 있고, 다만 구체적 비용항목에 관한 입증의 난이라든가 당사자의 형평 등을 고려하여 납세의무자측에 그 입증책임을 돌리는 경우가 있는 것이라 하겠다).
3) 대판 2015. 9. 10, 2015두41937(조세부과처분 취소소송의 구체적인 소송과정에서 경험칙에 비추어 과세요건사실이 추정되는 사실이 밝혀진 경우에는 과세처분의 위법성을 다투는 납세의무자가 문제된 사실이 경험칙을 적용하기에 적절하지 아니하다거나 해당 사건에서 그와 같은 경험칙의 적용을 배제하여야 할 만한 특별한 사정이 있다는 점 등을 증명하여야 하지만, 그와 같은 경험칙이 인정되지 아니하는 경우에는 원칙으로 돌아가 과세요건사실에 관하여 과세관청이 증명하여야 한다); 대판 1990. 2. 13, 89누2851(과세처분의 위법을 이유로 그 취소를 구하는 행정소송에 있어서 과세처분의 적법성 및 과세요건사실의 존재에 관하여는 원칙적으로 과세관청이 그 입증책임을 부담하나 경험칙상 이례에 속하는 특별한 사정의 존재는 납세의무자에게 그 입증책임 내지는 입증의 필요가 돌아간다).
4) 대판 2012. 5. 24, 2011두15718.
5) 대판 2012. 3. 29, 2011두23375.
6) 대판 2023. 6. 29, 2020두46(행정처분의 당연무효를 주장하여 무효 확인을 구하는 행정소송에서는 원고에게 행정처분이 무효인 사유를 주장·증명할 책임이 있고, 이는 무효 확인을 구하는

취소를 구하는 경우도 마찬가지이다.[1]

4308   ㈐ **입증책임소재의 불명**   입증책임의 분배가 명확하지 아니한 경우, 사실관계의 불확실성은 그 사실관계로 인해 수익적인 효과를 갖는 당사자가 부담하여야 한다.[2]

4309   ⑷ **직권증거조사 · 석명의무**   ① 직권조사사항은 당사자간에 다툼이 없다고 하여도 그 존부에 관하여 의심이 있는 경우에는 법원이 직권으로 이를 밝혀야 한다.[3] 그리고 ② 당사자의 주장 · 제출증거에 부족함이나 모순이 있으면 법원이 석명권을 행사하여 그 부족함이나 모순을 보충하여야 할 것이다.[4] 한편 ③ 판례는 형사사건의 판결에서 인정된 사실은 그와 관련된 민사나 행정소송에서 유력한 증거자료가 되는 것이므로 특별한 사정이 없는 한 형사사건에서 인정된 것과 반대되는 사실을 인정하여서는 아니된다고 한다.[5] 또한 ④ 법원은 검사의 처분에 구속되지 아니한다.[6]

4310   ⑸ **증거제출시한 등**   당사자는 사실심의 변론종결시까지 주장과 증거를 제출할 수 있다고 볼 것이다.[7] 판례는 항고소송에 있어서 원고는 전심절차에서 주장하지 아니한 공격방어방법을 소송절차에서 주장할 수 있는 것이므로 법원은 이를 심리하여 행정처분의 적법 여부를 판단할 수 있다는 입장이다.[8]

    뜻에서 행정처분의 취소를 구하는 소송에 있어서도 마찬가지이다).

1) 대판 2001. 1. 16, 99두8107(행정소송에 있어서 특별한 사정이 있는 경우를 제외하면 당해 행정처분의 적법성에 관하여는 행정청이 이를 주장 · 입증하여야 할 것이나 행정소송에 있어서 직권주의가 가미되어 있다고 하더라도 여전히 변론주의를 기본구조로 하는 이상 행정처분의 위법을 들어 그 취소를 청구함에 있어서는 직권조사사항을 제외하고는 그 취소를 구하는 자가 위법사유에 해당하는 구체적 사실을 먼저 주장하여야 한다).

2) Würtenberger, Verwaltungsprozessrecht, Rn. 580.

3) 대판 1986. 7. 8, 84누653(행정소송에 있어서 쟁송의 대상이 되는 행정처분의 존부는 소송요건으로서 직권조사사항이라 할 것이고 자백의 대상이 될 수는 없다고 할 것이므로 설사 그 존재를 당사자들이 다투지 아니한다고 하더라도 그 존부에 관하여 의심이 있는 경우에는 이를 직권으로 밝혀 보아야 한다).

4) 대판 2005. 1. 14, 2002두7234(법원의 석명권 행사는 사안을 해명하기 위하여 당사자에게 그 주장의 모순된 점이나 불완전 · 불명료한 부분을 지적하여 이를 정정 · 보충할 수 있는 기회를 주고, 계쟁사실에 대한 증거의 제출을 촉구하는 것을 그 내용으로 하는 것이며, 당사자가 주장하지도 않은 법률효과에 관한 요건사실이나 공격방어방법을 시사하여 그 제출을 권유하는 행위는 변론주의의 원칙에 위배되고 석명권 행사의 한계를 일탈한 것이 된다).

5) 대판 1981. 1. 27, 80누13; 대판 1983. 9. 13, 81누324.

6) 대판 1987. 10. 26, 87누493(행정재판이나 민사재판은 반드시 검사의 무혐의불기소처분 사실에 대하여 구속받는 것은 아니고 법원은 증거에 의한 자유심증으로써 그와 반대되는 사실을 인정할 수 있다).

7) 대판 1989. 6. 27, 87누448(과세처분의 위법을 다투는 행정소송에 있어서 그 처분의 적법여부는 과세액이 정당한 세액을 초과하느냐의 여부에 따라 판단되는 것으로서 당사자는 소송변론종결시까지 객관적인 조세채무액을 뒷받침하는 주장과 증거를 제출할 수 있다).

8) 대판 1996. 6. 14, 96누754; 대판 1999. 11. 26, 99두9407(행정소송이 전심절차를 거쳤는지 여부

(6) **변론종결 후 입증을 위한 변론재개신청권의 존부**　　　판례는 "당사자가 변 4311
론종결 후 주장·증명을 하기 위하여 변론재개신청을 한 경우에, 변론재개신청
을 한 당사자가 변론종결 전에 그에게 책임을 지우기 어려운 사정으로 주장·증
명할 기회를 제대로 갖지 못하였고 그 주장·증명의 대상이 판결의 결과를 좌우
할 수 있는 사실에 해당하는 경우 등과 같이, 당사자에게 변론을 재개하여 그
주장·증명을 제출할 기회를 주지 않은 채 패소의 판결을 하는 것이 행정소송법
제8조 제2항에서 준용하도록 규정하고 있는 민사소송법이 추구하는 절차적 정
의에 반하는 경우가 아니라면 법원은 당사자의 변론재개신청을 받아들일지 여
부를 재량으로 결정할 수 있다"는 견해를 취한다.[1]

4. 처분이유의 사후변경

(1) **의　　　의**　　　행정결정의 발령시에 놓여 있는 사실상 또는 법상의 상황이 4312
결정의 근거로 사용되지 않았으나 사후에 행정소송절차에서 그 사유를 행정청
이 새로이 제출하거나 법원이 직권으로 회부하여 고려할 수 있는가의 문제가
여기서 말하는 처분이유의 사후변경(Nachschieben von Gründen)의 문제이다(예컨
대 A가 건축허가를 신청하였으나 그 신청이 소방법상 화재예방 관련규정에 위반됨을 이유로
거부되자, A는 거부처분의 취소소송을 제기하였다. 그런데 소송에서 피고행정청이 A의 신청
은 건축관련법상 이웃과의 거리제한규정에 위반하였던 것이라 주장하였던바, 역시 A의 청구
가 받아들여지지 아니한다고 하자. 이 경우 화재예방규정에서 거리제한규정으로 이유를 변경
한 문제가 처분이유의 사후변경문제이다).

(2) **유사개념과 구분**　　　① 처분이유의 사후변경은 결정에 고려하지 않았던, 4313
그러나 처분시에 존재하였던 사실상 그리고 법상의 상황의 고려이므로, 처분 후
에 발생한 새로운 사유의 고려와는 구분되어야 한다. 후자는 행정행위의 철회와
관련한다. ② 처분이유의 사후변경은 행위의 이유만의 변경이므로, 새로운 행위
를 가져오는 행정행위의 사후변경과는 구분된다. ③ 처분이유의 사후변경은 행
위는 그대로 두고 처분의 이유만 변경하는 것이므로 하자있는 행위를 새로운
행정행위로 대체하는 행정행위의 전환과는 구분된다. ④ 처분이유의 사후제시
가 절차적 흠결을 보완하기 위한 형식적 적법성의 문제라면,[2] 처분이유의 사후

　를 판단함에 있어서 전심절차에서의 주장과 행정소송에서의 주장이 전혀 별개의 것이 아닌 한
　그 주장이 반드시 일치하여야 하는 것은 아니고, 당사자는 전심절차에서 미처 주장하지 아니한
　사유를 공격방어방법으로 제출할 수 있다).
1) 대판 2018. 7. 26, 2016두45783.
2) 대판 2017. 8. 29, 2016두44186(행정처분의 취소를 구하는 항고소송에서는 처분청이 당초 처분
　의 근거로 제시한 사유와 기본적 사실관계에서 동일성이 없는 별개의 사실을 들어 처분사유로
　주장할 수 없다. 피고는 이 사건 소송에서 '이 사건 산업단지 안에 새로운 폐기물시설부지를 마

변경은 행정행위의 실질적 적법성의 문제이다. 즉 소송계속중에 그 대상이 된 처분을 실체적으로 지지하기 위하여 처분의 이유로서 잘못 제시된 사실적 근거 등을 변경하는 것을 말한다.[1]

4314   (3) **처분이유의 사후제시와 비교**   처분이유의 사후변경과 행정절차의 하자 의 치유문제로서 처분이유의 사후제시는 구분되어야 한다. 행정행위의 하자의 치유로서 처분이유의 사후제시는 행정절차법상 하자의 문제이다. 이것은 처분 에 이유제시가 없거나 또는 있다고 하여도 행정절차법상 요구되는 처분이유가 결여되고, 따라서 그것 때문에 행정행위가 형식적으로 위법하게 되는 경우의 문 제이다.[2] 행정행위의 하자의 치유로서 처분이유의 사후제시는 주어진 사유의 실체법상 정당성과 관계없이 형식적인 이유결여의 사후개선의 문제일 뿐이다.[3] 처분이유의 사후제시로 인해 처분이유의 미비를 사유로 하는 피고의 패소판결 은 방지된다.

4315   그러나 처분이유의 사후변경은 행정소송법상 문제이다. 처분이유의 사후변 경은 행정행위의 형식적 적법성의 문제가 아니라 실질적 적법성의 문제이다. 처 분이유의 사후변경은 절차상 하자의 치유를 문제로 하지 아니하고, 행정행위의 근거가 되는 법적 근거와 사실상황의 보완 또는 시정을 문제로 한다. 처분이유 의 사후변경은 행정절차법이 요구하는 이유제시를 하였으나, 내용상 불충분한 경우에 이유를 변경하고 보완하는 것을 말한다.

    (4) **인정가능성**

4316   (개) **문제상황**   행정소송의 계속중에 처분의 근거변경을 허용할 것인가의 문제에 대해서는 현행 행정소송법은 아무런 규정을 두지 않아 이 문제는 학설 과 판례에 맡겨져 있다.

    (내) **인정여부**

4317   1) **학   설**   처분이유의 사후변경의 인정여부와 관련하여 ① 처분이유 의 사후변경은 처분의 상대방에게 예기하지 못한 불이익을 가져올 수 있으므로 인정될 수 없다는 주장(부정설), ② 처분이유의 사후변경을 부정한다고 하여도

런할 시급한 필요가 없다.'는 점을 이 사건 거부처분의 사유로 추가하였다. 그러나 피고가 당초 처분의 근거로 제시한 사유가 실질적인 내용이 없다고 보는 이상, 위 추가 사유는 그와 기본적 사실관계가 동일한지 여부를 판단할 대상조차 없는 것이므로, 결국 소송단계에서 처분사유를 추가하여 주장할 수 없다).

1) 류지태·박종수, 행정법신론, 759쪽(2019).
2) Maurer, Allgemeines Verwaltungsrecht, §10, Rn. 40. Giemulla/Jaworsky/Müller-Uri, Ver-waltungsrecht, Rn. 343; Schenke, Verwaltungsprozessrecht, Rn. 812.
3) Glaeser, Verwaltungsprozeßrecht, Rn. 529; Schenke, Verwaltungsprozessrecht, Rn. 812.

행정청은 다른 사유로 새로운 재처분을 할 수 있으므로 처분이유의 사후변경을 부정할 실익이 없다는 주장(긍정설), ③ 처분의 상대방의 보호와 소송경제의 요청을 고려할 때, 제한적인 범위 내에서 처분이유의 사후변경은 인정되어야 한다는 주장(제한적 긍정설)이 가능하다. 제한적 긍정설이 통설이다.

2) 판 례

a) 일 반 론   판례는 "행정처분의 취소를 구하는 항고소송에 있어서는   4318
실질적 법치주의와 행정처분의 상대방인 국민에 대한 신뢰보호라는 견지에서 처분청은 당초 처분의 근거로 삼은 사유와 기본적인 사실관계가 동일성이 있다고 인정되는 한도 내에서만 다른 사유를 추가하거나 변경할 수 있을 뿐, 기본적 사실관계와 동일성이 인정되지 않는 별개의 사실을 들어 처분사유로 주장함은 허용되지 아니한다"는 입장이다.[1] 판례의 이러한 입장은 "행정처분의 상대방의 방어권을 보장함으로써 실질적 법치주의를 구현하고 행정처분의 상대방에 대한 신뢰를 보호하고자 함"을 논거로 한다.[2]

b) 기본적 사실관계의 동일성의 판단기준   판례는 "기본적 사실관계의 동   4319
일성 유무는 처분사유를 법률적으로 평가하기 이전의 구체적인 사실에 착안하여 그 기초인 사회적 사실관계가 기본적인 점에서 동일한지에 따라 결정되고, 추가 또는 변경된 사유가 종전 처분 당시에 그 사유를 명기하지 아니하였을 뿐 이미 존재하고 있었고 당사자도 그 사실을 알고 있었다고 하여 당초의 처분사유와 동일성이 있는 것이라고 할 수 없다"고 한다.[3] 또한 "처분청이 처분 당시에 적시한 구체적 사실을 변경하지 아니하는 범위 내에서 단지 그 처분의 근거 법령만을 추가·변경하는 것에 불과한 경우에는 새로운 처분사유의 추가라고 볼 수 없으므로 행정청이 처분 당시에 적시한 구체적 사실에 대하여 처분 후에 추가·변경한 법령을 적용하여 그 처분의 적법 여부를 판단할 수 있다. 그러나 처분의 근거 법령을 변경하는 것이 종전 처분과 동일성을 인정할 수 없는 별개의 처분을 하는 것과 다름없는 경우에는 허용될 수 없다"고 한다.[4]

c) 동일성을 부정한 판례모음   판례는 ① 기존 공동사업장과의 거리제한   4320
규정에 저촉된다는 것과 최소주차용지에 미달한다는 것은 기본적 사실관계를 달리하는 것이라 하였고,[5] ② 무자료 주류판매 및 위장거래 금액이 부가가치세

---

1) 대판 2009. 11. 26, 2009두15586; 대판 2018. 4. 12, 2014두5477.
2) 대판 2021. 7. 29, 2021다215497; 대판 2003. 12. 11, 2001두8827.
3) 대판 2015. 11. 27, 2013다6759.
4) 대판 2021. 7. 29, 2021다215497.
5) 대판 1995. 11. 21, 95누10952.

과세기간별 총주류판매액의 100분의 20 이상에 해당한다는 것과 무면허판매업자에게 주류를 판매하였다는 것은 기본적 사실관계를 달리하는 것이라 하였고,[1] ③ 입찰참가자격을 제한시킨 당초의 처분 사유인 정당한 이유 없이 계약을 이행하지 않은 사실과 항고소송에서 새로 주장한 계약의 이행과 관련하여 관계 공무원에게 뇌물을 준 사실은 기본적 사실관계의 동일성이 없다고[2] 하였고, 당초의 정보공개거부처분사유인 공공기관의정보공개에관한법률 제7조 제1항 제4호 및 제6호의 사유는 새로이 추가된 같은 항 5호의 사유와 기본적 사실관계의 동일성이 없다는[3] 등의[4] 판시를 한 바 있다.

---

1) 대판 1996. 9. 6, 96누7427.
2) 대판 1999. 3. 9, 98두18565(피고가 지방재정법 제63조에 의하여 준용되는 국가를당사자로 하는계약에관한법률 제27조 제1항에 의하여 원고의 입찰참가자격을 제한시킨 이 사건 처분을 함에 있어서 그 처분사유로 단지 정당한 이유 없이 계약을 이행하지 아니한 사실과 그에 대한 법령상의 근거로 동법시행령 제76조 제1항 제6호를 명시하고 있음이 분명하고, 피고가 이 사건 소송에서 비로소 처분사유로 내세우고 있는 같은 조항 제10호 소정의 "계약의 이행과 관련하여 관계 공무원에게 뇌물을 준 것"은 피고가 당초 이 사건 처분의 근거로 삼은 위 구체적 사실과는 그 기초가 되는 사회적 사실관계의 기본적인 점에서 다르다고 할 것이므로 피고는 이와 같은 사유를 이 사건 처분의 근거로 주장할 수 없다).
3) 대판 2003. 12. 11, 2001두8827.
4) 대판 2021. 7. 29, 2021다215497(원고가 부지 지상에 컨테이너를 설치하여 창고임대업을 영위한 것과 관련하여 피고가 '위 컨테이너가 건축법(2019. 4. 23. 법률 제16380호로 개정되기 전의 것) 제2조 제1항 제2호의 건축물에 해당함에도 같은 법 제11조에 따른 건축허가를 받지 아니하고 이를 건축하였다'는 이유로 원상복구 시정명령 및 계고처분을 하였는데, 원심에 이르러 건축법 제20조 제3항 위반을 처분사유로 추가하는 것은 당초의 처분사유와 기본적 사실관계가 동일하지 않아 허용되지 않는다); 대판 2020. 6. 11, 2019두49359(소각시설을 허가받은 내용과 달리 설치하거나 증설한 후 허가받은 처분능력의 100분의 30을 초과하여 폐기물을 과다소각하였다고 하였다가 추후에 변경허가를 받지 않은 채 소각시설을 무단 증설하여 과다소각하였다는 것을 주장한 것은 새로운 처분사유를 추가로 주장한 것이 아니라, 처분서에 다소 불명확하게 기재하였던 '당초 처분사유'를 좀 더 구체적으로 설명한 것이다); 대판 2018. 4. 12, 2014두5477(피고가 원고의 정보공개청구에 대하여 별다른 이유를 제시하지 않은 채 이동통신요금과 관련한 총괄원가액수만을 공개한 것은, 이 사건 원가 관련 정보에 대하여 비공개결정을 하면서 비공개이유를 명시하지 않은 경우에 해당하여 위법하다고 판단하면서, 피고가 이 사건 소송에서 비로소 이 사건 원가 관련 정보가 법인의 영업상 비밀에 해당한다는 비공개사유를 주장하는 것은, 그 기본적 사실관계가 동일하다고 볼 수 없는 사유를 추가하는 것이어서 허용될 수 없다); 대판 2011. 11. 24, 2009두19021(피고들이 당초 이 사건 처분사유로 원심판시 제3정보가 대법원 2007두11412호로 진행 중인 재판에 관련된 정보라는 취지를 명기하였던 이상, 이 사건 소송에서 원심판시 제3정보가 위 대법원 사건과는 전혀 별개의 사건인 서울중앙지방법원 2006 고합1352, 1295, 1351호로 진행 중인 재판에 관련된 정보에도 해당한다며 이 사건 처분사유를 추가로 주장하는 것은 당초의 처분사유와 기본적 사실관계가 동일하다고 할 수 없는 사유를 추가하는 것이어서 허용될 수 없다; 대판 2011. 10. 27, 2011두14401(미디어밸리 조성을 위한 시가화예정 지역이라는 이유와 해당 토지 일대가 개발행위허가 제한지역으로 지정되었다는 이유는 구체적인 사실관계가 달라 기본적 사실관계가 동일하다고 볼 수 없다); 대판 2011. 5. 26, 2010두28106(피고 서울특별시 종로구청장은, 행정청이 점용허가를 받지 않고 도로를 점용한 사람에 대하여 도로법 제94조에 의한 변상금 부과처분을 하였다가 처분에 대한 취소소송이 제기된 후 해당 도로가 도로법의 적용을 받는 도로에 해당하지 않을 경우를 대비하여 처분의 근

d) **동일성을 긍정한 판례모음**   판례는 북한산국립공원인접 미개발지개   4321
발계획의 수립과 도시환경보전을 위한 형질변경금지라는 사유는 기본적 사실관
계에 동일성이 인정된다고 하였고,[1] 당초의 정보공개거부처분사유인 검찰보존
사무규칙 제20조 소정의 신청권자에 해당하지 아니한다는 사유는 새로이 추가
된 거부처분사유인 공공기관의 정보공개에 관한 법률 제7조 제1항 제6호의 사
유와 그 기본적 사실관계의 동일성이 있다고 하였고,[2] 처분의 근거법령만을 추가
변경하는 것은 새로운 처분사유의 추가가 아니라는[3] 등의[4] 판시를 한 바 있다.

거 법령을 도로의 소유자가 서울특별시 종로구인 부분은 구 공유재산 및 물품관리법 제81조와
그 시행령 등으로 변경하여 주장하였으나, 도로법과 구 국유재산법령 및 구 공유재산 및 물품
관리법령의 해당 규정은 별개 법령에 규정되어 입법 취지가 다르고, 해당 규정내용을 비교하여
보면 변상금의 징수목적, 산정 기준금액, 징수 재량 유무, 징수절차 등이 서로 달라 위와 같이
근거 법령을 변경하는 것은 종전 도로법 제94조에 의한 변상금 부과처분과 동일성을 인정할
수 없는 별개의 처분을 하는 것과 다름 없어 허용될 수 없다); 대판 2005. 4. 15, 2004두10883
(이 사건 토지가 제1종 일반주거지역으로 지정된 것은 이 사건 처분 이후에 새로이 발생한
사정으로 당초 처분사유(46필지 전체를 개발하지 아니한 채 이 사건 토지만을 개발하는 것은
도시미관과 지역여건을 고려하지 아니한 불합리한 계획으로 지역의 균형개발을 저해한다
등)와 기본적 사실관계의 동일성이 있다고 보기 어려워, 피고가 이를 이 사건 처분의 적법
여부를 판단하는 근거로 주장하는 것은 단지 당초 처분사유를 보완하는 간접사실을 부가하여
주장하는 데 불과하다고 할 수는 없고 새로운 처분사유의 주장에 해당하여 허용될 수 없다고
할 것이므로, 원심이 이 사건 토지가 제1종 일반주거지역으로 지정된 사실까지 이 사건 처분
의 적법 여부를 판단함에 있어서 처분사유를 보완하는 사정으로 고려한 것은 일단 잘못된 것
이다).

1) 대판 2001. 9. 28, 2000두8684(이 사건 처분의 근거로 삼은 사유(이 사건 신청지는 북한산 국립
공원에 인접한 미개발지로서, 동 지역의 토지가 합리적으로 이용될 수 있는 근본적인 해결책을
마련하기 위한 대책을 수립중에 있으므로, 그 결과가 확정될 때까지 그 허가여부를 유보하도록
결정되었기에 일건 서류를 반려한다)나, 피고가 이 사건 소송에서 추가하여 주장하는 사유(이
사건 신청지 일대는 북한산국립공원과 인접하여 있고 자연경관이 수려한 지역으로서 도시환경
보전을 위하여 개발이 억제되어야 할 공익상의 필요가 있는데, 이 사건 신청지에 대한 형질변
경을 허가할 경우 주변의 환경·풍치·미관 등을 크게 손상시킬 우려가 있으므로 이 사건 신청
지는 공공목적상 원형유지의 필요가 있는 곳으로서 형질변경허가 금지 대상이다)라는 사유는,
그 내용이 모두 이 사건 신청지가 북한산국립공원에 인접하여 있다는 점을 공통으로 하고 있
을 뿐만 아니라, 그 취지도 도시환경의 보전 등 중대한 공익상의 필요가 있어 형질변경을 불허
한다는 것으로서, 당초 이 사건 처분의 근거 로 삼은 사유와 변경된 처분사유는 기본적 사실관
계에 있어서 동일성이 인정된다고 판단된다).
2) 대판 2003. 12. 11, 2003두8395(피고가 그 정보공개거부처분의 당초 처분사유 근거로 내세운 검
찰보존사무규칙 제20조는 재판확정기록의 열람·등사를 피고인이었던 자 또는 그와같이 볼 수
있는 자(피고인이었던 법인의 대표자, 형사소송법 제28조의 규정에 의한 특별대리인 또는 그
변호인·법정대리인·배우자·직계친족·형제자매·호주)에게만 일반적으로 허용하고, 나머지 사
건 관계자들(고소인·고발인·피해자 및 참고인 또는 증인으로 진술한 자)에 대하여는 본인의
진술이 기재되거나 본인이 제출한 서류 등에 대하여만 열람·등사를 허용하는 내용으로서, 전
체적으로 보아 특정인을 식별할 수 있는 개인에 관한 정보를 본인 이외의 자에게 공개하지 아
니하겠다는 취지이므로, 결국 원고가 위 규칙 제20조에 해당하는 자가 아니라는 당초의 처분사
유는 정보공개법 제7조 제1항 제6호의 사유와 그 기초적 사실관계를 같이 한다).
3) 대판 1988. 1. 19, 87누603(피고는 원고가 주취중 운전으로 교통사고를 내어 개인택시운송사업
면허의 기본요건인 원고의 자동차운전면허가 취소되었음을 이유로 원고에 대한 이 사건 개인

4322 　　　3) 사　　견　　　처분이유에 의해 특정되는 처분의 위법성 일반이 소송물임을 고려할 때, 소송물의 동일성을 해하지 아니하는 범위 안에서 처분이유의 사후변경은 인정될 수 있다고 본다. 따라서 제한적 긍정설이 타당하다. 처분이유의 사후변경은 소송법 의미를 가질 뿐만 아니라 실체법상 의미도 갖는다.

4323 　　　a) 소송법상 의미　　　처분이유의 사후변경의 인정은 소송경제에 기여한다. 만약 처분이유의 사후변경을 인정하지 아니하고 원고승소의 판결을 한다면, 피고행정청은 다른 사유(사후변경에서 제시할 사유)로 새로운 처분을 할 것이기 때문이다. 기속행위의 경우에는 특히 그러하다. 즉 새로운 처분을 할 수밖에 없다. 따라서 법원으로서는 모든 가능한 관점하에서 심사하는 것이 법원의 권리이자 의무이다. 재량행위의 경우도 마찬가지이다. 다만, 법원의 임무는 행정청을 통제하는 것이지, 행정청을 대신하여 재량행사를 하는 것은 아니라는 점이다. 따라서 재량행위에 대한 법원의 통제는 행정청이 실제로 제시한 이유에 한정된다. 그 때문에 행정청은 소송절차중에도 재량결정에 대한 사유를 제시할 수 있다.[1]

4324 　　　b) 실체법상 의미　　　처분이유의 사후변경은 실체법적 의미도 갖는다. 처분이유의 제시는 행정결정의 내용상의 정당성에 대하여 상대방으로 하여금 신뢰를 갖게 하는 것인데, 그것은 행정절차법이 요구하는 형식적인 이유제시만으로 충분한 것은 아니다. 상대방이 충분한 신뢰를 가질 수 있도록 이유를 제시하는 것은 행정절차에만 한정되는 것은 아니고 행정소송절차에도 요구된다고 보는 것이 법치국가의 요청이다.[2]

4325 　　　(5) 요 건(한계)　　　처분이유의 사후변경은 무제한이 아니다. 처분이유의 사후변경이 인정되기 위해서는 먼저, ① 분쟁대상인 행정행위가 본질적으로 변경되는 것이어서는 아니된다. 즉, 처분이유의 사후변경 후에 분쟁대상인 행정행위

택시운송사업면허취소처분을 하면서 처음에는 그것이 자동차운수사업법 제31조 제1항 제3호 소정의 면허취소사유에 해당한다고 보아 같은 법조를 적용하였다가 그 후 그 구체적 사실은 변경하지 아니한 채 적용법조로 같은법 제31조와 같은법시행규칙 제15조를 추가하여 원고에게 통고한 사실이 인정되는바, 사실이 위와 같다면 피고가 이 사건 운송사업면허의 취소사유로 삼은 것은 개인택시운송사업면허의 기본요건인 원고의 자동차운전면허가 취소되었다는 점이고 피고가 처분 후에 적용법조를 추가하여 통고한 것은 단순한 법령적용의 오류를 정정한 것일 뿐 그에 의하여 취소사유를 달리하는 것은 아니라 할 것이다); 대판 1987. 12. 8, 87누632.

4) 대판 2004. 11. 26, 2004두4482(주택신축을 위한 산림형질변경허가신청에 대하여 행정청이 거부처분을 하면서 당초 거부처분의 근거로 삼은 준농림지역에서의 행위제한이라는 사유와 나중에 거부처분의 근거로 추가한 자연경관 및 생태계의 교란, 국토 및 자연의 유지와 환경보전 등 중대한 공익상의 필요라는 사유는 기본적 사실관계에 있어서 동일성이 인정된다).

1) Glaeser, Verwaltungsprozeßrecht, Rn. 531.

2) Glaeser, Verwaltungsprozeßrecht, Rn. 521.

의 요건·내용·효과에 본질적인 변경이 없어야 한다. 만약 변경이 따른다면, 분쟁대상이 변경됨을 의미할 것이다. 그리고 ② 원고의 권리방어가 침해되지 않아야 한다. 처분이유의 사후변경은 행정행위의 적법성의 확보를 위한 것이지, 원고를 침해하기 위한 것은 아니기 때문이다. 그러나 재량행위에서 처분사유의 추가·변경은 재량행위에 있어서 고려사항의 변경을 뜻하는 것이고, 고려사항의 변경은 새로운 처분에 해당한다는 것을 이유로 재량행위에서 처분사유의 추가·변경에 부정적인 견해도 있다. 생각건대 재량행위에서 처분사유의 추가·변경은 ①의 제한을 전제로 하는 것이므로 부정설은 타당하지 않다. 다툼 있는 행위가 재량행위인 경우에도 처분이유의 사후변경은 인정된다고 볼 것이다.[1] ③ 처분이유의 추가변경은 변론종결시까지만 허용되는 시적 한계가 있다.[2] ④ 위법성판단의 기준시점을 판결시로 보면, 판결시까지 존재하는 이유(사유)는 기본적 사실관계의 동일성이 있는 한 사후변경(추가·변경)이 가능하지만, 처분시로 보면, 처분이유의 사후변경은 처분시에 존재하던 기본적 사실관계의 동일성 있는 이유에 한정되고 처분시 이후의 사정은 사후변경할 수 있는 이유에 해당하지 않는다. 위법성판단의 기준시점을 처분시로 보는 일반적 견해와 판례에 의할 때, 처분시 이후의 사정은 사후변경할 수 있는 이유에 해당하지 않는다.

제 7 항　취소소송의 판결

Ⅰ. 위법성판단의 기준시점

취소소송의 대상이 되는 처분의 위법성판단에 있어서 처분시의 법적 상태 및 사실상태와 재판시의 법적 상태 및 사실상태 중 어느 것을 기준으로 하여 행할 것인가는 문제이다. 왜냐하면 행정법규는 고정적인 것이 아니라 사회환경의 변화에 따라 변화하기도 하며, 아울러 적용대상인 사실관계도 변화하기도 하기 　4326

---

1) 독일은 1996년 행정재판소법(제114조 제2문)의 개정을 통해 행정청은 행정소송절차에서 행정행위와 관련하여 재량고려를 보완할 수 있도록 하였다. 따라서 행정소송절차에서도 재량행사의 이유의 사후변경이 법률상 허용되었다.

2) 대판 1999. 8. 20, 98두17043(행정청은 기본적 사실관계의 동일성이 있다고 인정되는 한도 내에서만 다른 처분사유를 추가, 변경할 수 있다고 할 것이나 이는 사실심변론종결시까지만 허용된다. 원고가 이주대책신청기간이나 소정의 이주대책실시(시행)기간을 모두 도과하여 실기한 이주대책신청을 하였으므로 원고에게는 이주대책을 신청할 권리가 없고, 사업시행자가 이를 받아들여 택지나 아파트공급을 해 줄 법률상 의무를 부담한다고 볼 수 없다는 피고의 상고이유의 주장은 원심에서는 하지 아니한 새로운 주장일 뿐만 아니라 사업지구 내 가옥 소유자가 아니라는 이 사건 처분사유와 기본적 사실관계의 동일성도 없으므로 적법한 상고이유가 될 수 없다).

때문이다. 이 문제에 관하여 견해가 갈린다.

1. 학   설

4327   (1) **판결시기준설**   항고소송은 구체적인 행정처분이 법규에 대하여 적합한가의 여부를 판단의 대상으로 하는 것이므로, 이 경우의 법규는 판결시의 법규이어야 하며, 과거의 법규나 사실관계를 기준으로 할 수는 없다는 견해이다. 판결시기준설은 판결을 처분의 사후심사가 아니라 처분에 계속적으로 효력을 부여할 것인가의 문제로 본다.

4328   (2) **처분시기준설**   법원의 기능상 법원은 객관적 입장에서 처분등의 위법여부를 사후심사할 수 있을 뿐이라 하고, 처분시 이후의 사정고려는 법원에 의한 행정권의 고유권한의 침해를 의미하게 된다는 견해이다. 처분시기준설은 취소소송이 처분의 적법성의 사후심사제도임을 전제로 한다. 통설의 입장이다.[1]

4329   (3) **절 충 설**   일설은 원칙적으로 처분시기준설을 취하면서, 예외적으로 계속효 있는 행위(예 : 영업허가의 취소·교통표지판의 설치)의 경우에는 판결시설을 취한다. 말하자면 법원은 최종사실심의 구두변론종결시까지의 사실상태와 법적 상태를 고려하여야 한다는 입장이다. 왜냐하면 계속효 있는 행위는 관계자에게 계속적으로 의미를 가지며, 행정청은 행정의 법률적합성의 원칙에 따라 자신의 처분을 계속적으로 자신의 통제하에 두어야 하기 때문이라는 것이다.[2] 그리고 적극적 침익적 처분의 경우 처분시를 기준으로 하고, 거부처분의 경우 판결시를 기준으로 하는 견해도[3] 절충설로 볼 수 있을 것이다.

2. 판   례

4330   (1) **기 준 시**   판례는 처분시기준설을 취하고 있다.[4]

4331   (2) **자료범위**   판례는 적법여부에 대한 판단의 기준시점이 처분시이므로, 소송당사자는 사실심변론종결시까지 처분시에 존재하였던 모든 자료를 제출할 수 있다는 입장이다.[5]

---

1) 박윤흔·정형근, 최신행정법강의(상), 853쪽; 변재옥, 행정법강의(Ⅰ), 669쪽; 이상규, 신행정법론(상), 876쪽; 김동희, 행정법(Ⅰ), 818쪽(2019).
2) Hofmann/Gerke, Allgemeines Verwaltungsrecht, S. 338.
3) 정하중, 행정법개론, 789쪽(2019).
4) 대판 2022. 4. 28, 2021두61932(항고소송에서 행정처분의 위법 여부는 행정처분이 있을 때의 법령과 사실 상태를 기준으로 판단하여야 한다); 대판 2018. 4. 26, 2016두64371.
5) 대판 2017. 4. 7, 2014두37122(행정처분의 위법 여부를 판단하는 기준 시점에 관하여 판결 시가 아니라 처분 시라고 하는 의미는 행정처분이 있을 때의 법령과 사실상태를 기준으로 하여 위

3. 사 견

이 문제는 행정소송의 본질과 관련된다. ① 행정소송의 본질의 중점을 행정 4332
법규의 정당한 적용과 실현에 둔다면 판결시가 기준이 될 것이다. 판결시기준설
은 법원을 일종의 행정감독기관으로 만들며, 판결의 지체 여하에 따라서 판결의
내용도 달라질 수 있다는 문제점을 갖는다. 한편, ② 개인의 권익구제에 중점을
둔다면 처분시가 기준이 될 것이다. ③ 절충설은 논리의 일관성에 문제가 있다.
절충설이 판결시를 기준으로 하여야 한다고 주장하는 부분은 사정판결을 활용
하면 될 것이다. 생각건대 행정소송의 본질은 개인의 권익구제에 중점을 두고
있다고 볼 것이므로 처분시기준설이 타당하다고 본다. 물론 법령에 특별히 정하
는 바가 있으면, 당연히 그에 의하여야 한다.

4. 구체적 검토

(1) **거부처분**   ① 신청시와 거부처분 사이에 사실이나 법령에 변경이 있 4333
다고 하여도 거부처분이 처분청에 의해 장기간 지연된 것이 아니라면, 거부처분
시를 위법성판단의 기준으로 삼아야 한다. 판례의 입장이기도 하다.[1] ② 거부
처분시와 판결시 사이에 사실이나 법령에 변경이 있다고 하여도 거부처분의 위
법성은 거부처분시를 기준으로 판단되어야 한다.

(2) **제재적 처분**   영업허가의 취소·정지 등 제재적 처분을 규정하는 법령 4334
의 개정이 있는 경우, 제재적 행정처분의 부과여부와 부과기준은 위법행위시를
기준으로 하여야 한다. 제재적 처분내용이 가볍게 변경되었다고 하여도 위법행
위시를 기준으로 한다. 판례의 입장이기도 하다.[2] 물론 명시적인 경과규정을

법 여부를 판단하며 처분 후 법령의 개폐나 사실상태의 변동에 영향을 받지 않는다는 뜻이지
처분 당시 존재하였던 자료나 행정청에 제출되었던 자료만으로 위법 여부를 판단한다는 의미
는 아니다. 그러므로 처분 당시의 사실상태 등에 관한 증명은 사실심 변론종결 당시까지 할 수
있고, 법원은 행정처분 당시 행정청이 알고 있었던 자료뿐만 아니라 사실심 변론종결 당시까지
제출된 모든 자료를 종합하여 처분 당시 존재하였던 객관적 사실을 확정하고 그 사실에 기초
하여 처분의 위법 여부를 판단할 수 있다).

[1] 대판 1996. 8. 20, 95누10877(허가등의 행정처분은 원칙적으로 처분시의 법령과 허가기준에 의
하여 처리되어야 하고 허가신청 당시의 기준에 따라야 하는 것은 아니며, 비록 허가신청 후 허
가기준이 변경되었다 하더라도 그 허가관청이 허가신청을 수리하고도 정당한 이유 없이 그 처
리를 늦추어 그 사이에 허가기준이 변경된 것이 아닌 이상 변경된 허가기준에 따라서 처분을
하여야 한다).

[2] 대판 1983. 12. 13, 83누383(정당한 절차에 의하지 않고 구두에 의한 하도급계약을 체결하여 공
사를 시작한 때에 건설업법 제34조 제3항의 위반행위를 범한 것이 되니 그 위반행위를 이유로
한 행정상의 제재처분(행위당시에는 필요적 취소사유)을 하려면 그 위반행위 이후 법령의 변경
에 의하여 처분의 종류를 달리(영업정지 사유로) 규정하였다 하더라도 그 법률적용에 관한 특
별한 규정이 없다면 위반행위 당시에 시행되던 법령을 근거로 처분을 하여야 마땅하다).

두고 있다면, 그에 따라야 한다.

Ⅱ. 판결의 종류

4335 　　민사소송의 경우와 같이 취소소송의 판결에도 중간판결과 종국판결이 있다. 종국판결은 소송사건의 전부 또는 일부를 종결짓는 판결로서 이에는 다시 소송판결(Prozessurteil)인 각하판결과 본안판결(Sachurteil)인 청구기각판결과 청구인용판결이 있다.

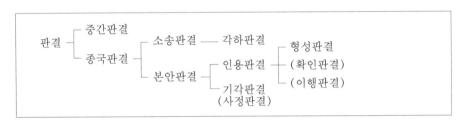

1. 각하판결

4336 　　소송요건(본안판단의 전제요건)의 결여로 인하여 본안의 심리를 거부하는 판결을 각하판결이라 한다. 각하판결은 취소청구의 대상인 처분의 위법성에 관한 판단은 아니므로 원고는 결여된 요건을 보완하여 다시 소를 제기할 수 있고, 아울러 법원은 새로운 소에 대해 판단하여야 한다. 물론 불비된 요건의 보완이 불가한 것이라면 기판력이 생긴다고 볼 것이다.

4337 　　본안판단의 전제요건의 구비여부는 직권조사사항이다. 이에 관해서는 당사자의 주장에 구속되지 아니한다. 본안판단의 전제요건은 구두변론의 종결시점까지 구비되어야 한다. 이 시점까지 결여된 요건은 치유(보완)될 수 있다. 이 시점까지 본안판단의 전제요건에 미비가 있으면 소송판결(각하판결)이 내려진다. 동시에 본안에 대한 판단은 배제된다.

2. 기각판결

4338 　　⑴ 의의와 종류　　　기각판결이란 원고의 청구를 배척하는 판결을 말한다. 기각판결에도 두 종류가 있다. 원고의 청구에 합리적인 이유가 없기 때문에 배척하는 경우와 원고의 청구에 이유가 있으나 배척하는 경우(예 : 사정판결)가 그것이다. 전자가 일반적인 기각판결이고, 후자는 사정판결이라 불린다. 어떠한 기각판결이 있어도 행정법관계에는 아무런 변동이 생기지 않는다. 일반적인 기각

판결의 사유인 '청구에 합리적인 이유가 없다'는 것은 원고가 다투는 행정행위의 적법요건(주체·형식·절차·내용 등의 요건)에 하자가 없다는 것을 의미한다.

(2) 사정판결

(가) 의 의 　　원고의 청구가 이유있다고 인정하는 경우에도, 즉 처분등이 4339 위법한 경우에 처분등을 취소하는 것이 현저히 공공복리에 적합하지 아니하다고 인정하는 때에는 법원은 원고의 청구를 기각할 수 있다(행소법 제28조 제1항 본문). 이에 따라 원고의 청구를 기각하는 판결을 사정판결이라 한다. 사정판결은 법원의 재량에 놓인다. 그러나 사정판결은 공공복리의 유지를 위해 극히 예외적으로 인정된 제도인 만큼 그 적용은 극히 엄격한 요건 아래 제한적으로 하여야 한다는 것이 판례의 입장이다.[1]

(나) 필 요 성 　　사정판결이 필요한 근거로 대체로 위법한 처분등에 수반하 4440 여 형성되는 법률관계·사실관계 등 기성사실을 존중할 필요를 든다. 즉 처분이 행해지면 그것을 전제로 하여 법률관계·사실관계가 누적되기 때문에 판결시에 처분을 취소하여 이를 모두 뒤집는다는 것이 사회경제적으로는 불합리하거나 불가능한 경우가 있으므로, 이러한 경우에는 기성사실을 복멸하여서까지 원고의 구제와 법치행정의 요청을 만족시킬 것이 아니라 기성사실의 존중의 요청을 우선시키되 원고의 구제는 별도로 손해를 배상하는 등으로 대처하려는 것이 이 제도의 취지이다.[2]

(다) 제도적 의미 　　① 사정판결은 공익과 사익이 대립할 때 이익형량의 원 4441 칙에 입각하여 공익보호가 보다 중대하다고 판단되는 경우에 공익을 사익에 우선시키는 제도이다. 행정소송법상 대표적인 공익조항이다. ② 사정판결은 공익을 이유로 정당한 사익을 침해하는 것이므로, 사정판결은 불가피한 한계적인 경우에만 허용되어야 하고, 아울러 원고에 가해지는 침해에 대한 구제책이 확보되

---

1) 대판 2016. 7. 14, 2015두4167(사정판결은 행정처분이 위법함에도 불구하고 이를 취소·변경하게 되면 그것이 도리어 현저히 공공의 복리에 적합하지 않은 경우에 극히 예외적으로 할 수 있으므로, 그 요건에 해당하는지는 위법·부당한 행정처분을 취소·변경하여야 할 필요와 취소·변경으로 발생할 수 있는 공공복리에 반하는 사태 등을 비교·교량하여 엄격하게 판단하되, 처분에 이르기까지의 경과 및 처분 상대방의 관여 정도, 위법사유의 내용과 발생원인 및 전체 처분에서 위법사유가 관련된 부분이 차지하는 비중, 처분을 취소할 경우 예상되는 결과, 특히 처분을 기초로 새로운 법률관계나 사실상태가 형성되어 다수 이해관계인의 신뢰보호 등 처분의 효력을 존속시킬 공익적 필요성이 있는지 여부 및 정도, 처분의 위법으로 인해 처분 상대방이 입게 된 손해 등 권익 침해의 내용, 행정청의 보완조치 등으로 위법상태의 해소 및 처분 상대방의 피해 전보가 가능한지 여부, 처분 이후 처분청이 위법상태의 해소를 위해 취한 조치 및 적극성의 정도와 처분 상대방의 태도 등 제반 사정을 종합적으로 고려하여야 한다).

2) 박형하, 주석행정소송법, 898쪽.

어야만 한다. 사정판결은 행정의 법률적합성의 원칙의 예외현상이 된다.

4442   ㈐ 요   건   사정판결은 다음을 요건으로 한다.

① 내용상 처분등의 취소가 현저히 공공복리에 적합하지 아니하여야 한다. 즉 원고의 청구를 기각하는 것만이 공공복리실현에 유일한 해결책이어야 한다(공공복리성).[1] 공공복리의 개념은 불확정개념이다. '공공복리'란 급부행정 분야만을 말하는 것은 아니며 질서행정 분야까지 포함하는 넓은 개념이다. 그것은 개별 경우마다 판단되어야 할 개념이다.

② 절차상 법원이 사정판결을 하기 위해서는 원고가 그로 인하여 입게 될 손해의 정도와 배상방법, 그 밖의 사정을 미리 조사하여야 한다(행소법 제28조 제2항). 이러한 조사는 이익의 형량에, 그리고 배상의 방법의 결정에도 도움을 줄 것이다(사정의 조사).[2]

③ 사정판결이 필요한가의 판단의 기준시는 판결시점(변론종결시)이 된다.[3] 사정판결은 처분시부터 위법하였으나 사후의 변화된 사정을 고려하는 제도이기 때문이다(판단기준시).

---

1) 대판 2009. 12. 10, 2009두8359(행정처분이 위법한 때에는 이를 취소함이 원칙이고 그 위법한 처분을 취소·변경함이 도리어 현저히 공공의 복리에 적합하지 않은 경우에 극히 예외적으로 위법한 행정처분의 취소를 허용하지 않는다는 사정판결을 할 수 있으므로 사정판결의 적용은 극히 엄격한 요건 아래 제한적으로 하여야 하고, 그 요건인 현저히 공공복리에 적합하지 아니한가의 여부를 판단함에 있어서는 위법·부당한 행정처분을 취소·변경하여야 할 필요와 그 취소·변경으로 인하여 발생할 수 있는 공공복리에 반하는 사태 등을 비교·교량하여 그 적용 여부를 판단하여야 한다. 아울러 사정판결을 할 경우 미리 원고가 입게 될 손해의 정도와 구제방법, 그 밖의 사정을 조사하여야 하고, 원고는 피고인 행정청이 속하는 국가 또는 공공단체를 상대로 손해배상 등 적당한 구제방법의 청구를 당해 취소소송 등이 계속된 법원에 청구할 수 있는 점(행정소송법 제28조 제2항, 제3항) 등에 비추어 보면, 사정판결제도가 위법한 처분으로 법률상 이익을 침해당한 자의 기본권을 침해하고, 법치행정에 반하는 위헌적인 제도라고 할 것은 아니다); 대판 2006. 9. 22, 2005두2506; 대판 1998. 5. 8, 98두4061.

2) 대판 2016. 7. 14, 2015두4167(사정판결은 처분이 위법하나 공익상 필요 등을 고려하여 취소하지 아니하는 것일 뿐 처분이 적법하다고 인정하는 것은 아니므로, 사정판결의 요건을 갖추었다고 판단되는 경우 법원으로서는 행정소송법 제28조 제2항에 따라 원고가 입게 될 손해의 정도와 배상방법, 그 밖의 사정에 관하여 심리하여야 하고, 이 경우 원고는 행정소송법 제28조 제3항에 따라 손해배상, 제해시설의 설치 그 밖에 적당한 구제방법의 청구를 병합하여 제기할 수 있으므로, 당사자가 이를 간과하였음이 분명하다면 적절하게 석명권을 행사하여 그에 관한 의견을 진술할 수 있는 기회를 주어야 한다).

3) 대판 1970. 3. 24, 69누29(피고가 위 건축불허가 처분당시에 위 처분이 위법하다고 하더라도 본건 구두변론 종결당시에는 이미 진주시 도시계획 재정비 결정으로 도시계획법 제21조에 의한 녹지지역으로 지정고시되었는 만큼 동조의 규정에 의하면 녹지지역 내에서는 보건위생 또는 보안에 필요한 시설 및 녹지지역으로서의 효용을 해할 우려가 없는 용도에 공하는 건축물이 아니면 건축을 할 수 없다고 규정한 위 법조의 취지로 보아 본건 건축불허가 처분을 취소하는 것은 현저히 공공의 복리에 적합하지 아니하다고 인정되는 것인데도 불구하고 원심이 원고의 청구를 인용하였음은 행정소송법 제12조의 법리를 오해한 위법을 면치 못한다).

④ 사정판결을 구하는 피고의 신청이 있어야 하는가가 문제된다. 학설은 행정소송법이 제26조를 규정하고 있다고 하더라도 행정소송법 제8조 제2항에 따라 민사소송법상의 변론주의가 전적으로 배제되는 것이 아니므로 당사자의 주장없이는 직권으로 사정판결을 할 수 없다는 것이 일반적인 견해이나,[1] 판례는[2] 행정소송법 제26조를 근거로 하여, "법원이 사정판결을 할 필요가 있다고 인정하는 때에는 당사자의 명백한 주장이 없는 경우에도 기록에 나타난 사실을 기초로 하여 직권으로 사정판결을 할 수 있다"고 한다. 생각건대 행정의 목적이 공익의 실현이라고 볼 때, 행정청의 신청 없이 사정판결을 한다는 것은 이해하기 어렵다.

㈐ **효   과**   ① 형식상 사정판결시 법원은 그 판결의 주문에서 그 처분 등이 위법함을 명시하여야 한다(행소법 제28조 제1항 단서). 이는 후행의 손해배상 청구소송 등에 있어서 행위의 위법성의 입증에 대한 분쟁을 미연에 방지하는 의미를 갖는다(위법성의 명시).   **4443**

② 소송비용은 피고가 부담하여야 한다. 사정판결은 청구에 이유가 있음에도 불구하고 원고를 패소시키는 것이기 때문이다(소송비용).

③ 사정판결을 함에 있어 미리 원고가 그로 인하여 입게 될 손해의 정도와 배상방법, 그 밖의 사정을 조사한 법원은 사정판결을 행할 것임을 사전에 원고에게 알려 주어야 할 것이고, 이에 따라 원고는 피고인 행정청이 속하는 국가 또는 공공단체를 상대로 손해배상, 재해시설의 설치 그 밖에 적당한 구제방법의 청구를 법원에 병합하여 제기할 수 있다(행소법 제28조 제3항)(원고의 구제책).

④ 원고가 사정판결에 불복하면 물론 상고할 수 있다(불복).

㈑ **적용범위**   사정판결은 취소소송에 있어서만 허용될 뿐 무효등확인소송이나 부작위위법확인소송에는 준용되고 있지 않다. 무효등확인소송에 취소소송상 인정되는 사정판결이 유추적용되는가에 관해 견해는 갈린다. ① 부정설은 준용한다는 규정이 없고, 사정판결은 법치주의의 예외로 인정되는 것이므로 가능한 범위를 최소화할 필요가 있으며, 취소판결이 처분의 효력을 부정하는 것과는 달리 사정판결은 효력을 부정하지는 않지만 처분의 위법성을 확인하는 것인   **4444**

1) 강구철, 강의행정법(Ⅰ), 931쪽; 류지태·박종수, 행정법신론, 765쪽(2019).
2) 대판 2001. 1. 19, 99두9674(행정처분이 위법한 경우에는 이를 취소하는 것이 원칙이고, 예외적으로 그 위법한 처분을 취소·변경하는 것이 도리어 현저히 공공복리에 적합하지 아니하는 경우에는 그 취소를 허용하지 아니하는 사정판결을 할 수 있고, 이러한 사정판결에 관하여는 당사자의 명백한 주장이 없는 경우에도 기록에 나타난 여러 사정을 기초로 직권으로 판단할 수 있는 것이나, 그 요건이 현저히 공공복리에 적합하지 아니한지 여부는 위법한 행정처분을 취소·변경하여야 할 필요와 그 취소·변경으로 인하여 발생할 수 있는 공공복리에 반하는 사태 등을 비교교량하여 판단하여야 한다); 대판 1995. 7. 28, 95누4629; 대판 1992. 2. 14, 90누9032.

데 처분이 무효인 경우 사정판결로 유지될 처분의 효력이 존재하지 않는다는
점을 논거로 한다.[1] ② 긍정설은 사정판결 여부는 처분에 의해 형성된 기성사
실(위법한 처분등에 수반하여 형성되는 새로운 법률관계·사실관계)을 백지화하는 것이
공공복리에 적합한가, 아니면 기성사실을 그대로 두고 다른 방법에 의한 구제를
강구하는 것이 공공복리에 적합한가라는 각도에서 판단해야지 계쟁처분의 무효
여부에서만 그것을 찾아서는 안 된다는 것이다.[2] ③ 판례는 "당연무효의 처분
은 존치시킬 효력이 있는 행정행위가 없기 때문에 사정판결을 할 수 없다"고 하
여 부정적이다.[3] ④ 부정설이 논리적이지만, 사정판결이 무제한 인정되는 것은
아니라는 점을 전제할 때, 실제적인 이유에서 긍정설이 보다 설득력을 갖는다.

3. 인용판결

4445   (1) 의　　의　　　인용판결이란 원고의 청구가 이유있음을 인정하여 처분등
의 취소·변경을 행하는 판결을 의미한다. 성질상 취소소송에서 인용판결은 형
성판결이 된다. 판결의 주문은 그 내용이 특정되어야 하고, 그 주문 자체에 의
하여 특정할 수 있어야 한다.[4]

4446   (2) 종　　류　　　인용판결은 청구의 대상에 따라 처분(거부처분포함)의 취소판
결과 변경판결, 재결의 취소판결과 변경판결이 있고, 아울러 무효선언으로서의
취소판결이 있다.[5]

4447   (3) **취소와 변경의 의미**　　　취소에는 전부취소 외에 일부취소도 포함하는가

---

1) 김도창, 일반행정법론(상), 830쪽; 김동희, 행정법(Ⅰ), 819쪽(2019); 박균성, 행정법론(상),
　1450쪽(2019); 홍준형, 행정쟁송법, 349쪽(2017).
2) 서원우, 고시계, 1983. 9, 42쪽 이하.
3) 대판 1996. 3. 22, 95누5509(당연무효의 행위에는 존치시킬 효력 있는 행위가 없는바, 사정판결
　을 할 수 없다); 대판 1991. 10. 11, 90누9926; 대판 1987. 3. 10, 84누158.
4) 대판 2016. 7. 14, 2015두46598(판결의 주문은 간결하고 명확하여야 하며 주문 자체로서 내용이
　특정될 수 있어야 하나, 일체의 관계가 명료하게 되어야 하는 것은 아니고 판결의 주문이 어떠
　한 범위에서 당사자의 청구를 인용하고 배척한 것인가를 그 이유와 대조하여 짐작할 수 있는
　정도로 표시되고 집행에 의문이 없을 정도로 이를 명확히 특정하면 된다); 대판 1986. 4. 8, 82
　누242(판결의 주문은 그 내용이 특정되어야 하고 그 주문 자체에 의해 특정할 수 있어야 할 것
　인바 「피고가 ○○년 ○월 ○일자로 원고에 대하여 ○○사업년도 법인세 금 ○○○원을 부과
　한 처분중 과세표준금액 금 ○○○원에 대응하는 세액을 초과하는 부분을 취소한다」는 식의
　주문기재는 피고가 부과처분한 위 세액 중 무슨 세금이 어느 범위에서 취소되는지가 불명할
　뿐 아니라 취소되는 부분을 특정할 수도 없고 따라서 청구 기각되는 부분도 분간할 수 없어 위
　주문은 판결로서 갖추어야 할 명확성을 결한 위법한 것이다). 통상 주문은 「피고가 2020. 2. 2.
　원고에 대하여 한 건축허가거부처분을 취소한다」, 「피고가 2020. 2. 2. 원고에 대하여 한 파면
　처분은 무효임을 확인한다」는 형태로 기재된다.
5) 대판 1974. 8. 30, 74누168(무효로 본 행위에 취소를 명한 것은 무효인 행정처분의 무효를 확인
　하는 취지라 할 것이다).

는 문제이나, 현재 이것은 변경의 의미와 관련하여 검토되고 있다. ①설은 행정소송법은 행정심판법과 달리 의무이행소송을 명문화하지 않고 단지 부작위위법확인소송만을 규정한 관계로 행정소송법상 변경이란 일부취소만을 의미한다고 본다.[1] ②설은 권력분립원칙을 기능적으로 이해하고 행정소송법상 변경이란 적극적 의미의 변경으로서 적극적 형성판결 내지 이행판결을 의미하는 것이라 한다. ③ 생각건대 현행행정소송법은 행정심판법과는 달리 이행소송을 명문으로 도입하고 있지 않으나, 행정소송법상 항고소송의 종류에 관한 규정(행소법 제4조)을 예시규정이라고 새기게 되면 무명항고소송으로서 이행소송을 인정못할 바는 아니다. 생각건대 행정소송법의 입법과정은 ①설을 따른 것이라 하겠으나, 해석상 ②설로 새기는 것이 바람직하다고 본다.

(4) **청구 일부의 위법과 일부취소의 가부** 　청구의 일부에 위법이 있는 경우, 4448
일부를 취소할 것인지 아니면 전부를 취소할 것인지가 문제된다. 해석상 하나의 행정처분이라도 가분성이 있거나 일부가 특정될 수 있다면, 일부취소가 가능할 것이다.[2]

(개) **금전 부과처분 취소소송의 경우** 　사실심 변론종결 시까지 제출된 자료로 4449
적법하게 부과될 금액의 산출이 가능하다면, 정당한 부가금액을 초과하는 부분만 취소하여야 할 것이다. 이러한 취지의 판례로 기반시설부담금부과처분취소소송,[3] 유가보조금전액환수및지급정지처분취소소송,[4] 개발부담금부과처분취소소송,[5] 종합소득세부과처분취소소송[6] 등에서 볼 수 있다. 그러나 금액결정과 관련하여 행정청에 재량권이 부여되어 있다면, 일부 취소는 불가하다.[7]

(내) **비금전 부과처분 취소소송의 경우** 　① 일부취소를 인정한 판례로[8] 구 도 4450
로교통법상 한 사람이 여러 종류의 자동차 운전면허를 취득한 경우 그 각 운전면허를 취소하거나 그 운전면허의 효력을 정지할 수 있다고 한 경우를 볼 수 있

---

1) 김도창, 일반행정법론(상), 814쪽; 박윤흔·정형근, 최신행정법강의(상), 858쪽.
2) 대판 2000. 2. 11, 99두7210.
3) 대판 2016. 7. 14, 2015두4167.
4) 대판 2013. 12. 12, 2011두3388.
5) 대판 2004. 7. 22, 2002두11233.
6) 대판 1989. 8. 8, 88누6139.
7) 대판 2017. 1. 12, 2015두2352(처분을 할 것인지 여부와 처분의 정도에 관하여 재량이 인정되는 과징금 납부명령에 대하여 그 명령이 재량권을 일탈하였을 경우 법원으로서는 재량권의 일탈 여부만 판단할 수 있을 뿐이지 재량권의 범위 내에서 어느 정도가 적정한 것인지에 관하여는 판단할 수 없어 그 전부를 취소할 수밖에 없고, 법원이 적정하다고 인정되는 부분을 초과한 부분만 취소할 수는 없다).
8) 대판 1995. 11. 16, 95누8850.

다. 한편, ② 재량처분의 경우에는 일부취소가 어렵다. 재량판단 그 자체는 처분청의 고유한 권한에 속하기 때문이다. 이러한 취지의 판례로 과징금부과처분취소소송,[1] 영업정지처분취소소송[2] 등에서 볼 수 있다.

Ⅲ. 판결의 효력

4451   취소소송의 판결의 효력으로는 민사소송에서도 인정되는 일반적인 효력으로서 자박력·확정력·형성력 외에 민사소송에서는 볼 수 없는 행정소송에 특별히 인정되는 기속력이 있다.

1. 자 박 력

4452   법원이 판결을 선고하면 선고법원 자신도 판결의 내용을 취소·변경할 수 없게 된다. 이를 판결의 자박력 또는 불가변력이라 부른다. 자박력은 선고법원과 관련된 효력이다.

2. 확 정 력

4453   ⑴ **형식적 확정력**   확정력에는 형식적 확정력과 실질적 확정력이 있다. 형식적 확정력(Die formelle Rechtskraft)이란 상고의 포기, 모든 심급을 거친 경우 혹은 상고제기기간의 경과 등으로 인해 판결에 불복하는 자가 더 이상 판결을 상고로써 다툴 수 없게 되는바, 이 경우에 판결이 갖는 구속력을 형식적 확정력 또는 불가쟁력이라고도 한다. 형식적 확정력은 당사자와 이해관계자, 즉 법원의 판결에 불복할 수 있는 자에게 향한 효력이다.

⑵ **실질적 확정력**(기판력)

4454   ㈎ **의 의**   판결이 불가쟁력을 발생하게 되면 그 후의 절차(후소)에서 동일한 사항(동일한 소송물)이 문제되는 경우에도 당사자와 이들의 승계인은 기존 판결에 반하는 주장을 할 수 없을 뿐만 아니라 법원도 그것에 반하는 판단을 할 수 없는 구속을 받는바, 이러한 구속력을 실질적 확정력(Die materielle Rechtskraft)이라 부른다. 독일의 지배적인 소송법상 확정력이론도 판결의 실질적 확정력은 법원이 그 후의 소송절차에서 동일한 분쟁대상에 대하여 양당사자 사이에서 형식적 확정력 있는 판결에 구속됨을 의미한다고 한다.[3]

---

1) 대판 1993. 7. 27, 93누1077.
2) 대판 1982. 6. 22, 81누375(영업정지처분이 재량권 남용에 해당한다고 판단될 때에는 위법한 처분으로서 그 처분의 취소를 명할 수 있을 따름이고 재량권의 한계 내에서 어느 정도가 적정한 영업정지기간인가를 가리는 일은 사법심사의 범위를 벗어나는 것이다).
3) 대판 1995. 3. 24, 94다46114(갑이 을에 대하여 전소에서 토지를 대물변제받아 점유하기 시작하

(나) 법적 근거   행정소송법상 실질적 확정력에 관해 명시적으로 규정하는   4455
바가 없다. 다만, 행정소송법 제8조 제2항에 따라 민사소송법 제216조와 제218
조가 준용된다고 본다.

(다) 취   지   실질적 확정력은 법적 안정성의 표현이고 법치국가원칙의   4456
표현이다. 왜냐하면 실질적 확정력없이 법적 평화는 유지될 수 없기 때문이다.
요컨대 소송절차의 무용한 반복을 방지하고, 아울러 선후 모순된 재판의 출현을
방지함으로써 법적 안정성을 도모하고자 함이 기판력제도의 취지이다.[1]

(라) 내   용   판결의 기판력이 발생하면, 당사자는 동일한 소송물을 대상   4457
으로 다시 소를 제기할 수 없다.[2] 뿐만 아니라 후소에서 당사자는 기판력을 발
생하고 있는 전소의 확정판결의 내용에 반하는 주장을 할 수 없고, 법원은 전소
판결에 반하는 판단을 할 수 없다(모순금지효).

(마) 문제상황   소송의 실제상 기판력이 문제되는 경우는 ① 기판력이 발   4458
생한 소송물과 동일한 소송물을 대상으로 후소를 제기하거나, ② 전소에서 확정
된 법적 효과와 상반되는 효과를 주장하는 후소를 제기하거나, ③ 기판력이 발

여 취득시효가 완성되었다는 사실을 그 이유로 하여 소유권이전등기절차이행을 구하였다가 배
척되었음에도 불구하고 후소에서 이를 증여받아 점유하기 시작하여 취득시효가 완성되었다
고 주장하는 것은 전소의 소송물인 취득시효완성을 원인으로 한 소유권이전등기청구권의 존부
에 관한 공격방법의 하나에 불과한 사실을 후소에서 다시 주장하는 것으로 이는 전소의 사실
심변론종결 전에 주장할 수 있었던 사유임이 명백할 뿐만 아니라, 후소에서 갑이 이러한 주장
을 하는 것을 허용한다면 위 토지에 관한 취득시효완성을 이유로 하여 을의 위 토지상의 건물
철거청구를 거부할 수 있게 된다는 결론에 도달하게 되는 것이니, 갑의 위와 같은 주장은 전소
판결의 소송물과 서로 모순관계에 있다고 하지 않을 수 없고, 따라서 전소판결의 기판력에 저
촉되어 허용될 수 없다); Glaeser, Verwaltungsprozeßrecht, Rn. 111.

1) 헌재 2012. 2. 23, 2011헌바356((무고죄인이 위자료를 구하는 손해배상 소송을 제기하였으나 확
정판결의 기판력에 저촉된다는 이유로 기각된 후 절차를 거쳐 확정판결의 기판력을 규정하고
있는 민사소송법 제216조 제1항이 헌법에 위반된다고 주장하면서 제기한 민사소송법 제216조
제1항 위헌소원사건에서) (당사자 간) 이 사건 법률조항은 확정된 종국판결의 주문 내용에 대
하여 기판력을 인정하여, 동일한 사항이 후에 다시 문제되는 경우 당사자가 그에 반하여 다투
거나 법원이 그에 모순·저촉되는 판단을 하지 못하도록 함으로써 헌법상 법치국가원리의 한
구성요소인 법적 안정성, 즉 사회질서의 유지와 분쟁의 일회적인 해결 및 동일한 분쟁의 반복
금지에 의한 소송경제를 달성하고자 하는 것이다. (당사자와 법원 간) 이러한 기판력은 전소와
후소의 소송물이 동일한 경우, 전소와 후소의 소송물이 동일하지는 않지만 전소의 소송물이 후
소의 선결문제로 되어 있는 경우, 또는 후소 청구가 전소 판결과 모순된 반대관계에 서는 경우
에 당사자와 법원을 구속하여 확정판결의 주문 내용에 저촉되는 다툼이나 판단을 금하는 것이
다); 대판 2001. 1. 16, 2000다41349(기판력이라 함은 기판력 있는 전소판결의 소송물과 동일한
후소를 허용하지 않는 것임은 물론, 후소의 소송물이 전소의 소송물과 동일하지 않다고 하더라
도 전소의 소송물에 관한 판단이 후소의 선결문제가 되거나 모순관계에 있을 때에는 후소에서
전소판결의 판단과 다른 주장을 하는 것을 허용하지 않는 작용을 하는 것이다).
2) 대판 2014. 3. 27, 2011다49981(확정판결의 기판력은 소송물로 주장된 법률관계의 존부에 관한
판단에 미치는 것이므로 동일한 당사자 사이에서 전소의 소송물과 동일한 소송물에 대한 후소
를 제기하는 것은 전소 확정판결의 기판력에 저촉되어 허용될 수 없다).

생한 소송물이 후소의 선결문제로 된 경우이다.

4459 　　⒁ **효력범위** 　　① 먼저 주관적 효력범위가 문제된다. 실질적 확정력은 당사자 또는 당사자와 동일시할 수 있는 승계인(기판력 발생시점 이후에 당사자로부터 소송물인 권리·의무를 승계한 자, 민소법 제218조 제1항 참조) 뿐만 아니라 행정소송에서 보조참가는 공동소송적 보조참가이므로 보조참가인 에게도 미친다. 취소소송의 피고는 처분청이므로 행정청을 피고로 하는 취소소송에 있어서의 기판력은 당연히 당해 처분이 귀속하는 국가 또는 공공단체에 미친다.[1] 제3자는 후술의 형성력의 문제가 된다.

4460 　　② 다음으로 객관적 효력범위가 문제된다. 실질적 확정력은 판결주문에 나타난 판단에만 미치고(민소법 제216조 제1항), 판결이유에서 제시된 그 전제가 되는 법률관계에는 미치지 않는다.[2] 그러나 판결이유는 판결주문의 해석에 고려된다. 또한 취소판결의 기판력은 소송물로 된 행정처분의 위법성존부에 관한 그 자체에만 미치는 것이므로 전소와 후소가 그 소송물을 달리하는 경우에는 전소 확정판결의 기판력이 후소에 미치지 아니한다.[3] 그리고 확정판결의 주문에 포함된 법률적 판단과 동일한 사항이 소송상 문제가 되었을 때 당사자는 이에 저촉되는 주장을 할 수 없고 법원도 이에 저촉되는 판단을 할 수 없다. 후소의 소송물이 전소의 소송물과 동일하지 않더라도 전소의 소송물에 관한 판단이 후소의 선결문제가 되거나 모순관계에 있을 때에는 후소에서 전소 확정판결의 판단과 다른 주장을 하는 것도 허용되지 않는다.[4]

4461 　　③ 또한 시간적 효력범위가 문제된다. 실질적 확정력은 사실심의 변론종결시를 기준으로 하여 효력을 발생한다.[5] 확정판결은 변론종결시까지 제출된 자

---

1) 대판 1998. 7. 24, 98다10854(과세처분 취소소송의 피고는 처분청이므로 행정청을 피고로 하는 취소소송에 있어서의 기판력은 당해 처분이 귀속하는 국가 또는 공공단체에 미친다).

2) 대판 2000. 2. 25, 99다55472(확정판결의 기판력은 그 판결의 주문에 포함된 것, 즉 소송물로 주장된 법률관계의 존부에 관한 판단의 결론 그 자체에만 미치는 것이고 판결이유에서 설시된 그 전제가 되는 법률관계의 존부에까지 미치는 것은 아니다).

3) 대판 1996. 4. 26, 95누5820(전 소송은 이 사건에서의 피고 보조참가인이 원고가 되어 피고를 상대로 피고가 1990. 2. 3.에 한 이 사건 변경승인취소처분의 취소를 구하는 소송에서 이 사건에서의 원고가 피고 보조참가인이 되어 원고(이 사건에서의 피고 보조참가인)의 청구를 다투는 형식이었던데 반하여, 이 사건 소송은 원고가 피고를 상대로 1988. 9. 6.자 피고의 이 사건 변경승인의 무효확인(주위적으로) 또는 취소(예비적으로)를 구하는 소송에서 피고 보조참가인이 피고를 보조하여 원고의 청구를 다투는 것이어서, 전 소송과 이 사건 소송은 그 청구취지를 달리하는 것이므로 전 소송의 판결의 기판력은 그 소송물이었던 1990. 2. 3.자 변경승인취소처분의 위법성 존부에 관한 판단 그 자체에만 미치는 것이고 그 소송물을 달리하는 이 사건 소에는 미치지 아니한다고 보아야 할 것이다).

4) 대판 2021. 9. 30, 2021두38635.

5) 대판 1992. 2. 25, 91누6108(과세처분무효확인소송의 경우 소송물은 권리 또는 법률관계의 존부

료를 기초로 하여 이루어지는 것이기 때문이다. 따라서 변론종결 후 사실관계·법률관계에 변화가 있으면, 관계행정청은 새로운 사유에 근거하여 동일한 처분을 할 수도 있다.[1]

(사) **실질적 확정력의 주장**   당사자가 확정판결의 존재를 사실심변론종결시 **4462** 까지 주장하지 아니하였다 하더라도 상고심에서 새로이 이를 주장·입증할 수 있다는 것이 판례의 태도이다(행소법 제8조; 민소법 제434조·제432조 참조).[2]

(아) **실질적 확정력(기판력)과 국가배상소송**   취소소송의 기판력이 후소인 국 **4463** 가배상소송에서 어떠한 영향을 미치는가에 관해 견해가 나뉘고 있다.

1) 기판력 긍정설   ① 일설은 취소소송에서의 위법과 국가배상소송에서의 위법이 동일하므로 기판력이 미친다고 하고,[3] ② 일설은 양자의 위법성이 동일한 것은 아니지만, 관련분쟁의 통일적 해결이라는 기판력의 본질상 기판력이 미친다고 한다.

2) 기판력 부정설   일설은 취소소송과 국가배상소송은 소송물이 다르므로 청구의 인용이나 기각여부를 불문하고 기판력이 미치지 않는다고 한다.

3) 제한적 긍정설   일설은 청구기각판결의 기판력은 국가배상소송에 미치지 않는다고 한다. 즉 국가배상소송에서 위법성의 범위가 취소소송의 경우보다 넓기 때문에 취소소송에서 처분이 위법하지 않다고 하여 기각판결이 내렸다고 하여도 후소인 국가배상소송에서 위법판단이 불가한 것은 아니라 한다.[4]

4) 사   견   취소소송에서의 위법과 국가배상소송에서의 위법이 동일하다고 볼 것이므로 위법판단의 대상이 동일한 경우, 취소소송의 기판력은 국가

확인을 구하는 것이며, 이는 청구취지만으로 소송물의 동일성이 특정된다고 할 것이고 따라서 당사자가 청구원인에서 무효사유로 내세운 개개의 주장은 공격방어방법에 불과하다고 볼 것이 며, 한편 확정된 종국판결은 그 기판력으로서 당사자가 사실심의 변론종결시를 기준으로 그 때까지 제출하지 않은 공격방어방법은 그 뒤 다시 동일한 소송을 제기하여 이를 주장할 수 없다).

1) 대판 2002. 5. 31, 2000두4408(토지의 양도가 특수관계자 사이의 저가양도임은 별론으로 하고 무상양도는 아니라는 이유로 증여세부과처분이 확정판결에 의하여 전부 취소된 후 과세관청이 위 토지의 양도가 특수관계자 사이의 저가양도에 해당한다는 이유로 다시 증여세부과처분을 한 경우, 그 처분은 확정판결에 적시된 종전처분의 위법사유를 보완하여 행한 새로운 과세처분 으로서 상호 처분의 동일성이 인정되지 아니하므로 확정판결의 기속력 내지 기판력에 반하지 아니한다).

2) 대판 1989. 10. 10, 89누1308(소송에서 다투어지고 있는 권리 또는 법률관계의 존부가 동일한 당사자 사이의 전소에서 이미 다루어져 이에 관한 확정판결이 있는 경우에 당사자는 이에 저 촉되는 주장을 할 수 없고, 법원도 이에 저촉되는 판단을 할 수 없음은 물론, 위와 같은 확정판 결의 존부는 당사자의 주장이 없더라도 법원이 이를 직권으로 조사하여 판단하지 않으면 안되 고, 더 나아가 당사자가 확정판결의 존재를 사실심변론종결시까지 주장하지 아니하였더라도 상고심에서 새로이 이를 주장, 입증할 수 있는 것이다).

3) 정하중, 행정법개론, 808쪽(2019).

4) 홍준형, 행정법, 1008쪽(2017); 홍준형, 행정쟁송법, 378쪽(2017).

배상책임에 영향을 미친다고 본다. 왜냐하면 취소소송은 위법여부를 소송물로 하였기 때문이다. 그러나 취소소송의 소송물을 위법성일반이 아니라 당사자의 법적 주장(처분등이 위법하고 또한 그러한 처분등이 자기의 권리를 침해한다는 주장)이라고 본다면, 취소소송의 기판력은 인용판결의 경우 영향을 미치지만 기각판결의 경우에는 국가배상청구소송에 영향을 미치지 않을 수 있다.

㈜ 기각판결의 경우

4464   1) 기판력의 발생   처분의 취소를 구하는 소송에서 기각판결이 확정 되면, 그 처분의 적법성은 확정되고 더 이상 다툴 수 없다. 그 후 무효확인소송으로 다툴 수도 없다.[1] 그러나 그 처분 후에 원인사유가 해소되었다면 제소가 가능할 수 있을 것이다.[2]

4465   2) 직권취소 가능성   실질적 확정력은 전소의 판결이 후소의 관할법원에 대한 구속의 문제이기 때문에 행정행위의 직권취소와는 직접 관련성이 없다. 따라서 원고의 청구가 기각되는 경우에 처분청은 직권취소를 할 수도 있을 것이다. 다만, 후술하는 기속력의 제한을 받음은 별개의 문제이다(실질적 확정력과 직권취소).

4466   (3) 양자의 관계   형식적 확정력은 실질적 확정력의 전제요건이 된다. 그리고 실질적 확정력은 형식적 확정력있는 판결을 내용상으로 보장한다.

3. 형 성 력

4467   (1) 의   의   취소소송에서 청구인용판결은 형성판결의 성질을 갖는다. 취소판결이 확정되면 행정청에 의한 특별한 의사표시 내지 절차없이 당연히 행정상 법률관계의 발생·변경·소멸을, 즉 형성의 효과를 가져온다. 이를 형성력이라 한다.

4468   (2) 근   거   행정소송법은 취소판결의 형성력에 명시적으로 규정하는 바가 없다. 그러나 행정의 법률적합성의 원칙과 행정소송법 제29조 제1항의 규정내용에 비추어 취소판결의 형성력을 인정할 수 있다고 본다.

4469   (3) 당연형성효   ① 판례는 "행정처분을 취소한다는 확정판결이 있으면

---

1) 대판 1996. 6. 25, 95누1880.
2) 대판 2014. 11. 27, 2014두37665(행정청이 관련 법령에 근거하여 행한 공사중지명령의 상대방이 명령의 취소를 구한 소송에서 패소함으로써 그 명령이 적법한 것으로 이미 확정되었다면, 이후 이러한 공사중지명령의 상대방은 그 명령의 해제신청을 거부한 처분의 취소를 구하는 소송에서 그 명령의 적법성을 다툴 수 없다. 그와 같은 공사중지명령에 대하여 그 명령의 상대방이 해제를 구하기 위해서는 명령의 내용 자체로 또는 성질상으로 명령 이후에 원인사유가 해소되었음이 인정되어야 한다).

그 취소판결의 형성력에 의하여 당해 행정처분의 취소나 취소통지 등의 별도의
절차를 요하지 아니하고 당연히 취소의 효과가 발생한다"고 한다.[1] ② 취소판
결의 형성력은 소급적이다. 따라서 취소판결 후에 취소된 처분을 대상으로 하는
처분(예 : 경정처분)은 당연히 무효이다.[2]

(4) 제3자효

1) 의   의   행정소송법 제29조 제1항은 "처분등을 취소하는 확정판결   4470
은 제3자에 대하여도 효력이 있다"라고 규정하고 있는바, 동조항이 규정하는 효
력을 제3자효라 부르고 있다.

2) 취   지   제3자에게도 효력을 갖도록 규정한 것은 승소한 자의 권   4471
리를 확실히 보호하기 위함이다(예 : 강제징수절차와 관련하여 압류물품이 매각된 경우
에 압류취소판결이 있음에도 그 판결의 효력이 매수인에게 미치지 않는다면 승소의 의미는 없
게 될 것이다). 이렇듯 형성력이 제3자에게도 미치는 까닭에 소송에 참가하지 않
았던 제3자의 보호를 위해 제3자의 소송참가, 제3자의 재심청구 등의 제도가 인
정되는 것이다.

3) 제3자의 범위   제3자란 소송참가인만을 의미하는 것도 아니고, 일반   4472
인을 의미하는 것도 아니다. 그것은 소송참가인뿐만 아니라 그 판결과 직접 법
적 이해관계를 맺는 자를 의미한다. 이러한 제3자의 범위와 관련하여 문제가 되
는 경우를 살펴보면, ① 당해 처분의 취소에 직접적인 이해관계가 있는 제3자
(예 : 경원자소송에서 불허가등을 받은 자가 제기한 소송에서 허가 등의 처분을 받았던 자, 공
매처분취소소송에서 경락인)는 판결의 효력을 받는 제3자임이 명백하다. 하지만 ②
일반처분의 취소판결에 있어서 제3자의 경우(예 : 공공요금의 인상인가처분에 대해 갑
이 취소소송을 제기하여 승소한 경우 원고 이외의 제3자)에는 학설의 대립이 있다. 즉,
소송에 참가하여 재판상 청문권을 행사할 기회를 갖지 않은 제3자에게 형성력
을 미치는 것은 재판받을 권리를 침해하는 것이므로 소송에 참가한 제3자에게
만 형성력이 미친다는 상대적 형성력설과 행정법관계의 획일적인 규율의 요청,
법률상태 변동의 명확화 요청 등으로 소송에 참가하지 않은 일반 제3자에게도

---

1) 대판 1991. 10. 11, 90누5443(이 사건 보상대상 토지에 관한 종전의 1987. 4. 1.자 이의재결이 위
  법하다 하여 이를 취소하는 확정판결이 있었음에도 동 재결의 취소절차를 취하지 아니하고 한
  이 사건 이의재결이 위법하다는 논지는 이유없다).
2) 대판 1989. 5. 9, 88다카16096(과세처분을 취소하는 판결이 확정되면 그 과세처분은 처분시에
  소급하여 소멸하는 것이므로 과세처분을 취소하는 판결이 확정된 뒤에는 그 과세처분을 경정
  하는 이른바 경정처분을 할 수 없는 것이다. 원판시 이 사건 과세처분이 법원의 확정판결에 의
  하여 취소된 뒤에 과세관청에서 그 과세처분을 경정하는 경정처분을 한 것이라면 이는 존재하
  지 아니하는 과세처분을 경정한 것으로서 그 하자가 중대하고 명백한 당연무효의 처분이라고
  보아야 할 것이다).

형성력이 미친다는 절대적 형성력설이 대립하는데 후자의 견해가 일반적이다.

4473   4) 제3자효의 의미   취소판결의 형성력이 제3자효를 갖는다는 것이 제3자의 법률관계에 당연형성을 가져오는 것이 아니라, 새로운 법률관계형성의 원인이 된다는 의미로 판례는 이해한다.[1]

4474   (5) 제3자효의 확장   제3자에 대한 효력은 집행정지의 결정이나 집행정지의 취소의 결정의 경우에 준용된다(행소법 제38조 제1항). 또한 무효등확인소송·부작위위법확인소송에도 준용된다(행소법 제38조 제1항·제2항, 제29조 제2항). 종래 판례는 행정처분의 무효확인판결은 비록 형식상은 확인판결이라 하여도 그 확인판결의 효력은 그 취소판결의 경우와 같이 소송의 당사자는 물론 제3자에게도 미친다고 하였다.[2]

4475   (6) 취소의 소급효   취소판결의 효력은 원칙적으로 소급한다.[3]

---

1) 대판 1986. 8. 19, 83다카2022(행정처분을 취소하는 확정판결이 제3자에 대하여도 효력이 있다고 하더라도 일반적으로 판결의 효력은 주문에 포함한 것에 한하여 미치는 것이니 그 취소판결 자체의 효력으로써 그 행정처분을 기초로 하여 새로 형성된 제3자의 권리까지 당연히 그 행정처분 전의 상태로 환원되는 것이라고는 할 수 없고, 단지 취소판결의 존재와 취소판결에 의하여 형성되는 법률관계를 소송당사자가 아니었던 제3자라 할지라도 이를 용인하지 않으면 아니된다는 것을 의미하는 것에 불과하다 할 것이며, 따라서 취소판결의 확정으로 인하여 당해 행정처분을 기초로 새로 형성된 제3자의 권리관계에 변동을 초래하는 경우가 있다 하더라도 이는 취소판결 자체의 형성력에 기한 것이 아니라 취소판결의 위와 같은 의미에서의 제3자에 대한 효력의 반사적 효과로서 그 취소판결이 제3자의 권리관계에 대하여 그 변동을 초래할 수 있는 새로운 법률요건이 되는 까닭이라 할 것이다).

2) 대판 1982. 7. 27, 82다173(행정상의 법률관계는 이를 획일적으로 규율할 필요가 있을 뿐 아니라 행정처분무효확인소송은 제소기간의 도과 등으로 인하여 행정처분취소의 소를 제기할 수 없게 되었을 때라도 중대하고 명백한 하자 있는 행정처분이 무효임을 확정하여 그 외견적 효력을 제거하여 줌으로써 행정처분취소의 소를 제기한 것과 같은 구제의 길을 터주려는데 그 취지가 있는 것이고 행정청의 공권력의 행사에 불복하여 그 처분의 효력을 다투는 점에서 행정처분취소의 소와 기본적으로 동질의 소송유형에 속하여 그에 준하는 성질을 가지는 것이라 할 것이므로 행정처분의 무효확인 판결이 비록 형식상은 확인판결이라 하여도 그 무효확인 판결의 효력은 그 취소판결과 같이 소송의 당사자는 물론 제3자에게도 미치는 것이라고 함이 상당하며 이는 당원의 판례이기도 하다).

3) 대판 1999. 2. 5, 98도4239(피고인이 행정청으로부터 자동차운전면허취소처분을 받았으나 나중에 그 행정처분 자체가 행정쟁송절차에 의하여 취소되었다면, 위 운전면허취소처분은 그 처분시에 소급하여 효력을 잃게 되고, 피고인은 위 운전면허취소처분에 복종할 의무가 원래부터 없었음이 후에 확정되었다고 봄이 타당할 것이고, 행정행위에 공정력의 효력이 인정된다고 하여 행정소송에 의하여 적법하게 취소된 운전면허취소처분이 단지 장래에 향하여서만 효력을 잃게 된다고 볼 수는 없다); 대판 1993. 6. 25, 93도277(영업의 금지를 명한 영업허가취소처분 자체가 나중에 행정쟁송절차에 의하여 취소되었다면 그 영업허가취소처분은 그 처분시에 소급하여 효력을 잃게 되며, 그 영업허가취소처분에 복종할 의무가 원래부터 없었음이 확정되었다고 봄이 타당하고, 영업허가취소처분이 장래에 향하여서만 효력을 잃게 된다고 볼 것은 아니므로 그 영업허가취소처분 이후의 영업행위를 무허가영업이라고 볼 수는 없다). 한편, 독일의 판례는 소급적으로 취소되어도 범죄성립이 소멸되지 아니한다는 입장이지만(BGHSt 23, 86), 다수설은 이에 반대한다고 한다(박정훈, 한국지방자치법학회 제2회 학술발표회 발표문, 17쪽).

4. 기 속 력

(1) 의   의   처분등을 취소하는 확정판결은 그 사건에 관하여 당사자인   4476
행정청과 그 밖의 관계행정청을 기속하는바(행소법 제30조 제1항), 이를 기속력이
라 한다. 기속력은 당사자인 행정청과 관계행정청에 대하여 판결의 취지에 따라
야 할 실체법상의 의무를 발생시키는 효력이다. 기속력을 구속력으로 부르는 경
우도 있다.[1] 기속력은 처분등을 취소하는 판결에만 인정되며, 청구기각판결과
는 무관하다. 기속력은 무효등확인소송과 부작위위법확인소송에 준용되고 있다
(행소법 제38조 제1항·제2항).

(2) 성   질

(가) 학   설

1) 기판력설   기속력은 기판력(실질적 확정력)과 동일하다는 견해이다.   4477
즉, 기속력은 기판력의 내용에 놓이는 것이고, 따라서 행정소송법상 기속력에 관
한 규정은 판결 자체의 효력으로서 당연한 것을 규정한 것으로 보는 견해이다.

2) 특수효력설   기속력이란 취소판결의 실효성을 확보하기 위해 행정소   4478
송법이 취소판결에 특히 인정한 특유한 효력이라는 입장이다.[2] 즉 기속력은 판
결 그 자체의 효력이 아니라 취소판결의 효과의 실질적인 보장을 위해 행정소
송법이 특별히 인정한 효력이라는 입장이다. 말하자면 취소판결로 행정행위의
취소는 가능하여도 동일한 행정행위의 발령은 막을 수 없기 때문에 기속력이
인정된다는 것이다.

(나) 판   례   판례는 양자를 구별하지만, 양자의 성격 자체에 대하여 판시   4479
하는 바는 없다.[3]

(다) 사   견   기속력은 취소판결에서의 효력이지만 기판력은 모든 본안판   4480
결에서의 효력이라는 점, 기속력은 당사자인 행정청과 그 밖의 관계행정청에 미

---

1) 이상규, 신행정법론(상), 883쪽.
2) 변재옥, 행정법강의(Ⅰ), 670쪽; 이상규, 신행정법론(상), 884쪽.
3) 대판 2016. 3. 24, 2015두48235(행정소송법 제30조 제1항은 "처분 등을 취소하는 확정판결은
   그 사건에 관하여 당사자인 행정청과 그 밖의 관계행정청을 기속한다."라고 규정하고 있다. 이
   러한 취소 확정판결의 '기속력'은 취소 청구가 인용된 판결에서 인정되는 것으로서 당사자인
   행정청과 그 밖의 관계행정청에게 확정판결의 취지에 따라 행동하여야 할 의무를 지우는 작용
   을 하는 것이다. 이에 비하여 행정소송법 제8조 제2항에 의하여 행정소송에 준용되는 민사소송
   법 제216조, 제218조가 규정하고 있는 '기판력'이란 기판력 있는 전소 판결의 소송물과 동일한
   후소를 허용하지 않음과 동시에, 후소의 소송물이 전소의 소송물과 동일하지는 않다고 하더라
   도 전소의 소송물에 관한 판단이 후소의 선결문제가 되거나 모순관계에 있을 때에는 후소에서
   전소 판결의 판단과 다른 주장을 하는 것을 허용하지 않는 작용을 하는 것이다).

치지만 기판력은 당사자와 후소의 법원에 미친다는 점, 기속력은 일종의 실체법
적 효력이지만 기판력은 소송법상 효력이라는 점에서 양자는 상이하므로, 특수
효력설이 타당하다.

4481　　　(3) 내　용　　　취소소송의 확정판결이 당사자인 행정청과 관계행정청을
기속한다는 것은 소극적인 면과 적극적인 면의 이중적인 성질을 갖는다.

　　　㈎ 소극적인 관점에서 기속력(반복금지효)

4482　　　1) 의　의　　　반복금지효란 당사자인 행정청은 물론이고 그 밖의 관계
행정청(예 : 재결취소소송에서 원처분청)도 확정판결에 저촉되는 처분을 할 수 없음
을 의미한다. 말하자면 동일한 사실관계에 대하여 동일한 사유로 취소된 처분과
동일한 처분을 할 수 없다. 이를 부작위의무라고도 한다.[1] 반복금지효는 침익적
처분(예 : 징계처분)뿐만 아니라 거부처분(예 : 단란주점허가거부처분)에도 발생한다.

4483　　　2) 반복금지효의 범위　　　① 기속력은 판결의 주문과 이유에서 적시된 개
개의 위법사유에 미치므로 처분시에 존재한 다른 사유를 들어 동일한 내용의
처분을 하더라도 반복금지효에 위반되지 않는 처분이다(미성년자고용을 이유로 1월
의 영업정지처분을 받고 영업정지처분취소소송에서 승소하였으나 처분청이 무자료주류판매를
이유로 1월의 영업정지처분을 발령한 경우). ② 처분의 위법성 판단기준시점은 처분시
이므로 처분시 이후의 사정은 새로운 사정이며 따라서 처분청이 처분시 이후의
사유를 내세워 새로이 처분을 하는 경우에는 반복금지효에 위반되지 않는 처분
이다. 그리고 ③ 처분이 절차나 형식상의 하자를 이유로 취소된 후 처분청 스스
로 적시된 위법사유를 보완한 후 동일한 내용의 처분을 하더라도 반복금지에
위반되지 않는 재처분에 해당한다.[2] 종전의 처분과 위법사유를 보완한 처분은
별개의 처분이기 때문이다.

4484　　　3) 위　반　　　반복금지에 위반한 처분은 그 하자가 중대·명백하여 당연
무효가 된다.[3]

　　　㈏ 적극적인 관점에서 기속력(재처분의무)

4485　　　1) 의　의　　　재처분의무란 행정청이 판결의 취지에 따른 처분을 하여

---

1) 김남진·김연태, 행정법(Ⅰ), 920쪽(2019).
2) 대판 1986. 11. 11, 85누231(과세처분시 납세고지서에 과세표준, 세율, 세액의 산출근거 등이 누
　락되어 있어 이러한 절차 내지 형식의 위법을 이유로 과세처분을 취소하는 판결이 확정된 경
　우에 그 확정판결의 기판력은 확정판결에 적시된 절차 내지 형식의 위법사유에 한하여 미친다
　고 할 것이므로 과세처분권자가 그 확정판결에 적시된 위법사유를 보완하여 행한 새로운 과세
　처분은 확정판결에 의하여 취소된 종전의 과세처분과는 별개의 처분으로서 확정판결의 기판력
　에 저촉되는 것은 아니다)(이 판례에서는 기판력이라는 용어가 기속력의 의미로 사용되고 있
　다. 개념의 명료성을 위해 기판력이 아니라 기속력이라는 용어가 사용되었으면 좋았을 것이다).
3) 대판 1990. 12. 11, 90누3560.

야 함을 의미한다. 이를 재처분의무 또는 적극적 처분의무라 부르기도 한다. 재처분의무는 행정청에 대하여 판결의 취지에 따라 신청에 대한 새로운 처분을 하여야 할 의무를 부과함으로써 신청인에게 실질적인 권리구제를 확보해 주기 위한 것이다.[1] 재처분의의무의 불이행시에는 뒤에서 보는 바와 같이 그 의무이행을 위한 간접강제가 이루어질 수 있다. 행정소송법상 재처분의무는 2가지 방향에서 문제된다.

2) 거부처분취소의 경우

a) 규정내용   판결에 의하여 취소되는 처분이 당사자의 신청을 거부하는 것을 내용으로 하는 경우에는 그 처분을 행한 행정청은 판결의 취지에 따라 다시 이전의 신청에 대한 처분을 하여야 한다(행소법 제30조 제2항). 재처분의무는 신청에 대한 거부의 취소를 구하는 소송이 제기되어 취소확정판결이 있는 경우에 인정된다. 4486

b) 판결의 취지에 따른 재처분의무   ① 재처분의무에서 판결의 취지에 따른다는 것은 원고의 신청대로 재처분을 한다는 것은 아니다.[2] 즉, 재처분의무는 재처분의 구체적 내용까지 기속하는 것은 아니다.[3] 따라서 취소된 거부처분과 다른 사유를 들거나 또는 거부처분사유에 존재하는 위법사유를 보완하여 다시 거부처분을 할 수 있다. ② 판결의 취지에 따른다는 의미는 기속행위와 재량행위의 경우에 따라서 그 의미내용이 달라질 수 있다. 기속행위의 경우에는 행정청은 신청을 인용하는 것이 원칙이지만 당초의 거부처분의 사유와 다른 사유가 있을 경우에는 다시 거부처분을 내릴 수 있다. 재량행위의 경우에 판결의 취지란 '하자 없는 재량행사의 지시'가 될 것이므로 행정청은 재량권의 축소가 이루어져 인용처분만이 유일한 대안인 경우에는 인용처분을 하여야겠지만, 그 4487

---

1) 대판 2019. 10. 17, 2018두104(어떤 행정처분을 위법하다고 판단하여 취소하는 판결이 확정되면 행정청은 취소판결의 기속력에 따라 그 판결에서 확인된 위법사유를 배제한 상태에서 다시 처분을 하거나 그 밖에 위법한 결과를 제거하는 조치를 할 의무가 있다. … 이 사건 주민소송에서 이 사건 도로점용허가를 취소하는 판결이 확정되면, 피고는 취소판결의 기속력에 따라 위법한 결과를 제거하는 조치의 일환으로서 피고 보조참가인에 대하여 도로법 제73조, 제96조, 제100조 등에 의하여 이 사건 도로의 점용을 중지하고 원상회복할 것을 명령하고, 이를 이행하지 않을 경우 행정대집행이나 이행강제금 부과 조치를 하는 등 이 사건 도로점용허가로 인한 위법상태를 제거하는 것이 가능하게 된다).
2) 대판 2009. 3. 26, 2009두416(기간을 정하여 임용된 국·공립대학의 교원은 특별한 사정이 없는 한 그 임용기간의 만료로 교원으로서의 신분관계가 종료되는 것이고, 임용기간이 만료된 교원의 재임용이 거부되었다가 그 재임용거부처분이 법원의 판결에 의하여 취소되었다고 하더라도 임용권자는 다시 재임용 심의를 하여 재임용 여부를 결정할 의무를 부담할 뿐, 위와 같은 취소 판결로 인하여 당연히 그 교원이 재임용거부처분 당시로 소급하여 신분관계를 회복한다고 볼 수는 없다).
3) 류지태·박종수, 행정법신론, 774쪽(2019).

러한 경우가 아닌 한 다시금 재량을 행사하여 처분을 해야 할 것이다.[1] 계획재
량 관련 취소판결의 경우도 유사하다.[2] 한편 ③ 여기서의 행정청의 재처분은
당사자의 신청없이 당연히 하여야 하는 것이다.

4488   **c) 기속력에 반하지 않는 재처분**   원거부처분의 하자를 보완한 후, 동일
한 내용의 재처분을 하거나(예 : 무권한의 자가 한 거부처분을 권한행정청이 다시 거부처
분하는 경우),[3] 원거부처분의 이유와 다른 이유로 원고의 신청을 거부하거나,[4]
원거부처분 이후에 법령개정이 있어서 개정법령을 근거로 거부한 경우에는,[5]
기속력에 반하지 아니한다.

3) 절차위반과 재처분의무

4489   **a) 의   의**   제2항의 규정은 신청에 따른 처분이 절차의 위법을 이유
로 취소되는 경우에 준용한다(행소법 제30조 제3항). 말하자면 신청에 따른 처분이
절차의 위법을 이유로 취소되는 경우에도 행정청에 재처분의무가 부과된다. 행
정소송법 제30조 제2항은 신청을 거부당한 자가 제기한 소에 대하여 취소판결

---

1) 홍준형, 행정법, 1002쪽(2017).
2) 대판 2020. 6. 25, 2019두56135(취소 확정판결의 기속력의 범위에 관한 법리 및 도시관리계획의
   입안·결정에 관하여 행정청에게 부여된 재량을 고려하면, 주민 등의 도시관리계획 입안 제안
   을 거부한 처분을 이익형량에 하자가 있어 위법하다고 판단하여 취소하는 판결이 확정되었더
   라도 행정청에게 그 입안 제안을 그대로 수용하는 내용의 도시관리계획을 수립할 의무가 있다
   고는 볼 수 없고, 행정청이 다시 새로운 이익형량을 하여 적극적으로 도시관리계획을 수립하였
   다면 취소판결의 기속력에 따른 재처분의무를 이행한 것이라고 보아야 한다. 다만 취소판결의
   기속력 위배 여부와 계획재량의 한계 일탈 여부는 별개의 문제이므로, 행정청이 적극적으로 수
   립한 도시관리계획의 내용이 취소판결의 기속력에 위배되지는 않는다고 하더라도 계획재량의
   한계를 일탈한 것인지의 여부는 별도로 심리·판단하여야 한다).
3) 대판 1997. 2. 11, 96누13057(행정처분에 위법이 있어 행정처분을 취소하는 판결이 확정된 경우
   그 확정판결의 기판력은 거기에 적시된 위법사유에 한하여 미치는 것이므로, 행정관청이 그 확
   정판결에 적시된 위법사유를 보완하여 행한 새로운 행정처분은 확정판결에 의하여 취소된 종
   전의 처분과는 별개의 처분으로서 확정판결의 기판력에 저촉된다고 할 수 없다).
4) 대판 1999. 12. 28, 98두1895(행정소송법 제30조 제2항에 의하면, 행정청의 거부처분을 취소하
   는 판결이 확정된 경우에는 그 처분을 행한 행정청은 판결의 취지에 따라 이전의 신청에 대하
   여 재처분할 의무가 있고, 이 경우 확정판결의 당사자인 처분행정청은 그 행정소송의 사실심변
   론종결 이후 발생한 새로운 사유를 내세워 다시 이전의 신청에 대하여 거부처분을 할 수 있으
   며, 그러한 처분도 이 조항에 규정된 재처분에 해당한다. … 제2차 불허가처분은, 제1차 불허가
   처분 이후부터 추진된 관계로 제1차 불허가처분의 사유로 주장할 수는 없었던 도시계획변경절
   차의 진행을 사유로 하여 이루어진 것으로서, 피고가 그 처분을 부당하게 지연하면서 불허사유
   를 만들어 낸 것이 아님이 분명하여, 제1차 불허가처분 취소소송에 대한 확정판결의 기속력에
   저촉되거나 이를 잠탈하는 것이 아닌 유효한 재처분에 해당한다고 해야 할 것이다); 대판
   1997. 2. 4, 96두70.
5) 대판 1998. 1. 7, 97두22(행정처분의 적법여부는 그 행정처분이 행하여진 때의 법령과 사실을
   기준으로 하여 판단하는 것이므로 거부처분 후에 법령이 개정·시행된 경우에는 개정된 법령
   및 허가기준을 새로운 사유로 들어 다시 이전의 신청에 대한 거부처분을 할 수 있으며 그러한
   처분도 행정소송법 제30조 제2항에 규정된 재처분에 해당된다).

이 주어지는 경우이고, 행정소송법 제30조 제3항은 신청이 받아들여짐으로써 불이익을 받는 제3자에 의한 소제기에 대하여 취소판결이 주어지는 경우에 해당한다(예컨대, 허가처분의 이웃하는 자 또는 경쟁자가 행정청의 허가처분에 대하여 절차상의 위법을 이유로 소를 제기하여 그 허가처분이 취소되는 경우). 인용처분이 실체법적 위법을 이유로 취소된 경우, 행정청은 그 판결의 취지에 기속되므로 다시 인용처분을 할 수는 없는 것이고, 따라서 이 경우 재처분의무를 규정한다는 것은 상정될 수 없다. 다만 당해 인용처분이 절차상의 위법사유로 인해 취소된 경우 적법한 절차에 따라 처분을 하여도 다시 원래의 신청이 인용될 소지가 있으므로 신청인(처분의 상대방)에 있어서는 재처분의 이익이 있는 것이다.

b) 재처분의무　　거부처분이 취소되는 경우와 같다. 말하자면 재처분의 내용은 원고의 신청이 아니라 판결의 취지에 따른다. 따라서 원래의 처분이 받아들여질 수도 있다.[1] [2]　**4490**

c) 기속력에 반하지 않는 재처분　　절차상의 하자가 아닌 사유를 들어 거부처분을 하는 것은 기속력에 반하는 것이 아니다. 행정소송법 제30조 제3항은 다만 절차상 위법사유에 한하여 기속력이 미치기 때문이다.　**4491**

㈐ 관련처분의 경우　　취소청구가 인용되면 행정청은 판결의 기속력에 의거하여 취소되는 처분과 동일한 위법사유를 갖는 다른 행위를 반드시 취소하여야 하는가? 생각건대 이러한 경우에까지 기속력을 확대적용하기는 곤란하다고 본다. 소송은 개별적인 제도이지 입법처럼 일반·추상적인 것은 아니기 때문이다. 이러한 경우에 원고는 관련청구소송제도를 이용하면 될 것이다.　**4492**

㈑ 결과제거의무　　동일한 논리에서 취소소송의 경우에 인용판결이 있게 되면, 행정청은 위법처분으로 인해 야기된 상태를 제거하여야 할 의무를 부담한다고 볼 것이다.[3] 이에 대응하여 원고는 결과제거청구권을 갖는다. 이러한 시　**4493**

---

1) 김동희, 행정법(Ⅰ), 828쪽(2019).

2) 대판 2005. 1. 14, 2003두13045(행정소송법 제30조 제2항의 규정에 의하면 행정청의 거부처분을 취소하는 판결이 확정된 경우에는 그 처분을 행한 행정청이 판결의 취지에 따라 이전의 신청에 대하여 재처분할 의무가 있다고 할 것이나, 그 취소사유가 행정처분의 절차, 방법의 위법으로 인한 것이라면 그 처분 행정청은 그 확정판결의 취지에 따라 그 위법사유를 보완하여 다시 종전의 신청에 대한 거부처분을 할 수 있고, 그러한 처분도 위 조항에 규정된 재처분에 해당한다); 대판 2005. 1. 14, 2003두13045(방송위원회가 중계유선방송사업자에게 한 종합유선방송사업 승인거부처분이 심사의 기준시점을 경원자와 달리하여 평가한 것이 위법이라는 사유로 취소하는 확정판결의 취지에 따라 재처분 무렵을 기준으로 재심사한 결과에 따라 이루어진 재승인거부처분도 행정소송법 제30조 제2항에 규정된 재처분에 해당한다).

3) 대판 2020. 4. 9, 2019두49953(어떤 행정처분을 위법하다고 판단하여 취소하는 판결이 확정되면 행정청은 취소판결의 기속력에 따라 그 판결에서 확인된 위법사유를 배제한 상태에서 다시 처분을 하거나 그 밖에 **위법한 결과를 제거하는 조치**를 할 의무가 있다).

각에서 일설은 행정소송법 제30조 제1항을 공법상의 결과제거청구권의 근거로 본다.[1]

⑷ 기속력의 효력범위

4494　　㈎ **주관적 범위**　　기속력은 그 사건(취소된 처분)에 관하여 당사자인 행정청과 그 밖의 관계행정청을 기속한다(인적 효력범위). 여기서 그 밖의 관계행정청이란 피고인 행정청과 같은 행정주체에 속하는 행정청인지 또는 동일한 사무계통을 이루는 상·하관계에 있는 행정청인지의 여부에 관계없이 당해 판결에 의하여 취소된 처분등에 관계되는 어떠한 처분권한을 가지는 행정청, 즉 취소된 처분등을 기초로 하여 그와 관련되는 처분이나 부수되는 행위를 할 수 있는 행정청을 총칭하는 것이다.[2]

4495　　㈏ **객관적 범위**　　기속력은 판결주문 및 그 전제가 된 요건사실의 인정과 효력의 판단에만 미치고,[3] 판결의 결론과는 직접 관련 없는 방론이나 간접사실의 판단에는 미치지 않는다. 기속력은 기판력과 달리 '판결로 적시된 개개의 위법사유'에 관해서만 발생하므로,[4] 법원이 위법이라고 판단한 것과 동일한 이유나 자료를 바탕으로 동일인에 대하여 동일행위를 하는 것을 금할 뿐, 별도의 이유나 자료를 바탕으로 동일한 처분등을 하게 되는 것은 무방하다.[5] 구체적으로 보면, 판결에 적시된 개개의 위법사유는 처분사유의 추가·변경과의 관계(기본적 사실관계의 동일성이 인정되는 범위내에서는 처분사유의 변경을 허용하고 있으므로 처분의

---

1) 김남진·김연태, 행정법(Ⅰ), 922쪽(2019).

2) 이상규, 행정쟁송법, 471쪽.

3) 대판 2001. 3. 23, 99두5238(행정소송법 제30조 제1항에 의하여 인정되는 취소소송에서 처분등을 취소하는 확정판결의 기속력은 주로 판결의 실효성 확보를 위하여 인정되는 효력으로서 판결의 주문뿐만 아니라 그 전제가 되는 처분등의 구체적 위법사유에 관한 이유 중의 판단에 대하여도 인정되고, 같은 조 제2항의 규정상 특히 거부처분에 대한 취소판결이 확정된 경우에는 그 처분을 행한 행정청은 판결의 취지에 따라 다시 처분을 하여야 할 의무를 부담하게 되므로, 취소소송에서 소송의 대상이 된 거부처분을 실체법상의 위법사유에 기하여 취소하는 판결이 확정된 경우에는 당해 거부처분을 한 행정청은 원칙적으로 신청을 인용하는 처분을 하여야 하고, 사실심 변론종결 이전의 사유를 내세워 다시 거부처분을 하는 것은 확정판결의 기속력에 저촉되어 허용되지 아니한다).

4) 대판 1986. 11. 11, 85누231; 대판 2005. 1. 14, 2003두13045; 대판 1991. 8. 9, 90누7326(기히 원고의 승소로 확정된 판결은 원고 출원의 광구 내에서의 불석채굴이 공익을 해한다는 이유로 한 피고의 불허가처분에 대하여 그것이 공익을 해한다고는 보기 어렵다는 이유로 이를 취소한 내용으로서 이 소송과정에서 피고가 원고 출원의 위 불석광은 광업권이 기히 설정된 고령토광과 동일광상에 부존하고 있어 불허가대상이라는 주장도 하였으나 이 주장 부분은 처분사유로 볼 수 없다는 점이 확정되어 판결의 판단대상에서 제외되었다면, 피고가 그 후 새로이 행한 처분의 적법성과 관련하여 다시 위 주장을 하더라도 위 확정판결의 기판력에 저촉된다고 할 수 없다).

5) 이상규, 행정쟁송법, 480쪽; 석호철, 주석행정소송법, 965쪽.

취소소송에서 추가·변경을 할 수 없다면 소송종료 후 그 사유에 기하여 재처분을 할 수 있다고 보아야 하고, 그러한 재처분은 기속력에 반하지 않는다고 보아야 할 것이므로)로 인해 판결에 적시된 기본적 사실관계가 동일한 위법사유를 말한다. 따라서 기본적 사실관계가 동일하지 아니한 별도의 이유에 기하여 동일한 내용의 처분을 하는 것은 기속력에 위반되지 않는다.[1]

(다) **시간적 범위**   ① 기속력은 처분시까지의 법관계·사실관계를 판단의 대상으로 한다. 따라서 처분시에 존재하던 위법 사유로 동일한 처분이나 거부처분을 할 수는 없다. 이에 위반하면 위법한 것이 된다. ② 거부처분 이후에 법령이나 사실상태가 변경되어 적법한 거부처분이 되었고(처분시에는 요건을 구비하였음에도 위법하게 거부처분을 한 후, 법령변경 등으로 요건이 미비된 경우), 판결로 위법한 거부처분이 취소된 경우, 처분청은 변경된 사정을 이유로 거부할 수 있는가에 대해서는 견해가 나뉜다.   4496

1) **적 극 설**   일반적 견해는 종전의 거부처분 후에 법령 및 사실상태에 변경이 있는 경우, 재처분은 새로운 처분이고 동시에 재처분은 재처분시의 법령 및 사실상태를 기초로 하여야 하는바, 종전의 거부처분 후 법령 및 사실상태가 변경된 경우에는 당연히 변경된 법령 및 사실상태에 근거하여 재처분으로 거부처분을 내려야 한다는 입장이다. 물론 재처분으로서의 거부처분은 적법요건을 갖추어야 한다.   4497

2) **판결취지설**   이 견해는 적극적 침익적 처분은 처분시를 기준으로 하지만, 거부처분의 경우에는 처분시를 기준으로 위법성을 판단하되 거부처분이 처분시에 위법하여 취소하는 경우에도 법원이 판결시를 기준으로 그 때까지의 사정변경에 의해 행정청의 처분발급의무가 소멸하였는지 여부를 판단하여 판결이유에 명시함으로써 그 '판결의 취지'에 따라 판결시를 기준으로 거부처분 취소판결의 기속력이 발생하도록 하는 방법이 가능하다고 하면서, 거부처분이 취소되고 판결이유에서 판결시까지 행정청의 처분발급의무가 소멸하지 않았다는 점이 명시된 경우에는 행정청은 더 이상 판결시 이전의 사정변경을 이유로 처분의 발급을 거부할 수 없게 된다는 입장이다.[2]   4498

3) **이익형량설**   이 견해는 재처분은 새로운 처분이므로 재처분시의 법   4499

---

1) 사법연수원, 행정구제법, 2007, 272쪽. 대판 2016. 3. 24, 2015두48235(새로운 처분의 처분사유가 종전 처분의 처분사유와 기본적 사실관계에서 동일하지 않은 다른 사유에 해당하는 이상, 해당 처분사유가 종전 처분 당시 이미 존재하고 있었고 당사자가 이를 알고 있었다 하더라도 이를 내세워 새로이 처분을 하는 것은 확정판결의 기속력에 저촉되지 않는다).
2) 박정훈, 행정소송의 구조와 기능, 585쪽.

령 및 사실상태를 기초로 하여 발령되어야 하지만, 처분시의 개정 전 법령의 존속에 대한 국민의 신뢰와 개정된 법령의 적용에 관한 공익을 형량하여 사익이 더 보호가치가 있다고 인정되는 경우는 국민의 신뢰를 보호하기 위하여 개정 전 법령을 적용하여야 한다는 입장이다.[1]

4500   4) 판   례   판례는 적극설을 취한다.[2]

4501   5) 사   견   적극설이 타당하다. 그리고 처분행정청은 당해 행정소송의 사실심변론종결 이후에 발생한 새로운 사유를 내세워 다시 이전의 신청에 대하여 거부처분을 할 수 있으며, 그러한 처분도 행정소송법 제30조 제2항에 따른 재처분이다.[3]

4502   (5) 기속력위반행위의 효과   취소판결의 기속력에 반하는 행위, 즉 취소판결에 반하는 행정청의 처분은 위법한 행위로서 무효이다.[4] 행정소송법상 기속력에 관한 규정은 강행규정으로서 일종의 효력규정이다.

5. 집행력(간접강제)

4503   (1) 의   의   집행력이란 통상 이행판결에서 명령된 이행의무를 강제집행절차로써 실현할 수 있는 효력을 의미한다. 따라서 형성판결인 취소판결에는 성질상 강제집행할 수 있는 효력, 즉 집행력이 인정되지 않는다. 만약 무명항고소송의 일종으로서 이행소송을 긍정한다면, 집행력이 인정될 수 있을 것이다. 그러나 취소판결과 관련하는 한 앞서 본 바 있는 거부처분취소판결의 확정시에 행정청에 부과되는 재처분의무의 이행을 확보하기 위해 행정소송법은 다음의 간접강제제도를 도입하고 있다.

---

1) 박균성, 행정법론(상), 1465쪽(2019).
2) 대결 1998. 1. 7, 97두22(행정처분의 적법 여부는 그 행정처분이 행하여진 때의 법령과 사실을 기준으로 하여 판단하는 것이므로 거부처분 후에 법령이 개정·시행된 경우에는 개정된 법령 및 허가기준을 새로운 사유로 들어 다시 이전의 신청에 대한 거부처분을 할 수 있으며 그러한 처분도 행정소송법 제30조 제2항에 규정된 재처분에 해당된다. 건축불허가처분을 취소하는 판결이 확정된 후 국토이용관리법시행령이 준농림지역 안에서의 행위제한에 관하여 지방자치단체의 조례로써 일정 지역에서 숙박업을 영위하기 위한 시설의 설치를 제한할 수 있도록 개정된 경우, 당해 지방자치 단체장이 위 처분 후에 개정된 신법령에서 정한 사유를 들어 새로운 거부처분을 한 것이 행정소송법 제30조 제2항 소정의 확정판결의 취지에 따라 이전의 신청에 대한 처분을 한 경우에 해당한다).
3) 옆번호 4488 각주 판례 참조.
4) 대판 1972. 7. 14, 92누2912; 대판 1982. 5. 11, 80누104(어떠한 행정처분에 위법한 하자가 있다는 이유로 그 취소를 소구한 행정소송에서 그 행정처분을 취소하는 판결이 선고되어 확정된 경우에 처분행정청이 그 행정소송의 사실심 변론종결이전의 사유를 내세워 다시 확정판결에 저촉되는 행정처분을 하는 것은 확정판결의 기판력에 저촉되어 허용될 수 없는 것이고, 이와 같은 행정처분은 그 하자가 명백하고 중대한 경우에 해당되어 당연무효라 할 것이다).

⑵ 간접강제

㈎ 의   의   판결에 의하여 취소되는 처분이 당사자의 신청을 거부하는   4504
것을 내용으로 하는 경우에는 그 처분을 행한 행정청은 판결의 취지에 따라 다
시 이전의 신청에 대한 처분을 하여야 한다(행소법 제30조 제2항). 그럼에도 행정
청이 제30조 제2항의 규정에 의한 처분을 하지 아니하는 때에는 제1심 수소법
원은 당사자의 신청에 의하여 결정으로써 상당한 기간을 정하고 행정청이 그
기간 내에 이행하지 아니하는 때에는 그 지연기간에 따라 일정한 배상을 할 것
을 명하거나 즉시 손해배상을 할 것을 명할 수 있는바(행소법 제34조 제1항), 이러
한 배상명령제도를 간접강제라 한다.[1] 행정소송법상 간접강제는 재처분의무에
대한 강제집행제도이다.

㈏ 적용범위(특히 무효등확인판결의 경우)   행정소송법은 거부처분취소판결   4505
에 따른 재처분의무에 대한 간접강제를 규정하고, 이를 부작위위법확인판결의
경우에 준용하고 있다(행소법 제38조 제2항). 문제는 거부처분에 대한 무효확인판
결에 재처분의무를 규정하고 있음에도(행소법 제38조 제1항·제30조 제2항), 무효등
확인판결에는 간접강제의 준용규정이 없어 무효등확인판결에도 간접강제가 허
용되는가가 문제된다.

1) 학   설   일반적인 견해는 거부처분이 당연무효인 경우에 재처분의무   4506
를 강제할 방법이 없다고 하는 것은 거부처분이 취소할 수 있는 경우보다 사인
의 권리보호에 미흡한 것이므로, 거부처분이 당연무효인 경우에도 간접강제가
허용된다.

2) 판   례   판례는 소극적인 입장을 취한다.[2]   4507

3) 사   견   학설의 입장이 타당하다. 그러나 간접강제제도는 우회적인   4508
권리보호제도이므로 보다 직접적이고도 효과적인 권리보호를 위해 의무이행소
송을 도입하여 국민의 권리보호에 만전을 기하는 것이 필요하다.

---

1) [예문] 피신청인(서울시 광진구청장)은 결정정본을 받은 날로부터 30일 이내에 신청인이 90년 12
   월 29일자에 낸 광장동 381의 5 등 5필지 토지에 대한 형질변경신청에 대하여 허가처분을 하고,
   만약 동기간내(30일)에 이를 이행하지 않을 때에는 이 기간만료의 다음 날로부터 이행완료시까지
   1일 500만원의 비율에 의한 돈을 지급하라(서울고법 1996. 11, 96부904)(법률신문 1996. 11. 28).
2) 대결 1998. 12. 24, 98무37(행정소송법 제38조 제1항이 무효확인판결에 관하여 취소판결에 관
   한 규정을 준용함에 있어서 같은 법 제30조 제2항을 준용한다고 규정하면서도 같은 법 제34조
   는 이를 준용한다는 규정을 두지 않고 있으므로, 행정처분에 대하여 무효확인 판결이 내려진
   경우에는 그 행정처분이 거부처분인 경우에도 행정청에 판결의 취지에 따른 재처분의무가 인
   정될 뿐 그에 대하여 간접강제까지 허용되는 것은 아니라고 할 것이다).

㈐ 적용요건

4509 **1) 거부처분취소판결 등이 확정되었을 것** 거부처분취소판결이나 부작위위법확인판결이 확정되거나, 신청에 따른 처분이 절차의 위법을 이유로 취소가 확정되어야 한다.

4510 **2) 행정청이 아무런 처분을 하지 않았을 것** 거부처분취소판결 등이 확정되었음에도 행정청이 아무런 처분을 하지 않았어야 한다. 판례는 재처분이 확정판결의 취지에 어긋나 기속력에 반하는 당연무효의 것이라면 간접강제신청이 가능하다는 태도이다.[1]

4511 ㈑ **배상금의 법적 성격** 간접강제결정에 따른 배상금의 법적 성격과 관련하여, 결정에서 정한 예고기간이 경과한 후에 행정청이 재처분을 한 경우, 행정청에게 배상금지급의무가 인정되는가가 문제된다. 판례는 "간접강제결정에 따른 배상금은 확정판결에 따른 재처분의 지연에 대한 제재나 손해배상이 아니고, 재처분의 이행에 관한 심리적 강제수단에 불과하다"고 하여 배상금명령에서 정한 기간 내에 재처분을 하지 않았다고 하더라도, 기간경과 후 재처분을 하였다면 배상금을 추심할 수 없다고 한다.[2]

4512 ㈒ **간접강제의 절차** ① 간접강제는 당사자가 제1심 수소법원에 신청하여야 한다. 심리의 결과 간접강제의 신청이 이유 있다고 인정되면 간접강제결정을 하게 된다. 결정의 내용은 "상당한 기간을 정하고 행정청이 그 기간 내에 이행하지 아니하는 때에는 그 연장기간에 따라 일정한 배상을 할 것을 명하거나 즉시 손해배상할 것을 명하는 것"이 된다. ② 간접강제결정이 있음에도 배상금결정으로 정한 기간 내에 재처분을 하지 않으면, 간접강제결정 자체가 채무명의가 되어 여기에 집행문을 부여받아 일반적인 금전채권의 집행방법으로 배상금을 추심하게 된다. ③ 간접강제신청에 대한 인용결정 및 기각결정에 대하여는 즉시항고가 가능하다(민집법 제261조 제2항).

---

1) 대결 2002. 12. 11, 2002무22(거부처분에 대한 취소의 확정판결이 있음에도 행정청이 아무런 재처분을 하지 아니하거나, 재처분을 하였다 하더라도 그것이 종전 거부처분에 대한 취소의 확정판결의 기속력에 반하는 등으로 당연무효라면 이는 아무런 재처분을 하지 아니한 때와 마찬가지라 할 것이므로 이러한 경우에는 행정소송법 제30조 제2항, 제34조 제1항 등에 의한 간접강제신청에 필요한 요건을 갖춘 것으로 보아야 한다).

2) 대판 2004. 1. 15, 2002두2444(행정소송법 제34조 소정의 간접강제결정에 기한 배상금은 … 확정판결의 취지에 따른 재처분의 지연에 대한 제재나 손해배상이 아니고 재처분의 이행에 관한 심리적 강제수단에 불과한 것으로 보아야 하므로, 특별한 사정이 없는 한 간접강제결정에서 정한 의무이행기한이 경과한 후에라도 확정판결의 취지에 따른 재처분의 이행이 있으면 배상금을 추심함으로써 심리적 강제를 꾀할 목적이 상실되어 처분상대방이 더 이상 배상금을 추심하는 것은 허용되지 않는다); 대판 2010. 12. 23, 2009다37725.

Ⅳ. 상고와 재심

1. 상 고

(1) **불복과 상고**   종전의 행정소송법은 제9조 제2항에서 "고등법원의 재   4513
판에 대하여는 대법원에 상고할 수 있다"고 규정하였으나, 1994년 7월의 행정
소송법개정법률에서 동 조항이 삭제되었다. 그렇지만 행정소송법상 명문규정의
유무를 불문하고 행정법원 및 고등법원의 판결에 대하여 고등법원 및 대법원에
항소·상고할 수 있음은 헌법상 당연하다(헌법 제27조·제101조 제2항·제107조).[1] 문
제는 1994년 7월에 제정된 상고심절차에관한특례법에서 심리불속행제도를 채
택하였다는 점이다. 항을 바꾸어서 보기로 한다.[2]

(2) **심리불속행제도**

(가) **도입이유**   심리불속행제도는 무익한 상고 내지 남상고로 인한 법률관   4514
계확정의 지연, 대법원의 업무처리상의 부담의 문제점을 완화하기 위하여 도입
된 것으로 이해되고 있다. 말하자면 무익한 상고나 남상고를 여과함으로써 대법
원이 법률심으로서의 기능을 효과적으로 수행할 수 있도록 하기 위해 심리불속
행제도가 도입되었다고 하겠다(동법 제1조).

(나) **의   의**   심리불속행제란 상고이유에 관한 주장에 일정한 사유를 포   4515
함하지 아니한다고 인정할 때에는 더 나아가 심리를 하지 아니하고 판결로 상
고를 기각하는 제도를 말한다. 상고심사제라[3] 불리기도 한다. 과거의 상고허가
제에 유사하다. 심리불속행제도는 행정소송 외에 민사소송과 가사소송에도 적
용된다(동법 제2조). 헌법재판소는 상고심절차에 관한 특례법 제4조의 심리불속
행제도를 합헌으로 보았다.[4]

---

1) 대판 2017. 1. 12, 2015두2352(상소는 자기에게 불이익한 재판에 대하여 자기에게 유리하도록
   그 취소·변경을 구하는 것이므로 전부 승소한 원심판결에 대한 불복 상고는 상고를 제기할 이
   익이 없어 허용될 수 없고, 한편 재판이 상소인에게 불이익한지 여부는 원칙적으로 재판의 주
   문을 표준으로 판단하여야 하며, 상소인의 주장이 받아들여져 승소하였다면 그 판결 이유에 불
   만이 있더라도 상소의 이익이 없다).
2) 일설은 심리불속행제도가 과거의 상고허가제와 차이가 없다고 하면서, 국가나 지방자치단체의
   권력적 법집행작용인 처분의 적법여부를 심판하는 절차인 행정소송의 특성·권리구제기능에
   바람직하지 않은 제도라 하고 있다(이상규, 고시연구, 1994. 5, 125쪽 및 고시연구, 1994. 10,
   21쪽).
3) 김동희, 행정법(Ⅰ), 726쪽(2019).
4) 헌재 2012. 5. 31, 2010헌마625(헌법이 대법원을 최고법원으로 규정하였다고 하여 대법원이 곧
   바로 모든 사건을 상고심으로서 관할하여야 한다는 결론이 당연히 도출되는 것은 아니며, '헌
   법과 법률이 정하는 법관에 의하여 법률에 의한 재판을 받을 권리'가 사건의 경중을 가리지 않
   고 모든 사건에 대하여 대법원을 구성하는 법관에 의한 균등한 재판을 받을 권리를 의미한다
   거나 또는 상고심재판을 받을 권리를 의미하는 것이라고 할 수는 없다. 또한 심급제도는 사법

4516　　　㈐ **불속행사유**　　　상고이유에 관한 주장에 다음 중 어느 하나의 사유도 포함하지 아니하면, 판결로 상고를 기각하고 심리는 더 이상 속행되지 아니한다(동법 제4조 제1항).

　　　① 원심판결이 헌법에 위반하거나 헌법을 부당하게 해석한 경우

　　　② 원심판결이 명령·규칙 또는 처분의 법률위반 여부에 대하여 부당하게 판단한 경우[1]

　　　③ 원심판결이 법률·명령·규칙 또는 처분에 대하여 대법원판례와 상반되게 해석한 경우

　　　④ 법률·명령·규칙 또는 처분에 대한 해석에 관하여 대법원판례가 없거나 대법원판례를 변경할 필요가 있는 경우

　　　⑤ ① 내지 ④ 외에 중대한 법령위반에 관한 사항이 있는 경우

　　　⑥ 민사소송법 제424조 제1항 제1호부터 제5호까지에 규정된 사유가 있는 경우

　　　그러나 앞에서 언급한 상고이유가 있다고 하여도 ① 그 주장 자체로 보아 이유가 없는 때, 또는 ② 원심판결과 관계가 없거나 원심판결에 영향을 미치지 아니하는 때에는 역시 판결로 상고를 기각하고, 심리는 더 이상 속행되지 아니한다(동법 제4조 제3항).

4517　　　㈑ **기　　　타**　　　① 심리불속행의 사유로 인한 상고기각판결 및 상고이유서 불제출로 인한 상고기각판결에는 이유를 기재하지 아니할 수 있고(동법 제5조 제1항), 이러한 판결은 선고를 요하지 아니하며, 상고인에게 송달됨으로써 그 효력이 생긴다(동법 제5조 제2항). ② 한편 심리불속행의 사유로 인한 상고기각판결은 대법관 3인 이상으로 구성된 재판부에서 재판하는 경우에만 할 수 있다(동법 제6조 제1항).

2. 재　　　심

4518　　　⑴ **재심의 유형**　　　확정된 종국판결에 일정사유(민소법 제451조 제1항)가 있어

　　　에 의한 권리보호에 관하여 한정된 법발견자원의 합리적인 분배의 문제인 동시에 재판의 적정과 신속이라는 서로 상반되는 두 가지의 요청을 어떻게 조화시키느냐의 문제로 돌아가므로, 원칙적으로 입법자의 형성의 자유에 속하는 사항이다. 심리불속행 조항은 비록 국민의 재판청구권을 제약하고 있기는 하지만 위 심급제도와 대법원의 기능에 비추어 볼 때 헌법이 요구하는 대법원의 최고법원성을 존중하면서 민사, 가사, 행정 등 소송사건에서 상고심재판을 받을 수 있는 객관적 기준을 정함에 있어 개별적 사건에서의 권리구제보다 법령해석의 통일을 더 우위에 둔 규정으로서 그 합리성이 있다).

　1) 대판 1996. 6. 25, 96누570(원고가 상고심에서 비로소 주장하는 처분의 위법성에 관한 사유는 적법한 상고이유가 될 수 없다).

서 판결법원에 이의 재심사를 구하는 것을 재심이라 하는데, 이에는 당사자가 제기하는 일반적인 재심(행소법 제8조 제2항; 민소법 제451조 이하)과 제3자가 제기하는 재심으로 구분할 수 있다.

(2) 제3자에 의한 재심　　취소소송의 확정판결은 제3자에 대하여도 효력이 　4519
있는 관계로(행소법 제29조 제1항), 처분 등을 취소하는 판결에 의하여 권리 또는 이익의 침해를 받은 제3자는 자기에게 책임없는 사유로 소송에 참가하지 못함으로써 판결의 결과에 영향을 미칠 공격 또는 방어방법을 제출하지 못한 때에는 이를 이유로 확정된 종국판결에 대하여 재심을 청구할 수 있다(행소법 제31조 제1항). 여기서 권리 또는 이익이 침해된 자란 법률상 이익이 침해된 자를 의미한다. 재심의 청구는 확정판결이 있음을 알 난로부터 30일 이내, 판결이 확정된 날로부터 1년 이내에 제기하여야 한다(행소법 제31조 제2항). 동기간은 불변기간이다(행소법 제31조 제3항).

3. 위헌판결의 공고

행정소송에 대한 대법원의 판결에 의하여 명령·규칙이 헌법 또는 법률에 　4520
위반된다는 것이 확정된 경우에는 대법원은 지체없이 그 사유를 행정안전부장관에게 통보하여야 하고(행소법 제6조 제1항), 이 때 통보를 받은 행정안전부장관은 지체 없이 이를 관보에 게재하여야 한다(행소법 제6조 제2항). 위헌·위법의 확정은 명령의 폐지가 아니라 적용거부인 것이므로, 일선행정기관에서는 여전히 위헌·위법의 명령규칙을 적용할 가능성이 있기 때문에 이를 공고할 필요가 있다. 또한 이것은 위헌판결이 소극적 의미의 입법이면서 법원으로서 기능하는 것을 고려하여 더 이상 위헌의 명령으로 인해 국민이 침해를 받는 것을 방지하고자 함에 그 뜻이 있다.

4. 판결에 대한 헌법소원

행정처분의 취소판결은 원칙적으로 헌법소원의 대상이 되지 아니한다는 것 　4521
이 헌법재판소의 입장이다.[1)]

---

1) 헌재 2012. 5. 31, 2011헌마385; 헌재 2001. 2. 22, 99헌마409(행정처분의 취소를 구하는 행정소송이 확정된 경우에 그 원행정처분의 취소를 구하는 헌법소원심판청구를 받아들여 이를 취소하는 것은, 원행정처분을 심판의 대상으로 삼았던 법원의 재판이 예외적으로 헌법소원심판의 대상이 되어 그 재판 자체가 취소되는 경우에 한하여 국민의 기본권을 신속하고 효율적으로 구제하기 위하여 가능한 것이고, 이와는 달리 법원의 재판이 취소되지 아니하는 경우에는 확정판결의 기판력으로 인하여 원행정처분은 헌법소원심판의 대상이 되지 아니하며, 뿐만 아니라 원행정처분에 대한 헌법소원심판청구를 허용하는 것은 "명령·규칙 또는 처분이 헌법이나 법률에 위반되는 여부가 재판의 전제가 된 경우에는 대법원은 이를 최종적으로 심사할 권한을 가진다"

제 8 항 종국판결 이외의 취소소송의 종료사유

4522 　　취소소송은 법원의 종국판결에 의하여 종료되는 것이 원칙이나 그 밖의 사유로도 종료될 수 있다. 즉 소의 취하, 청구의 포기·인낙, 재판상의 화해(재판상 화해에는 소송계속 전에 하는 제소전 화해와 소송계속 후에 하는 소송상 화해 두 가지가 포함된다. 제소전 화해도 법관 앞에서 하는 화해이므로 소송상 화해와 동일한 효력이 인정되기에 행정소송상 구별 실익은 크지 않다) 등의 사유를 들 수 있다.

Ⅰ. 소의 취하

4523 　　소의 취하란 원고가 청구의 전부 또는 일부를 철회하는 취지의 법원에 대한 일방적 의사표시이다. 행정소송에서도 처분권주의에 따라 소의 취하로 취소소송이 종료되는 것은 당연하다. 처분권주의의 원칙에 비추어 행정소송실무상 소의 취하는 당연히 허용되고 있다.[1] 한편, 종국판결이 있은 뒤에 소를 취하한 사람은 같은 소를 제기할 수 없으나(행소법 제8조 제2항; 민소법 제267조 제2항). 판례는 예외를 인정한다.[2]

Ⅱ. 청구의 포기·인낙

1. 의　　의

4524 　　청구의 포기란 변론 또는 준비절차에서 원고가 자신의 소송상의 청구가 이유 없음을 자인하는 법원에 대한 일방적 의사표시이며, 청구의 인낙이란 피고가 원고의 소송상 청구가 이유 있음을 자인하는 법원에 대한 일방적 의사표시이다.[3]

고 규정한 헌법 제107조 제2항이나, 원칙적으로 헌법소원심판의 대상에서 법원의 재판을 제외하고 있는 헌법재판소법 제68조 제1항의 취지에도 어긋난다); 헌재 2001. 6. 28, 98헌마485.

1) 행정소송의 이론과 실무, 서울행정법원 실무연구회, 2013, 16쪽.

2) 대판 2023. 3. 16, 2022두58599(민사소송법 제267조 제2항은 "본안에 대한 종국판결이 있은 뒤에 소를 취하한 사람은 같은 소를 제기하지 못한다"라고 규정하고 있다. 이는 임의의 소취하로 그때까지 국가의 노력을 헛수고로 돌아가게 한 사람에 대한 제재의 취지에서 그가 다시 동일한 분쟁을 문제 삼아 소송제도를 남용하는 부당한 사태의 발생을 방지하고자 하는 규정이다. 따라서 후소가 전소의 소송물을 전제로 하거나 선결적 법률관계에 해당하는 것일 때에는 비록 소송물은 다르지만 위 제도의 취지와 목적에 비추어 전소와 '같은 소'로 보아 판결을 구할 수 없다고 풀이함이 상당하다. 그러나 여기에서 '같은 소'는 반드시 기판력의 범위나 중복제소금지의 경우와 같이 풀이할 것은 아니므로, 재소의 이익이 다른 경우에는 '같은 소'라 할 수 없다. 또한 본안에 대한 종국판결이 있은 후 소를 취하한 사람이라 하더라도 민사소송법 제267조 제2항의 취지에 반하지 아니하고 소를 제기할 필요가 있는 정당한 사정이 있다면 다시 소를 제기할 수 있다).

3) 대판 2022. 3. 31, 2020다271919(채무부존재확인을 구한 민사사건에서)(청구의 인낙은 피고가 원고의 주장을 승인하는 소위 **관념의 표시**에 불과한 소송상 행위로서 이를 조서에 기재한 때에

청구의 포기나 인낙은 조서에 진술을 기재하면 당해 소송의 종료의 효과가 발생한다. 조서가 성립되면 포기조서는 청구기각의, 인낙조서는 청구인용의 확정판결과 동일한 효력이 있다(민소법 제220조).

2. 허용여부

(1) 학 설 4525

(가) 긍 정 설 ⓐ 행정소송사건심리에서도 민사소송과 마찬가지로 변론주의 및 처분권주의가 지배하며 행정소송법 제26조(직권심리)는 예외적으로 적용되고, ⓑ 행정소송법 제8조 제2항에 따라 민사소송법상 청구의 포기 및 인낙의 규정이 준용될 수 있고, ⓒ 청구의 포기·인낙은 법원의 최종판결을 기다리지 않고 일찍이 소송절차에서 탈퇴하는 경우에 해당하기에 이를 인정하더라도 법치행정에 반하지 않고 오히려 소송경제에 유용하다는 점을 근거로 한다.

(나) 부 정 설 ⓐ 취소소송에서 행정청이나 개인은 소송의 대상인 처분을 임의로 취소·변경할 수 없는 것이어서 청구의 포기·인낙에 민사소송의 확정판결과 동일한 효력을 인정하기 어렵고, ⓑ 민사소송의 처분권주의와 달리 행정소송에서 처분권주의란 본안에 관한 처분의 자유를 포함하지 않으며, 따라서 원고가 청구를 포기한다고 하여도 당해 처분의 적법성이 확정되는 것이 아니며 또한 피고가 인낙할 권한을 갖지도 않는다고 보아야 하고, ⓒ 행정청은 하자있는 처분을 직권취소할 수 있으나 처분의 직권취소와 취소청구의 인낙은 법률효과가 다른 것이므로 직권취소가 가능하다고 하여 청구의 인낙이 가능한 것은 아니라는 점을 근거로 한다.

(2) 판 례 실무상 청구의 인낙은 인정하지 않으나, 청구의 포기의 허용에 긍정적이다.[1] 4526

(3) 사 견 법률에 의한 행정의 원칙과 행정소송의 특수성을 해하지 않는 범위 안에서 제한적으로 청구의 포기·인낙을 인정하는 것은 필요하다고 본다(제한적 긍정설). 4527

Ⅲ. 재판상 화해

1. 의 의

재판상 화해란 당사자 쌍방이 소송계속 중(소송계속전도 포함) 소송의 대상인 4528

는 확정판결과 동일한 효력이 발생되어 그로써 소송을 종료시키는 효력이 있을 뿐이고, 실체법상 채권·채무의 발생 또는 소멸의 원인이 되는 법률행위라 볼 수 없다).

1) 행정소송의 이론과 실무, 서울행정법원 실무연구회, 2013, 16쪽.

법률관계에 관한 주장을 서로 양보하여 소송을 종료시키기로 하는 합의를 말한
다. 당사자 쌍방의 화해의 진술이 있는 때에는 그 내용을 조서에 기재하면 화해
조서는 확정판결과 같은 효력이 있다(민소법 제220조).

2. 허용여부

4529　(1) 학　설

(?) **부 정 설**　　종래 다수설로 ⓐ 항고소송의 심리에 법원이 필요한 경우
직권탐지주의가 적용되며(행소법 제26조), ⓑ 항고소송의 대상인 행정처분은 고권
적 내지 일방적 행위이기 때문에 사인과의 합의에 의해 발급되거나 취소·변경
될 수 없고, ⓒ 행정소송의 확정판결은 제3자에 대해서도 효력이 있는바(행소법
제29조 제1항), 당사자간의 합의만으로 대세적 효력을 인정하면 제3자에게 불측
의 손해를 입힐 수 있으며, ⓓ 이를 허용하면 행정의 법률적합성 원칙이 잠탈될
가능성이 있음을 근거로 한다.

(?) **긍 정 설**　　ⓐ 행정소송법에 특별한 규정이 없어 분쟁의 신속한 해결
을 위해 민사소송법상 화해가 준용될 수 있고, ⓑ 당사자의 처분권에 관해 원
고의 처분권은 계쟁처분이 원고의 권리·이익에 속하는 한 이를 인정할 수 있
고, 처분청은 직권취소·변경 등의 권한과 재량권을 소송행위의 형식으로 행사하
는 것이므로 행정청의 처분권도 인정할 수 있다. 그리고 ⓒ 공법상 권리관계라
도 재량행위처럼 소송의 대상을 처분할 수 있는 경우에는 화해가 가능하며, ⓓ
행정의 법률적합성은 행정소송에서 재판상 화해의 요건과 방식을 제한하는 것은
모르되 화해 자체를 부정하는 이유가 될 수 없음을 근거로 한다. ⓔ 대법원은 귀
속재산 처리사건에 관해 화해를 인정한 예(대판 1955. 9. 2, 4287행상59)가 있다.

4530　(2) 판　례　　최근 실무상 항고소송에서 화해를 시도하는 예를 발견할
수 없다고 하며, 당사자소송인 토지수용보상금증액청구사건에서는 화해권고결
정을 적극 활용하고 있다고 한다.[1]

4531　(3) 사　견　　긍정설이 법률에 의한 행정의 원칙과 행정소송의 특수성을
해하지 않는 범위 안에서 재판상 화해를 인정하는 입장이라고 볼 때, 긍정설이
타당하다.

---

1) 행정소송의 이론과 실무, 서울행정법원 실무연구회, 2013, 16쪽.

제 9 항 소송비용

Ⅰ. 소송비용부담의 원칙과 예외

행정소송의 비용은 민사소송법상의 일반원칙에 따라 패소자가 부담하고,   4532
일부패소의 경우에는 각 당사자가 분담하는 것이 원칙이다(민소법 제98조·제101
조; 행소법 제8조 제2항). 그러나 취소청구가 행정소송법 제28조의 규정(사정판결)에
의하여 기각되거나 행정청이 처분 등을 취소 또는 변경함으로 인하여 청구가
각하 또는 기각된 경우에는 소송비용은 피고의 부담이 된다(행소법 제32조). 왜냐
하면 이러한 경우는 실질적으로 보아 원고의 승소에 해당하기 때문이다. 한편
소를 취하한 경우에는 취하한 자가 부담하고, 재판상 화해의 경우에는 합의가
없는 한 반반씩 부담하여야 할 것이다.

Ⅱ. 소송비용에 대한 재판의 효력

소송비용에 대한 재판이 확정된 때에는 피고 또는 참가인이었던 행정청이   4533
소속하는 국가 또는 공공단체에 그 효력이 미친다(행소법 제33조). 소송비용에 관
한 재판은 독립하여 항소의 대상이 되지 아니한다(민소법 제391조).[1]

제 2 절 무효등확인소송

제 1 항 관 념

Ⅰ. 의 의

무효등확인소송이란 행정청의 처분 등의 효력유무 또는 존재여부를 확인하   4534
는 소송을 말한다(행소법 제4조 제2호).[2] 행정처분의 무효확인소송이 허용되는 이

---

1) 대결 1991. 12. 30, 91마726(민사소송법 제361조는 헌법 제23조 제1항 및 제27조 제1항의 위반
   이 아니다); 대판 1967. 3. 28, 67누14.
2) 우리의 경우에는 확인소송은 무효등확인소송과 부작위위법확인소송으로 구분되고 있으나, 독
   일의 경우에는 확인소송이 (1) 법률관계의 존재, 부존재의 확인을 구하는 일반적 확인소송(Die
   allgemeine Feststellungsklage)(행정법원법 제43조 제1항 제1문), (2) 예방적 확인소송(Die
   vorbeugende Feststellungsklage), (3) 행정행위의 무효확인을 구하는 소송(행정행위무효확인소
   송)(행정법원법 제43조 제1항 제2문), (4) 실현된 행정작용의 위법의 확인을 구하는 계속적 확
   인소송(Die Fortsetzungsfeststellungsklage)(행정법원법 제113조 제1항 제4문), (5) 소송절차상
   법관계의 확인을 구하는 중간확인소송(Die Zwischenfeststellungsklage)(행정법원법 제173조
   민소법 제256조 제2항과 결합하여)으로 구분되고 있다. 확인소송의 대상은 기본적으로 법률관
   계인데, (1)과 (5)가 진정 확인소송이고, (2)는 미래의 법률관계에 관한 확인소송이고, 따라서 부

유는 무효 등의 행위라도 외형상 행정처분이 존재하고 그 처분의 성질상 유효한 효력이 지속하는 것으로 오인될 가능성이 있는바, 재판에 의하여 그 효력의 부정을 선언할 필요가 있기 때문이다.[1] 예컨대 무효는 언제나 무효이고 누구나 주장할 수 있는 것이므로 무효행위를 무시할 수도 있는 것이다. 그러나 무효행위와 취소할 수 있는 행위의 구분이 절대적으로 명확한 것은 아니므로 무효행위를 유효한 행위로 보고 강제가 가해질 수도 있는 것이고 보면 이러한 위험으로부터 사인을 보호할 필요는 있는 것인바, 이것이 무효등확인소송이 인정되는 이유가 된다. 말하자면 무효등확인소송은 행정행위의 무효·부존재 등이 일의적으로 정해지고 판단될 수 있는 것이 아니어서 행위의 효력을 둘러싸고 행정청과 당사자간에 서로의 주장이 다를 수 있으므로, 이에 처분의 유효·무효, 존재·부존재를 공적으로 판단·확인해 두고자 함에 의미를 갖는 소송형태라 하겠다.[2]

　　이러한 시각을 전제로 보면, 무효등확인소송의 소송물은 처분 등의 유효·무효, 존재·부존재라 할 것이다.[3]

Ⅱ. 종　류

4535　　첫째, 무효등확인소송에는 처분 등의 유효확인소송, 처분 등의 무효확인소송, 처분 등의 존재확인소송,[4] 처분 등의 부존재확인소송, 그리고 처분 등의 실효확인소송 등이 있다. 부존재확인이나 무효확인을 구하는 소송을 소극적 확인소송으로, 존재확인이나 유효확인을 구하는 소송을 적극적 확인소송으로 부르기도 한다.[5]

작위소송(Unterlassungsklage)이며, 다만 (3)과 (4)에서는 행정행위가 대상이 된다(Hufen, Verwaltungsprozessrecht(8. Aufl.), §18, Rn. 1).

1) 대판 1969. 12. 9, 66누71.

2) 우리의 행정소송법은 처분등의 효력유무 존재여부를 대상으로 하지만, 독일 행정법원법상 확인소송은 기본적으로 법률관계의 존부 확인과 행정행위의 무효 확인을 대상으로 한다. 법률관계란 사람과 다른 사람의 법률관계 또는 사람과 물건과의 법률관계를 뜻하는 것으로 이해되고, 사람과 다른 사람의 법률관계는 개인적 공권의 존재를 근거지우거나 요구하는 법률관계로 이해되므로, 법률관계의 존부 확인은 결국 개인적 공권의 존부의 확인의 문제가 된다고 한다 (Schenke, Verwaltungsprozessrecht(12. Aufl.), Rn. 377f.).

3) 과세처분무효확인소송의 경우 소송물은 권리 또는 법률관계의 존부 확인을 구하는 것이며, 이는 청구취지만으로 소송물의 동일성이 특정된다고 할 것이고 따라서 당사자가 청구원인에서 무효사유로 내세운 개개의 주장은 공격방어방법에 불과하다(대판 1992. 2. 25, 91누6108).

4) 대판 1999. 8. 20, 97누6889(일반적으로 행정처분이 주체·내용·절차 및 형식이라는 내부적 성립요건과 외부에의 표시라는 외부적 성립요건을 모두 갖춘 경우에는 행정처분이 존재한다고 할 수 있다).

5) Würtenberger, Verwaltungsprozessrecht, Rn. 398.

둘째, 처분등은 법률관계의 발생·변경·소멸을 가져오는 것이지, 그 자체가   4536
법률관계는 아니다. 따라서 처분등의 존부확인소송은 법률관계존부확인소송과
구별되어야 한다. 현행법상 항고소송으로서 법률관계존부확인소송은 인정되지
아니한다. 법률관계존부확인소송의 일종이라 할 작위의무확인소송 역시 현행법
상 명문으로 인정되고 있지 않다. 판례도 부인한다.[1) 무명항고소송의 하나로
인정될 수도 있을 것이다. 또한 무효등확인소송은 추상적 규범통제수단이 아니
기 때문에, 법령무효확인의 소도 인정되지 아니한다.

셋째, 판례는 무효인 처분의 무효확인을 취소소송의 형식으로도 제기할 수   4537
있다고 하고, 아울러 무효등확인소송에는 취소를 구하는 취지까지 포함된 것으
로 새긴다.[2)

넷째, 행정행위의 거부처분에 대한 무효확인소송의 경우, 원고가 승소하면   4538
행정소송법 제30조에 따른 기속력은 발생하지만(행소법 제38조), 형성력은 발생하
지 아니하므로 원고의 보호가 직접적이지 않다. 행정행위의 거부가 무효인 경우
에 무효확인소송이 아니라 의무화소송이 인정된다면 원고의 보호에 보다 효과적
일 것이다.[3)

Ⅲ. 성 질

무효등확인소송은 주관적 소송으로서 처분 등의 효력유무 또는 존재여부를   4539
확인하는 확인의 소이며, 이 소송에 의한 판결은 형성판결이 아니고 확인판결에
속한다. 종래에는 무효확인소송이 당사자소송인가 항고소송인가에 관해 견해의
대립이 있었으나, 현행법은 이를 항고소송의 일종으로 규정하고 있다. 이것은
현행법이 무효등확인소송도 공권력발동과 관련된 소송으로 보고 있음을 의미
한다. 그러나 기능상으로 본다면 무효확인판결의 효력은 취소판결의 경우와 같
이 제3자에게도 미치는 까닭에 형성판결과 유사한 기능을 갖게 되는바, 이에 무
효등확인소송을 준항고소송으로 볼 여지는 있다.

---

1) 대판 1990. 11. 23, 90누578; 대판 1990. 11. 23, 90누3553(피고 국가보훈처장 등에게, 독립운동
   가들에 대한 서훈추천권의 행사가 적정하지 아니하였으니 이를 바로잡아 다시 추천하고, 잘못
   기술된 독립운동가의 활동상을 고쳐 독립운동사 등의 책자를 다시 편찬, 보급하고, 독립기념관
   전시관의 해설문, 전시물 중 잘못된 부분을 고쳐 다시 전시 및 배치할 의무가 있음의 확인을
   구하는 청구는 작위의무확인소송으로서 항고소송의 대상이 되지 아니한다.
2) 대판 2023. 6. 29, 2020두46073; 대판 1987. 4. 28, 86누887. 한편, 독일행정재판소법은 무효의 행위
   에 대하여 취소소송이나 확인소송을 제기할 수 있음을 명시적으로 규정한다(VwGO 제43조 제2
   항 제2문). 그 근거는 행정행위의 단순위법과 무효의 구분이 어렵다는 점에 있다(Würtenberger,
   Verwaltungsprozessrecht, Rn. 272).
3) Hufen, Verwaltungsprozessrecht(8. Aufl.), § 18, Rn. 29 참조.

Ⅳ. 행정소송 상호간의 관계

1. 무효확인소송과 취소소송의 관계

4540 옆번호 3986 이하와 같다.

2. 무효확인소송과 부작위위법확인소송의 관계

4541 옆번호 3987과 같다.

3. 무효확인소송과 당사자소송의 관계

4542 무효인 처분에는 공정력이 인정되지 아니하므로 무효확인소송과 당사자소송 사이는 배척관계가 아니다. 예컨대 무효인 공무원파면처분의 경우, 항고소송으로서 파면처분무효확인소송이 가능할 뿐만 아니라 당사자소송으로서 그 파면처분의 무효임을 전제로 한 공무원지위확인소송도 가능하다. 그리고 무효인 과세처분의 경우, 항고소송으로서 과세처분무효확인소송이 가능하고, 당사자소송으로서 조세채무부존재확인소송도 가능하다. 물론 항고소송으로 해결이 가능한 경우에는 항고소송만이 가능하고, 당사자소송의 제기는 불가하다(당사자소송의 보충성)는 반대견해도 있다.[1]

제 2 항 본안판단의 전제요건(소송요건)

제 1 관 념

Ⅰ. 의 의

4543 '소 없으면 재판없다'는 원칙은 무효등확인소송의 경우에도 당연히 적용된다. 무효등확인소송을 제기하여 법원으로부터 본안에 관한 승소판결을 받기 위해서는 본안판단의 전제요건(소송요건)과 본안요건을 갖추어야 한다. 본안판단의 전제요건으로는 무효라고 주장하는 처분등이 존재하고(제2), 관할법원에(제3) 원고가 피고를 상대로(제4), 소장을 제출하여야 하고(제5), 원고는 처분등의 무효등의 확인을 구할 이익(권리보호의 필요)이 있어야 하며(제6), 아울러 당사자 사이의 소송대상에 대하여 기판력 있는 판결이 없어야 하고 또한 중복제소도 아니어야 한다(제7). 한편, 본안판단의 전제요건의 결여의 효과는 취소소송의 경우와 같다.

---

1) 사법연수원, 행정구제법, 2007, 17쪽 참조.

Ⅱ. 취소소송과 차이점

취소소송과 비교할 때, 무효등확인소송의 경우에는 제소기간의 적용이 없   4544
고, 또한 행정심판전치의 문제가 없다는 점이 다르다. 다만 입법례에 따라서는
무효등확인소송의 경우에 제한적이지만 기간상 제약을 가하는 경우도 있다.[1]
사인의 법적 안정성을 고려할 때, 의미가 있어 보인다.

제 2 처 분 등

무효등확인소송도 취소소송의 경우와 같이 처분등을 대상으로 한다. 무효   4545
확인소송의 대상인 처분은 외관상으로는 존재하여야 한다. 한편 재결무효등확
인소송의 경우에는 재결 자체에 고유한 위법이 있음을 이유로 하는 경우에 한
한다(행소법 제38조 제1항·제19조). 말하자면 재결을 다투는 경우에는 재결 자체에
고유한 위법이 있어야 한다(행소법 제38조 제1항·제19조 단서).

법규범의 무효확인이나 문서의 진위 등의 사실관계의 확인은 무효등확인소   4546
송의 대상이 아니다.[2] 다만 집행행위를 요하지 아니하고 그 자체로서 사인의
권리를 침해하는 법규명령이나 조례는 처분(또는 처분에 준하는 작용)으로서 무효
확인의 대상이 된다고 본다. 하여간 무효등확인소송의 대상은 법률관계(독일행정
소송법 제43조 제1항에 따른 일반적 확인소송은 법률관계의 존부의 확인 또는 행정행위의 무
효를 구하는 소송이다)가 아니라 처분등임을 유념하여야 한다. 한편, 엄밀히 말해
무효등확인소송의 소송물은 "특정한 처분등이 존재한다(부존재한다·유효하다·무효
이다)"라는 원고의 주장이다.

제 3 관할법원

재판관할(행소법 제38조 제1항·제9조), 관할의 이송(행소법 제7조), 관련청구소송   4547
의 이송 및 병합(행소법 제38조 제1항·제10조) 등의 문제는 취소소송의 경우와 같다.

---

1) 독일의 경우 공무원관계에 관한 확인소송에는 전심절차가 되며, 제소기간에 제한이 따른다(연
   방공무원법 제172조).
2) 대판 1991. 12. 24, 91누1974(행정소송에 있어서 확인의 소는 권리 또는 법률관계의 존부확정을
   목적으로 하는 소송이므로, 현재의 구체적인 권리나 법률관계만이 확인의 소의 대상이 될 뿐인
   데, 원고 소유의 대지가 타인 소유의 건물의 부지가 아님의 확인을 구하는 소는 사실관계의 확
   인을 구하는 것이어서 부적법하다).

제 4 당사자와 참가인

Ⅰ. 원고적격

4548 무효등확인소송은 처분 등의 효력유무 또는 존재여부의 확인을 구할 법률
상 이익이 있는 자가 제기할 수 있다(행소법 제35조).[1] 무효등확인소송은 주관적
소송이다. 법률상 이익이 있는 자의 의미는 취소소송의 경우와 같다. 공동소송
도 인정된다(행소법 제15조·제38조 제1항).

Ⅱ. 피고적격

4549 취소소송의 관련규정이 준용된다. 즉 무효등확인소송은 다른 법률에 특별
한 규정이 없는 한, 그 처분등을 행한 행정청을 피고로 한다. 다만 그 처분등이

---

1) 대판 2012. 2. 23, 2011두5001(원고(전 KBS사장)가 이 사건 소송 계속 중 그 임기가 만료되어
이 사건 해임처분의 무효확인 또는 취소로 사장으로서의 지위를 회복할 수 없다고 하더라도,
그 무효확인 또는 취소로 인하여 최소한 이 사건 해임처분시부터 임기만료일까지의 기간에 대
하여 보수의 지급을 구할 수 있는 등 여전히 이 사건 해임처분의 무효확인 또는 취소를 구할
법률상 이익이 있다); 대판 2005. 3. 11, 2003두13489(폐기물소각시설의 부지경계선으로부터
300m 밖에 거주하는 주민들도 위와 같은 소각시설 설치사업으로 인하여 사업 시행 전과 비교
하여 수인한도를 넘는 환경피해를 받거나 받을 우려가 있음에도 폐기물처리시설 설치기관이
주변영향지역으로 지정·고시하지 않는 경우 같은 법 제17조 제3항 제2호 단서 규정에 따라 당
해 폐기물처리시설의 설치·운영으로 인하여 환경상 이익에 대한 침해 또는 침해우려가 있다는
것을 입증함으로써 그 처분의 무효확인을 구할 원고적격을 인정받을 수 있다); 대판 2005. 3.
11, 2003두13489(구 폐기물처리시설설치촉진및주변지역지원등에관한법률(2002. 2. 4, 법률 제
6656호로 개정되기 전의 것) 및 같은법시행령의 관계 규정의 취지는 처리능력이 1일 50t인 소
각시설을 설치하는 사업으로 인하여 직접적이고 중대한 환경상의 침해를 받으리라고 예상되는
직접영향권 내에 있는 주민들이나 폐기물소각시설의 부지경계선으로부터 300m 이내의 간접영
향권 내에 있는 주민들이 사업 시행 전과 비교하여 수인한도를 넘는 환경피해를 받지 아니하
고 쾌적한 환경에서 생활할 수 있는 개별적인 이익까지도 이를 보호하려는 데에 있다 할 것이
므로, 위 주민들이 소각시설입지지역결정·고시와 관련하여 갖는 위와 같은 환경상의 이익은
주민 개개인에 대하여 개별적으로 보호되는 직접적·구체적 이익으로서 그들에 대하여는 특단
의 사정이 없는 한 환경상의 이익에 대한 침해 또는 침해우려가 있는 것으로 사실상 추정되어
폐기물 소각시설의 입지지역을 결정·고시한 처분의 무효확인을 구할 원고적격이 인정된다);
대판 2003. 5. 16, 2002두3669(체납처분에 기한 압류처분은 행정처분으로서 이에 기하여 이루
어진 집행방법인 압류등기와는 구별되므로 압류등기의 말소를 구하는 것을 압류처분 자체의
무효를 구하는 것으로 볼 수 없고, 또한 압류등기가 말소된다고 하여도 압류처분이 외형적으로
효력이 있는 것처럼 존재하는 이상 그 불안과 위험을 제거할 필요가 있다고 할 것이므로, 압류
처분에 기한 압류등기가 경료되어 있는 경우에도 압류처분의 무효확인을 구할 이익이 있다).
한편, 독일행정재판소법은 원고적격으로 확인소송의 제기에 즉시확인에 대한 정당한 이익이
있을 것을 요구한다(동법 제43조 제1항 제2문). 독일에서 확인소송은, 권리침해를 가져오는 위
법한 침해를 다투는 취소소송과 달리, 법률관계의 존부를 대상으로 하며, 법률관계의 존부의
판단 그 자체로는 선언적인 것이므로 권리침해문제가 따르지 아니하는 바, 확인소송의 원고적
격으로 법률상 이익의 침해가 아니라 즉시확인에 대한 정당한 이익이 요구된다고 한다
(Glaeser, Verwaltungsprozeßrecht, Rn. 349).

있은 뒤에 그 처분등에 관계되는 권한이 다른 행정청에 승계된 때에는 이를 승계한 행정청을 피고로 한다(행소법 제38조 제1항·제13조 제1항). 그러나 권한을 승계한 행정청이 없는 경우에는 그 처분등에 관한 사무가 귀속되는 국가 또는 공공단체를 피고로 한다(행소법 제13조 제2항). 그리고 원고가 피고를 잘못 지정한 때에는 법원은 원고의 신청에 의하여 결정으로써 피고의 경정을 허가할 수 있다(행소법 제38조 제1항·제14조).

Ⅲ. 소송참가·공동소송

취소소송에 적용되고 있는 제3자의 소송참가(행소법 제16조)와 행정청의 소송참가(행소법 제17조)도 준용된다(행소법 제38조 제1항). 그리고 공동소송제도(행소법 제15조)도 또한 준용되고 있다(행소법 제38조 제1항).   4550

제 5 소   장

취소소송의 경우와 같다(옆번호 4172를 보라).   4551

제 6 권리보호의 필요 등

Ⅰ. 권리보호의 필요

취소소송의 경우와 같이 무효확인소송의 경우에도 권리보호의 필요가 있어야 함은 물론이다.[1] 말하자면 행정처분에 관한 무효확인 판결을 받는다고 할지라도 그 권리가 회복될 가능성이 전혀 없다면 그러한 원고의 확인의 소는 그 확인의 이익이 없다.[2],[3] 부존재확인을 구하는 경우도 마찬가지이다. 판례도 행정   4552

---

1) 독일의 경우에 판례는 민중소송을 배제하기 위해 취소소송의 경우를 유추하여 권리보호의 필요의 개념을 인정하지만(BVerwGE 100, 262, 271), 일부 학설은 "정당한 이익"의 개념이 권리보호의 필요의 완화된 표현 또는 특별한 형식이라 주장한다(Glaeser, Verwaltungsprozeßrecht, Rn. 341; Würtenberger, Verwaltungsprozessrecht(3. Aufl.), Rn. 419).

2) 대판 2016. 6. 10, 2013두1638(행정처분의 무효확인 또는 취소를 구하는 소에서, 비록 행정처분의 위법을 이유로 무효확인 또는 취소 판결을 받더라도 그 처분에 의하여 발생한 위법상태를 원상으로 회복시키는 것이 불가능한 경우에는 원칙적으로 그 무효확인 또는 취소를 구할 법률상 이익이 없고, 다만 원상회복이 불가능하더라도 그 무효확인 또는 취소로써 회복할 수 있는 다른 권리나 이익이 남아 있는 경우 예외적으로 법률상 이익이 인정될 수 있을 뿐이다).

3) 대판 2020. 12. 24, 2020두30450(행정처분의 무효확인 또는 취소를 구하는 소가 제소 당시에는 소의 이익이 있어 적법하였는데, 소송 계속 중 해당 행정처분이 기간의 경과 등으로 그 효과가 소멸한 때에 그 처분이 취소되어도 원상회복이 불가능하다고 보이는 경우라 하더라도, 무효확인 또는 취소로써 회복할 수 있는 다른 권리나 이익이 남아 있거나 또는 그 행정처분과 동일한 사유로 위법한 처분이 반복될 위험성이 있어 행정처분의 위법성 확인 내지 불분명한 법률문제에 대한 해명이 필요한 경우에는 행정의 적법성 확보와 그에 대한 사법통제, 국민의 권리구제

청의 처분에 대한 부존재확인을 구하기 위하여는 행정청에 의하여 마치 그와 같은 처분이 존재하는 듯한 외관이 작출되는 등으로 그 이해당사자에게 어떤 법적 불안이 발생하여 이를 제거하여야 할 필요가 있어야 한다고 말한다.[1] 권리보호의 필요의 유무의 판단에는 법적 이익의 유무만을 고려할 것이 아니고, 그것 외에도 이성적인 판단을 통해 사실상황으로부터 정당화되는 경제적·문화적·종교적 성질의 이익 등도 고려의 대상이 되어야 할 것이다.[2]

II. 확인의 이익과 확인소송의 보충성

1. 문제상황

4553   입법례에 따라서는 확인소송에서 확인의 이익과 확인소송의 보충성에 관해 규정하기도 한다(독일행정법원법 제43조 제2항).[3] 이러한 입법례에 따르면, 확인소송의 제기에는 확인의 이익이 필요하고,[4] 아울러 형성소송과 급부소송으로 목적을 달성할 수 없는 경우에만 확인소송을 제기할 수 있게 된다. 한편, 우리 행

의 확대 등의 측면에서 예외적으로 그 처분의 취소를 구할 소의 이익을 인정할 수 있다).

1) 대판 1990. 10. 30, 90누3218(처분청인 피고 스스로 이 사건 철거명령 및 대집행계고처분의 상대방이 소외인이고 원고에 대하여는 아무런 처분도 한 바 없다고 인정하고 있을 뿐 아니라 피고가 소외인에 대한 처분을 근거로 막바로 원고에 하여 이 사건 위반건축물 부분에 대한 철거대집행을 시행하려 한다거나 위 처분으로 말미암아 원고에게도 위 건축물부분의 철거의무 등이 있다고 보여질 만한 외관이 작출되어 어떠한 법적 불안이 조성되어 있다고 인정할 자료도 없다면 원고에 대한 계고처분의 부존재확인을 구하는 이 사건 소는 결국 확인의 이익이 없다고 할 것이다).

2) 대판 2014. 5. 16, 2012두26180(국가공무원법상 직위해제처분의 무효확인 또는 취소소송 계속 중 정년을 초과하여 직위해제처분의 무효확인 또는 취소로 공무원 신분을 회복할 수는 없다고 할지라도, 그 무효확인 또는 취소로 직위해제일부터 직권면직일까지 기간에 대한 감액된 봉급 등의 지급을 구할 수 있는 경우에는 직위해제처분의 무효확인 또는 취소를 구할 법률상 이익이 있다); 대판 1991. 6. 28, 90누9346(국회해직공무원인 원고가 복직은 되었으나 원고(국회의장)와 피고 사이에 원고의 면직처분의 무효여부에 관하여 다툼이 있고 원고가 면직으로 인한 퇴직기간을 재직기간으로 인정받지 못하고 있어 퇴직급여(공무원연금법 제46조 이하), 승진소요연수의 계산(국회인사규칙 제31조) 및 호봉승급(공무원보수규정 제13조, 제15조 제6호) 등에 있어서 현재에도 계속하여 불이익한 대우를 받고 있다면 그 법률상의 지위의 불안, 위험을 제거할 필요가 있고 다른 소송수단(국가배상소송이나 민사소송)으로는 위와 같은 원고들의 권리 또는 법률상의 지위의 불안, 위험을 제거하기에 미흡하여 면직처분무효확인의 소가 필요하고도 적절한 것이므로 면직처분무효확인의 소는 확인의 이익이 있다고 할 것이다).

3) 독일행정법원법 제43조 ① 원고가 즉시확인에 정당한 이익을 갖는 경우에는 소송으로 법률관계의 존재나 부존재의 확인 또는 행정행위의 무효의 확인을 구할 수 있다(확인소송). ② 원고가 형성소송이나 급부소송으로 자기의 권리를 추구할 수 있거나 추구할 수 있었다면, 확인은 구할 수 없다. 행정행위의 무효의 확인을 구하는 경우에는 그러하지 아니하다.

4) 확인의 이익이 행정소송의 일반적인 제소요건의 하나인 권리보호의 필요와 상이한 것인지, 달리 말한다면 확인의 이익이라는 특별한 형식 외에 일반적인 권리보호의 필요가 요구되는지의 여부에 대해서는 논란이 없지 않다고 한다(Hufen, Verwaltungsprozessrecht(8. Aufl.), §23, Rn. 10).

정소송법에는 무효등확인소송의 확인의 이익이나 보충성에 관해 명시적으로 규정하는 바가 없다. 행정소송법 제35조는 "무효등확인소송은 처분등의 효력 유무 또는 존재 여부의 확인을 구할 법률상 이익이 있는 자가 제기할 수 있다"라고 규정하고 있는데, 여기서 「확인을 구할 법률상 이익」의 의미와 관련하여 무효등확인소송에서도 민사소송에서의 '확인의 이익'이 요구되는지, 그리고 무효등확인소송이 보충적으로 적용되는 것인지의 여부가 문제된다.

2. 학　설

(1) **긍정설**(즉시확정이익설)　　　이 견해는 취소소송의 경우와 달리 행정소송법 제35조는 원고적격에 관한 규정일 뿐만 아니라 권리보호필요성(협의의 소익)에 관한 의미도 가지고 있는 것이며, 따라서 민사소송에서의 확인의 이익과 같이 무효등확인소송의 경우에도 「즉시확정의 이익」이 필요하며, 또한 무효를 전제로 하는 현재의 법률관계에 관한 소송으로 구제되지 않을 때에만 무효확인소송이 보충적으로 인정된다고 보고 있다.[1] 이는 독일과[2] 일본의 입법례를 따른 입장으로 무효확인소송을 확인의 소의 성질을 갖는 것으로 이해한다면 가능하다는 점을 논거로 한다.

4554

(2) **부정설**(법적이익보호설)　　　이 견해는 무효등확인소송의 원고적격에 있어서 요구되는 '법률상 이익'의 개념을 취소소송에서의 법률상 이익과 동일하게 본다. 그 논거로는 ① 무효확인소송도 본질적으로 취소소송과 같이 처분을 다투는 항고소송이며, ② 우리의 무효등확인소송은 일본과 달리 보충성의 원칙에 관한 규정이 없으며, ③ 무효등확인소송에는 취소판결의 기속력이 준용되므로 민사소송과 달리 무효판결 자체로도 판결의 실효성 확보가 가능하므로 민사소송에서와 같이 분쟁의 궁극적 해결을 위한 확인의 이익여부를 논할 이유가 없다

4555

---

[1] 김남진, 사법행정, 1992. 1, 21쪽; 정하중, 행정법개론, 778쪽.

[2] 독일행정법원법상 법률관계의 존부의 확인은 다만 원고가 즉시확정의 정당한 이익을 가진 경우에 구할 수 있다고 입법자가 규정한 이유는 법원이 기능에 반하여 법적 문제에 안내기관 또는 감정인의 지위에 서는 것을 방지하기 위한 것이라 한다(Hufen, Verwaltungsprozessrecht (8. Aufl.), §18, Rn. 12). 즉시확정의 정당한 이익은 주관적 요소(정당한 이익)와 시간적 요소(즉시 확정)로 구성된다. 정당한 이익의 개념은 불분명하고 가변적이다. 그것은 행정법원법 제42조 제2항의 개인적 공권의 개념보다 넓고, 민사소송법 제256조의 법적 이익의 개념보다 넓다고 하며, 일반적으로는 "이성적 형량, 일반적 법원칙과 구체적인 법적 근거 아울러 보호가치와 관련하여 판단한다고 한다. 그리고 시간적 요소(즉시 확정)는 '확인의 이익'은 판결시점에 있어야 한다는 것과 확인은 유예를 용인하지 않는다는 것을 전제로 한다. 문제가 현재에 공백적이고 해명을 필요로 하거나 또는 불가분의 미래에 악화나 반복을 위협하거나 하면, 시간적 관점에서는 일반적으로 문제가 없다고 한다"(Hufen, Verwaltungsprozessrecht(8. Aufl.), §18, Rn. 12f.). 확인의 이익의 요구는 법적 안정성, 절차의 경제의 사고에서 나온다고 한다(Wolff/Deck, Studienkommentar VwGO VwVfG(3. Aufl.), VwGO Vor §43, Rn. 26).

는 점을 들고 있다. 이러한 입장에서는 무효확인소송을 보충적인 것으로 이해하는 판례에 비판적이다.[1]

3. 판 례

4556 　① 종래의 판례는 무효확인의 소에 있어서 법률상 이익은 원고의 권리 또는 법률상 지위에 현존하는 불안·위험이 있고, 그 불안·위험을 제거함에는 확인판결을 받는 것이 '가장 유효적절한 수단일 때' 인정된다고 하여,[2] 무효확인소송에서도 확인소송의 일반적 요건인 「즉시확정의 이익」이 요구된다고 하였다. 이러한 판례의 입장에서는 다른 효과적이고 직접적인 소송이 인정되는 경우에 무효확인소송을 허용하지 아니한다. 즉, 판례는 무효등확인소송을 보충적인 것으로 보았다.[3] 부존재확인의 소의 경우도 마찬가지였다.[4] 뿐만 아니라 무효

---

1) 박윤흔·정형근, 최신행정법강의(상), 870쪽.

2) 대판 2007. 2. 8, 2005두7273(확인의 소는 원고의 권리 또는 법률상의 지위에 현존하는 불안, 위험이 있고 확인판결을 받는 것이 그 분쟁을 근본적으로 해결하는 가장 유효, 적절한 수단일 때에 허용된다); 대판 1992. 7. 28, 92누4352(행정처분무효확인소송에 관한 행정소송법 제35조 소정의 '확인을 구할 법률상 이익'은 그 대상인 현재의 권리 또는 법률관계에 관하여 당사자 사이에 분쟁이 있고 그로 인하여 원고의 권리 또는 법률상의 지위에 불안, 위험이 있어 판결로써 그 법률관계의 존부를 확정하는 것이 불안, 위험을 제거하는데 필요하고도 적절한 경우에 인정된다 할 것이므로 이러한 법리에 비추어 원심의 위와 같은 판단은 정당하고 거기에 소론이 지적하는 바와 같은 법리오해나 이유모순의 위법이 있다고 할 수 없다. 피고의 1984. 8. 6.자 이 사건 학교법인의 임원취임승인의 취소처분 및 그 이후의 임시이사선임처분이 무효로 귀착된다면 그 무효인 처분에 뒤따른 모든 일련의 처분은 그에 관한 법적 원인을 상실하여 아울러 무효로 되는 것이므로 그 확인을 구할 실익이 있다는 것이나, 소론과 같이 일련의 위 처분들이 모두 당연무효라면 그를 이유로 하여 이 사건 최종 이사선임결의의 효력을 다투는 민사소송을 제기하면 될 것이지 굳이 독립한 행정소송으로 위 처분들의 무효확인을 구할 실익이 있다고 할 수 없다); 대판 1992. 3. 13, 91누5105(공무원교육훈련법 제13조 소정의 경비반납조치처분을 받은 자가 위 처분에 의하여 부과된 반납금을 이미 납부함으로써 그 처분의 집행이 종료된 것과 같이 되어버렸다면 그 처분이 존재함과 같은 외관상태가 남아 있다 하여 앞으로 위 처분을 받은 자의 권리와 법률상의 지위에 현존하는 불안이나 위험이 있다 할 수 없으므로 그 처분이 무효라는 이유로 납부한 반납금에 대한 부당이득금반환청구를 함은 별론으로 하고 그 처분의 무효확인을 독립된 소송으로 구할 확인의 이익은 없다); 대판 2002. 12. 27, 2001두2799.

3) 대판 1988. 10. 11, 87누783(갑 명의의 근저당권이 설정되어 있는 을 소유의 부동산이 임의경매에 의하여 경락되자 세무관서가 을에 대한 체납국세의 징수를 위하여 국세의 교부청구를 하여 위 경락대금 중에서 배당받아 간 경우 이와 같은 국세교부청구에 의한 경락대금의 교부가 위 국세부과처분이 무효이어서 원인 없는 배당이 된다고 한다면 갑은 직접적이고 효과적인 부당이득금반환 청구의 소송을 제기할 수 있으므로 간접적이고 우회적인 무효확인소송을 제기하는 것은 소의 이익이 없다); 대판 1991. 9. 10, 91누3840(무효임을 주장하는 과세처분에 따라 그 부과세액을 납부하여 이미 그 처분의 집행이 종료된 것과 같이 되어 버렸다면 그 과세처분이 존재하고 있는 것과 같은 외관이 남아 있음으로써 장차 이해관계인에게 다가 올 법률상의 불안이나 위험은 전혀 없다 할 것이고, 다만 남아 있는 것은 이미 이루어져 있는 위법 상태의 제거 즉 납부효과가 발생한 세금의 반환을 구하는 문제뿐이라고 할 것인바, 이와 같은 위법상태의 제거방법으로서 그 위법상태를 이룬 원인에 관한 처분의 무효확인을 구하는 방법은 과세관청이 그 무효확인판결의 구속력을 존중하여 납부한 세금의 환급을 하여 줄 것을 기대하는 간

선언을 구하는 의미에서 처분취소를 구하는 소,[1] 그리고 민사소송이 가능한 경우에도 동일한 입장을 취하였다.[2] ② 그러나 대법원은 2008년 3월 20일 판례를 변경하여 「무효확인소송의 보충성」이 요구되는 것은 아니라고 하였다.[3]

4. 사 견

전술한 바와 같이 무효확인소송에서의 법률상 이익이 있는 자의 의미는 취   4557

접적인 방법이라 할 것이므로, 민사소송에 의한 부당이득반환청구의 소로써 직접 그 위법상태의 제거를 구할 수 있는 길이 열려 있는 이상 위와 같은 과세처분의 무효확인의 소는 분쟁해결에 직접적이고도 유효적절한 해결방법이라 할 수 없어 확인을 구할 법률상 이익이 없다); 대판 1998. 9. 22, 98두4375(행정처분에 대한 무효확인의 소에 있어서 확인의 이익은 그 대상인 법률관계에 관하여 당사자 사이에 분쟁이 있고, 그로 인하여 원고의 권리 또는 법률상의 지위에 불안·위험이 있어 판결로써 그 법률관계의 존부를 확정하는 것이 위 불안·위험을 제거하는 데 필요하고도 적절한 경우에 인정되는 것이므로, 과세처분과 압류 및 공매처분이 무효라 하더라도 직접 민사소송으로 체납처분에 의하여 충당된 세액에 대하여 부당이득으로 반환을 구하거나 공매처분에 의하여 제3자 앞으로 경료된 소유권이전등기에 대하여 말소를 구할 수 있는 경우에는 위 과세처분과 압류 및 공매처분에 대하여 소송으로 무효확인을 구하는 것은 분쟁해결에 직접적이고 유효·적절한 방법이라 할 수 없어 소의 이익이 없다).

4) 대판 1982. 3. 23, 80누476(부과된 세액을 이미 납부한 후에는 위 부과처분이 부존재함을 이유로 그 납부세금에 대한 부당이득반환청구를 함은 별문제로 하고, 위 부과처분의 부존재확인을 독립한 소송으로 구할 확인의 이익은 없다).

1) 대판 2006. 5. 12, 2004두14717(행정처분에 대한 무효확인의 소에 있어서 확인의 이익은 그 대상인 법률관계에 관하여 당사자 사이에 분쟁이 있고, 그로 인하여 원고의 권리 또는 법률상의 지위에 불안·위험이 있어 판결로써 그 법률관계의 존부를 확정하는 것이 위 불안·위험을 제거하는 데 필요하고도 적절한 경우에 인정된다. … 이러한 법리는 행정처분에 대한 무효선언을 구하는 의미에서 처분취소를 구하는 소에서도 마찬가지라 할 것이다).

2) 대판 2006. 5. 12, 2004두14717(과세처분과 압류 및 공매처분이 무효라 하더라도 직접 민사소송으로 체납처분에 의하여 충당된 세액에 대하여 부당이득으로 반환을 구하거나 공매처분에 의하여 제3자 앞으로 경료된 소유권이전등기에 대하여 말소를 구할 수 있는 경우에는 위 과세처분과 압류 및 공매처분에 대하여 소송으로 무효확인을 구하는 것은 분쟁해결에 직접적이고 유효·적절한 방법이라 할 수 없어 소의 이익이 없다고 할 것이다).

3) 대판 2008. 3. 20, 2007두6342(행정소송은 행정청의 위법한 처분 등을 취소·변경하거나 그 효력 유무 또는 존재 여부를 확인함으로써 국민의 권리 또는 이익의 침해를 구제하고 공법상의 권리관계 또는 법 적용에 관한 다툼을 적정하게 해결함을 목적으로 하므로, 대등한 주체 사이의 사법상 생활관계에 관한 분쟁을 심판대상으로 하는 민사소송과는 목적, 취지 및 기능 등을 달리한다. 또한 행정소송법 제4조에서는 무효확인소송을 항고소송의 일종으로 규정하고 있고, 행정소송법 제38조 제1항에서는 처분 등을 취소하는 확정판결의 기속력 및 행정청의 재처분 의무에 관한 행정소송법 제30조를 무효확인소송에도 준용하고 있으므로 무효확인판결 자체만으로도 실효성을 확보할 수 있다. 그리고 무효확인소송의 보충성을 규정하고 있는 외국의 일부 입법례와는 달리 우리나라 행정소송법에는 명문의 규정이 없어 이로 인한 명시적 제한이 존재하지 않는다. 이와 같은 사정을 비롯하여 행정에 대한 사법통제, 권익구제의 확대와 같은 행정소송의 기능 등을 종합하여 보면, 행정처분의 근거 법률에 의하여 보호되는 직접적이고 구체적인 이익이 있는 경우에는 행정소송법 제35조에 규정된 '무효확인을 구할 법률상 이익'이 있다고 보아야 하고, 이와 별도로 무효확인소송의 보충성이 요구되는 것은 아니므로 행정처분의 무효를 전제로 한 이행소송 등과 같은 직접적인 구제수단이 있는지 여부를 따질 필요가 없다고 해석함이 상당하다).

소소송의 경우와 같다. 한편 무효확인소송의 보충성에 관한 종래의 판례의 입장을 긍정적으로 평가하는 견해도 있었으나, 저자는 행정소송법상 특별한 제한규정이 없음에도 이렇게 제한적으로 새기는 것은 합당하지 않다고 지적해왔다. 왜냐하면 행정행위의 하자가 무효사유인지 아니면 취소사유인지의 구분이 반드시 용이한 것도 아니고, 행정행위의 무효와 부존재는 예외적인 현상이기 때문에 보충성을 배제한다고 하여 남소의 가능성이 큰 것도 아니고, 또한 원고가 무효등확인소송을 남용한다면, 법원은 권리보호의 필요의 요건의 해석을 통해 제한을 가할 수 있다고 보았기 때문이었다.[1] 따라서 2008년 3월 20일자 대법원의 판례변경에 대해서는 긍정적인 평가를 할만하다.

제 7 중복제소 등의 배제

4558   취소소송의 경우와 같다(옆번호 4218을 보라).

제 8 소제기의 효과

4559   취소소송의 경우와 같다. 말하자면 무효등확인소송의 경우에도 집행부정지원칙이 적용되나, 특별한 사정이 있는 경우에는 법원이 결정으로써 집행정지를 결정할 수 있고 또한 정지결정을 취소할 수도 있다(행소법 제38조 제1항·제23조·제24조).[2]

제 3 항   이유의 유무(본안요건)

4560   무효확인소송이나 유효확인소송에 있어서 위법의 판단기준 등은 취소소송의 경우와 같다. 다만 인용판결을 위해서는 단순위법으로 충분한 취소소송의 경우와 달리, 무효확인소송의 경우에 위법의 하자가 중대하고 명백하여야 한다. 존재확인소송이나 부존재확인소송의 경우에는 행정행위의 부존재의 원리가 기준이 된다.

---

1) 독일의 경우에는 명시적으로 확인소송의 보충성이 규정되고 있다. 그러나 독일의 확인소송은 처분등을 대상으로 하는 우리의 경우와 달리 생활관계가 법적으로 규율되면, 그리고 그 법률관계(처분등이 아님)의 존부를 구속적인 방식으로 분명히 할 필요가 있으면 언제나 활용되는 소송형식이다. 따라서 그 확인소송의 활용범위가 너무도 넓기 때문에 보충성을 인정할 필요가 있을 것이다. 물론 독일의 경우에도 행정행위의 무효확인을 구하는 경우에는 보충성의 원칙이 적용되지 아니한다(독일행정절차법 제43조 2항 : 원고가 형성소송이나 급부소송을 통해 자기의 권리를 추구할 수 있거나 또는 있었을 때에는 확인소송은 허용되지 아니한다. 행정행위의 무효의 확인을 구하는 경우에는 그러하지 않다).

2) 대판 1966. 10. 4, 66두7.

제 4 항 소의 변경

취소소송에서 살펴본 소의 변경(행소법 제21조)의 규정은 무효등확인소송을 4561
취소소송 또는 당사자소송으로 변경하는 경우에 준용한다(행소법 제37조). 처분변
경으로 인한 소의 변경(행소법 제22조) 역시 무효등확인소송에 준용된다(행소법 제
38조 제1항).

제 5 항 소송의 심리

심리의 범위·방법 등이 취소소송의 경우와 특별히 다른 것은 없다. 행정심 4562
판기록제출명령제도(행소법 제25조)·직권탐지주의(행소법 제26조) 등이 준용되고
있다(행소법 제38조 제1항). 다만 입증책임자와 법원의 심리범위와 관련하여 약간
의 문제가 있다.

⑴ 입증책임자

㈎ 학 설 학설은 입증책임분배설·원고책임부담설로 나뉘고 있다. 4563
① 입증책임분배설은 취소소송의 경우와 같다는 견해로[1] 무효등확인소송도 항
고소송의 일종으로 처분의 위법성을 다투는 것은 취소소송과 같고, 위법의 중
대·명백성은 법해석 내지 경험칙에 의해 판단될 사항이기 때문에 입증책임의
문제와 직접 관련이 없음을 논거로 한다. ② 원고책임부담설은 하자가 중대하고
명백하다면 원고가 부담하여야 한다는 견해로[2] 취소소송과 무효등확인소송은
요건사실의 존재·부존재의 주장내용에 차이가 있으며, 무효등확인소송에서 주
장되는 중대·명백한 흠은 특별한 예외적인 것이며, 무효등확인소송은 제소기간
의 제한 없이 언제든 제기할 수 있어 그 사이에 증거가 없어질 수 있으므로 취
소소송과 동일하게 볼 수 없다는 점을 논거로 한다.

㈏ 판 례 판례는 원고책임부담설을 취한다.[3] 4564

㈐ 사 견 생각건대 무효등확인소송의 경우에 입증책임의 소재가 취소 4565
소송의 경우와 달라야 할 특별한 이유는 없다. 입증책임분배설이 타당하다.

⑵ 법원의 심리범위 행정처분의 무효 확인을 구하는 소에는 특단의 사

---

1) 김동희, 행정법(Ⅰ), 837쪽(2019); 류지태·박종수, 행정법신론, 753쪽(2019).
2) 박윤흔·정형근, 최신행정법강의(상), 873쪽.
3) 대판 2012. 12. 13, 2010두20782·2010두20799(병합)(행정처분의 당연무효를 주장하여 그 무효
   확인을 구하는 원고에게 그 행정처분이 무효인 사유를 증명할 책임이 있다); 대판 2010. 5. 13,
   2009두3460; 대판 1992. 3. 10, 91누6030.

정이 없는 한 취소를 구하는 취지도 포함되어 있다고 보아야 하므로, 해당 행정처분의 취소를 구할 수 있는 경우라면 무효사유가 증명되지 아니한 때에 법원으로서는 취소사유에 해당하는 위법이 있는지 여부까지 심리하여야 한다.[1]

제 6 항 판 결

Ⅰ. 위법성판단의 기준시점

4566 취소소송의 경우와 같다. 역시 처분시가 기준이 된다(옆번호 4326 이하를 보라).

Ⅱ. 판결의 종류

4567 취소소송의 경우와 같다. 일부무효확인이 가능한 것도[2] 취소소송의 경우와[3] 같다. 다만 무효등확인소송에는 사정판결을 준용한다는 규정이 없다. 준용 여부와 관련하여 견해가 나뉘고 있다.

Ⅲ. 판결의 효력

4568 기본적으로 취소소송의 경우와 같다. 제3자효를 갖는다(행소법 제38조 제1항·제29조).[4] 이 때문에 제3자의 보호를 위해 제3자의 소송참가(행소법 제38조 제1항·제16조), 제3자에 의한 재심청구(행소법 제31조·제38조 제1항)가 역시 인정된다. 기

---

1) 대판 2023. 6. 29, 2020두46.
2) 대판 2016. 7. 14, 2015두46598(외형상 하나의 행정처분이라 하더라도 가분성이 있거나 그 처분 대상의 일부가 특정될 수 있다면 일부만의 무효확인도 가능하고 그 일부에 대한 무효확인은 해당 무효확인 부분에 관하여 효력이 생긴다. … 이 사건 처분의 처분서인 이행강제금 부과고지서에는, 2008년, 2009년, 2010년, 2011년별로 각 해당연도의 이행강제금이 특정되어 있고, 이를 단순 합산한 금액이 이 사건 처분에 의하여 부과된 사실을 알 수 있으므로, 이 사건 처분은 외형상 하나의 처분이라 하더라도 각 연도별로 가분되어 특정될 수 있으므로, 각 연도별로 일부를 무효확인할 수 있다고 보아야 한다. 또한 원심판결이 주문에서 금액을 기재하지 않은 채 연도별로 무효 부분을 특정하였더라도, 그 내용은 충분히 특정가능하고 그 집행에 어떠한 의문이 있다고 보이지도 않는다).
3) 옆번호 4448을 보라.
4) 대판 1982. 7. 27, 82다173(행정상의 법률관계는 이를 획일적으로 규율할 필요가 있을 뿐 아니라 행정처분무효확인소송은 제소기간의 도과 등으로 인하여 행정처분취소의 소를 제기할 수 없게 되었을 때라도 중대하고 명백한 하자 있는 행정처분이 무효임을 확정하여 그 외견적 효력을 제거하여 줌으로써 행정처분취소의 소를 제기한 것과 같은 구제의 길을 터주려는데 그 취지가 있는 것이고 행정청의 공권력의 행사에 불복하여 그 처분의 효력을 다투는 점에서 행정처분취소의 소와 기본적으로 동질의 소송유형에 속하여 그에 준하는 성질을 가지는 것이라 할 것이므로 행정처분의 무효확인판결이 비록 형식상은 확인판결이라 하여도 그 무효확인판결의 효력은 그 취소판결과 같이 소송의 당사자는 물론 제3자에게도 미치는 것이라고 함이 상당하며 이는 당원의 판례이기도 하다); 대판 1980. 8. 26, 79다1866.

속력도 갖는다(행소법 제38조 제1항·제30조).

한편, 무효등확인판결은 형성판결과 달리 법관계의 변동을 가져오지 아니　4569
한다. 말하자면 무효등확인판결은 성질상 형성력을 갖지 아니하고, 아울러 간접
강제도 문제되지 아니한다. 또한 무효등확인판결은 집행가능한 급부(이행)명령
을 내용으로 갖지 아니한다. 물론, 소송비용부분은 집행대상이 됨은 당연하다.
무효등확인판결의 기판력은 다만 처분등의 효력유무와 존부에만 미칠 뿐이다.

Ⅳ. 불복과 위헌판결의 공고

취소소송의 경우와 같다. 즉 고등법원의 재판에 대하여는 대법원에 상고할　4570
수 있다(행소법 제38조 제1항·제9조). 그리고 제3자에 의한 재심청구제도(행소법 제
31조)도 무효등확인소송에 준용된다(행소법 제38조 제1항). 한편 무효등확인소송에
대한 대법원판결에 의하여 명령·규칙이 헌법 또는 법률에 위반된다는 것이 확
정된 경우에는 대법원은 지체없이 그 사유를 행정안전부장관에게 통보하여야
하고(행소법 제6조 제1항), 통보를 받은 행정안전부장관은 지체없이 이를 관보에
게재하여야 한다(행소법 제6조 제2항).

제 7 항　선결문제

Ⅰ. 의　　의

현행 행정소송법은 처분등의 효력유무 또는 존재여부가 본안으로서가 아니　4571
라 민사소송에서 본안판단의 전제로서 문제가 될 때, 이를 선결문제라 하고(행소
법 제11조 제1항), 당해 민사소송의 수소법원이 이를 심리·판단하는 경우에 행정
청의 소송참가(행소법 제17조), 행정심판기록의 제출명령(행소법 제25조), 직권심리
(행소법 제26조), 소송비용에 관한 재판의 효력(행소법 제33조) 등이 준용됨을 규정
하고 있다(행소법 제11조 제1항). 행정소송법은 선결문제의 개념을 민사소송에 관
해서만 규정하고, 형사소송이나 당해 당사자소송의 경우에는 규정하는 바가 없다.
행정소송법에 규정이 없는 사항은 학설과 판례가 정할 문제가 된다고 본다.[1]

Ⅱ. 규정의 취지

행정소송법이 특히 선결문제에 관한 규정을 둔 것은 본안이 민사에 관한　4572
것이라도 선결문제가 행정사건인 경우에는 선결문제의 해결을 항고소송에 준하

---

1) 본서, 옆번호 1432를 보라.

여 다루도록 하기 위한 것이다. 다만 유의할 것은 현행법은 처분 등의 효력유무 또는 존재여부가 민사소송의 선결문제로 된 경우에 관해 규정할 뿐이라는 점이다.

이와 관련하여 처분 등의 위법여부가 선결문제로 되는 경우에 법원이 이를 직접심리할 수 있는가는 문제이다. 견해가 갈리나 이러한 경우에도 행정소송법 제11조가 유추적용된다고 보아야 할 것이다.[1]

Ⅲ. 적용규정

4573   민사소송법의 수소법원이 선결문제를 심리·판단함에는 행정소송법 제17조 (행정청의 소송참가)·제25조(행정심판기록의 제출명령)·제26조(직권심리)·제33조(소송 비용에 관한 재판의 효력) 등이 적용된다(행소법 제11조 제1항). 그리고 이 때 당해 수 소법원은 그 처분 등을 행한 행정청에게 그 선결문제로 된 사실을 통지하여야 한다(행소법 제11조 제2항).

제 3 절   부작위위법확인소송

제 1 항   관   념

Ⅰ. 의   의

4574   부작위위법확인소송이란 행정청이 당사자의 신청에 대해 상당한 기간 내에 일정한 처분을 해야 할 법률상의 의무가 있음에도 불구하고 이를 행하지 않는 경우, 그 부작위가 위법함의 확인을 구하는 소송을 말한다(행소법 제4조 제3호). 단순한 부작위위법확인이 아닌 작위의무확인청구는 현행법제상 인정되고 있지 아니하다.[2]

Ⅱ. 성   질

4575   부작위위법확인소송은 주관적 소송으로서 부작위위법의 확인을 구하는 확 인의 소이며, 이 소송에 의한 판결은 확인판결에 속한다. 부작위위법확인소송은 일정한 의무의 이행을 내용으로 하는 것은 아니다. 부작위위법확인소송은 이미 발동된 공권력작용을 다투는 것이 아니라 아무런 공권력발동이 없음을 다투는

---

1) 본서, 옆번호 1437을 보라.
2) 대판 1989. 1. 24, 88누3116(국가보훈처장 발행 서적의 독립투쟁에 관한 내용을 시정하여 관보 에 그 뜻을 표명하여야 할 의무 및 독립운동단체 소속의 독립운동자들에게 법률 소정의 보상급 여의무의 확인을 구하는 청구는 작위의무확인소송으로서 항고소송의 대상이 되지 아니한다).

것이라는 관점에서 취소소송이나 무효등확인소송과 다르긴 하나, 부작위위법확
인소송도 공권력발동에 관한 소송이므로 취소소송이나 무효등확인소송과 마찬
가지로 항고소송에 속한다(행소법 제4조 참조). 한편 부작위위법확인소송의 소송
물은 소송의 대상인 부작위의 위법성이라 하겠다.

Ⅲ. 제도적 의미

1. 인정배경

과거의 행정소송법상으로는 부작위위법확인소송이 명문으로 인정되지 않았   4576
다. 판례도 인정하지 않았다. 그것은 부작위위법확인소송이 권력분립원칙에 반
하는 것으로 이해되었기 때문인 것으로 보인다. 그러나 오늘날과 같이 시민생활
에 필수적인 제조건이 행정청의 권한행사에 의존되는 정도가 점증하는 시대에
있어서 공권력의 불발동은 오히려 시민의 인간다운 삶의 보장에 중대한 위험일
수도 있다. 이러한 전제하에 행정권의 소극적 태도로 인해 야기된 위법상태를
제거할 필요가 있고, 아울러 이것이 반드시 권력분립원칙에 반하는 것은 아니라
는 논거에서 인정된 것이 부작위위법확인소송이다. 다만 현행법이 권력분립의
원리, 법원의 자제, 법원의 부담경감 등을 고려하여 이행소송 내지 적극적 형성
판결까지 인정하지 않는 점에서 한계가 있으나, 부작위위법확인소송에 재처분
의무와 간접강제가 도입되고 있으므로 효과에 있어서는 현행의 부작위위법확인
소송은 이행소송에 접근한다고 할 수 있다. 일설은 부작위위법확인의 소가 행정
청의 제1차적 판단권의 행사의 존중과 법원에 의한 구제라는 두 요청 사이의
타협의 결과라 지적하기도 한다.[1]

2. 구체적 의미

부작위위법확인의 소는 행정청이 국민의 법규상 또는 조리상의 권리에 기   4577
한 신청에 대하여 상당한 기간 내에 일정한 처분, 즉 그 신청을 인용하는 적극
적 처분 또는 각하하거나 기각하는 등의 소극적 처분을 하여야 할 법률상의 응
답의무가 있음에도 불구하고 이를 하지 아니하는 경우, 판결(사실심의 구두변론종
결)시를 기준으로 그 부작위의 위법을 확인함으로써 행정청의 응답을 신속하게
하여 부작위 내지 무응답이라고 하는 소극적인 위법상태를 제거하는 것을 목적
으로 하는 것이고, 나아가 당해 판결의 구속력에 의하여 행정청에게 처분 등을
하게 하고, 다시 당해 처분 등에 대하여 불복이 있는 때에는 그 처분 등을 다투

---

1) 강창웅, 월간고시, 1990. 9, 46쪽.

게 함으로써 최종적으로 국민의 권리(법률상 이익)를 보호하려는 제도이다.[1]

Ⅳ. 한　계

1. 행정소송의 4단계(4단계론)

4578　　행정청의 위법한 거부처분이나 부작위에 대한 법원의 판결은 논리적 관점에서 볼 때 그 통제의 강도에 따라 4단계로 나누어 볼 수 있다. 제1단계는 행정청의 거부처분이나 부작위가 위법함을 확인하는 판결이다(위법확인판결). 제2단계는 거부처분을 취소하거나 부작위가 위법함을 확인하고 아울러 작위의무(처분의무)가 있음을 확인하는 판결이다(취소판결·작위의무확인판결). 제3단계는 거부처분을 취소하거나 부작위가 위법함을 확인하고 아울러 일정한 처분을 할 것을 명하는 판결이다(의무이행판결). 제4단계는 거부처분을 취소하거나 부작위가 위법함을 확인하고, 아울러 법원이 스스로 일정한 처분을 하는 판결을 말한다(형성판결).

2. 부작위위법확인소송의 한계

4579　　현행 부작위위법확인소송은 법원이 처분의무가 있음을 선고하는 것이 아니라 법령에서 직접 규정되고 있으므로 제2단계의 변형으로 볼 수 있다. 부작위위법확인소송은 권리보호가 우회적이고 간접적이다. 의무이행소송의 도입을 통해 국민의 권리보호에 만전을 기하는 것이 필요하다.

제 2 항　본안판단의 전제요건(소송요건)

제 1 관　념

Ⅰ. 의　의

4580　　'소 없으면 재판없다'는 원칙은 부작위위법확인소송의 경우에도 당연히 적용된다. 부작위위법확인소송을 제기하여 법원으로부터 본안에 관한 승소판결을 받기 위해서는 본안판단의 전제요건(소송요건)과 본안요건을 갖추어야 한다. 본안판단의 전제요건으로는 부작위가 존재하고(제2), 관할법원에(제3) 원고가 피고를 상대로(제4) 경우에 따라서는 일정한 기간 내에(제5) 소장을 제출하여야 하고(제6), 경우에 따라서는 행정심판전치를 거쳐야 하고(제7), 원고에게는 부작위위법의 확인을 구할 이익(권리보호의 필요)이 있어야 하며(제8), 아울러 당사자 사이의 소송대상에 대하여 기판력 있는 판결이 없어야 하고 또한 중복제소도 아니

---

[1] 대판 1992. 7. 28, 91누7361; 대판 1992. 6. 9, 91누11278; 대판 1990. 9. 25, 89누4758.

어야 한다(제9). 본안판단의 전제요건의 결여의 효과는 취소소송의 경우와 같다.

Ⅱ. 취소소송 등과 차이점

부작위위법확인소송의 소송요건은 취소소송의 소송요건과 기본적으로 다를 4581
바가 없다. 그러나 부작위위법확인소송은 무효등확인소송의 경우와 달리 제소
기간의 적용가능성이 있고, 행정심판전치의 적용가능성도 있다.

제 2 부작위의 존재

부작위위법확인소송은 부작위를 대상으로 한다. 행정소송법은 부작위를 4582
"행정청이 당사자의 신청에 대하여 상당한 기간 내에 일정한 처분을 하여야 할
법률상 의무가 있음에도 불구하고 이를 하지 아니하는 것을 말한다(행소법 제2조
제1항 제2호)"라고 규정하고 있다. 이하에서 분설하기로 한다.

Ⅰ. 당사자의 신청이 있을 것

1. 신청의 존재

부작위가 성립하기 위해서는 신청이 있어야 한다. 신청의 내용은 문제되지 4583
아니한다. 말하자면 경찰행정상 신청이든, 복리행정상의 신청이든 가리지 않는
다. 신청은 반드시 적법한 것일 필요는 없다고 본다. 부적법한 신청이면 그에
상응하게 응답하여야 할 의무가 행정청에 있다고 보아야 할 것이기 때문이다.

2. 신청권의 존부

(1) 판 례   대법원은 신청권의 존재를 원고적격의 요소로 파악하면서 4584
동시에 대상적격의 문제로 접근한다. 그리하여 신청권(명문으로 규정된 경우뿐만 아
니라 법령의 해석상 신청권이 있는 것으로 판단 되는 경우도 포함)에 의하지 아니한 신청
을 행정청이 받아들이지 아니한 것을 위법한 부작위로 보지 아니한다.[1]

(2) 학 설   학설은 ① 신청권을 판례와 같이 대상적격의 문제로 보는 4585
견해, ② 신청권을 원고적격의 문제로 보는 견해, 그리고 ③ 신청권을 본안문제
로 보는 견해 등이 있다. ①의 견해에는 ⓐ 대법원은 신청권 존부의 판단을 구

---

[1] 대판 2000. 2. 25, 99두11455(부작위위법확인소송은 처분의 신청을 한 자로서 부작위가 위법하
다는 확인을 구할 법률상의 이익이 있는 자만이 제기할 수 있는 것이므로, 당사자가 행정청에
대하여 어떠한 행정처분을 하여 줄 것을 요청할 수 있는 법규상 또는 조리상의 권리를 갖고 있
지 아니하거나 부작위의 위법확인을 구할 법률상의 이익이 없는 경우에는 항고소송의 대상이
되는 위법한 부작위가 있다고 볼 수 없거나 원고적격이 없어 그 부작위위법확인의 소는 부적
법하다); 대판 1999. 12. 7, 97누17568; 대판 1990. 5. 25, 89누5768.

체적 사건에서 신청인이 누구인가를 고려하지 않고 추상적으로 판단하므로, 이를 대상적격의 문제로 보는 것이 옳다는 견해,[1] ⓑ 법문상 신청에 대하여 행정청은 '일정한 처분을 하여야 할 의무'가 발생하여야 한다는 점에서, 신청은 신청권이 있는 경우에 한정된다는 견해[2] 등이 있다. ②의 견해는 행정소송법상 부작위의 개념에 신청권의 개념이 포함되지 않으므로 신청권의 존부는 원고적격의 문제로 보아야 한다는 것을 논거로 든다.[3] ③의 견해는 부작위의 존재를 인정하기 위해서는 단순히 원고의 신청만으로 족하고, 처분의무는 원고의 주장사실로 인정되며, 신청권 또는 처분의무의 존재여부는 본안에 가서 판단하여야 한다는 견해이다.[4]

4586 　　(3) 사　　견　　행정소송법은 부작위의 개념에 신청권의 유무에 관해 언급하는 바가 없다. 그럼에도 불구하고 신청권의 유무를 부작위개념의 요소로 파악하는 것은 부작위의 개념을 자의적으로 제한하는 것이 된다. 신청권의 존부의 문제를 대상적격의 문제로 보는 동시에 원고적격의 문제로 보아야 할 특별한 이유는 보이지 아니한다. 신청권의 존부는 원고적격의 문제로 보아야 한다. 신청권의 존재를 대상적격의 문제로 보는 동시에 원고적격의 문제로 보는 판례의 태도는 정당하지 않다.

Ⅱ. 상당한 기간이 경과할 것

1. 상당한 기간

4587 　　상당한 기간이 경과하도록 당사자의 신청에 대하여 아무런 처분이 없어야 부작위는 위법한 것이 된다.[5] 일반적으로 말해 상당한 기간이란 어떠한 처분을

---

1) 김남진 · 김연태, 행정법（Ⅰ）, 944쪽(2019).
2) 김동희, 행정법（Ⅰ）, 841쪽(2019); 박균성, 행정법론(상), 1169쪽(2019).
3) 류지태 · 박종수, 행정법신론, 705쪽(2019).
4) 이상규, 신행정법론(상), 740쪽; 홍준형, 행정법, 1042쪽(2017).
5) 대판 2023. 2. 23, 2021두44548(원고는 2017. 3. 7. 피고 광명시장에게 '수도권 대중교통 통합 환승요금할인'을 시행한 데에 따른 보조금 지급을 신청하였다. … 피고 광명시장은 구「경기도 여객자동차 운수사업 관리 조례」제15조가 정한 보조금 지급 사무 권한자로서 위 보조금의 지급을 구하는 원고의 신청에 대하여 상당한 기간 내에 그 신청을 인용하는 적극적 처분을 하거나 각하 또는 기각하는 등의 소극적 처분을 하여야 할 법률상의 응답의무가 있다. 피고 광명시장이 원심 변론종결일인 2021. 4. 7.까지 원고의 신청에 응답하지 아니한 부작위는 그 자체로 위법하다); 대판 2009. 7. 23, 2008두10560(피고는 인사위원회의 심의를 거쳐 원고가 3급 승진대상자로 결정된 사실을 대내외에 공표한 후 원고의 2005. 9. 30.자 소청심사를 통한 승진임용신청에 대하여 이 사건 사실심 변론종결시까지도 아무런 조치를 취하지 않고 있는 사실을 알 수 있는바, 위에서 본 법리에 비추어 보면 피고의 이와 같은 부작위는 그 자체로 위법하다); 대판 1992. 7. 28, 91누7361(원심이 원고의 피고(경기도지사)에 대한 이 사건 유선방송사업허가신청에 대하여 허가권자인 피고가 그 처리기간인 70일을 훨씬 지나 3년 가까이 되도록 허부의

함에 있어 통상 요구되는 기간을 의미한다고 본다(절차법 제19조 제1항). 상당한 기간의 판단에는 처분의 성질·내용 등이 고려되어야 할 것이나 업무의 폭주, 인력의 미비 같은 사정은 고려될 성질의 것이 아니다.

2. 개별법령상 법정기간

개별법령에서 처분의 기간을 정하여 두고 있는 경우에는 그 법정기간의 경과가 바로 부작위의 위법을 가져오는가는 문제이다. 그 규정이 강행규정이라면 위법으로 보아야 할 것이다.   4588

3. 행정절차법상 처리기간

행정절차법에 따라 공표된 처리기간을 준수하지 아니하였다고 하여 바로 상당한 기간이 경과하였다고 보기는 어렵다. 왜냐하면 행정절차법상 처리기간은 원칙적으로 주의적인 규정으로 이해되기 때문이다.   4589

Ⅲ. 행정청에 일정한 처분을 할 법률상 의무가 있을 것

1. 처분의 개념

행정소송법 제2조 제1항은 "이 법에서 사용하는 용어의 정의는 다음과 같다"고 하면서 제2조 제1항 제1호에서 처분개념을 정의하고 있다. 따라서 부작위에서 문제되는 처분개념은 당연히 행정소송법 제2조 제1항 제1호 소정의 처분을 의미한다.[1] 재결도 포함된다. 또한 처분의 근거법률에서 행정소송 외의 다른 절차에 의하여 불복할 것을 규정하고 있는 처분의 부작위는 부작위위법확인소송의 대상인 부작위에 해당하지 아니한다.[2] 그러나 비권력적 사실행위의 요구 또는 사경제적 계약의 체결요구 등은 이에 해당하지 아니한다.[3] 행정입법은 물론 여기서 말하는 처분에 해당하지 아니한다.[4]   4590

결정을 하지 아니하고 있는 것은 위법하다고 판단한 것은 정당하고, 거기에 소론과 같은 유선방송관리법에 관한 법리오해의 위법이 없다. 설사 소론주장과 같이 이 사건 허가여부의 전제가 되는 타당성 심사의 신중을 기하느라 그 처리기간을 도과한 것이라 하더라도 처리기간 70일을 훨씬 지나 3년 가까이 되도록 허부결정을 하지 아니하였다면 거기에 상당성을 인정할 수는 없을 것이다).

1) 대판 1991. 11. 8, 90누9391(부작위위법확인소송의 대상이 되는 행정청의 부작위라 함은 행정청이 당사자의 신청에 대하여 상당한 기간 내에 일정한 처분을 할 법률상 의무가 있음에도 불구하고 이를 하지 아니하는 것을 말하고, 이 소송은 처분의 신청을 한 자가 제기하는 것이므로 이를 통하여 원고가 구하는 행정청의 응답행위는 행정소송법 제2조 제1항 제1호 소정의 처분에 관한 것이라야 한다); 대판 1993. 4. 23, 92누17099.

2) 대판 2018. 9. 28, 2017두47465.

3) 대판 1995. 3. 10, 94누14018.

4) 헌재 1998. 7. 16, 96헌마246(입법부작위에 대한 행정소송의 적법여부에 관하여 대법원은 "행정

2. 법률상 의무

4591 부작위는 행정청이 어떠한 처분을 하여야 할 법률상 의무가 있음에도 행정청이 처분을 하지 않는 경우에 성립하게 된다. 법률상 의무에는 명문의 규정에 의해 인정되는 경우뿐만 아니라 법령의 해석상 인정되는 경우도 포함한다.[1] 의무의 내용은 기속행위의 경우에는 특정한 행위를 할 의무이고, 재량행위의 경우에는 어떠한 행위를 할 의무이다.

IV. 행정청이 아무런 처분도 하지 않았을 것

1. 처분의 부존재

4592 행정청이 인용처분을 하거나 거부처분을 하였다면 부작위의 문제는 생기지 않는다. 거부처분이 있었다면 취소소송을 제기하여야 한다.[2] 소제기의 전후를 통하여 판결시까지 행정청이 그 신청에 대하여 적극 또는 소극의 처분을 함으로써 부작위상태가 해소되면 대상적격은 상실하게 된다. 이로써 이미 제기된 소는 각하를 면할 수 없게 된다.[3]

2. 간주거부

4593 법령이 일정기간 동안 아무런 처분이 없는 경우에 거부처분을 한 것으로 간주하는 소위 간주거부의 경우에는 행정청이 아무런 처분을 하지 않았다고 하여도 거부처분취소소송을 제기하여야 하며, 부작위위법확인소송을 제기할 수 없다. 한편, 검사임용거부사건에서[4] 보는 바와 같이 묵시적 거부의 경우에는 거부처분취소소송의 제기도 가능하고 부작위법확인소송의 제기도 가능하다고 볼 것이다.

소송은 구체적 사건에 대한 법률상 분쟁을 법에 의하여 해결함으로써 법적 안정을 기하자는 것이므로 부작위위법확인소송의 대상이 될 수 있는 것은 구체적 권리의무에 관한 분쟁이어야 하고, 추상적인 법령에 관하여 제정의 여부 등은 그 자체로서 국민의 구체적인 권리의무에 직접적 변동을 초래하는 것이 아니어서 행정소송의 대상이 될 수 없다"이고 판시하고 있으므로, 피청구인 보건복지부장관에 대한 청구 중 위 시행규칙에 대한 입법부작위 부분은 다른 구제절차가 없는 경우에 해당한다).

1) 대판 1991. 2. 12, 90누5825(조리상 임용권자는 검사임용신청자에게 임용여부의 응답을 해 줄 의무가 있고, 원고는 응답을 받을 권리가 있다).
2) 대판 1998. 1. 23, 96누12641(행정청이 당사자의 신청에 대하여 거부처분을 한 경우에는 항고소송의 대상인 위법한 부작위가 있다고 볼 수 없어 그 부작위위법확인의 소는 부적법하다).
3) 대판 1990. 9. 25, 89누4758(소제기의 전후를 통하여 판결시까지 행정청이 그 신청에 대하여 적극 또는 소극의 처분을 함으로써 부작위상태가 해소된 때에는 소의 이익을 상실하게 되어 당해 소는 각하를 면할 수가 없는 것이다).
4) 대판 1991. 2. 12, 90누5825.

제3 관할법원

취소소송에서 규정되고 있는 재판관할, 관련청구소송의 이송 및 병합 등은 부작위위법확인소송의 경우에도 준용된다(행소법 제38조 제2항·제9조·제10조). 관할의 이송(사건의 이송)제도도 역시 적용된다(행소법 제7조). 　4594

제4 당사자와 참가인

I. 원고적격

1. 의　　의

부작위위법확인소송은 처분을 신청한 자로서 부작위의 위법을 구할 법률상의 이익이 있는 자만이 제기할 수 있다(행소법 제36조). 법률상 이익의 의미는 취소소송의 경우와 같다. 그리고 공동소송이 인정되는 것도 취소소송의 경우와 같다(행소법 제15조·제38조 제2항). 법률상 이익의 의미와 관련하여 논란이 있다. 　4595

2. 신청권의 존부

(1) 학　　설　　원고적격이 인정되기 위해서는 ① 일정한 처분을 신청한 것으로 족하다는 견해와[1] ② 법령(명시적 규정이나 해석상 인정되는 경우 포함)에 의해 신청권을 가지는 자에 한한다는 견해,[2] 그리고 ③ '행정청의 부작위로 자기의 법률상의 이익이 침해되었다고 주장하는 자'에게 인정된다는 견해가[3] 있다. 　4596

(2) 판　　례　　판례는 원고에게 신청권이 있어야 한다는 입장이다.[4] 　4597

(3) 사　　견　　본서는 신청권의 문제를 원고적격의 문제로 보는바, ②설을 취한다. ①설이 신청 그 자체를 법률상 이익으로 보는 것은 이해하기 어렵다. ③설이 말하는 법률상 이익은 결국 신청권을 뜻하는 것이므로 ②설과 특별한 차이가 없다. 　4598

3. 신청권의 내용

신청권에는 2종류, 즉 ① 실체상의 권리의 법적 실현을 위한 절차의 첫 단계로서 인정되는 권리로서 신청권(예 : 헌법과 식품위생법에 의해 인정되는 단란주점영업의 자유(권)의 실현을 위한 단란주점영업허가의 신청. 여기서 요건을 구비하였다면, 허가 　4599

---

1) 이상규, 신행정법론(상), 828쪽; 홍준형, 행정법, 1042쪽(2017).
2) 김동희, 행정법(Ⅰ), 843쪽(2019); 박균성, 행정법론(상), 1304쪽(2019).
3) 김남진, 행정법(Ⅰ)(제7판), 733쪽.
4) 대판 2000. 2. 25, 99두11455; 대판 1999. 12. 7, 97누17568; 대판 1990. 5. 25, 89누5768.

는 필요적이다)과 ② 실체상의 권리의 법적 실현과 관련이 없이 다만 신청 그 자체를 권리로 관념하는 경우의 신청권(예 : 청원의 권리, 도시계획의 책정에 필요한 아이디어제출의 의미에서 도시계획신청권. 여기서 의견반영은 필요적인 것이 아니다)이 있다.

4. 제3자의 원고적격

4600 　　판례는 "부작위의 직접 상대방이 아닌 제3자라 하여도 당해 행정처분의 부작위위법의 확인을 구할 법률상의 이익이 있는 경우에는 역시 원고적격이 인정된다[1]"고 한다. 그러나 부작위는 신청을 전제로 하는 개념으로 제3자에게 원고적격이 인정되는 경우를 예상하기는 어렵다.

Ⅱ. 피고적격

4601 　　취소소송의 피고적격에 관한 규정이 부작위위법확인소송에도 준용된다(행소법 제13조·제38조 제2항). 따라서 부작위행정청이 피고가 된다. 또한 원고가 피고를 잘못 지정한 때에는 법원은 원고의 신청에 의하여 결정으로써 피고의 경정을 허가할 수 있다(행소법 제38조 제2항·제14조).

Ⅲ. 소송참가·공동소송

4602 　　취소소송에 적용되고 있는 행정청의 소송참가(행소법 제17조), 제3자의 소송참가(행소법 제16조), 공동소송(행소법 제15조)에 관한 규정들은 부작위위법확인소송에도 준용된다(행소법 제38조 제2항).

제 5 제소기간

Ⅰ. 문 제 점

4603 　　부작위위법확인소송의 제소기간과 관련하여 문제가 있어 보인다. 즉 ① 행정심판을 거쳐 부작위위법확인소송을 제기하게 되면, 이 경우에는 처분등(재결포함)이 존재하는바 제소기간에 관한 행정소송법 제20조의 적용에 문제가 없다. 그러나 ② 임의적 행정심판전치의 원칙에 따라 행정심판을 거치지 아니하고 부작위위법확인소송을 제기하는 경우에는 문제가 있다. 왜냐하면 이 경우에는 외관상 아무런 명시적인 처분 등(재결포함)이 없기 때문에 처분 등(재결)을 기준으

---

1) 대판 1989. 5. 23, 88누8135(행정소송법상 취소소송이나 부작위위법확인소송에 있어서는 당해 행정처분 또는 부작위의 직접상대방이 아닌 제3자라 하더라도 당해 행정처분의 취소 또는 부작위위법확인을 받을 법률상의 이익이 있는 경우에는 원고적격이 인정된다).

로 제소기간을 정하고 있는 행정소송법 제20조는 그대로 적용할 수 없기 때문
이다.

Ⅱ. 해 석 론

1. 상이한 견해

상기의 ②의 경우와 관련하여 해석론으로 두 가지 경우를 생각할 수 있다. 4604
한 가지는 부작위개념의 성립요소의 하나인 신청 후 상당기간이 경과하면「그
때」에 처분이 있는 것으로 보고, 아울러 행정법관계의 신속한 안정(단기간의 제소
기간)과 원고의 이익(장기간의 제소기간)을 고려하여 행정소송법 제20조 제2항에
따라「그 때」부터 1년 내에 제소할 수 있다고 새기는 견해가 가능하다.[1] 또 한
가지는 행정소송법상 명문의 규정이 없기 때문에 제소기간에 제한이 없다고 새
기는 견해도 가능하다.[2]

2. 판   례

판례는 "부작위위법확인의 소는 부작위상태가 계속되는 한 그 위법의 확인 4605
을 구할 이익이 있다고 보아야 하므로 원칙적으로 제소기간의 제한을 받지 않
으나, 행정소송법 제38조 제2항이 제소기간을 규정한 같은 법 제20조를 부작위
위법확인소송에 준용하고 있는 점에 비추어 보면, 행정심판 등 전심절차를 거친
경우에는 행정소송법 제20조가 정한 제소기간 내에 부작위위법확인의 소를 제
기하여야 한다"는 입장을 취한다.[3]

3. 사   견

행정심판법상 부작위에 대한 의무이행심판의 경우에는 심판청구기간에 제 4606
한이 없다는 점(행심법 제27조 제7항), 부작위에 대한 재결을 거쳐 행정소송을 제
기하는 경우에 재결을 거친 후에는 출소기간에 제한이 있지만, 부작위에 대한
행정심판의 제기기간에 제한이 없는바 실제상 부작위에 대한 재결을 거쳐 행정
소송을 제기하는 경우에는 출소기간에 제한이 없다고 할 수 있다는 점, 그리고
제1설이 말하는, 상당한 기간이라는 개념 자체가 불확정적인 것이라는 점 등을
고려하면, 제2설이 타당하다.

---

1) 김성수, 일반행정법, 948쪽(2018).
2) 박윤흔·정형근, 최신행정법강의(상), 879쪽; 김동희 행정법(Ⅰ), 844쪽(2019); 김남진·김연태,
   행정법(Ⅰ), 946쪽(2019); 박균성, 행정법론(상), 1352쪽(2019).
3) 대판 2009. 7. 23, 2008두10560.

제 6 소   장

4607   취소소송의 경우와 같다(옆번호 4172를 보라).

제 7 행정심판의 전치

4608   취소소송의 경우와 같다(옆번호 4173 이하를 보라).

제 8 권리보호의 필요

4609   취소소송의 경우와 같다(옆번호 4200 이하를 보라).[1]

제 9 중복제소 등의 배제

4610   취소소송의 경우와 같다(옆번호 4218을 보라).

제10 소제기의 효과

4611   주관적 효과는 취소소송의 경우와 동일하나, 객관적 효과(집행정지)의 문제는 생기지 않는다. 부작위에 대한 집행정지는 성질상 인정할 수가 없기 때문이다. 또한 일시적으로 어떠한 처분을 하도록 명하는 가처분도 기본적으로 피해의 방지가 아니라 이익의 확보를 구하는 부작위위법확인소송의 성질에 비추어 인정하기 어렵다. 그러나 행정소송절차가 지나치게 상당한 기간 동안 지속할 수도 있다는 점, 그리고 성질상 가구제가 필요한 영역도 있다는 점(예 : 외국인의 비자신청시 지나친 기간 동안 무응답의 경우)을 고려할 때, 재고의 여지가 있다고 본다.

제 3 항 이유의 유무(본안요건)

4612   취소소송의 논리와 유사하다. 만약 부작위에 대한 법적인 정당화사유가 있

---

1) 대판 2002. 6. 28, 2000두4750(이 사건 소는 서초구청 교통행정과 소속 지방지도원으로서 버스 전용차로 통행위반 단속업무에 종사하던 원고가 사실상 노무에 종사하는 공무원이라고 주장하면서 지방공무원법 제58조 제2항에서 노동운동이 허용되는 사실상의 노무에 종사하는 공무원의 범위를 조례로 정하도록 규정하고 있음에도 피고가 조례를 통하여 '사실상 노무에 종사하는 공무원'의 구체적 범위를 규정하지 않고 있는 것은 위법한 부작위에 해당한다는 이유로 그 확인을 구하는 것인데, 원고는 이 사건 소가 상고심에 계속중이던 2000. 6. 30. 이미 정년퇴직하였음을 알 수 있는바, 그렇다면 설령 피고가 위 조례를 제정하지 아니한 것이 위법한 부작위에 해당한다고 하더라도 그 확인으로 인하여 원고가 종국적으로 구제를 받는 것이 불가능하게 되었다 할 것이므로 결국 위 조례를 제정하지 아니한 부작위가 위법하다는 확인을 구할 소의 이익은 상실되었다 할 것이어서 이 사건 소는 부적법하다).

다면, 위법이 아니고, 인용판결을 받을 수 없다.[1]

제 4 항 소의 변경

    부작위위법확인소송의 계속 중 경우에 따라 취소소송 또는 당사자소송으로   4613
소의 변경이 가능한 것도 취소소송의 경우와 같다(행소법 제37조·제21조). 다만 처
분변경으로 인한 소의 변경은 문제될 여지가 없다.

제 5 항 소송의 심리

I. 심리의 범위

1. 학 설

    (1) **실체적 심리설**   법원은 단순히 행정청의 방치행위의 적부에 관한 절   4614
차적 심리에만 그치지 아니하고, 신청의 실체적 내용이 이유 있는 것인지도 심
리하여, 그에 대한 적정한 처리방향에 관한 법률적 판단을 하여야 한다고 보고
있다.[2] 이 견해는 실체적 심리가 이루어진다면 인용판결에 대한 실질적 기속력
이 인정될 것이고 그에 따라 무용한 소송의 반복을 피할 수 있고 당사자의 권리
구제에도 실효적임을 근거로 한다.

    (2) **절차적 심리설**   부작위위법확인소송의 수소법원은 부작위의 위법 여   4615
부만을 심사하여야 하며 만약 실체적인 내용을 심리한다면 그것은 의무이행소
송을 인정하는 결과가 되어 정당하지 않다는 견해이다(다수설).[3] 부작위위법확
인소송은 작위의무확인소송 내지는 의무이행소송과는 달리 단지 행정청의 부작
위가 위법한 것임을 확인하는 소송으로서 그 소송물은 부작위의 위법성임을 근
거로 한다.

---

1) 대판 2005. 4. 14, 2003두7590(행정청이 행한 공사중지명령의 상대방은 그 명령 이후에 그 원인
사유가 소멸하였음을 들어 행정청에게 공사중지명령의 철회를 요구할 수 있는 조리상의 신청
권이 있다 할 것이고, 상대방으로부터 그 신청을 받은 행정청으로서는 상당한 기간 내에 그 신
청을 인용하는 적극적 처분을 하거나 각하 또는 기각하는 등의 소극적 처분을 하여야 할 법률
상의 응답의무가 있다고 할 것이며, 행정청이 상대방의 신청에 대하여 아무런 적극적 또는 소
극적 처분을 하지 않고 있는 이상 행정청의 부작위는 그 자체로 위법하다고 할 것이고, 구체적
으로 그 신청이 인용될 수 있는지 여부는 소극적 처분에 대한 항고소송의 본안에서 판단하여
야 할 사항이라고 할 것이다).
2) 김도창, 일반행정법론(상), 83쪽; 김성수, 일반행정법, 953쪽(2019); 홍준형, 행정법, 1045쪽
(2017).
3) 박윤흔·정형근, 최신행정법강의(상), 881쪽; 김남진, 행정법(Ⅰ)(제7판), 734쪽.

2. 판   례

4616 판례는 절차적 심리설의 입장을 취하고 있다.[1]

3. 사   견

4617 부작위위법확인소송의 소송물이 부작위의 위법성이라는 점과 행정소송법상 부작위위법확인소송의 개념(행정청의 부작위가 위법하다는 것을 확인하는 소송)에 비추어 논리적으로는 절차적 심리설이 일단 타당하다.[2] 그러나 무명항고소송(예 : 이행소송·적극적 형성소송) 등이 인정되어야 한다는 본서의 입장에서는 무명항고소송이 인정되기까지 정책적인 관점에서 본안심리의 경우에 신청의 내용도 심리하는 것이 필요하다고 본다.[3] 그래야만 판결의 취지에 따르는 재처분의무의 이행이 보다 큰 의미를 가질 것이기 때문이다. 그것은 결국 국민의 권익보호에 크게 기여하게 될 것이다.

Ⅱ. 심리의 방법

4618 행정심판기록제출명령(행소법 제38조 제2항·제25조)·직권심리주의(행소법 제38조 제2항·제26조) 등 취소소송의 관련규정이 준용된다. 다만 입증책임과 관련하여 약간의 문제가 있다. 학설은 일정처분을 신청한 사실과 처분의 신청권이 있음은 원고에게, 상당한 기간의 경과에 정당한 사유가 있음은 피고에게 입증책임이 있다고 한다.[4]

제 6 항 판   결

Ⅰ. 위법성판단의 기준시점

4619 취소소송이나 무효등확인소송과는 달리 부작위위법확인소송의 경우에는 위

---

1) 대판 1992. 7. 28, 91누7361(부작위위법확인의 소는 행정청이 국민의 법규상 또는 조리상의 권리에 기한 신청에 대하여 상당한 기간 내에 그 신청을 인용하는 적극적 처분을 하거나 또는 각하 내지 기각하는 등의 소극적 처분을 하여야 할 법률상의 응답의무가 있음에도 불구하고 이를 하지 아니하는 경우 판결시를 기준으로 그 부작위의 위법함을 확인함으로써 행정청의 응답을 신속하게 하여 부작위 내지 무응답이라고 하는 소극적인 위법상태를 제거하는 것을 목적으로 하는 것이고, 나아가 당해 판결의 구속력에 의하여 행정청에게 처분등을 하게 하고, 다시 당해 처분등에 대하여 불복이 있는 때에는 그 처분등을 다투게 함으로써 최종적으로는 국민의 권리이익을 보호하려는 제도이다); 대판 1990. 9. 25, 89누4758.
2) 김동희, 고시계, 1997. 4, 152쪽.
3) 김유환, 고시계, 1997. 6, 51쪽.
4) 김남진·김연태, 행정법(Ⅰ), 949쪽(2019); 석종현, 고시연구, 1991. 3, 73쪽.

법성판단의 기준시점을 판결시로 보는 것이 타당하다.[1] 부작위위법확인소송은 이미 이루어진 처분을 다투는 것이 아니고 다투는 시기에 행정청에 법상의 의무가 있음을 다투는 것이기 때문이다.

Ⅱ. 판결의 종류

기본적으로 취소소송의 경우와 같다. 다만 취소소송의 경우와 달리 부작위 위법확인소송에서는 사정판결의 문제가 생기지 않는다.　　　　　　　4620

Ⅲ. 판결의 효력

형성력이 생기지 않는 점만 제외하면, 취소소송의 경우와 다를 바가 없다.　4621 말하자면 제3자효(행소법 제38조 제2항·제29조)·기속력(행소법 제38조 제2항·제30조)· 간접강제(행소법 제38조 제2항·제34조) 등이 준용된다.

Ⅳ. 불복과 위헌판결의 공고

취소소송의 경우와 같다. 말하자면 고등법원의 재판에 대하여는 대법원에　4622 상고할 수 있다(행소법 제38조 제2항·제9조 제2항). 만약 부작위위법확인의 판결에 의하여 권리 또는 이익의 침해를 받은 제3자는 자기에게 책임없는 사유로 소송에 참가하지 못함으로써 판결의 결과에 영향을 미칠 공격 또는 방어방법을 제출하지 못한 때에는 이를 이유로 확립된 종국판결에 대하여 재심의 청구를 할 수 있다(행소법 제38조 제2항·제31조 제1항). 이 밖에 명령·규칙의 위헌판결시 공고 제도(행소법 제6조)도 부작위위법확인소송에 적용된다.

제 4 절　무명항고소송

제 1 항　관　　념

Ⅰ. 의　　의

1. 개　　념

현행행정소송법은 항고소송을 취소소송·무효등확인소송·부작위위법확인　4623

---

1) 김남진·김연태, 행정법(Ⅰ), 949쪽(2019); 박윤흔·정형근, 최신행정법강의(상), 881쪽. 대판 1990. 9. 25, 89누4758(부작위위법확인의 소는…소제기의 전후를 통하여 판결시까지 행정청이 그 신청에 대하여 적극 또는 소극의 처분을 함으로써 부작위상태가 해소된 때에는 소의 이익을 상실하게 되어 당해 소는 각하를 면할 수가 없는 것이다).

소송의 세 종류로 규정하고 있음은 이미 살펴본 바 있으나(행소법 제4조. 이러한 소송을 일반적으로 법정항고소송이라 부른다), 이 세 가지의 항고소송 이외의 항고소송을 무명항고소송 또는 법정외 항고소송이라 부른다.

2. 유 형

4624 무명항고소송의 유형에 관한 통일적인 견해는 없다. 일설은 무명항고소송을 다음과 같이 구분하기도 한다.[1]

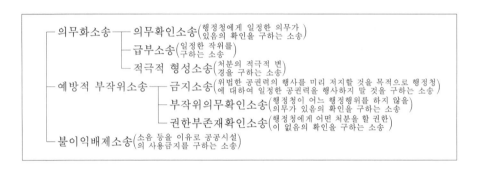

Ⅱ. 인정여부

1. 학 설

4625 학설은 긍정설과 부정설로 나뉜다. 긍정설은 국민생존권의 강화, 행정의 복잡·다양성으로 인해 전통적인 법정항고소송만으로는 행정구제가 미흡하고 행정구제제도의 실질화를 위해 무명항고소송의 인정을 주장한다.[2] 부정설은 부작위위법확인소송이 인정되고 있는 점 등을 고려하여 무명항고소송을 부인하기도 한다.[3]

2. 판 례

4626 후술하는 바와 같이 판례는 무명항고소송을 인정하지 않는다.[4]·[5]

---

1) 사법연수원, 행정구제법, 2003, 10쪽.

2) 김향기, 월간고시, 1990. 10, 81쪽; 김도창, 일반행정법론(상), 681쪽.

3) 이상규, 신행정법론(상), 800쪽.

4) 대판 1992. 11. 10, 92누1629(우리 행정소송법이 행정청의 부작위에 대하여 부작위위법확인소송만 인정하고 있을 뿐 작위의무이행소송이나 작위의무확인소송은 인정하지 않고 있는바, 행정심판법 제4조 제3호가 의무이행심판청구를 인정하고 … 있다고 하더라도, 그렇다고 하여 행정청의 부작위에 대한 작위의무의 이행이나 확인을 구하는 행정소송이 허용될 수는 없는 것이다); 대판 1989. 1. 24, 88누3116; 대판 1989. 9. 12, 87누868; 대판 1990. 11. 23, 90누3553; 대판 1992. 2. 11, 91누4126.

5) 대판 2021. 12. 30, 2018다241458. 한편 ① 의무이행소송을 부인한 판례로 대판 1989. 9. 12, 87누868(어업권회복등록절차 이행청구)·대판 1989. 5. 23, 88누8135(건물철거 등의 시정을 명하

3. 사   견

국민의 권익구제의 폭을 넓힌다는 점, 행정소송법 제4조는 예시규정으로   4627
이해될 수 있다는 점, 소송형식의 인정은 학문과 판례에 의해서도 발전될 수 있
다는 점 등을 고려하여 긍정설을 취한다.[1]

제 2 항 유형별 가능성 검토

Ⅰ. 의무이행소송

1. 의   의

의무이행소송이란 행정청으로 하여금 일정한 행정처분을 하도록 명하는 이   4628
행판결을 구하는 소송을 말한다. 행정소송법상 부작위위법확인소송이 인정되고
있음에도 불구하고 의무화소송이 논의되는 것은 부작위위법확인소송이 사인의
권리구제에 있어서 한계를 갖기 때문이다(예 : 직접강제 아닌 간접강제).

2. 학   설

⑴ **부 정 설**   소극설은 ① 권력분립원리상 법원이 행정청에 의무를 부과   4629
할 수 없고, ② 법원은 행정청의 1차적인 판단을 사후에 심사하는 기관이고, ③
현행법상 의무화소송을 인정한다면 부작위위법확인소송은 의미를 잃게 되며,
④ 행정소송법 제4조의 변경은 일부취소를 의미한다는 것을 논거로 한다.[2]

⑵ **긍 정 설**   긍정설은 ① 권력분립원리는 기능분립으로 이해되어야 하   4630
며, ② 행정심판전치주의의 적용이 있는 경우에 이미 행정권의 1차적 판단권은
행사된 것이고, ③ 행정소송법 제4조는 예시적 규정에 불과하다는 것을 논거로

고 이에 따른 대집행절차를 이행하라는 청구) · 대판 1994. 12. 22, 93누21026(상가특별분양 및
영업비보상을 구하는 청구) · 대판 1995. 3. 10, 94누14018(검사를 상대로 압수물을 환부하라는
청구), ② 금지소송이나 부작위의무확인소송을 부인한 판례로 대판 1987. 3. 24, 86누182(준공
검사를 하여서는 아니된다는 청구), ③ 작위의무확인소송을 부인한 판례로 대판 1989. 1. 24,
88누3314(애국지사의 사망일시금 · 유족생계보조수당지급의무의 확인청구) · 대판 1992. 11. 10,
92누1629(이주대책수립의무 확인) 등을 볼 수 있다.

 1) 우리의 행정소송법과 같이 취소소송 · 무효등확인소송 · 부작위위법확인소송만이 법에 명시되어
있는 일본은 판례상으로 의무화소송과 예방적 부작위소송을 인정하고 있는데, 그 요건을 엄격
히 하여, 재량의 여지가 없을 정도로 행정청의 권한 · 의무의 존재가 일의적으로 명백하여야 할
뿐만 아니라(즉 당사자가 구하는 행정청의 행위가 기속행위일 것), 사후에 처분의 효력을 다투
는 것으로는 회복하기 어려운 중대한 손해를 입을 우려가 있어 사전구제를 인정하지 않는 것
이 현저히 상당하지 않은 특별한 사정이 있으며, 다른 적절한 구제방법이 없을 것을 요건으로
하여 극히 예외적 · 보충적으로 인정하고 있다(사법연수원, 행정구제법, 2003, 12쪽).
 2) 김도창, 일반행정법론(상), 738쪽; 류지태 · 박종수, 행정법신론, 680쪽(2019) 이하; 홍준형, 행정법,
721쪽(2017).

삼는다.

4631 　　⑶ **절 충 설**　　절충설은 법정항고소송으로 구제받을 수 없는 예외적인 경우에는 의무이행소송이 인정될 수 있다는 견해이다.[1]

3. 판　　례

4632 　　판례는 행정소송법 제4조를 제한적인 규정으로 이해하며,[2] 한결같이 의무이행소송에 대하여 부정적이다.[3] 한편, 헌법재판소도 행정소송법 제4조에서 '의무이행소송'을 도입하고 있지 않은 것이 헌법재판소법 제68조 제2항의 헌법소원심판의 대상이 되는 법률에 대한 헌법소원심판청구에 해당하지 않는다고 하였다.[4]

4. 사　　견

4633 　　긍정설의 논거 외에 효과적인 권리보호수단의 확보는 헌법상 명령이라는 점,[5] 행정소송의 종류에는 정원이 있어서는 아니된다는 점, 서구국가에서도 의무화

---

1) 김동희, 행정법(Ⅰ), 720쪽(2019); 박윤흔·정형근, 최신행정법강의(상), 762쪽.
2) 대판 1992. 12. 22, 92누13929(행정소송법 제3조와 제4조가 행정청의 부작위가 위법하다는 것을 확인하는 소송을 규정하고 있을 뿐 행정청의 부작위에 대하여 일정한 처분을 하도록 하는 의무이행소송에 관하여는 규정하고 있지 아니하여, 행정청의 위법 또는 부당한 부작위에 대하여 일정한 처분을 하도록 청구하는 소송을 허용하지 아니한 것이, 국민의 재산권을 보장한 헌법 제23조에 위배된다고 볼 수 없다); 대판 1989. 9. 12, 87누868.
3) 대판 1997. 9. 30, 97누3200(현행 행정소송법상 행정청으로 하여금 일정한 행정처분을 하도록 명하는 이행판결을 구하는 소송이나 법원으로 하여금 행정청이 일정한 행정처분을 행한 것과 같은 효과가 있는 행정처분을 직접 행하도록 하는 형성판결을 구하는 소송은 허용되지 아니한다); 대판 1995. 3. 10, 94누14018(도지사의 어업권소멸등록에 대하여 어업권면허를 받은 자가 이 회복등록절차이행의 청구를 하는 것은 행정청에 대하여 행정상의 처분의 이행을 구하는 것으로 되니 이와 같은 이행청구는 특별한 규정이 없는 한 행정소송의 대상이 될 수 없는 것이다); 대판 1992. 2. 11, 91누4126; 대판 1989. 9. 12, 87누868(검사에게 압수물 환부를 이행하라는 청구는 행정청의 부작위에 대하여 일정한 처분을 하도록 하는 의무이행소송으로 현행 행정소송법상 허용되지 아니한다).
4) 헌재 2008. 10. 30, 2006헌바80(의무이행소송의 성격은 취소소송이나 확인의 소인 부작위위법확인소송과는 본질적으로 다르고, 소송요건, 본안 요건, 판결의 효력, 집행 방법 등에 있어서도 본질적으로 구별되는 별도의 소송유형이라는 점, 행정청의 1차적 판단권이 존중되어야 한다는 권력분립적 요청, 법치행정의 요청 및 국민의 효율적인 권리구제의 요청, 사법권의 정치화·행정화를 막고 부담을 경감하여야 한다는 사법자제적 요청, 국가 주도의 발전과정과 행정권의 역할에 대한 고려, 행정기관과 법원의 수용태세 등을 고려하여 현행 행정소송법에 도입되지 않은 입법경위 등을 종합하면, 행정소송법 제4조가 의무이행소송을 항고소송의 하나로 규정하지 아니한 것은 의무이행소송에 대한 입법행위가 없는 경우(입법권의 불행사)에 해당하는 것이지, 항고소송의 유형을 불완전·불충분하게 규율하여 입법행위에 결함이 있는 경우(입법권 행사의 결함)라고 보기 어렵다. 따라서 이 사건 헌법소원심판청구 중 행정소송법 제4조에 대한 청구 부분은 실질적으로 입법이 전혀 존재하지 않는 의무이행소송이라는 새로운 유형의 항고소송을 창설하여 달라는 것으로 헌법재판소법 제68조 제2항에 의한 헌법소원에서 허용되지 않는 진정입법부작위에 대한 헌법소원심판청구이므로 부적법하다).
5) Ipsen, Allgemeines Verwaltungsrecht(9. Aufl.), §17, Rn. 979.

소송은 오래 전부터 인정되고 있다는 점 등을 고려할 때 긍정설이 타당하다. 절충설은 실제상 긍정설과 별 차이는 없다고 본다.

5. 최근 입법동향

정부(법무부)는 2007년 11월 19일에 행정소송법개정안을 제출한 바 있었는데, 그 개정안 제4조 제3호는 의무이행소송(당사자의 신청에 대한 행정청의 위법한 거부처분 또는 부작위에 대하여 처분을 하도록 하는 소송)을 규정하였다. 정부가 의무이행소송을 도입하겠다는 것은 고무적이다. 　　4634

Ⅱ. 적극적 형성소송

1. 의　　의

행정청으로 하여금 일정한 행정처분을 하도록 명하는 이행판결을 구하는 소송인 의무이행소송과 달리 법원으로 하여금 행정청이 일정한 행정처분을 행한 것과 같은 효과가 있는 행정처분을 직접 행하도록 하는 것을 구하는 소송을 적극적 형성소송, 그 판결을 적극적 형성판결이라 부른다. 　　4635

2. 인정가능성

의무이행소송에 관한 논의가 그대로 적용된다. 　　4636

Ⅲ. 작위의무확인소송

1. 의　　의

작위의무확인소송이란 행정청이 수익적 처분을 하여야 할 의무가 있음을 확인하는 판결을 구하는 소송을 말한다. 의무이행소송은 행정청으로 하여금 수익적 처분을 할 것을 명령하는 소송이지만, 작위의무확인소송은 수익적 처분의 명령이 아니라, 단순히 수익적 처분을 할 의무가 있다는 것을 확인하는데 그친다는 점에서 양자간에 차이가 난다. 　　4637

2. 학　　설

일설은[1] 작위의무확인소송은 의무이행소송에 비해 행정청의 제1차적 판단권이나 권력분립원칙을 침해할 가능성이 적고, 행정소송법 제4조는 반드시 열거적으로 이해될 필요는 없다는 것을 논거로 작위의무확인소송에 대해 긍정적이다. 　　4638

---

1) 김동희, 행정법(Ⅰ)(2011), 698쪽.

3. 판 례

4639 판례는 작위의무확인소송에 대하여 부정적이다.[1]

4. 사 견

4640 의무이행소송이 인정되어야 하는 논거와 상기의 학설이 주장하는 논거에 비추어 볼 때, 작위의무확인소송은 긍정되어야 한다.

Ⅳ. 예방적 부작위소송

1. 의 의

4641 예방적 부작위소송이란 법원이 행정청에 대하여 「일정한 침익적인 처분을 장래에 하여서는 아니된다」는 내용의 부작위를 명하는 판결을 구하는 소송을 말한다. 한편, 행정청은 「일정한 침익적인 처분을 장래에 하여서는 아니될 의무를 부담한다」는 것의 확인을 구하는 소송을 예방적 부작위의무확인소송이라 부른다.

2. 학 설

4642 학설은 부정설·긍정설·제한적 긍정설 등으로 나뉜다. ① 부정설은 행정소송법 제4조를 열거적인 규정으로 이해하고,[2] ② 긍정설은 행정소송법 제4조를 예시적인 규정으로 이해한다.[3] ③ 제한적 긍정설은 다른 적절한 구제수단이 없는 예외적인 경우에 예방적 부작위청구소송을 긍정한다.[4] ④ 일설은[5] 예방적 부작위소송이나 예방적 확인소송은 무명항고소송이 아니라 당사자소송으로 실현하는 것은 무리가 없다고 한다(당사자소송설).

---

1) 대판 1990. 11. 23, 90누3553(피고 국가보훈처장 등에게, 독립운동가들에 대한 서훈추천권의 행사가 적정하지 아니하였으니 이를 바로잡아 다시 추천하고, 잘못 기술된 독립운동가의 활동상을 고쳐 독립운동사 등의 책자를 다시 편찬, 보급하고, 독립기념관 전시관의 해설문, 전시물 중 잘못된 부분을 고쳐 다시 전시 및 배치할 의무가 있음의 확인을 구하는 청구는 작위의무확인소송으로서 항고소송의 대상이 되지 아니한다); 대판 1990. 11. 23, 90누578(애국지사의 유족연금·사망일시금·유족생계부조수당과 이들 각 금원에 대한 청구권 발생일부터 연 5푼의 비율에 의한 복리계산 금원의 청구권이 원고에게 있음의 확인을 구하거나, 위 각 금원을 지급할 의무가 행정청에 있음의 확인을 구하는 청구는 작위의무확인소송으로서 항고소송의 대상이 되지 아니하는 것이다); 대판 1989. 1. 24, 88누3314(단순한 부작위법확인이 아닌 작위의무확인청구는 항고소송의 대상이 되지 아니한다 할 것인 바, 원심이 같은 취지에서 애국지사의 사망일시금 및 유족생계부조수당지급의무의 확인청구는 항고소송의 대상이 되지 아니하여 부적법하다고 판단한 것은 정당하다).
2) 류지태·박종수, 행정법신론, 681쪽(2019).
3) 홍준형, 행정구제법, 328쪽.
4) 김남진·김연태, 행정법(Ⅰ), 796쪽(2019); 김동희, 행정법(Ⅰ), 721쪽(2019); 김철용, 행정법, 460쪽(2018); 박윤흔·정형근, 최신행정법강의(상), 762쪽.
5) 정하중, 고시연구, 1994. 10, 92쪽.

3. 판   례

판례는 예방적 부작위소송에 대하여 부정적이다.[1]   4643

4. 사   견

의무이행소송이 인정되어야 하는 논거와 동일한 논거에서 긍정설이 타당하   4644
다. 제한적 긍정설과 긍정설 사이에는 실제상 별 차이는 없다고 본다. 왜냐하면
제한적 긍정설에서 주장하는 제한사유는 긍정설의 입장에서 정리하여야 할 예
방적 부작위소송의 소송요건을 적시한 것으로 보이기 때문이다.

5. 최근 입법동향

정부(법무부)가 2007년 11월 19일에 국회에 제출하였던 행정소송법개정안   4645
제4조 제4호는 예방적 금지소송(행정청이 장래에 위법한 처분을 할 것이 임박한 경우에
그 처분을 금지하는 소송)을 규정하였는데, 정부가 2012년 3월 입법예고하였던 행
정소송법 전부개정안에는 예방적 금지소송을 볼 수 없다. 정부는 2007년안으로
돌아가야 할 것이다.

제 3 항   입 법 례

무명항고소송의 완전한 유형화는 곤란하므로, 이하에서는 외국(독일·영국·
미국)의 제도만을 몇 가지 살펴보기로 한다.

I. 의무화소송

1. 의   의

의무화소송이란 사인이 국가에 대해 일정한 행정행위를 청구하였음에도 국   4646
가에 의해 거부되었거나 방치된 경우, 거부되었거나 발령되지 않은 행정행위의
발령을 위해 권한있는 행정청에 대하여 행정행위의 발령의무를 부과할 것을 구
하는 소송을 말한다(VwGO 제42조 후단). 의무화소송은 행정행위를 대상으로 하
므로 행정행위가 아닌 행위, 예컨대 행정의 내부영역에 머무르는 처분(예 : 근무
상 지시, 행정규칙, 게마인데의회일정상 처분)은 구할 수 없다. 이것이 바로 독일의 의무
화소송(Verpflichtungsklage)이다.

---

1) 대판 1987. 3. 24, 86누182(건축건물의 준공처분을 하여서는 아니된다는 내용의 부작위를 구하
   는 청구는 행정소송에서 허용되지 아니하는 것이므로 부적법하다).

2. 성   질

4647   (1) **급부소송**   의무화소송에서 소의 목적은 행정행위의 발령이다. 따라서 의무화소송은 행정행위의 발급을 구하는 급부소송이지만, 일반적 급부소송과 다르다(후술한다). 의무화소송은 취소소송과 달리 법원이 판결로써 스스로 법적 상황을 형성하지는 아니 하고, 다만 청구에 이유 있는 범위 안에서 판결로써 실체법 형성에 영향을 미치는 소송이다. 의무화소송은 급부행정에 뿌리를 둔 것으로서 고전적 침해행정을 바탕으로 한 취소소송에 비해 역사가 비교적 짧다.[1]

4648   (2) **적극적 경쟁자소송**   경쟁상황에서 의무화소송은 이른바 적극적 경쟁자소송의 성격을 갖는다. 말하자면 원고는 경쟁상황에서 경쟁자의 수익을 배타적으로 방해하려는 것이 아니라 자신의 수익을 얻어려고 하는 것인바, 만약 제3자에 이미 수익이 주어진 경우에는 취소소송을 통해 제3자에 대한 수익의 취소만으로는 원고가 만족할 수 없다. 따라서 이러한 경우에는 의무화소송이 원칙적으로 적합한 소송형식이 된다.[2]

3. 다른 소송과의 구별

4649   (1) **취소소송과 구분**   원고는 의무화소송에서 판결을 통해 이익을 구하려고 한다. 이 때문에 원고는 행정행위의 거부를 다투려고 하는 것이 아니라 행정청이 자신에게 수익적인 행정행위를 하도록 의무지우는 것을 구하려고 한다. 다만, 수익적 행위의 취소나 철회의 취소를 구하는 경우에는 예외가 된다.[3] 한편, 제3자에 대한 건축허가의 취소를 구하는 경우에는 취소소송이 적합하지만, 제3자에게 침익적 부관을 부과하거나 감독처분을 구하는 경우에는 의무화소송이 적합하다고 한다.[4]

4650   (2) **일반적 급부소송과 구분**   일반적 급부소송은 규율내용이 없는 사실적인 급부(단순한 통지, 정보, 조언, 사실상 주장의 철회 등)를 구하는 소송이라는 점에서 규율내용을 갖는 의무화소송과 다르다.[5]

---

1) Hufen, Verwaltungsprozessrecht(8. Aufl.), § 15, Rn. 1.
2) Hufen, Verwaltungsprozessrecht(8. Aufl.), § 15, Rn. 7.
3) Hufen, Verwaltungsprozessrecht(8. Aufl.), § 15, Rn. 6.
4) Hufen, Verwaltungsprozessrecht(8. Aufl.), § 15, Rn. 9.
5) Hufen, Verwaltungsprozessrecht(8. Aufl.), § 15, Rn. 10.

4. 종   류

(1) 거부처분에 대한 소송

(개) 의   의   의무화소송의 한 종류로서 거부처분에 대한 소송(Versag- 4651
ungsgegenklage, Weigerungsgegenklage)이 있다. 거부처분에 대한 소송은 발령이 거
부된 행정행위의 발령을 위한 판결을 구하는 소송을 말한다. 실행소송(Vornah-
meklage)이라고도 한다. 거부처분에 대한 소송에서는 원고가 거부가 아니라 급
부의 의무화를 관심의 대상으로 한다. 비록 거부된 결정의 폐지가 의무화판결에
서 언급된다고 할지라도, 거부처분에 대한 소송은 취소(거부)를 대상으로 하는
것이 아니다.[1] 따라서 취소소송은 허용되지 아니한다.[2] 또한 거부처분에 존속
력(불가쟁력, 불가변력)이 발생한 후에도 의무화소송의 제기만 가능하다.[3]

(나) 요   건   거부처분에 대한 소송을 제기하기 위해서는 ① 구하는 행위 4652
가 행정행위이어야 하고, ② 행정행위의 거부로 권리(법률상 이익)가 침해되어야
하고, ③ 구하는 행위는 권한행정청에 신청되었어야 하고, ④ 행정심판절차를
거쳐야 하고, ⑤ 제소기간을 준수하여야 한다.[4]

(2) 부작위에 대한 소송

(개) 의   의   의무화소송의 한 종류로서 부작위에 대한 소송(Untätigkeit- 4653
sklage)이 있다. 부작위에 대한 소송은 부작위된 행정행위의 발령을 위한 판결을
구하는 소송을 말한다. 말하자면 사인의 신청에 대하여 권한 행정청이 거부하지
도 발급하지도 아니한 경우에 제기하는 소송이다. 부작위를 구하는 소송인 부작
위소송(Unterlassungsklage)과 구별할 필요가 있다.

(나) 요   건   부작위에 대한 소송을 제기하기 위해서는 ① 구하는 행위가 4654
행정행위이어야 하고, ② 행정행위의 부작위로 권리(법률상 이익)가 침해되어야
하고, ③ 구하는 행위는 권한행정청에 신청되었어야 하고, ④ 구하는 행위가 충
분한 이유 없이 상당한 기간 내에 결정되지 않았어야 하고, ⑤ 행정심판절차가
없었어야 한다.[5]

(3) 법원의 판결   법원은 의무화소송에서 본안의 성숙도에 따라 피고에 4655
대하여 특정의 행정행위를 발령하도록 판결할 수도 있고, 재량권이나 판단여지

---

1) Hufen, Verwaltungsprozessrecht(8. Aufl.), § 15, Rn. 4.
2) Wolff/Deck, Studienkommentar VwGO VwVfG(3. Aufl.), VwGO Vor § 42, Rn. 22f.
3) Wolff/Deck, Studienkommentar VwGO VwVfG(3. Aufl.), VwGO Vor § 42, Rn. 26.
4) Glaeser, Verwaltungsprozeßrecht, Rn. 289ff.
5) Glaeser, Verwaltungsprozeßrecht, Rn. 304ff.

가 주어지는 경우에는 법원의 법적 견해를 준수하면서 원고의 신청에 대하여 처분을 하도록 판결할 수도 있다.

5. 기　타

4656　　⑴ 소 송 물　　구하는 처분이 행정절차법상 처분 개념에 해당할 때, 의무화소송의 적법 제기가 가능하다. 원고의 입장에서는 수익적인 행정행위가 문제될 때 제기된다. 일반적 견해에 의하면 소송물은 구체적 사실관계에 근거하여 제기된 원고의 주장(행정행위의 거부나 부작위를 통해 자기의 권리가 침해되었다는 주장)이다. 그리고 행정청이 행정행위를 통해 결정을 하여야 하는지 여부 또는 신청된 행정행위를 위한 법적 근거가 있는지 여부는 소송물의 문제가 아니고, 근거(이유)일 뿐이다.[1]

4657　　⑵ 부관에 대한 소송　　의무화소송으로 독립적 부관(부담, 부담유보)의 발급을 구할 수도 있다. 예컨대 상대방 있는 행정행위의 발급으로 법적 이익에 침해를 받게 되는 제3자인 이웃주민이 자신들의 보호를 위해 처분의 상대방에게는 침익적이고 제3자인 자신에게는 수익적인 부관의 발급을 구할 수 있다.[2]

Ⅱ. 일반적 급부소송

1. 의　　의

4658　　일반적 급부소송(allgemeine Leistungsklage)이란 단순공행정작용(예 : 사실행위·행정법상 의사표시)의 실행이나 부작위를 구하는 소송이다(예 : 일반적 급부소송절차에서 공법상 계약의 체결 또는 미체결에 대한 행정청의 결정이 심사될 수 있다). 행정행위의 발령을 구하는 의무화소송과 일반적 급부소송을 합하여 넓은 의미의 급부소송(공법상 작위·부작위·수인의 청구권을 다투는 소송)이라 부른다.[3] 일반적 급부소송과 의무화소송은 소송대상을 달리한다. 일반적 급부소송은 의무화소송에 대하여 보충적이다. 일반적 급부소송은 단순공행정작용의 거부(부작위) 또는 실행으로 권리가 침해된 자만이 제기할 수 있다.[4]

---

1) Hufen, Verwaltungsprozessrecht(8. Aufl.), §15, Rn. 2.
2) Hufen, Verwaltungsprozessrecht(8. Aufl.), §15, Rn. 12.
3) 일반적 급부소송에 관한 일반적 규정은 없으며, 학설상 행정법원법 제40조 제1호와 제43조 제2항 제1문의 결합으로부터, 그리고 제111조, 제113조 제4항, 제169조 제1항 제170조로부터 근거를 찾는다(Schenke, Verwaltungsprozessrecht(12. Aufl.), Rn. 294).
4) 일반적 급부소송은 행정주체의 모든 고권작용을 대상으로 하지만 다만 행정행위와 법규범을 제외한다. 여기에는 사실행위와 공법상 의사표명(행정행위 성격 없을 것)도 포함되고, 공무원법상 근무와 관련된 법적 행위로서 외부적 직접효를 갖지 않는 행위도 포함된다고 한다(Schenke, Verwaltungsprozessrecht(12. Aufl.), Rn. 294).

2. 종   류

일반적 급부소송은 행정행위가 아닌 고권행정의 모든 작용을 구하는 적극적 　4659
급부소송으로서 실행소송과 침익적인 고권작용의 부작위나 폐지를 구하는 소극
적 급부소송으로서 부작위소송으로 구분된다. 전자는 수익적인 단순공행정작용
을 구하는 소송이다(예 : 금전지급을 구하는 소송, 피해의 방지나 위법한 침해의 폐지를 구
하는 소송). 위법행정작용에 대한 결과제거소송도 유형적으로 보면 일반적 급부소
송에 해당한다.[1] 한편, 후자는 장래의 침해행위의 부작위를 구하는 소송이다.[2]

3. 적용대상영역

적극적 급부소송으로서 일반적 급부소송은 행정행위를 전제하지 않는 정보 　4660
작용(통지, 조언, 문서열람, 사실관계 주장의 철회, 정보의 제공, 언론관련법상 정보제공의 이
행 등)이나 단순한 생활배려의 급부(학교수업, 장애자 보호, 도로보수 등) 또는 금전지
급(지급을 위해 급부결정이 필요한 경우에는 의무화소송)을 구하는 경우, 확언을 구하는
경우, 공법상 계약의 체결·변경 등을 구하는 경우, 전화번호부에 이름의 표기방
식 변경을 구하는 경우, 지방자치법상 주민발의를 구하는 경우, 학교구역으로부
터 거리제한을 구하는 경우 등에 활용될 수 있다고 한다.[3]

Ⅲ. 직무집행명령

1. 의   의

영·미의 직무집행명령(Mandamus)이란 사인의 제기에 의해 재판소가 공행 　4661
정기관에 대하여 자기(공행정기관)의 의무를 이행할 것을 발하는 명령으로서, 행
정기관이 자신에 부과된 제정법상 공의무를 이행하지 않는 경우에 이의 이행
(예 : 공직회복·과오납조세반환·문서제공 등)을 강요하는 효과적인 수단이다.[4] 직무
집행명령은 위법한 부작위에 대한 구제제도이다.

2. 한계 등

직무집행명령은 제정법에 의해 부과되지 않은 의무이행을 강제할 수 없고, 　4662
사적인 의무의 이행을 강제할 수 없고, 다른 효과적인 구제수단이 존재할 때는
활용될 수 없다. 한편 직무집행명령의 판결은 "즉시 또는 일정기간 내에 법상의

---

1) Hufen, Verwaltungsprozessrecht(8. Aufl.), § 17, Rn. 6.
2) 이에 관해서는 옆번호 4665 참조.
3) Hufen, Verwaltungsprozessrecht(8. Aufl.), § 17, Rn. 2f.
4) Nedjati/Trice, English and Continental Systems of Administrative law, 1978, p. 142ff.

권한인 행위 또는 의무인 행위를 하여야 한다"는 형식을 취하고, 이러한 법원의
명령의 위배는 법정모욕죄를 구성하며 벌금형이나 구금형이 부과된다.

3. 도입가능성

4663 현행행정소송법은 직무집행명령을 모른다. 직무집행명령을 무명항고소송의
일종으로서 인정할 수 있을 것인가는 앞으로의 연구과제라 하겠다. 적극적이고
긍정적인 검토가 필요할 것이다.

Ⅳ. 예방적 소송

1. 의   의

4664 개인의 권리를 효과적으로 보호한다는 것은 법치국가의 기본적인 요청이
다. 미래에 있게 될 행정권의 작위·부작위에 대한 침해를 미리 예방적으로 대
응하는 권리보호수단을 확보한다는 것은 효과적인 권리보호에 기여한다. 말하
자면 수인할 수 없는 침해를 가져오거나 돌이킬 수 없는 침해를 가져오는 침해
를 사전에 방지하는 것은 법치국가에서 방치할 수 없는 요구이다. 종래 독일의
이론은 불확실한 사실을 미리 판단한다는 것은 적절하지 아니하며, 또한 가구제
가 인정된다는 이유로 예방적 권리보호수단에 대하여 부정적이었다. 그러나 오
늘날 이론은 예외적인 경우(예 : 수인할 수 없거나, 가구제로서는 불충분한 경우)에 한
정적으로 예방적 권리보호수단을 긍정하는 경향이다.[1] 예방적 권리보호를 위한
소송에는 예방적 부작위소송과 예방적 확인소송이 있다.

2. 예방적 부작위소송

4665 (1) 의   의   예방적 부작위소송(vorbeugende Unterlassungsklage)이란 장래
에 있을 특정의 위협적인 사실행위 또는 행정행위의 발동을 방지하는 것을 구
하는 소송이다(예 : 전과자 A는 경찰의 예방적 감시활동에 공포를 느낀다. 예방적 감시활동
은 행정행위가 아니다. 이 경우 전과자 A는 사실행위인 예방적 감시활동의 부작위를 구하기
위해 예방적 부작위소송을 제기할 수 있다). 말하자면 원고가 자기에게 침익적인 고권
작용의 부작위나 폐지를 구하는 경우에는 일반적 급부소송의 하위형태로서 부
작위소송이 적합하다.

4666 (2) **법적 근거**   일반적 급부소송으로서 행정의 적극적 작위를 구하는 경
우와 마찬가지로 소극적 급부소송으로서 부작위소송도 행정법원법에 명시적으

---

1) Glaeser, Verwaltungsprozeßrecht, Rn. 313, 365; Würtenberger, Verwaltungsprozessrecht, Rn.
484.

로 규정되어 있지 아니하나 많은 문헌에서 널리 인정되고 있다고 한다.[1]

(3) 소송요건 등 단순고권적 행정작용에 대한 부작위소송에서 소송물은 4667
"고권작용을 통해 자기의 권리가 침해된다"는 원고의 주장이다. 부작위나 교란
의 종료를 구하는 것을 목적으로 한다. 예방적 부작위소송은 정보작용, 경고,
(공공시설로부터 나오는) 임미씨온, 허가없이 접근할 수 있거나 활용할 수 있는 시
설, 그 밖의 사실상의 작용을 중요 대상으로 한다.[2] 예방적 부작위소송에는 전
심절차, 제소기간의 적용이 없다.[3] 그 밖에 국회제정법률에 하위하는 법규범의
발령의 저지를 대상으로 하는 것도 가능하다. 예방적 부작위소송에도 원고는
방어권 내지 부작위청구권을 가져야 한다. 그리고 권리보호의 필요도 요구된다
(예 : 위협적인 행정행위의 위반이 벌칙과 결부되어 있는 경우, 처분의 상대방은 사후적인 권
리보호로는 수인할 수 없다고 판단되는 경우에는 권리보호의 필요가 존재하는 것으로 본다).

3. 예방적 확인소송

(1) 의 의 예방적 확인소송(vorbeugende Feststellungsklage)이란 「A행정 4668
청은 장래에 어떠한 처분을 발령하거나 부작위할 권한이 없다」는 확인을 구하
는 소송이다. 예방적 확인소송은 미래에 구체화되는 법률관계에 관한 확인과 관
련한다.

(2) **행정행위 또는 법규범에 대한 예방적 확인소송** 예방적 확인소송은 급박 4669
한 행정행위의 방어가 문제될 때[4] 또는 급박한 법규범의 방어가 문제될 때[5]
활용되기도 한다. 예방적 확인소송이 적법하기 위해서는 이미 예견할 수 있는
사실관계에 근거하여 법관계가 충분히 구체적이어서 원고에게 부정적인 효과가
예견되어야 한다.[6]

(3) **보 충 성** 예방적 확인소송에는 보충성의 원칙이 적용될 여지가 거의 4670
없다. 이 요건은 엄격하지 않다. 분쟁의 대상이 되는 법률관계가 미래에 특정한
행위가 이루어진다는 점에 있다면, 그것의 예방적인 방어는 당연하다. 부작위소
송은 급부소송의 하위형태로서 확인소송에 우선한다.[7]

(4) **확인의 이익** 예방적 확인소송에도 확인의 이익이 있어야 한다. 미래 4671

---

1) Hufen, Verwaltungsprozessrecht(8. Aufl.), §16, Rn. 3.
2) Hufen, Verwaltungsprozessrecht(8. Aufl.), §16, Rn. 4.
3) Würtenberger, Verwaltungsprozessrecht(3. Aufl.), Rn. 487.
4) BVerwGE 26, 23, 24.
5) BVerwGE 40, 323, 326.
6) Hufen, Verwaltungsprozessrecht(8. Aufl.), §18, Rn. 23.
7) Hufen, Verwaltungsprozessrecht(8. Aufl.), §18, Rn. 22.

의 법률관계의 존재, 부존재가 구속적으로 존재함이 확인되어야 한다. 이 요건은 엄격하다. 일반적으로 "사후의 취소소송이나 급부소송(잠정적 권리보호 포함)으로 관계자에게 회복할 수 없거나 또는 회복할 수 없는 법적 불이익(손해)의 위협이 있을 때" 확인의 이익이 있다.[1]

4672   ⑸ **전심절차 등**   예방적 확인소송에는 전심절차, 제소기간의 적용이 없다.[2]

---

1) Hufen, Verwaltungsprozessrecht(8. Aufl.), §18, Rn. 25.; Wolff/Deck, Studienkommentar VwGO VwVfG(3. Aufl.), VwGO §43, Rn. 33f.
2) Würtenberger,Verwaltungsprozessrecht(3. Aufl.), Rn. 495.

제3장 당사자소송

제1항 관 념

Ⅰ. 의 의

1. 개 념

당사자소송이란 행정청의 처분 등을 원인으로 하는 법률관계에 관한 소송, 4701
그 밖에 공법상의 법률관계에 관한 소송으로서 그 법률관계의 한쪽 당사자를
피고로 하는 소송을 말한다(행소법 제3조 제2호). ① 항고소송은 공행정주체가 우
월한 지위에서 갖는 공권력의 행사·불행사와 관련된 분쟁의 해결을 위한 절차
인 데 반해, 당사자소송은 그러한 공권력행사·불행사의 결과로서 생긴 법률관
계에 관한 소송, 그 밖에 대등한 당사자간의 공법상의 권리·의무에 관한 소송
이다. 요컨대 당사자소송이란 대등한 지위의 당사자간에 다투어지는 공법상의
권리관계에 관한 소송이라 하겠다. ② 한편 당사자소송은 공법상의 법률관계(공
권·공의무)를 소송의 대상으로 하는 점에서 사법상의 법률관계(사권·사의무)를 소
송의 대상으로 하는 민사소송과 다르다.

2. 성 질

행정소송법 제3조 제2호가 규정하는 당사자소송의 개념은 포괄적이다. 여 4701a
기에는 확인의 소(예 : 공법상 지위의 확인을 구하는 소송), 이행의 소(예 : 공법상 금전지
급청구를 구하는 소송), 그리고 형성의 소(예 : 공법상 지위의 창설을 구하는 소송) 모두
포함될 수 있다.

Ⅱ. 종 류

1. 실질적 당사자소송

실질적 당사자소송은 대등당사자 사이의 공법상의 권리관계에 관한 소송으 4702
로서 통상의 당사자소송이 이에 해당한다. 당사자소송은 공권력행사·불행사 그
자체가 소송물은 아니며, 다만 그러한 행사로 인해 형성되는 공법상 법률관계
(권리관계) 그 자체가 소송물인 것이다. 이것은 다시 다음의 유형으로 구분된다.

(1) **처분등을 원인으로 하는 법률관계에 관한 소송**　　이의 예로 과세처분의 4703

무효를 전제로 이미 납부한 세금의 반환을 구하는 소송(부당이득반환청구소송), 직무상 불법행위로 인한 손해배상청구소송 등을 볼 수 있다. 이러한 소송은 처분 그 자체가 아니라 처분으로 인하여 발생된 법률관계의 당사자를 보호하기 위한 것이다. 판례는 이러한 소송을 민사사건으로 다루어 왔다. 그런데 대법원은 2013년 3월 부가가치세 환급세액 지급청구사건에서 전원합의체판결로 "납세의무자에 대한 국가의 부가가치세 환급세액 지급의무에 대응하는 국가에 대한 납세의무자의 부가가치세 환급세액 지급청구는 민사소송이 아니라 행정소송법 제 3조 제2호에 규정된 당사자소송의 절차에 따라야 한다"라고 하여 일종의 부당이득이라 할 부가가치세 환급세액의 지급청구와 관련하여 태도를 변경하였다.[1]

4704 　　(2) **기타 공법상 법률관계에 관한 소송** 　　① 공법상 계약의 불이행시에 제기하는 소송(예 : 토지수용시 협의성립 후 보상금미지급시 보상금지급청구소송. 판례는 이를 민사소송으로 다룬다), ② 공법상 금전지급청구를 위한 소송(예 : 공무원보수미지급시 지급청구), ③ 공법상 지위·신분의 확인을 구하는 소송(예 : 국가유공자의 확인을 구하는 소송), ④ 공법상 결과제거청구소송, ⑤ 공법상 의사표시를 구하는 소송(의사표시를 할 의무의 존부를 다투는 소송) 등이 이 경우에 해당한다.

　▌참고▌　기타 공법상 법률관계에 관한 소송 관련 판례 모음

4705 　(1) **공법상 금전지급청구를 위한 소송에 관한 판례**

　□ 대판 2017. 4. 28, 2013다1211(도시개발법 제46조 제3항에 따라 도시개발사업조합이 관할 지방자치단체의 장에게 도시개발법에 따른 청산금의 징수를 위탁할 수 있다 하더라도, 그 지방자치단체의 장이 징수위탁에 응하지 아니하는 등의 특별한 사정이 있는 때에는 도시개발사업조합은 직접 공법상 당사자소송으로써 청산금의 지급을 구할 수 있다)

　□ 대판 2016. 5. 24, 2013두14863(명예퇴직한 법관이 미지급 명예퇴직수당액에 대하여 가지는 권리는 명예퇴직수당 지급대상자 결정 절차를 거쳐 명예퇴직수당규칙에 의하여 확정된 공법상 법률관계에 관한 권리로서, 그 지급을 구하는 소송은 행정소송법의 당사자소송에 해당하며, 그 법률관계의 당사자인 국가를 상대로 제기하여야 한다)

　□ 대판 2013. 3. 21, 2011다95564 전원합의체(부가가치세법령의 내용, 형식 및 입법 취지 등에 비추어 보면, 납세의무자에 대한 국가의 부가가치세 환급세액 지급의무는 그 납세의무자로부터 어느 과세기간에 과다하게 거래징수된 세액 상당을 국가가 실제로 납부받았는지와 관계없이 부가가치세법령의 규정에 의하여 직접 발생하는 것으로서, 그 법적 성질은 정의와 공평의 관념에서 수익자와 손실자 사이의 재산상태 조정을 위해 인정되는 부당이득 반환의무가 아니라 부가가치세법령에 의하여 그 존부나 범위가 구체적

---

　1) 대판 2013. 3. 21, 2011다95564 전원합의체.

으로 확정되고 조세 정책적 관점에서 특별히 인정되는 공법상 의무라고 봄이 타당하다. 그렇다면 납세의무자에 대한 국가의 부가가치세 환급세액 지급의무에 대응하는 국가에 대한 납세의무자의 부가가치세 환급세액 지급청구는 민사소송이 아니라 행정소송법 제3조 제2호에 규정된 당사자소송의 절차에 따라야 한다)

　□ 대판 2011. 6. 9, 2011다2951(피고의 원고에 대한 보조금 반환의무는 행정처분인 이 사건 보조금 지급결정에 부가된 부관상 의무이고, 이러한 부관상 의무는 피고가 원고에게 부담하는 공법상 의무이다(대법원 1982. 12. 28. 선고 80다731, 732 판결 등 참조). 따라서 원고의 피고에 대한 이 사건 청구는 공법상 권리관계의 일방 당사자를 상대로 하여 공법상의 의무이행을 구하는 청구로서 행정소송법 제3조 제2호에서 규정한 당사자소송의 대상임이 분명하다. 그럼에도 제1심과 원심은 이 사건 소가 대전지방법원 홍성지원에 제기됨으로써 전속관할을 위반하였음을 간과한 채 본안판단으로 나아갔으니, 이러한 제1심과 원심의 판단에는 행정소송법상 당사자소송에 관한 법리를 오해하여 전속관할에 관한 규정을 위반한 위법도 있다)

　□ 대판 2004. 12. 24, 2003두15195(미지급 퇴직연금에 대한 지급청구권은 공법상 권리로서 그 지급을 구하는 소송은 공법상의 법률관계에 관한 소송인 공법상 당사자소송에 해당한다)

　□ 대판 1997. 5. 30, 95다28960(석탄산업법령에 따른 석탄가격안정지원금지급요령에 의하여 지원금의 지급을 구하는 소송은 공법상 당사자소송에 속한다)

　□ 대판 1996. 12. 6, 96누6417(구 공무원연금법 소정의 급여는 급여를 받을 권리를 가진 자가 당해 공무원이 소속하였던 기관장의 확인을 얻어 신청하는 바에 따라 공무원연금관리공단이 그 지급결정을 함으로써 그 구체적인 권리가 발생하는 것이므로, 공무원연금관리공단의 급여에 관한 결정은 국민의 권리에 직접 영향을 미치는 것이어서 행정처분에 해당하고, 공무원연금관리공단의 급여결정에 불복하는 자는 공무원연금급여재심위원회의 심사결정을 거쳐 공무원연금관리공단의 급여결정을 대상으로 행정소송을 제기하여야 한다)

　□ 그리고 석탄산업법상 재해위로금 지급의 청구(대판 1999. 1. 26, 98두12598; 대판 1997. 5. 30, 95다28960), 광주민주화운동관련자보상등에관한법률상 보상금 지급의 청구(대판 1992. 12. 24, 92누3335) 등도 당사자소송의 대상으로 보았다 한편, 앞의 두 판례는 모두 법령에서 바로 청구권이 발생한 경우이다. 그러나 당사자의 신청과 이에 대한 행정청의 심사를 거치는 경우(예, 산업재해보상보험법·고용보험법·공무원연금법·군인연금법·국가유공자예우에관한법률·의료보호법 등), 처분의 거부가 있으면 거부처분의 취소를 구하는 소송을 제기하여야 한다. 만약 행정청이 인용결정을 하고서도 지급을 하지 아니하면 당사자소송을 제기할 것이다. 참고로, 헌재 2021. 7. 15, 2019헌바126(당사자소송에 있어서 당사자가 관련 법령에서 정하고 있는 급부를 받기 위해서 신청과 이에 대한 행정청의 심사를 거친 인용결정에 의하도록 규정하고 있는 경우에는, 법령의 요건에 해당하는 것만으로 바로 구체적 청구권

이 발생하는 것이 아니라 행정청의 인용결정으로 비로소 구체적 청구권이 발생한다. 그러므로 이러한 경우에는 법령이 규정한 요건에 해당하여 급부를 받을 권리가 있는 사람이라고 하더라도 행정청의 인용결정 없이 곧바로 급부를 청구하는 것은 허용되지 않는다. 관련 법령에 따라 급부를 신청하고 그에 대한 거부취지의 행정청의 기각결정이 있을 때까지 기다렸다가, 그 결정의 취소를 구하는 항고소송을 제기하여 구체적 권리를 인정받은 다음 비로소 당사자소송을 제기할 수 있는 것이다)를 보라.

4706

(2) 공법상 지위·신분의 확인을 구하는 소송에 관한 판례

□ 대판 2009. 9. 17, 2007다2428 전원합의체(도시 및 주거환경정비법(이하 '도시정비법'이라고 한다)에 따른 주택재건축정비사업조합(이하 '재건축조합'이라고 한다)은 관할 행정청의 감독 아래 도시정비법상의 주택재건축사업을 시행하는 공법인(도시정비법 제18조)으로서, 그 목적 범위 내에서 법령이 정하는 바에 따라 일정한 행정작용을 행하는 행정주체의 지위를 갖는다. 그리고 재건축조합이 행정주체의 지위에서 도시정비법 제48조에 따라 수립하는 관리처분계획은 정비사업의 시행 결과 조성되는 대지 또는 건축물의 권리귀속에 관한 사항과 조합원의 비용 분담에 관한 사항 등을 정함으로써 조합원의 재산상 권리·의무 등에 구체적이고 직접적인 영향을 미치게 되므로, 이는 구속적 행정계획으로서 재건축조합이 행하는 독립된 행정처분에 해당한다. 그런데 관리처분계획은 재건축조합이 조합원의 분양신청 현황을 기초로 관리처분계획안을 마련하여 그에 대한 조합 총회결의와 토지 등 소유자의 공람절차를 거친 후 관할 행정청의 인가·고시를 통해 비로소 그 효력이 발생하게 되므로(도시정비법 제24조 제3항 제10호, 제48조 제1항, 제49조), 관리처분계획안에 대한 조합 총회결의는 관리처분계획이라는 행정처분에 이르는 절차적 요건 중 하나로, 그것이 위법하여 효력이 없다면 관리처분계획은 하자가 있는 것으로 된다. 따라서 행정주체인 재건축조합을 상대로 관리처분계획안에 대한 조합 총회결의의 효력 등을 다투는 소송은 행정처분에 이르는 절차적 요건의 존부나 효력 유무에 관한 소송으로서 그 소송결과에 따라 행정처분의 위법 여부에 직접 영향을 미치는 공법상 법률관계에 관한 것이므로, 이는 행정소송법상의 당사자소송에 해당한다)

□ 대판 1996. 2. 15, 94다31235(구 도시재개발법(1995. 12. 29. 법률 제5116호로 전문 개정되기 전의 것)에 의한 재개발조합은 조합원에 대한 법률관계에서 적어도 특수한 존립목적을 부여받은 특수한 행정주체로서 국가의 감독하에 그 존립목적인 특정한 공공사무를 행하고 있다고 볼 수 있는 범위 내에서는 공법상의 권리의무관계에 서 있다. 따라서 조합을 상대로 한 쟁송에 있어서 강제가입제를 특색으로 한 조합원의 자격인정여부에 관하여 다툼이 있는 경우에는 그 단계에서는 아직 조합의 어떠한 처분등이 개입될 여지는 없으므로 공법상의 당사자소송에 의하여 그 조합원 자격의 확인을 구할 수 있다)

□ 대판 1996. 5. 13, 95누10617(전문직공무원인 공중보건의사의 채용계약해지의 의사표시의 무효확인의 청구는 공법상 당사자소송에 의하여야 한다)

□ 그리고 판례는 지방전문직공무원(서울대공전술연구소 연구원)채용계약 해지의 의사표시(대판 1993. 9. 14, 92누4611), 서울특별시립무용단단원의 위촉과 해촉(대판 1995. 12. 22, 95누4636), 광주광역시립합창단원 재위촉거부(대판 2001. 12. 11,

2001두7794) 등도 당사자소송의 대상으로 보았다.

(3) 공법상 의사표시를 구하는 소송
4707

□ 대판 2019. 9. 9, 2016다262550(「국토의 계획 및 이용에 관한 법률」 제130조 제3항에 따라 토지 소유자 등이 사업시행자의 일시 사용에 대하여 정당한 사유 없이 동의를 거부하는 경우, 사업시행자는 해당 토지의 소유자 등을 상대로 동의의 의사표시를 구하는 소를 제기할 수 있다. 이와 같은 토지의 일시 사용에 대한 동의의 의사표시를 할 의무는 국토계획법에서 특별히 인정한 공법상의 의무이므로, 그 의무의 존부를 다투는 소송은 '공법상의 법률관계에 관한 소송으로서 그 법률관계의 한쪽 당사자를 피고로 하는 소송', 즉 행정소송법 제3조 제2호에서 규정한 당사자소송이라고 보아야 한다).

2. 형식적 당사자소송

(1) 의 의
이것은 실질적으로 행정청의 처분등을 다투는 것이나 형식적으로는 처분등의 효력을 다투지도 않고, 또한 처분청을 피고로 하지도 않고, 그대신 처분등으로 인해 형성된 법률관계를 다투기 위해 관련법률관계의 일방 당사자를 피고로 하여 제기하는 소송을 말한다. 말하자면 소송의 내용은 처분등에 불복하여 다투는 것이지만, 소송형식은 당사자소송인 것이 형식적 당사자소송이다.
4708

(2) 인정근거
당사자가 다투고자 하는 것이 처분이나 재결 그 자체가 아니라 처분이나 재결에 근거하여 이루어진 법관계인 경우에는 처분이나 재결의 주체를 소송당사자로 할 것이 아니라 실질적인 이해관계자를 소송당사자로 하는 것이 소송의 진행이나 분쟁의 해결에 보다 적합하다는 점이 형식적 당사자소송을 인정하는 논거가 된다.
4709

(3) 실정법상 예
형식적 당사자소송의 예로「토상법」제85조 제1항의 규정에 따라 제기하고자 하는 행정소송이 보상금의 증감에 관한 소송인 경우 그 소송을 제기하는 자가 토지소유자 또는 관계인인 때에는 사업시행자를, 사업시행자인 때에는 토지소유자 또는 관계인을 각각 피고로 한다(토상법 제85조 제2항)」는 '토상법'상 보상금증감소송의 경우를 볼 수 있다. 말하자면 '토상법'은 보상금증감소송의 경우에 처분청(위원회)인 토지수용위원회를 피고로 하지 아니하고, 대등한 당사자인 토지소유자 또는 관계인과 사업시행자를 당사자로 하고 있는 바, 형식적 관점에서 보상금증감소송은 당사자소송에 속한다. 그러나 보상금증감소송은 처분청(위원회)의 처분을 다투는 의미도 갖는 것이므로 항고소송의 성질도 갖는다. 따라서 전체로서 보상금증감소송을 형식적 당사자소송이라 부를
4710

수 있다. 형식적 당사자소송의 예는 특허법(제191조 제1호·제2호)·실용신안법(제33조)에서도 볼 수 있다.

4711 ‖참고‖ (구) 토지수용법상 보상금증감소송

구 토지수용법은 보상금증감소송과 관련하여 제75조의2 제2항에서 "제1항의 규정에 의하여 제기하고자 하는 행정소송이 보상금의 증감에 관한 소송인 때에는, 당해 소송을 제기하는 자가 토지소유자 또는 관계인인 경우에는 재결청 외에 기업자를, 기업자인 경우에는 재결청 외에 토지소유자 또는 관계인을 각각 피고로 한다"고 규정하였다. 말하자면. 동 조항은 제소자가 토지소유자 또는 관계인인 경우에는 재결청 외에 기업자를, 기업자인 경우에는 재결청 외에 토지소유자 또는 관계인을 각각 공동피고로 규정하고 있었다(필요적 공동소송). 이 조항에 따른 소송의 성질을 둘러싸고 ① 학설로는 동 소송이 형식적 당사자소송이라는 견해도 한 때 있었고, 법률이 정한 특수한 소송이라는 견해도 있었다. ② 판례는 단순히 공법상 당사자소송이라고만 하였다.[1]

4712 (4) **인정가능성** 형식적 당사자소송은 분쟁의 대상이 되는 사항이 처분청의 관여가 별다른 의미가 없는 재산상의 문제인 경우에는 이해당사자로 하여금 해결하도록 하는 것이 합리적이라는 데에 근거한다. 그런데 이러한 형식적 당사자소송이 우리의 법제상 일반적으로 인정될 수 있는가는 문제이다. 예컨대 하천법 제76조 제3항은 토지수용위원회에 재결을 신청할 수 있음을 규정하고 있지만 그 재결이 보상금에 관한 재결인 경우 토상법 제85조 제2항과 같이 손실을 입은 자와 국토교통부장관(행정청)간에 보상금증감청구를 할 수 있다는 규정이 없다. 따라서 이러한 경우 보상금증감청구소송(형식적 당사자소송)을 일반적으로 인정할 수 있는지가 문제된다.

4713 ‖참고 1‖ 하천법 제76조(공용부담 등으로 인한 손실보상) ① 제75조에 따른 처분이나 제한으로 손실을 입은 자가 있거나 하천관리청이 시행하는 하천공사로 손실을 입은 자가 있는 때에는 국토교통부장관 또는 환경부장관이 행한 처분이나 공사로 인한 것은 국고에서, 시·도지사가 행한 처분이나 공사로 인한 것은 해당 시·도에서 그 손실을 보상하여야 한다.

② 국토교통부장관 또는 환경부장관, 시·도지사는 제1항에 따른 손실을 보상하는 경우에는 손실을 입은 자와 협의하여야 한다.

③ 제2항에 따른 협의가 성립되지 아니하거나 협의를 할 수 없는 때에는 대통령령

---

1) 대판 1991. 11. 26, 91누285.

으로 정하는 바에 따라 관할 토지수용위원회에 재결을 신청할 수 있다.

④ 제1항부터 제3항까지에 따라 손실보상을 하는 경우 이 법에 규정된 것을 제외하고는 「공익사업을 위한 토지 등의 취득 및 보상에 관한 법률」을 준용한다.

▎**참고 2**▎ 종전의 도로법도 하천법의 경우와 같았다. 그러나 2014. 7. 15. 개정 도로법에서는 동법 제99조 제4항으로 인해 손실을 입은 자와 국토교통부장관(행정청) 사이의 보상금증감청구소송이 가능하게 되었다.

4714

도로법 제99조(공용부담으로 인한 손실보상) ① 이 법에 따른 처분이나 제한으로 손실을 입은 자가 있으면 국토교통부장관이 행한 처분이나 제한으로 인한 손실은 국가가 보상하고, 행정청이 한 처분이나 제한으로 인한 손실은 그 행정청이 속해 있는 지방자치단체가 보상하여야 한다.

② 제1항에 따른 손실의 보상에 관하여는 국토교통부장관 또는 행정청이 그 손실을 입은 자와 협의하여야 한다.

③ 국토교통부장관 또는 행정청은 제2항에 따른 협의가 성립되지 아니하거나 협의를 할 수 없는 경우에는 대통령령으로 정하는 바에 따라 관할 토지수용위원회에 재결을 신청할 수 있다.

④ 제1항부터 제3항까지의 규정에서 정한 것 외에 공용부담으로 인한 손실보상에 관하여는 「공익사업을 위한 토지 등의 취득 및 보상에 관한 법률」을 준용한다.

㈎ **긍 정 설**   ① 행정소송법 제3조 제2호의 규정(행정청의 처분 등을 원인으로 하는 법률관계에 관한 소송…으로서 그 법률관계의 한 쪽 당사자를 피고로 하는 소송)에 형식적 당사자소송이 포함되는 것이며, ② 행정소송법 제25조와 제44조 제1항(재결을 행한 토지수용위원회에 대하여 법원이 행정심판기록 제출명령을 규정)은 형식적 당사자소송의 인정을 전제로 한 것이라고 보아야 하며, ③ 공정력도 행정행위에 본질적으로 내재하는 것이 아니고 실정법에 의해 뒷받침되는 것이므로 공정력 있는 처분을 그대로 둔 채 당해 처분을 요인으로 하는 법률관계를 다투는 소송을 행정소송법 제3조 제2호에 따라 일반적으로 인정하더라도 그것이 곧 공정력에 반하는 것이 아니며(법원의 판결은 재결의 공정력에 우선하므로), ④ 일본의 제도와 우리나라의 그것은 다르다. 즉 일본의 행정사건소송법 제4조는 "…당사자 간의 법률관계를 확인하며 또는 형성하는 처분 또는 재결에 관한 소송으로서 법령의 규정에 의하여 그 법률관계의 당사자의 일방을 피고로 하는 것…"을 형식적 당사자소송이라 하며 별도의 법령의 규정이 있는 것을 요구하고 이 소송을 위하여 각 개별법에서 규정되어 있다는 것이다.[1]

4715

---

1) 박균성, 행정법론(상), 1186쪽(2019); 조정환, 토지수용법상의 보상금청구소송과 형식적 당사자소송, 토지공법연구 제6집, 150쪽 이하; 이상규, 행정쟁송법, 300쪽.

4716   (나) 부 정 설   ① 형식적 당사자소송을 인정하는 명문규정 없이는 행정소송법의 규정만을 근거로 일반적으로는 인정될 수 없으며, ② 재결·처분의 효력(공정력 및 구성요건적 효력)은 그대로 두고 그 결과로서 발생한 당사자의 권리·의무만을 형식적 당사자소송의 판결로서 변경시키기 곤란하다는 점 등을 든다.[1)]

4717   (다) 사 견   개별규정이 없는 경우에는 원고적격·피고적격·제소기간 등의 소송요건도 불분명하다는 점을 고려할 때, 부정설이 타당하다.

4718   (5) 성 질   형식적 당사자소송의 성질도 문제이다. ① 일설은 형식적 당사자소송이 실질적으로 행정청의 처분 등을 다투는 것이므로 항고소송의 일종이라 하고(항고소송설), ② 일설은 행정청의 처분 등에 대한 불복이 아니라 처분 등의 결과로서 생긴 법률관계를 다투는 것이므로 당사자소송이라 한다(당사자소송설). ③ 판례는 당사자소송으로 본다는 점은 이미 언급한 바 있다.

Ⅲ. 성 질

4719   당사자소송은 개인의 권익구제를 직접적인 목적으로 하는 주관적 소송이다. 당사자소송의 1심은 시심적 소송에 해당한다. 그리고 당사자소송은 소송물의 내용에 따라 이행의 소, 확인의 소로 구분될 수 있다.

Ⅳ. 당사자소송의 활용

4720   현행 행정소송법은 항고소송과 당사자소송의 형태를 모두 규정하고 있으므로, 이제는 공법상의 권리관계의 분쟁에 있어서는 그 권리구제의 방법에 관하여 소의 이익이 없는 등 특별한 사정이 없는 한 항고소송 외에 당사자소송도 허용하여야 할 것이고, 불필요하게 국민의 권리구제방법을 제한할 것은 아니다.[2)]

제 2 항 관할법원

Ⅰ. 행정법원

4721   당사자소송의 관할법원은 취소소송의 경우와 같다(행소법 제40조 본문). 다만 국가 또는 공공단체가 피고인 경우에는 관계행정청의 소재지를 피고의 소재지로 한다(행소법 제40조단서). 한편, 종전에는 당사자소송에도 항고소송과 마찬가지

---

1) 김동희, 행정법(Ⅰ), 848쪽(2019); 김남진·김연태, 행정법(Ⅰ), 958쪽(2019); 류지태·박종수, 행정법신론, 695쪽(2019); 정하중, 행정법개론, 850쪽(2019).
2) 대판 1994. 5. 24, 92다35783의 반대의견.

로 2심제가 적용되었다. 그러나 1994년 행정소송법의 개정에 따라 1998년 3월
부터는 당사자소송의 경우에도 항고소송과 마찬가지로 3심제가 적용되게 되었다.

Ⅱ. 관할이송

1. 관할권이 없는 행정법원에 당사자소송을 제기한 경우

취소소송의 경우와 같다. 즉 원고의 고의 또는 중대한 과실 없이 행정소송 4722
이 심급을 달리하는 법원에 잘못 제기된 경우에는 법원은 소송의 전부 또는 일
부가 그 관할에 속하지 아니함을 인정한 때에는 결정으로 관할법원에 이송한다
(행소법 제7조; 민소법 제34조 제1항).

2. 당사자소송을 항고소송으로 제기한 경우

원심법원이 항고소송에서 당사자소송으로 소 변경할 것인지에 대하여 석명 4723
권을 적절하게 행사함으로써 적법한 소송형태를 갖추도록 하여야 한다는 것이
판례의 입장이다.[1]

3. 당사자소송을 민사소송으로 제기한 경우

수소법원이 그 행정소송에 관한 관할권도 동시에 갖고 있다면, 수소법원은 4724
원고로 하여금 당사자소송으로 소변경을 하도록 하여 심리·판단하는 것이 바람
직할 것이다. 만약 수소법원이 그 행정소송에 관한 관할권을 갖고 있지 않다면,
각하하여야 할 것이나, 실무상으로는 접수단계에서 관할법원에 제소하도록 권
유하거나 행정사건으로 접수토록 하는 것이 바람직할 것이다.

제 3 항 당사자 및 참가인

Ⅰ. 당사자의 의의

당사자소송의 당사자에는 국가·공공단체·사인이 있다. 즉 당사자소송은 4725
국가와 공공단체, 국가와 사인, 공공단체와 사인, 공공단체와 공공단체, 사인과
사인(이 때 일방은 국가적 공권을 위탁받은 사인을 의미한다) 사이에서 볼 수 있다. 그

---

1) 대판 2016. 5. 24, 2013두14863(피고의 이 사건 통지는 행정처분이 아니므로 원고는 피고를 상
 대로 항고소송을 제기할 수 없고 국가를 상대로 이 사건 차액의 지급을 구하는 당사자소송을
 제기하였어야 하며, 다만 권리 구제나 소송경제의 측면에 비추어 원고로 하여금 당사자소송으
 로 소 변경을 할 수 있는 기회를 갖도록 함이 타당하므로 원심으로서는 이 사건을 항고소송에
 서 당사자소송으로 소 변경할 것인지에 대하여 석명권을 적절하게 행사함으로써 적법한 소송
 형태를 갖추도록 하였어야 한다).

리고 국가가 당사자인 경우에는 법무부장관이 국가를 대표한다(국가를 당사자로 하는 소송에 관한 법률 제2조).

Ⅱ. 원고적격

4726   행정소송법상으로 당사자소송의 원고적격에 관하여 규정하는 바는 없다. 그런데 당사자소송은 민사소송에 유사한 것이므로 당사자소송에도 민사소송의 경우와 같이 권리보호의 이익이 있는 자가 원고가 된다고 볼 것이다(행소법 제8 조 제2항). 공동소송이 인정되는 것도 취소소송의 경우와 같다(행소법 제15조·제44 조 제1항).

Ⅲ. 피고적격

1. 국가·공공단체 등

4727   국가·공공단체 그 밖의 권리주체가 당사자소송의 피고가 된다(행소법 제39 조).[1] 항고소송의 경우와 달리 행정청이 피고가 아님을 주의할 필요가 있다.[2]

2. 법무부장관

4728   국가를 당사자 또는 참가인으로 하는 소송(이하 "국가소송"이라 한다)에서는 법무부장관이 국가를 대표한다(국가를 당사자로 하는 소송에 관한 법률 제2조). 법무부장관은 법무부의 직원, 각급 검찰청의 검사(이하 "검사"라 한다) 또는 「공익법무관에 관한 법률」에서 정한 공익법무관(이하 "공익법무관"이라 한다)을 지정하여 국가소송을 수행하게 할 수 있다(동법 제3조 제1항). 법무부장관은 변호사를 소송대리인으로 선임하여 국가소송을 수행하게 할 수 있다(동법 제3조 제4항). 지방자치단체를 당사자로 하는 소송의 경우에는 지방자치단체의 장이 해당 지방자치단체

---

1) 대판 2019. 9. 9, 2016다262550(군산-새만금 송전선로 건설사업 시행자인 원고(한국전력공사) 가 피고들에 대하여 그들 소유 토지를 임시통로 및 재료적치장으로 일시 사용하는 데 대한 동의의 의사표시를 구한 사건에서)(행정소송법 제39조는, "당사자소송은 국가·공공단체 그 밖의 권리주체를 피고로 한다."라고 규정하고 있다. 이것은 당사자소송의 경우 항고소송과 달리 '행정청'이 아닌 '권리주체'에게 피고적격이 있음을 규정하는 것일 뿐, 피고적격이 인정되는 권리주체를 행정주체로 한정한다는 취지가 아니므로, 이 규정을 들어 사인을 피고로 하는 당사자소송을 제기할 수 없다고 볼 것은 아니다); 대판 2001. 12. 11, 2001두7794; 대판 2000. 9. 8, 99두2765(납세의무부존재확인의 소는 공법상의 법률관계 그 자체를 다투는 소송으로서 당사자소송이라 할 것이므로 행정소송법 제3조 제2호, 제39조에 의하여 그 법률관계의 한쪽 당사자인 국가·공공단체 그 밖의 권리주체가 피고적격을 가진다).

2) 대판 1991. 1. 25, 90누3041(공법상의 권리관계의 확인을 구하는 당사자소송은 그 권리주체인 국가 또는 공공단체 등을 피고로 하여야 하므로 그 권리주체가 아닌 재향군인회장과 국방부장관을 피고로 하여 제기한 소는 부적법하다).

를 대표한다(지자법 제101조).

3. 피고경정

피고경정도 인정된다. 즉 원고가 피고를 잘못 지정한 때에는 법원은 원고의   4729
신청에 의하여 결정으로써 피고의 경정을 허가할 수 있다(행소법 제14조 제1항).
취소소송에서 국가배상청구소송으로 소변경의 경우, 다수설에 따라 국가배상소
송을 당사자소송으로 보면, 행정소송법 제21조의 소변경으로서 허용되고, 피고
경정도 가능하다. 그러나 판례처럼 민사소송으로 보면 민사소송법 제262조 제1
항 본문에 의한 소변경으로서 인정되며, 판례는 형평상 피고경정까지 인정하고
있는데, 판례의 태도는 정당하다.

Ⅳ. 소송참가

취소소송의 경우와 같다(행소법 제16조·제17조·제44조). 말하자면 당사자소송   4730
에 있어서도 제3자의 소송참가(행소법 제16조·제44조)와 행정청의 소송참가(행소법
제17조·제44조)가 인정되고 있다.

제 4 항 소송의 제기

Ⅰ. 요   건

취소소송의 경우와 비교할 때, ① 행정심판의 전치(행소법 제18조), ② 제소   4731
기간(행소법 제20조)의 요건이 없다는 점이 다르다. 그러나 ① 개별법에서 행정절
차를 규정하는 경우에는 반드시 그러한 절차를 거쳐야 하며, ② 당사자소송에
관하여 법령에 제소기간이 정하여져 있는 때에는 그에 따라야 할 것이나 그 기
간은 불변기간이다(행소법 제41조). 만약 기간의 정함이 없다고 하면 권리가 소멸
되지 않는 한 소권이 존재한다고 볼 것이다. ③ 소의 대상이 취소소송의 경우와
다름은 물론이다. ④ 권리보호의 필요도 요구된다.[1]

---

1) 대판 2019. 2. 14, 2016두49501(관할 지방자치단체로부터 위탁을 받아 공립어린이집을 운영하
   는 공립어린이집 원장이, 구 영유아보육법(2018. 12. 11. 법률 제15892호로 개정되기 전의 것)
   제24조 제2항에 근거하여 그 정년을 만 60세로 정한 조례 규정에 따라 원장의 지위를 더 이상
   유지할 수 없게 되자, 관할 지방자치단체를 상대로 하여 위탁운영기간이 만료하는 때까지 각
   해당 공립어린이집 원장 지위에 있다는 확인을 구하는 행정소송을 제기한 후 소송계속 중 그
   공립어린이집의 위탁운영기간까지 만료된 경우에는, 설령 원장 지위에 관한 원고들의 주장이
   받아들여진다고 하여도 공립어린이집 원장으로서의 지위를 회복하는 것은 불가능하고, 특별한
   사정이 없는 한 그에 관한 행정소송은 소의 이익이 없어 부적법하다).

Ⅱ. 소의 변경, 관련청구의 이송·병합, 가처분

4732 ① 법원은 당사자소송을 당해 처분 등에 관계되는 사무가 귀속하는 국가 또는 공공단체에 대한 항고소송으로 변경하는 것이 상당하다고 인정할 때에는 청구의 기초에 변경이 없는한, 사실심의 변론종결시까지 원고의 신청에 의하여 결정으로써 소의 변경을 허가할 수 있다(행소법 제42조·제21조 제1항). 뿐만 아니라 처분변경으로 인한 소의 변경도 인정되고 있다(행소법 제44조 제1항·제22조). ② 한편 당사자소송과 관련청구소송이 각각 다른 법원에 계속되고 있는 경우에는 법원은 당사자의 신청 또는 직권에 의하여 이를 당사자소송이 계속된 법원으로 이송할 수 있고(행소법 제44조 제2항·제10조 제1항), 또한 당사자소송에는 사실심의 변론종결시까지 관련청구소송을 병합하거나 피고 외의 자를 상대로 한 관련청구소송을 당사자소송이 계속된 법원에 병합하여 제기할 수 있다(행소법 제44조 제2항·제10조 제1항).[1] ③ 당사자소송에 대하여는 행정소송법 제8조 제2항에 따라 민사집행법상 가처분에 관한 규정이 준용된다.[2]

> ▌참고▐ 공법상 당사자소송에서 민사소송으로의 소 변경이 가능한지 여부
> 대판 2023. 6. 29, 2022두44262(원고 구미 사곡지구 도시개발사업조합이 구미시를 피고로 청산금일부부존재확인을 구한 사건)의 판결 이유 중 일부를 아래에 옮긴다.
> 1) 공법상 당사자소송의 소 변경에 관하여 행정소송법은, 공법상 당사자소송을 항고소송으로 변경하는 경우(행정소송법 제42조, 제21조) 또는 처분변경으로 인하여 소를 변경하는 경우(행정소송법 제44조 제1항, 제22조)에 관하여만 규정하고 있을 뿐, 공법상 당사자소송을 민사소송으로 변경할 수 있는지에 관하여 명문의 규정을 두고 있지 않다.
> 2) 그러나 공법상 당사자소송에서 민사소송으로의 소 변경이 금지된다고 볼 수 없다. 그 이유는 다음과 같다.
> 가) 행정소송법 제8조 제2항은 행정소송에 관하여 민사소송법을 준용하도록

---

1) 대판 2011. 9. 29, 2009두10963(행정소송법 제44조, 제10조에 의한 관련청구소송 병합은 본래의 당사자소송이 적법할 것을 요건으로 하는 것이어서 본래의 당사자소송이 부적법하여 각하되면 그에 병합된 관련청구소송도 소송요건을 흠결하여 부적합하므로 각하되어야 한다. 따라서 영업손실보상금청구의 소가 재결절차를 거치지 않아 부적법하여 각하되는 이상, 이에 병합된 생활대책대상자 선정 관련청구소송 역시 소송요건을 흠결하여 부적법하므로 각하되어야 한다).
2) 대판 2019. 9. 9, 2016다262550(당사자소송에 대하여는 행정소송법 제8조 제2항에 따라 민사집행법상 가처분에 관한 규정이 준용되므로(대법원 2015. 8. 21.자 2015무26 결정 참조), 사업시행자는 민사집행법 제300조 제2항에 따라 현저한 손해를 피하기 위해 필요한 경우 '임시의 지위를 정하기 위한 가처분'을 통하여 공익사업을 신속하고 원활하게 수행할 수 있다).

하고 있으므로, 행정소송의 성질에 비추어 적절하지 않다고 인정되는 경우가 아닌 이상 공법상 당사자소송의 경우도 민사소송법 제262조에 따라 그 청구의 기초가 바뀌지 아니하는 한도 안에서 변론을 종결할 때까지 청구의 취지를 변경할 수 있다.

나) 한편 대법원은 여러 차례에 걸쳐 행정소송법상 항고소송으로 제기하여야 할 사건을 민사소송으로 잘못 제기한 경우 수소법원으로서는 원고로 하여금 항고소송으로 소 변경을 하도록 석명권을 행사하여 행정소송법이 정하는 절차에 따라 심리·판단하여야 한다고 판시하여 왔다(대법원 2020. 1. 16. 선고 2019다264700 판결 등 참조). 이처럼 민사소송에서 항고소송으로의 소 변경이 허용되는 이상, 공법상 당사자소송과 민사소송이 서로 다른 소송절차에 해당한다는 이유만으로 청구기초의 동일성이 없다고 해석하여 양자 간의 소 변경을 허용하지 않을 이유가 없다.

다) 일반 국민으로서는 공법상 당사자소송의 대상과 민사소송의 대상을 구분하는 것이 쉽지 않고 소송 진행 도중의 사정변경 등으로 인해 공법상 당사자소송으로 제기된 소를 민사소송으로 변경할 필요가 발생하는 경우도 있다. 소 변경 필요성이 인정됨에도, 단지 소 변경에 따라 소송절차가 달라진다는 이유만으로 이미 제기한 소를 취하하고 새로 민사상의 소를 제기하도록 하는 것은 당사자의 권리 구제나 소송경제의 측면에서도 바람직하지 않다.

3) 따라서 공법상 당사자소송에 대하여도 그 청구의 기초가 바뀌지 아니하는 한도 안에서 민사소송으로 소 변경이 가능하다고 해석하는 것이 타당하다.

Ⅲ. 소제기의 효과

주관적 효과는 취소소송의 경우와 같다. 말하자면 주관적 효과로서 법원에는 심리의무가 주어지고, 당사자에게 중복제소금지의무가 주어진다. 그러나 객관적 효과(집행정지)는 취소소송의 경우와 달리 적용이 없다.[1] **4733**

Ⅳ. 소송의 심리

취소소송의 경우와 특별히 다른 것은 없다. 말하자면 행정심판기록의 제출명령(행소법 제44조 제1항·제25조), 법원의 직권심리(행소법 제44조 제1항·제26조) 등의 당사자소송에도 준용된다. 입증책임 역시 민사소송법상 일반원칙인 법률요건분류설에 따른다. **4734**

---

1) 대결 2015. 8. 21, 2015무26(당사자소송에 대하여는 행정소송법 제23조 제2항의 집행정지에 관한 규정이 준용되지 아니하므로(행정소송법 제44조 제1항 참조), 이를 본안으로 하는 가처분에 대하여는 행정소송법 제8조 제2항에 따라 민사집행법상의 가처분에 관한 규정이 준용되어야 한다).

제 5 항 판 결

Ⅰ. 판결의 종류와 효력

4735   판결의 종류는 기본적으로 취소소송의 경우와 같다. 말하자면 이 경우에도 각하판결·기각판결·인용판결의 구분이 가능하다. 그리고 소송물의 내용에 따라 확인판결·이행판결의 구분 또한 가능하다. 다만 사정판결의 제도가 없음은 취소소송의 경우와 다르다. 한편 당사자소송의 확정판결도 자박력·확정력·기속력을 갖는다. 확정판결은 당사자인 행정청과 관계행정청을 기속한다(행소법 제44조 제1항·제30조 제1항). 그러나 취소판결에서 인정되는 효력 중 취소판결의 제3자효(행소법 제29조), 재처분의무(행소법 제30조 제2항·제3항), 간접강제(행소법 제34조) 등은 당사자소송에서 적용이 없다.

Ⅱ. 불복과 위헌판결의 공고

4736   취소소송의 경우와 같다. 즉 고등법원의 판결에 불복하는 자는 대법원에 상고할 수 있다(행소법 제40조). 다만 제3자에 의한 재심청구의 문제는 없다. 한편 대법원의 판결에 의하여 명령·규칙이 헌법 또는 법률에 위반된다는 것이 확정된 경우에는 대법원은 지체없이 그 사유를 행정안전부장관에게 통보하여야 하고(행소법 제6조 제1항), 이때 통보를 받은 행정안전부장관은 지체없이 이를 관보에 게재하여야 한다(행소법 제6조 제2항).

Ⅲ. 가집행선고

4737   국가를 상대로 하는 당사자소송의 경우에는 가집행선고를 할 수 없다(행소법 제43조). 이 조항은 종전의 '소송촉진 등에 관한 특례법' 제6조 단서의 "국가를 상대로 하는 재산권의 청구에 관하여는 가집행의 선고를 할 수 없다"는 것과 보조를 맞추기 위한 것으로 이해되었다. 그런데 헌법재판소는 한 위헌심판사건에서[1] 소송촉진등에관한특례법 제6조 제1항 중 단서부분은 재산권과 신속한 재판을 받을 권리의 보장에 있어서 합리적 이유 없이 소송당사자를 차별하여 국가를 우대하고 있는 것이므로 헌법 제11조 제1항에 위반된다고 심판하였다. 따라서 국가가 민사상 당사자인 경우에 가집행선고가 가능하게 되었다.[2] 그리고

---

1) 헌재 1989. 1. 25, 88헌가7.
2) 대판 2000. 11. 28, 99두3416(행정소송법 제8조 제2항에 의하면 행정소송에도 민사소송법의 규정이 일반적으로 준용되므로 법원으로서는 공법상 당사자소송에서 재산권의 청구를 인용하는 판결을 하는 경우 가집행선고를 할 수 있다).

1990년 1월 소송촉진등에관한특례법의 개정으로 동법 제6조는 삭제되었다. 이와 관련하여 행정소송법상 당사자소송의 경우에 있어서 가집행선고의 문제도 새로운 음미를 할 필요가 있게 되었다.

제 4 장 객관적 소송(민중소송과 기관소송)

제 1 항 민중소송

Ⅰ. 의   의

4801   민중소송이란 국가 또는 공공단체의 기관이 법률에 위반되는 행위를 한때에 직접 자기의 법률상이익과 관계없이 그 시정을 구하기 위하여 제기하는 소송을 말한다(행소법 제3조 제3호). 요컨대 민중소송은 행정법규의 그릇된 적용을 시정하기 위해 일반국민이나 주민이 제기하는 소송이다.

Ⅱ. 성   질

4802   민중소송은 당사자 사이의 구체적인 권리·의무에 관한 분쟁의 해결을 위한 것이 아니라, 행정감독적 견지에서 행정법규의 정당한 적용을 확보하거나 선거 등의 공정의 확보를 위한 소송으로서 객관적 소송에 속한다. 따라서 민중소송은 법률이 규정하고 있는 경우에 한하여 제기할 수 있다(행소법 제45조).[1]

Ⅲ. 민중소송의 예

4803   민중소송의 예로 ① 공직선거법상 선거소송(공선법 제222조),[2]·[3] ② 공직선

---

[1] 대판 1996. 1. 23, 95누12736(행정청이 주민의 여론을 조사하는 행위에 대하여는 법상 소로서 그 시정을 구할 수 있는 규정이 없으므로, 민중소송의 대상이 아니다).

[2] 대판 2016. 11. 24, 2016수64(공직선거법 제222조와 제224조에서 규정하고 있는 선거소송은 집합적 행위로서의 선거에 관한 쟁송으로서 선거라는 일련의 과정에서 선거에 관한 규정을 위반한 사실이 있고, 그로써 선거의 결과에 영향을 미쳤다고 인정하는 때에 선거의 전부나 일부를 무효로 하는 소송이다. 이는 선거를 적법하게 시행하고 그 결과를 적정하게 결정하도록 함을 목적으로 하므로, 행정소송법 제3조 제3호에서 규정한 민중소송 즉 국가 또는 공공단체의 기관이 법률을 위반한 행위를 한 때에 직접 자기의 법률상 이익과 관계없이 그 시정을 구하기 위하여 제기하는 소송에 해당한다); 대판 2018. 7. 12, 2017수92.

[3] 대판 2022. 7. 28, 2020수30(선거무효사유가 되는 '선거에 관한 규정에 위반된 사실'은, 기본적으로 선거관리의 주체인 선거관리위원회가 선거사무의 관리집행에 관한 규정에 위반한 경우와 후보자 등 제3자에 의한 선거과정상의 위법행위에 대하여 적절한 시정조치를 취함이 없이 묵인·방치하는 등 그 책임으로 돌릴 만한 선거사무의 관리집행상 하자가 있는 경우를 말하지만, 그 밖에도 후보자 등 제3자에 의한 선거과정상의 위법행위로 인하여 선거인들이 자유로운 판단에 의하여 투표를 할 수 없게 됨으로써 선거의 기본이념인 선거의 자유와 공정이 현저히 저해되었다고 인정되는 경우를 포함한다. '선거의 결과에 영향을 미쳤다고 인정하는 때'는 선거에 관한 규정의 위반이 없었더라면 선거의 결과, 즉 후보자의 당락에 관하여 현실로 있었던 것과 다른 결과가 발생하였을지도 모른다고 인정되는 때를 말한다).

거법상 당선소송(공선법 제223조),[1] ③ 국민투표법상 국민투표무효소송(동법 제92조), ④ 지방자치법상 주민소송(지자법 제17조), ⑤ 주민투표법상 주민투표소송(동법 제25조 제2항)을 볼 수 있다. ⑥ 공공기관의 정보공개에 관한 법률 제5조에 따른 일반적 정보공개청구권을 다투는 소송도 민중소송으로 보는 견해도 있으나, 본서는 역시 주관적 소송으로 본다.

Ⅳ. 적용법규

민중소송에 적용될 법규는 민중소송을 규정하는 각 개별법규가 정하는 것   4804
이 일반적이다(공선법 제227조·제228조 참조). 그러나 각 개별법규가 특별히 정함이 없는 경우에는 ① 처분 등의 취소를 구하는 소송에는 그 성질에 반하지 않는한 취소소송에 관한 규정을 준용하고,[2] ② 처분등의 효력유무 또는 존재여부나부작위위법의 확인을 구하는 소송에는 그 성질에 반하지 아니하는 한 각각 무효등확인소송 또는 부작위위법확인소송에 관한 규정을 준용하며, ③ 상기 ①과②의 경우에 해당하지 않는 소송에는 그 성질에 반하지 아니하는 한 당사자소송에 관한 규정을 준용한다(행소법 제46조).

제 2 항   기관소송[3]

Ⅰ. 의　의

① 기관소송이란 국가 또는 공공단체의 기관 상호간에 있어서의 권한의 존   4805
부 또는 그 행사에 관한 다툼이 있을 때에 이에 대하여 제기하는 소송을 말한다(행소법 제3조 제4호). 요컨대 기관소송은 단일의 법주체내부에서[4] 행정기관상호간

---

1) 대판 2021. 12. 30, 2020수5011(당선무효소송은 선거가 하자 없이 적법·유효하게 실시된 것을 전제로, 선거관리위원회의 개개인에 대한 당선인 결정 자체가 위법하다고 하는 경우에 그 효력을 다투는 소송이다).

2) 대판 2019. 10. 17, 2018두104(주민소송에서 다툼의 대상이 된 처분의 위법성은 행정소송법상 항고소송에서와 마찬가지로 헌법, 법률, 그 하위의 법규명령, 법의 일반원칙 등 객관적 법질서를 구성하는 모든 법규범에 위반되는지 여부를 기준으로 판단하여야 하는 것이지, 해당 처분으로 인하여 지방자치단체의 재정에 손실이 발생하였는지만을 기준으로 판단할 것은 아니다).

3) 독일의 경우, 오랜 기간 국가나 공법상 조직 내부에서 내부법관계는 행정소송의 대상이 아니었다. 이러한 시각은 불가침투론(Impermeabilitätstheorie)에 의해 지지되었다. 1970년대 특별권력관계론이 쇠퇴한 이래 불가침투론도 법학적 논의에서 그 지위를 완전히 상실하였다. 그 대신 지방자치단체의 기관소송이 점증적으로 수용되고 있다(Geis, Kommunalrecht(3. Aufl.), § 25, Rn. 2).

4) 상이한 법주체 기관 사이의 소송도 기관소송으로 보는 견해도 있으나, 이러한 태도는 바람직하지 않다. 왜냐하면 법주체를 달리하는 기관 사이에는 항고소송(예 : 서울특별시 강남구청장의

의 권한분쟁에 관한 소송이다.[1] 다만 헌법재판소법 제2조의 규정에 의하여 헌법
재판소의 관할사항이 되는 소송(예 : 국가기관 상호간, 국가기관과 지방자치단체 및 지
방자치단체 상호간의 기관쟁의)은 행정소송으로서의 기관소송으로부터 제외된다.[2]
② 권한상의 분쟁은 원칙적으로 행정조직내부의 문제이므로 법원이 개입할 성
질은 아니고 행정권 스스로가 정할 문제이다. 현행법상 국가행정의 경우 권한쟁
의는 상급행정청이, 최종적으로는 국무회의가 정하도록 되어 있으나(헌법 제89조
제10호·제11호), 권한쟁의심판제도로 인해 실제상 문제가 생길 여지는 거의 없다.

Ⅱ. 논리적 근거[3]

4806   법적 문제는 권리주체 상호간의 문제라고 보는 고전적 시각에서는 법인내
부의 법적 관계는 논의의 대상이 되지 아니한다. 그러나 오늘날에 있어서는 그
러하지 않다. 즉 공법상 법인의 내부에서 그 기관상호간의 관계는 법에 따라 구
성되는 것이고, 이 때 권한법상 근거된 기관의 법적 지위는 그 지위가 전체조직
의 이익뿐만 아니라 대립되는 기관들의 구성상, 행정조직내부상, 그리고 권력균
형의 목적에 이바지하는 경우에는 고권적이고 주관적인 권리에 비견될 수 있는
것으로 보아 사법적으로 보호받을 수 있는 것으로 승인되고 있다. 그런데 이러
한 주관적인 권능은 계층적인 조직상 개별행정청에 놓이는 것은 아니고, 지방자
치단체의 의사형성과정에 참여하는 기관들에만 인정된다.

Ⅲ. 성   질

1. 객관적 소송

4807   기관소송을 제기할 수 있는 권능은 기본권이 아니다. 그것은 단지 넓은 의
미에서 주관적 성격을 띠는 객관적 권리이다. 따라서 기관소송은 객관적 소송의
한 종류라 볼 것이다. 그러나 기관소송을 일률적으로 객관적 소송으로 볼 것은

정보공개신청을 서울특별시장이 거부할 때, 강남구청장이 제기하는 정보공개거부처분취소소
송)이 가능한 점을 고려할 때, 법주체를 달리하는 기관 사이의 소송을 제한 없이 기관소송으로
보는 비한정설을 따르게 되면, 기관소송의 개념은 혼란스러워지기 때문이다.

1) 단일의 법주체 내부에서 문제되는 기관소송에도 두 기관 사이(예 : 지방자치단체의 장과 지방
   의회 사이)의 기관소송과 하나의 기관과 그 기관의 구성자 사이(예 : 지방의회와 지방의회의원
   사이)의 기관소송으로 나눌 수 있다. 전자를 기관 상호간 기관소송(Interorganstreitverfahren),
   후자를 기관내부적 기관소송(Intraorganstreitverfahren)이라 부른다(Detterbeck, Allgemeines
   Verwaltungsrecht, §31, Rn. 1456; Buri, Kommunalrecht, 2004, §14, Rn. 2). 후자를 규정하고
   있는 법률은 보이지 아니한다. 지방자치법의 영역에서는 후자를 인정하는 규정을 둘 필요가 있다.
2) 김남진·김연태, 행정법(Ⅰ), 964쪽(2019).
3) 이와 관련하여 졸저, 신지방자치법, 591쪽 이하를 보라.

아니라는 입장도 있다.[1]

2. 제소권자

행정소송법은 "기관소송은 법률이 정한 경우에 법률에 정한 자에 한하여   4808
제기할 수 있다"(행소법 제45조)고 규정하고 있다. 행정소송법이 법률에 정한 자
만이 기관소송을 제기할 수 있다고 한 것은 기관소송이 객관적 소송이라는 인
식을 기초로 하였음을 의미한다.

3. 열기주의

행정소송법은 "기관소송은 법률이 정한 경우에…제기할 수 있다"(행소법 제   4809
45조)고 규정하고 있다. 이것은 행정소송법이 기관소송과 관련하여 법정주의를
채택하였음을 의미한다. 기관소송의 활성화를 위해 기관소송의 법정주의에 대
한 비판이 가해지기도 한다.[2]

Ⅳ. 기관소송의 예

국가기관간(국회·정부·법원·중앙선거관리위원회 상호간)의 분쟁은 헌법재판소의   4810
권한쟁의의 문제가 된다(헌재법 제62조 제1항 제1호). 현행행정소송법상 기관소송
은 동일 지방자치단체의 기관간에서 문제된다. ① 지방자치법 제107조 제3항
또는 지방자치법 제172조 제3항에 의거하여 지방자치단체의 장이 지방의회를
상대로 대법원에 제기하는 소송, ② 지방교육자치에 관한 법률 제28조 제3항에

---

1) 이기우, 고시계, 1992. 11, 60쪽.
2) 홍준형, 행정법, 1068쪽(2017). 한편, 열기주의가 폐지되기 전이라도 해석을 통해 기관소송의
   적용범위의 확대를 꾀하려는 연구도 있다. 예컨대 현행법상 단일의 법주체의 기관 사이에 소송
   이 인정되지 아니하는 경우(예 : 국립대학법인이나 방송법인의 집행기관과 의결기관 사이), 자
   신의 권한을 다른 기관의 침해로부터 방어하고, 이를 사법적으로 관철할 수 있는 권한이라는
   의미에서 「기관권」의 개념을 설정하고, 기관권은 단순한 수행권한이 아니라 독자적인 권한으
   로서 법률상 이익에 해당한다고 하면서 그러한 단일의 법주체의 기관 사이에도 해석상 행정소
   송법상 당사자소송이 적용될 수 있을 것이라는 견해가 있다(정해영, 2013. 8. 아주대학교 박사
   학위청구논문, "기관소송의 활성화를 위한 공법적 연구 — 주관적기관소송의 가능성을 중심으
   로 —", 219쪽 이하). 물론 이 연구자도 문제의 기본적인 해결은 기관소송법정주의가 폐지되어
   기관소송사항에 대한 완전한 개괄주의가 인정되어야 한다는 입장이다(정해영, 같은 논문, 221
   쪽). 한편, 독일의 경우 기본법 제19조 제4항 해석과 관련하여 초기에는 오로지 주관적 권리
   침해의 경우에만 소송이 가능한 것으로 이해하여 기관소송은 불가한 것으로 보았으나, 점차 기
   관이나 부분기관도 제19조 제4항의 권리가 있는 것으로 본다. 말하자면 현재로서는 포괄적인
   권리보호로 이해하고 있다(Geis, Kommunalrecht(3. Aufl.), §25, Rn. 3.). 학자에 따라서는 기
   관(Organen) 또는 부분기관(Organteilen)의 법적 지위를 보호규범론(Schutznormtheorie)에 근
   거하여 주관법적인 것으로 이해한다. 즉, 민주적인 조직원리와 권력분립원리의 실현이라는 점
   을 고려하면, 기관의 권한을 설정(제한)하는 규정은 방어적인 지위까지 부여하는 것으로 새겨
   그 권한을 진정한 권리로 본다(Geis, Kommunalrecht(3. Aufl.), §25, Rn. 16).

의거하여 교육감이 시·도의회 또는 교육위원회를 상대로 대법원에 제기하는 소송이 기관소송의 대표적인 예에 해당한다.

V. 적용법규

4811 　　민중소송의 경우와 같다. 즉 기관소송에 적용될 법규는 기관소송을 규정하는 각 개별법규가 정하는 것이 일반적이다. 그러나 각 개별법규가 특별히 정함이 없는 경우에는 ① 처분 등의 취소를 구하는 소송에는 그 성질에 반하지 않는 한 취소소송에 관한 규정을 준용하고, ② 처분 등의 효력유무 또는 존재여부나 부작위위법의 확인을 구하는 소송에는 그 성질에 반하지 아니하는 한 각각 무효등확인소송 또는 부작위위법확인소송에 관한 규정을 준용하며, ③ 상기 ①과 ②의 경우에 해당하지 않는 소송에는 그 성질에 반하지 아니하는 한 당사자소송에 관한 규정을 준용한다(행소법 제46조).

VI. 감독처분에 대한 소송

1. 규정내용

4812 　　감독청의 감독처분에 대하여 지방자치단체의 장이나 교육감이 제기하는 소송은 외관상 기관소송과 유사한 것으로 보이지만, 성질상 기관소송과 구분되어야 할 것이다. 지방자치법상 규정되고 있는 이러한 소송으로는 ① "지방자치단체의 장은 제1항에 따른(주무부장관이나 시·도지사의) 자치사무에 관한 명령이나 처분의 취소 또는 정지에 대하여 이의가 있으면 그 취소처분 또는 정지처분을 통보받은 날부터 15일 이내에 대법원에 소를 제기할 수 있다"는 지방자치법 제169조 제2항의 소송과, ② "지방자치단체의 장은 제1항의(주무부장관이나 시·도지사의) 이행명령에 이의가 있으면 이행명령서를 접수한 날부터 15일 이내에 대법원에 소를 제기할 수 있다"는 지방자치법 제170조 제3항 제1문의 소송이 있다. 그리고 ③ 지방자치법 제169조와 제170조는 지방교육자치에 관한 법률에서도 준용되고 있다(지육법 제3조).

2. 성　　질

4813 　　이러한 소송은 기관소송이 아니라 항고소송으로 볼 것이다. 그 이유는 ① 기관소송은 기본적으로 동일한 법주체의 내부의 문제이나 상기의 소송은 법인격을 달리하는 기관간의 문제이며, ② 장으로 대표되는 지방자치단체는 고유한 법주체로서 당해 지방민의 이익, 즉 자치사무와 관련하여 일종의 주관적 지위도

갖는 것이고, 또한 ③ 감독청의 시정명령이나 취소·정지는 항고소송의 대상이
되는 일반행정법상의 행정행위의 성질을 갖는 것으로 볼 수 있기 때문이다.[1]

3. 적용법규

감독청의 감독처분에 대하여 지방자치단체의 장이나 교육감이 제기하는 소　4814
송을 상기와 같이 새기게 되면, 동 조항에 따른 행정소송은 행정소송법상 항고
소송의 한 특칙규정으로 이해될 수 있다. 따라서 특칙의 취지에 반하지 않는 범
위 안에서 행정소송법상 항고소송에 관한 조항이 동조의 소송에 적용될 것이다.

4. 권한쟁의심판과 관할의 중복문제

감독청의 감독처분이 지방자치단체의 자치권을 침해하는 경우, 대법원에　4815
소를 제기하는 것과 아울러 헌법재판소에 권한쟁의심판도 청구할 수 있는가의
문제가 있다. 이에 대하여 ① 법률이 명백히 법원의 관할권을 인정하고 있는 사
항까지 헌법재판소의 관할권을 인정하는 것은 헌법상의 사법체계에 혼란을 가
져올 수 있으므로 권한쟁의심판을 청구할 수 없다는 견해,[2] ② 자치권침해여부
에 관한 분쟁은 권한쟁의의 전형에 해당하고, 권한쟁의에 대하여는 보충성의 원
칙을 규정하는 명문규정도 찾아볼 수 없으므로 권한쟁의심판을 청구할 수 있다
는 견해,[3] ③ 권한쟁의심판은 행정소송에 대하여 보충적인 관계에 있다고 볼
것이므로 행정소송으로 권리구제가 불가능한 경우에만 권한쟁의심판을 청구할
수 있다는 견해가 있다.[4] 생각건대 개별 법률이 특정 사항에 대하여 명시적으
로 법원의 관할권을 규정하고 있다면, 그 규정을 특별규정으로 보아 그 특정 사
항에 대하여는 헌법재판소의 관할권을 인정하지 않는 것이 타당하다. 물론 특별
규정에 규정되지 아니한 사항이라면 당연히 헌법재판소법이 정하는 바에 따라
권한쟁의심판을 청구할 수 있다.

---

1) K. Obermayer, Grundzüge des Verwaltungsrechts und Verwaltungsprozeßrechts, S. 207.
　Obermayer, S. 207.
2) 법원도서관, 헌법재판제도의 이해(요약), 법원도서관, 2002, 196쪽.
3) 헌법재판소, 헌법재판실무제요, 211쪽 이하.
4) 이기우, 지방자치행정법, 1991, 211쪽.

부 록

■ 1. 행정소송법 전부개정법률안(2012년 정부 입법예고)

법률 제   호

행정소송법 전부개정법률안

행정소송법 전부를 다음과 같이 개정한다.

행정소송법
제1장 총칙

제1조(목적) 이 법은 행정소송절차를 통하여 행정청의 위법한 처분 그 밖에 공권력의
 행사·불행사 등으로 인한 국민의 권리 나 이익의 침해를 구제하고, 공법상의 법률
 관계나 법적용에 관한 다툼을 적절하게 해결함을 목적으로 한다.

제2조(정의) ① 이 법에서 사용하는 용어의 뜻은 다음과 같다.

 1. "처분"이란 행정청이 행하는 구체적 사실에 관한 법집행으로서의 공권력의 행사
  또는 그 거부와 그 밖에 이에 준하는 행정작용을 말하며, "처분등"이란 처분과 행
  정심판에 대한 재결을 말한다.

 2. "부작위"란 행정청이 당사자의 신청에 대하여 상당한 기간 내에 일정한 처분을 하
  여야 할 법률상 의무가 있음에도 불구하고 이를 하지 아니하는 것을 말한다.

② 이 법에서 말하는 행정청에는 법령에 의하여 행정권한의 위임이나 위탁을 받은 행
 정기관, 공공단체나 그 기관 또는 사인이 포함된다.

제3조(행정소송의 종류) 행정소송은 다음의 네가지로 구분한다.

 1. 항고소송 : 행정청의 처분등이나 부작위에 대하여 제기하는 소송

 2. 당사자소송 : 행정상 손실보상·손해배상·부당이득반환이나 그 밖의 공법상 원인
  으로 발생하는 법률관계에 관한 소송으로서 그 법률관계의 한쪽 당사자를 피고로
  하는 소송

 3. 공익소송 : 국가 또는 공공단체의 기관이 법률에 위반되는 행위를 한 때에 직접
  자기의 법적 이익과 관계없이 그 시정을 구하기 위하여 제기하는 소송

 4. 기관소송 : 국가 또는 공공단체의 기관 상호 간에 권한의 존부 또는 그 행사에 관
  한 다툼이 있을 때에 이에 대하여 제기하는 소송. 다만, 헌법재판소법 제2조의 규

정에 따라 헌법재판소의 관장사항으로 되는 소송은 제외한다.

제4조(항고소송) 항고소송은 다음과 같이 구분한다.

1. 취소소송 : 행정청의 위법한 처분등을 취소하거나 변경하는 소송

2. 무효등 확인소송 : 행정청의 처분등의 효력 유무나 존재여부를 확인하는 소송

3. 부작위위법확인소송 : 행정청의 부작위가 위법하다는 것을 확인하는 소송

4. 의무이행소송 : 행정청의 위법한 거부처분이나 부작위에 대하여 처분을 하도록 하는 소송

제5조(국외에서의 기간) 이 법에 따라 기간을 계산할 때 국외에서의 소송행위 추완의 경우에는 그 기간을 14일에서 30일로, 제3자에 의한 재심청구의 경우에는 그 기간을 30일에서 60일로, 소의 제기의 경우에는 그 기간을 90일에서 120일로 한다.

제6조(명령·규칙의 위헌판결 등 공고) ① 행정소송에 대한 대법원판결에 따라 명령·규칙이 헌법이나 법률에 위반된다는 것이 확정된 경우에는 대법원은 지체없이 그 사유를 안전행정부장관이나 해당 공공단체의 장에게 통보하여야 한다.

② 제1항에 따른 통보를 받은 안전행정부장관이나 해당 공공단체의 장은 이를 지체없이 관보 등에 게재하여야 한다.

제7조(법적용례) ① 행정소송에 관하여 다른 법률에 특별한 규정이 있는 경우를 제외하고는 이 법이 정하는 바에 따른다.

② 행정소송에 관하여 이 법에 규정이 없는 사항에 대해서는 법원조직법과 민사소송법 및 민사집행법의 규정을 준용한다.

제2장 취소소송

제1절 재판관할

제8조(재판관할) ① 취소소송의 제1심 관할법원은 피고의 소재지를 관할하는 행정법원으로 한다. 다만, 중앙행정기관이나 그 장이 피고인 경우의 관할법원은 대법원소재지의 행정법원으로 한다.

② 토지의 수용, 그 밖의 부동산이나 특정의 장소에 관계되는 처분등에 대한 취소소송은 그 부동산이나 장소의 소재지를 관할하는 행정법원에 이를 제기할 수 있다.

제9조(행정법원과 지방법원 사이의 관할의 지정) ① 사건이 행정법원과 지방법원 중 어느 법원의 관할에 속하는지 명백하지 아니한 때에는 관계된 법원과 공통되는 고등법원이 그 관계된 법원이나 당사자의 신청에 따라 결정으로 관할법원을 정한다.

② 제1항의 결정에 대해서는 즉시항고를 할 수 있다.

③ 제1항에 따라 행정법원의 관할로 정하여진 사건은 이 법에서 정하는 절차에 따라 처리한다.

제10조(관련청구소송의 이송 및 병합) ① 취소소송과 다음 각 호의 어느 하나에 해당하는 소송(이하 "관련청구소송"이라 한다)이 각각 다른 법원에 계속되고 있는 경우에 관련청구소송이 계속된 법원이 상당하다고 인정하는 때에는 직권으로 또는 당사자의 신청에 따라 이를 취소소송이 계속된 법원으로 이송할 수 있다.

　1. 당해 처분등과 관련되는 손해배상·부당이득반환·원상회복등 청구소송

　2. 당해 처분등과 관련되는 취소소송

② 취소소송에는 사실심의 변론종결 시까지 관련청구소송을 병합하거나 피고 외의 자를 상대로 한 관련청구소송을 취소소송이 계속된 법원에 병합하여 제기할 수 있다.

제11조(선결문제) ① 처분등의 효력 유무 나 존재 여부가 민사소송의 선결문제로 되어 해당 민사소송의 수소법원이 이를 심리·판단하는 경우에는 제18조, 제27조, 제28조 및 제35조를 준용한다.

② 제1항의 경우 해당 수소법원은 그 처분등을 행한 행정청에게 그 선결문제로 된 사실을 통지하여야 한다.

제2절 당사자

제12조(원고적격 등) 취소소송은 처분등의 취소를 구할 법적 이익이 있는 자가 제기할 수 있다. 처분등의 효과가 기간의 경과, 처분등의 집행 그 밖의 사유로 인하여 소멸된 뒤에도 그 처분등의 취소를 구할 법적 이익이 있는 자의 경우에도 같다.

제13조(피고적격) ① 취소소송은 다른 법률에 특별한 규정이 없는 한 그 처분등을 행한 행정청을 피고로 한다. 다만, 처분등이 있은 뒤에 그 처분등에 관계되는 권한이 다른 행정청에 승계된 때에는 이를 승계한 행정청을 피고로 한다.

② 제1항에 따른 행정청이 없게 된 때에는 그 처분등에 관한 사무가 귀속되는 국가 또는 공공단체를 피고로 한다.

제14조(피고경정) ① 원고가 피고를 잘못 지정한 때에는 법원은 원고의 신청에 의하여 결정으로써 피고의 경정을 허가할 수 있다.

② 법원은 제1항에 따른 결정의 정본을 새로운 피고에게 송달하여야 한다.

③ 제1항에 따른 신청을 각하하는 결정에 대하여는 즉시항고를 할 수 있다.

④ 제1항에 따른 결정이 있는 때에는 새로운 피고에 대한 소송은 처음에 소를 제기한 때에 제기된 것으로 본다.

⑤ 제1항에 따른 결정이 있는 때에는 종전의 피고에 대한 소송은 취하된 것으로 본다.

⑥ 취소소송이 제기된 후에 제13조제1항 단서 또는 제13조제2항에 해당하는 사유가 생긴 때에는 법원은 직권으로 또는 당사자의 신청에 따라 피고를 경정한다. 이 경우에는 제4항 및 제5항을 준용한다.

제15조(공동소송) 여러 사람의 청구나 여러 사람에 대한 청구가 처분등의 취소청구와
　관련되는 경우에는 그 여러 사람은 공동소송인이 될 수 있다.

제16조(행정청 및 제3자에 대한 소송통지 등) ① 법원은 당사자 외의 관계 행정청이나
　소송결과에 이해관계가 있는 제3자에게 소 제기 사실을 통지하거나, 관보·공보·
　인터넷 홈페이지 또는 일간신문 등에 이를 공고할 수 있다.

② 제1항에 따른 행정청이나 제3자는 법원에 의견서를 제출할 수 있다.

제17조(제3자의 소송참가) ① 법원은 소송의 결과에 따라 권리나 이익의 침해를 받을
　제3자가 있는 경우에는 직권으로 또는 당사자나 제3자의 신청에 따라 결정으로써
　그 제3자를 소송에 참가시킬 수 있다.

② 법원이 제1항에 따른 결정을 하고자 할 때에는 미리 당사자 및 제3자의 의견을 들어
　야 한다.

③ 제1항에 따른 신청을 한 제3자는 그 신청을 각하한 결정에 대하여 즉시항고를 할
　수 있다.

④ 제1항에 따라 소송에 참가한 제3자에 대해서는 민사소송법 제67조를 준용한다.

제18조(행정청의 소송참가) ① 법원은 다른 행정청을 소송에 참가시킬 필요가 있다고
　인정할 때에는 직권으로 또는 당사자나 해당 행정청의 신청에 따라 결정으로써 그
　행정청을 소송에 참가시킬 수 있다.

② 법원은 제1항에 따른 결정을 하고자 할 때에는 당사자 및 해당 행정청의 의견을 들어
　야 한다.

③ 제1항에 따라 소송에 참가한 행정청에 대해서는 민사소송법 제76조를 준용한다.

제3절 소의 제기

제19조(행정심판과의 관계)　① 취소소송은 법령의 규정에 따라 해당 처분에 대한 행
　정심판을 제기할 수 있는 경우에도 이를 거치지 아니하고 제기할 수 있다. 다만, 다
　른 법률에 해당 처분에 대한 행정심판의 재결을 거치지 아니하면 취소소송을 제기
　할 수 없다는 규정이 있는 때에는 그러하지 아니하다.

② 제1항 단서의 경우에도 다음 각 호의 어느 하나에 해당하는 사유가 있는 때에는 행
　정심판의 재결을 거치지 아니하고 취소소송을 제기할 수 있다.

　1. 행정심판청구가 있은 날로부터 60일이 지나도 재결이 없는 때

　2. 처분의 집행이나 절차의 속행으로 생길 중대한 손해를 예방하여야 할 긴급한 필요가
　　있는 때

　3. 법령의 규정에 따른 행정심판기관이 의결이나 재결을 하지 못할 사유가 있는 때

　4. 그 밖의 정당한 사유가 있는 때

③ 제1항 단서의 경우에 다음 각 호의 어느 하나에 해당하는 사유가 있는 때에는 행정심판을 제기함이 없이 취소소송을 제기할 수 있다.

　1. 동종사건에 관하여 이미 행정심판의 기각재결이 있은 때

　2. 서로 내용상 관련되는 처분이나 같은 목적을 위하여 단계적으로 진행되는 처분 중 어느 하나가 이미 행정심판의 재결을 거친 때

　3. 행정청이 사실심의 변론종결 후 소송의 대상인 처분을 변경하여 그 변경된 처분에 관하여 소를 제기하는 때

　4. 처분을 행한 행정청이 행정심판을 거칠 필요가 없다고 잘못 알린 때

④ 제2항 및 제3항에 따른 사유는 이를 소명하여야 한다.

제20조(취소소송의 대상) 취소소송은 처분등을 대상으로 한다. 다만, 재결취소소송의 경우에는 재결 자체에 고유한 위법이 있음을 이유로 하는 경우에 한정한다.

제21조(제소기간) ① 취소소송은 처분등이 있음을 안 날부터 90일 이내에 제기하여야 한다. 다만, 제19조제1항 단서에 규정한 경우와 그 밖에 행정심판청구를 할 수 있는 경우나 행정청이 행정심판청구를 할 수 있다고 잘못 알린 경우에 행정심판청구가 있은 때의 기간은 재결서의 정본을 송달받은 날부터 계산한다.

② 취소소송은 처분등이 있은 날부터 1년(제1항 단서의 경우는 재결이 있은 날부터 1년)이 지나면 이를 제기하지 못한다. 다만, 정당한 사유가 있는 때에는 그러하지 아니하다.

③ 행정청이 제소기간을 제1항에 따른 기간보다 긴 기간으로 잘못 알린 경우에 그 잘못 알린 기간 내에 소 제기가 있는 때에는 그 소송은 제1항에 따른 기간 내에 제기된 것으로 본다.

④ 제1항에 따른 기간은 불변기간으로 한다.

제22조(소의 변경) ① 법원은 취소소송을 취소소송 외의 항고소송 또는 해당 처분등에 관계되는 사무가 귀속하는 국가나 공공단체에 대한 당사자소송 또는 민사소송으로 변경하는 것이 상당하다고 인정할 때에는 청구의 기초에 변경이 없는 한 사실심의 변론종결 시까지 원고의 신청에 따라 결정으로써 소의 변경을 허가할 수 있다.

② 법원은 국가나 공공단체에 대한 민사소송을 해당 청구에 관계되는 처분등에 대한 취소소송으로 변경하는 것이 상당하다고 인정할 때에는 청구의 기초에 변경이 없는 한 사실심의 변론종결 시까지 원고의 신청에 따라 결정으로써 소의 변경을 허가할 수 있다.

③ 제1항이나 제2항에 따른 결정을 하는 경우 피고를 달리하게 될 때에는 법원은 새로운 피고에게 그 결정의 정본을 송달하여야 하고 결정 전에 그 의견을 들어야 한다.

④ 제1항이나 제2항에 따른 결정이 있는 때에는 처음에 소를 제기한 때에 제기된 것으로 본다.

⑤ 소의 교환적 변경에 관하여 제1항이나 제2항에 따른 결정이 있는 때에는 종전의 피고에 대한 소송은 취하된 것으로 본다.

⑥ 제1항이나 제2항에 따른 결정에 대해서는 즉시항고를 할 수 있다.

제23조(처분변경으로 인한 소의 변경) ① 법원은 행정청이 소송의 대상인 처분을 소가 제기된 후 변경한 때에는 원고의 신청에 의하여 결정으로써 청구의 취지나 원인의 변경을 허가할 수 있다.

② 제1항에 따른 신청은 처분의 변경이 있음을 안 날로부터 90일 이내에 하여야 한다.

③ 제1항에 따라 변경되는 청구는 제19조제1항 단서에 의한 요건을 갖춘 것으로 본다.

제24조(집행정지) ① 취소소송의 제기는 다른 법률에 특별한 규정이 없는 한 처분등의 효력이나 그 집행 또는 절차의 속행에 영향을 주지 아니한다.

② 취소소송이 제기된 경우에 처분등이나 그 집행 또는 절차의 속행으로 인하여 생길 중대한 손해를 예방하기 위하여 긴급한 필요가 있다고 인정할 때에는 본안이 계속되고 있는 법원은 직권으로 또는 당사자의 신청에 따라 처분등의 효력이나 그 집행 또는 절차의 속행의 전부나 일부의 정지(이하 "집행정지"라 한다)를 결정할 수 있다. 다만, 처분의 효력정지는 처분등의 집행 또는 절차의 속행을 정지함으로써 목적을 달성할 수 있는 경우에는 허용되지 아니한다.

③ 집행정지는 공공복리에 중대한 영향을 미칠 우려가 있거나 신청인의 본안 청구가 이유 없음이 명백한 경우에는 허용되지 아니한다.

④ 법원은 제2항에 따른 집행정지결정을 하는 경우 소송의 대상이 된 처분등의 상대방에게 재산상 손해가 생길 우려가 있는 때에는 권리자를 지정하여 그 손해에 대한 담보를 제공하게 할 수 있다. 이 경우 권리자로 지정된 자는 그 담보물에 대해서 질권자와 동일한 권리를 가진다.

⑤ 제4항에 따른 담보에 대해서는 민사소송법 제122조, 제124조부터 제126조까지를 준용한다.

⑥ 제2항에 따른 집행정지의 결정을 신청하는 경우 그 이유에 대한 소명이 있어야 한다.

⑦ 제2항에 따른 집행정지의 결정이나 기각의 결정에 대해서는 즉시항고를 할 수 있다. 이 경우 집행정지의 결정에 대한 즉시항고에는 결정의 집행을 정지하는 효력이 없다.

⑧ 제31조 및 제32조 제1항은 제2항에 따른 집행정지의 결정에 이를 준용한다.

제25조(집행정지의 취소) ① 집행정지의 결정이 확정된 후 집행정지가 공공복리에 중대한 영향을 미치거나 그 정지사유가 없어진 때에는 직권으로 또는 당사자의 신청에 따라 결정으로써 집행정지의 결정을 취소할 수 있다.

② 제1항에 따른 집행정지결정의 취소결정의 경우에는 제24조제6항, 제31조 및 제32조제1항을 준용하고, 그 취소결정이나 기각결정에 대한 불복의 경우에는 제24조제6항 및 제7항을 준용한다.

제26조(가처분) ① 처분등이나 부작위가 위법하다는 현저한 의심이 있는 경우로서 다음 각 호의 어느 하나에 해당하는 때에는 본안이 계속되고 있는 법원은 당사자의 신청에 따라 결정으로써 가처분을 할 수 있다.

　1. 다툼의 대상에 관하여 현상이 바뀌면 당사자가 권리를 실행하지 못하거나 그 권리를 실행하는 것이 매우 곤란할 염려가 있어 다툼의 대상에 관한 현상을 유지할 긴급한 필요가 있는 경우

　2. 다툼이 있는 법률관계에 관하여 당사자의 중대한 손해를 피하거나 급박한 위험을 피하기 위하여 임시의 지위를 정하여야할 긴급한 필요가 있는 경우

② 법원은 제1항에 따른 가처분결정을 하는 경우 소송의 대상이 된 처분등이나 부작위의 당사자인 행정청 및 이해관계자에게 재산상 손해가 생길 우려가 있는 때에는 권리자를 지정하여 그 손해에 대한 담보를 제공하게 할 수 있다. 이 경우 권리자로 지정된 자는 그 담보물에 대해서 질권자와 동일한 권리를 가진다.

③ 제2항에 따른 담보에 대해서는 민사소송법 제122조, 제124조부터 제126조까지를 준용한다.

④ 제1항제2호에 따른 가처분의 재판에는 변론기일이나 당사자가 참석할 수 있는 심문기일을 열어야 한다. 다만, 그 기일을 열어 심리하면 가처분의 목적을 달성할 수 없는 사정이 있는 때에는 그러하지 아니하다.

⑤ 제1항에 따른 가처분은 제24조제2항에 따른 집행정지로 목적을 달성할 수 있는 경우에는 허용되지 아니한다.

⑥ 제1항에 따른 가처분에 대해서는 제24조제3항, 제6항, 제7항, 제25조, 제31조, 제32조제1항을 준용한다.

제4절　심리

제27조(행정심판기록의 제출명령) ① 법원은 당사자의 신청이 있는 때에는 결정으로써 재결을 행한 행정청에게 행정심판에 관한 기록의 제출을 명할 수 있다.

② 제1항에 따른 제출명령을 받은 행정청은 지체없이 해당 행정심판에 관한 기록을 법원에 제출하여야 한다.

제28조(직권심리) 법원은 필요하다고 인정할 때에는 직권으로 증거조사를 할 수 있고, 당사자가 주장하지 아니한 사실에 대해서도 판단할 수 있다.

제5절　재판

제29조(재량처분의 취소) 행정청의 재량에 속하는 처분이라도 재량권의 한계를 넘거나

그 남용이 있는 때에는 법원은 이를 취소할 수 있다.

제30조(사정판결) ① 처분등이 위법하다고 인정하는 경우에도 처분등을 취소하는 것이 현저히 공공복리에 적합하지 아니하다고 인정하는 때에는 법원은 원고의 청구를 기각할 수 있다. 이 경우 법원은 그 판결의 주문에서 그 처분등이 위법함을 명시하여야 한다.

② 법원이 제1항에 따른 판결을 하는 경우 미리 원고가 그로 인하여 입게 될 손해의 정도와 배상방법 그 밖의 사정을 조사하여야 한다.

③ 원고는 피고인 행정청이 속하는 국가나 공공단체를 상대로 손해배상, 제해시설의 설치 그 밖에 적당한 구제방법의 청구를 해당 취소소송 등이 계속된 법원에 병합하여 제기할 수 있다.

제31조(취소판결의 효력) 처분등을 취소하는 확정판결은 제3자에게도 효력이 있다.

제32조(취소판결의 기속력) ① 처분등을 취소하는 확정판결은 그 사건에 관하여 당사자인 행정청과 그 밖의 관계행정청을 기속한다.

② 판결에 의하여 취소되는 처분이 당사자의 신청을 거부하는 것을 내용으로 하는 경우에는 그 처분을 행한 행정청은 판결의 취지에 따라 다시 이전의 신청에 대한 처분을 하여야 한다.

③ 신청에 따른 처분이 절차의 위법을 이유로 취소되는 경우에 제2항을 준용한다.

④ 판결에 따라 취소되는 처분등이 이미 집행된 경우 당사자인 행정청과 그 밖의 관계행정청은 그 집행으로 인하여 직접 원고에게 발생한 위법한 결과를 제거하기 위하여 필요한 조치를 하여야 한다.

제6절 보칙

제33조(제3자에 의한 재심청구) ① 처분등을 취소하는 판결에 의하여 권리나 이익의 침해를 받은 제3자는 자기에게 책임이 없는 사유로 소송에 참가하지 못함으로 인하여 판결의 결과에 영향을 미칠 공격이나 방어방법을 제출하지 못한 때에는 이를 이유로 확정된 종국판결에 대해서 재심을 청구할 수 있다.

② 제1항에 따른 청구는 확정판결이 있음을 안 날로부터 30일 이내, 판결이 확정된 날로부터 1년 이내에 제기하여야 한다.

③ 제2항에 따른 기간은 불변기간으로 한다.

제34조(소송비용의 부담) 취소청구가 제30조에 따라 기각되는 경우 또는 행정청이 처분등을 취소하거나 변경함으로 인하여 청구가 각하되거나 기각된 경우에는 소송비용은 피고의 부담으로 한다.

제35조(소송비용에 관한 재판의 효력) 소송비용에 관한 재판이 확정된 때에는 피고나

참가인이었던 행정청이 소속된 국가나 공공단체에 그 효력을 미친다.

제36조(거부처분취소판결의 간접강제) ① 행정청이 제32조제2항에 따른 처분을 하지 아니하는 경우에는 제1심 수소법원은 당사자의 신청에 따른 결정으로써 상당한 기간을 정하고 행정청이 그 기간 내에 이행하지 아니하는 경우에는 그 지연기간에 따라 일정한 배상을 할 것을 명하거나 즉시 배상을 할 것을 명할 수 있다.

② 법원은 사정의 변경이 있는 때에는 당사자의 신청에 따라 제1항에 따른 결정의 내용을 변경할 수 있다.

③ 제1항이나 제2항에 따른 결정은 변론 없이 할 수 있다. 다만, 결정하기 전에 신청의 상대방을 심문하여야 한다.

④ 제1항이나 제2항에 따른 결정에 대해서는 즉시항고를 할 수 있다.

⑤ 제1항이나 제2항에 따른 결정이 확정된 때에는 피고였던 행정청이 소속된 국가나 공공단체에 그 효력이 미친다.

제3장 취소소송 외의 항고소송

제1절 무효등 확인소송

제37조(무효등 확인소송의 원고적격) 무효등 확인소송은 처분등의 효력 유무나 존재 여부의 확인을 구할 법적 이익이 있는 자가 제기할 수 있다.

제38조(부작위위법확인소송의 원고적격) 부작위위법확인소송은 처분의 신청을 한 자로서 부작위의 위법의 확인을 구할 법적 이익이 있는 자만이 제기할 수 있다.

제39조(소의 변경) ① 무효등 확인소송을 무효등 확인소송 외의 항고소송이나 당사자소송 또는 민사소송으로 변경하는 경우 및 민사소송을 무효등 확인소송으로 변경하는 경우에는 제22조를 준용한다.

② 부작위위법확인소송을 부작위위법확인소송 외의 항고소송이나 당사자소송 또는 민사소송으로 변경하는 경우 및 민사소송을 부작위위법확인소송으로 변경하는 경우에는 제22조를 준용한다.

제40조(준용규정) ① 제8조부터 제10조까지, 제13조부터 제18조까지, 제20조, 제23조부터 제28조까지, 제31조부터 제33조까지 및 제35조는 무효등 확인소송의 경우에 준용한다.

② 제8조부터 제10조까지, 제13조부터 제21조까지, 제27조부터 제29조까지, 제31조부터 제33조까지, 제35조 및 제36조는 부작위위법확인소송의 경우에 준용한다.

제2절 의무이행소송

제41조(원고적격) 의무이행소송은 처분을 신청한 자로서 행정청의 거부처분이나 부작위에 대해서 처분을 할 것을 구할 법적 이익이 있는 자가 제기할 수 있다.

제42조(제소기간) ① 행정청의 거부처분이나 부작위에 대한 의무이행소송에 대해서는 제21조를 준용한다.

② 행정청의 부작위에 대한 의무이행소송은 법령상 처분기간이 정해져 있는 경우에는 그 기간이 지나기 전에는 제기할 수 없고, 법령상 처분기간이 정해져 있지 아니한 경우에는 특별한 사정이 없는 한 처분을 신청한 날부터 90일이 지나기 전에는 제기할 수 없다.

제43조(소의 변경) 의무이행소송을 의무이행소송 외의 항고소송이나 당사자소송 또는 민사소송으로 변경하는 경우 및 민사소송을 의무이행소송으로 변경하는 경우에는 제22조를 준용한다.

제44조(의무이행판결) 법원은 행정청의 거부처분이나 부작위가 위법한 때에는 다음 각 호의 구분에 따라 판결한다. 거부처분의 경우에는 이를 함께 취소한다.

　1. 당사자의 신청에 따른 처분을 할 의무가 있음이 법령상 명백하고 그 의무를 이행하게 하는 것이 상당하다고 인정하는 경우에는 행정청에게 그 의무를 이행하도록 선고한다.

　2. 행정청이 그 처분을 하지 않는 것이 재량권의 한계를 넘거나 그 남용이 있다고 인정하는 경우에는 행정청에게 판결의 취지를 존중하여 처분을 이행하도록 선고한다.

제45조(의무이행판결의 기속력) 행정청에게 당사자의 신청에 따른 처분을 이행하도록 선고하거나 판결의 취지를 존중하여 처분을 이행하도록 선고한 확정판결은 그 사건에 관하여 당사자인 행정청과 그 밖의 관계행정청을 기속한다.

제46조(의무이행판결의 간접강제) ① 행정청이 제44조의 확정판결에 따른 처분을 하지 아니하는 경우에는 제1심 수소법원은 당사자의 신청에 의하여 결정으로써 상당한 기간을 정하고 행정청이 그 기간 내에 처분을 하지 아니하는 경우에는 지연기간에 따라 일정한 배상을 하도록 명하거나 즉시 배상을 할 것을 명할 수 있다.

② 법원은 사정의 변경이 있는 때에는 당사자의 신청에 따라 제1항에 따른 결정의 내용을 변경할 수 있다.

③ 제1항이나 제2항에 따른 결정을 하는 경우에는 신청의 상대방을 심문하여야 한다.

④ 제1항이나 제2항에 따른 결정에 대하여는 즉시항고를 할 수 있다. 이 경우 간접강제의 결정이나 그 변경결정에 대한 즉시항고에는 결정의 집행을 정지하는 효력이 없다.

⑤ 제1항이나 제2항에 따른 결정이 확정된 때에는 피고였던 행정청이 소속하는 국가나 공공단체에 그 효력이 미친다.

제47조(준용규정) 제8조부터 제10조까지, 제13조부터 제19조까지, 제23조, 제26조부터 제35조까지는 의무이행소송의 경우에 준용한다.

제4장 당사자소송

제48조(피고적격) 당사자소송은 국가나 공공단체 그 밖의 권리주체를 피고로 한다.

제49조(재판관할) 당사자소송에 대해서는 다른 법률에 특별한 규정이 없으면 민사소송 법 제2조부터 제25조까지를 준용하되 행정사건을 관할하는 법원으로 한다.

제50조(제소기간) 당사자소송에 관하여 법령에 제소기간이 정하여져 있는 때에는 그 기 간은 불변기간으로 한다.

제51조(소의 변경) 당사자소송을 항고소송 또는 민사소송으로 변경하는 경우 및 항고 소송 또는 민사소송을 당사자소송으로 변경하는 경우에는 제22조를 준용한다.

제52조(준용규정) 제9조, 제10조, 제14조부터 제18조까지, 제23조, 제27조, 제28조, 제 32조 제1항, 제34조, 제35조의 규정은 당사자소송의 경우에 준용한다.

제5장 공익소송 및 기관소송

제53조(소의 제기) 공익소송 및 기관소송은 법률에서 정한 경우에 법률에서 정한 자에 한정하여 제기할 수 있다.

제54조(준용규정) ① 공익소송이나 기관소송으로서 처분등의 취소를 구하는 소송에는 그 성질에 반하지 아니하는 범위에서 취소소송에 관한 규정을 준용한다.

② 공익소송이나 기관소송으로서 처분등의 효력 유무나 존재 여부 또는 부작위의 위법 의 확인을 구하는 소송에는 그 성질에 반하지 아니하는 범위에서 각각 무효등 확인 소송 또는 부작위위법확인소송에 관한 규정을 준용한다.

③ 공익소송이나 기관소송으로서 거부처분이나 부작위에 대하여 처분을 할 것을 구하 는 소송에는 그 성질에 반하지 아니하는 범위에서 의무이행소송에 관한 규정을 준 용한다.

④ 공익소송이나 기관소송으로서 제1항부터 제3항까지 규정된 소송 외의 소송에는 그 성질에 반하지 아니하는 범위에서 당사자소송에 관한 규정을 준용한다.

부칙

제1조(시행일) 이 법은 공포일부터 6개월 후에 시행한다. 다만, 제3조제2호의 개정에 따라 종전의 민사소송이 당사자소송으로 되는 부분은 공포일로부터 3년 후에 시행 한다.

제2조(계속사건에 대한 경과조치) ① 이 법은 다른 법률에 특별한 규정이 없으면 이 법 시행 당시 법원에 계속 중인 사건에도 적용한다. 다만, 이 법 시행 전의 소송행위의 효력에는 영향을 미치지 아니한다.

② 제3조제2호의 개정규정 시행일 이전에 법원에 제소된 사건에 대해서는 종전의 당사자소송에 관한 규정을 적용한다.

제3조(법 적용의 시간적 범위) 이 법은 이 법 시행 이전에 생긴 사항에도 적용한다. 다만, 종전의 규정에 따라 생긴 효력에는 영향을 미치지 아니한다.

제4조(경과조치) 이 법 시행 당시 다른 법률에서 종전의 행정소송법의 규정을 인용하거나 준용한 경우에는 종전의 규정과 동일한 내용의 이 법의 새로운 조항을 인용하거나 준용한 것으로 본다.

▪ 2. 행정소송법 전부개정법률안(2007년 정부 국회제출)

법률 제   호

行政訴訟法 전부개정법률안

行政訴訟法 전부를 다음과 같이 개정한다.

행정소송법

제1장 총칙

제1조(목적) 이 법은 행정소송절차를 통하여 행정청의 위법한 처분이나 그 밖에 공권력의 행사 또는 불행사 등으로 국민의 권리나 이익이 침해당하는 것을 구제하고, 공법상의 권리관계 또는 법적용에 관한 다툼을 적정하게 해결함을 목적으로 한다.

제2조(정의) ① 이 법에서 사용하는 용어의 뜻은 다음과 같다.

1. "처분"이란 행정청이 행하는 구체적 사실에 관한 법집행으로서의 공권력 행사 또는 그 거부와 그 밖에 이에 준하는 행정작용을 말하며, "처분등"이란 처분과 행정심판에 대한 재결(裁決)을 말한다.

2. "부작위"란 행정청이 당사자의 신청에 대하여 상당한 기간 내에 일정한 처분을 하여야 할 법률상의 의무가 있음에도 불구하고 이를 하지 아니하는 것을 말한다.

② 이 법을 적용할 때에 행정청의 범위에는 법령에 따라 행정권한을 위임받았거나 위탁받은 행정기관, 공공단체 및 그 기관 또는 사인(私人)이 포함된다.

제3조(행정소송의 종류) 행정소송은 다음의 네 가지로 구분한다.

1. 항고소송: 행정청의 처분등이나 부작위에 대하여 제기하는 소송

2. 당사자소송: 행정상 손실보상, 처분등의 위법으로 인한 손해배상·부당이득반환이나 그 밖의 공법상 원인에 의하여 발생하는 법률관계에 관한 소송으로서 그 법률관계의 한쪽 당사자를 피고로 하는 소송

3. 민중소송: 국가 또는 공공단체의 기관이 법률에 위반되는 행위를 한 경우에 직접 자기의 법률상 이익과 관계없이 그 시정을 구하기 위하여 제기하는 소송

4. 기관소송: 국가 또는 공공단체의 기관 상호 간에 권한의 존재 여부 또는 그 행사에 관한 다툼이 있는 경우에 이에 대하여 제기하는 소송. 다만, 「헌법재판소법」 제2조에 따라 헌법재판소의 관장 사항이 되는 소송은 제외한다.

제4조(항고소송) 항고소송은 다음과 같이 구분한다.

1. 취소소송: 행정청의 위법한 처분등을 취소 또는 변경하는 소송
2. 무효등확인소송: 행정청의 처분등의 효력 유무 또는 존재 여부를 확인하는 소송
3. 의무이행소송: 당사자의 신청에 대한 행정청의 위법한 거부처분 또는 부작위에 대하여 처분을 하도록 하는 소송
4. 예방적금지소송: 행정청이 장래에 위법한 처분을 할 것이 임박한 경우에 그 처분을 금지하는 소송

제5조(국외에서의 기간) 이 법에 따른 기간을 계산하는 경우에 국외에서의 소송행위추완에 있어서는 그 기간을 14일에서 30일로 하고, 제3자에 의한 재심청구에 있어서는 그 기간을 30일에서 60일로 한다.

제6조(명령·규칙의 위헌판결 등 공고) ① 행정소송에 대한 대법원판결에 따라 명령·규칙이 헌법 또는 법률에 위반된다는 것이 확정된 경우에는 대법원은 지체 없이 그 사유를, 국가기관의 명령·규칙인 경우에는 행정자치부장관에게, 지방자치단체의 조례·규칙인 경우에는 해당 지방자치단체의 장에게 각각 통보하여야 한다.

② 제1항에 따른 통보를 받은 행정자치부장관 또는 지방자치단체의 장은 이를 지체 없이 관보 또는 해당 지방자치단체의 공보에 각각 게재하여야 한다.

제7조(법 적용례) ① 행정소송에 관하여 다른 법률에 특별한 규정이 있는 경우 외에는 이 법에서 정하는 바에 따른다.

② 행정소송에 관하여 이 법에 특별한 규정이 없는 사항에 대하여는 「법원조직법」, 「민사소송법」 및 「민사집행법」의 규정을 준용한다.

제2장 취소소송

제1절 재판관할

제8조(재판관할) ① 취소소송의 제1심 관할법원은 피고의 소재지를 관할하는 행정법원으로 한다. 다만, 중앙행정기관 또는 그 장이 피고인 경우에는 관할법원을 대법원소재지의 행정법원으로 한다.

② 토지의 수용이나 그 밖에 부동산 또는 특정 장소에 관계되는 처분등에 대한 취소소송은 그 부동산 또는 장소의 소재지를 관할하는 행정법원에 제기할 수 있다.

제9조(지방법원과 행정법원 사이의 관할의 지정) ① 사건이 행정법원과 지방법원[지방법원 지원(支院)을 포함한다] 중 어느 법원의 관할에 속하는지가 명백하지 아니한 경우에는 관계된 법원과 공통되는 고등법원이 그 관계된 법원 또는 당사자의 신청에 따라 결정으로써 관할법원을 정한다.

② 제1항의 결정에 대하여는 즉시항고(卽時抗告)를 할 수 있다.

③ 제1항에 따라 행정법원의 관할로 정하여진 사건은 이 법에서 정하는 절차에 따라

처리하고, 지방법원의 관할로 정하여진 사건은 민사소송절차에 따라 처리한다.

제10조(관련청구소송의 이송 및 병합) ① 취소소송과 다음 각 호의 어느 하나에 해당하는 소송(이하 "관련청구소송"이라 한다)이 각각 다른 법원에 계속(係屬)되고 있는 경우에 관련청구소송이 계속된 법원이 상당하다고 인정하는 때에는 당사자의 신청이나 법원의 직권에 의하여 이를 취소소송이 계속된 법원으로 이송할 수 있다.

1. 해당 처분등과 관련되는 손해배상, 부당이득반환 및 원상회복 등 청구소송

2. 해당 처분등과 관련되는 취소소송

② 취소소송에는 사실심(事實審)의 변론종결 시까지 관련청구소송을 병합하거나 피고 외의 자를 상대로 한 관련청구소송을 취소소송이 계속된 법원에 병합하여 제기할 수 있다.

제11조(선결문제) ① 처분등의 효력 유무 또는 존재 여부가 민사소송의 선결문제로 되어 그 민사소송의 수소법원(受訴法院)이 심리(審理)·판단하는 경우에는 제18조, 제27조부터 제29조까지 및 제37조를 준용한다.

② 제1항의 경우 해당 수소법원은 그 처분등을 행한 행정청에 처분등의 효력 유무 또는 존재 여부가 민사소송의 선결문제로 된 사실을 통지하여야 한다.

제2절 당사자

제12조(원고적격) 취소소송은 처분등의 취소를 구할 법률상 이익이 있는 자가 제기할 수 있다. 처분등의 효과가 기간의 경과, 처분등의 집행, 그 밖의 사유로 소멸된 후에도 그 처분등의 취소로 인하여 회복되는 법률상 이익이 있는 자의 경우에는 또한 같다.

제13조(피고적격) ① 취소소송은 다른 법률에 특별한 규정이 없는 한 그 처분등을 행한 행정청을 피고로 한다. 다만, 처분등이 있은 후에 그 처분등에 관계되는 권한이 다른 행정청에 승계된 경우에는 권한을 승계한 행정청을 피고로 한다.

② 제1항에 따른 행정청이 없게 된 경우에는 그 처분등에 관한 사무가 귀속(歸屬)되는 국가 또는 공공단체를 피고로 한다.

제14조(피고경정) ① 원고가 피고를 잘못 지정한 경우에는 법원은 원고의 신청에 따라 결정으로써 피고의 경정(更正)을 허가할 수 있다.

② 법원은 제1항에 따른 결정의 정본(定本)을 새로운 피고에게 송달하여야 한다.

③ 제1항에 따른 신청을 각하하는 결정에 대하여는 즉시항고를 할 수 있다.

④ 제1항에 따른 결정이 있은 때에는 새로운 피고에 대한 소송은 처음 소(訴)를 제기한 때에 제기된 것으로 본다.

⑤ 제1항에 따른 결정이 있은 때에는 종전의 피고에 대한 소송은 취하된 것으로 본다.

⑥ 취소소송이 제기된 후에 제13조제1항 단서 또는 제13조제2항에 해당하는 사유가 생긴 경우에는 법원은 당사자의 신청이나 법원의 직권에 의하여 피고를 경정한다. 이 경우에는 제4항과 제5항을 준용한다.

제15조(공동소송) 수인(數人)의 청구 또는 수인에 대한 청구가 처분등의 취소청구와 관련되는 청구인 경우에 한하여 그 수인은 공동소송인이 될 수 있다.

제16조(관계 행정청 및 제3자에 대한 소송통지 등) ① 법원은 당사자 외의 관계 행정청 또는 소송 결과에 이해관계가 있는 제3자에게 소 제기 사실을 통지할 수 있다.

② 제1항에 따라 소제기 사실을 통지받은 행정청 또는 제3자는 법원에 의견서를 제출할 수 있다.

제17조(제3자의 소송참가) ① 법원은 소송의 결과에 따라 권리 또는 이익의 침해를 받을 수 있는 제3자가 있는 경우에는 당사자 또는 제3자의 신청이나 법원의 직권에 의하여 결정으로써 그 제3자를 소송에 참가시킬 수 있다.

② 법원이 제1항에 따른 결정을 하려는 경우에는 미리 당사자 및 제3자의 의견을 들어야 한다.

③ 제1항에 따른 신청을 한 제3자는 그 신청을 각하한 결정에 대하여 즉시항고를 할 수 있다.

④ 제1항에 따라 소송에 참가한 제3자에 대하여는 「민사소송법」 제67조를 준용한다.

제18조(행정청의 소송참가) ① 법원은 다른 행정청을 소송에 참가시킬 필요가 있다고 인정할 때에는 당사자 또는 해당 행정청의 신청이나 법원의 직권에 의하여 결정으로써 그 행정청을 소송에 참가시킬 수 있다.

② 법원은 제1항에 따른 결정을 하려는 때에는 당사자 및 해당 행정청의 의견을 들어야 한다.

③ 제1항에 따라 소송에 참가한 행정청에 대하여는 「민사소송법」 제76조를 준용한다.

제3절 소의 제기

제19조(행정심판과의 관계) ① 취소소송은 법령에 따라 해당 처분에 대한 행정심판을 제기할 수 있는 경우에도 이를 거치지 아니하고 제기할 수 있다. 다만, 다른 법률에 해당 처분에 대한 행정심판의 재결을 거치지 아니하면 취소소송을 제기할 수 없다는 규정이 있는 경우에는 그러하지 아니하다.

② 제1항 단서의 경우 다음 각 호의 어느 하나에 해당하는 사유가 있으면 행정심판의 재결을 거치지 아니하고 취소소송을 제기할 수 있다.

　1. 행정심판청구가 있었던 날부터 60일이 지나도 재결이 없는 경우

　2. 처분의 집행이나 절차의 속행(續行)으로 생길 중대한 손해를 예방하여야 할 긴급

한 필요가 있는 경우

3. 법령에 따른 행정심판기관이 의결 또는 재결을 하지 못할 사유가 있는 경우

4. 그 밖의 정당한 사유가 있는 경우

③ 제1항 단서의 경우에 다음 각 호의 어느 하나에 해당하는 사유가 있으면 행정심판을 제기하지 아니하고 취소소송을 제기할 수 있다.

1. 같은 종류의 사건에 관하여 이미 행정심판의 기각재결이 있는 경우

2. 서로 내용상 관련되는 처분이나 같은 목적을 위하여 단계적으로 진행되는 처분 중 어느 하나가 이미 행정심판의 재결을 거친 경우

3. 행정청이 사실심의 변론종결 후 소송의 대상인 처분을 변경하여 그 변경된 처분에 관하여 소를 제기하는 경우

4. 처분을 행한 행정청이 행정심판을 거칠 필요가 없다고 잘못 알린 경우

④ 제2항 및 제3항에 따른 사유는 소명(疏明)하여야 한다.

제20조(취소소송의 대상) 취소소송은 처분등을 대상으로 한다. 다만, 재결취소소송의 경우에는 재결 자체에 고유한 위법이 있다는 것을 이유로 하는 경우에만 취소소송의 대상이 된다.

제21조(제소기간) ① 취소소송은 처분등이 있었다는 것을 안 날부터 90일 내에 제기하여야 한다. 다만, 제19조제1항 단서에 규정한 경우나 그 밖에 행정심판청구를 할 수 있는 경우 또는 행정청이 행정심판청구를 할 수 있다고 잘못 알린 경우 행정심판 청구가 있은 때의 기간은 재결서의 정본을 송달받은 날부터 기산한다.

② 취소소송은 처분등이 있었던 날부터 1년(제1항 단서의 경우는 재결이 있었던 날부터 1년)이 지나면 제기하지 못한다. 다만, 정당한 사유가 있는 경우에는 그러하지 아니하다.

③ 행정청이 제소기간을 제1항에 따른 기간보다 긴 기간으로 잘못 알린 경우에 그 잘못 알린 기간 내에 소 제기가 있는 경우에는 그 소송은 제1항에 따른 기간 내에 제기된 것으로 본다.

④ 제1항에 따른 기간은 불변기간(不變期間)으로 한다.

제22조(소의 변경) ① 법원은 취소소송을 취소소송 외의 항고소송이나 해당 처분등에 관계되는 사무가 귀속하는 국가 또는 공공단체에 대한 당사자소송 또는 민사소송으로 변경하는 것이 상당하다고 인정할 때에는, 청구의 기초에 변경이 없는 한 사실심의 변론종결 시까지 원고의 신청에 따라 결정으로써 소의 변경을 허가할 수 있다.

② 법원은 국가 또는 공공단체에 대한 민사소송을 해당 청구에 관계되는 처분등에 대한 취소소송으로 변경하는 것이 상당하다고 인정할 때에는, 청구의 기초에 변경이 없는 한 사실심의 변론종결 시까지 원고의 신청에 따라 결정으로써 소의 변경을 허가할 수 있다.

③ 제1항 또는 제2항에 따른 허가를 하는 경우 피고가 달라지게 될 때에는 법원은 새로 피고가 될 자의 의견을 들어야 한다.

④ 제1항 또는 제2항에 따른 허가결정에 대하여는 즉시항고를 할 수 있다.

⑤ 제1항 또는 제2항에 따른 허가결정에 대하여는 제14조제2항·제4항 및 제5항을 준용한다.

제23조(처분변경으로 인한 소의 변경) ① 법원은 행정청이 소송의 대상인 처분을 소가 제기된 후 변경한 경우에는 원고의 신청에 따라 결정으로써 청구의 취지나 원인의 변경을 허가할 수 있다.

② 제1항에 따른 신청은 처분 변경이 있었다는 것을 안 날부터 60일 내에 하여야 한다.

③ 제1항에 따라 변경되는 청구는 제19조제1항 단서에 따른 요건을 갖춘 것으로 본다.

제24조(집행정지) ① 취소소송의 제기는 처분등의 효력이나 그 집행 또는 절차의 속행에 영향을 주지 아니한다.

② 취소소송이 제기된 경우에 처분등이나 그 집행 또는 절차의 속행으로 인하여 생길 중대한 손해를 예방하기 위하여 긴급한 필요가 있다고 인정할 때에는 본안(本案)이 계속되고 있는 법원은 당사자의 신청이나 법원의 직권에 의하여 처분등의 효력이나 그 집행 또는 절차의 속행의 전부 또는 일부의 정지(이하 "집행정지"라 한다)를 결정할 수 있다. 다만, 처분의 효력정지는 처분등의 집행 또는 절차의 속행을 정지함으로써 목적을 달성할 수 있는 경우에는 허용되지 아니한다.

③ 집행정지는 공공복리에 중대한 영향을 미칠 우려가 있거나 신청인의 본안 청구가 이유 없음이 명백한 경우에는 허용되지 아니한다.

④ 제2항에 따른 집행정지 결정을 신청할 때에는 그 이유에 대한 소명이 있어야 한다.

⑤ 제2항에 따른 집행정지 결정이나 기각 결정에 대하여는 즉시항고를 할 수 있다. 이 경우 집행정지 결정에 대한 즉시항고는 결정의 효력에 영향을 미치지 아니한다.

⑥ 제2항에 따른 집행정지 결정에 대하여는 제33조 및 제34조제1항을 준용한다.

제25조(집행정지의 취소) ① 집행정지 결정이 확정된 후 집행정지가 공공복리에 중대한 영향을 미치거나 그 정지 사유가 없어진 경우에는 당사자의 신청이나 법원의 직권에 의하여 결정으로써 집행정지 결정을 취소할 수 있다.

② 제1항에 따른 집행정지 결정의 취소결정의 경우에는 제24조제4항 및 제33조를 준용하고, 그 취소결정 또는 기각결정에 대한 불복의 경우에는 제24조제5항을 준용한다.

제26조(가처분) ① 처분등이나 부작위가 위법하다는 상당한 의심이 있는 경우로서 다음 각 호의 어느 하나에 해당하는 때에는 본안의 관할법원은 당사자의 신청에 따라 결정으로써 가처분을 할 수 있다.

  1. 다툼의 대상에 관하여 현상이 바뀌면 당사자가 권리를 실행하지 못하거나 그 권리를 실행하는 것이 매우 곤란할 염려가 있어 다툼의 대상에 관한 현상을 유지할 긴

급한 필요가 있는 경우

2. 다툼이 있는 법률관계에 관하여 당사자의 중대한 손해를 피하거나 급박한 위험을 피하기 위하여 임시의 지위를 정하여야 할 긴급한 필요가 있는 경우

② 제1항에 따른 가처분에 대하여는 제24조제3항부터 제5항까지, 제25조, 제33조, 제34조제1항 및 제38조를 준용한다.

③ 제1항에 따른 가처분은 제24조제2항에 따른 집행정지로 목적을 달성할 수 있는 경우에는 허용되지 아니한다.

제4절 심리

제27조(행정심판기록의 제출명령) ① 법원은 당사자의 신청이 있는 경우에는 결정으로써 재결을 행한 행정청에 행정심판에 관한 기록을 제출하도록 명할 수 있다.

② 제1항에 따른 제출명령을 받은 행정청은 지체 없이 해당 행정심판에 관한 기록을 법원에 제출하여야 한다.

제28조(자료제출요구) ① 법원은 사건의 심리를 위하여 필요하다고 인정하는 경우에는 결정으로써 당사자인 행정청이나 관계 행정청에 대하여 해당 처분과 관련된 자료를 제출하도록 요구할 수 있다.

② 당사자인 행정청이나 관계 행정청은 그 자료를 공개하는 것이 공공의 안전과 이익을 해할 우려가 있는 경우나 법률상 또는 그 자료의 성질상 비밀로 유지할 필요가 있는 경우 외에는 제1항에 따라 요구받은 자료를 제출하여야 한다.

제29조(직권심리) 법원은 필요하다고 인정할 때에는 직권으로 증거조사를 할 수 있고, 당사자가 주장하지 아니한 사실에 대하여도 판단할 수 있다.

제5절 재판

제30조(취소판결) 법원은 처분등이 위법한 경우에는 그 처분등을 취소한다.

제31조(재량처분의 취소) 법원은 행정청의 재량에 속하는 처분이라도 재량권의 한계를 넘거나 그 남용이 있는 경우에는 그 처분을 취소할 수 있다.

제32조(사정판결) ① 처분등이 위법하다고 인정하는 경우에도 처분등을 취소하는 것이 현저히 공공복리에 적합하지 아니하다고 인정하는 경우에는 법원은 원고의 청구를 기각할 수 있다. 이 경우 법원은 그 판결의 주문에서 그 처분등이 위법함을 명시하여야 한다.

② 법원이 제1항에 따른 판결을 할 때에는 미리 원고가 그로 인하여 입게 될 손해의 정도와 배상 방법이나 그 밖의 사정(事情)을 조사하여야 한다.

③ 원고는 피고인 행정청이 속하는 국가 또는 공공단체를 상대로 손해배상, 제해시설 (除害施設)의 설치, 그 밖에 적당한 구제방법의 청구를 그 취소소송 등이 계속된 법원에 병합하여 제기할 수 있다.

제33조(취소판결의 효력) 처분등을 취소하는 확정판결은 제3자에 대하여도 효력이 있다.

제34조(취소판결의 기속력) ① 처분등을 취소하는 확정판결은 그 사건에 관하여 당사자인 행정청과 그 밖의 관계 행정청을 기속(羈屬)한다.

② 판결에 따라 취소되는 처분이 당사자의 신청을 거부하는 것을 내용으로 하는 경우에는 그 처분을 행한 행정청은 판결의 취지에 따라 다시 이전의 신청에 대한 처분을 하여야 한다.

③ 신청에 따른 처분이 절차의 위법을 이유로 취소되는 경우에는 제2항을 준용한다.

④ 판결에 따라 취소되는 처분등이 이미 집행된 경우에는 당사자인 행정청과 그 밖의 관계 행정청은 그 집행으로 인하여 직접 원고에게 발생한 위법한 결과를 제거하기 위하여 필요한 조치를 하여야 한다.

제6절 보칙

제35조(제3자에 의한 재심청구) ① 처분등을 취소하는 판결에 따라 권리나 이익의 침해를 받은 제3자는 자기에게 책임이 없는 사유로 소송에 참가하지 못함으로써 판결의 결과에 영향을 미칠 공격 또는 방어 방법을 제출하지 못하였을 때에는 이를 이유로 확정된 종국판결에 대하여 재심청구를 할 수 있다.

② 제1항에 따른 청구는 확정판결이 있었다는 것을 안 날부터 30일 이내에, 판결이 확정된 날부터 1년 이내에 제기하여야 한다.

③ 제2항에 따른 기간은 불변기간으로 한다.

제36조(소송비용의 부담) 취소청구가 제32조에 따라 기각되거나 행정청이 처분등을 취소 또는 변경함으로 인하여 청구가 각하되거나 기각된 경우 소송비용은 피고의 부담으로 한다.

제37조(소송비용에 관한 재판의 효력) 소송비용에 관한 재판이 확정된 때에는 피고 또는 참가인이었던 행정청이 소속된 국가 또는 공공단체에 그 효력을 미친다.

제38조(거부처분취소판결의 간접강제) ① 행정청이 제34조제2항에 따른 처분을 하지 아니할 때에는 제1심 수소법원은 당사자의 신청에 따라 결정으로써 상당한 기간을 정하고 행정청이 그 기간 내에 이행하지 아니할 때에는 그 지연기간에 따라 일정한 배상을 할 것을 명하거나 즉시 손해배상을 할 것을 명할 수 있다.

② 법원은 사정의 변경이 있는 때에는 당사자의 신청에 따라 제1항에 따른 결정 내용을 변경할 수 있다.

③ 제1항이나 제2항에 따른 결정은 변론 없이 할 수 있다. 다만, 결정하기 전에 신청의 상대방을 심문하여야 한다.

④ 제1항이나 제2항의 신청에 관한 재판에 대하여는 즉시항고를 할 수 있다.

⑤ 간접강제의 결정 또는 그 변경 결정이 확정된 때에는 피고였던 행정청이 소속된 국가 또는 공공단체에 그 효력을 미친다.

제3장 취소소송 외의 항고소송

제1절 무효등확인소송

제39조(원고적격) 무효등확인소송은 처분등의 효력 유무 또는 존재 여부의 확인을 구할 법률상 이익이 있는 자가 제기할 수 있다.

제40조(소의 변경) 무효등확인소송을 무효등확인소송 외의 항고소송이나 당사자소송 또는 민사소송으로 변경하는 경우 및 민사소송을 무효등확인소송으로 변경하는 경우에는 제22조를 준용한다.

제41조(무효등확인판결) 법원은 처분등의 무효등확인청구가 이유 있다고 인정하는 경우에는 처분등의 효력 유무 또는 존재 여부를 확인한다.

제42조(준용규정) 무효등확인소송에 대하여는 제8조부터 제10조까지, 제13조부터 제18조까지, 제20조, 제23조부터 제29조까지, 제33조부터 제35조까지 및 제37조를 준용한다.

제2절 의무이행소송

제43조(원고적격 등) ① 의무이행소송은 처분을 신청한 자로서 그 신청에 대한 행정청의 거부처분 또는 부작위에 대하여 처분을 할 것을 구할 법률상 이익이 있는 자가 제기할 수 있다.

② 행정청의 거부처분에 대하여 의무이행소송을 제기하는 경우에는 거부처분의 취소 또는 무효등확인을 구하는 소송을 병합하여 제기하여야 한다.

제44조(제소기간) ① 행정청의 거부처분으로 인한 의무이행소송에 대하여는 제21조를 준용한다.

② 행정청의 부작위로 인한 의무이행소송은 법령에 처분기간이 정하여져 있는 경우에는 그 기간이 지나기 전에는 제기할 수 없고, 법령에 처분기간이 정하여져 있지 아니한 경우에는 특별한 사정이 없는 한 처분을 신청한 날부터 90일이 지나기 전에는 제기할 수 없다.

제45조(소의 변경) 의무이행소송을 의무이행소송 외의 항고소송이나 당사자소송 또는 민사소송으로 변경하는 경우 및 민사소송을 의무이행소송으로 변경하는 경우에는 제22조를 준용한다.

제46조(의무이행판결) 법원은 제43조제2항에 따라 병합제기된 거부처분의 취소청구 또는 무효등확인청구가 이유가 있다고 인정되거나, 행정청의 부작위가 위법한 경우에는 다음 각 호의 구분에 따라 판결한다.

  1. 당사자의 신청에 따른 처분을 할 의무가 있다는 것이 명백하고 그 의무를 이행하도록 하는 것이 상당하다고 인정하는 경우에는 행정청이 그 처분을 하도록 선고한다.

  2. 그 밖의 경우에는 행정청이 당사자의 신청에 대하여 판결의 취지에 따라 처분을 하도록 선고한다.

제47조(준용규정) 의무이행소송에 대하여는 제8조부터 제10조까지, 제13조부터 제19조까지, 제23조, 제26조부터 제29조까지, 제31조부터 제33조까지, 제34조제1항 및 제35조부터 제38조까지의 규정을 준용한다.

제3절 예방적금지소송

제48조(원고적격) 예방적금지소송은 행정청이 장래에 일정한 처분을 할 것이 임박한 경우에 그 처분의 금지를 구할 법률상 이익이 있는 자가 사후에 그 처분의 효력을 다투는 방법으로는 회복하기 어려운 중대한 손해가 발생할 것이 명백한 경우에 한하여 제기할 수 있다.

제49조(금지판결) 법원은 행정청이 장래에 행할 일정한 처분이 위법하고 그 처분을 하지 아니하도록 하는 것이 상당하다고 인정하는 경우에는 행정청에 그 처분을 하지 아니하도록 선고한다.

제50조(준용규정) 예방적금지소송에 대하여는 제8조부터 제10조까지, 제13조부터 제19조까지, 제23조, 제26조부터 제29조까지, 제33조, 제34조제1항, 제35조 및 제37조를 준용한다. 다만, 제26조제2항 중 제38조 부분은 예방적금지소송의 경우에 준용하지 아니한다.

제4장 당사자소송

제51조(피고적격) 당사자소송은 국가·공공단체나 그 밖의 권리주체를 피고로 한다.

제52조(재판관할) 당사자소송에 대하여는 제8조를 준용한다. 다만, 국가나 공공단체가 피고인 경우에는 관계 행정청의 소재지를 피고의 소재지로 본다.

제53조(제소기간) 당사자소송에 관하여 법령에 제소기간이 정하여져 있는 때에는 그 기간은 불변기간으로 한다.

제54조(소의 변경) 당사자소송을 항고소송 또는 민사소송으로 변경하는 경우 및 민사소송을 당사자소송으로 변경하는 경우에는 제22조를 준용한다.

제55조(준용규정) ① 당사자소송에 대하여는 제14조부터 제18조까지, 제23조, 제27조부터 제29조까지, 제34조제1항, 제36조 및 제37조를 준용한다.

② 당사자소송과 관련청구소송이 각각 다른 법원에 계속되고 있는 경우의 이송과 이들 소송의 병합의 경우에는 제10조를 준용한다.

제5장 민중소송 및 기관소송

제56조(소의 제기) 민중소송과 기관소송은 법률에서 정한 경우에 법률에 정한 자에 한하여 제기할 수 있다.

제57조(준용규정) ① 민중소송 또는 기관소송으로서 처분등의 취소를 구하거나 처분등의 효력 유무 또는 존재 여부의 확인을 구하는 소송에는 그 성질에 반하지 아니하는 한 전자에는 취소소송에 관한 규정을 준용하고, 후자에는 무효등확인소송에 관한 규정을 준용한다.

② 민중소송 또는 기관소송으로서 거부처분 또는 부작위에 대하여 처분을 할 것을 구하는 소송에는 그 성질에 반하지 아니하는 한 의무이행소송에 관한 규정을 준용한다.

③ 민중소송 또는 기관소송으로서 행정청이 장래에 일정한 처분을 할 것이 임박한 경우에 그 처분의 금지를 구하는 소송에는 그 성질에 반하지 아니하는 한 예방적금지소송에 관한 규정을 준용한다.

④ 민중소송 또는 기관소송으로서 제1항부터 제3항까지에 규정된 소송 외의 소송에는 그 성질에 반하지 아니하는 한 당사자소송에 관한 규정을 준용한다.

부칙

제1조(시행일) 이 법은 2009년 1월 1일부터 시행한다. 다만, 제3조제2호의 개정규정에 따라 종전의 민사소송이 당사자소송으로 되는 부분은 2011년 1월 1일부터 시행한다.

제2조(계속사건에 대한 경과조치) ① 이 법은 특별한 규정이 없으면 이 법 시행 당시 법원에 계속 중인 사건에도 적용한다. 다만, 이 법 시행 전의 소송행위의 효력에는 영향을 미치지 아니한다.

② 제3조제2호의 개정규정 시행일 이전에 법원에 제소된 사건에 대하여는 종전의 당사자소송에 관한 규정을 적용한다.

제3조(법 적용의 시간적 범위) 이 법은 이 법 시행 이전에 생긴 사항에도 적용한다. 다만, 종전의 규정에 따라 생긴 효력에는 영향을 미치지 아니한다.

제4조(부작위위법확인소송에 대한 경과조치) ① 법원은 이 법 시행 당시 법원에 계속중인 부작위위법확인소송에 대하여 제22조제1항의 개정규정을 준용하여 이 법에 따른 항고소송이나 당사자소송 또는 민사소송으로 소의 변경을 허가할 수 있다.

② 이 법 시행 당시 법원에 계속중인 부작위위법확인소송 중 제1항에 따른 소의 변경이 이루어지지 아니한 소송에 대하여는 종전의 부작위위법확인소송에 관한 규정을 적용한다.

제5조(관할지정에 관한 경과조치) 제9조의 개정규정은 이 법 시행 당시 행정법원이 설치되지 아니한 지역에 있어서 행정법원이 설치될 때까지 사건이 지방법원 본원과 지방법원 지원 중 어느 법원의 관할에 속하는지 명백하지 아니한 경우에도 적용한다.

제6조(다른 법률의 개정) ① 고용보험법 일부를 다음과 같이 개정한다.

제104조제1항 중 "「행정소송법」 제18조"를 "「행정소송법」 제19조"로 한다.

② 공무원의노동조합설립및운영등에관한법률 일부를 다음과 같이 개정한다.

제16조제1항 중 "「행정소송법」 제20조"를 "「행정소송법」 제21조"로 한다.

③ 공직선거법 일부를 다음과 같이 개정한다.

제227조 본문 중 "「행정소송법」 第8條(法敵用例)第2項, 第26條(職權審理), 같은 法 第8條第2項"을 "「행정소송법」 제7조(법 적용례)제2항, 제29조(직권심리), 같은 법 제7조제2항"으로 한다.

④ 관세법 일부를 다음과 같이 개정한다.

제119조제4항 중 "「행정소송법」 제18조제2항·제3항 및 동법 제20조"를 "「행정소송법」 제19조제2항·제3항 및 같은 법 제21조"로 하고, 제120조제2항 중 "「행정소송법」 제18조제1항 본문·제2항 및 제3항"을 "「행정소송법」 제19조제1항 본문·제2항 및 제3항"으로 하며, 같은 조 제3항 본문 중 "행정소송법 제20조"를 "「행정소송법」 제21조"로 한다.

⑤ 광업법 일부를 다음과 같이 개정한다.

제34조제6항 중 "「행정소송법」 제23조제1항"을 "「행정소송법」 제24조제1항"으로 한다.

⑥ 교원의 노동조합 설립 및 운영 등에 관한 법률 일부를 다음과 같이 개정한다.

제12조제1항 중 "行政訴訟法 第20條"를 "「행정소송법」 제21조"로 한다.

⑦ 국민연금법 일부를 다음과 같이 개정한다.

제112조제2항 중 "「행정소송법」 제18조"를 "「행정소송법」 제19조"로 한다.

⑧ 국민투표법 일부를 다음과 같이 개정한다.

제95조 본문 중 "行政訴訟法 第8條"를 "「행정소송법」 제7조"로 한다.

⑨ 국세기본법 일부를 다음과 같이 개정한다.

　　제55조제7항 중 "「행정소송법」 第18條 第2項·第3項 및 同法 第20條"를 "「행정소송법」 제19조제2항·제3항 및 같은 법 제21조"로 하고, 제56조제2항 중 "「행정소송법」 第18條第1項 本文·第2項 및 第3項"을 "「행정소송법」 제19조제1항 본문·제2항 및 제3항"으로 하며, 같은 조 제3항 본문 중 "「행정소송법」 第20條"를 "「행정소송법」 제21조"로 한다.

⑩ 노동조합 및 노동관계조정법 일부를 다음과 같이 개정한다.

　　제69조제2항 중 "行政訴訟法 第20條"를 "「행정소송법」 제21조"로 한다.

⑪ 保安觀察法 일부를 다음과 같이 개정한다.

　　제24조 본문 중 "行政訴訟法"을 "「행정소송법」"으로 하고, 같은 조 단서 중 "행정소송법 제18조"를 "「행정소송법」 제19조"로 한다.

⑫ 산업재해보상보험법 일부를 다음과 같이 개정한다.

　　제78조제2항 중 "「행정소송법」 제18조"를 "「행정소송법」 제19조"로 한다.

⑬ 선박안전법 일부를 다음과 같이 개정한다.

　　제68조제7항 단서 및 제72조제3항 단서 중 "「행정소송법」 제18조제2항 및 제3항"을 각각 "「행정소송법」 제19조제2항 및 제3항"으로 한다.

⑭ 어선원및어선재해보상보험법 일부를 다음과 같이 개정한다.

　　제63조제2항 중 "행정소송법 제18조"를 "「행정소송법」 제19조"로 한다.

⑮ 해양환경관리법 일부를 다음과 같이 개정한다.

　　제60조제3항 단서 중 "「행정소송법」 제18조제2항 및 제3항"을 "「행정소송법」 제19조제2항 및 제3항"으로 한다.

제7조(다른 법령과의 관계) 이 법 시행 당시 다른 법률에서 종전의 「행정소송법」의 규정을 인용한 경우 이 법 중 그에 해당하는 규정이 있는 때에는 종전의 규정을 갈음하여 이 법의 해당 조항을 인용한 것으로 본다.

■ 3. 행정소송법 개정의견(2006년 대법원 국회제출)

제1장 총 칙

제1조(목적) 이 법은 행정소송절차를 통하여 행정청의 위법한 공권력의 행사·불행사 등으로 인한 국민의 권리 또는 이익의 침해를 구제하고, 공법상의 권리관계 또는 법적용에 관한 다툼을 적정하게 해결하며, 아울러 적법한 행정을 보장함을 목적으로 한다.

제2조(정의) ① 이 법에서 사용하는 용어의 정의는 다음과 같다.

1. "처분"이라 함은 행정청이 행하는 구체적 사실에 관한 공권력의 행사 그 밖에 이에 준하는 행정작용을 말한다.
2. "명령 등"이라 함은 국가기관의 명령·규칙 및 지방자치단체의 조례·규칙을 말한다.
3. "처분 등"이라 함은 처분 및 명령 등 또는 그 거부와 행정심판에 대한 재결을 말한다.
4. "부작위"라 함은 행정청이 당사자의 신청에 대하여 상당한 기간 내에 일정한 처분 또는 명령 등을 하지 아니하는 것을 말한다.

② 이 법을 적용함에 있어 행정청에는 법령에 의하여 행정권한의 위임 또는 위탁을 받은 행정기관, 공공단체 및 그 기관 또는 사인이 포함된다.

제3조(행정소송의 종류) 행정소송의 종류는 다음과 같다.

1. 항고소송 : 행정청의 처분 등이나 부작위에 대하여 제기하는 소송
2. 당사자소송 : 행정상 손실보상, 처분 등의 위법으로 인한 손해배상·부당이득반환, 그 밖의 공법상 법률관계에 관한 소송으로서 그 법률관계의 한쪽 당사자를 피고로 하는 소송
3. 민중소송 : 국가 또는 공공단체의 기관이 법률에 위반되는 행위를 한 때에 자기의 법적으로 정당한 이익과 관계없이 그 시정을 구하기 위하여 제기하는 소송
4. 기관소송 : 국가 또는 공공단체의 기간 상호간에 있어서의 권한의 존부 또는 그 행사에 관한 다툼이 있을 때에 이에 대하여 제기하는 소송. 다만 헌법재판소법 제2조의 규정에 의하여 헌법재판소의 관장사항으로 되는 소송은 제외한다.

제4조(항고소송) 항고소송의 종류는 다음과 같다.

1. 취소소송 : 행정청의 처분 등을 취소 또는 변경하는 소송
2. 무효등확인소송 : 행정청의 처분 등의 효력 유무 또는 존재 여부를 확인하는 소송
3. 의무이행소송 : 당사자의 신청에 대한 행정청의 처분이나 명령 등의 거부(이하 "거부처분 등"이라 한다) 또는 부작위에 대하여 처분이나 명령 등을 하도록 하는 소송

4. 예방적 금지소송 : 행정청이 장래에 일정한 처분이나 명령 등을 할 것이 임박한
경우에 그 처분이나 명령 등을 금지하는 소송

제5조(국외에서의 기간) 이 법에 의한 기간의 계산에 있어서 국외에서의 소송행위추완
에 있어서는 그 기간을 14일에서 30일로, 제3자에 의한 재심청구에 있어서는 그 기
간을 30일에서 60일로, 소의 제기에 있어서는 그 기간을 60일에서 90일로 한다.

제6조(명령 등의 위헌판결 등 공고) ① 대법원판결에 의하여 명령 등이 헌법 또는 법률
에 위반된다는 것이 확정된 경우에는 대법원은 지체없이 그 사유를 국가기관의 명
령·규칙의 경우에는 행정자치부장관에게, 지방자치단체의 조례·규칙의 경우에는
당해 지방자치단체의 장에게 각각 통보하여야 한다. 다만, 명령 등에 대한 취소판결
또는 무효등확인판결이 확정된 경우에는 그 확정판결을 한 법원이 통보하여야 한다.

② 제1항의 규정에 의한 통보를 받은 행정자치부장관 또는 지방자치단체의 장은 지체
없이 이를 관보 또는 당해 지방자치단체의 공보에 각각 게재하여야 한다.

제7조(법적용례) ① 행정소송에 대하여는 다른 법률에 특별한 규정이 있는 경우를 제외
하고는 이 법이 정하는 바에 따른다.

② 행정소송에 관하여 이 법에 특별한 규정이 없는 사항에 대하여는 법원조직법과 민
사소송법 및 민사집행법의 규정을 준용한다.

제2장 취소소송

제1절 재판관할

제8조(재판관할) ① 취소소송의 제1심관할법원은 피고의 소재지를 관할하는 행정법원
으로 한다. 다만, 중앙행정기관 또는 그 장이 피고인 경우의 관할법원은 대법원소재
지의 행정법원으로 한다.

② 토지의 수용 기타 부동산 또는 특정의 장소에 관계되는 처분 등에 대한 취소소송은
그 부동산 또는 장소의 소재지를 관할하는 행정법원에 이를 제기할 수 있다.

제9조(지방법원과 행정법원 사이의 관할의 지정) ① 사건이 행정법원과 지방법원 중 어
느 법원의 관할에 속하는지 명백하지 아니한 때에는 관계된 법원과 공통되는 고등
법원이 그 관계된 법원 또는 당사자의 신청에 따라 결정으로 관할법원을 정한다.

② 제1항의 결정에 대하여는 즉시항고할 수 있다.

③ 제1항의 규정에 의하여 행정법원의 관할로 정하여진 사건은 이 법에서 정하는 절차
에 따라, 지방법원의 관할로 정하여진 사건은 민사소송절차에 따라 각각 처리한다.

제10조(관련청구소송의 이송 및 병합) ① 취소소송과 다음 각호의 1에 해당하는 소송
(이하 "관련청구소송"이라 한다)이 각각 다른 법원에 계속되고 있는 경우에 관련청
구소송이 계속된 법원이 상당하다고 인정하는 때에는 당사자의 신청 또는 직권에

의하여 이를 취소소송이 계속된 법원으로 이송할 수 있다.

1. 당해 처분 등과 관련되는 손해배상·부당이득반환·원상회복 등 청구소송

2. 당해 처분 등과 관련되는 취소소송

② 취소소송에는 사실심의 변론종결시까지 관련청구소송을 병합하거나 피고외의 자를 상대로 한 관련청구소송을 취소소송이 계속된 법원에 병합하여 제기할 수 있다.

③ 제2항의 규정에 의하여 처분 등에 대한 행정심판청구를 기각한 재결의 취소소송에 그 처분 등의 취소소송을 병합하여 제기하는 경우에는 그 처분 등의 취소소송은 재결취소소송을 제기한 때에 제기된 것으로 본다.

제11조(선결문제) ① 처분 등의 효력 유무 또는 존재 여부가 민사소송의 선결문제로 되어 당해 민사소송의 수소법원이 이를 심리·판단하는 경우에는 제18조, 제27조 내지 제29조 및 제43조의 규정을 준용한다.

② 제1항의 경우 당해 수소법원은 그 처분 등을 행한 행정청에게 그 선결문제로 된 사실을 통지하여야 한다.

제2절 당사자

제12조(원고적격) 취소소송은 처분 등의 취소를 구할 법적으로 정당한 이익이 있는 자가 제기할 수 있다. 처분 등의 효과가 기간의 경과 그 밖의 사유로 인하여 소멸된 뒤에도 또한 같다.

제13조(피고적격) ① 취소소송은 다른 법률에 특별한 규정이 없는 한 그 처분 등을 행한 행정청을 피고로 한다. 다만, 처분 등이 있은 뒤에 그 처분 등에 관계되는 권한이 다른 행정청에 승계된 때에는 이를 승계한 행정청을 피고로 한다.

② 제1항의 규정에 의한 행정청이 없게 된 때에는 그 처분 등에 관한 사무가 귀속되는 국가 또는 공공단체를 피고로 한다.

제14조(피고경정) ① 원고가 피고를 잘못 지정한 때에는 법원은 원고의 신청에 의하여 결정으로써 피고의 경정을 허가할 수 있다.

② 법원은 제1항의 규정에 의한 결정의 정본을 새로운 피고에게 송달하여야 한다.

③ 제1항의 규정에 의한 신청을 각하하는 결정에 대하여는 즉시항고할 수 있다.

④ 제1항의 규정에 의한 결정이 있은 때에는 새로운 피고에 대한 소송은 처음에 소를 제기한 때에 제기된 것으로 본다.

⑤ 제1항의 규정에 의한 결정이 있은 때에는 종전의 피고에 대한 소송은 취하된 것으로 본다.

⑥ 취소소송이 제기된 후에 제13조제1항 단서 또는 제13조제2항에 해당하는 사유가 생긴 때에는 법원은 당사자의 신청 또는 직권에 의하여 피고를 경정한다. 이 경우에

는 제4항 및 제5항의 규정을 준용한다.

제15조(공동소송) 수인의 청구 또는 수인에 대한 청구가 처분 등의 취소청구와 관련되는 청구인 경우에 한하여 그 수인은 공동소송인이 될 수 있다.

제16조(행정청 및 제3자에 대한 소송통지 등) ① 법원은 다른 행정청 또는 소송결과에 이해관계가 있는 제3자에게 소제기 사실을 통지할 수 있다.

② 제1항의 규정에 의하여 소제기 사실을 통지받은 행정청 또는 제3자는 법원에 의견서를 제출할 수 있다.

제17조(제3자의 소송참가) ① 법원은 소송의 결과에 따라 권리 또는 이익의 침해를 받을 제3자가 있는 경우에는 당사자 또는 직권에 의하여 결정으로써 그 제3자를 소송에 참가시킬 수 있다.

② 법원이 제1항의 규정에 의한 결정을 하고자 할 때에는 미리 당사자 또는 제3자의 의견을 들어야 한다.

③ 제1항의 규정에 의한 신청을 한 제3자는 그 신청을 각하한 결정에 대하여 즉시항고할 수 있다.

④ 제1항의 규정에 의하여 소송에 참가한 제3자에 대하여는 민사소송법 제67조의 규정을 준용한다.

제18조(행정청의 소송참가) ① 법원은 다른 행정청을 소송에 참가시킬 필요가 있다고 인정할 때에는 당사자 또는 당해 행정청의 신청 또는 직권에 의하여 결정으로써 그 행정청을 소송에 참가시킬 수 있다.

② 법원은 제1항의 규정에 의한 결정을 하고자 할 때에는 당사자 또는 당해 행정청의 의견을 들어야 한다.

③ 제1항의 규정에 의하여 소송에 참가한 행정청에 대하여는 민사소송법 제76조의 규정을 준용한다.

제3절 소의 제기

제19조(행정심판과의 관계) ① 취소소송은 법령의 규정에 의하여 당해 처분 등에 대한 행정심판을 제기할 수 있는 경우에도 이를 거치지 아니하고 제기할 수 있다. 다만, 다른 법률에 당해 처분 등에 대한 행정심판의 재결을 거치지 아니하면 취소소송을 제기할 수 없다는 규정이 있는 때에는 그러하지 아니하다.

② 제1항 단서의 경우에도 다음 각호의 1에 해당하는 사유가 있는 때에는 행정심판의 재결을 거치지 아니하고 취소소송을 제기할 수 있다.

　1. 행정심판청구가 있는 날로부터 60일이 지나도 재결이 없는 때

　2. 처분 등의 집행 또는 절차의 속행으로 생길 중대한 손해를 예방하여야 할 긴급한

  필요가 있는 때

3. 법령의 규정에 의한 행정심판기관이 의결 또는 재결을 하지 못할 사유가 있는 때

4. 그 밖의 정당한 사유가 있는 때

③ 제1항 단서의 경우에 다음 각호의 1에 해당하는 사유가 있는 때에는 행정심판을 제기함이 없이 취소소송을 제기할 수 있다.

1. 동종사건에 관하여 이미 행정심판의 기각재결이 있은 때

2. 서로 내용상 관련되는 처분 등 또는 같은 목적을 위하여 단계적으로 진행되는 처분 등 중 어느 하나가 이미 행정심판의 재결을 거친 때

3. 행정청이 사실심의 변론종결 후 소송의 대상인 처분 등을 변경하여 당해 변경된 처분 등에 관하여 소를 제기하는 때

4. 처분 등을 행한 행정청이 행정심판을 거칠 필요가 없다고 잘못 알린 때

④ 제2항 및 제3항의 규정에 의한 사유는 이를 소명하여야 한다.

제20조(취소소송의 대상) 취소소송은 처분 등을 대상으로 한다. 다만, 재결취소소송의 경우에는 재결 자체에 고유한 위법이 있음을 이유로 하는 경우에 한한다.

제21조(제소기간) ① 취소소송은 처분 등이 있음을 안 날부터 90일 이내에 제기하여야 한다. 다만, 제19조제1항 단서에 규정한 경우와 그 밖에 행정심판청구를 할 수 있는 경우 또는 행정청이 행정심판청구를 할 수 있다고 잘못 알린 경우에 행정심판청구가 있은 때의 기간은 재결서의 정본을 송달받은 날부터 기산한다.

② 취소소송은 처분 등이 있은 날부터 1년(제1항 단서의 경우는 재결이 있는 날부터 1년)을 경과하면 이를 제기하지 못한다. 다만, 정당한 사유가 있는 때에는 그러하지 아니하다.

③ 행정청이 제소기간을 제1항의 규정에 의한 기간보다 긴 기간으로 잘못 알린 경우에 그 잘못 알린 기간 내에 소제기가 있으면 그 소송은 제1항의 규정에 의한 기간 내에 제기된 것으로 본다.

④ 제1항의 규정에 의한 기간은 불변기간으로 한다.

제22조(소의 변경) ① 법원은 취소소송을 당해 처분 등에 관계되는 사무가 귀속하는 국가 또는 공공단체에 대한 당사자소송이나 민사소송 또는 취소소송외의 항고소송으로 변경하는 것이 상당하다고 인정할 때에는 청구의 기초에 변경이 없는 한 사실심의 변론종결시까지 원고의 신청에 따라 결정으로 소의 변경을 허가할 수 있다.

② 법원은 국가 또는 공공단체에 대한 민사소송을 당해 청구에 관계되는 처분 등에 대한 취소소송으로 변경하는 것이 상당하다고 인정할 때에는 청구의 기초에 변경이 없는 한 사실심의 변론종결시까지 원고의 신청에 따라 결정으로 소의 변경을 허가할 수 있다.

③ 제1항 또는 제2항의 규정에 의한 허가를 하는 경우 피고를 달리하게 될 때에는 법

원은 새로이 피고로 될 자의 의견을 들어야 한다.

④ 제1항 또는 제2항의 규정에 의한 허가결정에 대하여는 즉시항고할 수 있다.

⑤ 제1항 또는 제2항의 규정에 의한 허가결정에 대하여는 제14조 제2항·제4항 및 제5항의 규정을 준용한다.

제23조(처분 등의 변경으로 인한 소의 변경) ① 법원은 행정청이 소송의 대상인 처분 등을 소가 제기된 후 변경한 때에는 원고의 신청에 의하여 결정으로써 청구의 취지 또는 원인의 변경을 허가할 수 있다.

② 제1항의 규정에 의한 신청은 처분 등의 변경이 있음을 안 날로부터 90일 이내에 하여야 한다.

③ 제1항의 규정에 의하여 변경되는 청구는 제19조제1항 단서의 규정에 의한 요건을 갖춘 것으로 본다.

제24조(집행정지) ① 취소소송의 제기는 처분 등의 효력이나 그 집행 또는 절차의 속행에 영향을 주지 아니한다.

② 취소소송의 제기된 경우에 처분 등이 위법하다는 현저한 의심이 있거나 처분 등이나 그 집행 또는 절차의 속행으로 인하여 생길 회복하기 어려운 손해를 예방하기 위하여 긴급한 필요가 있다고 인정할 때에는 본안이 계속되고 있는 법원은 결정으로 당사자의 신청 또는 직권에 의하여 처분 등의 효력이나 그 집행 또는 절차의 속행의 전부 또는 일부의 정지(이하 "집행정지"라 한다)를 할 수 있다. 다만, 처분 등의 효력정지는 처분 등의 집행 또는 절차의 속행을 정지함으로써 목적을 달성할 수 있는 경우에는 허용되지 아니한다.

③ 법원은 제2항의 규정에 의한 집행정지결정을 함에 있어서 국가·공공단체 또는 소송의 대상이 된 처분 등의 상대방에게 손해가 생길 우려가 있는 때에는 권리자를 지정하여 그 손해에 대한 담보를 제공하게 할 수 있다. 이 경우 권리자로 지정된 자는 그 담보물에 대하여 질권자와 동일한 권리를 가진다.

④ 집행정지는 공공복리에 중대한 영향을 미칠 우려가 있을 때에는 허용되지 아니한다.

⑤ 제2항의 규정에 의한 집행정지의 결정을 신청함에 있어서는 그 이유에 대한 소명이 있어야 한다.

⑥ 제2항의 규정에 의한 집행정지의 결정 또는 기각의 결정에 대하여는 즉시항고할 수 있다. 이 경우 집행정지의 결정에 대한 즉시항고에는 결정의 집행을 정지하는 효력이 없다.

⑦ 제33조 및 제34조제1항의 규정은 제2항의 규정에 의한 집행정지의 결정에 이를 준용한다.

⑧ 제3항의 규정에 의한 담보에 대하여는 민사소송법 제122조, 제124조, 제125조 및 제126조의 규정을 준용한다.

제25조(집행정지의 취소) ① 집행정지의 결정이 확정된 후 집행정지가 공공복리에 중대한 영향을 미치거나 그 정지사유가 없어진 때에는 당사자의 신청 또는 직권에 의하여 결정으로써 집행정지의 결정을 취소할 수 있다.

② 제1항의 규정에 의한 집행정지결정의 취소결정의 경우에는 제24조제6항 및 제33조의 규정을, 그 취소결정 또는 기각결정에 대한 불복의 경우에는 제24조제6항의 규정을 각각 준용한다.

제26조(가처분) ① 처분 등이 위법하다는 상당한 의심이 있는 경우로서 다음 각 호의 1에 해당하는 때에는 본안의 관할법원은 당사자의 신청에 따라 결정으로 가처분을 할 수 있다.

1. 다툼의 대상에 관하여 현상이 바뀌면 당사자가 권리를 실행하지 못하거나 이를 실행하는 것이 매우 곤란할 염려가 있어 다툼의 대상에 관한 현상을 유지할 필요가 있는 경우

2. 다툼이 있는 법률관계에 관하여 당사자의 중대한 불이익을 피하거나 급박한 위험을 막기 위하여 임시의 지위를 정하여야 할 필요가 있는 경우

② 제1항의 규정에 의한 가처분에 대하여는 제24조제3항 내지 제6항, 제25조, 제34조제1항, 제52조 및 제53조의 규정을 준용한다.

③ 제1항의 규정에 의한 가처분은 제24조제2항의 규정에 의한 집행정지에 의하여 목적을 달성할 수 있는 경우에는 허용되지 아니한다.

제4절 심리

제27조(행정심판기록의 제출명령) ① 법원은 당사자의 신청이 있는 때에는 결정으로써 재결을 행한 행정청에 대하여 행정심판에 관한 기록의 제출을 명할 수 있다.

② 제1항의 규정에 의한 제출명령을 받은 행정청은 지체없이 당해 행정심판에 관한 기록을 법원에 제출하여야 한다.

제28조(자료제출요구) ① 법원은 사건의 심리를 위하여 필요하다고 인정하는 경우에는 결정으로 당사자 도는 관계행정청이 보관중인 관련문서, 장부 기타 자료의 제출을 요구할 수 있다.

② 당사자 또는 관계행정청은 제1항의 규정에 의하여 요구받은 자료를 지체없이 제출하여야 한다. 다만, 그 자료의 공개가 공공의 안전과 이익을 현저히 해할 우려가 있는 경우나 법률상 또는 그 자료의 성질상 이를 비밀로 유지할 필요가 있는 경우에는 자료제출을 거부할 수 있다.

③ 법원은 당사자의 신청에 따라 제2항 단서의 규정에 의한 자료제출거부의 적법 여부를 결정한다.

④ 법원은 제3항의 규정에 의한 결정을 함에 있어서 필요하다고 인정하는 때에는 자료 제출을 요구받은 당사자 또는 관계행정청에게 그 자료를 제시하도록 요구할 수 있다. 이 경우 법원은 그 자료를 다른 사람이 보도록 하여서는 아니된다.

⑤ 당사자 또는 관계행정청은 제3항의 규정에 의한 결정에 대하여 즉시항고할 수 있다.

제29조(직권심리) 법원은 필요하다고 인정할 때에는 직권으로 증거조사를 할 수 있고, 당사자가 주장하지 아니한 사실에 대하여도 판단할 수 있다.

제5절 재판

제30조(취소판결) 처분 등이 위법한 경우에는 법원은 그 처분 등을 취소한다. 처분 등의 효과가 소멸된 뒤에도 또한 같다.

제31조(재량처분 등의 취소) 행정청의 재량에 속하는 처분 등이라도 재량권의 한계를 넘거나 그 남용이 있는 때에는 법원은 이를 취소할 수 있다.

제32조(사정판결) ① 처분 등이 위법하다고 인정하는 경우에도 처분 등을 취소하는 것이 현저히 공공복리에 적합하지 아니하다고 인정하는 때에는 법원은 원고의 청구를 기각할 수 있다. 이 경우 법원은 그 판결의 주문에서 그 처분 등이 위법함을 명시하여야 한다.

② 법원이 제1항의 규정에 의한 판결을 함에 있어서는 미리 원고가 그로 인하여 입게 될 손해의 정도와 배상방법 그 밖의 사정을 조사하여야 한다.

③ 법원은 상당하다고 인정하는 때에는 종국판결 전에 중간판결로써 처분 등이 위법하다는 것을 선언할 수 있다.

④ 종국판결에 사실 및 이유를 기재함에 있어서는 제3항의 중간판결을 인용할 수 있다.

⑤ 원고는 피고인 행정청이 속하는 국가 또는 공공단체를 상대로 손해배상, 제해시설의 설치 그 밖에 적당한 구제방법의 청구를 당해 취소소송 등이 계속된 법원에 병합하여 제기할 수 있다.

제33조(취소판결의 효력) 처분 등을 취소하는 확정판결은 제3자에 대하여도 효력이 있다.

제34조(취소판결의 기속력) ① 처분 등을 취소하는 확정판결은 그 사건에 관하여 당사자인 행정청과 그 밖의 관계행정청을 기속한다.

② 판결에 의하여 신청에 따른 처분 등이 절차의 위법을 이유로 취소되는 경우에는 그 처분 등을 행한 행정청은 이전의 신청에 대하여 판결의 취지에 따라 다시 처분 등을 하여야 한다.

③ 판결에 의하여 취소되는 처분 등이 이미 집행된 경우에는 당사자인 행정청과 그 밖의 관계행정청은 그 집행으로 인하여 직접 원고에게 발생한 위법한 결과를 제거하기 위하여 필요한 조치를 하여야 한다.

④ 제3항의 규정에 의하여 당사자인 행정청이 조치하여야 할 내용이 명백하고 그 행정청이 이를 이행할 수 있을 때에는 법원은 원고의 신청에 따라 판결로 이를 이행할 것을 처분 등의 취소와 함께 선고할 수 있다.

⑤ 제4항의 규정에 의한 판결에 따른 의무의 이행에 관하여는 제53조의 규정을 준용한다.

제35조(법원의 권고결정에 의한 소송상 화해) ① 법원은 소송에 계속 중인 사건에 대하여 법적·사실적 상태, 당사자의 이익 그 밖의 모든 사정을 참작하여 적정하다고 판단하는 경우에는 당사자의 권리 및 권한의 범위 내에서 직권으로 사건의 해결을 위한 화해권고결정을 할 수 있다. 다만, 화해에 의하여 직접 권리 또는 이익의 침해를 받을 제3자가 있거나 화해의 대상인 처분 등에 관하여 동의·승인·협의 등의 법령상 권한을 가진 행정청이 있는 경우에는 그 제3자 또는 행정청의 동의가 있어야 한다.

② 제1항의 규정에 의한 화해권고결정에는 민사소송법 제225조제2항 및 제226조 내지 제232조의 규정을 준용한다. 다만, 민사소송법 제226조제1항에 정한 이의신청기간은 조서 또는 결정서의 정본을 송달받은 날부터 30일로 한다.

③ 제1항 단서의 제3자 또는 행정청이 화해권고결정에 동의를 하지 아니한 때에는 이를 이유로 확정된 화해권고결정에 대하여 재심의 청구를 할 수 있다.

④ 제3항의 규정에 의한 청구는 화해권고결정이 확정되었음을 안 날부터 30일 이내에, 화해권고결정이 확정된 날부터 1년 이내에 제기하여야 한다.

⑤ 제4항의 규정에 의한 기간은 불변기간으로 한다.

제6절 명령 등의 취소소송의 특례

제36조(재판관할) 명령 등의 취소소송의 제1심관할법원은 피고의 소재지를 관할하는 고등법원으로 한다.

제37조(소송절차의 중지) ① 명령 등에 대한 취소소송과 그 명령 등을 집행하는 처분에 대한 항고소송이 법원에 동시에 계속 중일 때에는 명령 등을 집행하는 처분에 대한 항고소송이 계속 중인 법원은 결정으로 명령 등에 대한 취소소송이 종결될 때까지 소송절차를 중지할 수 있다.

② 법원은 제1항의 결정을 취소할 수 있다.

③ 제1항, 제2항의 규정은 명령 등에 대한 취소소송과 그 명령 등의 헌법 또는 법률 위반 여부가 선결문제로 되어 있는 민사소송, 형사소송 그 밖의 소송이 법원에 동시에 계속중인 경우에 준용한다.

④ 제3항의 규정에 의한 소송절차 중지기간은 형사소송법 제92조제1항·2항 및 군사법원법 제132조제1항·제2항의 구속기간과 민사소송법 제199조의 판결선고기간에 이를 산입하지 아니한다.

제38조(제소기간) ① 명령 등의 취소소송은 명령 등의 취소를 구할 법적으로 정당한 이익이 있음을 안 날부터 90일 이내에, 그 이익이 생긴 날부터 1년 이내에 제기하여야 한다.

② 제1항의 규정에 의한 기간은 불변기간으로 한다.

제39조(관계기관의 의견제출) 법무부장관, 법제처장 및 관계행정청은 법원에 의견서를 제출할 수 있다.

제40조(취소판결의 효력) ① 확정판결에 의하여 명령 등이 취소된 때에도 그 명령 등에 근거한 재판 또는 처분이 이미 확정된 경우에는 그 효력에 영향을 미치지 아니한다. 다만, 그 재판 또는 처분을 집행할 수 없다.

② 확정판결에 의하여 명령 등이 취소된 때에는 그 명령 등에 근거한 유죄의 확정판결에 대하여 형사소송법의 규정에 따라 재심을 청구할 수 있다.

제7절 보칙

제41조(제3자에 의한 재심청구) ① 처분 등을 취소하는 판결(명령 등을 취소하는 판결은 제외한다)에 의하여 직접 권리 또는 이익의 침해를 받은 제3자는 자기에게 책임 없는 사유로 소송에 참가하지 못함으로써 판결의 결과에 영향을 미칠 공격 또는 방어방법을 제출하지 못한 때에는 이를 이유로 확정된 종국판결에 대하여 재심의 청구를 할 수 있다.

② 제1항의 규정에 의한 청구는 확정판결이 있음을 안 날로부터 30일 이내, 판결이 확정된 날로부터 1년 이내에 제기하여야 한다.

③ 제2항의 규정에 의한 기간은 불변기간으로 한다.

제42조(소송비용의 부담) 취소청구가 제32조의 규정에 의하여 기각되거나 행정청이 처분 등을 취소 또는 변경함으로 인하여 청구가 각하 또는 기각된 경우에는 소송비용은 피고의 부담으로 한다.

제43조(소송비용에 관한 재판의 효력) 소송비용에 관한 재판이 확정된 때에는 피고 또는 참가인이었던 행정청이 소속하는 국가 또는 공공단체에 그 효력을 미친다.

제3장 취소소송외의 항고소송

제1절 무효등확인소송

제44조(원고적격) 무효등확인소송은 처분 등의 효력 유무 또는 존재 여부의 확인을 구할 법적으로 정당한 이익이 있는 자가 제기할 수 있다.

제45조(소의 변경) 제22조의 규정은 무효등확인소송을 당사자소송이나 민사소송 또는

무효등확인소송외의 항고소송으로 변경하는 경우 및 민사소송을 무효등확인소송으로 변경하는 경우에 준용한다.

제46조(무효등확인판결) 법원은 처분 등의 무효등확인청구가 이유있다고 인정하는 때에는 처분 등의 효력 유무 또는 존재 여부를 확인한다.

제47조(준용규정) 제8조 내지 제10조, 제13조 내지 제18조, 제20조, 제23조 내지 제29조, 제33조 내지 제37조, 제39조 내지 제41조 및 제43조의 규정은 무효등확인소송의 경우에 준용한다.

제2절 의무이행소송

제48조(원고적격) 의무이행소송은 처분이나 명령 등을 신청한 자로서 행정청의 거부처분 등 또는 부작위에 대하여 처분이나 명령 등을 할 것을 구할 법적으로 정당한 이익이 있는 자가 제기할 수 있다.

제49조(제소기간) ① 행정청의 거부처분 등으로 인한 의무이행소송에 대하여는 제21조의 규정을 준용한다.

② 행정청의 부작위로 인한 의무이행소송은 법령에 처분이나 명령 등의 기간이 정하여져 있는 경우에는 그 기간이 지나기 전에는 제기할 수 없고, 법령에 처분이나 명령 등의 기간이 정하여져 있지 아니한 경우에는 특별한 사정이 없는 한 처분이나 명령 등을 신청한 날부터 90일이 지나기 전에는 제기할 수 없다.

③ 법원은 행정청의 부작위에 정당한 이유가 있는 경우에는 당사자의 신청에 의하여 결정으로 상당한 기간을 정하고 그 기간이 지날 때까지 소송절차를 중지하도록 명할 수 있다. 이 기간은 연장될 수 있다.

④ 제3항에 의한 소송절차중지의 결정 및 기간연장의 결정 또는 기각의 결정에 대하여는 즉시항고할 수 있다. 이 경우 소송절차중지의 결정 및 기간연장의 결정에 대한 즉시항고에는 결정의 집행을 정지하는 효력이 없다.

제50조(소의 변경) 제22조의 규정은 의무이행소송을 당사자소송이나 민사소송 또는 의무이행소송외의 항고소송으로 변경하는 경우 및 민사소송을 의무이행소송으로 변경하는 경우에 준용한다.

제51조(의무이행판결) 법원은 행정청의 거부처분 등이나 부작위가 위법한 때에는 다음 각호의 구분에 따라 판결한다. 거부처분 등의 경우에는 이를 함께 취소한다.

1. 당사자의 신청에 따른 처분이나 명령 등을 할 의무가 있음이 명백하고 그 의무를 이행하도록 하는 것이 상당하다고 인정하는 경우에는 행정청이 그 처분이나 명령 등을 하도록 선고한다.

2. 그 밖의 경우에는 행정청이 당사자의 신청에 대하여 판결의 취지에 따라 처분이나

명령 등을 하도록 선고한다.

제52조(의무이행판결의 기속력) 행정청에게 당사자의 신청에 따른 처분이나 명령 등을 하도록 선고하거나, 또는 판결의 취지에 따라 처분이나 명령 등을 하도록 선고한 확정판결은 그 사건에 관하여 당사자인 행정청과 그 밖의 관계행정청을 기속한다.

제53조(의무이행판결의 간접강제) ① 행정청이 제51조의 확정판결에 의한 처분이나 명령 등을 하지 아니하는 때에는 제1심 수소법원은 당사자의 신청에 따라 결정으로 간접강제를 명한다. 그 결정에는 상당한 이행기간을 정하고, 행정청이 그 기간 이내에 이행을 하지 아니하는 때에는 늦어진 기간에 따라 일정한 배상을 하도록 명하거나 즉시 손해배상을 하도록 명할 수 있다.

② 법원은 사정의 변경이 있는 때에는 당사자의 신청에 따라 제1항의 규정에 의한 결정의 내용을 변경할 수 있다.

③ 제1항 또는 제2항의 규정에 따라 결정을 하는 경우에는 신청의 상대방을 심문하여야 한다.

④ 제1항 또는 제2항의 신청에 관한 재판에 대하여는 즉시항고할 수 있다. 이 경우 간접강제의 결정 또는 그 변경결정에 대한 즉시항고에는 결정의 집행을 정지하는 효력이 없다.

⑤ 간접강제의 결정 또는 그 변경결정이 확정된 때에는 피고이었던 행정청이 소속하는 국가 또는 공공단체에 그 효력을 미친다.

제54조(준용규정) 제8조 내지 제10조, 제13조 내지 제19조, 제23조, 제26조 내지 제29조, 제31조 내지 제33조, 제35조, 제36조, 제39조 및 제41조 내지 제43조의 규정은 의무이행소송의 경우에 준용한다.

제3절 예방적 금지소송

제55조(원고적격) 예방적 금지소송은 행정청이 장래에 일정한 처분이나 명령 등을 할 것이 임박한 경우에 그 처분이나 명령 등의 금지를 구할 법적으로 정당한 이익이 있는 자가 사후에 그 처분이나 명령 등의 효력을 다투는 방법으로는 회복하기 어려운 손해를 입을 우려가 있는 때에 한하여 제기할 수 있다.

제56조(소의 변경) 제22조의 규정은 예방적 금지소송을 당사자소송이나 민사소송 또는 예방적 금지소송외의 항고소송으로 변경하는 경우 및 민사소송을 예방적 금지소송으로 변경하는 경우에 준용한다.

제57조(금지판결) 법원은 행정청의 장래의 처분이나 명령 등이 위법하고, 그 처분이나 명령 등을 하지 않도록 하는 것이 상당하다고 인정하는 때에는 행정청에게 그 처분이나 명령 등을 하지 않도록 선고한다.

제58조(준용규정) 제8조 내지 제10조, 제13조 내지 제19조, 제23조, 제26조 내지 제29
조, 제33조, 제35조, 제36조, 제39조, 제41조, 제43조, 제52조 및 제53조의 규정은
예방적 금지소송의 경우에 준용한다.

제4장 당사자소송

제59조(피고적격) 당사자소송은 국가·공공단체 그 밖의 권리주체를 피고로 한다.

제60조(재판관할) 제8조의 규정은 당사자소송의 경우에 준용한다. 다만, 국가 또는 공
공단체가 피고인 경우에는 관계행정청의 소재지를 피고의 소재지로 본다.

제61조(제소기간) 당사자소송에 관하여 법령에 제소기간이 정하여져 있는 때에는 그 기
간은 불변기간으로 한다.

제62조(소의 변경) 제22조의 규정은 당사자소송을 민사소송 또는 항고소송으로 변경하
는 경우 및 민사소송을 당사자소송으로 변경하는 경우에 준용한다.

제63조(준용규정) ① 제14조 내지 제18조, 제23조, 제27조 내지 제29조, 제34조제1항,
제42조 및 제43조의 규정은 당사자소송의 경우에 준용한다.

② 제10조의 규정은 당사자소송과 관련청구소송이 각각 다른 법원에 계속되고 있는 경
우의 이송과 이들 소송의 병합의 경우에 준용한다.

제5장 민중소송 및 기관소송

제64조(민중소송의 제기) 민중소송은 법률이 정한 경우에 법률에 정한 자에 한하여 제
기할 수 있다.

제65조(기관소송의 제기) ① 기관소송은 다음 각호의 경우에 제기할 수 있다.

1. 동일한 공공단체의 기관 상호간에 있어서의 권한의 존부 또는 그 행사에 관한 다
툼이 있는 경우

2. 그 밖에 법률이 정하는 경우

② 제1항 제1호의 규정에 의한 소송은 다른 법률에 특별한 규정이 있는 경우를 제외하
고는 어느 기관의 처분 등 또는 부작위가 다른 기관의 법령상의 독자적 권한을 침
해하였거나 침해할 현저한 위험이 있는 때에 한하여 이를 제기할 수 있다.

제66조(기관소송의 재판관할) 기관소송의 제1심관할법원은 다른 법률에 특별한 규정이
있는 경우를 제외하고는 피고의 소재지를 관할하는 고등법원으로 한다.

제67조(준용규정) ① 민중소송 또는 기관소송으로서 처분 등의 취소를 구하거나 처분
등의 효력 유무 또는 존재 여부의 확인을 구하는 소송에는 그 성질에 반하지 아니
하는 한 각각 취소소송 또는 무효등확인소송에 관한 규정을 준용한다.

② 민중소송 또는 기관소송으로서 거부처분 등 또는 부작위에 대하여 처분이나 명령 등을 구하는 소송에는 그 성질에 반하지 아니하는 한 의무이행소송에 관한 규정을 준용한다.

③ 민중소송 또는 기관소송으로서 제1항 및 제2항에 규정된 소송외의 소송에는 그 성질에 반하지 아니하는 한 당사자소송에 관한 규정을 준용한다.

부 칙

제1조(시행일) 이 법은 공포일로부터 1년 후에 시행한다.

제2조(계속사건에 대한 경과조치) ① 이 법은 특별한 규정이 없으면 이 법 시행 당시 법원에 계속 중인 사건에도 적용한다. 다만, 이 법 시행 전의 소송행위의 효력에는 영향을 미치지 아니한다.

② 제3조 제2호의 당사자소송에 관한 규정은 이 법 시행 이후에 법원에 제소된 사건에 대하여 적용한다.

제3조(법 적용의 시간적 범위) 이 법은 이 법 시행 이전에 생긴 사항에도 적용한다. 다만, 종전의 규정에 따라 생긴 효력에는 영향을 미치지 아니한다.

제4조(부작위위법확인소송에 대한 경과조치) ① 법원은 이 법 시행 당시 법원에 계속 중인 부작위위법확인소송에 대하여 제22조제1항을 준용하여 이 법에 의한 항고소송이나 당사자소송으로 소의 변경을 허가할 수 있다.

② 이 법 시행 당시 법원에 계속 중인 부작위위법확인소송 중 제1항에 의한 소의 변경이 이루어지지 않은 소송에 대하여는 종전의 부작위위법확인소송에 관한 규정을 적용한다.

제5조(경과조치) ① 행정소송법의 개정에 따라 관계법률을 다음과 같이 개정한다.

1. 국세기본법 제55조제7항 중 "행정소송법 제18조제2항·제3항 및 동법 제20조"를 "행정소송법 제19조제2항·제3항 및 동법 제21조"로 한다.

2. 관세법 제119조제4항 중 "행정소송법 제18조제2항·제3항 및 동법 제20조"를 "행정소송법 제19조제2항·제3항 및 동법 제21조"로, 제120조제2항 중 "행정소송법 제18조제1항 본문·제2항 및 제3항"을 "행정소송법 제19조제1항 본문·제2항 및 제3항"으로, 제120조제3항 중 "행정소송법 제20조"를 "행정소송법 제21조"로 한다.

② 제1항의 규정외에 이 법 시행 당시 다른 법률에서 종전의 행정소송법의 규정을 인용 또는 준용한 경우에는 종전의 규정에 갈음하여 이 법의 새로운 조항을 인용 또는 준용한 것으로 본다.

사 항 색 인

저자약력

서울대학교 법과대학 졸업
서울대학교 대학원 졸업(법학박사)
독일 Universität Tübingen, Universität Wuppertal, Freie Universität Berlin, 미국 University of California at Berkeley 등에서 행정법연구
한국공법학회 회장(현 고문)
한국지방자치법학회 회장(현 명예회장)
국가행정법제위원회 위원장(현) · 행정법제혁신자문위원회 위원장 · 지방자치단체 중앙분쟁조정위원회 위원장 · 서울특별시민간위탁운영평가위원회 위원장 · 주식백지신탁심사위원회 위원장 · 행정자치부정책자문위원회 위원장 · 지방분권촉진위원회위원 · 민주화운동관련자명예회복및보상심의위원회위원 · 헌법재판소공직자윤리위원회위원 · 행정소송법개정위원회위원 · 국무총리행정심판위원회위원 · 중앙분쟁조정위원회위원 · 중앙토지평가위원회위원 · 경찰혁신위원회위원 · 전국시장군수구청장협의회자문교수 · 서울특별시강남구법률자문교수 등
사법시험 · 행정고시 · 입법고시 · 외무고시 · 지방고등고시 등 시험위원
이화여자대학교 법과대학 교수
연세대학교 법학전문대학원 · 법과대학 교수

저   서

헌법과 정치(법문사, 1986)
행정법원리(박영사, 1990)
판례행정법(길안사, 1994)
사례행정법(신조사, 1996)
행정법연습(신조사, 초판 1999, 제 8 판 2008)
신행정법연습(신조사, 초판 2009, 제 2 판 2011)
행정법원론(상)(박영사, 초판 1992, 제32판 2024)
행정법원론(하)(박영사, 초판 1993, 제32판 2024)
경찰행정법(박영사, 초판 2007, 제 3 판 2013)
신지방자치법(박영사, 초판 2009, 제 5 판 2022)
신행정법특강(박영사, 초판 2002, 제23판 2024)
행정기본법 해설(박영사, 초판 2021, 제 2 판 2022)
신행정법입문(박영사, 초판 2008, 제17판 2024)
신판례행정법입문(박영사, 2018)
신경찰행정법입문(박영사, 초판 2019, 제 3 판 2023)
기본 행정법(박영사, 초판 2013, 제12판 2024)
기본 경찰행정법(박영사, 2013)
기본 CASE 행정법(박영사(공저), 2016)
최신행정법판례특강(박영사, 초판 2011, 제 2 판 2012)
로스쿨 객관식 행정법특강(박영사(공저), 2012)
민간위탁의 법리와 행정실무(박영사, 2015)
공직자 주식백지신탁법(박영사, 2018)

제32판[2024년판]

행정법원론(상)

초판발행　　　1992년 2월 29일
제32판발행　　2024년 1월 5일

지은이　　　　홍정선
펴낸이　　　　안종만·안상준

편　집　　　　김선민
기획/마케팅　조성호
표지디자인　　이수빈
제　작　　　　고철민·조영환

펴낸곳　　　　(주) **박영시**
　　　　　　　서울특별시 금천구 가산디지털2로 53, 210호(가산동, 한라시그마밸리)
　　　　　　　등록　1959. 3. 11. 제300-1959-1호(倫)

전　화　　　　02)733-6771
f a x　　　　 02)736-4818
e-mail　　　　pys@pybook.co.kr
homepage　　www.pybook.co.kr
ISBN　　　　979-11-303-4568-0　94360
　　　　　　　979-11-303-4567-3 (세트)

* 파본은 구입하신 곳에서 교환해 드립니다. 본서의 무단복제행위를 금합니다.

정　가　　　　69,000원